El cuerpo humano, forma y función

Fundamentos de anatomía y fisiología

Thomas H. McConnell, III, M.D., F.C.A.P.
Clinical Professor,
Department of Pathology,
University of Texas Southwestern Medical Center,
Dallas, Texas

Kerry L. Hull, Ph.D.
Professor, Department of Biology,
Bishop's University,
Sherbrooke, Quebec;
Adjunct Professor, Department of Physiology,
Faculty of Medicine,
University of Sherbrooke,
Sherbrooke, Quebec,
Canada

Wolters Kluwer Health | Lippincott Williams & Wilkins
Philadelphia • Baltimore • New York • London
Buenos Aires • Hong Kong • Sydney • Tokyo

Av. Carrilet, 3, 9.ª planta – Edificio D
08902 L'Hospitalet de Llobregat. Barcelona (España)
Tel.: 93 344 47 18
Fax: 93 344 47 16
e-mail: lwwespanol@wolterskluwer.com

Traducción
Cristina Márquez Arroyo
OneDocument, S.L. Traducciones médicas y farmacéuticas

Revisión científica
Roberto Guerri Fernández
Enfermedades Infecciosas/Medicina Interna,
Hospital del Mar. Parc de Salut Mar

ISBN edición española: 978-84-15419-43-3
Depósito legal: M-7893-2012

Edición española de la obra original en lengua inglesa *Human Form, Human Function. Essentials of Anatomy & Physiology,* de Thomas H. McConnell, III, y Kerry L. Hull, publicada por Lippincott Williams & Wilkins

530 Walnut Street
Philadelphia, PA 19106351
West Camden Street
Baltimore, MD 21201

ISBN edición original: 978-0-7817-8020-9

Composición: alimon estudio, s.l.
Impresión: C&C Offset Printing Co. Ltd
Impreso en China

CCS0413

Dedicatoria

A Marianne
Thomas H. McConnell, III

A Norm
Kerry L. Hull

Agradecimientos

La producción de *El cuerpo humano, forma y función* ha requerido los esfuerzos coordinados de muchos profesionales. En primer lugar, nos gustaría dar las gracias a la editora de desarrollo Dana Knighten, por sus sugerencias para que un médico y una fisióloga pudieran aplicar un abordaje integrador a la anatomía y la fisiología del texto. Sin su inspiración creadora, esta obra no habría sido posible. Además, queremos expresar nuestro reconocimiento más entusiasta a la también editora de desarrollo Laura Bonazzoli, quien editó la primera versión del texto. No es necesario decir que sus sugerencias y comentarios fueron inestimables. Laura afrontó, además, la ardua tarea de organizar los comentarios de revisión y discernir cuál de ellos ofrecía un mejor criterio. Su atención al detalle es exhaustiva, y su esfuerzo se trasluce en el resultado final. Gracias, Laura. En la era de Internet, la producción de un libro conlleva un alud de correos electrónicos e intercambio de ficheros. Guiándonos a lo largo del camino ha estado Jennifer Ajello, jefa de producto, que se las arregló para mantener nuestros esfuerzos a la par y dentro de los plazos, priorizando nuestras tareas y persuadiéndonos para cumplir un plazo detrás de otro. Gracias, Jenn. Asimismo, presidiendo benévolamente el proyecto estuvo David Troy, editor de adquisiciones, cuya iniciativa arrancó la puesta en marcha de este proyecto. Gracias, David.

También nos gustaría dar las gracias a Imagineering por su excepcional trabajo, que convirtió simples bocetos en bellas y precisas ilustraciones científicas. Un agradecimiento especial también para los numerosos revisores por sus acertados comentarios y excelentes sugerencias para mejorar el manuscrito. Gracias a Aleksandar Markovic y Jean Porter por su preparación de las compilaciones de imágenes para su realización artística.

Y, por último, un agradecimiento especial a nuestras familias: la familia McConnell y la extensa familia Hull-Jones (Norman, Lauren, Evan, Bill, Scotty, Carmen y John), por su inspiración y apoyo a través de este prolongado y a veces arduo proceso.

Thomas H. McConnell, M.D., F.C.A.P.
Kerry L. Hull, Ph.D.

Revisores

Brian Archer, B.A.
Program Manager,
Department of Therapeutic Massage,
Heritage College,
Denver, Colorado

Benoit A. Bacon, Ph.D.
Associate Professor,
Department of Psychology,
Bishop's University,
Sherbrooke, QC,
Canada

Kristen Bebeau, R.N., B.S.N., M.A., P.H.N.
Nursing Faculty,
Department of Nursing,
Hannepin Technical College,
Brooklyn Park, Minnesota

Janet Brodsky, M.S.
Program Chair,
Life Sciences,
Ivy Tech Community College,
Lafayette, Indiana

Wendy Cain, M.S. Biology
Assistant Professor of Microbiology and Anatomy and Physiology,
Department of Science,
Ivy Tech Community College of Indiana,
Columbus, Indiana

Mauro daFonte, M.D.
Faculty Member,
Department of Health Science and, Math & Science,
GateWay Community College,
Phoenix, Arizona

Clair Eckersell, Ph.D.
Professor of Biology,
Brigham Young University,
Rexburg, Idaho

John Fishback, M.S.
Biology Instructor,
Department of Biology,
Ozarks Technical Community College,
Springfield, Missouri

Anthony Gendill, B.S., B.A., D.C.
Medical Instructor,
Department of Medicine,
Institute of Business and Medical Careers,
Fort Collins, Colorado

Gary Heisermann, Ph.D.
Assistant Professor,
Department of Biology,
Salem State College,
Salem, Massachusetts

Ann Henninger, Ph.D.
Professor of Biology,
Department of Biology,
Wartburg College,
Waverly, Iowa

Krista Hoekstra, B.S.N., M.A.
Director of Nursing;
Nursing Instructor,
Department of Practical Nursing,
Hennepin Technical College,
Brooklyn Park, Minnesota

Stephanie Irwin, M.S.
Professor,
Department of Science,
Front Range Community College,
Fort Collins, Colorado

Denise Johnson, M.Sc.
Assistant Professor of Biology,
Department of Biology,
Sacramento City College,
Sacramento, California

Brian Kipp, Ph.D.
Assistant Professor,
Biomedical Science,
Grand Valley State University,
Allendale, Michigan

Kathleen Olewinski, M.S.
Program Director,
Department of Allied Health,
Bryant & Stratton College,
Franklin, Wisconsin

Matthew Petersen, Ph.D.
Professor of Anatomy & Physiology,
Department of General Studies,
Northeast Wisconsin Technical College,
Green Bay, Wisconsin

Michelle Roybal, A.A.
Program Supervisor,
Department of Medical Assisting,
Intellitec College,
Grand Junction, Colorado

Richard Sims, B.S., M.S.
Instructor-Biology,
Department of Biology,
Jones County Junior College,
Ellisville, Mississippi

Bonnie Tarricone, Ph.D.
Director of Advanced Human Physiology,
Department of Health and Human Services,
Ivy Tech Community College,
Indianapolis, Indiana

Shannon Thomas, M.Ed., M.S.
Instructor of Biology,
Department of Biology,
McLennan Community College,
Waco, Texas

Prefacio

La forma y la función son aspectos inseparables en *todas* las dimensiones de nuestra realidad, no sólo en las ciencias de la vida: las leyes de la aerodinámica determinan la forma de un aeroplano, al igual que la forma de cada uno de los lados de un martillo de carpintero es distinta según si tiene que golpear un clavo o arrancarlo. Esa es la idea que deseábamos destacar cuando escogimos *El cuerpo humano, forma y función* como título para esta obra: la anatomía del cuerpo humano (forma) y su fisiología (función) también están interrelacionadas. Por ejemplo, no es casualidad que, al flexionar un codo, nuestra mano quede justo cerca de la boca. La longitud de la parte superior del brazo y del antebrazo, sumadas a la de la articulación que las une, trabajan al unísono para que podamos alimentarnos. También en el caso de las moléculas, la forma y la función se combinan: la función de las moléculas de proteínas depende del intrincado plegamiento de su estructura; los errores en la conformación de una proteína impiden que funcione con normalidad.

Método

La forma y la función son inseparables, al igual que las funciones de los distintos órganos y de los sistemas de órganos, que cooperan en beneficio mutuo para mantener la función normal del organismo. Por ejemplo, en sentido general podemos decir que los pulmones ayudan a los intestinos y viceversa. En el texto hemos destacado estos puntos volviendo una y otra vez a las relaciones entre forma y función y la interdependencia de los órganos y los sistemas de órganos.

Además del énfasis en el aspecto interdependiente de la anatomía y la fisiología humanas, también llamamos la atención del lector sobre el hecho de que las lesiones y las enfermedades no son más que una alteración de la forma con su consiguiente función alterada. Para ello, el texto incluye elementos que ayudarán al lector a una mejor comprensión de las funciones interdependientes del organismo en estado de salud. Veamos un poco detalladamente cómo presentamos, en esta obra, la forma, la función y la fisiología integrada.

El cuerpo como organismo integrado

Puede parecer que muchas de las funciones corporales las realiza un único sistema, aunque en realidad suceda todo lo contrario. Por ejemplo, podemos pensar que los únicos órganos responsables de la respiración son los pulmones, o que la digestión la realiza el sistema digestivo, pero en realidad, ni los pulmones ni el sistema digestivo pueden vivir el uno sin el otro. Ambos están unidos por algunas funciones integradoras, como la comunicación celular, la captación de nutrientes y oxígeno, y muchas otras. Innumerables obras intentan transmitir esta integración sencillamente añadiendo unos párrafos, un esquema o una tabla al final del capítulo. Sin embargo, para nosotros esta naturaleza de mutua relación es fundamental y tiene que destacarse de forma continua en todo el texto. Cada aspecto de *El cuerpo humano, forma y función* trata de reflejar esta convicción. Veamos cómo hemos presentado estas relaciones al lector.

En lugar de separar los capítulos en apartados independientes dedicados a la anatomía y la fisiología, hemos unido forma y función. Iniciamos nuestra exploración del cuerpo presentando algunos principios químicos y celulares característicos de cada célula y tejido, con independencia de su localización y de su relación con cada una de las formas y funciones descritas a medida que nos adentramos en el tema. Más adelante, ayudamos al lector a fijar la comprensión de esos principios fundamentales aplicándolos al cuerpo sano y al enfermo. Para ello hemos escrito dos únicos capítulos centrados en la integración:

- **Capítulo 4,** Comunicación: señalización eléctrica y química. Presentamos este tema mucho antes y con una perspectiva más básica que otras obras. En la mayoría de libros, la señalización se trata en los capítulos dedicados a los sistemas nervioso y endocrino, en los que su importancia para otros sistemas y para la vida se pierde en las complejidades de la función endocrina y neural. Por el contrario, creemos que comprender antes la señalización celular sirve para comprender la fisiología de cada sistema del cuerpo.
- **Capítulo 18,** La vida. Además de servir de colofón, este capítulo recoge el nuevo conocimiento que el lector ha adquirido en otros capítulos y lo aplica al tema del envejecimiento, las etapas de la vida, la genética y los rasgos hereditarios, el estrés negativo o desadaptivo y el positivo o adaptativo, la actividad física y la dieta, y otros aspectos de unos hábitos de vida saludables.

Asimismo, algunos capítulos contienen apartados dedicados a la integración, por ejemplo:

- **Capítulo 6,** Huesos y articulaciones, incluye un apartado sobre el papel de los nutrientes y las hormonas en la salud ósea.
- **Capítulo 8,** El sistema nervioso, incluye una perspectiva integrada de la forma y la función neural.
- **Capítulo 15,** Metabolismo y regulación endocrina, trata la producción y el equilibrio energético, la regulación de la temperatura corporal y el crecimiento; en resumen, trata los procesos que afectan a la salud y el funcionamiento de cada célula del organismo.

El estudio de estos capítulos le aportará una comprensión más profunda de la naturaleza integrada de nuestros sistemas corporales.

El cuerpo en estado de salud y enfermedad

Creemos que la forma y la función del organismo sano se comprenden y se recuerdan mejor cuando se comparan con las formas y funciones anómalas características de algunas enfermedades y afecciones.

- Cada capítulo se inicia con un *Caso práctico,* que presenta la evolución de una enfermedad. Cada uno de estos casos, todos de pacientes reales, se ha seleccionado para ilustrar los conceptos más importantes del capítulo. Por ejemplo, en el caso práctico del capítulo 5, que trata sobre la piel, se relata la historia de un hombre joven que sufrió diversas quemaduras en gran parte de su cuerpo. Es un caso extraído de la práctica real en el hospital del Dr. McConnell, como muchos otros casos.
- A medida que el capítulo avanza, se vuelve una y otra vez al caso en el apartado de *Apuntes sobre el caso.* Las preguntas para un pensamiento crítico en este apartado invitan a aplicar al caso todo lo que ya se ha aprendido.
- Por último, hacia el final de cada capítulo encontrará el apartado de *Estudio del caso,* en el que repasamos el caso práctico y aplicamos al mismo los conceptos del capítulo con más detalle. Este apartado se acompaña de una ilustración que ayuda al lector a visualizar las relaciones entre varios aspectos del caso, como la interrupción de las funciones normales y los efectos del tratamiento médico.
- Muchos capítulos incluyen cuadros de *Instantánea clínica.* Éstos permiten una explicación más completa de las anomalías de la forma y la función. Por ejemplo, una instantánea clínica del capítulo 5 trata del cáncer de piel.

Además de estas características, la explicación médica de las anomalías de la forma y la función se incluyen en el texto del capítulo.

Organización y estructura

Así como los sistemas corporales trabajan en conjunto como un todo, los 18 capítulos de *El cuerpo humano, forma y función* discurren con continuidad, sin divisiones artificiales en unidades. Esta elección refleja y subraya nuestro énfasis en la integración. Creemos que aunque las unidades son útiles para destacar las similitudes, también pueden dificultar la comprensión de las relaciones anatómicas y fisiológicas inherentes entre los sistemas corporales. Nuestro abordaje integrador se refleja en cada capítulo del texto.

- El **capítulo 1** presenta las características básicas de los organismos vivos y el lenguaje de la anatomía y la fisiología.
- Los **capítulos 2** a **4** presentan las estructuras químicas y celulares, así como las funciones en las que se fundamentará el posterior aprendizaje sobre la integración del cuerpo.
- Los **capítulos 5** a **9** tratan la forma y la función de la piel, los huesos, los músculos y los tendones, los nervios y nuestro sistema sensorial.
- Los **capítulos 10** y **11** están dedicados a la circulación sanguínea.
- El **capítulo 12** se dedica al sistema inmunitario y a su papel en la defensa del cuerpo frente a los microbios y otras amenazas; también se dedica atención al sistema linfático, una importante característica del sistema inmunitario. Una parte de dicho sistema linfático interviene también en la digestión.
- El **capítulo 13** se centra en la respiración: la inspiración y absorción de oxígeno realizada por los pulmones y su función en las células, así como la producción de dióxido de carbono por las células y su espiración por los pulmones.
- Los **capítulos 14** a **16** exploran lo que les ocurre a la comida y los líquidos que ingerimos, así como la forma en la que el cuerpo elimina las toxinas, produce energía y forma las sustancias esenciales, regula la temperatura, el crecimiento y otros procesos.
- El **capítulo 17** trata de la reproducción humana e incluye una breve explicación del embarazo y la lactancia.
- El **capítulo 18** está pensado para integrar la comprensión del lector sobre las estructuras y las funciones del cuerpo humano en un todo al mostrar cómo el cuerpo envejece y las etapas de la vida, así como la forma en que se mantiene la buena salud.

Estilo

El estilo narrativo utilizado es informal y conversacional. Nuestra experiencia en el aula y en entornos profesionales nos dice que la brevedad, la forma y el estilo son la esencia de una comunicación eficaz. Creemos que nuestro estilo facilita la lectura y mejora la comprensión y la asimilación de puntos importantes sin que ello afecte al rigor científico. Una buena historia y algo de humor también ayudan.

Sin embargo, los conocimientos científicos que exponemos no se recogieron de forma casual en una charla en la cafetería. Hemos pulido cada una de las frases de este libro para asegurarnos de que nuestro estilo informal comunica verdades científicas rigurosas.

Terminología

Nos parece necesario hacer una puntualización acerca de la terminología utilizada. Uno de nosotros es médico patólogo (Dr. McConnell); la otra autora (Dra. Hull) es fisióloga. Durante nuestra colaboración se hizo evidente que la medicina y la fisiología en ocasiones utilizan nombres diferentes para una misma cosa. En prácticamente todos los casos, el término médico es un epónimo y el nombre preferido en fisiología es un nombre científico genérico. Por ejemplo, desde el ovario hasta el útero hay un conducto. En medicina, se le llama *trompa de Falopio* después de que el médico y anatomista Gabrielle Fallopius (1523-1562) describiera este conducto. Por otro lado, los fisiólogos prefieren el término de *conducto uterino,* porque consiste en un conducto a través del cual el óvulo salva la distancia desde el ovario hasta el útero. Cada una de estas denominaciones y las perspectivas que las sustentan tienen sus ventajas. Los epónimos, una vez aprendidos, son inconfundibles y es muy poco probable que se malinterpreten o se olviden. Los términos genéricos no son tan especializados, pero las partes de sus nombres ofrecen una pista de su función.

Sin embargo, en muchas ocasiones los términos en medicina y fisiología son nombres científicos genéricos idénticos. En los pocos casos en los que hay elección, hemos preferido utilizar el término médico, ya que entendemos que muy pocos de nuestros lectores escogerán la fisiología, pero todos ellos serán pacientes. Aun así, cuando usamos un epónimo incluimos el nombre genérico.

Recursos adicionales

El cuerpo humano, forma y función incluye una serie de recursos adicionales para docentes y estudiantes. Puede accederse a estos recursos en la web **http://thepoint.lww.com/espanol-McConnellandHull.**

Estudiantes

Los estudiantes que han adquirido *El cuerpo humano, forma y función* tienen acceso a los siguientes materiales adicionales:

- Los *podcasts* proporcionan resúmenes en audio sobre los temas que ofrecen una mayor dificultad.
- Las actividades interactivas en línea (aproximadamente 1800 preguntas adicionales y actividades prácticas y cuestionarios).
- Atlas de disección en línea, con imágenes de fetos de cerdo, humanos y disecciones de gatos que se presentan en una biblioteca en línea para que los estudiantes tengan acceso a una visión «real» de la anatomía.
- Se incluyen animaciones de varios procesos para facilitar la comprensión de los procesos del organismo.
- Los cuadros adicionales de *Instantánea clínica, Historia de la ciencia y Forma básica, función básica* sirven al estudiante para aprender y mantener la motivación.

Instructores

Los docentes e instructores acreditados tienen acceso a todos los recursos para estudiantes y a los siguientes recursos adicionales:

- Manual del instructor en línea.
- Diapositivas de PowerPoint con notas de clase e imágenes.
- Actividades en línea, aproximadamente 1800 preguntas adicionales y actividades prácticas y cuestionarios para los estudiantes.
- Banco de imágenes, con todas las imágenes del texto, tablas y la opción de ocultar las leyendas de las figuras.
- Respuestas en línea a las preguntas del libro y a los cuestionarios breves (*Examen sorpresa, Apuntes sobre el caso,* preguntas sobre las leyendas de figura).
- Banco de cuestionarios con más de 500 preguntas en diferentes formatos (respuesta múltiple, verdadero-falso, rellenar los espacios en blanco, relacionar preguntas y respuestas).
- Incluye un *cartridge* listo para usar en WebCT y Blackboard, que permite integrar los contenidos complementarios en plataformas de *e-learning*.

Véase el interior de la cubierta del libro para más detalles, incluida la clave de acceso que necesitará para acceder a la web.

Así que aquí lo tiene. Esperamos que le guste. Juzgue usted mismo.

Thomas H. McConnell

Kerry L. Hull

Guía para el lector

El cuerpo humano, forma y función utiliza más de una docena de recursos distintos que le ayudarán a comprender y recordar el contenido del texto. Echemos un vistazo a esos recursos.

Conocimientos necesarios

Conocimientos necesarios

Excepto los capítulos 1 y 2, el resto comienza con una lista de temas que necesita dominar antes de estudiar el material del capítulo. Por ejemplo, el concepto de barrera se presenta en el capítulo 1, que es esencial para entender la importancia de la piel. Así, la lista de *Conocimientos necesarios* en el capítulo de la piel (capítulo 5) le ayudará a asegurarse de que domina lo tratado en el capítulo 1 antes de empezar con el capítulo 5.

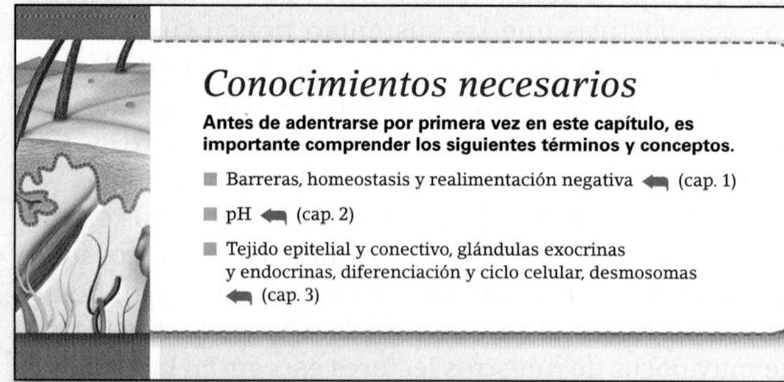

Conocimientos necesarios

Antes de adentrarse por primera vez en este capítulo, es importante comprender los siguientes términos y conceptos.

- Barreras, homeostasis y realimentación negativa (cap. 1)
- pH (cap. 2)
- Tejido epitelial y conectivo, glándulas exocrinas y endocrinas, diferenciación y ciclo celular, desmosomas (cap. 3)

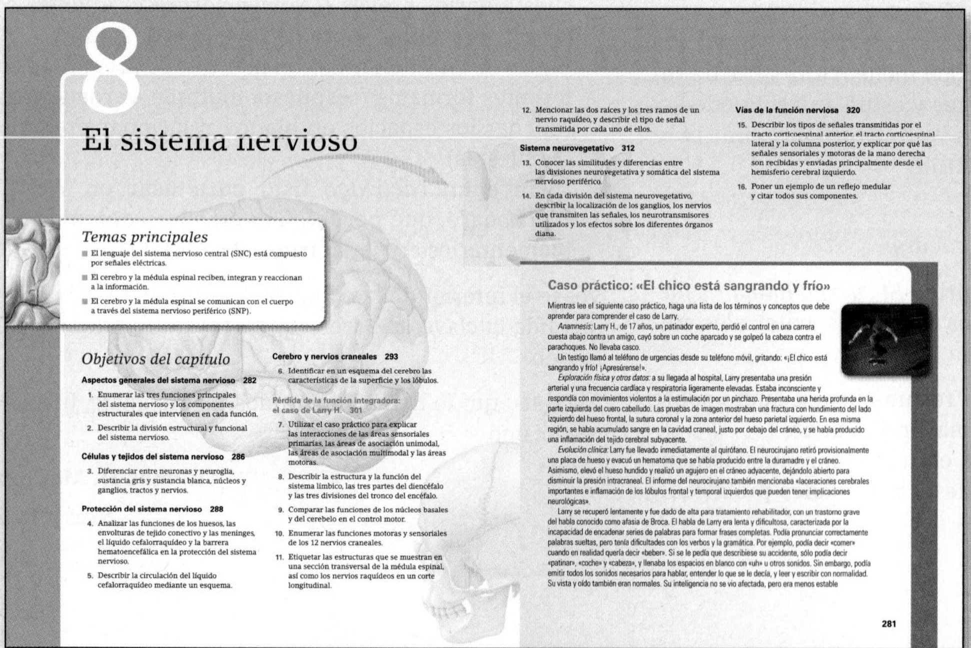

8

El sistema nervioso

Temas principales

- El lenguaje del sistema nervioso central (SNC) está compuesto por señales eléctricas.
- El cerebro y la médula espinal reciben, integran y reaccionan a la información.
- El cerebro y la médula espinal se comunican con el cuerpo a través del sistema nervioso periférico (SNP).

Objetivos del capítulo

Aspectos generales del sistema nervioso 282

1. Enumerar las tres funciones principales del sistema nervioso y los componentes estructurales que intervienen en cada función.
2. Describir la división estructural y funcional del sistema nervioso.

Células y tejidos del sistema nervioso 286

3. Diferenciar entre neuronas y neuroglía, sustancia gris y sustancia blanca, núcleos y ganglios, tractos y nervios.

Protección del sistema nervioso 288

4. Analizar las funciones de los huesos, las envolturas de tejido conectivo y las meninges, el líquido cefalorraquídeo y la barrera hematoencefálica en la protección del sistema nervioso.
5. Describir la circulación del líquido cefalorraquídeo mediante un esquema.

Cerebro y nervios craneales 293

6. Identificar en un esquema del cerebro las características de la superficie y los lóbulos.

Pérdida de la función integradora: el caso de Larry H. 301

7. Utilizar el caso práctico para explicar las interacciones de las áreas sensoriales primarias, las áreas de asociación unimodal, las áreas de asociación multimodal y las áreas motoras.
8. Describir la estructura y la función del sistema límbico, las tres partes del diencéfalo y las tres divisiones del tronco del encéfalo.
9. Comparar las funciones de los núcleos basales y del cerebelo en el control motor.
10. Enumerar las funciones motoras y sensoriales de los 12 nervios craneales.
11. Etiquetar las estructuras que se muestran en una sección transversal de la médula espinal, así como los nervios raquídeos en un corte longitudinal.
12. Mencionar las dos raíces y los tres ramos de un nervio raquídeo, y describir el tipo de señal transmitida por cada uno de ellos.

Sistema neurovegetativo 312

13. Conocer las similitudes y diferencias entre las divisiones neurovegetativa y somática del sistema nervioso periférico.
14. En cada división del sistema neurovegetativo, describir la localización de los ganglios, los nervios que transmiten las señales, los neurotransmisores utilizados y los efectos sobre los diferentes órganos diana.

Vías de la función nerviosa 320

15. Describir los tipos de señales transmitidas por el tracto corticoespinal anterior, el tracto corticoespinal lateral y la columna posterior, y explicar por qué las señales sensoriales y motoras de la mano derecha son recibidas y enviadas principalmente desde el hemisferio cerebral izquierdo.
16. Poner un ejemplo de un reflejo medular y citar todos sus componentes.

Caso práctico: «El chico está sangrando y frío»

Mientras lee el siguiente caso práctico, haga una lista de los términos y conceptos que debe aprender para comprender el caso de Larry.

Anamnesis: Larry H., de 17 años, un patinador experto, perdió el control en una carrera cuesta abajo contra un amigo, cayó sobre un coche aparcado y se golpeó la cabeza contra el parachoques. No llevaba casco.

Un testigo llamó al teléfono de urgencias desde su teléfono móvil, gritando: «¡El chico está sangrando y frío! ¡Apresúrense!».

Exploración física y otros datos: a su llegada al hospital, Larry presentaba una presión arterial y una frecuencia cardíaca y respiratoria ligeramente elevadas. Estaba inconsciente y respondía con movimientos violentos a la estimulación por un pinchazo. Presentaba una herida profunda en la parte izquierda del cuero cabelludo. Las pruebas de imagen mostraban una fractura con hundimiento del lado izquierdo del hueso frontal, la sutura coronal y la zona anterior del hueso parietal izquierdo. En esa misma región, se había acumulado sangre en la cavidad craneal, justo por debajo del cráneo, y se había producido una inflamación del tejido cerebral subyacente.

Evolución clínica: Larry fue llevado inmediatamente al quirófano. El neurocirujano retiró provisionalmente una placa de hueso y evacuó un hematoma que se había producido entre la duramadre y el cráneo. Asimismo, elevó el hueso hundido y realizó un agujero en el cráneo adyacente, dejándolo abierto para disminuir la presión intracraneal. El informe del neurocirujano también mencionaba «laceraciones cerebrales importantes e inflamación de los lóbulos frontal y temporal izquierdos que pueden tener implicaciones neurológicas».

Larry se recuperó lentamente y fue dado de alta para tratamiento rehabilitador, con un trastorno grave del habla conocido como afasia de Broca. El habla de Larry era lenta y dificultosa, caracterizada por la incapacidad de encadenar series de palabras para formar frases completas. Podía pronunciar correctamente palabras sueltas, pero tenía dificultades con los verbos y la gramática. Por ejemplo, podía decir «comer» cuando en realidad quería decir «beber». Si se le pedía que describiese su accidente, sólo podía decir «patinar», «coche» y «cabeza», y llenaba los espacios en blanco con «uh» u otros sonidos. Sin embargo, podía emitir todos los sonidos necesarios para hablar, entender lo que se le decía, y leer y escribir con normalidad. Su vista y oído también eran normales. Su inteligencia no se vio afectada, pero era menos estable

281

Caso práctico

Como se comentó en el prefacio, un *Caso práctico* inicia cada capítulo. Están escogidos según su utilidad para ilustrar los principios expuestos en el capítulo.

Citas

Las citas breves ayudan a ilustrar la principal idea de cada capítulo de forma instructiva y amena.

> ***Hay que leer los libros de medicina con cuidado. Podemos morir por culpa de una errata***
>
> **Mark Twain (Samuel Langhorne Clemens),** novelista y humorista estadounidense, 1835-1910

Temas principales

Piense en este apartado como una señal de aviso. Aquí le proporcionamos una visión rápida de los principios más importantes que rigen las formas y funciones que vamos a explicar en el capítulo.

Temas principales

- La comunicación entre las células es fundamental para la homeostasis y la vida.
- La comunicación necesita un *emisor*, una *señal*, un *medio* para transportarla y un *receptor* que acepte la señal.
- Las señales deben ser «traducidas» de un código a una acción.
- El efecto de la señal lo determina el receptor, no sólo la señal.
- Existen dos tipos de señales fisiológicas: químicas y eléctricas.

Recursos en el interior del capítulo

Apuntes sobre el caso

Como se comento en el prefacio, los *Apuntes sobre el caso* son preguntas para desarrollar el pensamiento crítico en las que el estudiante deberá aplicar lo aprendido en las secciones anteriores al caso práctico al inicio del capítulo. Las respuestas a estas preguntas están disponibles en el apartado de recursos para el estudiante en: **http://thePoint.lww.com/espanol-McConnellandHull.**

¡Recuerde! **Un hueso que no soporta carga tampoco tiene buena salud.**

Las condiciones que afectan al crecimiento o a la reparación ósea también son importantes. La circulación sanguínea insuficiente hacia una parte del cuerpo, por ejemplo hacia un miembro inferior, retrasa el crecimiento o la reparación de los huesos afectados. La diabetes ➡ (cap. 15) y la ateroesclerosis ➡ (cap. 11) son causas importantes de una reducción de la circulación sanguínea hacia los pies y las piernas. En la salud de los huesos también influyen otros trastornos locales, como infecciones o inflamaciones.

Apuntes sobre el caso

6-10 Maggie debe lograr la reparación de sus frágiles huesos. Recuerde que tiene 57 años de edad. ¿Qué hormona debería tomar para mejorar su salud ósea, estrógenos o testosterona?

6-11 El régimen de ejercicio físico intenso que lleva Maggie, ¿ha sido beneficioso o perjudicial para sus huesos?

Una fractura consolidada es un modelo de reparación ósea

Los huesos saludables necesitan la carga de la vida diaria, que estimula la actividad osteoblástica y osteoclástica para reconstruir y renovar el tejido óseo. La falta de carga, como sucede durante los vuelos espaciales o el reposo prolongado en cama, provoca que los huesos se disuelvan parcialmente y se vuelvan más débiles y quebradizos. No obstante, las fuerzas desde direcciones inusuales o excepcionalmente fuertes pueden tensionar el hueso hasta el punto de romperlo. Una **fractura** es un hueso roto. Una **fractura patológica** (fractura espontánea secundaria) es

vasos y los leucocitos que actúan de forma invasiva. La reparación avanza con el aspecto de un *hueso trabecular*, que se osifica mediante osificación intramembranosa. Esta mezcla, rica en tejido de granulación, cartílago y hueso trabecular, que se llama **callo de reparación** o **de fractura,** une ligeramente los extremos del hueso roto, que aún no puede soportar peso. La reparación continúa a medida que los osteoclastos reabsorben el hueso muerto y los bordes de la fractura se suavizan.

3. Después de un par de semanas, el callo de reparación madura y se convierte en un **callo óseo,** a medida que aumenta el depósito de tejido óseo y se intensifica el reemplazo del hueso trabecular y el cartílago por el hueso esponjoso. El callo óseo une el hueso con más firmeza, que ahora puede soportar cierto peso.
4. Finalmente, el exceso de tejido esponjoso y el callo se reabsorben y son reemplazados por hueso compacto y denso, que recupera su forma anatómica anterior con la ayuda de las fuerzas mecánicas locales.

Apuntes sobre el caso

6-12 La reparación ósea de Maggie fue muy lenta. Dos semanas después del accidente, alrededor de los huesos fracturados se formó un callo de reparación. ¿Qué contenía ese callo de reparación?

6-13 ¿Por qué el médico de Maggie considera su fractura de tobillo como patológica?

La homeostasis del calcio es esencial para el funcionamiento del cuerpo

Como dijimos en el ⬅ capítulo 1, la homeostasis es el conjunto de «las tareas colectivas de comunicación y control que el cuerpo realiza para mantener los parámetros fisiológicos dentro de límites estrictos y fisiológicamente estables». La concentración de calcio en sangre, como la de muchos otros iones, es regulada por un circuito cerrado de retroalimentación negativa; si se eleva demasiado, el cuerpo reacciona para reducirla, y viceversa. Los valores dema-

¡Recuerde!

Entre los apartados donde se expone el contenido central, los apartados *¡Recuerde!* destacan las ideas más importantes, o sugieren un juego u otro recurso para ayudar a memorizarlas. También pueden ayudar a clarificar conceptos o establecer vínculos entre ideas relacionadas, como por ejemplo: «tanto las células pilosas como las ungueales crecen a partir de una matriz de citoblastos».

Examen sorpresa

Próximos a los apartados donde se expone el contenido central del capítulo encontrará los *exámenes sorpresa* sobre los temas que acaban de tratarse. Puede usarlos para valorar si ha entendido del todo el material anterior antes de continuar asimilando nueva información.

10-12 Ordenar los leucocitos siguientes de más abundante a menos abundante: basófilos, eosinófilos, linfocitos, neutrófilos, monocitos.

10-13 ¿Cuáles de los leucocitos anteriores son los granulocitos?

10-14 ¿Qué término clínico designa un número bajo de leucocitos en sangre?

10-15 ¿Son los neutrófilos los principales actores en la inflamación aguda o en la inflamación crónica?

10-16 Un paciente adulto tiene un número elevado de linfocitos malignos en la sangre. ¿Cómo denominaría la enfermedad de este paciente, linfoma o leucemia?

Cuadros

Estos textos breves en cuadros presentan interesante información que completa los temas tratados en el capítulo. Aunque no son esenciales para comprender los principios expuestos en el texto, le ayudarán a profundizar su comprensión del cuerpo humano y a aplicar lo aprendido.

- *Historia de la ciencia.* Estos apartados se centran en descubrimientos, aspectos sociales o personalidades destacadas de la historia de la anatomía y la fisiología. Por ejemplo, en el cuadro de *Historia de la ciencia* del capítulo 1 se relata cómo los estudiantes de medicina en el pasado recurrían a robar cadáveres en cementerios para poder realizar sus estudios prácticos de anatomía.

HISTORIA DE LA CIENCIA

¿Fluye la sangre hacia dentro y hacia fuera como la marea?

Hoy en día, los estudiantes de primaria aprenden que la sangre fluye en un circuito interminable desde el corazón hacia los tejidos y de vuelta al corazón. Sin embargo, en la Antigüedad la visión era diferente, como propuso el médico griego Galeno en el siglo II d.C. Galeno observó correctamente que la sangre venosa y arterial son diferentes. Propuso que la sangre venosa se origina en el hígado y la sangre arterial en el corazón, y que la sangre se mueve desde esos lugares de producción hacia los órganos, que la consumen. Este malentendido se mantuvo durante casi 1500 años, hasta que el médico Inglés William Harvey (1578-1657) lo vio de otra manera.

Harvey utilizó las matemáticas y la experimentación científica para demostrar que la sangre podría no ser producida y consumida como postuló Galeno. En primer lugar, calculó que el número de latidos en un día era de 48000 (aunque la cifra real está más cerca de 100000), y que el volumen movido con cada latido era de 5 ml (en realidad la cifra está más cerca de 80 ml). Incluso utilizando estas estimaciones tan bajas, Harvey demostró que, si el hígado y el corazón produjesen la sangre, tendrían que fabricar más de 200 kg de sangre nueva todos los días. Era evidente que Galeno estaba equivocado.

Harvey también diseñó cuidadosamente algunos experimentos científicos. Como puede verse en la figura que utilizó para ilustrar su experimento, ató un torniquete en la parte superior del brazo lo suficientemente fuerte para detener el flujo sanguíneo en el brazo y observó que el miembro por debajo de la constricción se tornaba pálido y frío. Al liberar el torniquete, el brazo se volvía rojo y caliente.

Harvey asoció esta observación con lo que estaba sucediendo en las venas superficiales del antebrazo. Observó pequeñas protuberancias en las venas, y concluyó correctamente que eran las válvulas que Fabricio, su maestro en Italia, había descubierto antes. Harvey trató de masajear la sangre hacia la mano moviendo su dedo hacia abajo a lo largo de la vena, pero fue en

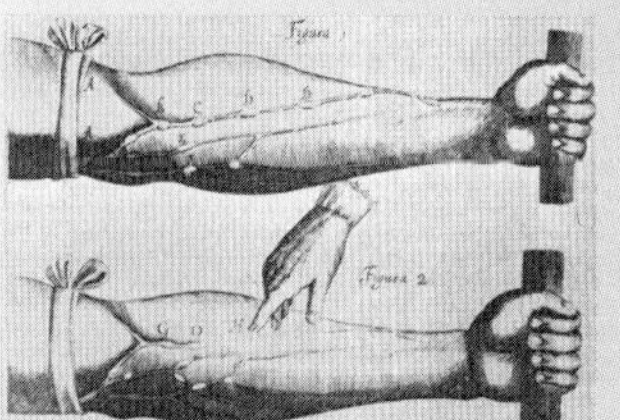

Experimento de Harvey. Este experimento demostró que la sangre sólo fluye hacia el corazón. Si el flujo sanguíneo desde el miembro (hacia el corazón) se bloquea, la vena no puede rellenarse con el flujo sanguíneo que proviene del corazón.

vano. Sin embargo, la misma técnica aplicada hacia arriba vaciaba fácilmente la vena de su contenido. Hizo el mismo experimento en las venas del cuello, y observó el resultado opuesto: podía masajear la sangre hacia abajo pero no hacia arriba. Harvey llegó a la conclusión correcta de que las venas d[...] todas las partes del cuerpo mueven la sangre ha[...] el corazón, y que el corazón la bombea de vuelta[...] Pero nunca llegó a entender cómo pasa la sangr[...] las arterias a las venas, que es a través del siste[...] que hoy conocemos como la amplia red capilar [...] cuerpo.

Harvey anunció sus descubrimientos en 1616[...] pero no se publicaron hasta 1628, cuando impri[...] *Exercitatio Anatomica de Motu Cordis et Sangui[...] in Animalibus (Un ejercicio anatómico sobre el movimiento del corazón y la sangre en los anim[...]*

- *Forma básica, función básica.* Este recurso explora aspectos fascinantes de la forma y la función humana. Por ejemplo, en el cuadro de *Forma básica, función básica* del capítulo 8 se explora la cuestión de si realmente tenemos un cerebro izquierdo y otro derecho.

FORMA BÁSICA, FUNCIÓN BÁSICA

El cerebro en desarrollo

La relación entre los ventrículos cerebrales y las diferentes regiones del cerebro se comprende con más facilidad si tenemos en cuenta cómo se desarrolla embrionariamente el cerebro. La figura A representa el cerebro humano durante el desarrollo embrionario, así como el cerebro de otros mamíferos cuadrúpedos.

El SNC embrionario consta de un largo tubo hueco de tejido. El interior del tubo forma el sistema ventricular que contiene el LCR. La parte más *rostral* («hacia la nariz») del tubo se amplía en dos masas, los dos hemisferios cerebrales, cada uno con un ventrículo lateral lleno de líquido. Si pudiéramos flotar en una balsa por el sistema ventricular, iríamos desde los ventrículos laterales al tercer ventrículo, que está rodeado por el diencéfalo. A continuación estaría el acueducto mesencefálico, rodeado por el mesencéfalo. Continuando en dirección *caudal* («hacia la cola») a través del cuarto ventrículo, encontraríamos el cerebelo en situación dorsal y la parte superior del tronco del encéfalo en posición ventral. Finalmente, la balsa saldría del cerebro y entraría en el conducto central de la médula espinal.

A medida que se desarrolla el cerebro humano, se produce algo extraordinario: el largo tubo neural se dobla sobre sí mismo. El cerebro crece y esencialmente cae hacia delante. Los huesos del cráneo limitan el crecimiento de los hemisferios cerebrales hasta la coronilla de la cabeza, por lo que la curvan hacia fuera (hacia el oído) y hacia abajo. ¿El resultado? El cerebro que vemos en la parte B de la figura, y los ventrículos que vemos en la figura 8-7.

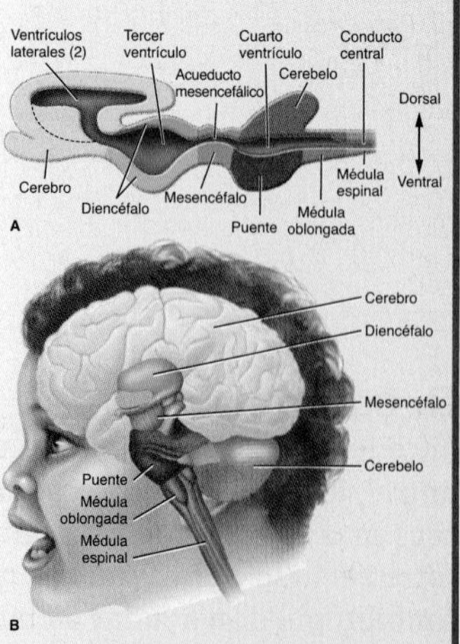

Desarrollo del cerebro. **A)** Plano básico del sistema nervioso, en el embrión en fase precoz. El sistema ventricular se muestra en azul oscuro. **B)** Cerebro humano.

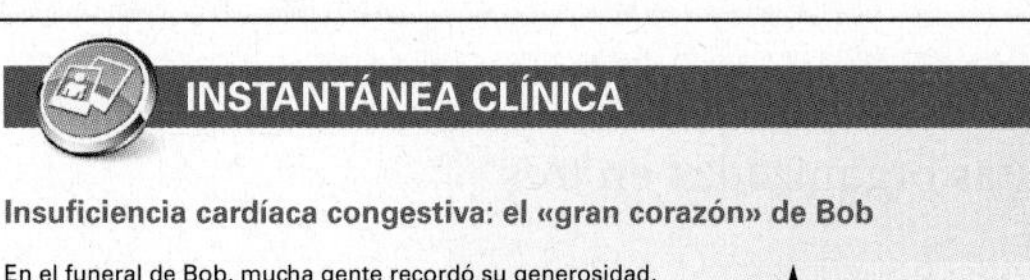

Insuficiencia cardíaca congestiva: el «gran corazón» de Bob

En el funeral de Bob, mucha gente recordó su generosidad, su bondad, su «gran corazón». A pesar de que estaban hablando metafóricamente, también es cierto que el tamaño del corazón de Bob en el momento de su muerte era demasiado grande. ¿Por qué?

Recordemos que el corazón normal bombea toda la sangre que le llega gracias a la relación entre la precarga y el volumen sistólico. Esta relación, conocida como la curva de Frank-Starling, se basa en el músculo cardíaco sano. Pero, ¿qué sucede cuando, como ocurrió con Bob, la enfermedad arterial coronaria interfiere en el flujo sanguíneo del músculo cardíaco y daña al músculo cardíaco? El resultado puede ser, como lo fue en el caso de Bob, una *insuficiencia cardíaca congestiva* (ICC), una patología en la que *el corazón es incapaz de expulsar el volumen de sangre que le llega* y se llena de sangre, de modo que el ventrículo derecho y las fibras cardíacas se estiran. En dichos casos, la congestión puede hacer que el corazón se dilate de forma tan importante que el tamaño anómalo se detecte con una radiografía de tórax.

La comprensión de la insuficiencia cardíaca requiere la comprensión de la curva de Frank-Starling. Cuando el corazón es incapaz de expulsar toda la sangre nueva que le llega, aumenta la precarga y las fibras estiradas del músculo miocárdico compensan contrayéndose con más fuerza, al igual que un resorte tenso tira cada vez más a medida que se alarga. El incremento resultante en la fuerza de contracción (y por tanto el volumen sistólico) *compensa* el deterioro del funcionamiento del corazón y mantiene el gasto cardíaco normal. Por lo tanto, esta fase inicial se conoce como **insuficiencia cardíaca compensada;** por lo general, no produce síntomas, ya que el gasto cardíaco se mantiene.

Sin embargo, a veces la compensación no es suficiente y la sangre continúa acumulándose. Finalmente, las fibras musculares se estiran demasiado, y un estiramiento adicional dará como resultado contracciones *más débiles,* no más fuertes, como un resorte sobrecargado pierde su potencia. La fuerza de contracción se debilita, el volumen sistólico y el gasto cardíaco caen y el corazón entra en un círculo vicioso: con cada latido se acumula más sangre, la precarga sigue aumentando, disminuye la fuerza de contracción, disminuye el volumen sistólico, cae el gasto cardíaco y se acumula aún más sangre. Esta etapa, llamada **insuficiencia cardíaca descompensada,** por lo general produce síntomas.

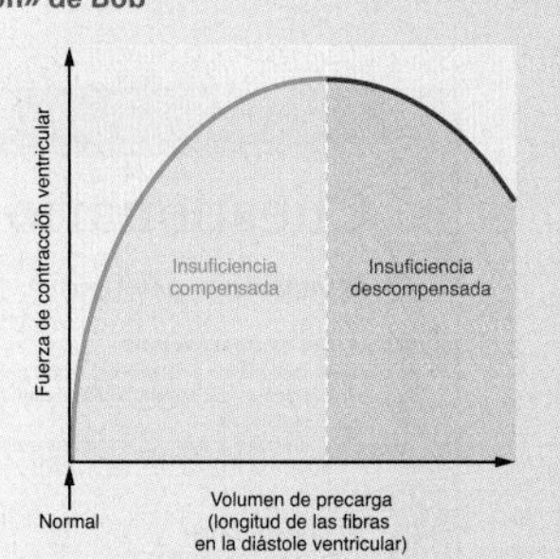

Insuficiencia cardíaca. La insuficiencia cardíaca precoz (compensada) aumenta la fuerza de contracción; la insuficiencia avanzada (descompensada) la reduce.

El fallo del corazón de Bob se debió a dos mecanismos. Inicialmente fue el daño muscular: existían menos fibras musculares para expulsar la sangre. Por tanto, se acumulaba más sangre con cada latido. En segundo lugar, conforme la sangre se acumulaba y aumentaba la precarga, las fibras ventriculares sanas restantes se estiraban. Sabemos a partir de la curva de Frank-Starling que el primer fragmento de estiramiento es útil; pero, a medida que se acumula más sangre, las fibras se estiran demasiado, lo que tiene un efecto perjudicial sobre la fuerza de bombeo restante. Con cada latido, el volumen de sangre en el ventrículo aumenta poco a poco. Y, como en un atasco de tráfico producido por un coche parado, la congestión en el sistema vascular de Bob «aumentaba» en primer lugar en la aurícula izquierda y después en las venas pulmonares y los capilares. Este aumento de la presión produjo la exudación desde los capilares pulmonares hacia los pulmones, impidiendo el intercambio de gases. Su gasto cardíaco seguía disminuyendo, lo que privó aún más de oxígeno a sus tejidos. En última instancia, el «gran corazón» de Bob causó su fallecimiento.

- *Instantánea clínica.* Se explora una enfermedad, lesión, método o diagnóstico, o tratamiento médico relacionado con el tema del capítulo. Por ejemplo, en el cuadro de *Instantánea clínica* del capítulo 2 (química) se comentan los usos médicos de la radioactividad.

Recursos al final del capítulo

Etimología

Aprender el lenguaje de la forma y la función humana es mucho más fácil si se domina un pequeño número de prefijos y sufijos importantes para cada sistema corporal. En cada capítulo, esta tabla identifica prefijos, sufijos y raíces de palabras importantes para el contenido de cada capítulo. Por ejemplo, en el capítulo 3 (células), aprenderá que cito- significa célula, y que, por tanto, la citología es el análisis de las células.

Etimología

Raíces latinas/griegas	Equivalentes en español	Ejemplos
ante-/i-	Contra	Antagonista: trabaja o actúa contra el agonista
-crino	Secreción	Endocrino: secretado dentro del cuerpo
de-/des-	Quitar, extraer	Despolarizar: eliminar o quitar la polarización
endo-	Dentro de, en	Endógeno: generado dentro del cuerpo
exo-	Fuera de	Exógeno: generado fuera del cuerpo
neur-/neuro-	Neurona, nervio, tejido nervioso	Neurocrino: secretado por una neurona
para-	Al lado de, junto a	Paracrino: secretado hacia las células próximas
post-	Después	Célula postsináptica: célula después de la sinapsis
pre-	Antes	Célula presináptica: célula antes de la sinapsis
re-	Otra vez, nuevamente	Repolarizar: volver a polarizar

Cuestionario del capítulo

Para ayudarle a repasar lo estudiado y a preparar sus exámenes, incluimos distintos tipos de preguntas al final de cada capítulo. Este cuestionario presenta las preguntas organizadas en tres grupos:

- Las preguntas de *revisión* le ayudarán a comprobar la asimilación de la información aprendida en el capítulo. Por lo general, son preguntas de respuesta múltiple y de relación de conceptos.
- Las preguntas de *comprensión de conceptos* le servirán para comprobar su comprensión de las principales ideas.
- En las preguntas de *aplicación* deberá aplicar a nuevas situaciones la nueva información y conceptos aprendidos. Tanto las preguntas de comprensión de conceptos como las de aplicación son breves.

Las respuestas al cuestionario del capítulo están disponibles en la web de recursos complementarios **http://thePoint.lww.com/espanol-McConnellandHull**, para que pueda seguir su progreso.

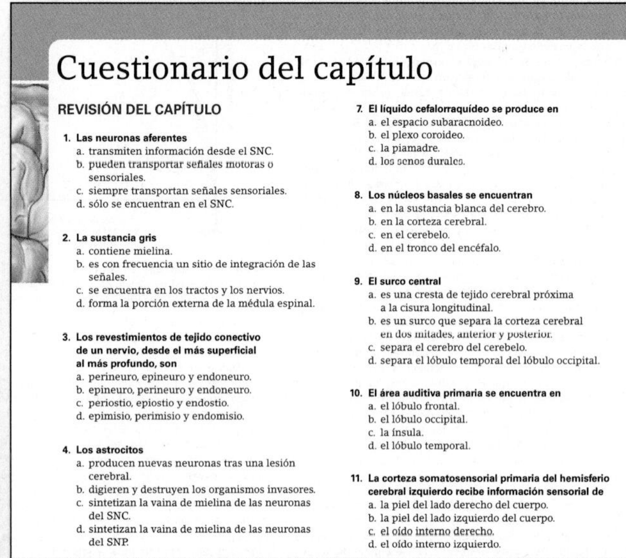

Cuestionario del capítulo

REVISIÓN DEL CAPÍTULO

1. Las neuronas aferentes
a. transmiten información desde el SNC.
b. pueden transportar señales motoras o sensoriales.
c. siempre transportan señales sensoriales.
d. sólo se encuentran en el SNC.

2. La sustancia gris
a. contiene mielina.
b. es con frecuencia un sitio de integración de las señales.
c. se encuentra en los tractos y los nervios.
d. forma la porción externa de la médula espinal.

3. Los revestimientos de tejido conectivo de un nervio, desde el más superficial al más profundo, son
a. perineuro, epineuro y endoneuro.
b. epineuro, perineuro y endoneuro.
c. periostio, epiostio y endostio.
d. epimisio, perimisio y endomisio.

4. Los astrocitos
a. producen nuevas neuronas tras una lesión cerebral.
b. digieren y destruyen los organismos invasores.
c. sintetizan la vaina de mielina de las neuronas del SNC.
d. sintetizan la vaina de mielina de las neuronas del SNP.

7. El líquido cefalorraquídeo se produce en
a. el espacio subaracnoideo.
b. el plexo coroideo.
c. la piamadre.
d. los senos durales.

8. Los núcleos basales se encuentran
a. en la sustancia blanca del cerebro.
b. en la corteza cerebral.
c. en el cerebelo.
d. en el tronco del encéfalo.

9. El surco central
a. es una cresta de tejido cerebral próxima a la cisura longitudinal.
b. es un surco que separa la corteza cerebral en dos mitades, anterior y posterior.
c. separa el cerebro del cerebelo.
d. separa el lóbulo temporal del lóbulo occipital.

10. El área auditiva primaria se encuentra en
a. el lóbulo frontal.
b. el lóbulo occipital.
c. la ínsula.
d. el lóbulo temporal.

11. La corteza somatosensorial primaria del hemisferio cerebral izquierdo recibe información sensorial de
a. la piel del lado derecho del cuerpo.
b. la piel del lado izquierdo del cuerpo.
c. el oído interno derecho.
d. el oído interno izquierdo.

Organización de las ilustraciones

Como profesores expertos, sabemos que «una imagen vale más que mil palabras». A lo largo de este libro encontrará ilustraciones anatómicas realizadas por expertos, innovadores esquemas de procesos, organigramas, microfotografías y fotografías clínicas, en algunos casos con esquemas. Así, el texto está ampliamente apoyado por las imágenes, lo que le ayudará a visualizar las estructuras y funciones del cuerpo integrado.

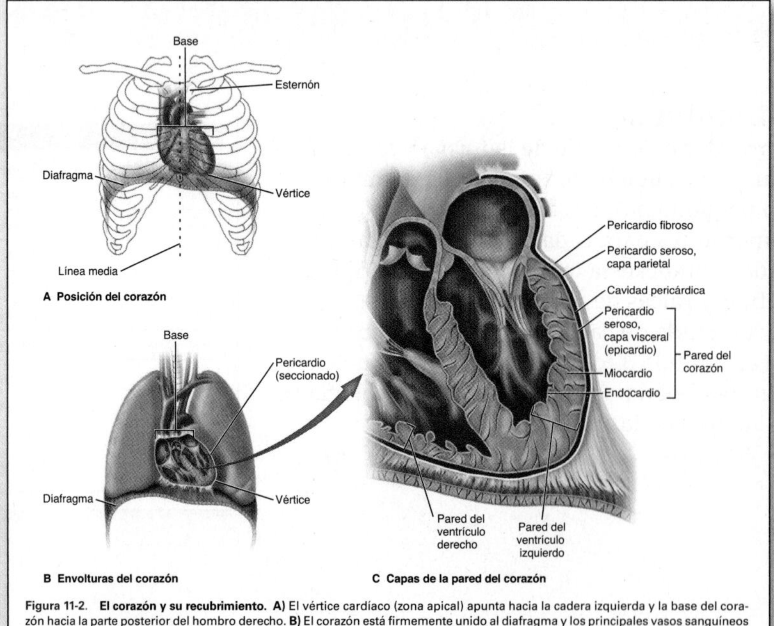

Figura 11-2. **El corazón y su recubrimiento. A)** El vértice cardíaco (zona apical) apunta hacia la cadera izquierda y la base del corazón hacia la parte posterior del hombro derecho. **B)** El corazón está firmemente unido al diafragma y los principales vasos sanguíneos por el pericardio. **C)** La pared del corazón está formada por tres capas y está rodeado por el pericardio. *¿Qué capa del pericardio es parte de la pared del corazón?*

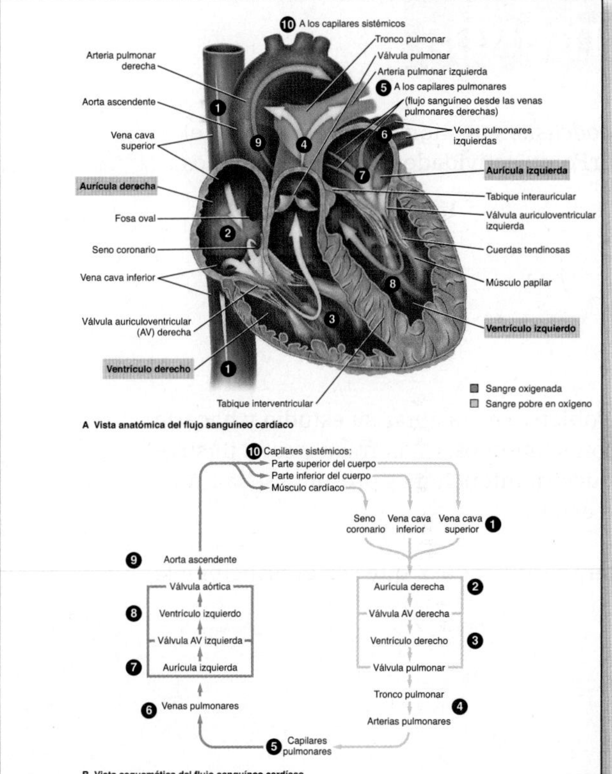

Figura 11-5. Flujo sanguíneo a través del corazón. ... ras del corazón y la salida por la aorta o por el tron... *recibe la sangre del músculo cardíaco?*

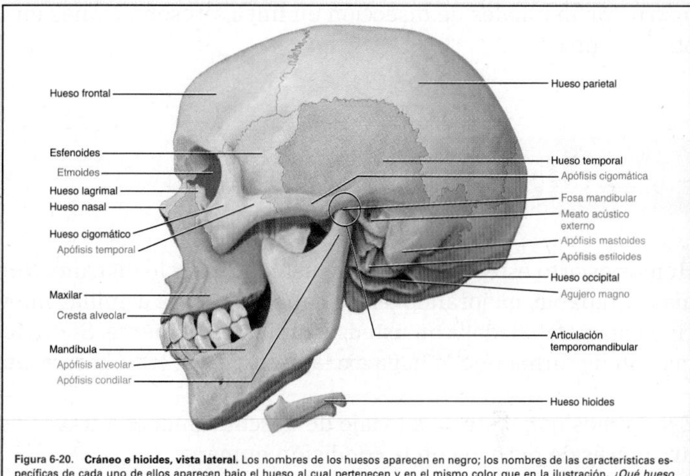

Figura 6-20. **Cráneo e hioides, vista lateral.** Los nombres de los huesos aparecen en negro; los nombres de las características específicas de cada uno de ellos aparecen bajo el hueso al cual pertenecen y en el mismo color que en la ilustración. *¿Qué hueso contiene la apófisis condilar?*

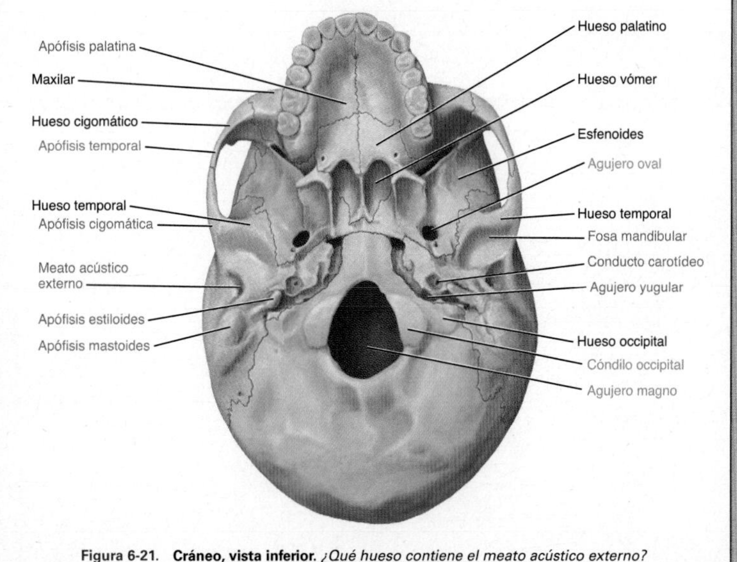

Figura 6-21. **Cráneo, vista inferior.** *¿Qué hueso contiene el meato acústico externo?*

Web de recursos complementarios

En nuestra web encontrará esquemas adicionales, animaciones, *podcasts,* cuestionarios, manuales del instructor, manuales de disección en línea, presentaciones en PowerPoint, actividades en línea y muchos otros recursos.

Resumen

Hemos escrito este libro para que usted lo lea y lo disfrute. Nuestro objetivo es facilitar su estudio y hacerlo más agradable, mejorando así su capacidad para asimilar nuevos conocimientos. Cada frase y cada ilustración están trabajadas con usted, estudiante, en mente. Sobre todo, nuestra intención es presentarle la información de forma que le haga exclamar: «¡Vaya! ¡Qué interesante es esto!».

Esperamos que disfrute su viaje de descubrimiento a través del cuerpo integrado. Y que sea el principio de un interés de por vida en la condición humana.

Thomas H. McConnell
Kerry L. Hull

Índice de capítulos

Capítulo 5
Piel, membranas y otras barreras frente al medio externo 138

Capítulo 6
Huesos y articulaciones 164

Capítulo 7
Músculos 226

Capítulo 8
El sistema nervioso 280

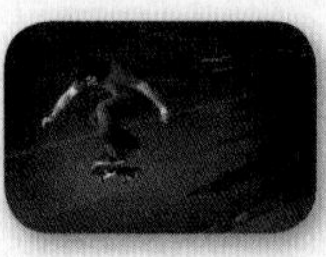

Capítulo 9
Sensación: sentidos somáticos y especiales 328

Capítulo 10
La sangre 374

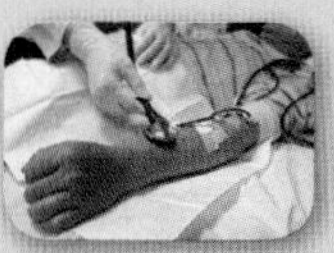

Capítulo 11
El aparato cardiovascular 408

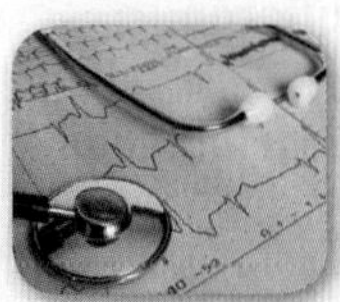

Capítulo 12
Los sistemas inmunitario y linfático 462

Capítulo 13
El sistema respiratorio 502

Capítulo 14
El aparato digestivo 536

Capítulo 15
Metabolismo y regulación endocrina 588

Capítulo 16
El aparato urinario y los líquidos corporales 632

Capítulo 17
El aparato reproductor 664

El cuerpo humano, forma y función

Fundamentos de anatomía y fisiología

1

Forma, función y vida

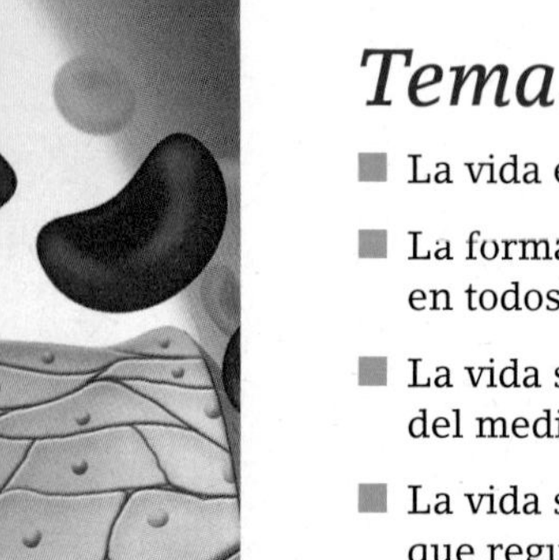

Temas principales

- La vida está definida por características específicas.
- La forma y la función están estrechamente relacionadas en todos los niveles de vida.
- La vida se mantiene gracias a elementos específicos del medio externo.
- La vida se mantiene gracias a reacciones automáticas estrictas que regulan el medio interno.
- La comunicación precisa es un atributo esencial de la ciencia que necesita un lenguaje descriptivo especializado.

Objetivos del capítulo

Forma, función y vida 4

1. Explicar la diferencia entre anatomía y fisiología y proporcionar un ejemplo de cada una de ellas.
2. Indicar cuatro características de los seres vivos.

Los bloques estructurales de la vida 7

3. En un sistema orgánico específico, indicar cuáles son los bloques estructurales de la vida, comenzando por el más pequeño.

Vida y medio externo 7

4. Identificar cinco características del medio externo necesarias para la vida.

Vida y gradientes 10

5. Explicar la importancia de los gradientes de concentración y de presión en el cuerpo.

Homeostasis: cómo mantener un medio interno sano 11

6. Definir la homeostasis.
7. Señalar al menos un aporte de los 11 sistemas corporales a la homeostasis.

8. Comparar y contrastar opiniones positivas y negativas, y poner un ejemplo de cada una de ellas.

El caso del presidente Ronald Reagan muestra la homeostasis en acción 17

El lenguaje de la forma y la función 19

9. Utilizar términos anatómicos para describir las distintas regiones del cuerpo y las posiciones relativas entre unas y otras.

10. Describir las membranas y mencionar algunos órganos ubicados en cada cavidad corporal.

El lenguaje de la enfermedad 25

11. Identificar signos y síntomas observados en el caso práctico.

Caso práctico: «Querida, me olvidé de agacharme»

Mientras lee el siguiente caso práctico, haga una lista de los términos y conceptos que debe aprender para comprender el caso del presidente Reagan.

Anamnesis: el 30 de marzo de 1981, a los 2 meses de haber asumido la presidencia de Estados Unidos, Ronald Reagan recibió un disparo en el pecho. James Hinckley, un vagabundo trastornado, pensó que asesinar a Reagan era una forma de demostrar su amor por la actriz Jodie Foster.

Presidente Ronald Reagan.

Después de un breve discurso ante un grupo de sindicalistas en un hotel de la ciudad de Washington, Reagan se dirigió a su coche oficial, cerca del cual se encontraba el vagabundo, Hinckley, que a empujones había logrado un lugar en la primera fila de la multitud de admiradores y periodistas que esperaban al presidente. A poca distancia, disparó seis tiros con una pistola del calibre 22, con los que hirió a tres miembros de su escolta, pero no alcanzó directamente al presidente. Sin embargo, una bala rebotó contra el coche oficial, que tenía protección antibala, y penetró en el tórax de Reagan por la parte posterior, cerca de la axila y en sentido anteroinferior y medial, para detenerse finalmente en el pulmón, a unos 2 cm del corazón.

Reagan comenzó inmediatamente a escupir sangre y se quejó de falta de aliento mientras era trasladado a toda velocidad al hospital más próximo. Entró caminando, pero antes de llegar perdió el equilibrio y se desplomó sobre las rodillas, por lo que fue trasladado en camilla hasta la sala de urgencias.

Exploración física y otros datos: Reagan estaba pálido, tenía dificultades para respirar y se quejaba de dolor en el pecho. Su presión arterial sistólica era de 80 mm Hg (valor normal, 120), su frecuencia cardíaca de 80 lat/min (valor normal, 70) y su frecuencia respiratoria de 30 resp/min (valor normal, 14). Se detectó una pequeña herida cutánea en la parte posterior del tórax, cerca de la axila izquierda, a la altura de la cuarta costilla. La radiografía reveló la presencia de sangre en la caja torácica y un objeto pequeño de metal en la zona inferior izquierda.

Evolución clínica: se administró oxígeno inmediatamente y, mientras llegaba la sangre de banco, se aplicó una solución de líquidos y minerales de forma intravenosa. Se insertó un tubo de succión en la zona izquierda del tórax, entre la parrilla costal y el pulmón. Transcurrida la primera hora, se habían extraído 2 l de sangre de la cavidad torácica y por vía intravenosa se habían administrado unos 500 ml de concentrado de eritrocitos y 3 000 ml de líquidos. La presión arterial sistólica era de 160 mm Hg, la frecuencia cardíaca de 90 lat/min y la frecuencia respiratoria de 25 resp/min (en el momento del ingreso: 80, 80 y 30, respectivamente).

Reagan continuaba sangrando a través del tubo y los médicos decidieron abrir el tórax anteriormente, entre la quinta y la sexta costilla. Cuando se le informó que iban a someterlo a cirugía de tórax, con gran sentido del humor dijo al cirujano que esperaba que todo su equipo fuera republicano. Cuando abrió el tórax, el cirujano extrajo 500 ml de sangre, de modo que la pérdida total alcanzó los 3000 ml. El corazón y los órganos circundantes no se habían visto afectados, pero se observó un chorro pulsátil de sangre oscura proveniente de una arteria pulmonar pequeña. Al ligar el vaso, la hemorragia se detuvo. En el pulmón izquierdo, cerca del corazón, se encontró y se extrajo una bala plana del tamaño de una moneda de 10 centavos. Durante su permanencia en el quirófano, el presidente recibió una infusión intravenosa de unos 5000 ml entre líquidos y sangre.

Reagan, que tenía 69 años en el momento del ataque, se recuperó lentamente sin perder jamás su famoso sentido del humor. Durante su convalecencia explicó la causa de su herida a la primera dama, Nancy Reagan, con una famosa frase de Jack Dempsey cuando le explicó a su esposa por qué había perdido el campeonato mundial de boxeo de 1927 contra Gene Tunney: «Querida, me olvidé de agacharme». Aunque recibió el alta a los 12 días de ser ingresado, transcurrieron más de 6 semanas hasta que pudo retomar su agenda completa de actividades.

Después de leer el capítulo 1 podrá explicar los síntomas y signos de Reagan, y por qué su respuesta corporal y los tratamientos médicos que recibió le permitieron recuperar la salud.

En cada capítulo de este libro, la forma y la función serán las cuestiones subyacentes: las formas y estructuras de todos los objetos están íntimamente ligadas a su función, ya sea el corazón humano, un tenedor o una grapadora. En todo el texto, la anatomía es la forma de los objetos y la fisiología es su función (actividad). Cuando la forma y la función se combinan para producir actividad biológica, se produce la *vida*. Cuando alguna de las dos se altera, se produce la *enfermedad*. Cuando la actividad biológica termina, se produce la *muerte*.

En este capítulo podemos imaginar que estamos viendo el paisaje de la anatomía y la fisiología desde la ventana de un avión, a 30000 pies de altura y en un día claro: la imagen general se ve fácilmente, pero tiene demasiados detalles como para poder observarlos a esa distancia y velocidad. Para profundizar en nuestros conocimientos necesitaremos una observación más detallada, que haremos en los capítulos posteriores. Por el momento nos interesa sólo la imagen general; no espere dominar ahora todos los temas mencionados.

Hay que leer los libros de medicina con cuidado. Podemos morir por culpa de una errata

Mark Twain (Samuel Langhorne Clemens), novelista y humorista estadounidense, 1835-1910

Forma, función y vida

El objetivo de la **anatomía** humana (del griego *anatomé* = «disección») es entender la estructura (forma) de nuestro cuerpo y su relación con nuestras funciones. La *anatomía macroscópica* examina las estructuras que pueden observarse a simple vista. Por el contrario, la *anatomía microscópica* es el estudio de las estructuras demasiado pequeñas como para visualizarse sin instrumentos ópticos, las que sólo pueden observarse con microscopio. Durante siglos, los anatomistas y los estudiantes médicos han diseccionado cadáveres para sus estudios de anatomía humana. Como se expone en el cuadro Historia de la ciencia titulado «Un delito grave», la necesidad de cadáveres llevó alguna vez no sólo al secuestro de cuerpos en la morgue y al robo de tumbas, sino incluso al asesinato.

El objetivo de la **fisiología** humana (del griego *physis* = «naturaleza» y *logos* = «estudio») es explicar los mecanismos internos del cuerpo humano, es decir, las actividades macro y microscópicas de las cosas que nos dan la vida. Los grandes pensadores han estado siempre fascinados por el funcionamiento del cuerpo humano; Aristóteles, por ejemplo, defendía que la finalidad del cerebro era secretar mucosidad (tal vez porque padecía frecuentes resfriados con congestión nasal). Ahora disponemos de equipos sofisticados que permiten acercarnos a la verdad y, entre otras cosas, entender por qué el aliento de los diabéticos huele a manzana o explicar el punto ciego de la visión.

Apuntes sobre el caso

1-1 Los médicos observaron una pequeña herida en la parte posterior del tórax de Reagan. Esa observación anatómica ¿fue macroscópica o microscópica?

Los seres humanos comparten cuatro características comunes a todos los seres vivos

Como todos ellos, son **organismos,** es decir, formas de vida completa que funcionan independientemente de otras formas de vida.

HISTORIA DE LA CIENCIA

Un delito grave

En una helada noche de enero de 1824 se descubrió la desaparición del cadáver de Bathsheba Smith, muerta a los 17 años, de su tumba recién cavada en West Haven, Connecticut. Los habitantes de la zona sospecharon inmediatamente que había sido robado por los estudiantes de la Yale Medical School, próxima a esa localidad, para sus estudios de anatomía. Al día siguiente por la mañana, el jefe de policía de la pequeña ciudad encontró el cadáver, cuidadosamente envuelto y oculto bajo el pavimento del sótano de la escuela. La noticia se difundió rápidamente y, por la noche, una muchedumbre enardecida rodeó el edificio durante 2 días, arrojando piedras y trozos de carbón, con la intención de destruirlo. Finalmente, la policía y el ejército dispersaron al grupo, y un tribunal declaró culpable del delito a un auxiliar del laboratorio de anatomía.

Los robos de tumbas fueron también frecuentes en otros países. En Inglaterra, Irlanda y Escocia, los saqueadores de tumbas, conocidos como «resurreccionistas», descubrieron que para satisfacer las necesidades de cadáveres frescos no bastaba con robarlos, por lo que algunos recurrieron al asesinato. En 1829, el irlandés William Burke confesó el asesinato de 16 personas en Escocia, crímenes por los que fue condenado a la horca. Había vendido los cadáveres frescos a un anatomista de la Edinburgh University, que los había comprado sin hacer ninguna pregunta.

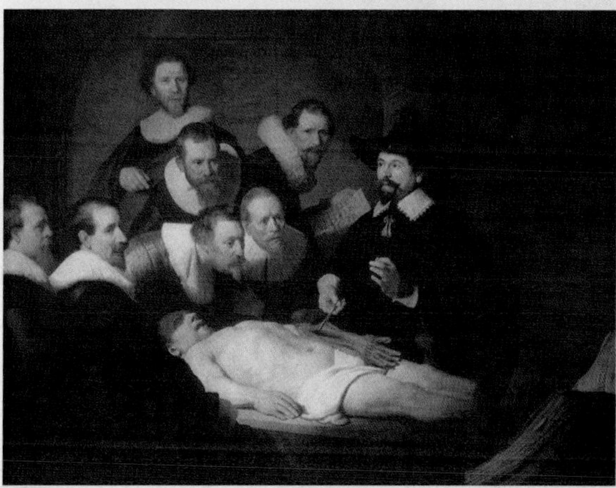

Pintura que muestra una clase de disección en una escuela de anatomía del siglo XVII.

Los robos de tumbas terminaron cuando se aprobaron leyes que los hicieron innecesarios.

La nueva legislación permitió que las personas donaran legalmente sus cuerpos con fines científicos, y que los anatomistas diseccionaran los cadáveres de los criminales condenados a muerte y de personas desconocidas cuyos cuerpos permanecían sin reclamar.

- Los organismos están *organizados:* cada componente tiene su lugar y debe permanecer en él para que el organismo pueda desarrollarse. La organización se mantiene a través de barreras que crean *límites* (fig. 1-1 A). Estas barreras mantienen organizado el *medio interno* de los seres vivos, y separado del *medio externo* en el que viven. Por ejemplo, la piel humana es una barrera sólida que nos protege del medio ambiente (bacterias, frío y calor, etc.). También mantiene la pérdida o absorción de líquidos en valores mínimos: los pacientes que padecen quemaduras extensas pierden grandes cantidades de líquido porque la piel está carbonizada, mientras que los nadadores absorben una cantidad insignificante de agua, que se acumula únicamente en las células epidérmicas. La *membrana celular* es una barrera microscópica que encierra el contenido de la **célula,** que es la unidad básica de la vida.
- Los organismos tienen un **metabolismo:** sus células participan en reacciones químicas que crean y degradan (descomponen) las sustancias según las necesitan. Por ejemplo, toman las sustancias simples de los alimentos que ingieren y las convierten en sustancias complejas. Este proceso se llama síntesis, crecimiento o *anabolismo.* Imagínese la construcción de una torre a partir de distintos bloques simples y tendrá una buena idea de lo que es el anabolismo (fig. 1-1 B). Los organismos también degradan las sustancias para obtener otras más simples, en un proceso conocido como *catabolismo.* Deshaga ahora la torre hasta obtener los bloques que la componen y podrá hacerse una idea de qué es el catabolismo.
- Los organismos se *adaptan* al medio: ajustan su forma, su función y su comportamiento a los cambios de su propio entorno a fin de permanecer vivos y sanos. Por ejemplo, la piel humana se oscurece durante el verano cuando está expuesta al sol, una reacción diseñada para proteger las células epidérmicas contra los peligrosos rayos ultravioleta (fig. 1-1 C).
- Los organismos se *reproducen:* un ser vivo es capaz de producir otro ser vivo similar a él e independiente. Los seres humanos, por ejemplo, producen organismos (niños) que son iguales a ellos (fig. 1-1 D).

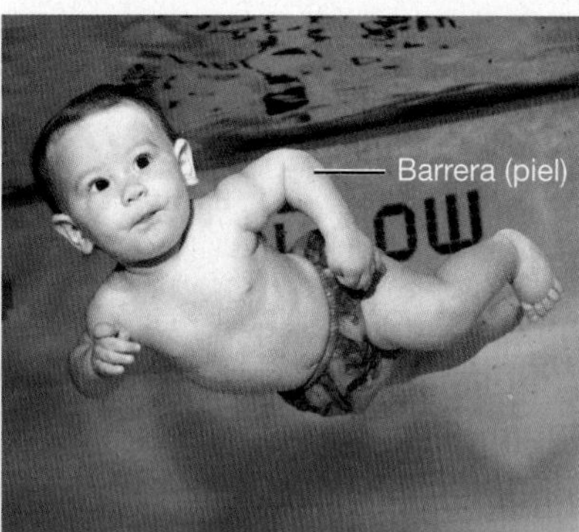

A **Organización: los seres vivos utilizan barreras para separar el medio interno del externo**

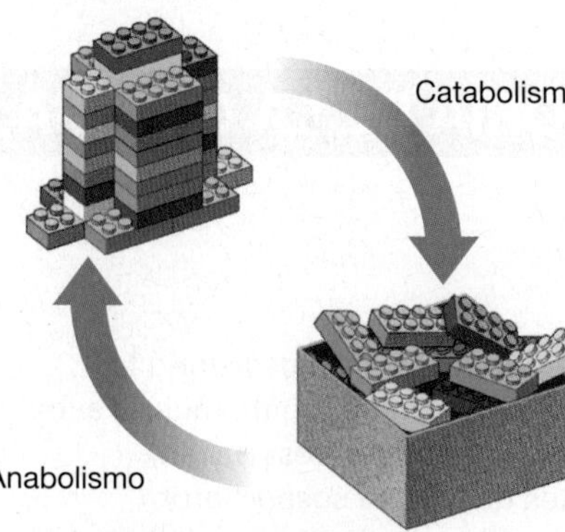

B **Metabolismo: los seres vivos convierten sustancias simples en complejas y viceversa**

C **Adaptación: los seres vivos cambian cuando cambian los factores de su propio medio (como el tiempo)**

D **Reproducción: los seres vivos pueden tener descendencia**

Figura 1-1. Características de la vida. Todos los seres vivos comparten estas cuatro funciones. *Temblamos cuando tenemos frío para generar más calor. ¿Qué función de la vida representa esta característica?*

Todos los hechos mencionados están gobernados por las leyes de la física, la química y el comportamiento, de modo que, en cierta forma, somos como robots que reaccionan ante las circunstancias del medio: cuando hace frío, necesitamos calor; cuando sentimos hambre, queremos comer; cuando estamos cansados, descansamos; cuando estamos exhaustos, dormimos. A nivel celular, podemos decir que nuestra vida está en piloto automático: las reacciones químicas se aceleran o se demoran, comienzan o terminan, siempre en respuesta al medio celular local y en una cadena de acontecimientos infinitamente compleja pero ordenada y automática; un acontecimiento alimenta al siguiente y la suma de todos ellos es la *vida*.

Apuntes sobre el caso

1-2 La herida de bala que sufrió Reagan fue vigilada cuidadosamente para detectar una infección. ¿Por qué la piel lacerada es propensa a la infección?

1-3 En la sala de urgencias, la frecuencia cardíaca de Reagan era más alta de lo normal en un intento por compensar su pérdida de sangre. ¿Cuál de las cuatro características de los seres vivos representa este cambio?

La forma y la función son inseparables

La forma y la función son inseparables para la creación y el mantenimiento de la vida: cada forma tiene una función y cada función una forma, ya sea el diseño de las casas que construimos para vivir o las manos con que las construimos. Por ejemplo, observe su pulgar: se encuentra a 90° de los otros dedos para que su movimiento natural le permita alcanzar la palma de su mano (fig. 1-2 A). Esto hace que la punta del pulgar pueda tocar fácilmente la punta de cada uno de los otros cuatro dedos, que se mueven naturalmente de forma transversal al pulgar. Si esto no le parece extraordinario, mantenga el pulgar firme junto a la mano y trate de cortar un trozo de cinta, volver la página de un libro, atarse los zapatos o sujetar un lápiz para escribir. Los seres humanos son los únicos animales cuyo pulgar es completamente oponible (con capacidad de prensión, prensil). Esta característica anatómica nos permite construir y utilizar los objetos diseñados por nuestros cerebros inteligentes, desde un sujetapapeles hasta un ordenador. La mano de los simios, cuyo pulgar se dobla hacia abajo paralelo a los dedos, es mucho menos versátil pero se adapta mejor para mantener un agarre firme en una rama (fig. 1-2 B).

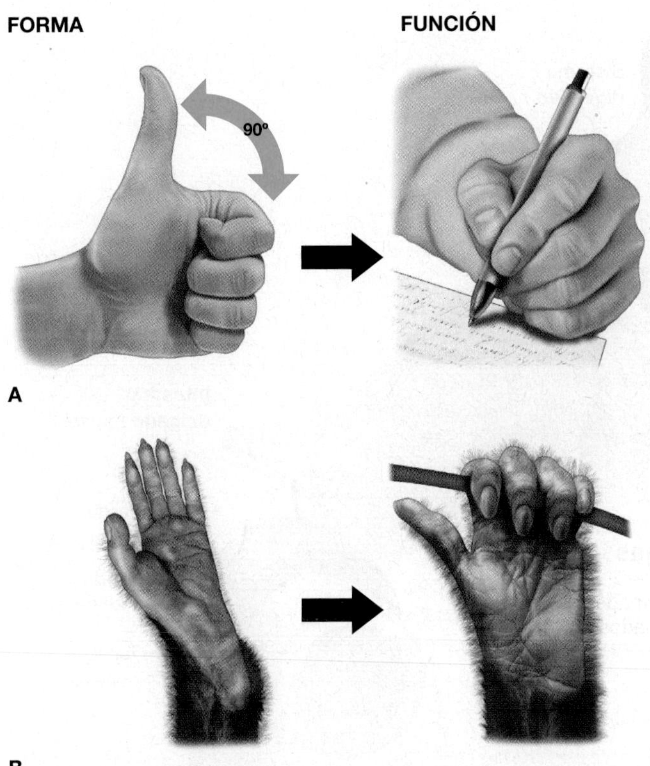

Figura 1-2. Forma y función. A) La mano humana, con el pulgar a 90°, permite un agarre tipo pinza. **B)** La mano simia, con el pulgar paralelo a los otros dedos, sólo permite un agarre palmar menos preciso (aunque más firme). *Verdadero o falso: la estructura de la mano de los simios se relaciona con su fisiología.*

1-1 ¿Cuál es la diferencia entre anabolismo y catabolismo?

1-2 ¿La disección de un globo ocular se relaciona más directamente con la anatomía o con la fisiología?

Los bloques estructurales de la vida

La forma y la función pueden estudiarse en pequeña o gran escala. Por ejemplo, podemos estudiar el cuerpo entero realizando un salto mortal o el comportamiento de cada músculo cuando se contrae, o la acción microscópica de las pequeñas fibras musculares en la profundidad de un músculo. Estas distintas escalas de estudio se describen a menudo como *niveles de organización*, los cuales se muestran en la figura 1-3. Un ser humano es un *organismo:* puede funcionar de forma independiente y está compuesto por múltiples partes más pequeñas que constituyen un todo. Del mismo modo, también son organismos los árboles y las bacterias. Cada uno de ellos está compuesto por un conjunto organizado de partes más pequeñas sostenidas por las funciones fisiológicas que dan vida al organismo completo.

Esas funciones fisiológicas las proveen una o más subdivisiones del organismo, la mayor de las cuales son un conjunto de órganos llamado **sistema,** o *sistema orgánico.* Considere una función, como puede ser la digestión. La digestión la realiza una subdivisión llamada *sistema digestivo,* que, como todos los sistemas corporales, está compuesto por una serie de **órganos** que funcionan de manera conjunta para llevar a cabo una función.

Los órganos que componen el sistema digestivo son el esófago, el estómago, el intestino delgado y grueso, el hígado, la vesícula biliar y el páncreas. Los capítulos 4 a 21 describen la forma y la función de los distintos sistemas corporales.

A su vez, los órganos están compuestos por **tejidos.** La observación detallada de un órgano en particular, por ejemplo el intestino delgado, revela que está compuesto por distintos tejidos, entre ellos las capas de tejido muscular que forman su pared tubular y empujan el contenido intestinal a través del tubo. También permite ver una red de *nervios* entrelazados sobre la pared que controlan las contracciones musculares, una capa especializada llamada *epitelio* que secreta moco y absorbe nutrientes, y una capa de *tejido conectivo* que sostiene todo el conjunto.

Cada tejido está formado por **células** específicas, por ejemplo musculares, epiteliales o de tejido conectivo. La célula, unidad estructural de todas las formas de vida, se analiza con detalle en el capítulo 3.

Las células y sus partes están compuestas por **moléculas,** a su vez formadas por **átomos.** Mientras que las células son los bloques estructurales de la *vida,* los átomos lo son de *todo lo existente,* sea viviente o no. El papel de los átomos y las moléculas en la fisiología se analiza con detalle en el capítulo 2.

1-3 Indique los seis niveles de organización de la vida.

Vida y medio externo

La vida se ha desarrollado durante millones de años en un medio externo que proporciona ciertos elementos esenciales. Si cualquiera de ellos falta, la vida se termina. Piense en un astronauta flotando en el espacio, vestido con su traje espacial (fig. 1-4). Este traje suministra, o preserva, todos los elementos que normalmente nos ofrece nuestro entorno, como la presión, el oxígeno, el calor, el agua y los nutrientes.

La presión es necesaria para la vida

La *presión* es una fuerza ejercida por un sólido, un gas o un líquido. Aunque todas las presiones son importantes para nuestro funcionamiento, las que provienen de gases y líquidos son las más críticas.

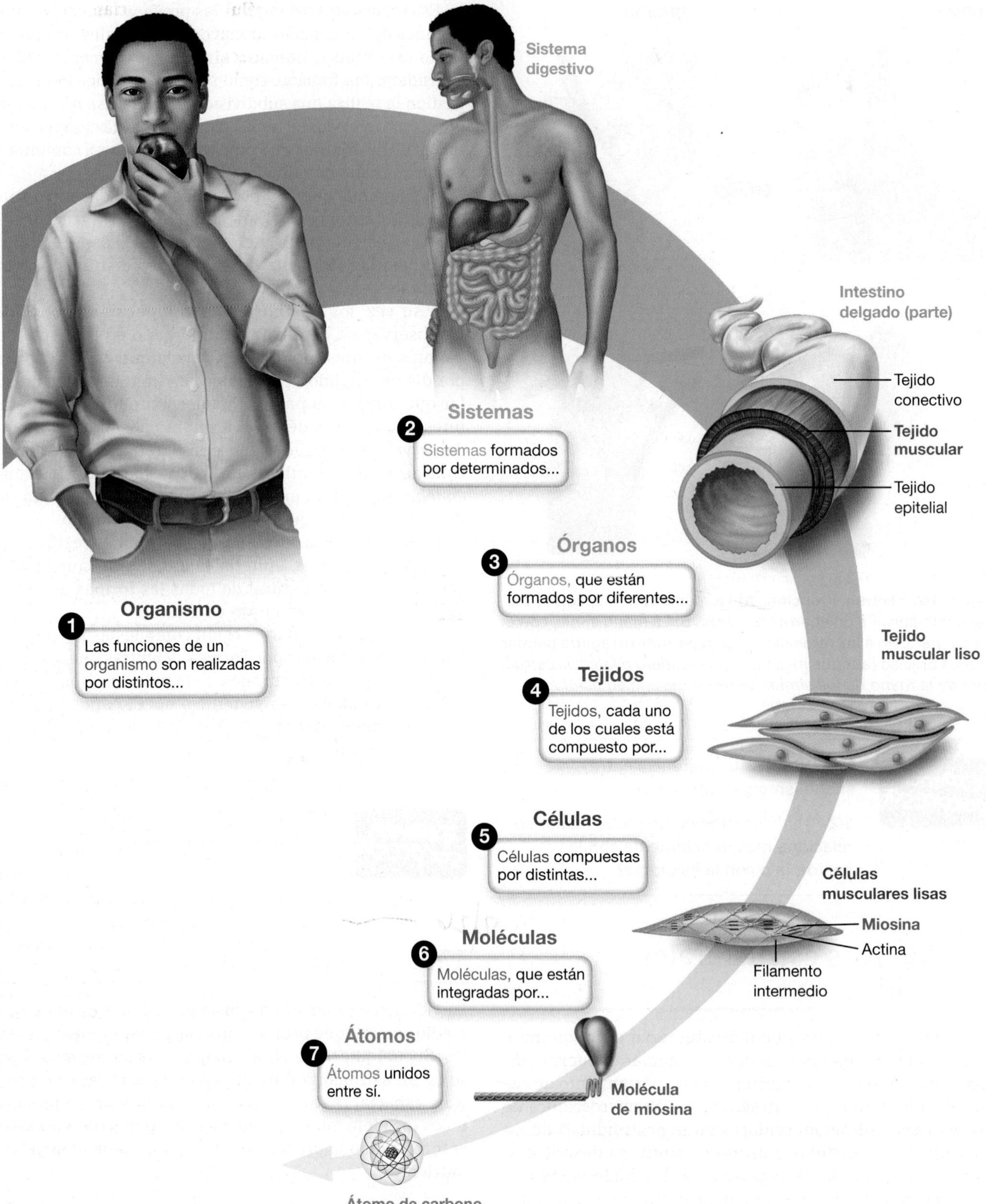

Figura 1-3. Bloques estructurales de la vida. *¿Cuál es el componente más pequeño en esta figura?*

Figura 1-4. El medio y la vida. Los astronautas deben llevar personalmente el medio que necesitan para sobrevivir. *¿Qué necesidades de la vida se muestran en esta figura?*

Los gases y los líquidos pueden ejercer dos tipos de presión: la *presión estática* es la que ejerce el peso de un gas o un líquido al presionar hacia abajo en un punto dado. Por ejemplo, imagine una mosca en el fondo de un frasco. Cuanto más líquido haya en el frasco, mayor será la presión estática sobre el cuerpo de la mosca. La *presión dinámica* es la fuerza adicional creada por un gas o un líquido en movimiento. Cuando una ola nos derriba en medio del océano, ejerce una presión dinámica.

Los gases ejercen una presión atmosférica en el aire

Aunque parece no pesar nada, como cualquier niño sabe cuando pone una mano frente a un coche en movimiento, el aire contiene materia. Es una mezcla de distintos gases, cada uno de los cuales tiene su peso específico. La *presión atmosférica* es estática y representa el peso total del aire contenido en la atmósfera sobre nosotros, un peso que presiona constantemente sobre nuestros cuerpos. La presión atmosférica a altitudes elevadas es más baja que a nivel del mar, porque a esa altura hay menos aire sobre la superficie.

La presión atmosférica mantiene los gases, principalmente oxígeno y nitrógeno, dentro de nuestro cuerpo y disueltos en los fluidos corporales para su transporte hacia los tejidos. Por ejemplo, si el traje de un astronauta perdiese presión, las moléculas de gas disueltas en su sangre y otros fluidos corporales formarían instantáneamente burbujas, que harían explotar las células u obstruirían los vasos y el flujo sanguíneo. Para entender por qué una pérdida de presión puede causar la formación de burbujas de gas, piense en una botella de refresco. La alta presión dentro de la botella mantiene el dióxido de carbono disuelto en la bebida. Cuando la botella se abre, esa presión interna disminuye y se liberan las burbujas del líquido.

Como observamos antes, el aire en movimiento crea una fuerza adicional llamada presión dinámica, la misma que sentimos cuando tratamos de caminar en medio de un viento fuerte.

Los líquidos ejercen una presión

Los líquidos también ejercen una presión estática y dinámica. De las dos, la dinámica es mucho más importante en la fisiología.

Considere la presión del agua de una manguera para regar el jardín. Podemos aumentarla (p. ej., para alcanzar flores más distantes) de dos maneras. Una es aumentar el caudal abriendo más el grifo. La otra es reducir el tamaño (diámetro) de la salida de la manguera cubriéndola parcialmente con el pulgar. La presión se acumula detrás del dedo y el agua alcanza mayor distancia.

Los fluidos corporales se comportan de modo semejante. Una forma de presión líquida particularmente vital es la *presión arterial,* creada por la acción de bombeo del corazón mientras impulsa la sangre a través de una amplia red de vasos tubulares. La presión arterial es necesaria para la vida; el flujo de la sangre no sólo la lleva a los distintos órganos, transportando así el oxígeno, los nutrientes y otras sustancias vitales, sino que también provee la presión subyacente que ayuda a las moléculas a pasar de los vasos sanguíneos a los tejidos y las células.

Los factores que determinan la presión arterial son ligeramente diferentes a los que modifican la presión de agua en la manguera, porque la sangre circula a través del cuerpo en un circuito cerrado; es decir, el líquido no tiene una vía de escape al medio circundante. Imaginemos que ponemos una tapa en el extremo de nuestra manguera. Ahora, cuando abrimos el grifo para aumentar la cantidad (el volumen) de agua que trata de fluir a través de la manguera, la presión dentro de ésta aumenta. Del mismo modo, cuando aumenta el volumen de sangre, también aumenta la presión arterial. Y cualquier reducción en dicho volumen (p. ej., por una hemorragia intensa) reduce dicha presión, lo mismo que al liberar agua de la manguera se reduce la presión dentro de ella. Hay otros factores, como ya hemos señalado al hablar de la manguera de jardín, que son también importantes para determinar la presión arterial: el caudal de sangre está determinado en parte por la actividad del corazón; cuanto más rápidos o fuertes sean sus latidos, mayor será la presión debido a que habrá más volumen sanguíneo por minuto circulando dentro del sistema. El cuerpo también controla la presión arterial modificando el diámetro de los vasos correspondientes. Al estrecharlos, aumenta la presión arterial, y viceversa. En el ➡ capítulo 13 aprenderemos mucho más acerca del control de la presión arterial.

El oxígeno es necesario para la vida

El oxígeno, un gas que constituye un 20 % del aire atmosférico, es rápidamente absorbido por la sangre a su paso por los pulmones. El oxígeno es la llave que desbloquea la energía de los nutrientes químicos de los alimentos. Sin oxígeno, las células no pueden conseguir la energía necesaria para permanecer vivas; y, como todas las demás, las células cerebrales mueren si se las priva de alimento. Si el nivel de oxígeno en el traje espacial se redujese demasiado, nuestros astronautas sufrirían mareos, perderían el conocimiento y finalmente morirían.

El calor es necesario para la vida

En el ambiente extremadamente frío del espacio, el traje de nuestros astronautas debe estar calentado. El calor que generan las reacciones químicas del cuerpo (el metabolismo) es emitido naturalmente por irradiación, de la misma forma que un calefactor eléctrico irradia el calor hacia el aire. Sin embargo, el cuerpo debe perder la cantidad justa de calor, porque si guarda o pierde demasiado, la temperatura corporal puede aumentar o reducirse a niveles peligrosos.

Aunque la temperatura corporal debe mantenerse entre dos límites poco separados entre sí, la temperatura ambiental apta para la vida puede variar de forma considerable. En un entorno caluroso, o cuando el cuerpo produce cierta cantidad de calor a causa de una actividad física intensa, nos adaptamos mediante la transpiración, pues el sudor, al evaporarse, tiene un efecto refrescante. En los ambientes fríos, nos adaptamos mediante escalofríos, que son contracciones musculares rápidas y repetitivas por minuto que generan un calor corporal considerable.

Apuntes sobre el caso

1-4 Indique cuál de los siguientes elementos necesarios para la vida se vio inmediatamente comprometido por la lesión del presidente Reagan: ¿el oxígeno, el calor o los nutrientes?

Los nutrientes y el agua son necesarios para la vida

Los alimentos proporcionan las sustancias químicas necesarias para la vida. Algunas sustancias de los alimentos (nutrientes) se queman y producen energía; otras se utilizan como bloques estructurales de las partes del cuerpo. Dado que la mayoría de los nutrientes pueden almacenarse, nuestros astronautas pueden sobrevivir sin alimentos durante varios días. Sin embargo, no pueden hacerlo sin agua. Las otras sustancias químicas que componen la vida están disueltas en ella, las reacciones moleculares vitales ocurren en ella, facilita los movimientos de las distintas partes del cuerpo, transporta los nutrientes a las células, permite eliminar los desechos y transporta las moléculas reguladoras y mensajeras que rigen cada aspecto de la vida celular.

1-4 Además del calor y el oxígeno, ¿qué otro nutriente necesita la vida?

1-5 Qué alteración elevaría la presión arterial, el aumento del diámetro de los vasos o de la frecuencia cardíaca?

1-6 ¿Qué porcentaje del aire está formado por oxígeno?

1-7 Con una temperatura ambiente de 35 °C sentimos un calor agobiante, aun cuando la temperatura normal del cuerpo es de 36,1 °C. ¿Puede indicar por qué?

Vida y gradientes

Para entender cómo funciona el cuerpo humano es necesario entender el concepto de gradiente. En pocas palabras, un **gradiente** es la diferencia en la cantidad o concentración de un valor físico entre dos áreas (fig. 1-5). Por ejemplo, existe un *gradiente de altitud* entre la cumbrera y los aleros de un tejado, porque la primera está mucho más alta que éstos (fig. 1-5 A). El agua que proviene del deshielo de la nieve acumulada sobre un tejado empinado fluye hacia abajo siguiendo este gradiente. En realidad, a menos que se impida, las sustancias siempre se desplazan de mayor a menor gradiente. La vida depende de la conservación de los gradientes, mientras que la muerte elimina los gradientes de los que depende la vida. Por ejemplo, entre el cuerpo y el medio externo existe un gradiente de temperatura, que es generalmente más cálida o más fría en el entorno que en el cuerpo. El cuerpo se ocupa de mantener su temperatura entre 36 °C y 37 °C, sin importar la temperatura externa. Cuando se produce la muerte, el gradiente de temperatura entre el cuerpo y el medio ambiente desaparece y el cuerpo adopta la temperatura de este último.

Volviendo al traje de nuestro astronauta, entre su interior (donde la presión se mantiene igual a la de la superficie de la tierra) y su exterior (donde la presión es cero) existe un *gradiente de presión.* Sin la barrera formada por el material del traje y el casco, el aire pasaría rápidamente desde el área de presión alta (dentro del traje) a la de presión baja (fuera de él); es decir, el aire bajaría el gradiente de presión.

Existen muchos gradientes diferentes en el cuerpo, todos importantes para su fisiología. Los gradientes fisiológicos se producen generalmente entre el interior y el exterior de una célula, o entre dos compartimentos corporales. Por ejemplo, la presión es más alta en el interior que en el exterior de los vasos. Este hecho tan simple explica por qué la sangre fluye hacia fuera de una herida: cruza un gradiente de presión, desde el interior del vaso donde la presión es más alta hacia el exterior, donde es más baja (fig. 1-5 B). Los gradientes de presión también impulsan el flujo sanguíneo: la presión es más baja en las arterias que en el corazón; por eso la sangre fluye del corazón a las arterias.

A **Gradiente de altitud**

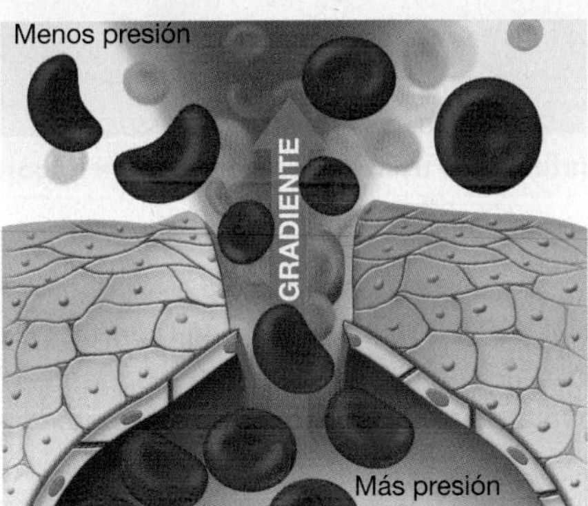

B **Gradiente de presión**

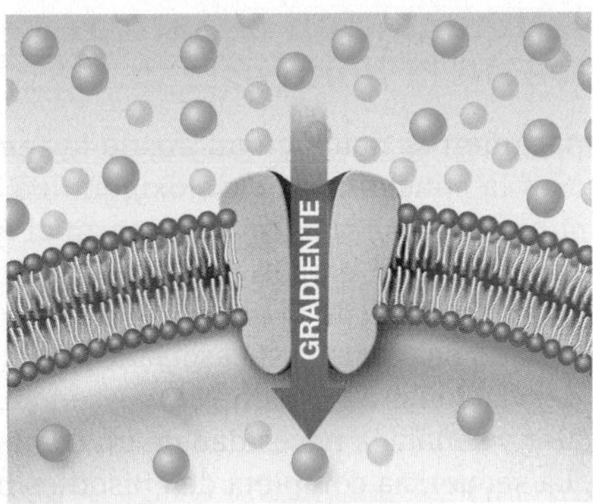

C **Gradiente de concentración**

Figura 1-5. Gradientes. A) Gradiente de altitud de un tejado. **B)** Gradiente de presión en un vaso sanguíneo. **C)** Gradiente de concentración en una célula. *En el ejemplo B, ¿dónde se encuentra la mayor presión, en el interior o en el exterior del vaso?*

Apuntes sobre el caso

1-5 Se observaba un «chorro pulsátil de sangre» desde la arteria pulmonar del presidente. ¿En qué tipo de gradiente estaba desplazándose la sangre?

Los gradientes fisiológicos también pueden afectar a distintas concentraciones de sustancias químicas. Por ejemplo, la condensación de sodio es más alta fuera que dentro de las células, por lo que podemos decir que existe un *gradiente de concentración* de ese metal a través de la membrana celular (fig. 1-5 C). Si ésta fuera totalmente permeable, el sodio fluiría por el gradiente de concentración hacia el interior de la célula, sin que nada se opusiera. Como veremos más adelante, ciertas funciones como la producción de orina y la conducción de impulsos nerviosos dependen de los gradientes de concentración. En el cuadro Forma básica, función básica, titulado «Está entrando en calor…», se analiza un importante gradiente que participa en la reproducción humana.

1-8 Defina el término *gradiente* y dé tres ejemplos del mismo.

Homeostasis: cómo mantener un medio interno sano

El cuerpo es una comunidad integrada por aproximadamente 100 billones de células que, como si estuvieran en una inmensa ciudad, necesitan mecanismos de comunicación y control entre ellas para mantener el orden, y para que los alimentos y el agua se entreguen puntualmente, los desechos se eliminen, el tráfico fluya sin sobresaltos y los mensajes se distribuyan de forma segura. Las tareas colectivas de comunicación y control que el cuerpo realiza para mantener los parámetros internos dentro de límites estrictos y fisiológicamente estables se denominan **homeostasis.** Este término deriva del griego *homos* («semejante») y *stasis* («estabilidad»). En biología, los términos se combinan para referirse a la tendencia automática del cuerpo a mantener la «estabilidad» o estado normal. La homeostasis necesita del trabajo de todos y cada uno de los órganos, tejidos y células.

Todos los sistemas corporales participan en la homeostasis

Todos los tejidos y órganos participan en la homeostasis. Por ejemplo, los pulmones proporcionan el oxígeno que permite a las células quemar los nutrientes provistos por el sistema digestivo. El sistema cardiovascular asegura la circulación de oxígeno y nutrientes esenciales al aumentar la frecuencia cardíaca cuando la presión arterial se reduce (como sucedió en el caso del presidente Reagan). Es más, para mantener concentraciones satisfactorias de oxígeno en la sangre, el sistema respiratorio aumenta la frecuencia respiratoria durante el ejercicio físico, y, en general, el sistema locomotor ayuda a los seres humanos a mantenerse por sí mismos al permitirles desplazarse para encontrar agua y alimentos.

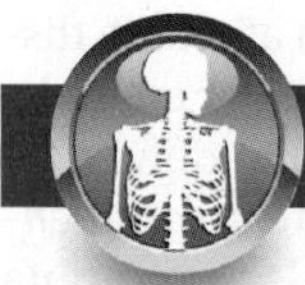

FORMA BÁSICA, FUNCIÓN BÁSICA

Está entrando en calor...

¿Alguna vez se ha preguntado cómo se produce el encuentro entre el óvulo y los espermatozoides (células del semen masculino) en el sistema reproductor femenino, sin la guía de un mapa? Las posibilidades de que intervenga el azar son mínimas, un golpe de suerte no es suficiente. Los científicos creen que los gradientes son los que guían a los espermatozoides hacia su destino final.

Alrededor del óvulo existen dos tipos de gradientes: uno de temperatura y otro químico. La zona que rodea el óvulo está más caliente que las regiones más alejadas, de modo que los espermatozoides nadan contra un gradiente térmico. Una vez que éstos llegan a las proximidades del óvulo, comienza a actuar el gradiente químico. El óvulo emite varias sustancias (una podría ser la progesterona) que los espermatozoides pueden detectar. La concentración de estas sustancias es más alta cerca del óvulo, de modo que los espermatozoides deben nadar contra un gradiente químico. Por otra parte, la nariz humana también puede detectar algunas de esas sustancias químicas. ¿Es posible que la atracción entre el espermatozoide y el óvulo sea una imagen reducida de la que existe entre un hombre y una mujer?

Los espermatozoides utilizan gradientes para encontrar al óvulo.

Confiamos en que a estas alturas estará empezando a ver el cuerpo como una sinfonía armoniosa en cada uno de los niveles de organización, desde las moléculas hasta los músculos. Ahora bien, así como no podemos apreciar una sinfonía escuchando un solo instrumento, tampoco podemos apreciar o entender la anatomía y la fisiología humanas centrando nuestra atención en el funcionamiento exclusivo de una célula, un órgano o un sistema. Tanto para disfrutar de una sinfonía como para entender la fisiología humana, necesitamos una visión más amplia. A medida que vaya adquiriendo más conocimientos sobre las distintas secciones de nuestra orquesta corporal, revise la figura 1-6 y tome nota de las distintas formas en que colaboran unas con otras. Por ejemplo, el cerebro es el director de la orquesta y está clasificado dentro del sistema nervioso, pero está estrechamente implicado en el funcionamiento de cada sistema. De forma similar, el corazón está clasificado dentro del sistema cardiovascular, pero cada uno de los órganos de nuestro cuerpo depende de su acción de bombeo para mantener el suministro de sangre.

Apuntes sobre el caso

1-6 La bala que hirió al presidente seccionó una arteria y se alojó en el pulmón izquierdo. ¿A qué sistema o sistemas pertenecen estas estructuras?

La retroalimentación negativa es la clave de la homeostasis

Todos los parámetros fisiológicos, desde la temperatura corporal hasta la concentración de oxígeno en la sangre, tienen un *punto estable,* es decir, el valor en el que deben mantenerse para que el estado de salud sea óptimo. Por ejemplo, el punto estable de la temperatura corporal es de 37 °C. Cada estado fisiológico está asociado a un sensor que detecta las desviaciones ascendentes y descendentes a partir de ese valor y señala la necesidad de un cambio *opuesto* (negativo). La secuencia completa de episodios homeostáticos, del sensor a la respuesta, se llama **retroalimentación negativa,** un proceso reflejo que mantiene los sistemas estrictamente regulados en torno a sus valores estables, promoviendo así la estabilidad.

Los termostatos domésticos funcionan según el mismo principio (fig. 1-7, círculo interior). Todos los cambios en la temperatura del aire (la *situación*) son detectados por un termómetro (el *sensor*) en el termostato. Por ejemplo, cuando la temperatura del aire supera el punto estable, el termómetro transmite una señal a un chip computarizado que se encuentra dentro del termostato. Este chip actúa como *centro integrador:* recibe los datos de la temperatura ambiente y transmite una señal al acondicionador de aire (el *efector*) que lo enciende. Como resultado, el aire se enfría.

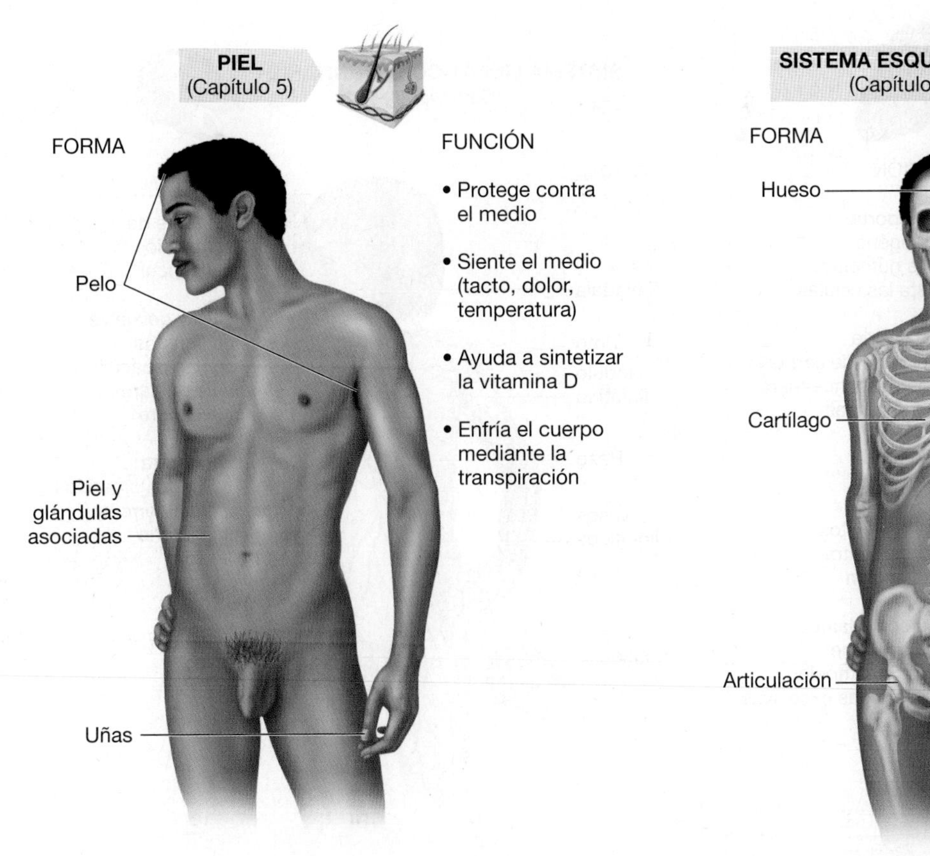

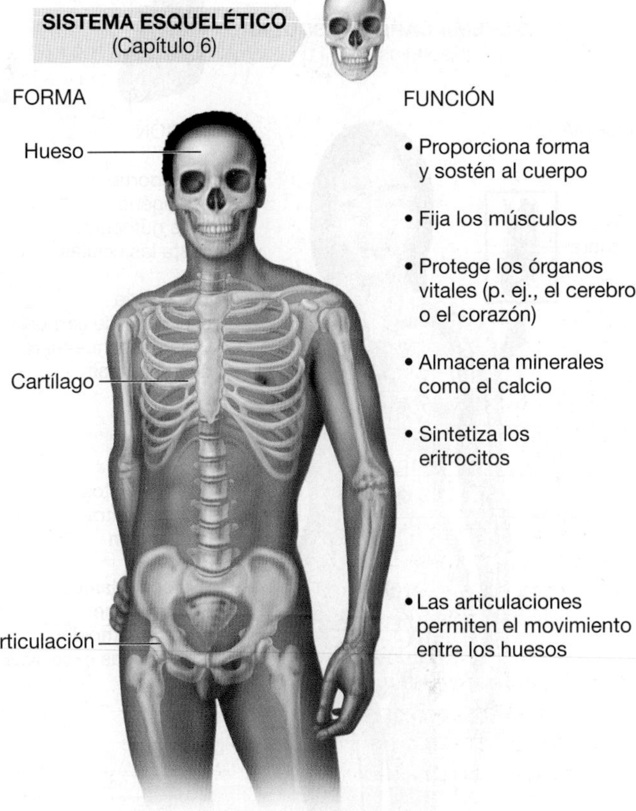

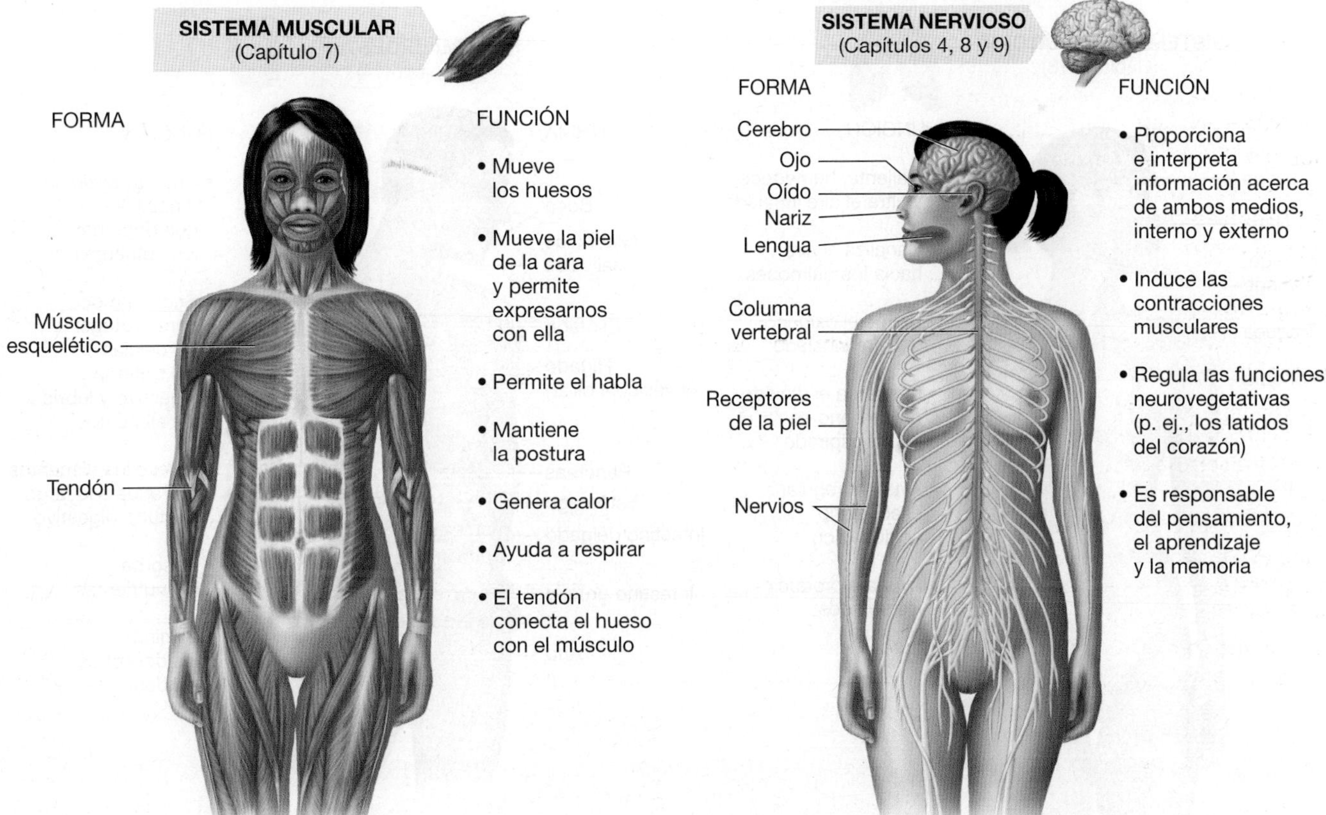

Figura 1-6. Forma y función de los sistemas corporales. *De todos ellos, señale dos que participen en el transporte de oxígeno desde la atmósfera hasta las células del cuerpo (continúa).*

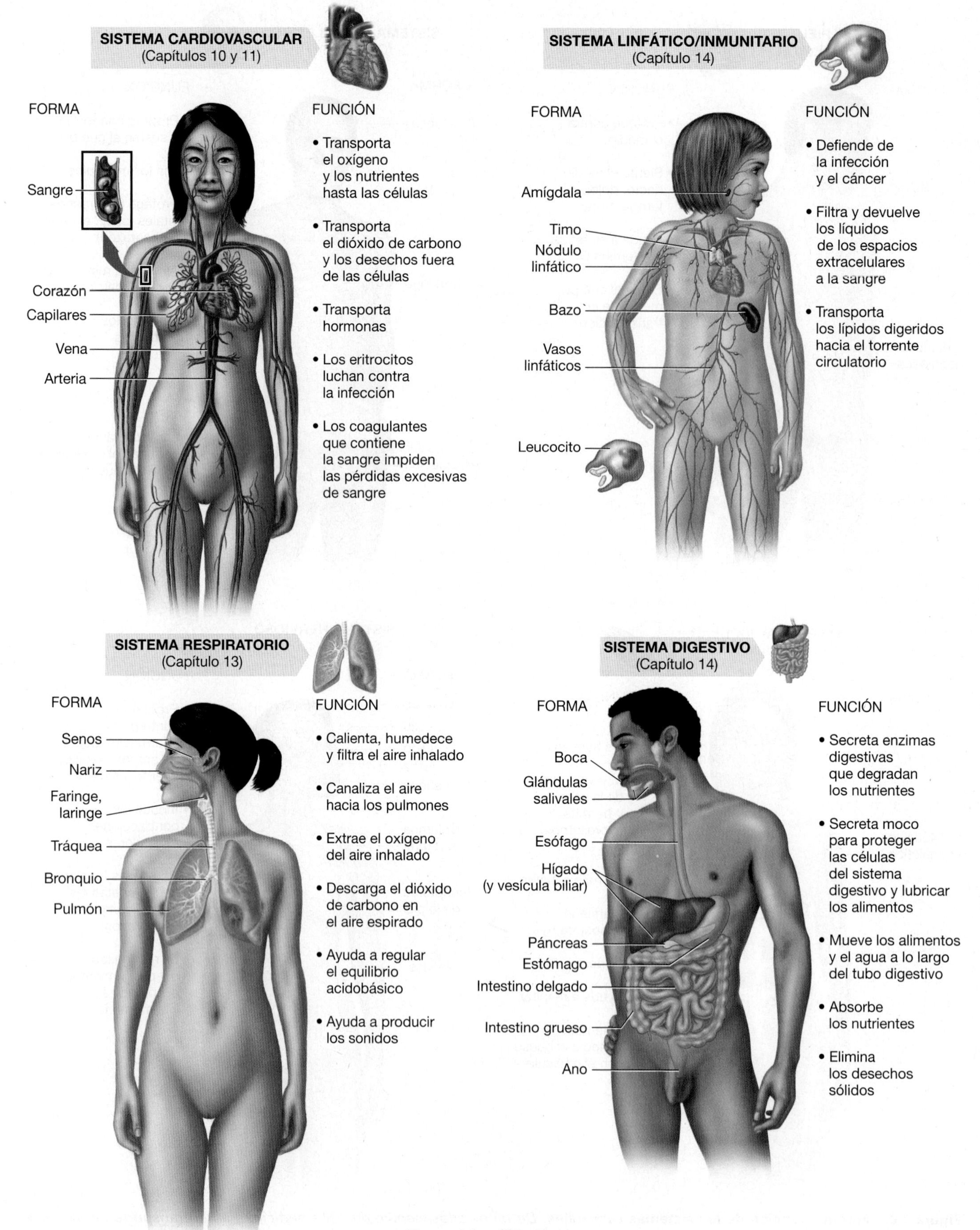

SISTEMA CARDIOVASCULAR
(Capítulos 10 y 11)

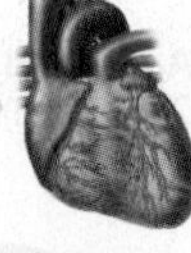

FORMA

FUNCIÓN

- Transporta el oxígeno y los nutrientes hasta las células
- Transporta el dióxido de carbono y los desechos fuera de las células
- Transporta hormonas
- Los eritrocitos luchan contra la infección
- Los coagulantes que contiene la sangre impiden las pérdidas excesivas de sangre

SISTEMA LINFÁTICO/INMUNITARIO
(Capítulo 14)

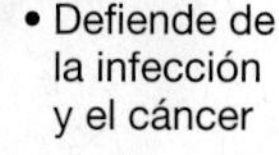

FORMA

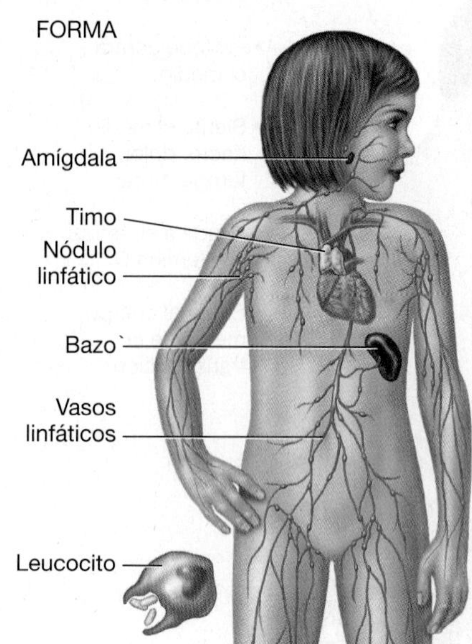

FUNCIÓN

- Defiende de la infección y el cáncer
- Filtra y devuelve los líquidos de los espacios extracelulares a la sangre
- Transporta los lípidos digeridos hacia el torrente circulatorio

SISTEMA RESPIRATORIO
(Capítulo 13)

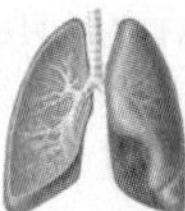
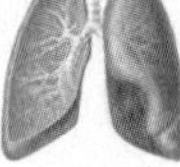
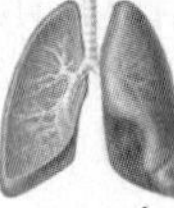

FORMA

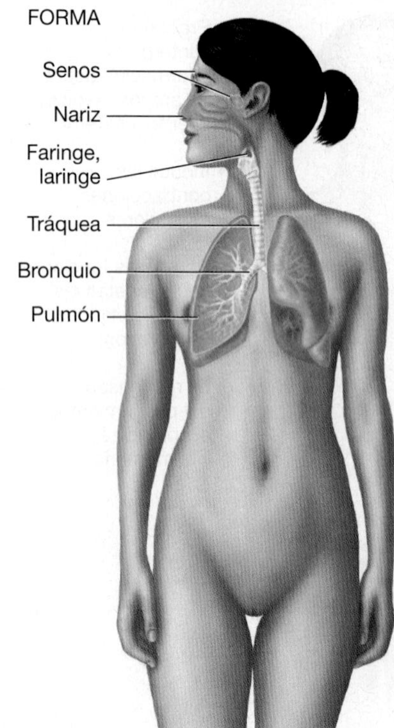

FUNCIÓN

- Calienta, humedece y filtra el aire inhalado
- Canaliza el aire hacia los pulmones
- Extrae el oxígeno del aire inhalado
- Descarga el dióxido de carbono en el aire espirado
- Ayuda a regular el equilibrio acidobásico
- Ayuda a producir los sonidos

SISTEMA DIGESTIVO
(Capítulo 14)

FORMA

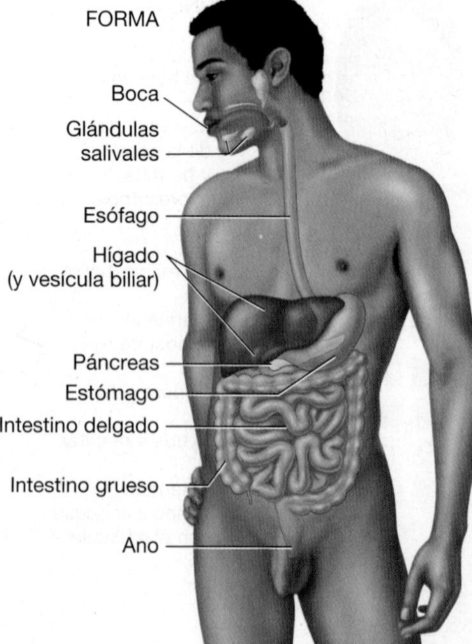

FUNCIÓN

- Secreta enzimas digestivas que degradan los nutrientes
- Secreta moco para proteger las células del sistema digestivo y lubricar los alimentos
- Mueve los alimentos y el agua a lo largo del tubo digestivo
- Absorbe los nutrientes
- Elimina los desechos sólidos

Figura 1-6. *(Cont.)*

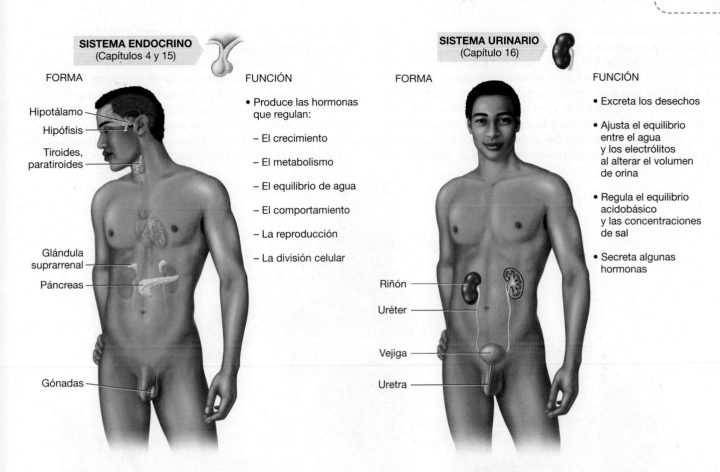

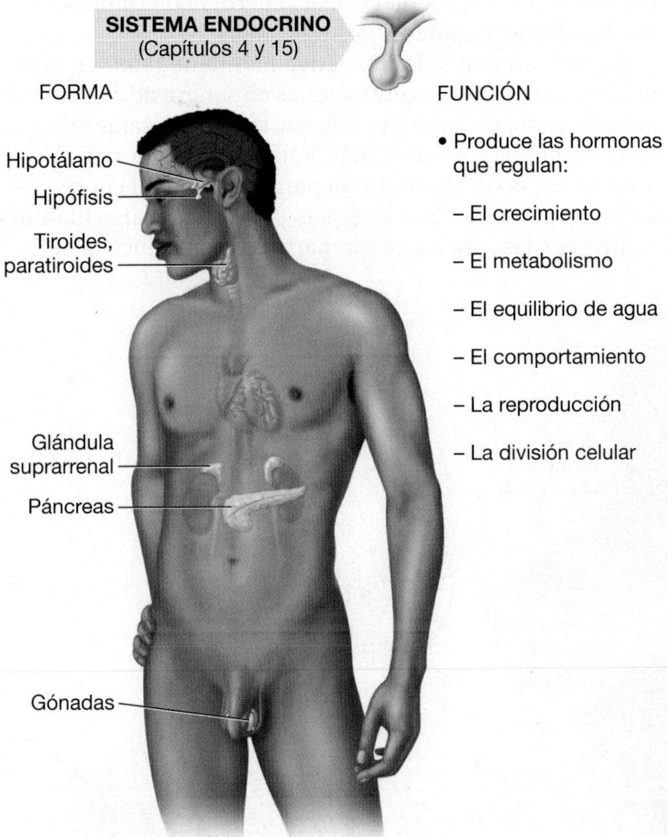

SISTEMA ENDOCRINO
(Capítulos 4 y 15)

FORMA

Hipotálamo
Hipófisis
Tiroides, paratiroides
Glándula suprarrenal
Páncreas
Gónadas

FUNCIÓN

- Produce las hormonas que regulan:
  - El crecimiento
  - El metabolismo
  - El equilibrio de agua
  - El comportamiento
  - La reproducción
  - La división celular

SISTEMA URINARIO
(Capítulo 16)

FORMA

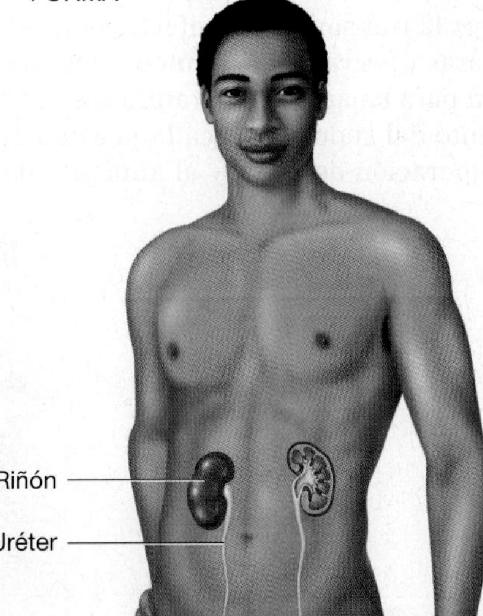

Riñón
Uréter
Vejiga
Uretra

FUNCIÓN

- Excreta los desechos
- Ajusta el equilibrio entre el agua y los electrólitos al alterar el volumen de orina
- Regula el equilibrio acidobásico y las concentraciones de sal
- Secreta algunas hormonas

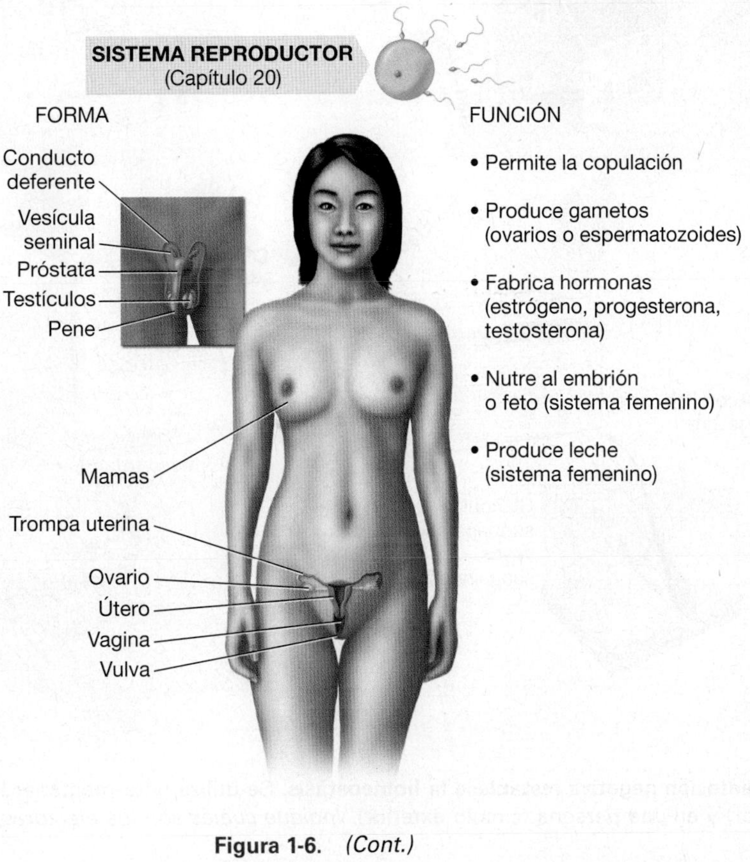

SISTEMA REPRODUCTOR
(Capítulo 20)

FORMA

Conducto deferente
Vesícula seminal
Próstata
Testículos
Pene
Mamas
Trompa uterina
Ovario
Útero
Vagina
Vulva

FUNCIÓN

- Permite la copulación
- Produce gametos (ovarios o espermatozoides)
- Fabrica hormonas (estrógeno, progesterona, testosterona)
- Nutre al embrión o feto (sistema femenino)
- Produce leche (sistema femenino)

Figura 1-6. *(Cont.)*

Del mismo modo, en un día caluroso, los sensores de nuestra piel detectan que nuestra temperatura corporal se está elevando (fig. 1-7, círculo exterior). Envían una señal a través de los nervios a un centro integrador ubicado en el cerebro, que a su vez la transmite a los efectores (p. ej., las glándulas sudoríparas y los vasos sanguíneos), los cuales se ponen en acción para bajar la temperatura corporal. Por ejemplo, el aumento del sudor provoca la pérdida de calor mediante la evaporación de agua, y el aumento del flujo sanguíneo en la piel causa la pérdida de calor por radiación. Como resultado, nos enfriamos.

La retroalimentación negativa mantiene también otros factores, como las concentraciones en sangre de ciertos minerales, como el sodio y el potasio; la presión sanguínea; el peso corporal, y muchos más. Esta maravillosa reacción y acción de autoajuste continúa para mantener el cuerpo sano. Cuando uno o más sistemas pierden su capacidad de controlar esas funciones compartidas, se produce la enfer-

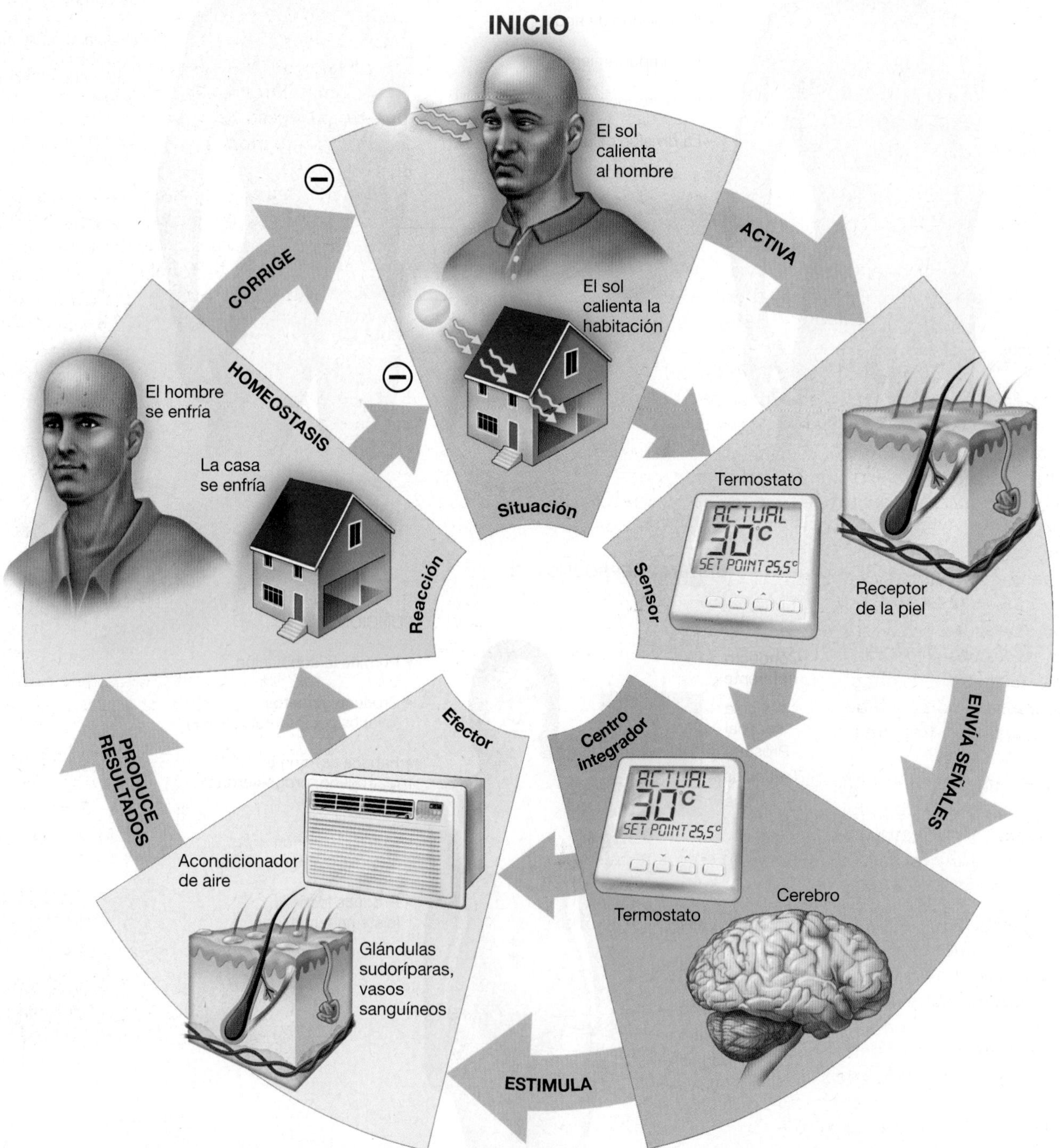

Figura 1-7. La retroalimentación negativa restablece la homeostasis. Se utiliza para mantener la temperatura constante en una habitación (círculo interior) y en una persona (círculo exterior). *Indique cuáles son los efectores que responden a cambios en la temperatura corporal.*

medad. La mayoría de las enfermedades pueden entenderse mejor como una homeostasis fallida; si la disfunción homeostática es moderada produce la enfermedad, si es grave puede causar la muerte.

> *¡Recuerde!* **La retroalimentación negativa mantiene los sistemas estrictamente regulados en torno a sus valores estables, promoviendo así la estabilidad.**

Estudio del caso

El caso del presidente Ronald Reagan muestra la homeostasis en acción

La herida de bala del presidente Reagan es un ejemplo de homeostasis en acción digno de figurar en los libros de texto universitarios. Cuando la bala perfora los vasos dentro del tórax, desestabiliza dos parámetros homeostáticos clave: la presión arterial y el contenido de oxígeno en la sangre. Veamos cómo sucedió. La sangre, expuesta a presión en los vasos sanguíneos, pasa por un gradiente de presión y sale de los vasos. En el caso del presidente, la sangre no salió del cuerpo; por el contrario, quedó atrapada entre el pulmón y la parrilla costal. Esta sangre era más dañina que inútil: no podía transportar los nutrientes y el oxígeno vitales a través del cuerpo, y su acumulación entre la parrilla costal y el pulmón le quitaba a éste el espacio para el aire. Por eso, el presidente tenía menos espacio en el pulmón para suministrar oxígeno a la sangre circulante. Su cuerpo reaccionó para corregir la situación; a grandes rasgos, podríamos decir que los médicos actuaron como auxiliares homeostáticos importantes. La figura 1-8 ilustra los mecanismos homeostáticos y las intervenciones médicas que ayudaron a Reagan a sobrevivir.

El problema: escaso oxígeno en los tejidos. Todas las células necesitan oxígeno. El presidente Reagan se desplomó porque el oxígeno que llegaba a su cerebro (y a otros tejidos) era muy escaso. Esta reducción en el suministro de oxígeno se debió a dos factores:

- La pérdida de sangre redujo su presión arterial y la sangre disponible para suministrar el oxígeno.
- La alteración de la función pulmonar redujo la cantidad de oxígeno suministrada a la sangre.

La solución (parte 1): mecanismos homeostáticos. El cuerpo de Reagan trató de aumentar el suministro de oxígeno a los tejidos y restaurar la homeostasis. Podemos observar varios circuitos cerrados de retroalimentación negativa en pleno funcionamiento. La reducción de la presión arterial disparó numerosas respuestas. Recuerde que, como dijimos al hablar de la presión, tanto el aumento del flujo sanguíneo como la reducción del diámetro de los vasos aumentan la presión arterial. Por eso, la frecuencia cardíaca de Reagan se incrementó, para aumentar el caudal sanguíneo. Los vasos periféricos se estrecharon, de ahí la palidez de su piel. Ambas respuestas aumentaron posteriormente la presión arterial, aunque no lo suficiente como para alcanzar los valores normales. Las bajas concentraciones de oxígeno en la sangre provocaron un aumento de la frecuencia respiratoria, que a su vez incrementó ligeramente las concentraciones de oxígeno. En cada instancia, la presión y el oxígeno sanguíneos (anormalmente bajos) se recuperaron, alcanzando valores más altos y saludables a través de mecanismos homeostáticos. Es decir, se redujo la magnitud del nivel de cambio (la reducción de la presión y el contenido de oxígeno). Sin embargo, estos mecanismos no fueron suficientes para restablecer la salud del presidente, que necesitó tratamiento médico.

La solución (parte 2): homeostasis asistida médicamente. El tratamiento del presidente atacó ambos problemas: el suministro de oxígeno a la sangre y el de sangre a los tejidos. En primer lugar, sólo un 20 % del aire es oxígeno, por lo que éste se administró adicionalmente a través de una mascarilla para maximizar su ingreso en la sangre. En segundo lugar, el presidente recibió de inmediato un volumen importante de solución intravenosa para aumentar la cantidad de líquido en los vasos sanguíneos. Aunque estas soluciones no pueden transportar el oxígeno como lo hace la sangre, sí pueden aumentar temporalmente la presión y el volumen sanguíneos hasta que pueda realizarse una transfusión. Y por último, el presidente recibió una infusión concentrada de eritrocitos para mejorar la capacidad de transportar oxígeno en la sangre.

Los resultados del tratamiento fueron inmediatos y espectaculares: se aumentó la presión arterial, aunque la alta frecuencia cardíaca obligara a mantenerla. La frecuencia respiratoria del presidente se redujo y casi se normalizó, debido en parte al oxígeno suplementario, pero también como respuesta a la mejora del flujo sanguíneo por las infusiones de sangre y líquidos.

No obstante, al final hubo que recurrir a la cirugía para detener la pérdida de sangre, de modo que el resto de los tratamientos ya no fueron necesarios.

Apuntes sobre el caso

1-7 ¿Por qué estaba pálido el presidente Reagan?

1-8 ¿Qué intervención fue especialmente responsable del aumento en la presión arterial de Reagan: la infusión concentrada de eritrocitos o la de líquido intravenoso?

La retroalimentación positiva acelera los procesos hasta alcanzar su conclusión

La *retroalimentación positiva* es lo opuesto de la retroalimentación negativa: esta última «empuja hacia atrás»

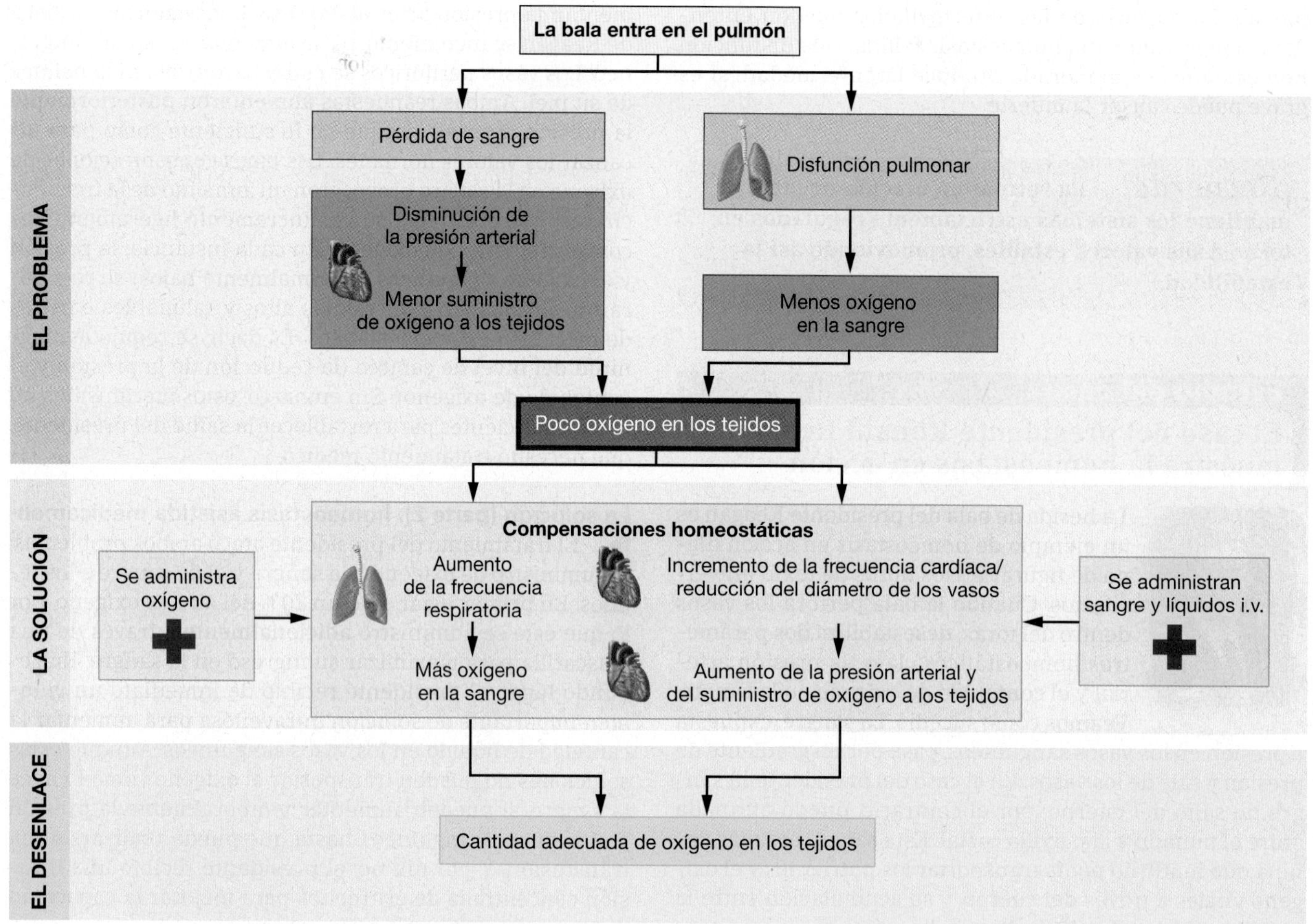

Figura 1-8. La homeostasis y el presidente Reagan. Las interrupciones de la homeostasis causadas por la bala aparecen en *rojo*. Los ajustes homeostáticos y las intervenciones médicas en *amarillo*. *¿Por qué la presión arterial de Reagan era baja?*

cuando se detecta un cambio; la positiva empuja más fuertemente en la misma dirección que se produjo el cambio, hasta que el proceso se completa. La **retroalimentación positiva** es como un alud: comienza por unas pocas rocas que, al caer, van desprendiendo y arrojando más y más piedras hasta que se produce una avalancha que tiene fuerza suficiente como para sepultar una aldea. Finalmente, se detiene y el proceso termina.

¡Recuerde! **La retroalimentación positiva se puede demostrar utilizando fichas de dominó. Colóquelas verticalmente en una fila y empuje la primera hacia delante. Las fichas caerán una sobre otra hasta que ninguna quede en pie.**

La retroalimentación negativa es clave para el mantenimiento segundo a segundo de muchos procesos corporales vitales. Por el contrario, la retroalimentación positiva participa sólo en unos pocos hechos fisiológicos normales. Uno de ellos es el parto (fig. 1-9). Los circuitos cerrados de retroalimentación positiva y negativa comparten los mismos elementos: una *situación* detectada por un *sensor,* que transmite señales a un *centro integrador,* el cual envía una señal a un *efector* que a su vez induce una acción. La diferencia es que, en vez de aliviar la situación, la intensifica. Durante el parto, por ejemplo, el cuello uterino (la abertura del útero ubicada en el extremo superior de la vagina) se estira por la presión de la cabeza del feto. Este estiramiento envía señales al sistema nervioso, que a su vez envía sus propias señales hacia la parte superior del útero para que se contraiga con mayor fuerza. Como resultado, la cabeza va avanzando hacia el cuello uterino, que se estira cada vez más. Este ciclo continúa hasta que se produce el nacimiento. Los hechos regulados por la retroalimentación positiva no se estabilizan; prosiguen hasta que se llega a la conclusión (en este caso, el nacimiento) o hasta que la reacción se agota (es decir, cuando todas las rocas han caído por la ladera de la montaña).

¡Recuerde! **Trate de crear sus propios diagramas de retroalimentación utilizando nuestros ejemplos (avalanchas, fichas de dominó) o los suyos propios.**

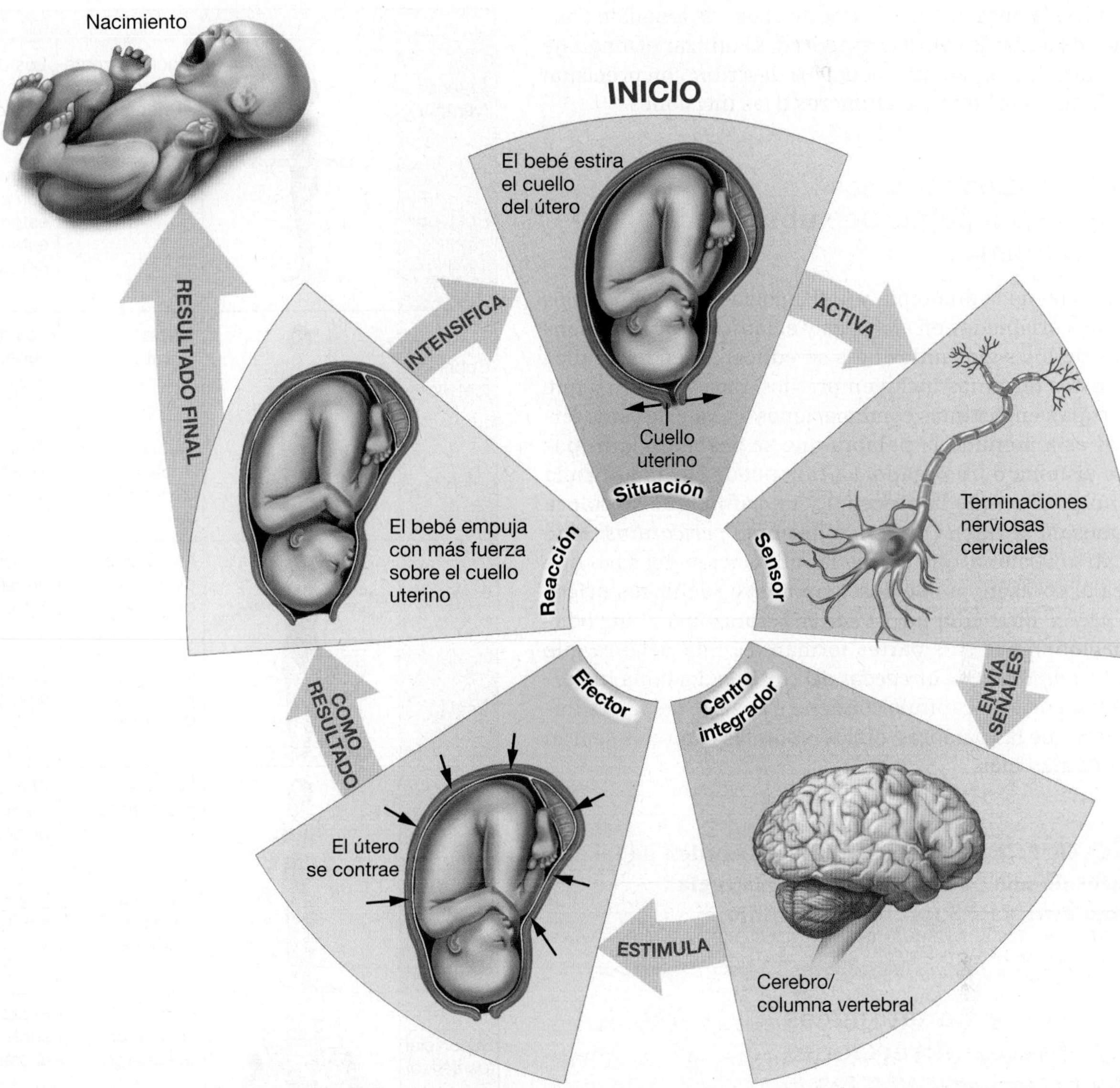

Figura 1-9. La retroalimentación positiva refuerza una situación. Los circuitos cerrados de retroalimentación positiva a menudo culminan en episodios críticos, como el nacimiento o la muerte. *Las contracciones uterinas, ¿aumentan o disminuyen la activación de las terminaciones nerviosas cervicales (los sensores)?*

Por lo tanto, la retroalimentación negativa y la positiva son similares en el sentido de que provocan una respuesta al cambio: la retroalimentación negativa se opone a él, mientras que la retroalimentación positiva lo intensifica.

1-9 Defina la homeostasis.

1-10 Indique cuál es la principal contribución del sistema respiratorio a la homeostasis.

1-11 ¿La temperatura corporal está regulada por la retroalimentación negativa o la retroalimentación positiva?

El lenguaje de la forma y la función

Se ha dicho, con razón, que adquirir nuevos conocimientos es, en gran parte, aprender un nuevo lenguaje. Por ejemplo, imagínese que está presenciando la cirugía de Ronald Reagan y otro cirujano le pide que «haga una incisión de 2 cm hacia abajo junto al pezón izquierdo». ¿Podría usted hacer una incisión precisa? Por supuesto que no. Necesita saber antes la dirección que debe seguir la incisión a partir del pezón. Además, *hacia abajo* puede ser hacia dentro del tórax o hacia los pies de forma paralela a la superficie del tórax. El cirujano debería darle las instrucciones precisas: «Haga una incisión horizontal superficial de 2 cm, a partir de los 2 cm del lado del pezón y superior a la quinta costilla, y extiéndala hacia la línea axilar posterior.» El uso de lenguaje anatómico estándar asegura la exactitud. Al utilizar el lenguaje específico de la anatomía, podemos describir con precisión el sitio de las lesiones, los tumores o las incisiones.

Los términos médicos se forman a partir de subunidades más pequeñas

El lenguaje de la anatomía y la fisiología contiene muchos términos originados en el griego y el latín, porque los científicos de los siglos anteriores se educaban en esos idiomas. Estos términos incluyen prefijos, raíces y sufijos que se agrupan en distintas combinaciones. La raíz de estos términos es a menudo la palabra que se usaba en latín para un sistema o un órgano. La raíz puede ser modificada por un prefijo (que la precede) y un sufijo (que se coloca después de la raíz). Observe el término *pericarditis*. Este llamativo término, que define la inflamación del saco que rodea al corazón, puede descomponerse según sus orígenes: *peri-* («alrededor de») + *kardia* («corazón») + *-itis* («inflamación»). Las tres partes forman así una palabra que significa *inflamación alrededor del corazón*. La tabla incluida al final de este capítulo contiene una serie de partes importantes de las palabras; en los restantes capítulos se irán presentando más.

¡Recuerde! **Para acordarse del orden de las partes de una palabra puede usar la regla nemotécnica PRS (prefijo, raíz, sufijo).**

Los términos anatómicos describen las direcciones y los planos corporales

Del mismo modo que los términos geográficos *norte, sur, este* y *oeste* se utilizan en relación con el Polo Norte, los términos anatómicos se refieren al cuerpo en su **posición anatómica estándar** (fig. 1-10), es decir:

- De pie, erguido y con la cabeza derecha.
- Mirando hacia delante.
- Con los brazos en los costados.
- Con las palmas de las manos hacia delante y el pulgar hacia fuera.
- Con los pies paralelos y los dedos hacia delante.

Los términos direccionales describen las posiciones relativas de las partes del cuerpo

Los *términos direccionales* describen la posición de una parte en relación con otra o con un subconjunto de partes. Por ejemplo, podemos describir la parte inferior (más baja) del esternón o el punto de una incisión superior a (encima de) la quinta costilla. Son términos que se identifican en la figura 1-10.

TÉRMINO	ILUSTRACIÓN	DEFINICIÓN	EJEMPLOS
Anterior (ventral)		Hacia el frente (ventral: hacia el vientre)	Los dedos de los pies son anteriores al talón; el ombligo es anterior al sacro
Posterior (dorsal)		Hacia la espalda	Las vértebras son posteriores al esternón; las uñas están en la cara dorsal de la mano
Superior (cefálico)		Hacia la cabeza	Los ojos son superiores a la boca
Inferior		Hacia la planta de los pies	El ombligo es inferior al mentón
Proximal		Más cerca del punto de origen	El codo es proximal a la muñeca
Distal		Más lejos del punto de origen	El tobillo es distal a la rodilla
Medial (interno)		Hacia el plano medio	El ombligo es medial al hueso de la cadera
Lateral (externo)		Hacia fuera del plano medio	Las orejas son laterales a la nariz
Superficial (periférico)		Hacia el exterior del cuerpo	El pelo es superficial al cráneo
Profundo (central)		Hacia el interior del cuerpo	El cerebro es central al cráneo

Figura 1-10. Términos direccionales. Los términos direccionales se refieren a la posición anatómica del cuerpo. *¿Qué parte es más lateral, los oídos o la nariz?*

Apuntes sobre el caso

1-9 La bala penetró en el tórax del presidente en sentido medial anteroinferior. ¿En qué sentido se desplazó la bala?

a. ¿Directo u opuesto a la cabeza?
b. ¿Directo u opuesto al esternón?

Los planos corporales son superficies planas imaginarias que dividen el cuerpo

Los **planos** son superficies planas imaginarias. Cuando pasan a través de objetos sólidos y los cortan, revelan formas bidimensionales llamadas **secciones.** Por ejemplo, un plano que pasa a través de una esfera revela una sección transversal, el círculo. Algunos aspectos de las estructuras internas pueden comprenderse mejor cuando se observan imágenes bidimensionales de las formas que aparecen en las secciones junto a los *planos corporales estándar* (fig. 1-11). Estos planos estándar, que se cortan mutuamente en ángulos de 90°, como los tres lados de la esquina de una caja, son los siguientes:

- El **plano frontal** es cualquier plano vertical (derecho hacia arriba y hacia abajo) desde la parte de arriba (superior) a la de abajo (inferior), que divide las estructuras en anteriores y posteriores. Se llama también plano *coronal,* sobre todo cuando hace referencia al cerebro. Los cortes a lo largo de este plano se denominan secciones *frontales* o *coronales.*
- El **plano sagital** es el otro tipo de plano vertical, que divide las estructuras en izquierdas y derechas. Es perpendicular al plano frontal y va en sentido superior a inferior. Los cortes a lo largo de este plano se denominan secciones *sagitales;* los cortes en el medio del cuerpo se llaman secciones *mesosagitales.*
- El **plano transverso** o *plano horizontal* es paralelo al horizonte y divide las estructuras en superiores e inferiores. Va en dirección anteroposterior (del frente hacia atrás), y es perpendicular a los planos frontales y sagitales. Los cortes a lo largo de este plano se denominan secciones *transversales.*
- Cualquier otro plano que no sea perpendicular a un plano frontal, sagital o transverso (horizontal) es un plano *oblicuo.*

Recuerde que los planos corporales, como todas las direcciones anatómicas, hacen referencia al cuerpo en su posición anatómica.

Apuntes sobre el caso

1-10 A Reagan se le hizo una radiografía que mostró sus pulmones de lado a lado. ¿Se tomó en plano frontal o en plano sagital?

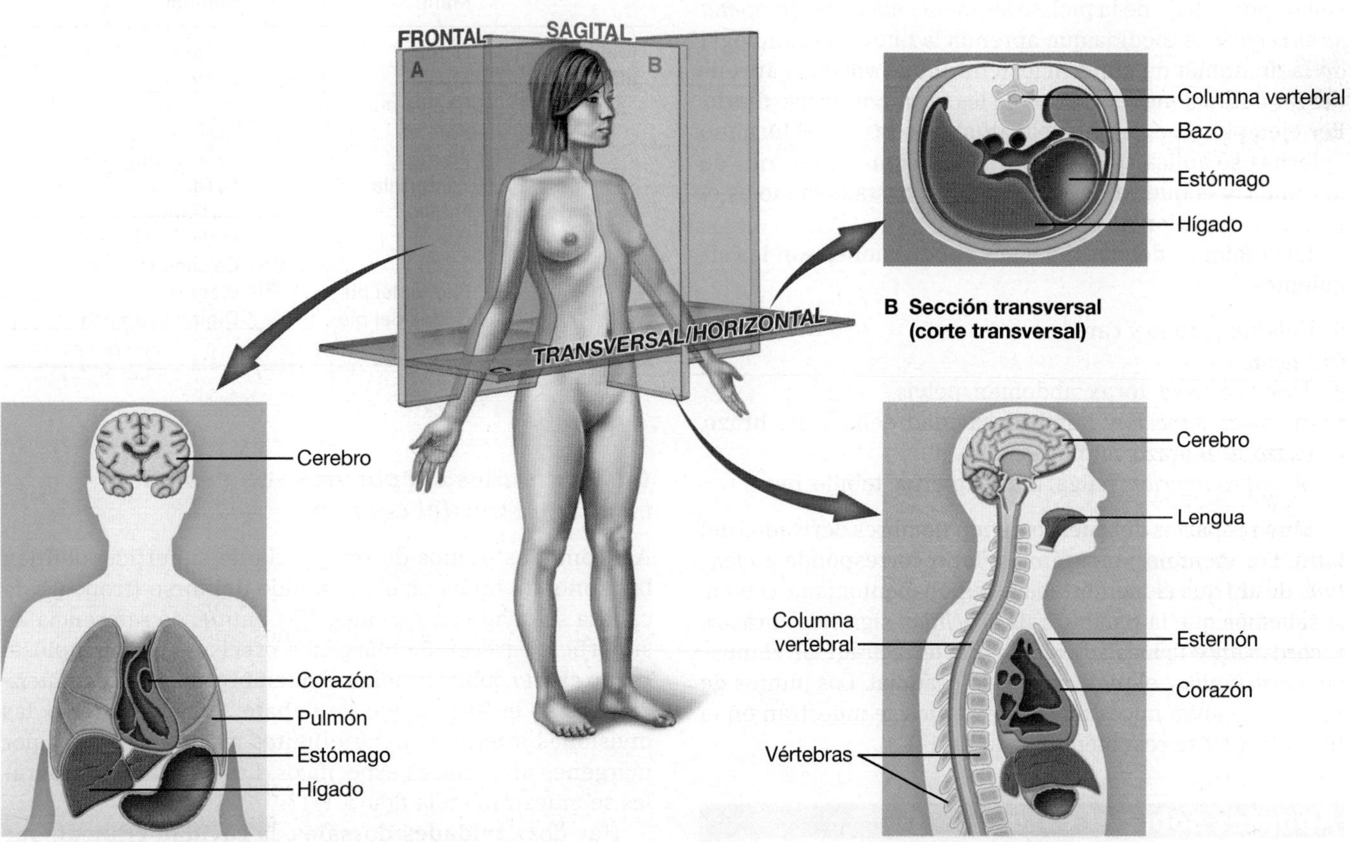

Figura 1-11. Planos y secciones. Los planos dividen el cuerpo en formas específicas. Los cortes a lo largo de estos planos producen diferentes secciones. *¿Qué plano divide el cuerpo en una mitad derecha y otra izquierda?*

Los términos anatómicos describen el cuerpo con precisión

Las palabras del lenguaje diario que se utilizan para describir el cuerpo son a menudo imprecisas. Por ejemplo, cuando una persona se queja de dolor de estómago, en general señala la dolencia en la zona baja del abdomen, cuando el estómago realmente se encuentra ubicado en la parte alta, parcialmente debajo de las costillas. El uso de este tipo de imprecisiones entre los profesionales médicos puede ser letal. Por eso, los nombres de los puntos de referencia anatómicos y las regiones del cuerpo están definidos con precisión.

¡Recuerde! Use el tacto, el habla y el oído para facilitar la memorización. Por ejemplo, identifique en voz alta cada región del cuerpo sobre su propio cuerpo. Compare la localización de esas regiones utilizando términos anatómicos relativos.

Las regiones del cuerpo están definidas por la anatomía de superficie

Las regiones corporales se basan en las características visibles de un cuerpo desnudo e intacto; dado que raramente vemos por debajo de la piel, se las menciona como *anatomía de superficie*. A medida que aprenda la nueva terminología de la anatomía de superficie, tendrá que volver a aprender las definiciones correctas de los términos de uso diario. Por ejemplo, en el lenguaje anatómico correcto, el término «pierna» se aplica sólo a la parte del miembro inferior de la rodilla, y el que va desde el hombro hasta la mano es el miembro superior, no el brazo.

Las regiones del cuerpo y sus subdivisiones son las siguientes:

- *Cabeza:* cráneo y cara.
- *Cuello.*
- *Tronco o torso:* tórax, abdomen, pelvis.
- *Miembro superior:* hombro, cavidad debajo del brazo, brazo, antebrazo, muñeca, mano.
- *Miembro inferior:* nalga, muslo, pierna, tobillo, pie.

Muchas partes del cuerpo tienen nombres derivados del latín. Por ejemplo, «mentón» en latín corresponde a *mentum;* de ahí que el mentón sea la región mentoniana. O bien, si sabemos que la palabra raíz *brachium* significa «brazo», recordaremos la localización de la arteria braquial, el músculo *brachialis* y el plexo nervioso braquial. Los puntos de referencia anatómicos más importantes se muestran en la figura 1-12 y se resumen en la tabla 1-1.

Apuntes sobre el caso

1-11 El presidente fue herido cerca de la cavidad debajo del brazo. ¿Cuál es el término médico para esta región?

Tabla 1-1. Algunos puntos de referencia anatómicos

Región	Nombre común	Adjetivo
Cabeza	Cabeza	Cefálico
	Ojo	Orbitario/ocular
	Mejilla	Bucal
	Oreja	Ótico
	Nariz	Nasal
	Boca	Oral
	Mentón	Mentoniano
Cuello	Cuello	Cervical
Tronco	Tórax	Torácico
	Mamas	Mamario
	Abdomen/vientre	Abdominal
	Ombligo	Umbilical
	Pelvis	Pélvico
	Lomo	Lumbar
	Ingle	Inguinal
	Pubis	Púbico
Miembro superior	Axila	Axilar
	Brazo	Braquial
	Codo anterior	Anterocubital
	Antebrazo	Anterobraquial
	Codo posterior	Olecraniano
	Muñeca	Carpiano
	Mano	Manual
Miembro inferior	Nalga	Glúteo
	Muslo	Femoral
	Rodilla posterior	Poplíteo
	Rótula	Rotuliano
	Pierna	Crural (femoral)
	Pantorrilla	Sural
	Tobillo	Tarsiano
	Pie	Pedio
	Talón	Calcáneo
	Planta del pie	Plantar
	Dedos del pie	Digital/falángico

Las cavidades corporales son espacios en el interior del cuerpo

Así como los puntos de referencia de superficie definen la fisonomía humana, el contenido del torso (tronco) y la cabeza se divide en regiones. Los puntos de referencia de superficie carecen de márgenes precisos; por ejemplo, el punto *exacto* donde termina el miembro superior y comienza el torso es aún objeto de debate. Por el contrario, las divisiones interiores tienen límites nítidos, definidos por márgenes anatómicos específicos. Las cavidades corporales se muestran en la figura 1-13.

Hay dos **cavidades dorsales,** la **cavidad craneal,** que contiene el cerebro, y la **cavidad vertebral,** que contiene la médula espinal. Ambas están formadas por huesos (el cráneo y la columna vertebral) y recubiertas por membranas (las *meninges,* ➡ cap. 8).

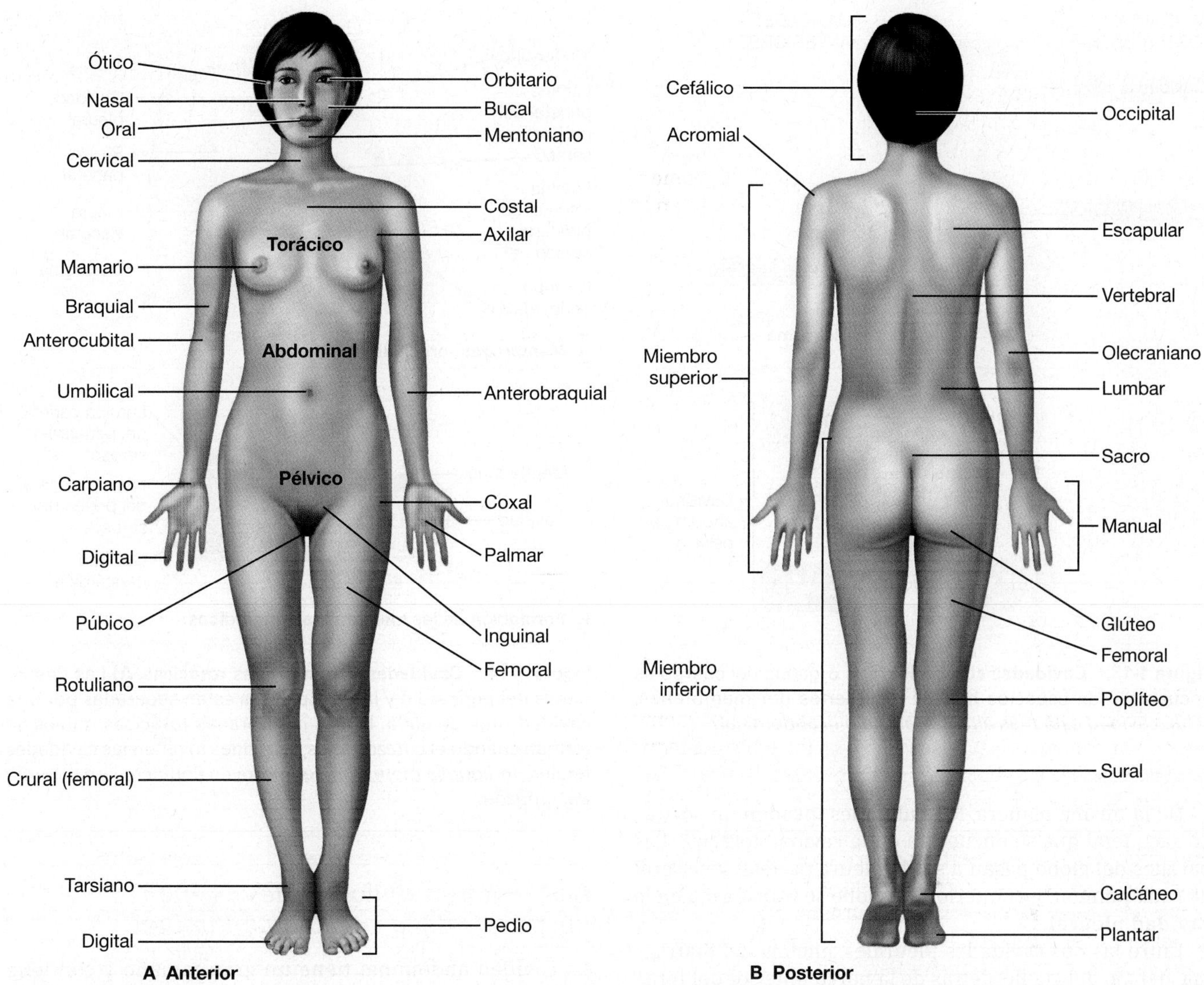

Figura 1-12. Regiones corporales. Los términos regionales y los puntos de referencia de superficie describen importantes áreas y puntos de la superficie del cuerpo en la posición anatómica. *¿Cuál es el adjetivo que describe al pie completo?*

La **cavidad ventral** está dividida por el diafragma, un músculo horizontal (transversal). La **cavidad torácica** (cavidad del pecho) descansa sobre el diafragma; contiene el corazón, los pulmones y los vasos grandes. La **cavidad abdominopélvica** se encuentra debajo del diafragma. Una línea imaginaria a lo largo de la parte superior de la pelvis separa esta cavidad grande en dos cavidades más: la **abdominal superior** y la **pélvica inferior.** La cavidad abdominal contiene la mayoría de los órganos digestivos y las glándulas abdominales, como el estómago, el hígado, la vesícula biliar, el páncreas y la mayor parte de los intestinos. La cavidad pélvica contiene parte del intestino grueso y los órganos genitales.

Muchos órganos de las cavidades torácica y abdominopélvica están recubiertos por membranas dobles. El **pericardio** recubre el corazón, la **pleura** recubre los pulmones y el **peritoneo** varios órganos pélvicos y abdominales. Una de las láminas de cada membrana, la **visceral,** se adhiere a los órganos; la otra, llamada **parietal,** se adhiere a la pared de la cavidad, dejando un espacio virtual entre ellas.

La anatomía de las membranas torácica y abdominal se entiende mejor después de comprender cómo se forman durante el desarrollo del feto.

Los órganos de cada una de esas cavidades se desarrollan de tal modo que pueden compararse con un puño o una mano que se introduce por la fuerza en un globo desde uno de sus lados. Por ejemplo, a medida que se forma, el corazón invade el saco fetal, similar a un globo, en la cavidad torácica (fig. 1-14). La pared próxima del globo forma la superficie que cubre el corazón (la *lámina visceral del pericardio*). El interior del globo se transforma en la *cavidad pericárdica*, que contiene una pequeña cantidad de lubricante, y la pared distal se convierte en la *lámina parietal del pericardio*, un saco membranoso y firme que contiene el corazón.

Obsérvese que las membranas viscerales (del latín *viscus* = «víscera») cubren órganos, mientras que las membranas parietales (del latín *paries* = «pared») recubren las paredes del cuerpo.

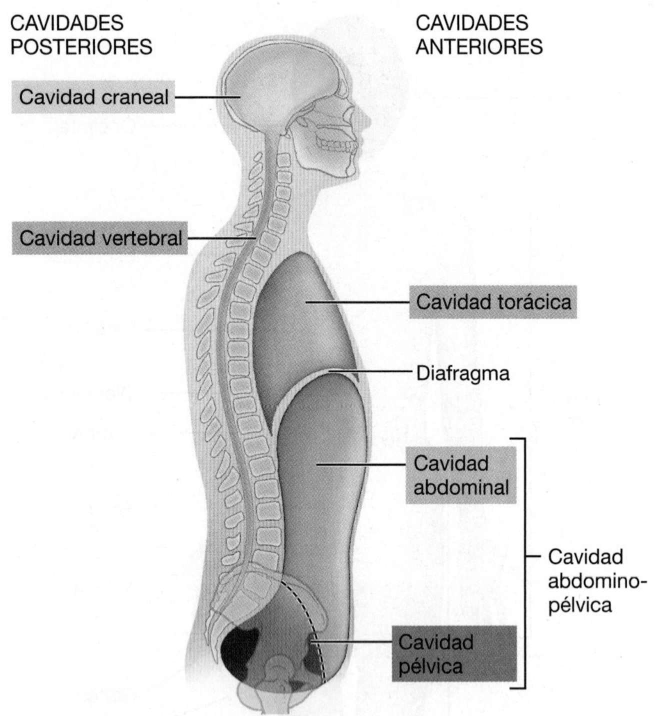

Figura 1-13. Cavidades corporales. Los órganos del cuerpo se encuentran en espacios huecos recubiertos por membranas. *¿Qué cavidad está más alta, la pélvica o la abdominal?*

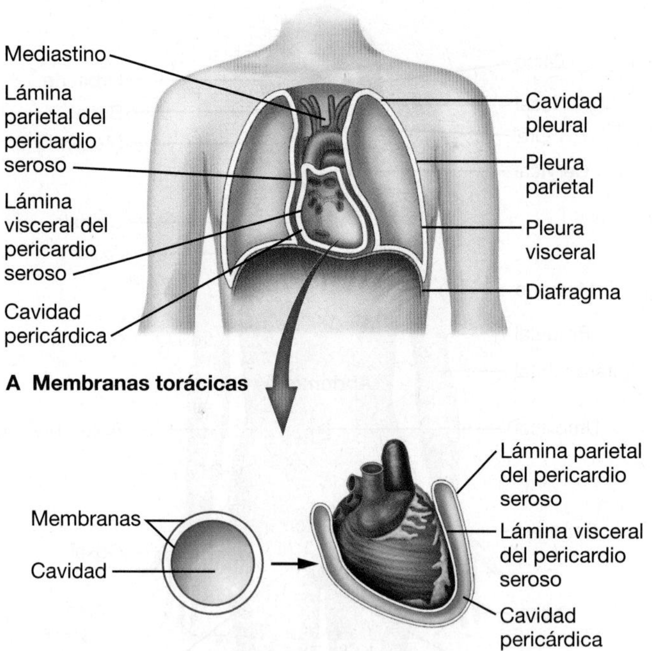

Figura 1-14. Cavidades y membranas torácicas. A) Las dos láminas del pericardio y las dos pleuras están separadas por una cavidad muy delgada. **B)** Las membranas torácicas dobles se forman cuando el corazón y los pulmones invaden las cavidades fetales. *Indique la membrana que está en contacto con la pared del corazón.*

De la misma manera, los pulmones invaden un segundo saco fetal que se encuentra en la cavidad torácica. Las paredes del globo pasan a ser la pleura parietal y visceral de cada pulmón, y el interior del globo se transforma en la **cavidad pleural.**

Entre las dos cavidades pleurales, encima del diafragma, debajo del cuello, detrás de la pared anterior del tórax y delante de la columna vertebral, existe un espacio llamado **mediastino.** Contiene el corazón y el saco pericárdico, las venas y arterias de grueso calibre próximas al corazón, la tráquea inferior, lípidos, nódulos linfáticos, nervios y los bronquios de gran tamaño (tubos huecos que transportan el aire hacia y desde los pulmones).

El hígado, el bazo y los intestinos (y en las mujeres los ovarios, las trompas y el extremo superior del útero) invaden el saco fetal, que también es semejante a un balón. La pared de este globo que cubre los órganos es el *peritoneo visceral*, mientras que la pared del globo que recubre el resto del espacio se transforma en el *peritoneo parietal*. El interior del globo pasa a ser el **espacio peritoneal.**

Apuntes sobre el caso

1-12 La bala se alojó en el pulmón del presidente Reagan. ¿En qué cavidad del cuerpo están los pulmones?

1-13 La bala perforó las dos membranas que cubren los pulmones. ¿Cuál de las dos traspasó primero?

Las regiones abdominales definen las partes de la cavidad abdominal

La cavidad abdominal tiene un gran tamaño y contiene muchos órganos. Para facilitar su identificación, cuando hablan entre ellos, los profesionales médicos se refieren a la localización de los órganos utilizando uno de los dos sistemas que dividen el abdomen en subsecciones. El más sencillo considera que el abdomen tiene cuatro *cuadrantes* (fig. 1-15 A) definidos por líneas verticales y horizontales dibujadas que atraviesan el ombligo *(umbilicus)*. El hígado ocupa casi todo el cuadrante superior derecho, y el apéndice se encuentra en el cuadrante inferior derecho. El otro sistema, más detallado, divide el abdomen en nueve regiones, que se forman al dibujar dos líneas horizontales, una justo debajo de las costillas y otra sobre la parte superior de los huesos de la cadera, y una línea vertical descendente desde el punto medio de cada clavícula e interna a cada pezón (fig. 1-15 B).

1-12 El sufijo *–megalia* deriva del griego *megas* = «grande». ¿Cuál es la definición de cardiomegalia?

1-13 ¿Qué estructura es más distal?, ¿la muñeca o el hombro?

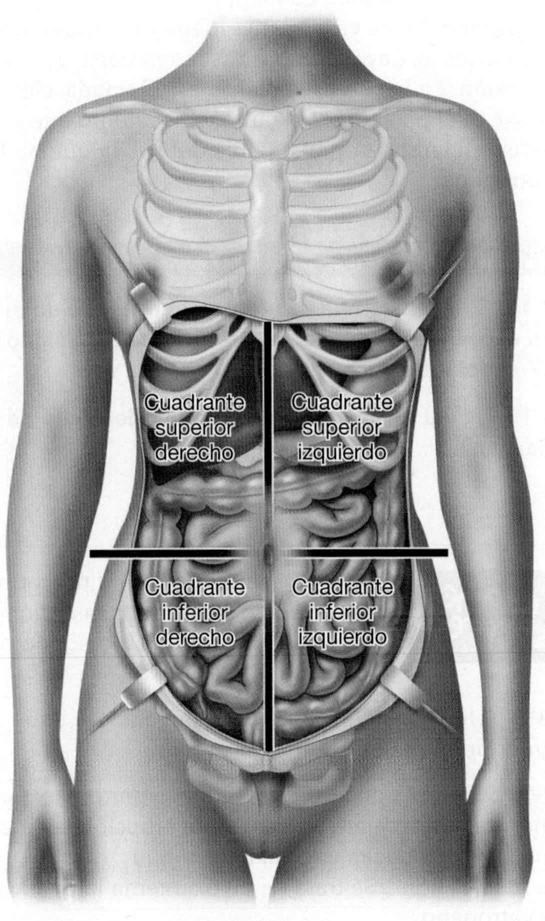

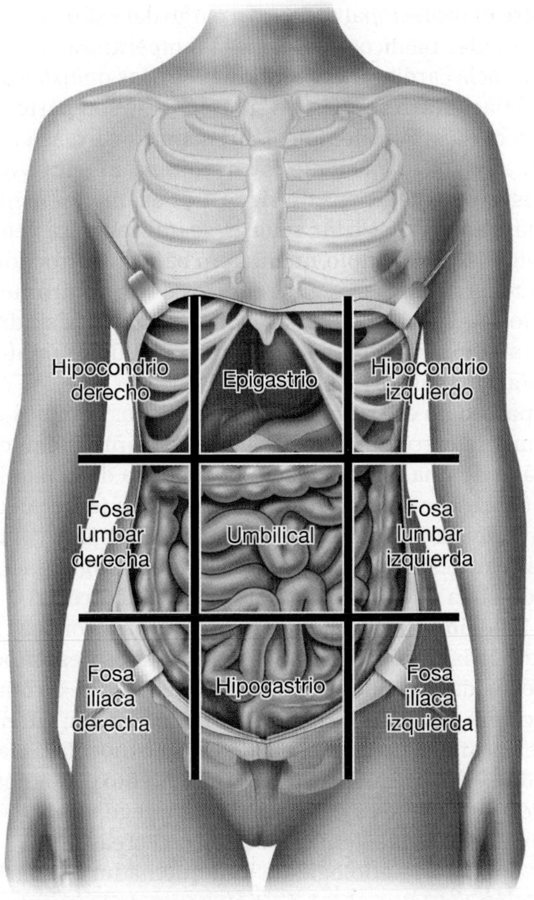

Figura 1-15. Regiones abdominales. A) Cuadrantes abdominales. **B)** Regiones abdominales. *¿Qué región es inferior, la ilíaca o la hipocondríaca?*

1-14 A lo largo de la Historia, ha sido común ejecutar a los seres humanos cortándoles la cabeza. Teniendo en cuenta que los planos se relacionan con el cuerpo en la posición anatómica, ¿a lo largo de qué plano se hacía este corte?

1-15 ¿Cuál de las nueve regiones abdominales rodea al ombligo?

El lenguaje de la enfermedad

Todas las enfermedades se deben a algún tipo de lesión. Por lo tanto, podemos definir la **enfermedad** como un estado insalubre en el que la forma y la función son anómalas debido a los efectos de una lesión. El término *lesión* se utiliza en su acepción más amplia a fin de que incluya el daño a células y tejidos por cualquier motivo, por ejemplo, lesiones físicas, inflamación, irradiación, fármacos, dietas, o determinados hábitos personales.

Todas las enfermedades son agudas o crónicas. Las enfermedades **agudas** aparecen rápidamente, son breves y se acompañan de síntomas inequívocos. Por ejemplo, una infección típica en el oído de un niño comienza de forma imprevista, dura unos pocos días y va siempre acompañada por dolor de oídos y fiebre. Las enfermedades **crónicas** suelen comenzar lentamente, y sus signos y síntomas son difíciles de interpretar, se mantienen durante un tiempo prolongado y, en general, no pueden evitarse con vacunas ni curarse con medicamentos. Por ejemplo, la artritis es una enfermedad que comienza con un anquilosamiento vago o dolores en ciertas articulaciones, avanza lentamente, no tiene cura (aunque puede tratarse) y en general dura toda la vida.

¡Recuerde! **Tanto las enfermedades agudas como las crónicas pueden presentar distinta gravedad, desde moderada a potencialmente mortal.**

Los **signos** son las observaciones directas y mensurables que hace el profesional que está a cargo del examen (enfermero, auxiliar, médico, etc.), como la temperatura corporal y la frecuencia cardíaca. Los **síntomas** son las quejas que expone el paciente o alguien en su nombre, y son parte de su historia clínica. Por ejemplo, la frecuencia cardíaca acelerada que señala un paciente es un síntoma, mientras que la que observa el médico es un signo. Los exámenes médicos, como las radiografías o los análisis, se utilizan para detectar otros signos, por ejemplo, un número bajo de eritrocitos. Un conjunto de síntomas y signos clínicos es un **síndrome.** Por ejemplo, la exposición excesiva al sol produce el síndrome de quemadura solar: piel roja (signo), con dolor (síntoma) e inflamación (signo).

La **patología** es la ciencia que estudia los cambios en la función y la estructura corporales que se producen como resultado de una enfermedad. El propósito de la patología es descubrir la **etiología** (causa) de la lesión (enfermedad), comprender la **patogenia** de la enfermedad (su evolución natural y su desarrollo), explicar la **fisiopatología** (la forma alterada en la que se expresa la función incorrecta) y describir la **lesión** (la anomalía estructural [anatómica] producida por la lesión). Cuando la etiología es desconocida, la enfermedad es **idiopática** (del griego *idio* = «propio» o «particular», y *pathos* = «padecimiento»; es decir, enfermedad de naturaleza personal, no de causa conocida. Si la enfermedad es consecuencia de un tratamiento o diagnóstico médico, se dice que es **yatrógena** (del griego *iatros* = «medicina» y *geno* = que genera, «origen» o «creación»).

Por ejemplo, la etiología de una quemadura solar es la exposición excesiva al sol. La patogenia de la quemadura solar es la absorción de rayos de alta energía ultravioleta que lesionan la piel. La fisiopatología se caracteriza por la dilatación de los vasos sanguíneos y el aumento de la presión arterial, que en ambos casos son parte de la reacción a la lesión. La lesión es la piel roja, inflamada, caliente y con dolor. Si el paciente toma un medicamento que aumenta la sensibilidad de la piel a la luz del sol, la quemadura sería yatrógena.

Apuntes sobre el caso

1-14 Reagan estaba pálido y se quejaba de dolor en el pecho. ¿La palidez es un síntoma o un signo? ¿Y el dolor de pecho?

1-15 ¿Cuál era la etiología del dolor de pecho de Reagan?

1-16 Después de comer pescado crudo, un paciente siente náuseas y vómitos. ¿Se trata de un trastorno agudo o crónico?

1-17 Una lesión en la mano observada por una enfermera, ¿es un signo o un síntoma?

1-18 Después de tomar un fármaco por prescripción médica, un paciente presenta una erupción cutánea inusual, que desaparece al interrumpir la medicación. ¿Se trata de un exantema idiopático o yatrógeno?

Etimología

Raíces latinas/griegas	Equivalentes en español	Ejemplos
cardi-/o	Corazón	Cardíaco: relativo al corazón
cit-/o	Célula	Citología: estudio de las células
derm-/o, dermat-/o	Piel	Dérmico: relativo a la piel
geri-/geronto-	Viejo	Geriátrico: relativo a la vejez
hem-/o, hemat-/o	Sangre	Hematología: estudio de la sangre
hepat-/o	Hígado	Hepático: relativo al hígado
leuc-/o	Blanco	Leucocito: glóbulo blanco
neur-/o	Neurona	Neuritis: inflamación de un nervio
ost-/osteo-	Hueso	Osteocito: célula ósea
pat-/o	Enfermedad	Patología: estudio de las enfermedades
psic-/o	Mente	Psicología: estudio de la mente

Continúa

Etimología

Prefijos latinos/griegos	Equivalentes en español	Ejemplos
a-/an-	Sin	Anuria: falta de producción de orina
ab-/a-	Separado de, fuera de, más allá de	Anormal: fuera de lo normal; no normal
ad-	Cerca de, hacia algo	Aducción: aproximación a algo
bradi-	Lento	Bradicardia: latido cardíaco lento
dis-	Alterado, dificultoso	Distocia: parto difícil
ec-, ecto-	Fuera de	Ectodermis: capa exterior de la piel
en-, endo-	Dentro de	Endocardio: recubrimiento interno del corazón
epi-	Sobre, fuera de	Epineural: sobre o fuera de un nervio
hiper-	Por encima de lo normal	Hiperventilación: respiración muy rápida
hipo-	Por debajo de lo normal	Hipoventilación: respiración muy lenta
inter-	Entre	Intervertebral: entre las vértebras
intra-	Dentro de	Intracardíaco: dentro del corazón
macro-	Grande	Macrocito: célula grande
micro-	Pequeño	Microcito: célula pequeña
peri-	Alrededor de	Pericardio: alrededor del corazón
pre-/ante-	Antes	Prenatal: antes del parto
taqui-	Anormalmente rápido	Taquicardia: frecuencia cardíaca rápida
Sufijos latinos/griegos	**Equivalentes en español**	**Ejemplos**
-algia	Dolor	Neuralgia: dolor de un nervio
-cito	Célula	Hepatocito: célula hepática
-ectomía	Extracción quirúrgica	Apendicectomía: extracción del apéndice
-emia	Relativo a la sangre	Leucemia: aumento de leucocitos en sangre
-gen, -genic, -génesis	Causa de	Patógeno: lo que causa una enfermedad
-itis	Inflamación	Apendicitis: inflamación del apéndice
-lisis	Desintegración	Hemólisis: desintegración de los glóbulos blancos
-logist, -logía, -logo, -ista	Estudio o práctica de (o la persona que estudia o practica)	Cardiólogo: persona que estudia el corazón
-megalia	Agrandamiento	Hepatomegalia: hígado agrandado
-oma	Tumor	Hepatoma: tumor del hígado
-patía	Enfermedad	Neuropatía: enfermedad de un nervio
-penia	Reducción o falta de	Leucocitopenia: falta de glóbulos blancos (leucocitos)
-plasia	Crecimiento	Displasia: crecimiento anormal
-stasis	Sin cambios, detenido	Hemostasis: detención de una hemorragia

Cuestionario del capítulo

REVISIÓN DEL CAPÍTULO

1. El epitelio es un ejemplo de
a. átomo.
b. tejido.
c. sistema.
d. molécula.

2. El nivel más pequeño de organización es
a. el tejido.
b. la molécula.
c. el átomo.
d. el órgano.

3. La cavidad que contiene los ovarios es la
a. torácica.
b. dorsal.
c. abdominal.
d. pélvica.

4. El mediastino contiene
a. los pulmones.
b. el corazón.
c. los riñones.
d. el cerebro.

5. El centro del abdomen se denomina
a. región umbilical.
b. región inguinal izquierda.
c. región femoral.
d. región hipogástrica.

6. La región olecraneana se encuentra en
a. La cara posterior del codo.
b. La cara posterior de la rodilla.
c. La base del cráneo.
d. La planta del pie.

7. Posterior es a anterior lo que distal es a
a. inferior.
b. proximal.
c. medial.
d. superficial.

8. El plano que divide el cuerpo en dos partes, superior e inferior, se llama
a. frontal.
b. coronal.
c. transverso.
d. sagital.

9. La causa de una enfermedad se define más precisamente como su
a. fisiopatología.
b. etiología.
c. anatomía.
d. patología.

10. Una enfermedad de origen desconocido se define como
a. yatrógena.
b. idiopática.
c. epidémica.
d. una lesión.

11. Un corte sangra porque
a. la sangre pasa por un gradiente de concentración alta a baja.
b. la sangre pasa por un gradiente de concentración baja a alta.
c. la sangre pasa por un gradiente de presión alta a baja.
d. la sangre pasa por un gradiente de presión baja a alta.

Asigne cada componente o función corporal al sistema apropiado:

12. Amígdalas
13. Bronquios
14. Inducción de las contracciones musculares
15. Transporte del oxígeno y los nutrientes hasta las células
16. Producción de espermatozoides y óvulos

a. Sistema nervioso
b. Sistema linfático/inmunitario
c. Sistema respiratorio
d. Sistema reproductor
e. Sistema cardiovascular

COMPRENSIÓN DE CONCEPTOS

17. Utilizando ejemplos del sistema respiratorio, describa los seis niveles de organización, desde el más grande hasta el más pequeño.

18. ¿La retroalimentación positiva mantiene la homeostasis? Explique su respuesta refiriéndose a la definición de homeostasis.

19. Compare y contraste los términos «signos» y «síntomas». Indique una similitud y una diferencia.

APLICACIÓN

20. En la posición anatómica estándar:
   a. Las palmas de las manos miran hacia delante.
   b. La cabeza es inferior al diafragma.
   c. La parte distal del miembro superior es superior al cráneo.
   d. El ombligo es distal a la región epigástrica.

Con los conocimientos de puntos de referencia anatómicos que usted posee, indique el lugar más probable para las siguientes lesiones, enfermedades y estructuras:

21. Verruga plantar

22. Tendón rotuliano

23. Otitis

24. Arteria femoral

25. Considere las cuatro características de la vida: organización, metabolismo, adaptación y reproducción. ¿De qué forma éstas distinguen los seres vivos de los inertes? ¿Puede imaginar algún objeto inerte que posea alguna de estas características?

26. Su nuevo apartamento tiene un calefactor controlado por un termostato. ¿Qué sucedería si en un día de mucho calor el aparato trabajase según los principios de la retroalimentación positiva?

27. Se ha inaugurado una cafetería en el campus, donde venden un café helado delicioso. En un día caluroso, hay 37 clientes dentro esperando en la cola y 7 personas fuera, sentadas en la terraza, tomándose el café. La terraza tiene el mismo tamaño que la cafetería.
   a. Michele está sentada fuera. Entra en la cafetería para ir al baño. ¿Está subiendo o bajando el gradiente de concentración de las personas?
   b. Si dentro y fuera de la cafetería hubiese la misma cantidad de personas, ¿seguiría habiendo gradiente?

Puede encontrar las respuestas a estas preguntas en el apartado de recursos para estudiantes en: **http://thepoint.lww.com/espanol-McConnellandHull**

2

Química en contexto: las moléculas de la vida

Temas principales

- Toda la materia está compuesta de átomos.
- Los átomos están unidos por enlaces químicos y forman moléculas.
- Los enlaces químicos almacenan energía.
- La carga eléctrica total de los átomos y las moléculas es importante en ciertas reacciones químicas.
- Las reacciones químicas crean o rompen enlaces químicos.
- El agua es un elemento importante en algunas reacciones químicas.
- El cuerpo controla estrictamente la acidez de sus tejidos y fluidos.
- Las moléculas orgánicas son grandes y complejas, y sólo las crean los seres vivos.

Objetivos del capítulo

Los elementos de la vida 32

1. Poner ejemplos de oligoelementos y macroelementos.

Forma y función de los átomos 33

2. Utilizar la tabla periódica para determinar la masa y el número atómico de un átomo, y para calcular la cantidad de protones, electrones y neutrones.
3. Para un átomo en particular, predecir el efecto del cambio en la cantidad de protones, electrones y neutrones.

Enlaces químicos 40

4. Utilizar el modelo de capas de electrones para explicar la formación de iones y enlaces iónicos, enlaces covalentes polares y enlaces covalentes no polares.
5. Explicar por qué sólo los iones y las moléculas polares se disuelven en agua.
6. Explicar la importancia de los grupos funcionales y citar cinco ejemplos.

7. Explicar por qué un aumento en la concentración de iones de bicarbonato o hidrógeno produce un aumento en la producción de dióxido de carbono, e ilustrar la reacción química mediante el empleo de símbolos químicos.

La química de los seres vivos 48

8. Explicar la diferencia entre moléculas orgánicas e inorgánicas.
9. Enumerar cinco propiedades importantes del agua.
10. Relacionar la escala de pH con los cambios en la concentración iónica del hidrógeno.
11. Mostrar cómo las distintas macromoléculas (carbohidratos, lípidos, proteínas y nucleótidos) se forman a partir de distintas subunidades.
12. Explicar la función del agua en la hidrólisis y en la síntesis por deshidratación.
13. Explicar por qué los lípidos son hidrófobos pero los carbohidratos son hidrófilos.
14. Describir las funciones del ácido nucleico y del trifosfato de adenosina (ATP).

Química en contexto. El caso de José G. 50

15. Utilizar el caso práctico para ilustrar la importancia de los amortiguadores del pH.

Caso práctico: «Me obligaron a beber zumo de limón puro»

Mientras lee el siguiente caso práctico, haga una lista de los términos y conceptos que debe aprender para comprender el caso de José.

Anamnesis: José tiene 18 años y está en su primer año de universidad. Goza de buena salud, pero termina en la sala de urgencias donde sus amigos lo han dejado sin proporcionar ninguna información. Ante las preguntas del médico de guardia, la respuesta de José fue que le «obligaron a beber zumo de limón puro». Durante una novatada le hicieron beber el contenido de tres botellas grandes de zumo de limón sintético. Según él, vomitó una vez, «aunque no mucho».

Exploración física y otros datos: respiraba agitadamente (24 resp/min) y parecía somnoliento. Se quejaba de náuseas y de falta de aliento, aunque no presentaba ninguna alteración física adicional. Se obtuvo una muestra de sangre en la que se analizó la acidez (pH), y el contenido de bicarbonato, oxígeno y dióxido de carbono.

- pH 7,26 Normal: 7,40
- Bicarbonato (HCO_3^-) 21 Normal: 24
- Oxígeno 96 Normal: más de 80
- Dióxido de carbono (CO_2) 33 Normal: 40

Evolución clínica: el diagnóstico fue acidosis y se le recetó una solución de bicarbonato y electrólitos administrada por vía intravenosa que se mantuvo durante toda la noche. A la mañana siguiente tenía 14 resp/min y los resultados de los análisis estaban alterados. Fue dado de alta.

Información nutricional

Tamaño de la ración 1 taza 244 g (244 g)

Cantidad por ración	
Calorías 51	
Calorías provenientes de grasas 6	
	% del valor diario*
Total de grasas 1 g	1%
Grasas saturadas 0 g	0%
Grasas trans	
Colesterol 0 mg	0%
Sodio 51 mg	2%
Total de carbohidratos 16 g	5%
Fibra vegetal 1 g	4%
Azúcares 6 g	
Proteínas 1 g	
Vitamina A 1% • Vitamina C	101%
Calcio 3% • Hierro	2%

*Los porcentajes diarios están basados en una dieta de 2 000 calorías. Es posible que tus valores diarios sean superiores o inferiores dependiendo de tus requerimientos calóricos.

©www.NutritionData.com

Etiqueta de información nutricional de una botella de zumo de limón.

En el capítulo 1 nos imaginamos a nosotros mismos «observando el paisaje de la anatomía y la fisiología desde la ventana de un avión en vuelo». En este capítulo podemos imaginarnos en cuclillas, mirando a través de una lupa y estudiando «las cosas más pequeñas» que nuestros ojos pueden distinguir: las rocas, las raíces y la tierra que constituyen el paisaje. La vista desde muy alto y la vista desde muy cerca son necesarias para comprender lo que veremos en el resto del viaje, que será a pie a través de las colinas y los valles de la forma y función humanas.

Recuerde que en el capítulo 1 introdujimos los niveles de organización del cuerpo. Ahora vamos a considerar la organización de las cosas más pequeñas: las moléculas y los átomos de los que estamos compuestos.

Lo único que existe son átomos y espacios vacíos

Demócrito, un filósofo griego que vivió de 470 a 380 a.C., nos regaló la palabra átomo, que en griego significa «indivisible», o dicho de otra manera, la partícula más pequeña que no se puede dividir en otras aún más pequeñas.

Los elementos de la vida

¿De qué estamos hechos? Si bien hay una canción infantil en inglés que sugiere que las niñas están hechas de azúcar y especias, y los niños de colas de cachorritos, sabemos que todos los seres humanos estamos constituidos por los mismos elementos químicos en aproximadamente la misma proporción (fig. 2-1). Estas sustancias químicas fundamentales, como el oxígeno, el hidrógeno y el nitrógeno, son ejemplos de *elementos*. No sólo los seres humanos, sino toda la materia está compuesta por elementos. Un **elemento** es una sustancia que no puede dividirse en otra sustancia más simple mediante fuerzas habituales como el calor, la electricidad, el magnetismo o reacciones químicas. Por ejemplo, el elemento hierro sigue siendo hierro en las reacciones químicas; no se convierte en otro metal, como cobre o plomo. Es la misma sustancia cuando forma parte de la sangre humana o de una sartén de hierro fundido.

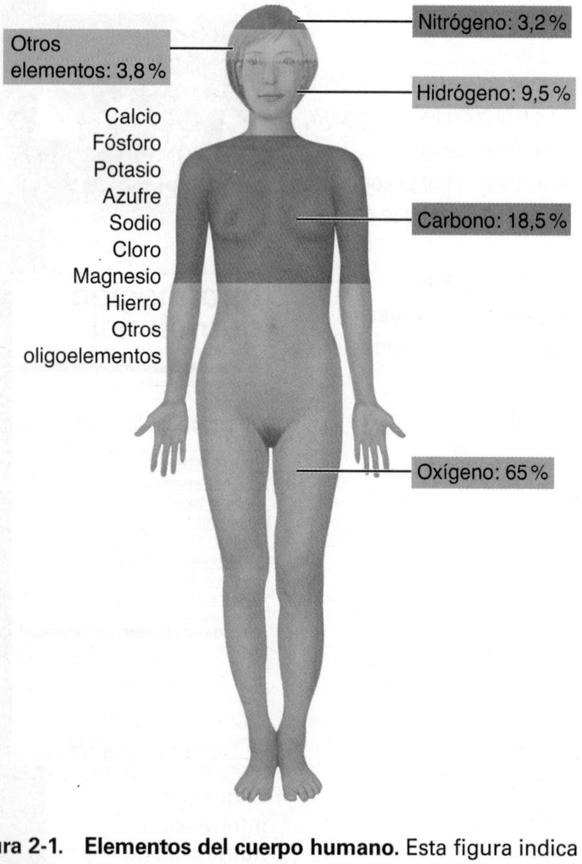

Otros elementos: 3,8 %
Calcio
Fósforo
Potasio
Azufre
Sodio
Cloro
Magnesio
Hierro
Otros oligoelementos
Nitrógeno: 3,2 %
Hidrógeno: 9,5 %
Carbono: 18,5 %
Oxígeno: 65 %

Figura 2-1. Elementos del cuerpo humano. Esta figura indica el porcentaje de masa corporal que constituye cada elemento. *¿Cuál es el tercer elemento más abundante en el cuerpo humano?*

> *¡Recuerde!* **Muchos cereales para el desayuno están enriquecidos con hierro. Puede hacer un experimento para determinar si su cereal favorito contiene hierro. Primero macháquelo y luego revuélvalo con un imán. Si contiene hierro, pequeños trozo de cereal se adherirán al imán.**

En la naturaleza existen más de 90 elementos; alrededor de 30 de ellos son esenciales para la vida. En la figura 2-2 se observa la **tabla periódica,** un gráfico que muestra las características esenciales de todos los elementos conocidos. Cada elemento aparece representado por su símbolo (p. ej., H de hidrógeno). Los elementos están numerados desde el más pequeño (1, H, hidrógeno) hasta el más grande (88, Ra, radio). Los elementos de una misma columna suelen compartir propiedades químicas. Más adelante describiremos la lógica entre los distintos números y la organización de los elementos en filas.

Los cuatro elementos más abundantes, que constituyen el 99 % de la masa de los tejidos corporales, son el oxígeno (O), el carbono (C), el hidrógeno (H) y el nitrógeno (N). Estos elementos, junto a unos pocos más, son los denominados *macroelementos* (fig. 2-2), que deben formar parte en grandes cantidades de la dieta diaria. Los *oligoelementos (oligominerales, micronutrientes)* son elementos químicos necesarios para la vida pero sólo en muy pequeñas cantidades, en general menos de 0,10 g por día. También se obtienen a partir de la dieta, como el cobalto (Co), cobre (Cu), cromo (Cr), hierro (Fe), yodo (I), selenio (Se) y otros. Por ejemplo, el hierro es parte integrante de la hemoglobina, la sustancia química que transporta el oxígeno en la sangre.

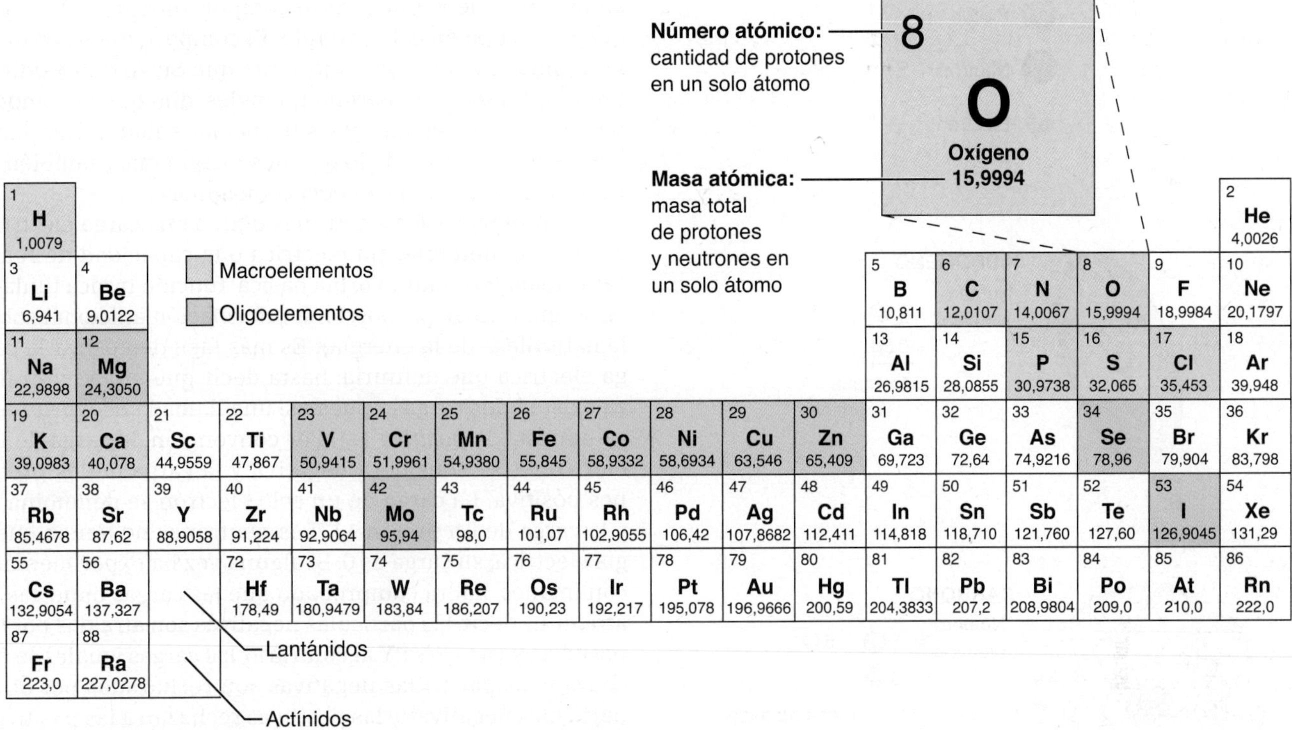

Figura 2-2. Tabla periódica. Los macroelementos aparecen en *azul* y los oligoelementos en *verde. El cromo (Cr) ¿es un macroelemento o un oligoelemento?*

Apuntes sobre el caso

2-1 El cuadro de información nutricional en nuestro caso práctico indica que el zumo de limón contiene cantidades significativas de hierro (Fe) y calcio (Ca). ¿Cuál es el macroelemento y cuál el oligoelemento?

Las personas que siguen una dieta variada satisfacen las necesidades de la mayoría de los macroelementos porque éstos forman parte de una amplia variedad de alimentos. Por el contrario, los oligoelementos se encuentran sólo en determinados alimentos, por lo que es más frecuente que se consuma una cantidad inadecuada. Cuando las personas no satisfacen las necesidades diarias de un oligoelemento se produce una carencia. La ferropenia es la enfermedad carencial más común en el mundo occidental.

Para evitar estas carencias, muchos alimentos básicos, como el pan o los cereales, están enriquecidos con oligoelementos como el hierro.

2-1 Nombre los cuatro elementos más abundantes en el cuerpo humano.

2-2 Verdadero o falso: el hierro es un oligoelemento.

2-3 Verdadero o falso: las necesidades diarias de cada oligoelemento se estiman en alrededor de 1 g.

Forma y función de los átomos

Un ser humano con un peso medio de 70 kg está constituido por 12,6 kg del elemento carbono. Por supuesto, el carbono no está todo junto sino dividido en aproximadamente $7{,}0 \times 10^{26}$ (alrededor de 1 000 cuatrillones) de *átomos de carbono*. Un **átomo** es la partícula más pequeña de un elemento químico que mantiene la identidad y las propiedades del mismo; por ejemplo, un átomo de carbono es la partícula más pequeña del elemento carbono que conserva la identidad y las propiedades del carbono.

Los átomos están compuestos por partículas subatómicas

Durante más de 2 000 años la ciencia ha tratado de encontrar la «partícula más pequeña» que constituye la materia, y a principios del siglo XIX se probó la existencia de los átomos. Sin embargo, los experimentos pronto revelaron que los átomos tienen una estructura interna compuesta de *partículas subatómicas* más pequeñas (*neutrones, protones* y *electrones*) (fig. 2-3 A). El comportamiento de estas partículas subatómicas es clave en todas la funciones fisiológicas, desde los latidos del corazón hasta la formación de la orina. Descubrimientos posteriores demostraron que las partículas subatómicas están a su vez compuestas por *partículas elementales* más pequeñas llamadas *quarks,* que actualmente parecen ser las «partículas más pequeñas». Existen seis tipos o especies de quarks, que se com-

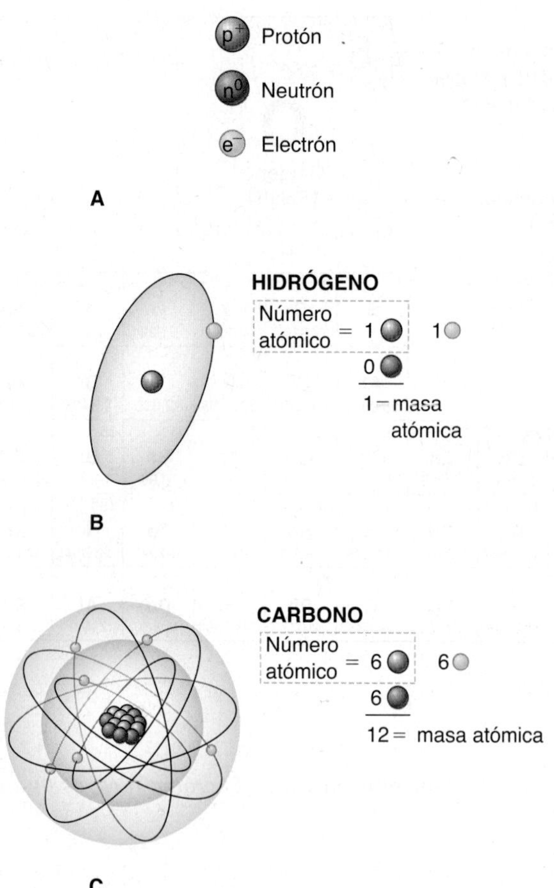

Figura 2-3. Estructura de los átomos. A) Los átomos están compuestos por protones, neutrones y electrones. Todos los protones son idénticos, como lo son todos los neutrones y los electrones. **B)** Un átomo de hidrógeno consta de un solo electrón que gira alrededor de un solo protón. **C)** El átomo de carbono es más pesado y contiene más protones, electrones y neutrones. Tenga presente que los gráficos NO están a escala (los electrones son mucho más pequeños y están más lejos del núcleo de lo que se indica). *¿Qué átomo contiene la misma cantidad de protones y neutrones, el carbono o el hidrógeno?*

binan en diferentes proporciones para constituir partículas subatómicas.

Para hacernos una idea, podríamos decir que los átomos y sus partículas subatómicas forman un sistema solar en miniatura, compuesto por un núcleo central (el sol) alrededor del cual orbitan como planetas otras partículas subatómicas (electrones) (fig. 2-3). El núcleo se encuentra en el centro del átomo y está formado por *protones* y *neutrones,* que son más pesados. Éste está rodeado de *electrones,* que son muy ligeros. Como el núcleo está compuesto por dos partículas pesadas (protones y neutrones) y los electrones son muy ligeros, podemos imaginar un átomo como una bola para jugar a los bolos, que consta de pesados protones y neutrones con unos pocos electrones que zumban a su alrededor como mosquitos a gran distancia. Es importante tener presente que el «modelo planetario» es simplemente una forma útil de contemplar la conducta de los átomos porque explica *cierto* comportamiento atómico, el que nos ocupa en este capítulo. El comportamiento *real* de los átomos es muy complejo, tanto que Sir Arthur Eddington (1882-1944), un astrónomo inglés, dijo que el comportamiento de los átomos y las partículas subatómicas «...no sólo es más extraño de lo que nos imaginamos, también es más extraño de lo que *podemos* imaginar».

Los protones y los electrones tienen una carga eléctrica; es decir, tienen **energía** eléctrica o la capacidad de realizar trabajo (el cuadro Forma básica, función básica titulado «Energía y vida» proporciona información adicional sobre la naturaleza de la energía). Es más fácil demostrar la carga eléctrica que definirla; basta decir que en la naturaleza existen dos cargas opuestas: una llamada *negativa* (–), y su opuesta, la *positiva* (+). Por convención, la carga de los electrones se considera negativa y la carga de los protones positiva. La carga de un solo electrón se denomina –1 y la carga de un protón +1. Los neutrones no tienen energía eléctrica; su carga es 0. Si alguna vez ha experimentado con imanes, habrá comprobado que las cargas opuestas se atraen; es decir, las partículas negativas son atraídas por las positivas y viceversa. Y al contrario, las cargas iguales se rechazan: las partículas negativas son rechazadas por otras partículas negativas y las positivas rechazan a las positivas.

Si bien existen tres tipos de partículas subatómicas que difieren en su ubicación, peso y carga, todas las del mismo tipo son idénticas. Es decir, todos los protones son iguales, todos los electrones son iguales y todos los neutrones son iguales. En consecuencia, las propiedades de un átomo dependen de la cantidad de protones, neutrones y electrones que contenga. Por ejemplo, el hidrógeno (H) es un gas muy ligero y el carbono (C) es una sustancia dura (que forma la mina de lápiz). Las diferencias químicas y físicas entre ellos se deben a las diferencias en la cantidad de protones, neutrones y electrones. El hidrógeno tiene un núcleo con un protón y ningún neutrón, y en su órbita gira un solo electrón (fig. 2-3 B); el carbono, por otro lado, está compuesto por seis protones, seis neutrones y seis electrones (fig. 2-3 C).

Las diferencias en la cantidad de protones determinan las características químicas y físicas del átomo y del elemento que representa. Todos los átomos de un elemento en particular tienen el mismo número de protones. La cantidad de protones del núcleo define el elemento: su **número atómico.** El cambio en la cantidad de protones transforma un elemento en otro. Por ejemplo, según su definición, un átomo de hierro tiene un núcleo con 26 protones; la cantidad de neutrones y electrones puede variar ligeramente, pero sigue siendo hierro mientras contenga 26 protones. En consecuencia, todos los átomos de hierro contienen 26 protones y el *número atómico* del hierro es 26.

Si le quitamos un protón, el átomo se convierte en manganeso (Mn), un metal caracterizado por sus 25 protones (o número atómico 25); o, si le añadimos un protón, se convierte en cobalto (Co), que por definición es un átomo con 27 protones (número atómico 27). El manganeso y el cobalto tienen características químicas y físicas claramente diferentes a las del hierro.

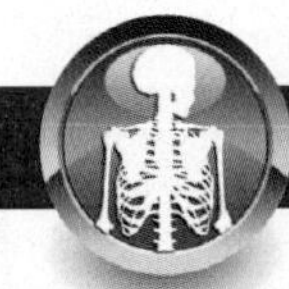

FORMA BÁSICA, FUNCIÓN BÁSICA

Energía y vida

El filósofo griego Demócrito dijo *«Nada existe sino átomos y espacio vacío»*. Esto no es totalmente cierto: la **energía** ocupa un «espacio vacío» pero no tiene masa (o peso). Si bien no es algo físico como un átomo o un hacha, es algo real como la luz del sol. No puede afirmarse que no sea nada.

La energía se puede observar sólo a través de su *efecto* sobre la materia. Por ejemplo, las ondas de luz son una forma de energía que influye en todos los aspectos de la vida en la tierra. La luz del sol calienta la tierra; sin ella la tierra sería una bola de hielo. Las plantas de caña de azúcar capturan la luz del sol y la utilizan para la síntesis del azúcar, que luego consumen los seres humanos y otros animales para a su vez convertirla en la energía que potencia las reacciones químicas y mantiene la temperatura corporal.

De ahí que la energía y la materia estén íntimamente relacionadas. La energía se puede convertir en materia, como en el ejemplo de la caña de azúcar, y la materia se puede convertir en energía, como lo prueba el calor del fuego. Mientras la madera se convierte en cenizas y humo, la energía que contiene se libera en forma de luz y calor. Una vez que el fuego se consume, la masa total de la madera quemada es igual a la masa de cenizas y humo más la energía liberada en forma de calor y luz.

La energía puede poner en movimiento la materia y también detener ese movimiento. Además se puede emitir en forma de ondas de sonido o luz que atraviesan el espacio. La energía se presenta de diferentes formas:

- La *energía electromagnética* se emite en forma de *partículas atómicas* u *ondas* que viajan por el espacio. Por ejemplo, la luz solar es un tipo de energía electromagnética.
- La *energía mecánica* se almacena en sistemas mecánicos. Por ejemplo, el muelle en espiral bien enrollado que propulsa un juguete a cuerda contiene *energía potencial* que se convierte en *energía cinética*

A La energía adopta muchas formas

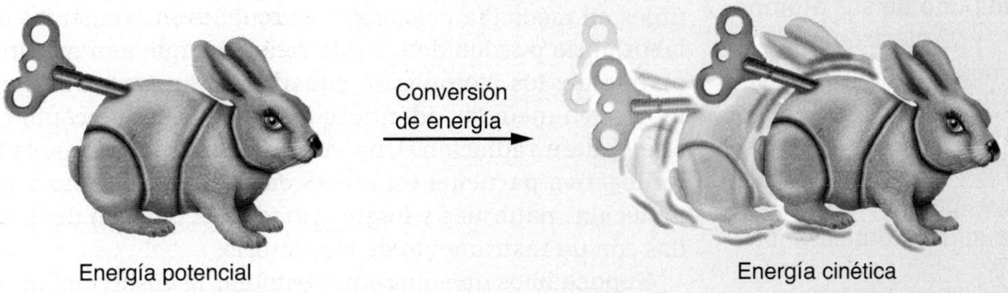

B La energía puede convertirse de una forma a otra

Energía. A) La energía puede adoptar muchas formas: electromagnética, mecánica, eléctrica y química. **B)** La energía potencial puede ser convertida en energía cinética.

Continúa

Energía y vida *(cont.)*

(la energía que mueve un objeto) cuando el juguete se mueve.

- La *energía eléctrica* está asociada al movimiento de los electrones. Por ejemplo, la corriente eléctrica y los rayos son flujos de electrones.
- La *energía química* se almacena en los enlaces que mantienen unidas las moléculas y se libera cuando se rompen los enlaces y los componentes de las moléculas se separan.

La energía almacenada se denomina **energía potencial.** Por ejemplo, el sol es una bola de hidrógeno y helio, que son fuentes de energía potencial. Cada día utiliza parte de esta energía al quemar hidrógeno para producir luz. Como se ha indicado anteriormente, un juguete a cuerda almacena energía mecánica potencial en su muelle en espiral. Una batería almacena energía eléctrica potencial en los metales y productos químicos que la constituyen. Y la glucosa almacena energía química potencial en los enlaces que mantienen unidos los átomos. La energía potencial que se utiliza para poner algo en movimiento se denomina **energía cinética.**

Una forma de energía puede ser convertida en otra forma y *todas las conversiones energéticas liberan calor.* Por ejemplo, una bombilla convierte energía eléctrica en energía electromagnética (ondas de luz) y al hacerlo se calienta. Lo mismo ocurre en el cuerpo humano: cuando los nutrientes alimentarios, como azúcares y grasas, se convierten en la acción mecánica de correr, liberan calor que eleva la temperatura del cuerpo.

¡Recuerde! **No hay dos elementos que tengan el mismo número atómico.**

La cantidad de protones y neutrones del núcleo determina el peso de un átomo (su **masa atómica**). Los electrones son extremadamente ligeros y no se tienen en cuenta. Los átomos con una masa atómica elevada son pesados, mientras que los de masa baja son ligeros. En la notación de los elementos, el número que figura en la parte superior izquierda del símbolo indica su masa atómica y no su número atómico. Por ejemplo, el carbono (C) normal contiene seis protones y seis neutrones y su masa atómica es 12, lo que se indica como ^{12}C (fig. 2-3 C). El hidrógeno (^{1}H) es el elemento más pequeño y más ligero: existe en forma gaseosa y consta de un protón, ningún neutrón y un electrón (fig. 2-3 B). Casi en el otro extremo de la escala, el uranio (^{238}U) es un metal muy pesado y cada uno de sus átomos consta de 92 protones, 146 neutrones y 92 electrones. Tenga presente que la cantidad de protones y de neutrones no es necesariamente igual.

La tabla periódica permite averiguar la masa y el número atómico de cada elemento (v. fig. 2-2). Recuerde que el número atómico de cada elemento aparece en la parte superior izquierda del símbolo y la masa atómica debajo de él.

Apuntes sobre el caso

2-2 Se midió la concentración de oxígeno en la sangre de José. ¿Cuál es la masa y el número atómico de un átomo de oxígeno?

Los isótopos difieren en la cantidad de neutrones del núcleo

Los átomos con la misma cantidad de protones pero un número diferente de neutrones son conocidos como **isótopos.** Por ejemplo, la forma más común del carbono contiene seis protones y seis neutrones y tiene una masa atómica de 12 (^{12}C). Sin embargo, si agregamos dos neutrones al núcleo, creamos un isótopo de carbono *más pesado* (^{14}C) porque contiene ocho neutrones en lugar de seis. Se dice que el isótopo es más pesado porque contiene una cantidad de neutrones mayor de la normal. Los isótopos pesados no son muy estables y tienden a dividirse en átomos más estables. Este proceso libera *radiación ionizante*, partículas u ondas de energía que chocan con otros átomos y los desestabilizan. La radiación ionizante puede matar células o dañar su ADN de forma tal que produzca cáncer.

Los isótopos que liberan partículas ionizantes son muy útiles en medicina y fisiología porque los instrumentos de laboratorio pueden detectar la radiación que emiten. Normalmente, los isótopos se construyen en forma de moléculas «a medida», idénticas a las naturales, excepto en que emiten radiación. Una vez en el cuerpo, la molécula radioactiva participa en reacciones químicas junto a las moléculas naturales y emite radiaciones que son detectadas con un instrumento de laboratorio.

Supongamos que queremos estudiar la absorción intestinal de cierta molécula de un nutriente alimentario. Todo lo que necesitamos es crear un isótopo de la molécula y dejar que el paciente lo ingiera. Si el intestino lo absorbe, la radioactividad aparecerá en la sangre. Otro ejemplo de la utilidad de la radioactividad se describe en el cuadro Instantánea clínica titulado «Radioactividad: lo bueno, lo malo y lo feo».

INSTANTÁNEA CLÍNICA

Radioactividad: lo bueno, lo malo y lo feo

«Radioactividad». La palabra causa miedo. Manténgase alejado. Se ruega manipular con extrema precaución. Visiones de bombas atómicas, venenos mortíferos y contaminación. Y es todo cierto. Como demostración, basta recordar las bombas atómicas que explotaron sobre Japón en 1945.

Las explosiones de Hiroshima y Nagasaki mataron a decenas de miles de personas de forma inmediata, y a muchas más en los días, meses y años siguientes como resultado de la venenosa radiación. Aquellos que sobrevivieron al impacto y el calor de la explosión fueron contaminados por los rayos ionizantes de la onda expansiva o fueron envenenados lentamente por los rayos generados por compuestos radioactivos depositados en el ambiente. La radiación dañó el ADN y produjo un gran incremento de los defectos de nacimiento y del cáncer entre la población expuesta que sobrevivió. Ésta es la parte «mala y fea» de la radioactividad.

Menos conocida es la parte buena, pues en ciertas condiciones bien controladas las moléculas radioactivas se pueden utilizar para el diagnóstico y tratamiento médico. Por ejemplo, el tiroides es una glándula que utiliza cantidades minúsculas de yodo (un oligoelemento) para producir hormonas. Cuando produce demasiadas (una enfermedad llamada hipertiroidismo), necesita mucho yodo. Una forma de evaluar si el tiroides está produciendo demasiadas hormonas es suministrar al paciente una dosis mínima de yodo radioactivo (lo suficientemente pequeña como para que no suponga un riesgo para la salud) y medir la radioactividad que se acumula en la glándula. Los pacientes con hipertiroidismo tienen glándulas muy «calientes» (radioactivas).

Otro ejemplo interesante es la tomografía por emisión de positrones (PET, *positron emission tomography*), que utiliza una cámara sensible a los rayos radioactivos en lugar de a los rayos de luz. La técnica PET se basa en el hecho de que las células queman glucosa para obtener energía, y las células más activas queman más glucosa que las menos activas. Durante la PET, se inyecta al paciente una dosis mínima de glucosa radioactiva y se obtienen imágenes de varios sectores de tejidos. Los médicos pueden estudiar cuáles son los tejidos que queman más glucosa, es decir, que tienen un metabolismo más activo. Estos tejidos consumen una mayor cantidad de la glucosa radioactiva y emiten más ondas radioactivas, que aparecen en la cámara de PET como «puntos calientes». Asimismo, la PET puede utilizarse para detectar cáncer porque las células del cáncer se multiplican rápidamente y esta actividad requiere mucha glucosa.

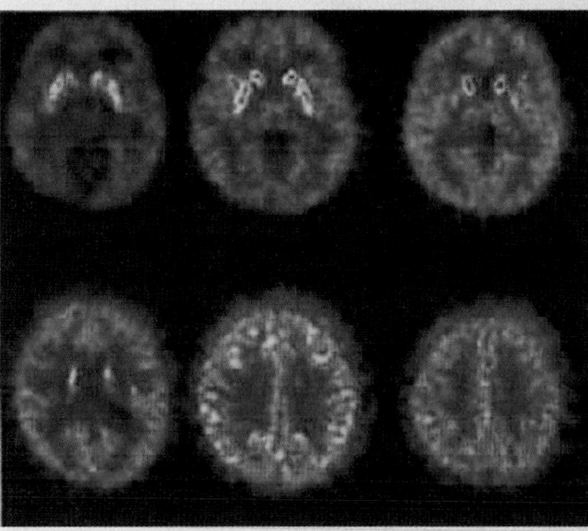

Tomografía por emisión de positrones del cerebro. Las áreas en *amarillo brillante* utilizan más glucosa de lo normal y podrían indicar tumores.

Pero éstas no son las únicas buenas noticias sobre la radioactividad. Una vez diagnosticado el tumor tiroideo, se puede utilizar el yodo radioactivo para su tratamiento. En este caso, se inyecta al paciente una dosis mayor. Como el tumor acumula el yodo radioactivo, la concentración de radioactividad aumenta lo suficiente como para matar las células cancerosas. Algunos pacientes con cáncer tiroideo sólo necesitan este tratamiento.

Además, la radiación producida por isótopos se puede emplear para tratar el cáncer. Por ejemplo, algunos cánceres pueden necesitar una molécula en particular para sobrevivir. Sabiendo esto, los científicos médicos pueden introducir en la molécula el isótopo de un átomo y administrárselo al paciente. Cuando las células cancerosas utilizan la molécula, la radiación las mata.

Los electrones están ordenados en capas alrededor del núcleo atómico

Recuerde que comparamos los átomos con el sistema solar: los electrones siguen órbitas determinadas alrededor del núcleo, igual que los planetas mantienen su órbita alrededor del sol. De la misma forma que las órbitas de algu-

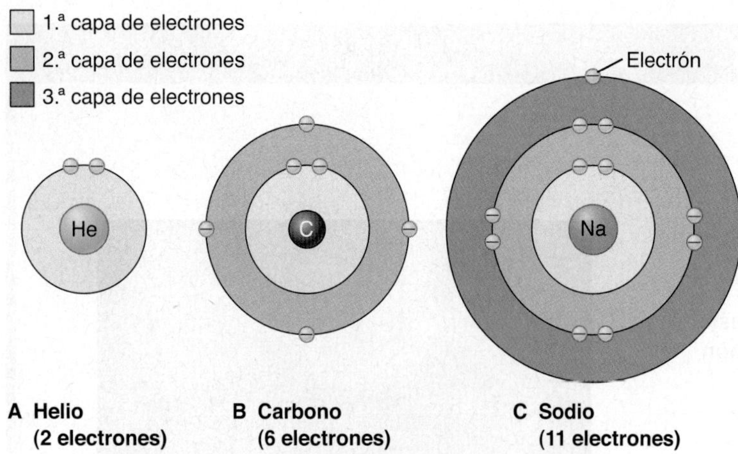

Figura 2-4. Capas de electrones. Los electrones están organizados en niveles de energía llamados capas de electrones. **A)** El helio tiene una sola capa. **B)** El carbono tiene dos capas. **C)** El sodio tiene tres capas. *¿Cuál de estos átomos tiene su capa externa completa?*

nos planetas están más cercanas al sol, algunos electrones orbitan cerca del núcleo y otros se encuentran a distancias más alejadas. Las órbitas que siguen los electrones se pueden considerar como una esfera hueca llamada capa: las más pequeñas dentro de las más grandes; son bolas anidadas como las muñecas rusas. El núcleo está en el centro de estas esferas.

Si ordenamos los átomos por su tamaño, los dos más pequeños (hidrógeno y helio) tienen una sola capa de electrones. A medida que los átomos aumentan de tamaño (con más neutrones y protones en el núcleo) se necesitan capas adicionales para contener todos los electrones. Los átomos pueden tener hasta cinco capas, cada una de ellas con más capacidad que la anterior. La capa interna (la más pequeña) tiene capacidad para dos electrones; es decir, puede contener uno o dos electrones. Los átomos de hidrógeno y helio son los únicos que tienen una sola capa; el hidrógeno tiene un solo electrón en la capa y el helio tiene dos (fig. 2-4 A). Los otros átomos tienen más electrones y, en consecuencia, necesitan más capas. La segunda capa tiene capacidad para ocho electrones, y la tercera, aunque tiene una capacidad mayor, es estable si contiene sólo ocho electrones.

Utilizaremos el carbono y el sodio para demostrar este punto. El carbono necesita dos capas para contener seis electrones: dos en la capa interna y cuatro en la segunda capa, la externa (fig. 2-4 B). Por otro lado, el sodio tiene un total de 11 electrones, 2 en la capa interna (que está completa), 8 en la capa media (que está completa) y 1 en la tercera capa, que deja lugar para que se unan otros electrones (fig. 2-4 C). Los átomos son estables cuando tienen ocho electrones en la segunda capa y, de ser necesario, en la tercera capa. El carbono y el sodio tienen menos de ocho electrones en la capa externa, y por ello son inestables y están más preparados para participar en reacciones químicas (más detalles a continuación).

En la tabla periódica (v. fig. 2-2), los elementos están ordenados en filas de acuerdo con la cantidad de capas de electrones: el hidrógeno (H) y el helio (He) tienen una capa, mientras que el potasio (K) y el calcio (Ca) tienen cuatro capas.

Los átomos con carga eléctrica se denominan iones

Recuerde que los protones tienen carga positiva y los electrones negativa. Si la cantidad de protones y electrones en un átomo es igual, las fuerzas positiva y negativa se anulan y el átomo pierde la carga eléctrica. Sin embargo, si la cantidad de protones y electrones no es igual, el átomo puede tener una carga *neta* positiva o negativa, en cuyo caso se dice que es un **ión** positivo o negativo. Los elementos que figuran en el extremo derecho e izquierdo de la tabla periódica tienden a formar iones, no así los que están más cerca del centro.

Si hay más electrones que protones, la carga neta del ión es negativa, y si hay más protones que electrones, la carga del ión es positiva. Por ejemplo, un átomo de hidrógeno al que le falta su electrón es un *ión de hidrógeno* (H^+, tiene un solo protón) (fig. 2-5 A). Un ión con carga positiva se llama **catión** y uno con carga negativa, **anión.** Si la cantidad de protones de un átomo excede en dos a la de electrones, como es el caso de los iones de magnesio (Mg), el átomo del magnesio tiene una carga neta de +2 y se identifica como Mg^{++} o Mg^{2+}. Los mismos principios se aplican a los iones con carga negativa, que tienen más electrones que protones. Por ejemplo, un ión de cloro (Cl) excede en un electrón a la cantidad de protones y se identifica como Cl^-.

Los iones se atraen con otros átomos de carga opuesta, y tienden a interactuar con los mismos. Esta característica hace que los iones sean muy importantes en los procesos del cuerpo humano: ¡pueden generar energía para mover montañas! Los iones se trasladan a distancias cortas para encontrarse con los que tienen carga opuesta: estos minúsculos movimientos permiten las contracciones de los músculos que pueden levantar una pala llena de tierra (u oprimir el botón de arranque de un *bulldozer*).

Apuntes sobre el caso

2-3 El tratamiento de José implicó la administración de bicarbonato (HCO_3^-). El signo negativo de la fórmula del bicarbonato ¿indica que es un anión o un catión?

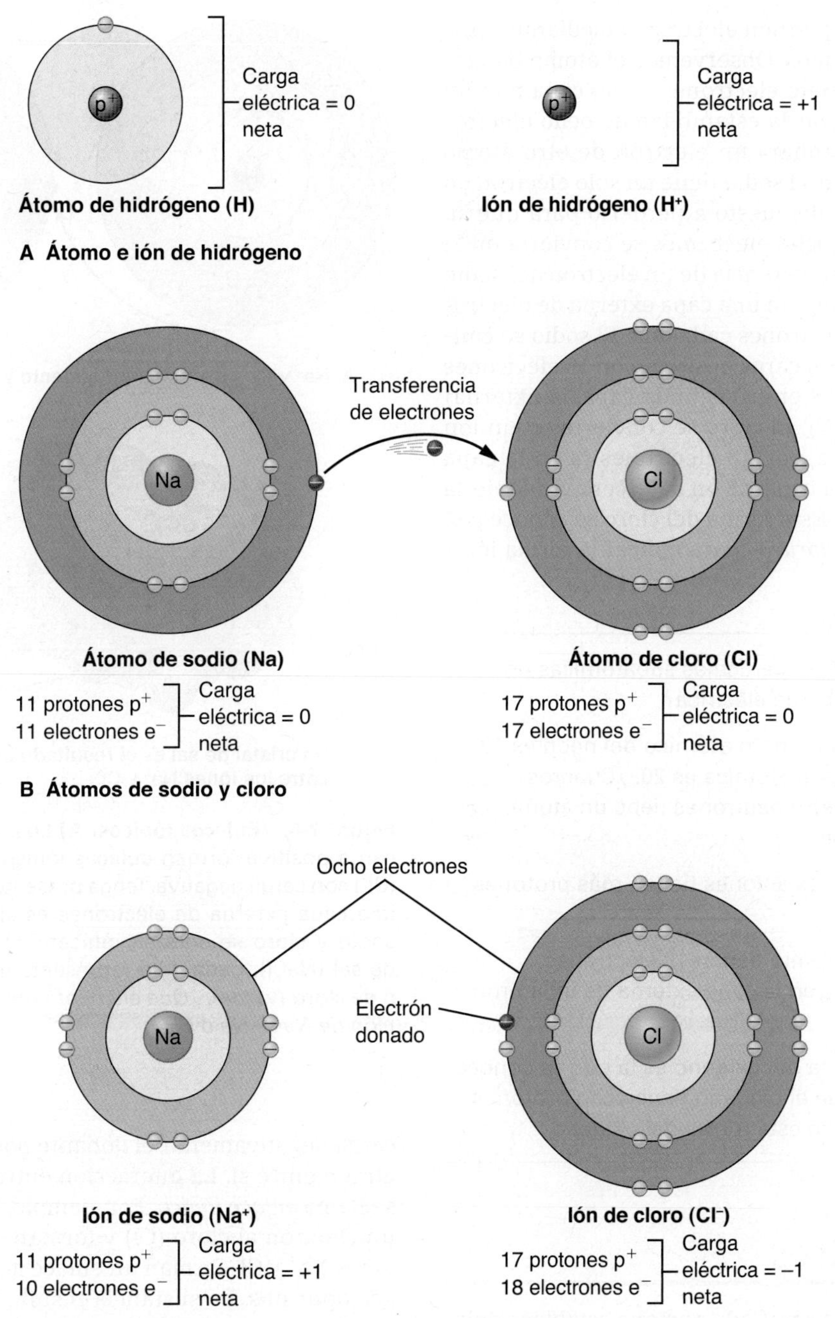

Figura 2-5. Formación de iones. A) El átomo de hidrógeno tiene un solo electrón en su capa externa. Pierde otro electrón en otra sustancia (no se muestra) para convertirse en un ión de hidrógeno (H^+) con una carga positiva. **B)** El sodio tiene un electrón en su capa externa y el cloro tiene siete. El sodio está preparado para donar un solo electrón al cloro. **C)** Esta reacción produce iones de sodio (Na^+) y de cloro (Cl^-). Ambos iones tienen ahora ocho electrones en sus capas externas. *¿Cuántos electrones tiene el ión de cloro en su capa media?*

Los átomos que tienen uno o dos electrones en su capa externa pueden perderlos hasta el punto de que éste se vacíe, dejando la siguiente capa completa, como la capa externa, lo que da como resultado un ión positivo. Los átomos que tienen seis o siete electrones en la capa externa tienden a *ganar* electrones para completarla y estabilizarla (completar o casi completar sus ocho electrones) y formar un ión negativo.

¡Recuerde! **Si un átomo en concreto cambia la cantidad de electrones produce un ión, si cambia la cantidad de neutrones produce un isótopo y si cambia la cantidad de protones produce un elemento diferente.**

Los átomos ganan y pierden electrones mediante la interacción con otros átomos. Observemos el átomo de cloro. El cloro tiene sólo siete electrones en su capa tercera y externa, y para alcanzar la estabilidad de ocho electrones está dispuesto a «robar» un electrón de otro átomo (fig. 2-5 B). Por otro lado, el sodio tiene un solo electrón en su capa externa y está dispuesto a perderlo para que su capa media estable de ocho electrones se convierta en la capa externa. Con la transferencia de un electrón del sodio al cloro ambos átomos logran una capa externa de electrones estable con ocho electrones cada una. El sodio se convierte en un ión (Na^+) con carga positiva, con 10 electrones (2 en la capa interna y 8 en la segunda capa, la externa) y 11 protones (fig. 2-6 C). El cloro se convierte en un ión (Cl^-) con carga negativa, con 18 electrones (2 en la capa interna, 8 en la segunda capa y 8 en la tercera y estable, la externa) y 17 protones. Esta forma del cloro se conoce con un nombre diferente –*cloruro*– para indicar la forma iónica del elemento.

2-4 ¿Qué partículas subatómicas no tienen carga eléctrica?

2-5 El número atómico del neón es 10 y su masa atómica es 20. ¿Cuántos protones y neutrones tiene un átomo de neón?

2-6 Verdadero o falso: los aniones tienen más protones que electrones.

2-7 Los átomos de aluminio tienen 13 electrones. ¿Cuántos electrones hay en la capa externa de un átomo de aluminio?

2-8 Una forma peligrosa del oxígeno es la que se conoce como O22. Recuerde que el oxígeno tiene ocho protones. ¿Cuántos electrones tiene esta forma del oxígeno?

Enlaces químicos

Las personas no viven solas. Cada persona establece enlaces de fuerza y duración variables con otras personas, que van desde un matrimonio de 50 años a una conversación de 5 min en el autobús.

De forma similar, los átomos establecen enlaces que son fuertes y duraderos o débiles y fugaces.

Los enlaces iónicos se realizan entre iones

Recuerde que los iones se forman cuando un átomo *dona* un electrón y otro lo acepta. Sin embargo, como sucede con el niño que presta su libro preferido a su hermano, el donante del electrón se queda cerca del receptor del mismo y no pierde totalmente el control del electrón donado. Además, como resultado de la donación, el átomo receptor se carga negativamente, el donante positivamente y los dos se atraen entre sí. La interacción entre estas cargas opuestas se llama *enlace iónico*. Por ejemplo, el sodio (Na) transfiere un electrón al cloro (Cl) y forman los iones Na^+ y Cl^-. Los iones Na^+ y Cl^- forman un enlace iónico porque tienen cargas opuestas. La sustancia resultante es cloruro de sodio (NaCl o sal de mesa) (fig. 2-6 A).

El NaCl es un ejemplo de un **compuesto,** una sustancia que contiene por lo menos dos elementos *diferentes* unidos por un enlace químico. Cualquier sustancia creada mediante un enlace iónico es una **sal,** no sólo el NaCl. Las sales tienen una estructura cristalina formada por cadenas donde se alternan cationes y aniones que interactúan mediante enlaces iónicos (fig. 2-6 B).

Las sales se separan en sus partes iónicas cuando se disuelven en agua, es decir, se *ionizan*. Por ejemplo, cuando el NaCl se disuelve en agua se divide en iones Na^+ y Cl^-. El agua que contiene iones conduce electricidad fácilmente, pero no es así con el agua pura sin compuestos iónicos disueltos. En realidad, las sales también se denominan **electrólitos** porque conducen electricidad cuando se disuelven en agua.

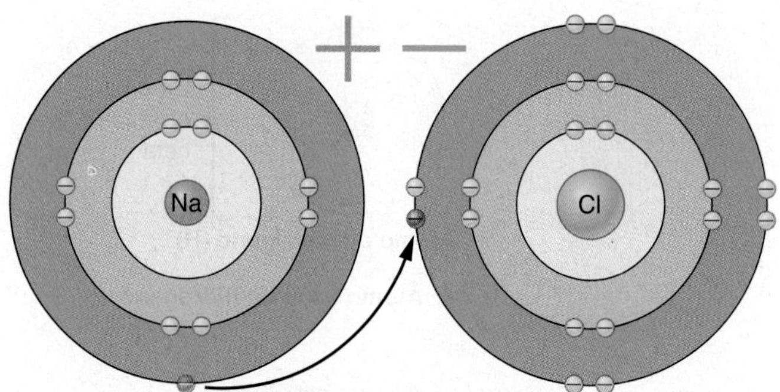

A Na^+ y Cl^- se atraen mutuamente y forman un enlace iónico

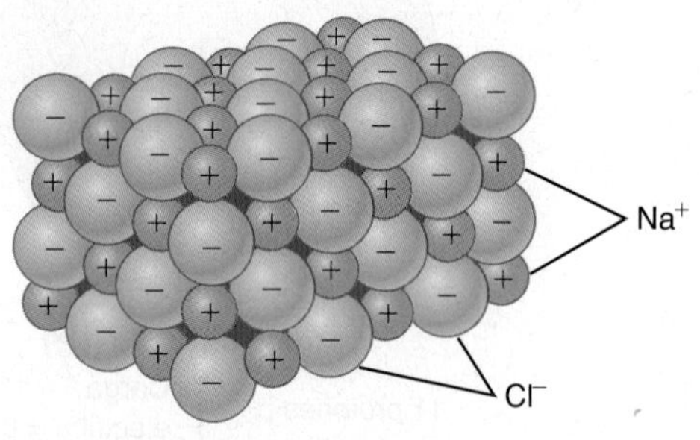

B Un cristal de sal es el resultado de enlaces iónicos entre los iones Na^+ y Cl^-

Figura 2-6. Enlaces iónicos. A) Los iones de sodio (Na^+) con carga positiva forman enlaces iónicos con los iones de cloro (Cl^-) con carga negativa. Tenga presente que ambos iones tienen una capa externa de electrones estable. **B)** Muchos iones de sodio y cloro se enlazan iónicamente para formar un cristal de sal (NaCl). Cada bola representa un ión de sodio *(naranja)* o de cloro *(verde)*. *¿Qué elemento pierde una capa en la formación de NaCl, Na o Cl?*

Apuntes sobre el caso

2-4 A José se le administró una solución intravenosa con electrólitos. ¿Con qué otro nombre se conoce a los electrólitos?

¡Recuerde! **Dos o más átomos unidos por enlaces covalentes forman una molécula. Los átomos pueden ser iguales, como dos de hidrógeno, o diferentes, como hidrógeno y oxígeno. Dos o más átomos de elementos diferentes unidos por un enlace químico forman un compuesto. Por ello, H_2O es a la vez una molécula y un compuesto.**

Las moléculas son átomos unidos por enlaces covalentes

Los **enlaces covalentes** se forman cuando los átomos comparten electrones. Como dos niños dispuestos a compartir un libro, los átomos con enlaces covalentes comparten uno o más electrones para completar su capa externa. El carácter compartido de los enlaces covalentes los hace más fuertes que los enlaces iónicos. Por ejemplo, los enlaces covalentes (a diferencia de los iónicos) permanecen intactos cuando el compuesto con enlace covalente se disuelve en agua.

Dos o más átomos unidos por enlaces covalentes crean una **molécula.** Las fórmulas químicas se utilizan para explicar la estructura de las moléculas. Las fórmulas consisten en los símbolos de los elementos (H por hidrógeno, C por carbono, y otros) con subíndices que indican la cantidad de átomos incluidos. Por ejemplo, los símbolos en la fórmula del agua, H_2O, indican que 2 átomos de hidrógeno se combinan con 1 átomo de oxígeno. La fórmula del azúcar en sangre *(glucosa)* es $C_6H_{12}O_6$, que indica que una molécula de glucosa está compuesta por 6 átomos de carbono, 12 átomos de hidrógeno y 6 átomos de oxígeno.

En el invisible mundo de los átomos y las moléculas, la forma y la función van de la mano. Como las moléculas que estudiamos las describimos sobre el papel, es fácil olvidar que las moléculas son objetos tridimensionales. La función de una molécula no depende sólo de los átomos que contiene, sino también de su forma tridimensional. Por ejemplo, la glucosa que forma parte del azúcar de mesa puede adoptar dos formas un poco diferentes: D-glucosa y L-glucosa. Si bien las dos formas contienen idénticos conjuntos de átomos, una sola de las formas, D-glucosa, puede quemarse para obtener energía. La L-glucosa no se «ajusta» a la química del cuerpo humano. En consecuencia, en las galletas sólo se utiliza D-glucosa.

En los enlaces covalentes los átomos comparten electrones

La formación del gas hidrógeno (H_2) a partir de dos átomos de hidrógeno es un buen ejemplo de enlace covalente. Tenga presente que un átomo de hidrógeno está formado por un núcleo que contiene un solo protón y un solo elec-

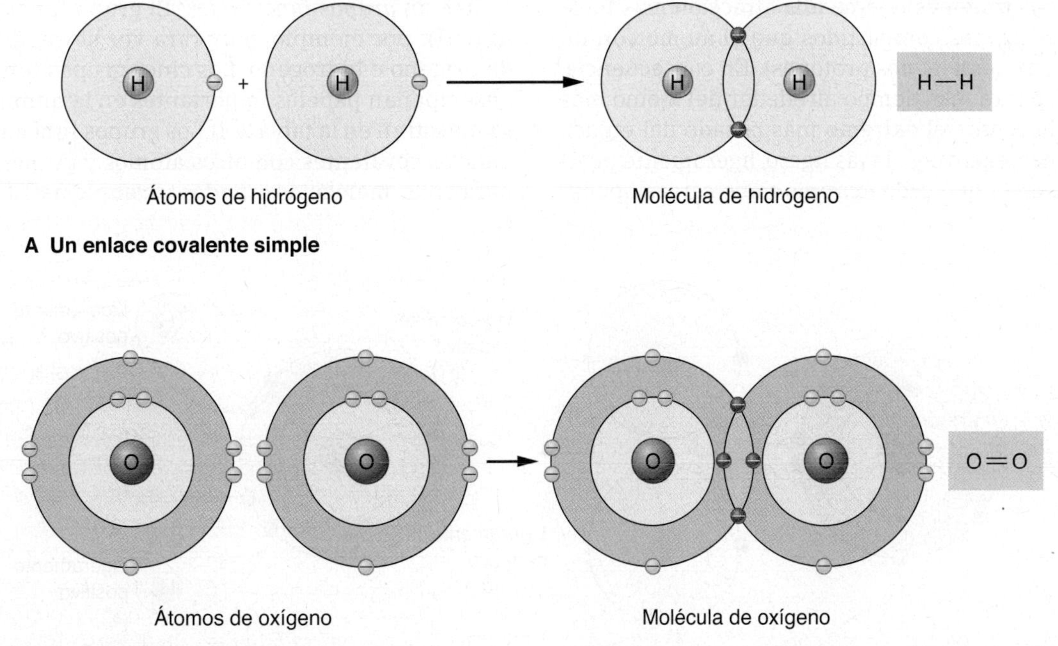

Figura 2-7. Enlaces covalentes. A) Dos átomos de hidrógeno forman un enlace covalente simple, dado que comparten sus únicos electrones. **B)** Dos átomos de oxígeno forman un enlace covalente doble al compartir dos electrones cada uno. *¿Cuántos electrones orbitan la molécula de dihidrógeno?*

trón que lo orbita (fig. 2-7 A, lado izquierdo). Cuando dos átomos de hidrógeno (H) se unen, el electrón de cada átomo orbita alrededor de *ambos* núcleos de hidrógeno y cada electrón se mueve constantemente de un átomo a otro (fig. 2-7 A, lado derecho). El proceso que comparte el electrón es tan completo que cada átomo de hidrógeno actúa como si su capa externa (la única) de electrones estuviese completa con los dos electrones que la hacen estable.

El enlace covalente del ejemplo anterior está compuesto por un solo electrón de cada átomo de hidrógeno. Sin embargo, los átomos se pueden unir mediante la contribución de dos electrones en lugar de uno, como en el caso de dos átomos de oxígeno que se combinan para formar el dioxígeno (O_2), un gas (fig. 2-7 B). El enlace resultante, que con mucha propiedad se llama *enlace doble*, es un enlace covalente muy fuerte que almacena mucha energía.

En ambos ejemplos, los dos átomos comparten igualmente los electrones. La figura 2-7 también proporciona una forma sencilla de explicar enlaces covalentes: dibujando unas líneas entre los símbolos de los átomos enlazados. Una línea sencilla indica que los átomos forman un enlace simple (H–H en la fig. 2-7 A) y una línea doble indica un enlace doble (O=O en la fig. 2-7 B).

Los enlaces covalentes polares pueden formar moléculas polares

Ya hemos señalado que los enlaces covalentes también existen entre átomos de elementos diferentes. El agua, por ejemplo, consta de dos átomos de hidrógeno y uno de oxígeno unidos por enlaces covalentes (H_2O) (fig. 2-8). Sin embargo, los átomos diferentes no comparten electrones tan fácilmente como los idénticos. El átomo con un núcleo más pesado (con más protones) ejerce una atracción más fuerte sobre los electrones compartidos que el átomo con un núcleo más ligero (con menos protones). En consecuencia, los electrones pasan más tiempo alrededor del átomo más pesado. Esto hace que el extremo más pesado del enlace sea ligeramente negativo y el más ligero, ligeramente positivo. El enlace en el que cada extremo tiene cargas opuestas positivas y negativas se llama *enlace covalente polar.* El enlace tiene un polo negativo y otro positivo, de forma similar a un imán.

El nitrógeno y el oxígeno, pero no el carbono, forman frecuentemente enlaces covalentes polares con los átomos de hidrógeno. Por ejemplo, el oxígeno es más pesado (tiene más protones) que el hidrógeno. En consecuencia, cuando el oxígeno y el hidrógeno se unen, los electrones compartidos gravitan hacia el oxígeno haciendo que ese extremo del enlace sea más negativo.

La molécula de agua es también polar debido a la distribución de sus enlaces polares. El lado del oxígeno de la molécula es ligeramente negativo y el lado del hidrógeno ligeramente positivo. La clave está en la palabra *ligeramente:* las cargas positiva y negativa de las moléculas polares son mucho más débiles que las de los iones asociados. Por este motivo, los químicos identifican estas polaridades débiles con símbolos especiales, δ^+ y δ^- (fig. 2-8, lado derecho).

Como las moléculas polares tienen dos polos –dos regiones opuestas a una corta distancia– también se llaman *dipolos.* Las moléculas que contienen oxígeno y nitrógeno son frecuentemente dipolos. Por el contrario, las cargas están distribuidas uniformemente en las *moléculas no polares,* que pueden estar compuestas de un solo elemento, por ejemplo O_2, o como en la mayoría de las grasas contener sólo carbono e hidrógeno.

Los enlaces covalentes fuertes crean grupos funcionales

Algunos enlaces covalentes son tan fuertes que los átomos participantes se comportan como un solo átomo, como una pandilla de amigos muy unidos. Estas pandillas atómicas se llaman *grupos funcionales.* El grupo funcional hidroxilo (OH), por ejemplo, muy rara vez se separa en átomos de oxígeno e hidrógeno. Los cinco grupos funcionales que desempeñan papeles importantes en la química de la vida se muestran en la tabla 2-1. Los grupos funcionales forman enlaces covalentes con otros átomos y grupos funcionales para crear moléculas grandes y complejas. El ácido cítrico,

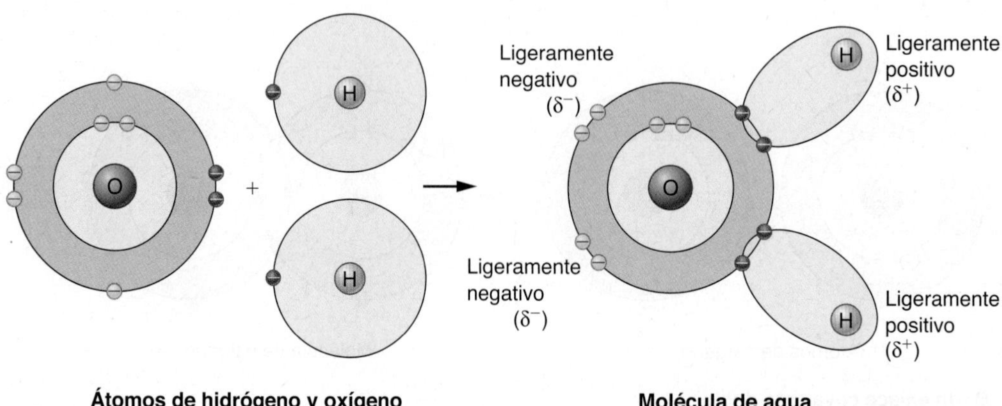

Figura 2-8. Enlaces covalentes polares. El agua está formada por un átomo de oxígeno y dos de hidrógeno unidos por enlaces covalentes polares. El extremo ligeramente positivo de la molécula de agua está identificado por el símbolo δ^+ y el extremo negativo por el símbolo δ^-. *¿Qué lado de la molécula de agua es ligeramente positivo: el extremo del hidrógeno o el del oxígeno?*

Tabla 2-1. Grupos funcionales

GRUPO FUNCIONAL	FÓRMULA	EJEMPLOS
Hidroxilo	–OH	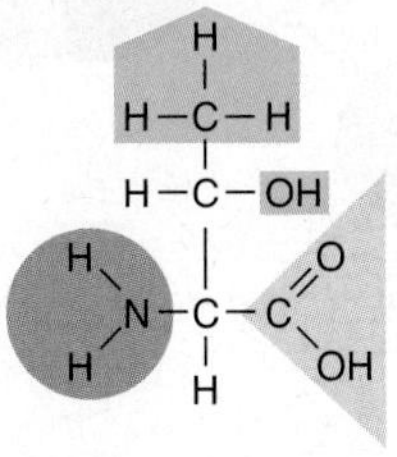
Carboxilo	–COOH	
Amino	$-NH_2$	Treonina (aminoácido)
Metilo	$-CH_3$	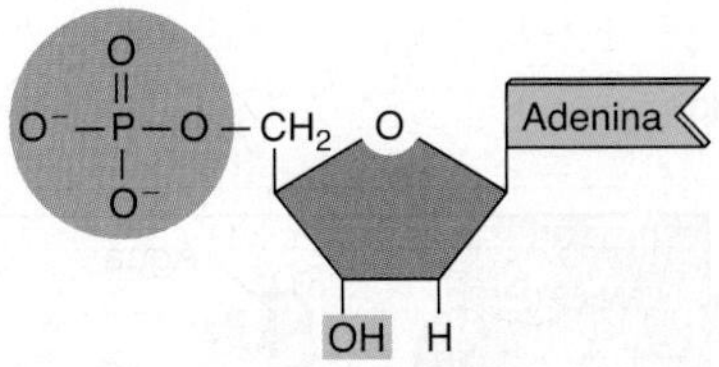
Fosfato	PO_4^{-2}	Nucleótido de adenina (ADN)

principal componente del zumo de limón, es un ejemplo de ello. A continuación se muestra su estructura química.

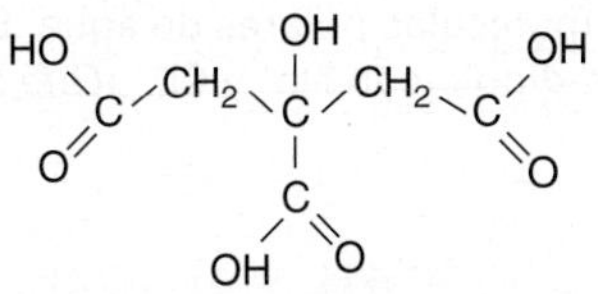

Apuntes sobre el caso

2-5 ¿Cuántos grupos funcionales puede encontrar en el ácido cítrico?

Algunas moléculas son iones

Recuerde que las sales se disuelven en agua para formar iones. Algunas sales tienen más de dos átomos; $CaPO_4$, por ejemplo, es una sal que endurece los huesos. Cuando $CaPO_4$ se disuelve en agua, el grupo funcional PO_4 se comporta como un solo átomo. Recibe dos electrones del calcio y el resultado es Ca^{2+} y PO_4^{2-}. En el PO_4^{2-} los átomos están unidos por enlaces covalentes y forman una molécula que tiene una carga negativa. El PO_4^{2-} es en consecuencia un *ión molecular* y puede participar en enlaces iónicos con iones que tienen carga opuesta.

Las moléculas fuertemente polares se convierten en iones al interactuar con moléculas de agua. El hidrógeno de COOH en el ácido acético (CH_3COOH) es virtualmente un protón desnudo porque su electrón pasa todo el tiempo en el otro extremo de la molécula. Cuando se disuelve en agua, este protón desnudo forma un enlace covalente con una molécula de agua, como un gato descuidado que se arrima a la familia vecina, y el resultado son dos iones, H_3O^+ y CH_3COO^-. Otras moléculas, por ejemplo el amoníaco (NH_3), hacen lo opuesto y obtienen un ión de hidrógeno (p. ej., un protón) del agua para formar OH^- y NH_4^+. Más adelante explicaremos por qué los donantes de protones se denominan *ácidos* y los que se apropian de protones se denominan *bases*.

¡Recuerde! **En los iones, la cantidad de protones y electrones es diferente. Los dipolos tienen la misma cantidad de protones y electrones, pero los electrones permanecen más tiempo cerca de algunos protones que de otros.**

Apuntes sobre el caso

2-6 Una prueba de laboratorio midió la cantidad de tres moléculas en la sangre de José: bicarbonato (HCO_3^-), dióxido de carbono (CO_2) y oxígeno (O_2). ¿Cuáles de estas moléculas son compuestos?

2-7 ¿Cuál de las moléculas medidas puede participar de un enlace iónico: el bicarbonato o el oxígeno?

Las moléculas interactúan a través de enlaces intermoleculares

En el mundo molecular los opuestos se atraen. Por ejemplo:

- Un enlace iónico se puede formar entre un catión (+) molecular y un anión (–) molecular.
- El extremo negativo de una molécula polar puede interactuar con un catión molecular o el extremo positivo de una molécula polar puede interactuar con un anión molecular. Los enlaces entre moléculas polares e iones se llaman enlaces *ión-dipolo*.
- El extremo negativo de una molécula polar puede formar un enlace débil con el extremo positivo de una molécula polar diferente y viceversa. Las interacciones entre dos moléculas polares se llaman *enlaces dipolo-dipolo*.

Hablemos ahora del enlace dipolo-dipolo fisiológicamente más importante, el *enlace del hidrógeno*.

Las moléculas de agua forman enlaces de hidrógeno

Los *enlaces de hidrógeno* son enlaces dipolo-dipolo débiles entre la carga positiva débil de los átomos de hidrógeno y las cargas negativas débiles de otras moléculas polares. Por ejemplo, en la figura 2-9 A varias moléculas de agua forman enlaces de hidrógeno entre ellas. El extremo negativo del oxígeno de la molécula de agua interactúa con el extremo positivo del hidrógeno de otra molécula de agua.

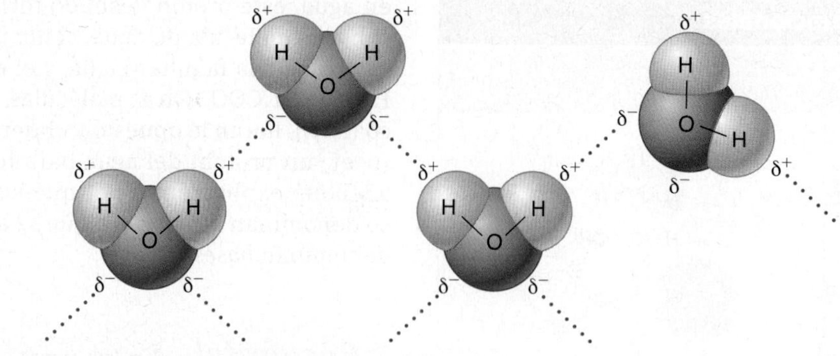

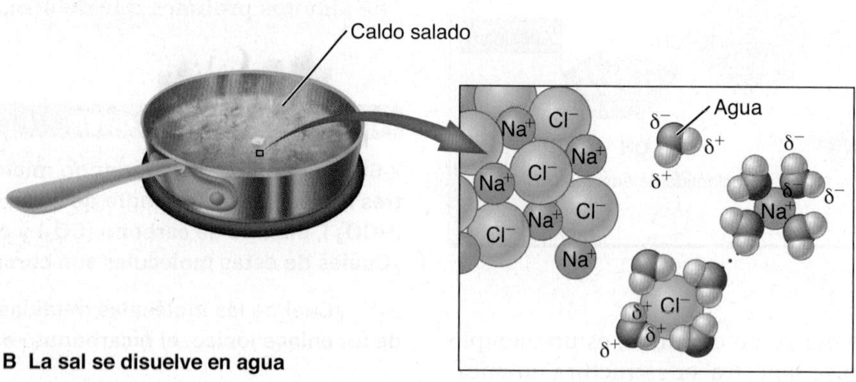

Figura 2-9. Enlaces intermoleculares. A) Los enlaces de hidrógeno se forman entre moléculas polares de agua. **B)** La sal de mesa (NaCl) se disuelve en agua porque las moléculas polares de agua forman enlaces ión-dipolo con Na^+ y Cl^-. *¿Qué tipo de enlace representan las líneas entre los símbolos H y O?*

Los enlaces de hidrógeno individuales son mucho más débiles que los enlaces covalentes o iónicos y se disocian fácilmente. Por ejemplo, los enlaces de hidrógeno mantienen unida el agua líquida. Sin embargo, cuando se calienta a 37,7 °C, el aumento en la energía térmica de cada molécula de agua vence los enlaces de hidrógeno y el agua se evapora. Por el contrario, cuando el agua alcanza su punto de congelación, los enlaces fijan las moléculas de agua firmemente en su lugar y... *¡Voilà!* Hielo.

Más adelante se analiza el importante papel que desempeñan los enlaces de hidrógeno en la forma tridimensional de las proteínas y del ADN.

Las moléculas con carga son solubles en agua

La mezcla de solutos y disolventes se llama **solución.** El componente menor de una solución es el **soluto** y el mayor es el **disolvente.** La *solubilidad* es la capacidad del soluto de disolverse en el disolvente.

La capacidad de las moléculas con carga de formar enlaces intermoleculares entre sí determina su solubilidad. El agua es el disolvente que más abunda en el cuerpo humano. Los solutos con carga se disuelven en agua porque pueden formar enlaces dipolo-dipolo o ión-dipolo con las moléculas de agua. La figura 2-9 B muestra los enlaces ión-dipolo que forma el agua para disolver NaCl en Na^+ y Cl^-. Los extremos ligeramente negativos del oxígeno de las moléculas de agua interactúan con Na^+ y los extremos ligeramente positivos del hidrógeno con Cl^-.

Se dice que las moléculas iónicas y polares son **hidrófilas,** les gusta el agua, porque se disuelven en cualquier sustancia acuosa, como la sangre o el citosol. No se disuelven en disolventes no polares porque las moléculas del soluto con carga no pueden formar enlaces con las moléculas no polares del disolvente. En nuestro contexto, los disolventes no polares más importantes son los *lípidos,* una clase de moléculas que constituyen los aceites y las grasas, y que describiremos más adelante.

Las moléculas no polares como grasas y aceites no pueden formar enlaces dipolo-dipolo con el agua y en consecuencia no son solubles en líquidos acuosos como la sangre. En su lugar, son solubles en otras sustancias no polares y se llaman **hidrófobas,** tienen fobia al agua. En realidad, el agua tiene «fobia» a los lípidos, es decir, repele todas las moléculas no polares mientras crea más enlaces con otras moléculas de agua. Esta repulsión obliga a las moléculas hidrófobas a agruparse en pequeñas gotículas, de manera similar a cómo el helado viento antártico obliga a los pingüinos a apiñarse. Un ejemplo diario de la interacción polar-no polar se encuentra, a la hora de la comida, en un simple aderezo compuesto por aceite de oliva (hidrófobo) y vinagre (hidrófilo). Si se dejan reposar unos minutos, el aceite de oliva y el vinagre se separan en dos capas porque la solución polar acuosa de vinagre rechaza las moléculas no polares del aceite de oliva.

La polaridad y la solubilidad tienen una enorme importancia práctica en la administración de fármacos (algunos fármacos son polares y otros no polares). La polaridad, y en consecuencia la solubilidad de un fármaco, determina cómo se puede administrar. En el cuadro Instantánea clínica titulado «Métodos de administración de fármacos: ¿píldora, parche, aerosol, bomba o inyección?», puede obtener más información sobre los métodos de administración de fármacos.

Apuntes sobre el caso

2-8 **Un soluto importante en la solución intravenosa inyectada a José eran los iones de bicarbonato. ¿Piensa que los iones de bicarbonato son hidrófilos o hidrófobos?**

2-9 **¿Pueden los iones de bicarbonato formar un enlace con el agua? ¿Qué tipo?**

2-10 **¿Qué disolvente se utilizó para la solución intravenosa: agua o aceite?**

¡Recuerde! **Lo semejante disuelve lo semejante. Los disolventes polares disuelven los solutos polares y los disolventes no polares disuelven los solutos no polares.**

INSTANTÁNEA CLÍNICA

Métodos de administración de fármacos: ¿píldora, parche, aerosol, bomba o inyección?

A nadie le gustan las inyecciones, pero la mayoría de la gente con diabetes debe «pincharse» varias veces al día con inyecciones de insulina para el resto de su vida. La insulina permite al cuerpo metabolizar la glucosa (azúcar de la sangre) para convertirla en energía. La vida humana no es posible sin quemar glucosa para generar energía. Hay buenos motivos por los que un diabético debe inyectarse la insulina en lugar de tragársela o aplicársela sobre la piel. Estos motivos están relacionados con la *química*.

En primer lugar, la insulina no puede administrarse eficazmente en una píldora porque el ácido gástrico y el jugo intestinal están concebidos para degradar las proteínas, y la insulina, una proteína, se destruye cuando pasa por los intestinos. En segundo lugar, tampoco puede administrarse en forma de crema o parche para la piel porque, como la mayoría de las proteínas, es hidrófila (le gusta el agua) y la piel es hidrófoba (tiene fobia al agua). Por otro lado, los fármacos hidrófobos pueden administrarse colocándolos sobre la piel a veces en forma de parche. La nicotina y el estrógeno son ejemplos de ello.

Por esta razón, hasta hace muy poco, la única forma eficaz de administrar insulina para que esta llegara al torrente circulatorio ha sido la inyección. Afortunadamente, ciertos avances en el estudio de la química han permitido crear algunos métodos de administración menos dolorosos. Las moléculas de insulina se suministran en forma de partículas microscópicas que se pueden inhalar, llegando directamente a los pulmones, desde donde pasan de inmediato al torrente circulatorio. Otro método es una bomba de infusión que se aloja en una pequeña caja similar a un teléfono móvil y que periódicamente a lo largo del día inyecta insulina a través de un tubo delgado conectado a un vaso sanguíneo. En la actualidad se está trabajando en el diseño de un páncreas artificial, un pequeño dispositivo que detecta el azúcar en la sangre y administra justo la cantidad adecuada de insulina para controlar la glucosa en la sangre. Parece que pronto las inyecciones de insulina serán cosa del pasado para los diabéticos.

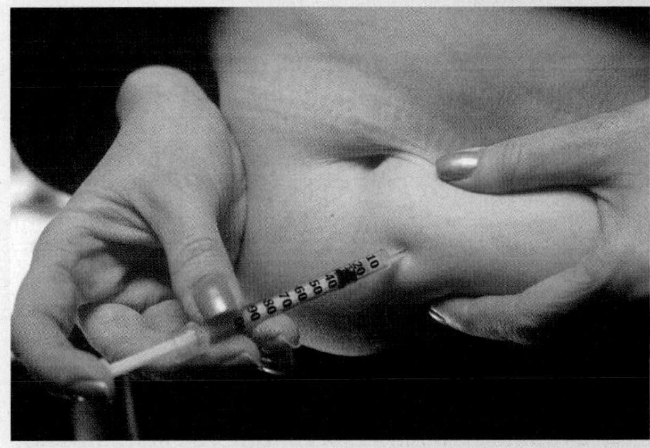

Administración de insulina. Las dolorosas inyecciones serán pronto cosa del pasado gracias al desarrollo de nuevos métodos para administrar la insulina.

Las enzimas estimulan las reacciones químicas

La vida se mantiene gracias a una cantidad infinita de reacciones químicas. La suma de todas ellas es el **metabolismo** del organismo. Las reacciones químicas metabólicas se describen normalmente mediante los símbolos que representan la composición química de las moléculas; una flecha que las une indica la dirección en que tiene lugar la reacción. Por ejemplo, la fórmula siguiente indica cómo el agua (H_2O) y el dióxido de carbono (CO_2) se combinan para formar *ácido carbónico* (H_2CO_3):

$$CO_2 + H_2O \rightarrow H_2CO_3$$

Las **enzimas** son proteínas especializadas que facilitan las reacciones químicas. Pueden actuar como celestinas, cuando ayudan a dos moléculas a combinarse en una, o como tajadoras, cuando dividen moléculas grandes en otras más pequeñas. Otras son muy sutiles y añaden un átomo aquí y quitan uno de allá. Así como no reemplazamos un cuchillo de cocina después de cortar muchas zanahorias, la enzima no se ve afectada por la reacción química, que facilita y puede estimular muchas reacciones diferentes. Sin la enzima apropiada, las reacciones químicas necesarias para la vida serían tan lentas que la vida no podría existir. Por ejemplo, la reacción anterior es estimulada por la enzima *anhidrasa carbónica*. El sufijo -asa identifica a la mayoría de las enzimas.

Recuerde que los grupos funcionales son combinaciones atómicas determinadas que tienden a permanecer juntas. Cada grupo funcional reacciona normalmente de forma característica con un grupo funcional de un tipo diferente o con otra molécula, sin que importen las otras partes de las moléculas. Por ejemplo, los grupos amino suelen reaccionar con los grupos carboxilo, una reacción importante en la formación de proteínas (v. más adelante).

Las reacciones químicas crean o rompen enlaces químicos

Los enlaces químicos almacenan energía y se podrían comparar con pequeños cartuchos de dinamita. La dinamita es un almacén de energía capaz de liberarla en una explosión, y los alimentos almacenan energía que se libera cuando sus enlaces químicos se rompen por reacciones metabólicas (recuerde el cuadro Forma básica, función básica titulado «Energía y vida» en la pág. 35-36.)

Por ejemplo, las manzanas son dulces porque los manzanos sintetizan *fructosa* o azúcar de la fruta. La síntesis de la fructosa requiere la energía del sol (en forma de rayos de luz) y también átomos de carbono, oxígeno e hidrógeno (fig. 2-10 A). Esos átomos los obtienen, en forma de moléculas, del aire, el agua y el suelo. Por ejemplo, el agua (H_2O) es una fuente de átomos de hidrógeno y oxígeno, y el CO_2 es una fuente de oxígeno y carbono. La fructosa almacena la energía del sol en forma química.

Cuando comemos una manzana, la fructosa entra en las células de nuestro cuerpo. Las enzimas rompen los enlaces químicos que unen a los átomos y liberan la energía del enlace para potenciar la actividad celular. Los átomos de azúcar se reorganizan en moléculas más pequeñas de agua y dióxido de carbono (fig. 2-10 B). De esta forma, la energía de la luz solar capturada y almacenada en los azúcares es liberada para potenciar la vida animal.

Las reacciones metabólicas se clasifican en tres formas, dependiendo de que rompan o formen enlaces químicos:

- Las reacciones por *síntesis* (fig. 2-10 A) son reacciones *anabólicas* que utilizan enlaces químicos para combinar átomos o moléculas pequeñas y producir moléculas nuevas más grandes. La síntesis *consume energía y la almacena;* es esencial en la formación de células y partes del cuerpo. Por ejemplo, durante el crecimiento, los niños dependen de reacciones por síntesis para la formación de huesos y músculos, y estas reacciones utilizan la energía obtenida de los alimentos. La fórmula siguiente representa las reacciones por síntesis:

$$\text{Energía} + A + B \rightarrow AB$$

- Las reacciones por *descomposición* (fig. 2-10 B) son reacciones *catabólicas* que rompen moléculas en partes más pequeñas. La descomposición libera energía almacenada y es esencial en el mantenimiento de la vida. Por ejemplo, los niños que están creciendo necesitan energía para la formación de tejidos nuevos y también para correr y saltar. Con el fin de obtener esta energía, sus células descomponen moléculas de nutrientes alimentarios en las partes que las integran. La fórmula siguiente representa las reacciones por descomposición:

$$CD \rightarrow C + D + \text{energía}$$

- Las reacciones por *intercambio* son reacciones metabólicas que incluyen descomposición y síntesis, donde algunos enlaces químicos se rompen y otros se forman. El consumo y la producción de energía varían. En su forma más simple, las reacciones por intercambio se pueden describir con la fórmula:

$$EF + G \rightarrow EG + F$$

¡Recuerde! **Anabolismo significa síntesis. Catabolismo significa degradación.**

Las reacciones químicas pueden producirse en ambas direcciones

Todas las reacciones químicas pueden darse en ambas direcciones. Sin embargo, la mayoría de ellas tienen una dirección preferida que requiere menos energía, como empujar una roca cuesta abajo. Las reacciones que tienen lugar en dirección opuesta son poco comunes porque requieren gran cantidad de energía, como empujar una roca cuesta arriba. Sin embargo, algunas reacciones están preparadas para ir en ambas direcciones dependiendo de las concentraciones de las moléculas participantes. Estas reac-

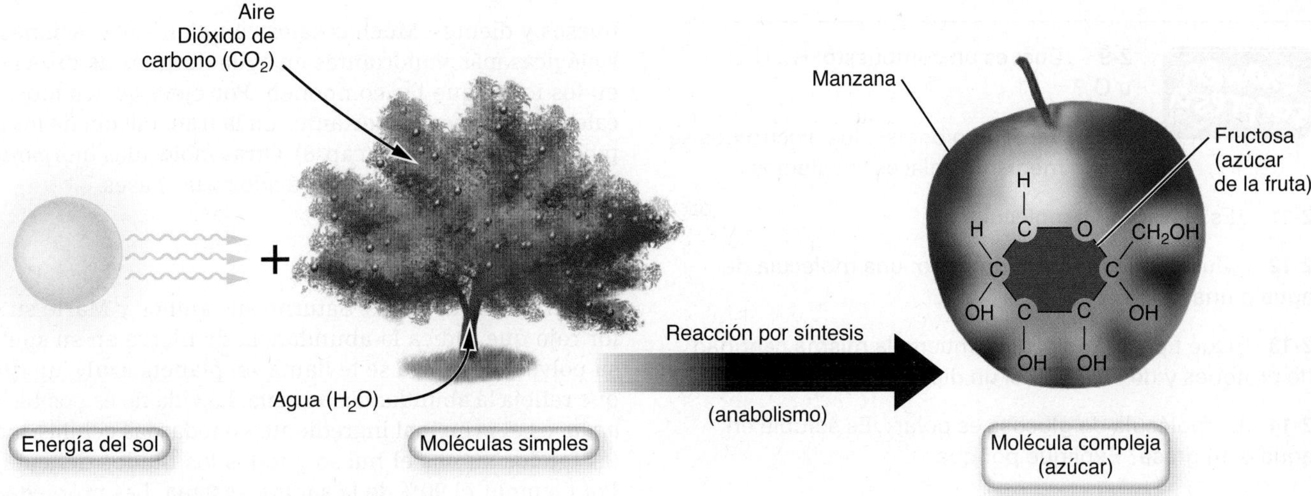

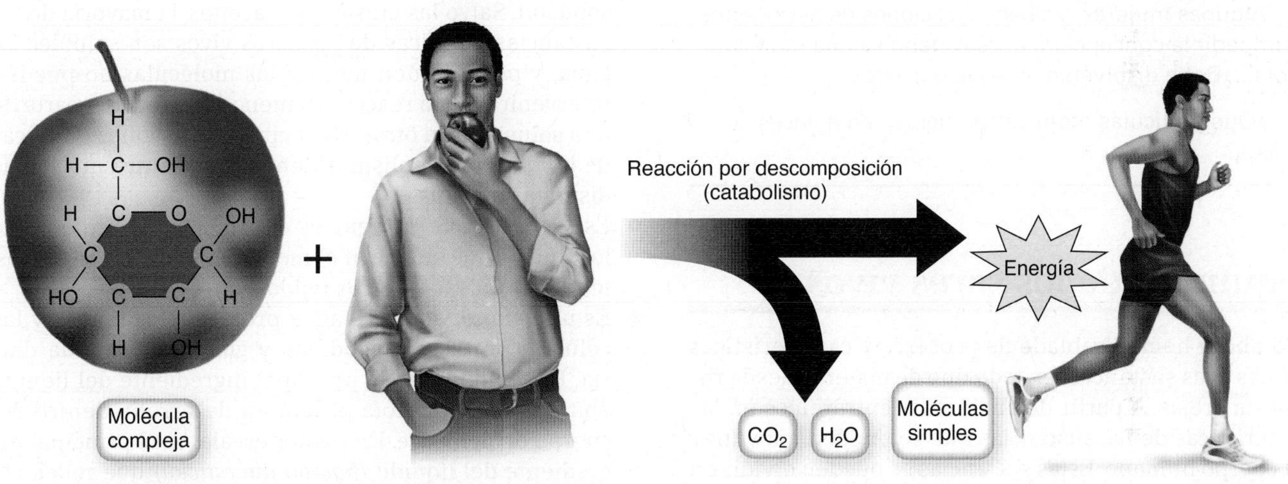

Figura 2-10. Reacciones químicas. A) Las reacciones anabólicas (síntesis) combinan átomos o moléculas simples. Así se forman otras moléculas más grandes y se incorpora energía en forma de enlaces químicos. **B)** Las reacciones catabólicas (descomposición) liberan esta energía al romper los enlaces. *¿Qué tipo de reacción debe utilizarse para descomponer una sustancia en las partes que la integran?*

ciones que se producen en ambas direcciones se representan mediante fórmulas que contienen flechas, las cuales apuntan en una y otra dirección. Considere la reacción entre la hemoglobina (Hb, una molécula de los eritrocitos) y el oxígeno (O_2):

$$Hb + O_2 \underset{\text{tejidos}}{\overset{\text{pulmones}}{\rightleftharpoons}} HbO_2$$

Un incremento en la concentración de hemoglobina (Hb) o de oxígeno impulsará la reacción hacia la derecha y la formación de HbO_2 aumentará. Por el contrario, una disminución en la concentración de hemoglobina o de oxígeno dirigirá la reacción hacia la izquierda separando el oxígeno de la hemoglobina. Como se explica en el ➡ capítulo 13, este principio impulsa la reacción de izquierda a derecha en los pulmones, donde la concentración de oxígeno es alta, y de derecha a izquierda en los tejidos, donde la concentración de oxígeno es baja, debido a que las células consumen el oxígeno disponible.

Apuntes sobre el caso

2-11 La concentración de oxígeno era anormalmente alta en la sangre de José. ¿Tenía más o menos HbO_2 de lo normal? Explique por qué.

2-9 ¿Cuál es un compuesto: H_2, H_2O u O_2?

2-10 Verdadero o falso: los electrólitos se crean mediante enlaces covalentes.

2-11 ¿Es el NaCl una molécula?

2-12 ¿Qué contiene más hidrógeno: una molécula de agua o una de glucosa?

2-13 ¿Qué tipo de molécula contiene la misma cantidad de protones y de electrones: un dipolo o un ión molecular?

2-14 La molécula de glucosa es polar. ¿Es soluble en agua o en grasa? Explique por qué.

2-15 El ácido clorhídrico (HCl) se forma entre un catión de hidrógeno y un anión de cloro. ¿Qué tipo de enlace mantiene unido al HCl: un enlace iónico o un enlace de hidrógeno?

2-16 Algunas mujeres reciben inyecciones de estrógenos para impedir la concepción. El estrógeno es una molécula no polar. ¿Debe disolverse en agua o aceite?

2-17 ¿Qué partículas atómicas participan en enlaces químicos?

La química de los seres vivos

Hasta ahora hemos hablado de procesos y características comunes a las sustancias en todo tipo de materia, desde rocas hasta orejas. A partir de ahora nos centraremos en las características de las sustancias que se pueden encontrar en el cuerpo humano. Estas sustancias se pueden dividir en dos categorías amplias: *orgánicas* e *inorgánicas*. Las sustancias **inorgánicas** se encuentran tanto en los seres vivos como en los inertes y no contienen átomos de carbono (una excepción es el dióxido de carbono, CO_2). Algunos ejemplos son el agua (formada por hidrógeno y oxígeno) y la sal de mesa (formada por sodio y cloro). Las sustancias **orgánicas** (materia orgánica) contienen carbono y se originan en los seres vivos. Son el resultado de las reacciones químicas (metabolismo) de estos últimos. Algunos ejemplos de moléculas orgánicas son los carbohidratos, como el almidón del trigo, y las proteínas de los músculos.

Entre las sustancias inorgánicas más importantes están las sales, el agua, los ácidos y las bases

Las moléculas y los compuestos inorgánicos son más pequeños y menos complejos que los orgánicos. Recuerde que una sal es un compuesto que contiene un ión con carga positiva (catión) y un ión con carga negativa (anión) unidos por enlaces iónicos (fig. 2-6). Un ejemplo es el fosfato de calcio ($CaPO_4$), que proporciona el fuerte entramado de huesos y dientes. Muchas sales cumplen sus funciones fisiológicas más importantes en agua después de disociarse en los iones que las componen. Por ejemplo, los iones de calcio y sodio son importantes en la transmisión de los impulsos nerviosos ➡ (cap. 8). Otras moléculas inorgánicas importantes son el agua, los ácidos y las bases.

Agua

Júpiter tiene sus lunas, Saturno sus anillos y Marte su color rojo que indica la abundancia de hierro en su suelo y su polvo. A la Tierra se le llama «el planeta azul», un título que refleja la abundancia de agua. La vida no es posible sin *agua:* es el principal ingrediente de todas las células, todos los tejidos menos el hueso y todos los fluidos del cuerpo. Por ejemplo, el 90 % de la sangre es agua. Las propiedades físicas del agua son importantes:

- Es un *disolvente.* Recuerde que un disolvente es un líquido donde se puede disolver un soluto para formar una solución. Salvo las grasas y los aceites, la mayoría de las sustancias químicas de los seres vivos son solubles en agua, y por un buen motivo: las moléculas no pueden intervenir en una reacción a menos que formen parte de una solución con otras. Es decir, las reacciones químicas de la vida (metabolismo) tienen lugar entre moléculas disueltas en agua.
- Es un *lubricante.* El agua es el principal ingrediente de los fluidos que suavizan el movimiento de los músculos, tendones, huesos y otros tejidos entre sí.
- Es un *amortiguador.* El agua protege a los tejidos y las células contra las sacudidas y golpes de la vida diaria. Por ejemplo, es el principal ingrediente del líquido amniótico donde flota el feto en desarrollo dentro del cuerpo de la madre. En menor escala, es el principal ingrediente del líquido *(líquido intersticial)* que rodea todas las células del cuerpo.
- Es un *disipador.* Un disipador es una sustancia que absorbe calor sin que se produzca un cambio importante en su temperatura. Las reacciones metabólicas liberan gran cantidad de calor, y el agua del cuerpo las absorbe sin demasiado cambio. Si no fuese así, la temperatura del cuerpo variaría mucho. Esta capacidad de absorber calor ayuda a los mecanismos homeostáticos a mantener la temperatura corporal muy cerca de 37 °C, el valor normal.

Además, el agua es un importante *compuesto químico* en las reacciones metabólicas. Como se indica más adelante, participa en las reacciones de dos formas diferentes: se consume o se crea.

Síntesis por deshidratación

En algunas reacciones químicas, el agua se *crea* mediante la combinación de un ión de hidrógeno (H^+) de una molécula y un ión hidroxilo (OH^-) de otra. Este proceso se llama *síntesis por deshidratación,* ya que las dos sustancias son «deshidratadas» para crear una nueva molécula de agua.

Las células de nuestro cuerpo utilizan ciclos repetidos de síntesis por deshidratación para crear las moléculas grandes que necesitan, como nuevas proteínas. Estas moléculas grandes, llamadas **polímeros,** son esencialmente cadenas largas de subunidades moleculares idénticas o similares llamadas **monómeros,** que pueden representarse como las cuentas de un collar (las cuentas son los monómeros y el collar es el polímero).

El proceso de deshidratación es análogo a la elaboración de un collar utilizando cuentas. Imagine un collar parcialmente enhebrado, que ha sido anudado para impedir que las cuentas se salgan. Cada una de las cuentas tiene un nudo similar de protección. El nudo de protección se puede quitar para enhebrar nuevas cuentas y de este modo alargar el collar.

De forma similar, los monómeros se añaden a los polímeros cortos para crear polímeros más largos (fig. 2-11 A). Después de eliminar los «nudos» del OH y H del polímero y del monómero respectivamente, el monómero se une al extremo del polímero corto. La reacción almacena energía en el enlace entre las nuevas piezas, y los iones OH^- y H^+ se combinan para formar agua. La síntesis por deshidratación es anabólica porque crea moléculas más grandes a partir de otras más pequeñas.

Reacciones por hidrólisis

La degradación de un polímero en polímeros más cortos o en monómeros *necesita* y *consume* agua. A diferencia de la síntesis por deshidratación, este proceso es análogo al hecho de retirar una cuenta de un collar. En este proceso se inserta una molécula de agua en un polímero para romper los enlaces. La molécula de agua se separa en un ión de hidrógeno (H^+) y un ión hidroxilo (OH^-), y una parte del polímero degradado recibe el ión de hidrógeno (H^+), mientras que la otra parte recibe el ión hidroxilo (OH^-) (fig. 2-11 B). Esta reacción libera la energía almacenada en el enlace químico. Este proceso se llama **hidrólisis** porque el agua se descompone (hidro-, agua, y -lisis, descomposición) en sus partes constitutivas.

Ácidos y bases

Un **ácido** es un compuesto que libera (aumenta) iones de hidrógeno (H^+) cuando se disuelve en agua. Los ácidos son importantes por el papel destacado que tienen en el metabolismo: los iones de hidrógeno (H^+) liberados están «ansiosos» por interactuar con otros compuestos. Los ácidos que se ionizan completamente y liberan grandes cantidades de iones H^+ son ácidos fuertes. Aquellos que sólo se ionizan parcialmente y liberan menos iones H^+ son ácidos débiles.

Por ejemplo, el *ácido clorhídrico* (HCl), el componente que da su acidez al jugo gástrico, es un ácido fuerte porque se ioniza completamente.

$$HCl \rightarrow H^+ + Cl^-$$

Por el contrario, el *ácido carbónico* es un ácido débil que se crea cuando las células producen *dióxido de carbono* (CO_2), un producto residual del metabolismo energético. El CO_2 se mezcla con agua para producir ácido carbónico de la forma siguiente:

$$CO_2 + H_2O \rightarrow H_2CO_3$$

El ácido carbónico (que se usa en las bebidas carbonatadas para darles su sabor ácido y sus burbujas) es débil porque no se ioniza completamente, como lo indica la fórmula siguiente:

$$H_2CO_3 \rightarrow H^+ + HCO_3^- + H_2CO_3$$

A Síntesis por deshidratación

B Hidrólisis

Figura 2-11. Reacciones con agua. La síntesis por deshidratación genera una molécula de agua mientras crea polímeros a partir de monómeros. La hidrólisis descompone una molécula de agua para obtener monómeros de un polímero. *Durante la síntesis por deshidratación, ¿el monómero se une al polímero en su extremo hidroxílico (OH) o del hidrógeno?*

Sólo algunas moléculas de H_2CO_3 se disocian, mientras que otras permanecen intactas.

Una **base** *(alcalina, cáustica)* es un compuesto que disminuye (absorbe) iones de hidrógeno cuando se disuelve en agua. Las bases más fuertes liberan grupos hidroxilo (OH^-) que se combinan con iones para producir agua (H_2O). Por ejemplo, el *hidróxido de sodio* (NaOH, el ingrediente principal de los líquidos para desatascar cañerías) es una base fuerte:

$$NaOH \rightarrow Na^+ + OH^-$$

Las bases débiles, a semejanza de los ácidos débiles, no se disocian completamente en agua y atraen iones de hidrógeno con OH^-. Los *iones de bicarbonato* (HCO_3^-), la base más abundante de la sangre, constituyen una base débil que atrae al hidrógeno con iones HCO_3^- en lugar de iones OH^-.

Apuntes sobre el caso

2-12 El zumo de limón que bebió José era muy rico en ácido cítrico. Este ácido no se ioniza completamente en agua. ¿Es un ácido débil o un ácido fuerte?

La escala de pH es una medida de la acidez

Una forma cómoda de medir la fuerza de un ácido o de una base es la escala de **pH,** una serie de números de 0 a 14, donde 0 indica acidez pura (todos iones H^+) y 14 es base pura (todos iones OH^- sin iones H^+). A medida que aumenta la concentración de iones H^+, disminuye la de iones OH^- y la solución se hace más ácida. A medida que aumenta la concentración de iones OH^-, disminuye la de iones H^+ y la solución se hace más alcalina. El agua no es ni ácida ni alcalina. Es neutra y su pH es 7,0. Esto quiere decir que las concentraciones de iones H^+ y OH^- son iguales.

Un cambio pequeño del pH supone un cambio grande en la concentración de H^+ y OH^-. Un cambio de una unidad en la escala de pH supone un cambio de factor 10 (10×) en la concentración de iones de hidrógeno (o hidroxilo). Por ejemplo, el pH de la leche de magnesia (un laxante) es 10,5 y el pH del amoníaco de uso doméstico es 11,5. Esto significa que el amoníaco tiene 10 veces más iones hidroxilo (y la décima parte de iones de hidrógeno) que la leche de magnesia. En la figura 2-12 se muestran los valores de pH de otros líquidos y productos de uso diario. Tenga presente que la sangre es ligeramente alcalina (su pH es alrededor de 7,4), lo que refleja la concentración de iones de bicarbonato (HCO_3^-). Como se indica a continuación, el bicarbonato es una base abundante cuya función es absorber los iones de hidrógeno ácidos resultantes del metabolismo energético.

Apuntes sobre el caso

2-13 El pH de la sangre de José era 7, 26. ¿Su sangre contenía más o menos iones de hidrógeno de lo normal?

Los amortiguadores o tampones protegen contra los cambios en el pH

Las células humanas necesitan un pH cercano a 7,4 y una variación de décimas puede ser mortal. Para mantener el pH en su valor normal homeostático el cuerpo utiliza *amortiguadores* o tampones que resisten los cambios de pH en cualquier dirección. Concretamente, un **amortiguador** o tampón es un compuesto que convierte un ácido fuerte en otro más débil (o una base fuerte en otra más débil) que se puede expulsar del cuerpo con seguridad. Como el metabolismo energético produce un exceso de ácido, el cuerpo necesita una forma de neutralizar los iones de hidrógeno. Un compuesto que cumple este papel es el ión de *bicarbonato* (HCO_3^-), del que hablamos antes. A medida que las reacciones metabólicas producen iones de hidrógeno (H^+), el bicarbonato los neutraliza, como muestra la fórmula siguiente:

$$H^+ + HCO_3^- \rightleftharpoons H_2CO_3 \rightleftharpoons H_2O + CO_2$$

Normalmente, el CO_2 que produce la reacción es espirado a través de los pulmones ➡ (cap. 13) y la pequeña cantidad de agua creada por la reacción es absorbida por el resto del agua del cuerpo.

Como lo indican las flechas de la fórmula, la reacción química puede darse en ambas direcciones, absorbiendo o produciendo iones H^+ según sea necesario para mantener el pH estable cerca de 7,4. El vómito repetido puede causar una pérdida de ácido gástrico provocando la escasez de iones H^+ en el cuerpo. En este caso, la reacción anterior se producirá «hacia atrás» (de derecha a izquierda) para producir más iones H^+ en la sangre y compensar la pérdida de ácido gástrico.

Apuntes sobre el caso

2-14 Se analizó la sangre de José para determinar el contenido de bicarbonato, oxígeno y dióxido de carbono. ¿Cuál de estas moléculas es un amortiguador químico?

Estudio del caso

Química en contexto: el caso de José G.

Recuerde que José enfermó porque le obligaron a beber grandes cantidades de zumo de limón, que contiene mucho ácido.

El problema: exceso de acidez. José tenía un problema del equilibrio acidobásico (fig. 2-13). En muy poco tiempo bebió mucho más zumo de limón, un ácido bastante fuerte, del que podía tolerar su cuerpo. Resumiendo, si bien el zumo de limón es un ingrediente necesario en la limonada, en grandes cantidades puede ser *tóxico* (venenoso). Si nos atenemos a su estricta definición, una **toxina** es una sustancia de origen animal o vegetal que provoca una enfermedad

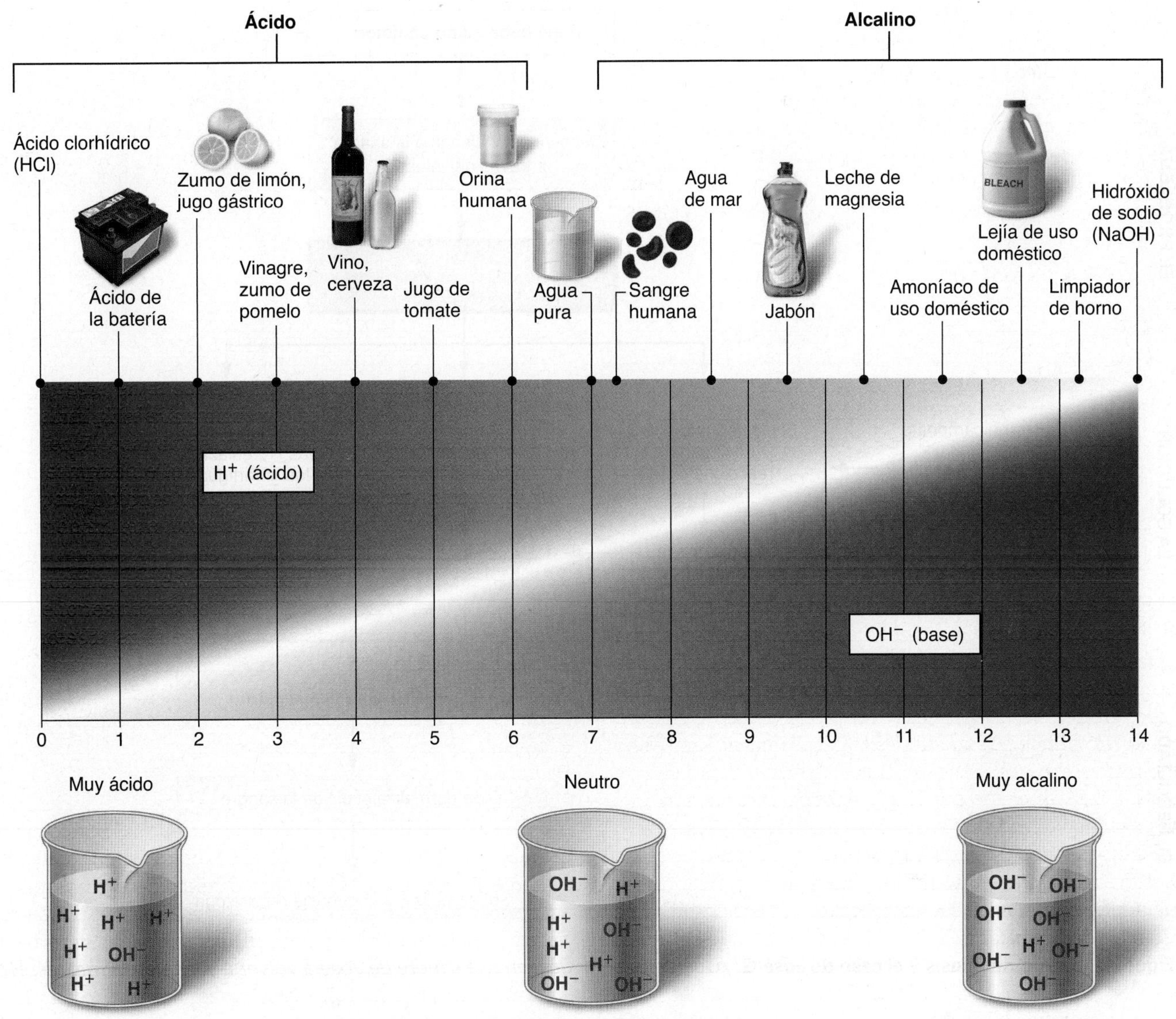

Figura 2-12. Escala de pH. *¿Cuál es aproximadamente el pH del vino?*

cuando está en el cuerpo en baja concentración. Sin embargo, *cualquier* sustancia, aun el agua, puede ser perjudicial (tóxica) cuando se encuentra en cantidades inusuales, como el zumo de limón en este caso. Véase el ➡ capítulo 16 para obtener más información sobre la intoxicación (envenenamiento) con agua.

El zumo de limón es muy ácido (pH 2) y tiene una concentración de iones de hidrógeno (H^+) mucho más elevada que de iones hidroxilo (OH^-). El intestino de José absorbió los iones H^+ en la sangre, cuya acidez aumentó más de lo normal: el pH de la sangre bajó a 7,26 en lugar de permanecer en 7,4, el valor normal. Un pH de la sangre tan bajo no es compatible con una buena salud. De hecho, José respiraba muy rápido y el problema había afectado a las funciones de su cerebro: estaba somnoliento y tenía náuseas.

La solución (parte 1): mecanismos homeostáticos. José debe eliminar el exceso de ácido que consumió y puede lograrlo de dos formas: a través de los riñones, que trabajan a una velocidad relativamente lenta, o de los pulmones, que funcionan con mayor rapidez. Sin embargo, José no puede espirar u orinar ácido puro sin más. A cambio, su cuerpo debe combinar el ácido con otra sustancia para convertirlo en un compuesto que pueda procesar de forma inocua. ¡Los amortiguadores al rescate!

Los amortiguadores convierten los iones de hidrógeno en compuestos que pueden ser excretados o exhalados de forma inocua. El exceso de iones H^+ en la sangre de José se combina con el bicarbonato (HCO_3^-) y luego se convierte en CO_2 que se puede exhalar. A continuación se muestra la reacción:

$$H^+ + HCO_3^- \rightarrow H_2CO_3 \rightarrow H_2O + CO_2$$

Esta reacción puede producirse en ambas direcciones, pero la alta concentración de H^+ en la sangre de José la impulsa hacia la derecha. Al mismo tiempo, los iones de hidró-

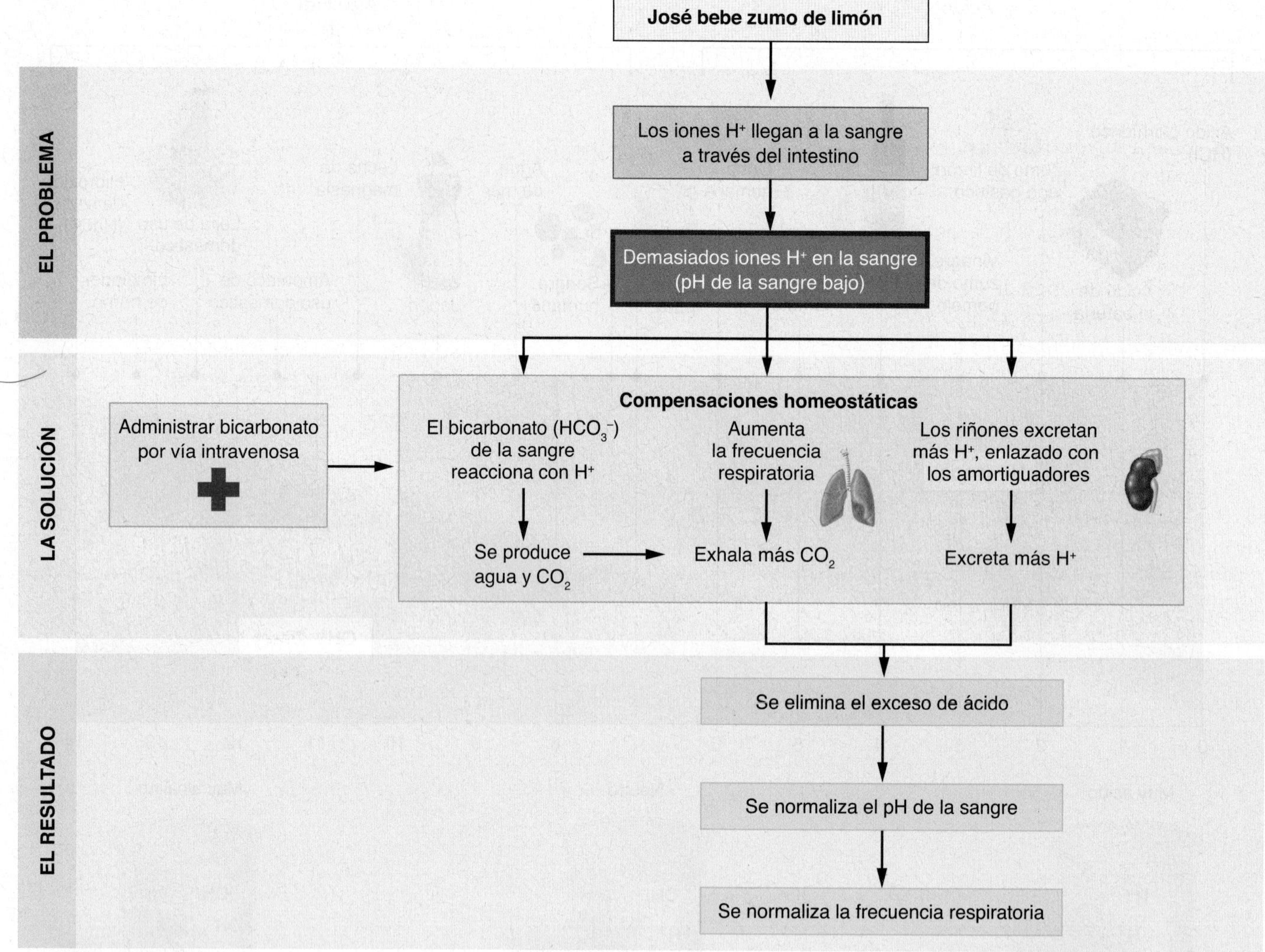

Figura 2-13. Homeostasis y el caso de José G. *¿Qué órganos ayudaron a la sangre de José a volver a su valor normal de pH?*

geno hacen que el cerebro de José aumente la frecuencia respiratoria para que pueda exhalar rápidamente el CO_2 adicional. A medida que los pulmones de José eliminan el exceso de ácido en forma de CO_2, el pH de su sangre sube y su frecuencia respiratoria disminuye.

Al mismo tiempo, los iones H^+ también se combinan con otros amortiguadores en la sangre y los riñones (v. cap. 16).

La solución (parte 2): homeostasis asistida médicamente. Desafortunadamente, los síntomas de José sugieren que su sangre no contiene amortiguadores suficientes para neutralizar todos los iones de hidrógeno que ingirió, de manera que el médico le administra por vía intravenosa una solución amortiguadora de bicarbonato adicional para ayudar a neutralizarlos y eliminarlos. El éxito del tratamiento y sus compensaciones homeostáticas se demuestran por la reducción de la frecuencia respiratoria y los valores normales de la bioquímica de la sangre de José a la mañana siguiente.

Apuntes sobre el caso

2-15 El bicarbonato disminuye la concentración de iones de hidrógeno cuando se disuelve en agua. ¿Es un ácido o una base?

2-16 Observemos la reacción química anterior. Cuando se administró el bicarbonato a José, ¿la reacción se produjo hacia la derecha o hacia la izquierda?

2-17 Cuando se administró el bicarbonato a José, ¿qué pasó con la concentración de H^+ y el pH de su sangre?

2-18 ¿Qué ión era la causa de la respiración rápida de José cuando llegó al hospital?

2-19 ¿Considera que la elevada frecuencia respiratoria en el caso de José es un mecanismo homeostático? Explíquelo.

Entre las moléculas orgánicas más importantes están los carbohidratos, los lípidos, las proteínas y los nucleótidos

Las *moléculas orgánicas* sólo las producen los seres vivos, pero pueden encontrarse en los seres inertes. Por ejemplo, el pan está hecho con la materia orgánica que sintetiza el trigo. Las moléculas orgánicas están formadas por átomos de carbono (C), hidrógeno (H), oxígeno (O) y nitrógeno (N).

Existen cuatro tipos de moléculas orgánicas: *carbohidratos, lípidos, proteínas* y *nucleótidos.* Generalmente estas moléculas son bastante grandes y complejas, por lo que se suelen conocer como *macromoléculas.*

Carbohidratos

Los **carbohidratos** (fig. 2-14) son moléculas orgánicas compuestas por átomos de carbono, hidrógeno y oxígeno ordenadas en anillos o cadenas cortas y largas. Los carbohidratos son una fuente importante de energía.

Los carbohidratos más simples contienen una sola unidad, compuesta por tres y siete átomos de carbono. No es sorprendente que a algunos azúcares se les llame *azúcares simples* (o *monosacáridos,* del latín *saccharum* = «azúcar»). Por ejemplo, la glucosa (fig. 2-14 A), el principal azúcar de la sangre, generalmente se encuentra en forma de anillo de seis lados (hexámero). La fórmula es $C_6H_{12}O_6$. La glucosa, como muchas moléculas orgánicas, a menudo se dibuja en su forma simplificada, como se muestra en el lado izquierdo de la figura. Cada línea representa un enlace covalente con un átomo de carbono en cada extremo del enlace. Los átomos de hidrógeno no se muestran.

Los monosacáridos son monómeros; los polímeros son carbohidratos más complejos compuestos por monosacáridos enlazados como los eslabones de una cadena metálica. Los enlaces entre los eslabones están formados por reacciones mediante síntesis por deshidratación (fig. 2-11).

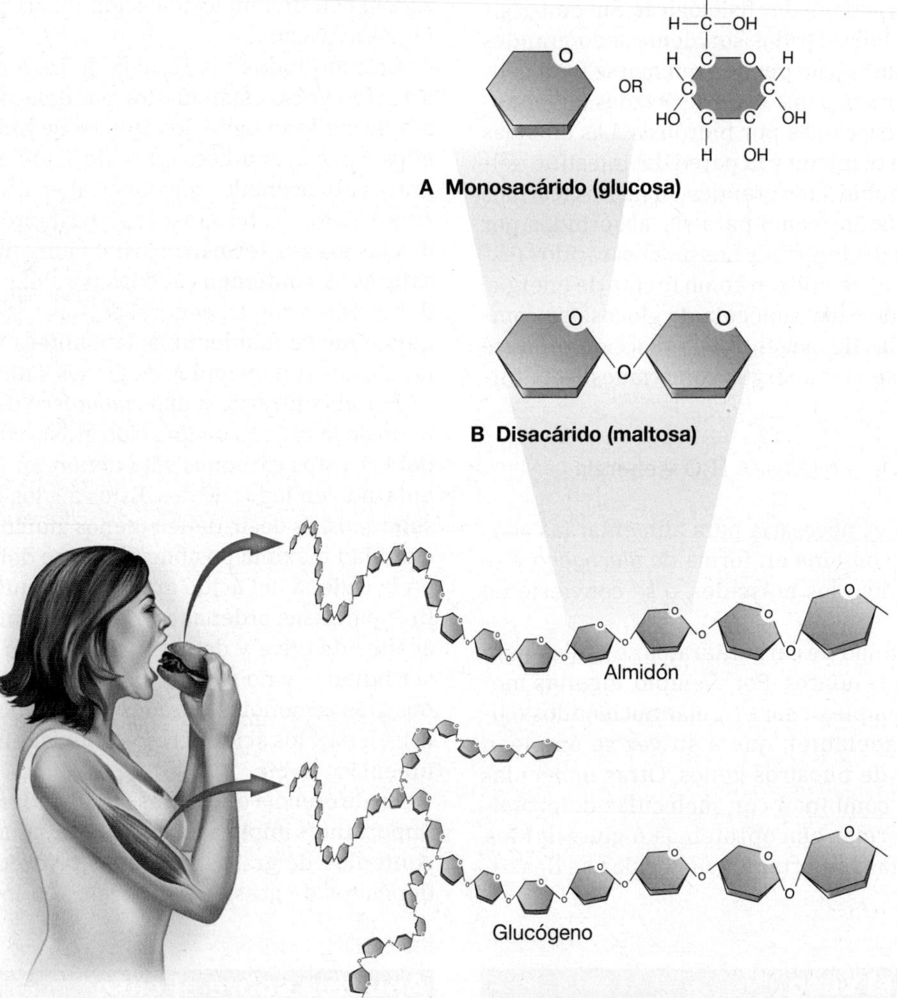

Figura 2-14. Carbohidratos. A) Los monosacáridos consisten en una sola molécula de azúcar. **B)** Dos monosacáridos se combinan para formar un disacárido. **C)** Muchos monosacáridos se combinan para formar polisacáridos, como el glucógeno o el almidón. El glucógeno se usa para almacenar carbohidratos en el tejido muscular y hepático. *¿Cuál es la diferencia entre glucógeno y almidón?*

La combinación de dos azúcares simples es un *disacárido* (fig. 2-14 B). Por ejemplo, la combinación de dos moléculas de glucosa produce el disacárido *maltosa,* y la glucosa con fructosa (otro azúcar simple, el principal azúcar en frutas y miel) produce un disacárido llamado *sacarosa* (azúcar de mesa). Los otros monosacáridos y disacáridos fisiológicamente importantes se resumen en la figura 14-1 del ➡ capítulo 14.

Los polímeros compuestos por más de dos monosacáridos se llaman *polisacáridos.* Estas cadenas largas y ramificadas de azúcares simples sirven para almacenar energía en plantas y animales. El polisacárido que almacena energía en las plantas se llama **almidón.** Está formado por moléculas de glucosa enlazadas en una cadena larga. El almidón abunda en el trigo, las alubias y las patatas. El polisacárido que almacena energía en los animales es el **glucógeno.** También está formado por largas cadenas de glucosa, pero tiene más ramificaciones que el almidón. El glucógeno se almacena en los tejidos muscular y hepático.

Los carbohidratos constituyen una fuente inmediata de energía para todas las actividades fisiológicas. Sin embargo, los disacáridos y los polisacáridos son demasiado grandes para entrar en las células y no pueden quemarse para convertirse en energía a menos que sean disociados en monosacáridos mediante reacciones por hidrólisis. Las enzimas que se encuentran en el lumen y la pared del intestino delgado rompen los carbohidratos grandes en monosacáridos suficientemente pequeños como para ser absorbidos por las células epiteliales del intestino. Los monosacáridos (especialmente la glucosa) se utilizan como fuente de energía, en una reacción donde cada molécula de glucosa se combina con seis moléculas de oxígeno. Esta reacción produce dióxido de carbono, agua y energía, como muestra la fórmula siguiente:

$$C_6H_{12}O_6 + 6\ O_2 \rightarrow 6\ CO_2 + 6\ H_2O + \text{energía}$$

La glucosa que no es necesaria para alimentar las actividades celulares se combina en forma de *glucógeno* y se almacena en el hígado o los músculos, o se convierte en *grasa.*

Una pequeña cantidad de carbohidratos se utiliza para elaborar estructuras celulares. Por ejemplo, algunas moléculas de azúcar se emplean para formar nucleótidos (como se expone más adelante), que a su vez se emplean para formar el ADN de nuestros genes. Otras moléculas de carbohidratos se combinan con moléculas de proteínas o lípidos para formar glucoproteínas o glucolípidos, respectivamente. Estas importantes moléculas se describen más adelante.

Lípidos

Los **lípidos** son sustancias no polares, resbaladizas, grasas e hidrófobas. Los lípidos sólidos se conocen generalmente como *grasas* y los líquidos como *aceites.* Están compuestos principalmente por átomos de carbono e hidrógeno, y sólo unos pocos átomos de oxígeno. Por ejemplo, un lípido común tiene la fórmula $C_{57}H_{110}O_6$. A diferencia de los carbohidratos, que tienen una estructura *química* similar, la estructura química de los lípidos varía mucho y se parecen principalmente en sus características *físicas:* son grasos y no son solubles en agua. Algunos lípidos importantes para la fisiología humana se muestran en la tabla 2-2.

Los lípidos más comunes contienen ácidos grasos y glicerol

A pesar de sus diferencias, muchos lípidos tienen dos unidades estructurales comunes: una molécula llamada **glicerol** y uno o más *ácidos grasos* (fig. 2-15 A). El *glicerol* es un alcohol (contiene un grupo OH). Un **ácido graso** es una cadena larga de átomos de carbono (con sus hidrógenos enlazados) con una molécula ácida (el grupo carboxilo COOH) en un extremo.

Cuando todos los átomos de carbono de la cadena de un ácido graso están unidos por enlaces simples, cada átomo de carbono tiene dos átomos de hidrógeno enlazados a ellos. Se dice entonces que este ácido graso (y los lípidos y grasas almacenados que fabrica) está *saturado* (con hidrógeno). Estos ácidos grasos son bastante lineales. Por eso todas las grasas, formadas principalmente por ácidos grasos saturados, contienen cadenas paralelas y apretadas de ácidos grasos y son en general densas y sólidas a temperatura ambiente. La mantequilla, la manteca y la grasa visible de las carnes son ejemplos de grasas saturadas.

Por el contrario, si *uno cualquiera* de los átomos de carbono de la cadena de un ácido graso está unido por enlaces dobles, estos carbonos sólo tienen un átomo de hidrógeno enlazado en lugar de dos. Estos ácidos grasos se llaman *insaturados,* es decir, tienen menos átomos de hidrógeno de la cantidad máxima posible. El enlace doble forma una curva en la cadena del ácido graso, por lo que no pueden formar filas paralelas ordenadas. Las grasas insaturadas, como los aceites de oliva y de maíz, son menos densas y tienden a ser líquidas y no sólidas a temperatura ambiente. Los ácidos grasos monoinsaturados tienen un solo enlace doble en la cadena y los ácidos grasos poliinsaturados tienen más de un enlace doble.

La diferencia entre grasas saturadas e insaturadas tiene importantes implicaciones para la salud: las dietas con alto contenido de grasas saturadas favorecen la formación de depósitos de grasa perjudiciales en los vasos sanguíneos

Apuntes sobre el caso

2-20 El disacárido más abundante en el zumo de limón es la sacarosa. ¿Cuántas unidades de azúcar contiene la sacarosa?

Apuntes sobre el caso

2-21 El ácido graso más abundante en el zumo de limón es el ácido linoleico. Contiene dos enlaces dobles. ¿Es un ácido graso saturado o insaturado?

Tabla 2-2. Ejemplos de lípidos comunes

Nombre	Estructura	Ubicación	Función
Triglicéridos	Glicerol + 3 ácidos grasos	Lípido principal en el tejido adiposo	Almacenan energía. Forman una capa protectora sobre los huesos Mantienen los órganos calientes y protegidos
Fosfolípidos	Glicerol + 2 ácidos grasos + fosfato	Membrana celular	Constituyen la membrana celular
Esfingolípidos	Esfingosina + ácido graso + fosfato + aminoácido	Membrana celular	Reconocimiento de células
Colesterol	Esteroide	Membrana celular, hígado, sangre	Contribuye a la membrana celular Precursor de las hormonas esteroideas Componente de la bilis
Vitamina D	Esteroide	Se forma en la piel	Necesaria para la salud de los huesos
Hormonas sexuales	Esteroides	Se forman en los testículos, los ovarios y las glándulas suprarrenales	Necesarias para la función reproductora y sexual normal
Corticoesteroides	Esteroides	Se forman en las glándulas suprarrenales	Regulan aspectos del crecimiento y del metabolismo
Aldosterona	Esteroide	Se forma en las glándulas suprarrenales	Regula el equilibrio de sal y agua
Prostaglandinas	Derivadas del ácido araquidónico (un ácido graso)	Se forman en todos los lugares	Muchas y diferentes funciones Intervienen en el dolor y la inflamación
Leucotrienos	Derivados del ácido araquidónico (un ácido graso)	Leucocitos	Ayudan en la respuesta inflamatoria
Tromboxanos	Derivados del ácido araquidónico (un ácido graso)	Producidos por las plaquetas	Intervienen en la coagulación de la sangre
Vitaminas solubles en grasas (A, E y K)	Derivadas del isopreno (una molécula pequeña que contiene H y C)	Se obtienen a partir de la dieta	Necesaria para la vista (A) y coagulación de la sangre (K). Antioxidante (E)

(ateroesclerosis), un proceso asociado a la presión arterial alta, las cardiopatías congénitas y otras enfermedades. Los distintos tipos de grasas que integran nuestra dieta se describen con más detalle en el ➡ capítulo 14.

Los triglicéridos son lípidos comunes en los alimentos y en el cuerpo

Los ácidos grasos y el glicerol se pueden combinar mediante síntesis por deshidratación (fig. 2-11) para formar lípidos comunes. Dependiendo de la cantidad de ácidos grasos unidos a la molécula de glicerol, el resultado de la reacción puede ser un monoglicérido (un ácido graso), un diglicérido (dos ácidos grasos) o un **triglicérido** (tres ácidos grasos) (fig. 2-15 B). Un triglicérido es un tipo de lípido que se puede almacenar con facilidad en el cuerpo para luego ser quemado y obtener energía. Los triglicéridos son las moléculas de almacenamiento de energía que mejor utilizan el espacio, ya que pueden guardar el mayor potencial energético en el menor espacio posible. Los triglicéridos contienen 9 calorías/g. Los carbohidratos contienen sólo cuatro. Una **grasa** es un lípido sólido a temperatura ambiente. Es frecuente que los triglicéridos se identifiquen con las grasas porque se almacenan en el cuerpo en forma sólida. Las grasas no incluyen fosfolípidos ni esteroides, otros dos lípidos que se describen a continuación.

Apuntes sobre el caso

2-22 El ácido graso limoneno es responsable del olor de los limones y el zumo de limón. ¿Es un compuesto hidrófilo o hidrófobo?

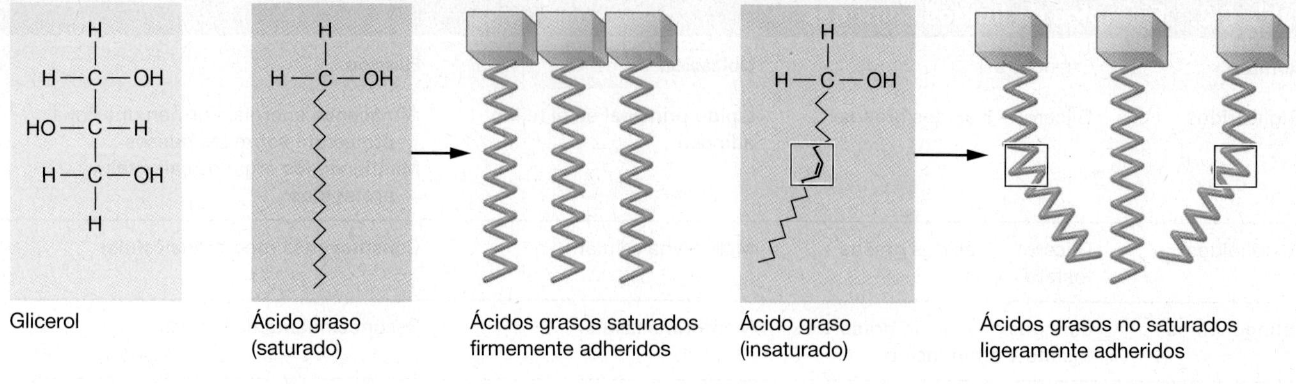

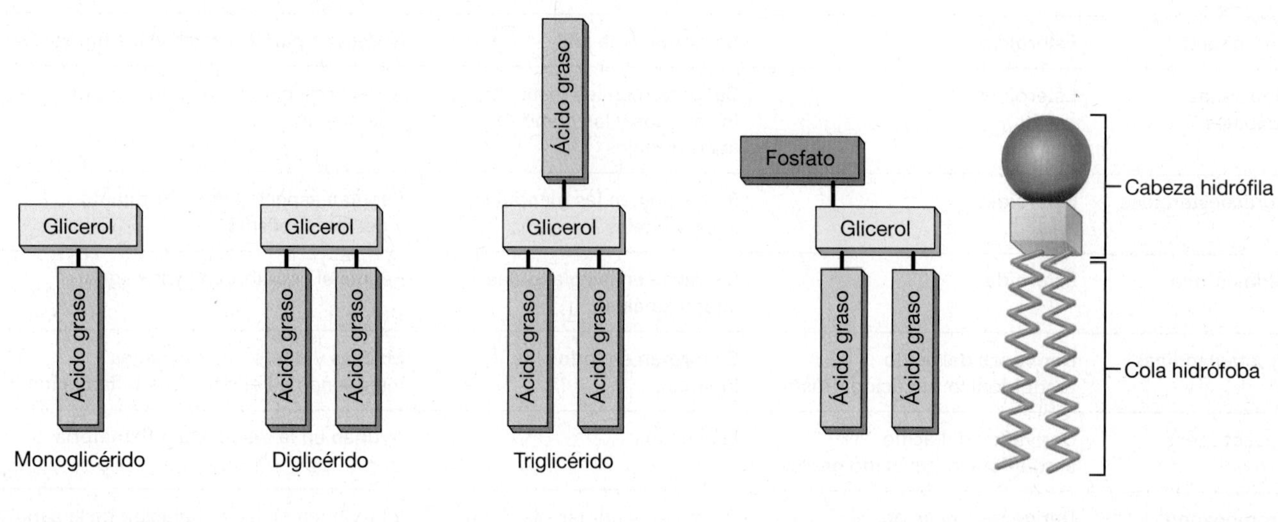

Figura 2-15. Lípidos comunes. A) Unidades estructurales comunes para lípidos que incluyen glicerol *(cuadrados celestes)* y ácidos grasos *(líneas naranja)*. **B)** Estos componentes pueden combinarse en mono-, di- o triglicéridos. **C)** También se pueden combinar con fosfatos *(círculo azul)* para formar fosfolípidos. *¿Cuántos ácidos grasos hay en un triglicérido?*

Los fosfolípidos son lípidos comunes que contienen fosfato

Los **fosfolípidos** (fig. 2-15 C) son similares a los triglicéridos. Cada uno está formado por una molécula de glicerol a la que se unen otras tres moléculas: dos moléculas de ácido graso (no tres como en un triglicérido) y un grupo fosfato. Los fosfolípidos tienen una característica exclusiva: un extremo de la molécula (el del fosfato) es polarizado y, en consecuencia, hidrófilo (soluble en agua). El otro extremo, el de los ácidos grasos, no es polarizado y no es soluble en agua (hidrófobo) pero es soluble en lípidos.

Es cierto que el aceite y el agua no se mezclan, pero, cuando se encuentran, el extremo hidrófobo de una molécula de fosfolípido puede mezclarse con el aceite y el extremo hidrófilo con el agua. Esta característica es muy importante en la vida diaria y también en el cuerpo. Por ejemplo, el detergente para lavar los platos consta de moléculas similares a los fosfolípidos. Como un extremo de la molécula de jabón es soluble en agua y el otro en grasa, al agregar las moléculas de jabón al agua podemos lavar un fregadero lleno de platos engrasados. En el cuerpo, un componente que contiene un fosfolípido llamado *bilis* actúa de manera muy similar para ayudar a disociar las grasas de los alimentos.

Los esteroides son lípidos en forma de anillo

Los **esteroides** (fig. 2-16) son similares a los triglicéridos y a los fosfolípidos porque están formados principalmente por carbono e hidrógeno y también son sustancias grasas y resbaladizas. Sin embargo, tienen una estructura muy diferente: consisten en cuatro anillos entrelazados de carbono e hidrógeno (el núcleo del esteroide) al que se unen cadenas cortas de otras moléculas. Son estas cadenas cortas las que determinan la función específica de cada esteroide.

El *colesterol* es uno de los esteroides más importantes del cuerpo humano. Lo sintetiza el hígado y no es necesario incluirlo en la dieta. Sin embargo, está presente en los alimentos de origen animal, como carnes y quesos. El colesterol es

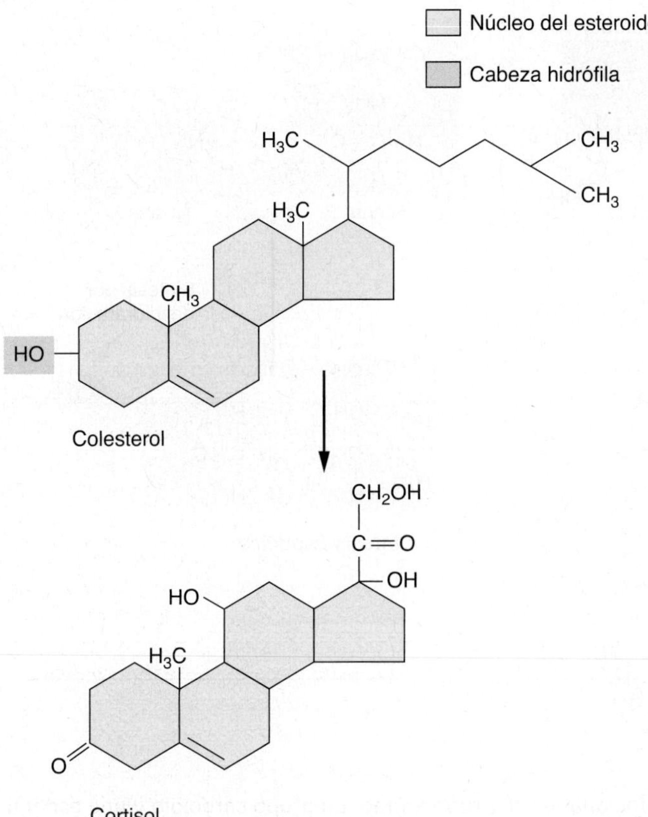

Figura 2-16. Los esteroides son lípidos en forma de anillo. El colesterol contiene el núcleo de un esteroide con cuatro anillos de carbono y un grupo polar hidrófilo. Puede convertirse en otros esteroides, como cortisol, sin modificar su núcleo de esteroide. *¿Qué átomo reemplaza al grupo hidroxilo cuando el colesterol se convierte en cortisol?*

la unidad estructural básica de muchos esteroides llamados *hormonas*. En el ➡ capítulo 4 se explica de qué manera las hormonas actúan como moléculas de señalización que van de un lugar a otro y como mensajeros en la regulación de los procesos corporales. Por ejemplo, la hormona esteroidea *cortisol* regula los niveles de glucosa en la sangre.

El colesterol, como los fosfolípidos, tiene componentes hidrófilos e hidrófobos. Ambos son las principales unidades estructurales de la membrana celular, que se describe con detalle en el ➡ capítulo 3.

Las prostaglandinas son moléculas de señalización de ácido graso modificadas

Las **prostaglandinas** son moléculas de señalización hidrófobas sintetizadas a partir de ácidos grasos (fig. 2-17). Sus efectos son poderosos y a la vez diversos. Por ejemplo, causan la dilatación de los vasos sanguíneos, son importantes en el funcionamiento de los genitales masculinos y femeninos, sensibilizan los nervios al dolor y ayudan a regular la inflamación.

Los antiinflamatorios no esteroideos (AINE), como el ibuprofeno, tratan el dolor inhibiendo los efectos sensibilizantes de las prostaglandinas en el nervio.

Proteínas

Las proteínas constituyen más de la mitad de la materia orgánica del cuerpo. Por ejemplo, el músculo esquelético es fundamentalmente proteína. Como los carbohidratos y los lípidos, las proteínas están compuestas sobre todo por átomos de carbono, hidrógeno y oxígeno. Sin embargo, las proteínas también contienen átomos de *nitrógeno* (N) y algunas veces *azufre* (S). Las proteínas son mucho más variadas química y funcionalmente que los lípidos y los carbohidratos. Pueden estar compuestas por cualquier combinación de alrededor de 20 pequeñas unidades estructurales llamadas **aminoácidos** (fig. 2-18 A).

Los aminoácidos obtienen su nombre del grupo *amino* (HNH o NH_2) y el grupo *carboxilo* ácido (COOH) que los componen. Los grupos funcionales están unidos por un átomo de carbono. Los aminoácidos se diferencian entre sí por el tipo de molécula (llamada *grupo R* o *cadena lateral*) que está unida al átomo de carbono central. Las cadenas laterales pueden ser hidrófilas o hidrófobas, grandes o pequeñas, y tener carga positiva o negativa.

Para formar proteínas, los aminoácidos se unen en cadenas mediante síntesis por deshidratación (fig. 2-18 B). El enlace entre el carbono y el nitrógeno de aminoácidos adyacentes es un *enlace peptídico*. Un **péptido** son dos o más aminoácidos unidos por enlaces peptídicos. Las cadenas laterales se proyectan desde la cadena del aminoácido. Las cadenas más cortas, con menos de unas 100 moléculas de aminoácidos, se llaman *polipéptidos* (fig. 2-18 C). Las cadenas de aminoácidos que tienen más de 100 moléculas se llaman **proteínas.**

De todas las moléculas orgánicas, las proteínas tienen los papeles más variados porque pueden estar compuestas de múltiples combinaciones diferentes de aminoácidos. Piense en los 20 aminoácidos como un alfabeto para formar proteínas. Una secuencia puede ser PERA y otra CERA, muy parecidas, ya que difieren sólo en una letra, pero sus funciones y sabores son muy diferentes. Al variar la «secuencia de letras» de los aminoácidos en las proteínas, el cuerpo puede formar miles de proteínas diferentes usando los mismos aminoácidos como ingredientes.

La función de las proteínas de nuestro cuerpo está parcialmente determinada por su forma. La secuencia precisa de aminoácidos en una proteína determina cómo se pliega y retuerce en su forma tridimensional característica porque la cadena lateral de cada aminoácido forma ciertos tipos de enlaces sólo con las cadenas laterales de algunos otros

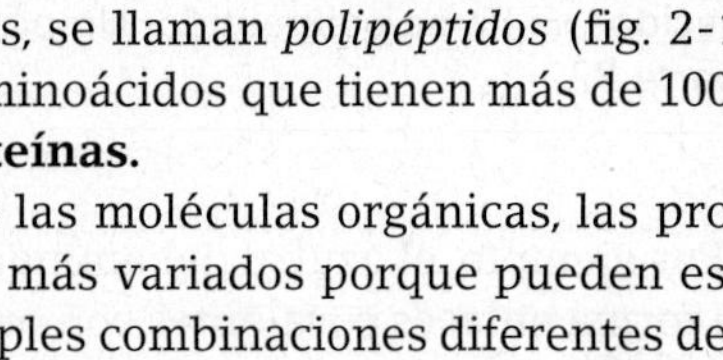

O
COOH
OH OH

Prostaglandina (PGE_2)

Figura 2-17. Prostaglandinas. La prostaglandina E_2 (PGE_2) es un derivado de un ácido graso. *¿Qué grupo funcional es COOH?*

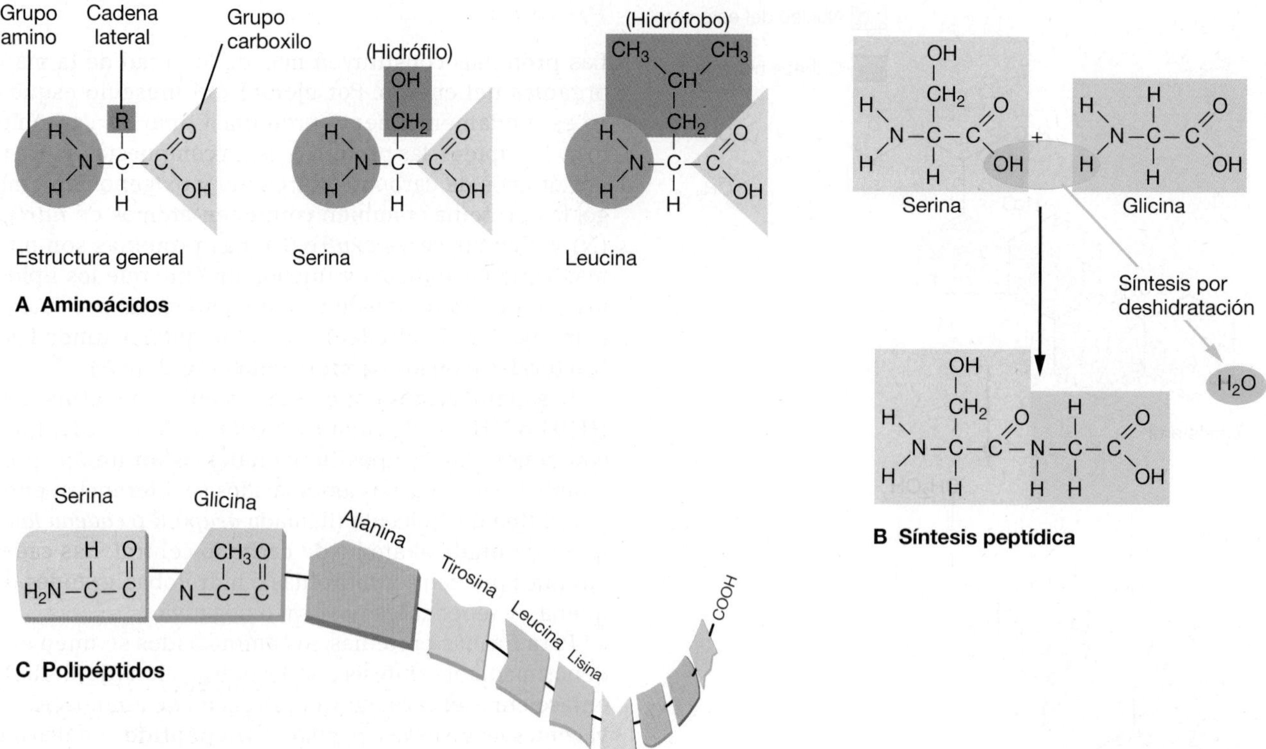

Figura 2-18. Proteínas. A) Los aminoácidos contienen tres grupos funcionales: un grupo amino, un grupo carboxilo y una cadena lateral variable. **B)** Los aminoácidos son monómeros unidos mediante enlaces peptídicos para formar polímeros. **C)** Un polímero corto de aminoácidos se llama polipéptido. Un polímero largo se llama proteína. *¿Cuántos grupos amino hay en el péptido representado en la parte B?*

aminoácidos. Por ejemplo, el azufre del aminoácido *cisteína* (fig. 2-18 B) forma enlaces covalentes con otras cadenas laterales de cisteína. Los enlaces iónicos y de hidrógeno, que también se forman entre las cadenas laterales, ayudan a plegar las proteínas. Esta forma tan sumamente específica proporciona a las proteínas la capacidad de realizar una amplia variedad de tareas muy específicas.

Podemos distinguir dos tipos principales de proteínas atendiendo a su forma, estructura y función general. Las **proteínas fibrosas (estructurales)** están formadas por cadenas largas. Son sólidas, están fijas en su lugar y se utilizan para construir las estructuras corporales. La proteína fibrosa más abundante en el cuerpo es el *colágeno,* que se encuentra en la piel, los tendones, los ligamentos y los huesos, y además es el principal ingrediente del tejido cicatricial. El colágeno está formado por tres proteínas fibrosas interconectadas (fig. 2-19 A). Por otro lado, las **proteínas globulares (funcionales)** son moléculas más redondeadas que realizan tareas específicas. Por ejemplo, la **hemoglobina** es una proteína globular compleja que transporta oxígeno en el torrente circulatorio (fig. 2-19 B). Contiene cuatro cadenas separadas de proteínas que se enrollan para darle su forma redondeada.

Un aspecto importante de todas las proteínas es que su *forma* es decisiva para su *función*. Igual que la forma de una llave debe ser exactamente la adecuada para abrir una cerradura, un cambio mínimo en la forma de una proteína puede desactivar su funcionamiento. Por ejemplo, un solo cambio en un aminoácido en el gen de la hemoglobina puede modificar de manera significativa la forma de la molécula de hemoglobina. La forma anómala de esta molécula produce eritrocitos deformados (en forma de hoz o media luna), que a su vez producen la enfermedad genética llamada anemia drepanocítica.

Apuntes sobre el caso

2-23 Tenga presente que el caso práctico indica que una taza de zumo de limón contiene 1 g de proteínas. ¿Cuáles son las unidades estructurales de las proteínas?

Nucleótidos

Los **nucleótidos,** la cuarta clase de moléculas orgánicas, desempeñan un papel importante en procesos celulares como el almacenamiento de información y la transferencia de energía. Cada nucleótido contiene tres unidades estructurales: un azúcar simple, una base (una molécula circular que contiene carbono y nitrógeno) y uno o más grupos fosfato (fig. 2-20 A). El azúcar es uno de los dos azúcares relacionados, ribosa y desoxirribosa, que difieren sólo en un grupo hidroxilo. Existen cinco bases: adenina (A), guanina (G), citosina (C), timina (T) y uracilo (U).

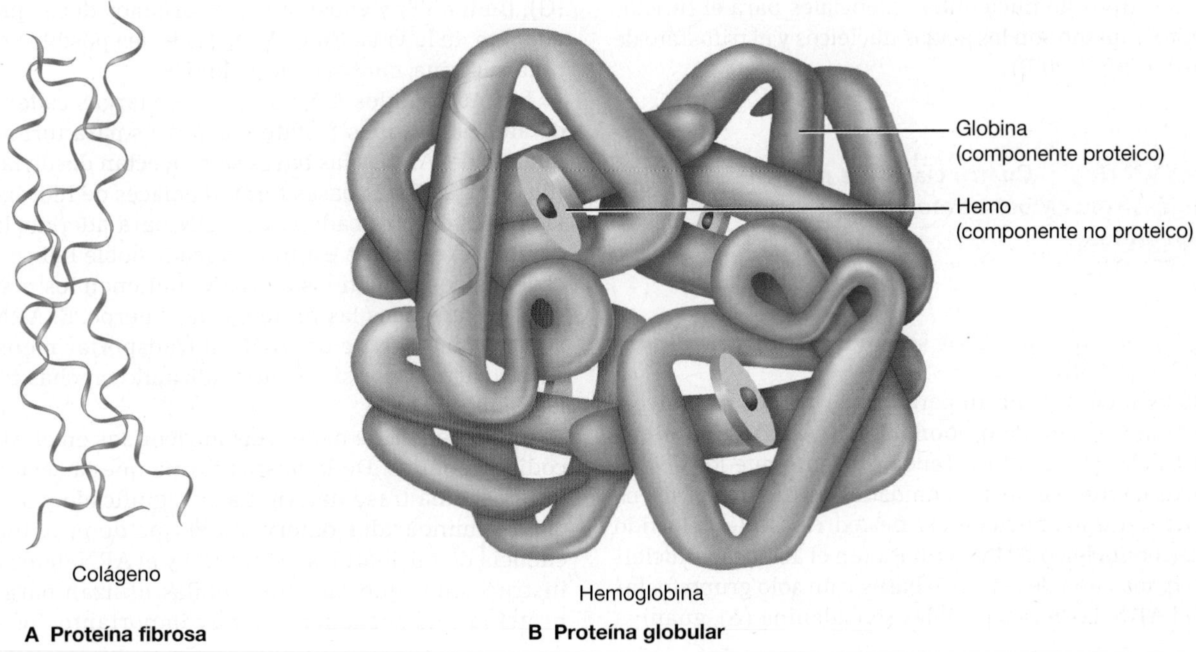

Figura 2-19. Formas de proteínas. A) Las proteínas fibrosas, como el colágeno, se utilizan para formar tejido. **B)** Las proteínas globulares, como la hemoglobina, suelen desempeñar papeles funcionales. *¿Qué proteína contiene más cadenas proteicas: el colágeno o la globina?*

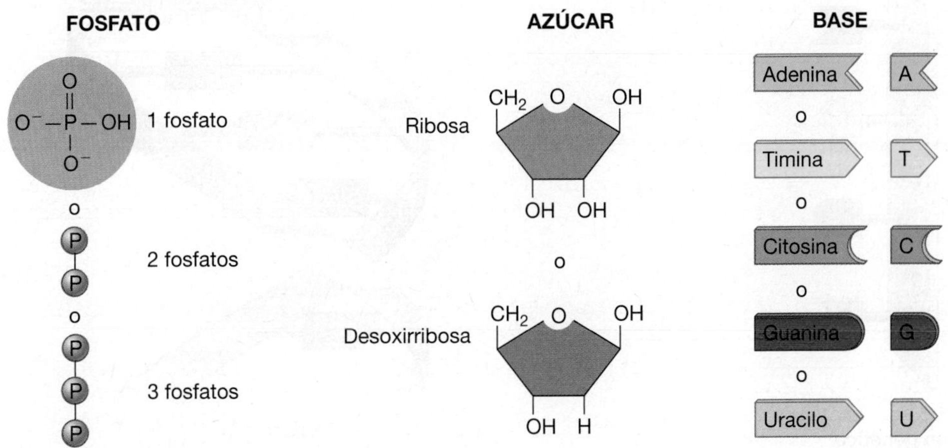

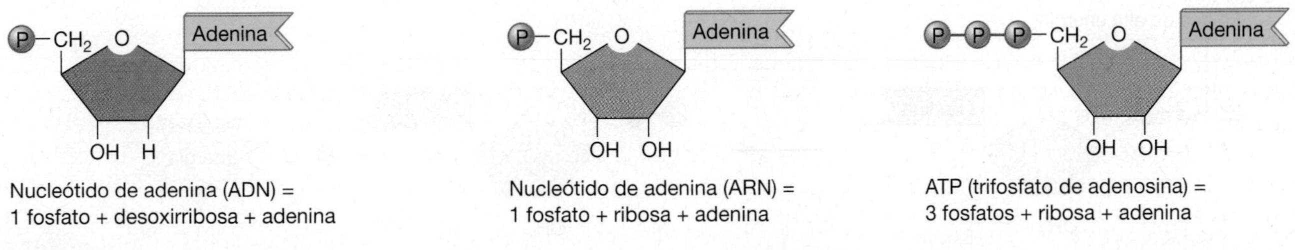

Figura 2-20. Estructura del nucleótido. A) Los nucleótidos se forman con un fosfato, un azúcar y una base. Se muestran dos representaciones diferentes de cada base. **B)** Estas partes se pueden combinar en nucleótidos ADN, nucleótidos ARN o en trisfofato de adenosina. *¿Qué nucleótido contiene más grupos fosfato: el nucleótido de adenina o el ATP?*

Los dos tipos de nucleótidos esenciales para el funcionamiento humano son los ácidos nucleicos y el trifosfato de adenosina (fig. 2-20 B).

> *¡Recuerde!* **Cuatro clases de moléculas orgánicas son: carbohidratos, lípidos, proteínas y nucleótidos**

Entre los ácidos nucleicos se encuentran el ADN y el ARN

Los nucleótidos se utilizan para formar **ácidos nucleicos,** concretamente el **desoxirribonucleico** (ADN) y el **ribonucleico** (ARN) (fig. 2-19 B). Tenga presente que los ácidos nucleicos contienen las tres unidades estructurales esenciales de todos los nucleótidos: desoxirribosa (en el ácido desoxirribonucleico, ADN) o ribosa (en el ácido ribonucleico, ARN), más una de las cinco bases y un solo grupo fosfato. En el ADN, las bases posibles son adenina (A), guanina (G), timina (T) y citosina (C). Podríamos decir que son el alfabeto de la vida. En el ARN, las bases posibles son adenina, guanina, citosina y uracilo (U).

Los nucleótidos ADN se unen en largas cadenas donde alternan grupos fosfato y azúcares para formar el esqueleto del ADN, y las bases se proyectan desde la cadena (fig. 2-21 A). Estas bases forman enlaces de hidrógeno con las bases de otra cadena de ADN para adoptar la forma de una «escalera en espiral» llamada doble hélice. Las dos cadenas de nucleótidos de ADN contienen los planos para construir todas las proteínas del cuerpo. El ARN puede actuar como agente del ADN al transportar mensajes de ADN, o actuar por sí mismo realizando muchas tareas en las células.

La secuencia de moléculas nucleótidas en el ADN es el código genético. De la misma forma que la secuencia de letras de una frase determina su significado y la secuencia de aminoácidos determina el tipo de proteína, la secuencia de nucleótidos en el ADN y el ARN determina las instrucciones que nuestras células utilizan para formar proteínas. La secuencia es muy importante: los códigos

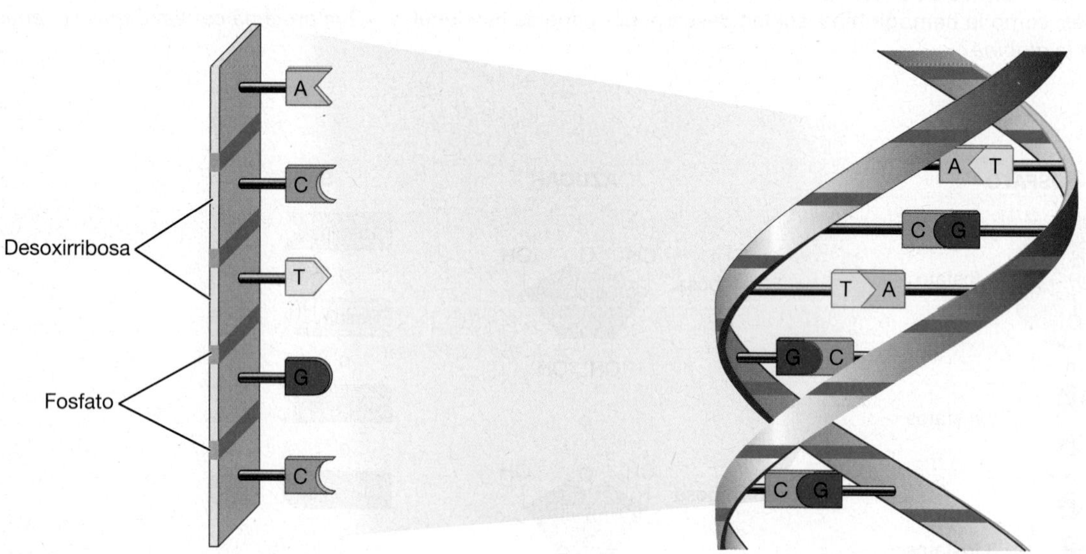

A El ADN codifica la información genética

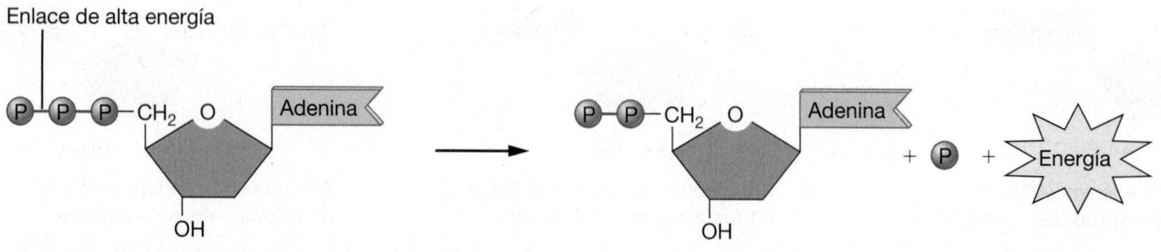

B La hidrólisis de ATP libera energía

Figura 2-21. Función nucleótida. A) Los nucleótidos que se hallan en el ADN o ARN pueden codificar información. **B)** Los nucleótidos como ATP almacenan energía en enlaces de alta energía. *Nombre la base que se encuentra en el ATP.*

CTA para un aminoácido y ACT para otro totalmente diferente. Las largas secuencias de estas tres letras básicas determinan la mejor forma de unir los aminoácidos para formar proteínas, y éstas a su vez regulan todos los aspectos de la anatomía y la fisiología. Repetimos una vez más: en el ADN, como en todos los aspectos de la anatomía y la fisiología, la forma y la función son inseparables.

El trifosfato de adenosina participa en la transferencia de energía

El nucleótido **trifosfato de adenosina** (ATP) participa en la transferencia de energía (fig. 2-20 B). El ATP está formado por la base *adenina* y el azúcar *ribosa,* a los que se unen tres grupos fosfato, y responde a un objetivo muy diferente al de los ácidos nucleicos: el ATP es la moneda energética del cuerpo (fig. 2-21 B).

Las reacciones químicas anabólicas y muchos mecanismos de transporte necesitan energía, que debe estar en forma de ATP. Es decir, la energía que encontramos en los enlaces químicos de los nutrientes debe convertirse primero en un enlace específico en el ATP. La mayoría de las células emplean glucosa como nutriente, pero algunas prefieren ácidos grasos o aminoácidos. La energía del ATP se encuentra en los enlaces de alta energía entre dos grupos fosfato (PO_4). Este enlace necesita mucha energía para formarse, razón por la cual almacena una gran cantidad, que se libera cuando se rompe el enlace.

2-18 Si la fórmula de una sustancia es $C_{18}H_{36}O_2$, ¿es orgánica o inorgánica?

2-19 La síntesis por deshidratación, ¿es una reacción anabólica o catabólica?

2-20 ¿Cómo clasifica un aminoácido: es un monómero o un polímero?

2-21 Verdadero o falso: la formación de un disacárido a partir de dos monosacáridos genera una molécula de agua.

2-22 Si disuelve una sustancia ácida en una solución, ¿aumentará o disminuirá su pH?

2-23 Señale los polisacáridos que se utilizan para almacenar carbohidratos en los músculos.

2-24 Señale las dos unidades estructurales más comunes de los lípidos.

2-25 Señale un lípido que contenga dos cadenas de ácido graso.

2-26 Señale los dos grupos funcionales que son idénticos en todos los aminoácidos.

2-27 Señale las tres unidades estructurales de los nucleótidos.

Etimología

Raíces latinas/griegas	Equivalentes en español	Ejemplos
di-	Dos	Disacárido: la molécula de azúcar contiene dos monómeros sacáridos
-filia	Atracción por, afinidad con	Hidrófilo: que tiene afinidad con el agua
-fobia	Aversión, rechazo a	Lipófobo: que rechaza las grasas
gluc-/o	Azúcar, glucosa	Glucógeno: forma almacenada de la glucosa
hidr-/o	Agua	Hidrólisis: descomposición del agua
lip-/o	Grasa	Lipófilo: que tiene afinidad con las grasas
-lisis	Descomponer, degradar	Lipólisis: descomposición de las grasas
mono-	Uno	Monosacárido: con una molécula de azúcar
poli-	Muchos	Polipéptido: proteína que contiene muchas subunidades de aminoácidos
sacar-/o	Azúcar	Monosacárido: con una molécula de azúcar
tri-	Tres	Triglicérido: grasa que contiene tres ácidos grasos y un glicerol

Cuestionario del capítulo

REVISIÓN DEL CAPÍTULO

1. Una partícula con carga positiva se llama
a. electrón.
b. protón.
c. neutrón.
d. isótopo.

2. Dos átomos de radio contienen la misma cantidad de electrones y protones, pero uno de ellos tiene dos neutrones adicionales. Estos dos átomos son:
a. isótopos.
b. iones.
c. polares.
d. sales.

3. El ión de hidrógeno
a. tiene dos protones.
b. tiene carga negativa.
c. no tiene ningún electrón.
d. es un isótopo.

4. Los enlaces covalentes se forman cuando
a. un átomo dona un electrón a otro átomo.
b. un catión se enlaza con un anión.
c. moléculas polares interactúan con agua.
d. dos átomos comparten electrones.

5. Las sustancias hidrófilas son
a. normalmente dipolos.
b. a menudo no polares.
c. fácilmente solubles en grasas.
d. siempre iones.

6. Las sales están formadas por
a. dos átomos que participan en un enlace covalente.
b. dos aniones.
c. un anión y un catión.
d. dos cationes.

7. ¿Cuál de las sustancias siguientes contiene una molécula de azúcar?
a. Triglicérido.
b. Hierro.
c. ATP.
d. Carbono.

8. Una reacción por hidrólisis
a. produce la formación de una nueva molécula de agua.
b. combina monómeros para formar polímeros.
c. libera energía.
d. ninguna de las anteriores.

9. El pH de una solución que contiene más iones de hidrógeno que iones hidroxilo puede ser
a. 2.
b. 7.
c. 9.
d. 13.

Indique las unidades estructurales que se utilizan para formar cada una de las macromoléculas siguientes. Cada letra se puede emplear más de una vez.

Macromolécula	Unidades estructurales
10. Proteína	a. Glucosa
11. Triglicérido	b. Glicerol
12. Glucógeno	c. Fosfato
13. Fosfolípido	d. Ácido graso
14. ATP	e. Aminoácido
15. Almidón	f. Adenina (base)
16. Ácido ribonucleico	g. Ribosa

COMPRENSIÓN DE CONCEPTOS

Utilice la tabla periódica de la figura 2-2 para contestar las preguntas 17 a 20.

17. La masa atómica del fósforo (P) es 31. ¿Cuántos neutrones hay en su núcleo?

18. Un ión común del cuerpo es K^+. ¿Cuántos electrones orbitan el núcleo de este ión?

19. ¿Cuántos electrones hay en la capa externa del litio (Li)?

20. Nombre dos macromoléculas que contengan un grupo fosfato y describa el objetivo del grupo fosfato en cada una de ellas.

21. **Explique cómo se determina la función por la forma a nivel molecular y utilice las proteínas fibrosas y funcionales como ejemplos.**

22. **Compare y contraste la forma y la función de los fosfolípidos y los triglicéridos.**

APLICACIÓN

23. **Considere la reacción siguiente:**

$$H^+ + HCO_3^- \rightleftharpoons H_2CO_3 \rightleftharpoons H_2O + CO_2$$

La concentración de CO_2 en la sangre puede reducirse mediante hiperventilación (respiración rápida). ¿Esta acción aumenta o disminuye el pH de la sangre?

24. **Dibuje la estructura de un péptido formado por la secuencia leucina-serina.**

25. **El fosfato de calcio ($CaPO_4$) está formado por un enlace iónico entre un catión de calcio y un anión fosfato (PO_4). El fosfato está formado por enlaces covalentes entre un átomo de fósforo y cuatro átomos de oxígeno. Indique cuál de los siguientes términos describe el fosfato y defina cada uno de los términos de su respuesta: ión, molécula, compuesto.**

Puede encontrar las respuestas a estas preguntas en el apartado de recursos para estudiantes en:
http://thepoint.lww.com/espanol-McConnellandHull

3

Células y tejidos

Temas principales

- La célula es la unidad básica de todos los seres vivos.
- Las células tienen distintos tamaños, formas y funciones.
- Las actividades de las células están a cargo de unas pequeñas estructuras denominadas orgánulos; el más grande de ellos es el núcleo.
- El interior de la célula está separado del líquido extracelular por la membrana celular, que actúa como una barrera y determina cuáles son las sustancias que pueden entrar o salir de la célula.
- El núcleo contiene ácido desoxirribonucleico (ADN), que codifica toda proteína que la célula pueda sintetizar.
- Las proteínas controlan todos los aspectos del funcionamiento celular.
- Las células se reproducen dividiéndose en dos.

Objetivos del capítulo

Membrana celular 67

1. Indicar los componentes de la membrana celular y explicar la función de cada uno de ellos.

Orgánulos celulares 69

2. Explicar cómo se organiza el ADN en células divisibles e indivisibles.
3. Enumerar los orgánulos celulares y describir brevemente la función de cada uno de ellos.
4. Describir brevemente la forma y la función de los tres tipos de filamentos citoesqueléticos.

Diferenciación y reproducción celular 76

5. Comparar la apoptosis y la necrosis.
6. Nombrar las cuatro fases del ciclo celular y las cuatro etapas de la mitosis, y describir los hechos que se producen en cada una de ellas.
7. Utilizar un esquema para explicar cómo funciona la replicación del ADN.
8. Comparar y contrastar los citoblastos histoespecíficos, pluripotentes y totipotentes.

Especialización celular 82

9. Señalar los cuatro tipos de ácido ribonucleico (ARN) y la función de cada uno de ellos.
10. Dibujar un esquema que ilustre los pasos de la transcripción y la traducción de un gen muy corto. La secuencia codificadora de este gen es TTT CCC TTT.

Código genético y mucoviscidosis: el caso de Julia G. 85

11. Identificar la mutación que causó la mucoviscidosis de Julia.

Intercambio de sustancias a través de la membrana celular 88

12. Elaborar una tabla comparando la difusión simple, la difusión facilitada, la osmosis y el transporte activo según las siguientes categorías: relación con el gradiente, necesidad energética, necesidad de proteína de membrana y sustancias transportadas, por ejemplo.

Mucoviscidosis y transporte de membrana 95

13. Dibujar un esquema que muestre cómo la proteína del regulador normal de conductancia transmembrana (CFTR) de la mucoviscidosis se traslada desde el aparato de Golgi a la membrana celular por exocitosis.
14. Explicar por qué la eliminación de tres nucleótidos del gen *CFTR* puede dar lugar a la producción de moco viscoso.

Tipos de tejidos 97

15. Elaborar un esquema que describa la forma y función de seis tipos de membranas epiteliales y cinco tipos de tejidos conectivos.
16. Comparar y contrastar los desmosomas y las uniones intercelulares herméticas.
17. Comparar las glándulas exocrinas y endocrinas y poner un ejemplo de cada una de ellas.

Caso práctico: «¡Es una niña tan enfermiza!»

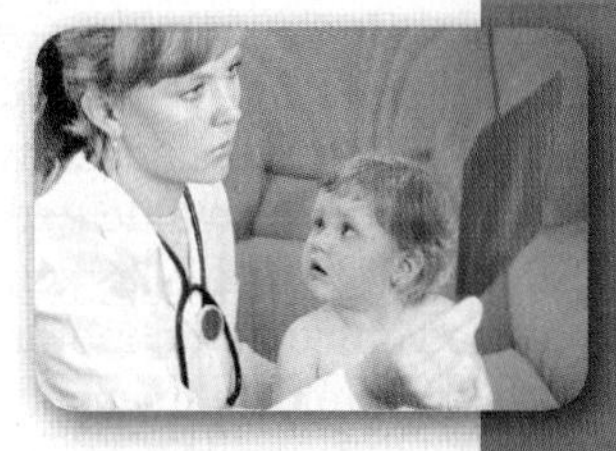

Mientras lee el siguiente caso práctico, haga una lista de los términos y conceptos que debe aprender para comprender el caso de Julia.

Anamnesis: Julia G., una niña de 6 meses, llega con sus padres al servicio de urgencias por episodios recurrentes de sibilancias y «resfriados de pecho».

Según explica su madre: «Ocurren uno detrás de otro y la dejan sin fuerzas. Tenemos tres niños más, pero la pobre Julia no tiene la misma vitalidad que los otros. ¡Es una niña tan enfermiza!»

Exploración física y otros datos: Julia pesaba 6 300 g y medía 63,5 cm (los valores normales son aproximadamente 7 700 g y 73,7 cm. Temperatura corporal: 38,3 °C (valor normal, 37 °C), frecuencia cardíaca: 110 lat/min (valor normal, de 90 a 130) y frecuencia respiratoria: 55 resp/min (valor normal, de 25 a 40). Al auscultar sus pulmones, el médico escucha sibilancias. La piel está cubierta por cristales de sal y una radiografía torácica indica la presencia de neumonía.

Evolución clínica: el diagnóstico preliminar fue mucoviscidosis, pendiente de los resultados de la prueba de cloruro en el sudor. Se le recetaron antibióticos e inhaladores para disminuir la mucosidad, y se enseñó a los padres cómo facilitar la eliminación del moco de los pulmones colocándola cabeza abajo y golpeando suavemente en la parte posterior del pecho para ayudar a expulsar la mucosidad retenida.

Julia respondió favorablemente, y al final del día siguiente tanto la fiebre como las frecuencias respiratoria y cardíaca eran normales. Transcurrida 1 semana, una radiografía de tórax mostró que la neumonía había desaparecido, pero seguía habiendo alguna sibilancia suave. Los resultados de los análisis mostraron luego un notable aumento de cloruro en el sudor de la niña. Se remitió a la familia a una clínica especializada en mucoviscidosis para recibir asesoramiento genético y atención de seguimiento.

Después de leer el capítulo 3 podrá explicar los síntomas y signos de Julia, entender el fundamento celular de la mucoviscidosis y valorar los posibles tratamientos.

Conocimientos necesarios

Antes de adentrarse por primera vez en este capítulo, es importante comprender los siguientes términos y conceptos.

- Gradientes, presión (cap. 1)
- Enzimas, reacciones químicas, proteínas, carbohidratos, lípidos, nucleótidos, sustancias hidrófobas e hidrófilas, solutos y solventes (cap. 2)

La **célula** es la unidad funcional y estructural básica de todos los organismos. En este capítulo analizaremos primero las distintas maneras que tienen las células de compartir ciertas *formas*, como su configuración, su creación y las estructuras minúsculas que contienen. Luego veremos la cantidad de maneras similares que tienen las células de realizar sus distintas *funciones*. El capítulo concluye con una descripción de los tipos de **tejidos,** es decir, grupos de células que funcionan en conjunto para realizar una función diferenciada.

Como Robert Hooke descubrió en 1665, los seres vivos están compuestos por células (v. el sitio web que contiene la historia completa, descrita en el recuadro titulado «*Animalcules and cells*»). Hooke estaba estudiando el corcho y, al ver que todas las células eran iguales, pensó que las células humanas también lo eran. No podía saber que esta simple observación era el primer paso en un viaje científico que todavía continúa. Hoy en día vemos que algunos organismos microscópicos, como la ameba, consisten en una sola célula, pero que la mayoría de los seres vivos están formados por muchas células. Los animales grandes, desde los humanos hasta las ballenas, contienen muchos miles de billones (10^{12}) de células individuales; en los seres humanos, encontramos aproximadamente 200 tipos de células diferentes, como las de la piel, el corazón y el cerebro.

Así como una motocicleta es distinta a un monovolumen familiar o un camión pesado, porque tienen distintas funciones, las formas de las células varían enormemente para reflejar también sus variadas funciones. Por ejemplo, las neuronas (células nerviosas) de la médula espinal tienen prolongaciones delgadas que pueden alcanzar hasta 90 cm de longitud y transmiten los mensajes desde la médula al resto del cuerpo, y las células que recubren el intestino delgado tienen prolongaciones en forma de dedo para maximizar la absorción de nutrientes (fig. 3-1).

Sin embargo, todas las células son iguales en ciertos aspectos de su forma y función. A pesar de las notables diferencias entre los vehículos de motor, todos comparten algunas características: tienen ruedas, ejes, carrocería, mecanismo de dirección y motor. De forma similar, a pesar de su inmensa cantidad y variedad, las células también comparten ciertas características. A grandes rasgos, la mayor parte de ellas tienen el mismo tamaño (microscópico), todas necesitan nutrientes y vías de eliminación de residuos y todas se reproducen dividiéndose en dos (cada célula se convierte en dos células). Comencemos con el elemento común a todas las células: una membrana que las separa de su entorno.

«...Podía percibir clara y simplemente que todas eran perforadas y porosas, como un panal, y que los poros no eran regulares; estos poros, o estas células, eran en realidad los primeros poros microscópicos que yo había visto en mi vida, o cualquier otra persona, ya que nunca me había topado con un escritor o con nadie que lo hubiera mencionado antes de este momento...»

Robert Hooke (1635-1703), microscopista inglés, en un artículo escrito en 1665 para *Micrographia,* una colección de monografías científicas. Hooke se refería a sus observaciones en láminas delgadas de corcho (la corteza del alcornoque), y fue el primero en advertir que los seres vivos están compuestos por unidades pequeñas, o células, como él las llamó porque los espacios celulares huecos del corcho le recordaron a las celdas monásticas.

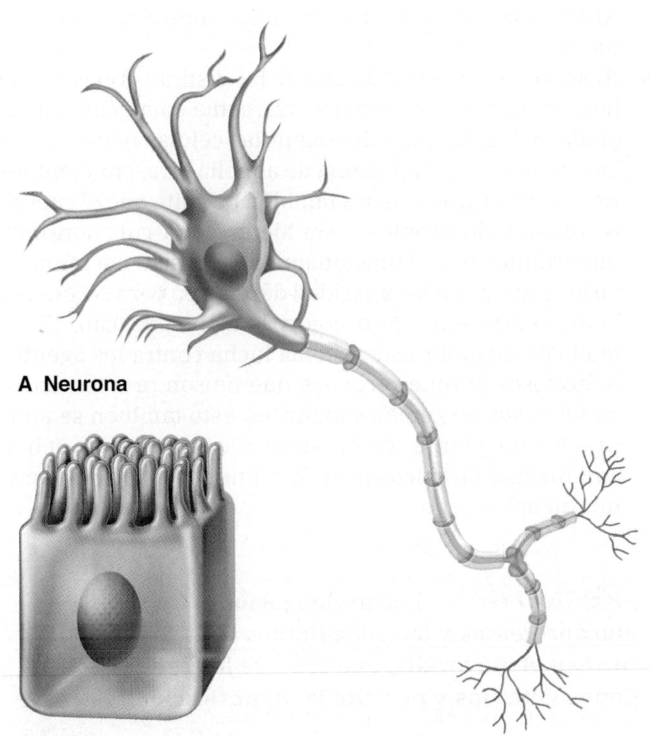

Figura 3-1. Forma y función de las células. La forma y la función se relacionan incluso a nivel celular. **A)** Las neuronas tienen prolongaciones largas y delgadas que pueden transportar señales a grandes distancias. **B)** La forma plana y las numerosas prolongaciones cortas, que semejan dedos, de las células que recubren el intestino delgado aumentan su superficie y maximizan la absorción. *¿Qué célula podrá transmitir una señal a grandes distancias?*

Membrana celular

La **membrana celular,** que se muestra en la figura 3-2, delimita la frontera de la célula y mantiene su interior separado del fluido circundante, llamado *líquido extracelular*.

Las capas de la membrana celular están formadas por fosfolípidos

La membrana es una película delgada y flexible compuesta por dos capas de moléculas fosfolipídicas. Como vimos en el capítulo 2, la «cabeza» fosfatada de una molécula fosfolipídica es soluble en agua (tiene afinidad por el agua, es hidrófila); no así la «cola» lipídica bicatenaria, que es hidrófoba y repele el agua.

En la membrana celular, las moléculas fosfolipídicas están ordenadas en dos capas que se orientan en direcciones opuestas, como dos filas de muñecos por los pies. Las cabezas fosfatadas hidrófilas delimitan la membrana, unas miran al citoplasma interno y las otras, al líquido extracelular. Las colas hidrófobas aceitosas (los pies de los muñecos) forman una capa oleosa interna que impide el paso y la unión de los líquidos del interior y el exterior de la célula. Este diseño asegura que las sustancias de tipo más común, solubles en agua, no puedan entrar ni salir de la célula salvo a través de compuertas específicas controladas.

El colesterol añade estabilidad a la membrana celular

La membrana celular también contiene una cantidad importante de otro lípido llamado colesterol (cap. 2). Las moléculas de colesterol y los fosfolípidos se alinean en filas

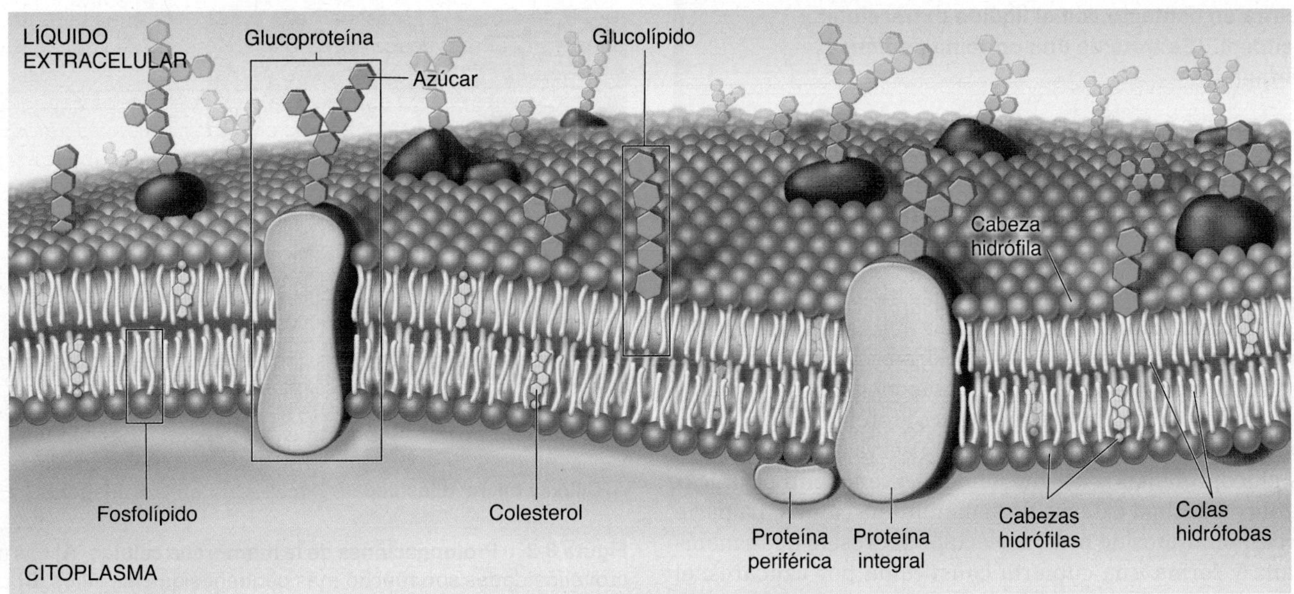

Figura 3-2. Membrana celular. La membrana celular separa el citoplasma del líquido extracelular. *¿A qué lado de la membrana se encuentran las moléculas de azúcar, dentro o fuera de la célula?*

paralelas, con sus cabezas hidrófilas junto a las fosfatadas y sus colas hidrófilas junto a las colas de los ácidos grasos. El colesterol estabiliza la membrana y la hace más fluida.

¡Recuerde! **La porción lipídica de la capa bimolecular fosfolipídica impide que las sustancias hidrófilas atraviesen libremente la membrana celular.**

Las proteínas de membrana desempeñan papeles estructurales y funcionales

La membrana celular también contiene dos tipos de proteínas: integrales y periféricas.

Las **proteínas integrales** se extienden por todo el grosor de la membrana. Algunas permiten que el agua y las sustancias hidrosolubles atraviesen la membrana celular (v. figs. 3-19 y 3-20 en págs. 92 y 93). Otras actúan como receptores, ya que unen sustancias específicas que alteran la actividad celular o que la célula utiliza. Por ejemplo, los receptores integrales de la membrana de los hepatocitos se aferran al colesterol en tránsito para que éstos puedan metabolizarlo.

Las **proteínas periféricas** se acoplan a la superficie interna o externa de la membrana, frecuentemente a las proteínas integrales. Sirven de anclaje para que la célula se una a otras células o estructuras extracelulares, y también participan en la señalización celular.

Apuntes sobre el caso

3-1 Como luego veremos, las membranas celulares de Julia carecen de una proteína que las atraviesa y entra en contacto con el líquido extracelular y el citosol. ¿Se trata de una proteína periférica o integral?

Los carbohidratos imprimen «huellas digitales» de identidad en las células

Dado que los lípidos y las proteínas se encuentran en la membrana celular, no es de extrañar que ésta también contenga carbohidratos. Estos carbohidratos no se encuentran de forma independiente sino acoplados a las proteínas y los lípidos, para formar así las glucoproteínas y los glucolípidos, respectivamente. Como se observa en la figura 3-2, las glucoproteínas y los glucolípidos se encuentran únicamente en la capa externa de la membrana celular. La parte de carbohidratos de estas moléculas sobresale de la membrana y forma una cubierta constituida por azúcares, el *glucocáliz* (del griego *glykýs* = «dulce» y *kalyx* = «cáscara», es decir, una envoltura protectora de azúcar). El glucocáliz cumple dos funciones importantes:

- Al ser resbaladizo, protege la célula contra daños mecánicos.
- Al ser diferente en cada uno de los distintos tipos de células y entre una persona y otra, actúa como «huella digital» molecular para distinguir las células hepáticas de las renales o a esta persona de aquella otra, por ejemplo. Esta última característica también permite que el cuerpo reconozca «lo propio» y «lo ajeno», una cuestión muy importante: todo el funcionamiento del sistema inmunitario se apoya en la capacidad del cuerpo para reconocer la diferencia entre lo propio y lo ajeno ➡ (cap. 12). A modo de ejemplo, este sistema lucha contra los agentes infecciosos porque reconoce que no son propios. Salvo en los casos de gemelos idénticos, esto también se aplica a los trasplantes de órganos: al receptor se le deben administrar fármacos para disminuir la reacción inmunitaria del cuerpo.

¡Recuerde! **Las prolongaciones de las glucoproteínas y los glucolípidos de la membrana forman el glucocáliz, que protege las células contra daños externos y permite la identificación.**

Las membranas celulares pueden tener prolongaciones en su superficie

La membrana de algunas células puede adquirir la forma de prolongaciones especializadas (fig. 3-3). Las **microvellosidades** son prolongaciones filiformes cortas que aumentan la extensión de la superficie de la membrana y de

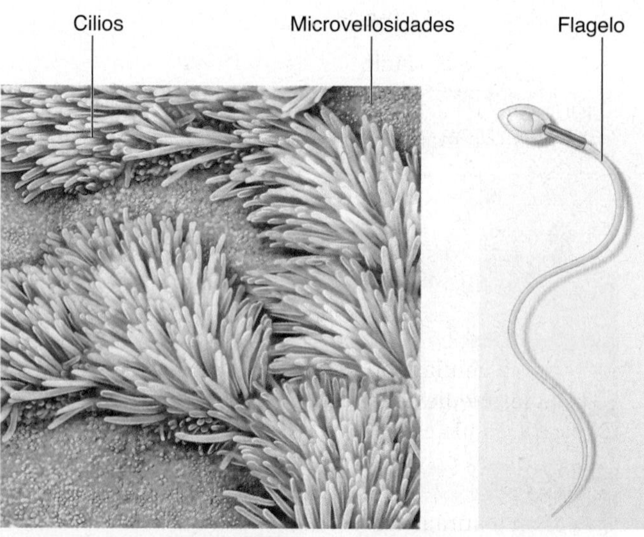

Figura 3-3. Prolongaciones de la membrana celular. A) Las microvellosidades son mucho más pequeñas que los cilios. **B)** Los espermatozoides humanos tienen una sola prolongación similar a un cilio, llamada flagelo. *¿Qué prolongación podría crear corrientes en el líquido circundante?*

ese modo facilitan la absorción (fig. 3-3 A). Por ejemplo, los bordes de las células que se hallan orientados hacia el lumen del intestino delgado están recubiertos por microvellosidades que aumentan la extensión de su superficie de absorción e incrementan la capacidad del intestino para absorber nutrientes.

Los **cilios** son también prolongaciones filiformes largas, mucho más grandes que las microvellosidades (fig. 3-3 A). Algunas células que recubren los espacios corporales huecos, como las vías respiratorias, son ciliadas. Los cilios de las células circundantes se mueven de forma coordinada, como las espigas de trigo cuando las empuja el viento. Ese movimiento coordinado sirve para barrer el material y los líquidos de un punto a otro. Por ejemplo, las partículas que entran en las vías respiratorias son atrapadas por el moco, que a su vez es barrido hacia arriba por el movimiento ciliar para que podamos tragarlo o expulsarlo tosiendo.

Un **flagelo** es una extensión de la membrana que tiene forma de cola larga y se encuentra en un tipo de células humanas, el espermatozoide (espermatocito) (fig. 3-3 B). Cuando se agita rápidamente hacia atrás y adelante, el flagelo impulsa el espermatozoide hacia delante.

Apuntes sobre el caso

3-2 Julia tiene problemas para eliminar el moco de sus pulmones. ¿Qué prolongaciones de la membrana celular participan en este proceso?

3-1 Identifique los tres componentes principales de las membranas celulares de los animales.

3-2 Indique dos funciones de las proteínas integrales.

3-3 ¿Cuáles son más cortos, las microvellosidades o los cilios?

Orgánulos celulares

La membrana celular rodea a la célula como las murallas a las ciudades medievales. Y como en todas las ciudades, el interior de la célula es un hormiguero de actividad. Muchas funciones de las células están a cargo de los **orgánulos** celulares, que son subunidades celulares especializadas que desempeñan distintas tareas. Algunos orgánulos están aislados por una membrana que les permite llevar a cabo sus reacciones químicas sin la interferencia de las reacciones de otros orgánulos. Entre ellos están el núcleo, las mitocondrias, las vesículas, el retículo endoplasmático (RE), el aparato de Golgi, los lisosomas y los peroxisomas (fig. 3-4). Sólo tres orgánulos no están rodeados por una membrana: los ribosomas, los proteasomas y el citoesqueleto. Todo lo que contiene la célula, menos el núcleo, se conoce como **citoplasma.**

Todos los orgánulos están incorporados en un líquido viscoso llamado **citosol,** una solución con base acuosa que contiene sales, bicarbonato, oxígeno, CO_2 y minerales. Como los océanos, este «mar interior» de nuestras células no es simplemente un líquido inerte, más bien está repleto de actividades: las enzimas están ocupadas degradando nutrientes y sintetizando nuevas moléculas, mientras que las proteínas, los aminoácidos y otras muchas moléculas nadan de un lado a otro. El citosol de algunas células también contiene **inclusiones,** que son glóbulos de sustancias, como lípidos, mucosidad y pigmentos, muchos de los cuales se forman como resultado de una enfermedad.

El núcleo controla la actividad celular

El núcleo se comporta como una amplia biblioteca de la vida, ya que contiene toda la información necesaria para que el cuerpo funcione correctamente. Esta información existe en forma de *ADN,* una molécula orgánica muy larga que contiene las instrucciones para fabricar las proteínas (cap. 2). El ADN puede verse en las células indivisibles como **cromatina,** un ovillo denso de hebras de ADN (fig. 3-4). El ADN no está diseminado uniformemente en el núcleo; por el contrario, se organiza en regiones de cromatina de color oscuro intercaladas con regiones de **nucleoplasma,** la sustancia semilíquida que llena el núcleo, como el citoplasma llena la célula. El **nucléolo** («núcleo pequeño»), una región pequeña y de color oscuro del núcleo donde se forman parcialmente los *ribosomas* (el orgánulo descrito anteriormente), contiene un ovillo de cromatina especialmente denso.

Así como el citoplasma está rodeado por la membrana celular, el nucleoplasma está rodeado por una membrana de dos capas llamada **envoltura nuclear.** Igual que la membrana celular, la envoltura nuclear actúa como filtro: las moléculas entran o salen del núcleo a través de varios orificios pequeños de la membrana llamados **poros nucleares** o, en algunos casos, a través de la membrana misma.

Cada tipo de célula humana tiene un solo núcleo durante al menos parte de su ciclo vital. Por ejemplo, las células hepáticas y la mayoría de las otras células tienen un solo núcleo durante toda su vida. Por el contrario, los eritrocitos pierden el núcleo antes de entrar en la circulación sanguínea, y así aumentan el espacio disponible para trasladar el oxígeno. Dos de los tres tipos de miocitos son también atípicos: se fusionan en una sola célula que contiene varios núcleos.

El ADN nuclear es la biblioteca de la vida

Como una biblioteca que debe estar ordenada para ser útil, el ADN está muy bien organizado. Las hebras largas de ADN están devanadas alrededor de las proteínas organizadoras nucleares, llamadas **histonas,** como el hilo alrededor de una bobina (fig. 3-5, abajo). El ADN del núcleo se

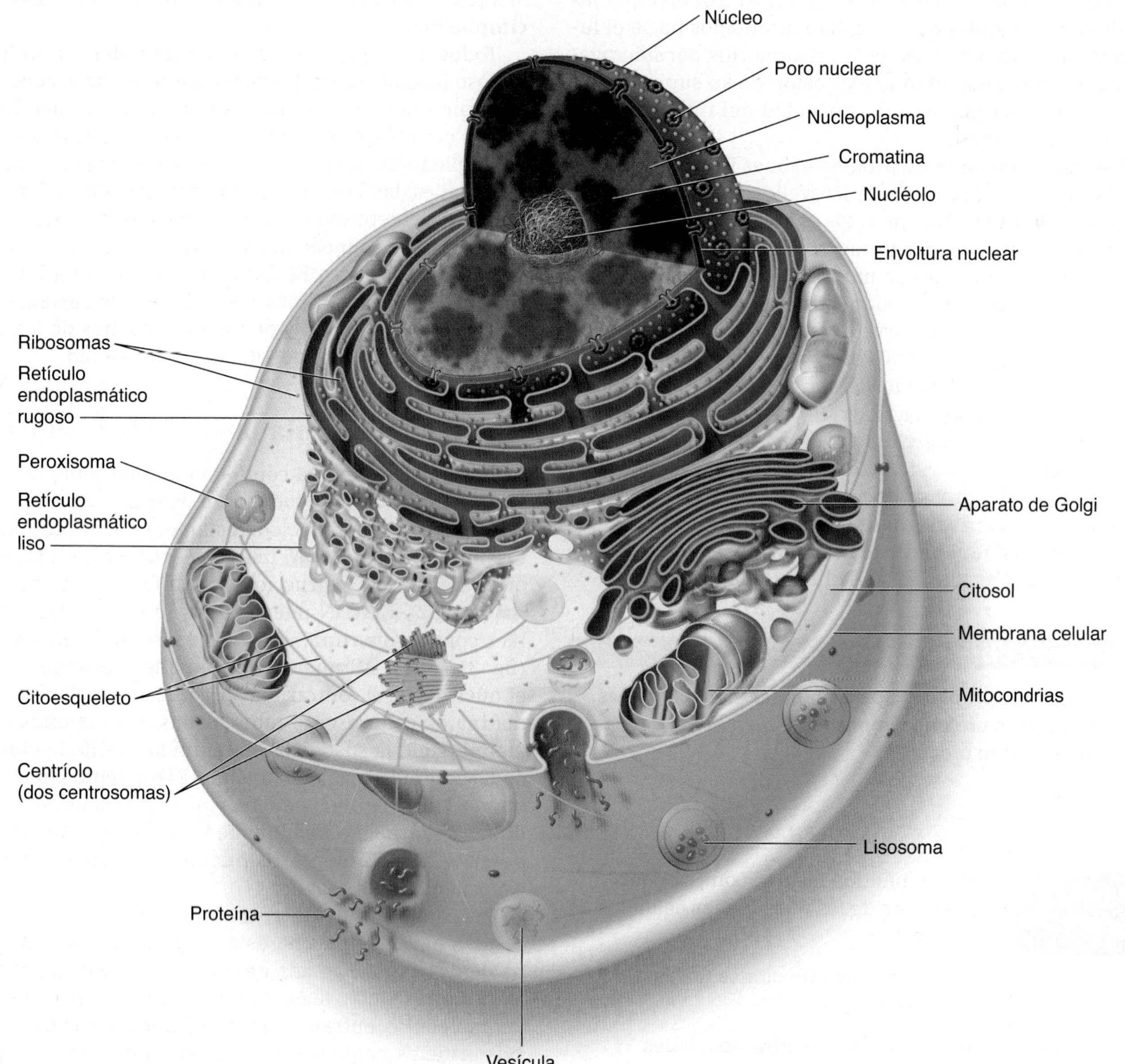

Figura 3-4. Orgánulos celulares. Se muestran ejemplos de cada orgánulo. Las células corporales reales contienen muchas más copias de cada orgánulo de las que muestra la figura (salvo el núcleo). *¿Cuántas mitocondrias se observan en la figura? ¿Qué estructura se encuentra dentro del núcleo, la cromatina o los centríolos?*

denomina **ADN cromosómico,** ya que junto con las histonas circundantes se organiza en 46 unidades distintivas llamadas **cromosomas.** Los 46 cromosomas consisten en 23 pares coincidentes; uno de cada par proviene del padre y el otro de la madre. El ADN existe también en los orgánulos celulares llamados mitocondrias, que se analizan más adelante con el nombre de **ADN mitocondrial.**

Durante casi toda la vida de la célula, los cromosomas se ovillan juntos de manera tan densa que los 46 cromosomas individuales, aunque presentes, no pueden identificarse uno a uno ni con los microscopios más potentes (fig. 3-5, arriba a la derecha). Si pensamos en cada cromosoma como una cuerda de ADN, podemos ver las pilas de cuerdas (es decir, las pilas de cromatina), pero no podemos distinguir una cuerda de otra visualmente.

En medio de las divisiones celulares, el ADN realiza sus funciones mientras las pilas desordenadas de cromatina «se acordonan». No obstante, cuando llega el momento de la división de una célula, se dispara una señal y el ADN rápidamente se agrega en distintas formas, como los soldados se organizan en distintos batallones para desplegarse (fig. 3-5, arriba a la izquierda). Cada cromosoma se duplica y los duplicados se dividen y se dirigen en direcciones opuestas, para terminar ocupando dos células hijas. Los detalles de la división celular se describen más adelante en este capítulo.

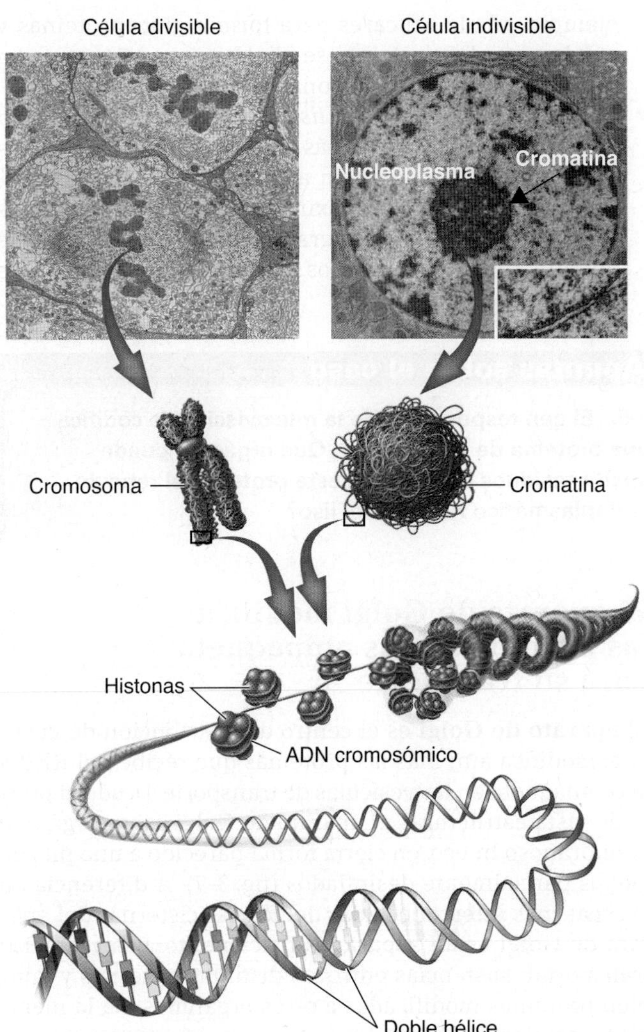

Figura 3-5. Organización del ADN. El ADN está fuertemente enroscado en los cromosomas durante la división celular. En las células indivisibles se encuentra en una forma menos compacta llamada cromatina, en la que los cromosomas individuales no son visibles, aunque están presentes. Tanto los cromosomas como la cromatina son un ADN cromosómico ovillado alrededor de las histonas. *¿Las histonas se encuentran en las células divisibles, en las indivisibles o en ambas?*

Apuntes sobre el caso

3-3 **La mucoviscidosis es una enfermedad genética. En el caso de Julia, se debe a un defecto leve en el cromosoma 7. ¿Es posible distinguir el cromosoma 7 del resto en las células indivisibles?**

Los genes son segmentos específicos del ADN

Imaginemos el ADN como una caja de recetas de cocina, y cada *gen* como una tarjeta de la caja que contiene la receta para preparar cierta proteína. Un **gen** es un segmento específico del ADN codificante que codifica una proteína específica. Todos los genes de un individuo, en su conjunto, constituyen el **genoma** de esa persona.

Todas las proteínas del cuerpo se forman bajo la dirección de genes concretos localizados en sitios específicos de los cromosomas individuales. Sin embargo, sólo el 5% de nuestro ADN funciona como gen, el 95% restante es ADN no codificante. En resumen, la caja de recetas contiene una gran cantidad de tarjetas en blanco. La función del ADN no codificante, si tiene alguna, está en proceso de investigación.

Los genes simplemente trasladan información: no preparan por sí mismos las proteínas, más bien indican al resto de la célula cómo prepararlas. Los genes defectuosos envían instrucciones incorrectas y, como consecuencia, la célula prepara proteínas dañinas o que no sirven para nada. De ahí que un defecto genético consista simplemente en no poder producir una proteína específica o producir una proteína defectuosa.

¡Recuerde! **El ADN es importante porque contiene las plantillas para la producción de proteínas. Las proteínas realizan la mayoría de las funciones celulares.**

Apuntes sobre el caso

3-4 **Julia tiene un defecto en el segmento específico de ADN que codifica cierta proteína, la CFTR. ¿Cómo se llama este segmento, genoma o gen?**

Las vesículas son los contenedores de transporte

Al igual que las ciudades, la célula necesita un sistema de transporte eficaz para trasladar los productos de un sitio a otro. Las *vesículas* (v. fig. 3-4) realizan el transporte de las sustancias entre los orgánulos y también hacia dentro o hacia fuera de la célula.

Las **vesículas** son burbujas acuosas con una membrana fosfolipídica. Esta membrana proviene de pequeñas partículas que se desprenden de los orgánulos membranosos o de la membrana celular; todo lo que contienen esas pequeñas secciones pasa a formar parte de la pared de la vesícula. Después de separarse de su membrana «progenitora» con los productos que debe entregar, la vesícula habitualmente se desplaza a través del citosol en «pistas» hechas por *microtúbulos* (esto se analiza más adelante con el *citoesqueleto*). Se combina con otro orgánulo membranoso o con la membrana celular y libera su contenido. La figura 3-4 muestra una vesícula entregando una proteína. Este proceso se observa con más detalle en la figura 3-7.

Los ribosomas sintetizan todas las proteínas celulares

Los **ribosomas** son pequeños gránulos formados por proteínas y una variante especial de ARN, el *ribosómico*

(ARNr, fig. 3-6). Su importancia es decisiva ya que son los que forman las proteínas.

Recordemos que los ribosomas se fabrican parcialmente en el nucléolo. Pasan al citoplasma a través de los poros nucleares y ahí se congregan en unidades funcionales. Como veremos, los ribosomas permanecen en el citoplasma o emigran hacia el retículo endoplasmático rugoso, según el tipo de proteína que estén formando.

El retículo endoplasmático modifica las proteínas y otras moléculas

El **RE** (fig. 3-6) es una red interconectada de membranas que participan en la síntesis de nuevas moléculas, la modificación de las existentes y la eliminación de las sustancias potencialmente dañinas. El RE se pliega en túbulos y canales *(cisternas)* que se conectan con la envoltura nuclear. Existen dos tipos de retículos endoplasmáticos:

- El *retículo endoplasmático rugoso* (RER), que consiste en una serie de sacos interconectados *(cisternas)* cubiertos por ribosomas. Su apariencia «rugosa» se atribuye a esta cubierta formada por ribosomas. El RER modifica las proteínas sintetizadas por los ribosomas acoplados. Por ejemplo, añade azúcares para formar glucoproteínas y ayuda a que las proteínas se plieguen correctamente en una estructura tridimensional.
- El *retículo endoplasmático liso* (REL) es «liso» porque no está cubierto por ribosomas. Sus tubos interconectados sintetizan los lípidos y, en algunas células, descomponen los nutrientes y las toxinas. Por ejemplo, las células hepáticas contienen una gran cantidad de REL porque descomponen y excretan los fármacos y los productos de desecho del metabolismo.

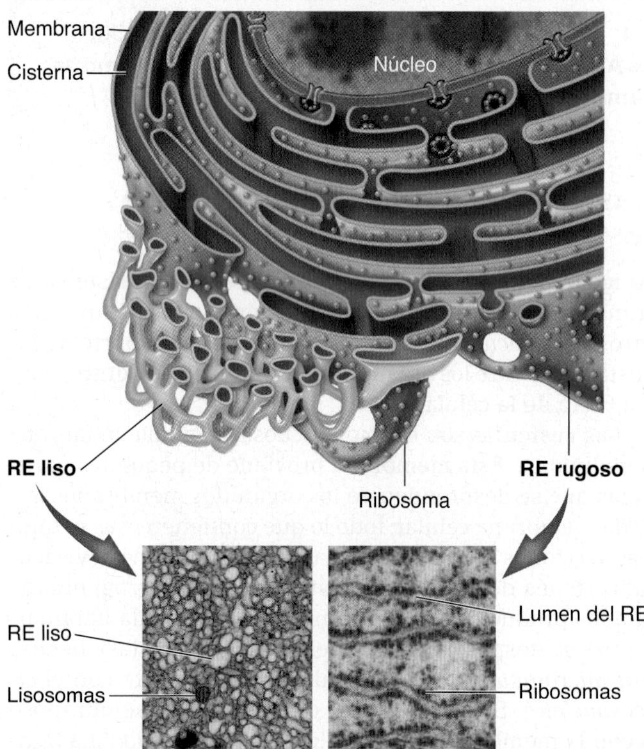

Figura 3-6. Retículo endoplasmático y ribosomas. El retículo endoplasmático (RE) rugoso se compone de membranas plegadas minuciosamente y tachonadas de ribosomas, y de canales (cisternas) llenos de líquido en el interior de esas membranas. Los ribosomas están compuestos por proteínas y ARNr, que se organizan juntos en dos subunidades. El RE liso consiste en una serie de tubos y canales que no contienen ribosomas. *¿Cuál es el término que describe los canales del RE?*

Apuntes sobre el caso

3-5 El gen responsable de la mucoviscidosis codifica una proteína de membrana. ¿Qué orgánulo puede añadir residuos de azúcar a esta proteína: el retículo endoplasmático rugoso o el liso?

El aparato de Golgi modifica las proteínas y las empaqueta para su transporte

El **aparato de Golgi** es el centro de distribución de la célula; modifica aún más las proteínas que recibe del RER y las empaqueta en las vesículas de transporte. Desde el punto de vista estructural, el aparato de Golgi es un orgánulo membranoso hueco, en cierta forma parecido a una pila de globos parcialmente desinflados (fig. 3-7). A diferencia de las cisternas interconectadas del RE, las cisternas del aparato de Golgi están separadas físicamente. Las vesículas transportan sustancias entre las distintas cisternas y también proteínas modificadas a otros orgánulos o a la membrana celular.

Los lisosomas, peroxisomas y proteasomas descomponen las toxinas y los desechos

Si el sistema de transporte de una célula son sus vesículas, su departamento sanitario son los *lisosomas*, *peroxisomas* y *proteasomas*.

Los **lisosomas** son paquetes de enzimas digestivas, limitados por membranas que *lisan* (digieren, descomponen) otras sustancias (v. fig. 3-4). El RER sintetiza esas enzimas y el aparato de Golgi las empaqueta, formando un paquete llamado lisosoma.

Una de las muchas tareas de los lisosomas es limpiar las células de sus piezas gastadas, ya que si se dejan acumular pueden alterar la función celular y causar una enfermedad. Por ejemplo, la *enfermedad de Tay-Sachs* es un trastorno degenerativo hereditario del sistema nervioso. Su origen subyacente es el mecanismo defectuoso del control de desechos, que causa la acumulación de *gangliósidos,* una sustancia lipídica que daña las neuronas. Las células normales producen una enzima lisosómica que digiere los gangliósidos deteriorados, pero los pacientes que padecen la enfermedad de Tay-Sachs no la fabrican.

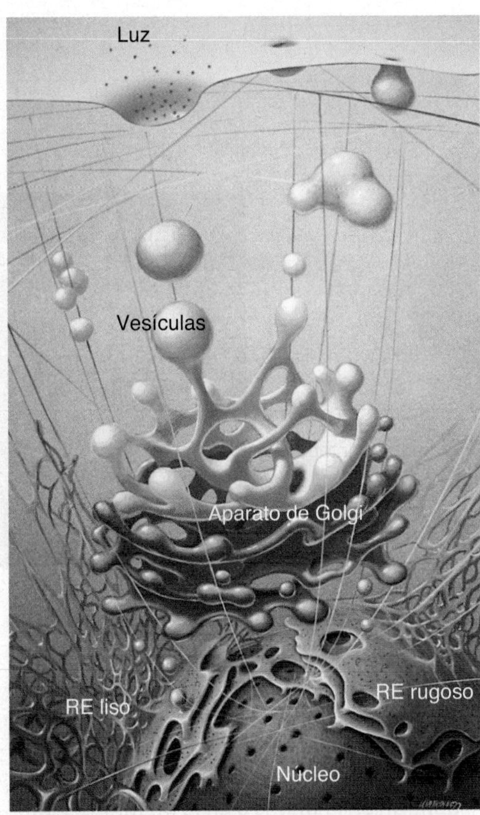

Figura 3-7. Aparato de Golgi. Las vesículas que contienen proteínas y provienen del retículo endoplasmático (RE) rugoso se fusionan con la cisterna más próxima del aparato de Golgi. Las vesículas transportan las proteínas a través de las sucesivas cisternas, donde se modifican y clasifican. Finalmente, las proteínas se empaquetan en una vesícula de transporte y se envían a otros orgánulos o al líquido extracelular. *¿Cuántas cisternas se observan en la figura?*

Los lisosomas también descomponen y destruyen el material dañino que penetra en la célula desde el líquido extracelular. Por ejemplo, la tarea de ciertos leucocitos llamados neutrófilos es «comerse» a los agentes infectantes, como las bacterias. Los neutrófilos contienen grandes cantidades de lisosomas y están diseñados específicamente para emigrar al sitio de una infección, ingerir el agente infectante y matarlo durante su digestión.

Los **peroxisomas,** otro tipo de saco enzimático citoplasmático (v. fig. 3-4), tienen sin embargo una tarea muy distinta a la de los lisosomas. Las enzimas de los peroxisomas cumplen una función de desintoxicación del alcohol y otras toxinas celulares, y abundan especialmente en las células hepáticas. Los radicales libres, moléculas inestables que contienen electrones no pareados, son un objetivo común de los peroxisomas ➡ (cap. 18). Los radicales libres son peligrosos porque tratan de robar electrones de la primera molécula disponible, con independencia de que puedan dañarla en el proceso. Los radicales libres son un producto del metabolismo celular normal, pero deben mantenerse en bajas concentraciones porque puedan lesionar cualquier parte de la célula.

Las enzimas de los peroxisomas convierten los radicales libres en moléculas no tóxicas. Un subproducto de esta reacción es el peróxido de hidrógeno (H_2O_2), de donde proviene su nombre, perosixoma.

Los **proteasomas** son el tercer orgánulo de degradación, pero su estructura es muy distinta a la de los lisosomas y los peroxisomas. En vez de vesículas membranosas tipo burbuja, los proteasomas son estructuras pequeñas formadas por proteínas y en forma de barril. Su función es capturar y degradar las proteínas que no se han sintetizado correctamente o que la célula ya no necesita; en la figura 3-17 pueden observarse los proteasomas.

Apuntes sobre el caso

3-6 Las células de Julia sintetizan una proteína CFTR defectuosa. ¿Qué orgánulo degrada esas proteínas defectuosas?

Las mitocondrias producen energía celular

Las **mitocondrias** producen la mayor parte de la energía necesaria para todas las actividades que realiza la célula, y son la fuerza motriz del metabolismo del cuerpo (fig. 3-8). Las células muy activas, como las del hígado y los riñones, están repletas de mitocondrias; las células relativamente inactivas, como las de los huesos y los tendones, tienen en cambio unas pocas. Bajo el microscopio, las mitocondrias presentan un notable parecido con las bacterias alargadas; en realidad, las pruebas científicas sugieren que pueden ser descendientes de las bacterias primitivas. Esta opinión es respaldada por el hecho de que incluso tienen su propio ADN, llamado ADN mitocondrial, que no se combina con el ADN nuclear y se transmite casi exclusivamente de progenitores a hijos. De ahí que el ADN mitocondrial sea útil para estudiar los árboles genealógicos y las corrientes migratorias de los primeros homínidos, a partir de nuestros orígenes en el África oriental. Para más detalles, lea el cuadro Forma básica, función básica titulado «Las mitocondrias y la historia de la humanidad». Las mitocondrias tienen también sus propios ribosomas especiales, que utilizan para sintetizar algunas de sus proteínas.

Estos orgánulos están compuestos por una membrana exterior lisa y una membrana interior con muchos pliegues (crestas) cubiertos de enzimas. Dentro de la membrana interior hay un líquido similar al citosol, llamado *matriz,* que contiene ribosomas, ADN mitocondrial y enzimas adicionales. Las enzimas mitocondriales generan energía (en forma de ATP) a partir de nutrientes y oxígeno. A su vez, el ATP es el combustible que impulsa todas las actividades de cada célula.

El citoesqueleto es el esqueleto de la célula

El **citoesqueleto** consiste en una red de fibras proteicas entrecruzadas que abarca toda la célula. Su función es si-

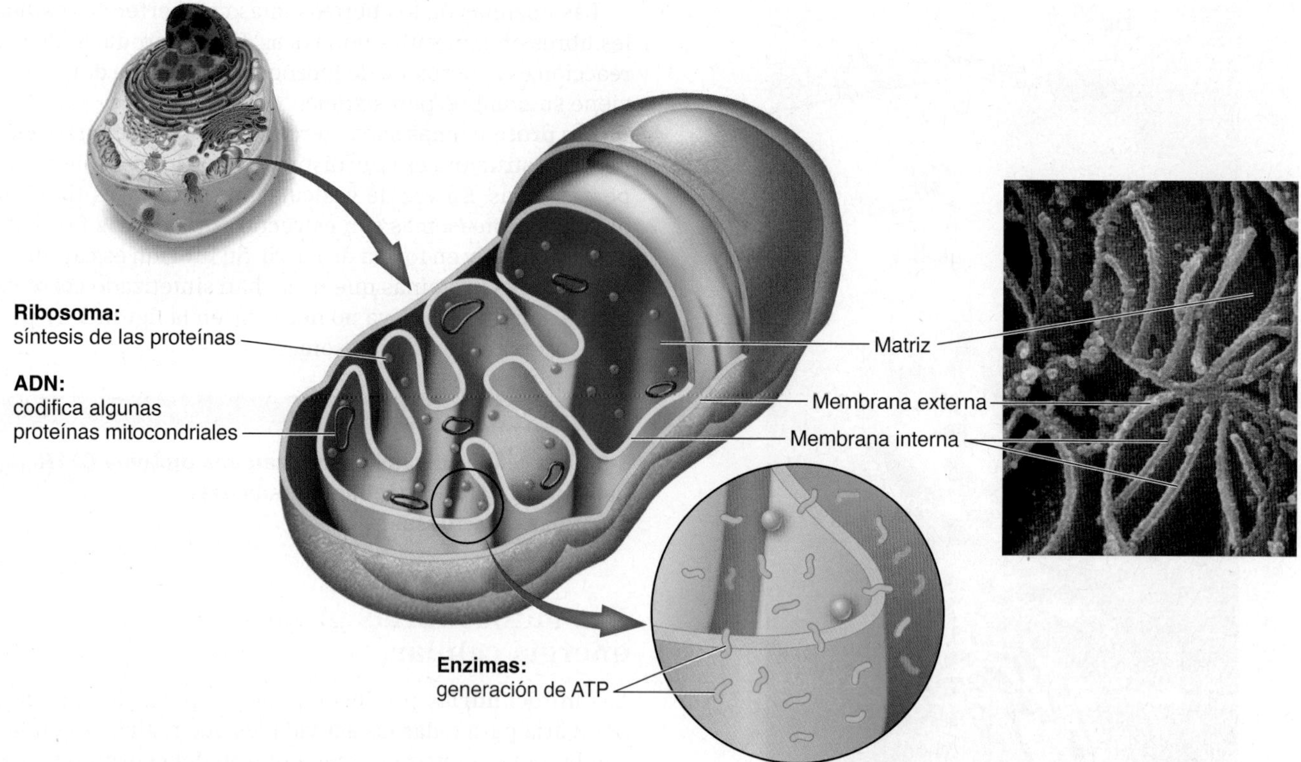

Figura 3-8. Mitocondrias. Las enzimas que se utilizan para generar ATP se encuentran en la matriz y en la membrana interna. *¿Qué otro orgánulo está limitado por membranas de dos capas?*

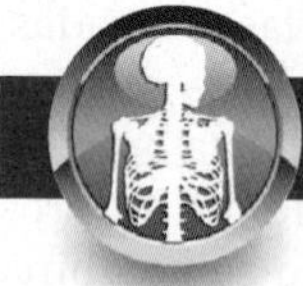

FORMA BÁSICA, FUNCIÓN BÁSICA

Las mitocondrias y la historia de la humanidad

Uno de los hechos más interesantes acerca de las mitocondrias es que tienen su propio ADN, llamado *ADN mitocondrial* (ADNm), el cual es completamente independiente del ADN nuclear. Pero lo más curioso es que se hereda principalmente de nuestras madres: los óvulos humanos están llenos de mitocondrias, mientras que los espermatozoides tienen sólo unos pocos. Es decir, nuestro ADN mitocondrial proviene de nuestras madres, quienes lo heredaron de sus madres, que a su vez lo heredaron de las suyas, y así sucesivamente. Este hecho singular ha ayudado a contestar una de las preguntas fundamentales para todos los seres humanos: «¿Quién soy yo?».

La respuesta inmediata depende del conocimiento de nuestros ancestros, pero con el paso de cada generación, las huellas se tornan confusas y rápidamente se pierden. El análisis del ADN nuclear y mitocondrial de familias y grupos étnicos ha sido útil para clarificar relaciones y ampliar los árboles genealógicos. Este análisis depende de la regularidad de ciertas mutaciones benignas (cambios en el ADN) del ADN nuclear y mitocondrial, que tienen lugar en cada individuo y producen una «huella genética de ADN» que se transfiere a las generaciones sucesivas.

Pero cuando nuestra «traza ancestral» personal se desvanece, la pregunta más importante sigue sin responder: «¿Quiénes somos desde el punto de vista de la especie?». El análisis del ADN mitocondrial permite vislumbrar las perspectivas más deslumbrantes sobre esta cuestión. Las mutaciones del ADN mitocondrial tienen lugar a intervalos muy regulares, algo que permite calcular ciertos acontecimientos en la historia de la humanidad con considerable precisión. Esta investigación ha brindado sólidas pruebas científicas que sugieren que los seres humanos de la *Era moderna (Homo sapiens)* aparecieron inicialmente en las llanuras del África oriental entre 100 000 y 200 000 años atrás.

Continúa

Las especies premodernas aparecieron en África y se distribuyeron en Europa y Asia mucho antes: el *Homo neanderthalensis* (hombre de Neandertal) se extendió desde África hacia Europa hace aproximadamente 350 000 años, y el *Homo erectus* (hombre de pie) se distribuyó desde África hasta Asia hace unos 1,8 millones de años.

Los estudios de esas mutaciones en el ADN mitocondrial demuestran que todos descendemos de una «Eva mitocondrial», la abuela más remota de todas las abuelas de cada ser humano, quien vivió hace aproximadamente 140 000 años.

Casualmente, se han realizado estudios similares del ADN *nuclear* (no mitocondrial) en el cromosoma Y masculino, que se transmite exclusivamente de padres a hijos varones (las mujeres no tienen cromosoma Y). Dichos estudios han demostrado que nuestro «Adán cromosómico-Y» vivió hace unos 60 000 años.

---

milar a la de los músculos, huesos y ligamentos en el cuerpo (fig. 3-9).

Los **microfilamentos** son polímeros de *actina,* una proteína globular (cap. 2). Las moléculas de actina se enhebran en una cuerda larga, como un collar de cuentas.

Los microfilamentos son pequeños pero fuertes, forman un entramado que soporta la membrana celular, participan en la contracción de las células musculares y facilitan el movimiento de ciertas células móviles cuyo trabajo es moverse lentamente mientras realizan sus tareas.

Los **filamentos intermedios** constan de fibras proteicas largas entretejidas en forma de cuerdas fuertes. Por ejemplo, el principal componente del pelo y las uñas, la *queratina,* es un filamento intermedio. Estas fibras estabilizan la ubicación de los orgánulos y fortalecen la envoltura nuclear. Ambos, los microfilamentos y los filamentos intermedios, participan también en las *uniones* especializadas que mantienen juntas a las células circundantes, como se analiza más adelante.

Los **microtúbulos** son polímeros de moléculas de *tubulina,* al igual que los microfilamentos lo son de las moléculas de actina. No obstante, a diferencia de otros filamentos, éstos son huecos. Los microtúbulos se acoplan a ciertas partes de la célula y actúan como poleas para trasladar piezas dentro de ella. Por ejemplo, trasladan las vesículas entre los orgánulos y separan los cromosomas durante la división celular.

Los microtúbulos están formados por **centríolos,** cada uno de los cuales es un haz pequeño de túbulos unidos entre sí como un manojillo de ramas (v. fig. 3-4). Los dos centríolos se combinan y forman un orgánulo pequeño llamado **centrosoma,** que organiza los microtúbulos en una matriz para separar los cromosomas durante la división celular. Los componentes del citoesqueleto se resumen en la tabla 3-1.

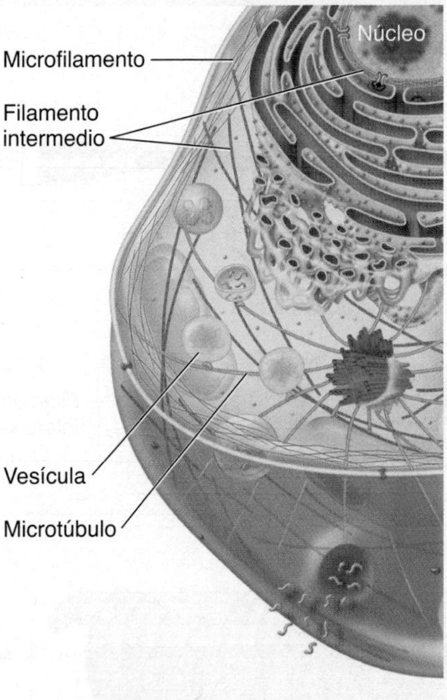

Figura 3-9. Citoesqueleto. El citoesqueleto está compuesto por microfilamentos, microtúbulos y filamentos intermedios. *¿Qué tipo de filamento recubre la membrana celular?*

Apuntes sobre el caso

3-7 En las células normales, los microfilamentos fijan la proteína CFTR en la membrana celular. ¿Los microfilamentos contienen tubulina, actina o queratina?

3-4 ¿Qué tipo de ácido nucleico, ADN o ARN, se encuentra en la cromatina?

3-5 El citoplasma es al nucleoplasma lo que la membrana de la célula es a _______.

3-6 ¿Por qué las mitocondrias se suelen comparar con las centrales eléctricas?

3-7 ¿Cuántas capas fosfolipídicas tiene la pared de una vesícula?

3-8 ¿Qué tipo de retículo endoplasmático está asociado a los ribosomas?

3-9 Supongamos que lleva un regalo de cumpleaños para una tía a un centro de envíos en su ciudad. Allí lo empaquetan en una caja y lo envían por un servicio de mensajería con entrega al día siguiente. ¿Qué semejanza hay entre las funciones del centro de envíos y las del aparato de Golgi?

3-10 ¿Cuáles de estos orgánulos degradan las bacterias: los lisosomas, los peroxisomas o los proteasomas?

3-11 ¿Qué tipo de filamento celular es hueco?

Diferenciación y reproducción celular

Hasta este momento hemos analizado los componentes de las células y su manera de organizarse (su forma). Ahora nos centraremos en las actividades celulares (su función). Las actividades de las células maduras varían ampliamente según su tipo y su localización: las células del estómago producen ácidos, las del riñón filtran orina, y así sucesivamente. Pero las células maduras no surgen por generación espontánea. Tienen que empezar su existencia en algún punto, y lo hacen con la reproducción.

La reproducción celular es necesaria para el crecimiento, desde la etapa embrionaria hasta la adulta, pero también es importante en los adultos para mantener los tejidos sanos, ya que las células envejecen y mueren, y deben reemplazarse. Después de cumplir su vida natural de unos días, unos pocos meses o muchos años, las células mueren a causa de un «suicidio natural», en un proceso ordenado y regulado cuidadosamente que se llama **apoptosis.**

Las células también pueden morir de forma prematura y antinatural debido a una lesión o enfermedad; en este caso, el proceso se llama **necrosis.** Por ejemplo, el período natural de vida de la mayoría de las células superficiales de la piel es de unos pocos días, después de los cuales mueren de forma natural (apoptosis) y se desprenden imperceptiblemente. Sin embargo, las quemaduras de sol graves provocan la muerte prematura (necrosis) de esas células, que se desprenden de forma visible de la piel que «se pela».

El cuerpo reemplaza las células muertas mediante la reproducción. Las células se reproducen dividiéndose en dos. Estas dos pasan a ser cuatro, y así sucesivamente hasta que las células dañadas o muertas se hayan reemplazado. La división del citoplasma es relativamente sencilla: la mitad de los orgánulos pasan a una nueva célula «hija» y la otra mitad a la otra. Pero el núcleo es un caso especial: sólo hay un núcleo, y su ADN es una pila desordenada de cromatina que debe organizarse en dos conjuntos *exactamente* coincidentes, de modo que el ADN de cada célula hija coincida *a la perfección* con el ADN progenitor. El proceso de organizar y dividir el núcleo en dos células «hijas» se llama *mitosis*, un término que se analiza detalladamente más adelante.

El ciclo celular describe los pasos de la división celular

El **ciclo celular** (fig. 3-10) es una secuencia ordenada de acontecimientos que permiten que la célula se reproduzca y forme dos. Podemos imaginarlo como un tiovivo pequeño:

Tabla 3-1. Componentes del citoesqueleto

	Forma	Función	Ilustración
Microfilamentos	Dos hebras de moléculas de actina entrelazadas una con otra	Mantener la forma de la célula, facilitar la contracción muscular, formar las microvellosidades y los cilios	A: Molécula de actina; Microfilamento
Filamentos intermedios	Hilos compuestos por proteínas fibrosas entrelazadas, como la queratina	Mantener la forma de la célula, fortalecer la envoltura nuclear	B: Molécula de proteína fibrosa; Filamento intermedio
Microtúbulos	Tubos huecos compuestos por moléculas de tubulina	Organizar los orgánulos; trasladar cromosomas y orgánulos (división de las moléculas), vesículas, cilios y flagelos; facilitar la contracción muscular	C: Molécula de tubulina; Microtúbulo

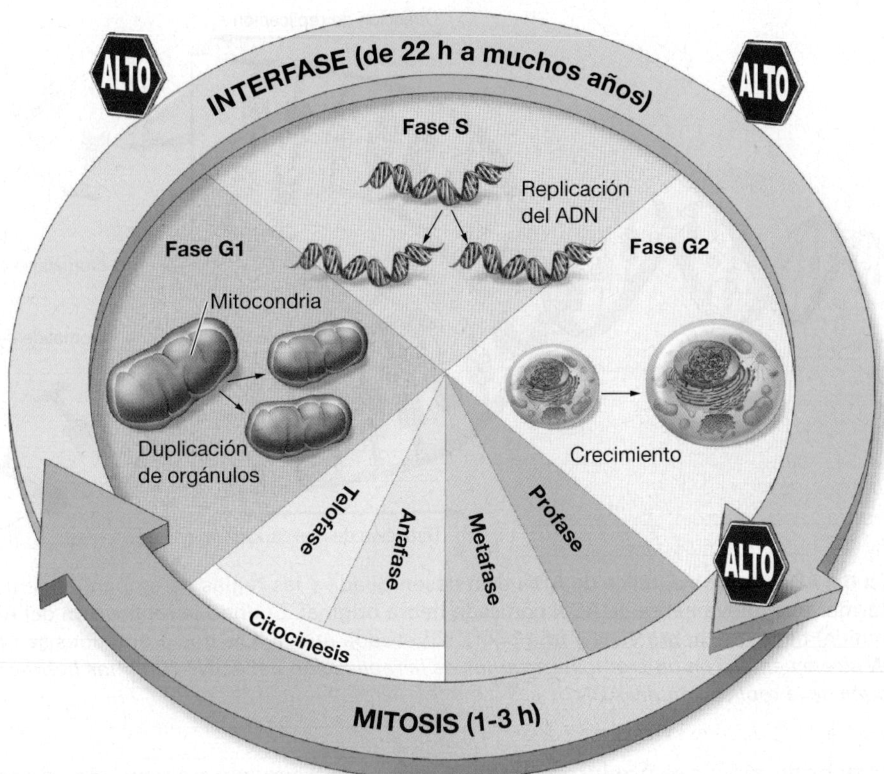

Figura 3-10. Ciclo celular. La división de las células se realiza siguiendo los pasos del ciclo celular de forma ordenada: comienza con la fase G1, sigue con las fases S y G2 (descritas en conjunto como interfase) y termina con la mitosis. La interfase puede durar desde 22 h hasta muchos años. Los puntos de detención entre cada una de las fases aseguran que la célula esté sana y preparada para pasar a la fase siguiente. *¿La fase G1 tiene lugar inmediatamente antes o después de la mitosis?*

en cada vuelta, una célula se baja y dos suben. En el ciclo celular la vuelta completa se divide en dos fases principales: la *interfase* y la *fase mitótica*.

La interfase es el período existente entre las divisiones celulares

La **interfase** es el tiempo que transcurre entre las divisiones de la célula, durante el cual ésta se prepara para su próxima división. Es sin ninguna duda la fase más prolongada del ciclo celular, y puede durar entre unas pocas horas y muchos años. Comienza cuando la división celular termina, y finaliza cuando la célula comienza una nueva división.

Cada nueva célula necesita su propio equipamiento celular, razón por la cual debe duplicar los orgánulos y el ADN, y fabricar citosol adicional durante la interfase. Uno de los componentes que se duplican al inicio de la interfase son los centrosomas; por eso, durante una buena parte de la interfase la célula tiene dos centrosomas. Además de ensamblar el material para su división, las células siguen ocupadas con sus actividades diarias habituales: fabricar proteínas, eliminar desechos, digerir nutrientes, etc.

La interfase se divide en tres subfases:

- *Primera fase de crecimiento* (fase G1): las nuevas células hijas crecen hasta alcanzar el tamaño adulto y duplican sus orgánulos.
- *Fase de síntesis del ADN* (fase S): a medida que se aproxima el momento de la división celular, el ADN de cada uno de los 46 cromosomas se duplica de forma precisa en dos hebras exactamente coincidentes, original y duplicada, mediante un proceso que se analiza con detalle más adelante. Cada ADN está fuertemente enroscado en una **cromátide** semejante a una barra. Las dos cromátides permanecen «grapadas» juntas en un punto, por medio de una pequeña estructura: el **centrómero.**
- *Segunda fase de crecimiento* (fase G2): la célula continúa creciendo y añadiendo más orgánulos y citoplasma a fin de tener suficiente cantidad para dividir entre las dos nuevas células hijas.

> *¡Recuerde!* **Los centrómeros fijan dos cromátides juntas. El centrosoma organiza los microtúbulos.**

Las proteínas reguladoras controlan estrechamente cada uno de estos pasos. Un grupo de estas proteínas promueven la proliferación de las células, mientras que otro grupo las retiene en dirección opuesta. El equilibrio de estas dos fuerzas controla la velocidad de crecimiento de la célula. En cambio, el cáncer es el crecimiento incontrolado

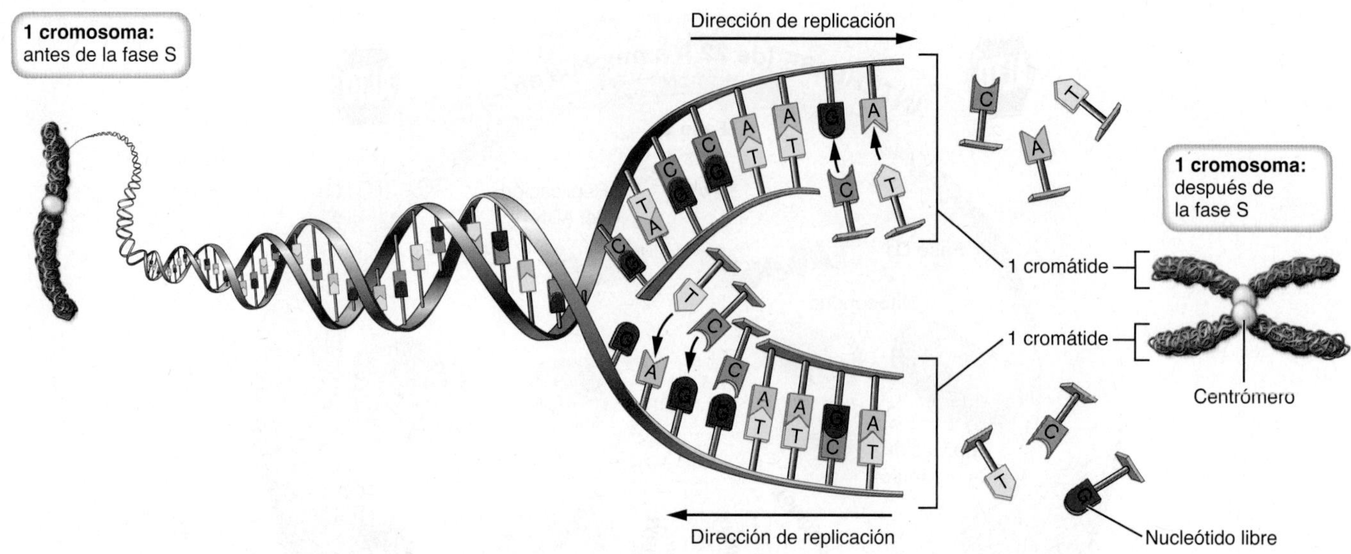

Figura 3-11. Replicación del ADN. La doble hélice de ADN está desenrollada y las reglas de emparejamiento básicas (A con T y G con C) funcionan para formar una nueva hebra de ADN con cada hebra original. Cuando la replicación del ADN se completa, cada molécula de ADN (cromátide) tiene una hebra vieja y una hebra sintetizada nueva. Las dos cromátides se unen en el centrómero. *¿Cuántas hebras de ADN se encuentran en un cromosoma antes de la replicación del ADN? ¿Cuántas hebras de ADN se encuentran en un cromosoma después de la replicación del ADN?*

de las células. Algunos tipos de cáncer se producen cuando las proteínas que restringen el crecimiento no pueden cumplir su tarea o cuando las proteínas que lo promueven sobreactúan.

El ADN se replica durante la fase S de la interfase

Como se ha señalado anteriormente, para poder dividirse, la célula debe preparar una copia completa y exacta de su ADN para distribuir entre las dos células hijas. Dijimos antes que en las células que no se están dividiendo (es decir, en la interfase), el ADN está presente en el núcleo en forma de cromatina, un ovillo denso de 46 hebras, cada una de las cuales es un cromosoma. Durante la fase S, el ADN de esas hebras se duplica (fig. 3-11).

¡Recuerde! **La replicación del ADN debe tener lugar antes de que la célula pueda dividirse.**

Entonces, ¿cómo se produce esa duplicación de los cromosomas? Decíamos en el capítulo 2 que el ADN es una molécula muy larga compuesta por una cantidad importante de cuatro nucleótidos diferentes, y que la secuencia de esos nucléotidos es el código genético. Los nucleótidos reciben su nombre según la *base* que contienen: adenina (A), citosina (C), guanina (G) y timina (T). La célula fabrica los nucleótidos en el citosol, según se necesiten y a partir de elementos básicos (azúcares, nitrógeno y fosfatos). Esos nucleótidos se conectan y forman dos hebras muy largas de ADN que, por motivos que analizaremos más tarde, se llaman hebra *codificante* y hebra *molde,* que a su vez se entrecruzan una con otra como una cremallera retorcida en una doble hélice.

Los «dientes» de cada lado de la cremallera son las bases de nucleótidos de cada hebra de ADN. Los dientes de la hebra codificante se unen brevemente a los de la hebra plantilla por medio de uniones de hidrógeno débiles. Al formar esta débil conexión, cada base se une a su *socio complementario*: la adenina (A) se conecta siempre con la timina (T) y viceversa, y la guanina (G) con la citosina (C) y viceversa. Por ejemplo, la secuencia básica ATCG en la hebra codificante se conectará a la secuencia TAGC en la hebra molde.

La replicación del ADN en la fase S comienza al romperse las uniones débiles de hidrógeno que mantienen juntas las hebras codificante y molde, como si la cremallera del ADN se fuera abriendo. Las hebras de los nucleótidos de la cremallera abierta se mantienen separadas a la fuerza por la acción de una enzima, la **ADN-polimerasa** (no visible en la fig. 3-11). A consecuencia de ello, los nucleótidos de cada hebra separada quedan expuestos y ligeramente cargados (porque se ha roto su unión), por lo que rápidamente atraen a los nucleótidos complementarios a partir del citosol.

Es decir, la hebra codificante atrae nuevos nucleótidos y forma una nueva hebra molde, y esta última atrae nuevos nucleótidos y forma una nueva hebra codificante. La ADN-polimerasa conecta los nucleótidos libres y... ¡voilà! Donde había un grupo de ADN, ahora existen dos idénticos y cada uno de ellos es una cromátide «hermana».

Apuntes sobre el caso

3-8 El gen *CFTR,* responsable de la mucoviscidosis, contiene la secuencia AAA en la hebra molde de ADN. ¿Cuál es la secuencia en la hebra codificante de ADN?

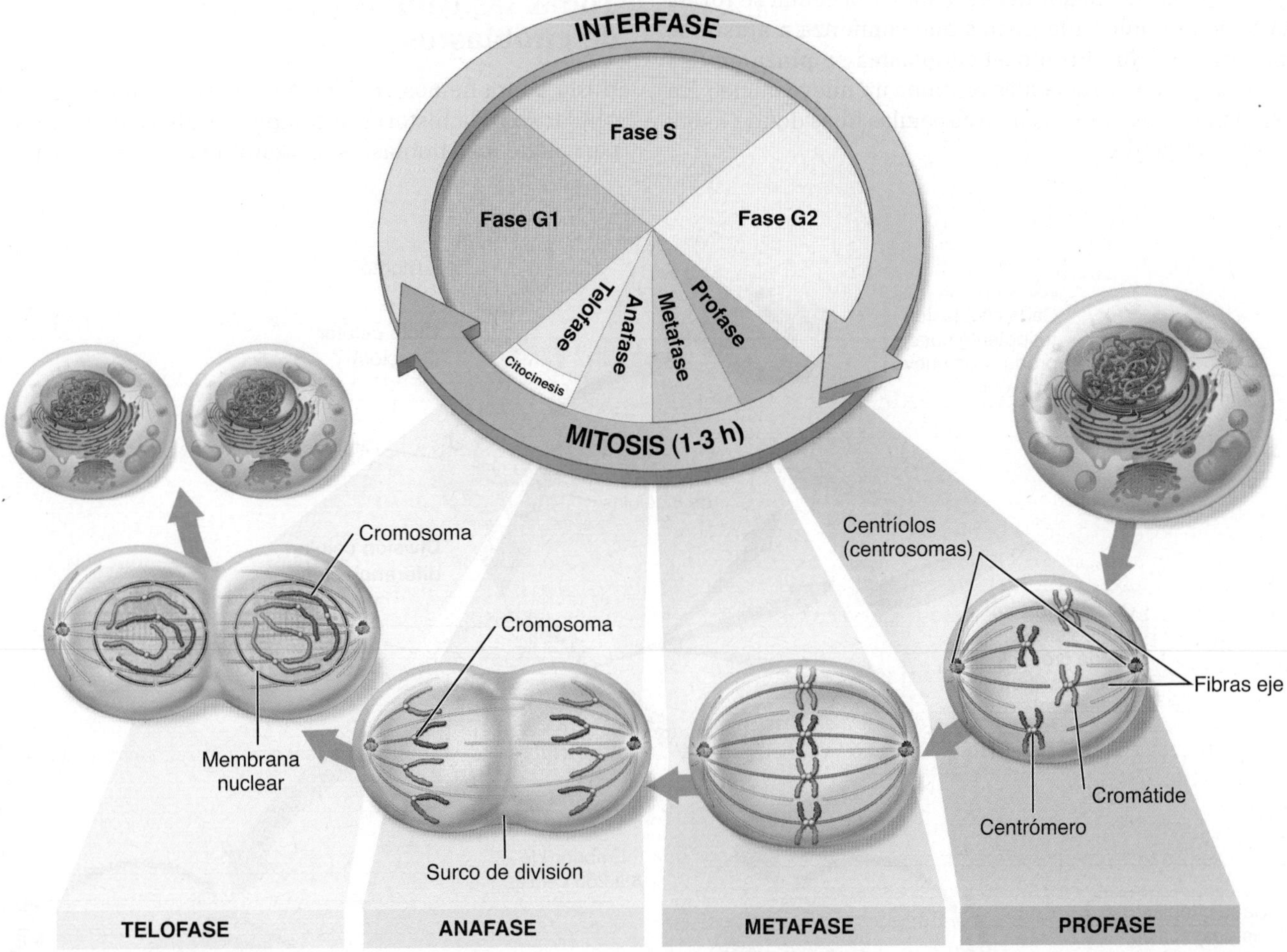

Figura 3-12. Mitosis. La mitosis (división del núcleo) dura de 1 h a 3 h y consta de cuatro pasos: profase, metafase, anafase y telofase. La citocinesis (división de la célula entera) se produce hacia el final de la mitosis. *¿Cuándo se alinean los cromosomas en medio de la célula?*

La mitosis es el período durante el cual se divide el núcleo

A la duplicación del ADN le sigue la *mitosis*. La **mitosis** es la división del núcleo «progenitor» original en dos núcleos gemelos idénticos «hijos», cada uno de los cuales tiene exactamente el mismo ADN. La mitosis es un proceso breve, suele durar unas pocas horas y conlleva cuatro pasos distintivos (fig. 3-12).

- **Profase.** La envoltura nuclear desaparece y las hebras individuales de ADN se organizan en pares visiblemente diferentes a las cromátides unidas por un centrómero. Mientras tanto, en el citoplasma se separan los dos cromosomas, los cuales se desplazan hacia los dos polos opuestos de la célula. De cada centrosoma sale una matriz de microtúbulos que se extiende hacia el centro de la célula en busca de los centrómeros que mantienen a las cromátides unidas. Al final de la profase, cada par de cromátides se acopla en el centrómero a los microtúbulos de los centrosomas opuestos, como sucede en los equipos que juegan a tirar de la cuerda en los extremos de ésta.
- **Metafase.** Los microtúbulos tiran de los pares de cromátides hermanas hacia el plano ecuatorial de la célula. Cada grupo de microtúbulos tira igualmente de los cromosomas y, como al principio del juego de tirar de la cuerda, éstos se mantienen firmemente suspendidos entre los dos centrosomas opuestos.
- **Anafase.** Los centrómeros se rompen, y las cromátides hermanas se liberan una de otra. Cada centrosoma reclama entonces su premio, una de las cromátides hermanas ahora llamada nuevamente cromosoma, y lo lleva hacia su mitad de la célula.
- **Telofase.** Durante la telofase se forman dos núcleos separados. Los dos grupos de cromosomas separados se desenrollan en dos pilas de cromatina, cada una de ellas rodeada de una envoltura nuclear.

La citocinesis es la división del citoplasma

El ciclo celular finaliza con la **citocinesis,** la división del citoplasma y la aparición de dos nuevas células hijas independientes. Alrededor del ecuador de la célula se forma una banda de microfilamentos que comienza a ajustarse como un cinturón. Pronto, el citoplasma se pinza en dos partes, cada una de las cuales contiene un nuevo núcleo. En ese momento, existen dos nuevas células hijas donde había una sola progenitora.

Todas las células provienen de citoblastos

Hasta ahora hemos analizado cómo se produce la división celular. Pero la historia se complica, y ahora debemos ocuparnos de los citoblastos. Un **citoblasto** es una célula no

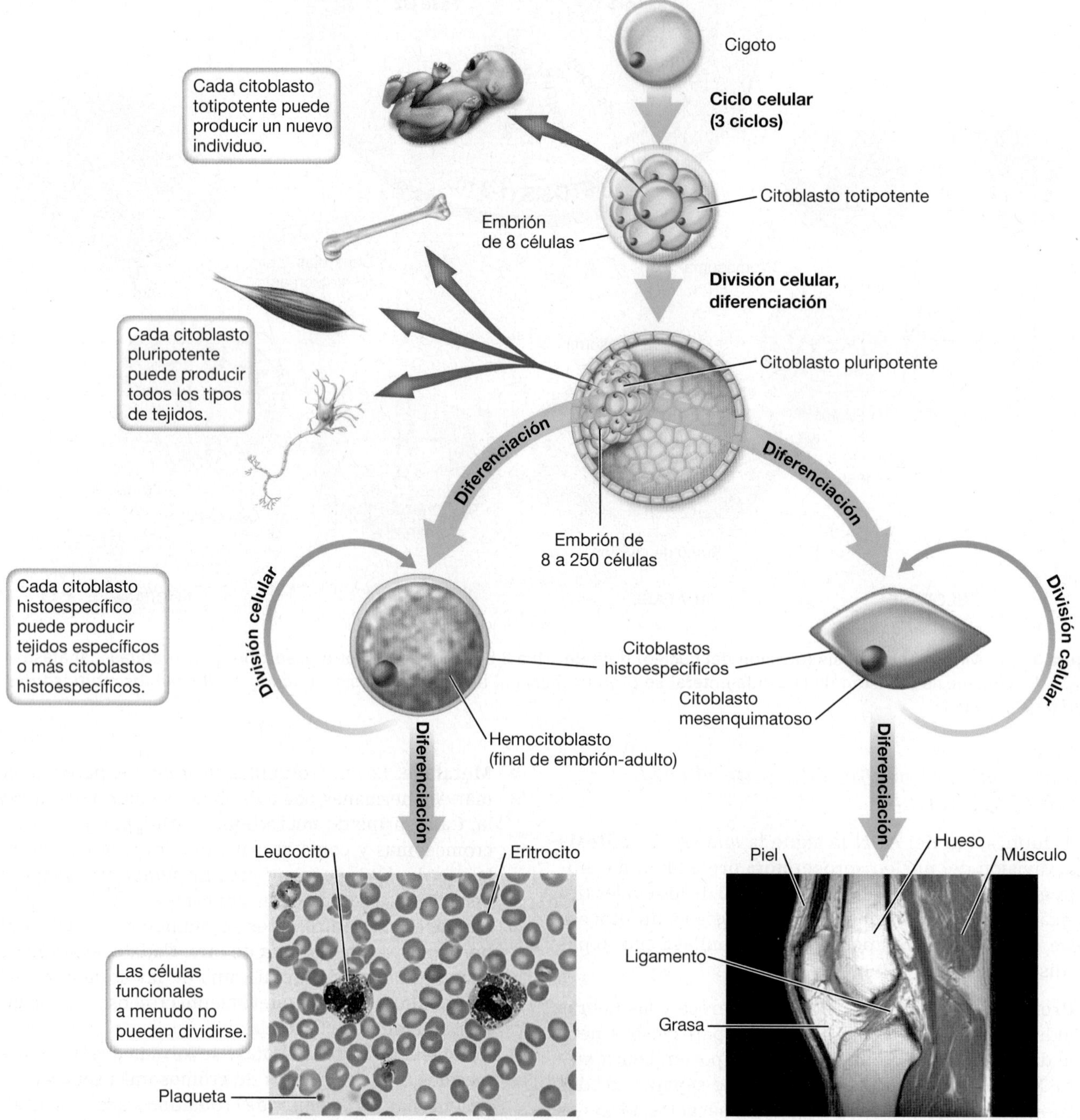

Figura 3-13. Diferenciación celular y citoblastos. Las primeras tres transformaciones del ciclo celular producen un embrión de ocho células que contiene citoblastos totipotentes. A medida que este embrión crece por división celular, estos citoblastos se diferencian primero en pluripotentes y luego en histoespecíficos. Esta figura muestra dos tipos de citoblastos histoespecíficos: hematopoyético y mesenquimatoso. Cuando el citoblasto se divide, las células hijas pueden seguir siendo citoblastos, o bien activar algunos genes y desactivar otros para diferenciarse y convertirse en células funcionales, por ejemplo, miocitos. *¿Qué tipo de citoblasto, pluripotente o histoespecífico, deberíamos emplear para construir una oreja (que contiene muchos tejidos diferentes) para una víctima de un incendio?*

especializada (sin diferenciar) que puede reproducirse y además producir una célula más especializada (diferenciada). El óvulo fertilizado (cigoto) es el abuelo de todos los citoblastos, y también de todas las otras células. Se desarrolla hasta convertirse en un organismo completo, que incluye más de 200 tipos de células en la especie humana.

Los citoblastos se clasifican según su capacidad para formar otros tipos de células

Los citoblastos se clasifican según su capacidad (potencia) para desarrollarse y convertirse en células especializadas. Los más potentes son los que tienen más poderes: pueden dar origen a un organismo completo o a cualquier tipo de célula del cuerpo. Por eso se llaman citoblastos *totipotentes* (del latín *totus* = «todo» y *potens* = «potente, poderoso»). Como dijimos antes, el cigoto es uno de esos citoblastos (fig. 3-13). Se divide en dos células, que se dividen en cuatro, las cuales a su vez se dividen en ocho. Hasta las primeras ocho, todas estas células son iguales: retienen todos sus poderes y cada una de ellas, por separado, puede producir un ser humano completo.

Sin embargo, las siguientes generaciones de citoblastos se vuelven más especializadas y menos potentes. Cuando las ocho células iniciales se dividen, cada una de ellas se diferencia en una versión más especializada, el citoblasto *pluripotente*. Cada citoblasto pluripotente puede producir todos los tipos de tejido del organismo (cardíaco, cerebral, hepático, dérmico, el que nos guste), pero no un ser humano completo. El término *embriocitoblasto* se refiere generalmente a los citoblastos pluripotentes.

A medida que la división celular continúa, todos los citoblastos pluripotentes se diferencian en citoblastos *histoespecíficos*, más especializadas pero menos potentes. Cada tipo de citoblasto histoespecífico puede producir una limitada variedad de células. Por ejemplo, los *citoblastos mesenquimatosos* pueden producir miocitos, osteocitos, condrocitos o lipocitos, mientras que los *hemocitoblastos* producen los distintos tipos de células sanguíneas y mielocitos.

La división de los citoblastos histoespecíficos suele ser **asimétrica** (las dos células hijas no son iguales). Una de ellas se transforma en un nuevo citoblasto a fin de mantener la población citoblástica, y la otra se convierte en una célula más especializada. Por ejemplo, el citoblasto mesenquimatoso que aparece en la figura 3-13 puede dividirse para producir un fibroblasto y un nuevo citoblasto mesenquimatoso.

Dicho esto, ni siquiera los citoblastos pueden reproducirse continuamente; es decir, ninguno puede montarse en el tiovivo del ciclo celular toda la eternidad. Aunque no se ha demostrado científicamente cuántos ciclos celulares puede cumplir cada célula, se sabe que es un número finito controlado por un «contador» especial (el *telómero*) que se encuentra en los extremos de cada cromosoma; cuando el «billete para el tiovivo» de una célula expira, la célula muere y el tejido del que forma parte reduce su capacidad funcional.

Apuntes sobre el caso

3-9 Un tratamiento experimental de la mucoviscidosis utiliza citoblastos para producir nuevas células de las vías respiratorias, que provienen de la misma cepa de citoblastos que los fibroblastos. ¿Qué utilizará el tratamiento, citoblastos mesenquimatosos o hemocitoblastos?

Algunos citoblastos persisten hasta la edad adulta

Unos pocos citoblastos histoespecíficos, normalmente conocidos como citoblastos *adultos*, persisten durante la edad adulta y actúan como una reserva preparada para sustituir a las células muertas o disfuncionales. Por cierto, un factor decisivo en la salud de los seres humanos es la capacidad de los tejidos y órganos enfermos y lesionados para producir nuevas células a partir de la población de citoblastos adultos y así autorrepararse.

Cuando se necesitan nuevas células pueden reclutarse citoblastos adultos. Los tejidos que contienen células de vida corta, como los de la piel, el tubo digestivo y las vías respiratorias, mantienen grandes poblaciones de citoblastos que se dividen continuamente para producir células de repuesto. La corta vida, la muerte rápida y el reemplazo de esas células tienen un efecto protector: el rápido desprendimiento de las células muertas refresca el vigor de los tejidos y elimina los microbios y las sustancias dañinas. Por ejemplo, las toxinas que ingerimos suelen dañar las células que recubren el tubo digestivo. Los citoblastos de la pared del tubo están siempre ocupados dividiéndose asimétricamente; algunas de sus células hijas son citoblastos y otras se diferencian en nuevas células funcionales del mismo tubo.

Los músculos y los nervios se encuentran en el otro extremo del espectro: están compuestos por células diseñadas para durar toda la vida. Su capacidad para generar células de repuesto es limitada porque retienen muy pocos citoblastos hasta la edad adulta. Aunque unos pocos se activan en respuesta a daños tisulares, su función es relativamente limitada y no pueden producir suficientes células nuevas como para corregir los daños graves. Por ejemplo, los efectos devastadores de un ictus reflejan la muerte de muchas neuronas y la de las funciones que ellas controlan. Aunque es posible cierta recuperación funcional, ya que algunas neuronas muertas se reemplazan por otras nuevas, en los casos graves el daño no puede repararse completamente porque la capacidad regenerativa de los neurocitoblastos es limitada. El ➡ capítulo 8 incluye una instantánea clínica sobre los citoblastos y su regeneración en el sistema nervioso central. De manera similar, la reparación después de una lesión grave en el esqueleto o el músculo cardíaco se debe a la limitada capacidad de los miocitoblastos.

En el punto medio de estos dos extremos hay otros tejidos, como el hepático y el renal, cuyas células tienen un período de vida intermedio de varios meses o años y muy pocas veces son reemplazadas. Sus citoblastos permanecen en reposo durante un período prolongado y se lanzan a la acción en respuesta a pérdidas o daños. Por ejemplo, si es necesario extirpar la mitad del hígado de un padre para trasplantarlo a su hijo, permitirán que la mitad restante se regenere en unos meses.

Apuntes sobre el caso

3-10 La infección pulmonar de Julia ha dañado las células que recubren sus pequeñas vías respiratorias. ¿Podrá reemplazar las células dañadas relativamente rápido? Explique su respuesta, positiva o negativa.

Los citoblastos pueden utilizarse con fines científicos y terapéuticos

Dada su capacidad para diferenciarse, los citoblastos representan una esperanza para los avances científicos y terapéuticos. No es éste el espacio adecuado para debatir cuestiones éticas en torno a la investigación o los tratamientos basados en el empleo de citoblastos. Por ejemplo, ¿es o no es ético obtener citoblastos a partir de embriones humanos? Por otro lado, más allá del convencimiento universal de que sería inmoral generar un ser humano a partir de un citoblasto totipotente, ¿cuáles son las restricciones que deberían aplicarse al empleo de este tipo de células?

De todos modos, queda claro que el poder de los citoblastos puede orientarse hacia fines terapéuticos. Por ejemplo, se ha demostrado en ratones que los mielocitoblastos pueden convertirse en miocitoblastos, que a su vez pueden corregir parcialmente una enfermedad muscular genética. Los trasplantes de mielocitoblastos han demostrado, en seres humanos, su eficacia para el tratamiento de algunos tipos de leucemia. Se han obtenido también resultados prometedores en el tratamiento del cáncer, de enfermedades del sistema nervioso y en lesiones de la médula vertebral.

3-12 Verdadero o falso: un cigoto consta de dos células, un óvulo y un espermatozoide.

3-13 ¿Cómo se denomina la muerte natural de una célula?

3-14 ¿Cuál es la diferencia entre las fases de crecimiento G1 y G2?

3-15 ¿Cuál es la secuencia complementaria de la secuencia de nucleótidos básica ACTG?

3-16 ¿Qué estructura une a las cromátides hermanas, el centrosoma o el centrómero?

3-17 ¿Cuándo se separan las cromátides hermanas, durante la profase o la anafase?

3-18 ¿Cuál es la diferencia entre los citoblastos histoespecíficos y los pluripotentes?

3-19 ¿Qué órgano retiene más citoblastos en la edad adulta, el intestino o el cerebro?

Especialización celular

Todos los tipos de células del cuerpo contienen el mismo ADN. Pero las células difieren notablemente según las tareas que realizan. La distinción más básica de tareas se da entre las células *germinativas* y las *somáticas*. Las **células germinativas** son las células reproductoras, que se encuentran sólo en los ovarios o los testículos. Se desarrollan y producen óvulos o espermatozoides. Todas las otras células son **somáticas** (del griego *soma* = «cuerpo»), como los hepatocitos, neurocitos, miocitos y el resto de los tipos celulares. Es muy importante destacar que las células germinativas transmiten el código genético de una generación a otra. Los cambios (mutaciones) en el ADN de las células germinativas son hereditarios, pero los cambios en el ADN de las células somáticas (como en el cáncer) no se transmiten a la generación siguiente.

Si todas las células contienen exactamente el mismo ADN, ¿cómo hacen las células somáticas para diferenciarse en células de la piel, del intestino o del cerebro? Respuesta: desarrollan sus diferentes estructuras y funciones porque sintetizan distintas proteínas. Podríamos decir que hacen algo de magia cuando activan y desactivan sus genes. Es decir, las células epidérmicas activan los genes que codifican las proteínas que realizan las tareas inherentes a la piel, pero evitan activar las que realizan tareas en los intestinos.

Los genes son segmentos de ADN que codifican proteínas específicas

Como se explica al principio de este capítulo, un gen es un segmento de ADN relativamente corto (con una longitud media de 300 a 3 000 pares de nucleótidos) que codifica una o más proteínas en particular, cada una de las cuales tiene a su vez un papel muy específico y limitado. Por ejemplo, un gen del cromosoma 17 codifica la *somatotropina*, una proteína necesaria para el crecimiento normal de las distintas partes del cuerpo. Si el gen falta o tiene algún defecto, la somatotropina no se produce y el crecimiento se altera notablemente. Un defecto genético significa también un defecto en la producción o el funcionamiento de una proteína en particular.

En el capítulo 2 dijimos que las proteínas están compuestas por varias combinaciones de aminoácidos ligados a una cadena cuya longitud puede variar de 100 a varios miles de moléculas de aminoácidos. Por el contrario, un gen (segmento de ADN) consiste en una secuencia específica de los cuatro nucléotidos diferentes, identificados por las abreviaturas de los nombres de sus bases: A, C, G y T. Sin embargo, ¿cómo pasamos de los nucleótidos a los aminoácidos? Antes de responder esta pregunta, debemos analizar un factor más en la síntesis de la proteína, el ARN.

El ARN es el portador de las instrucciones del ADN

Al ADN se le ha llamado la «molécula maestra»; sin embargo, es una sustancia relativamente inactiva, en cierta forma parecida a una biblioteca llena de libros con instrucciones sobre cómo realizar ciertas tareas. El «otro» ácido nucleico, el ARN (cap. 2), lee las instrucciones en el «libro» del ADN y las cumple con la ayuda de las proteínas celulares.

El ARN difiere estructuralmente del ADN en tres aspectos:

- El ARN es una hebra simple de nucleótidos, mientras que el ADN es una hebra doble de nucleótidos.
- El monosacárido que forma parte del ARN es la ribosa, el del ADN es la desoxirribosa.
- En el ARN, el *uracilo* del nucleótido reemplaza a la *timina* del ADN, por lo que las «letras» del ARN son A (adenina), C (citosina), G (guanina) y U (uracilo). El uracilo (como la timina) forma uniones con la adenina.

Todos los ARN se fabrican mediante el mismo proceso: la *transcripción*. No obstante, existen cuatro tipos diferentes de ARN, que desempeñan papeles muy distintos. La estructura y función de cada variedad de ARN se resumen en la tabla 3-2.

Tabla 3-2. Tipos de ARN

Tipo de ARN	Función
ARN mensajero (ARNm)	Cada ARNm actúa como si fuera una plantilla donde realizar la síntesis de una proteína específica
ARN de transferencia (ARNt)	Cada ARNt transporta un aminoácido específico hasta el ribosoma, que se utilizará en la síntesis de proteínas
ARN ribosómico (ARNr)	Éste se pliega junto con proteínas para producir ribosomas, los orgánulos responsables de la síntesis de proteínas
ARN nuclear pequeño (ARNnp)	Éste forma parte de las enzimas que modifican el ARN

La transcripción crea una copia ARN del gen

Transcribir es copiar algo de un medio a otro, como los aficionados a la música escriben la letra de una canción que escuchan en un concierto. Del mismo modo, el proceso de transferir el código del ADN al ARN se llama **transcripción,** y se produce en el núcleo por medio de un proceso similar a la replicación del ADN.

La transcripción comienza cuando la hebra *molde* del ADN se separa de la hebra *codificante*. Las bases expuestas en la hebra molde del ADN forman uniones de hidrógeno con las bases complementarias de los nucleótidos libres (fig. 3-14). Dado que el ARN contiene U en el sitio donde el ADN contiene T, los socios complementarios son G con C y A con U o T. Una enzima (la ARN-polimerasa, que no se muestra) une ambos nucleótidos cosiéndolos en una larga hebra de ARN.

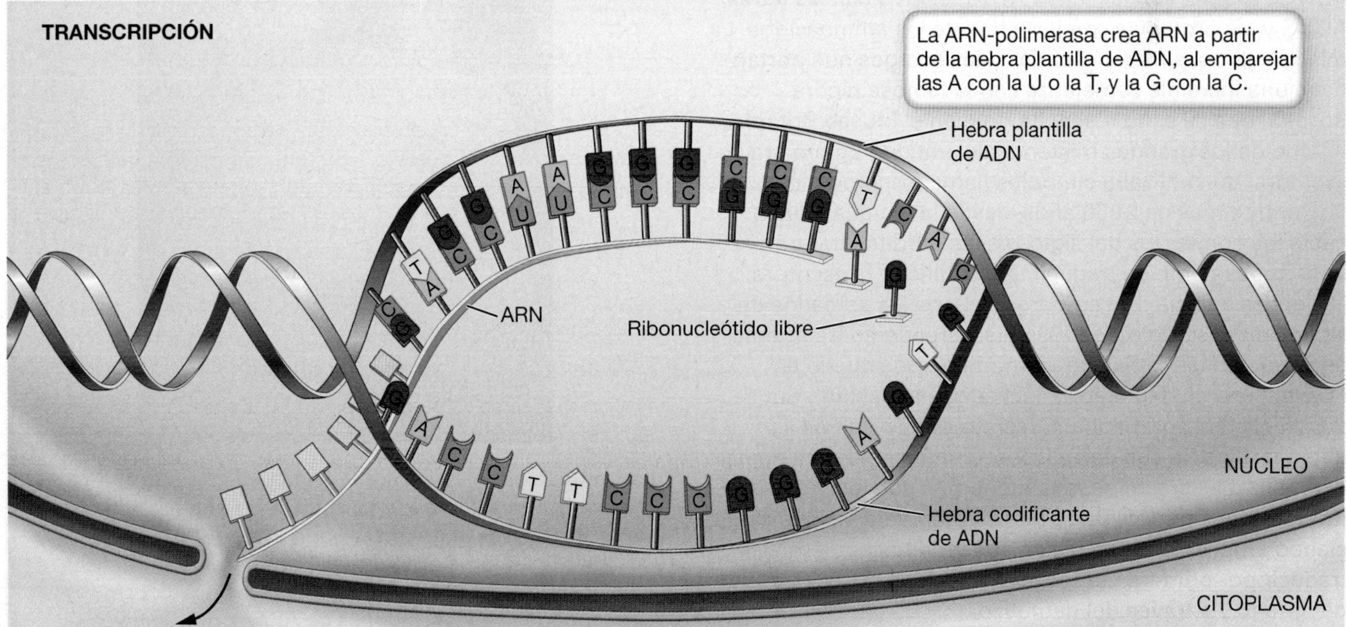
TRANSCRIPCIÓN
La ARN-polimerasa crea ARN a partir de la hebra plantilla de ADN, al emparejar las A con la U o la T, y la G con la C.
Hebra plantilla de ADN
ARN
Ribonucleótido libre
NÚCLEO
Hebra codificante de ADN
CITOPLASMA

Figura 3-14. Transcripción. La hélice de ADN se desenrolla, y en la hebra plantilla del ADN se forma una nueva hebra de ARNm. La molécula de ARNm contiene la misma secuencia de bases que la hebra codificadora de ADN, salvo las bases T, que son reemplazadas por las bases U. El ARNm sale del núcleo a través de los poros de la envoltura nuclear. *¿Dónde se encuentra el uracilo, en el ARNm o en el ADN?*

¡Recuerde! **El ARN se forma en la hebra plantilla del ADN, de modo que su secuencia semeja la de la hebra codificante de este último.**

Por ejemplo, un triplete GAG de una hebra codificante de ADN tiene una secuencia CTC en la hebra molde complementaria. En el ARN, la transcripción forma los nucleótidos complementarios en la hebra molde, y la secuencia del ARN es GAG. De ahí que la secuencia GAG del ADN se transcriba como GAG en el nuevo ARN, lo que nos lleva nuevamente donde empezamos: ahora vemos por qué las dos hebras de ADN se denominan molde y codificante. La hebra codificante contiene el código permanente que debe comunicar en forma de instrucciones a las otras partes de la célula, por lo que «tiene sentido» llamarla así. La hebra molde es un «molde negativo» que se utiliza para preparar una réplica de la hebra codificante, de la misma manera que el molde de un diente se emplea para fabricar una corona.

Apuntes sobre el caso

3-11 El gen *CFTR* contiene la secuencia TAAAAT en la hebra codificante del ADN. ¿Cuál es la secuencia coincidente en la hebra molde del ADN y en la hebra de ARNm producida?

La traducción forma proteínas a partir de aminoácidos

La palabra *traducción* significa el hecho de pasar un texto de una lengua a otra, por ejemplo, de inglés a francés. En biología, el término **traducción** describe el proceso de traducir la secuencia de nucleótidos de ARNm en la secuencia de aminoácidos de una proteína. En el pasado, los científicos carecían del «diccionario» que ofreciera la equivalencia entre una «palabra» del nucleótido y una «palabra» del aminoácido. Luego descubrieron que el código de los aminoácidos se encontraba en *tripletes,* conjuntos de tres letras de nucleótidos que codifican distintos aminoácidos. El gru-

HISTORIA DE LA CIENCIA

Descodificación de la piedra Rosetta

Nos puede servir de ayuda pensar en el ADN, el ARN y las proteínas como idiomas escritos con distintos alfabetos: el ADN se escribe con las letras ATCG, el ARN con las letras AUCG y las proteínas con las letras de los aminoácidos. La relación de esas tres moléculas y los códigos que portan tiene una increíble semejanza con la famosa piedra Rosetta, que se exhibe actualmente en el Museo Británico.

Uno de los grandes misterios del antiguo Egipto era su escritura, que utilizaba símbolos llamados jeroglíficos.

Durante más de 2000 años, desde la antigua Grecia hasta los comienzos del siglo XIX, los eruditos trataron infructuosamente de traducir (descodificar) la escritura jeroglífica egipcia. Sin embargo, uno de los soldados de Napoleón descubrió en 1799 un sorprendente fragmento de piedra en las ruinas de un monumento situado en Rosetta, una ciudad egipcia (actualmente Rashid). Su superficie tenía grabado un decreto escrito en tres idiomas: egipcio con jeroglíficos, demótico (idioma egipcio que utilizaba caracteres más modernos que los jeroglíficos) y griego. Dado que el griego era y sigue siendo ampliamente conocido, los eruditos pudieron traducir por primera vez los jeroglíficos egipcios, partiendo del griego y a través del demótico.

La *piedra Rosetta,* clave para resolver un misterio casi imperecedero, pasó en el lenguaje popular a ser sinónimo de pista para resolver cualquier problema difícil.

La piedra Rosetta. La piedra Rosetta tiene inscrito el mismo mensaje en tres idiomas y permitió a los lingüistas traducirlos desde el griego antiguo al demótico y así descifrar finalmente el código de los antiguos jeroglíficos egipcios. De la misma forma, los tripletes de ADN se corresponden con los codones de ARNm, que a su vez se complementan con los anticodones en las moléculas de ARNt que transfieren el aminoácido correcto a la proteína en crecimiento.

Tabla 3-3. Algunos aminoácidos y sus codones[a]

Aminoácido	Triplete de ADN (hebra codificante)	Codón de ARNm	Anticodón de ARNt
Glicina	GGG	GGG	CCC
Isoleucina	ATT	AUU	UAA
Isoleucina	ATC	AUC	UAG
Leucina	CTC	CUC	GAG
Lisina	AAA	AAA	UUU
Fenilalanina	TTT	UUU	AAA
Prolina	CCC	CCC	GGG
Valina	GTG	GUG	CAC

[a] Es importante recordar que algunos aminoácidos son codificados por más de un triplete.

po de nucleótidos correspondiente en el ARNm para cada triplete de ADN se denomina **codón.** Por ejemplo, el triplete ATG de la hebra codificante de ADN produce la secuencia AUG del ARNm, la cual codifica (actúa como codón de) la metionina del aminoácido. En la tabla 3-3 se pueden ver otros ejemplos. Observe que algunos aminoácidos (como la leucina) son codificados por varios codones diferentes, del mismo modo que la palabra *snow* puede traducirse de distintas formas en el lenguaje de los esquimales.

Si encuentra confusa la relación del alfabeto ATCG del ADN, el alfabeto AUCG del ARMn y el alfabeto de proteínas de los aminoácidos, considere la Rosetta, un fragmento de piedra encontrado en Egipto, que contiene en su superficie el mismo pasaje escrito en tres lenguas muertas. Para conocer mejor esta historia, lea el cuadro Historia de la ciencia, titulado «Descodificación de la piedra Rosetta».

Para recapitular: la secuencia de tres nucléotidos de ADN (el *triplete*) se transcribe en una secuencia de nucleótidos de ARNm (el *codón*), que a su vez traduce los nucléotidos de ARNm a un alfabeto de aminoácidos y produce una proteína. Como lo muestra el análisis del caso de Julia en la sección siguiente, los cambios en la secuencia de ADN pueden modificar la secuencia de aminoácidos, a veces con efectos devastadores.

Apuntes sobre el caso

3-12 El defecto del gen *CFTR* en las personas con mucoviscidosis es la eliminación de tres nucleótidos (CTT). ¿Cuántos aminoácidos serán eliminados en la proteína CFTR?

Estudio del caso

Código genético y mucoviscidosis: el caso de Julia G.

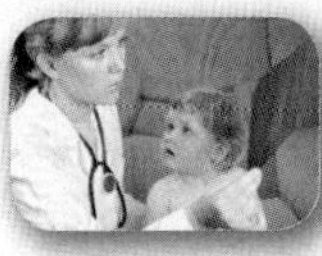

Recordemos que Julia padece mucoviscidosis, una enfermedad causada por una mutación genética que provoca la acumulación de moco viscoso en los pulmones. Como resultado se producen infecciones pulmonares graves y dificultad para respirar.

Una **mutación** es un error permanente en el código de ADN, a menos que se repare. Las mutaciones se producen con frecuencia; sin embargo, generalmente se detectan y se reparan por medio de un proceso interno antes de que puedan causar daño. Las mutaciones que no se reparan pueden causar cáncer y otros problemas en las células comunes. No obstante, si la mutación tiene lugar en una célula germinativa (óvulo o espermatozoide), los defectos son hereditarios y pueden transmitirse a los hijos ➡ (cap. 16). La causa de la mucoviscidosis de Julia es una mutación en una célula germinativa.

Primera parte: la ausencia de un nucleótido provoca la ausencia de un aminoácido

El gen involucrado se denomina gen *CFTR*, es decir, gen regulador de conductancia transmembrana de la mucoviscidosis (fig. 3-15). Este gen de gran tamaño, que contiene la asombrosa cifra de 250 000 nucleótidos, se encuentra en el cromosoma 7.

Observe primero la parte izquierda de la figura que muestra una pequeña porción del gen *CFTR* normal. La hebra codificante de ADN dice ATC TTT GGT y la de ARNm dice AUC UUU GGU. Estos tres codones codifican tres aminoácidos: isoleucina (Ile, I), fenilalanina (Phe, P) y glicina (Gly, G), respectivamente, de modo que la secuencia de aminoácidos es I-P-G. El siguiente aminoácido en la secuencia de proteínas es la valina (Val, V).

La secuencia corta de ADN sombreada en gris, C TT, es la que falta en el gen *CFTR* mutado de Julia, como se muestra en la derecha de la figura. La secuencia de ADN mutada dice ahora ATT GGT GTT y su transcripción es AUU GGU GUU. La nueva secuencia del aminoácido dice I-G-V. Observe que un aminoácido, P, ha sido eliminado. Este aminoácido es el número 508 de la cadena; por eso, la mutación de Julia puede abreviarse como F508del.

Este cambio minúsculo, de uno de los 1 448 aminoácidos, modifica la forma de la proteína CFTR de manera casi imperceptible. En realidad, el cambio es tan insignificante que la proteína puede seguir funcionando. Pero, como veremos más adelante, es todo lo que hace falta para provocar una enfermedad grave.

Apuntes sobre el caso

3-13 Indique el nombre del codón que codifica la isoleucina en la proteína CFTR normal y en la mutada.

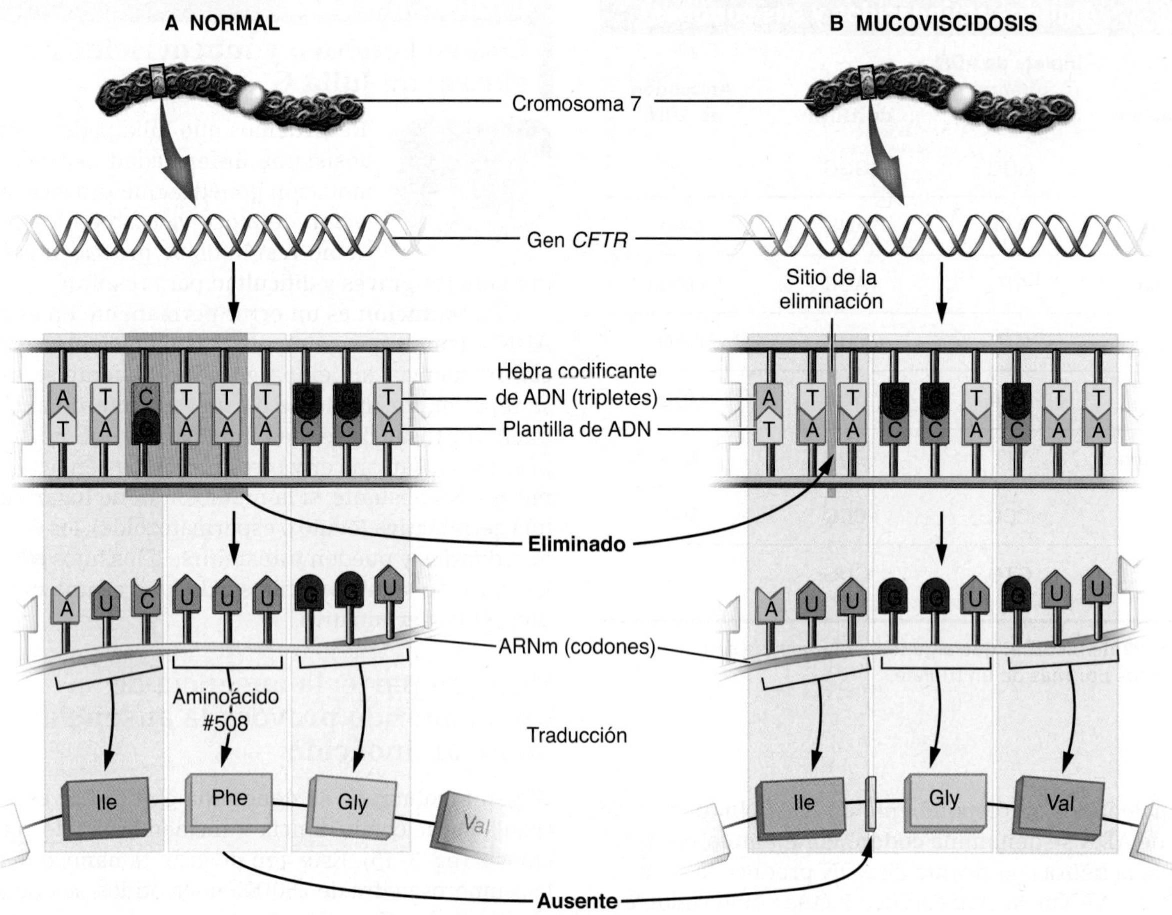

Figura 3-15. Mucoviscidosis y código genético. A) El gen *CFTR* es un segmento de la doble hélice de ADN del cromosoma 7. El ADN está organizado en tripletes de nucleótidos. Cada triplete corresponde a un codón de ARNm, que a su vez corresponde a un solo aminoácido. **B)** La mutación F508del elimina tres nucleótidos en el gen *CFTR,* y provoca la eliminación de la fenilalanina (F) en la posición 508. La secuencia de aminoácidos determina cómo se plegará la proteína en un formato tridimensional. *¿Qué aminoácido corresponde al codón AUC de ARNm?*

Los ribosomas sintetizan proteínas

Pero esta historia requiere algo más que entender el código. ¿Cómo se fabrican, exactamente, las proteínas?

La traducción tiene lugar en los ribosomas que se encuentran en el citoplasma, pero el ADN está encerrado en el núcleo. El ARNm debe su nombre a que transporta el mensaje codificado para sintetizar la proteína desde el núcleo hasta el citoplasma (fig. 3-16). Después de abandonar el núcleo a través de los poros de la envoltura nuclear, la hebra de ARNm se acopla a un ribosoma por el que pasa como una pieza de cinta codificada. Con la ayuda de otro tipo más de ARN, el *ARN de transferencia* (ARNt), el ribosoma traduce los codones de ARNm uno por uno y añade el aminoácido correcto a la cadena creciente de proteínas.

La materia prima que utiliza la síntesis de la proteína es un conjunto de aproximadamente 20 aminoácidos que circulan en el citoplasma. Por cada aminoácido existe un ARNt diseñado para transportar exclusivamente ese aminoácido. Cada ARNt tiene dos extremos: uno se une a su aminoácido exclusivo, y el otro, el *anticodón,* consta de tres nucleótidos que se unen al codón de ARNm para ese aminoácido específico. Por ejemplo, el codón GGG de ARNm codifica la glicina. El anticodón de un ARNt de glicina consiste en la secuencia complementaria (CCC) (fig. 3-16, extremo derecho). La tabla 3-2 muestra los anticodones de ARNt de los distintos codones de ARNm.

La figura 3-16 indica los pasos de la síntesis de las proteínas. El ribosoma ya ha leído una buena parte del ARNm y ha formado una cantidad de aminoácidos. Acaba de agregar prolina a la cadena creciente de proteínas y se está preparando para añadir el próximo aminoácido.

1. El ribosoma lee el codón siguiente, GGG, que codifica la glicina (Gly, G). Trae el ARNt de glicina con su glicina acoplada.
2. El CCC del anticodón de ARNt de glicina se une al GGG del codón de ARNm.

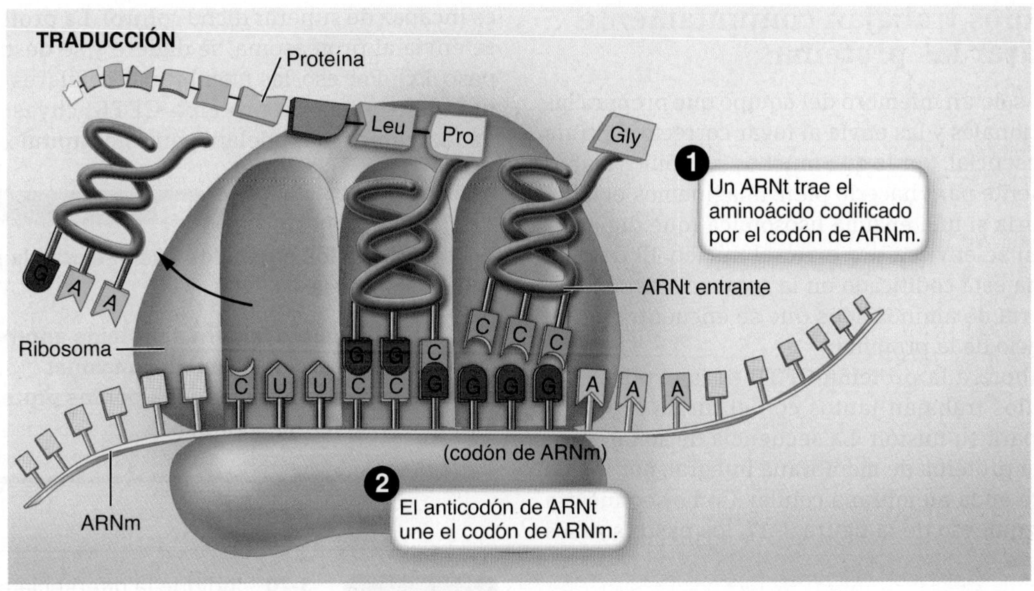

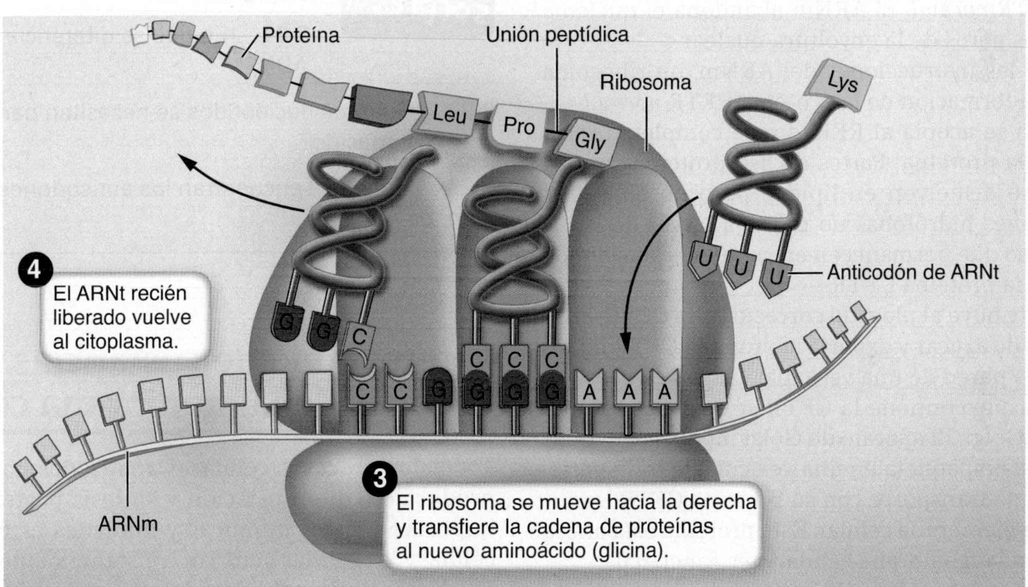

Figura 3-16. Traducción. Un ribosoma lee la secuencia ARNm. Cada grupo de tres bases (un codón) corresponde a un aminoácido. Cada codón se une a un ARNt, mientras el anticodón complementario transporta el aminoácido emparejado. El ribosoma forma una unión peptídica entre el nuevo aminoácido (en este caso, una prolina) y la cadena peptídica formada. La adición del próximo aminoácido a la cadena (en este caso, una glicina) romperá simultáneamente la unión entre el aminoácido de la prolina y el ARNt. El ARNt vuelve entonces al citosol para recoger otro aminoácido. *Si el siguiente codón ARNm dice AAA, ¿cuál es el anticodón ARNt correspondiente?*

3. El ribosoma forma una unión peptídica que une la glicina a la cadena de aminoácidos formada previamente. La glicina, ahora acoplada a la cadena creciente de proteínas, permanece acoplada a su ARN, que fija la proteína al ribosoma.
4. Simultáneamente al paso 3, el ribosoma se mueve un codón hacia la derecha y libera el ARNt de la prolina, que porta el aminoácido previo, la prolina.
5. El ARNt de prolina, que ahora se ha «vaciado» de su aminoácido, abandona el ribosoma y flota nuevamente hacia el citoplasma, donde recoge otra prolina. La molécula del ARNt de la prolina puede volver varias veces al ribosoma, siempre que se necesite su prolina.

El ciclo se repite con el siguiente ARNt, que en nuestro ejemplo traslada la lisina. La formación de una proteína finaliza cuando el ribosoma llega a una región de ARNm que contiene un *codón de terminación*. Este codón especial indica que el proceso se ha completado. El ribosoma libera la hebra de ARNm y la nueva molécula proteica.

Los orgánulos trabajan conjuntamente para preparar las proteínas

El ribosoma es sólo un miembro del equipo que prepara las proteínas funcionales y las envía al lugar correcto. Se trata de un trabajo esencial, por lo que muchos orgánulos trabajan conjuntamente para hacerlo bien: imaginemos el daño que se produciría si una enzima lisosómica (que digiere y destruye cosas) se enviara por error al núcleo. El destino de una proteína está codificado en la *secuencia de señales*, una cadena corta de aminoácidos que se encuentra generalmente al inicio de la proteína.

Volvemos ahora a la proteína CFTR para explicar cómo los orgánulos trabajan juntos con el fin de preparar una proteína para su misión. La secuencia de señales indica que es una proteína de membrana integral, por lo que debe insertarse en la membrana celular. Como se muestra en el cuadro izquierdo de la figura 3-17, los pasos son los siguientes:

1. La ARN-polimerasa prepara una transcripción ARNm del gen *CFTR normal*. El ARNm abandona el núcleo a través de los poros de la envoltura nuclear.
2. A partir de las instrucciones del ARNm, un ribosoma comienza la formación de la proteína CFTR *normal*.
3. El ribosoma se acopla al RER, donde completa la formación de la proteína. Partes de esa proteína son hidrófobas (se disuelven en lípidos pero no en agua). Esas porciones hidrófobas no pasan a través de la luz del RER, sino que permanecen en su membrana, donde incorporan la proteína CFTR.
4. El RER contribuye al plegado correcto de la CFTR, añade residuos de azúcar y exporta la proteína CFTR incorporada en la pared de una vesícula.
5. La vesícula que contiene la CFTR se fusiona con una cisterna de Golgi. El aparato de Golgi modifica aún más la CFTR y la empaqueta en una vesícula de transporte.
6. La vesícula de transporte, con su proteína CFTR, se fusiona con la membrana celular. Esta proteína está ahora integrada en la membrana celular y es funcional.

Estudio del caso

Segunda parte: la mutación de Julia inhibe el tráfico de la CFTR

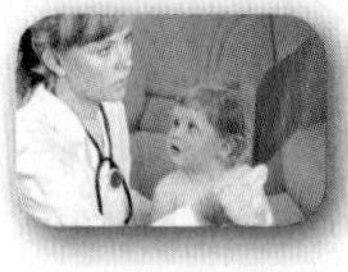

Una mutación en el gen *CFTR* no modifica significativamente la forma de la proteína CFTR. En realidad, algunos estudios han demostrado que la proteína CFTR mutada es totalmente capaz de realizar su trabajo, que consiste en transportar las moléculas de cloruro hacia el exterior de la célula a través de la membrana celular. El problema más bien estriba en el *tráfico* de la proteína CFTR mutada. Todo va bien durante los tres primeros pasos; el problema surge cuando el RER comienza a plegar la proteína mutada (fig. 3-17, lado derecho). La superficie de esa proteína es ligeramente diferente. Por lo tanto, el sistema de «control de calidad» del RE la detecta y la proteína es incapaz de superar dicho control. La proteína rechazada se envía al proteasoma, se digiere y se destruye (fig. 3-17, paso 5X). Por eso, las membranas celulares de Julia tienen una deficiencia de proteína CFTR, cuyas implicaciones analizaremos más adelante en este capítulo.

Apuntes sobre el caso

3-14 Indique los orgánulos que detectan la proteína CFTR defectuosa.

3-15 ¿Verdadero o falso? La proteína anormal que causa la mucoviscidosis puede funcionar normalmente pero es destruida por los proteasomas a causa de su forma anormal.

3-20 Indique la diferencia entre un gen y un genoma.

3-21 ¿En qué se diferencia el ARN del ADN?

3-22 ¿Cuántos nucleótidos se necesitan para codificar un solo aminoácido?

3-23 ¿Dónde se encuentran los anticodones, en los ARNt o en los ARNm?

Intercambio de sustancias a través de la membrana celular

Todos los procesos celulares analizados hasta ahora (reproducción, diferenciación y síntesis proteica) necesitan importar señales químicas y unidades estructurales a la célula, y las células generan constantemente secreciones y productos de desecho que deben ser expulsados. El **transporte de membrana** es el paso de sustancias a través de la membrana celular.

En esta sección analizaremos los métodos de transporte que utilizan los solutos para atravesar la membrana de una molécula (o ión). El transporte pasivo de sustancias que pasan por el gradiente de concentración de una zona de concentración alta a una baja no necesita energía. Este proceso se llama **difusión.** En cambio, el paso por un gradiente de concentración desde una concentración baja a una alta sí necesita energía. Este proceso se llama **transporte activo.**

La membrana celular es semipermeable a los solutos y los solventes

Las fronteras sin controles sólo causan problemas. Permiten el paso indiscriminado de fugitivos y criminales, la diseminación de enfermedades contagiosas humanas, animales

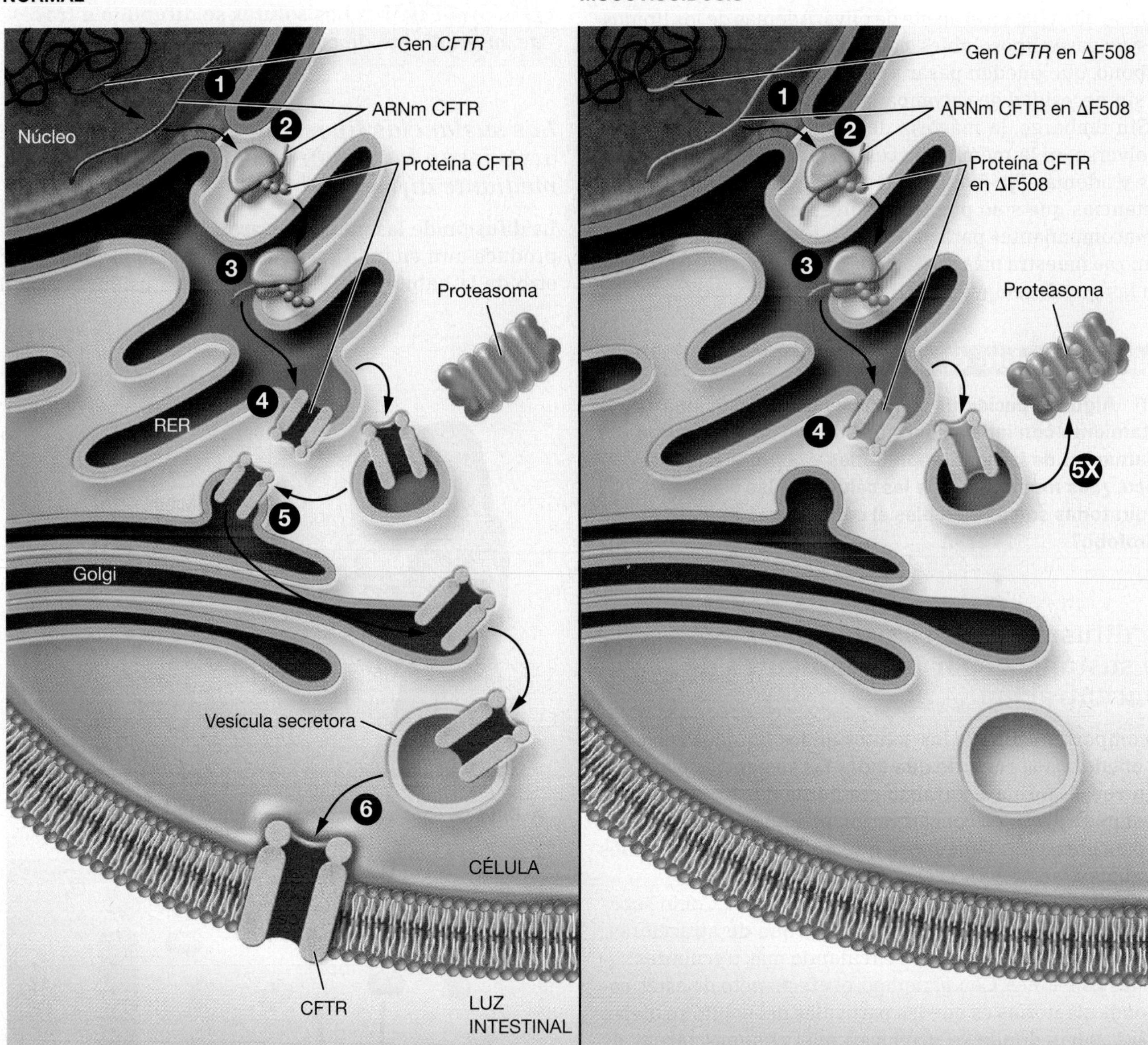

Figura 3-17. Mucoviscidosis y producción de proteínas. A) La proteína CFTR normal es formada por los ribosomas, modificada por el retículo endoplasmático rugoso (RER), empaquetada por el aparato de Golgi y enviada en una vesícula secretora para que se inserte en la membrana celular donde facilita el transporte de cloruro. **B)** Después de ser formada por los ribosomas, la proteína que carece de fenilalanina tiene una forma ligeramente diferente a la de la proteína normal. Esta mutación se detecta en el RER, y la proteína se envía a un proteasoma para su descomposición. Esto altera el transporte de cloruro entre las células intestinales y la cavidad intestinal (luz) de los pacientes que padecen mucoviscidosis. *¿Dónde se introduce la proteína CFTR normal en una membrana, en el RER, en el aparato de Golgi o en otra membrana celular?*

y vegetales, y muchos otros males. Por eso, la policía fronteriza controla quién (y qué) puede pasar. La frontera entre las células y el líquido extracelular, la membrana celular, no es una excepción. La membrana celular controla estrechamente el ir y venir de muchas moléculas, que deben ser «escoltadas» por las proteínas de membrana cuando entran o salen de la célula. Aun así, existen otras moléculas que pueden cruzar libremente la membrana celular. Esta variación de las «políticas de acceso» se llama **permeabilidad selectiva.**

Recuerde que la membrana celular está compuesta principalmente por grasas (fosfolípidos y colesterol), empaquetadas juntas de forma compacta. De modo que las sustancias liposolubles pasan fácilmente de un lado a otro de la membrana, que es permeable a ellas. Estas sustancias pueden disolverse en el interior lipídico de la membrana celular con la misma facilidad que una gota de aceite de girasol se disuelve en el aceite de oliva. Además de los lípidos, existen gases liposolubles, como el oxígeno y el dióxido de carbono, que pueden pasar a través de la membrana celular sin necesidad de «acompañante».

Sin embargo, la mayoría de las sustancias no pueden disolverse en la membrana celular porque son *hidrosolubles* y además *lipófobas* (evitan los lípidos). El agua y las sustancias que sólo pueden disolverse en agua necesitan un «acompañante» para poder cruzar la membrana celular. Como se muestra más adelante, las proteínas de membrana son las que desempeñan este papel.

Apuntes sobre el caso

3-16 **Algunos pacientes con mucoviscidosis reciben tratamiento con inhalaciones de cortisol para reducir la inflamación de las vías respiratorias y la producción de moco. ¿Las membranas de las células de las vías respiratorias son permeables al cortisol, que es hidrófobo?**

La difusión es el transporte de sustancias por los gradientes de concentración

El comportamiento de los solutos en los líquidos corporales obedece a la regla de que todas las sustancias tratan de recorrer de forma natural su gradiente de concentración: si están en áreas de concentración alta quieren pasar a las de concentración baja, hasta que ambas concentraciones se igualan.

¿Qué impulsa este movimiento de solutos? Como sucede con los autos de choque de un parque de atracciones, cuantas más partículas haya circulando más frecuentes serán las colisiones. Con el tiempo, el efecto neto de estas colisiones aleatorias es que las partículas del soluto se alejan de las zonas donde se producen más choques (áreas de concentración alta) y pasan a aquellas donde son menos frecuentes (áreas de concentración baja). Como resultado, las partículas del soluto se distribuyen de forma homogénea en una solución. No es necesario mezclarlas, sucede de forma natural. Este transporte independiente de sustancias que pasan por el gradiente de concentración desde las zonas de concentración alta a las de concentración baja se llama **difusión.**

La difusión es algo que experimentamos a diario. Por ejemplo, imaginemos una bandeja de galletas recién horneadas (fig. 3-18 A). Las galletas desprenden moléculas aromáticas, que nosotros interpretamos como olores. Esas moléculas aromáticas se concentran inicialmente cerca de las galletas, pero al cabo de un rato pasan por el gradiente de concentración hacia el aire, que no contiene moléculas aromáticas, y la habitación se impregna rápidamente del olor a galletas. La difusión es un proceso pasivo que se produce en las células sin utilizar energía de las reservas de ATP celular.

¡Recuerde! **Los solutos se difunden a través de su gradiente de concentración.**

Las sustancias liposolubles atraviesan la membrana celular mediante difusión simple

La difusión de las moléculas aromáticas de las galletas se produce aun cuando nadie lleve la bandeja de un sitio a otro de la habitación. Esta forma de difusión, que no in-

A Difusión simple de moléculas aromáticas

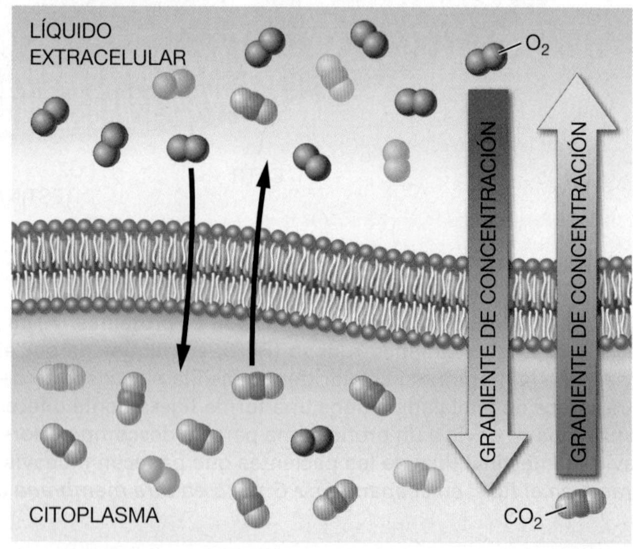

B Difusión simple de gases

Figura 3-18. Difusión simple. A) Las galletas desprenden moléculas aromáticas, que se trasladan dentro de la habitación por medio de difusión simple. **B)** El oxígeno y el dióxido de carbono pasan de un lado a otro de la membrana celular. En las células funcionales, el oxígeno entra y el dióxido de carbono sale a través de sus respectivos gradientes de concentración. *¿La concentración de oxígeno es más alta dentro o fuera de la célula?*

volucra a proteínas de membrana, se llama **difusión simple.** La difusión simple también se produce a través de la membrana celular, pero sólo en el caso de las sustancias liposolubles. Es como si para ellas la membrana celular no existiera. La fuerza del gradiente de concentración es todo lo que hace falta para impulsar su paso de un lado a otro de la membrana, en el que no participa ningún escolta (p. ej., proteínas de membrana). Además de no consumir energía, la difusión simple no tiene velocidad máxima: cuanto más inclinado sea el gradiente de concentración, más rápida será la difusión.

El oxígeno y el dióxido de carbono son liposolubles e hidrosolubles, y entran y salen de la célula con facilidad a través de la difusión simple (fig. 3-18 B). El oxígeno está presente en el líquido extracelular en altas concentraciones. Dado que las células consumen oxígeno durante la producción de energía, la concentración de oxígeno intracelular es más baja que la extracelular y el oxígeno pasa fácilmente por su gradiente de concentración desde el líquido extracelular hacia el interior de las células. Con el dióxido de carbono sucede lo contrario: está muy concentrado dentro de la célula porque es un producto de desecho de la producción energética. Se difunde pasando por el gradiente de concentración, primero del líquido extracelular y luego de la sangre, donde la concentración es aún más baja. Observe que los movimientos del dióxido de carbono *no afectan* a los del oxígeno, y viceversa. Cada soluto pasa por su propio gradiente de concentración, con independencia de los movimientos o los gradientes de los otros solutos.

Aparte del oxígeno y el dióxido de carbono, los lípidos (entre ellos el colesterol y ciertas moléculas liposolubles como las de algunas vitaminas) son los únicos que pueden atravesar la membrana por medio de difusión simple.

Apuntes sobre el caso

3-17 La neumonía de Julia interfiere en la difusión de oxígeno entre los pulmones y la sangre. ¿Dónde se encuentran las concentraciones más altas de oxígeno, en los pulmones o en la sangre?

Las sustancias hidrosolubles pueden atravesar la membrana celular mediante difusión facilitada

Por supuesto, los gases y las moléculas liposolubles no son las únicas sustancias que pasan de un lado a otro de la membrana. Hay también una incalculable cantidad de iones, agua y nutrientes que deben atravesarla por sus respectivos gradientes de concentración, pero no pueden hacerlo mediante difusión simple. Los compuestos que no son liposolubles pasan por sus gradientes de concentración mediante **difusión facilitada,** es decir, su transporte es facilitado (ayudado) por las proteínas de membrana integrales. Recuerde que las proteínas integrales se extienden por todo el grosor de la membrana; su cara interna está expuesta al citosol y la externa al líquido extracelular. Las proteínas que participan en la difusión facilitada pueden dividirse en dos clases: *canales y proteínas portadoras* (fig. 3-19).

Los **canales** son túneles acuosos localizados a través de la membrana celular. Tienen dos formas distintas, que permiten el paso de sustancias específicas. Los iones de sodio y potasio, por ejemplo, atraviesan la membrana por los canales de sodio y potasio (respectivamente). El agua pasa a través de canales de agua llamados **acuaporinas.** La difusión activada por canales puede regularse, porque algunos de ellos, como los canales de sodio, tienen compuertas que pueden abrirse o cerrarse (fig. 3-19 A).

Otras sustancias, especialmente la glucosa, se difunden atravesando la membrana por medio de **proteínas portadoras.** Estas proteínas, como los canales, sólo permiten el paso de solutos específicos. Sin embargo, a diferencia de las proteínas de los canales, las portadoras cambian de forma para permitir el transporte (fig. 3-19 B). Por ejemplo, la glucosa entra en las células musculares con la ayuda de una proteína portadora que funciona de manera similar a una puerta giratoria. A medida que la glucosa se une al extremo extracelular de la proteína portadora, ésta cambia de forma (la puerta gira media vuelta) y el punto de unión queda ahora expuesto en el compartimento intracelular. La glucosa se disocia del punto de unión y continúa su difusión dentro del citoplasma.

En contraste con la difusión simple, la difusión facilitada tiene una velocidad de transporte máxima. Como sucede en los hoteles, que tienen sólo unas pocas puertas giratorias, la célula tiene únicamente una cantidad específica de proteínas portadoras, que sólo pueden acomodar cierta cantidad de partículas en un período dado.

Apuntes sobre el caso

3-18 Los problemas observados en las vías respiratorias de Julia reflejan el transporte anómalo de los iones de cloruro de un lado a otro de la membrana. Dado que estos iones son hidrófilos, ¿se trasladan por difusión simple o facilitada?

3-19 La proteína CFTR transporta iones de cloruro a través de la membrana celular sin cambiar de forma. ¿Es un canal o una proteína portadora?

3-20 La proteína CFTR portadora permite que los iones de cloruro se difundan fuera de la célula. ¿Qué compartimento debe tener la concentración más alta de iones de cloruro, el citosol o el líquido extracelular? Razone su respuesta.

El transporte activo necesita energía

El **transporte activo** aumenta o mantiene los gradientes de concentración al llevar los solutos desde un área de baja concentración hacia una de alta concentración. Las proteínas de transporte, llamadas *bombas,* fuerzan las partículas

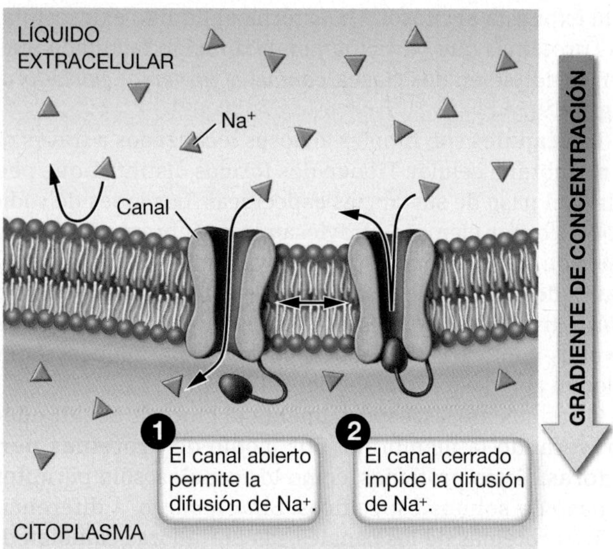

A Difusión facilitada activada por canales

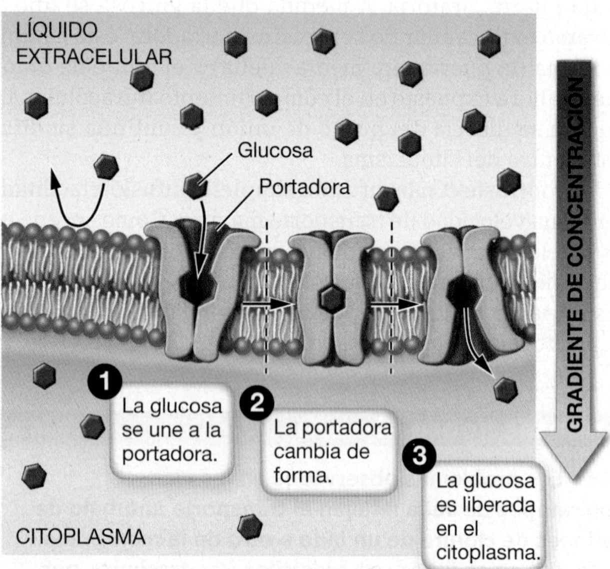

B Difusión facilitada activada por portadoras

Figura 3-19. Difusión facilitada. En la difusión facilitada, los solutos pasan por los gradientes de concentración para entrar y salir de la célula con la ayuda de proteínas integrales. **A)** Los canales con control de acceso pueden abrirse y cerrarse para controlar el paso del soluto a través de la membrana. **B)** Las proteínas portadoras cambian de forma para trasladar sustancias a través de la membrana. *Si este canal permaneciera abierto, ¿qué sucedería con el gradiente de sodio?*

a través de una membrana desde el lado de baja concentración hacia el de alta concentración. A diferencia de las proteínas portadoras que participan en la difusión facilitada, las estructuras de estas proteínas no dependen del movimiento aleatorio de sus partículas. En cambio, extraen la energía que utilizan a partir del ATP.

La bomba más importante es la de **sodio y potasio,** que se abrevia **Na^+/K^+-ATPasa.** La abreviatura indica que una unión química de ATP se ha roto a fin de generar la energía para el transporte del sodio y el potasio a través de la membrana celular (fig. 3-20). En las células humanas, la concentración de sodio es más alta fuera de la célula, mientras que la de potasio es más alta dentro de la célula. La bomba Na^+/K^+-ATPasa mantiene este gradiente contra la «fuga» constante por medio de la difusión facilitada de estos iones que pasan por sus gradientes de concentración, el potasio hacia fuera y el sodio hacia dentro de la célula. Esto lo hace impulsando los iones de sodio hacia fuera y los de potasio hacia dentro, contra sus respectivos gradientes de concentración. En el ➡ capítulo 4 aprenderemos más sobre la importancia de la bomba Na^+/K^+-ATPasa y los gradientes de Na y K. Por lo pronto, las sustancias que pueden atravesar libremente la membrana celular, como es el caso de los gases y otras sustancias liposolubles como las hormonas esteroideas, no pueden ser transportadas de forma activa, ya que su transporte es, básicamente, incontrolable.

¡Recuerde! **El transporte activo NO depende de un gradiente de concentración.**

La osmosis es el transporte pasivo de agua a través de una membrana semipermeable

Recordemos que la membrana celular hidrófoba y lipídica es impermeable a los solutos hidrófilos, que necesitan canales especializados y portadoras para poder atravesar la membrana.

No importa cuán fuerte sea el gradiente de concentración entre las soluciones hidrófilas de la membrana celular, la difusión de los solutos para neutralizar el gradiente *sólo* puede realizarse en presencia de esos canales o esas portadoras. Los solutos que no pueden atravesar la membrana para neutralizar su gradiente se llaman *solutos no penetrantes.*

Todos los solutos hidrófilos (como el NaCl) se consideran no penetrantes, porque la célula sólo permite su entrada o salida en pequeñas cantidades y por medio de mecanismos de transporte regulados. Como dice el proverbio, «si Mahoma no va a la montaña, la montaña va a Mahoma». Si un soluto no puede salir de la solución más concentrada, el agua se acerca a él para diluirlo. Básicamente, el agua pasa por el gradiente hidrófilo porque las soluciones menos concentradas tienen más agua que las más concentradas. Es importante destacar que la concentración de agua depende de la *cantidad total* de partículas que contiene la solución. El tamaño relativamente pequeño de las partículas no importa: el movimiento del agua no distingue entre la partícula más grande de una proteína y el más pequeño de los iones.

La concentración de soluto se expresa como **osmolaridad:** la cantidad de partículas de soluto por litro de disolvente (agua). Ésta se expresa generalmente en miliosmoles

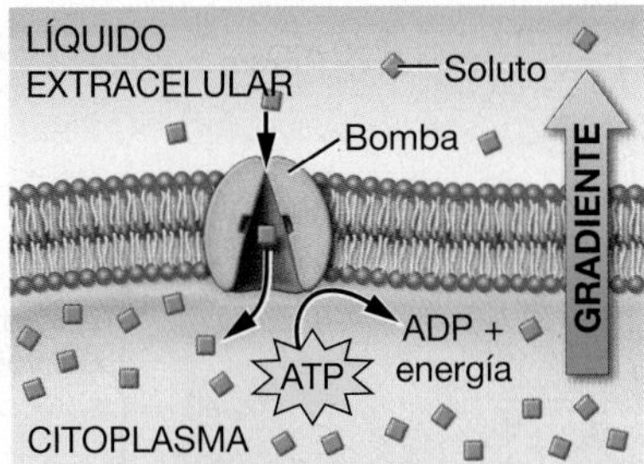

A Transporte activo

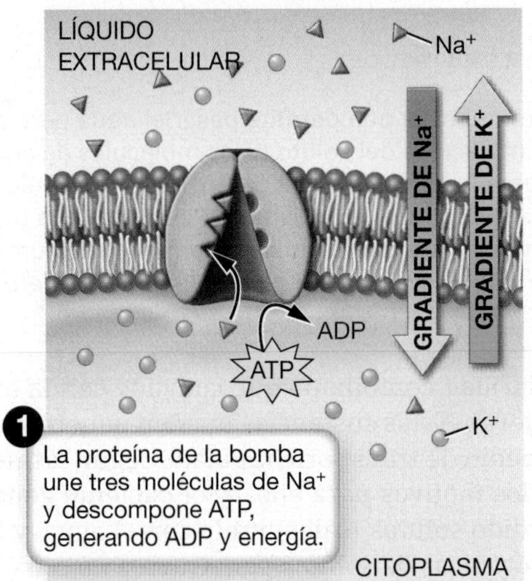

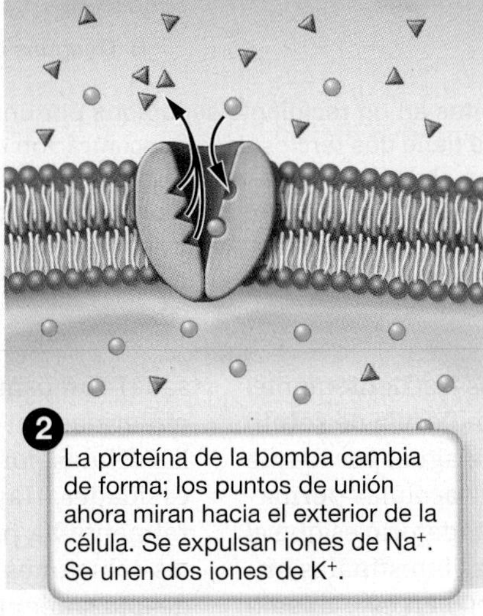

2
La proteína de la bomba cambia de forma; los puntos de unión ahora miran hacia el exterior de la célula. Se expulsan iones de Na+. Se unen dos iones de K+.

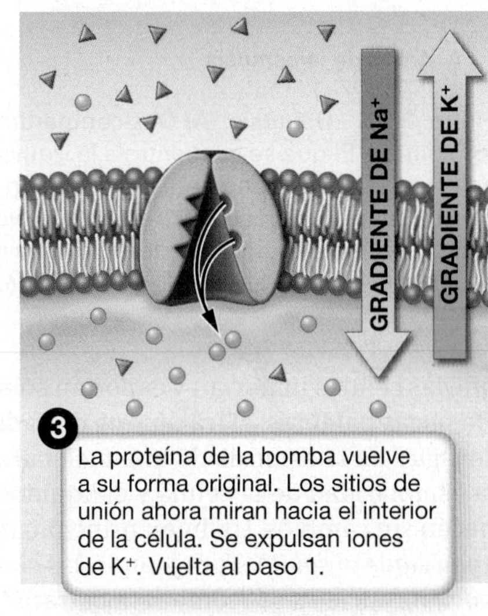

GRADIENTE DE Na+
GRADIENTE DE K+
3
La proteína de la bomba vuelve a su forma original. Los sitios de unión ahora miran hacia el interior de la célula. Se expulsan iones de K+. Vuelta al paso 1.

B Bomba de sodio y potasio

Figura 3-20. Transporte activo. A) El transporte activo mueve solutos en contra de sus gradientes mediante energía proveniente de la descomposición de ATP. **B)** La concentración de sodio es más alta en el exterior de la célula y la de potasio lo es en su interior. La bomba de sodio y potasio mantiene ese gradiente exportando tres iones de sodio e importando dos iones de potasio durante cada ciclo de transporte. *Una vez que se ha producido el paso 3, ¿los gradientes de concentración del sodio y potasio han aumentado o disminuido?*

por litro (mOsm/l). Entre dos soluciones de distintas osmolaridades existe un **gradiente osmótico.** Por lo tanto, podemos definir la **osmosis** como el desplazamiento del agua a través de una membrana semipermeable, desde un área de baja osmolaridad del soluto (con mayor concentración de agua) hacia un área de mayor osmolaridad del soluto (con menor concentración de agua). La osmosis cambia el volumen de una solución y, en espacios cerrados (como una célula), los cambios de volumen modifican la presión (como cuando se llena un globo de agua hasta que explota). Podemos decir que la fuerza impulsora de la osmosis es una **presión osmótica.**

Para entender lo que es la osmosis, imagine una membrana semipermeable que separa dos soluciones de agua salada con diferentes concentraciones (fig. 3-21 A). Si la membrana no permite el paso de la sal, el agua pasará del lado menos salado (con mayor concentración de agua) al más salado (con menor concentración de agua), hasta que en la zona más salada pase la suficiente cantidad de agua como para diluirla y alcanzar el punto en que ambas concentraciones se igualan (fig. 3-21 B).

Para observar la osmosis en acción se pueden colocar eritrocitos en soluciones que contengan distintas cantidades de sal, glucosa u otros solutos no penetrantes (fig. 3-22). Las soluciones **hipertónicas** tienen una concentración de solutos más alta que el líquido intracelular, lo que significa que la concentración de agua es más alta en el interior que en el exterior de la célula. Las células colocadas en una solución hipertónica pierden agua y se encogen, porque el agua pasa de la célula al soluto. Las soluciones **hipotónicas** tienen una concentración de solutos más baja que el líquido intracelular, y esto significa que la concentración de agua es más alta en el exterior que en el interior de la célula. En este caso, el agua fluye desde el líquido extracelular hacia la célula; como resultado, la célula se infla e incluso puede explotar. Las soluciones **isotónicas** tienen la medida justa: la concentración de solutos en la solución y la célula es equivalente, y el volumen celular se mantiene igual. Las células colocadas en soluciones isotónicas ni ganan ni pierden agua por osmosis.

La osmolaridad de la mayoría de los líquidos y las células del cuerpo es relativamente fija, 300 mOsm, a pesar de

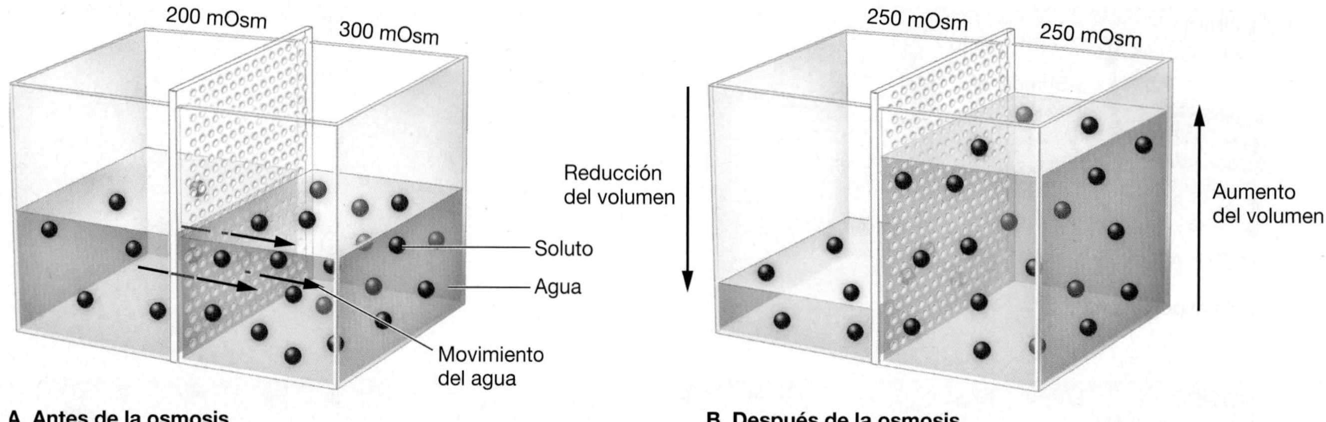

Figura 3-21. Osmosis. A) Dos compartimentos en un recipiente separados por una membrana que permite pasar el agua pero no los solutos. El que se encuentra a la izquierda tiene dos tercios de la concentración de moléculas del soluto (y las moléculas de agua adicionales correspondientes) en relación con el de la derecha. Antes de que se produzca la osmosis, cada compartimento contiene exactamente 1 l de solución, es decir, el volumen es igual en los dos compartimentos. **B)** Después de la osmosis, el agua se ha trasladado del lado izquierdo al derecho, y ha igualado la concentración del soluto pero también ha modificado notablemente el volumen en ambos lados. *Si se añadiera más soluto al compartimento derecho, ¿qué sucedería con el volumen del compartimento izquierdo?*

que las células importan y exportan solutos frecuentemente. En pocas palabras, el transporte de cada molécula de soluto se sigue de la osmosis de una molécula de agua, por lo que la osmolaridad de la célula y el líquido extracelular permanecen sin cambios. Un buen principio recordatorio es que *el agua sigue al soluto*. Por ejemplo, las células intestinales importan nutrientes y, como se mostrará luego en este mismo capítulo, las células de las vías respiratorias exportan cloruro. De ahí que mientras que una célula intestinal absorbe glucosa también absorbe agua, y mientras que una célula de las vías respiratorias secreta cloruro también secreta agua.

La administración de líquidos intravenosos es uno de los pilares del tratamiento médico de cualquier afección del organismo que provoque una pérdida excesiva de agua debido a sudoración, vómitos o diarrea, por ejemplo. El líquido que se administra es generalmente una solución isotónica de solutos no penetrantes, es decir, solutos (suele ser una mezcla de sodio, potasio y bicarbonato, a veces glucosada) con osmolaridad combinada que coincide con la osmolaridad del cuerpo. Estas sustancias pueden penetrar en las células por medio de transporte regulado según las necesidades. Hay dos motivos para ello: *a)* el paciente generalmente ha perdido solutos (sales) junto con el agua, y *b)* las soluciones isotónicas de solutos penetrantes no causan desplazamientos del agua de un compartimento al otro. Por ejemplo, la administración de agua pura puede causar un desplazamiento de ésta dentro de las células, que podrían inflarse de forma peligrosa. Por el contrario, la administración de una solución hipertónica puede provocar la salida de agua de las células con efectos igualmente peligrosos.

¡Recuerde! **El agua atraviesa el gradiente de *agua* desde osmolaridades bajas hacia osmolaridades altas.**

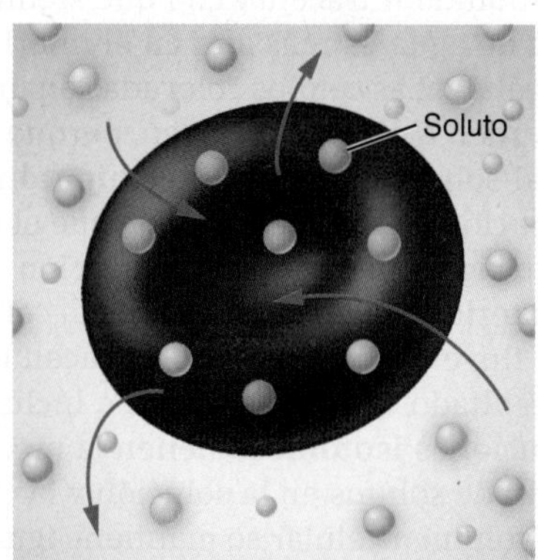

Isotónica: sin cambio de volumen

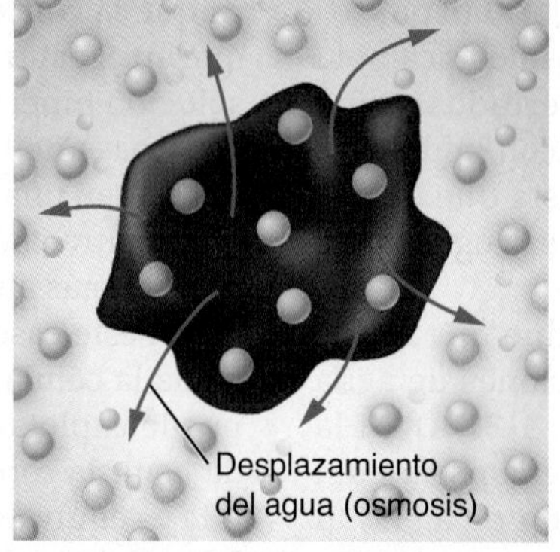

Hipertónica: la célula se encoge

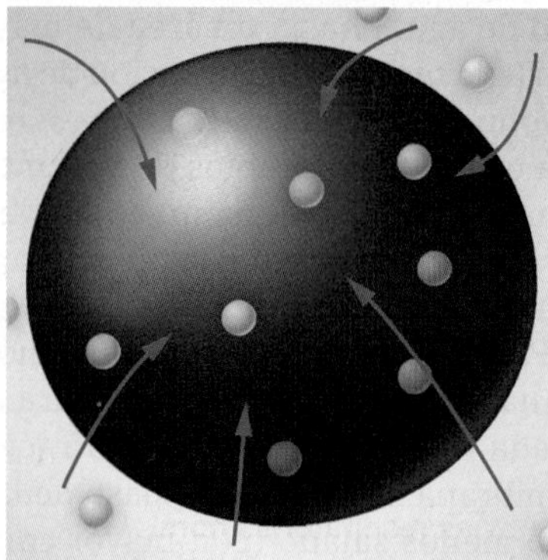

Hipotónica: la célula se infla

Figura 3-22. Efecto de la osmosis en el volumen de un eritrocito. Observe los cambios del volumen tras la inmersión de un eritrocito en una solución isotónica, hipertónica e hipotónica. *¿Qué solución hace que la célula se encoja?*

Apuntes sobre el caso

3-21 La enfermera del servicio de urgencias administra a Julia una solución de glucosa y electrólitos. La concentración de solutos de esta solución se ha determinado cuidadosamente para que no altere el volumen de los eritrocitos de Julia. ¿La solución es hipotónica, isotónica o hipertónica?

Estudio del caso

Tercera parte: la mutación de Julia altera el transporte de membrana

Como ya hemos dicho, tener un defecto genético es tener una proteína defectuosa (o carecer de ella). Los síntomas de mucoviscidosis que presenta Julia, tos persistente y sibilancias, pueden explicarse por la carencia de proteínas CFTR en la membrana celular. Cuando las células de las vías respiratorias son normales, este canal permite que el cloruro salga de la célula y pase a la luz de dichas vías (fig. 3-23 A). Si recordamos la regla empírica de que «el agua sigue al soluto», podemos decir que generalmente el agua sigue a los iones de cloruro hacia la luz de las vías respiratorias, y diluye las secreciones respiratorias para mantenerlas suficientemente fluidas.

Las membranas de las células de las vías respiratorias de Julia carecen de la proteína CFTR (fig. 3-23 B). Desde estas células pasa menos cloruro a la luz de las vías respiratorias y, por lo tanto, menos agua para diluir las secreciones respiratorias. En otras palabras, el cloruro queda atrapado en las células de las vías respiratorias y se convierte en un soluto no penetrante, por lo que el agua permanece en ellas para diluirlo. La ausencia de agua produce secreciones respiratorias muy viscosas (espesas y pegajosas). En los pulmones, el moco espeso bloquea las vías respiratorias y provoca sibilancias, tos y mayores riesgos de infección. La mucoviscidosis podría, en teoría, tratarse si el gen *CFTR* normal pudiera insertarse en esas células con problemas. Para obtener más información, recomendamos leer el artículo «*Stem Cells and Cloning: A Cure for Cystic Fibrosis?*» en el sitio web.

En las células de las glándulas sudoríparas (no se muestran), el canal de cloruro funciona en la dirección opuesta: suele ser el responsable de trasladar el cloruro desde la luz de esas glándulas hasta las células. Los iones de cloruro permanecen así en el sudor. Ésta es la razón por la que el sudor de los pacientes con mucoviscidosis tiene un contenido demasiado alto de cloruro y sodio.

A veces, un fallo en el transporte de cloruro altera también otros sistemas orgánicos. Los líquidos particularmente espesos tienden a «pegotear» las secreciones pancreáticas en el intestino, provocando así problemas digestivos. Asimismo, las secreciones espesas en el aparato genital masculino pueden causar esterilidad.

Apuntes sobre el caso

3-22 ¿Por qué un defecto en el canal de cloruro reduce la osmosis?

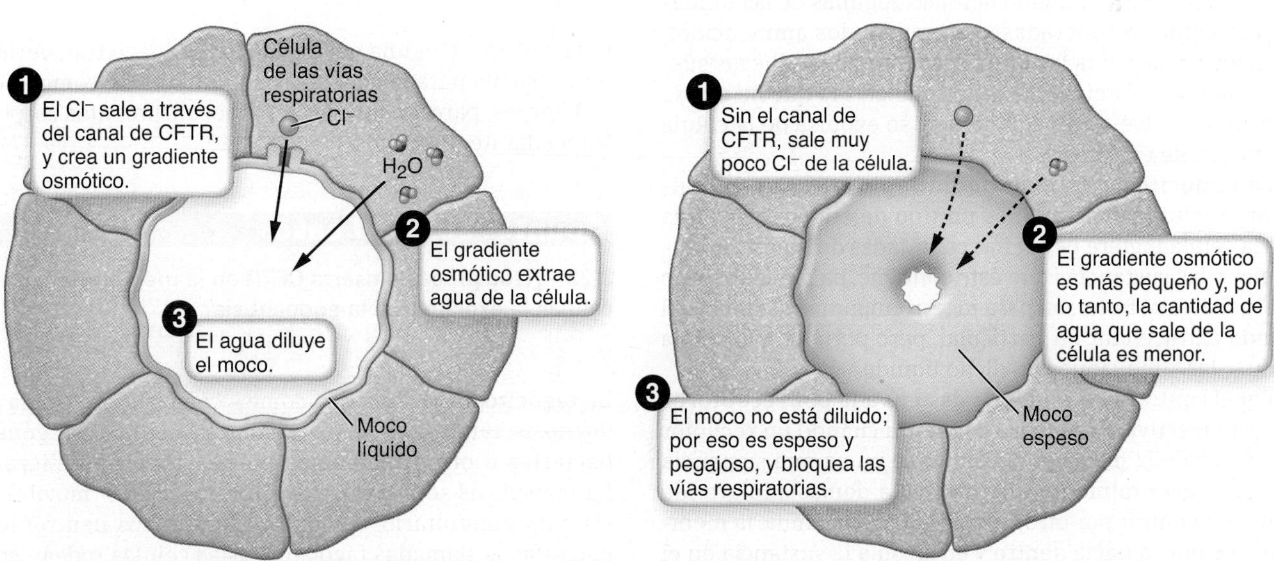

Figura 3-23. Mucoviscidosis y osmosis. Julia ha heredado un gen *CFTR* defectuoso, que carece de tres nucleótidos. La proteína CFTR sintetizada a partir de este gen carece de fenilalanina y se ha degradado en vez de insertarse en la membrana celular. La ausencia de la proteína CFTR en la membrana celular altera el transporte de cloruro, que a su vez altera la difusión de sodio y la osmosis, lo que provoca el bloqueo de las vías respiratorias y el sudor salado. *¿Qué orgánulo degrada la proteína CFTR anormal?*

Las células intercambian grandes cantidades de material con el líquido extracelular

Las células utilizan la difusión simple, la osmosis, la difusión facilitada y el transporte activo para trasladar sustancias de un lado a otro de la membrana celular, partícula por partícula. La *exocitosis* y la *endocitosis* son métodos utilizados por la célula para asimilar o expulsar sustancias en grandes cantidades.

La **exocitosis,** literalmente «fuera de una célula», es el método que permite a la célula expulsar grandes cantidades de materiales. Este material, que está dentro de la célula, puede ser algo que ésta sintetizó o comió (ingirió). En cualquier caso, el producto que se ha de expulsar se envuelve primero en una membrana para formar una vesícula, la cual se mueve hacia la membrana celular con la que se fusiona, como se muestra en la figura 3-24. La vesícula entonces se abre hacia el exterior y expulsa su contenido en el espacio extracelular. La pared de la membrana de la vesícula permanece como parte de la membrana celular. Este mecanismo permite modificar, reparar, emparchar o expandir la membrana celular. Además, como se muestra en la figura 3-17, la exocitosis es el mecanismo por el que las proteínas se insertan en la membrana celular.

La **endocitosis,** literalmente «dentro de una célula», es lo opuesto a la exocitosis. Es, también, un proceso activo que necesita energía proveniente del ATP. La endocitosis comienza cuando la membrana celular se invagina (fig. 3-25) para luego fusionarse y atrapar una sustancia, alrededor de la cual va a formar una vesícula, que capta la sustancia y queda encerrada en un saco de la membrana celular. Esta vesícula se fusiona con un lisosoma, cuyas enzimas digieren el contenido del saco. Algunas de las unidades estructurales liberadas, por ejemplo los aminoácidos, se reciclan y la célula las utiliza para sintetizar nuevas sustancias, como proteínas. El material digerido que no puede reciclarse vuelve a empaquetarse y se expulsa de la célula por medio de exocitosis.

La **endocitosis de fase líquida (pinocitosis),** literalmente «célula bebedora», es un tipo de endocitosis en la que la célula ingiere pequeñas cantidades de líquido extracelular y las sustancias que éste contiene. La pinocitosis no es específica ni funciona para ingerir ninguna sustancia del líquido extracelular en particular, pero permite a la célula evaluar las condiciones en dicho líquido.

Por el contrario, la **endocitosis activada por receptores** es muy selectiva. El proceso comienza cuando un receptor específico de la membrana celular se une a una sustancia concreta, generalmente una molécula demasiado grande como para entrar por otros medios. Una vez unida, la membrana se pliega hacia dentro y encapsula la sustancia en el interior de una vesícula. Por ejemplo, los complejos compuestos por colesterol y proteínas *(lipoproteínas)* entran en las células de esta forma.

Algunas células combinan endocitosis y exocitosis para trasladar sustancias a través de la célula, un proceso que a veces se describe como *transcitosis.* La endocitosis incorpora la sustancia en una célula, la cual es luego transferida a otra vesícula para la exocitosis. Algunos virus, como el VIH y el herpes, parecen atravesar los recubrimientos corporales mediante transcitosis.

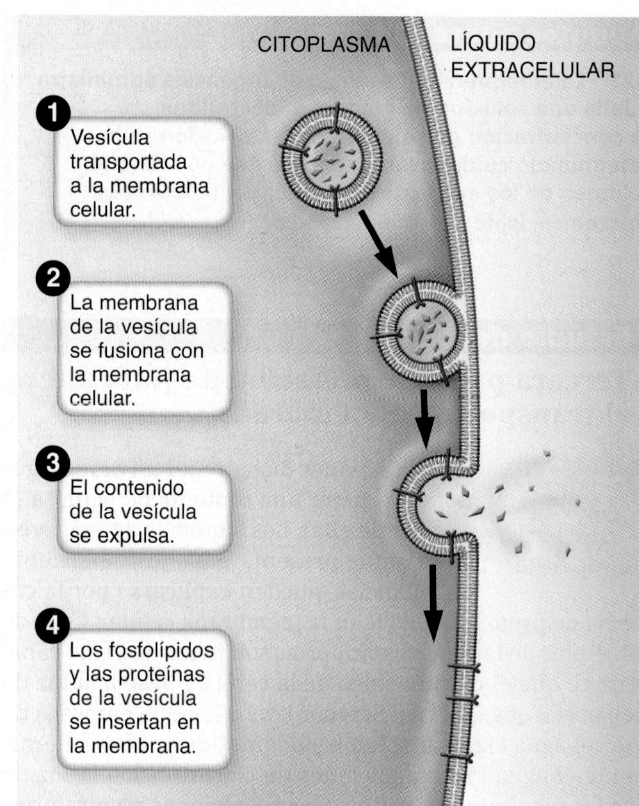

Figura 3-24. Exocitosis. La exocitosis secreta sustancias desde las células e introduce fosfolípidos y proteínas en la membrana celular. *Si la exocitosis se produce en grandes cantidades, ¿qué sucederá con la membrana celular, se agrandará o se encogerá?*

Apuntes sobre el caso

3-23 ¿Qué proceso inserta CFTR en la membrana celular, la exocitosis o la endocitosis?

La **fagocitosis,** «célula que come», como sucede con la endocitosis, también trae sustancias a la célula, en general bacterias u otras sustancias potencialmente peligrosas. La fagocitosis se limita a las células «escoba» móviles del sistema inmunitario, como por ejemplo los neutrófilos y macrófagos, llamadas fagocitos. Estas células rodean completamente a las partículas extrañas y las introducen en una vesícula grande (fig. 3-26). Esta vesícula se fusiona con un lisosoma, que a su vez digiere el contenido de la vesícula. La fagocitosis se utiliza para destruir los microbios invasores y para limpiar los restos de células muertas en los tejidos enfermos o lesionados.

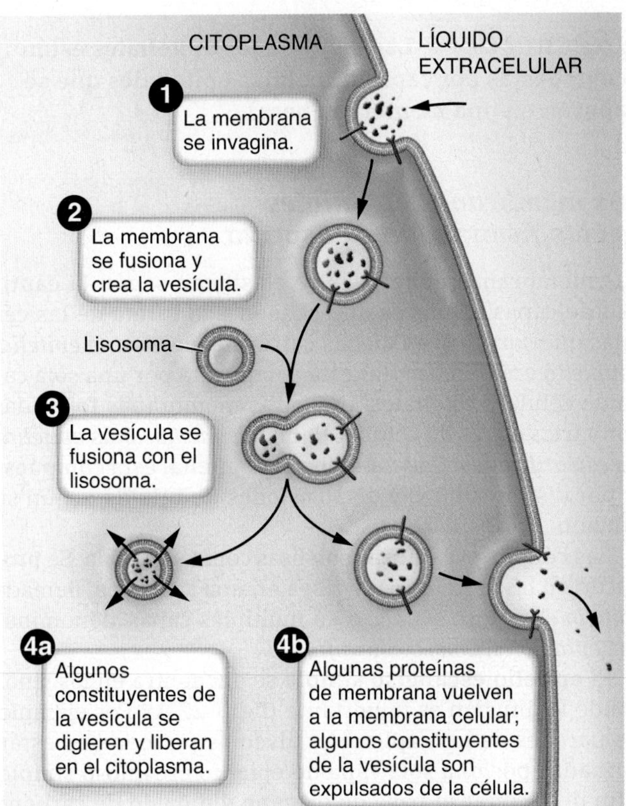

Figura 3-25. Endocitosis. Durante la endocitosis, la célula capta material del líquido extracelular y lo lleva al citoplasma empaquetado en una vesícula hecha con la membrana celular. *Si la endocitosis se produce en grandes cantidades, ¿qué sucederá con la membrana celular, se agrandará o se encogerá?*

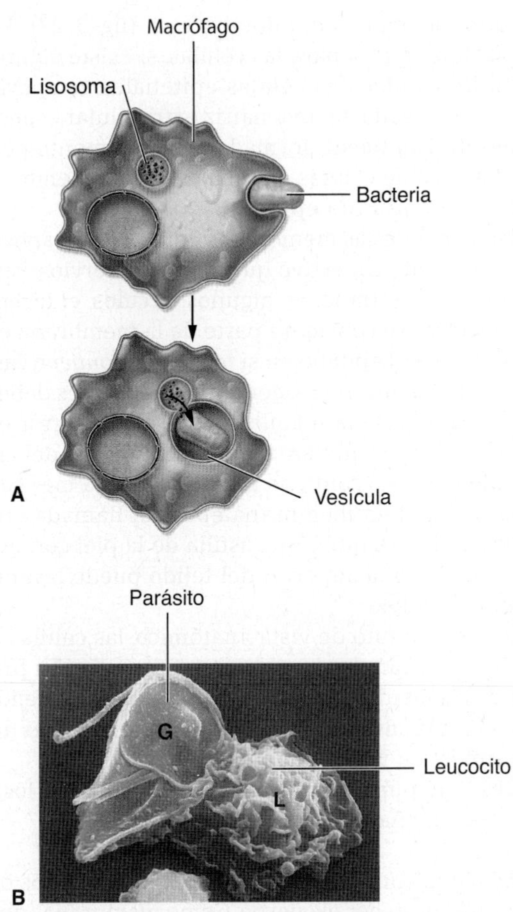

Figura 3-26. Fagocitosis. A) Algunas células se tragan los microbios o las células gastadas por medio de la fagocitosis. La sustancia digerida se encierra en una vesícula, que sigue el mismo camino que la vesícula de la figura 3-25. **B)** Un leucocito tragándose un parásito. *¿La fagocitosis se parece a la endocitosis o a la exocitosis?*

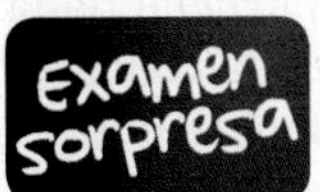

3-24 ¿Qué proceso transporta una sustancia desde un compartimento donde escasea hasta un área donde está muy concentrada?

3-25 ¿Qué diferencia hay entre sustancias hidrófilas e hidrófobas?

3-26 ¿Cuál es la diferencia entre una proteína portadora y un canal?

3-27 ¿Al final de qué método de transporte masivo se fusionan la membrana celular y la membrana de la vesícula?

3-28 ¿Qué modo de endocitosis se utiliza para captar sustancias específicas dentro de la célula?

Tipos de tejidos

Estamos construidos sobre huesos, los músculos nos mueven, los nervios nos controlan y la piel nos viste. Y ahí tenemos los cuatro tipos de tejidos: el tejido óseo (los huesos) es una de las formas del *tejido conectivo,* los músculos representan el *tejido muscular,* los nervios el *tejido nervioso* y la capa exterior de la piel (la epidermis) el *tejido epitelial.* En este capítulo hablaremos de los tejidos epitelial y conectivo. El tejido muscular se trata en el ➡ capítulo 6, y el nervioso en el ➡ capítulo 8.

Los tejidos se distinguen por: *a)* las células que los forman, y *b)* el tipo y la cantidad de material extracelular, que forman la **matriz extracelular,** la cual rodea y sostiene las células.

El tejido epitelial cubre la superficie corporal, recubre las cavidades y forma las glándulas

El tejido epitelial, llamado también **epitelio,** es una capa delgada de células que recubren la superficie de la piel y los órganos internos huecos. Típicamente, el epitelio está formado por células empaquetadas de forma muy compacta que funcionan como una barrera (fig. 3-27). La matriz extracelular que separa las células, si existe alguna, es mínima. En cambio, las células epiteliales se apoyan sobre una capa delgada de una matriz extracelular especializada, la **membrana basal,** formada principalmente por proteínas. La capa de células epiteliales con su membrana basal se llama **membrana epitelial.**

Típicamente, las membranas epiteliales se apoyan en un lecho de tejido conectivo que contiene nervios, vasos y células de sostén (nota: en algunos círculos, el lecho de tejido conectivo se considera parte de la membrana epitelial). Observe que el epitelio en sí mismo *no contiene* vasos; para llegar a las células, el oxígeno y los nutrientes deben difundirse a través de la membrana basal, un factor extremadamente importante en el comportamiento del cáncer. El epitelio tampoco contiene nervios. La capa más superficial de la piel es una membrana epitelial llamada epidermis. Si alguna vez se quitó una astilla de la piel con una aguja, sabe que la capa superior del tejido puede levantarse sin sangrado ni dolor.

Desde el punto de vista anatómico, las células epiteliales desempeñan dos importantes funciones. La primera es formar las membranas y la segunda formar el tejido secretor de las **glándulas,** unas colecciones especiales de células que sintetizan y secretan un producto.

Desde el punto de vista funcional, son tres los papeles que desempeñan dichas células epiteliales:

- Actúan como *barrera* para separar los tejidos de su entorno y proteger el cuerpo. Como membranas epiteliales, cubren y recubren; es decir, forman la capa más superficial de la piel, pero también la capa que forra la parte interna de las cavidades corporales. Ninguna sustancia o microorganismo puede llegar al medio interno del cuerpo (sangre y otros líquidos) sin cruzar la barrera formada por la membrana epitelial. Hay miles de bacterias permanentemente presentes en la piel, las vías respiratorias y el aparato digestivo, pero a menos que puedan atravesar la capa epitelial, no pueden provocar infecciones.
- *Absorben* sustancias. Por ejemplo, la membrana epitelial que recubre el intestino absorbe el agua y los nutrientes, pero mantiene fuera a las bacterias y otras partículas diminutas. En otras palabras, el epitelio actúa como un guardián todoterreno, que permite el paso de las sustancias beneficiosas pero rechaza las que no lo son.
- *Secretan* sustancias. La secreción es una característica de las glándulas, que son agrupaciones de células que sintetizan y secretan un producto. Por ejemplo, las glándulas salivales sintetizan y secretan saliva.

Apuntes sobre el caso

3-24 Julia tiene un problema con las células empaquetadas de forma compacta que recubren sus vías respiratorias. Estas células, ¿son parte del tejido epitelial o del tejido conectivo?

¡Recuerde! **Las membranas epiteliales están compuestas por capas de células epiteliales que se apoyan en una membrana basal.**

Las membranas epiteliales se clasifican según su aspecto

Las membranas epiteliales se clasifican según la cantidad de capas celulares que poseen y la forma de las células que constituyen dichas capas. La *membrana epitelial simple* (o epitelio simple) está compuesta por una sola capa de células epiteliales. Hay otras membranas formadas por varias capas de células, llamadas *membranas epiteliales estratificadas*. Cada membrana epitelial está compuesta por distintos tipos y disposiciones de células, según su función.

Las **células escamosas** son lisas como una tabla. Se producen en las membranas, ya sea en una sola capa, llamada *epitelio escamoso simple*, o en múltiples capas, denominadas *epitelio escamoso estratificado.*

El **epitelio escamoso simple** se encuentra en los sitios donde la difusión es importante (fig. 3-27 A). Por ejemplo, las paredes de los capilares y alvéolos pulmonares están formadas por una sola capa de epitelio escamoso simple, a fin de facilitar el paso de oxígeno y dióxido de carbono entre la sangre y los tejidos por un lado, y entre la sangre y el aire por otro.

El **epitelio escamoso estratificado** se encuentra en las membranas cuyas barreras tienen una función importante (fig. 3-27 B). Este tipo de tejido está comúnmente expuesto al contacto directo con el entorno o al contacto indirecto con productos ambientales, como los alimentos (que pueden contener bacterias, irritantes o partículas duras). Recordemos, por ejemplo, que la capa más superficial de la piel es una membrana epitelial, la **epidermis,** la cual está formada por muchas capas de células escamosas planas, semejantes a las tejas de un tejado, que resisten los «temporales» de bacterias, compuestos químicos, lluvias y otras agresiones del medio ambiente. Además, el esófago (conducto por donde pasa la comida desde la boca al estómago) está recubierto por un epitelio escamoso estratificado para resistir las irritaciones que a veces acompañan el paso de los alimentos.

Las **células cúbicas** son cuadradas y se encuentran en las capas simples o múltiples. Los conductos glandulares, por ejemplo los de las glándulas salivales, suelen estar recubiertos por un **epitelio cúbico simple** (fig. 3-27 C).

El **epitelio cúbico estratificado (o de transición)** recubre la vejiga y otros órganos con capacidad de distensión (fig. 3-27 D). Su nombre refleja su capacidad de pasar por un período de transición mientras la vejiga se distiende y llena de orina, período durante el cual las células son menos planas y cuadradas.

Las **células cilíndricas** son largas y delgadas y permanecen en posición vertical, empaquetadas hombro a hombro. El epitelio cilíndrico tiene generalmente una capa celular simple, llamada **epitelio cilíndrico simple** (fig. 3-27 E). Los

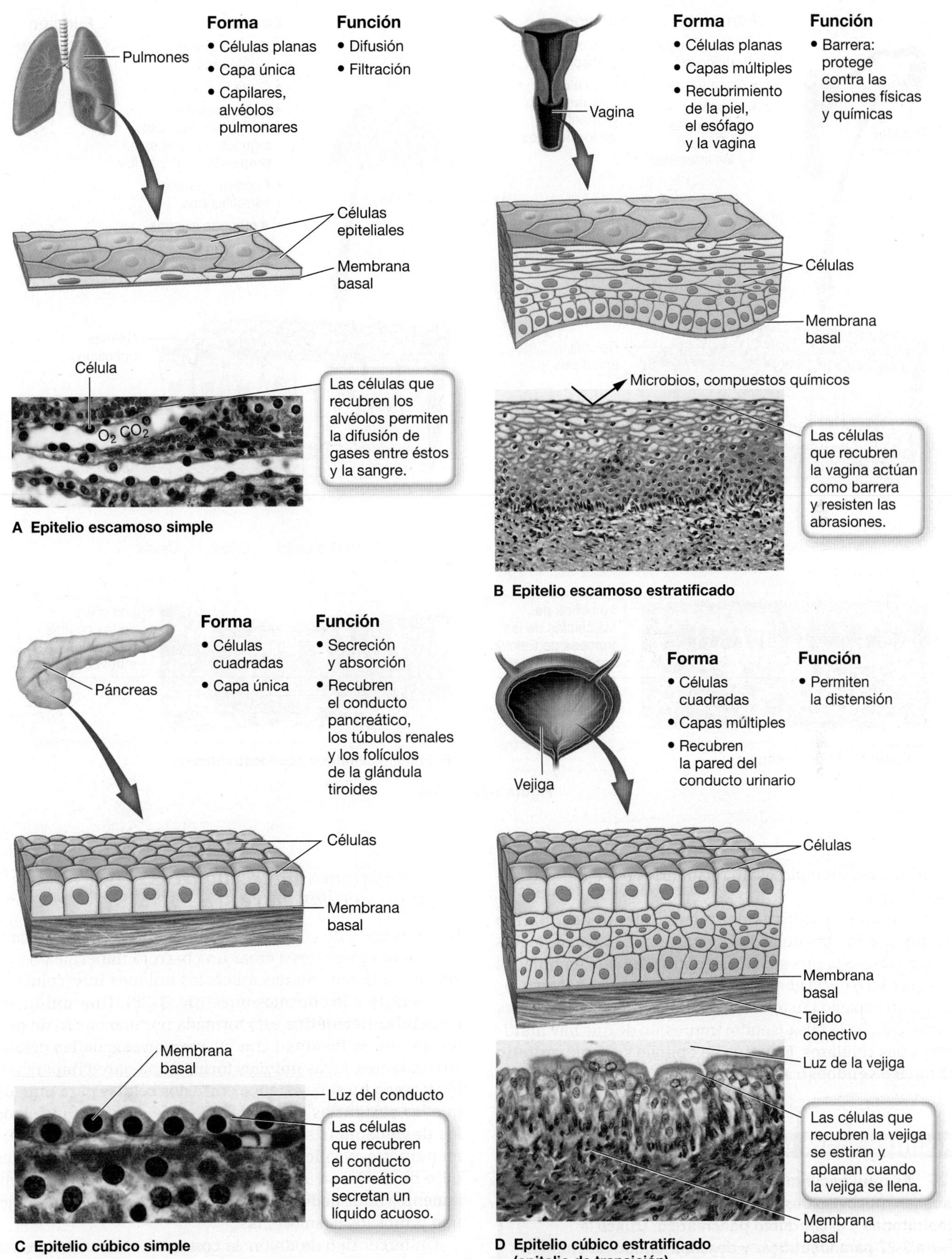
Pulmones
Forma
• Células planas
• Capa única
• Capilares, alvéolos pulmonares
Función
• Difusión
• Filtración
Células epiteliales
Membrana basal
Célula
O_2 CO_2
Las células que recubren los alvéolos permiten la difusión de gases entre éstos y la sangre.
A Epitelio escamoso simple
Vagina
Forma
• Células planas
• Capas múltiples
• Recubrimiento de la piel, el esófago y la vagina
Función
• Barrera: protege contra las lesiones físicas y químicas
Células
Membrana basal
Microbios, compuestos químicos
Las células que recubren la vagina actúan como barrera y resisten las abrasiones.
B Epitelio escamoso estratificado
Páncreas
Forma
• Células cuadradas
• Capa única
Función
• Secreción y absorción
• Recubren el conducto pancreático, los túbulos renales y los folículos de la glándula tiroides
Células
Membrana basal
Membrana basal
Luz del conducto
Las células que recubren el conducto pancreático secretan un líquido acuoso.
C Epitelio cúbico simple
Vejiga
Forma
• Células cuadradas
• Capas múltiples
• Recubren la pared del conducto urinario
Función
• Permiten la distensión
Células
Membrana basal
Tejido conectivo
Luz de la vejiga
Las células que recubren la vejiga se estiran y aplanan cuando la vejiga se llena.
Membrana basal
D Epitelio cúbico estratificado (epitelio de transición)

Figura 3-27. Tejido epitelial: forma y función. *¿Qué término describe la cantidad de capas,* «estratificado» o «escamoso»? *(continúa).*

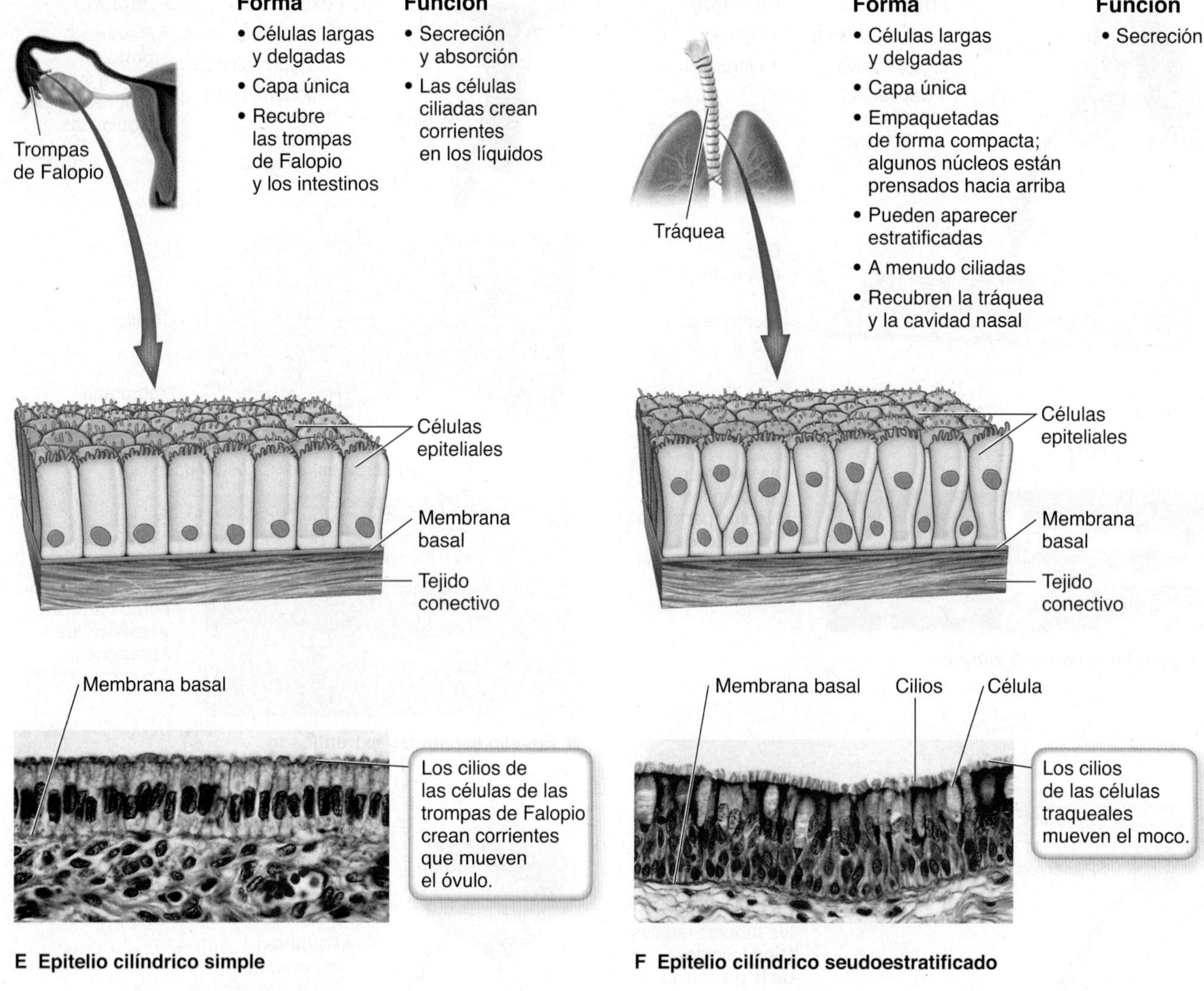
Forma
• Células largas y delgadas
• Capa única
• Recubre las trompas de Falopio y los intestinos
Función
• Secreción y absorción
• Las células ciliadas crean corrientes en los líquidos
Trompas de Falopio
Células epiteliales
Membrana basal
Tejido conectivo
Membrana basal
Los cilios de las células de las trompas de Falopio crean corrientes que mueven el óvulo.
Forma
• Células largas y delgadas
• Capa única
• Empaquetadas de forma compacta; algunos núcleos están prensados hacia arriba
• Pueden aparecer estratificadas
• A menudo ciliadas
• Recubren la tráquea y la cavidad nasal
Función
• Secreción
Tráquea
Células epiteliales
Membrana basal
Tejido conectivo
Membrana basal
Cilios
Célula
Los cilios de las células traqueales mueven el moco.

E Epitelio cilíndrico simple

F Epitelio cilíndrico seudoestratificado

Figura 3-27. *(Cont.)*

intestinos, por ejemplo, están recubiertos por epitelio cilíndrico simple.

Las células cilíndricas del recubrimiento del aparato respiratorio son tan delgadas y están empaquetadas de forma tan compacta que sus núcleos, grandes, son empujados hacia arriba o hacia abajo en el citoplasma para hacerse lugar en un espacio tan abarrotado. Bajo el microscopio, esta disposición da la falsa (seudo) impresión de que hay múltiples capas celulares. Este tipo de epitelio se llama **epitelio cilíndrico seudoestratificado** (fig. 3-27 F).

Apuntes sobre el caso

3-25 Es muy frecuente que, en los pacientes que padecen mucoviscidosis, el moco bloquee las vías respiratorias y el conducto pancreático. Utilice la figura 3-27 para identificar y describir el tipo de epitelio que recubre cada uno de estos conductos.

Las conexiones intercelulares unen las células entre sí

Hay dos tipos de conexiones intercelulares que ayudan a los tejidos epiteliales a crear una barrera impermeable resistente a la tensión mecánica: las uniones intercelulares herméticas y los desmosomas (fig. 3-28). Una **unión intercelular hermética** está formada por una banda de proteínas que se fusionan con las membranas de las células circundantes. Estas uniones forman una pared impenetrable y crean un sello estanco entre dos células para impedir que las sustancias se desplacen entre ellas. Por otro lado, los **desmosomas** sujetan con fuerza una célula con otra en puntos específicos, como si fueran botones o remaches, pero no bloquean el paso de sustancias entre ellas. Los filamentos intermedios actúan como abrazaderas que sostienen juntos los desmosomas.

Un tercer tipo de unión, la **conexión comunicante,** conecta las células circundantes, sin sellarlas ni unirlas, pero sirve como medio de comunicación entre ellas. Las co-

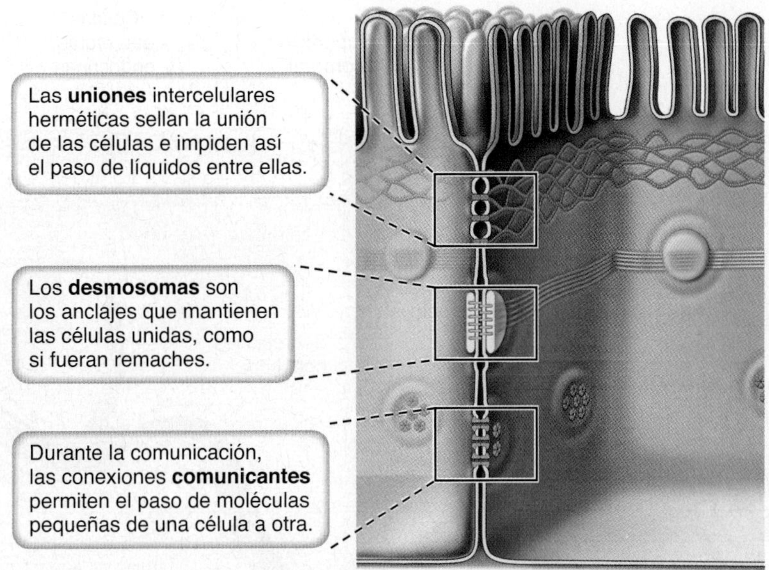

Las **uniones** intercelulares herméticas sellan la unión de las células e impiden así el paso de líquidos entre ellas.
Los **desmosomas** son los anclajes que mantienen las células unidas, como si fueran remaches.
Durante la comunicación, las conexiones **comunicantes** permiten el paso de moléculas pequeñas de una célula a otra.

Figura 3-28. Uniones celulares. Las uniones intercelulares herméticas, los desmosomas y las conexiones comunicantes mantienen unidas, estructural y funcionalmente, las células de la pared intestinal. Son uniones que también se encuentran en otros tejidos, ya sea juntas o de forma individual. *¿Cuál es el tipo de unión que más bloquea el espacio intercelular?*

nexiones comunicantes son túneles de proteínas especiales entre células adyacentes. Las partículas pequeñas, como los iones, pueden pasar de una célula a otra a través de ellas para retransmitir los mensajes sin entrar en el líquido extracelular. Las uniones intercelulares también se encuentran en otros tejidos no epiteliales, particularmente en algunos tipos de miocitos.

Como se muestra en la figura 3-28, las uniones intercelulares herméticas, los desmosomas y las conexiones comunicantes mantienen unidas las células de la pared intestinal, desde el punto de vista estructural y funcional. Son uniones que también se encuentran en otros tejidos, ya sea juntas o individualmente.

Apuntes sobre el caso

3-26 Algunos estudios muestran que las proteínas CFTR normales son necesarias para que la actividad de las conexiones comunicantes sea normal. ¿Qué es lo que se ha dañado en las membranas epiteliales de Julia, la comunicación intercelular o la integridad estructural?

Las glándulas están compuestas por células epiteliales

Una glándula es una masa de células que sintetiza y secreta un producto (la *secreción*) a partir de materias primas provenientes de la sangre. Existen dos tipos de glándulas: con conductos y sin conductos (fig. 3-29). Las células epiteliales de las glándulas **exocrinas** están ordenadas en pequeños sacos *(acini)* que secretan su producto en conductos recubiertos por una membrana epitelial que trasladan la secreción a una superficie o una cavidad corporal (fig. 3-29 A). Por ejemplo, las mamas contienen glándulas mamarias que, después del parto, secretan leche en los conductos, que a su vez la transportan hasta el pezón.

Las glándulas **endocrinas** son masas sólidas de células epiteliales sin conductos (fig. 3-29 B). Sin la participación de conducto alguno, secretan sus productos (compuestos químicos llamados **hormonas**) en vasos sanguíneos pequeñísimos. Las hormonas circulan ampliamente en el torrente circulatorio y actúan como mensajeros químicos (cap. 4) que pueden alterar cualquier célula del cuerpo. Sin embargo, no todas las células endocrinas se encuentran en las glándulas endocrinas. Algunas están diseminadas en distintos órganos, pero en esos tejidos no están unidas para formar una glándula diferenciada. Por ejemplo, ciertas células de la pared del estómago secretan hormonas que estimulan otras células del estómago, que a su vez secretan ácido en la luz de ese órgano.

¡Recuerde! **Las glándulas exocrinas secretan su producto en conductos y las glándulas endocrinas directamente en la sangre.**

Apuntes sobre el caso

3-27 Julia tiene problemas con las glándulas sudoríparas. ¿Son glándulas exocrinas o endocrinas?

El tejido conectivo conecta las células, los tejidos y los órganos

La definición de **tejido conectivo** es complicada. Es una categoría de exclusión más que de inclusión; es decir, los

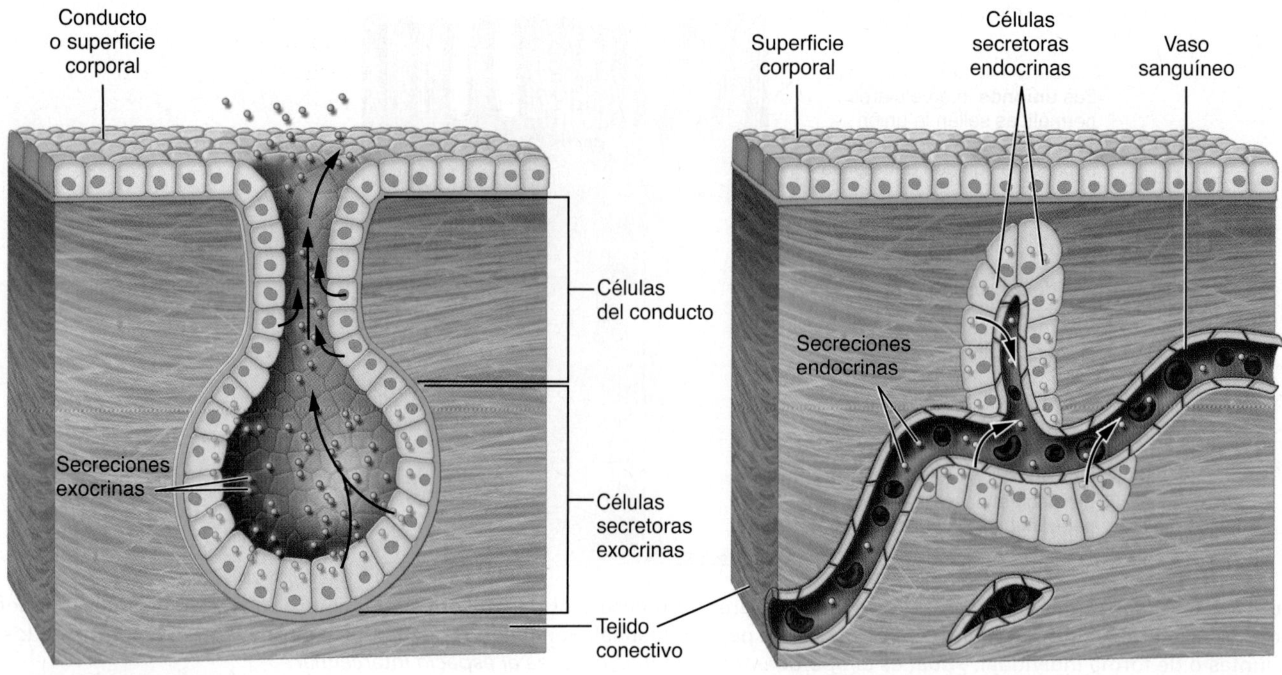

Figura 3-29. Glándulas. Las glándulas se componen de membranas epiteliales modificadas. **A)** Glándulas exocrinas. **B)** Glándulas endocrinas. *¿Qué tipo de glándula secreta sustancias en la sangre?*

tejidos conectivos son aquellos que no son musculares, nerviosos o epiteliales. Además, la palabra *conectivo,* aplicada a la sangre, tampoco entra del todo en esta categoría porque la sangre, un tejido conectivo, no conecta ni células ni tejidos ni órganos, salvo que se considere esta palabra en un sentido demasiado amplio: la sangre facilita la comunicación entre las células y una de las acepciones de *conectar* es «comunicar». Sin embargo, el tejido conectivo tiene otras tres características que lo distinguen:

- Es estructural, sirve de soporte.
- Deriva del *mesodermo,* un tejido embrionario primitivo (los otros dos son el ectodermo y el endodermo).
- Contiene una gran cantidad de sustancia extracelular, la matriz extracelular. La mayoría de las células del tejido conectivo no están en contacto directo unas con otras, porque están separadas por la matriz.

¡Recuerde! **Una propiedad clave del tejido conectivo es la abundancia de sustancia extracelular, la matriz, que separa sus células.**

El tejido conectivo contiene una gran cantidad de matriz extracelular

La **matriz extracelular** del tejido conectivo tiene dos componentes: una *sustancia fundamental* amorfa (sin estructura) y *fibras*. Las células del tejido conectivo fabrican ambos componentes, que pueden verse en la figura 3-30.

La **sustancia fundamental** está formada por agua, minerales y pequeñas glucoproteínas. Tanto las células del tejido conectivo como las fibras que éstas sintetizan están incorporadas en ella. De hecho, la sustancia suele ser de naturaleza pegajosa, lo que hace que células y fibras se mantengan juntas. De acuerdo con su contenido de ciertas proteínas, carbohidratos, minerales y agua, la sustancia fundamental puede ser líquida, gelatinosa, gomosa o dura como una roca.

Las *fibras* son filamentos proteicos elongados, formados por un tipo especial de célula, el **fibroblasto.** Los fibroblastos producen dos tipos de proteína: el *colágeno* y la *elastina*.

El **colágeno** es una proteína entretejida en dos tipos de fibras, ambas filamentos simples no ramificados: las fibras de colágeno y las reticulares. Las *fibras de colágeno* constan de una proteína colágena devanada en ovillos densos y paralelos, diseñados para resistir la alta tensión de los movimientos musculoesqueléticos. Se encuentran sobre todo en los tendones y los ligamentos. Las *fibras reticulares* se componen de una proteína colágena entretejida con fibras muy delgadas y delicadas, la cual forma una red entrelazada que sirve de estructura para distintos órganos.

La **elastina** se devana en *fibras elásticas*, que son filamentos delgados ramificados. Aunque son débiles, las fibras elásticas pueden estirarse fácilmente y retraerse como un resorte para reasumir su forma y su longitud originales. Las fibras elásticas otorgan resistencia elástica a algunos tejidos, como los de las cuerdas vocales.

Existen varios tipos de tejido conectivo

El tejido conectivo se presenta en dos amplias formas: tejido conectivo no especializado y tejido conectivo especializado (fig. 3-30).

El *tejido conectivo no especializado* puede ser:

- Tejido conectivo laxo.
- Tejido conectivo denso.

El *tejido conectivo especializado* puede ser:

- Cartílago.
- Hueso.
- Sangre.

Tejido conectivo no especializado

El **tejido conectivo laxo** (o **areolar**, «abierto») es como una tela de araña formada por filamentos muy finos (fig. 3-30 A). Contiene unos pocos fibroblastos y linfocitos, algunas células lipídicas (los adipocitos, que pueden almacenar grasas), y una mezcla clara de colágeno y fibras de elastina. Este tejido une de forma laxa la piel y los órganos subyacentes, rellena los espacios entre los haces musculares y ciertos órganos, forma la importante capa media de la pared de los intestinos (la submucosa, ➡ cap. 14) y también la vaina exterior de las arterias grandes.

Normalmente, los adipocitos del tejido conectivo laxo almacenan pocos lípidos. Sin embargo, algunas veces acu-

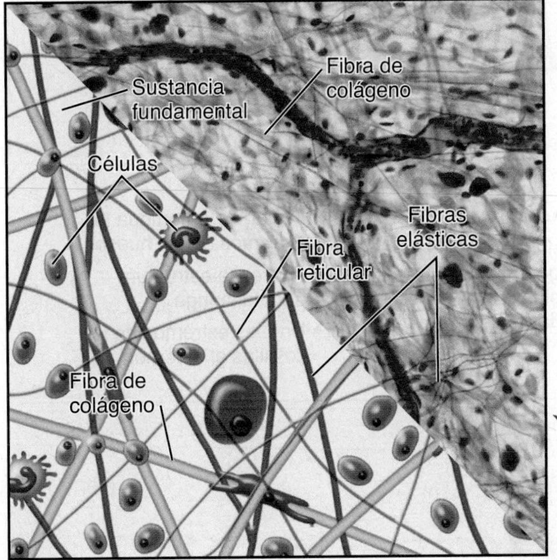

Forma
- Células: fibroblastos, adipocitos, células linfoides
- Matriz extracelular: fibras reticulares, elásticas y de colágeno en una red desorganizada; sustancia fundamental semilíquida

Función
- Une la piel a los órganos subyacentes
- Forma la pared media del intestino
- Rellena los espacios entre los haces de fibras musculares
- Forma una capa de las meninges (cubierta protectora del cerebro)

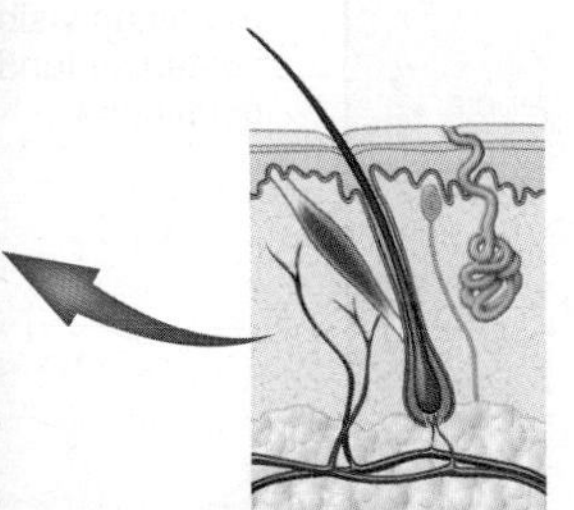

Piel

A Tejido conectivo laxo (areolar)

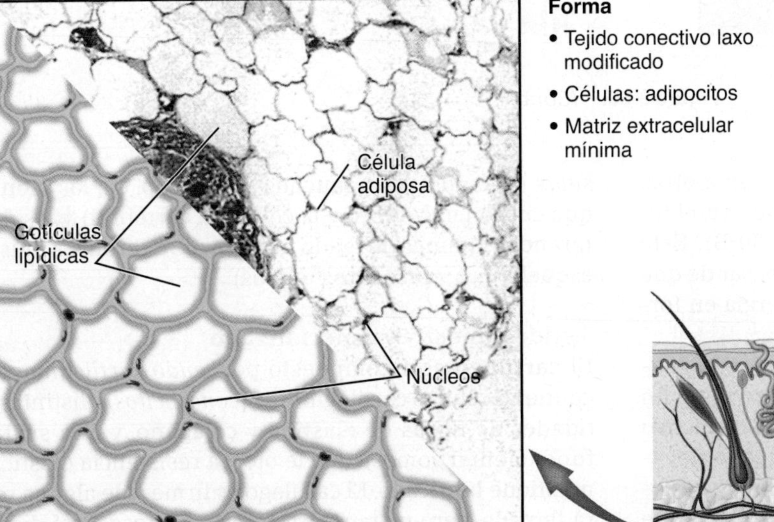

Forma
- Tejido conectivo laxo modificado
- Células: adipocitos
- Matriz extracelular mínima

Función
- Aísla y amortigua las articulaciones y los órganos internos
- Almacena energía en forma de triglicéridos

Piel

B Tejido adiposo

Figura 3-30. Tejido conectivo: forma y función *(continúa).*

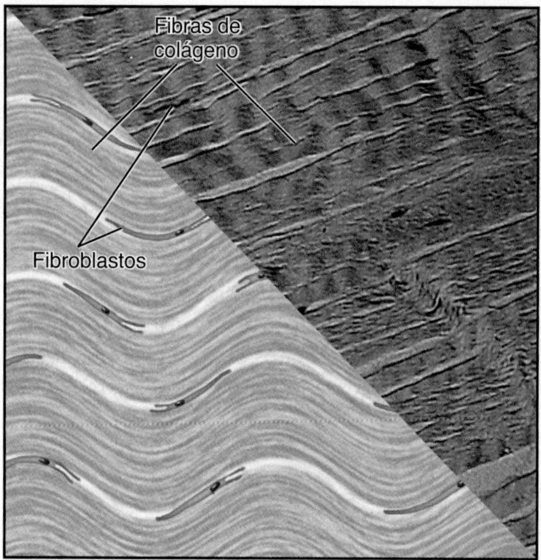

Forma

- Células: unos pocos fibroblastos
- Matriz extracelular: fibras de colágeno dispuestas en haces (como se muestra aquí) o redes irregulares

Función

- Resiste tensiones fuertes
- Acopla las estructuras entre sí
- Forma los tejidos cicatriciales, los ligamentos, los tendones, las cápsulas de las articulaciones y las cubiertas de los órganos (fascia)

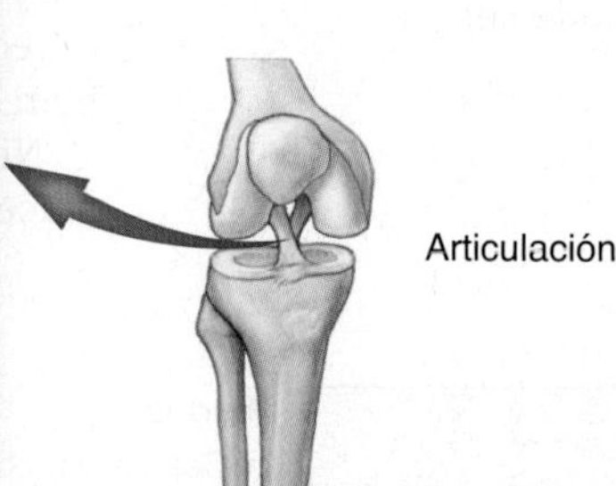

C Tejido conectivo denso

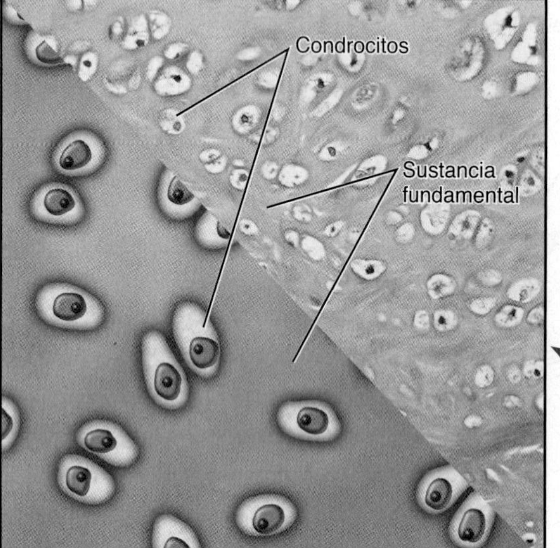

Forma

- Células: condrocitos
- Matriz extracelular: fibras de colágeno finas (no están visibles) y sustancia fundamental gelatinosa

Función

- Protege y amortigua los extremos de los huesos
- Provee la estructura para la laringe
- Une los extremos de las costillas al esternón

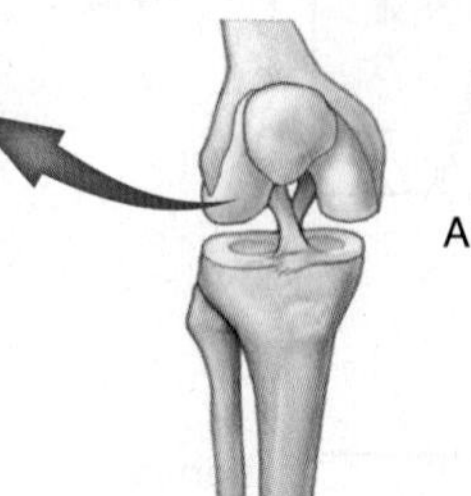

D Cartílago hialino

Figura 3-30. *(Cont.)*

mulan tantos lípidos intracelulares que desplazan a otras células y a la matriz extracelular. Cuando esto ocurre, el tejido se describe como **tejido adiposo** (fig. 3-30 B). Este tejido también se considera tejido conectivo, a pesar de que carece de matriz extracelular. Almacena la energía en forma de triglicéridos.

El **tejido conectivo denso** (también llamado tejido conectivo *fibroso*) contiene pocos fibroblastos, pero tiene un contenido de fibra mucho más alto que el tejido conectivo laxo (fig. 3-30 C). Está lleno de fibras de colágeno devanadas en ovillos paralelos densos, es duro y puede resistir fuertes tensiones. Es el material de las *cicatrices* (que unen los bordes de una herida), los *tendones* (que conectan los músculos con los huesos), los *ligamentos* (que generalmente conectan los huesos de una articulación), las *cápsulas* (que encierran muchos órganos, p. ej., las meninges que cubren el cerebro y la columna vertebral) y las *fascias* (grandes láminas de tejido fibroso que cubren los músculos esqueléticos, entre otros tejidos).

Tejido conectivo especializado

El **cartílago** está compuesto por *tejido cartilaginoso*, que contiene células cartilaginosas *(condrocitos)*, distintas cantidades de fibras de elastina y colágeno, y una sustancia fundamental gomosa que le otorga resistencia elástica y lo mantiene lubricado. El cartílago es firme y de alguna manera flexible, pero no tan duro como un hueso. Está diseñado para distenderse ante una tensión y luego retomar su forma normal. Sirve de amortiguador para las articulaciones (donde se encuentran los huesos) y da forma a algunas es-

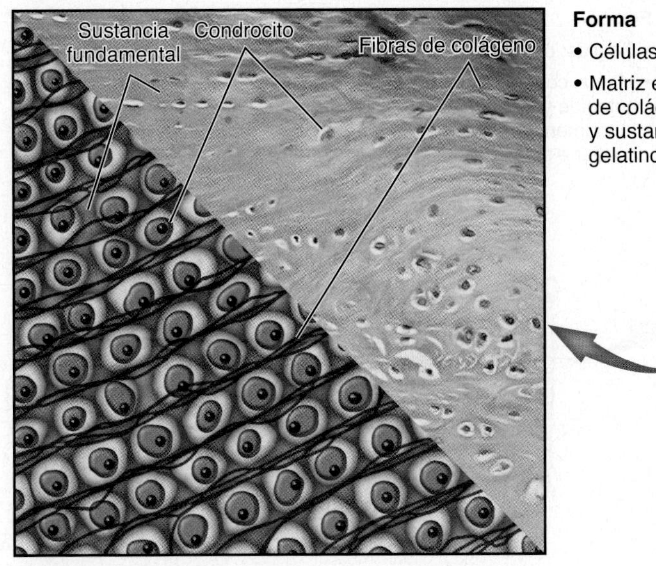

Forma

- Células: condrocitos
- Matriz extracelular: fibras de colágeno muy grandes y sustancia fundamental gelatinosa

Función

- Une los huesos entre sí
- Forma almohadillas entre las vértebras (discos)
- Une los huesos de la pelvis a la columna vertebral
- Une los huesos al cartílago hialino

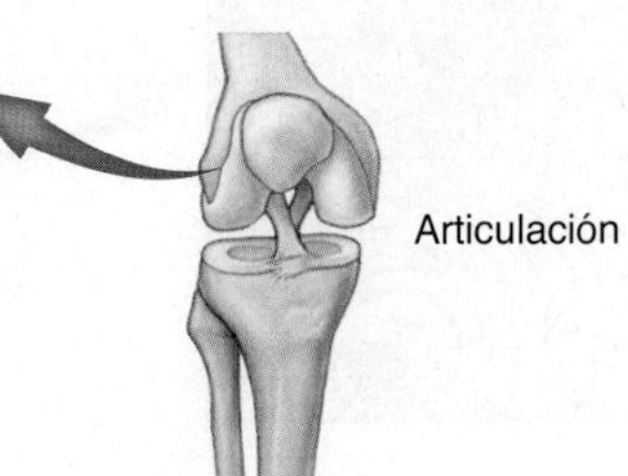

E Fibrocartílago

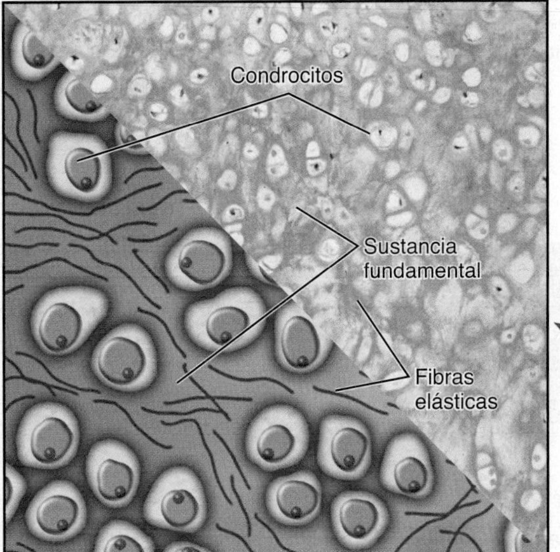

Forma

- Células: condrocitos
- Matriz extracelular: muchas fibras elásticas en una sustancia fundamental gelatinosa

Función

- Forma estructuras flexibles y blandas, como el lóbulo de la oreja y la parte superior de la laringe

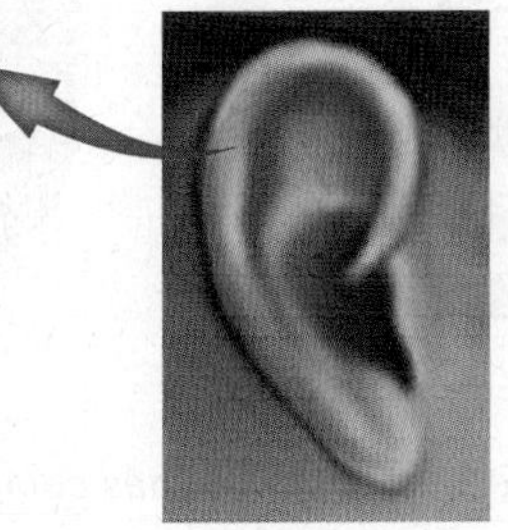

F Cartílago elástico

Figura 3-30. *(Cont.)*

tructuras (p. ej., la punta de la nariz). Los cartílagos varían de acuerdo con su tipo y su contenido de fibra:

- El cartílago **hialino** (significa «vidrioso») contiene sustancia fundamental gelatinosa y fibras de colágeno delgadas; actúa como cubierta protectora y amortiguador en los extremos de los huesos, donde se unen unos con otros para formar las articulaciones, por ejemplo la rodilla (fig. 3-30 D). Este cartílago proporciona también la estructura de la laringe y une las puntas de las costillas al esternón.
- El **fibrocartílago** es muy resistente y sus fibras de colágeno son más abundantes y gruesas que las del cartílago hialino (fig. 3-30 E). Une los huesos pélvicos a la columna vertebral y forma las almohadillas amortiguadoras (discos) que se encuentran entre la pila de huesos (las vértebras) que forman la columna.
- El **cartílago elástico** es blando y flexible debido a su alto contenido de fibras de elastina (fig. 3-30 F). Se encuentra principalmente en el oído externo y en algunas secciones de la laringe.

Los **huesos** están compuestos por *tejido óseo,* que contiene células óseas llamadas *osteocitos* y una matriz extracelular calcificada (fig. 3-30 G). La matriz extracelular está formada por fibras colágenas y una proteína especializada, *osteoide,* que se incrusta en las sales de calcio. El hueso es una estructura rígida; tiene muy poca flexibilidad, pero está diseñado para ceder ligeramente bajo fuerzas extremas, característica que impide la fragilidad y las fracturas.

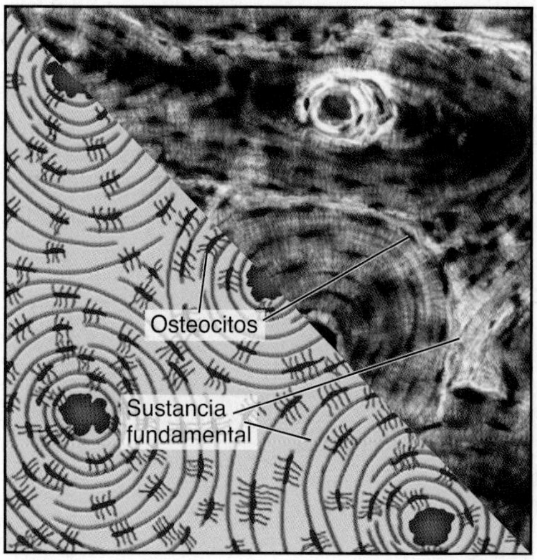

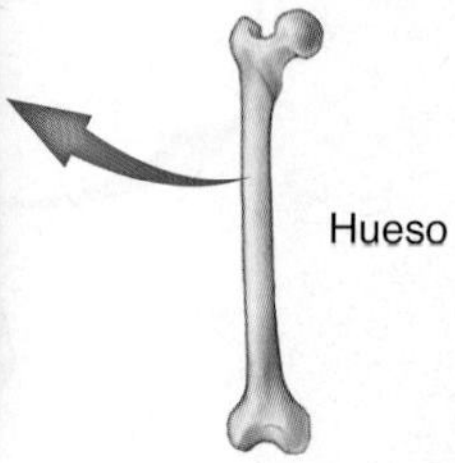

Osteocitos
Sustancia fundamental
Hueso

Forma

- Células: osteocitos
- Matriz: colágeno, proteína osteoide y sustancia fundamental resistente que contiene sales de calcio

Función

- Forma los huesos

G Hueso

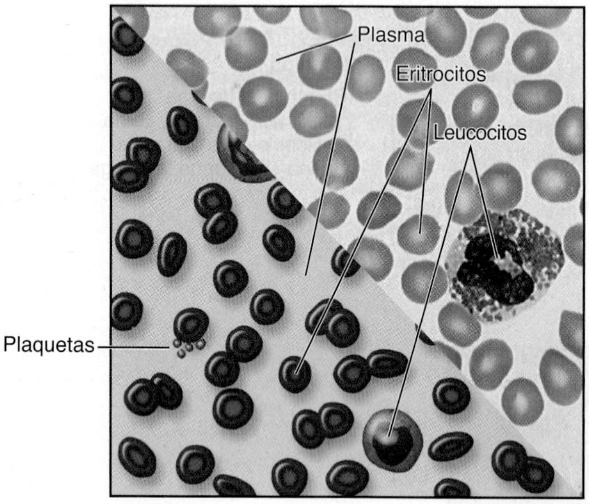

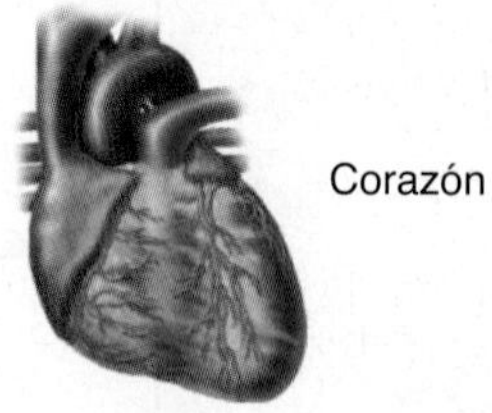

Plasma
Eritrocitos
Leucocitos
Plaquetas
Corazón

Forma

- Células: eritrocitos, leucocitos y plaquetas
- Matriz: plasma líquido

Función

- Forma la sangre

H Sangre

Figura 3-30. *¿Qué tipo de tejido conectivo contiene más colágeno, el cartílago elástico o el fibrocartílago? (cont.).*

Lo más sorprendente es que la **sangre** reúne los requisitos para ser considerada un tejido conectivo, pero es un caso especial. La sangre «conecta» sólo en el sentido de que «comunica» al desplazarse de un sitio a otro para distribuir agua, células y moléculas disueltas. Sin embargo, como sucede con todos los tejidos conectivos, contiene mucho material extracelular, el plasma, formado principalmente por agua y proteínas, que representa un 60 % del volumen sanguíneo (fig. 3-30 H). También puede contener fibras, ya que en respuesta a una lesión, unas proteínas especiales del plasma llamadas *fibrinógenos* se unen entre sí para formar una red de *fibrinas* mientras la sangre se coagula.

Las células y los componentes extracelulares del tejido conectivo se resumen en la tabla 3-4.

3-29 Señale tres funciones de los tejidos epiteliales.

3-30 Describa la forma de las células y el número de capas celulares del epitelio cúbico simple.

3-31 ¿Qué unión bloquea el paso del agua entre las células?

3-32 Señale tres tipos de fibras que se encuentran en el tejido conectivo.

3-33 Señale cinco tipos de tejido conectivo.

Tabla 3-4. Componentes comunes del tejido conectivo

Componente	Forma	Función
Células		
Fibroblastos	Células fusiformes	Sintetizan los componentes de la matriz extracelular
Adipocitos	Células que contienen gotículas lipídicas grandes	Actúan como amortiguador y aislante
Linfocitos	Mastocitos, macrófagos, plasmocitos	Defienden contra los microbios extraños
Matriz extracelular		
Fibras de colágeno	Hilos gruesos de colágeno	Ayudan a los tejidos a resistir contra la deformación física
Fibras reticulares	Hebras de colágeno muy delgadas y delicadas	Ayudan a soportar los tejidos frágiles
Fibras de elastina	Hilos muy delgados de elastina	Proporcionan retracción elástica para los tejidos distendidos
Sustancia fundamental	Sustancia amorfa no fibrosa que contiene fibras y células; su consistencia varía según el tipo de tejido	Sirve de soporte

Etimología

Raíces latinas/griegas	Equivalentes en español	Ejemplos
ana-	Aparte, hacia arriba	Anafase: los cromosomas se *separan*
cit-/cito-, -cito	Célula	Endocitosis: traer algo hacia el *interior* de la *célula*
condro-	Cartílago	Condrocito: célula *cartilaginosa*
-crino	Secreción	Exocrina: *secreción fuera* del cuerpo
endo-	Dentro de	Endocitosis: traer algo hacia el *interior* de la célula
epi-	Sobre, en	Epitelial: tejido de todas las superficies corporales
exo-	Fuera de	Exocrina: secreción *fuera* del cuerpo
fibro-	Fibra	Fibroblasto: célula que fabrica *fibras*
hiper-	Por encima de lo normal, encima de	Hipertónica: solución que tiene *más* presión osmótica que la célula
hipo-	Por debajo de lo normal, debajo de	Hipotónica: solución que tiene *menos* presión osmótica que la célula
inter-	Entre	Interfase: *entre* divisiones celulares
iso-	Igual	Isotónica: solución que tiene la *misma* presión osmótica que la célula
-lisis	Descomponer, degradar	Lisosoma: cuerpo que *descompone* las sustancias ingeridas
meta-	Después de, junto a, con	Metafase: los cromosomas se alinean uno *junto* al otro
pro-	Antes, previo, precursor	Profase: primera etapa, o etapa *precursora,* de la mitosis

Continúa

Etimología (cont.)		
Raíces latinas/griegas	**Equivalentes en español**	**Ejemplos**
seudo-	Falso, ficticio	Seudoestratificado: tejido que parece, *falsamente,* estar estratificado (en varias capas)
-soma	Cuerpo	Lisosoma: *cuerpo* que descompone las sustancias ingeridas
telo-	Fin, término	Telofase: *fin* de la mitosis

Cuestionario del capítulo

REVISIÓN DEL CAPÍTULO

Asocie cada orgánulo con su función:

1. **Ribosoma**
2. **Lisosoma**
3. **Proteasoma**
4. **Retículo endoplasmático liso**
5. **Mitocondrias**
6. **Retículo endoplasmático rugoso**

a. Degradación de las proteínas plegadas incorrectamente
b. Síntesis de proteínas
c. Síntesis de lípidos
d. Modificación de proteínas
e. Degradación de los materiales ingeridos
f. Generación de ATP

7. **Las proyecciones pequeñas de la membrana celular que aumentan la superficie absorbente de la célula se llaman:**
   a. Cilios.
   b. Microvellosidades.
   c. Flagelos.
   d. Centríolos.

8. **Los filamentos citoesqueléticos integrados por proteínas fibrosas entrelazadas se llaman:**
   a. Filamentos intermedios.
   b. Microfilamentos.
   c. Macrofilamentos.
   d. Microtúbulos.

9. **Los citoblastos pluripotentes**
   a. se encuentran en los adultos.
   b. pueden producir cualquier tipo de tejido.
   c. pueden producir un organismo completo.
   d. están presentes en el embrión de ocho células.

10. **Osmosis es**
    a. la difusión de un soluto desde una zona de concentración de agua más baja a una más alta.
    b. una fuerza que cambia el volumen de una célula.
    c. el desplazamiento de agua de una zona de alta osmolaridad a una de baja osmolaridad.
    d. un fenómeno que depende del ATP.

11. **El orden correcto de las etapas de la mitosis es:**
    a. Metafase, anafase, telofase, profase.
    b. Anafase, metafase, profase, telofase.
    c. Profase, metafase, anafase, telofase.
    d. Telofase, profase, metafase, anafase.

12. **La secuencia AUGGAA de nucleótidos**
    a. es sintetizada por traducción.
    b. contiene codones.
    c. contiene tripletes.
    d. se encuentra únicamente en el núcleo.

13. **El tipo de ARN que porta aminoácidos es**
    a. ARN mensajero.
    b. ARN de transferencia.
    c. ARN ribosómico.
    d. ARN nuclear pequeño.

14. **¿Cuál de los procesos siguientes tiene lugar en su totalidad en el citoplasma?**
    a. Transcripción.
    b. Replicación.
    c. Traducción.
    d. Todas las respuestas anteriores.

15. **La secuencia AAAGGGCCC codifica**
    a. un aminoácido.
    b. tres aminoácidos.
    c. seis aminoácidos.
    d. nueve aminoácidos.

16. **Las proteínas de membrana (como la CFTR) se desplazan entre el retículo endoplasmático y el aparato de Golgi**
    a. por difusión facilitada.
    b. utilizando vesículas.
    c. por transporte activo.
    d. por exocitosis.

17. **El gradiente de concentración es irrelevante cuando las sustancias se desplazan por medio de**
    a. transporte activo.
    b. difusión simple.
    c. osmosis.
    d. difusión facilitada.

18. **Las proteínas de membrana se utilizan para transportar sustancias por medio de**
    a. difusión facilitada.
    b. difusión simple.
    c. osmosis.
    d. ninguna de las respuestas anteriores.

19. **Las sustancias salen de la célula por medio de**
    a. pinocitosis.
    b. exocitosis.
    c. endocitosis activada por receptor.
    d. fagocitosis.

20. **Una membrana compuesta por múltiples capas de células planas se llama**
    a. epitelio escamoso simple.
    b. epitelio cilíndrico simple.
    c. epitelio escamoso estratificado.
    d. epitelio cúbico estratificado.

21. **Los desmosomas se utilizan para**
    a. permitir la comunicación entre las células vecinas.
    b. bloquear el espacio entre células adyacentes.
    c. remachar las células epiteliales entre sí.
    d. crear una membrana epitelial impermeable.

22. **¿Cuál de las siguientes células se encuentra en el tejido conectivo?**
    a. Fibra reticular.
    b. Condrocito.
    c. Colágeno.
    d. Sustancia fundamental.

23. **El tejido adiposo es una forma modificada de**
    a. tejido conectivo denso.
    b. cartílago.
    c. tejido conectivo laxo.
    d. tejido epitelial.

24. **¿Cuál de los siguientes tejidos NO está clasificado como conectivo?**
    a. Cartilaginoso.
    b. Óseo.
    c. Sanguíneo.
    d. Todos los anteriores son tejidos conectivos.

COMPRENSIÓN DE CONCEPTOS

25. **«Después de la replicación del ADN, una molécula de ADN contiene dos hebras nucleótidas nuevas y la otra contiene las dos hebras nucleótidas originales». ¿Esta afirmación es verdadera o falsa? Razone su respuesta.**

26. **Explique por qué los esteroides grandes, como el cortisol, pueden atravesar libremente las membranas celulares, pero no así los iones pequeños de hidrógeno.**

27. **Compare y contraste la difusión facilitada y el transporte activo. Indique al menos dos semejanzas y dos diferencias.**

28. **¿Cuál es la diferencia entre la mitosis y la citocinesis? ¿Qué sucede si se produce una de ellas pero no la otra?**

29. **Compare y contraste la sangre y el hueso. Indique al menos una semejanza y dos diferencias.**

APLICACIÓN

30. **Basándose en sus conocimientos sobre los citoblastos, explique por qué las lesiones de la piel se regeneran antes que las del corazón.**

31. **Con ayuda de la figura 3-12, haga un esbozo de las cuatro etapas de la mitosis en una célula de un solo cromosoma. Utilice distintos colores para las dos cromátides hermanas en cada etapa. ¿En qué etapa de la mitosis se determina qué célula hija recibirá a cada cromátide?**

32. **Una solución tiene una osmolaridad más baja que el citoplasma de una célula (suponga que todos los solutos son no penetrantes). Indique si cada una de las siguientes afirmaciones es verdadera o falsa y explique su respuesta.**
    a. La solución tiene una concentración de agua más alta que la célula.
    b. Si la célula se coloca en la solución, se infla.
    c. La solución es hipertónica, tiene una osmolaridad más alta y encoge las células.

Puede encontrar las respuestas a estas preguntas en el apartado de recursos para estudiantes en: **http://thepoint.lww.com/espanol-McConnellandHull**

4

Comunicación: señalización eléctrica y química

Temas principales

- La comunicación entre las células es fundamental para la homeostasis y la vida.
- La comunicación necesita un *emisor*, una *señal*, un *medio* para transportarla y un *receptor* que acepte la señal.
- Las señales deben ser «traducidas» de un código a una acción.
- El efecto de la señal lo determina el receptor, no sólo la señal.
- Existen dos tipos de señales fisiológicas: químicas y eléctricas.

Objetivos del capítulo

1. Identificar los cuatro elementos necesarios para la comunicación.

2. Explicar la diferencia entre los factores paracrinos, las hormonas, los neurotransmisores y las neurohormonas.
3. Nombrar los tres tipos de receptores de la membrana celular y explicar cómo hacen para que las moléculas de señalización alteren los acontecimientos intracelulares sin entrar en la célula.
4. Explicar por qué todas las células pueden encontrar una señal química pero no todas responden a esa señal.
5. Enumerar los pasos involucrados en la señalización mediante moléculas lipófilas en los receptores intracelulares.

6. Definir el potencial de membrana y explicar la diferencia entre uno de −100 mV y otro de +30 mV.
7. Explicar por qué el potencial de membrana en reposo es negativo.
8. Dibujar una neurona e identificar el soma, las dendritas, el axón y la mielina.

9. Comparar y contrastar los potenciales de acción y los potenciales graduados.
10. Nombrar las cuatro fases del potencial de acción y describir la participación de los canales de sodio y potasio en cada fase.
11. Comparar la propagación del potencial de acción en las neuronas mielinizadas y no mielinizadas.
12. Enumerar todos los acontecimientos que tienen lugar durante una sinapsis química utilizando el ejemplo del ácido γ-aminobutírico (GABA).

Cafeína y comunicación: el caso de Andrés M. 132

13. Explicar por qué la actividad sináptica de Andrés se reduce cuando bebe café descafeinado. Para hacerlo, deben utilizarse los términos siguientes (no necesariamente en el orden indicado): *cafeína, adenosina, primero* y *segundo mensajero, ligando endógeno* y *receptores antagonistas.* Explicar también la importancia de los cambios en los umbrales del potencial de acción y del número de receptores.
14. Con los ejemplos del caso práctico, explicar el papel de emisores, señales, medios y receptores en la comunicación entre células y entre personas.

Caso práctico: «Creo que estoy cogiendo una gripe»

Mientras lee el siguiente caso práctico, haga una lista de los términos y conceptos que debe aprender para comprender el caso de Andrés.

Durante la visita anual de Navidad a sus suegros, Andrés M. comenzó a sentirse mal. «Creo que estoy cogiendo una gripe» –dijo a su esposa. No se había sentido bien desde el día siguiente a su llegada, al principio de esa semana. «Max me vapuleó» –añadió, en referencia al partido de pelota que había perdido con su cuñado. «Normalmente le gano sin mucho esfuerzo, pero ayer no podía seguirle el ritmo. Estoy cansado, malhumorado. No puedo concentrarme ni para leer un párrafo, y encima, tengo un dolor de cabeza terrible. He tomado aspirinas todo el día, pero no parece que me ayuden.»

Esa noche, después de la cena, su suegra sirvió el café con un comentario: «Es descafeinado, podréis dormir bien».

De repente, el cerebro de Andrés comenzó a despertar de su letargo. *Descafeinado.* «Bárbara, ¿qué clase de café hemos tomado hoy durante el día?» –preguntó.

«¡Descafeinado!» –respondió animadamente su suegra. «Estamos de vacaciones, ¿no? Ricardo y yo bebemos café normal los días de entre semana, pero descafeinado los sábados y domingos. Demasiada cafeína no es buena para la salud.»

¡Eureka! Andrés se fue a la cocina, buscó y encontró café normal y preparó una cafetera. En cuanto estuvo listo, bebió dos tazas llenas hasta el borde y volvió al comedor, sonriente y aliviado. Su «gripe» había desaparecido como por arte de magia. «Disculpa, estuve un poco desagradable» –dijo a su suegra. «Ya me siento mejor. Confieso que soy adicto a la cafeína y, créeme, los síntomas de abstinencia no son cualquier cosa.»

La historia de Andrés muestra los efectos adversos del consumo excesivo y prolongado de *cafeína,* un tipo de compuesto llamado *estimulante.* Todo se reduce a la comunicación. A menudo, los fármacos interfieren en las señales que pasan de una célula a otra. Por ejemplo, la cafeína bloquea las que inducen el sueño, transportadas por una molécula llamada *adenosina.* Su uso moderado mejora el rendimiento, el humor y los niveles de energía. Pero, como sucede con muchos compuestos, su consumo regular elevado puede provocar *adicción,* con síntomas de abstinencia realmente desagradables. Continúe leyendo para entender cómo la cafeína ejerce sus efectos al alterar la comunicación eléctrica y química.

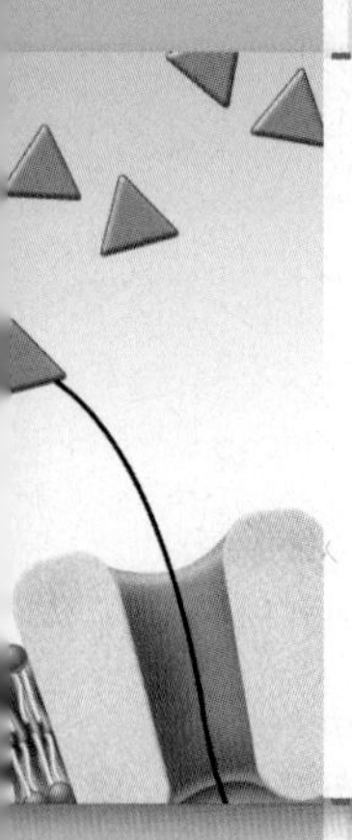

Conocimientos necesarios

Antes de adentrarse por primera vez en este capítulo, es importante comprender los siguientes términos y conceptos.

- Homeostasis y retroalimentación negativa (cap. 1)
- Iones, hidrófobo, hidrófilo, proteínas, esteroides y enzimas (cap. 2)
- Glándulas, membrana celular, gradientes de concentración, difusión, transporte activo y exocitosis (cap. 3)

La comunicación es tan importante en nuestra vida diaria que nos olvidamos los detalles acerca de ella: vivimos en un huracán de imágenes televisivas, música, mensajes de texto, conversaciones, llamadas telefónicas y correos electrónicos..., y raramente pensamos en algo más allá de los mensajes. No apreciamos la maravilla de la propia comunicación, sus distintas partes y sus variados medios. Dentro de nuestro cuerpo circula un torrente aún más amplio de comunicaciones: las células intercambian billones de mensajes por día. Toda la comunicación está codificada. Las letras de esta frase, que nuestro cerebro descodifica y a las que asigna un significado, no son otra cosa que dibujos curiosos sobre un papel. En nuestro caso, el término *descafeinado,* expresado verbalmente, es sólo un sonido que describe un tipo de café; nuestro cerebro lo descodifica porque entendemos los códigos verbales de un idioma llamado *español.* Nuestro cerebro asigna al código de sonido *cafeína* un significado («compuesto que me mantiene alerta»), según el conocimiento adquirido sobre las bebidas descafeinadas.

Este capítulo describe nuestras comunicaciones internas, es decir, cómo se originan, transmiten, reciben e interpretan las señales. A través de nuestros sentidos recibimos una variedad de señales desde el medio externo: los ojos, la luz; los oídos, el sonido; la nariz, los olores; la lengua, el gusto y la piel, el tacto. Sin embargo, en nuestro interior hay sólo dos tipos de señales: químicas y eléctricas.

El medio es el mensaje

Marshall McLuhan (1911-1980), filósofo, erudito y educador canadiense, quien en su libro *Understanding Media* (1964) argumenta que el medio en sí mismo (p. ej., la televisión) es parte esencial del mensaje.

La naturaleza de la comunicación

La comunicación es la transmisión y recepción de información por medio de señales. Para llevarse a cabo, necesita un emisor, una señal, un medio (a través del cual se transmite la señal) y un receptor. Volvamos al caso práctico, cuando Bárbara le dice a Andrés que su café era descafeinado (fig. 4-1).

1. Bárbara es el *emisor.* Quiere enviar a Andrés un mensaje de que el café es descafeinado.
2. La contracción coordinada de los músculos del pecho le hace espirar aire y modular el sonido resultante en una *señal,* es decir, una serie específica de ondas sonoras que serán interpretadas como «es descafeinado».
3. Las ondas sonoras (la señal) se desplazan a través del *medio* (el aire) hasta llegar a Andrés.
4. Andrés es el *receptor.* Su oído recibe las ondas sonoras y su cerebro las descodifica y les asigna el significado «*he estado bebiendo café descafeinado*».

Las señales del cuerpo son químicas o eléctricas

En la vida diaria enviamos muchos tipos de señales, desde correos electrónicos hasta sonrisas. Las señales célula a célula tienen dos formas, y son el tema de las dos secciones principales de este capítulo. Las *señales químicas* son proteínas, lípidos o incluso gases secretados por las células, que producen un efecto en las células próximas o distantes. Las *señales eléctricas* son los cambios en el equilibrio total

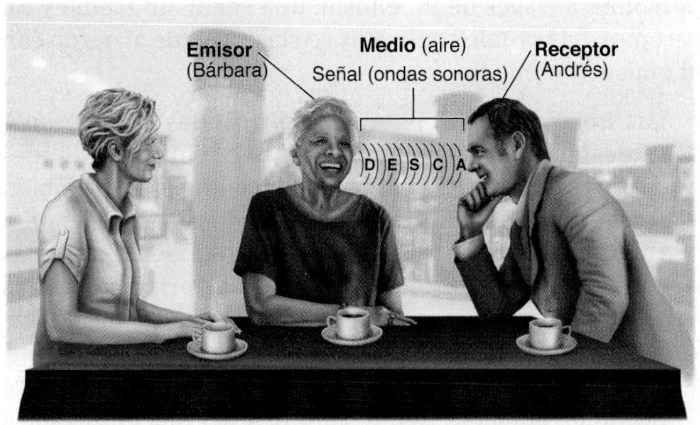

Figura 4-1. Comunicación. Todas las comunicaciones necesitan un emisor, una señal, un medio y un receptor. *¿Cuál es el medio en este ejemplo?*

de los iones negativos y positivos dentro y fuera de la célula, que transmiten señales a través de la membrana celular.

Los mensajes pueden ser transportados por una serie de señales químicas y eléctricas, de manera similar a un papel pasando de mano en mano en un aula. Por ejemplo, esas dos palabras de Bárbara («¡Es descafeinado!») comienzan como una señal eléctrica que va de un extremo a otro de una célula cerebral (una *neurona*). A continuación, una señal química transporta la señal a la siguiente neurona de la serie, que utiliza una señal eléctrica para transmitir la señal a través de toda su longitud. La señal sigue así pasando de una neurona a otra, hasta que llega a los músculos del habla de Bárbara, cuya contracción produce y modula las ondas sonoras.

Las comunicaciones son fundamentales en la homeostasis

Recordemos el término *homeostasis* que presentamos en el capítulo 1 y definimos como «las tareas colectivas de *comunicación* y control que el cuerpo realiza para mantener los parámetros internos dentro de límites estrictos y fisiológicamente estables». La homeostasis es el objetivo fundamental de toda actividad fisiológica y depende de la capacidad de cada célula para enviar y recibir señales.

Todas las células participan en distintos circuitos de señales homeostáticas; es decir, transmiten y reciben señales que ayudan a mantener el cuerpo sano. Recuerde que todos los parámetros fisiológicos, como la presión arterial, tienen un punto estable, es decir, el valor en torno al cual deben mantenerse para asegurar una salud óptima. Las células que regulan cada parámetro fisiológico tienen sensores (receptores) que detectan las desviaciones desde el punto estable. Cuando el sensor de una célula detecta esa desviación, genera una señal para pedir el cambio en sentido opuesto. Esta actividad, conocida como retroalimentación negativa, exige una comunicación constante en ambas direcciones.

Los problemas de comunicación pueden provocar enfermedades. Por ejemplo, la cafeína bloquea normalmente la actividad de una señal química relajante llamada *adenosina*. Sin su consumo habitual de cafeína, Andrés estaba recibiendo demasiadas señales de adenosina. El primer sorbo de café normal, con cafeína, detuvo las señales de adenosina, como si hubiera cortado una línea telefónica, por lo que Andrés súbitamente se sintió mucho mejor.

Apuntes sobre el caso

4-1 En el caso de Andrés, ¿qué fue lo que alteró la homeostasis?

4-1 Nombre los dos tipos de señales homeostáticas.

4-2 Si un delfín envía una señal sonora a otro delfín, ¿cuál es el medio?

Señalización química

Las señales químicas son moléculas que llevan a cabo las comunicaciones del cuerpo. Algunas de ellas son moléculas pequeñas, como la adenosina. En el capítulo 2 explicamos que la adenosina es una unidad estructural del trifosfato de adenosina (ATP), del ácido desoxirribonucleico (ADN) y del ácido ribonucleico (ARN). También es una señal química que, como veremos más adelante, desempeña un papel crítico en nuestro caso práctico. Hay otras señales químicas, como las *aminas* (aminoácidos modificados), los *esteroides* (moléculas de colesterol modificadas) y las *proteínas*. Hasta los gases pueden actuar como señales químicas.

Sin importar su estructura, todas las señales químicas comparten el mismo itinerario de viaje: son liberadas por una *célula secretora*, se desplazan a través de un líquido hasta la *célula destinataria* y alteran la actividad de ésta uniéndose a un *receptor* específico. Dado que se ligan a sus receptores, las señales químicas también se conocen como **ligandos** (del latín *ligare* = «atar»).

Las señales químicas necesitan receptores específicos

¿Puede usted leer un mensaje en Braille? Probablemente no. La mayoría de las personas videntes no tienen el «descodificador» (información en el cerebro) necesario para interpretar los puntos en relieve del código Braille (puede leer más sobre el código Braille en el cuadro Historia de la ciencia titulado «Braille: un código de lectura para los ciegos»). Del mismo modo, las señales químicas entran en contacto con todas las células del cuerpo, pero sólo las que tienen el descodificador correcto pueden entender el mensaje. Los descodificadores de señales químicas son **recep-**

tores, es decir, proteínas que cambian la actividad celular cuando se unen a la señal química.

En otras palabras, las señales químicas sólo tienen efecto en las células que poseen el receptor correcto, es decir, las células a las que se pueden unir. Las células que no disponen del receptor correcto no se unen a la molécula de la señal y no responden. Este principio se ilustra en el lado derecho de la figura 4-2. Una señal química (círculos) se une al receptor en la célula superior y le pasa el mensaje de que debe dividirse. En contraposición, una señal diferente (triángulos) se une al receptor en la célula inferior y le pasa el mensaje de que debe entrar en apoptosis y morir. Ninguna de las células recibe el mensaje enviado a la otra porque no tienen el otro tipo de receptor.

¡Recuerde! **Los ligandos son señales químicas. Los receptores se unen al ligando para recibirlas.**

Las señales químicas alteran las células próximas y distantes

La comunicación entre las distintas células del cuerpo funciona de la misma forma que la comunicación entre las personas: a través de un emisor, una señal, un medio y un receptor. Las señales químicas se clasifican de acuerdo con el emisor y el medio.

- Las **hormonas** son liberadas por células del cuerpo y se desplazan a través del torrente circulatorio (el medio) para actuar en células *distantes* (fig. 4-2). También se las conoce como secreciones endocrinas (de *endo* = «dentro», en el interior). Aunque virtualmente todas las células liberan hormonas, el objetivo principal de las *glándulas endocrinas* especializadas es la producción de hormonas (v. fig. 1-6). Por ejemplo, los testículos producen *testosterona,* que se desplaza a través de la sangre hasta los miocitos, donde se une a los receptores para estimular el crecimiento de estas células musculares. Algunas hormonas son liberadas por las neuronas y por ello a veces se las llama *neurohormonas.*
- Los **factores paracrinos** (o paracrinos) son señales químicas liberadas por las células, que actúan en células cercanas. Estas señales llegan a su destino a través del líquido extracelular. Por ejemplo, los incómodos efectos de la alergia al polen reflejan la liberación de *histaminas* por parte de los leucocitos, en respuesta al polen. Las histaminas indican a los vasos cercanos que deben agrandarse (hiperemia conjuntival) o a las células epiteliales que secreten moco (rinorrea).

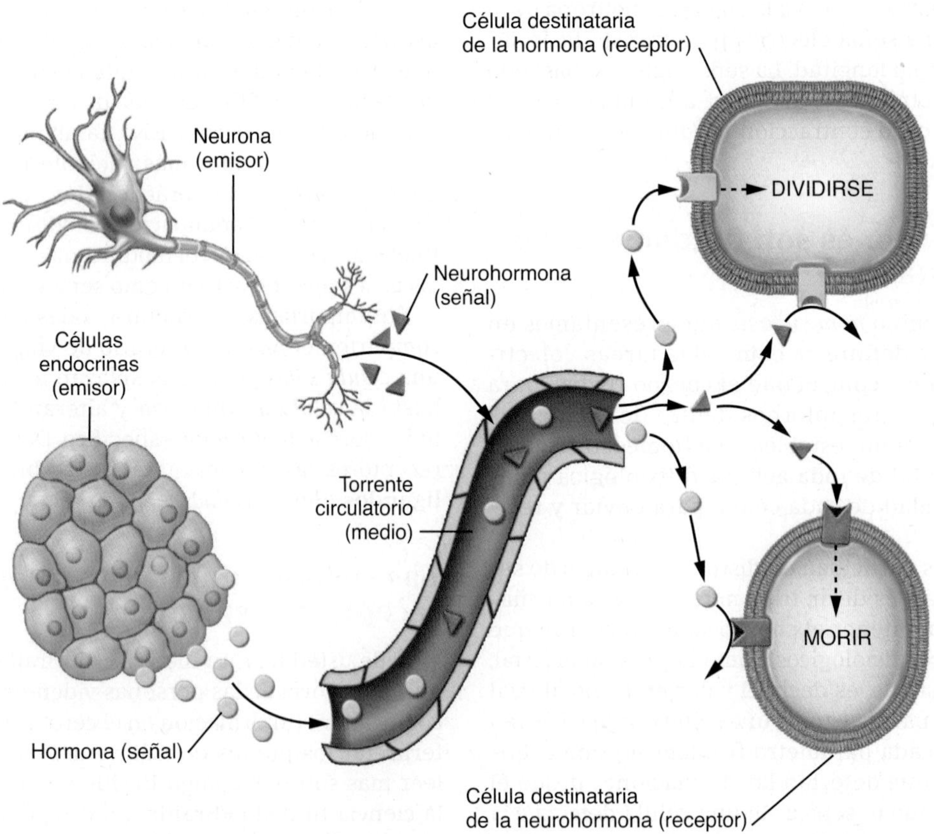

Figura 4-2. Señalización química. Las glándulas endocrinas o las neuronas envían señales (hormonas o neurohormonas) a través de la sangre, el medio, a las células objetivo (receptores). Sólo las células que poseen el receptor correcto recibirán la señal y serán alteradas. *¿Qué señal contiene el mensaje de división, la hormona o la neurohormona?*

HISTORIA DE LA CIENCIA

Braille: un código de lectura para los ciegos

El sistema Braille, que permite a los ciegos leer descifrando (descodificando) un código con la yema de los dedos, es el producto de la genialidad de Louis Braille (1809-1852), hijo de un fabricante de monturas y arreos que vivía en la campiña francesa, cerca de París. A los 3 años de edad, mientras jugaba en el taller de su padre, se clavó accidentalmente en el ojo un punzón afilado, de los que se utilizan para agujerear en el cuero. Perdió rápidamente la visión de ese ojo y, a los 4 años, estaba completamente ciego, probablemente a causa de una respuesta inmunitaria ➡ (cap. 12) en el otro ojo.

El joven Braille era brillante y continuó sus estudios de forma oral en un aula común. A los 10 años lo inscribieron en la Royal Institution for Blind Youth de París, donde también se impartía enseñanza oral a los estudiantes. La biblioteca disponía de algunos voluminosos libros con letras convencionales grandes, en relieve, que Braille utilizó durante algún tiempo pero luego abandonó porque el método era demasiado lento desde el punto de vista práctico. Louis obtenía un buen rendimiento académico y mostraba un excepcional talento musical al piano, que afinó su destreza táctil.

Un día de 1821, cuando tenía sólo 12 años, en uno de esos momentos que cambian la historia del mundo, conoció a Charles Barbier, un ex soldado francés de visita en la escuela. Durante su paso por el ejército, Barbier había inventado un sistema para codificar los mensajes militares, que utilizaba puntos en relieve que se podían leer (descodificar) al tacto durante la noche. Esto evitaba la necesidad de luz, que podía revelar la posición al enemigo, o tener que esperar la salida del sol. Barbier creía que este sistema podría ayudar a los ciegos y habló del tema con Braille, quien inmediatamente comprendió sus posibilidades. Sin embargo, el sistema de Barbier era rudimentario, engorroso y lento. El joven Braille simplificó y racionalizó el código, y el resto es historia.

El sistema Braille, conocido sencillamente como Braille, se adoptó mundialmente y evolucionó tanto como para permitir a los ciegos escribir y leer música y fórmulas matemáticas, e incluso utilizar ordenadores. Un diestro lector de Braille puede leer la versión Braille de esta frase casi tan rápidamente como usted puede hacerlo utilizando la vista.

Alfabeto Braille

Los seis puntos de una celda Braille están ordenados y numerados. 1 ● ● 4 / 2 ● ● 5 / 3 ● ● 6

El prefijo de mayúscula, el punto 6, colocado delante de una letra indica que ésta es una mayúscula. 1 4 / 2 5 / 3 ● 6

El prefijo de número (puntos 3, 4, 5, 6), colocado delante de las letras «a» a «j», las convierte en los números 1 al 0. Por ejemplo: la a con el prefijo numérico es 1, la b es 2, etc. 1 ● 4 / 2 ● 5 / 3 ● ● 6

a b c d e f g h i j

k l m n o p q r s t

u v w x y z Prefijo de mayúscula Prefijo de número Punto Coma

Descodificador Braille. Este descodificador permite a los usuarios entender las señales Braille, como los receptores permiten a las células del cuerpo descodificar las señales químicas.

- Los **neurotransmisores** son una clase especial de factores paracrinos. Liberados por las neuronas, se desplazan de una distancia muy corta dentro del pequeño espacio intercelular (una *sinapsis*, que se describe más adelante) hasta otra neurona o célula efectora, a fin de inducir una señal eléctrica. Por ejemplo, el neurotransmisor *acetilcolina* se desplaza de un nervio a una célula muscular para inducir una señal eléctrica que estimula las contracciones.

Apuntes sobre el caso

4-2 Recuerde que la cafeína altera la función cerebral interfiriendo en la acción de la adenosina. Si la adenosina es liberada por una neurona y se desplaza una corta distancia para modificar la actividad de una neurona próxima, ¿está actuando como una hormona o como un factor paracrino?

Las señales químicas varían de acuerdo con su solubilidad en lípidos y su punto de unión

Como ya hemos dicho antes, todas las señales químicas deben unirse a los receptores de las proteínas para alterar la función de la célula. Algunos receptores están ocultos en lo profundo de la célula, en el citosol o incluso dentro del núcleo. También hemos dicho (cap. 2) que las sustancias *hidrófilas* son solubles en agua y las sustancias *hidrófobas* son solubles en lípidos pero no en agua. Sólo las señales hidrófobas, es decir, las moléculas liposolubles que pueden atravesar la capa lipídica de la membrana celular, pueden llegar hasta esos receptores intracelulares. En contraposición, es mucho más difícil que las moléculas hidrófilas puedan llegar hasta los receptores intracelulares porque no son liposolubles y no pueden atravesar la membrana celular. En cambio, las señales hidrófilas normalmente se unen a los receptores de membrana (proteínas integrantes de la membrana orientadas a unirse a señales químicas en el líquido acuoso extracelular). Como se expone más adelante, los receptores de membrana e intracelulares utilizan estrategias muy diferentes para modificar la actividad celular.

Las señales químicas hidrófobas se unen a receptores intracelulares

Las moléculas de las señales hidrófobas suelen unirse a los receptores intracelulares y estimulan la síntesis de proteínas específicas. Es un proceso relativamente lento que puede tardar 1 h o más en producir una respuesta. Las moléculas que actúan como señales hidrófobas más comunes son las hormonas esteroideas. Por ejemplo, la testosterona es una hormona esteroidea que estimula la producción de proteínas, que a su vez estimulan la producción de espermatozoides y el desarrollo muscular.

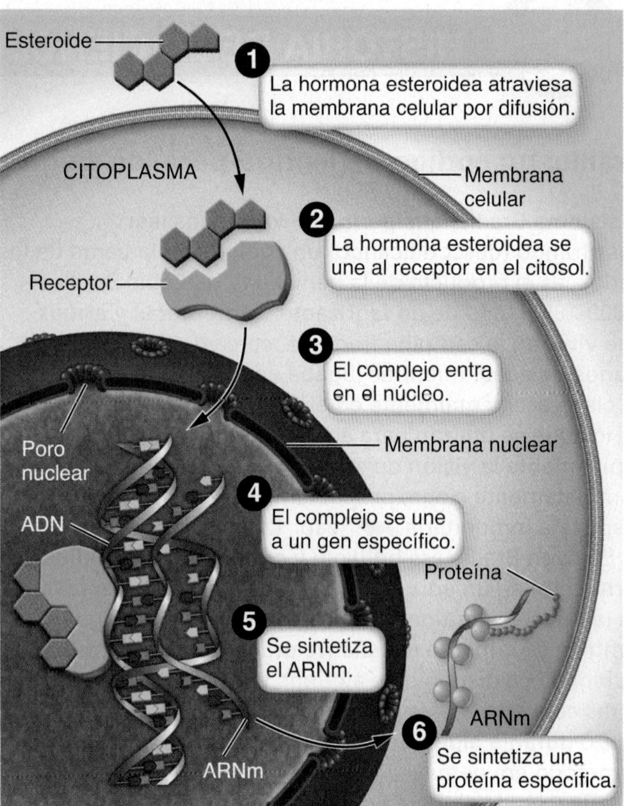

Figura 4-3. Señalización: receptores intracelulares. *¿Qué se une al ADN, el ligando o el receptor?*

La trayectoria de transducción de la señal de las hormonas hidrófobas y otros ligandos hidrófobos transcurre, básicamente, como se describe a continuación (fig. 4-3):

1. La hormona atraviesa la membrana celular mediante difusión simple.
2. La hormona se une a un receptor en el citosol o el núcleo. El receptor cambia de forma.
3. Si el receptor está en el citoplasma, el complejo hormona-receptor entra en el núcleo a través de un poro nuclear.
4. El complejo hormona-receptor se une a la región reguladora de un gen en particular. Recuerde que los genes son segmentos de ADN que codifican una proteína específica.
5. El gen se transcribe en hebras de ARNm.
6. Los ribosomas traducen el ARNm en una proteína que altera la propia célula o se traslada a otras.

Las moléculas de señalización hidrófilas se unen a los receptores en la superficie celular

Hemos dicho que las moléculas de señalización hidrófilas, que no pueden atravesar la capa lipídica de la membrana celular, deben unirse a los receptores de proteínas en dicha membrana. Estos receptores abarcan todo el grosor de la membrana: el punto de unión del ligando es externo y

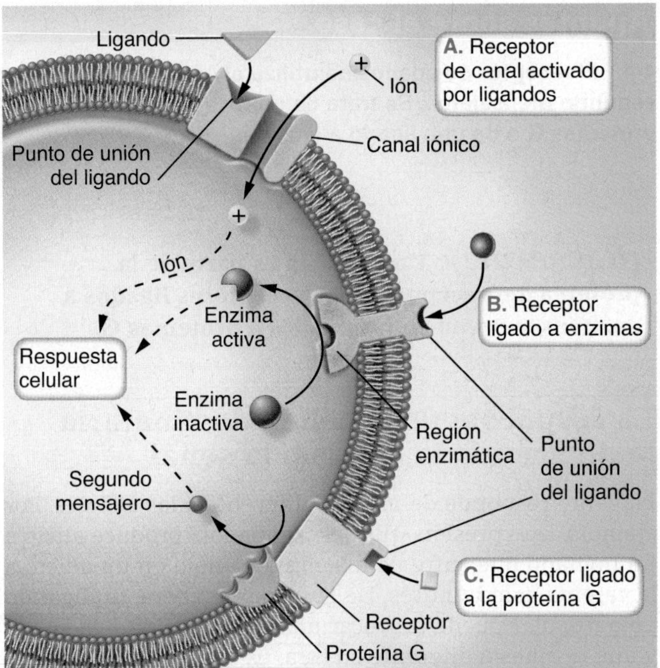

Figura 4-4. Señalización: receptores de la membrana celular. *¿Qué ligando participa en la producción de un segundo mensajero, el círculo, el triángulo o el cuadrado?*

está expuesto al líquido extracelular; la parte interna está expuesta al citosol. Hay tres categorías principales de receptores de membrana, cada una de las cuales desempeña una función exclusiva (fig. 4-4):

- Receptores de canal activado por ligandos.
- Receptores ligados a enzimas.
- Receptores ligados a la proteína G.

Recuerde que las trayectorias de las señales hidrófobas pueden necesitar 1 h o más para producir un efecto. Por el contrario, la respuesta a una señal hidrófila puede ser muy rápida: a veces lleva una fracción de segundo.

Apuntes sobre el caso

4-3 La adenosina es soluble en agua. ¿Cree que actúa con receptores de membrana o intracelulares?

Los receptores de canal activado por ligandos modifican el flujo iónico

Los **receptores de canal activado por ligandos** actúan como compuertas que se abren para permitir que los iones atraviesen la membrana celular (fig. 4-4 A). La unión del ligando abre o cierra el canal. Estos receptores son proteínas grandes que contienen dos partes, una se une al ligando y la otra es un canal iónico que abarca la membrana celular desde el exterior al interior. La unión del ligando puede abrir o cerrar el canal y modular el flujo iónico desde o hacia la célula. Los iones provocan posteriormente una respuesta celular. Como se explica más adelante, los canales activados por ligandos con frecuencia convierten una señal química (el ligando) en una señal eléctrica.

Los receptores ligados a enzimas generan enzimas activas

Los **receptores ligados a enzimas** también tienen dos regiones funcionales: el punto de unión expuesto al líquido extracelular y la porción de la enzima expuesta al citosol (fig. 4-4 B). La unión del ligando a la región extracelular del receptor activa la enzima intracelular, que a su vez activa otra enzima, que a su vez activa una tercera enzima, y así sucesivamente. Finalmente, la enzima activada produce un cambio funcional en la célula, como la descomposición de la glucosa para producir energía.

Los receptores ligados a proteínas G activan segundos mensajeros intracelulares

El ligando transmite mensajes, por eso es un mensajero. En el caso de canales activados por ligandos, el ligando actúa solo y la información que contiene es suficiente para alcanzar el resultado final (abrir o cerrar el canal). Sin embargo, hay ciertas reacciones donde el ligando es sencillamente un *primer mensajero* que activa un **segundo mensajero,** una molécula pequeña que transmite la señal de la superficie celular al lugar de la acción en el citoplasma o el núcleo. Los segundos mensajeros pueden imaginarse como agentes secretos que transmiten mensajes codificados de origen externo (p. ej., los ligandos hidrófilos) que no pueden traspasar la seguridad de la frontera celular.

Los **receptores ligados a proteínas G** (GPCR) son un tipo de receptores de membrana que utilizan segundos mensajeros para propagar intracelularmente una señal extracelular. Los GPCR tienen dos componentes estructurales: una porción extracelular que se une al ligando y una intracelular que interactúa con un complejo proteínico llamado **proteína G** (fig. 4-4 C). Tenga presente que el GPCR y la propia proteína G no son la misma cosa. El ligando se une al GPCR que activa la proteína G, que a su vez regula la producción de un segundo mensajero específico.

Muchos GPCR utilizan el monofosfato de adenosina cíclico (AMPc) como su segundo mensajero. Por ejemplo, el *glucagón* es una hormona que activa la trayectoria del AMPc cuando el cuerpo necesita más glucosa para producir energía. La figura 4-5 muestra los pasos de la acción del glucagón.

1. El glucagón, el primer mensajero del sistema, se desplaza a través del torrente circulatorio hasta las células hepáticas.
2. El glucagón se une a su receptor (un GPCR).
3. El GPCR unido activa una proteína G.
4. La proteína G, mediante una serie de pasos intercalados, provoca la producción del segundo mensajero, el AMPc.
5. El AMPc activa las enzimas por medio de varios pasos intercalados.
6. Las enzimas aumentan la producción hepática de glucosa.

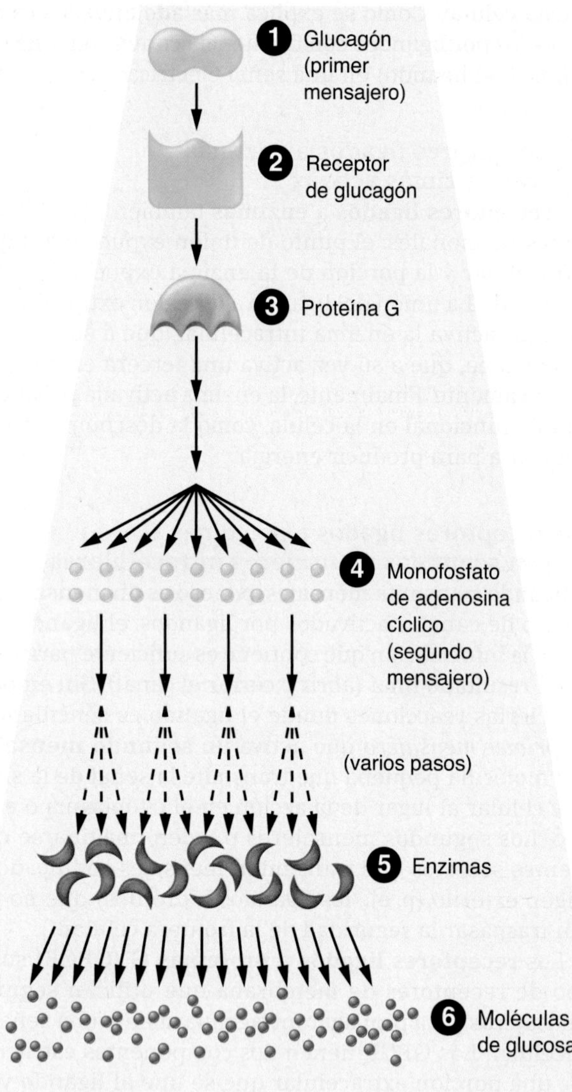

Figura 4-5. Los segundos mensajeros y la amplificación. Una sola molécula de glucagón puede estimular la producción de muchas moléculas de glucosa. *¿Cuántas proteínas G activa una molécula de glucagón?*

Este ejemplo también destaca una de las ventajas del sistema de segundos mensajeros: en ciertos pasos, los productos de esta cascada se dan en mayores cantidades que los productos previos, es decir, la señal se amplifica. Una sola molécula de glucagón puede generar la síntesis de muchas moléculas de AMPc, cada una de las cuales estimula la actividad creciente de muchas enzimas. Las hormonas que actúan a través del sistema de segundos mensajeros son muy eficaces en cantidades extremadamente pequeñas.

Cabe hacer notar que existen otras sustancias, incluso iones, que pueden funcionar como segundos mensajeros. Por ejemplo, los iones de calcio (Ca^{2+}) que penetran en la célula a través del canal iónico pueden indicar a un miocito intestinal que se contraiga o a una célula glandular que secrete.

Apuntes sobre el caso

4-4 El receptor de adenosina utiliza el AMPc como un segundo mensajero. ¿Se trata de un receptor ligado a proteínas G o de uno ligado a enzimas?

¡Recuerde! **Una enzima es parte de la proteína del receptor en los receptores ligados a enzimas, pero no en los ligados a proteínas G.**

La respuesta de la célula destinataria la determina la célula o la señal

La gente responde de manera diferente a las señales. Por ejemplo, la expresión «¡Es descafeinado!» produce alivio a un invitado que sufre de insomnio y enojo en un adicto a la cafeína como Andrés. De la misma manera, un ligando en particular puede provocar una respuesta en una célula y una respuesta diferente en otra. La respuesta de una célula a un ligando en particular varía dependiendo de cualquiera de los factores indicados a continuación.

Un ligando en particular puede unirse a más de un tipo de receptor

Un ligando en particular puede provocar una reacción X al unirse al receptor de tipo X de una célula, y también puede provocar una reacción Y en otra célula al unirse al receptor de tipo Y. Por ejemplo, la epinefrina suprarrenal (adrenalina) puede causar la contracción muscular en un órgano y la relajación muscular en otro, según sea el tipo de receptor que encuentre (para obtener información adicional sobre la epinefrina, consulte «*The Many Talents of Epinephrine*» en nuestra página web en **http://thepoint.lww.com/espanol-McConnellandHull**). El principio de la adenosina es el mismo: un ligando, dos efectos. La adenosina se une a receptores de tipo 2 en los vasos sanguíneos, pero a receptores de tipo 1 en las neuronas. Cuando el receptor de tipo 2 (A2R) de los vasos se une a la adenosina, aumenta la producción de AMPc, que a su vez ensancha los vasos para suministrar más sangre. En contraposición, cuando la adenosina se une al receptor de tipo 1 (A1R) de las neuronas, la producción de AMPc disminuye y reduce la actividad eléctrica de la neurona.

La actividad del receptor puede ser modificada por agonistas y antagonistas

El ligando de origen natural de un receptor específico se llama *endógeno* (fig. 4-6 A); es un ligando que se forma en el cuerpo. Por el contrario, un ligando *exógeno* se forma fuera del cuerpo. Por ejemplo, la adrenalina producida por el cuerpo es el ligando endógeno, mientras que la epinefrina administrada como fármaco es un ligando exógeno. Ambas se unen a los mismos receptores (llamados *receptores adrenérgicos*), pero sus orígenes son diferentes.

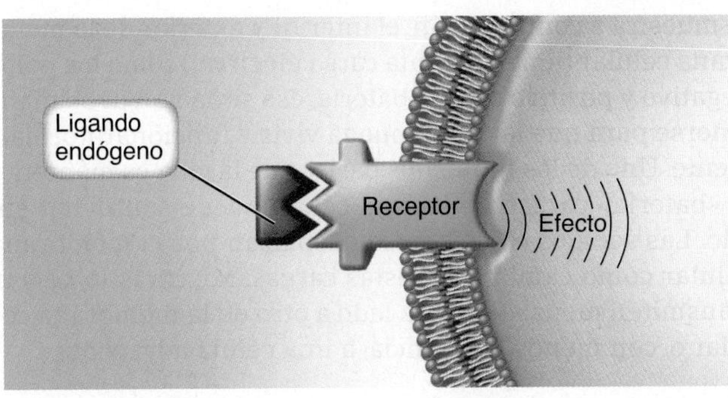

A Ligando endógeno

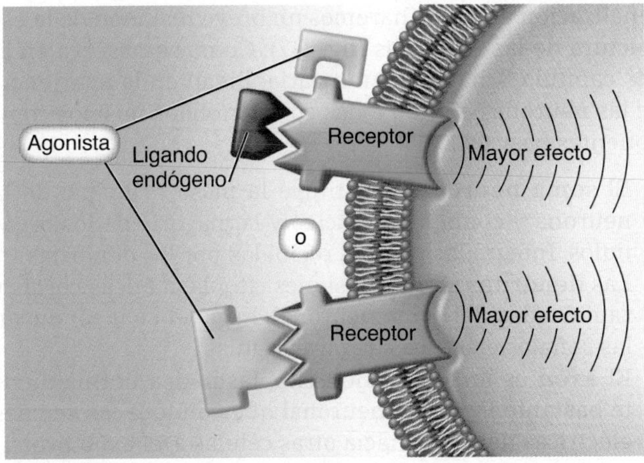

B Agonistas

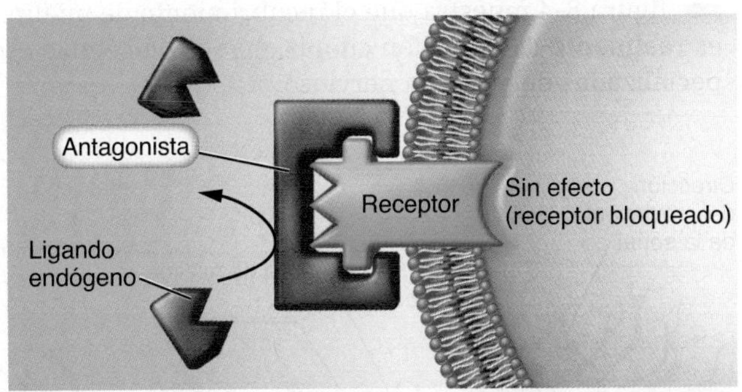

C Antagonistas

Figura 4-6. Ligandos, agonistas y antagonistas. A) Los ligandos endógenos son los que produce el cuerpo. Se unen al receptor, lo activan y producen un efecto. **B)** Algunos agonistas se unen al receptor cuando el ligando endógeno también está unido y amplifican su efecto. Otros se unen al receptor y lo activan de manera similar a los ligandos endógenos. **C)** Los antagonistas inhiben la capacidad de los ligandos endógenos para activar el receptor y a menudo bloquean el punto de unión del ligando. *Verdadero o falso: los antagonistas y los agonistas a veces se unen al receptor en el punto de unión del ligando.*

Un **agonista** es un ligando que simula el efecto de un ligando endógeno. Algunos agonistas exógenos se unen a un receptor y lo activan en ausencia del ligando endógeno. Por ejemplo, uno de los fármacos comunes para el asma (albuterol) es un agonista adrenérgico. Se une al mismo lugar en el receptor adrenérgico como adrenalina y, como tal, también provoca la distensión de las vías respiratorias. Otros agonistas mejoran la respuesta de los ligandos endógenos uniéndose a distintas partes del receptor (fig. 4-6 B). El cuadro Instantánea clínica, titulado «Relajación con ácido γ-aminobutírico» (más adelante en este capítulo), explica cómo el alcohol actúa como agonista de esta misma forma.

Los **antagonistas** tienen un efecto opuesto al de los agonistas. Ciertos antagonistas exógenos se unen a un receptor y bloquean el punto de unión impidiendo la unión del ligando endógeno (fig. 4-6 C). También pueden unirse a un receptor relacionado y disminuir el efecto del ligando endógeno aun cuando este se una al receptor. En ambos casos, no desactivan el receptor, sólo impiden su activación o limitan su efecto. Por ejemplo, ciertas células mamarias cancerosas necesitan estrógeno para sobrevivir y tienen receptores para unirse a él. El tamoxifeno es útil para tratar este tipo de células porque es un antagonista del estrógeno: interfiere en la supervivencia de las células cancerosas al impedir la acción del estrógeno.

Apuntes sobre el caso

4-5 La cafeína se une al receptor de adenosina e impide la unión de ésta. ¿Es la cafeína un agonista o un antagonista del receptor de adenosina?

Las células varían en cuanto a la cantidad y la sensibilidad de sus receptores

Las células pueden tener miles de receptores para un ligando y pueden aumentar o disminuir esta cantidad en respuesta a cambios en las condiciones del medio. Las que tienen más receptores de un tipo en particular pueden unirse a más de un ligando, lo que produce una reacción más intensa en el ligando. Lo opuesto también es cierto.

Normalmente, la presencia excesiva de un ligando durante un período prolongado hace que las células disminuyan su receptividad al reducir la cantidad de receptores. Las células también pueden modificar sutilmente la estructura del receptor para debilitar su respuesta al ligando, del mismo modo que nuestros ojos responden a la luz brillante reduciendo su sensibilidad. La euforia que producen las drogas suele disminuir con el tiempo, porque los receptores celulares disminuyen o pierden su sensibilidad a la droga (ligando). Las personas que están en esa situación, que puede tener consecuencias graves y hasta mortales, se denominan *drogotolerantes*.

Por ejemplo, la heroína se une a las neuronas y provoca euforia, pero al mismo tiempo se une a otras células que inhiben la respiración. Con frecuencia, los adictos a la heroína pasan a tal grado de tolerancia a las drogas (en parte debido a la reducción de la cantidad de receptores) que para lograr el mismo efecto mental deben consumir dosis que inhiben la respiración. La línea que separa el hecho de suicidarse de la consecución de la ansiada euforia es, obviamente, muy delgada. Una pizca de más y la respiración es insuficiente para mantenerlos vivos. Una vez superado el período de abstinencia de la heroína, los receptores vuelven a su sensibilidad normal (elevada). Esto también tiene sus riesgos, ya que el adicto recuperado que sufre una recaída vuelve a inyectarse convencido de que necesita una dosis alta. Pero ahí descubre que los receptores son numerosos y sensibles, incluyendo los de las vías respiratorias, y se hunde en un sueño profundo con parálisis respiratoria y muerte.

Apuntes sobre el caso

4-6 Recuerde que la cafeína antagoniza la acción de la adenosina. ¿Cómo cree que el cuerpo de Andrés compensará esa exposición constante a la cafeína? ¿Aumentará o disminuirá la cantidad de receptores de adenosina? Explique su respuesta.

4-3 ¿Cuál es el nombre de la señal química enviada de una glándula a la sangre para influir en las células que se encuentran en una parte distante del cuerpo?

4-4 Verdadero o falso: si la concentración de una hormona es lo suficientemente alta, todas las células del cuerpo responderán a ella.

4-5 ¿Qué tipo de ligando se une normalmente a los receptores intracelulares, el hidrófobo o el hidrófilo?

4-6 ¿El receptor de esteroides se une al ADN o al ARNm?

4-7 ¿Qué parte del receptor es activada por la proteína G, la extracelular o la intracelular?

4-8 Imagine que una joven estudiante está realizando una investigación que, ella espera, le va a permitir obtener una beca para realizar un posgrado. La asesora un profesor que cree en su capacidad, pero un compañero envidioso le roba la información de su investigación. Identifique el agonista y el antagonista en este escenario.

Señalización eléctrica

Las señales químicas transmiten la mayoría de los mensajes a través de la sangre u otros líquidos, pero son lentas, demasiado lentas en ciertos casos, como cuando hay que enviar un mensaje a las piernas para correr en caso de peligro. Las señales rápidas son las que se transmiten eléctricamente, como un rayo, aunque no tan rápido. Las señales eléctricas son la «chispa de la vida» de cada célula. Como se muestra a continuación, el interior y exterior de la membrana celular tienen distinta carga eléctrica, como los polos negativo y positivo de una batería; esa situación debe mantenerse para que la célula pueda vivir y funcionar normalmente. Uno de los requisitos básicos de la vida es mantener la «batería» cargada: ninguna célula puede sobrevivir sin ello. Las señales eléctricas se desplazan por la membrana celular como cambios en estas cargas. Mientras lo hacen, transmiten mensajes de un lado a otro de la membrana celular o, con menos frecuencia, a una célula adyacente.

Las neuronas utilizan señales eléctricas

Las señales eléctricas se producen, en un grado u otro, en todas las células; sin embargo, son más importantes en los miocitos y las neuronas. Para facilitar la descripción de la señalización eléctrica haremos un breve resumen de la estructura de las neuronas (fig. 4-7). Como se observa en el ➡ capítulo 8, hay una gran variabilidad en la apariencia de las neuronas, si bien todas comparten los mismos componentes básicos.

- El **soma neuronal** constituye la masa principal de la neurona y contiene el núcleo y la mayoría de los orgánulos. Integra las señales recibidas por las dendritas.
- Las **dendritas** son extensiones citoplasmáticas cortas y ramificadas del soma neuronal, hacia el cual conducen las señales eléctricas de otras células.
- El **axón** es una extensión citoplasmática normalmente bastante larga del neuronal que conduce las señales eléctricas del soma hacia otras células. Del axón principal pueden ramificarse axones más pequeños llamados colaterales.
- La mayoría de los axones tienen algunas secciones recubiertas por **mielina,** una sustancia lipídica blanquecina que acelera la transmisión de señales eléctricas. La ➡ figura 8-4 muestra que el recubrimiento de mielina es realmente la extensión citoplasmática de células especializadas del sistema nervioso.

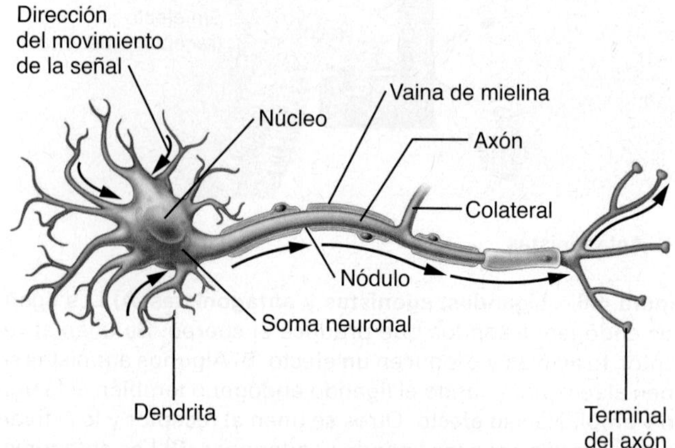

Figura 4-7. Estructura de una neurona. Esta figura muestra una neurona mielinizada. Las neuronas no mielinizadas son similares, pero no tienen la vaina de mielina. *¿La mielina recubre el axón o las dendritas de la neurona?*

¡Recuerde! **Cada neurona puede tener muchas dendritas pero sólo un axón.**

Apuntes sobre el caso

4-7 Los receptores de adenosina están presentes en el componente de la neurona que normalmente recibe las señales. ¿Cuál es el nombre de este componente?

Los iones transportan señales eléctricas

Antes de poder entender cómo envían y reciben señales eléctricas las neuronas y otras células debemos repasar los conceptos básicos eléctricos.

- *El exceso de protones (+) o de electrones (–) en un átomo o en una molécula produce iones,* que pueden tener carga positiva o negativa. Los iones con carga positiva, como el sodio (Na^+) y el potasio (K^+), se llaman **cationes,** mientras que los que tienen carga negativa, como el cloro (Cl^-) y muchas proteínas (abreviadas Pr^-), se llaman **aniones.**
- *Las cargas equivalentes se repelen entre sí:* positivo repele positivo y negativo repele negativo.
- *Las cargas opuestas se atraen entre sí:* es decir, los cationes son atraídos por los aniones. Si un catión se empareja con un anión, la carga neta resultante es cero (0).
- *Se necesita energía para mantener las cargas opuestas separadas.* Una barrera que mantiene separadas las cargas positivas y negativas es un *aislante.* La membrana celular es un aislante y mantiene cargas opuestas en sus lados opuestos.

Apuntes sobre el caso

4-8 En algunas células, la adenosina aumenta el movimiento de los iones de potasio de un lado al otro de la membrana celular. ¿El potasio es un anión o un catión?

La señalización eléctrica depende del gradiente eléctrico

Como explicamos en el capítulo 1, un gradiente es la diferencia en la cantidad de un valor físico entre dos áreas. Por ejemplo, en una pared hay un gradiente de temperatura cuando en un lado hace calor y en el otro frío. Un **gradiente eléctrico** refleja la diferencia en la cantidad de aniones y cationes a cada lado de la membrana celular. Existe en todas las células y es la base de la comunicación eléctrica. Este gradiente eléctrico también se conoce como **potencial de membrana** porque *1)* existe en la membrana celular y *2)* como una batería, es una fuente de *energía potencial* (cap. 2).

El citosol y el líquido extracelular contienen millones de iones con carga negativa y positiva. Excepto en situaciones muy infrecuentes, la carga eléctrica general del cuerpo es neutra: por cada carga negativa debe existir otra positiva. Los iones de un líquido se emparejan unos con otros, cada catión forma una pareja con un anión vecino, y así la carga neta es cero. Sin embargo, la membrana celular impide que algunos iones formen parejas. En consecuencia, si el citosol acumula un exceso de aniones (–), podemos deducir que el líquido extracelular tiene un exceso de cationes (+). Como resultado, el citosol tendrá una carga negativa (fig. 4-8 A). Por el contrario, el resultado de un exceso relativo de cationes en el citosol (y aniones en el líquido extracelular) será un citosol con carga positiva (fig. 4-8 B).

En ambos casos, se produce el potencial de membrana, que es un gradiente eléctrico. Este gradiente ejerce una fuerza en todos los iones, dentro y fuera de la célula. Si el citosol tiene carga negativa atraerá cationes (+) y rechazará aniones (–). Por el contrario, si el interior de la célula tiene carga positiva atraerá aniones y rechazará cationes. El lípido aislante de la membrana celular impide que estos iones pasen de un lado a otro para juntarse. Sin embargo, en la membrana celular hay ciertos tipos de canales iónicos que controlan el paso de iones desde y hacia la célula. Estos canales iónicos se describen más adelante.

La fuerza de la carga eléctrica, es decir, el potencial de membrana, se mide en milivoltios (mV). Por convención, dichas mediciones cuantifican las cargas no emparejadas en el citosol. Si el potencial de membrana es negativo, significa que el citosol contiene aniones no emparejados. El valor del potencial de membrana en neuronas o células musculares esqueléticas «en reposo» (es decir, que no están transmitiendo señales eléctricas), conocido como **potencial de membrana en reposo,** es de alrededor de –70 mV. Este valor indica que la fuerza del gradiente eléctrico es 70 mV. El signo menos indica que el citosol contiene un exceso de aniones, es decir, tiene carga negativa. El potencial de membrana es absolutamente necesario para la comunicación eléctrica y, por ello, para muchas funciones corporales, desde el latido cardíaco hasta la respiración. Antes de describir la existencia del potencial de membrana y cómo lo utilizan las células para la señalización, es importante comprender otros dos elementos que regulan la señalización eléctrica: los *gradientes de concentración* y los *canales iónicos.*

Apuntes sobre el caso

4-9 Mientras Andrés bebía café descafeinado, el potencial de membrana en reposo de algunas de sus neuronas pasó de –70 mV a –71 mV. ¿El citosol de sus células contiene más o menos aniones de lo normal?

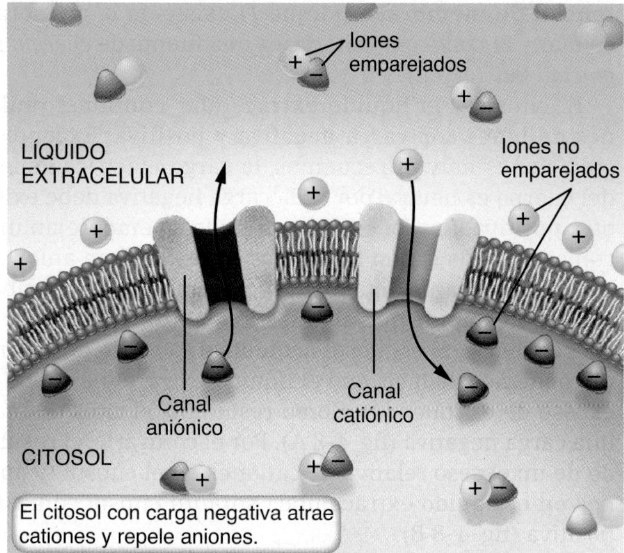

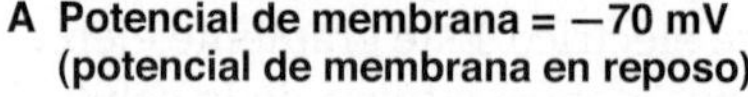
A Potencial de membrana = −70 mV (potencial de membrana en reposo)

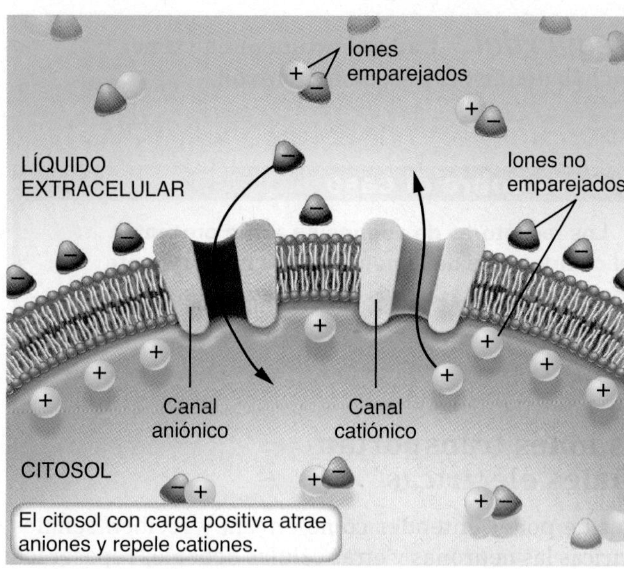

B Potencial de membrana = +30 mV

Figura 4-8. Potencial de membrana. El gradiente eléctrico, o potencial de membrana, se produce por el desequilibrio eléctrico entre el líquido extracelular y el citosol. Si los canales iónicos están abiertos (en este ejemplo hay un canal iónico para los cationes y otro para los aniones), los iones atraviesan la membrana. **A)** El potencial de membrana negativo se produce debido a un exceso relativo de iones negativos en el citosol. Si los canales iónicos están abiertos, los aniones saldrán del citosol y los iones positivos entrarán en él. **B)** El potencial de membrana positivo se produce a causa de un exceso relativo de iones positivos en el citosol. Si los canales iónicos están abiertos, los cationes saldrán del citosol y los aniones entrarán en él. *El calcio es un catión. En la célula B (suponiendo que los canales del calcio están abiertos), ¿el calcio entrará o saldrá de la célula?*

En todas las células hay gradientes de concentración de sodio y potasio

La señalización eléctrica no depende solamente del gradiente *eléctrico,* sino que también necesita gradientes de *concentración* bien definidos de varios iones. Por ejemplo, el líquido extracelular que baña todas las células contiene una concentración alta de sodio (Na^+) y una concentración baja de potasio (K^+) (fig. 4-9). El líquido intracelular también contiene sodio y potasio, pero las concentraciones están invertidas: la concentración de potasio es alta y la de sodio es baja. En consecuencia, si los canales iónicos les permiten atravesar la membrana celular:

- El sodio *entrará* en la célula por su gradiente de concentración.
- El potasio *saldrá* de la célula por su gradiente de concentración.

Los gradientes de concentración de sodio y potasio se crean y mantienen mediante el transporte activo (cap. 2), específicamente la bomba ATP de sodio/potasio (Na^+/K^+-ATPasa). La Na^+/K^+-ATPasa utiliza energía para forzar la salida de iones de sodio de la célula y la entrada en ella de iones de potasio, desplazándose «cuesta arriba» contra los respectivos gradientes de concentración. Dada la constante actividad de la Na^+/K^+-ATPasa, estos gradientes permanecen fijos, es decir, no cambian en el cuerpo con vida.

Así como el sodio y el potasio son los protagonistas de la comunicación eléctrica, los iones negativos son los actores de reparto. Los aniones de las proteínas intracelulares ayudan a mantener la carga negativa del citosol y, como se explica más adelante, los aniones de cloro del líquido extracelular pueden participar en la señalización eléctrica.

> *¡Recuerde!* **El sodio siempre está más concentrado fuera de la célula. El potasio siempre está más concentrado dentro de la célula.**

Los iones pasan por los gradientes a través de los canales iónicos

Los iones, como ya hemos dicho en el capítulo 3, no pueden atravesar libremente la membrana celular. Necesitan la ayuda de las proteínas de membrana, como los canales iónicos. Para cada ión existen varios tipos de canal. Tres de ellos son especialmente importantes en nuestro análisis de la señalización eléctrica.

- *Canales de fuga:* los canales de fuga están siempre abiertos y permiten que los iones se «fuguen» de o hacia la célula, según su concentración o gradiente eléctrico. La mayoría de las células tienen muchos canales de fuga de potasio para permitir que los iones K^+ salgan de la cé-

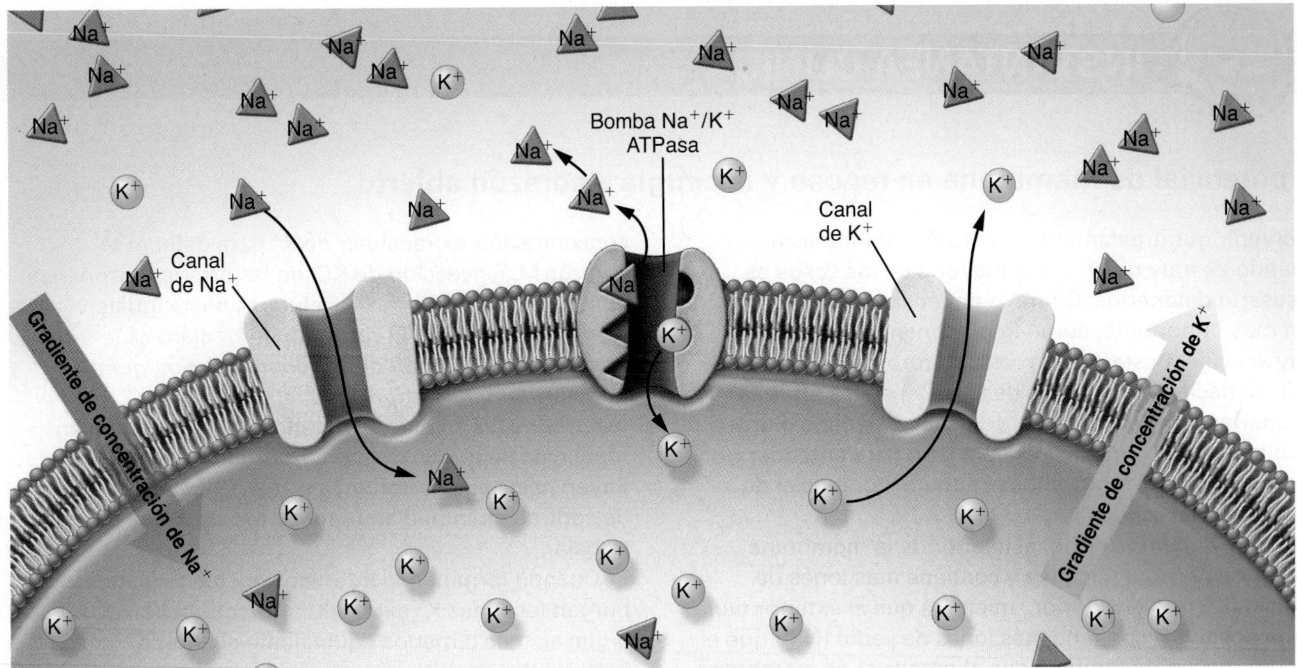

Figura 4-9. Gradientes de sodio y potasio. A) El gradiente de concentración de sodio intenta obligar a los iones de sodio a entrar en la célula. **B)** El gradiente de concentración de potasio intenta obligar al potasio a salir de la célula. La bomba ATPasa de sodio-potasio se opone a estos dos gradientes. *Verdadero o falso: la bomba ATPasa de sodio/potasio transporta activamente el sodio hacia fuera de la célula.*

lula, pero muy pocos canales de fuga de sodio para permitir la entrada de iones Na^+.

- *Canales activados por ligandos:* estos canales se abren en respuesta a una señal química específica, un ligando. Desempeñan un papel principal en la conversión de una señal química (el ligando) en una señal eléctrica (el cambio de potencial de membrana).
- *Canales activados por voltaje:* estos canales se abren en respuesta a un cambio en el potencial de membrana y son responsables de las señales eléctricas a larga distancia, como se explica más adelante.

Los movimientos de Na^+ y K^+ a través de estos canales se ven alterados por la concentración y los gradientes eléctricos, ya que son iones y sus concentraciones dentro y fuera de la célula son diferentes. Por ejemplo, consideremos que el citosol tiene carga negativa y los canales de sodio y potasio están abiertos. Los iones sodio entrarán en la célula debido a su concentración y gradientes eléctricos. Por el contrario, los iones potasio serán arrastrados en ambas direcciones: el interior negativo tirará hacia dentro y el gradiente químico actuará en la dirección opuesta sacando los iones K^+ fuera de la célula. El movimiento neto de iones K^+ dependerá de cuál de los dos tenga más fuerza, el gradiente químico o el eléctrico.

Cuando el citosol tiene carga positiva sucede lo contrario. Si los canales de sodio y potasio están abiertos, el potasio saldrá de la célula por los gradientes de concentración y eléctricos. Por otro lado, el sodio será arrastrado en ambas direcciones: el citosol positivo tratará de enviar afuera los iones Na^+ y el gradiente químico tratará de mantenerlos dentro. El flujo neto de Na^+ dependerá del equilibrio entre ambas fuerzas en conflicto.

> *¡Recuerde!* **El movimiento de iones mediante la difusión facilitada necesita *(1)* un gradiente y *(2)* un canal iónico abierto.**

El potencial de membrana en reposo lo determina el potasio

El potencial de membrana en reposo, donde el citosol tiene una carga negativa cuando se compara con el líquido extracelular, se basa en dos simples hechos:

- La concentración de K^+ es más alta dentro que fuera de la célula.
- Los canales de fuga de K^+ están siempre abiertos, lo que permite que los iones de K^+ se fuguen de la célula.

El resultado neto de la fuga de potasio es que dentro de la célula el citosol se carga negativamente.

El potencial de membrana no existe sin el gradiente de potasio. Consulte el cuadro Instantánea clínica titulado «El potencial de membrana en reposo y la cirugía a corazón abierto», para ver las implicaciones clínicas de este hecho. Más adelante se describen los variados y abundantes cambios en las características eléctricas de la membrana celular como método de señalización eléctrica.

INSTANTÁNEA CLÍNICA

El potencial de membrana en reposo y la cirugía a corazón abierto

Intervenir quirúrgicamente el corazón cuando está latiendo es muy difícil. En la mayoría de los casos es necesario detenerlo. ¿Cómo lo detienen los cirujanos y, aún más importante, como lo reaniman? Es realmente muy sencillo: basta con inyectar cloruro de potasio (KCl, es decir, una solución de K^+ y Cl^-) en las arterias coronarias ➡ (cap. 11) y el corazón se detiene. Purgue la solución, y el corazón vuelve a latir. Para entender por qué sucede esto, repasemos el tema del potencial de membrana en reposo.

Como ya hemos dicho, el interior de la membrana celular tiene carga negativa y contiene más iones de potasio (K^+) que el exterior, mientras que el exterior tiene carga positiva y contiene más iones de sodio (Na^+) que el interior. Recuerde también que el potencial de membrana en reposo es fundamental para el funcionamiento de la célula, en este caso, para producir las contracciones del miocardio que generan el latido cardíaco.

Ahora bien, ¿qué sucede en la membrana celular cuando los cirujanos aumentan drásticamente la concentración extracelular de K^+ para detener el corazón? La inyección de KCl en las arterias coronarias aumenta los iones K^+ extracelulares hasta igualar el nivel intracelular. El resultado inmediato es *la destrucción del gradiente de concentración química que normalmente impulsa el flujo de iones K^+ hacia el exterior de las células.* El potencial de membrana en reposo no se puede mantener porque los iones K^+ no fluyen hacia el exterior de la célula. El miocardio deja de contraerse inmediatamente y los cirujanos pueden trabajar.

Cuando terminan la intervención, los cirujanos purgan los iones K^+ extracelulares con un líquido artificial, más o menos equivalente al líquido extracelular normal, con mucho sodio y poco potasio. A medida que el potasio disminuye, el gradiente de concentración química se restablece, el potasio comienza a irse de las células, como ya se ha indicado en este capítulo, y el potencial de membrana en reposo se vuelve a establecer.

Si desea más información acerca del potencial de membrana en reposo, lea el texto del cuadro «*The Resting Membrane Potential: It's All About Potassium*», en **http://thepoint.lww.com/espanol-McConnellandHull.**

¡Recuerde! **El potencial de membrana en reposo es sencillamente un gradiente eléctrico que refleja el exceso de aniones en el interior de la célula y el correspondiente exceso de cationes en el exterior de ella.**

Una señal eléctrica de la célula es una onda de cambios en el potencial de membrana

A diferencia de los gradientes de concentración, los gradientes eléctricos son sumamente sensibles, de modo que el movimiento de unos pocos iones puede modificar el potencial de membrana a la velocidad del rayo y sin alterar significativamente el gradiente de concentración.

Más aún, como los iones positivos y negativos se atraen entre sí, cualquier cambio en el potencial de membrana se propaga a las zonas vecinas. Las señales eléctricas de las células se transmiten como cambios muy breves en el potencial de membrana, que se propagan de una región a otra de la membrana celular, como se explica en la siguiente sección. Esta onda de cambio temporal en el potencial de membrana es lo que llamamos «señal eléctrica», el medio de comunicación eléctrica entre células.

Es importante entender que las moléculas no se mueven de un extremo al otro de la célula como lo hacen las ondas eléctricas. Por el contrario, las ondas reflejan la actividad local temporal, como una perturbación que se desplaza de un lugar a otro. Es similar a la ola que forman los hinchas en un estadio deportivo y que da la vuelta al estadio: éstos se mantienen en su lugar y se levantan un instante para permitir que la ola continúe. No corren de una sección a otra. Lo mismo sucede con el potencial de membrana: el potencial eléctrico cambia rápidamente, propaga la onda y vuelve a su estado anterior.

¡Recuerde! **Los gradientes de concentración de sodio y potasio no varían de forma significativa en la señalización de la célula. Sin embargo, el potencial de membrana (el gradiente eléctrico) sí cambia y, cuando lo hace, se desplaza como una señal eléctrica.**

Los cambios en el potencial de membrana son la despolarización, la hiperpolarización y la repolarización

En muchas células el potencial de membrana en reposo nunca cambia. Estas células son capaces de hacer su trabajo sin alterar su equilibrio eléctrico. Pero en otras, en particular (pero no exclusivamente) las neuronas y los miocitos, la actividad eléctrica no tiene fin, porque los cambios en el potencial de membrana transportan las señales durante todos los milisegundos de vida.

Para poder entender los cambios en el potencial de membrana es necesario comprender el concepto de **polaridad eléctrica.** En la vida diaria empleamos el adjetivo *polarizado* para describir una situación en la que distintos grupos, como los partidos políticos, están en lados opuestos de un problema. Cuando nos referimos a la membrana celular, la *membrana polarizada* es la que tiene un exceso de carga negativa en un lado y un exceso de carga positiva en el otro. La membrana celular de todas las células del cuerpo está polarizada de esta forma.

Los cambios en el potencial de membrana pueden clasificarse, según el efecto en la fuerza del gradiente eléctrico (fig. 4-10), en tres tipos:

- *Despolarización.* Un cambio que reduce la fuerza del gradiente eléctrico, es decir, que hace que el interior de la célula sea menos negativo, se llama **despolarización.** Por ejemplo, el cambio en la carga eléctrica de –70 mV a –40 mV es una despolarización parcial y el cambio de –70 mV a 0 mV es una despolarización completa. En la transmisión de señales eléctricas a través de la membrana celular, el proceso de despolarización normalmente «se pasa» un poco, y por un instante el interior de la célula tiene carga positiva. En este caso, aunque el interior de la célula pase de –70 mV a +30 mV, el proceso también se denomina despolarización.
- *Hiperpolarización.* A la inversa, un cambio que hace que el interior de la célula sea aún más negativo se llama **hiperpolarización.** Es decir, el cambio *aumenta* la fuerza del gradiente eléctrico. Por ejemplo, un cambio de –70 mV a –80 mV es una hiperpolarización.
- *Repolarización.* Por último, un cambio en el gradiente eléctrico que hace que el potencial de membrana en reposo vuelva a su valor original se llama **repolarización.** Nuevamente, el estado de reposo de una célula *no* es la neutralidad eléctrica (0 mV) sino la polarización (interior negativo, –70 mV).

Para ilustrar los cambios en el potencial de membrana se puede utilizar un diagrama (fig. 4-10 A): observe que la despolarización acerca el voltaje hacia el valor neutro, mientras que la hiperpolarización lo aleja. Después de estos cambios, la membrana vuelve a su estado de reposo mediante la repolarización.

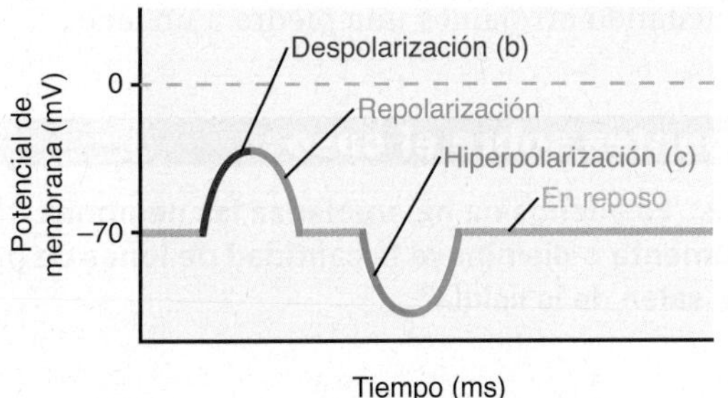

A Cambios en el potencial de membrana

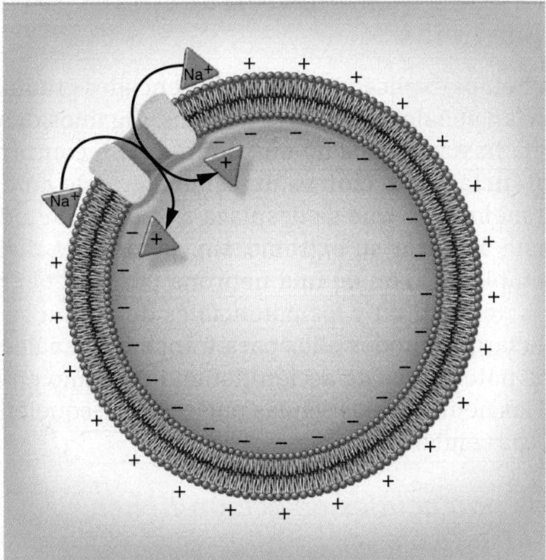

B Despolarización

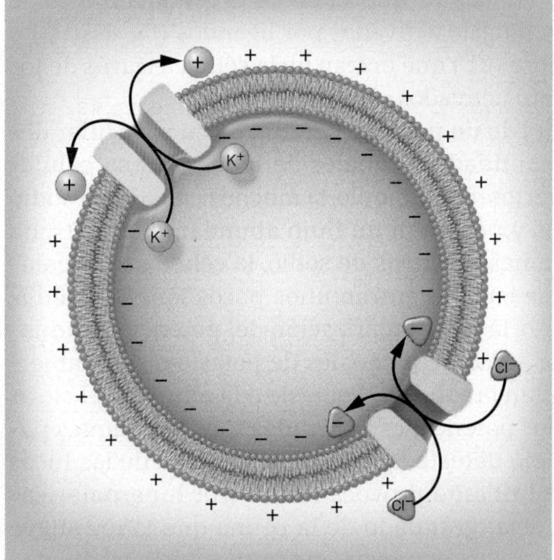

C Hiperpolarización

Figura 4-10. Cambios en el potencial de membrana. A) La despolarización disminuye el potencial de membrana mientras que la hiperpolarización lo aumenta. En el gráfico se muestra que el potencial de membrana en reposo es –70 mV. **B)** La entrada de sodio en la célula provoca una despolarización del potencial graduado. **C)** La salida de potasio o la entrada de cloro provocan una hiperpolarización del potencial graduado. *Si el potencial de membrana cambia de –70 mV a –65 mV, ¿se hiperpolariza o se despolariza la membrana?*

Apuntes sobre el caso

4-10 La adenosina actúa en algunas neuronas para aumentar la magnitud del potencial de membrana. ¿La adenosina hiperpolariza o despolariza esas neuronas?

4-11 Cuando Andrés bebió los primeros tragos de café normal, con cafeína, el potencial de membrana de algunas neuronas pasó de –71 mV a –70 mV. ¿El cambio se describe como hiperpolarización o despolarización?

Los potenciales graduados permanecen localizados y varían en fuerza

Como ya hemos dicho antes, los neurotransmisores y los paracrinos trabajan en distancias cortas, mientras que las hormonas son señales de larga distancia. De manera similar, las señales eléctricas se clasifican de acuerdo con la distancia que recorren. Los **potenciales graduados** son cambios de corta duración en el potencial de membrana que trabajan localmente en una zona muy pequeña de la membrana celular o citoplasma. Esto ocurre en la mayoría de las células, pero es especialmente importante en las dendritas de las neuronas. La causa más común de un potencial graduado es la apertura de un canal activado por ligandos. La despolarización de los potenciales graduados, que hace que el interior celular sea menos negativo, suele ser el resultado de la activación de canales de sodio por ligandos, lo que permite la entrada de sodio en la célula (fig. 4-10 B). Los cationes de Na^+ entran en la célula, se emparejan con el exceso de iones negativos y reducen la polaridad de la membrana. Por otro lado, la hiperpolarización de los potenciales graduados, que hace que el interior celular sea más negativo, es el resultado de los K^+ que salen de la célula a través de los canales de potasio activados por ligandos (fig. 4-10 C) o de iones de cloro (Cl^-) que entran en la célula a través de los canales de cloro activados por ligandos.

La magnitud de un potencial graduado en particular depende de la cantidad de canales de la membrana celular que estén abiertos. Por ejemplo, si muchos canales de sodio están abiertos y permiten un flujo abundante de entrada temporal de iones positivos de sodio, la célula se despolarizará más que cuando entran unos pocos iones de sodio. Por el contrario, la hiperpolarización del potencial graduado será mayor si hay más canales de potasio o cloro abiertos que permitan la salida del potasio o la entrada del cloro. Por ejemplo, los potenciales graduados son importantes para la vista: el ojo detecta la distinta intensidad de las luces porque la luz brillante provoca una mayor hiperpolarización del potencial graduado de la retina que la luz suave ➡ (cap. 9). En consecuencia, los potenciales graduados son una de la formas de respuesta de una célula a la intensidad de la señal entrante: cuanto más intensa sea la señal, mayor será el potencial graduado.

Muchas células, especialmente las dendritas de las neuronas, pueden tener múltiples potenciales graduados a la vez. Del mismo modo que la puntuación de un saltador refleja los puntos ganados y los perdidos por errores en cada salto del trampolín, el cambio total del potencial de membrana de una célula es la suma de todos los potenciales graduados individuales. Por ejemplo, una dendrita está expuesta a dos ligandos diferentes, uno despolariza la membrana en 10 mV y el otro la hiperpolariza en 15 mV. El resultado neto es una hiperpolarización de 5 mV. La suma de los potenciales graduados permite que las neuronas capten información de muchas fuentes diferentes.

Como cualquier otra señal, un potencial graduado debe trasladarse para ser eficaz. Los potenciales graduados se propagan a las regiones vecinas de la membrana celular porque los iones negativos y positivos se atraen entre sí. Los iones positivos que entran en la célula durante la despolarización inicial atraen a los iones negativos próximos. Cuando estos iones negativos abandonan su localización original, dejan algunos iones positivos no emparejados, que de este modo despolarizarán la región adyacente. El potencial graduado se propaga a esta nueva región, que a su vez despolarizará de la misma forma otras regiones adyacentes. Por ello, los potenciales graduados recorren sólo distancias muy cortas. Pierden fuerza a medida que avanzan y finalmente se desvanecen, como las ondas que se propagan cuando arrojamos una piedra a un lago.

Apuntes sobre el caso

4-12 La adenosina hiperpolariza las neuronas. ¿Aumenta o disminuye la cantidad de iones de potasio que salen de la célula?

Los potenciales de acción son cambios grandes que pueden recorrer largas distancias

Ya hemos explicado cómo los potenciales graduados transportan señales a distancias cortas, digamos desde la dendrita hasta el soma de una neurona. En contraposición, el **potencial de acción** es un cambio grande en el potencial de membrana que se desplaza a lo largo de toda la célula hasta alcanzar su extremo, sin importar la distancia. Por ejemplo, el axón de una neurona puede tener varios metros de longitud y los potenciales de acción se desplazan a lo largo de todos ellos para transmitir señales eléctricas. Los potenciales de acción tienen lugar sólo en los axones de las neuronas, las células musculares esqueléticas y otras pocas células excitables.

Los potenciales de acción tienen cuatro fases

A medida que un potencial de acción evoluciona en un punto dado de la membrana celular, podemos crear un gráfico de los cambios como el de la figura 4-11 (dibujo central). El tiempo se representa en el eje horizontal y el voltaje del potencial de membrana en el eje vertical. Observe que estos cambios del potencial de acción están divididos en cuatro

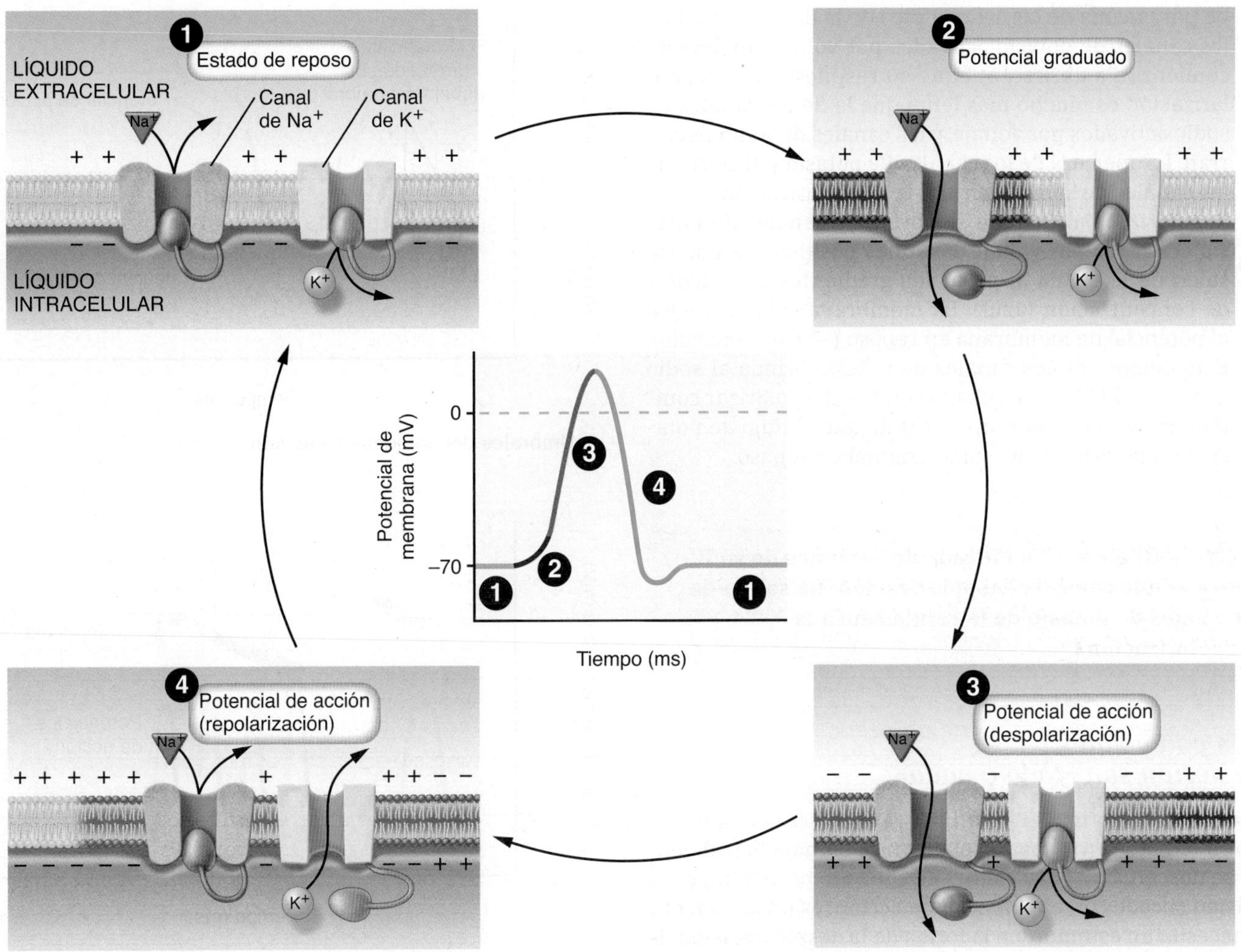

Figura 4-11. Potencial de acción. El color de la membrana se corresponde con el del potencial de acción trazado. *Nombre la fase del potencial de acción cuando los canales de potasio activados por voltaje están abiertos.*

fases numeradas, y cada una tiene el color correspondiente: *1)* estado de reposo, *2)* potencial graduado, *3)* despolarización y *4)* repolarización. Si estudiamos con detalle ambas partes de la figura 4-11, veremos que los colores de las fases en el gráfico coinciden con los colores de la fase que altera a la membrana celular en las ilustraciones. Por ejemplo, el rojo corresponde a la fase de despolarización del potencial de acción y en consecuencia las regiones rojas de la membrana se despolarizan. Examinemos con más detalle las cuatro fases del potencial de acción:

1. *Estado de reposo.* El interior de la célula tiene carga negativa (amarillo). Recuerde que el voltaje negativo en reposo se mantiene porque los canales de *fuga* de potasio están constantemente abiertos (en la figura no se muestran estos canales). Recuerde también que los canales activados por voltaje son canales especiales de la membrana que sólo se abren en respuesta a cambios en el potencial de membrana. Durante el estado de reposo los canales activados por voltaje para Na^+ y K^+ están cerrados (fig. 4-11, fase 1).
2. *Evolución de un potencial graduado.* Los potenciales de acción comienzan como potenciales graduados. La despolarización de un segmento cercano de la membrana (p. ej., una señal iniciada por un roce) provoca la apertura de los canales de sodio. Los iones de sodio entran (siguiendo gradientes eléctricos y de concentración) y despolarizan levemente la célula (rojo oscuro, fase 2). Observe que a medida que la célula es menos negativa el trazo en el gráfico sube ligeramente hacia la neutralidad (cero). Los canales de potasio activados por voltaje permanecen cerrados.
3. *Despolarización.* A medida que el potencial graduado despolariza la membrana, se abren más canales de sodio activados por voltaje y entra más sodio en la célula. Aunque en la fase 3 se muestra un solo canal de sodio activado por voltaje, la cantidad real de canales abiertos depende de la magnitud de la despolarización (a mayor despolarización más canales abiertos). Entran tantos iones de sodio que, en su punto máximo, la despolarización provoca la carga positiva temporal (rojo claro) en el interior de la célula. Observe que la curva del gráfico su-

be por encima de cero. En el pico de la despolarización, los canales de potasio activados por voltaje finalmente comienzan a abrirse, aunque su respuesta a la despolarización es mucho más lenta que la de los canales de sodio activados por voltaje, y los canales de sodio se cierran. La apertura de los canales de potasio y el cierre de los canales de sodio detienen la despolarización.

4. *Repolarización*. Cuando se abren los canales de potasio activados por voltaje, los iones positivos de potasio salen de la célula al pasar los gradientes eléctricos y de concentración (azul). La membrana celular vuelve al potencial de membrana en reposo (–70 mV, amarillo). Esta demora de los canales de potasio brinda al sodio la oportunidad de inundar la célula y despolarizar completamente la membrana antes de que el flujo de potasio la repolarice a su estado original en reposo.

¡Recuerde! La entrada de los iones de sodio en la célula causa la despolarización. La salida de los iones de potasio de la célula causa la repolarización.

Los potenciales de acción son «todo o nada»

Cuando uno oprime el botón del váter, el agua empieza a arremolinarse en la taza; si el botón se empuja lo suficiente, se descarga un gran caudal de agua en poco tiempo. Lo mismo sucede con el potencial de acción: es o todo o nada, y necesita un estímulo, en la forma de la despolarización de un potencial graduado, con suficiente intensidad como para pasar por encima del límite. Este punto eléctrico crítico que debe superarse se llama *umbral.* En la mayoría de las células el umbral está entre 15 mV y 20 mV por encima del potencial de membrana en reposo. Si el potencial graduado permanece por debajo del umbral (subumbral), no abre suficientemente los canales de sodio activados por voltaje y el potencial de acción no se produce (fig. 4-12 A). El potencial graduado se disipa, del mismo modo que el intento fallido del váter sólo provoca un remolino temporal de agua. Cuanto más grande sea la diferencia entre el potencial de membrana en reposo y el umbral, más difícil será que la neurona inicie un potencial de acción. En consecuencia, cualquier cosa que hiperpolarice la célula (es decir, que haga el potencial en reposo más negativo) dificultará el inicio de un potencial de acción.

Volviendo por un momento a la mecánica del váter, al oprimir el botón con más fuerza no aumenta el caudal de agua (todas las descargas de la taza son de la misma magnitud). De la misma forma, todos los potenciales de acción son idénticos sin importar la intensidad del estímulo inicial. De ahí que los potenciales de acción se describan como del tipo *todo o nada.* Como la intensidad de la señal (su *amplitud*) es uniforme, el mensaje siempre dice «Hazlo», cualquiera que sea la función. La señal no puede decir «Haz un poco» o «Haz mucho» (esto sólo lo pueden hacer los potenciales graduados). Por ejemplo, cuando intenta activar una motoneurona, la neurona se activa o no se activa. No existe una activación parcial. Sin embargo, esto no significa que la *respuesta* de la célula destinataria sea todo o nada. Si bien un solo potencial de acción no puede provocar una respuesta variable o graduada, una serie de potenciales de acción sí pueden hacerlo. Cuanto más frecuente sea la señal, mayor será la respuesta (fig. 4-12 B). La intensidad de los potenciales de acción está codificada en su *frecuencia:* una señal sensorial más fuerte (como un toque más fuerte o un olor más intenso) se reflejará por medio de potenciales de acción muy frecuentes, mientras que un estímulo más débil utilizará potenciales de acción menos frecuentes.

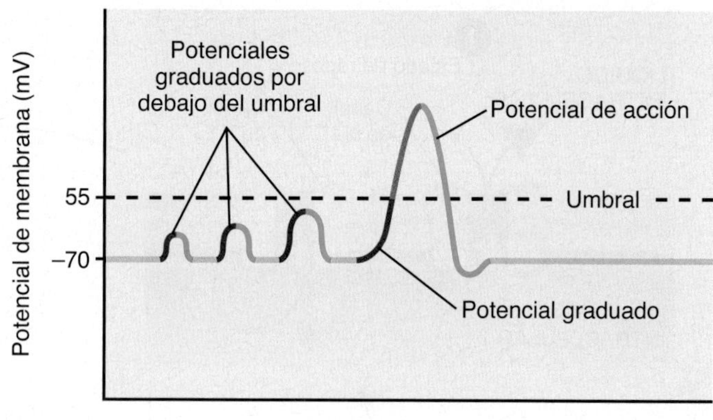

A Umbrales del potencial de acción

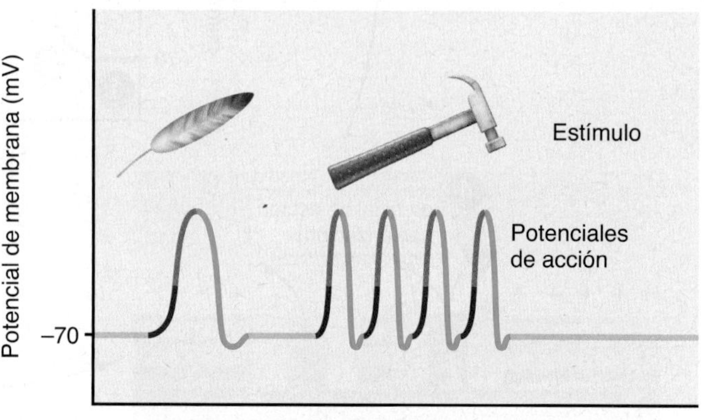

B Frecuencia del potencial de acción

Figura 4-12. Características de los potenciales de acción. A) Los potenciales graduados suficientemente amplios como para alcanzar el umbral inician un potencial de acción. **B)** La intensidad del estímulo está codificada en la frecuencia de los potenciales de acción y no en el tamaño de los potenciales de acción individuales. El roce de una pluma (izquierda) puede iniciar un solo potencial de acción, mientras que el golpe de un martillo (derecha) inicia muchos. *Si la membrana se despolariza a –50 mV, ¿se iniciará un potencial de acción?*

Apuntes sobre el caso

4-13 Recuerde que la adenosina hiperpolariza las neuronas y que la cafeína antagoniza la adenosina. ¿La cafeína facilita o dificulta a las neuronas el inicio de potenciales de acción? Explique su respuesta.

Los potenciales de acción se autorregeneran

Los potenciales de acción se autoalimentan como las fichas de dominó que se caen una tras otra, de modo que pueden autorregenerarse y desplazarse hasta el «fin de la línea» física, esté donde esté. Teóricamente, una señal codificada mediante potenciales de acción puede transmitirse a una distancia infinita sin perder intensidad ni claridad, de la misma forma que una larga línea de fichas de dominó continúa cayéndose cuando cae la primera. Esta sorprendente hazaña es posible porque los potenciales de acción se regeneran continuamente a medida que se transmiten.

Veamos cómo sucede. En una región de la membrana, un potencial de acción despolariza las secciones circundantes y, en consecuencia, abre los canales de sodio activados por voltaje. El sodio que entra a través de estos canales despolariza aún más la región (hasta el umbral) e impulsa el potencial de acción, que despolariza otra sección de la membrana, y así sucesivamente hasta que la señal llega al extremo del axón u otra región de la célula (fig. 4-13 A). Las neuronas pequeñas, los miocitos y otras células excitables utilizan este método de transmisión.

Los potenciales de acción se desplazan más rápido por medio de la conducción saltatoria

Algunas neuronas tienen un método aún más rápido para transmitir un potencial de acción, la **conducción saltatoria** (del latín *saltare* = «saltar»). Como ya se ha dicho anteriormente, algunos axones (llamados *axones mielinizados*) están cubiertos por vainas de mielina. Los axones mielinizados se parecen de algún modo a una ristra de chorizos ensartados en una vara: los chorizos representan las envolturas de mielina y la vara, el axón. El diminuto espacio en forma de collar que queda al descubierto entre las células adyacentes (o los chorizos), donde el axón está «desnudo», se llama **nódulo de Ranvier** (figs. 4-7 y 4-13).

La vaina de mielina impide que los iones de sodio atraviesen la membrana y provoquen potenciales de acción. En consecuencia, los potenciales de acción sólo se producen en los «collares» expuestos de la membrana, situados entre los nódulos. Los cambios eléctricos causados por un potencial de acción en un nódulo saltan al nódulo siguiente a la velocidad de la luz, como una chispa de electricidad

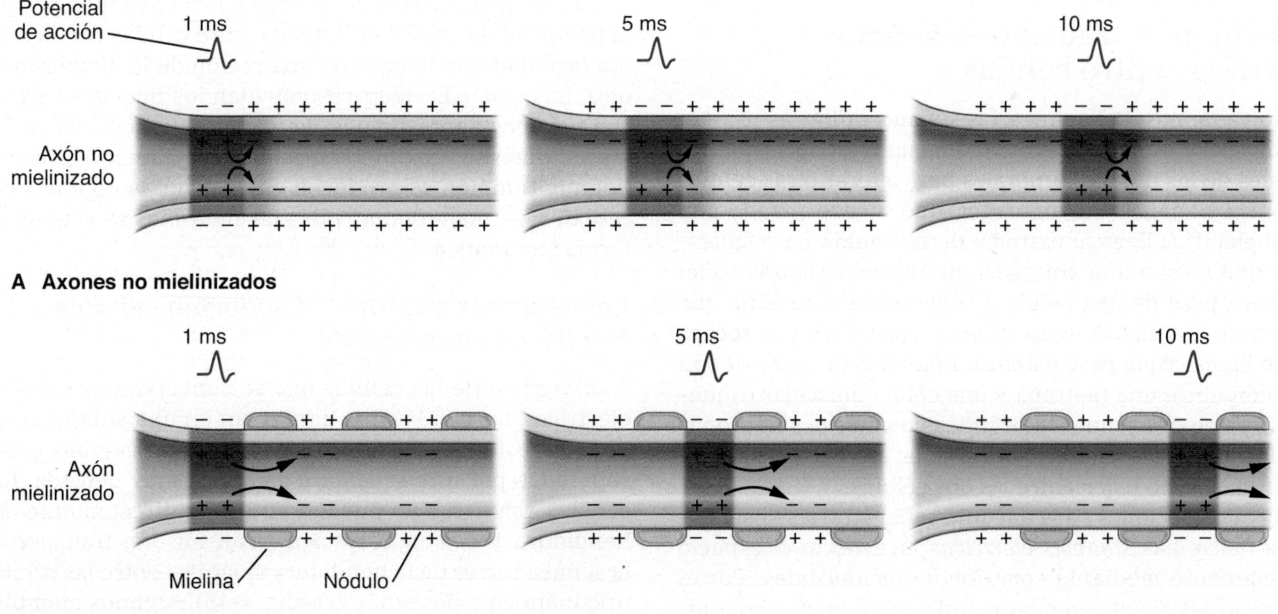

Figura 4-13. Propagación del potencial de acción. A) Propagación del potencial de acción en neuronas no mielinizadas. La región de color rojo oscuro de la membrana indica que los canales de sodio activados por voltaje están abiertos y se está produciendo el potencial de acción. Transcurrido 1 ms, el potencial de acción ha comenzado a desplazarse por el axón. A los 5 ms se ha desplazado una corta distancia. A los 10 ms ha llegado un poco más lejos. **B)** Propagación del potencial de acción en neuronas mielinizadas. La posición del potencial de acción se indica a 1 ms, 5 ms y 10 ms. Observe que a los 5 ms y 10 ms el potencial de acción llegó mucho más lejos en la neurona mielinizada que en la neurona no mielinizada. En las neuronas reales la señal se desplaza hasta 200 veces más rápido en una neurona mielinizada que en una no mielinizada. *¿Qué canales están abiertos en las regiones despolarizadas (rojas) de la membrana?*

estática salta entre el dedo y un objeto metálico. En el nódulo se inicia un nuevo potencial de acción que recorre la corta distancia del «collar» expuesto del axón antes de volver a saltar.

Como se muestra en la figura 4-13 B, este proceso es mucho más rápido que la conducción de potenciales de acción en membranas de nervios no mielinizados. Un potencial de acción necesita una cierta cantidad de tiempo (digamos 5 ms) para completarse, mientras que la despolarización puede propagarse de un nódulo a otro casi de forma instantánea. En el axón no mielinizado de la figura 4-13 A, el potencial de acción del extremo izquierdo de la neurona se completa en 5 ms. Provoca un segundo potencial de acción en la sección adyacente de la membrana que consume 5 ms adicionales, y posteriormente provoca un tercer potencial de acción en la siguiente región de la membrana. El potencial de acción recorrió sólo una corta distancia por el axón en 15 ms. Durante el mismo período de tiempo se produjeron también tres potenciales de acción en la neurona mielinizada (parte B). Sin embargo, como los potenciales de acción se producen sólo en los nódulos, la señal se propagó por el axón mucho más lejos.

Las enfermedades que se caracterizan por la ausencia de vaina de mielina o la presencia de una vaina dañada, como la esclerosis múltiple, provocan una transmisión anormalmente lenta de los impulsos a través de los nervios que alimentan los músculos esqueléticos. En consecuencia, los movimientos musculares son lentos o no se producen.

Las sinapsis transmiten señales eléctricas entre células

Como ya hemos dicho antes, las señales químicas usan el líquido extracelular y la sangre como medio, y se desplazan a través de los fluidos corporales para alterar otras células cercanas y lejanas. Sin embargo, ¿qué sucede cuando una señal eléctrica llega al extremo de la célula? La respuesta es que llega a una **sinapsis**, un lugar donde una señal eléctrica pasa de una célula a la siguiente. La célula que transmite la señal se llama *célula presináptica* y el receptor se llama *célula postsináptica*. Ejemplos de sinapsis son la unión entre una neurona y una célula muscular esquelética, entre dos células miocárdicas o entre dos neuronas cefalorraquídeas. En cada caso, la señal eléctrica debe atravesar el espacio físico entre las dos células.

Hay dos opciones para que una señal atraviese esta barrera física. Las *sinapsis eléctricas* atraviesan el espacio directamente mediante *conexiones comunicantes*. Por el contrario, las *sinapsis químicas* utilizan un mensajero químico (un *neurotransmisor*) para transferir el mensaje de una célula a otra.

Las sinapsis eléctricas transfieren las señales mediante conexiones comunicantes

Las conexiones comunicantes ⬅ (cap. 3) son túneles acuosos de proteínas que permiten que los iones y otros compuestos pequeños pasen de una célula a otra. En una sinapsis eléctrica, los iones pasan de la célula presináptica a la postsináptica a través de conexiones comunicantes para propagar el potencial de acción (fig. 4-14). Es decir, la célula postsináptica se despolariza cuando los iones positivos fluyen de la célula presináptica a la postsináptica y los iones negativos fluyen en dirección opuesta.

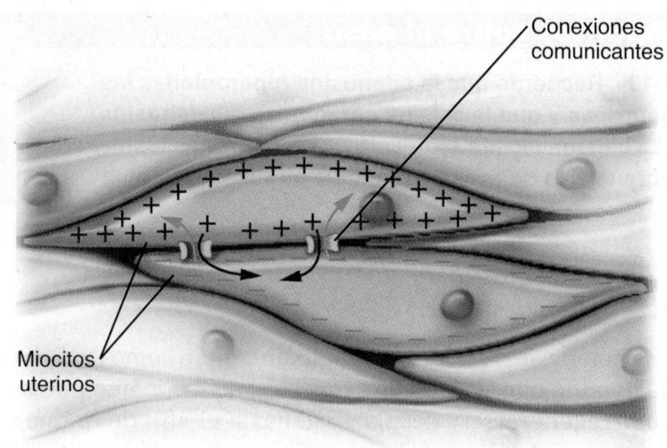

Figura 4-14. Sinapsis eléctrica. Las conexiones comunicantes entre dos miocitos uterinos adyacentes permiten que el potencial de acción pase directamente de la célula superior a la inferior. *¿Dónde tiene lugar el potencial de acción, en la célula superior o en la inferior?*

Las sinapsis eléctricas son rápidas y eficientes porque el potencial de acción se propaga entre células con la misma facilidad que lo hace de una región de la membrana a otra. Las sinapsis eléctricas vinculan los miocitos cardíacos, uterinos e intestinales, de manera que todas las células próximas se activan y contraen esencialmente al mismo tiempo. También se producen entre algunas regiones cerebrales, de manera que todas las neuronas se activan de forma simultánea.

Las sinapsis químicas convierten señales eléctricas en químicas

A diferencia de las células que se conectan por sinapsis eléctricas, las células que participan en una sinapsis química no están conectadas físicamente. En cambio, están separadas por una *hendidura sináptica* muy delgada. Las señales eléctricas no pueden atravesar directamente esa hendidura. En su lugar, los neurotransmisores transportan la señal a través de la hendidura sináptica entre las células presináptica y postsináptica (fig. 4-15). Algunos ejemplos conocidos de neurotransmisores son la aceticolina, la noradrenalina y el glutamato. El ➡ capítulo 8 incluye más información sobre este tema.

Las sinapsis químicas transportan señales entre dos neuronas o entre una neurona y una célula destinataria (normalmente una célula glandular o un miocito). El extremo de la neurona presináptica, el **terminal del axón,** contiene muchas **vesículas sinápticas** dispuestas como neurotransmisores. En el otro lado de la hendidura sinápti-

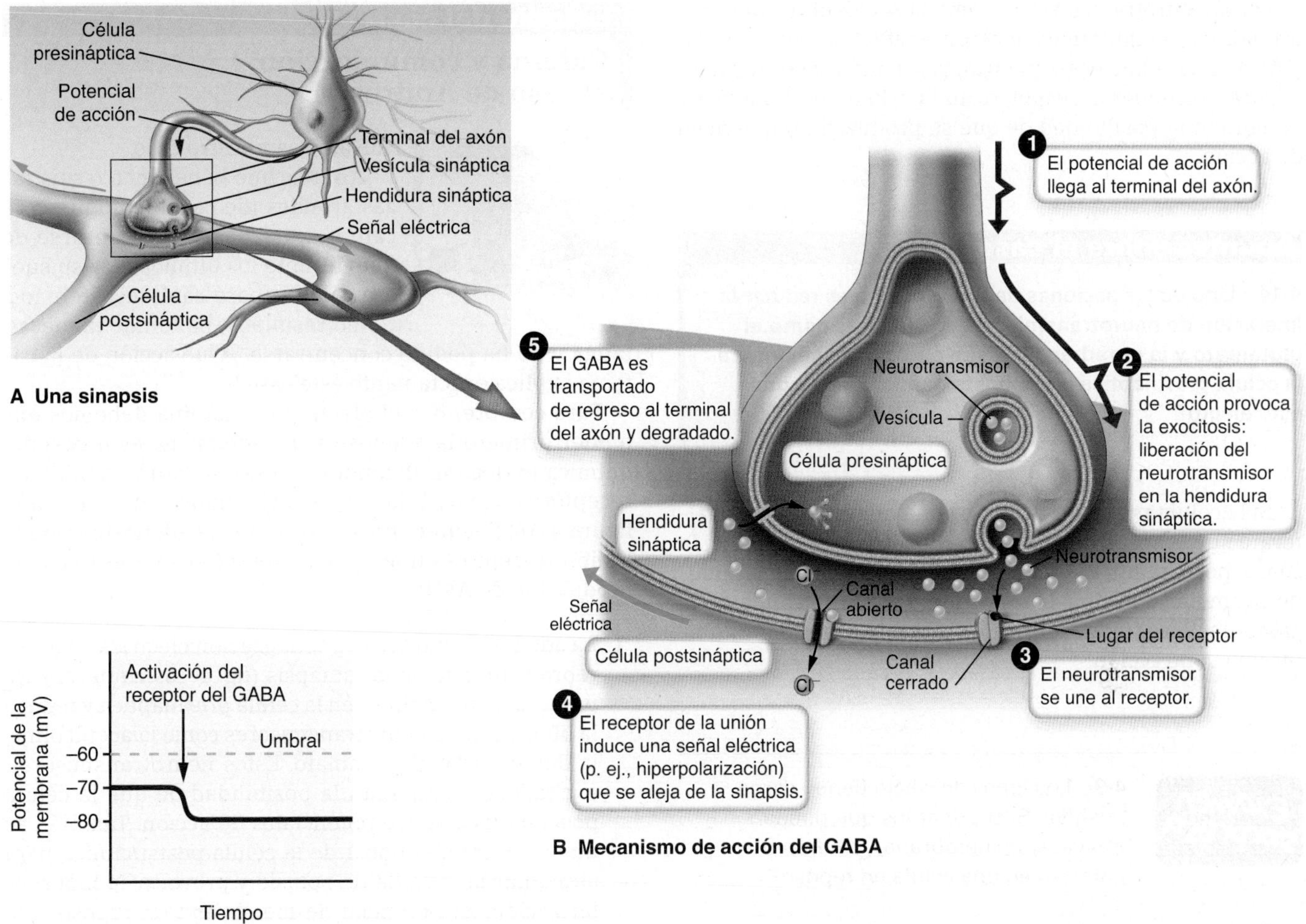

Figura 4-15. Sinapsis químicas. A) Las partes de una sinapsis química. **B)** Los pasos de una sinapsis química. Este ejemplo utiliza el GABA, un neurotransmisor de acción inhibidora que hiperpolariza la célula postsináptica. **C)** Cambios en el potencial de membrana provenientes de la activación de un receptor del GABA. *El líquido de la hendidura sináptica, ¿es extracelular o intracelular?* GABA, ácido γ-aminobutírico.

ca, la membrana celular de la célula postsináptica contiene muchos receptores de proteínas que se unen al neurotransmisor. La señal se transmite de la célula presináptica a la postsináptica de la manera siguiente (fig. 4-15 B):

1. El potencial de acción llega al terminal del axón.
2. El potencial de acción provoca la exocitosis de las vesículas sinápticas. Es decir, las vesículas sinápticas se funden con la membrana celular y liberan las moléculas neurotransmisoras en la hendidura sináptica. El neurotransmisor atraviesa la hendidura sináptica.
3. El neurotransmisor se une al receptor en la membrana de la célula postsináptica.
4. Los receptores provocan un cambio en la célula postsináptica (normalmente un potencial graduado hiperpolarizante o despolarizante). La señal se aleja de la sinapsis.
5. El neurotransmisor se elimina rápidamente de la hendidura sináptica (en neuronas u otras células próximas) y se recicla o destruye.

La mayoría de los neurotransmisores inducen una señal eléctrica cuando se unen a un receptor en la membrana postsináptica, ya sea directamente o a través de un segundo mensajero (AMPc). La figura 4-15 B muestra un receptor del canal de cloro específico para el neurotransmisor del GABA (un aminoácido modificado). El canal de cloro se abre sólo cuando el GABA se une al receptor del canal. El cloro está más concentrado en el exterior de la célula; por eso, la apertura de los canales permite que los iones negativos de cloro entren en la célula y hagan que el interior de ésta sea más negativo que antes. En esta situación, la membrana celular se hiperpolariza (fig. 4-15 C) y el potencial de membrana en reposo se aleja más allá del umbral necesario para producir un potencial de acción. La célula se inhibe y se necesita una despolarización mayor para activarla. Es como si el GABA dijese: «¡Tranquilo! ¡Dejemos de activar tantos potenciales de acción!» El GABA actúa en muchos puntos del cerebro para desacelerar la actividad celular (el cuadro Instantánea clínica contiene más información).

Otros neurotransmisores, como la acetilcolina, la noradrenalina y el glutamato, ejercen el efecto opuesto al del GABA en la célula postsináptica. Los llamados neurotransmisores excitadores despolarizan la célula postsináptica y aumentan la posibilidad de que se produzca un potencial de acción.

Apuntes sobre el caso

4-14 Una de las acciones de la adenosina es reducir la liberación de neurotransmisores excitadores como el glutamato y la noradrenalina. ¿Le parece que se unirá a la célula presináptica o a la postsináptica para lograr este efecto?

Si la célula postsináptica no es una neurona, la señal alterará su actividad de alguna otra forma. Por ejemplo, si la célula postsináptica es una célula glandular, la señal puede estimular o inhibir la secreción de una hormona de la glándula. Si se trata de un miocito, puede estimular o inhibir una contracción.

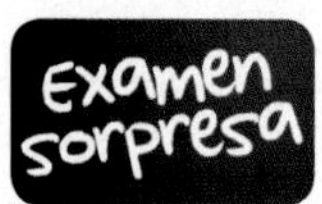

4-9 Los iones de calcio tienen carga positiva. Si suponemos que pueden atravesar la membrana, ¿saldrán o entrarán en una célula en reposo?

4-10 Si el sodio se desplaza por su gradiente de concentración, ¿saldrá o entrará en la célula?

4-11 Nombre tres tipos de canales iónicos.

4-12 ¿Qué tipo de cambio (despolarización o hiperpolarización) se produce si el potencial de membrana pasa de –70 mV a –40 mV?

4-13 Cuando el sodio entra en la célula, ¿produce una despolarización o una hiperpolarización?

4-14 En un solo potencial de acción, ¿qué sucede primero, una despolarización o una repolarización?

4-15 ¿Qué tipo de señal eléctrica puede variar en amplitud, los potenciales de acción o los potenciales graduados?

4-16 ¿Qué neurona transmite más rápidamente una señal, una mielinizada o una no mielinizada?

4-17 ¿Qué tipo de sinapsis depende de un puente físico entre las células, la química o la eléctrica?

4-18 ¿Cómo se llama el espacio entre las células presináptica y postsináptica?

Estudio del caso

Cafeína y comunicación: el caso de Andrés M.

Volvamos a nuestro caso.

Andrés, que bebe cinco o seis tazas grandes (de casi medio litro) de café por día, acaba de enterarse de que durante los últimos días su suegra sólo preparó café descafeinado. Como resultado, ha tenido jaquecas, fatiga y no ha podido concentrarse. ¿Qué acción de la cafeína explica exactamente este caso?

Para comprender el efecto de la cafeína debemos entender primero la adenosina. La adenosina es una señal química endógena (ligando) que se une a una familia de receptores ligados a la proteína G, como se muestra en la figura 4-16. Según el tipo de receptor, la adenosina puede inhibir (receptores tipo 1) o estimular (receptores tipo 2) la producción de AMPc.

1. La adenosina modifica la señalización eléctrica en el cerebro actuando en las sinapsis (fig. 4-16, izquierda). Se une a receptores tipo 1 en la célula presináptica y reduce la liberación de neurotransmisores como la acetilcolina, la dopamina y el glutamato. Estos neurotransmisores, excitadores, aumentan la posibilidad de que la célula postsináptica active potenciales de acción. También se une a receptores tipo 1 de la célula postsináptica para aumentar la entrada de potasio y provocar la hiperpolarización. El potencial de membrana en reposo está ahora más alejado del umbral, de modo que la neurona activará menos potenciales de acción. El resultado neto de estas dos acciones es menos transmisión sináptica, menos comunicación y menos vigilia. Más aún, la dopamina normalmente estimula la sensación de bienestar y aumenta la capacidad motora. En consecuencia, *la adenosina causa somnolencia, reduce la euforia asociada a la sensación de bienestar e interfiere en la locomoción.*
2. La adenosina se une a los receptores tipo 2 de las células de los vasos sanguíneos en todos los lados, incluso en el cerebro (fig. 4-16, lado derecho). Cuando la adenosina se une a estos receptores, los miocitos que controlan el diámetro de los vasos se relajan y los vasos se ensanchan. En consecuencia, *la adenosina provoca la inflamación de los vasos sanguíneos, que se congestionan con sangre.*

En pocas palabras, la adenosina promueve el descanso y la relajación. La cafeína es un antagonista químico exógeno que se une a los receptores de la adenosina en las neuronas y los vasos e impide que la adenosina ejerza sus funciones normales. Al interferir en la unión de la adenosina, la cafeína produce lo contrario al descanso y la relajación. Mejora la transmisión sináptica y estrecha los vasos sanguíneos, lo que aumenta el estado de alerta, la capacidad motora, la vasoconstricción y la sensación de bienestar.

Con el tiempo, el cuerpo de Andrés compensó la presencia de cafeína aumentando la cantidad y sensibilidad de los

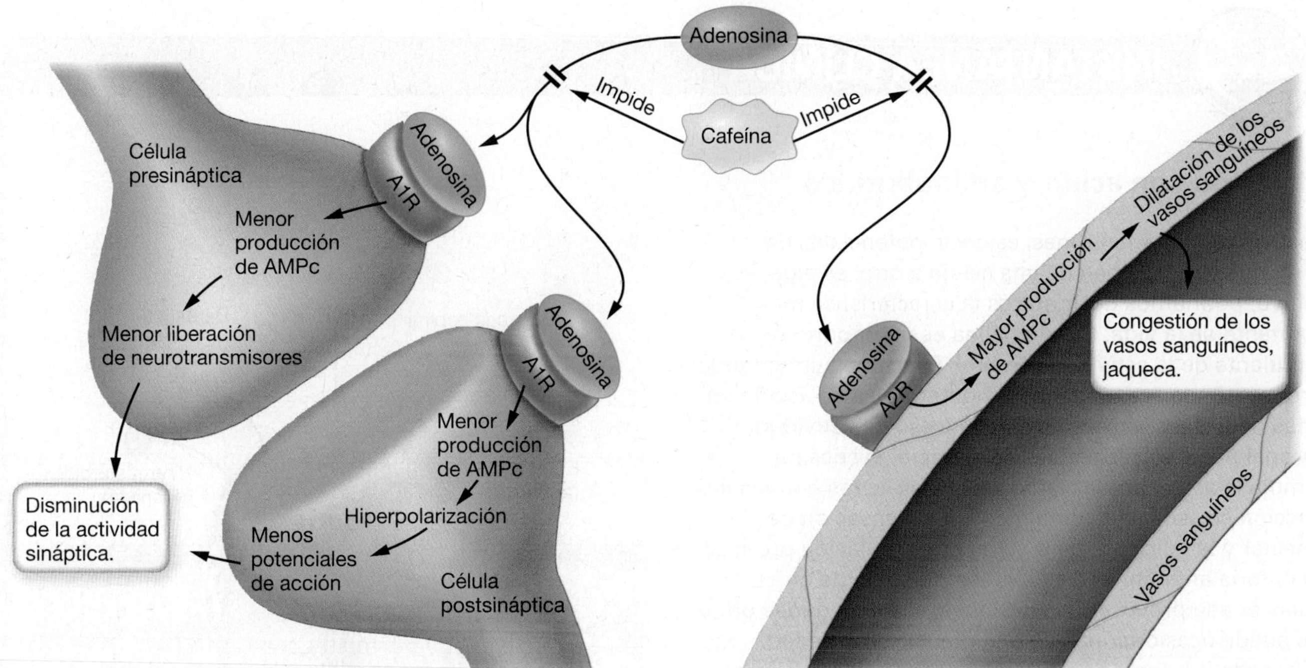

Figura 4-16. Abstinencia de cafeína y el caso de Andrés M. La adenosina se une a los receptores tipo 1 (A1R) en las neuronas y provoca la disminución de la actividad sináptica. La adenosina se une a los receptores tipo 2 (A2R) en los vasos sanguíneos y provoca el ensanchamiento de éstos. La cafeína antagoniza ambos efectos. *¿Cómo hace la adenosina para disminuir la actividad sináptica en la célula postsináptica?*

receptores de adenosina. Esta adaptación limita los efectos de la cafeína en las personas que la consumen en exceso. En consecuencia, ante una abstinencia súbita de cafeína, el cerebro de las personas como Andrés se sobrecarga porque todos los receptores adicionales están libres para empaparse de adenosina.

Por eso, cuando el cerebro de Andrés fue privado del antagonista de la adenosina (cafeína) se sobrecargó de adenosina, y estos eran sus síntomas:

- Las señales de alerta del cerebro disminuyeron de forma considerable: Andrés se sentía cansado y normalmente no podía concentrarse.
- Los vasos sanguíneos se dilataron en exceso y aumentó la presión intracraneal: Andrés tenía jaquecas intensas.
- La síntesis de dopamina disminuyó bruscamente: Andrés perdió la sensación de bienestar, se sentía fatigado y torpe, y no podía competir en acontecimientos deportivos.

Ante la ausencia de cafeína, se necesitan entre 5 y 7 días para que los receptores de adenosina vuelvan a sus niveles normales y cesen los síntomas de abstinencia de cafeína.

Si desea reducir su dependencia de la cafeína pero al mismo tiempo evitar los síntomas desagradables que sufrió Andrés, debe reducir el consumo de forma gradual. Recuerde que no sólo el café contiene cafeína: muchos refrescos están cargados de esa sustancia, que también se encuentra en otros alimentos y bebidas, entre ellos el chocolate y el té.

Apuntes sobre el caso

4-15 Al bloquear la acción de la adenosina, ¿cómo afecta la cafeína al potencial de membrana en reposo de la célula postsináptica?

4-16 Al bloquear la acción de la adenosina, ¿cómo afecta la cafeína a la liberación de neurotransmisores excitadores?

4-17 Al bloquear la acción de la adenosina, ¿cómo cambia la cafeína el tamaño de los vasos sanguíneos y la cantidad de sangre que fluye al cerebro?

INSTANTÁNEA CLÍNICA

Relajación con ácido γ-aminobutírico

La actividad de las neuronas, es decir, potenciales de acción que van y vienen de una célula a otra, es algo positivo; podríamos decir que es la característica más importante de la vida. La adrenalina es un importante estimulante de la actividad cerebral. Funciona aumentando la frecuencia de activación de los potenciales de acción en ciertas neuronas. Sin embargo, el exceso de actividad neuronal no es conveniente. Por ejemplo, la cocaína estimula la actividad de ciertas neuronas cuyos potenciales de acción se asocian generalmente a la sensación de bienestar y la felicidad, pero su hiperestimulación produce una euforia antinatural. La hiperestimulación de otras células puede provocar convulsiones, y la de algunas otras más puede ocasionar pánico o aumentar la ansiedad.

Como la fisiología humana en su conjunto consiste en un delicado equilibrio entre fuerzas homeostáticas, no debería sorprendernos que el cuerpo sintetice neurotransmisores, como la adrenalina, que *estimulan* los potenciales de acción, pero también neurotransmisores que los *inhiben*. Entre estos últimos se encuentra el ácido γ-aminobutírico (GABA). Es un ligando químico que ejerce su influencia uniéndose a cierto tipo de receptores GABA (existen varios) que controlan el flujo de iones de cloro (Cl^-) en las neuronas cerebrales. Cuando el GABA se une a este tipo concreto de receptor, los iones negativos entran en la célula y cambian el potencial de membrana en reposo, por ejemplo, de –70 mV a –80 mV. Este aumento de la negatividad hace más difícil estimular la célula. En consecuencia, la capacidad de la célula para iniciar potenciales de acción se reduce, y la célula genera menos de ellos. Por esta razón, si la célula envía señales que provocan ansiedad (una emoción normal en ciertos casos, como justo antes de un examen importante), el GABA inhibe la actividad de la célula y la ansiedad desaparece.

Los receptores GABA también contienen puntos de unión para otras sustancias, como el etanol (que se encuentra en las bebidas alcohólicas), los barbitúricos y las benzodiazepinas (miembros de un grupo de fármacos comúnmente llamados tranquilizantes). Estas sustancias no pueden abrir el canal de cloro por sí mismas, pero aumentan la capacidad del GABA para mantenerlo abierto. Son receptores agonistas. En consecuencia, el alcohol, los barbitúricos y las benzodiazepinas funcionan (al menos parcialmente) aumentando el movimiento de cloro por medio de los receptores GABA y disminuyendo la actividad (p. ej., los potenciales de acción) de ciertas neuronas. Por ejemplo, cuando alguien está ansioso por algo, puede estar seguro de que en algún lugar de su cerebro las neuronas están activando los potenciales de acción que causan esa sensación. ¿Por qué no aceptar un poco de cloro intracelular adicional (cortesía del GABA) para hacer desaparecer esa mala sensación?

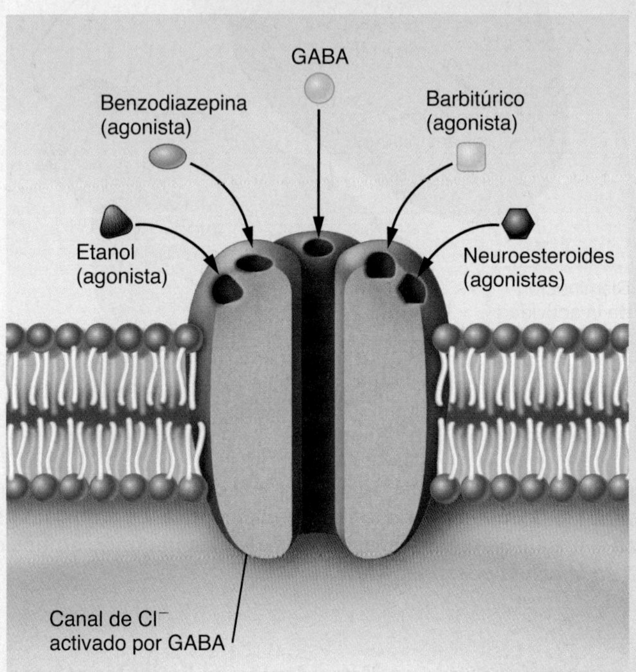

El receptor de GABA. El canal de cloro se abre cuando el GABA se une a él y permite la entrada de cloro y la hiperpolarización. En consecuencia, el GABA hace más difícil que las neuronas puedan activar los potenciales de acción. Los agonistas de GABA (como el etanol) aumentan este efecto.

La existencia de estos puntos de unión suscita una importante pregunta: ¿por qué evolucionaron así? Seguro que no fue para que el hombre de Neandertal pasara por la farmacia de la Edad de Piedra a buscar algo que le quitara la ansiedad provocada por los tigres con dientes de sable que acechaban en la espesura. La explicación más probable es que existen para unirse a los relajantes que se producen de forma natural (endógenos). Por ejemplo, las partes del receptor de GABA que se unen a los fármacos relajantes también se unen a varias sustancias sintetizadas en el cerebro, como los neuroesteroides y cannabinoides. Los cannabinoides son también un ingrediente activo de la marihuana, cuyo efecto relajante es bien conocido. Los relajantes fabricados naturalmente, como los neuroesteroides y endocannabinoides, protegen a las neuronas contra el exceso de estimulación.

Etimología

Raíces latinas/griegas	Equivalentes en español	Ejemplos
ante-/i-	Contra	Antagonista: trabaja o actúa contra el agonista
-crino	Secreción	Endocrino: secretado dentro del cuerpo
de-/des-	Quitar, extraer	Despolarizar: eliminar o quitar la polarización
endo-	Dentro de, en	Endógeno: generado dentro del cuerpo
exo-	Fuera de	Exógeno: generado fuera del cuerpo
neur-/neuro-	Neurona, nervio, tejido nervioso	Neurocrino: secretado por una neurona
para-	Al lado de, junto a	Paracrino: secretado hacia las células próximas
post-	Después	Célula postsináptica: célula después de la sinapsis
pre-	Antes	Célula presináptica: célula antes de la sinapsis
re-	Otra vez, nuevamente	Repolarizar: volver a polarizar

Cuestionario del capítulo

REVISIÓN DEL CAPÍTULO

1. **Las señales químicas que se desplazan a través del torrente circulatorio se describen como**
   a. factores paracrinos.
   b. histaminas.
   c. neurotransmisores.
   d. hormonas.

2. **La respuesta de una célula a una hormona en particular depende de**
   a. la cantidad de ligandos.
   b. la cantidad de receptores.
   c. el tipo de receptores.
   d. todas las anteriores.

3. **Los receptores de hormonas en el núcleo**
   a. se unen a ligandos hidrófilos.
   b. interactúan directamente con el ADN.
   c. activan mensajeros secundarios.
   d. normalmente se unen a hormonas proteicas.

4. **Los canales iónicos activados por ligandos**
   a. se encuentran en el núcleo.
   b. se unen a ligandos hidrófilos.
   c. interactúan directamente con el ADN.
   d. normalmente se unen a hormonas esteroideas.

5. **Un ejemplo de un segundo mensajero es**
   a. una hormona esteroidea.
   b. un AMPc.
   c. un potencial graduado.
   d. una hormona proteica.

6. **Las proteínas G**
   a. son componentes de los receptores ligados a enzimas.
   b. son componentes de canales iónicos activados por ligandos.
   c. están relacionadas con la porción intracelular de algunos receptores.
   d. ninguna de las respuestas anteriores.

7. Un receptor agonista puede
a. amplificar la señal del ligando endógeno.
b. activar receptores en ausencia del ligando endógeno.
c. unirse al receptor en un lugar diferente al del ligando endógeno.
d. todas las anteriores.

8. La parte de la neurona que normalmente recibe las señales es
a. el soma neuronal.
b. el axón.
c. la dendrita.
d. la vaina de mielina.

9. En las células vivas,
a. el sodio está más concentrado dentro de la célula y el potasio fuera de ésta.
b. los gradientes de concentración del sodio y del potasio cambian significativamente debido a los potenciales de acción.
c. el potasio está más concentrado dentro de la célula y el sodio fuera de ésta.
d. la bomba ATPasa de sodio/potasio transporta el sodio hacia dentro de la célula y el potasio hacia fuera.

10. Si el interior de la célula contiene un exceso de cargas negativas,
a. el potencial de membrana es positivo.
b. los iones positivos son atraídos hacia dentro de la célula (si pueden atravesar la membrana).
b. los iones negativos son atraídos hacia dentro de la célula (si pueden atravesar la membrana).
d. no existe el gradiente eléctrico.

11. Los potenciales graduados
a. no cambian el potencial de membrana.
b. no cambian significativamente los gradientes de concentración del sodio y del potasio.
c. se usan para transmitir señales a larga distancia.
d. ninguna de las respuestas anteriores.

12. La fase de despolarización del potencial de acción proviene de
a. iones de potasio que entran en la célula.
b. iones de potasio que salen de la célula.
c. iones de sodio que entran en la célula.
d. iones de sodio que salen de la célula.

13. Los potenciales graduados bajo el umbral
a. a veces inician un potencial de acción.
b. inician siempre un potencial de acción.
a. no inician nunca un potencial de acción.
d. hiperpolarizan la membrana.

14. La conducción saltatoria se refiere a
a. la transmisión de potenciales graduados a través de una dendrita.
b. la transmisión de potenciales de acción por los axones mielinizados.
c. la transmisión de potenciales de acción por las neuronas no mielinizadas.
d. el «salto» de una señal eléctrica de una célula a otra.

15. ¿Cuál de los siguientes componentes no se encuentra en una sinapsis eléctrica?
a. El neurotransmisor.
b. La célula presináptica.
c. La célula postsináptica.
d. El potencial de acción.

16. Los receptores de neurotransmisores
a. son siempre canales iónicos activados por ligandos.
b. pueden provocar la despolarización o la hiperpolarización de la célula postsináptica.
c. flotan en la hendidura sináptica.
d. se encuentran en el núcleo de la célula postsináptica.

COMPRENSIÓN DE CONCEPTOS

17. Enumere los pasos que se suceden cuando el glucagón estimula la producción de glucosa. Identifique los pasos que amplifican la señal.

18. Compare y contraste los receptores ligados a proteínas G y los receptores ligados a enzimas.

19. Enumere los pasos involucrados en un potencial de acción. En cada paso señale:
a. los canales que están abiertos y los que están cerrados.
b. los iones que se mueven y en qué dirección lo hacen.

APLICACIÓN

20. Identifique el tipo de señal (factor paracrino, hormona o neurotransmisor) en cada uno de los ejemplos siguientes:
a. Una neurona envía una señal a una célula del estómago para que secrete ácido.
b. Una célula del estómago envía una señal a la célula adyacente para que secrete ácido.

21. En una célula con un potencial de membrana de +50 mV, ¿cuál de las siguientes afirmaciones podría ser verdadera? En cada caso explique su respuesta afirmativa o negativa.

a. En el exterior de la célula existe un exceso relativo de cargas negativas.
b. Los iones de sodio serán extraídos de la célula por el gradiente eléctrico.
c. El gradiente de concentración de sodio se revertirá y el sodio será más abundante dentro que fuera de la célula.

22. Durante el potencial de acción, el sodio entra por los canales de sodio activados por voltaje y despolariza la membrana celular, lo cual abre más canales de sodio activados por voltaje. ¿Es este un ejemplo de retroalimentación negativa o positiva? Utilice un diagrama similar al de la figura 1-7 (para retroalimentación negativa) o al de la figura 1-9 (para retroalimentación positiva) para explicar por qué.

23. La hormona conocida como *somatotropina* es la que estimula el crecimiento. ¿Cuáles son algunas de las formas en que el cuerpo puede incrementar ese crecimiento, inducido por esta señal química en particular?

Puede encontrar las respuestas a estas preguntas en el apartado de recursos para estudiantes en:
http://thepoint.lww.com/espanol-McConnellandHull

5

Piel, membranas y otras barreras frente al medio externo

Temas principales

- La piel es importante para mantener la homeostasis.
- El medio externo es una amenaza para el medio interno del cuerpo.
- La piel y otras membranas separan los medios interno y externo.
- Otros mecanismos químicos y físicos también ayudan a protegerse del medio externo.

Objetivos del capítulo

Funciones de la piel 140

1. Describir cómo funciona la piel con los otros sistemas corporales para poder realizar sus tareas específicas.

La importancia de las barreras: el caso de Silvestre P. 145

2. Utilizar el caso práctico para explicar los efectos devastadores de las quemaduras en la salud humana y la importancia de las barreras en la homeostasis.

Anatomía de la piel y sus estructuras 146

3. Utilizar un esquema para explicar las dos capas de la piel y las estructuras de cada una de ellas.
4. Comparar la estructura de las uñas y el pelo.
5. Enumerar tres tipos de glándulas cutáneas y describir sus formas y funciones.

Curación de las heridas cutáneas 154

6. Explicar por qué las heridas leves se curan sin dejar cicatrices, y las heridas más profundas sí las dejan.

Otras barreras del medio externo además de la piel 160

7. Comparar y contrastar la piel con las membranas mucosas.

8. Explicar el papel del pelo, el moco, los cilios y los líquidos ácidos como barreras.

Caso práctico: «Sopla»

Mientras lee el siguiente caso práctico, haga una lista de los términos y conceptos que debe aprender para comprender el caso de Silvestre. Anote sus signos (como la temperatura corporal baja) y síntomas (como el dolor) y, después de estudiar el capítulo, trate de encontrar sus causas.

Anamnesis: Silvestre P., un joven de 19 años, estaba trabajando con un amigo en el conducto de la gasolina de un automóvil antiguo en el granero de su casa en la montaña. Mientras trabajaba, con el torso descubierto, en un extremo del conducto, Silvestre le pidió a su amigo, que estaba en el otro extremo, que «soplara» para ver si el conducto estaba obstruido. Como consecuencia de ello, quedó bañado en gasolina que se prendió al entrar en contacto con el pitillo que estaba fumando. Sufrió quemaduras graves.

La casa estaba en un lugar aislado, de manera que pasaron casi 4 h desde el momento del incidente hasta que llegaron a la unidad de quemados de un centro médico.

Exploración física y otros datos: los signos vitales de Silvestre en el momento de su ingreso eran los siguientes: presión arterial de 90/60 mm Hg (normal, 120/80), frecuencia cardíaca de 130 lat/min (normal, 70), frecuencia respiratoria de 26 resp/min (normal, 14), temperatura de 36,4 °C (normal, 37 °C). Su cabeza, cuello, brazos y torso estaban cubiertos casi en su totalidad por quemaduras de grosor parcial y completo. Las zonas del cuerpo que no estaban quemadas se veían muy pálidas. Estaba consciente, pero con mucho dolor y escalofríos, y se quejaba de sed.

Evolución clínica: además de un fármaco para el dolor, oxígeno complementario y otras medidas de apoyo, se le insertó una vía intravenosa y se inició una rápida infusión de agua, glucosa, minerales y otros nutrientes. En las primeras 24 h, Silvestre recibió 15 l de líquidos y su presión arterial volvió a los valores normales. Durante la primera semana de hospitalización siguió necesitando grandes volúmenes de nutrientes y líquidos por vía intravenosa para mantener la presión arterial normal e impulsar el proceso reparador.

A los 7 días de hospitalización, las quemaduras se habían infectado y las heridas supuraban gran cantidad de pus. Al final de la tercera semana un análisis indicó la presencia de bacterias que habían infectado el torrente circulatorio. A pesar del intenso tratamiento con antibióticos, las transfusiones de sangre y la alimentación intravenosa, murió a los 30 días a causa de una infección muy intensa.

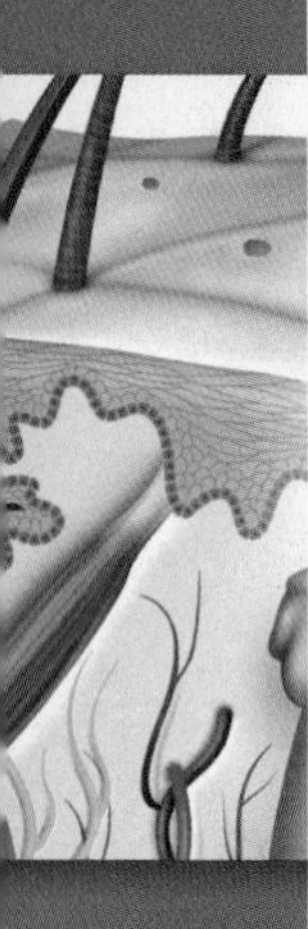

Conocimientos necesarios

Antes de adentrarse por primera vez en este capítulo, es importante comprender los siguientes términos y conceptos.

- Barreras, homeostasis y realimentación negativa (cap. 1)
- pH (cap. 2)
- Tejido epitelial y conectivo, glándulas exocrinas y endocrinas, diferenciación y ciclo celular, desmosomas (cap. 3)

Otros libros de texto de anatomía y fisiología suelen titular este capítulo «El sistema tegumentario». La palabra *tegumento* deriva del latín y significa «cubierta». El sistema tegumentario incluye la cubierta principal del cuerpo, la piel, así como también sus derivados (glándulas sebáceas y sudoríparas, uñas y pelo). Sin embargo, hemos incluido también la descripción de barreras tegumentarias, entre ellas las membranas y barreras químicas, porque su papel como barrera frente al medio externo es similar al de la piel y sus derivados. ¿Son tan importantes las barreras como para dedicarles un capítulo completo?

Recuerde esta frase del capítulo 1: *La vida se mantiene gracias a elementos específicos del medio externo.* Entre ellos están el oxígeno, el agua, los alimentos, la presión y el calor. Sin embargo, el otro lado de la moneda es éste: el medio externo es una amenaza diaria para la vida. La forma de organización de nuestro cuerpo es una de nuestras defensas frente a las amenazas externas. Recuerde otro concepto del capítulo 1:

> *Los organismos están organizados: cada componente tiene su sitio y debe permanecer en él para que el organismo pueda desarrollarse. La organización se mantiene a través de barreras que crean límites. Estas barreras mantienen el medio interno de los seres vivos organizado y separado del medio externo en el que viven.*

En este capítulo describiremos la forma y función de la piel y otras membranas del cuerpo. Estos tejidos crean barrera físicas que impiden o limitan el intercambio entre los medios externo e interno del cuerpo. También describiremos otros mecanismos físicos (como los cilios de las vías respiratorias) y químicos (como el ácido gástrico) que ayudan en esta tarea.

Toda la belleza del mundo, tan superficial como la piel

Ralph Venning (1620-1673), clérigo inglés, en su libro de oraciones *Orthodox Paradoxes*. La frase más famosa de Venning es «más vale tarde que nunca».

Funciones de la piel

La función más básica de la piel es mantener el interior dentro y el exterior fuera. Como una envoltura plástica, la piel retiene el agua y el calor del cuerpo y mantiene fuera el agua del medio exterior. Este mecanismo homeostático es tan básico que la mayoría de nosotros nos olvidamos de él, hasta que algo tan doloroso como una quemadura nos recuerda su existencia: cuando la piel se quema, los líquidos y el calor corporal se escapan con rapidez. Ésta es la razón por la que Silvestre, el paciente de nuestro caso práctico, se quejaba de sed y frío: perdía rápidamente líquidos y calor porque su piel se había quemado.

¡Recuerde! **La función más básica de la piel es crear una separación entre el medio externo y el medio interno del cuerpo.**

Como ya se ha dicho, la piel mantiene el calor pasivamente. Además, colabora con el sistema nervioso en la regulación de la temperatura corporal. Cuando el interior del cuerpo está demasiado caliente o frío, el centro regulador de la temperatura, localizado en el cerebro, envía señales a los vasos cutáneos. En respuesta, éstos se dilatan para llevar más sangre a la superficie corporal y perder calor, o se contraen para llevar menos sangre y preservar el calor. Los vasos dilatados transportan sangre caliente a la superficie para enfriarla, mientras que los contraídos mantienen la sangre circulando dentro del cuerpo y lejos de la piel donde el calor se puede perder con facilidad (fig. 5-1). La retroalimentación negativa que regula la temperatura corporal se puede ver en la ⬅ figura 1-7.

El papel de la sudoración en el enfriamiento del cuerpo se muestra también en la figura 5-1. En respuesta a las señales homeostáticas del sistema nervioso, se secreta sudor en la superficie de la piel, donde se evapora. Esto enfría la piel y la sangre que fluye en los vasos superficiales.

La abundancia de nervios y sensores especiales para detectar calor, dolor y tacto en la piel también desempeña un papel protector, ya que permite percibir el peligro. En el ⬅ capítulo 4 hemos visto cómo los axones nerviosos transmiten los potenciales de acción generados por los sensores de la piel. Estas señales llegan al cerebro, que las interpreta, tras lo cual envía otras para coordinar una respuesta a la amenaza.

La piel también proporciona protección frente a las tensiones y protege nuestro interior de la mayor parte de la fuerza bruta del medio externo. Por ejemplo, una bala penetra la piel casi con la misma dificultad que si penetrase un hueso. En su función protectora, la piel recibe ayuda de una capa de grasa sobre la que se apoya. Esta capa actúa como amortiguador de las prominencias óseas y protege frente a las fuerzas no penetrantes.

La piel es la principal defensa frente a los contaminantes del medio externo. Su capa superior está formada por tejido epitelial. Es prácticamente impermeable y actúa como barrera frente a múltiples amenazas, como bacterias, sustancias químicas, líquidos, polen y partículas contaminantes del aire, mientras que impide el acceso de los líquidos corporales internos. Además, la piel contiene células especiales inmunitarias ➡ (cap. 12) que ayudan a proteger al cuerpo frente a esas amenazas externas. La realización de un tatuaje requiere que el artista inserte pigmentos debajo de la capa superior de la piel, la epidermis. Esta acción rompe la barrera de la piel y puede provocar una infección u otros problemas graves. El cuadro Instantánea clínica, titulado «Tatuajes», contiene más información sobre esta práctica.

Apuntes sobre el caso

5-1 Explique los signos y síntomas siguientes del caso práctico a partir de la explicación anterior sobre la función de la piel: baja temperatura corporal, sed e infección.

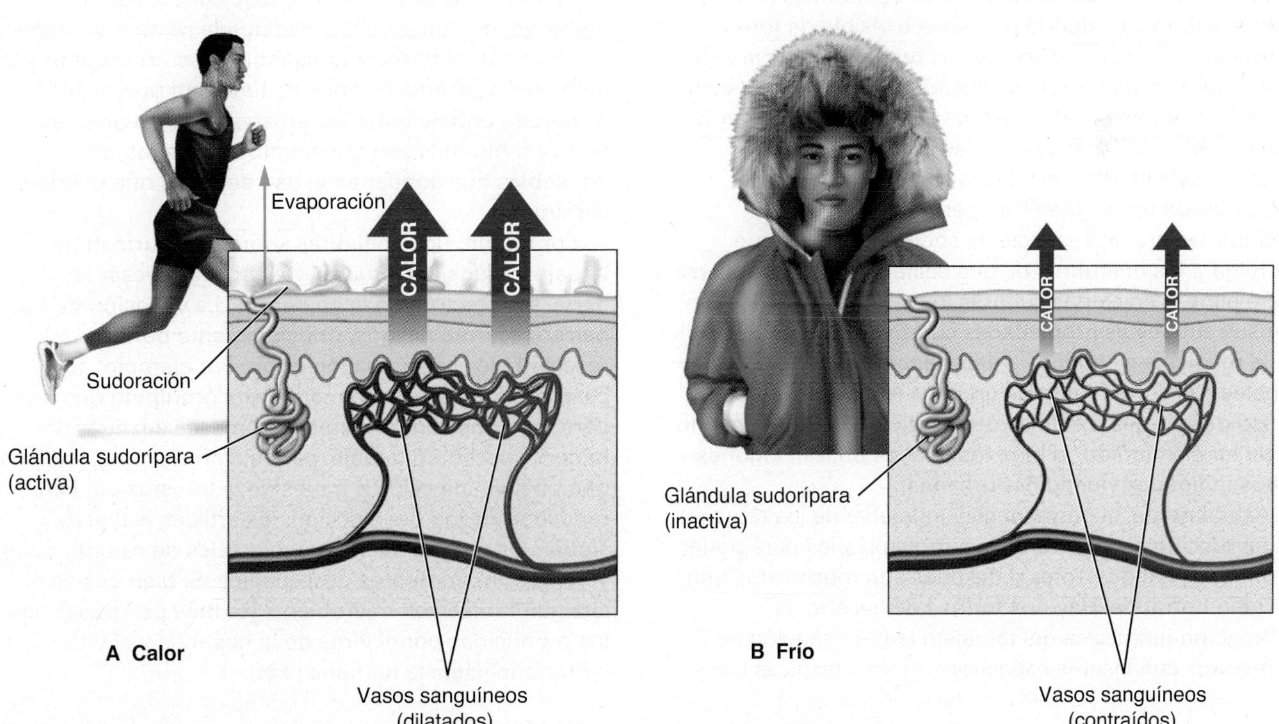

Figura 5-1. Piel y regulación de la temperatura. A) Cuando hace calor, los vasos cutáneos se dilatan para facilitar el flujo de sangre desde el interior del cuerpo hacia la superficie corporal, más fría. Al mismo tiempo, las glándulas sudoríparas producen un sudor acuoso, que se evapora, disipando el calor. **B)** Cuando hace frío, los vasos cutáneos se contraen para limitar el flujo de sangre desde el interior del cuerpo, más frío, a la superficie y reducir así la pérdida de calor. *En el capítulo 1 se identificaron cuatro funciones de los organismos vivos: organización, metabolismo, adaptación y reproducción. ¿Qué función representa esta figura?*

INSTANTÁNEA CLÍNICA

Tatuajes

La palabra tatuaje *(tattoo)* tiene dos significados en inglés. Puede significar el redoble de un tambor, como el que se oye en las honras fúnebres militares, o el proceso de marcar la piel con pigmentos. Se usa también para describir el arte de dibujar la piel, originario de las islas de la Polinesia en el Pacífico. El legendario explorador inglés, capitán James Cook (1728-1779), utilizó esta palabra por primera vez en 1769 para describir las decoraciones pigmentadas que observó en la piel de los polinesios. El término deriva de la palabra tahitiana y samoana *tatau,* que significa perforación o marca en la piel.

El tatuaje de la piel comenzó hace por lo menos 5000 años y se ha empleado en casi todas las culturas antiguas, entre ellas las de Egipto, Grecia, China, Japón, India, África y Sudamérica, así como en las islas del Pacífico. En 1991 se encontró el cadáver congelado de un hombre en las altas montañas de la frontera ítalo-austríaca. «Otzi, el hombre de hielo», como se le llama, murió hace unos 5000 años y tenía 57 tatuajes.

Los elementos básicos del tatuaje no han cambiado mucho en miles de años: un material coloreado no disoluble se introduce a través de la epidermis en la dermis superficial, donde permanece visible de forma permanente. Difiere de las marcas temporales de la piel, modernas y antiguas, en las que el pigmento se deposita sobre la epidermis, y desaparece en pocos días a medida que se van renovando las células epidérmicas.

Tradicionalmente, una de las características más valoradas de un tatuaje es su permanencia: en la Antigüedad era una especie de código «elitista» que permitía a los miembros de una secta o tribu reconocerse entre ellos, y en ciertas culturas los tatuajes se aplicaban por sus supuestas propiedades curativas. Con el desarrollo de la medicina científica, la decadencia de las sociedades tribales y el surgimiento de grandes naciones o estados, el uso de tatuajes con fines de curación o reconocimiento tribal ha disminuido, si bien todavía los utilizan algunas tribus indígenas y pandillas urbanas.

Actualmente, la permanencia indeleble de los tatuajes ha favorecido el negocio de la cirugía plástica para poder eliminarlos, ya que antes o después son muchos los que deciden borrarlos. Hay dos formas de hacerlo: la extirpación quirúrgica del tatuaje o la decoloración de los pigmentos con láseres especiales. Ambas técnicas tienen inconvenientes: la primera opción deja una cicatriz y la segunda suele dejar la piel algo manchada.

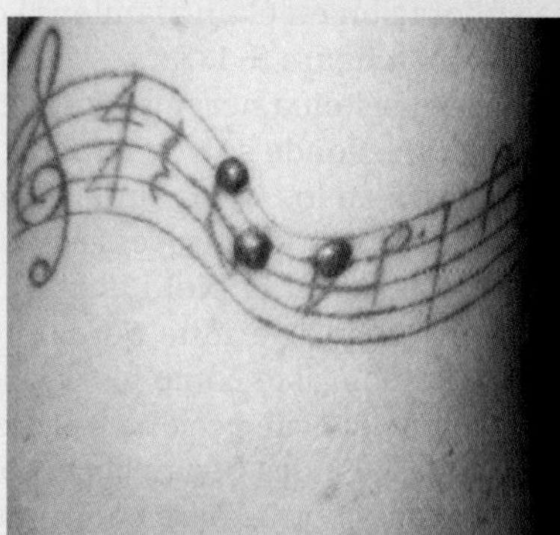

Tatuajes. La tinta de los tatuajes puede producir reacciones alérgicas, como lo muestran los bultos rojos.

Para solucionar este problema se han creado nuevas tintas para tatuajes. Una de ellas consiste en pigmentos que se unen a un polímero plástico, por lo que el color se mantiene toda la vida si se deja como está. Sin embargo, con un rayo láser se puede romper la unión y permitir que el torrente circulatorio absorba la tinta y la elimine. Estos nuevos tipos de tinta han provocado un acalorado debate entre los artistas y los usuarios de tatuajes. Algunos son tan devotos de los tatuajes indelebles que condenan el uso de tintas que pueden eliminarse.

Por último, unas palabras sobre la seguridad de los tatuajes. Todos los tatuajes obligan a atravesar la barrera protectora de la epidermis. La violación de esta barrera acarrea riesgos, principalmente por una reacción alérgica o una infección. Por ejemplo, en Estados Unidos, normalmente está prohibido que una persona done sangre durante 12 meses después de haberse hecho un tatuaje, para evitar la propagación de una posible infección a través de la transfusión. Para reducir el riesgo de infección, los artistas actuales siguen los procedimientos universales de esterilización y utilizan instrumentos desechables. Si bien es posible cualquier infección microbiana, las más peligrosas son las producidas por el virus de la hepatitis y el virus de la inmunodeficiencia humana (VIH).

Tabla 5-1. Formas y funciones de la piel

Capa de la piel	Elementos importantes	Forma	Función
Epidermis		Parte superficial de la piel; sin vasos	Protección frente a microbios, pérdida de calor, trauma mecánico, deshidratación y luz ultravioleta
	Estrato córneo	Capa superficial; células muertas llenas de queratina	Es parte de la barrera epidérmica
	Estrato basal	Capa epidérmica más profunda; epitelio cilíndrico	Produce las nuevas células epidérmicas
	Melanocito	Células del estrato basal	Produce melanina
	Células dendríticas	Linfocitos que se encuentran en toda la epidermis	Defensa inmunitaria
Dermis		Tejido conectivo fibroso; abundantes vasos y nervios	Amortigua, estira y nutre la epidermis
Capa subcutánea (hipodermis)		Tejido conectivo areolar debajo de la piel; contiene células lipídicas, vasos y nervios	Conecta la piel con la superficie muscular, amortigua y aísla
Estructuras secundarias	Receptores sensoriales	Terminaciones nerviosas libres o bulbos tipo cebolla	Detecta presión, tacto y temperatura
	Glándulas sebáceas (materias grasas)	Con forma de saco; asociadas a los folículos pilosos; producen sebo	El sebo lubrica la piel e impide la deshidratación
	Glándulas sudoríparas merocrinas	Secretan sudor acuoso y salado en la superficie de la piel	Enfriamiento
	Glándulas sudoríparas apocrinas	En espiral en las axilas y la ingle; la secreción contiene material celular; liberadas en el folículo piloso	Glándulas odoríferas
	Pelo	Compuesto por queratina; crece a partir de células en el folículo piloso; el músculo erector del vello eleva el pelo	Conservación del calor, protección frente a la luz ultravioleta y disminución de la fricción
	Uñas	Compuestas por queratina sintetizada por las células del estrato córneo	Protege los dedos de las manos y los pies Facilita la prensión

Por último, con la ayuda de otros tejidos corporales y la luz solar adecuada, la piel sintetiza una hormona llamada colecalciferol (vitamina D_3), conocida normalmente como *vitamina D*, porque también puede obtenerse a través de la alimentación (una *vitamina* es una sustancia orgánica que está presente en los alimentos y es necesaria en cantidades mínimas para la vida y la salud). La vitamina D es fundamental para la salud de los huesos porque mejora la absorción del calcio en la sangre a través del tubo digestivo. El calcio es el principal mineral que contienen los huesos. La tabla 5-1 muestra un resumen de las formas y funciones de la piel. Estas características se describen detalladamente más adelante en este mismo capítulo.

5-1 Verdadero o falso: la dilatación de los vasos lleva la sangre caliente a la superficie del cuerpo para su enfriamiento.

5-2 ¿Qué hormona sintetiza la piel sólo en presencia de luz solar adecuada?

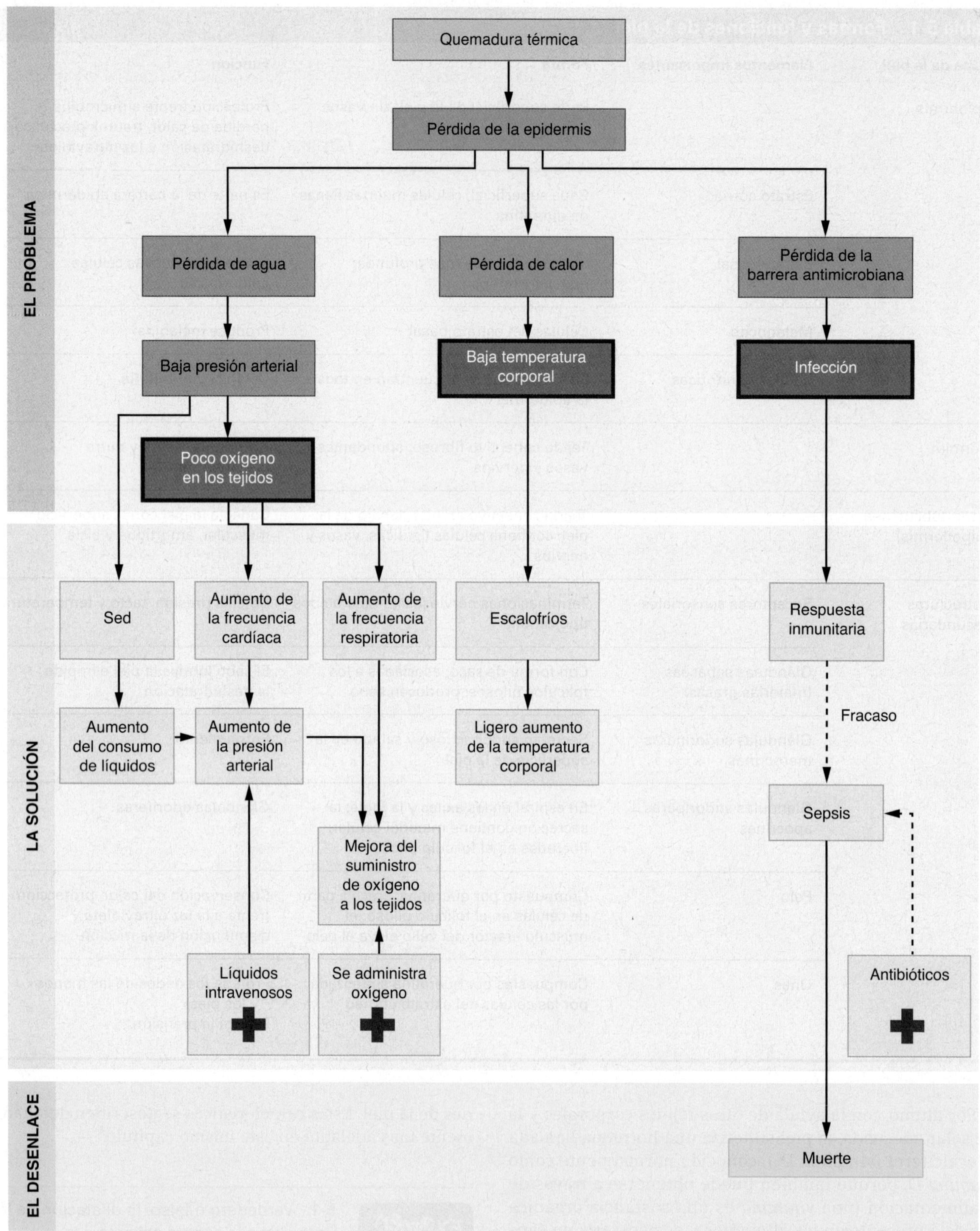

Figura 5-2. Homeostasis y el caso de Silvestre P. La quemadura destruyó la epidermis de Silvestre, de modo que el agua y el calor podían salir libremente de su cuerpo y los microbios entrar en él. Su cuerpo trató de compensar el daño causado por los bajos niveles de presión arterial y temperatura corporal y las infecciones, con intervenciones clínicas que abordaron los mismos problemas. Sin embargo, tanto las medidas médicas como las homeostáticas fueron insuficientes para restaurar la homeostasis y Silvestre falleció. *¿Qué parámetro mejoró con los líquidos intravenosos?*

Estudio del caso

La importancia de las barreras: el caso de Silvestre P.

Silvestre sufrió quemaduras graves en más del 50 % de la superficie corporal, lo que significa que perdió más de la mitad de la cubierta protectora de su cuerpo (fig. 5-2). Esta pérdida de piel provocó a su vez otras tres pérdidas. En primer lugar, la pérdida y evaporación de agua de la sangre y los tejidos provocaron una disminución del volumen sanguíneo y de la la presión arterial, así como alteraron la distribución de oxígeno en los tejidos. El segundo problema, la baja temperatura corporal, refleja la pérdida de calor del cuerpo a causa de esa evaporación. En tercer lugar, las quemaduras eliminaron una importante barrera física frente a los microbios, que así lograron un fácil acceso a la sangre y los tejidos.

El cuerpo de Silvestre sólo pudo compensar parcialmente los efectos de las quemaduras. El suministro de oxígeno a los tejidos mejoró con el incremento de la frecuencia cardíaca (que aumentó la presión arterial) y la frecuencia respiratoria. Además, la sed estimuló la ingestión de líquidos (que también aumentó la presión arterial). Los escalofríos (contracciones musculares involuntarias y generalizadas) generaron el calor que hizo subir parcialmente su temperatura corporal. La inflamación y otros aspectos del sistema inmunitario (cap. 12) respondieron para hacer frente a la invasión de agentes infecciosos.

Las intervenciones clínicas también ayudaron. Para restaurar la presión arterial y el volumen sanguíneo, Silvestre necesitó 15 l de líquidos intravenosos durante las primeras 24 h de hospitalización. El oxígeno complementario aumentó su concentración en sangre y mejoró el flujo de oxígeno a los tejidos. Sus necesidades energéticas aumentaron considerablemente para poder alimentar las contracciones musculares de los escalofríos, combatir la infección y curar los tejidos lesionados. La administración intravenosa de glucosa y otros nutrientes ayudó a resolver el balance negativo de nutrientes. Silvestre no sufrió un shock (baja presión arterial y colapso vascular) ni hipotermia (baja temperatura corporal) porque las intervenciones clínicas y homeostáticas fueron suficientes para controlar esos problemas.

Sin embargo, la pérdida de la epidermis en más del 50 % de su cuerpo lo dejó especialmente vulnerable a los microbios, que entraron y colonizaron sangre y tejidos. Los esfuerzos combinados de la respuesta del sistema inmunitario corporal y los antibióticos administrados no pudieron compensar la pérdida de la función defensiva de la piel, y Silvestre falleció a causa de una infección masiva.

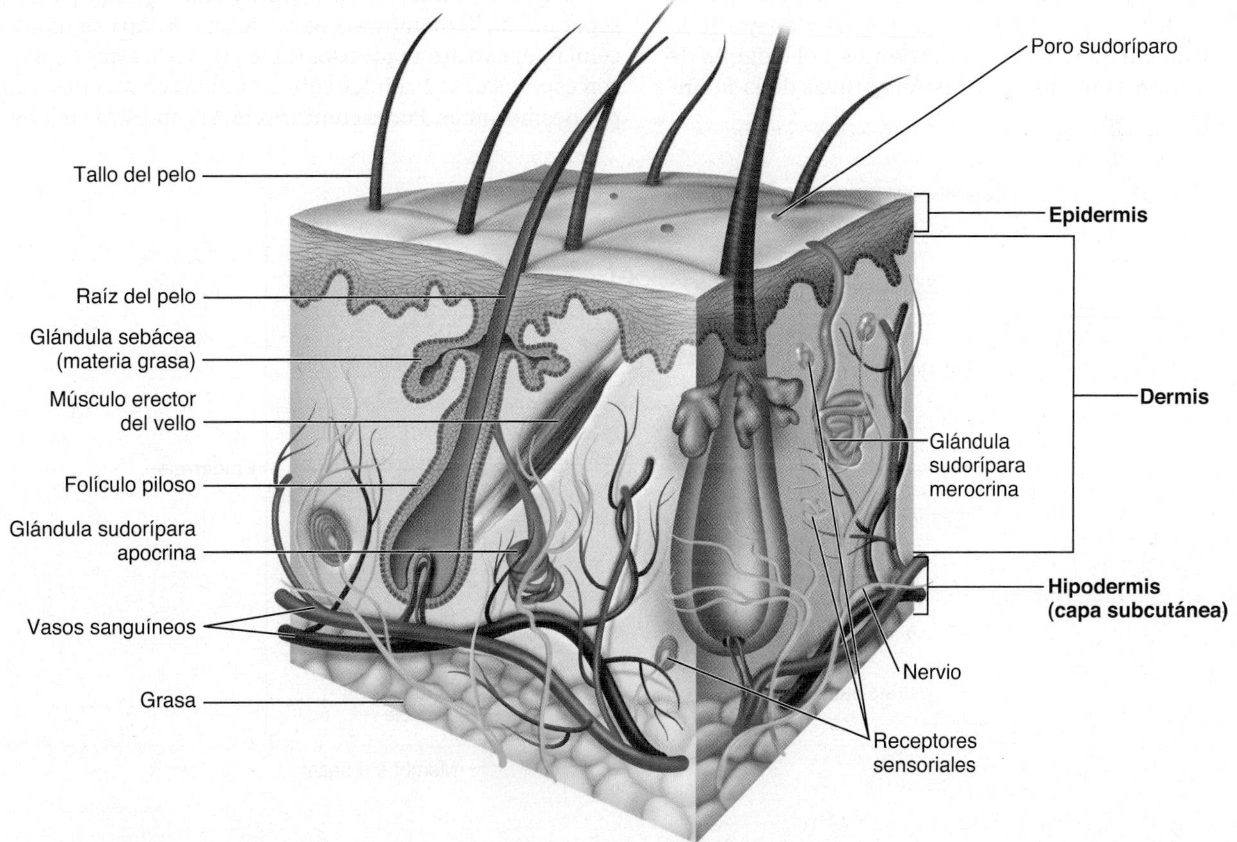

Figura 5-3. Anatomía de la piel. *¿Cuál es más grande, el poro sudoríparo o la entrada de un folículo piloso?*

Anatomía de la piel y sus estructuras

La piel es el órgano humano de mayor tamaño. Si bien es, literalmente, tan resistente como la piel de un animal, también es suave y maleable y está hecha a medida: muy delgada alrededor de los ojos y los genitales, y particularmente gruesa en las palmas de las manos, las plantas de los pies y la espalda. Por otro lado, se daña con facilidad porque su membrana superior, la *epidermis* (se describe más adelante), tiene un grosor de sólo 0,1 mm y normalmente sufre rasguños, hematomas, cortes, rozaduras y otras agresiones comunes en las actividades diarias.

La piel posee muchas estructuras incrustadas en sus capas de tejido. Contiene gran cantidad de vasos y nervios con receptores sensoriales especiales acoplados a terminaciones nerviosas, y también glándulas sudoríparas, folículos pilosos y glándulas sebáceas (fig. 5-3). Examinemos más detalladamente la piel y las estructuras asociadas.

La piel está compuesta por dos capas de tejidos

La piel está compuesta por dos capas: una superior, la *epidermis*, y otra más profunda, la *dermis*, por debajo. La primera está formada por células epiteliales que se apoyan en una *membrana basal* (fig. 5-4), una membrana proteínica delgada que separa la epidermis de la dermis. La epidermis carece de vasos, nervios, glándulas y otras estructuras, que se encuentran en la dermis, debajo de la epidermis; de ahí que reciba los nutrientes y el oxígeno de los vasos dérmicos mediante difusión a través de la membrana basal.

¡Recuerde! **La epidermis es muy delgada. Para apreciar exactamente su grosor, observe con cuidado la próxima ampolla que vea en la piel: la cubierta de la ampolla es la epidermis.**

La epidermis forma una barrera

La **epidermis** es una superficie plana de células epiteliales ordenadas en cinco capas. Las células epidérmicas se reproducen constantemente a partir de un grupo especial de *citoblastos* que se dividen de forma continua para reemplazar las células muertas. Las cinco capas de la epidermis son producto de estos citoblastos.

Estratos de la epidermis

Los citoblastos epidérmicos se llaman **células basales.** Descansan sobre la membrana basal y forman el **estrato basal,** la capa más profunda de la epidermis (fig. 5-4). En una piel sana, sólo las células basales se dividen. Sin embargo, en los casos de cáncer de piel, todas las capas pueden participar en un crecimiento celular descontrolado (v. cuadro Instantánea clínica titulado «Crecimiento de la piel: qué es cáncer y qué no lo es»). El estrato basal también contiene **melanocitos**, células especializadas que producen un pigmento llamado *melanina,* que se describe más adelante.

Cada división de una célula basal produce un nuevo citoblasto que permanece en el estrato y una segunda célula que, separada de la membrana basal, forma la capa siguiente de células, el **estrato espinoso.** En la piel viva, estas células no son espinosas, son células cúbicas unidas en muchos puntos por desmosomas. Por el contrario, en las muestras microscó-

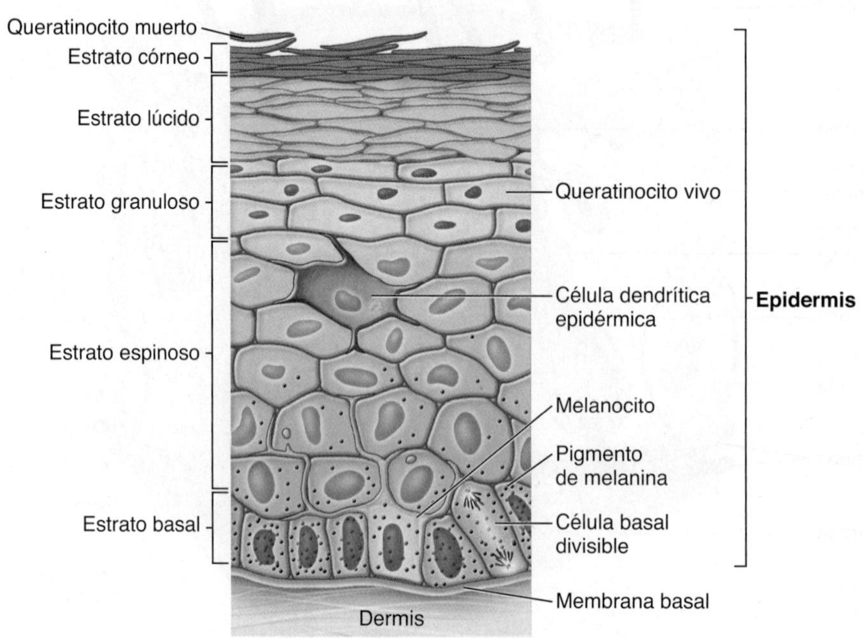

Figura 5-4. Epidermis. El dibujo muestra una región de la epidermis bastante gruesa, como la palma de la mano. El estrato lúcido no aparece en las regiones cuya epidermis es más delgada. *¿Qué capa de la piel es más profunda, el estrato córneo o el basal?*

INSTANTÁNEA CLÍNICA

Crecimiento de la piel: qué es cáncer y qué no lo es

Antes de explicar los distintos tipos de cáncer de piel, se necesitan algunas definiciones. Una neoplasia (del griego *neo* = «nuevo» y *plassein* = «formar») es un crecimiento incontrolado de nueva materia, es decir, nuevas células. En lenguaje coloquial, la palabra *tumor* (del latín *tumor* = «hinchazón») significa lo mismo. Una neoplasia *maligna* (tumor) se conoce como **cáncer**: un crecimiento potencialmente mortal debido a su capacidad para invadir tejidos circundantes o propagarse de forma extensa por *metástasis*. Una neoplasia benigna es un crecimiento incontrolado de células que no suele ser mortal. Dicho esto, un tumor benigno, por ejemplo en el cerebro, puede ser mortal debido a su localización crítica.

A pesar de la protección que proporciona la epidermis, la piel sigue expuesta a muchos *cancerígenos* (que producen cáncer), como la luz ultravioleta y las toxinas del medio externo.

Los tumores benignos de la piel más frecuentes son los lipomas, las verrugas y los nevos comunes. Un *lipoma* es un tumor benigno que surge de las células lipídicas de la hipodermis subyacente a la dermis. En sentido estricto, es un tumor hipodérmico, pero por motivos prácticos se considera un tumor dérmico. La mayoría de los lipomas tienen el tamaño de una pelota de golf, pero pueden crecer aún más. Nunca llegan a ser malignos y no es necesario extirparlos, salvo por motivos estéticos o porque interfieren mecánicamente en el movimiento del cuerpo. Una **verruga** es un crecimiento puntiagudo de células epidérmicas causado por algunas cepas del virus del papiloma humano (VPH). Otras cepas de VPH de elevado riesgo causan cáncer de cuello uterino. Un *nevo* (llamado comúnmente *lunar*) es un tumor benigno de melanocitos. La mayoría de los lunares son pequeños, de un tamaño similar a la goma de un lápiz, y de color marrón claro, aunque algunos tienen pigmento de melanina y son rosados.

El cáncer no aparece de repente. Evoluciona a partir de una etapa precancerosa de células normales. Una **queratosis** es un crecimiento precanceroso de células epidérmicas queratinizadas con costra, que suele aparecer en la piel expuesta al sol. Es decir, es un «cáncer en formación» que evoluciona lentamente de benigno a maligno.

Una causa importante de cáncer de piel es la exposición al sol. En las personas de piel blanca se produce habitualmente en la cara, la frente, el labio inferior, la nuca y el dorso de la mano. El cáncer de piel comienza cuando la exposición prolongada al sol altera el ADN de las células epidérmicas. Las personas con más melanina tienen menos riesgo que las que tienen una piel más clara, ya que la melanina absorbe los rayos del sol. Sin embargo, las personas de piel oscura también pueden padecer cáncer.

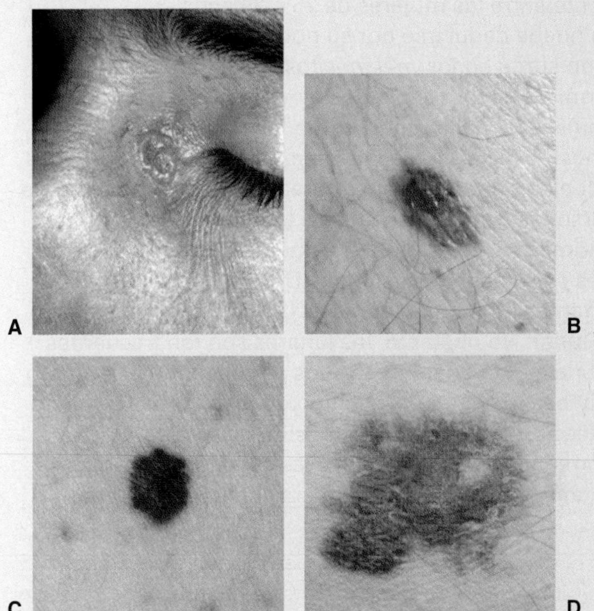

Neoplasmas de la piel. A) Carcinoma de células basales. La placa nacarada tiene los bordes elevados. **B** a **D)** Melanoma. Estos melanomas malignos se caracterizan por los bordes irregulares, pigmentación muy oscura **(C)** o pigmentación irregular (**B** y **D**).

La American Cancer Society recomienda el uso de un protector solar en toda la piel expuesta con un factor de protección de al menos 15.

Todo cáncer que surge de un epitelio se llama carcinoma y por ello los tumores de piel son **carcinomas.** El **carcinoma de células basales** es un crecimiento incontrolado de células del estrato basal de la epidermis. El **carcinoma de células escamosas** es un crecimiento incontrolado de células epidérmicas planas, queratinizadas y un poco más maduras. Si bien los carcinomas de células escamosas y basales se consideran técnicamente como cáncer, crecen de forma lenta y rara vez se propagan a otros sitios. Sin embargo, los que se producen cerca de estructuras críticas, como los ojos, la nariz o las orejas, pueden ser destructivos localmente. Los casos de muerte por carcinoma escamoso o basal son muy raros, tanto que no se incluyen en las estadísticas sobre cáncer.

El **melanoma maligno** (a veces llamado simplemente melanoma) se comporta de manera opuesta a los

Continúa

Crecimiento de la piel: qué es cáncer y qué no lo es *(cont.)*

carcinomas escamoso y basal. Es de gran malignidad y si bien constituye sólo el 5% del total de los tumores de piel, prácticamente es responsable del 100% de las muertes por cáncer de piel. También es la neoplasia maligna más frecuente entre las mujeres de 25 a 29 años.

Como puede deducirse por su nombre, el melanoma maligno surge en los *melanocitos* del estrato basal de la epidermis, casi todos con una elevada pigmentación de melanina. Los melanomas, como los carcinomas escamoso y basal, se ven favorecidos por la exposición al sol y suelen producirse en las áreas de la piel expuesta de las personas de piel blanca. Casi la mitad de los melanomas surgen espontáneamente y la otra mitad, de lunares comunes preexistentes. Uno de los indicios más importantes de un melanoma es un cambio en el aspecto de un lunar. No obstante, los lunares son tan frecuentes que el riesgo de que uno de ellos se convierta en maligno es muy bajo. La cura de este tipo de melanomas requiere su detección temprana y su escisión quirúrgica.

La «regla del ABCD» incluye las características más importantes que han de observarse en un melanoma:

- A de *asimetría:* la mitad de un lunar o marca de nacimiento no es igual a la otra mitad.
- B de *borde:* el borde es irregular, desigual, dentado o borroso.
- C de *color:* el color no es igual en todo el lunar e incluye tonos de marrón o negro; algunas veces se observan manchas rojas, rosadas, blancas o azuladas.
- D de *diámetro:* el diámetro es superior a 6 mm (alrededor de ¼ de pulgada) o su superficie ha crecido.

Otros datos importantes que deben tenerse en cuenta son los siguientes:

- Agrandamiento rápido de una lesión de la piel (normalmente un lunar) pigmentada (marrón/negra).
- Picazón o dolor en una lesión pigmentada, asintomática en el pasado.
- Aparición de una nueva lesión pigmentada durante la edad adulta.
- Zonas satélite de pigmentación alrededor de una lesión pigmentada.

---

picas, estas células se secan y reducen, pero los desmosomas se mantienen y estiran, lo que les da una apariencia espinosa. Cuando estas células maduran son empujadas hacia la superficie de la piel por la proliferación de células basales. En su camino acumulan una proteína fibrosa y dura llamada *queratina* (la sustancia que constituye el pelo y las uñas) y pasan a denominarse **queratinocitos.** Entre los queratinocitos hay **células dendríticas** (también llamadas células de Langerhans), que tienen tentáculos (dendritas) y parecen pulpos, preparadas para interceptar y fagocitar bacterias y otros elementos invasores. Son una parte importante del sistema inmunitario.

A medida que maduran, las células del estrato espinoso se van secando, porque al ser empujadas hacia la superficie se alejan de la dermis, su fuente de líquidos. Estas células más planas forman el **estrato granuloso,** cuyo nombre proviene de la cantidad de gránulos llenos de proteína que contiene.

Por otro lado, a medida que van ascendiendo, los queratinocitos entran en apoptosis, y sus núcleos y gránulos desaparecen. En las palmas de las manos y las plantas de los pies, donde la piel es gruesa, los queratinocitos que se están muriendo forman una capa de células sin rasgos distintivos llamada **estrato lúcido,** que es microscópicamente transparente. No existe en otras zonas, donde la piel es más delgada.

Finalmente, en la superficie de la piel, todo lo que queda de la célula original es un paquete plano, ácido, seco y muerto de la proteína queratina. Estas células muertas se descaman de forma imperceptible día a día, a medida que son reemplazadas desde abajo. La capa superior de la epidermis se denomina **estrato córneo;** el nombre proviene de los animales astados, cuyo estrato córneo se condensa para formar los cuernos. Esta capa cumple varias funciones: *a)* es prácticamente impermeable, retiene los líquidos corporales e impide la absorción de agua del medio exterior; *b)* repele varios agentes ambientales, como aceites y otras sustancias; *c)* tiene muy poco contenido de nutrientes y por ello dificulta el crecimiento de los microbios, y *d)* a medida que las células superficiales se descaman, eliminan microbios y otros peligros. Sólo se necesitan una pocas semanas para que el descendiente de una célula basal llegue hasta la superficie de la piel, se muera y se descame.

La mayor parte del grosor adicional de la piel en las palmas de las manos y las plantas de los pies refleja el aumento del estrato córneo y la presencia del estrato lúcido. Sin embargo, el mayor grosor de la piel de la espalda se debe al aumento de grosor de la dermis.

¡Recuerde! **¿Por qué se arruga la piel de los dedos después un baño prolongado? Recuerde que la epidermis es prácticamente impermeable. Sin embargo, la capa más superficial puede contener agua durante un rato. Por ello el estrato córneo crece y aumenta su superficie en relación con las capas subyacentes. El estrato córneo no puede separarse de las capas de piel subyacentes y por ello se arruga. Tan pronto como el agua se evapora, éste se encoge hasta alcanzar su tamaño normal y las arrugas desaparecen.**

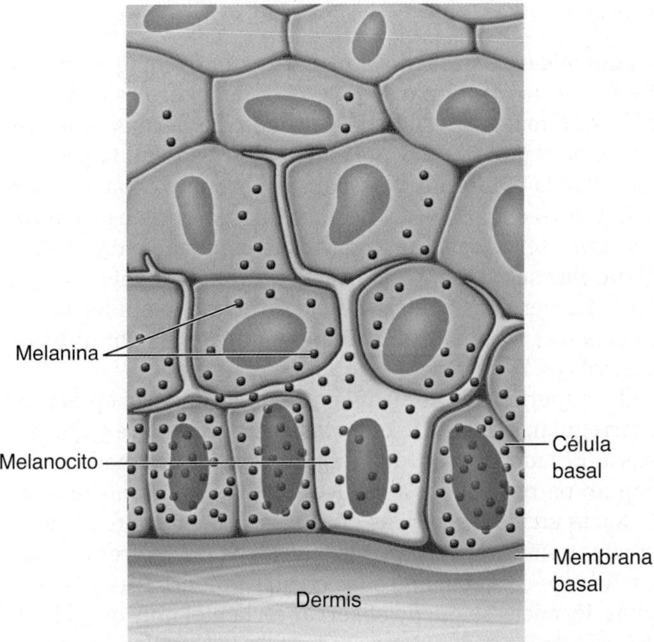

A Melanocito

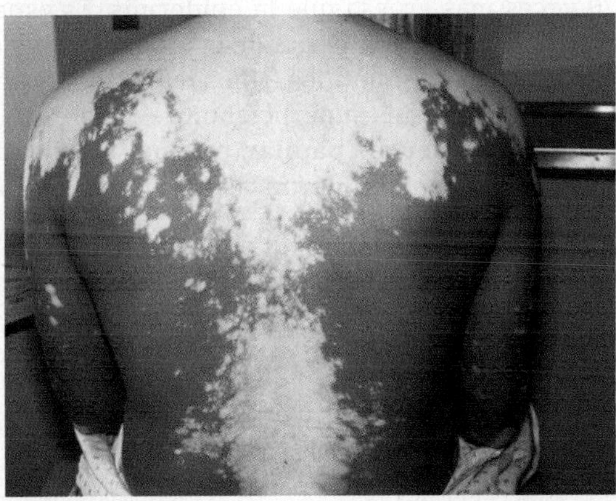

B Vitíligo

Figura 5-5. Melanocitos y pigmentación. A) Los melanocitos proporcionan pigmentos a las células adyacentes que protegen el núcleo frente a los rayos ultravioleta. **B)** Un hombre con vitíligo. Los melanocitos no están activos en las regiones no pigmentadas (blancas). *¿Las células del estrato córneo están protegidas por los melanocitos?*

Apuntes sobre el caso

5-2 La epidermis de las palmas de las manos de Silvestre se quemó hasta la capa espinosa. ¿Qué capas epidérmicas perdió?

Color de la piel

La piel es el lienzo natural de la vida humana y revela detalles de nuestra propia historia y de las opciones de nuestro estilo de vida. Por ejemplo, los años de consumo de tabaco o exposición excesiva al sol se reflejarán en arrugas prematuras y muy marcadas. El aspecto de nuestra piel tiene mucha importancia social en nuestra cultura y en muchas otras. Por ejemplo, los estadounidenses aprecian tanto su piel clara y juvenil que gastan grandes sumas para mantener y mejorar su aspecto: la limpian, la hidratan, la maquillan, la aclaran u oscurecen con compuestos químicos, la decoran con adornos y tatuajes, y la reconstruyen quirúrgicamente.

De todas las características de la piel, la que ha desempeñado el papel más importante a lo largo de la historia ha sido el color. El principal determinante del color de la piel es la cantidad de melanina que contiene. La melanina la producen los **melanocitos,** unas células especializadas ubicadas en el estrato basal que provienen del sistema nervioso embrionario (figs. 5-4 y 5-5 A). Las diferencias genéticas en el color de la piel reflejan las variaciones en la actividad, no la cantidad, de los melanocitos. Éstos producen una cantidad variable de melanina, un pigmento de color marrón oscuro, y luego la suministran a las células basales circundantes, que dan su color a la piel (la sangre proporciona la mayor parte del color restante). La melanina protege las células basales, las células subyacentes de la dermis y los propios melanocitos, absorbiendo los rayos solares ultravioleta, que son cancerígenos.

En las personas sanas, la cantidad de melanina varía mucho según la constitución genética individual y la exposición al sol; ésta, a su vez, estimula la producción de melanina como mecanismo de protección, mientras que la melanina absorbe los rayos solares y protege así el tejido frente a los daños causados por la radiación. El embarazo y otros procesos del organismo también afectan a la producción de melanina. El oscurecimiento general de la piel se asocia a algunas enfermedades endocrinas; sin embargo, hay otras enfermedades de la piel que pueden provocar el oscurecimiento o el aclaramiento local a causa de un aumento o una disminución local en la producción de melanina. Por ejemplo, el *vitíligo* es una palidez local desigual que alcanza casi la blancura, causada por la pérdida local de la pigmentación por melanina (fig. 5-5 B).

¡Recuerde! **Los distintos tonos de marrón de la piel dependen de la cantidad de melanina que producen los melanocitos de la epidermis.**

En el color general de la piel también influye la sangre. Por ejemplo, el rubor del bochorno se debe al aumento del flujo sanguíneo en la piel. La sangre no altera significativamente el color de la piel en las personas de piel oscura con grandes cantidades de melanina; sin embargo, es un factor coadyuvante importante en las personas de piel blanca. El oxígeno es transportado por la **hemoglobina** ➡ (cap. 10), de un color rojo que se hace más intenso a medida que aumenta su contenido de oxígeno: la hemoglobina poco oxigenada es de color rojo oscuro azulado, mientras que la que está totalmente oxigenada es rojo brillante. Cuando la concentración sanguínea de hemoglobina es normal, el aspecto es saludable sin que importe el color de la piel. Las personas anémicas de piel blanca (con poca hemoglobina en la sangre) tienen un aspecto muy pálido, mientras que la anemia de las personas de piel oscura pigmentada es muy difícil de detectar a simple vista. El bajo contenido de oxígeno en la sangre (p. ej., a causa de una enfermedad pulmonar) de una persona, con independencia del color de su piel, le da un color rojo oscuro azulado, en contraste con el rojo brillante de la sangre bien oxigenada. Dicha enfermedad proporciona también un color azulado a la piel, llamado **cianosis** (del griego *kyanos* = «azul oscuro»).

Otra de las afecciones que altera el color de la piel es la acumulación anómala en la sangre de un pigmento amarillo llamado **bilirrubina.** Esta coloración amarillenta, llamada *ictericia,* está relacionada con enfermedades de la sangre y del hígado. Por último, la piel contiene normalmente una pequeña cantidad de **caroteno**, un pigmento amarillo anaranjado que se encuentra en verduras como las zanahorias. La ingestión excesiva de alimentos con un alto contenido de β-caroteno le da a la piel una coloración anaranjada.

Si necesita información sobre otros aspectos del color de la piel puede visitar nuestro sitio web **http://thepoint.lww.com/espanol-McConnellandHull** y leer «*Skin Color*».

Apuntes sobre el caso

5-3 Las zonas de la piel de Silvestre que no tenían quemaduras estaban muy pálidas, lo que indicaba una circulación sanguínea mínima en la piel. ¿Qué pigmento de la sangre contribuye al color de la piel?

La dermis es el soporte de la epidermis

La **dermis** es la parte de la piel «resistente como el cuero». De hecho, la mayor parte del grosor del cuero es la dermis de los animales, preservada y tratada. La dermis es un retículo de tejido fibroso y elástico que reside en la profundidad de la epidermis y descansa sobre una capa de grasa subcutánea (fig. 5-6). La dermis alberga otras estructuras (nervios, terminaciones nerviosas especializadas, vasos, glándulas sebáceas y sudoríparas y folículos pilosos) que se describen más adelante. Recuerde que la epidermis no tiene vasos y obtiene su oxígeno y nutrientes por difusión a través de la dermis.

La superficie de contacto entre la dermis y la epidermis es irregular, similar a la que existe entre un gofre y una gofrera. El lado inferior de la epidermis forma unas crestas con un patrón similar a las de un gofre. La dermis proyecta hacia arriba las papilas dérmicas, que encajan entre las crestas epidérmicas como los dientes de una gofrera. La superficie de contacto entre las crestas epidérmicas y las papilas dérmicas se puede observar en la piel muy delgada de la yema de los dedos, donde se forman las huellas dactilares.

La dermis tiene un grosor de 1 mm a 2 mm y es de 10 a 20 veces más gruesa que la epidermis. Es especialmente gruesa en la parte superior de la espalda y muy delgada en el escroto masculino y los labios femeninos, y alrededor de los ojos. La dermis superficial entre las crestas epidérmicas se llama **dermis papilar,** porque se extiende desde la punta de las papilas dérmicas hasta muy cerca del borde

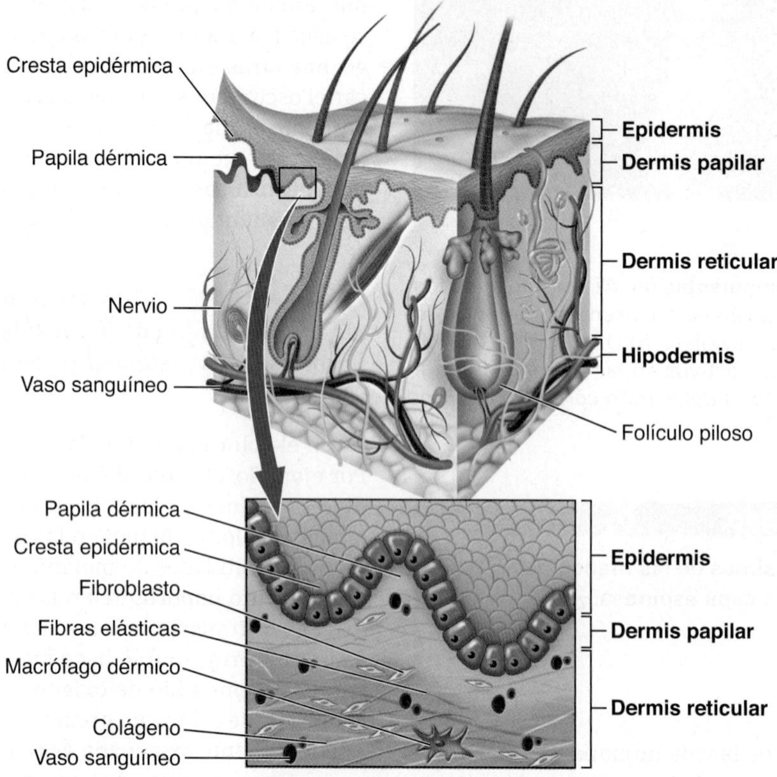

Figura 5-6. Dermis. Se divide en dermis papilar y dermis reticular. Se ha eliminado parte de la epidermis para mostrar las crestas epidérmicas y las papilas dérmicas. *¿Qué capa es más superficial, la dermis papilar o la reticular?*

inferior de las crestas epidérmicas. Tiene una densidad fibrosa menor, y a menudo está afectada por enfermedades de la piel. La **dermis reticular** es más profunda, tiene una mayor densidad fibrosa que la dermis papilar y no es tan vulnerable a las enfermedades de la piel. Alberga los principales vasos, nervios y anejos cutáneos, como las glándulas sudoríparas.

El principal tipo celular de la dermis es el **fibroblasto,** que produce las fibras de elastina y colágeno que proporcionan resistencia al tejido fibroso y son responsables de la elastancia y resistencia de la piel. La dermis también contiene macrófagos y células dendríticas que activan la respuesta inmunitaria frente a los invasores que logran atravesar la barrera epidérmica, y controlan la aparición de tumores cutáneos.

La piel contiene vasos, nervios, uñas, pelo y glándulas

Recuerde que la piel es un órgano, similar al hígado o al estómago. Como todos los órganos, contiene vasos y nervios. El flujo de sangre en los capilares de la piel está controlado por los *esfínteres precapilares.* Los esfínteres se contraen para impedir que la sangre llegue a la piel cuando el cuerpo debe retener calor, o se relajan para permitir un flujo mayor cuando la temperatura corporal es alta (v. fig. 5-1).

La piel también tiene una abundante cantidad de nervios con distintas terminaciones que detectan el medio ambiente de forma específica (v. fig. 5-3). En el ➡ capítulo 9 hay más información sobre los sentidos. Por ahora, ofreceremos un breve resumen. Algunas terminaciones nerviosas libres están adaptadas para detectar el dolor y los cambios de temperatura. Otras, también libres, están adosadas a los folículos pilosos para detectar el movimiento del pelo, por ejemplo, con una suave brisa en el brazo. Otras están rodeadas por capas de tejido epitelial de forma semejante a una cebolla (no se consideran «libres»). Estas estructuras detectan sensaciones como un toque suave, una presión profunda o una vibración.

Además de los vasos y los nervios, la piel contiene un conjunto de *anejos cutáneos;* son las uñas, el pelo y las glándulas.

Apuntes sobre el caso

5-4 En las zonas pálidas de la piel de Silvestre, ¿los esfínteres precapilares estaban abiertos o cerrados?

Las uñas son la capa córnea modificada

Peluqueros y manicuros podrían llamarse expertos en queratina, ya que las uñas y el pelo están compuestos en su totalidad por queratina, la misma proteína que encontramos en todas las células epidérmicas del cuerpo. La única diferencia es que la queratina del pelo y de las uñas es más abundante y rígida.

La estructura que constituye nuestras uñas en otros animales es un casco o una garra. Las uñas protegen los dedos

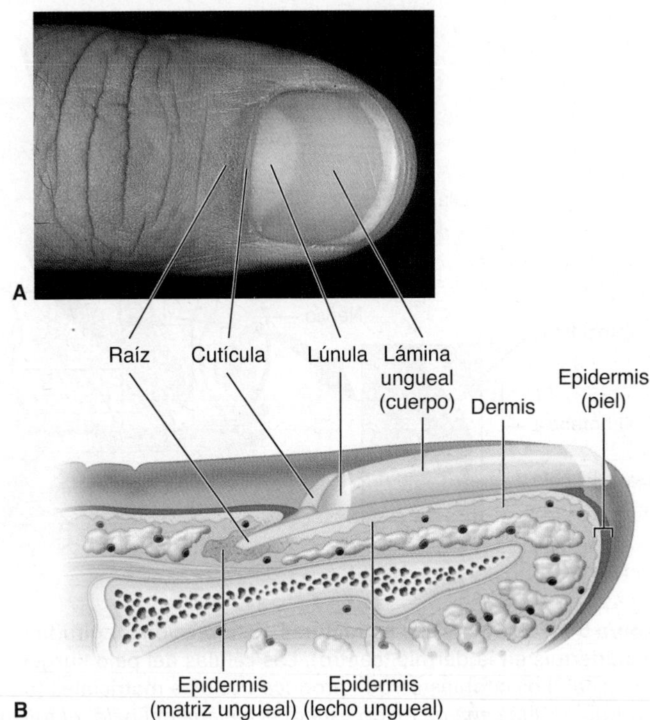

Figura 5-7. Uñas. A) Uña, vista externa. Observe que en esta foto la raíz está oculta debajo de la piel y de la cutícula. **B)** Dedo, sección longitudinal. Observe que el lecho ungueal es una extensión de la epidermis. *¿Qué parte de la uña tiene un color blanquecino?*

frente a los golpes, ayudan a manipular los objetos pequeños y son útiles para otras tareas, como rascarse.

La parte visible de cada uña, la **lámina ungueal,** no es más que un estrato córneo especialmente grueso y rígido. La uña está adosada a la **raíz,** cubierta por la piel, y a la **cutícula,** una capa delgada de estrato córneo que sobresale de la piel alrededor del borde de la uña (fig. 5-7). La uña descansa sobre una capa delgada de epidermis llamada **lecho ungueal,** cuyo abundante suministro de vasos visibles le otorga un brillo rosado característico. La media luna cerca de la base de la uña, la *lúnula,* es de color blanco porque la capa epidérmica de esta región es más gruesa y oscurece los vasos dérmicos.

La parte próxima al lecho ungueal se denomina **matriz ungueal.** Las células de la matriz se dividen y algunas se convierten en células de la uña. Las células de la matriz ungueal son citoblastos similares a las células basales de la epidermis. A medida que se generan las nuevas células, las viejas son empujadas hacia delante (alrededor de 0,1 mm por día). Y conforme se alejan de la matriz, van acumulando más queratina y mueren. Por ello, la lámina ungueal está compuesta sólo por fibras de queratina y pequeños residuos del material de las células muertas.

¡Recuerde! **Cuando se haga la manicura, los trozos de uña y cutícula son fragmentos del estrato córneo.**

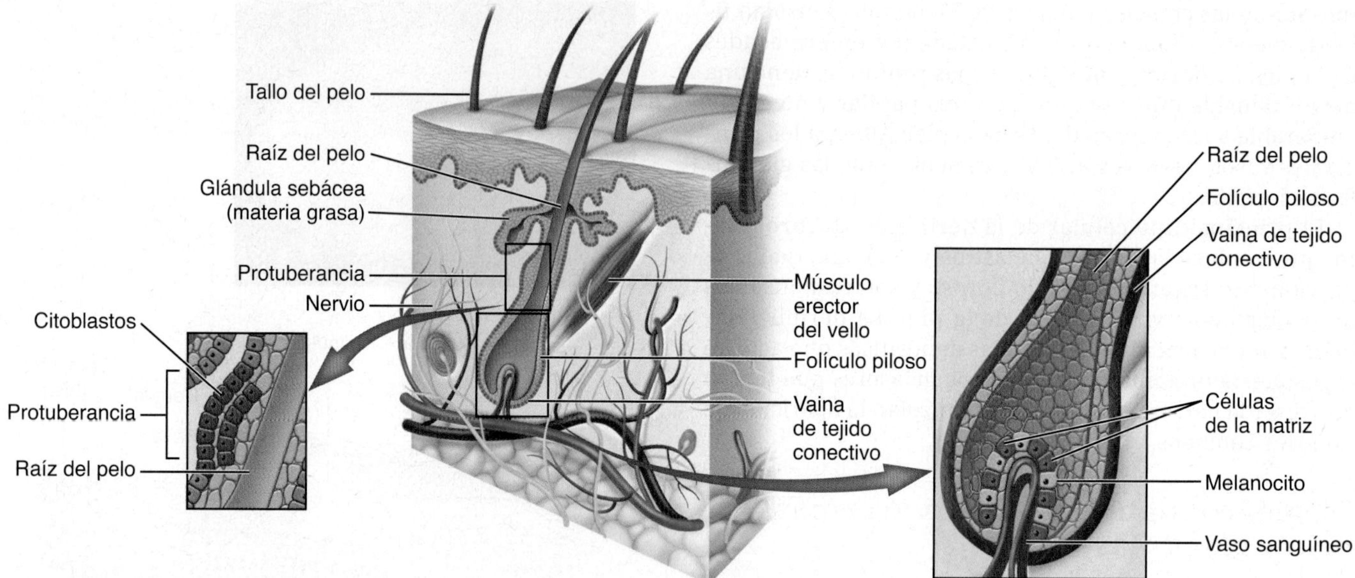

Figura 5-8. El pelo y sus estructuras. Esta sección longitudinal de un folículo piloso muestra la profundidad de la invaginación de la epidermis en la dermis (centro). Las células del pelo surgen de la división de células matriciales en el fondo del folículo piloso (derecha). Los citoblastos que producen células matriciales (o células basales epidérmicas) se encuentran en la protuberancia (izquierda). *¿Qué capa de tejido está más alejada del pelo, el folículo piloso o la vaina de tejido conectivo?*

El pelo

La piel tiene pelos en todas partes, menos en las palmas de las manos y las plantas de los pies. El pelo humano ha perdido la mayor parte de su capacidad aislante. Hay indicios de que los seres humanos fueron relativamente lampiños durante unos 3 millones de años. Sin embargo (cualquier calvo puede dar fe de ello), la cabellera tiene un cierto poder aislante cuando hace frío y cumple la función de un protector solar eficaz. Por otro lado, los pelos nasales atrapan partículas, las cejas y las pestañas ayudan parcialmente a impedir que lleguen a los ojos partículas extrañas, y el vello axilar, y el de alrededor del ano y de los genitales, protegen de los roces de la piel.

El pelo tiene su origen en los folículos pilosos, introducidos principalmente en la dermis, pero que pueden extenderse en la grasa subcutánea (fig. 5-8 A). Los folículos pilosos son estructuras especializadas que aparecen en el embrión como invaginaciones de la epidermis, a la que permanecen adosados. Contienen una reserva de dermocitoblastos en la **protuberancia** que está debajo de la glándula sebácea, y pueden producir **células de la matriz** que migran hacia la base del folículo piloso y se diferencian en los distintos tipos de células que constituyen un pelo. En caso de necesidad también pueden producir **células basales,** que migran hacia arriba hasta el estrato córneo de la epidermis y producen queratinocitos. Por ejemplo, si debido a quemaduras graves, úlceras de decúbito y otras heridas se destruyera el estrato basal de la epidermis, los citoblastos ocultos en la protuberancia pueden migrar en sentido ascendente para formar una nueva epidermis.

El pelo, como las uñas, crece de una *matriz* de células epidérmicas que proliferan en la base del folículo (fig. 5-8 B). Igual que todas las células epidérmicas, las células del pelo maduran y acumulan queratina en cantidad creciente mientras son empujadas hacia la parte superior del folículo, donde forman primero la **raíz del pelo** y por último su **tallo.** El tallo es la parte visible del pelo y está compuesto totalmente por queratina, no contiene ninguna célula. Su color depende sobre todo de la cantidad de melanina que los melanocitos añaden a la matriz. Las aberturas de los tallos, llamadas generalmente «poros», se ven a simple vista, especialmente cuando se inflaman a causa del acné.

Adosado al folículo piloso hay un haz de músculo liso, el **erector del vello,** que está anclado en el tejido fibroso dérmico. Los folículos pilosos y los tallos están en ángulo, de manera que cuando el músculo erector del vello se contrae, los pelos literalmente «se ponen de punta» y sentimos que se pone la piel de gallina. En los seres humanos, esta reacción se inicia mediante señales nerviosas involuntarias y no tiene ninguna utilidad biológica. Es un vestigio evolutivo de la reacción «luchar o huir» ante una amenaza.

Al nacer, el cuerpo está cubierto por vello corporal muy fino *(lanugo)* que se desprende rápidamente y es reemplazada por un pelo fino un poco más oscuro *(vello)* que cubre el cuerpo desde la infancia. Por ejemplo, el pelo facial de las mujeres es vello. El pelo grueso del cuero cabelludo, la cara, el pecho y las piernas masculinas es *pelo terminal*. Éste es más grueso que el vello y suele estar muy pigmentado. El ciclo de crecimiento del vello y pelo terminal va desde unos pocos meses (pestañas) hasta varios años (cuero cabelludo). El ciclo de vida natural del pelo tiene tres fases: la *fase de crecimiento,* que es la más larga, la *fase de transición,* muy breve, y finalmente la *fase de descanso,* después de la cual el pelo se desprende y el ciclo se repite. En un cuero cabelludo normal, alrededor del 90% de los folículos están en la fase de crecimiento, entre el 1% y el 2% en la fase de transición y alrededor del 10% en la fase de descanso.

La cantidad de folículos pilosos es fija, y ningún producto, cualquiera que sea su precio, puede aumentar la densidad de crecimiento del pelo en el cuero cabelludo. Sin embargo, es verdad que algunos fármacos pueden estimular en cierta medida el crecimiento del pelo en algunos folículos en los que había dejado de crecer. El crecimiento normal del pelo está determinado por factores genéticos y la influencia de hormonas del sistema endocrino. En consecuencia, la pérdida del pelo *(alopecia)* puede ser un signo de ciertas enfermedades relacionadas con el sistema endocrino, aunque también puede producirse en ausencia de enfermedad. Por ejemplo, la calvicie masculina es una consecuencia natural del envejecimiento, que puede atribuirse al efecto de las hormonas masculinas, que por un lado estimulan el *crecimiento* del pelo pero por otro acortan la fase de crecimiento hasta que, finalmente, ésta desaparece y el pelo deja de crecer. En nuestro sitio web **http://thepoint.lww.com/espanol-McConnellandHull** hay dos historias relacionadas con el pelo humano que podrían interesarle.

Una de ellas es la del magnate John D. Rockefeller, posiblemente el hombre más rico del mundo, que perdió todo el pelo de su cuerpo. La otra se refiere a los piojos y cuenta cómo su evolución nos da algunas pistas sobre la evolución del hombre.

Apuntes sobre el caso

5-5 En las zonas del cuerpo de Silvestre que perdieron la epidermis pero no la dermis a causa de sus quemaduras, ¿qué células pueden proliferar y producir una nueva capa epidérmica?

Las glándulas producen una sudoración acuosa o un sebo aceitoso

La piel contiene dos tipos de glándulas: *sebáceas* y *sudoríparas*.

Glándulas sebáceas

Las **glándulas sebáceas** están insertadas en la dermis y adosadas a la parte superior de los folículos pilosos cerca de la epidermis. Secretan una sustancia aceitosa llamada **sebo** que sale por el folículo hasta la superficie de la piel (fig. 5-9). Como el aceite es hidrófobo (repele el agua), el aceite del sebo contribuye a la impermeabilidad de la epidermis. Mantiene la piel suave y flexible y mejora la resistencia de ésta a los productos químicos, los microbios y otras amenazas. Las glándulas sebáceas son especialmente grandes en la piel de la frente y la nariz, los hombros, el pecho y los brazos, y la parte superior de la espalda. La

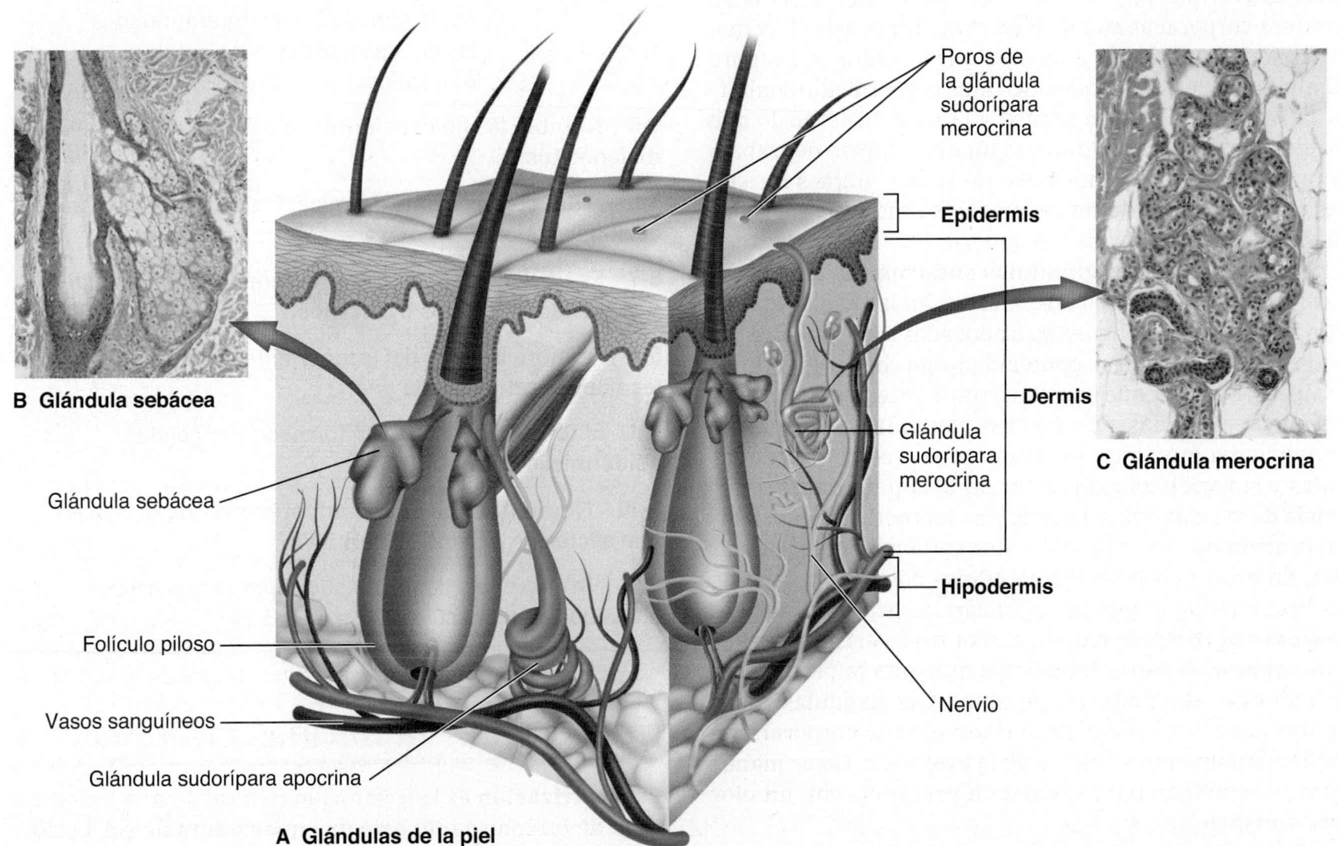

Figura 5-9. Glándulas de la piel. A) Las glándulas de la piel están en la dermis. **B)** Las glándulas sebáceas secretan una sustancia aceitosa llamada sebo. **C)** Las glándulas merocrinas (se muestra) y apocrinas (no se muestra) secretan sudor. *¿Qué glándulas penetran más en la dermis, las glándulas* merocrinas *o apocrinas?*

testosterona y los estrógenos aumentan la actividad de estas glándulas. El aumento vertiginoso de esteroides que se produce inmediatamente antes del parto aumenta la producción de sebo y hace que el feto sea más grasiento y resbaladizo, lo que facilita el parto. Para pesadilla de los jóvenes, las glándulas sebáceas también aumentan significativamente su actividad cuando aumentan los niveles de esteroides sexuales en la adolescencia, por lo que la acumulación de sebo bloquea los folículos pilosos. Cuando los folículos bloqueados se infectan, se produce el acné.

Glándulas sudoríparas

La piel contiene varios millones de *glándulas sudoríparas* que están insertadas en la dermis con salida directa a la superficie de la piel. Existen dos tipos de glándulas sudoríparas: *merocrinas* y *apocrinas*.

Las **glándulas sudoríparas merocrinas** son las más numerosas y están en todo el cuerpo. No están asociadas a los folículos pilosos y producen **sudoración,** un líquido salado. El sudor fluye de las glándulas merocrinas a través de conductos y emerge sobre la superficie de la piel a través de poros sudoríparos tan pequeños que no pueden verse a simple vista. El sudor es relativamente ácido y antibacteriano, pero su principal función es contribuir a la regulación homeostática de la temperatura corporal (v. fig. 5-1 A). Ciertas señales nerviosas involuntarias estimulan las glándulas merocrinas para que secreten sudor cuando la temperatura corporal aumenta. Para evaporar el agua hay que combinarla con calor, y a medida que el sudor se evapora elimina grandes cantidades de calor corporal. Sin embargo, la sudoración reduce el agua y la sal del cuerpo, lo que requiere su reposición (durante un día caluroso de trabajo se pueden perder muchos litros de agua y gramos de sal). Las consecuencias de no reponer los líquidos y las sales pueden ser graves y causar la muerte.

Hay muchas menos **glándulas sudoríparas apocrinas** que merocrinas y están concentradas en las axilas y la región anogenital. Se encuentran adosadas a los folículos pilosos, donde secretan su contenido junto con las glándulas sebáceas. El sudor que secretan contiene agua, sales y una mezcla de proteínas y grasas. Las glándulas apocrinas no comienzan a funcionar hasta que no crece el pelo de las axilas y la región anogenital, durante la pubertad. A diferencia de las glándulas sudoríparas merocrinas, su principal función no es eliminar el calor corporal, sino producir olor. En otras palabras, son glándulas odoríferas. Cuando las bacterias de la piel metabolizan las grasas de las secreciones aprocrinas, emiten el olor característico del sudor corporal. El estrés emocional aumenta la producción de sudor de las glándulas apocrinas. Las glándulas sudoríparas apocrinas, como sucede con el vello corporal, son fundamentalmente vestigios de la evolución. Otros mamíferos las emplean para señalar su presencia con un olor característico.

Otras estructuras del cuerpo son las glándulas sudoríparas modificadas. Entre ellas se encuentran las glándulas mamarias de la mujer y las que producen cerumen en el conducto auditivo externo.

El tejido subcutáneo da soporte a la piel

Debajo de la dermis yace una capa de **tejido subcutáneo** graso (la hipodermis) que no es parte de la piel pero está estrechamente unida a ella (v. fig. 5-3). Consiste en una capa grasa sobre una capa de *fascia* densa (una gran lámina de tejido conectivo denso) que recubre todo el cuerpo. Las bandas fibrosas conectan el tejido subcutáneo a la *fascia* y las estructuras subyacentes.

La parte grasa del tejido subcutáneo sirve de aislamiento y actúa como amortiguador frente a la fuerza física; además, la grasa almacenada puede utilizarse como fuente de energía. El grosor de la capa grasa varía con la edad, el sexo y la alimentación. Es muy fina en las personas de poco peso que tienen muy poca grasa subcutánea. Por el contrario, la hipodermis de una persona muy obesa puede tener entre 8 cm y 12 cm de grosor. Las diferencias en la forma corporal del hombre y la mujer se deben principalmente a la presencia de una capa grasa subcutánea más gruesa alrededor de las caderas de la mujer, y, con la edad, los hombres tienden a adquirirla alrededor de la cintura y el abdomen.

5-3 ¿Qué capa de la piel contiene vasos sanguíneos, la epidermis o la dermis?

5-4 ¿Qué tipo de células evolucionan hasta convertirse en queratinocitos, las células basales o las células dendríticas?

5-5 Nombre la capa epidérmica donde se encuentran los melanocitos.

5-6 ¿Qué tipo de célula dérmica sintetiza las fibras de elastina y colágeno?

5-7 Es un día caluroso. Los esfínteres precapilares de la piel, ¿estarán abiertos o cerrados?

5-8 Nombre la parte del lecho ungueal donde se originan las nuevas células de la uña.

5-9 El folículo piloso, ¿está formado por células epidérmicas o fibroblastos?

5-10 Nombre las glándulas sudoríparas que producen una secreción aceitosa o cerumen.

5-11 Nombre las glándulas sudoríparas que están adosadas a los folículos pilosos.

Curación de la heridas cutáneas

La **cicatrización** es la reparación natural de una lesión. Se trate de un hueso roto o de una quemadura de sol, la cicatrización refleja el esfuerzo colectivo del cuerpo para restaurar la función y la estructura normales.

Una lesión puede ser no sólo el resultado de un traumatismo físico, sino también de radiaciones, elementos quími-

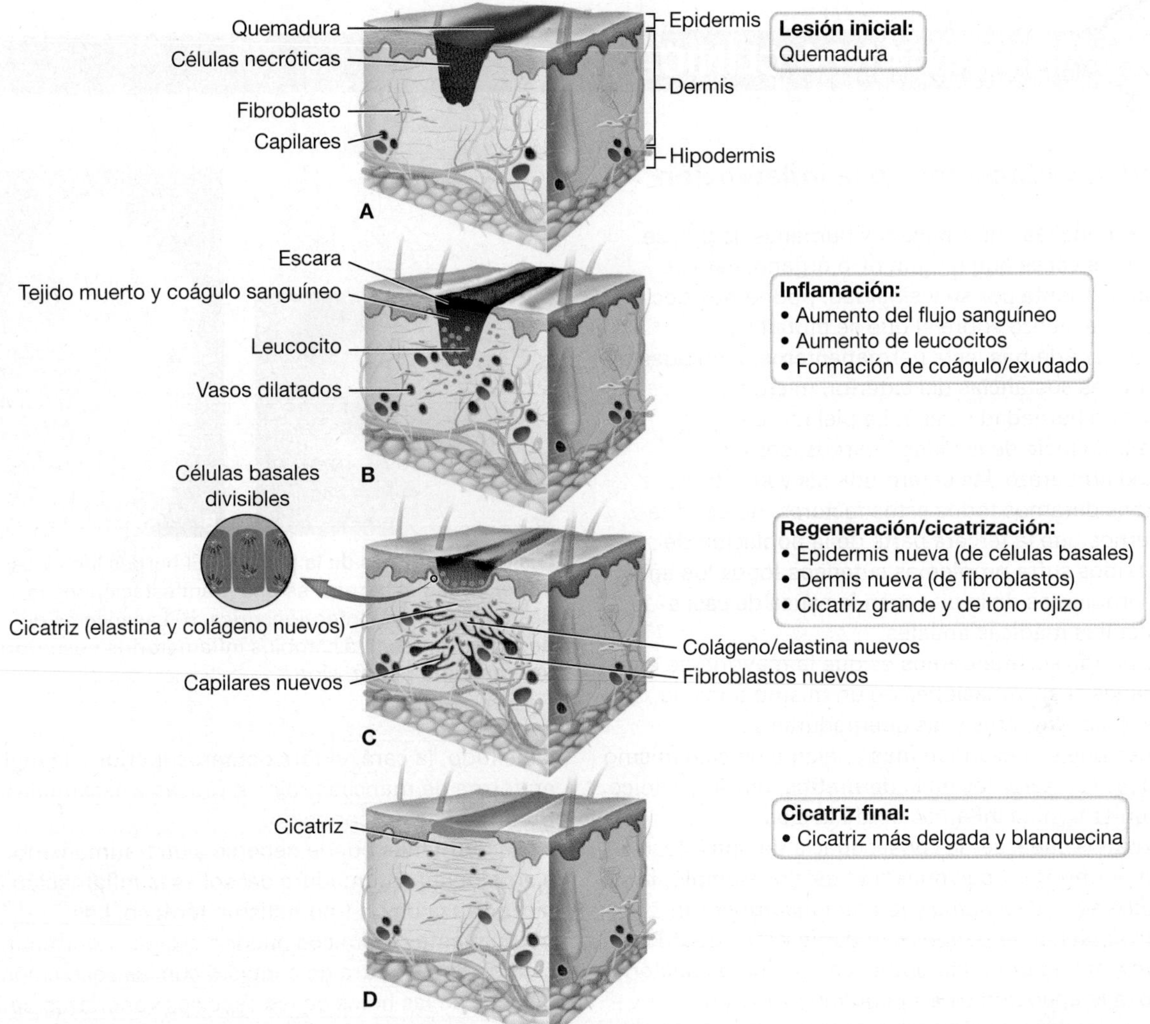

Figura 5-10. Lesión, inflamación y cicatrización. La respuesta a una lesión (en este caso, una quemadura **[A]**) produce una inflamación **(B)**, una regeneración **(C)** y, en algunos casos, una cicatriz (**C** y **D**). *¿Cuál es el objetivo de la migración de leucocitos al lugar de la lesión?*

cos, bacterias, polen u otros agentes. La figura 5-10 muestra casos de lesiones que pueden alterar el estado de la piel. En este caso, el agente que provoca la lesión es térmico (una quemadura grave); sin embargo, la respuesta del cuerpo a las lesiones de la piel supone los mismos pasos generales, con independencia de cuál sea el agente causante. Las células lesionadas sufren **necrosis,** una forma de muerte celular prematura en la que las células mueren y liberan las enzimas digestivas (lisosomas) que normalmente contienen los orgánulos celulares (fig. 5-10 A). Estas enzimas provocan la muerte de las células circundantes, de modo que el daño puede extenderse más allá del lugar inicial de la lesión.

Apuntes sobre el caso

5-6 Las células epidérmicas de Silvestre entraron en apoptosis. ¿Verdadero o falso?

La inflamación es la respuesta inicial a una lesión

La respuesta inicial del cuerpo a una lesión es la **inflamación,** una serie coordinada de respuestas que involucran a los leucocitos y los vasos (fig. 5-10 B). Los esfínteres precapilares se abren y permiten el aumento del flujo sanguíneo en el lugar de la lesión. Los leucocitos llegan en tropel para destruir o neutralizar al agente que provoca la lesión (p. ej., las bacterias) y permanecen en el lugar para limpiar los residuos de las células lesionadas o muertas (*necróticas*). Si los vasos están rotos, se envían eritrocitos y plasma al lugar para formar un coágulo ➡ (fig. 10-10). En las lesiones de la piel, a medida que el agua que se evapora del líquido extracelular y los coágulos sanguíneos y las células inflamatorias se acumulan en la superficie, se empieza a formar una costra protectora (normalmente llamada *escara*).

Si necesita conocer más detalles sobre las enfermedades de la piel y las inflamaciones, consulte el cuadro Instan-

INSTANTÁNEA CLÍNICA

Dermatitis: variaciones de la inflamación

En el catálogo de las enfermedades humanas, la piel se menciona más veces que ningún otro órgano. Esto se explica parcialmente por su visibilidad: podríamos decir que la piel es el lienzo sobre el que se pintan las enfermedades. Además, está permanentemente expuesta a innumerables sustancias del exterior, microbios, variaciones de humedad y calor. La piel también está sujeta a la influencia de estados internos, como la nutrición, el embarazo, las enfermedades y el estrés. Cuando consideramos todos estos factores, no debería sorprendernos que la tercera parte de la población de Estados Unidos sufra problemas cutáneos todos los años, y que los problemas de la piel sean la causa de casi el 10% de las consultas médicas anuales.

Lo que podría sorprendernos es que la mayoría de estas enfermedades sean variaciones de un mismo tema: la inflamación. Los tumores y las quemaduras son excepciones que se describen más adelante en este mismo capítulo. Nos centraremos en la **dermatitis,** término clínico para cualquier tipo de inflamación de la piel.

La dermatitis suele ser la consecuencia de una infección producida por hongos, bacterias o virus. Por ejemplo, la *dermatofitosis del pie,* la *tiña* y la *tiña tonsurante* son micosis de la piel. El *impétigo* es una infección superficial de la piel causada por un estreptococo, un tipo de bacteria que provoca la aparición de un pequeño grupo de ampollas, normalmente alrededor de la nariz y la boca de un niño. Un forúnculo es un absceso; la mayoría de ellos causados por un estafilococo, otro tipo de bacteria. El herpes labial se debe al *virus del herpes simple.* El herpes también causa una infección de la piel de los genitales, enfermedad que se conoce como *herpes genital.*

La dermatitis seborreica y el acné son formas frecuentes de inflamación cutánea asociada a las glándulas sebáceas. El *acné* es una inflamación de los folículos pilosos y las glándulas sebáceas muy común entre adolescentes con piel grasa. Se caracteriza por la presencia de folículos pilosos tapados por sebo que aparecen como «puntos negros» o «puntos blancos». La parte superior negra de un comedón abierto no se debe a suciedad sino a la oxidación de la capa superficial de sebo, porque la salida del folículo está abierta al aire. Los comedones cerrados son similares a los abiertos, pero en ellos la salida del poro está cerrada, por lo que el sebo no está expuesto al oxígeno del aire y no se pone negro. La *caspa* está formada por escamas blancas de células epidérmicas superficiales muertas. Cuando se combina con la dermatitis, se conoce como *dermatitis seborreica,* una afección muy común de la piel grasa y velluda que aparece normalmente en el cuero cabelludo, la cara, el tórax anterosuperior y la ingle en forma de manchas rojizas, grasas y escamosas. Su origen es desconocido.

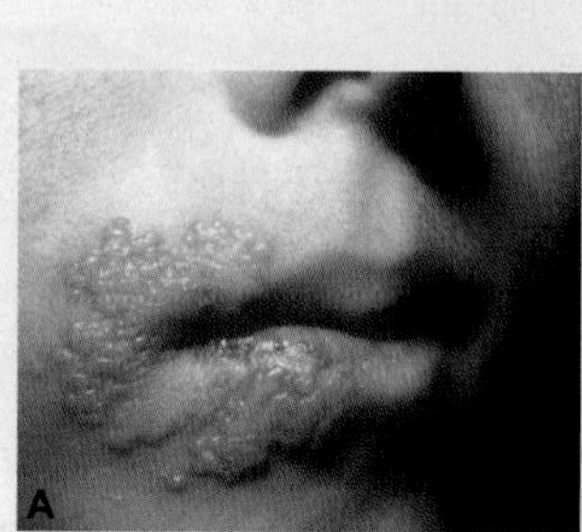

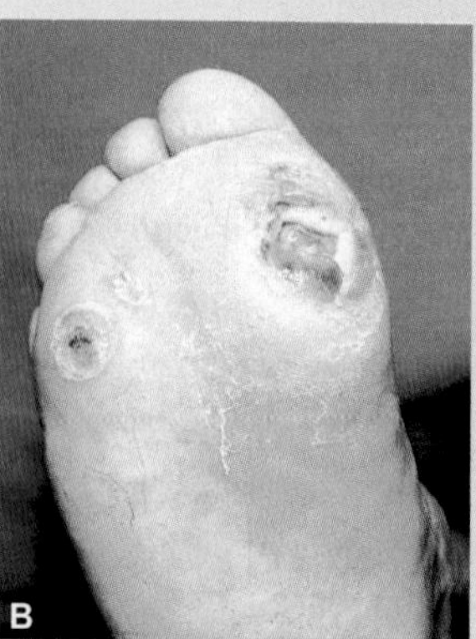

Lesiones comunes de la piel. **A)** El herpes labial, causado por el virus del herpes, es una manifestación visual destacada de una infección vírica. **B)** Las úlceras de decúbito se deben a cambios inflamatorios posteriores al traumatismo por presión.

La dermatitis puede deberse a un traumatismo. Por ejemplo, una quemadura del sol es la inflamación de la piel a causa de un traumatismo térmico. Los traumatismos químicos pueden provocar dermatitis cuando la piel entra en contacto con las secreciones oleosas de las hojas de las especies venenosas de la hiedra, el roble o el zumaque. La presión prolongada también causa traumatismos en la piel: cualquier presión continua superior a la presión arterial priva a la piel del flujo sanguíneo necesario para que el tejido permanezca vivo. Éste es un problema frecuente en los pacientes encamados o que han de pasar largo tiempo en una silla de ruedas. Por ejemplo, los pacientes postrados que permanecen acostados sobre la espalda sufren «úlceras de decúbito» en las nalgas y los talones a menos que se les gire regularmente de un lado al otro.

El *eccema* es un tipo concreto de dermatitis que se caracteriza por una inflamación exudativa, con prurito, ampollas y costras. Entre sus causas están las alergias, los compuestos cáusticos y las infecciones.

Las reacciones alérgicas son una causa muy frecuente de dermatitis. Se producen cuando algunas sustancias inocuas para la mayoría de las personas, como los ácaros del polvo, la caspa de los gatos o las fibras de lana, entran en contacto con la piel y provocan una reacción de hipersensibilidad caracterizada por habones pruriginosos llamada *urticaria.* Las reacciones alérgicas se describen más detalladamente en el ➡ capítulo 12.

tánea clínica titulado «Dermatitis: variaciones de la inflamación».

Apuntes sobre el caso

5-7 Las quemaduras de Silvestre estaban cubiertas de pus, que contiene una gran cantidad de leucocitos. ¿Qué hacían estos leucocitos?

La reparación de los tejidos es una serie de pasos ordenados

La reparación del tejido comienza cuando la inflamación disminuye. El cuerpo sigue dos procesos diferentes para reparar los tejidos: la *regeneración* y la *cicatrización*.

La **regeneración** es el reemplazo de las células muertas o lesionadas por nuevas células funcionales. Sólo puede darse en aquellos tejidos que contienen una reserva adecuada de citoblastos. Comienza cuando las células muertas o lesionadas envían señales químicas a los citoblastos cercanos. Éstos responden acelerando el ritmo de reproducción. Las nuevas células producidas se diferencian en nuevas células funcionales, las cuales se expanden a través del andamiaje disponible hasta satisfacer la necesidad de nuevas células.

La **cicatrización** (reparación fibrosa) tiene lugar cuando la lesión es muy grave o hay pocos citoblastos presentes. Las células funcionales muertas o lesionadas son sustituidas por tejido cicatricial compuesto por fibroblastos y fibras de colágeno (fig. 5-10 C). La cicatrización se produce de la siguiente forma:

- Los fibroblastos migran a la zona dañada *(herida)*, se reproducen y comienzan a sintetizar nuevas fibras de elastina o colágeno. Estas nuevas fibras compensan la falta de células funcionales no reemplazadas y estabilizan físicamente la herida uniendo sus bordes.
- Los nuevos vasos surgen de los existentes en las proximidades, y crecen en la zona para alimentar el proceso de cicatrización.
- A medida que los fibroblastos sintetizan colágeno adicional aparece una cicatriz. Al principio ésta es roja y voluminosa, lo que refleja la gran cantidad de fibroblastos y vasos presentes. Esta acumulación se denomina *tejido granular* y marca una fase específica en la reparación de la herida, después de la cual la cicatriz comienza a reducirse, convirtiéndose en una nueva versión más pequeña y blanquecina. Al principio, la cicatriz no «cabe» en el sitio y está oprimida; sin embargo, cambia gradualmente de forma para entrar cómodamente en él y madura hasta alcanzar la capacidad de resistir la máxima fuerza o tensión (fig. 5-10 D).

Los resultados de la curación del tejido son dos: una regeneración completa o una mezcla de regeneración y cicatrización. Si la lesión es leve y el andamiaje anatómico básico del tejido (el *estroma*) permanece intacto para soportar y dirigir la regeneración de las células, la curación por regeneración puede restaurar el tejido para completar una normalidad anatómica y funcional. Por el contrario, si la lesión distorsiona o destruye, ya sea total o parcialmente, el estroma sobre el que se alinean las células regeneradas, el proceso de reparación necesita una mezcla de regeneración y cicatrización.

El grado de regeneración depende también de las células involucradas. En los tejidos con abundantes citoblastos, como la epidermis, la regeneración es más satisfactoria que en el tejido muscular, que tiene menos citoblastos. La regeneración de las células nerviosas (neuronas) dañadas puede ser especialmente problemática. Si la vaina que rodea a la neurona no está dañada, por lo general el axón vuelve a crecer y recupera su función normal. El daño a la vaina perjudica y posiblemente impide la regeneración neuronal, y la pérdida de la función puede llegar a ser permanente.

¡Recuerde! **Los fibroblastos producen una nueva matriz de tejido conectivo. Los citoblastos de la epidermis basal o de la matriz del pelo o las uñas producen la nueva epidermis.**

Apuntes sobre el caso

5-8 Las quemaduras de Silvestre destruyeron las células musculares y epidérmicas. ¿Cuál de estos tejidos se regenera más fácilmente? ¿Por qué?

5-9 Algunas de las quemaduras de Silvestre destruyeron totalmente la epidermis y la dermis, incluidos los citoblastos epidérmicos. ¿Hay alguna posibilidad de que la epidermis de esta región pueda regenerarse sin intervención médica? Explique su respuesta.

5-10 Algunas de las quemaduras menos graves de Silvestre habían comenzado a cicatrizar antes de su muerte. ¿Qué tipo de células contienen las cicatrices, células basales o fibroblastos?

La reparación natural de una quemadura es un buen ejemplo de cicatrización

Las quemaduras son una de las lesiones cutáneas más comunes y graves. Las quemaduras graves son potencialmente mortales porque eliminan la barrera protectora de la piel que separa el interior del cuerpo del exterior. Los pacientes con este tipo de quemaduras pierden calor y líquidos muy rápidamente, y algunas veces pierden tanto líquido y con tanta rapidez que la presión arterial se colapsa y el paciente muere a causa de un shock. El mayor problema de los pacientes con quemaduras graves que sobreviven a la primera semana son las infecciones, porque las bacterias pueden reproducirse velozmente en los líquidos que fluyen

Tabla 5-2. Clasificación de las quemaduras

Nueva clasificación	Clasificación clásica	Ejemplo	Regiones de la piel afectadas	Sensación	Aspecto	Imagen
Superficial	Primer grado	Quemadura de sol	Epidermis	Dolorosa	Enrojecimiento, inflamación	A
Grosor parcial superficial	Segundo grado	Escaldadura (salpicadura de agua hirviendo)	Epidermis, dermis papilar	Dolorosa al aire y la temperatura	Ampollas, líquido claro	B
Grosor parcial profundo	Segundo grado	Quemadura por fuego	Epidermis, dermis reticular	Se percibe sólo la presión	Pálido	C
Grosor total	Tercer grado	Quemadura eléctrica	Epidermis, dermis, tejidos subyacentes	Se percibe sólo la presión profunda	Duro, negro o púrpura	D

de la superficie corporal cuando falta la piel. Peor aún, al faltar la barrera de la piel, de hecho no hay nada que pueda impedir que las bacterias invadan los tejidos y la sangre.

Cuanto más profunda sea la quemadura, más grave será la lesión. Las quemaduras se clasifican según su profundidad y el área de piel quemada (tabla 5-2 y fig. 5-11). Para comprender el sistema de clasificación es necesario recordar que la epidermis consiste en un tejido epitelial que descansa sobre una membrana basal, la cual a su vez se apoya sobre el tejido fibroso de la dermis. Recuerde también que las células epiteliales se introducen profundamente en la dermis para formar glándulas y folículos pilosos. Los términos siguientes describen la profundidad de las quemaduras (fig. 5-11 A):

- Las *quemaduras superficiales* (o de *primer grado*) sólo afectan a la epidermis. La mayoría de las quemaduras producidas por el sol son buenos ejemplos.
- Las *quemaduras de grosor parcial* (o de *segundo grado*) afectan a la dermis. Se dividen a su vez en *quemaduras de grosor parcial superficial,* que sólo afectan a la dermis papilar, y *de grosor parcial profundo,* que también afectan a la dermis reticular.
- Las *quemaduras de grosor total* (o de *tercer grado*) afectan al tejido subcutáneo y también a los músculos y a los huesos.

Incluso las quemaduras superficiales pueden ser peligrosas si afectan a una superficie importante del cuer-

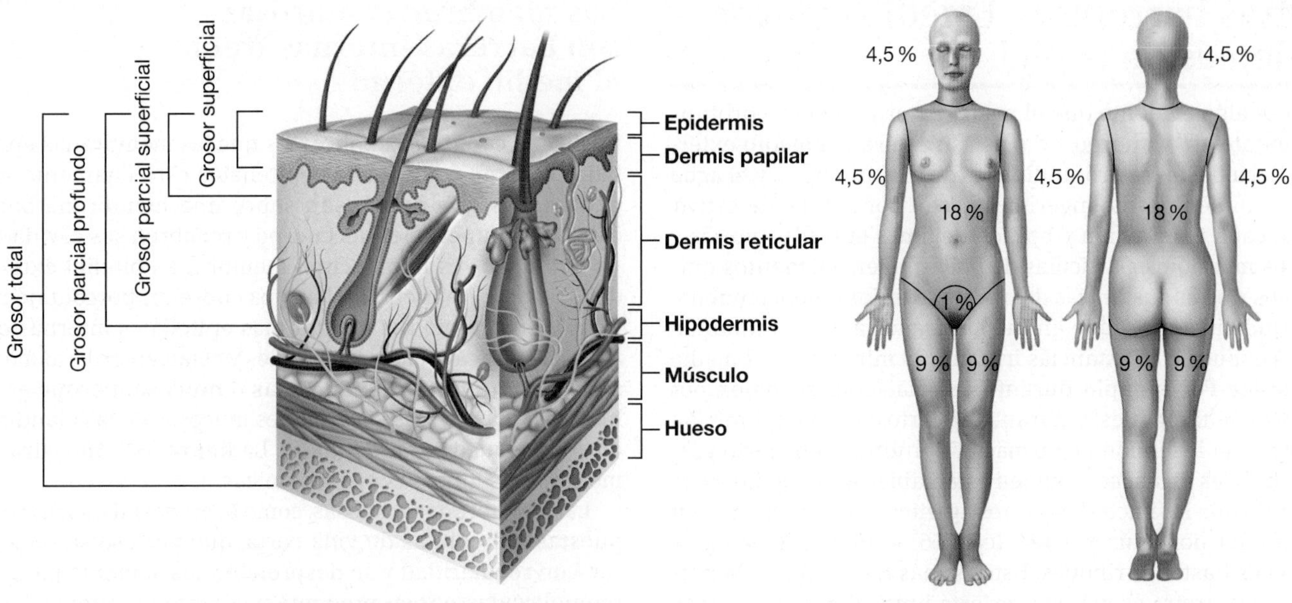

Figura 5-11. Clasificación de las quemaduras. Las quemaduras se clasifican de acuerdo con su grosor **(A)** y la superficie afectada. **B)** Los números en el torso indican el porcentaje de la superficie total del cuerpo. *¿Qué tipo de quemaduras penetran la dermis, las superficiales o las de grosor parcial superficial?*

po. Se puede hacer una estimación rápida del porcentaje de superficie quemada del paciente mediante la *regla de los nueves,* que divide el cuerpo en regiones basándose en múltiplos de nueve (fig. 5-11 B). Por ejemplo, toda la cabeza y el cuello (delante y detrás) equivalen al 9 % de la superficie total del cuerpo.

Apuntes sobre el caso

5-11 Las quemaduras de Silvestre cubrían la parte anterior y posterior de los miembros superiores, la cabeza y el torso. ¿Qué porcentaje de su cuerpo estaba afectado?

5-12 Silvestre sufrió quemaduras de grosor total en su torso. ¿Qué capas de la piel estaban afectadas?

La supervivencia en casos de quemaduras depende de tres variables fundamentales: la edad del paciente (la mortalidad aumenta con la edad), el porcentaje de superficie quemada (las quemaduras que afectan a más del 40 % de la superficie suelen ser mortales) y la presencia de lesiones pulmonares (p. ej., la inhalación de aire caliente o gases tóxicos). La mortalidad se puede estimar aproximadamente sumando la edad en años y el porcentaje de la superficie quemada. Por ejemplo, una persona de 20 años con unas quemaduras del 30 % tiene una probabilidad aproximada del 50 % de morir de la lesión.

El éxito estético del proceso de cicatrización depende de la profundidad de las quemaduras. Justo después de una quemadura superficial, los vasos se dilatan y aparecen las células inflamatorias. Las células epidérmicas lesionadas o muertas se desprenden y los citoblastos producen con rapidez nuevas células en respuesta a la lesión. En 1 o 2 semanas, la epidermis se ha restaurado perfectamente porque se ha regenerado sin ninguna cicatriz sobre una membrana basal intacta.

En las quemaduras de grosor parcial, la lesión destruye la epidermis, la membrana basal y al menos parte de la dermis. La epidermis puede regenerarse gracias a los citoblastos ocultos en la protuberancia de los folículos pilosos. Sin embargo, sin el andamiaje de una membrana basal intacta, las nuevas células epidérmicas siguen la superficie irregular de la dermis que está cicatrizando mediante reparación fibrosa. La epidermis reparada cubre la superficie irregular de cicatrices dérmicas, que producen las crestas y volutas de las quemaduras graves cicatrizadas.

En casos de quemaduras de grosor total, para restablecer el crecimiento de la epidermis es necesario injertar piel de zonas no quemadas porque la mayoría de los folículos pilosos (y sus depósitos de citoblastos) han sido destruidos.

5-12 ¿Qué proteína es más abundante en una cicatriz, la queratina o el colágeno?

5-13 ¿Qué proceso se produce primero, la inflamación o la cicatrización?

5-14 Verdadero o falso: las lesiones se curan por regeneración o cicatrización.

5-15 ¿Cuál es la diferencia entre una quemadura superficial y una de grosor parcial superficial?

Otras barreras del medio externo además de la piel

No es algo evidente que el medio externo penetre profundamente en el cuerpo, pero es así: el aire del medio externo llega hasta las profundidades de los pulmones, y el agua y los alimentos que ingerimos pasan por el tubo digestivo. Con cada respiración y bocado dejamos entrar bacterias y otros microbios, partículas de polvo, polen, elementos químicos y otras sustancias del medio exterior potencialmente perjudiciales. Aunque en menor grado, la vagina también está expuesta a sustancias irritantes y microbios del medio exterior. Por ejemplo, durante las relaciones sexuales, por el uso de tampones, y durante el parto, por la exploración física o la inserción de fármacos. Por último, en cierto grado, las vías urinarias también están abiertas al medio exterior, ya que las bacterias y otros agentes infecciosos pueden ascender por la uretra (cap. 16) e infectar la vejiga y a veces hasta los riñones. Esto es más frecuente en la mujer, cuya uretra es más corta y está junto al orificio vaginal, donde normalmente se encuentran las bacterias. Cuando las sustancias del medio externo viajan por las vías respiratorias, el tubo digestivo o la vagina, están siempre a unas pocas células de invadir el medio interno. Afortunadamente, a semejanza de la piel, las membranas que recubren éstas y otras cavidades corporales son eficaces frente a los posibles invasores.

Las membranas mucosas son barreras internas frente al medio externo

En el capítulo 3 explicamos que las membranas epiteliales son capas de células epiteliales estrechamente empaquetadas que descansan sobre una membrana basal, cubren las superficies del cuerpo y recubren sus cavidades. La epidermis es la principal membrana epitelial externa del cuerpo (el epitelio de los ojos cubre un porcentaje mínimo). En cambio, las membranas epiteliales internas que recubren las cavidades corporales y están abiertas al medio se llaman **membranas mucosas** o **mucosa,** porque están humedecidas por las secreciones mucosas de las glándulas o células mucosas del epitelio. La figura 5-12 muestra las membranas mucosas y epidérmicas.

Las membranas mucosas, como la epidermis, están compuestas por células de vida corta, que por eso se regeneran con regularidad y se desprenden diariamente para ser reemplazadas por su progenie mediante los citoblastos. A semejanza de la epidermis, que descansa sobre la dermis, y que contiene vasos, nervios, glándulas y estructuras secundarias, las membranas mucosas descansan sobre un tejido fibroso laxo (la *lamina propria*) que también contiene vasos, nervios, glándulas y otras estructuras secundarias. Sin embargo, la epidermis y las membranas mucosas difieren en algunos puntos:

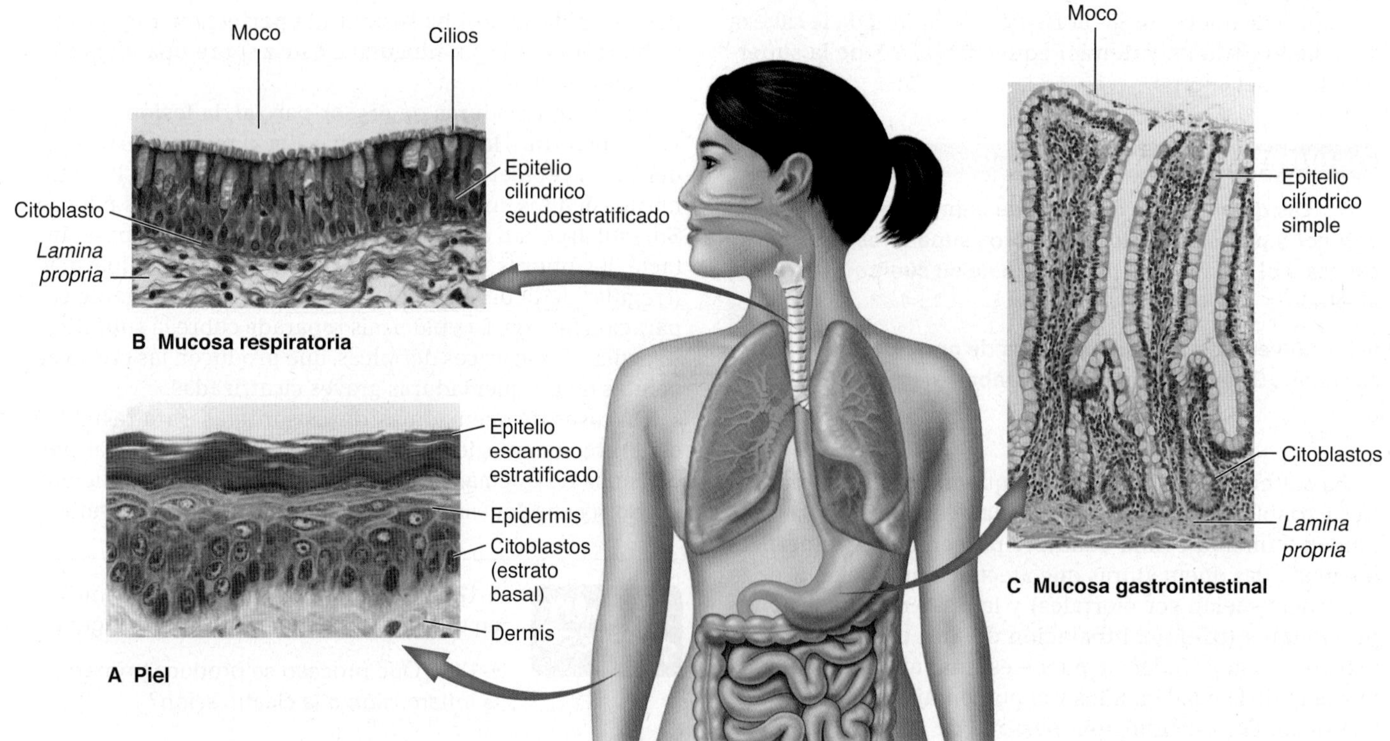

Figura 5-12. Membranas epiteliales. La epidermis **(A)** (piel) comparte muchas características con las membranas mucosas en **(B)**, el sistema respiratorio, como las que recubren la tráquea y las vías respiratorias más pequeñas, y **(C)** el sistema gastrointestinal, como las que recubren el aparato digestivo. *¿Qué tipo de membrana epitelial se encuentra en la mucosa respiratoria, cilíndrica o escamosa?*

- La epidermis es seca e impermeable. Las membranas mucosas son húmedas.
- Las células epidérmicas contienen mucha más queratina que las células epiteliales de las membranas mucosas.
- La epidermis protege frente a las infecciones en mucha mayor medida que las membranas mucosas.
- La epidermis está compuesta por epitelio escamoso estratificado: varias capas de células de forma cúbica en las regiones más profundas y muy planas en la superficie. Las membranas mucosas de la boca, el esófago y la vagina también están compuestas por epitelio escamoso estratificado. Este diseño, resistente a la fricción, facilita el paso de los alimentos, y el parto y el coito, respectivamente. Sin embargo, otras membranas mucosas suelen estar compuestas por epitelio cilíndrico simple.

Apuntes sobre el caso

5-13 El recubrimiento de las vías respiratorias de Silvestre estaba relativamente intacto porque no inhaló mucho humo (sin contar el del cigarrillo). ¿El recubrimiento está compuesto por mucosa o por epidermis?

¡Recuerde! **La epidermis y el epitelio de recubrimiento del intestino y los bronquios comparten características importantes: están compuestos por células de vida corta que a medida que mueren son reemplazadas por otras nuevas.**

El pelo, la mucosa, los cilios y los líquidos ácidos también actúan como barreras

Como se ha indicado anteriormente, el pelo humano ha perdido gran parte de su utilidad; sin embargo, los pelos de las narinas atrapan partículas y los del conducto auditivo externo ofrecen una protección limitada similar a los oídos.

Las glándulas accesorias de las vías respiratorias secretan moco, que cubre la membrana respiratoria con una película delgada que atrapa microbios, granos de polen, polvo atmosférico y otras partículas. En este punto los cilios son importantes. Recuerde que los cilios son proyecciones en forma de pelo y microscópicas de la membrana celular (cap. 3), que se mueven al unísono hacia atrás y adelante para impulsar el moco hacia las vías respiratorias altas y la garganta donde puede tragarse, escupirse o descargarse por la nariz.

Los ácidos estomacales tienen un pH bajo, el cual actúa como una barrera química capaz de destruir los microbios ingeridos con el agua o los alimentos. Si bien es ligeramente más elevado, el pH del moco vaginal también es ácido e inhóspito para la mayoría de los microbios. Una causa frecuente de infecciones vaginales es el cambio del pH de ácido a básico.

5-16 ¿La *lamina propria* está por debajo de la mucosa o de la epidermis?

5-17 Verdadero o falso: las células mucosas contienen grandes cantidades de queratina.

5-18 Señale las proyecciones de la membrana celular que mueven el moco.

Etimología

Raíces latinas/griegas	Equivalentes en español	Ejemplos
adip-/o	Grasa	Adipocito: célula lipídica
-crino (de *krínein*, separar)	Secreción	Exocrino: relativo a la secreción fuera del cuerpo
-cito	Célula	Adipocito: célula lipídica
derm-/o, dermat-/o	Piel	Dermatosis: enfermedad de la piel Subcutáneo: debajo de la piel
endo-	Dentro de, en	Endocrino: relativo a la secreción dentro del cuerpo
epi-	Sobre, encima	Epidermis: sobre la dermis
querato-	Queratina	Queratinocito: célula llena de queratina
melano-	Negro, melanina	Melanocito: célula llena de melanina

Continúa

Etimología *(cont.)*

Raíces latinas/griegas	Equivalentes en español	Ejemplos
-oma	Tumor	Melanoma: tumor de melanocitos
seb-/o	Sebo (aceite)	Sebáceo: productor de aceite
sub-	Debajo de	Subcutáneo: debajo de la piel

Cuestionario del capítulo

REVISIÓN DEL CAPÍTULO

Asocie cada estructura con su función:

1. **Glándulas sudoríparas merocrinas**
2. **Glándulas sudoríparas apocrinas**
3. **Glándula sebácea**
4. **Estrato basal**
5. **Células de Langerhans**
6. **Melanocito**

a. Defiende frente a invasores
b. Secreta sudor acuoso y salado sobre la superficie de la piel
c. Sintetiza pigmento marrón
d. Sintetiza queratinocitos
e. Secreta sudor en los folículos pilosos
f. Secreta una sustancia aceitosa

7. **¿Cuál de las siguientes *no* es una función de la piel?**
   a. Protege de la pérdida de agua.
   b. Regula la pérdida de calor.
   c. Defiende de los microbios.
   d. Sintetiza eritrocitos.

8. **La epidermis y la dermis están separadas por**
   a. estrato córneo.
   b. membrana basal.
   c. capa subcutánea.
   d. matriz.

9. **La epidermis contiene**
   a. vasos sanguíneos.
   b. fibras de colágeno.
   c. melanocitos.
   d. células lipídicas.

10. **¿Cuál de las siguientes estructuras contiene citoblastos?**
    a. La matriz ungueal.
    b. La capa basal.
    c. La protuberancia del folículo piloso.
    d. Todas las anteriores.

11. **Una barba está compuesta por**
    a. pelos terminales.
    b. lanugo.
    c. matriz del pelo.
    d. vello.

12. **La mayoría de los pelos del cuero cabelludo están en la**
    a. fase apoptósica.
    b. fase de transición.
    c. fase de descanso.
    d. fase de crecimiento.

13. **Los poros visibles de la piel son aberturas para**
    a. glándulas sudoríparas merocrinas.
    b. glándulas sebáceas.
    c. folículos pilosos.
    d. todas las anteriores.

14. Una quemadura de grosor parcial superficial
   a. afecta sólo a la epidermis.
   b. no es dolorosa porque los receptores del dolor se han quemado.
   c. nunca es potencialmente mortal.
   d. puede afectar a la parte superior de la dermis.

15. Las membranas mucosas
   a. son superiores a la dermis.
   b. están compuestas por tejido epitelial.
   c. evitan la pérdida de agua.
   d. siempre están compuestas por células escamosas.

COMPRENSIÓN DE CONCEPTOS

16. Compare y contraste la estructura y función de las glándulas sudoríparas merocrinas y apocrinas.

17. Describa la función de la piel en el mantenimiento de una temperatura corporal constante.

18. Compare y contraste los procesos que se siguen para formar nuevas células de la piel, las uñas y el pelo.

APLICACIÓN

19. El paciente no percibe las quemaduras de grosor total. Explique por qué.

20. En la piel podemos encontrar los cuatro tipos de tejido explicados en el capítulo 3 (muscular, nervioso, epitelial y conectivo). Indique un ejemplo de cada uno de ellos.

Puede encontrar las respuestas a estas preguntas en el apartado de recursos para estudiantes en: **http://thepoint.lww.com/espanol-McConnellandHull**

6

Huesos y articulaciones

Temas principales

- Para mantenerse sanos, los huesos necesitan ciertas hormonas y nutrientes, además de las tensiones mecánicas diarias.
- Los huesos participan activamente en la regulación del calcio sanguíneo.
- Los huesos no sanos no crecen normalmente y sufren fracturas con mucha facilidad, que además tardan en consolidar.
- Algunas articulaciones permiten movimientos, otras no.
- Las articulaciones que tienen movimiento libre son inestables por naturaleza.

Objetivos del capítulo

Huesos y tejido óseo 166

1. Enumerar cinco funciones de los huesos y dos funciones del tejido óseo.
2. Poner algunos ejemplos de huesos largos, cortos, planos e irregulares.
3. Describir la estructura de un hueso largo en un esquema.
4. Mencionar los tres tipos de células óseas y explicar la función de cada uno.
5. Comparar y contrastar la estructura de los tejidos óseos compacto y esponjoso.
6. Conocer las etapas de la osificación endocondral e intramembranosa, y analizar el papel de esos procesos en la reparación de las fracturas.
7. Comentar el papel que desempeñan los condroblastos, los osteoclastos y los osteoblastos en el crecimiento aposicional y longitudinal.
8. Mencionar algunos de los factores que contribuyen a la buena salud de los huesos.

Hiperparatiroidismo: el caso de Maggie H. 183

9. Utilizar el caso práctico para explicar la función de la paratirina (PTH) en la homeostasis del calcio.

Articulaciones 184

10. Clasificar las articulaciones según su estructura y función, y poner algunos ejemplos de ellas.

11. Señalar los elementos estructurales de una articulación sinovial, y clasificar las articulaciones sinoviales según los movimientos que permiten realizar.

12. Utilizando el propio cuerpo, demostrar cada uno de los siguientes movimientos: deslizamiento, rotación, flexión, extensión, abducción, aducción, circunducción, elevación, protracción, retracción, inversión, eversión, flexión dorsal, flexión plantar, supinación y pronación.

Anatomía de los huesos y de las articulaciones: el esqueleto axial 192

13. Enumerar los huesos del esqueleto axial y del esqueleto apendicular.

14. Identificar los huesos del cráneo y señalar sus características, y explicar cómo se articulan para formar la articulación temporomandibular, las suturas y (durante la niñez) las fontanelas.

15. Comparar y contrastar las vértebras cervicales, torácicas, lumbares, sacras y coccígeas, y analizar las distintas articulaciones entre vértebras adyacentes.

16. Indicar en un esquema los nombres de los huesos del tórax, sus características y sus articulaciones.

Anatomía de los huesos y de las articulaciones: el esqueleto apendicular 210

17. Indicar en un esquema los nombres de los huesos de la cintura escapular, sus características y sus articulaciones.

18. Indicar en un esquema los nombres de los huesos de los miembros superiores, sus características y sus articulaciones.

19. Indicar en un esquema los nombres de los huesos de la cintura pélvica, sus características y sus articulaciones, y señalar las diferencias entre la pelvis femenina y la masculina.

20. Indicar en un esquema los nombres de los huesos de los miembros inferiores, sus características y sus articulaciones.

Caso práctico: «¡Cualquiera diría que me estrellé con una moto!»

Mientras lee el siguiente caso práctico, haga una lista de los términos y conceptos que debe aprender para comprender el caso de Maggie. Anote sus signos (como la inflamación) y síntomas (como el dolor) y, después de estudiar el capítulo, trate de encontrar sus causas.

Anamnesis: Maggie H., una abuela de 57 años, estaba entrenándose para correr su 10.ª maratón. Le resultaba más difícil que en años anteriores a causa de cierto dolor y rigidez en las rodillas, y de una debilidad muscular generalizada, cambios que atribuyó a su edad. Durante una carrera preparatoria de unos 16 km, dio un mal paso que la obligó a recuperar el equilibrio torpemente sobre el borde lateral del pie izquierdo, con la planta hacia dentro. Al caer, trató de atenuar el golpe con ambas manos, y se apoyó principalmente sobre la base de la palma de la mano izquierda. Se fracturó el tobillo y la muñeca. «Pude escuchar el ruido seco que hizo el tobillo –explicaba Maggie–, pero la muñeca fue una sorpresa. Pensé que era sólo un esguince. Parece increíble que algo tan sencillo pueda romper tantos huesos ¡Miren cómo he quedado! ¡Cualquiera diría que me estrellé con una moto! ¡Y yo sólo trataba de hacer un poco de ejercicio!»

Exploración física y otros datos: las constantes vitales eran normales. La fractura se produjo aproximadamente 5 cm por encima de la prominencia interna del tobillo izquierdo (el hueso del tobillo), el punto donde el pie y la pierna se torcieron en un ángulo anómalo. La sangre se acumuló en el lugar y formó un hematoma de gran tamaño. Su muñeca izquierda estaba inflamada y dolorida, en especial sobre el extremo distal del radio. Tenía también hematomas en la cadera izquierda y en el lado izquierdo de la cara. El informe de las radiografías de cráneo, columna vertebral, cadera, tobillo y muñeca elaborado por el radiólogo describía una fractura completa de la tibia y del peroné, en un área de la tibia donde el hueso parecía estar «ahuecado»

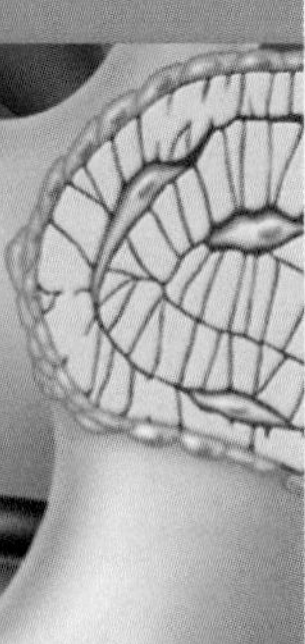

Conocimientos necesarios

Antes de adentrarse por primera vez en este capítulo, es importante comprender los siguientes términos y conceptos.

- Retroalimentación negativa y terminología anatómica (cap. 1)
- Tejido conectivo (cap. 3)
- Actividad hormonal (cap. 4)

en un quiste. Asimismo, podía observarse una fina línea de fractura a través de la cabeza del radio, unos 3 cm por encima de la articulación de la muñeca. La exploración radiológica también reveló que los huesos «tenían poca densidad y estaban moteados, con otras áreas de cambios quísticos». Por otro lado, el radiólogo observó cambios degenerativos en la articulación de la rodilla y una osteoporosis generalizada, más acusada en las vértebras, donde detectó una antigua fractura. El diagnóstico final fue: *a)* fractura completa de tibia y peroné, *b)* fractura lineal en el extremo distal del radio izquierdo, *c)* extensos cambios quísticos y adelgazamiento óseo, así como posibilidad de hiperparatiroidismo, y *d)* osteoporosis generalizada con fractura antigua en la segunda vértebra torácica.

Evolución clínica: se realinearon los huesos y se escayolaron los dos miembros. Los resultados de los análisis de sangre indicaron que el calcio estaba en 11,9 mg/dl (valores normales, de 8,5 a 10,3) y la paratirina en 101 pg/ml (normal, de 11 a 54).

Los estudios radiológicos del cuello revelaron un tumor pequeño cerca del cuadrante superior izquierdo de la glándula tiroides, benigno, que fue extirpado quirúrgicamente. Las fracturas consolidaron con lentitud, pero Maggie notó que la debilidad muscular había desaparecido. Para prevenir nuevas fracturas, se le recomendó que hiciera caminatas rápidas como ejercicio y se le prescribió un régimen de tratamiento para la osteoporosis que incluía un complemento de calcio, vitamina D y otros fármacos.

La frase inglesa *bred-in-the-bone* («lo lleva en los huesos») transmite la idea universal de que las influencias hereditarias y de la primera infancia están tan arraigadas en nuestro ser que pasan a ser parte de nuestros huesos. Este dicho refleja el conocimiento común de que los huesos son las partes más duraderas de nuestro cuerpo. En realidad, la mayoría de nuestros conocimientos sobre la evolución de la humanidad es una historia escrita en los huesos dispersos de nuestros ancestros simiescos, que han perdurado cientos de miles de años. ¿Cuál es el material imperecedero de los huesos? ¿Cómo se forman y crecen? ¿Por qué los huesos de Maggie se fracturan con tanta facilidad? Por último, ¿cuáles son los huesos y las articulaciones del esqueleto humano? En este capítulo estudiaremos estas cuestiones y algunas más.

Lo que se lleva en los huesos nunca sale de la carne

Del *Panchatantra,* una colección de fábulas de animales del subcontinente indio, escritas alrededor del año 200 a.C. y conocidas en Occidente como *Fábulas de Bidpai,* una saga india.

Huesos y tejido óseo

La palabra ***hueso*** tiene dos significados: un tipo de tejido (el tejido *óseo*) o una estructura anatómica. La siguiente oración se refiere a la estructura anatómica: «La tibia es un hueso». Por el contrario, en ésta se hace referencia al tejido: «En el lugar de la fractura creció nuevo hueso». El término *cartílago* también puede referirse a una estructura anatómica o a un tipo de tejido. De hecho, tal vez recuerde que en el capítulo 3 se comentaba que tanto el tejido óseo como el cartilaginoso son tejidos conectivos especializados. En cierto modo, la mayor parte del tejido óseo «emerge» del cartilaginoso: como se explicará en este capítulo, los «huesos» de los miembros iniciales en desarrollo del feto están formados por cartílago, y el crecimiento de nuevo tejido cartilaginoso desempeña un papel importante en la consolidación de los huesos fracturados.

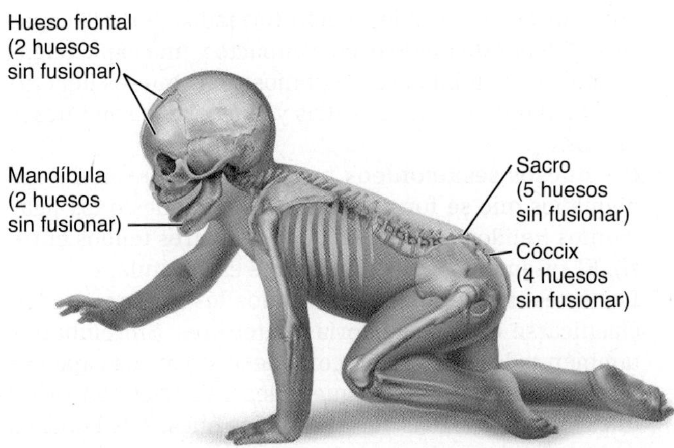

Figura 6-1. Los huesos de un bebé. El esqueleto de un recién nacido tiene más de 300 huesos. *A medida que crecemos, los huesos se fusionan en algunas zonas. Señale algunas de ellas.*

Los seres humanos nacemos con más de 300 huesos (fig. 6-1). Al crecer, algunos se fusionan y ese número baja a 206 en los adultos. Por ejemplo, los huesos frontales de la frente y la mandíbula, separados en el recién nacido, están fusionados en los adultos. En la base de la columna vertebral, el sacro consta de cinco huesos al nacer, mientras que el cóccix (rabadilla) sólo tiene cuatro, pero ambos son un único hueso en la mayoría de los adultos.

El tamaño de los huesos adultos varía notablemente: los pequeños del oído medio ➡ (cap. 9) tienen sólo unos milímetros de largo y pesan unos pocos miligramos, mientras que el fémur (el hueso del muslo) tiene unos 45 cm de longitud y pesa cientos de gramos.

La forma de nuestro esqueleto (del griego *skeletós* = «desecado») está íntimamente ligada a las funciones más básicas de la vida. Por ejemplo, no es accidental que sólo con doblar el brazo por el codo la mano se acerque a la cara, una acción que forma parte del acto de comer. Si el codo no existiera, con independencia de que la distancia desde el hombro hasta la punta de los dedos fuera larga o corta, comer nos costaría mucho más esfuerzo.

Los huesos son ligeros, fuertes y escasamente flexibles. Están apilados de forma vertical en el esqueleto, unidos entre sí por ligamentos en un conjunto que debería tambalearse; sin embargo, esta característica, sumada al control preciso del cerebro sobre los músculos esqueléticos, otorga a los seres humanos la ventaja de poder adoptar la postura vertical, que permitió a los primeros ejemplares de nuestra especie ver más allá de las altas hierbas de la sabana africana.

¡Recuerde! **Si intenta comer un bocado con el brazo estirado, podrá comprobar la importancia del codo para comer. ¡Es imposible hacerlo! Aunque su brazo sea muy corto, es un intento realmente frustrante.**

Los huesos y el tejido óseo tienen distintas funciones

Los huesos tienen muchas más funciones de las que podemos imaginar, entre ellas proporcionar:

- *Soporte y estabilidad.* Así como el hormigón armado es el armazón de una casa, los huesos forman el armazón del cuerpo humano. Los huesos nos dan forma y mantienen nuestra estabilidad.
- *Movimientos controlados.* Sin la estabilidad y el soporte de los huesos, sería imposible realizar las actividades sofisticadas que son propias de los seres humanos. Seríamos más semejantes a las lombrices.
- *Protección.* Los tejidos que forman el cerebro y la médula son vulnerables, pero los huesos los protegen contra traumatismos: el cerebro está encerrado en el cráneo y la médula espinal está enhebrada en una cadena de vértebras gruesas. De forma similar, las costillas encierran el corazón y los pulmones; además, protegen parcialmente el hígado, el bazo y otros órganos del cuadrante superior del abdomen.
- *Almacenamiento.* La cavidad central y hueca de los huesos largos de los miembros almacena lípidos en forma de *médula ósea amarilla.*
- *Producción de glóbulos sanguíneos.* Muchos huesos, incluidos los de los miembros, contienen un «panal» formado por espacios minúsculos donde se aloja la *médula ósea roja,* que produce los glóbulos sanguíneos.

Además de las funciones antes descritas, el *tejido* óseo tiene otras dos:

- Mantener y reparar los huesos.
- Actuar como reserva de calcio, magnesio y fósforo. La concentración en sangre de estos minerales debe mantenerse constante; en caso contrario podrían alterarse algunas funciones vitales, como las contracciones musculares, la coagulación sanguínea y la transmisión de señales eléctricas.

Apuntes sobre el caso

6-1 Maggie se fracturó dos huesos de la pantorrilla. ¿Cuál de las funciones antes mencionadas realizan normalmente esos huesos?

Los huesos y el tejido óseo se clasifican dependiendo de que su estructura sea macroscópica o microscópica

El tejido óseo maduro y sano adopta dos formas. El **hueso compacto** es denso, su estructura es microscópicamente ordenada, con aspecto terso y sin espacios visibles (no obstante, tiene «poros» microscópicos).

El **hueso esponjoso,** como su nombre indica, tiene muchos pequeños espacios abiertos que le otorgan el aspecto de una esponja. Esos espacios hacen que el esqueleto sea más liviano que si estuviera formado totalmente por hue-

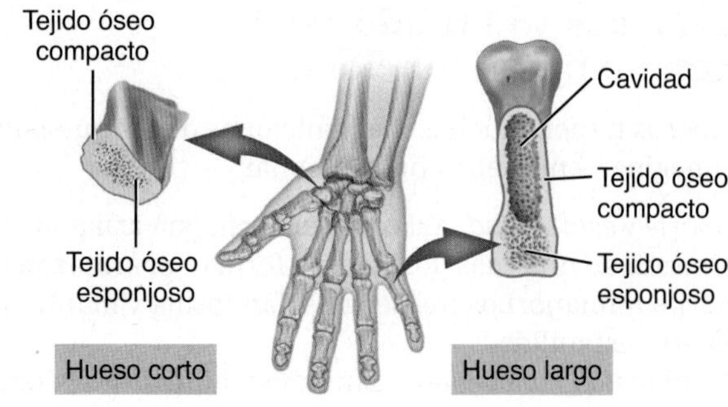

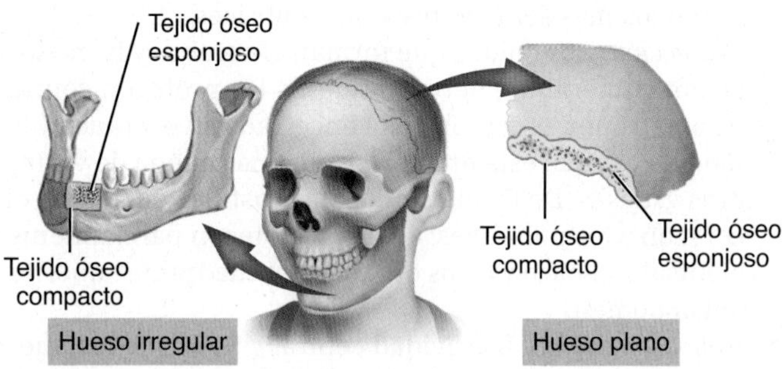

Figura 6-2. Formas de los huesos. Todos los huesos tienen una capa externa de tejido óseo compacto y una capa interna de tejido óseo esponjoso. *¿Qué tipo de hueso contiene una cavidad central?*

so compacto. Cada uno de estos tipos de tejido óseo se encuentra en la mayoría de los huesos: una capa externa de tejido óseo compacto y una capa interna de tejido óseo esponjoso.

Los huesos tienen distintas formas, según su papel en la estructura del esqueleto. Hay cinco tipos de huesos (de los cuales se muestran cuatro en la fig. 6-2). Cada uno contiene distintas proporciones de tejido óseo compacto y esponjoso:

- Los **huesos largos** son más largos que anchos. Constan de un eje central con una protuberancia en cada extremo que forma la articulación con otro hueso. Todos los huesos de los miembros son largos, salvo los de las muñecas y los tobillos. Su longitud hace que sean idóneos para actuar como palancas y soportar peso. Los huesos largos están compuestos por una capa externa de hueso compacto. Sus extremos tienen un núcleo interior de hueso esponjoso, pero el eje contiene una capa delgada interior de tejido óseo esponjoso que rodea una cavidad grande.
- Los **huesos cortos** son cuadrangulares, ligeros y no soportan peso. Están formados por tejido óseo esponjoso con una capa delgada de hueso compacto, y son los que forman la muñeca y el tobillo. Su pequeño tamaño y sus superficies planas aumentan su utilidad en estas articulaciones complejas: muchos huesos pequeños pueden deslizarse fácilmente unos sobre otros y permitir el movimiento en distintas direcciones.
- Los **huesos planos** son delgados, planos y generalmente se curvan para moldearse y proteger algunas estructuras anatómicas vulnerables. Están formados por dos capas superficiales de tejido óseo compacto y una capa delgada interna de tejido óseo esponjoso. Los huesos del cráneo, la mandíbula, las costillas y el esternón son huesos planos.
- Los **huesos sesamoideos** (no se muestran) son huesos pequeños que se forman entre los tendones o los ligamentos (tejidos resistentes que unen otros tejidos entre sí). El sesamoideo más importante es la rótula.
- Los **huesos irregulares** son todos los que no pueden clasificarse en las categorías anteriores. Sin embargo, también todos ellos están compuestos por una capa externa de hueso compacto que rodea un núcleo central de hueso esponjoso. Las vértebras y los huesos de la pelvis son huesos irregulares.

Apuntes sobre el caso

6-2 La tibia lesionada de Maggie se extiende desde la rodilla hasta el tobillo, mientras que el radio va del codo a la muñeca. Si los clasificamos por su forma, ¿qué tipo de huesos se lesionó?

Los huesos largos tienen una diáfisis y dos epífisis

Como ya se ha comentado, los huesos largos se encuentran en los miembros. El húmero (el único hueso del brazo) es un buen ejemplo. Los huesos largos tienen un eje principal llamado **diáfisis,** que se ensancha en un área con forma de embudo llamada **metáfisis** (fig. 6-3 A). La **epífisis** es la parte más ancha de los huesos largos, en cada uno de sus extremos. La mayor parte del hueso está cubierta por una membrana fibrosa y densa, llamada **periostio.** En los puntos donde se unen dos huesos para formar una articulación, el periostio es reemplazado por una capa de **cartílago interarticular** (cartílago relacionado con la articulación). Está compuesto por un cartílago hialino que proporciona una capa tisular lubricante de protección que asegura el movimiento suave de las articulaciones.

Debajo del periostio yace una capa gruesa de tejido óseo compacto que rodea un retículo de tejido óseo esponjoso (fig. 6-3 B). Los espacios de ese retículo contienen *médula ósea roja,* que sintetiza los glóbulos sanguíneos. La metáfisis y las epífisis retienen su hueso esponjoso. Por el contrario, en la diáfisis desaparece la mayor parte del hueso esponjoso para formar la **cavidad medular** interna (fig. 6-3 C). Esta cavidad, en los huesos adultos, se rellena con *médula ósea amarilla,* compuesta principalmente por lípidos. El **endostio** es una capa de osteoblastos y células del tejido conectivo que recubren la cavidad medular.

Si miramos con más detenimiento el extremo del hueso de la figura 6-3 A, puede percibirse una línea borrosa *(línea epifisaria)* que separa la epífisis de la metáfisis. Esta línea está formada por tejido compacto y nos indica que ese hueso es de un adulto. Los huesos de niños y jóvenes, aún en crecimiento, tienen una estructura llamada *lámi-*

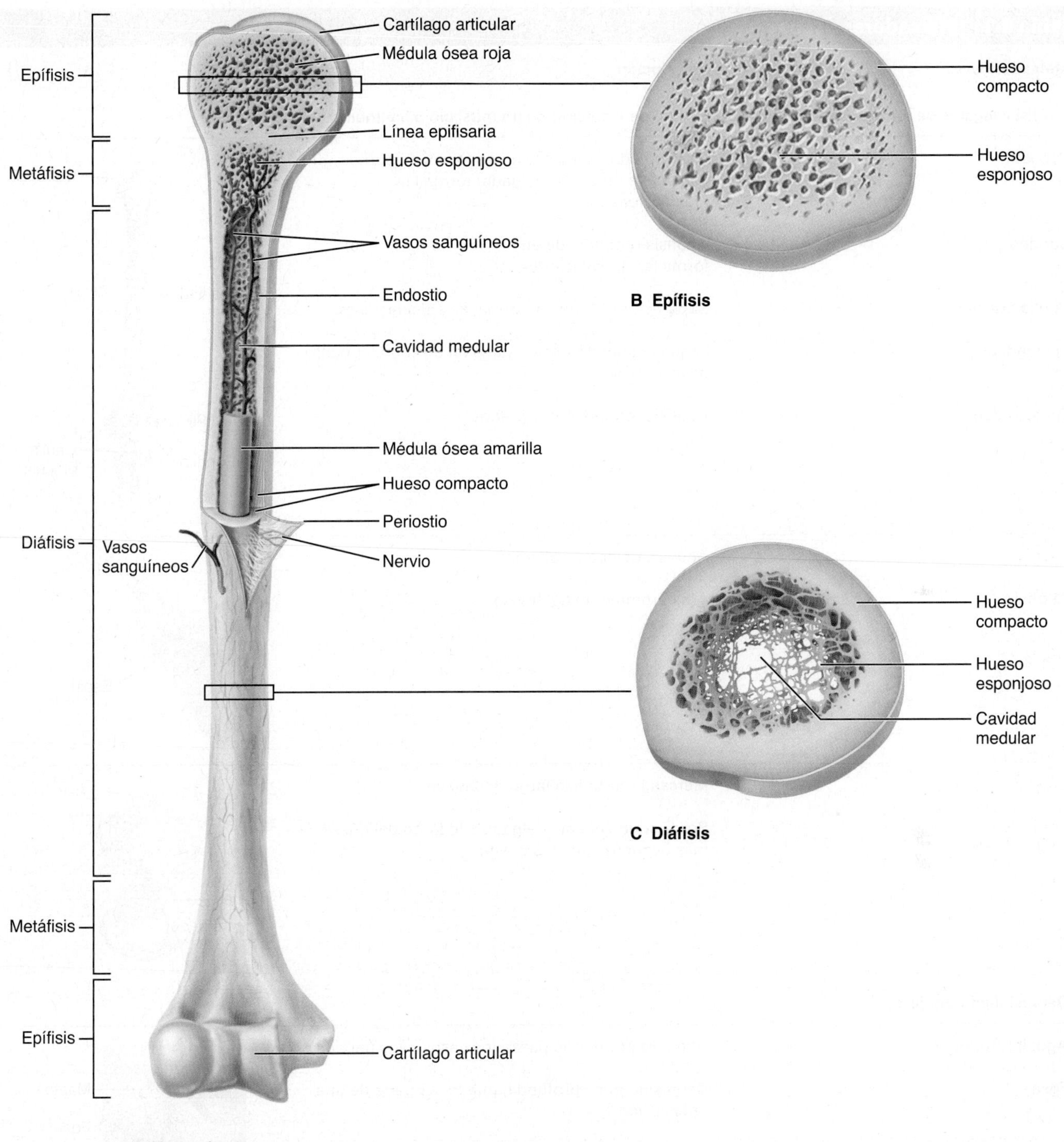

Figura 6-3. Estructura de un hueso largo. A) Regiones de un hueso largo. **B)** Sección transversal de la epífisis. **C)** Sección transversal de la diáfisis. *¿Cómo se denomina el recubrimiento de la cavidad medular?*

na de crecimiento epifisario (v. fig. 6-6 en la pág. 174), una capa de cartílago y tejido óseo recién formado que añade longitud a los huesos año tras año, hasta que llegan a la madurez.

Los huesos están metabólicamente activos y necesitan un amplio acceso a la sangre, proporcionado por la abundancia de vasos que atraviesan la dura superficie que los recubre. Y como puede confirmar cualquiera que se haya roto un hueso, una fractura es dolorosa porque los huesos también están muy inervados.

Los huesos tienen distintas características anatómicas: apófisis, superficies, crestas, hendiduras, orificios, depresiones y otras más que tienen nombres específicos. Véase la tabla 6-1 para repasar estas características.

Tabla 6-1. Marcadores óseos

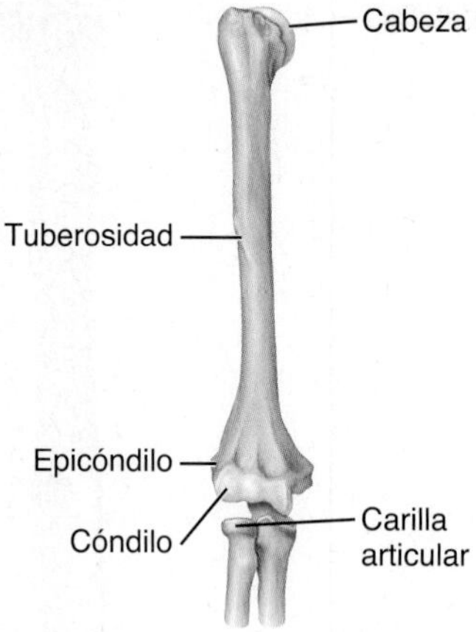

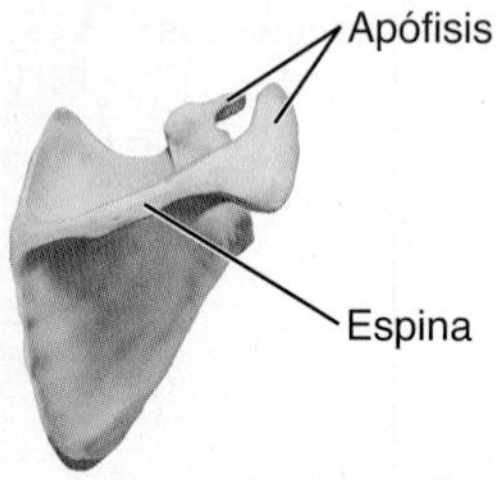

Marcador óseo	Descripción	Ejemplos
Apófisis: lugares de formación de las articulaciones o de inserción de un músculo o ligamento		
Cabeza	Redondeada, con extremo en forma de pomo adosado a un cuello delgado; forma las articulaciones	
Cóndilo	Apófisis redondeada en el extremo del hueso; forma las articulaciones	
Carilla articular	Superficie lisa y plana; forma las articulaciones	
Epicóndilo	Pequeña apófisis encima de o en un cóndilo; punto de inserción	
Tuberosidad	Apófisis redondeada y grande	
Espina	Apófisis delgada y afilada	
Apófisis	Área prominente del hueso	
Cresta	Marcada cresta a lo largo del hueso	
Línea	Borde sobresaliente delgado a lo largo del hueso; más pequeño que una cresta	
Depresiones y agujeros		
Agujero (foramen)	Abertura por donde pasan los vasos o los nervios	
Fosa	Depresión poco profunda; puede ser parte de una articulación	
Meato	Abertura de un canal corto	
Seno	Espacio que contiene aire en el interior del hueso	

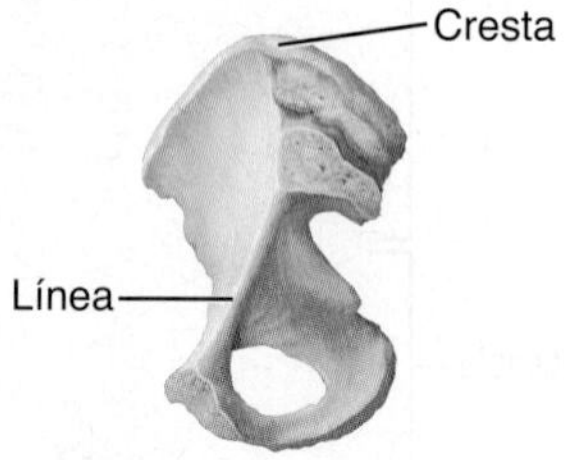

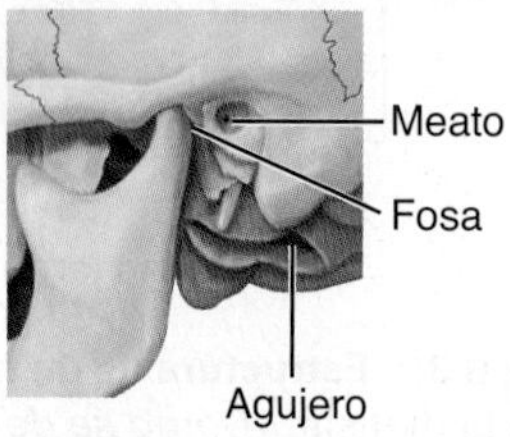

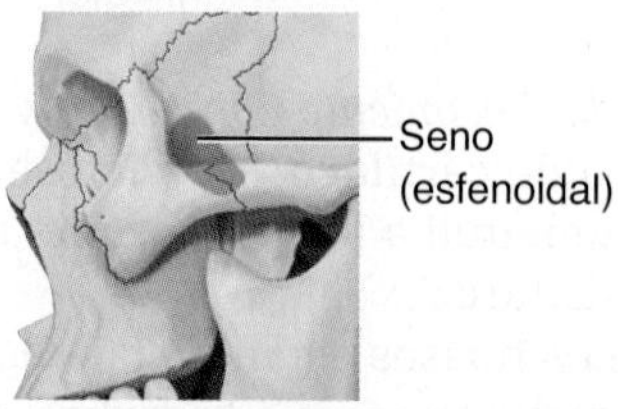

Apuntes sobre el caso

6-3 Maggie se fracturó las diáfisis de la tibia y del peroné, y el extremo distal del radio. ¿Cuál de estas fracturas puede describirse como epifisaria? ¿Y como diafisaria?

El tejido óseo está compuesto por la matriz extracelular y células especializadas

Como se comentó en el capítulo 3, el hueso es un tejido conectivo que, como todos los tejidos conectivos, contiene relativamente pocas células y una gran cantidad de matriz extracelular. En el hueso se encuentran tres tipos de células óseas diferenciadas; hay una regla nemotécnica en inglés que permite recordarlos: los osteoblastos forman *(build)* el hueso, los osteocitos cuidan *(care)* del hueso y los osteoclastos degradan *(cleave)* y reabsorben *(recycle)* el hueso (fig. 6-4). Estas células se encuentran en todos los tipos de tejidos óseos.

Los **osteoblastos** (del griego *osteon* = «hueso» y *blastós* = «germen» o «retoño») son células formadoras de tejido óseo (fig. 6-4 A). Derivan de un cuarto tipo de células óseas, los **citoblastos osteógenos** (del griego *osteon* = «hueso» y *gennao* = «producir»). En el hueso adulto, se encuentran en el periostio y el endostio.

Los osteoblastos producen un tipo especial de colágeno óseo llamado **osteoide.** En el capítulo 3 se comentó que las fibras de colágeno pueden resistir un alto grado de tensión. Esta propiedad, muy importante, confiere al hueso cierta flexibilidad elástica que lo protege contra lesiones después de un salto. Las fibras osteoides están entretejidas en una red similar a las vigas de la estructura de un edificio. Los osteoblastos generan nuevo hueso cuando añaden calcio y otros cristales minerales a esas vigas osteoides.

A medida que forman nuevo hueso, los osteoblastos quedan atrapados es espacios pequeños de una sola célula llamados **lagunas,** donde maduran y se convierten en **osteocitos,** que a su vez nutren y cuidan al hueso (fig. 6-4 B). Los osteocitos se conectan entre sí por medio de prolongaciones citoplasmáticas que pasan a través de un laberinto de diminutos túneles llamados *canalículos,* que se extienden en todas direcciones a partir de las lagunas. Los canalículos y las lagunas también se muestran en la figura 6-5.

Los **osteoclastos** (del griego *osteon* = «hueso» y *klao* «romper, quebrar») son células muy grandes con varios núcleos (fig. 6-4 C). Son los «descendientes» de los *monocitos,* que también producen células inmunitarias denominadas *macrófagos* (cap. 10). Los osteoclastos degradan el hueso y liberan calcio, fósforo y otros componentes en el torrente circulatorio, para su reciclaje. Se concentran principalmente alrededor de los bordes del tejido óseo y trabajan junto con los osteoblastos en un proceso continuo de destrucción y reconstrucción, consistente en resorción, renovación, remodelación y reparación del hueso.

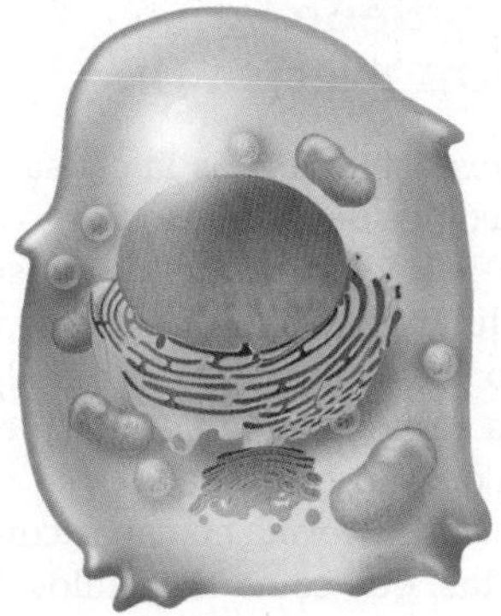

A Los osteoblastos forman el hueso

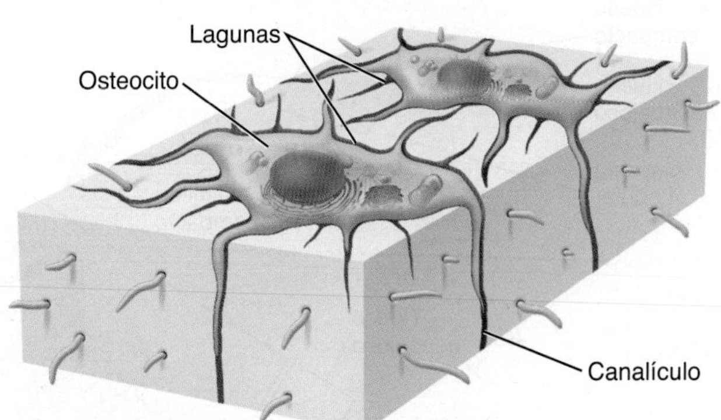

B Los osteocitos cuidan del hueso

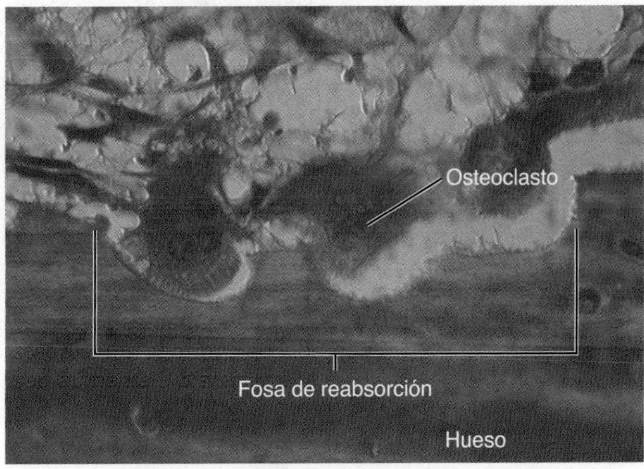

C Los osteoclastos degradan o reabsorben el hueso

Figura 6-4. Células óseas. Los osteoblastos **(A)**, que forman el hueso, se transforman en osteocitos **(B)**, que cuidan del hueso. Los osteoclastos **(C)** reabsorben, o degradan, el hueso. *Si los osteoblastos son más activos que los osteoclastos, ¿el tejido óseo aumenta o disminuye?*

Apuntes sobre el caso

6-4 El trastorno de Maggie provoca un exceso de destrucción del hueso. Señale el tipo de célula ósea anómalamente activa.

El tejido óseo tiene una estructura precisa

La actividad de los osteocitos es la causa de la intrincada anatomía microscópica de los huesos largos, como se muestra en la figura 6-5. Recuerde que los huesos largos tienen una cavidad medular central tapizada por una capa de células, el **endostio** (no se muestra). Alrededor de la cavidad medular hay una capa delgada de hueso esponjoso y una capa más gruesa de hueso compacto.

El tejido compacto se forma en capas concéntricas denominadas **laminillas,** que como los anillos del tronco de un árbol rodean el *canal central,* que discurre a lo largo del hueso y sirve de alojamiento para los nervios y los vasos sanguíneos (fig. 6-5, centro). Las laminillas están separadas por anillos de osteocitos en sus diminutas lagunas, que se conectan entre sí por medio de los canalículos (fig. 6-5, parte inferior derecha). Observe que los canales centrales son diferentes de la cavidad medular: cada hueso largo tiene una cavidad medular grande, pero muchos canales centrales microscópicos paralelos. Desde cada canal central y en ángulo recto irradian pequeños túneles llamados **canales perforantes,** que se comunican entre los canales centrales y llevan pequeños ramos de nervios y vasos sanguíneos.

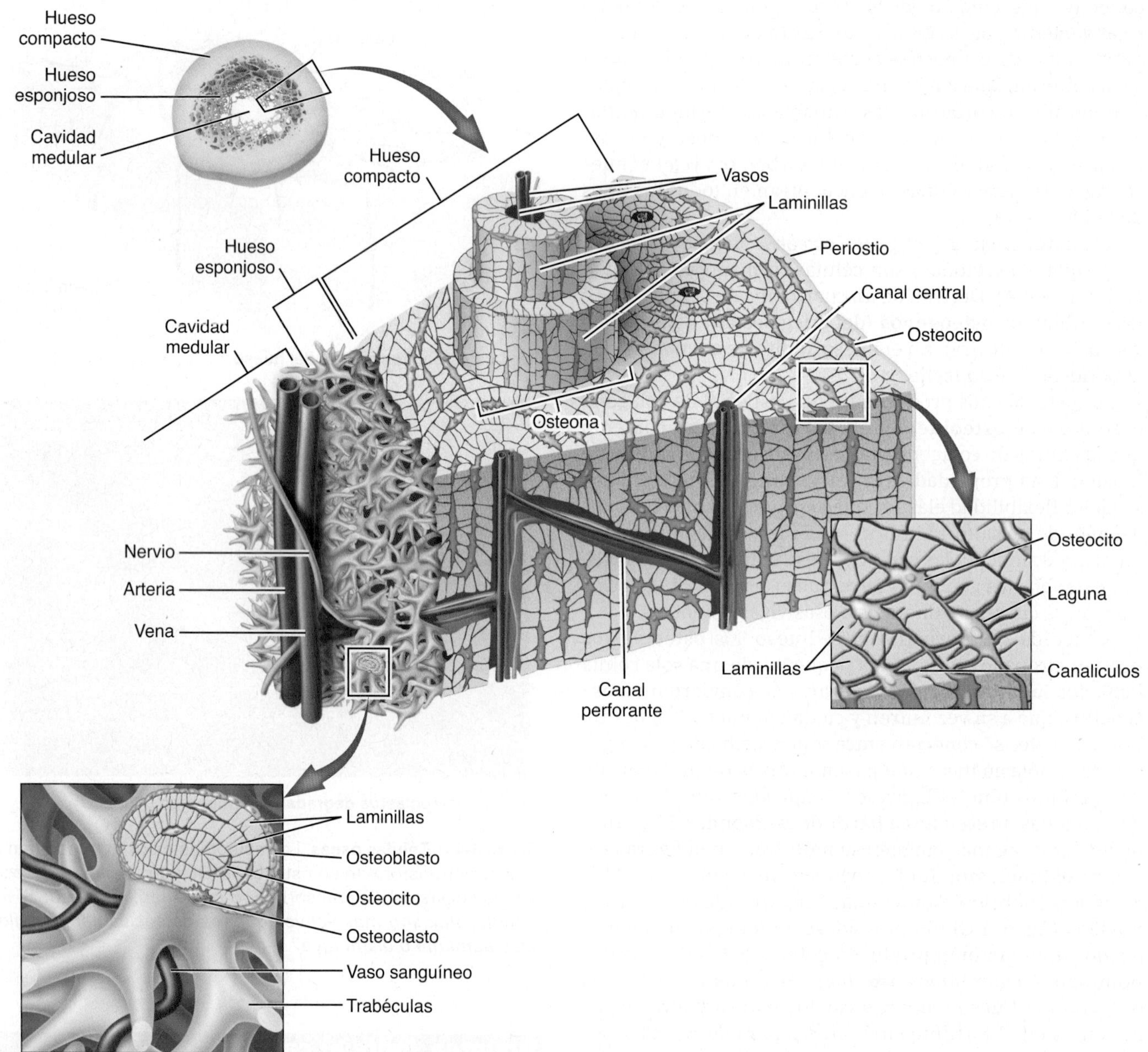

Figura 6-5. Estructura microscópica de un hueso largo. Esta figura muestra una sección de la diáfisis, con el canal central rodeado por una capa delgada de hueso esponjoso y una capa más gruesa de hueso compacto. El hueso compacto está organizado en osteonas, cada una de las cuales contiene anillos de tejido óseo y osteocitos que rodean un canal central. El hueso esponjoso está organizado en un retículo de espículas óseas llamadas trabéculas. *¿Los osteocitos se encuentran en las lagunas o en los canalículos?*

El canal central y el hueso que lo rodea forman una columna cilíndrica ósea tan delgada como una mina de lápiz, llamada **osteona** (fig. 6-5, centro). El tejido óseo compacto de los huesos largos está compuesto por osteonas dispuestas en haces paralelos al eje longitudinal del hueso, que le dan fuerza y flexibilidad, como si fueran un manojo de ramas.

Sin embargo, el patrón microscópico de las laminillas del tejido esponjoso es irregular y carece de osteonas (fig. 6-5, parte inferior izquierda). Aunque las laminillas aún son visibles, no hay canales centrales porque los vasos pueden pasar libremente a través de los espacios abiertos del hueso esponjoso. A pesar de su aparente distribución aleatoria, los retículos de hueso esponjoso, llamados **trabéculas,** se orientan para maximizar la fuerza del tejido óseo. Los osteoblastos y los osteocitos recubren las trabéculas y participan activamente en la remodelación del tejido óseo.

¡Recuerde! **Todos los tejidos óseos (esponjoso y compacto) están organizados en laminillas, pero sólo el compacto se organiza en osteonas.**

El resultado final de esta organización macroscópica y microscópica del tejido óseo es que los huesos son sorprendentemente livianos y fuertes. Los innumerables espacios macroscópicos y microscópicos reducen su peso. Al mismo tiempo, los cristales minerales proporcionan una gran durabilidad y resistencia, a pesar de no ser ni siquiera tan duros como el esmalte dental. Aunque es duro, el tejido óseo no es quebradizo porque las propiedades elásticas de las fibras de colágeno que contiene le otorgan flexibilidad. Los huesos son difíciles de romper justo porque son rígidos y al mismo tiempo algo flexibles. Por ejemplo, la *osteopetrosis* es una enfermedad hereditaria caracterizada por unos huesos extremadamente densos, duros e inflexibles, y por la facilidad con que se fracturan.

Apuntes sobre el caso

6-5 La fractura de muñeca de Maggie se extendía por la diáfisis distal del radio. ¿La línea de fractura se encontrará con un canal medular, un canal central o ninguno de los dos?

La osificación consiste en la formación, el crecimiento, la remodelación y la reparación del hueso

La formación de hueso se denomina **osificación** y puede producirse en cuatro situaciones:

- La formación inicial de los huesos en el embrión y el feto.
- El crecimiento óseo de los niños y adolescentes.
- La remodelación (dar nueva forma) de los huesos en respuesta a tensiones prolongadas infrecuentes o a las normales de la vida diaria.
- La reparación del hueso dañado, normalmente por una fractura.

El hueso fetal se forma por la osificación endocondral o membranosa

El esqueleto fetal aparece por primera vez en el embrión a las 6 semanas de gestación. En el lugar donde se formarán las clavículas y el cráneo aparecen membranas fibrosas delgadas; en el resto del cuerpo, se observan islas de cartílago primitivo con la forma de los huesos. El tejido óseo que se desarrolla a partir del cartílago se llama **endocondral,** y el que proviene de las membranas fibrosas se llama **membranoso.**

Osificación endocondral

La mayoría de los huesos se forman por un proceso llamado **osificación endocondral,** que consiste en la formación del cartílago que luego es reemplazado por hueso (fig. 6-6). Como se comentó anteriormente al hablar de la anatomía ósea, los huesos largos son un buen ejemplo de crecimiento óseo por osificación endocondral. La síntesis de hueso comienza en medio de la diáfisis, el **centro primario de osificación.** La secuencia del proceso es la siguiente:

1. *Los condroblastos preparan un molde para el cartílago.* Como un artista prepara un vaciado de yeso antes de crear una estatua, la mayoría de los huesos necesitan un molde en cartílago que, como el yeso, es mucho más maleable que el hueso (¡o el mármol!). Este primer prototipo de cartílago está formado por células de tejido conectivo llamadas **condroblastos** (del griego *chondros* = «cartílago» y *blastós* = «germen»), que secretan la matriz extracelular fibrosa que proporciona resistencia y flexibilidad al cartílago. En el borde del molde se condensa una capa de células que forma un recubrimiento llamado **pericondrio.** Este cartílago, como todos los cartílagos, incluso en los adultos, es *avascular,* es decir, no tiene su propio suministro de sangre y obtiene el oxígeno por difusión desde los tejidos circundantes.
2. *Se forma un anillo óseo y el molde se agranda.* Los vasos invaden el pericondrio hasta la mitad de la diáfisis del molde. Esta súbita afluencia de nutrientes estimula la diferenciación de los citoblastos osteógenos en osteocitoblastos. Los osteoblastos forman un anillo de hueso esponjoso que estabiliza el molde, hasta que la formación del hueso avanza lo suficiente. La membrana que cubre el anillo óseo pasa de pericondrio (que recubre el cartílago) a periostio (que recubre el hueso).

   Los condroblastos producen más cartílago, el cual a su vez agranda el molde. Las células ubicadas en el centro del molde, ahora llamadas *condrocitos,* agrandan y estimulan el depósito de sales de calcio en la matriz extracelular próxima. Los condrocitos quedan atrapados en la laguna calcificada y, aislados de su suministro de

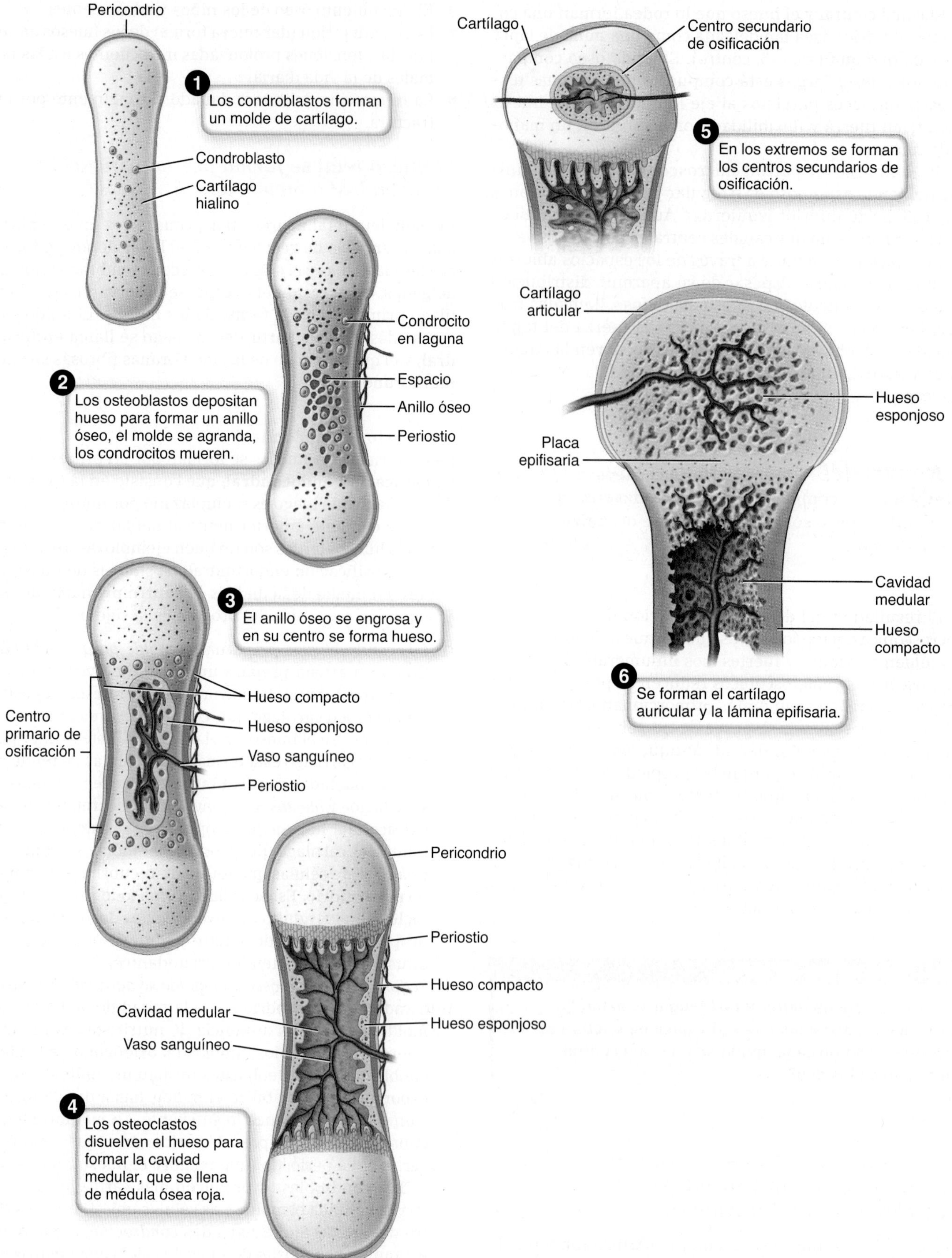

Figura 6-6. Osificación endocondral. *¿Dónde se encuentran los centros secundarios de osificación, en la epífisis o en la diáfisis?*

nutrientes, acaban muriendo. Las lagunas se fusionan y forman pequeños espacios huecos.

3. *Comienza la osificación.* Los vasos que provienen del periostio invaden el centro primario de osificación. Estos vasos sanguíneos van acompañados de osteoclastos y osteoblastos. Los osteoclastos descomponen el cartílago calcificado y los osteoblastos depositan nuevo tejido óseo esponjoso.
4. *El espacio medular se agranda y aparece la médula ósea.* Los osteoclastos continúan su destrucción constructiva descomponiendo parte del nuevo hueso esponjoso para crear la cavidad medular. La médula ósea roja, que llega al centro de osificación junto con los vasos y los osteocitos, rellena el espacio. Los osteoclastos y los osteoblastos continúan su remodelación y sustituyen gran parte del remanente de tejido óseo esponjoso por hueso compacto.
5. *Aparecen los centros secundarios de osificación (en cada extremo de los huesos largos).* Poco después del nacimiento, los vasos invaden las epífisis óseas y aparecen otros centros (secundarios) de osificación. Estas regiones de crecimiento son semejantes al centro primario de osificación; la única excepción es que el tejido esponjoso de reciente formación no se degrada para crear el espacio medular. Además, gran parte de ese tejido se mantiene esponjoso y no se convierte en hueso compacto.
6. *Se forman el cartílago auricular y la lámina epifisaria.* En los extremos de los huesos que constituyen las articulaciones con otros huesos, el pericondrio se transforma en cartílago articular. Como ya se ha comentado, los centros primarios y secundarios de osificación permanecen separados por cartílago hasta la edad adulta. Este remanente de cartílago es el único lugar donde puede producirse crecimiento óseo, y se denomina *lámina de crecimiento epifisario.* El crecimiento óseo y la placa epifisaria siguen los mismos principios de crecimiento que el cartílago, seguido de la sustitución por hueso, según se explica más adelante.

Apuntes sobre el caso

6-6 ¿Mediante qué proceso se formó la tibia de Maggie?

Osificación intramembranosa

Los huesos planos del cráneo, las clavículas y la mandíbula se forman a partir de membranas de tejido fibroso por medio de la **osificación intramembranosa.** No obstante, el producto final es semejante al hueso formado por osificación endocondral: una capa externa de tejido óseo denso y compacto, y una capa interna de hueso esponjoso.

Al principio aparece una membrana fibrosa con forma de hueso. En su interior, los fibroblastos y los osteoblastos comienzan a depositar un retículo desordenado de fibras de colágeno y tejido óseo, respectivamente. Este tipo de tejido óseo provisional se denomina **hueso trabecular,** y destaca su fuerte contraste con la estructura microscópicamente ordenada del hueso compacto. A medida que el crecimiento avanza, el hueso compacto se desarrolla en las superficies de la membrana y el hueso esponjoso en el centro. El resultado es una capa de hueso esponjoso entre dos capas de hueso compacto.

La formación de nuevo tejido óseo por osificación intramembranosa difiere de la osificación endocondral en dos aspectos: *a)* no incluye una etapa de cartílago intermedio y *b)* la osificación intramembranosa pasa por una etapa caracterizada por la presencia de hueso trabecular. El desarrollo fetal de los huesos planos es la única circunstancia de *salud* en que aparece hueso trabecular. En todos los otros casos, este tipo de hueso se produce como reacción reparadora ante una lesión o una enfermedad ósea.

Apuntes sobre el caso

6-7 ¿Qué hueso de Maggie se habrá desarrollado primero como membrana fibrosa? ¿Los huesos faciales que se lesionó o el radio que se fracturó?

Los huesos crecen hasta principios de la edad adulta

Bajo la influencia de la somatotropina, del factor de crecimiento similar a la insulina y de otras hormonas (tabla 6-2), los huesos del recién nacido continúan su crecimiento durante la infancia y la adolescencia. Algunos, como los de la pelvis, alcanzan su desarrollo completo al llegar a la edad adulta.

Crecimiento longitudinal de los huesos largos

Desde el nacimiento hasta que alcanzan el tamaño adulto, los huesos largos crecen a lo largo (crecimiento longitudinal) y a lo ancho (crecimiento aposicional) (fig. 6-7).

El crecimiento longitudinal se produce en las láminas epifisarias, de forma semejante a una multitud que marcha por una avenida y aumenta a medida que se suman nuevos manifestantes. Continuando con el proceso que comienza en el feto, los condrocitos siguen multiplicándose y añaden más cartílago al lado de la lámina epifisaria, cerca del extremo del hueso, con lo que aumentan su longitud. Mientras tanto, en el lado diafisario de la lámina los osteoblastos sustituyen el nuevo cartílago por hueso y dejan atrás algunos miembros de la multitud, que son retenidos por el tejido óseo y se convierten en osteocitos. Antes de la pubertad, los osteoblastos no pueden alcanzar a los condrocitos; por eso, el hueso continúa alargándose y la lámina epifisaria es impulsada hacia fuera. Sin embargo, la actividad osteoblástica es estimulada por las hormonas puberales, de modo que cuando se inicia la pubertad los osteoblastos sustituyen a las células del cartílago más rápidamente.

Al final, aproximadamente entre los 17 y los 21 años de edad (antes en las mujeres que en los hombres), los osteoblastos superan a los condrocitos y reemplazan todo el cartílago por hueso, por lo que el crecimiento óseo se detiene. Todo lo que queda de la lámina epifisaria es la *línea epifi-*

saria, que aparece como una delgada capa de tejido óseo denso a través del hueso esponjoso de la epífisis.

Apuntes sobre el caso

6-8 ¿Qué se verá en las radiografías de Maggie, una línea o una lámina epifisaria?

Crecimiento aposicional de los huesos largos y de los huesos intramembranosos

Mientras el hueso se alarga por osificación endocondral, también se ensancha mediante el *crecimiento aposicional* (fig. 6-7). En toda la longitud del hueso, los osteoblastos ubicados debajo del periostio añaden capas de nuevo hueso compacto, en cierto modo como los árboles añaden nuevos anillos en el tronco. Entretanto, aunque a menor velocidad, los osteoclastos del borde del espacio medular están disolviendo y reciclando los minerales óseos para ampliar la cavidad medular y crear espacio para la médula ósea. Como consecuencia de ello, el hueso se ensancha, la cavidad medular se agranda y la corteza se torna algo más gruesa.

Los huesos intramembranosos también crecen de modo aposicional. Los osteoblastos situados bajo el periostio agrandan y engrosan el hueso al depositar nuevo tejido óseo compacto, mientras que los osteoclastos agrandan las cavidades en los centros de tejido óseo esponjoso para mantener el hueso relativamente liviano.

Apuntes sobre el caso

6-9 Maggie sufre una actividad osteoclástica excesiva. ¿Esos osteoclastos eliminan el hueso situado debajo del periostio o del endostio?

La remodelación ósea consiste en la continua sustitución de hueso viejo por hueso nuevo

La remodelación es la «destrucción creativa» normal de los huesos en un proceso diario de destrucción (resorción) y remodelado, siempre de forma ligera. Cada año se reconstruye aproximadamente el 5 % de la masa ósea. En un acto de delicado equilibrio, los osteoclastos se dedican sin pa-

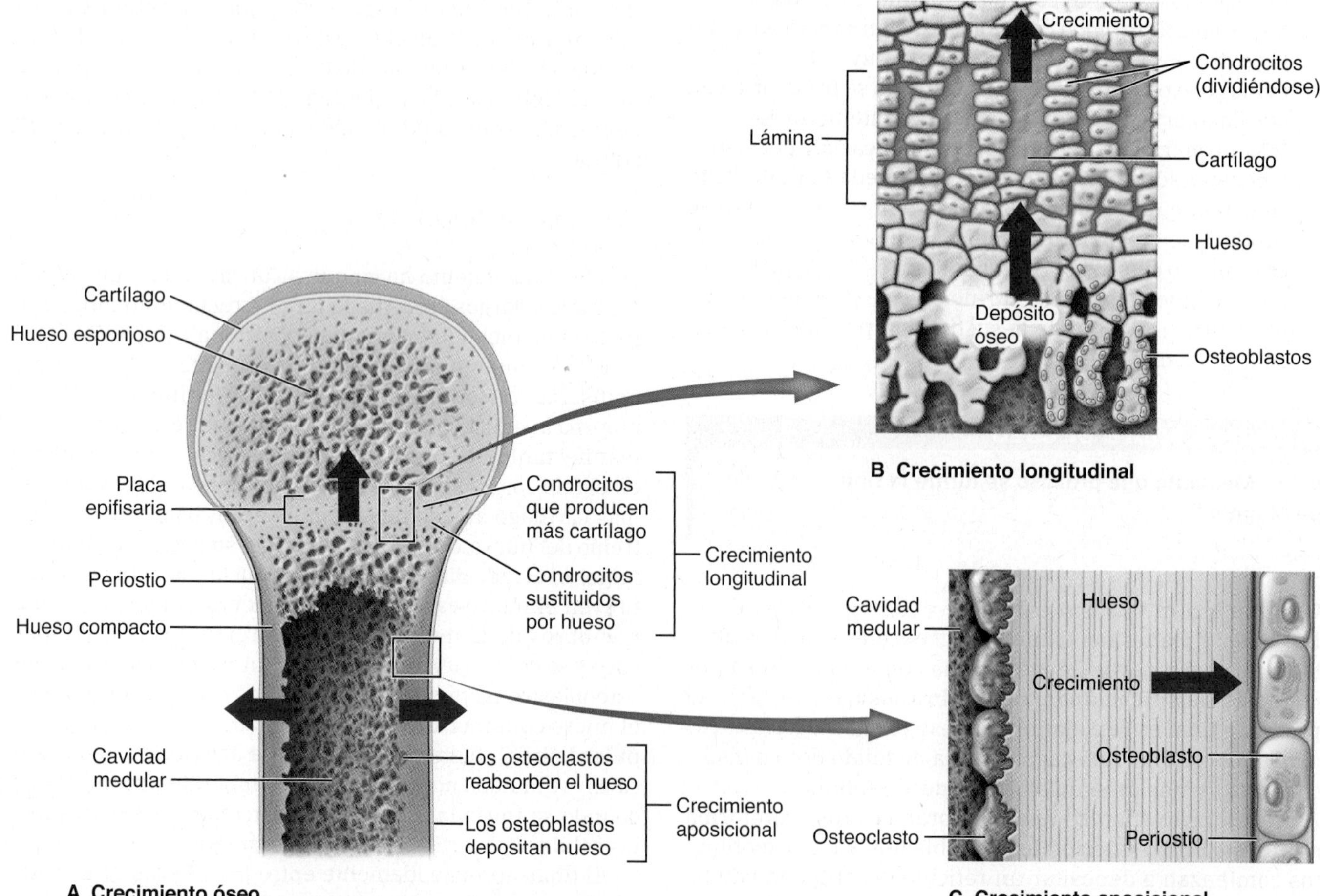

Figura 6-7. Crecimiento óseo. A) Los huesos crecen longitudinalmente en la lámina epifisaria y por aposición en la diáfisis. **B)** El crecimiento longitudinal alarga la diáfisis. **C)** El crecimiento aposicional engrosa la capa de hueso compacto y agranda la cavidad medular. *Los osteoblastos situados debajo del periostio, ¿participan en el crecimiento longitudinal o en el aposicional?*

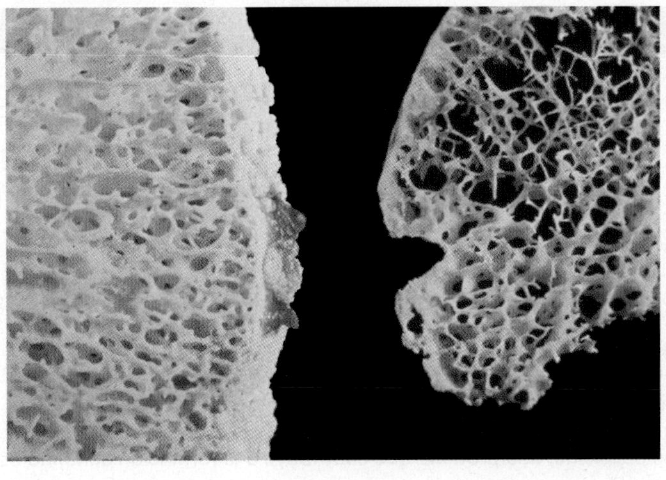

A

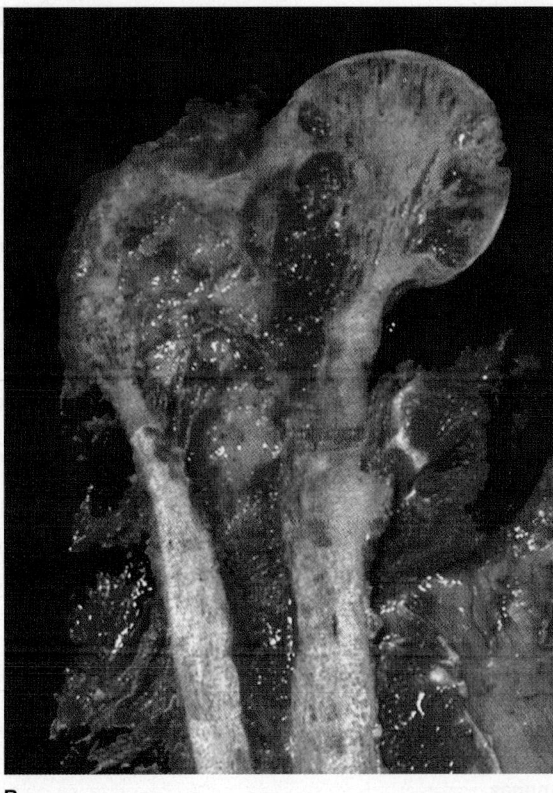

B

Figura 6-8. Enfermedad ósea. A) Secciones de un hueso normal (izquierda) y de uno con osteoporosis (derecha). Las secciones tienen el mismo grosor. **B)** Sección transversal de un fémur de un paciente con enfermedad de Paget. Observe el grosor y el aspecto anómalos del hueso compacto en la diáfisis. *En la osteoporosis, ¿qué proceso es hiperactivo, la resorción o la formación de hueso?*

rar a reabsorber tejido óseo, que es sustituido por osteoblastos, que a su vez se encargan de reemplazarlos, para lo cual sintetizan nuevos osteoides y les incrustan cristales minerales.

La remodelación ósea es esencial para que los huesos mantengan la flexibilidad y la resistencia que necesitan para contrarrestar las sobrecargas. Los huesos se remodelan solos según las *tensiones físicas* (fuerzas) que soportan; cuando éstas son extraordinarias, los huesos se deforman. Por ejemplo, un niño con las piernas de distinta longitud puede caminar de modo que ello suponga una carga inusual para su columna vertebral. Las vértebras cambian su forma para responder a esa sobrecarga y, como consecuencia, la columna se curva de manera anómala *(escoliosis)*.

El desequilibrio entre la producción osteoblástica y la resorción osteoclástica de hueso puede provocar una enfermedad ósea (fig. 6-8). En el caso de Maggie, la resorción supera la formación de hueso. Sus huesos son ahora débiles y frágiles, una afección llamada **osteoporosis** (del griego *osteon* = «hueso» y *poros* = «vía, pasaje»), que literalmente significa hueso poroso (de baja densidad). Por el contrario, la *enfermedad de Paget* es una aceleración anómala del recambio óseo caracterizada por un exceso de formación y resorción de hueso. Como resultado, los huesos se vuelven densos, se deforman y se fracturan con facilidad.

Distintos factores afectan a la salud y el crecimiento del hueso

El crecimiento óseo de los niños, la remodelación de los huesos adultos y la reparación ósea a cualquier edad dependen de la buena salud de los huesos, que a su vez se encuentra bajo la influencia de muchos otros factores (tabla 6-2), entre los que destacan:

- *Carga física.* Un hueso que no está sujeto a tensiones no es un hueso sano; por lo tanto, no es duradero y no se repara correctamente. Por ejemplo, las personas que no pueden moverse a causa de parálisis, demencia, enfermedades de los miembros inferiores u otros problemas, muchas veces no realizan el ejercicio físico necesario para mantener la salud de los huesos.
- *Suministro adecuado de vitaminas y minerales.* Tanto las vitaminas A, C y D como el aporte adecuado de calcio, fósforo y magnesio son necesarios para la salud ósea. Por ejemplo, las enfermedades intestinales pueden impedir la absorción normal de cualquiera de estos nutrientes esenciales en el intestino, aun cuando el consumo diario sea normal; esto puede debilitar y deformar los huesos.
- *Hormonas.* El estirón de la pubertad se debe a un aumento súbito de la cantidad de hormonas: estrógenos de los ovarios y testosterona de los testículos. Los estrógenos son especialmente importantes en la mineralización

Tabla 6-2. Factores que determinan la salud ósea

Componentes	Función
Alimentarios	
Calcio (Ca) y fósforo (P)	Los cristales de fosfato cálcico depositados sobre el osteoide endurecen el hueso
Magnesio	Necesario para la actividad normal de los osteoclastos
Vitamina D	Necesaria para la absorción normal de calcio en el intestino delgado
Vitamina A	Necesaria para la actividad normal de los osteoclastos
Vitamina C	Necesaria para la producción normal de colágeno
Vitamina K	Participa en la producción de osteocalcina, una proteína que contribuye a la formación de tejido óseo
Fluoruro	Puede contribuir a la mineralización ósea y estimular el crecimiento y la reparación de los huesos
Del estilo de vida	
Ejercicio físico (entrenamiento con pesas o de fortalecimiento muscular)	Los huesos sujetos a cargas se fortalecen; los que no lo están se tornan más débiles
Peso saludable	Un peso corporal bajo deriva en menos carga sobre los huesos, que así se debilitan
Hormonas	
Calcitriol (forma activa de la vitamina D corporal)	Necesario para la absorción normal de calcio en el intestino delgado
Paratirina (PTH)	Estimula la actividad osteoclástica (resorción ósea) y la activación de la vitamina D
Calcitonina	Estimula la actividad osteoblástica y el depósito óseo
Factor de crecimiento similar a la insulina de tipo I (IGF-I)	Estimula el crecimiento óseo
Somatotropina	Estimula el crecimiento óseo, de forma directa y al estimular la producción de IGF-I
Hormonas tiroideas	Necesarias para el crecimiento normal del tejido óseo
Insulina	Impulsa el crecimiento normal del tejido óseo
Estrógenos, testosterona	Preservan la masa ósea al prolongar la vida de los osteocitos y los osteoblastos; inhiben la actividad osteoclástica

del tejido óseo nuevo en mujeres adultas; la testosterona no es un factor tan importante en la salud ósea de los hombres adultos. La somatotropina y las hormonas tiroideas también estimulan el desarrollo y el crecimiento óseos. Estas hormonas se analizan detalladamente en el ➡ capítulo 15.

- *Edad.* Desde el nacimiento hasta el final de la adolescencia, la masa ósea total aumenta porque los osteoblastos elaboran más tejido óseo del que pueden degradar los osteoclastos. Durante la edad adulta, la masa ósea se estabiliza; sin embargo, a medida que las hormonas sexuales declinan en la madurez, especialmente después de la menopausia en el caso de las mujeres, la masa ósea comienza a reducirse de forma lenta y prolongada, mientras los huesos poco a poco se van desmineralizando. La osteoporosis (baja densidad ósea) es más problemática para las mujeres que para los hombres, porque los estrógenos desempeñan un papel mucho más importante que la testosterona en la mineralización del hueso nuevo; ya de por sí, los huesos de las mujeres son más livianos que los de los hombres. Además, durante la infancia y la adolescencia, cuando la densidad ósea está en formación, las niñas son menos proclives que los niños a participar en actividades deportivas que suponen una sobrecarga para los huesos. La masa ósea de las mujeres comienza a declinar alrededor de los 30 años; en cambio, en los hombres comienza a los 60 años.

Dicho esto, tanto en los hombres como en las mujeres, el riesgo de fracturas aumenta con la edad. Ello se debe en parte a la disminución de la somatotropina, la hormona que estimula la producción de colágeno óseo, relacionada con la edad. Como consecuencia, hay menos colágeno disponible para la renovación normal del tejido óseo, por lo que los huesos se vuelven más quebradizos.

¡Recuerde! **Un hueso que no soporta carga tampoco tiene buena salud.**

Las condiciones que afectan al crecimiento o a la reparación ósea también son importantes. La circulación sanguínea insuficiente hacia una parte del cuerpo, por ejemplo hacia un miembro inferior, retrasa el crecimiento o la reparación de los huesos afectados. La diabetes ➡ (cap. 15) y la ateroesclerosis ➡ (cap. 11) son causas importantes de una reducción de la circulación sanguínea hacia los pies y las piernas. En la salud de los huesos también influyen otros trastornos locales, como infecciones o inflamaciones.

Apuntes sobre el caso

6-10 Maggie debe lograr la reparación de sus frágiles huesos. Recuerde que tiene 57 años de edad. ¿Qué hormona debería tomar para mejorar su salud ósea, estrógenos o testosterona?

6-11 El régimen de ejercicio físico intenso que lleva Maggie, ¿ha sido beneficioso o perjudicial para sus huesos?

Una fractura consolidada es un modelo de reparación ósea

Los huesos saludables necesitan la carga de la vida diaria, que estimula la actividad osteoblástica y osteoclástica para reconstruir y renovar el tejido óseo. La falta de carga, como sucede durante los vuelos espaciales o el reposo prolongado en cama, provoca que los huesos se disuelvan parcialmente y se vuelvan más débiles y quebradizos. No obstante, las fuerzas desde direcciones inusuales o excepcionalmente fuertes pueden tensionar el hueso hasta el punto de romperlo. Una **fractura** es un hueso roto. Una **fractura patológica** (fractura espontánea secundaria) es la que ocurre mientras el hueso está sometido a una carga diaria normal. Las fracturas patológicas se producen en los huesos que padecen una afección que provoca debilitamiento local, por ejemplo un tumor óseo. La prevención y la clasificación de las fracturas son el tema de la Instantánea clínica incluida en este capítulo, titulada «Fracturas».

La figura 6-9 muestra el proceso necesario para consolidar los huesos fracturados de Maggie:

1. La fractura rasga algunos vasos y un coágulo de sangre *(hematoma)* se acumula en el lugar. El suministro de sangre se interrumpe y el hueso próximo a la fractura muere.
2. Al final de la primera semana, el coágulo es reemplazado parcialmente por *tejido de granulación,* que está formado por fibras de colágeno y otros componentes de la matriz extracelular secretados por los fibroblastos, los nuevos vasos y los leucocitos que actúan de forma invasiva. La reparación avanza con el aspecto de un *hueso trabecular,* que se osifica mediante osificación intramembranosa. Esta mezcla, rica en tejido de granulación, cartílago y hueso trabecular, que se llama **callo de reparación** o **de fractura,** une ligeramente los extremos del hueso roto, que aún no puede soportar peso. La reparación continúa a medida que los osteoclastos reabsorben el hueso muerto y los bordes de la fractura se suavizan.
3. Después de un par de semanas, el callo de reparación madura y se convierte en un **callo óseo,** a medida que aumenta el depósito de tejido óseo y se intensifica el reemplazo del hueso trabecular y el cartílago por el hueso esponjoso. El callo óseo une el hueso con más firmeza, que ahora puede soportar cierto peso.
4. Finalmente, el exceso de tejido esponjoso y el callo se reabsorben y son reemplazados por hueso compacto y denso, que recupera su forma anatómica anterior con la ayuda de las fuerzas mecánicas locales.

Apuntes sobre el caso

6-12 La reparación ósea de Maggie fue muy lenta. Dos semanas después del accidente, alrededor de los huesos fracturados se formó un callo de reparación. ¿Qué contenía ese callo de reparación?

6-13 ¿Por qué el médico de Maggie considera su fractura de tobillo como patológica?

La homeostasis del calcio es esencial para el funcionamiento del cuerpo

Como dijimos en el ⬅ capítulo 1, la homeostasis es el conjunto de «las tareas colectivas de comunicación y control que el cuerpo realiza para mantener los parámetros fisiológicos dentro de límites estrictos y fisiológicamente estables». La concentración de calcio en sangre, como la de muchos otros iones, es regulada por un circuito cerrado de retroalimentación negativa; si se eleva demasiado, el cuerpo reacciona para reducirla, y viceversa. Los valores demasiado *altos* de calcio en sangre pueden provocar confusión, cálculos renales, debilidad muscular y otros problemas. Los valores demasiado *bajos* afectan a la transmisión de impulsos nerviosos y causan espasmos musculares y sensación de hormigueo. Como puede observarse, para que el funcionamiento sea normal es esencial que la concentración

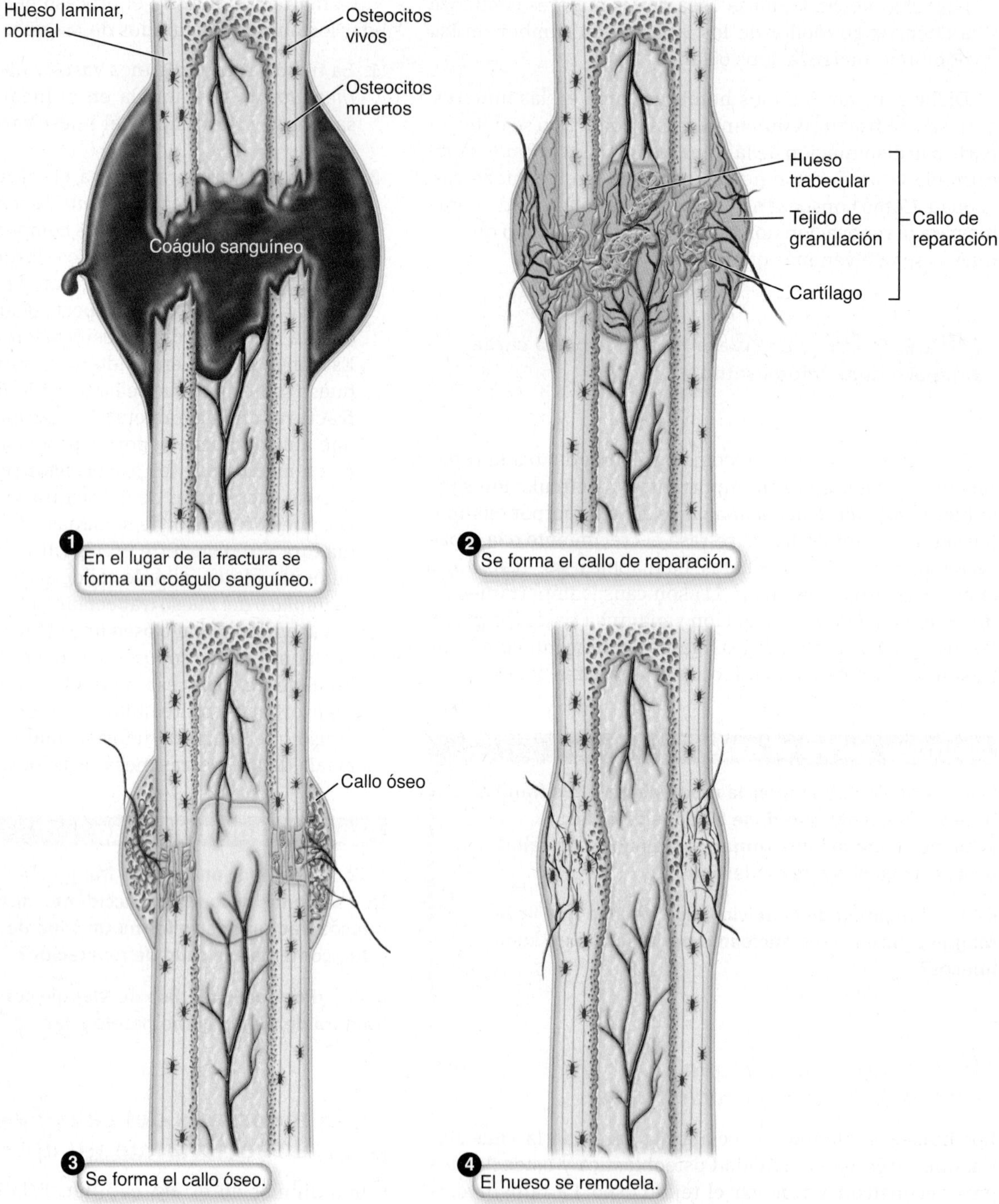

Figura 6-9. Reparación de una fractura. *¿Qué se forma primero, el callo de reparación o el callo óseo?*

sanguínea de calcio sea estable, y el cuerpo utiliza diversos mecanismos para mantenerla.

Apuntes sobre el caso

6-14 Revise la presentación del caso para comprobar la concentración de calcio en sangre de Maggie. ¿Es demasiado alta o baja? ¿Cuál de sus síntomas está directamente relacionado con este cambio anómalo?

El tejido óseo es importante en la homeostasis del calcio

El tejido óseo, que almacena el 99 % del calcio corporal, está muy involucrado en la homeostasis del calcio. Actúa como un «banco de calcio», donde el cuerpo lo deposita como ahorro cuando su concentración sanguínea es demasiado alta, y lo retira cuando es necesaria su reposición en la sangre. La síntesis de tejido óseo, a cargo de los osteoblastos, reduce la concentración sanguínea de cal-

INSTANTÁNEA CLÍNICA

Fracturas

Una fractura es un hueso roto. Las fracturas se producen cuando la carga excede la capacidad de resistencia del hueso. Los huesos enfermizos, como los de Maggie en el caso clínico de este capítulo, son particularmente sensibles a las fracturas; pero incluso los que se consideran más sanos, es decir, los huesos de los jóvenes, pueden fracturarse si se les somete a un fuerza extraordinaria, como por ejemplo una caída o un accidente de automóvil.

Dado que los huesos se desmineralizan y debilitan con la edad, las fracturas son uno de los principales problemas de salud de las personas mayores. Los factores de riesgo más importantes se indican a continuación. Es interesante destacar que muchos de ellos se observan con mayor frecuencia en las poblaciones de mayor edad.

- Edad superior a 80 años.
- Peso inferior a 59 kg.
- Uso de benzodiazepinas (se utilizan ampliamente como sedantes).
- Falta de ejercicio por no caminar.
- Pérdida de visión.
- Trastorno cerebral que afecte a la estabilidad física y la capacidad mental.

Las facturas se clasifican dependiendo de que el hueso haya perforado o no la piel, y según su propio patrón (la figura al pie muestra algunos ejemplos). Las fracturas *cerradas* son las que no atraviesan la piel. Si la fractura sobresale de la piel, se dice que es *abierta* o *compuesta*.

El patrón de las fracturas es más variable:

- Una línea de fractura única es una fractura *simple.*
- Una línea de fractura simple que abarca todo el espesor del hueso es una fractura *completa;* en caso contrario, la fractura es *incompleta.*
- Varias fracturas en un solo lugar forman una fractura *conminuta.*
- Los huesos infantiles son más flexibles que los adultos y tienden a romperse o curvarse parcialmente (de forma incompleta); se habla entonces de fracturas *en tallo verde.*
- Las fuerzas de torsión pueden causar una fractura en *espiral.*
- Las fuerzas que actúan sobre el hueso en la misma dirección, pero en sentido contrario, hacen que el hueso se colapse sobre sí mismo y provocan fracturas *por impacto,* también conocidas como fracturas *por compresión* (en especial en las vértebras).

La mayoría de las fracturas se producen de forma súbita, pero las fracturas por sobrecarga aparecen lentamente, como resultado de microfracturas repetidas provocadas por cargas repetitivas importantes; por ejemplo, en el pie de un corredor de fondo.

Una carga lo bastante fuerte como para romper un hueso también puede dañar el tejido circundante. Las fracturas suelen acompañarse de lesiones en los músculos, vasos, nervios y ligamentos, de modo que la importancia del sangrado y de las lesiones suele ser mayor de lo previsto en una vista rápida de una radiografía.

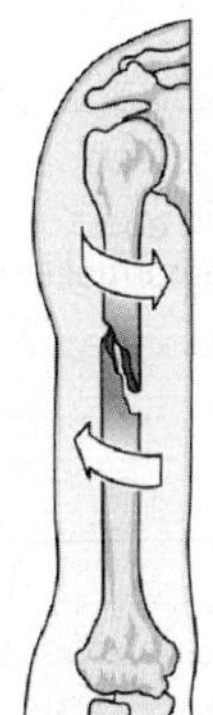

A Fractura en espiral, cerrada, completa

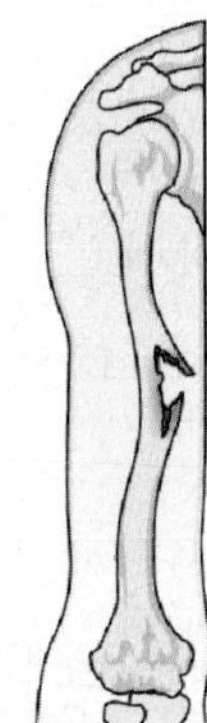

B Fractura en tallo verde, cerrada, incompleta

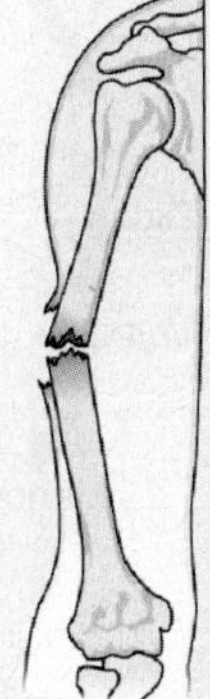

C Fractura simple, abierta, completa

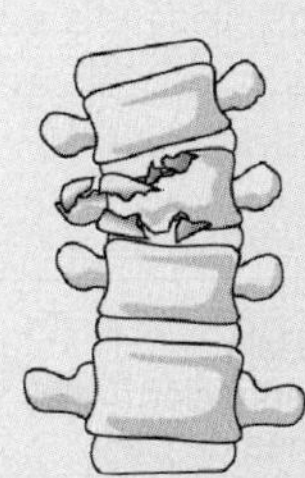

D Fractura por impacto (por compresión), cerrada, incompleta

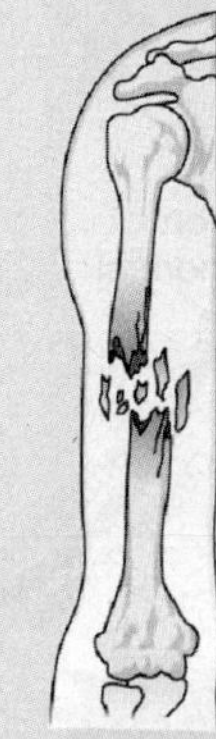

E Fractura conminuta, cerrada, completa

cio, mientras que la resorción de tejido óseo por parte de los osteoclastos la eleva (fig. 6-10, a la izquierda). Los osteoclastos degradan el hueso para mantener la homeostasis del calcio, aun cuando su salud se deteriore en el proceso.

Los intestinos y los riñones son importantes en la homeostasis del calcio

La homeostasis del calcio también necesita que otros dos sistemas, el digestivo y el urinario, funcionen normalmente. El calcio es un elemento y, por supuesto, el cuerpo no puede sintetizarlo. En cambio, debe consumirse con la dieta y se absorbe en el intestino. Los trastornos de malabsorción, como la enfermedad celíaca, pueden reducir notablemente la absorción intestinal de calcio. Además, la absorción inadecuada del calcio en el intestino depende de una señal química, el *colecalciferol,* conocido más comúnmente como vitamina D, que se obtiene de los productos lácteos enriquecidos y del aceite de pescado, o bien por síntesis en la piel, como respuesta a las radiaciones ultravioleta de los rayos solares. Sin importar su fuente, el hígado y los riñones convierten el colecalciferol en su forma activa, conocida como **calcitriol** o **1,25-dihidroxivitamina D_3.** El calcitriol estimula la captación de calcio por las células intestinales. En los niños, la insuficiencia de vitamina D es una enfermedad característica llamada *raquitismo,* que se describe con más detalle en nuestra página web **http://thePoint.lww.com/espanol-McConnellandHull.**

Además, toda la sangre (incluido el calcio disuelto en ella) es filtrada por los riñones, órganos pares del sistema urinario. Los riñones «determinan» la cantidad de calcio que se envía nuevamente a la sangre, es decir, cuánto calcio retendrá el cuerpo y cuánto será excretado en la orina.

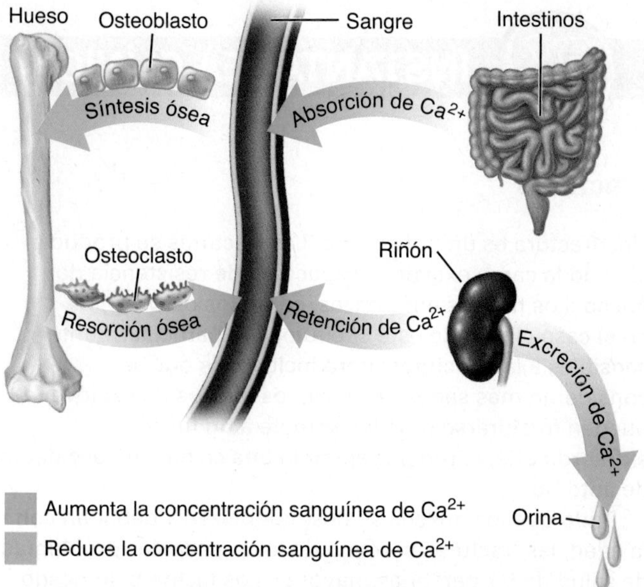

Figura 6-10. Homeostasis del calcio. El cuerpo mantiene una concentración sanguínea constante de calcio modificando tres procesos: la absorción intestinal de calcio, la excreción o retención renal de calcio, y la resorción o síntesis ósea. *¿Los osteoblastos extraen o depositan calcio en la sangre?*

Las hormonas son importantes en la homeostasis del calcio

Decíamos antes que la acción de los huesos, los intestinos y los riñones influye en la concentración sanguínea de calcio; sin embargo, ¿qué es lo que controla sus actividades? Como dijimos en el capítulo 4 hablando de las señales

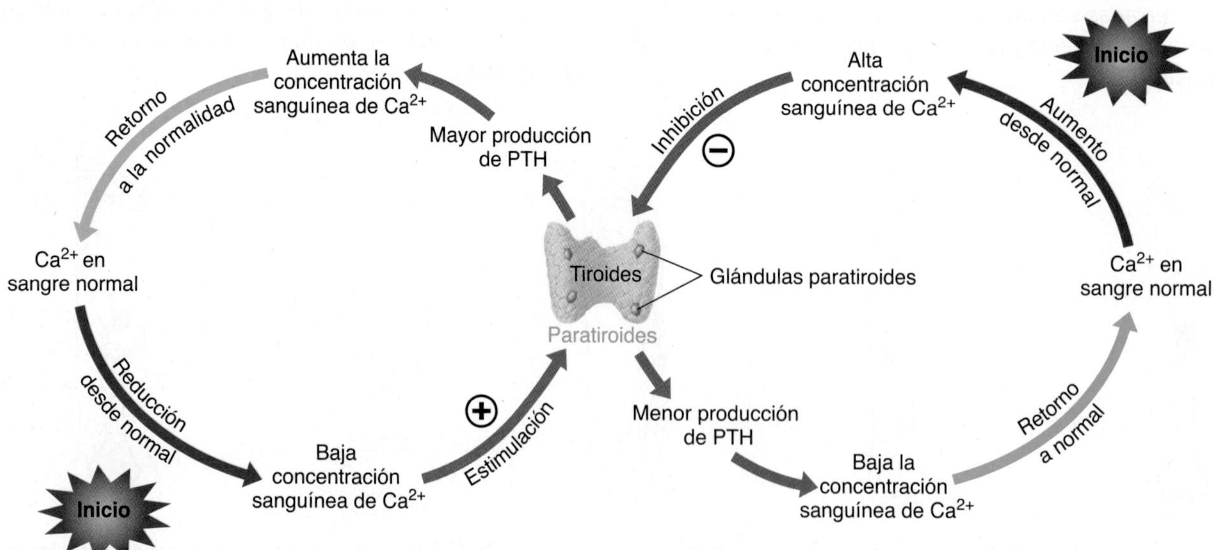

Figura 6-11. La paratirina (PTH) regula la concentración de calcio en la sangre. Las flechas rojas muestran una alteración de la homeostasis, las azules indican la regulación y la respuesta de las glándulas paratiroides, y las verdes muestran el retorno a la homeostasis. *Una alta concentración de calcio en la sangre, ¿inhibe o estimula la secreción de PTH por parte de las glándulas paratiroides?*

químicas, no es extraño que el principal regulador minuto a minuto del calcio sanguíneo sea una hormona, la **paratirina** (PTH), secretada por las glándulas paratiroides. Se trata de cuatro glándulas del tamaño de un guisante, posteriores a la glándula tiroides, que se encuentra en la base de la garganta (fig. 6-11). El efecto neto de la acción de la PTH es el aumento de la concentración de calcio en la sangre. Pero también puede suceder lo contrario: si el calcio sanguíneo excede el valor de referencia, las paratiroides secretan menos PTH y la concentración de ésta vuelve a los valores establecidos. Para entender cómo la PTH controla la homeostasis del calcio, volvemos al caso de Maggie.

Estudio del caso

Hiperparatiroidismo: el caso de Maggie H.

El diagnóstico de Maggie fue *hiperparatiroidismo;* es decir, sus glándulas paratiroides estaban secretando cantidades demasiado altas de hormonas. La PTH actúa en tres lugares diferentes para aumentar la concentración de calcio en la sangre (fig. 6-12):

1. Estimula la degradación ósea al aumentar la actividad osteoclástica.
2. Estimula la activación de vitamina D por parte de los riñones. La vitamina D, a su vez, aumenta la absorción intestinal de calcio.
3. Aumenta la retención de calcio en los riñones y reduce la cantidad de calcio que se elimina normalmente en la orina.

Los osteoclastos de Maggie tenían una actividad extraordinaria, degradaban cantidades excesivas de tejido óseo y producían huesos débiles y muy frágiles. Los iones de calcio liberados pasaban a su torrente circulatorio. Para empeorar las cosas, Maggie estaba absorbiendo demasiado calcio proveniente de su dieta y no excretaba la cantidad suficiente en la orina. En conjunto, estos procesos elevaban patológicamente la concentración de calcio a costa del tejido óseo.

¿Por qué el cuerpo de Maggie no podía mantener la homeostasis? Normalmente, la alta concentración sanguínea de calcio observada en Maggie hubiera inhibido la secreción de PTH por retroalimentación negativa. No obstante, en el caso de Maggie, la PTH era secretada desde un tumor, y los tumores son sumamente insensibles a cualquier forma de retroalimentación negativa. Por definición, un tumor es una proliferación incontrolada de células, que a veces ni siquiera los tratamientos médicos pueden controlar. Una vez extirpado el tumor de Maggie, la secreción de PTH y su actividad volvieron rápidamente a los valores normales. Sin embargo, las lesiones óseas no pudieron curarse. Los huesos de Maggie serán siempre frágiles y los días en que podía correr son cosa del pasado.

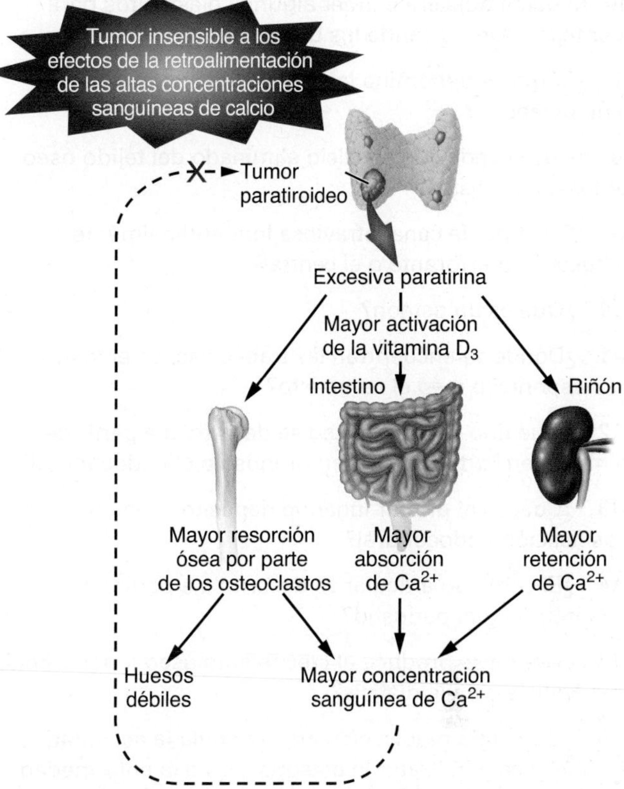

Figura 6-12. Homeostasis y el caso de Maggie H. El tumor paratiroideo de Maggie secretaba grandes cantidades de PTH, lo que provocó la formación de cálculos renales, una elevada concentración de calcio en la sangre y degradación ósea. A diferencia de las glándulas paratiroides normales, la respuesta del tumor ante esa alta concentración no fue secretar menos PTH. *Verdadero o falso: la PTH estimula la absorción de calcio por las células intestinales.*

Apuntes sobre el caso

6-15 Antes de la cirugía, los complementos de vitamina D, ¿hubieran mejorado o empeorado la situación de Maggie? ¿De qué forma el hiperparatiroidismo debilitó los huesos de Maggie?

6-1 Los recién nacidos tienen más de 300 huesos, pero los adultos sólo 206. ¿Qué sucede con los huesos que faltan?

6-2 ¿Qué forma tiene el hueso frontal del cráneo, plana o irregular?

6-3 ¿Qué parte ósea sobresale del hueso, un agujero o un cóndilo?

6-4 ¿Qué deben hacer los huesos con los glóbulos sanguíneos?

6-5 ¿Cómo se denomina la membrana fibrosa que recubre la diáfisis de los huesos?

6-6 Si usted quisiera extraer algunos blastocitos para crear tejido óseo, ¿dónde los buscaría?

6-7 ¿Cómo se denomina la célula ósea que madura en un osteocito?

6-8 ¿Qué sucede con el calcio eliminado del tejido óseo por los osteoclastos?

6-9 ¿Qué tipo de canal atraviesa longitudinalmente un hueso, el perforante o el central?

6-10 ¿Qué es un osteón?

6-11 ¿Dónde se encuentran las trabéculas, en el tejido óseo esponjoso o en el compacto?

6-12 ¿Qué tipo de tejido óseo se desarrolla a partir de un molde en cartílago, el membranoso o el endocondral?

6-13 ¿Cuál es el primer lugar de depósito óseo en la osificación endocondral?

6-14 ¿El cartílago articular se desarrolla a partir del pericondrio o del periostio?

6-15 ¿Dónde se produce el crecimiento óseo longitudinal, en la epífisis o en la diáfisis?

6-16 ¿Sirve una medicación que estimula la actividad osteoblástica para tratar la osteoporosis o la enfermedad de Paget?

6-17 Durante la consolidación de una fractura, ¿qué tipo de callo se forma primero?

6-18 Señale los componentes del tejido de granulación.

6-19 ¿La paratirina estimula la actividad de los osteoblastos o de los osteoclastos?

6-20 Una inyección intravenosa de calcio, ¿aumentaría o reduciría la secreción de paratirina?

Articulaciones

Salvo el hioides del cuello y los sesamoideos (como la rótula), cada hueso del cuerpo se articula (se une) con otro. El lugar donde se juntan los huesos se llama **articulación,** o *artrosis* (del griego *arthron* = «articulación»). Aunque todas las articulaciones sirven para mantener los huesos juntos, algunas no permiten el movimiento o incluso son casi o totalmente inmóviles. Por ejemplo, los huesos del cráneo están fusionados como si fueran uno, una característica esencial para proteger el cerebro.

Sin embargo, en la mayoría de los casos, las articulaciones se comportan de modo que permiten el movimiento de las distintas partes del cuerpo. Por ejemplo, las maravillosas actividades que podemos realizar con nuestras manos reflejan los movimientos coordinados de casi todas las articulaciones de los miembros superiores. Para darse una idea, agáchese para desatar y atar los cordones de sus zapatos y preste atención al trabajo de las articulaciones que participan en ese movimiento. Son tantos los movimientos que se producen al mismo tiempo, que probablemente necesitará verlo varias veces para apreciar del todo cómo el hombro, el codo, la muñeca y cada articulación de la mano trabajan en conjunto para hacerlo posible. Una sola articulación lesionada puede dificultar mucho una actividad tan sencilla como ésta.

Las articulaciones pueden clasificarse según su forma o su función

Las articulaciones pueden clasificarse según su forma (estructura) o su función (amplitud de movimiento permitida) (fig. 6-13). En cuanto a la clasificación estructural, hay dos variables importantes: *a)* la presencia o ausencia de *espacio* entre los huesos y *b)* si no existe ningún espacio, el *tipo de tejido conectivo* que une los huesos entre sí. Atendiendo a su estructura, las articulaciones se clasifican de la siguiente manera:

- **Fibrosas:** articulaciones sin espacio; los huesos están unidos por tejido fibroso. Las articulaciones entre los huesos craneales (llamadas *suturas*) son fibrosas, inmóviles y estrechas.
- **Cartilaginosas:** articulaciones sin espacio; los huesos están unidos por cartílago. Las articulaciones entre las vértebras entran en esta categoría.
- **Sinoviales:** articulaciones con espacio, la *cavidad sinovial,* que separa los extremos de los huesos. Las articulaciones sinoviales tienen otras características que se describen a continuación. Casi todas las articulaciones de los miembros son sinoviales.

Según su amplitud de movimiento, se clasifican como:

- **Sinartrosis** (del griego *syn* = «con, junto con»): articulación fija que no permite movimiento alguno. En esta categoría entran las suturas entre los huesos craneales.
- **Anfiartrosis** (del griego *amphi* = «a ambos lados»): articulación que permite ligeros movimientos. Las articulaciones entre las vértebras de la columna y entre los huesos de la muñeca son anfiartrosis.
- **Diartrosis** (del griego *diá* = «entre, a través»): articulación con movimiento libre. El hombro y las articulaciones de los dedos son de movimiento libre.

Como era de esperar, forma y función van siempre a la par, de modo que la función de las articulaciones varía según su forma. Por lo tanto, la mayoría de las articulaciones fibrosas son sinartrosis, la mayoría de las cartilaginosas son anfiartrosis y la mayoría de las sinoviales son diartrosis. Analicemos detalladamente cada uno de estos tres tipos.

Apuntes sobre el caso

6-16 Maggie siente dolor en la articulación de la rodilla, que tiene movimiento libre. ¿Esta articulación es una diartrosis o una sinartrosis?

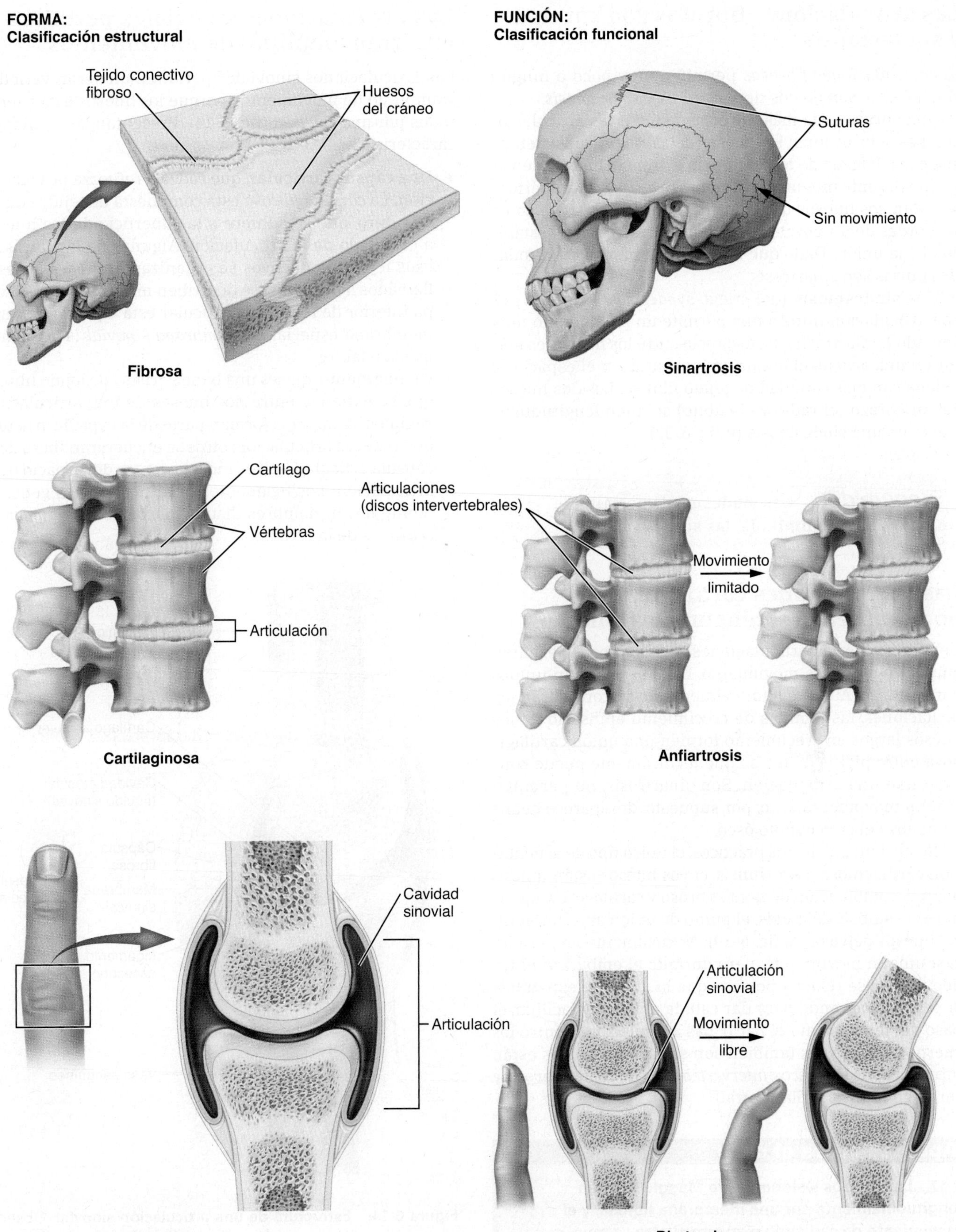

Figura 6-13. Clasificación de las articulaciones. Las articulaciones pueden clasificarse según su forma o su función. *¿Cuál es la clasificación estructural y funcional de las suturas del cráneo?*

Las articulaciones fibrosas son suturas y sindesmosis

Las *articulaciones fibrosas* permiten muy poco o ningún movimiento. Son de dos tipos: *suturas* y *sindesmosis*.

Una **sutura** es la más estrecha de todas las articulaciones. Las suturas unen los huesos del cráneo y consisten en una capa delgada de tejido fibroso extremadamente denso, que no permite ningún movimiento (fig. 6-13, fila superior). Más aún, los huesos de una sutura encajan entre sí como los bordes de un puzzle, lo que añade resistencia y estabilidad a la unión. Dado que no permiten movimiento, todas las suturas son sinartrosis.

Una **sindesmosis** (del griego *syndesmos* = «unión») es una articulación fibrosa que permite un movimiento muy limitado (anfiartrosis). La distancia entre los huesos es mayor en una articulación que en una sutura, y el espacio se rellena con más cantidad de tejido fibroso. Los dos huesos del antebrazo (el radio y el cúbito) se unen longitudinalmente en una sindesmosis (v. fig. 6-37).

> *¡Recuerde!* **Las sindesmosis permiten un movimiento limitado; las suturas no.**

Las articulaciones cartilaginosas no permiten casi ningún movimiento

Generalmente, las articulaciones cartilaginosas permiten muy poco o ningún movimiento. Los huesos están unidos por cartílago. Aunque habitualmente no se consideran articulaciones, las láminas de crecimiento epifisario de los huesos largos en crecimiento forman una unión cartilaginosa entre piezas de hueso que técnicamente puede considerarse una articulación. Son sinartrosis, no permiten ningún movimiento; esto, por supuesto, desaparece cuando finaliza el crecimiento óseo.

No obstante, a efectos prácticos, el único tipo de articulación cartilaginosa es la sínfisis, cuyos huesos están unidos por una combinación de tejido fibroso y cartílago. Un ejemplo es la sínfisis del pubis, el punto de unión anterior entre los huesos pélvicos (v. fig. 6-39). Normalmente no permite casi ningún movimiento, pero durante el embarazo el tejido fibroso se relaja y permite que la unión se expanda y la pelvis se agrande para dar cabida al útero y facilitar el paso del feto durante el parto. Las articulaciones entre los cuerpos vertebrales también son sínfisis, las cuales están formadas por los *discos intervertebrales* de tejido fibroso y cartílago (fig. 6-13, fila central).

Apuntes sobre el caso

6-17 Los huesos lesionados de Maggie se unen longitudinalmente por una membrana fibrosa, y el movimiento de cada uno respecto al otro es muy limitado. Describa este tipo de articulación con tres términos.

Las articulaciones sinoviales permiten una gran amplitud de movimientos

Las articulaciones sinoviales permiten una gran variedad y amplitud de movimientos porque los huesos están separados por una cavidad (fig. 6-14). Presentan las siguientes características:

- Una **cápsula articular,** que rodea y refuerza la articulación. La *cápsula fibrosa* está compuesta de tejido conectivo duro, que se adhiere a la superficie de los huesos a cada lado de la articulación. Algunas de las fibras de esos tejidos conectivos se organizan en haces gruesos llamados *ligamentos* (se describen más adelante). La capa interior de la cápsula articular está tapizada por una membrana especial, la *membrana sinovial* (se comenta más adelante).
- Un **ligamento,** que es una banda gruesa de tejido fibroso que se extiende entre dos huesos de una articulación. Algunos ligamentos forman parte de la cápsula articular que rodea la articulación; otros se encuentran fuera de la cápsula articular, y otros incluso dentro del espacio de la articulación. Los ligamentos más importantes generalmente llevan nombres distintivos, como los *ligamentos cruzados* de la rodilla.

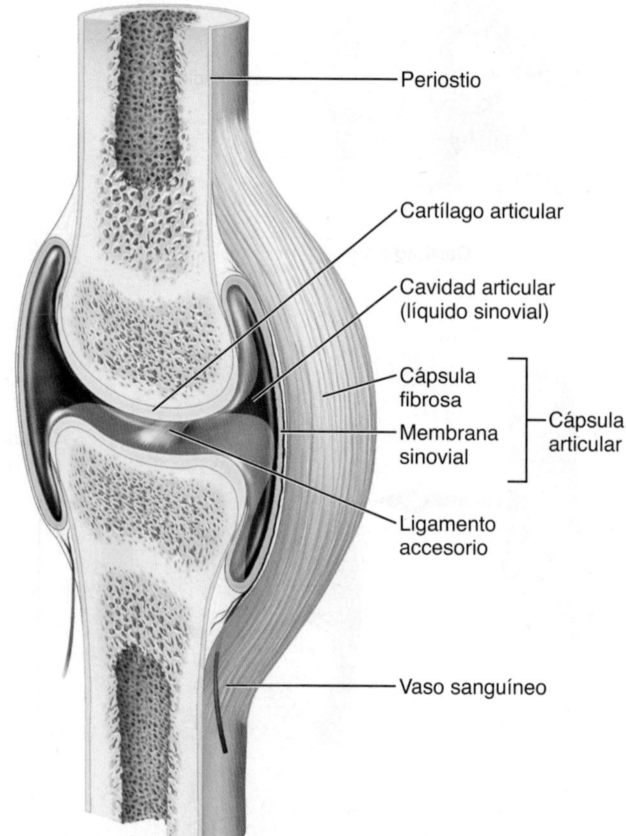

Figura 6-14. Estructura de una articulación sinovial. Observe que los ligamentos ayudan a formar la cápsula articular y se encuentran también en el interior de la cavidad articular. *¿Qué cubre los extremos de los huesos en la articulación, la membrana sinovial o el cartílago articular?*

INSTANTÁNEA CLÍNICA

Artritis

La articulación ya no se lubricaba como cuando estaba compitiendo, y decidí que evitar la artritis o el reumatismo el resto de mi vida era mucho más importante que volver a las pistas.

Edwin Moses (nacido en 1955), legendario atleta estadounidense, al explicar por qué había decidido no volver a competir.

En sentido estricto, la palabra *artritis* significa inflamación de la articulación, pero en términos coloquiales significa dolor en la articulación. Y por un buen motivo: la artritis siempre es dolorosa.

La artritis es una antigua enfermedad de los animales con articulaciones: los huesos de los dinosaurios y de las momias egipcias muestran pruebas inconfundibles de su presencia. Además, es muy corriente; se trata de una de las afecciones que con mayor frecuencia llevan al paciente a la consulta médica.

La inflamación es la reacción celular del cuerpo ante una lesión; esto lleva a suponer que una articulación inflamada ha sufrido algún tipo de lesión. Aunque una articulación puede lesionarse de muy distintas maneras, las más frecuentes son el desgaste mecánico y las enfermedades autoinmunitarias.

La **artrosis** es una enfermedad debida al «desgaste por uso» que generalmente aparece en respuesta a una carga física prolongada sobre las articulaciones. Aunque el deporte no parece aumentar el riesgo de artrosis en general, los atletas destacados como Edwin Moses tienen mayor riesgo de padecer la enfermedad en las rodillas a causa de su intenso entrenamiento y participación en las competiciones. Una causa mucho más frecuente de tensión articular repetitiva en la población estadounidense es la obesidad mórbida: el peso excesivo del cuerpo oprime implacablemente los cartílagos amortiguadores de las rodillas, las caderas y los tobillos, hasta que los destruye. En ese punto, caminar sólo es posible haciendo crepitar el periostio de un hueso sobre otro, una opción dolorosa, porque el periostio contiene una gran cantidad de fibras nerviosas. La artrosis se va haciendo también más frecuente con la edad, y puede observarse casi en un 80% de la población mayor de 65 años. El tratamiento debe centrarse en técnicas de fisioterapia y rehabilitación orientadas a prevenir la discapacidad. La farmacoterapia para el alivio del dolor es un aspecto relativamente menor del tratamiento, y normalmente consiste en *antiinflamatorios no esteroideos* (AINE) o compuestos relacionados.

Otra variedad de la artritis es la **artritis reumatoide.** La palabra *reumatoide* (del griego *rheuma* = «flujo» y *eidos* = «aspecto») hace referencia al líquido acuoso que fluye en las articulaciones de los pacientes con esta forma de artritis. Se trata de una *enfermedad autoinmunitaria,* en la que el sistema inmunitario del cuerpo ataca a los tejidos del propio huésped. Como veremos en el capítulo 12, el sistema inmunitario normalmente sólo ataca a las proteínas extrañas *(no propias),* por ejemplo de virus o bacterias; sin embargo, en la artritis reumatoide ataca también a las *propias,* la membrana

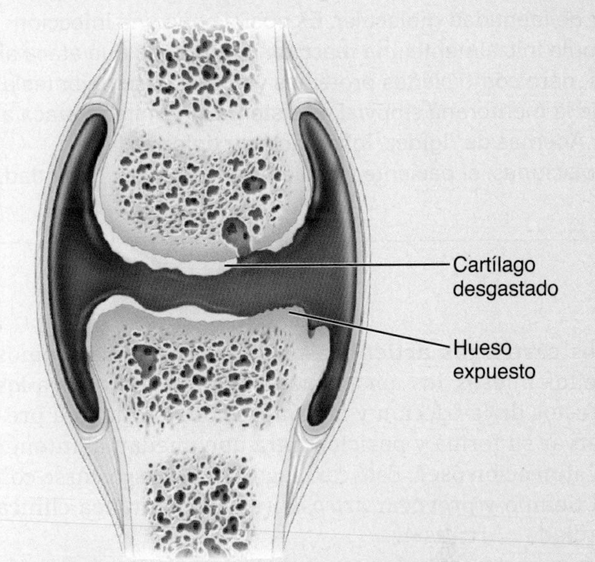

A Artrosis

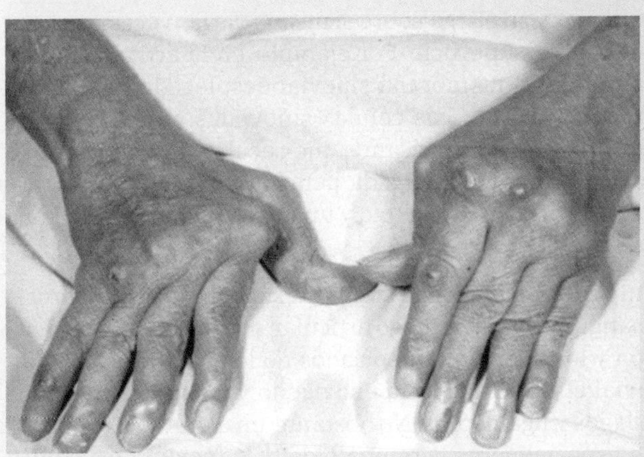

B Artritis reumatoide

A) Articulación de un paciente con artrosis. Observe las superficies del hueso expuesto. **B)** La artritis reumatoide causa una notable inflamación en la articulación.

Continúa

Artritis *(cont.)*

sinovial que recubre las articulaciones sinoviales. No se sabe con certeza por qué ocurre, pero parece ser un tipo de error de identidad molecular. Es posible que una infección estimule inicialmente una reacción inmunitaria que ataca al virus, pero como ciertas proteínas víricas son semejantes a las de la membrana sinovial, el sistema inmunitario ataca a ésta. Además de rigidez, inflamación y dolor en las articulaciones, el paciente también siente fatiga y debilidad. Los síntomas pueden mantenerse moderados o avanzar hasta la discapacidad total. El tratamiento de la artritis reumatoide incluye distintas variedades de medicamentos: AINE, corticoesteroides, inmunosupresores y oro. La mayoría de ellos se prescribe para atenuar la reacción autoinmunitaria; a veces es necesario el tratamiento quirúrgico para la rehabilitación de una articulación gravemente inflamada.

- Los **cartílagos articulares** que cubren los extremos de los huesos, los amortiguan, los protegen contra los efectos de la fricción y la compresión, y ayudan a preservar su forma y posición para que puedan mantener la alineación ósea. Este cartílago puede desgastarse con el tiempo y provocar *artrosis* (v. la Instantánea clínica titulada «Artritis»).
- Un **espacio articular** tapizado por una capa de *células sinoviales* especializadas, que forman la **membrana sinovial.** Esta membrana se fija a los bordes del cartílago articular y se pliega sobre sí misma varias veces para aumentar su superficie. Por ejemplo, en la articulación de la rodilla, la membrana sinovial desplegada totalmente mediría 100 m^2. Las células sinoviales secretan un **líquido sinovial** lubricante, que recubre el interior de la articulación. Esta delgada película de líquido muy resbaladizo tiene un aspecto y una textura que recuerdan a la clara de huevo cruda.

Aunque la membrana sinovial está bien irrigada por vasos sanguíneos, el cartílago articular, el espacio de la articulación y los ligamentos asociados no lo están. Es el líquido sinovial el que transporta el oxígeno y los nutrientes a los cartílagos y ligamentos. No obstante, en algunos tipos de artritis, especialmente la reumatoide (v. la Instantánea clínica titulada «Artritis»), la respuesta a la inflamación es formar vasos que llevan consigo enzimas destructivas que desgastan el cartílago.

Alrededor de las articulaciones sinoviales trabajan también otras estructuras (v. fig. 6-36). Los **tendones** son bandas densas de tejido conectivo fibroso, a veces muy largas, que fijan los extremos de los músculos al hueso y se deslizan hacia atrás y adelante entre los tejidos mientras se produce el movimiento. Para dar cabida a la compleja interacción de los músculos, los tendones y los tejidos circundantes que participan en el movimiento de la articulación, hay unas estructuras especiales en los tejidos blandos que la rodean. Las **bolsas sinoviales** (del latín *bursa* = «saco o bolsa») son sacos fibrosos pequeños con paredes delgadas parecidos a balones colapsados, que contienen una pequeña cantidad de líquido sinovial. Están situados entre la piel y el hueso, rodeados por otras partes de tejido blando alrededor de las articulaciones, donde ruedan hacia atrás y hacia delante con el movimiento tisular asociado a la actividad de la articulación. Las **vainas tendinosas** son sacos alargados semejantes a las bolsas que envuelven los tendones para suavizar sus movimientos hacia atrás y hacia delante.

Apuntes sobre el caso

6-18 Las radiografías de Maggie revelaron que parte del cartílago que cubría los extremos de sus huesos estaba desgastado. ¿Cómo se llama ese cartílago?

6-19 La lesión de su muñeca también desgarró parte del tejido conectivo que une los huesos de esa articulación. ¿Qué tipo de tejido conectivo une los huesos?

Las articulaciones sinoviales permiten cuatro tipos principales de movimientos

El lenguaje descriptivo especializado es importante para cada campo del conocimiento, incluidos los movimientos articulares, que se dividen en cuatro categorías principales: *deslizamiento, rotación, angular* y *especial.*

El **deslizamiento** es el movimiento de una superficie plana sobre otra. El movimiento puede producirse en cualquier dirección y generalmente en una distancia corta. Los movimientos entre los huesos cortos de la muñeca y del tobillo son de deslizamiento.

La **rotación** es el movimiento de un hueso alrededor de su eje longitudinal. Por ejemplo, cuando usted mueve la cabeza hacia ambos lados para decir «no», está rotando la vértebra superior alrededor de su eje.

El **movimiento angular** es el incremento o la reducción en el *ángulo* entre los huesos de una articulación. Para describir el movimiento angular, recuerde que todos los movimientos se inician en la posición anatómica estándar (fig. 6-15 A). El incremento o la disminución se refieren al ángulo en relación con el frente del cuerpo. Por ejemplo, el ángulo formado por el muslo y el torso en la articulación de la cadera es de 180°. Al mover el muslo hacia arriba y hacia

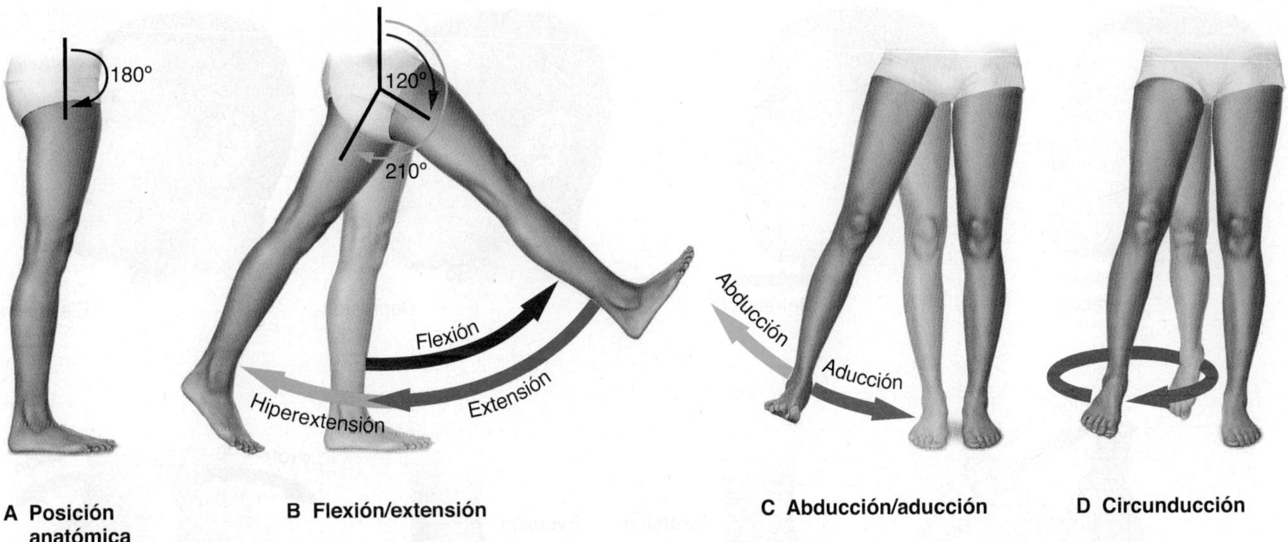

Figura 6-15. Movimientos angulares de las articulaciones sinoviales. Los movimientos que se muestran corresponden a la articulación de la cadera. *¿Qué movimiento lleva la pierna hacia un lado, alejándola de la línea central?*

delante del cuerpo, el ángulo se reduce a 120° (fig. 6-15 B). Por el contrario, al moverlo hacia atrás, el ángulo es superior a 180°.

Hay cinco movimientos angulares, que se describen a continuación utilizando la articulación de la cadera como ejemplo.

- La **flexión** es un movimiento angular que *disminuye* el ángulo de la articulación, por ejemplo al doblar el muslo hacia delante y hacia arriba. La **extensión** es un movimiento angular que *incrementa* el ángulo de la articulación. Se dice que un cuerpo en posición anatómica está en *extensión total,* de modo que el término *extensión* se refiere habitualmente al movimiento desde una flexión previa a la posición anatómica estándar. Un ejemplo de extensión es bajar el muslo después de moverlo hacia arriba. La *hiperextensión* es la continuación de la extensión más allá de la posición anatómica estándar. Mover el muslo hacia la parte posterior del cuerpo hiperextiende la articulación de la cadera. Estos tres movimientos se muestran en la figura 6-15 B.
- La **abducción** es el movimiento angular de un hueso hacia fuera de la línea central; es decir, el hueso se somete a una «abducción» (secuestro) que lo aleja del cuerpo. La **aducción** es el movimiento angular de un hueso hacia la línea central (como regla nemotécnica, podemos decir que el hueso vuelve a acercarse y a «adosarse» al cuerpo). Ambas posiciones se muestran en la figura 6-15 C. El movimiento lateral del muslo, llevándolo hacia arriba, es la abducción de la articulación de la cadera. El movimiento para volver a colocarlo en la posición anatómica estándar es la aducción.
- La **circunducción** es el movimiento circular del extremo del hueso (fig. 6-15 D). La articulación de la cadera realiza una ligera circunducción cuando el dedo gordo del pie traza un círculo sobre el suelo.

> *¡Recuerde!* **Los movimientos de la articulación del hombro pueden ser difíciles de describir. En posición anatómica, todas las partes del cuerpo están en extensión completa. Levantar el brazo para señalar al cielo es una flexión; bajarlo para colocarlo en posición anatómica es una extensión.**

Los *movimientos especiales* son los que no se han descrito anteriormente, y suelen ser específicos de una o algunas articulaciones (fig. 6-16).

- **Protracción** y **retracción.** La protracción es el desplazamiento hacia delante (anterior) de una estructura ósea, como el movimiento de la mandíbula hacia fuera. La retracción es el movimiento opuesto.
- **Depresión** y **elevación.** La depresión es un movimiento hacia abajo (inferior), por ejemplo bajar la mandíbula para abrir la boca. La elevación es el movimiento opuesto.
- *Flexión dorsal, flexión plantar, inversión* y *eversión* son todos ellos movimientos del pie. La **flexión dorsal** es la flexión del pie hacia arriba (superior), como cuando nos apoyamos sobre el talón La **flexión plantar** es lo opuesto, como cuando nos ponemos de puntillas: el pie está flexionado en dirección a su superficie *plantar* (la parte de abajo del pie). La **inversión** es la rotación interna del pie de modo que las plantas miren hacia dentro. La **eversión** es el movimiento opuesto.
- La **supinación** y la **pronación** son movimientos rotatorios del antebrazo que hacen girar la mano. En la posición anatómica estándar del cuerpo, la mano está en posición supina (palma hacia arriba). La pronación es el movimiento para llevar la palma de la mano hacia atrás, y con la supinación se lleva hacia delante.

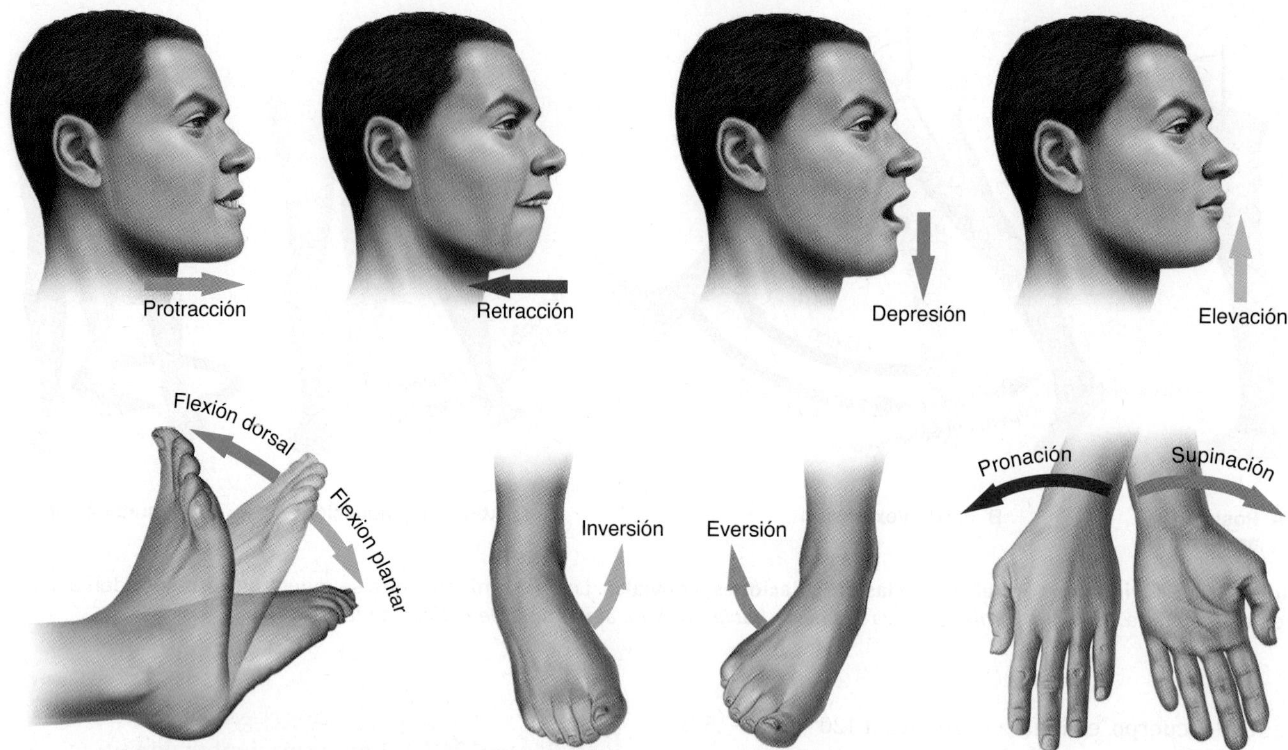

Figura 6-16. Movimientos especiales en las articulaciones sinoviales. *¿Qué movimiento permite ponerse de puntillas ?*

Estos movimientos se muestran nuevamente en distintas articulaciones sinoviales en las láminas 7-1 a 7-9, donde se identifican los músculos que realizan cada movimiento.

Apuntes sobre el caso

6-20 Durante la exploración posquirúrgica se pidió a Maggie que flexionara el miembro inferior por la rodilla, lo que redujo el ángulo entre el muslo y la pierna. ¿Qué movimiento es éste?

6-21 Cuando Maggie se cayó, se apoyó sobre la superficie lateral del pie, con la planta hacia dentro. ¿Qué movimiento es éste, eversión o inversión?

En términos mecánicos, hay seis tipos de articulaciones sinoviales

Una vez más, la forma y la función van de la mano: las articulaciones sinoviales son necesarias para realizar una gran variedad de movimientos, para lo cual poseen un diseño característico. Se clasifican según el tipo de movimiento que permiten (fig. 6-17):

- Las **articulaciones trocoides** están formadas por el extremo redondeado de un hueso y una cavidad cilíndrica formada por tejido óseo y ligamentos (fig. 6-17 A). Por ejemplo, la articulación de los dos huesos del antebrazo (radio y cúbito) en el codo, que permite la rotación del eje longitudinal del radio cuando la mano gira hacia dentro y hacia fuera.
- Las **articulaciones planas** permiten movimientos de deslizamiento, generalmente en todas las direcciones, sin que se produzca ninguna rotación (fig. 6-17 B). Las articulaciones entre los huesos de la muñeca son deslizantes, pero sus acciones son difíciles de percibir a causa de los otros movimientos que se producen también en la rodilla. El movimiento asociado a las articulaciones planas puede palparse en algunas articulaciones cartilaginosas, como las de las vértebras (v. fig. 6-13, fila central).
- Las **articulaciones condíleas** están formadas por el extremo ovalado de un hueso y una cavidad poco profunda del otro (fig. 6-17 C). Las articulaciones entre los dedos y la palma de la mano son articulaciones condíleas: permiten los movimientos de flexión y extensión, como cuando cerramos y abrimos el puño, y los movimientos de lado a lado, como la aducción y la abducción de los dedos.
- Las **articulaciones en silla de montar** están formadas por una depresión con forma de silla de montar de un hueso y una depresión semejante de un segundo hueso (fig. 6-17 D). La articulación entre la muñeca y el pulgar es una articulación en silla de montar, que permite el movimiento en dos direcciones: el pulgar puede cubrir la palma de la mano para tocar la punta del meñique, o puede moverse hacia arriba y hacia abajo, como lo hace para pulsar la barra espaciadora del teclado.
- Un **gínglimo** (articulación en bisagra) se forma entre la superficie cilíndrica de un hueso y una concavidad

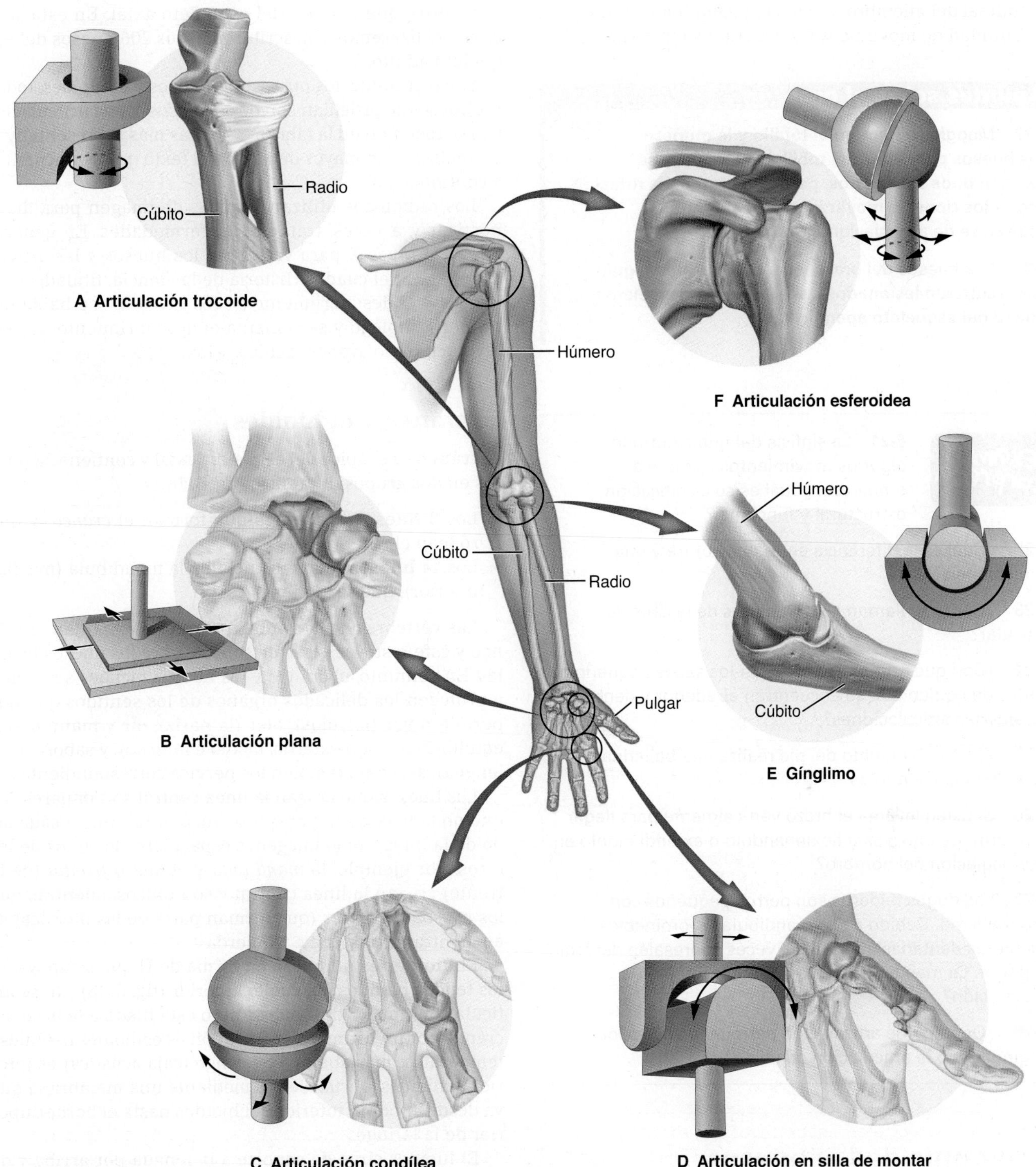

Figura 6-17. Clasificación de las articulaciones sinoviales. Las articulaciones se clasifican según los tipos de movimiento que permiten. *¿Cómo clasificaría la articulación entre el pulgar y la palma de la mano?*

coincidente en el hueso opuesto (fig. 6-17 E). El codo y la rodilla son articulaciones en bisagra; ambas permiten la flexión y la extensión en una dirección, como cuando se abre o se cierra una puerta.

- Las **articulaciones esferoideas** se forman entre la cabeza esférica y la concavidad esférica de dos huesos (fig. 6-17 F). Las articulaciones del hombro y la cadera son esferoideas: ambas pueden girar sobre el eje longitudinal del miembro, y ambas pueden realizar una gran cantidad de movimientos de flexión y extensión.

Apuntes sobre el caso

6-22 Maggie se fracturó el tobillo y la muñeca. Los huesos pequeños del tobillo y la muñeca se deslizan unos sobre otros, pero no permiten la rotación. Según los tipos de movimiento que permiten, ¿qué clase de articulaciones son?

6-23 Los huesos del brazo y de la pierna de Maggie que resultaron lesionados, ¿son parte del esqueleto axial o del esqueleto apendicular?

6-21 La sínfisis del pubis permite algunos movimientos durante el embarazo. ¿Cuál es su clasificación estructural y funcional?

6-22 ¿Cuál es la diferencia entre una sutura y una sindesmosis?

6-23 ¿Cómo se llaman las dos partes de la cápsula articular?

6-24 ¿Con qué nombre se conocen los sacos pequeños llenos de líquido que se encuentran alrededor y dentro de algunas articulaciones?

6-25 ¿Qué movimiento del pie realiza una bailarina cuando baila de puntas?

6-26 Si usted levanta el brazo verticalmente para llegar a un armario alto, ¿está flexionándolo o extendiéndolo en la articulación del hombro?

6-27 Los dogos falderos son perros pequeños con prognatismo. Debido a sus mandíbulas prominentes, las piezas dentarias inferiores a veces sobresalen del labio superior. La mandíbula, ¿está en retracción o en protracción?

6-28 ¿Qué tipo de articulación permite la abducción, el gínglimo o la articulación condílea?

Anatomía de los huesos y de las articulaciones: el esqueleto axial

Los huesos del esqueleto humano están dispuestos en dos grupos principales (fig. 6-18). El **esqueleto axial** (que se muestra en verde) son el cráneo, la columna vertebral, el esternón y las costillas; es decir, son los huesos que constituyen el eje del cuerpo. El **esqueleto apendicular** incluyen los huesos de los hombros, las caderas y los miembros, que penden del esqueleto axial. En esta sección localizaremos y describiremos los 206 huesos del esqueleto adulto.

Salvo la rótula, los otros sesamoideos y el hioides, todos los huesos se articulan con otros huesos. Estas articulaciones se resumen en la tabla 6-3, y otras más representativas se analizan con mayor detalle en el texto que se encuentra a continuación.

Los radiólogos utilizan técnicas de imagen para diagnosticar y, a veces, tratar las enfermedades. En general emplean rayos X para visualizar los huesos y las articulaciones. En el cuadro Historia de la ciencia, titulado «Los huesos y el descubrimiento de los rayos X», se habla del primer radiólogo y se comenta el descubrimiento de este revolucionario avance técnico.

El cráneo y el hioides

El **cráneo** es el ápice del esqueleto axial y contiene 22 huesos en dos grupos diferentes (fig. 6-18):

- Los 8 **huesos craneales** que forman el *cráneo,* y que rodean el cerebro.
- Los 14 **huesos faciales,** incluida la mandíbula (maxilar inferior), que sostienen el rostro.

Las vértebras de la columna vertebral aguantan el cráneo y éste, a su vez, sirve de soporte para los huesos faciales. En conjunto, el cráneo y los huesos faciales sostienen y protegen los delicados órganos de los sentidos que nos permiten ver (los ojos), oler (la nariz), oír y mantener el equilibrio (el oído externo, medio e interno), y saborear (la lengua), así como también los nervios correspondientes.

Los huesos que cruzan la línea central son impares; los que no lo hacen son pares y se encuentran uno a cada lado de la línea, como imágenes especulares los unos de los otros. Por ejemplo, la *mandíbula* y el *hueso frontal* (de la frente) cruzan la línea central y son únicos, mientras que los *huesos maxilares* (que forman parte de las mejillas) se encuentran a derecha e izquierda.

El **hioides** es un hueso en forma de U que se apoya en los tejidos blandos del cuello anterior (fig. 6-18). No se articula con ningún otro hueso, pero está fijado a la base del cráneo por un ligamento, en la apófisis estiloides del hueso temporal (v. más abajo). La laringe (caja acústica) es inferior al hioides, al cual se fija mediante una membrana que va desde el borde inferior del hioides hasta el borde superior de la laringe.

El hioides sirve de soporte a la lengua por arriba y de anclaje para la laringe por abajo. Hay muchos músculos del cuello que también se fijan al hioides. Es el punto fijo de equilibrio de las fuerzas musculares que generan los músculos del cuello, la lengua y la laringe, y como tal, nos permite tragar con suavidad.

A menudo, el hioides es objeto de un profundo análisis en las investigaciones medicolegales ante la sospecha de estrangulamiento como causa de una muerte. Si la autopsia determina que el hioides está roto, puede afirmarse que ha habido estrangulamiento.

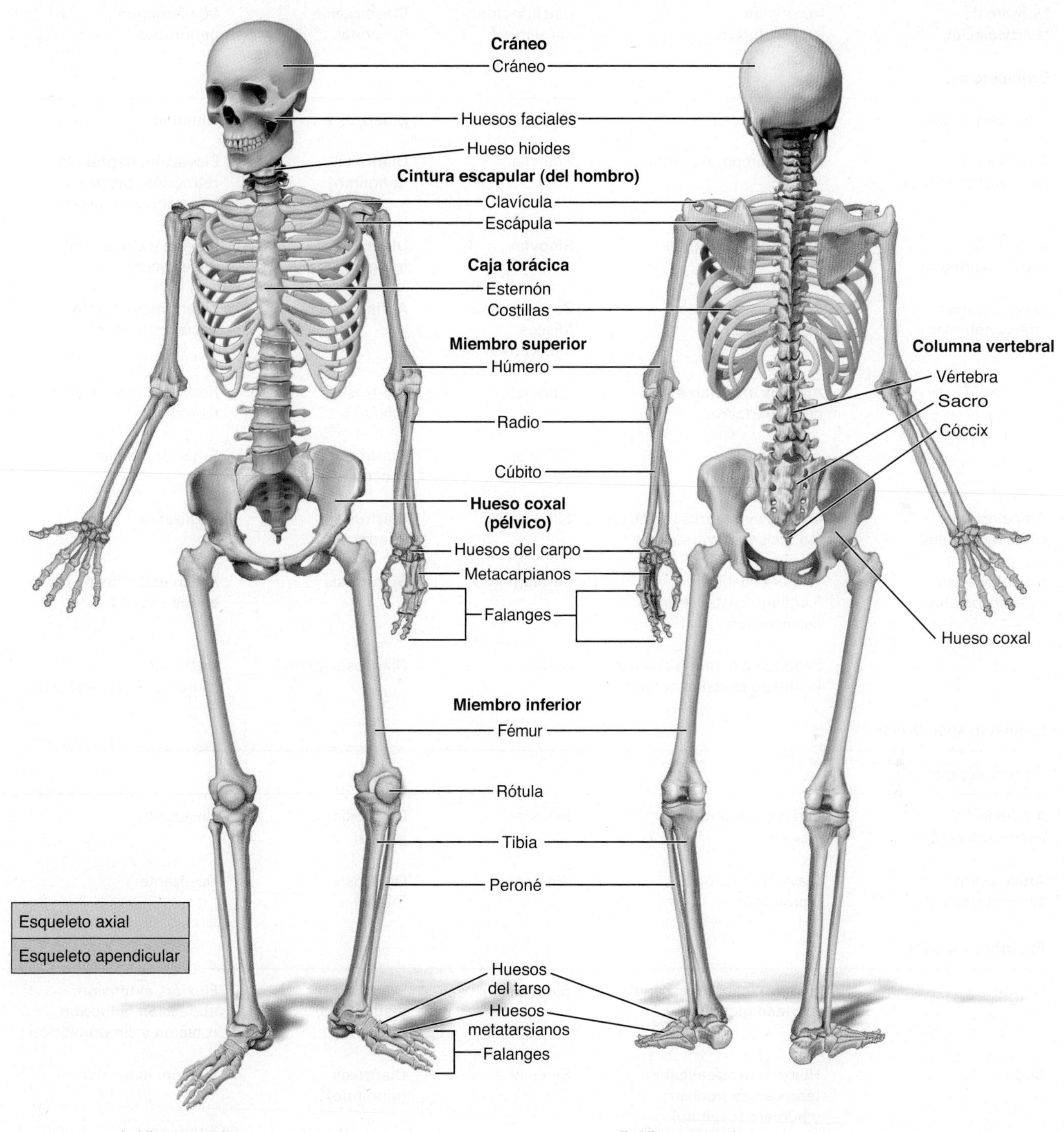

Figura 6-18. Esqueletos axial y apendicular. Los huesos del esqueleto axial son el cráneo, la columna vertebral y la caja torácica. El equeleto apendicular incluye la cintura escapular, la cintura pélvica y los de los miembros inferiores y superiores. El cartílago se muestra en color azul claro. **A)** Vista anterior. **B)** Vista posterior. *Los huesos metatarsianos, ¿son parte de los miembros superiores o de los miembros inferiores?*

Tabla 6-3. Articulaciones específicas

Nombre de la articulación	Huesos de la articulación	Clasificación estructural	Clasificación funcional	Movimientos permitidos
Esqueleto axial				
Suturas del cráneo	Huesos craneales	Fibrosa	Sinartrosis	Ninguno
Articulación temporomandibular	Hueso temporal/mandíbula	Sinovial	Diartrosis (gínglimo)	Elevación, depresión, retracción, protracción y movimiento lateral
Articulación occipitovertebral	Atlas/hueso occipital	Sinovial	Diartrosis (gínglimo)	Flexión y extensión de la cabeza
Articulaciones intervertebrales	Cuerpos vertebrales (no C1 y C2)	Cartilaginosa (discos intervertebrales)	Anfiartrosis	Ligero movimiento hacia los lados
	Apófisis articulares de las vértebras	Sinovial	Diartrosis (plana)	Rotación, movimiento lateral
	Atlas/axis	Sinovial	Diartrosis (trocoide)	Rotación parcial
Articulaciones costovertebrales	Costillas/vértebras torácicas (apófisis transversas)	Sinovial	Diartrosis (plana)	Deslizante
Articulaciones esternocostales	Primera costilla (cartílago costal)/manubrio del esternón	Cartilaginosa	Sinartrosis	Articulación fusionada en los adultos
	Segunda a séptima costillas (cartílago costal)/esternón	Sinovial	Diartrosis (plana)	Deslizante (durante la respiración)
Esqueleto apendicular				
Cintura escapular				
Articulación esternoclavicular	Esternón (manubrio), clavícula	Sinovial	Diartrosis (plana)	Deslizante
Articulación acromioclavicular	Clavícula/escápula (acromion)	Sinovial	Diartrosis (plana)	Deslizante
Miembro superior				
Hombro	Húmero (cabeza)/escápula (cavidad glenoidea)	Sinovial	Diartrosis (esferoidea)	Flexión, extensión, abducción, aducción, rotación y circunducción
Codo	Húmero (tróclea)/cúbito (escotadura troclear) y húmero (capítulo) y radio (cabeza)	Sinovial	Diartrosis (gínglimo)	Flexión, extensión
Articulación radiocubital proximal	Cabeza radial, escotadura radial del cúbito	Sinovial	Diartrosis (trocoide)	Supinación y pronación (antebrazo)
Articulación radiocubital distal	Cabeza radial, escotadura cubital del radio	Sinovial	Diartrosis (trocoide)	Supinación y pronación (antebrazo)
Articulación radiocubital fibrosa	Radio/cúbito	Fibrosa (sindesmosis)	Anfiartrosis	Ninguno

Continúa

Tabla 6-3. Articulaciones específicas

Nombre de la articulación	Huesos de la articulación	Clasificación estructural	Clasificación funcional	Movimientos permitidos
Esqueleto apendicular				
Miembro superior				
Articulación de la muñeca	Radio, huesos del carpo	Sinovial	Diartrosis (condílea)	Flexión, extensión, abducción, aducción y circunducción
Articulaciones carpianas	Entre los huesos del carpo	Sinovial	Diartrosis (plana)	Deslizante
Articulación carpometacarpiana (pulgar)	Huesos del carpo, primer metacarpiano	Sinovial	Diartrosis (en silla de montar)	Flexión, extensión, abducción, aducción, circunducción y oposición
Articulaciones carpometacarpianas (dedos)	Huesos del carpo, del segundo al quinto metacarpianos	Sinovial	Diartrosis (condílea)	Flexión, extensión, limitadas abducción y aducción
Articulaciones metacarpofalángicas	Huesos metacarpianos/ falanges proximales	Sinovial	Diartrosis (condílea)	Flexión, extensión, abducción, aducción y circunducción
Articulaciones interfalángicas	Entre las falanges	Sinovial	Diartrosis (gínglimo)	Flexión, extensión de los dedos
Cintura pélvica				
Articulación sacroilíaca	Sacro/ilion	Sinovial	Anfiartrosis	Mínimo movimiento
Sínfisis del pubis	Huesos púbicos	Cartilaginosa	Anfiartrosis	Ligero movimiento (embarazo)
Miembro inferior				
Articulación de la cadera	Fémur (cabeza)/hueso coxal (acetábulo)	Sinovial	Diartrosis (esferoidea)	Flexión, extensión, abducción, aducción, rotación y circunducción
Articulación de la rodilla	Fémur, tibia	Sinovial	Diartrosis (gínglimo)	Flexión, extensión y pequeño grado de rotación
Articulación tibioperonea fibrosa	Tibia/peroné	Fibrosa (sindesmosis)	Anfiartrosis	Ninguno
Articulación tibioperonea proximal	Tibia/peroné	Sinovial	Diartrosis (plana)	Deslizante
Tobillo	Tibia y peroné/astrágalo	Sinovial	Diartrosis (gínglimo)	Flexión dorsal y plantar
Articulaciones tarsianas	Entre los huesos del tarso	Sinovial	Diartrosis (plana)	Inversión, eversión
Articulaciones tarsometatarsianas	Huesos del tarso/ metatarsianos	Sinovial	Diartrosis (plana)	Deslizante
Articulaciones metatarsofalángicas	Huesos metatarsianos/ falanges	Sinovial	Diartrosis (gínglimo)	Flexión, extensión, cierta abducción y aducción
Articulaciones interfalángicas	Entre las falanges	Sinovial	Diartrosis (gínglimo)	Flexión, extensión

HISTORIA DE LA CIENCIA

Los huesos y el descubrimiento de los rayos X

Las antiguas civilizaciones tenían amplios conocimientos de anatomía humana, especialmente de los huesos, algo que entendían muy bien por la duración de éstos después de la muerte. Hace tres mil años, los egipcios sabían suficiente anatomía como para preparar los cuerpos para momificarlos extrayendo el cerebro a través de la nariz. Y, como hemos visto en el capítulo 1, los anatomistas han utilizado cadáveres para estudiar las estructuras internas del cuerpo humano desde hace siglos.

El principal problema de aprender a través de los huesos es que ello requiere la muerte del sujeto. Por lo tanto, es fácil imaginar que, frente a un problema en lo más profundo del cuerpo de un paciente vivo, el mayor anhelo de los médicos de la antigüedad fuera poder ver debajo de la piel. Hoy en día damos por descontado que cada milímetro cúbico de nuestros huesos y órganos internos puede explorarse sin derramar una gota de sangre, para lo cual el primer paso fueron los rayos X.

Este extraordinario hecho se debe a Wilhelm Roentgen, un médico holandés. Roentgen descubrió los rayos X cuando experimentaba con electricidad, pasando una corriente eléctrica de un polo metálico a otro en un tubo vacío (algo así como una bombilla moderna). Cuando la corriente eléctrica era de baja potencia, el aparato producía la luz ordinaria y además otros misteriosos rayos. Cuando Roentgen concentró esos rayos en un panel cubierto con bario (un metal) que había colocado en toda la habitación, descubrió que los rayos hacían brillar el bario.

El viernes 8 de noviembre de 1895, por la tarde, realizó un experimento que inicialmente requería que el tubo vacío estuviera completamente cubierto con papel de aluminio y cartón, para que ni la luz ni los rayos misteriosos pudieran escapar. Para asegurarse de que ningún rayo pasara al exterior, dejó la habitación a oscuras antes de conectar la corriente. Por supuesto, el aparato permaneció oscuro; ninguna luz podía escaparse. Cuando estaba a punto de apagarlo y encender las luces, vio un brillo a los lejos en la habitación: el panel de bario estaba brillando a pesar de que ninguna luz había salido del aparato. Roentgen reconoció inmediatamente que los misteriosos rayos –que luego llamó rayos X– estaban pasando desde el tubo a través del aluminio y el cartón, y llegaban al panel de bario al que hacían brillar.

Al inspeccionar el panel brillante con más detalle, Roentgen observó una línea negra plana a través de él. Observó cuidadosamente la trayectoria de los rayos y descubrió un cable que estaba absorbiendo algunos de los rayos. Se preguntó qué más podía bloquear los rayos, y puso una hoja de papel en la trayectoria del haz. No tuvo ningún efecto y el panel siguió brillando. Probó entonces con un naipe, luego con un libro, que atenuó ligeramente el haz. Finalmente, sostuvo un pequeño disco de plomo en el haz. Para hacerlo tuvo que colocar su mano en el haz, un simple acto que le permitió ganar el primer premio Nobel otorgado en el campo de la física. El plomo detuvo por completo los extraños rayos y, en un momento que literalmente cambió el mundo, Roentgen observó en el panel brillante la fantasmagórica pero inconfundible imagen de sus dedos, con los huesos claramente visibles bajo el vago contorno de su piel.

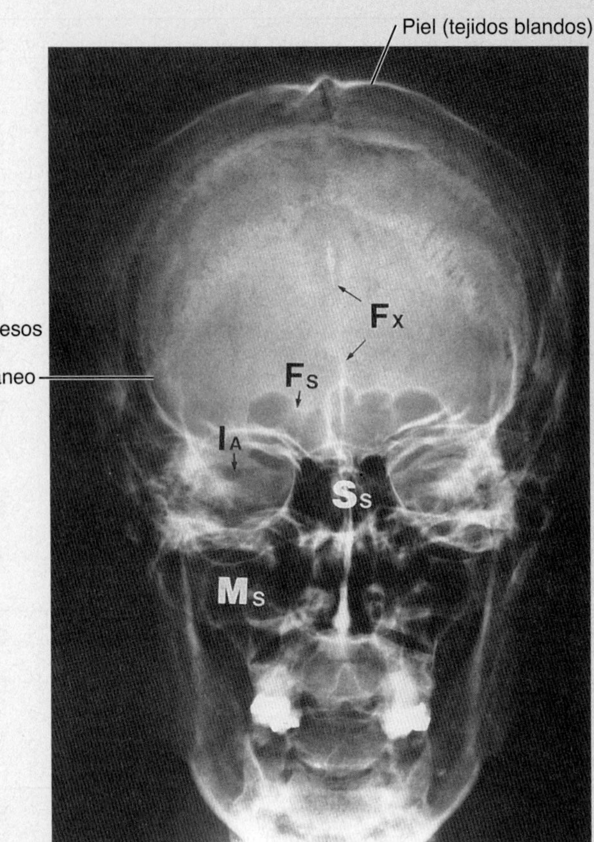

Radiografía en la que se observan el hueso y los tejidos blandos.

¡Recuerde! **El cráneo está formado por los huesos craneales y los huesos faciales.**

El cráneo contiene muchas cavidades

El cráneo forma la más grande de las cavidades craneales. Su superficie anterior contiene las dos **órbitas,** que alojan los globos oculares, y la **cavidad nasal,** que conecta la nariz con la parte posterior de la garganta (figs. 6-19 y 6-24). Una gran cantidad de orificios pequeños (agujeros) permiten el paso de los nervios y los vasos hacia y desde el interior del cráneo. También contiene numerosos **senos paranasales** (a menudo llamados sólo *senos*), es decir, espacios dentro del tejido óseo que contienen aire y se conectan con la cavidad nasal a través de agujeros. Cada seno lleva el nombre del hueso en que está localizado; los detalles de cada uno de ellos se analizan en el contexto del hueso correspondiente.

El aire se mueve entre las fosas nasales y los senos paranasales, a fin de igualar la presión entre los senos y la atmósfera. Dada su conexión con el medio ambiente, los senos son vulnerables a infecciones, que se llaman *sinusitis.* Los senos forman parte de las *vías respiratorias altas* ➡ (cap. 13), que también son vulnerables a las infecciones víricas («resfriados comunes»). Cuando se tiene un «resfriado», la inflamación y la rinorrea que lo acompañan bloquean fácilmente los diminutos agujeros, por lo que el aire y los fluidos quedan atrapados en el seno. Estos líquidos pueden convertirse en un caldo de cultivo para las bacterias, y éstas, a su vez, pueden agravar considerablemente la infección que, de otro modo, sólo sería vírica y leve. Además, el bloqueo impide igualar la presión del aire entre los senos y el exterior. Cuando esto sucede y la presión ambiental cambia (el caso más común es el cambio de altitud, mayor o menor, en un ascensor o en un avión), la diferencia de presiones oprime la pared del seno y crea una sensación muy incómoda o dolorosa. Por eso, a veces ayuda mantener los orificios nasales cerrados y soplar suavemente para forzar el paso de aire a través del agujero del seno, destaparlo e igualar la presión.

Por último, salvo los senos maxilares, que se encuentran delante, todos los senos están separados del cerebro sólo por una pared ósea relativamente delgada. Las infecciones bacterianas de los senos pueden atravesar el tejido óseo e infectar el cerebro.

¡Recuerde! **Hay cuatro conjuntos de senos: esfenoidal, etmoidal, frontal y maxilar.**

Los huesos craneales protegen el cerebro

El cráneo protege el cerebro. Las figuras 6-20 a 6-24 muestran distintas vistas del cráneo y los huesos faciales. Aunque cada hueso o característica ósea son visibles en

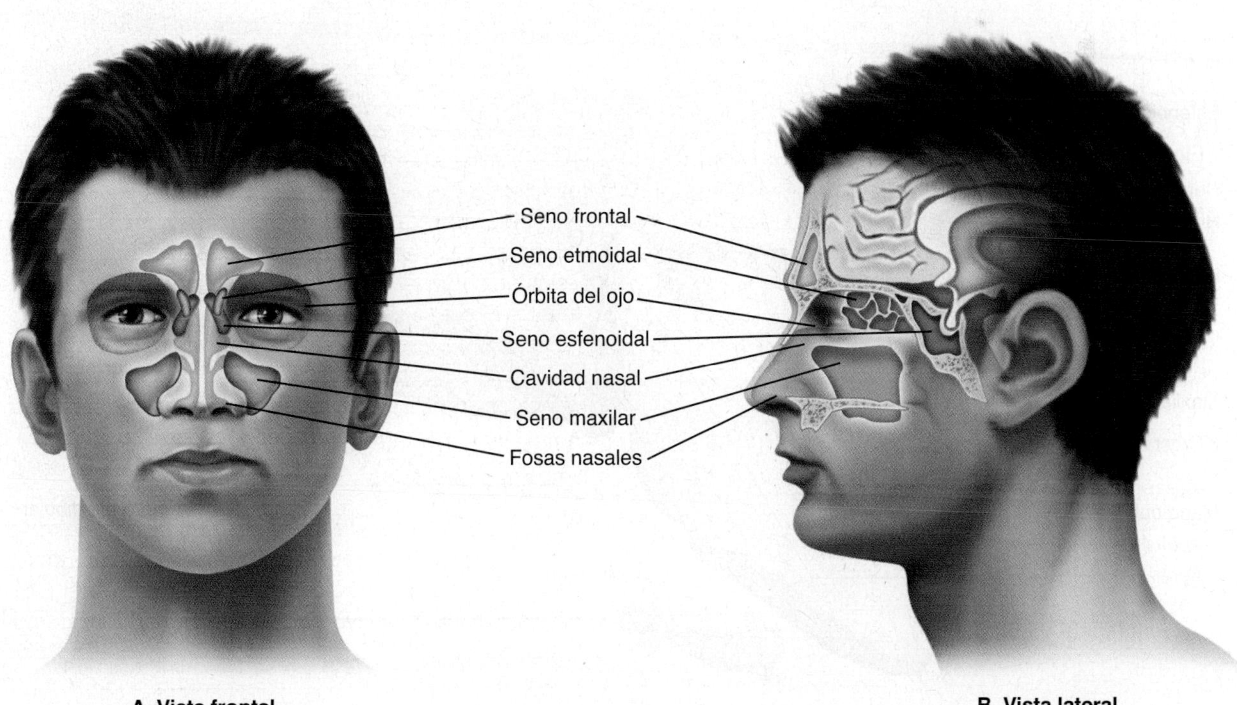

Figura 6-19. **Senos.** Los senos son espacios llenos de aire que se encuentran en los huesos unidos a las fosas nasales. **A)** Vista frontal. **B)** Vista lateral. *¿Qué senos son superiores a los ojos?*

distintas proyecciones, aquí nos referiremos sólo a las vistas que permiten observarlos mejor.

La superficie externa del cráneo sirve como punto de fijación de los músculos que mueven la cabeza, y es también el marco de apoyo para los huesos faciales. Los ocho huesos del cráneo son los parietales y los temporales (pares), el occipital, el frontal, el esfenoides y el etmoides.

Huesos parietales

En la parte posterior del hueso frontal se fijan los **huesos parietales,** que son pares (fig. 6-20). Estos tres huesos se conectan entre sí en el bregma del cráneo. Desde ese punto, cada parietal se curva en sentido inferior, lateral y posterior, y forma así la parte más grande de la bóveda y los lados del cráneo.

Huesos temporales

Los lados inferiores del cráneo y parte de su base están formados por los **huesos temporales** (inferiores a las sienes). Estos huesos tienen varias características anatómicas importantes, que pueden observarse en la figura 6-21:

- La **apófisis cigomática,** un arco delgado del hueso temporal que se conecta en sentido anterior con la **apófisis temporal** del **hueso cigomático** para formar el **arco cigomático.**
- El **meato auditivo externo,** que va hacia dentro (internamente) desde el oído externo hasta la membrana del tímpano y el oído medio.
- La **apófisis estiloides,** una prominencia estrecha y cónica orientada hacia abajo, en la que se fijan los músculos del cuello.
- La **apófisis mastoides,** una prominencia ósea gruesa detrás de las orejas en la que se fijan los músculos del cuello. Se encuentra posteroinferior al meato auditivo externo y tiene forma de panal con pequeños espacios de aire llamados **celdillas mastoideas.** Aunque estas celdillas a veces se denominan **senos mastoideos,** no son senos paranasales porque no se conectan con la cavidad nasal, sino con el aire que contiene el oído medio ➡ (cap. 9). Las infecciones pueden propagarse desde el oído medio hasta las celdillas y causar *mastoiditis,* y desde las celdillas hasta el tejido cerebral circundante.
- La **fosa mandibular** es una hendidura situada en el lado inferior de la apófisis cigomática, que se articula con la mandíbula para formar la *articulación temporomandibular* (se describe más adelante).

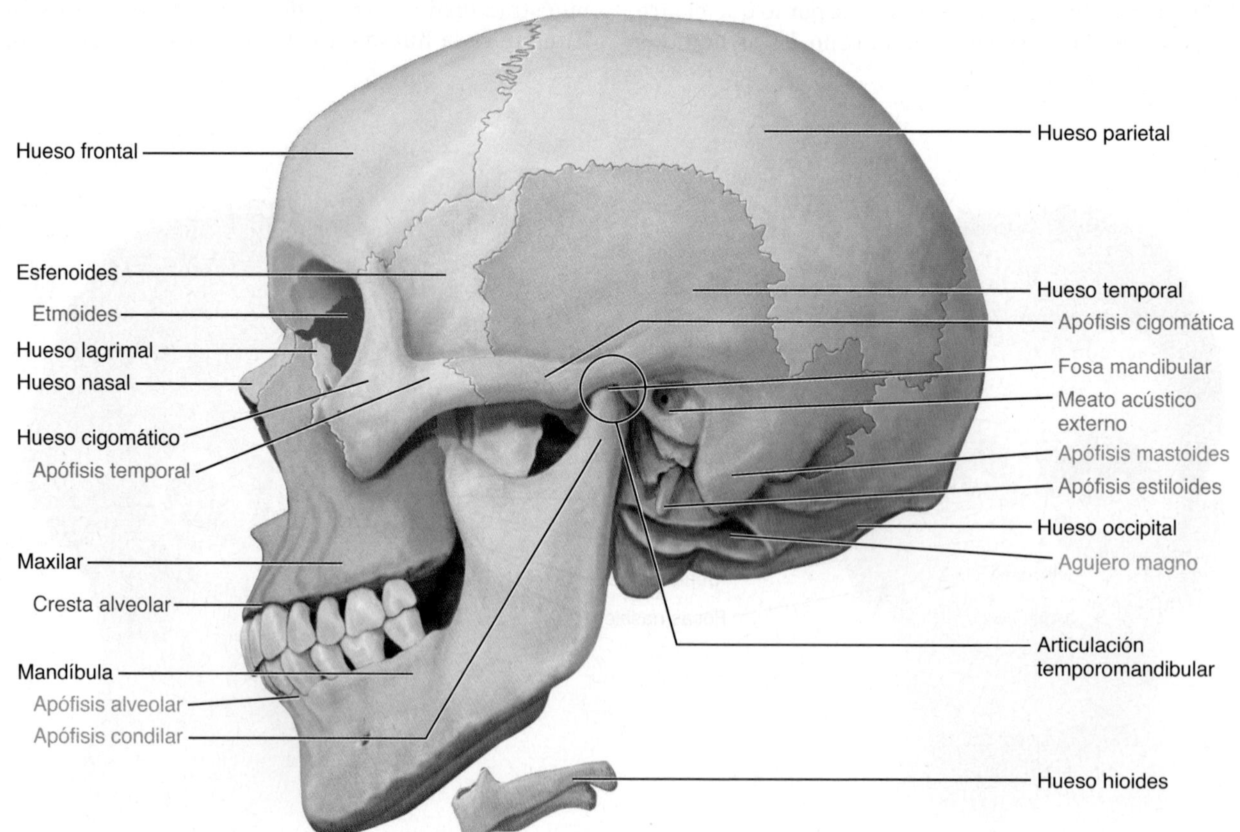

Figura 6-20. Cráneo e hioides, vista lateral. Los nombres de los huesos aparecen en negro; los nombres de las características específicas de cada uno de ellos aparecen bajo el hueso al cual pertenecen y en el mismo color que en la ilustración. *¿Qué hueso contiene la apófisis condilar?*

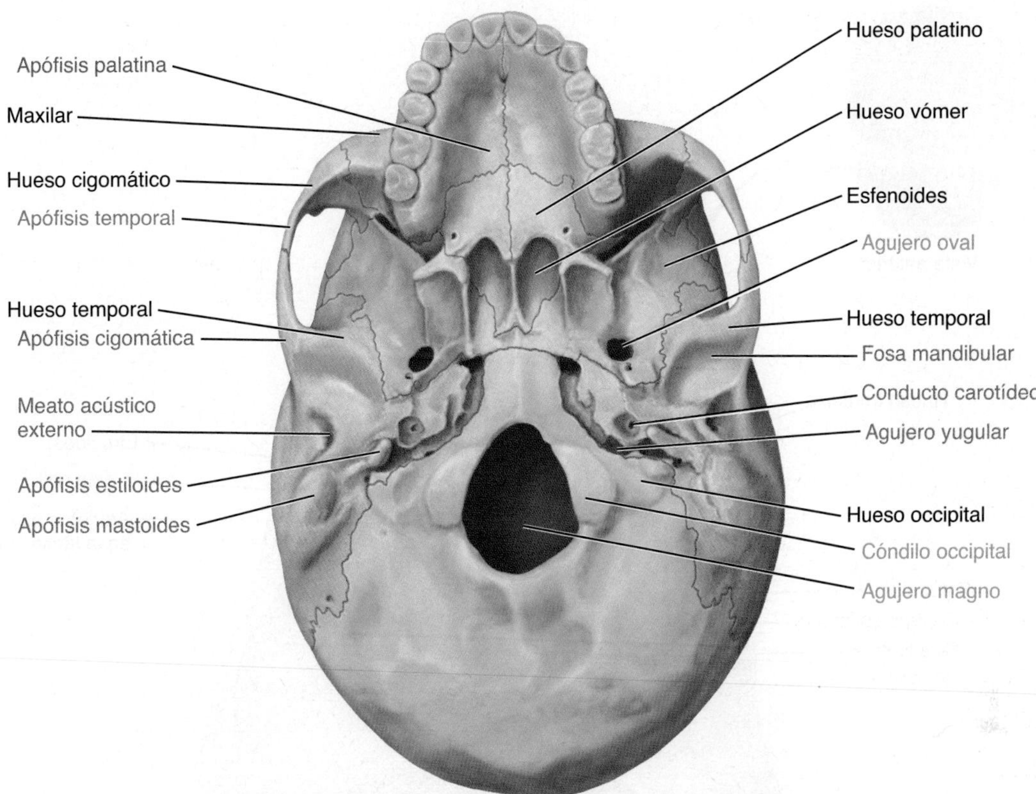

Figura 6-21. Cráneo, vista inferior. *¿Qué hueso contiene el meato acústico externo?*

- El **conducto carotídeo** es una abertura que permite el paso de la arteria carótida interna, que transporta la mayor parte de la sangre al cerebro.
- El **agujero yugular** se encuentra en la sutura entre el temporal y el occipital. Permite el paso de la vena yugular interna, que drena la sangre del cerebro.

Hueso occipital

El **hueso occipital** forma la pared y la base posterior del cráneo, y se articula con cada parietal y temporal (figs. 6-20 y 6-21). Contiene la abertura más grande del cráneo, el **agujero magno,** a través del cual se conectan el cerebro y la columna vertebral. A los lados del agujero magno se encuentran dos plataformas en forma de alubia, los **cóndilos occipitales** (del griego *kóndylos* = «nudo»), que se conectan con la primera vértebra cervical (en el cuello) y son los puntos de apoyo del cráneo sobre el cuello.

Esfenoides

El **esfenoides** (del griego *sphén* = «cuña» y *eidos* = «aspecto») es la «piedra angular» del esqueleto, por decirlo de alguna manera. Como puede observarse en la figura 6-22, tiene una forma compleja, parecida a una mariposa, y se encuentra en la base del cráneo. Desde este lugar, *se conecta con todos los demás huesos craneales* y forma la mayor parte de la cavidad orbitaria. Las alas del esfenoides se extienden hacia fuera para conectarse lateralmente con los temporales y los parietales, y hacia delante con el hueso frontal y el etmoides. La punta del esfenoides se conecta posteriormente con el occipital. El cuerpo de la mariposa, en la base del cráneo, contiene los grandes **senos esfenoidales.** Sobre la parte posterior del cuerpo se encuentra un hueso en forma de cuna, la **silla turca,** que sostiene a la glándula hipofisaria.

A través del esfenoides pasan dos grupos de nervios. El nervio mandibular pasa a través del **agujero oval** y el óptico por el **agujero óptico** (fig. 6-22).

Apuntes sobre el caso

6-24 La radiografía de cráneo que se le hizo a Maggie reveló un quiste óseo adyacente a la abertura que permite la entrada de la arteria carótida interna en la cavidad craneal. Señale el nombre del hueso y su característica específica.

Etmoides

El delicado **etmoides** ocupa el importante espacio entre la cavidad nasal y las órbitas, en ambos lados. En un cráneo intacto, sólo una pequeña parte del etmoides es visible; la mejor forma de ver sus características es en un corte sagital (fig. 6-23) o frontal (fig. 6-24). Su nombre proviene del griego *ethmós*, que significa «criba, tamiz», y *eidos*, «aspec-

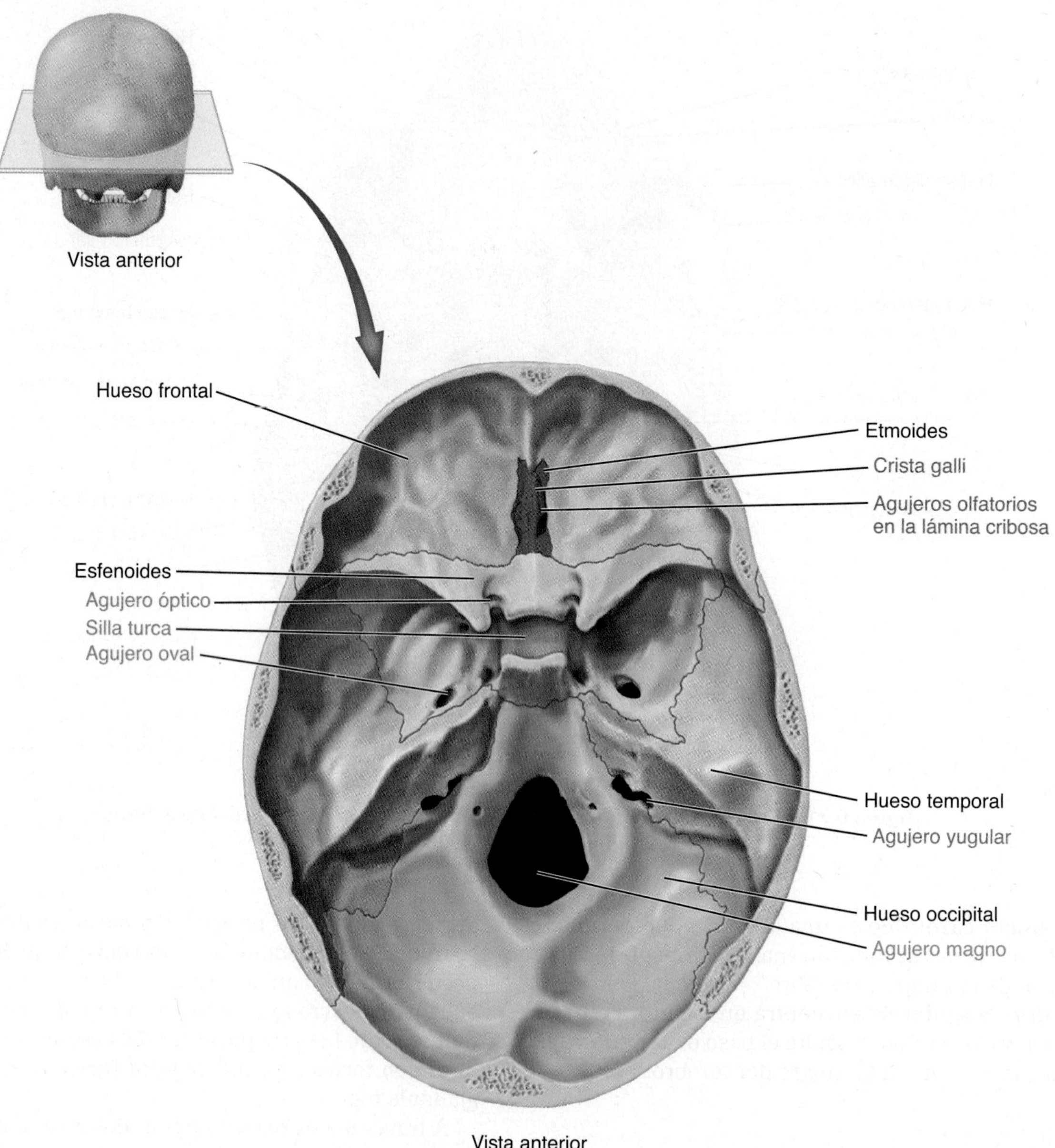

Figura 6-22. Cráneo, cavidad craneal. *¿Qué hueso contiene el agujero oval?*

to»; y es que realmente el etmoides está lleno de pequeñas celdillas con aire, que forman los senos etmoidales, situados frente a los senos esfenoidales y sobre la parte posterior de las fosas nasales.

El borde superior del etmoides también tiene dos láminas horizontales delgadas, una a cada lado de la lámina perpendicular. Estas láminas horizontales, llamadas **láminas cribosas** (del latín *cribrum* = «criba»), tienen múltiples perforaciones (los agujeros olfatorios) que conducen las fibras del nervio olfatorio a las fosas nasales (fig. 6-23). La **crista galli** se extiende en sentido superior entre las láminas cribosas. Sirve como punto de fijación de las *meninges* (membranas que recubren el cerebro). Una lámina ósea vertical grande, la **lámina perpendicular,** se extiende en sentido inferior hacia la línea media de la cavidad nasal y forma la parte superior del *tabique nasal óseo,* que divide el interior de la nariz en las dos fosas nasales, izquierda y derecha (la parte inferior del tabique nasal está formada por el *vómer,* descrito más adelante.) En el interior de la cavidad nasal, esta lámina soporta dos laminillas óseas curvas y frágiles, el **cornete nasal superior** y el **cornete nasal medio.** El **cornete nasal inferior** es un hueso independiente que se describe más adelante. Los cornetes están tapizados por una membrana mucosa húmeda y cálida, y cuando inhalamos aire provocan turbulencias que lo calientan y humedecen a su paso por la membrana, de modo que las partículas inhaladas quedan adheridas al moco nasal antes de que puedan penetrar en los pulmones.

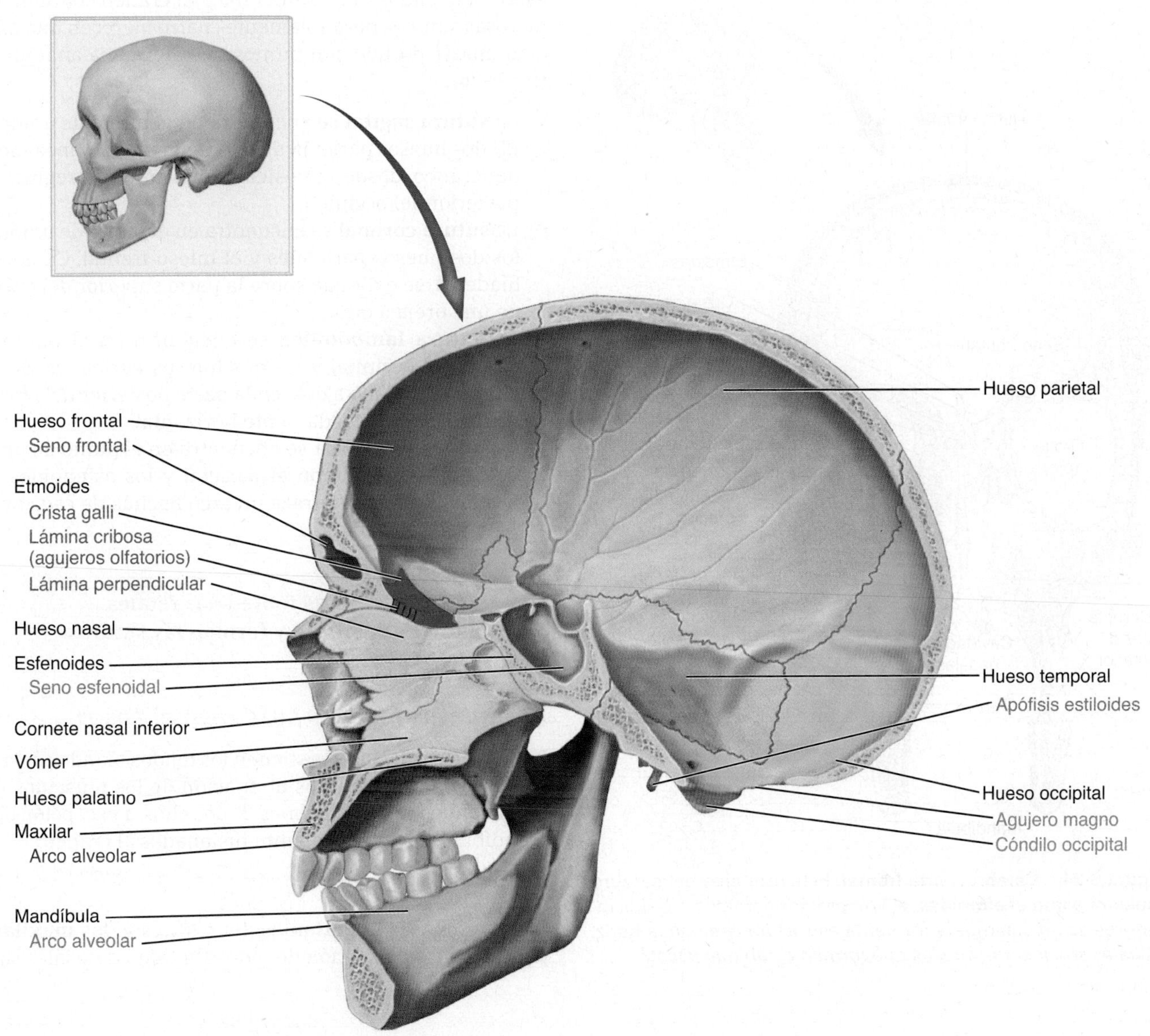

Figura 6-23. Cráneo, corte sagital. *¿Qué hueso es adyacente al frontal, el occipital o el parietal?*

Hueso frontal

El **hueso frontal** forma el cráneo anterior, que incluye la frente y las cavidades orbitarias (órbitas) (figs. 6-23 y 6-24). Los **senos frontales** se encuentran uno detrás de cada ceja (fig. 6-23).

Los huesos craneales se articulan para formar fontanelas o suturas

Una **fontanela** es una abertura (un «punto blando») entre los huesos del cráneo infantil. No olvidemos que los huesos del cráneo comienzan su existencia en el embrión como membranas, y en el momento del nacimiento permanecen flexibles y sin fusionarse entre sí. Mientras los huesos se endurecen durante la osificación, los bordes de esas membranas se mantienen blandos y cruzan la distancia entre los huesos en desarrollo del cráneo fetal. Las fontanelas son las que permiten comprimirlo y moldearlo para que pueda pasar por el canal del parto. El cerebro fetal también es blando, mucho más que el del adulto, y se moldea con el cráneo. Las fontanelas también proporcionan el espacio para que el cerebro pueda crecer durante los primeros 2 años de vida. Aproximadamente a los 2 años de edad se cierran, y los huesos craneales se fusionan entre sí. A partir de ese momento, la capacidad del cráneo crece junto con los huesos que lo forman, para dar cabida al cerebro que se agranda. La figura 6-25 muestra los nombres y posiciones de las fontanelas.

Cuando las fontanelas están osificadas por completo (normalmente a los 2 años de edad), los huesos craneales

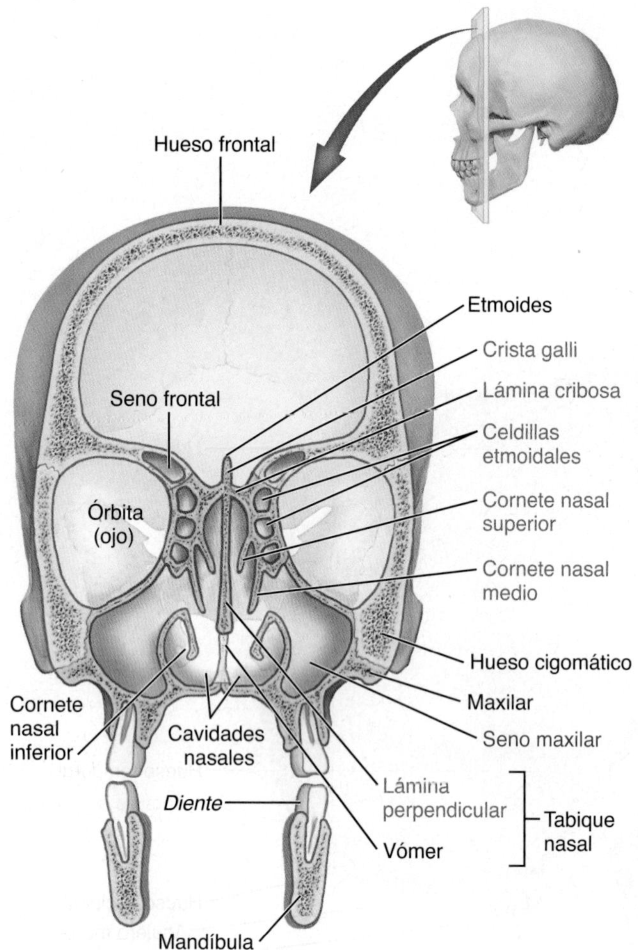

Figura 6-24. Cerebro, corte frontal. Este esquema del cerebro muestra cómo el etmoides, el vómer y los cornetes nasales inferiores se articulan para formar la estructura ósea de la nariz. *¿Cuáles son los dos huesos que forman el tabique nasal?*

están fusionados por suturas fijas. El cráneo contiene numerosas suturas, pero solamente cuatro merecen una mención aparte porque son puntos de referencia anatómicos (fig. 6-26):

- La **sutura sagital** se encuentra en el punto de unión de los dos huesos parietales. Se extiende por la línea media del cráneo, desde la posición anterior del bregma a la posterior del occipital.
- La **sutura coronal** se encuentra en el punto de unión de los dos huesos parietales y el hueso frontal. Como una diadema, se extiende sobre la parte superior del cráneo de una oreja a otra.
- La **sutura lambdoidea** se encuentra en el punto de unión del occipital y los dos huesos parietales. Se extiende de un lado a otro en la parte posterior del cráneo, de forma aproximadamente horizontal.
- La **sutura escamosa** se encuentra en el punto de unión de cada temporal con el parietal y los esfenoides. En términos generales, traza un arco encima de cada oreja.

¡Recuerde! **Las fontanelas fetales e infantiles se osifican y forman las suturas.**

Los huesos faciales sostienen el rostro

Los 14 huesos faciales sostienen los tejidos blandos del rostro y sirven como puntos de fijación de los músculos que animan nuestras expresiones. Todos ellos, a excepción de la mandíbula, están firmemente fusionados al cráneo.

Maxilar

Los huesos más importantes del rostro son los **maxilares** pares, puntos de fijación de todos los huesos faciales salvo

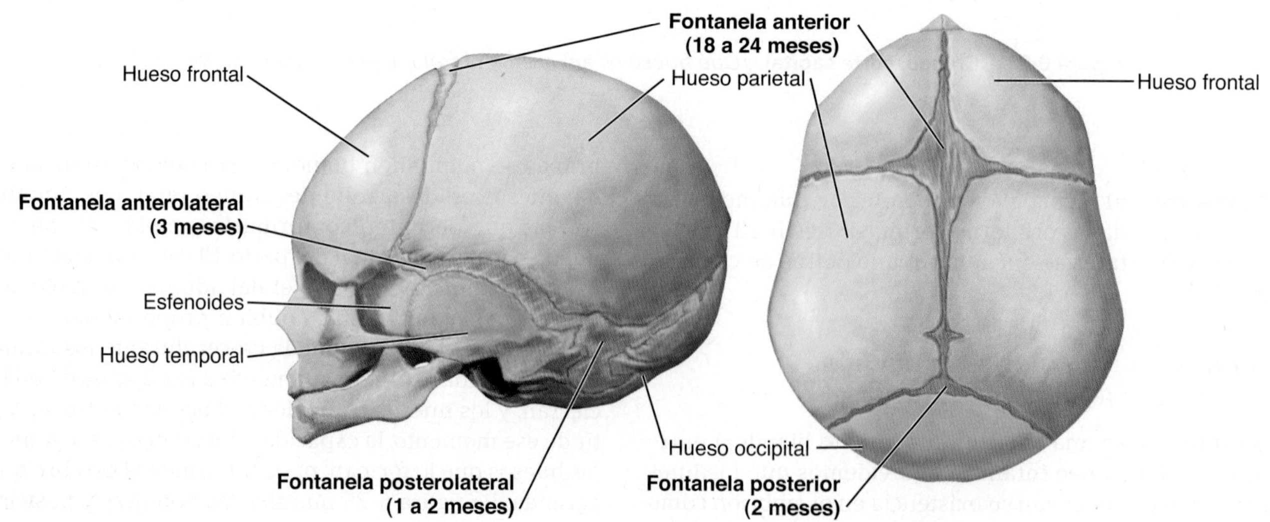

Figura 6-25. Fontanelas. Cerebro de un recién nacido en el que pueden observarse las fontanelas, que se cierran a las edades indicadas entre paréntesis. *¿Qué fontanela se cierra en último lugar?*

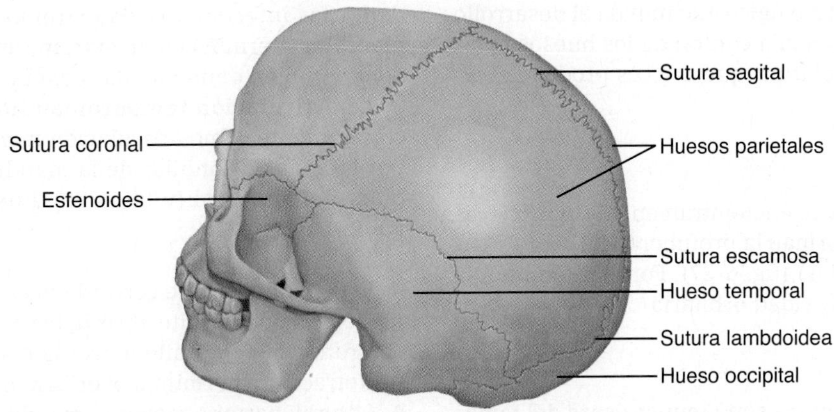

Figura 6-26. Suturas craneales. *¿Qué sutura perfila el hueso temporal?*

la mandíbula (fig. 6-27). En el centro del rostro, donde se unen, los maxilares forman los bordes de la cavidad nasal. Los dos **senos maxilares** son los situados más adelante, a cada lado de la nariz y detrás de las mejillas.

El **arco alveolar** inferior contiene los **alvéolos** (bolsillos) donde se insertan las piezas dentarias. La *apófisis palatina* de cada maxilar es una prominencia horizontal que se une a su par en la línea central para formar la parte anterior del **paladar duro** (la pared superior de la cavidad bucal) (v. fig. 6-21). La parte superior de cada maxilar forma la pared inferomedial de cada órbita (v. fig. 6-24).

Huesos palatinos

Los **huesos palatinos** pares se fijan al borde posterior de la apófisis palatina del maxilar (v. fig. 6-21). Su nombre refleja el hecho de que forman la cara posterior del paladar

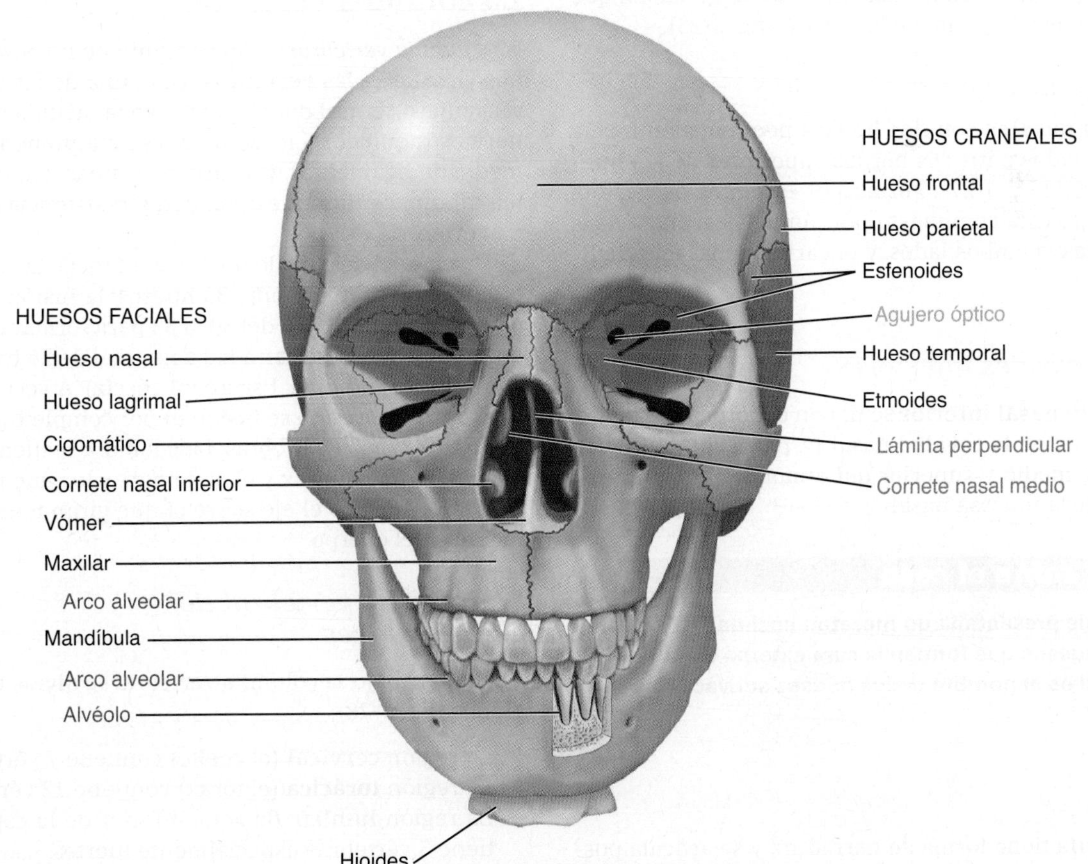

Figura 6-27. Cráneo, vista lateral que muestra los huesos faciales. *¿Qué hueso forma la pared superior de la cavidad orbitaria?*

duro. Cualquier fallo embriológico que impida el desarrollo completo y la unión en la línea central de los huesos palatinos causa una fisura palatina, que a veces produce el *labio leporino*.

Huesos cigomáticos

Los **huesos cigomáticos** se encuentran en la superficie lateral de cada maxilar y forman la protuberancia ósea de cada mejilla (el hueso malar) (fig. 6-27). Forman también la base inferolateral de la cavidad orbitaria.

Huesos lagrimales

Los **huesos lagrimales** pares son láminas óseas del tamaño de una uña, insertadas en la superficie anteromedial de la órbita (fig. 6-27). Tienen un espacio por donde pasa el **conducto lagrimal,** que transporta las lágrimas desde los ojos hasta la nariz.

Vómer

El **vómer** (del latín *vomer* = «reja de arado») es el único de los huesos faciales superiores situado en la línea media (fig. 6-27). Es una lámina ósea aproximadamente triangular que forma la parte inferior de la porción *ósea* del **tabique nasal,** conectada con la lámina perpendicular del etmoides, que forma la parte superior (v. fig. 6-24). El extremo anterior del tabique nasal no está formado por tejido óseo sino por una lámina de cartílago hialino, el **cartílago nasal,** que se extiende hasta la punta de la nariz (v. fig. 6-23).

Huesos nasales

Los **huesos nasales** son dos huesos pequeños en forma de cuña, situados entre los bordes superiores de los huesos maxilares (fig. 6-27). Forman el «puente» óseo de la nariz. El resto está compuesto por láminas cartilaginosas llamadas **alas,** a ambos lados, y el cartílago nasal en la línea media.

Cornetes nasales inferiores

Cada **cornete nasal inferior** se fija en el borde interno del hueso maxilar, en la cavidad nasal (v. fig. 6-24). Junto con los cornetes medio y superior del etmoides, aumentan la superficie de la mucosa nasal.

Apuntes sobre el caso

6-25 Maggie presentaba un moratón encima de los dos huesos que forman la cara externa de la órbita. ¿Cuál es el nombre de los huesos subyacentes al moratón?

Mandíbula

La **mandíbula** tiene forma de herradura y se articula posteriormente con los huesos temporales. Como el maxilar, contiene un arco alveolar óseo donde se insertan las piezas dentarias inferiores. Cada extremo posterosuperior de la mandíbula termina en un extremo articular, la *apófisis condilar,* también denominada rama mandibular (v. fig. 6-20).

La **articulación temporomandibular** (ATM), conocida comúnmente como articulación mandibular, está formada por la apófisis condilar de la mandíbula y la fosa mandibular del temporal (v. fig. 6-20). Puede realizar cinco movimientos:

- Elevación: permite cerrar la boca.
- Depresión: permite abrir la boca.
- Protracción: permite mover la mandíbula hacia delante.
- Retracción: permite mover la mandíbula hacia atrás.
- Lateral: permite mover la mandíbula de un lado a otro.

Como cualquier otra articulación, puede sufrir una variedad de problemas: desgarro de ligamentos, alteración interna de sus componentes, artritis o espasmo de los músculos mandibulares. El dolor recurrente en ella se conoce como *síndrome de la articulación temporomandibular,* que puede causar jaquecas, un sonido como de «crujido» al abrir la mandíbula y una limitación en la amplitud de movimientos. Este problema –muy complejo– puede provenir del uso excesivo de la mandíbula (p. ej., al mascar demasiado chicle), o por otras lesiones, bruxismo (rechinar los dientes) o problemas dentales.

La columna vertebral

La *columna vertebral* es un conjunto de huesos más o menos circulares, las **vértebras,** cada una de las cuales tiene un agujero central por el que pasan la médula espinal y los nervios raquídeos. Las vértebras se mantienen unidas por medio de ligamentos, y se articulan unas con otras de forma tal que confieren estabilidad y resistencia a la columna vertebral.

Durante el desarrollo fetal y la infancia, la columna vertebral tiene normalmente 33 huesos; la fusión del 25 al 29 para formar el sacro y del 30 al 33 para formar el cóccix reduce en general esa cantidad a un total de 26 huesos en los adultos (24 vértebras, 1 sacro y 1 cóccix). A veces, los cuatro huesos inferiores no se fusionan por completo y puede haber entre 27 y 29 vértebras. La columna sostiene el cráneo, el contenido del tórax y el abdomen, y los miembros superiores; es además el eje sobre el que giran todos los movimientos del cuerpo.

La columna vertebral tiene cinco regiones

De arriba abajo, la columna vertebral se divide en cinco regiones (fig. 6-28):

- La región **cervical** (el cuello) contiene 7 vértebras.
- La región **torácica** (el tórax) contiene 12 vértebras.
- La región **lumbar** (la zona inferior de la espalda) contiene 5 vértebras especialmente fuertes.
- La región **sacra** contiene 5 vértebras en los niños, pero un solo *sacro* en los adultos.

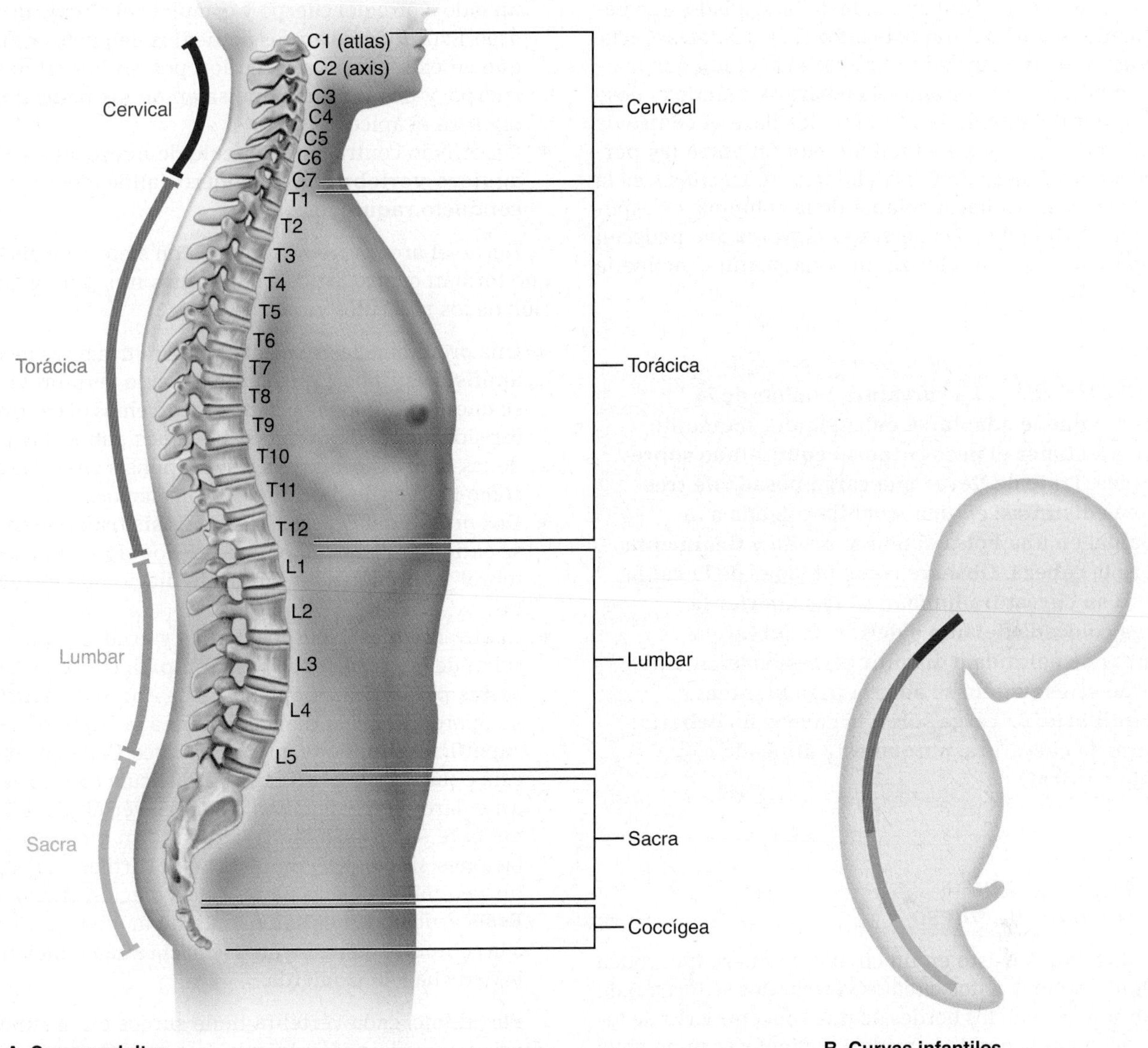

Figura 6-28. Columna vertebral, vista lateral. A) Adulta. **B)** Infantil. Se usan los mismos colores para las regiones vertebrales adultas e infantiles. *¿Cuántas vértebras torácicas hay en la columna vertebral adulta?*

- La región **coccígea** contiene varias vértebras en los niños, pero generalmente un solo *cóccix* en los adultos.

Observe que las vértebras se nombran según la región en que se encuentran (p. ej., «C» significa cervical), y están numeradas de arriba abajo. Así, la última vértebra cervical se llama C7.

Como puede verse en la figura 6-28 A, cada región de la columna vertebral adulta está ligeramente curvada en forma alterna: la columna cervical se curva hacia delante, la torácica hacia atrás, la lumbar hacia delante, y el sacro y el cóccix hacia atrás.

Por el contrario, en el feto y el recién nacido, la columna tiene forma de C (fig. 6-28 B). La curva cervical, un elemento necesario para el desarrollo humano de la bipedestación que permite ver a lo lejos, comienza a formarse cuando el bebé es capaz de mantener la cabeza erguida (alrededor de los 3 meses de edad). La curva lumbar es necesaria para el movimiento erguido y se desarrolla cuando el niño aprende a ponerse de pie y caminar (alrededor de 1 año de edad). Dado que la mayor parte del peso torácico y abdominal es anterior a la columna, el desarrollo de la curva lumbar es necesario para desplazar ese peso a la parte posterior del torso, de modo que se mantenga en una alineación vertical neutra sobre los pies.

Apuntes sobre el caso

6-26 La radiografía de columna de Maggie reveló una antigua fractura en la vértebra T2. ¿La fractura es superior o inferior a las vértebras lumbares?

A veces, la columna se curva de forma anómala. La *escoliosis* es una curvatura anómala de lado a lado, que generalmente se inicia durante la infancia y la adolescencia. La *lordosis* es una curvatura lumbar exagerada que aparece temporalmente durante el embarazo, cuando el peso del feto por delante de la columna desplaza el centro de gravedad de la mujer. Es también común entre las personas con un exceso de grasa abdominal. La *cifosis* es la curvatura excesiva hacia delante de la columna; es especialmente habitual en las personas mayores que padecen osteoporosis y se caracteriza por una postura inclinada hacia delante.

¡Recuerde! **La curvatura lumbar de la espalda puede adaptarse en cualquier momento para mantener el peso corporal equilibrado sobre los pies. Trate de llevar una carga pesada de tres formas distintas: en una mochila colgada a la espalda, en una bolsa sujeta al pecho y finalmente sobre la cabeza. Observe cómo el lugar de la carga altera su curvatura lumbar. Al transportar la carga colocada delante o detrás, la curvatura lumbar se agranda o disminuye, respectivamente, ya que su esqueleto se adapta para mantener el equilibrio. La carga sobre la cabeza no debería alterar la curvatura, porque está alineada con el eje vertical.**

Una vértebra típica es un círculo de hueso

Cada vértebra consiste en un círculo de hueso que rodea la médula espinal. Estos círculos vertebrales se forman en el embrión, cuando los bordes de una concentración de tejido crecen alrededor de la médula espinal y se unen en la mitad. A veces, este proceso no se completa y el arco vertebral queda abierto dorsalmente, afección que se conoce como *espina bífida*. Los casos leves de este trastorno son muy comunes, generalmente desconocidos para el paciente, y no se relacionan con ninguna enfermedad neurológica. Sin embargo, los casos graves pueden causar parálisis e infecciones.

Casi todas las vértebras tienen las mismas características básicas, que se muestran en la figura 6-29 A y B:

- Un **cuerpo** grueso en forma de disco. Los cuerpos de todas las vértebras, menos C1 y C2, están unidos por los **discos intervertebrales** (fig. 6-29 F): amortiguadores redondeados, resistentes y flexibles, que forman las articulaciones cartilaginosas. Constan de un anillo de tejido fibroso denso que rodea un núcleo pulposo central cartilaginoso y semisólido. Amortiguan los choques y permiten el movimiento de oscilación y giro de la columna vertebral. Se clasifican funcionalmente como anfiartrosis (v. fig. 6-13).
- Un **arco vertebral** que se extiende horizontalmente de un lado a otro del cuerpo y completa el círculo de tejido óseo. Está dividido en dos **pedículos** pequeños y gruesos que se extienden en dirección posterolateral desde el cuerpo, y dos **láminas** que salen de los pedículos y se unen en el ápice del arco.
- Un orificio central en el círculo de hueso, que se llama **agujero vertebral.** Los agujeros alineados forman el **conducto raquídeo.**

Desde el arco vertebral sobresalen siete apófisis óseas, que forman cuatro articulaciones más tres puntos de fijación de los músculos vertebrales:

- Una prominencia ósea dorsal impar en la línea media, la **apófisis espinosa,** que surge del arco vertebral (donde se unen las láminas). Cuando recorremos el centro de la espalda con el dedo índice, podemos palpar las puntas de las apófisis espinosas. Estas apófisis sirven también como lugares de fijación de los músculos.
- Dos prominencias óseas, las **apófisis transversas,** que se extienden lateralmente desde los lados del arco vertebral y también son puntos de fijación de los músculos.
- Cuatro láminas óseas, pequeñas y gruesas, que sobresalen del arco vertebral y sirven para conectar las vértebras por encima o debajo. Estas **apófisis articulares** son pares, una a la derecha y otra a la izquierda, en las superficies superior e inferior del arco. Cada una de ellas está equipada con cartílago y se articula con las apófisis articulares correspondientes de las vértebras inmediatamente superior o inferior, para formar cuatro articulaciones sinoviales completas con cartílago articular y un pequeño espacio para la articulación (fig. 6-29 F). Estas articulaciones son planas, de modo que permiten a la columna rotar e inclinarse hacia atrás y adelante, y a la derecha y la izquierda.

Por último, cada vértebra tiene surcos en la superficie inferior de cada pedículo, que interactúan con la vértebra inferior para formar el **agujero intervertebral.** Esta pequeña abertura permite el paso de los nervios raquídeos desde la médula espinal hacia el cuerpo (fig. 6-29 F).

Apuntes sobre el caso

6-27 El médico de urgencias palpó suavemente los bultos en el centro de la espalda de Maggie, tratando de detectar algún dolor. ¿Qué región vertebral estuvo tocando?

Las vértebras cervicales son siete

Además de las características ya mencionadas, cada vértebra cervical contiene dos agujeros adicionales, uno en cada apófisis transversa, por los que pasan los vasos sanguíneos (fig. 6-29 C). Las apófisis espinosas dorsales de las vértebras cervicales son cortas y a menudo están divididas en dos ramas.

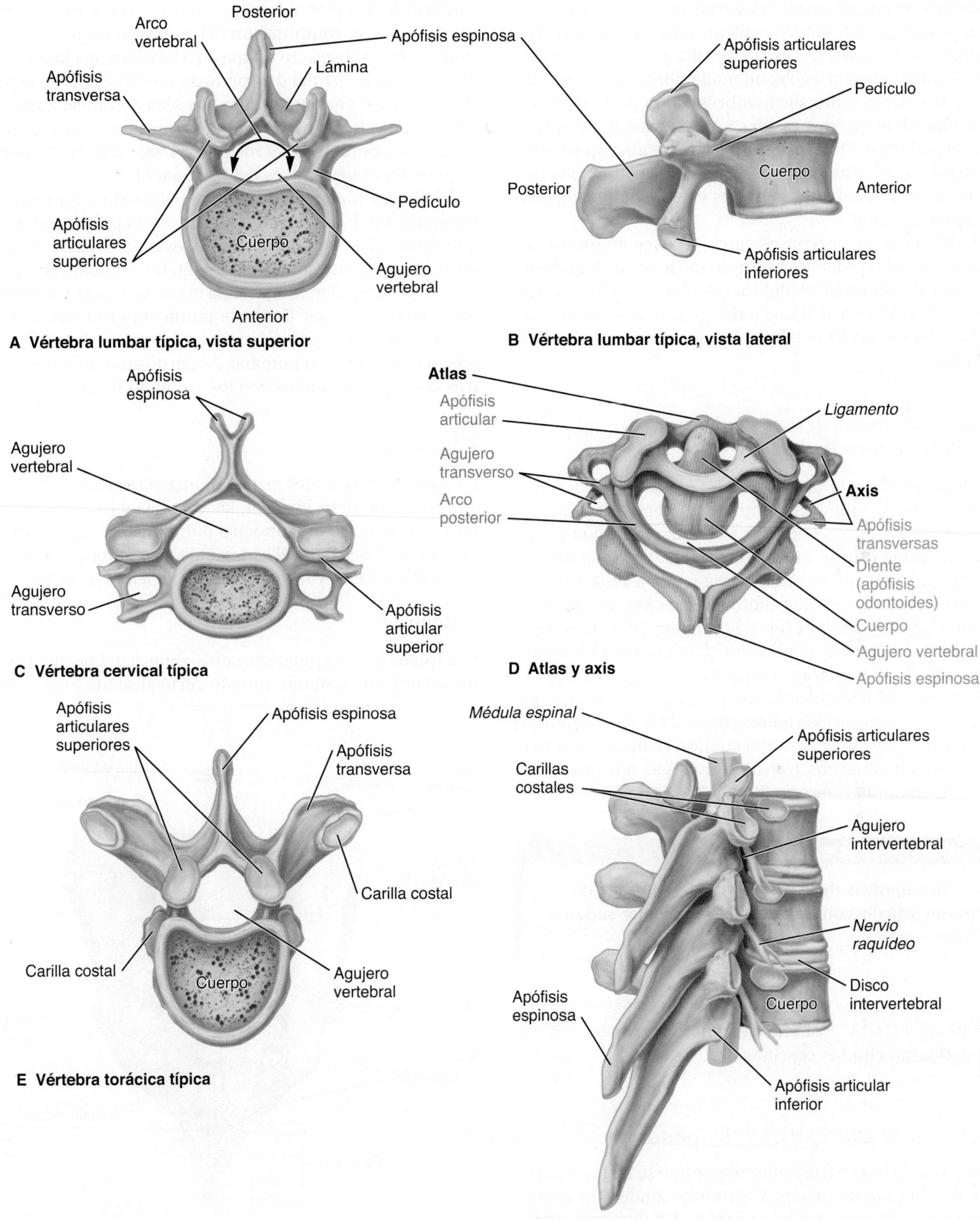

Figura 6-29. Estructura vertebral. Características básicas de una vértebra lumbar, **A)** vista superior y **B)** vista lateral derecha. **C)** Vértebra cervical típica, como se ven de C3 a C7. **D)** El atlas (C1) gira alrededor de un soporte proporcionado por el axis (C2). **E)** Vértebra torácica típica. Observe la apófisis transversa modificada, que se articula con una costilla. **F)** Las vértebras se apilan una sobre otra y forman la columna vertebral. En todas las imágenes, el cartílago aparece sombreado en azul claro. *Diga cuál es la estructura que conecta el cuerpo vertebral con la apófisis transversa.*

Las dos primeras vértebras cervicales son anatómicamente distintas del resto y realizan funciones diferentes (fig. 6-29 D). El **atlas,** C1, es la más alta y debe su nombre al héroe mitológico griego condenado por Zeus a sostener la bóveda celeste sobre sus hombros. En la parte superior de su superficie hay dos carillas articulares que coinciden con los cóndilos del hueso occipital. La articulación sinovial que se forma (gínglimo) entre el cráneo y la columna vertebral permite movimientos laterales y de flexión, extensión y rotación limitada.

El atlas no tiene cuerpo; en cambio, posee un *arco anterior* delgado que rodea una prominencia vertical, el **diente** (o apófisis odontoides), del cuerpo de la vértebra C2 que le sigue. Esta última se llama **axis,** porque el atlas gira alrededor del eje *(axis)* del diente, como la tierra gira sobre su eje polar.

Las vértebras torácicas son doce y las lumbares cinco

Hay doce *vértebras torácicas,* T1 a T12, más grandes y mucho más fuertes que sus compañeras cervicales, que se encuentran por encima de ellas. Cada una tiene cuatro **carillas costales** que se articulan con las costillas, una en la punta de cada apófisis transversa y una a cada lado del cuerpo (fig. 6-29 E y F). La columna torácica no es tan flexible como la cervical superior o la lumbar inferior, porque las costillas limitan su movimiento. La figura 6-29 F muestra las vértebras torácicas articuladas.

Hay cinco *vértebras lumbares,* L1 a L5, las más grandes y gruesas de todas las vértebras (fig. 6-29 A y B). Soportan gran parte del peso del cuerpo cuando realizamos actividades como inclinarnos, transportar cargas o incluso simplemente mantenernos erguidos, ya sea sentados o de pie.

Apuntes sobre el caso

6-28 ¿Qué apófisis de la vértebra (T2) fracturada de Maggie se articula con las costillas, la articular superior o la transversa?

¡Recuerde! **Sólo las vértebras torácicas se articulan con las costillas.**

El sacro y el cóccix están fusionados

El **sacro** es un hueso triangular impar que se forma a partir de la fusión gradual de cinco vértebras fetales, un proceso que comienza en la adolescencia y finaliza aproximadamente a los 30 años de edad (fig. 6-30). Es un hueso resistente, al cual se fijan los músculos grandes de la cadera y los muslos. Aunque es un solo hueso, tiene cinco regiones, S1 a S5, una por cada vértebra sacra original.

Como sucede con las otras vértebras, las apófisis articulares superiores en la parte de arriba del sacro se articulan con la quinta vértebra lumbar. En el centro se encuentra el *conducto sacro,* continuación del conducto raquídeo. El extremo inferior del sacro es una abertura llamada *hiato sacro,* que constituye el final del conducto raquídeo. Desde el hueco central del conducto salen dos alas de hueso, cada una de las cuales tiene cuatro agujeros que permiten el paso de los nervios raquídeos sacros S1 a S4 ➡ (cap. 8). El nervio raquídeo S5 sale a través del hiato sacro.

El **cóccix** (del griego *kókkyx* = «cuco») es un pequeño hueso triangular semejante al pico de un pájaro (fig. 6-30), que forma el extremo inferior del esqueleto axial. A veces, los tres a cinco huesos coccígeos fetales originales no se fusionan por completo, con lo cual el cóccix puede tener entre dos y cuatro huesos. Desde la punta superior hacia abajo, el cóccix se fusiona con el extremo inferior del sacro. Es, en efecto, como un rabo humano, recuerdo anatómico de nuestros ancestros comunes con los animales de cola.

El tórax

La palabra **tórax** (del griego *thorax* = «pecho») se refiere al pecho completo, es decir, las costillas y los otros huesos torácicos más el corazón y los pulmones. La **caja torácica** (tórax óseo) es parte del esqueleto axial; se refiere a las costillas, el esternón y las vértebras torácicas (fig. 6-31).

Esternón

El **esternón** (del griego *sternon* = «hueso del pecho») es un hueso delgado y plano, situado verticalmente en el centro

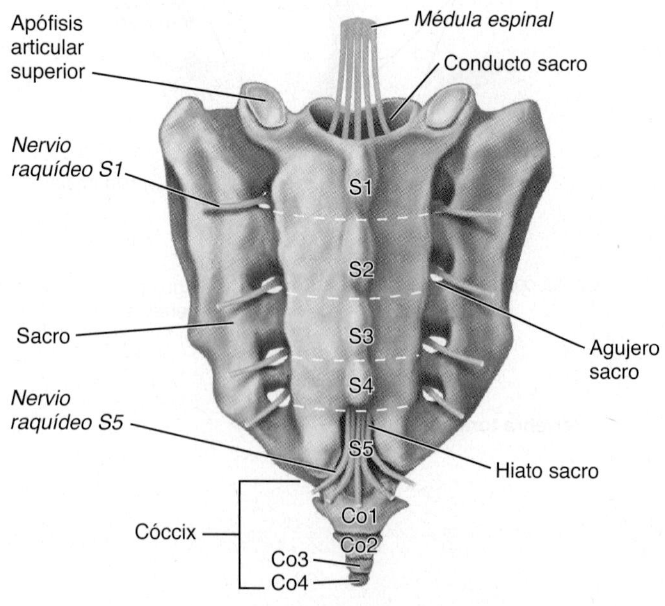

Figura 6-30. Sacro y cóccix. El sacro adulto consta de cinco huesos fusionados (S1 a S5); el cóccix está formado por cuatro huesos que sólo pueden fusionarse parcialmente (Co1 a Co4). *¿Cuál es el nombre de la abertura del sacro por la que salen los nervios raquídeos?*

de la pared torácica anterior. Consta de tres partes, que en el feto están separadas, y que de arriba abajo son el *manubrio*, el *cuerpo* y la *apófisis xifoides* (fig. 6-31). El **manubrio** es el que está en la posición más alta y se fusiona al **cuerpo** en el **ángulo esternal,** una cresta ósea transversa perfectamente identificable, muy útil como punto de referencia anatómico durante las exploraciones médicas del pecho. La **apófisis xifoides** (del griego *xiphos* = «espada») es un apéndice inferior del esternón.

Las **escotaduras claviculares** son unos huecos a cada lado del extremo superior del manubrio, que se articula con la clavícula para formar la articulación *esternoclavicular* (no se muestra). Entre las dos escotaduras claviculares se encuentra la **escotadura supraesternal (yugular),** una hendidura en V en el extremo superior del manubrio, en la base anterior del cuello.

Por su posición subyacente a la piel, su forma plana y su contenido habitual de médula ósea roja, el esternón es el lugar ideal para obtener muestras de médula. La técnica consiste en introducir una aguja corta que tiene un collar protector para impedir una penetración profunda que pueda alcanzar el corazón o los grandes vasos subyacentes (fig. 6-31 B). Con anestesia local, se inserta la aguja en la cavidad medular a través del tejido óseo compacto, se aspira la médula ósea en una jeringa y luego se extiende en un portaobjetos para su análisis microscópico.

Finalmente, durante la reanimación cardiopulmonar, las manos del reanimador deben mantenerse en la parte inferior del cuerpo esternal, no en la apófisis xifoides. En caso contrario, la presión podría fracturar la apófisis y empujarla hacia el hígado, que posiblemente resultaría lesionado (fig. 6-31 B).

¡Recuerde! **El esternón puede palparse con facilidad y es un importante punto de referencia anatómico. Las escotaduras claviculares pueden palparse en la unión del manubrio con cada clavícula, y la escotadura supraesternal en forma de V entre y sobre ellas. Por encima de la escotadura supraesternal se encuentra la glándula tiroides. Aproximadamente 4 cm por debajo de esta escotadura se halla el ángulo esternal, que puede palparse como una pequeña cresta horizontal. La segunda costilla une el esternón al ángulo esternal. Este punto de referencia anatómico indica el lugar donde la tráquea se divide en dos bronquios.**

Costillas

La pared de la caja torácica está formada por doce pares de **costillas** (fig. 6-31 A). A pesar del mito bíblico, las mujeres no tienen una costilla menos que los hombres. Cada costilla se une posteriormente a las apófisis transversas de las vértebras torácicas. Forman así las **articulaciones costovertebrales,** que son sinoviales planas. Entre las costillas se encuentran los **espacios intercostales.** Por convención, las costillas se numeran de arriba abajo: la más alta es la

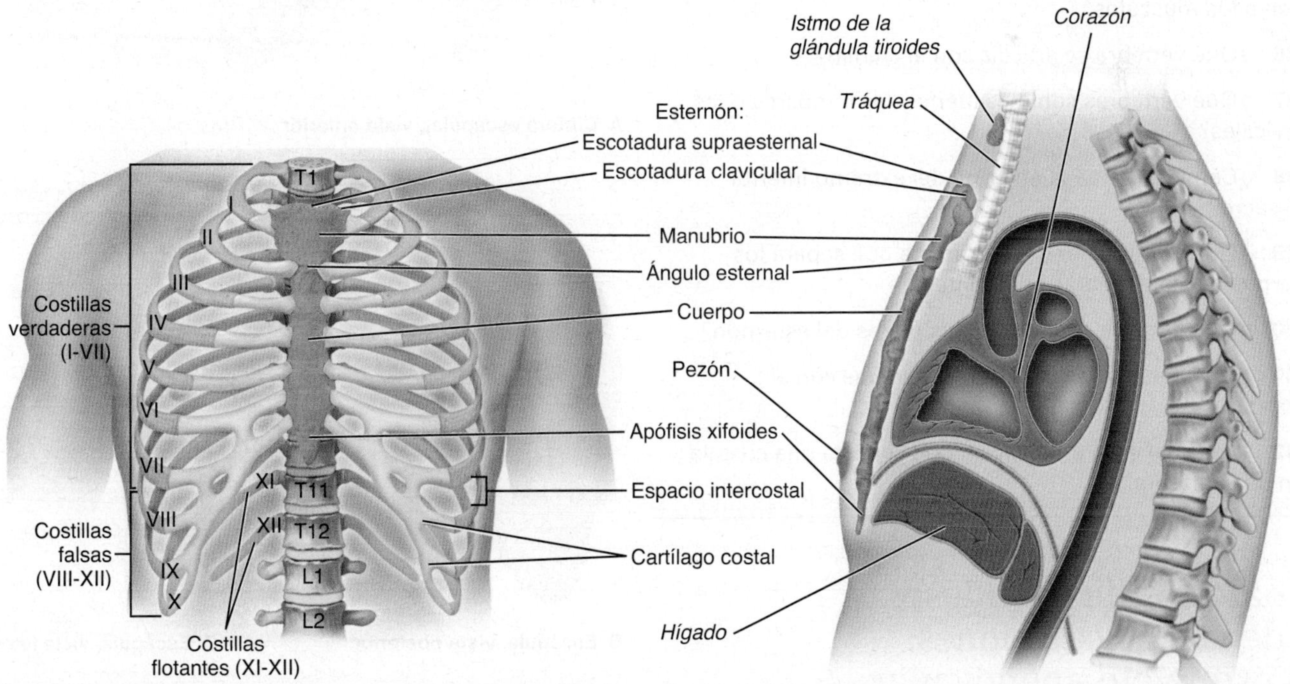

Figura 6-31. Tórax. A) Huesos del tórax. **B)** Puntos de referencia anatómicos del esternón. *¿Cómo se llama la parte inferior del esternón?*

costilla I y la más baja la XII. La costilla VII es la más larga; las restantes se acortan gradualmente hacia arriba y hacia abajo dentro de la caja torácica. Se describen de la siguiente forma:

- Las costillas I a VII se llaman **verdaderas** porque se conectan al lado del esternón por medio de bastones cartilaginosos individuales llamados **cartílagos costales.**
- Las costillas VIII, IX y X comparten un cartílago costal en forma de horquilla que se funde con el cartílago costal de la costilla VII. A veces se las llama **costillas falsas** porque no se conectan individualmente con el esternón.
- Las costillas XI y XII, llamadas **flotantes,** no tienen cartílago y son también falsas porque no están conectadas al esternón.

6-29 ¿La mandíbula es un hueso craneal o facial?

6-30 ¿Qué hueso se articula con todos los demás huesos craneales?

6-31 ¿Cómo se llama la sutura que se forma en el punto de unión de los dos huesos parietales y el hueso frontal?

6-32 Diga qué huesos contienen los dientes.

6-33 Nombre los cuatro huesos del cráneo que contienen senos.

6-34 ¿Cuál es la última curva vertebral que se desarrolla tras el nacimiento?

6-35 Diga cuáles son las tres apófisis vertebrales que se unen a los músculos.

6-36 ¿Qué vértebra se articula con el cráneo?

6-37 ¿Qué vértebras son más fuertes, las lumbares o las cervicales?

6-38 ¿Cómo se llama la abertura del extremo inferior del sacro?

6-39 ¿Qué nombre tiene la estructura que separa los cuerpos de las vértebras adyacentes?

6-40 ¿Qué nombre reciben las tres partes del esternón?

6-41 ¿Qué conecta las costillas verdaderas con el esternón?

6-42 Diga cuál es la articulación que conecta una costilla con una vértebra.

Anatomía de los huesos y de las articulaciones: el esqueleto apendicular

Después de analizar el esqueleto axial –cráneo, columna vertebral y caja torácica–, es hora de estudiar el esqueleto apendicular.

Cintura escapular (del hombro)

Su parte más alta son las dos **cinturas escapulares,** que unen los huesos de los miembros superiores con el esqueleto axial. Cada una de ellas tiene dos huesos: la *clavícula* (el hueso del cuello) en el tórax anterosuperior, y la *escápula* (el omóplato) en el tórax posterosuperior (fig. 6-32 A). Sólo la clavícula se une directamente al tórax, hueso con hueso; en el punto de unión con el borde superior lateral del esternón forma la articulación esternoclavicular. La escápula se conecta directamente con el tórax sólo por medio de músculos.

La **clavícula** recorre horizontalmente la parte superior del tórax, desde la escotadura clavicular del esternón por la parte superior del hombro, donde se articula con la cara superior de la escápula (fig. 6-32 A). Los músculos pesados fijan la cintura escapular al tórax, apuntalándola contra las

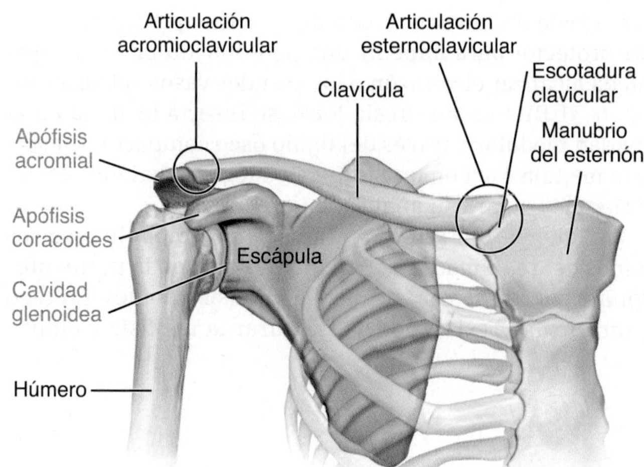

A Cintura escapular, vista anterior

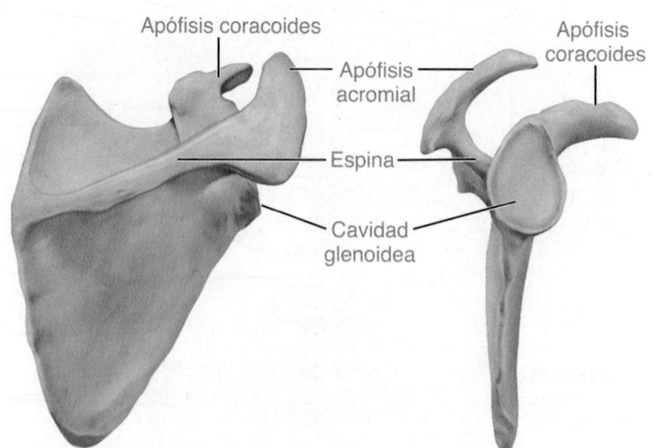

B Escápula, vista posterior **C Escápula, vista lateral**

Figura 6-32. Huesos de la cintura escapular (del hombro). A) La vista anterior muestra que la cintura escapular está formada por la escápula y la clavícula. **B)** Escápula, vista posterior. **C)** Escápula, vista lateral. *¿Qué parte de la escápula se articula con la clavícula?*

fuerzas que provienen del exterior (como cuando alguien le tira del brazo); de otro modo, estas fuerzas podrían desprender la cintura del esqueleto axial. La clavícula protege la parte anterior del hombro e impide que los músculos torácicos fuertes tiren del hombro hacia el esternón. Muchas fracturas de clavícula se producen a consecuencia de una caída sobre el brazo extendido, ya que la fuerza de la caída se transmite al brazo hasta un punto débil situado en el extremo lateral de la clavícula.

La **escápula** es un hueso triangular largo que yace plano junto a la cara superoposterior del tórax. Consta de un cuerpo plano y una cresta ósea dorsal, la **espina escapular** (fig. 6-32 B), que termina en una prominencia ósea, llamada **apófisis acromial.** El acromion forma un saliente óseo en la parte superior del hombro, donde se articula con la clavícula para formar la **articulación acromioclavicular.** La cercana **apófisis coracoides** (del griego *korax* = «cuervo»), que debe su nombre a su forma semejante al pico de un cuervo, sirve de punto de fijación para ciertos músculos del hombro y el tórax. En la cara lateral de la escápula se encuentra la **cavidad glenoidea** (o *fosa glenoidea*), una depresión poco profunda donde el hueso del brazo, el *húmero,* se une a la escápula para formar la articulación del hombro (v. más abajo).

Apuntes sobre el caso

6-29 Maggie se protegió con las manos cuando cayó. ¿Qué hueso tiende a romperse en esta situación porque traslada la fuerza de la caída a los huesos del esqueleto axial?

Los miembros superiores

Los **miembros superiores** están formados por el **brazo** (el tramo por encima del codo), el **antebrazo** (el tramo entre el codo y la muñeca) y la **mano,** formada por la *muñeca,* la *palma* y los *dedos* (fig. 6-33).

El hueso del brazo es el húmero

El **húmero** es el hueso más largo y pesado de los miembros superiores (fig. 6-34). En su extremo proximal tiene una *cabeza* bulbosa, que se apoya en la pequeña depresión de la cavidad glenoidea de la escápula. A su alrededor se extiende un surco poco profundo, el **cuello anatómico,** situado en el lugar de la antigua placa epifisaria. Hacia abajo y parcialmente paralela a la diáfisis, se encuentra una pequeña prominencia llamada **tuberosidad deltoidea,** el punto de fijación del *músculo deltoides* grande que cubre la articulación del hombro.

En el extremo distal del húmero hay dos apófisis que se articulan con los huesos del antebrazo y forman la articulación del codo. El **capítulo lateral** se articula con el hueso lateral del antebrazo (el *radio*); la **tróclea** medial se articula con el hueso medial del antebrazo (el *cúbito*). En la parte superior del capítulo y la tróclea se encuentran los **epicóndilos** lateral y medial, respectivamente, donde se fijan los tendones de los músculos del antebrazo. Los tendones de los músculos posteriores del antebrazo se fijan en el epicóndilo lateral. La utilización excesiva de estos músculos, como en la hiperextensión de la muñeca que prepara el

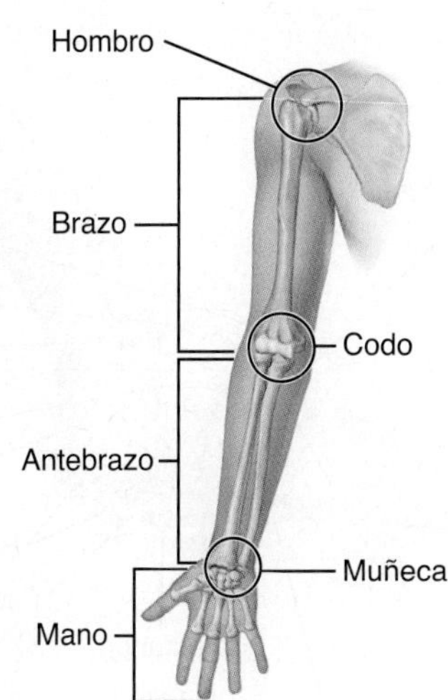

Figura 6-33. Miembro superior. El miembro superior se extiende desde el hombro hasta las puntas de los dedos. *¿Qué término se utiliza para describir el miembro superior entre el codo y la muñeca?*

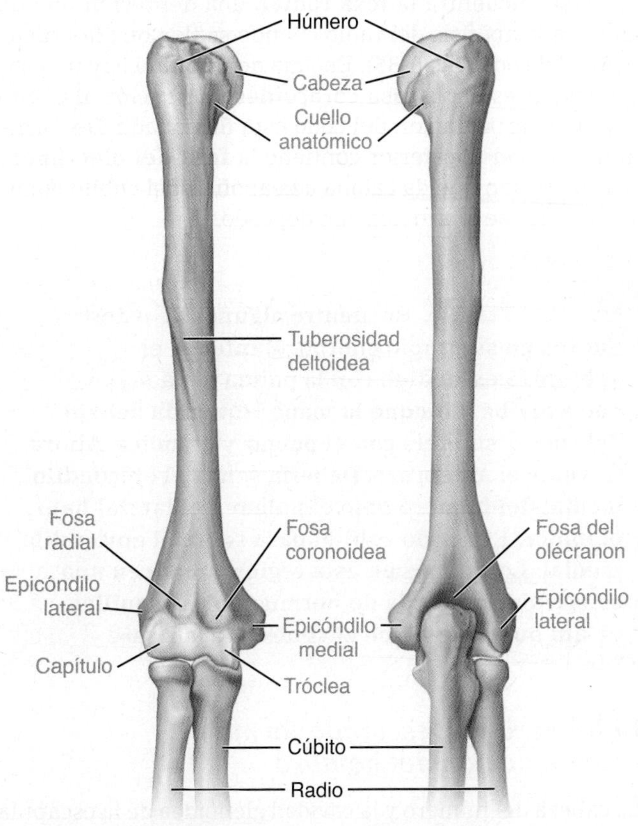

Figura 6-34. Húmero. A) Vista anterior **B)** Vista posterior. *Señale la cresta que se encuentra sobre la diáfisis del húmero.*

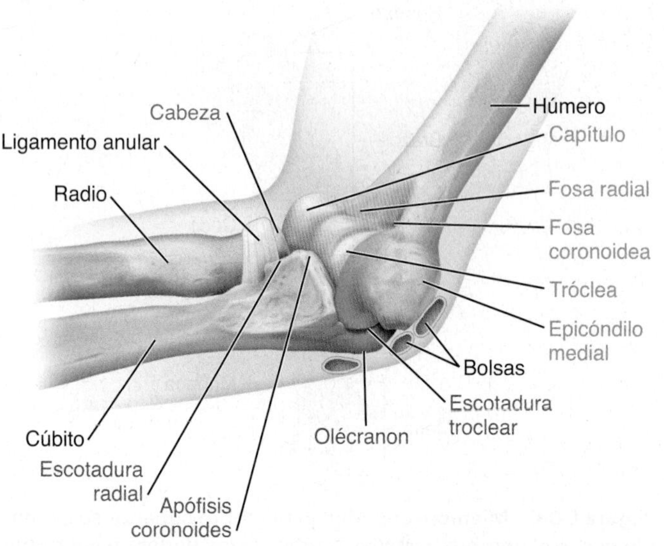

Figura 6-35. Articulación del codo, vista medial. Se muestra el codo derecho en posición flexionada. *Diga cuál es el ligamento que envuelve al radio.*

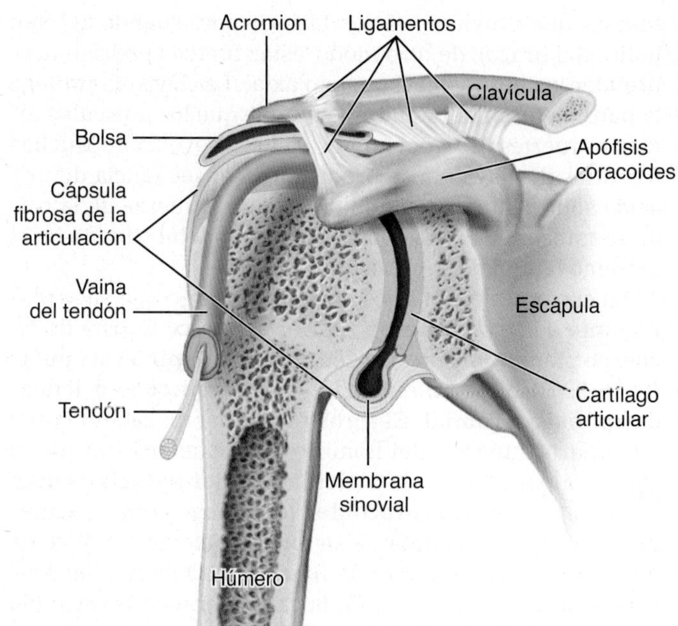

Figura 6-36. Articulación del hombro derecho, sección transversal (vista anterior). *¿Qué estructura es continuación de la membrana sinovial, los ligamentos o la vaina tendinosa?*

brazo para el golpe con la raqueta de tenis, puede causar inflamación y dolor en los tendones unidos al epicóndilo lateral, una afección llamada «codo de tenista».

Inmediatamente por encima de la tróclea, en el lado anterior, se encuentra la **fosa radial,** una depresión que da cabida a la apófisis del radio cuando se flexiona la articulación del codo (fig. 6-35). Encima del capítulo hay una segunda depresión, la **fosa coracoides,** que recibe al cúbito cuando la articulación del codo está flexionada. De forma similar, el lado posterior contiene la **fosa del olécranon,** una depresión que da cabida a la apófisis del cúbito cuando se extiende la articulación del codo.

¡Recuerde! **Encuentre algunos de estos huesos en su propio cuerpo. Mantenga el antebrazo extendido con la palma de la mano hacia arriba. Coloque la mano izquierda debajo del codo y sujételo con el pulgar y el índice. Ahora, flexione el antebrazo. Debería sentir el epicóndilo medial del húmero bajo el pulgar y el lateral bajo el índice. El nervio cubital pasa sobre el epicóndilo medial. Los golpes en esta región producen una sensación incómoda de hormigueo y cosquilleo; de ahí que se le llame el «hueso de la risa».**

El húmero y la escápula forman la articulación del hombro

La cabeza del húmero y la cavidad glenoidea de la escápula se articulan para formar la articulación esferoidea del hombro (fig. 6-36). La poca profundidad de la cavidad glenoidea contribuye a la gran amplitud de movimientos de esta articulación, mucho mayor que la de la cadera, una articulación también esferoidea pero con una cavidad mucho más profunda (descrita más adelante). El hecho de ser la articulación que con más frecuencia se disloca destaca la comprometida relación entre la estabilidad de una articulación y su amplitud de movimiento.

La articulación completa se halla envuelta por una cápsula fibrosa dura, pero la gruesa capa de músculos circundantes desempeña el papel más importante en la estabilización del hombro. La cápsula fibrosa es una continuación de algunos ligamentos accesorios (no se muestran en la fig. 6-36) y de los tendones musculares (se muestra uno). La membrana sinovial no sólo tapiza la cavidad de la articulación, sino que también se extiende para formar una vaina protectora alrededor del tendón, donde se fija el músculo bíceps (recuerde que las vainas de los tendones son bolsas modificadas). Hay otras bolsas que reducen la fricción entre los músculos del hombro, el húmero, la clavícula y la escápula.

¡Recuerde! **Los ligamentos y tendones son a menudo prolongaciones de la cápsula fibrosa articular. Las bolsas y las vainas de los tendones son a menudo prolongaciones de la membrana sinovial.**

El antebrazo contiene el cúbito y el radio

El antebrazo tiene dos huesos: el *cúbito* y el *radio.* Como ya hemos dicho, en la posición anatómica estándar, la palma de la mano se encuentra en sentido anterior con el pulgar hacia fuera. En esta posición, el *radio* está lateral (en el lado del pulgar) y el *cúbito* hacia dentro (fig. 6-37 A). No obstante, cuando el antebrazo está en pronación con la palma hacia atrás y el pulgar hacia dentro, el radio se cruza sobre el cúbito, con el que forma una X alargada. El radio y el cúbito están conectados y estabilizados por una lámina de tejido conectivo, la *membrana interósea,* y forman una sindesmosis.

El **cúbito** es más largo que el radio y se superpone al húmero cuando el codo está extendido. La base proximal del cúbito es cuadrangular y forma el *olécranon,* la apófisis ósea situada bajo la piel del codo, que sirve de punto de fijación para los músculos posteriores del brazo (fig. 6-37 C). Los músculos anteriores del brazo se fijan en una apófisis similar al otro lado del cúbito, llamada **apófisis coronoides.** La superficie articular en forma de C inmediatamente distal al olécranon, la **escotadura troclear,** se articula con el húmero para formar la articulación del codo (fig. 6-37 B y C). La **escotadura radial,** por el contrario, se articula con el radio para formar la **articulación radiocubital** proximal (fig. 6-37 A). El **ligamento anular** se extiende desde el cúbito y envuelve firmemente la cabeza radial, para que pueda mantenerse cómodamente dentro de la escotadura radial del cúbito y permitir así la rotación estable del radio durante la pronación y la supinación del antebrazo. En el extremo distal del antebrazo hay una segunda articulación radiocubital, donde vuelven a unirse el cúbito y el radio. En el extremo distal del cúbito se encuentra una **cabeza** plana y redonda que se articula con los huesos de la muñeca (fig. 6-37 B). En el lado medial de la cabeza se encuentra la **apófisis estiloides del cúbito,** en la cual se fijan los ligamentos mediales de la muñeca.

El **radio** se orienta en dirección opuesta al cúbito, y la **cabeza radial** se articula con el húmero (fig. 6-37 B). La cabeza radial también se articula con la escotadura radial del cúbito para formar la articulación radiocubital proximal. Debajo de la cabeza, sobre la superficie anterior, hay una zona áspera ligeramente elevada, la **tuberosidad radial,** que marca el punto de fijación del músculo bíceps del brazo.

El extremo distal del radio se articula con los pequeños huesos de la muñeca. En el lado lateral del extremo distal se encuentra la **apófisis estiloides del radio,** en la que se fijan los ligamentos laterales de la muñeca.

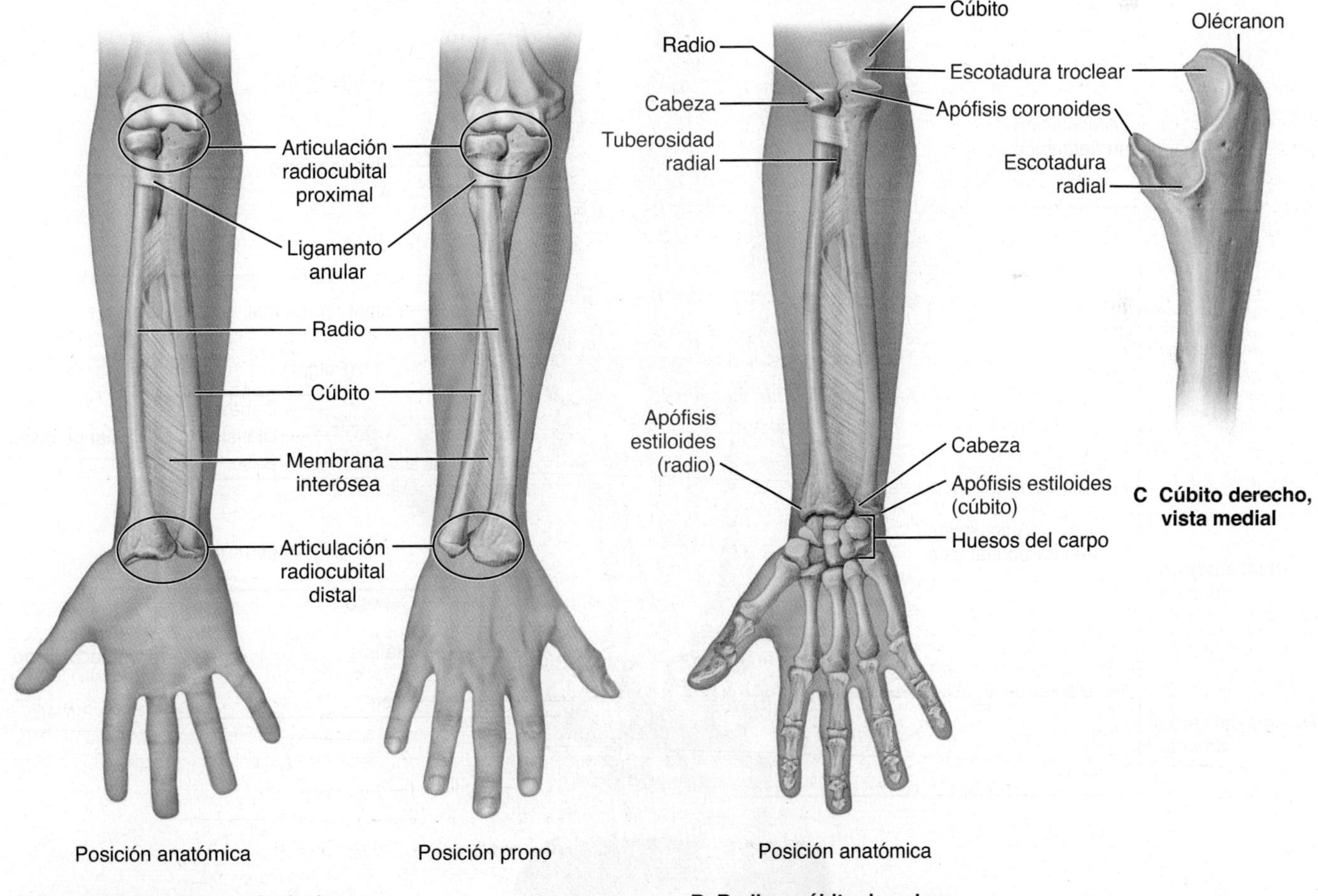

Figura 6-37. Huesos del antebrazo. El antebrazo está formado por el radio y el cúbito. **A)** El radio y el cúbito no se cruzan en la posición anatómica, pero lo hacen cuando el brazo está en pronación. **B)** Radio y cúbito derechos, vista anterior en la posición anatómica. **C)** Cúbito derecho, vista medial. *¿En qué hueso está la apófisis coronoides?*

Apuntes sobre el caso

6-30 Maggie tiene el brazo en cabestrillo, con la palma de la mano hacia arriba y el brazo sujeto contra el abdomen. ¿Dónde se encuentra el radio lesionado, más cerca del abdomen o en el lado opuesto del brazo?

El húmero, el radio y el cúbito forman la articulación del codo

La figura 6-35 muestra que la articulación del codo está formada por articulaciones entre la tróclea del húmero y la escotadura troclear del cúbito, así como también entre la cabeza del radio y el capítulo del húmero. El codo es una articulación en bisagra (gínglimo) que sólo puede realizar movimientos de flexión y extensión. Los ligamentos (no se muestran en la fig. 6-35) limitan todos los demás movimientos.

El codo está rodeado por múltiples bolsas. La *bolsa del olécranon* se apoya sobre la punta del olécranon y puede inflamarse a causa de golpes directos o por el uso excesivo de la articulación; esto constituye otra forma de *codo de tenista* (por la flexión y extensión repetitivas de la articulación) o *codo de estudiante* (por apoyarse demasiado tiempo sobre el codo para leer o escribir).

La mano está formada por la muñeca, la palma y los dedos

La **mano** está formada por la muñeca, la palma y los dedos (fig. 6-38). La **muñeca** comprende dos filas irregulares con cuatro huesos cada una, los **huesos del carpo,** unidos firmemente entre sí por ligamentos que les permiten cierto deslizamiento y giro. Los carpianos están en la base de la mano, como si fueran un «reloj de muñeca» alrededor de los extremos distales del radio y el cúbito. De ahí que la «muñeca» rota de Maggie indique una fractura en la cabeza del radio, que se articula con los huesos del carpo para formar la articulación de la muñeca. En realidad, no se ha fracturado los huesos de la muñeca (del carpo). Los huesos de la palma son los **metacarpianos,** que se nume-

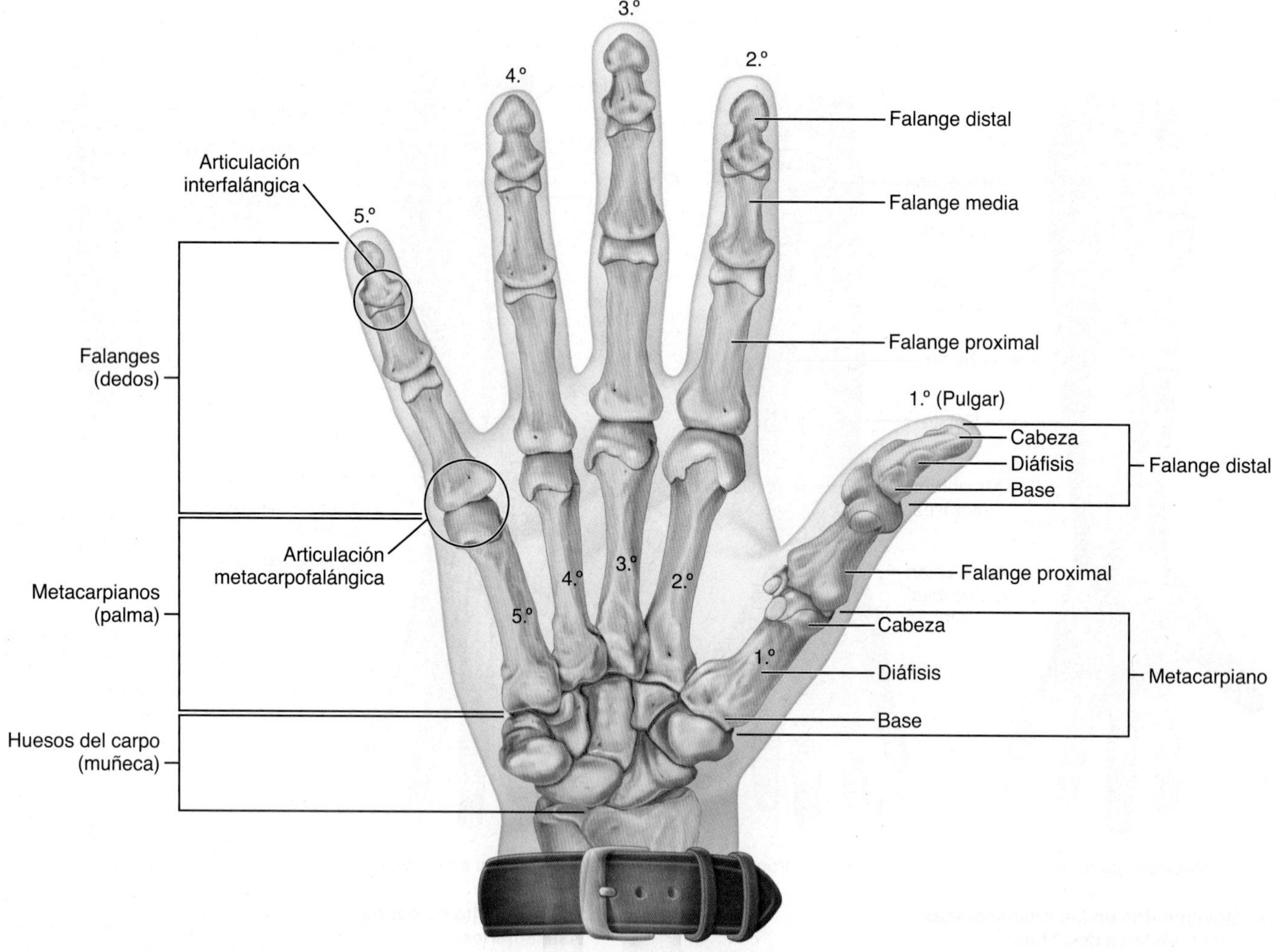

Figura 6-38. Mano. *¿Cuántas falanges tiene el pulgar?*

ran del 1.° al 4.°, a partir del metacarpiano que une el pulgar a la muñeca. Todos los metacarpianos son semejantes: huesos largos con una *diáfisis* central, una *base* proximal y una *cabeza* distal. La cabeza metacarpiana interactúa con los dedos en las **articulaciones metacarpofalángicas,** normalmente abreviadas como *articulaciones MF.* Los nudillos en un puño cerrado son las cabezas metacarpianas de estas articulaciones.

Los dedos están numerados del 1.° al 5.°, a partir del pulgar. Los huesos que forman los dedos son las **falanges.** Cada falange es un hueso largo con una *base* proximal, una *cabeza* distal y una *diáfisis* en medio. El pulgar tiene dos falanges, la proximal y la distal, pero el resto de los dedos tienen tres: proximal, media y distal. Entre las falanges se encuentan las **articulaciones interfalángicas** (IF).

Apuntes sobre el caso

6-31 Al caer, Maggie se apoyó sobre la base de la mano. ¿Qué huesos forman esta región?

Cintura pélvica (de la cadera)

La **cintura pélvica,** punto de fijación de los miembros inferiores, consta de un par de **huesos coxales** *(huesos de la cadera).* Los huesos coxales se articulan entre sí anteriormente, y con el sacro en dirección posterior, para formar la **pelvis ósea,** semejante a un cuenco (fig. 6-39).

La pelvis ósea es la estructura más importante del esqueleto, proporciona la base estable para los movimientos de todo el cuerpo, y también protege los órganos pélvicos.

¡Recuerde! **Observe que el término *cintura pélvica* comprende solamente los huesos coxales, mientras que el término *pelvis ósea* incluye también el sacro.**

La cintura pélvica comprende el ilion, el isquion y el hueso púbico

Entre los 16 y los 18 años de edad, cada hueso coxal está formado por la fusión de tres huesos: el *ilion,* el *isquion* y el *hueso púbico* (o *pubis*). Los tres huesos originales confluyen en el **acetábulo,** una fosa donde encaja el hueso del muslo (fémur) para formar la articulación del miembro inferior y la pelvis. Una cresta ósea, llamada **borde pélvico,** se extiende a lo largo del sacro y de los huesos ilion y púbico (fig. 6-39 A). La importancia de este punto de referencia anatómico se comenta más adelante.

El **ilion** es el más grande de los tres y el que está en la posición superior. Cada ilion es un hueso alado que se une firmemente al sacro en la **articulación sacroilíaca** (fig. 6-39 A). El borde superior de cada ala es la **cresta ilíaca,** donde de vez en cuando apoyamos naturalmente las manos. La cresta ilíaca comienza desde atrás como una prominencia ósea, la **espina ilíaca posterosuperior,** donde se unen el ilion y el sacro, y termina delante en un segundo saliente óseo, la **espina ilíaca anterosuperior** (fig. 6-39 B). Sirve como punto de fijación para los tendones de los músculos y es un importante punto de referencia anatómico en distintos procedimientos médicos.

El **isquion,** en forma de arco, constituye la parte inferoposterior de cada hueso coxal. Tiene una protuberancia inferior grande, la **tuberosidad isquial,** en la que se fijan los músculos y ligamentos grandes; además, soporta el peso de nuestro cuerpo cuando estamos sentados. Como se muestra en la figura 6-39 B, el **hueso púbico** anterior es prácticamente la imagen opuesta del isquion. En ambos lados, el isquion y el pubis se unen por arriba y por abajo para formar un orificio grande en cada hueso coxal, el **agujero obturador,** por el que pasan los vasos y los nervios que llegan al muslo anterior. Los dos huesos púbicos se unen anteriormente en la **sínfisis del pubis** para formar una prominencia ósea en posición central, sobre los genitales. La sínfisis púbica, generalmente inmóvil, se clasifica como anfiartrosis porque el tejido conectivo que forma la articulación se vuelve más flexible en respuesta a las hormonas del embarazo. Como resultado, los huesos púbicos pueden separarse ligeramente para facilitar el paso del bebé a través de la pelvis.

Vista desde arriba, la cintura pélvica tiene el aspecto de un cuello de camisa «doblado hacia arriba». El borde pélvico sería el borde ajustado del cuello, y las alas ilíacas serían la parte doblada hacia arriba (fig. 6-39 A). Los «botones» del cuello estarían en la sínfisis del pubis.

Apuntes sobre el caso

6-32 El hematoma de la cadera izquierda de Maggie estaba situado sólo un poco por debajo de la cinturilla de sus pantalones deportivos. ¿Se había golpeado el ilion, el pubis o el isquion?

La pelvis verdadera es inferior al borde pélvico

El borde pélvico es un importante punto de referencia anatómico. En el capítulo 1 (v. fig. 1-13) dijimos que el borde superior de la cintura pélvica divide las cavidades abdominal y pélvica. Sin embargo, es importante hacer una diferenciación anatómica adicional. La parte de la pelvis situada encima del borde pélvico, pero debajo de los bordes superiores de las alas ilíacas, se encuentra realmente en la cavidad abdominal; por eso se la llama **pelvis falsa** (fig. 6-39 C). La **pelvis verdadera** está situada debajo del borde pélvico y da cabida al útero, a otros órganos reproductores internos y a la vejiga urinaria.

La entrada a la pelvis verdadera es el **estrecho superior de la pelvis,** la abertura rodeada por el borde pélvico (fig. 6-39 A y C). Por abajo hay otra abertura, el **estrecho inferior de la pelvis,** formado por los márgenes del sacro y el cóccix y por los huesos coxales. Los tractos urinarios

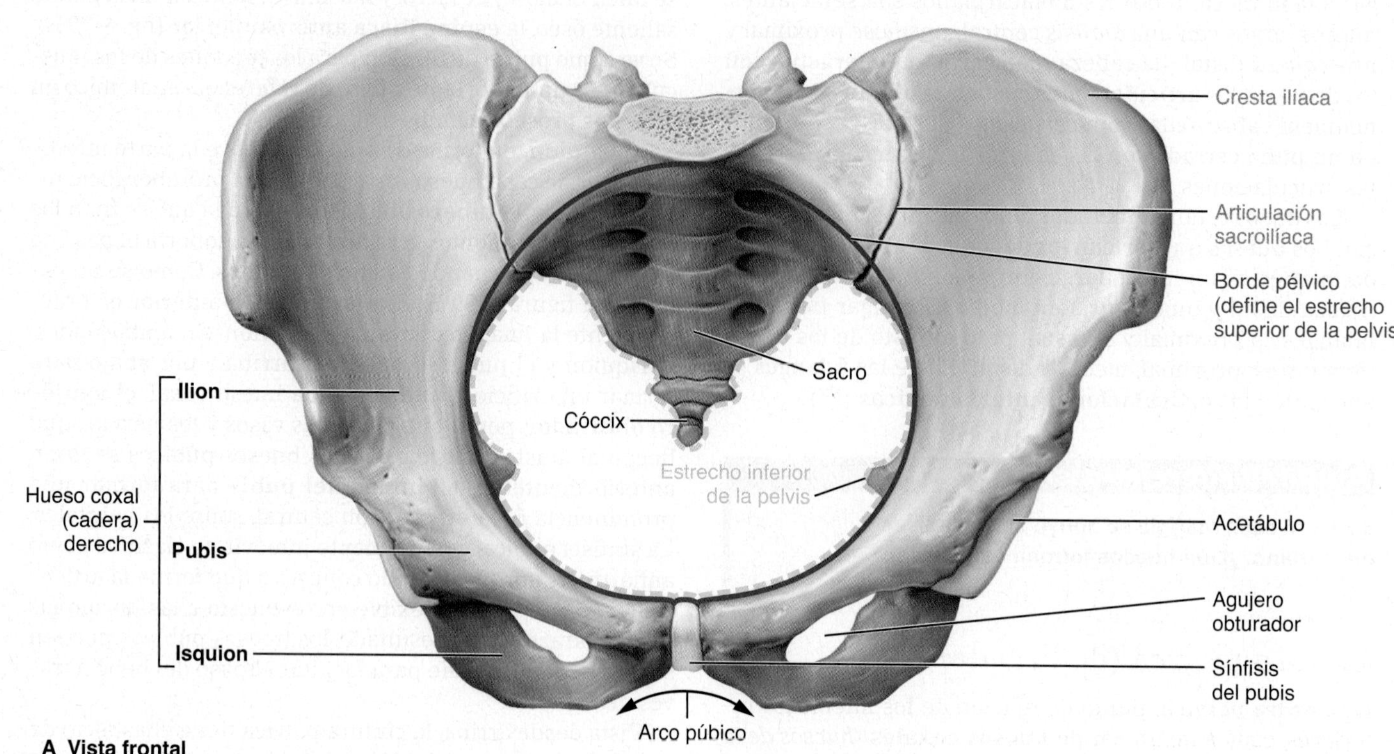

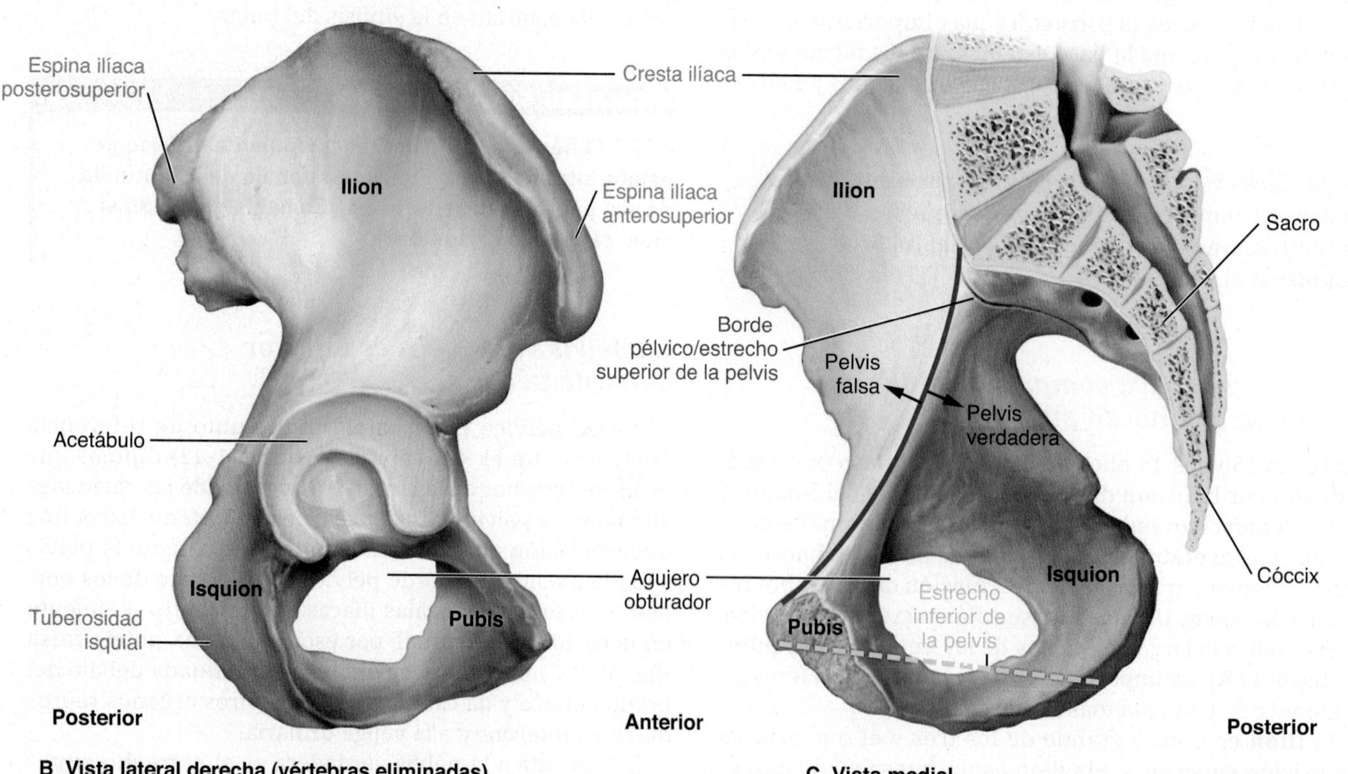

Figura 6-39. Huesos de la cintura pélvica. La cintura pélvica la constituye la fusión de los dos huesos coxales. Cada uno de ellos consta de un ilion, un isquion y un pubis fusionados. **A)** Vista frontal. **B)** Vista lateral derecha. **C)** Vista medial. *¿Qué hueso no forma parte del borde pélvico?*

y gastrointestinal penetran en la pelvis verdadera a través del estrecho superior y salen por el estrecho inferior hacia los genitales y el ano. El feto también debe pasar por los estrechos superior e inferior de la pelvis durante el parto. En la figura 6-39 C se observa que esta ruta no está en línea recta: el estrecho inferior está en posición más vertical que el superior, de modo que el feto debe inclinarse para poder pasar.

> *¡Recuerde!* **La espina ilíaca anterior (el hueso de la cadera) puede palparse colocando las manos sobre las caderas. En muchas personas, la espina ilíaca posterior está marcada por hoyuelos en la piel, justo encima de las nalgas. Una línea imaginaria entre los puntos más altos de las crestas ilíacas derecha e izquierda marca el espacio intervertebral entre las vértebras lumbares 4 y 5; se utiliza a menudo como punto de referencia anatómica para realizar un procedimiento llamado *punción lumbar*, que consiste en insertar una aguja en la parte inferior de la espalda, a través de las vértebras y en el conducto raquídeo, para obtener líquido cefalorraquídeo con fines diagnósticos.**

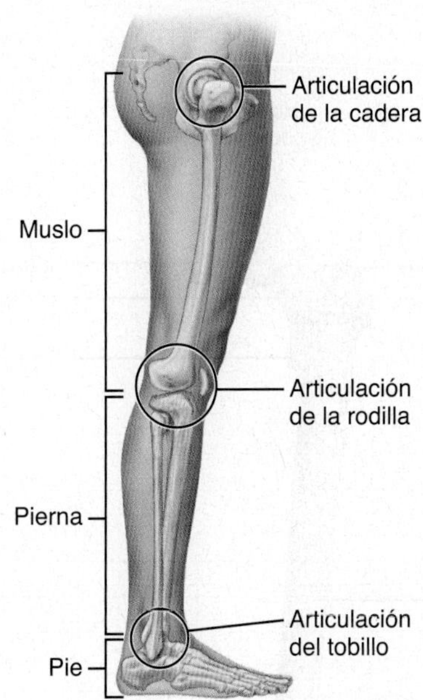

Figura 6-40. Miembro inferior. *¿Qué término describe la región entre la cadera y la rodilla?*

Los miembros inferiores

Los **miembros inferiores** están formados por el **muslo** (la parte situada encima de la rodilla), la **pierna** (la parte entre la rodilla y el tobillo) y el **pie** (fig. 6-40).

Los miembros inferiores soportan todo el peso corporal y las importantes fuerzas originadas por estar de pie, caminar, correr o trepar; por eso, no es sorprendente que sus huesos sean más pesados, gruesos y fuertes que los de los miembros superiores.

El hueso del muslo es el fémur

El hueso del muslo es el **fémur,** el más largo y pesado del cuerpo (fig. 6-41). El extremo proximal del fémur está formado por un cilindro corto y grueso, el **cuello,** en ángulo de 45°, bajo una **cabeza** esférica que encaja en el acetábulo del hueso coxal para formar la articulación de la cadera (descrita más adelante). El cuello es la parte más débil del fémur, lugar habitual de fracturas en los ancianos, una lesión que se conoce más frecuentemente como «fractura de cadera».

La **diáfisis femoral** se extiende en sentido descendente hacia la rodilla. Está ligeramente en ángulo e inclinada hacia dentro para que las articulaciones de la rodilla estén más cerca de la línea media que las articulaciones de la cadera. En las mujeres, el ángulo es levemente mayor porque la pelvis femenina es un poco más ancha. En la unión del extremo superior de la diáfisis y el cuello hay dos eminencias, el trocánter mayor lateral y el trocánter menor medial, que son puntos de inserción para los músculos y ligamentos.

El extremo distal del fémur termina en dos eminencias semejantes a nudillos, los **cóndilos lateral y medial** (fig. 6-41 B). Estos «nudillos» de los extremos encajan en la superficie superior de la tibia, ligeramente cóncava, para formar la articulación de la rodilla. Ambos cóndilos están separados en la parte de atrás por una depresión profunda, la **fosa intercondílea.** Por delante se encuentra una zona lisa y ligeramente cóncava, conocida como superficie rotuliana, que aloja un hueso rodeado por tendones, la *rótula* (fig. 6-41 A).

> *¡Recuerde!* **Para sentir el trocánter mayor del fémur, apóyese sobre una pierna y deje que la otra se aproxime pasivamente. Esta parte del hueso puede sentirse en la superficie lateral de la cadera.**

El fémur y el hueso coxal forman la articulación de la cadera

La articulación de la cadera está formada por la cabeza del fémur, que encaja en el acetábulo del hueso coxal (fig. 6-42). Es el mejor ejemplo de una cápsula articular, porque envuelve completamente la articulación de la cadera y es muy resistente. La cápsula articular está reforzada por ligamentos accesorios que se originan en las tres regiones del hueso coxal (fig. 6-42 B). La articulación está todavía más estabilizada por los fuertes músculos que la rodean.

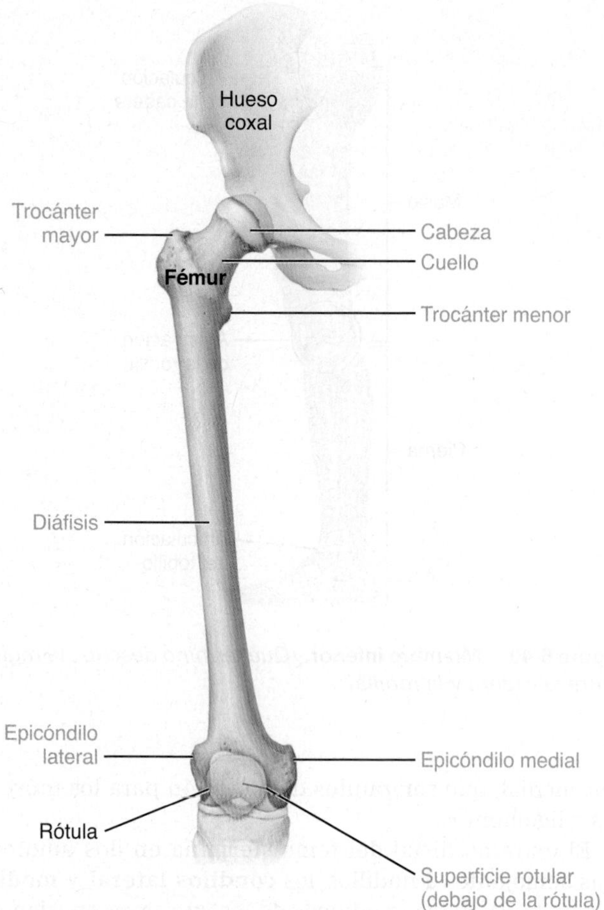

A Fémur derecho, vista anterior

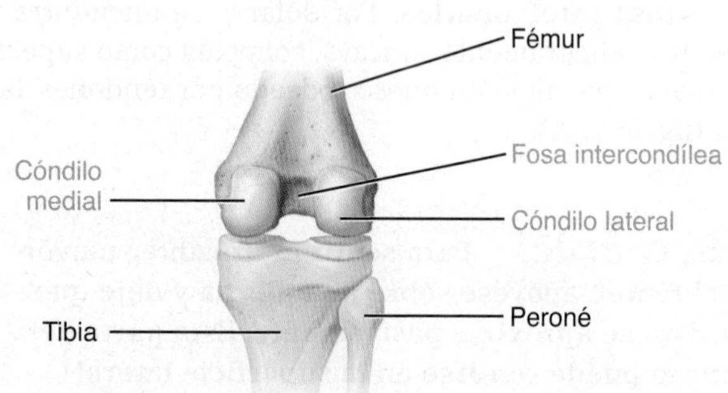

B Rodilla derecha, vista posterior

Figura 6-41. Fémur. A) Fémur derecho, vista anterior. **B)** Porción distal del fémur derecho, vista posterior. *¿El cóndilo medial del fémur se encuentra en la zona de la rodilla o en la zona de la cadera?*

La construcción tipo esfera-cavidad de la articulación de la cadera permite una amplia variedad de movimientos: flexión, extensión, aducción, abducción y rotación (v. fig. 6-16). No obstante, la amplitud total de su movimiento es menor que la de la articulación del hombro, que es menos estable.

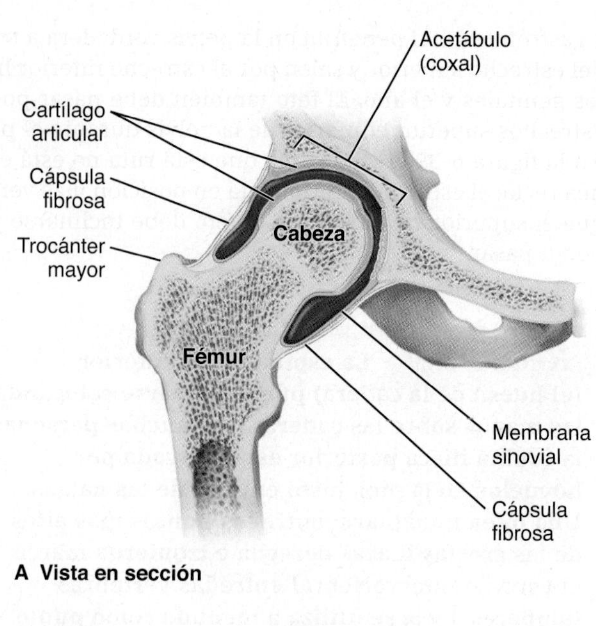

A Vista en sección

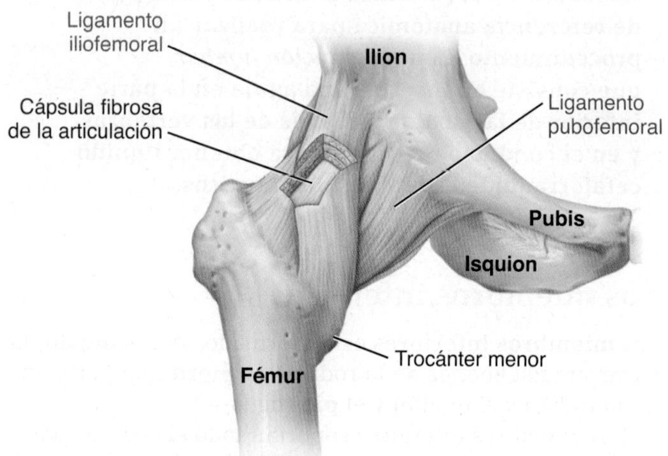

B Vista anterior

Figura 6-42. Articulación de la cadera derecha. A) Vista en sección. **B)** Vista anterior. *¿Cómo se llama la cavidad donde encaja la bola de la cabeza del fémur?*

Los huesos de la pierna son la tibia y el peroné

La pierna tiene dos huesos, la *tibia* medial o espinilla, que puede soportar peso, y el *peroné* lateral, que estabiliza la articulación del tobillo (fig. 6-43). Los dos huesos están conectados longitudinalmente por una lámina de tejido conectivo, la *membrana interósea,* que forma una sindesmosis.

El extremo proximal de la **tibia** se expande para formar dos superficies articulares, los **cóndilos medial y lateral,** sobre los que descansan los cóndilos femorales. Entre los cóndilos se encuentra una prominencia ósea, la **tuberosidad tibial** anterior, que sirve de punto de inserción para el tendón rotuliano (descrito más adelante).

El extremo distal de la tibia se articula con el *astrágalo,* el más alto de los huesos del tobillo. Medialmente, una parte ensanchada de la tibia se superpone a la articulación

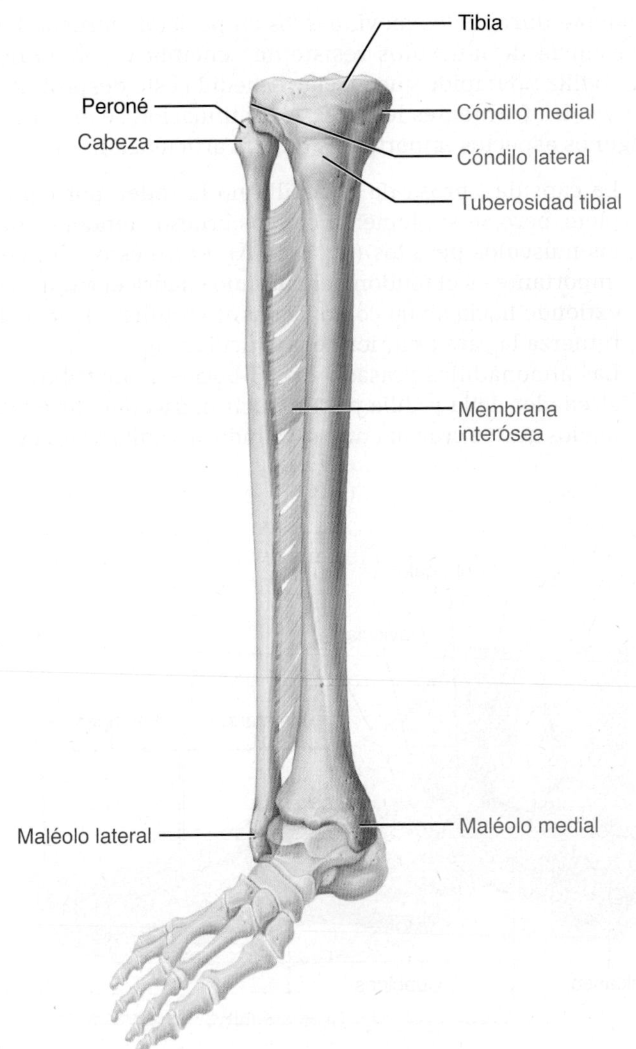

Figura 6-43. Huesos de la pierna. *¿Dónde está el maléolo lateral, en el peroné o en la tibia?*

del tobillo para formar la prominencia medial del tobillo, el **maléolo medial** (del latín *malleus* = «martillo»).

El **peroné** es un hueso delgado, casi tan largo como la tibia, pero algo desplazado en sentido inferior. Se prolonga hacia arriba hasta una **cabeza** superior, que se articula con la tibia por debajo del cóndilo lateral y no forma parte de la articulación de la rodilla. No obstante, el peroné se extiende por debajo del extremo inferior de la tibia y se expande para formar una superficie articular que lo conecta con el tarso. Lateralmente, una parte ensanchada de la tibia se superpone a la articulación del tobillo para formar la prominencia lateral del tobillo, el **maléolo lateral.**

Apuntes sobre el caso

6-33 La lesión de Maggie estaba localizada justo sobre la prominencia ósea medial del tobillo. ¿Qué hueso forma esa prominencia y cuál es su nombre anatómico?

La rótula es la cara anterior de la rodilla

La **rótula** es un hueso sesamoideo que se desarrolla en el **tendón rotuliano** y conecta el músculo cuádriceps con la tibia (fig. 6-44 A). En la práctica, dado que los tendones fijan músculos con huesos pero los ligamentos fijan huesos

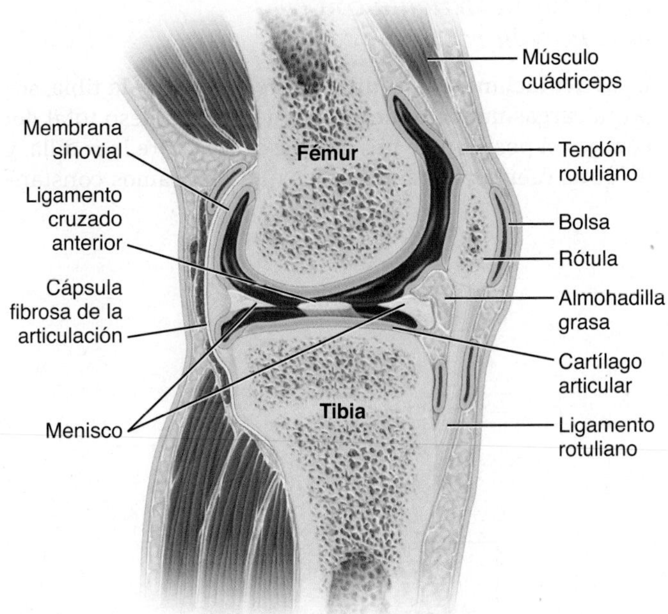

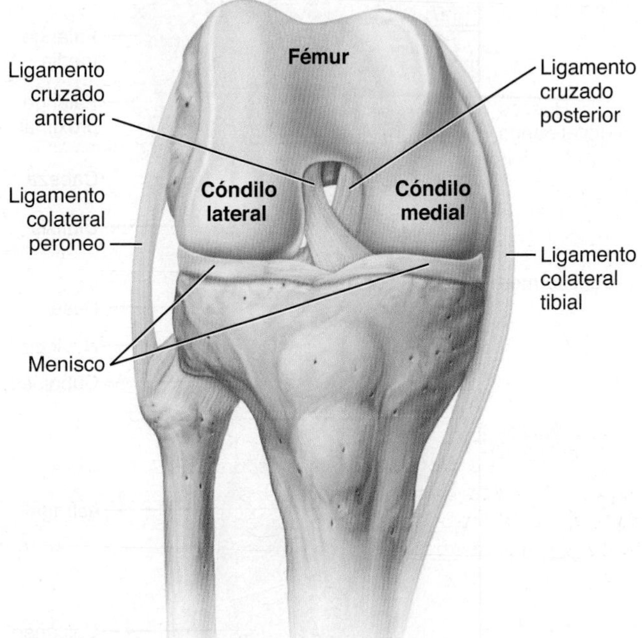

Figura 6-44. Articulación de la rodilla. A) Sección sagital. **B)** Rodilla derecha flexionada, vista anterior. La rótula y otras estructuras anteriores se han eliminado. *¿Cuáles son los dos ligamentos que se encuentran en la cavidad sinovial?*

con huesos, la parte de este tendón comprendida entre la rótula y la tibia se denomina *ligamento rotuliano*. Cuando la articulación de la rodilla se flexiona hacia atrás y adelante, el tendón rotuliano se desliza hacia arriba y hacia abajo sobre la superficie de la tibia, entre los extremos anteriores de los cóndilos.

El fémur se articula con la tibia y la rótula

La **articulación de la rodilla,** entre el fémur y la tibia, soporta cargas muy grandes provenientes del peso total del cuerpo en posición de pie, que descansa sobre la rodilla, y de otras fuerzas extraordinarias que realizamos constantemente durante los movimientos en posición vertical. La presencia de músculos resistentes encima y debajo de la rodilla no impide que en cierta medida esté desprotegida y sufra frecuentes lesiones. A continuación se exponen algunos aspectos importantes de esta articulación:

- La cápsula fibrosa de la rodilla no la rodea por completo, pero se suplementa con los gruesos tendones de los músculos pesados (fig. 6-44 A). Entre éstos, el más importante es el tendón del músculo cuádriceps (que se extiende hacia abajo como ligamento rotuliano), el cual refuerza la cara anterior de la articulación.
- Las almohadillas grasas y las 13 bolsas se distribuyen alrededor de la rodilla para reducir la fricción entre los tejidos que se cruzan entre sí cuando la rodilla se mueve.

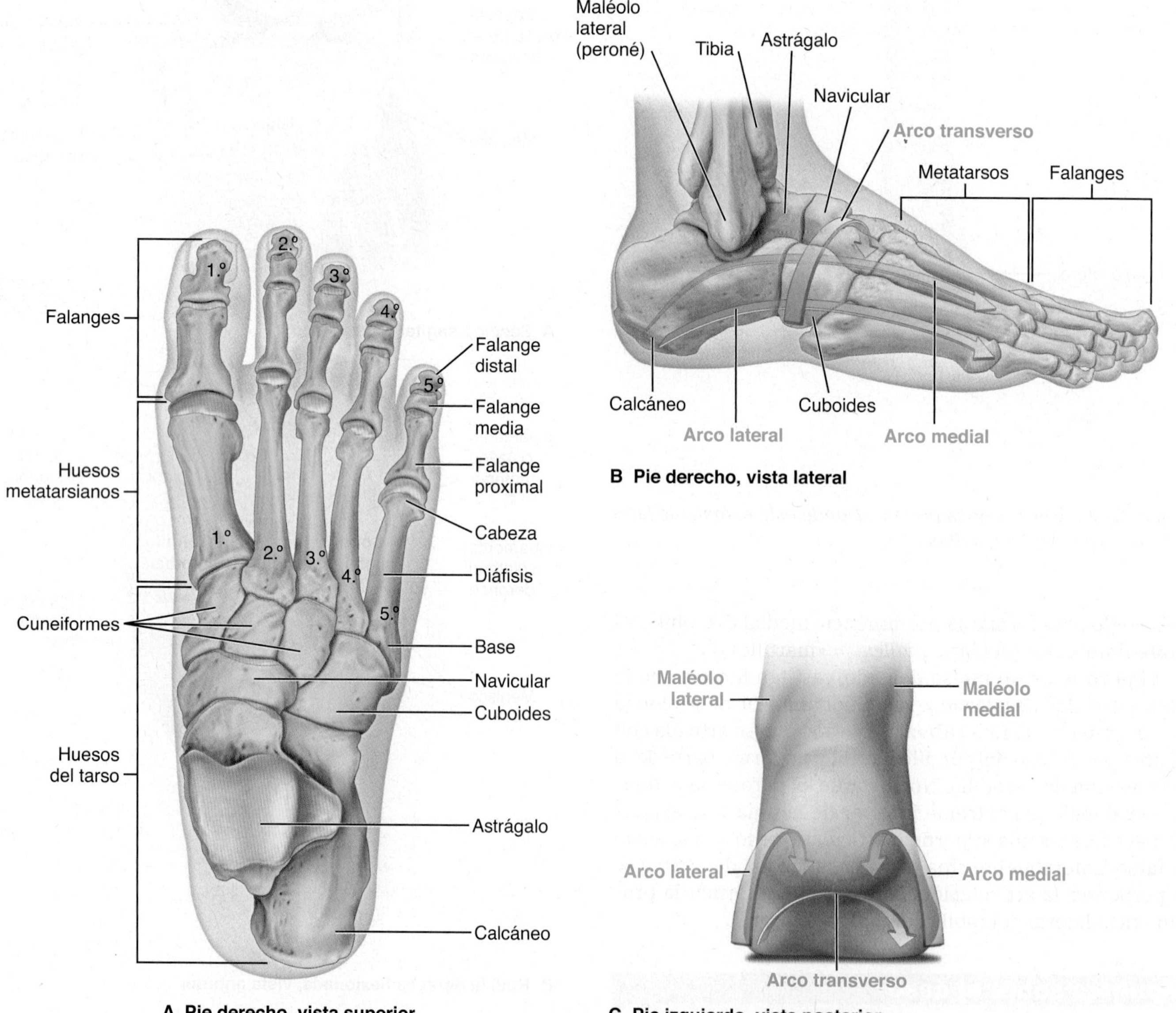

Figura 6-45. Pie. A) Pie derecho, vista superior. **B)** Pie derecho, vista lateral. **C)**. Pie izquierdo, vista posterior. En B y C se muestran los arcos del pie, que ayudan a distribuir el peso corporal en posición erguida. *¿Qué nombre reciben los huesos del tarso que se articulan con el quinto hueso metatarsiano?*

Algunas bolsas constituyen prolongaciones de la cavidad articular.

- Seis fuertes ligamentos atraviesan la articulación y fijan el fémur a la tibia y el peroné. Los **ligamentos cruzados** se cruzan entre sí dentro del espacio de la articulación e impiden que los cóndilos del fémur y la tibia se deslicen hacia delante y atrás unos con otros (fig. 6-44 B). El **ligamento colateral tibial** y el **ligamento colateral peroneo** también impiden la rotación lateral interna. Dos **ligamentos poplíteos** (no se muestran) cruzan la parte posterior de la rodilla para impedir el deslizamiento lateral interno.
- A cada lado de la meseta tibial se encuentra un **menisco,** una almohadilla cartilaginosa que tapiza los cóndilos femorales y cuya misión es suavizar la articulación.

La organización de los ligamentos limita la amplitud de los movimientos de flexión y extensión de la rodilla, que por tanto es una articulación en bisagra (gínglimo).

El pie tiene los huesos del tarso, los metatarsianos y las falanges

El **pie** está formado por siete *huesos del tarso (huesos del tobillo),* cinco *huesos metatarsianos* elongados que conectan los huesos del tobillo (huesos del arco) a los dedos del pie, y las *falanges,* que son los huesos de los dedos (fig. 6-45).

La región del miembro inferior que comúnmente se considera «tobillo» es realmente la unión de los extremos distales de la tibia y el peroné, que sobresalen hacia fuera y hacia dentro en forma de maléolos medial y lateral. Los huesos del **tarso** están unidos por ligamentos que forman un arco, característica que permite cierta flexión al pie para amortiguar las cargas generadas al caminar, correr o saltar. El hueso del tarso más fuerte y grande es el **calcáneo,** el hueso del talón. El más alto es el **astrágalo,** que se articula con la tibia y el peroné para formar la articulación del tobillo. Los cinco huesos restantes son pequeños y forman un conjunto que se articula con los metatarsianos.

Los **metatarsianos** están numerados, del 1.° al 5.°, a partir del metatarsiano que se une al dedo gordo. Todos los metatarsianos son similares (salvo el primero, que es sustancialmente más grueso que el resto): todos son huesos largos con una *diáfisis* central, una *base* proximal y una *cabeza* distal.

Al igual que los metatarsianos, los dedos están numerados del 1.° al 5.°, a partir del gordo. Los huesos que forman los dedos son las **falanges** y se parecen a los de las manos. Cada dedo consta de tres huesos, salvo el dedo gordo que

Tabla 6-4. Diferencias entre los huesos del hombre y de la mujer

Característica	Hombre	Mujer
Generales	Huesos más pesados y gruesos	Huesos más delgados y ligeros
	Puntos de fijación de los músculos más grandes	Puntos de fijación de los músculos más pequeños
	Superficies articulares más grandes	Superficies articulares más pequeñas
Cráneo	Área facial más grande	Área facial más pequeña
	Apófisis más pronunciadas	Apófisis más sutiles
	Maxilar y mandíbula relativamente más grandes	Maxilar y mandíbula relativamente más pequeños
Pelvis	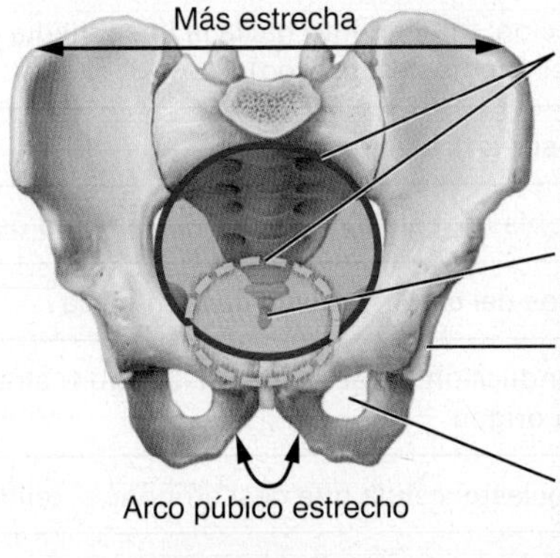 Más estrecha Estrechos inferior y superior de la pelvis más pequeños y redondeados Cóccix menos movible Acetábulo orientado lateralmente Agujero obturador redondo Arco púbico estrecho **Pelvis masculina**	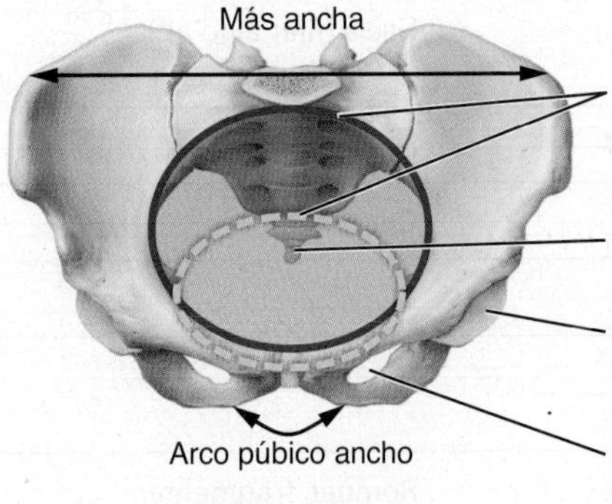 Más ancha Estrechos inferior y superior de la pelvis más grandes y anchos Cóccix más movible Acetábulo orientado hacia delante Agujero obturador oval Arco púbico ancho **Pelvis femenina**
Cóccix	Menos movible	Más movible

sólo tiene dos, más grandes y pesados que los de los otros dedos. Como las falanges de la mano, están formados por una *base* proximal, una *cabeza* distal y una *diáfisis* central.

Los huesos del pie están dispuestos en tres arcos: dos longitudinales y uno transversal (fig. 6-45 B y C). El arco longitudinal medial se extiende desde el talón hasta la base del dedo gordo; el arco longitudinal lateral se extiende desde el talón hasta la base del quinto dedo. El arco transversal está compuesto por cinco pequeños huesos del tarso, situados contra los extremos proximales de los metatarsianos.

Los huesos del hombre y la mujer son diferentes

Debido a las características del cuerpo masculino, habitualmente más pesado, los huesos del hombre son por lo general más grandes y robustos que los de las mujeres, los extremos articulares son más grandes en comparación con el tamaño de la diáfisis, y muchos de los marcadores óseos (crestas, tuberosidades y líneas) son más prominentes porque actúan como punto de fijación de músculos más fuertes.

De acuerdo con el distinto papel que desempeñan en la reproducción, la estructura pélvica del hombre y la mujer también es diferente. La pelvis femenina es más ancha y menos profunda que la masculina, y el espacio pélvico de la mujer es más amplio: su diámetro es mayor para permitir el paso de la cabeza del feto durante el parto.

En la tabla 6-4 se señalan otras diferencias entre los huesos masculinos y femeninos. En conjunto, estas diferencias permiten a los arqueólogos identificar con facilidad el sexo de un esqueleto.

6-43 ¿Qué parte de la escápula puede palparse como una protuberancia ósea en la parte superior del hombro?

6-44 ¿Qué hueso contiene la tróclea y el capítulo?

6-45 ¿Qué parte de la escápula se articula con el húmero?

6-46 ¿Dónde se encuentra la escotadura radial, en el radio o en el cúbito?

6-47 ¿Qué parte del húmero se articula con el cúbito?

6-48 ¿Qué huesos forman las articulaciones metacarpofalángicas?

6-49 ¿Cómo se llama la articulación entre los dos huesos púbicos?

6-50 ¿Cómo se llaman las partes del hueso coxal y el fémur que forman la articulación de la cadera?

6-51 Complete esta oración: El húmero es en el miembro superior lo que _______ es en el miembro inferior.

6-52 Diga cuáles son los huesos que al rozar entre sí producen dolor en un paciente con artrosis de la rodilla.

6-53 ¿Qué hueso del tarso se articula con la tibia y el peroné?

6-54 ¿Quién tendrá una pelvis menos profunda, Juan o María?

Etimología

Raíces latinas/griegas	Equivalentes en español	Ejemplos
ab-/a-	Fuera de	Abducción: movimiento hacia fuera de la línea media
ad-	Hacia (fijar algo a)	Aducción: movimiento hacia la línea media (fija el miembro al cuerpo)
artr-/artro-, articul-	Articular	Artrosis: articulación
-blasto	Germen	Osteoblasto: célula que crea nuevo tejido óseo
carp-/carpo-	Muñeca	Huesos del carpo: huesos de la muñeca
circum-	Alrededor de	Circunducción: rotación de un miembro alrededor de su origen
-clasto	Romper, fragmentar	Osteoclasto: célula que descompone el tejido óseo
condr-/condro-	Cartílago	Condrocito: célula cartilaginosa
cost-/costo-	Costilla	Cartílago costal: cartílago de las costillas

Continúa

Etimología

Raíces latinas/griegas	Equivalentes en español	Ejemplos
epi-	Sobre, encima	Epicóndilo: prominencia sobre el cóndilo
os-	Hueso	Osificación: proceso de transformación en hueso
ost-/osteo-	Hueso	Osteocito: célula ósea
sin-	Con, junto con	Sinartrosis: articulación estrechamente cerrada, articulación inmóvil
sinov-	Sinovia, líquido sinovial	Articulación sinovial. Observe que este término utiliza la raíz «sinovia», no el prefijo «sin»
tars-/tarso-	Arco del pie	Huesos del tarso: huesos del arco del pie

Cuestionario del capítulo

REVISIÓN DEL CAPÍTULO

1. **El hueso esponjoso**
   a. está organizado en osteonas.
   b. está organizado en laminillas.
   c. se encuentra sólo en los huesos cortos y planos.
   d. todas las respuestas anteriores.

2. **El endostio**
   a. cubre la superficie exterior del hueso.
   b. contiene osteocitos.
   c. contiene osteoblastos.
   d. está compuesto principalmente por lípidos.

3. **Ordene correctamente los distintos pasos de la osificación endocondral:**
   I. Se forma la línea epifisaria.
   II. Se forma el hueso esponjoso.
   III. Se forma el cartílago.
   IV. Se forma el hueso compacto.
   a. 1.°, 2.°, 4.°, 3.°
   b. 3.°, 2.°, 4.°, 1.°
   c. 3.°, 4.°, 1.°, 2.°
   d. 2.°, 4.°, 1.°, 3.°

4. **La osificación intramembranosa**
   a. puede darse en adultos.
   c. nunca se produce en los huesos planos.
   c. nunca se produce en los huesos largos.
   d. implica la formación de un molde óseo en cartílago.

5. **La paratirina**
   a. inhibe la degradación ósea.
   b. es liberada por la glándula tiroides.
   c. inhibe la activación de la vitamina D.
   d. estimula la retención de calcio por los riñones.

6. **Una articulación con movimiento libre se llama**
   a. diartrosis.
   b. sinartrosis.
   c. anfiartrosis.
   d. sindesmosis.

7. **Una articulación que sólo permite los movimientos de flexión y extensión se describe como**
   a. esferoidea.
   b. condílea.
   c. gínglimo.
   d. trocoide.

8. El hueso malar está formado por
a. el hueso frontal.
b. el hueso maxilar.
c. el hueso cigomático.
d. el hueso vómer.

9. ¿Qué sutura está formada por la línea que se extiende entre las fontanelas anterior y posterior?
a. La coronal.
b. La escamosa.
c. La lambdoidea.
d. La sagital.

10. Las proyecciones óseas redondeadas que pueden palparse en la mitad de la espalda se llaman
a. apófisis articulares.
b. apófisis espinosas.
c. pedículos.
d. apófisis transversas.

11. Los discos intervertebrales
a. son anfiartrosis.
b. unen entre sí las dos primeras vértebras cervicales.
c. son articulaciones en bisagra (gínglimo).
d. son articulaciones sinoviales.

12. La parte más alta del esternón es
a. la apófisis xifoides.
b. el ángulo esternal.
c. el cuerpo.
d. el manubrio.

13. La cintura escapular está formada por
a. el esternón y la clavícula.
b. la escápula y la clavícula.
c. el húmero, la escápula y la clavícula.
d. el húmero, el esternón y la clavícula.

14. Los tendones del antebrazo se fijan en la parte del húmero llamada
a. tróclea.
b. capítulo.
c. epicóndilos.
d. fosa coronoidea.

15. Las estructuras más importantes que estabilizan la articulación del hombro son
a. las cápsulas articulares.
b. las vainas de los tendones.
c. las bolsas.
d. los músculos circundantes.

16. Las articulaciones radiocubitales proximal y distal son
a. articulaciones trocoides.
b. articulaciones condíleas.
c. articulaciones cartilaginosas.
d. articulaciones en silla de montar.

17. La muñeca verdadera está formada por
a. los huesos del tarso.
b. los huesos del carpo.
c. los huesos metacarpianos.
d. los huesos metatarsianos.

18. El agujero obturador de los huesos coxales
a. forma un gran hueco para dar cabida al fémur.
b. define el estrecho superior de la pelvis.
c. define el estrecho inferior de la pelvis.
d. es un agujero grande formado por los huesos isquion y púbico.

19. El fémur se articula con la tibia en
a. el trocánter mayor.
b. la cabeza del fémur.
c. los cóndilos lateral y medial.
d. la tróclea.

20. El maléolo lateral del tobillo está formado por
a. el calcáneo.
b. el peroné.
c. la tibia.
d. el astrágalo.

21. Los ligamentos cruzados
a. aseguran que la rodilla funcione como una articulación en silla de montar.
b. se encuentran en la cápsula articular.
c. ayudan a formar la cápsula articular.
d. unen la rótula al fémur, la tibia y el peroné.

22. ¿Cuál de los siguientes es un hueso del tarso?
a. El calcáneo.
b. El *hallux*.
c. Las falanges.
d. Ninguno de los anteriores.

COMPRENSIÓN DE CONCEPTOS

23. Compare cada uno de los marcadores óseos en los siguientes pares:
a. columna y línea.
b. cóndilo y cabeza.
c. agujero y seno.

24. Compare los siguientes términos que describen la pelvis: borde pélvico, estrecho superior de la pelvis, estrecho inferior de la pelvis, pelvis verdadera y pelvis falsa.

APLICACIÓN

25. Enumere en orden los movimientos (p. ej., abducción) que deben producirse para que las siguientes acciones se lleven a cabo:
  a. Un jugador de fútbol lleva la pierna hacia atrás y luego da una patada al balón; al hacerlo, trae la pierna nuevamente hacia delante de su propio cuerpo.
  b. Un observador de pájaros oye cantar a uno de ellos y vuelve la cabeza hacia la derecha, en dirección al sonido.
  c. Un jardinero toma con la mano un puñado de tierra suelta, lo pone en un semillero y aprieta la tierra con la palma de la mano.
  d. Un niño tumbado sobre la nieve mueve los brazos hacia arriba para formar un «ángel de la nieve» y luego vuelve a ponerlos junto a su cuerpo.

26. Responda a las siguientes cuestiones relativas a la articulación de la cadera.
  a. Clasifique la articulación de la cadera según el grado de movimiento permitido.
  b. Clasifique la articulación de la cadera con arreglo a los tipos de movimiento permitidos.
  c. Clasifique la articulación de la cadera según el material que se encuentra entre los huesos adyacentes.
  d. Identifique los huesos que se articulan con la cápsula de la articulación de la cadera, y sus características específicas.
  e. Mencione los tipos de movimiento que pueden producirse en la articulación de la cadera.
  f. Nombre las características de la articulación de la cadera que ayudan a estabilizarla.

27. Como científico forense, usted está evaluando un esqueleto recién recuperado de un yacimiento arqueológico. Observa las siguientes características en los huesos: agujero obturador redondo, estrecho superior de la pelvis pequeño, huesos coxales fusionados.
  a. ¿El esqueleto es de una mujer o un hombre? Explique por qué.
  b. ¿El esqueleto es de un adulto o de un niño? Explique por qué.

Puede encontrar las respuestas a estas preguntas en el apartado de recursos para estudiantes en: **http://thepoint.lww.com/espanol-McConnellandHull**

7

Músculos

Temas principales

- Las células musculares se acortan cuando se les da la orden; ninguna otra célula lo hace.
- Existen tres tipos de células musculares: esqueléticas, cardíacas y lisas.
- El músculo esquelético se contrae de forma voluntaria para producir los movimientos del cuerpo.
- El trifosfato de adenosina (ATP), la mayoría del cual deriva del metabolismo de la glucosa y de la grasa, es la moneda de cambio de energía para la acción de los músculos.
- El músculo liso se contrae de forma involuntaria para poner en marcha muchas funciones internas.

Objetivos del capítulo

Aspectos generales de los músculos 228

1. Enumerar cinco funciones del tejido muscular.
2. Comparar y señalar las diferencias entre músculo esquelético, liso y cardíaco.

Estructura del tejido muscular esquelético 231

3. Con un dibujo, identificar y describir las características especiales de una célula muscular esquelética, y explicar cuántas de estas células, junto con las membranas de tejido conectivo, incorpora el músculo esquelético.

Contracción del músculo esquelético 233

4. Definir *sarcómero* y explicar cómo se produce la contracción muscular a partir del acortamiento del sarcómero.
5. Describir de qué están compuestos los filamentos delgados y gruesos, y señalar las partes del sarcómero.
6. Enumerar todos los pasos involucrados en la contracción muscular, comenzando con un potencial de acción en una neurona y finalizando con los procesos del ciclo de los puentes cruzados.
7. Enumerar los pasos involucrados en la relajación muscular.

Energía muscular 243

8. Identificar tres usos del ATP en la contracción muscular.
9. Explicar los beneficios y las desventajas de las diferentes fuentes de energía (fosfato de creatina, glucólisis y respiración mitocondrial): comparar metabolismo anaerobio y aerobio.

10. Comparar la estructura y función de las fibras rápidas glucolíticas y las fibras lentas oxidativas.

Metabolismo energético muscular: el caso de Hammid S. 246

11. Enumerar las diferentes causas de fatiga muscular relacionadas con el caso práctico.

Mecánica de la contracción muscular 248

12. Explicar cómo la modificación de la longitud de las fibras y/o el reclutamiento de unidades motoras adicionales produce una mayor contracción.
13. Señalar ejemplos de contracción isométrica, isotónica concéntrica e isotónica excéntrica.
14. Comentar los efectos del entrenamiento contra resistencia y los ejercicios de resistencia sobre los músculos.

Músculo liso 252

15. Describir las diferencias estructurales y funcionales de los músculos esquelético y liso.
16. Enumerar los pasos involucrados en la contracción del músculo liso, incluyendo los diferentes tipos de estímulos que pueden inducir contracción.

Acciones del músculo esquelético 255

17. Identificar el músculo principal, sinérgico y/o antagonista de los diferentes movimientos de cada articulación.

Principales músculos esqueléticos 256

18. Para cada región del organismo (cabeza y cuello, miembros superiores, tronco y miembros inferiores), señalar los principales músculos esqueléticos en un esquema e indicar su inserción y origen.

Caso práctico: «Ha sufrido esos dolores durante toda la vida»

Mientras lee el siguiente caso práctico, haga una lista de los términos y conceptos que debe aprender para comprender el caso de Hammid.

Anamnesis: la madre de Hammid S., un niño de 10 años, llevó a su hijo a la consulta del pediatra. La familia había emigrado a Estados Unidos desde Afganistán 10 meses antes. Con la ayuda de un intérprete, la madre explicó que Hammid se sentía cada vez más molesto por su incapacidad de mantenerse al día en el equipo de fútbol debido a los calambres musculares dolorosos que le aparecían en las piernas durante el ejercicio continuado. También se había estado quejando de que las actividades cotidianas que precisaban un importante esfuerzo muscular, como subir escaleras, le producían dolor. La madre explicó, además: «durante toda su vida siempre ha tenido estos dolores, pero nunca tan intensos como ahora. El doctor en Herat me dijo que probamente tenía una enfermedad del hígado porque a veces su orina es roja o marrón. Pero la orina oscura aparece siempre después de que sufra los calambres musculares. Los calambres desaparecen si descansa un rato».

El interrogatorio adicional mostró que el hermano mayor de Hammid y su hermana menor no estaban afectados por síntomas similares.

Exploración física y otros datos: Hammid tenía una altura y un peso normales para su edad, y las constantes vitales eran normales. El tamaño y tono musculares eran normales. En todos los miembros existía una leve debilidad muscular proximal y presentaba dificultad para dar más de 8 o 10 pasos en marcha de puntillas y talones debido a la aparición de los calambres en las piernas.

Las pruebas analíticas mostraron niveles demasiado elevados de creatina cinasa (una enzima muscular) en sangre. Se realizó un diagnóstico de sospecha de síndrome de McArdle (enfermedad por depósito de glucógeno tipo V debida a una deficiencia genética de glucógeno fosforilasa muscular, otra enzima muscular) y se concertó una consulta con un especialista en enfermedades musculares.

Evolución clínica: en la consulta del especialista se le realizó una prueba de isquemia de antebrazo, en la que se infla un manguito de isquemia para cortar el flujo sanguíneo, y se le solicitó que apretase una pelota

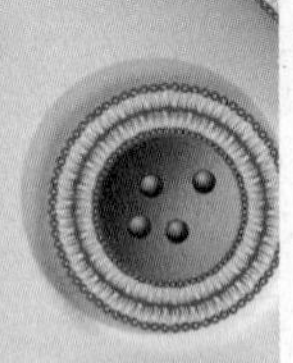

Conocimientos necesarios

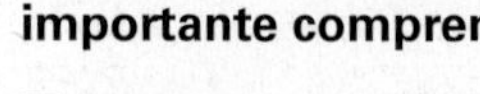

Antes de adentrarse por primera vez en este capítulo, es importante comprender los siguientes términos y conceptos.

- Nutrientes y ATP (cap. 2)
- Estructura de la neurona, neurotransmisores y sinapsis química (cap. 4)
- Movimiento de las articulaciones sinoviales (cap. 6)

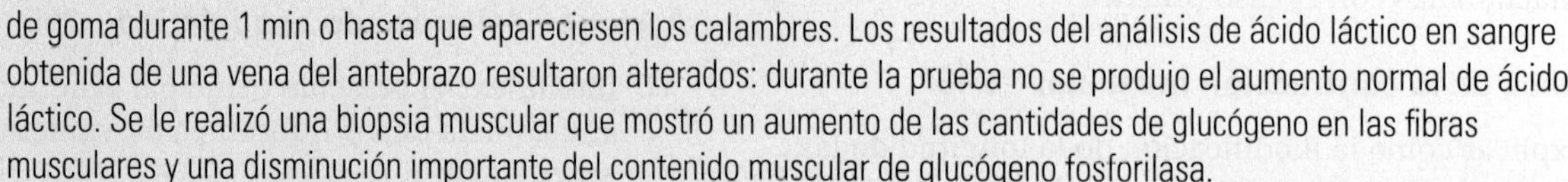

de goma durante 1 min o hasta que apareciesen los calambres. Los resultados del análisis de ácido láctico en sangre obtenida de una vena del antebrazo resultaron alterados: durante la prueba no se produjo el aumento normal de ácido láctico. Se le realizó una biopsia muscular que mostró un aumento de las cantidades de glucógeno en las fibras musculares y una disminución importante del contenido muscular de glucógeno fosforilasa.

Los especialistas explicaron a los padres de Hammid que el defecto genético era hereditario y que no existía tratamiento en el momento actual. Se tranquilizó a los padres diciéndoles que, aunque Hammid tendría dificultades con el ejercicio intenso durante toda su vida, era poco probable que sufriese otros problemas.

Del mismo modo que la palabra *hueso* puede hacer referencia a un órgano o un tejido, la palabra *músculo* también; es decir, el músculo bíceps (un músculo del brazo) es un órgano compuesto principalmente por tejido muscular. La palabra *músculo* deriva del latín *mus* («ratón»), en referencia al movimiento ondulante de los músculos y su supuesto parecido con el movimiento de un ratón bajo la piel. A su vez, *mus* deriva de la palabra del griego más primitivo *mys* (que significa tanto «ratón» como «músculo»), que aporta los prefijos *mio-* y *mus-* que hacen referencia a músculo. Un **miofilamento,** por ejemplo, es un filamento citoesquelético especializado de células musculares. Las palabras que hacen referencia a tejido muscular pueden tener también el prefijo *sarco-*, que deriva de la palabra griega *sarx* (por «carne»). Por ejemplo, el citoplasma de una célula muscular se denomina **sarcoplasma.**

El valor es como un músculo fortalecido por su uso

Ruth Gordon, escritora y actriz norteamericana (1896-1985)

Aspectos generales de los músculos

Los músculos constituyen aproximadamente del 40% al 50% del peso corporal. Ninguna otra célula puede hacer lo que hacen las células musculares: se contraen (acortan) ante una orden consciente. Esta capacidad confiere a las células musculares la responsabilidad de nuestros movimientos, tanto los visibles como los invisibles: la marcha, el habla, los movimientos intestinales, la micción, la respiración, los latidos cardíacos, la dilatación y constricción de las pupilas de los ojos, y muchos otros. Y cuando estamos quietos, sentados o de pie, las células musculares nos mantienen erguidos.

Funciones de los músculos

La función principal del músculo es convertir la energía química en fuerza mecánica. Los músculos actúan para:

- *Mover las partes del organismo.* Cada movimiento de nuestro cuerpo requiere la acción del músculo esquelético, desde grandes movimientos, como caminar, a otros más pequeños, como respirar o seguir un partido de tenis con los ojos.
- *Mantener la postura corporal.* Aunque no es obvio, una secuencia ininterrumpida de diminutas y silentes contracciones de los músculos esqueléticos posturales nos mantiene erguidos cuando estamos de pie o sentados y evita que nuestra cabeza caiga sobre los hombros. Una actividad relacionada es la *estabilización de las articulaciones:* en cada actividad deben estabilizarse las articulaciones de modo que no se desplacen fuera de control, sino que funcionen de manera continua y uniforme.
- *Ajustar el volumen de las estructuras anatómicas huecas.* Mediante su respuesta a las órdenes neurovegetativas inconscientes, los músculos de las paredes de las estructuras huecas se relajan para aumentar el volumen y se contraen para disminuirlo. Por ejemplo:

- El músculo de la pared de la vejiga se relaja para permitir que la vejiga se dilate y dé cabida a más orina, o se contrae para expulsarla.
- Los músculos de las paredes de los vasos sanguíneos se relajan para que los vasos sanguíneos se dilaten y permitan más flujo sanguíneo o se contraen para reducirlo.

- *Mover sustancias dentro del organismo.* Las contracciones automáticas autoestimuladas del músculo cardíaco impulsan la sangre a través de los vasos sanguíneos; ondas de contracciones de músculo liso impulsan el contenido intestinal a lo largo del tracto intestinal, y otras ondas similares dan la energía suficiente para la eyaculación masculina y el orgasmo femenino.
- *Producir calor.* Tanto si se trata de la conversión de gasolina en movimiento del vehículo o la conversión de glucosa en contracción muscular, la conversión de energía siempre produce calor como producto de desecho. El organismo genera ATP para impulsar la contracción muscular. Cuando lo hace, aproximadamente tres cuartos de los nutrientes de energía consumidos escapan en forma de calor. Puesto que casi la mitad de la masa del organismo es músculo esquelético, la mayoría del calor del organismo proviene de las contracciones de éste. Y, del mismo modo que el calor desechado por el motor de un coche es utilizado para calentar el interior del mismo en un día de mucho frío, el calor producido por las contracciones musculares es la fuente principal de calor para mantener la temperatura corporal. Por ejemplo, los escalofríos que se producen cuando tiritamos de frío son contracciones involuntarias del músculo esquelético que generan calor extra para elevar la temperatura corporal.

Apuntes sobre el caso

7-1 En base a los síntomas, ¿cuál de las funciones musculares que acabamos de describir está alterada en Hammid, nuestro paciente?

Existen tres tipos de músculo

Existen tres tipos de músculo: *esquelético*, *cardíaco* y *liso* (tabla 7-1). Su característica común más importante es su capacidad de contraerse. Se diferencian en base a cuatro aspectos:

Tabla 7-1. Tejido muscular

Característica	Esquelético	Cardíaco	Liso
Localización	A menudo unido a huesos	Corazón	Paredes de los vasos sanguíneos, órganos viscerales
Aspecto	Fibras cilíndricas largas Delgadas Estriadas Múltiples núcleos	Fibras cilíndricas ramificadas Estriadas Núcleo único	Células pequeñas; en ocasiones ramificadas No estriadas Núcleo único
	A (Estrías; Núcleo; Fibra muscular)	B (Fibra muscular; Núcleo; Estrías)	C (Célula muscular; Núcleo)
Control	Voluntario	Involuntario	Involuntario
Contracción	Contracción y relajación rápidas	Contracción y relajación moderadas	Contracción y relajación lentas; pueden mantenerla durante períodos prolongados
¿Fatiga?	Sí	No	No

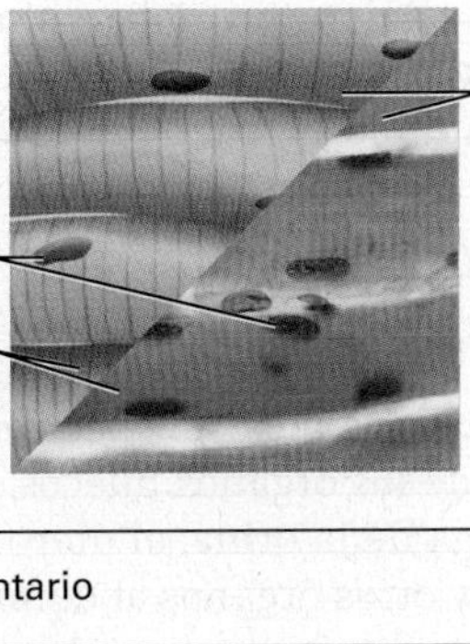

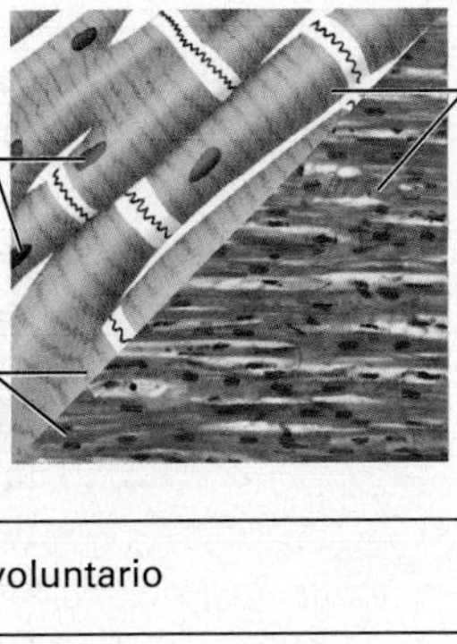

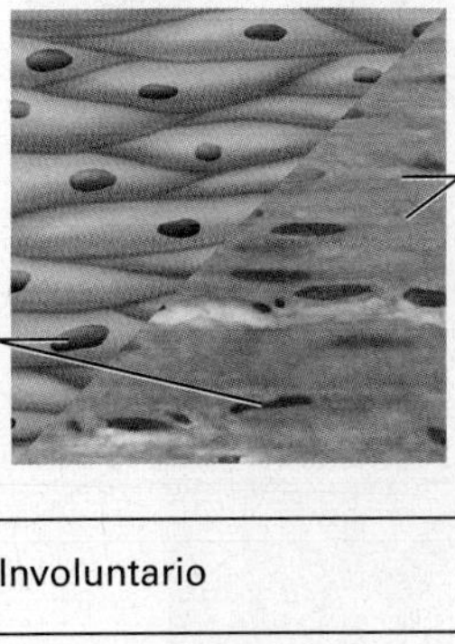

- *Localización.*
- *Aspecto microscópico.*
- Si están sujetos o no a control voluntario *(consciente).*
- *Tipo de contracción* que generan.

El músculo esquelético mueve el esqueleto

Como su nombre sugiere, la mayoría de los **músculos esqueléticos** están unidos a los huesos y mueven el esqueleto (fig. 7-1).

El músculo esquelético constituye la mayor parte de nuestra masa muscular y da forma al cuerpo. Forma la pared del cuerpo, de ahí el término alternativo *músculo somático* (*soma* = «pared»).

Microscópicamente, el músculo esquelético es **estriado,** es decir, presenta franjas cruzadas (estrías) cuando se observa con el microscopio, un aspecto que está íntimamente relacionado con su función. Las células musculares maduras son especialmente largas y delgadas (hasta 30 cm) y se denominan típicamente **fibras musculares.** Hay que tener en cuenta, a lo largo de todo este capítulo, que una fibra muscular es una única célula muscular esquelética madura.

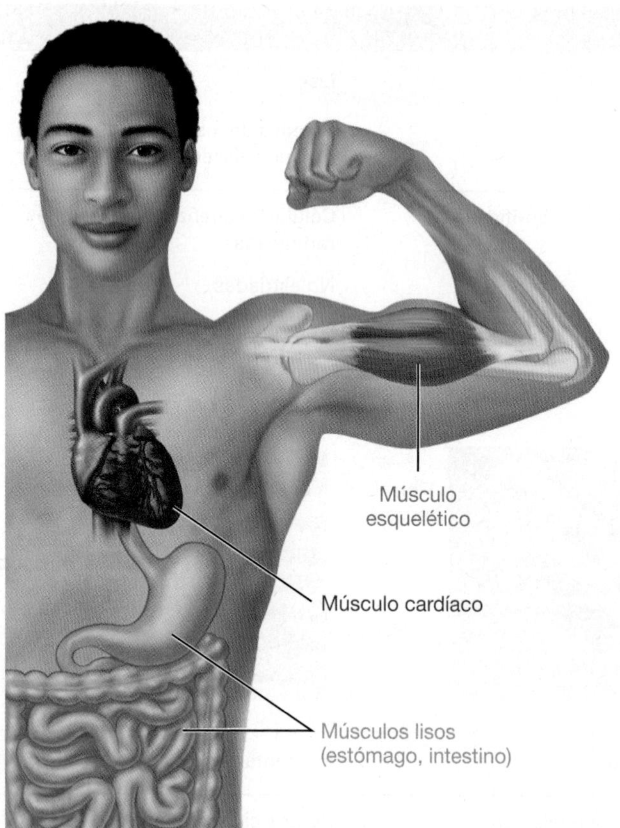

Figura 7-1. Músculos en acción. El músculo cardíaco *(rojo oscuro)* mantiene el movimiento de la sangre; el músculo liso *(naranja)* permite la digestión de los alimentos y la retención de la orina, y el músculo esquelético *(rojo claro)* mueve el cuerpo. *¿Qué tipo de músculo forma la pared del estómago?*

Además, el músculo esquelético es un **músculo voluntario,** es decir, podemos contraerlo y relajarlo a voluntad. Los músculos esqueléticos también pueden funcionar fuera de nuestro control consciente; por ejemplo, el diafragma se contrae y relaja para que sigamos respirando mientras dormimos, y los músculos del cuello y la espalda mantienen nuestra posición sentada mientras trabajamos.

Las fibras del músculo esquelético se contraen rápidamente y con energía, y a continuación se relajan y se preparan para contraerse de nuevo. No mantienen la contracción durante períodos prolongados, ya que se fatigan tras contracciones repetidas. Más adelante comentaremos la naturaleza precisa de la fatiga muscular, que es única del músculo esquelético; el músculo cardíaco y el liso no se fatigan.

El músculo cardíaco impulsa la sangre por el organismo

Como su nombre indica, el **tejido muscular cardíaco** se encuentra únicamente en el corazón y constituye la mayor parte de su masa (v. fig. 7-1). Percibimos las contracciones del músculo cardíaco a través de los latidos, que impulsan la sangre a través de los vasos sanguíneos del cuerpo.

A nivel microscópico, el músculo cardíaco es estriado, como el esquelético. Las células musculares cardíacas son mucho más cortas que las fibras musculares esqueléticas, pero están ramificadas e interconectadas. El final de una rama está íntimamente conectado con otras, produciendo fibras largas de músculo cardíaco. Como resultado, el músculo cardíaco constituye una red que actúa como si fuera una gran célula muscular.

Obviamente, el músculo cardíaco es un **músculo involuntario:** no podemos controlar sus contracciones de forma voluntaria. Dicho esto, algunas acciones deliberadas, como la meditación, pueden enlentecer nuestro latido cardíaco, mientras que otras, como el ejercicio vigoroso, puede aumentarlo.

Al igual que las fibras del músculo esquelético, las células musculares cardíacas se contraen rápidamente y a continuación se relajan. Sin embargo, al contario que las fibras esqueléticas, no se fatigan. Volveremos al músculo cardíaco en el ➡ capítulo 11, cuando hablemos del corazón.

El músculo liso impulsa las acciones de las vísceras

El **tejido muscular liso** se encuentra en capas gruesas de las paredes de los órganos huecos, como los vasos sanguíneos, la vejiga de la orina, el útero y el intestino (fig. 7-1). El intestino y otros órganos abdominales son descritos con frecuencia como *vísceras;* por lo tanto, el músculo liso se denomina también *músculo visceral.* Como hemos señalado previamente, su función es ajustar el volumen de las estructuras huecas y ayudar a mover sustancias, desde los alimentos a la sangre, a través del organismo.

El músculo liso se denomina así por su aspecto microscópico: es un **músculo no estriado,** es decir, presenta un aspecto uniforme sin estrías transversales. Como se comentará más adelante en este capítulo, la ausencia de estriaciones está estrechamente relacionada con su función.

El músculo liso es involuntario; no podemos ordenar a la pared del estómago que se relaje para que dé cabida a una gran cantidad de comida. En lugar de eso, el estómago responde automáticamente a la estimulación mecánica del bolo alimenticio, que sólo es uno de los muchos estímulos que gobiernan la función del músculo liso. Habitualmente, el músculo liso se contrae lentamente y puede mantener la contracción durante un largo período. Generalmente, las fibras del músculo liso no se fatigan.

Apuntes sobre el caso

7-2 ¿Qué tipo de músculo se ve afectado por la enfermedad de Hammid?

Todo el tejido muscular es extensible

Una importante característica común a los tres tipos de tejido muscular es su *extensibilidad*, es decir, su capacidad de estirarse sin romperse. Considere lo que ocurre cuando abre la boca al máximo para morder una manzana. El músculo que suele unir las mandíbulas debe relajarse y alargarse para permitir que pueda hacerlo. Si este músculo no fuese extensible, sólo esta simple acción podría producir la rotura del músculo. Los órganos internos extensibles del organismo (el corazón, la vejiga, el intestino, el útero y así sucesivamente) están constituidos por músculo cardíaco o liso, que también tienen esta propiedad. Por el contrario, si el cirujano estirase de forma involuntaria el tejido del cerebro, el hígado, el bazo o el riñón, éste se rompería.

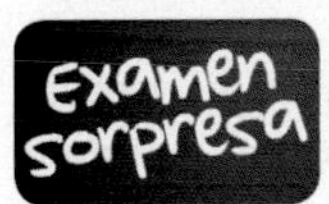

7-1 ¿Cómo se denomina una célula muscular esquelética madura?

7-2 Señala los dos tipos de músculo estriado.

7-3 Señala dos tipos de músculo involuntario.

7-4 ¿Qué tipo de tejido muscular presenta fatiga?

Estructura del tejido muscular esquelético

Dado que las células musculares son únicas en su capacidad de contraerse y alargarse sin romperse, no es sorprendente que tengan una vía inusual de desarrollo y características estructurales únicas. Una vez más, la estructura del músculo cardíaco se comenta en el ➡ capítulo 11, y la del músculo liso, más adelante en este capítulo.

Los mioblastos se fusionan para formar fibras musculares

Durante el desarrollo embrionario, los citoblastos (células madre) producen células musculares inmaduras denominadas **mioblastos** (*blasto* = «precursor»). Varios mioblastos se fusionan para producir una fibra muscular esquelética, por lo que cada fibra muscular contiene múltiples núcleos. Algunos citoblastos musculares persisten en la edad adulta, entre las membranas de las células musculares y el tejido conectivo circundante. Estos citoblastos del músculo adulto se denominan **células satélite,** debido a su localización en la periferia de las fibras musculares. Aunque las células musculares esqueléticas maduras están completamente diferenciadas y no se pueden dividir, las satélite pueden activarse por el ejercicio, una lesión o una enfermedad, con objeto de producir fibroblastos nuevos que se fusionan para formar fibras musculares nuevas. Sin embargo, la actividad de las células satélite no es suficiente para reparar las lesiones importantes del músculo esquelético.

¡Recuerde! **Los citoblastos del músculo adulto se denominan células satélite; producen mioblastos, que se fusionan para formar fibras musculares esqueléticas.**

La estructura de una célula muscular refleja su función

Los siguientes elementos de una célula muscular esquelética (fibra) son esenciales para su función (fig. 7-2 A):

- La membrana celular se denomina **sarcolema.** Al igual que la membrana de cualquier célula del organismo, abarca el contenido de la célula y lo protege del ambiente extracelular. Como veremos más adelante, esta función es especialmente importante en la contracción muscular.
- En las células musculares, el sarcolema no sólo rodea el citoplasma, sino que también forma túneles hacia el interior de la fibra muscular, formando una red de túbulos T. Los potenciales de acción viajan por esos **túbulos T,** lo que les permite alcanzar todas las partes de la fibra de forma casi simultánea para desencadenar una contracción muscular coordinada.
- Los múltiples núcleos en forma de cigarrillo se encuentran en la periferia de la célula, justo por debajo del sarcolema. Esta localización los mantiene fuera del trayecto de las contracciones de la fibra muscular.
- El citoplasma de la célula muscular, el **sarcoplasma,** está densamente poblado con las estructuras siguientes, que se describen con detalle más adelante:
  - **Miofibrillas.** Estos orgánulos delgados y filiformes realizan el trabajo de la contracción muscular. Cada miofibrilla consiste en una agrupación de diferentes proteínas que se extiende por toda la longitud de la

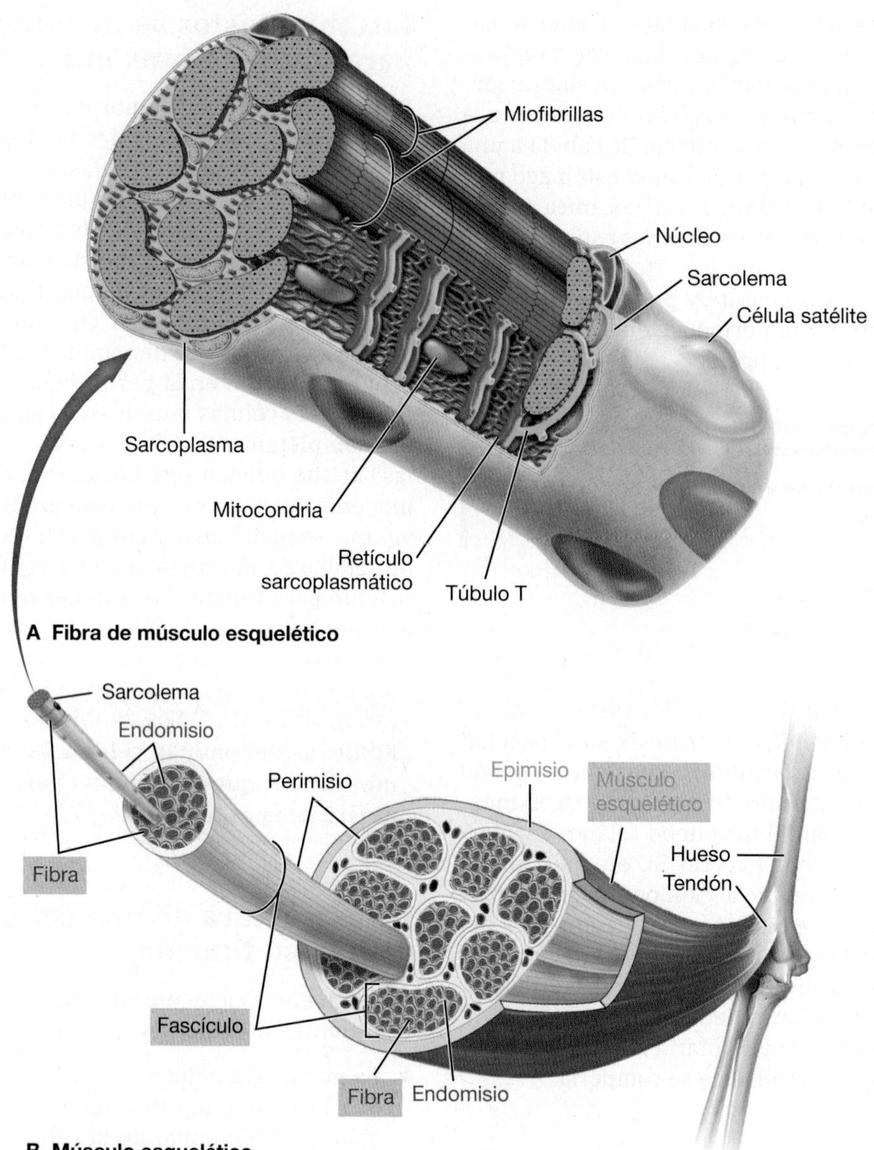

Figura 7-2. Células musculares esqueléticas y músculos. A) Las fibras musculares están llenas de miofibrillas. **B)** Muchas fibras musculares están empaquetadas juntas formando un fascículo, y muchos fascículos se unen para formar un músculo. *Señale la capa de tejido conectivo que rodea un fascículo.*

fibra muscular. Cada fibra muscular contiene cientos de miles de miofibrillas.

- **Retículo sarcoplasmático.** Orgánulo que consiste en una red entrelazada de túbulos llenos de líquido, similar al retículo endoplasmático liso de otras células del organismo. Almacena los iones de calcio necesarios para la contracción muscular. Los túbulos T están muy cercanos al retículo sarcoplasmático, sólo separados por una pequeña región de líquido intracelular.
- **Mitocondria.** Estos orgánulos generan el ATP que sirve de combustible para la contracción muscular.
- **Mioglobina** (no mostrada en la fig. 7-2). Compuesto que contiene hierro, que almacena oxígeno para generar energía en la contracción muscular.

Apuntes sobre el caso

7-3 El análisis bioquímico de sangre de Hammid mostró niveles elevados de creatina cinasa, que suele estar confinada en el interior de la célula muscular. La membrana celular de sus células musculares debe haberse roto, liberando el contenido de la célula hacia la sangre. ¿Cuáles son los términos específicos utilizados para describir la membrana y el citoplasma de la célula muscular?

7-4 La orina de color rojo de Hammid refleja la presencia de un compuesto que almacena oxígeno en el interior de las células del músculo esquelético. ¿Cuál es este compuesto?

El tejido conectivo envuelve fibras y fascículos musculares y músculos completos

Las fibras del músculo esquelético son delicadas, y cada una de ellas está envuelta por una vaina de tejido conectivo denominada **endomisio,** que la cubre, la aísla, le da soporte y la protege (fig. 7-2 B). Las células satélite residen entre el endomisio y el sarcolema.

Grupos de unas 100 fibras musculares forman agrupaciones estructurales y funcionales denominadas **fascículos.** Éstos están envueltos con una vaina gruesa y resistente de tejido conectivo denominada **perimisio.**

A su vez, los grupos de fascículos forman músculos, que están envueltos por una capa exterior resistente y consistente de tejido conectivo, el **epimisio.** Cerca de la inserción del músculo en el hueso, el epimisio se une para formar un tejido de colágeno fuerte y excepcionalmente resistente que une el músculo al hueso. Cuando dicho tejido forma un cordón grueso y resistente para la inserción en un único punto, éste se denomina **tendón** (v. fig. 7-2 B); aprendió sobre las inserciones de los tendones en el hueso en el ⬅ capítulo 6. Cuando el tejido forma una lámina para una inserción lineal más amplia, el epimisio se denomina **aponeurosis.**

7-5 Los tendones ¿son ejemplos de tejido epitelial o de tejido conectivo?

7-6 ¿Cuál es la diferencia entre una fibra muscular, un fascículo muscular y una miofibrilla?

7-7 ¿Cómo se denominan las extensiones de la membrana que penetran profundamente en el sarcoplasma?

7-8 ¿Qué diferencia hay entre perimisio y endomisio?

Contracción del músculo esquelético

Está leyendo este capítulo y es hora de pasar a la página siguiente. Conforme levanta la mano, no dirige de forma consciente sus músculos para que se contraigan y produzcan sus movimientos. Se producen sin más. Pero, ¿cómo?

Una unidad motora es una motoneurona y las fibras musculares que ésta controla

La contracción del músculo esquelético precisa comunicación. Una **motoneurona somática** transporta una señal que estimula una contracción en el músculo esquelético (una *motoneurona visceral* transporta una señal similar al músculo liso o las glándulas). Los cuerpos celulares de las motoneuronas están localizados en el cerebro o en la médula espinal y envían largas extensiones citoplasmáticas, denominadas axones, para comunicarse con las fibras musculares. Como se muestra en la figura 7-3, el axón de una motoneurona se ramifica en su extremo para contactar con varias fibras musculares. Estas ramificaciones se denominan *terminaciones axónicas.* Una **unidad motora** consta de una motoneurona somática y las fibras musculares esqueléticas que ésta controla.

Los músculos que precisan movimientos pequeños y extremadamente precisos (como los músculos que controlan los movimientos del ojo) pueden tener sólo tres fibras musculares por unidad motora. Los responsables de movimientos amplios y potentes (p. ej., en el muslo) pueden tener varios miles de fibras musculares por unidad motora.

Apuntes sobre el caso

7-5 ¿Qué tipo de neuronas transporta la señal a los músculos de Hammid?

Las motoneuronas conectan las fibras musculares con la unión neuromuscular

Cerca de su extremo, cada terminación axónica se dilata y forma una prominencia en forma de botón denominada *botón terminal* o *sináptico,* que yace plano sobre la superficie de la fibra muscular. Un único botón sináptico contacta con una fibra muscular esquelética en una sinapsis química denominada **unión neuromuscular** (fig. 7-3 B). Los componentes de la unión neuromuscular son (fig. 7-3 C):

- El *botón sináptico* de la neurona.
- La *placa motora terminal* de la fibra muscular, que es la parte del sarcolema de la fibra enfrentada al botón sináptico.
- La *hendidura sináptica,* un espacio muy estrecho que separa el botón sináptico de la placa motora, por lo que el nervio y la fibra muscular no se tocan realmente.

Recuerde, del ⬅ capítulo 4, que las sinapsis químicas utilizan neurotransmisores para transmitir la señal entre dos células adyacentes, en este caso la motoneurona y la fibra muscular. En todas las sinapsis, el proceso básico es el mismo: en respuesta a un potencial de acción en la célula presináptica, se libera el neurotransmisor en la hendidura sináptica; a continuación, se une a receptores específicos en la célula postsináptica, alterando su actividad eléctrica. La unión neuromuscular es más específica; un potencial de acción en la célula presináptica *siempre* produce un potencial de acción en la célula postsináptica. Además, todas las uniones neuromusculares esqueléticas utilizan el mismo neurotransmisor *(acetilcolina)* y el mismo receptor para el neurotransmisor, el *receptor colinérgico nicotínico* (fig. 7-4).

Este receptor es un canal iónico regulado por un ligando ⬅ (cap. 4) que se abre para permitir que los iones sodio (Na^+) entren en la célula cuando se le une la acetilcolina (ACh; el ligando).

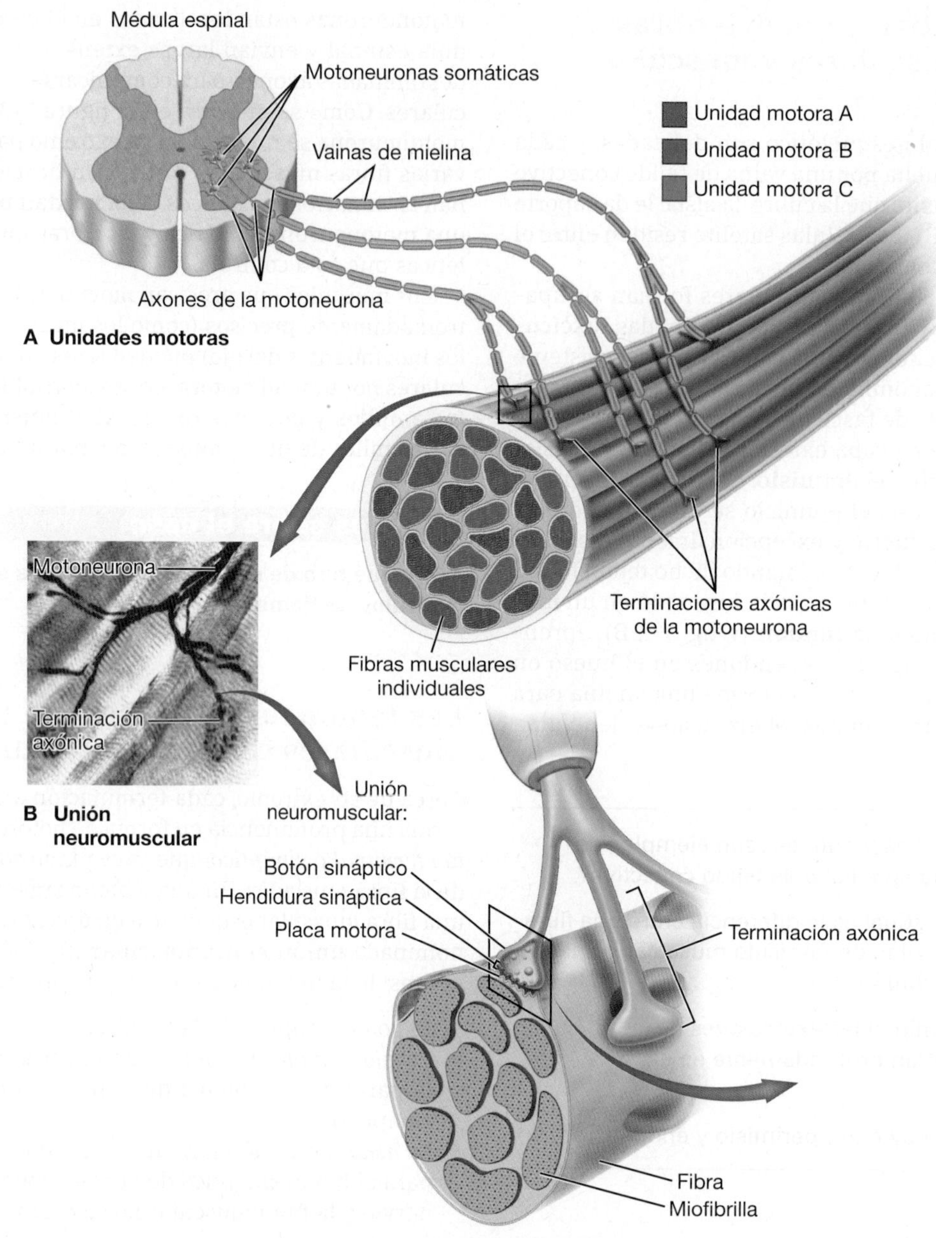

Figura 7-3. Unidades motoras y unión neuromuscular. A) Una unidad motora está formada por una motoneurona somática y las fibras del músculo esquelético que inerva. Obsérvense tres unidades motoras; un músculo promedio tendrá muchas más. **B)** La microfotografía muestra un axón ramificándose para alcanzar varias fibras musculares. **C)** El botón sináptico de la neurona hace sinapsis con la placa motora de la fibra muscular. *Señale el espacio que separa la neurona y la célula muscular.*

Se produce lo siguiente:

1. El potencial de acción llega al botón sináptico de la motoneurona somática (la célula presináptica). La despolarización resultante desencadena la liberación de ACh en la hendidura sináptica.
2. La ACh se presenta con una de dos proteínas. Algunas de las moléculas se encuentran con la *acetilcolinesterasa* y son inactivadas por ella; es una enzima presente en la hendidura sináptica y embebida en el sarcolema. Esta enzima siempre está activa, pero no puede seguir el ritmo de la liberación de ACh de las neuronas en descarga, por lo que la ACh se acumula en la hendidura sináptica. Las moléculas de neurotransmisor que escapan a la garra de la acetilcolinesterasa se unen con una segunda proteína, el receptor colinérgico nicotínico, en la membrana de la placa motora terminal (la célula postsináptica).
3. La unión de la ACh abre los canales del receptor nicotínico. La entrada de Na^+ despolariza suficientemente la membrana como para producir un potencial de acción,

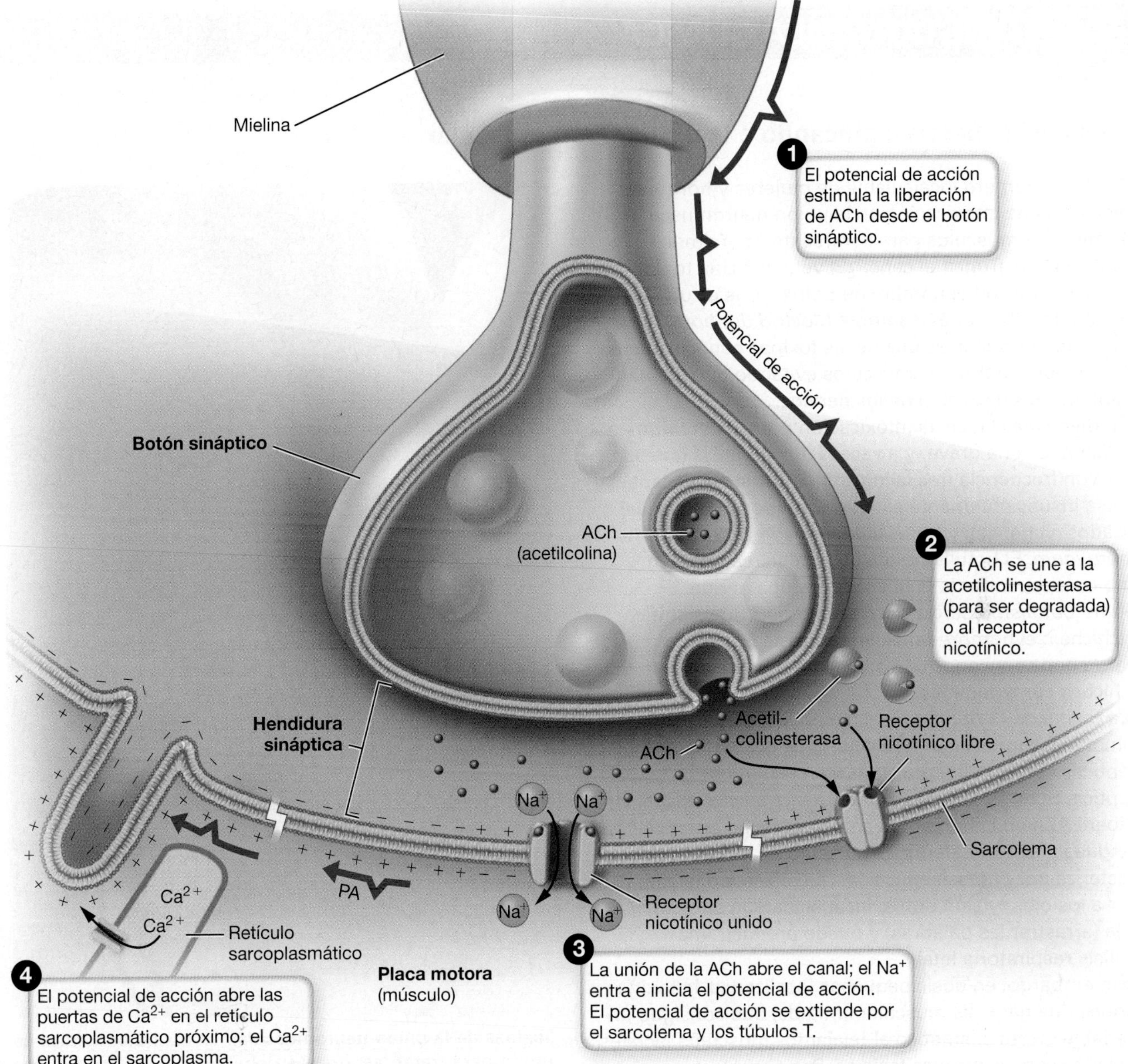
Mielina
1
El potencial de acción estimula la liberación de ACh desde el botón sináptico.
Potencial de acción
Botón sináptico
ACh
(acetilcolina)
2
La ACh se une a la acetilcolinesterasa (para ser degradada) o al receptor nicotínico.
Hendidura sináptica
Acetil-colinesterasa
Receptor nicotínico libre
ACh
Na+
Sarcolema
PA
Ca2+
Ca2+
Retículo sarcoplasmático
Receptor nicotínico unido
3
La unión de la ACh abre el canal; el Na+ entra e inicia el potencial de acción. El potencial de acción se extiende por el sarcolema y los túbulos T.
Placa motora
(músculo)
4
El potencial de acción abre las puertas de Ca2+ en el retículo sarcoplasmático próximo; el Ca2+ entra en el sarcoplasma.

Figura 7-4. Sucesos en la unión neuromuscular. Una señal eléctrica (un potencial de acción, PA) viaja hasta la motoneurona. Una señal química (ACh) lleva la señal a través de la hendidura sináptica e inicia una señal eléctrica (un PA) en la célula muscular. *Señale la enzima que finaliza la acción de la ACh.* ACh, acetilcolina.

que se extiende con rapidez por el sarcolema y se acelera a través de la red de túbulos T en el interior de la célula.

4. El potencial de acción desencadena la apertura de los canales de calcio en la membrana del retículo sarcoplasmático. Esto libera iones calcio desde el retículo sarcoplasmático hacia el sarcoplasma. Un transportador especializado de calcio (Ca^{2+}), denominado *bomba de calcio*, lleva de forma activa Ca^{2+} de nuevo hacia el interior del retículo sarcoplasmático. Sin embargo, en una fibra en contracción, la bomba no puede mantener el ritmo de la liberación de Ca^{2+}, por lo que éste se acumula en el sarcoplasma. Como se muestra más adelante, estos iones calcio son los que estimulan la contracción muscular.

La función de las sinapsis químicas puede verse afectada por alguna enfermedad o modificada o inactivada por fármacos o tóxicos (para más información, v. la siguiente Instantánea clínica titulada «La bella y las bestias»).

INSTANTÁNEA CLÍNICA

La bella y las bestias: atacando a la unión neuromuscular

En 2006, un número incalculable de mujeres y hombres provocaron una intoxicación en la unión neuromuscular de determinados músculos para librarse (temporalmente) de las líneas de fruncir el ceño. ¿El veneno? Una toxina comercializada con el nombre de Botox®, que es un derivado de la bacteria anaerobia *Clostridium botulinum.* Botox®, una proteína, es una de las toxinas conocidas más potentes que paraliza los músculos evitando que reciban los potenciales de acción de los nervios.

En medicina clínica, la intoxicación por *C. botulinum*, o botulismo, es una grave, y a veces letal, parálisis que suele darse con frecuencia tras la ingesta de carnes envasadas en casa insuficientemente esterilizadas (poco cocinadas), pescados, vegetales y frutas contaminados con *C. botulinum.* El botulismo puede producirse también como consecuencia de la infección de una herida. El término *botulismo* deriva del latín *botulus,* que significa «salchicha»: el nombre refleja el hecho de que la enfermedad se reconoció inicialmente por el consumo de salchichas contaminadas.

La toxina de *C. botulinum* actúa en el lado *nervioso* de la unión neuromuscular para evitar que las vesículas sinápticas del axón liberen su ACh en la hendidura sináptica. Si un potencial de acción llega a la sinapsis y no se libera ACh en la hendidura sináptica, dicho potencial se extingue sin ser transferido al músculo. El botulismo se caracteriza por parálisis muscular que afecta en primer lugar a los ojos (visión doble, incapacidad de enfocar) y el habla (arrastrar las palabras) y puede producir una parálisis respiratoria letal.

Sin embargo, en dosis pequeñas localizadas, la toxina produce una parálisis muscular limitada, que consigue un agradable efecto cosmético al relajar los músculos faciales asociados con las arrugas faciales. Por ejemplo, tras una inyección de Botox® en el músculo frontal de la frente, desaparecen las arrugas del entrecejo; no reaparecen hasta que el efecto de la toxina desaparece en 4 a 6 meses. Botox® se utiliza también como tratamiento para los espasmos musculares que acompañan al dolor de cabeza de las migrañas, tics faciales (involuntarios o contracción habitual de los músculos faciales) y distonía cervical (alteración de la contracción de los músculos del cuello que mueven la cabeza).

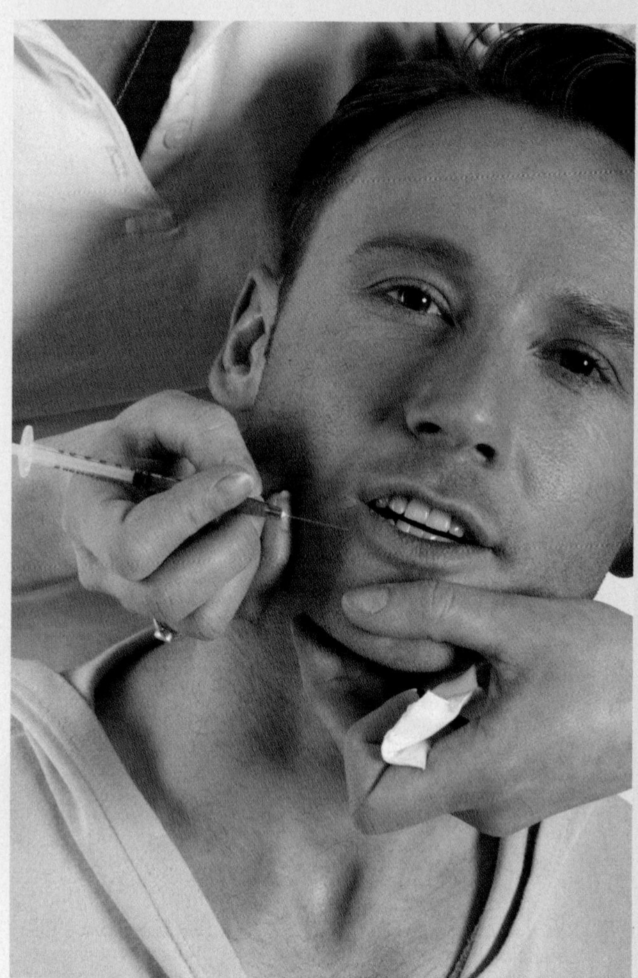

Toxinas de la unión neuromuscular. La toxina botulínica se utiliza para tratar las arrugas del entrecejo y otras arrugas faciales.

Otros animales explotan la fragilidad de la unión neuromuscular para paralizar a sus presas. Por ejemplo, el veneno de la cobra taiwanesa contiene una toxina que se une fuertemente al receptor de ACh en el lado *muscular* de la sinapsis y evita la unión de la ACh, lo que interrumpe la propagación de la señal. Por el contrario, el veneno de la viuda negra provoca que los axones motores liberen toda la ACh almacenada, que sobrepasa la capacidad de los receptores musculares e interfiere con la transferencia controlada de la señal a través de la sinapsis.

Recuerde, del capítulo 4, que las señales pueden ser eléctricas o químicas. Le secuencia de la estimulación de la contracción muscular es la siguiente:

1. Una señal eléctrica en la motoneurona somática.
2. Una señal química (ACh) en la sinapsis.
3. Una señal eléctrica en el sarcolema.
4. Una señal química (calcio) en el sarcoplasma.

Pero, ¿cómo una señal química, el calcio, inicia la generación de fuerza en la fibra muscular? Para responder a esta pregunta, debemos profundizar en la estructura microscópica de la fibra muscular, con especial atención en los miofilamentos.

Apuntes sobre el caso

7-6 ¿Qué sustancia química liberan las motoneuronas somáticas de Hammid para transmitir las señales de los nervios a las células musculares?

Los sarcómeros son las unidades funcionales de las miofibrillas

Recuerde que las miofibrillas son los orgánulos del interior de la fibra muscular encargadas de la contracción muscular. Para comprender cómo se contraen, debemos examinar su inusual estructura. Cada miofibrilla es, en esencia, un haz de dos tipos de **miofilamentos** largos: *filamentos gruesos* y *filamentos delgados*. Puede visualizar su disposición precisa, que es esencial para su función, imaginando los miofilamentos como lápices gruesos y delgados. He aquí cómo:

- Imagine que los filamentos gruesos (lápices gruesos) están afilados en los dos extremos y que los filamentos delgados (lápices delgados) están afilados en un extremo, con un borrador en el otro (fig. 7-5 A).
- A continuación, imagine que sostiene un manojo de lápices delgados en cada mano, con los borradores apuntando hacia fuera y las puntas afiladas apuntando el uno hacia el otro.

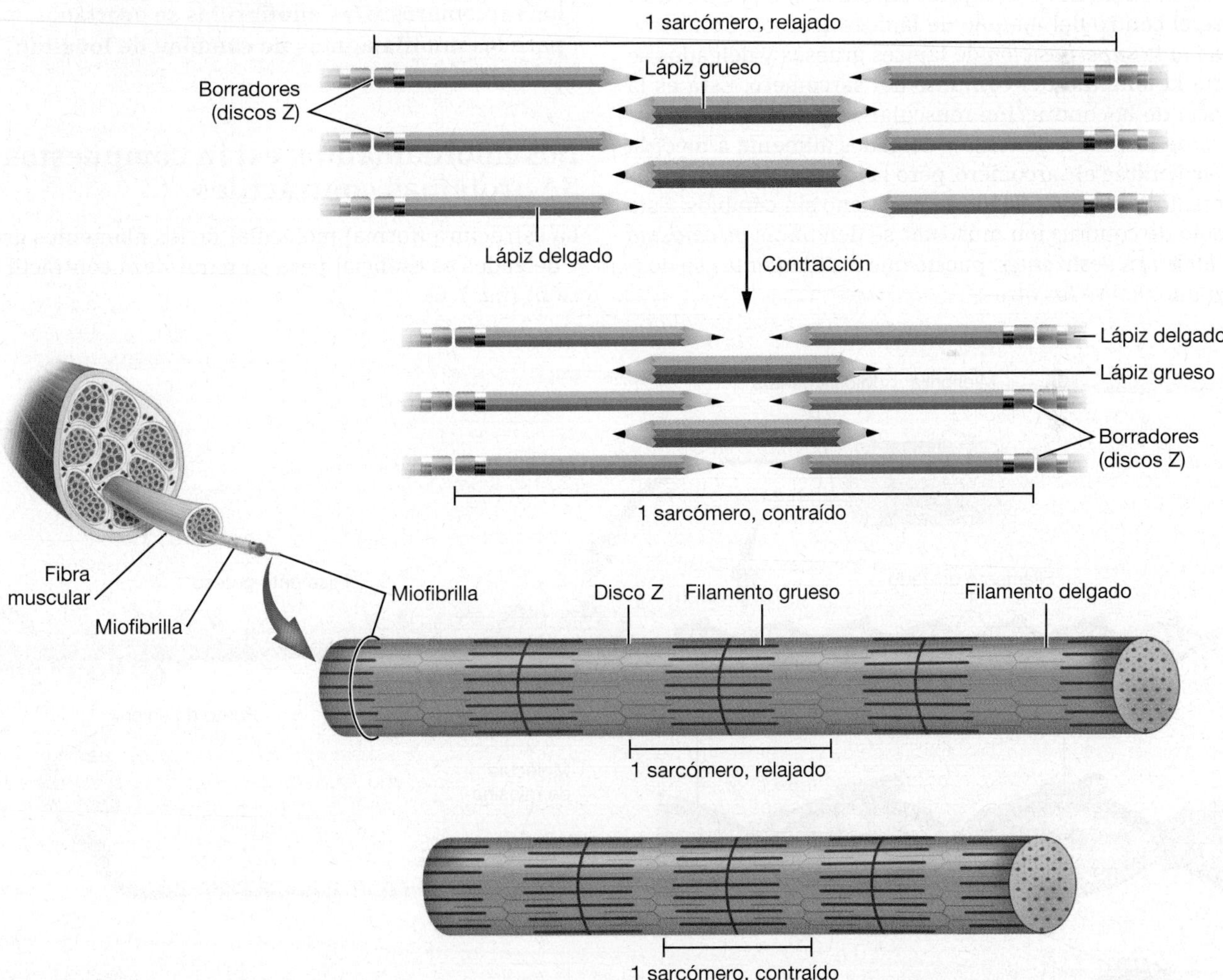

Figura 7-5. Las miofibrillas están formadas por miofilamentos. Pueden utilizarse lápices para construir un modelo de sarcómero. Cuando aumenta el solapamiento entre los lápices, el sarcómero se acorta. Una miofibrilla está formada por muchos sarcómeros alineados extremo a extremo en fila. Cuando se acortan sarcómeros individuales, la fibra muscular en conjunto se acorta (y, por lo tanto, el músculo). *¿Qué estructura tiene la misma longitud que el músculo, el sarcómero o la miofibrilla?*

- Ahora imagine que coloca un manojo de lápices gruesos (con punta en los dos extremos) entre los dos manojos de lápices delgados. Tenga en cuenta que los extremos en punta de los lápices gruesos en este manojo medio están frente a los extremos puntiagudos de los lápices delgados en cada lado.
- Por último, imagine que empuja los manojos de lápices delgados sobre el manojo de lápices gruesos de tal forma que las puntas gruesas y delgadas se solapen ligeramente, como dedos entrecruzados.

Y aquí lo tiene: una réplica con lápices de un **sarcómero,** que es la unidad básica del músculo esquelético (fig. 7-5 B). Una fibra muscular contiene miles de sarcómeros de extremo a extremo, cada uno un conjunto de manojos interdigitados de «lápices» gruesos y delgados unidos por los borradores en cada extremo. Los extremos unidos de los borradores de los lápices son análogos a los **discos Z** de una miofibrilla, que se encuentran a cada lado del sarcómero.

Para imaginar la contracción muscular, piense que desliza los dos conjuntos de lápices delgados uno hacia el otro sobre el centro del manojo de lápices gruesos. Conforme *aumenta* la *superposición* de lápices gruesos y delgados se acorta la longitud del conjunto del sarcómero. Ésta es la esencia de la contracción muscular: el grado de *superposición* de los haces gruesos y delgados aumenta a medida que se contrae el sarcómero, pero la longitud de cada miofilamento grueso y delgado se mantiene sin cambios. Este modelo de contracción muscular se denomina *mecanismo de filamentos deslizantes,* puesto que los filamentos se deslizan unos sobre los otros.

Un solo sarcómero es muy pequeño, mide solamente unas pocas micras de longitud, pero los sarcómeros se alinean extremo a extremo para producir una miofibrilla que se extiende por toda la longitud de la fibra muscular (fig. 7-5 B). Conforme cada sarcómero se acorta, lo hace la miofibrilla completa, la fibra muscular y, de este modo, el músculo. *¡Voilà!* Contracción muscular. Más adelante veremos cómo se produce al mismo tiempo la contracción de cada sarcómero, miofibrilla y fibra muscular de una unidad motora, propiedad que garantiza una contracción uniforme.

El aspecto estriado del músculo esquelético examinado bajo el microscopio óptico se muestra como una serie ordenada de bandas claras y oscuras producidas por el solapamiento de los filamentos gruesos y delgados y las uniones extremo a extremo de los sarcómeros. Estos detalles se presentan en el cuadro Forma básica, función básica, titulado «Cómo consiguió el músculo sus bandas».

> *¡Recuerde!* **Durante la contracción muscular, los sarcómeros y las miofibrillas se acortan, pero los miofilamentos no cambian de longitud.**

Los miofilamentos están compuestos de proteínas contráctiles

La estructura (forma) molecular de los filamentos gruesos y delgados es esencial para su naturaleza contráctil (función) (fig. 7-6).

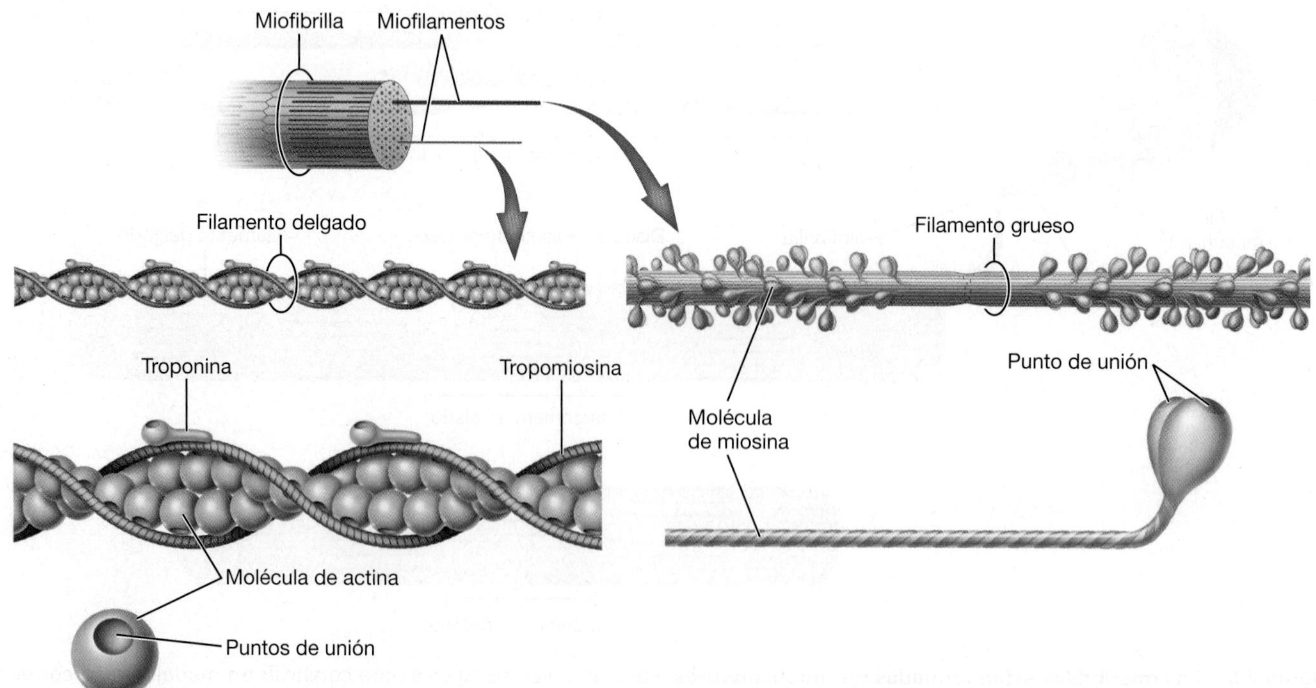

Figura 7-6. Filamentos gruesos y delgados. Los filamentos gruesos están formados por moléculas de miosina y los delgados de actina, troponina y tropomiosina. *¿Qué proteína cubre el punto de unión de las moléculas de actina?*

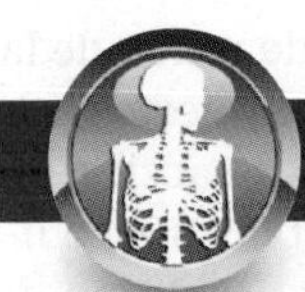

FORMA BÁSICA, FUNCIÓN BÁSICA

Cómo consiguió el músculo sus bandas

Recuerde que el músculo estriado puede identificarse por sus bandas; el microscopio óptico muestra la alternancia de bandas claras y oscuras (estrías) microscópicas. Las bandas también son útiles por otra razón: pueden ayudarnos a visualizar los diminutos movimientos de los filamentos gruesos y delgados durante la contracción muscular.

Las bandas oscuras, denominadas bandas A, son oscuras porque contienen los filamentos gruesos, más opacos. Las bandas claras, denominadas bandas I, son claras, ya que están compuestas exclusivamente por filamentos delgados. Recuerde, no obstante, que filamentos delgados y gruesos se solapan. Las bandas (A) se oscurecen aún más en cada extremo, donde se solapan con los filamentos delgados; este agrupamiento de filamentos gruesos y delgados bloquea la mayor parte de la luz. La zona H es la región relativamente más pálida dentro de la banda A, donde sólo existen filamentos gruesos. En el centro de la banda clara (I) existe una línea en zigzag; es el disco Z, donde los fascículos de fibras delgadas se encuentran y que marca el lugar donde las unidades de sarcómeros se unen.

Tenga en cuenta que un sarcómero es el espacio entre discos Z y está formado por la mitad de una zona clara (I) en cada extremo y una banda oscura (A) en el centro, y que la zona clara (I) está formada por los extremos enfrentados de dos sarcómeros. Asimismo, hay que tener en cuenta que, cuando se acorta un sarcómero, los discos Z se aproximan y las bandas I se acortan, pero la banda A siempre presenta la misma longitud. ¿Por qué? Porque la banda A es un filamento delgado, el cual siempre tiene la misma longitud. Las bandas I, por el contario, son filamentos delgados que no se solapan con filamentos gruesos. A más solapamiento entre los filamentos gruesos y delgados, más parte de filamento delgado se desliza en la banda A, donde se oscurece a causa de los filamentos gruesos. Por último, ¿qué ocurre con la zona H, que representa los filamentos gruesos sin solapamiento con los delgados? Como ocurre con la banda I, ésta disminuye conforme el sarcómero se acorta.

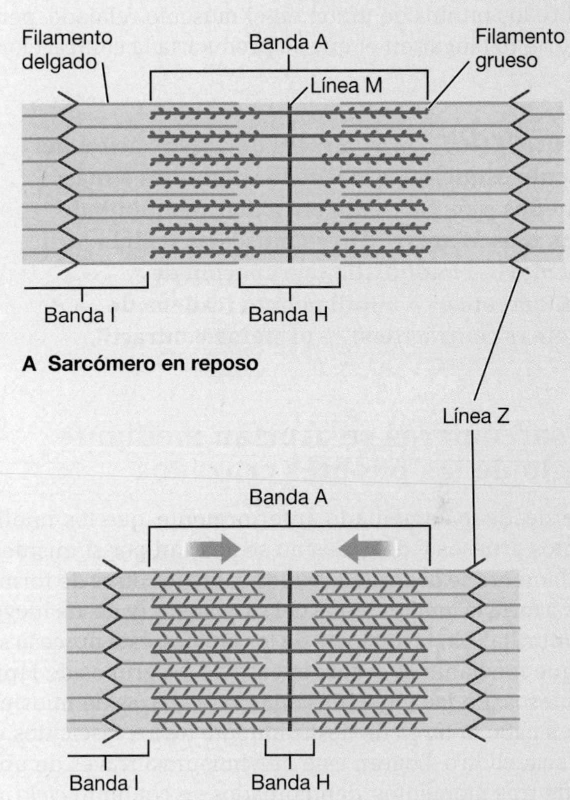

Zonas y líneas de las fibras musculares.

Los filamentos gruesos son haces de la proteína **miosina.** Cada molécula de miosina está compuesta por un tallo largo (la cola) y un extremo que termina en dos *cabezas* globulares, algo así como un palo de golf con dos cabezas, una cabeza sobresale del tallo un poco respecto a la otra. Cada cabeza de miosina tiene dos puntos de unión importantes, una para el ATP y otra para los filamentos delgados. Cuando una cabeza de miosina se une a los filamentos delgados se forma un *puente cruzado.* La agrupación de muchas moléculas de miosina, con sus cabezas apuntando en direcciones diferentes, forma un filamento grueso. Las moléculas se solapan como palos de golf para formar una cadena, con las cabezas protruyendo en casi toda la longitud de la estructura; en un extremo, las colas de las moléculas de miosina se unen extremo con extremo para formar el segmento central, sin cabezas, del filamento grueso.

Los filamentos delgados están compuestos de tres proteínas: *actina, tropomiosina* y *troponina.* El componente principal es la **actina,** una proteína globular pequeña. Cada filamento delgado contiene dos cadenas largas de moléculas de actina que se enrollan entre sí, como un collar formado por dos cadenas de perlas entrelazadas. Cada molécula de actina (es decir, cada «perla») posee una zona de unión para cada cabeza de miosina que sobresale del filamento grueso. En reposo, sin embargo, esta zona de unión está cubierta por la **tropomiosina,** que evita la unión de la miosina hasta que el nervio que inerva el músculo envía la señal para la contracción. La **troponina,** el tercer componente, controla las moléculas de tropomiosina: las mantiene sobre los puntos de unión en el músculo relajado, pero las aparta del lugar en el que se produciría la contracción.

¡Recuerde! **Los niveles de organización del músculo esquelético, desde más grandes a más pequeños, son: fascículo muscular (conjunto de fibras musculares) → fibra muscular (célula muscular) → miofibrilla (agrupación de miofilamentos) → miofilamento (cadena de proteínas contráctiles) → proteína contráctil.**

Los sarcómeros se acortan mediante el ciclo de los puentes cruzados

Recuerde, de lo comentado anteriormente, que los miofilamentos gruesos y delgados no se acortan por sí mismos; sencillamente se deslizan los unos sobre los otros de forma que se acorta la longitud total del sarcómero (y, desde luego, la miofibrilla). En la analogía de los lápices, este proceso se consigue mediante el deslizamiento de los grupos de lápices gruesos. En la célula muscular, las cabezas de miosina llevan a cabo la tarea de deslizamiento de los fascículos el uno hacia el otro. Logran este movimiento a través de una serie de tres momentos, denominados en conjunto *ciclo de los puentes cruzados:*

- Formación de los puentes cruzados.
- Golpe de fuerza.
- Separación de los puentes cruzados.

El *golpe de fuerza* es la fase del ciclo en la que el filamento delgado se mueve realmente. De los muchos movimientos moleculares del organismo, éste es uno de los más extraños y efectivos. Así, antes de considerar el ciclo de los puentes cruzados en su conjunto echaremos un vistazo a cómo se produce el golpe de fuerza.

Los actores principales del golpe de fuerza son las cabezas de miosina. Cada una de ellas actúa como una pinza que agarra una «perla» de actina de un filamento delgado, se ancla a él y se desplaza bruscamente hacia atrás, estirando el filamento delgado a lo largo de la cola de miosina una corta distancia. Tras esta corta tracción, las cabezas de miosina se liberan, se enderezan y vuelven a adherirse a una nueva «perla» de actina del filamento delgado, listas de nuevo para impulsarse bruscamente hacia atrás. Los filamentos gruesos y delgados van enlazándose de esta manera, como si alguien (el filamento grueso) subiera por una cuerda (el filamento delgado) brazo sobre brazo.

Revisemos ahora la secuencia completa de acontecimientos que producen la contracción muscular (fig. 7-7). En una fibra muscular en reposo, los puntos de unión de la miosina sobre las moléculas de actina están cubiertos por la tropomiosina. En respuesta a un potencial de acción en el sarcolema y los túbulos T, el retículo sarcoplasmático libera Ca^{2+}. Éste se une a la troponina y la activa. La troponina aparta a la tropomiosina, exponiendo el punto de unión de la miosina a cada molécula de actina (pasos 1 a 3 de la fig. 7-7). Una vez expuestos estos puntos de unión, se inicia el ciclo de los puentes cruzados (pasos 4 a 7).

La formación de los puentes cruzados se produce cuando las cabezas de miosina «energizadas» se unen a la actina (paso 4). ¿Por qué calificamos a las cabezas de miosina como energizadas? Recuerde del capítulo 2 que la energía se libera cuando el ATP se descompone en difosfato de adenosina (ADP) y fosfato. En una fibra muscular en reposo el ATP ya se ha descompuesto, y los productos ADP y fosfato se unen a las cabezas de miosina. La energía liberada por la descomposición del ATP se almacena en la posición «erguida» de las cabezas de miosina; es decir, la cabeza de miosina es energizada (paso 4).

Esta energía almacenada se utiliza en el paso 5, el golpe de fuerza, para pivotar las cabezas de miosina y mover el filamento delgado. Las moléculas de ADP y de fosfato se liberan inmediatamente tras el golpe de fuerza, pero los puentes cruzados permanecen en su sitio.

El paso final del ciclo de los puentes cruzados, la separación, puede producirse sólo con la ayuda de ATP adicional. Sólo cuando una nueva molécula de ATP se une a la cabeza de miosina (paso 6) ésta se libera de la actina y queda lista para comenzar otro ciclo de los puentes cruzados (paso 7).

El ciclo de los puentes cruzados se producen en ondas, de forma parecida a la marcha de un ciempiés, cuyo movimiento de deslizamiento es uniforme, no a sacudidas, como ocurriría si cada cabeza de miosina empujase simultáneamente como un equipo de remo. Estas ondas suaves de incrementos moleculares, repetidas con rapidez miles de veces, producen el acortamiento de las fibras musculares. Asimismo, en algún momento en la contracción, algunas de las cabezas de miosina están unidas a la actina, de modo que los filamentos delgados no pueden deslizarse de nuevo a sus posiciones originales.

Apuntes sobre el caso

7-7 Se dijo a los padres de Hammid que los músculos de su hijo no podrían conseguir suficiente energía (es decir, ATP) para esfuerzos prolongados. ¿Dónde se une el ATP en el miofilamento?

Los acontecimientos que se dan en ciclo de los puentes cruzados pueden recordarse mejor si se comprende que la **rigidez cadavérica *(rigor mortis),*** la rigidez muscular que comienza unas horas después de la muerte, se debe a la falta de ATP. En la muerte, el organismo ya no puede generar ATP. Por lo tanto, el ciclo de los puentes cruzados sólo puede avanzar hasta el paso 5, donde las cabezas de miosina se unen fuertemente a los puntos de unión de la actina.

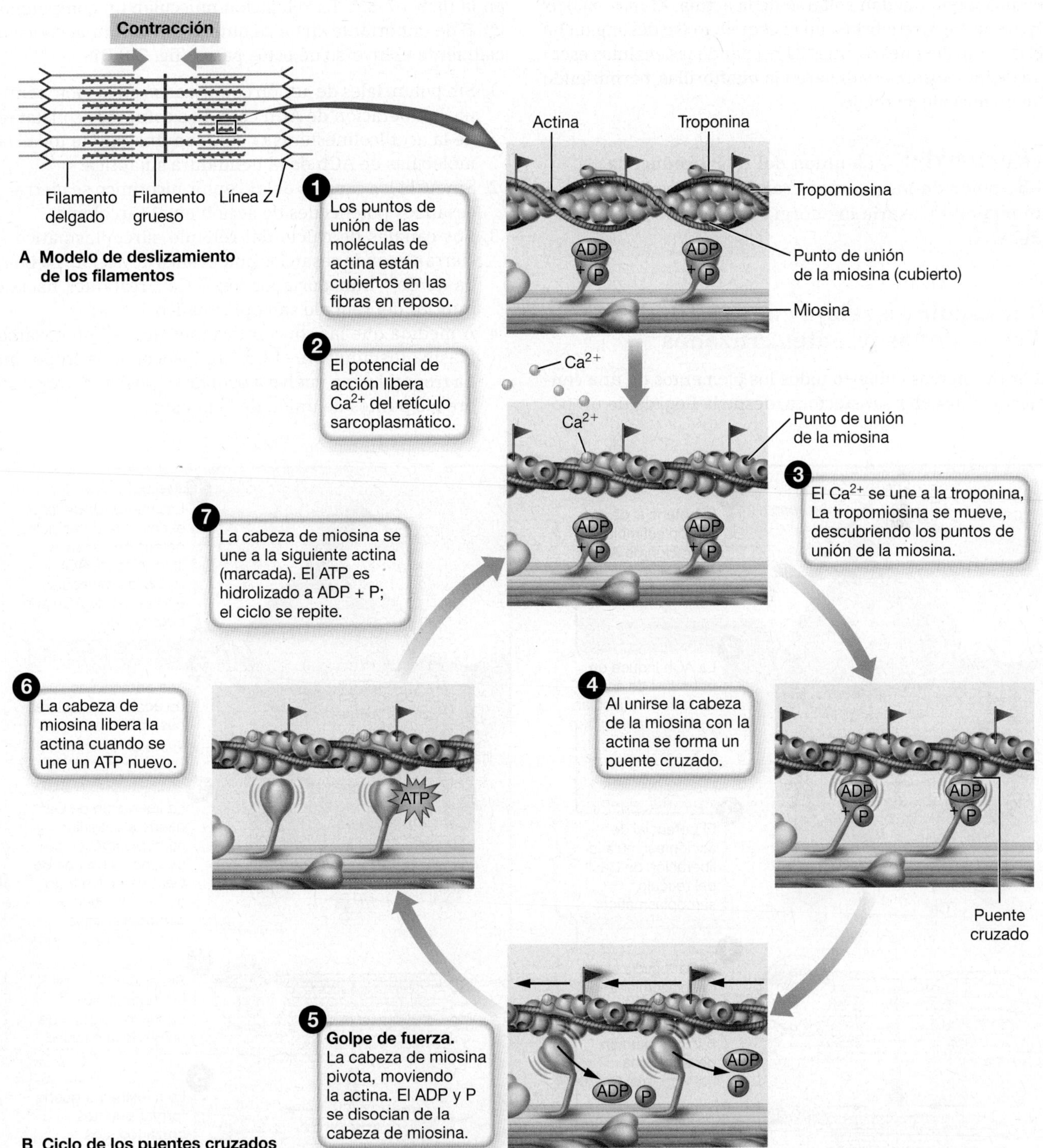

Contracción
Filamento delgado
Filamento grueso
Línea Z
A Modelo de deslizamiento de los filamentos
Actina
Troponina
Tropomiosina
Punto de unión de la miosina (cubierto)
Miosina
ADP
+P
1 Los puntos de unión de las moléculas de actina están cubiertos en las fibras en reposo.
2 El potencial de acción libera Ca^{2+} del retículo sarcoplasmático.
Ca^{2+}
Punto de unión de la miosina
3 El Ca^{2+} se une a la troponina, La tropomiosina se mueve, descubriendo los puntos de unión de la miosina.
4 Al unirse la cabeza de la miosina con la actina se forma un puente cruzado.
Puente cruzado
5 Golpe de fuerza. La cabeza de miosina pivota, moviendo la actina. El ADP y P se disocian de la cabeza de miosina.
6 La cabeza de miosina libera la actina cuando se une un ATP nuevo.
ATP
7 La cabeza de miosina se une a la siguiente actina (marcada). El ATP es hidrolizado a ADP + P; el ciclo se repite.
B Ciclo de los puentes cruzados

Figura 7-7. Contracción muscular. A) Los filamentos gruesos tiran de los filamentos finos el uno hacia el otro durante la contracción muscular. **B)** Etapas de la contracción muscular. Obsérvese que la molécula de actina marcada se ha movido (desde la etapa 4 a la 6) en relación con la cabeza del filamento grueso. *El ATP ¿se une a la actina o a la miosina?* ADP, difosfato de adenosina; ATP, trifosfato de adenosina; P, fosfato.

Y aquí las cosas se detienen: no puede producirse la relajación porque, sin una nueva molécula de ATP, las cabezas de miosina no puedan soltarse de la actina. El *rigor mortis* pierde su «agarre mortal» en el esqueleto (se desengancha del cuerpo) después de unas 24 h, cuando las enzimas escapan de los lisosomas y digieren la miofibrillas, permitiendo que el músculo se relaje.

¡Recuerde! **La unión del ATP produce la liberación de los puentes cruzados. Para el golpe de fuerza es necesaria la energía de la descomposición del ATP.**

El músculo se relaja cuando finaliza el ciclo de los puentes cruzados

Ahora ya hemos cubierto todos los elementos de una contracción muscular satisfactoria, desde la llegada de un potencial de acción en la unión neuromuscular al ciclo de los puentes cruzados. Puede revisar estos acontecimientos en la figura 7-8 A. La relajación muscular, un componente igual de importante en toda contracción muscular, es esencialmente el inverso de estos pasos (fig. 7-8 B):

1. Sin potenciales de acción continuados en la motoneurona, la liberación de ACh cesa. Los esfuerzos constantes de la acetilcolinesterasa degradan finalmente todas las moléculas de ACh de la hendidura sináptica.
2. Sin ACh, los canales del receptor nicotínico se cierran y cesan los potenciales de acción en el sarcolema.
3. Los canales de calcio del retículo sarcoplasmático se cierran cuando cesan los potenciales de acción. La bomba de Ca^{2+} transporta los iones Ca^{2+} restantes hacia el interior del retículo sarcoplasmático.
4. A medida que las concentraciones de Ca^{2+} en el sarcoplasma disminuyen, el Ca^{2+} se disocia de la troponina. La tropomiosina vuelve a ocupar su posición previa sobre los puntos de unión de la miosina.

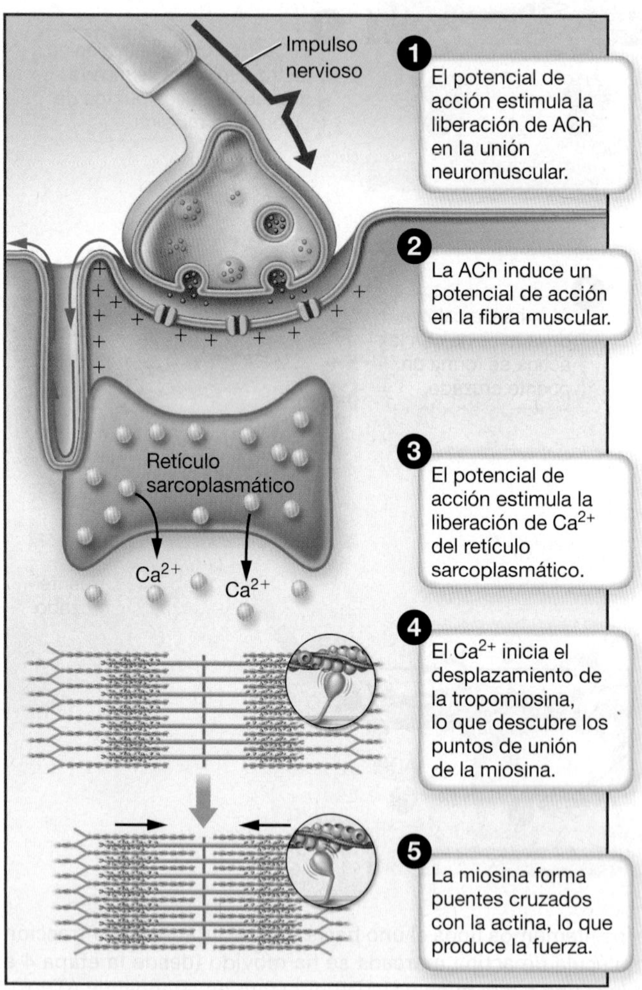

A Contracción muscular

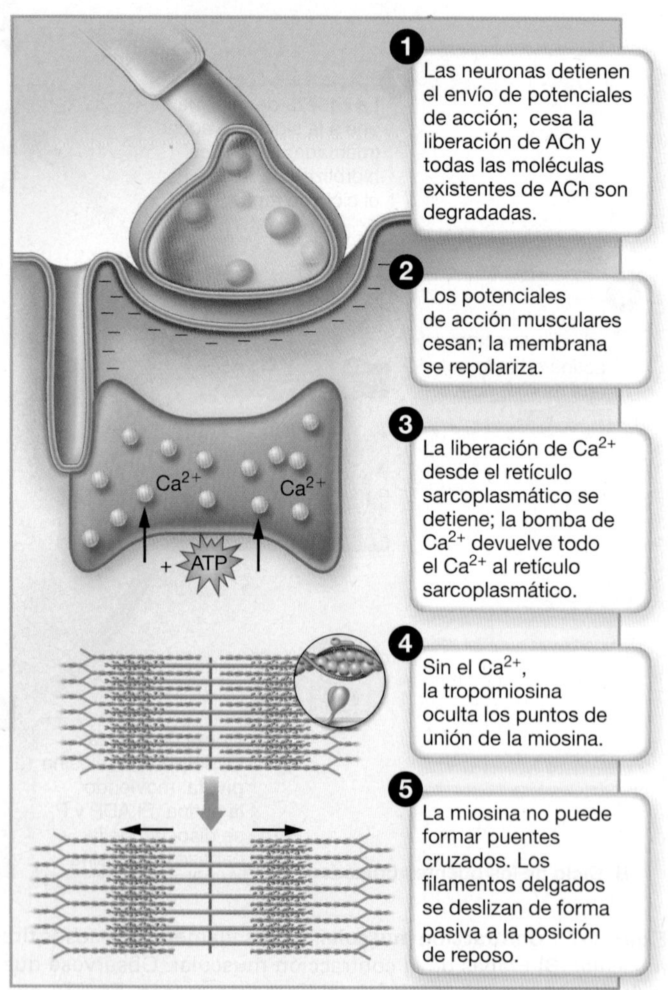

B Relajación muscular

Figura 7-8. Contracción y relajación muscular. A) Los músculos se contraen por acortamiento del sarcómero cuando el calcio está presente en el sarcoplasma. **B)** Los músculos se relajan cuando el calcio es bombeado fuera del sarcoplasma. *¿Qué orgánulos almacenan calcio en las células musculares?* ACh, acetilcolina.

5. La miosina no puede unirse ya a la actina, los filamentos gruesos «pierden su agarre» sobre los filamentos delgados. Recuerde que el tejido muscular es elástico, de forma que el sarcómero vuelve rápidamente a su longitud en reposo.

7-9 ¿Qué es una unidad motora?

7-10 ¿Cómo crea la señal eléctrica en la neurona una señal eléctrica en la fibra muscular?

7-11 Nombre tres proteínas que se encuentran en los filamentos delgados.

7-12 El calcio ¿se une a los filamentos gruesos o a los delgados?

Energía muscular

Para el mantenimiento de todas nuestras células es preciso un suministro constante de ATP, pero las células musculares tienen necesidades de energía particularmente elevadas. El ATP es el combustible necesario para tres aspectos importantes de la actividad muscular:

- *Potencial de membrana del sarcolema:* recuerde, del capítulo 4, que la Na^+/K^+-ATPasa es la responsable de mantener los gradientes de Na^+ y K^+ a través de la membrana celular, que son necesarios para los potenciales de acción.
- *Ciclo de los puentes cruzados:* las cabezas de miosina utilizan la energía de la descomposición del ATP para el golpe de fuerza de la cabeza de miosina, y los puentes cruzados se rompen cuando se une una nueva molécula de ATP.
- *Relajación muscular:* la bomba de calcio utiliza ATP para transportar de forma activa calcio al interior del retículo sarcoplasmático.

Recuerde que el ATP almacena energía en un enlace químico. La energía de este enlace se libera cuando se elimina un fosfato del ATP, generando ADP, como se muestra en esta reacción:

$$ATP + H_2O \rightarrow ADP + H_2O + PO_4 + \text{energía}$$

El estudio de esta reacción muestra que, para forzarla en dirección opuesta, se precisa energía (es decir, para convertir ADP vacío de energía de nuevo en ATP). Como se muestra a continuación, la mayor parte de esta energía se logra a partir de los enlaces químicos de los nutrientes.

Diferentes procesos pueden generar ATP

Las células musculares generan constantemente ATP a partir de diversos procesos. En general, los procesos que producen mayores cantidades de ATP implican más reacciones químicas y, por lo tanto, precisan más tiempo para completarse. Una fibra muscular en contracción puede requerir todos los procesos en grados diversos, según el tipo de músculo, la intensidad de la contracción y la duración de la actividad muscular.

El ATP almacena y el fosfato de creatina proporciona energía inmediata

Los músculos almacenan una pequeña cantidad de ATP (generado previamente por el metabolismo de los nutrientes) para impulsar los primeros segundos de actividad. Sin embargo, puesto que las fibras musculares se rompen si los depósitos de ATP musculares caen a niveles demasiado bajos, existen varios mecanismos de protección que suelen evitar la reducción excesiva de los depósitos de ATP. Uno de estos mecanismos involucra al **fosfato de creatina,** una molécula exclusiva del músculo (fig. 7-9 A). Funciona mediante la conversión de algunas de las moléculas de ADP vacías de energía en moléculas de ATP transfiriendo su fosfato al ADP, una reacción que genera creatina más ATP. Las células musculares contienen suficiente fosfato de creatina para alimentar aproximadamente sólo 10 s de actividad. No obstante, cuando las fibras musculares están en reposo, pueden regenerar sus depósitos de fosfato de creatina mediante el uso de ATP obtenido de los nutrientes. Una molécula de fosfato de alta energía es transferida a una molécula de creatina, produciendo ADP más una molécula de fosfato de creatina nueva.

La glucólisis produce piruvato y ATP

La **glucólisis** (*glyco-* = «azúcar»; *-lysis* = «romper»), la descomposición de glucosa en piruvato, es el método más rápido para generar ATP a partir de los nutrientes (fig. 7-9 B). La fuente inicial de glucosa es el *glucógeno,* un polímero de glucosa almacenado en la fibra muscular. El glucógeno debe descomponerse en moléculas individuales de glucosa (glucosa 6-fosfato), que se usan a continuación para generar ATP. Esta reacción se denomina **glucogenólisis,** y es catabolizada por una enzima, *glucógeno fosforilasa*. También puede utilizarse glucosa de la sangre, pero el glucógeno es más abundante y proporciona glucosa 6-fosfato a una mayor velocidad.

La glucólisis se produce en el citosol de las células musculares y es un proceso *anaerobio;* es decir, no *precisa* oxígeno. Genera tres moléculas de ATP por molécula de glucosa derivada del glucógeno. Cuando se utiliza la glucosa de la sangre, sólo se generan dos moléculas de ATP por cada molécula de glucosa, ya que para convertir la glucosa de la sangre en glucosa 6-fosfato se emplea una molécula de ATP.

El piruvato, producto final de la glucólisis, puede ser una fuente de ATP adicional. Sin embargo, por razones que se comentan en el capítulo 15, éste suele ser transformado primero en **ácido láctico.** Aproximadamente la mitad de este ácido láctico se transformará de nuevo en piruvato en el interior de la misma célula muscular, durante el breve e infinitesimal reposo entre las contraccio-

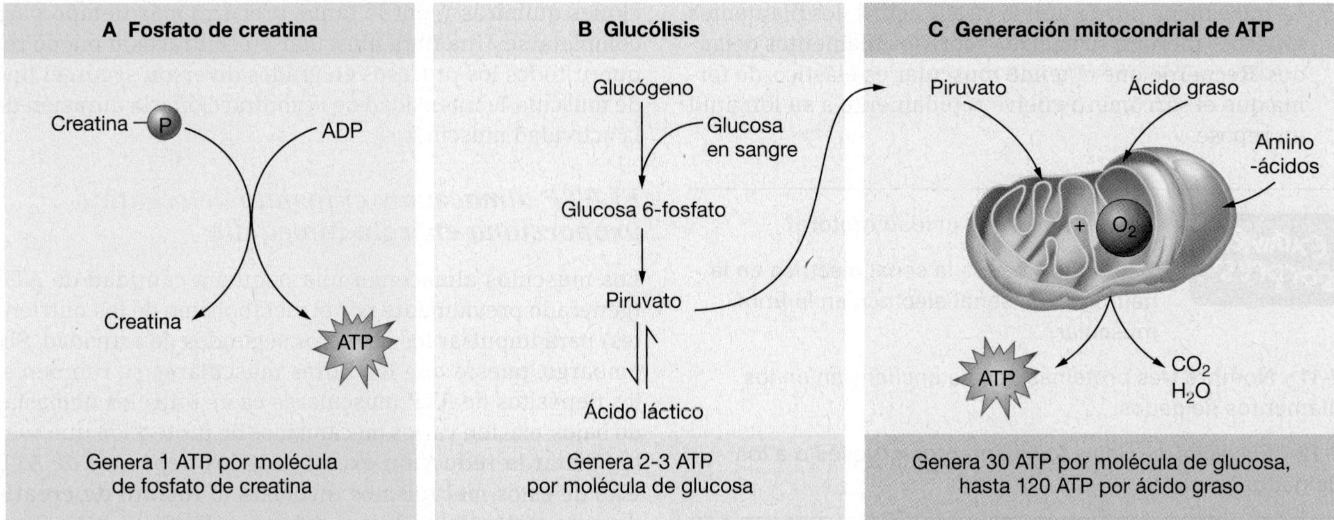

Figura 7-9. Energía muscular. A) El fosfato de creatina transfiere su grupo fosfato al ADP para generar ATP. Cuando el ATP es abundante, esta reacción se realiza en sentido inverso para regenerar moléculas de fosfato de creatina a expensas del ATP. **B)** La glucólisis transforma la glucosa producida por la descomposición del glucógeno (o que ha llegado por la sangre) en piruvato. El piruvato puede transformarse en ácido láctico, y el ácido láctico, de nuevo en piruvato. **C)** Las mitocondrias generan grandes cantidades de ATP a partir del piruvato, ácidos grasos o aminoácidos. *¿Qué sustancia puede utilizarse directamente para generar ATP, ácido láctico o piruvato?* ADP, difosfato de adenosina; ATP, trifosfato de adenosina; P, fosfato.

nes individuales (las fibras musculares en un músculo en contracción se turnan para producir la fuerza). La mayor parte del ácido láctico restante viajará a células musculares próximas, donde también se transformará, de nuevo, en piruvato. No obstante, una cantidad muy pequeña de ácido láctico viaja hasta el hígado y es convertido en glucosa.

Apuntes sobre el caso

7-8 ¿Hammid sufre de una escasez de ATP, fosfato de creatina o de calcio?

La producción de ATP mitocondrial cumple las necesidades de energía a largo plazo

Las mitocondrias contienen una gran cantidad de enzimas que descomponen completamente los diferentes nutrientes y generan grandes cantidades de ATP (fig. 7-9 C). La compleja serie de reacciones químicas llevadas a cabo por estas enzimas pueden dividirse en dos etapas: el *ciclo del ácido cítrico* y la *respiración mitocondrial*, y se comentan con detalle en el ➡ capítulo 15.

La generación de ATP mitocondrial se describe como *aerobia* porque, a diferencia de la glucólisis, *precisa* oxígeno. La mayor parte del oxígeno necesario proviene del oxígeno unido a la hemoglobina de la sangre, y una menor parte se obtiene del oxígeno unido a la mioglobina del músculo. Aunque su necesidad de oxígeno es absoluta, las mitocondrias no son muy exigentes con el origen de sus nutrientes; metabolizan de forma eficaz piruvato (generado por la glucólisis) y ácidos grasos. Estos últimos pueden provenir de la sangre o de micelas lipídicas dentro de la fibra muscular.

La reacción es la siguiente:

$$\text{Piruvato o ácidos grasos} + O_2 \rightarrow CO_2 + H_2O + \text{ATP}$$

Las mitocondrias proporcionan un suministro lento y constante de ATP; generan 30 ATP por cada molécula de glucosa (recordemos que la glucólisis también genera de 2 a 3 ATP por cada molécula de glucosa), o la asombrosa cifra de 120 ATP por cada molécula de ácido graso.

¡Recuerde! **Las mitocondrias no descomponen directamente la glucosa para generar ATP. En su lugar utilizan piruvato generado por la glucólisis.**

Especialmente en las personas que consumen más proteínas de las que necesita su cuerpo, los aminoácidos sanguíneos son captados por las fibras musculares y utilizados por las mitocondrias para generar ATP. Sin embargo, por lo general las proteínas del cuerpo no se descomponen para generar aminoácidos y producir energía. La mayoría de los órganos del cuerpo están estructurados a partir de proteínas, por lo que éstas se utilizan como combustible sólo como último recurso; utilizar aminoácidos para generar ATP sería similar a quemar una casa para mantener el calor. Éste es el motivo, por ejemplo, por el que las personas que mueren de hambre pierden masa muscular: están quemando las proteínas musculares para seguir con vida.

Apuntes sobre el caso

7-9 Nuestro paciente Hammid no puede convertir el glucógeno en glucosa. Señala la enzima que lleva a cabo esta reacción.

7-10 ¿Qué proceso es defectuoso en las células musculares de Hammid, la glucogenólisis o la glucólisis?

Las células musculares se contraen aerobiamente o anaerobiamente

El *footing* y otras actividades de resistencia a menudo se describen como «ejercicio aeróbico» porque las mitocondrias dependientes de oxígeno generan la mayor parte del ATP necesario, a partir de piruvato derivado de la glucólisis, ácidos grasos y quizás aminoácidos. Las células musculares funcionan en condiciones aerobias si se cumplen tres condiciones:

1. La célula muscular contiene abundantes mitocondrias.
2. Adecuado suministro de oxígeno a la célula muscular.
3. Las necesidades de ATP de la célula muscular son bajas o moderadas.

Por el contrario, las actividades deportivas que requieren contracciones intensas de corta duración, suelen describirse como «ejercicios anaeróbicos» porque cumplen sus necesidades de ATP utilizando procesos que no requieren oxígeno (ATP almacenado, fosfato de creatina y glucólisis). El metabolismo anaerobio depende de las reservas de glucógeno muscular, ya que el suministro de glucosa de la sangre es demasiado lento para cumplir con la demanda. La mayor parte del ácido láctico generado como producto final de la vía glucolítica viaja a las células musculares próximas para su posterior metabolización. Sin embargo, debido a que el ácido láctico se genera más rápido de lo que las células no contráctiles tardan en transformarlo de nuevo en piruvato, con frecuencia el ácido láctico se acumula en la sangre. La mayoría de los investigadores no creen que éste tenga efectos nocivos sobre la función muscular. No obstante, por razones que comentaremos, las células musculares no pueden generar ATP mediante el metabolismo anaerobio durante mucho tiempo sin cansarse.

El metabolismo anaerobio tiene lugar en tres circunstancias. La primera es una cuestión de demanda impuesta, es decir, el trabajo duro. El metabolismo anaerobio ofrece un impulso de energía extra cuando el aporte de oxígeno a las células musculares no puede mantenerse al día con las necesidades de la respiración mitocondrial. La segunda es una cuestión de anatomía: el metabolismo se produce preferentemente en algunas células musculares, denominadas *fibras musculares glucolíticas* (que se comentarán más adelante). La tercera es una cuestión de tiempo: cuando iniciamos el ejercicio, requerimos metabolismo anaerobio porque las mitocondrias necesitan unos minutos para producir suficiente ATP. Es importante señalar que estas dos últimas circunstancias no reflejan un suministro inadecuado de oxígeno.

¡Recuerde! **Los términos *metabolismo anaerobio* y *glucólisis* se utilizan con frecuencia como sinónimos, pero erróneamente, ya que la glucólisis es el primer paso necesario tanto en el metabolismo aerobio como en el anaerobio.**

Las fibras del músculo esquelético son oxidativas o glucolíticas

Las fibras musculares pueden clasificarse de acuerdo con su método principal de generación de ATP. Las **fibras de contracción lenta (oxidativas, tipo I)** son óptimas para el metabolismo aerobio (fig. 7-10).

Contienen muchas mitocondrias y un abundante abastecimiento de mioglobina, que almacena oxígeno. Las fibras de contracción lenta están llenas de vasos sanguíneos que mantienen el suministro de glucosa, oxígeno y ácidos grasos. Suelen ser delgadas, y se contraen y fatigan lentamente. Son, pues, muy adecuadas para los músculos que trabajan de forma continua, como los músculos que mantienen la postura. También tienen un papel en ejercicios de resistencia. La mioglobina es de color rojizo, y las fibras de contracción lenta, de color marrón rojizo oscuro, lo que refleja su alto contenido en mioglobina.

Por otro lado, las **fibras de contracción rápida (glucolíticas, tipo II)** están optimizadas para el metabolismo anaerobio (tabla 7-2). Necesitan grandes cantidades de fosfato de creatina, enzimas glucolíticas y glucógeno debido a que la fibra muscular va a generar sólo 3 ATP por molécula de glucosa. Tienen menos mioglobina, menos mitocondrias y menos vasos sanguíneos que las fibras de contracción lenta. Por lo tanto, son pálidas o blanquecinas. A pesar de que se fatigan con rapidez, son grandes y fuertes, por lo que son

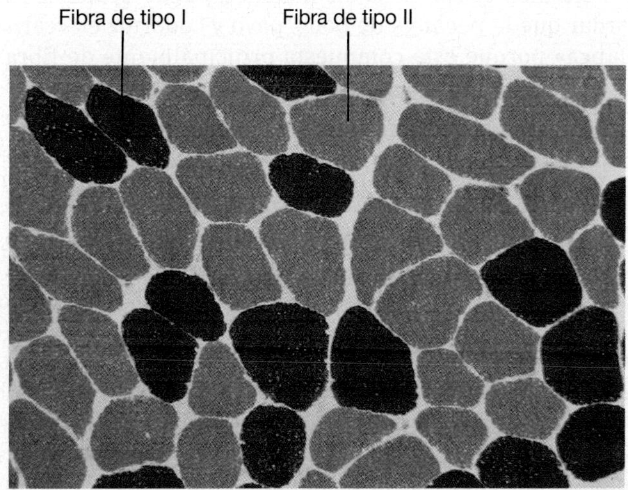

Figura 7-10. Tipos de fibras musculares. Las fibras musculares de esta microfotografía han recibido tinción para el tipo lento de miosina que se encuentra en las fibras musculares de contracción lenta (oxidativas). *¿Qué fibras contienen menos mitocondrias, las células oscuras o la células más claras?*

Tabla 7-2. Tipos de fibras musculares

Características	Contracción rápida (glucolíticas)	Contracción lenta (oxidativas)
Aspecto	Blancas	Rojas
Fuente principal de ATP	Metabolismo anaerobio	Metabolismo aerobio
Mitocondrias/ capilares	Pocas	Muchas
Reservas de glucógeno	Altas	Bajas
Contenido en mioglobina	Bajo	Alto
Velocidad de fatiga	Rápida	Lenta
Tamaño de fibra	Grande	Pequeño
Velocidad de contracción	Rápida	Lenta

adecuadas para los movimientos explosivos amplios (como el levantamiento de un caja pesada o una carrera). ¿Quieres saber más? Consulte el cuadro «*Fibras musculares de tipo IIa: lo mejor de ambos mundos*» en **http://thepoint.lww.com/espanol-McConnellandHull** para obtener información sobre las «superfibras», que combinan las ventajas de ambos tipos de contracción: lenta y rápida.

Para memorizar estas distinciones, puede ayudarle recordar que la pechuga de pollo, pavo y codorniz es «carne blanca» porque está compuesta principalmente de fibras de contracción rápida para dar potencia a los intensos movimiento del ala para vuelos cortos. Por el contrario, patos y palomas son aves migratorias, y la carne de su pechuga es «roja», ya que está compuesta de fibras de contracción lenta para poder sostener vuelos de cientos de kilómetros.

La mayor parte de los músculos esqueléticos humanos mezclan fibras de contracción lenta y rápida; sin embargo, todas las fibras de una unidad motora son del mismo tipo. El porcentaje de fibras rápidas y lentas en cada músculo está determinado genéticamente: algunas personas tienen más fibras rápidas en ciertos músculos, mientras que otras tienen más fibras lentas en la misma región. Es más, las proporciones varían de acuerdo con la ubicación y la función musculares. Por ejemplo, los músculos del miembro superior y del hombro son en su mayoría fibras de contracción rápida, ya que se utilizan de forma intermitente y breve para producir grandes cantidades de fuerza para actividades como manipular, levantar o lanzar. Los músculos que impulsan los movimientos oculares se componen enteramente de fibras de contracción rápida. Por el contrario, los músculos de la columna vertebral y el cuello son en su mayoría fibras de contracción lenta, ya que estos músculos trabajan constantemente para mantener la postura.

Apuntes sobre el caso

7-11 Recuerde que Hammid no puede caminar de puntillas sin calambres. Los músculos necesarios para caminar de puntillas, los *gemelos,* tienen pocas mitocondrias y fibras musculares grandes. ¿Está compuesto principalmente por fibras de contracción rápida o de contracción lenta?

Estudio del caso

Metabolismo energético muscular: el caso de Hammid S.

Hammid sufre un defecto genético por el cual carece de glucógeno fosforilasa, enzima esencial para la degradación del glucógeno. Esta reacción, llamada glucogenólisis, es necesaria para proporcionar las grandes cantidades de glucosa que se necesitan para actividades musculares intensas.

Comprender cómo el músculo obtiene su suministro de energía es clave para entender los signos y síntomas de Hammid (fig. 7-11). Recuerde que el músculo consigue energía de tres formas diferentes:

1. Los depósitos de ATP y fosfato de creatina alimentan los primeros segundos de toda contracción.
2. La glucogenólisis (degradación del glucógeno), seguida por la glucólisis (generación de piruvato a partir de la glucosa), puede generar también energía de forma relativamente rápida al principio de la contracción. Este proceso también proporciona un «impulso» extra de energía cuando se precisan grandes cantidades de ATP en un corto período de tiempo.
3. El metabolismo aerobio, que requiere oxígeno para metabolizar piruvato (generado por la glucólisis) o ácidos grasos, proporciona un suministro constante de ATP a largo plazo. Este proceso puede utilizar las reservas musculares de glucógeno y grasa o suministros de glucosa y de ácidos grasos ácidos de la sangre.

Hay que tener en cuenta que Hammid no tiene ninguna dificultad para *iniciar* las contracciones musculares, porque sus músculos tienen un pequeño almacén normal de ATP y fosfato de creatina. Esto es lo que le permite ponerse en marcha. Tampoco existe alteración alguna de su actividad cotidiana a largo plazo; él está bien, siempre y cuando la demanda de energía sea baja. Mediante la respiración mitocondrial, puede quemar los ácidos grasos de la grasa o aminoácidos de las proteínas y quemar hasta glucosa obtenida a partir de su sangre. Sin embargo, cuando la de-

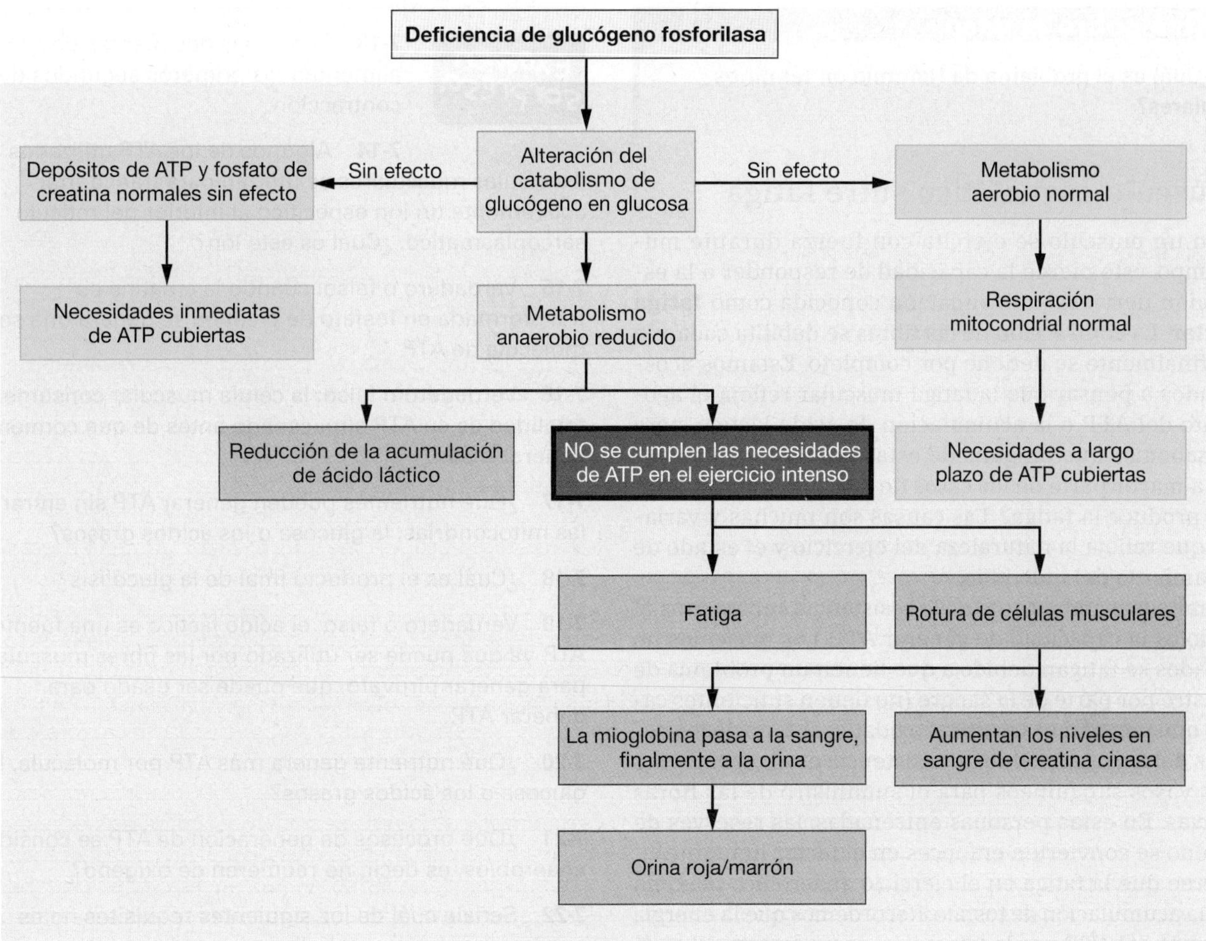

Figura 7-11. Metabolismo energético muscular y el caso de Hammid S. *¿Cómo sabemos que se han roto algunas células musculares de Hammid?*

manda es elevada, su cuerpo no puede suministrar glucosa mediante la descomposición de sus abundantes reservas de glucógeno debido a que su gen defectuoso no produce la enzima necesaria para hacer el trabajo. El problema de Hammid, por lo tanto, surge cuando trata de realizar actividades enérgicas sostenidas que consumen el combustible disponible. Tras unos minutos de esfuerzo intenso, consume la totalidad de su suministro de glucosa de la sangre; la respiración mitocondrial es demasiado lenta para suministrar todas las demandas de ATP, y su capacidad para obtener glucosa a partir del glucógeno es defectuosa.

Una importante afirmación ayuda a confirmar el diagnóstico: las cantidades de ácido láctico en la sangre de Hammid no aumentan como debería ocurrir tras una actividad extenuante. ¿Por qué? Porque durante el ejercicio intenso, una persona sana puede usar la glucogenólisis para generar la gran cantidad de glucosa necesaria para el metabolismo anaerobio. Debido a que la glucólisis descompone rápidamente muchas moléculas de glucosa en piruvato, este último se convierte en ácido láctico. Sin embargo, el metabolismo de Hammid no es normal: no puede romper el glucógeno para suministrar glucosa. Su sistema glucolítico debe confiar sólo en la glucosa en sangre y agota rápidamente el suministro antes de que pueda acumularse un exceso de piruvato y se convierta en lactato.

Cuando los músculos de Hammid demandan una gran cantidad de combustible, la llamada no recibe respuesta, y los niveles de ATP en las células musculares caen a niveles peligrosamente bajos. Como resultado, las células musculares se rompen y liberan su contenido (que incluye mioglobina y la enzima creatina cinasa) en la sangre y al final en la orina. Se producen calambres musculares, aumentan los niveles de creatina cinasa en la sangre de Hammid y la mioglobina tiñe su orina de color marrón.

Se aconsejó a los padres de Hammid que le alejasen de actividades enérgicas como carreras de velocidad y el fútbol, y que fomentasen los ejercicios moderados, como *footing* o senderismo, lo que aumentaría la capacidad de sus músculos para llevar a cabo la respiración mitocondrial. También se les dio instrucciones para que se aseguraran de que Hammid consumía un caramelo o una bebida azucarada, como zumo de naranja, unos 30 min antes del ejercicio, con el fin de elevar los niveles de glucosa en sangre. Por último, se les aconsejó que insistieran en que su hijo dejase de hacer ejercicio si se producían los calambres.

Apuntes sobre el caso

7-12 ¿Cuál es el problema de Hammid en términos moleculares?

El músculo esquelético sufre fatiga

Cuando un músculo se ejercita con fuerza durante mucho tiempo, éste pierde la capacidad de responder a la estimulación nerviosa, una situación conocida como **fatiga muscular.** La contracción de las fibras se debilita cada vez más y finalmente se detiene por completo. Estamos acostumbrados a pensar que la fatiga muscular refleja el agotamiento del ATP o la acumulación de ácido láctico, pero ahora sabemos que ninguna de estas hipótesis puede explicar la mayor parte de los casos de fatiga. Entonces, ¿por qué se produce la fatiga? Las causas son muchas y variadas, lo que refleja la naturaleza del ejercicio y el estado de entrenamiento del individuo.

El límite más importante en la resistencia submáxima al ejercicio es la capacidad de generar ATP. Los músculos no entrenados se fatigan debido a que tienen un problema de suministro por parte de la sangre (no tienen suficientes capilares que perfundan sus fibras oxidativas). Uno de los beneficios del entrenamiento de resistencia es el crecimiento de más vasos sanguíneos para el suministro de las fibras oxidativas. En estas personas entrenadas, las reservas de glucógeno se convierten entonces en el factor limitante.

Se cree que la fatiga en el ejercicio anaeróbico máximo refleja la acumulación de fosfato. Recordemos que la energía es liberada del ATP por la liberación de un fosfato. El ejercicio máximo utiliza una gran cantidad de ATP en un corto tiempo, lo que resulta en la acumulación de muchos fosfatos. El fosfato interfiere con la contracción directamente mediante el bloqueo de la formación de los puentes cruzados, e indirectamente, al reaccionar con el calcio en el retículo sarcoplasmático y reducir su liberación en el sarcoplasma.

Sin embargo, rara vez se ve la fatiga muscular real de los tipos descritos anteriormente, que también se conocen como *fatiga periférica.* Como dicen los grandes atletas, «la mente se agota antes que el músculo». En esencia, para los atletas no entrenados las sensaciones creadas por el ejercicio son desagradables; por lo tanto, disminuyen el esfuerzo con el fin de aliviar esta situación. Asimismo, muchas condiciones (tales como el aumento de la temperatura corporal) provocan que el cerebro envíe menos señales a los músculos. Por lo tanto, la causa más común de la fatiga se origina en el sistema nervioso central y se denomina *fatiga central.*

Apuntes sobre el caso

7-13 ¿Por qué cree que los músculos de Hammid se fatigan tan fácilmente?

7-14 Muchos de los atletas se «cargan de hidratos de carbono» con el fin de aumentar sus reservas de glucógeno y aumentar su resistencia a la fatiga. ¿El consumo de carbohidratos sería útil para Hammid?

7-13 Señale las dos fuentes de ATP que alimentan los primeros segundos de una contracción.

7-14 Algunos de los ATP utilizados por las células musculares se utilizan para transportar activamente un ión específico al interior del retículo sarcoplasmático. ¿Cuál es este ión?

7-15 Verdadero o falso: cuando la creatina es transformada en fosfato de creatina se genera una sola molécula de ATP.

7-16 Verdadero o falso: la célula muscular consume la totalidad de su ATP almacenado antes de que comience a generar más.

7-17 ¿Qué nutrientes pueden generar ATP sin entrar en las mitocondrias, la glucosa o los ácidos grasos?

7-18 ¿Cuál es el producto final de la glucólisis?

7-19 Verdadero o falso: el ácido láctico es una fuente de ATP, ya que puede ser utilizado por las fibras musculares para generar piruvato, que puede ser usado para generar ATP.

7-20 ¿Qué nutriente genera más ATP por molécula, la glucosa o los ácidos grasos?

7-21 ¿Qué procesos de generación de ATP se consideran anaerobios, es decir, no requieren de oxígeno?

7-22 Señale cuál de los siguientes requisitos no es necesario para el metabolismo aerobio: oxígeno abundante, grandes depósitos de glucógeno o mitocondrias abundantes.

7-23 ¿Qué fibras reciben un mayor suministro sanguíneo, el tipo I o el tipo II?

7-24 Mencione tres causas de fatiga muscular en el ejercicio de resistencia.

Mecánica de la contracción muscular

La fuerza de la contracción muscular es controlada con sumo cuidado; podemos utilizar los mismos músculos para sujetar un delicado vidrio ornamental que para exprimir el agua de una toalla para lavarnos la cara. La fuerza que ejerce un músculo individual depende de:

- La fuerza ejercida por cada fibra en contracción.
- El número de unidades motoras que se contraen.

Las fibras individuales proporcionan la fuerza

Recuerde que la contracción muscular se realiza a través de la formación de puentes cruzados entre las cabezas de miosina de los filamentos gruesos y los puntos de unión de la actina de los filamentos finos.

La fuerza de contracción depende, por lo tanto, del número de puentes cruzados que se formen, que a su vez depende de la cantidad de cabezas de miosina que puedan alcanzar los filamentos delgados y de la disponibilidad de puntos de unión en dichos filamentos.

La fuerza de contracción depende de la longitud de la fibra muscular

La longitud del sarcómero, y por lo tanto la longitud del músculo, es un factor determinante de la fuerza desarrollada por una fibra muscular individual. En la longitud óptima del sarcómero todas las cabezas de la miosina están en condiciones de contactar con moléculas de actina y formar puentes cruzados, y la contracción generará la tensión máxima posible (fig. 7-12 A, medio). Esta propiedad de los músculos se denomina *relación de longitud-tensión.* En longitudes muy cortas del sarcómero, los filamentos delgados reciben una tracción a una distancia tan corta que se encuentran en el medio y se superponen, lo que cubre sus puntos de unión e interfiere con la capacidad de formar puentes cruzados con los filamentos gruesos (fig. 7-12 A, lado izquierdo).

En longitudes de sarcómero muy largas se produce todo lo contrario: los filamentos delgados están tan separados que pierden la mayor parte de su contacto con los filamentos gruesos (fig. 7-12 A, lado derecho). Por lo tanto, se contraen mal.

Si tenemos en cuenta que los sarcómeros están alineados extremo a extremo en el músculo, es posible extrapolar esta relación longitud-tensión con el comportamiento de un músculo entero. Trate de realizar una flexión de bíceps. Con un peso en la mano, comience con el brazo recto (codo extendido). En esta posición, el bíceps está relajado y se alarga. Levante el peso, con la palma hacia arriba, flexionando el codo. A medida que lo hace, el músculo se acorta. Tenga en cuenta que la acción es más difícil al principio y al final de la flexión porque los sarcómeros son demasiado largos al inicio y demasiado cortos al final. Por el contrario, la parte media de la flexión es relativamente fácil, porque los sarcómeros se encuentran en su longitud óptima y pueden generar la fuerza máxima.

Las contracciones fisiológicas son contracciones tetánicas no fusionadas

Un potencial de acción único en una fibra muscular produce como resultado una contracción débil y transitoria denominada *fasciculación* (fig. 7-12 B, lado izquierdo). Si llega un segundo potencial de acción antes de que termine dicha contracción, se produce un estado de contracción algo más intenso, es decir, se *suma* la fuerza de ambas contracciones. Los potenciales de acción siguientes producen como resultado una fuerza progresivamente mayor, hasta que se alcan-

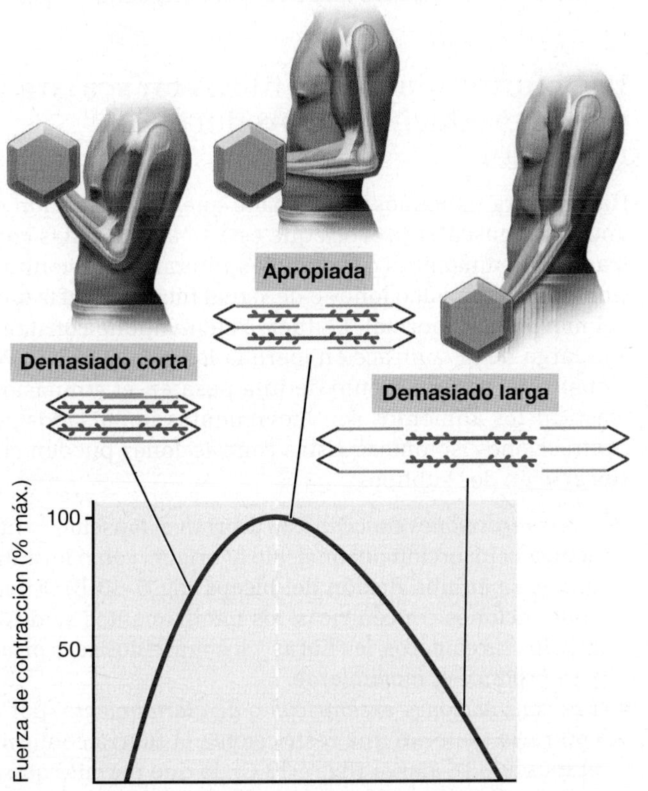

A **Relación longitud-tensión del músculo esquelético**

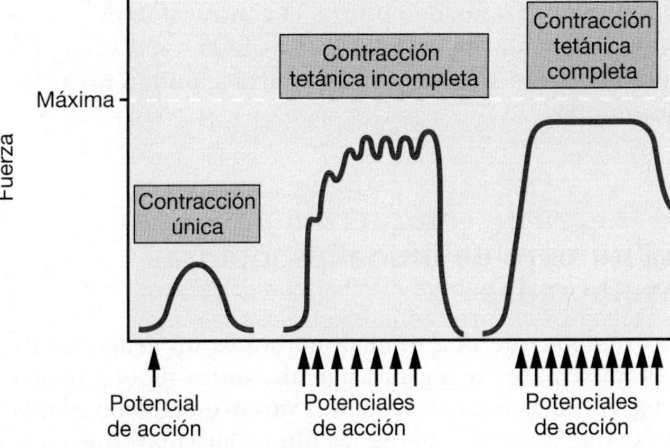

B **Contracciones únicas y tetánicas**

Figura 7-12. Determinantes de la fuerza. A) La fuerza generada por fibras individuales varía de acuerdo con la longitud muscular, lo que determina la longitud del sarcómero. En su longitud óptima, todas las cabezas de miosina son capaces de formar puentes cruzados con las moléculas de actina. **B)** La fuerza generada por las fibras individuales depende de la frecuencia de estimulación. Las contracciones musculares productivas normales suelen implicar contracciones tetánicas incompletas. *¿Qué tipo de contracción se produce por un potencial de acción único?*

za un tercer estado llamado *contracción tetánica incompleta,* en la que la fibra muscular sólo se relaja ligeramente entre las contracciones siguientes (fig. 7-12 B, lado derecho). Sólo en contracciones máximas, como el levantamiento del máximo peso posible con una sola repetición, vemos el cuarto estado de la contracción, la *contracción tetánica completa,* en la que los potenciales de acción llegan con tanta frecuencia que la fibra no se relaja totalmente entre las contracciones (fig. 7-12 B, lado derecho).

Estas respuestas a las diferentes frecuencias del potencial de acción subrayan la importancia del *calcio* en la generación de fuerza. Recuerde que el calcio permite la formación de puentes cruzados, y la reabsorción de calcio en el retículo sarcoplasmático da como resultado la relajación. Un potencial de acción único no libera suficiente calcio para unirse a todas las moléculas de troponina, por lo que no se pueden formar suficientes puentes cruzados para generar la fuerza máxima. Sin embargo, con la estimulación repetida, la velocidad de liberación de Ca^{2+} es mayor que la tasa de recaptación de Ca^{2+}, por lo que los niveles de Ca^{2+} aumentan de forma progresiva con cada potencial de acción sucesivo. La tasa de la liberación de Ca^{2+} es tan alta en la contracción tetánica incompleta que todos los puntos de unión están constantemente ocupados, lo que genera una fuerza máxima continua.

En las contracciones corrientes, cada fibra muscular esquelética recibe potenciales de acción a una frecuencia lo suficientemente elevada como para inducir contracción tetánica incompleta. En otras palabras, la contracción en una fibra muscular individual es un todo o nada: *las fibras musculares individuales se contraen al máximo o no se contraen.* No percibimos relajaciones parciales entre contracciones posteriores, ya que las fibras musculares de diferentes unidades motoras alternan contracción y relajación.

> *¡Recuerde!* **En una contracción corriente en una longitud dada de la fibra, la contracción de fibras musculares individuales es todo o nada, ya que las fibras se contraen en contracción tetánica incompleta.**

La fuerza de contracción depende del número de unidades motoras involucradas

Recordemos que una unidad motora es un grupo de fibras musculares inervadas por una única motoneurona (v. fig. 7-3). Las unidades motoras varían en tamaño y en la fuerza que pueden generar: las fibras musculares de contracción lenta suelen agruparse en unidades motoras pequeñas, mientras que las unidades motoras que contienen fibras musculares de contracción rápida suelen ser mayores. Las unidades motoras, al igual que las fibras musculares individuales, se contraen al máximo o no se contraen. Por lo tanto, la cantidad de fuerza de contracción generada por un músculo entero depende del número y tipo de unidades motoras implicadas. El proceso de agregar unidades motoras para producir un aumento gradual de la fuerza se denomina *reclutamiento*.

Cuando se contrae el músculo esquelético, en primer lugar sólo se estimulan unas pocas unidades motoras, y luego son reclutadas en un orden específico. Las primeras en reclutarse son las fibras musculares de contracción lenta, y las fibras de contracción rápida se reclutan si se requiere más fuerza. Incluso en el pico de fuerza muscular no se encuentran activas todas las unidades motoras al mismo tiempo: van rotándose en un estado de «dentro y fuera de servicio»; algunas se relajan tras utilizar sus recursos, mientras que otras copan la necesidad de fuerza contráctil hasta que también necesitan un descanso.

Las fibras musculares de diferentes unidades motoras se mezclan, de modo que dos fibras de la misma unidad motora no son adyacentes; algunas se localizarán a un lado del músculo, o en profundidad del mismo, y otras en el otro lado, o superficiales. Esto significa que incluso una contracción débil (que recluta sólo unas pocas unidades motoras) va a reclutar fibras musculares repartidas por todo el músculo para asegurar una contracción simétrica. De lo contrario, una contracción débil activaría sólo una región del músculo y realizaría una tracción desigual del hueso.

La contracción de las fibras musculares puede producir o no producir movimiento

Hasta ahora habíamos sospechado que la contracción de una fibra muscular provoca que ésta se acorte. Estas **contracciones** dinámicas o **isotónicas** (literalmente, contracciones con «el mismo tono» o de «igual fuerza») son la base del movimiento normal. La fuerza se mantiene constante a lo largo de la contracción, pero la longitud cambia. Por ejemplo, el levantamiento de una pesa en el gimnasio o masticar los alimentos son movimientos impulsados por contracciones isotónicas. Estas contracciones pueden clasificarse en dos subtipos:

- Las *contracciones concéntricas* acortan el músculo, lo que acerca la inserción del músculo al origen, como levantar una pesa en una flexión del bíceps (fig. 7-13 B). En las contracciones concéntricas, los miofilamentos se deslizan; los sarcómeros, las fibras y los músculos se acortan, y se produce el movimiento.
- Las *contracciones excéntricas* o *de alargamiento,* por el contrario, generan una restricción a la fuerza conforme el músculo se alarga (fig. 7-13 C), lo que permite que la pesa baje de forma suave y controlada tras una flexión del bíceps. En las contracciones excéntricas, las cabezas de miosina se agarran a los filamentos de actina y disminuyen la velocidad de movimiento, como si se aplicase un freno. Contrariamente a lo que se podría pensar, las contracciones excéntricas son en realidad más poderosas que las concéntricas, es decir, se utiliza una mayor fuerza al bajar un objeto pesado que en el levantamiento del mismo.

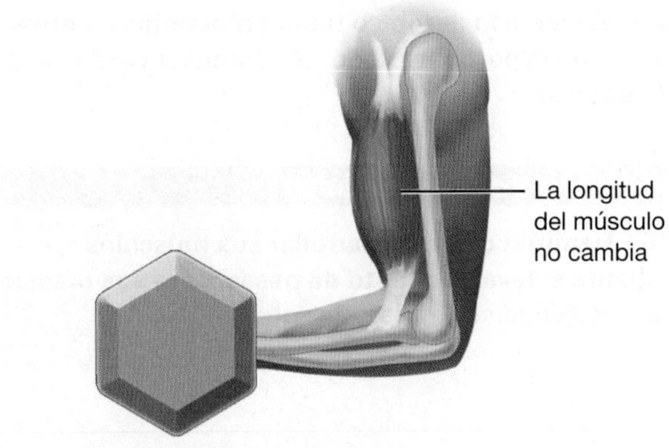

A Contracción isométrica

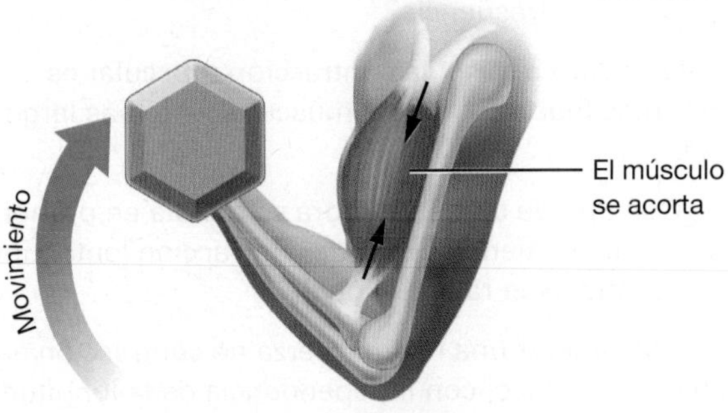

B Contracción isotónica concéntrica

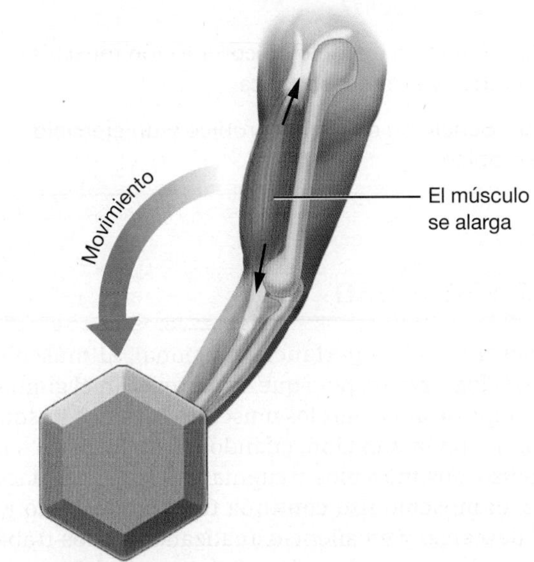

C Contracción isotónica excéntrica

Figura 7-13. Contracciones isométricas y concéntricas. A) Las contracciones isométricas, tales como las que mantienen inmóvil una carga pesada, generan fuerza pero sin cambio en la longitud muscular. **B)** En la contracción concéntrica, el músculo se acorta conforme genera fuerza para (en este ejemplo) levantar una pesa. **C)** En una contracción excéntrica, el músculo aumenta de longitud conforme genera fuerza para (en este ejemplo) bajar una pesa. *¿Durante qué tipos de contracciones se produce el ciclo de los puentes cruzados?*

No obstante, lo común a todas las contracciones musculares es la *fuerza,* no el movimiento. Por ejemplo, si intenta levantar un peso mucho más allá de su fuerza, sus músculos se contraerán pero el peso no se moverá: las fibras están generando fuerza, pero no el acortamiento debido a que están intentando mover un objeto que es, al menos para usted, inamovible. Las contracciones que no alteran la longitud del músculo se denominan **contracciones isométricas,** literalmente, contracciones con «la misma longitud» (fig. 7-13 A). La fuerza se genera y el músculo se tensa, pero las miofibrillas no se deslizan y los músculos no cambian de longitud. Realizamos contracciones isométricas todo el tiempo con el fin de oponernos a la fuerza de la gravedad, que nos empuja hacia abajo. Por ejemplo, el levantador de pesas de la figura 7-13 C está ejerciendo suficiente fuerza hacia arriba como para contrarrestar la fuerza de la gravedad que tira del peso hacia abajo. Del mismo modo, las contracciones isométricas mantienen nuestra *posición corporal* vertical. Piense en esto: usted no tiene que concentrarse en contraer los músculos del cuello con el fin de mantener la cabeza erguida durante el día, ni hay que pensar en cómo mantener la columna erguida mientras está sentado o de pie. Contracciones isométricas imperceptibles subconscientes hacen el trabajo para que usted pueda centrarse en otros asuntos.

El **tono muscular** es un estado de contracción isométrica subconsciente que se produce incluso en los músculos relajados voluntariamente. Mantiene los músculos en un estado saludable, de forma similar a cómo el estrés físico normal mantiene los huesos sanos. Si se interrumpe la inervación de un músculo, quizás debido a un accidente, el músculo pierde su tono y se vuelve flácido (blando). Si no se restablece la conexión del nervio, las fibras musculares comienzan a encogerse *(atrofia)*. La ausencia completa de tono muscular se llama *parálisis flácida,* y se produce cuando los nervios motores somáticos son incapaces de entregar potenciales de acción al músculo. Como ejemplo, se produce una parálisis flácida con la administración de Botox®, que bloquea la liberación de ACh de las motoneuronas somáticas en la sinapsis neuromuscular. La pérdida de las arrugas faciales se debe a la parálisis flácida inducida de los músculos faciales que provocan las arrugas. La parálisis flácida también se produce cuando se secciona un nervio periférico, o con lesiones graves de la médula espinal. En todos estos ejemplos el cerebro no está involucrado. Por el contrario, la *parálisis espástica* se debe a lesiones en el cerebro, lo que altera el control de los músculos. Con las lesiones cerebrales, se pierde el control voluntario; esto permite a la médula espinal enviar potenciales de acción incontrolados al músculo, lo que provoca que el músculo presente contracciones incontroladas. Por ejemplo, la marcha torpe y rígida de algunos pacientes con lesión cerebral debido a accidentes cerebrovasculares, parálisis cerebral o lesiones craneoencefálicas es una manifestación de la parálisis espástica.

Apuntes sobre el caso

7-15 ¿Tendrá Hammid problemas con las contracciones isométricas enérgicas?

¡Recuerde! **Lo común a todas las contracciones musculares es la fuerza, no el movimiento.**

El ejercicio tiene un efecto positivo sobre los músculos

El dicho «si no lo usas, lo pierdes» se aplica a los músculos de la misma manera que lo hace a la práctica de una habilidad. Un músculo trabajado es un músculo sano, y éste mejora su salud de acuerdo con el tipo de trabajo que realiza. El ejercicio mejora la potencia y la resistencia del músculo esquelético. Sin embargo, el mayor beneficio de ejercicio es otro: todos los sistemas del cuerpo mejoran con el ejercicio físico ➡ (cap. 18). Entre los no fumadores, el ejercicio regular es sin duda la actividad más importante para mejorar la salud en general. Los fumadores también se benefician del ejercicio, pero el beneficio es pequeño en comparación con el efecto positivo de dejar de fumar.

La *potencia* muscular mejora con pautas de entrenamiento de fuerza (también llamado *entrenamiento de resistencia*), como el levantamiento de pesas, que aumentan el tamaño muscular. Estos ejercicios requieren ráfagas cortas y repetidas de acción muscular poderosa que sobrecarga y somete el músculo a estrés. Estábamos acostumbrados a pensar que los músculos de los adultos crecían sólo mediante el aumento de las fibras musculares existentes con nuevas miofibrillas. Aunque este proceso se produce, hoy parece cierto que el crecimiento importante del músculo refleja la participación de los citoblastos del músculo, las células satélite. Recordemos que los citoblastos del músculo adulto se encuentran en la periferia de la fibra muscular. El ejercicio estimula la proliferación de los mismos, que producen nuevos mioblastos que se fusionan con las fibras musculares existentes para hacerlas más grandes. Los mioblastos pueden fusionarse también entre sí para producir fibras musculares completamente nuevas.

La potencia muscular es fundamental en los esfuerzos atléticos que requieren una gran generación de fuerza, incluyendo carreras de 100 m, salto con pértiga, salto de altura y levantamiento de pesas. Tenga en cuenta que estas actividades son a menudo llamadas *anaeróbicas* porque se basan en el metabolismo anaerobio. Los ejercicios anaeróbicos también mejoran la capacidad de las células musculares más grandes, más fuertes para producir ATP, utilizando fosfato de creatina y la glucólisis.

La *resistencia muscular* (resistencia a la fatiga) mejora con ejercicio *aeróbico,* que se basa en la generación de ATP mitocondrial. Estos ejercicios requieren un nivel bajo de acción muscular sostenida para mejorar el suministro sanguíneo muscular y aumentar el número de mitocondrias. El ejercicio de resistencia activa también las células satélite, pero los músculos no aumentan de tamaño de forma significativa. El rendimiento de los atletas que se basan en el acondicionamiento aerobio incluye carreras de larga distancia, esquí de fondo, ciclismo y natación de largas distancias. Como ya se ha comentado en los últimos capítulos, el ejercicio aeróbico también beneficia a otros sistemas del cuerpo, sobre todo los sistemas cardiovascular y respiratorio.

Apuntes sobre el caso

7-16 **Hammid quiere desarrollar sus músculos mediante el levantamiento de pesas, pero sus médicos le aconsejan lo contrario. ¿Por qué?**

7-25 ¿Cuál es la diferencia entre contracción tetánica incompleta y completa? ¿Qué se produce con más frecuencia?

7-26 Verdadero o falso: la contracción muscular es siempre más fuerte cuando el músculo es lo más largo posible.

7-27 ¿Qué tipo de unidad motora se recluta en primer lugar, las que contienen fibras de contracción lenta (tipo I) o las de contracción rápida (tipo II)?

7-28 Para generar una mayor fuerza de contracción en el músculo esquelético, con independencia de la longitud del músculo, ¿modificamos la fuerza producida por cada fibra muscular, alteramos la fuerza producida por cada unidad motora o modificamos el número de unidades motoras reclutadas?

7-29 Ponga un ejemplo de contracción muscular isométrica y otro de isotónica.

7-30 Señale un ejercicio aeróbico y un ejercicio anaeróbico.

Músculo liso

A pesar de su importancia funcional, al músculo liso le cuesta lograr el respeto que se merece. En el gimnasio o en el campo de atletismo, los músculos cardíaco y esqueléticos copan toda la atención, cuando los deportistas sudorosos admiran sus músculos y cuentan su ritmo cardíaco. Mientras, el músculo liso continúa trabajando, lento y seguro, sin descanso y en silencio, realizando varios trabajos, como ayudar a pasar los alimentos a través del intestino y así proporcionar energía para el espectáculo, regular el flujo sanguíneo ajustando el diámetro de los vasos sanguíneos, y tensar los músculos de los esfínteres para retener la orina y las heces, y expulsarlos en otro momento.

En las paredes de todos los vasos sanguíneos, excepto los más pequeños, y en las paredes de los órganos huecos, existen capas de músculo liso: intestino, vías aéreas bronquiales, tractos urinario y reproductor, y otros.

En relación con el músculo esquelético, el músculo liso tarda unas 25 veces más tiempo para contraerse y consume sólo el 1% de la energía. Puesto que las contracciones del músculo liso son relativamente lentas y no generan la fuerza explosiva característica del músculo esquelético, el metabolismo aerobio, con nutrientes de la sangre, puede satisfacer con facilidad y sin problemas las bajas necesidades de energía del músculo liso, sin necesidad de metabolismo anaerobio o de glucógeno almacenado. Los puentes cruzados actina-miosina pueden unirse de forma semipermanente en un **estado contráctil,** diferente a la rigidez cadavérica *(rigor mortis)* que se produce después de la muerte, en la que el ciclo de los puentes cruzados cesa mientras que la actina y la miosina permanecen unidas. Este estado permite al músculo liso mantener la tensión muscular sin ningún gasto de energía, un estado que se llama *tono del músculo liso.* Esta contracción de bajo nivel es necesaria para el correcto funcionamiento de los vasos sanguíneos y otras estructuras huecas que deben mantener su tamaño o forma frente a una presión constante.

La estructura de las células y el tejido del músculo liso es fundamentalmente diferente de la del músculo esquelético y cardíaco (fig. 7-14, tabla 7-1). No es sorprendente que estas diferencias estructurales justifiquen las diferentes características de la contracción del músculo liso: contracción lenta y mantenida, ausencia de fatiga, elastancia y capacidad de propagar ondas de contracción automática.

El músculo liso es estructuralmente diferente al músculo esquelético

Recordemos que en el músculo esquelético las células musculares se denominan *fibras,* ya que son muy largas y delgadas. Por el contrario, las células del músculo liso son cortas y gruesas. Tienen extremos puntiagudos y un ensanchamiento en el centro para dar cabida a un solo núcleo, que se encuentra justo en el centro de la célula, no a un lado, como en las fibras del músculo cardíaco y esquelético. Son pequeñas por dos razones: sus contracciones son relativamente débiles, requieren menos miofibrillas y se basan principalmente en el metabolismo aerobio, lo que significa no necesitan grandes depósitos de glucógeno.

Las células musculares lisas forman una estructura entrelazada tridimensional de **filamentos intermedios** no contráctiles (cap. 3) que están interconectados como si se tratara del juego de barras de mono del patio de un colegio (los filamentos intermedios también fortalecen las fibras musculares esqueléticas, pero se organizan de manera diferente). Los filamentos están interconectados por *cuerpos densos,* pequeñas y densas proteínas esparcidas por el sarcolema (membrana de las células musculares). Los cuerpos densos son el equivalente funcional de los discos Z en el músculo esquelético, es decir, son puntos de anclaje para los filamentos. La contracción del músculo liso, al igual que la de los músculos esqueléticos, es posible gracias a los miofilamentos, los filamentos gruesos de miosina y filamentos delgados de actina. Estos miofilamentos no están dispuestos en hileras perfectamente ordenadas, por lo que, a diferencia del músculo esquelético, no se crea el patrón de estrías (bandas) oscuras y claras. Debido a la disposición de los miofilamentos y su asociación con los cuerpos densos, las células del músculo liso se vuelven más voluminosas conforme se acortan (fig. 7-14 B). A pesar de que las células del músculo liso son mucho más cortas que las del músculo esquelético, los miofilamentos en el interior de las células del músculo liso son más largos. Además, los filamentos gruesos (miosina) en el músculo liso tienen cabezas que sobresalen en toda su longitud, por lo que no hay zonas sin cabeza, como el «mango del palo de golf» en la miosina esquelética. Como resultado, la relación longitud-tensión

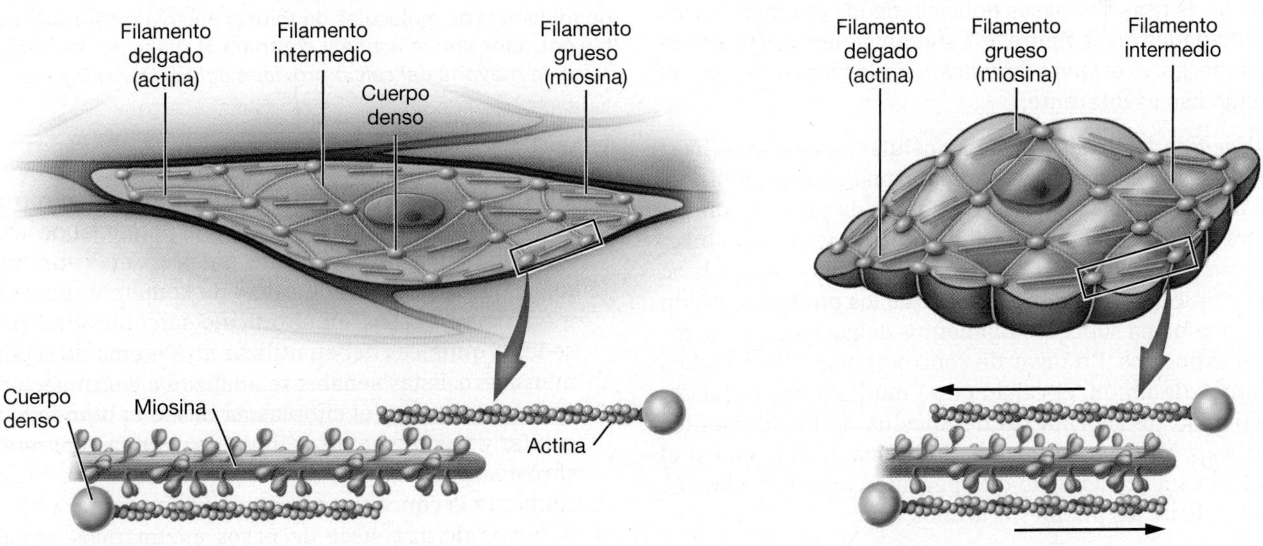

Figura 7-14. Músculo liso. A) Una célula muscular lisa relajada. Las moléculas de miosina se interponen entre las moléculas de actina. **B)** Una célula contraída. Las cabezas de miosina tiran de los filamentos delgados, lo que aumenta el solapamiento entre los dos tipos de filamentos y acorta la célula. *¿Cómo se anclan las moléculas de actina, por las líneas Z o por los cuerpos densos?*

que se ilustra en la figura 7-12 no se aplica al músculo liso. Incluso cuando las células del músculo liso se estiran mucho, al menos algunas de las cabezas de miosina aún pueden entrar en contacto con la actina, por lo que los filamentos pueden continuar agarrando con fuerza contráctil con independencia de la longitud de la célula.

La disposición de las células del músculo liso en los tejidos también contribuye a la elasticidad del músculo. La mayoría de las células musculares lisas se superponen unas sobre otras para formar capas de células similares a las múltiples capas de tejas de un tejado. Esta disposición permite que el músculo liso se estire en muchas direcciones sin romperse conforme las células se deslizan unas sobre otras para dar cabida al estiramiento.

¡Recuerde! **Los filamentos intermedios forman el andamiaje de las células musculares lisas, y los miofilamentos contraen la célula.**

En el músculo liso, el calcio actúa sobre la miosina, no sobre la actina

Para entender la contracción del músculo liso y en qué se diferencia de la del músculo esquelético, recordaremos algunos de los detalles de esta última. El ciclo de los puentes cruzados requiere que las cabezas de miosina de los filamentos gruesos se unan a la actina en los filamentos delgados con el fin de producir una contracción, pero el acceso a los puntos de unión de los filamentos delgados está controlado por la troponina. Un aumento de iones Ca^{2+} estimula la troponina para exponer el sitio de unión. La cabeza de la miosina se engancha al sitio de unión de la actina para producir el golpe de fuerza de la contracción. En las células musculares lisas, los pasos del ciclo de los puentes cruzados detallados en la figura 7-7 siguen siendo pertinentes. Sin embargo, el *origen* y la *función* de los iones Ca^{2+} en el músculo liso es diferente:

- *Origen de los iones Ca^{2+}.* Las células musculares lisas tienen muy poco retículo sarcoplasmático. En cambio, en el músculo liso, la entrada de Ca^{2+} se da principalmente a través de la membrana celular del líquido extracelular.
- *Función de los iones Ca^{2+}.* Las células musculares lisas no contienen troponina, por lo que los puntos de unión de la miosina sobre los filamentos delgados están siempre expuestos. En lugar de controlar el acceso a dichos puntos de unión, el calcio en el músculo liso regula la actividad de las cabezas de miosina de los filamentos gruesos. Es decir, la miosina hidroliza el ATP sólo si el calcio está presente, lo que permite continuar a través del ciclo de los puentes cruzados.

Debido a estas dos importantes diferencias, los sucesos en la contracción del músculo liso difieren de los del músculo esquelético (fig. 7-15). Existe una variación considerable en el mecanismo de la contracción del músculo liso, pero una secuencia típica es la siguiente:

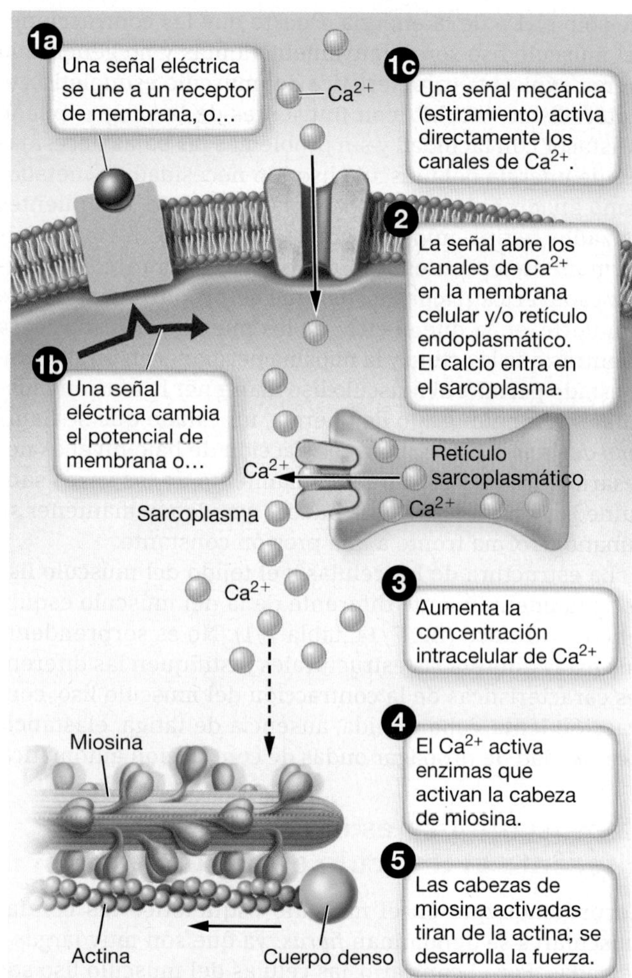

Figura 7-15. Regulación del músculo liso. En respuesta a una señal química, mecánica o eléctrica, el calcio entra en el citoplasma y estimula de forma indirecta la actividad de la cabeza de miosina. Las moléculas de miosina activadas forman puentes cruzados con la actina y contraen el músculo. *Verdadero o falso: la mayoría del calcio proviene del líquido extracelular.*

1. Un suceso, como una señal química (p. ej., neurotransmisores), una señal eléctrica (p. ej., potencial de acción o graduado), o una señal mecánica (p. ej., estiramiento), activa los canales de calcio de la membrana celular y, en algunos casos, en el retículo sarcoplasmático. Las señales químicas deben utilizar un sistema de segundo mensajero. Estas señales se analizan a continuación.
2. El calcio entra en el citoplasma desde el líquido extracelular y, posiblemente, la limitada cantidad del retículo sarcoplasmático.
3. Aumenta la concentración intracelular de Ca^{2+}.
4. A través de una serie de pasos enzimáticos, el calcio activa las cabezas de miosina.
5. Las cabezas de miosina activadas forman puentes cruzados con moléculas de actina y los filamentos se deslizan el uno sobre el otro, lo que causa una contracción muscular.

¡Recuerde! **Las cabezas de miosina están reguladas en el músculo liso; los puntos de unión de las moléculas de actina están regulados en el músculo esquelético.**

Al igual que en el músculo esquelético, la relajación del músculo liso se inicia cuando el calcio es eliminado de forma activa del citoplasma. En el caso del músculo liso, se lleva a cabo principalmente por proteínas transportadoras de membrana. Sin embargo, recuerde que las cabezas de miosina se activan enzimáticamente para iniciar la contracción muscular. Por lo tanto, deben ser desactivadas de forma enzimática para detener el ciclo de los puentes cruzados e inducir la relajación del músculo liso. La enzima *miosina fosfatasa* hace el trabajo.

Apuntes sobre el caso

7-17 Según la información proporcionada aquí, ¿tiene Hammid problemas con la función del músculo liso? ¿Por qué o por qué no?

La contracción del músculo liso es involuntaria

El movimiento del músculo liso es involuntario, es decir, no está sujeto a un control consciente, como el músculo esquelético. Algunos músculos lisos están inervados por el sistema nervioso neurovegetativo, una división importante del sistema nervioso que no está sujeta a control voluntario (cap. 8).

Sin embargo, no todos los músculos lisos están inervados por nervios del sistema nervioso neurovegetativo. Ciertas hormonas o sustancias químicas locales, tales como prostaglandinas, iones de hidrógeno y gases (dióxido de carbono, oxígeno y óxido nítrico), estimulan la contracción de algunos. Consideremos, por ejemplo, el músculo liso que recubre los vasos sanguíneos (cap. 11). Las células musculares lisas de las paredes de los vasos sanguíneos se contraen o relajan en respuesta a la producción local de factores paracrinos secretados por las células vecinas que señalan su necesidad de más o menos flujo sanguíneo. La contracción de estas células musculares constriñe los vasos sanguíneos, lo que reduce el torrente circulatorio, mientras que la relajación dilata el vaso, aumentándolo.

El músculo liso también es estimulado por señales mecánicas. Este mecanismo homeostático impide la sobredistensión de los vasos sanguíneos y otros tejidos y evita, por lo tanto, su lesión. Consideremos, por ejemplo, un estómago sobredistendido por una comida muy copiosa. El músculo del estómago comienza a contraerse conforme el estómago se va llenando, con lo que previene la rotura del músculo del órgano (y, dicho sea de paso, provoca el malestar que evita seguir consumiendo más alimentos).

Por último, las células de algunos músculos lisos tienen potenciales de membrana inestables, que generan los potenciales de acción autoestimulados denominados *actividad marcapasos*. En el tracto gastrointestinal, por ejemplo, la actividad marcapasos genera ondas de contracción del músculo liso *(peristaltismo)* que impulsan los alimentos desde un extremo del tubo digestivo al otro (cap. 14). Como veremos en el capítulo 11, el músculo cardíaco también posee autoestimulación.

El músculo liso se contrae como una sola unidad

Grupos de células musculares lisas se contraen al unísono porque las células están conectadas entre sí por uniones comunicantes *(gap junctions)* (cap. 4), diminutos túneles con líquido que van de una célula a la siguiente y que permiten la rápida propagación de la señal a través de todas las células. Cuando una señal eléctrica o química estimula una célula, el cambio se extiende a través de toda la red de células musculares que se contraen como una sola unidad. Por lo tanto, la fuerza de contracción del músculo liso no pueden variarse cambiando el número de células que se contraen, como en el músculo esquelético, que contiene fibras musculares que están aisladas eléctricamente unas de otras. En cambio, la cantidad de tensión generada por las células musculares lisas individuales varía en función de la cantidad de calcio que puede entrar en la célula desde el líquido extracelular, que a su vez activa un mayor o menor número de cabezas de miosina.

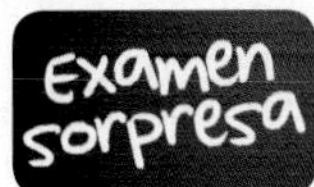

7-31 Verdadero o falso: por lo general, el calcio que causa la contracción del músculo liso proviene del líquido extracelular, pero el calcio que produce la contracción del músculo esquelético por lo general proviene del retículo sarcoplasmático.

7-32 ¿Encontraría troponina en el músculo liso?

7-33 Para generar una mayor contracción en el músculo liso, ¿variamos la fuerza producida por cada fibra muscular o variamos el número de células musculares que se contraen?

Acciones del músculo esquelético

Los músculos esqueléticos mueven los huesos o los estabilizan en ciertas posiciones, y (en el caso de los músculos faciales) mueven la piel y fascia asociada. La mayoría de los músculos cruzan una articulación y actúan moviendo un hueso en relación con otro. El final del músculo, que sirve como un ancla para el movimiento, se denomina *origen,* y el extremo, que mueve una parte del cuerpo, *inserción.*

La contracción de un músculo produce una tracción (¡nunca empuja!) de la inserción hacia el origen. Consideremos, por ejemplo, el músculo masetero, con origen en

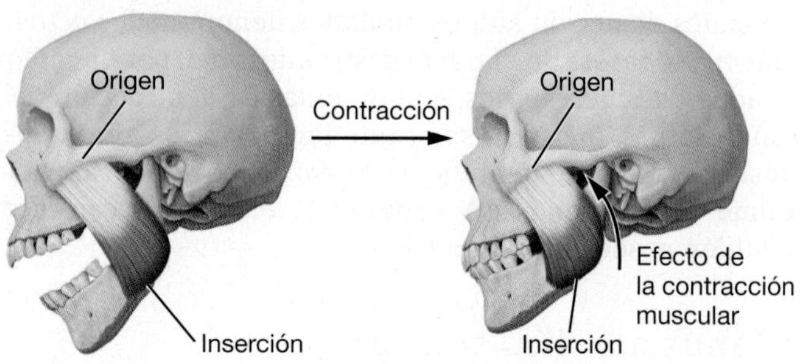

Figura 7-16. Origen e inserción. La mayoría de los músculos cruzan una articulación y se insertan en dos huesos. El origen del músculo se fija en el hueso menos móvil; la inserción, en el hueso más móvil. *En este esquema, ¿el músculo se inserta en la mandíbula o en el hueso temporal?*

la apófisis cigomática del hueso temporal e inserción en la mandíbula (fig. 7-16).

La contracción de este músculo cierra la mandíbula, lo que acerca esta última (inserción) a la apófisis cigomática (origen). Las palabras *origen* e *inserción* pueden no tener un significado literal para los extremos de ciertos músculos del torso, porque se mueven las partes del cuerpo de ambos extremos. Por ejemplo, algunos músculos se insertan en la columna vertebral en ambos extremos y doblan la columna vertebral, por lo que se puede discutir cuál es el extremo del origen y cuál el de la inserción.

La acción ejercida por un músculo en particular varía de acuerdo con el lugar en el que se inserta y cómo están orientadas las fibras. Por ejemplo, un músculo circular rodea la boca. Cuando se contrae, frunce la boca, como en un beso.

Cuando se produce un movimiento, las acciones de los diferentes músculos a menudo se complementan o se oponen entre sí. La función de un músculo en un movimiento concreto se puede describir de la siguiente manera:

- *Músculo principal* (o *agonista*): es el músculo principal responsable para un movimiento dado. El cuádriceps en la parte anterior del muslo es el músculo principal que extiende (estira) la pierna en la rodilla.
- *Antagonista:* es el músculo que se opone a la acción del músculo principal. Los antagonistas deben relajarse y alargarse para permitir el movimiento, y a menudo ejercen la acción contraria cuando se contraen. Los músculos isquiotibiales en la parte posterior de la pierna deben relajarse y alargarse cuando el cuádriceps femoral endereza la pierna.
- *Sinérgico:* es el músculo que ayuda a la acción del músculo principal. Algunos músculos sinérgicos, denominados *fijadores,* evitan el movimiento de una articulación cercana. Recuerde que los músculos se acortan cuando se contraen, acercando la inserción al origen. Sin fijadores, el origen también se movería hacia la inserción. Por ejemplo, cuando inspiramos profundamente, varios músculos del cuello evitan que el cuello se flexione para que otros músculos pueden elevar la caja torácica.

Para unir todas estas interacciones, consideremos cómo levantamos el brazo lateralmente en el hombro (abducción). El músculo deltoides es el motor principal, el supraespinoso (un músculo del manguito de los rotadores profundo al músculo deltoides) es un sinérgico importante para el inicio del movimiento. La gravedad es el antagonista principal, pero los antagonistas musculares al deltoides son los músculos pectoral mayor y dorsal ancho (ambos aducen el brazo). Muchos músculos actúan como fijadores mediante la estabilización de la escápula, incluyendo el trapecio y el pectoral menor. Todos estos músculos pueden visualizarse en la lámina 7-5 al final del capítulo.

Apuntes sobre el caso

7-18 **Cuando Hammid camina sobre sus talones, se contraen los gemelos y se relaja el peroneo largo. ¿Qué músculo es el principal y cuál es el antagonista?**

7-34 Cuando un músculo se contrae, qué parte se mueve más, ¿el origen o la inserción?

7-35 ¿Cómo se denomina un músculo que ayuda a la acción de uno principal?

Principales músculos esqueléticos

El cuerpo humano contiene cientos de músculos, desde los músculos grandes y fuertes a los pequeños músculos que mueven los ojos. Comentaremos un subgrupo de estos músculos, que hemos elegido porque son importantes en la postura o en el movimiento del cuerpo o porque son puntos de referencia importantes. Como se comentó en el cuadro de Historia de la ciencia, titulado «Arte médico e historia de la disección humana», los artistas han representado el cuerpo humano con diversos fines durante miles de años, pero sólo hace pocos cientos de años empezaron a presentarse sus estructuras internas para estudiarlas científicamente. Utilice nuestras ilustraciones y las tablas contiguas para conocer la ubicación y la forma de los principales músculos esqueléticos. Podría aprender más fácilmente la anatomía de los músculos mediante: *a)* el aprendizaje de partes de la palabra utilizada para dar nombre a los músculos y *b)* realizando las acciones de cada músculo a medida que lee sobre el mismo. Las figuras 7-17 y 7-18 proporcionan un resumen de los principales músculos superficiales. En las láminas 7-1 a 7-9 se detallan los músculos de cada región y un resumen de sus funciones importantes.

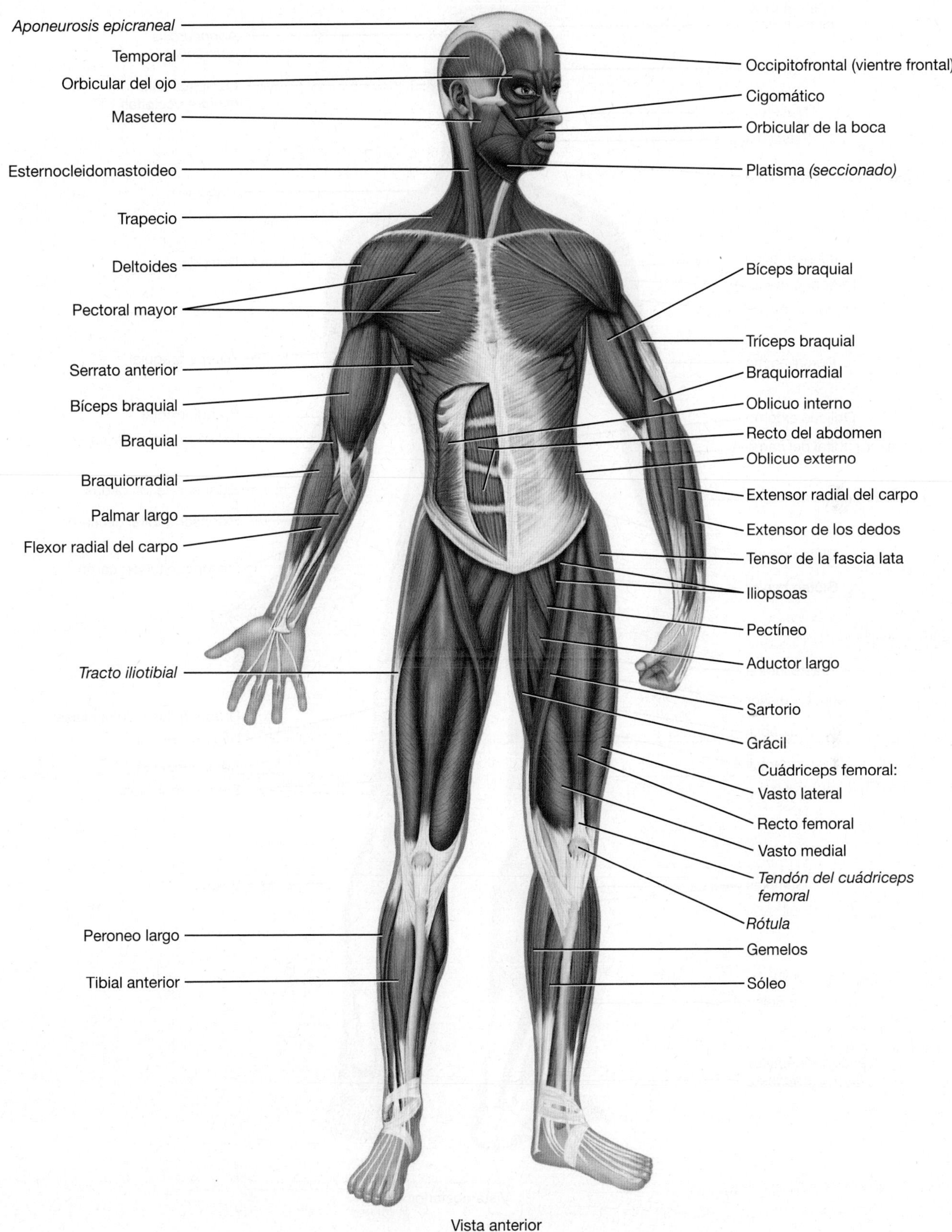

Figura 7-17. Músculos superficiales, vista anterior. *Dos de las estructuras que se señalan no son músculos.*

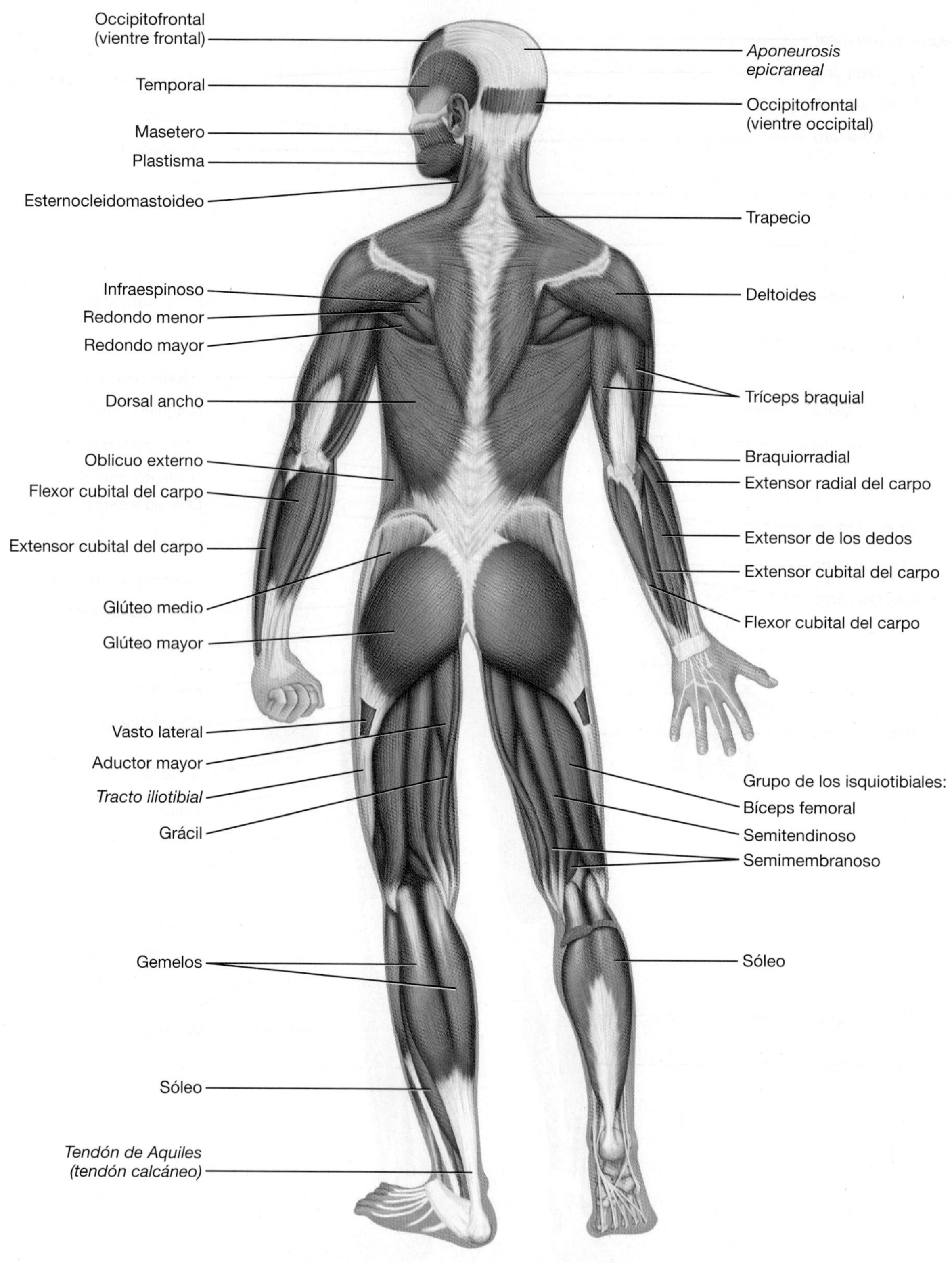

Figura 7-18. Músculos superficiales, vista posterior. *Basándose en el nombre y en sus conocimientos de los movimientos de las articulaciones sinoviales, encuentre un músculo que aproxima el miembro inferior a la línea media.*

HISTORIA DE LA CIENCIA

Arte médico e historia de la disección humana

¡Esta obra está repleta de arte médico fabuloso, sin el cual tendríamos una pobre comprensión de la forma y la función humanas. Estas ilustraciones de músculos y otros órganos representan una realidad documentada por disecciones repetidas durante muchos siglos. ¿Puede imaginar su vida cotidiana sin saber qué aspecto tienen sus músculos?, ¿o su corazón?, ¿o su cerebro? Hasta hace unos 500 años, muy pocas personas sabían esas cosas.

Las representaciones más antiguas de la forma humana no eran mucho más que figuras de palo realizadas hace muchos miles de años en las paredes de las cavernas (parte A). Tuvieron una finalidad artística, tal vez para ritos religiosos, y no tenían ninguna intención científica. Ninguna civilización antigua intentó representar la estructura interna del cuerpo, porque todas las culturas mantenían que la santidad del cuerpo humano prohibía la disección humana. Sin embargo, existía un profundo interés por la forma humana como objeto de arte. En los últimos siglos antes de la Era Común (a.C.) los griegos esculpían obras maestras sin precedentes de la forma humana, sobre todo figuras fuertes, jóvenes, mostrando sus músculos claramente por debajo de la superficie. No obstante, el interés era artístico, no científico (parte B).

Después, en el siglo IV a.C., Herófilo de Calcedonia (350-280 a.C.), un griego realizó disecciones de cadáveres humanos. Herófilo describió el cerebro, la médula espinal y los nervios, y especuló que eran de importancia vital para la función humana. Los egipcios le siguieron pronto, cuando Alejandro Magno (356-323 a.C.) autorizó disecciones en Alejandría. Pero las descripciones producidas por estos anatomistas antiguos eran en gran parte narrativas, no pictóricas, y no fueron informativas según los estándares presentes. Las ilustraciones que se incluían eran planas, carecían de perspectiva y sobre todo servían para decorar el manuscrito.

Aunque se continuó diseccionando cuerpos durante los siguientes 1 000 años, el conocimiento que la disección podría haber proporcionado fue ignorado en gran medida y considerado irrelevante por los médicos de la época. Esto era debido a que se empaparon de las teorías de Hipócrates (460-370 a.C.), quien definió la salud como un correcto equilibrio entre cuatro supuestos humores: flema *(mucus)*, sangre, bilis negra y bilis amarilla. Un exceso de uno o más de estos humores, creía Hipócrates, causaba la enfermedad. Por tanto, la comprensión de la anatomía no era de gran utilidad en este sistema médico.

Con la llegada del Renacimiento en la Europa occidental en el siglo XIV, nació el método científico moderno y comenzaron a comprenderse correctamente y por primera vez los hechos revelados por la disección humana. En el siglo XVI, el holandés Andreas Vesalius (1514-1564) realizó disecciones y contrató artistas para representar los hallazgos, y en 1543 publicó su trascendental *De Humani Corporis Fabrica* (sobre el funcionamiento del cuerpo humano), que por primera vez representaba los músculos, los huesos y otras partes del cuerpo con una claridad excepcional e ingenio artístico (parte C).

A

B

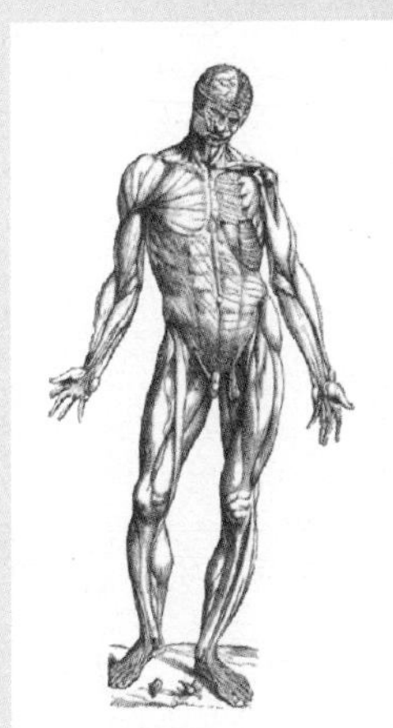

C

Representaciones de los músculos. A) Dibujos de las cuevas. **B)** Escultura griega. **C)** Dibujos de Vesalius.

Lámina 7-1. Músculos de la expresión facial

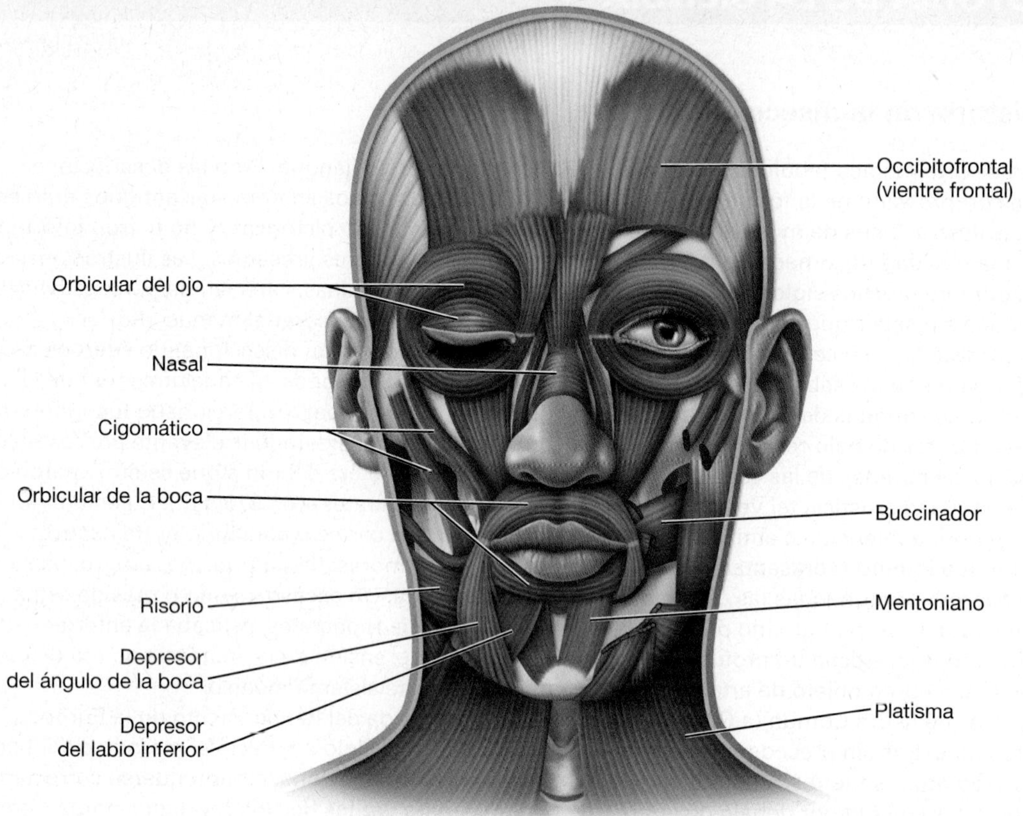

Lámina 7-1. Músculos de la expresión facial

Nombre	Origen	Inserción	Acción
Los músculos de la cara se insertan más en la piel o en otros músculos que en los huesos. Las diminutas contracciones de estos músculos producen los sutiles movimientos de la piel y músculos que interpretamos como las expresiones faciales.			
Occipitofrontal, vientre frontal *(occipit = base del cráneo; frontal = parte delantera)*	Aponeurosis epicraneal (tendón)	Cejas y piel de la frente	Eleva las cejas, arrugas de la frente
Occipitofrontal, vientre occipital *(occipit = base del cráneo;* frontal = *parte delantera)*	Huesos occipital y temporal	Aponeurosis epicraneal	Tira hacia atrás el cuero cabelludo
Orbicular del ojo *(orb = circular; ocul = ojo)*	Hueso frontal, maxilar superior (pared medial de la órbita)	Piel de alrededor de los ojos	Cierra los párpados
Nasal *(nasal = nariz)*	Maxilar superior	Puente de la nariz (cartílago)	Lleva los lados de la nariz hacia el tabique nasal
Cigomático *(zygoma = hueso de la mejilla)*	Hueso cigomático	Piel y músculo en las comisuras labiales	Eleva la comisura de la boca, como al sonreír
Orbicular de la boca *(orb = circular; oris = boca)*	Maxilar superior, cara profunda de la piel	Piel en las comisuras de la boca	Cierra y protruye los labios (besar, chupar), da forma a los labios (habla)
Depresor del labio inferior *(depressor = hacia abajo; labi = labio; infer = hacia abajo)*	Mandíbula	Orbicular de la boca	Tira el labio inferior hacia abajo (al mostrar impaciencia)
Mentoniano *(mentum = barbilla)*	Mandíbula	Piel del mentón	Levanta y protruye el labio inferior (hacer pucheros)
Depresor del ángulo de la boca *(depressor = hacia abajo; anguli = ángulo; oris = boca)*	Mandíbula	Boca (comisura)	Lleva hacia abajo las comisuras de la boca (fruncir)
Buccinador *(bucia = mejilla)*	Maxilar superior, mandíbula (procesos alveolares)	Orbicular de la boca	Aplana la mejilla (sonreír, empujar la comida contra los molares, silbar, instrumentos de viento)
Risorio *(risor = risa)*	Platisma, masetero		Tira hacia fuera el ángulo de la boca (risa burlona)
Platisma *(platys = plano)*	Fascia que recubre deltoides, pectoral mayor	Mandíbula	Tensa la piel cuando se aprietan los dientes (lo que produce arrugas en la piel), lleva la mandíbula hacia abajo, ayuda al depresor del ángulo de la boca

Lámina 7-2. Músculos que controlan la mandíbula y mueven la cabeza

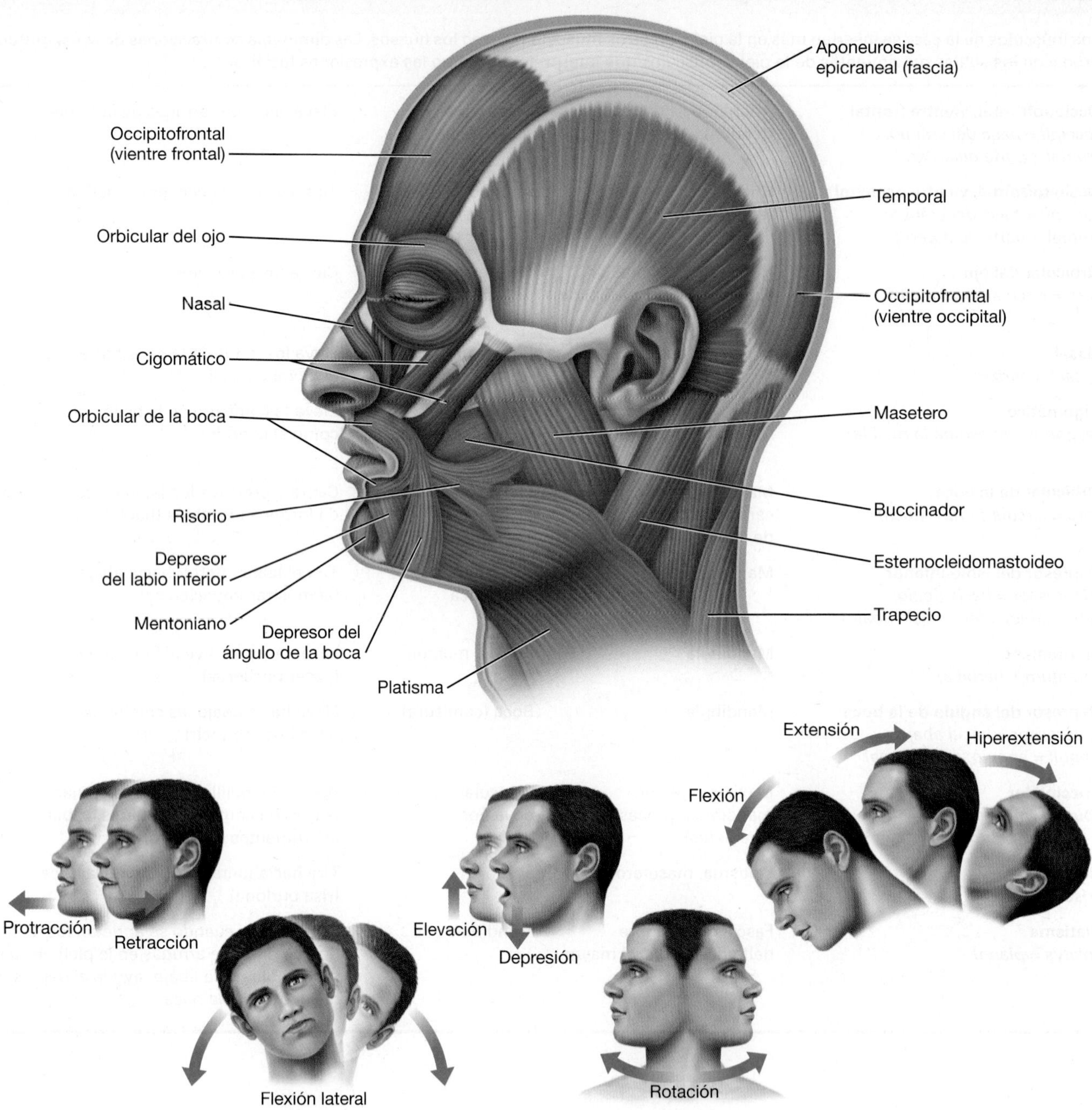

Lámina 7-2. Músculos que controlan la mandíbula y mueven la cabeza

Nombre	Origen	Inserción	Acción
Los poderosos músculos de la mandíbula la mueven hacia arriba y hacia los lados para hablar y masticar (la gravedad funciona como músculo principal para bajar la mandíbula). Otros músculos mueven la cabeza en conjunto, en flexión, extensión y rotación sobre el eje cervical.			
Masetero *(maseter = mascador)*	Hueso temporal (proceso cigomático)	Mandíbula	Eleva la mandíbula (morder, masticar)
Temporal *(temporal = del lado de la cabeza)*	Hueso temporal	Mandíbula	Eleva la mandíbula, retrae el mentón
Pterigoideos *(músculos profundos; no se muestran)*	Esfenoides	Mandíbula	Elevan la mandíbula, protruyen el mentón
Esternocleidomastoideo *(sternon = esternón; cleido = clavícula; mastoid = apófisis mastoides del hueso temporal)*	Esternón, clavícula	Hueso temporal (apófisis mastoides), hueso occipital	En conjunto: flexiona el cuello (lleva el mentón al pecho) Por separado: flexiona hacia los lados y rota el cuello (aproxima el oído al hombro del mismo lado)
Trapecio (v. también lámina 7-5) *(trapezoid = plano con cuatro lados)*	Hueso occipital, vértebras (C7, dorsales)	Clavícula, escápula (acromion, espina)	Extiende el cuello; también mueve el hombro
Erector de la columna vertebral (v. lámina 7-3) *(erector = eleva; spinae = de la columna vertebral)*	Costillas y vértebras	Huesos occipital y temporal, costillas, vértebras	Extiende el cuello (también mueve la columna vertebral)

Lámina 7-3. Músculos del tórax: músculos que mueven la columna vertebral, músculos abdominales y músculos respiratorios

Intercostales internos
Intercostales externos
Riñón
Pulmón (seccionado)
Costillas (seccionadas)
Diafragma

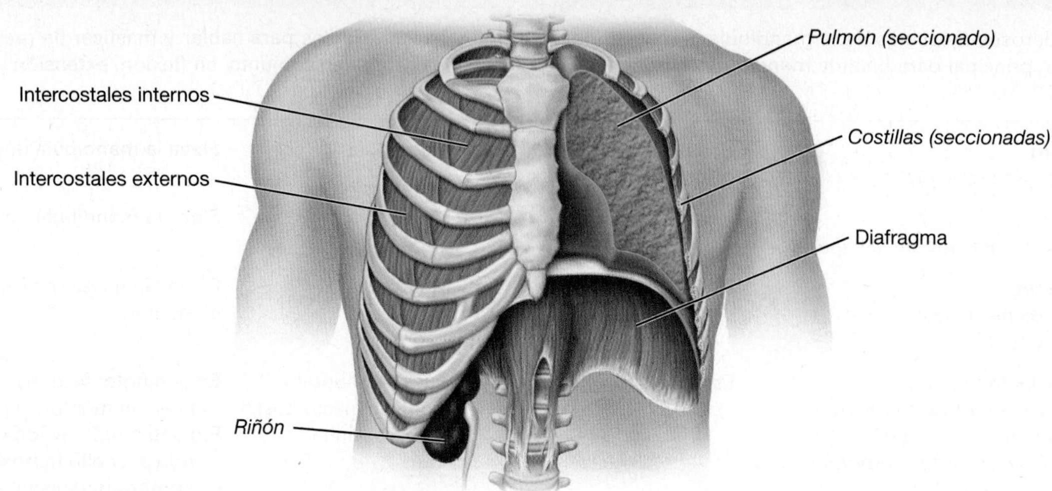

A Músculos de la respiración

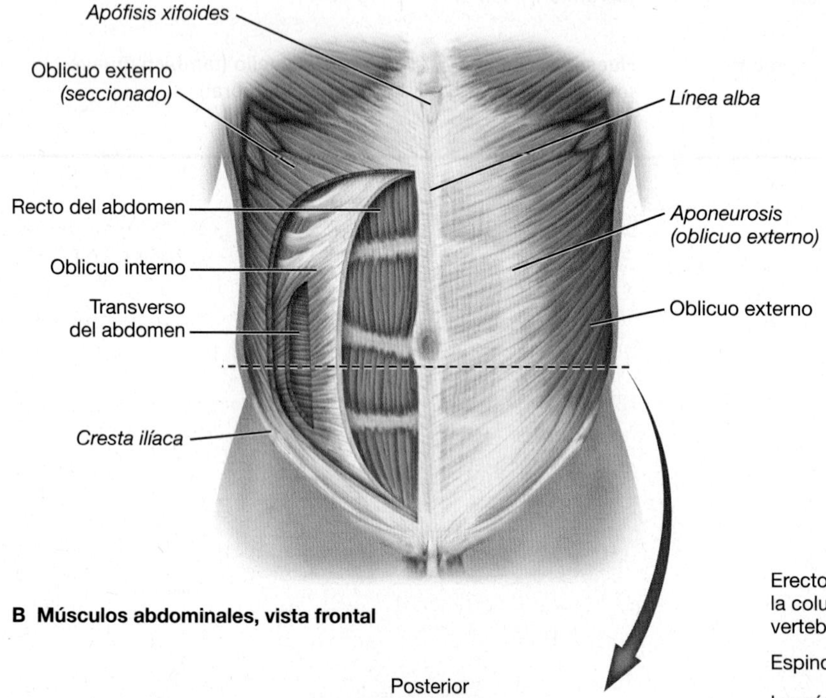

Apófisis xifoides
Oblicuo externo (seccionado)
Recto del abdomen
Oblicuo interno
Transverso del abdomen
Cresta ilíaca
Línea alba
Aponeurosis (oblicuo externo)
Oblicuo externo

B Músculos abdominales, vista frontal

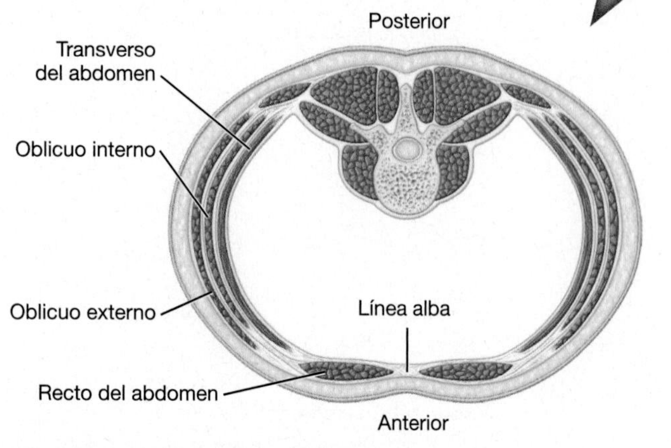

Posterior
Transverso del abdomen
Oblicuo interno
Oblicuo externo
Línea alba
Recto del abdomen
Anterior

C Músculos abdominales, sección transversa

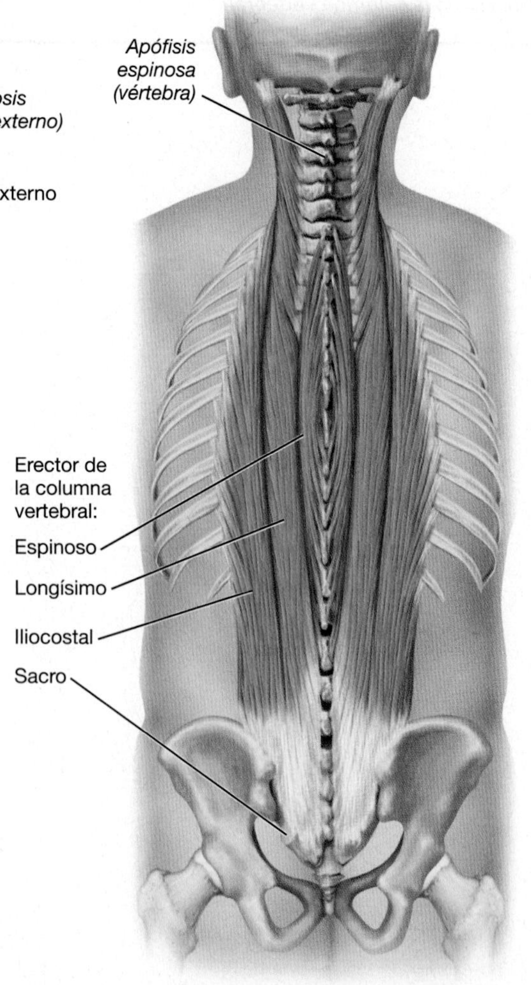

Apófisis espinosa (vértebra)
Erector de la columna vertebral:
Espinoso
Longísimo
Iliocostal
Sacro

D Músculos profundos de la columna vertebral

Lámina 7-3. Músculos del tórax: músculos que mueven la columna vertebral, músculos abdominales y músculos respiratorios

Nombre	Origen	Inserción	Acción
Muchos de los músculos que se muestran en esta lámina no mueven huesos. En lugar de ello, están involucrados en los diminutos movimientos de la respiración y en la compresión del contenido abdominal.			
Recto anterior del abdomen *(rectus = recto; abdominus = abdomen)*	Pubis	Apófisis xifoides (esternón), costillas	Flexiona la columna vertebral, comprime el abdomen
Oblicuo externo *(external = próximo a la superficie; oblique = inclinado)*	Costillas V-XII	Ilion, pubis, línea alba	Los dos: flexionan la columna vertebral, comprimen el abdomen Uno: flexiona lateralmente la columna vertebral
Oblicuo interno *(internal = más lejos de la superficie; oblique = inclinado)*	Cresta ilíaca	Costillas X-XII, línea alba	Igual que los oblicuos externos
Transverso del abdomen *(transverse = a través; abdominis = abdomen)*	Cresta ilíaca, cartílagos intercostales de las costillas VII-XII	Apófisis xifoides, línea alba, pubis	Comprime el abdomen
Erector de la columna vertebral: grupos espinoso, longísimo e iliocostal *(erector = elevar; spinae = de la columna vertebral; longissimus = el más largo; iliocostal = relacionado con las costillas)*	Tendón que se origina en el ilion, el sacro y las vértebras lumbares	Huesos occipital y temporal, costillas, vértebras	Ambos lados: extiende la columna vertebral (también extiende la cabeza) Un lado: flexiona lateralmente la columna vertebral
Esternocleidomastoideo (v. lámina 7-2)	Esternón, clavícula	Hueso temporal (apófisis mastoides), hueso occipital	Juntos: flexiona la sección cervical de la columna vertebral (también mueve la cabeza)
Diafragma *(diaphragma = barrera o partición)*		Apófisis xifoides, cartílagos costales de las costillas inferiores, vértebras lumbares	Se contrae para que se expanda el tórax, lo que produce la inspiración; se relaja para que se encoja el tórax, lo que produce la espiración
Intecostales internos *(internal = más lejos de la superficie; intercostal = entre las costillas)*	Borde superior de las costillas	Borde inferior de la costilla inferior	Mueve hacia abajo las costillas; activa la espiración
Intercostales externos *(external = más próximo a la superficie; intercostal = entre las costillas)*	Borde inferior de las costillas	Borde superior de la costilla inferior	Eleva las costillas durante la inspiración

Lámina 7-4. Músculos del periné

Nombre	Origen	Inserción	Acción
El periné se encuentra por debajo de la salida pélvica, y forma el suelo de la pelvis. Aunque recibe poca atención, los músculos del periné soportan el peso de los órganos abdominales, garantizan la continencia urinaria y rectal (es decir, control de la vejiga y del intestino) y participan en los comportamientos reproductores. El cuerpo perineal es una estructura pequeña pero compleja compuesta por tejido conectivo y músculo; es el origen de muchos músculos perineales; en ocasiones, esta estructura se lesiona durante el parto.			
Transverso del periné *(transverse = a través; perineum = región entre el ano y los genitales)*	Tuberosidad isquiática	Cuerpo perineal	Estabiliza el periné
Elevador del ano *(levator = elevador; ani = ano)*	Pubis, espina ciática	Cóccix, uretra, recto, periné	Ayuda en la defecación; estabiliza el periné
Esfínter externo del ano *(external = más próximo a la superficie; anal = ano; sphincter = tensador)*	Ligamento anococcígeo, cóccix	Cuerpo perineal	Cierra el ano
Isquiocavernoso *(ischio = pelvis; cavernosus = tejido hueco del pene o clítoris)*	Tuberosidad isquiática, pubis	Clítoris (mujeres), pene (hombres)	Mantiene la erección de clítoris y pene al comprimir las venas
Bulboesponjoso *(bulbo = inflamado; spongiosus = como una esponja)*	Pene (hombres) o fascia perineal (mujeres)	Cuerpo perineal, clítoris (mujeres), pene (hombres)	Mantiene la erección de clítoris y pene mediante la compresión de las venas; ayuda en la expulsión de las últimas gotas de orina o semen (hombres); constriñe la vagina (mujeres)
Coccígeo *(coccyx = extremo inferior de la columna vertebral)*	Isquion	Cóccix, parte inferior del sacro	Estabiliza el periné; tira del cóccix hacia delante durante la defecación, parto

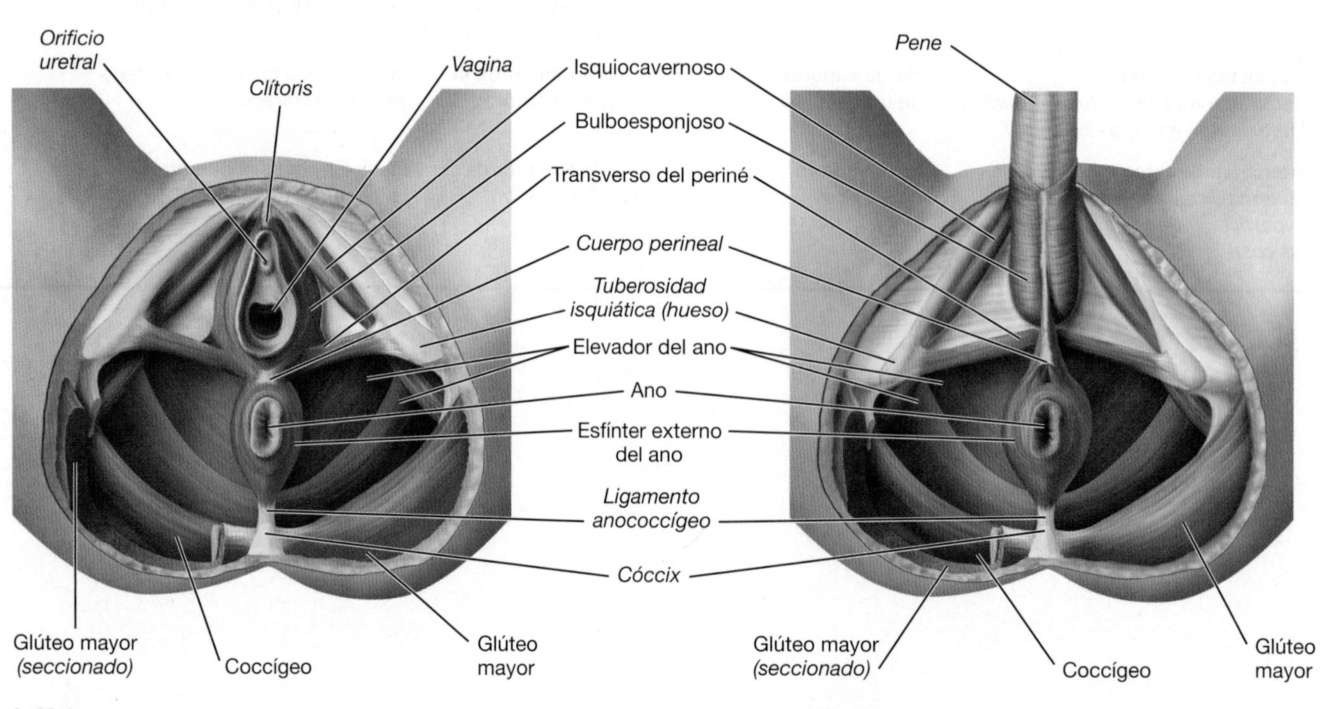

Lámina 7-5. Músculos que mueven y estabilizan la cintura escapular

Nombre	Origen	Inserción	Acción

Los músculos que se muestran aquí anclan los miembros superiores al cuerpo fijando la escápula en su sitio. También mueven la escápula, desplazando así el hombro hacia arriba, abajo o atrás, y rotan la cavidad glenoidea, que contiene la cabeza del húmero, para permitir los movimientos laterales del húmero.

Nombre	Origen	Inserción	Acción
Elevador de la escápula *(levator = elevar; scapulae = escápula)*	Vértebras C1-C4 (apófisis transversas)	Escápula (apófisis coracoides)	Eleva y rota la escápula hacia abajo; fija la escápula (también flexiona lateralmente el cuello)
Trapecio *(trapezi = en forma de trapezoide)*	Hueso occipital, vértebras (C7, dorsales)	Clavícula, escápula (acromion, espina)	La parte superior eleva la escápula, la parte inferior desciende la escápula; ambas partes en conjunto retraen la escápula
Pectoral menor *(pector = tórax; minor = menor)*	Costillas II-V	Escápula (apófisis coracoides)	Protruye la escápula
Romboides mayor *(rhomboid = en forma de rombo; major = mayor)*	Vértebras D1-D4	Escápula	Retrasa y rota la escápula hacia abajo; se utiliza en los movimientos de fuerza hacia abajo (como martillear)
Serrato anterior *(serratus = con dientes de sierra; anterior = antes de)*	Costillas superiores	Escápula	Denominado también el músculo de los boxeadores; importante en el movimiento del puñetazo y de empujar, ya que lleva hacia delante la escápula y la estabiliza de forma que el hombro se mueve hacia abajo y delante; rota la escápula hacia arriba

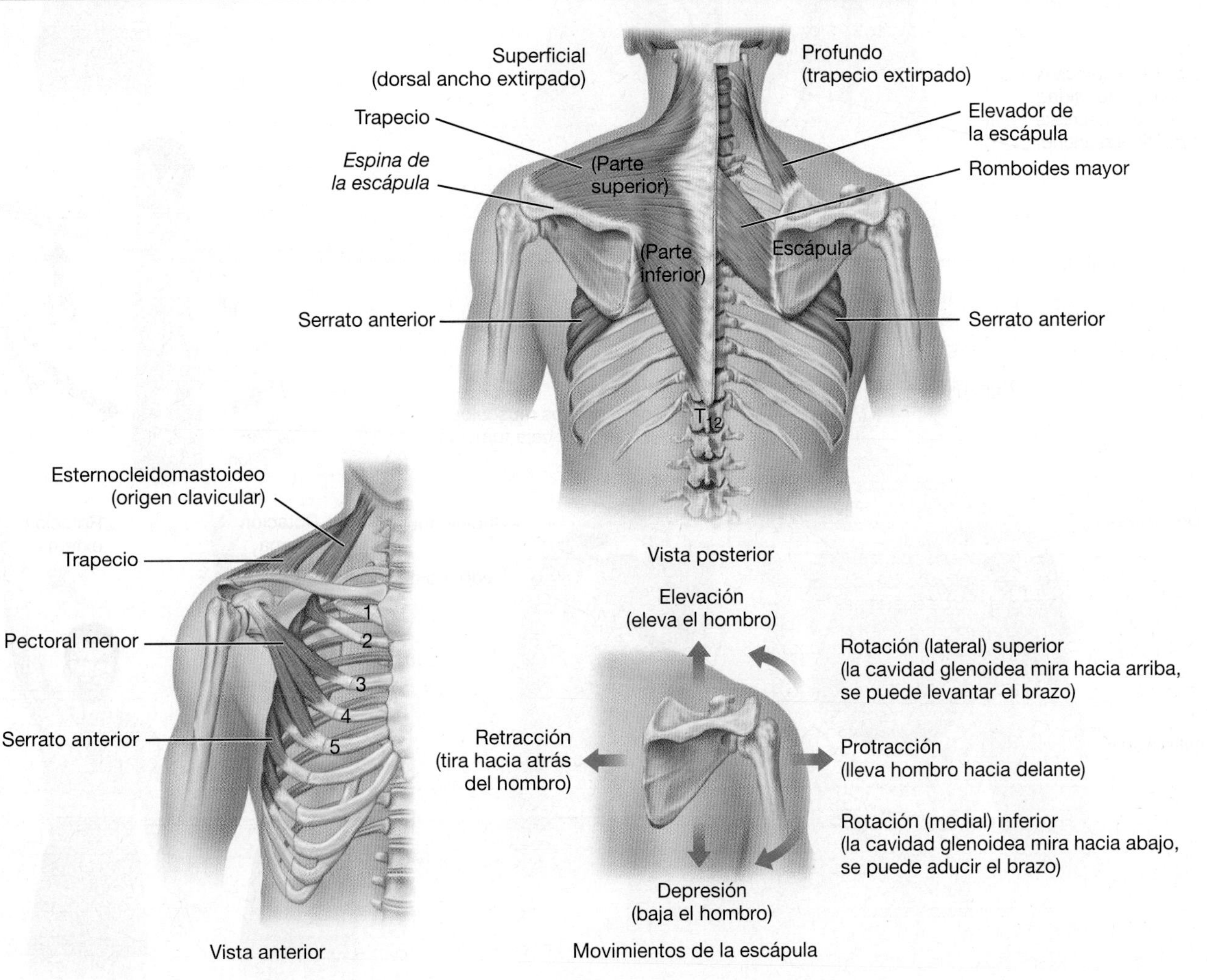

Lámina 7-6. Músculos que mueven el brazo (húmero) en la articulación del hombro

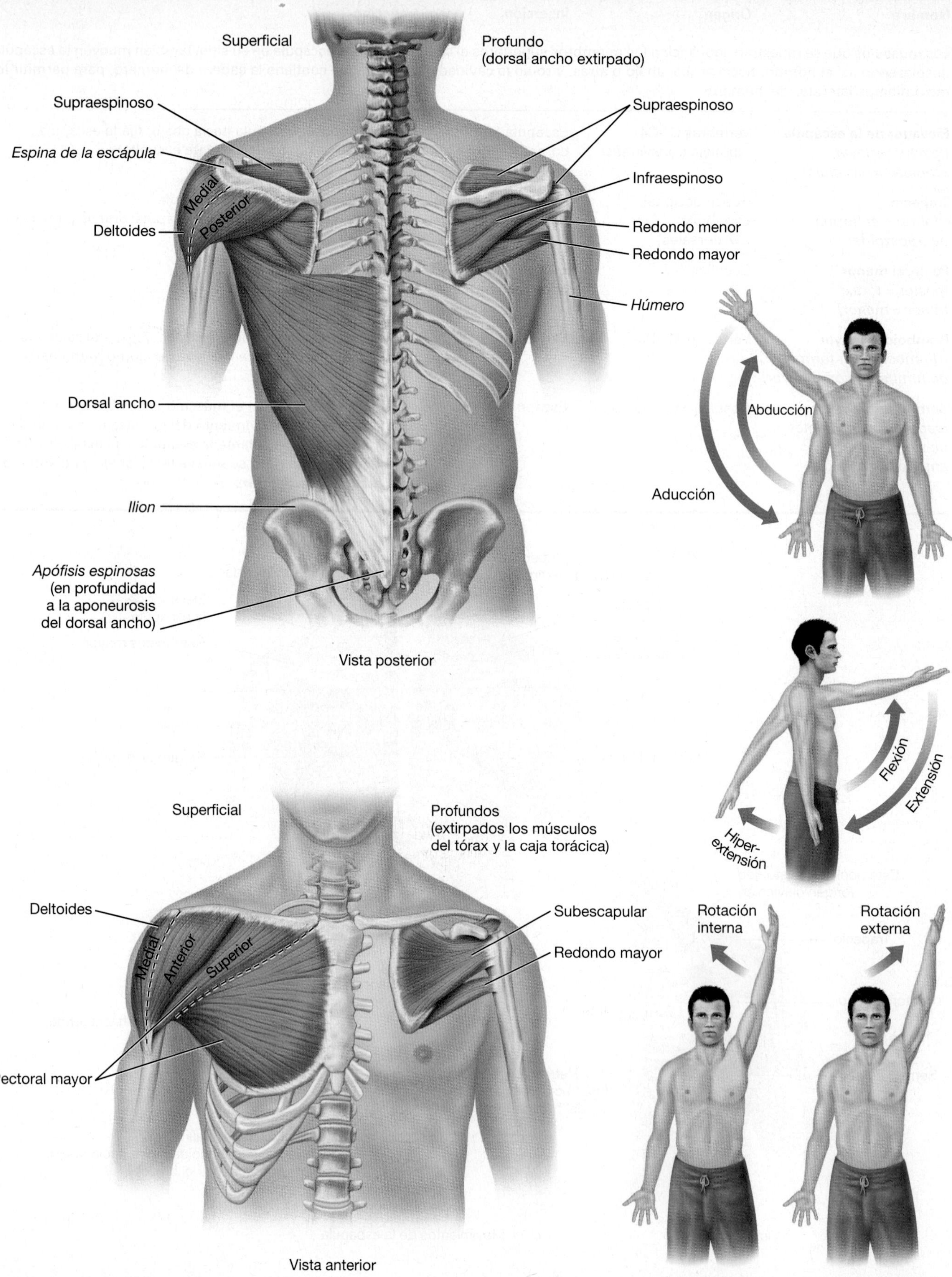

Lámina 7-6. Músculos que mueven el brazo (húmero) en la articulación del hombro

Nombre	Origen	Inserción	Acción
La articulación del hombro, que mueve el húmero en todas las direcciones posibles, es la más móvil del cuerpo. Es estabilizada en parte por los músculos del «manguito de los rotadores», también conocidos como músculos SITS (supraespinoso, infraespinoso, redondo *[teres]* menor y subescapular). Sus tendones forman el manguito de los rotadores, que se funden con la cápsula articular para reforzar y estabilizar la articulación del hombro. Además, los músculos presentan una contracción tónica para mantener la cabeza del húmero sobre la poco profunda cavidad glenoidea.			
Dorsal ancho *(latissimus = el más ancho; dorsi = de la espalda)*	Vértebras, sacro, ilion	Húmero	«Músculo de la escalada»; extiende e hiperextiende el húmero; aduce el húmero detrás de la espalda (p. ej., para rascarse sobre la escápula); rotación interna del húmero
Pectoral mayor *(pector = pecho; major = mayor)*	Clavícula, esternón, cartílagos costales	Húmero	Aducción y rotación interna del húmero; la parte superior flexiona el húmero
Redondo mayor *(teres = largo y redondo; major = mayor)*	Escápula	Húmero	Aducción, rotación interna del húmero; ayuda en la extensión desde la posición de flexión; ayuda a estabilizar la articulación del hombro cuando se activa el deltoides
Supraespinoso* *(supra = encima; spina = espina de la escápula)*	Escápula	Húmero	Ayuda al deltoides a completar la abducción
Infraespinoso* *(infra = debajo; spina = espina de la escápula)*	Escápula	Húmero	Rotación externa del húmero
Redondo menor* *(teres = largo y redondo; minor = menor)*	Escápula	Húmero	Rotación externa del húmero
Subescapular* *(sub = debajo; scapularis = escápula)*	Fosa subescapular	Húmero	Rotación interna del húmero
Deltoides *(deltoid = de forma triangular)*	Clavícula, escápula (espina y acromion)	Húmero	Forma el contorno redondeado del hombro; en conjunto, abduce el húmero; produce movimientos de balanceo del brazo durante la marcha (la parte anterior ayuda al pectoral mayor en la flexión del húmero; la parte posterior ayuda al dorsal ancho en la extensión del húmero)

* Parte del manguito de los rotadores

Lámina 7-7. Músculos que mueven el antebrazo, la mano y los dedos

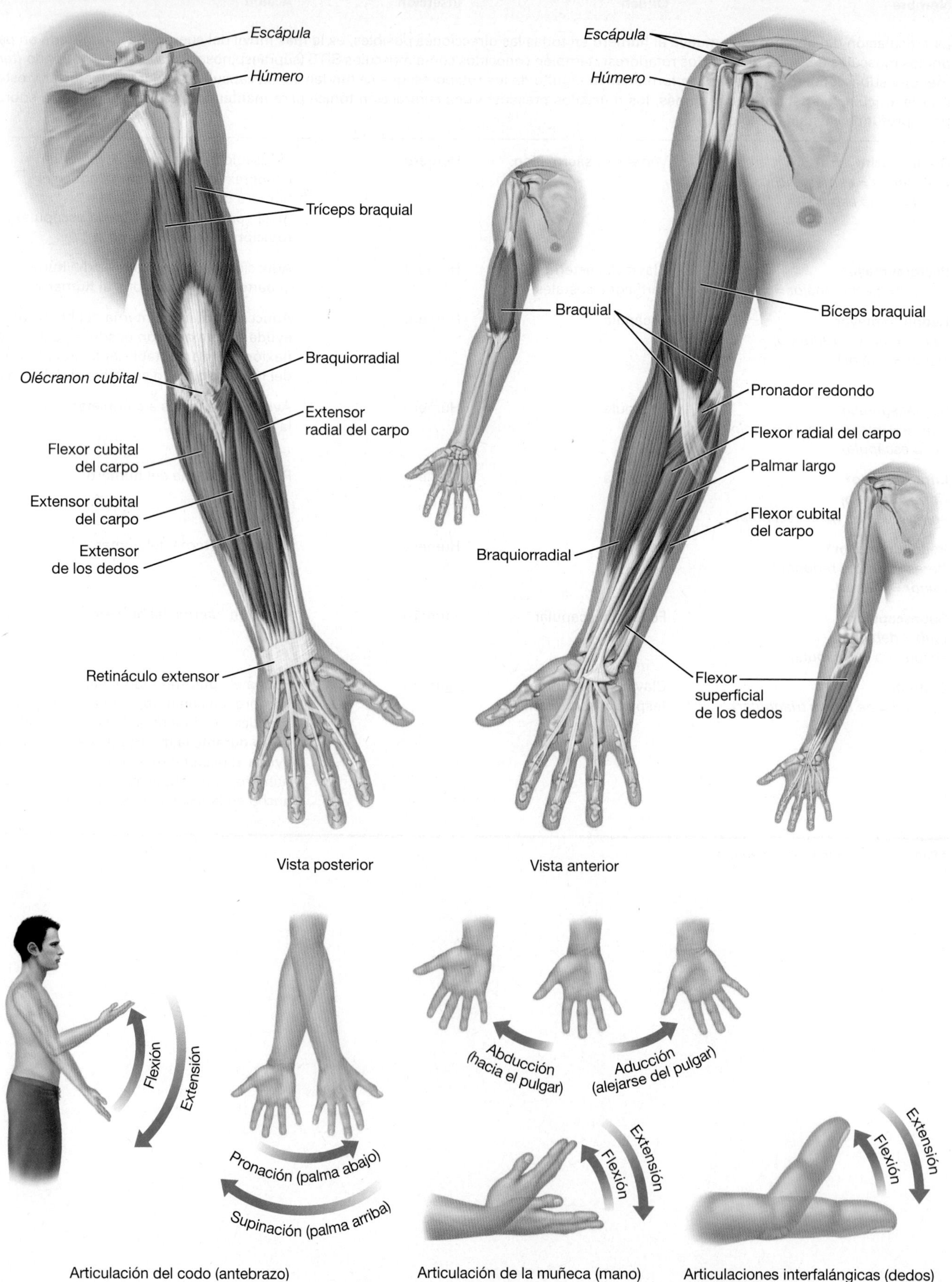
Escápula
Húmero
Tríceps braquial
Braquiorradial
Olécranon cubital
Extensor radial del carpo
Flexor cubital del carpo
Extensor cubital del carpo
Extensor de los dedos
Retináculo extensor
Escápula
Húmero
Braquial
Bíceps braquial
Pronador redondo
Flexor radial del carpo
Palmar largo
Flexor cubital del carpo
Braquiorradial
Flexor superficial de los dedos
Vista posterior
Vista anterior
Flexión
Extensión
Pronación (palma abajo)
Supinación (palma arriba)
Abducción (hacia el pulgar)
Aducción (alejarse del pulgar)
Extensión
Flexión
Extensión
Flexión
Articulación del codo (antebrazo)
Articulación de la muñeca (mano)
Articulaciones interfalángicas (dedos)

Lámina 7-7. Músculos que mueven el antebrazo, la mano y los dedos

Los músculos del antebrazo se pueden separar en cuatro grupos: *1)* los que flexionan y extienden la articulación del codo; *2)* los que flexionan o extienden la articulación de la muñeca; *3)* los que flexionan o extienden los dedos y el pulgar, y *4)* los que pronan o supinan el antebrazo.

Nombre	Origen	Inserción	Acción
Braquial *(brachi = brazo)*	Húmero	Cúbito	Flexiona el codo (músculo principal, todas las posiciones)
Braquiorradial *(brachi = brazo; radi = radio)*	Húmero	Radio	Flexiona el codo; ayuda al braquial cuando son precisos movimientos rápidos
Bíceps braquial *(biceps = dos cabezas; brachi = brazo)*	Escápula (apófisis coracoides y tubérculo)	Radio, fascia del antebrazo	Supina el codo (músculo principal), flexiona el codo cuando el antebrazo está en supinación (no cuando está en pronación)
Tríceps braquial *(triceps = tres cabezas; brachi = brazo)*	Escápula, húmero	Olécranon cubital	Extiende el codo (músculo principal)
Extensor radial del carpo *(extensor = aumenta el ángulo de la articulación; carpus = muñeca; radi = radio)*	Húmero	2.° metacarpiano	Extiende y abduce la muñeca; necesario para apretar el puño
Pronador redondo *(pronate = girar la palma hacia abajo; teres = largo y redondo)*	Húmero, apófisis coronoides del cúbito	Radio	Prona y flexiona el codo
Flexor radial del carpo *(flex = disminuye el ángulo de la articulación; carpus = muñeca; radi = radio)*	Húmero	2.° y 3.er metacarpianos	Flexiona y abduce la muñeca (mueve la mano hacia delante y hacia fuera)
Palmar largo *(palma = palma; longus = largo)*	Húmero	Fascia	Débil flexor de la muñeca
Flexor cubital del carpo *(flex = disminuye el ángulo de la articulación; carpus = muñeca; ulnaris = cúbito)*	Húmero, cúbito	5.° metacarpiano	Flexiona y aduce la muñeca
Extensor cubital del carpo *(extensor = aumenta el ángulo de la articulación; carpus = muñeca; ulnaris = cúbito)*	Húmero, cara posterior del cúbito	5.° metacarpiano	Extiende y aduce la muñeca; necesario para cerrar el puño
Flexor superficial de los dedos *(flex = disminuye el ángulo de la articulación; digit = dedo de la mano o pie; superficial = cerca de la superficie)*	Húmero, cúbito, radio	Falange media de cada dedo	Flexiona los cuatro dedos a nivel de la articulación interfalángica proximal
Extensor de los dedos *(extensor = aumenta el ángulo de la articulación; digit = dedo del pie o de la mano)*	Húmero	Falanges distal y media de cada dedo	Extiende los cuatro dedos en todas las articulaciones interfalángicas

Lámina 7-8. Músculos que mueven el muslo y la pierna

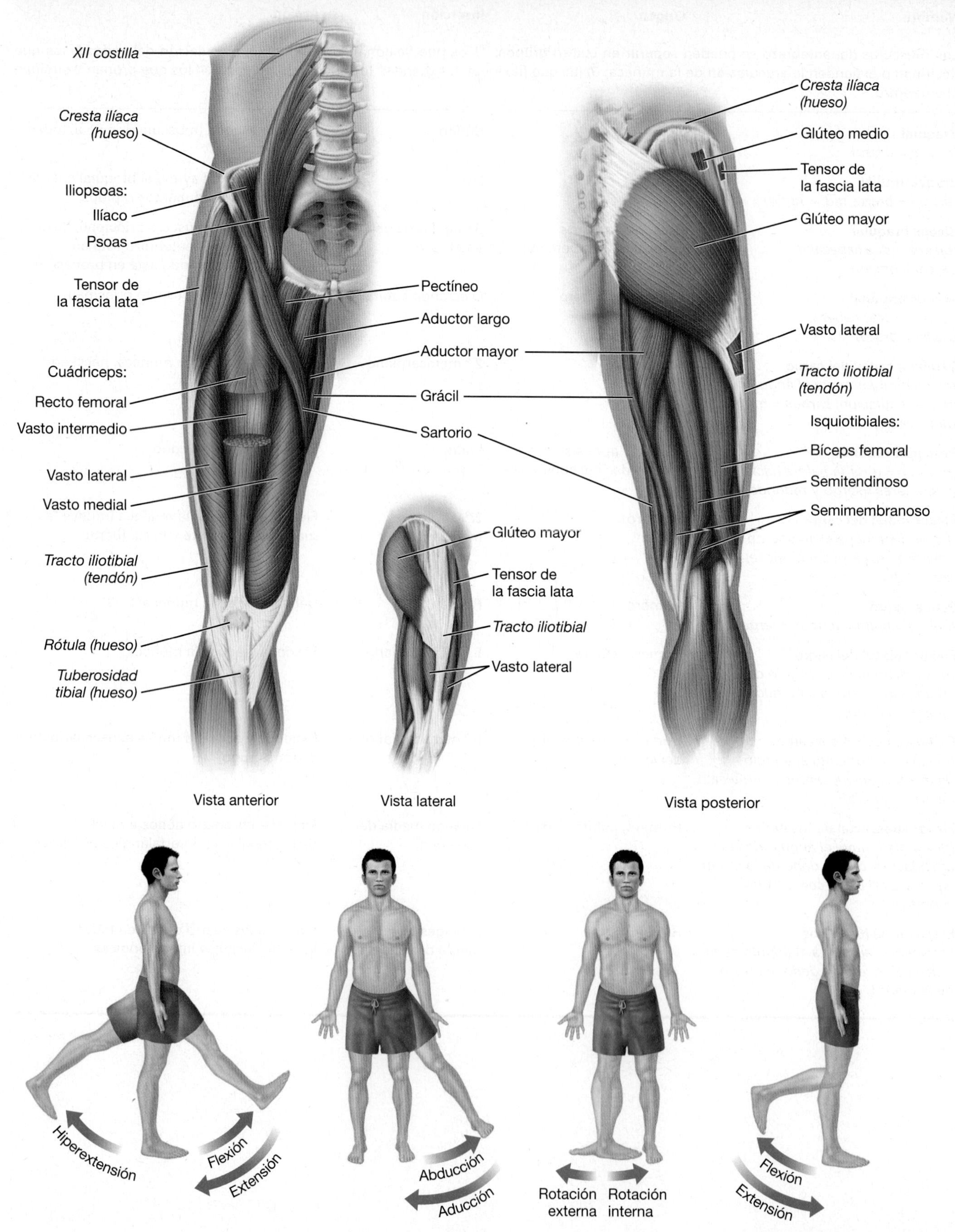

Movimientos de la cadera (del muslo)

Movimientos de la rodilla (de la pierna)

Lámina 7-8. Músculos que mueven el muslo y la pierna

Nombre	Origen	Inserción	Acción
Los músculos del muslo son grandes y poderosos, adecuados a su función de mantener la postura erguida, al correr o caminar o al levantar cargas pesadas. Algunos de estos músculos sólo actúan para mover la articulación de la cadera, otros la rodilla y algunos, ambas. Los músculos anteriores suelen producir la flexión de la cadera y la extensión de la rodilla, como al inicio del movimiento de la marcha. Los músculos posteriores suelen producir la extensión de la cadera y la flexión de la rodilla, como en el final de la marcha. Un tercer y poderoso grupo, situado en la parte interna, aduce el muslo y no tiene efecto sobre la pierna. La abducción y rotación del muslo es relativamente débil; la realizan músculos pequeños o es una función menor de músculos grandes.			
Ilíaco *(iliac = ilion)*	Ilion	Fémur (trocánter menor)	Flexiona y rota hacia fuera la cadera; flexiona la columna vertebral
Psoas *(psoas = músculo del lomo)*	Vértebras lumbares	Se une al ilíaco para insertarse en el fémur (trocánter menor)	Flexiona y rota hacia fuera la cadera; flexiona la columna vertebral
Sartorio *(sartor = sastre, hace referencia a la posición tradicional de piernas cruzadas)*	Espina ilíaca	Tibia	Cruza la pierna: flexiona, abduce y rota hacia fuera; flexiona la rodilla
Cuádriceps femoral: *(quadriceps = cuatro cabezas; femoris = fémur)*			
Recto femoral *(rectus = recto; femoris = fémur)*	Espina ilíaca	Los cuatro músculos se unen e insertan en la rótula, y a continuación en la tuberosidad tibial	Extiende la rodilla, flexiona la cadera
Vasto lateral *(vastus = grande; lateralis = lateral)*	Fémur (trocánter mayor, línea áspera)		Extiende la rodilla
Vasto medial *(vastus = grande; medialis = medial)*	Fémur (trocánter mayor, línea áspera)		Extiende la rodilla
Vasto intermedio *(vastus = grande; intermedius = medio)*	Fémur		Extiende la rodilla
Grácil *(gracile = delgado)*	Pubis	Tibia	Aduce y rota hacia dentro la cadera; flexiona la rodilla
Aductor largo *(adduct = mueve hacia la línea media; longus = largo)*	Cresta y sínfisis del pubis	Fémur (línea áspera)	Aduce, rota hacia dentro y flexiona la cadera
Aductor mayor *(adduct = mover hacia dentro; magnus = grande)*	Pubis, isquiático	Fémur (línea áspera)	Aduce, rota hacia dentro y extiende la cadera
Pectíneo *(pectin = peine)*	Pubis	Fémur	Aduce y flexiona la cadera

Continúa

Lámina 7-8. Músculos que mueven el muslo y la pierna *(cont.)*

Nombre	Origen	Inserción	Acción
Tensor de la fascia lata *(tensor = tensa; fasciae = fascia; lat = amplia)*	Ilion	Tracto iliotibial, finaliza en la tibia	Aduce y flexiona la cadera
Glúteo medio *(glute = nalga; medius = medio)*	Ilion	Fémur (trocánter mayor)	Abducción y rotación externa de la cadera
Glúteo mayor *(glute = nalga; maximus = mayor)*	Cresta ilíaca, sacro, cóccix	Tracto iliotibial, fémur (línea áspera)	Extensión y rotación externa de la cadera
Isquiotibiales: *(hace referencia a tendones en la cara posterior de la rodilla)*			
Bíceps femoral *(biceps = dos cabezas; femoris = fémur)*	Tuberosidad isquiática, línea áspera del fémur	Peroné (cabeza) y tibia (cóndilo lateral)	Flexiona la rodilla; extiende la cadera
Semitendinoso *(semi = mitad; tendo = tendón)*	Tuberosidad isquiática	Tibia proximal	Flexiona la rodilla; extiende la cadera
Semimembranoso *(semi = mitad; membran = membrana)*	Tuberosidad isquiática	Tibia (cóndilo medial)	Flexiona la rodilla; extiende la cadera

Lámina 7-9. Músculos que mueven el pie y los dedos del pie

Nombre	Origen	Inserción	Acción

Los músculos de la pierna mueven el pie y los dedos del pie, y se dividen en los grupos anterior, posterior y lateral o externo de acuerdo con su relación con la membrana interósea que une tibia y peroné. Los músculos del compartimento anterior extienden los dedos del pie y flexionan dorsalmente el tobillo, un movimiento débil pero fundamental para evitar arrastrar los dedos del pie al caminar. Los músculos del compartimento posterior flexionan los dedos del pie y plantarmente el pie, importantes movimientos al caminar. Los músculos del compartimento lateral everten el pie. Los pequeños músculos del pie ayudan en todos los movimientos de los dedos del pie y ayudan a afinar y estabilizar los movimientos del cuerpo que implican al pie.

Nombre	Origen	Inserción	Acción
Tibial anterior *(tibialis = tibia; anterior = frente)*	Tibia: cóndilo lateral, cuerpo	1.ª cuña y metatarsiano	Flexión dorsal e inversión del tobillo
Extensor largo de los dedos del pie *(extensor = aumenta el ángulo de la articulación; digitorum = dedo de la mano o del pie; longus = largo)*	Tibia	Falange distal de los dedos 2.°-5.°	Extiende los cuatro dedos del pie, flexión dorsal del tobillo
Extensor largo del dedo gordo del pie *(extensor = aumenta el ángulo de la articulación; hallux = dedo gordo del pie)*	Peroné	Falange del dedo gordo del pie	Extiende el dedo gordo del pie; flexión dorsal del tobillo
Peroneo largo *(fibularis = peroné; longus = largo)*	Peroné, tibia (cóndilo lateral)	Cuña media y primer metatarsiano del pie	Evierte el tobillo; mantiene la pierna estable cuando se hace equilibrio sobre un pie
Gemelos *(gastro = vientre; cnem = pierna)*	Fémur; cóndilos lateral y medial	Calcáneo (a través del tendón de Aquiles)	Flexión plantar del tobillo; eleva el talón al caminar; flexiona la rodilla; importante en los movimientos rápidos (correr, saltar)

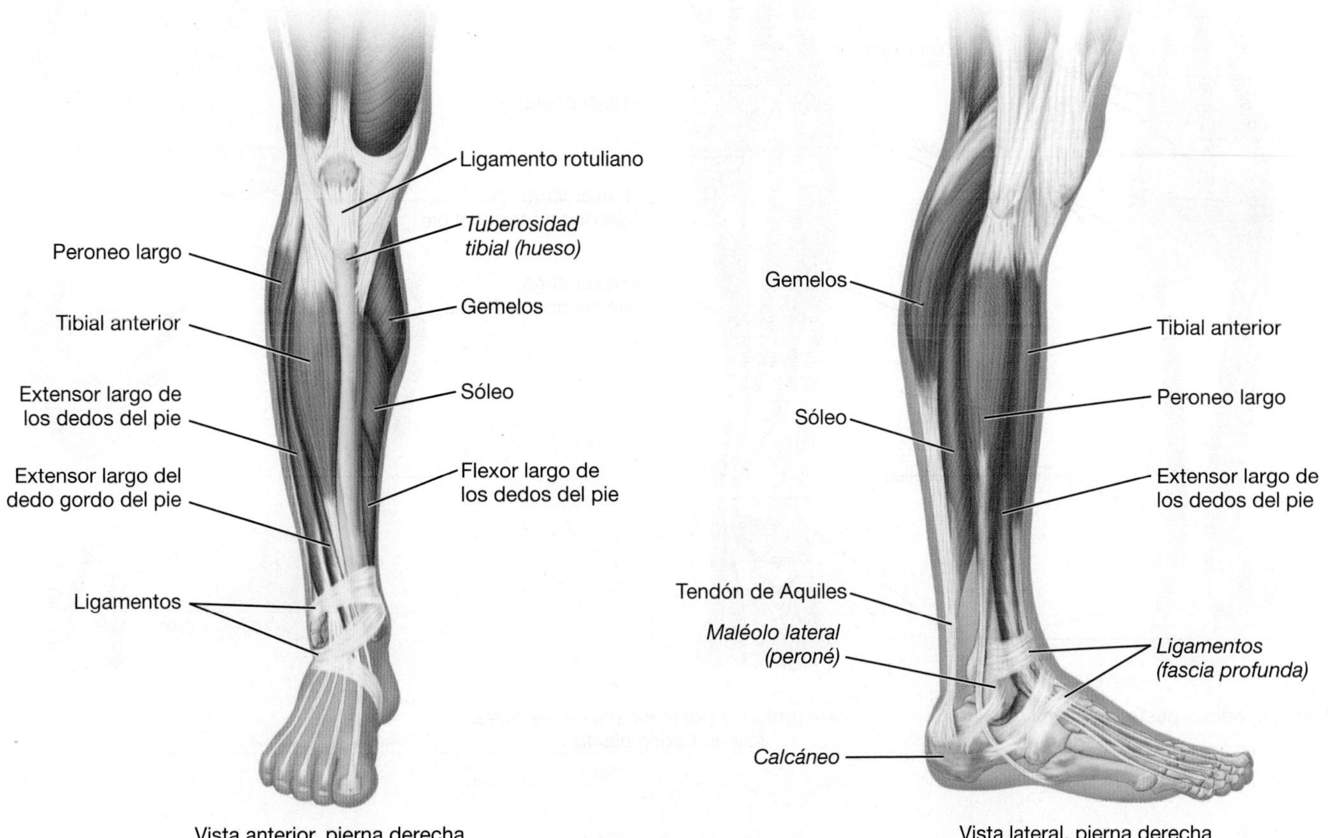

Continúa

Lámina 7-9. Músculos que mueven el pie y los dedos del pie *(cont.)*

Nombre	Origen	Inserción	Acción
Sóleo *(soleus = un pez plano)*	Peroné (cabeza) y tibia proximal	Calcáneo (a través del tendón de Aquiles)	Flexión plantar del tobillo (lenta); se contrae de forma alternada con los músculos extensores de la pierna para mantener el equilibrio al caminar
Tibial posterior *(tibialis = tibia; posterior = detrás)*	Tibia, peroné	Múltiples huesos del tarso y metatarsianos	Flexión plantar e inversión del tobillo
Flexor largo de los dedos del pie *(flexor = disminuye el ángulo de la articulación; digitorum = dedos de la mano o del pie; longus = largo)*	Cara posterior de la tibia	Falanges distales de los dedos 2.°-5.° del pie	Flexión los cuatro dedos externos, flexión plantar del tobillo, apoyo de los arcos longitudinales del pie
Flexor largo del dedo gordo del pie *(flexor = disminuye el ángulo de la articulación; hallux = dedo gordo del pie)*	Cara posterior del peroné	Base del dedo gordo del pie	Flexión del dedo gordo del pie; soporte de los arcos longitudinales del pie; propulsión muscular durante carrera y salto

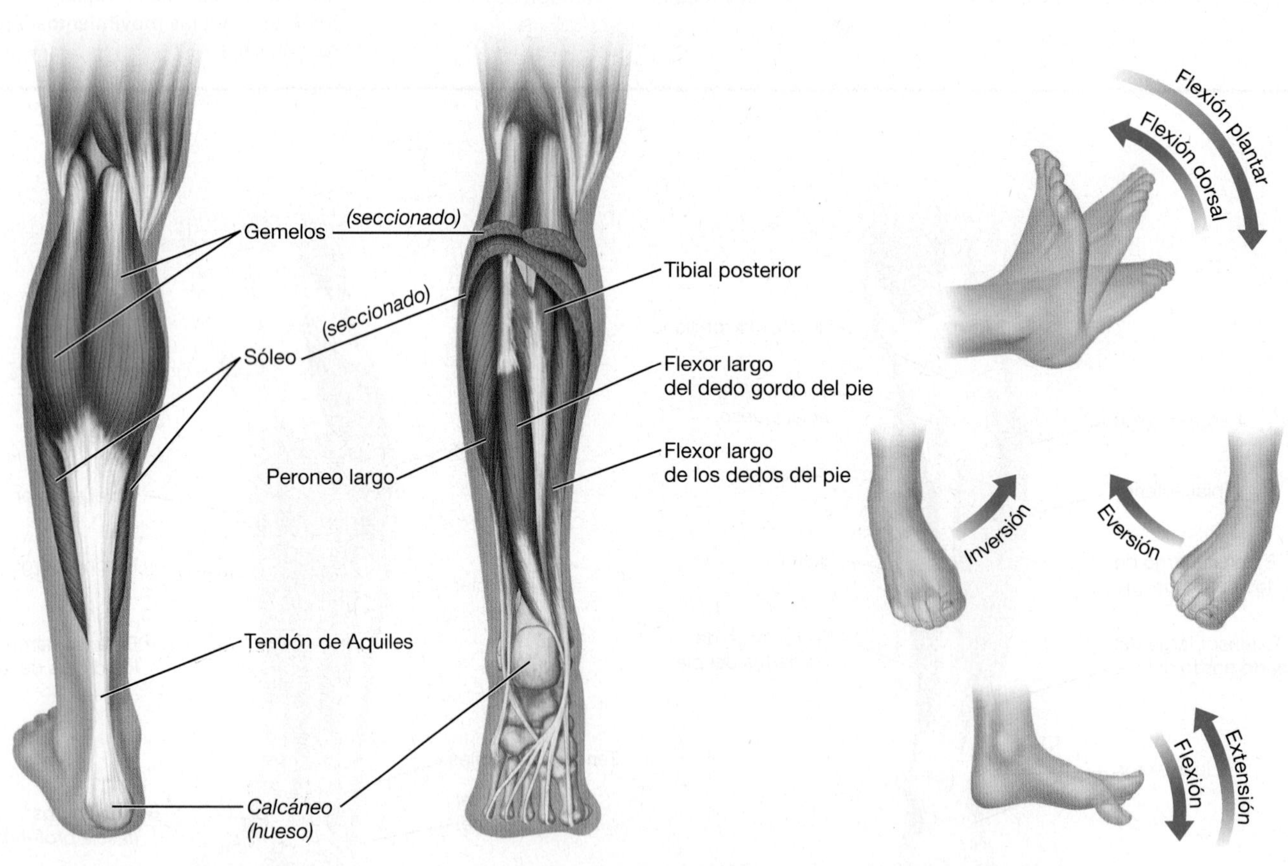

Vista superficial posterior, pierna izquierda

Vista profunda posterior, pierna izquierda (pie en flexión plantar)

Etimología

Prefijos y sufijos latinos/griegos	Equivalentes en español	Ejemplos
ant-	Contra	Antagonista: músculo que trabaja en oposición al músculo principal
con-	Junto	Concéntrica; contracción muscular que une dos huesos (una contracción que aproxima)
ec-	Separar	Excéntrica: contracción muscular que separa dos huesos (una contracción que alarga)
-metric	Longitud	Isométrica; contracción sin cambio (iso-) de longitud
mi/o	Músculo	Mioglobina; una proteína globular que se encuentra en el músculo
sarco-	Carne; músculo	Sarcolema: membrana (-lemma) de una célula muscular
sin-	Junto	Sinérgico: músculo que trabaja junto con el principal
-ton/o	Tensión	Isotónica: contracción sin cambio (iso-) de tensión
tropo-	Girar	Troponina: molécula (-in) que gira (aparta la tropomiosina) para producir la contracción muscular

Cuestionario del capítulo

REVISIÓN DEL CAPÍTULO

1. ¿Cuál de las siguientes características corresponden al músculo esquelético (ME) y cuál al músculo liso (ML)? Señalar todo lo que corresponda.
a. El músculo tiene un aspecto con bandas (estriado).
b. Las contracciones musculares no pueden controlarse conscientemente.
c. En el estómago y en la pared del intestino existe tejido muscular.
d. Fibras musculares que se fatigan tras contracciones repetidas.

2. La membrana externa de una célula muscular se denomina
a. sarcoplasma.
b. sarcolema.
c. retículo sarcoplasmático.
d. membrana endosómica.

3. ¿Cuál de las siguientes afirmaciones se aplica a la unión neuromuscular de los músculos esqueléticos?
a. Utiliza la noradrenalina como neurotransmisor.
b. Se compone de múltiples varicosidades dispersas por numerosas fibras musculares.
c. Su activación produce la entrada de calcio en la célula desde el líquido extracelular.
d. Los receptores de los neurotransmisores son también canales de sodio.

4. Los filamentos delgados
a. están anclados por cuerpos densos en el músculo liso.
b. están compuestos sólo de actina.
c. se encuentran en el músculo esquelético, pero no en el músculo liso.
d. están compuestos de miosina.

5. Un sarcómero
a. es una neurona y las fibras musculares que inerva.
b. recorre toda la longitud de un músculo.
c. se une a los sarcómeros adyacentes por los discos Z.
d. es la unidad funcional de los músculos esquelético y liso.

6. Durante la contracción muscular,
a. se acortan los filamentos gruesos.
b. se acortan los filamentos delgados.
c. se acortan tanto los filamentos gruesos como los delgados.
d. no se acortan ni los filamentos gruesos ni los delgados.

7. El papel del calcio en la contracción del músculo liso implica
a. activar las enzimas que activan las cabezas de miosina.
b. suministrar energía para los ciclos de los puentes cruzados.
c. mostrar los puntos de unión de miosina en las moléculas de actina.
d. iniciar los potenciales de acción en la célula muscular.

8. En el músculo esquelético, nuevas moléculas de ATP son necesarias para
a. separar las cabezas de miosina de los filamentos de actina.
b. mantener el gradiente de concentración de sodio.
c. proporcionar energía para el movimiento de las cabezas de miosina.
d. todo lo anterior.

9. Las fibras de tipo I
a. se fatigan lentamente.
b. contienen grandes depósitos de glucógeno.
c. son el tipo más fuerte de fibra.
d. contienen pocas mitocondrias.

10. Un ejemplo de contracción isométrica durante una flexión sería
a. sostenerse inmóvil en la posición de flexión.
b. contraer el tríceps braquial a medida que baja el cuerpo al suelo.
c. contraer el bíceps braquial a medida que levanta el cuerpo del suelo.
d. b y c.

11. El párpado se cierra por las acciones del
a. orbicular de los labios.
b. orbicular del ojo.
c. mentoniano.
d. occipitofrontal.

12. La contracción del músculo esternocleidomastoideo en un único lado del cuerpo
a. levantará un hombro.
b. bajará un hombro.
c. acercará un oído hacia el hombro del mismo lado.
d. moverá un hombro hacia adelante.

13. El músculo abdominal más superficial es el
a. transverso del abdomen.
b. oblicuo interno.
c. oblicuo externo.
d. recto del abdomen.

14. El músculo que retrae la escápula es el
a. serrato anterior.
b. pectoral menor.
c. pectoral mayor.
d. romboides mayor.

15. ¿Cuál de los siguientes músculos *no* forman parte del manguito de los rotadores?
a. Deltoides.
b. Supraespinoso.
c. Redondo menor.
d. Subescapular.

16. El músculo principal en la flexión el antebrazo es el
a. bíceps braquial.
b. braquial.
c. braquiorradial.
d. tríceps braquial.

17. El músculo del muslo que se origina en el hueso ilion y se inserta en el trocánter mayor del fémur es el
a. sartorio.
b. psoas.
c. glúteo medio.
d. tensor de la fascia lata.

18. El músculo que abduce el muslo es el:
a. grácil.
b. pectíneo.
c. aductor largo.
d. glúteo medio.

19. El elevador del ano se origina en
a. el isquion.
b. el pubis.
c. la fascia perineal.
d. el ilion.

20. La contracción del extensor del dedo gordo se traduciría en
a. inversión.
b. eversión.
c. flexión plantar.
d. flexión dorsal.

21. ¿Cuál de los siguientes músculos forma parte del grupo de los isquiotibiales?
a. Recto interno.
b. Vasto externo.
c. Semimembranoso.
d. Recto femoral.

22. ¿Cuál de los siguientes músculos extiende la mano?
a. Palmar largo.
b. Extensor de los dedos.
c. Extensor cubital del carpo.
d. Pronador redondo.

23. Al llegar a la cima de una montaña, se encuentra con una vista tan bella que se queda boquiabierto. El músculo principal de esta acción es
a. el músculo temporal.
b. el músculo masetero.
c. músculo depresor del labio inferior.
d. la gravedad.

24. Ha echado el ojo a una deliciosa galleta de chocolate. Pero, a medida que su mano se extiende para obtener la galleta, alguien se la quita. Se retira, haciendo pucheros. El músculo principal de esta acción de los labios es el
a. mentoniano.
b. buccinador.
c. cigomático.
d. risorio.

25. ¿Cuál de los siguientes músculos flexiona con fuerza la columna vertebral?
a. recto del abdomen.
b. erector de la columna vertebral.
c. transverso del abdomen.
d. intercostales internos.

COMPRENSIÓN DE CONCEPTOS

26. Enumere cinco funciones del tejido muscular. Especifique el tipo de tejido muscular implicado: esquelético, cardíaco y/o liso.

27. Compare y contraste metabolismo anaerobio y metabolismo aerobio en las siguientes categorías:
a. Tipos de nutrientes utilizados.
b. Número aproximado de moléculas de ATP producidas a partir de una molécula de glucosa (y, en su caso, una molécula de ácido graso).
c. Necesidad de oxígeno.

28. Al comenzar su segundo año de universidad, se da cuenta que su amigo ha «aumentado de volumen» significativamente y que sus músculos son más grandes.
a. ¿Qué clase de ejercicios producen un crecimiento importante de los músculos?
b. Comente el papel de las células satélite en el crecimiento muscular.

APLICACIÓN

29. Se ha desarrollado un nuevo fármaco que bloquea la acetilcolinesterasa. Usted busca algo para relajar los músculos. ¿Sería adecuado utilizar este medicamento? Explique por qué sí o por qué no.

30. Mientras presencia ballet, observa a una bailarina levantando los talones para ponerse de puntillas.
a. Ponga nombre a esta acción a partir de la terminología del movimiento que ha aprendido en el capítulo 6.
b. ¿Cuál es el músculo principal de esta acción?
c. Señale un músculo sinérgico involucrado en esta acción.
d. Señale un músculo antagonista involucrado en esta acción.

Puede encontrar las respuestas a estas preguntas en el apartado de recursos para estudiantes en: **http://thepoint.lww.com/espanol-McConnellandHull**

8

El sistema nervioso

Temas principales

- El lenguaje del sistema nervioso central (SNC) está compuesto por señales eléctricas.
- El cerebro y la médula espinal reciben, integran y reaccionan a la información.
- El cerebro y la médula espinal se comunican con el cuerpo a través del sistema nervioso periférico (SNP).

Objetivos del capítulo

Aspectos generales del sistema nervioso 282

1. Enumerar las tres funciones principales del sistema nervioso y los componentes estructurales que intervienen en cada función.
2. Describir la división estructural y funcional del sistema nervioso.

Células y tejidos del sistema nervioso 286

3. Diferenciar entre neuronas y neuroglia, sustancia gris y sustancia blanca, núcleos y ganglios, tractos y nervios.

Protección del sistema nervioso 288

4. Analizar las funciones de los huesos, las envolturas de tejido conectivo y las meninges, el líquido cefalorraquídeo y la barrera hematoencefálica en la protección del sistema nervioso.
5. Describir la circulación del líquido cefalorraquídeo mediante un esquema.

Cerebro y nervios craneales 293

6. Identificar en un esquema del cerebro las características de la superficie y los lóbulos.

Pérdida de la función integradora: el caso de Larry H. 301

7. Utilizar el caso práctico para explicar las interacciones de las áreas sensoriales primarias, las áreas de asociación unimodal, las áreas de asociación multimodal y las áreas motoras.
8. Describir la estructura y la función del sistema límbico, las tres partes del diencéfalo y las tres divisiones del tronco del encéfalo.
9. Comparar las funciones de los núcleos basales y del cerebelo en el control motor.
10. Enumerar las funciones motoras y sensoriales de los 12 nervios craneales.
11. Etiquetar las estructuras que se muestran en una sección transversal de la médula espinal, así como los nervios raquídeos en un corte longitudinal.

12. Mencionar las dos raíces y los tres ramos de un nervio raquídeo, y describir el tipo de señal transmitida por cada uno de ellos.

Sistema neurovegetativo 312

13. Conocer las similitudes y diferencias entre las divisiones neurovegetativa y somática del sistema nervioso periférico.
14. En cada división del sistema neurovegetativo, describir la localización de los ganglios, los nervios que transmiten las señales, los neurotransmisores utilizados y los efectos sobre los diferentes órganos diana.

Vías de la función nerviosa 320

15. Describir los tipos de señales transmitidas por el tracto corticoespinal anterior, el tracto corticoespinal lateral y la columna posterior, y explicar por qué las señales sensoriales y motoras de la mano derecha son recibidas y enviadas principalmente desde el hemisferio cerebral izquierdo.
16. Poner un ejemplo de un reflejo medular y citar todos sus componentes.

Caso práctico: «El chico está sangrando y frío»

Mientras lee el siguiente caso práctico, haga una lista de los términos y conceptos que debe aprender para comprender el caso de Larry.

Anamnesis: Larry H., de 17 años, un patinador experto, perdió el control en una carrera cuesta abajo contra un amigo, cayó sobre un coche aparcado y se golpeó la cabeza contra el parachoques. No llevaba casco.

Un testigo llamó al teléfono de urgencias desde su teléfono móvil, gritando: «¡El chico está sangrando y frío! ¡Apresúrense!».

Exploración física y otros datos: a su llegada al hospital, Larry presentaba una presión arterial y una frecuencia cardíaca y respiratoria ligeramente elevadas. Estaba inconsciente y respondía con movimientos violentos a la estimulación por un pinchazo. Presentaba una herida profunda en la parte izquierda del cuero cabelludo. Las pruebas de imagen mostraban una fractura con hundimiento del lado izquierdo del hueso frontal, la sutura coronal y la zona anterior del hueso parietal izquierdo. En esa misma región, se había acumulado sangre en la cavidad craneal, justo por debajo del cráneo, y se había producido una inflamación del tejido cerebral subyacente.

Evolución clínica: Larry fue llevado inmediatamente al quirófano. El neurocirujano retiró provisionalmente una placa de hueso y evacuó un hematoma que se había producido entre la duramadre y el cráneo. Asimismo, elevó el hueso hundido y realizó un agujero en el cráneo adyacente, dejándolo abierto para disminuir la presión intracraneal. El informe del neurocirujano también mencionaba «laceraciones cerebrales importantes e inflamación de los lóbulos frontal y temporal izquierdos que pueden tener implicaciones neurológicas».

Larry se recuperó lentamente y fue dado de alta para tratamiento rehabilitador, con un trastorno grave del habla conocido como afasia de Broca. El habla de Larry era lenta y dificultosa, caracterizada por la incapacidad de encadenar series de palabras para formar frases completas. Podía pronunciar correctamente palabras sueltas, pero tenía dificultades con los verbos y la gramática. Por ejemplo, podía decir «comer» cuando en realidad quería decir «beber». Si se le pedía que describiese su accidente, sólo podía decir «patinar», «coche» y «cabeza», y llenaba los espacios en blanco con «uh» u otros sonidos. Sin embargo, podía emitir todos los sonidos necesarios para hablar, entender lo que se le decía, y leer y escribir con normalidad. Su vista y oído también eran normales. Su inteligencia no se vio afectada, pero era menos estable

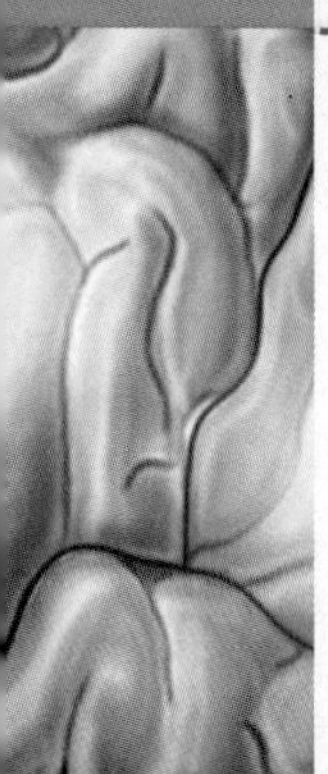

Conocimientos necesarios

Antes de adentrarse por primera vez en este capítulo, es importante comprender los siguientes términos y conceptos.

- Términos anatómicos, especialmente los planos y las direcciones (cap. 1)
- Estructura de la neurona, potencial de membrana, potenciales de acción, potenciales graduados, neurotransmisores, estructura y función de las sinapsis químicas (cap. 4)

emocionalmente que antes del accidente. Se graduó en el instituto con dificultades, pero no pudo continuar los estudios universitarios ni mantener un empleo durante más de unos pocos meses. Al finalizar su seguimiento, estaba viviendo con sus padres.

La comunicación es fundamental para nuestra supervivencia. La comunicación externa, lo que denominamos lenguaje, es una herramienta que nos permite cooperar entre nosotros para defendernos de las amenazas externas y organizar el entorno para la estabilidad y el beneficio mutuos. El resultado es la civilización. Del mismo modo, la comunicación interna permite a nuestros tejidos y órganos responder de forma conjunta a los cambios ambientales externos e internos que amenazan la homeostasis.

Recordemos que en el capítulo 4 se decía que el cuerpo tiene dos sistemas de comunicación principales. El *sistema endocrino,* comentado en el capítulo 15, se comunica mediante la liberación de sustancias químicas en la sangre y otros líquidos corporales. El *sistema nervioso,* tratado en este capítulo, combina señales eléctricas y químicas locales para comunicar los mensajes más urgentes. En el capítulo 4 hemos comentado la forma y la función de la señalización eléctrica como principal medio de comunicación en el interior de las *neuronas,* las más importantes células funcionales del sistema nervioso. Los cuerpos celulares de estas increíbles células reciben y «dan sentido» a la información sensorial entrante, y responden mediante la emisión de señales que nos permiten pensar y actuar. Las neuronas pueden extenderse más de un metro, transmitiendo las señales eléctricas de un extremo a otro de la célula a lo largo de extensiones citoplasmáticas denominadas *axones.* Emplean una comunicación química local para transferir las señales eléctricas de una célula a otra: entre neuronas, de una neurona a una célula muscular, o de una neurona a una célula glandular. En este capítulo, estudiaremos las neuronas y sus células asociadas dentro de su contexto como parte del *sistema nervioso.*

Cerebro, n. Un aparato con el que pensamos que pensamos

Ambrose Bierce (1842-¿1914?), humorista, periodista y escritor de cuentos cortos norteamericano, en *The Devil's Dictionary (El diccionario del diablo)*

Aspectos generales del sistema nervioso

El **sistema nervioso** es un conjunto unificado de neuronas y células de apoyo que, junto con el sistema endocrino, regula la respuesta del organismo a los cambios. Estos cambios pueden ser internos o externos, conscientes o inconscientes, y varían desde una agradable sensación consciente ante el olor del café recién hecho hasta un cambio imperceptible de la presión arterial. Las principales estructuras del sistema nervioso son el *cerebro,* la *médula espinal* y los *nervios:*

- A pesar de que nuestros antepasados creían que el corazón es el «controlador principal» del cuerpo, ahora sabemos que este honor corresponde al **cerebro,** el órgano alojado en el cráneo.
- La **médula espinal** es una prolongación de tejido nervioso que se extiende desde la base del cerebro a través del interior de la columna vertebral.
- Los **nervios** son haces de *axones* (prolongaciones citoplasmáticas) que se extienden desde las neuronas del cerebro o la médula espinal a todas las áreas del cuerpo, incluyendo la piel del dedo gordo del pie y las células más profundas del tubo gastrointestinal.

Comenzamos este capítulo con una descripción general de la estructura y la función del sistema nervioso, a grandes rasgos. A continuación comentaremos con más detalle cada uno de los elementos que componen el sistema nervioso.

El sistema nervioso detecta, integra y responde a la información

El sistema nervioso participa en las siguientes funciones (fig. 8-1):

- *Percepción.* La percepción es la detección de un cambio por parte de los **receptores sensoriales,** estructuras especializadas del sistema nervioso que son estimuladas por los cambios que se producen dentro y fuera del organismo. Dos clases de receptores son los de los órganos de los sentidos (ojos, oídos, etc.), de los cuales somos conscientes, y los de nuestro medio interno, que no percibimos de forma consciente. Por ejemplo, los receptores sensoriales de los oídos detectan las ondas sonoras del rugido de un oso. Sin embargo, los cambios en muchos parámetros fisiológicos internos, por ejemplo en la presión arterial y el pH, nunca alcanzan un nivel consciente, pero proporcionan datos a los sistemas homeostáticos que, en silencio, controlan las señales internas. Las señales de ambos tipos de receptores sensoriales son transmitidas al sistema nervioso central (SNC) por una determinada clase de neuronas, conocidas como **neuronas sensitivas (aferentes).**
- *Integración.* La integración, que se produce principalmente (pero no de forma exclusiva) en el cerebro y la médula espinal, es la combinación y la coordinación de las señales sensoriales. Las señales de nuestros sensores internos son integradas en forma de respuestas homeostáticas inconscientes. Por otro lado, las señales de nuestros ojos, oídos y otros órganos de los sentidos son registradas y combinadas por el cerebro para crear un registro de sucesos. Estos registros, denominados **percepciones,** pueden ser conscientes o inconscientes. Una percepción consciente puede adoptar la forma de un pensamiento («¡Hay un oso!») o una emoción (miedo). Las percepciones inconscientes influyen en el comportamiento desde un segundo plano, por así decirlo. En cualquier caso, la integración requiere la ayuda de una segunda clase de neuronas, conocidas como **interneuronas** (también denominadas *neuronas asociativas*), que integran las señales sensoriales mediante la transmisión de éstas dentro del SNC.
- *Respuesta.* La respuesta o reacción es la generación de diversas señales desde el cerebro y la médula espinal en respuesta a una señal de entrada. Por ejemplo, al oír el rugido del oso, podemos decidir conscientemente activar los músculos esqueléticos con el fin de trepar a un árbol. Nuestra presión arterial también aumentará, aunque no seremos conscientes de ello. Con independencia de que seamos o no conscientes de ellas, estas señales son conducidas por **motoneuronas (eferentes)** al corazón, los vasos sanguíneos y los músculos esqueléticos. Los tejidos y órganos que responden a las señales de las motoneuronas se conocen como **efectores** debido a que *efectúan* (producen) un cambio. Los efectores no forman parte del sistema nervioso.

> *¡Recuerde!* **Para ayudarle a distinguir entre las neuronas aferentes y eferentes, puede recordar que las primeras aceptan estímulos del medio ambiente y las segundas efectúan el cambio.**

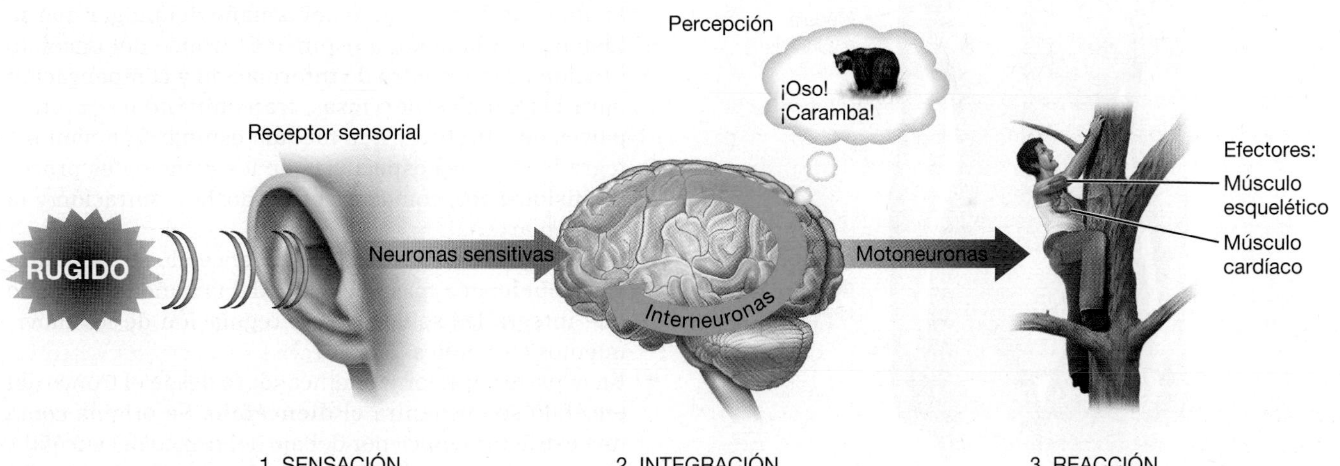

Figura 8-1. Funciones del sistema nervioso. 1. Sensación. El oído detecta las ondas sonoras del rugido de un oso y envía señales a través de neuronas sensitivas (aferentes). 2. Integración. El cerebro y la médula espinal integran estas señales sensoriales de lo que parece el sonido de un oso para producir una percepción (¡Caramba! ¡Un oso!). 3. Reacción. El cerebro y la médula espinal envían señales a través de motoneuronas (eferentes) para aumentar la frecuencia cardíaca y subir a un árbol. *¿El músculo cardíaco forma parte el sistema nervioso?*

Nuestra capacidad para reaccionar a los cambios del entorno depende de estos tres pasos. Si una enfermedad o un traumatismo bloquean cualquiera de estos pasos, no se produce la reacción. Si la percepción se ve afectada, no se genera ninguna señal. Si los nervios aferentes están dañados, se bloquea la entrada de la señal sensorial. Si se ve afectada la integración, no se forma la percepción y no puede producirse una señal de retorno para ordenar una respuesta. Por último, si los nervios eferentes están dañados, se bloquea la salida de la señal de orden.

Apuntes sobre el caso

8-1 ¿Los problemas de habla de Larry parecen ser principalmente una cuestión de percepción, de integración o de respuesta?

El sistema nervioso central y el periférico son las dos partes principales en que se divide el sistema nervioso

Así pues, podemos distinguir (fig. 8-2):

- El **sistema nervioso central** (SNC), compuesto por el *cerebro* y la *médula espinal.*

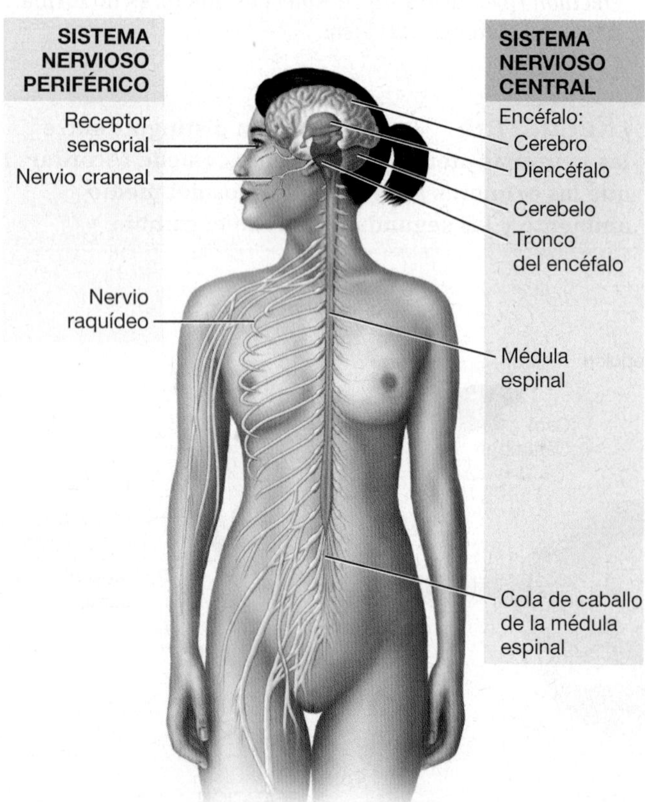

Figura 8-2. Partes del sistema nervioso. Estructuralmente, el sistema nervioso se divide en sistema nervioso central (cerebro y médula espinal) y sistema nervioso periférico (receptores sensoriales y nervios). *¿Los nervios craneales forman parte del primero o del segundo?*

- El **sistema nervioso periférico** (SNP), compuesto por los nervios y los receptores sensoriales.

Tratemos con más detalle cada uno de ellos.

El sistema nervioso central integra la información

El SNC recibe e integra las señales entrantes (sensoriales) y responde con señales de orden salientes (motoras). Anatómicamente, sus componentes están apilados en vertical de acuerdo con el grado de integración de la señal que proporcionan.

El componente inferior, que proporciona una menor integración, es la **médula espinal,** un cilindro de tejido nervioso de aproximadamente 1 m de largo que está rodeado por las vértebras y se extiende desde la base del cráneo hasta la parte inferior de la espalda. La médula termina a la altura de la primera o segunda vértebra lumbar, en un abanico de nervios denominado *cola de caballo.* La médula espinal integra y reacciona de forma automática a algunas señales sensoriales entrantes, y transmite otras hacia el cerebro para una mayor integración y acción voluntaria. Con otras señales no realiza ninguna integración y sirve como mera vía para las señales nerviosas que viajan entre el cerebro y el cuerpo.

Por encima de la médula espinal se encuentra el **cerebro,** un órgano grisáceo de aproximadamente 1,3 kg de peso que en el ser vivo tiene la consistencia de un plátano maduro. Está compuesto por cerca de 100 000 millones de *neuronas* (las células con que «pensamos que pensamos») y alrededor de 30 billones de otras células, las células *gliales* o *neurogliocitos,* que dan apoyo a las neuronas. Al identificar las principales subdivisiones del cerebro, tenga en cuenta que están apiladas en función del grado de integración que proporcionan:

- La parte inferior del cerebro es el **tronco del encéfalo,** una porción de tejido del tamaño del pulgar que se fusiona con la médula espinal. El tronco del encéfalo funciona como centro de información y compensación para las señales nerviosas, transmitiéndolas a otras partes del cerebro y a la médula espinal. También integra las señales específicas de los principales procesos fisiológicos, como son el sueño, la respiración y la presión arterial.
- Situado por detrás del tronco del encéfalo se encuentra el **cerebelo,** una masa de tejido del tamaño de un puño que integra las señales en la regulación de los movimientos corporales.
- En la parte superior y ramificándose desde el tronco del encéfalo se encuentra el **diencéfalo.** Se origina como una estructura única por debajo del tronco del encéfalo, pero rápidamente se divide en dos masas del tamaño de una nuez, una a cada lado. El diencéfalo contiene el hipotálamo, que integra y regula otros procesos fisiológicos básicos, como el hambre, la sed y la temperatura corporal, y el tálamo, que transmite e integra la información de otras áreas del cerebro.

- Por encima del diencéfalo se encuentra el **cerebro** (del griego *cere* = «blando como la cera»), que está formado por los **hemisferios cerebrales** derecho e izquierdo, cada uno del tamaño y la forma de un guante de boxeo pequeño. El cerebro proporciona la máxima asimilación de la información y alberga el grado más alto de integración: la *consciencia,* la reina de todos los atributos del cerebro. El hecho de que haya dos hemisferios cerebrales tiene consecuencias funcionales: en líneas generales, están conectados a lados opuestos del cuerpo. Para más información sobre este tema puede consultar más adelante, en este mismo capítulo, la Instantánea clínica titulada «Recuperación tras una lesión cerebral».

Comentaremos cada una de estas regiones y sus funciones con mayor detalle más adelante también en este capítulo.

Apuntes sobre el caso

8-2 La lesión de Larry se produjo en la región del cerebro que proporciona el nivel más alto de integración. ¿Cómo se denomina esta región?

El sistema nervioso periférico transmite la información

El SNP es una red de *receptores sensoriales* que detectan los cambios ambientales internos y externos, y de *nervios* que transmiten información entre el SNC y la periferia. Los haces de neuronas y axones denominados **nervios** transportan la información en dos sentidos: algunos de los axones del nervio transmiten señales sensoriales entrantes al SNC desde los receptores sensoriales, mientras que otros transmiten señales de orden salientes (motoras) desde el SNC a los efectores, como los músculos y las glándulas.

Anatómicamente, el SNP está formado por los *nervios craneales,* que se originan en el cerebro, y los *nervios raquídeos,* que se originan en la médula espinal. Funcionalmente, el SNP comprende el sistema nervioso *somático* (voluntario y consciente), que regula la actividad de los músculos esqueléticos, y el sistema nervioso *autónomo* o *neurovegetativo* (involuntario e inconsciente), que regula la actividad del corazón y las vísceras (órganos internos). La figura 8-3 A muestra estas divisiones.

Apuntes sobre el caso

8-3 ¿Qué parte del sistema nervioso está implicada en los problemas de habla y de visión de Larry?

La división somática es voluntaria

El **sistema nervioso somático** es voluntario, es decir, funciona *conscientemente* (fig. 8-3 B, lado izquierdo). Recibe las señales de *receptores especiales* de los órganos de los sentidos (ojos, oídos, etc.) y de *receptores somáticos* de otros tejidos del cuerpo (piel, músculos, etc.) que controlan sensaciones como la temperatura y el dolor. Los receptores sensoriales y las vías sensoriales se comentan en el capítulo 9. Los nervios sensitivos somáticos transmiten señales al cerebro, donde son integradas como experiencia consciente. En respuesta, se envían señales motoras voluntarias a lo largo de los nervios motores somáticos hasta los músculos esqueléticos, que se contraen a la orden.

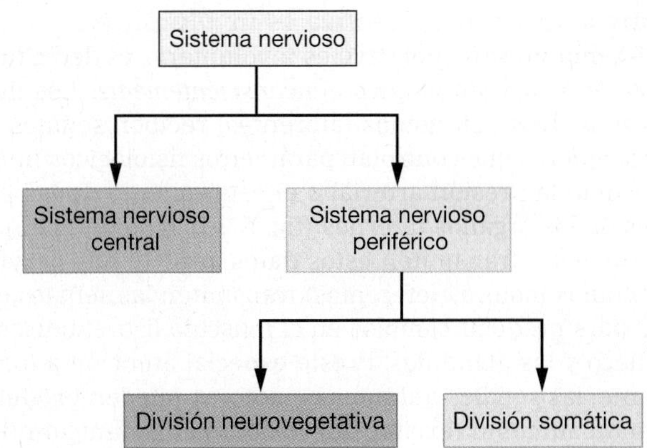

A Divisiones del sistema nervioso

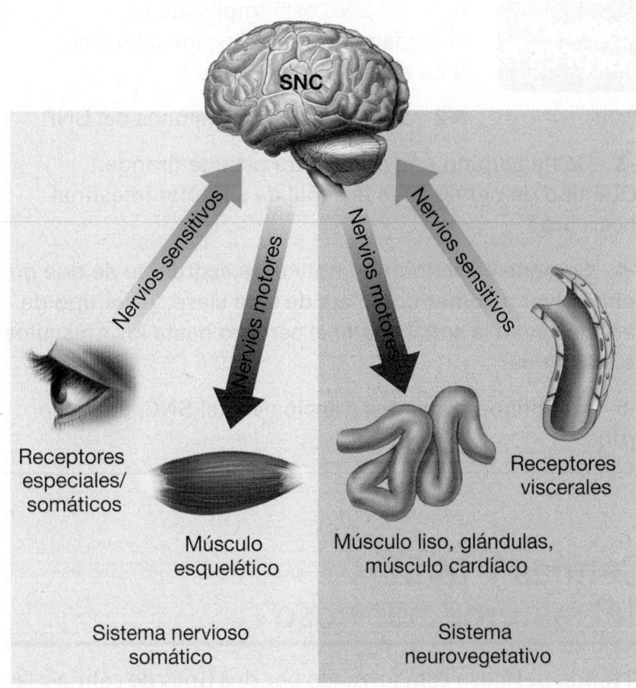

B Nervios sensitivos y motores

Figura 8-3. Sistema nervioso. A) El sistema nervioso se divide en dos partes principales: el sistema nervioso central (SNC) y el sistema nervioso periférico (SNP). **B)** La división neurovegetativa del SNP recibe información de los receptores viscerales y regula la actividad del músculo liso y cardíaco y de las glándulas. La división somática del SNP recibe información de los demás tipos de receptores sensoriales y regula la actividad del músculo esquelético. *¿Qué neuronas envían señales al cerebro, las neuronas sensitivas o las motoneuronas?*

La división neurovegetativa es involuntaria

El **sistema neurovegetativo** es involuntario, es decir, funciona de forma automática e *inconscientemente*. Los nervios sensitivos autónomos (aferentes) reciben señales de los receptores que controlan parámetros fisiológicos internos, como la presión arterial o el estiramiento de las paredes de los órganos internos (fig. 8-3 B, lado derecho). A continuación transmiten estos datos al SNC. Los nervios autónomos motores (eferentes) transmiten las señales del SNC para producir cambios en el músculo liso, el músculo cardíaco y las glándulas. Preste especial atención a lo siguiente: las señales autónomas motoras pueden producir *tanto* un aumento (excitación) *como* una disminución (inhibición) de la actividad del tejido u órgano diana.

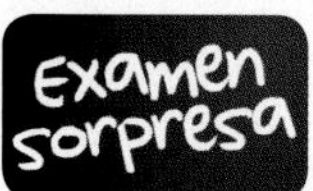

8-1 ¿El SNC está implicado en actividades voluntarias, involuntarias o de ambos tipos?

8-2 Señale las dos divisiones del SNP.

8-3 Se ha comido una pizza extra picante grande. ¿Qué tipo de nervio lleva la señal de su dolor intestinal al cerebro?

8-4 Se pone a escribir una nota para acordarse de que no debe volver a comer una pizza de esta clase. ¿Qué tipo de nervios llevan la señal desde el cerebro hasta los músculos de los dedos?

8-5 Identifique las partes principales del SNC, de abajo arriba.

Células y tejidos del sistema nervioso

El tejido nervioso está formado por dos tipos de células: las **neuronas,** las células funcionales principales del sistema nervioso, y la **neuroglia,** las células de apoyo. Las neuronas son las células «con que pensamos que pensamos». Llevan señales sensoriales entrantes, integran la información y transmiten señales de orden salientes. La neuroglia es estrictamente de soporte y no conduce las señales nerviosas.

Las neuronas transmiten señales eléctricas

Las neuronas se especializan en la comunicación eléctrica. Tienen tres partes: *a)* el *cuerpo celular* o *soma, b)* las *dendritas* y *c)* un *axón* (fig. 8-4). Cada neurona es un microcosmos de todo el sistema nervioso: las dendritas generalmente *reciben* información, el soma *integra* la información de muchas dendritas y el axón *transmite* una señal a otra neurona o a un órgano efector. La mayor parte de los axones están recubiertos de **mielina,** una sustancia grasa blanquecina que los envuelve para facilitar la conducción rápida del impulso nervioso. Antes de continuar con este capítulo, debería revisar la descripción de estas partes en el capítulo 4, así como la explicación de la señalización eléctrica.

El tejido nervioso del SNC está muy organizado, con los somas neuronales agrupados en algunas áreas y los axones en otras. El tejido donde predominan los somas neuronales es de color gris y se denomina **sustancia gris.** Ésta se encuentra de tres formas: como capa superficial (la *corteza*) del cerebro, como núcleo central de sustancia gris de la médula espinal y como pequeños nódulos profundos en el interior del cerebro llamados **núcleos.** Casi todos los axones del SNC están recubiertos de mielina, una sustancia grasa que les da un aspecto blanquecino característico. Por lo tanto, el tejido donde los axones se unen es de color blanco y se denomina **sustancia blanca.** Asimismo, en la sustancia blanca los axones se organizan en haces especiales que, en su trayecto de una región a otra, se denominan **tractos.**

El tejido nervioso del SNP está organizado de forma similar, pero los términos descriptivos son diferentes. En el SNP, los pequeños nódulos de somas neuronales (sustancia gris) se denominan **ganglios,** y los haces de axones son los **nervios.** La sustancia gris y los ganglios son lugares de integración de la señal. Los tractos y los nervios sólo *transmiten* señales, es decir, no se produce ninguna integración de la señal a lo largo de los axones.

¡Recuerde! **Las agrupaciones de somas neuronales en el SNC se denominan núcleos. En el SNP, estas agrupaciones se denominan ganglios. Los haces de axones neuronales se denominan tractos en el SNC y nervios en el SNP.**

Los neurogliocitos dan apoyo a las neuronas

La **neuroglia** (del griego *neuron* = «nervio» y *glia* = «pegamento») tiene una función subordinada: mantiene la integridad del cerebro y de la médula espinal mediante la fijación y el soporte de las neuronas, a base de mantener la homeostasis del líquido extracelular que las baña. Comúnmente se conocen como *gliocitos* o *células gliales,* son mucho más numerosas que las neuronas y no están directamente involucradas en la transmisión ni en la producción de señales eléctricas.

El SNC contiene varios tipos de neurogliocitos: *astrocitos, microgliocitos, oligodendrocitos* y *ependimocitos* (fig. 8-4).

Los neurogliocitos más abundantes son los **astrocitos,** denominados así por su forma de estrella. A partir de un soma central emiten numerosas proyecciones que afianzan y estabilizan las neuronas y los capilares (los vasos sanguíneos más pequeños) vecinos, anclándolos en su sitio. Los astrocitos también controlan la composición del líqui-

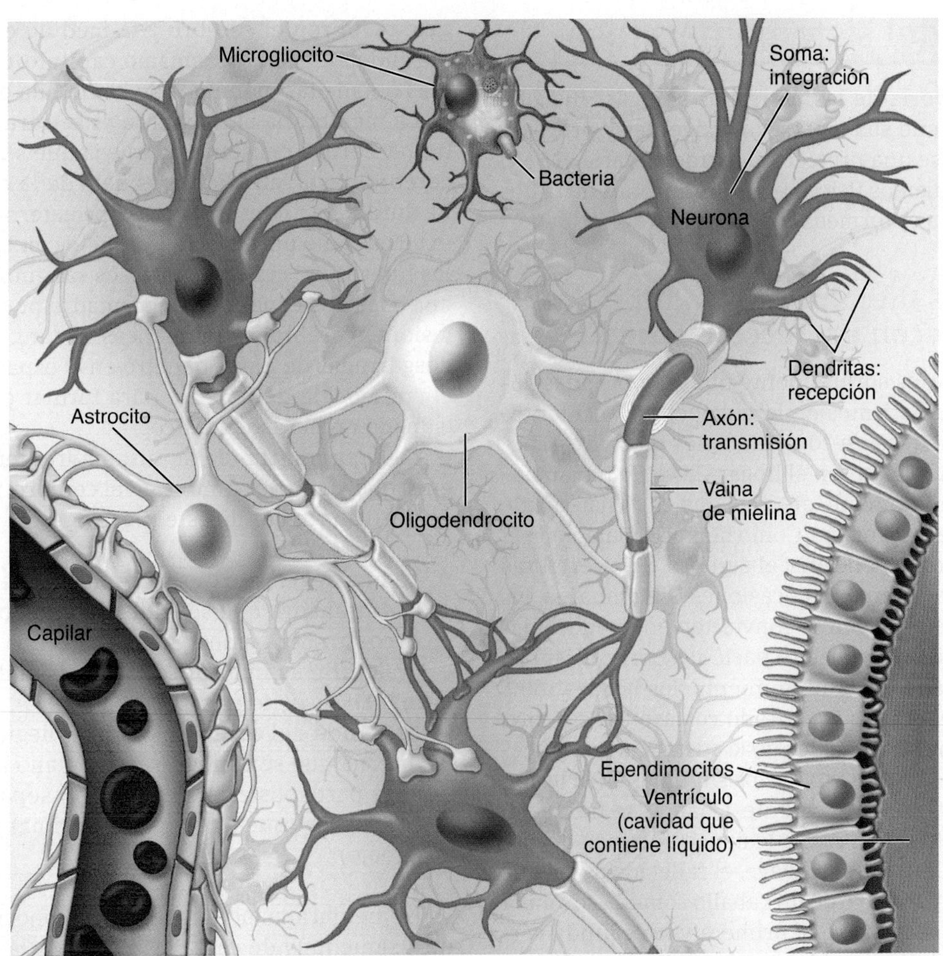

Figura 8-4. Neuronas y neuroglia del SNC. Las neuronas transmiten señales eléctricas; la neuroglia tiene funciones de apoyo. *¿Qué tipo de célula forma la vaina de mielina de las neuronas del cerebro?*

do extracelular mediante la absorción y la degradación de neurotransmisores y del exceso de iones que, de otro modo, interferiría con un buen funcionamiento. Finalmente, los astrocitos se comportan como citoblastos (células madre) neuronales.

Las células de la **microglia** (microgliocitos) son los fagocitos itinerantes del SNC. Engullen, digieren y destruyen microorganismos invasores y otros cuerpos extraños, y limpian los restos de células muertas que permanecen tras una lesión.

Los **oligodendrocitos** (del griego *oligos* = «poco»), literalmente células con pocas dendritas, sintetizan la vaina de mielina de los axones del SNC. Cada oligodendrocito cubre (mieliniza) segmentos cortos de varios axones.

Los **ependimocitos** tapizan las cavidades del cerebro llamadas *ventrículos.* Como veremos a continuación, estas células producen el *líquido cefalorraquídeo* (LCR), un líquido similar al plasma que protege el tejido cerebral (v. fig. 8-7), y sus cilios facilitan el movimiento de este líquido. Los ependimocitos también pueden actuar como citoblastos neuronales.

El SNP está compuesto principalmente por los axones y, por lo tanto, no requiere un grupo de apoyo multicelular de neurogliocitos como es el caso del SNC. El neurogliocito más importante del SNP es la **célula de Schwann,** que forma la vaina de mielina de los axones del SNP. Como ya comentamos en el capítulo 4, cada célula de Schwann mieliniza un único axón.

Apuntes sobre el caso

8-4 ¿La lesión cerebral de Larry daña las células de Schwann o los oligodendrocitos?

8-6 ¿Cuál de los siguientes es sustancia blanca: axones del SNC, somas del SNC o axones del SNP?

8-7 Verdadero o falso: los neurogliocitos transmiten impulsos nerviosos.

8-8 ¿Cuál de los neurogliocitos puede producir neuronas nuevas?

Protección del sistema nervioso

Puesto que la mayoría de las neuronas son casi insustituibles, y debido a que sus tareas son exigentes y precisas, debe proporcionarse una protección extraordinaria al SNC frente a los traumatismos físicos y las alteraciones de la homeostasis debidas a enfermedades u otros procesos.

El hueso y las membranas de tejido conectivo ofrecen protección física

A una escala mayor, es sorprendente que las neuronas sobrevivan a los traumatismos de la vida actual: accidentes con monopatín, choques en competiciones deportivas, accidentes de bicicleta, caídas en el hogar... Que lo hagan habla de lo extraordinariamente efectivo que es el sistema de protección física del organismo. Como hemos señalado en el capítulo 6, el cráneo encierra el cerebro y las vértebras protegen la médula espinal. En ocasiones, sin embargo, los mismos huesos que protegen se convierten en un mecanismo de lesión. Por ejemplo, nuestro paciente, Larry H., sufrió una fractura de cráneo con hundimiento: los bordes hundidos y afilados del cráneo fracturado cortaron el cerebro, aplastando los somas neuronales de la sustancia gris y seccionando los tractos, lo que explica los síntomas de la lesión cerebral que sufrió tras el accidente. Cuando se fracturan las vértebras, pueden producirse lesiones aún más devastadoras. En 1995, Christopher Reeve, el fallecido actor que interpretó a Superman, cayó de un caballo sobre la coronilla con tal fuerza que se fracturó la primera y la segunda vértebras cervicales. Al no estar bloqueadas en una configuración estable por hueso sólido, las vértebras se movieron una sobre otra, lo cual le aplastó la médula espinal y le produjo una parálisis desde el cuello hacia abajo.

Los axones del SNP no tienen una protección ósea comparable. Sin embargo, son flexibles y están protegidos por los tejidos blandos en los que se encuentran. Los axones del SNP se agrupan en nervios cubiertos por tres capas de tejido conectivo de protección. Cada axón (ya sea mielinizado o no) de cada nervio está envuelto en una fina membrana fibrosa, el **endoneuro.** Los haces de axones se reúnen en *fascículos,* que a su vez están rodeados por un **perineuro** fibroso. Numerosos fascículos se agrupan para formar un nervio, que está recubierto por un **epineuro** fibroso (fig. 8-5).

> *¡Recuerde!* **Compare las figuras 8-5 y 7-2 (que representan una célula muscular). Observe las similitudes.**

Las meninges recubren el cerebro y la médula espinal

El SNC también está recubierto por membranas de tejido conectivo. En el interior del cráneo y en las vértebras, tres membranas, conocidas de manera conjunta como **meninges,** recubren el cerebro y la médula espinal (v. fig. 8-6). Más adelante, en este mismo capítulo, comentaremos con más detalle las meninges de la médula espinal.

La membrana más externa es la **duramadre,** una membrana fibrosa resistente y gruesa que se extiende desde el cerebro hasta la región más baja de la columna vertebral. La duramadre consta de una capa externa y otra interna. La externa tiene un estrecho contacto con la pared interior de los huesos del cráneo. Los vasos sanguíneos que discurren entre las dos capas de la duramadre pueden romperse por lesiones cerebrales traumáticas. El sangrado de las arterias desgarradas de Larry penetró en el espacio potencial entre el cráneo y la duramadre para formar el hematoma mencionado en el caso práctico.

La capa interna de la duramadre tiene múltiples pliegues que siguen el contorno del cerebro, formando un molde duro alrededor de éste (fig. 8-6 A):

- La **hoz del cerebro** es un repliegue de la capa interna de la duramadre que se extiende en el plano sagital hasta el centro del cráneo y separa los dos hemisferios cerebrales. En su interior se encuentran dos grandes venas, los *senos sagitales superior* e *inferior.*
- La **tienda del cerebelo** es un repliegue de la duramadre interna que se extiende en un plano horizontal a través de la parte posterior del cráneo y separa los hemisferios cerebrales (que quedan por encima) y el cerebelo (por debajo).

La membrana meníngea media, conocida como **aracnoides,** sigue muy de cerca las líneas de la cara interna de la duramadre (fig. 8-6 B). Emite proyecciones denominadas *vellosidades aracnoideas* al seno sagital superior. Es mucho más gruesa que la capa meníngea más interna, la *piamadre,* pero es menos resistente que la duramadre. La **piamadre** es una membrana muy delgada de sólo unas pocas células de espesor que se ajusta exactamente a cada prominencia y depresión de la superficie irregular del cerebro y la médula espinal.

Entre la aracnoides y la piamadre hay un espacio, el **espacio subaracnoideo.** Extendida por el espacio subaracnoideo se encuentra una maraña de decenas de miles de fibras pequeñas; éstas conectan la aracnoides con la piamadre adhiriéndose al cerebro y la médula espinal. El resultado es una red similar a una telaraña, y de ahí su nombre de aracnoides. Sirve para estabilizar el cerebro y la médula espinal en el interior de su revestimiento óseo. El espacio subaracnoideo contiene LCR (v. a continuación). La mayor parte de los grandes vasos sanguíneos que irrigan el cerebro discurren por la superficie de éste en el espacio subaracnoideo.

Apuntes sobre el caso

8-5 La sangre se filtró desde los vasos rotos del cerebro de Larry y se acumuló entre la duramadre y el cráneo. ¿Normalmente hay un espacio entre la duramadre y el cráneo?

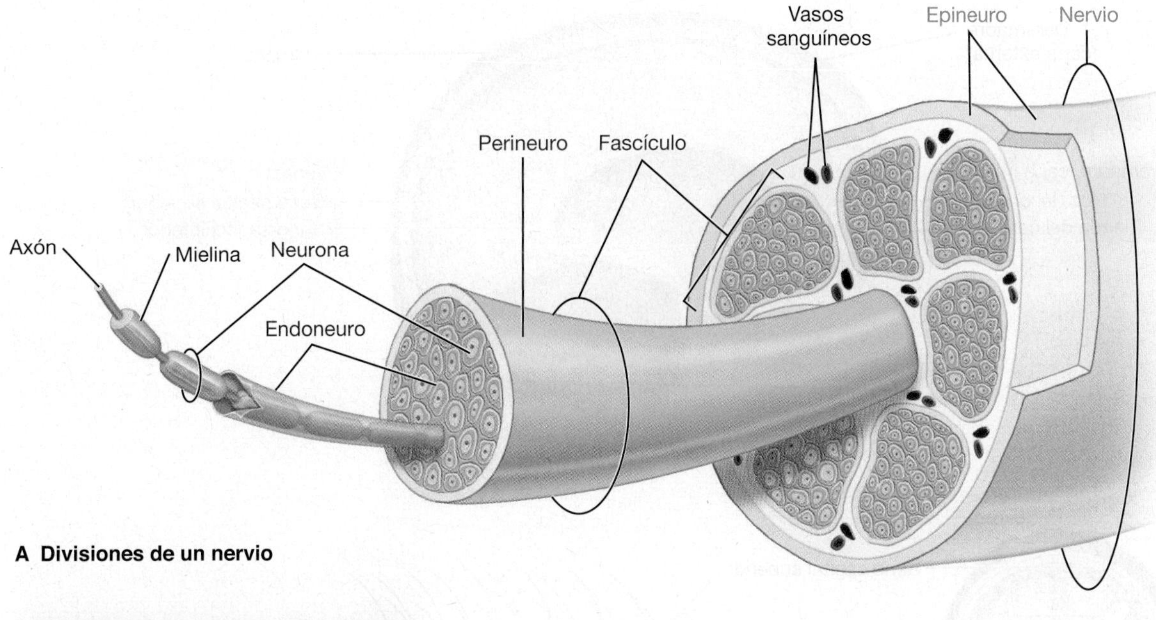

A Divisiones de un nervio

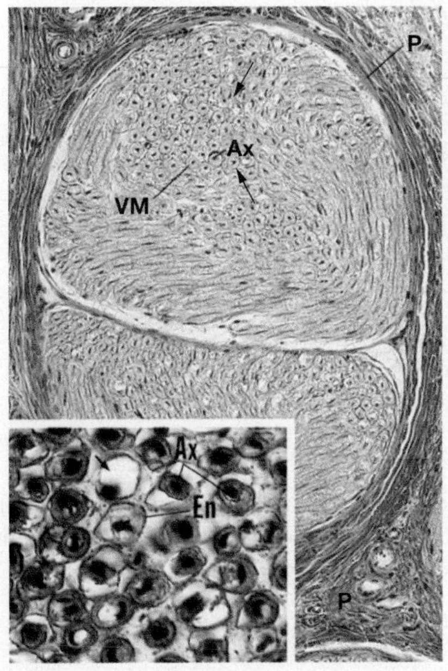

B Microfotografía de un nervio

Figura 8-5. Revestimientos de tejido conectivo de un nervio. A) Los nervios tienen tres capas de tejido conectivo. **B)** Esta microfotografía muestra dos fascículos, cada uno de ellos rodeado por perineuro (P).También puede verse la vaina de mielina (VM) rodeando un axón (Ax) y el perimisio (P) rodeando todo el nervio. El recuadro muestra el endoneuro (En) alrededor de una única neurona. *¿Qué capa de tejido conectivo está en contacto con la mielina?*

El líquido cefalorraquídeo baña el cerebro y la médula espinal

El cerebro y la médula espinal están llenos y rodeados de un líquido acuoso, el **líquido cefalorraquídeo** (LCR), que protege el cerebro y la médula espinal e interviene en el intercambio de sustancias con la sangre. El LCR está compuesto principalmente por agua y contiene sólo una cantidad muy pequeña de proteínas y muy pocos leucocitos; no contiene eritrocitos. Por otro lado, su composición química es similar a la del plasma sanguíneo; por ejemplo, los dos tienen concentraciones de glucosa parecidas.

El LCR circula alrededor del cerebro y la médula espinal por el espacio subaracnoideo; puede intercambiar líquido y otras sustancias con el tejido cerebral a través de la piamadre, que es algo permeable. En el interior del cerebro, circula a través del **sistema ventricular,** una serie de cámaras interconectadas (ventrículos) que, durante el desarrollo embrionario, se encontraban en el centro del tubo neural.

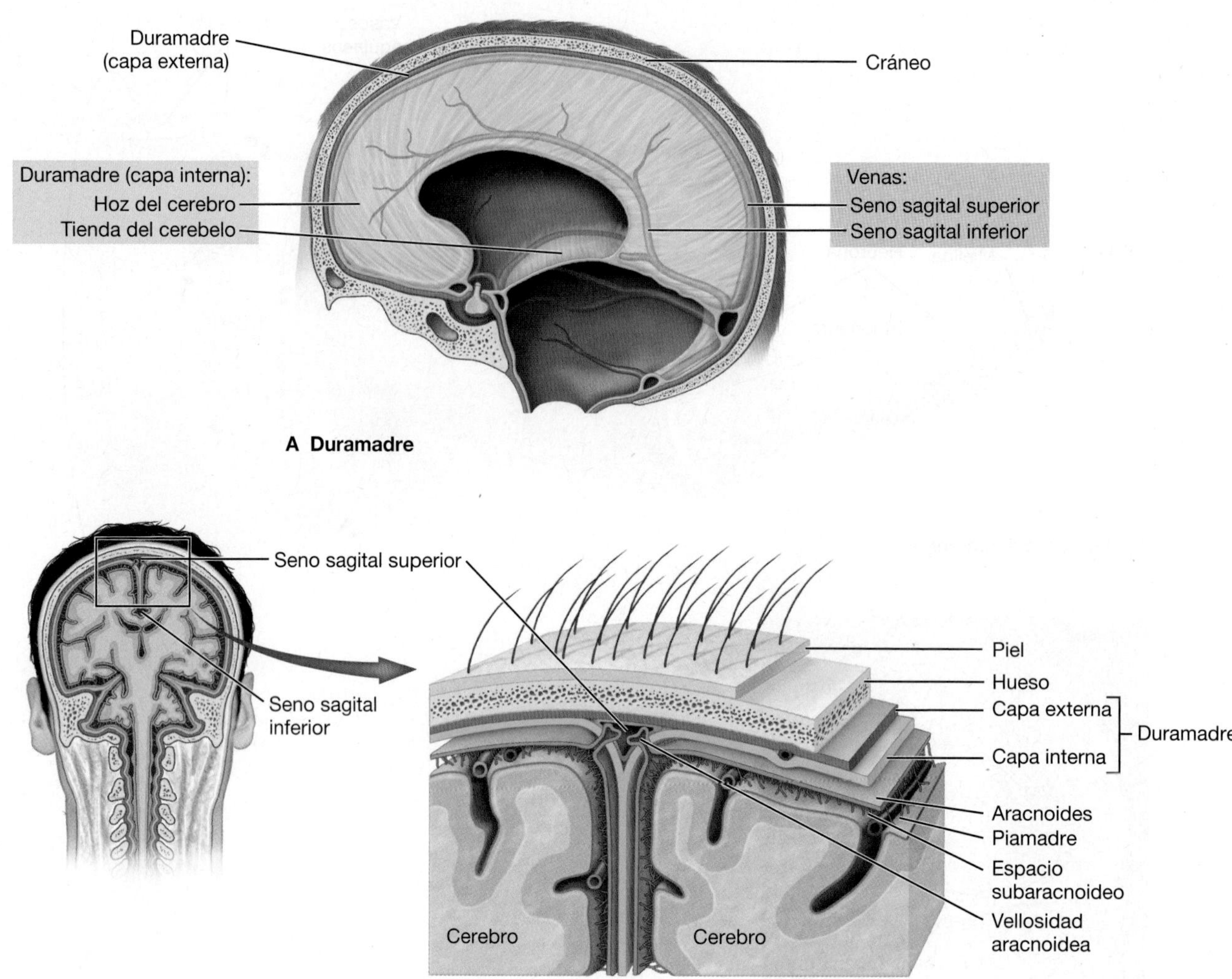

Figura 8-6. Las meninges. A) La capa más interna de la duramadre se pliega para formar la hoz del cerebro y la tienda del cerebelo. Por esos pliegues discurren venas de gran tamaño, los senos venosos. **B)** En la profundidad de la duramadre se encuentran dos meninges más: la aracnoides y la piamadre. *¿Qué membrana está unida al cráneo?*

Los **ventrículos laterales** (también conocidos como primero y segundo ventrículos) forman cavidades huecas en los hemisferios cerebrales (fig. 8-7). Cada ventrículo forma un arco parecido a un cuerno de carnero: se extiende por detrás del lóbulo frontal para curvarse hacia abajo y luego hacia delante para entrar en el lóbulo temporal (fig. 8-7 B). Los ventrículos laterales conectan en el centro con un espacio vertical delgado, el **tercer ventrículo,** que separa las dos partes del diencéfalo. El **acueducto mesencefálico** (acueducto de Silvio) une el tercer ventrículo con el **cuarto ventrículo,** que se encuentra entre el cerebelo y el tronco del encéfalo. El **conducto central** se extiende hacia abajo desde el cuarto ventrículo hasta el centro de la médula espinal. La relación entre los ventrículos cerebrales y el tejido cerebral se hace más clara si examinamos el desarrollo del cerebro en el embrión. Para más información, consulte el cuadro Forma básica, función básica titulado «El cerebro en desarrollo».

En el interior de cada ventrículo se encuentran pequeños grupos de vasos sanguíneos y ependimocitos en forma de coliflor que, en conjunto, forman los **plexos coroideos.** Los ependimocitos producen LCR a partir del plasma sanguíneo y lo secretan en los ventrículos.

En la figura 8-7 C se muestra la producción, el flujo y la absorción de LCR.

1. El LCR producido por los plexos coroideos de los ventrículos laterales fluye hacia el tercer ventrículo, donde se une con el LCR producido en él.
2. Posteriormente, el LCR fluye a través del acueducto mesencefálico hacia el cuarto ventrículo, donde se une con LCR sintetizado más recientemente.
3. Una pequeña cantidad de LCR fluye por el conducto central de la médula espinal. El resto sale del sistema ventricular a través de pequeñas *aberturas* en las paredes medial y lateral del cuarto ventrículo, y entra en

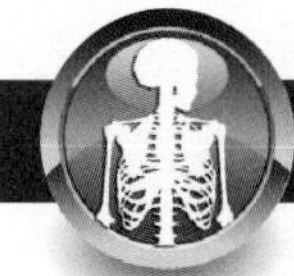

FORMA BÁSICA, FUNCIÓN BÁSICA

El cerebro en desarrollo

La relación entre los ventrículos cerebrales y las diferentes regiones del cerebro se comprende con más facilidad si tenemos en cuenta cómo se desarrolla embrionariamente el cerebro. La figura A representa el cerebro humano durante el desarrollo embrionario, así como el cerebro de otros mamíferos cuadrúpedos.

El SNC embrionario consta de un largo tubo hueco de tejido. El interior del tubo forma el sistema ventricular que contiene el LCR. La parte más *rostral* («hacia la nariz») del tubo se amplía en dos masas, los dos hemisferios cerebrales, cada uno con un ventrículo lateral lleno de líquido. Si pudiéramos flotar en una balsa por el sistema ventricular, iríamos desde los ventrículos laterales al tercer ventrículo, que está rodeado por el diencéfalo. A continuación estaría el acueducto mesencefálico, rodeado por el mesencéfalo. Continuando en dirección *caudal* («hacia la cola») a través del cuarto ventrículo, encontraríamos el cerebelo en situación dorsal y la parte superior del tronco del encéfalo en posición ventral. Finalmente, la balsa saldría del cerebro y entraría en el conducto central de la médula espinal.

A medida que se desarrolla el cerebro humano, se produce algo extraordinario: el largo tubo neural se dobla sobre sí mismo. El cerebro crece y esencialmente cae hacia delante. Los huesos del cráneo limitan el crecimiento de los hemisferios cerebrales hasta la coronilla de la cabeza, por lo que la curvan hacia fuera (hacia el oído) y hacia abajo. ¿El resultado? El cerebro que vemos en la parte B de la figura, y los ventrículos que vemos en la figura 8-7.

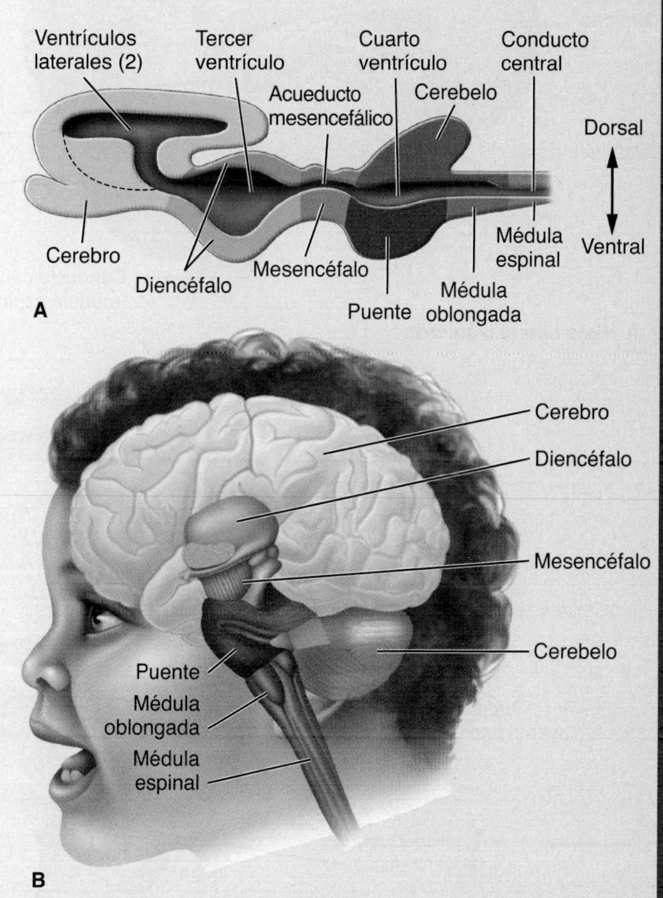

Desarrollo del cerebro. A) Plano básico del sistema nervioso, en el embrión en fase precoz. El sistema ventricular se muestra en azul oscuro. **B)** Cerebro humano.

el espacio subaracnoideo. Circula libremente por este espacio alrededor del cerebro y la médula espinal.

4. El LCR se absorbe desde el espacio subaracnoideo, a través de las granulaciones aracnoideas, hacia la sangre del seno sagital superior.

En los adultos sanos el volumen de LCR es de unos 150 ml, pero se producen alrededor de 500 ml/día, un recambio diario equivalente a tres o cuatro veces dicho volumen.

La velocidad de síntesis del LCR está regulada para mantener constante su presión. Debido a la rápida tasa de producción y reabsorción del LCR, la obstrucción del flujo o de su reabsorción produce un aumento de la presión intracraneal. La hipertensión intracraneal es un problema serio, que lesiona o mata las neuronas y puede causar una lesión cerebral grave y permanente. En los niños pequeños, cuyos huesos craneales no se han fusionado, la hipertensión intracraneal separa con fuerza los huesos no fusionados y hace que el cráneo aumente de tamaño y se llene de LCR. Esta enfermedad, llamada *hidrocefalia* (del griego *hýdro* = «agua» y *kephalé* = «cabeza»), se asocia generalmente con atrofia cerebral y deterioro mental grave. Por el contrario, en los adultos, cuyo cráneo es rígido, la hipertensión intracraneal presiona el tejido cerebral, la mayor parte del cual contiene vasos sanguíneos, hacia fuera del cráneo a través de cualquier abertura disponible; situación que se denomina *hernia* cerebral. Cuando esto

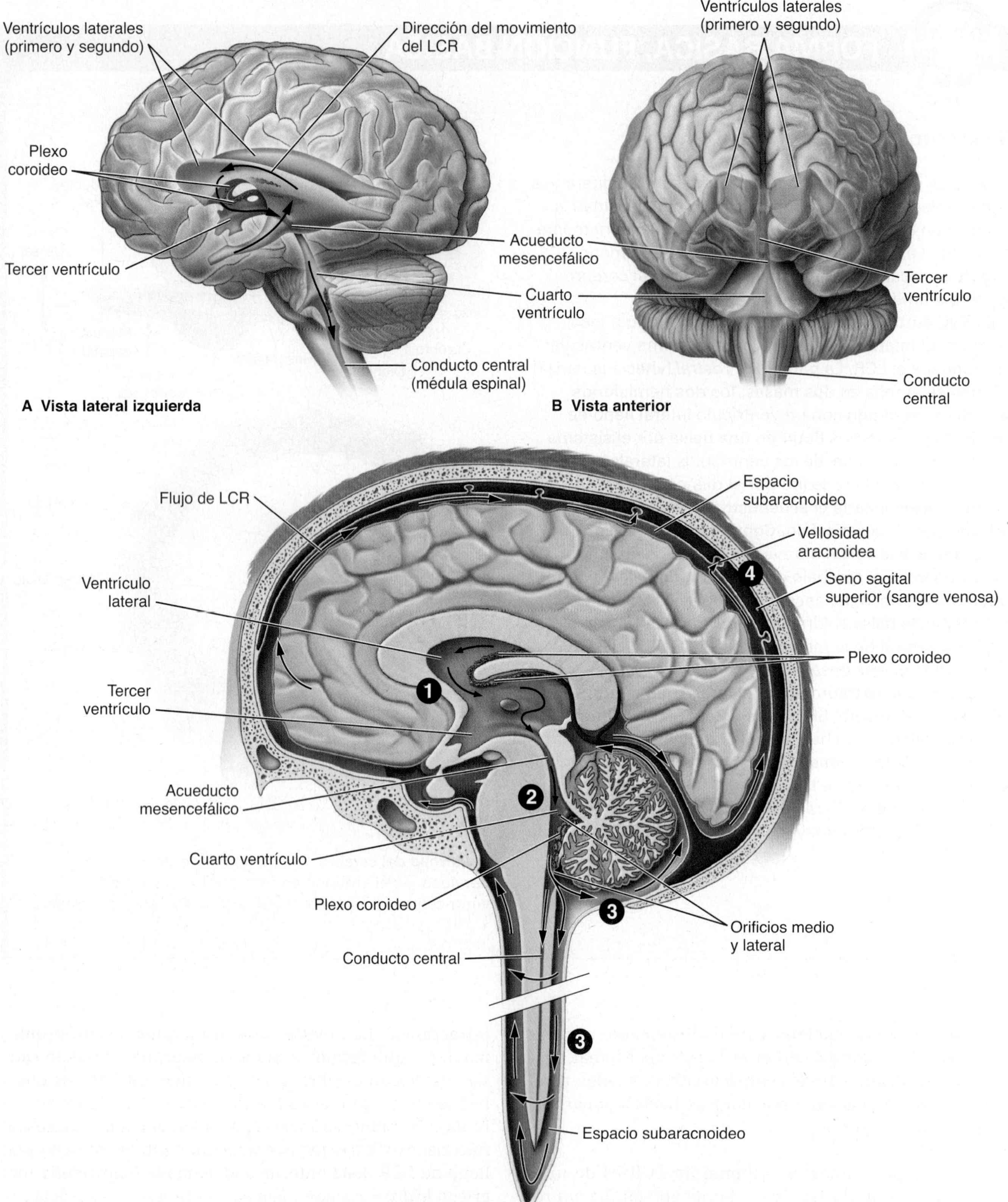

Figura 8-7. Sistema ventricular y LCR. A) Vista lateral izquierda. Cada ventrículo contiene un plexo coroideo, que produce LCR. **B)** Vista anterior. **C)** El LCR circula desde el sistema ventricular por el espacio subaracnoideo y posteriormente entra en el torrente circulatorio mediante difusión desde las granulaciones aracnoideas hacia el seno sagital superior. Los números corresponden al texto de las páginas 290 y 291. *¿Cómo se llama el vaso que conecta los ventrículos tercero y cuarto?*

ocurre, el tejido que protruye puede presionar los vasos sanguíneos y bloquear la circulación de la sangre, o puede producirse una lesión directa del cerebro, a veces con resultados devastadores.

Apuntes sobre el caso

8-6 La parte superior izquierda del cerebro de Larry estaba inflamada. Esta inflamación, ¿afectaría al ventrículo lateral o al cuarto ventrículo?

La barrera hematoencefálica proporciona protección molecular

Hemos hablado de las estructuras y los líquidos que protegen el sistema nervioso de traumatismos físicos, pero el organismo también ofrece protección frente a las alteraciones moleculares. Por ejemplo, la composición bioquímica de la sangre cambia constantemente en respuesta a la alimentación, la medicación o el ejercicio. Estas variaciones, que son bien toleradas por otros órganos, pueden interferir en el funcionamiento cerebral, por ejemplo mediante la producción de señales neuronales «no autorizadas».

Por suerte, la estructura única de los capilares del cerebro actúa como cortafuegos para evitar que la mayor parte de las sustancias entren en el vulnerable tejido cerebral. Las células que forman las paredes de estos capilares están unidas con tanta fuerza que muchas sustancias transportadas por la sangre simplemente no pueden pasar. Esta permeabilidad extremadamente baja de los capilares cerebrales se conoce como **barrera hematoencefálica.** Sumándose a esta trinchera molecular está el efecto de la piamadre, que evita la difusión de algunas moléculas al cerebro desde el LCR.

Sólo los gases y otras sustancias liposolubles pueden moverse sin ayuda a través de estas barreras. Puesto que el alcohol, la cafeína y la nicotina son liposolubles, pueden acceder fácilmente al cerebro. A ciertas sustancias hidrosolubles pequeñas, como la glucosa y los aminoácidos, se les permite el paso sólo mediante procesos de transporte a través de la membrana (difusión facilitada y transporte activo, cap. 3). Las moléculas grandes, las proteínas en particular, y muchos fármacos no pueden entrar en el tejido cerebral y permanecen en la circulación sanguínea. La barrera hematoencefálica evita también que la mayoría de las bacterias infecten el delicado tejido cerebral. Pero algunas, como las que causan la meningitis bacteriana, son capaces de filtrarse a través de la barrera, disfrazándose como proteínas «propias» y perforándola.

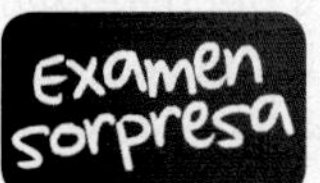

8-9 Diga el nombre de las tres capas de las meninges, comenzando por la más externa.

8-10 ¿Qué ventrículo drena en el conducto central?

8-11 ¿Dónde se produce el LCR? ¿Dónde se absorbe?

8-12 Si alguien bebe un cubalibre (que contiene azúcar, cafeína y alcohol), ¿qué productos químicos pueden atravesar la barrera hematoencefálica libremente, sin necesidad de utilizar mecanismos de transporte específicos?

Cerebro y nervios craneales

El cerebro parece flácido, grisáceo y blanquecino, con una consistencia blanda y gelatinosa. No tiene partes móviles ni rasgos distintivos fácilmente distinguibles, como las válvulas del interior del corazón o las ramas de las vías respiratorias en los pulmones. De hecho, en la preservación de un cadáver para el más allá, los antiguos egipcios pensaron tan poco en el cerebro que perforaban agujeros en el techo de la nariz, introducían pajas, aspiraban el cerebro y lo desechaban. Ahora sabemos que nuestro cerebro nos distingue de todos los demás seres vivos, sobre todo porque nos proporciona la consciencia, la esencia misma de lo que significa ser humano. En este apartado identificaremos las regiones del cerebro y las funciones que permiten, incluida la consciencia.

La sustancia gris cerebral comprende la corteza cerebral y los núcleos basales

Recordemos que el cerebro se compone de dos grandes masas de tejido, los hemisferios cerebrales derecho e izquierdo (fig. 8-8). Son simétricos, se asemejan a dos guantes de boxeo, con los dedos hacia abajo y hacia fuera, aplanados el uno frente al otro, donde se encuentran en la línea media. A pesar de que son imágenes en espejo anatómicamente «gemelas», los dos hemisferios cerebrales difieren en cierta medida en su función. Puede leer más acerca de los «talentos especiales» de cada hemisferio en el apartado de recursos para estudiantes en **http://thepoint.lww.com/espanol-McConnellandHull.**

La mayor parte de la masa cerebral es un núcleo central de *sustancia blanca* compuesta de tractos (fig. 8-8 B). Estos tractos transmiten los impulsos nerviosos dentro de un hemisferio cerebral, entre los dos hemisferios, y entre el cerebro, el cerebelo y el tronco del encéfalo.

El resto de la masa cerebral es *sustancia gris,* que se encuentra de dos formas principales: la primera es una capa delgada de somas neuronales que cubre la masa central de sustancia blanca, como la piel de una naranja. Esta capa se denomina, muy apropiadamente, **corteza cerebral.** Otra sustancia gris se encuentra en forma de nódulos, llamados **núcleos,** en varios lugares del cerebro. Los **núcleos basales** (v. fig. 8-11) son un conjunto de núcleos profundos en la base del cerebro. Empezaremos el recorrido por la sustancia gris cerebral explorando de la corteza cerebral,

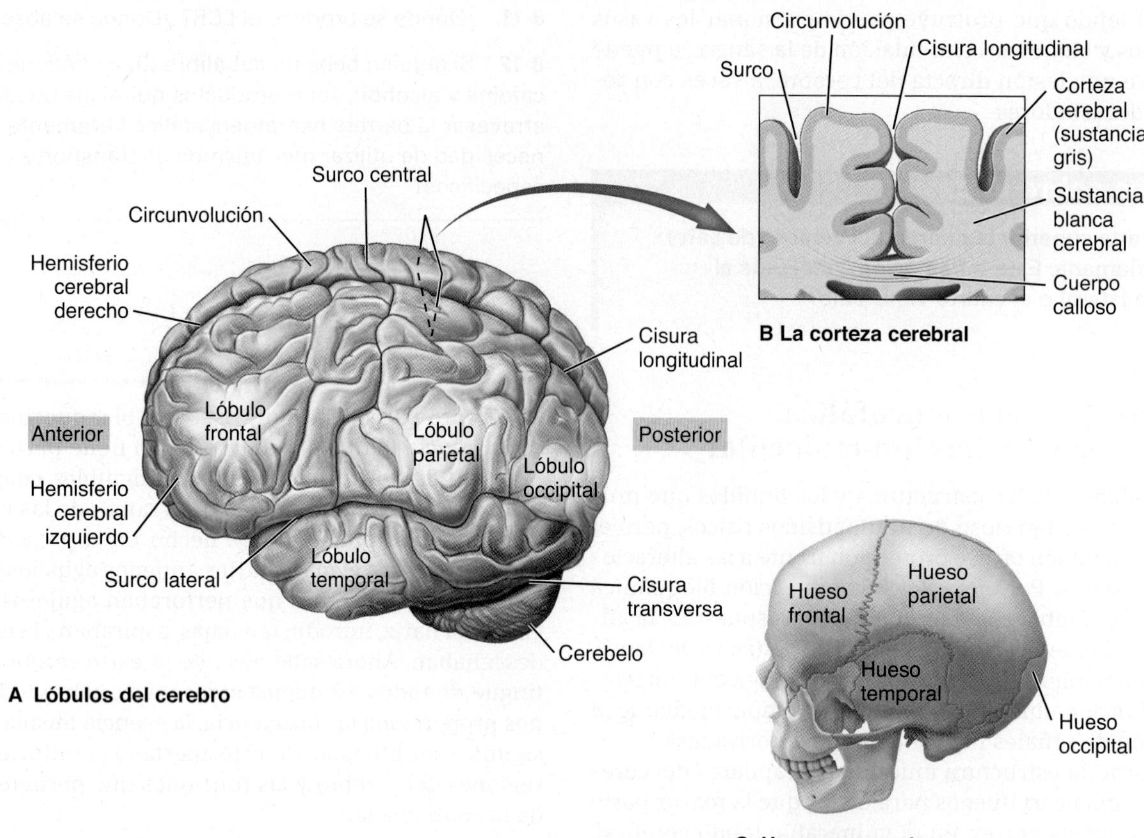

Figura 8-8. El cerebro. A) Las cisuras y surcos dividen el cerebro en cuatro lóbulos. **B)** La corteza cerebral, muy replegada, recubre la sustancia blanca cerebral. **C)** Los lóbulos se denominan según los huesos del cráneo que los recubren. *¿Qué lóbulo es más anterior, el temporal o el occipital?*

sede de las funciones más elevadas del cerebro, como la inteligencia, la razón, el lenguaje y el inicio de las acciones voluntarias. Más adelante centraremos la atención en los núcleos basales.

Los surcos dividen el cerebro en lóbulos

La superficie de cada hemisferio cerebral se pliega en una serie de crestas y ranuras interconectados como si fueran cadenas de montañas separadas por valles (fig. 8-8 A). Las crestas se denominan **circunvoluciones,** las ranuras son los **surcos,** y éstos, cuando son especialmente profundos, se llaman **cisuras** (fig. 8-8 B).

La **cisura transversa** separa el cerebelo del cerebro, y la **cisura longitudinal** separa los hemisferios cerebrales derecho e izquierdo. En la profundidad de la cisura longitudinal, los hemisferios cerebrales están unidos por un grueso puente de tractos, el **cuerpo calloso,** que conduce las señales entre los dos (fig. 8-8 B). Desde la cisura longitudinal, el **surco central** o cisura de Rolando se extiende lateralmente y hacia abajo desde el vértice del hemisferio cerebral; divide la corteza cerebral en las mitades anterior y posterior. El **surco lateral** o cisura de Silvio separa el «dedo» del «guante de boxeo» del resto del hemisferio cerebral.

Estas cisuras y surcos dividen cada hemisferio cerebral en cuatro *lóbulos* (fig. 8-8 A), que llevan el nombre de los huesos del cráneo que los recubren (fig. 8-8 C):

- El **lóbulo frontal** es la parte anterior de cada hemisferio y se extiende por delante del surco central. Por abajo está separado del lóbulo temporal por el surco lateral.
- El **lóbulo parietal** es la parte media de cada hemisferio y se extiende posteriormente desde el surco central. No hay ninguna separación clara entre el lóbulo parietal y el *lóbulo occipital,* que forma la parte posterior de cada hemisferio.
- El **lóbulo temporal** se encuentra en la parte más lateral e inferior (el dedo del guante de boxeo). Es anterior al lóbulo occipital y está separado de los lóbulos frontal y parietal, por arriba, por el surco lateral. La **ínsula** del lóbulo temporal se encuentra en la profundidad del pliegue del surco lateral, difícilmente visible, ya que está cubierta por partes de los lóbulos frontal, parietal y temporal. Está, por así decirlo, en la comisura del dedo del guante de boxeo. La ínsula se muestra en la figura 8-9 B. Hay que tener en cuenta que algunos anatomistas consideran la ínsula como un lóbulo aparte.
- El **lóbulo occipital** es la parte posterior de cada hemisferio cerebral y está separado del cerebelo, por abajo,

por la cisura transversa. Ninguna característica anatómica señala dónde termina el lóbulo occipital y dónde comienzan los lóbulos parietal y temporal.

Apuntes sobre el caso

8-7 La lesión cerebral de Larry se encuentra por delante de la cisura central, a ambos lados de la cisura lateral. ¿Qué dos lóbulos cerebrales se lesionaron?

Todas las áreas de la corteza cerebral participan en la consciencia

¿Qué es lo que más diferencia al ser humano de otros seres vivos? Con fama de ser difícil de definir, quizás la **consciencia** se describe mejor por lo que hace: integra los sentidos mediante una composición de la realidad y el lugar que uno ocupa en ella. *Integrar* es unir dos o más cosas para hacer de esas partes un todo. La corteza cerebral recibe señales a través de la vista, el oído, el olfato, el gusto y el tacto, y otras señales, y las une en una imagen interna de un «yo» diferente del medio ambiente («no-yo»). Este sentido de uno mismo se compone de sensaciones, recuerdos del pasado y expectativas de futuro, y tiene un concepto de «tiempo» basado en una sensación inmediata y en la memoria almacenada. La consciencia nos permite un diálogo interno con nosotros mismos («pensamiento») que es exclusivamente humano, y nos dota de la capacidad de *decidir.* El león ve la cebra, pero no *decide* atacar en el sentido en que los seres humanos deciden. El león está en piloto automático: la cebra será una comida si el león *siente* hambre; en caso contrario, no. Esto no significa que todos los animales se guíen sólo por reflejos. Algunos animales, los perros por ejemplo, pueden ser entrenados para que desobedezcan a sus necesidades instintivas (reflejas): en lugar de perseguir a una ardilla, un perro puede ser enseñado para que se detenga a la orden «quieto». Pero, *¿decidió* detenerse el perro o fue también un reflejo? Entonces, ¿son los perros conscientes? Tal vez en cierto modo sí, pero no en la forma en que los seres humanos experimentamos la consciencia.

La cita de Ambrose Bierce al inicio de este capítulo es ingeniosa y divertida, pero es más profunda de lo que uno pueda imaginarse, ya que de manera astuta pone de manifiesto uno de los problemas más controvertidos y difíciles de toda la ciencia y la filosofía: ¿realmente los seres humanos tomamos decisiones o sólo estamos reaccionando al medio ambiente (automatismo) como las fichas de dominó que van cayendo en respuesta a la caída de la primera de ellas? ¿Tenemos un piloto automático muy sofisticado, como el león al ver la cebra, o realmente decidimos? El sentido común sostiene que, por supuesto, decidimos: «quiero una hamburguesa, sin pepinillos, por favor». No obstante, es así en esta ocasión, la próxima vez quizás quiera pepinillos. Pero los descubrimientos científicos, desde el universo heliocéntrico de Copérnico a la teoría de la relatividad de Einstein, a menudo han hecho historia al rechazar el sentido común. Cuando Copérnico lo hizo, nos dimos cuenta de que la Tierra gira alrededor del Sol. Y con Einstein descubrimos que el espacio está curvado y que el tiempo puede ser una ilusión.

Piense en los siguientes hechos: las estrellas y los planetas giran en sus órbitas majestuosas sin verse afectados por nuestra intervención, reaccionando a los desastres naturales de un pasado inconcebiblemente remoto. Mientras tanto, dentro de nuestros cuerpos, las moléculas van de un lado a otro y sin nuestra intervención, y reaccionan en una cadena de actividad homeostática, una acción que conduce de forma automática e inevitable, a la siguiente. A una escala mayor, el corazón, los pulmones, los intestinos, el hígado, los riñones y otros órganos realizan su trabajo en silencio sin nuestra ayuda, es decir, también van con piloto automático. Entonces, ¿dónde, entre Marte y las mitocondrias, termina *exactamente* el automatismo? ¿O no termina? ¿Estaba destinado a pedir mi hamburguesa sin pepinillos (esta vez)? ¿Era realmente una opción? La siguiente Instantánea clínica, titulada «El poder de la mente subconsciente», describe algunos estudios interesantes sobre esta cuestión.

La verdad es que no tenemos una respuesta. Sin embargo, en este libro adoptamos la postura de que, de hecho, tomamos decisiones. Precisamente la forma en que lo hacemos es igual de incierta. No obstante, a medida que exploramos más a fondo sabemos que es un hecho que ciertas regiones de la corteza cerebral contribuyen a aspectos específicos de nuestra experiencia consciente.

Distintas regiones de la corteza cerebral gobiernan funciones específicas

Las células del lóbulo derecho del hígado realizan exactamente las mismas tareas que las del lóbulo izquierdo. Es decir, la función de las células del hígado no depende de un lugar específico. Esto no es cierto para el cerebro en su conjunto, ni para la corteza cerebral: las señales relacionadas con funciones específicas, como el habla, la visión, la audición, el control motor o el tacto, se integran en lugares específicos. Muchas de las principales funciones cerebrales se rigen por una serie de zonas interconectadas, pero aun así, cada subzona realiza una contribución única a la función que no se repite en otro lugar. Por ejemplo, las señales ópticas de los ojos son integradas en imágenes visuales por ciertas partes del cerebro. Si esas partes del cerebro se destruyen, la visión se habrá ido para siempre, porque ninguna otra parte del cerebro puede realizar esa función, aunque los ojos y otras zonas del cerebro funcionen normalmente.

Sin embargo, como se muestra a continuación, en un grado limitado algunas partes próximas del cerebro pueden reajustarse o «recartografiarse» para desempeñar funciones de neuronas muertas o lesionadas, pero sólo si las neuronas cercanas desempeñan normalmente una función muy relacionada. Por ejemplo, en algunas ocasiones, cuando las neuronas que controlan los movimientos musculares en una parte del cuerpo han sufrido un daño, pueden ser

INSTANTÁNEA CLÍNICA

El poder de la mente subconsciente: ¿sobrevalorado o subestimado?

La idea de las influencias del subconsciente en la conducta humana está registrada en escritos de miles de años de antigüedad. Que tenemos una mente subconsciente es algo bien sabido. No obstante, precisamente porque no somos conscientes de ello, la mayoría de nosotros no nos creemos que estamos muy influidos por ella. Los hechos, sin embargo, sugieren lo contrario.

Considere el siguiente experimento en una universidad importante. Unos investigadores hicieron que un ayudante de laboratorio pareciera encontrarse por casualidad con una serie de estudiantes en un pasillo cuando iban a clase. El ayudante, cargado con libros, papeles y una taza con una bebida, pedía a los estudiantes que le ayudaran a sujetar la taza durante unos segundos, la cual a veces contenía café caliente y otras café helado.

Al cabo de un rato, en el aula, estos mismos estudiantes leían una historia sobre una persona ficticia y se les pedía que la calificaran como fría o cálida, sociable o distante, y generosa o egoísta. Los estudiantes que sujetaron el café caliente eran mucho más propensos a calificar a la persona como cálida, alegre y generosa. Los estudiantes que habían sujetado el café helado tendieron a clasificarla como distante, fría y egoísta.

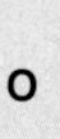

Consciencia. ¿Bebida caliente o fría? ¿Decidimos realmente?

Veamos el siguiente experimento. Unos estudiantes se reunían en torno a una larga mesa para jugar a un juego que trataba de inversiones. En un extremo de la mesa, y sin que nadie lo hubiera mencionado, se colocaban un maletín y una cartera de cuero negro y en otra ocasión una mochila informal. Los estudiantes que jugaron en presencia del maletín y la cartera fueron mucho más serios, agresivos y avaros con su dinero que los que jugaron en presencia de la mochila.

¿Qué conclusión podemos sacar de estos estudios? El cerebro inconsciente es mucho más resuelto, complicado y eficaz de lo que pensamos.

---

reemplazadas eficazmente por las neuronas vecinas que controlan otros movimientos musculares. Sin embargo, las neuronas visuales del lóbulo occipital no pueden ser entrenadas para sustituir a las neuronas de otra parte del cerebro que sean importantes para el sentido del oído.

En fisiología cerebral se distinguen tres tipos principales de funciones, cada uno de los cuales corresponde a distintas regiones de la corteza cerebral:

- Las *áreas sensoriales* reciben señales sensoriales.
- Las *áreas motoras* inician movimientos motores voluntarios.
- Las *áreas de asociación* integran la información procedente de otras regiones del cerebro.

Como se muestra en la figura 8-9, estas amplias categorías pueden subdividirse en áreas más pequeñas y anatómicamente específicas relacionadas con la función que realizan. La corteza visual primaria (también conocida como área visual primaria), por ejemplo, es un área sensorial que se encarga de procesar la información visual.

Antes de comentar estas áreas, conviene señalar que la corteza cerebral se alimenta de información procedente de otras muchas zonas del cerebro, el cerebelo, el diencéfalo y el tronco del encéfalo. La corteza proporciona la orden última y más alta de integración que otorga a los seres humanos las características mentales únicas de consciencia, emoción y razonamiento. Sin embargo, no proporciona estos atributos por sí sola, sino que cuenta con la ayuda de otras partes del cerebro.

Apuntes sobre el caso

8-8 ¿Qué tipo de área funcional de la corteza cerebral de Larry parece más dañada?

Áreas sensoriales

Las señales sensoriales se interpretan en diversas áreas de la corteza cerebral. Puesto que muchas fibras sensoriales cruzan de un lado a otro de la médula espinal o del tronco del encéfalo, la corteza cerebral derecha recibe la mayor parte de sus señales desde el lado izquierdo del cuerpo, y viceversa (esto no es del todo cierto en el caso de los ojos, como comentaremos en el ➡ cap. 9). Puede verse una re-

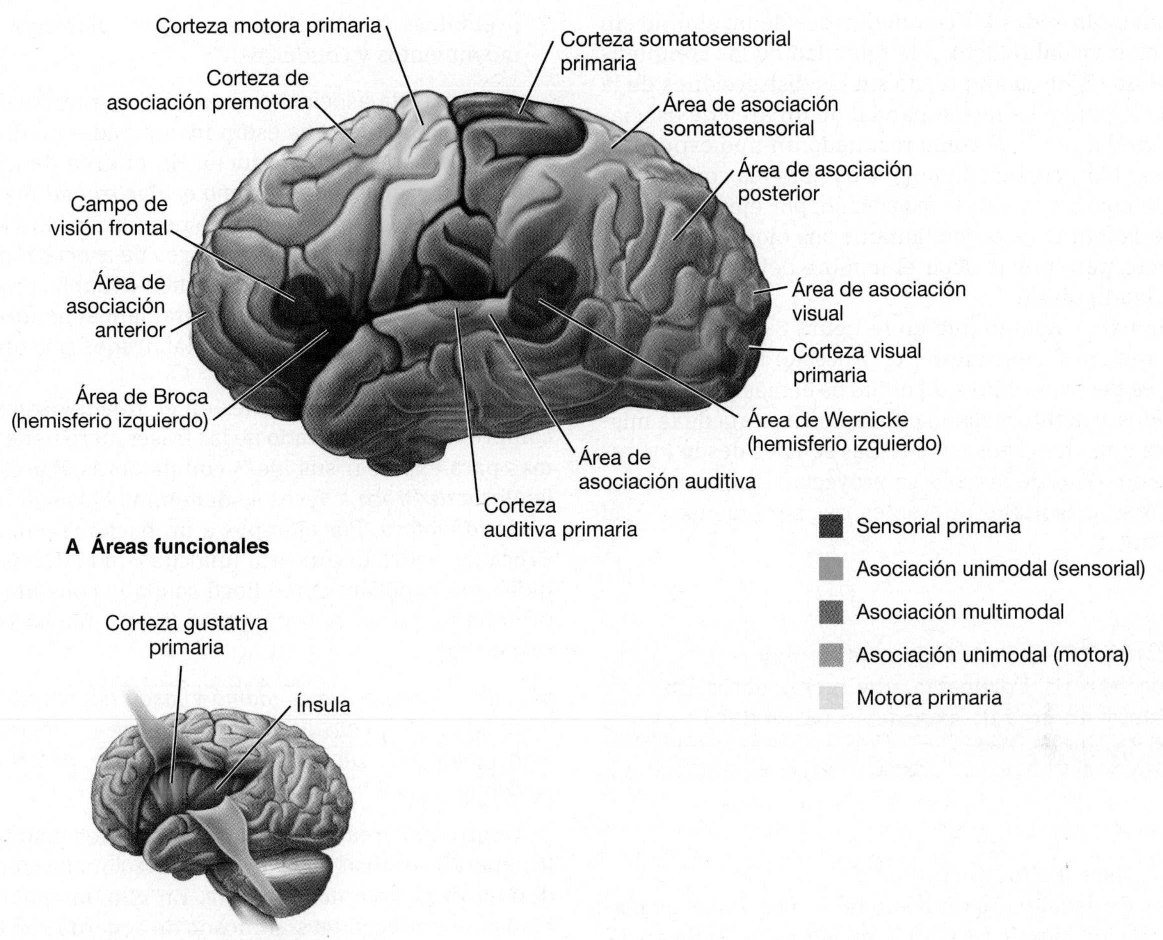

Figura 8-9. Áreas funcionales del cerebro. A) Las áreas sensoriales primarias del cerebro reciben la información sensorial. Las áreas de asociación unimodal integran la información sensorial de un único sentido. Las áreas de asociación multimodal integran señales de muchos orígenes y toman decisiones. La corteza de asociación motora organiza los movimientos, y la corteza motora primaria envía las órdenes a los músculos individuales. **B)** La corteza gustativa y la ínsula pueden visualizarse si se separan hacia atrás partes de los lóbulos parietal y temporal. *¿Qué área recibe señales directamente de la corteza visual primaria?*

presentación de las fibras sensoriales cruzando en la figura 8-22.

Las señales sensoriales de los receptores de la piel (tacto, dolor, presión y temperatura) son interpretadas en la **corteza somatosensorial primaria,** que se extiende a lo largo del borde posterior del surco central en la parte anterior de la corteza parietal (fig. 8-9). Hay que tener en cuenta que la corteza somatosensorial primaria está situada justo enfrente de la cisura central de la corteza motora primaria. La corteza somatosensorial primaria se divide en regiones de acuerdo con el área corporal inervada. Como era de esperar, las áreas que son muy sensibles al tacto, como los labios y el dedo índice, abarcan mucha más corteza que las regiones menos sensibles (como la espalda). Este concepto se muestra en la figura 8-23.

Las señales sensoriales de la visión, la audición, el gusto y el olfato son interpretadas en otras partes de la corteza. La **corteza visual primaria,** que se encuentra en la corteza posterior de cada lóbulo occipital, integra las señales sensoriales de los ojos en imágenes visuales. La **corteza auditiva primaria** se encuentra en la superficie superior de cada lóbulo temporal, en la unión de las cisuras central y lateral. Las **áreas gustativas primarias** están situadas bajo la circunvolución poscentral en la profundidad de la cisura lateral de cada hemisferio; interpretan las señales sensoriales de las papilas gustativas de la lengua y pueden verse en la figura 8-9 B.

Cada área sensorial primaria se proyecta a una región cercana, más integradora, de la corteza sensorial denominada **área de asociación unimodal.** *Unimodal* significa «un modo», y estas áreas integran señales de un sentido en concreto, es decir, un modo de detección. Por ejemplo, la corteza visual es inmediatamente adyacente al *área de asociación visual,* que integra la información visual procedente de diferentes lugares de la corteza visual primaria sobre el color, la forma y el movimiento de un objeto. Por lo tanto, cada área de asociación unimodal proporciona una percepción integrada del mundo basada en un solo sentido; por ejemplo, todas las complejidades de un sonido sin información visual o táctil, o la totalidad de las complejidades de un objeto manipulado sin las distracciones de la visión o el sonido. La lesión parcial de un área de asociación unimodal produce como resultado un tipo específico de *agnosia* («desconocimiento»). Una persona con una lesión de la corteza visual de asociación, por ejemplo, no es capaz de nombrar un objeto aunque sus ojos lo vean perfectamente, pero puede decir el nombre del objeto si se le permite manipularlo.

Puede haber notado que en la figura 8-9 no se muestran las regiones cerebrales que procesan la información olfativa, es decir, los olores. El olfato es el más primitivo de los sentidos, y la información olfativa no se trata de la misma forma que otras sensaciones. Las señales desde los receptores olfativos de la nariz se proyectan directamente a cuatro áreas sensoriales diferentes, que se comentan en el capítulo 9.

¡Recuerde! **Para cada sentido hay un área sensorial primaria, que recibe datos sin procesar, y un área de asociación unimodal, que los integra.**

Áreas de asociación multimodal

Las **áreas de asociación multimodal** son las zonas de mayor integración, donde residen la memoria, la inteligencia, la emoción, el sentido del bien y del mal, la voluntad, el juicio, la personalidad y otros atributos superiores. Hay tres áreas principales de asociación multimodal, que se relacionan ampliamente entre sí a través de innumerables vías de conexión:

- El **área de asociación posterior** procesa la información de todas las áreas de asociación sensorial para elaborar una percepción del mundo en todo momento.
- El **sistema límbico** (v. más adelante; v. también fig. 8-10) dota a la experiencia y a la memoria de emoción. La asociación posterior y las funciones límbicas están estrechamente relacionadas (recordamos mucho más eficazmente momentos de alta carga emocional, como por ejemplo un accidente automovilístico que ocurrió hace 20 años, que los momentos aburridos, como una ducha que nos dimos hace 2 días). Recientes investigaciones sugieren que las altas concentraciones sanguíneas de adrenalina, la hormona de las suprarrenales de lucha/huida, son importantes en la consolidación de los recuerdos y su contenido emocional en el cerebro.
- El **área de asociación anterior** (o *corteza prefrontal*) planifica la conducta mediante la integración de la información sensorial desde el área de asociación posterior y de los recuerdos y emociones desde el sistema límbico. Dependiendo del resultado deseado, tal vez una conducta compleja como correr o una sencilla como sonreír, esta área envía la información al área de asociación premotora (v. a continuación) para planificar e iniciar movimientos y conductas.

Las áreas de asociación posterior y anterior contienen regiones separadas que están involucradas en diversos tipos de percepción y conducta. En el área de asociación anterior, por ejemplo, el *campo ocular frontal* planifica los movimientos voluntarios del ojo necesarios para la lectura. El *área de Broca,* también en el área de asociación anterior (izquierda, por lo general), planifica el habla; organiza las palabras en frases informativas gramaticalmente correctas que comunican los conceptos elaborados por otras áreas de asociación.

Los pacientes con lesiones en el área de Broca pueden comprender el significado de las frases, pero tienen problemas para expresar sus ideas con palabras. Por esta razón, la *afasia de Broca* a veces se denomina *afasia de expresión* o *afasia motora.* Por ejemplo, a un paciente con afasia de Broca su madre le concertó una cita con el dentista y se le pidió que explicara cómo llegó solo a la consulta. Él comprendía lo que se le preguntaba, y ésta fue su frustrante respuesta:

Sí ... ah ... martes ... eh ... mamá y Jason (su propio nombre), y mamá .... eh ... consulta ... y ah ... martes ... martes, diez ... y oh ... martes ... once, ah dentistas ... dos ... dentistas ... y eh ... dientes ..., ¡uf!

Dentro del área de asociación posterior (izquierda, por lo general) se encuentra otra área relacionada con el habla, denominada *área de Wernicke.* En ella, las palabras habladas se traducen en significado de acuerdo con el idioma que se habla, es decir, el área de Wernicke contiene el descodificador (el programa) que traduce los sonidos hablados y los dota de significado. Un área similar de la corteza contralateral (la derecha, por lo general) añade emoción (tristeza, alegría) a la comprensión de las palabras habladas.

Apuntes sobre el caso

8-9 Teniendo en cuenta los síntomas de Larry, ¿qué área de asociación de su cerebro parece haber sufrido los daños más graves?

Área de asociación motora y área motora primaria

Los planes desarrollados por el área de asociación anterior pasan al **área de asociación premotora** (fig. 8-9), que controla los movimientos musculares voluntarios. Esta región es similar a las áreas de asociación sensorial unimodal, cada una de las cuales está involucrada en un modo sensorial único, como el tacto, la vista o el oído. El área de asociación motora decide qué músculos deben activarse, y cuándo, con el fin de llevar a cabo los planes del área de asociación anterior. A continuación, en un patrón preciso, activa determinadas regiones de la **corteza motora primaria,** cada una de las cuales controla los músculos de un área en particular. La corteza motora primaria también se denomina *circun-*

volución precentral, ya que discurre por el borde anterior de la cisura central en la parte posterior del lóbulo frontal.

Al igual que con la corteza somatosensorial primaria inmediatamente posterior a la circunvolución poscentral, las regiones vecinas del cuerpo ocupan posiciones adyacentes en la corteza motora primaria, y las regiones que requieren un control más preciso ocupan más espacio. Por ejemplo, la región que controla los dedos se encuentra al lado de la que controla la mano, y es mucho mayor que la región que controla los movimientos relativamente poco precisos del muslo (v. fig. 8-23).

Las señales de las neuronas de la corteza motora primaria viajan hacia abajo a través del tronco del encéfalo, donde la mayoría de ellas cruzan de un lado a otro; otras se cruzan en la médula espinal (v. fig. 8-23). Como consecuencia, la corteza motora del hemisferio cerebral derecho controla la actividad motora del lado izquierdo del cuerpo, y viceversa.

Cabe señalar que otras muchas regiones del cerebro, que se estudiarán más adelante, también están involucradas en la planificación, la secuenciación y la ejecución de los movimientos del cuerpo. Además, las lesiones cerebrales pueden hacer que una región diferente del cerebro asuma las funciones del área dañada, como se comentó en la Instantánea clínica titulada «Recuperación tras una lesión cerebral».

El sistema límbico es el «cerebro emocional»

En la anatomía del cerebro, un *sistema* está formado por un circuito de neuronas que controla una función determinada, como el sistema visual o el sistema auditivo. Las estructuras del *sistema límbico* participan de un modo muy importante en la emoción y la memoria. En un principio, el término se utilizó para describir estructuras anatómicamente diferentes de la profundidad del cerebro, en la frontera del diencéfalo, donde éste se une a los hemisferios cerebrales. Sin embargo, las teorías actuales incluyen también en el sistema límbico otras regiones del cerebro. Aunque existe cierto desacuerdo en cuanto a la definición actual de los componentes del sistema límbico, normalmente se incluyen las siguientes estructuras (fig. 8-10):

- El **hipocampo,** un cilindro plegado de corteza cerebral en el borde medial del lóbulo temporal, es fundamental en la elaboración de nuevos recuerdos. Los pacientes con lesiones del hipocampo pueden recordar acontecimientos distantes, pero su memoria a corto plazo puede durar sólo unos segundos. No es sorprendente que los pacientes con enfermedad de Alzheimer, que se caracteriza especialmente por falta de memoria para hechos recientes, presenten atrofia del hipocampo.
- La **amígdala** (del griego *amygdale* = «almendra») es una agrupación de núcleos del tamaño de una almendra en la parte medial del lóbulo temporal. La amígdala es el punto central que controla las emociones, como la ternura por un niño recién nacido, la irritación por una ofensa o la rabia por un crimen sin sentido; también modula nuestra «lectura» de las emociones percibidas por los demás. Organiza éstas y otras respuestas emocionales (tanto innatas como adquiridas) mediante la integración de la información sensorial con la memoria. Sus señales de salida viajan por el tronco del encéfalo y el hipotálamo, donde altera la actividad del sistema neurovegetativo, y hasta la corteza, donde la emoción se integra en la consciencia como una percepción.
- La **circunvolución del cíngulo,** el asa de cada corteza cerebral que forma un arco sobre el cuerpo calloso, integra la información sensorial y añade contenido emocional, en especial la reacción al dolor.
- El **cuerpo mamilar,** un conjunto de núcleos justo al lado del hipotálamo, también integra información sensorial, en especial el olor, y añade contenido emocional.

La retroalimentación desde el sistema límbico a la corteza cerebral hace que seamos conscientes de la emoción, mientras que la retroalimentación del tronco del encéfalo y el hipotálamo estimula respuestas inconscientes por el sistema neurovegetativo, como una frecuencia cardíaca rápida. Consideremos, por ejemplo, su respuesta al ver un oso. Sus ojos y oídos envían mensajes sensoriales a la amígdala (y otras regiones), que provocan una respuesta emocional automática (miedo) y una respuesta neurovegetativa (aumento del ritmo cardíaco y otras respuestas de lucha/huida).

Apuntes sobre el caso

8-10 ¿A qué parte del SNC ha afectado la lesión que hace que Larry sea emocionalmente inestable tras el accidente?

Los núcleos de la base del cerebro son importantes en el control motor

Los **núcleos basales** son agrupaciones de somas neuronales (sustancia gris) que se encuentran en la profundidad de la base de los hemisferios cerebrales, laterales al tercer ventrículo e inferiores a los ventrículos laterales. Son una las estructuras cerebrales más complejas y desconocidas. Como se muestra en la figura 8-11, comprenden el *núcleo lenticular* y el *núcleo caudado.* El núcleo lenticular, a su vez, puede dividirse en el *globo pálido* y el *putamen.* En las inmediaciones se encuentran el *núcleo subtalámico* del diencéfalo y la *sustancia negra* del mesencéfalo, que con frecuencia se consideran parte de los núcleos basales (fig. 8-11 B).

Los núcleos basales planifican e influyen sobre secuencias complejas, pero un tanto automáticas, y sincronizadas de actividades motoras junto con el cerebelo. Consideremos, por ejemplo, el movimiento de balanceo que se hace con un palo de golf, el movimiento de los brazos al caminar o el hecho de escribir nuestro nombre. La corteza cerebral envía las señales relacionadas con tales actividades a los núcleos basales, que las ajustan y automatizan en un cierto grado, aunque la corteza puede modificarlas. Por ejemplo, un jugador de golf puede ajustar de forma consciente

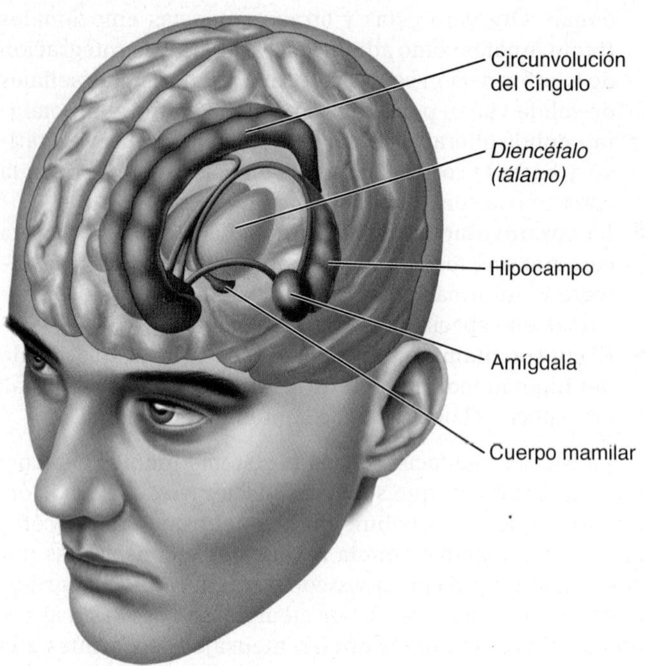

A **Estructuras del sistema límbico**

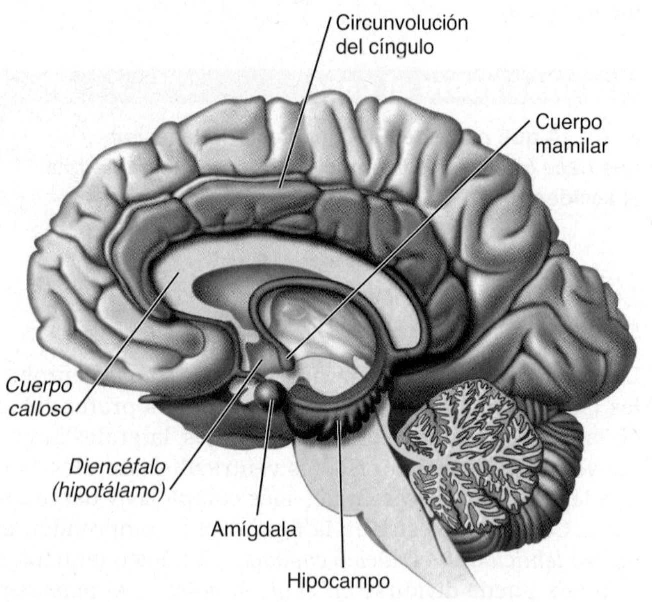

B **Vista sagital**

Figura 8-10. Sistema límbico. A) El sistema límbico está formado por estructuras de los hemisferios cerebrales que tienen importantes funciones en las emociones. **B)** El sistema límbico, visto en una sección sagital del cerebro. *¿Qué estructura forma una curva sobre el cuerpo calloso?*

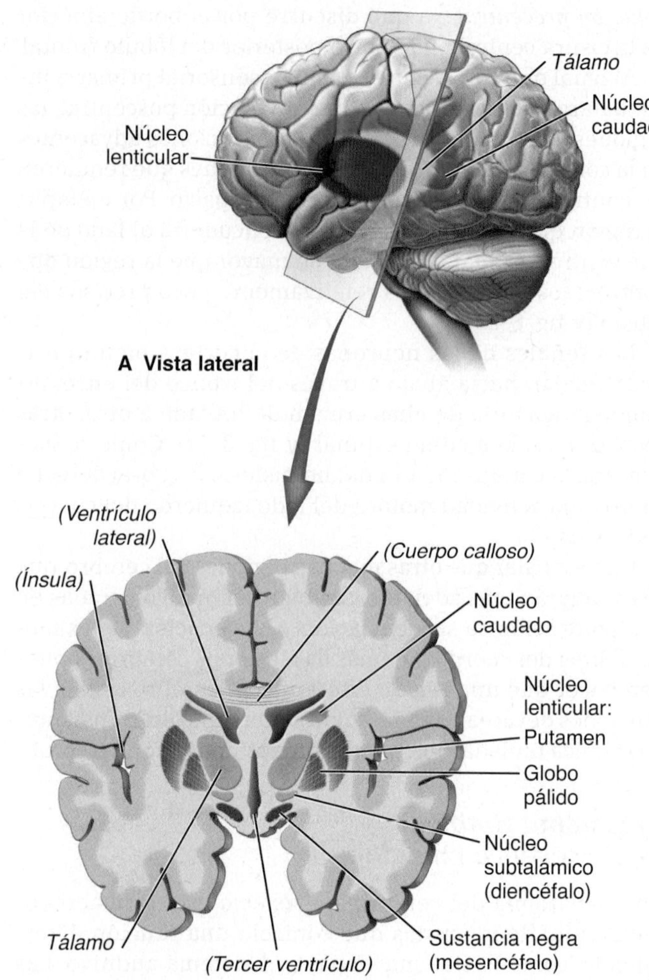

Figura 8-11. Núcleos basales. A) Los núcleos basales principales son los núcleos lenticular y caudado. El tálamo se muestra con fines de orientación. **B)** La sustancia negra y el núcleo subtalámico se agrupan con frecuencia con los núcleos lenticular y caudado para formar los núcleos basales. *¿Qué núcleos basales se encuentran muy próximos a los ventrículos laterales?*

su balanceo, o una gimnasta puede correr en una cinta con los brazos completamente pegados a los costados.

Los núcleos basales también tienen una función, aún no del todo aclarada, en la cognición. Parece ser que influyen en el tipo de memoria a corto plazo que nos permite recordar las cosas el tiempo suficiente como para aprender tareas temporales.

Los pacientes con enfermedad de los núcleos basales proporcionan gran parte de la información disponible sobre su función. Por ejemplo, la enfermedad de Parkinson está producida por lesiones en la sustancia negra y se caracteriza por rigidez muscular, temblores y dificultad para iniciar actividades motoras voluntarias. A estos pacientes les cuesta ponerse en marcha, pero una vez que lo han logrado, les cuesta parar. También pierden la expresión facial: el rostro carece de animación y no parpadean. Además, con frecuencia presentan algún grado de deterioro mental, especialmente para tareas a corto plazo. El legendario boxeador estadounidense Muhammad Ali padece la enfermedad de Parkinson, como resultado de las lesiones en los núcleos basales sufridas por golpes repetidos en la cabeza.

Estudio del caso

Pérdida de la función de integración: el caso de Larry H.

Volvamos a nuestro caso.

Hay que recordar que Larry sufrió una fractura en la parte anterior izquierda del cráneo y que el golpe fue lo bastante grave como para presionar profundamente el hueso fracturado hacia el cerebro. Los vasos del cerebro y las meninges se rompieron, y se acumuló sangre en su cerebro y entre el cráneo y la más externa de las meninges, la duramadre. El cerebro, como lo haría cualquier tejido, reaccionó a la lesión con inflamación. El cerebro inflamado de Larry estaba apretado en un espacio demasiado pequeño como para contenerlo en su totalidad. La capacidad del cráneo de Larry se redujo por la fractura con hundimiento, mientras que, al mismo tiempo, la sangre se acumulaba y el cerebro se inflamaba. Fue necesario intervenir quirúrgicamente para extraer la sangre y recolocar el cráneo con el fin de normalizar la presión intracraneal y evitar así un daño mayor, que podría ser desastroso para el tejido cerebral.

El informe del cirujano aclara que la parte más dañada del cerebro de Larry ha sido la parte lateral del lóbulo frontal izquierdo y la parte superior del lóbulo temporal izquierdo. No es de extrañar que Larry presente un defecto permanente en el habla como resultado de la lesión. En este capítulo hemos visto que en el 96 % de las personas el procesamiento del habla se realiza en el lado izquierdo del cerebro. La lesión de Larry afecta exactamente a la parte del cerebro (área de Broca) más importante para el habla.

También está claro que el problema de habla de Larry es una cuestión de integración: no hay indicios de que tenga ningún problema de visión, audición o alguna otra percepción sensorial, ni tampoco un problema con la mecánica del habla. Por ejemplo, las pruebas psicolingüísticas mostraron que, después de oír la palabra *silla,* Larry podía repetirla con facilidad. En otra prueba se le mostró una foto de una silla, pero no la podía identificar; sin embargo, cuando se le daba la respuesta correcta, inmediatamente reconocía que el objeto mostrado era una silla. Sus áreas sensoriales primarias y de asociación sensoriales están intactas. Su problema radica en la compleja integración realizada por el área de Broca de la zona de asociación anterior; no puede asociar a su percepción de la silla la planificación motora para decir «silla» (fig. 8-12).

Por último, la inestabilidad emocional de Larry sugiere una posible lesión del sistema límbico, que, como hemos

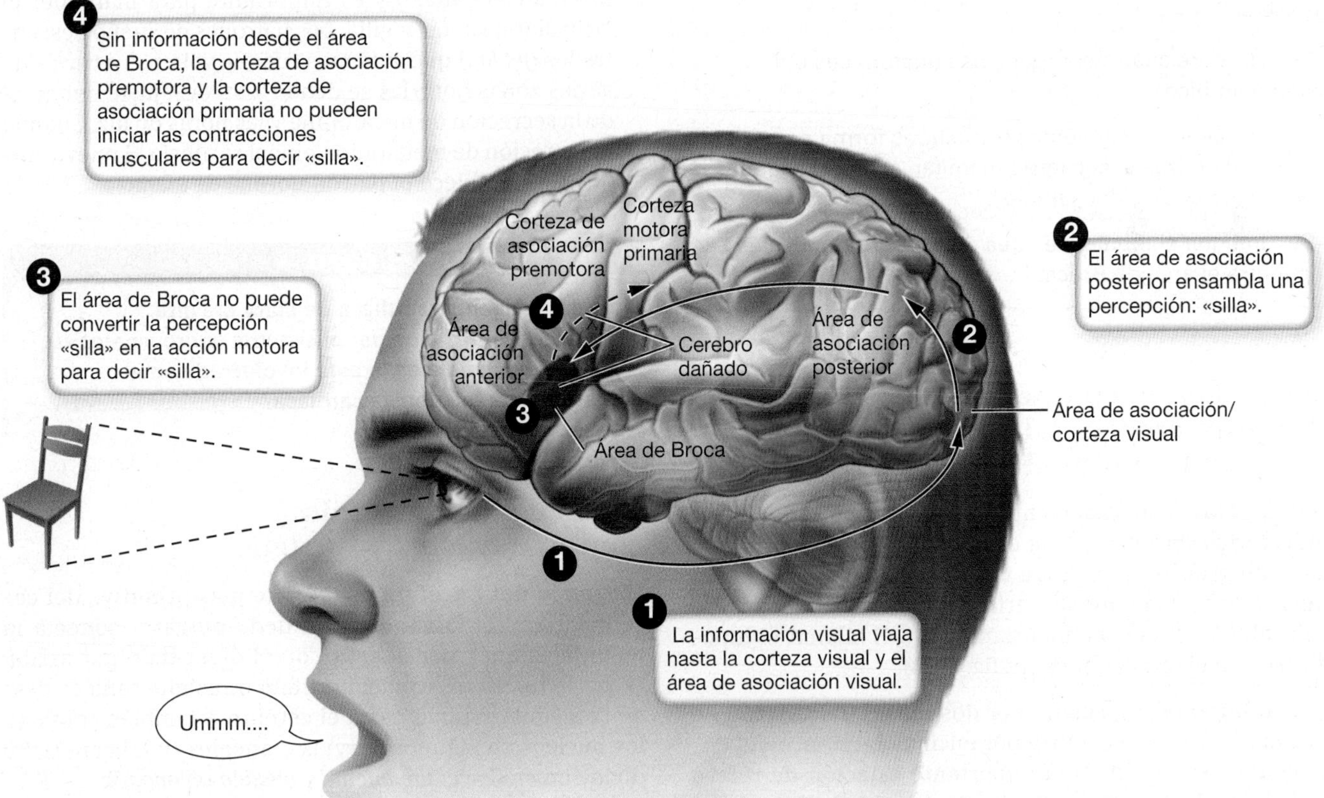

Figura 8-12. Afasia de Broca y el caso de Larry H. Como el cerebro de Larry tiene dañada el área de Broca, es incapaz de decir «silla» cuando ve una silla. *¿Las señales que salen del área de asociación visual van al área de asociación posterior o directamente al área de Broca?*

visto, añade un contenido emocional y un control a las percepciones.

Antes solíamos pensar que las personas que han sufrido una lesión cerebral, al igual que Larry, no pueden producir nuevas neuronas. Ahora sabemos que en algunas regiones del cerebro se produce un crecimiento de neuronas. Como se comenta en la Instantánea clínica titulada «Recuperación tras una lesión cerebral» los investigadores están trabajando para aprovechar esta producción de neuronas en otras áreas del cerebro con el fin de mejorar la recuperación tras una lesión.

8-13 Señale dos tipos de sustancia gris del cerebro.

8-14 ¿Con qué lóbulo de la corteza cerebral vemos, es decir, percibimos las señales visuales?

8-15 ¿Qué área de asociación está más involucrada en la planificación, la posterior o la anterior?

8-16 ¿Cuál es la diferencia entre la corteza de asociación premotora y la corteza motora primaria?

8-17 Verdadero o falso: el movimiento de la mano derecha es controlado por la corteza motora primaria izquierda.

8-18 Nombre cuatro componentes anatómicos del sistema límbico.

8-19 ¿Cuál de las siguientes estructuras forma parte de los núcleos basales: el cuerpo mamilar, el globo pálido o la circunvolución del cíngulo?

8-20 Indique el lóbulo y el área del cerebro donde se encuentra el área de Broca.

El diencéfalo comprende el hipotálamo, el tálamo y la glándula pineal

El **diencéfalo** está casi completamente encerrado por los hemisferios cerebrales, que encajan sobre esta estructura como un grueso casco sobre una cabeza muy pequeña. El diencéfalo se compone de varias estructuras pequeñas, de las cuales las tres más importantes son el tálamo, el hipotálamo y la glándula pineal (v. fig. 8-13).

- El **tálamo** está formado por dos masas del tamaño de una nuez, y se encuentra por encima del tronco del encéfalo. Se trata de una importante estación de relevo de las señales sensoriales (p. ej., dolor) y de las señales motoras en el paso hacia y desde la corteza cerebral, el cerebelo y el tronco del encéfalo. Los núcleos talámicos integran esta información en una percepción preliminar del mundo sin procesar; también desempeñan un papel secundario en funciones cerebrales superiores, como la cognición, el aprendizaje, la memoria y la consciencia.
- El **hipotálamo** es inferior y anterior al tálamo. Contiene 12 núcleos que regulan las funciones neurovegetativas básicas, como la temperatura corporal, el equilibrio hídrico, el hambre y el impulso sexual. Asimismo, regula el sistema neurovegetativo y los **ritmos circadianos,** es decir, los ritmos de la vida diaria, como la vigilia y el sueño, y el aumento y la caída normales de las hormonas en la sangre (p. ej., cortisol) durante todo el día (compárese con la glándula pineal, a continuación). Algunas clasificaciones añaden el hipotálamo como parte del sistema límbico, ya que responde a las señales de entrada desde la amígdala relacionadas con emociones negativas, como la ira o el miedo. El hipotálamo también desempeña un papel endocrino, mediante la secreción de hormonas que regulan otras glándulas endocrinas, y produce efectos por sí mismo ➡ (cap. 15).
- La **glándula pineal** tiene aproximadamente el tamaño de un grano de café y está en la parte más superior de la línea media del mesencéfalo. Tiene un tamaño mayor durante la infancia, luego disminuye y, en la edad adulta, suele calcificarse. Es importante en el establecimiento de los ritmos circadianos. En ausencia de luz, ya sea de noche o en otras circunstancias de oscuridad, la glándula pineal secreta la hormona *melatonina,* que promueve el sueño y es importante para mantener el ciclo diario sueño-vigilia. Los patrones de sueño descentrados *(jet lag)* que sufrimos cuando volamos a través de varias zonas horarias se deben a un desajuste temporal de la secreción de melatonina y las horas de luz. Cuando la secreción de melatonina pineal se ajusta al nuevo «reloj», se restablece el patrón normal de sueño.

Apuntes sobre el caso

8-11 La frecuencia cardíaca de Larry era alta, una función controlada por el sistema neurovegetativo. ¿Qué parte del diencéfalo está involucrada en el aumento de la frecuencia cardíaca?

El tronco del encéfalo contiene tractos y núcleos

El **tronco del encéfalo** es la parte más primitiva del cerebro. Tiene el tamaño de un dedo pulgar y conecta la médula espinal, por debajo, con el diencéfalo por arriba (v. fig. 8-13). El tronco del encéfalo transmite señales desde la médula espinal hasta el cerebro, y también contiene los núcleos de algunos nervios craneales (v. tabla 8-1). Se divide en *mesencéfalo, puente* y *médula oblongada.*

El **mesencéfalo** es la parte más alta del tronco del encéfalo y conecta directamente, por encima, con el diencéfalo. La parte anterior del mesencéfalo consta de dos grandes haces de tractos, los **pedúnculos cerebrales,** que transmiten las señales sensoriales que viajan desde abajo y las

INSTANTÁNEA CLÍNICA

Recuperación tras una lesión cerebral: ¿es posible la regeneración?

No hace demasiado tiempo el cerebro se consideraba inalterable: con lo que se nace es con lo que se vive y, si se destruye algo, no puede ser reemplazado. Ahora sabemos que esto no es del todo cierto: aunque el tejido cerebral perdido es en gran parte insustituible, esto no es necesariamente aplicable a las funciones cerebrales perdidas. El cerebro está en constante «recableado», ya que se adapta a la experiencia o lesión; el pensamiento, el aprendizaje y los hechos alteran, en efecto, la microanatomía del cerebro. El caso es que el cerebro, como los músculos, se marchita o crece en función del uso; el dicho «si no lo usas, lo pierdes» es literalmente cierto.

Por ejemplo, algunos pacientes que han perdido un miembro dirán que tienen la sensación de que aún está ahí, una situación conocida como *síndrome del miembro fantasma*. Es más, la corteza cerebral que una vez recibió las señales sensoriales del miembro que falta se destinará a otro uso, lo que se demuestra por lo siguiente: a un paciente que ha perdido un miembro, tocarle cierto punto en la cara le produce la sensación de que se le está tocando alguna parte del miembro perdido. De hecho, minuciosos experimentos sobre el tacto en estos pacientes muestran un mapa del brazo en la cara; se toca un punto en la mejilla y sienten como si se les tocase el pulgar desaparecido; se toca a unos pocos milímetros de distancia y sienten como si se les tocase la muñeca, un claro indicio de que la corteza del brazo se ha reasignado (recartografiado) a la cara.

Pero tal vez la pregunta definitiva sea la siguiente: ¿*pensar* recartografía el cerebro? Antes la respuesta era un rotundo «no», pero ahora parece ser «tal vez». Por ejemplo, considere el siguiente experimento con monjes budistas que habían meditado durante muchos años sobre el amor y la compasión. Se comparó la actividad eléctrica de sus cerebros con la de voluntarios que meditaron sobre el amor y la compasión durante una semana. Los cerebros de los monjes mostraban un tipo particular de actividad eléctrica meditativa que era permanente y se mantenía activa incluso cuando no estaban meditando. En comparación, la actividad eléctrica similar en los voluntarios que meditaron desapareció rápidamente. Parece como si la meditación a largo plazo hubiese alterado de forma permanente el cerebro de los monjes.

Plasticidad cerebral. La meditación, como la practican los monjes budistas puede remodelar el cerebro.

Más en concreto, cuando alguien sufre una lesión en la cabeza o un ictus, a menudo persisten los devastadores efectos del daño cerebral resultante; nuestro paciente, Larry H., es un ejemplo. Recuerde que en el capítulo 3 decíamos que las neuronas son células de larga duración, y la regeneración del tejido tras unaa lesión es difícil porque hay pocos citoblastos. Datos recientes sugieren, sin embargo, que se produce una limitada regeneración de neuronas que puede aprovecharse para mejorar la recuperación tras una lesión cerebral.

Recordemos también que los citoblastos deben cumplir dos criterios: dar lugar a por lo menos dos tipos diferentes de células y ser capaces de autorregenerarse. Se han encontrado células que cumplen estos criterios en dos regiones del cerebro adulto: *a)* al lado de cada ventrículo lateral cerca del bulbo olfatorio, una estructura importante para el sentido del olfato, y *b)* en el hipocampo. Estos citoblastos son astrocitos capaces de dar lugar a más citoblastos astrocitos, oligodendrocitos o neuronas. En condiciones normales, estos citoblastos siguen un ciclo lento, sustituyendo neuronas en el hipocampo y el bulbo olfatorio que, a diferencia de la mayoría de las neuronas, no son permanentes, sino que habitualmente mueren. Estas nuevas neuronas forman conexiones con otras neuronas y están implicadas en el sentido del olfato y en la memoria. Cuando se produce una lesión cerebral y mueren las neuronas, los citoblastos aumentan su producción y, de manera sorprendente, algunas de las nuevas neuronas migran a la zona dañada y tratan de establecer nuevas conexiones. Parte de la

Continúa

Recuperación tras una lesión cerebral: ¿es posible la regeneración? *(cont.)*

lenta recuperación parcial que se produce tras una lesión cerebral se debe al crecimiento de estas nuevas neuronas.

Sería muy beneficioso poder mejorar este proceso; más neuronas, más migración y más conexiones podrían dar lugar a una recuperación más rápida y más completa. La buena noticia es que la proliferación de las neuronas mejora con las experiencias positivas de la vida, como el ejercicio físico, la estimulación mental y una alimentación saludable. Estudios en roedores e *in vitro* sugieren que ciertos factores de crecimiento, que podrían administrarse como medicinas, estimulan la proliferación y la migración neuronal. También es posible que los citoblastos pudieran introducirse directamente en la zona dañada para facilitar la recuperación.

señales motoras que viajan desde arriba. Anatómicamente, los hemisferios cerebrales parecen brotar de los pedúnculos cerebrales del mismo modo en que una cabeza de brócoli brota de su grueso tallo. El mesencéfalo también contiene varios núcleos, que están organizados en pares a cada lado de la línea media. Muchos núcleos se concentran en los **tubérculos cuadrigéminos** (colículos) superior e inferior, que son como pequeños montículos pares situados en la superficie posterior del mesencéfalo (fig. 8-13 A). Los núcleos del tubérculo cuadrigémino superior coordinan los movimientos de los ojos de seguimiento y de exploración, y gobiernan el movimiento de la cabeza en respuesta a las señales visuales. Los núcleos del tubérculo cuadrigémino inferior forman parte del aparato auditivo y envían señales para la audición desde los oídos al tálamo. También transmiten las señales para el reflejo de sobresalto, que explica los movimientos repentinos de algunas partes del cuerpo en respuesta a ruidos intensos inesperados. La *sustancia negra* es un núcleo de color oscuro situado cerca de los núcleos basales (v. fig. 8-11).

El **puente** es una protuberancia que forma la parte central y más grande del tronco del encéfalo. Al igual que la médula, está compuesto de haces de tractos y varios núcleos. Los tractos conectan por arriba con el diencéfalo, por abajo con la médula espinal y por detrás con el cerebelo (los *pedúnculos cerebelosos*). Sus núcleos ayudan a la médula a regular la respiración.

La **médula oblongada** es la parte inferior del tronco del encéfalo y conecta directamente con la médula espinal. La mayor parte de su masa está compuesta por gruesos haces de tractos o vías que transmiten señales entre la médula espinal y las regiones superiores del cerebro. Hay que recordar que los tractos cerebrales cruzan al lado opuesto del cuerpo: la mayoría lo hacen en la médula. Además, la médula contiene varios núcleos pequeños pero importantes:

- El *centro cardiovascular* regula la velocidad y la fuerza de los latidos del corazón, y el diámetro de los vasos sanguíneos (que a su vez influyen directamente en la presión arterial).
- El *centro de la ritmicidad respiratoria* mantiene el ritmo de la respiración.
- Otros núcleos son importantes para las sensaciones del tacto y la vibración, y para el control de los reflejos de deglución, tos, vómito, estornudo e hipo.

Por último, además de las estructuras descritas anteriormente, por todo el tronco del encéfalo se extiende verticalmente una red, parecida a una salchicha, de somas neuronales atravesada por axones mielinizados, que discurre justo anterior al cuarto ventrículo. Estos somas no se condensan lo suficiente como para formar un núcleo anatómico, pero se comportan como una unidad. Esta red, la **formación reticular**, contiene neuronas tanto sensitivas como motoras que conectan ampliamente con la corteza cerebral (fig. 8-13 B). Las motoneuronas descendentes regulan el tono muscular, la contracción de bajo nivel que se produce en los músculos en reposo. La información que pasa a través de las neuronas sensitivas se filtra para que los estímulos de fondo (como el zumbido constante de un ventilador eléctrico) se ignoren, pero no pase lo mismo con un estímulo nuevo (como el sonido de un despertador). Un subgrupo de estas neuronas sensitivas forma el **sistema de activación reticular**. Las señales de este sistema son importantes en la producción de la vigilia y la percepción en general; su actividad nos mantiene despiertos, mientras que su inactividad induce el sueño.

Apuntes sobre el caso

8-12 Las frecuencias cardíaca y respiratoria de Larry habían aumentado cuando llegó al hospital. Señale el núcleo cerebral que regula cada función.

El cerebelo coordina las actividades motoras

El **cerebelo** (literalmente, «cerebro pequeño») se encuentra por detrás del tronco del encéfalo e inmediatamente por debajo de los polos occipitales del cerebro (fig. 8-13 B). Está unido al tronco del encéfalo por dos gruesos haces de tractos nerviosos, los **pedúnculos del cerebelo** derecho e izquierdo (fig. 8-13 A). Se divide en dos hemisferios, cada uno de los cuales está compuesto de sustancia blanca central y

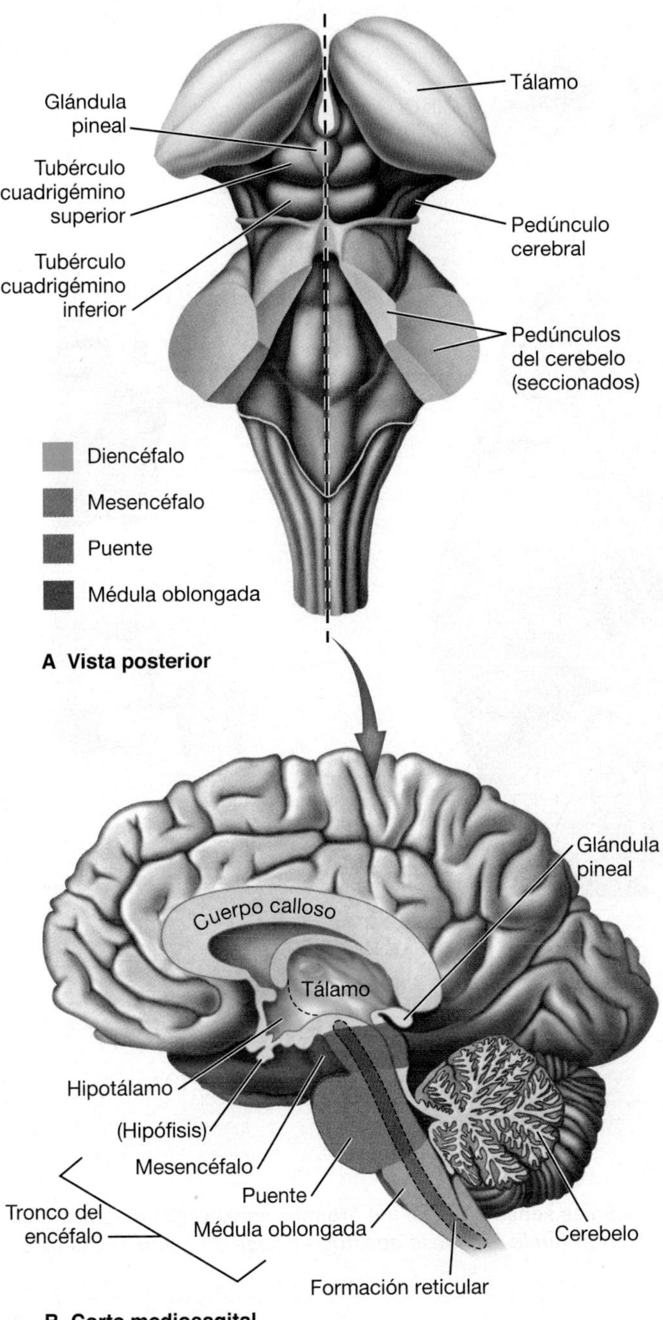

Figura 8-13. Diencéfalo y tronco del encéfalo. A) Vista posterior. Se han eliminado el cerebro y el cerebelo. **B)** Corte mediosagital. *Señale los tres componentes principales del diencéfalo.*

una corteza muy intrincada de sustancia gris, que en sección transversal tiene el aspecto de una coliflor. El cuarto ventrículo, que contiene LCR, separa la parte posterior del tronco del encéfalo y la parte anterior del cerebelo.

El cerebelo no tiene ningún papel *directo* en las actividades motoras: no crea ni da órdenes a otras partes del cuerpo para hacer esto o aquello. Más bien es el capataz de una fábrica que *modifica* el esfuerzo de los trabajadores en respuesta a órdenes ejecutivas para maximizar la eficacia.

El cerebelo, en estrecha colaboración con los núcleos basales, controla y hace ajustes correctores de las actividades musculoesqueléticas mientras están en marcha. Para poder realizar esta tarea, el cerebelo debe detectar la posición exacta de las partes del cuerpo. Este sentido de la posición se llama *propiocepción* ➡ (cap. 9), que es el producto de las señales sensoriales provenientes de los músculos, tendones y ligamentos transmitidas al cerebelo a través de la corteza somatosensorial. El cerebelo compara esta entrada con las señales de la corteza cerebral sobre la posición deseada de las partes del cuerpo, y envía órdenes motoras correctoras al tronco del encéfalo, que las transmite a los músculos. El resultado es un movimiento osteomuscular suave y coordinado.

La ingestión de alcohol altera el sentido propioceptivo del cerebelo; ésta es la base de una prueba estándar que aplica la policía para evaluar la sobriedad. Se pide al sujeto que cierre los ojos y se toque la punta de la nariz con un dedo. Las personas con una importante alteración por los efectos del alcohol no dan con la nariz a la primera, y deben tocar su trayectoria a través de la cara para encontrar la punta. Se ha comunicado un deterioro permanente del sentido propioceptivo debido a infecciones o lesiones. Estos pacientes presentan una grave discapacidad y dificultades para hablar, algo que requiere un manejo muy preciso de los labios y la lengua, que a su vez necesita la propiocepción. También muestran dificultades para asir objetos porque tienen la sensación errónea de que sus dedos están correctamente ubicados para asegurar la sujeción.

Apuntes sobre el caso

8-13 Antes de su accidente, Larry era capaz de hacer giros con su monopatín. ¿Cree que el cerebelo participaba en esta maniobra?

Los nervios craneales emergen entre el cerebro y el tronco del encéfalo

Doce pares de **nervios craneales** emergen del cráneo. Al igual que todos los nervios, forman parte del SNP y transmiten señales sensoriales y motoras entre el cerebro y la periferia. Se nombran con números romanos (del I al XII), de acuerdo con su lugar de unión en el cerebro: el más superior es el nervio craneal I, y el más inferior es el nervio craneal XII (fig. 8-14). Los nervios craneales I *(olfatorio)* y II *(óptico)* están conectados al cerebro, y el nervio craneal XI *(accesorio)* se une a la médula espinal cervical. El resto se unen al tronco del encéfalo. La situación del nervio accesorio es actualmente objeto de investigación, ya que los anatomistas han observado que, contrariamente a la creencia popular, no se adhiere al tronco del encéfalo y quizás no debería clasificarse como un nervio craneal.

¡Recuerde! **El cerebro forma parte del SNC; los nervios craneales forman parte del SNP.**

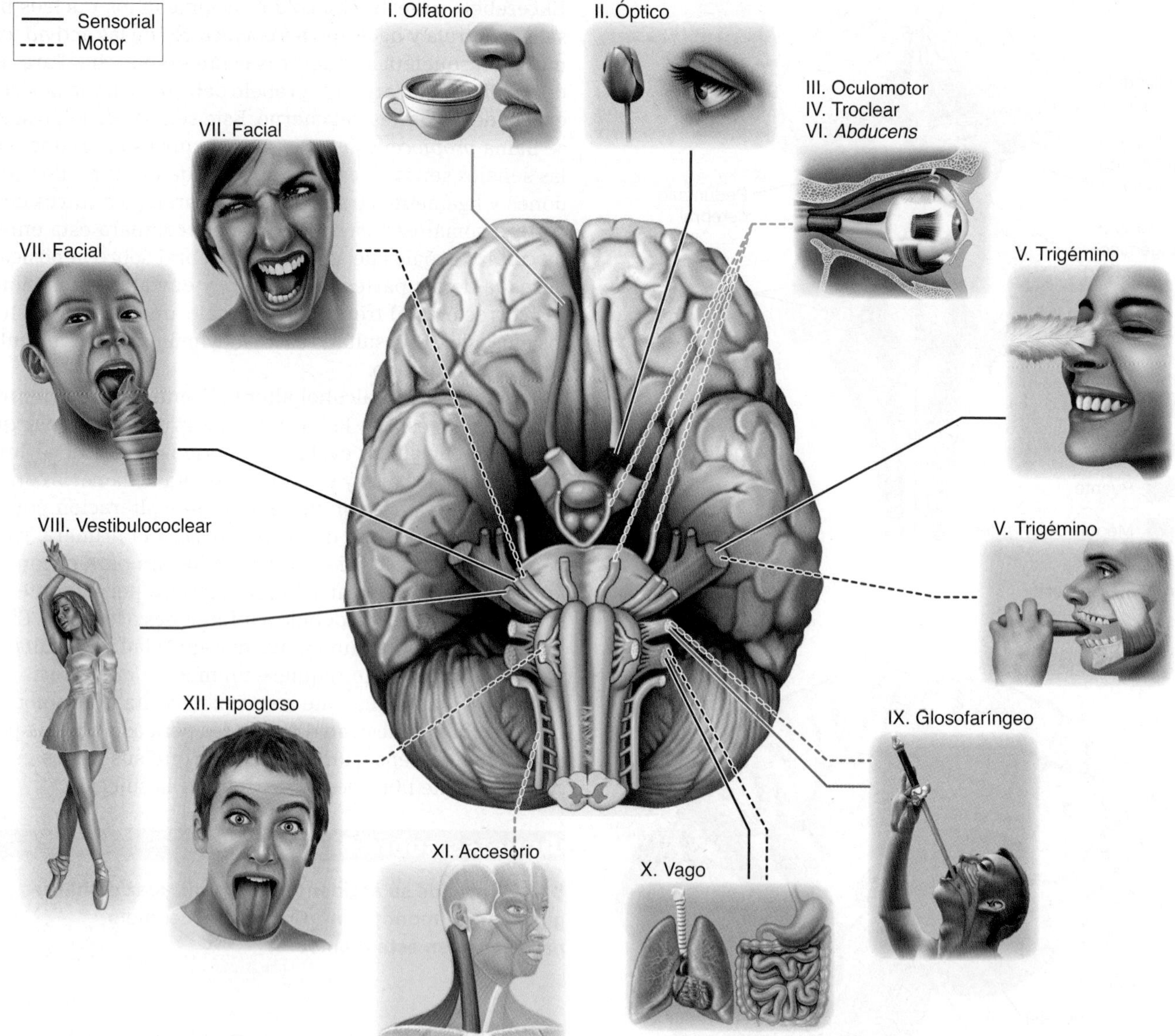

Figura 8-14. Nervios craneales. Los 12 nervios craneales transmiten señales sensoriales de los órganos sensoriales (líneas continuas) y señales motoras a los órganos efectores (líneas de puntos). *Cuando huele un queso apestoso y hace un gesto con la cara, ¿qué nervio sensitivo está activo?*

Algunas de las denominaciones de los nervios craneales revelan las estructuras más importantes que controlan. Por ejemplo, el nervio craneal II es el nervio óptico, que transporta las señales sensoriales desde los ojos, y el nervio craneal VII es el nervio facial, que lleva las señales sensoriales y motoras desde y hacia la cara. Todos los nervios craneales menos uno inervan la cabeza y el cuello. La excepción es el X, el nervio *vago,* que se aleja de la cabeza y el cuello para inervar diversos sitios en el tórax y el abdomen.

Los nervios craneales, al igual que todos los nervios, pueden clasificarse como *sensitivos, motores* o *mixtos,* según las señales que transportan (tabla 8-1). La mayoría de los nervios son mixtos, pero los pares I (olfatorio), II (óptico) y VIII (vestibulococlear) son puramente sensitivos. Ninguno de ellos es estrictamente motor, aunque algunos lo son casi por completo: III (oculomotor), IV (troclear), VI *(abducens),* XI (accesorio) y XII (hipogloso). Los que tienen una función sensorial y motora importante son el V (trigémino), el VII (facial) y el X (vago).

Los nervios craneales pasan por diversas partes en el interior del cráneo y emergen de éste a través de agujeros. A primera vista, el nervio olfatorio (nervio craneal I) no parece emerger del cráneo, sino que parece terminar en su suelo por encima de la nariz. Sin embargo, envía extensiones a través de pequeños agujeros de la lámina cribosa para inervar el epitelio olfatorio del techo de la cavidad nasal.

En su punto de salida, los nervios craneales son vulnerables a las fracturas del cráneo o a la hipertensión intra-

Tabla 8-1. Nervios craneales

Nervio	Nombre	Sensorial	Motor	Exploración clínica
I	**Olfatorio**	Transmite impulsos olfativos (olor)	Ninguno	El sujeto identifica diversos olores utilizando cada narina
II	**Óptico**	Transmite impulsos visuales	Ninguno	Prueba de visión utilizando una tabla optométrica y campimetría
III	**Oculomotor**	Ninguno	Controla los movimientos voluntarios de los ojos y de los párpados; controla el tamaño de la pupila	Prueba de reflejo pupilar (la pupila se contrae con luz intensa); pedir al sujeto que parpadee y que siga un objeto en movimiento hacia dentro y verticalmente
IV	**Troclear**	Ninguno	Controla los movimientos oculares voluntarios (músculo oblicuo superior)	Pedir al sujeto que siga un objeto en movimiento hacia abajo y hacia dentro
V	**Trigémino**	Transmite impulsos de tacto, presión, dolor y posición desde la cara	Controla los músculos de la masticación	Prueba de reflejo corneal al tocar el ojo con un hisopo de algodón; prueba de sensibilidad tocando la cara con un hisopo de algodón, calor, frío y pinchazo; prueba de función motora pidiendo al sujeto que mueva la mandíbula contra resistencia
VI	***Abducens***	Ninguno	Controla los movimientos oculares voluntarios (músculo recto lateral)	Pedir al sujeto que siga un objeto en movimiento hacia fuera
VII	**Facial**	Transmite impulsos gustativos desde los 2/3 anteriores de la lengua	Controla los músculos de la expresión facial	Prueba de capacidad de notar el sabor dulce, agrio, salado y amargo. Prueba de función motora solicitando al sujeto que sonría, frunza el entrecejo, silbe, etc.
VIII	**Vestibulococlear**	Transmite impulsos desde el oído (equilibrio, sonido)	Ninguno	Prueba de audición mediante audiogramas; prueba de equilibrio haciendo girar al paciente
IX	**Glosofaríngeo**	Transmite impulsos de gusto y sensibilidad desde la parte posterior de la lengua. Transmite cambios de la presión arterial desde el seno carotídeo	Controla los músculos involucrados en la deglución; controla algunas glándulas salivales	Prueba de reflejo nauseoso tocando la pared faríngea; prueba de capacidad de determinar el sabor
X	**Vago**	Transmite sensibilidad desde la faringe y los órganos torácicos y abdominales	Controla los músculos involucrados en la deglución, la tos y el habla; controla los músculos liso y cardíaco, y las glándulas gastrointestinales	Prueba de reflejo nauseoso tocando el paladar
XI	**Accesorio o espinal**	Ninguno	Controla los músculos que mueven la cabeza y el cuello	Pedir al sujeto que encoja los hombros y rote la cabeza contra resistencia
XII	**Hipogloso**	Ninguno	Controla los movimientos de la lengua para la deglución y el habla	Comprobar alteraciones en el aspecto de la lengua; pedir al sujeto que saque la lengua

craneal resultante de la inflamación del cerebro o de un aumento patológico de su tamaño. A medida que la presión intracraneal aumenta, los nervios craneales pueden comprimirse contra superficies irregulares o en los bordes del agujero que atraviesan para salir del cráneo. Dicha presión puede producir un daño temporal o permanente del nervio craneal. Por ejemplo, una de las causas de la anosmia (pérdida del olfato) es una fractura de la lámina cribosa que cizalla las extensiones del nervio olfatorio en la nariz.

8-21 ¿Qué parte del diencéfalo controla el apetito, el balance hídrico, la temperatura corporal y el impulso sexual?

8-22 ¿Cuál es la parte más alta del tronco del encéfalo?

8-23 Señale dos estructuras importantes en el control motor, corteza cerebral aparte.

8-24 ¿Qué región del cerebro controla el estado de alerta: la formación reticular o el tálamo?

8-25 Indique el nombre y el número de los nervios craneales que inervan el tórax y el abdomen.

Médula espinal y nervios espinales (raquídeos)

Justo por debajo del cerebro se encuentra la médula espinal, que conecta con la médula oblongada a través del agujero magno (v. fig. 8-2). Las dos principales funciones de la médula espinal se ilustran con el siguiente ejemplo: usted va caminando descalzo por la playa con un amigo, cuando pisa una piedra afilada. Sacude el pie y dice: «¡Ay! He pisado una piedra», y a continuación reanuda la marcha y la conversación. Estos sencillos actos involucran a la médula espinal, que unas veces actúa como mero camino para las señales nerviosas y otras integra activamente las señales y dirige las respuestas. Observemos con más detalle estas dos funciones:

1. *La médula espinal puede, sin ayuda del cerebro, recibir e integrar algunas señales sensoriales entrantes; y puede enviar señales motoras involuntarias a los tejidos u órganos para que ejerzan una respuesta.* Cuando usted pisó la piedra afilada no tuvo que pensar: «tendría que apartar de una sacudida mi pie»; la acción ya se había producido en el momento en que la señal de dolor llegó a su corteza cerebral y percibió el dolor. Esta respuesta rápida e involuntaria es un **reflejo,** que se comenta más adelante en este capítulo.
2. *La médula espinal actúa como una vía: lleva las señales sensoriales desde el SNP al cerebro y las señales motoras conscientes (voluntarias) desde el cerebro hacia el SNP.* La piedra afilada estimuló señales sensoriales desde su pie que viajaron hacia arriba por la médula espinal a la corteza cerebral, donde se integraron en la consciencia. Usted percibió una sensación desagradable. Concibió la idea de contar a su amigo lo sucedido y lo hizo. Entonces concibió la idea de continuar su paseo y así lo hizo. Desde la corteza cerebral, las señales motoras viajaron por la médula espinal hasta los músculos que intervienen en el habla y el caminar. En la percepción del dolor y la decisión de hablar y caminar, la médula espinal actuó como una simple vía. El cerebro realizó toda la integración.

Apuntes sobre el caso

8-14 ¿Hay alguna prueba de que Larry haya sufrido daños en la médula espinal? ¿Por qué?

Las vértebras y las meninges protegen la médula espinal

Recuerde que el cerebro está protegido por los huesos del cráneo y por una serie de duras membranas de tejido conectivo llamadas *meninges.* La médula espinal está igualmente protegida por la armadura ósea de las vértebras y por las tres meninges (fig. 8-15). La piamadre y la aracnoides de la médula espinal son continuas con las del cerebro. Sin embargo, sólo la capa externa de la duramadre continúa en el conducto vertebral como un tubo que rodea la médula espinal. En contraste con la región de la duramadre que recubre el cráneo, la duramadre espinal no está físicamente unida al hueso vertebral. En cambio, la duramadre y el hueso están separados por un delgado espacio que contiene grasa, el **espacio epidural,** que se utiliza a menudo en obstetricia como el lugar donde el médico inyecta fármacos anestésicos que bloquean el dolor del parto. Como lugar de inyección, el espacio epidural es preferible al espacio subaracnoideo, ya que los fármacos inyectados en el primero migran muy poco tras la inyección. Por el contrario, si se inyectan en el LCR en el espacio subaracnoideo pueden ser arrastrados hacia la médula o incluso hasta el cerebro, con consecuencias potencialmente graves, como parálisis respiratoria.

A pesar de que la médula espinal termina en la primera o la segunda vértebra lumbar, la vaina de la duramadre continúa hacia abajo como un tubo hasta aproximadamente el nivel de la segunda vértebra sacra, formando un saco que recubre los nervios de la cola de caballo. Esta prolongación de la duramadre no contiene médula espinal, por lo que es un lugar ideal para una *punción lumbar:* puede insertarse una aguja sin peligro entre las vértebras y a través de las meninges en el espacio subaracnoideo para medir la presión del LCR, introducir fármacos u obtener líquido para su análisis, sin preocuparse de una posible punción de la médula espinal.

La médula espinal contiene sustancia gris y sustancia blanca

Una sección transversal de la médula espinal revela un núcleo central de sustancia gris dispuesta más o menos en

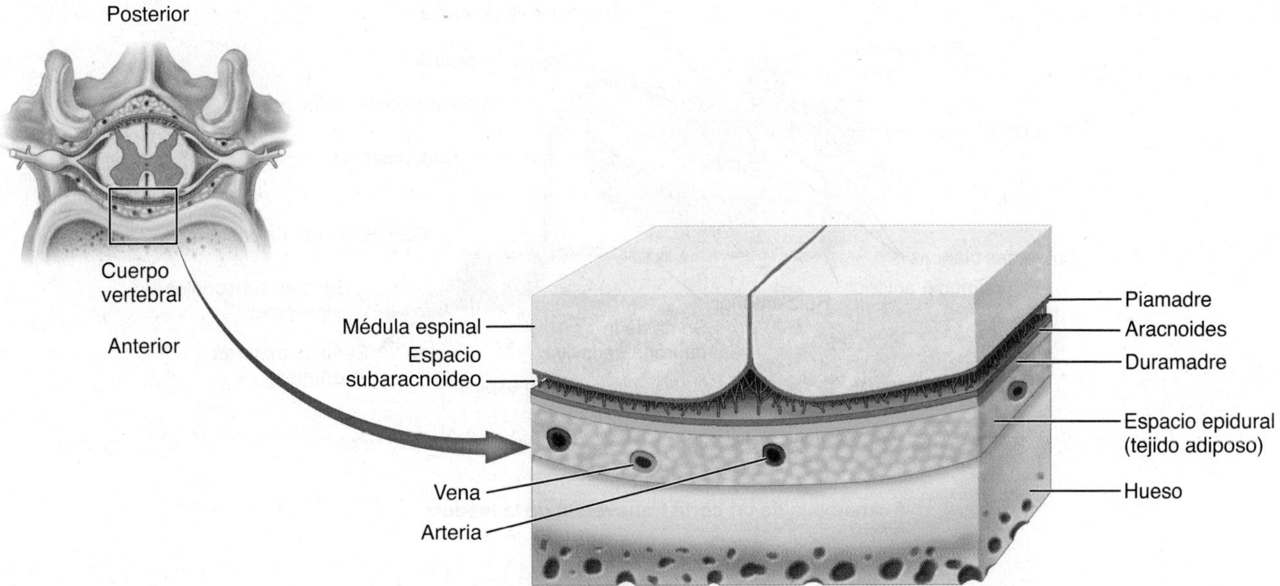

Figura 8-15. Médula espinal, vértebras y meninges. *¿Cuántas capas de duramadre rodean la médula espinal?*

forma de mariposa con las alas extendidas (fig. 8-16 A). En el centro de la sustancia gris hay un pequeño canal, el **conducto central,** que contiene LCR. Cada ala se denomina *asta*. Las **astas anteriores** contienen los somas de las motoneuronas. Las **astas posteriores** contienen los axones de las neuronas sensitivas no mielinizadas; sus somas se encuentran fuera de la médula espinal, en el *ganglio de la raíz posterior*. (Recuerde que un ganglio es una agrupación de somas fuera del SNC). El asta anterior también puede contener interneuronas no mielinizadas que transmiten señales entre las neuronas sensitivas y motoras (no se muestra).

Encajados entre las astas y alrededor de ellas se encuentran gruesos haces de axones de nervios mielinizados llamados **columnas blancas** (fig. 8-16 A). Estos tractos transmiten señales sensoriales y motoras hacia arriba y abajo de la médula (v. fig. 8-23). Dos surcos se hunden profundamente en la sustancia blanca, separando la médula en dos mitades, derecha e izquierda. En la parte posterior, el **surco medio posterior** hace una hendidura poco profunda. En la parte anterior, la **fisura media anterior** se extiende profundamente en la médula, casi hasta el conducto central.

Los nervios espinales contienen raíces, troncos y ramos

Los nervios espinales tienen tres partes, como las raíces, el tronco y las ramas de un árbol (fig. 8-16 B). Cada nervio tiene dos raíces: una *raíz motora* o *anterior,* a través de la cual los axones motores emergen de la médula, y una *raíz sensitiva* o *posterior,* a través de la cual los axones sensitivos entran en la médula. Justo en la salida de la médula, las raíces posteriores y anteriores se unen para formar un corto y grueso *tronco* nervioso combinado, que emerge de la columna vertebral como nervio espinal y luego se divide en múltiples *ramos* que se extienden hacia fuera como las ramas de un árbol para conectar con las estructuras del cuerpo.

Las raíces anterior y posterior emergen de sus correspondientes astas

La **raíz motora** (anterior) contiene los axones de las motoneuronas que salen del asta anterior de la sustancia gris de la médula espinal. Estos axones conducen señales motoras (eferentes) a los músculos esqueléticos. Muchas raíces anteriores contienen axones de motoneuronas autónomas que conducen las señales motoras al corazón y otras vísceras y glándulas.

La **raíz sensitiva** (posterior) transmite señales de entrada sensoriales (aferentes) de la piel, los músculos y los órganos del cuerpo. En el interior de la raíz posterior hay un ensanchamiento, el **ganglio de la raíz posterior,** que está formado por somas de neuronas autónomas y somatosensitivas que conducen las señales a la médula (fig. 8-16 A). Hay que tener en cuenta que los somas de las neuronas sensitivas se encuentran en el ganglio de la raíz posterior, mientras que los somas de las motoneuronas se localizan en el asta anterior de la médula.

Las raíces anterior y posterior se unen para formar un tronco nervioso

Después de que las raíces anterior y posterior se unan para formar un nervio espinal, éste se divide en múltiples *ramos,* cada uno de ellos con un propósito diferente (fig. 8-16 B). El **ramo anterior** viaja hasta la piel y los músculos de la cara anterior del tronco y los miembros superiores e inferiores. Por el contrario, el **ramo posterior** viaja hasta la piel y los músculos de la cara posterior del torso, pero no a la parte posterior de los miembros. El tercer ramo, el **ramo comu-**

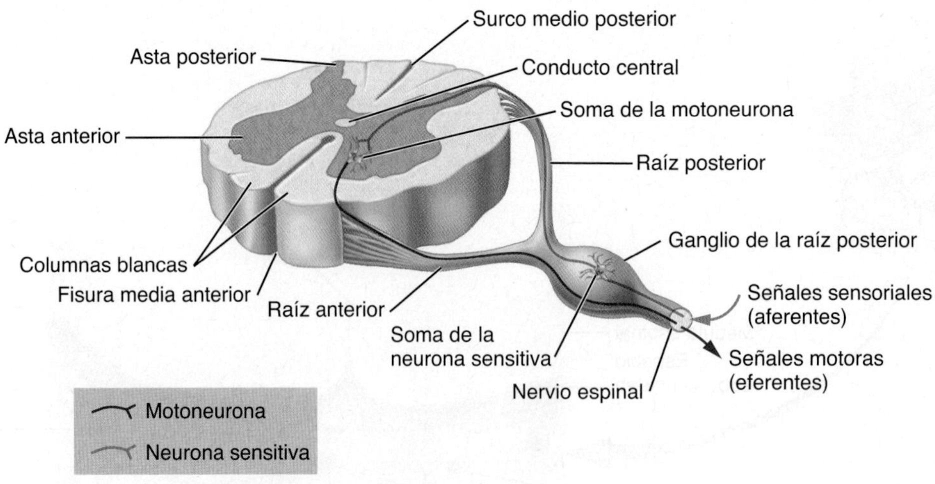

A Anatomía de un corte transversal de la médula

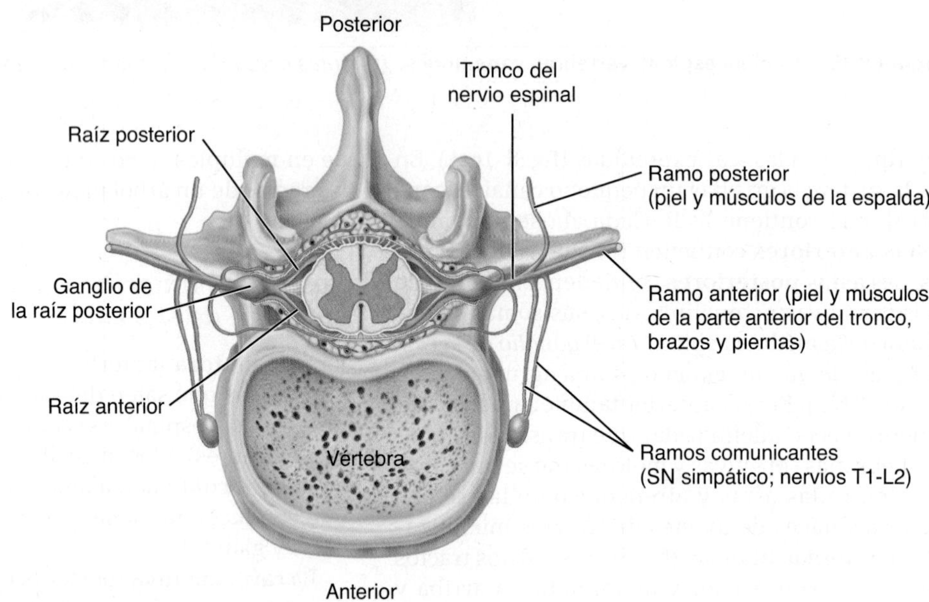

B Ramos de los nervios espinales

Figura 8-16. Sección transversal de la médula espinal. A) Los nervios sensitivos entran en la médula espinal a través del asta posterior; los nervios motores salen de la médula espinal a través del asta anterior. **B)** Los nervios espinales se dividen en numerosos ramos. *¿Qué ramo lleva las señales del sistema neurovegetativo?*

nicante, sólo se encuentra en los nervios espinales T1 a L2. Este ramo contiene nervios que están involucrados en el sistema nervioso simpático, que se estudia a continuación.

Apuntes sobre el caso

8-15 En el servicio de urgencias, Larry respondió a los pinchazos en el pecho con movimientos violentos, incluso cuando estaba inconsciente. Señale el ramo y la raíz que llevan la señal sensorial del pinchazo en la piel hasta la médula espinal.

Treinta y un pares de nervios espinales emergen de la médula espinal

Treinta y un pares de nervios espinales emergen de los lados izquierdo y derecho de la médula espinal (fig. 8-17). Con la excepción de los nervios cervicales, se denominan de acuerdo con la vértebra que se halla *por encima* de su punto de salida del conducto vertebral. Por ejemplo, el primer nervio lumbar (L1) emerge por debajo de la primera vértebra lumbar. Sin embargo, en el caso de los nervios cervicales se aplica exactamente lo contrario. Los nervios C1 a C8 llevan el nombre de la vértebra que se halla *por debajo* de su punto de salida, debido a que el primer nervio espi-

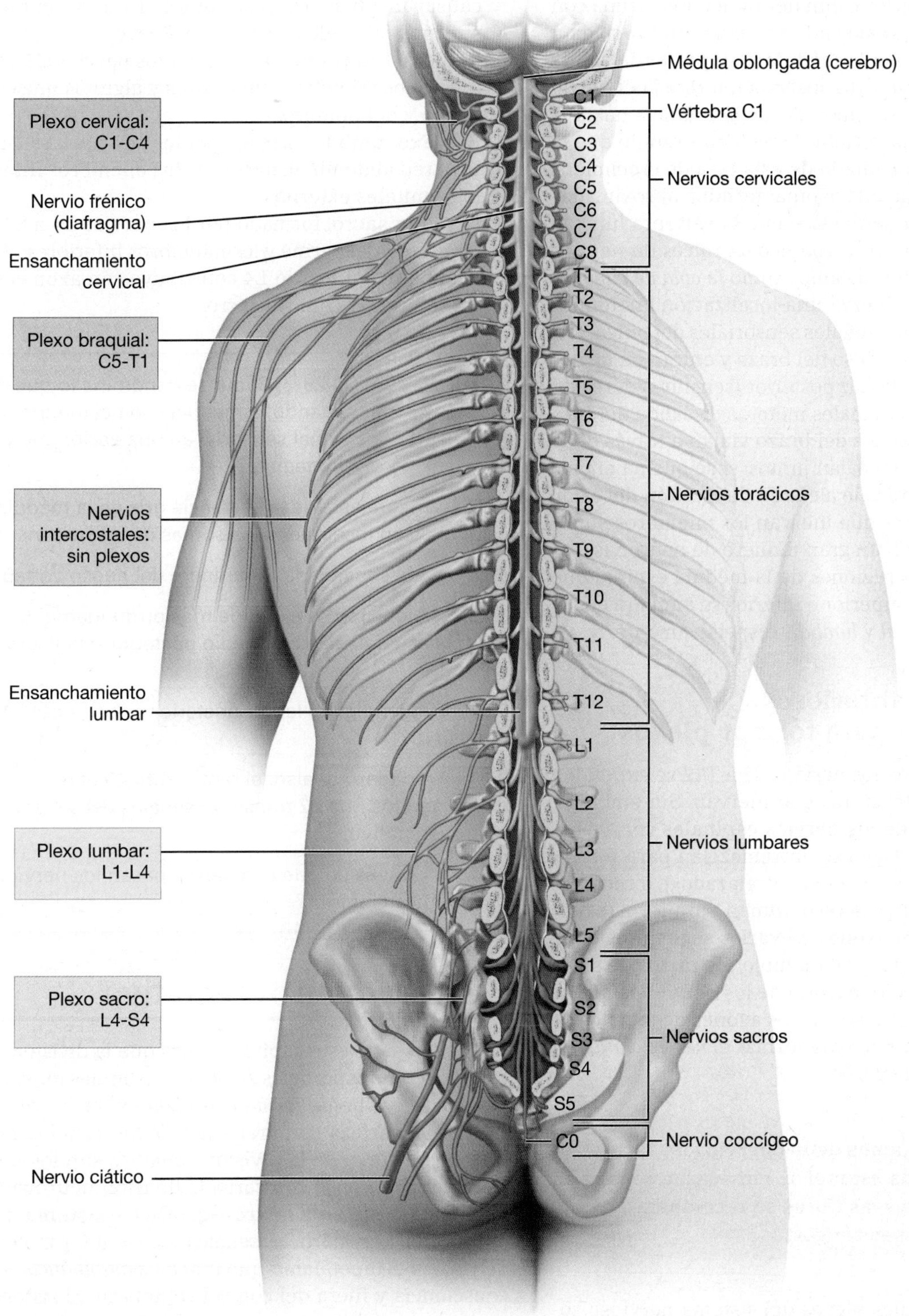

Figura 8-17. Plexos de los nervios espinales. Los nervios espinales están numerados a la derecha. A la izquierda se muestran los plexos espinales y algunos nervios espinales formados por los ramos anteriores. *¿Qué nervio torácico participa en un plexo?*

nal sale por debajo del cráneo y por encima de la primera vértebra cervical (el atlas). Observe en la figura 8-17 que, de arriba abajo, los nervios espinales tienen una salida con una inclinación hacia abajo cada vez más pronunciada a medida que viajan desde la médula a su punto de salida de la columna vertebral. Esta observación refleja el hecho de que, a medida que crecemos, desde la infancia hasta la edad adulta, la columna vertebral crece más rápido que la médula espinal. Otro resultado de esta tasa de crecimiento desigual es que la médula espinal termina aproximadamente a nivel de la primera o la segunda vértebra lumbar, por debajo de la cual hay un abanico de raíces de nervios espinales, que antes identificamos como la *cola de caballo.*

Cada nervio espinal inerva una localización anatómica concreta. Por ejemplo, las señales sensoriales del pulgar ascienden por un ramo nervioso del brazo y entran en la médula espinal a través de la raíz posterior (sensitiva) del sexto nervio cervical (C6). Las señales motoras de salida del C6 a los músculos y otros tejidos del brazo viajan a través de la raíz anterior (motora). Trabajan juntos: si se quema el pulgar, los músculos del brazo lo alejarán de un tirón del calor.

Los nervios espinales que inervan los miembros superior e inferior contienen un gran número de neuronas. Para adaptarse a ello, las regiones de la médula espinal que inervan los miembros superior e inferior se amplían en los *ensanchamientos cervical* y *lumbar,* respectivamente.

Algunos ramos anteriores se entremezclan para formar plexos

Los ramos anteriores de los nervios T2 a T12 se extienden directamente a las estructuras que inervan. Sin embargo, los ramos anteriores de los nervios espinales cervicales, lumbares, sacros y coccígeo se entremezclan para formar **plexos** (del latín *plexus* = «tejido entrelazado»), o redes de axones entrelazados que se recombinan para formar nervios nuevos que llevan axones de varios segmentos de la médula espinal (fig. 8-17). Por ejemplo, los ramos de algunos nervios lumbares y la mayoría de los nervios sacros se unen para formar el *plexo sacro*. Los axones de muchos de estos ramos se recombinan para formar el *nervio ciático,* el nervio más grande del cuerpo.

¡Recuerde! **Ramos de los nervios de varios niveles de la médula espinal se entrelazan para producir un plexo, cuyas fibras se recombinan para formar los nervios periféricos.**

Los cuatro principales plexos del sistema nervioso somático son:

- El **plexo cervical,** que inerva la piel y los músculos de la parte posterior de la cabeza, el cuello, la parte superior del hombro y, muy importante, el diafragma (nervio frénico). Este plexo está compuesto principalmente por los axones de los nervios cervicales C1 a C4, con algunos axones del C5. Una lesión de la médula espinal por encima del origen del nervio frénico (que se origina en los nervios C3, C4 y C5) puede paralizar el diafragma y causar insuficiencia respiratoria. Esta lesión fue la que sufrió el fallecido Christopher Reeve.
- El **plexo braquial,** formado por los nervios C5 a C8 y T1, inerva los miembros superiores y algunos músculos del cuello y del hombro.
- El **plexo lumbar,** formado por los nervios L1 a L4, inerva la pared abdominal, partes de los miembros inferiores y los genitales externos.
- El **plexo sacro,** formado por los nervios L4 a S4, inerva los glúteos, el periné y los miembros inferiores. Tenga en cuenta que el nervio L4 contribuye con axones tanto al plexo lumbar como al sacro.

8-26 ¿Cómo se denomina lo que ocurre cuando la médula espinal integra una señal sensorial en una acción motora inmediata?

8-27 ¿En qué asta de la sustancia gris de la médula espinal están localizados los somas de las motoneuronas?

8-28 ¿Qué separa a la duramadre del hueso vertebral?

8-29 ¿Qué surco se extiende más profundamente en la médula espinal, el surco medio posterior o la fisura media anterior?

8-30 ¿El ganglio de la raíz posterior es parte del SNP o del SNC?

8-31 Verdadero o falso: el ramo comunicante de los nervios T1 a L2 transmite señales del sistema neurovegetativo.

8-32 ¿A través de qué dos plexos pasan los nervios del miembro inferior?

Sistema neurovegetativo

Al comienzo de este capítulo vimos que la división somática del SNP transporta las señales sensoriales que la corteza cerebral percibe *de forma consciente* y las señales motoras que la corteza cerebral envía *de forma voluntaria.* Los únicos efectores de la división somática son los músculos esqueléticos. Por el contrario, la división neurovegetativa, denominada **sistema neurovegetativo** o **sistema nervioso autónomo,** transporta las señales sensoriales y motoras desde y hacia el hipotálamo, que funciona *automáticamente,* sin consciencia y fuera del control voluntario. El sistema neurovegetativo utiliza una amplia variedad de efectores, entre ellos el músculo cardíaco, el músculo liso y las glándulas.

Los sistemas neurovegetativo y somático difieren anatómicamente

Los sistemas neurovegetativo y somático difieren en cuanto a anatomía y función, como se resume más adelante en la

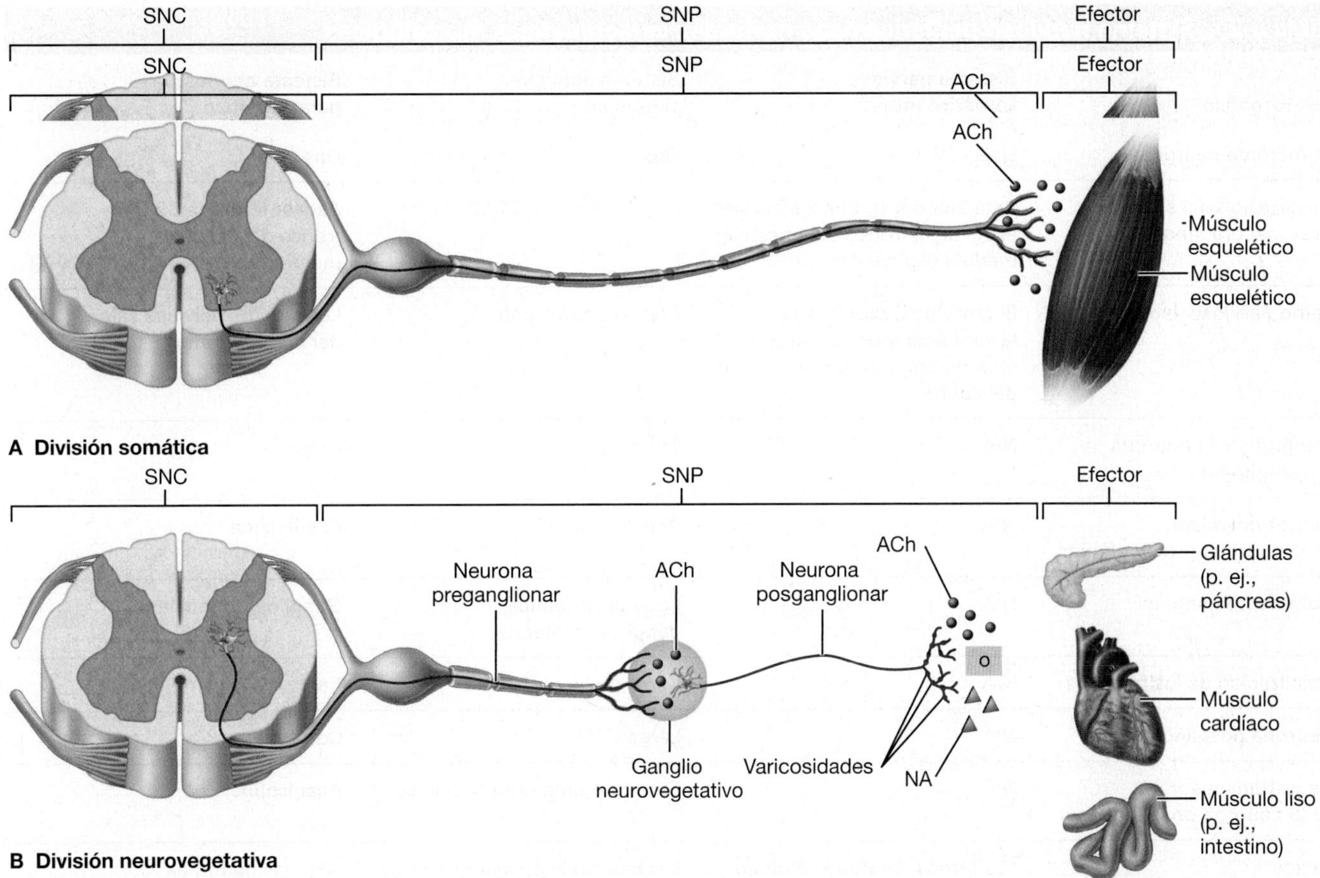

Figura 8-18. Vías motoras somática y neurovegetativa. A) Las vías motoras somáticas utilizan una sola neurona colinérgica para llevar las señales entre la médula espinal y el músculo esquelético. **B)** Las vías motoras neurovegetativas utilizan una neurona colinérgica y una segunda neurona, que es colinérgica o adrenérgica, para transmitir las señales entre la médula espinal y el músculo liso, el músculo cardíaco o las glándulas. Las neuronas colinérgicas emplean acetilcolina (ACh) y las neuronas adrenérgicas emplean noradrenalina (NA). *¿Qué tipo de neuronas son siempre colinérgicas, las preganlionares o las posganglionares?*

tabla 8-2 y se muestra en la figura 8-18. Por ejemplo, se diferencian en el número de neuronas que conectan el SNC con el órgano diana:

- En la división *somática,* una *sola* neurona conecta el SNC con el órgano diana. En la mayor parte de los nervios craneales, el soma de la motoneurona somática se encuentra en el cerebro; en el caso de los nervios espinales (y el nervio craneal XI), el soma se encuentra en la médula espinal. No obstante, en ambas neuronas, el axón se extiende hasta la fibra muscular esquelética a la que estimula.
- En la división *neurovegetativa* son precisas *dos* neuronas para conectar el SNC con el tejido diana. Estas dos neuronas hacen sinapsis en un **ganglio neurovegetativo,** un nódulo de sustancia gris del SNP. El soma de la primera neurona, la **neurona preganglionar,** se encuentra en la sustancia gris del cerebro o de la médula espinal. Esta primera neurona mielinizada hace sinapsis con una *segunda* neurona, la **neurona posganglionar** amielínica. El soma de la segunda neurona se encuentra en un ganglio neurovegetativo.

Los sistemas somático y neurovegetativo también utilizan *neurotransmisores* diferentes. Recuerde que en el capítulo 4 se decía que los neurotransmisores son sustancias químicas que transmiten, amplifican o modifican las señales eléctricas entre una neurona y otra célula.

- Los potenciales de acción *somáticos* se transmiten a través de las sinapsis desde las neuronas al músculo esquelético exclusivamente por la *acetilcolina* (ACh).
- Los potenciales de acción *neurovegetativos* se transmiten a través de las sinapsis de una neurona a otra por la ACh, pero las señales desde las neuronas al tejido efector (músculo cardíaco, músculo liso o glándula) son transmitidas por la ACh o la *noradrenalina* (NA).

¡Recuerde! **Para llegar a los tejidos diana desde el SNC, el sistema nervioso somático (voluntario) necesita una sola neurona; sin embargo, el sistema neurovegetativo (involuntario) precisa dos.**

Tabla 8-2. Sistema nervioso periférico (vías motoras): características morfológicas

Característica	Sistema nervioso somático motor	Sistema nervioso simpático	Sistema nervioso parasimpático
Número de neuronas	Una	Dos	Dos
Localización del soma neuronal preganglionar	Asta anterior (todos los nervios espinales), tronco del encéfalo/médula espinal cervical	Asta anterior de T1-L2	Asta anterior de S2-S4, tronco del encéfalo (nervios craneales III, VII, IX y X)
Ramo nervioso espinal	El ramo posterior inerva la cara posterior del cuerpo, el ramo anterior inerva el resto del cuerpo	Ramo comunicante	Los nervios pélvicos salen del ramo anterior
Longitud de la neurona preganglionar	N/A	Corta	Larga
Neurotransmisor de la neurona preganglionar	N/A	Acetilcolina	Acetilcolina
Nombre de ganglios	N/A	Cadena simpática, ganglios colaterales	Ganglios terminales
Localización de los ganglios	N/A	Cerca de las vértebras	Cerca del órgano diana
Neurona posganglionar	N/A	Larga	Corta
Neurotransmisor de la neurona posganglionar	N/A	Generalmente noradrenalina	Acetilcolina
Plexos	Los ramos anteriores forman los plexos cervical, braquial, lumbar y sacro	Las neuronas posganglionares se unen a plexos neurovegetativos	Algunas neuronas preganglionares se unen a plexos neurovegetativos

Es más, la forma en que las motoneuronas del sistema neurovegetativo hacen sinapsis con sus órganos diana es diferente. Recordemos que las motoneuronas somáticas se dividen en múltiples ramos pequeños, o terminales axónicos (v. fig. 7-3 B), que liberan neurotransmisores en un lugar pequeño, aislado, que en el músculo está representado por la unión neuromuscular. Sin embargo, las motoneuronas posganglionares neurovegetativas no tienen terminales axónicos. En cambio, se liberan neurotransmisores de las partes engrosadas del axón llamadas *varicosidades,* que inervan una zona amplia permitiendo que el neurotransmisor se difunda más ampliamente que en una sinapsis motora. Esto hace que un número relativamente pequeño de fibras motoras del sistema neurovegetativo controle grandes extensiones de músculo liso o de tejido glandular.

Las divisiones simpática y parasimpática producen efectos opuestos

Al igual que el sistema nervioso somático, el sistema neurovegetativo comprende tanto nervios motores como sensitivos. Más adelante en esta sección estudiaremos los nervios sensitivos neurovegetativos.

Los nervios motores autónomos se agrupan en dos divisiones, según los efectos que producen y los neurotransmisores que utilizan. La **división parasimpática** estimula una reacción de reposo-digestión con la Ach como neurotransmisor; la **división simpática** estimula una reacción de lucha/huida utilizando NA (tabla 8-2). La NA es muy similar a la *adrenalina,* una hormona secretada por la glándula suprarrenal que se comenta más adelante.

Apuntes sobre el caso

8-16 La frecuencia cardíaca de Larry había aumentado al llegar al hospital. ¿Qué ramo del sistema neurovegetativo produjo este cambio y qué neurotransmisores participaron en la transmisión de la señal desde el SNC al corazón?

Las señales parasimpáticas ayudan a mantener el estado de reposo y digestión

La actividad parasimpática es evidente cuando estamos tranquilos y relajados (fig. 8-19 A). Imagínese tumbado en

A Respuesta de reposo/digestión

B Respuesta de lucha/huida

Figura 8-19. Efectos del sistema neurovegetativo. A) La división parasimpática activa la respuesta de reposo-reproducción-digestión. **B)** La división simpática activa la respuesta de lucha/huida. *¿Qué división aumenta la frecuencia cardíaca?*

un campo, de excursión. Sus ritmos cardíaco y respiratorio se adaptan a un ritmo lento y regular. Los jugos digestivos fluyen, aumenta la actividad intestinal y el esfínter anal interno se relaja para una posible evacuación. La presión arterial disminuye y las vías respiratorias del pulmón se contraen, debido a que está inactivo y no necesita mucho oxígeno ni flujo sanguíneo. Las pupilas se estrechan y aumenta el espesor del cristalino para una visión cercana más clara.

Todas estas acciones son inducidas por el mismo neurotransmisor, la ACh, liberada por las neuronas posganglionares parasimpáticas en los diferentes órganos diana. Por lo tanto, los efectos parasimpáticos se describen a veces como *colinérgicos*.

¡Recuerde! **Tanto las neuronas preganglionares como las posganglionares del sistema nervioso parasimpático utilizan ACh.**

Las señales simpáticas estimulan la respuesta de lucha/huida

La actividad simpática es evidente cuando estamos ansiosos o estresados (fig. 8-19 B). Imagínese un coche a toda velocidad dirigiéndose hacia usted. Inmediatamente se activa el sistema simpático: el corazón se acelera, se respira rápido y profundo, el pelo se pone literalmente «de punta», se suda y se dilatan las pupilas. Estos cambios perceptibles se acompañan de cambios imperceptibles igual de importantes: aumenta la presión sanguínea, los vasos sanguíneos de la piel y el intestino se contraen (derivando la sangre al cerebro y los músculos para un uso más eficaz), se eleva la concentración de glucosa en la sangre (energía para la fuga), se dilatan las vías respiratorias (más aire para la fuga) y los cristalinos se aplanan para una mejor visión de lejos.

Las neuronas posganglionares simpáticas producen estos efectos generalizados al liberar el neurotransmisor NA. Los efectos simpáticos se describen a menudo como *adrenérgicos*.

Sin embargo, no sólo el temor a un accidente inminente estimula la actividad simpática. También pueden desencadenarla el ejercicio, algunos traumatismos (cirugía o accidente), la emoción como espectador ante un acontecimiento deportivo o un trastorno emocional. Datos recientes sugieren que la actividad simpática puede afianzar más los recuerdos en la corteza cerebral, lo que los hace más o menos inolvidables.

Apuntes sobre el caso

8-17 Recordemos que la presión arterial de Larry disminuyó tras el accidente. ¿Qué corregiría su problema, una inyección de epinefrina o de ACh?

Los sistemas simpático y parasimpático difieren anatómicamente

Las divisiones simpática y parasimpática no sólo difieren en los efectos que producen y en el neurotransmisor posganglionar que emplean, sino también anatómicamente. Por ejemplo, los ganglios simpáticos se localizan cerca de la columna vertebral, mientras que los parasimpáticos están cerca del tejido diana o en él. Como consecuencia, el axón preganglionar del sistema simpático es corto, porque los ganglios se encuentran muy cerca de la columna vertebral, mientras que el posganglionar es largo. En el sistema parasimpático sucede lo contrario: el axón preganglionar es largo, porque los ganglios se encuentran cerca del tejido diana o en él, y el axón posganglionar es corto. En las figuras 8-20 y 8-21 se observan estas diferencias.

Asimismo, los nervios simpáticos y parasimpáticos emergen de la médula espinal en diferentes segmentos: los parasimpáticos salen del cerebro y de la región sacra de la médula espinal, mientras que los simpáticos salen de las regiones torácica y lumbar de la médula espinal.

Las señales parasimpáticas se originan en las regiones craneal y sacra

La división parasimpática del sistema neurovegetativo también se conoce como *división craneosacra* porque las señales parasimpáticas motoras se originan en los núcleos de los nervios craneales y los segmentos sacros de la médula espinal (fig. 8-20).

Las neuronas preganglionares de la porción craneal de la división craneosacra se originan en los núcleos cerebrales de los nervios craneales III, VII, IX y X. Los de la parte sacra provienen de la sustancia gris de la región S2 a S4 de la médula espinal y viajan a través de los nervios espinales correspondientes. Estas neuronas preganglionares

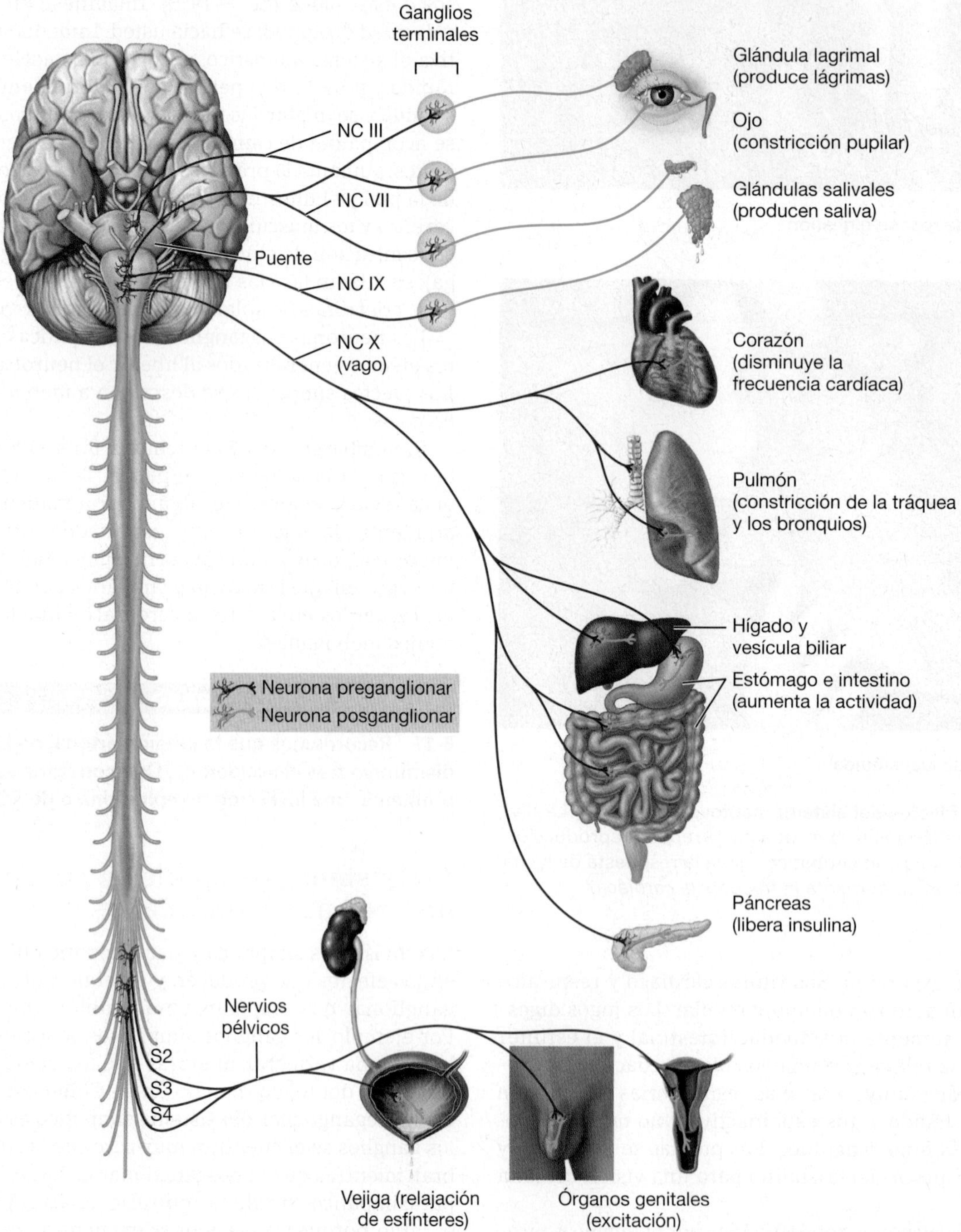

Figura 8-20. División parasimpática. Las neuronas preganglionares, que aparecen en rojo, se originan en el tronco del encéfalo (nervios craneales III, VII, IX y X) y los segmentos medulares S2-S4 (nervios pélvicos), y terminan en una sinapsis en el ganglio terminal. La neurona postsináptica corta (en azul) termina en un órgano diana. Sólo se muestra un lado. *¿Qué efecto tiene la activación parasimpática sobre la tráquea y los bronquios?*

parasimpáticas hacen sinapsis con una segunda neurona (posganglionar) en un **ganglio terminal,** que se encuentra muy cerca o en el tejido diana.

Los nervios craneales transportan señales salientes parasimpáticas destinadas a la cabeza, la cara, el tórax y el abdomen. Alrededor del 80 % del total del flujo de salida de señales motoras parasimpáticas discurre por el nervio craneal X, el nervio vago, que conecta con varios lugares en el tórax (corazón, laringe, vías respiratorias del pulmón) y en el abdomen (intestino, páncreas, hígado, vesícula biliar y páncreas). Otros nervios craneales y sacros transportan el 20 % restante.

Las neuronas parasimpáticas que se originan en los segmentos medulares S2, S3 y S4 se extienden a lo largo de un corto tramo por el ramo anterior de sus nervios espinales; a continuación se ramifican para formar los *nervios pélvicos* de carácter exclusivamente parasimpático (no tienen componentes somáticos ni simpáticos). Estos nervios transportan las señales parasimpáticas motoras a partes del intestino grueso y a los órganos pélvicos.

El intestino grueso, encargado de contener y eliminar las heces, tiene ganglios parasimpáticos en su pared muscular. La ausencia congénita de estos ganglios en un segmento del colon impide que las ondas normales de contracción (peristaltismo) pasen por la pared para empujar la materia fecal a lo largo del intestino. En tales casos, el intestino grueso se obstruye, aunque su luz esté abierta, y las heces no pueden pasar a través del segmento afectado. Más proximalmente, la parte no afectada del colon se dilata de forma considerable, ya que se llena de materia fecal; esta enfermedad se llama *megacolon congénito.* Sin una intervención quirúrgica que elimine el segmento defectuoso de colon puede producirse una rotura, una infección o la muerte.

Las señales simpáticas provienen de las regiones torácica y lumbar

La división simpática del sistema neurovegetativo también se conoce como *división toracolumbar,* porque las señales simpáticas se originan en los segmentos torácicos y los dos primeros lumbares de la médula espinal (fig. 8-21).

La primera motoneurona simpática (la neurona preganglionar) se origina en la sustancia gris de la médula espinal. Su axón se extiende por el ramo anterior de un nervio espinal y por el ramo comunicante de un nervio torácico o lumbar hasta la **cadena simpática,** una serie de pares de ganglios que forman como una cadena de cuentas a cada lado de toda la columna vertebral. A pesar de que la cadena simpática sólo recibe impulsos de los nervios espinales T1 a L2 (inclusive), en la cadena hay un ganglio a nivel de cada vértebra en las regiones torácica, lumbar, sacra y coccígea, y tres ganglios en la región cervical.

¡Recuerde! **Los ramos comunicantes conectan el ramo anterior de los nervios espinales torácicos y lumbares con los ganglios de la cadena simpática.**

Los axones de algunas motoneuronas simpáticas hacen sinapsis con su segunda neurona (la neurona posganglionar) dentro de la cadena simpática. Sin embargo, los axones de otras neuronas no hacen sinapsis en la cadena simpática. En vez de ello, pasan por la cadena para hacer sinapsis con su segunda neurona en uno de los **ganglios colaterales,** que se encuentran en forma de nódulos impares próximos al borde anterior de la columna vertebral. Los tres ganglios colaterales principales, *celíaco, mesentérico superior* y *mesentérico inferior,* se encuentran cerca de los orígenes de las grandes arterias que emergen de la aorta y que se denominan según dichos ganglios. Los nervios que conectan la cadena simpática con los ganglios colaterales se denominan **nervios esplácnicos.**

Después de la sinapsis en la cadena simpática o en los ganglios colaterales, el axón posganglionar llega hasta su órgano diana (p. ej., el intestino o la vejiga). Hay una excepción notable: la glándula suprarrenal. Las neuronas que se originan en la médula espinal pasan a través de un ganglio colateral y terminan directamente en la parte interna (médula) de la glándula suprarrenal ➡ (cap. 15). Como resultado de la estimulación por impulsos nerviosos simpáticos, la glándula suprarrenal secreta adrenalina, que se suma al efecto de otras señales nerviosas simpáticas para originar la respuesta simpática de lucha/huida antes comentada. Una vez que desaparece el peligro, la actividad nerviosa simpática cesa rápidamente; no obstante, debido a que la metabolización de las hormonas suprarrenales por parte del hígado requiere un tiempo, la desaparición de su efecto también puede tardar.

Aunque no se muestra en la figura 8-21, porque la imagen quedaría muy recargada, cada ganglio de la cadena simpática envía fibras a una región concreta de la piel para inervar las glándulas sudoríparas, los músculos y el tejido adiposo. Por el contrario, la piel no recibe inervación parasimpática. Determinados ganglios de la cadena simpática también emiten nervios hacia órganos viscerales específicos. Los ganglios cervicales proporcionan la inervación simpática de los ojos, las glándulas salivales, el corazón y los pulmones. Las señales destinadas al tubo gastrointestinal, los órganos genitales, los riñones y la vejiga se originan en los ganglios torácicos, lumbares y sacros.

Apuntes sobre el caso

8-18 ¿La señal que aumentó la frecuencia cardíaca de Larry pasó por un ganglio de la cadena simpática, por un ganglio colateral o por ambos?

Las neuronas simpáticas y parasimpáticas se entremezclan en plexos

Hay que recordar que los ramos anteriores de los nervios espinales se entrelazan para formar los plexos del sistema nervioso somático. Los nervios autónomos del torso también forman plexos (fig. 8-22). Puesto que los ganglios

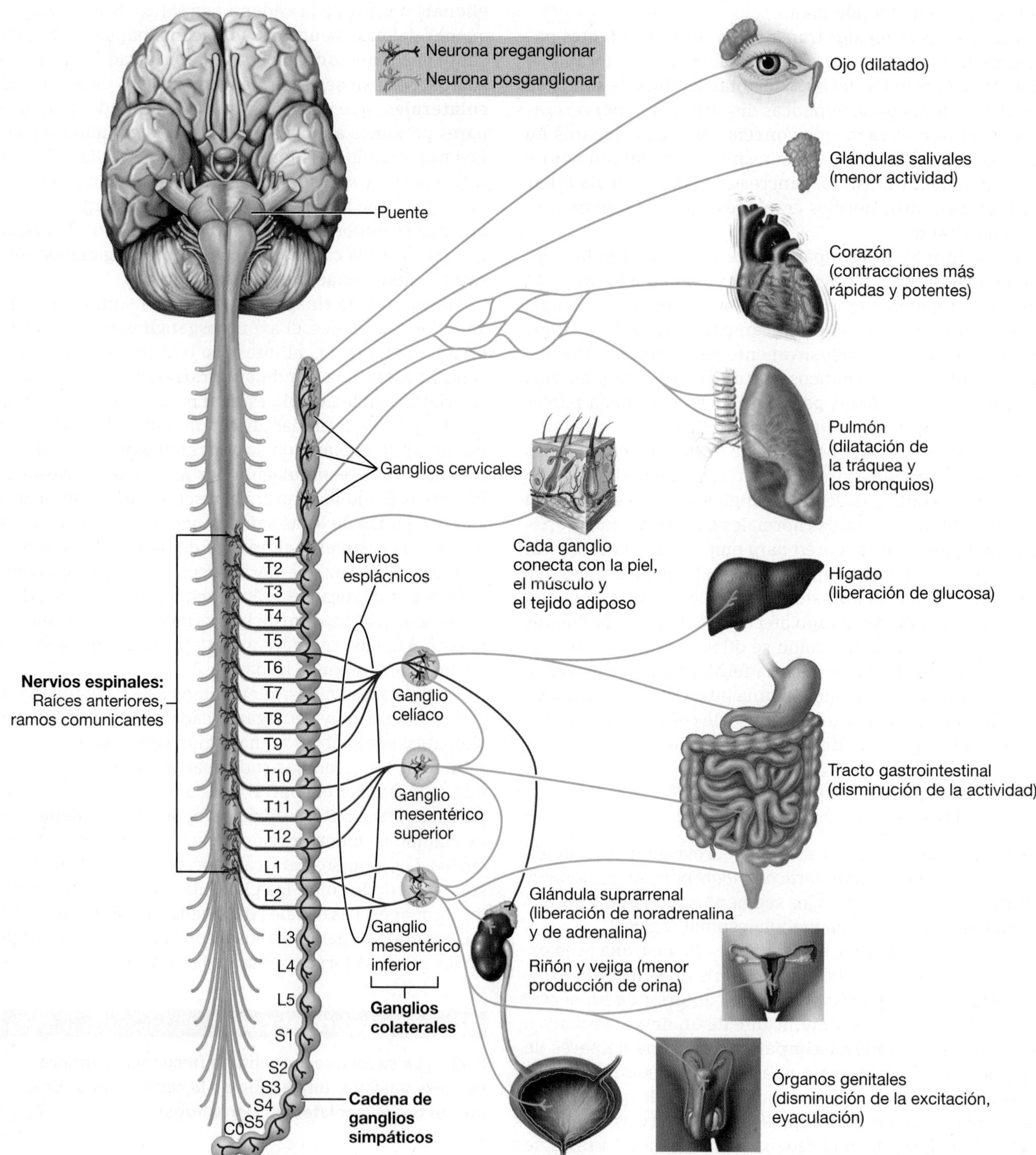

Figura 8-21. División simpática. Las neuronas preganglionares, que aparecen en rojo, se originan en los segmentos medulares T1-L2 y terminan en uno o más ganglios. Las neuronas posganglionares, que aparecen en azul, se originan en la cadena simpática o en los ganglios colaterales, y terminan en los órganos diana. Observe que la glándula suprarrenal está inervada directamente por una neurona preganglionar. Sólo se muestra un lado. *¿Qué órganos están inervados por los ganglios cervicales?*

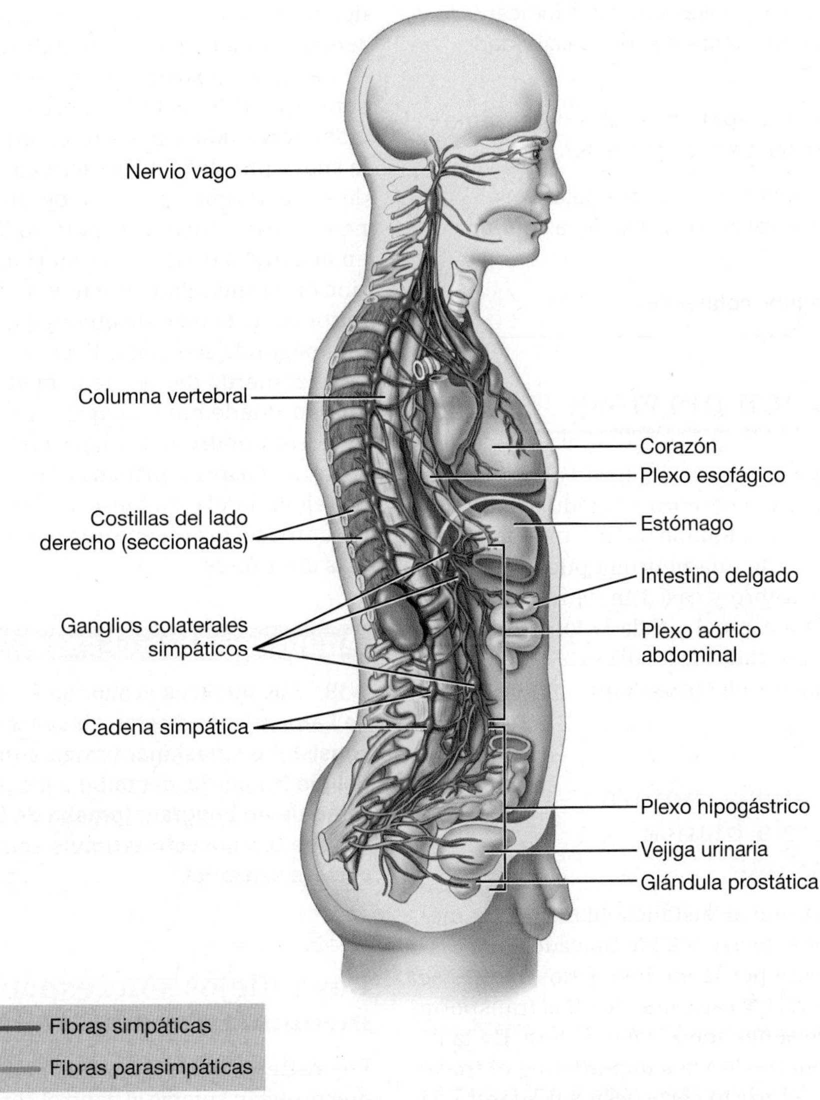

Figura 8-22. Ganglios y plexos autónomos. La cadena simpática y los ganglios colaterales simpáticos contienen somas neuronales; los plexos nerviosos contienen axones. *¿El plexo hipogástrico inerva la división simpática, la división parasimpática o ambas?*

simpáticos se encuentran cerca de la médula espinal y los parasimpáticos cerca del órgano diana, un plexo neurovegetativo contiene una mezcla de fibras simpáticas *posganglionares* y parasimpáticas *preganglionares,* que crean delicadas redes a medida que se entrelazan en su camino hacia los tejidos diana. Dos de esos plexos, el *plexo aórtico abdominal* y el *plexo hipogástrico,* inervan los órganos pélvicos, como se muestra en la figura 8-22. El plexo esofágico, sin embargo, sólo tiene fibras parasimpáticas, las del nervio vago.

Los nervios sensitivos autónomos están distribuidos de forma difusa

Hasta ahora, nuestro estudio se ha centrado principalmente en los nervios motores neurovegetativos. Sin embargo, los nervios sensitivos autónomos también forman parte del sistema neurovegetativo; transmiten información sensorial visceral de los órganos inervados por dicho sistema. Algunas de estas señales (p. ej., distensión de la vejiga) entran en la consciencia, mientras que otras (como la distensión de los vasos sanguíneos por la hipertesión arterial) no lo hacen. Las neuronas sensitivas que transmiten estas señales siguen muchos caminos antes de llegar al SNC; pueden viajar junto a motoneuronas del sistema neurovegetativo que inervan la misma región o incluso junto a neuronas sensitivas somáticas que inervan las regiones de piel cercanas.

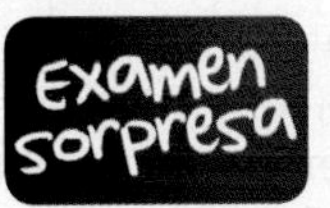

8-33 ¿Cuántas neuronas son necesarias en las divisiones somática y autónoma del SNP para conectar el SNC con el tejido diana?

8-34 Verdadero o falso: las pupilas dilatadas indican un estado de reposo/digestión coherente con la actividad parasimpática.

8-35 ¿Qué nervios sólo transportan señales del sistema neurovegetativo, los craneales o los pélvicos?

8-36 ¿A qué división del sistema neurovegetativo pertenecen los ganglios localizados cerca de la columna vertebral?

8-37 Nombre tres ganglios colaterales.

Vías de la función nerviosa

A efectos de claridad y simplificación, hasta ahora hemos considerado las regiones del cerebro, la médula espinal y los nervios como si fueran anatómicamente independientes. Sin embargo, el axón de una neurona puede recorrer diversas regiones del cerebro y casi 1 m de médula espinal, o parte de la médula espinal y toda la longitud de un nervio espinal. En este apartado se analizan algunas de las vías que siguen las señales eléctricas entre la periferia y el cerebro.

Las vías sensoriales y motoras forman la sustancia blanca de la médula espinal

En la figura 8-16 vimos que la sustancia blanca de la médula espinal se compone de axones mielinizados que discurren longitudinalmente por la médula. Estos axones se organizan en tractos o vías, y cada uno de ellos transporta un tipo determinado de señal, sensorial o motora. En la figura 8-23 A se muestran tres tractos importantes, el *tracto corticoespinal anterior*, el *tracto corticoespinal lateral* y la *columna posterior*, pero hay muchos más.

Los *tractos corticoespinal anterior* y *lateral* forman la vía corticoespinal (motora) (fig. 8-23 B). Considere el simple hecho de extender el dedo para tocar un gato. Una señal iniciada en la corteza motora primaria del hemisferio cerebral *izquierdo*, en la región que controla la mano derecha, viajará hacia la médula oblongada a través de las *motoneuronas superiores*. La mayoría de los axones de las motoneuronas superiores se cruzan *(decusan)* en la médula para descender por el tracto corticoespinal lateral *derecho* a la médula espinal, donde se origina el nervio espinal C6. Algunas (menos del 20%) continuarán por el lado izquierdo de la médula espinal, a través del tracto corticoespinal anterior izquierdo, y no cruzarán al lado derecho hasta llegar al segmento de la médula espinal que da origen al nervio C6. Independientemente de la vía que han seguido para llegar al C6, todas las neuronas hacen sinapsis con una segunda motoneurona, la *motoneurona inferior*, en el asta anterior de la sustancia gris de la médula espinal. Estas neuronas emergen de la médula por la raíz anterior para formar parte del nervio espinal C6. Otras señales motoras destinadas a otros músculos esqueléticos salen del tronco del encéfalo (en el caso de los nervios craneales) o de diferentes segmentos de la médula espinal.

La *columna posterior* (fig. 8-23 C) transporta las señales sensoriales de tacto fino, presión, vibración y propiocepción. Volviendo a nuestro ejemplo, cuando su índice toca la suave piel del gato, se activan los receptores sensoriales de su dedo, que son parte de una neurona sensitiva. Esta neurona sensitiva transportará la señal más allá del soma en el ganglio de la raíz posterior, a través de la raíz posterior en la médula espinal, y a través de la columna posterior hasta la médula oblongada, donde hace sinapsis con una segunda neurona. Esta segunda neurona cruzará al lado izquierdo dentro de la médula oblongada y llegará al tálamo, donde hará sinapsis con una tercera neurona. Esta tercera neurona transportará la señal a la región de la corteza sensorial primaria encargada del dedo índice. Si, por ejemplo, el gato fuese a responder a sus atenciones con un arañazo, los receptores del dolor de su dedo tomarían vías diferentes.

Apuntes sobre el caso

8-19 Los médicos evaluaron el estado neurológico de Larry mientras estaba inconsciente. Una prueba consistió en presionar firmemente la superficie plantar del pie izquierdo, del talón a los dedos, con el extremo romo de un bolígrafo (prueba de Babinski). Describa la vía que tomará este estímulo sensorial para llegar a su corteza sensorial.

Los reflejos son respuestas involuntarias a las señales sensoriales

Los **reflejos** son reacciones motoras automáticas rápidas que no están sujetas al control consciente, es decir, la acción no requiere una decisión consciente. Sin embargo, después de que se haya producido el reflejo, el resultado puede entrar en la consciencia. Algunos reflejos son innatos, como sacudir el pie para apartarlo de una piedra afilada, ya mencionado anteriormente en este capítulo. Otros reflejos se aprenden, como el movimiento instantáneo del pie en el pedal del freno si sucede algo inesperado cuando se está conduciendo. El resultado de cada uno de estos ejemplos llega a la consciencia después del hecho, pero algunos reflejos viscerales se producen sin nuestro conocimiento, por ejemplo el aumento reflejo de la presión arterial relacionado con la excitación o el miedo.

Los **reflejos somáticos** son aquellos en los cuales se estimula la respuesta del músculo esquelético. Los **reflejos neurovegetativos** son aquellos en los cuales el sistema neurovegetativo es el que provoca la respuesta. El reflejo rotuliano en la consulta del médico, por el que la pierna oscila involuntariamente tras un golpe seco en el tendón rotuliano, es un reflejo somático. Por otro lado, la salivación al ver una comida deliciosa, o el aumento de la presión arterial y de la frecuencia cardíaca que se producen por la excitación, son reflejos neurovegetativos.

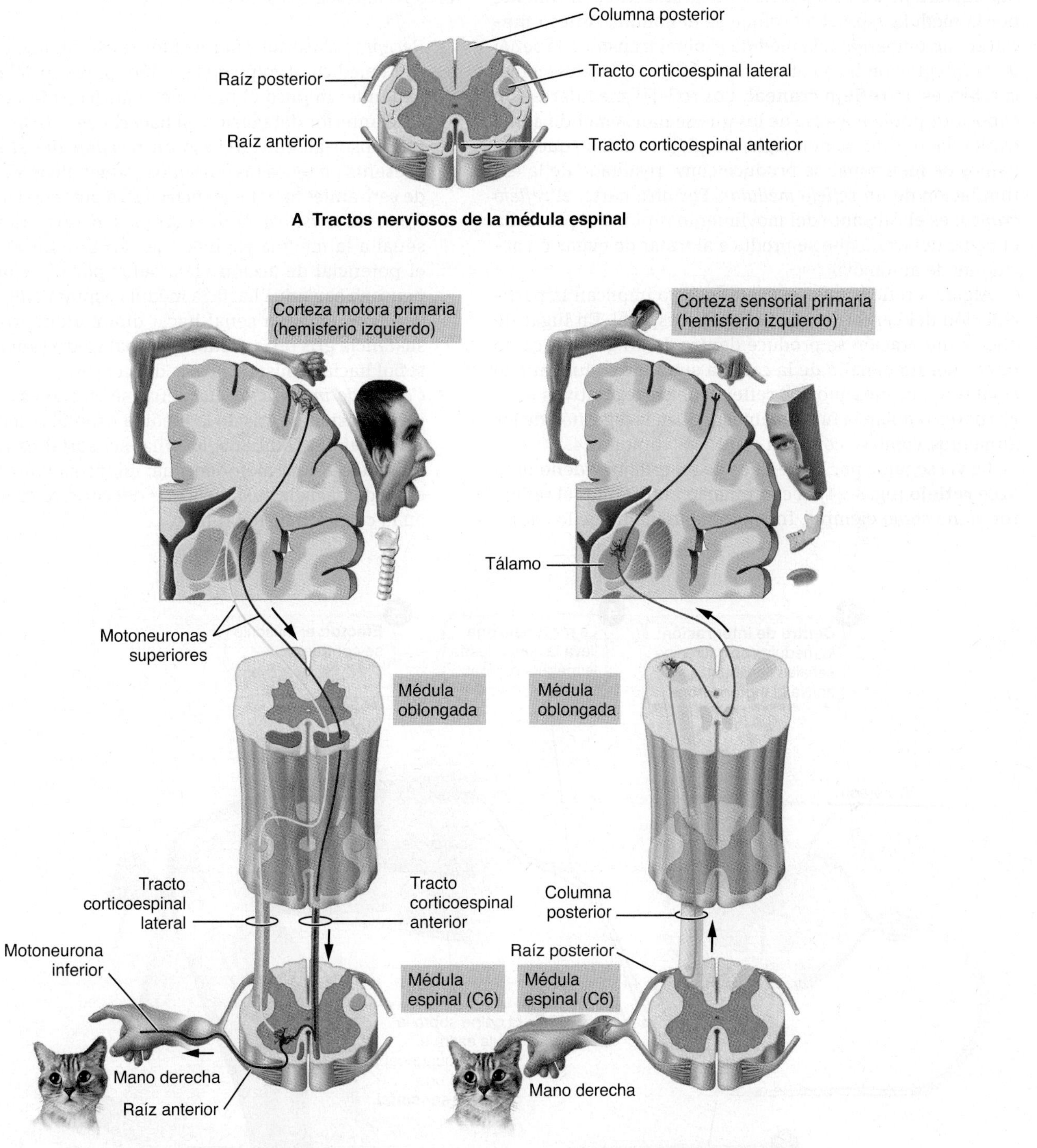

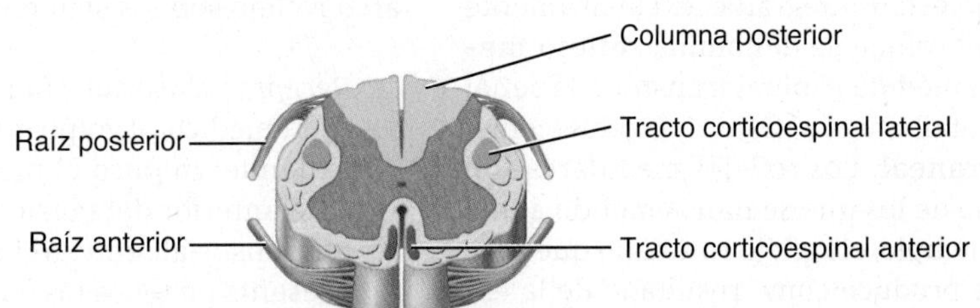

Figura 8-23. Vías sensoriales y motoras. A) Tractos de la médula espinal. En este corte transversal de la médula espinal se muestran los diversos tractos. **B) Vía corticoespinal (motora).** Las motoneuronas superior e inferior llevan la señal desde la corteza motora primaria a los músculos del dedo. Las señales pasan por el tracto corticoespinal lateral atravesando toda la médula; las que pasan por el tracto corticoespinal anterior se entrecruzan en la médula espinal. **C) Vía de la columna posterior.** Tres neuronas llevan la señal desde los receptores del tacto en el dedo hasta la corteza sensorial primaria. Esta vía se cruza en la médula. *¿Qué vía está formada por las neuronas que se decusan en la médula oblongada, el tracto corticoespinal anterior o el tracto corticoespinal lateral?*

Cuando la señal de entrada sensorial y la señal de salida motora de un reflejo están integradas exclusivamente por la médula espinal, el reflejo se denomina **reflejo medular;** sin embargo, si la médula espinal transmite la señal de la integración hacia arriba y el reflejo se produce en el cerebro, es un **reflejo craneal.** Los reflejos medulares son conocidos por la mayoría de los que se han sometido a una exploración física: por ejemplo, el reflejo rotuliano que acabamos de mencionar se produce como resultado de la estimulación de un *reflejo medular.* Por otra parte, el *reflejo craneal* es el causante del movimiento rápido del pie hacia el pedal del freno que se produce al tratar de evitar un accidente de automóvil.

Algunos reflejos neurovegetativos no implican la participación del cerebro ni de la médula espinal. En lugar de ello, la integración se produce dentro de un ganglio, como puede ser un ganglio de la cadena simpática o un ganglio colateral. Por ejemplo, los reflejos neurovegetativos ganglionares regulan la función intestinal en la digestión de los alimentos, como se comenta en el ➡ capítulo 14.

La vía seguida por las señales de un reflejo se denomina **arco reflejo** (fig. 8-24). A continuación utilizamos el reflejo rotuliano como ejemplo. Independientemente de los detalles concretos de nuestro ejemplo, los componentes de un arco reflejo son los siguientes:

1. *Receptor sensorial.* Un receptor sensorial inicia el reflejo. El médico, al golpear el tendón rotuliano del paciente, extiende un poco el músculo cuádriceps femoral de la cara anterior del muslo y, al hacerlo, se activa un receptor sensorial, en este caso un *receptor de estiramiento* presente en todos los músculos esqueléticos. El receptor de estiramiento pone en marcha un potencial de acción.
2. *Neurona sensitiva.* Una neurona sensitiva transmite la señal a la médula espinal o al cerebro. En el ejemplo, el potencial de acción viaja veloz por el axón de una neurona sensitiva hasta la médula espinal. Allí, un ramo del axón envía la señal hacia una motoneurona de la sustancia gris de la médula espinal y otro ramo envía la señal hacia la sustancia gris del cerebro.
3. *Centro de integración.* La señal sensorial es integrada por la sustancia gris de la médula espinal o del cerebro. En el reflejo rotuliano, la señal sensorial estimula directamente una motoneurona; mientras tanto, la señal enviada hacia la sustancia gris del cerebro es integrada en la consciencia del reflejo.

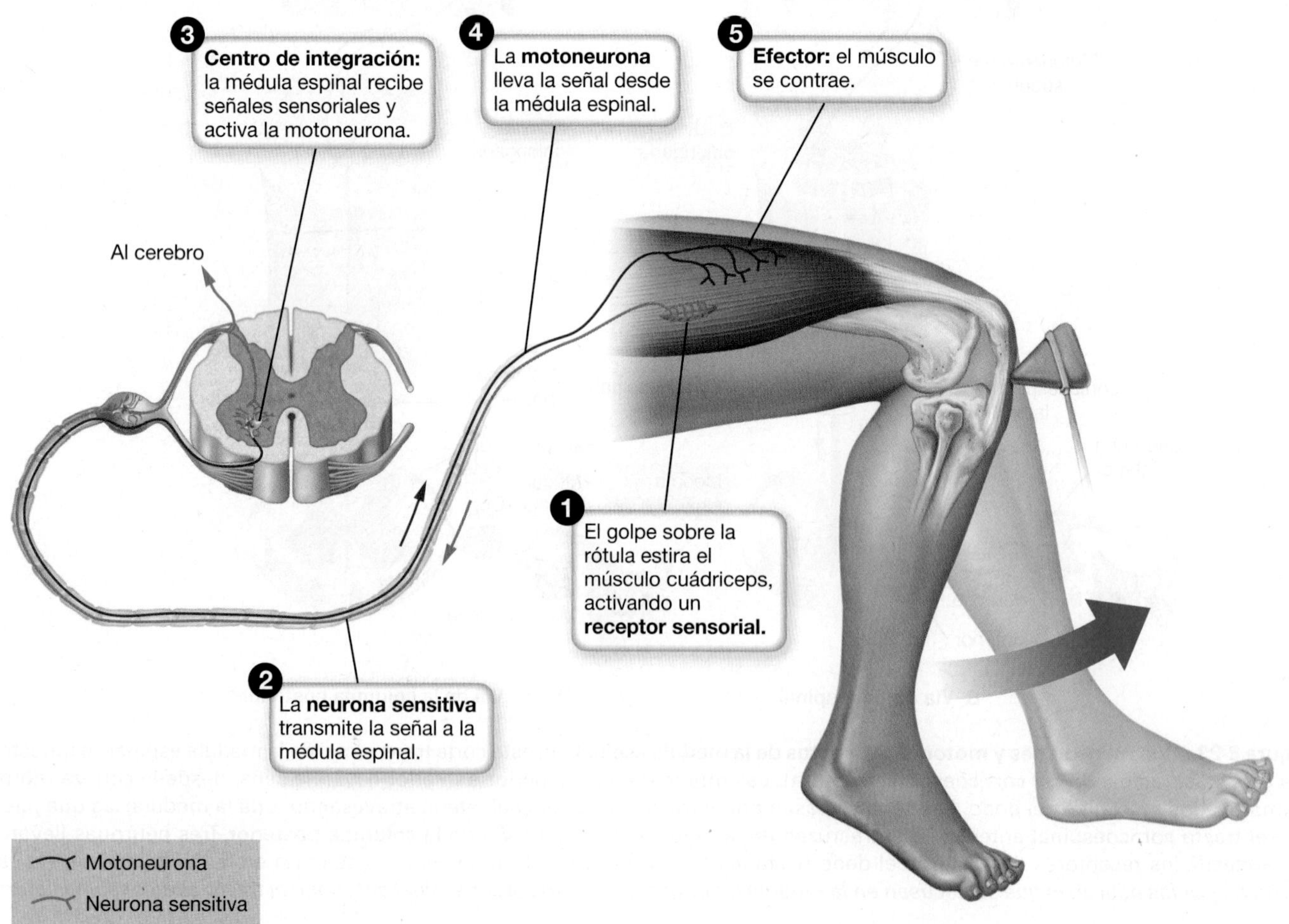

Figura 8-24. Arco reflejo simple. La respuesta al golpe dado por el médico sobre el tendón rotuliano es un ejemplo de un arco reflejo simple. *¿Cuántas neuronas están involucradas en este reflejo?*

4. *Motoneurona*. Una motoneurona transmite la señal a la parte del cuerpo que va a responder (p. ej., músculo esquelético, corazón o intestino). En el ejemplo del reflejo rotuliano, la señal pasa de la médula espinal a lo largo del axón de una motoneurona y llega al cuádriceps femoral para la acción.
5. *Efector*. La señal motora activa un órgano o tejido diana para provocar una respuesta. En nuestro ejemplo, el efector es el músculo esquelético, pero podría ser casi cualquier tejido del cuerpo dependiendo de cada reflejo en concreto.

En el sistema nervioso, la forma y la función están muy integradas

Necesariamente hemos tenido que analizar el sistema nervioso descomponiéndolo en partes más pequeñas. Sin embargo, es probable que en un momento dado la mayor parte del cerebro esté activa. Considere la acción de golpear una pelota de béisbol. A medida que el jugador ve aproximarse la bola (fig. 8-25 A):

- La información visual viaja por el nervio óptico hasta la corteza visual, con la que se identifica la pelota y se determina su velocidad, posición y dirección para predecir dónde va a cruzar la base.
- La corteza somatosensorial determina la posición de los brazos, las piernas y el tronco. Esta información procede de los receptores sensoriales de la piel, los músculos y las articulaciones; pasa por los nervios espinales a los ganglios de la raíz posterior, y entra en la médula espinal a través de las astas posteriores. Estas señales sensoriales ascienden al cerebro a través de la columna posterior.
- Otras áreas sensoriales proporcionan información entrante menos importante sobre los gustos, los sonidos y los olores.
- El área de asociación posterior recibe toda la información sensorial, determina lo que es relevante para la situación y envía una visión integrada de la posición del cuerpo, la pelota en movimiento y el entorno del cuerpo al área de asociación primaria.
- El área de asociación primaria produce un programa motor para golpear la bola, en asociación con la corteza premotora.
- La amígdala envía señales al hipotálamo para activar el sistema nervioso simpático, y las señales pasan de la médula espinal a los ganglios de la raíz simpática y, posteriormente, a la piel y las vísceras. Los núcleos del tronco del encéfalo aumentan la frecuencia cardíaca y la respiración, por ejemplo, para aumentar la probabilidad de éxito del comportamiento. La amígdala también motiva al jugador para que intente hacerlo lo mejor que sabe.
- El tálamo procesa y transmite la información entre diferentes regiones del cerebro.

Una vez que el jugador empieza a moverse, todas las áreas previas permanecen activas. Además, la realización

A Preparación

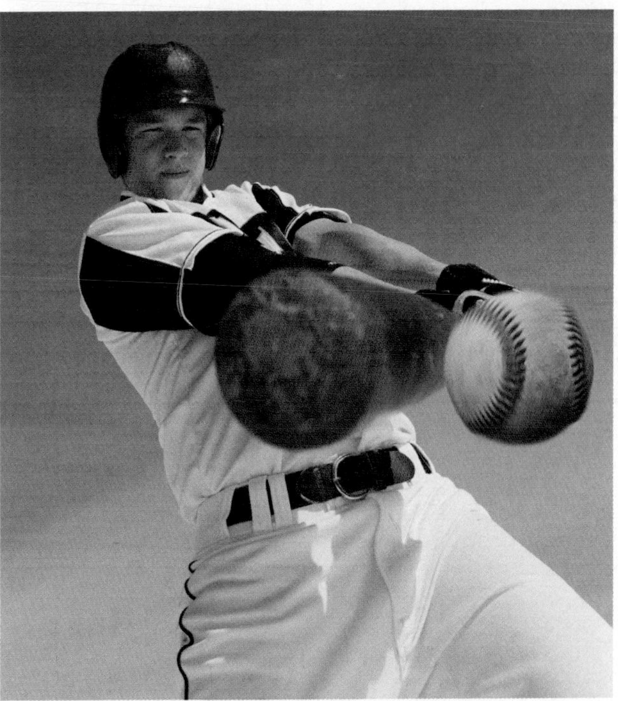

B Acción

Figura 8-25. Forma y función nerviosa. A) Las áreas sensoriales y de planificación se involucran conforme se aproxima la pelota de béisbol. **B)** Las áreas de planificación y motoras entran en acción cuando el jugador mueve el bate. *¿Los núcleos basales están involucrados en la percepción sensorial o en las actividades motoras?*

de la conducta requiere también la actividad de otros centros cerebrales (fig. 8-25 B):

- La corteza motora primaria lleva a cabo órdenes desde las zonas motoras más altas, lo que hace que los músculos esqueléticos se contraigan en un patrón preciso que (¡eso espera el bateador!) producirá el movimiento del bate en el preciso instante en que la pelota cruce la base. Las señales bajarán por las vías corticoespinales anterior y lateral hasta las astas anteriores de la médula espinal en regiones concretas de ésta. Los impulsos nerviosos viajarán a través de los ramos anteriores de algunos nervios espinales que estimularán la contracción del músculo esquelético.
- El cerebelo controla las señales salientes y entrantes para coordinar y ajustar los movimientos.
- Los núcleos basales ayudan a automatizar el movimiento, por lo que cada oscilación es más o menos la misma.
- El hipocampo registra todo lo que ocurre, para que el jugador pueda volver a vivir la decepción de fallar o la satisfacción de un buen golpe.

8-38 Algunos impulsos motores originados en el lado derecho del cerebro cruzan hacia el lado izquierdo en la médula oblongada. A medida que viajan por la médula espinal, ¿que vías están utilizando?

8-39 ¿La columna posterior transporta señales motoras o sensoriales?

8-40 Verdadero o falso: los reflejos neurovegetativos son aquellos en los que responden los músculos esqueléticos.

8-41 En un reflejo medular, ¿qué neurona se activa en primer lugar, la sensitiva o la motoneurona?

Etimología

Raíces latinas/griegas	Equivalentes en español	Ejemplos
auto-	Mismo, propio	Sistema nervioso autónomo (neurovegetativo): división del SNP que lleva las señales entre el SNC y los órganos que funcionan por sí mismos (sin control consciente)
cefal-/o	Cabeza	Hidrocefalia: exceso de líquido (agua; hidro-) en el cerebro
cerebr-/o	Cerebro	Líquido cefalorraquídeo: líquido de la médula espinal y el cerebro
cortic-/o	Capa externa	Corteza cerebral: capa externa del cerebro
-glia	Cola, pegamento	Neuroglia: células que unen las células nerviosas entre sí
mening/i/o	Membrana	Meninges: membranas que recubren el cerebro
neur-/o	Nervio	Neurona: célula nerviosa
sin-	Con, junto con	Sinapsis: unión de dos células

Cuestionario del capítulo

REVISIÓN DEL CAPÍTULO

1. Las neuronas aferentes
a. transmiten información desde el SNC.
b. pueden transportar señales motoras o sensoriales.
c. siempre transportan señales sensoriales.
d. sólo se encuentran en el SNC.

2. La sustancia gris
a. contiene mielina.
b. es con frecuencia un sitio de integración de las señales.
c. se encuentra en los tractos y los nervios.
d. forma la porción externa de la médula espinal.

3. Los revestimientos de tejido conectivo de un nervio, desde el más superficial al más profundo, son
a. perineuro, epineuro y endoneuro.
b. epineuro, perineuro y endoneuro.
c. periostio, epiostio y endostio.
d. epimisio, perimisio y endomisio.

4. Los astrocitos
a. producen nuevas neuronas tras una lesión cerebral.
b. digieren y destruyen los organismos invasores.
c. sintetizan la vaina de mielina de las neuronas del SNC.
d. sintetizan la vaina de mielina de las neuronas del SNP.

5. El pliegue de duramadre que separa los dos hemisferios cerebrales es la
a. granulación de la aracnoides.
b. piamadre.
c. aracnoides.
d. hoz del cerebro.

6. Los ventrículos tercero y cuarto están conectados por
a. las granulaciones de la aracnoides.
b. el acueducto mesencefálico.
c. los agujeros.
d. los ventrículos laterales.

7. El líquido cefalorraquídeo se produce en
a. el espacio subaracnoideo.
b. el plexo coroideo.
c. la piamadre.
d. los senos durales.

8. Los núcleos basales se encuentran
a. en la sustancia blanca del cerebro.
b. en la corteza cerebral.
c. en el cerebelo.
d. en el tronco del encéfalo.

9. El surco central
a. es una cresta de tejido cerebral próxima a la cisura longitudinal.
b. es un surco que separa la corteza cerebral en dos mitades, anterior y posterior.
c. separa el cerebro del cerebelo.
d. separa el lóbulo temporal del lóbulo occipital.

10. El área auditiva primaria se encuentra en
a. el lóbulo frontal.
b. el lóbulo occipital.
c. la ínsula.
d. el lóbulo temporal.

11. La corteza somatosensorial primaria del hemisferio cerebral izquierdo recibe información sensorial de
a. la piel del lado derecho del cuerpo.
b. la piel del lado izquierdo del cuerpo.
c. el oído interno derecho.
d. el oído interno izquierdo.

12. ¿Cuál de las siguientes estructuras no forma parte del sistema límbico?
a. Amígdala.
b. Tálamo.
c. Cuerpo mamilar.
d. Circunvolución del cíngulo.

13. La parte del cerebro que controla directamente el sistema neurovegetativo es
a. el hipotálamo.
b. la circunvolución del cíngulo.
c. los núcleos basales.
d. el tálamo.

14. De abajo arriba, las regiones del tronco del encéfalo son
a. puente, mesencéfalo y médula oblongada.
b. mesencéfalo, puente y médula oblongada.
c. médula oblongada, puente y mesencéfalo.
d. mesencéfalo, médula oblongada y puente.

15. El nervio craneal que controla los músculos de masticación es el
a. I.
b. III.
c. V.
d. VII.

16. Las neuronas sensitivas entran en la médula espinal por
a. el asta posterior.
b. el conducto central.
c. el asta anterior.
d. la columna blanca anterior.

17. El ramo anterior del nervio S2
a. transmite señales para el sistema nervioso simpático.
b. transporta señales para los sistemas neurovegetativo y somático.
c. inerva la piel de la espalda.
d. contribuye con neuronas al plexo lumbar.

18. La activación del sistema nervioso parasimpático da como resultado
a. la disminución de la frecuencia cardíaca.
b. el aplanamiento del cristalino.
c. la dilatación de las pupilas.
d. todo lo anterior.

19. La acetilcolina se emplea en las sinapsis formadas por
a. una motoneurona y una célula muscular.
b. las neuronas simpáticas preganglionares y posganglionares.
c. la neurona parasimpática posganglionar y su célula diana.
d. todo lo anterior.

20. Las señales de los nervios parasimpáticos viajarán más probablemente a través de
a. un nervio pélvico.
b. un ganglio colateral.
c. el ramo comunicante de un nervio espinal.
d. uno de los nervios espinales lumbares.

21. El tracto corticoespinal anterior izquierdo contiene axones de
a. las motoneuronas originadas en la corteza motora primaria izquierda.
b. las neuronas sensitivas portadoras de señales del lado izquierdo del cuerpo.
c. las motoneuronas originadas en la corteza motora primaria derecha.
d. las neuronas sensitivas portadoras de señales del lado derecho del cuerpo.

22. Un reflejo medular somático
a. puede implicar a una glándula.
b. no se percibe conscientemente.
c. siempre implica al músculo esquelético.
d. es controlado por el sistema neurovegetativo.

COMPRENSIÓN DE CONCEPTOS

23. Describa el trayecto del líquido cefalorraquídeo, empezando por su producción y terminando con su entrada en el aparato circulatorio.

24. Diga cuál es la información sensorial transmitida por cada uno de los nervios craneales puramente sensitivos.

25. Compare un plexo nervioso y un ganglio. Señale una similitud y una diferencia, y ponga un ejemplo de cada uno de ellos.

APLICACIÓN

26. Está esperando en un café a una amiga a la que no ve desde hace mucho tiempo. El sonido de su voz desde atrás le llena de alegría, y le grita: «¡llegas tarde!». Comente las vías nerviosas involucradas en este caso, comenzando con la activación de los receptores de sonido en el oído y terminando con la contracción de los músculos de la lengua y la garganta para producir el habla. Además, mencione los nervios craneales involucrados (cite por lo menos tres nervios implicados en el habla).

27. En los bebés, la micción está controlada por un reflejo. La distensión de la vejiga causada por la acumulación de orina activa un receptor de estiramiento. Una neurona sensitiva transmite la señal por el nervio pélvico hasta la región sacra de la médula espinal, donde la neurona sensitiva hace sinapsis con una interneurona. La interneurona activa una motoneurona, que viaja por el nervio pélvico para hacer sinapsis con una neurona posganglionar en la vejiga. La activación de esta neurona final estimula la contracción del músculo liso de la vejiga. Basándose en esta descripción, responda a las siguientes preguntas:

a. ¿Se trata de un reflejo craneal o medular?
b. ¿Es un reflejo neurovegetativo o somático?
c. Identifique los cinco componentes de este reflejo.

Puede encontrar las respuestas a estas preguntas en el apartado de recursos para estudiantes en: **http://thepoint.lww.com/espanol-McConnellandHull**

9

Sensación: sentidos somáticos y especiales

Temas principales

- Percepción y sensación son conceptos diferentes.
- El organismo tiene mecanismos de percepción que detectan los cambios en el entorno.
- Los mecanismos de percepción generan señales nerviosas que se envían al cerebro.
- El cerebro integra las señales de percepción en sensación consciente.
- La adaptación, la disminución de las señales de percepción y las sensaciones percibidas en un entorno estable son aspectos importantes en la percepción y la sensación.

Objetivos del capítulo

Percepción y sensación 331

1. Explicar la diferencia entre percepción y sensación, y entre receptores celulares y receptores sensoriales.

Sentidos somáticos 333

2. Para cada uno de los siguientes sentidos somáticos, elaborar una tabla en la que figure el estímulo, el receptor sensorial, la vía sensorial y el grado de adaptación (si existe): presión, tacto ligero, temperatura, dolor y propiocepción.
3. Distinguir entre dolor rápido y dolor lento.
4. Comparar la estructura y la función de las fibras del huso muscular y los órganos tendinosos de Golgi.

Gusto 337

5. Describir cómo un poco de azúcar o sal en la lengua produce como resultado potenciales de acción en la corteza gustativa.

Olfato 340

6. Describir cómo el hedor de almizcle de mofeta o de perfume desencadena potenciales de acción en la corteza olfatoria.

Oído y audición 342

7. Etiquetar las partes del oído y explicar la relación entre el laberinto membranoso y el laberinto óseo, y entre el aparato vestibular y la cóclea.
8. Enumerar los pasos involucrados en la audición, explicando cómo distinguimos entre tono y volumen.

Oído interno y equilibrio 349

9. Comparar y contrastar las células ciliadas de los órganos otolíticos y los canales semicirculares.
10. Comparar el método utilizado por los órganos otolíticos y los canales semicirculares para detectar la aceleración.

Visión 355

11. Señalar las partes del globo ocular y las estructuras accesorias del ojo.
12. Comenzando con la córnea, enumerar de forma ordenada cada una de las estructuras que encuentran los rayos de luz conforme pasan a través del ojo y decir cuál es la función de cada una de ellas.
13. Explicar cómo interactúan el cuerpo ciliar, el músculo ciliar, los ligamentos suspensorios y el cristalino para modificar la refracción a la luz.
14. Comparar la localización, estructura y función de conos y bastones.
15. Utilizar un diagrama de flujo para explicar cómo un fotón de luz estimula la producción de un potencial de acción en el nervio óptico (nervio craneal [NC] II).

Pérdida de la sensibilidad: el caso de Helen Keller 369

16. Añada a la tabla que elaboró en el objetivo 2 información sobre el estímulo, el receptor sensorial, la vía sensorial y el grado de adaptación (si existe) para cada uno de los siguientes sentidos: olfato, oído, equilibrio y vista. Destacar los aspectos que pueden haber producido las alteraciones sensoriales de Helen.

Caso práctico: «Observo, siento, pienso, imagino»

Mientras lee el siguiente caso práctico, haga una lista de los términos y conceptos que debe aprender para comprender el caso de Helen Keller.

Anamnesis: Helen Keller nació en Alabama en 1880. Era una niña feliz, sana e inteligente que ya decía algunas palabras cuando a la edad de 19 meses presentó súbitamente una enfermedad febril que la dejó sorda y ciega.

Exploración física y otros datos: la ausencia de datos clínicos detallados limita nuestra comprensión de los problemas específicos de Helen. La escasa información de que disponemos sobre su enfermedad original y las exploraciones médicas posteriores sugieren que la estructura de sus ojos y oídos no estaba afectada y que el daño residía en el sistema nervioso central (SNC), en los pares craneales o en el propio cerebro.

Evolución clínica: tras quedar sorda y ciega, Helen se sintió frustrada y se volvió impaciente. Aunque utilizaba ciertos símbolos, como un movimiento de sierra con las manos cuando quería un trozo de pan, su comportamiento era más animal que humano: violento, impredecible, salvaje. Pero otras veces estaba tranquila y mostraba signos de una extraordinaria inteligencia: imitaba cosas que ni podía ver ni oír, poniéndose un sombrero delante de un espejo o colocándose unas gafas en la nariz mientras sujetaba un periódico frente a su cara.

Cuando Helen tenía 6 años, sus padres contrataron a una tutora, Anne Sullivan, una mujer con un gran talento y casi ciega. Su relación, inmortalizada en la película de 1962 *El milagro de Ana Sullivan (The Miracle Worker)*, fue muy famosa y perduró casi 50 años. Annie se comunicaba con Keller mediante el tacto: utilizaba el lenguaje de signos presionando con los dedos en la palma de la mano de Helen. El gran avance se produjo

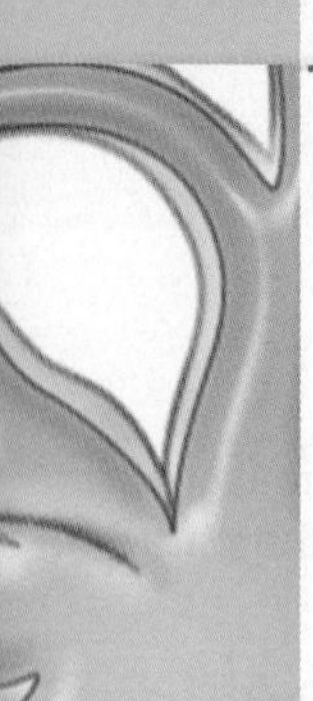

Conocimientos necesarios

Antes de adentrarse por primera vez en este capítulo, es importante comprender los siguientes términos y conceptos.

- Potenciales de membrana, potenciales de acción, umbral, neurotransmisores y receptores ligados a la proteína G (cap. 4)
- Áreas funcionales de la corteza cerebral, áreas motoras y sensoriales (cap. 8)

cuando marcó el signo de «agua» en la palma de la mano de Helen mientras la sostenía bajo una corriente de agua que salía de un pozo. Mientras experimentaba la sensación del agua fría fluyendo sobre la mano y sentía la extraña sensación golpeando repetidamente su palma, reconoció por primera vez que un determinado signo de los dedos representaba un «algo» preciso en el mundo. En un momento que cambió su vida para siempre, Helen tuvo una inspiración, relacionando el signo «agua» con el objeto que producía esa sensación fría y húmeda. «De alguna manera –recordaba Helen años más tarde– me fue revelado el misterio del lenguaje.»

Gracias a una inteligencia excepcional y una asombrosa capacidad de retención, Helen pasó, en el transcurso de un solo mes, de ser una mocosa incontrolable a una niña tranquila y cariñosa con un gran deseo de aprender. En 12 meses, las noticias de su extraordinaria transformación hicieron a Helen mundialmente famosa. Privada de los que se podrían considerar los dos sentidos más importantes, Helen se convirtió en la persona a la vez sorda y ciega más famosa y realizada. Cuando se graduó *cum laude* en el Radcliffe College, se convirtió en la primera persona sorda y ciega en obtener una licenciatura en arte: en el transcurso de su larga vida, fue una defensora del derecho al voto de las mujeres, de los derechos de los discapacitados y los trabajadores y del control de natalidad.

Todo ser vivo percibe las cosas de su entorno que le ayudan a su supervivencia en su nicho ambiental particular. Por ejemplo, los pájaros migratorios perciben los campos magnéticos terrestres como ayuda en su navegación para recorrer largas distancias, los tiburones detectan las corrientes eléctricas en el mar para localizar las presas, y los humanos percibimos los patrones de luz, sonidos, texturas y otros estímulos comentados en este capítulo.

El cerebro, nuestro órgano de la consciencia, la sensación y el pensamiento, está protegido y aislado del mundo e incluso del resto de nuestro cuerpo por su revestimiento craneal. Como un rey apresado en una torre en una tierra extraña, depende de informadores distantes para recoger noticias del mundo exterior y transmitirlas en un lenguaje comprensible, en este caso el lenguaje de las señales eléctricas. Estos «informadores» del cerebro son los **receptores sensoriales,** células especializadas (en muchos casos neuronas modificadas) o partes de células que reaccionan a un tipo específico de estímulo, como la luz o las ondas de sonido, y lo convierten en una señal eléctrica que el cerebro puede entender.

¡Recuerde! **Recuerde los receptores de proteínas de los que se habla en el capítulo 4, que están implicados en las señales químicas. Por el contrario, los receptores sensoriales son células enteras o partes de células que detectan cambios en el entorno.**

Ver y no tener visión es algo terrible

Helen Keller (1880-1968), autora, activista política y profesora norteamericana; la primera persona sorda y ciega que obtuvo una licenciatura en artes.

Percepción y sensación

Percepción y sensación son conceptos diferentes. La **percepción** consiste en la detección de un estímulo por un receptor sensorial. No precisa una percepción consciente. Por ejemplo, los receptores sensoriales de nuestro cuerpo perciben continuamente cosas de las que no tenemos conocimiento consciente (p. ej., presión y pH arterial), ya que sus señales no son enviadas hacia la corteza cerebral para su integración en la consciencia.

En otras circunstancias, la percepción lleva a la **sensación,** es decir, a la percepción consciente. Los receptores sensoriales, como los que perciben la luz, el dolor o un sabor amargo, transmiten señales eléctricas a la corteza cerebral a través de nervios que viajan hasta allí. En microsegundos, la corteza cerebral integra las señales en una sensación. Percibimos la posición de nuestros cuerpos en el espacio, por ejemplo, así como sonidos, olores y aspectos del mundo que nos rodea. Esta información sensorial da forma a nuestra visión de nosotros mismos y de nuestro entorno, lo que podemos interpretar como agradable o desagradable.

Apuntes sobre el caso

9-1 ¿Helen Keller perdió su capacidad de percibir la luz y los sonidos o la sensación hacia los mismos?

Tenemos más de cinco sentidos

La idea de un «sexto sentido», una intuición, un presentimiento, surge de la noción clásica de que existen cinco sentidos humanos: visión, oído, gusto, olfato y tacto. Pero la verdad es que tenemos más de cinco sentidos. Exactamente cuántos depende de la definición, pero ciertamente más de cinco.

Considere el tema de la posición relativa de las partes del cuerpo. La atleta de la figura 9-1 A conoce con precisión la localización de sus pies sin tener que verlos y modifica su posición para mantener el equilibrio. Este sentido de la posición se denomina **propiocepción:** la propia percepción de las partes del cuerpo en relación unas con otras.

Relacionado con el anterior está el sentido del **equilibrio.** Si nos desequilibramos, disponemos de mecanismos

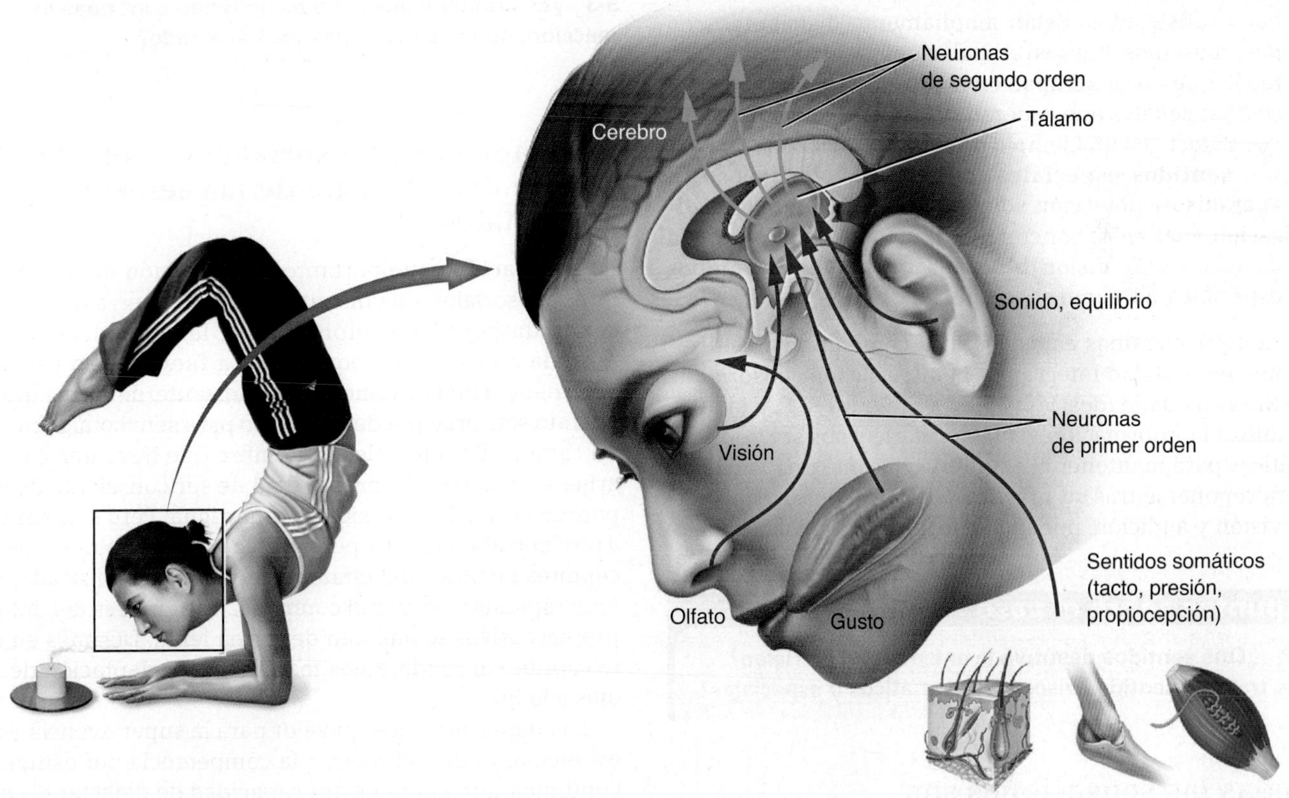

Figura 9-1. Sentidos y sensaciones. A) Los sentidos del equilibrio y propiocepción ayudan a la atleta a mantener la posición. **B)** Los receptores sensoriales *(azul claro)* reúnen información sobre el ambiente externo e interno. Las neuronas sensitivas de primer orden *(rojo)* y de segundo orden *(verde)* transmiten esta información al cerebro para su integración. El olfato es procesado por separado. *¿Qué sentido informa a la atleta de que sus piernas están dobladas, la propiocepción o el equilibrio?*

tanto conscientes como reflejos para recuperar el equilibrio. Pero estar en equilibrio no significa estar quietos; significa tener el control. Las vueltas y giros de los ejercicios de gimnasia artística son unos estupendos actos de control del equilibrio. La ausencia de equilibrio provoca un traspié o una caída.

Si se añaden la propiocepción y el equilibrio, entonces tenemos siete sentidos. Pero aún está el delicado tema del tacto. Todos estamos de acuerdo en que el tacto es un sentido. ¿Qué ocurre con el dolor, o con la sensación de calor y frío? Esos son, también, diferentes sentidos.

Resulta más fácil tener en cuenta todos los sentidos del cuerpo si los clasificamos en tres grupos diferenciados:

- Los **sentidos viscerales** son estructuras y mecanismos que detectan cambios en nuestro medio interno, como un aumento de la presión arterial, una disminución de la glucosa en sangre, y así sucesivamente. Funcionan completamente por debajo del nivel de consciencia para mantener la homeostasis; por tanto, no producen *sensación.* Puesto que la percepción visceral no se transmite a la corteza cerebral para su integración en la consciencia, es fácil comprender que la mayoría de las señales de ida y vuelta de la homeostasis (cap. 1) provienen de sentidos viscerales.
- Los **sentidos somáticos** (del griego *soma* = «cuerpo») son estructuras simples con mecanismos de detección poco sofisticados. Están ampliamente distribuidos en piel, músculos, huesos, articulaciones y otros tejidos, de modo que no se agrupan en lugares u órganos específicos. Las señales que generan se integran en la consciencia. El tacto es un ejemplo de sentido somático.
- Los **sentidos especiales** son sistemas complejos con aparatos de detección sofisticados. Ocupan una localización anatómica concreta y sus señales se integran en la consciencia. Visión, olfato, gusto y oído son sentidos especiales, así como el equilibrio.

Aunque tratamos estos sentidos como entidades diferentes, en realidad integramos la información sensorial de distintas modalidades. Volviendo a la figura 9-1 A, la atleta utiliza la información visual entrante y sus sentidos somáticos para mantener el equilibrio. Si come una manzana para reponerse tras su práctica de yoga, todos, gusto, olfato, visión y audición, pueden contribuir a su satisfacción.

Apuntes sobre el caso

9-2 ¿Qué sentidos destruyó la enfermedad de Helen? ¿Se trata de sentidos viscerales, somáticos o especiales?

Todas las sensaciones son el resultado de la misma secuencia de acontecimientos

Aunque existimos en medio de un enjambre de sensaciones somáticas y especiales, todas son resultado de la misma secuencia básica de acontecimientos (fig. 9-1 B):

1. Se produce un estímulo, un *cambio* en el entorno.
2. Una estructura concreta de un receptor sensorial, como un receptor de proteína o una proyección filiforme de la membrana celular, detecta el estímulo y la célula lo convierte en una señal eléctrica. Por ejemplo, las moléculas de olor de una vela quemándose son percibidas por los receptores sensoriales de la nariz. La percepción del *cambio* es la clave: la mayoría de los receptores sensoriales no detectan con eficacia las características del entorno que no *cambian,* como la presión o la velocidad constantes (v. «adaptación» a continuación). En la figura 9-1 B los diferentes receptores sensoriales están sombreados en azul.
3. La señal es transmitida al cerebro por una o más neuronas. La primera neurona que lleva la señal desde el receptor sensorial al cerebro se denomina *neurona de primer orden* (representada por las flechas rojas); la mayoría de las señales se transmiten a través de *neuronas de segundo orden* (flechas verdes) y posiblemente neuronas de *tercer orden* adicionales antes de que alcancen el cerebro.
4. El cerebro integra la señal en percepción consciente.

Apuntes sobre el caso

9-3 ¿Es probable que los ojos de Helen continuasen reaccionando a la luz y sus oídos al sonido?

La adaptación sensorial consiste en una disminución de las señales sensoriales

La **adaptación** es importante en la función de los receptores sensoriales, una disminución de la fuerza de la señal generada por el receptor durante la estimulación prolongada en estado de equilibrio. La fuerza de la señal se amortigua bajo la estimulación constante, de forma que el aparato sensorial puede estar listo para señalar algo nuevo, un cambio. Por ejemplo, un hombre que lleva una cartera gruesa en su bolsillo pronto deja de ser consciente de ello porque la señal de presión se amortigua. Pero si la cambia a otro bolsillo será muy perceptible durante un rato. Los receptores táctiles y del olfato (osmorreceptores) se adaptan muy rápidamente; por el contrario, los sensores del dolor y propioceptivos se adaptan de forma lenta. Después en este capítulo aprenderemos más sobre la adaptación de los ojos a la luz.

La adaptación tiene un valor para la supervivencia en la evolución, ya que, al reducir la competencia por estímulos continuos, aumenta nuestra capacidad de detectar el *cambio,* y es este cambio lo que debe detectar nuestro sistema de percepción si queremos sobrevivir. Las amenazas a nuestra supervivencia vienen anunciadas por el cambio: el olor característico de una tormenta que se aproxima es un cambio, un olor nuevo, que señala la necesidad de buscar refugio; es el cambio lo que cuenta, no el olor por sí mismo, que pierde intensidad rápidamente a medida que se van adaptando los receptores sensoriales nasales, dejándolos preparados para otro nuevo olor.

9-1 Señale una diferencia fundamental entre los sentidos viscerales y los otros sentidos.

9-2 ¿El equilibrio es un sentido especial o un sentido somático?

9-3 ¿Cómo se denomina el sentido de la posición relativa de las partes del cuerpo?

9-4 Defina una *neurona de primer orden.*

9-5 ¿Qué se entiende por adaptación sensorial?

Sentidos somáticos

Como ya hemos señalado antes, los sentidos somáticos detectan los cambios en la piel, los músculos, los huesos, las articulaciones y otros tejidos, y envían señales a la corteza cerebral para su integración en la consciencia. El tacto, la temperatura, el dolor y la posición relativa de las partes del cuerpo son sensaciones somáticas.

Los receptores táctiles detectan el tacto y la presión

Los *receptores táctiles* detectan el tacto y la presión. Se encuentran entre los receptores sensoriales más numerosos; se localizan en piel, músculos, articulaciones y órganos internos. Anatómicamente, constan de los extremos de las dendritas de las neuronas; en ocasiones están envueltos, como una cebolla, por múltiples capas de proteínas (revisar en la fig. 4-7 de la pág. 120 la estructura de las dendritas). Se clasifican como **mecanorreceptores,** ya que se activan cuando una fuerza mecánica presiona o estira la célula. Transmiten señales que el cerebro interpreta como tacto, presión, textura, estiramiento o vibración. Son especialmente numerosos y variados en la piel. De los distintos tipos de receptores táctiles de la piel, los cinco más importantes son los siguientes (fig. 9-2):

- **Terminaciones nerviosas sensitivas libres:** detectan tacto y presión. Algunas terminaciones están envueltas alrededor de las raíces del pelo y captan los movimientos producidos por el viento o el tacto ligero de un insecto avanzando por la piel.

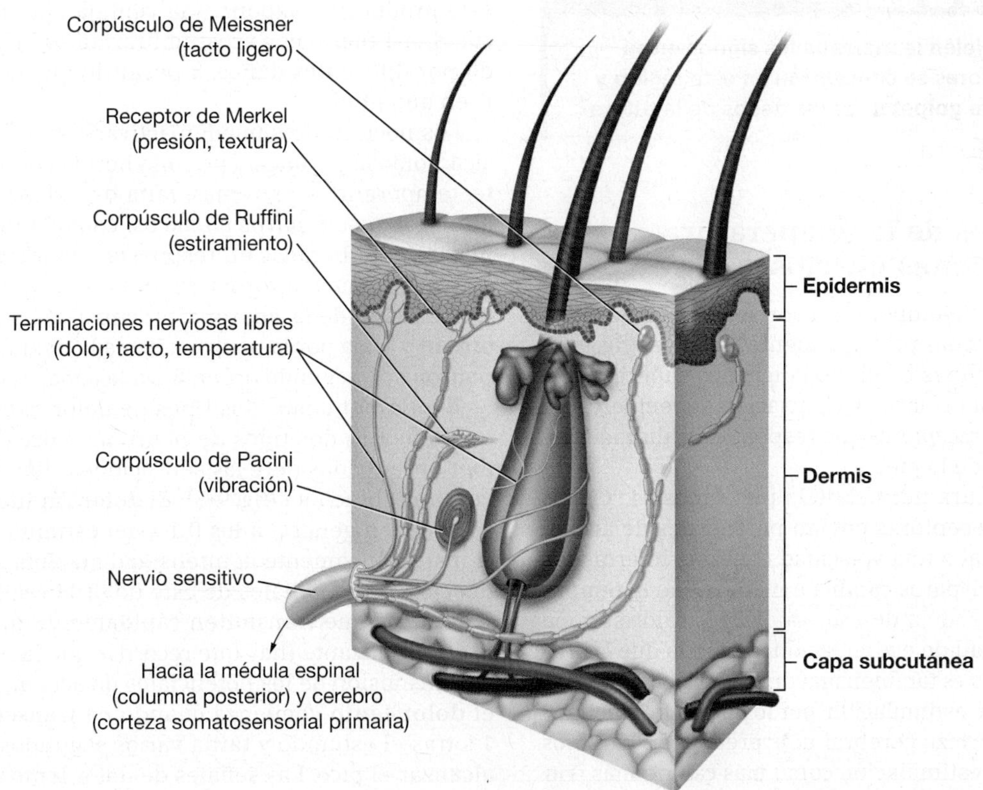

Figura 9-2. Receptores de la piel. Las terminaciones nerviosas libres, las terminaciones nerviosas modificadas y las células receptoras especializadas detectan diferentes estímulos táctiles. *¿Qué tipo de receptores se encuentran en las regiones más superficiales de la piel, los corpúsculos de Meissner o los corpúsculos de Ruffini?*

- **Receptores de Merkel:** dilatación de terminaciones nerviosas asociadas a células epiteliales modificadas que detectan presión y textura; son de adaptación lenta.
- **Corpúsculos de Meissner:** son pequeños cuerpos ovales situados en el extremo de determinadas neuronas sensitivas. Se concentran en la piel lampiña, en especial en los labios, punta de los dedos, palmas, plantas, pezones y genitales externos. Perciben el tacto ligero, como el aleteo y las caricias, y se adaptan rápidamente.
- **Corpúsculos de Pacini:** son de mayor tamaño que los corpúsculos de Meissner y están situados en la profundidad de la piel y el tejido subcutáneo, así como en los tendones y ligamentos. Perciben la vibración o la presión repentina, pero se adaptan deprisa y no detectan la presión constante.
- **Corpúsculos de Ruffini:** están localizados en la dermis y perciben el estiramiento. Se activan por desplazamientos mínimos de las uñas u otros movimientos pequeños; por tanto, son importantes en la identificación de objetos agarrados.

El tacto, aparentemente tan simple, es una sensación muy compleja: un único «toque» activa uno o más de los receptores enumerados previamente. Como hemos comentado en el capítulo 8, las señales de los receptores somáticos viajan por la columna posterior hasta la corteza somatosensorial primaria.

Apuntes sobre el caso

9-4 La tutora de Helen le marcaba los signos en su mano. ¿Qué receptores se concentran en esta región y detectaban el suave golpeteo de los dedos de la tutora?

Los receptores de la temperatura son terminaciones nerviosas libres

Los receptores de la temperatura son terminaciones nerviosas libres localizadas principalmente en la piel (fig. 9-2), aunque existen algunas en el tubo digestivo superior, córnea del ojo y vejiga urinaria. La sensación de temperatura depende de *termorreceptores* que responden a alteraciones en la temperatura de la piel.

A una temperatura normal de la piel (unos 34 °C), las neuronas termorreceptoras envían potenciales de acción a la corteza cerebral a una velocidad continua intermedia. Su frecuencia de disparos cambia a medida que la temperatura de la piel se aleja de este valor. Más calor supone una mayor velocidad de estimulación, de modo que la frecuencia de disparos es también mayor; más frío supone una menor velocidad de estimulación, por lo que dicha frecuencia es menor; la corteza cerebral interpreta estos cambios en la velocidad de estimulación como más calor o más frío.

Los sensores térmicos se adaptan muy rápidamente. Por ejemplo, al principio el agua de la bañera puede parecer especialmente caliente, pero pronto la sensación se amortigua hasta una temperatura más agradable.

Apuntes sobre el caso

9-5 En el incidente con el agua del pozo, Helen describió la sensación como frío, no dolorosa. Cuando se le aplicó el agua fría, ¿la velocidad de estimulación de las neuronas termorreceptoras aumentó o disminuyó?

Los traumatismos químicos y físicos producen dolor

El dolor es difícil de definir, estudiar y describir, ya que es muy subjetivo. Una enfermedad dolorosa que incapacitaría completamente a una persona podría tener un efecto mucho menor en otra. Además, no existe un lenguaje estándar corriente para que los pacientes califiquen lo que están sintiendo. De hecho, los experimentos sobre dolor en laboratorio están limitados debido a que los animales no tienen un lenguaje para describirlo.

El dolor es percibido por terminaciones nerviosas sensitivas libres denominadas **nociceptores** (del latín *nocere* = «dañar» y *capere* = «coger, recibir»), que existen en todos los tejidos del organismo excepto el SNC. El dolor se debe a la lesión tisular y es desagradable, lo que incita a realizar un esfuerzo para tratar de eliminar el estímulo responsable. Los nociceptores son de adaptación lenta: aliviar la reacción frente a un daño tisular y el dolor que éste produce no supone una ventaja para la supervivencia. Si así fuera, nos acostumbraríamos al dolor producido por diferentes daños, a pesar de que cada vez podría ir en aumento.

Los nociceptores pueden activarse por deformación física, como la producida por una herida cortante o punzante, temperaturas extremas, falta de oxígeno o sustancias químicas (*nociceptivos químicos*, como la bradicinina o la histamina) liberadas en respuesta a la lesión tisular. Esta activación toma la forma de un potencial de acción en la terminación de la neurona sensitiva (neurona de primer orden) y viaja por la neurona hasta la médula espinal. Una neurona de segundo orden lleva la señal al cerebro.

Experimentamos dos tipos de dolor, rápido y lento, ya que tenemos dos tipos de neuronas nociceptivas de primer orden. Considere las sensaciones cuando pisa un clavo o una chincheta (fig. 9-3). El **dolor rápido** se percibe en seguida, en general a los 0,1 s del estímulo y alcanza casi instantáneamente la intensidad máxima (pico). La conducción de las señales de este dolor la realizan neuronas mielínicas que transmiten rápidamente un dolor agudo, brusco, punzante (hay que recordar que la mielina acelera la transmisión de los potenciales de acción). Por otro lado, el **dolor lento** comienza cuando ha transcurrido más de 1 s tras el estímulo y tarda varios segundos o minutos en alcanzar el pico. Las señales de dolor lento son transmitidas por neuronas amielínicas y son las sensaciones palpitantes, de dolorimiento, a veces urentes, que se producen típicamente en una zona lesionada (su pie) una vez que el dolor agudo inicial desaparece. Se originan de forma ca-

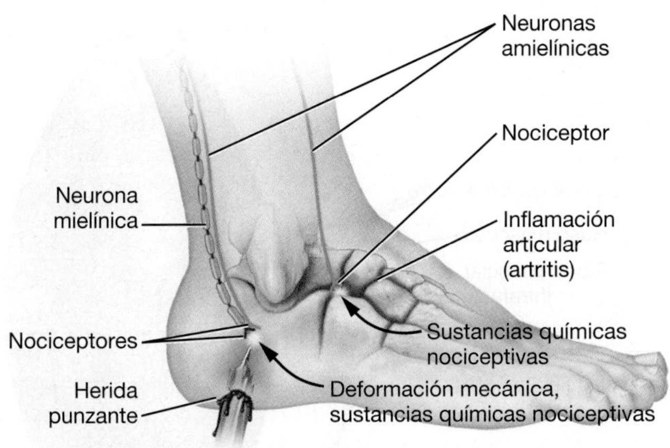

A Los nociceptores son activados por estímulos mecánicos y químicos

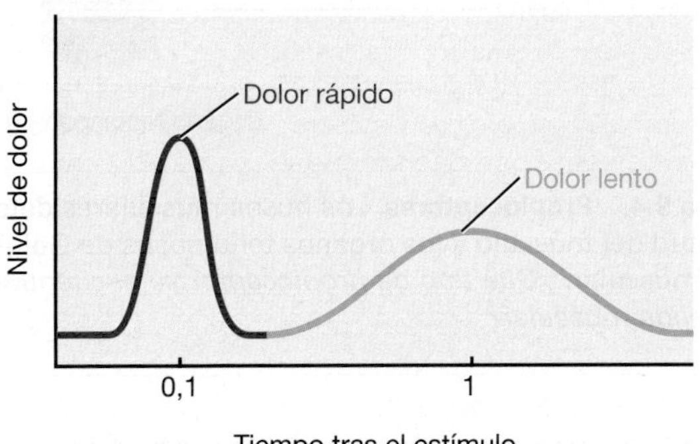

B El cerebro recibe las señales de dolor rápido antes que las señales de dolor lento

Figura 9-3. Dolor rápido y lento. A) Al pisar un clavo se activan nociceptores en las neuronas mielinizadas, que rápidamente transmiten una sensación punzante, y en las neuronas no mielinizadas, que transmiten una sensación de dolor. En contraste, la inflamación crónica de la artritis activa sólo fibras amielínicas. **B)** Desde el momento en que se activan los nociceptores, el dolor rápido es detectado por el cerebro mucho más rápido que el dolor lento. *¿Qué tipos de estímulos activan los nociceptores del dolor lento?*

racterística en tejidos inflamados, con infección o artritis, y también se producen por el estiramiento rápido y notable de órganos viscerales, como el estiramiento del cuello uterino en el parto o el estiramiento del uréter al pasar un cálculo renal.

Cuando el dolor producido por daño tisular en una determinada zona anatómica parece provenir de algún otro lugar, ese dolor se denomina **dolor referido.** Si se corta un dedo, lo que le duele es el dedo; pero si está sufriendo un ataque al corazón, el dolor puede parecer que viene de (está referido a) la mandíbula izquierda, el cuello o el brazo izquierdo. El dolor referido se produce cuando fibras sensoriales viscerales del órgano afectado entran en la médula espinal junto con fibras sensoriales de otra parte del cuerpo, y ambos tipos de fibras convergen en un único tracto ascendente. Por ejemplo, las fibras provenientes del corazón entran en la médula espinal con las fibras sensoriales del lado izquierdo de la mandíbula y cuello y del brazo izquierdo.

El alivio del dolor es la **analgesia** (del griego *an* = «sin» y *algos* = «dolor»), y es un tema complejo. La mejor forma de aliviar el dolor es eliminar el estímulo causante: si tiene una espina en la piel, la arranca. Pero a menudo esto no es posible. Algunos cánceres, por ejemplo, son dolorosos y no pueden extirparse. Tampoco la inflamación, ya sea por una patología crónica como la artritis o una lesión aguda como un esguince de tobillo. Aquí es donde aparece el alivio farmacológico del dolor. Los fármacos antiinflamatorios como la aspirina, por ejemplo, bloquean la formación local de sustancias químicas inflamatorias (como las prostaglandinas) que aumentan la sensibilidad de los receptores al dolor. La inflamación se explica con más detalle en el ➡ capítulo 10. Otros fármacos, esencialmente los opiáceos como la morfina, ejercen su acción alterando la percepción del dolor en el cerebro: el dolor no desaparece pero el paciente no se preocupa ya demasiado por él. De forma alternativa, se pueden insensibilizar los nervios mediante la administración de **anestesia** (del griego *an* = «sin» y *aisthesis* = «sensación») local. En esta intervención, se inyecta en los nervios una sustancia química que evita la transmisión de los potenciales de acción; así, las señales del dolor no pueden llegar al SNC. En una escala mayor, antes de la cirugía, puede dejarse al paciente en coma de forma temporal mediante anestesia general, de manera que ya no se perciben las señales del dolor.

Las señales dolorosas pueden seguir produciéndose en los nociceptores aunque se haya eliminado el estímulo causante original. Esta reacción puede reflejar inflamación continua, puesto que la inflamación libera sustancias químicas que sensibilizan a los nociceptores de forma que responden con una señal de dolor incluso a un toque ligero. La piel quemada por el sol es un ejemplo. En algunos casos, los pacientes que presentan una lesión en una parte del cuerpo pueden seguir teniendo dolor aunque la lesión haya cicatrizado completamente. Se cree que algunos síndromes de dolor crónico se producen de este modo. Por otra parte, algunas personas nacen con un defecto genético que les hace incapaces de sentir dolor. No se retirarán de forma consciente o refleja de los estímulos nocivos. Como puede imaginarse, en estos casos las lesiones, por lo general autoinfligidas, son un problema importante. Por ejemplo, un paciente puede arrancarse con los dientes parte de la lengua mientras mastica la comida o romperse un hueso y no ser consciente de la lesión.

Apuntes sobre el caso

9-6 Durante su enfermedad febril, Helen experimentó un dolor importante producido por la inflamación ¿Qué tipo de receptores son activados por las sustancias químicas que se liberan durante la inflamación?

La propiocepción es el sentido de la posición del cuerpo

Como hemos señalado anteriormente, la *propiocepción* es la detección y percepción de la posición de las partes del cuerpo en *relación unas con otras*. La propiocepción le dice, por ejemplo, si su pierna está doblada o estirada, y si sus músculos faciales están contraídos en una sonrisa o flácidos por aburrimiento. La palabra deriva del latín *proprius* = «propio», «individual», «personal»» y *capere* = «coger», «recibir»; significa, por tanto, recibir información propia. Los receptores sensoriales propioceptivos, denominados **propioceptores,** detectan el grado de estiramiento o contracción muscular y el ángulo de las articulaciones del cuerpo, datos que el cerebro integra e interpreta como la posición de las partes del cuerpo en relación unas con otras.

La propiocepción es fundamentalmente importante en cada una de las tareas de la vida, desde caminar a lanzar una pelota de beisbol, por lo que no es sorprendente que los propioceptores se adapten muy lentamente o nada en absoluto. Puede probar esto de una manera fácil: cierre los ojos por un momento. Aunque permanezca muy quieto durante un largo período de tiempo, puede conocer con precisión la posición exacta de cada parte de su miembro superior izquierdo. Aunque de forma consciente atendemos a las informaciones entrantes visuales y auditivas en un grado mayor de lo que hacemos con la propiocepción, estaríamos indefensos sin ella. Por ejemplo, cuando se le «duerme» el brazo porque ha estado comprimido durante un largo rato, no tiene ni idea de si la palma de la mano está hacia arriba o hacia abajo, ya que las señales propioceptivas se han interrumpido. Tiene que mirar el brazo para saberlo.

Asimismo, la propiocepción es extremadamente sensible. El sentido más propioceptivo se encuentra en la boca; usted sabe que un trozo de comida alojado entre dos dientes parece mayor de lo que es en realidad, ya que el más mínimo movimiento de un diente se siente más como un kilómetro que como una micra.

Los propioceptores están localizados en los músculos y el tejido conectivo. Los del músculo esquelético se denominan **husos musculares;** contienen fibras musculares modificadas (fibras musculares *intrafusales*) que detectan la longitud del músculo esquelético, ya que están orientadas en paralelo con las fibras musculares contráctiles (fig. 9-4). Las fibras intrafusales se estiran cuando el músculo se alarga, lo que produce un aumento de la velocidad de activación de potenciales de acción en las neuronas asociadas. Los husos musculares son los responsables del reflejo medular que se muestra en la ⬅ figura 8-24; al golpear el tendón rotuliano se estira el músculo cuádriceps y, por tanto, los husos musculares que contiene. Como respuesta, el músculo estirado se contrae. Así pues, los husos musculares protegen frente al estiramiento excesivo del músculo; activan un reflejo que hace que el músculo se contraiga y, por tanto, reducen la longitud del estiramiento.

Los **órganos tendinosos de Golgi** son hebras de colágeno situadas dentro de los tendones cerca del punto donde se funden con las fibras musculares (fig. 9-4). La tensión del músculo activa terminaciones nerviosas sensitivas que están en espiral alrededor de las fibras de colágeno. Los órganos tendinosos de Golgi protegen frente a una tensión muscular potencialmente dañina que podría romper el músculo o tendón por el empleo de una fuerza excesiva; su activación hace que el músculo se relaje, disminuyendo la tensión.

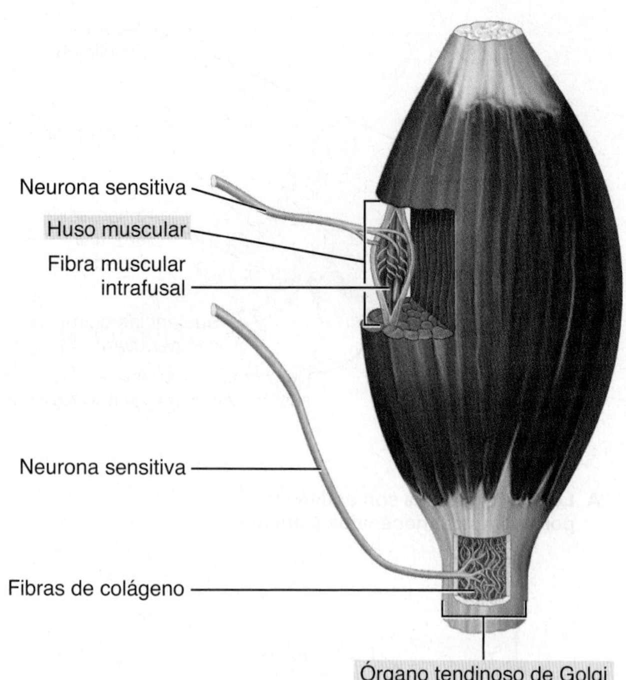

Figura 9-4. Propioceptores. Los husos musculares detectan la longitud del músculo y los órganos tendinosos de Golgi la tensión muscular. *¿Qué tipo de propioceptor se encuentra dentro del tejido muscular?*

Otros propioceptores localizados en las cápsulas y ligamentos articulares transmiten información sobre las posiciones y ángulos de las articulaciones.

Apuntes sobre el caso

9-7 A Helen le gustaba trepar a los árboles, a pesar de su falta de visión. Cuando se colgaba de una rama, la tensión muscular, pero no la longitud del músculo, cambió de un modo espectacular.
¿Qué propioceptores se habrían activado?

9-6 ¿Cuál es el nombre de nuestro sentido de la posición relativa de las partes del cuerpo?

9-7 Si aprieta el pulgar contra la punta de los dedos durante un período prolongado de tiempo, ¿qué receptores del tacto seguirán respondiendo a la presión, los corpúsculos de Meissner o los receptores de Merkel?

9-8 Cuando se mete en la bañera, ¿qué ocurre con la velocidad de estimulación de los termorreceptores de la piel de su pie?

9-9 ¿Qué tipo de neuronas del dolor llevarán la señal del dolor rápido a partir de un pinchazo, las mielínicas o amielínicas?

9-10 ¿Qué tipo de propioceptores activan el reflejo que contrae el músculo asociado, los husos musculares o los órganos tendinosos de Golgi?

Gusto

El **gusto** es la detección de los sabores por la boca. El gusto, uno de los sentidos especiales, proporciona placer pero también mejora la supervivencia, ya que nos estimula a que comamos alimentos ricos en nutrientes y nos ayuda a evitar alimentos venenosos, estropeados o peligrosos. Los elementos del gusto son los siguientes:

- Receptor: las células receptoras gustativas (quimiorreceptores).
- Estímulo: sustancias químicas estimulantes del sabor.
- Vía: vía gustativa.

A continuación se comentará con más detalle cada uno de estos elementos.

Los receptores gustativos están localizados en las papilas de la boca y la faringe

Las células receptoras gustativas (o células del gusto) son **quimiorreceptores,** es decir, responden a ligandos químicos que se unen a ellas. Se agrupan en **botones gustativos,** que están confinados en gran parte en pequeñas proyecciones de la lengua denominadas *papilas* (fig. 9-5 A y B). También pueden encontrarse algunos botones gustativos en el techo de la boca y en la epiglotis, en la parte posterior de la boca.

De los tres tipos de papilas de la lengua, dos contienen yemas gustativas y uno no:

- Las **papilas caliciformes** son las de mayor tamaño y menos numerosas (8 a 12). Contienen botones gustativos que están alineaos en forma de V en la parte posterior de la lengua. Las papilas caliciformes o valladas se denominan así porque se asientan en el centro de un foso circular que tiene la forma de una grieta amurallada que rodea la papila. La grieta puede asemejarse a un foso alrededor de un castillo: acumula líquidos para que reaccionen con los botones gustativos en las papilas.
- Las **papilas fungiformes** son mucho más numerosas, tienen una forma parecida a una seta, y están dispersas por toda la superficie de la lengua. Las de la mitad posterior de la lengua contienen botones gustativos.
- Las **papilas filiformes** (del latín *filum* = «hilo» y *-forme* = «en forma de») son con mucho las más numerosas; son estrechas y puntiagudas y cubren toda la superficie de la lengua. Contienen receptores de tacto pero no botones gustativos. Dan una textura áspera a la mucosa de la lengua, lo que es útil para la manipulación de los alimentos en la boca.

Como acabamos de señalar, la célula funcional primaria dentro de una papila gustativa es la **célula receptora gustativa,** una célula epitelial alargada que tiene una sola microvellosidad, el *pelo gustativo,* que se extiende desde su punta (fig. 9-5 C). Cada botón gustativo consta de varias docenas de dichas células ubicadas hombro con hombro por debajo del epitelio de la lengua o de otros lugares. En la punta de cada una, el pelo gustativo se proyecta a través de una abertura, el *poro gustativo,* en la cavidad bucal.

Las células receptoras gustativas sobreviven durante unos 10 días antes de morir de forma natural por apoptosis. Así, los citoblastos del botón gustativo, llamados **células basales,** son muy activos en la producción de nuevas células gustativas.

> *¡Recuerde!* **Los receptores gustativos, a diferencia de la mayoría de los receptores sensoriales, son células epiteliales, no neuronas.**

Los estímulos gustativos: los cinco estimulantes del sabor

Los científicos han logrado identificar los cinco sabores básicos: *ácido, salado, dulce, amargo* y *umami.* Algunos también proponen un sexto sabor, el de los ácidos grasos, responsables de la sensación grasa en la boca de las patatas fritas o la mantequilla. Las sustancias químicas que estimulan las células receptoras gustativas se denominan **estimulantes del sabor,** y diferentes células receptoras gustativas se encargan de cada uno de los cinco sabores.

Hay cinco sabores primarios, cada uno de los cuales refleja un estimulante del sabor diferente que actúa sobre una célula receptora gustativa también diferente:

- El sabor *ácido* lo producen los hidrogeniones (H^+), que se encuentran en los alimentos ácidos y es proporcional al pH. Cuanto más ácido (es decir, cuanto más bajo sea el pH), más ácido es el gusto. Las células gustativas del sabor ácido se activan, por ejemplo, por zumo de limón y vinagre, que son muy ácidos.
- El sabor *salado* lo provocan las sales ionizadas, principalmente los iones sodio (Na^+) del cloruro de sodio (NaCl, la sal de mesa ordinaria).
- El sabor *dulce* se debe a una gran variedad de sustancias, sobre todo azúcares. Otros compuestos orgánicos, como alcoholes y aminoácidos, también pueden activar las células receptoras del «dulce» y, por tanto, sabor dulce.
- El sabor *amargo,* al igual que el dulce, lo producen diferentes compuestos, la mayoría de ellos también produc-

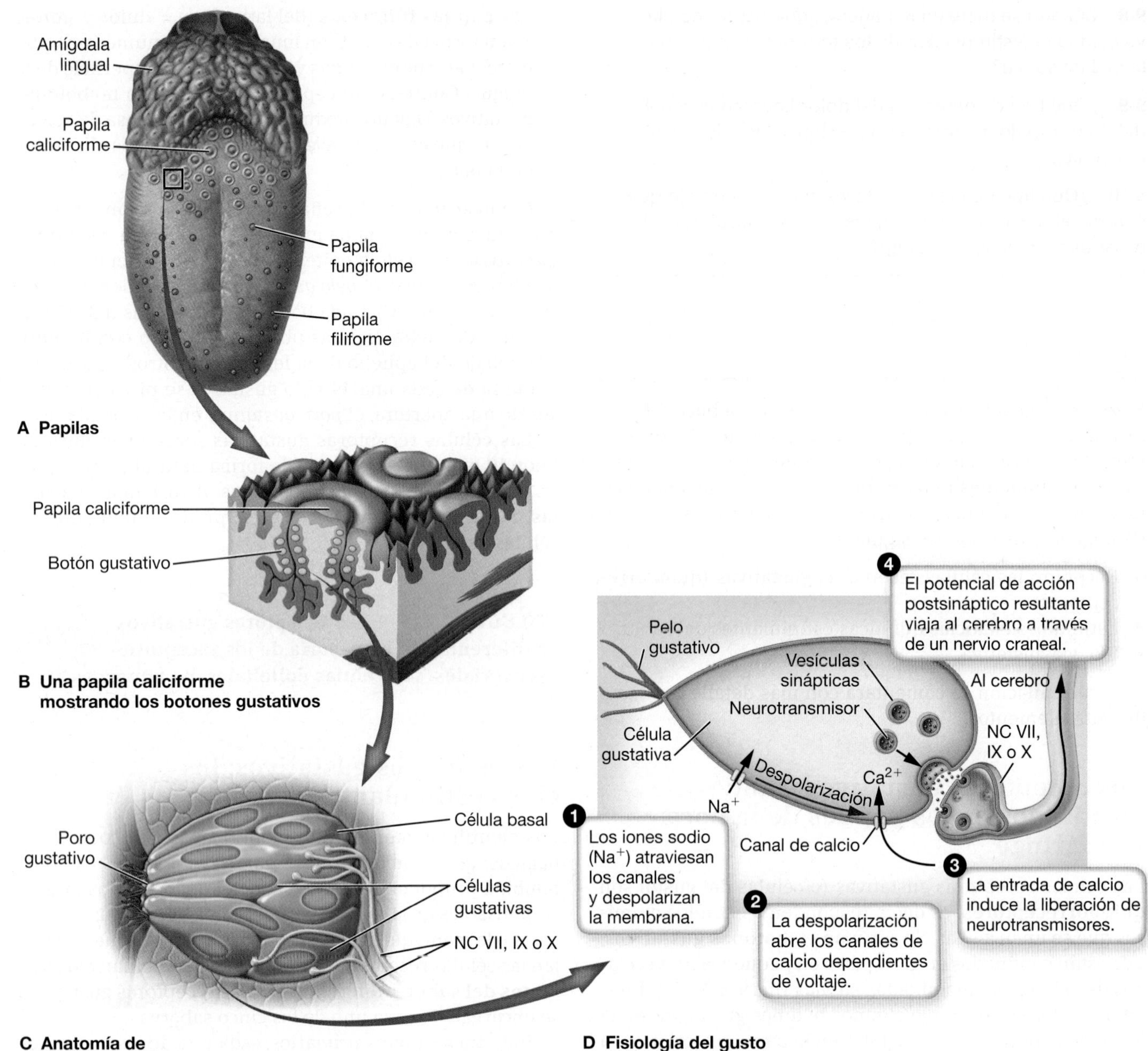

Figura 9-5. Botones gustativos. A) De los tres tipos de papilas linguales, sólo las papilas caliciformes y algunas papilas fungiformes contienen botones gustativos. **B)** Una papila caliciforme. **C)** Cada papila gustativa contiene células gustativas, células de sostén y células basales. Las células gustativas hacen sinapsis con neuronas. **D)** Cada estimulante de sabor utiliza un mecanismo diferente para activar una célula gustativa. Esta figura muestra cómo se detecta la sal. *¿Qué ión produce directamente la liberación de neurotransmisores, el calcio o el hidrógeno?*

tos químicos orgánicos. Sustancias que se encuentran en el chocolate o el café, por ejemplo, activan las células gustativas del sabor amargo.

- *Umami* es una palabra japonesa que significa «delicioso», «jugoso» o «sabroso». Es una sensación agradable que se atribuye a la detección de aminoácidos específicos (glutamato y aspartato), que son comunes en la carne, queso, champiñones y otros alimentos ricos en proteínas. La estimulación de las células receptoras del umami explica por qué los alimentos a los que se añade glutamato monosódico provocan una sensación en la boca más intensa y completa.

Cada estimulante del sabor utiliza un mecanismo ligeramente diferente para activar su célula receptora. La figura 9-5 D muestra cómo se detecta la sal. Los iones Na^+ de la sal entran y despolarizan la célula receptora, que abre canales de calcio dependientes de voltaje. El calcio que entra en la célula estimula la liberación de neurotransmisores, y éstos desencadenan un potencial de acción en una neurona sensitiva (se comenta más adelante). Otros estimulantes del sabor despolarizan la célula de diferentes formas. Los iones de hidrógeno, por ejemplo, acidifican el citosol, lo que abre canales catiónicos que permiten que entren en la célula cationes despolarizantes (como el Na^+). Por el contrario, los compuestos orgánicos responsables de los sabores dulce, amargo y umami se unen a *receptores específicos ligados a la proteína G*. Como ya comentamos en el capítulo 4, estos receptores especializados activan sistemas de segundo mensajero. En las células gustativas, el segundo mensajero abre los canales catiónicos que despolarizan la célula.

La adaptación de los receptores del gusto es rápida. En el primer contacto, el estimulante de sabor genera un intenso estallido de señales, pero la frecuencia de estas últimas empieza a disminuir en cuestión de segundos a un nivel constante mientras esté presente el estimulante de sabor.

Las señales de los estimulantes de sabor tienen valor para la supervivencia. Así, los estimulantes del sabor dulce, salado y umami fomentan el consumo de hidratos de carbono, minerales y proteínas, todos ellos necesarios para la supervivencia. El ácido y amargo en pequeñas cantidades pueden aumentar el placer de la comida y la bebida (piense en la limonada), pero en cantidades mayores son tan desagradables que se rechazan. No es de extrañar, por tanto, que muchas plantas tóxicas y medicamentos tengan un sabor agrio o amargo.

Tenga en cuenta que el agua pura no estimula los receptores del gusto. El agua está casi universalmente presente en los alimentos y bebidas; si estimulase los receptores del gusto, no podríamos saborear mucho más que agua. Cuando el agua tiene sabor, se debe a algún estimulante de sabor presente en el agua, no al agua en sí misma.

¡Recuerde! **Cada uno de los cinco estimulantes del sabor activa un tipo diferente de célula receptora gustativa.**

Los sabores reflejan las combinaciones de estimulantes del sabor y otras sensaciones

Todos los sabores, vainilla, café, ajo, lo que sea, reflejan diferentes combinaciones de cada uno de los cinco gustos básicos. Sin embargo, la temperatura, el olor, la textura e incluso el dolor también desempeñan un papel muy importante en el gusto de algo. Consideremos, por ejemplo, el efecto de enfriamiento de un caramelo de menta o el dolor asociado a los pimientos picantes o las guindillas; en este último caso se trata de una pequeña dosis de dolor que hace que los alimentos picantes sean tan sabrosos para algunas personas.

Los olores de los alimentos activan los receptores de olor, que son miles de veces más numerosos y más sensibles que los receptores del gusto. La mayor parte de las cosas que contienen moléculas que estimulan el gusto también contienen moléculas estimulantes del olfato, lo que lleva a decir que el gusto es «nueve partes olor y una parte sabor». Como consecuencia, el olor es mucho más importante en el «sabor» de los alimentos que el propio gusto. Inténtelo usted mismo: tome un bocado o sorbo de algo tapándose la nariz. Verá la cantidad de «gusto» que desaparece de repente.

Apuntes sobre el caso

9-8 A Helen le gustaba comer helados. Además de los receptores gustativos, ¿qué otros tipos de receptores se activarían?

Las señales del gusto siguen una vía nerviosa especial

Las células receptoras gustativas hacen sinapsis con una neurona de primer orden de un nervio craneal: el nervio facial (nervio craneal [NC] VII) y el nervio glosofaríngeo (NC IX) inervan las papilas gustativas de la lengua, y el nervio vago (NC X) inerva las papilas gustativas en la faringe y la epiglotis. Todos estos pares craneales hacen sinapsis en la médula oblongada (bulbo raquídeo) con neuronas de segundo orden que llevan la señal hasta el tálamo. Las neuronas de tercer orden transmiten la señal al **área gustativa primaria,** que se encuentra en la parte inferior de la circunvolución poscentral del lóbulo parietal de la corteza cerebral, en la profundidad de la cisura lateral (v. fig. 8-8). Aquí, según qué células receptoras gustativas se activen y en qué medida, el cerebro interpreta la señal sensorial como un sabor concreto. La información sobre el sabor también se transmite al sistema límbico, que confiere a las señales implicaciones emocionales, y al hipotálamo, que controla las funciones autónomas o neurovegetativas (como la deglución y las náuseas), en respuesta a sabores agradables o tóxicos.

9-11 Mencione tres pares craneales que transmitan señales de gusto.

9-12 ¿Qué tipo de papila no contiene botones gustativos?

9-13 Mencione tres estructuras cerebrales en las que estén presentes las señales gustativas.

9-14 ¿Qué estimulante de sabor despolariza la membrana por la activación de un receptor ligado a la proteína G, el azúcar o la sal?

9-15 ¿Verdadero o falso? Cada sabor se debe a la estimulación de una célula receptora gustativa única para ese sabor.

Olfato

El **olfato** es la detección en el aire de sustancias químicas volátiles denominadas **odoríferas** por quimiorreceptores olfatorios en la cavidad nasal. Es un *sentido especial.*

No todas las moléculas estimulan los receptores del olor (osmorreceptores). Especialmente, los gases que componen el aire, nitrógeno y oxígeno, son inodoros. Si no fuera así, no podría olerse mucho más que el aire. No todas las sustancias volátiles son odoríferas. El agua, por ejemplo, no tiene olor. El olor de una tormenta que se acerca no se debe al agua, sino al ozono (O_3) generado por la interacción de los rayos y oxígeno en el aire. Y una de las características del monóxido de carbono, que lo convierte en un gas venenoso mortal, es que es inodoro; por otro lado, como no estimula señales de olor, no somos capaces de tomar medidas para protegernos del mismo.

Por importante que sea, el sentido del olfato de los seres humanos es precario en comparación con el de otros muchos animales. Por ejemplo, el epitelio olfatorio de los perros contiene 40 veces más células sensoriales que el de los seres humanos. La nariz más sensible de los perros no sólo puede detectar olores en cantidades muy pequeñas, sino que puede distinguir los olores con mucha mayor especificidad que los seres humanos, incluso el olor de una persona en particular.

Los receptores olfatorios se localizan en el epitelio olfatorio de la nariz

La detección de sustancias odoríferas depende de los receptores del **epitelio olfatorio** que se encuentra en la superficie inferior del hueso etmoides en la parte alta de la cavidad nasal (fig. 9-6 A). El epitelio olfatorio humano contiene tres tipos de células: *células basales, células de apoyo* y *células receptoras olfatorias* (fig. 9-6 B).

Las células basales son citoblastos *(células madre)* que se dividen para producir tanto las células de apoyo como las células receptoras olfatorias. Las células de apoyo cumplen funciones similares a las de las células gliales en el SNC, dan soporte físico y amortiguan a las células receptoras, modulan el contenido de iones del líquido circundante y fagocitan los restos celulares.

Las **células receptoras del olfato** son neuronas sensitivas de primer orden cuyos cuerpos celulares se encuentran en el epitelio olfatorio. La célula receptora olfatoria envía un axón hacia arriba a través de los orificios de la lámina cribosa para hacer sinapsis con una neurona de segundo orden en el **bulbo** olfatorio, una prominencia en el extremo del nervio olfatorio (NC I) que se encuentra en el interior del cráneo. Las células receptoras del olfato también envían dendritas hacia abajo, hacia la cavidad nasal, donde los extremos de estas últimas se proyectan hacia la cavidad nasal en forma de cilios.

La superficie nasal con cilios del epitelio olfatorio está recubierta por moco secretado por las glándulas mucosas cercanas, que forma una barrera protectora que también atrapa moléculas odoríferas para que sean detectadas. Las células receptoras olfatorias viven alrededor de 1 mes antes de morir de forma natural por apoptosis, y son reemplazadas por células nuevas generadas por las células basales del epitelio olfatorio.

Apuntes sobre el caso

9-9 El árbol favorito de Helen era una mimosa, que ella identificaba por el olor. Si su enfermedad hubiese destruido las células basales del epitelio olfatorio, ¿hubiese conservado la capacidad de identificar una mimosa? Explíquelo.

Las células receptoras olfatorias detectan las moléculas odoríferas

La nariz humana puede distinguir entre más de 10 000 olores diferentes. Aunque la mayoría de los olores son el resultado de una combinación específica de varias moléculas odoríferas, a veces una única molécula provoca un olor. Por ejemplo, el olor a almizcle de una mofeta lo produce una pequeña molécula de olor, como se muestra en la figura 9-6 C. Las moléculas odoríferas se unen a receptores ligados a proteínas G específicos en los cilios de las células receptoras olfatorias. La activación de estos receptores despolariza las células receptoras olfatorias, lo que aumenta la liberación de neurotransmisores.

Puesto que el gusto y el olfato son sentidos relacionados, los fisiólogos han creído durante mucho tiempo que funcionaban con principios similares. Como se ha demostrado hace tiempo que el sabor se debe a señales de una combinación de sólo cinco o seis tipos principales de receptores del gusto, los científicos han dado por sentado que también tenemos sólo un pequeño número de tipos de receptores para sustancias odoríferas, cada uno los cuales reacciona con diferentes sustancias químicas odoríferas en diversas combinaciones para producir un olor determinado. Ahora sabemos que esto es falso: no hay un «alfabeto» de cinco letras de tipos básicos de receptores de olor, cada uno de ellos supuestamente responsable de la señalización de la detección de un olor básico.

En cambio, los seres humanos tienen cientos de tipos de proteínas receptoras, que son todas receptores ligados a proteínas G. Cada célula receptora de olor fabrica un tipo de proteína receptora, que sólo se une (reacciona con) a unas pocas moléculas de olor. Algunas sustancias odoríferas tienen un encaje perfecto con el receptor y estimulan una respuesta intensa; otras no encajan tan bien y tienen una respuesta menor, lo que la corteza percibe como menos oloroso. Podemos identificar un olor dependiendo de qué células olfatorias se activen y en qué grado. Por lo tanto, las moléculas de olor que transmiten el olor de una rosa reaccionarán con los receptores de olor de un cierto grupo de células, pero las que transmiten el olor a leche agria reaccionarán con un conjunto diferente de receptores en un grupo distinto de células.

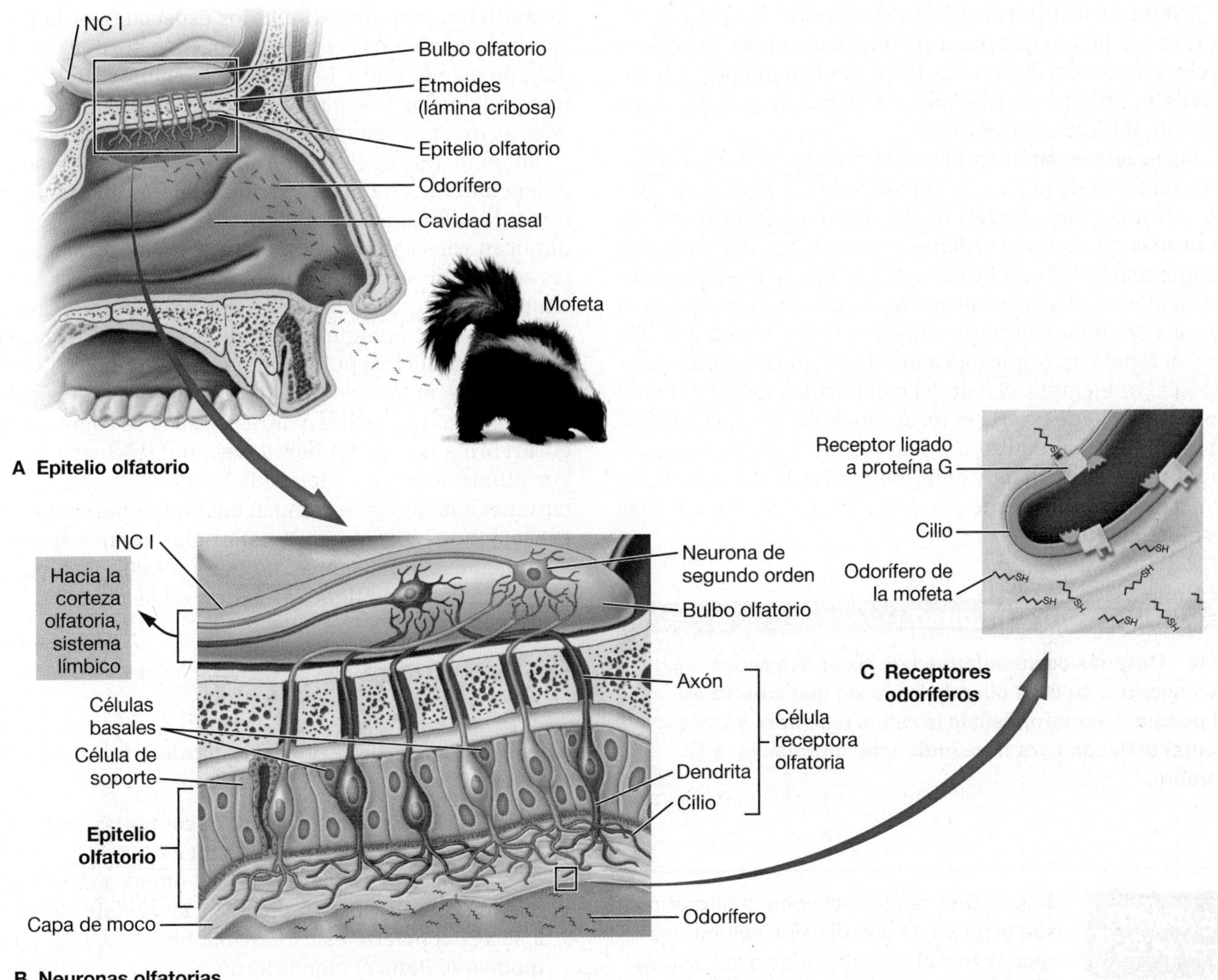

Figura 9-6. Olfato. A) Los olores son percibidos por el epitelio olfatorio, situado en la parte superior de la cavidad nasal. Las neuronas del epitelio olfatorio se proyectan en el bulbo olfatorio y a través del nervio olfatorio (NC I). **B)** Las moléculas odoríferas son detectadas por las células olfatorias, neuronas sensitivas de primer orden modificadas. Estas células, que reconocen un olor concreto, convergen para hacer sinapsis con las mismas neuronas de segundo orden, que transmiten la señal a través del NC I al cerebro. El olor de almizcle de la mofeta activa el subconjunto de color rojo de las células olfatorias, pero no el verde. **C)** Los receptores odoríferos que reaccionan con un olor concreto (en este caso, el almizcle de la mofeta) se encuentran en la membrana celular de los cilios de células olfatorias. *¿Qué tipo de célula produce nuevas células olfatorias, las células basales o las de soporte?*

Las células olfatorias se adaptan muy rápidamente, y pierden el 50% de su sensibilidad en el primer segundo más o menos. A pesar de que tras este momento se adaptan poco más, todos sabemos por propia experiencia que las sensaciones del olfato se desvanecen casi hasta el punto de la extinción después de unos pocos minutos. Aunque no se sabe bien por qué, está claro que esta adaptación posterior al olor refleja la adaptación en el cerebro, que se vuelve insensible a las continuas señales enviadas por el epitelio olfatorio. Por ejemplo, las células olfatorias y la corteza cerebral de los fumadores de cigarrillos se han adaptado tanto al olor del tabaco que apenas lo notan cuando están fumando. No ocurre lo mismo con los no fumadores, que pueden detectar el humo del tabaco a una manzana de distancia.

Las señales olfatorias siguen una vía nerviosa especial

La detección de señales olfatorias es similar a la detección de señales gustativas: las moléculas odoríferas activan una paleta específica de sustancias odoríferas de proteínas receptoras de olor, lo que da lugar a la despolarización de determinadas células receptoras. Los axones de las células con la misma proteína receptora de olor convergen como las raíces que integran un tronco de árbol, haciendo sinapsis con una sola neurona de segundo orden en el bulbo olfatorio. En nuestro ejemplo hipotético de la figura 9-6 B, el olor de almizcle de la mofeta se une a los receptores de las células rojas pero no de las células verdes, por lo que se activa la neurona roja de segundo orden (pero no la verde).

A diferencia de otras señales sensoriales, las señales olfatorias no tienen que pasar por el tálamo antes de llegar a la corteza sensorial primaria. Por tanto, la percepción de los olores se produce mucho más rápidamente que con otros tipos de información sensorial.

Recordemos (cap. 8) que la corteza olfatoria primaria está formada por varias regiones de los lóbulos temporal y frontal. Cada región recibe información entrante de neuronas de segundo orden específicas. Así, dependiendo de qué región del cerebro se active y en qué medida, el cerebro identifica un olor distintivo, el «patrón de olor». Otros axones del bulbo olfatorio conectan con el sistema límbico y el hipotálamo, que dan a los olores un contenido emocional. Por ejemplo, el olor del combustible diesel del tubo de escape puede traerle el recuerdo de una experiencia de obras viales al aire libre, o si una vez las enchiladas le sentaron mal y se puso muy enfermo, el olor de las enchiladas con salsa de chile verde puede hacer que sienta náuseas durante años.

Apuntes sobre el caso

9-10 Después de su enfermedad, Helen era capaz de encontrar su casa oliendo las rosas que crecían en el porche delantero. Señale la célula receptora y la vía neural utilizada para transmitir esta información a su cerebro.

9-16 ¿Qué células del epitelio olfatorio son capaces de una división celular: las células receptoras olfatorias o las células basales?

9-17 ¿Cuántos tipos diferentes de receptores del olor existen: cinco, varios cientos, o diez mil?

9-18 ¿Dónde se unen las moléculas odoríferas, a las dendritas o al terminal del axón?

9-19 ¿Verdadero o falso? Las sustancias odoríferas activan las células receptoras por la unión a canales de los receptores.

9-20 ¿Qué tipo de señal pasa a través del tálamo, olfatoria o gustativa?

Oído y audición

Sordera: una enfermedad que afecta a los perros cuando sus dueños los llaman y quieren quedarse fuera

Fuente: el primer y más frecuente resultado encontrado en una búsqueda realizada en Internet en 2005 para «definición: sordera».

La **audición,** otro de los sentidos especiales, es la percepción consciente de las ondas sonoras; la **sordera** es la pérdida de este sentido. La audición depende de la función integrada de las tres partes del oído: oído *externo*, *medio* e *interno,* que se comentarán con detalle más adelante.

Sin embargo, el oído interno tiene un papel totalmente independiente en nuestro sentido del **equilibrio.** Estudiaremos la audición y el equilibrio por separado debido a que implican sensaciones completamente diferentes. Aunque las sensaciones son muy diferentes, los sensores comparten propiedades similares. Los dos tipos son funciones del oído y ambos dependen de acciones mecánicas que estimulan mecanorreceptores: mueven membranas y huesos, el líquido se mueve de un lado a otro y diminutos pelos se balancean hacia delante y atrás. Ambos se comunican con el cerebro a través del nervio vestibulococlear (NC VIII). Por último, algunas enfermedades del oído pueden afectar tanto a la audición como al equilibrio. Sin embargo, las sensaciones en sí mismas están claramente separadas: la audición, o su ausencia, no tiene ningún impacto en el equilibrio y éste no tiene influencia en la audición.

El oído consta de tres órganos interconectados

El oído está formado por tres órganos interconectados (fig. 9-7):

- El *oído externo,* que recoge y concentra las ondas sonoras y las canaliza hacia el oído medio.
- El *oído medio,* que convierte las ondas sonoras en los movimientos de los huesecillos y las membranas, lo que a su vez convierte estos movimientos en ondas en el líquido que llena el oído interno.
- El *oído interno,* que detecta el movimiento del líquido producido por las ondas de sonido (la *cóclea*) o por el movimiento de la cabeza (el *aparato vestibular*). El *nervio vestibulococlear* transmite impulsos desde el oído interno al cerebro.

El oído externo

El **oído externo** comienza en su parte más externa con el **pabellón auricular** (también conocido como *oreja*), la parte carnosa del oído unida al lado de la cabeza (fig. 9-7). El pabellón auricular está recubierto por piel elástica y compuesto por cartílago, grasa y tejido fibroso. Su forma de embudo refleja su función, que es recoger las ondas sonoras y encauzarlas hacia el conducto auditivo externo.

Con cerca de 2,5 cm de largo, el **conducto auditivo externo** se extiende desde el pabellón de la oreja hasta la membrana timpánica (tímpano) del oído medio. La mitad externa del conducto auditivo externo está rodeada por tejidos blandos, la mitad interna está encerrada en el hueso temporal del cráneo y todo el conducto está recubierto por piel. El **cerumen** (cera del oído) es una secreción pastosa producida por glándulas sebáceas y apocrinas en el tercio externo del conducto auditivo externo. El cerumen lubrica el conducto auditivo externo y lo protege según sus pro-

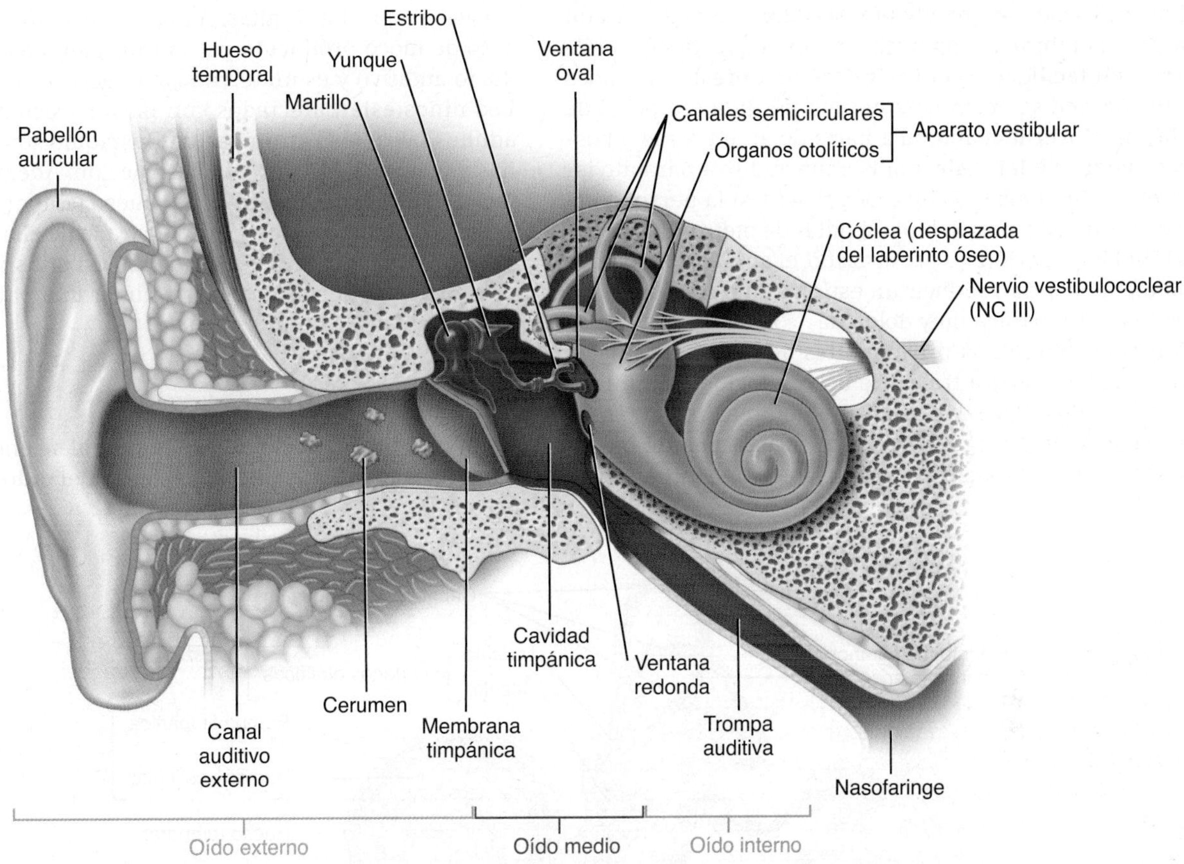

Figura 9-7. Oído. El oído consta de oído externo, medio e interno. *¿El estribo se encuentra en el oído medio o en el interno?*

piedades antimicrobianas, pero la acumulación de un exceso de cerumen puede dañar la audición al bloquear el conducto.

El oído medio

Excavada en el macizo del hueso temporal se encuentra la cámara llena de aire del **oído medio** (fig. 9-7). Su pared lateral es la **membrana timpánica** (tímpano), que lo separa del conducto auditivo externo.

La membrana timpánica vibra cuando es golpeada por las ondas de sonido, como un parche de tambor vibra cuando se golpea con la baqueta. Estas vibraciones marcan el paso inicial para la detección de las ondas de sonido de nuestro aparato auditivo.

En el lado medial o interno de la membrana timpánica se encuentra la **cavidad timpánica,** un espacio lleno de aire dentro del hueso temporal que está revestido por un epitelio cúbico simple.

Dentro de la cavidad timpánica y abarcándola existen tres pequeños huesos **(huesecillos),** que transfieren las ondas de sonido desde la membrana timpánica al oído interno. El *martillo* (en latín *malleus*) está unido a la membrana timpánica. Tiene una cabeza redonda como una maza, que encaja en una depresión del huesecillo contiguo, el *yunque* (en latín *incus*). El yunque, a su vez, conecta con el hueso más pequeño del cuerpo, el *estribo* (en latín *stapes*), llamado así porque su forma es muy parecida a un estribo. El estribo tiene una estrecha «correa» de hueso que le conecta con el yunque y una amplia «platina» que se inserta en la **ventana oval,** una abertura entre el oído medio y el interno. La platina del estribo está unida a los bordes de la ventana oval por un borde delicado de tejido fibroso que permite pequeños movimientos de vaivén de la placa sobre la ventana. Más adelante se explica cómo las vibraciones del estribo transmiten las ondas sonoras al oído interno. Cerca de la ventana oval se encuentra una segunda ventana entre el oído medio y el interno, la **ventana redonda,** que también se comenta con más detalle más adelante.

La **trompa auditiva** (de *Eustaquio*) se extiende en sentido medial e inferior desde la cavidad timpánica del oído medio hasta la nasofaringe. Esta conexión permite la entrada o salida de aire del oído medio con el fin de normalizar la presión de aire dentro de la cavidad timpánica. Como se dice en el ➡ capítulo 13, los gases a baja presión tienen un mayor volumen (es decir, ocupan más espacio) y viceversa. Por lo tanto, a medida que vamos subiendo en un ascensor rápido o en un avión y la presión atmosférica disminuye, se expande el aire del interior de la cavidad timpánica. Normalmente, parte de este volumen expandido de aire saldrá de la cavidad timpánica a través de la trompa de Eustaquio con el fin de evitar el aumento de presión por la expansión del aire. Sin embargo, la congestión nasal puede bloquear el extremo nasal de la trompa auditiva e impedir la salida del aire. El gradiente de presión resultante ejerce presión sobre la membrana timpánica, de modo que ya no puede vibrar con facilidad, produciéndose una presión un poco incómoda que se acompaña de una pérdida temporal de audición. Mover la mandíbula hacia delante y atrás o bostezar puede ayudar a abrir la trompa auditiva para aliviar la presión. Sin embargo, en casos graves, si la persona estuviese subiendo, por ejemplo, a miles de metros desde baja altitud en un avión no presurizado, el aire atrapado en el oído medio podría producir un estiramiento o rotura de la membrana timpánica muy dolorosa.

Diversos microbios provenientes de la nariz y la garganta pueden viajar a través de un conducto denominado trompa de Eustaquio y causar una dolorosa infección de oído, la *otitis media,* que afecta con frecuencia a niños pequeños. A menudo, la otitis media sigue a una infección de las vías respiratorias altas, como el resfriado común. El exceso de moco producido por la infección obstruye el conducto auditivo y es un terreno abonado para las bacterias. Los niños están afectados con mayor frecuencia que los adultos porque sus trompas de Eustaquio son más pequeñas y más susceptibles a la obstrucción. Además, el *nervio facial* (NC VII) pasa a través del hueso temporal muy cerca de la cavidad timpánica y está separado de ella únicamente por una capa muy delgada de hueso. La otitis media puede extenderse al nervio facial y producir una parálisis de los músculos faciales.

El oído interno

En lo más profundo del hueso temporal se encuentran los conductos y cámaras interconectados del **oído interno** de-

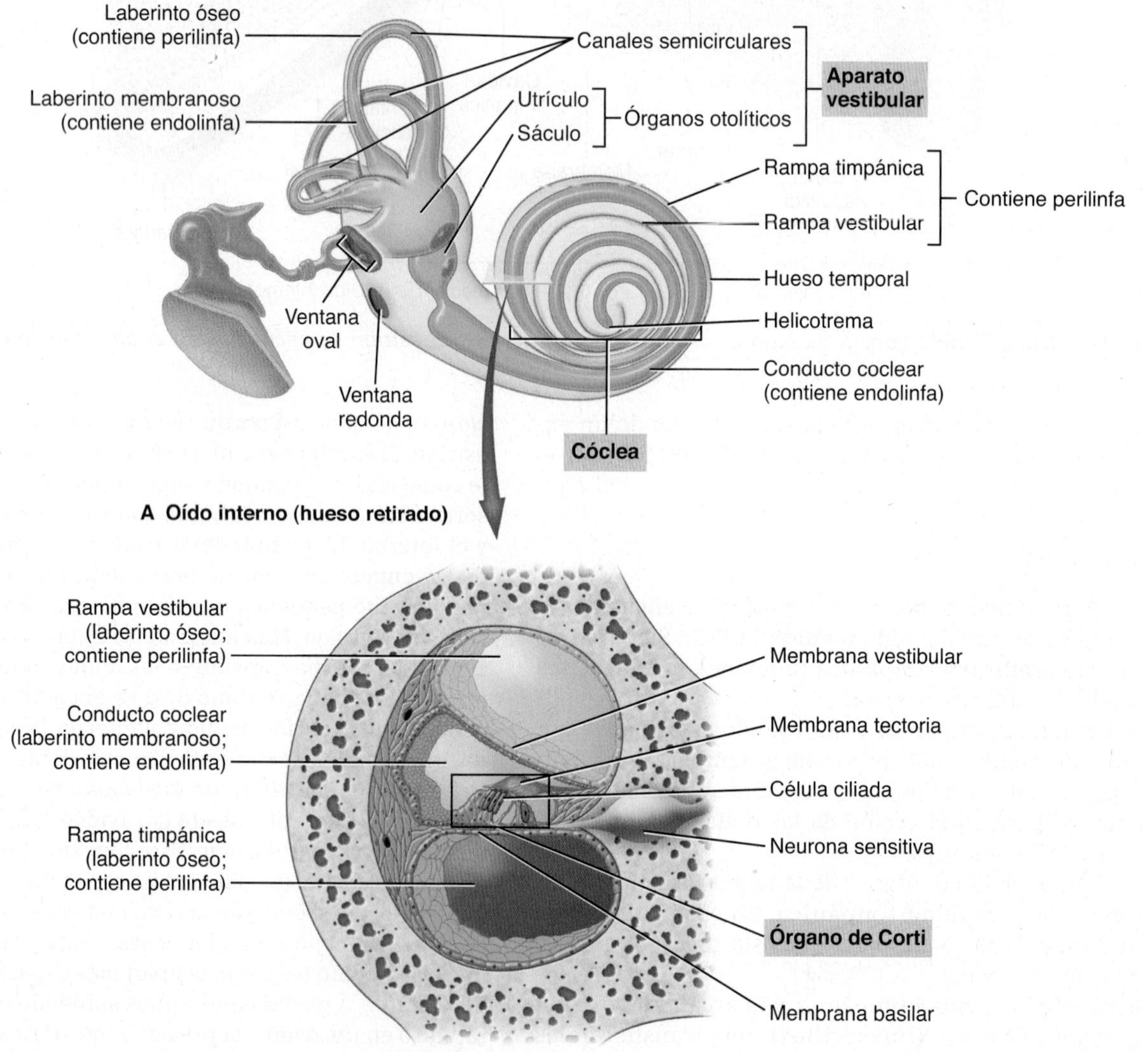

Figura 9-8. Oído interno. A) El oído interno está formado por los órganos del equilibrio (órganos otolíticos y canales semicirculares) y el órgano de la audición (cóclea). El laberinto membranoso se halla dentro del laberinto óseo, que está excavado en el hueso temporal. **B)** En la cóclea, el laberinto membranoso se llama conducto coclear; contiene las células ciliadas que detectan los sonidos. *¿Qué líquido se encuentra en el conducto timpánico?*

nominados *laberinto* (fig. 9-8 A), un término de la mitología griega que describe un lugar de estructura enrevesada y de difícil salida. Funcionalmente, el laberinto se puede dividir en la *cóclea* para la audición y el *aparato vestibular* para el equilibrio:

- La **cóclea** (del latín *cochlea* = «caracol») es la parte auditiva del oído interno y consiste en un tubo hueco parecido a la espiral de un caracol enrollado sobre sí mismo con 2,5 vueltas. Igual que las vueltas de los tubos de bronce de una trompeta, las 2,5 vueltas de la cóclea encajan un tubo largo en un espacio pequeño. La cóclea captura las ondas sonoras y las convierte en impulsos nerviosos.
- El **aparato vestibular** es la parte del equilibrio del oído interno y consta de cinco estructuras llenas de líquido, los tres *canales semicirculares* y los dos *órganos otolíticos* (*utrículo* y *sáculo*). A continuación veremos cómo estas estructuras detectan tanto el movimiento como la fuerza de la gravedad; literalmente están diciéndonos cuál es el camino hacia arriba y adónde vamos. En conjunto, nos permiten mantener el equilibrio cuando nos movemos, ya sea al levantarnos de una silla, caminar, o al dar una voltereta.

Estructuralmente, la cóclea, los canales semicirculares y los órganos otolíticos están formados en realidad por *dos* laberintos, uno dentro del otro, como una mano dentro de un guante. Ambos están llenos de líquido. El laberinto exterior, llamado **laberinto óseo,** es un espacio excavado en el hueso temporal y lleno de **perilinfa** (peri- = «alrededor»). La perilinfa es en realidad líquido cefalorraquídeo que llena el laberinto a través de una conexión con el espacio subaracnoideo (cap. 8). Flotando en la perilinfa y perfectamente encajado en el interior del laberinto óseo se encuentra el **laberinto membranoso,** un conjunto membranoso de cámaras y tubos de paredes blandas. El laberinto membranoso está lleno de un segundo líquido, la endolinfa (endo- = «dentro»), producida por el propio laberinto membranoso. Endolinfa y perilinfa fluyen libremente a través de la cóclea, los canales semicirculares y los órganos otolíticos, pero siempre están separadas entre sí por la membrana, la endolinfa dentro del laberinto membranoso, la perilinfa por fuera de él.

Apuntes sobre el caso

9-11 Helen podía trepar a los árboles, lo que indica que podía percibir el movimiento de la cabeza y la gravedad, aunque no podía oír. ¿Su cerebro era capaz de procesar la información de la cóclea, del aparato vestibular, o de ambos?

Estructura de la cóclea

En la cóclea, el laberinto membranoso se denomina **conducto o rampa coclear.** La membrana del conducto coclear se une a ambos lados del laberinto óseo como un globo inflado estirado entre las dos caras de un espacio hueco. Observe en la figura 9-8 B que la sección transversal del laberinto interno, más que redonda, tiene forma de cuña. Esta disposición crea en la cóclea tres espacios tubulares que se enrollan uno al lado del otro en torno a las vueltas cocleares. El tubo central es el conducto o rampa coclear lleno de endolinfa. El segundo y tercer tubos se hallan fuera del conducto coclear entre las paredes del conducto coclear y la pared del laberinto óseo a cada uno de los lados; ambos están llenos de perilinfa. Estos tres espacios siguen la espiral coclear hacia dentro, hacia el punto central, donde el conducto coclear termina en un extremo cerrado. Sin embargo, los dos espacios exteriores se unen en una abertura, el *helicotrema* (fig. 9-8 A), por lo que la perilinfa que contienen es un cuerpo continuo de líquido.

Cada tubo externo conecta con una de las dos ventanas existentes entre el oído medio y el oído interno. El tubo exterior que se origina en la ventana *oval* se llama **conducto o rampa vestibular.** El otro tubo exterior, con origen en la ventana *redonda,* se llama **conducto o rampa timpánica.** La pared común entre el conducto coclear y el conducto vestibular se conoce como **membrana vestibular** o **de Reissner,** mientras que la pared común entre el conducto coclear y el conducto timpánico se llama **membrana basilar** (fig. 9-8 B).

A lo largo de la membrana basilar, en el interior del conducto coclear, se encuentra el **órgano de Corti,** una franja de altas células receptoras con cilios (células ciliadas) que detectan las ondas de sonido. Una tercera membrana, la **membrana tectoria,** se encuentra completamente dentro del conducto coclear. Tiene su origen en un lado de este conducto, se extiende hacia el exterior y se encuentra sobre los cilios de las células receptoras como un manto húmedo. Como veremos más adelante, este contacto entre la membrana tectoria y los cilios de las células ciliadas es importante en la transformación de las ondas sonoras en señales nerviosas.

¡Recuerde! **El oído externo y el oído medio están involucrados únicamente en la detección del sonido. El oído interno está implicado en la detección del sonido y el equilibrio.**

La audición es la detección e integración consciente de las ondas sonoras

La **audición** es la detección de las ondas sonoras y la integración en la consciencia de las señales sensoriales producidas por el oído. Nuestro sentido del oído es muy sensible, el oído reacciona mucho más rápido al sonido de lo que el ojo lo hace a la luz.

Qué son las ondas sonoras

Las ondas sonoras son capas alternas de *aire comprimido,* en las que las moléculas de gas están más próximas, y de *aire descomprimido,* en las que las moléculas del gas se separan (fig. 9-9 A). Por ejemplo, una onda sonora procedente

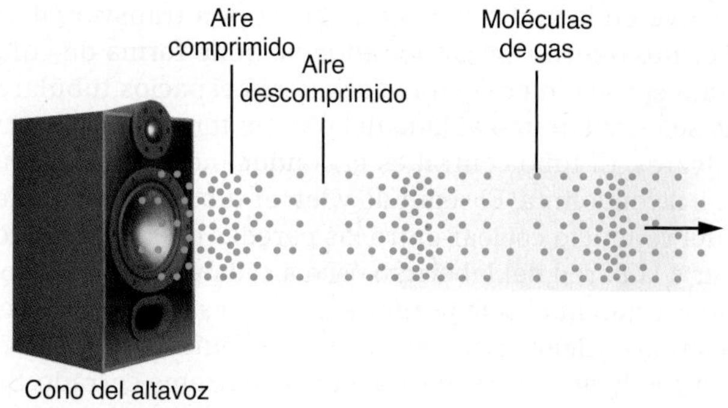

A Naturaleza de las ondas de sonido

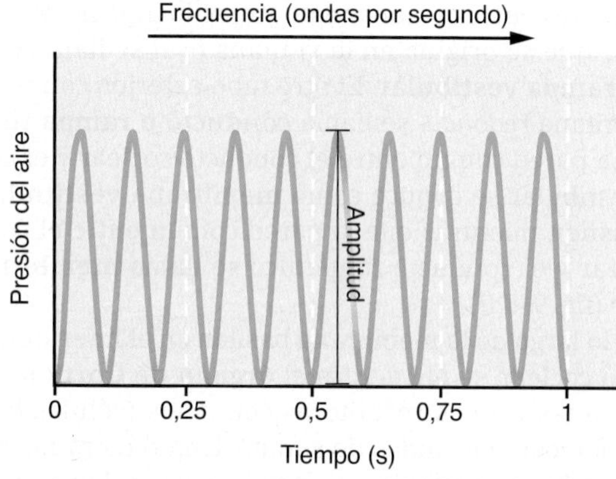

B Características de las ondas de sonido

Figura 9-9. Ondas de sonido. A) Las ondas de sonido son ondas de presión causadas por una estructura que vibra, en este caso el cono de un altavoz. **B)** Gráfico que representa los cambios en la presión del aire con el tiempo. La amplitud de los cambios de presión corresponde a la intensidad del sonido. El número de ondas que pasan por un lugar determinado en 1 s es la frecuencia o tono del sonido. *Cuando el altavoz emite un sonido de tono alto, ¿vemos más o menos ondas en el gráfico?*

de un altavoz no es nada más que una onda de aire comprimido producida por la explosión que se mueve a través del aire de forma parecida a como lo hace una «ola» que se mueve a través de los espectadores en un estadio. Los sonidos continuos, como una nota musical o el aullido de un coyote, por ejemplo, son una sucesión de ondas de sonido con muy poca separación originadas por estructuras que vibran muy rápido, como las cuerdas de un violín, los conos de los altavoces en un sistema de audio o las cuerdas vocales de un coyote. Las cuerdas del violín, los conos de los altavoces y las cuerdas vocales comprimen y descomprimen el aire a medida que se mueven rápidamente hacia delante y atrás, creando ondas alternas de aire comprimido y rarificado que nuestros oídos convierten en señales nerviosas que el cerebro interpreta como sonido.

Las ondas de sonido (y otras ondas, como las señales de radio y TV) suelen mostrarse de forma gráfica (fig. 9-9 B). El eje vertical es la fuerza o intensidad de la señal, la *amplitud*, que se muestra por la distancia vertical desde el pico al valle de la onda. El eje horizontal es el tiempo. El número de ondas por unidad de tiempo es la *frecuencia*.

La maravillosa variedad de sonido depende de estas dos características fundamentales: el número de ondas por segundo (la frecuencia o tono, medida en *Herz* [Hz]) y el grado de compresión del aire (la amplitud, intensidad o volumen). Para las ondas de alta frecuencia (10 000 ondas por segundo, o 10 000 Hz), como el silbido de un flautín, la distancia entre los picos de ondas sucesivas es corta. En las ondas de baja frecuencia (20 Hz), como el estruendo de un bombo, la distancia entre los picos de ondas es larga. Las ondas de elevada amplitud (de aire muy comprimido) son intensas; los sonidos de baja amplitud, que comprimen menos el aire, son más suaves. El intervalo de detección del oído humano es asombroso: los sonidos más fuertes que podemos oír sin daño son un billón (10^{12}) de veces más intensos que los sonidos más suaves. Pero aun así, nuestra gama es menos sorprendente que la de muchos de nuestros parientes animales.

Apuntes sobre el caso

9-12 Helen era capaz de «oír» el sonido de tono bajo de las ramas grandes golpeando el suelo durante una tormenta eléctrica. ¿El sonido que detectaba era un sonido de baja o alta frecuencia?

El órgano de Corti detecta las ondas de sonido

Somos capaces de detectar sonidos y determinar su tono y volumen gracias al fenómeno de *resonancia*. La resonancia es la vibración por simpatía de una parte sincronizada (en sintonía) con otra. Por ejemplo, las ventanas traquetean en respuesta a los golpes de un martillo perforador. Del mismo modo, podemos sentir el ruido de un martillo neumático en nuestros huesos, porque éstos también vibran por simpatía.

Asimismo, las ondas sonoras provocan vibraciones en una serie de estructuras anatómicas del oído; la vibración en una estructura produce vibraciones simpáticas en la siguiente. Finalmente, la amplitud y la frecuencia de la vibración son detectadas por las células de los mecanorreceptores del órgano de Corti, que transmiten la señal al cerebro. Es importante destacar que la amplitud y la frecuencia de las vibraciones en las estructuras del oído son directamente proporcionales a la amplitud y la frecuencia de las ondas sonoras.

Desde las ondas de sonido en el aire hasta las señales nerviosas viajando hasta el cerebro a través del nervio vestibulococlear, la secuencia de los acontecimientos involucrados en la audición es la siguiente (fig. 9-10):

1. El oído externo canaliza las ondas sonoras hacia la membrana timpánica.
2. La membrana timpánica vibra «en sintonía», estableciendo las correspondientes vibraciones en la cadena de huesecillos del oído medio. La intensidad y la frecuencia

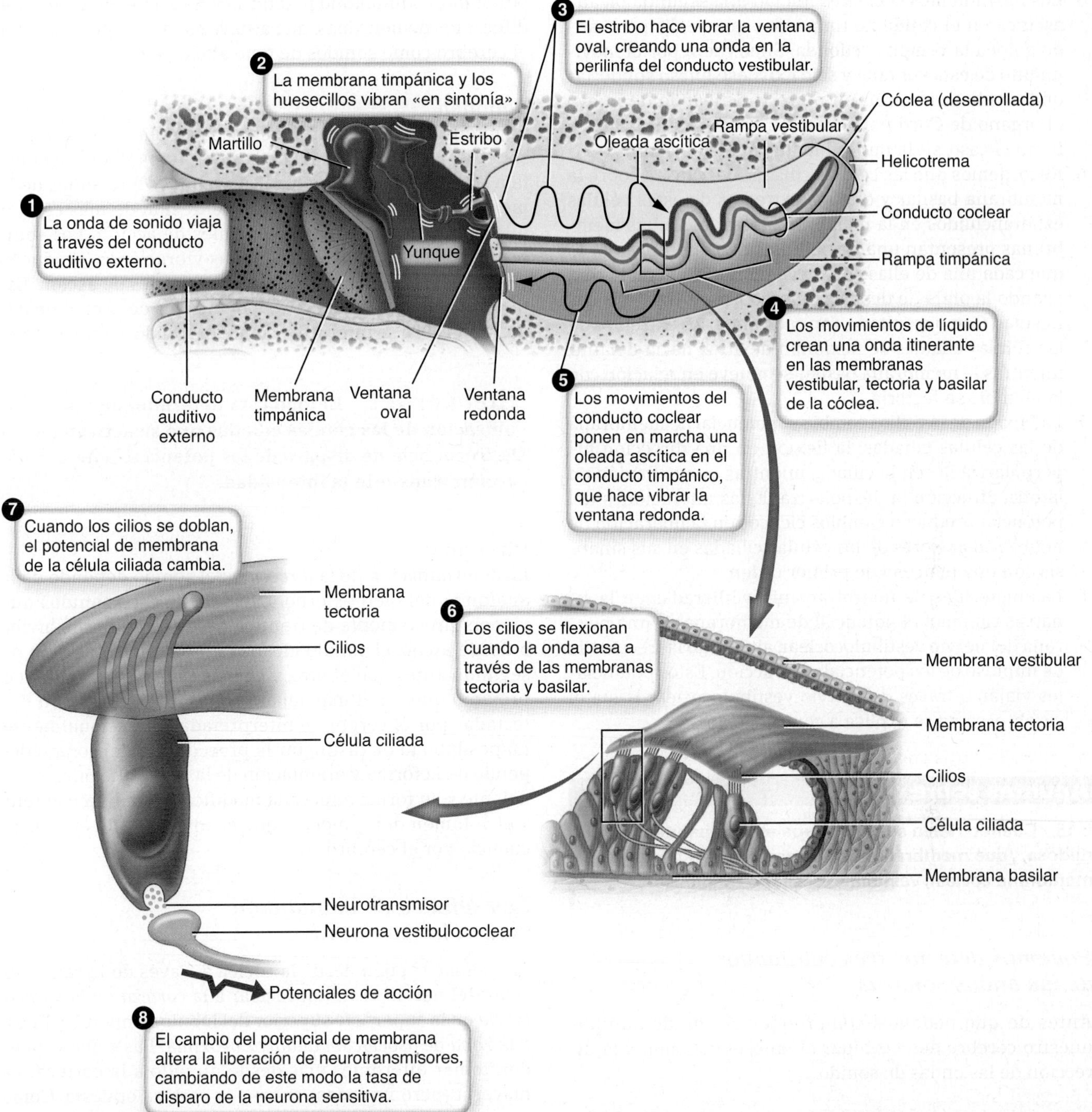

1 La onda de sonido viaja a través del conducto auditivo externo.
2 La membrana timpánica y los huesecillos vibran «en sintonía».
3 El estribo hace vibrar la ventana oval, creando una onda en la perilinfa del conducto vestibular.
Martillo
Estribo
Yunque
Oleada ascítica
Rampa vestibular
Cóclea (desenrollada)
Helicotrema
Conducto coclear
Rampa timpánica
4 Los movimientos de líquido crean una onda itinerante en las membranas vestibular, tectoria y basilar de la cóclea.
5 Los movimientos del conducto coclear ponen en marcha una oleada ascítica en el conducto timpánico, que hace vibrar la ventana redonda.
Conducto auditivo externo
Membrana timpánica
Ventana oval
Ventana redonda
7 Cuando los cilios se doblan, el potencial de membrana de la célula ciliada cambia.
Membrana tectoria
Cilios
Célula ciliada
Neurotransmisor
Neurona vestibulococlear
Potenciales de acción
6 Los cilios se flexionan cuando la onda pasa a través de las membranas tectoria y basilar.
Membrana vestibular
Membrana tectoria
Cilios
Célula ciliada
Membrana basilar
8 El cambio del potencial de membrana altera la liberación de neurotransmisores, cambiando de este modo la tasa de disparo de la neurona sensitiva.

Figura 9-10. Mecánica de la audición. Las ondas de sonido se transmiten al conducto coclear y son detectadas por las células ciliadas. Los cambios en la membrana de las células ciliadas alteran el impulso de potenciales de acción en una neurona vestibulococlear. *¿Qué membrana está en contacto con los cilios de las células ciliadas?*

de las vibraciones del martillo se transmiten al yunque y posteriormente al estribo. Los sonidos fuertes causan grandes vibraciones, los suaves producen pequeñas vibraciones, los de tono alto causan vibraciones rápidas y los de tono bajo producen vibraciones lentas.

3. La platina del estribo vibra en la ventana oval. El movimiento en la ventana oval crea ondas en la perilinfa del conducto vestibular que son proporcionales a la amplitud y frecuencia de la onda de sonido original.
4. La oleada ascítica en el conducto vestibular produce una *onda de desplazamiento* en las membranas del conducto coclear, algo parecido a lo que sucede cuando se golpea una cuerda, que se produce una onda que viaja por ella.

5. Los movimientos cocleares inician una segunda oleada ascítica en el conducto timpánico, que se disipa cuando golpea la ventana redonda. Si no fuera por el movimiento de esta ventana y sólo existiese hueso sólido, las ondas rebotarían, con un regreso, activando de nuevo el órgano de Corti para crear un «eco» interno. Si éste fuera el caso, sería imposible una audición clara.
6. Recordemos que las células ciliadas descansan sobre la membrana basilar y que los extremos de estas células están incluidos en la membrana tectoria. Ambas membranas presentan una flexibilidad algo diferente, por lo que cada una de ellas se mueve en relación con la otra cuando la onda de desplazamiento pasa a través de las mismas. Como resultado, con cada onda, los extremos de las células ciliadas se flexionan de atrás hacia delante, mientras la membrana basilar se mueve en relación con la membrana tectoria.
7. La flexión de los cilios cambia el potencial de membrana de las células ciliadas: la flexión en una dirección hiperpolariza la célula ciliada, mientras que la flexión en la otra dirección la despolariza. Estas alteraciones del potencial producen cambios cíclicos en la liberación de neurotransmisores de las células ciliadas en sus sinapsis con una neurona de primer orden.
8. Las moléculas de neurotransmisor liberadas en la sinapsis cambian el potencial de membrana de una neurona del nervio vestibulococlear, alterando la frecuencia de impulso de los potenciales de acción. Estos potenciales viajan a través del nervio vestibulococlear hasta el cerebro, como se explica a continuación.

Apuntes sobre el caso

9-13 Cuando Helen se encontraba en una habitación ruidosa, ¿qué membrana vibraría en primer lugar, la membrana coclear, vestibular, basilar o timpánica?

Podemos detectar tres cualidades de las ondas sonoras

Antes de que podamos comprender el mundo audible, nuestro cerebro debe evaluar el tono, el volumen y la dirección de las ondas de sonido.

Tono

Hay que recordar que el tono de un sonido refleja su frecuencia. En los instrumentos de cuerda, como guitarras y violines, las cuerdas cortas y rígidas (tensas) vibran muy rápidamente para producir un sonido de tono alto, y las cuerdas largas y flexibles (flojas) vibran lentamente para producir un sonido de tono bajo. Lo mismo ocurre con la membrana basilar: en su base (cerca de la ventana oval) es estrecha y rígida, y vibra por simpatía con los sonidos de alta frecuencia; en su extremo es ancha y flexible, y vibra por simpatía con los sonidos de baja frecuencia. Por lo tanto, diferentes regiones de la membrana y grupos de células receptoras ciliadas vibran de acuerdo con el tono del sonido percibido, estimulando potenciales de acción en conjuntos diferentes de neuronas, que a su vez son interpretados por el cerebro como sonidos de tono alto o bajo.

Volumen

La intensidad de un sonido refleja la amplitud de las ondas sonoras. Las vibraciones fuertes del tímpano en respuesta a sonidos fuertes dan lugar a grandes vibraciones de la membrana basilar, produciendo la flexión de más células pilosas y, por tanto, más potenciales de acción. Los sonidos más suaves, con sus pequeñas vibraciones, producen menos desplazamiento y menos potenciales de acción. Esta variación en el número de potenciales de acción enviados al cerebro se interpreta como un sonido fuerte o suave.

¡Recuerde! **El tono está determinado por la ubicación de las células ciliadas que se activan; la frecuencia de disparo de los potenciales de acción transmite la intensidad.**

Dirección

La determinación de la *dirección* del sonido depende de la anatomía del oído externo. Excepto para los sonidos que vienen directamente de frente o desde atrás, desde arriba o desde abajo, el sonido alcanza un oído una fracción de segundo antes que el otro, y es más fuerte en el oído más próximo que en el más lejano. Estas diferencias son detectadas por el cerebro e interpretadas direccionalmente. La posibilidad de distinguir la procedencia del sonido depende de la forma y orientación de la oreja, que mira hacia delante y su forma ahuecada modifica ligeramente el tono y el volumen del sonido, lo que es interpretado en consecuencia por el cerebro.

Las señales de la audición siguen la vía auditiva

Las señales viajan desde la cóclea a través de la rama coclear del nervio vestibulococlear a la *corteza auditiva primaria* en la superficie superior del lóbulo temporal, y luego a la *zona de asociación auditiva* próxima. Las señales pueden tomar diferentes vías desde un oído a la corteza. La mayoría (pero no todas) cruza a la corteza opuesta. Como consecuencia, cada hemisferio de la corteza cerebral recibe información auditiva de ambos oídos. Esta característica especial es una «política de seguros» biológica para la audición: la destrucción de la corteza auditiva en un hemisferio cerebral no destruye completamente la audición de un oído. En la figura 9-11 se muestra una de las vías más frecuentes.

Apuntes sobre el caso

9-14 Si Helen fuese sorda sólo de un oído, ¿indicaría esto un defecto en la corteza auditiva del mismo lado que el oído afectado? Explíquelo.

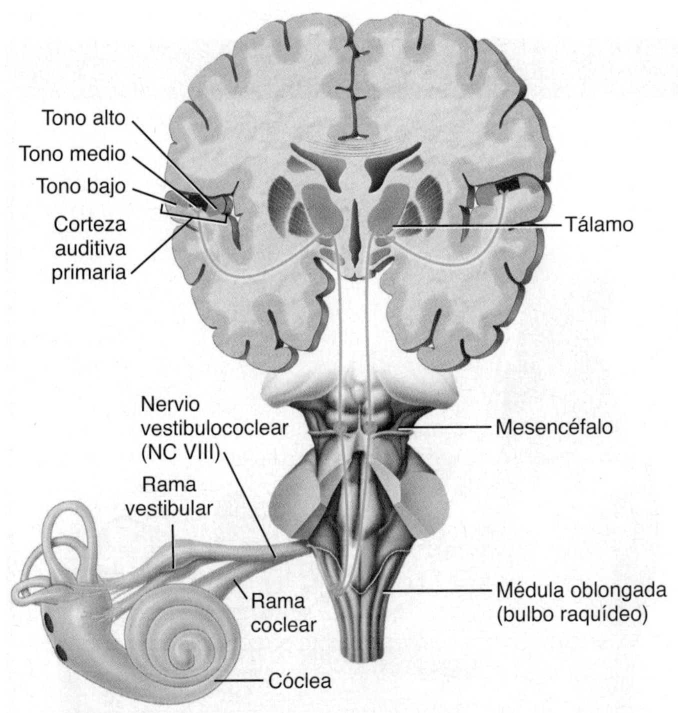

Figura 9-11. Vía auditiva. Las señales de la cóclea izquierda viajan a la corteza auditiva primaria de ambos hemisferios. *¿Cuántas neuronas se utilizan para transmitir una señal auditiva desde la cóclea hasta la corteza auditiva derecha?*

La corteza auditiva primaria se divide en *mapas de tonos,* regiones diferentes que son sensibles a un determinado intervalo de frecuencias: los bajos retumban aquí, los silbidos penetrantes allá. Las señales de las células ciliadas de una zona determinada de la membrana basilar (que responde a un intervalo concreto de frecuencia) se proyectan en la región del tono correspondiente de la corteza cerebral auditiva. El cerebro, por lo tanto, percibe el tono según el área concreta de corteza activada. La corteza auditiva primaria también puede dividirse en *mapas de volumen,* con algunas neuronas que responden mejor a los potenciales de acción provocados por sonidos fuertes, mientras que otras son más sensibles a los potenciales de acción menos frecuentes de los sonidos suaves.

Después de que nuestro aparato auditivo ha detectado las distintas cualidades del sonido y las transmite a la corteza auditiva primaria, el cerebro aún debe dar «sentido» a lo que en caso contrario sería un ruido sin sentido. Éste es el trabajo de la corteza de asociación auditiva cercana. Esta parte de la corteza distingue los *patrones* de sonido de acuerdo con las complejas variaciones de tono, volumen y dirección, y les atribuye un significado. Nuestra capacidad de reconocer al instante la calidad distintiva del discurso de una persona demuestra la notable capacidad de la corteza auditiva para asignar significado a los sonidos. La corteza de asociación auditiva también recibe información de otras regiones del cerebro, como las cortezas visual y somatosensorial, para ayudar en esta tarea. Por ejemplo, es más fácil entender los sonidos si se ve a la persona que habla.

Tras esta exposición debería ser evidente que la audición es un asunto muy complicado. Para tener más información sobre la alteración de la audición (sordera), lea a continuación la Instantánea clínica titulada «Alteraciones de la audición».

9-21 ¿Qué tipo de receptores participan en la audición y el equilibrio, nociceptores, mecanorreceptores o quimiorreceptores?

9-22 Además de sujetar las gafas, ¿cuál es el función del pabellón auricular?

9-23 ¿Qué huesecillo se une a la membrana timpánica?

9-24 El conducto coclear contiene perilinfa ¿Verdadero o falso?

9-25 A medida que nos alejamos del origen del sonido, el volumen disminuye pero el tono sigue siendo el mismo. ¿Qué cambia, la frecuencia o la amplitud?

9-26 ¿Qué membrana está en contacto con los cilios de las células ciliadas, la basilar o la tectoria?

9-27 Usted oye dos sonidos de igual volumen, uno de tono alto y otro de tono bajo. ¿Qué varía en la membrana basilar entre estos dos sonidos, la región de la membrana basilar que vibra o el grado de vibración?

Oído interno y equilibrio

El **equilibrio** nos informa de nuestra orientación en el espacio en relación con la gravedad y de si tenemos o no el control de nuestros movimientos. Cuando perdemos el equilibrio, disponemos de mecanismos, tanto conscientes como reflejos, que nos permiten recuperarlo. Estar en equilibrio no significa estar quietos; significa tener el control. Los giros y saltos de una bailarina son un acto de equilibrio perfectamente controlado. En esta sección se expone la contribución del oído interno, que detecta cambios en la velocidad y la dirección de la gravedad, al equilibrio. Otras informaciones sensoriales, señales visuales, información propioceptiva e incluso información táctil, como la presión de las piernas en una silla, son también fundamentales. Usted puede ver la importancia de la información visual por sí mismo, permaneciendo sobre un pie con los ojos abiertos (relativamente fácil) y con los ojos cerrados (más difícil).

El aparato vestibular detecta la aceleración

El aparato vestibular mantiene el equilibrio en parte por la detección de la **aceleración,** la *tasa de cambio* de la velocidad con el tiempo. Experimentamos varios tipos de aceleración:

INSTANTÁNEA CLÍNICA

Alteraciones de la audición

Sordera

La **sordera** es una incapacidad para oír de forma normal. La pérdida de audición atribuible a la interferencia en la conducción de las ondas sonoras en el conducto auditivo externo o el oído medio es la **sordera de conducción** o **conductiva;** la que es debida a enfermedad coclear es la **sordera sensorial,** y la causada por enfermedad del nervio vestibulococlear, los tractos nerviosos del SNC o la corteza auditiva es la **sordera nerviosa.**

La *sordera conductiva* puede deberse a la presencia de cerumen (cera de la oreja), que obstruye el conducto auditivo o se impacta en el tímpano, o a afecciones del oído medio. El endurecimiento de los huesecillos *(otosclerosis),* de forma que no vibran de forma adecuada, es una enfermedad hereditaria en algunos adultos, pero puede estar producida por una infección crónica del oído medio, especialmente en los niños. A menudo la sordera conductiva puede corregirse con cirugía.

La *sordera sensorial* es el resultado de daños en el órgano de Corti, en la cóclea. La causa identificable más frecuente es la exposición prolongada a sonidos muy fuertes. Por ejemplo, la exposición al sonido intenso del claxon de un coche durante 1 min o la exposición prolongada a algo tan ruidoso como una cortadora de césped pueden producir sordera sensorial permanente. Pero con mucho, la causa más frecuente es la idiopática (no identificable); suele presentarse en una persona mayor que no ha estado sometida a una exposición prolongada. La mayor parte de los audífonos vendidos a los adultos son para tratar la pérdida de audición sensorial. Normalmente, los audífonos constan de un micrófono que recoge los sonidos, un amplificador que los aumenta y un altavoz que los envía hacia el oído interno. En los pacientes con sordera profunda, que no se beneficiarían de los audífonos normales, puede tratarse la sordera sensorial mediante la inserción de una sonda electrónica en la cóclea *(implante coclear),* que estimula directamente el órgano de Corti.

La *sordera nerviosa* es el tipo menos frecuente de pérdida de audición y se debe a lesiones en el nervio vestibulococlear o, menos comúnmente, en el SNC. Los audífonos o los implantes cocleares pueden ofrecer alguna ayuda.

Acúfenos

Los **acúfenos** (del latín *tinnitus* = «ruido metálico», «tintineo») son pitidos o zumbidos indeseables en los oídos. Los *acúfenos objetivos* son sonidos desagradables que se originan fuera del sistema auditivo, a menudo en el propio cuerpo; con frecuencia puede oírlos el especialista. Por ejemplo, algunos pacientes con anomalías vasculares pueden oír cómo corre la sangre a través de los vasos del cuello. Los pacientes cardíacos con válvulas artificiales pueden tener un problema similar.

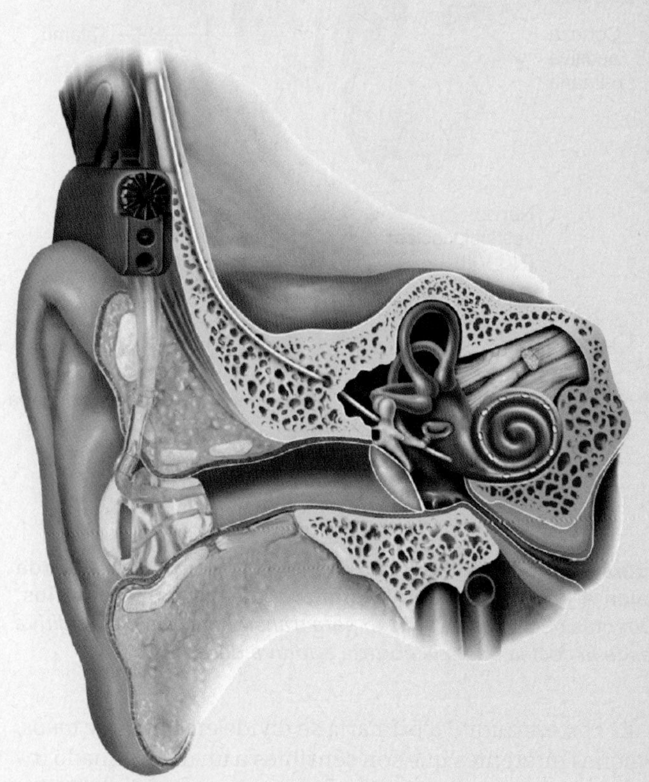

Un implante coclear.

Pero mucho más frecuente y desagradable son los *acúfenos subjetivos,* en los que el sonido surge de algún lugar del sistema auditivo. Los sonidos suelen describirse como un timbre metálico o un zumbido o soplido. Estos acúfenos son muy habituales; de hecho, cualquier persona que preste especial atención en un lugar silencioso puede oír un ligero zumbido metálico agudo. A veces los acúfenos se asocian a la aparición de sordera. Cualquiera que sea la causa, en algunas personas pueden ser muy molestos. Los acúfenos graves pueden ser incluso incapacitantes.

- *Aceleración positiva,* cuando se está acelerando.
- *Aceleración negativa,* cuando se frena o desacelera.
- *Aceleración lineal,* se produce cuando cambiamos de velocidad en una línea recta, como en un ascensor cuando acelera o un coche que reduce para parar.
- *Aceleración angular,* representa un cambio en la velocidad mientras se gira alrededor de un punto fijo, como al girar la cabeza o dar vueltas en una silla.

La *aceleración se asocia siempre con fuerza:* considere cómo un coche, cuando acelera, empuja su espalda hacia su asiento, o su tendencia a desplazarse hacia delante con un frenazo.

Tenga en cuenta que la aceleración refleja un *cambio* de velocidad. A velocidad *constante,* el aparato vestibular está inactivo. Por ejemplo, en un avión a reacción, podemos ser conscientes de que nos estamos moviendo a 800 km/h, pero la velocidad constante no activa nuestros sensores de equilibrio. Dicho esto, la mayoría de las actividades humanas implican un movimiento de arranque y parada, lo que provoca cambios de velocidad que activan los sensores de equilibrio. El equilibrio también depende de la capacidad del oído interno para detectar cambios en la velocidad durante el movimiento continuo. La detección de la dirección de la gravedad, sin embargo, funciona incluso cuando estamos quietos.

Apuntes sobre el caso

9-15 ¿Cómo podemos estar razonablemente seguros de que el oído interno de Helen no se vio afectado por la enfermedad que la dejó sorda?

9-16 Cuando Helen movía su cabeza de un lado a otro para indicar «no», ¿su cabeza experimentaba aceleración lineal o aceleración angular?

El aparato vestibular está formado por los órganos otolíticos y los canales semicirculares

Al igual que la cóclea, el aparato vestibular está excavado en hueso, lleno de perilinfa. Contiene un laberinto membranoso lleno de endolinfa (v. fig. 9-8). Este aparato tiene dos subdivisiones principales: los órganos otolíticos y los canales semicirculares (fig. 9-12). Los **órganos otolíticos** son dos cámaras globulares interconectadas del laberinto membranoso, el **sáculo** y el **utrículo,** cada uno de los cuales contiene un receptor sensorial llamado *mácula.* El utrículo se ramifica en tres **canales semicirculares:** dos verticales, uno aproximadamente en el plano coronal y otro en el sagital, y el tercero en el plano horizontal, que encajan entre sí en ángulo recto, como las esquinas de una caja. En la abertura de cada canal semicircular se encuentra un receptor sensorial llamado *cresta ampular.* Las señales de todas las partes del aparato vestibular viajan al cerebro a través de la rama vestibular del nervio vestibulococlear.

Los órganos otolíticos detectan la gravedad y la aceleración lineal

El utrículo y el sáculo son estructuralmente muy similares. Dentro de cada cámara se encuentra un parche plano de células ciliadas altas llamado **mácula.** Los cilios de las células ciliadas protruyen sobre una membrana gelatinosa, la membrana otolítica, que está lastrada por cristales diminutos llamados **otolitos** (literalmente, «piedras del oído») (fig. 9-13). Tenga en cuenta que las máculas del utrículo y el sáculo están orientadas de forma perpendicular una respecto de la otra: la mácula del utrículo es principalmente horizontal y la del sáculo, vertical. Los órganos otolíticos responden a dos tipos de preguntas:

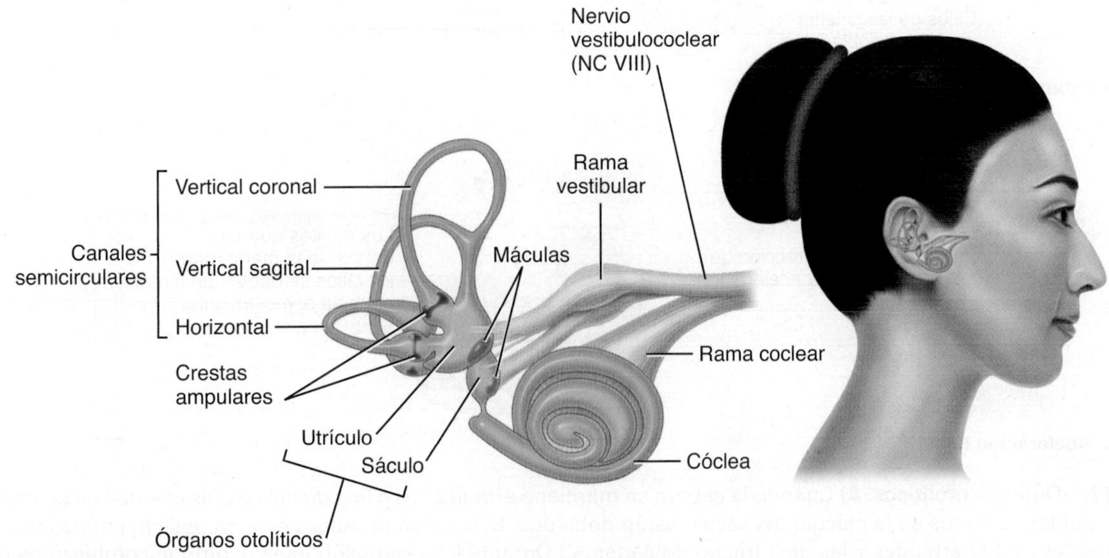

Figura 9-12. Aparato vestibular. El aparato vestibular está formado por los canales semicirculares y los órganos otolíticos. *¿Dónde se encontraría una cresta ampular, en el utrículo o en un canal semicircular?*

- ¿Cómo está orientada mi cabeza en relación con la gravedad? Es decir, ¿estoy de pie, acostado o en algún punto entre los dos? En efecto, ¿dónde está arriba?
- ¿Está cambiando mi velocidad? Es decir, ¿estoy acelerando horizontal o verticalmente?

Detectando la gravedad: ¿dónde está arriba?

Incluso con los ojos cerrados, podemos distinguir arriba de abajo por el efecto de la gravedad en la mácula. Cuando la cabeza está en posición vertical, la mácula del utrículo está horizontal. Los cilios de las células ciliadas están erguidos (fig. 9-13 A). La mácula del sáculo, por el contrario, está vertical. La gravedad atrae la membrana cargada de otolitos hacia abajo, doblando los cilios de las células ciliadas. Al igual que en las células ciliadas cocleares, la flexión de los cilios de las células ciliadas, dependiendo de la forma en que ésta se produzca, despolariza o hiperpolariza la célula y altera el impulso de potenciales de acción en el nervio sensitivo. El cerebro percibe esta situación (las células ci-

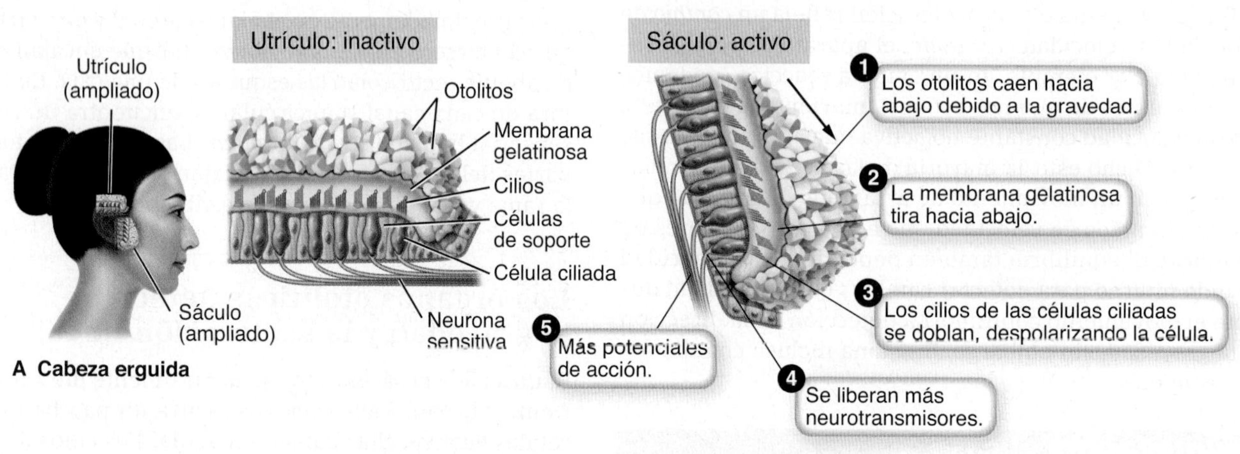

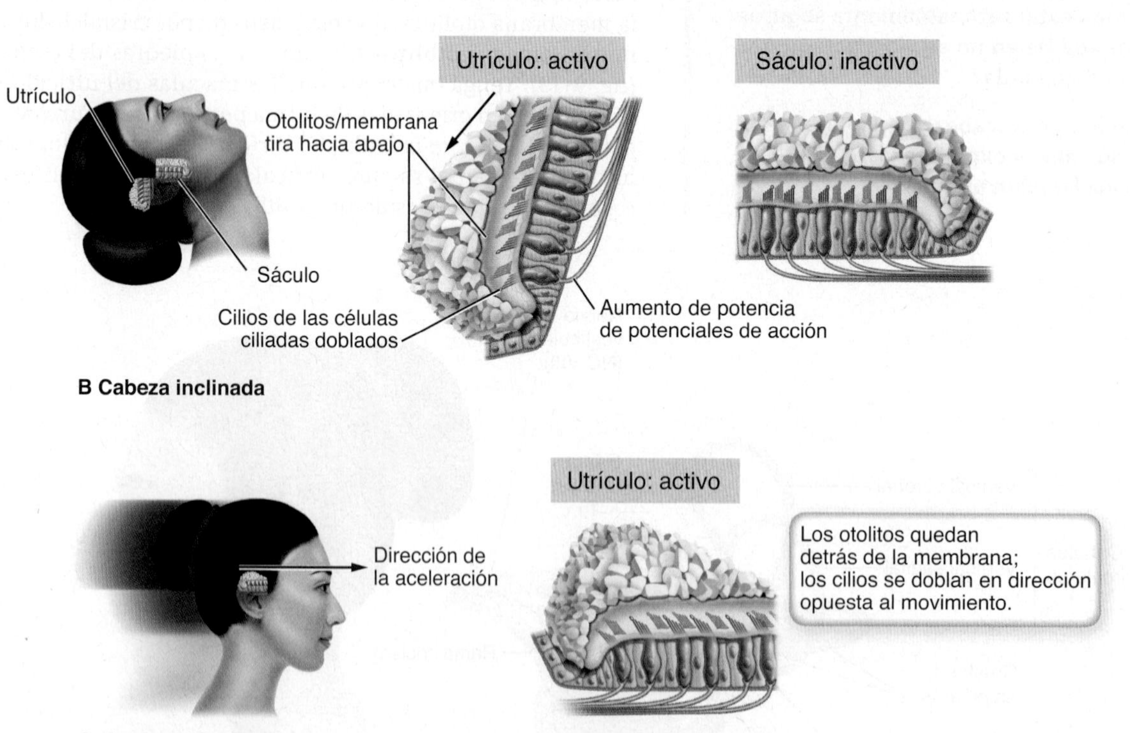

Figura 9-13. Órganos otolíticos. A) Cuando la cabeza se mantiene erguida, los cilios de las células ciliadas de la mácula del utrículo están erguidos, pero los de la mácula del sáculo están doblados. **B)** Cuando la cabeza está en posición horizontal, las células ciliadas del sáculo están erguidas y las del utrículo dobladas. **C)** Durante la aceleración lineal (como al comienzo de una carrera de velocidad), la pesada membrana gelatinosa queda detrás de las células ciliadas y dobla los cilios. *Cuando usted se acuesta, ¿los cilios de las células ciliadas del utrículo están dobladas o rectas? ¿Qué ocurre con los cilios de las células ciliadas del sáculo?*

liadas del sáculo flexionadas y las células del utrículo rectas), que indica que nuestra cabeza está «arriba».

Cuando la cabeza está en posición horizontal, ya sea cuando estamos tumbados, o de pie y mirando al cielo, el utrículo está casi vertical y el sáculo casi horizontal (fig. 9-13 B). Las células ciliadas del sáculo están estiradas y las del utrículo están dobladas, lo que da lugar a un patrón característico de disparo de potenciales de acción que indica que la cabeza está «de lado». Curiosamente, en contraste con el olfato y el gusto y algunos otros receptores sensoriales, las máculas no se adaptan: aunque uno se acueste durante 1 h, la sensación de estar estirado se percibe en todo momento.

Detectando la aceleración lineal

La mácula también detecta la aceleración o desaceleración lineal (en línea recta): las fuerzas que empujan su espalda hacia el asiento cuando el coche en el que viaja está acelerando, o que le lanzan hacia delante en un frenazo o, en menor grado, que hacen que se sienta más pesado o ligero al principio y al final de un viaje en ascensor.

Comprender cómo los órganos otolíticos detectan la fuerza de aceleración lineal requiere una comprensión de la *inercia* o resistencia al movimiento. Cualquier cosa en reposo, como una roca, permanece de este modo a menos que una fuerza exterior actúe sobre ella. La membrana otolítica gelatinosa y su carga de «piedras del oído» tiene mucha inercia, resiste a la aceleración tanto positiva como negativa. Esto significa que, durante la aceleración, la membrana otolítica va retrasada de las células ciliadas incrustadas en ella, haciendo que éstas se doblen hacia atrás. Durante la desaceleración, la membrana otolítica se desliza hacia delante, lo que hace que las células ciliadas se doblen hacia la misma dirección. Echemos un vistazo a esto en el utrículo y el sáculo.

Considere en primer lugar el utrículo, cuya mácula se orienta horizontalmente cuando la cabeza está erguida (fig. 9-13 C). Como cuando la gimnasta inicia su movimiento hacia delante y acelera en una carrera, la inercia de la pesada membrana gelatinosa con otolitos hace que ésta quede atrás y tire hacia atrás de los cilios de las células ciliadas. Los cilios, por lo tanto, se doblan en dirección opuesta a la de la aceleración. Cuando la atleta se estabiliza en una carrera a velocidad constante, la membrana gelatinosa vuelve a su posición normal y los cilios se estiran de nuevo. A continuación, cuando disminuye la velocidad al final de su ejecución, la membrana otolítica se desplaza hacia delante, lo que hace que los cilios de las células ciliadas se doblen hacia delante. La mácula del sáculo, por el contrario, detecta aceleraciones verticales, como cuando se va en ascensor. Cuando el ascensor acelera hacia arriba, los cilios de las células ciliadas se doblan hacia abajo, hacia el suelo, y tenemos la sensación de aceleración hacia arriba; cuando desacelera, los cilios se doblan alejándose del suelo y tenemos la sensación de desaceleración. Si el ascensor asciende o desciende a una velocidad constante, los cilios de las células ciliadas permanecen rectos y no percibimos ningún movimiento.

¡Recuerde! **Las células ciliadas de la cóclea detectan las ondas de sonido; las células ciliadas del vestíbulo detectan la gravedad y la aceleración lineal.**

Los canales semicirculares detectan la aceleración angular

Los órganos del equilibrio que responden a la aceleración angular (rotacional) son los tres *canales semicirculares*. Están orientados en ángulo recto uno respecto de los otros como los lados de la esquina de una caja para que, sin importar el plano de rotación, al menos se activen los sensores de un canal (fig. 9-14 A). Por ejemplo, al asentir con la cabeza para decir «sí» se activan los canales verticales, al mover la cabeza para decir «no» se activa el canal horizontal. El laberinto membranoso de los canales está lleno de endolinfa y contiene un nódulo de células ciliadas, la **cresta ampular,** que se proyecta hacia la luz del canal. Encima de cada cresta existe un capuchón alto de material gelatinoso, la *cúpula* (fig. 9-14 B). A su vez, la cúpula se extiende hacia la ampolla, más o menos «ondeando en el viento» de la endolinfa que llena el laberinto membranoso.

Cuando vuelve la cabeza, crestas y cúpulas se mueven a la misma velocidad; sin embargo, la inercia de la endolinfa hace que ésta se quede atrás. Como consecuencia de ello se produce un arrastre de líquido sobre la cúpula, que dobla las microvellosidades de las células ciliadas y altera el potencial de membrana. Como hemos visto en la membrana otolítica, la cúpula se dobla en dirección opuesta a la dirección del movimiento. La flexión en una dirección (en sentido contrario a las agujas del reloj) hiperpolariza la célula, mientras que la flexión en la otra dirección (en sentido horario) la despolariza. El cambio resultante en la frecuencia del potencial de acción en las neuronas sensitivas de los tres canales, cada uno con su orientación única, le dice al cerebro que la cabeza se está moviendo y en qué dirección (fig. 9-14 C).

Los canales semicirculares realizan una función sencilla pero fundamental: detectan el *comienzo* y el *final* de la rotación de la cabeza, cuando se produce una aceleración angular. Usted puede mantener el equilibrio sin ellos, siempre y cuando no realice movimientos de rotación repentinos o complejos, porque el vestíbulo calcula la posición de su cabeza en el espacio. Sin embargo, la actividad humana cotidiana es una mezcla de movimientos complejos de la cabeza, muchos de los cuales suponen rotación. El trabajo de los canales semicirculares es detectar la rotación en el *momento* en que se produce, por lo que, de hecho, *anticipa* cómo los movimientos de giro van a alterar su equilibrio, de forma que puedan realizarse movimientos de ajuste en otras partes del cuerpo. Sin este mecanismo de «alerta temprana», caminaríamos torpemente en nuestro día a día, aunque el utrículo y el sáculo fuesen completamente normales.

Así pues, sumamos todo ¿y qué tenemos? Un maravilloso sistema integrado que evita que la vida diaria se re-

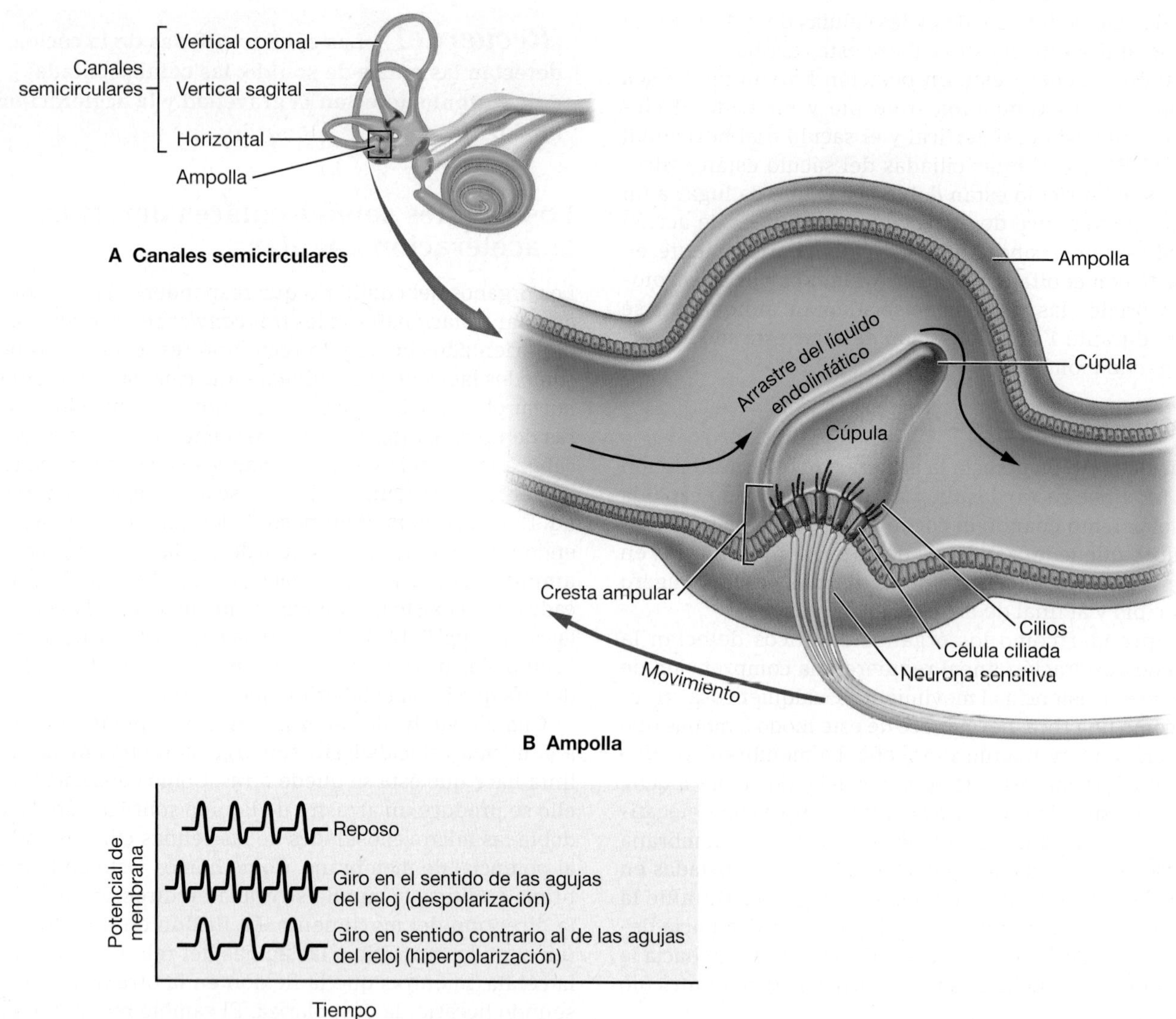

Figura 9-14. Canales semicirculares. A) Los tres canales están situados perpendicularmente, cada uno respecto de los otros, con el fin de detectar el movimiento en todos los planos. **B)** Cuando la cabeza gira, la endolinfa arrastra la cúpula, desplazando los cilios de la células ciliadas en dirección opuesta al movimiento de la cabeza. **C)** La aceleración angular en una dirección aumenta la frecuencia de potenciales de acción en la neurona sensitiva; la aceleración en la dirección opuesta ejerce el efecto contrario. *En la parte C, ¿qué dirección del movimiento aumenta la frecuencia del potencial de acción a la derecha o a la izquierda?*

duzca a una serie de batacazos, un sistema que permite la belleza del movimiento humano. Tenga en cuenta las hazañas de una gimnasta. Mientras espera la señal para comenzar su ejercicio, permanece inmóvil. Suena la señal. Comienza a correr hasta que alcanza la velocidad máxima, a continuación da una voltereta hacia delante y ejecuta un aterrizaje perfecto en una posición final inmóvil. La gimnasta ha acelerado, alcanzado una velocidad constante, girado la cabeza y cuerpo 360° y desacelerado hasta la detención completa en un instante, gracias a la notable capacidad del aparato vestibular del oído interno para mantener el equilibrio.

En un tono menos serio, el movimiento continuo de la endolinfa dentro de los canales semicirculares explica el vértigo breve que muchos niños parecen disfrutar después de dar vueltas con su cuerpo o girar en una silla. Cuando se detiene el movimiento, la endolinfa continúa temporalmente su flujo, arrastrando la cresta ampular y transmitiendo una sensación de movimiento que nuestros ojos nos dicen que no está ocurriendo.

Apuntes sobre el caso

9-17 En la autobiografía de Helen Keller, ella menciona los signos rudimentarios que inventó poco después de su enfermedad. Por ejemplo, movía la cabeza de un lado a otro para indicar «no». ¿Esta acción activaría preferentemente las máculas o las células ciliadas de los canales semicirculares?

Las señales del equilibrio siguen vías específicas

La flexión de las células ciliadas sensoriales envía potenciales de acción a las neuronas de primer orden de la rama vestibular del nervio vestibulococlear, que transmite las señales a la médula oblongada y cerebelo. Desde la médula oblongada se transmiten algunos impulsos a los núcleos asociados de los pares craneales que controlan los movimientos del ojo y el cuello. El cerebelo acepta las señales del utrículo, el sáculo y los canales semicirculares, así como del sistema visual y los sensores propioceptivos. Integra estas señales y las transmite a la corteza para su integración en la consciencia. Entonces se pueden añadir órdenes voluntarias motoras para asegurar el control continuo de la posición del cuerpo y del movimiento.

9-28 Nombre las dos cámaras del vestíbulo.

9-29 ¿Qué parte del oído interno permite a un patinador sobre hielo que está girando mantener el control necesario para obtener una buena puntuación de los jueces?

9-30 Nombre la estructura gelatinosa que cubre los cilios de las células ciliadas de los canales semicirculares.

9-31 ¿Los otolitos están involucrados en la detección de la aceleración lineal o de la aceleración angular?

Visión

La **visión** es la detección de la luz por el ojo *y* la integración en la consciencia de las señales sensoriales que produce. Se trata de un sentido especial y normalmente el más valorado por las personas.

El **ojo** es el órgano de la visión. En su conjunto, se conoce como el **globo ocular,** una esfera de 24 mm a 25 mm de diámetro. Las células detectoras de luz específicas de los ojos son los fotorreceptores, y las vías entre los fotorreceptores y el cerebro son las *vías visuales.* Mediante la detección de las pequeñas variaciones de color, luz y oscuridad, percibimos un aspecto del mundo que nos rodea, el mundo revelado por la luz. A diferencia de todos los demás órganos de los sentidos, el cuerpo puede manipular los ojos: pueden dirigirse en una dirección determinada y enfocar de cerca o lejos, lo que da una idea de su valor para la supervivencia.

Las estructuras accesorias protegen y mueven el globo ocular

El globo ocular y las estructuras relacionadas ocupan una cavidad ósea en el cráneo, la **órbita.** El tejido conectivo graso protege el globo ocular dentro de la órbita (fig. 9-15 B). Por razones obvias, la superficie anterior del globo ocular carece de protección ósea y debe confiar en las *cejas* y los *párpados* para protegerse de agentes potencialmente perjudiciales.

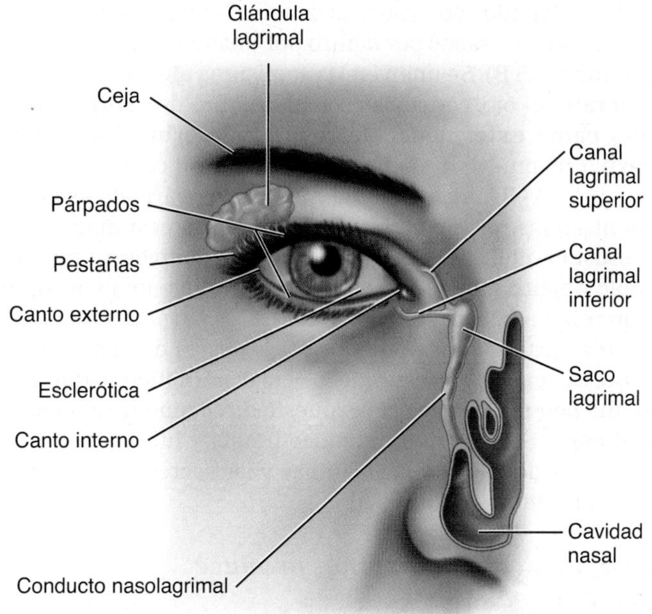

A Párpado y aparato lagrimal

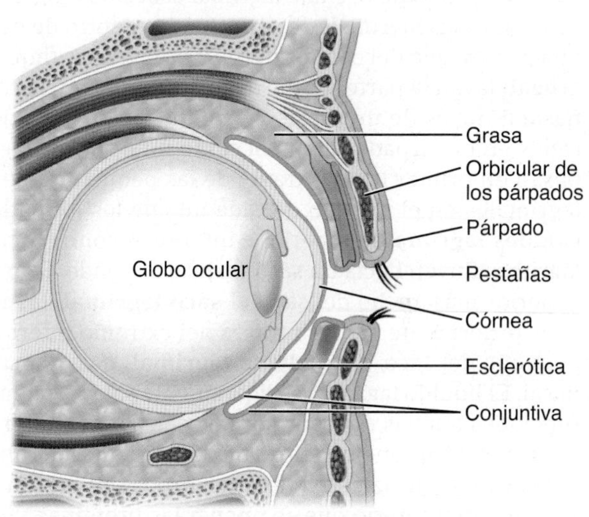

B Vista sagital de la órbita

Figura 9-15. Estructuras accesorias del ojo. A) Estructuras accesorias externas y aparato nasolagrimal. **B)** Vista sagital. La conjuntiva tapiza los párpados y cubre la superficie anterior del globo ocular. *¿Cómo se llama la parte blanca del ojo?*

Las cejas y los párpados protegen la parte anterior del globo ocular

Las **cejas** son prominencias curvilíneas cubiertas de pelo situadas sobre las crestas surpraorbitarias de los huesos frontales, que evitan que el sudor, el pelo del cuero cabelludo y los residuos caigan en los ojos (fig. 9-15 A).

Los **párpados** son colgajos de tejido cubiertos por fuera por la piel y forrados por dentro por una mucosa, la *conjuntiva* (fig. 9-15 B). Se unen en las comisuras medial y externa (lateral) del ojo, conocidas con el nombre de **canto interno** y **canto externo** del ojo. El **músculo orbicular de los párpados** mueve los párpados para abrir o cerrar los ojos (fig. 9-15 A). Unidas al borde libre de los párpados se encuentran las **pestañas.** Los folículos de las pestañas están profusamente inervados por nervios sensitivos; el menor soplo de aire mueve las pestañas y produce una contracción refleja del músculo orbicular de los párpados que cierra los ojos. La función de los párpados es de protección: cubren la mayor parte del globo ocular, permitiendo que sólo una pequeña parte esté expuesta directamente al medio ambiente. Su continuo parpadeo limpia y lubrica la parte delantera del ojo con las lágrimas y las secreciones grasas de las glándulas del párpado.

El aparato nasolagrimal produce las lágrimas

El **aparato lagrimal** está formado por las **glándulas lagrimales,** con forma de almendra, que producen las lágrimas, y los conductos de drenaje lagrimal asociados (fig. 9-15 A). Las glándulas lagrimales están situadas dentro de cada órbita por encima del canto externo. Las lágrimas (líquido lagrimal) lavan la parte frontal del ojo y drenan en la cavidad nasal a través de una serie de conductos de drenaje ubicados en el párpado cerca del canto interno. Las lágrimas pasan en primer lugar a través de las pequeñas aberturas lagrimales en el margen de cada uno de los párpados, los **canales lagrimales** superior e inferior. A continuación las lágrimas fluyen hacia un saco vertical alargado. El extremo superior más ancho del saco, el **saco lagrimal,** las recoge y posteriormente pasan a través del extremo inferior más pequeño del saco, el **conducto lagrimal,** hasta la cavidad nasal. El líquido lagrimal es ligeramente salado y tiene más funciones que las de lavar los desechos y mantener la lubricación. Contiene dos tipos de agentes antimicrobianos: anticuerpos y lisozimas. Los anticuerpos son proteínas del sistema inmunitario que se unen a las proteínas víricas y bacterianas con el fin de marcarlas para su destrucción. Las lisozimas, por otro lado, son enzimas digestivas que disuelven la pared celular de las bacterias.

La conjuntiva tapiza el globo ocular y los párpados

La **conjuntiva,** una membrana delicada compuesta por células epiteliales cúbicas, tapiza los párpados y casi toda la parte anterior del globo ocular (fig. 9-15 B). Se continúa con la membrana epitelial transparente que cubre la **córnea,** la parte anterior, en forma de cúpula transparente, del globo ocular. La conjuntiva se extiende desde la superficie interna de los párpados en fondos de saco profundos alrededor de la periferia del globo ocular. En la parte más profunda de este fondo de saco, vuelve hacia anterior para proporcionar una cubierta transparente a la capa exterior blanca del ojo (la *esclerótica*). La conjuntiva es una estructura muy vascularizada que también contiene células que producen moco y que mantienen la humedad y lubricación del globo ocular.

Los músculos extraoculares mueven el globo ocular

Los músculos externos del ojo *(músculos extraoculares)* se encuentran también dentro de la órbita. Estos seis pequeños músculos esqueléticos (voluntarios) se adhieren al globo ocular y mueven los ojos en todas las direcciones (fig. 9-16 y tabla 9-1). Trabajan en conjunto para mantener los dos ojos apuntando a un objeto. Los músculos rectos superior, inferior, lateral e interno se originan en un anillo tendinoso situado por detrás de los ojos. Un músculo, el oblicuo superior, atraviesa un pequeño «cabestrillo» fibrocartilaginoso antes de insertarse en el globo ocular.

El nombre de cada músculo describe su ubicación y da pistas en cuanto a su acción. El recto superior, por ejemplo, eleva los ojos para ver el cielo, mientras que el recto interno gira el globo ocular hacia dentro, hacia la nariz. Sin embargo, los músculos rectos superior e inferior no pueden girar el globo ocular hacia arriba o hacia abajo (respectivamente) sin rotarlo también hacia dentro (medial). Los oblicuos superior e inferior ofrecen una tracción lateral opuesta que permite enfocar la mirada directamente hacia arriba o hacia abajo.

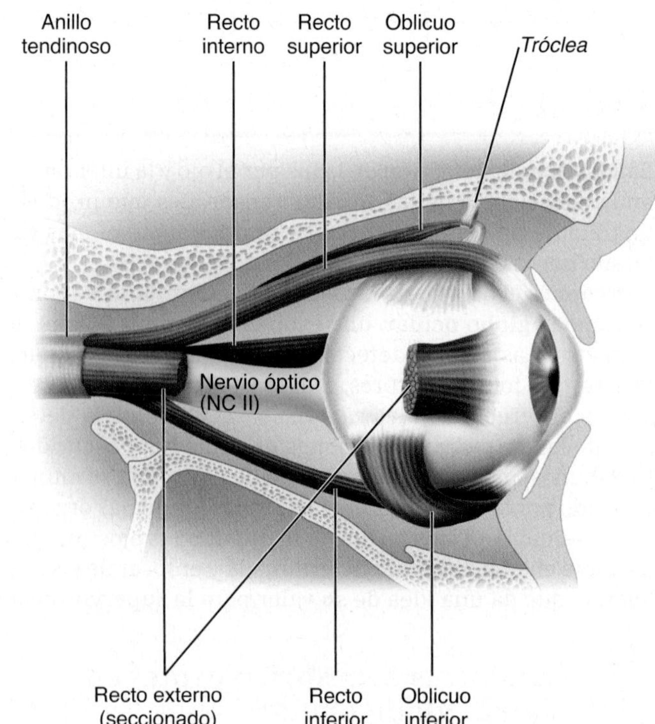

Figura 9-16. Músculos externos del ojo (ojo derecho). Los músculos extraoculares del ojo se originan en los huesos (no mostrado) o en el anillo tendinoso de la órbita del ojo y se insertan en la esclerótica. *¿Qué músculos pasan a través de la tróclea?*

Tabla 9-1. Músculos oculares

Nombre	Origen	Inserción	Acción	Nervio
Recto superior	Anillo tendinoso en la órbita ocular	Esclerótica, inmediatamente superior a la córnea	Elevación	Oculomotor común (III)
Recto inferior	Anillo tendinoso en la órbita ocular	Esclerótica, inmediatamente inferior a la córnea	Depresión	Oculomotor común (III)
Recto lateral	Anillo tendinoso en la órbita ocular	Esclerótica, inmediatamente lateral a la córnea	Rotación externa	Oculomotor externo o *abducens* (VI)
Recto medial	Anillo tendinoso en la órbita ocular	Esclerótica, inmediatamente medial a la córnea	Rotación interna	Oculomotor común (III)
Oblicuo superior	Hueso esfenoides de la órbita	El tendón pasa a través de la tróclea (un ligamento «cabestrillo») y se inserta en la parte superior y externa de la esclerótica	Rotación externa y depresión	Oculomotor patético o troclear (IV)
Oblicuo inferior	Maxilar superior en la órbita	Parte inferior y externa de la esclerótica	Rotación externa y elevación	Oculomotor común (III)

Apuntes sobre el caso

9-18 Antes de que llegase su tutora, Helen solía llorar de frustración. Partiendo de la glándula lagrimal y terminando en la cavidad nasal, enumerar las estructuras a través de las cuales pasan las lágrimas.

El ojo está formado por tres capas de tejido más el cristalino

La mayoría de las diferentes estructuras del ojo están formadas por (y son parte de) una de las tres capas de tejido o *túnicas*. Desde la más externa a la interna son la *túnica fibrosa*, la *túnica vascular* y la *túnica nerviosa* (o *retina*) (fig. 9-17 A). El *cristalino* no forma parte de las tres túnicas.

El cristalino

El **cristalino** es una esfera aplanada compuesta por muchas capas de fibras elásticas extensibles; está suspendido por diminutos *ligamentos suspensorios* de la porción anterior del globo ocular. Como veremos más adelante, el cristalino desvía (refracta) la luz para enfocarla sobre la retina. Es transparente como el agua y no contiene vasos sanguíneos ni linfáticos con el fin de maximizar la transmisión de la luz. Una **catarata** es una opacificación del cristalino a través del cual no puede pasar la luz con normalidad. La causa de la mayoría de las cataratas es desconocida, pero la edad es un factor importante. Muchas enfermedades, especialmente la diabetes, se asocian con la formación de cataratas. Los cristalinos con cataratas pueden extraerse y ser reemplazados fácilmente por lentes artificiales.

La túnica fibrosa: esclerótica y córnea

La **túnica fibrosa** es la capa dura externa del globo ocular que le da forma y que además protege las delicadas estructuras del interior (fig. 9-17 A). La mayor parte del globo ocular se llama **esclerótica,** conocida como el «blanco del ojo». En la parte frontal del globo ocular la túnica fibrosa forma la *córnea* transparente.

Como ya se ha señalado anteriormente, la **córnea** es una membrana de tejido transparente situada en el centro de la parte anterior del ojo. Igual que ocurre con el cristalino, no contiene vasos sanguíneos ni linfáticos, que podrían impedir la transmisión de la luz. Junto con el cristalino, la córnea desvía la luz para enfocarla sobre la retina. En todo el mundo, una de las causas más comunes de ceguera es una córnea con cicatrices. Los trasplantes de córnea son los trasplantes de tejidos que ofrecen mejores resultados debido a que la operación es sencilla y hay poco riesgo de rechazo inmunitario, ya que las células inmunitarias viajan por la sangre y en la córnea no hay vasos sanguíneos.

Apuntes sobre el caso

9-19 Los ojos de Helen fueron examinados por numerosos especialistas, que hacían brillar una luz a través de la parte transparente de la túnica fibrosa. ¿Con qué nombre se conoce a esta parte?

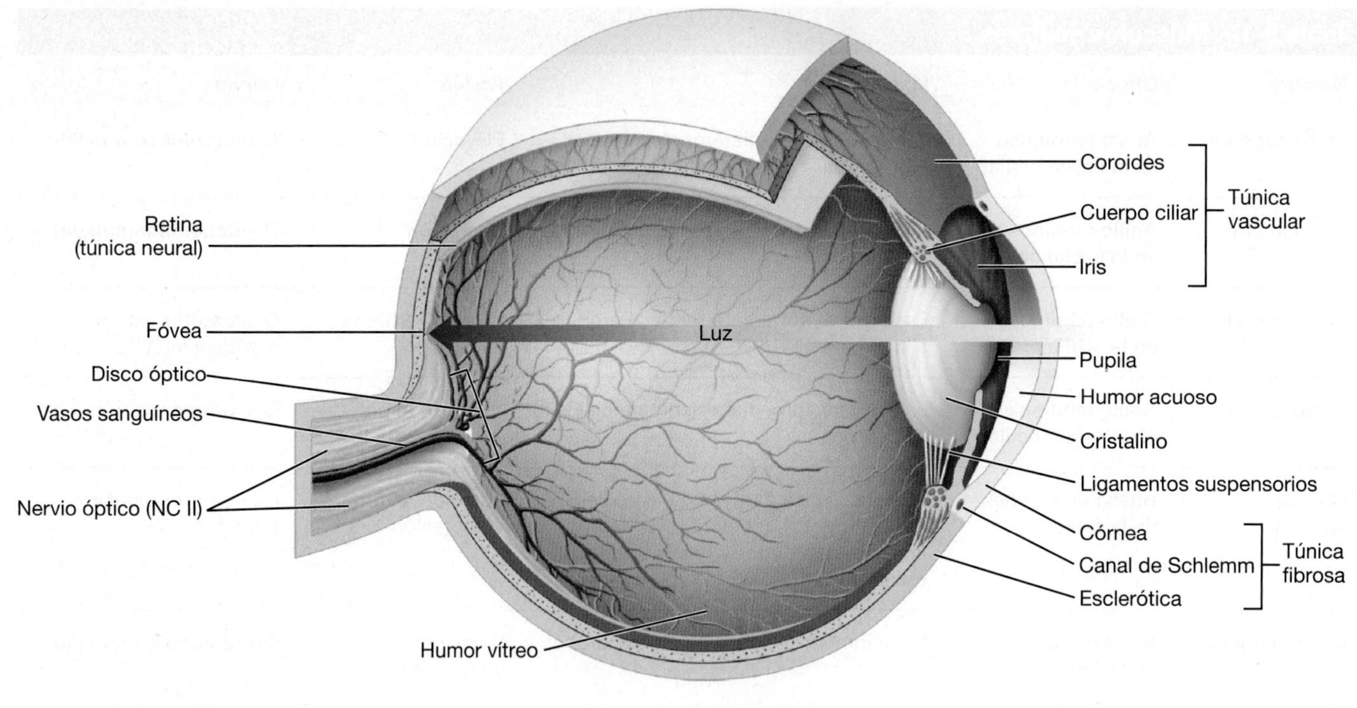

A Globo ocular

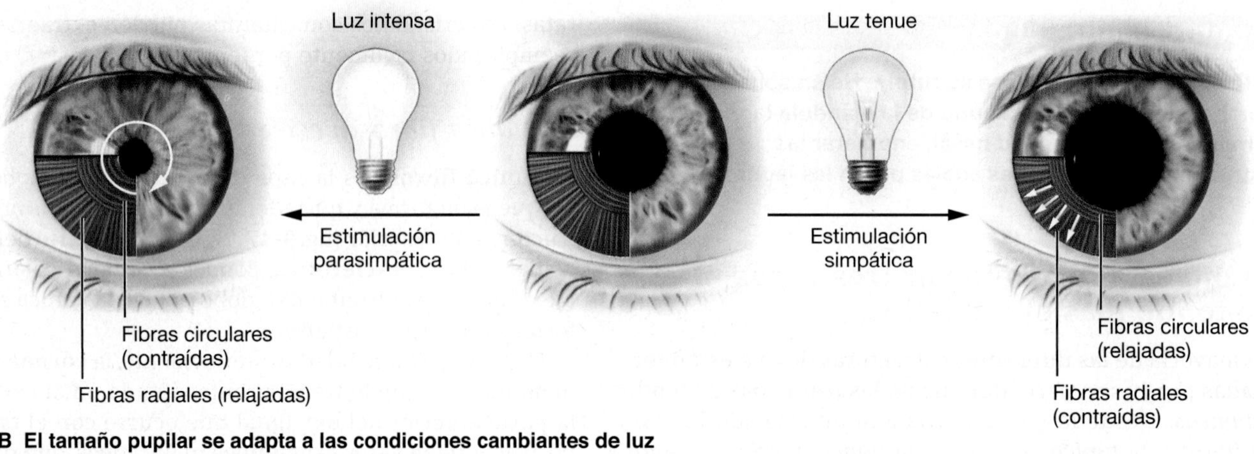

B El tamaño pupilar se adapta a las condiciones cambiantes de luz

Figura 9-17. Anatomía del ojo. A) El ojo está formado por tres capas o túnicas, además del cristalino, y contiene dos tipos de líquidos. **B)** Un músculo del iris se contrae para dilatar la pupila y el otro se contrae para reducirla. *Con poca luz, ¿qué fibras musculares se contraen para agrandar la pupila, las fibras radiales o las fibras circulares?*

La túnica vascular: coroides, cuerpo ciliar e iris

La **túnica vascular** (también llamada *úvea*) es la capa media y tiene tres partes bien diferenciadas: la *coroides*, el *cuerpo ciliar* y el *iris* (fig. 9-17 A). La **coroides** es una membrana muy vascularizada que constituye las tres cuartas partes de la parte más posterior de la túnica vascular; proporciona oxígeno y nutrientes a la retina y la esclerótica. El color marrón oscuro de esta capa se debe a la producción de melanina por los melanocitos coroideos. La melanina absorbe la luz para evitar la reflexión y la luz deslumbrante de vuelta en la retina. El grado de pigmentación de la coroides es proporcional al de la piel, es decir, las personas con piel oscura tienen una coroides oscura y sus ojos son menos sensibles a la luz que los de las personas con piel clara.

En la parte frontal del ojo la túnica vascular forma el *cuerpo ciliar* y el *iris*. El **cuerpo ciliar** es un anillo de tejido con forma de rosquilla que rodea al cristalino. Está compuesto por una rica red de vasos sanguíneos mezclados con cantidades menores de tejido fibroso y fibras musculares lisas. Entre el cristalino y el cuerpo ciliar se extienden minúsculos **ligamentos suspensorios.** El cuerpo ciliar tiene dos funciones, que se analizan con más detalle más adelante: produce algunos de los fluidos del ojo y ajusta la forma del cristalino para enfocar las imágenes en la retina.

Surgiendo desde el borde anterior del cuerpo ciliar se encuentra el **iris** (la parte coloreada del ojo), un disco delgado pigmentado compuesto por tejido fibroso y fibras musculares lisas entre la córnea y el cristalino. El color del ojo está determinado por la cantidad de pigmento marrón que hay en el iris. Las personas con una gran cantidad de este pigmento tienen los ojos marrones y las que poseen poco pigmento tienen los ojos azules. Las personas con cantidades intermedias tienen otros colores, de acuerdo con otras características del iris que dispersan la luz.

En el centro del iris se encuentra la **pupila,** una abertura que se agranda (dilata) o se reduce (contrae) para variar la cantidad de luz que entra en el ojo. El tamaño de la pupila está controlado por dos conjuntos de músculos lisos. Inmediatamente, rodeando a la pupila, se encuentra un conjunto circular inervado por fibras nerviosas parasimpáticas que, al contraerse, contraen la pupila (fig. 9-17 B). Hacia el exterior hay un conjunto radial inervado por fibras nerviosas simpáticas que, al contraerse, dilatan la pupila. En el iris, los receptores de luz miden la cantidad de luz que incide sobre él y contraen la pupila con luz intensa o la dilatan con poca luz. Sin embargo, hay otros factores que también afectan a la pupila, como por ejemplo la estimulación simpática que agranda la pupila como parte de la reacción de «huida o lucha» comentada en el capítulo 8.

Apuntes sobre el caso

9-20 ¿Reaccionarían las pupilas de Helen a la luz intensa? Si fuese así, ¿qué grupo de fibras musculares las habrían contraído, y cómo habría cambiado el tamaño de las pupilas?

La túnica neural: la retina

Más hacia el interior se encuentra la **túnica neural** o **retina,** la capa del globo ocular que percibe las imágenes, que es el origen de la vía visual (fig. 9-17 A). La retina tapiza el interior del globo ocular y se extiende hacia delante hasta el borde del cuerpo ciliar. Se conoce como túnica neural porque contiene tres capas de neuronas. Algunas de estas neuronas son los *fotorreceptores,* neuronas especializadas que detectan la luz; las otras procesan y transmiten las señales que se originan en la capa de fotorreceptores. Estudiaremos las propiedades de estas neuronas con mayor detalle más adelante.

Los axones de las neuronas de la capa superficial de la retina se reúnen para formar el **nervio óptico (NC II),** que transmite las señales visuales al cerebro (v. más abajo). En la zona donde el nervio óptico sale del ojo forma el **disco óptico,** una mancha blanca en forma de moneda en la retina. Los rayos de luz que inciden en el disco óptico no se detectan; ésta es la explicación del fenómeno de la *mancha ciega* (v. ¡Recuerde!, a continuación). Los vasos sanguíneos también conectan con el globo ocular en el disco óptico e irradian hacia el exterior para vascularizar la retina. Estos vasos sanguíneos bloquean la luz en las zonas donde cruza la retina, pero el cerebro «tiene en cuenta» su presencia y normalmente no los percibimos.

La visión más fina se produce en el centro de la retina. En la parte posterior de ésta se encuentra la **mácula lútea** (del latín *macula* = «mancha» y *lutea* = «amarilla»), una pequeña parte muy sensible de la retina responsable de la visión central. En el centro de la mácula se encuentra la ***fovea centralis*** (del latín *fovea* = «pequeña depresión»). Tiene alrededor de 1 mm de diámetro, está densamente poblada por las células fotorreceptoras más sensibles y es responsable de la visión más fina. Los vasos sanguíneos de la retina se dirigen hacia la fóvea desde todas las direcciones pero terminan en su borde, de manera que los vasos sanguíneos no cruzan el campo de nuestra visión más fina. Uno de los problemas más graves de la diabetes es la enfermedad producida por el crecimiento de nuevos vasos sanguíneos en la retina, lo que impide que la luz llegue a ella. Los traumatismos craneales u oculares o los caprichos del envejecimiento pueden hacer que la retina se desprenda de la túnica vascular, dando lugar a una pérdida rápida y permanente de la visión a menos que se corrija de inmediato mediante cirugía.

¡Recuerde! **En una hoja de papel, dibuje una cruz (a la izquierda) y un punto (a la derecha) separados por unos 7 cm (2,5 pulgadas). Sostenga el papel a una distancia de lectura cómoda, cierre el ojo izquierdo, mire fijamente la cruz y simplemente vea el punto. Siga mirando y aleje su dibujo. Finalmente el punto desaparecerá porque los rayos de luz de esta área están cayendo sobre el disco óptico.**

El ojo está lleno de líquido

El ojo contiene dos líquidos de baja presión que están separados por el cristalino (v. fig. 9-17 A). Por delante del cristalino se encuentra el **humor acuoso,** un líquido transparente y claro secretado por el cuerpo ciliar, que fluye desde detrás del cristalino, a través de la pupila, y en el espacio por debajo de la córnea; proporciona oxígeno y nutrientes al cristalino y la córnea. La presión generada por su producción y flujo mantiene la *presión intraocular,* por lo general de 11 mmHg a 21 mmHg, que ayuda a que el ojo permanezca «inflado» y conserve su forma esférica. El humor acuoso drena fuera del ojo a través de pequeños poros en el **canal de Schlemm,** un conducto que rodea al ojo en la base del cuerpo ciliar. Desde el canal de Schlemm, el humor acuoso se absorbe hacia la sangre.

Hay una serie de trastornos que pueden obstruir el flujo o la absorción del humor acuoso. El aumento resultante de la presión intraocular puede causar la degeneración del nervio óptico y la ceguera progresiva, una enfermedad conocida como **glaucoma.** Sin embargo, no todas las personas que sufren un aumento de la presión intraocular presentan glaucoma, enfermedad que, por otro lado, a veces se observa en personas con una presión intraocular normal, al parecer porque sus ojos son especialmente sensibles a niveles normales de presión intraocular.

Por detrás del cristalino se encuentra una gran cámara llena de **humor vítreo,** un gel transparente que está compuesto en un 99% por agua y en un 1% por fibras de colágeno. Sirve para transmitir la luz, mantener el globo ocular inflado y estable, mantener la retina firmemente presionada contra la coroides y dar soporte a la cara posterior del cristalino.

La luz se comporta como una onda y como una partícula

Por definición, la **luz** es una forma de radiación electromagnética detectable por el ojo humano. Otras formas de radiación, como las microondas del horno de cocina, los rayos X en la consulta del médico o las ondas de radio recogidas por la antena del automóvil también son radiación electromagnética, pero no son detectables por el ojo humano. La radiación electromagnética (incluida la luz) tiene una propiedad característica: se comporta como onda y como partícula. En otras palabras, la partícula transporta y transmite la onda, al igual que el aire transporta las ondas de sonido.

En su comportamiento como *partícula,* la luz se compone de paquetes energéticos llamados *fotones.* Cualquier molécula puede emitir fotones si se añade energía. Por ejemplo, si se aplica calor al metal, en primer lugar brilla en rojo, ya que emite fotones de baja frecuencia, baja energía. A medida que se añade más calor, brilla en blanco (una mezcla de colores) y finalmente en azul, ya que emite fotones de alta energía. También, al igual que otras partículas, los fotones pueden interactuar con otras sustancias: la percepción de la luz por parte de la retina depende de la interacción entre las partículas de los fotones y las moléculas de la retina, que comentamos a continuación.

En su comportamiento como *ondas,* la luz tiene diferentes frecuencias, al igual que las ondas sonoras. En algunas ondas, la distancia entre los picos es corta porque hay muchas ondas por unidad de longitud. Éstas son ondas de alta frecuencia (también llamadas ondas cortas). Llevan la mayor cantidad de energía y el ojo las interpreta como azul. En el caso de otras ondas, la distancia entre los picos es larga, es decir, hay menos ondas en una longitud dada. Éstas son ondas de baja frecuencia (ondas largas), que llevan menos energía. El ojo interpreta las ondas de baja frecuencia como color rojo. Las longitudes de onda intermedias entre estas dos transmiten otros colores.

La luz del sol y la luz artificial son una mezcla de todas las longitudes de onda, del rojo al azul. Es decir, la luz blanca es una mezcla de todas las longitudes de onda de la luz. El color percibido de los objetos fríos depende del color de la luz que se refleja en ellos. Una camisa de color rojo es roja porque absorbe todas las longitudes de onda excepto las rojas de baja frecuencia, que refleja y vemos como rojo. Sin embargo, algunos objetos pueden calentarse hasta un punto en el que irradian luz, no sólo la reflejan. El azul de la llama del fogón de la cocina se debe a la radiación de luz a partir del metano (gas natural) que se calienta a una temperatura muy alta.

La luz se desvía para enfocar las imágenes en la retina

Una de las características del comportamiento de la luz como onda es que se desvía cuando pasa de una sustancia de una densidad, como el aire, a otra de una densidad diferente, como el agua. Esta desviación, conocida como **refracción,** se produce en la interfase entre dos materiales. Las superficies curvas pueden refractar los rayos de luz dispersándolos o aproximándolos entre sí; el cristalino y la córnea desvían los rayos de luz de forma que convergen (en la Instantánea clínica, a continuación, se muestra cómo se aprovecha esta propiedad de la luz para corregir los defectos visuales). La mayor parte de la potencia de reflexión de la luz del ojo se encuentra en la córnea, pero su forma es fija, es decir, no puede ajustarse para campos visuales cercanos o lejanos. La reflexión adicional de la luz para un enfoque perfecto es tarea del cristalino (v. a continuación), que puede cambiar de forma. El **punto focal** es donde convergen los rayos que han sido desviados unos hacia otros.

¡Recuerde! **La refracción se puede demostrar fácilmente extendiendo el dedo índice e introduciéndolo en un recipiente con agua. Si mira desde el ángulo correcto, parecerá como si el dedo se doblase en el punto donde el aire se encuentra con el agua.**

La acomodación es un ajuste de enfoque realizada por el cristalino

La **acomodación** es la capacidad del cristalino de variar su espesor con el fin de enfocar con precisión los rayos de luz de objetos lejanos o cercanos en la retina. Por debajo del nivel de consciencia, el cerebro percibe las imágenes borrosas y modifica el grosor del cristalino para mejorar el enfoque. El cristalino tiene mucha menos capacidad de enfoque que la córnea y sirve para «afinar» el enfoque para una visión lo más nítida posible.

Hay que recordar que los ligamentos suspensorios se extienden entre el borde exterior del cristalino y el borde interior del cuerpo ciliar, algo así como los resortes que sostienen un trampolín tenso en su estructura. En ausencia de fuerzas externas, el cristalino tiende a adoptar una forma redondeada, ovoide. Sin embargo, los ligamentos suspensorios mantienen una tensión constante hacia fuera que le mantienen un poco aplanado.

La tensión de los ligamentos suspensorios está controlada por el **músculo liso ciliar** del cuerpo ciliar. A medida que el músculo se relaja, el cuerpo ciliar se dispersa en un círculo mayor. Cuando aumenta la tensión en los ligamentos, el cristalino se aplana (fig. 9-18 A, a la derecha). La contracción aplana el músculo y disminuye el diámetro del círculo, liberando la tensión en los ligamentos y permitiendo que el cristalino adopte una forma más gruesa, más esférica (fig. 9-18 B, a la derecha).

Los rayos de luz provenientes de objetos situados a más de 6 m de distancia son casi paralelos entre sí, por lo que para la visión lejana sólo es necesaria una acomodación mínima. En este caso, el músculo ciliar se relaja, los ligamentos suspensorios se tensan y el cristalino se aplana (fig. 9-18 A, a la izquierda). Sin embargo, a medida que los objetos cercanos se van aproximando, los rayos son más divergentes y tienen que ser refractados (desviados) en un grado mucho mayor (fig. 9-18 B, a la izquierda). En este caso, el músculo ciliar se contrae, los ligamentos suspensorios se aflojan y el cristalino adopta una forma más redondeada. De este modo, el cristalino se acomoda para un enfoque preciso haciéndose más o menos grueso según sea necesario.

¡Recuerde! **La relajación del músculo ciliar aumenta la tensión en los ligamentos suspensorios y aplana el cristalino.**

Si no se acomoda, el cristalino no puede refractar los rayos de luz para que converjan en la retina y la imagen será borrosa. Las causas de los llamados *errores de refracción* y su tratamiento se comentan en la Instantánea clínica titulada «Trastornos de la refracción».

Si observa la figura 9-18 verá que las imágenes llegan a la retina boca abajo y con inversión izquierda a derecha. La corteza visual invierte y revierte las imágenes para que podamos percibir el mundo correctamente.

En resumen, en su viaje a través de los ojos, la luz incide en primer lugar sobre la córnea. La forma curvada de ésta desvía los rayos hacia el centro del ojo. La luz pasa a continuación a través del humor acuoso y llega al iris, que determina la intensidad de la luz y dilata o contrae la pupila para permitir que pase más o menos luz. A continuación los rayos inciden sobre el cristalino, que los desvía aún más hacia el centro. Después viajan a través del humor vítreo y se juntan en un punto focal, que idealmente es la superficie de la retina.

Apuntes sobre el caso

9-21 ¿Es probable que Helen pudiese enfocar sus ojos? ¿Por qué sí o por qué no?

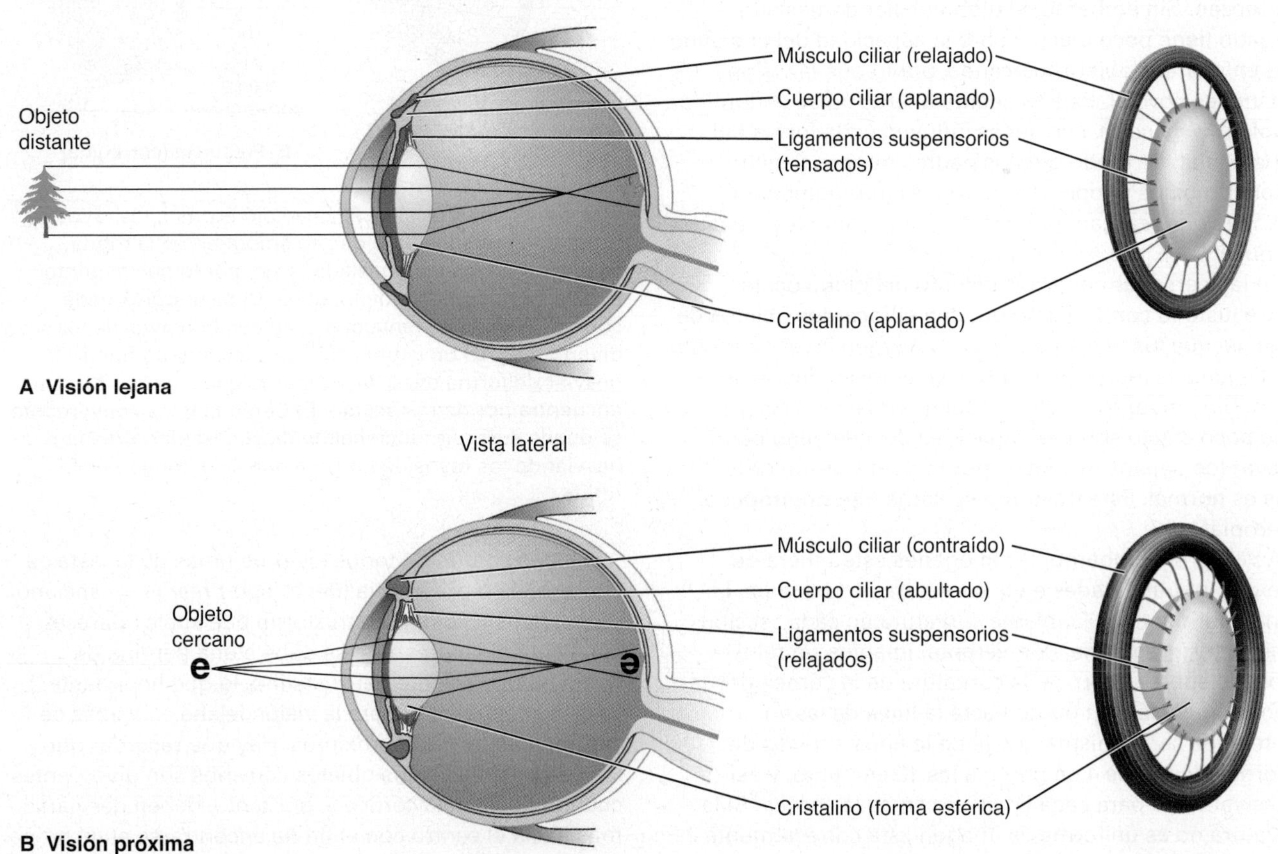

Figura 9-18. Acomodación. A) Cuando se ven objetos distantes, el cristalino se aplana para disminuir la refracción. **B)** Durante la visualización de los objetos cercanos (como las letras), el cristalino adopta una forma esférica para maximizar la refracción. *¿Cuando el cristalino tiene forma esférica, el músculo ciliar está contraído o relajado?*

INSTANTÁNEA CLÍNICA

Trastornos de la refracción

En el ojo normal, cuando el músculo ciliar está relajado, los objetos que están a más de 6 m de distancia se centran en la retina. En esta situación hay tensión en los ligamentos suspensorios que sujetan el cristalino con una forma algo aplanada. Conforme se aproximan los objetos, el músculo ciliar se contrae, se reduce el diámetro del cuerpo ciliar, disminuye la tensión en los ligamentos y el cristalino se engruesa de forma natural, haciéndose un poco más esférico para desviar los rayos de luz en un grado mayor y enfocar la imagen correctamente en la retina. El punto en el que convergen los rayos de luz se llama *punto focal;* en el ojo sano, este punto está siempre en la retina. Sin embargo, esto supone que el globo ocular tiene una forma normal y que el cristalino puede cambiar de forma, lo que no es siempre el caso.

Cuando el globo ocular es demasiado largo, la persona no puede enfocar de forma nítida los objetos distantes. Los rayos de luz se encuentran frente a la retina y se separan de nuevo (se van fuera de foco) en el momento en que la alcanzan. Sin embargo, el globo ocular demasiado alargado tiene poco efecto sobre la capacidad del cristalino para enfocar los objetos cercanos, por lo que la visión próxima es normal. Esta frecuente alteración se denomina **miopía** o *vista corta.* Los genes influyen en la forma del globo ocular, de modo que los padres miopes tienen a menudo niños miopes. La miopía es más común en personas que realizan trabajos de cerca, como leer, escribir o dibujar.

En las personas con acortamiento del globo ocular ocurre justo lo contrario: no pueden enfocar los objetos de cerca, ya que los rayos de luz no convergen en el momento que llegan a la retina. En cambio, se enfocan detrás de la retina. Sin embargo, el globo ocular demasiado corto tiene poco efecto sobre la capacidad del cristalino para enfocar los objetos distantes, por lo que la visión de lejos es normal. Este trastorno se llama **hipermetropía** o hiperopía.

A veces, sin embargo, las imágenes están fuera de foco por irregularidades en la curvatura de la córnea. La córnea normal tiene la misma curvatura en cada sección transversal imaginaria. Por ejemplo, imagine un reloj colocado sobre la córnea: la curvatura de la córnea desde la posición de la 1 en punto hasta la línea de las 7 en punto debe ser la misma que la de la línea a través de la córnea desde las 4 en punto a las 10 en punto, y así sucesivamente para cada línea que cruce la córnea. Si la curvatura no es uniforme, la imagen está correctamente enfocada en algunas áreas pero borrosa en otras, un trastorno conocido como **astigmatismo**.

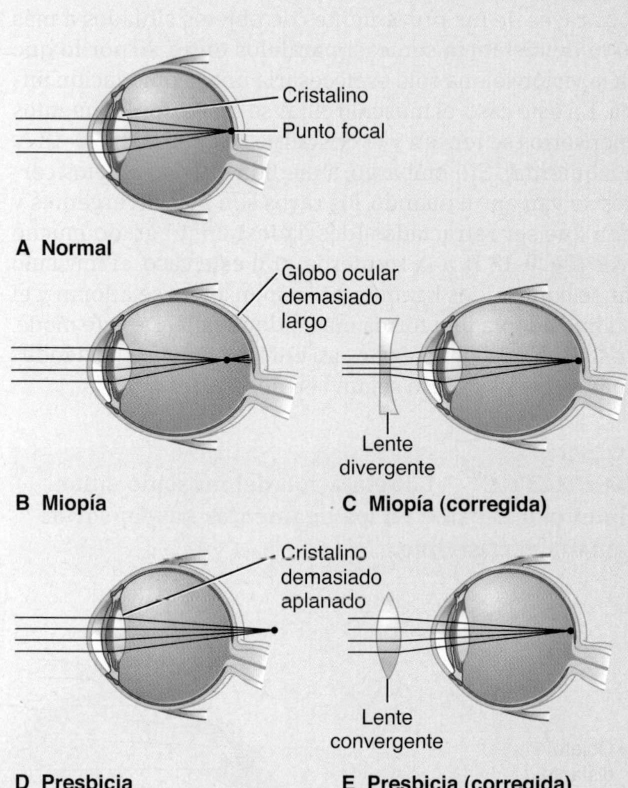

Trastornos de refracción. A) En el ojo normal, los rayos de luz son refractados para que se enfoquen en la retina. **B)** El ojo miope es demasiado largo, por lo que el punto focal está por delante de la retina. **C)** La miopía puede corregirse con una lente que hace que los rayos de luz sean divergentes. **D)** En la presbicia, el cristalino no puede desviar de forma eficaz la luz, por lo que el punto focal se encuentra por detrás del ojo. **E)** Con una lente convergente se puede sustituir funcionalmente el cristalino presbíope, desviando los rayos de luz para que se enfoquen en la retina.

El más común de todos los problemas de la vista es la **presbicia** o presbiopía (del griego *presbys* = «anciano» y *ops, opos* = «ojo»), un trastorno que suele aparecer con la edad. La presbicia se debe a una pérdida de flexibilidad creciente del cristalino, lo que finalmente lo deja «congelado» para la visión lejana e incapaz de centrarse en objetos próximos. Hay que recordar que los rayos de luz de los objetos cercanos son divergentes cuando llegan a la córnea y, por tanto, deben desviarse más hacia el centro con el fin de encontrarse en la retina. Cuando el cristalino ya no puede desviarlos, los objetos próximos quedan fuera de foco.

Continúa

Los trastornos de refracción pueden tratarse con la prescripción de lentes (bien sean gafas o lentes de contacto) que desvían la luz. Para corregir la miopía, se prescriben lentes divergentes, que divergen la luz, es decir, desvían los rayos a distancia del centro, para que no se junten delante de la retina. Por el contrario, para corregir la hipermetropía o la presbicia, se prescriben lentes convergentes, que convergen luz para que los rayos no se junten detrás de la retina. Como la presbicia es tan común y muy sencilla de corregir, se dispone de gafas de lectura de venta libre en casi todas las farmacias. Actualmente, se utiliza con frecuencia la cirugía láser para remodelar con precisión la córnea, de modo que curve los rayos más hacia el centro o los aleje de él con el fin de optimizar la refracción de la luz y enfocar los rayos exactamente en la retina.

Los conos y bastones de la retina detectan la luz

Hay que recordar que la retina está compuesta por tres capas de neuronas (fig. 9-19). Separando las neuronas de la coroides, existe una capa de células epiteliales llenas de melanina, el *epitelio pigmentario* (o *capa pigmentaria de la retina*). Este epitelio, al igual que la coroides, absorbe luz para evitar que se refleje de nuevo en la retina.

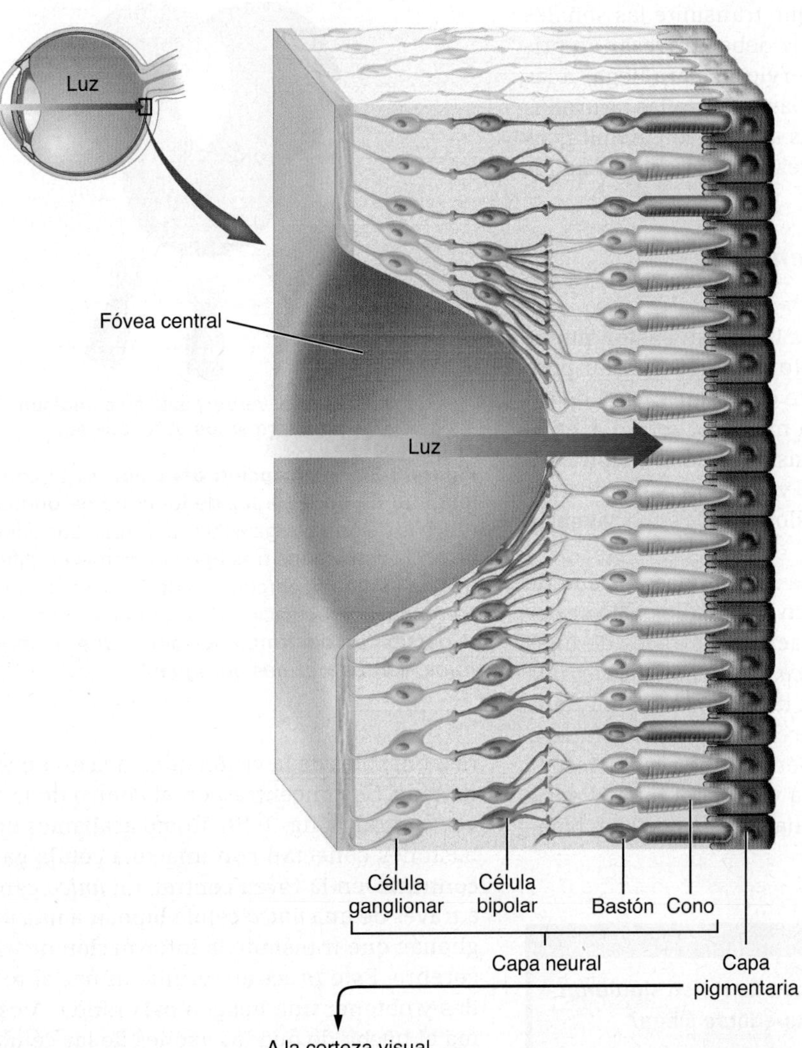

Figura 9-19. Fotorreceptores de la retina. Excepto en la fóvea central, la luz debe pasar a través de las células ganglionares y bipolares para llegar a las células fotorreceptoras, conos y bastones. Bastones y conos envían sus señales a través de las células bipolares hasta las ganglionares, cuyos axones corren a lo largo de la superficie de la retina y forman el nervio óptico (NC II). *¿Una única célula bipolar hace sinapsis con varios bastones o varios conos?*

Algo sorprendente: los fotorreceptores (las neuronas que perciben la luz) no son las primeras células retinianas que encuentra la luz, sino que están por debajo de otras dos capas de neuronas frente al epitelio pigmentado. Los dos tipos de fotorreceptores se llaman *conos* y *bastones*. Hay cerca de 100 millones de bastones, en comparación con los casi 6 millones de conos. Los conos y bastones no se distribuyen de manera uniforme por toda la retina; los bastones se concentran principalmente en la periferia de la retina, mientras que los conos se encuentran en el centro.

La capa neuronal superficial de los fotorreceptores está compuesta por **células bipolares,** neuronas con dos extensiones. Una extensión (la dendrita) recibe las señales de la capa neural más profunda, los conos y bastones; la otra extensión (el axón) transmite las señales a las **células ganglionares,** las neuronas de la superficie de la retina. Las dendritas cortas de las células ganglionares reciben señales de las células bipolares; sus largos axones discurren a través de la superficie de la retina y se reúnen en la papila para formar el nervio óptico, que transmite las señales visuales al cerebro. Con todo, la luz debe atravesar en primer lugar dos capas de células nerviosas para llegar a las células sensibles a la luz. Sin embargo, tanto las neuronas bipolares y ganglionares como sus axones son amielínicos y lo suficientemente transparentes como para que no los percibamos.

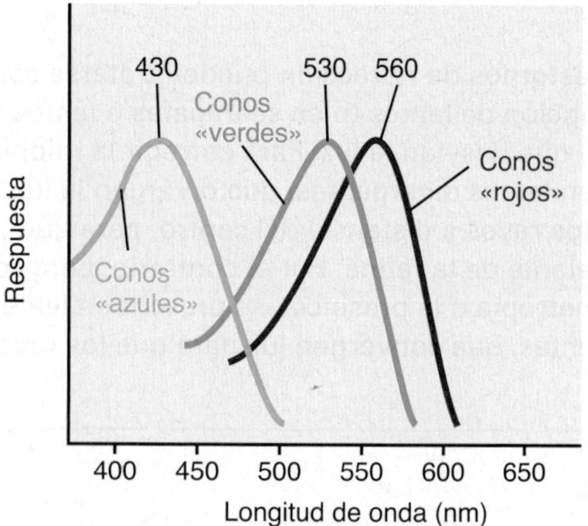

A Las diferentes longitudes de onda activan conos diferentes

B El rojo, verde y azul se combinan para formar los otros colores

Figura 9-20. Percepción del color. A) El color depende de la longitud de onda; la luz de longitud de onda corta es de color azul y la de onda larga es de color rojo. Las diferentes longitudes de onda activan los tres tipos de conos en diferentes grados, lo que da lugar a la percepción del azul, verde y rojo. **B)** El cerebro combina la información de los conos azules, verdes y rojos para percibir un determinado color. *¿Qué «color» activa los conos rojos, verdes y azules por igual?*

Los bastones sólo distinguen luz u oscuridad

Los **bastones** son muy sensibles a la luz: un bastón puede estimularse por un único fotón. No perciben el color pero están involucrados principalmente en la separación de tonos de gris en la luz tenue. Están más concentrados en la periferia de la retina y son responsables de la visión nocturna, la detección del movimiento y la visión periférica, características que tienen un gran valor para la supervivencia en entornos peligrosos.

A pesar de que son sensibles a la mínima cantidad de luz, los bastones no distinguen bien los detalles. Ello se debe a que *muchos* transmiten sus señales a través de unas *pocas* células bipolares a una *única* célula ganglionar, una disposición que concentra la luz de una gran zona de la retina en un único punto en el cerebro. Así, la visión periférica es muy sensible a la luz, pero a baja resolución. Si tuviésemos sólo bastones, nuestra visión del mundo sería borrosa y carente de color, como una vieja película en blanco y negro de baja resolución.

Apuntes sobre el caso

9-22 ¿Es probable que los bastones de Helen siguieran reaccionando a la luz después de quedarse ciega?

Los conos detectan el color

Los **conos** perciben el color pero requieren una luz intensa para funcionar adecuadamente. Por lo tanto, son los responsables de la visión detallada en un entorno muy iluminado. Se concentran en el centro de la retina, en la fóvea central (v. fig. 9-19). Como acabamos de señalar, varios bastones conectan con una sola célula ganglionar. Por el contrario, en la fóvea central, un *único* cono pasa su señal a través de una *única* célula bipolar a una *única* célula ganglionar, que transmite la información de ese único cono al cerebro. Este proceso permite afinar al máximo los detalles y obtener una imagen más nítida. A este efecto se suma el hecho de que los axones de las células ganglionares irradian hacia fuera, disposición que los aparta del camino de entrada de los rayos y, por tanto, deja el centro de la fóvea con una vista prácticamente sin obstrucciones. Es más, los vasos sanguíneos de la retina se dirigen hacia la fóvea desde todas las direcciones, pero terminan en su borde, de manera que los nutrientes y el oxígeno alcanzan las zonas más críticas por difusión y los vasos sanguíneos no atraviesan el campo de nuestra visión más aguda.

Existen tres tipos de conos, llamados *azul, verde* y *rojo,* de acuerdo con la longitud de onda (y por lo tanto el color) de luz que los estimula más intensamente (fig. 9-20 A). La visión en color es el resultado de la estimulación de varias combinaciones de conos. Por ejemplo, un objeto de color púrpura se percibe como púrpura porque el cerebro combina las señales transmitidas por los conos azules y rojos, que han sido estimulados por las ondas de luz de frecuencia azul y roja (fig. 9-20 B). De este modo, el cerebro se comporta como un artista, que mezcla colores básicos para obtener colores más complejos.Usted mismo puede comprobarlo de una forma muy sencilla: acerque una luz roja a un ojo y verde al otro, y verá amarillo como resultado de la integración de las señales por el cerebro. Por cierto, cuando se activan por igual los tres tipos de conos, vemos el blanco.

¡Recuerde! **Los conos proporcionan mayor resolución de imagen que los bastones debido a que un cono se comunica con una única célula ganglionar, mientras que en el caso de los bastones son muchos los que se comunican con una única célula ganglionar.**

Los fotones activan los conos y bastones

Antes de considerar cómo detectan la luz los conos y los bastones, comentaremos brevemente las propiedades eléctricas de estas células únicas. Es posible que desee repasar lo que se ha dicho sobre la formación y transmisión de las señales eléctricas en el capítulo 4 antes de seguir adelante. Recordemos que un potencial de acción es un fenómeno de todo o nada, mientras que los potenciales graduados son de una intensidad variable, y también que el interior de todas las células del cuerpo está cargado negativamente y que puede hacerse menos negativo (despolarización) o más negativo (hiperpolarización).

Los bastones, los conos y las células bipolares, a diferencia de las células ganglionares, no impulsan potenciales de acción porque carecen de canales de sodio dependientes de voltaje. En su lugar, poseen *potenciales graduados,* cambios locales en el potencial de membrana que puede ser despolarizante o hiperpolarizante, pequeño o grande. La cantidad de neurotransmisor liberado por los bastones, conos y células bipolares varía en proporción a los cambios graduados en el potencial de membrana: la despolarización aumenta la liberación de neurotransmisores, la hiperpolarización la disminuye.

En su estado en reposo (oscuridad), el potencial de membrana de conos y bastones es de aproximadamente –30 mV (en comparación con los cerca de –65 mV en la mayoría de las otras células del cuerpo) (fig. 9-21 A). Este estado de despolarización parcial se mantiene porque los canales de sodio están abiertos, permitiendo al sodio (un ión positivo) «fugarse» de forma continua hacia el interior de la célula cargado negativamente. Este flujo de sodio despolarizante se llama la *corriente oscura,* ya que se produce en ausencia de la luz incidente sobre la célula receptora. El estado parcialmente despolarizado de bastones y conos en reposo estimula la liberación continua en sus sinapsis con las células bipolares de un neurotransmisor inhibidor llamado *glutamato.* Éste inhibe las células bipolares mediante su hiperpolarización. Estas células no pueden estimular las células ganglionares hasta que no se liberan de esta restricción. Mientras tanto, las células ganglionares esperan pasivamente la estimulación de las células bipolares y no envían ninguna señal hacia el cerebro. Así, en ausencia total de luz, el cerebro no percibe nada más que oscuridad. Este estado continúa hasta que un rayo de luz libera las células bipolares del efecto paralizante de la inhibición de las células fotorreceptoras creado por la «fuga» de sodio.

La **fototransducción** es el proceso por el cual los fotones inician los acontecimientos en las células fotorreceptoras que culminan con el impulso de un potencial de acción por una célula ganglionar. Así es como sucede. Cada uno de los conos y bastones contiene un tipo específico de *proteína fotorreceptora,* una molécula que cambia de forma y se descompone cuando absorbe un fotón. La **rodopsina,** la proteína de los fotorreceptores de los bastones, se activa por la luz de cualquier longitud de onda (color). Los conos, por otra parte, contienen uno de los tres tipos de **fotopsinas,** que reaccionan a la luz roja, verde o azul.

La reacción de la rodopsina o fotopsina con un fotón de luz inicia una cascada de reacciones químicas que cierra los canales de sodio de bastones y conos y los hiperpolariza. Hay que tener en cuenta que la reacción es una *hiperpolarización* (el interior de la célula se hace *más negativo*) del bastón o cono, no una despolarización (fig. 9-21 B). Esta hiperpolarización reduce la liberación de glutamato, permitiendo que la célula bipolar se despolarice y estimule una célula ganglionar, que a su vez envía un potencial de acción hacia el cerebro con el mensaje «luz».

La intensidad de la luz (es decir, el número de fotones) determina el grado de hiperpolarización de las células fotorreceptoras: más fotones estimulan la descomposición de más moléculas de rodopsina o de fotopsina, cerrando así más canales de sodio y hiperpolarizando la célula en mayor medida. La reducción correspondiente de la liberación de glutamato despolariza más la célula bipolar, dando lugar a que las células ganglionares desencadenen más potenciales de acción, lo que el cerebro interpreta como una luz más intensa.

Toda la vía se reinicia rápidamente, de forma que la rodopsina se regenera para reaccionar de nuevo. Ésta es la razón por la que podemos advertir que un vehículo está en movimiento: percibimos la continua llegada de nuevos fotones reflejados del vehículo conforme se mueve desde una posición a otra. La «restauración» de la rodopsina depende de la vitamina A. La deficiencia de esta vitamina puede dar lugar a *ceguera nocturna* (alteración de la visión con poca

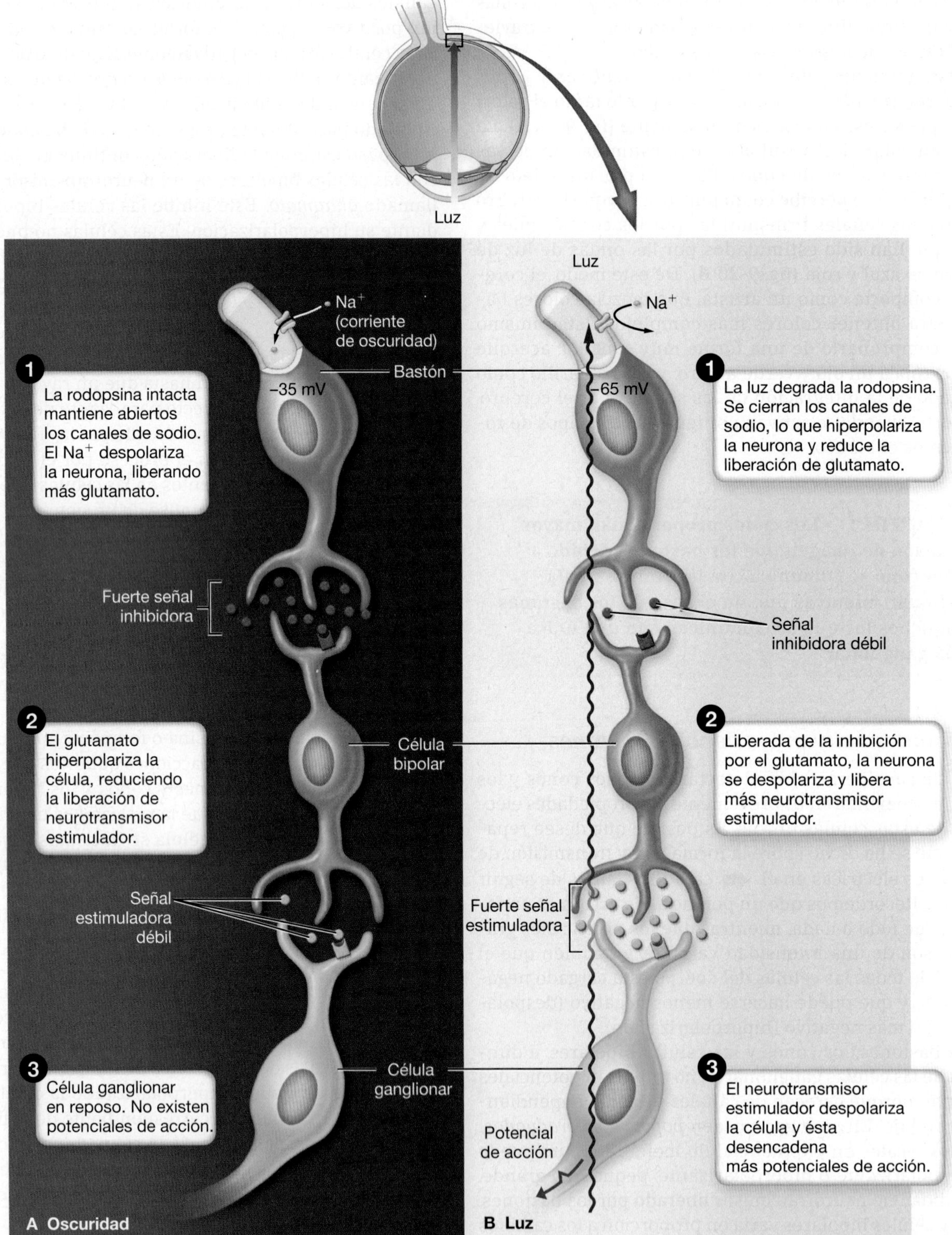
Luz
Luz
Na$^+$ (corriente de oscuridad)
Na$^+$
Bastón
–35 mV
–65 mV
1 La rodopsina intacta mantiene abiertos los canales de sodio. El Na$^+$ despolariza la neurona, liberando más glutamato.
1 La luz degrada la rodopsina. Se cierran los canales de sodio, lo que hiperpolariza la neurona y reduce la liberación de glutamato.
Fuerte señal inhibidora
Señal inhibidora débil
2 El glutamato hiperpolariza la célula, reduciendo la liberación de neurotransmisor estimulador.
Célula bipolar
2 Liberada de la inhibición por el glutamato, la neurona se despolariza y libera más neurotransmisor estimulador.
Señal estimuladora débil
Fuerte señal estimuladora
3 Célula ganglionar en reposo. No existen potenciales de acción.
Célula ganglionar
3 El neurotransmisor estimulador despolariza la célula y ésta desencadena más potenciales de acción.
Potencial de acción
A Oscuridad
B Luz

Figura 9-21. Fotorrecepción. Esta figura muestra la fotorrecepción en los bastones. La fotorrecepción en los conos se produce por un mecanismo similar. **A)** El estado de oscuridad. **B)** La respuesta de la luz. *Cuando una célula fotorreceptora se despolariza, ¿la frecuencia de los potenciales de acción de la célula ganglionar aumenta o disminuye?*

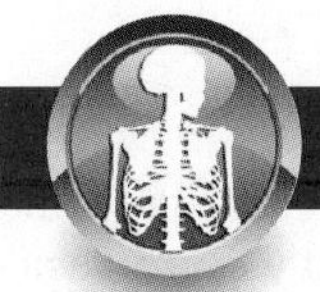

FORMA BÁSICA, FUNCIÓN BÁSICA

Adaptación a la luz

Acudir durante el día a una sala de cine nos permite observar lo que es la adaptación visual en entornos muy iluminados o muy oscuros. Si entramos en la sala desde el vestíbulo iluminado por el sol, es difícil ver a la gente y distinguir los asientos; si caminamos hacia la luz del sol después de la sesión, el deslumbramiento es casi cegador. Pero en ambos casos, las pupilas se dilatan o se contraen en la medida en que los ojos se adaptan (acomodan) rápidamente a las nuevas (cambio) condiciones de luz. ¿Cómo es eso? La reacción pupilar es sólo el principio. La verdadera historia implica cambios en los mismos fotorreceptores de la retina.

En la luz intensa, los conos y bastones se vuelven menos sensibles a la luz, una adaptación que tiene un valor para la supervivencia (los reflejos de la luz intensa impiden la visión clara). Disminuyen los niveles de calcio intracelular, lo que interfiere en la vía de señalización visual, y secuestran o inactivan parte de la rodopsina y otros pigmentos visuales, a los que no puede acceder la luz. Los rayos de luz encuentran menos moléculas de fotopigmento, y las que encuentran necesitan más fotones para activar la fototransducción. A medida que pasamos de una zona con luz de día a una sala de cine a oscuras, el nivel de luz disminuye de forma drástica, pero no estamos totalmente a oscuras. Sin embargo, carecemos de la suficiente sensibilidad a la luz como para recoger los pocos rayos de luz que quedan allí. Como resultado de ello, nos quedamos casi ciegos durante un instante. La adaptación a la oscuridad es relativamente lenta; nuestra visión «nocturna» mejora en el transcurso de 30 min, ya que los niveles de calcio suben con lentitud y los fotopigmentos se acumulan. Esto aumenta la sensibilidad a cada rayo de luz perdido, lo que nos permite distinguir nuestras palomitas de maíz y ver a nuestros vecinos de asiento.

Adaptación visual. Con el tiempo, podemos ver en una sala de espectáculos a oscuras gracias a la adaptación visual.

Por el contrario, a medida que caminamos hacia la luz del sol después de la sesión, nuestros bastones se cargan con la rodopsina, nuestras células se vuelven muy sensibles a la luz y el resplandor casi nos ciega. Por suerte, la adaptación a la luz se produce de forma relativamente rápida a medida que la concentración de calcio y la disponibilidad de fotopigmentos disminuyen a niveles adecuados para la luz intensa.

---

luz), ya que interfiere en la capacidad de cada bastón de percibir secuencias de fotones de luz.

Nuestros ojos se adaptan a diferentes velocidades a la oscuridad y a la luz intensa, como se comenta en el cuadro superior Forma básica, función básica titulado «Adaptación a la luz». Realmente es asombroso: la hiperpolarización simple y transitoria de las células fotorreceptoras nos permite percibir las diminutas gradaciones de sombra que dotan a la vista de su riqueza de color y vivos movimientos.

¡Recuerde! **En presencia de luz, los bastones se hiperpolarizan, las células bipolares se despolarizan y las células ganglionares desencadenan potenciales de acción.**

Apuntes sobre el caso

9-23 **Suponiendo que las células fotorreceptoras de Helen fueran normales, en la oscuridad, ¿sus células bipolares se despolarizarían o hiperpolarizarían?**

La percepción de profundidad es un producto de la visión binocular

La visión con un solo ojo no transmite la percepción de profundidad. Para ello se precisa la visión con los dos ojos, es decir, la *visión binocular*. La percepción de la profundidad se debe al hecho de que cada ojo ve un objeto desde una perspectiva ligeramente diferente: están separados por unos 65 mm.

La visión binocular produce dos imágenes, una del ojo derecho y otra del izquierdo. Si el cerebro no ajusta de forma automática los ojos para que las imágenes se superpongan exactamente en la misma área de cada retina, se produce «visión doble». A medida que nos acercamos a un objeto que estamos viendo, nuestros ojos automáticamente rotan hacia medial, hacia la nariz. Esta rotación automática, denominada **convergencia,** garantiza que las imágenes inciden en cada retina de la misma forma exacta. Esto, a su vez, garantiza una única imagen. Cuando los objetos están muy lejos, las líneas de visión son paralelas y no se precisa la convergencia.

La convergencia tiene un papel fundamental en nuestra percepción de la profundidad. El cerebro calcula la distancia a un objeto mediante triangulación basándose en el grado de rotación interna de los dos ojos: cuanta más rotación hacia dentro, más cerca está el objeto que se percibe. La base del triángulo es una línea entre los globos oculares, y los lados del triángulo son líneas imaginarias trazadas desde el cristalino de cada ojo hacia el objeto que se está viendo. El ángulo en cada extremo de la línea de base es el grado de la convergencia. En realidad, calcular la distancia es trigonometría elemental.

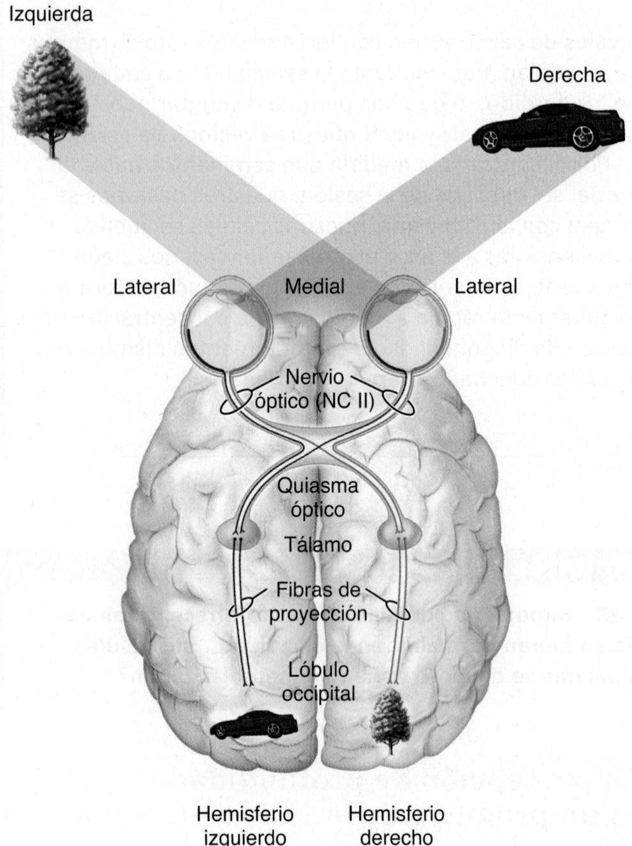

Figura 9-22. Vía visual. Independientemente del ojo afectado, la información del campo visual izquierdo se transmite al hemisferio cerebral derecho y viceversa. *En el ojo izquierdo, ¿qué neuronas se cruzan en el quiasma óptico, las neuronas de la mitad izquierda o las de la mitad derecha?*

La vía visual termina en la corteza occipital

Uno de los mejores ejemplos de la relación entre la forma y la función es la anatomía del nervio óptico y el procesamiento de las señales sensoriales visuales. El nervio óptico de cada ojo sale de la parte posterior del globo ocular y converge en la base del cerebro para formar una gran X (**quiasma óptico,** del griego *khiasma* = «aspa») antes de unirse al cerebro, una disposición poco corriente que no se encuentra en ningún otro grupo de pares craneales (fig. 9-22).

Para entender cómo esta distribución anatómica facilita la visión binocular, imagine esta escena frente a sus ojos: un árbol a la izquierda, un coche a la derecha, cada uno en el extremo de su visión periférica. Ahora trace las vías de los rayos de luz que pasan a través de los ojos hasta la retina y descubrirá que los rayos desde el árbol a su *izquierda* inciden en el lado *derecho* de *ambas* retinas y los rayos del vehículo a su *derecha* inciden en el lado *izquierdo* de *ambas* retinas.

Es evidente, entonces, que para que estas imágenes se reúnan para la integración, las señales del *lado izquierdo* de ambas retinas deben ir a *un lugar* y las imágenes del *lado derecho* deben ir a *otro*. Esto significa que los tractos nerviosos en los nervios ópticos han de separarse e ir a dos lugares diferentes. Y, de hecho, es justamente lo que sucede: los axones de cada ojo se separan en el quiasma óptico. Las señales de la parte izquierda de ambas retinas (las señales del vehículo a su derecha) se dirigen a la corteza occipital izquierda, y las señales del lado derecho (las señales del árbol a su izquierda) se dirigen a la corteza occipital derecha. Todos los axones del nervio óptico hacen sinapsis en el tálamo con neuronas secundarias llamadas *fibras de proyección,* que transportan las señales visuales a la corteza visual primaria de los lóbulos occipitales del cerebro.

¡Recuerde! **Las neuronas del lado medial del ojo (el más cercano a la nariz) se cruzan en el quiasma óptico; las neuronas de la parte lateral no lo hacen.**

Apuntes sobre el caso

9-24 ¿Es razonable pensar que la ceguera de Helen se debía a daños en su corteza occipital?

9-32 ¿Las lágrimas se producen por el saco lagrimal, la glándula lagrimal o el conducto lagrimal?

9-33 Vuelva a escribir esta afirmación de forma que sea correcta sustituyendo los términos *subrayados*. La esclerótica es parte de la túnica <u>vascular</u>; el iris es parte de la túnica <u>neural</u>.

9-34 ¿Qué capa de la túnica neural cubre la cara posterior del iris?

9-35 Nombrar los ligamentos que se unen al cristalino.

9-36 ¿Dónde encontraría más fotorreceptores, en la mácula lútea o en el disco óptico?

9-37 ¿Qué tarea requiere más refracción, leer o contemplar un halcón en el cielo?

9-38 Al leer estas palabras, ¿sus músculos ciliares están contraídos o relajados?

9-39 ¿Qué tipo de neurona se encuentra más lejos de la capa pigmentaria retiniana, las células ganglionares o las células bipolares?

9-40 Nombrar la región de la retina en la que la luz contacta con las células fotorreceptoras, sin pasar por otras células.

9-41 ¿Cuándo se produce la mayor convergencia, cuando el cristalino adopta una forma esférica o cuando se aplana?

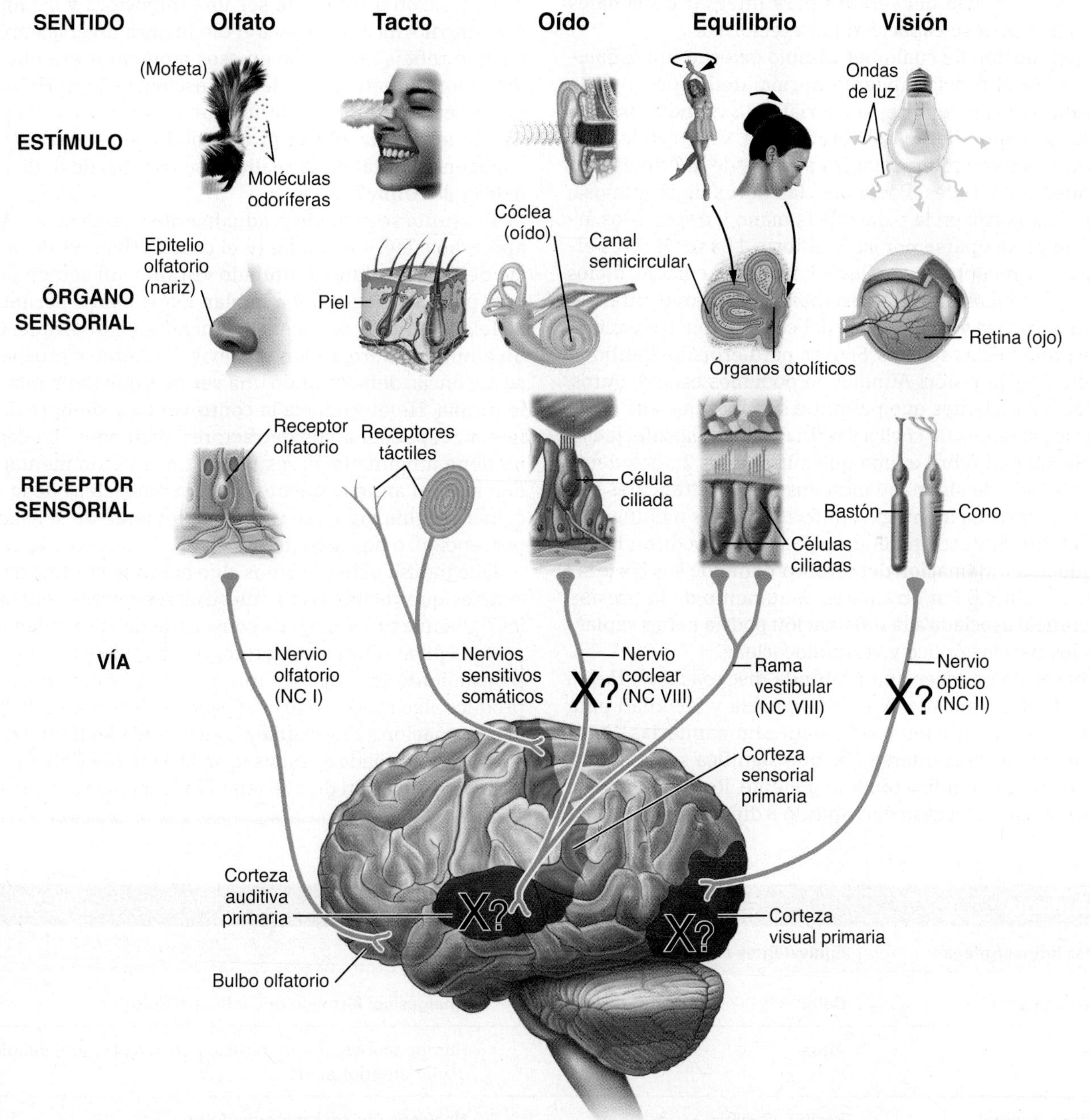

Figura 9-23. Sensación y el caso de Helen Keller. Los órganos y receptores sensoriales de Helen estaban, con toda probabilidad, intactos. Sin embargo, las señales provenientes de las células ciliadas de la cóclea y los fotorreceptores de la retina no llegaban al cerebro. El gusto, que no estaba afectado por la enfermedad de Helen, no se muestra. Tenga en cuenta que las vías están simplificadas. *Nombre tres estímulos que activan las células ciliadas.*

Estudio del caso

La pérdida de la función sensorial: el caso de Helen Keller

En su tiempo Helen Keller fue la persona sorda y ciega más famosa y con mayores logros. Antes de abordar el estudio de su caso, es posible que desee revisar el caso de Larry H. en el capítulo 8 para poder compararlos. Hay que recordar que la lesión cerebral de Larry afectó a la capacidad del cerebro para integrar las señales sensoriales, no a su capacidad para recibirlas.

La percepción de cualquier cambio externo (un *estímulo*) requiere el funcionamiento normal de los órganos de los sentidos, los receptores sensoriales, la vía nerviosa y la región correspondiente del cerebro (fig. 9-23). Helen era capaz de recibir e interpretar las señales de múltiples modalidades sensoriales. Podía oler las flores de la mimosa, sentir el agua fría en la palma de la mano y trepar a los árboles sin preocuparse por su equilibrio. Los receptores olfatorios, los receptores táctiles y las células ciliadas de los órganos otolíticos de Helen estaban, por lo tanto, intactos, así como las vías y las regiones del cerebro que transmiten e interpretan estas señales. Sólo se perdieron dos sentidos, la audición y la visión. Aunque no podemos estar seguros, hay datos suficientes que permiten suponer que sus órganos de los sentidos (la cóclea y retina) no estaban afectados. La enfermedad febril aguda que sufrió a los 2 años debía haber dañado de alguna manera los nervios craneales o el propio cerebro. La meningitis (infección de las meninges) o la encefalitis (infección del propio cerebro) podrían haber causado una inflamación del cerebro, dañando sus cortezas visual y auditiva. Por otra parte, el aumento de la presión intracraneal asociada a la inflamación podría haber «aplastado» los nervios óptico y vestibulococlear.

A pesar de padecer una profunda discapacidad, Helen Keller se hizo famosa por su inteligencia y facilidad para escribir, y su dedicación a actividades humanitarias. Estudiar su vida es enfrentarse a lo que significa ser humano, es decir, lo que significa tener una mente. Recuerde que en nuestro estudio del caso del capítulo 8 dijimos que la consciencia es difícil de definir, pero que depende claramente de la integración por parte del cerebro de las señales procedentes de los receptores sensoriales en una «imagen» que comprende el entorno y nuestro lugar en él. Si los dos sentidos más complejos de un individuo están inutilizados pero éste conserva su capacidad intelectual, una imaginación rica y una notable habilidad para dar sentido al mundo de la misma manera que lo hacen las personas oyentes y videntes, ¿entonces, de qué precisamente depende la consciencia?

Durante gran parte de su vida, Helen estuvo unida a su tutora, Annie Sullivan, con tal cercanía que algunas personas acusaron a Helen de ser una impostora y a Annie de ser ventrílocua. La acusación dio lugar a diversas preguntas que reflejaban lo que en esos momentos era objeto de discusión: la naturaleza de la consciencia: ¿era Helen una marioneta de Annie, era la suya una copia falsa de la mente de Annie, o tenía ella su propio modo de pensar? ¿De qué «imagen» mental de la realidad se trataba, de la de Helen o de la de Annie?

El asunto se resolvió gradualmente a medida que Helen aprendió a leer en Braille (v. el cuadro Historia de la ciencia del capítulo 4, titulado «Braille: un código de lectura para los ciegos») y a hablar. Estos logros permitieron a Helen ser cada vez menos dependiente de Annie. Como un adulto maduro, Helen sobrevivió a Annie y prosperó en su ausencia, demostrando una vez más que tenía una mente propia. Helen conocía la controversia y siempre daba la mejor respuesta a sus detractores, diciendo: «La ceguera no tiene ningún efecto restrictivo en la visión mental». Sin embargo, el antiguo debate sobre la naturaleza de la consciencia seguía vivo: ¿se trata simplemente de sensación y percepción, o hay algo más?

Qué piensa usted: ¿somos algo más que la suma de las señales que recibimos de nuestros receptores sensoriales? ¿Es nuestra «imagen» consciente de la realidad una mera réplica dibujada y literal del mundo exterior o el pensamiento (ese diálogo interno con nosotros mismos) produce algo más? ¿Cuál es el papel de la memoria? ¿Y de la imaginación? En resumen, ¿cuál es el elemento oculto que la mente añade a la sensación? La vida de Keller parece la demostración de que también la mente tiene un ojo.

Etimología

Raíces latinas/griegas	Equivalentes en español	Ejemplos
-algesia (algos)	Dolor	Analgésico: fármaco que inhibe el dolor
aqua	Agua	Humor acuoso: humor hídrico que llena la parte del globo ocular anterior al iris
-ception (capere)	Recibir, percibir	Nocicepción: sensación de dolor
coniunctivus/a	Conjuntivo/a, que junta y une	Conjuntiva: membrana que junta el párpado y el globo ocular

Continúa

Etimología

Raíces latinas/griegas	Equivalentes en español	Ejemplos
-estesia (aísthesis)	Sensación	Anestesia: ausencia de (an-) sensación
foto- (phos, photós)	Luz	Fotorreceptor: que detecta la luz
lacrima	Lágrima, aparato lagrimal	Glándula lagrimal: produce lágrimas
naso- (nasus)	Nariz	Conducto nasolagrimal: que drena lágrimas en la nariz
noci- (nocere)	Dañar	Nocicepción: sensación de dolor o daño
ophthalmós	Ojo	Oftalmólogo: especialista de los ojos
proprio	Propio	Propiocepción: percepción de sí mismo (la posición de las partes del propio cuerpo)
sklerós	Duro	Esclerótica: la capa «dura» (fibrosa) del ojo
vitreus	Semejante al cristal	Humor vítreo: humor viscoso (cristalino) que llena la parte del globo ocular detrás del iris

Cuestionario del capítulo

REVISIÓN DEL CAPÍTULO

1. **La presión prolongada se detectaría con más precisión por**
   a. los receptores de Merkel.
   b. los corpúsculos de Meissner.
   c. los corpúsculos de Ruffini.
   d. los corpúsculos de Pacini.

2. **Los nociceptores detectan**
   a. la presión mecánica.
   b. el dolor.
   c. los productos químicos.
   d. la luz.

3. **Los propioceptores**
   a. incluyen los canales semicirculares.
   b. detectan la posición de la cabeza en relación con la gravedad.
   c. detectan la posición relativa de las partes del cuerpo.
   d. son responsables del sentido del oído.

4. **Los husos musculares son**
   a. fibras de colágeno entrelazadas con las neuronas terminales.
   b. los órganos sensoriales del equilibrio.
   c. los receptores sensoriales que miden el estiramiento del músculo.
   d. fibras musculares especializadas que producen la fuerza.

5. **Las papilas fungiformes**
   a. se encuentran en todas las partes de la lengua.
   b. siempre contienen botones gustativos.
   c. están sólo en la parte posterior de la lengua.
   d. están involucradas en el olfato.

6. **Una célula receptora gustativa**
   a. suele hiperpolarizarse cuando es estimulada por una sustancia con un sabor determinado.
   b. detecta uno de los cinco gustos primarios.
   c. detecta una de las 350 sustancias diferentes que estimulan el sabor.
   d. puede dividirse para generar nuevas células receptoras gustativas.

7. Las células receptoras olfatorias
a. se encuentran totalmente dentro del cráneo.
b. tienen cuerpos celulares en el cráneo, pero los axones se proyectan fuera de éste.
c. tienen cuerpos celulares fuera del cráneo, pero envían axones al interior de éste.
d. se encuentran totalmente fuera del cráneo.

8. Un receptor olfatorio es una
a. neurona sensitiva de primer orden modificada.
b. neurona de segundo orden modificada.
c. proteína de membrana.
d. ninguna de las anteriores.

9. ¿Cuál de las siguientes señales sensoriales *no* pasa a través del tálamo?
a. Visión.
b. Olfato.
c. Audición.
d. Gusto.

10. El estribo conecta
a. la membrana timpánica con el martillo.
b. el martillo con el yunque.
c. el yunque con la ventana oval.
d. la ventana oval con la ventana redonda.

11. La pared del conducto coclear es parte del
a. aparato vestibular.
b. laberinto membranoso.
c. laberinto óseo.
d. órgano de Corti.

12. Las capas alternas de aire comprimido y descomprimido se detectan como
a. luz.
b. olores.
c. gustos.
d. sonido.

13. Los cilios de las células ciliadas involucradas en la audición están incrustados en
a. la membrana basilar.
b. la membrana tectoria.
c. la membrana timpánica.
d. la membrana vestibular.

14. El utrículo
a. está lleno de perilinfa.
b. detecta la rotación de la cabeza.
c. está orientado perpendicularmente a la fuerza de la gravedad.
d. contiene la cresta ampular.

15. La cúpula es
a. un grupo de células ciliadas en los canales semicirculares.
b. una membrana gelatinosa que contiene otolitos.
c. un capuchón gelatinoso dentro de una ampolla.
d. una zona extendida del laberinto membranoso.

16. Las células ciliadas se encuentran en el
a. sáculo.
b. epitelio nasal.
c. retina.
d. todo lo anterior.

17. La conjuntiva cubre
a. la superficie interna de los párpados.
b. la córnea.
c. la superficie posterior del globo ocular.
d. todo lo anterior.

18. Poder mirar hacia arriba para ver un avión es una acción que realiza el
a. oblicuo superior.
b. recto superior.
c. orbicular de los párpados.
d. recto externo.

19. Las lágrimas drenan del saco lagrimal hacia
a. la glándula lagrimal.
b. el conducto nasolagrimal.
c. el canto externo del ojo.
d. el conducto lagrimal.

20. La túnica vascular forma
a. la coroides y el iris.
b. el cuerpo ciliar y la córnea.
c. el iris y la retina.
d. la esclerótica y el cuerpo ciliar.

21. El humor vítreo
a. llena el espacio entre el cristalino y el iris.
b. se encuentra sólo por detrás del cristalino.
c. drena a través del canal de Schlemm.
d. llena el espacio entre el cristalino y la córnea.

22. La contracción del músculo ciliar
a. aumenta la tensión en los ligamentos suspensorios.
b. contrae la pupila.
c. facilita la visión de cerca.
d. estimula la producción de humor acuoso por el cuerpo ciliar.

23. El disco óptico
a. contiene muchos conos.
b. aparece como una mancha blanca en la retina.
c. contiene la fóvea central.
d. a y c.

24. En una habitación iluminada,
a. los bastones se hiperpolarizan, las células bipolares se despolarizan y las células ganglionares desencadenan potenciales de acción.
b. los bastones se despolarizan, las células bipolares se hiperpolarizan y las células ganglionares no desencadenan potenciales de acción.
c. los bastones se despolarizan, las células bipolares se despolarizan y las células ganglionares desencadenan potenciales de acción.
d. los bastones se hiperpolarizan, las células bipolares se hiperpolarizan y las células ganglionares no desencadenan potenciales de acción.

COMPRENSIÓN DE CONCEPTOS

25. Explique la diferencia entre un receptor sensorial y un receptor hormonal.

26. Explique por qué podemos detectar 10 000 olores diferentes utilizando sólo 350 células receptoras olfatorias diferentes.

APLICACIÓN

27. Está cuidando a un niño de 2 años que de repente estalla en un llanto fuerte, agudo y penetrante de alarma.
a. Describa la amplitud de la onda de sonido resultante: ¿será pequeña o amplia?
b. Describa la frecuencia de la onda de sonido resultante: ¿será alta o baja?
c. ¿Qué porción de la membrana basilar resonará con más fuerza, la próxima a la ventana oval o la próxima al vértice de la cóclea?

28. Está buceando en el Caribe. Señale las células receptoras sensoriales responsables de cada una de las siguientes sensaciones.
a. Detectar un caballito de mar.
b. Conocer la rapidez con que desciende al fondo del mar.
c. Identificar la posición de su aleta izquierda.
d. Percibir el sonido del barco de buceo yéndose a toda velocidad.

Puede encontrar las respuestas a estas preguntas en el apartado de recursos para estudiantes en: **http://thepoint.lww.com/espanol-McConnellandHull**

10

La sangre

Temas principales

- Las células o los elementos formes de la sangre tienen una vida útil corta y se precisa su sustitución continua.
- Los leucocitos tienen una función fundamental en la defensa del organismo contra los microorganismos y otros patógenos.
- Los eritrocitos transportan oxígeno desde los pulmones a los tejidos y devuelven el CO_2.
- Las trombocitos son fragmentos de células fundamentales en la prevención y el control de las hemorragias.
- Algunas proteínas plasmáticas son importantes en las defensas del organismo, en el transporte de sustancias esenciales, para mantener el volumen sanguíneo y en la coagulación de la sangre.
- En el plasma se encuentran disueltos numerosos nutrientes y sustancias de desecho.

Objetivos del capítulo

Introducción 376

1. Enumerar cinco funciones de la sangre y los elementos sanguíneos relacionados con cada función. Sea lo más específico posible.
2. Indicar los tres tipos de proteínas plasmáticas y las funciones de cada una de ellas.

Leucocitos, inflamación e inmunidad 381

3. Clasificar los leucocitos según su aspecto y su función.
4. Comparar y contrastar la inflamación aguda, la inflamación crónica, la inflamación parasitaria y las alergias, y enumerar el tipo de células que participan en cada una de ellas.

Eritrocitos y transporte de oxígeno 387

5. Enumerar tres características físicas de los eritrocitos y explicar las implicaciones funcionales de cada una de ellas.
6. Describir la estructura y la función de la hemoglobina.
7. Describir el ciclo vital de un eritrocito.
8. Comentar el diagnóstico y las posibles causas de la anemia.
9. Comentar la vía que se traduce en una mayor producción de eritrocitos en las personas que viven en altitudes elevadas.

Trombocitos 392

10. Describir la regulación y el mecanismo de la síntesis de los trombocitos y los problemas asociados a la trombocitopenia.

Hemostasia 393

11. Explicar las tres fases de la hemostasia con esquemas.
12. Mediante diagramas de flujo, ilustrar la vía de la tromboplastina hística, la vía de activación por contacto y la vía común de la coagulación de la sangre, y explicar cómo funcionan dos anticoagulantes diferentes.
13. Indicar tres diferencias existentes entre coagulación y trombosis.

Grupos sanguíneos y transfusión sanguínea 400

14. Determinar qué tipo de sangre puede transfundirse a los pacientes con grupo sanguíneo A, B, O o AB y explicar por qué se producen las reacciones de aglutinación.

Insuficiencia de la médula ósea: el caso de Eleanor B. 403

15. Utilice el caso práctico para explicar la función central de la médula ósea en la producción de células sanguíneas, y analizar las funciones de los eritrocitos, los leucocitos y los trombocitos.

Caso práctico: «¡Se me está escapando la vida por la nariz!»

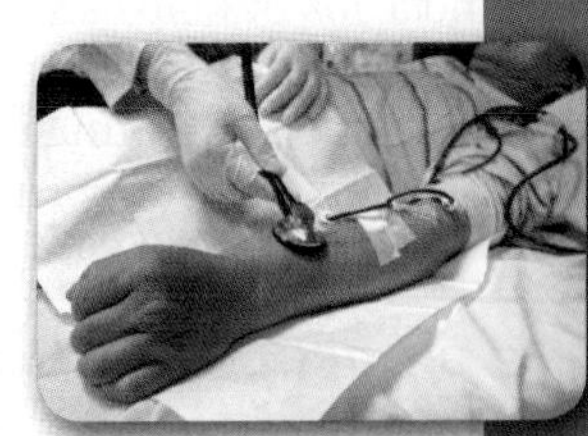

Mientras lee el siguiente caso práctico, haga una lista con los términos y conceptos que debe aprender para comprender el caso de Eleanor.

Anamnesis: Eleanor B., una profesora de antropología de 52 años, acudió al servicio de urgencias de un gran hospital general con una grave hemorragia nasal. «Nunca he sangrado por la nariz. Esto se lleva la palma; es que no para. ¡Se me está escapando la vida por la nariz!»

Al preguntarle el personal del hospital, indica que 8 años antes fue sometida a cirugía por cáncer de mama. Se había realizado un seguimiento médico estrecho hasta 3 años antes, cuando se divorció y se cambió a su actual trabajo, mudándose a una nueva ciudad. «Me avergüenza admitir que no he visto a un médico en los últimos 3 años», dijo. «He estado demasiado ocupada para ir a mis chequeos habituales.» Un nuevo interrogatorio no reveló ningún dato médico inusual. Sin embargo, la paciente mencionó haberse sentido más cansada en los últimos meses. «Me parece que me canso con las tareas más pequeñas. La semana pasada me detuve a descansar en un banco del parque de camino a casa. Nunca había necesitado hacerlo antes.»

Exploración física y otros datos: Eleanor estaba pálida y su piel presentaba numerosas hemorragias puntiformes. Por lo demás, su exploración física era normal. Los análisis de sangre mostraron una acusada deficiencia de eritrocitos, leucocitos y trombocitos. Se determinó su tipo de sangre (O Rh positivo).

Evolución clínica: en la sala de urgencias se le realizó un taponamiento nasal con algodón y una transfusión de trombocitos, lo que detuvo la hemorragia nasal. Fue ingresada en el hospital y se le transfundieron eritrocitos. Sabiendo que el cáncer de mama tiene tendencia a extenderse a los huesos, el médico que la examinó sospechó que el cáncer se había extendido a su médula ósea, el lugar de producción de células sanguíneas. Esta teoría se confirmó mediante una biopsia de médula ósea, que mostró la sustitución casi completa de la médula ósea normal por células cancerosas.

La paciente fue tratada con quimioterapia adicional, pero continuó necesitando transfusiones de eritrocitos para mantener la hemoglobina cerca de las cifras normales y precisó tratamiento con antibióticos en varias ocasiones debido a infecciones, neumonía bacteriana, abscesos de la piel y diarrea recurrente. Nueve meses

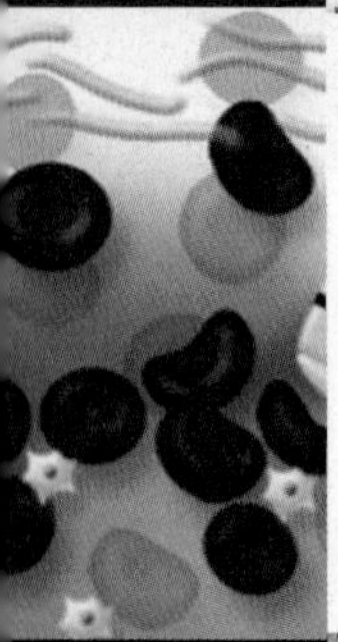

Conocimientos necesarios

Antes de adentrarse por primera vez en este capítulo, es importante comprender los siguientes términos y conceptos.

- Osmosis, estructura celular, citoblastos, propiedades de los tejidos conjuntivos (cap. 3)
- Señalización química, regulación hormonal (cap. 4)

más tarde, una ambulancia la llevó a urgencias por vómitos sanguinolentos graves. Estaba pálida y confusa, la presión arterial era de 60/20 mm Hg (normal, 120/80) y la frecuencia cardíaca de 140 lat/min (normal, 70). A pesar de los heroicos esfuerzos por salvarla, su corazón se detuvo y no pudo volver a ponerse en marcha.

Las pruebas de laboratorio de la sangre recogida antes de su muerte mostraron recuentos muy bajos de eritrocitos, leucocitos y trombocitos. En su sangre se obtuvo por cultivo una bacteria, *Staphylococcus aureus*. En la autopsia, las cavidades de los huesos que normalmente contienen la médula roja estaban llenas por el tumor, y quedaba poca médula ósea normal. También se observó que presentaba una neumonía bacteriana grave y una extensa infección fúngica en el esófago. Esta última había producido una gran úlcera esofágica, que fue el origen de su hemorragia mortal.

Nuestros primeros antepasados ya reconocieron que la sangre era esencial para la vida: brotase de un hombre o de un mastodonte, era un líquido caliente, rojo y pegajoso que se llevaba con él la fuerza vital de la víctima. Haciendo honor a su importancia, los pueblos antiguos utilizaban la sangre en ritos de sacrificios, y el color de la sangre ha llegado a simbolizar el valor y la vitalidad. El folclore de Europa del este habla de los vampiros, criaturas que al beber sangre fresca, podían evitar la muerte. No es una idea tan descabellada, incluso hoy en día tomamos la sangre de una persona para dársela a otra con este mismo propósito. ¿Y qué es exactamente este líquido tan preciado que recorre nuestro cuerpo?

No te preocupes, la hemorragia siempre para

Consejo de los cirujanos experimentados a los jóvenes preocupados

Introducción

La **sangre** es el líquido distribuido por el corazón a través de los vasos sanguíneos. Las células sanguíneas se producen en la médula ósea y se liberan al torrente sanguíneo.

Recuerde del capítulo 3 que la sangre se define como un tejido conjuntivo líquido. Encaja en esta clasificación por dos razones: *1)* funcional, ya que conecta las distintas partes del cuerpo mediante el transporte de señales químicas, líquidos y nutrientes de un lugar a otro, y *2)* estructural, ya que contiene las células y una gran cantidad de matriz extracelular (plasma), que en el caso de la sangre es líquida y no sólida. Además, al igual que las células en los tejidos conjuntivos sólidos, las células sanguíneas necesitan nutrientes, producen desechos, mueren y son reemplazadas por células nuevas. Pero a pesar de su clasificación como tejido conjuntivo, la sangre presenta determinadas propiedades específicas que la distinguen de otros tejidos:

- Las células sanguíneas están en continuo movimiento.
- La vida útil de las células sanguíneas es inusualmente breve; va desde unas horas hasta unos pocos meses.
- La sangre es de color rojo, rojo brillante si está bien oxigenada (en el camino hacia los tejidos desde los pulmones), rojiza-azulada oscura si le falta oxígeno (en el camino de regreso a los pulmones desde los tejidos).
- A pesar de que es un líquido, la sangre es más espesa (más viscosa) que el agua, ya que contiene proteínas y células; por la misma razón, tiene un tacto un poco aceitoso y pegajoso.
- La sangre es ligeramente alcalina: su pH promedio es de 7,40 (el del agua es 7,0).
- La sangre constituye aproximadamente el 7% del peso corporal, unos 5 kg (5 l de volumen) en una persona de 70 kg.

Antes de explorar en detalle la estructura de la sangre, vamos a conocer sus funciones.

La sangre tiene cinco funciones principales

En el sentido más amplio, la sangre es un sistema de transporte, un verdadero «río interno» que lleva la esencia de la vida a los tejidos, devuelve los desechos metabólicos para su eliminación y transmite mensajes químicos (fig. 10-1). En particular, las funciones de la sangre son las siguientes:

- *Transporte.* La sangre transporta gases (como el oxígeno), nutrientes, productos de desecho y mensajes químicos entre los órganos, los tejidos y las células.
- *Fuerza hidráulica.* Ésta es la presión creada por un líquido que fluye en un espacio cerrado. La sangre impulsada desde el corazón hacia los vasos sanguíneos crea una forma de presión hidráulica llamada *presión arterial.* Sin una presión arterial adecuada, la vida humana es imposible; las sustancias vitales transportadas por la sangre no alcanzarían los tejidos distantes. Además, la presión arterial permite al riñón producir la orina y proporciona la fuerza hidráulica para la erección masculina y femenina.
- *Defensa.* Las células sanguíneas y otras sustancias transportadas por la sangre defienden al cuerpo contra las amenazas que se originan tanto externamente (microorganismos) como internamente (cáncer).
- *Transferencia de calor.* La circulación de la sangre a través de la piel expone la sangre a la temperatura de la piel, que normalmente es mucho más fría que la temperatura central de los órganos, donde el metabolismo de los nutrientes produce calor. La sangre caliente pasa a través de la piel, pierde calor y retorna al interior del cuerpo más fría.
- *Prevención de la pérdida de sangre.* Las células sanguíneas y sus elementos formes ocluyen transitoriamente los vasos dañados con el fin de evitar la pérdida de sangre después de la lesión de los tejidos.

Hasta hace unos 150 años, pocos médicos tenían algo más que una vaga comprensión de estas funciones y su relación con la salud. De hecho, sus fantásticas teorías sobre la enfermedad a veces llevaron a extraer grandes cantidades de sangre a los pacientes en un esfuerzo equivocado para promover la curación. A veces, esta intervención agravaba la enfermedad del paciente o incluso le hacía perder la vida, como veremos en el siguiente cuadro Historia de la ciencia, titulado «La historia de la transfusión sanguínea».

La sangre se compone de plasma y elementos celulares

Como acabamos de señalar, la sangre está formada por dos componentes principales: una matriz extracelular líquida llamada *plasma* y los *elementos celulares* sólidos suspendidos en el plasma. Los elementos celulares son células sanguíneas completas y fragmentos de células llamadas *trombocitos.* Los médicos se refieren al plasma y sus componentes celulares juntos como *sangre completa* o *total.*

Los elementos de la sangre forman un coágulo para reducir la pérdida de sangre.
La sangre transfiere calor a la superficie de la piel para que éste se disipe.
Los elementos de la sangre defienden el cuerpo de los microorganismos que entran por los orificios del cuerpo o las heridas.
La fuerza hidráulica de la sangre mantiene la formación de orina en los riñones.
La sangre transporta oxígeno, nutrientes, residuos y mensajeros químicos.

Figura 10-1. Funciones de la sangre. Las distintas funciones de la sangre se ilustran aquí en un excursionista herido. *El rostro del excursionista está enrojecido, reflejando el aumento de flujo sanguíneo. ¿Cómo le ayuda este aumento del flujo sanguíneo superficial?*

Puesto que los elementos celulares son más pesados (más densos) que el plasma, pueden separarse por *centrifugación* en un tubo, de forma que los elementos celulares pesados se depositan en el fondo del tubo, debajo de la capa líquida más ligera (fig. 10-2 A). Cuando hacemos esto, observamos lo siguiente:

- En la parte superior de nuestro tubo está el **plasma,** la parte líquida de la sangre, que representa alrededor del 55 % del volumen sanguíneo. Se trata de una mezcla viscosa ligeramente dorada compuesta principalmente de agua, en la que están disueltas proteínas, nutrientes, minerales y otros elementos esenciales.
- En la parte inferior del tubo se encuentran los *glóbulos rojos* (clínicamente conocido como *eritrocitos, eritro* = «rojo»), las células más pesadas y más numerosas. Normalmente representan alrededor del 45 % del volumen de la sangre, un porcentaje llamado **hematócrito** (del griego *haima* = «sangre»; *krites* = «juez», como en alguien que *separa* cosas, como el bien del bal).

HISTORIA DE LA CIENCIA

La historia de la transfusión sanguínea

La circulación de la sangre por los vasos sanguíneos a través del cuerpo fue descrita correctamente en el siglo XIII por el médico árabe Ibn Al-Nafis. Este médico rechazó la opinión predominante, originada en el siglo II por el médico griego Galeno, según la cual la sangre de color rojo arterial se originaba en el corazón y era consumida por los tejidos, y que la sangre venosa oscura se originaba en el hígado y servía para otros propósitos. Los hallazgos de Ibn Al-Nafis no se conocieron en Europa durante siglos. Por tanto, la idea de la sangre fluyendo a través de los vasos sanguíneos no se conoció en Occidente hasta que el médico inglés William Harvey describió este hecho en 1628.

No obstante, incluso antes de que los médicos comprendiesen la anatomía y fisiología del aparato circulatorio, se hicieron burdos intentos de infundir sangre a los enfermos. El primer intento registrado ocurrió en 1492, cuando Colón descubría América. El Papa Inocencio VIII estaba en estado de coma en Roma, y los médicos trataron de reanimarlo recogiendo sangre de tres niños de 10 años de edad e infundiéndosela al Papa. Dado que el concepto de circulación de la sangre en las venas todavía no se había establecido, la sangre se infundió por la boca. La operación no tuvo éxito, y el Papa y todos los niños murieron.

En 1665, el médico británico Richard Lower diseñó una serie de instrumentos para derivar sangre entre perros unidos quirúrgicamente. Lower observó que el efecto perjudicial de la pérdida de sangre en un perro podía revertirse mediante la derivación de la sangre de un segundo perro al primero.

Unos años más tarde, en 1668, el Dr. Jean-Baptiste Denys, médico personal del rey Luis XIV de Francia, transfundió una pequeña cantidad de sangre de oveja a un joven de 15 años de edad. El joven sobrevivió y el experimento fue un éxito, pero los médicos modernos reconocen que su supervivencia se debió probablemente a la pequeña cantidad de sangre transfundida. Uno de los pacientes menos afortunados del Dr. Denys sobrevivió a dos transfusiones de dicho tipo, pero murió después de la tercera, en medio de gran controversia.

La primera transfusión de sangre intravascular de humano a humano no se produciría hasta 150 años más tarde. En 1818, el Dr. James Blundell, un obstetra británico al cuidado de una mujer con hemorragia posparto,

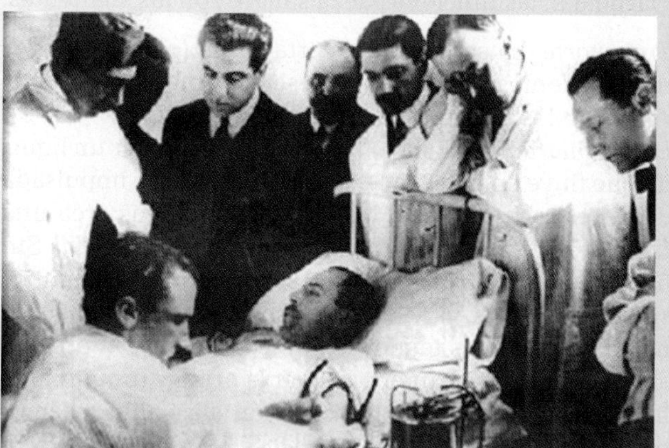

Transfusión de sangre. Transfusión directa de persona a persona.

reclutó al marido de la paciente como donante y extrajo 120 ml de sangre del brazo del hombre para transfundírsela a su esposa. En los años siguientes, el Dr. Blundell realizó 10 transfusiones adicionales, de las cuales 5 se consideraron eficaces.

Durante otros 100 años, todos los intentos de transfusión de sangre fueron directos: desde el cuerpo de una persona a otra directamente. Fueron precisos dos avances, los bancos de sangre y las pruebas de compatibilidad, antes de que las transfusiones de sangre indirectas pudiesen utilizarse de forma generalizada. Aproximadamente en 1918, tal vez gracias al estímulo de la terrible matanza de la Primera Guerra Mundial (1914-1918), se descubrió que la sangre podía anticoagularse, refrigerarse y almacenarse («depositarla en un banco de sangre») durante unos pocos días antes de la transfusión. Sin embargo, el almacenamiento de la sangre fue de uso limitado hasta que se comprendió el concepto de donante y la compatibilidad de la sangre del receptor. Este gran paso puede atribuirse a la obra del científico austríaco Karl Landsteiner, que descubrió los grupos sanguíneos ABO en 1900 y, junto a su colega Alexander Wiener, descubrió el grupo sanguíneo Rh en 1937. Con este descubrimiento, por fin todas las piezas estaban en su lugar, y la moderna práctica de la transfusión se difundió de forma generalizada.

- En la interfase entre el plasma y los eritrocitos se encuentra una delgada capa de color blanquecino, la **capa leucocitaria.** Esta capa contiene células que no son tan pesadas como los eritrocitos, las *células blancas* de la sangre (clínicamente conocidas como *leucocitos, leuko* = «blanco»): éstas incluyen a los monocitos, los linfocitos, los neutrófilos, los eosinófilos y los basófilos. La capa leucocitaria también contiene *trombocitos,* fragmentos de una célula de la médula ósea llamada *megacariocito.* La capa leucocitaria suele representar menos del 1% del volumen sanguíneo.

¡Recuerde! **Las dos partes principales de la sangre son la parte líquida (plasma) y la materia sólida (elementos celulares).**

Los elementos celulares de la sangre se visualizan con facilidad mediante examen microscópico de un *frotis de sangre.* En esta técnica, el técnico de laboratorio extiende una gota de sangre en un capa fina sobre un portaobjetos de microscopio (fig. 10-2 B) y a continuación tiñe el frotis con tinción de Wright, una mezcla de colorantes azul y rojo que tiñe los distintos elementos celulares. Esta tinción incluye la *hematoxilina,* un colorante azul oscuro, alcalino, que tiñe de azul el núcleo, y la *eosina,* un colorante rojo brillante, ácido, que tiñe el citoplasma de color rojo pálido o rosa. Los orgánulos celulares pueden teñirse de una mezcla de rojo, azul, marrón o neutro. Según el tamaño y la forma de las células, la presencia o ausencia de un núcleo y el color de los gránulos citoplasmáticos (si existen), pueden identificarse los diferentes elementos celulares (v. tabla 10-1 en la pág. 383).

Además de la centrifugación para determinar el hematócrito, pueden emplearse otros procedimientos de laboratorio para contar el número de eritrocitos, leucocitos y trombocitos, medir el tamaño promedio de los eritrocitos, determinar la cantidad de oxígeno transportado por la hemoglobina de los eritrocitos y determinar el porcentaje de los distintos subtipos de leucocitos de la sangre. Normalmente estas determinaciones se realizan con una serie de máquinas automáticas, y el procedimiento se conoce como *recuento sanguíneo completo.*

Apuntes sobre el caso

10-1 En el caso de Eleanor, el análisis de sangre inicial mostró que los elementos celulares representaban alrededor del 27% de su volumen sanguíneo. ¿Qué porcentaje de su volumen de sangre estaba compuesto por plasma?

10-2 Según la información contenida en el apunte sobre el caso anterior, ¿cuál era el hematócrito aproximado de Eleanor?

El plasma contiene agua y solutos

El **plasma** es el líquido extracelular de la sangre. Es casi idéntico al líquido intersticial de los tejidos sólidos (cap. 5) excepto por la gran cantidad de proteínas sanguíneas que contiene. Transparente y de color pajizo, el plasma es aproximadamente el 90% agua y un 9% proteínas especializadas. Hay tres tipos principales de **proteínas plasmáticas:**

- *Albúmina.* La más abundante (un 55%) de todas las proteínas del plasma es la **albúmina.** Es la responsable de la mayor parte de la *presión osmótica* del plasma (cap. 3), la fuerza que tiende a retener el agua en la sangre y extraer el agua desde los tejidos a la sangre a través de la pared de los vasos sanguíneos. Esta capacidad de mantener el agua dentro de los vasos sanguíneos es muy importante para mantener el volumen sanguíneo. La albúmina también actúa como una *proteína de unión* que transporta en la sangre los ácidos grasos, los esteroides y otras sustancias.
- *Fibrinógeno.* Algo más del 5% de las proteínas plasmáticas es **fibrinógeno,** una pequeña proteína que participa en la coagulación sanguínea, como se explica más adelante.
- *Globulinas.* La mayoría del resto de las proteínas de la sangre son las *globulinas,* una categoría general que incluye proteínas especializadas en la unión (transporte), enzimas, hormonas proteicas y factores de la coagulación. Por ejemplo, la *transferrina* es una globulina especializada que transporta el hierro, una importante función que se comenta más adelante. De particular interés es un subgrupo de globulinas, las *gammaglobulinas,* también llamadas *anticuerpos,* producidas por leucocitos especializados para atacar microorganismos patógenos.

Aproximadamente el 1% del plasma es una rica mezcla de otros solutos. Éstos incluyen:

- Glucosa.
- Colesterol y otros lípidos.
- Vitaminas y otros compuestos esenciales.
- Calcio, hierro, sodio, potasio y otros minerales.
- Desechos metabólicos.
- Gases disueltos, como O_2, nitrógeno y CO_2.

¡Recuerde! **El plasma es un 90% de agua, un 9% de proteínas y un 1% de solutos no proteicos.**

Los elementos celulares se producen en la médula ósea

Al igual que todas las células, las células sanguíneas tienen un ciclo vital: se producen, realizan su función y mueren por apoptosis. En comparación con las células de la mayoría del resto de tejidos, la vida de todas las células sanguíneas es corta. De entre las células sanguíneas, los

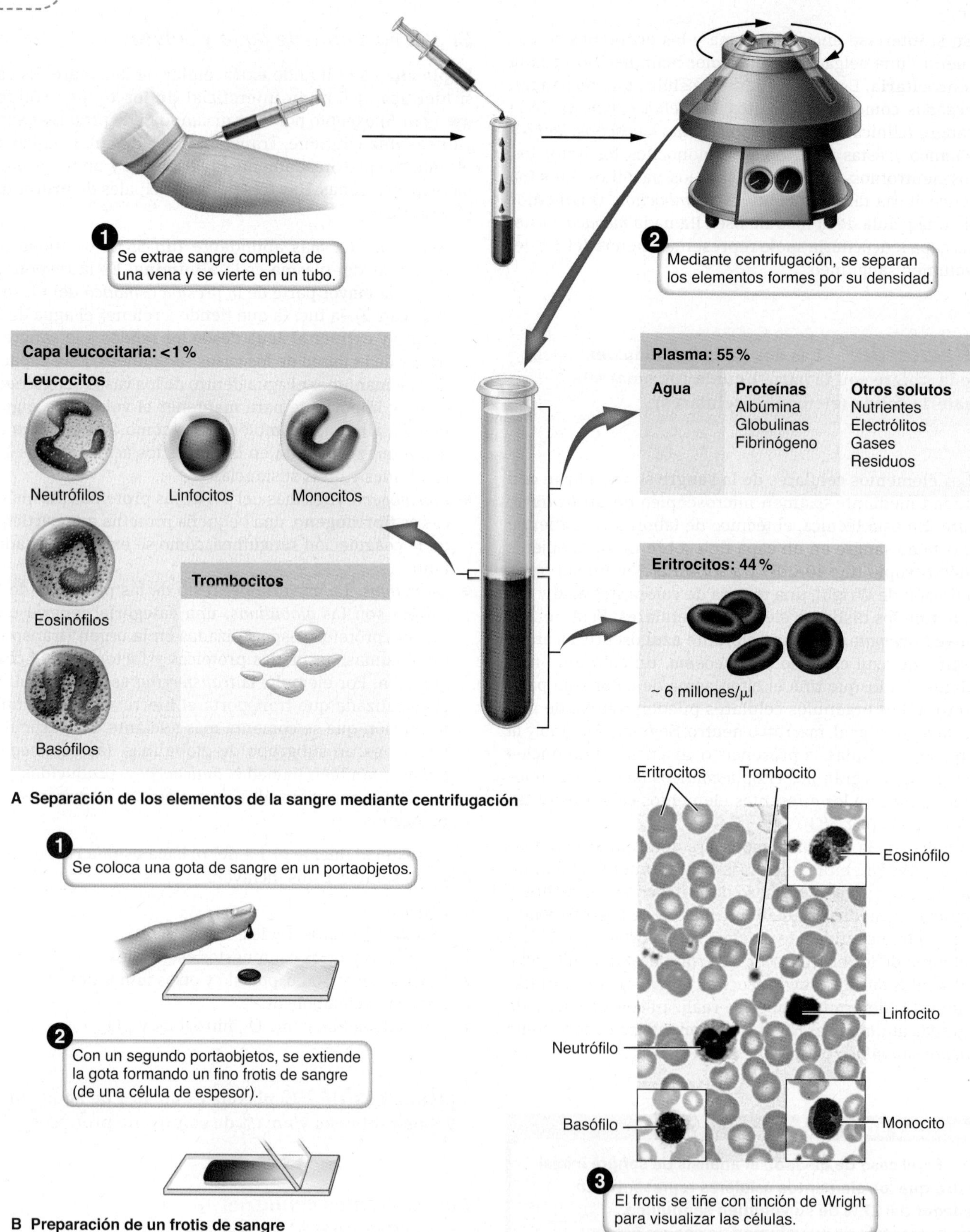

Figura 10-2. Componentes de la sangre. A) La centrifugación separa los diferentes elementos de la sangre para permitir analizarla. En un tubo de sangre centrifugada, los elementos celulares (eritrocitos, trombocitos y leucocitos) constituyen el 45 % inferior (o menos) y el plasma constituye el 55 % superior. **B)** Los frotis de sangre se utilizan para visualizar los diferentes elementos celulares de la sangre de un paciente. Los recuadros pequeños muestran cómo aparecerían los monocitos, los basófilos y los eosinófilos (que son pocos) en un frotis de sangre. *Señalar el único elemento celular que no se encuentra en la capa leucocitaria.*

eritrocitos presentan, con diferencia, la vida más larga, de alrededor de 120 días; los leucocitos tienen ciclos vitales que van desde unas pocas horas a 2 semanas, y los trombocitos viven 1 o 2 semanas. Las células sanguíneas y los trombocitos viejos mueren de muerte natural por apoptosis y son eliminados de la circulación por el bazo. Es importante recordar que el número de un tipo particular de célula en una muestra de sangre depende de su ciclo vital, así como de su tasa de producción: las células con una vida más larga y una mayor producción estarán presentes en mayor número.

La generación de células sanguíneas se denomina **hematopoyesis** (del griego *haima* = «sangre», *poiesis* = «formación»). Todas las células sanguíneas derivan de un ancestro común, un *citoblasto hematopoyético pluripotente*, literalmente, una célula sanguínea con «muchos poderes» (fig. 10-3), que se encuentra en la médula ósea. A su vez, esta célula da lugar a dos tipos de citoblastos especializados con poderes más limitados:

- Los citoblastos *linfoides* dan lugar a los linfocitos, un tipo de leucocitos.
- Los citoblastos *mieloides* dan lugar al resto de células sanguíneas, los otros cuatro tipos de leucocitos, así como los eritrocitos. También producen los megacariocitos, que dan lugar a los trombocitos.

La recolección de citoblastos pluripotentes tendría un gran potencial de tratamiento si pudiesen recogerse en abundancia y se les pudiese persuadir para que formen nuevas células sanguíneas o tal vez otras células, como células del corazón o células del hígado. Resulta que la sangre que se recoge del cordón umbilical de un recién nacido es rica en citoblastos pluripotentes y puede congelarse para utilizarse en el futuro o cultivarse inmediatamente para beneficio del propio recién nacido o de otra persona.

Recuerde de nuestra explicación sobre los huesos en el capítulo 6 que la médula ósea es amarilla (grasa) o roja (hematopoyética). La médula roja produce de forma activa células sanguíneas; la médula amarilla normalmente no lo hace. En los adultos, la mayor parte de la médula ósea roja se encuentra en la cavidad medular de los huesos de la columna vertebral, la pelvis, las costillas, el cráneo y los extremos proximales de los huesos largos.

A pesar de que los eritrocitos son 1 000 veces más abundantes en la sangre que los leucocitos, sólo un 25 % de la médula roja está compuesta de eritrocitos en desarrollo, y el 75 % restante consiste en leucocitos en desarrollo. Esto se debe a que los leucocitos tienen una vida media mucho más corta que los eritrocitos, por lo que tienen que ser reemplazados con mucha más frecuencia.

La producción de los elementos celulares de la sangre en el feto difiere sustancialmente de la del adulto. En el embrión y el feto en desarrollo, los elementos celulares de la sangre se producen principalmente en el hígado y el bazo, pero en el momento del nacimiento, la producción se ha desplazado gradualmente a la médula ósea roja. Sin embargo, el hígado y el bazo conservan su capacidad de producción de elementos celulares a lo largo de la vida, y así lo harán, incluso en los adultos, en algunas circunstancias. La producción de células sanguíneas por el hígado y el bazo en un adulto se llama *hematopoyesis extramedular* (hematopoyesis fuera de la cavidad medular de los huesos). Puede tener lugar en ciertas condiciones que destruyen la médula ósea. Por ejemplo, en el caso de Eleanor, el cáncer de mama metastásico reemplazó la mayor parte de la médula roja de sus huesos, lo que obligó al hígado y al bazo a hacerse cargo de la hematopoyesis.

Apuntes sobre el caso

10-3 En la autopsia de Eleanor se encontró producción de células sanguíneas en el hígado y el bazo. ¿Cuál es el nombre de esta afección y qué significa?

10-1 Verdadero o falso: la sangre, como el cartílago, es tejido conjuntivo.

10-2 Indicar cuatro sustancias transportadas por la sangre.

10-3 Explicar por qué es importante la fuerza hidráulica de la sangre.

10-4 Señalar dos tipos de amenazas contra las que la sangre sirve de defensa.

10-5 ¿Verdadero o falso?: el aumento de la circulación de la sangre a través de la piel calienta el cuerpo.

10-6 Señalar las dos partes principales de la sangre.

10-7 Si se deja un tubo de sangre a temperatura ambiente, los eritrocitos se asientan en el fondo del tubo. ¿Por qué?

10-8 ¿En los resultados de una prueba sanguínea, un «47 %» hace referencia a un hematócrito o a un frotis de sangre?

10-9 Cambiar el término subrayado para que esta afirmación sea verdadera: la albúmina es una proteína especializada que transporta el hierro.

10-10 Si quisiéramos fabricar los neutrófilos en un tubo de ensayo, ¿qué tipo de citoblastos utilizaríamos, mieloides o linfoides?

10-11 ¿Qué elementos de la sangre tienen una vida más prolongada, los eritrocitos, los leucocitos o los trombocitos?

Leucocitos, inflamación e inmunidad

Los **leucocitos** (o *glóbulos blancos*) defienden el cuerpo contra las infecciones, las partículas atmosféricas y las cé-

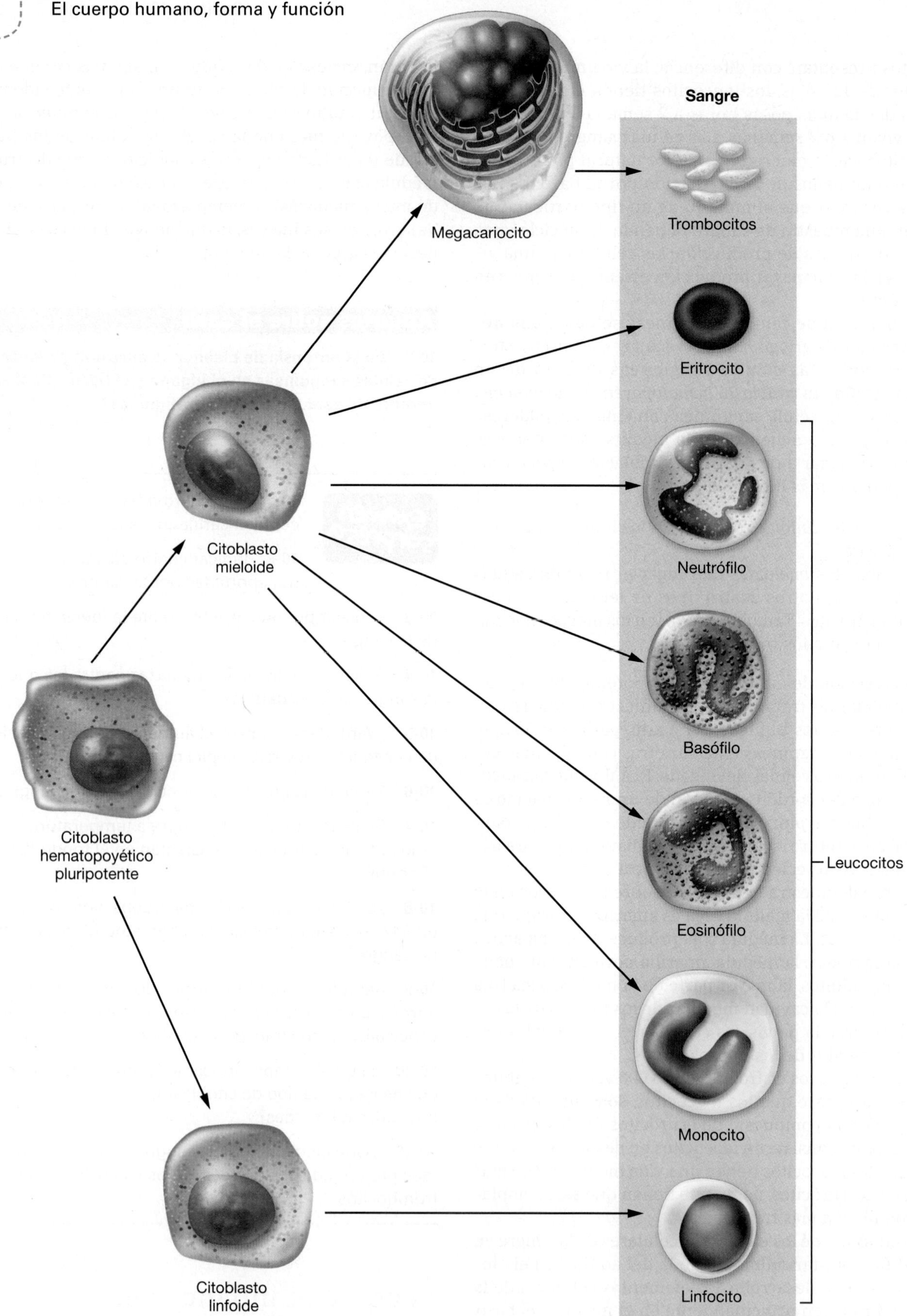

Figura 10-3. Hematopoyesis. Todas las células sanguíneas son la descendencia de los citoblastos hematopoyéticos pluripotentes que se originan en la médula ósea. En esta figura, no se muestran los numerosos tipos de células intermedias entre los citoblastos y las células sanguíneas maduras. *¿Qué células sanguíneas no se producen a partir de un citoblasto mieloide?*

lulas tumorales recién eclosionadas; cuando el tejido está dañado, los leucocitos limpian los escombros y ayudan en la reparación. Estas funciones no serían posibles con células confinadas en los vasos sanguíneos, pero los leucocitos son móviles. De hecho, su forma única de movimiento tiene su propio nombre, **diapédesis** (del griego *dia* = «a través» + *pedan* = «salto»), que recuerda al movimiento de una ameba de arrastrarse entre las células adyacentes en las paredes de los vasos sanguíneos y retorcerse hacia fuera en los tejidos. Allí vagan en libertad, desempeñando sus funciones. La sangre normal contiene alrededor de 5 000 leucocitos a 10 000 leucocitos/μl (una milésima de un ml, también mm^3).

Los leucocitos constituyen los únicos elementos formes de la sangre que son células completas, pues cada uno tiene un núcleo y un conjunto completo de orgánulos. Su aspecto varía considerablemente: algunos son grandes, otros pequeños y algunos tienen un citoplasma prominente con orgánulos visibles, otros poseen un citoplasma mínimo con pocos orgánulos y varios un núcleo simple y redondo, mientras que otros tienen un núcleo multilobulado (tabla 10-1).

Tabla 10-1. Elementos celulares de la sangre

Tipo de célula	Aspecto (tinción de Wright)	Función	Ilustración
Eritrocitos (hematíes)	Sin núcleo ni gránulos Citoplasma: rojo	Transporte de gases, equilibrio acidobásico	
Leucocitos (células blancas de la sangre)			
Granulocitos			
Neutrófilos (56-62 % de los leucocitos)	Núcleo: lobulado, púrpura oscuro Gránulos: finos, tinción clara o no visible Citoplasma: rosa pálido	Fagocitosis de bacterias y otros invasores	
Eosinófilos (1-3 % de los leucocitos)	Núcleo: lobulado, púrpura Gránulos: grandes, rojos Citoplasma: rosa pálido	Reacciones inflamatorias alérgicas; defensa frente a parásitos	
Basófilos (<1 % de leucocitos)	Núcleo: lobulado, azul oscuro, a menudo oscurecido por gránulos Gránulos: grandes, azul oscuro Citoplasma: rosa	Reacciones inflamatorias alérgicas	
Agranulocitos			
Linfocitos (25-38 % de leucocitos)	Núcleo: no lobulado, púrpura oscuro Gránulos: pocos o ninguno Citoplasma: escaso, azul	Participan en respuestas inmunitarias específicas	
Monocitos (3-7 % de leucocitos)	Núcleo: púrpura, grande e irregular Gránulos: pocos o ninguno Citoplasma: azul claro	Precursores de los macrófagos	Monocito → En tejidos → Macrófago
Trombocitos	Gránulos: púrpura o ninguno Citoplasma: azul claro	Coagulación de la sangre	

Al igual que los leucocitos son más complejos que los eritrocitos o los trombocitos, su producción **(leucopoyesis)** es más compleja, y en gran medida depende de la señalización célula a célula por *citocinas,* grandes proteínas o moléculas de glucoproteínas liberadas por las células para influenciar en el comportamiento de otras células localmente o a distancia. Los leucocitos liberan citocinas que estimulan la producción y la actividad de otros leucocitos. Estas citoquinas leucocito-a-leucocito se llaman interleucinas (literalmente «entre los leucocitos»). Se han identificado y dado nombre a decenas, como la IL-1, IL-2, y así sucesivamente. Las interleucinas se tratan con más detalle en el ➡ capítulo 12.

Los leucocitos pueden clasificarse en tres grupos principales: granulocitos, linfocitos y monocitos (v. tabla 10-1).

Los granulocitos contienen gránulos citoplasmáticos de gran tamaño

La mayoría de los leucocitos, alrededor del 65 %, son **granulocitos,** leucocitos de gran tamaño con un núcleo de forma irregular y abundante citoplasma que contiene grandes gránulos citoplasmáticos (*lisosomas*, cap. 3). Los granulocitos son células activamente móviles que defienden al organismo contra las bacterias y otras amenazas, como las partículas inhaladas, y ayudan a limpiar y reparar los tejidos dañados.

Los granulocitos se clasifican según el color de sus gránulos citoplasmáticos cuando se tiñen con una mezcla estándar de colorantes de color rojo/azul:

- La mayoría de los granulocitos, alrededor del 60 % de todos los leucocitos, son **neutrófilos,** llamados así porque los gránulos citoplasmáticos se tiñen de un tono azulado casi incoloro (es decir, *neutro*). Los neutrófilos tienen un núcleo de forma alargada, trenzado, de color púrpura oscuro de cinco o seis lóbulos en forma de cadena de salchichas enlazadas. Puesto que sus gránulos citoplasmáticos contienen paquetes de enzimas digestivas, los neutrófilos pueden defender al organismo fagocitando y digiriendo bacterias, partículas en suspensión y otras amenazas externas. Además, en el tejido dañado ingieren y limpian los residuos celulares para allanar el camino con el fin de reparar los tejidos y conseguir su curación. Su vida es la más corta de todas las células sanguíneas, de sólo unas pocas horas.
- Alrededor del 3 % de los leucocitos son **eosinófilos,** granulocitos que contienen gránulos citoplasmáticos con afinidad por la eosina (la eosina es un colorante rojo) que se tiñen de rojo brillante. Estos gránulos liberan enzimas que defienden al cuerpo de dos tipos de amenazas: *a)* destruyen los parásitos (microbios multicelulares, como los gusanos intestinales), y *b)* neutralizan las sustancias causantes de las reacciones alérgicas. El núcleo de los eosinófilos se tiñe de color púrpura oscuro y tiene dos lóbulos, algo así como dos salchichas atadas.
- Menos del 1 % de los leucocitos son los **basófilos,** granulocitos con gránulos citoplasmáticos alcalinos (básicos) que se tiñen de color azul oscuro-negro a causa de su afinidad por la hematoxilina (un colorante azul). Los basófilos son importantes en las reacciones alérgicas: liberan *histamina,* que dilata los vasos sanguíneos, y *heparina,* un anticoagulante natural, compuesto que también tiene un amplio uso como medicamento, como se comenta más adelante. Otros productos químicos actúan como señales para reclutar a los eosinófilos y otras células en la zona. Los núcleos de los basófilos se tiñen de color púrpura oscuro y tienen un aspecto parecido a una salchicha larga doblada en forma de C.

Apuntes sobre el caso

10-4 La médula ósea de Eleanor no produce un número adecuado de neutrófilos, entre otras células. ¿Qué proceso describe mejor la síntesis de neutrófilos, la leucopoyesis o la diapédesis?

Los linfocitos son células del sistema inmunitario

Aproximadamente el 30 % de los leucocitos son **linfocitos,** las células del *sistema inmunitario* ➡ (cap. 12) que circulan en la sangre. Sin embargo, también se encuentran normalmente en otros tejidos, sobre todo en los ganglios linfáticos, el bazo y la médula ósea. Los linfocitos son más pequeños y más uniformes que los granulocitos. Tienen núcleos redondos que se tiñen de azul oscuro y una pequeña cantidad de citoplasma azul claro, sin gránulos (v. tabla 10-1).

Los linfocitos defienden el organismo contra las amenazas externas, bacterias, virus y hongos, y las amenazas internas de las células tumorales recién formadas. Sin embargo, a diferencia de los granulocitos, sólo se mueven lentamente, no son fagocitos y no liberan productos químicos destructivos. Por el contrario, defienden al cuerpo mediante un conjunto de mecanismos moleculares altamente especializados denominados colectivamente *inmunidad,* el tema del ➡ capítulo 12.

Los monocitos se convierten en macrófagos

Alrededor del 5 % de los leucocitos son **monocitos,** que al igual que los linfocitos no contienen gránulos. Los monocitos son algo más grandes que los granulocitos, tienen grandes núcleos en forma de U que se tiñen de oscuro y abundante citoplasma azul claro (v. tabla 10-1). Después de arrastrarse fuera del torrente sanguíneo, los monocitos se convierten en células *fagocíticas* muy móviles llamadas **macrófagos,** con un apetito pantagruélico por ingerir y destruir ciertos microbios y otros materiales extraños. Además, los macrófagos tienen un papel fundamental en ayudar a los linfocitos a realizar su trabajo en el sistema inmunitario.

> *¡Recuerde!* **La función principal de los leucocitos es la defensa del cuerpo frente a los microbios y las sustancias extrañas.**

Los leucocitos intervienen en la inflamación

En el sentido más amplio, algún tipo de lesión, traumatismo físico, toxinas moleculares, falta de oxígeno, radiación o infección producen todas las enfermedades. La **inflamación** es la respuesta colectiva celular y vascular del organismo a la lesión, y los leucocitos desempeñan un papel importante en dicha respuesta (tabla 10-2). La inflamación precede y está íntimamente ligada al proceso de reparación de tejidos, que se comenta en el capítulo 5 (v. fig. 5-9). La reparación comienza en cuanto los efectos inmediatos de las lesiones empiezan a desvanecerse.

Inflamación aguda

La **inflamación aguda** es el resultado a corto plazo de lesiones intensas y persiste durante unas pocas horas o días. En la lesión aguda, la inflamación desaparece gradualmente a medida que el tejido dañado se regenera a partir de citoblastos (cap. 3) o, si la regeneración no es posible, es sustituido por tejido cicatricial.

Las células dañadas o los microbios invasores liberan sustancias que hacen que los vasos sanguíneos se dilaten y se vuelvan «permeables». El plasma rezumará de la sangre en el tejido lesionado, aportando nutrientes y otras moléculas para ayudar en la defensa y reparación. Al mismo tiempo, los leucocitos se arrastran fuera de los vasos sanguíneos hacia el tejido dañado para atacar y eliminar el microorganismo agresor, limpiar los restos celulares e iniciar el proceso de reparación. Los leucocitos implicados con más frecuencia en la inflamación aguda son los neutrófilos, muy abundantes en la sangre, y pueden responder con rapidez. Además, los neutrófilos son atraídos por bacterias que a menudo entran en el cuerpo a través de una barrera lesionada como la piel, y defienden al organismo eficazmente frente a ellas. En la inflamación aguda grave, los neutrófilos se acumulan formando *pus,* un líquido de color blanco cremoso por el que se le dio originalmente el nombre de *células blancas* de la sangre a los leucocitos. Según el grado y la duración de la lesión, el tejido se distiende, enrojece, y se vuelve caliente y doloroso a medida que se llena de sangre y plasma filtrados y las terminaciones nerviosas se irritan por el proceso (cap. 9).

Inflamación crónica

La **inflamación crónica** es el resultado de una lesión a largo plazo menos intensa y puede persistir durante semanas o años. En el caso de ciertas enfermedades crónicas, la lesión en sí está en curso. De hecho, a menudo coexisten lesión, inflamación y reparación, a veces de forma indefinida, como ocurre en el caso de las articulaciones inflamadas por la artritis crónica.

Los leucocitos implicados con más frecuencia en la inflamación crónica son los linfocitos y los macrófagos, porque el daño crónico a menudo está causado por las reacciones inmunitarias de acción lenta (cap. 12) o por virus, hongos, irritantes u otras sustancias que no atraen a los neutrófilos. Por tanto, los neutrófilos sólo están presentes de forma excepcional.

Aunque la inflamación crónica es ciertamente dolorosa y puede ser incapacitante, el calor, la hinchazón, el enrojecimiento o el dolorimiento a la palpación no suelen ser tan importantes como en el caso de la inflamación aguda. Por ejemplo, la *artritis reumatoide* es una enfermedad crónica inflamatoria de las articulaciones debida a reacciones inmunitarias defectuosas. El tabaquismo es otro ejemplo: produce daño e inflamación crónica en las vías respiratorias bronquiales, que se traduce en tos, sibilancias y dificultad para respirar.

Tipos intermedios de inflamación

Entre las lesiones agudas y crónicas y la inflamación se encuentras las lesiones hísticas causadas por los parásitos y

Tabla 10-2. Leucocitos e inflamación

Tipo de inflamación	Causa	Resultado final	Principales leucocitos involucrados
Aguda	Lesión intensa a corto plazo	Reparación o tejido cicatricial	Neutrófilos
Crónica	Lesión a largo plazo o enfermedad inflamatoria crónica	Inflamación y reparación persistente	Linfocitos, macrófagos
Alérgica	Alergias (hipersensibilidad del sistema inmunitario)	Varía desde inflamación local leve a shock sistémico y muerte	Eosinófilos, algunos basófilos
Parasitaria	Parásitos	Los parásitos pueden ser destruidos o la inflamación puede dañar al huésped	Eosinófilos

las reacciones alérgicas, cada una de ellas atrae a los *eosinófilos* y *basófilos*. La fiebre del heno es una enfermedad alérgica frecuente; el estudio microscópico de la mucosa nasal muestra una gran cantidad de eosinófilos y algunos basófilos. O, si se realiza un recuento sanguíneo completo en un niño con dolor abdominal crónico, puede revelar un número elevado de eosinófilos, en cuyo caso se situaría a los parásitos intestinales en la lista del diagnóstico diferencial.

Apuntes sobre el caso

10-5 Sabemos que Eleanor, entre los distintos ingresos hospitalarios, sufría infecciones bacterianas repetidas. ¿Qué tipo de células sanguíneas probablemente hubieran impedido estas infecciones?

Con un número bajo de leucocitos existe riesgo de infección

Recuerde que los granulocitos atacan a las bacterias invasoras y ayudan a limpiar el tejido dañado; además, los linfocitos resisten frente a las infecciones víricas, micóticas y otras infecciones no bacterianas. Puesto que tienen estas funciones, no es de extrañar que la infección sea un riesgo importante en los pacientes con una función alterada de algunos leucocitos o de todos ellos. Un recuento sanguíneo bajo de leucocitos se denomina **leucocitopenia** (del griego *penia* = «pobreza»). Los pacientes pueden presentar deficiencia en un tipo particular de leucocitos. La **neutrocitopenia,** una disminución del número de neutrófilos, también impide la cicatrización de heridas, ya que éstos facilitan el proceso de curación mediante la eliminación de los desechos. El cuerpo de Eleanor no pudo reparar la úlcera de esófago debido a la neutrocitopenia.

El ejemplo paradigmático de una enfermedad caracterizada por un bajo recuento de linfocitos es el síndrome de la inmunodeficiencia adquirida (sida), un síndrome en el que el virus de la inmunodeficiencia humana (VIH) mata a los linfocitos, dejando al organismo vulnerable a infecciones recurrentes y al desarrollo de tumores malignos. El sida se trata con más detalle en el ➡ capítulo 12.

Apuntes sobre el caso

10-6 Los recuentos sanguíneos de Eleanor revelaron un número bajo de linfocitos. ¿Qué término cree usted que describe esta afección, el de linfocitopenia o el de eosinopenia?

La leucemia y el linfoma son enfermedades malignas de los leucocitos

Recuerde de nuestro análisis del ciclo vital de la célula y el crecimiento celular en el ⬅ capítulo 3 que el cáncer es un crecimiento descontrolado de las células. La **leucemia** es un crecimiento maligno de cualquier tipo de leucocitos, incluidos los linfocitos, en el que *existen leucocitos malignos en la sangre*. El número total de leucocitos en la sangre aumenta y el examen microscópico muestra este aumento del número de leucocitos malignos de aspecto anómalo (fig. 10-4).

El **linfoma** es un tumor maligno de linfocitos en el que, sin embargo, *no se detectan células malignas en la sangre*. En cambio, se observan masas de linfocitos malignos en los ganglios linfáticos, la médula ósea u otros órganos.

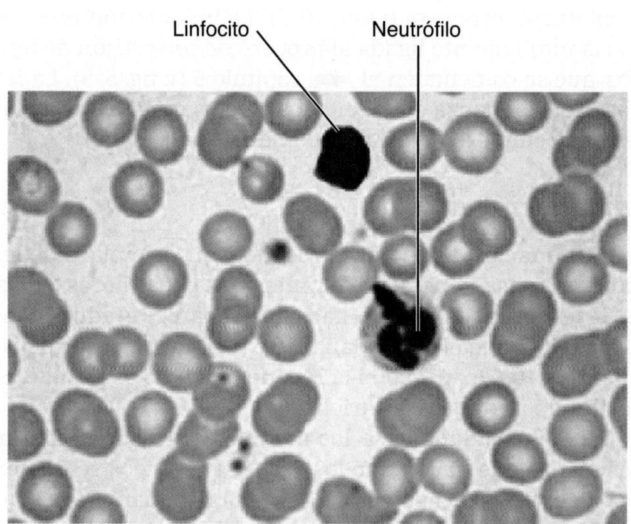

A Sangre normal

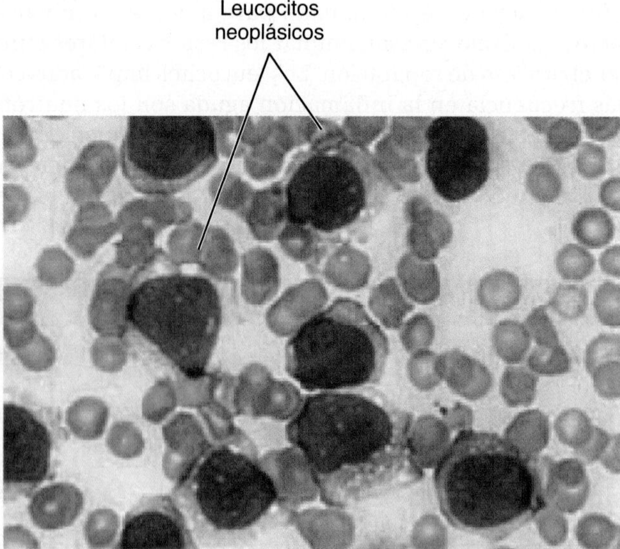

B Sangre de un paciente con leucemia

Figura 10-4. Leucemia. A) Sangre normal que contiene un neutrófilo y un linfocito normales. **B)** Sangre de un paciente con leucemia, que muestra numerosos leucocitos anómalos (cancerosos). *¿Qué célula sanguínea de la parte* ***(A)*** *es un granulocito?*

10-12 Ordenar los leucocitos siguientes de más abundante a menos abundante: basófilos, eosinófilos, linfocitos, neutrófilos, monocitos.

10-13 ¿Cuáles de los leucocitos anteriores son los granulocitos?

10-14 ¿Qué término clínico designa un número bajo de leucocitos en sangre?

10-15 ¿Son los neutrófilos los principales actores en la inflamación aguda o en la inflamación crónica?

10-16 Un paciente adulto tiene un número elevado de linfocitos malignos en la sangre. ¿Cómo denominaría la enfermedad de este paciente, linfoma o leucemia?

Eritrocitos y transporte de oxígeno

Los **eritrocitos** *(glóbulos rojos o hematíes)* son las células que actúan como elementos de transporte. Su función principal es transportar el O_2 desde los pulmones a los tejidos y los residuos de CO_2 de los tejidos a los pulmones. Son células no móviles que suelen permanecer dentro de los vasos sanguíneos; la salida de eritrocitos de un vaso sanguíneo (hemorragia) es algo anómalo. Los eritrocitos son los elementos celulares más abundantes en la sangre. Un microlitro (1 mm^3) de sangre contiene unos 5 millones de eritrocitos (una medida denominada **recuento de eritrocitos**). Hay que recordar que en el mismo volumen sólo existen unos 5000 leucocitos.

La forma de los eritrocitos contribuye a su función

Las características físicas de los eritrocitos se adaptan perfectamente a su función (fig. 10-5). En primer lugar, los eritrocitos circulantes no tienen núcleo (el núcleo estaría ocupando un espacio que, en su lugar, se utiliza para el transporte de oxígeno. El eritrocito expulsa su núcleo antes de salir de la médula ósea. El resultado neto es que un eritrocito circulante es esencialmente un saco de *hemoglobina* (una molécula que se comentará en detalle más adelante) que se une temporalmente al O_2 o al CO_2 para su transporte. Los eritrocitos también tienen algunos orgánulos citoplasmáticos y una tasa de metabolismo muy baja. Al carecer de mitocondrias, deben confiar en la respiración anaerobia, y sin retículo endoplasmático no pueden sintetizar la mayoría de las proteínas. Este estado de «casi sin vida» refleja su característica función pasiva: su trabajo principal es el transporte de O_2 y CO_2, no lo utilizan ni lo producen. Todo oxígeno utilizado por un eritrocito es oxígeno que no llega a los tejidos.

En segundo lugar, los eritrocitos tienen una forma de disco bicóncavo aplanado (fig. 10-5 A). Este diseño es eficaz: una gran superficie de membrana y un volumen relativamente pequeño mantienen la hemoglobina y su preciosa carga de oxígeno cerca de la membrana celular para una fácil difusión hacia los tejidos. Si los eritrocitos fuesen esféricos, los gases del centro de la célula tendrían un largo camino para difundir antes de llegar a la membrana celular.

En tercer lugar, los eritrocitos son flexibles y pueden viajar con seguridad a través de los capilares más pequeños. Esto garantiza que, en una persona sana, incluso los tejidos del cuerpo más periféricos sean irrigados con sangre.

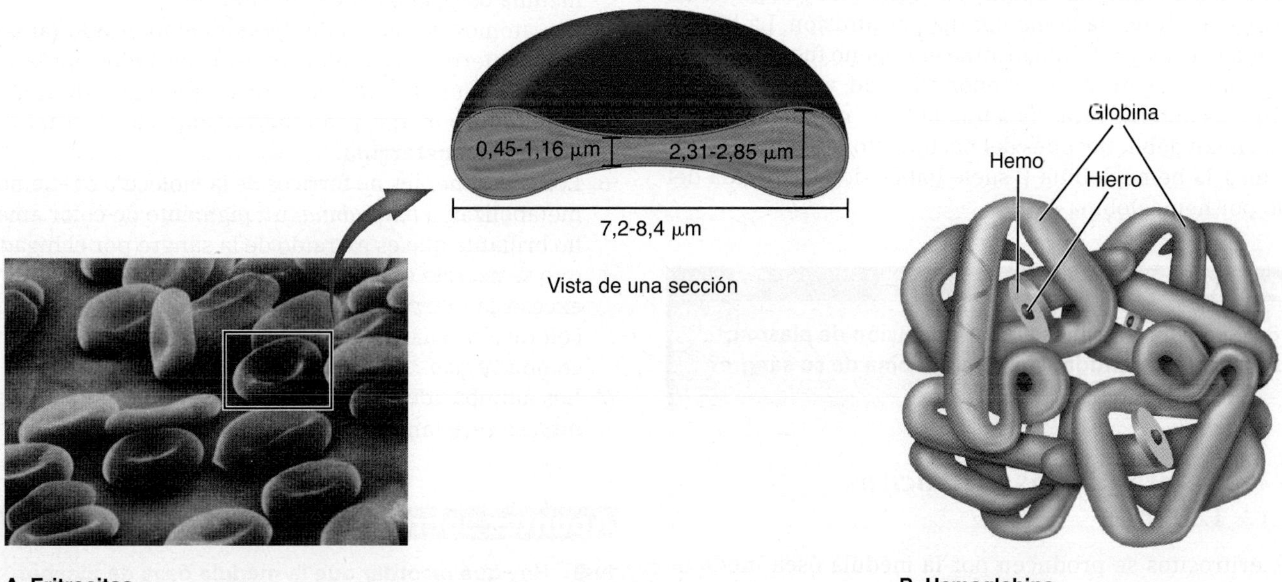

Figura 10-5. Características físicas de los eritrocitos. A) Los eritrocitos son discos bicóncavos sin núcleo. **B)** La hemoglobina consta de cuatro subunidades, cada una con una larga cadena proteica (globina) y una molécula orgánica compleja que contiene hierro (hemo). *¿Por qué son los eritrocitos bicóncavos en vez de esféricos?*

Apuntes sobre el caso

10-7 Cuando Eleanor sangraba, ¿qué tipo de célula se perdía en mayor número?

El oxígeno se une a la hemoglobina

La eficacia del transporte de oxígeno por la sangre es directamente proporcional al número de eritrocitos y a la cantidad de hemoglobina que contienen. La **hemoglobina** es una gran molécula con hierro que se une al O_2 y al CO_2 y llena completamente el citoplasma de los eritrocitos. Cada molécula de hemoglobina está compuesta por cuatro cadenas plegadas de *globina,* una molécula proteica y cuatro moléculas del grupo *hemo,* un pigmento rojo, cada una de las cuales contiene un ión de hierro (fig. 10-5 B). Cada uno de estos cuatro iones de hierro se combina con una molécula de oxígeno, y cada eritrocito contiene unos 250 millones de moléculas de hemoglobina; por tanto, cada eritrocito transporta unos *mil millones* de moléculas de oxígeno. Como se comenta en el ➡ capítulo 13, la hemoglobina también puede transportar CO_2 e iones hidrógeno en la sangre. La deficiencia de hemoglobina altera el transporte de oxígeno a los tejidos, una afección conocida como *anemia,* que se comenta en detalle más adelante.

La hemoglobina no funciona bien fuera de los eritrocitos. Cuando es liberada en el plasma por parte de los eritrocitos dañados, difunde rápidamente fuera del sistema vascular y no está disponible para el transporte de O_2/CO_2.

La molécula de la hemoglobina del feto *(hemoglobina F)* difiere de la molécula de la hemoglobina del adulto *(hemoglobina A):* tiene una mayor afinidad por el oxígeno que la hemoglobina A, un hecho de gran importancia fisiológica. El feto recibe el oxígeno de la madre a través de la placenta, donde una membrana separa la sangre fetal y la materna. El oxígeno atraviesa la membrana por difusión. La hemoglobina F de mayor afinidad atrae el oxígeno fuera de la hemoglobina A materna, de menor afinidad, al igual que un imán más potente atraería a una bola de metal alejándola de un imán débil. Después del nacimiento, a finales del tercer mes, la hemoglobina F suele haber sido sustituida del todo por hemoglobina A.

Apuntes sobre el caso

10-8 Si Eleanor recibiese una transfusión de plasma, ¿aumentaría la cantidad de hemoglobina de su sangre?

El ciclo vital de los eritrocitos dura 120 días

Los eritrocitos se producen por la médula ósea mediante un proceso llamado **eritropoyesis;** después circulan alrededor de 120 días antes de morir de muerte natural por apoptosis. En la figura 10-6 se presenta un esquema de las etapas del ciclo vital de un eritrocito.

1. La producción de eritrocitos (o de cualquier otra célula) por la médula ósea precisa materias primas: aminoácidos, lípidos, azúcares, vitaminas y minerales. La síntesis de la hemoglobina es fundamental para la producción de eritrocitos y la hemoglobina no puede sintetizarse sin hierro, zinc, cobre, vitamina B_{12}, vitamina B_6 y ácido fólico. El hierro es especialmente importante porque es una parte fundamental de la hemoglobina, y prácticamente todas las reservas corporales de hierro se utilizan para fabricar el grupo hemo de la hemoglobina. El cuerpo almacena hierro en la médula ósea, el hígado y el bazo, unido a una proteína de almacenamiento de hierro especializada llamada **ferritina.**
2. Conforme los eritrocitos se acercan a su madurez en la médula ósea, expulsan sus núcleos y se convierten en **reticulocitos** listos para entrar en el torrente sanguíneo. Este nombre viene de que los reticulocitos conservan una red aracniforme (reticular) de ribosomas. Una vez en circulación, los reticulocitos maduran en 1 o 2 días hacia eritrocitos adultos y pierden su aspecto distintivo. La concentración de reticulocitos en la sangre normal suele ser inferior al 1%. Un porcentaje de reticulocitos superior a esta cifra indica que la médula ósea está fabricando nuevos eritrocitos a un ritmo mayor que el normal debido a que la capacidad de transportar oxígeno de la sangre es demasiado baja.
3. Los eritrocitos sobreviven alrededor de 120 días. Hay que recordar que no contienen ribosomas, por lo que no pueden producir proteínas nuevas para repararse a sí mismos. Los eritrocitos viejos (senescentes) han sido maltratados por su viaje de alto riesgo a través del tumulto del corazón y el laberinto de pasillos estrechos de los capilares; los macrófagos buscan a estas células decrépitas y las destruyen.
4. Los macrófagos fagocitan a los eritrocitos viejos en la médula ósea, el bazo y el hígado.
5. Los átomos de hierro del hemo metabolizado (al igual que el hierro de la dieta) son transportados por la sangre a la médula ósea, hígado y bazo para su almacenamiento por una proteína plasmática especializada llamada **transferrina.**
6. Los componentes no férricos de la molécula del hemo se metabolizan a *bilirrubina,* un pigmento de color amarillo brillante que es extraído de la sangre por el hígado y que se excreta en el intestino. Cuando está presente en exceso, la bilirrubina se acumula en la sangre y da una coloración amarilla de la piel, una alteración conocida como *ictericia.*
7. Los aminoácidos en la parte de globina de la hemoglobina se reciclan para fabricar otras proteínas.

Apuntes sobre el caso

10-9 Hay que recordar que la médula ósea de Eleanor no producía un número normal de eritrocitos. En ausencia de otros problemas, ¿cree que sus cifras de bilirrubina serían elevadas o bajas?

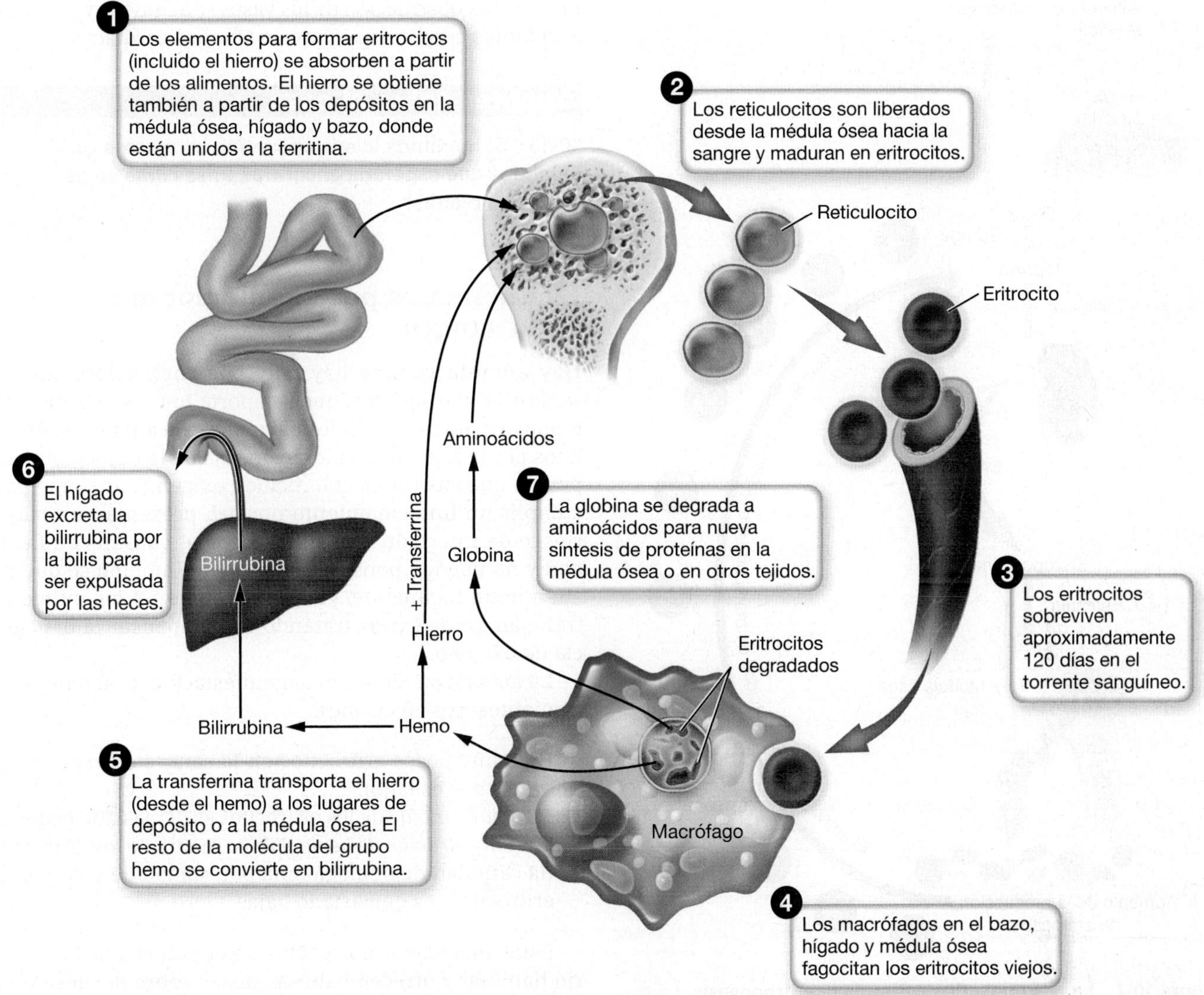

1
Los elementos para formar eritrocitos (incluido el hierro) se absorben a partir de los alimentos. El hierro se obtiene también a partir de los depósitos en la médula ósea, hígado y bazo, donde están unidos a la ferritina.
2
Los reticulocitos son liberados desde la médula ósea hacia la sangre y maduran en eritrocitos.
Reticulocito
Eritrocito
3
Los eritrocitos sobreviven aproximadamente 120 días en el torrente sanguíneo.
4
Los macrófagos en el bazo, hígado y médula ósea fagocitan los eritrocitos viejos.
Macrófago
Eritrocitos degradados
5
La transferrina transporta el hierro (desde el hemo) a los lugares de depósito o a la médula ósea. El resto de la molécula del grupo hemo se convierte en bilirrubina.
Bilirrubina
Hemo
Hierro
+ Transferrina
Globina
Aminoácidos
6
El hígado excreta la bilirrubina por la bilis para ser expulsada por las heces.
Bilirrubina
7
La globina se degrada a aminoácidos para nueva síntesis de proteínas en la médula ósea o en otros tejidos.

Figura 10-6. Ciclo vital de los eritrocitos. Algunos de los componentes necesarios para la síntesis de eritrocitos se reciclan de eritrocitos viejos, mientras que otros deben obtenerse de la dieta. *Nombre la proteína de unión que transporta el hierro en la sangre.*

La eritropoyetina estimula la eritropoyesis

La eritropoyesis es estimulada por la **eritropoyetina** (EPO), una hormona proteica producida por los riñones. La EPO no se almacena; su producción está regulada en un bucle clásico de retroalimentación negativa basado en la disponibilidad de oxígeno: su producción aumenta en respuesta a la *hipoxia* (concentraciones bajas de oxígeno en la sangre) y disminuye a medida que aumenta el contenido de oxígeno (fig. 10-7).

Las personas que viven a gran altitud tienen una mayor cantidad de eritrocitos (y de hemoglobina y hematócrito) que quienes viven en altitudes más bajas. Esto se debe a que son ligeramente hipóxicos debido al aire enrarecido de la montaña. Igualmente, en los pacientes con anemia, las bajas cifras de oxígeno transportado estimulan la producción de EPO, estimulando a la médula ósea para que vierta nuevos eritrocitos para corregir la anemia. Actualmente se dispone de EPO sintética para el tratamiento de la anemia, y es especialmente útil en pacientes con enfermedad renal crónica, que no pueden producir suficiente EPO natural para evitar volverse anémicos. La pérdida de sangre, ya sea resultado de la donación de sangre o de hemorragia, activa igualmente la producción de EPO, ya que no existen suficientes eritrocitos para llevar la cantidad esperada de oxígeno.

El uso de inyecciones de EPO sintética para incrementar la producción de eritrocitos y la capacidad de transportar oxígeno fue especialmente frecuente en las competiciones internacionales de ciclismo en la década de 1980, hasta que se diseñaron métodos de laboratorio para su detección. Entonces algunos atletas recurrieron al «dopaje sanguíneo», una práctica que consiste en extraer la sangre y almacenarla antes de la competición con la expectativa de una reinfusión inmediatamente antes de la competición. La

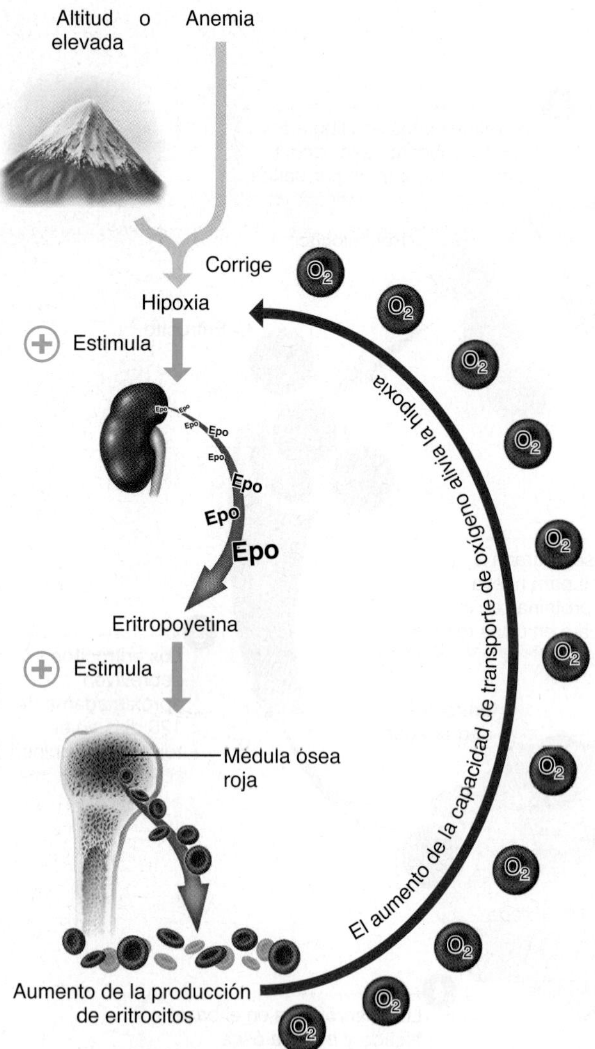

Figura 10-7. La eritropoyetina estimula la eritropoyesis. La hipoxia estimula la producción de EPO por los riñones, lo que aumenta la capacidad de transporte de oxígeno de la sangre al estimular la producción de eritrocitos. Completando el ciclo de retroalimentación negativa, un aumento de la capacidad de transporte de oxígeno reduce la producción de EPO. *¿Qué tipo de médula ósea es el tejido diana de la EPO, amarilla o roja?*

disminución de los eritrocitos hace que el atleta se vuelva temporalmente anémico; sin embargo, esta alteración estimula la producción natural de eritrocitos, que devuelve el número total de eritrocitos circulantes a la normalidad. Más tarde, la sangre almacenada vuelve a infundirse, dando al atleta una carga extra de capacidad de transporte de oxígeno y la expectativa de un mejor rendimiento. El dopaje sanguíneo es más difícil de detectar para las organizaciones deportivas que las inyecciones de EPO, pero un hematócrito superior al 50 % o una hemoglobina superior a 17 g/100 ml puede ser motivo de descalificación. Además, el dopaje sanguíneo es peligroso: un número inusualmente elevado de eritrocitos puede espesar la sangre hasta el punto de que ésta no fluya de manera normal, lo que puede provocar la obstrucción de los vasos sanguíneos y, por tanto, accidentes cerebrovasculares o ataques cardíacos.

Apuntes sobre el caso

10-10 Si medimos la eritropoyetina en plasma de Eleanor, ¿qué esperaría encontrar, unas cifras bajas, normales o altas?

La anemia es poca hemoglobina en la sangre

Hay **anemia** cuando hay muy poca hemoglobina en la sangre, lo que significa que se aporta menos oxígeno a los tejidos. Como resultado, los pacientes con anemia están pálidos por la falta de la coloración roja de la hemoglobina. Y puesto que sus células no reciben oxígeno suficiente para cumplir un funcionamiento normal, presentan un mayor riesgo de infección, estos pacientes se cansan con facilidad y no pueden pensar con claridad. También se quedan sin aliento fácilmente, ya que el corazón y los pulmones trabajan horas extras tratando de compensar la deficiencia de oxígeno.

La anemia puede ser una manifestación de alguna de las siguientes tres afecciones:

- Hay muy pocos eritrocitos en la sangre (el *recuento* de eritrocitos es bajo).
- El *tamaño* medio de los eritrocitos es demasiado pequeño.
- La *concentración de hemoglobina* media de los eritrocitos (la cantidad de hemoglobina por unidad de volumen de eritrocitos) es demasiado baja.

Estas medidas son aspectos de la práctica de laboratorio habitual y ofrecen valiosas pistas sobre la causa de la anemia en un determinado paciente. Puede encontrar más información acerca de las determinaciones de eritrocitos en nuestra web **http://lww.thepoint/espanol-McConnell andHull.com.**

Cuando hay muy pocos eritrocitos en la sangre o su tamaño es demasiado pequeño, el volumen de eritrocitos ausente de la sangre se sustituye por plasma, por lo general a las pocas horas. Esta respuesta vuelve a expandir el volumen sanguíneo a la normalidad, pero por supuesto también diluye el volumen de eritrocitos aún más. Por ello la causa clínica inicial más frecuente de la anemia es una reducción del hematócrito (fig. 10-8 A).

La anemia no es una enfermedad, más bien es simplemente un *signo,* un indicio de que algo fundamental está ausente. De estas afecciones, las más importantes son las siguientes:

- Anemia hemolítica: destrucción demasiado rápida de los eritrocitos (tiempo de vida de menos de 120 días).
- Anemia hemorrágica: sangrado.
- Anemia por fallo de producción: alteración de la producción de eritrocitos nuevos o incapacidad para producir suficiente hemoglobina en ellos.

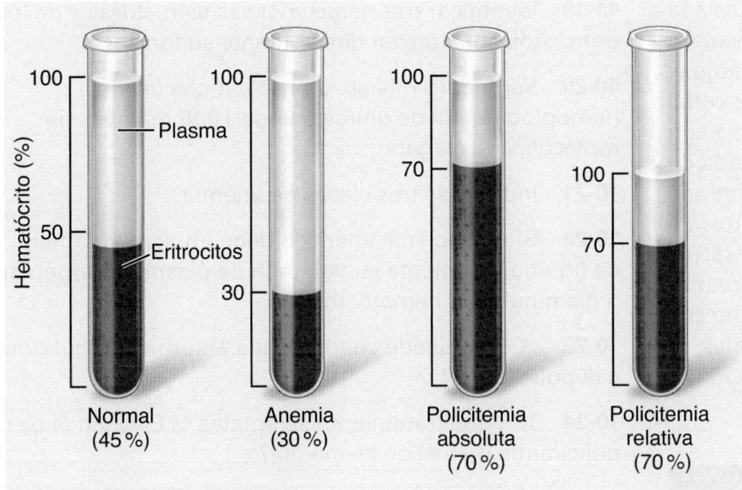

A Alteraciones del hematócrito

B Anemia de células falciformes

Figura 10-8. Anemia y policitemia. A) El hematócrito puede diagnosticar la anemia o la policitemia. **B)** Anemia de células falciformes. *¿Qué tubo representa el hematócrito de una persona deshidratada?*

¡Recuerde! **La anemia es un signo de enfermedad, no una enfermedad en sí misma. En todas las anemias, la falta de volumen de eritrocitos se sustituye con el plasma.**

Anemia hemolítica

La *anemia hemolítica* se debe a la destrucción anómala de los eritrocitos (antes de que mueran de forma natural por apoptosis), un proceso conocido como **hemólisis** (del griego *lysis* = «suelta»). Por ejemplo, la malaria es una infección parasitaria de los eritrocitos que los destruye a medida que circulan.

La hemólisis es la causa de la anemia en la *anemia de células falciformes*. Las células contienen suficiente hemoglobina, pero son defectuosas a causa de un defecto genético de la síntesis de hemoglobina. Las moléculas de hemoglobina tienden a cristalizar en barras largas y delgadas que deforman los eritrocitos dándoles forma de células rígidas curvadas, alargadas y puntiagudas que se parecen a una hoz antigua (guadaña) de cosechar trigo (fig. 10-8 B). La duración de la vida de estas células no flexibles es muy corta (4 días), ya que los macrófagos detectan su forma anómala y los destruyen. Las células falciformes también tienden a juntarse bloqueando el flujo sanguíneo, como el dique de ramas que forman los castores. Ese bloqueo es doloroso y priva a los tejidos de oxígeno, y puede llegar a provocar la muerte celular.

Anemia hemorrágica

La **anemia hemorrágica** es consecuencia de la pérdida de eritrocitos por sangrado. La médula ósea puede tardar semanas o meses en reemplazar todos los eritrocitos perdidos. En las hemorragias graves, es precisa la transfusión o el reemplazo de eritrocitos para preservar la vida, como vimos en el caso práctico del presidente Reagan en el capítulo 1.

La pérdida crónica de sangre, como una hemorragia intestinal no detectada, es un asunto diferente. Si el sangrado es muy lento, la anemia hemorrágica no llega a desarrollarse, ya que la producción de nuevos eritrocitos puede compensar la pérdida. Sin embargo, *se desarrollará* anemia si el sangrado excede la capacidad del organismo para producir nuevos eritrocitos. En estos casos, la anemia se desarrolla lentamente y los pacientes pueden llegar a tener una anemia grave sin darse cuenta. El único síntoma que pueden notar es que se cansan o que les falta el aliento con facilidad.

Puesto que los eritrocitos contienen hierro y éste es necesario para la producción de hemoglobina, el sangrado crónico puede agotar el hierro de la médula ósea y poner en peligro la producción de hemoglobina (v. a continuación).

Anemia por disminución de producción

Normalmente, todos los elementos celulares de la sangre se producen en la médula ósea y son liberados al torrente sanguíneo. La **anemia por disminución de producción** se debe a un fallo de la médula ósea en la producción de eritrocitos normales en un número suficiente para reemplazar a los que mueren de forma natural (por apoptosis).

La **anemia aplásica** (del griego *a* = «sin» + *plasis* = «formación») se produce como consecuencia de la destrucción de la médula ósea por fármacos, toxinas, radiación o invasión por cáncer metastásico.

En la **anemia por déficit de hierro,** la médula ósea es normal, pero carece de suficiente hierro para sintetizar una cantidad normal de hemo para la hemoglobina. Hay dos causas principales que producen esta anemia: falta de hierro en la dieta y pérdida de hierro por sangrado crónico. Las mujeres en edad fértil son especialmente vulnerables a la anemia por deficiencia de hierro porque pierden sangre (y con ella hierro) con cada período menstrual. El sangrado menstrual normal generalmente no es tan grave como para producir anemia porque el hierro que se obtiene con la dieta suele ser suficiente para satisfacer la demanda de hemoglobina. Pero en el caso de las mujeres con sangrado menstrual excesivo sostenido, incluso los suplementos de hierro oral pueden ser insuficientes para evitar el desarrollo de la deficiencia de hierro y la anemia que lo acompaña. Una vez que se agotan las reservas corporales de hierro, la médula ósea no puede producir eritrocitos normales, ni puede llenarlos con suficiente hemoglobina; el resultado es la anemia por deficiencia de hierro.

Apuntes sobre el caso

10-11 De los siguientes términos, qué dos describen mejor la anemia de Eleanor: *anemia aplásica, anemia hemolítica, anemia por fracaso de producción.*

10-12 ¿Contribuyeron a la anemia de Eleanor las hemorragias nasales frecuentes y la úlcera sangrante? Si fuese así, ¿cómo?

Demasiados eritrocitos provocan policitemia

Lo contrario de la anemia es la **policitemia** (*poli* = «muchos»; *-cito* = «célula»; del griego *haima* = «sangre»), demasiada hemoglobina en la sangre. Como sería de esperar, las determinaciones de hemoglobina, hematócrito y de eritrocitos son elevadas (fig. 10-8 A). La causa más frecuente de policitemia es la deshidratación, que reduce el volumen de plasma, de forma que los eritrocitos se concentran en una cantidad de plasma inferior a la normal, una situación descrita como *policitemia relativa*. Sin embargo, algunas personas presentan aumento del recuento de eritrocitos debido a que hay un aumento *real* en el número de eritrocitos en el cuerpo. Entonces se dice que tienen policitemia *absoluta*. En muchas de estas personas, se trata de una adaptación normal a la vida en elevada altitud causada por un aumento de la producción de eritropoyetina. Algunos pacientes con policitemia absoluta sufren una patología maligna de la médula ósea llamada **policitemia vera** (del griego *vera* = «verdadera»), una proliferación maligna descontrolada en la médula ósea de primitivos citoblastos de eritrocitos.

Examen sorpresa

10-17 ¿Cuál es la diferencia entre un reticulocito y un eritrocito?

10-18 Rellenar los espacios en blanco: el hierro es transportado en la sangre por ______________ y se almacena en los tejidos unido a ______________.

10-19 Identificar tres características estructurales de los eritrocitos que apoyan directamente su función.

10-20 Verdadero o falso: una sola molécula de hemoglobina puede unirse a unos 1000 millones de moléculas de oxígeno.

10-21 Indicar las tres clases de anemia.

10-22 Si un paciente anémico bebe un gran volumen de líquido y aumenta su volumen de plasma, ¿aumentará o disminuirá su hematócrito?

10-23 ¿Cómo puede conducir una enfermedad pulmonar a la policitemia?

10-24 ¿En qué tratamiento se emplea la EPO: en el de la policitemia o en el de la anemia?

Trombocitos

Los **trombocitos** o **plaquetas** no son células, sino fragmentos de citoplasma envueltos en la membrana celular. Con alrededor de una décima parte del tamaño de los eritrocitos, los trombocitos no tienen núcleo, pero conser-

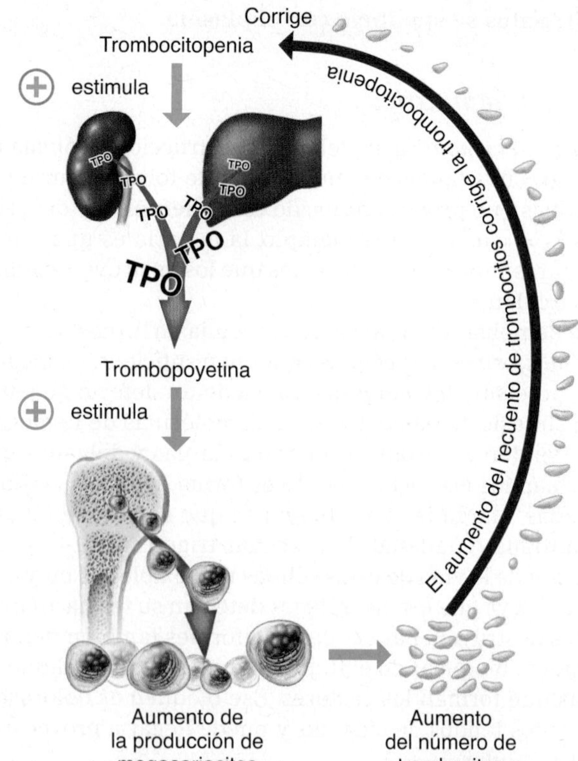

Figura 10-9. La trombopoyetina estimula la trombopoyesis. El recuento de trombocitos se mantiene en cifras relativamente constantes gracias a un circuito de retroalimentación negativa que incluye la hormona trombopoyetina. *Si el recuento plaquetario se aumentase artificialmente por una transfusión de trombocitos, ¿qué sucedería con la producción de megacariocitos?*

van unos pocos orgánulos que les dan un tono azulado con una tinción estándar de color rojo/azul (v. tabla 10-1). Son producidos por células de la médula ósea muy grandes llamadas megacariocitos (del griego *megas* = «grandes»; *karuon* = «grano» o «núcleo», *-cyte* = «célula»). Un microlitro de sangre normal contiene alrededor de 200 000 a 500 000 trombocitos.

La producción de trombocitos o **trombopoyesis** está regida por la **trombopoyetina** (TPO), una hormona producida por el hígado y, en menor medida, por los riñones (fig. 10-9). La trombopoyetina estimula la producción de megacariocitos en la médula ósea y la liberación de trombocitos por los megacariocitos hacia la sangre. Los trombocitos tienen una vida útil de alrededor de una semana y también son fagocitados por los macrófagos, principalmente en el bazo. Las cifras de trombopoyetina están inversamente relacionadas con el recuento de trombocitos en un clásico mecanismo homeostático de retroalimentación negativa: cuando el número de trombocitos disminuye, aumentan las cifras de trombopoyetina y se estimula la trombopoyesis.

Los trombocitos son muy importantes en la hemostasia: ayudan a prevenir la hemorragia y a detenerla cuando aparece. El papel de los trombocitos en la hemostasia se comenta más adelante. Un número demasiado bajo de trombocitos se denomina **trombocitopenia.** Cuando el recuento de trombocitos se reduce por debajo de 50 000 trombocitos/µl, existe peligro de hemorragia espontánea.

Apuntes sobre el caso

10-13 ¿Cuál es la causa de las manchas parecidas al sarampión de Eleanor y de la hemorragia nasal?

10-25 Corregir los términos en cursiva en la siguiente afirmación para que sea verdadera: la *eritropoyesis* es la formación de trombocitos; la *leucopoyesis* es la formación de eritrocitos.

10-26 Señalar de los dos componentes celulares de la sangre que no tienen ADN.

10-27 Verdadero o falso: un paciente con trombocitopenia presenta un mayor riesgo de hemorragia.

Hemostasia

La **hemostasia** es el nombre colectivo del conjunto de actividades que, en conjunto, previenen o detienen el sangrado. La *coagulación de la sangre* es la más conocida de estas actividades, pero la formación de un coágulo de sangre es sólo uno de los muchos factores en la prevención y control de la hemorragia.

Los vasos sanguíneos desempeñan un papel importante en la hemostasia. El diámetro de los vasos pequeños, llamados *arteriolas,* determina el flujo sanguíneo a una región en particular (como un pequeña zona de la piel). La contracción del músculo liso de la pared de los vasos es la *vasoconstricción,* que reduce el diámetro de los vasos sanguíneos y el flujo a un determinado tejido u órgano. La relajación del músculo liso es la *vasodilatación,* que aumenta el diámetro del vaso y su flujo sanguíneo.

Todos los vasos sanguíneos y el corazón están revestidos por una membrana lisa endotelial que impide que la sangre entre en contacto con cualquier tejido o líquido más allá de los límites del sistema vascular. Por tanto, la sangre suele estar confinada en el interior del corazón y de los vasos sanguíneos, conocidos en conjunto como el *espacio vascular,* y fluye con facilidad y libre de coágulos. La alteración de esta barrera permite que la sangre entre en contacto con los tejidos extravasculares, iniciando los fenómenos de la hemostasia.

¡Recuerde! **La hemostasia, el control de la hemorragia, es diferente de la homeostasis, el mantenimiento de un medio interno estable.**

La pérdida de sangre es una amenaza para la vida

La pérdida repentina de sangre, como la provocada por una herida grave, es una amenaza inmediata para la salud y la vida. Tiene dos efectos negativos: la pérdida de eritrocitos reduce la *capacidad de transporte de oxígeno.* Al mismo tiempo, la pérdida de volumen sanguíneo disminuye la presión arterial y da lugar a un *bajo flujo en los tejidos.* La falta de transporte de oxígeno y el bajo flujo sanguíneo se combinan para hacer de la hemorragia grave un problema serio. La pérdida repentina de un 10% del volumen de sangre (alrededor de 0,5 l o 500 ml) causará una caída de la presión arterial, debilidad o desmayo y fatiga con las actividades normales. La pérdida repentina de alrededor del 30% (1 500 ml) reducirá de forma importante la presión arterial y puede ser mortal si el volumen de sangre que se pierde no se sustituye rápidamente por transfusión de plasma o sangre (v. más adelante).

Apuntes sobre el caso

10-14 Cuando Eleanor recibe una transfusión de plasma, ¿qué función de la sangre mejora: la capacidad de transporte de oxígeno o la presión arterial?

La pérdida gradual de sangre, como en el caso de un tumor intestinal con sangrado lento, tiene un efecto menos dramático porque la pérdida de *volumen* de sangre total es sustituida continuamente en menos de 1 día por un volumen igual de *líquido sin células* (plasma). Aunque el número de eritrocitos se diluye y la hemoglobina, el hematócrito y el recuento de eritrocitos del paciente disminuyen, la presión arterial puede permanecer normal debido a la mayor producción de plasma. Pero sin eritrocitos suficientes, la función de transporte de oxígeno que realiza la sangre sigue estando reducida. Los pacientes pueden fatigarse con facilidad, pero ser capaces de realizar sus actividades diarias. Si la pérdida de sangre se detiene y no se infunden (transfunden) eritrocitos, la médula ósea puede tardar meses en producir suficientes eritrocitos para que vuelvan a la normalidad el hematócrito, la hemoglobina y el recuento de eritrocitos de la sangre. La capacidad de transporte de oxígeno puede mejorar con eritrocitos nuevos, ya sea por producción natural o por transfusión.

¡Recuerde! **Las pérdidas importantes de sangre se asocian a una baja capacidad de transporte de oxígeno y bajo flujo sanguíneo. La pérdida de sangre lenta reduce la capacidad de transporte de oxígeno, pero el flujo sanguíneo y la presión arterial pueden permanecer estables.**

Ni una pérdida repentina de sangre estabilizada ni una pérdida gradual de sangre reducen de forma significativa las otras funciones de la sangre: las defensas, la transferencia de calor y la coagulación. Los leucocitos y otros elementos responsables de la defensa frente a los invasores microscópicos se reemplazan rápidamente. La transferencia de calor depende principalmente del volumen de la sangre que fluye por la piel y, como hemos visto, después de la pérdida de sangre, el volumen perdido generalmente se restablece en un día con plasma. Por último, los factores de coagulación son tan abundantes en el plasma que la cantidad que se pierde ante una pérdida de sangre es insignificante.

La vasoconstricción es la primera acción en la hemostasia

La hemostasia tiene tres componentes (fig. 10-10):

1. Vasoconstricción.
2. Formación de un tapón de trombocitos.
3. Coagulación (formación de coágulos en la sangre).

Cuando se rompe un vaso sanguíneo, las células endoteliales dañadas liberan señales químicas locales ⬅ (*factores paracrinos*, cap. 4). Estas señales químicas, junto con las señales de reflejos nerviosos vegetativos, estimulan la contracción del músculo liso de la pared vascular, lo que reduce el diámetro de la luz del vaso (fig. 10-10, paso 1). La vasoconstricción limita (pero no detiene) la pérdida de sangre de los vasos rotos. La reacción es instantánea y de corta duración; sin embargo, proporciona un tiempo precioso para que los trombocitos y la coagulación pongan en marcha una solución duradera.

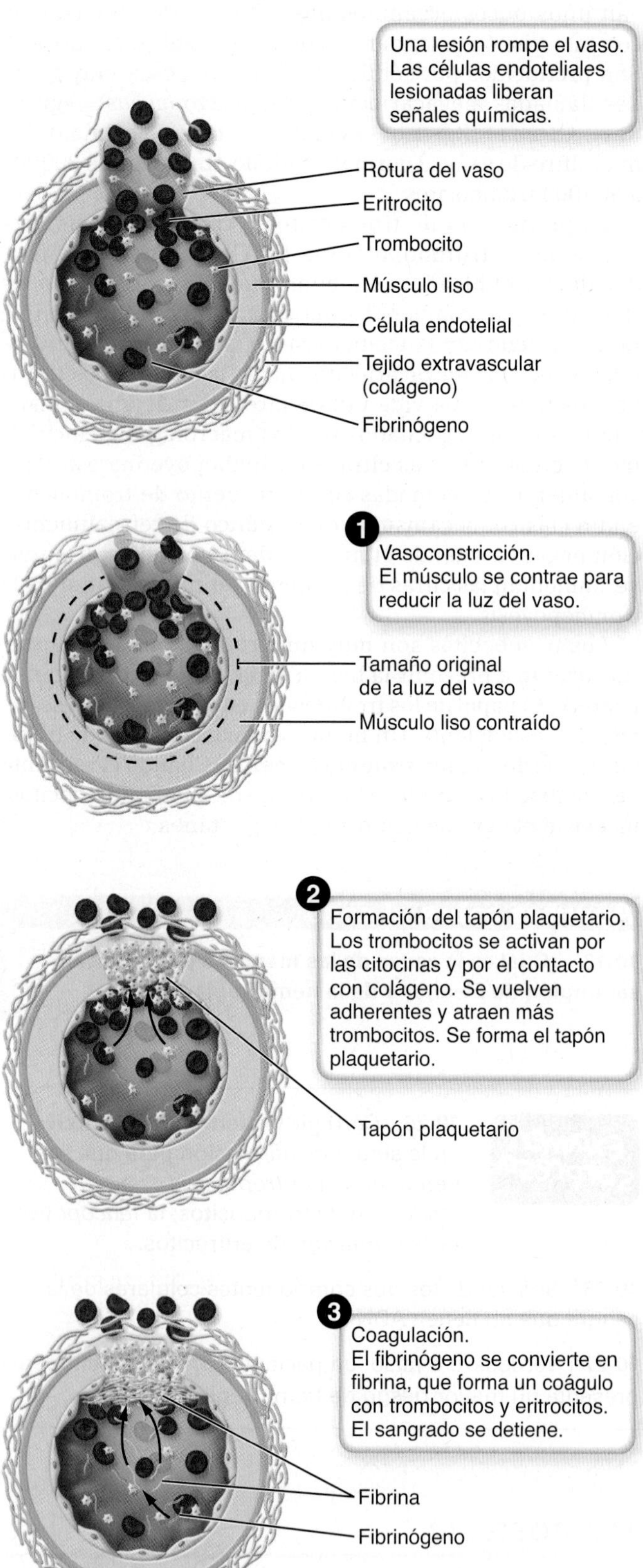
Una lesión rompe el vaso. Las células endoteliales lesionadas liberan señales químicas.
Rotura del vaso
Eritrocito
Trombocito
Músculo liso
Célula endotelial
Tejido extravascular (colágeno)
Fibrinógeno
1
Vasoconstricción. El músculo se contrae para reducir la luz del vaso.
Tamaño original de la luz del vaso
Músculo liso contraído
2
Formación del tapón plaquetario. Los trombocitos se activan por las citocinas y por el contacto con colágeno. Se vuelven adherentes y atraen más trombocitos. Se forma el tapón plaquetario.
Tapón plaquetario
3
Coagulación. El fibrinógeno se convierte en fibrina, que forma un coágulo con trombocitos y eritrocitos. El sangrado se detiene.
Fibrina
Fibrinógeno

Figura 10-10. Fases de la hemostasia. El sangrado se detiene secuencialmente por la vasoconstricción del vaso y la formación de un tapón de trombocitos y de un coágulo. *¿Qué proteína forma el coágulo, el fibrinógeno o la fibrina?*

Los trombocitos lentifican la hemorragia mediante la formación de un tapón temporal

Cuando un vaso sanguíneo se rompe, las células sanguíneas y el plasma del espacio vascular entran en contacto con el colágeno del tejido conjuntivo que rodea los vasos sanguíneos (fig. 10-10, paso 2). Los trombocitos se adhieren al colágeno y se agregan para formar un *tapón plaquetario* que tapona la brecha en la pared del vaso sanguíneo. El tapón puede llenar completamente la rotura de un capilar pequeño y detener del todo el sangrado, o puede limitar la velocidad de la hemorragia de los vasos más grandes. Las sustancias químicas liberadas por las células endoteliales dañadas hacen que los trombocitos se vuelvan adherentes, fomentando aún más la agregación plaquetaria. A su vez, los trombocitos del tapón liberan señales químicas que: *a)* estimulan la contracción de los vasos sanguíneos, *b)* atraen más trombocitos y *c)* aceleran la coagulación.

En un paciente con un problema hemorrágico, los técnicos de laboratorio pueden contar el número de trombocitos y realizar pruebas de función plaquetaria adecuadas. Si el número de trombocitos es muy bajo, no se podrá formar el tapón plaquetario. Es más, un número bajo de trombocitos no puede acelerar la coagulación igual que cuando éstos se encuentran en cantidades normales. La prueba del *tiempo de hemorragia* valora la capacidad de los trombocitos para formar un tapón y la liberación de sus factores de coagulación; esto se hace mediante la determinación del tiempo que tarda en dejar de sangrar un pinchazo realizado de forma estandarizada.

Apuntes sobre el caso

10-15 Debido a su trombocitopenia, ¿tendría Eleanor un resultado normal en una prueba de tiempo de hemorragia?

La coagulación da como resultado un coágulo de fibrina

La **coagulación** es una cadena de fenómenos que acaban produciendo un **coágulo,** una maraña geliforme de filamentos de *fibrina,* trombocitos y células sanguíneas atrapadas que crean una obstrucción, evitando que escape más sangre del vaso lesionado (fig. 10-10, paso 3). La **fibrina** es una proteína larga filamentosa producida por la polimerización del *fibrinógeno,* uno de los tres tipos principales de proteínas plasmáticas mencionadas antes.

Los factores de la coagulación controlan la formación del coágulo

La coagulación es el resultado de interacciones entre los cerca de 50 **factores de coagulación** de la sangre, la mayoría de los cuales circulan en el plasma, aunque otros están presentes en los trombocitos, las células endoteliales y los tejidos. La mayoría de los factores de coagulación son proteínas producidas por el hígado que se designan con nombres y números romanos. Estos factores interactúan entre sí en una cascada de reacciones: una reacción desencadena la otra hasta que el proceso llega a su punto final, un coágulo formado a partir de una maraña de filamentos de fibrina delgados y muy largos que atrapan células sanguíneas y trombocitos y taponan el flujo sanguíneo a través de la rotura. La ausencia de uno de los factores puede interrumpir el proceso.

Por ejemplo, el factor VIII también se denomina *factor antihemofílico* porque su ausencia es la causa de la *hemofilia,* una enfermedad genética ligada al sexo que aparece de forma casi exclusiva en los hombres. La ausencia del factor VIII interrumpe la cascada de coagulación e impide la producción de fibrina. Los trombocitos funcionan normalmente, pero por sí solos no pueden detener la hemorragia y la pérdida de sangre continúa. La hemofilia se asocia a la fácil aparición de hematomas o hemorragias espontáneas graves, especialmente en las articulaciones, producidas por traumatismos sin importancia.

Los factores de coagulación interactúan en dos vías

La cascada de la coagulación puede dividirse en dos vías iniciales. La *vía de la tromboplastina hística* es la más importante. La *vía de activación por contacto* cumple un papel secundario (fig. 10-11).

Estas dos vías iniciales pueden compararse a dos ríos que confluyen para formar uno más grande; se funden en una sola vía final llama la *vía común.* Cada vía tiene un conjunto de factores de coagulación diferente.

La **vía de la tromboplastina hística** (extrínseca) se inicia cuando el tejido o fluido extravascular, que normalmente no entra en contacto con la sangre, es expuesto al plasma. La membrana celular de las células extravasculares contiene una proteína llamada **tromboplastina hística** que inicia la coagulación cuando entra en contacto con el plasma. Cuando el daño de los vasos sanguíneos expone la tromboplastina hística al plasma, ésta activa un factor plasmático de la coagulación, el *factor VII.* El factor VII activa la vía común (v. a continuación). La vía de la tromboplastina hística es rápida, produciendo un coágulo en pocos segundos.

La **vía de activación de contacto** (intrínseca) se llama así porque se inicia con más frecuencia por el contacto con materiales extraños, especialmente cuando se extrae la sangre del cuerpo *(in vitro),* como en las pruebas de laboratorio. Esta vía se inicia cuando el factor XII del plasma entra en contacto con sustancias extrañas, como vidrio, plástico o metal. Algunas de las reacciones químicas de la vía de activación por contacto requieren calcio, que actúa como un factor de coagulación en sí. De hecho, en la práctica de laboratorio, una forma de prevenir la coagulación de la sangre (*anticoagulación,* v. a continuación) es agregar una sustancia química que se une al calcio y evita su participación en el proceso de coagulación. La vía de activación por contacto es lenta y tarda unos minutos en producir un coágulo. Esta vía también puede activarse *in vivo,* pero es de importancia secundaria en relación con la vía de la tromboplastina hística, porque las personas que carecen de uno

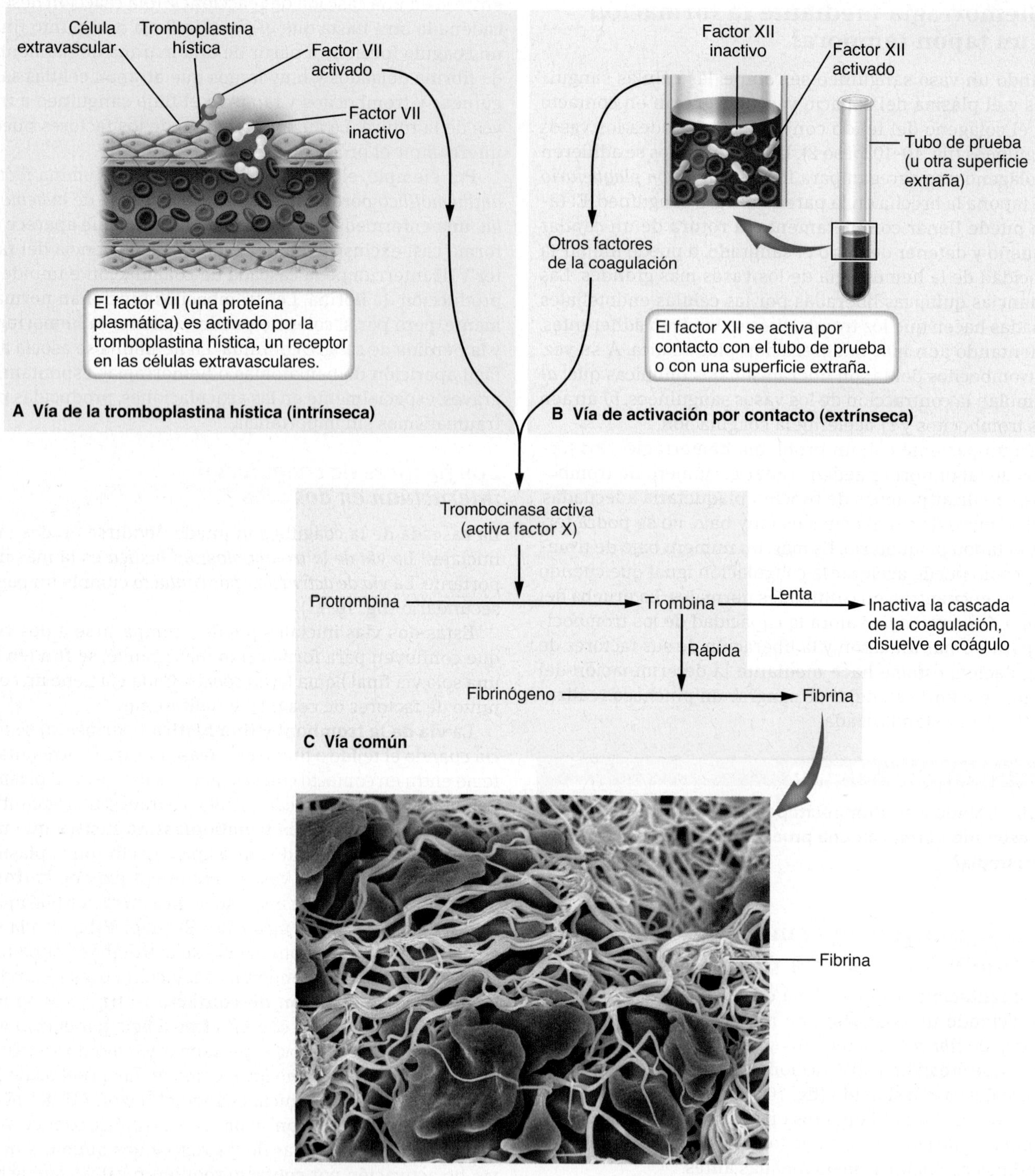

Figura 10-11. Cascada de coagulación. A) La exposición del factor VII de la coagulación a la tromboplastina hística en las células extravasculares activa la vía de la tromboplastina hística. **B)** La vía de activación por contacto se activa cuando el factor XII de la coagulación se pone en contacto con colágeno o con una superficie exterior, como el vidrio. El factor XII activado inicia una serie de reacciones enzimáticas. **C)** El factor VII activado o los factores activados por la vía de activación por contacto activan la vía común, que termina en la formación de una red de fibras de fibrina formando un coágulo. **D)** Una microfotografía de un coágulo de sangre. *¿Qué enzima convierte el fibrinógeno en fibrina?*

o más factores de esta vía no necesariamente tienen trastornos de la coagulación.

La **vía común** se inicia con la activación de *trombocinasa* (factor X), una enzima que convierte otro factor de coagulación, la **protrombina,** en **trombina.** En la fase final de la coagulación, la trombina actúa sobre el fibrinógeno para convertirlo en la trama de fibrina que forma el coágulo.

La coagulación es una respuesta homeostática *rápida* que normalmente sólo se produce *fuera* del espacio vascular y es la consecuencia normal de los sistemas fisiológicos. Sin embargo, en algunas situaciones patológicas, la sangre se coagula *dentro* de los vasos sanguíneos *(coagulación intravascular)* incluso aunque no esté produciéndose una hemorragia. La coagulación intravascular siempre es secundaria a otra enfermedad grave y a menudo es mortal.

En un paciente con un problema hemorrágico posiblemente debido a una hemostasia deficiente, los técnicos de laboratorio pueden poner a prueba la calidad de la coagulación activando artificialmente cada una de las vías de coagulación en una muestra de sangre y midiendo el tiempo de formación de un coágulo. Una deficiencia de cualquiera de los factores plasmáticos aumentará el tiempo preciso para formar un coágulo. Conociendo los factores involucrados en cada vía, puede identificarse el defecto o reducirlo a unas pocas posibilidades.

La plasmina disuelve los coágulos

Después de formado el coágulo, se contrae lentamente, uniendo los tejidos lesionados y convirtiéndose en una estructura más densa y segura. Más tarde, cuando el proceso de reparación del organismo regenere nuevos tejidos o tejido cicatricial para proporcionar el cierre permanente, el coágulo se disolverá lentamente. La disolución se debe a la acción de otra proteína de la sangre, la *plasmina,* que digiere la fibrina que mantiene la estructura del coágulo. La trombina, la proteína que estimula la formación de coágulos, también promueve la disolución del coágulo mediante la estimulación de la producción de plasmina.

Cuando un coágulo se contrae, expulsa un líquido llamado **suero,** que es idéntico al plasma, excepto en que no contiene fibrinógeno ni otros factores de la coagulación. El suero es el líquido que se filtra, por ejemplo, a través de una abrasión reciente de la piel. También se recoge a partir de la sangre total para el análisis en el laboratorio, ya que contiene la mayor parte de los constituyentes del plasma pero no forma coágulos, que podrían interferir en las pruebas de laboratorio. Para más detalles sobre la sangre en comparación con el plasma, y éste en comparación con el suero, consulte la siguiente Instantánea clínica titulada «¿Suero? ¿Plasma? ¿Sangre?».

INSTANTÁNEA CLÍNICA

¿Suero? ¿Plasma? ¿Sangre?

El *suero* es el líquido que queda después de que se haya coagulado la sangre. Suero y plasma son idénticos en todos los aspectos, excepto en que el plasma contiene fibrinógeno y el suero no. Todo el fibrinógeno se consume en el proceso de formación de fibrina para formar el coágulo. Por ejemplo, la costra de sangre en una erosión de la piel es un coágulo seco, y el líquido amarillento que a veces se filtra alrededor de los bordes de la costra es el suero.

El plasma es difícil de usar para los análisis de laboratorio por dos razones:

- Deben añadirse sustancias químicas anticoagulantes a la sangre para obtener plasma sin coagular. Estas sustancias químicas alteran el plasma de tal forma que ya no es una representación exacta del plasma del organismo. Por ejemplo, la mayoría de los anticoagulantes de laboratorio se unen al calcio para evitar la coagulación, y esto altera el análisis del contenido de calcio del plasma.
- Las sustancias químicas anticoagulantes no siempre funcionan bien; pueden formarse pequeños coágulos de fibrina que pueden averiar los delicados instrumentos del laboratorio.

Puesto que el suero no contiene fibrinógeno y no puede coagularse de nuevo, es mucho más práctico usarlo en el análisis de laboratorio de los componentes de plasma. He aquí cómo se hace. El técnico del laboratorio recoge la sangre en un tubo de vidrio o de plástico, que activa la vía de activación por contacto de la coagulación y permite que la sangre se coagule. Al igual que un coágulo se contrae después de su formación en el cuerpo, se contrae en un tubo de muestra; tras 1 h, el coágulo es aproximadamente la mitad de su tamaño original. El suero es el resto de líquido que puede recogerse fácilmente por centrifugación del coágulo en la parte inferior del tubo.

Puesto que el suero y el plasma son idénticos para la mayoría de los objetivos, y el análisis de laboratorio del suero refleja con precisión los valores en sangre total, las palabras «suero», «plasma» y «sangre» se utilizan a menudo indistintamente. Por ejemplo, cuando se habla de «glucosa en la sangre» o «de glucosa en plasma», la determinación real se hace casi siempre en el suero.

Los anticoagulantes evitan la coagulación

El que la sangre se coagule o no depende del equilibrio de fuerzas que promueven o se oponen a la coagulación. Normalmente, la sangre se mantiene en estado fluido, sin coágulos, debido a que los anticoagulantes circulantes evitan la formación de coágulos. La coagulación se produce cuando prevalecen las fuerzas procoagulantes. Teniendo en cuenta que la coagulación es una reacción en cadena, es razonable preguntar: una vez que comienza, ¿por qué no continúa hasta coagular toda la sangre? La respuesta es que se liberan anticoagulantes naturales en la zona del coágulo que restringen la coagulación a la zona local de lesión y hemorragia. Por ejemplo, los basófilos y otras células defensivas liberan heparina, un polisacárido que actúa como anticoagulante rápido y de corta duración, y que interfiere en la acción de la protrombina.

Con frecuencia se administran fármacos anticoagulantes como tratamiento. Por ejemplo, los pacientes sometidos a diálisis renal se tratan con una forma de heparina para mantener la circulación sanguínea a través de tubos que, de lo contrario, podría producir la puesta en marcha de la vía de activación por contacto. La *warfarina* es un anticoagulante ampliamente utilizado que interfiere con la acción de la vitamina K, que el hígado precisa para la producción de varios factores de la coagulación, especialmente la protrombina. Debido a que los factores de la coagulación tardan algunos días en desaparecer, el efecto anticoagulante de la warfarina tarda unos días en desarrollarse.

Por último, la *aspirina* es un anticoagulante débil que interfiere en la capacidad de los trombocitos de agregarse y formar un tapón plaquetario. Como hemos visto, la agregación de los trombocitos es un paso fundamental en la hemostasia. Como comentaremos a continuación, la agregación de los trombocitos también es uno de los pasos iniciales en la formación de las capas celulares de un *trombo*, un factor de riesgo de enfermedad cardiovascular. Por esta razón, una aspirina al día es eficaz para prevenir algunos ataques cardíacos y accidentes cerebrovasculares causados por la formación de trombos.

Los anticoagulantes también se utilizan para pruebas de laboratorio que requieren de sangre sin coagular. Se puede encontrar más información sobre este tema en la anterior Instantánea clínica titulada «¿Suero? ¿Plasma? ¿Sangre?»

Apuntes sobre el caso

10-16 Los médicos de urgencias aconsejaron a Eleanor que evitase la aspirina. ¿Por qué?

La coagulación y la trombosis son diferentes

Un **trombo** es una acumulación *intravascular* anómala localizada de trombocitos y células sanguíneas, pero no es un coágulo. No son necesarios factores de coagulación para su formación. Y mientras que la coagulación es un proceso normal que se produce fuera de los vasos sanguíneos, un trombo es siempre una anomalía y se produce sólo en la luz de un vaso sanguíneo.

En la formación de un coágulo, las células sanguíneas se encuentran atrapadas en una trama gelatinosa de fibrina de desarrollo rápido en una zona de hemorragia. Por el contrario, un trombo se forma en el interior de un vaso sanguíneo, en un punto donde el revestimiento interno del vaso se ha lesionado y el flujo sanguíneo es normal, no es necesaria una rotura vascular ni hemorragia. La lesión del revestimiento interno de los vasos sanguíneos lo convierte en «adhesivo» y los trombocitos comienzan a acumularse lentamente. Más tarde, comienzan a acumularse los leucocitos, y finalmente, algunos eritrocitos quedan atrapados en la masa en desarrollo. Conforme se acumulan las células, lo hacen en capas, creando una *arquitectura interna visible* muy diferente a la de un coágulo de sangre, que es un gel de color rojo sin rasgos distintivos.

Los trombos suelen producirse en las arterias dañadas por ateroesclerosis ➡ (cap. 11), una acumulación de colesterol, otros lípidos y tejido cicatricial que se produce en las arterias dañadas. Y puesto que los trombos se forman en el interior de los vasos sanguíneos, pueden obstruir el flujo sanguíneo y a menudo son un elemento clave en una cadena de fenómenos que conducen a un ataque al corazón o un accidente cerebrovascular.

El peligro de la formación de un trombo intravascular durante los vuelos de larga duración ha llevado a las compañías aéreas a solicitar a los pasajeros que mantengan sus cinturones de seguridad aflojados y que se muevan por el avión de forma periódica. Los cinturones de seguridad muy ajustados y la falta de actividad hacen que el flujo sanguíneo se estanque en las piernas, lo que favorece la formación de trombos. Éstos pueden desprenderse y ser transportados a los pulmones. Si un trombo es lo suficientemente grande, puede bloquear de forma completa y letal el flujo sanguíneo a los pulmones.

¡Recuerde! **Un coágulo y un trombo son claramente diferentes.**

10-28 ¿Cuál de estos términos describe los procesos que detienen el sangrado: *hematopoyesis, hemostasia* o *homeostasis*?

10-29 Identificar en orden los tres pasos que intervienen en la hemostasia.

10-30 ¿Qué elementos celulares de la sangre forman un tapón en los vasos sanguíneos rotos?

10-31 ¿Qué proteína plasmática participa en la coagulación sanguínea: el fibrinógeno, la albúmina o la globulina γ?

HISTORIA DE LA CIENCIA

La antigua práctica de la sangría

La piel y la sangre fueron los primeros tejidos reconocidos por los antiguos: la piel era constantemente visible, mientras que la sangre se hacía visible después de un traumatismo. Era fácil osbservar cómo la lesión producía hemorragia, una lesión grave producía una hemorragia grave y una hemorragia grave causaba la muerte. La subsecuente conclusión era necesariamente que el «espíritu de vida» debía estar en la sangre, y que por tanto la sangre debía de ser importante para mantener la vida.

Sin embargo, a medida que las civilizaciones evolucionaron, las antiguas tradiciones orientales y occidentales llegaron a diferir en sus puntos de vista acerca de la sangre. Los médicos de Asia reconocían que el flujo sanguíneo transportaba «energía» a las distitnas partes del cuerpo. No obstante, a partir de los antiguos griegos, los médicos occidentales llegaron a ver la sangre como el líquido portador de sustancias perjudiciales y, por tanto, practicaban *sangrías*, un tratamiento mediante el que se drenaba sangre del cuerpo. La práctica de las sangrías se remonta al menos a la época de los sumerios (1800 a.C.) y llega hasta el siglo XIX.

Durante más de mil años, los médicos occidentales creían que la acumulación excesiva de ciertos «humores» (bilis negra, bilis amarilla, flema y la sangre misma) era la causa de todas las enfermedades. Estos médicos aconsejaban y perpetuaron la práctica de la sangría como un pilar del tratamiento para librar al cuerpo del exceso imaginario de humores. Los métodos más frecuentes eran dos: se aplicaban sanguijuelas chupadoras de sangre sobre la piel o se cortaban las venas. Por ejemplo, en 1799, George Washington, en lo que resultó ser su lecho de muerte, fue repetidamente desangrado de 1 l o 2 l de sangre por una serie de médicos. Su dolencia: una grave infección de garganta, que nos deja margen a especular que tal vez podría haber sobrevivido de no haber sido por la intervención de sus médicos.

Las sangrías continuaron practicándose hasta bien entrado el siglo XIX, y fueron desplazadas en gran medida por tratamientos apoyados en datos empíricos con buenos resultados. Sin embargo, aún sobreviven en un campo muy limitado de la medicina moderna. Los pacientes con una alteración hereditaria llamada *hemocromatosis* (literalmente, «sangre coloreada»), un trastorno sorprendentemente común, acumulan demasiado hierro en la sangre y otros tejidos, tanto que puede llegar a ser tóxico para el corazón y otros órganos. Los eritrocitos contienen grandes cantidades de hierro, y no existe una forma adecuada de eliminar el hierro del cuerpo, excepto mediante el drenaje ocasional de sangre. En estos casos, la sangría es una práctica muy eficaz que permite a los pacientes llevar una vida normal.

Práctica de una sangría en el siglo XIX.

Las sangrías también se utilizan para el tratamiento de un infrecuente tipo de tumor maligno que produce un exceso de unas proteínas de la sangre, que la espesan de tal modo que no puede fluir correctamente. Sin embargo, en este caso, después de que los pacientes sean sangrados, se eliminan las proteínas de la sangre y la «sangre diluida» se devuelve al cuerpo.

10-32 ¿Cuál de los siguientes elementos es un factor de coagulación, el calcio o el hierro?

10-33 Verdadero o falso: la tromboplastina hística es una proteína soluble de la sangre.

10-34 Llenar el espacio en blanco: un defecto en la vía __________ no necesariamente da como resultado un trastorno de la coagulación.

10-35 ¿Son los siguientes términos aplicables a la trombosis o a la coagulación: *intravascular, estructura organizada y patológica*?

10-36 La heparina y la warfarina bloquean la vía de la tromboplastina hística, la vía de activación por contacto o la vía común. Argumente su respuesta.

Grupos sanguíneos y transfusión sanguínea

Al comienzo de este capítulo decíamos que la humanidad ha asociado durante mucho tiempo la pérdida de sangre a enfermedad o muerte, ya que se entendía que la sangre era, de alguna manera, fundamental para la vida. Por tanto, no es de extrañar que la historia esté llena de intentos de restaurar la salud mediante la transfusión sanguínea. El anterior cuadro de Historia de la ciencia, titulado «La antigua práctica de la sangría», ofrece una visión de la evolución de la medicina transfusional moderna.

Si alguna vez ha donado sangre, sabrá que se recoge en bolsas estériles después de una punción venosa; pero tal vez como donante desconozca otros pasos. En primer lugar, la sangre donada se mezcla con un anticoagulante para evitar la coagulación, y luego se refrigera durante un máximo de 35 días hasta que se utiliza. Antes de ser transfundida, se analiza para asegurarse de que está libre de cualquier microorganismo infeccioso y para determinar su *grupo sanguíneo.* Sin estos pasos, la transfusión podría ser un asunto muy arriesgado, porque *(a)* podría transferirse cualquier bacteria, virus u otros microorganismos de la sangre de los donantes al receptor y *(b)* el organismo del receptor podría rechazar las células transfundidas (del donante) salvo que contengan una serie de proteínas especiales que coinciden con las del propio destinatario. En esta sección se comentan los problemas y las dificultades de la transfusión segura.

Por cierto, la sangre completa y los eritrocitos no son las únicas sustancias transfundibles. Las técnicas modernas permiten transfundir componentes seleccionados del plasma (p. ej., factor VIII de coagulación en los hemofílicos) o de elementos celulares (p. ej., trombocitos).

Los antígenos de los eritrocitos y los anticuerpos del plasma determinan la compatibilidad de la transfusión

A efectos de la transfusión, la sangre de cada persona es diferente de la sangre de muchos, pero no de la de todos los demás.

Las características de la transfusión se deben a los *antígenos* y *anticuerpos,* que se comentan en detalle en el ➡ capítulo 12. Por ahora definiremos un **antígeno** como una molécula capaz de provocar una reacción defensiva del sistema inmunitario. Un **anticuerpo** es una proteína especializada de la sangre específicamente producida para llevar a cabo un ataque contra un antígeno. El tipo de antígeno importante para nuestra historia de la transfusión sanguínea es una glucoproteína de superficie de la membranas de los eritrocitos. Las personas con un determinado antígeno eritrocitario se dice que pertenecen a un **grupo sanguíneo** (o *grupo de sangre*). A efectos prácticos, cuando se utiliza el término grupo sanguíneo, suele hacerse referencia a los *grupos sanguíneos de los eritrocitos.* Los leucocitos y los trombocitos también tienen antígenos de superficie que les distinguen, pero su número es tan pequeño que son de poca importancia en la mayoría de las transfusiones de sangre.

¡Recuerde! **El grupo sanguíneo está determinado por los antígenos de los eritrocitos.**

Hay dos grupos principales de antígenos eritrocitarios de grupo sanguíneo: el *grupo ABO* y el *grupo Rh,* ambos heredables. El **grupo ABO** se basa en la presencia o ausencia de dos antígenos, A y B (fig. 10-12). Las personas sin antígeno A ni B en sus eritrocitos fabrican sangre del grupo O (o *grupo* sanguíneo O). Las personas que tienen ambos, A y B, fabrican sangre del grupo AB. Las personas que poseen sólo antígeno A producen sangre del grupo A; las personas con sólo antígeno B producen sangre del grupo B. Entre los estadounidenses, la prevalencia de los principales grupos sanguíneos eritrocitarios ABO, de mayor a menor frecuencia, son los tipos de sangre O, A, B y AB.

El **grupo Rh,** llamado así debido a que el antígeno del grupo fue descubierto originalmente en los monos *rhesus,* está determinado por la presencia o ausencia de un antígeno diferente. Hay ocho antígenos del grupo Rh, pero sólo uno (el antígeno D) es importante. Alrededor del 80% de los estadounidenses tienen el antígeno Rh D en sus eritrocitos y se dice que son *Rh positivos;* de los que no tienen el antígeno Rh D se dice que son *Rh negativos.*

La descripción completa del tipo de sangre de una persona requiere tanto el tipo ABO y el Rh. Así, una persona puede ser O positivo (es decir, el tipo O, Rh positivo), AB negativo (es decir, de tipo AB, Rh negativo), y así sucesivamente.

En virtud de la presencia de los antígenos A y B en las bacterias, de los alimentos y otros componentes del ambiente, a temprana edad todas las personas desarrollan anticuerpos contra los antígenos A o B que *no* están presentes en su propia sangre. Por tanto:

- El plasma de la sangre tipo A contiene anticuerpos anti-B.
- El plasma de la sangre tipo B contiene anticuerpos anti-A.

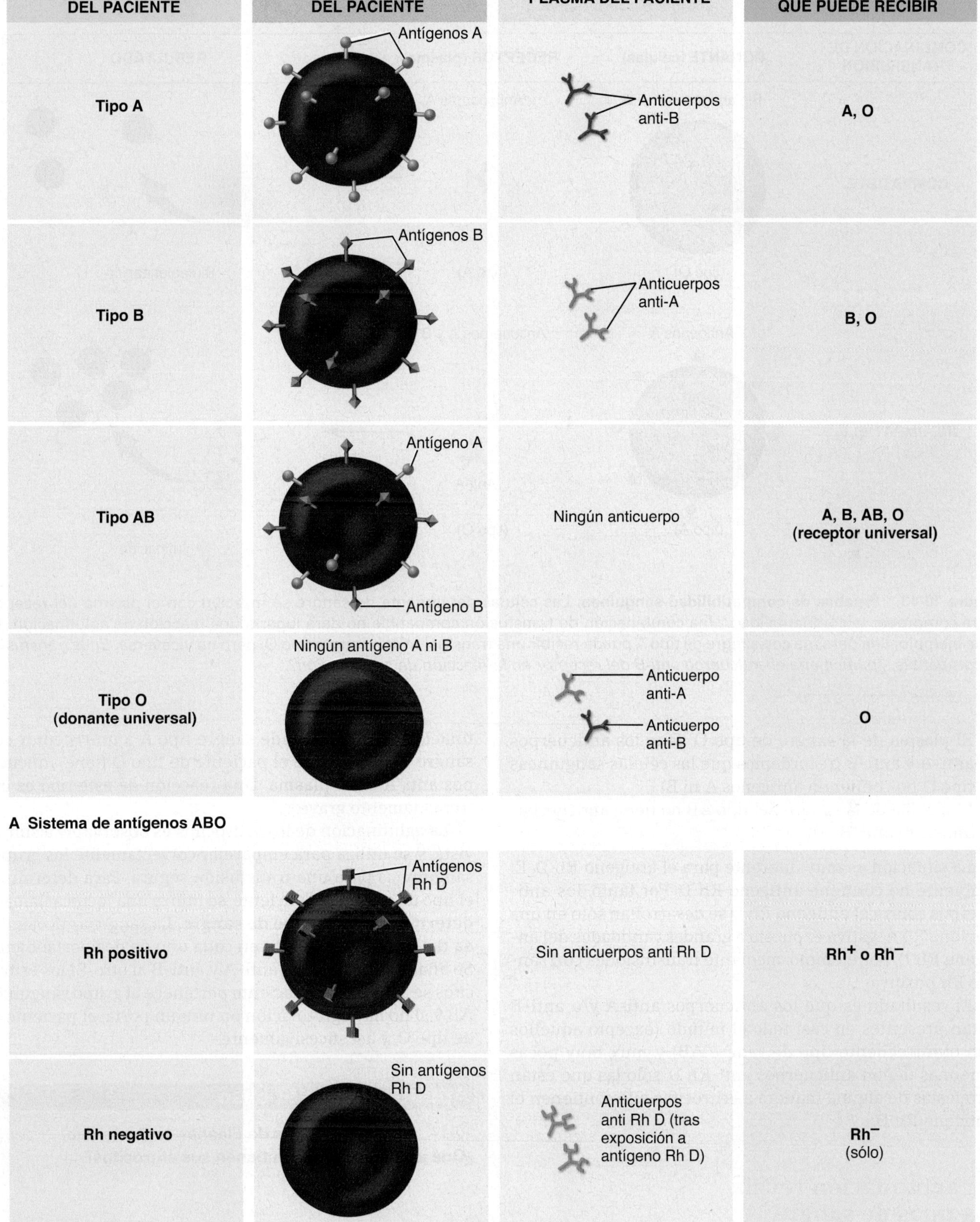

TIPO DE SANGRE DEL PACIENTE
ERITROCITOS DEL PACIENTE
PLASMA DEL PACIENTE
TIPOS DE SANGRE QUE PUEDE RECIBIR
Antígenos A
Tipo A
Anticuerpos anti-B
A, O
Antígenos B
Tipo B
Anticuerpos anti-A
B, O
Antígeno A
Tipo AB
Ningún anticuerpo
A, B, AB, O (receptor universal)
Antígeno B
Ningún antígeno A ni B
Tipo O (donante universal)
Anticuerpo anti-A
Anticuerpo anti-B
O
A Sistema de antígenos ABO
Antígenos Rh D
Rh positivo
Sin anticuerpos anti Rh D
Rh+ o Rh−
Sin antígenos Rh D
Rh negativo
Anticuerpos anti Rh D (tras exposición a antígeno Rh D)
Rh− (sólo)
B Antígeno Rh

Figura 10-12. Grupos sanguíneos frecuentes. A) Grupos sanguíneos ABO. El plasma de una persona contiene anticuerpos contra los antígenos A o B que no está presente en sus eritrocitos. **B)** Grupos sanguíneos Rh. Los anticuerpos contra el antígeno Rh D están presentes sólo en las personas con Rh negativo que han estado expuestas a sangre Rh positiva (tal vez por una transfusión). *Si usted quisiera plasma con anticuerpos anti-A y anti-B en el mismo, ¿qué grupo sanguíneo utilizaría?*

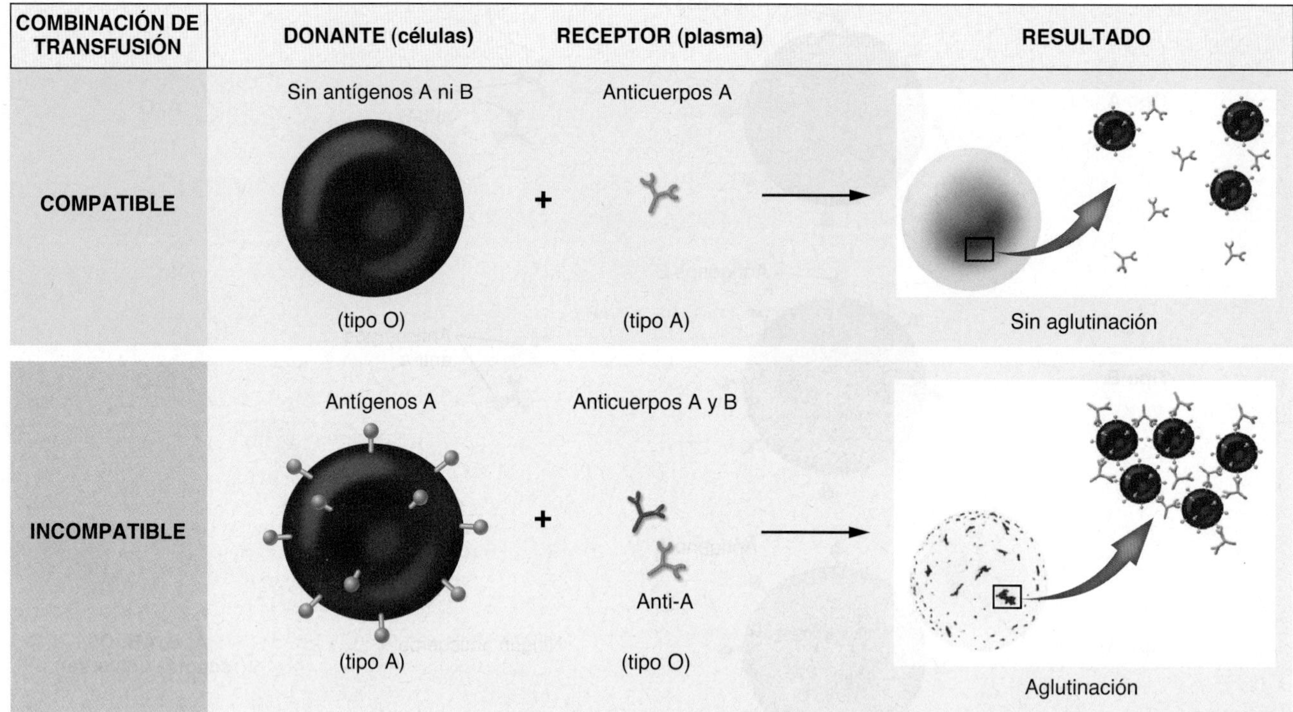

Figura 10-13. Pruebas de compatibilidad sanguínea. Las células del donante de sangre se mezclan con el plasma del receptor para comprobar la compatibilidad. Una combinación de transfusión compatible no dará lugar a una reacción de aglutinación. En este ejemplo, una persona con sangre de tipo A puede recibir una transfusión con sangre tipo O, pero no viceversa. *En la transfusión incompatible, ¿participaría el anticuerpo anti-B del receptor en la reacción de aglutinación?*

- El plasma de la sangre de tipo O tiene los anticuerpos anti-A y anti-B (recordemos que las células sanguíneas tipo O no contienen antígenos A ni B).
- El plasma de la sangre del tipo AB no tiene anticuerpos anti-A ni anti-B.

La situación es muy diferente para el antígeno Rh D. El ambiente no contiene antígeno Rh D. Por tanto, los anticuerpos contra el antígeno Rh D se desarrollan sólo en una persona Rh negativa expuesta a grandes cantidades del antígeno Rh D, por ejemplo, mediante transfusiones con sangre Rh positiva.

El resultado es que los anticuerpos anti-A y/o anti-B están presentes en casi todo el mundo (excepto aquellos con el infrecuente tipo de sangre AB) y, muy, muy pocas personas tienen anticuerpos anti-Rh D, sólo las que están expuestas de alguna manera a eritrocitos que contienen el antígeno Rh D.

La aglutinación revela los tipos de sangre

En presencia del tipo de antígeno particular para el que están diseñados a atacar, los anticuerpos se adhieren a los antígenos en la superficie de los eritrocitos y unen a los eritrocitos entre sí. El resultado es que se forman cadenas entrelazadas de eritrocitos en la sangre, un proceso llamado **aglutinación** (fig. 10-13). Por ejemplo, se produce aglutinación si se transfunde sangre tipo A a un receptor con sangre tipo O porque el paciente de tipo O tiene anticuerpos anti-A en el plasma. Una reacción de este tipo es extremadamente grave.

La aglutinación de los eritrocitos es observable a simple vista, y se utiliza para emparejar correctamente los grupos sanguíneos para una transfusión segura. Para determinar el tipo de sangre del paciente, se utiliza una técnica llamada **determinación del tipo de sangre.** La sangre anticoagulada del paciente se coloca en cada uno de dos portaobjetos. Se añade a uno plasma anti-A y anti-B al otro. Si los eritrocitos se aglutinan, el paciente pertenece al grupo sanguíneo AB y si no hay aglutinación en ningún porta, el paciente es de tipo O, y así sucesivamente.

Apuntes sobre el caso

10-17 El tipo de sangre de Eleanor es O positivo. ¿Qué antígenos AB o Rh tienen sus eritrocitos?

La transfusión sanguínea precisa pruebas de compatibilidad sanguínea

Para evitar que se produzca la aglutinación, es fundamental un cuidadoso emparejamiento de los grupos sanguíneos. Por ello, además de la determinación del grupo sanguíneo, los médicos ordenan de forma sistemática una segunda prueba de laboratorio de un nivel superior llamada **prueba de compatibilidad sanguínea,** para estar doblemente seguros de que no aparecerá aglutinación. El paso más importante en las pruebas de compatibilidad sanguínea consiste en mezclar una muestra de eritrocitos del donante propuesto con una muestra de plasma del receptor propuesto para asegurarse de que los dos son compatibles en realidad, y no sólo en teoría (fig. 10-13). Por ejemplo, podríamos proponer la transfusión de eritrocitos de un donante del grupo O a un paciente con eritrocitos del grupo A. En este caso, sería de esperar que las pruebas de compatibilidad sanguínea fuesen compatibles porque las células del grupo O no contienen antígenos A o B para aglutinar con el anticuerpo anti-B en el plasma del receptor. Si no se produce aglutinación, se dice que las pruebas de compatibilidad sanguínea son compatibles. Por otro lado, si se produce aglutinación, se dice que las pruebas de compatibilidad sanguínea son incompatibles, lo que podría indicar un error de laboratorio. Tal vez no estamos utilizando realmente sangre de donantes O, o tal vez estamos analizando sangre del receptor equivocado.

En cualquier caso, si se transfunden eritrocitos no compatibles, se producirá la aglutinación. Un ejemplo de una combinación de transfusión incompatible es lo contrario de nuestro ejemplo anterior: si se transfunden eritrocitos de donantes del grupo A a un receptor con células sanguíneas del tipo O, se producirá la aglutinación. Los eritrocitos aglutinados serán destruidos (hemólisis) y su hemoglobina se liberará al plasma en lo que se llama una *reacción hemolítica aguda.* Esta hemoglobina deberá ser limpiada (aclarada) del plasma por los riñones, pero la capacidad de los riñones es limitada y pueden verse sobrepasados fácilmente, dando como resultado una insuficiencia renal. Además, incluso una pequeña cantidad de eritrocitos aglutinados puede obstruir los vasos sanguíneos, lo que reduce de forma importante el flujo sanguíneo a los tejidos. El resultado suele ser mortal.

Apuntes sobre el caso

10-18 Según la información contenida en el anterior apunte sobre el caso, ¿podría realizarse de forma segura una transfusión de sangre tipo A a Eleanor?

10-37 ¿Qué grupo sanguíneo no tiene ninguno de los antígenos A, B, o Rh?

10-38 Si una persona tiene anticuerpos anti-A y anticuerpos anti-Rh, ¿cuál es su grupo sanguíneo?

10-39 Si una persona tiene anticuerpos anti-A pero no anticuerpos anti-Rh, ¿podemos estar seguros de su grupo sanguíneo? Argumente su respuesta.

10-40 Explique cómo puede causar la muerte del paciente una transfusión incompatible.

Estudio del caso

Insuficiencia de la médula ósea: el caso de Eleanor B.

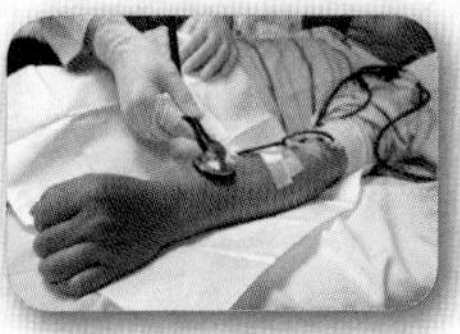

Eleanor murió por insuficiencia de la médula ósea; el cáncer de mama se extendió a sus huesos y sustituyó la mayor parte de la médula ósea. En el momento de su muerte, todas las líneas celulares principales estaban afectadas: los recuentos de trombocitos y leucocitos eran muy bajos y estaba muy anémica, incluso antes de la hemorragia mortal final. A continuación vamos a comentar cada uno de estos elementos (fig. 10-14).

- *Leucocitos.* Cuando acudió por primera vez a urgencias, el recuento total de leucocitos de Eleanor era muy bajo. Desde el momento de su primera visita a urgencias hasta el momento de su muerte, precisó tratamiento con antibióticos por neumonía, infecciones de la piel y diarrea recurrente, lo que sugiere que la leucocitopenia alteró su resistencia a las enfermedades infecciosas.

  La historia clínica no indica el recuento diferencial de los diferentes leucocitos, pero lo cierto es que el número tanto de neutrófilos como de linfocitos (los leucocitos más abundantes de la sangre) estaban notablemente reducidos. Los hallazgos de la autopsia lo confirmaron: infección bacteriana de la sangre y los pulmones, que puede atribuirse a recuentos bajos de neutrófilos y linfocitos, y una infección fúngica del esófago, que con seguridad era reflejo del bajo recuento de linfocitos. Por otra parte, la curación de la úlcera, que había sido causada por la infección fúngica, se vio afectada también por la neutrocitopenia.
- *Trombocitos.* Ha de tenerse en cuenta que en la hospitalización inicial de Eleanor, su recuento de trombocitos era muy bajo; también presentó una hemorragia nasal grave y pequeñas hemorragias en la piel (*petequias*, que son características de las hemorragias causadas por falta de trombocitos). Los médicos le transfundieron trombocitos, con lo que se consiguió detener la hemorragia. En su ingreso final con una hemorragia digestiva masiva, el recuento de trombocitos era de nuevo muy bajo. La trombocitopenia y la úlcera sangrante esofágica se combinaron para producir una hemorragia esofágica aguda incontrolable.
- *Eritrocitos.* Cuando se presentó inicialmente con una hemorragia nasal, Eleanor estaba significativamente anémica, lo que probablemente reflejaba el fracaso de la producción de la médula ósea, incluso antes de que se produjese la hemorragia nasal. La hemorragia nasal (y la hemorragia esofágica posterior) añadieron al problema preexistente de la anemia por fracaso de producción un problema nuevo por anemia hemorrágica.

Aunque las cifras finales de hemoglobina de Eleanor en la sangre eran extremadamente bajas, algunos pacientes con concentraciones tan bajas de hemoglobina pueden

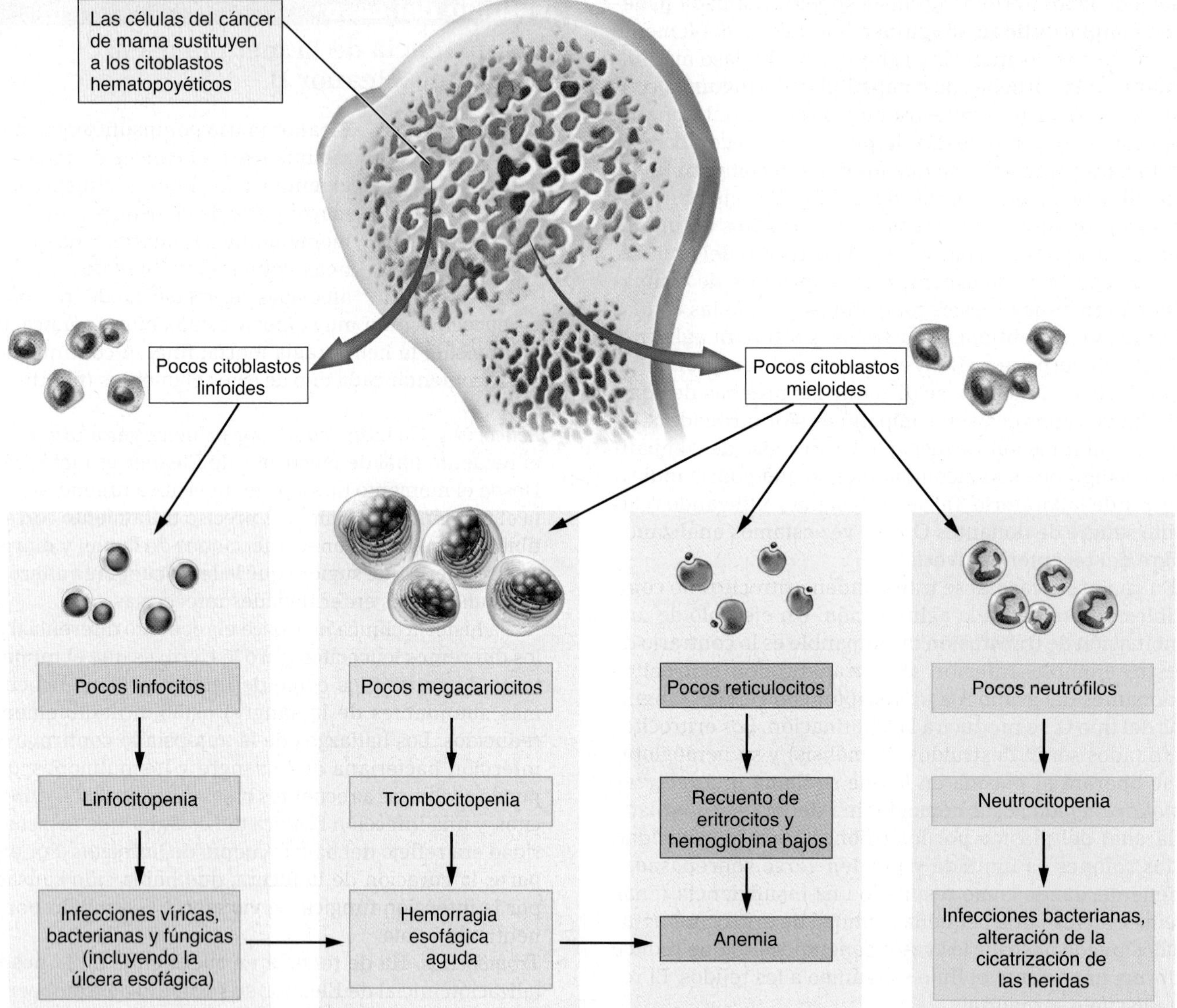

Figura 10-14. Insuficiencia de la médula ósea y el caso de Eleanor H. La médula ósea de la paciente ya no podía producir suficientes células sanguíneas para luchar contra la infección, prevenir la hemorragia y prevenir la anemia. *¿La ausencia de qué tipo de célula aumenta la susceptibilidad de Eleanor a las infecciones por hongos?*

sobrevivir si su volumen de sangre es el adecuado, es decir, si el sangrado es lo suficientemente lento (o el tratamiento lo suficientemente rápido) para expandir el volumen perdido hasta reemplazarlo. Pero el volumen de sangre de Eleanor no era suficiente; sangraba tan rápidamente que tanto el volumen sanguíneo como la presión arterial se redujeron a concentraciones indetectables y murió por falta de oxígeno (hipoxia).

Apuntes sobre el caso

10-19 En su visita final a urgencias, ¿por qué era tan baja la presión arterial de Eleanor?

10-20 Eleanor presentaba confusión porque su cerebro no estaba recibiendo suficiente oxígeno. Además de la baja presión arterial, ¿puede pensar en una segunda razón?

Etimología

Raíces latinas/griegas	Equivalentes en español	Ejemplos
-cito	Célula	Leucocitos
-emia	Sangre	Anemia: falta de (-an) eritrocitos
eritro	Rojo, eritrocito	Eritropoyetina: hormona que estimula la síntesis de eritrocitos
hemat/o, hem/o	Sangre	Hemostasia: mantenimiento de un volumen constante de sangre
leuco, leucocito	Leucocito	Leucocitopenia: pocos leucocitos en la sangre
linf/o	Linfocito	Linfocitopenia: déficit de linfocitos
macro-	Grande	Macrófago: célula grande
mono-	Uno	Monocito: contiene un único núcleo (no lobulado)
miel/o	Médula ósea	Citoblasto mieloide: citoblasto originado en la médula ósea
-oxia	Oxígeno	Hipoxia: concentración baja de oxígeno (en la sangre, hipoxemia)
-penia	Deficiencia	Trombocitopenia: deficiencia de trombocitos
-poyesis	Síntesis	Eritropoyesis: síntesis de eritrocitos
pro-	Ante, enfrente de	Protrombina: un precursor de la trombina
tromb/o, trombocito	Coágulo de sangre, plaqueta	Trombopoyetina: hormona que estimula la síntesis de trombocitos

Cuestionario del capítulo

REVISIÓN DEL CAPÍTULO

1. **Si usted tiene 5 l de sangre y los elementos celulares constituyen el 40 % de su volumen sanguíneo, ¿cuál es su volumen total de plasma?**
   a. 5 l.
   b. 4 l.
   c. 3 l.
   d. 2 l.

2. **¿Cuál de las siguientes no es una función de la albúmina?**
   a. coagulación de la sangre.
   b. transporte de ácidos grasos.
   c. mantenimiento de la presión osmótica de la sangre.
   d. ninguna de las anteriores.

3. **El suero contiene**
   a. eritrocitos.
   b. factores de coagulación.
   c. leucocitos.
   d. ninguna de las anteriores.

4. **¿Cuál de los siguientes elementos celulares contiene un núcleo?**
   a. Eritrocitos.
   b. Megacariocitos.
   c. Trombocitos.
   d. Todas las anteriores.

5. La hemoglobina
a. se encuentra en los leucocitos.
b. contiene hierro.
c. transporta los ácidos grasos y otras sustancias en la sangre.
d. es una molécula inorgánica.

6. Los monocitos son
a. granulocitos.
b. los leucocitos más abundantes.
c. el precursor de un tipo de fagocito.
d. los leucocitos menos abundantes.

7. La producción de células sanguíneas se denomina
a. hemostasia.
b. homeostasis.
c. hematopoyesis.
d. hemólisis.

8. La eritropoyetina es
a. un factor de coagulación producido por el hígado.
b. se produce en respuesta a la hipoxia.
c. producida por los eritrocitos.
d. la hormona que estimula la síntesis de los trombocitos.

9. Los citoblastos linfoides producen
a. todos los leucocitos.
b. linfocitos solamente.
c. granulocitos solamente.
d. todas las células sanguíneas.

10. La bilirrubina
a. se produce a partir de la degradación de la globina.
b. se recicla en la médula ósea en nuevas moléculas de hemoglobina.
c. se excreta en el intestino por el hígado.
d. es la proteína que almacena hierro en los tejidos.

11. ¿Cuál de las siguientes células es el actor más importante en la inflamación aguda y la cicatrización de las heridas?
a. Eosinófilos.
b. Basófilos.
c. Linfocitos.
d. Neutrófilos.

12. Los reticulocitos maduran y se convierten en
a. basófilos.
b. macrófagos.
c. eritrocitos.
d. trombocitos.

13. El aumento de hematócrito como resultado de la deshidratación se denomina
a. anemia relativa.
b. anemia absoluta.
c. policitemia relativa.
d. policitemia absoluta.

14. Usted acaba de cortarse en el dedo. La primera respuesta fisiológica del cuerpo a este traumatismo es la
a. formación de un tapón de trombocitos.
b. activación de factores de coagulación.
c. formación de un trombo.
d. vasoconstricción.

15. La vía de la tromboplastina hística
a. se inicia cuando las células que habitualmente no encuentran proteínas de la sangre se exponen al plasma.
b. se estimula por la interacción entre los factores de coagulación y sustancias extrañas.
c. tiene una importancia secundaria a la vía de activación de contacto en la respuesta a la lesión hística.
d. es la única vía de la coagulación que afecta a la trombina.

16. La trombina
a. convierte el fibrinógeno en fibrina.
b. se une a la tromboplastina hística.
c. forma una malla de fibras en el coágulo de sangre.
d. interviene en la formación de trombos pero no de coágulos de sangre.

17. Las reacciones transfusionales reflejan en buena medida la presencia de antígenos en
a. los eritrocitos.
b. los leucocitos.
c. los trombocitos.
d. todas las células sanguíneas.

18. Una persona con sangre tipo A tendrá anticuerpos contra
a. antígeno B.
b. antígeno A.
c. antígenos A y B.
d. ni antígenos A ni B.

19. Una persona con sangre tipo O puede recibir con seguridad una transfusión con
a. sangre de tipo A.
b. sangre de tipo B.
c. sangre de tipo AB.
d. ninguna de las anteriores.

COMPRENSIÓN DE CONCEPTOS

20. Señale tres características estructurales de los eritrocitos y explicar las implicaciones funcionales de cada una de ellos.

APLICACIÓN

21. En una persona que está sufriendo un sangrado lento crónico en el tracto gastrointestinal, ¿cuál de las siguientes funciones se verían afectadas negativamente? Argumente sus respuestas.
   a. combatir un resfriado.
   b. enrojecerse en un día caluroso.
   c. la hemostasia de un corte con un papel.
   d. el transporte de oxígeno.

22. Su amiga se ha enterado recientemente de que el 75 % de su médula ósea está implicada en la producción de leucocitos y está preocupada porque podría tener leucemia. ¿Tiene razón para preocuparse? Explíquelo.

23. El tipo de sangre más común en Noruega es A+. En un individuo A+,
   a. ¿qué antígenos están presentes en los eritrocitos?
   b. ¿qué anticuerpos están presentes en el plasma?
   c. ¿provocaría aglutinación una transfusión de sangre A–? Explicar por qué.

Puede encontrar las respuestas a estas preguntas en el apartado de recursos para estudiantes en:
http://thepoint.lww.com/espanol-McConnellandHull

11

El aparato cardiovascular

Temas principales

- La sangre fluye por un circuito cerrado impulsada por las contracciones del corazón.
- En el corazón y las venas hay válvulas unidireccionales que actúan como compuertas para garantizar un flujo unidireccional de la sangre.
- El corazón dispone de un sistema eléctrico especializado para estimular y coordinar las contracciones.
- La sangre fluye a alta presión desde el corazón por las arterias, y fluye de vuelta al corazón a baja presión por las venas.
- Las arterias y las venas están conectadas por una vasta red de diminutos capilares.
- La presión arterial está determinada por el volumen de sangre en las arterias y la elastancia de la pared arterial. En la práctica, cambia según la cantidad de sangre bombeada por el corazón y la resistencia a su flujo a través de los vasos sanguíneos.

Objetivos del capítulo

1. Describir el trayecto de una célula sanguínea desde los pulmones a los tejidos y el retorno.

2. Describir detalladamente la localización anatómica del corazón y las capas de la pared del corazón y el pericardio.
3. Comparar el músculo esquelético y el cardíaco en términos de su aspecto microscópico, el papel del calcio en la contracción muscular y el método de generación de contracciones más fuertes o más débiles.
4. Explicar la importancia de la mayor duración del potencial de acción en el músculo cardíaco que en el músculo esquelético.
5. Explicar la importancia de los gradientes de presión y de las válvulas en la dirección del flujo sanguíneo a través del corazón y de los grandes vasos.

6. Identificar las arterias coronarias y el seno coronario en la vista anterior y posterior del corazón.

Latido cardíaco 422

7. Para cada etapa del ciclo cardíaco, saber qué válvulas están abiertas, qué cámaras se contraen y la dirección del flujo sanguíneo (si existe).
8. Enumerar las estructuras que componen el sistema de conducción cardíaco y explicar por qué el nódulo sinusal (SA) normalmente es el marcapasos.
9. Relacionar los fenómenos de un electrocardiograma (ECG) con el ciclo cardíaco.

Gasto cardíaco 427

10. Comentar los efectos del sistema nervioso autónomo sobre la frecuencia cardíaca, el volumen sistólico y el gasto cardíaco.
11. Explicar la relación entre la precarga, la longitud de la fibra muscular cardíaca y el volumen sistólico. Comentar la relevancia de esta relación con la función cardiovascular.

Estructura y función de los vasos sanguíneos 431

12. Describir las diferentes túnicas que se encuentran en los cinco tipos de vasos.
13. Comparar el funcionamiento de las arterias elásticas, las arterias musculares, las arteriolas y los esfínteres precapilares.
14. Enumerar los cuatro métodos de intercambio capilar.
15. Describir los efectos de los cambios en la presión hidrostática y osmótica sobre el flujo masivo y el equilibrio de líquidos.
16. Enumerar los tres mecanismos que favorecen el retorno venoso al corazón.

Flujo sanguíneo y presión arterial 438

17. Comparar presión diastólica, presión sistólica, presión arterial media y presión de pulso.
18. Explicar cómo el volumen de sangre arterial y la distensibilidad de los vasos determinan la presión arterial.
19. Explicar cómo el volumen total de sangre, el gasto cardíaco y la resistencia periférica modifican la presión arterial mediante cambios en el volumen de sangre arterial.
20. Describir cómo actúa el sistema nervioso simpático para aumentar la presión arterial.

Infarto de miocardio: el caso de Bob W. 443

21. Mediante el caso práctico, ilustrar la importancia de la frecuencia cardíaca y de la fuerza de contracción del miocardio para mantener una presión arterial adecuada.

Principales vasos sanguíneos 446

22. Comentar las ventajas de la circulación y la anastomosis portales, poniendo un ejemplo de cada una.
23. Etiquetar en un esquema las venas y las arterias principales de la cabeza, el miembro superior, el tronco y el miembro inferior.
24. Trazar el camino que seguiría una célula de la sangre al salir de las diferentes regiones del cuerpo y regresar a ellas, como el primer dedo del pie, el intestino grueso y el hemisferio cerebral izquierdo.

Caso práctico: «A Bob le ha estado doliendo mucho el pecho»

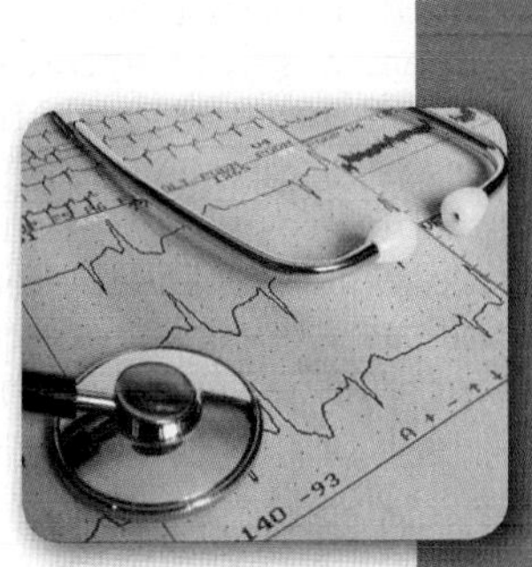

Mientras lee el siguiente caso práctico, haga una lista de los términos y conceptos que debe aprender para comprender el caso de Bob.

Anamnesis: Bob W., un hombre de 55 años de edad, llegó a urgencias acompañado por su esposa. Semiinconsciente y sin poder hablar por sí mismo, parecía quejarse de dolor. Su esposa dijo que sufría un dolor profundo y agudo en la parte anterior del pecho, que se extendió al lado izquierdo del cuello, la mandíbula izquierda y el codo izquierdo. El dolor le había despertado mientras dormía 1 h antes.

Conocimientos necesarios

Antes de adentrarse por primera vez en este capítulo, es importante comprender los siguientes términos y conceptos.

- Gradientes (cap. 1)
- Potenciales de acción (cap. 4)
- Acoplamiento excitación-contracción en el músculo esquelético (cap. 6)
- Sistema neurovegetativo (cap. 8)
- Componentes de la sangre (cap. 10)

Exploración física y otros datos: Bob presentaba obesidad mórbida y dificultad para respirar. Sus signos vitales eran los siguientes: presión arterial de 75/45 mm Hg (normal, 120/80), frecuencia cardíaca de 30 lat/min (normal, 72) y frecuencia respiratoria de 30 resp/min (normal, 14). El ECG mostraba indicios de infarto de miocardio.

Evolución clínica: se inició infusión intravenosa de norepinefrina en un esfuerzo por aumentar su presión arterial, que se elevó a 105/70 pero comenzó a caer de nuevo después de 30 min. Se le aplicó un marcapasos externo sobre el tórax para intentar estimular el ritmo cardíaco, que aumentó por encima de 60 durante un breve período, pero volvió a caer a pesar de la estimulación continuada. Se insertó un catéter en la arteria femoral derecha y se llevó hasta la raíz de la aorta. Se inyectó contraste para visualización de las arterias coronarias con rayos X, lo que mostró una obstrucción completa de la arteria coronaria derecha y un estrechamiento grave de la coronaria izquierda. También se observó que la pared posterior del ventrículo izquierdo estaba flácida y no se contraía.

La presión arterial de Bob bajó aún más. En menos de 1 h se hizo indetectable, y el paciente sufrió un paro cardíaco. La reanimación fue ineficaz. Su esposa autorizó la autopsia, en la que se observó que la arteria coronaria se había estrechado de forma muy importante por la ateroesclerosis, y que estaba totalmente ocluida por un trombo reciente (cap. 10). El resto del árbol arterial coronario y del árbol arterial sistémico presentaban una arteriosclerosis muy importante.

El informe final de autopsia concluyó que Bob había sufrido una oclusión coronaria aguda con infarto de miocardio.

El **aparato cardiovascular** está formado por el *corazón*, los *vasos sanguíneos* y el líquido que contienen, la *sangre*. Puesto que la sangre se ha tratado en el capítulo 10, este capítulo se centra en el corazón y los vasos sanguíneos.

En la Antigüedad se consideraba que el corazón era, en gran medida, el asiento de las emociones; después de todo, el corazón late de excitación, miedo, ira y otras emociones intensas. Algunos consideraban que era el asiento del alma: las antiguas pinturas de las tumbas egipcias muestran cómo se comparaba el peso del corazón del difunto con una gran pluma de avestruz. Si el corazón era más ligero, estaba libre del peso de las impurezas del pecado, y la persona, así como el corazón, irían al más allá; sin embargo, si el corazón era más pesado que la pluma, sería devorado por un demonio y la persona sería condenada eternamente. En el sur de México y América central, las ruinas de la cultura maya incluyen magníficos relieves en estuco que representan ritos religiosos en los que se arrancaba el corazón palpitante del pecho de la víctima de un sacrificio.

Sin embargo, que el corazón fuese importante no significa que en la Antigüedad se comprendiese el funcionamiento del aparato cardiovascular. Incluso el simple hecho de que la sangre fluyese por el interior de los vasos no estaba del todo claro; se consideraba que la hemorragia era como el agua que se filtra desde un cubo agujereado. Algunos pocos primeros pensadores sospechaban que la sangre debía fluir internamente, pero pensaban que era producida por el corazón o el hígado, y que únicamente realizaba un viaje de ida a los tejidos, donde se consumía. Para un repaso rápido de las teorías científicas sobre el aparato cardiovascular, consulte a continuación el cuadro sobre Historia de la ciencia titulado «¿Fluye la sangre hacia dentro y hacia fuera como la marea?».

[El corazón] es la divinidad del hogar que, en el desempeño de sus funciones, alimenta, cuida, da vida a todo el cuerpo y es, en verdad, el fundamento de la vida, la fuente de toda acción

William Harvey (1578-1657), médico inglés, en *Exercitatio Anatomica de Motu Cordis et Sanguinis in Animalibus (Un ejercicio anatómico sobre el movimiento del corazón y la sangre en los animales),* 1628

Organización del aparato cardiovascular

Recuerde del capítulo 10 que la sangre es un «río de la vida» que lleva los nutrientes y otros elementos esenciales a los tejidos y recoge los desechos metabólicos para su eliminación. El **corazón** es una bomba muscular situada en el centro del tórax que proporciona la fuerza para distribuir la sangre. Consta de dos cámaras superiores, las aurículas (del latín *atrium* = «sala de entrada»), que reciben la sangre que entra en el corazón, y dos cámaras inferiores, los ventrículos (del latín *venter* = «vientre»), que proporcionan la fuerza principal para expulsar la sangre del corazón (fig. 11-1).

Los **vasos sanguíneos** son conductos a través de los cuales fluye la sangre (desde el corazón a través de los pulmones y los demás tejidos) y desde los que regresa al corazón en un bucle continuo. Hay tres tipos principales de vasos sanguíneos: las **arterias,** que transportan la sangre desde el corazón; las **venas,** que devuelven la sangre al corazón, y los diminutos **capilares,** que unen las arterias y venas.

Las circulaciones sistémica y pulmonar están separadas

El corazón y los vasos sanguíneos se dividen en dos sistemas de transporte, cada uno comienza y termina en el corazón:

- La **circulación pulmonar** se encarga de dejar los residuos y recoger los suministros; lleva la sangre desde y hacia los pulmones con el fin de dejar los residuos de dióxido de carbono (CO_2) y recoge los suministros vitales de oxígeno. El lado derecho del corazón recibe sangre rica en CO_2 y pobre en oxígeno de todas las partes del cuerpo, y la impulsa a través de los pulmones y hasta el lado izquierdo del corazón.
- La **circulación sistémica** se encarga de proporcionar los suministros y recoger los residuos; lleva la sangre desde y hacia cualquier parte del cuerpo para llevar oxígeno y otros suministros a los tejidos activos, y para recoger los productos de desecho como el CO_2. El lado izquierdo del corazón recibe la sangre rica en oxígeno y pobre en CO_2 de los pulmones y la impulsa a través de los confines del cuerpo y de vuelta hacia el lado derecho del corazón.

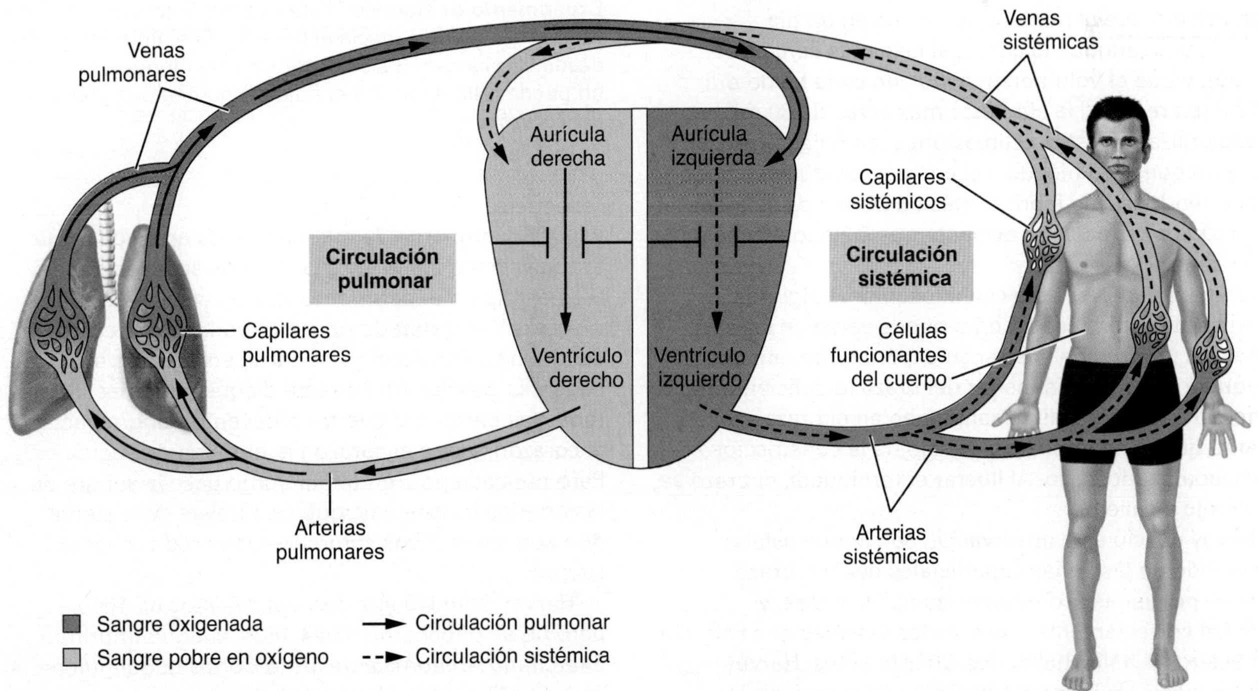

Figura 11-1. Aparato cardiovascular. La circulación pulmonar transporta sangre entre el corazón y los pulmones; la circulación sistémica transporta la sangre entre el corazón y los otros tejidos del cuerpo. Las arterias llevan la sangre desde el corazón y las venas la llevan de vuelta. *¿Qué venas contienen sangre rica en oxígeno, las venas pulmonares o las sistémicas?*

Además, observe en la figura 11-1 que, en la circulación sistémica, las arterias llevan sangre oxigenada y las venas transportan sangre pobre en oxígeno. En la circulación pulmonar ocurre lo contrario: el sistema arterial pulmonar lleva sangre pobre en oxígeno y las venas transportan sangre rica en oxígeno.

¡Recuerde! **El corazón está formado por dos bombas, una al lado de la otra: una bombea sangre pobre en oxígeno a los pulmones, la otra bombea sangre rica en oxígeno al resto del cuerpo.**

HISTORIA DE LA CIENCIA

¿Fluye la sangre hacia dentro y hacia fuera como la marea?

Hoy en día, los estudiantes de primaria aprenden que la sangre fluye en un circuito interminable desde el corazón hacia los tejidos y de vuelta al corazón. Sin embargo, en la Antigüedad la visión era diferente, como propuso el médico griego Galeno en el siglo II d.C. Galeno observó correctamente que la sangre venosa y arterial son diferentes. Propuso que la sangre venosa se origina en el hígado y la sangre arterial en el corazón, y que la sangre se mueve desde esos lugares de producción hacia los órganos, que la consumen. Este malentendido se mantuvo durante casi 1500 años, hasta que el médico Inglés William Harvey (1578-1657) lo vio de otra manera.

Harvey utilizó las matemáticas y la experimentación científica para demostrar que la sangre podría no ser producida y consumida como postuló Galeno. En primer lugar, calculó que el número de latidos en un día era de 48000 (aunque la cifra real está más cerca de 100000), y que el volumen movido con cada latido era de 5 ml (en realidad la cifra está más cerca de 80 ml). Incluso utilizando estas estimaciones tan bajas, Harvey demostró que, si el hígado y el corazón produjesen la sangre, tendrían que fabricar más de 200 kg de sangre nueva todos los días. Era evidente que Galeno estaba equivocado.

Harvey también diseñó cuidadosamente algunos experimentos científicos. Como puede verse en la figura que utilizó para ilustrar su experimento, ató un torniquete en la parte superior del brazo lo suficientemente fuerte para detener el flujo sanguíneo en el brazo y observó que el miembro por debajo de la constricción se tornaba pálido y frío. Al liberar el torniquete, el brazo se volvía rojo y caliente.

Harvey asoció esta observación con lo que estaba sucediendo en las venas superficiales del antebrazo. Observó pequeñas protuberancias en las venas, y concluyó correctamente que eran las válvulas que Fabricio, su maestro en Italia, había descubierto antes. Harvey trató de masajear la sangre hacia la mano moviendo su dedo hacia abajo a lo largo de la vena, pero fue en vano. Sin embargo, la misma técnica aplicada hacia arriba vaciaba fácilmente la vena de su contenido. Hizo el mismo experimento en las venas del cuello, y observó el resultado opuesto: podía masajear la sangre hacia abajo pero no hacia arriba. Harvey llegó a la conclusión correcta de que las venas de todas las partes del cuerpo mueven la sangre hacia el corazón, y que el corazón la bombea de vuelta. Pero nunca llegó a entender cómo pasa la sangre de las arterias a las venas, que es a través del sistema que hoy conocemos como la amplia red capilar del cuerpo.

Harvey anunció sus descubrimientos en 1616, pero no se publicaron hasta 1628, cuando imprimió *Exercitatio Anatomica de Motu Cordis et Sanguinis in Animalibus (Un ejercicio anatómico sobre el movimiento del corazón y la sangre en los animales).*

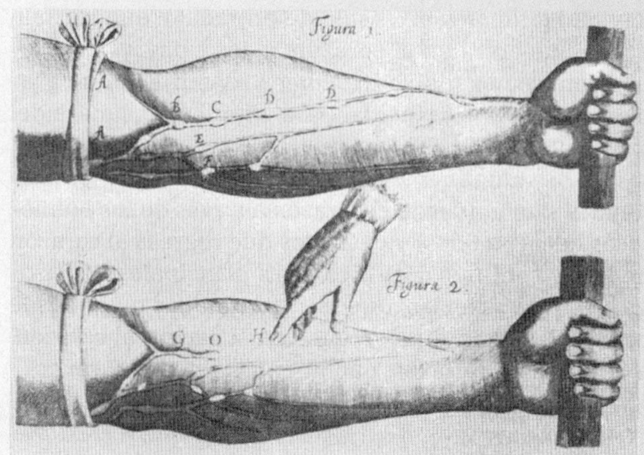

Experimento de Harvey. Este experimento demostró que la sangre sólo fluye hacia el corazón. Si el flujo sanguíneo desde el miembro (hacia el corazón) se bloquea, la vena no puede rellenarse con el flujo sanguíneo que proviene del corazón.

Los gradientes de presión rigen el flujo sanguíneo cardíaco

Este capítulo trata del movimiento de líquidos, el flujo sanguíneo a través del corazón y los vasos sanguíneos en un bucle sin fin. Pero antes de entrar en detalles, tenemos que tratar un tema importante: *¿cómo fluye la sangre?* La respuesta corta es que la sangre fluye gracias a un *gradiente de presión* (cap. 1), una diferencia de presión entre dos zonas. Ya sea desde una cámara del corazón a la siguiente o a lo largo de una arteria, la sangre siempre se está moviendo por un gradiente de presión de una región de alta presión a una región de menor presión.

Son dos los mecanismos que crean gradientes de presión en el aparato cardiovascular:

- Se fuerza la entrada de sangre adicional en un compartimento.
- El músculo que rodea el compartimento se contrae.

Piense en un globo lleno de agua. Si se añade más agua, aumentará la presión en el interior del globo. Al final, la presión será mayor de lo que la pared del globo puede resistir. El globo estallará y el agua fluirá hacia donde se le permite, desde el interior hacia el exterior. Otra opción es comprimir la pared con las manos lo suficiente como para producir el mismo resultado: aumentar la presión interna y causar la ruptura de la pared. Del mismo modo, la presión de un líquido en un compartimento del corazón (p. ej., la aurícula izquierda) puede aumentarse llenándola con mayor cantidad de sangre o mediante la contracción de la pared de la aurícula que presiona el compartimento. Cuando la presión en la aurícula es mayor que la presión en el ventrículo adyacente, la sangre fluye desde la aurícula al ventrículo.

Apuntes sobre el caso

11-1 ¿Tuvo Bob W. problemas con su corazón, sus vasos sanguíneos o ambos?

11-2 Parte del ventrículo izquierdo de Bob W. no podía contraerse. ¿Qué efecto tiene este hecho sobre el gradiente de presión entre el ventrículo izquierdo y la arteria que sale del corazón?

11-1 Verdadero o falso: todo vaso sanguíneo que lleva sangre desde el corazón es una arteria.

11-2 ¿Qué circulación transporta el oxígeno a los huesos de la mano, la pulmonar o la sistémica?

11-3 Indicar el tipo de gradiente que rige el flujo sanguíneo a través de los vasos y cavidades del corazón.

Estructura y función del corazón

El corazón se encuentra entre los pulmones, por delante de la columna vertebral, por encima del diafragma y por debajo del borde superior del esternón (fig. 11-2 A). Tiene el tamaño y la forma de un puño cerrado, dos tercios de los cuales se encuentran a la izquierda de la línea media. El estrecho *vértice* o zona apical apunta hacia abajo y hacia fuera, hacia la cadera izquierda. La *base,* más ancha, se encuentra opuesta al vértice, donde los grandes vasos se unen al corazón.

El corazón se encuentra en un saco cerrado flexible, el **pericardio,** que tiene aproximadamente de 1 mm a 2 mm de espesor. Está formado por dos capas (fig. 11-2 B y C). La capa gruesa externa, el *pericardio fibroso,* está anclada por abajo al diafragma y por encima a los grandes vasos, donde se adhiere a la base del corazón. La capa interna, el *pericardio seroso,* se repliega sobre sí misma para formar una membrana de dos capas que recubre la superficie interna del saco, así como la superficie del corazón en sí. La capa de pericardio seroso unida al pericardio fibroso es la *capa parietal;* la capa que cubre el corazón es la *capa visceral* o *epicardio*. El espacio potencial entre estas dos capas del pericardio seroso es la *cavidad pericárdica.* En la figura 1-14 puede verse cómo se forma este espacio durante el desarrollo fetal. Las células del pericardio seroso secretan una pequeña cantidad de *líquido pericárdico,* un lubricante que permite que las dos capas serosas se deslicen una sobre la otra, conforme el corazón se mueve con cada latido.

En algunas circunstancias, el espacio potencial de la cavidad pericárdica se convierte en un espacio real lleno de líquido; por ejemplo, cuando se inflama el pericardio (pericarditis) y se acumula líquido inflamatorio. En algunos casos, el líquido acumulado puede comprimir el corazón e impedir que se dilate y se contraiga correctamente.

La pared del corazón tiene tres capas

Prácticamente todo el espesor de la pared del corazón, y por tanto toda la masa del corazón, está formada por músculo cardíaco o **miocardio** (fig. 11-2 C), que se trata con más detalle a continuación.

La capa más externa de la pared del corazón es el **epicardio,** que en realidad es lo mismo que la capa visceral del pericardio seroso comentada antes. La capa interna de la pared del corazón, el **endocardio,** tiene sólo unas pocas células de espesor y representa una continuación de las células similares que tapizan todos los vasos sanguíneos. Las células epiteliales planas del endocardio son las únicas células de la pared del corazón que están en contacto directo con la sangre. Al igual que en los vasos sanguíneos, estas células forman una superficie lisa libre de fricción para asegurar un flujo uniforme y evitar la formación de coágulos en la sangre (cap. 10).

La pared es delgada donde forma las aurículas, de unos 2 mm a 3 mm. La pared del ventrículo derecho tiene de 4 mm a 5 mm de espesor. Por el contrario, la pared del ventrículo izquierdo tiene de 11 mm a 13 mm de espesor,

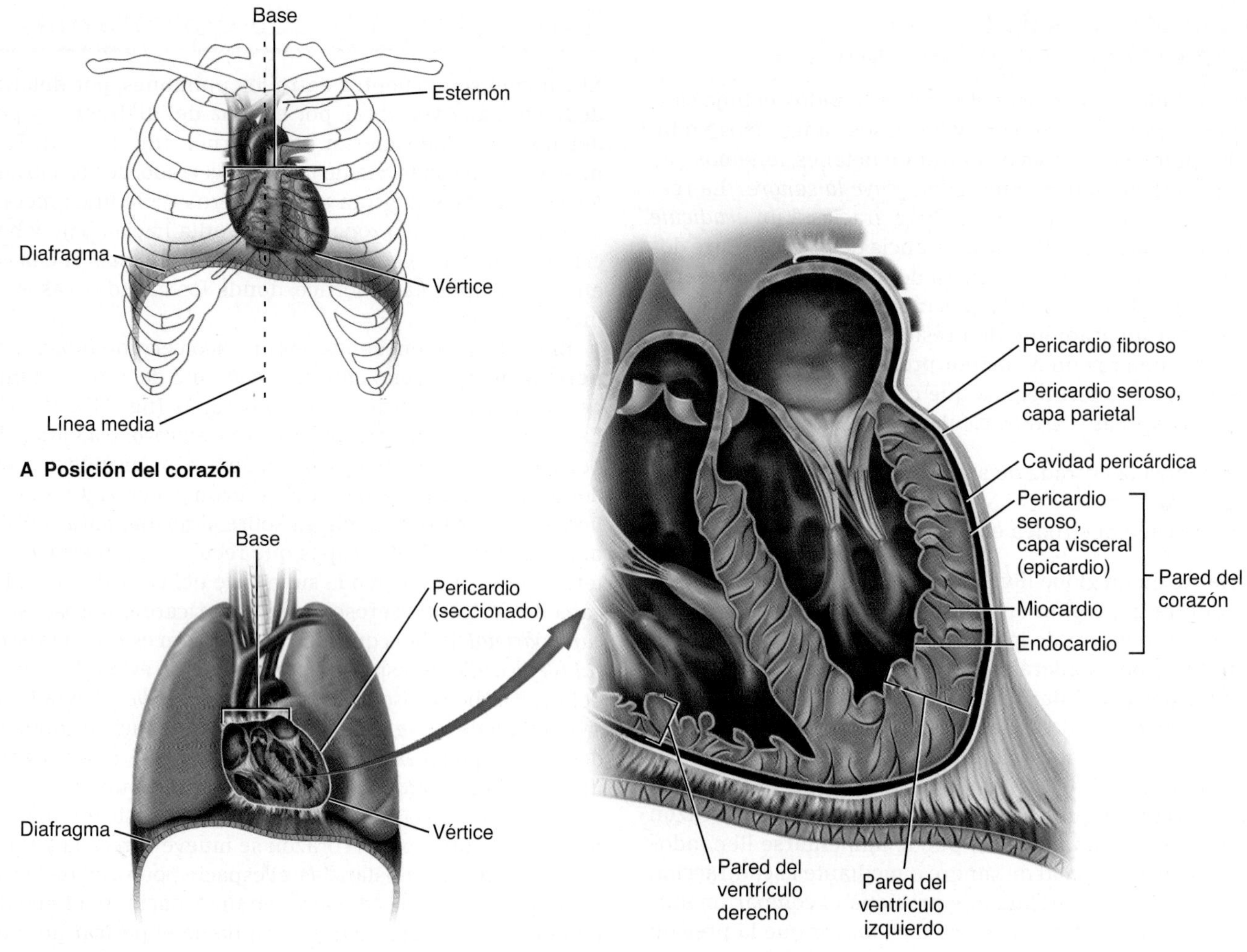

Figura 11-2. El corazón y su recubrimiento. A) El vértice cardíaco (zona apical) apunta hacia la cadera izquierda y la base del corazón hacia la parte posterior del hombro derecho. **B)** El corazón está firmemente unido al diafragma y los principales vasos sanguíneos por el pericardio. **C)** La pared del corazón está formada por tres capas y está rodeado por el pericardio. *¿Qué capa del pericardio es parte de la pared del corazón?*

lo que refleja su capacidad de producir la fuerza suficiente para impulsar la sangre desde el corazón a los dedos del pie.

Apuntes sobre el caso

11-3 El músculo cardíaco de Bob estaba lesionado. ¿Qué capa del corazón estaba afectada?

Un esqueleto fibroso proporciona aislamiento y soporte

Una característica importante de la pared del corazón es el *esqueleto fibroso,* formado por tejido conjuntivo denso. En el miocardio es una malla que sirve para unir entre sí las fibras musculares cardíacas. Sin embargo, en la zona de unión entre las aurículas y los ventrículos se condensa en un plano de tejido fibroso y separa las aurículas, por encima, de los ventrículos, por debajo (v. fig. 11-5 A). Con una única excepción importante, esta capa de tejido fibroso proporciona aislamiento eléctrico de las aurículas con los ventrículos. La excepción es un haz de músculo cardíaco especializado que forma parte del *sistema de conducción cardíaca,* que se comenta más adelante, que penetra en el tejido fibroso para llevar las señales eléctricas de las aurículas a los ventrículos.

El músculo cardíaco tiene propiedades únicas

Los miocitos cardíacos (células musculares) se organizan en capas concéntricas que envuelven el corazón (fig. 11-3, izquierda). Esta disposición les permite exprimir la sangre fuera del corazón, como la pasta de dientes del tubo de dentífrico. El músculo cardíaco comparte algunas características con el músculo liso esquelético. Al igual que

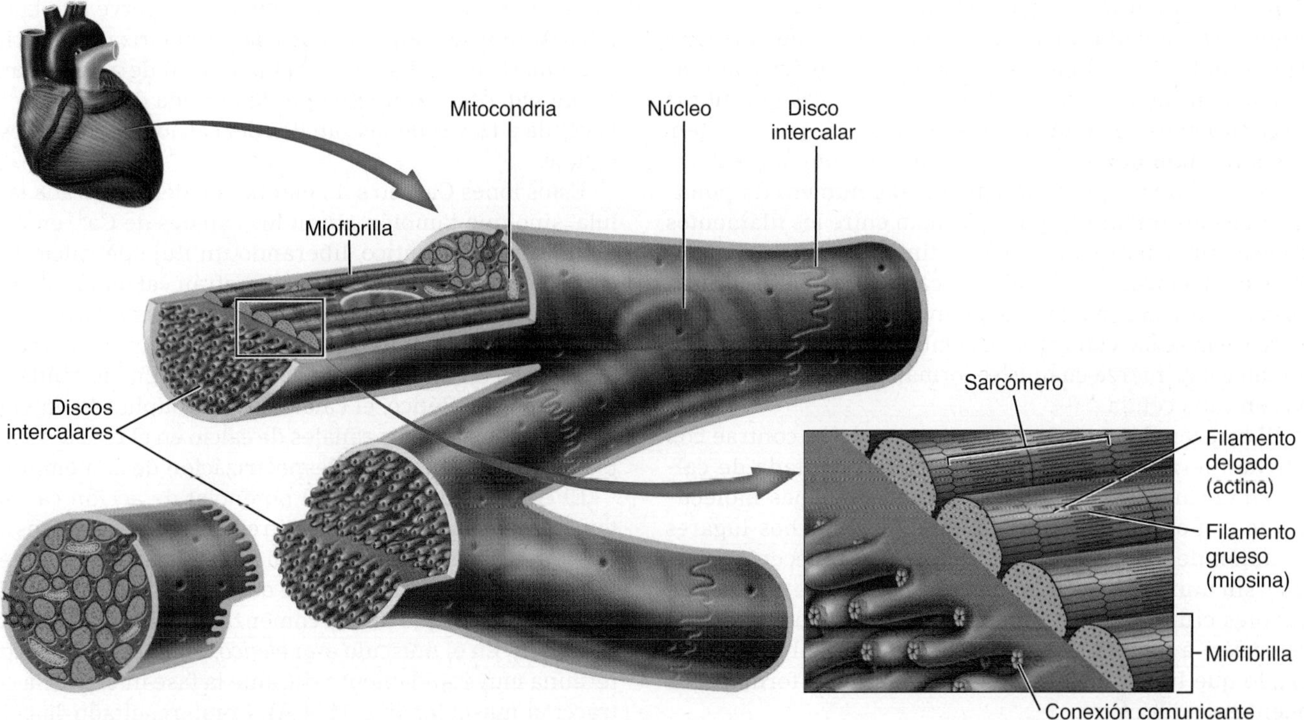

Figura 11-3. Músculo cardíaco. Las células del músculo cardíaco se unen extremo a extremo mediantes los discos intercalares. *¿Para qué sirven las conexiones comunicantes, para mantener las células unidas físicamente o para emparejar las células eléctricamente?*

el músculo esquelético, el músculo cardíaco es *estriado,* ya que sus miofilamentos se organizan en sarcómeros, cada uno con una distribución ordenada de los filamentos finos y gruesos (fig. 11-3). El músculo cardíaco también se regula de manera similar al músculo esquelético, mediante la unión del calcio a la troponina, lo que libera los lugares de unión a la miosina de las moléculas de actina de los filamentos delgados. Sin embargo, el músculo cardíaco y el esquelético difieren estructural y funcionalmente de forma considerable

Las células del corazón están acopladas eléctricamente

Las fibras musculares *esqueléticas* están eléctricamente aisladas unas de las otras; una fibra puede contraerse mientras la fibra adyacente se relaja. Por el contrario, las fibras musculares *cardíacas* están interconectadas y las señales eléctricas pasan fácilmente entre ellas. Las células cardíacas tienen múltiples extremos romos que enlazan una célula con otra en lugares aplanados denominados *discos intercalares* (fig. 11-3, derecha). Cada disco intercalar contiene conexiones comunicantes, diminutos túneles llenos de líquido, que permiten a los iones transmitir las señales eléctricas directamente de célula a célula. Como resultado, el corazón se comporta como el músculo liso: una onda de contracción viaja rápidamente a través de las células musculares cardíacas. Sin embargo, vale la pena recordar que la onda no se propaga directamente desde las células del músculo auricular a las células del músculo ventricular. En su lugar, la señal se canaliza a través de las fibras del sistema de conducción cardíaco, que penetran en el esqueleto fibroso, que actúa de aislante eléctrico y separa las aurículas de los ventrículos.

La fuerza de la contracción cardíaca depende del número de puentes cruzados

En determinadas circunstancias, como durante el ejercicio, se requieren contracciones cardíacas más fuertes con el fin de impulsar más sangre. Sin embargo, el mecanismo para conseguir contracciones más fuertes en el músculo cardíaco es diferente del utilizado por el músculo esquelético. Para ilustrar la diferencia, piense en un equipo de trabajadores que mueven un cargamento de cajas. En el músculo esquelético, cada trabajador realiza siempre el máximo esfuerzo, pero el número de trabajadores varía. Un trabajador (es decir, una fibra muscular) podría levantar una caja ligera, mientras que una caja pesada tendría que ser levantada por muchos trabajadores (es decir, muchas fibras musculares). Por el contrario, en el músculo cardíaco todos los trabajadores trabajan siempre juntos. Cada trabajador realiza un poco de esfuerzo para levantar una caja ligera o un esfuerzo mayor para levantar una caja pesada.

Así es como funciona. Hay que recordar que las fibras del músculo esquelético no están conectadas eléctricamente y que cada contracción es «todo o nada», la contracción de unas pocas fibras produce una fuerza pequeña. Para obtener más fuerza se requiere la contracción de más fibras, que deben reclutarse mediante un esfuerzo consciente («levantar más») del grupo de fibras que no se contraen. Este método no se aplica en el músculo cardíaco, ya que todas las células están conectadas eléctricamente y se contraen juntas, así que no hay reserva de fibras no contráctiles de donde reclutar más fibras que trabajen. Recuerde también del capítulo 7 que la fuerza producida por una fibra muscular depende del número de puentes cruzados (uniones) que se forman entre los filamentos gruesos (miosina) y delgados (actina). Durante una contracción del músculo esquelético, cada fibra que se contrae forma el número máximo de puentes cruzados, cada fibra ejerce el máximo esfuerzo. En cambio, el músculo cardíaco produce más fuerza cuando se forman más puentes cruzados en cada célula.

El corazón de una persona en reposo no se contrae con mucha fuerza porque hay una cantidad limitada de calcio en el sarcoplasma. Como resultado, muchas moléculas de troponina permanecen sin unir y muchos lugares de unión de las moléculas de actina permanecen cubiertos y sin unirse; es decir, se han formado pocas uniones de puentes cruzados. Sin embargo, el ejercicio (u otros tipos de estrés) aumenta la cantidad de calcio en el sarcoplasma, lo que libera más lugares de unión para formar más puentes cruzados.

El calcio mantiene los potenciales de acción del miocardio

Los potenciales de acción del miocardio difieren de los potenciales de acción del músculo esquelético en dos aspectos. Como puede verse mediante la comparación de las partes A y B de la figura 11-4, el potencial de acción del miocardio dura mucho más tiempo y el calcio tiene una función importante. La despolarización inicial del músculo cardíaco, al igual que en el músculo esquelético, se produce como resultado de la entrada de Na^+ a través de canales dependientes de voltaje. La fase final de repolarización del potencial de acción es también familiar y se debe a la salida de K^+ de la célula. Sin embargo, observe que la despolarización se mantiene entre la despolarización inicial y la repolarización. Esta fase del potencial de acción, llamada *meseta,* está mantenida por la entrada de iones Ca^{2+} en la célula a través de los canales del calcio dependientes de voltaje.

Estos iones Ca^{2+} no sólo mantienen despolarizada la célula, sino que también abren los canales de Ca^{2+} en el retículo sarcoplasmático, liberando un flujo de calcio en el citoplasma. Como en el conocido refrán «el dinero llama al dinero», la dosis inicial de calcio libera más calcio en un bucle de retroalimentación positiva que mantiene al músculo cardíaco en un estado de contracción. En las células del músculo esquelético, el calcio *no* está implicado en el potencial de acción y los canales de calcio en el retículo sarcoplasmático se abren por despolarización de la membrana.

El carácter distintivo del potencial de acción cardíaco también afecta al intervalo entre contracciones sucesivas. Los potenciales de acción no pueden iniciarse en una célula despolarizada, es decir, tiene que terminar el potencial de acción antes de que pueda comenzar un segundo potencial de acción. En el músculo *esquelético,* el potencial de acción termina muy rápidamente, durante la fase inicial de la contracción muscular (fig. 11-4 A). Como resultado, la célula está lista para otra contracción antes de que la contracción en curso se haya completado, una disposición que facilita contracciones suaves y constantes llamadas *contracciones tetánicas* (v. fig. 7-12). Por el contrario, los potenciales de acción *cardíacos* duran mientras el músculo cardíaco está contraído (fig. 11-4 B). Recordemos que, en el músculo esquelético, un ciclo individual de contracción y relajación se llama *contracción muscular.* El largo potencial de acción cardíaco significa que una contracción muscular es la única forma de contracción del músculo cardíaco; nunca se produce la contracción tetánica, un estado de contracción prolongado. Todas las cámaras del corazón se relajan totalmente entre contracciones, dando tiempo suficiente para que se produzca el llenado.

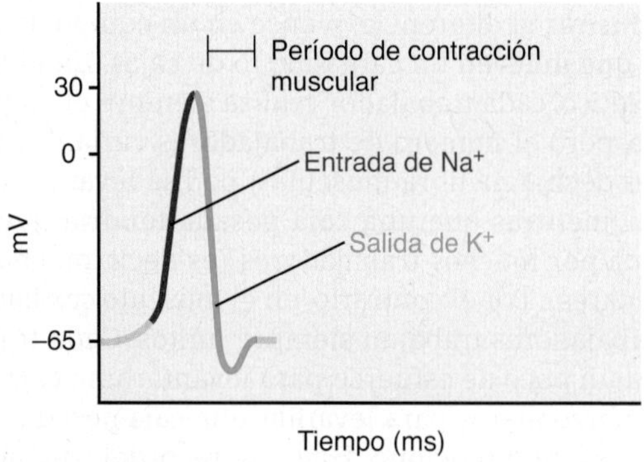

A Potencial de acción del músculo esquelético

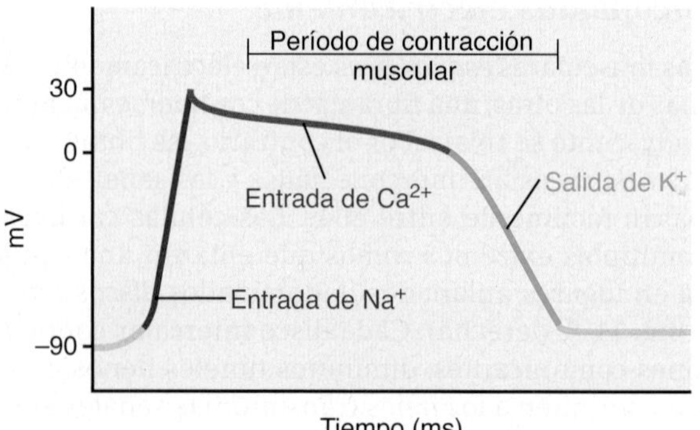

B Potencial de acción del músculo cardíaco

Figura 11-4. Potenciales de acción del músculo cardíaco. A) El potencial de acción en las células del músculo esquelético es de corta duración. **B)** El potencial de acción de las células musculares cardíacas tiene un período de meseta extendido. *¿Qué ión participa en el potencial de acción del músculo cardíaco pero no en el del esquelético?*

Apuntes sobre el caso

11-4 A Bob se le administró epinefrina en un intento de aumentar la fuerza de contracción del músculo cardíaco. Según la información de esta sección, ¿cree que la epinefrina reclutó más fibras del músculo cardíaco o aumentó el número de puentes cruzados que se forman en cada fibra en contracción?

Algunas células del miocardio tienen ritmo propio

A diferencia del músculo esquelético, una parte del músculo cardíaco tiene ritmo propio (es autorrítmico), es decir, puede iniciar la contracción sin un estímulo externo. Las regiones del miocardio que poseen esta capacidad se llaman *miocardio autorrítmico*. Aquí las células son más pequeñas que en el resto del miocardio (las del *miocardio contráctil*, que acabamos de mencionar). Las células autorrítmicas del miocardio se contraen muy débilmente, pero destacan en la transmisión de señales eléctricas. Los potenciales de acción especializados de las células autorrítmicas del miocardio se tratan a continuación, en la sección sobre el sistema de conducción cardíaca.

El músculo cardíaco produce energía de forma aerobia

Otra característica única del músculo cardíaco es que se basa exclusivamente en el metabolismo aerobio, y por tanto está repleto de mitocondrias. El músculo cardíaco quemará casi cualquier cosa para obtener energía: glucosa, aminoácidos, ácido láctico o cualquier otro tipo de nutriente disponible, de modo que la disponibilidad de oxígeno (no la de nutrientes) es el factor limitante en el metabolismo energético cardíaco. No se fatiga en condiciones normales, pero puede hacerlo como consecuencia de una enfermedad.

La sangre fluye a través de las cámaras cardíacas y los grandes vasos

Recuerde que el corazón es en realidad dos bombas acopladas lado a lado, el corazón derecho y el corazón izquierdo, cada uno compuesto por una aurícula superior y un ventrículo inferior. Las aurículas están separadas por el **tabique interauricular** (fig. 11-5), una pared delgada que contiene una depresión oval, la *fosa oval*, que es un remanente del *foramen oval*, una abertura entre las aurículas del corazón fetal que permite que la sangre cortocircuite los pulmones en el feto. Los ventrículos están separados por un tabique muscular grueso, el **tabique interventricular,** que se estrecha en su extremo superior para formar una delgada membrana fibrosa donde se une al esqueleto fibroso.

En la figura 11-5 puede verse el camino que sigue la sangre a través del corazón y los grandes vasos. La aurícula derecha está conectada con tres grandes venas que llevan la sangre pobre en oxígeno proveniente del cuerpo *(1)*. La **vena cava superior** (del latín *cava* = «hueco») lleva la sangre de la cabeza, cuello y miembros superiores; la **vena cava inferior** lleva la sangre de las vísceras, el tronco y los miembros inferiores, y el **seno coronario** drena la sangre del músculo cardíaco. La aurícula derecha *(2)* lleva sangre hacia el ventrículo derecho *(3)*, que la bombea hacia el **tronco pulmonar** *(4)*. El tronco pulmonar se divide en las arterias pulmonares derecha e izquierda *(5)*, que llevan sangre a los pulmones.

Cuatro **venas pulmonares** *(6)* llevan sangre rica en oxígeno a la aurícula izquierda *(7)*. El ventrículo izquierdo *(8)* bombea la sangre que recibe desde la aurícula izquierda hacia la parte *ascendente* de la **aorta** *(9)* para su distribución a los capilares sistémicos de todo el cuerpo *(10)*. El tronco pulmonar y la aorta se conocen como los *grandes vasos* del corazón, en referencia a su gran tamaño.

Las válvulas cardíacas garantizan un flujo unidireccional

El corazón tiene cuatro válvulas que actúan como compuertas en un solo sentido que controlan la dirección del flujo de la sangre (fig. 11-5). Las válvulas cardíacas son pliegues *(valvas)* de un tejido fibroso delgado resistente. La base de cada valva se apoya en el esqueleto fibroso (fig. 11-6 A) y el otro extremo puede moverse hacia atrás y hacia adelante como una bandera al viento. Los bordes libres de las valvas de la válvula son apartados del camino por el flujo sanguíneo en la dirección deseada, pero son empujados hacia atrás de nuevo para formar un sello hermético cuando la sangre intenta fluir de nuevo en la dirección opuesta.

Las **válvulas auriculoventriculares** (AV) se encuentran entre las aurículas y los ventrículos. La válvula AV derecha se conoce como **válvula tricúspide** (del latín *tri* = «tres + *cusp* = «punto») y es una válvula de tres valvas que separa la aurícula y el ventrículo derechos. La válvula AV izquierda también se conoce como **válvula mitral** debido a que sus dos valvas se asemejan al sombrero de un obispo (una mitra). Cada válvula AV se abre cuando la presión auricular supera la presión del ventrículo. Este gradiente de presión empuja a las valvas y las separa, lo que permite que la sangre fluya desde la aurícula al ventrículo (fig. 11-6 B). Las válvulas AV se cierran cuando ocurre lo contrario: cuando de repente la presión ventricular se vuelve mayor que la presión en la aurícula y empuja hacia arriba las valvas, cerrándolas para evitar el flujo de vuelta (fig. 11-6 C).

Teniendo en cuenta la alta presión en el ventrículo cuando se llena con sangre, puede que se pregunte qué evita que las valvas de la válvula se inviertan como un paraguas de adentro hacia afuera con un viento fuerte. La respuesta es que el borde libre de cada valva está anclado por finas cuerdas de tejido fibroso semejantes a tendones **(cuerdas tendinosas)** a pequeños montículos de tejido muscular cardíaco (**músculos papilares,** del latín *papula* = «pequeña protuberancia» o «pezón») (fig. 11-5; v. también fig. 11-6 B).

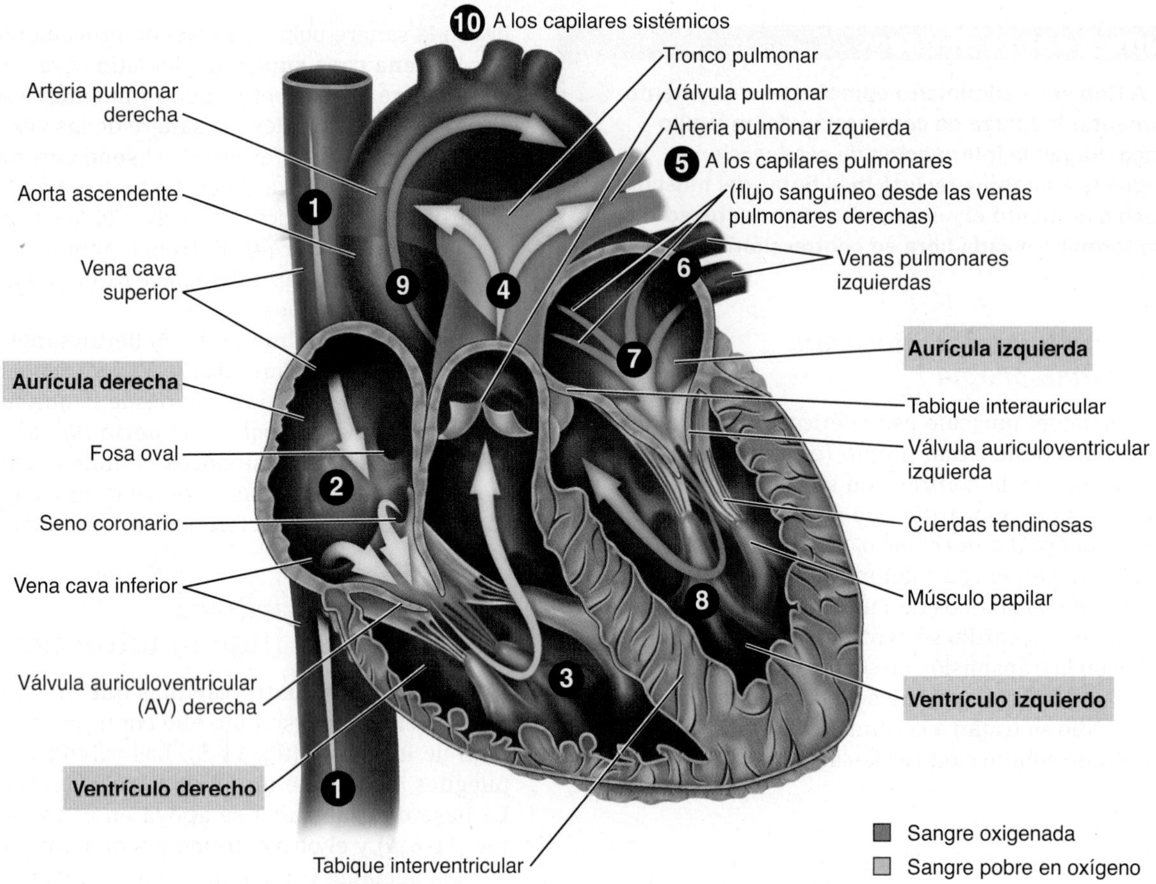

10 A los capilares sistémicos
Tronco pulmonar
Arteria pulmonar derecha
Válvula pulmonar
Arteria pulmonar izquierda
5 A los capilares pulmonares
(flujo sanguíneo desde las venas pulmonares derechas)
Aorta ascendente
1
9
4
6
Venas pulmonares izquierdas
Vena cava superior
Aurícula izquierda
7
Aurícula derecha
Tabique interauricular
Fosa oval
Válvula auriculoventricular izquierda
2
Seno coronario
Cuerdas tendinosas
Vena cava inferior
Músculo papilar
8
Válvula auriculoventricular (AV) derecha
3
Ventrículo izquierdo
Ventrículo derecho
1
Tabique interventricular
Sangre oxigenada
Sangre pobre en oxígeno

A Vista anatómica del flujo sanguíneo cardíaco

10 Capilares sistémicos:
Parte superior del cuerpo
Parte inferior del cuerpo
Músculo cardíaco
Seno coronario
Vena cava inferior
Vena cava superior
1
9 Aorta ascendente
Válvula aórtica
8 Ventrículo izquierdo
Válvula AV izquierda
7 Aurícula izquierda
Aurícula derecha 2
Válvula AV derecha
Ventrículo derecho 3
Válvula pulmonar
Tronco pulmonar
4
Arterias pulmonares
6 Venas pulmonares
5 Capilares pulmonares

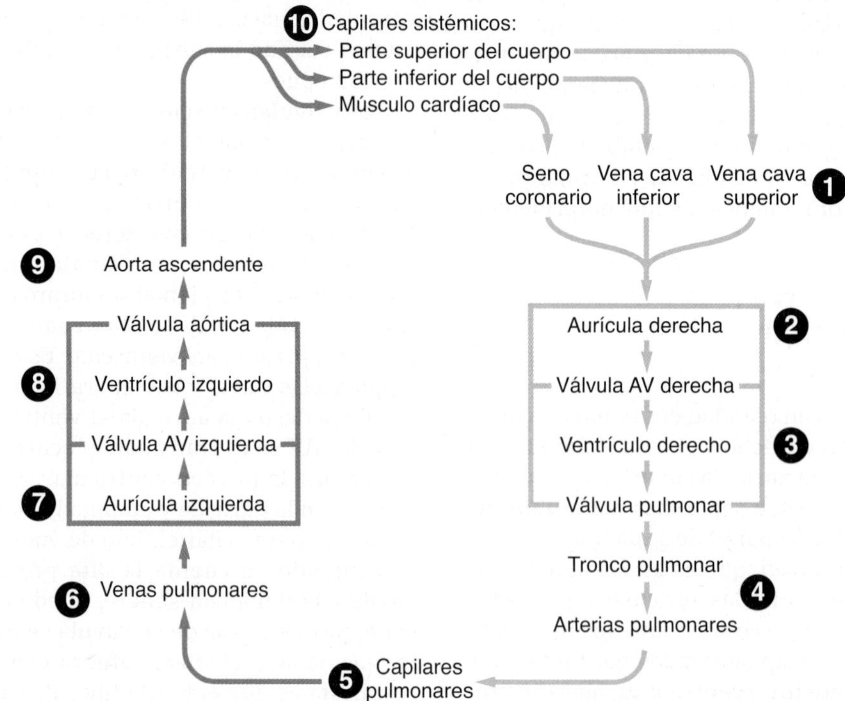

B Vista esquemática del flujo sanguíneo cardíaco

Figura 11-5. Flujo sanguíneo a través del corazón. A) Una serie de válvulas garantizan el flujo unidireccional a través de las cámaras del corazón y la salida por la aorta o por el tronco pulmonar. **B)** Esquema de la dirección del flujo de la sangre. *¿Qué cámara recibe la sangre del músculo cardíaco?*

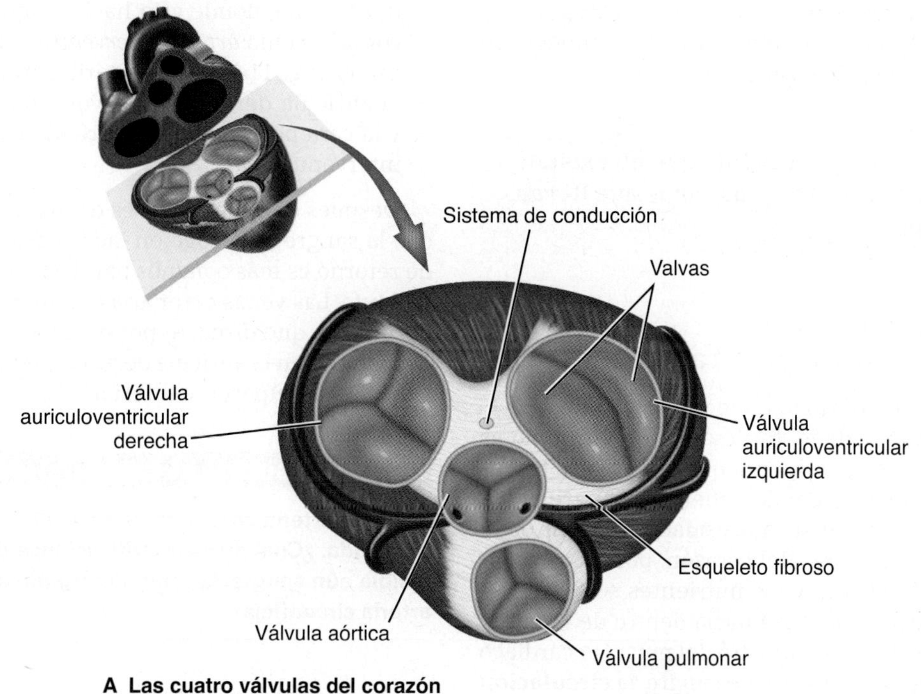

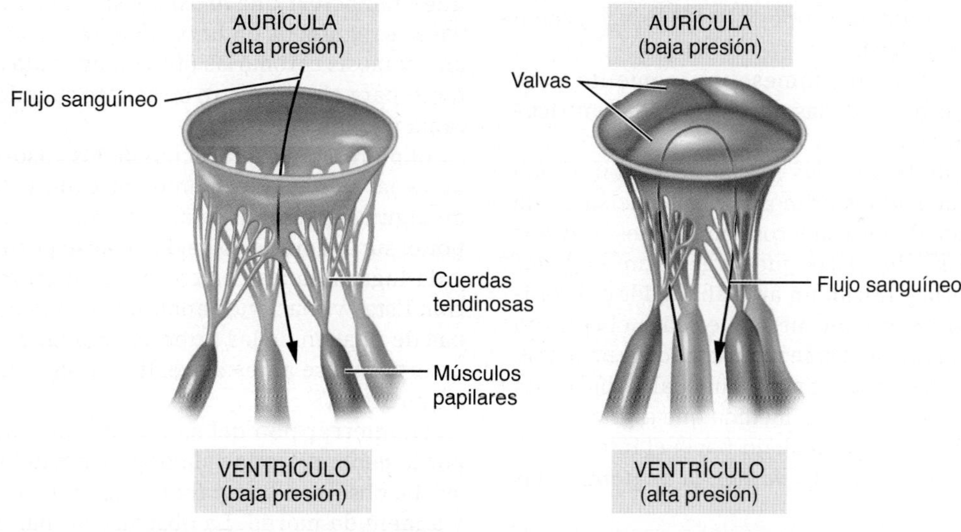

Figura 11-6. Las válvulas y el esqueleto fibroso. A) El esqueleto fibroso separa las aurículas de los ventrículos y da soporte a las válvulas cardíacas. **B)** En respuesta a una presión mayor en la aurícula que en el ventrículo, se abre la válvula auriculoventricular (AV) derecha, permitiendo el flujo sanguíneo desde la aurícula al ventrículo. **C)** La válvula AV se cierra, evitando el flujo sanguíneo desde el ventrículo a la aurícula. *¿Qué válvula tiene sólo dos valvas?*

Las *válvulas semilunares* se asientan en la base de la aorta y el tronco pulmonar, donde conectan con los ventrículos. En estas válvulas no hay cuerdas tendinosas ni músculos papilares. La **válvula pulmonar** está compuesta por tres valvas en forma de copa con el extremo abierto de la copa frente a la luz de la arteria pulmonar principal (fig. 11-5 A). Cuando está cerrada, los bordes de las cúspides de la válvula se unen para formar tres arcos en forma de semiluna desde atrás hacia atrás. Las valvas se apartan con facilidad cuando la presión ventricular supera a la de la arteria pulmonar, lo que permite la salida del flujo sanguíneo del ventrículo derecho. Tan pronto como el ventrículo termina su parte del latido y se relaja, la presión en la arteria pulmonar supera a la del ventrículo y la válvula se cierra, evitando que la sangre recientemente expulsada vuelva a entrar en el ventrículo. Entre el ventrículo izquierdo y la aorta se encuentra una válvula similar de tres valvas, la **válvula aórtica** (fig. 11-5 A). Más adelante comentaremos la función de las válvulas junto con el ciclo cardíaco.

¡Recuerde! **Tenga en cuenta que no existen válvulas entre las aurículas y las venas que llevan sangre a las mismas.**

La circulación coronaria suministra la sangre al corazón

Aunque el músculo cardíaco supone sólo 1/200 de la masa corporal, consume 1/20 del flujo sanguíneo. Esto no es sorprendente si tenemos en cuenta que sus células trabajan sin descanso. Pero, ¿de dónde obtiene *su* sangre el corazón? No puede satisfacer sus necesidades a partir de la sangre que llena las cámaras del corazón, porque el músculo es grueso y el oxígeno y los nutrientes sólo pueden difundir una distancia muy corta hacia dentro de la pared cardíaca. En vez de ello, el suministro del músculo cardíaco proviene de su propio suministro de sangre, la **circulación coronaria.** Este nombre deriva del latín *corona,* que significa «corona» o «guirnalda», en referencia al hecho de que los vasos coronarios rodean la superficie del corazón como una corona rodea la cabeza.

Antes de seguir leyendo, tómese un momento para orientarse en la ubicación de las aurículas y los ventrículos, que se muestra en la figura 11-7.

La importancia de las *arterias coronarias* está indicada por el hecho de que son los primeros vasos que salen de la aorta, emergiendo de los primeros centímetros. Hay dos **arterias coronarias** principales, que surgen a ambos lados de la base de la aorta y trazan un arco alrededor del corazón por el *surco coronario,* un surco que rodea el corazón por la zona donde las aurículas se unen con los ventrículos. Las arterias coronarias y sus ramas principales discurren por la superficie del corazón y, a medida que avanzan, envían arterias penetrantes hacia abajo, hacia el interior del miocardio. Aunque los patrones varían, la anatomía más frecuente es la siguiente:

- La **arteria coronaria izquierda** se extiende a la izquierda de la aorta y en aproximadamente 1 cm se bifurca en la *arteria interventricular anterior (descendente anterior)* y la *arteria circunfleja.* La arteria interventricular anterior baja por la cara anterior del corazón hasta la punta del ventrículo izquierdo, e irriga la parte anterior de ambos ventrículos y el tabique interventricular. La arteria circunfleja irriga la aurícula izquierda y la pared lateral del ventrículo izquierdo.
- La **arteria coronaria derecha** se extiende desde la derecha de la aorta durante 2 cm o 3 cm antes de la bifurcarse. La *arteria marginal derecha* es una pequeña rama que se extiende por el lado derecho del corazón para irrigar la parte lateral del ventrículo derecho. La arteria coronaria derecha continúa con su arco alrededor del corazón por el surco coronario hasta que llega a la parte posterior, donde gira hacia abajo hacia el vértice del corazón como *arteria interventricular posterior (descendente)* (fig. 11-7 B). La arteria coronaria derecha irriga la aurícula derecha, la mayoría del ventrículo derecho y la cara posterior del ventrículo izquierdo y el tabique interventricular.

Después de viajar a través de los capilares en el miocardio, la sangre se recoge en las venas coronarias, cuya ruta de retorno es más o menos paralela a la de la arteria acompañante. Las venas coronarias se unen para formar el **seno coronario,** que discurre por el surco coronario posterior y desemboca en la aurícula derecha, cerca de su unión con las venas cavas superior e inferior.

Apuntes sobre el caso

11-5 La arteria coronaria derecha de Bob estaba obstruida. ¿Cuál de las ramificaciones de las arterias recibía aún sangre, la arteria marginal derecha o la arteria circunfleja?

En muchos puntos cerca del final de su trayecto, pequeñas ramas de las arterias coronarias derecha e izquierda se unen para crear una *anastomosis,* una unión de dos o más vasos sanguíneos en un vaso mayor que un capilar. Estas anastomosis coronarias ofrecen una ruta alternativa (colateral) para el suministro de sangre cuando se obstruye una rama pequeña.

El patrón de ramificación de los vasos coronarios puede variar significativamente entre individuos. Por ejemplo, en algunas personas la arteria coronaria izquierda sigue por el surco coronario hacia la parte posterior del corazón, y da lugar a la arteria coronaria interventricular posterior. Estas variaciones anatómicas pueden requerir pruebas de imagen de las arterias coronarias para eliminar la incertidumbre antes de realizar una intervención médica o quirúrgica.

La interrupción del suministro de sangre a los tejidos por lo general produce la disfunción del tejido o la necrosis. La obstrucción del flujo sanguíneo coronario es grave y a menudo mortal. La obstrucción parcial del flujo sanguíneo coronario provoca *angor pectoris* o *angina de pecho* (del griego *ankhone* = «estrangular» y del latín *pectoris* = «pecho»), un dolor intermitente y muy distintivo por debajo del esternón que tiene un carácter aplastante, de ahogo y dolor. Mucho más grave es la obstrucción completa del flujo sanguíneo, que priva al músculo cardíaco del oxígeno que precisa. El resultado suele ser la muerte (necrosis) del miocardio irrigado por la arteria. Un área localizada de tejido muerto como resultado de no recibir el suministro de sangre necesario es un **infarto,** en este caso un infarto de miocardio, llamado con más frecuencia *ataque al corazón.* El dolor de un ataque al corazón es similar al de la angina de pecho, pero mucho más duradero. Puesto que las células muertas del músculo no pueden contraerse, la acción de bombeo del corazón resulta afectada directamente, muchas veces con consecuencias mortales.

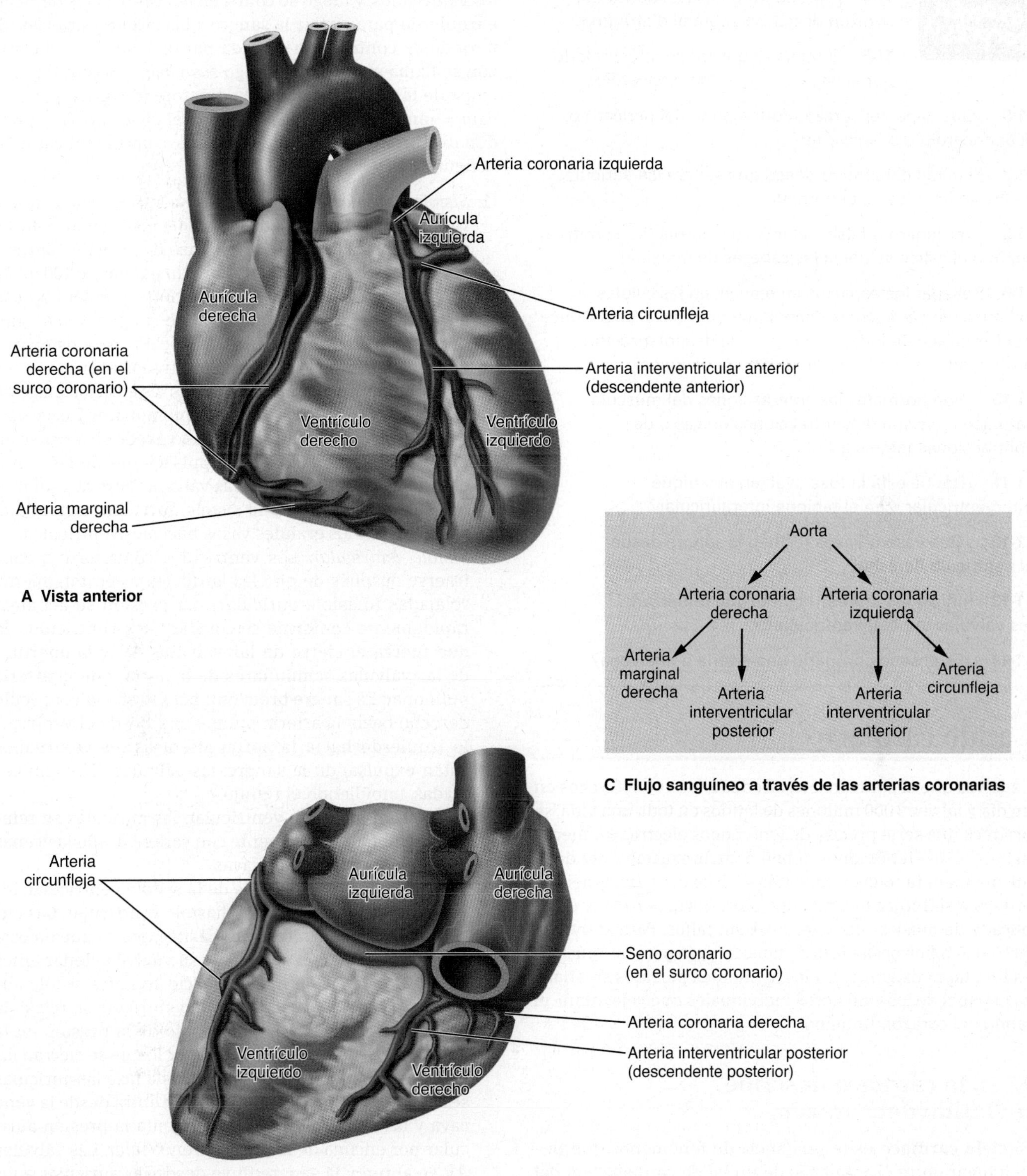

Figura 11-7. Características externas del corazón y circulación coronaria. La circulación coronaria irriga la mayor parte del músculo del corazón. Aquí sólo se muestran los vasos principales, hay muchos más. **A)** Vista anterior. **B)** Vista posterior. *Indicar la arteria que desciende a lo largo de la cara posterior del ventrículo izquierdo.*

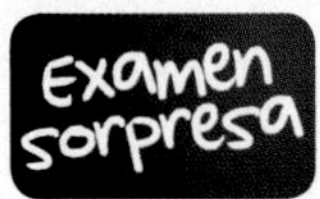

11-4 ¿Verdadero o falso?: la base del corazón descansa sobre el diafragma.

11-5 El líquido pericárdico es secretado por la capa ________ del pericardio.

11-6 ¿Qué capa del corazón forma parte del pericardio, el endocardio o el epicardio?

11-7 El tejido conjuntivo denso que separa las aurículas de los ventrículos se denomina ________.

11-8 ¿Verdadero o falso?: el músculo cardíaco se contrae cuando el calcio se une a las cabezas de miosina.

11-9 Rellenar los espacios en blanco: en las células del músculo cardíaco, la despolarización inicial se produce por la entrada de iones ________ y la despolarización prolongada se produce por la entrada de iones ________ .

11-10 ¿Son normales las contracciones del músculo cardíaco en forma de contracciones únicas o de contracciones tetánicas?

11-11 ¿Dónde está la fosa oval, en el tabique interventricular o en el tabique interauricular?

11-12 ¿Qué vaso o vasos reciben la sangre desde el ventrículo derecho?

11-13 Indicar las dos estructuras que refuerzan las válvulas auriculoventriculares.

11-14 ¿Es el seno coronario una arteria o una vena?

Latido cardíaco

Cada vez que el corazón late, alrededor de 100 000 veces en un día y tal vez 3 000 millones de latidos en toda una vida, se produce una serie precisa de fenómenos eléctricos y mecánicos. Y estos fenómenos deben ocurrir exactamente de la misma manera todas y cada una de las veces. Imagine una orquesta sinfónica tocando una pieza corta pero muy complicada de música una y otra vez sin fallos. Para el oyente es sólo una hermosa pieza de música, pero para los músicos es una tarea exigente. En los siguientes párrafos se analiza el papel de los «músicos» individuales que «ejecutan» el latido del corazón humano.

El ciclo cardíaco describe un latido del corazón

El **ciclo cardíaco** es la secuencia de fenómenos que tienen lugar entre el comienzo de un latido cardíaco y el del siguiente. Estos fenómenos están coordinados para optimizar el flujo sanguíneo desde las aurículas a los ventrículos, desde los ventrículos hacia las grandes arterias (aorta y arterias pulmonares) y desde las grandes venas (las venas cavas y las pulmonares) de nuevo hacia las aurículas. Cada ciclo incluye dos contracciones: la auricular seguida de la ventricular. Es decir, las aurículas izquierda y derecha se contraen para enviar la sangre desde las aurículas a los ventrículos, y luego se contraen los ventrículos derecho e izquierdo para enviar la sangre a las grandes arterias. El período de contracción de cada par de cámaras del corazón se llama **sístole** (del griego *sustellein* = «contraer»); la etapa de la relajación se llama **diástole** (del griego *diastellein* = «ampliar»). Los fenómenos del ciclo cardíaco pueden dividirse en los siguientes pasos, como se muestra en la figura 11-8:

1. *Sístole auricular.* Las aurículas se contraen mientras los ventrículos están relajados (diástole ventricular) y listos para recibir la sangre. Al comienzo de la sístole auricular, cada ventrículo contiene aproximadamente 100 ml de sangre. A continuación, la contracción auricular impulsa alrededor del 20 % (20 ml) más de sangre (y más aún durante el ejercicio) hacia los ventrículos. No existen válvulas de seguridad en la unión entre las aurículas y los vasos; por tanto, cuando se contraen las aurículas, algo de sangre retrocede hacia las venas pulmonares y las venas cavas. Esta onda de flujo retrógrado puede observarse en una persona recostada como pulsaciones de las venas del cuello. Por el contrario, las válvulas aórtica y pulmonar se cierran durante la sístole auricular, evitando el reflujo desde los grandes vasos hacia los ventrículos.
2. *Sístole ventricular.* Los ventrículos comienzan a contraerse después de que las aurículas estén totalmente relajadas (diástole auricular). La presión se acumula rápidamente conforme se contraen los ventrículos, lo que fuerza el cierre de las válvulas AV y la apertura de las válvulas semilunares de la aorta y de la arteria pulmonar. La sangre brota entonces desde el ventrículo derecho hacia la arteria pulmonar y desde el ventrículo izquierdo hacia la aorta. Mientras los ventrículos están expulsando la sangre, las válvulas AV están cerradas, impidiendo el reflujo.

   Durante la sístole ventricular, las aurículas se relajan y se llenan pasivamente con sangre desde las venas pulmonares y las venas cavas.
3. *Diástole completa.* Después de la sístole ventricular, los ventrículos se relajan en la diástole ventricular. Las aurículas se encuentran ya en diástole, por lo que en esta fase todo el corazón se relaja y se vuelve a llenar antes de que comience de nuevo el ciclo con otra sístole auricular (fase 1). A medida que el ventrículo se relaja, la presión ventricular cae por debajo de la presión en la aorta y las arterias pulmonares, por lo que se cierran las válvulas semilunares. Aunque en esta fase las aurículas se relajan, la sangre acumulada que entra desde la vena cava y las venas pulmonares aumenta la presión auricular por encima de la presión ventricular. Las válvulas AV se abren y la sangre fluye desde las aurículas a los ventrículos.

¡Recuerde! **Sístole significa contracción; diástole significa relajación. Le ayudará a recordar cuál es cuál si se piensa en el «apretón sistólico».**

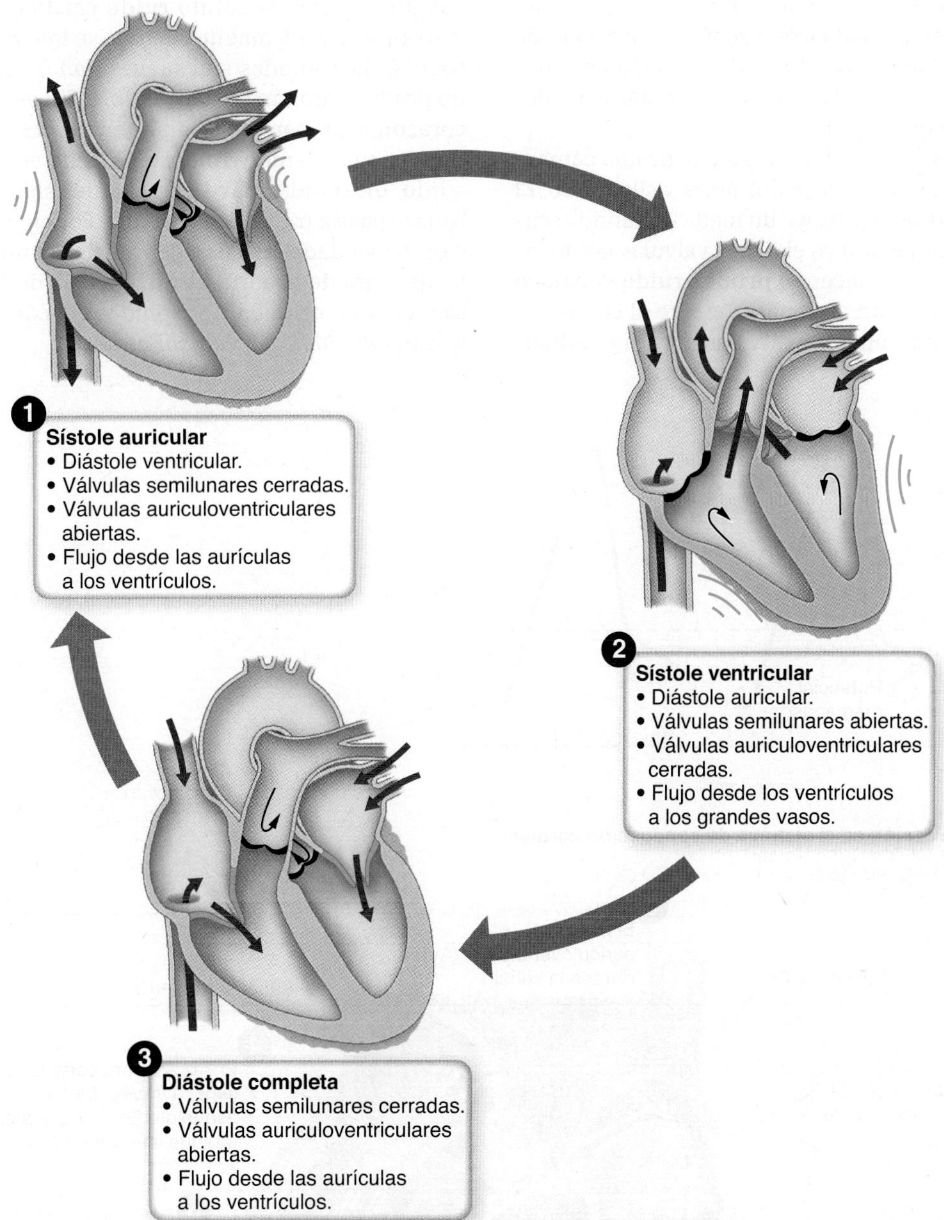
1
Sístole auricular
• Diástole ventricular.
• Válvulas semilunares cerradas.
• Válvulas auriculoventriculares abiertas.
• Flujo desde las aurículas a los ventrículos.
2
Sístole ventricular
• Diástole auricular.
• Válvulas semilunares abiertas.
• Válvulas auriculoventriculares cerradas.
• Flujo desde los ventrículos a los grandes vasos.
3
Diástole completa
• Válvulas semilunares cerradas.
• Válvulas auriculoventriculares abiertas.
• Flujo desde las aurículas a los ventrículos.

Figura 11-8. Ciclo cardíaco. El ciclo cardíaco (un único latido) puede dividirse en tres etapas. Las válvulas abiertas se muestran en color verde; las válvulas cerradas, en color negro. Las flechas finas de color negro son gradientes de presión que no producen flujo sanguíneo; las flechas rojas son los gradientes de presión que producen flujo sanguíneo. Las cámaras cardíacas están marcadas en azul. *¿Durante qué fase no hay flujo sanguíneo hacia las aurículas?*

Tenga en cuenta que la diástole ventricular se inicia en el comienzo de la fase 3 y continúa hasta el comienzo de la fase 2 del ciclo cardíaco posterior. Puesto que los ventrículos continúan recibiendo sangre mientras están relajados, contienen la mayor cantidad de sangre justo antes de la contracción. Esta carga máxima, de alrededor de 120 ml en promedio en el corazón en reposo, se llama **precarga,** ya que es la cantidad de sangre cargada en el ventrículo y lista para la eyección. Puesto que este volumen se produce al final de la diástole ventricular, se conoce también como **volumen al final de la diástole** o **telediastólico** (VTD). La precarga (VTD) es una cifra muy importante en la fisiología cardíaca. Se comenta de nuevo más adelante.

El volumen de sangre expulsada del ventrículo izquierdo durante la sístole ventricular, normalmente alrededor de 70 ml, es el **volumen sistólico** (y debe ser el mismo para el ventrículo derecho, por supuesto). En cada ventrículo queda un poco de sangre (aproximadamente 50 ml) no expulsada al final de la sístole, una cantidad llamada **volumen al final de la sístole** o **volumen telesistólico.** El porcentaje de volumen total del ventrículo expulsado en una contracción es la **fracción de eyección** (volumen sistólico dividido por el volumen telediastólico). Por ejemplo, si se expulsan 70 ml y quedan 50 ml, el total es de 120 ml y la fracción de eyección es 70/120 = 58 %. La fracción de eyección en reposo es de alrededor del 60 %, pero puede aumentar considerablemente durante el ejercicio.

En los corazones sanos, el flujo sanguíneo de una cámara a otra durante el ciclo cardíaco es uniforme y silencioso. El único sonido que normalmente oye un médico cuando escucha el corazón (auscultación) es el de las válvulas golpeándose al unirse. Las AV producen el **primer ruido cardíaco (S1)** cuando que se cierran automáticamente al comienzo de la contracción ventricular; las válvulas aórtica y pulmonar producen el **segundo ruido cardíaco (S2)**, cuando se cierran automáticamente cuando se inicia la relajación ventricular. Los sonidos son suaves *(lub dub, lub dub)*. El flujo no produce ningún sonido audible. Sin embargo, en algunos corazones de personas con alteraciones de las válvulas, el flujo es turbulento y ruidoso y puede escucharse como un **soplo**, un sonido suave, susurrante *(shh, shh)* conforme la sangre pasa a través de la válvula. Por ejemplo, si la inflamación ha soldado las cúspides aórticas entre sí estrechando la apertura de la aorta, la turbulencia de la sangre que pasa crea un murmullo. Los sonidos del corazón, en este caso, serían *lub-shhh-dub, lub-shhh-dub.*

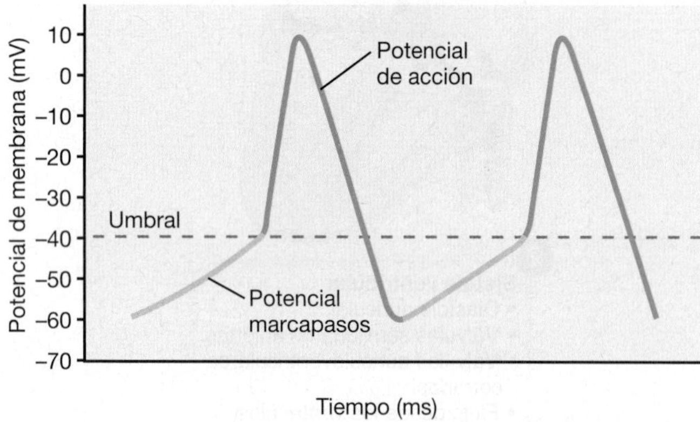

A Potenciales de acción en el sistema de conducción cardíaco

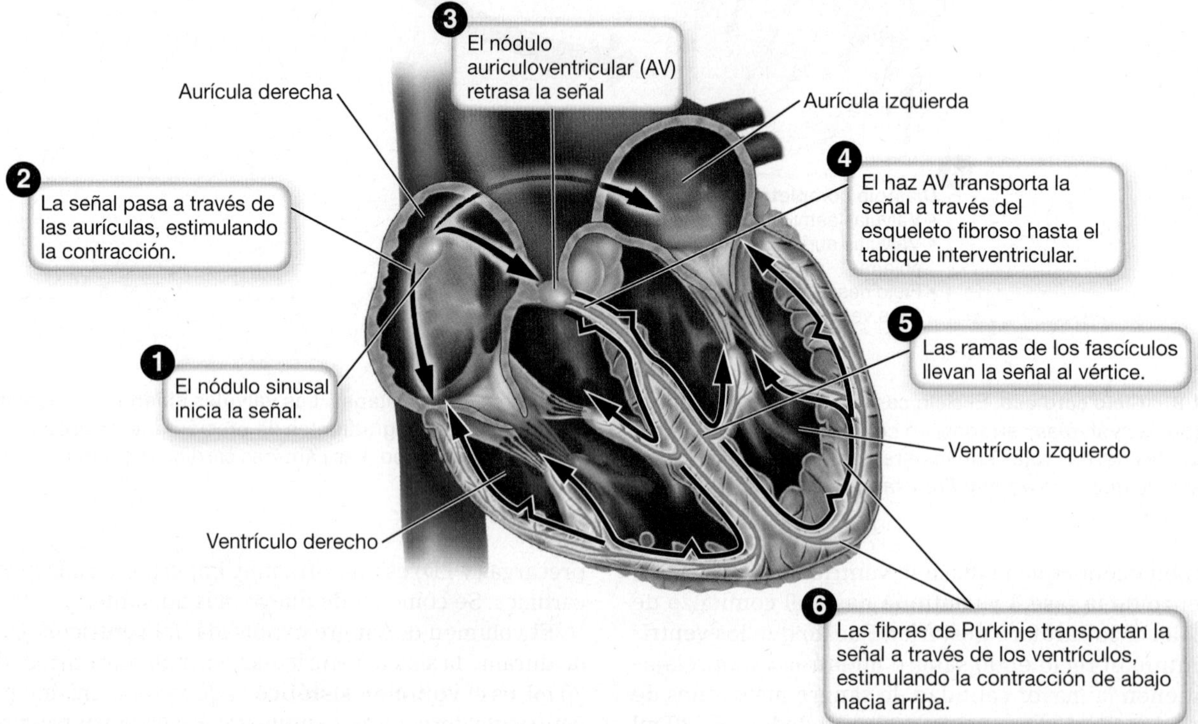

B Sistema de conducción cardíaco

Figura 11-9. Sistema de conducción cardíaca. A) Potenciales marcapasos en las células autorrítmicas. **B)** Componentes anatómicos del sistema de conducción cardíaca y pasos de un latido del corazón. Las flechas negras indican la propagación de los impulsos eléctricos a través del sistema de conducción. *¿Qué estructura envía impulsos eléctricos directamente a las células ventriculares, las ramas del haz o las fibras de Purkinje?*

Apuntes sobre el caso

11-6 Tras el ataque al corazón de Bob, ¿qué pasó con el volumen sistólico y la fracción de eyección?

El sistema de conducción cardíaco inicia cada latido cardíaco

El **sistema de conducción cardíaco** (SCC) es una red ramificada de células miocárdicas especializadas que funciona como una «vía rápida» para las señales eléctricas que controlan la contracción cardíaca (fig. 11-9). Recordemos que un potencial de acción en una motoneurona somática que provoca un potencial de acción en una fibra muscular esquelética. El SCC es muy diferente, cada célula puede poner en marcha un potencial de acción sin ningún tipo de estímulo externo. Esta propiedad se llama *autorritmicidad* o *automatismo*.

Las células en el sistema de conducción son autorrítmicas debido a una característica inusual de su potencial de membrana celular (fig. 11-9 A). Como todas las células que disparan potenciales de acción, pondrán en marcha un potencial de acción cuando se despolarizan a un voltaje particular, el *umbral*. Sin embargo, a diferencia del potencial de membrana en reposo estable de la mayoría de las células, las células de conducción tienen un potencial de membrana *inestable*. Entre los potenciales de acción, un flujo de entrada constante de iones positivos «se cuela» en la célula y provoca un aumento gradual del potencial de la membrana hasta el umbral. Este cambio *gradual* en el voltaje de la membrana se denomina **potencial marcapasos.** Cuando el potencial marcapasos alcanza el umbral, se dispara un potencial de acción. La membrana se repolariza rápidamente, los iones positivos comienzan de nuevo a «colarse» dentro y el potencial marcapasos comienza una vez más.

Al igual que todas las células del músculo cardíaco, las células de conducción están unidas por conexiones comunicantes, de manera que los potenciales de acción pasan de una célula a la siguiente conforme fluyen los iones positivos a través de las conexiones comunicantes y despolarizan la siguiente célula hasta el umbral. Así, las células del sistema de conducción pueden disparar potenciales de acción debido a su propia automaticidad innata o en respuesta a un potencial de acción en una célula vecina.

¡Recuerde! **Aunque todas las células conductoras son autorrítmicas, la mayoría disparan los potenciales de acción como resultado de los potenciales de acción en una célula adyacente.**

Ahora echemos un vistazo a los pasos de los que consta un solo latido cardíaco (fig. 11-9 B).

1. Las células del **nódulo sinusal** (SA) disparan un primer potencial de acción. El nódulo SA se encuentra en la aurícula derecha cerca del orificio de la vena cava superior.
2. Una onda de potenciales de acción pasa desde el nódulo SA a través de las células contráctiles de las aurículas, estimulando la contracción a medida que avanza.
3. Algunos potenciales de acción toman un «atajo» a través de células de conducción dispersas dentro de las aurículas para llegar a un segundo grupo de células conductoras, el **nódulo auriculoventricular**, ubicado en el tabique interauricular. El nódulo AV es estrecho y no contiene tantas conexiones comunicantes como el resto de la vía de conducción, por lo que la señal eléctrica se detiene aquí durante una importante fracción de segundo, conocido como el *retraso AV*. Esto permite que las aurículas completen su contracción antes de que comience la contracción ventricular.
4. Extendiéndose hacia abajo desde el nódulo AV se encuentra el **haz auriculoventricular** (también llamado **haz de His**), un corto manojo de fibras de conducción que es la única conexión eléctrica entre las aurículas y los ventrículos. El haz AV perfora el esqueleto fibroso que aísla las aurículas de los ventrículos (fig. 11-6 A), llevando la señal a través del tabique interventricular.
5. A medida que continúa descendiendo, el haz AV se divide en **ramas** derecha e izquierda, que se extienden hacia abajo por el tabique interventricular hacia el vértice del corazón. Tenga en cuenta que el haz AV y las ramas del haz no estimulan la contracción de las células del ventrículo, ya que no están conectadas por conexiones comunicantes a las células contráctiles vecinas.
6. En el vértice del ventrículo, las ramas del haz se dividen en pequeñas **fibras de Purkinje,** que giran hacia arriba y llevan la señal a las células contráctiles del ventrículo. Como resultado, la onda de contracción se extiende hacia arriba desde el vértice del ventrículo, bombeando la sangre de los ventrículos como la pasta de dientes de un tubo.

Una característica importante del SCC es que cada componente tiene su propia tasa intrínseca de disparo de automaticidad. Si pudiésemos aislar las diferentes partes del SCC unas de las otras, el nódulo sinusal estimularía a un ritmo de 100 lat/min (casi dos veces por segundo), el nódulo AV a 50 lat/min (aproximadamente una vez por segundo) y el haz AV a alrededor de 30 lat/min (alrededor una vez cada 2 s). La frecuencia cardíaca en reposo es de menos de 100 lat/min debido a la influencia lentificadora del sistema nervioso autónomo (esta cuestión se comenta más adelante).

Esta disposición, cuanto más inferior más lento, garantiza el orden eléctrico: en las personas sanas el nódulo SA marca siempre el ritmo de los latidos del corazón; las zonas más bajas no tienen la oportunidad de despolarizar con su ritmo más lento debido a que son despolarizadas antes por una señal desde arriba. Cada vez que el nódulo SA dispara un potencial de acción, todas las células situadas en dirección anterógrada deben disparar también un potencial de acción. Si el nódulo SA dispara cerca de dos veces por segundo, el nódulo AV nunca tiene tiempo suficiente para iniciar su propio potencial de acción, ya que siempre se despolariza primero en respuesta al potencial de acción del nódulo SA. Si éste se inactivase debido a una enfermedad o lesión, el nódulo AV marcaría el ritmo y la frecuencia intrínseca se volvería más lenta. Un retraso o bloqueo en la generación de la señal o la transmisión a través del nódulo AV se denomina **bloqueo cardíaco.**

Apuntes sobre el caso

11-7. ¿Por qué era tan lenta la frecuencia cardíaca de Bob?

El electrocardiograma es un registro eléctrico del latido cardíaco

Recuerde del capítulo 4 que el voltaje es la diferencia de potencial eléctrico entre dos puntos y que el potencial de membrana es la diferencia (expresada en milivoltios) entre los líquidos del citosol y el extracelular. Un **electrocardiograma** (ECG) es un trazado gráfico de seguimiento de los *cambios* de voltaje (mayor o menor que en el momento anterior) producido por cada latido del corazón. No representa sólo un potencial de acción único, sino la gran suma de toda la actividad eléctrica de las muchas fibras del músculo cardíaco, conforme polarizan y despolarizan en el corazón que late. Si el voltaje no *cambia,* aunque el corazón esté despolarizado, el ECG muestra un trazado plano.

Hay cuatro cambios principales de voltaje con cada latido del corazón: *a)* la despolarización auricular, *b)* la repolarización auricular, *c)* la despolarización ventricular y *d)* la repolarización ventricular. Sin embargo, en un ECG sólo se detectan tres ondas correspondientes, debido a que la pequeña onda de repolarización auricular *(b)* se produce al mismo tiempo y está enmascarada por la gran onda de la despolarización ventricular *(c)*. Las tres ondas se designan como sigue (fig. 11-10):

- La **onda P** es la primera. Es pequeña y representa la despolarización auricular, por tanto el inicio del potencial de acción auricular.
- El **complejo QRS** es la siguiente. Es una serie rápida de tres ondas que representan la despolarización ventricular y el comienzo del potencial de acción ventricular. La repolarización de las aurículas queda oculta en esta gran onda, por lo que el complejo QRS también marca el final del potencial de acción auricular.
- Por último viene **la onda T,** una onda de tamaño medio que representa la repolarización ventricular y el final del potencial de acción ventricular.

Los dos períodos que separan estas tres ondas se llaman *intervalos* o *segmentos*.

- En primer lugar está el **intervalo P-Q** desde el comienzo de la onda P hasta el comienzo de la reflexión hacia abajo de la onda Q. La onda P indica la despolarización auricular y el complejo QRS indica la repolarización ventricular, por lo que el intervalo P-Q representa la duración del potencial de acción auricular. Hay que recordar que el complejo QRS también indica la despolarización ventricular, y este segmento también representa el tiempo que tarda la señal eléctrica en difundir a través de las aurículas a los ventrículos. Aunque el ECG mide sólo los fenómenos eléctricos, sabemos que a la contracción le sigue la despolarización. La sístole auricular comienza aproximadamente en el pico de la onda P y termina alrededor de la onda Q, por lo que la duración de la contracción auricular es un poco más corta que el intervalo P-Q.
- El siguiente es el **intervalo QT,** desde el principio del complejo QRS hasta el final de la onda T. Este intervalo indica la duración del potencial de acción ventricular. La

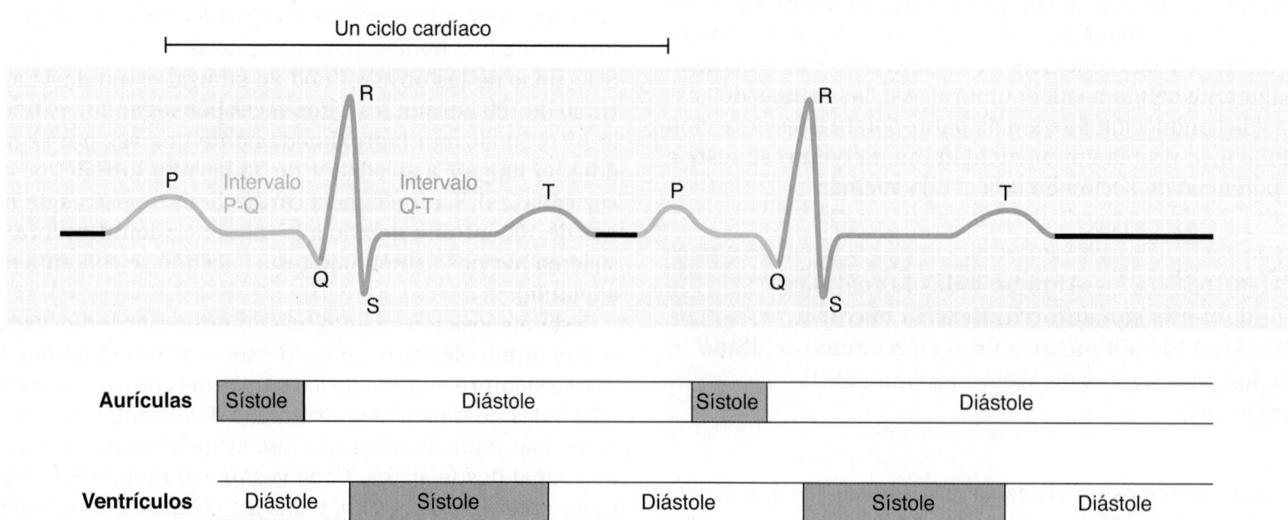

Figura 11-10. Electrocardiograma. Cambios eléctricos en el corazón sobre dos latidos cardíacos. *¿Qué onda indica el comienzo de la diástole ventricular?*

sístole ventricular comienza en la onda R y termina en el punto medio de la onda T.

El período transcurrido entre el inicio de ondas P sucesivas es un ciclo cardíaco completo. Este período puede utilizarse para calcular la frecuencia cardíaca. Por ejemplo, un intervalo de P-P de 1 s indica una frecuencia cardíaca de 60 lat/min.

Los ECG son una ayuda inestimable en el diagnóstico de enfermedades cardíacas. Por ejemplo, un aumento de la onda P sugiere un aumento de tamaño de las aurículas, porque hay más células que contribuyen a los cambios de voltaje. Por la misma razón, un aumento de la onda T sugiere un agrandamiento del ventrículo izquierdo. Una prolongación del intervalo PR indica algún grado de retraso patológico de la señal (bloqueo cardíaco) cerca del nódulo AV.

Apuntes sobre el caso

11-8 El ECG que se le realizó a Bob W. demostró que las ondas P estaban produciéndose de forma independiente de los complejos QRS y viceversa. Es decir, cada onda P no se seguía necesariamente de un complejo QRS relacionado. ¿Cuál es la explicación?

11-15 ¿Cuándo contienen los ventrículos el volumen telediastólico, al final de la diástole auricular o al final de la diástole ventricular?

11-16 ¿Cuál de los siguientes fenómenos podría ser inducido por la salida de potasio de la célula cardíaca, el potencial de marcapasos o la fase de repolarización del potencial de acción?

11-17 En un ritmo cardíaco normal, ¿qué se activa antes, el haz AV o las fibras de Purkinje?

11-18 ¿Qué intervalo representa la sístole auricular, el PQ o el QT?

Gasto cardíaco

El **gasto cardíaco** (GC) es el *volumen* de sangre expulsada por minuto por el ventrículo izquierdo hacia la aorta. Se trata de una medida de la cantidad total de *flujo sanguíneo* en el cuerpo. Tenga en cuenta que el ventrículo derecho opera de la misma manera, pero el ventrículo izquierdo es el punto de referencia para esta medida.

El GC es el producto de la frecuencia cardíaca (FC, lat/min) por el volumen eyectado en cada latido (ml/lat), llamado el *volumen sistólico* (VS). En una persona sana en reposo, el GC es de aproximadamente 5 l/min:

$$\begin{aligned} GC &= FC \times VS \\ &= 70 \text{ lat/min} \times 70 \text{ ml/lat} \\ &= 4900 \text{ ml/min, es decir, aproximadamente 5 l/min} \end{aligned}$$

En la medida en que el volumen de sangre normal es de aproximadamente 5 l, esto significa que nuestro volumen de sangre circula a través de todo el cuerpo una vez por minuto. El GC puede aumentar hasta cinco veces con el ejercicio, hasta aproximadamente 25 l/min, o incluso más en atletas excepcionales.

Apuntes sobre el caso

11-9 La frecuencia cardíaca de Bob era de 30 lat/min y su gasto cardíaco de 1,5 l/min. ¿Cuál era su volumen sistólico?

El sistema neurovegetativo regula el gasto cardíaco

El gasto cardíaco cambia minuto a minuto con el fin de satisfacer la demanda y de regular la presión arterial (este punto se trata con más detalle más adelante). Estos cambios a corto plazo del gasto cardíaco son iniciados por el sistema neurovegetativo (autónomo), que altera la función cardíaca mediante la modulación de la actividad del *centro vasomotor* de la médula oblongada (fig. 11-11).

El sistema nervioso simpático aumenta la frecuencia cardíaca y el volumen sistólico

El estrés activa la respuesta de «lucha o huida» del sistema nervioso simpático, que aumenta el gasto cardíaco para proporcionar más sangre a los tejidos que trabajan. Las señales se transmiten por las fibras nerviosas simpáticas que descienden desde el centro vasomotor hacia abajo a través de la médula espinal y la cadena simpática para unirse a una red de fibras simpáticas (y parasimpáticas) que rodean el corazón, llamadas *plexo cardíaco*. Algunas de las fibras simpáticas inervan el nódulo SA que, como se recordará, es el gobernador supremo de la frecuencia cardíaca. Por tanto, cuando llegan más señales simpáticas al nódulo SA, el ritmo cardíaco aumenta.

Otras fibras simpáticas inervan directamente el músculo ventricular. El efecto de estas señales simpáticas es aumentar la fuerza de contracción de las células musculares ventriculares, lo que aumenta la cantidad de sangre expulsada por latido (volumen sistólico). Este incremento es independiente de cualquier cambio en la longitud *inicial* de la fibra. La fuerza de contracción con una longitud *inicial* determinada de la fibra se conoce como **contractilidad,** y es un factor importante en el funcionamiento cardíaco, un tema tratado en detalle más adelante. Las señales simpáticas que llegan a las células cardíacas ejercen su efecto sobre la contractilidad al influir sobre el calcio celular. Recuerde de nuestro análisis anterior sobre la formación de puentes cruzados que la concentración de calcio intracelular altera la fuerza generada por las células del músculo cardíaco. La estimulación simpática aumenta el flujo de entrada de calcio, por lo que se forman más puentes cruzados y se desarrolla más fuerza. Para continuar con nuestro

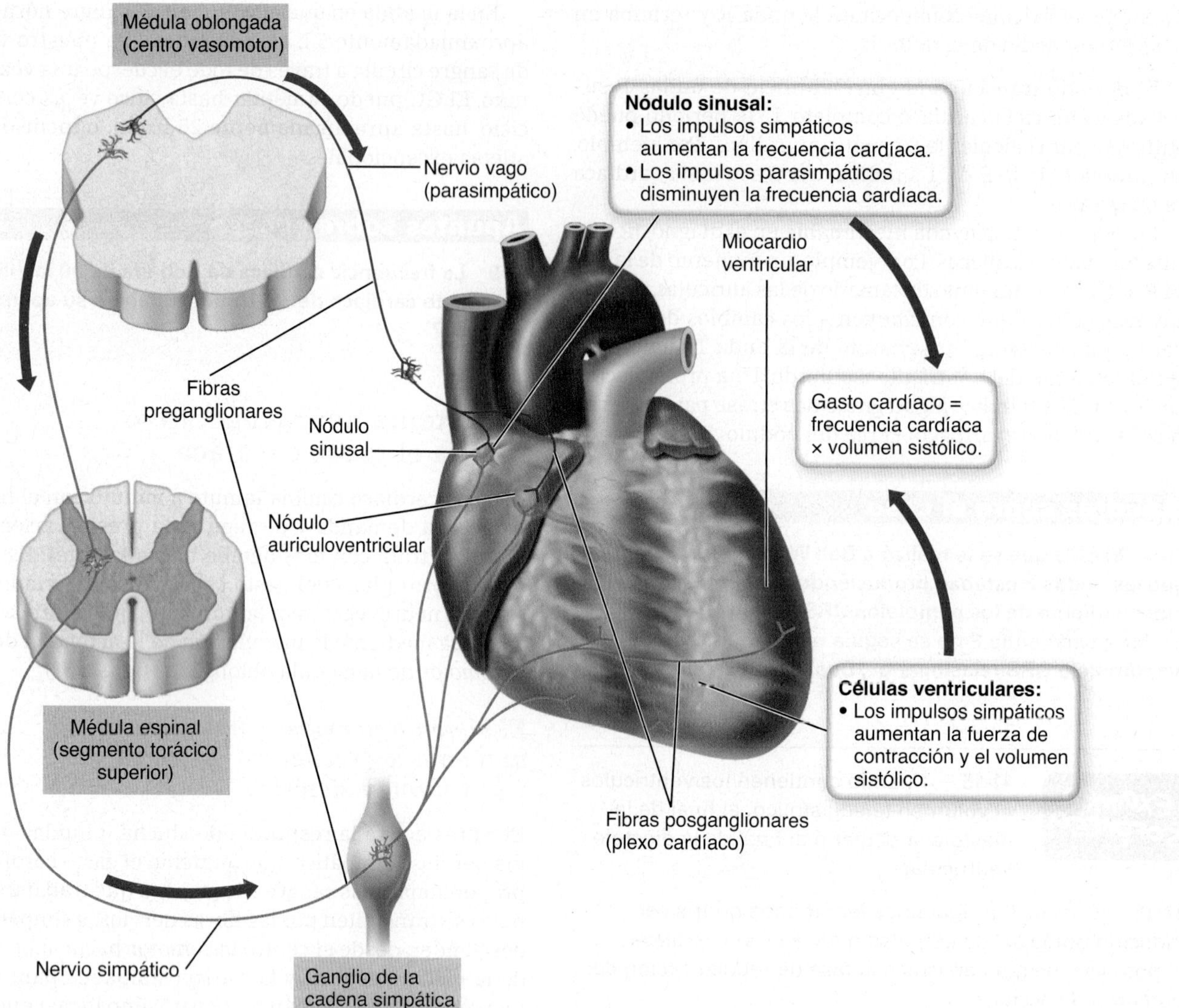

Figura 11-11. Inervación autonómica del corazón. El centro vasomotor controla el ritmo cardíaco y la fuerza de contracción del músculo cardíaco. Las fibras simpáticas se muestran en verde; las fibras parasimpáticas, en rojo. *¿Qué rama del sistema neurovegetativo no pasa por la médula espinal?*

ejemplo anterior, cada trabajador levanta la caja con más fuerza. La adrenalina secretada por la glándula suprarrenal por la estimulación simpática tiene el mismo efecto sobre la frecuencia cardíaca y el volumen sistólico que las señales nerviosas simpáticas que actúan directamente sobre el corazón.

El flujo de calcio (y por tanto la fuerza de contracción) también puede manipularse con fármacos. Por ejemplo, la administración de fármacos *digitálicos* aumenta la fuerza de contracción mediante el aumento del influjo de Ca^{2+}. Derivados inicialmente de las hojas de la planta digital *(Digitalis purpurea)* hace más de 200 años para tratar el edema, los digitálicos se utilizan en la actualidad de forma generalizada para mejorar la potencia de los corazones en insuficiencia. Por el contrario, los *bloqueantes de los canales del calcio,* como su nombre indica, disminuyen el influjo del calcio y se utilizan de forma generalizada para tratar la hipertensión arterial al disminuir la fuerza de contracción.

El sistema nervioso parasimpático reduce la frecuencia cardíaca

En ausencia de un factor de estrés, los tejidos necesitan menos sangre. El gasto cardíaco puede reducirse mediante la activación del sistema nervioso parasimpático, que libera acetilcolina para reducir la frecuencia cardíaca. Las señales de los nervios parasimpáticos llegan al corazón a través del nervio vago (nervio craneal X), que surge en la médula oblongada y discurre hacia abajo por el cuello uniéndose al plexo cardíaco para inervar el corazón. Las fibras del nervio vago hacen sinapsis con neuronas posganglionares cortas en la superficie del corazón para llevar la señal durante breve distancia restante a los nódulos

Tabla 11-1. Factores que regulan la frecuencia cardíaca

Factor	Efecto sobre la frecuencia cardíaca	Relevancia
Sistema nervioso simpático (o adrenalina circulante)	Aumento	Aumenta el gasto cardíaco para hacer frente al estrés
Sistema nervioso parasimpático	Disminución	Disminuye el gasto cardíaco en condiciones de reposo
Aumento de temperatura corporal	Aumento	La fiebre aumenta la frecuencia cardíaca; la hipotermia la disminuye
Aumento de edad	Disminución	El recién nacido tiene una frecuencia cardíaca de 120 lat/min; en el paciente anciano es inferior a 70 lat/min
Mejor estado físico	Disminuye (frecuencia cardíaca en reposo)	Los atletas entrenados tienen frecuencias cardíacas bajas (menos de 50 lat/min)
Hormonas tiroideas	Aumento	Un exceso de hormonas tiroideas aumenta la frecuencia cardíaca
Concentraciones sanguíneas anómalas de Na^+, K^+ o Ca^{2+}	Variable	Los desequilibrios electrolíticos alteran la frecuencia cardíaca

sinusal y AV. El sistema nervioso parasimpático tiene poco efecto sobre la fuerza de contracción debido a que el nervio vago parasimpático envía pocas fibras para inervar el músculo cardíaco.

Tal vez le sorprenda saber que, en estado de reposo, se envían al nódulo sinusal tanto señales de estímulo simpático como de supresión parasimpática. La *influencia dominante es parasimpática* y se conoce como **tono vagal.** Tiene el efecto de supresión del ritmo automático acelerado inherente del nódulo SA. Hay que recordar que, sin influencia exterior, el nódulo SA descargaría a aproximadamente 100 veces por min en un adulto; sin embargo, en adultos sanos la frecuencia está limitada a cerca de 75 por el tono vagal. Por otra parte, como se indica en la tabla 11-1, otros factores diferentes al sistema neurovegetativo también tienen influencia sobre el ritmo cardíaco.

La precarga también influye en el volumen sistólico

Recuerde del capítulo 7 que la longitud de una fibra del músculo influye sobre la fuerza de la contracción. Esta relación es aún más importante en el caso de las fibras musculares cardíacas: en el corazón *sano,* un mayor estiramiento de la fibra da como resultado una contracción más fuerte.

El volumen de sangre en el ventrículo determina la longitud de las fibras musculares que forman su pared: las fibras se estiran más para abarcar a un mayor volumen de sangre. El volumen cardíaco importante es la precarga (volumen telediastólico), ya que los ventrículos están llenos de (contienen) este volumen cuando comienzan a contraerse. Esta relación entre la precarga y la fuerza de contracción se conoce como **ley de Frank-Starling** del corazón.

A su vez, la precarga, está determinada en parte por el *retorno venoso,* el volumen de la sangre que fluye a la aurícula derecha. También está influida por el *tiempo de llenado,* el período comprendido entre las contracciones ventriculares: a menor tiempo de llenado, menos precarga. En el ejercicio, por ejemplo, los estudios muestran que la precarga *no cambia* a pesar de un aumento del retorno venoso. ¿Por qué? Porque el ejercicio aumenta la frecuencia cardíaca y el corazón tiene menos tiempo para llenarse entre latidos. En otras palabras, el corazón en ejercicio *expulsa* la sangre con tanta rapidez que la sangre no se acumula y la precarga no cambia. De hecho, cuando la frecuencia cardíaca está por encima de 150 lat/min, los aumentos adicionales de la frecuencia cardíaca no aumentan el gasto cardíaco.

La relación longitud-tensión del músculo cardíaco garantiza que, en circunstancias normales, cada latido del ventrículo expulsa el mismo volumen de sangre que recibe. Sin embargo, hay que tener en cuenta que esto no significa que el ventrículo se vacíe totalmente, porque al final de cada latido una cierta cantidad de sangre permanece en el ventrículo (el volumen al final de la sístole o telesistólico). Este mecanismo garantiza que, en condiciones normales, la sangre no se acumule en las cámaras del corazón o en la circulación pulmonar. Si la cantidad de sangre que fluye a la aurícula derecha (retorno venoso) aumentase repentinamente (p. ej., por una transfusión de sangre), aumentaría el volumen telediastólico, las fibras se estirarían y el músculo se contraería con más fuerza. El volumen sistólico aumenta proporcionalmente para expulsar el aumento del flujo de entrada y el volumen telesistólico no cambia.

La *insuficiencia cardíaca* es una afección en la que el corazón es incapaz de expulsar la sangre que le llega y la sangre se acumula en el corazón o los pulmones. Por lo

INSTANTÁNEA CLÍNICA

Insuficiencia cardíaca congestiva: el «gran corazón» de Bob

En el funeral de Bob, mucha gente recordó su generosidad, su bondad, su «gran corazón». A pesar de que estaban hablando metafóricamente, también es cierto que el tamaño del corazón de Bob en el momento de su muerte era demasiado grande. ¿Por qué?

Recordemos que el corazón normal bombea toda la sangre que le llega gracias a la relación entre la precarga y el volumen sistólico. Esta relación, conocida como la curva de Frank-Starling, se basa en el músculo cardíaco sano. Pero, ¿qué sucede cuando, como ocurrió con Bob, la enfermedad arterial coronaria interfiere en el flujo sanguíneo del músculo cardíaco y daña al músculo cardíaco? El resultado puede ser, como lo fue en el caso de Bob, una *insuficiencia cardíaca congestiva* (ICC), una patología en la que *el corazón es incapaz de expulsar el volumen de sangre que le llega* y se llena de sangre, de modo que el ventrículo derecho y las fibras cardíacas se estiran. En dichos casos, la congestión puede hacer que el corazón se dilate de forma tan importante que el tamaño anómalo se detecte con una radiografía de tórax.

La comprensión de la insuficiencia cardíaca requiere la comprensión de la curva de Frank-Starling. Cuando el corazón es incapaz de expulsar toda la sangre nueva que le llega, aumenta la precarga y las fibras estiradas del músculo miocárdico compensan contrayéndose con más fuerza, al igual que un resorte tenso tira cada vez más a medida que se alarga. El incremento resultante en la fuerza de contracción (y por tanto el volumen sistólico) *compensa* el deterioro del funcionamiento del corazón y mantiene el gasto cardíaco normal. Por lo tanto, esta fase inicial se conoce como **insuficiencia cardíaca compensada;** por lo general, no produce síntomas, ya que el gasto cardíaco se mantiene.

Sin embargo, a veces la compensación no es suficiente y la sangre continúa acumulándose. Finalmente, las fibras musculares se estiran demasiado, y un estiramiento adicional dará como resultado contracciones *más débiles,* no más fuertes, como un resorte sobrecargado pierde su potencia. La fuerza de contracción se debilita, el volumen sistólico y el gasto cardíaco caen y el corazón entra en un círculo vicioso: con cada latido se acumula más sangre, la precarga sigue aumentando, disminuye la fuerza de contracción, disminuye el volumen sistólico, cae el gasto cardíaco y se acumula aún más sangre. Esta etapa, llamada **insuficiencia cardíaca descompensada,** por lo general produce síntomas.

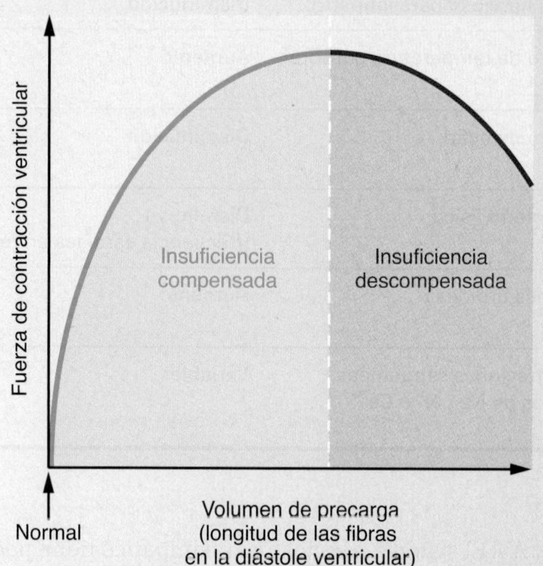

Insuficiencia cardíaca. La insuficiencia cardíaca precoz (compensada) aumenta la fuerza de contracción; la insuficiencia avanzada (descompensada) la reduce.

El fallo del corazón de Bob se debió a dos mecanismos. Inicialmente fue el daño muscular: existían menos fibras musculares para expulsar la sangre. Por tanto, se acumulaba más sangre con cada latido. En segundo lugar, conforme la sangre se acumulaba y aumentaba la precarga, las fibras ventriculares sanas restantes se estiraban. Sabemos a partir de la curva de Frank-Starling que el primer fragmento de estiramiento es útil; pero, a medida que se acumula más sangre, las fibras se estiran demasiado, lo que tiene un efecto perjudicial sobre la fuerza de bombeo restante. Con cada latido, el volumen de sangre en el ventrículo aumenta poco a poco. Y, como en un atasco de tráfico producido por un coche parado, la congestión en el sistema vascular de Bob «aumentaba» en primer lugar en la aurícula izquierda y después en las venas pulmonares y los capilares. Este aumento de la presión produjo la exudación desde los capilares pulmonares hacia los pulmones, impidiendo el intercambio de gases. Su gasto cardíaco seguía disminuyendo, lo que privó aún más de oxígeno a sus tejidos. En última instancia, el «gran corazón» de Bob causó su fallecimiento.

general es consecuencia de un músculo cardíaco enfermo. Esta acumulación de sangre estira las fibras cardíacas, lo que *aumenta* la fuerza contráctil al maximizar el número de puentes cruzados que pueden formarse. Sin embargo, conforme la sangre sigue acumulándose, las fibras cardíacas se estiran hasta tal punto que algunas de las cabezas de miosina ya no pueden llegar a los filamentos de actina para formar puentes cruzados. Por tanto, un estiramiento excesivo debido a un volumen telediastólico demasiado elevado *disminuye* la potencia de contracción en lugar de aumentarla. Sobreviene un círculo vicioso: un estiramiento adicional debilita el músculo, se expulsa menos sangre, se acumula más sangre, el ventrículo se extiende más, y así sucesivamente. La insuficiencia cardíaca se trata con más detalle en la Instantánea clínica titulada «Insuficiencia cardíaca congestiva: el "gran corazón" de Bob».

Apuntes sobre el caso

11-10 Teniendo en cuenta la lenta frecuencia cardíaca de Bob, ¿era probable que su precarga fuese mayor o menor de lo normal? ¿Por qué?

11-19 ¿Verdadero o falso?: si el gasto cardíaco es de 5 l, los pulmones reciben 5 l de sangre por min.

11-20 ¿Cuál es el nombre del centro cerebral que regula el ritmo cardíaco?

11-21 ¿Es el plexo cardíaco parte del sistema nervioso simpático o del parasimpático?

11-22 Si el tono vagal aumenta, ¿aumenta o disminuye la frecuencia cardíaca?

11-23 ¿Qué rama del sistema neurovegetativo utiliza sustancias químicas en la sangre para alterar el ritmo cardíaco?

11-24 ¿Qué factor determinante de la fuerza de contracción es regulado directamente por el sistema nervioso simpático, la concentración de calcio o la longitud de las fibras de los miocitos?

Estructura y función de los vasos sanguíneos

Pasamos ahora desde la parte *cardíaca* del aparato cardiovascular a la parte *vascular,* la red de vasos sanguíneos que transportan sangre hacia y desde los tejidos. Los **vasos sanguíneos** son tubos flexibles formados por varias capas de tejido. La sangre fluye a través de su espacio central, que se llama la **luz.**

Hay que recordar que el flujo sanguíneo a través del corazón se basa en gradientes de presión: la sangre fluye desde zonas de alta presión a zonas de baja presión. Del mismo modo, el flujo sanguíneo que circula por los vasos sanguíneos se basa en un gradiente de presión. Sin presión, sin flujo, no hay vida.

El flujo sanguíneo está regido por gradientes de presión y resistencia

El flujo sanguíneo a través del aparato cardiovascular está sujeto a las mismas leyes de la naturaleza que impulsan el agua a través de una manguera suministrada por un pozo, una red de tuberías y una bomba para suministrar presión. Es bastante simple, pero en el cuerpo humano se combinan varios factores para hacer que la fisiología del flujo de la sangre sea bastante más compleja. Sea como sea, en primer lugar vamos a definir algunos de los términos.

- El **flujo sanguíneo** es el *volumen* de sangre *por unidad de tiempo* (generalmente l/min) a través de todo el aparato circulatorio o un órgano o vaso en particular. Para todo el aparato circulatorio, es lo mismo que el GC.
- La **resistencia** es la oposición al flujo que se genera por la fricción que encuentra un líquido a medida que pasa a través de un tubo.

La resistencia al flujo, en tuberías de agua o vasos sanguíneos, está determinada por tres factores:

- La *viscosidad* del líquido (su espesor).
- La *longitud del tubo* por el que el fluye el líquido.
- El diámetro del tubo.

Normalmente la viscosidad de la sangre y la longitud total de los vasos sanguíneos son inmutables, por lo que, con mucho, el factor determinante más importante de la resistencia es el *diámetro* de los vasos sanguíneos. La mayor parte de la resistencia es producida por la *disminución de diámetro* de los vasos que se ramifican en vasos más y más pequeños en la circulación periférica. Esto se conoce como la **resistencia periférica.** Incluso una reducción pequeña, de un solo milímetro en un vaso pequeño, puede causar un aumento considerable de la resistencia al flujo.

Es lógico que el flujo aumente cuando *(a)* aumenta el gradiente de presión y/o *(b)* disminuye la resistencia. Podemos cuantificar esta relación por la simple ecuación

$$\text{Flujo} = \text{presión}/\text{resistencia}$$

¡Recuerde! **Usted puede experimentar los determinantes de la resistencia de un vaso bebiendo líquidos a través de una pajita. Un batido de leche ofrece más resistencia al flujo que un refresco, y una pajita larga y estrecha crea más resistencia que una pajita corta.**

Los vasos sanguíneos pueden clasificarse según su función y las propiedades de los tejidos

Hay que recordar que los vasos sanguíneos transportan la sangre en un círculo completo de ida y vuelta al corazón. Estos vasos pueden dividirse en cinco tipos:

- Las *arterias* llevan la sangre desde el corazón a una presión relativamente alta, desde el ventrículo derecho a los pulmones; desde el ventrículo izquierdo al cuerpo.
- Las arterias se ramifican sucesivamente en arterias más pequeñas y posteriormente en *arteriolas,* las arterias más pequeñas.
- A su vez, las arteriolas se ramifican en vasos sanguíneos más pequeños, los *capilares,* donde se produce el intercambio de todos los líquidos y gases, y el intercambio molecular entre la sangre y otros tejidos.
- Los capilares se unen para formar las venas más pequeñas, llamadas *vénulas,* que llevan la sangre hacia el corazón.
- Las vénulas se unen para formar *venas* cada vez mayores, que llevan la sangre a una presión relativamente baja de vuelta al corazón.

Ahora echemos un vistazo a dos propiedades hísticas muy importantes de los vasos sanguíneos que son fundamentales para cumplir su función. La **distensibilidad** es la facilidad con la que los vasos sanguíneos (o los pulmones u otros tejidos) se distienden en respuesta a una presión creciente. La **elastancia** es la tendencia de los vasos sanguíneos (o los pulmones u otros tejidos) a retroceder hacia sus dimensiones originales cuando disminuye la presión arterial. Estas propiedades presentan diferencias en arterias y venas de la siguiente forma:

- Las arterias y las arteriolas tienen un bajo nivel de distensibilidad y un elastancia elevada. Se necesita mucha presión para distenderlas y, cuando la presión cae, vuelven fácilmente a sus dimensiones originales.
- Las venas tienen las características opuestas. Son muy distensibles, se estiran fácilmente con pequeños incrementos de la presión, y tienen una baja elastancia, no vuelven de nuevo a su forma original tan fácilmente como las arterias.

Los calcetines son un ejemplo apropiado. Cuando son nuevos, son como las arterias. Tienen una baja distensibilidad y alta elastancia, por lo que resisten el estiramiento y encajan cómodamente. Cuando nos quitamos un par de calcetines nuevos, recuperan rápidamente su forma estrecha original. Pero cuando se hacen viejos y se desgastan, los calcetines son más parecidos a las venas. Tienen una alta distensibilidad y baja elastancia, por lo que se estiran con mucha facilidad y no ajustan perfectamente, y cuando nos los quitamos, no recuperan fácilmente su forma original.

Además de explicar las diferencias funcionales entre las arterias y las venas, la distensibilidad de los vasos puede alterarse como consecuencia de algunas patologías médicas. La Instantánea clínica del final del capítulo, titulada «Ateroesclerosis: nos estamos comiendo hasta la muerte», habla de la *ateroesclerosis,* un trastorno vascular caracterizado por la disminución de la distensibilidad.

Las capas de los vasos sanguíneos se llaman túnicas

En este texto sobre la estructura de los vasos sanguíneos, vamos a considerar una arteria de tamaño grande que contiene todos los componentes posibles de un vaso sanguíneo, como se ilustra en la figura 11-12. La pared arterial puede dividirse en tres capas o *túnicas*. Comenzando desde la luz del vaso, estas túnicas son las siguientes:

- La *túnica interna* (o *íntima*): la capa más interna, compuesta por células delgadas aplanadas, el **endotelio** y su membrana basal de soporte. Su superficie lisa facilita el flujo de la sangre a través del vaso y evita que la sangre entre en contacto con los tejidos de fuera de la luz del vaso sanguíneo, lo que podría causar la coagulación de la sangre ← (cap. 10).
- La *túnica media* (o *media*): la capa media está compuesta de músculo liso mezclado con fibras elásticas. Como se explica más adelante, esta capa determina el diámetro del vaso.
- La *túnica externa* (o *adventicia*): la capa más externa está formada por colágeno y fibras elásticas. Esta capa suele ser continua con el tejido conjuntivo de los órganos circundantes.

La túnica media está separada de la túnica externa y la túnica interna por las capas elásticas interna y externa, respectivamente, que contribuyen a la distensibilidad y la elastancia del vaso. Conforme las arterias grandes se ramifican en otras más pequeñas y posteriormente en las arteriolas, las túnicas media y externa se vuelven más delgadas y las fibras elásticas comienzan a desaparecer. Finalmente, en las arteriolas más pequeñas, la túnica externa se desvanece y los vasos están encapsulados sólo por el tejido conjuntivo de los órganos circundantes. Una vez que las arteriolas se ramifican en los capilares, incluso la túnica media desaparece, por lo que un capilar consiste sólo en células endoteliales apoyadas sobre una membrana basal.

Consideremos ahora cómo se modifican estas túnicas en el sistema venoso que lleva la sangre de retorno al corazón. En primer lugar, a medida que los capilares confluyen en las vénulas, reaparecen las túnicas media y externa. Las vénulas son estructuralmente similares a las arteriolas, con la excepción de que sus paredes son más delgadas y tienen menos células musculares lisas. Sin embargo, conforme las venas se hacen más grandes, comienzan a diferir sustancialmente de las arterias. Las venas tienen paredes más delgadas, ya que no contienen tanto tejido elástico como las arterias, tienen menos músculo liso en la túnica media y tienen una túnica interna más delgada. Sin embargo, la túnica externa de las venas es más gruesa.

Las arterias tienen paredes mucho más gruesas y más gomosas que las venas, que son de paredes delgadas y flá-

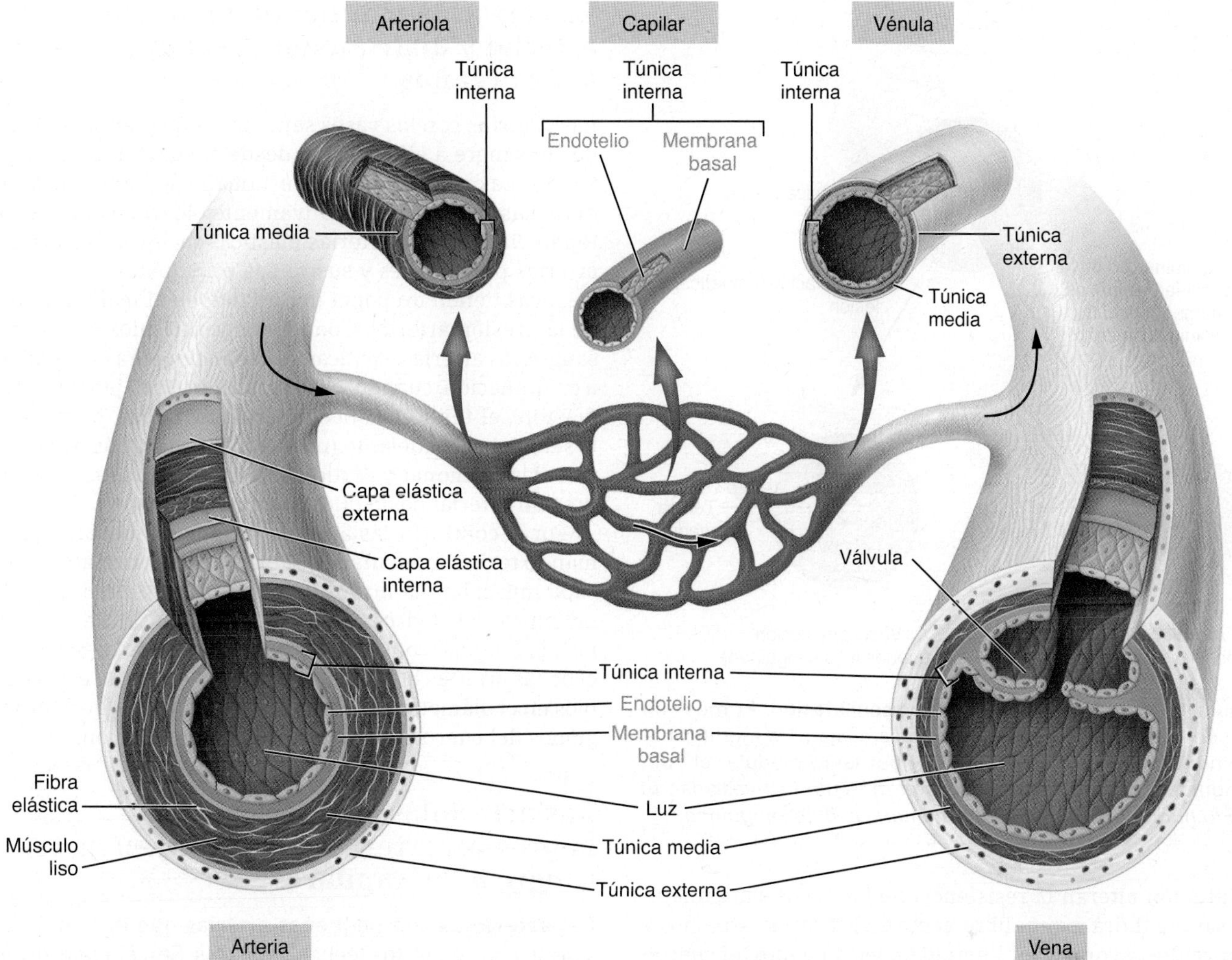

Figura 11-12. Microanatomía de los vasos sanguíneos. Las paredes de los vasos sanguíneos están formadas por un máximo de tres túnicas: la túnica externa, la túnica media y la túnica interna. *¿Qué túnica se encuentra en todos los tipos de vasos?*

cidas. Una vez más, la estructura sirve a la función: las venas acomodan flujo lento de baja presión, mientras que las arterias deben acomodar un flujo rápido de alta presión. Además, las grandes venas tienen válvulas que, al igual que las válvulas del corazón, garantizan un flujo sanguíneo unidireccional, evitando el reflujo. Por el contrario, en el sistema arterial no existen válvulas porque la presión es demasiado alta para permitir el reflujo. Por último, tanto las vénulas como las venas son más grandes que sus arteriolas y arterias acompañantes a todos los niveles, con el fin de dar cabida a más volumen: *en un momento dado, alrededor del 65 % del volumen total de sangre se encuentra en el sistema venoso.*

Apuntes sobre el caso

11-11 La ateroesclerosis de Bob comenzó con daños en el revestimiento interior de sus vasos sanguíneos. Indicar qué capa es ésta.

La túnica media determina la resistencia y el flujo sanguíneo

Como se vio en el capítulo 10, el cuerpo de un adulto promedio contiene de 4,5 l a 5 l de sangre. Esto parece mucho, pero no es sangre suficiente para llenar por completo todos nuestros vasos sanguíneos todo el tiempo. Consideremos el consejo de no nadar después de comer. La lógica que respalda esta recomendación es que no disponemos de suficiente sangre para incrementar a la vez el flujo sanguíneo intestinal necesario para digerir una gran comida y para aumentar el flujo que los músculos necesitan para tener la energía requerida para nadar. Entonces, es importante que el sistema vascular tenga la capacidad de mover el flujo sanguíneo de una parte del cuerpo a otra. Esto se logra mediante la constricción de algunos vasos sanguíneos y relajando otros.

Es la túnica media de las arterias, arteriolas, venas y vénulas la que se contrae o se relaja para reducir o aumentar la luz del vaso (fig. 11-13). La **vasoconstricción** y la **vaso-**

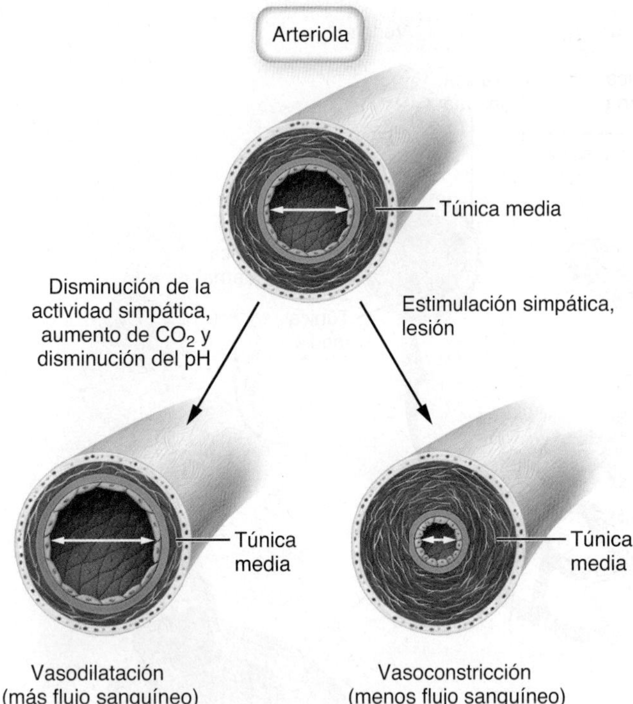

Figura 11-13. Vasoconstricción y vasodilatación. El músculo liso de la túnica media se contrae o se relaja para modificar el diámetro de la luz (flecha blanca) y por tanto modular el flujo sanguíneo. *El óxido nítrico relaja el músculo liso vascular. El óxido nítrico, ¿aumentaría o disminuiría el flujo sanguíneo?*

dilatación alteran la resistencia de los vasos sanguíneos. La sangre fluirá menos libremente en los vasos estrechos y contraídos, y con mayor libertad en los dilatados; el cuerpo reduce el flujo sanguíneo de una región mediante la constricción de las arterias y arteriolas que la irriga, y aumenta el flujo sanguíneo a otra mediante la dilatación de los vasos que la irrigan.

¡Recuerde! **La vasoconstricción aumenta la resistencia, y el flujo sanguíneo sigue el camino de menor resistencia.**

La túnica media está inervada por nervios simpáticos, que mantienen un nivel bajo de estimulación constante y de contracción del músculo liso llamado *tono simpático*. La estimulación simpática adicional, ya sea nerviosa o endocrina (por adrenalina suprarrenal), provoca la contracción de las fibras, con la consiguiente vasoconstricción. Además, como parte de la hemostasia, cuando los vasos se lesionan se contraen de forma refleja. En cambio, la inhibición o la interrupción del tono simpático produce relajación del músculo liso y vasodilatación. Del mismo modo, las sustancias que se acumulan como resultado de la intensa actividad metabólica, como el CO_2 y los ácidos, producen vasodilatación y aumento del flujo sanguíneo. Este tema se tratará con más detalle al comentar las arteriolas.

Las arterias mantienen la presión arterial y distribuyen la sangre a los órganos

Las **arterias** son los vasos sanguíneos de gran tamaño que llevan sangre a alta presión desde el corazón hacia la periferia. Las arterias de mayor tamaño se llaman **arterias elásticas** debido a su relativamente elevado contenido en tejido elástico. Las arterias elásticas incluyen la aorta, las arterias pulmonares y sus ramas principales. Las arterias elásticas tienen un papel importante en el mantenimiento de la presión arterial. Cuando los ventrículos expulsan la sangre, las arterias elásticas se expanden para darle cabida; a continuación, cuando los ventrículos se relajan durante la diástole, el tejido elástico arterial retrocede, bombeando la sangre hacia adelante (no puede ir hacia atrás porque las válvulas pulmonar y aórtica se cierran), lo que mantiene la presión arterial hasta que el ventrículo bombea de nuevo.

Por el contrario, las arterias de tamaño mediano se llaman **arterias musculares** debido al grosor relativo de su capa muscular. La mayoría de las arterias que irrigan los miembros y las vísceras son arterias musculares, y su capacidad de vasoconstricción y vasodilatación es mayor que el de las arterias elásticas. El principal efecto de estos cambios en el diámetro es la alteración del flujo a diferentes regiones del cuerpo, como veremos a continuación.

Las arteriolas regulan la presión arterial y distribuyen la sangre a los capilares

Las **arteriolas** son pequeñas arterias que distribuyen la sangre a los distintos lechos capilares. Son el lugar principal de la resistencia del sistema vascular. El cuerpo puede variar la resistencia arteriolar, ya sea a nivel global, para modificar la presión arterial (como se comenta más adelante), o de forma selectiva, para modificar la distribución de la sangre. Por ejemplo, en la zona de inflamación aumenta el flujo local de sangre. Las señales químicas liberadas localmente por los tejidos lesionados y los leucocitos producen vasodilatación y aumento del flujo sanguíneo. El enrojecimiento palpitante de un dedo del pie infectado se debe a los efectos del aumento de flujo sanguíneo.

La cantidad de sangre que fluye a través de algunas arterias musculares y arteriolas también se rige por las necesidades metabólicas de los tejidos que irrigan. Por ejemplo, cuando empieza a nadar, sus fibras musculares aumentan de repente su actividad metabólica. Requieren más oxígeno y liberan más productos de desecho metabólico, como CO_2 e hidrogeniones. Estas condiciones (O_2 bajo, CO_2 bajo y H^+ altos) relajan el músculo liso vascular, dilatando las arterias y las arteriolas, y aumentan el flujo sanguíneo. Con el tiempo, el flujo adicional de sangre se iguala con las necesidades de la actividad metabólica de los tejidos, y el flujo sanguíneo se estabiliza. Cuando deja de nadar, el aumento del oxígeno y la disminución de los desechos metabólicos provoca el efecto contrario, las arterias musculares y las arteriolas se contraen, por lo que disminuye el flujo sanguíneo.

Los capilares son los vasos sanguíneos más pequeños

Los **capilares** son vasos sanguíneos microscópicos que unen los sistemas arterial y venoso. Casi todos los tejidos del cuerpo contienen capilares. Las excepciones son las membranas epiteliales, el cartílago articular, la córnea y el cristalino, y las válvulas cardíacas, cada una de cuales se nutre mediante difusión desde los vasos próximos. El número de capilares en un tejido depende de su tasa metabólica. Los tejidos con tasas metabólicas altas, los riñones, los músculos, el hígado y el cerebro, están repletos de vasos capilares. Por el contrario, los tejidos con tasas metabólicas bajas, ligamentos y tendones especialmente, tienen relativamente pocos capilares.

Lechos capilares

Los capilares se ramifican para formar redes de interconexión llamadas **lechos capilares,** que pueden compararse con grupos tridimensionales de calles de un barrio (capilares) en torno a una vía pública central (una *metaarteriola*) (fig. 11-14). La sangre fluye desde una arteriola hacia un lecho capilar, y a continuación hacia una vénula en el otro lado. En estado de reposo, la mayoría del tráfico (sangre) se queda en la carretera principal (la metaarteriola), retenida por bandas de músculo liso *(esfínteres precapilares),* que se contraen para mantener el tráfico fuera del barrio (fig. 11-14 A). Sin embargo, cuando las concentraciones de oxígeno en los tejidos son bajas o los desechos metabólicos se acumulan, los esfínteres se relajan y derivan sangre hacia las proximidades (fig. 11-14 B).

Los esfínteres precapilares están formados por músculo liso, y regulados por los mismos factores que regulan las arteriolas que irrigan los lechos capilares. Así, las concentraciones bajas de oxígeno aumentarán el flujo sanguíneo en un lecho capilar mediante tres mecanismos: los esfínteres precapilares se relajan y las arterias musculares y arteriolas que los irrigan se dilatan.

Variantes capilares

Las células endoteliales de los capilares se unen unas a otras como las tejas en un tejado. Encajan juntas de tal forma que permiten que algunos líquidos se «filtren» a través de las junturas; algunos capilares se filtran más, otros menos. Algunas junturas están demasiado ajustadas, ofreciendo pocas posibilidades de filtración de líquidos o solutos. En el otro extremo, algunas células endoteliales están separadas por grandes brechas o *poros,* lo que permite un intercambio especialmente libre de líquidos entre la sangre y los tejidos. Un **sinusoide** es un tipo de capilar bastante grande y muy permeable que se encuentra en el hígado, la médula ósea y los tejidos linfoides. Los sinusoides tienen grandes luces y paredes endoteliales muy permeables. Sus células endoteliales no están unidas estrechamente y su membrana basal es incompleta, una disposición que crea hendiduras anchas, permitiendo el paso excepcionalmente libre de líquidos y solutos. Incluso pueden permitir el paso libre de células enteras; por ejemplo, las nuevas células sanguíneas entran a la sangre desde la médula ósea a través de los amplios espacios de las paredes de los sinusoides de la médula ósea.

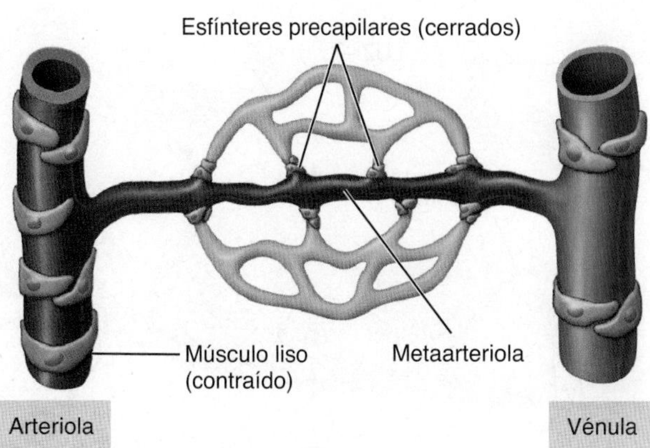

A Lecho capilar en el músculo en reposo

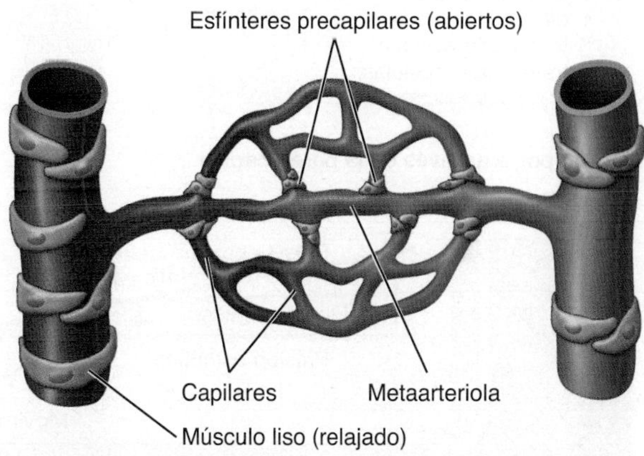

B Lecho capilar en el músculo en actividad

Figura 11-14. Lechos capilares. Los esfínteres precapilares se cierran para permitir el flujo a través del lecho capilar **(A)** o se abren para restringir el flujo a la metaarteriola **(B)**. *¿Qué figura muestra la vasoconstricción de la arteriola,* ***A*** *o* ***B****?*

Las sustancias se mueven entre los capilares de la sangre y los tejidos

Los capilares tienen las paredes más delgadas, así que tiene sentido que sean los lugares donde se realiza el intercambio entre la sangre y los tejidos. Para maximizar el intercambio, el flujo sanguíneo capilar es especialmente lento; piense en el flujo rápido en un gran río (la aorta), en comparación con el de un delta, donde el río se expande en cientos de pequeños canales llenos con agua moviéndose lentamente (los capilares).

El intercambio de sustancias entre la sangre y el líquido intersticial puede realizarse mediante uno de los cuatro métodos siguientes (fig. 11-15 A):

1. *Directamente a través de las células endoteliales por difusión simple o utilizando proteínas transportadoras*. Es

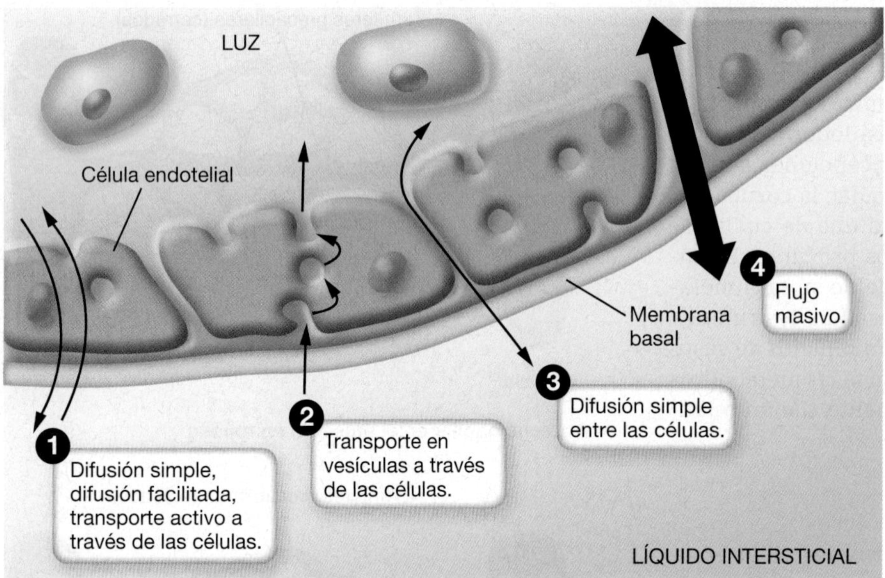

A Transporte a través de la pared capilar

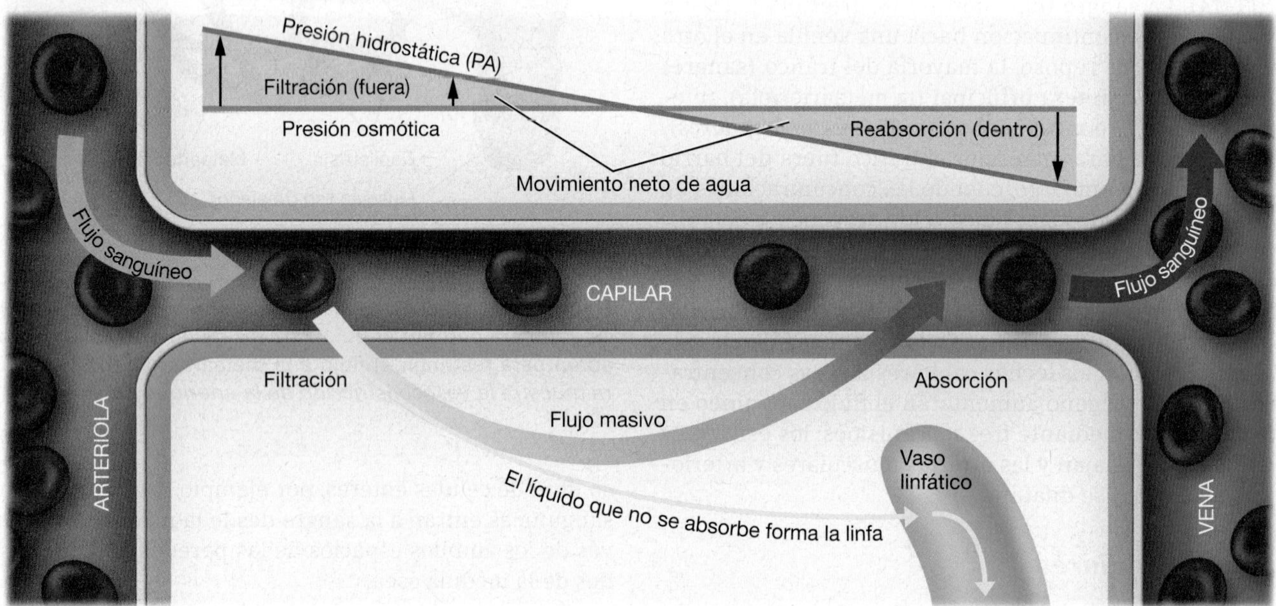

B Flujo masivo

Figura 11-15. Intercambio a través de las paredes capilares. A) Las sustancias pueden moverse entre la sangre y los tejidos por cuatro mecanismos diferentes. **B)** El flujo masivo está determinado por el equilibrio entre la presión hidrostática dirigida hacia el exterior y la presión osmótica dirigida hacia adentro. *Cuando una persona tiene la presión arterial alta, ¿tendrá mayor filtración o mayor reabsorción?*

decir, las moléculas cruzan la membrana de las células endoteliales hacia su citoplasma y salen por el otro lado. El oxígeno, el CO_2 y los lípidos se mueven por sus gradientes de concentración mediante difusión simple; los iones, los azúcares y los aminoácidos son transportados por difusión facilitada utilizando transportadores. Algunas sustancias pueden entrar o salir de las células endoteliales por transporte activo, en contra de sus gradientes de concentración.

2. *Directamente a través de las células endoteliales en transporte por vesículas.* Pequeñas cantidades de moléculas más grandes, como las proteínas, pueden atravesar la pared capilar empaquetadas en vesículas (cap. 3).
3. *Entre las células endoteliales, por difusión simple.* Algunas sustancias, como la glucosa o los iones pueden difundir a través de las separaciones entre las células capilares, porque estas hendiduras son permeables a todos los solutos.

4. *Flujo masivo.* El agua y las sustancias disueltas pueden pasar a través de los espacios entre las células capilares o de los sinusoides por un mecanismo pasivo diferente llamado *flujo masivo.*

Los tres primeros mecanismos se tratan en el capítulo 3. Sin embargo, el **flujo masivo** es un tema nuevo: el movimiento de grandes volúmenes de líquido, incluida cualquier sustancia disuelta en el líquido. Aunque no es esencial para la absorción de nutrientes o la eliminación de residuos, el flujo masivo tiene un papel importante en el equilibrio hídrico entre los diferentes compartimentos corporales. Representa el efecto neto de dos gradientes de presión opuestos: la presión *hidrostática,* que tiende a forzar la salida del agua de la sangre hacia el espacio intercelular, y la presión *osmótica,* que tiende a sacar agua de los espacios intercelulares hacia la sangre (fig. 11-15 B).

La **presión hidrostática** es la presión física de un líquido en un espacio cerrado. Impulsa el agua de la manguera del jardín y la pasta de dientes del tubo. La presión hidrostática en el interior de los vasos es la presión arterial. El aumento de la presión hidrostática de la sangre en comparación con la del líquido intersticial impulsa la salida de líquido de los capilares. Recuerde del capítulo 3 que la presión osmótica es la fuerza responsable del movimiento hídrico desde una zona de alta concentración de agua (baja concentración de solutos) a una zona de baja concentración de agua (alta concentración de solutos). La osmosis se produce sólo a través de membranas semipermeables: es decir, membranas a través de las cuales no pueden penetrar los solutos, pero en las que el agua penetra con facilidad. Puesto que la sangre contiene una concentración mucho más elevada de proteínas (como la albúmina) que el líquido intersticial, el gradiente osmótico tiende a arrastrar agua hacia los capilares.

El equilibrio entre las presiones hidrostática y osmótica determina la magnitud y la dirección del flujo masivo. La **filtración** es el movimiento neto de un fluido desde la sangre a través de una pared capilar hacia un tejido o espacio. Se produce cuando la presión hidrostática supera a la presión osmótica. La **absorción** es lo contrario: el movimiento de un fluido desde un tejido o un espacio hacia la sangre, que aparece cuando la presión osmótica excede a la presión hidrostática. Los capilares intestinales pueden absorber el agua por flujo masivo a lo largo de toda la longitud del capilar, ya que la presión osmótica de la sangre excede constantemente la presión hidrostática. Por el contrario, en los riñones los vasos capilares especializados del *glomérulo* (cap. 16) *filtran* exclusivamente agua de la sangre hacia la luz de los túbulos renales, un proceso necesario para la producción de orina. En otros capilares se producen ambas, filtración *y* absorción (fig. 11-5 B). La filtración se produce en el extremo arteriolar, debido a que la presión hidrostática supera a la presión osmótica. Sin embargo, la presión hidrostática disminuye a medida que la sangre pasa a través de los capilares, ya que la filtración reduce el volumen de sangre capilar y la presión arterial disminuye al aumentar la distancia desde el corazón. Finalmente, la presión hidrostática se iguala a la presión osmótica (que se mantiene relativamente constante) y se detiene el flujo masivo. La presión hidrostática continúa disminuyendo conforme la sangre fluye más lejos hacia el lado venoso; la presión osmótica se vuelve ahora lo suficientemente alta como para superarla y se produce la absorción.

Cada día se filtran unos 20 l de agua al exterior de los capilares, de los cuales 17 l se absorben. Los 3 l restantes encuentran su camino hacia el sistema linfático (cap. 12) y más tarde se vierten de nuevo en la sangre.

Apuntes sobre el caso

11-12 La presión arterial de Bob era peligrosamente baja, pero la presión osmótica de la sangre se mantuvo sin cambios. ¿Aumentó o disminuyó la filtración?

Las vénulas y las venas llevan la sangre de vuelta al corazón

En un momento dado, en la persona promedio aproximadamente el 7 % de la sangre está en el corazón, y el 8 % está en el sistema vascular pulmonar. El resto está en el sistema vascular sistémico: el 13 % se encuentra en las arterias y las arteriolas, un 7 % en los capilares, y el *65 % está en las venas y vénulas.* Los reservorios más importantes son las venas de los órganos abdominales, especialmente el hígado y el bazo, y la piel. Sin embargo, esta distribución relativa cambia en respuesta al ejercicio u otros factores de estrés. La túnica media de las venas, como la de las arterias, puede contraerse para producir la constricción del vaso. La activación simpática contrae las venas, lo que reduce su volumen de sangre, que aumenta en las arterias. Como se analiza más adelante, el volumen de sangre arterial es un determinante fundamental de la presión arterial.

Los gradientes de presión en las venas son tan bajos que por sí solos no pueden impulsar la sangre de vuelta hacia el corazón desde los confines de las piernas. El *bombeo del músculo esquelético* y la *bomba respiratoria* añaden una fuerza adicional:

- El **bombeo del músculo esquelético** es la acción de masaje de los músculos que se contraen, que exprimen las grandes venas en los miembros. Las válvulas venosas se abren para permitir que la sangre fluya hacia el corazón, pero se cierran para evitar que la sangre refluya desde el corazón. Por ejemplo, cuando la pierna está relajada (fig. 11-16, izquierda), las válvulas evitan que la sangre caiga hacia los pies debido a la gravedad. La contracción de los músculos de las piernas actúa como al apretar un tubo de pasta de dientes, la sangre fluye en ambas direcciones, alejándose de la contracción (fig. 11-16, derecha). La válvula distal se cierra, evitando que la sangre se mueva de nuevo hacia el pie, pero la válvula proximal se abre y la sangre se mueve hacia arriba, hacia el corazón. Por tanto, aumenta el retorno venoso.
- Por el contrario, la **bomba respiratoria** aumenta el retorno venoso mediante la creación de un gradiente de presión entre el abdomen y el tórax. Durante la inspiración, el diafragma se mueve hacia abajo, reduciendo el

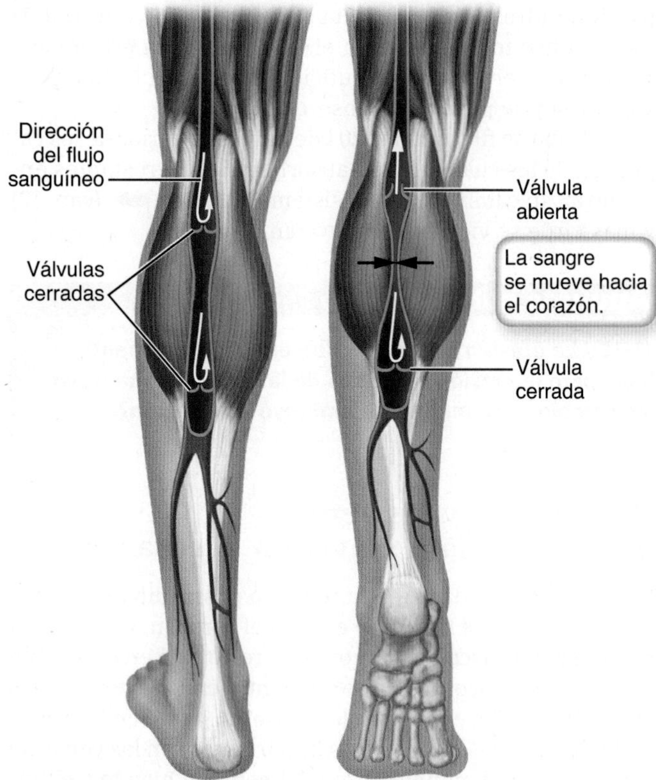

Figura 11-16. Bomba del músculo esquelético. La contracción de los músculos impulsa el flujo sanguíneo por las venas; las válvulas aseguran que la sangre sólo fluya hacia el corazón. *En el esquema de la derecha, ¿qué ocurriría si no se cerrase la válvula inferior?*

volumen abdominal y aumentando la presión abdominal. Este movimiento hacia abajo del diafragma, acompañado de un movimiento hacia afuera de las costillas, expande también el volumen torácico, reduciendo la presión torácica. La sangre fluye por este gradiente de presión desde el aumento de la presión en las venas abdominales hacia la disminución de la presión en la vena cava inferior en el tórax.

La importancia de las válvulas venosas está ilustrada por las **venas varicosas** (del latín *varix* = «vena hinchada»), una dolencia en la que la insuficiencia de las válvulas venosas altera el flujo sanguíneo venoso. El mayor volumen de sangre que queda en las venas distales provoca distensión venosa, y también reduce la sangre que sale de los capilares. El aumento del volumen de sangre capilar hace que se incremente el flujo masivo hacia el tejido cercano. El resultado es algo familiar: una persona con venas dilatadas visibles en las piernas y los pies, con tobillos hinchados por acumulación de líquido.

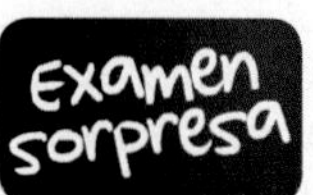

11-25 ¿Qué vasos se forman cuando confluyen los capilares?

11-26 Indicar cuál es la túnica vascular compuesta por músculo liso.

11-27 Si un vaso sanguíneo contiene sólo una túnica interna, ¿qué tipo de vaso es?

11-28 ¿Qué vasos sanguíneos determinan la distribución de la sangre en lechos capilares individuales, las arterias musculares o las arteriolas?

11-29 ¿Qué vasos desempeñan un papel fundamental en la regulación de la presión arterial, las arterias musculares o las arteriolas?

11-30 El calor lo producen los músculos que trabajan. ¿Qué cree usted, que el calor provoca vasodilatación o vasoconstricción?

11-31 ¿Cuál es la diferencia entre un seno y un sinusoide?

11-32 ¿Se mueve la sangre más rápido en un capilar o en una arteria?

11-33 ¿Qué mecanismo de transporte utiliza el oxígeno para salir de un capilar, difusión simple, transporte vesicular o difusión facilitada?

11-34 ¿Qué tipo de gradiente disminuye entre los extremos arteriolar y venoso de un capilar?

11-35 ¿Qué constituyente de la sangre es el principal determinante de la presión osmótica de la sangre?

11-36 Un aumento de la presión osmótica de la sangre, ¿aumentará o disminuirá la entrada de líquido en los tejidos?

11-37 Indicar los dos tipos de bombeo que ayudan a la venas a llevar la sangre de vuelta al corazón.

Flujo sanguíneo y presión arterial

En el capítulo 1 aprendimos que la presión es necesaria para la vida. La **presión arterial** es la fuerza que ejerce la sangre sobre la pared del vaso que la contiene. Esta fuerza impulsa el flujo sanguíneo conforme se mueve por el gradiente de presión desde las áreas de mayor a menor presión arterial. La presión arterial también es la fuerza detrás de la filtración de sustancias desde el interior del espacio vascular hacia los tejidos o los espacios exteriores.

La presión arterial suele expresarse en milímetros de mercurio (mm Hg). Por ejemplo, una presión arterial de 100 mm Hg equivale a la presión por debajo de una columna de 100 mm Hg. A menos que se indique lo contrario, el término general de «presión arterial» se refiere a la presión en las grandes arterias cerca del corazón.

La contracción del ventrículo izquierdo es la fuerza principal que produce la presión arterial

La vida depende del flujo sanguíneo impulsada por las contracciones del ventrículo izquierdo. Como se muestra en la figura 11-17, la presión normal del ventrículo izquierdo au-

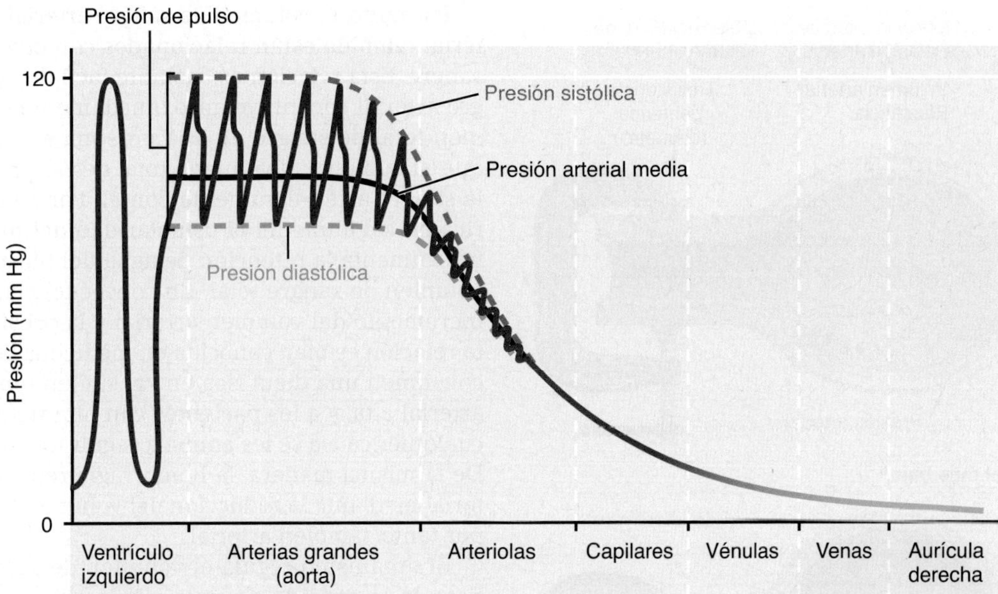

Figura 11-17. Presiones en la circulación sistémica. La presión disminuye a medida que la sangre pasa a través de la circulación sistémica. *¿Es posible detectar la presión del pulso en las venas?*

menta desde casi 0 mm Hg a 120 mm Hg durante cada latido cuando se contraen los ventrículos. La presión aórtica aumenta en consecuencia, porque el aumento de volumen en la aorta aumenta la presión aórtica. El pico de presión que tiene lugar en la aorta y las grandes arterias es la **presión sistólica,** normalmente unos 120 mm Hg. A medida que el ventrículo se relaja durante la diástole, la presión ventricular cae casi a 0, permitiendo a la sangre a baja presión de las aurículas llenar los ventrículos. No obstante, la aorta y las arterias son elásticas, se estiran ligeramente para dar cabida a la sangre expulsada por el ventrículo, pero vuelven rápidamente a su tamaño original después de la eyección. Como la válvula aórtica está cerrada, este retroceso elástico empuja la sangre hacia adelante y mantiene la presión aórtica, a pesar de que el ventrículo esté ya completamente relajado. Esto impulsa la sangre hacia adelante. Por tanto, la presión aórtica y la presión arterial nunca caen a 0. El nivel más bajo de presión en las arterias, denominado **presión diastólica,** suele ser de unos 80 mm Hg. La diferencia entre la presión arterial sistólica y la diastólica se llama **presión de pulso.** La presión arterial promedio (media) en las arterias (**presión arterial media** o PAM) está más cerca de la presión diastólica que de la presión sistólica, ya que la diástole dura mucho más que la sístole.

La presión del pulso representa una onda de presión producida por la contracción ventricular y el retroceso arterial. Esta onda no representa un volumen de sangre pasando por un punto, sino que es una perturbación, similar a una ola del mar, transmitida por un líquido y que viaja alrededor de diez veces más rápido que el flujo sanguíneo. En los *puntos del pulso,* regiones del cuerpo donde las arterias pasan cerca de la piel, podemos sentir las arterias abultándose cuando pasa la onda de presión (v. fig. 11-22). Ya que cada pulsación representa un ciclo cardíaco, el número de ondas de presión en la muñeca o el cuello indican la frecuencia cardíaca. Una presión de pulso amplia, sistólica alta con diastólica baja, es un signo de rigidez (pérdida de distensibilidad) que se asocia a la ateroesclerosis.

Recordemos que el pequeño diámetro de las arteriolas aumenta de forma considerable la resistencia, lo que mantiene una mayor presión retrógrada, pero una menor presión anterógrada. Al aumentar la distancia desde el corazón, caen en gran medida la presión sistólica y la diastólica, y la diferencia entre ellas se estrecha hasta que la presión de pulso desaparece en el momento en que la sangre entra en los capilares. La presión media cae desde 90 mm Hg en la aorta y las arterias grandes a alrededor de 25 mm Hg en los capilares, 15 mm Hg en las vénulas y cerca de 0 en las venas cavas.

Si tuviésemos que mostrar una figura similar a la figura 11-17 para la circulación pulmonar, veríamos un trazado similar, pero todos los valores de presión serían mucho menores. En la arteria pulmonar, la presión normal es de unos 24 mm Hg de presión sistólica y 8 mm Hg de la diastólica. La presión en los capilares pulmonares es de aproximadamente 7 mm Hg, y cae a cerca de 3 mm Hg en la vena pulmonar.

La distensibilidad arterial y el volumen de sangre arterial controlan la presión arterial

La presión arterial debe estar estrechamente regulada: si es demasiado baja, los tejidos morirán a causa de la falta de sangre, y si es demasiado alta, los vasos sanguíneos se lesionarán. Los dos principales factores físicos que controlan la presión arterial son la distensibilidad de los vasos y el volumen de sangre arterial (fig. 11-18 A).

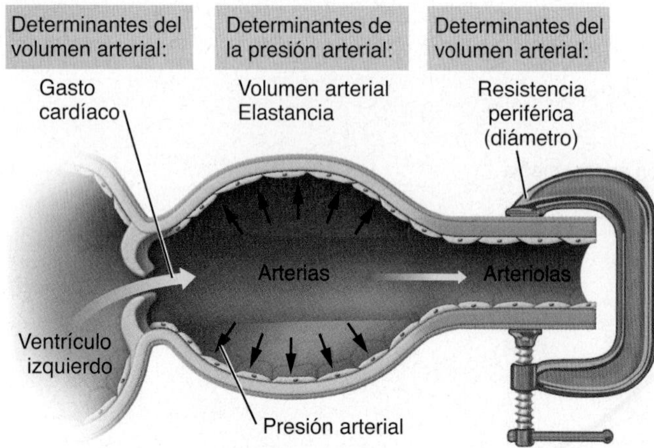

A Presión arterial más baja

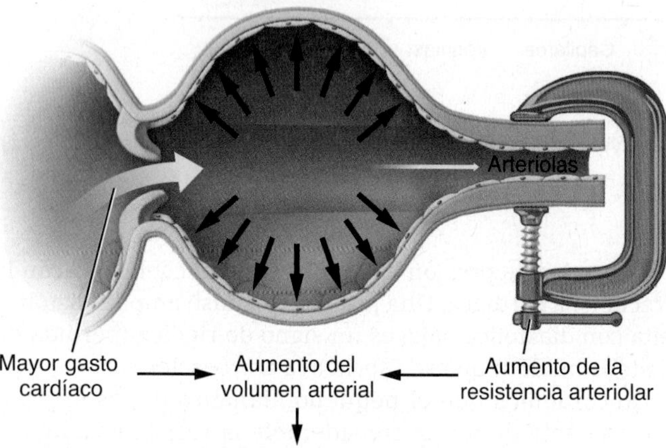

B Presión arterial más alta

Figura 11-18. Determinantes de la presión arterial. A) La presión arterial depende de dos factores determinantes principales: el volumen de sangre arterial y la distensibilidad de los vasos. El volumen de sangre arterial, a su vez, puede alterarse minuto a minuto al cambiar el gasto cardíaco y la resistencia arteriolar. Hay que tener en cuenta que el volumen de sangre total también altera el volumen de sangre arterial. **B)** El aumento del gasto cardíaco y/o de la resistencia arteriolar aumenta la presión arterial mediante el aumento de volumen de sangre arterial. *Si aumenta el radio de las arteriolas, ¿la presión arterial aumentará o disminuirá?*

Ya hemos hablado de la distensibilidad en este capítulo. Un vaso sanguíneo muy elástico y distensible se expandirá con facilidad para dar cabida a un gran aumento en el volumen con un aumento mínimo de la presión. Por el contrario, un vaso no distensible rígido se expandirá muy poco y la presión aumentará rápidamente a medida que se bombea más sangre dentro del vaso.

La presión arterial de la sangre está directamente relacionada con el volumen de sangre arterial. Si usted piensa en añadir más agua a un globo hasta que la presión lo revienta, tiene sentido que un volumen bajo de sangre arterial se asocie a una presión arterial baja y un alto volumen de sangre arterial se asocie a una mayor presión arterial.

Por tanto, el volumen de sangre arterial y la presión arterial también están relacionados con el volumen *total* de sangre. Esta relación es bastante fácil de entender: la sangre arterial constituye aproximadamente el 13 % del volumen total de sangre en una persona en reposo, de modo que, si aumenta el volumen total de sangre, el volumen de la sangre arterial aumenta con él. Por ejemplo, una dieta rica en sal aumenta la osmolaridad del plasma, que a su vez aumenta la retención de agua del plasma y con ello el volumen de sangre total. En consecuencia, se produce un incremento del volumen arterial y la presión arterial. Esta relación es bien conocida en medicina: las personas que consumen una dieta rica en sal suelen tener una presión arterial alta, y a los pacientes con hipertensión arterial de cualquier causa se les anima a seguir una dieta baja en sal. De la misma manera, la hemorragia reduce la presión arterial mediante la reducción del volumen total de sangre, y por tanto, también arterial.

El organismo regula el volumen de sangre total modificando la pérdida de agua por la orina. En el ➡ capítulo 13 se tratan las vías que alteran la retención de agua (y por tanto, el volumen sanguíneo y la presión arterial). Un mayor volumen de sangre arterial (y el correspondiente menor volumen de sangre venoso) aumenta la presión arterial, y viceversa.

El gasto cardíaco y las resistencias periféricas determinan el volumen de sangre arterial

La distensibilidad de los vasos sanguíneos sólo cambia en la enfermedad. Normalmente, el cuerpo regula la presión arterial mediante el control del volumen de sangre en el árbol arterial. A su vez, el volumen de sangre arterial varía dependiendo del equilibrio entre la cantidad de sangre que *entra* en las arterias del corazón y la cantidad que *sale* de las arterias a través de las arteriolas (fig. 11-18 A). El volumen de sangre que entra en el árbol arterial es el gasto cardíaco. Un aumento del gasto cardíaco aumentará la presión arterial (fig. 11-18 B). La resistencia de las arteriolas (que varía en función de su diámetro) determina la facilidad con que la sangre deja las arterias. A medida que aumenta la resistencia arteriolar, la sangre «se embalsa» en el árbol arterial y la presión arterial aumenta.

Considere la puerta de entrada a un popular acontecimiento deportivo o a un concierto, llena de gente: está el *flujo* de personas tratando de entrar, la *resistencia* de los guardias de seguridad revisando las bolsas y la *presión* de la multitud en la entrada. La presión del público aumentará si aumenta el flujo de personas tratando de entrar o si los guardias de seguridad aumentan su resistencia revisando más a fondo las bolsas.

Por tanto, la regulación minuto a minuto de la presión arterial se reduce a los siguientes puntos:

1. La presión arterial está determinada en gran medida por el volumen de sangre arterial.
2. El cambio del gasto cardíaco y/o de la resistencia arteriolar altera el volumen de sangre arterial.

3. Las arteriolas son los lugares de mayor resistencia del sistema vascular.

Podemos cuantificar la relación entre la presión arterial, el gasto cardíaco y las resistencias periféricas de la siguiente manera:

Presión arterial (PA) = flujo (gasto cardíaco, GC) × resistencia periférica (RP)

PA = GC × RP

Por ejemplo, a una velocidad específica de flujo (es decir, con un determinado gasto cardíaco), a medida que aumenta la resistencia periférica, también lo hace la presión arterial, y viceversa. Del mismo modo, a una determinada resistencia periférica, cualquier cambio en la presión arterial cambiará la velocidad del flujo, una presión mayor producirá un mayor flujo y una presión menor, un menor flujo.

Estos mecanismos son la columna vertebral de la homeostasis a corto plazo de la presión arterial, que está regulada por controles del sistema neurovegetativo que actúan para mantener la presión arterial sistémica a un nivel apropiado para un intercambio de gases y líquidos saludable. La homeostasis a largo plazo de la presión arterial está regulada por mecanismos renales ➡ (cap. 16).

Apuntes sobre el caso

11-13 La presión arterial de Bob era baja. ¿Cuál fue la causa principal, un bajo gasto cardíaco o resistencia periférica baja?

El sistema neurovegetativo controla el gasto cardíaco y la resistencia periférica

La presión arterial es monitorizada por los **barorreceptores,** receptores especiales de presión situados en las paredes de la aorta y en las arterias carótidas en el cuello. Los barorreceptores son receptores de estiramiento: un aumento de la presión estira la pared vascular, lo que produce que los barorreceptores envíen más señales al centro vasomotor. Del mismo modo, si baja la presión arterial, las paredes de las arterias no se estiran tanto y se producen menos señales. Los barorreceptores conectan a través de nervios autónomos sensitivos con el centro vasomotor del tronco del encéfalo, que a su vez se conecta con las arteriolas y el corazón mediante nervios neurovegetativos motores simpáticos y parasimpáticos. Cuando el centro vasomotor recibe *menos* señales de los barorreceptores, lo que indica una baja presión, *aumenta* su producción de señales simpáticas y viceversa.

La presión arterial se mantiene en un nivel relativamente constante mediante un circuito de retroalimentación negativa clásica, en el que los barorreceptores *detectan* un cambio, el centro vasomotor *integra* la información de los barorreceptores y el corazón y los vasos sanguíneos *efectúan* cambios para restaurar la presión arterial a la normalidad. La figura 11-19 ilustra el funcionamiento de este circuito de retroalimentación cuando la presión arterial se reduce por una hemorragia grave.

1. La pérdida de sangre reduce el volumen de la sangre arterial, lo que reduce la presión arterial.
2. Las paredes de la aorta (y de la arteria carótida, que no se muestra) se estiran menos, por lo que disminuye la tasa de estimulación de los barorreceptores. Los nervios sensitivos envían menos potenciales de acción al centro vasomotor.
3. El centro vasomotor responde a esta reducción de la entrada de impulsos mediante la activación del sistema nervioso simpático y, aunque no se ilustra en la figura 11-19, la inhibición del sistema nervioso parasimpático. Los nervios simpáticos que inervan las arteriolas y el corazón aumentan su tasa de disparo, mientras que los nervios parasimpáticos que inervan el corazón reducen su tasa de disparo. La activación simpática también estimula la liberación de adrenalina de la médula suprarrenal.

4a. Las arteriolas responden mediante la contracción de su músculo liso, estrechando su luz y aumentando la resistencia periférica.

4b. La activación simpática (y la inactivación parasimpática) aumenta la frecuencia cardíaca mediante la aceleración de la despolarización del nódulo sinusal; también aumenta el volumen sistólico por el aumento de la fuerza de contracción de las células ventriculares. El resultado es un aumento del gasto cardíaco.

5. La presión arterial aumenta debido a un aumento del gasto y de la resistencia.

Sin embargo, como vimos en el caso sobre el presidente Reagan en el ⬅ capítulo 1, este circuito reflejo homeostático no puede corregir completamente una pérdida especialmente grande de sangre; en nuestro caso del capítulo 1, la presión arterial del presidente Reagan disminuyó peligrosamente a pesar de las compensaciones homeostáticas. En estos casos, es absolutamente necesaria la sustitución de la pérdida de volumen mediante la infusión de sangre, plasma, o soluciones salinas.

Cabe señalar que *no todas* las arteriolas se contraen en respuesta a la activación simpática. Sólo las arteriolas de los tejidos no vitales, como la piel y los músculos, responden. Esto disminuye el flujo hacia esas zonas y lo reasigna a estructuras más vitales, principalmente el corazón y el cerebro.

El bucle reflejo barorreceptor también protege contra la **hipertensión** (presión arterial alta sostenida), que puede dañar los vasos sanguíneos. Un aumento de la presión arterial aumenta el estiramiento de las arterias, y por tanto la tasa de disparo de los barorreceptores. Este incremento de la actividad del centro vasomotor desplaza el equilibrio hacia un aumento de la activación parasimpática y la disminución de la activación simpática. El corazón reduce el gasto cardíaco, las arteriolas se dilatan y la presión arterial disminuye.

Apuntes sobre el caso

11-14 A Bob se le administró epinefrina para aumentar su presión arterial. ¿Cuál fue el mecanismo de acción de este fármaco?

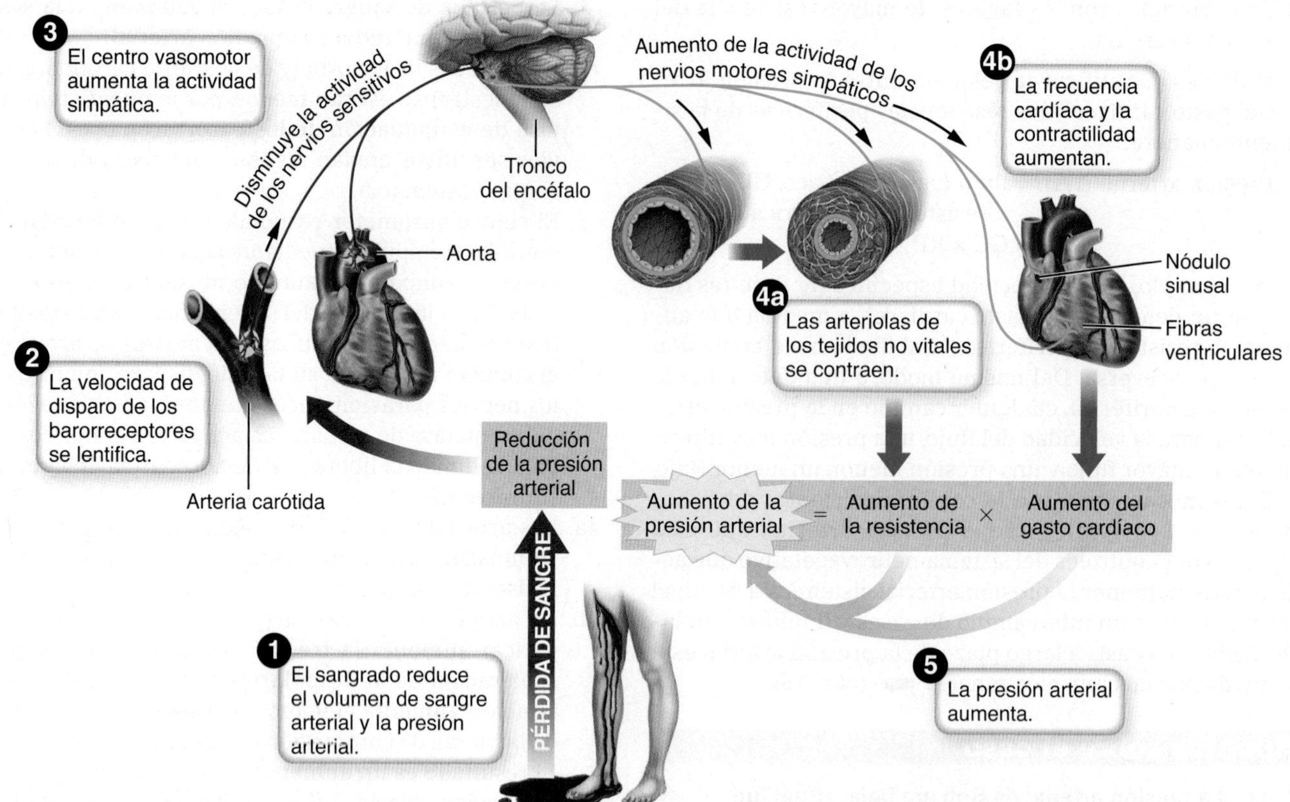

Figura 11-19. Reflejo barorreceptor. Los barorreceptores detectan los cambios en la presión arterial y activan el centro vasomotor. El centro vasomotor intenta revertir el cambio de diámetro modulando el diámetro de las arteriolas y el gasto cardíaco. *Cuando aumenta la tasa de disparo de los barorreceptores, ¿el centro vasomotor induce vasoconstricción o vasodilatación?*

La presión arterial se mide mediante esfigmomanometría

La presión arterial generalmente se mide con un **esfigmomanómetro,** del griego *sphugmos* = «pulso» (fig. 11-20). A esta raíz se suman las palabras *manos,* «fino», y *metros,* «medir», en referencia a la antigua práctica de introducir tubos finos en las arterias de los animales de experimentación para ver qué altura ascendía la sangre.

Los esfigmomanómetros convencionales se basan en un medidor de presión conectado a un manguito hinchable que se coloca alrededor de la parte superior del brazo (al nivel del corazón). El manguito se infla a una cierta presión para interrumpir todo el flujo sanguíneo al presionar hasta el cierre la arteria principal (braquial). A continuación, se desinfla gradualmente el manguito a medida que el examinador ausculta con un estetoscopio colocado sobre la arteria en el extremo inferior del manguito, justo por encima del pliegue del codo. Cuando la presión del manguito cae por debajo de la presión arterial sistólica, la sangre comienza a fluir a chorros y hace un sonido (los *ruidos de Korotkoff*). Los ruidos de Korotkoff continúan con cada onda de pulso hasta que desaparecen cuando la presión del manguito cae por debajo de la presión arterial diastólica. El intervalo entre la presión en el momento de aparición del primer sonido y la presión en la que desaparecen es la presión arterial. También hay disponibles dispositivos de alta tecnología que no precisan que el examinador ausculte.

A pesar de su sencillez, es difícil obtener mediciones *precisas* de la presión arterial, porque están influidas por la postura, la respiración, la circunferencia de la parte superior del brazo, la ropa, la ansiedad, los medicamentos, si se mide antes o después de una comida o el ejercicio, y muchas otras variables. Es muy importante realizar lecturas precisas, porque la hipertensión es una afección muy común que no causa ningún síntoma, pero que provoca ataques al corazón, derrames cerebrales y otras enfermedades importantes. En general se acepta que la presión arterial óptima es inferior a 120/80, y que las lecturas persistentes superiores a 140/90 son lo suficientemente altas como para justificar un diagnóstico de hipertensión, que requiere tratamiento. Los pacientes en el término medio entre 120/80 y 140/90 se dice que son prehipertensos. Un número creciente de expertos recomiendan el tratamiento de la prehipertensión.

11-38 ¿Qué parámetro es igual al flujo sanguíneo, el volumen sistólico o el gasto cardíaco?

11-39 ¿Qué determinante de la presión arterial cambia cuando cambia el gasto cardíaco, la distensibilidad arterial o el volumen de sangre arterial?

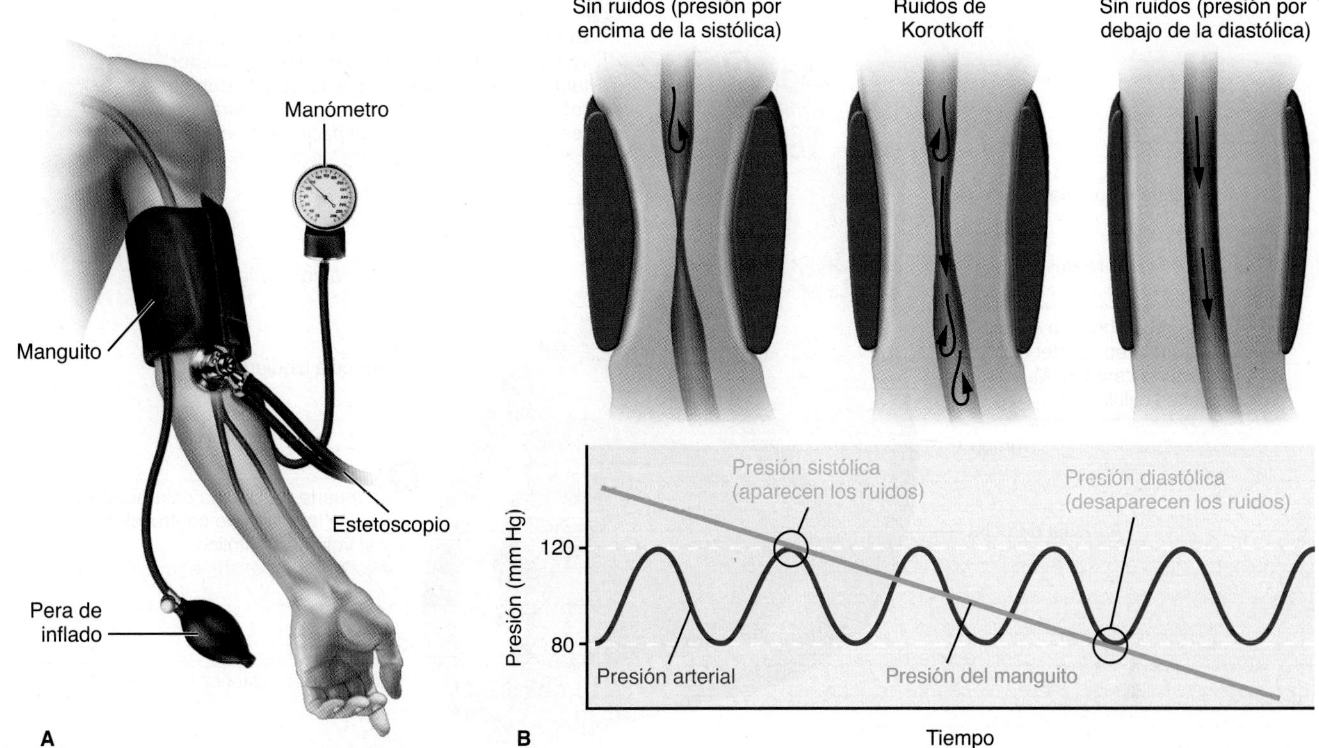

Figura 11-20. Medición de la presión arterial. A) La presión arterial puede medirse con un esfigmomanómetro. **B)** A medida que el médico reduce la presión del brazalete, los ruidos de Korotkoff comienzan en la presión sistólica y desaparecen en la presión diastólica. *¿Cuál es la presión sistólica en **B**?*

11-40 En ausencia de otros cambios, ¿cómo afectará a la presión arterial un aumento del radio del vaso?

11-41 ¿Qué valor de presión es menor, la sistólica o la diastólica?

11-42 Si la presión arterial aumenta, ¿qué ocurre con la velocidad de disparo de los barorreceptores?

11-43 Cuando se activa el sistema nervioso simpático, ¿qué vasos se contraen, las arteriolas del cerebro o las arteriolas de la piel?

11-44 Cuando aumenta el volumen total de sangre (en ausencia de otros cambios), ¿qué ocurre con la presión arterial?

11-45 Durante una medición de la presión arterial, ¿qué presión indica la desaparición de los ruidos de Korotkoff?

Estudio del caso

Infarto de miocardio: el caso de Bob W.

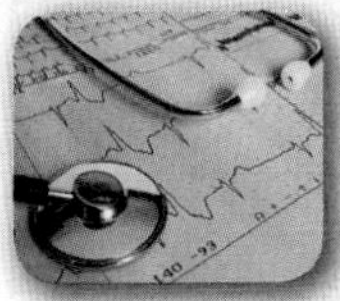

Volvamos a nuestro caso. Bob sufría hipertensión, lo que dañó la capa endotelial de las arterias y dio lugar a *ateroesclerosis*. Esta enfermedad arterial se caracteriza por inflamación, cicatrización y depósitos de grasa en las paredes arteriales La siguiente Instantánea clínica titulada «Ateroesclerosis: nos estamos comiendo hasta la muerte» explica la ateroesclerosis con más detalle.

La ateroesclerosis en las arterias coronarias de Bob volvió rugosas las paredes de las arterias y estrechó la luz de los vasos. El revestimiento arterial anómalo dio como resultado la formación de un trombo (cap. 10) en su arteria coronaria derecha, que suministraba sangre a la parte posterior del ventrículo izquierdo y la parte posterior del sistema interventricular. Este tejido muscular aún habría recibido algo de sangre desde la anastomosis, pero esa pequeña cantidad de sangre fue insuficiente y el tejido de la pared posterior murió y ya no era contráctil (fig. 11-21).

Es decir, Bob tuvo un ataque al corazón. El dolor en el lado izquierdo del cuello, la mandíbula y el codo izquierdo de Bob era un *dolor referido:* las neuronas que transmiten los estímulos dolorosos del músculo cardíaco moribundo convergen con neuronas desde la mandíbula, el cuello y el brazo, por lo que el cerebro interpreta las señales de dolor como procedentes de esas zonas periféricas.

Un ataque al corazón se describe más exactamente como un *infarto de miocardio,* la muerte de tejido del músculo cardíaco causada por falta de oxígeno. Como resultado de la pérdida de tejido muscular, la fuerza de contracción causada por el ventrículo izquierdo se redujo gravemente. El volumen sistólico cayó, lo que afectó al gasto cardíaco y produjo una caída de la presión arterial.

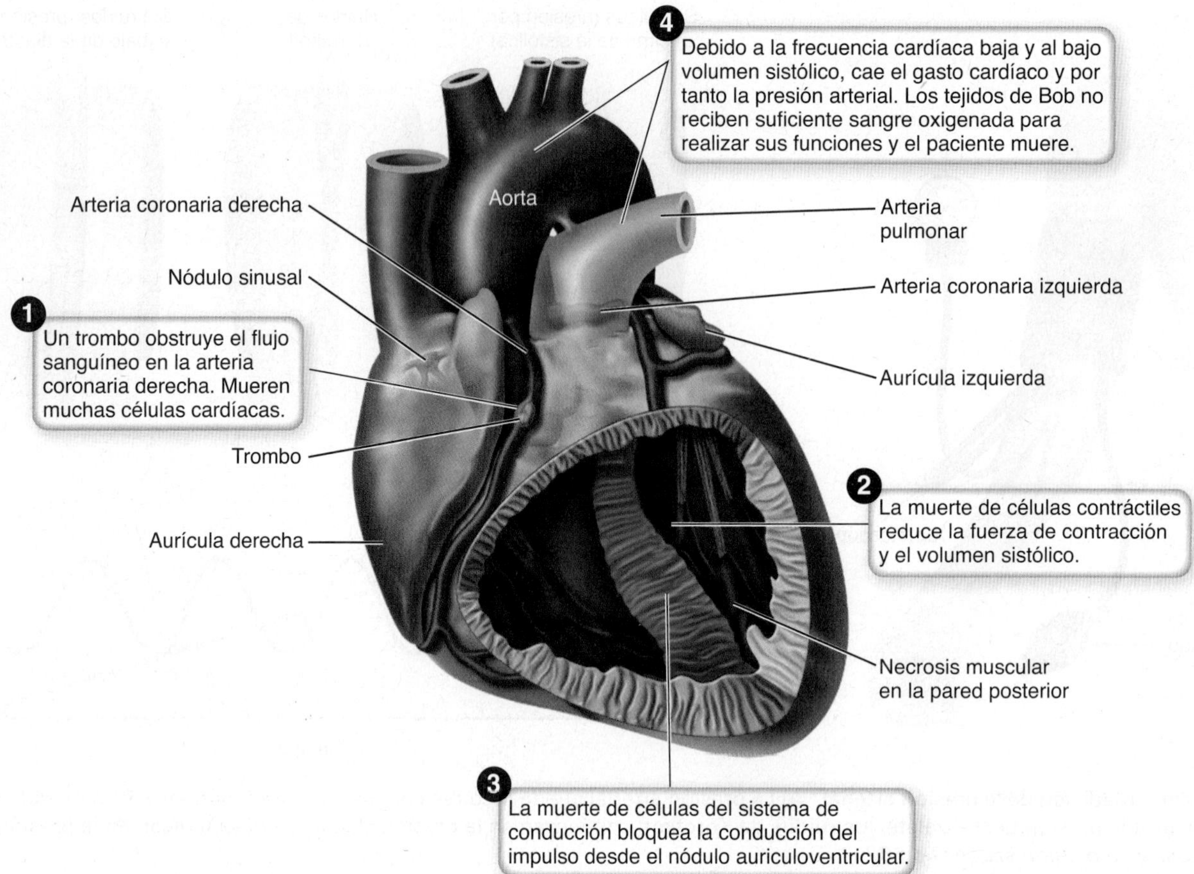
4
Debido a la frecuencia cardíaca baja y al bajo volumen sistólico, cae el gasto cardíaco y por tanto la presión arterial. Los tejidos de Bob no reciben suficiente sangre oxigenada para realizar sus funciones y el paciente muere.
Aorta
Arteria coronaria derecha
Arteria pulmonar
Nódulo sinusal
Arteria coronaria izquierda
1
Un trombo obstruye el flujo sanguíneo en la arteria coronaria derecha. Mueren muchas células cardíacas.
Aurícula izquierda
Trombo
2
La muerte de células contráctiles reduce la fuerza de contracción y el volumen sistólico.
Aurícula derecha
Necrosis muscular en la pared posterior
3
La muerte de células del sistema de conducción bloquea la conducción del impulso desde el nódulo auriculoventricular.

Figura 11-21. El caso de Bob W. Los fenómenos que condujeron a la muerte de Bob. *¿Por qué era tan baja la frecuencia cardíaca del paciente?*

INSTANTÁNEA CLÍNICA

Ateroesclerosis: nos estamos comiendo hasta la muerte

La **enfermedad cardiovascular** (ECV) es una enfermedad del corazón y los vasos sanguíneos y la causa principal de mortalidad entre los estadounidenses (35% de las muertes). En comparación, todos los tipos de cáncer son responsables aproximadamente del 23% de las muertes en Estados Unidos. La ECV es un grupo diverso de patologías, de las que las más frecuentes son las enfermedades cardíacas (29% de las muertes) y los accidentes cerebrovasculares (6%). La mayoría de los casos de enfermedad cardiovascular se remontan a un trastorno vascular llamado *ateroesclerosis.*

La **ateroesclerosis** es una enfermedad en la que se acumulan depósitos de lípidos, células inflamatorias y tejido cicatricial en las paredes de las arterias, lo que dificulta el flujo sanguíneo. Las venas no resultan afectadas. Es un proceso complejo que comienza con una lesión en las células endoteliales que recubren todas

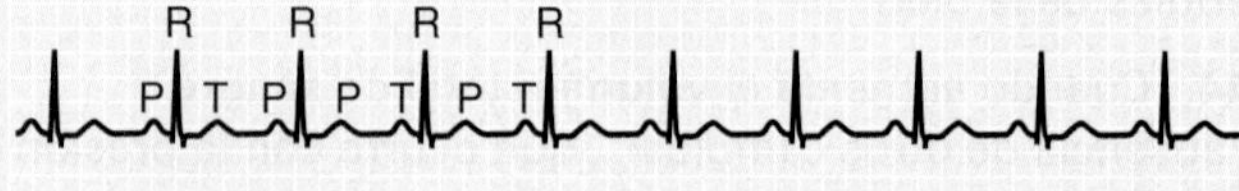
R R R R
P T P P T P T

A ECG normal

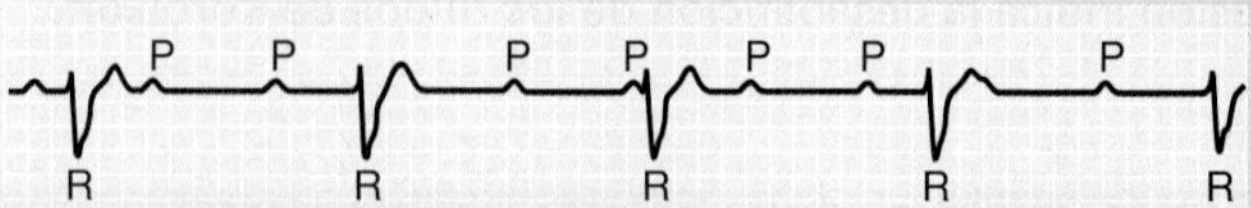
P P P P P P P
R R R R R

B Bloqueo cardíaco de tercer grado

Ateroesclerosis. Una aorta ateroesclerótica. Observe los depósitos grasos (ateromas)

Continúa

las arterias. El martilleo físico de los latidos de la presión arterial alta y el efecto dañino de la glucosa alta en la sangre de la diabetes son dos factores de riesgo reconocidos. Otros factores, como la edad avanzada y los antecedentes familiares, no están bajo nuestro control. Sin embargo, la mayoría de los factores de riesgo son modificables; es decir, están influidos por el estilo de vida. Estos factores incluyen:

- *Fumar.*
- *La inactividad física.*
- *Una dieta alta en grasas saturadas y grasas «trans».*
- *Obesidad.*
- *Concentraciones altas de colesterol en sangre,* especialmente colesterol asociado a lipoproteínas de baja densidad (LDL).
- *La presión arterial alta.*
- *Diabetes mellitus tipo 2,* que está estrechamente relacionada con la obesidad. La diabetes tipo 1 presenta riesgo igualmente, pero no está relacionada con la obesidad.

Recordemos que las células endoteliales tienen como función mantener separados la sangre y los tejidos de una forma segura, ya que la sangre se coagula si entra en contacto con tejidos. Recordemos también que la inflamación es la respuesta del cuerpo a las lesiones. La reacción inflamatoria producida por una lesión de las células endoteliales se extiende en profundidad en la pared de la arteria, debilitándola y produciendo tejido cicatricial *(esclerosis).* Es más, las células endoteliales dañadas permiten que los lípidos, principalmente el colesterol, se filtren a través de y dentro de la pared de la arteria, donde se encuentran atrapados en acúmulos de material blando y harinoso. Estos depósitos se denominan **ateromas,** del griego *athere,* que significa gachas o papilla espesa.

En la mayoría de los casos, la acumulación de grasa y tejido fibrótico produce el estrechamiento de los vasos sanguíneos, que poco a poco privan de sangre a los tejidos situados en dirección retrógrada. Con la lenta inanición, el tejido puede morir o marchitarse poco a poco, lo que conduce a la enfermedad cardíaca crónica a medida que el músculo cardíaco pierde su capacidad para funcionar. Por otra parte, la obstrucción puede ser repentina. Las oclusiones repentinas a menudo se deben a la rotura o formación de grietas en una placa de ateroma, que permite que la sangre entre en contacto con el tejido del otro lado del endotelio. Cuando sucede esto, las trombocitos se adhieren a la zona de ruptura o agrietada y se acumulan para formar un trombo (cap. 10) que obstruye la arteria. Esto fue precisamente lo que le ocurrió a nuestro paciente, Bob: una placa de ateroma en la arteria coronaria derecha desarrolló de repente un trombo oclusivo, que causó la muerte del músculo cardíaco irrigado por la arteria.

Es más, una consecuencia importante de la ateroesclerosis vascular es la pérdida de distensibilidad vascular: las paredes de las arterias se vuelven rígidas con tejido cicatricial y pierden su capacidad de estirarse con cada latido. Dejan de parecerse a una manguera de goma blanda y se parecen más a una tubería de metal. Un efecto notable de la pérdida de distensibilidad es la hipertensión sistólica. Esto se debe a que se requiere más potencia ventricular y más presión para impulsar la sangre por un árbol vascular rígido. La ateroesclerosis también debilita las paredes de los vasos sanguíneos, lo que les permite abombarse hacia el exterior de forma permanente debido a la presión en el interior. Esa zona abombada y debilitada se denomina **aneurisma.** A veces, el debilitamiento es tan grande que el aneurisma estalla, produciendo una hemorragia mortal.

Recordemos también que el potencial de marcapasos despolariza más lentamente en partes cada vez más bajas del sistema de conducción cardíaca. La frecuencia cardíaca de Bob era de 30 lat/min, una frecuencia tan baja que indica que las fibras de Purkinje del ventrículo estaban marcando el ritmo de los latidos. Una frecuencia cardíaca tan lenta añadida a la dificultad para mantener una presión arterial normal condujo a que no pudiese mantenerse un gasto cardíaco eficaz.

Suponiendo que los mecanismos homeostáticos de control de la presión arterial del paciente estuviesen intactos, la caída de la presión arterial habría disminuido la tasa de disparo de los barorreceptores. Su centro vasomotor habría enviado señales simpáticas para aumentar la vasoconstricción y aumentar así la resistencia periférica. Se habrían enviado señales similares para aumentar el ritmo cardíaco y producir contracciones miocárdicas más potentes. Sin embargo, recordemos que el ECG de Bob mostró una obstrucción completa de la transmisión de las señales desde las aurículas a los ventrículos, lo que indica que algunos de los tejidos muertos incluían fibras del sistema de conducción cardíaca. Independientemente de cuántas señales simpáticas llegaban al nódulo sinusal, no podrían aumentar su frecuencia cardíaca, ya que no podían ser transmitidas a los ventrículos.

La presión arterial de Bob era 75/45, lo que fue insuficiente para impulsar la sangre a través de la circulación sistémica, por lo que sus tejidos no recibían suficiente sangre oxigenada para funcionar adecuadamente. La norepinefrina que se le administró estimuló las células cardíacas vivas, pero no fueron capaces de mantener la presión arterial por mucho tiempo. Finalmente, la falta de suministro de sangre al cerebro de Bob y otros órganos vitales resultó ser mortal.

Apuntes sobre el caso

11-15 ¿Por qué estaba reducido el volumen sistólico de Bob?

Principales vasos sanguíneos

Pasamos ahora a los nombres y características de los vasos sanguíneos principales. La ubicación de algunas arterias importantes se ilustra en la figura 11-22, y la de las venas, en la

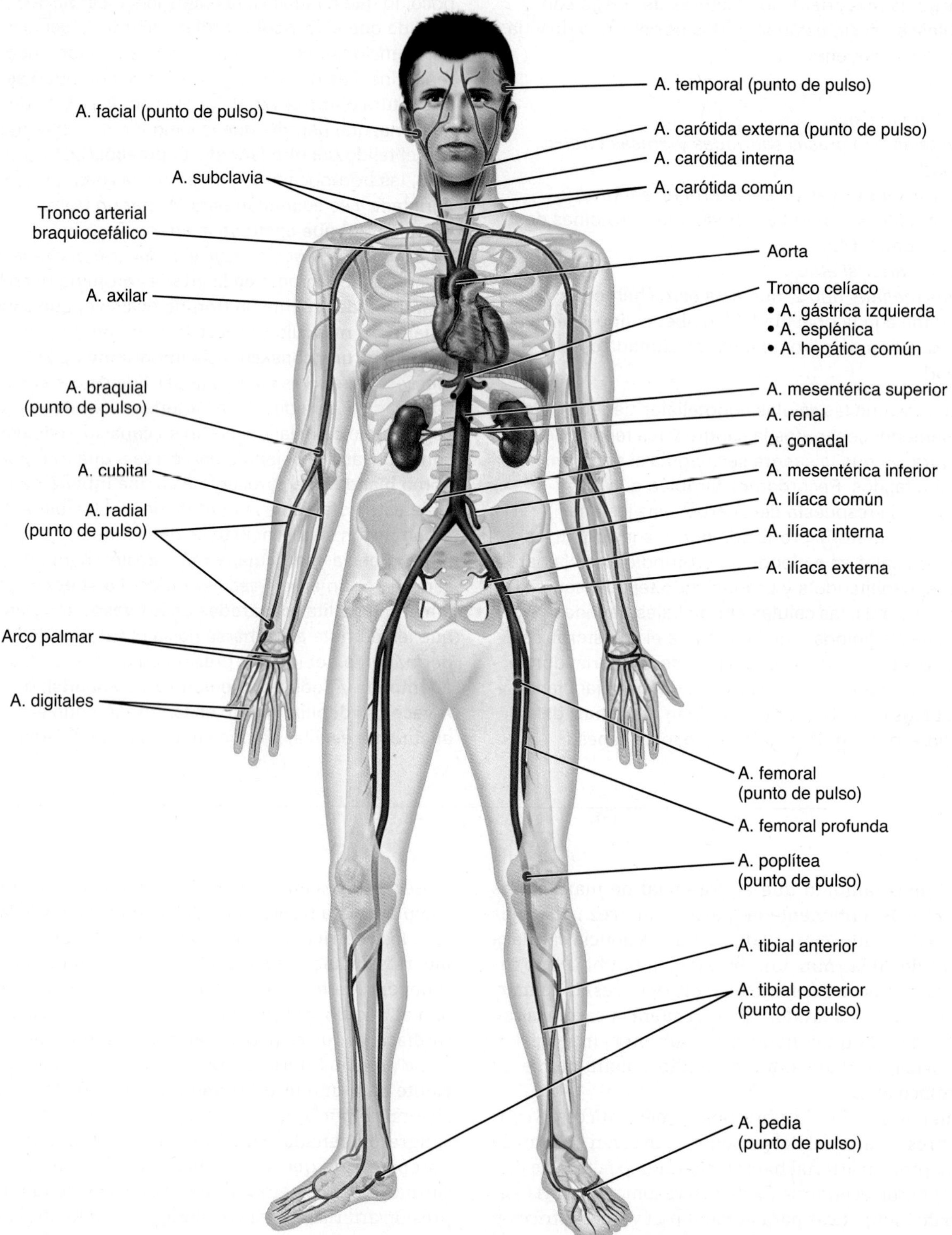

Figura 11-22. Principales arterias sistémicas. Los círculos indican los puntos del pulso, donde puede medirse la frecuencia cardíaca. *¿Qué arteria pasa por detrás de la rodilla, la arteria poplítea o la arteria axilar?*

figura 11-23. Las láminas que siguen muestran estos vasos (y algunos más) con mayor detalle. A medida que pase por las láminas, observe las gráficas de flujo que acompañan a muchas ilustraciones. Puede encontrar útil emplear la gráfica de flujo como una hoja de ruta que traza su camino a través de los vasos en la ilustración correspondiente. Conforme estudie estas explicaciones y figuras, tenga presente que las variantes anatómicas de la normalidad son frecuentes y que no causan problemas. No obstante, algunas variantes sí pueden provocar un mal funcionamiento (enfermedad).

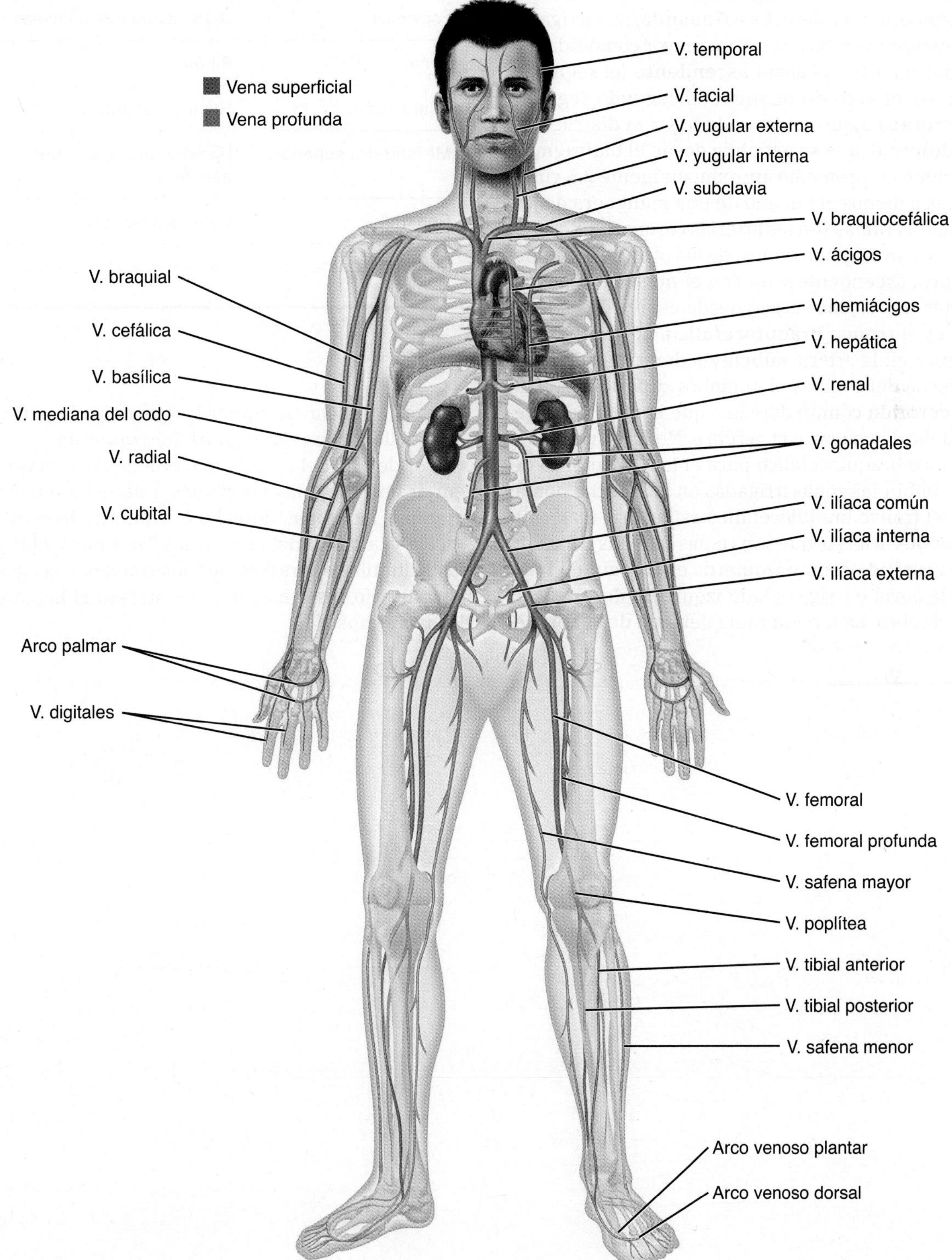

Figura 11-23. Principales venas sistémicas. Las venas profundas se muestran de color azul claro; las venas superficiales, en color púrpura oscuro. *¿Qué vena es superficial, la vena braquial o la vena basílica?*

Arterias del tronco

Toda la sangre que sale del ventrículo izquierdo entra en la **aorta,** el vaso sanguíneo más grande del cuerpo. Sale hacia arriba desde el corazón y forma un arco hacia la izquierda y abajo, viajando a lo largo del borde anterior de la columna vertebral. Termina en el borde posterior de la pelvis (aproximadamente en el ombligo), donde se divide en las arterias **ilíacas** comunes derecha e izquierda, que irrigan la pelvis y los miembros inferiores. Para mayor comodidad, se divide en cuatro partes: la **aorta ascendente** (el segmento vertical inicial), el **arco de la aorta** (el segundo segmento), la **aorta torácica** que se extiende hasta el diafragma y la **aorta abdominal**, que se extiende desde el diafragma.

La aorta tiene en promedio aproximadamente 2,5 cm de diámetro, más o menos el tamaño de una manguera de jardín. Las primeras ramas son las arterias coronarias derecha e izquierda, que se originan dentro de los primeros milímetros de la aorta ascendente y nutren el músculo cardíaco. Las siguientes tres ramas surgen desde el arco de la aorta. La primera es el **tronco braquiocefálico,** un tronco corto que se ramifica en la arteria **subclavia** derecha, que irriga la parte derecha del cuello y el miembro superior derecho, y la arteria **carótida** común derecha, que irriga el lado derecho del cuello, la cabeza y el cerebro. No hay un equivalente del tronco braquiocefálico para el lado izquierdo del cuerpo. En cambio, las zonas irrigadas en la derecha por las dos ramas del tronco braquiocefálico están irrigadas en la izquierda por dos arterias que son ramas directas de la aorta. La arteria carótida común izquierda es la segunda rama del arco de la aorta e irriga el lado izquierdo del cuello, la cabeza y el cerebro. La tercera rama del arco de la aorta es la arteria subclavia izquierda, que irriga la parte izquierda del cuello y el miembro superior izquierdo.

Por debajo del arco, la mayoría de las ramas suelen discurrir emparejadas en grupos a derecha e izquierda. Por ejemplo, las ramas derecha e izquierda irrigan la caja torácica y la pared del cuerpo, los bronquios y los pulmones, las glándulas suprarrenales, los riñones y las gónadas. Por el contrario, las ramas impares irrigan el hígado, el bazo y los intestinos

Regiones irrigadas por las ramas de la aorta

Arteria	Región
Hepática común	Hígado
Gástrica izquierda	Estómago, esófago
Esplénica	Bazo, estómago, páncreas
Renal	Riñón
Suprarrenal	Glándula suprarrenal
Mesentérica superior	Intestino delgado, intestino grueso, páncreas
Gonadal	Ovarios o testículos
Mesentérica inferior	Colon descendente, recto

Lámina 11-1. Arterias del tronco

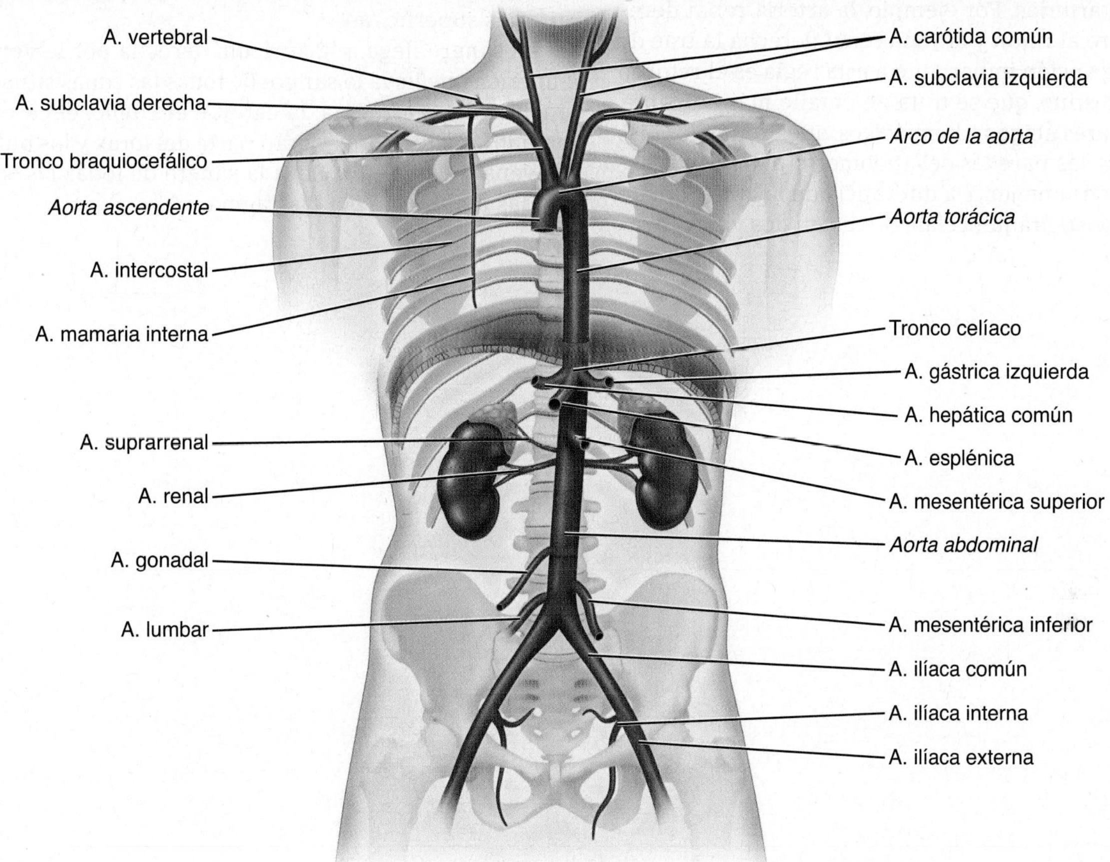
A. vertebral
A. subclavia derecha
Tronco braquiocefálico
Aorta ascendente
A. intercostal
A. mamaria interna
A. suprarrenal
A. renal
A. gonadal
A. lumbar
A. carótida común
A. subclavia izquierda
Arco de la aorta
Aorta torácica
Tronco celíaco
A. gástrica izquierda
A. hepática común
A. esplénica
A. mesentérica superior
Aorta abdominal
A. mesentérica inferior
A. ilíaca común
A. ilíaca interna
A. ilíaca externa

A Vista anatómica

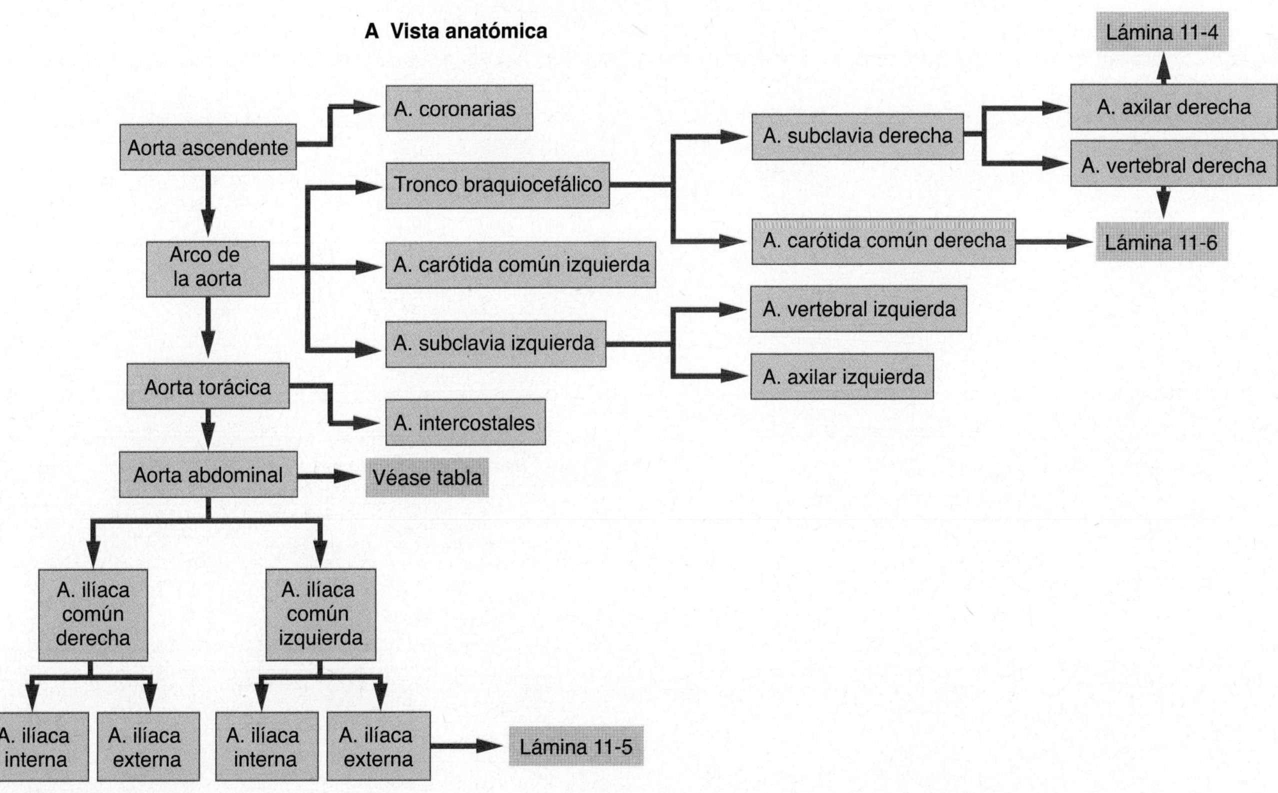
Lámina 11-4
A. coronarias
Aorta ascendente
Tronco braquiocefálico
A. subclavia derecha
A. axilar derecha
A. vertebral derecha
Arco de la aorta
A. carótida común izquierda
A. carótida común derecha
Lámina 11-6
A. subclavia izquierda
A. vertebral izquierda
A. axilar izquierda
Aorta torácica
A. intercostales
Aorta abdominal
Véase tabla
A. ilíaca común derecha
A. ilíaca común izquierda
A. ilíaca interna
A. ilíaca externa
A. ilíaca interna
A. ilíaca externa
Lámina 11-5

B Vista esquemática

Venas del tronco

En las venas en general, las venas profundas están emparejadas con arterias. Por ejemplo, la arteria renal derecha lleva sangre al riñón y la vena renal derecha la trae de vuelta. Una excepción importante a esta regla es el retorno venoso del intestino, que se trata en detalle más adelante. Las venas impares **ácigos** y hemiácigos, que drenan las distintas partes de las paredes del abdomen y el tórax, muestran una asimetría mejor. Y a diferencia de la aorta, donde sólo hay un tronco braquiocefálico, existen dos **venas braquiocefálicas** que se unen para formar la vena cava superior. Por lo general las venas tienen nombres que no están relacionados con los de las arterias, ya que hay muy pocas arterias superficiales.

La sangre llega a la aurícula derecha por la **vena cava** superior, que lleva la sangre de todas las zonas situadas por encima del diafragma: la cabeza, el cuello, el cerebro, los miembros superiores y gran parte del tórax y los pulmones. La vena cava inferior lleva la sangre de todas las zonas situadas por debajo del diafragma.

Lámina 11-2. Venas del tronco

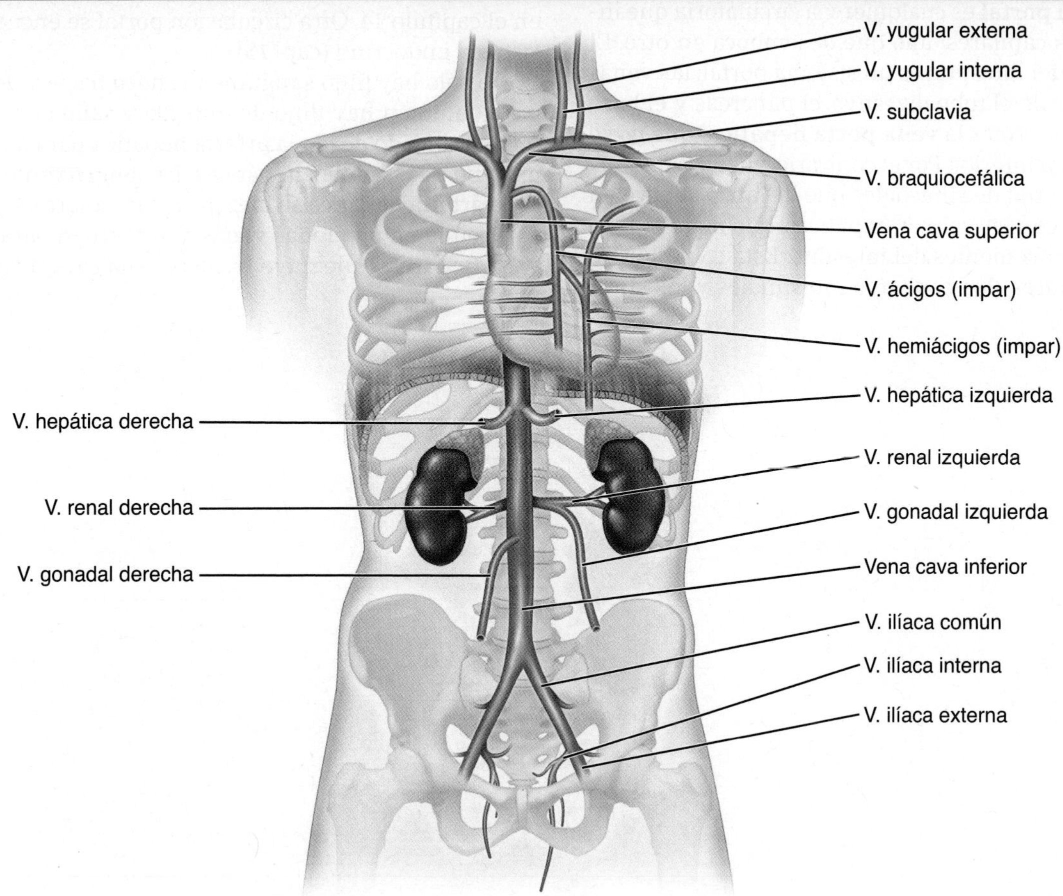
V. yugular externa
V. yugular interna
V. subclavia
V. braquiocefálica
Vena cava superior
V. ácigos (impar)
V. hemiácigos (impar)
V. hepática izquierda
V. renal izquierda
V. gonadal izquierda
Vena cava inferior
V. ilíaca común
V. ilíaca interna
V. ilíaca externa
V. hepática derecha
V. renal derecha
V. gonadal derecha

A Venas del tronco

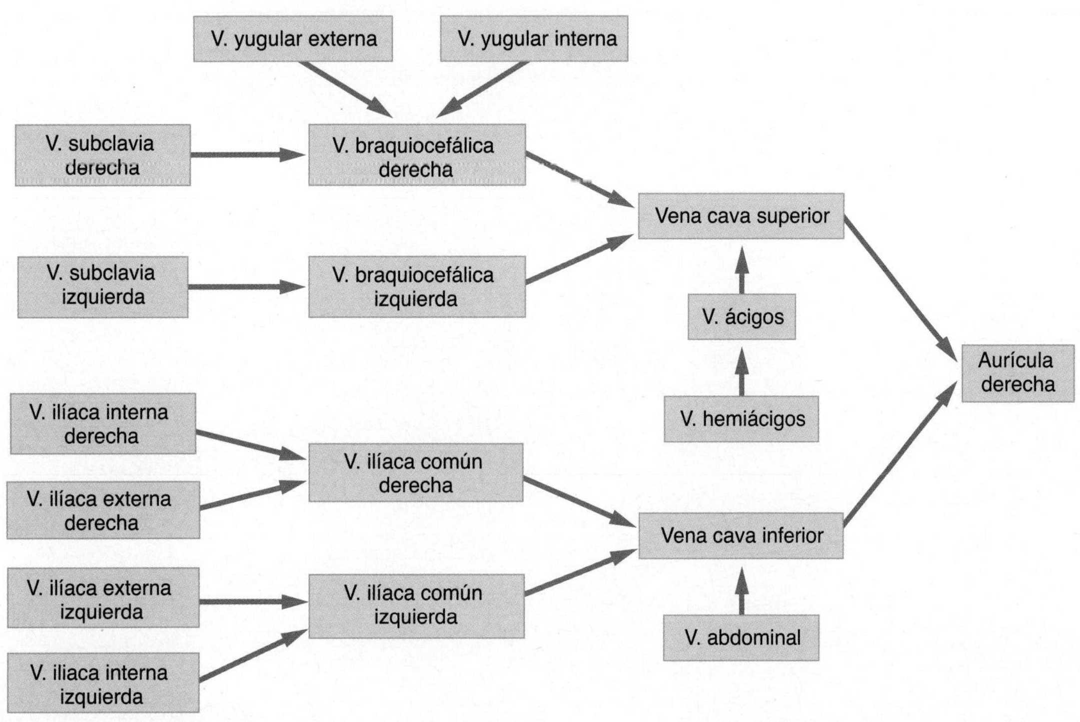
V. yugular externa
V. yugular interna
V. subclavia derecha
V. braquiocefálica derecha
Vena cava superior
V. subclavia izquierda
V. braquiocefálica izquierda
V. ácigos
Aurícula derecha
V. hemiácigos
V. ilíaca interna derecha
V. ilíaca común derecha
V. ilíaca externa derecha
Vena cava inferior
V. ilíaca externa izquierda
V. ilíaca común izquierda
V. abdominal
V. iliaca interna izquierda

B Vista esquemática

Circulación portal

Una **circulación portal** es cualquier vía circulatoria que incluye dos lechos capilares: uno que desemboca en otro. El retorno venoso del intestino es un sistema portal: las venas que regresan desde el tubo digestivo, el páncreas y el bazo se fusionan para formar la **vena porta hepática,** que *no* se une a la vena cava inferior. Por el contrario, vuelve a dividirse y fluye en una red de sinusoides que llevan la sangre en contacto íntimo con las células hepáticas, que metabolizan los nutrientes provenientes del intestino. Esta colección de *dos* lechos capilares (los capilares intestinales y los sinusoides hepáticos) y la vena porta hepática que los conecta se llama la *circulación portal hepática*, que vuelve a tratarse en el capítulo 14. Otra circulación portal se encuentra en el sistema endocrino (cap. 15).

No sólo hay flujo sanguíneo venoso hacia y desde el hígado, también hay flujo de entrada y salida de sangre arterial al hígado desde la arteria hepática para abastecer de oxígeno a las células hepáticas. La sangre venosa del flujo de la arteria hepática se mezcla con la sangre venosa portal y se reúne en pequeñas venas que se unen para formar la vena **hepática,** que fluye hacia la vena cava inferior.

Lámina 11-3. Circulación portal

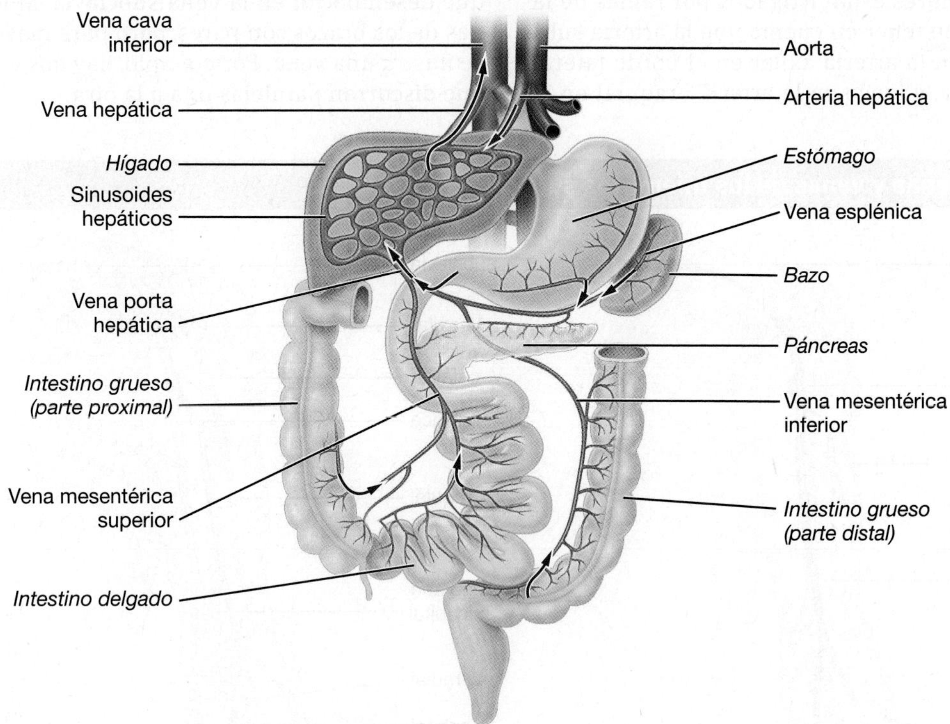

A Vista anatómica

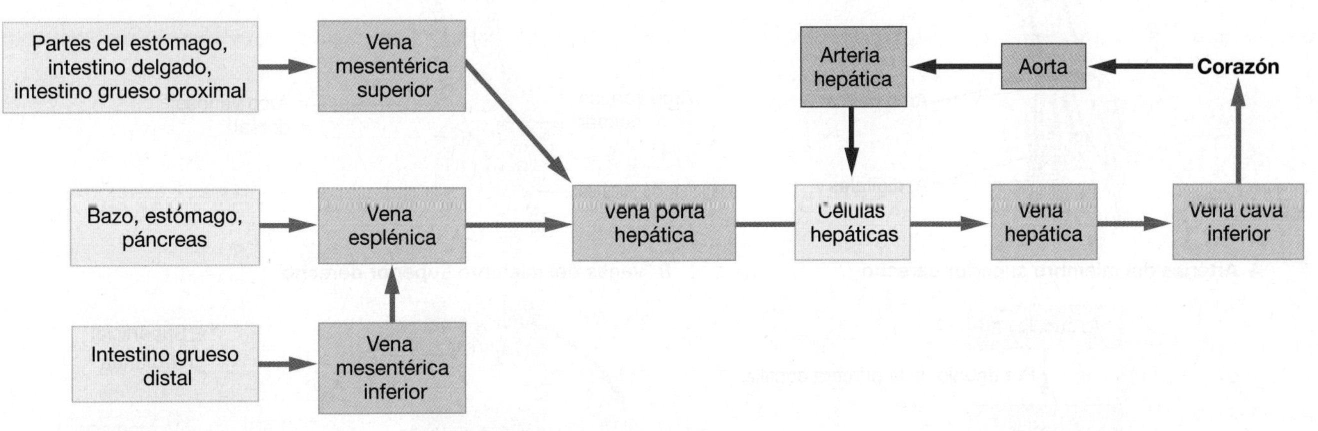

B Vista esquemática

Arterias y venas de los miembros superiores

Los miembros superiores están irrigados por ramas de la arteria axilar. Hay que tener en cuenta que la arteria subclavia se convierte en la arteria axilar en el borde lateral de la primera costilla, y luego en la arteria braquial en el borde inferior del músculo redondo mayor. Las venas de los miembros superiores son más complejas que las arterias y consisten en un grupo profundo y un grupo superficial, que desembocan en la vena subclavia. Muchas de las venas de los brazos son pares, pero para mayor claridad sólo se ilustra una vena. Por ejemplo, hay dos venas braquiales que discurren paralelas una a la otra.

Lámina 11-4. Arterias y venas de los miembros superiores

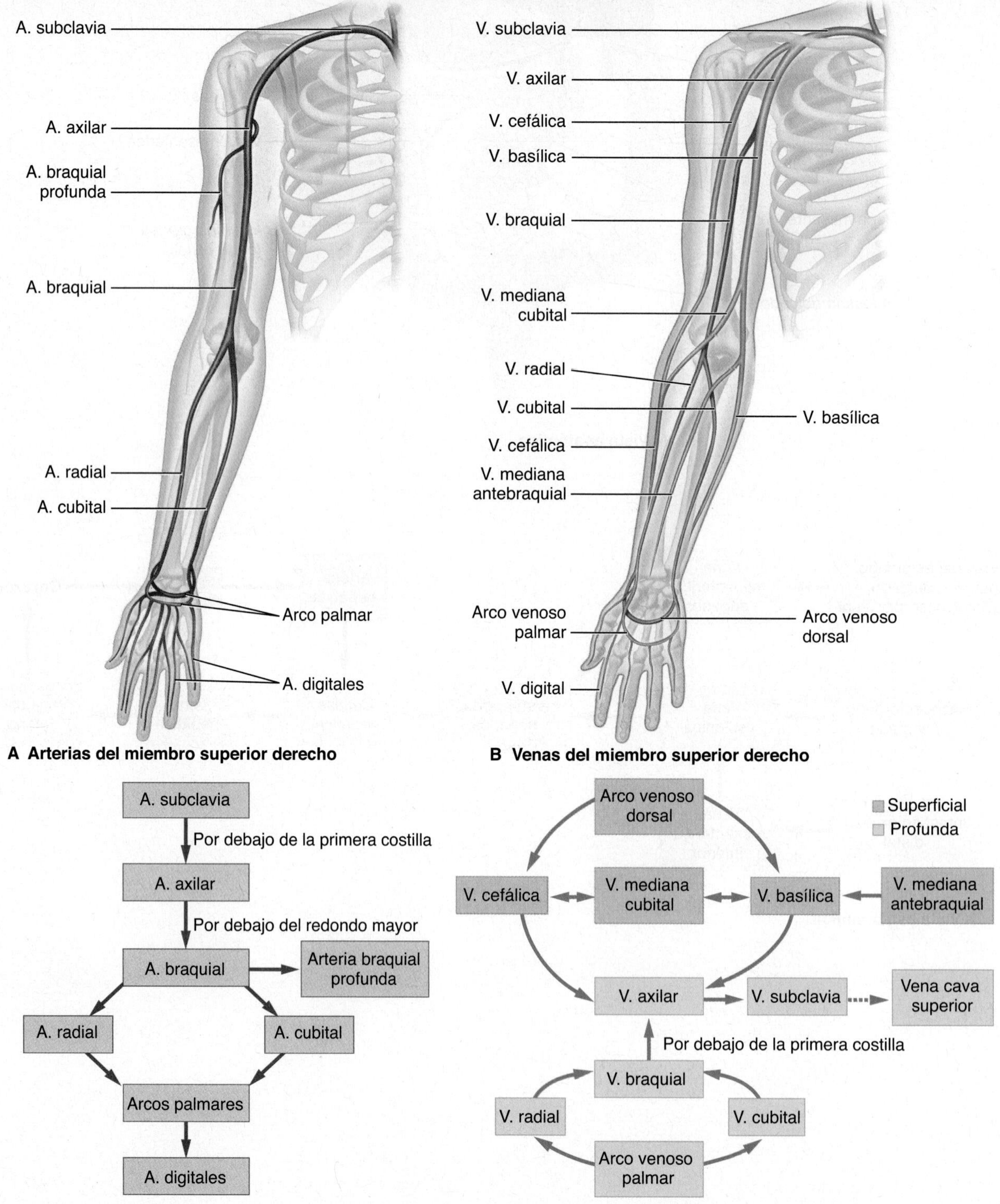

Arterias y venas de los miembros inferiores

Las arterias y las venas de los miembros inferiores se organizan de manera similar a las de los miembros superiores. Hay que tener en cuenta que se ilustran las arterias de la pierna izquierda y las venas de la pierna derecha. La vena safena es la vena más larga del cuerpo; pueden extirparse quirúrgicamente partes de esta vena para sustituir un vaso lesionado de cualquier otra zona. Los arcos plantares, al igual que los arcos palmares, son anastomosis.

Lámina 11-5. Arterias y venas de los miembros inferiores

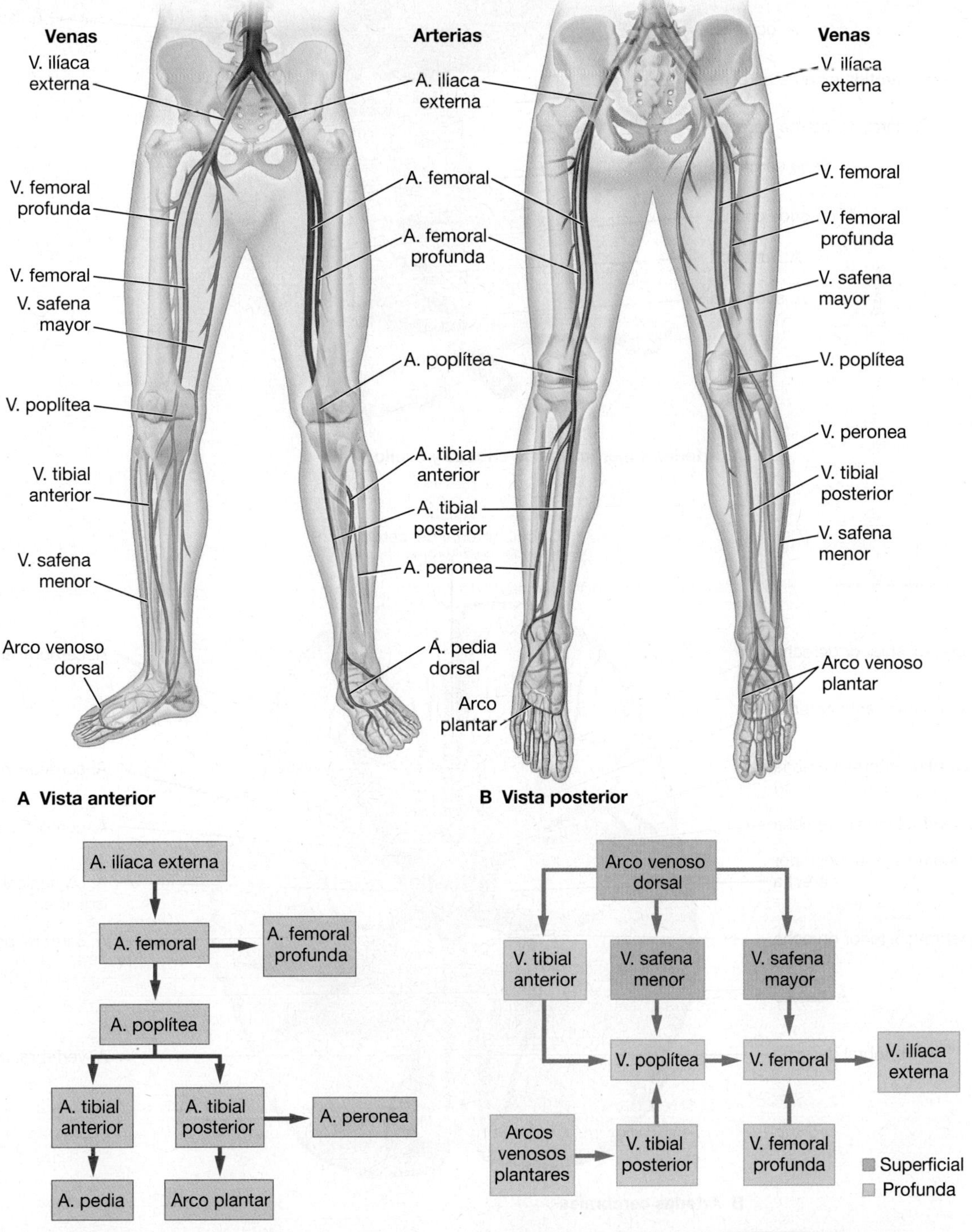

A Vista anterior

B Vista posterior

C Flujo sanguíneo arterial de los miembros inferiores

D Flujo sanguíneo venoso de los miembros inferiores

Lámina 11-6. Arterias de la cabeza y el cuello

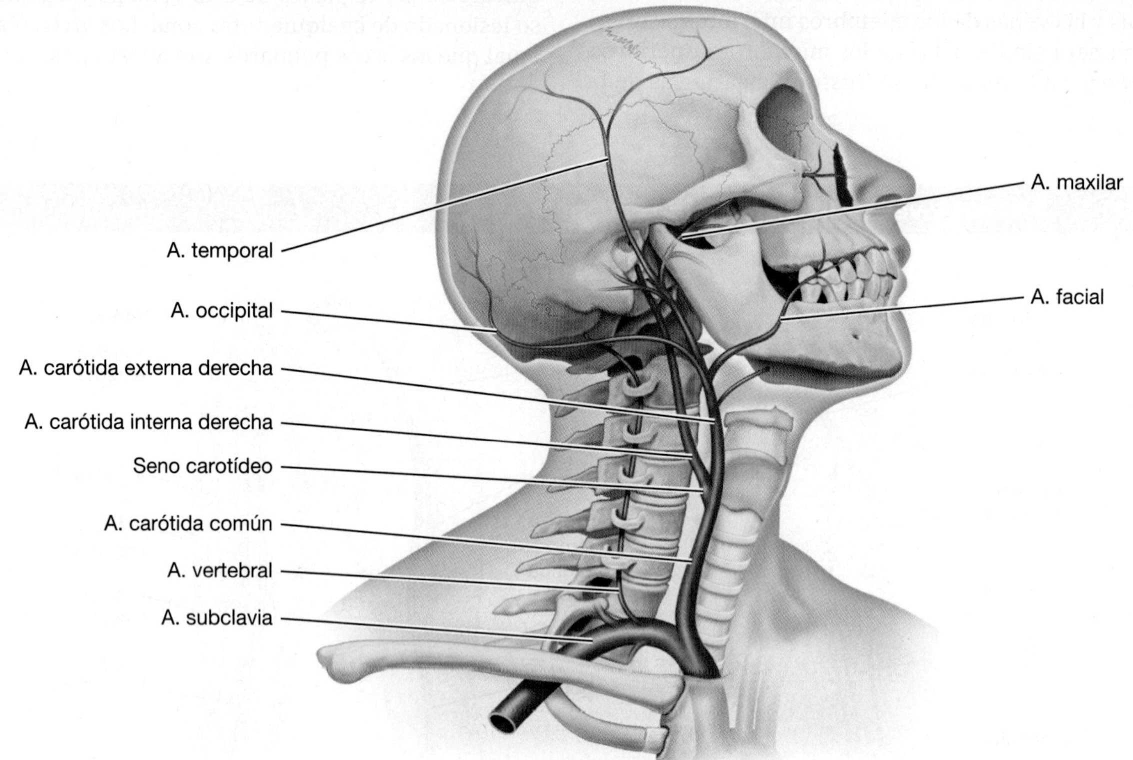

A Arterias superficiales de cabeza y cuello

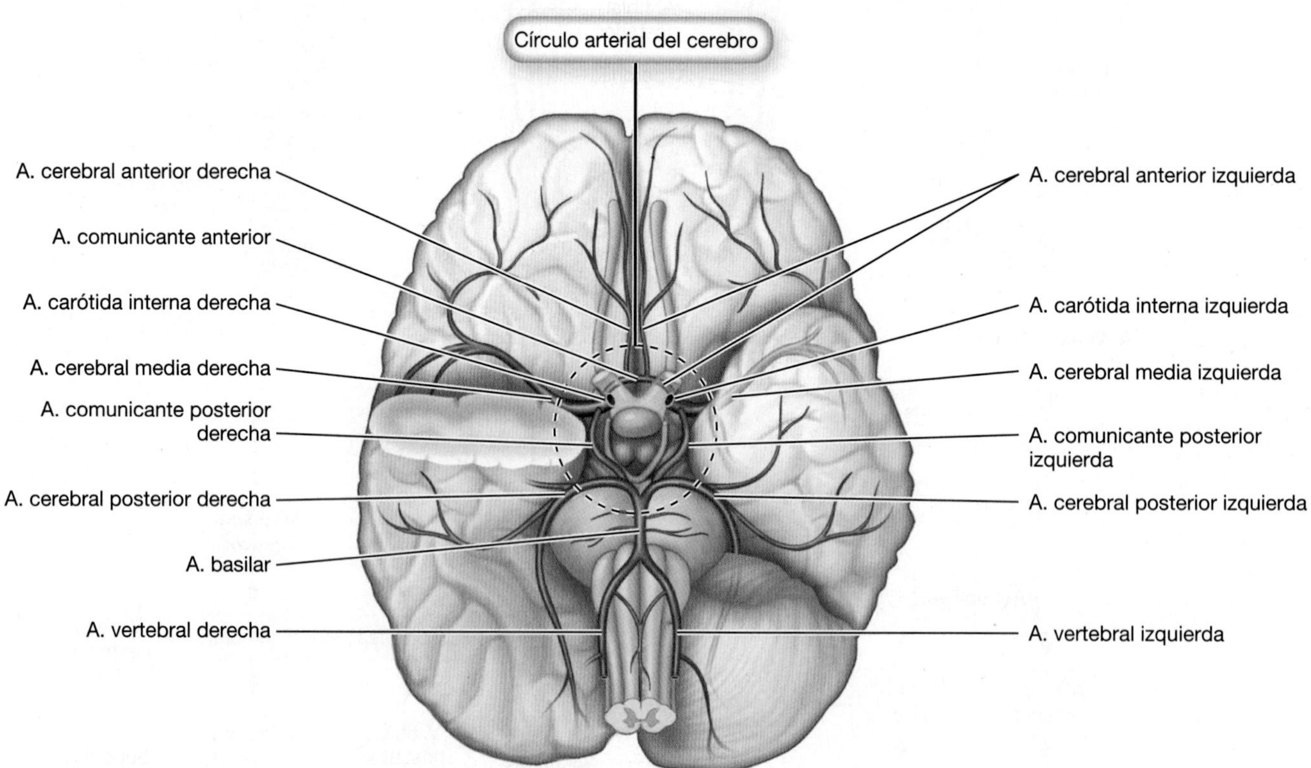

B Arterias cerebrales

Lámina 11-6. Arterias de la cabeza y el cuello *(cont.)*

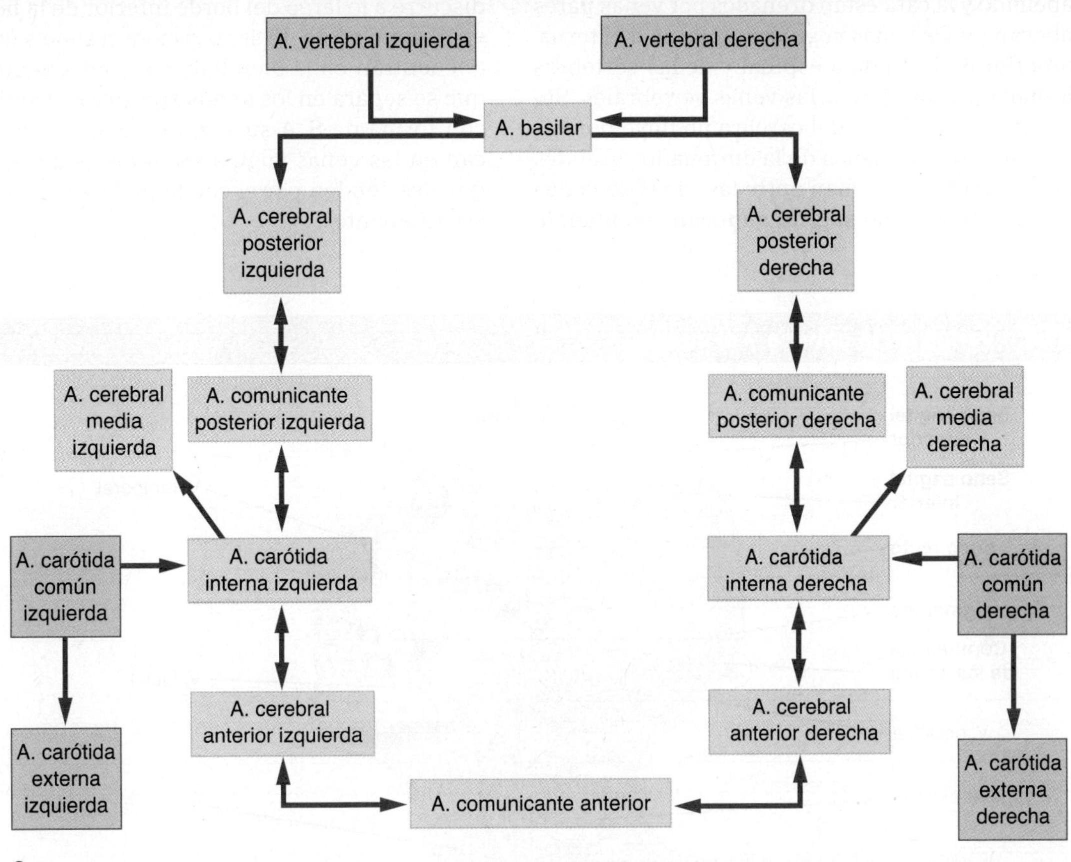

Arterias de la cabeza y el cuello

Las arterias de la cabeza y el cuello son curiosas. En primer lugar, son vías de suministro doble a cada lado, una disposición que garantiza que si una de las dos está bloqueada, la otra todavía puede suministrar sangre. En segundo lugar, las arterias se conectan en un círculo, **el círculo arterial del cerebro (polígono de Willis),** en la base del cerebro, que interconecta las circulaciones derecha e izquierda para que la sangre de un lado pueda abastecer a todo el cerebro si se obstruye la otra parte. Con la excepción de pequeñas ramas de conexión *(comunicantes),* el círculo arterial del cerebro consiste en segmentos cortos de arterias que lo forman conforme siguen su camino hacia los lugares más distantes.

Un conjunto de las arterias que irrigan el cerebro deriva de las arterias carótidas internas derecha e izquierda. Cada arteria carótida interna entra en el cráneo y se ramifica para formar las arterias cerebrales media y anterior, que abastecen a la parte anterior y medial del cerebro. Las regiones proximales de las arterias cerebrales anterior derecha e izquierda están unidas por la arteria comunicante anterior para formar la cara anterior del círculo arterial cerebral.

Un segundo grupo par son las arterias vertebrales, que se originan de las arterias subclavias y recorren un camino posterior hacia arriba a través de agujeros en las apófisis transversas de las vértebras cervicales. Pasan a través del agujero magno y se unen para formar la arteria basilar, de donde emergen pequeñas ramas para irrigar el tronco del encéfalo, y continúan hacia arriba sobre la cara anterior de éste. La arteria basilar se bifurca en las arterias cerebrales posteriores derecha e izquierda que irrigan la parte posterior del cerebro. Los segmentos iniciales de ambas se combinan para formar la parte posterior del círculo arterial del cerebro.

Venas de la cabeza y el cuello

El cuero cabelludo y la cara están drenados por venas pares que desembocan en las venas yugulares interna o externa. La parte superior de la médula espinal y de las vértebras también drenan en venas pares, las venas vertebrales. Sin embargo, la sangre que drena del cerebro no fluye por venas normales, sino por los senos de la duramadre, grandes cámaras alargadas que se forman entre las capas de la duramadre (v. fig. 8-6). El **seno sagital superior** se extiende desde delante hacia atrás a lo largo del borde superior de la hoz del cerebro. El **seno sagital inferior,** más pequeño, discurre a lo largo del borde inferior de la hoz y desemboca en el **seno recto**. El seno recto y el sagital superior se encuentran en la bien llamada **confluencia de los senos,** que se separa en los **senos sigmoides** izquierdo y derecho con forma de S. A su vez, los senos sigmoides desembocan en las venas yugulares internas derecha e izquierda, que descienden por el cuello junto a sus arterias carótidas acompañantes.

Lámina 11-7. Venas de la cabeza y el cuello

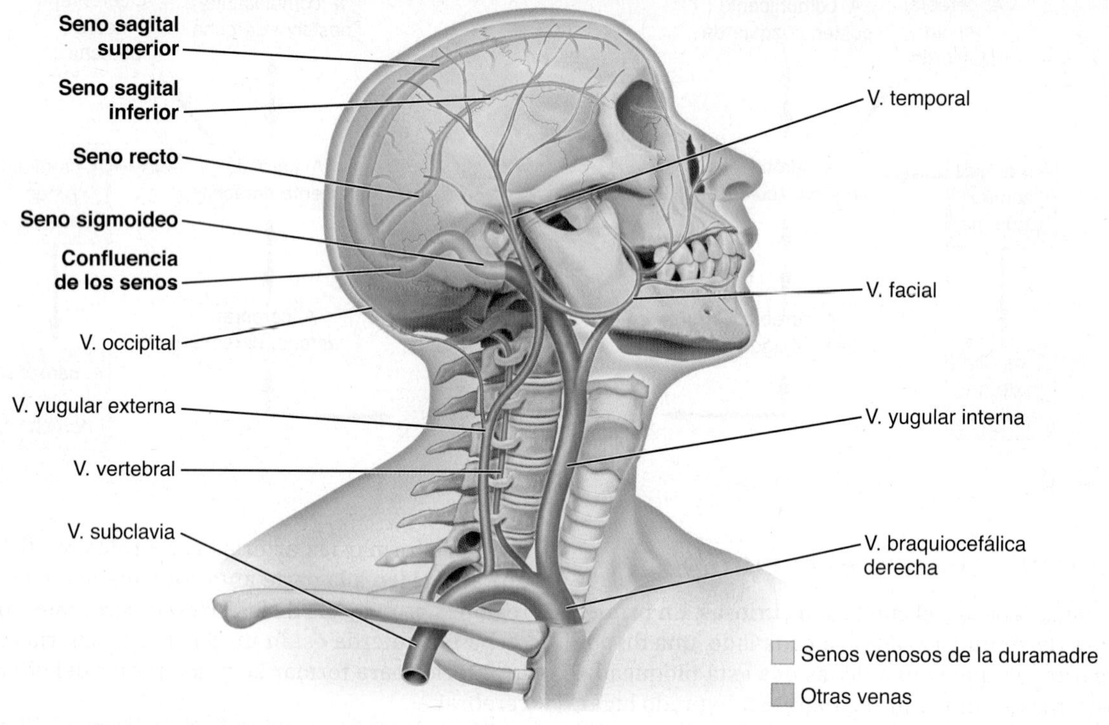

A Venas y senos de la duramadre

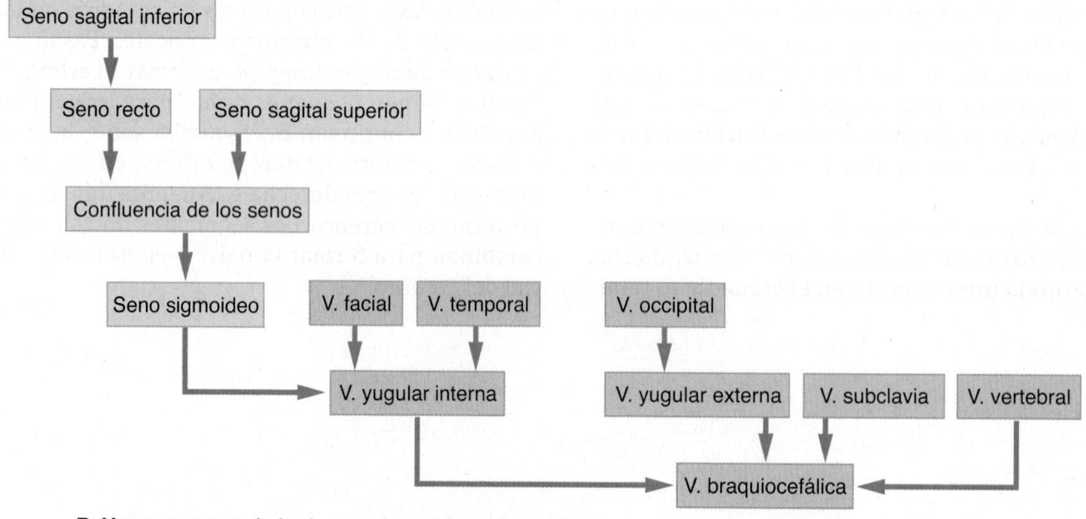

B Venas y senos de la duramadre, vista esquemática

Etimología

Raíces latinas/griegas	Equivalentes en español	Ejemplos
atri/o	Aurícula	Tabique atrial: tabique que separa las aurículas
baro-	Presión	Barorreceptor: un receptor que detecta cambios de presión, como los de la presión arterial
cardi/o	Corazón	Electrocardiograma: medida de la actividad eléctrica del corazón
coron/o	Corona	Circulación coronaria: vasos que rodean el corazón como una corona
endo-	Interno	Endocardio: capa interna de la pared del corazón
epi-	Sobre	Epicardio: capa de tejido conjuntivo situada inmediatamente encima del corazón (cardio)
mio	Músculo	Miocardio: capa muscular del corazón
peri-	Alrededor	Pericardio: membrana de tejido conjuntivo que rodea el corazón
vas/o	Vaso	Vasoconstricción: estrechamiento de un vaso sanguíneo

Cuestionario del capítulo

REVISIÓN DEL CAPÍTULO

1. La circulación sistémica lleva
a. sangre rica en oxígeno en las venas.
b. sangre rica en oxígeno desde los pulmones hasta el corazón.
c. sangre pobre en oxígeno desde el cuerpo hacia el corazón.
d. sangre desde los capilares a las arterias.

2. La presión en un compartimento cerrado lleno de líquido disminuirá si
a. se añade nuevo líquido al compartimento.
b. se contraen los músculos que lo rodean.
c. disminuye el volumen del compartimento.
d. se drena líquido fuera del compartimento.

3. El saco flexible que rodea al corazón se llama
a. mediastino.
b. pericardio.
c. pleura.
d. miocardio.

4. El potencial de acción de las células musculares cardíacas
a. es aproximadamente de la misma duración que un potencial de acción de una célula del músculo esquelético.
b. incluye una despolarización sostenida causada por la entrada de sodio.
c. incluye una fase de repolarización producida por la salida de calcio de la célula.
d. requiere tres iones: sodio, calcio y potasio.

5. El calcio que entra en la célula durante un potencial de acción cardíaco
a. despolariza la célula.
b. abre los canales de calcio en el retículo sarcoplasmático.
c. se une a la troponina e inicia el ciclo de puentes cruzados.
d. todo lo anterior.

6. Una válvula controla la entrada de
a. el tronco pulmonar.
b. la aurícula derecha.
c. la vena cava superior.
d. la aurícula izquierda.

7. La arteria marginal derecha es una rama de
a. el seno coronario.
b. la arteria coronaria izquierda.
c. la arteria interventricular posterior.
d. la arteria coronaria derecha.

8. Las válvulas auriculoventriculares se cierran durante todo el período
a. de sístole ventricular.
b. de sístole auricular.
c. del ciclo cardíaco.
d. de diástole auricular.

9. El orden en que viajan los impulsos a través del corazón es
a. haz auriculoventricular, fibras de Purkinje, nódulo sinusal, nódulo auriculoventricular.
b. fibras de Purkinje, haz auriculoventricular, nódulo auriculoventricular, nódulo sinusal.
c. nódulo sinusal, nódulo auriculoventricular, haz auriculoventricular, fibras de Purkinje.
d. nódulo auriculoventricular, haz auriculoventricular, nódulo sinusal, fibras de Purkinje.

10. El llenado ventricular se produce durante el
a. complejo QRS.
b. intervalo P-Q.
c. intervalo Q-T.
d. tiempo entre la onda T y la onda QRS.

11. ¿Qué determinante tiene el mayor potencial para cambiar el gasto cardíaco?
a. frecuencia cardíaca sobre 150 lat/min.
b. concentración de calcio dentro de las fibras musculares.
c. longitud de las fibras musculares.
d. presión arterial en la aorta.

12. El sistema nervioso parasimpático
a. controla la fuerza de las contracciones ventriculares.
b. disminuye la pendiente del potencial de marcapasos.
c. utiliza la norepinefrina para disminuir la frecuencia cardíaca.
d. incluye axones del plexo cardíaco.

13. Usted está viendo en el microscopio un vaso sanguíneo. Observa tres capas distintas, una de las cuales es una capa muscular gruesa. Las capas están separadas por amplio tejido elástico. Este vaso es con mayor probabilidad
a. un capilar.
b. una arteriola.
c. una vena.
d. una arteria.

14. ¿Cuál de los siguientes estimula la vasodilatación?
a. pH alto.
b. baja concentración de CO_2.
c. baja concentración de oxígeno.
d. adrenalina.

15. Suponiendo que todos los demás factores no varían, el aumento de presión arterial daría lugar con mayor probabilidad a
a. aumento del líquido intersticial.
b. disminución del líquido intersticial.
c. aumento de la presión osmótica de la sangre.
d. disminución de la presión osmótica de la sangre.

16. ¿Cuál de los siguientes *no* ayuda a impulsar la sangre de vuelta hacia el corazón?
a. las válvulas de las venas.
b. la contracción del músculo esquelético.
c. la expansión del tórax.
d. la dilatación venosa.

17. El determinante más importante de la resistencia periférica es
a. la viscosidad sanguínea.
b. la longitud del vaso.
c. el diámetro del vaso.
d. la frecuencia cardíaca.

18. ¿Cuál de los siguientes cambios reduciría la presión arterial?
a. una pendiente mayor del potencial marcapasos en el nódulo sinusal.
b. un aumento de la entrada de calcio en las células musculares del ventrículo izquierdo.
c. una vasodilatación generalizada.
d. un aumento del volumen de sangre.

19. El ruido de Korotkoff puede detectarse cuando
a. no se mueve sangre a través de la arteria.
b. el flujo sanguíneo a través de la arteria está totalmente obstruido por el manguito de presión arterial.
c. la presión del manguito es superior a la presión sistólica.
d. la presión del manguito se encuentra entre la presión sistólica y la diastólica.

20. Un sistema en el que la sangre circula a través de dos lechos capilares antes de regresar al corazón se llama
a. sistema de circulación.
b. sistema portal.
c. seno.
d. anastomosis.

21. Una célula sanguínea va en camino desde el pulgar izquierdo al corazón. Probablemente no pase a través de
a. el tronco braquiocefálico izquierdo.
b. la vena cava superior.
c. la vena yugular izquierda.
d. la vena subclavia izquierda.

22. El tronco venoso braquiocefálico está formado por la unión de
a. las venas femoral e ilíaca.
b. las venas subclavia y yugular.
c. las venas gástrica y esplénica.
d. las venas carótida y subclavia.

23. La arteria __________ se convierte en la arteria femoral.
a. ilíaca externa.
b. mesentérica superior.
c. ilíaca interna.
d. femoral profunda.

24. ¿Cuál de las siguientes arterias *no* se encuentra en el círculo arterial del cerebro?
a. cerebral anterior.
b. comunicante posterior.
c. vertebral.
d. cerebral media.

25. La vena cava inferior recibe sangre de
a. la vena hepática.
b. la vena ácigos.
c. el tronco venoso braquiocefálico.
d. la vena hemiácigos.

COMPRENSIÓN DE CONCEPTOS

26. ¿Es posible que las células del músculo cardíaco se contraigan de forma independiente de sus vecinas? ¿Por qué?

27. Enumere el trayecto que tendría que seguir una célula sanguínea desde el ventrículo izquierdo al riñón derecho.

APLICACIÓN

28. Una arteria se ramifica en dos arteriolas de igual diámetro en reposo. La arteriola A recibe señales simpáticas; la arteriola B, no. Todos los demás parámetros son idénticos.
a. ¿Qué vaso tendrá el diámetro más pequeño?
b. ¿Qué vaso tendrá mayor resistencia?
c. ¿Qué vaso tendrá un mayor flujo sanguíneo?

29. La Sra. M es una triatleta entrenada. Cuando hace ejercicio con una intensidad intermedia, su gasto cardíaco es de 15 l/min y su frecuencia cardíaca, de 150 lat/min.
a. ¿Cuánta sangre bombea por minuto su ventrículo derecho?
b. ¿Cuál es su volumen sistólico?

30. El Sr. L. sufrió un infarto de miocardio que afectó a su nódulo sinusal. Su nódulo auriculoventricular actúa ahora como marcapasos. ¿Cómo diferirán los latidos de su corazón de lo normal? ¿Cuál es el tratamiento habitual para su patología?

31. El Sr. Q., de 72 años, tiene una presión arterial de 90/60 mm Hg y refiere mareos, miembros fríos y episodios de pérdida de consciencia.
a. ¿Cuál es su presión sistólica?
b. ¿Cuál es su presión diastólica?
c. ¿Qué dos factores cardiovasculares podrían modificarse para aumentar la presión arterial del Sr. Q.?

Puede encontrar las respuestas a estas preguntas en el apartado de recursos para estudiantes en:
http://thepoint.lww.com/espanol-McConnellandHull

12

Los sistemas inmunitario y linfático

Temas principales

- Cada persona tiene un conjunto de proteínas que la definen y son únicas para cada individuo. Con la excepción de los hermanos idénticos, las proteínas propias son «no propias» (extrañas) para cualquier otra persona.
- Las células del sistema inmunitario distinguen entre lo propio y lo no propio o ajeno y neutralizan o destruyen las sustancias no propias.
- El sistema linfático contiene las células inmunitarias, pero también es responsable del balance hídrico y el transporte de nutrientes.

Objetivos del capítulo

Funciones de los sistemas inmunitario y linfático 465

1. Señalar las funciones del sistema inmunitario y el linfático.

Células del sistema inmunitario 466

2. Señalar y describir brevemente los leucocitos comunes en la sangre y los tejidos.

Vasos y órganos del sistema linfático 468

3. Comparar y diferenciar los sistemas cardiovascular y linfático.
4. Identificar los principales nódulos y conductos linfáticos en un esquema y mostrar qué región del cuerpo drena en cada conducto linfático.
5. Señalar en un esquema las partes de un nódulo (ganglio) linfático, el bazo y el timo y describir brevemente la función de cada uno.
6. Enumerar las localizaciones y las funciones del tejido linfoide asociado a mucosas (MALT).

Aspectos generales de la respuesta inmunitaria 474

7. Comparar las características estructurales y funcionales de algunos patógenos comunes y describir cómo pueden tratarse las infecciones de cada tipo.
8. Descifrar los mensajes dirigidos por las diferentes combinaciones de moléculas y antígenos del complejo mayor de histocompatibilidad (MHC).

9. Explicar por qué los tejidos trasplantados provocan una respuesta inmunitaria utilizando los siguientes términos: *antígeno, MHC, propio, no propio.*

Inmunidad innata 479

10. Enumerar los elementos importantes en una inflamación y explicar las diferencias entre inflamación e inmunidad.
11. Describir los actores celulares y químicos en la inmunidad innata.
12. Enumerar tres métodos de activación del complemento y tres acciones del complemento.

Inmunidad adaptativa 481

13. Utilizar un esquema para describir la activación y acciones de los linfocitos B.
14. Indicar en un esquema las partes de un anticuerpo y explicar la importancia de la región constante y la región variable.
15. Explicar cómo interactúan los anticuerpos con los elementos de la inmunidad innata para atacar a los patógenos.
16. Comparar la producción, la activación y la acción de los linfocitos citolíticos naturales (NK, *natural killer*), linfocitos T citotóxicos y linfocitos T cooperadores.
17. Diferenciar entre inmunidad activa y pasiva y entre la inmunidad adquirida de forma natural y la adquirida artificialmente.

Visión integrada de las defensas del organismo 493

18. Explicar cómo los tres niveles de protección (barreras, inmunidad innata e inmunidad adquirida) defienden contra las infecciones bacterianas y víricas.
19. Explicar por qué las enfermedades autoinmunitarias y las alergias reflejan una activación inmunitaria anómala y enumerar algunas de las células y productos químicos que participan en cada una.

Síndrome de la inmunodeficiencia adquirida (sida): el caso de Miriam K. 496

20. Utilizar el caso práctico para explicar lo que sucede cuando fallan los distintos aspectos del sistema inmunitario.

Caso práctico: «Aún sigue consumiendo»

Mientras lee el siguiente caso práctico, haga una lista de los términos y conceptos que debe aprender para comprender el caso de Miriam.

Anamnesis: Miriam K., una mujer de 28 años soltera y sin hijos, había emigrado a Estados Unidos desde Botsuana 3 años antes de acudir por primera vez en la sala de urgencias con una amiga. Sus principales síntomas eran fiebre y diarrea. La anamnesis reveló que en los últimos 6 meses había perdido 12 kg, había perdido el apetito, presentaba sudoración nocturna recurrente, fiebre intermitente y episodios de diarrea grave. Dijo que estaba bien antes de salir de Botsuana, un país africano en el que las estadísticas más fiables (con fecha de 2010, recogidas en 2008) estiman que del 20 % al 25 % de los adultos están infectados con el virus de la inmunodeficiencia humana (VIH). La paciente admitió haber practicado sexo a cambio de dinero y el consumo de drogas por vía intravenosa, pero afirmó que lo había dejado 6 meses antes. Sin embargo, su amiga dijo: «ella sigue consumiendo».

Exploración física y otros datos: la exploración física mostró una mujer aletargada, delgada, con sed, y cólicos o retortijones. Su abdomen era blando y no se palpaban masas. En las regiones cervical, axilar e inguinal existía adenopatía. Las marcas de sus antebrazos podrían corresponder a las de agujas hipodérmicas. Los análisis de sangre en urgencias mostraron cifras de hemoglobina baja y un recuento bajo de linfocitos. Se solicitaron analíticas de sangre para VIH y linfocitos T cooperadores.

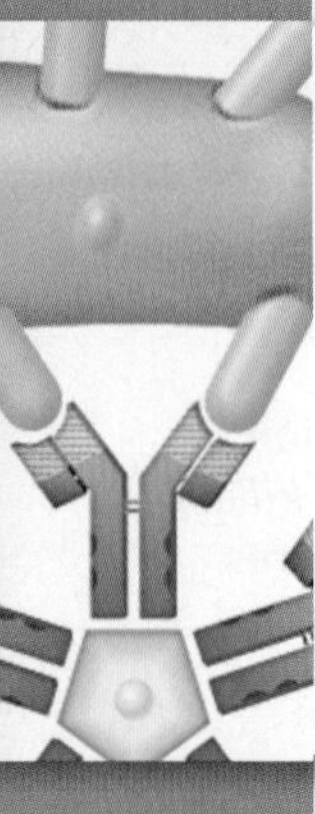

Conocimientos necesarios

Antes de adentrarse por primera vez en este capítulo, es importante comprender los siguientes términos y conceptos.

- Proteínas, carbohidratos, ácidos nucleicos (cap. 3)
- Leucocitos, inflamación, anticuerpos, antígenos (cap. 10)
- Anatomía de los vasos sanguíneos, organización básica del aparato circulatorio (cap. 11)

Evolución clínica: Miriam ingresó en el hospital para valoración. Los análisis de sangre mostraron que era seropositiva y su recuento de linfocitos T era de 375/mm^3 (normal, >500 mm^3). Su diagnóstico fue de «infección por VIH; aún no sida» y recibió antibióticos y líquidos por vía intravenosa. La paciente se recuperó bien y recibió el alta con un primer envase y una receta de antivíricos, y una cita en una clínica de salud pública, pero no recogió la prescripción ni acudió a la cita en la clínica.

Tras 14 meses, Miriam apareció en la sala de urgencias una vez más con disnea y diarrea grave. Las radiografías de tórax mostraron infiltrados pulmonares bilaterales que sugerían neumonía. Su recuento de linfocitos T cooperadores era de 186/mm^3. Se le administraron antibióticos y se concertó una visita de seguimiento en la clínica pero de nuevo no acudió a la cita.

Se presentó por última vez a la sala de urgencias 10 meses después, cuando la trajo el personal de un refugio para personas sin hogar. Estaba semicomatosa y sus cuidadores informaron que sufría graves problemas de memoria, tos persistente, diarrea, disuria y pérdida de peso. Las pruebas complementarias mostraron una extensa neumonía bilateral y una infección grave del tracto urinario. La paciente murió antes de que se completasen las pruebas.

Se realizó una autopsia y se observó que su cuerpo era muy delgado. Los pulmones estaban carnosos y sin aire, con importante congestión. La observación al microscopio reveló una clase de hongo en los alvéolos. Teniendo en cuenta el grado de infección, presentaba relativamente poca reacción inflamatoria. Había adenopatía en los nódulos (ganglios) linfáticos abdominales. En el bazo se observó esplenomegalia e hiperemia. Los dos riñones estaban acribillados con pequeños abscesos. El resultado de los cultivos de orina recogidos antes de la muerte mostraba un número muy elevado de estreptococos. La mucosa de los intestinos delgado y grueso presentaba grandes úlceras. El estudio microscópico tenía indicios de infección vírica en las células epiteliales intestinales. En el lóbulo frontal izquierdo del cerebro se encontró un tumor de 4 cm, que en el análisis posterior mostró que estaba formado por linfocitos B. El cerebro presentaba atrofia leve y el estudio microscópico indicó inflamación crónica generalizada leve y acúmulos de células inmunitarias sugestivos de infección cerebral por VIH.

El diagnóstico final de la autopsia fue sida con neumonía fúngica, infección cerebral por VIH, linfoma cerebral de linfocitos B, infección bacteriana del tracto urinario e infección vírica de los intestinos delgado y grueso.

En este capítulo es de importancia fundamental una única idea: «somos nosotros contra ellos». «Nosotros» son las células y los tejidos normales de cada persona, a lo que nos referimos como **propios.** «Ellos» es un número incalculable y variado de amenazas externas que intentan penetrar a través de las barreras naturales de nuestro cuerpo e invadir nuestro medio interno. Por ejemplo, todos los días estamos rodeados de microbios. Muchos son inofensivos, pero otros, llamados **patógenos,** son capaces de provocar enfermedades. También estamos acosados desde dentro: las células cancerosas pueden surgir de nuevo a partir de cualquier tejido, a continuación escapar de su origen y extenderse para perturbar el funcionamiento de otros tejidos. A los patógenos, las células cancerosas y otras células y sustancias extrañas se conocen como **no propios.**

La defensa contra las amenazas no propias requiere la acción combinada de dos sistemas del cuerpo:

- El **sistema inmunitario** es el sistema de defensa celular del cuerpo. El capítulo 10 trata sus principales actores: los glóbulos blancos o leucocitos.
- El **sistema linfático** está formado por una red ramificada de *vasos linfáticos* y *órganos linfáticos* que alojan las células inmunitarias.

Éstos son los más ampliamente dispersos de todos los sistemas orgánicos y partes de ambos se encuentran en prácticamente todas las partes del cuerpo. Su unidad más pequeña es una célula inmunitaria individual; su parte más grande es un órgano llamado bazo. Colectivamente su masa es casi igual a la del cerebro.

La alegría que sentí ante la perspectiva de ser el instrumento destinado a alejar de todos una de sus mayores calamidades (viruela) era tan excesiva que me encontré en una especie de ensoñación

Edward Jenner (1749-1823), cirujano inglés, en 1796, al darse cuenta de que la vacunación contra la enfermedad podría prevenir la viruela, una de las enfermedades contagiosas más mortales que se haya conocido jamás.
Nota: aunque no se ha documentado de manera concluyente, los indicios sugieren que los chinos practicaron métodos algo similares siglos antes.

Funciones de los sistemas inmunitario y linfático

La función principal de los sistemas inmunitario y linfático es la defensa. Para entender cuándo entran en juego, puede ayudar a imaginar sus células normales, su *propio,* como los habitantes de un castillo (fig. 12-1). Cualquier amenaza externa debe penetrar múltiples líneas de defensa antes poder causar la enfermedad.

Barreras físicas y químicas que evitan la entrada de patógenos

Al igual que las primeras líneas de la defensa de nuestro castillo son los muros exteriores, la defensa inicial de nuestro cuerpo son las barreras físicas a gran escala comentadas en el capítulo 5: la piel y las membranas mucosas, asistidas por los pelos, el moco y los cilios, que atrapan partículas de materia. También contamos con barreras químicas, como la saliva y el ácido del estómago, que digieren o neutralizan las amenazas que se introducen a través del tracto gastrointestinal.

Estas defensas son muy eficaces y no permiten la entrada a los miles de microbios que nos encontramos cada día. Basta pensar en lo rápido que los patógenos pueden causar una infección cuando la barrera de la piel está alterada por una herida abierta. Por ejemplo, nuestro paciente del capítulo 5 murió por quemaduras que le hicieron susceptible a una infección bacteriana fulminante. Del mismo modo, un defecto genético en el movimiento de los cilios («inmovilidad ciliar») predispone a los individuos afecta-

Figura 12-1. Barreras. Estos muros protegen a los ocupantes de las amenazas externas, al igual que nuestras barreras físicas y químicas protegen las células del cuerpo de patógenos. *¿Qué sistema del cuerpo impide físicamente que los patógenos penetren en nuestro medio interno?*

dos a infecciones pulmonares frecuentes, y una inadecuada producción de saliva da como resultado la caries dental por un aumento de la actividad bacteriana.

Sin embargo, incluso los castillos tienen puntos de contacto con el mundo exterior y, por tanto, puntos susceptibles a los invasores furtivos. El cuerpo humano tiene debilidades similares, patógenos que con frecuencia consiguen acceso a los tejidos internos a través de nuestros ojos, nariz, tracto gastrointestinal o tracto urinario.

El sistema inmunitario tiene tres funciones

Los enemigos que han conseguido romper los muros del castillo se encontrarán con los guardias en su interior. Del mismo modo, los patógenos que han logrado atravesar las barreras físicas y químicas del organismo se enfrentarán a las defensas celulares del sistema inmunitario. Además, el sistema inmunitario combate la aparición de células cancerosas, que aparecen dentro de nuestras barreras como traidores entre los habitantes de un castillo. Y los habitantes deben tener también un medio de hacer frente a los moribundos y los muertos. En resumen, las células del sistema inmunitario tienen tres funciones principales:

1. Defender de los patógenos y otras amenazas externas no propias.
2. Identificar y destruir las células anómalas que surgen desde el interior (p. ej., las células cancerosas).
3. Destruir las células dañadas o envejecidas y liberar sus componentes para su reutilización o eliminación.

Realizando estas funciones están los glóbulos blancos o leucocitos, comentados en el capítulo 10. Algunos leucocitos permanecen en la sangre toda su vida, pero la mayoría migran hacia otros tejidos del cuerpo, donde realizan la mayor parte de su trabajo.

El sistema linfático tiene tres funciones

Si el sistema inmunitario proporciona los soldados para defender a los habitantes del castillo, el sistema linfático proporciona la infraestructura: puestos de vigilancia, instalaciones de formación y los túneles que unen estas ubicaciones. Los órganos linfáticos actúan como puntos de desarrollo y acción de los linfocitos, y las células inmunitarias viajan a través de los vasos linfáticos, así como a través de vasos sanguíneos. De este modo, el sistema linfático ayuda al sistema inmunitario a defenderse de los patógenos y del cáncer, así como a eliminar las células que mueren. Los vasos linfáticos también tienen dos funciones de defensa adicionales: transportan líquidos y nutrientes específicos. En resumen, el sistema linfático tiene tres funciones principales:

1. Alojar y ayudar a las células inmunitarias.
2. Filtrar y devolver parte del líquido intersticial a la sangre, como se comentó en el capítulo 11.
3. Absorber grasas y vitaminas liposolubles del intestino y transportarlos a la sangre, como se comenta en el capítulo 14.

Antes de ver cómo los sistemas inmunitario y linfático trabajan juntos en la defensa del organismo, debemos identificar las estructuras involucradas. Comenzaremos con las células del sistema inmunitario y luego exploraremos los órganos y los vasos del sistema linfático.

Apuntes sobre el caso

12-1 Algunos de los tejidos de Miriam estaban inflamados, reflejando la acumulación de líquido intersticial. ¿Qué sistema devuelve el líquido intersticial a la sangre, el sistema inmunitario o el sistema linfático?

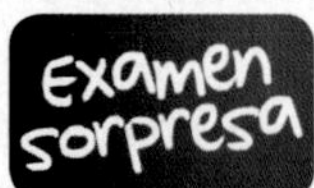

12-1 Especificar si cada una de las siguientes funciones corresponde al sistema inmunitario, al sistema linfático o a ambos: la absorción de grasa, la destrucción de las células envejecidas y la defensa contra los patógenos.

Células del sistema inmunitario

Los **leucocitos** son las células del sistema inmunitario. En el capítulo 10 se definen tres clases de leucocitos: granulocitos, linfocitos y monocitos. Todos circulan a través del torrente sanguíneo y migran hacia los tejidos, especialmente a los linfáticos, donde pueden residir de manera permanente o viajar cuando, por ejemplo, se les demanda luchar contra una infección. Recordemos también del capítulo 10 que la inflamación «es la respuesta celular y vascular colectiva del organismo a la lesión», y los leucocitos, especialmente los granulocitos, son también las células de la inflamación. Ésta no sólo actúa como parte de la respuesta inmunitaria para derrotar al invasor, sino que también es esencial para la limpieza y reparación de los tejidos que tiene lugar durante el proceso de curación. La inflamación es una actividad *inmunitaria* cuando ataca y destruye o neutraliza sustancias extrañas.

Los granulocitos son las principales células inflamatorias

Los **granulocitos** son los leucocitos más abundantes en la sangre; en personas sanas, aproximadamente el 65 % de los leucocitos de la sangre son granulocitos. Sin embargo, sus acciones son más relevantes para la inflamación que para la inmunidad. Por ejemplo, en los tejidos dañados o destruidos por un traumatismo contuso, radiación, productos químicos tóxicos o irrigación deficiente de sangre, los leucocitos realizan tareas de cicatrización no relacionadas con la inmunidad.

Los granulocitos, especialmente los neutrófilos, son fagocitos que ingieren y digieren materiales extraños y restos celulares como parte de la inflamación y del proceso de curación. Sin embargo, sus gránulos citoplasmáticos grandes contienen distintos productos químicos importantes para la destrucción y digestión de sustancias extrañas, como parte de la respuesta inmunitaria.

Los linfocitos son células inmunitarias y se concentran en la sangre y los órganos linfáticos

Aunque algunos linfocitos están presentes en la sangre, la gran mayoría (95 %) se encuentran en los órganos linfáticos y otros tejidos, donde defienden al organismo contra los patógenos y otras sustancias amenazantes.

Recordemos del capítulo 10 que, en el feto, todas las células linfáticas se originan inicialmente en el bazo y el hígado, pero cuando ya ha nacido, la producción se ha trasladado a la médula ósea. También recordemos que en los adultos, todas las células sanguíneas, incluidos los linfocitos, se producen en la médula ósea roja, la mayor parte de la cual se encuentra en el hueso esponjoso de la columna vertebral, la pelvis, las costillas, el cráneo y los extremos proximales de huesos largos.

Los linfocitos completan su maduración en diversos órganos linfáticos (fig. 12-2):

- Los **linfocitos T** maduran en un órgano linfático situado en el tórax conocido como *timo*.
- Los **linfocitos B** completan su maduración en la médula ósea roja.
- Los **linfocitos citolíticos naturales** (NK, *natural killer*) maduran en la médula ósea o en los órganos linfáticos y se denominan *nódulos linfáticos*.

Los linfocitos inmaduros liberados de la médula ósea conservan la capacidad de dividirse, por lo que un linfocito inmaduro que llega al timo puede producir muchos linfocitos T maduros. Una vez madurados, los linfocitos (incluidos los linfocitos NK) circulan a través de los sistemas linfático y circulatorio y se congregan en órganos linfáticos, como los nódulos linfáticos. La maduración y las funciones de las diferentes clases de linfocitos se comentan con mayor detalle más adelante.

Apuntes sobre el caso

12-2 El recuento de linfocitos T cooperadores de Miriam era bajo. ¿Dónde maduran estas células, en la médula ósea, el timo o en ambos?

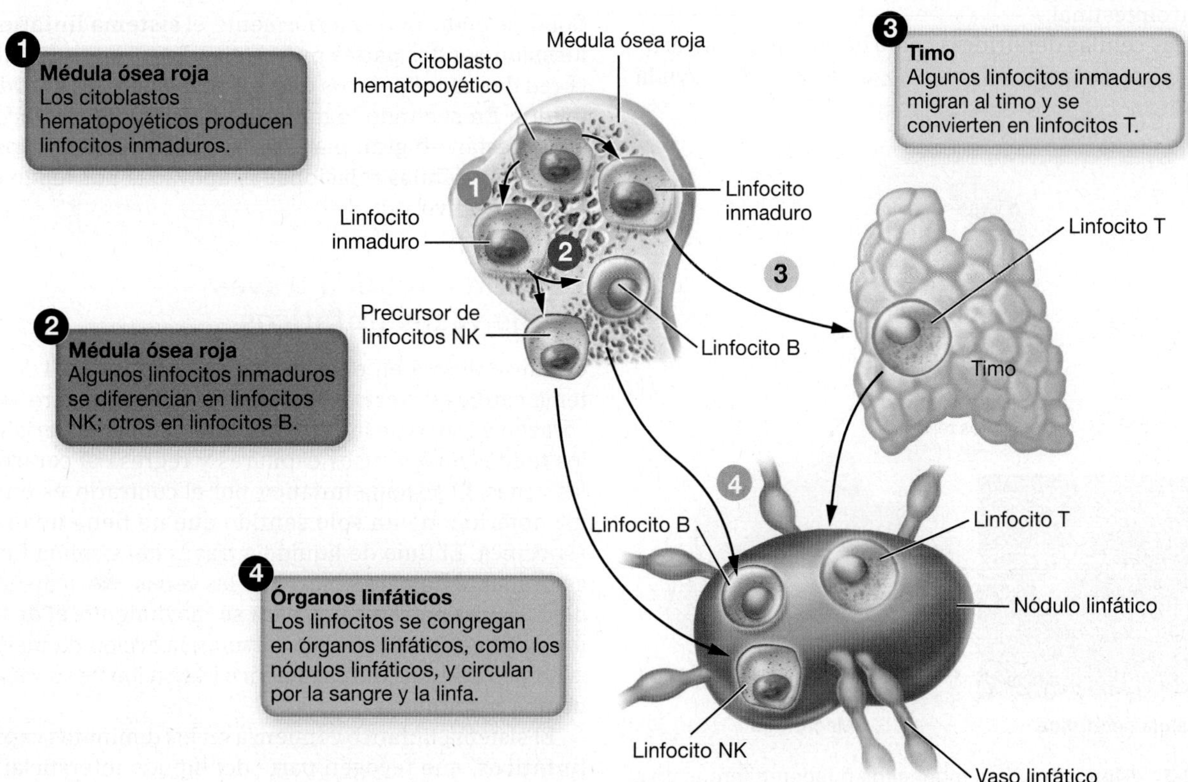

Figura 12-2. Linfocitos. Pasos en la síntesis de los tres tipos de linfocitos: linfocitos B, linfocitos T y linfocitos citolíticos naturales (NK, *natural killer*). *¿Se diferencian los linfocitos NK en el timo o en la médula ósea?*

Los monocitos se convierten en macrófagos y células dendríticas

Al igual que las demás células sanguíneas, los monocitos son producidos por la médula ósea roja, y al igual que todos los leucocitos, los monocitos pueden migrar desde los vasos sanguíneos hacia los tejidos del cuerpo. Para los monocitos, sin embargo, es un viaje sólo de ida, pues se diferenciarán en células especializadas, los *macrófagos* o las *células dendríticas,* que permanecen en el interior de los tejidos (fig. 12-3).

Cuando los monocitos se diferencian en **macrófagos,** adquieren algunas nuevas capacidades. La más significativa es una mayor capacidad de *fagocitosis;* desarrollan un apetito enorme para ingerir y destruir patógenos y otras sustancias extrañas. Los macrófagos pueden encontrarse prácticamente en todos los tejidos del cuerpo, pero tienen nombres y características especiales en ciertos tejidos. En el cerebro, se convierten en las células aracniformes llamadas *microglia;* en el hígado se denominan *células de Kupffer.* Sin embargo, en los órganos linfáticos simplemente se llaman macrófagos.

Las **células dendríticas** constituyen una segunda población importante de leucocitos de los tejidos. Al igual que los macrófagos, pueden desarrollarse a partir de monocitos. Sin embargo, a diferencia de los macrófagos, también pueden desarrollarse a partir de precursores linfocitarios. Las células dendríticas se concentran en los órganos linfáticos y en regiones del cuerpo en contacto directo con el ambiente: la epidermis y el revestimiento de los tractos respiratorio y gastrointestinal.

Tanto las células dendríticas como los macrófagos participan en la *presentación del antígeno,* un proceso que ayuda a movilizar el sistema inmunitario para que ataque a un invasor particular (recuerde del capítulo 10 que un antígeno es cualquier sustancia capaz de provocar una reacción inmunitaria). La presentación de antígenos se comenta con detalle más adelante en este capítulo.

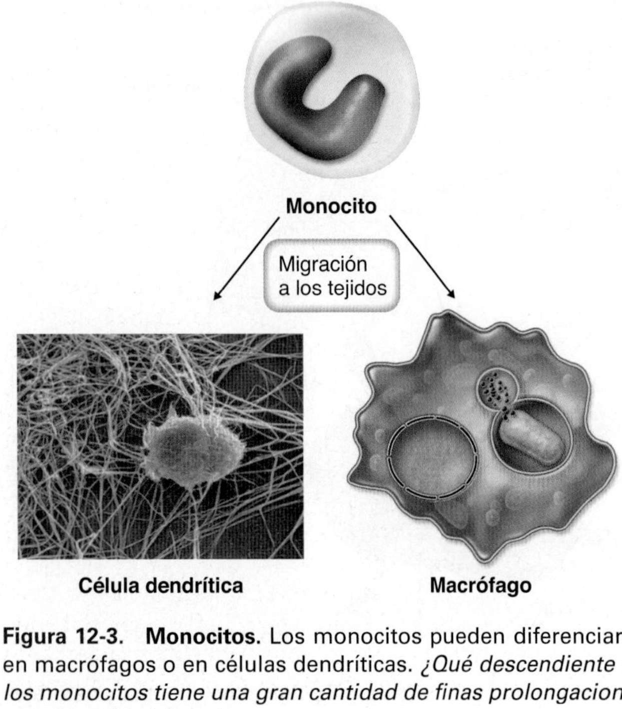

Monocito

Migración a los tejidos

Célula dendrítica

Macrófago

Figura 12-3. Monocitos. Los monocitos pueden diferenciarse en macrófagos o en células dendríticas. *¿Qué descendiente de los monocitos tiene una gran cantidad de finas prolongaciones citoplasmáticas?*

12-2 ¿Dónde se encuentran la mayoría de los linfocitos, en la sangre o en los órganos linfáticos?

12-3 Usted sufre un esguince de rodilla jugando al baloncesto, sin que la piel se dañe. ¿Son la hinchazón y el dolor posteriores consecuencia de las acciones del sistema inmunitario y/o la respuesta inflamatoria?

12-4 Verdadero o falso: los linfocitos T maduran en la médula ósea.

12-5 ¿Los linfocitos NK son granulocitos, monocitos o linfocitos?

12-6 Indique dos tipos de células que pueden desarrollarse a partir de monocitos.

Vasos y órganos del sistema linfático

Como se mencionó anteriormente, el **sistema linfático** está formado por dos partes principales. La primera es una vasta red de *vasos linfáticos* que discurren a través de todos los tejidos. En segundo lugar, están los *órganos linfáticos,* los cuales están en gran parte compuestos por linfocitos, macrófagos y células relacionadas apoyadas por tejido epitelial o conectivo.

La linfa circula a través de los vasos linfáticos

Como se ilustra en el esquema de la figura 12-4 A, el sistema cardiovascular es una red cerrada: la sangre sale del corazón a través de las arterias, intercambia materiales con los tejidos en los vasos capilares y regresa al corazón por las venas. El sistema linfático, por el contrario, es un sistema abierto o de un solo sentido que no tiene una bomba específica. El flujo de líquido a través del sistema linfático es similar al flujo de sangre por las venas (cap. 11) y se basa en tres mecanismos para su movimiento: el de un solo sentido ayudado por las válvulas, la acción de masaje de la bomba del músculo esquelético y la acción de succión de la bomba respiratoria.

El sistema linfático comienza en los diminutos **capilares linfáticos,** que recogen parte del líquido intersticial entre las células. Los capilares linfáticos se unen para formar **vasos linfáticos,** que finalmente desembocan en uno de los dos grandes **conductos linfáticos,** que a su vez desembo-

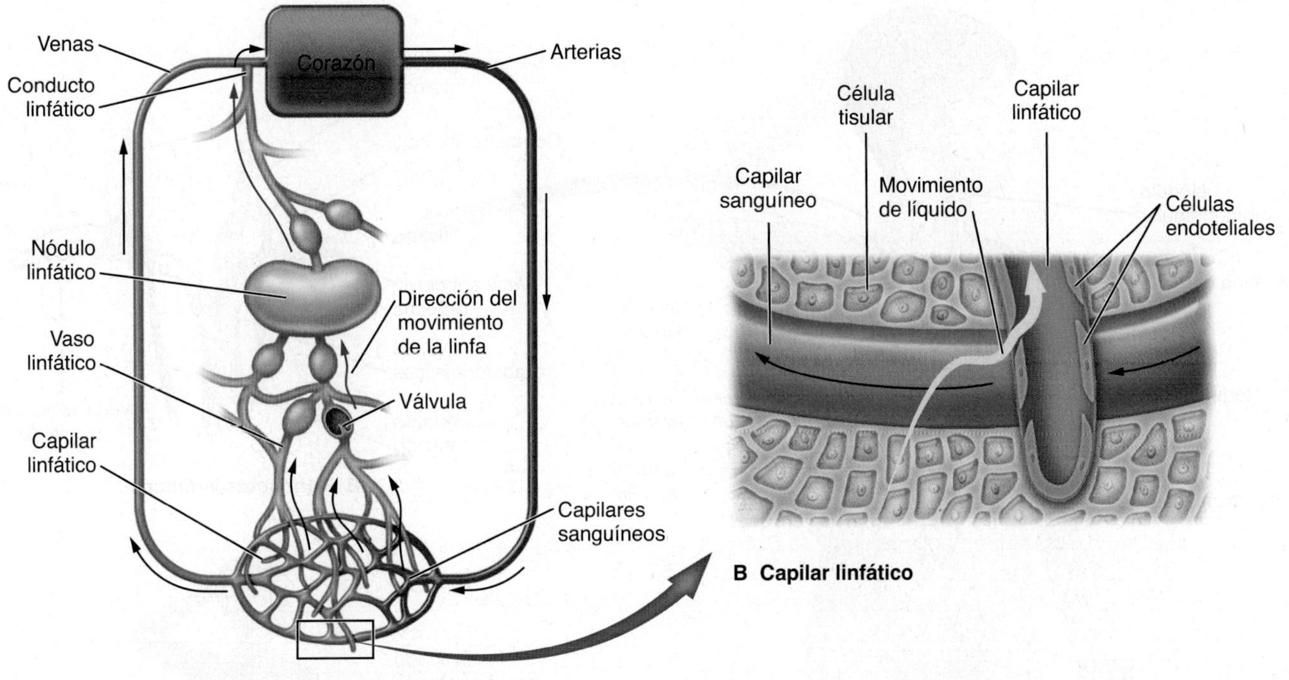

Figura 12-4. Sistema linfático. A) Los vasos del sistema linfático recogen el exceso de líquido de los tejidos y lo devuelven a la circulación sanguínea. **B)** El líquido de los tejidos penetra en los capilares linfáticos a través de pequeños espacios entre las paredes de sus células. *¿Qué tipo de vaso linfático está físicamente conectado a los vasos cardiovasculares?*

can en las grandes venas cerca del corazón. Conforme la linfa fluye desde la periferia hacia el tronco, se filtra a través de múltiples pequeños órganos linfáticos llamados *nódulos linfáticos* que alojan numerosos linfocitos. Con este esquema en mente, vamos a examinar la circulación linfática con más detalle.

Los capilares linfáticos recogen líquido de los tejidos

Acabamos de ver que la red linfática se inicia con los capilares linfáticos, que son vasos de extremos cerrados formados por células endoteliales (fig. 12-4 B). Recuerde del capítulo 10 que de los capilares sanguíneos sale un poco de líquido hacia los tejidos cuando la sangre pasa desde el lado arterial al venoso. El consiguiente aumento de la presión del líquido intersticial crea un gradiente de presión, lo que obliga al líquido a pasar hacia estos capilares linfáticos a través de los espacios entre las células endoteliales. Este líquido, ahora llamado *linfa,* se mueve hacia los capilares linfáticos y hacia vasos linfáticos de mayor tamaño.

La linfa recién formada es pues idéntica al líquido intersticial, contiene agua, electrólitos y un poco de proteínas. Sin embargo, en su viaje para unirse a la sangre, la linfa adquiere otros componentes. Por ejemplo, cuando pasa a través de los nódulos linfáticos, la linfa adquiere leucocitos. La linfa que drena el intestino también contiene grasas y vitaminas liposolubles, y también puede contener microbios o células cancerosas en migración (metástasis).

Los vasos linfáticos forman una red compleja

La figura 12-5 muestra la compleja red de vasos y nódulos linfáticos que se extiende por todos los tejidos del cuerpo, a excepción del hueso y el tejido nervioso. La disposición general de los vasos del sistema linfático es mucho menos ordenada que la de los vasos del sistema venoso, en el que las vénulas se fusionan en venas cada vez mayores. Los vasos linfáticos también se fusionan con otros vasos linfáticos de tamaño similar, pero luego pueden ramificarse de nuevo en vasos más pequeños. Al final, sin embargo, todos los linfáticos drenan en uno de los dos conductos linfáticos.

El menor de los dos conductos principales, el **conducto linfático derecho,** drena el brazo derecho, el lado derecho del tórax y el lado derecho de la cabeza y el cuello (fig. 12-5 C). El conducto linfático derecho desemboca en la vena subclavia derecha inmediatamente distal al punto donde se une con la vena yugular interna para formar la vena innominada o braquiocefálica derecha (fig. 12-5 B). El mayor de los dos, el **conducto torácico,** drena el resto del cuerpo, incluidos el intestino y otras vísceras. Este conducto forma un ensanchamiento en la zona lumbar, la *cisterna del quilo,* que es lo suficientemente grande como para apreciarse a simple vista (fig. 12-5 A). Después asciende por la parte izquierda de la columna vertebral y alcanza un tamaño de unos 5 mm de diámetro cuando desemboca en la vena subclavia izquierda.

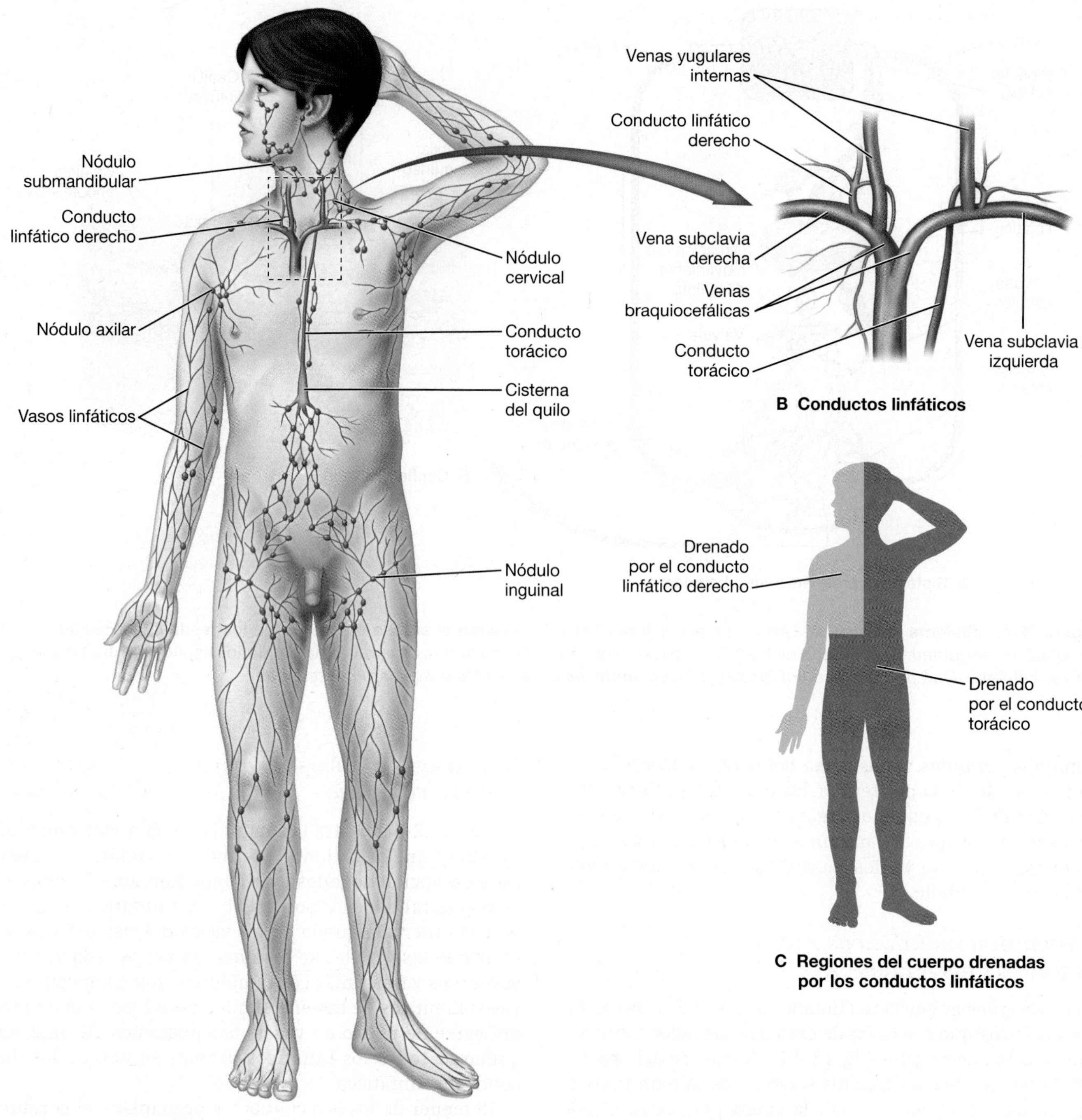

Figura 12-5. Vasos linfáticos. A) Los nódulos linfáticos están conectados por vasos linfáticos. **B)** El conducto torácico y el conducto linfático derecho drenan en las venas subclavias. **C)** Regiones del cuerpo drenadas por los dos conductos linfáticos. *¿Cómo se llaman los nódulos linfáticos de la axila?*

¡Recuerde! **El conducto linfático principal es el conducto torácico, que drena el líquido linfático de la mayor parte del cuerpo. Viaja hasta el lado izquierdo de la columna vertebral y desemboca en la vena subclavia izquierda.**

Los nódulos linfáticos son pequeños órganos linfáticos

Unos 500 nódulos linfáticos están esparcidos por la grasa y otros tejidos blandos a lo largo de los canales linfáticos de todas las partes del cuerpo (fig. 12-5 A). Otros grupos más importantes de nódulos linfáticos se encuentran inmediatamente debajo de la piel de la ingle (nódulos inguinales), de la axila (nódulos axilares) y a lo largo de la cara lateral del cuello por debajo de la oreja y la mandíbula (nódulos linfáticos cervicales y submaxilares). También hay otros grupos grandes en el retroperitoneo, los mesenterios del abdomen y en el mediastino.

Los nódulos linfáticos contienen muchos linfocitos

Cada nódulo linfático es una estructura ovoide de unos pocos milímetros de ancho en su dimensión mayor, encerrado en una cápsula delgada de tejido fibroso (fig. 12-6). Debajo de la cápsula se encuentra un arco de tejido linfático denominado *corteza,* en la que los linfocitos se organizan en pequeños grupos llamados *folículos* linfáticos (o nódulos). La mayoría de los folículos contienen un *centro germinativo,* donde se multiplican los linfocitos B que están rodeados por células dendríticas. Los linfocitos T y NK se concentran más en la profundidad de la corteza. La *médula* interior contiene cordones paralelos de distintos linfocitos.

Los *senos* a través de los nódulos linfáticos regulan el flujo de linfa. Los senos contienen una red de finas fibras reticulares, así como una población de macrófagos residentes. Algunos patógenos y otras partículas quedan atrapadas en las fibras reticulares, donde se convierten en presa fácil de la fagocitosis para los macrófagos. También se filtra una pequeña cantidad de linfa en los folículos y cordones medulares, exponiendo a los patógenos a la atención letal de los linfocitos. La linfa de los vasos entrantes (aferentes) penetra en el nódulo a través de la corteza, se filtra a través de los senos y sale de la médula por un vaso linfático saliente (eferente).

Los nódulos linfáticos defienden frente a patógenos y células cancerígenas

Los nódulos linfáticos son los únicos órganos linfáticos en contacto directo con la linfa. Están, por tanto, en una posición ideal para servir como «puestos de vigilancia» del sistema linfático, monitorizando el líquido linfático en búsqueda de patógenos y capturándolos para ser destruidos por las células inmunitarias. Los nódulos linfáticos también atrapan a las células cancerosas que se diseminan de un tejido a otro a través de los vasos linfáticos. Las células cancerosas atrapadas temporalmente en un nódulo linfático continúan dividiéndose y se reproducen, y pueden extenderse a partir de un nódulo linfático a otro de la cadena de nódulos, entrando al final en el torrente sanguíneo. Sin embargo, si se descubren precozmente, la extirpación o la radiación de los nódulos linfáticos afectados y otros cercanos puede evitar una mayor propagación de las células cancerosas hacia la sangre. Por ejemplo, la mayoría de los linfáticos de la mama drenan a través de una colección de nódulos linfáticos en la axila. Cuando se extiende un cáncer de mama, por lo general se disemina en primer lugar a los nódulos linfáticos de la axila, donde pueden estar confinados por un tiempo antes de propagarse a la sangre y a los órganos distantes. En las pacientes con cáncer de mama es una práctica común hacer una biopsia del nódulo axilar más inferior, el nódulo (ganglio) centinela comprueba si hay células cancerosas. Las perspectivas de recuperación son mejores en los pacientes con nódulos linfáticos libres de cáncer. Sin embargo, algunos pacientes sobreviven y llevan una vida normal después de la extirpación de nódulos cancerosos, lo que es una prueba de que los nódulos

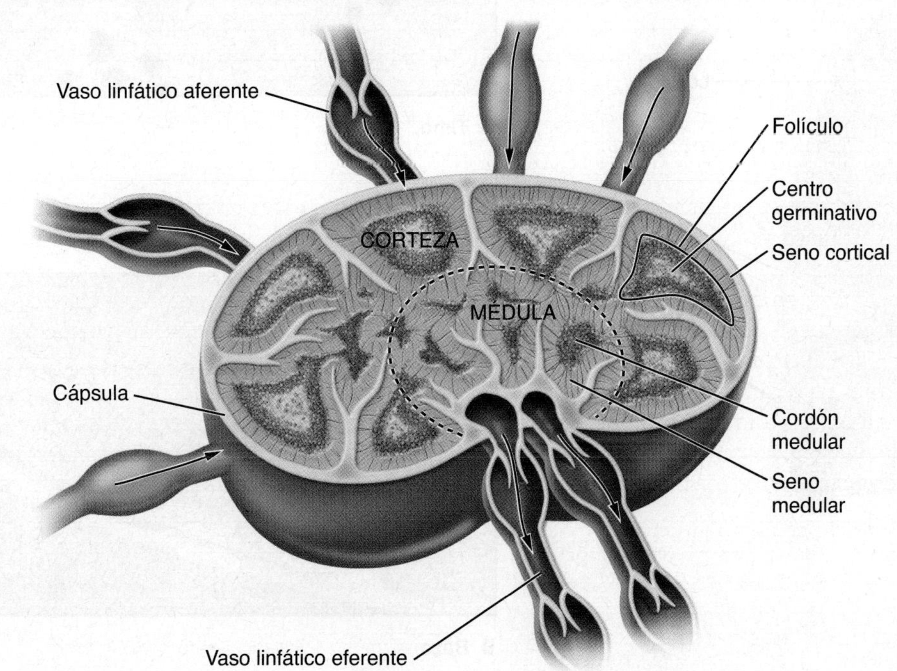

Figura 12-6. Anatomía de un nódulo linfático. Los componentes de un nódulo linfático. *¿Se encuentran los centros germinativos en la corteza o en la médula?*

han hecho su trabajo de detener de forma temporal la propagación del cáncer.

Como se mencionó antes, los nódulos linfáticos también sirven como «campos de entrenamiento», donde maduran algunos linfocitos NK. Además, actúan como campo de cultivo de linfocitos, donde los precursores de linfocitos pueden reunirse y producir nuevos linfocitos. Los nódulos linfáticos aceleran la producción de linfocitos cuando se encuentran con patógenos o antígenos. El tamaño de los nódulos aumenta, ya que se llenan con todas estas células nuevas; pueden, por tanto, ser visibles o palpables fácilmente, una situación que se denomina *linfadenopatía.*

Apuntes sobre el caso

12-3 En el cuello, la axila y la ingle de Miriam se detectaron nódulos linfáticos con mayor tamaño del normal. Utilice los términos anatómicos correctos para describir esas tres regiones.

El bazo tiene funciones inmunitarias y no inmunitarias

El **bazo** se encuentra en la región superior izquierda del abdomen, justo por debajo de la región posterolateral de la caja torácica e inferior al diafragma (fig. 12-7 A). Tiene una cápsula fibrosa delgada y densa que encierra dos tipos de tejido: la pulpa roja y la pulpa blanca (fig. 12-7 B). La *pulpa roja* está formada por una red de senos venosos que contienen glóbulos rojos, así como cordones de tejido esplénico formados por eritrocitos, linfocitos y muchos macrófagos. La *pulpa blanca* está compuesta por nódulos de linfocitos y macrófagos que envuelven las arterias esplénicas.

Los leucocitos de la pulpa roja y blanca monitorizan la sangre de la misma manera que los nódulos linfáticos monitorizan la linfa, es decir, los macrófagos engullen patógenos y los linfocitos realizan sus funciones inmunitarias. Los macrófagos del bazo también desempeñan un papel de limpieza, destruyen los eritrocitos viejos y capturan el hierro para su reciclaje. Estudios recientes muestran que los macrófagos del bazo funcionan como un «ejército permanen-

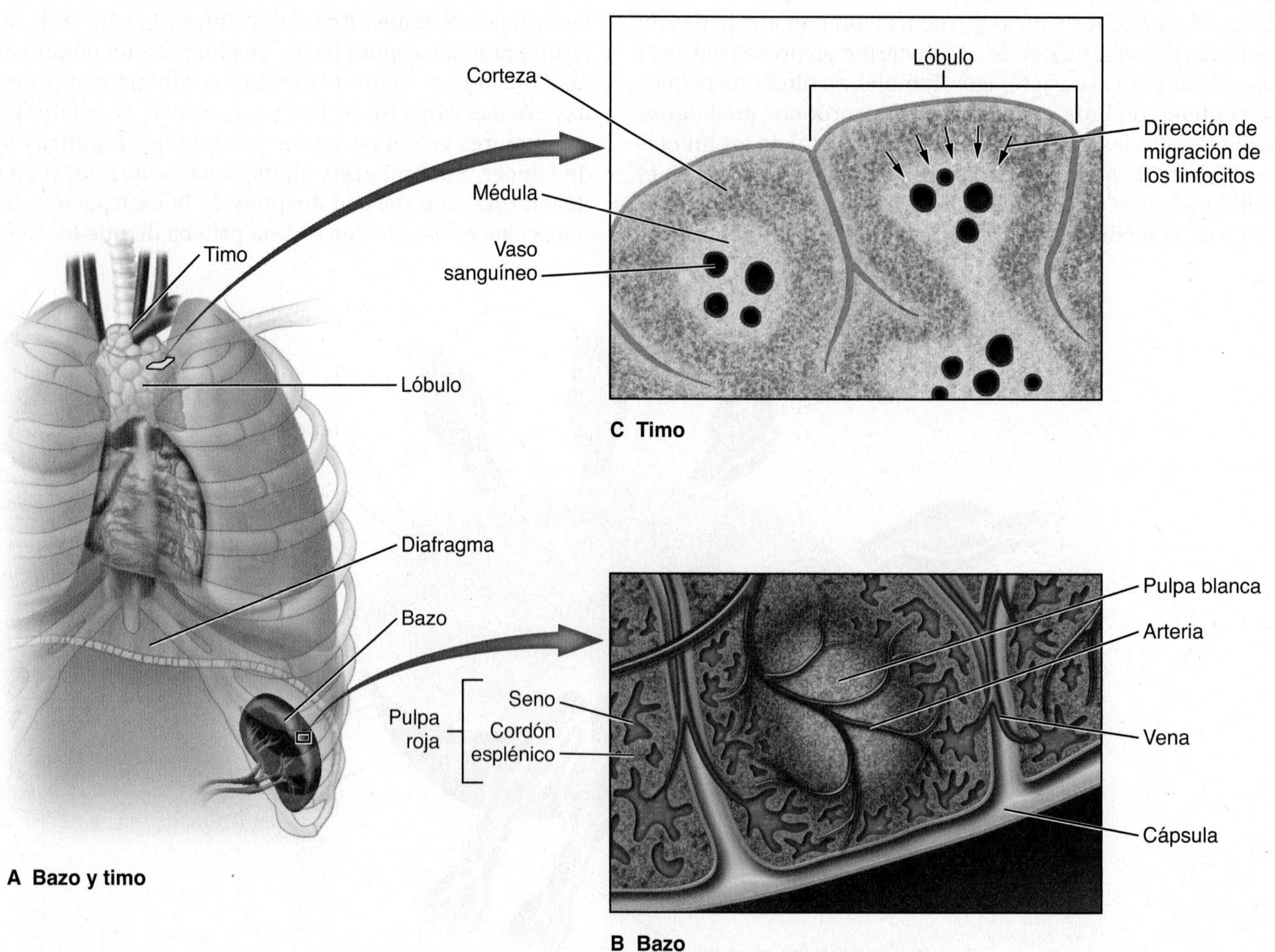

Figura 12-7. Bazo y timo. A) El timo y el bazo están en el tórax. **B)** El bazo está formado por pulpa roja y pulpa blanca. **C)** Los linfocitos forman la mayor parte del tejido del timo; proliferan en la corteza exterior y migran hacia la médula. *¿Se encuentran los senos en la pulpa roja o en la pulpa blanca?*

te» de células inmunitarias capaces de inundar el cuerpo a demanda cuando existe una infección, un traumatismo, un ataque al corazón o cualquier otro problema en el que se precisen muchas células inmunitarias frescas para combatir infecciones o para mejorar la respuesta inflamatoria.

El bazo también desempeña dos funciones inmunitarias importantes para el sistema cardiovascular: *a)* en los fetos y en los adultos con anemia grave, es un lugar importante de producción de eritrocitos, y *b)* almacena las plaquetas que se liberarán cuando sea necesario para reemplazar a las utilizadas para detener una hemorragia.

El timo procesa los linfocitos T

Recordemos que el **timo** es un órgano linfático donde los linfocitos inmaduros maduran, convirtiéndose en *linfocitos T* antes de migrar a otros órganos linfáticos. Está situado en la parte anterior del tórax, inmediatamente posterior al centro del esternón (fig. 12-7 A). Alcanza su tamaño máximo, unos 30 g, en la pubertad y se encoge de forma gradual para reducirse casi a la nada en las personas mayores, aunque sigue siendo suficientemente activo para cumplir con sus objetivos normales. El timo está dividido en lóbulos, cada uno con una corteza externa y una médula interna (fig. 12-7 C). Los linfocitos proliferan en la corteza y migran hacia la médula a medida que maduran. Dejan el timo a través de los vasos sanguíneos de la médula.

Ni el timo ni la médula ósea están directamente relacionados con la red linfática y no participan *directamente* en la defensa del cuerpo. En cambio, son centros de formación donde las «células que combaten» que acaban de madurar se forman antes de ser liberadas para migrar a otros órganos linfáticos.

Apuntes sobre el caso

12-4 Los pacientes con sida no tratados, como Miriam, a menudo presentan una reducción significativas de la pulpa blanca. ¿Dónde se encuentra la pulpa blanca, en el timo o el bazo?

El tejido linfoide asociado a mucosas controla los puntos de entrada de patógenos

Igual que los puestos de vigilancia en las puertas del castillo observan si hay invasores, existen acumulaciones de tejido linfático en los lugares donde entran patógenos con frecuencia: la boca, la nariz y el tracto gastrointestinal (fig. 12-8). Estos nódulos de tejido linfático se describen como **tejido linfoide asociado a mucosas** (MALT, *mucosa-associated lymphoid tissue*), ya que están asociados a la capa mucosa del sistema respiratorio y gastrointestinal.

Las **amígdalas** son masas de tejido linfático simples y de un tamaño más bien grande que forman un anillo alrededor de la abertura de la faringe en la parte posterior de la boca. Las más grandes y fáciles de ver son las *amígdalas palatinas,* comúnmente llamadas «amígdalas», que se asientan a cada lado del extremo posterior de la cavidad

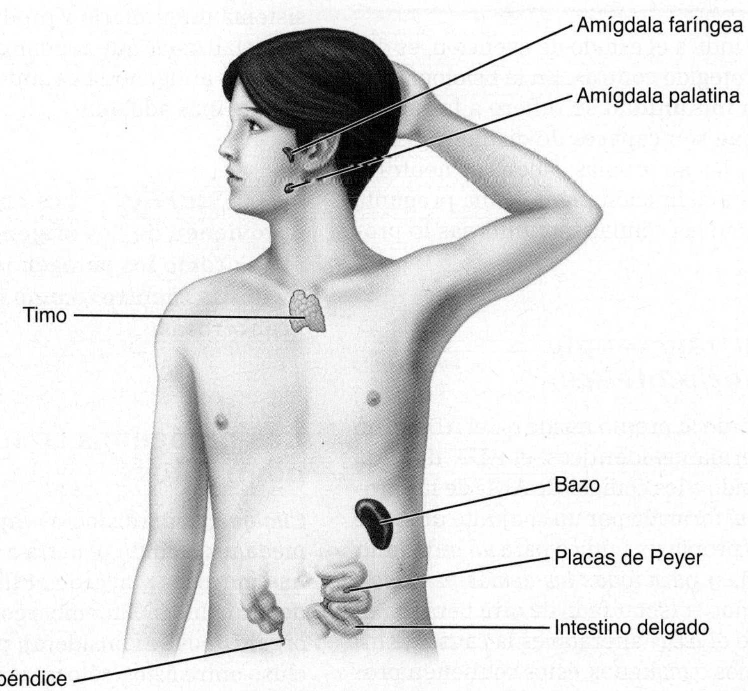

Figura 12-8. Tejido linfoide asociado a mucosas. El tejido linfoide asociado a mucosas guarda los puntos de entrada de patógenos comunes. *Nombrar los acúmulos de tejido linfático que se encuentran en el intestino.*

bucal. Fuera de la vista, en la parte más alta de la pared posterior de la faringe, se encuentra la *amígdala faríngea* (llamada *adenoides* o *vegetaciones* cuando aumenta de tamaño). Otras pequeñas amígdalas completan el anillo. Los nódulos de MALT también son abundantes en el intestino delgado, donde se les llama *placas de Peyer,* y en el *apéndice,* un pequeño afloramiento del intestino grueso.

12-7 ¿Qué componente no se encuentra habitualmente en los nódulos linfáticos? ¿Eritrocitos, leucocitos o electrólitos?

12-8 ¿Cuál es el nombre de la porción ensanchada del conducto torácico?

12-9 ¿Qué conducto linfático drena el brazo derecho?

12-10 ¿Qué conducto linfático drena la pierna derecha?

12-11 ¿Qué órgano se encoge después de la pubertad, el bazo o el timo?

12-12 ¿Qué órganos linfáticos contienen una corteza y una médula, los nódulos linfáticos, el bazo y/o el timo?

12-13 Indicar qué órgano linfático participa en la maduración de los linfocitos T.

12-14 ¿Qué es el MALT?

Aspectos generales de la respuesta inmunitaria

El término *inmunitario* indica el estado de exención, es decir, «no contiene» o «protegido contra». En la fisiología y la medicina modernas, la **inmunidad** se refiere a las acciones de los leucocitos que son capaces de distinguir entre las sustancias propias y las no propias o ajenas y neutralizar a las no propias. Esta definición plantea una pregunta crucial: ¿cómo distinguen las células inmunitarias lo propio de lo no propio?

Lo que es propio y no propio viene definido por proteínas

La definición molecular de lo propio reside en el ADN. Con la excepción de los hermanos idénticos, el ADN de cada persona es único. Y, debido a los códigos de ADN de las proteínas, cada persona está formada por un conjunto único de proteínas que define lo propio y es único para *un* individuo, son no propias (extrañas) para *todas las demás personas.* Esto significa que el tejido trasplantado de otra persona es no propio. Y puesto que el ADN alterado es la causa de todos los tumores, benignos o malignos, éstos contienen proteínas extrañas y pueden reconocerse como no propios. Por otra parte, las proteínas de todos los organismos, desde las bacterias a los babuinos, son aún más claramente no propias para los seres humanos. ¿Qué pasa con las proteínas que respiramos, como los ácaros del polvo o las esporas de moho? Lo ha adivinado, éstas también son no propias. Las proteínas que consumimos como alimentos también son no propias, pero el proceso de la digestión los descompone en los aminoácidos que las forman, que no se reconocen como no propios.

El primer trabajo de los sistemas linfático e inmunitario es distinguir entre las proteínas propias y no propias. Cuando se reconocen las proteínas no propias, estos sistemas se movilizan para neutralizar o destruir los microorganismos o los tejidos que las contienen. Por ejemplo, luchan contra las proteínas no propias de los corazones e hígados trasplantados y de otros trasplantes, lo que hace fundamental encontrar donantes cuyas proteínas sean lo más similar posible a las del receptor.

La capacidad de los sistemas linfático e inmunitario de reconocer entre las proteínas propias y las no propias se basa en la capacidad de las proteínas de actuar como *antígenos.* Un **antígeno** es una molécula capaz de estimular una respuesta defensiva del sistema inmunitario. Prácticamente cualquier molécula orgánica *de gran tamaño* puede estimular una reacción inmunitaria, incluyendo las glucoproteínas, lipoproteínas y glucolípidos. Las glucoproteínas, por ejemplo, son los antígenos responsables de las características distintivas del sistema de antígenos eritrocitarios ABO comentado en el capítulo 10. Cuando nos adentremos en otras cuestiones relacionadas con la inmunidad, nos referiremos a las proteínas con la compresión de que lo que decimos se refiere también a algunas otras moléculas orgánicas de gran tamaño.

El término *antígeno* deriva de «genera anticuerpos», en referencia a la capacidad de un antígeno para estimular el sistema inmunitario y producir **anticuerpos,** las proteínas especializadas que ayudan a las células inmunitarias a destruir los antígenos. Los anticuerpos se comentan con mayor detalle más adelante.

¡Recuerde! **Los antígenos no propios provienen de dos orígenes: desde el «exterior», tales como los patógenos o los trasplantes, y desde «dentro», como los antígenos de las células cancerosas.**

Los patógenos contienen antígenos no propios

Cualquier organismo es capaz de causar lesiones y enfermedades cuando penetra a través de la piel o las membranas mucosas y accede al líquido intracelular o al interior de las células. Sin embargo, sólo un pequeño grupo de los organismos se consideran principalmente patógenos, e incluso entre éstos, sólo unas pocas variedades causan la mayoría de enfermedades humanas. De hecho, vivimos en un mar de organismos potencialmente patógenos, muchos de los cuales no nos causan ningún daño la mayor parte del tiempo. Por ejemplo, cepillarse las encías inflamadas libera una gran cantidad de bacterias orales al torrente sanguíneo, y en la mayoría de los casos no se produce enfermedad alguna por ello. Por otro lado, el virus de la inmunodeficiencia humana (VIH), causante del sida, es potencialmente mortal cada vez que invade el organismo de un individuo.

Sólo unos pocos patógenos (sobre todo parásitos intestinales) son lo suficientemente grandes para apreciarse a simple vista. La mayoría son microscópicos; de hecho, algunos no pueden verse ni con el microscopio de luz más potente, ya que son más pequeños que las longitudes de onda de luz visible más cortas. Los virus son un ejemplo. El desarrollo del microscopio electrónico en la década de 1930 permitió a los científicos ver numerosos patógenos por primera vez. Tenga en cuenta, sin embargo, que con independencia de lo pequeños que son, *todos los patógenos estimulan una respuesta inmunitaria debido a que contienen antígenos no propios.*

Los patógenos se dividen en dos grandes clases: los virus y no patógenos no víricos: bacterias, hongos, amebas, lombrices y otros organismos. Los virus se han llamado «organismos en el límite de la vida» porque se distinguen de otras formas de vida de dos maneras:

- No pueden reproducirse fuera de una célula huésped: no pueden metabolizar los nutrientes, replicarse o participar en los procesos de la vida. Requieren que la célula huésped haga todo por ellos y cuando están fuera de las células se encuentran en un estado de animación suspendida.
- No tienen membrana celular ni orgánulos. En su lugar, poseen una capa proteica externa que rodea a una intrincada disposición de ácidos nucleicos (ADN o ARN).

Los virus son capaces de replicarse porque, al igual que las bacterias y otros patógenos, tienen ADN o ARN. Sin embargo, a diferencia de las bacterias, los virus invaden las células y secuestran sus procesos metabólicos cuando se multiplican, utilizando los esfuerzos de la célula para sus propios fines «egoístas».

Por otro lado, los *patógenos no víricos* están organizados como las células. Pueden vivir de forma independiente fuera de las células, en fuentes de agua, la piel, baños y en lagos y arroyos. Tienen membrana celular y citoplasma, y ADN y ARN, aunque algunos no tienen núcleo. En la tabla 12-1 se describen las características de algunos patógenos comunes.

Los virus y patógenos víricos lesionan los tejidos de manera diferente. Los virus invaden las células e introducen su material genético en el núcleo celular y lo utilizan para crear nuevas copias de sí mismos. Finalmente, la célula muere y libera sus virus para infectar a otras células. Algunos virus son más sutiles: estimulan a la célula infectada a proliferar rápidamente. El resultado es el desarrollo de un tumor.

Los patógenos víricos causan daños de diversas formas:

- Algunos secretan toxinas que debilitan los procesos vitales de la célula cercana o invaden el torrente sanguíneo para hacer daño a distancia.
- Algunos agotan los nutrientes que necesita la célula o el huésped. Por ejemplo, ciertos parásitos intestinales tienen tal apetito que la persona infectada puede morir de hambre.
- Al morir, algunos patógenos liberan productos de descomposición que son más dañinos que los organismos vivos.
- Por último, algunos provocan una reacción del sistema inmunitario, la inflamación, que puede ser tan perjudicial como el mismo patógeno.

Cada clase de patógeno requiere un tratamiento diferente. Un **antibiótico** es una pequeña molécula capaz de matar o detener la reproducción de *bacterias.* Los antibióticos suelen interferir en el metabolismo de las bacterias, por ejemplo, mediante la interrupción de la síntesis o la actividad de proteínas fundamentales. Estos fármacos *no* afectan a los patógenos no bacterianos, como los virus. Sin embargo, los investigadores han desarrollado algunos compuestos antivíricos capaces de frenar la replicación de los virus bloqueando su entrada en las células huésped y acortando de otra manera la enfermedad vírica. Por ejemplo, algunos pueden reducir la gravedad y acortar la duración de un episodio de gripe. Los hongos, las amebas y los gusanos requieren un tratamiento especializado con otros tipos de fármacos.

Apuntes sobre el caso

12-5 En su primera consulta, a Miriam se le administraron antibióticos. ¿Atacarán estos fármacos al VIH? ¿Por qué sí o por qué no?

12-6 En la autopsia se encontraron en los pulmones de Miriam microorganismos que se consideraron responsables de la neumonía. El patólogo vio diminutos microorganismos unicelulares con pared celular y núcleo. ¿Podría este organismo haber sido un virus?

Las glucoproteínas del complejo mayor de histocompatibilidad presentan otros antígenos al sistema inmunitario

Entre nuestros antígenos propios más importantes se encuentran unas glucoproteínas específicas conocidas como el **complejo mayor de histocompatibilidad** (MHC, *major histocompatibility complex*). Estas glucoproteínas se encuentran en las membranas celulares de todas las *células nucleadas. Histo-* significa «tejido orgánico», por lo que el nombre de *complejo mayor de histocompatibilidad* refleja la importancia de estas glucoproteínas en la determinación de la compatibilidad de los tejidos en los pacientes considerados para trasplante de órganos. Esta importancia se deriva de dos factores:

- Los antígenos del MHC por sí mismos son específicos, al igual que todos los antígenos. Es decir, excepto en los hermanos idénticos, son ajenos a cualquier otra persona

Tabla 12-1. Patógenos comunes

Patógeno	Características estructurales	Características funcionales	Tratamiento	Enfermedades comunes
Virus	AND/ARN y cubierta proteica	No pueden reproducirse fuera de las células	Antivíricos, que lentifican la replicación vírica	Gripe, resfriado común, sarampión. VIH/sida
Bacterias	Célula microscópica sin núcleo	Frecuentes en teclados, fuentes de agua, aseos, etc.	Antibióticos, que lentifican la reproducción bacteriana	Faringitis estreptocócica, algunas infecciones de senos y pulmones, algunas intoxicaciones alimentarias
Hongos	Microscópicos, unicelulares (levaduras) o multicelulares (mohos)	Habitualmente infectan las superficies y orificios corporales	Antifúngicos, que destruyen las paredes celulares	Pie de atleta, infecciones por levaduras
Protozoos	Microscópicos, unicelulares	Frecuentes en suministros de agua en países en desarrollo	Fármacos antiprotozoicos, que interfieren en el metabolismo de los protozoos	Malaria, enfermedad del sueño
Gusanos	Multicelular	Prefieren vivir dentro de los espacios corporales y células	Antihelmínticos, que interfieren con el metabolismo de los gusanos	Lombrices, tenias (helmintos)

y pueden provocar un ataque inmunitario si el tejido que los contiene se trasplanta a otra persona. Los antígenos del MHC incompatibles son los responsables de la mayoría de los rechazos de tejidos y órganos después de un trasplante.

- Es la función de los antígenos del MHC unirse a *otros* antígenos propios y no propios y mostrarlos en la superficie celular, algo así como una valla publicitaria para que el sistema inmunitario lo lea y actúe en consecuencia.

Dos clases de glucoproteínas del MHC muestran los antígenos

Hay dos tipos de glucoproteínas del MHC, la clase I y la clase II. Las glucoproteínas del MHC de clase I (MHC I) se encuentran en la membrana de *todas* las células del cuerpo excepto los eritrocitos (que no tienen núcleo). Las glucoproteínas del MHC de clase II (MHC II) están sólo en ciertas células del sistema *inmunitario* que son capaces de fagocitar, por ejemplo, las células dendríticas.

Hemos dicho que las glucoproteínas del MHC pueden actuar como vallas publicitarias, mostrando los antígenos al sistema inmunitario. Las glucoproteínas del MHC I muestran antígenos sintetizados en el interior de la célula, es decir, que se obtienen a partir de citosol de la célula. En las células sanas, las glucoproteínas del MHC I presentan antígenos propios normales, enviando el mensaje: «Esta célula y todas las otras células que son como yo son propias; dejadnos en paz» (fig. 12-9 A). Por el contrario, recuerde que las células cancerosas o infectadas por virus sintetizan

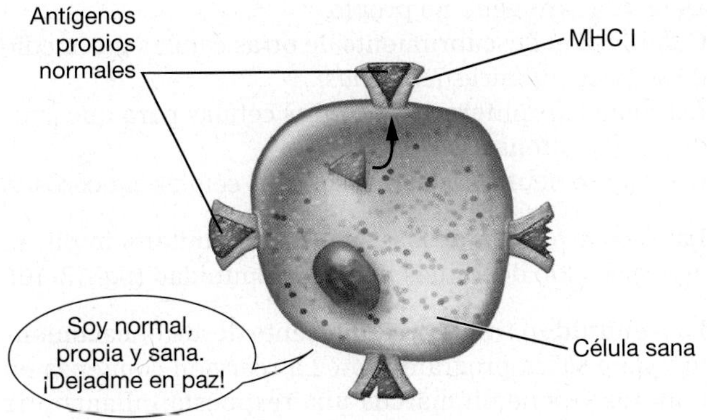

A Células sanas

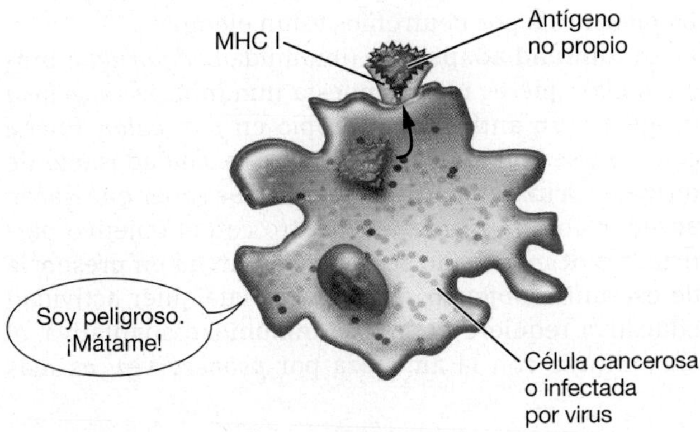

B Células cancerosas o infectadas

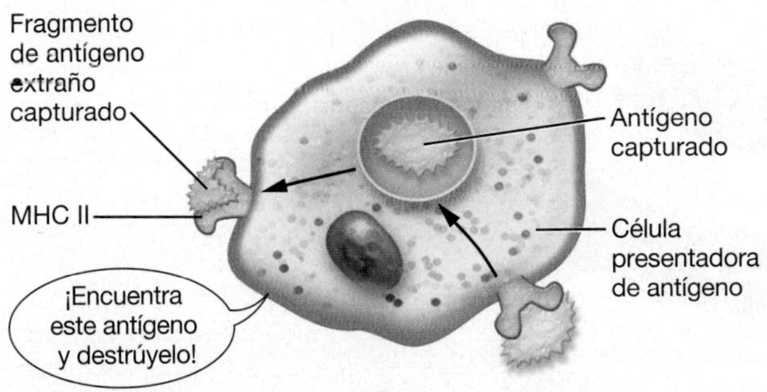

C Células inmunitarias presentadoras de antígeno

Figura 12-9. Glucoproteínas del MHC. Las glucoproteínas del complejo mayor de histocompatibilidad (MHC) presentan antígenos en la superficie celular que transmiten mensajes. **A)** En las células sanas, las glucoproteínas de tipo I presentan antígenos propios normales. **B)** En las células cancerosas o infectadas, las glucoproteínas de tipo I presentan antígenos no propios. **C)** Algunas células inmunitarias expresan glucoproteínas del MHC II unidas a proteínas de los patógenos invasores. *¿Qué tipo de antígeno se une a las glucoproteínas del MHC II, uno producido por la propia célula o uno producido por una célula extraña?*

proteínas *no propias*. En estas células enfermas, las glucoproteínas del MHC I muestran estos antígenos no propios (pero producidos internamente), y envían un mensaje diferente: «Antígeno extraño presente; mátame» (fig. 12-9 B). El número de glucoproteínas del MHC I de la membrana celular es un mensaje en sí mismo. Estas glucoproteínas abundan en las membranas de las células sanas, pero están relativamente ausentes en las membranas de las células cancerosas o infectadas por virus. Las células que carecen de una cantidad normal de estas glucoproteínas están sujetas a ataques de ciertas células del sistema inmunitario, lo que comentaremos a continuación.

El proceso funciona de la misma forma en el caso de las glucoproteínas del MHC II de la superficie de las células del sistema inmunitario, aunque el origen del antígeno es diferente. Estas glucoproteínas no muestran antígenos propios producidos internamente. Tampoco en las células inmunitarias invadidas por el antígeno extraño. Por el contrario, las células inmunitarias capturan el antígeno de, por ejemplo, un virus o una bacteria invasora. A continuación la célula inmunitaria lo internaliza en una vacuola y presenta un fragmento del antígeno unido a su glucoproteína del MHC II (fig. 12-9 C). Las células que realizan esta función son descritas como *células presentadoras del antígeno*. Esta presentación tiene una función similar a la de la imagen del criminal en un cartel de «se busca», estimulando a otras células inmunitarias para localizar y destruir las células extrañas que producen el antígeno.

¡Recuerde! **Las glucoproteínas del MHC I presentan antígenos producidos internamente; las glucoproteínas del MHC II presentan antígenos de orígenes externos.**

Las glucoproteínas del MHC definen a los receptores apropiados del trasplante

Como tienen una función tan importante en la presentación de otros antígenos al sistema inmunitario, es fácil olvidar que las *propias* glucoproteínas del MHC son *antígenos* para el sistema inmunitario de otras personas. Como tales, pueden ser poderosos adversarios durante el trasplante de órganos o tejidos.

La eficacia de un trasplante precisa por lo general que donante y receptor sea tan parecidos antigénicamente como sea posible con el fin de evitar el rechazo inmunitario del órgano donado. Una excepción es el trasplante de córnea. Debido a que la córnea no tiene vascularización (cap. 9), no está expuesta al sistema inmunitario y no produce una reacción inmunológica cuando se trasplanta.

Como señalamos al comienzo de este capítulo, los hermanos idénticos, que comparten antígenos propios idénticos, presentan entre sí coincidencias más estrictamente posibles. Para el resto de nosotros, a pesar de que una cuidadosa compatibilidad de antígenos del MHC puede limitar la gravedad de una reacción inmunitaria, cualquier trasplante causa cierto grado de rechazo inmunitario. Cuanto mayor sea la compatibilidad de los antígenos del MHC menor será el rechazo y hay más probabilidades de encontrarse en parientes cercanos de los receptores, incluyendo a sus hermanos, padres e hijos.

La intensidad del rechazo depende del órgano afectado y puede variar de leve a grave. El rechazo leve sólo puede detectarse mediante pruebas de laboratorio, pero el rechazo grave puede producirse rápidamente y conducir a una insuficiencia del órgano. Por ejemplo, el rechazo leve de un trasplante renal puede presentarse sólo como un análisis de orina alterado, pero el rechazo grave se manifiesta con una insuficiencia renal.

El tratamiento con medicamentos para suprimir el sistema inmunitario del receptor puede limitar la gravedad de la reacción de rechazo mediante la inhibición de la producción y acción de los leucocitos. Pero como puede sospecharse, el tratamiento inmunosupresor tiene sus problemas: puede aumentar la susceptibilidad a infecciones y desarrollo de tumores de los receptores.

Las reacciones inmunitarias son innatas o adaptativas

Los antígenos no propios, sean patógenos del ambiente exterior que penetran la piel o las barreras mucosas o células tumorales que surgen desde el interior, se encuentran con el sistema inmunitario, que responde de cuatro formas:

- Detecta el antígeno no propio.
- Comunica el descubrimiento de otras células por medio de señales químicas *(citocinas)*.
- Estimula la proliferación de otras células para que ayuden en la defensa.
- Destruye o neutraliza al invasor o las células cancerosas.

Estos cuatro pasos de la respuesta inmunitaria implican la superposición de los dos tipos de inmunidad (fig. 12-10):

- La **inmunidad innata** está presente desde el nacimiento y no precisa programación. La reacción comienza en minutos y pone en marcha una respuesta inflamatoria reclutando macrófagos, neutrófilos y leucocitos NK para atacar al invasor. La inmunidad innata puede compararse con el disparo rápido de una escopeta de perdigones sin apuntar no dirigidos a un patógeno en *particular*. Es decir, *cualquier* patógeno puede provocar una respuesta. La fagocitosis por neutrófilos es un ejemplo.
- La **inmunidad adaptativa** (inmunidad *adquirida* o *programada*), que es una respuesta inmunitaria *específica* dirigida a un antígeno no propio en *particular.* Puede compararse con el disparo de un rifle cuidadosamente dirigido. La inmunidad adaptativa debe saber qué hacer: aprende con un primer encuentro con el objetivo particular y, después, sólo se pone en marcha en presencia de ese único objetivo. Al igual que cualquier actividad educativa requiere tiempo, la inmunidad adaptativa, al encontrarse con la amenaza por *primera* vez, es más

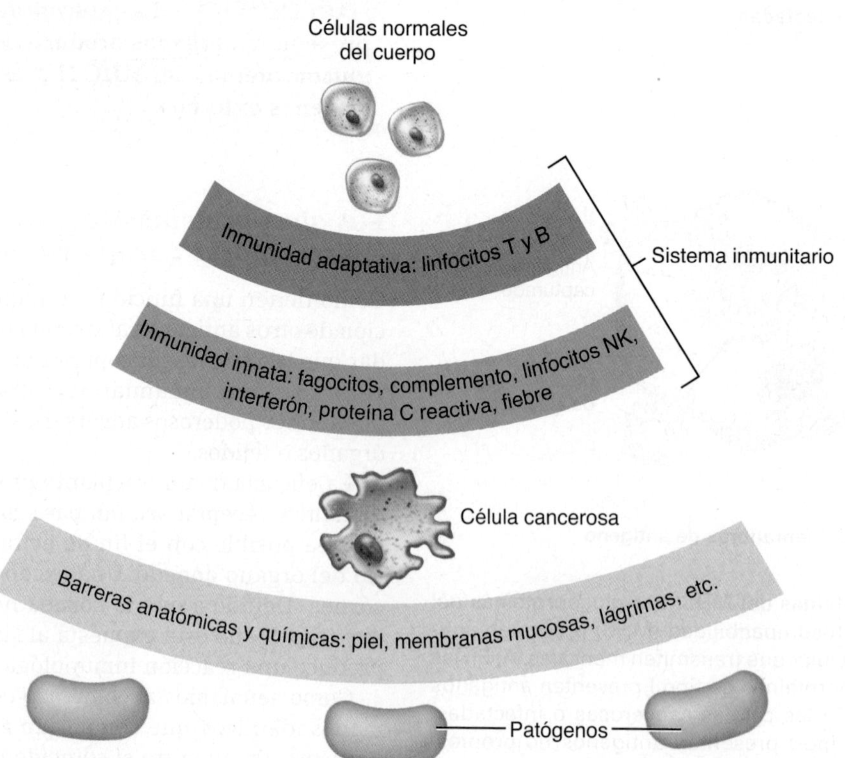

Figura 12-10. Líneas de defensa. Las barreras físicas son la primera línea de defensa contra los patógenos; las ramas innata y adaptativa del sistema inmunitario son las líneas segunda y tercera. *¿Los linfocitos T y B son parte de la inmunidad adaptativa o de la innata?*

lenta que la inmunidad innata. Los leucocitos deben interactuar en primer lugar con el invasor, valorar sus características específicas y a continuación programarse a ellos mismos para generar una respuesta específica.

En un momento dado, la definición médica del término *inmunidad* estaba limitada a la inmunidad adaptativa. El punto de vista actual, sin embargo, es que la inmunidad abarca todas las actividades celulares y químicas del cuerpo que luchan contra invasores no propios, tanto innata como adaptativa. En las dos secciones siguientes vamos a echar un vistazo a estos dos tipos de inmunidad.

Apuntes sobre el caso

12-7 Cuando los hongos invadieron los pulmones de Miriam por primera vez, ¿qué aspecto del sistema inmunitario fue el primero en reaccionar: adaptativo o innato?

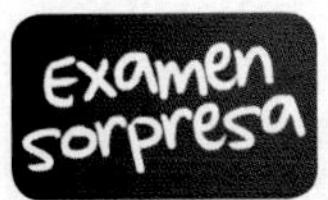

12-15 ¿Por qué los tumores contienen antígenos no propios?

12-16 De los siguientes organismos (bacterias, virus, hongos, gusanos), ¿cuáles son celulares?

12-17 ¿Cuál es la función principal de las glucoproteínas del MHC?

12-18 ¿Qué tipo de glucoproteína del MHC presenta los antígenos de los patógenos invasores?

12-19 ¿Qué tipo de glucoproteína del MHC se expresa en todas las células nucleadas?

12-20 ¿Por qué provocaría una respuesta inmunitaria el trasplante de un riñón de una madre a su hijo?

Inmunidad innata

La inmunidad innata no requiere «educación» o «programación» en respuesta a amenazas específicas, por lo que es más rápida que la adaptativa. Cuando un patógeno invasor atraviesa las barreras de la piel y las mucosas, las actividades celulares y moleculares del sistema inmunitario innato tratan de mantener a raya a los invasores hasta que pueda programarse el sistema inmunitario adaptativo para responder. La respuesta inmunitaria innata comienza en cuestión de minutos y pone en marcha la amplia gama de medidas comentadas aquí.

La inflamación tiene una función en la inmunidad innata

Recordar del capítulo 10 y de nuestra discusión previa en este capítulo que la inflamación es «la respuesta colectiva celular y vascular del cuerpo a la lesión». Gran parte de la respuesta inflamatoria tiene que ver con la limpieza de lesiones y fomentar el proceso de cicatrización que sigue. Sin embargo, la inflamación se convierte en una actividad inmunitaria cuando ataca y neutraliza o destruye los antígenos extraños.

El proceso inflamatorio se basa en las acciones de los leucocitos de la sangre y los tejidos, y comprende los siguientes elementos:

- El aumento del flujo sanguíneo, que transporta nuevas células inmunitarias (linfocitos y otros leucocitos), nutrientes, oxígeno y otros elementos esenciales a la zona lesionada.
- Los vasos sanguíneos se vuelven permeables, lo que permite que los fagocitos de la sangre y las proteínas plasmáticas entren en los tejidos lesionados.
- Liberación de señales químicas por la lesión o el patógeno, que atraen a los leucocitos al lugar de la lesión o patógeno.

Los leucocitos desempeñan una función en la inmunidad innata

Algunos leucocitos tienen una capacidad innata de reconocer lo no propio, no necesitan ser «aleccionados» de lo que es no propio encontrándose con ello, lo saben de antemano. Han nacido y crecido, por así decirlo, entre una tribu de las células propias y funcionan con este principio: «si no eres uno de nosotros, vas a morir».

Los neutrófilos y los macrófagos son fagocitos que tienen esta capacidad. Hay que recordar que algunos monocitos entran en determinados tejidos y se diferencian en macrófagos sin exposición a lesiones o infecciones. Por ejemplo, los macrófagos del hígado (células de Kupffer) destruyen las células viejas de la sangre y los macrófagos pulmonares (las *células del polvo*) destruyen los patógenos y las partículas inhaladas. Estas poblaciones de macrófagos residentes pueden vivir mucho tiempo, 14 meses para una célula de Kupffer, y puede ser que nunca encuentren un patógeno.

Las células fagocíticas se envuelven ellas mismas alrededor de su objetivo, partículas, patógenos o detritus celulares, y lo interiorizan en una vacuola (v. fig. 3-26). Un lisosoma se fusiona con la vacuola y digiere su contenido. Más tarde, los restos digeridos son expulsados de la célula.

Otro grupo importante de leucocitos en la inmunidad innata son los linfocitos NK, uno de los tres tipos de linfocitos presentados antes en este capítulo. Al igual que todos los linfocitos, éstos patrullan por la sangre y la linfa, se concentran en los órganos linfáticos y hacen incursiones periódicas en tejidos no linfáticos. Sólo aproximadamente el 5 % de los linfocitos son NK, pero lo que les falta en número lo compensan en velocidad y agresividad. Los linfocitos NK tienen la capacidad innata de atacar y eliminar células infectadas por virus y células cancerosas. A diferencia de otros linfocitos, no requieren tiempo para adaptarse a un enemigo específico. En vez de ello, su respuesta es inmediata, ya que reconocen con facilidad el carácter no propio de las células anómalas. Aunque el mecanismo que subyace a esta capacidad de reconocimiento aún no se ha comprendido del todo, la cantidad de glucoproteínas del MHC I de la membrana celular parece desempeñar un papel clave. Estas glucoproteínas inhiben la actividad de los linfocitos NK; por tanto, las células normales están protegidas del ataque de los mismos. Sin embargo, las células infectadas por virus y las células cancerosas tienen un número demasiado bajo de glucoproteínas del MHC I en sus membranas, por tanto, no están protegidas del ataque de los linfocitos NK. Las secreciones químicas de otras células inmunitarias y las características de la inmunidad adquirida (como los anticuerpos) también son importantes reguladores de la actividad de los linfocitos NK.

Los linfocitos NK, al igual que otros linfocitos, no pueden realizar la fagocitosis. Matan entrando en contacto directo con las células diana y provocándoles la muerte celular.

Las señales químicas son importantes reguladores de la inmunidad innata

Las **citocinas** son pequeñas proteínas liberadas por las células inmunitarias (generalmente) que actúan como moléculas mensajeras para regular la función inmunitaria. La familia de las citocinas es grande y diversa; cada citocina desempeña diversas funciones, incluidas las no inmunitarias, y la misma función inmunitaria está regulada por múltiples citocinas. Éstas cumplen su función mediante su unión a receptores en las células diana. Con frecuencia, pero no siempre, actúan como *factores paracrinos,* viajan sólo una corta distancia desde la célula secretora para actuar sobre una célula vecina. Esta característica es importante para mantener algunas de las reacciones inmunitarias, como la inflamación, limitadas a una zona pequeña.

Las acciones de las citocinas en la inmunidad *innata* son:

- Estimular la maduración y la actividad de los macrófagos, neutrófilos y linfocitos NK.
- Provocar la vasodilatación.
- Atraer a otros leucocitos (quimiotaxis).
- Estimular la producción de moléculas inflamatorias distintas a las citocinas, como la proteína C reactiva (v. más adelante).
- Provocar fiebre.

Como veremos más adelante, las citocinas tienen una función importante en las reacciones inmunitarias específicas de la inmunidad adquirida.

La **fiebre** es una temperatura corporal demasiado alta que está causada por citocinas específicas denominadas *pirógenos,* que reajustan el termostato hipotalámico del cerebro. Cualquier tipo de lesión de los tejidos, no sólo la infección, puede causar fiebre, por ejemplo una quemadura o un ataque al corazón. Mediante la aceleración de las reacciones celulares, la fiebre aumenta los efectos positivos de la inflamación, acelera la reparación e inhibe el crecimiento de algunos patógenos.

De los muchos tipos de citocinas, algunas de las más importantes son las siguientes (tabla 12-2):

- Las **interleucinas** (IL) se llaman así debido a su actividad de señalización entre *(inter-)* los leucocitos. Las interleucinas se numeran (p. ej., IL-1) según el orden de su descubrimiento.
- Los **interferones** se llaman así por su capacidad de interferir con la propagación de virus a las células vecinas. Algunos interferones tienen funciones más amplias, por lo general estimular la actividad inmunitaria.
- Los **factores de necrosis tumoral** son otro grupo de citocinas con una amplia variedad de acciones.

Otras sustancias químicas inflamatorias producen efectos similares (tabla 12-2):

- Las **cininas** son un grupo de proteínas inflamatorias de la sangre activadas por las mismas vías que inician la coagulación. Las cininas, como la *bradicinina,* actúan localmente en el lugar de la lesión o infección aumentando la permeabilidad vascular. También activan los nociceptores (receptores del dolor).
- Las *prostaglandinas* y la *histamina* aumentan el flujo local de sangre, atraen a los neutrófilos y activan los nociceptores.

Apuntes sobre el caso

12-8 ¿Cuál es el mecanismo por el cual Miriam desarrolló fiebre con su infección?

El complemento y otros efectores químicos atacan a los patógenos

Algunas de las sustancias químicas que participan en el proceso inflamatorio tienen propiedades antimicrobianas directas. Por ejemplo:

- Las **lisozimas** son enzimas contenidas en los gránulos de los granulocitos. Digieren las paredes celulares de las bacterias.
- La **proteína C reactiva** (PCR) es sintetizada por el hígado en respuesta a las citocinas liberadas por los macrófagos en el tejido lesionado (v. el cuadro Forma básica, función básica, «La proteína C reactiva: un nuevo papel para una prueba antigua»). La PCR se une a los patógenos y los señala para su fagocitosis por los neutrófilos y los macrófagos. Esta capacidad, llamada **opsonización,** es común a varias sustancias químicas efectoras inmunitarias. Cualquier molécula que actúa como un potenciador de unión para el proceso de la fagocitosis es una **opsonina.** La opsonización se tratará de nuevo en la exposición sobre el sistema inmunitario adaptativo. La PCR también es uno de los múltiples activadores del *sistema del complemento.*

El **sistema del complemento** (a menudo denominado simplemente **complemento**) es otra faceta de la inmunidad innata. Está formado por alrededor de 20 pequeñas proteínas, la mayoría producidas por el hígado, que normalmente circulan por el torrente circulatorio en su for-

Tabla 12-2. Las sustancias químicas de la inmunidad innata*

Sustancia química	Descripción	Células productoras	Acción
Citocinas			
Interleucinas	Proteínas de señalización	Leucocitos habitualmente	Las distintas interleucinas activan diferentes aspectos de la inflamación
Interferones	Glucoproteínas	Liberados por células infectadas por virus o por linfocitos	Evitan que los virus puedan infectar a otras células; activan los linfocitos NK
Factores de necrosis tumoral	Glucoproteínas	Amplio número de leucocitos, células infectadas o lesionadas	Lesionan los vasos que vascularizan los tumores; estimulan la muerte de las células infectadas; promueve la inflamación y la fagocitosis
No citocinas			
Cininas	Proteínas	Sintetizadas en el hígado; se encuentran en la sangre en sus formas inactivas	Estimulan la inflamación, dolor
Lisozimas	Enzimas	Producidas en los gránulos de los granulocitos	Digieren los patógenos internalizados
Proteína C reactiva	Proteína	Hígado	Marca los patógenos y células lesionadas para la fagocitosis; activa el complemento
Complemento	Conjunto de 20 proteínas sanguíneas	Sintetizado en el hígado; se encuentra en sangre en sus formas inactivas	Aumenta la inflamación y la fagocitosis, lisis de las bacterias

*Muchas de estas sustancias químicas son activas también en la inmunidad adquirida.

ma inactiva. Cuando son estimuladas por la presencia de un patógeno, interactúan en una cascada que produce muchos complejos de complemento activos. El complemento hace lo siguiente:

- Magnifica la respuesta inflamatoria atrayendo células inmunitarias, estimulando la proliferación y la actividad de las células inmunitarias y aumentando la permeabilidad vascular.
- Forma el *complejo de ataque a la membrana,* un conjunto multiproteico que hace un agujero en la membrana celular del organismo o célula agresora. Los solutos y líquidos pasan por el agujero hacia la célula, dando lugar a la lisis (rotura, desintegración) y muerte del patógeno o célula (fig. 12-11 A).
- Actúa como una *opsonina* uniéndose a la membrana celular de la célula o patógeno dañino, marcándolo para su destrucción por los macrófagos y otros fagocitos (fig. 12-11 B). Como veremos más adelante, los anticuerpos también actúan como opsoninas.

Como se mencionó anteriormente, durante la inflamación se libera la señal química de la PCR que puede activar el complemento. El sistema del complemento también puede ser activado directamente por las células no propias. Los anticuerpos, que son actores clave en la inmunidad adaptativa, también pueden activar el complemento. Por tanto, el complemento participa en la inmunidad innata y adaptativa.

12-21 ¿Por qué responde más rápidamente la inmunidad innata que la inmunidad adaptativa?

12-22 Indicar tres tipos de células importantes en la inmunidad innata.

12-23 ¿Qué sustancia química no se encuentra en la sangre, la PCR, el complemento o la lisozima?

12-24 ¿Qué sustancias químicas, complemento o interferón, pueden romper las paredes celulares de algunas bacterias, causando su destrucción?

12-25 ¿Qué tipo de inmunidad, innata, adaptativa o ambas, respondería si desarrolla una infección después de perforar el pie sobre un clavo oxidado?

Inmunidad adaptativa

Hasta ahora hemos estado comentando la inmunidad innata: mecanismos de defensa celulares no específicos inhe-

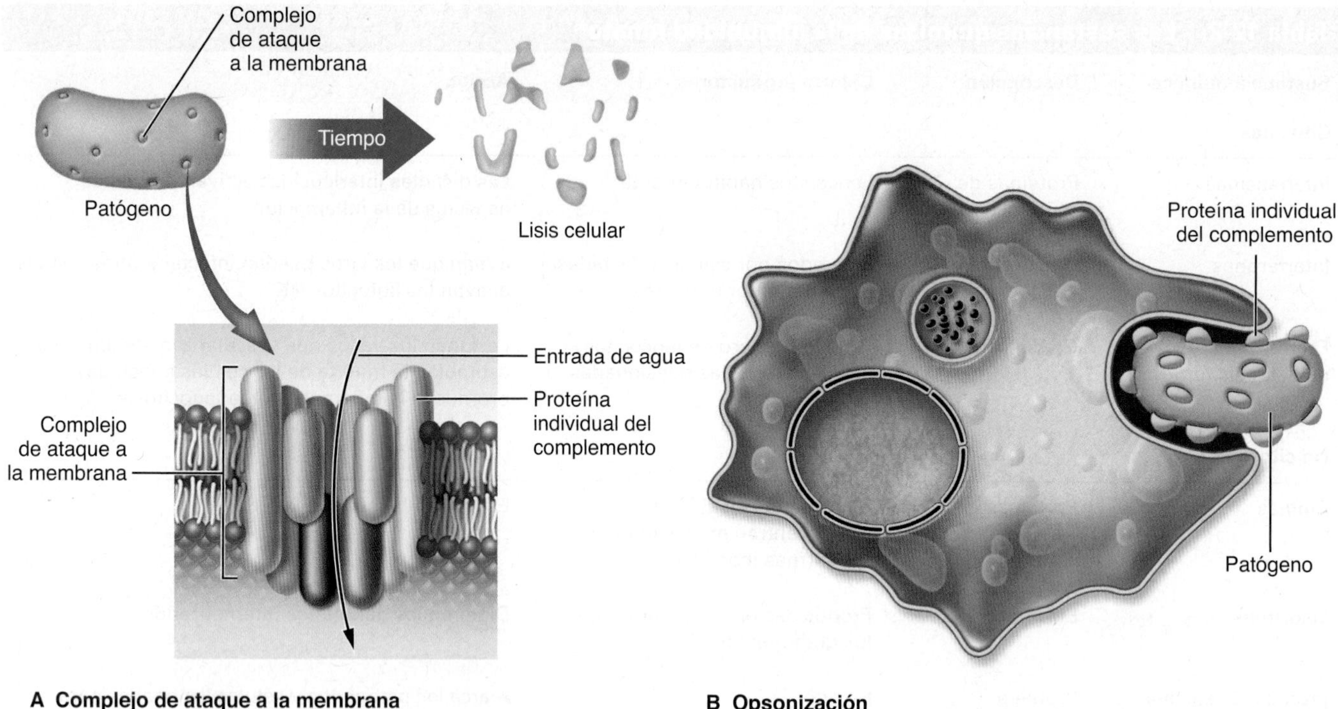

Figura 12-11. Complemento. A) Las numerosas proteínas del complemento interactúan para formar un complejo de ataque a la membrana. **B)** Las proteínas del complemento recubren a los patógenos para convertirlos en presa fácil de los macrófagos. *¿Cómo mata a los patógenos el complejo de ataque a la membrana?*

rentes que atacan a los patógenos y otras sustancias no propias, sin entrenamiento previo. Ahora tomamos el tema de la **inmunidad adaptativa,** es decir, la respuesta programada dirigida del cuerpo a la presencia de sustancias no propias. Las células activas en la inmunidad adaptativa son los linfocitos B y T, así como células presentadoras de antígenos, como los macrófagos y células dendríticas.

Cada linfocito se desarrolla para reconocer un único antígeno

Durante su «entrenamiento básico» en la médula ósea o el timo, cada linfocito B y T «aprende» a responder a un antígeno en particular y no a otro. Cada linfocito inserta en su membrana externa receptores especializados, *receptores antigénicos de linfocitos B* o *receptores antigénicos de linfocitos T*, capaces de unirse a su antígeno específico. En nuestra población de linfocitos B y T existe, por ejemplo, un linfocito con receptores antigénicos capaz de reconocer sólo un determinado antígeno de una cierta especie de bacteria estreptocócica, otro linfocito con receptores antigénicos que puede reconocer sólo un antígeno específico de un virus influenza en particular, y así sucesivamente. Además, todos tenemos linfocitos con receptores para estos antígenos de patógenos, aunque nos hayamos encontrado o no estos patógenos antes. Esto se debe a que nuestros genes dirigen la producción de más de mil millones de receptores antigénicos diferentes, que permiten dar respuesta a prácticamente *cualquier antígeno que puedan encontrarse.*

Otra tarea fundamental de la «formación básica» de un linfocito es aprender a reconocer los antígenos *propios* y a evitar atacarlos. Si un linfocito no domina esta habilidad de **tolerancia a lo propio,** será destruido. Por ejemplo, en su paso por el timo, los linfocitos T que no pueden reconocer lo propio o que reaccionan fuertemente con antígenos propios son destruidos por apoptosis. Como resultado, los únicos linfocitos T que quedan vivos son los que saben qué es lo propio. La pérdida de la tolerancia a lo propio de una forma u otra es la causa de las **enfermedades autoinmunitarias** (del griego *auto* = «sí mismo»), que se comenta con más detalle a continuación.

Los antígenos activan linfocitos

Incluso después de completar su «entrenamiento básico», los linfocitos no están totalmente maduros; es decir, todavía no son capaces de atacar a un patógeno u otro enemigo. Para alcanzar su plena capacidad han de encontrarse con su antígeno designado en el espacio extracelular y unirse a sus receptores antigénicos, una interacción denominada *desafío antigénico.* En el desafío se producen dos fenómenos sumamente importantes: la activación y la expansión clonal.

La **activación** es la estimulación de un linfocito por un antígeno. Es una acción facilitadora sin la cual el linfocito permanece «dormido», incapaz de la actividad inmunitaria. Durante la activación, el linfocito se une por primera vez a su antígeno, una acción equivalente a despertar a una bestia durmiente. Tras la unión, el linfocito se multiplica rápida-

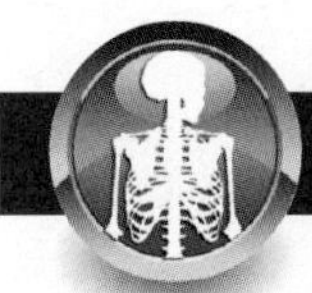

FORMA BÁSICA, FUNCIÓN BÁSICA

La proteína C reactiva: un nuevo papel para una prueba antigua

La proteína C reactiva (PCR) tiene una función importante en la inflamación y la inmunidad, particularmente en la activación del complemento. Fue descubierta en la década de 1930 como un misterioso «factor» en la sangre de pacientes que presentaban diferentes enfermedades, incluidos el cáncer y las enfermedades inflamatorias. Estudios posteriores mostraron que la fabricaba el hígado en respuesta a la inflamación y durante años desempeñó un papel algo menor en medicina como un marcador de inflamación. Por ejemplo, un dolor de rodilla puede deberse a inflamación (artritis), en cuyo caso la PCR en sangre estaría demasiado elevada.

Hoy en día, sin embargo, la PCR se está convirtiendo en familiar para muchas personas preocupadas por la salud, ya que constituye un claro marcador de ateroesclerosis, que comienza como una reacción inflamatoria en los vasos sanguíneos (cap. 11). La ateroesclerosis es la causa subyacente de la mayoría de los ataques cardíacos y accidentes cerebrovasculares. La atención del público en la ateroesclerosis se ha centrado principalmente en el colesterol alto en sangre; sin embargo, alrededor de la mitad de las personas que tienen ataques al corazón tienen un colesterol normal, un hecho que hace especialmente útil a la PCR como marcador adicional de riesgo de ateroesclerosis. La PCR se produce antes de que esta inflamación provoque ningún síntoma, así que las cifras elevadas de PCR pueden advertir de enfermedades cardíacas con tiempo de iniciar el tratamiento y evitar un ataque cardíaco fatal. Sin embargo, dado que la PCR se produce en respuesta a todo tipo de inflamación, hay que descartar otras causas conocidas de inflamación (como artritis) antes de atribuir a ateroesclerosis el aumento de PCR.

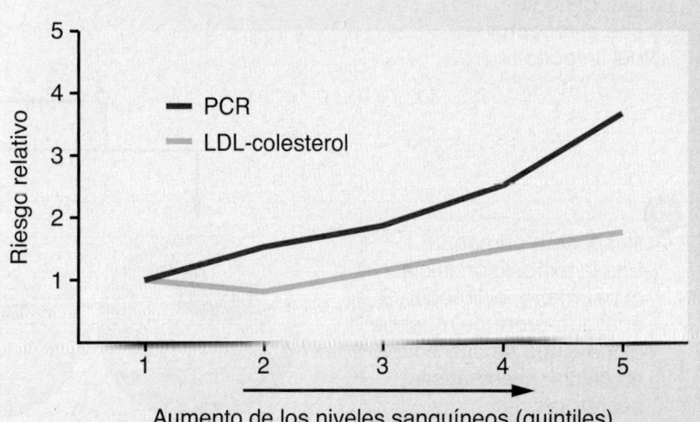

Proteína C reactiva.

mente para producir una colección de descendientes idénticos al linfocito original. Esta acción, denominada **expansión clonal,** produce un ejército de linfocitos idénticos para luchar contra el invasor. La figura 12-12 (paso 2) muestra un ejemplo de activación y expansión clonal de linfocitos B. Estos linfocitos pueden activarse directamente por el antígeno puro, es decir, por el antígeno que sigue siendo parte del patógeno original. Por el contrario, los linfocitos T no pueden reaccionar directamente con el antígeno puro: el antígeno debe prepararse antes y a continuación ser presentado al linfocito T por otras células del sistema inmunitario. La reparación y presentación de antígenos se comenta con mayor detalle más adelante en este capítulo.

Los linfocitos B y T proporcionan dos tipos de inmunidad adaptativa

Los linfocitos B y T proporcionan formas alternativas, pero complementarias, de la defensa inmunitaria adaptativa: *inmunidad mediada por anticuerpos* y *mediada por células.*

En la **inmunidad mediada por anticuerpos,** los linfocitos B sintetizan y secretan anticuerpos. Como vimos en el capítulo 10, los anticuerpos son proteínas de la sangre muy específicas que se unen a un invasor, preparándolo para su destrucción por otras células del sistema inmunitario.

En la **inmunidad mediada por células,** un cierto tipo de linfocitos T ataca y mata *directamente* a los invasores. En esta función es asistida por las secreciones y las acciones de otros linfocitos T, pero los anticuerpos no están involucrados.

Ahora estamos listos para explorar cada uno de estos dos tipos de inmunidad adaptativa.

Apuntes sobre el caso

12-9 La infección por VIH puede diagnosticarse por la presencia de determinados anticuerpos en la sangre. ¿Son los anticuerpos producidos por la inmunidad humoral o por la mediada por células?

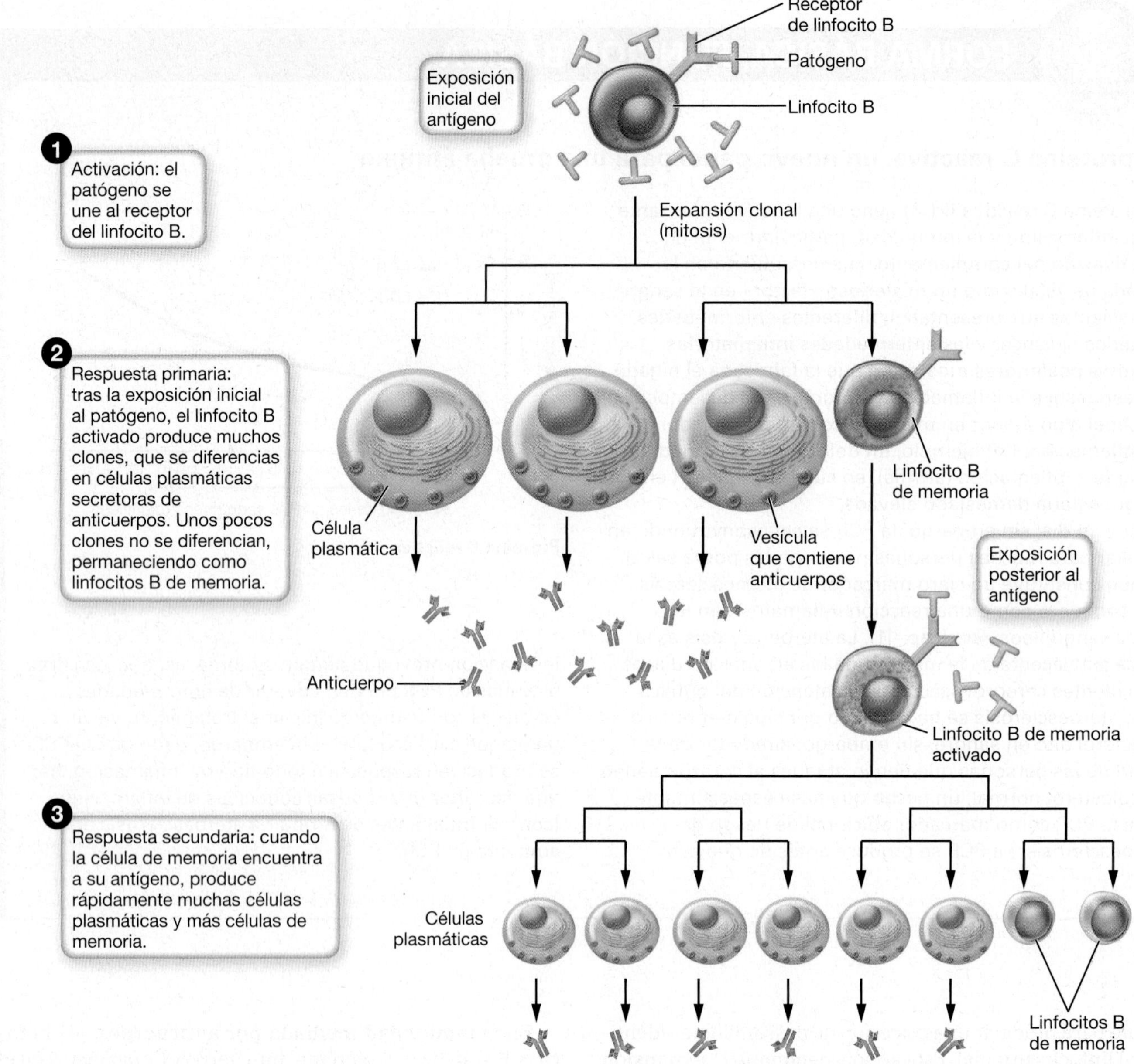

Figura 12-12. Activación de linfocitos B. Etapas de la activación y acción de los linfocitos B. *¿Qué término describe la rápida proliferación de linfocitos idénticos?*

La inmunidad mediada por anticuerpos es una función de los linfocitos B

Recordemos que los linfocitos B se activan cuando se encuentran con un antígeno específico (fig. 12-12, fase 1). Los linfocitos B activados sufren múltiples tandas de división celular para producir muchos *clones* (células idénticas), que tienen la misma capacidad para identificar, unirse y reaccionar con el antígeno que inició la reacción en cadena (fase 2). Como se comenta más adelante, algunos de estos linfocitos B pueden activar otras ramas del sistema inmunitario, al actuar como células presentadoras de antígeno. Sin embargo, la mayor parte de éstos se convierten en **células plasmáticas,** que son los linfocitos B en el proceso de secreción activa de anticuerpos contra el antígeno que originó la reacción. Todos los anticuerpos secretados por un clon determinado de linfocitos B tienen exactamente las mismas propiedades de unión al antígeno que las moléculas receptoras de la superficie del linfocito B progenitor.

Algunos miembros de este nuevo ejército de linfocitos B clonados no evolucionan a células plasmáticas. En su lugar, se convierten en **linfocitos B de memoria,** mucho más longevos, que están al acecho por el sistema linfático y que proliferan rápidamente tras otro encuentro con el mismo antígeno.

La **respuesta inmunitaria primaria,** la activación *inicial* de los linfocitos B, la expansión clonal y la unión del antígeno tardan aproximadamente 1 semana, puesto que el sistema inmunitario no encontró previamente el antígeno en particular. Por el contrario, la respuesta tras una exposición *posterior* (fase 3), denominada **respuesta inmunitaria secundaria,** es mucho más rápida e intensa porque las células de memoria ya están «preparadas» para iniciar la respuesta. Considere lo que sucede cuando un niño coge por primera vez un resfriado a causa de un tipo determinado de virus. Los síntomas tardan alrededor de 1 semana en desaparecer, ya que la respuesta inmunitaria primaria necesita ese tiempo para generar suficientes anticuerpos para eliminar el virus. Sin embargo, si el niño es expuesto otra vez al mismo virus del resfriado 1 mes, 1 año o 5 años más tarde, éste no desarrollará un resfriado. Es decir, no tendrá fiebre u otros síntomas porque la respuesta inmunitaria secundaria eliminará el virus antes de que pueda tener algún efecto.

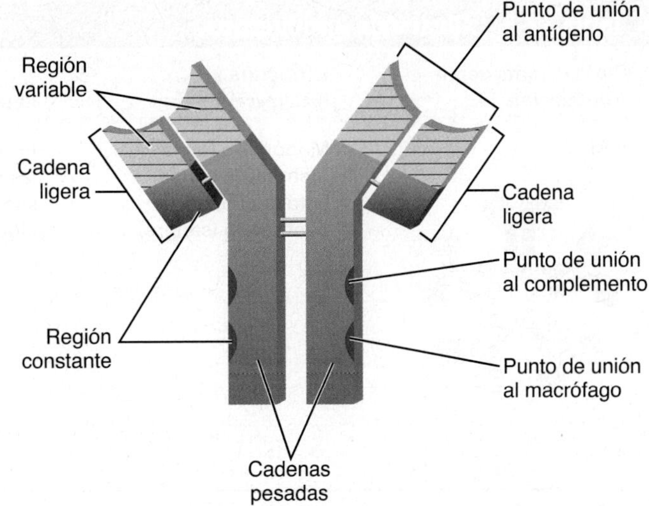

Figura 12-13. Estructura de un anticuerpo. Cada monómero de anticuerpo está formado por dos cadenas pesadas y dos cadenas ligeras. Partes de la cadena ligera y pesada se combinan para formar la región variable (Fv) y la región constante (Fc). *¿Dónde está el punto de unión del complemento, en la región Fc o en la región Fv?*

Los anticuerpos son proteínas grandes con una estructura compleja

La cadena principal de cada anticuerpo está formada por dos largas moléculas denominadas *cadenas pesadas (H),* que se unen para formar una molécula en forma de Y. El tallo de la «Y» se compone por dos cadenas pesadas yuxtapuestas. Por encima del tallo, las cadenas pesadas se doblan separándose una de la otra para formar los brazos de la «Y» (fig. 12-13). A lo largo de los extremos doblados se encuentran unidas dos moléculas más cortas, las *cadenas ligeras (L).*

Hay varias clases de anticuerpos (v. más adelante). El tallo y una pequeña parte de la rama proximal de cada brazo de la «Y» es el mismo para todos los anticuerpos de la misma clase, sin importar el antígeno al que están reaccionando. De ello se desprende que estas partes de la molécula del anticuerpo se llaman *región constante* (o *fragmento constante, Fc*), ya que están construidos de forma idéntica. Sin embargo, los extremos de la «Y» se denominan *región variable (fragmento variable, Fv),* ya que son diferentes según el antígeno diana. En una reacción inmunitaria, los antígenos se unen a la región Fv; los macrófagos y el complemento se pueden unir a la región Fc.

Clases de anticuerpos

Los anticuerpos se conocen también como **inmunoglobulinas** o *gammaglobulinas*. Existen cinco clases (tipos) de inmunoglobulinas: G, A, M, D y E (abreviatura de IgG, IgA, y así sucesivamente). Cada una está definida por su cadena pesada: la IgG tiene un tipo de cadena pesada llamada γ, la IgA una cadena pesada llamada α, y así sucesivamente. Cada clase tiene una estructura molecular única y un papel distinto en las reacciones inmunitarias. Algunas inmunoglobulinas se insertan en las membranas de los leucocitos, otras circulan por los fluidos del cuerpo. Una clase (IgM) se produce rápidamente, liderando el ataque contra un nuevo invasor, pero desaparece después de algunas semanas. Otra clase (IgG) aparece de forma más lenta y sigue produciéndose casi indefinidamente, proporcionando una inmunidad permanente. Otra clase (IgA) es especialmente abundante en las secreciones del tracto respiratorio e intestinal. En la tabla 12-3 se resumen estructura, localizaciones y funciones de las diferentes clases de anticuerpos.

Acciones de los anticuerpos

Con independencia del tipo, un anticuerpo por sí solo no puede destruir un antígeno. En vez de ello, lo neutraliza o lo dirige para su destrucción por otros medios. Un anticuerpo unido a su antígeno diana se llama **complejo inmunitario** y es capaz de estimular una amplia gama de actividad celular y molecular contra el antígeno.

La *neutralización* es el mecanismo más básico de acción de los anticuerpos, que bloquean el efecto del antígeno. Por ejemplo, algunos virus y bacterias producen *exotoxinas,* productos tóxicos capaces de causar graves daños en las células. La mayoría de las exotoxinas son antígenos por sí mismas y estimulan una respuesta de anticuerpos. Cuando se une a un anticuerpo, la exotoxina generalmente pierde su poder y después los fagocitos destruyen el complejo inmunitario. Una capa de anticuerpos rodeando células cancerosas o infectadas también activa el sistema inmunitario innato.

Debido a que los anticuerpos tienen más de un punto de unión al antígeno, son capaces de unirse a más de un antígeno y pueden agrupar varios antígenos para formar cadenas o grupos. Por ejemplo, cuando los anticuerpos se unen a antígenos solubles (p. ej., toxinas), los complejos antígeno-anticuerpo precipitan en una solución, un proceso llamado *precipitación.* Los antígenos precipitados pierden su capacidad de afectar los procesos celulares y son un blanco fácil para los fagocitos. Por otra parte, los anticuerpos pueden unirse a los antígenos en la superficie de grupos de células para formar agregados, un proceso llamado *aglutinación*

Tabla 12-3. Clases de anticuerpos

Clase de anticuerpo e ilustración	Estructura y localización	Importancia	Acciones principales
IgM A	Monómero (en la membrana de los linfocitos B) o pentámero (sangre)	Primer anticuerpo liberado en las reacciones inmunitarias; sustituido por la IgG tras algunas semanas	Linfocitos B: receptor antigénico de linfocitos B activados Sangre: activación del complemento, aglutinación, precipitación
IgG B	Monómero (sangre)	Tipo de anticuerpo más abundante; transmite inmunidad pasiva al feto; proporciona la mayor parte de la inmunidad permanente en la vida posterior	Activación del complemento
IgA C	Monómero (sangre); dímero (leche materna, moco, saliva, lágrimas)	Forma una barrera protectora sobre las membranas mucosas; transmite inmunidad pasiva a los lactantes amamantados	Evita la adhesión de patógenos a las membranas mucosas
IgD D	Monómero (membranas de los linfocitos B)	Activa los linfocitos B	Receptor antigénico para linfocitos B inactivos
IgE E	Monómero: piel, membranas mucosas	Introducida en la membrana de los mastocitos, permite la actividad de los mastocitos en las reacciones alérgicas	Estimula la liberación de histamina por los mastocitos, inflamación

(fig. 12-14). Las células aglutinadas, como por ejemplo las bacterias, son inmovilizadas y se vuelven más susceptibles a la fagocitosis que antes. Las moléculas de IgM de la sangre son particularmente especialistas en la precipitación y aglutinación, ya que cada anticuerpo IgM tiene 10 puntos de unión al antígeno.

Otra actividad de los anticuerpos IgG e IgM es la *activación del complemento* (fig. 12-14 B). Cuando se unen a antígenos, los anticuerpos cambian de forma de una manera que expone los puntos de fijación del complemento del tallo de la Fc. La unión de una proteína del complemento al anticuerpo activa el complemento. Recuerde de apartados anteriores que el complemento actúa como una opsonina, recubriendo las células con proteínas del complemento, que marca a los patógenos o células para su fagocitosis. Los anticuerpos también actúan como opsoninas cuando se unen a un antígeno diana, por lo que los patógenos con frecuencia «llevan» una capa de anticuerpos y

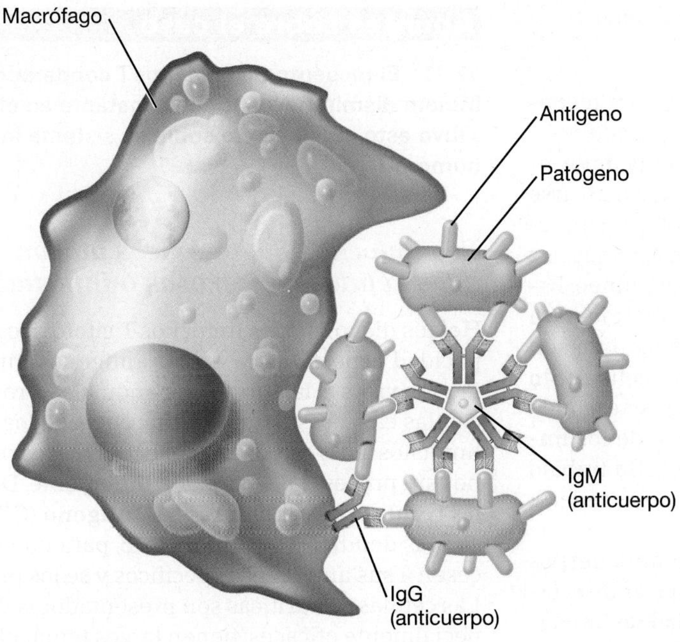

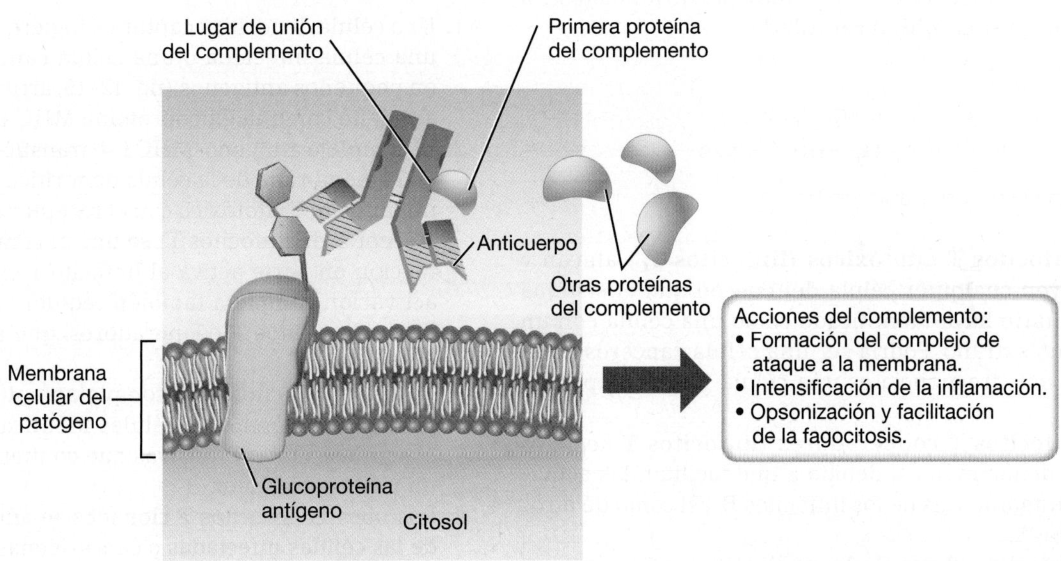

Figura 12-14. Acciones de los anticuerpos. A) Los anticuerpos aglutinan las células patógenas, haciéndolas más susceptibles a la fagocitosis. **B)** Los anticuerpos activan la vía del complemento. *¿Qué dos clases de anticuerpos ve en **A**?*

proteínas del completo activadas y son blancos fáciles para la fagocitosis.

¡Recuerde! **El complejo antígeno-anticuerpo conduce a la destrucción de patógenos por fagocitosis o lisis celular.**

Apuntes sobre el caso

12-10 La capacidad de Miriam para producir anticuerpos se vio afectada por la infección por el VIH. Pero en la medida en que produjeron anticuerpos contra la infección por hongos del pulmón, ¿qué clase de anticuerpos produjo inicialmente para luchar contra la infección: IgG, IgA o IgM?

La inmunidad celular es una función de los linfocitos T

Al igual que los linfocitos B, los linfocitos T tienen receptores capaces de reconocer sólo un antígeno específico.

Dicho esto, la función de los linfocitos T es muy diferente de la de los linfocitos B. Recordemos que para activarse y multiplicarse, los linfocitos B interactúan de forma directa con el antígeno en el espacio extracelular. Además, los linfocitos B secretan anticuerpos al torrente sanguíneo. Estos anticuerpos circulan ampliamente y con libertad para unirse a los patógenos, toxinas y otros antígenos, que son una presa relativamente fácil en el espacio extracelular. Sin embargo, si un patógeno, por ejemplo un virus, se esconde dentro de una célula, estará a salvo del ataque de los linfocitos B. Ahí es donde aparecen los linfocitos T. Su trabajo es destruir a los enemigos que han conseguido acceder a las células huésped.

Debido a que los linfocitos T no fabrican anticuerpos para que hagan el trabajo para ellos, han de atacar directamente el antígeno. Por esta razón la inmunidad de linfocitos T se denomina a menudo **inmunidad celular.** Es más, como veremos a continuación, la activación de los linfocitos T es más compleja que la activación de los linfocitos B y tarda mucho más. Por esto, la inmunidad de linfocitos T a veces se llama **inmunidad retardada.**

Los linfocitos T se clasifican según sus funciones inmunitarias

Hay varias clases de linfocitos T:

- Los **linfocitos T citotóxicos (linfocitos T_C)** atacan y destruyen cualquier célula del cuerpo que el sistema inmunitario haya identificado como una célula con un antígeno extraño. Podría ser una célula cancerosa, pero con más frecuencia es una célula infectada por un virus.
- Los **linfocitos T cooperadores** (**linfocitos T** *helper* o **T_H**) se denominan así debido a que facilitan las actividades inmunitarias de los linfocitos B, así como de otros linfocitos T.
- Los **linfocitos T reguladores** (**linfocitos T_R** o *supresores*) actúan para suprimir la activación del sistema inmunitario y, por tanto, mantener su homeostasis y la tolerancia a lo propio. Suspenden la respuesta inmunitaria después del éxito en la defensa contra un antígeno invasor y, al hacerlo, ayudan a prevenir enfermedades autoinmunitarias.
- Los **linfocitos T de memoria (linfocitos T_M),** igual que los linfocitos B de memoria, permiten que el sistema inmunitario celular pueda poner en marcha un ataque rápido contra antígenos extraños encontrados anteriormente.

Las primeras dos clases son las más relevantes para nuestra exposición y se comentan con más detalle a continuación.

Apuntes sobre el caso

12-11 El recuento de linfocitos T cooperadores de Miriam disminuyó de forma constante en el tiempo. ¿Tuvo esto algún efecto sobre su sistema inmunitario humoral?

Los linfocitos T citotóxicos atacan a las células cancerosas o infectadas

Hemos dicho que los linfocitos T citotóxicos tienen una capacidad especial para atacar antígenos intracelulares como los virus o las proteínas anómalas producidas por las células cancerosas. Pero a diferencia de los linfocitos B, los linfocitos T no pueden reconocer o reaccionar con antígenos sin procesar que circulan libremente. Deben confiar en las **células presentadoras de antígeno** (CPA), macrófagos, células dendríticas y linfocitos B, para que capturen y procesen a sus antígenos específicos y se los presenten a ellos. Las células dendríticas son presentadoras de antígenos especialmente eficaces: tienen largos tentáculos y láminas de citoplasma que extienden una amplia red para capturar antígenos (v. fig. 12-3, pág. 468). Así que veamos la presentación del antígeno con el ejemplo de una célula dendrítica.

1. Una célula dendrítica captura e ingiere un fragmento de una célula infectada o una célula cancerosa, la rompe en pequeños antígenos (fig. 12-15, arriba) y combina un antígeno con una glucoproteína MHC I.
2. El complejo antígeno-MHC I se transfiere a la superficie de la membrana de la célula dendrítica. A continuación, un linfocito T citotóxico con el receptor correspondiente (receptor de linfocitos T) se une al complejo. Esta interacción en parte activa al linfocito T citotóxico, pero la activación completa también requiere de los esfuerzos de los linfocitos T cooperadores, que se analizan más adelante.
3. El linfocito T citotóxico completamente activado se divide en un ejército de células idénticas clonadas para atacar las células ofensivas que contienen proteínas de un virus o un tumor.
4. Los nuevos linfocitos T clonados se adhieren al MHC I de las células infectadas o cancerígenas como una nave espacial vengadora se acopla a un invasor alienígena. A continuación despliegan cualquiera de una serie de armas para destruir la integridad celular de la célula diana.
5. Las poderosas armas son la liberación por parte de los linfocitos T de las proteínas *perforina* y *granzima* hacia el líquido extracelular. La *perforina* abre la membrana de la célula diana, lo que permite que las *granzimas* entren en el citoplasma, donde atacan a los componentes clave de la célula y la matan.

¡Recuerde! **Los receptores de los linfocitos T citotóxicos sólo se unen a proteínas del MHC I, que están presentes en todas las células excepto en los eritrocitos.**

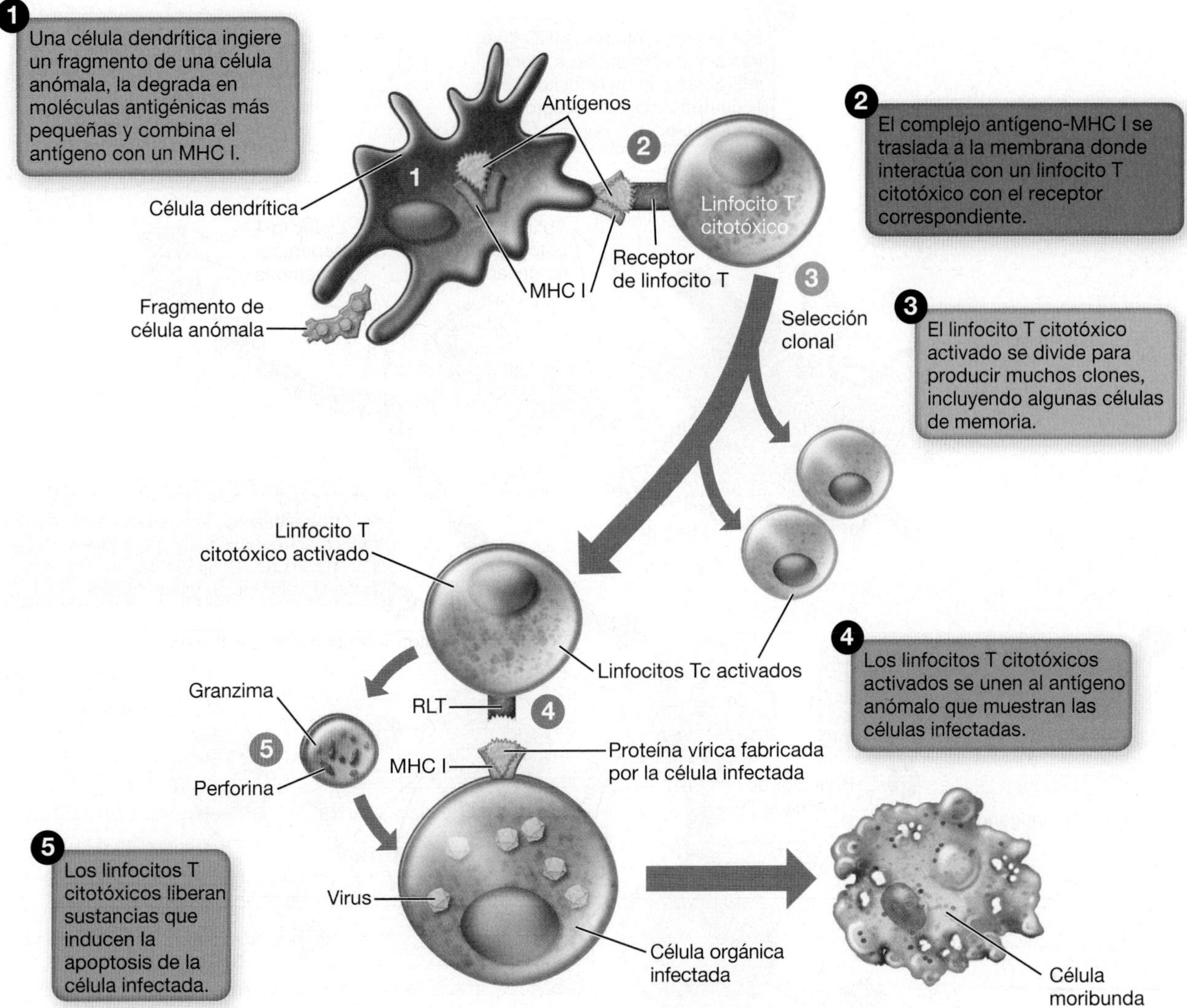

Figura 12-15. Linfocitos T citotóxicos. Etapas de la activación y acción de los linfocitos T citotóxicos (linfocitos Tc). RLT, receptor de linfocitos T. *¿Qué glucoproteínas del MHC están unidas a los linfocitos T citotóxicos: MHC I o MHC II?*

Después de matar a la célula, el linfocito T citotóxico se separa y se mueve hacia otra célula diana; pero en última instancia, la mayoría de las nuevas células citotóxicas «se desgastan» y mueren por apoptosis. Sin embargo, un pequeño número entra en hibernación como linfocitos T de memoria, que pueden despertar cuando reaparece el antígeno ofensor y pueden entrar en acción sin necesitar tiempo para su «educación», ya que «recuerdan» lo que tienen que hacer.

Recuerde nuestra discusión anterior sobre la inmunidad innata que los linfocitos NK tienen una habilidad innata para reconocer antígenos no propios en forma de ADN tumoral y matar a las células que lo poseen. En un proceso conocido como **vigilancia inmunitaria,** los linfocitos T citotóxicos y NK recorren el cuerpo juntos en busca de marcadores de células no propias para atacarlas. Una prueba positiva de la eficacia de la vigilancia inmunitaria es que los pacientes que presentan enfermedades que producen inmunodeficiencia, como el VIH-sida, tienen una mayor incidencia de tumores debido a que su función de vigilancia inmunitaria es deficiente.

Apuntes sobre el caso

12-12 ¿Qué característica de la enfermedad de Miriam desempeñó un papel en el desarrollo del tumor cerebral?

Los linfocitos T cooperadores ayudan a otras células inmunitarias

La activación de los linfocitos T cooperadores, al igual que la activación de los linfocitos T citotóxicos, se basa en las CPA: células dendríticas, linfocitos B o macrófagos. Sin embargo, a diferencia de los linfocitos T citotóxicos, los linfocitos T cooperadores reconocen antígenos extraños que se encuentran fuera de las células, por lo general patógenos o

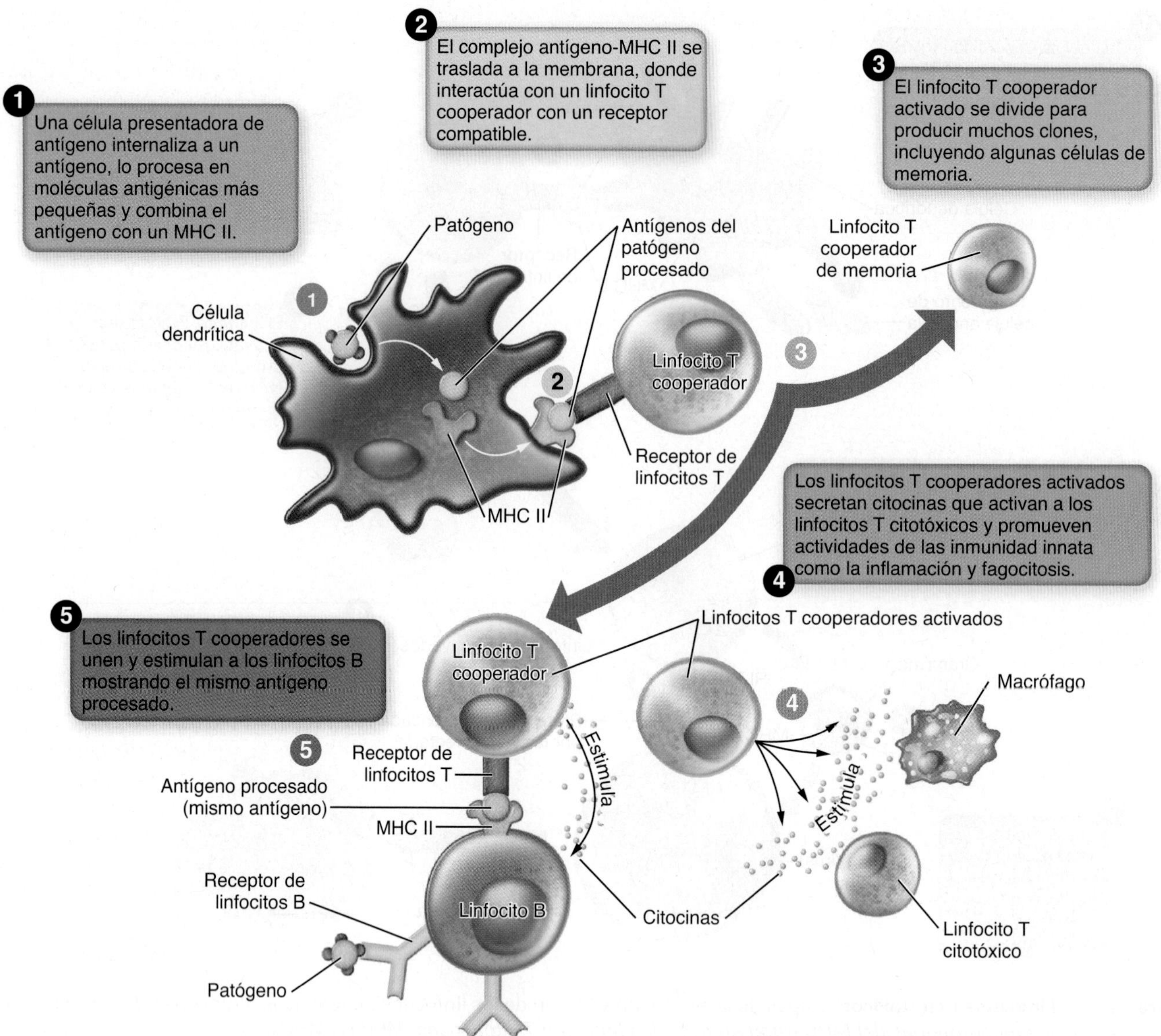
1 Una célula presentadora de antígeno internaliza a un antígeno, lo procesa en moléculas antigénicas más pequeñas y combina el antígeno con un MHC II.
2 El complejo antígeno-MHC II se traslada a la membrana, donde interactúa con un linfocito T cooperador con un receptor compatible.
3 El linfocito T cooperador activado se divide para producir muchos clones, incluyendo algunas células de memoria.
Célula dendrítica
Patógeno
Antígenos del patógeno procesado
Linfocito T cooperador
Receptor de linfocitos T
MHC II
Linfocito T cooperador de memoria
4 Los linfocitos T cooperadores activados secretan citocinas que activan a los linfocitos T citotóxicos y promueven actividades de las inmunidad innata como la inflamación y fagocitosis.
5 Los linfocitos T cooperadores se unen y estimulan a los linfocitos B mostrando el mismo antígeno procesado.
Linfocitos T cooperadores activados
Linfocito T cooperador
Receptor de linfocitos T
Antígeno procesado (mismo antígeno)
MHC II
Receptor de linfocitos B
Linfocito B
Patógeno
Estimula
Estimula
Macrófago
Citocinas
Linfocito T citotóxico

Figura 12-16. Linfocitos T cooperadores. Etapas de la activación y la acción de los linfocitos T cooperadores. Cualquier célula presentadora de antígeno puede activar un linfocito T cooperador si expresa el antígeno correspondiente, unido a un MHC II, en su membrana externa. Los linfocitos T cooperadores inducen una respuesta inmunitaria mediante la secreción de citocinas e interactuando físicamente con los linfocitos B. *¿Interactúan los linfocitos T cooperadores con las células presentadoras de antígeno que expresan MHC I o MHC II?*

toxinas que han invadido el organismo. Como era de esperar, las CPA son abundantes en los lugares donde es más probable que se encuentren antígenos extraños: los nódulos linfáticos y otros órganos linfáticos, la piel y la mucosa de revestimiento de las vías respiratorias, tracto intestinal, urinario y reproductor. Cuando un antígeno atraviesa la piel o las mucosas, es probable que entre en contacto con, y sea capturado por una CPA. Incluso si escapa, es probable que sea recogido por la linfa y transportado a través de los vasos linfáticos hasta los nódulos linfáticos, donde esperan nuevas CPA.

Recuerde de nuestro análisis anterior de los complejos mayores de histocompatibilidad que las glucoproteínas del MHC II sólo se expresan en las CPA. Una CPA ingiere el patógeno, lo une a una glucoproteína del MHC II y expresa el complejo en la membrana externa (fig. 12-16, fase 1). La combinación antígeno-MHC II activa los linfocitos T (fase 2), estimulando así la producción de clones de linfocitos T cooperadores (fase 3).

Los linfocitos T cooperadores no destruyen directamente los patógenos. En su lugar, coordinan y estimulan a otras células para que ataquen a los patógenos, de la misma forma que los comandantes militares coordinan y motivan a los soldados para que ataquen al ejército enemigo. Por ejemplo, los linfocitos T cooperadores activados secretan citocinas, que promueven la inflamación mediante la atracción de los macrófagos y otros leucocitos a la zona infectada y estimulan la fagocitosis (paso 4). Las citocinas liberadas por los linfocitos T cooperadores también son necesarias para activar por completo los linfocitos T citotóxicos. Por último, los linfocitos T cooperadores interactúan directamente con los linfocitos B programados para atacar el mismo antígeno (paso 5). Esta interacción estimula a los linfocitos B, que producirán más células plasmáticas y las células plasmáticas resultantes producirán más anticuerpos. Es por esto que la respuesta de los linfocitos B en ausencia de linfocitos T cooperadores es relativamente débil y no dura mucho tiempo. De hecho, la alteración de la inmunidad mediada por anticuerpos en los pacientes con VIH-sida se debe a la disminución de la actividad de los linfocitos T cooperadores.

Al igual que con los linfocitos T citotóxicos, la respuesta de los linfocitos T cooperadores a un antígeno alcanza su punto máximo alrededor de 1 semana después de la exposición al antígeno y posteriormente disminuye a medida que la mayoría de los nuevos linfocitos T mueren por apoptosis. Sin embargo, algunas células del clon persisten como linfocitos T cooperadores de memoria, lo que permite una rápida iniciación de la inmunidad celular en encuentros posteriores con el antígeno. La presencia continua de linfocitos T cooperadores con memoria significa que el patógeno no será capaz de establecer una infección en las visitas subsecuentes debido a que la persona se vuelve inmune al patógeno.

Apuntes sobre el caso

12-13 ¿Qué rama del sistema inmunitario es más efectiva para atacar el virus del VIH escondido dentro de las células del cuerpo de Miriam?

12-14 Los linfocitos B de Miriam son normales, sin embargo, no producen una cantidad normal de anticuerpos en respuesta a estímulos antigénicos. ¿Cuál es la base del deterioro de su inmunidad mediada por anticuerpos?

Los linfocitos interactúan para atacar a los patógenos y células anómalas

La figura 12-17 resume el desarrollo y las acciones de los tres tipos de linfocitos: NK, B y T. Hay que tener en cuenta que los linfocitos NK, a diferencia de los linfocitos B y T, no están dirigidos contra un objetivo específico y por tanto se clasifican como actores de la inmunidad innata. Sin embargo, las secreciones de linfocitos T cooperadores aumentan en gran medida la actividad de los linfocitos NK. Aunque no se muestran en esta figura, hemos mencionado muchas otras interacciones entre el sistema inmunitario innato y adquirido. Por ejemplo:

- Los anticuerpos activan el complemento, y el complemento y los anticuerpos trabajan juntos para opsonizar patógenos.
- Las citocinas secretadas por los linfocitos atraen y activan neutrófilos y macrófagos.
- Las citocinas secretadas por los linfocitos provocan los cambios vasculares de la inflamación, como el aumento de flujo sanguíneo y de la permeabilidad vascular.

Más adelante en este capítulo veremos cómo coordinan sus ataques contra las bacterias y las células infectadas por virus y los diferentes aspectos de la inmunidad.

La inmunidad a largo plazo es el resultado de las células de memoria y los anticuerpos

Recuerde que la *inmunidad* es la capacidad de resistir a la infección de un patógeno en particular. La **inmunidad activa** es la inmunidad proporcionada por las acciones del propio sistema inmunitario, ya que produce anticuerpos y células de memoria en respuesta a la exposición al antígeno (fig. 12-18, izquierda). Desarrollamos **inmunidad natural activa** a los patógenos que nos han infectado, a los que estamos expuestos en el curso normal de la vida. Es decir, una vez infectado con un tipo particular de virus del resfriado, por ejemplo, no volverá a infectarse por el mismo tipo. Usted puede estar *expuesto* al virus, pero no será *infectado* por él. Sin embargo, hay muchos otros virus capaces de causar una infección y la inmunidad natural de la infección por un virus no se extiende a los demás. La inmunidad activa tiende a durar un tiempo muy prolongado, pero no suele ser de por vida. Así que una enfermedad infecciosa que se combatió en la infancia a veces puede volver a causar síntomas, aunque suele ser más leve en la edad adulta.

Los linfocitos de memoria T y B son también la base de **inmunidad activa artificial,** la inmunidad inducida por la exposición deliberada a antígenos, conocida como **vacunación** o **inmunización.** A diferencia de la inmunidad activa natural, la vacunación permite desarrollar inmunidad sin causar una enfermedad. Muchas vacunas contienen un fragmento del patógeno que, en sí mismo, no puede causar enfermedad. Otras contienen un *patógeno atenuado,* que ha sido alterado de manera que pueda estimular una respuesta inmunitaria pero no causar la enfermedad. En cualquier caso, el antígeno administrado estimula una reacción inmunitaria y la producción de células de memoria de la misma forma que la infección natural. Tras la exposición posterior, el patógeno es destruido o neutralizado de inmediato por la rápida reacción de un sistema inmunitario que ha sido preparado de antemano.

La mayoría de los antígenos se administran mediante inyección, por lo que el sistema digestivo no destruye el antígeno. Sin embargo, las vacunas con virus atenuados (que no son capaces de causar infección) pueden administrarse por vía oral. Dado que la inmunidad activa se desvanece, el sistema inmunitario puede ser revitalizado contra la mayoría de los patógenos mediante una segunda vacunación, llamada «vacuna de refuerzo», muchos años después de la vacunación inicial. Para más información sobre la extraordinaria historia de la vacunación, véase el cuadro de His-

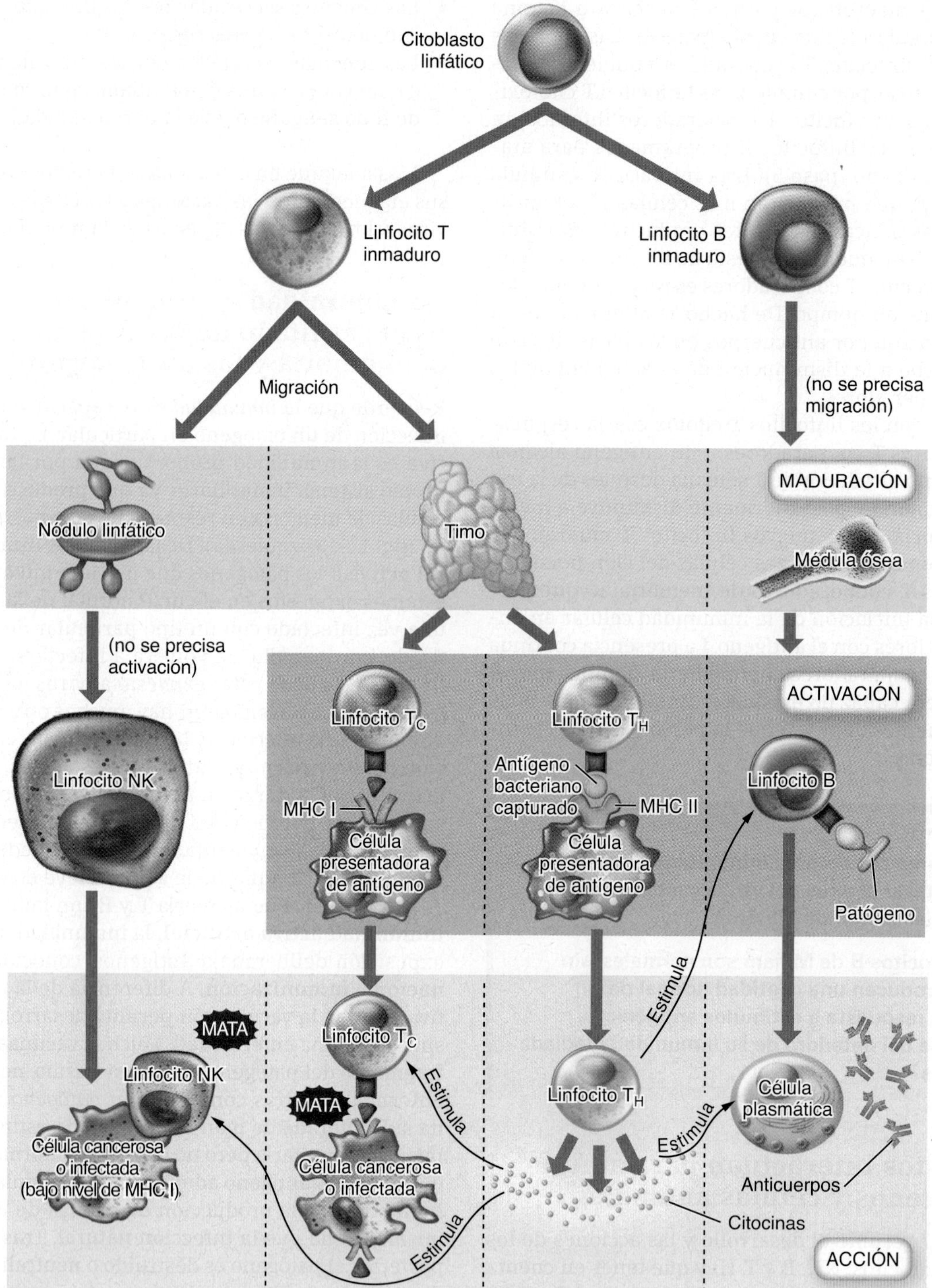

Figura 12-17. Producción y acción de los linfocitos. Un resumen de la producción, maduración, activación y acción de los linfocitos B y T y linfocitos NK. Tenga en cuenta que los linfocitos T cooperadores estimulan la actividad de todos los otros linfocitos. *¿Qué tipo de linfocitos atacan a las células con bajos niveles de MHC I?*

toria de la ciencia titulado «La alegría de Edward Jenner» en la página 498.

Las células de memoria no participan en la **inmunidad pasiva,** un tipo de inmunidad que puede ser transferida de un organismo a otro mediante la transferencia de anticuerpos prefabricados en un receptor no inmunizado (fig. 12-18, derecha). Por ejemplo, los anticuerpos pueden transferirse de la madre al niño a través de la placenta o la leche materna (inmunidad pasiva natural) u obtenidos de un paciente que ya es inmune a una enfermedad y ser inyectados en otro paciente (inmunidad pasiva artificial). A veces, se preparan anticuerpos específicos en grandes can-

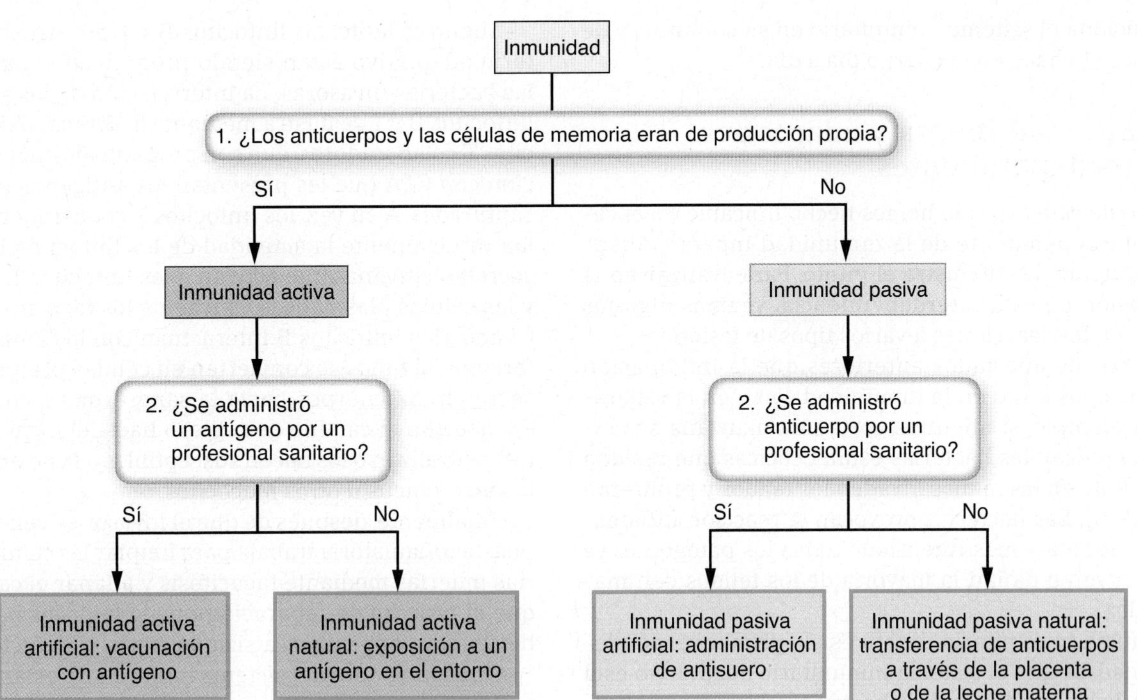

Figura 12-18. Tipos de inmunidad adquirida. La clasificación de la inmunidad adquirida depende de: *a)* si se administró el antígeno/anticuerpo y *b)* si el cuerpo sintetiza activamente anticuerpos. *¿Qué tipo de inmunidad proporciona la inyección de antisuero?*

tidades para programas de vacunación recogida mediante la inyección en animales de un patógeno en particular (p. ej., la toxina de la bacteria del tétanos) y la recogida de los anticuerpos resultantes de la inyección. Ya sea preparado a partir de animales o de seres humanos, la solución rica en anticuerpos que se obtiene generalmente se denomina *antisuero*. La inmunidad pasiva dura sólo mientras circulan los anticuerpos, por lo general unas pocas semanas, y luego desaparece una vez los anticuerpos han sido metabolizados por el huésped. Por ejemplo, un brote de hepatitis A a menudo se remonta a los alimentos o agua contaminados o a un manipulador de alimentos infectado, por ejemplo un trabajador de la cafetería de la escuela. En estas situaciones, es una práctica común administrar a los estudiantes y a los otros trabajadores de la cafetería inyecciones con altas concentraciones de anticuerpos frente a la hepatitis, lo que confiere inmunidad pasiva hasta que desaparezca la amenaza.

12-26 ¿Cuántas cadenas de proteínas se encuentran en un único monómero de inmunoglobulina?

12-27 ¿Qué acción de los anticuerpos sería la más eficaz contra una toxina, la activación del complemento o la neutralización?

12-28 Verdadero o falso: la activación de linfocitos T siempre requiere una célula presentadora de antígeno.

12-29 ¿Cuál es el nombre de la proteína de la membrana de los linfocitos T que interactúa con un antígeno específico?

12-30 Nombrar tres proteínas o complejos proteicos diferentes que participan en la opsonización.

12-31 Nombrar el tipo de linfocitos T activados por antígenos que se unen a las moléculas del MHC I.

12-32 ¿Los linfocitos T colaboradores promueven la inmunidad mediada por células, la mediada por anticuerpos o ambas?

12-33 Si alguien tuviese un déficit de células de memoria, qué se vería más afectado, la respuesta inmunitaria primaria o la secundaria?

12-34 ¿Cuál de las siguientes opciones causa inmunidad activa, recibir anticuerpos a través de la leche materna o recibir una vacuna contra el virus de la varicela?

Visión integrada de las defensas del cuerpo

Hasta ahora hemos visto cómo la inmunidad hace referencia a las barreras naturales del cuerpo y al proceso de la inflamación, y hemos aprendido el funcionamiento de las dos clases principales de inmunidad: la innata y la adaptativa. En este apartado desandaremos lo andado y veremos cómo funciona el sistema inmunitario en su conjunto, y de que manera lo hace en el cuerpo día a día.

La inmunidad innata y adaptativa son interdependientes

A lo largo de este capítulo hemos hecho hincapié en el carácter interdependiente de la inmunidad innata y adaptativa. La figura 12-19 ilustra el punto. Para avanzar en la comprensión de esta interdependencia, veamos algunos ejemplos de las reacciones a varios tipos de lesiones.

Recuerde de apartados anteriores que la inflamación tiene funciones tanto en la inmunidad como en la reparación. Por ejemplo, si mientras corta una manzana se corta el dedo pulgar, las bacterias estafilocócicas que residen normalmente en las manos invaden los tejidos y proliferan (fig. 12-19 A). Las bacterias provocan la reacción inflamatoria más rápida y más intensa de todos los patógenos, ya que destruyen o dañan la mayoría de los tejidos con mayor rapidez.

El sistema inmunitario innato es el «primer respondedor». A medida que el sistema inmunitario adaptativo está procesando los antígenos de la bacteria, el sistema inmunitario innato envía gran cantidad de neutrófilos, macrófagos, proteínas protectoras y citocinas hacia el lugar de la lesión para atraer más células defensivas y para neutralizar o eliminar al invasor.

Mientras tanto, los linfocitos B y T del sistema inmunitario adaptativo están siendo programados para matar a las bacterias invasoras. La interrelación de los sistemas de linfocitos B y T se ilustra mediante la actividad de los linfocitos T colaboradores, que son programados por su interacción con CPA que les presentan los antígenos bacterianos capturados. A su vez, los linfocitos T cooperadores estimulan directamente la actividad de los linfocitos B. También secretan citocinas que activan a los linfocitos T citotóxicos y las células plasmáticas y atraen a los fagocitos a la zona. Cuando los linfocitos B interactúan con los antígenos bacterianos, algunos se convierten en células plasmáticas, que secretan anticuerpos hacia la sangre, que a continuación encuentran el camino de regreso hacia el invasor y o bien los neutralizan o los hacen susceptibles a la destrucción por los macrófagos u otros leucocitos.

Finalmente, después de que el invasor es vencido, la respuesta inflamatoria trabaja para limpiar las células y bacterias muertas mediante fagocitosis y allanar el camino para que el proceso de reparación pueda tejer los bordes de la herida formado una cicatriz que cierre el defecto.

Otras funciones del sistema inmunitario están ilustradas por las infecciones víricas (fig. 12-19 B). Los virus provocan una reacción inflamatoria e inmunitaria mucho menos intensa, porque el daño que producen es menos grave y se extiende a lo largo de un período más largo. Por ejemplo, una persona con un resfriado estornuda cerca de usted.

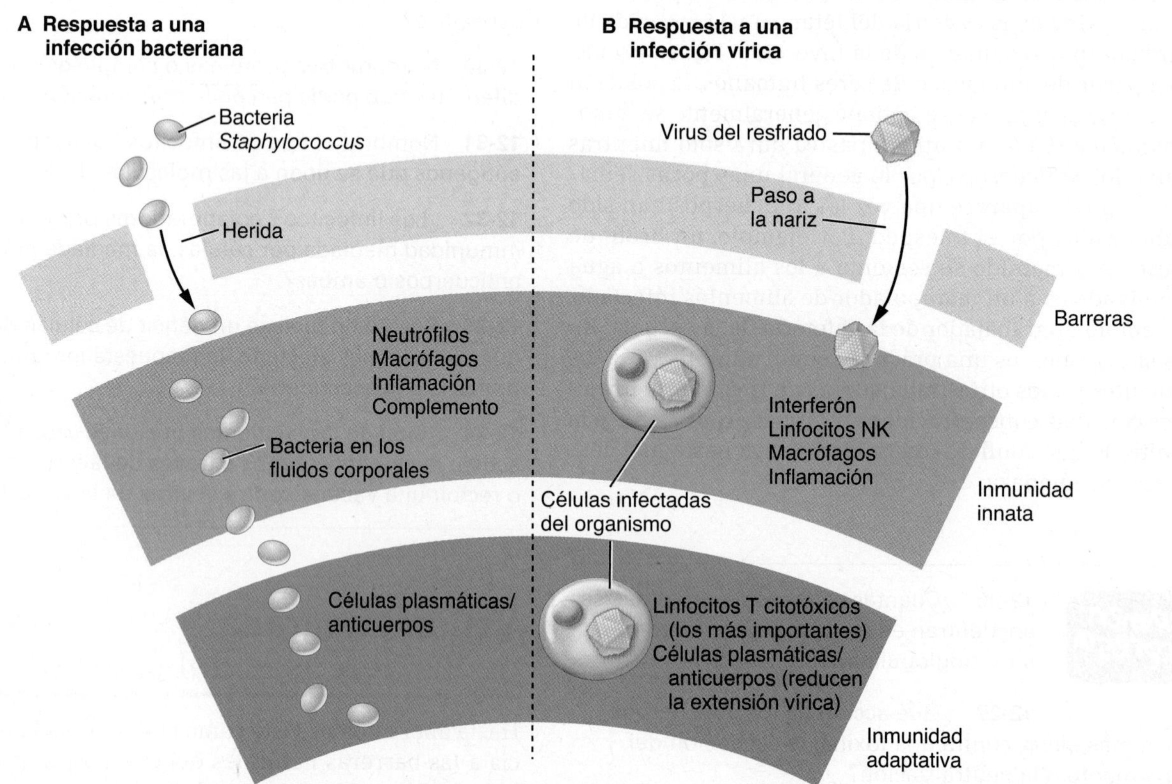

Figura 12-19. Respuesta inmunitaria integrada a la infección. A) Respuesta a una infección bacteriana. **B)** Respuesta a una infección vírica. *¿Es eficaz el complemento contra las bacterias o contra los virus?*

Algunos de los virus que entran en sus vías respiratorias serán ingeridos y destruidos inmediatamente por los fagocitos y el interferón podría tratar de limitar la propagación del virus. Mientras tanto, las células dendríticas y los macrófagos ingieren otras copias del virus y presentan los antígenos víricos a los linfocitos T del sistema inmunitario adaptativo. La presentación de antígenos en combinación con las citocinas producidas por los linfocitos T provocaría la activación y proliferación de linfocitos T citotóxicos antivíricos, que migrarían hacia los tejidos dañados durante un período de unos pocos días para destruir las células infectadas, que a continuación serían limpiadas por los macrófagos. Los linfocitos B también se activarían y evolucionarían rápidamente hacia células plasmáticas secretoras de anticuerpos. Los anticuerpos no pueden llegar a los virus dentro de las células, pero pueden evitar que los virus liberados de las células infectadas infecten a otras células. Hay que tener en cuenta que, mientras que los neutrófilos son fundamentales en la respuesta inflamatoria a la invasión bacteriana, pocos granulocitos participan en la respuesta a la infección vírica.

Apuntes sobre el caso

12-15 Los estudios muestran que la infección por el VIH afecta la producción de interferón. ¿Afectaría esto a la susceptibilidad de Miriam a la infección por bacterias, virus o ambos?

La respuesta inmunitaria no siempre es útil

Un sistema inmunitario saludable es uno de los pilares de la buena salud; protege de organismos extraños y sustancias, y limpia el organismo de ciertas células defectuosas antes de que se conviertan en tumores. Pero, como con otros aspectos de la vida, es un arma de doble filo. Recordemos que el sistema inmunitario puede causar estragos al rechazar los órganos trasplantados. Aquí comentaremos dos situaciones en las que nuestro sistema inmunitario puede funcionar en contra el propio organismo.

En las enfermedades autoinmunitarias el sistema inmunitario ataca a antígenos propios

Hemos encontrado al enemigo y somos nosotros

Walt Kelly, dibujante estadounidense (1913-1973),
de su personaje principal, Pogo, una zarigüeya

En la cita anterior, el dibujante Walt Kelly se refería a la contaminación ambiental, pero el sentimiento que expresa se aplica igual de bien a la enfermedad autoinmune. Un problema algo similar, pero mucho más común que el rechazo del trasplante, la **enfermedad autoinmunitaria,** es una afección en la que nuestros propios tejidos se convierten en el enemigo, es decir, son considerados como algo extraño y son atacados por el mismo sistema que nos protege. La inflamación resultante puede conducir a inflamación crónica, dolor, disfunción de órganos e incluso la muerte.

¿Qué es lo que va tan mal? En la mayoría de los casos, no es lo propio lo que cambia sino el sistema inmunitario. El tema es muy complejo y un tanto inconcreto en algunos de los detalles, pero no puede haber ninguna duda de su validez científica. Un solo ejemplo será muy instructivo.

Es bien sabido que los antígenos de algunos organismos infecciosos comparten características comunes con ciertos antígenos propios, tanto es así que los anticuerpos producidos contra el invasor *también* atacan a los antígenos propios de características similares. Es un simple caso de identidad equivocada. Uno de los ejemplos más conocidos es la enfermedad cardíaca (fiebre reumática) que puede seguir a algunas infecciones por la bacteria *Streptococcus,* que tiene antígenos (proteínas) similares a los del corazón humano. Como resultado, en algunas infecciones estreptocócicas los anticuerpos antiestreptocócicos atacan al corazón, afectando al músculo y a las válvulas cardíacas. No obstante, la causa iniciadora de muchas enfermedades autoinmunitarias (como la artritis reumatoide o la diabetes de tipo 1) sigue siendo especulativa. Cada vez hay más datos que sugieren que el proceso lo ponen en marcha microbios invasores, un proceso que luego se convierte en autoperpetuado.

Las alergias son reacciones inmunitarias exageradas

Una **alergia** es una respuesta inmunitaria exagerada (hipersensibilidad) a ciertas sustancias **(alérgenos)** como el polen, ingredientes alimentarios, metales u otras sustancias del medio ambiente que son habitualmente inocuas. Es decir, lo perjudicial es la reacción inmunitaria, no el patógeno.

La hipersensibilidad viene precedida por un contacto inicial o «dosis de sensibilización». Por ejemplo, para las personas alérgicas a las picaduras de abeja, es su primera picadura de abeja. El episodio inicial «familiariza» al sistema inmunitario con el antígeno: los linfocitos T cooperadores estimulan la producción de anticuerpos IgE por parte de los linfocitos B, que se adhieren a las células cebadas y basófilos en los tejidos. Esta respuesta inmunitaria no produce síntomas. En la segunda y posteriores exposiciones, el antígeno se une a los anticuerpos IgE de las membranas de los mastocitos y basófilos que se han preparado y dispuesto para la acción en virtud de la exposición inicial. La unión con el antígeno provoca la liberación de sustancias químicas inflamatorias como la histamina, que producen inflamación y efectos vasculares familiares como enrojecimiento, calor, prurito e hinchazón.

Por ejemplo, la *fiebre del heno* (rinitis alérgica estacional) es una alergia común desencadenada por la exposición al polen de árboles, pastos y malezas transmitido por el viento. Se caracteriza por estornudos, secreción nasal (rinorrea) y congestión nasal, y todo provocado por la salida de sustancias químicas inflamatorias de los mastocitos o células cebadas. A pesar de que la fiebre del heno no es mucho más que una molestia, las alergias a alimentos específicos, a picaduras de insectos y a algunos medicamentos son muy peligrosas. En estos casos, es una respuesta inflamatoria aguda llamada *anafilaxis* que provoca la dilatación de los vasos sanguíneos de todo el cuerpo. Esto, a su vez, da lugar a una caída drástica de la presión arterial o inflamación en la garganta o las vías respiratorias, pudiendo resultar mortal cualquiera de ellas.

12-35 ¿Qué brazo del sistema inmunitario es más efectivo para atacar al virus de la gripe oculto dentro de las células del cuerpo?

12-36 ¿Cuál es el nombre de un trastorno en el que el sistema inmunitario reacciona contra lo propio?

12-37 ¿Cuál es el nombre de la dolencia en la que una persona tiene una reacción inmunitaria frente una sustancia del medio ambiente que normalmente no causa problemas a la mayoría de las personas?

12-38 ¿Verdadero o falso? La inflamación es una respuesta inicial fundamental a la invasión de bacterias patógenas.

12-39 ¿Qué fenómeno desencadena la liberación de productos químicos inflamatorios de los mastocitos, la inserción de moléculas de IgE en sus membranas o la unión de un alérgeno a las moléculas de IgE?

Estudio del caso

Sida: el caso de Miriam K.

Miriam K. presentaba *inmunodeficiencia,* y su sistema inmunitario no pudo hacer frente a los patógenos. Las inmunodeficiencias pueden ser el resultado de defectos genéticos heredados, pero la inmunodeficiencia de Miriam fue *adquirida* por una infección. Sufrió la más común de todas las enfermedades por inmunodeficiencia, el **sida (síndrome de la inmunodeficiencia adquirida).** El sida es una de las epidemias más devastadoras de la historia mundial y está causada por la infección del **virus de la inmunodeficiencia humana** (VIH). Como todos los virus, el VIH contiene un ácido nucleico (en este caso, ARN, no ADN) rodeado por una cubierta proteica.

Aunque también puede infectar a los macrófagos y células dendríticas, el VIH infecta preferentemente a los linfocitos T cooperadores **(linfocitos T_H):** contiene una proteína que encaja a la perfección en un receptor que se encuentra en la membrana de los linfocitos T (fig. 12-20, fase 1). Una vez en el interior de la célula, el virus fabrica una copia de ADN de su propio genoma ARN e incorpora el ADN en el ADN de la célula infectada. El nuevo ADN corrupto toma el control, y obliga al linfocito T a producir todos los materiales necesarios para crear nuevos virus VIH, que son liberados al espacio extracelular para unirse a más linfocitos T cooperadores (paso 2). En el proceso, los linfocitos T cooperadores mueren y los linfocitos B y los T citotóxicos son privados de la ayuda que necesitan para funcionar de manera efectiva (fase 3).

La infección por el VIH no es necesariamente lo mismo que el sida. No todas las personas infectadas con el VIH desarrollan sida. El sida es un *síndrome,* un conjunto de signos y síntomas caracterizados por recuentos bajos de linfocitos T, enfermedad del cerebro, susceptibilidad anómala a infecciones y/o tumores. El sida aparece sólo en una etapa avanzada de la infección por el VIH. La mayoría de los pacientes con infección por el VIH no desarrollan sida durante muchos años, especialmente si la infección se detecta temprano y se trata con antivíricos. Miriam, sin embargo, no cumplió el tratamiento, no tomó los antivíricos que le recetaron y, por tanto, desarrolló el sida completo poco después del supuesto momento de la infección inicial (lo mejor que podemos decir a partir de su anamnesis).

Miriam murió de infecciones fulminantes atribuidas a la destrucción de su población de linfocitos T cooperadores por el VIH, lo que a su vez llevó al fallo general de su inmunidad innata mediada por anticuerpos y su inmunidad celular (paso 4). Dichas infecciones se denominan **infecciones oportunistas** porque están causadas por organismos que normalmente no causan infecciones en pacientes con sistemas inmunitarios sanos.

A menudo nos concentramos en los aspectos negativos de la inflamación, el dolor, el enrojecimiento, la hinchazón, la fiebre, pero en realidad tiene algo bueno: lucha frente a patógenos infecciosos. A pesar de sus muchas infecciones, los tejidos de Miriam sólo estaban ligeramente inflamados. Esto es así porque, sin las acciones de facilitación de las citocinas producidas por los linfocitos T colaboradores, la respuesta inflamatoria de Miriam resultó afectada, lo que permitió el acceso fácil de los patógenos hacia las profundidades de su cuerpo.

Los pacientes con una deficiencia de la función de los linfocitos B (inmunidad mediada por anticuerpos) no producen una respuesta de anticuerpos efectiva. Así que a menudo sufren infecciones por bacterias comunes formadoras de pus *(piógenas)* como estreptococos o estafilococos. La eficacia de los antibióticos administrados en su visita inicial demuestra que Miriam sufría infecciones bacterianas, y al morir sufría una infección bacteriana grave de su tracto urinario.

Los pacientes con defectos en la función de los linfocitos T (inmunidad mediada por células) son propensos a infecciones por virus y hongos y al desarrollo de tumores, como resultado de un fallo de la vigilancia inmunitaria. En el momento de su muerte, Miriam presentaba una neumonía extensa debido a una infección pulmonar fulminante por *Pneumocystis jiroveci,* un hongo que normalmente se

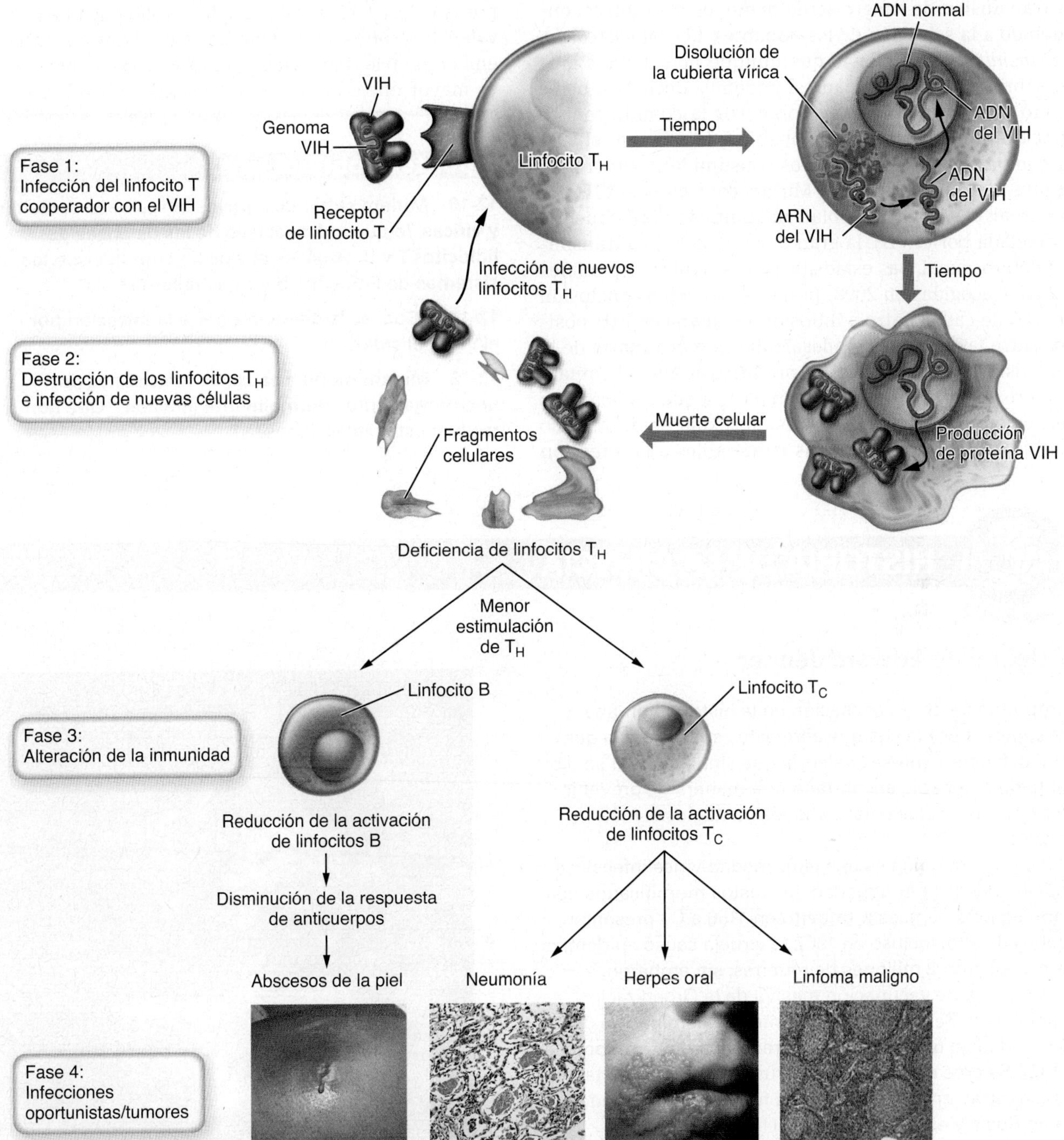

Figura 12-20. El caso de Miriam K. La cascada de acontecimientos que condujeron a la muerte de Miriam se inicia con el VIH uniéndose a un receptor en un linfocito T cooperador. El virus invade los linfocitos T y utiliza su maquinaria genética para producir copias de sí mismo. Estas copias salen de los linfocitos T muertos e infectan a más células huésped. A medida que el ciclo se repite, se reduce de forma significativa la inmunidad. *¿Cómo se une el VIH al linfocito T colaborador?*

encuentra en la faringe de algunas personas sanas. También sufría una grave infección intestinal por *citomegalovirus,* un virus que se halla en abundancia en la naturaleza, pero rara vez causa infección a humanos. La autopsia también mostró un tumor de linfocitos B en su cerebro, que puede atribuirse al fallo de la vigilancia inmunitaria de los linfocitos T.

Finalmente, el cerebro de Miriam también estaba infectado por el VIH, lo que explica la demencia y el estado de coma presentes en su ingreso final.

El VIH se transmite por dos vías fundamentales: por contacto sexual persona a persona y mediante inyecciones con agujas, por lo general entre los usuarios de drogas que comparten agujas contaminadas. La transmisión por transfusión de sangre actualmente es muy infrecuente debido a la selección de los donantes. El *contacto casual no transmite el VIH,* por lo que aunque no sabemos mucho sobre la vida de Miriam, sí podemos decir que no se infectó por darse la mano o compartir la comida con un conocido infectado. Parece probable que contrajo el VIH por compartir jeringas con otros consumidores de drogas. Por otra parte, es posible que Miriam contrajese el VIH por vía sexual: el 25% de la población adulta de Zimbabue está infectada por el VIH, la gran mayoría debido a transmisión heterosexual. Las estadísticas más fiables disponibles en 2010 (recogidas en 2008) presentaban como conclusión que uno de cada cuatro adultos de Botsuana es VIH positivo. Entre las naciones en desarrollo, la mayor parte de la transmisión sexual del VIH se produce durante el contacto heterosexual. Esto es debido en parte a que las personas con una enfermedad de transmisión sexual anterior como la sífilis o la gonorrea son más vulnerables a la infección por el VIH, y en los países en desarrollo hay una alta prevalencia de otras enfermedades de transmisión sexual. Sin embargo, en los países desarrollados, la transmisión sexual es mayor entre hombres homosexuales (54% en 2008).

Apuntes sobre el caso

12-16 Miriam sufrió dos graves infecciones bacterianas y víricas, lo que indica el fallo de las defensas de linfocitos T y B. ¿Cuál es el vínculo común entre los sistemas de linfocitos B y T que fallaron?

12-17 ¿Cuál es la diferencia entre la infección por el VIH y el sida?

12-18 Miriam murió a causa de infecciones por microorganismos normalmente inocuos. ¿Qué nombre reciben estas infecciones?

HISTORIA DE LA CIENCIA

La alegría de Edward Jenner

La importancia de la vacunación en la historia humana está sugerida por la cita que abre este capítulo, en la que Edward Jenner expresa la alegría que sintió cuando se dio cuenta de que había encontrado una manera de prevenir la viruela, una de las enfermedades contagiosas más mortales.

La viruela también es una enfermedad vírica infecciosa conocida desde la Antigüedad: los restos momificados del faraón egipcio Ramsés IV (muerto en 1156 a.C.) presentan pruebas de ello. Incluso en 1967, la viruela causó epidemias que provocaron 2 millones de muertes; sin embargo, una campaña de vacunación masiva de la Organización Mundial de la Salud llevó finalmente a la eliminación de la enfermedad: el último caso registrado apareció en Somalia en 1977. Se cree que los únicos virus de la viruela restantes se encuentran en dos laboratorios fuertemente vigilados, una en Rusia y el otro en Estados Unidos.

La historia del descubrimiento de Jenner es bien conocida, aunque algunos indicios sugieren que los chinos podrían haber realizado prácticas similares cientos de años antes. Durante mucho tiempo se observó que la viruela vacuna y la viruela eran similares: ambas causan enfermedades agudas caracterizadas por erupciones en la piel y en las membranas mucosas, las dos eran muy contagiosas y podían diseminarse por contacto de piel a piel. Es más, se sabía que las lecheras que tenían la enfermedad bovina no cogían la viruela.

En mayo de 1796, Jenner encontró a Sarah Nelmes, una joven lechera, con llagas recientes de enfermedad vacuna.

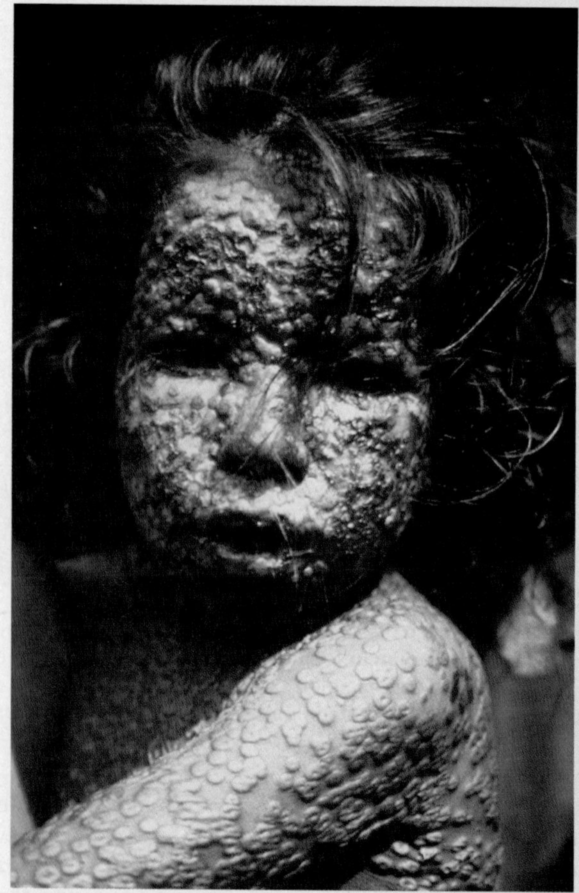

Un niño con viruela.

Continúa

Recogió fluido de sus lesiones y el 14 de mayo inoculó a James Phipps, un niño de 8 años de edad. El joven presentó una enfermedad leve durante unos días, pero se recuperó rápidamente. El 1 de julio, Jenner inoculó al niño con la viruela. Hoy en día resulta inquietante el peligro al que estuvo expuesto el niño, pero la ética médica actual es diferente a la del siglo XVIII y el movimiento atrevido de Jenner bien podría haber salvado la vida del niño, que no desarrolló la enfermedad. Durante los próximos 2 años, Jenner repitió su experimento en más pacientes siempre con resultados satisfactorios. Publicó sus resultados en 1798, la práctica se extendió en todo el mundo y las infecciones y muertes por viruela desaparecieron.

Etimología

Raíces latinas/griegas	Equivalentes en español	Ejemplos
anti-	Frente, opuesto, curativo	Anticuerpo: sustancia que se utiliza para identificar y neutralizar elementos extraños
-gen	Produciendo, generando	Antígeno: que produce anticuerpos
inmun/o	Inmunidad, sistema inmunitario	Inmunoglobulina: proteína globular de la sangre (globulina) que participa en la inmunidad
lingu	Lengua	Amígdalas palatinas: amígdalas situadas en la parte posterior de la lengua
linf/o	Sistema linfático	Linfático: con aspecto de (-iode) de tejido linfático
pato	Sufriendo, enfermedad	Patógeno: organismo que produce (-gen) una enfermedad

Cuestionario del capítulo

REVISIÓN DEL CAPÍTULO

1. ¿Qué células maduran en el timo?
a. Linfocitos B.
b. Linfocitos T.
c. Linfocitos NK.
d. Todas las anteriores.

2. ¿Cuál de las siguientes *no* es una función del sistema linfático?
a. Transporte de eritrocitos.
b. Transporte de leucocitos.
c. Transporte de grasa.
d. Transporte de agua.

3. ¿Cuál de los siguientes vasos linfáticos desembocan en el conducto linfático derecho?
a. Vasos mamarios derechos.
b. Vasos tibiales derechos.
c. Vasos ilíacos derechos.
d. Vasos femorales derechos.

4. La linfa fluye a través del/de los
a. timo.
b. bazo.
c. nódulos linfáticos.
d. todo lo anterior.

5. Los linfocitos B se multiplican en la región de los nódulos linfáticos denominada
a. cordón medular.
b. centro germinativo.
c. seno medular.
d. vaso aferente.

6. Se encuentran senos venosos amplios en
a. la pulpa blanca del bazo.
b. la pulpa roja del bazo.
c. la corteza de un nódulo linfático.
d. la médula de un nódulo linfático.

7. Los antibióticos tratan con eficacia las enfermedades producidas por
a. virus.
b. bacterias.
c. gusanos.
d. parásitos.

8. ¿Cuál de las siguientes células o sustancias participa en la inmunidad innata?
a. Linfocitos NK.
b. Anticuerpos.
c. Linfocitos T citotóxicos.
d. Ninguna de las anteriores.

9. Los macrófagos participan en
a. fagocitosis.
b. presentación de antígeno.
c. la inmunidad.
d. todo lo anterior.

10. Las proteínas del MHC I se encuentran en la membrana de la
a. la mayoría de las células del cuerpo, excepto las células presentadoras de antígeno.
b. células presentadoras de antígeno solamente.
c. todas las células del cuerpo, excepto en los eritrocitos.
d. sólo en células cancerosas o infectadas por virus.

11. ¿Cuál de las siguientes células *no* es capaz de realizar fagocitosis?
a. Macrófagos.
b. Células dendríticas.
c. Linfocitos NK.
d. Neutrófilos.

12. La proteína C reactiva
a. es una interleucina.
b. estimula la fiebre.
c. es una enzima que se encuentra en los gránulos de los granulocitos.
d. puede activar el sistema del complemento.

13. La inmunidad mediada por anticuerpos implica a
a. los linfocitos NK.
b. el interferón.
c. los linfocitos T citotóxicos.
d. las células plasmáticas.

14. La expansión clonal describe
a. la estimulación de un linfocito por un antígeno.
b. muchas divisiones celulares de linfocitos activados.
c. la activación de los macrófagos por las citocinas.
d. la inactivación de los linfocitos T que reconocen proteínas propias.

15. La inmunidad pasiva es resultado de
a. vacunación.
b. exposición a patógenos.
c. formación de células de memoria.
d. anticuerpos transferidos entre los individuos.

16. En una molécula de anticuerpo, los antígenos se unen a
a. la región Fv (variable).
b. la región Fc (constante).
c. la cadena pesada solamente.
d. la cadena ligera solamente.

17. Es más probable que se encuentren anticuerpos IgM en
a. la sangre de una persona recién infectada.
b. la saliva de una persona recién infectada.
c. la sangre de una persona con una infección crónica.
d. la saliva de una persona con una infección crónica.

18. Los anticuerpos
a. forman agujeros en la membrana celular del patógeno para inducir la lisis celular.
b. se unen a las proteínas del complemento en la región Fv.
c. recubren a los patógenos para hacerlos más sensibles a la fagocitosis.
d. todo lo anterior.

19. Los linfocitos T se activan cuando
a. se encuentran con células infectadas por un virus.
b. se unen a un antígeno de superficie de una bacteria.
c. interactúan con los macrófagos que expresan un complejo antígeno-MHC II.
d. interactúan con las células dendríticas que expresan un complejo antígeno-MHC I.

20. A diferencia de las células presentadoras de antígeno, los linfocitos T cooperadores muestran los antígenos unidos a
a. receptor antigénico de linfocitos T.
b. glucoproteína del MHC I.
c. glucoproteína del MHC II.
d. citocinas.

21. Las moléculas de perforina son liberadas por
a. linfocitos T cooperadores.
b. linfocitos T citotóxicos.
c. células dendríticas.
d. macrófagos.

22. Las células que liberan histamina durante las reacciones alérgicas se llaman
a. linfocitos T.
b. linfocitos B.
c. mastocitos.
d. neutrófilos.

23. ¿Cuál de los siguientes es más eficaz contra bacterias que contra los virus?
a. Interferón.
b. Linfocitos T citotóxicos.
c. Células plasmáticas.
d. Todo lo anterior.

COMPRENSIÓN DE CONCEPTOS

24. Compare y contraste las venas y los vasos linfáticos.

25. Explique de qué forma intervienen en la inmunidad innata y adaptativa las siguientes células o sustancias químicas:
a. Macrófagos.
b. Complemento.
c. Linfocitos NK.

APLICACIÓN

26. Mientras era jugador del equipo de hockey de los Colorado Avalanche, a Peter Forsberg se le extirpó el bazo después de una lesión durante un partido de hockey. Un periodista dijo que «puede funcionar perfectamente sin el bazo. Creo que no debería haber ninguna restricción». Comente esta afirmación a la luz del conocimiento de las funciones del bazo.

Puede encontrar las respuestas a estas preguntas en el apartado de recursos para estudiantes en:
http://thepoint.lww.com/espanol-McConnellandHull

13

El sistema respiratorio

Temas principales

- El oxígeno necesario para la vida se obtiene a partir del aire.
- El oxígeno se absorbe desde el aire hacia la sangre en los capilares pulmonares para su transporte a los tejidos.
- El dióxido de carbono se absorbe desde los tejidos hacia la sangre y se transporta a los pulmones.
- El diafragma y los músculos de la pared torácica se contraen para cambiar el volumen del tórax, lo que impulsa el aire hacia fuera y dentro de los pulmones.
- El ritmo respiratorio está controlado por el cerebro.
- Una ventilación eficaz depende de unos pulmones distensibles y de una vía respiratoria libre de obstrucciones.

Objetivos del capítulo

1. Enumerar las cinco fases de la respiración.

2. Describir la anatomía y la función de la nariz, la faringe, la laringe y la tráquea.
3. Explicar cómo las diferentes subdivisiones del pulmón (como un lóbulo) reciben aire de las diferentes subdivisiones del árbol bronquial (p. ej., un bronquio lobular).

4. Explicar de qué forma alteran la presión en los pulmones los cambios en el volumen torácico, haciendo referencia en la respuesta a la ley de Boyle y a la pleura.
5. Explicar de qué forma los cambios de la presión torácica dan lugar al flujo de aire.
6. Indicar los músculos que participan en la inspiración superficial y en la profunda y en la espiración activa.
7. Explicar por qué la espiración en reposo no precisa esfuerzo muscular.
8. Calcular la ventilación alveolar a partir de la ventilación por minuto, la frecuencia respiratoria y el espacio muerto.

9. Utilizar el caso práctico para predecir el efecto de los cambios en la distensibilidad pulmonar, la elastancia del pulmón y el diámetro de las vías respiratorias sobre la ventilación.

10. Etiquetar en un gráfico de espirometría los diferentes volúmenes y capacidades pulmonares.

Intercambio y transporte de gases 522

11. Enumerar las etapas del movimiento del oxígeno desde la atmósfera hacia las células de los tejidos, describiendo los factores que controlan cada etapa.

12. Enumerar tres formas en las que se transporta el dióxido de carbono en la sangre y explicar por qué la concentración de dióxido de carbono en sangre altera el pH sanguíneo.

Control de la respiración 527

13. Enumerar las partes del centro respiratorio y describir algunas de sus aferencias y eferencias.

14. Explicar de qué forma la hipercapnia estimula la ventilación.

Enfisema: el caso de Luther M. 530

15. Utilizar el caso práctico para predecir el efecto sobre el intercambio de gases externo de los cambios en la ventilación, el flujo sanguíneo, el área de superficie alveolar y el grosor alveolar.

Caso práctico: «Asma por cigarrillos»

Mientras lee el siguiente caso práctico, haga una lista de los términos y conceptos que debe aprender para comprender el caso de Luther.

Anamnesis: Luther M., un hombre de 61 años, llegó a urgencias acompañado por su hijo, quien le había estado cuidando durante varios años por «problemas en el pulmón». Respirando y jadeando con dificultad, Luther identificó su problema como «asma por cigarrillos». Su hijo explicó que muchos años antes un médico le había dicho a Luther que estaba desarrollando asma por fumar cigarrillos y que le había aconsejado dejar el hábito. Su hijo dijo: «lo intentó pero era demasiado duro. Dejaba de fumar unos días o unas semanas pero siempre volvía».

En los últimos años había acudido a la consulta de enfisema del hospital cada vez con mayor frecuencia.

Exploración física y otros datos: Luther presentaba una temperatura de 38,5 °C (normal, 36,5 °C), una frecuencia respiratoria de 28 resp/min (normal, 14), una presión arterial de 115/75 mm Hg (normal, 120/80) y una frecuencia cardíaca de 105 lat/min (normal, 72). Parecía tener una estatura media pero estaba muy delgado, casi esquelético. Su vía respiratoria superior parecía no presentar problemas. Su coloración era buena pero le costaba mucho respirar. Se sentaba en el borde de la mesa de exploración, inclinado hacia delante con las manos en las rodillas y los codos extendidos hacia afuera como un pájaro. A pesar de que sus brazos y piernas eran delgados, su tórax era grande y con forma de barril. Se notaban las costillas a través de la piel y los músculos de la parte anterior del cuello se hacían prominentes con cada esfuerzo inspiratorio con mucha dificultad. La espiración era alargada y acompañada de un silbido fuerte.

En la anamnesis de la consulta de enfisema se incluían los resultados de varias espirometrías. Mostraban el patrón habitual del enfisema: un volumen de reserva inspiratorio (VRI) muy bajo y un volumen espiratorio forzado en 1 s (FEV_1) muy bajo también, lo que indicaba una obstrucción espiratoria grave.

En la radiografía de tórax se observaba pérdida de tejido pulmonar indicativo de enfisema grave y también opacificaciones compatibles con neumonía aguda. Los análisis de sangre mostraban pH bajo en la sangre (acidosis), presión parcial arterial de dióxido de carbono alta y presión parcial de oxígeno baja. El recuento total de leucocitos estaba moderadamente elevado con un aumento del porcentaje de neutrófilos. La hemoglobina y el hematócrito eran anómalos y excepcionalmente altos.

Conocimientos necesarios

Antes de adentrarse por primera vez en este capítulo, es importante comprender los siguientes términos y conceptos.

- Gradientes (cap. 1)
- Ácidos, bases y pH (cap. 2)
- Estructura y función de la hemoglobina (cap. 10)
- Circulaciones pulmonar y sistémica (cap. 11)

Evolución clínica: Luther fue ingresado en el hospital para asistencia ventilatoria, oxígeno y tratamiento de la neumonía. A las pocas horas respiraba con más facilidad y se quejaba de no poder fumar porque estaba prohibido en el hospital.

Al segundo día, la fiebre volvió a subir y reapareció la dificultad respiratoria. Se volvió cianótico. En la radiografía de tórax se observaba que la neumonía se había extendido. A pesar de continuar con el tratamiento, empezó a volverse difícil despertarle y murió en estado de coma en su quinto día en el hospital.

En la autopsia, las alteraciones importantes estaban limitadas a los pulmones y el corazón. El tamaño del ventrículo derecho era moderadamente superior a lo normal y el grosor de la pared también (hipertrófica). Al abrir el tórax, los pulmones se mantenían inflados y no se colapsaban. Eran frágiles y les faltaba sustancia, sobre todo en los lóbulos superiores, donde algunos espacios aéreos medían varios centímetros de diámetro. Los lóbulos inferiores eran húmedos y esponjosos, con muchas áreas de pus amarillento mezclado con líquido sanguinolento. El estudio microscópico mostró cambios precancerosos en el epitelio respiratorio del bronquio principal derecho.

El diagnóstico final de la autopsia fue enfisema como consecuencia de fumar cigarrillos, cambios precancerosos en la mucosa respiratoria y neumonía aguda grave.

La función del sistema respiratorio es abastecer a las células de oxígeno, necesario para realizar todos los procesos metabólicos, y que el organismo se deshaga del dióxido de carbono (CO_2), el más abundante de los residuos producidos por el metabolismo. La exhalación de CO_2 es fundamental para mantener un pH sanguíneo adecuado. El sistema respiratorio también tiene una función importante en el sentido del olfato mediante el transporte de sustancias odorantes al interior de la nariz para su detección. Por último, el movimiento de aire hacia el interior y el exterior de las vías respiratorias hace vibrar las cuerdas vocales, lo que nos permite producir los sonidos de la voz humana. Funcionalmente, el sistema respiratorio se divide en dos compartimentos principales: las *vías respiratorias,* que conducen el aire, y los *pulmones,* donde el oxígeno del aire es absorbido hacia la sangre y el CO_2 pasa de la sangre al aire.

Antiguamente apenas se tenían conocimientos acerca de estas cuestiones. Hipócrates, Aristóteles y otros autores de la Antigua Grecia realizaron estudios anatómicos en humanos, pero no desarrollaron una comprensión útil de la función pulmonar. Entre sus muchas suposiciones erróneas se encontraba la idea de que el esófago conducía el aire directamente al corazón. Hasta que el anatomista holandés Andreas Vesalius publicó sus detallados estudios anatómicos en 1543 no comenzó a desarrollarse una comprensión más clara de la función pulmonar.

«Tener enfisema... (jadeo)... es como ahogarse... (jadeo)... sólo que peor porque... (jadeo)... me está costando... (jadeo)... tanto tiempo morir»

Paciente con enfisema, un hombre de 55 años que había fumado dos paquetes al día durante 40 años, 1960. Parkland Hospital, Dallas, el día antes de su muerte.

Consideraciones generales de la respiración

En el centro del proceso respiratorio se encuentra la producción de trifosfato de adenosina (ATP), que utiliza el oxígeno y produce dióxido de carbono (CO_2) como subproducto. En su sentido más amplio, la **respiración** también incluye una secuencia de procesos interrelacionados que llevan oxígeno de la atmósfera hacia las células del cuerpo y eliminan el CO_2 en la dirección opuesta. Estos procesos pueden dividirse en cinco actividades distintas (fig. 13-1):

1. La **ventilación pulmonar** (respiración) introduce y extrae aire en los pulmones.
2. El **intercambio externo de gases** (también llamado *respiración externa*) es la absorción del oxígeno desde el aire pulmonar hacia la sangre y el movimiento del CO_2 desde la sangre hacia el aire del pulmón.
3. El **transporte de gases** es el transporte de oxígeno desde los pulmones a los tejidos a través de la sangre y el transporte de CO_2 desde los tejidos hasta los pulmones, también a través de la sangre.
4. El **intercambio de gases interno** (también llamado *respiración interna*) es la transferencia de oxígeno de la sangre a las células del cuerpo y la transferencia de CO_2 de las células a la sangre.
5. La **respiración celular** es la utilización de oxígeno y la producción de CO_2 por las células del cuerpo para generar ATP (cap. 2), que las células utilizan para obtener energía.

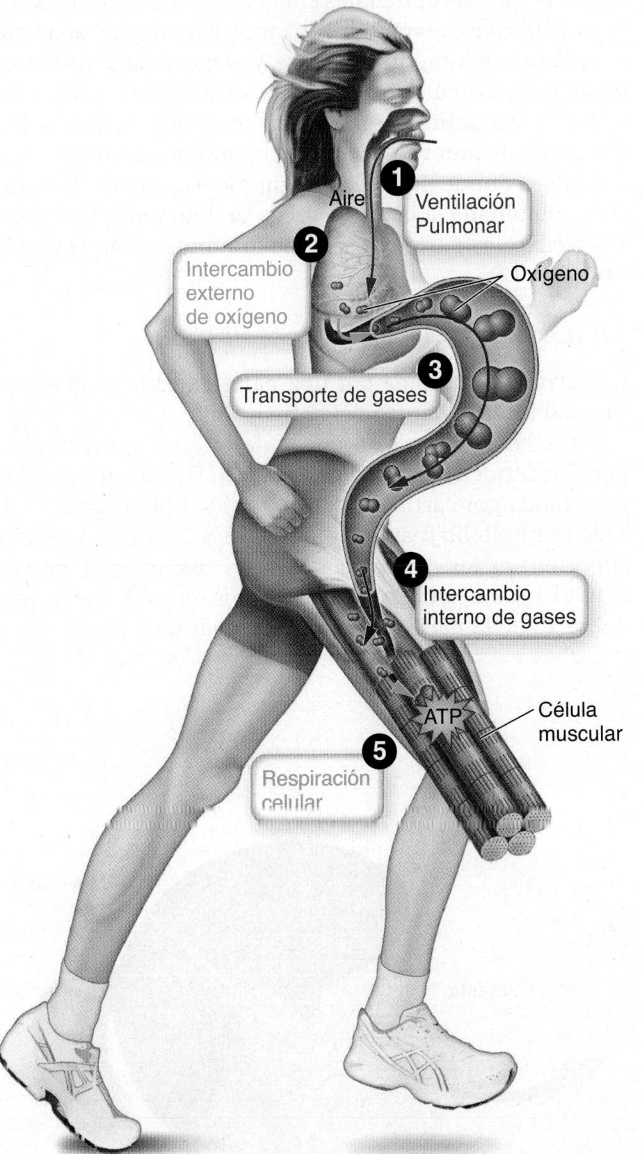

Figura 13-1. La respiración. Las cinco etapas de la respiración que transportan el oxígeno desde la atmósfera hacia las células del organismo (en esta ilustración se muestran las células musculares), que lo utilizan para generar trifosfato de adenosina (ATP). Aunque no se muestra aquí, el CO_2 sigue el trayecto opuesto, desde las células del organismo hacia la atmósfera. *¿Qué proceso realiza el intercambio de gases entre la sangre y las células de los tejidos?*

13-1 ¿Cuál es el término fisiológico para la respiración: ventilación pulmonar o intercambio externo de gases?

13-2 Señalar las cinco acciones distintas que componen la respiración.

Anatomía de la vía respiratoria

El sistema respiratorio puede dividirse en dos partes: vías respiratorias superiores e inferiores (fig. 13-2). La *vía respiratoria superior* está formada por las estructuras de la cabeza: la nariz, la cavidad nasal, los senos paranasales y la faringe. Las *vías respiratorias inferiores* están formadas por las estructuras del cuello y el tórax: la *laringe* (cuerdas vocales), la *tráquea*, los *bronquios* (una red ramificada de túneles de aire más pequeños) y los *pulmones*.

Sin embargo, en realidad es más didáctico aprender la anatomía a partir del recorrido del aire a medida que viaja a través de dos «zonas». La *zona de conducción* está formada por las vías respiratorias, es decir, los caminos por los que el aire viaja hacia los pequeños alvéolos de los pulmones. Por su parte, los alvéolos (sacos alveolares) forman la *zona respiratoria,* donde se produce el intercambio gaseoso.

Apuntes sobre el caso

13-1 Los estudios clínicos mostraron que el intercambio externo de gases de Luther estaba afectado de forma importante. ¿Dónde se produce este intercambio, en la zona de la conducción o en la zona respiratoria?

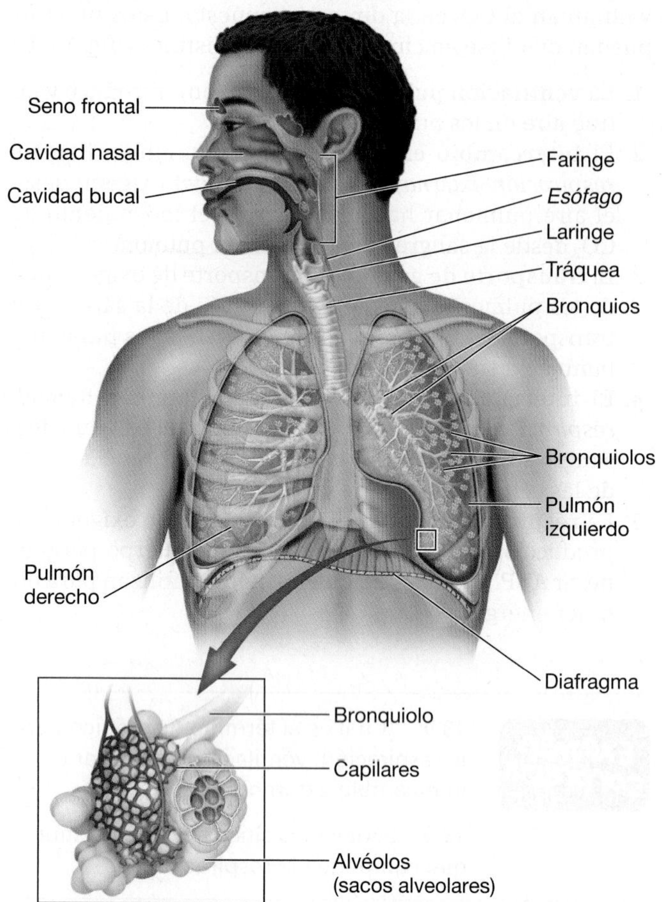

Figura 13-2. Estructuras del tracto respiratorio. El tracto respiratorio está formado por las zonas de conducción y la respiratoria. *¿En qué zona está incluida la tráquea?*

La zona de conducción lleva el aire hacia los pulmones

En la figura 13-2 se muestran las vías respiratorias de la **zona de conducción.** Tenga en cuenta que el aire pasa secuencialmente por la nariz, las fosas nasales, la nasofaringe, la orofaringe, la laringofaringe, la laringe, la tráquea y los bronquios antes de que pasar a la zona respiratoria. A continuación se describen todas estas estructuras.

Las vías respiratorias de la zona de conducción están cubiertas casi en su totalidad por un epitelio cilíndrico seudoestratificado ciliado *(epitelio respiratorio)* (fig. 13-3). Entre las células epiteliales ciliadas se encuentran las *células caliciformes,* que producen moco. Esta membrana epitelial calienta y humidifica el aire, y el moco pegajoso atrapa pequeñas partículas que podrían ser inhaladas hacia el interior de los pulmones. Las acciones rítmicas de la alfombra de cilios mueven el moco cargado de partículas hacia la faringe, donde puede ser deglutido o escupido. Esta función combinada, a la que a veces se denomina *elevador de moco ciliar,* es parte del sistema inmunitario no específico (cap. 12).

La nariz filtra y humedece el aire

La nariz está formada por una parte externa visible y una cavidad interna dentro del cráneo.

La *nariz externa* está encajada en una abertura en la parte anterior del cráneo (v. fig. 6-27). Debajo de la piel está formada por cartílago, hueso y tejido fibroso denso tapizado por epitelio respiratorio (fig. 13-4 A), y en su extremo superior por los dos huesos nasales (cap. 6), que forman el «puente» de la nariz entre los ojos. La mayor parte del resto de la nariz externa está constituida por placas de

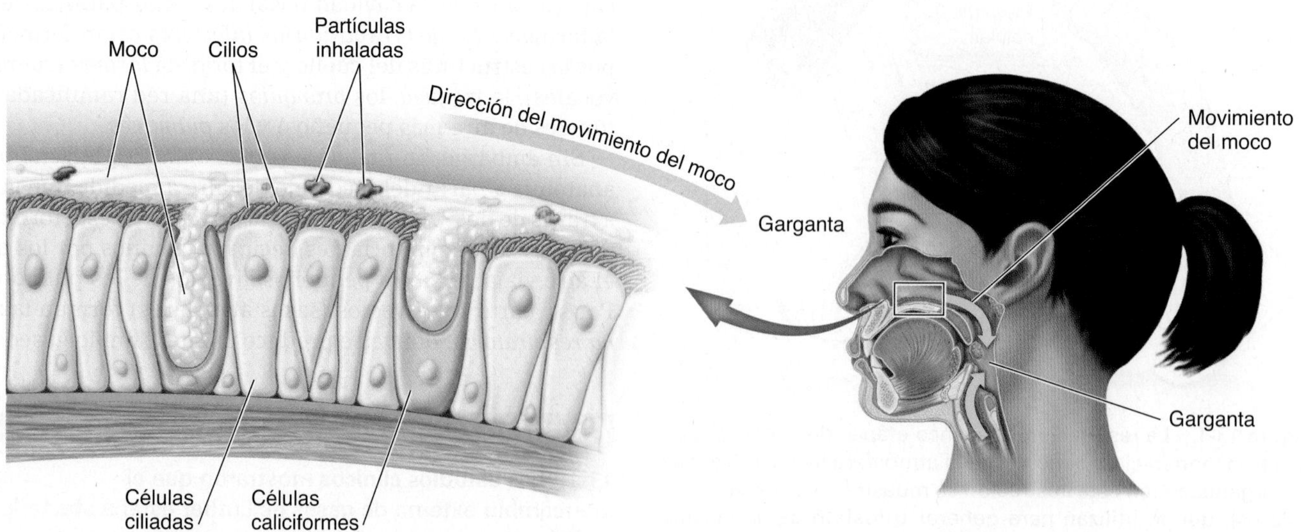

Figura 13-3. Revestimiento de la zona de conducción. La zona de conducción está tapizada por un epitelio cilíndrico seudoestratificado ciliado, que mueve el moco y las partículas que contienen patógenos inhalados hacia la garganta. *¿Cómo se llaman las células que producen el moco?*

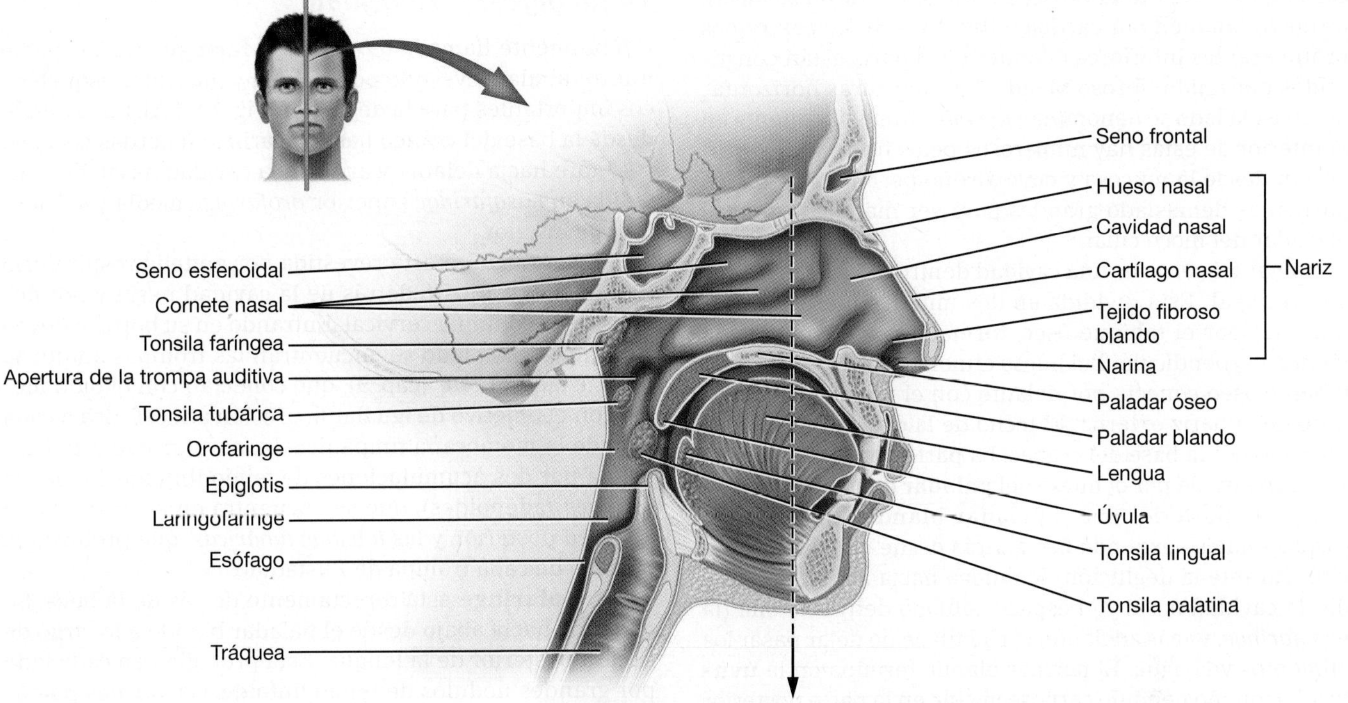

A Vías respiratorias superiores, vista mediosagital

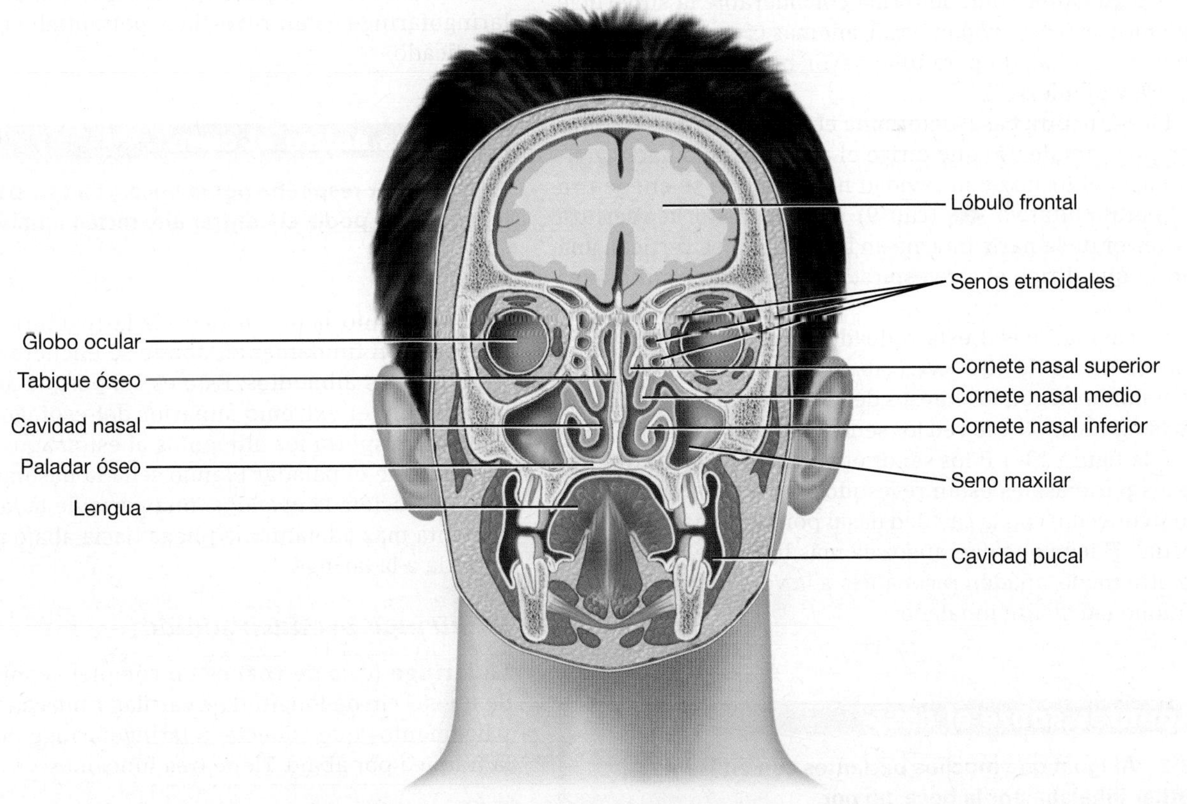

B Cavidad nasal, sección frontal

Figura 13-4. Nariz y garganta. A) Estructuras de la nariz y la garganta que forman la parte superior de la zona de conducción. **B)** La cavidad nasal está conectada con los senos. *Indicar la parte más inferior de la faringe.*

cartílago. Está dividida verticalmente por el **tabique nasal,** formado también por cartílago (fig. 13-4 B). Los extremos protuberantes inferiores laterales de la nariz están constituidos por tejido fibroso blando. Las aberturas horizontales en cada lado se denominan *narinas*. Inmediatamente en el interior de éstas hay numerosos pelos finos que se proyectan desde la mucosa y cuyo diseño permite atrapar las partículas demasiado grandes para ser manejadas por el elevador del moco ciliar.

La *nariz interna* es una cavidad dentro del cráneo, la **cavidad nasal.** Está dividida en dos mitades (derecha e izquierda) por el tabique óseo, formado por el vómer y la lámina perpendicular del hueso etmoides (fig. 13-4 B). Este tabique óseo conecta por delante con el tabique cartilaginoso de la nariz externa. El techo de la cavidad nasal está formado por la base del cráneo. La parte anterior del suelo está constituida por el hueso del **paladar duro** ⬅ (cap. 6) y la parte posterior por el **paladar blando,** un repliegue carnoso que se extiende hacia atrás desde el paladar óseo que, durante la deglución, se mueve hacia arriba para sellar la cavidad nasal y el espacio situado detrás de ella (la *nasofaringe,* v. más adelante) con el fin de no dejar pasar los alimentos y el agua. El paladar blando termina en la **úvula,** el pequeño péndulo carnoso visible en la parte posterior de la garganta. La pared externa de cada cavidad nasal está formada por partes de varios huesos de la cara. Sobresaliendo de las paredes externas se encuentran tres delicadas volutas de hueso, los **cornetes nasales,** recubiertos de mucosa y que aumentan de forma considerable la superficie de mucosa de la cavidad nasal; además crean turbulencias en el aire inhalado para una mayor humectación, temperatura y limpieza.

La estructura nasal determina el flujo aéreo. Las narinas son horizontales, lo que dirige el aire inhalado hacia arriba hasta el techo de la cavidad nasal, donde se encuentra el aparato olfativo ⬅ (cap. 9). Por otro lado, la abertura posterior de la nariz interna en la garganta es vertical, una forma que dirige el aire espirado a través de las regiones más bajas.

La cavidad nasal está rodeada de **senos paranasales** huecos llenos de aire ⬅ (cap. 6) que están situados y se denominan según los huesos del cráneo que los contienen. En la figura 13-4 A se ven los senos frontales y esfenoidales, y en la figura 13-4 B los senos etmoidales y maxilares. Los senos paranasales están revestidos por epitelio respiratorio y conectan con la cavidad nasal por pequeñas aberturas (ostia). Hacen que el cráneo sea más ligero de lo que sería de otro modo, añaden resonancia a la voz, además de calor y humedad al aire inhalado.

Apuntes sobre el caso

13-2 Al igual que muchos pacientes con enfisema, Luther inhalaba por la boca, no por la nariz. ¿Afectará esto a la calidad del aire inhalado?

La faringe es la garganta

Comúnmente llamada *garganta,* la **faringe** es un espacio hueco tubular revestido por mucosa y músculos esqueléticos importantes para la deglución (fig. 13-4 A). Se extiende desde la base del cráneo hasta la laringe (cuerdas vocales) y se abre hacia delante y arriba a la cavidad nasal. Está dividida en *nasofaringe* superior, *orofaringe* media y *laringofaringe* inferior.

La **nasofaringe** está revestida por epitelio respiratorio y se encuentra justo detrás de la cavidad nasal y por delante de la columna cervical. Entrando en su borde externo superior a cada lado se encuentran las trompas auditivas (de Eustaquio) ⬅ (cap. 9), que conectan con el oído medio con el objetivo de igualar la presión atmosférica a cada lado de la membrana timpánica. La nasofaringe está protegida por dos acumulaciones de tejido linfoide: la *tonsila faríngea* (adenoides), que se encuentra en la zona alta de la pared posterior, y las *tonsilas tubáricas,* que protegen la entrada de cada trompa de Eustaquio.

La **orofaringe** está directamente detrás de la boca. Se extiende hacia abajo desde el paladar blando a lo largo de la cara posterior de la lengua. Está protegida en cada lado por grandes nódulos de tejido linfoide, las *tonsilas palatinas (amígdalas)* y por la *tonsila lingual,* una placa gruesa de tejido linfoide en la base de la lengua. La **laringofaringe** es un espacio inmediatamente superior y posterior a la laringe y la parte más estrecha de la faringe. Para permitir la fricción y el paso de alimentos, la orofaringe y la laringofaringe están revestidas por epitelio escamoso estratificado.

Apuntes sobre el caso

13-3 Luther respiraba por la boca. ¿En qué parte de la faringe no podía encontrar aire recién inhalado?

En conjunto, la orofaringe y la laringofaringe forman la intersección fundamental donde se encuentran los pasos del aire y los alimentos. Esto es así porque aquí conectan la laringe y el extremo superior del esófago (el conducto que transporta los alimentos al estómago, ➡ cap. 14). Al igual que el paladar blando sella la nasofaringe durante la deglución, la *epiglotis,* una parte de la laringe que se comenta más adelante, se pliega hacia abajo para sellar la entrada a la laringe.

La laringe produce sonido

La **laringe** (caja de voz) es un complejo conjunto tubular de unos 5 cm de longitud de cartílago, músculo esquelético y ligamentos que conecta la laringofaringe por arriba con la tráquea por abajo. Tiene tres funciones:

- Conducción de aire.
- Dirigir los alimentos hacia el esófago y el aire hacia la tráquea.
- Fonación (habla).

Como se muestra en la figura 13-5, la laringe está suspendida del hueso *hioides* por ligamentos, una herradura de hueso en la parte anterior del cuello que forma un arco alrededor de la base de la lengua (cap. 6). Está formada por tres estructuras cartilaginosas:

- La estructura más superior es la **epiglotis,** una hoja de cartílago elástico flexible que se extiende desde la laringe y la base de la lengua hacia arriba y se proyecta hacia la orofaringe. Durante la deglución, la laringe es traccionada hacia arriba y el extremo de la epiglotis hacia abajo para cubrir la entrada de la laringe. Esta acción dirige la comida hacia el interior del esófago. Cuando se inhala o se ríe mientras se come este mecanismo puede fallar, lo que permite que el agua o la comida entren en la laringe. Cuando esto ocurre se estimula el reflejo de la tos para expulsar el material de las vías respiratorias.
- En la parte anterior de la laringe se encuentra un gran escudo de cartílago denominado *cartílago tiroides*. Éste forma una prominencia en la parte anterior del cuello denominada «nuez de Adán», ya que es más pronunciado en los hombres. Debido al efecto de la testosterona, los hombres tienen una laringe más grande, con cuerdas vocales más largas y gruesas.
- La parte más inferior de la laringe es el anillo del *cartílago cricoides,* unido por medio de ligamentos con el cartílago tiroides por encima y con el primer anillo de cartílago de la tráquea por abajo.

En conjunto, la laringofaringe, la epiglotis y la laringe son una parte anatómicamente compleja y fundamental de la zona de conducción, que bajo ciertas circunstancias puede interferir con la respiración. Para una mejor comprensión de esta pieza poco conocida de la anatomía general,

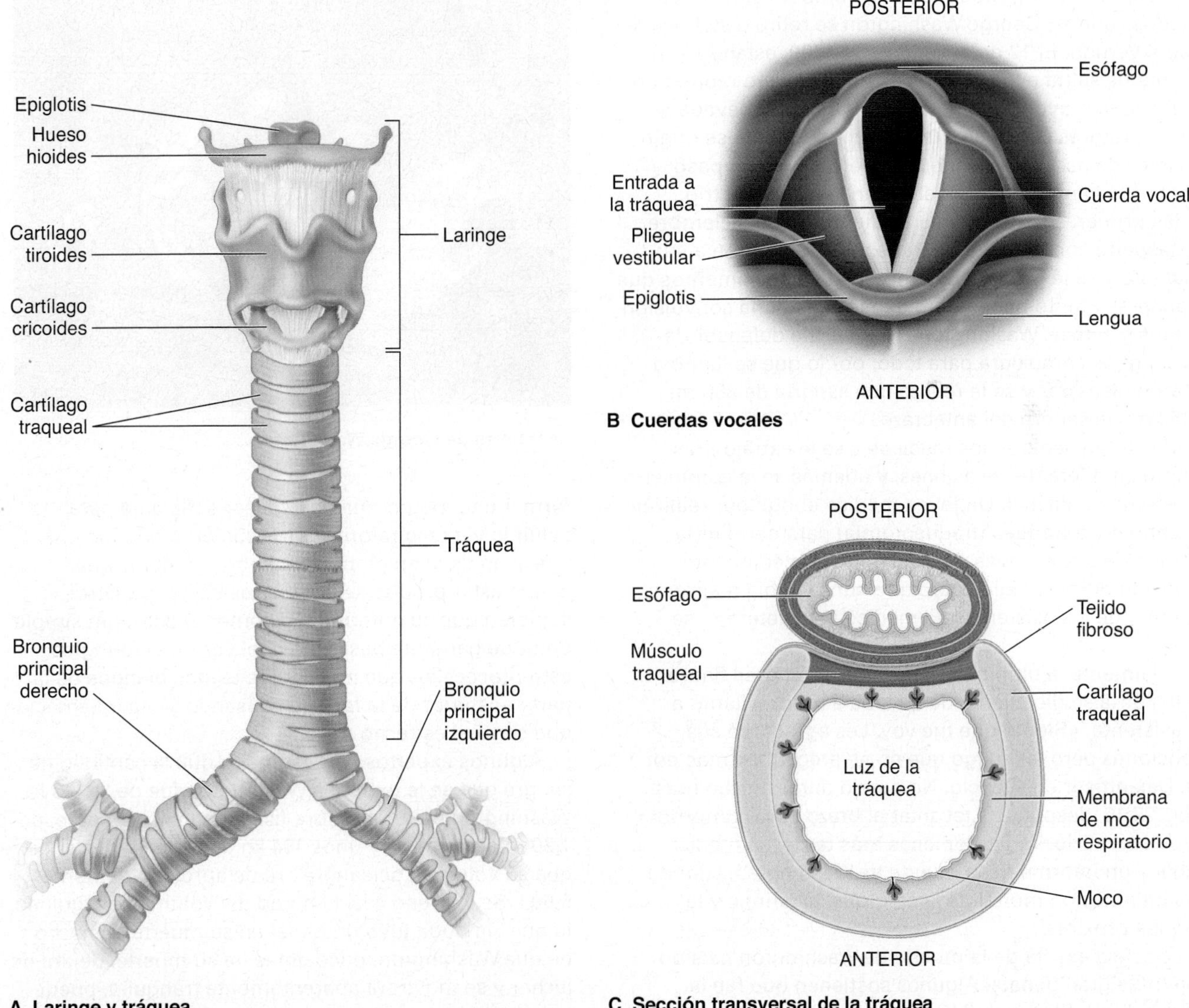

Figura 13-5. Laringe y tráquea. A) La laringe y la tráquea están reforzadas con anillos de cartílago. **B)** Las cuerdas vocales están sustentadas por los pliegues vestibulares. **C)** Relación de la tráquea con el esófago. *¿Qué es más superior, el cartílago tiroides o el cartílago cricoides?*

véase a continuación el cuadro de Historia de la ciencia titulado «El estrangulamiento de George Washington».

La mucosa de la laringe forma dos pliegues a cada lado de la vía respiratoria: un conjunto superior o **pliegues vestibulares (cuerdas vocales falsas)** y un conjunto inferior de **pliegues vocales (cuerdas vocales verdaderas)** inmediatamente por debajo de los mismos (fig. 13-5 B).

Los pliegues vocales producen el sonido de la voz al vibrar cuando el aire expulsado los atraviesa. Contienen ligamentos tensos tendidos entre inserciones cartilaginosas que vibran como las cuerdas de un instrumento musical. Los músculos esqueléticos voluntarios varían la tensión de las cuerdas contrayéndose o relajándose, cambiando de este modo el tono de la voz humana. La contracción aumenta

HISTORIA DE LA CIENCIA

El estrangulamiento de George Washington

En 1796, tras su segundo mandato como presidente de Estados Unidos, George Washington se retiró a su finca de Mount Vernon. El 12 de diciembre de 1799, estando aún con buena salud a los 68 años de edad, estuvo montando a caballo la mayor parte del día con una gran nevada y a temperaturas cercanas a 0 °C. Al día siguiente se quejó de dolor de garganta y ronquera, pero de nuevo pasó montando la mayor parte del día en la nieve y el frío. En las primeras horas del día siguiente, 14 de diciembre, se despertó con dificultad para respirar. Llamaron a su asistente y se le preparó una mezcla de medicamentos que el general intentó beber, pero que le causó una convulsión con tos y asfixia. Washington era un firme defensor de las sangrías como cura para todo, por lo que se llamó a su administrador y se le realizó una sangría de 350 ml a 450 ml de sangre del antebrazo.

Más tarde llegaron los médicos y se le extrajo más sangre en diferentes ocasiones, y además se le administró un enema medicinal. Un joven médico abogó por realizar un corte en la tráquea (traqueotomía) para permitir la entrada de aire a través del cuello, un procedimiento conocido durante siglos pero que nunca había realizado ninguno de los asistentes. El médico más veterano se opuso.

Finalmente, a última hora de la tarde, el gran Padre de la Patria se dio cuenta de que iba a morir y llamó a su asistente. «Siento que me voy. Les agradezco sus atenciones pero les ruego que no se preocupen más por mí. Déjenme ir en silencio. No puedo durar mucho más.» A las 22:10, después de levantar el brazo para comprobar su pulso, murió. Varias semanas más tarde, su médico publicó un informe de la muerte de Washington, citando una inflamación mortal de la epiglotis, la laringe y la tráquea proximal.

La causa exacta de la muerte de Washington ha sido objeto de gran debate. Algunos sostienen que fue la difteria, una enfermedad bacteriana en la que células muertas, plasma coagulado y otros residuos pueden formar una membrana de espesor suficiente para ocluir la vía respiratoria. Otros sugieren que fue una infección de la epiglotis, que ahora sabemos que puede estar producida por ciertas bacterias. Otros sugieren que su enfermedad comenzó como un simple dolor de garganta bacteriana, tal vez una «faringitis estreptocócica», que invadió los tejidos blandos de la parte posterior de la faringe causando tanta inflamación que cerró el estrecho paso.

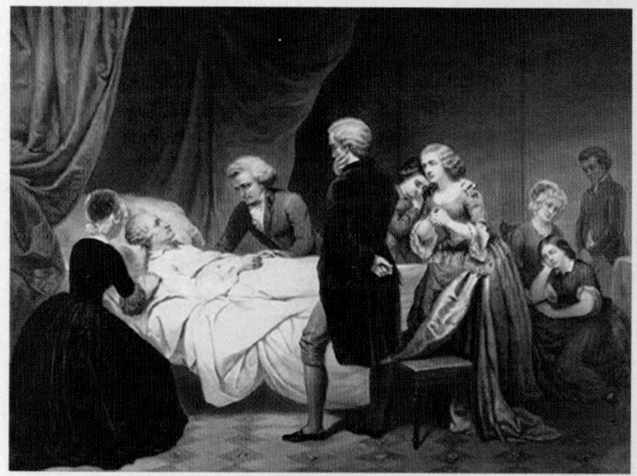

La muerte de George Washington.

Algunos expertos han estimado que la cantidad de sangre que se le extrajo a Washington fue de 2 l a 3 l. Washington era un hombre físicamente imponente, de 1,90 m de estatura y unos 104 kg de peso, lo que sugiere que su volumen de sangre era de aproximadamente 6,60 l. Se le drenó casi la mitad del volumen sanguíneo, lo que sin duda tuvo un papel en su muerte. El hecho de que Washington, poco antes de su muerte, dejara de luchar y se mostrara aparentemente tranquilo, puede haber sido consecuencia de la debilidad producida por un exceso de sangrías.

la tensión, con lo que sube el tono, mientras que la relajación reduce la tensión y baja el tono.

Las cuerdas vocales verdaderas también pueden moverse aproximándose o separándose una a la otra. Cuando se acercan, forman una hendidura más estrecha, lo que produce un tono más alto, y viceversa. El volumen está controlado por la presión del aire forzado sobre las cuerdas; una mayor presión produce un sonido más fuerte.

Los pliegues vestibulares no tienen ningún papel en el habla; sin embargo, pueden cerrarse voluntariamente para sellar la vía respiratoria con el fin de aumentar la presión intratorácica e intraabdominal. Al cerrar los pliegues vestibulares y tratar de espirar, una técnica conocida como *maniobra de Valsalva,* aumenta la presión en el tronco, haciéndolo más rígido para levantar objetos pesados o para expulsar las heces en la defecación.

La tráquea conduce el aire a los bronquios

La **tráquea** es un tubo flexible de unos 11 cm de largo y 2 cm de diámetro que desciende desde la laringe (fig. 13-5 A). Pasa a través de la parte anterior del cuello, por detrás del esternón y por el mediastino (el espacio entre los pulmones), donde se divide en los *bronquios* principales derecho e izquierdo.

La tráquea está formada por tres capas. El revestimiento interno es la membrana mucosa respiratoria que está formada por el epitelio y la submucosa. La capa media contiene alrededor de 16 a 20 anillos en forma de C de *cartílago traqueal,* con el extremo abierto de la C mirando hacia atrás. La capa externa delgada está formada por tejido fibroso (fig. 13-5 C).

Como acabamos de señalar, los anillos traqueales incompletos no proporcionan soporte a la parte posterior de la tráquea. Sin embargo, el esófago encaja fácilmente en el extremo abierto de la C de cada cartílago de la tráquea, que hace de abrazadera de la parte posterior de ésta, ayudados por una delgada capa de músculo liso (el músculo traqueal). Esta disposición permite que el esófago pueda expandirse hacia delante si es necesario para dar cabida a un bolo de alimento ingerido. El músculo traqueal se contrae ligeramente con cada espiración, estrechando el diámetro de la tráquea con una suave expresión, lo que añade velocidad al aire expulsado. El músculo traqueal se contrae con más fuerza con la espiración forzada durante la tos.

Al igual que todos los epitelios respiratorios, los cilios se mueven en la tráquea de manera coordinada para barrer el moco y las partículas. En la tráquea y los bronquios, la dirección del movimiento es hacia arriba para que pueda expulsarse el moco con la tos (expectoración) o sea ingerido. Por el contrario, en la nasofaringe las ondas del movimiento ciliar impulsan el moco hacia abajo para que sea deglutido. Fumar daña los cilios, alterando o incluso paralizando su movimiento y conduciendo a su destrucción a largo plazo. Los fumadores crónicos, por tanto, tienden a retener los contaminantes y bacterias inhalados y no pueden expulsar de forma eficaz el moco acumulado, lo que contribuye al menos en parte a su mayor riesgo de infecciones pulmonares. El alcohol también altera la acción de los cilios y, de igual manera, contribuye en parte al aumento del riesgo de infecciones pulmonares en los alcohólicos crónicos.

Apuntes sobre el caso

13-4 ¿Podría el hábito de fumar haber sido en parte responsable de la neumonía de Luther? Argumente su respuesta.

El árbol bronquial conduce el aire hacia la zona respiratoria

La red de bronquios se conoce como *árbol bronquial* por su estructura ramificada (fig. 13-6 A). A partir de la tráquea, se ramifican los **bronquios principales** (derecho e izquierdo) que salen en ángulo hacia lateral varios centímetros antes de ramificarse en **bronquios lobulares (secundarios)** y **bronquios segmentarios (terciarios).** Los bronquios lobulares se ramifican en clases cada vez más pequeñas de bronquios. Las ramas de un tamaño inferior a 1 mm se denominan **bronquiolos.** Éstos recorren una corta distancia antes de ramificarse en los aún más pequeños *conductos alveolares* en la zona de las vías respiratorias (fig. 13-6 B).

El bronquio principal izquierdo es ligeramente más pequeño que el derecho debido a que lleva el aire al pulmón izquierdo, también más pequeño, con el fin de dar espacio para el corazón (v. fig. 13-7). También tiene una orientación un poco más horizontal, ya que está un poco inclinado para pasar por encima del corazón. En comparación, el bronquio principal derecho es más ancho y está más inclinado. Este hecho aparentemente sin importancia anatómica es clínicamente importante: un cuerpo extraño aspirado, por ejemplo un cacahuete, es más probable que entre en el lado bronquial más ancho y vertical del árbol bronquial que en el izquierdo.

En sus ramas más grandes, los bronquios tienen la misma estructura que la tráquea: un revestimiento de epitelio respiratorio, anillos de cartílago y una capa externa fibrosa. Sin embargo, conforme las ramas son cada vez más pequeñas, se producen cambios importantes:

- Los anillos de cartílago en forma de C se transforman en pequeñas placas curvadas, que a su vez desaparecen por completo en los bronquiolos.
- El epitelio pasa de epitelio cilíndrico alto ciliado a epitelio cilíndrico corto y cúbico que contiene pocos cilios y células caliciformes.
- Se incrementa la cantidad de músculo liso, con lo que los bronquiolos están completamente rodeados por bandas de fibras musculares lisas, que se contraen o se relajan para cambiar el diámetro de los bronquiolos y con ello la resistencia al flujo de aire. Por ejemplo, durante el ejercicio, el músculo liso se relaja para facilitar un mayor flujo de aire.

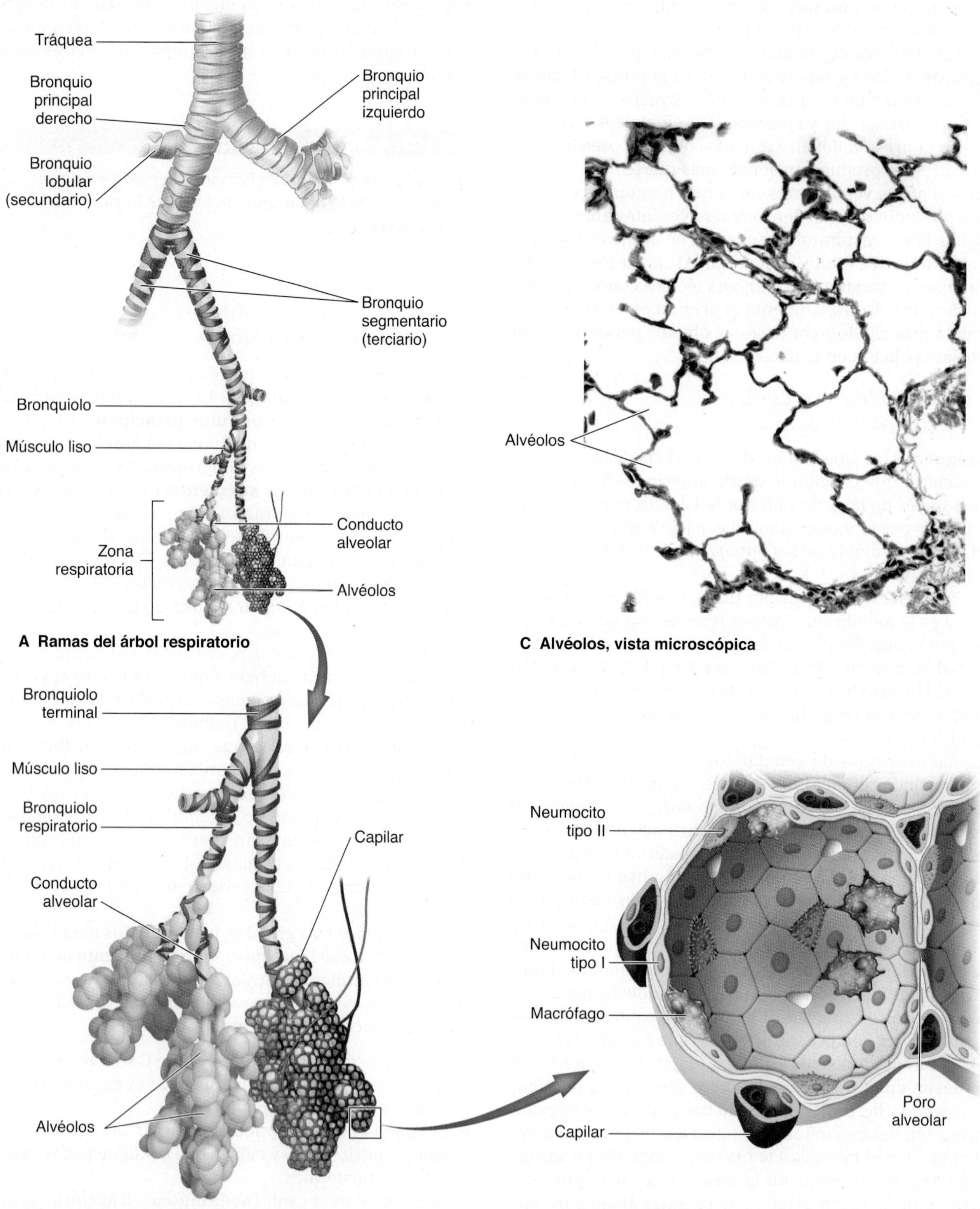

Figura 13-6. Árbol bronquial y alvéolos. A) Los bronquios principales se dividen en ramas cada vez más pequeñas que terminan en acúmulos de alvéolos. **B)** Esta vista microscópica del tejido pulmonar muestra cómo se entremezclan los alvéolos para formar un entramado. **C)** El intercambio de gases se produce en los conductos alveolares y en los alvéolos de la zona respiratoria. **D)** Cada alvéolo contiene células para intercambio de gases y para protección. *¿Qué está rodeado de músculo liso, los bronquiolos o los bronquios segmentarios?*

Los alvéolos constituyen la zona respiratoria

El intercambio gaseoso se produce en la **zona respiratoria,** que está formada por pequeños sacos de aire (**alvéolos,** del griego *alveol* = «pequeño espacio hueco»). Los alvéolos están dispuestos como los nódulos en torno a un vestíbulo pequeño central, los **conductos alveolares** (fig. 13-6 B). Los alvéolos de grupos adyacentes están muy juntos entre sí para formar un entramado de alvéolos y capilares intercalados (fig. 13-6 C). El aire puede fluir libremente entre los alvéolos vecinos a través de pequeños **poros alveolares** (fig. 13-6 D).

Los alvéolos se componen principalmente de **neumocitos de tipo I,** células muy aplanadas (escamosas) que encajan como si fueran tejas. Estas células forman la capa más interna de la pared alveolar. Descansan sobre una membrana basal, que también da soporte a las células de tipo I de capilares adyacentes. Intercalados entre las células de tipo I se encuentran los **neumocitos de tipo II** dispersos, células que secretan una sustancia viscosa y lipídica llamada *surfactante,* que mantiene abiertos los alvéolos (v. más adelante). Los neumocitos de tipo II también secretan proteínas antimicrobianas que actúan como parte del sistema inmunitario innato (cap. 12) para la protección contra los microbios inhalados. Entre los neumocitos que forman cada alvéolo existe un espacio muy delgado, el **intersticio pulmonar,** que contiene capilares, vasos linfáticos, algunos fibroblastos y el colágeno y las fibras de elastina. Los fibroblastos producen el colágeno y las fibras elásticas, que proporcionan soporte estructural y dan a los pulmones su retroceso elástico.

¡Recuerde! **El intercambio de gases se produce en la zona respiratoria, los conductos alveolares y los alvéolos.**

La superficie expuesta de la pared alveolar se llama la **membrana respiratoria.** Si se extendiese plana, la membrana de las vías respiratorias de un adulto cubriría el espacio de un garaje de cuatro coches, cerca de 70 m^2. Sin embargo, es tan delgada (alrededor de 0,5 μ) que los 70 m^2 pueden introducirse dentro del tórax humano, y el oxígeno y el CO_2 pueden difundirse con facilidad entre la sangre y el aire alveolar.

Para cuando el aire llega a la zona respiratoria, se ha calentado, humidificado y purgado de la mayoría de las impurezas y partículas por el contacto con la mucosa respiratoria que tapiza la zona de conducción. Cualquier partícula, polvo, bacterias y similares que sobreviva el viaje suele ser engullida por los **macrófagos alveolares** que circulan libremente por los alvéolos realizando sus tareas de limpieza habituales. Los macrófagos «exhaustos» y sus restos ingeridos son arrastrados hacia arriba por el movimiento ciliar del epitelio bronquial y, finalmente, se ingieren o son expulsados. Sin embargo, en algunas circunstancias, la carga de partículas supera la capacidad de los macrófagos alveolares para limpiar los residuos, en cuyo caso las partículas se depositan en el espacio intersticial. Un ejemplo es la enfermedad del «pulmón negro» de los mineros del carbón.

Anatomía macroscópica de los pulmones

Cada pulmón tiene una forma algo parecida a un cono, con una *base* cóncava que se encuentra sobre el diafragma en el suelo de la cavidad torácica, y un *vértice* redondeado, que se eleva hacia la parte alta del tórax hasta la base del cuello, detrás de la clavícula (fig. 13-7 A). El pulmón derecho es algo más grande que el izquierdo, que debe dejar espacio para el corazón.

Cada pulmón está compartimentado en divisiones más pequeñas llamadas **lóbulos.** El pulmón izquierdo está dividido en dos mitades por una única cisura oblicua: un lóbulo superior, un poco más pequeño, y un lóbulo inferior. El pulmón derecho es más grande y está dividido en tres lóbulos por dos cisuras, una horizontal y otra oblicua: un lóbulo superior, un poco más pequeño, un lóbulo inferior grande y un pequeño lóbulo medio en forma de cuña que está situado delante entre los dos. A cada lóbulo le llega el aire a través de un bronquio lobular que se ramifica de los bronquios principales.

A su vez, cada lóbulo está dividido por delgadas láminas de tejido fibroso denso en dos a cinco *segmentos,* según el tamaño del lóbulo. Cada segmento recibe el aire de un bronquio segmentario. Finalmente, cada segmento se organiza en pequeños *lóbulos,* cada uno del tamaño de la yema de un dedo y que recibe aire de un bronquiolo. La segmentación tiene valor para la supervivencia: a menudo limita la enfermedad, por ejemplo la neumonía, a sólo uno o dos segmentos.

Apuntes sobre el caso

13-5 La neumonía de Luther comenzó en el lóbulo medio; por lo tanto, ¿qué pulmón se infectó en primer lugar?

Los pulmones están recubiertos por la pleura

Una membrana serosa muy fina, la **pleura,** recubre los pulmones (fig. 13-7 B). Es una membrana única con dos caras:

- La **pleura visceral** recubre los pulmones, siguiendo de cerca sus contornos, incluidas las cisuras entre los lóbulos.
- La **pleura parietal** recubre el interior de la pared torácica y la superficie superior del diafragma.

Las dos capas producen un líquido transparente deslizante, el **líquido pleural,** que permite que se deslicen suavemente una sobre la otra. El líquido pleural ocupa la

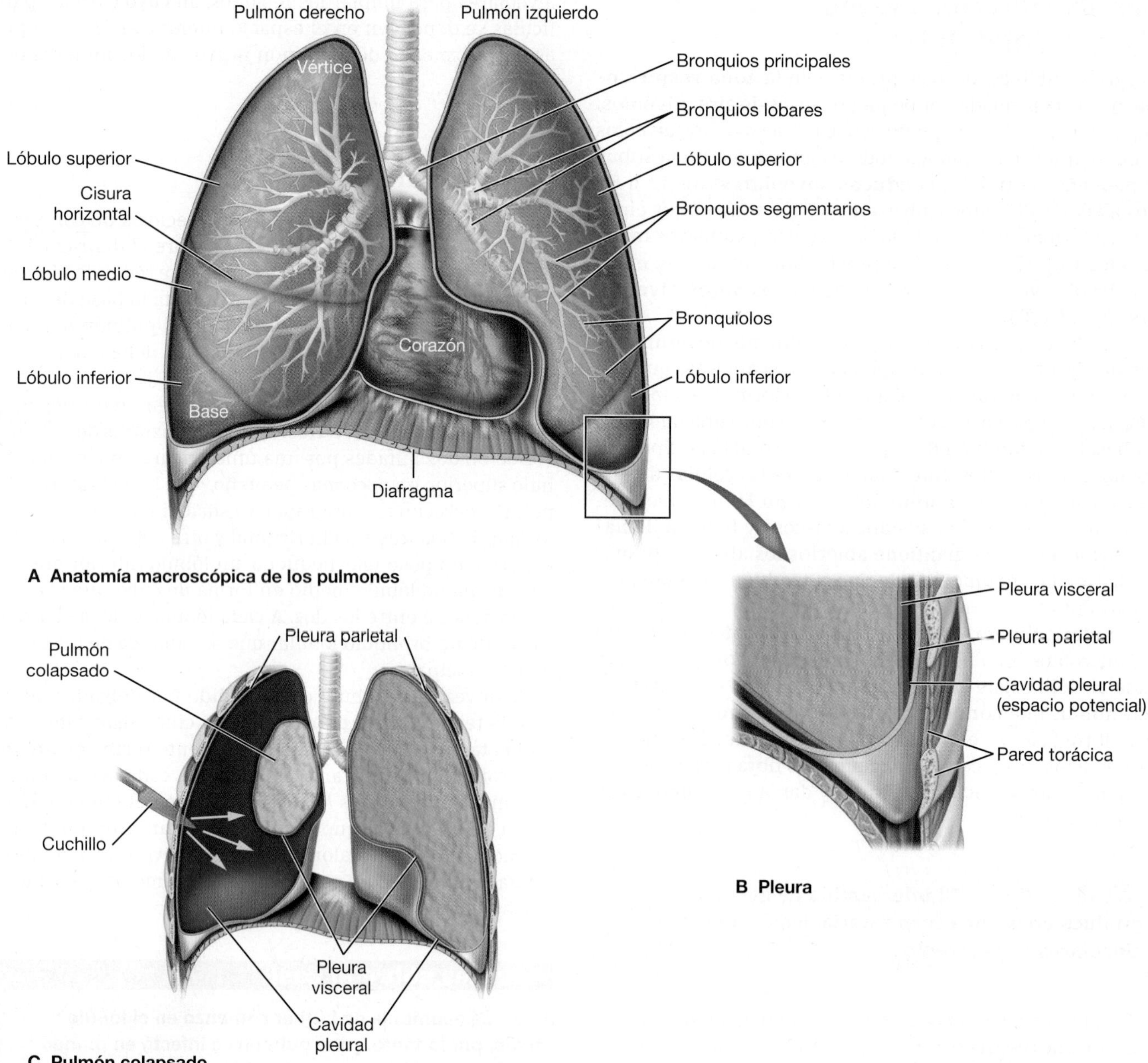

Figura 13-7. Pulmones. A) El pulmón derecho contiene tres lóbulos y el pulmón izquierdo sólo dos. Tenga en cuenta que sólo se han señalado los bronquios del pulmón izquierdo. **B)** La pleura fija los pulmones a la pared torácica y el diafragma. **C)** La generalmente «virtual» cavidad pleural se convierte en verdadera cuando una herida por arma blanca permite la entrada del aire. *¿Qué capa pleural está en contacto con los pulmones?*

cavidad pleural entre las dos membranas. Al igual que la cavidad pericárdica comentada en el capítulo 11, la cavidad pleural es sólo un *espacio potencial (virtual)* de unas pocas micras de ancho. En un individuo sano, el líquido pleural pega las dos membranas como dos placas de vidrio unidas por una delgada capa de agua. Al igual que las placas de vidrio, las membranas no pueden separarse fácilmente, sino que se deslizan una sobre la otra con facilidad. Su adhesión «pega» los pulmones a la pared torácica, estirándolos de modo que llenan el mayor tamaño de la cavidad torácica.

Como se comentará más adelante, esta adherencia es necesaria para la respiración. Los movimientos hacia fuera de la pared torácica estiran los pulmones; al mismo tiempo, el retroceso elástico de los pulmones expandidos tira de la pared torácica hacia dentro. Si entra aire en el espacio pleural, se rompe el sello y la pleura visceral que cubre los pulmones se separa de la pleura parietal que cubre la pared torácica. Es lo que se conoce como *neumotórax,* y puede producirse, por ejemplo, como resultado de una herida penetrante en el tórax. Una vez que los pulmones pierden el contacto con la pared torácica, tienden a colapsarse en un grado mayor o menor, dependiendo del volumen de aire que haya entrado en el espacio pleural (fig. 13-7 C). Puesto que cada pulmón tiene su propia cavidad pleural independiente de la otra, es posible el colapso de un solo pulmón. No obstante, cuando se afectan ambos pulmones y el volumen de aire es grande, la respiración se vuelve imposible.

Cada pulmón está irrigado por vasos sanguíneos e inervado por nervios

La sangre que llega a los pulmones a través de la arteria pulmonar desde el ventrículo derecho es pobre en oxígeno. Los pulmones absorben esta sangre «usada» y la convierten en «nueva» otra vez, extraen algo de CO_2 y añaden oxígeno adicional. Sin embargo, las células del pulmón, como todas las del cuerpo, necesitan oxígeno para funcionar adecuadamente. Por tanto, cada pulmón dispone de dos suministros de sangre: las *arterias pulmonares* transportan la sangre pobre en oxígeno para su procesamiento (v. fig. 11-5), y las *arterias bronquiales* (ramas de la aorta) suministran la sangre rica en oxígeno para el uso de las células del pulmón.

Los pulmones están inervados por fibras de los sistemas nerviosos simpático y parasimpático, que envían ramas nerviosas a lo largo del árbol bronquial. Las señales de las fibras simpáticas relajan el músculo liso bronquial, aumentando el diámetro de la vía respiratoria para afrontar la reacción de lucha o fuga. Las señales parasimpáticas producen la contracción del músculo liso bronquial. Un flujo constante de fondo de señales parasimpáticas del nervio vago (tono vagal) mantiene los bronquiolos en un estado levemente contraído.

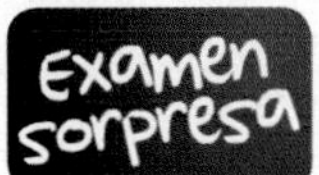

13-3 ¿Qué células producen moco: las células caliciformes o células epiteliales ciliadas?

13-4 ¿Qué forma la parte anterior del paladar: el paladar óseo o el paladar blando?

13-5 Verdadero o falso: la nariz no contiene huesos.

13-6 ¿Qué estructura cierra la nasofaringe durante la deglución: la epiglotis o el paladar blando?

13-7 Indicar qué cartílago que forma la nuez de Adán.

13-8 ¿Cuál es la función de los pliegues vestibulares?

13-9 Coloque las siguientes estructuras en el orden en que las encontraría el aire inhalado por la nariz: bronquio principal, bronquios secundarios, tráquea, laringe, bronquiolos, faringe.

13-10 ¿Qué células alveolares participan en el intercambio de gases: los macrófagos alveolares, los neumocitos de tipo I o los neumocitos de tipo II?

13-11 Verdadero o falso: cada lóbulo del pulmón recibe el aire de un bronquio lobular independiente.

13-12 ¿Qué membrana pleural está en contacto con los pulmones: la capa parietal o la capa visceral?

13-13 ¿Qué vasos sanguíneos suministran el oxígeno para las células pulmonares: los vasos pulmonares o los vasos bronquiales?

Ventilación pulmonar

El primer paso de la larga cadena de fenómenos que conducen el oxígeno desde el aire al interior de las células es la ventilación pulmonar o respiración. Por el contrario, es el último paso para que el cuerpo se deshaga de gran parte del CO_2 generado por los procesos metabólicos de la vida. La **inspiración** (inhalación) es la atracción del aire; la **espiración** (exhalación) es la expulsión del aire. En ambos casos, el aire se está moviendo. Y, al igual que la sangre se mueve a través de los vasos o los iones a través de las membranas de las células, el aire se mueve por *gradientes de presión.* En particular, el aire se mueve desde una región de alta presión a una de menor presión.

Los cambios en el volumen torácico crean gradientes de presión

Para explicar el movimiento de aire hacia dentro y fuera de los pulmones se requiere la **ley de Boyle,** que afirma que la presión y el volumen de un gas son inversamente proporcionales; es decir, en un espacio cerrado, si el volumen disminuye, la presión aumenta en proporción, y viceversa. La ley también puede enunciarse de forma diferente: el producto de la presión por el volumen (pV) es constante para un determinado número de moléculas de gas en un espacio cerrado (k):

$$pV = k$$

Considere por ejemplo una jeringa: un cilindro cerrado lleno de aire con un émbolo en un extremo (fig. 13-8 A, parte i). Al empujar el émbolo disminuye el volumen del cilindro (V) y por lo tanto aumenta la presión (p), se hace cada vez más difícil empujar el émbolo (fig. 13-8 A, parte ii). Si se quita la tapa de la jeringa, el aire fluye desde la parte de alta presión dentro de la jeringa hacia la parte de baja presión fuera de la jeringa hasta que las presiones se igualan (fig. 13-8 A, parte iii).

La ventilación se produce cuando la presión atmosférica difiere de la **presión intrapulmonar,** presión de aire en los pulmones. El aire fluye hacia los pulmones cuando la presión atmosférica supera a la presión intrapulmonar y viceversa. No tenemos ningún control sobre la presión atmosférica, por lo que tenemos que mover el aire hacia dentro y fuera de los pulmones mediante la alteración de la presión intrapulmonar. Modificamos la presión intrapulmonar mediante la alteración del volumen torácico, lo que determina el volumen pulmonar (V). La disminución del volumen pulmonar aumenta la presión intrapulmonar (p)

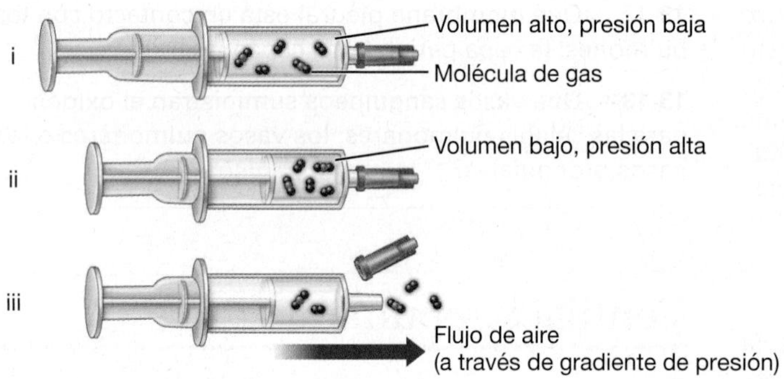

A Ley de Boyle y flujo aéreo

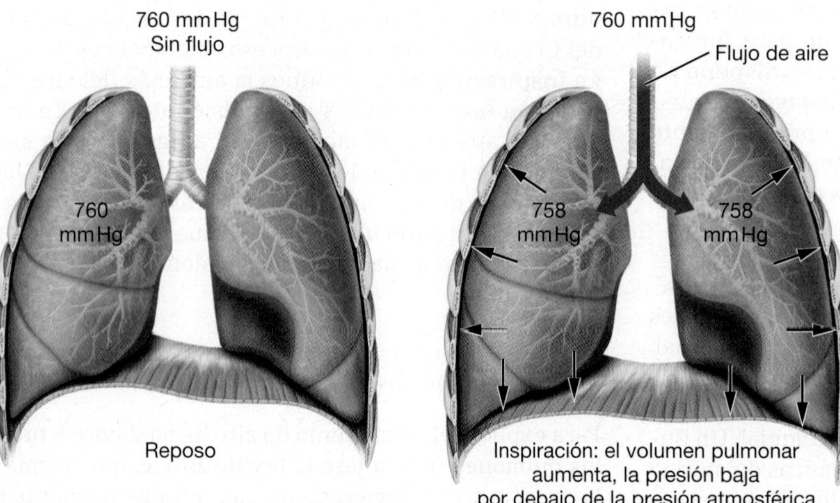

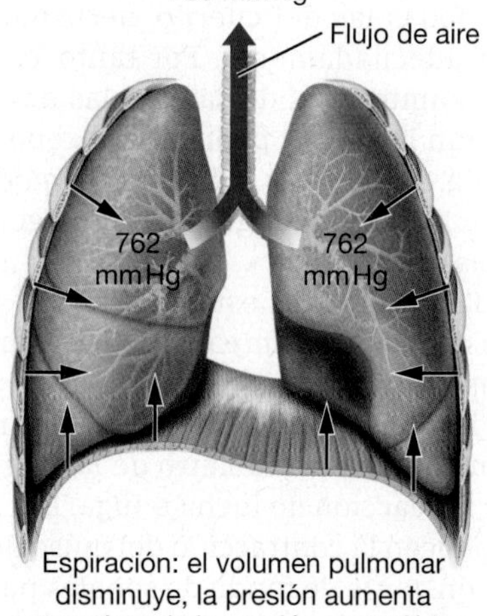

B Ciclo respiratorio

Figura 13-8. Los cambios de volumen producen gradientes de presión, que dan como resultado el flujo aéreo. A) Cuando un mismo número de moléculas de gas se encierran en un espacio más pequeño, aumenta la presión. **B)** En reposo no hay flujo de aire porque no existe gradiente de presión entre los pulmones y la atmósfera. Durante la inspiración, la presión intrapulmonar disminuye conforme se expanden el tórax y los pulmones, con lo que hay flujo de aire hacia los pulmones. Durante la espiración disminuye el tamaño de los pulmones, aumentando la presión intrapulmonar e impulsando la salida de aire de los pulmones. *¿Cuándo es mayor la presión intrapulmonar que la presión atmosférica, durante la inspiración o durante la espiración?*

y viceversa, de modo que, según la ley de Boyle, el aire sale de los pulmones debido a que el producto de la presión (p) por volumen (V) es constante (k).

La secuencia de los cambios de presión y de volumen durante una respiración única se denomina **ciclo respiratorio.** En reposo entre cada respiración, la presión en las vías respiratorias y los alvéolos (presión intrapulmonar) es de 760 mm Hg (a nivel del mar), en equilibrio con la presión atmosférica (fig. 13-8 B, izquierda). Durante la inspiración, se reduce la presión intrapulmonar *por debajo* de la presión atmosférica debido al *aumento* del volumen pulmonar (centro). Como consecuencia, el aire fluye por el gradiente de presión desde la atmósfera hacia los pulmones hasta que ha entrado un volumen suficiente de aire para aumentar la presión volviendo al equilibrio con la presión atmosférica. Durante la espiración ocurre lo contrario: aumenta la presión intrapulmonar por *encima* de la presión atmosférica mediante la *reducción* del volumen pulmonar, por lo que el aire fluye desde los pulmones a la atmósfera. El aire que sale de los pulmones reduce la presión intrapulmonar hasta que de nuevo se iguala con la presión atmosférica a 760 mm Hg y el flujo de aire se detiene. La presión intrapulmonar *siempre* alcanza el equilibrio con la presión atmosférica en dos momentos durante el ciclo: al final de la inspiración y al final de la espiración.

¡Recuerde! **Cuando se comprime un gas en un volumen menor aumenta su presión, y viceversa.**

Los músculos cambian el volumen torácico

Cuando los músculos esqueléticos del diafragma se contraen, la pared torácica, el cuello y/o la pared abdominal aumentan o reducen el volumen de la cavidad torácica y, con ello, el volumen de los pulmones. Puesto que los pul-

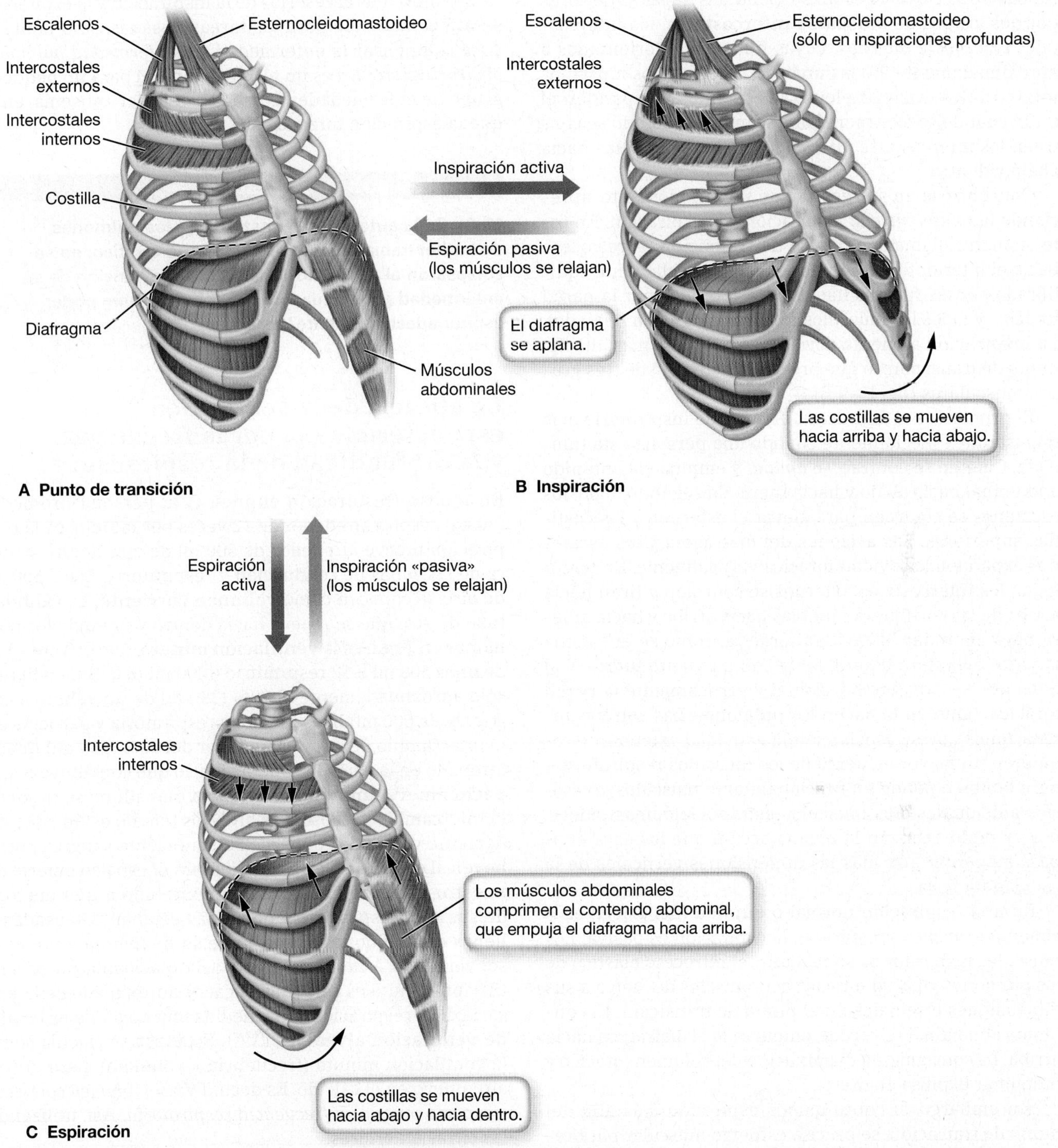

Figura 13-9. Músculos de la respiración. Las fechas azules representan procesos pasivos; las flechas rojas, procesos activos. **A)** En el punto de transición, todos los músculos respiratorios están rejalados. **B)** Los músculos de la espiración expanden la cavidad torácica. **C)** Los músculos de la espiración forzada reducen de forma activa el tamaño de la cavidad torácica por debajo de su «tamaño en reposo». *¿Los escalenos participan en la inspiración o en la espiración?*

mones están unidos a la cavidad torácica por la fina capa de líquido pleural que mantiene unidas las capas de la pleura, los cambios en el volumen torácico también cambian el volumen pulmonar.

La anatomía de las costillas y de los músculos asociados es importante (fig. 13-9 A). Los músculos escalenos y esternocleidomastoideo del cuello van del cráneo al esternón y las costillas. Cuando se contraen elevan la caja torácica. Las otras costillas están suspendidas de las superiores por dos grupos de **músculos intercostales,** los intercostales *externos* e *internos,* cuyas fibras están orientadas a aproximadamente 90° las unas de las otras. Los músculos intercostales *externos* elevan las costillas y expanden el tórax cuando se contraen. Por el contrario, cuando se contraen los intercostales *internos* tiran de las costillas hacia abajo y dentro.

Concéntrese en su respiración por un momento, apreciando la pausa *entre* la inspiración y la espiración. En este momento, llamado el **punto de transición,** el retroceso hacia el interior de los pulmones está perfectamente equilibrado por las fuerzas hacia fuera ejercidas por la pared torácica y todos los músculos respiratorios están relajados. La **inspiración** aumenta el volumen del tórax más allá del punto de transición, lo que precisa la actividad de tres grupos musculares (fig. 13-9 B).

El primero es el diafragma, el músculo inspiratorio más importante, especialmente cuando una persona está tumbada. Cuando se contrae, se *aplana* y empuja el contenido abdominal hacia abajo y hacia fuera. En segundo lugar, los escalenos se contraen para elevar el esternón y las costillas superiores. Las acciones del diafragma y los escalenos expanden la cavidad torácica verticalmente. En tercer lugar, los intercostales externos se contraen y tiran hacia arriba de las costillas, rotándolas hacia arriba y hacia afuera para agrandar la cavidad torácica, como se ensancha la parte delantera de una falda con un viento fuerte. Y al igual que se expande horizontal y verticalmente la pared torácica, también lo hacen los pulmones. Las amplias inhalaciones que se asocian a una actividad extenuante requieren un mayor esfuerzo de los músculos respiratorios, pero también ponen en funcionamiento músculos *accesorios* adicionales. Los músculos esternocleidomastoideos, por ejemplo, realizan la misma acción que los escalenos para aumentar aún más las dimensiones verticales de la cavidad torácica.

En una respiración normal o **eupnea** (del griego *eu* = «bueno» y *pnein* = «respirar»), la espiración es pasiva. Los músculos inspiratorios se relajan y el retroceso elástico de los pulmones y pared torácica estirados los devuelve a sus dimensiones originales en el punto de transición. El contenido abdominal retrocede, empujando el diafragma hacia arriba. La consiguiente disminución del volumen torácico y pulmonar expulsa el aire.

Sin embargo, si continuamos espirando más allá del punto de transición, se precisa esfuerzo muscular para reducir el volumen torácico mediante fuerza (fig. 13-9 C). Durante el ejercicio intenso o cuando reímos, tosemos o estornudamos se utilizan espiraciones activas o *forzadas.* Los músculos de la pared abdominal se contraen, presionando el contenido abdominal, lo que aumenta la presión intraabdominal y empuja el diafragma hacia arriba. Los intercostales internos empujan la caja torácica hacia abajo y hacia dentro. Puesto que la respiración eupneica no utiliza los músculos de la espiración forzada, los músculos intercostales internos y los abdominales se consideran músculos accesorios de la respiración.

Los músculos accesorios de la inspiración y la espiración se utilizan no sólo para las tareas pesadas, sino también para compensar la enfermedad. La *enfermedad pulmonar obstructiva crónica* es un término general para un pequeño grupo de enfermedades, como el asma y el enfisema, en la que la espiración forzada es la norma.

Apuntes sobre el caso

13-6 En la autopsia se constató que los pulmones de Luther habían perdido su retroceso elástico; no se colapsaron al abrir el tórax. Durante la evolución de su enfermedad ¿qué tenía que hacer Luther para poder espirar adecuadamente?

La eficacia de la ventilación está determinada por la frecuencia y la profundidad de la respiración

En reposo (respiración eupneica) la persona promedio (70 kg) respira alrededor de 12 veces por minuto; cada respiración mueve alrededor de 500 ml de aire dentro y fuera de las zonas de conducción y respiratoria. Estos 500 ml de aire se conocen como **volumen corriente.** La cantidad total de aire que se mueve hacia dentro y fuera de los pulmones en 1 min es la **ventilación minuto,** que en reposo es de unos 500 ml × 12 resp/min, o 6000 ml (6 l). Sin embargo, sólo aproximadamente el 70% (350 ml de un volumen corriente de 500 ml) llega a la zona respiratoria y participa en el intercambio de gases. Alrededor del 30% (150 ml) queda atrapado en la zona de conducción, lo que constituye el **espacio muerto anatómico** debido a que allí no se produce el intercambio gaseoso. Los alvéolos que no están adecuadamente ventilados o no reciben suficiente sangre contribuyen al espacio muerto. Por ejemplo, el espacio muerto de nuestro paciente Luther aumentó debido a que muchas de sus vías respiratorias pequeñas estaban colapsadas o llenas de líquido inflamatorio de su neumonía y no pudo ser ventilado. A causa del efecto del espacio muerto, la ventilación minuto es sólo un indicador aproximado de la eficacia de la respiración. Una medida mucho mejor es la **tasa de ventilación alveolar** (TVA). Esta tasa se calcula como la ventilación minuto (frecuencia × volumen), pero utiliza aire nuevo en el cálculo. Es decir, TVA = *(volumen corriente – espacio muerto)* × *frecuencia respiratoria.* Así, utilizando las cifras anteriores:

$$\text{TVA} = (500\text{ ml} - 150\text{ ml}) \times 12 = 4200\text{ ml } (4{,}2\text{ l})$$

Un momento de reflexión revelará que la *profundidad* de la respiración es el determinante fundamental de la ventilación alveolar. Tenga en cuenta que si el volumen corriente es igual al espacio muerto, no llega aire nuevo a los alvéolos, independientemente del número de respiraciones por minuto. Por esta razón, la respiración superficial no es muy eficaz, la mayor parte del aire nuevo llega sólo hasta el espacio muerto y el aire que alcanza los alvéolos es escaso. La respiración profunda es mucho más eficaz porque el espacio muerto es constante y todo el aire nuevo entra en la zona respiratoria. Una respiración rápida y profunda es la más efectiva de todas.

Una manera de apreciar la importancia del espacio muerto es respirar bajo el agua a través de un tubo largo (p. ej., una manguera de jardín), lo que tiene el efecto de aumentar considerablemente el espacio muerto, digamos por ejemplo de 150 ml a 3000 ml. De esta manera es imposible que entre aire nuevo en la zona de las vías respiratorias porque no sale nada de aire espirado del tubo y no llega aire nuevo a los pulmones; en cada respiración sólo se inhala el aire exhalado previamente. Para una explicación más detallada, véase el experimento infantil que se describe en el texto Forma básica, función básica titulado «Las lecciones de respiración del Doctor McConnell», al final del capítulo.

Apuntes sobre el caso

13-7 Un técnico de laboratorio registró los siguientes valores de la TVA y ventilación minuto de Luther: 7 l y 3,5 l. Sin embargo, se olvidó de registrar qué valor es la TVA y cuál la ventilación minuto. ¿Qué valor corresponde a su ventilación minuto, 7 l o 3,5 l?

Los factores físicos afectan a la ventilación

Cuando estamos sanos, respirar es fácil y natural. Sin embargo, sólo se necesita un fuerte resfriado para apreciar que los factores físicos pueden afectar a la facilidad de llenado y vaciado. Los factores más importantes son tres:

- La capacidad del diafragma y de los músculos torácicos para cambiar el volumen de la cavidad torácica.
- La capacidad de los pulmones para responder a las fuerzas musculares y esqueléticas.
- La capacidad de las vías respiratorias para dar cabida al flujo aéreo.

La parálisis muscular afecta a la ventilación

Parece casi demasiado obvio para mencionarlo, pero sin fuerza muscular no puede producirse la ventilación natural. Como se mencionó anteriormente, la contracción del diafragma y de los músculos del cuello, el tórax, la espalda y el abdomen tiene una función importante en la mecánica de la ventilación. La parálisis de alguno de estos grupos de músculos puede alterar la ventilación. Por ejemplo, en la primera mitad del siglo XX, los hospitales tenían pabellones enteros ocupados por enfermos de polio que precisaban asistencia ventilatoria mecánica porque el virus de la polio había destruido sus motoneuronas somáticas (cap. 8) y, por lo tanto, los músculos de la ventilación estaban paralizados. Un traumatismo de la médula espinal puede tener un efecto similar.

La distensibilidad y la elastancia afectan a la ventilación

Incluso aunque los músculos funcionen normalmente, la ventilación puede verse afectada por la incapacidad de los pulmones para expandirse o para recuperar su tamaño normal. Recordemos que en el capítulo 11 se habló de ciertas cualidades de los vasos sanguíneos. Describimos la *distensibilidad* como la capacidad de los vasos sanguíneos para estirarse y la *elastancia* como su capacidad para volver a sus dimensiones originales. Estos términos también se aplican a otras estructuras flexibles, como los pulmones:

- La **distensibilidad** es la facilidad con la que se pueden distender los pulmones para dar cabida a un volumen mayor. Normalmente los pulmones son muy distensibles y pueden estirarse con facilidad. De importancia secundaria a la distensibilidad del pulmón es la distensibilidad de la pared torácica. En la obesidad grave, el peso de la grasa de la pared torácica reduce la distensibilidad de la pared del tórax, haciendo la respiración más dificultosa. También algunas afecciones artríticas de la columna dorsal dificultan la movilidad de las costillas para expandir el volumen del tórax.
- La **elastancia** es la capacidad de los pulmones para volver a su dimensión original en el punto de transición. La elastancia del pulmón es consecuencia sobre todo de la cantidad de fibras elásticas del intersticio pulmonar. Estas fibras se estiran durante la inspiración y retroceden pasivamente durante la espiración pasiva para reducir el volumen pulmonar.

Desde el punto de vista clínico, la distensibilidad suele ser inversamente proporcional a la elastancia de los pulmones; los más distensibles son con frecuencia menos elásticos (como en nuestro ejemplo anterior de los calcetines viejos estirados) y viceversa. Por el contrario, los pulmones con cicatrices son más elásticos pero menos distensibles porque el objetivo básico del tejido cicatricial es tejer y unir los tejidos con una unión firme inelástica. Los pulmones cicatriciales son difíciles de estirar y vuelven rápidamente a su dimensión original.

La distensibilidad pulmonar refleja el trabajo de dos fuerzas diferentes: *a)* la distensibilidad del tejido conectivo pulmonar y *b)* la *tensión superficial* de la capa de líquido que cubre las paredes alveolares. La fina capa de líquido que tapiza los alvéolos es en realidad una burbuja de agua que quiere contraerse en forma de una gota de agua esférica sin aire. La fuerza de la tensión superficial tira hacia dentro de la pared alveolar y se resiste al insuflado ventilatorio. El resultado neto es que debería ser extraordinariamente difícil inflar los alvéolos. Pero, por supuesto, no lo son. ¡*Surfactante* al rescate!

Recuerde de apartados anteriores que alrededor del 10% de las células alveolares son neumocitos de tipo II que secretan surfactante. Las moléculas de surfactante se esparcen entre las moléculas de agua, disminuyendo la tensión superficial y contrarrestando la tendencia del agua a contraerse formando una diminuta gota. Este efecto es fácil de demostrar. Todos sabemos que para hacer burbujas se necesita jabón. ¿Por qué? Porque el jabón es un surfactante. Sin surfactante, las moléculas de agua están tan fuertemente atraídas las unas a las otras, su tensión superficial es tan alta, que tratar de hacer estallar las burbujas crearía sólo una lluvia de gotitas de agua. Pero se añade jabón y *¡voilà!* ¡Un ligero soplo de aire es suficiente para hacer que las moléculas de agua se expandan formando burbujas! El surfactante aumenta la distensibilidad alveolar de una forma similar haciendo que sea más fácil inflar los alvéolos.

El efecto de la disminución de surfactante puede verse en algunos bebés prematuros que sufren de *síndrome de dificultad respiratoria del recién nacido*. En estos lactantes, los pulmones no han madurado suficiente y no producen una cantidad normal de surfactante, y la ventilación es difícil debido a que la tensión superficial alveolar es muy alta. Luchan por respirar porque no tienen suficiente surfactante para «hacer burbujas». La lucha es tan intensa que con cada jadeo inspiratorio se aprecian las costillas a través de la piel. Sin ventilación mecánica, pueden morir de asfixia porque sus músculos inspiratorios se fatigan hasta el punto de que no pueden inhalar suficiente aire para mantenerse con vida. Suele tratarse a las mujeres con parto prematuro mediante corticoesteroides, que aceleran el desarrollo pulmonar fetal y la producción de surfactante. Después del nacimiento pueden ser eficaces varias estrategias de tratamiento, incluida la inhalación de surfactante.

Apuntes sobre el caso

13-8 Los pulmones de Luther eran anómalamente distensibles. ¿Le hacía esto más fácil o más difícil inspirar? Argumente su respuesta.

La resistencia de las vías respiratorias afecta a la ventilación

Al igual que la sangre fluye por los vasos, el aire entra y sale de los pulmones en respuesta a los cambios de los gradientes de presión en el árbol traqueobronquial. El aire fluye libremente porque los conductos bronquiales son extraordinariamente grandes y el aire es muchísimo menos viscoso que la sangre. La resistencia al flujo de aire está determinada principalmente por el diámetro del tubo a través del cual fluye. Por tanto, cuando las vías respiratorias se estrechan, se reduce el flujo aéreo. En ciertas patologías, la resistencia al flujo aéreo puede ser grave, incluso mortal. En el **asma,** por ejemplo, la contracción del músculo bronquiolar *(broncoespasmo)* y la producción excesiva de moco estrechan y obstruyen los bronquiolos, lo que aumenta la resistencia de las vías respiratorias. Un «ataque» de asma puede producirse por inhalación de irritantes, alérgenos, aire frío, una infección vírica, ansiedad o incluso el ejercicio físico. Sin tratamiento, un broncoespasmo agudo grave puede ser mortal.

El punto de ajuste principal para el control homeostático de la resistencia de las vías respiratorias se encuentra en los bronquiolos, que no tienen cartílago para endurecer sus paredes y están dotados de abundantes fibras musculares lisas. Las señales parasimpáticas del nervio vago (tono vagal) mantienen los bronquiolos en un estado un poco contraído. El sistema nervioso simpático, que se activa por factores de estrés como el ejercicio, dilata los bronquiolos para mejorar la ventilación. Recordemos que el sistema nervioso simpático utiliza la noradrenalina (de los nervios) y la adrenalina (de la médula suprarrenal) para mediar sus efectos. Es lógico entonces que los enfermos de asma utilicen adrenalina (o agonistas adrenérgicos) para tratar los ataques de asma, pues relaja el músculo liso bronquiolar, lo que dilata los bronquios y permite un mayor flujo aéreo.

Apuntes sobre el caso

13-9 Los bronquiolos de Luther tenían la mala costumbre de contraerse cuando Luther respiraba, ya que el tabaco había destruido gran parte de la estructura de soporte del intersticio pulmonar que los mantenía abiertos. ¿Cree usted que la resistencia al flujo aéreo de Luther estaba aumentada o disminuida?

La ventilación pulmonar se cuantifica con la espirometría

El diagnóstico de la enfermedad respiratoria se basa en mediciones precisas de los cambios en el volumen pulmonar durante la respiración. Un instrumento sencillo llamado **espirómetro** puede cuantificar el *volumen* y la *velocidad del flujo de aire* hacia dentro y fuera de los pulmones. La técnica es simple: se proporciona una boquilla y con un tubo conectado a un dispositivo de medición el paciente debe llevar a cabo diferentes acciones respiratorias. En la figura 13-10 A se muestra un ejemplo del resultado del registro, conocido como **espirometría.** Hay que tener en cuenta que algunas medidas se llaman *volúmenes* y otras se llaman *capacidades.* Una capacidad es una combinación de dos o más volúmenes.

Comenzamos nuestro gráfico de espirometría en el punto de transición entre dos respiraciones. En este momento el volumen de aire que queda en los pulmones se llama **capacidad residual funcional.** En el adulto joven promedio, esta capacidad es de aproximadamente 2400 ml. Éste es el volumen que llena las vías respiratorias de las zonas de conducción e infla de forma parcial los alvéolos.

En primer lugar, desde el punto de transición, respire tranquilamente durante cuatro respiraciones. Ya hemos señalado que el pequeño volumen de aire que entra y sale de sus pulmones en una respiración tranquila es el **volumen corriente,** llamado así por su parecido con el flujo (altamar) y reflujo (bajamar) de la marea del océano.

A continuación, desde el reposo en el punto de transición, exhale con tanta fuerza como le sea posible. El volumen de aire espirado desde el punto de transición es el **volumen de reserva espiratoria,** que es una reserva, ya

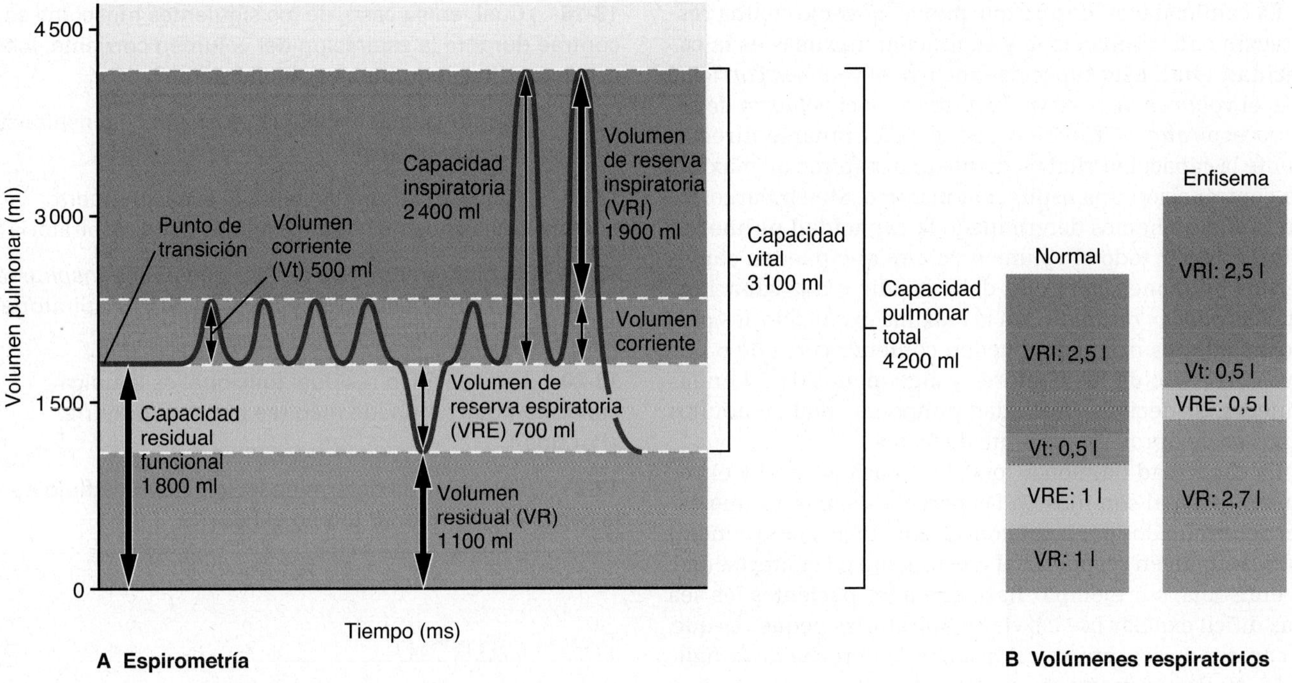

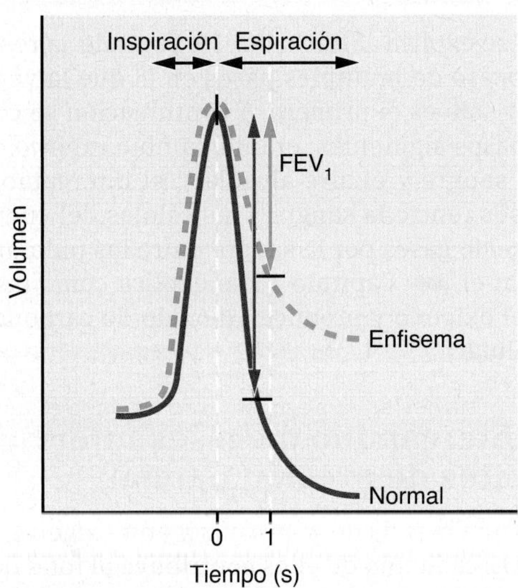

Figura 13-10. Volúmenes y capacidades pulmonares. A) Volúmenes y capacidades pulmonares de una mujer adulta promedio, determinados por espirometría. Las curvas hacia arriba son inspiraciones, y las curvas hacia abajo son espiraciones. Los volúmenes y capacidades indicados por las flechas delgadas se miden directamente en este trazado; las flechas gruesas deben calcularse. **B)** Volúmenes respiratorios en una personas normal y enfisematosa. **C)** El volumen espiratorio forzado en 1 s (FEV_1) se utiliza en el diagnóstico de muchas enfermedades respiratorias. *¿Qué capacidades pulmonares incluyen el volumen residual?*

que no se utiliza en la respiración normal. Los músculos espiratorios accesorios, como los abdominales, se ponen en funcionamiento cuando se expulsa el volumen de reserva. Sin embargo, por mucho que lo intente, siempre existe en los pulmones un poco de aire que no puede expulsarse, incluso en el punto de espiración máxima. Para medir este volumen, el **volumen residual,** han de utilizarse técnicas especializadas. La suma del volumen residual y del volumen de reserva espiratoria constituye la capacidad residual funcional.

Volviendo a descansar en el punto de transición, inhale lo más profundamente que le sea posible. El volumen de aire que se inhala desde el punto de transición es la **capacidad inspiratoria.** La cantidad *extra* de aire que se inhala por encima del volumen corriente se denomina **volumen de reserva inspiratorio.**

La cantidad total de aire que puede moverse en una respiración con la inhalación y espiración máximas es la **capacidad vital.** Esta capacidad incluye el *volumen corriente* más el *volumen de reserva inspiratorio* y el *volumen de reserva espiratoria.* También puede determinarse directamente la capacidad vital mediante una inspiración máxima y a continuación una espiración máxima. Sin embargo, todavía aún no hemos determinado la **capacidad pulmonar total,** es decir, todo el volumen de aire que pueden contener los pulmones. Para ello, debe añadirse a la capacidad vital el *volumen residual.* Con la máxima expansión, los pulmones adultos promedio pueden contener cerca de 6 l de aire en el caso de los hombres y algo menos de 5 l en las mujeres. Es decir, la capacidad pulmonar total en adultos sanos es de aproximadamente de 5 l a 6 l.

La capacidad pulmonar total, la capacidad vital y el volumen residual son fijos en las personas sanas, ya que están determinados por la anatomía individual. Por lo general sólo cambian en respuesta al crecimiento o la enfermedad. El enfisema, por ejemplo, hace que a los pacientes les sea más difícil exhalar por las vías respiratorias pequeñas que, al carecer de soporte, se colapsan. A la derecha de la figura 13-10 B se muestra el cambio resultante en el volumen residual. El enfisema y otras enfermedades también modifican los volúmenes y las capacidades pulmonares, al igual que el nivel de actividad. El ejercicio aumenta varias veces el volumen corriente; durante un esfuerzo máximo, el volumen corriente alcanza la capacidad vital. Dado que la capacidad vital se mantiene, conforme aumenta el volumen corriente, deben disminuir los volúmenes de reserva inspiratoria y espiratoria.

La *velocidad* del flujo aéreo de un paciente es también una herramienta de diagnóstico importante (fig. 13-10 C). Se pide al paciente que realice la inspiración más profunda y espire lo más rápidamente posible hasta que no pueda espirar más aire. La cantidad de aire espirado en el primer segundo es el **volumen espiratorio forzado en 1 s** (FEV_1). El FEV_1 suele ser un 80% de la capacidad vital, pero puede ser demasiado bajo en los trastornos obstructivos de las vías respiratorias. El trazado verde de la figura 13-10 C, por ejemplo, muestra qué velocidad de flujo habría tenido Luther.

Apuntes sobre el caso

13-10 **El volumen corriente de Luther era normal, pero su capacidad inspiratoria se redujo. ¿Cómo puede ser esto?**

13-11 **El FEV_1 de Luther estaba reducido. ¿Por qué?**

13-14 Si quiere doblar la presión del gas, ¿cómo debe cambiar su volumen?

13-15 Si la presión intrapulmonar es de 750 mm Hg y la presión atmosférica, de 752 mm Hg, ¿el aire saldrá o entrará en los pulmones?

13-16 ¿Cuál, en su caso, de los siguientes músculos se contrae durante la espiración del volumen corriente, los escalenos, los abdominales, el diafragma?

13-17 Cuando la distensibilidad es menor, ¿la inspiración es más fácil o más difícil?

13-18 ¿Qué zona es equivalente al espacio muerto anatómico: la zona de conducción o la zona respiratoria?

13-19 El volumen máximo de aire que puede *inspirarse* desde el punto de transición es la capacidad inspiratoria. ¿Verdadero o falso?

13-20 La capacidad residual funcional es la única *capacidad* que no puede medirse por espirometría. ¿Por qué?

13-21 ¿Qué medida determina la velocidad de flujo aéreo, la capacidad pulmonar total o el FEV_1?

Intercambio y transporte de gases

Tal como se explica al inicio de este capítulo, la respiración es un proceso de múltiples pasos en el que la ventilación pulmonar sólo es el primero. A continuación se comentan los tres pasos siguientes: el intercambio *externo* de gases (entre la sangre y el aire alveolar), el intercambio *interno* de gases (entre la sangre y las células del cuerpo) y el transporte de gases por la sangre entre los pulmones y los tejidos. En el ➡ capítulo 15 se explica cómo las células utilizan el oxígeno y producen dióxido de carbono (respiración celular).

En el intercambio de gases intervienen gradientes de presión parcial

El aire es una mezcla de gases: nitrógeno, oxígeno, vapor de agua y CO_2; cada uno de ellos contribuye al total de la presión atmosférica en proporción directa a su concentración relativa en el aire. La ventilación pulmonar consiste en un flujo masivo de aire: las diversas moléculas se mueven juntas hacia dentro y fuera de los pulmones por el mismo gradiente de presión. Cuando se trata del intercambio de gases interno y externo, sin embargo, cada gas actúa de manera independiente, moviéndose por su *propio* gradiente de presión. Es decir, el movimiento de oxígeno está determinado por el gradiente de presión del oxígeno entre los pulmones y la sangre, o entre la sangre y los tejidos; no se ve afectado por los movimientos y los gradientes del CO_2.

La presión de un gas específico se denomina **presión parcial.** Cada presión parcial se calcula multiplicando la presión atmosférica por el porcentaje de dicho gas en el aire atmosférico. Por ejemplo, la presión atmosférica a nivel del mar es de 760 mm Hg. El aire está compuesto en un 20,9% de oxígeno, por lo que la presión parcial de oxígeno (la PO_2) es de 760 mm Hg × 0,209 = 159 mm Hg.

Para entender el intercambio de gases externo, no es suficiente con conocer la presión parcial del oxígeno (o de otro gas) en el aire alveolar. También necesitamos conocer la presión parcial de dicho gas en la sangre capilar alveolar. La presión parcial de un gas disuelto depende de dos elementos: su *concentración* y su *solubilidad* (capacidad para disolverse en la sangre). Obviamente, cuanto mayor sea la concentración de un gas, mayor es su presión parcial. La solubilidad, sin embargo, es harina de otro costal. Piénselo de esta manera: cuanto más soluble es un gas en un líquido, menos quiere «escaparse» y, por tanto, menor es la presión parcial que crea a una determinada concentración en el líquido. Por ejemplo, el CO_2 es mucho más soluble en agua (o sangre) que el oxígeno. Por tanto, se requiere una concentración mucho mayor de CO_2 en la sangre para crear la misma presión parcial ejercida por una menor concentración de oxígeno (fig. 13-11). Así, en una muestra de sangre en la que la presión parcial de ambos gases es de 100 mmHg, la concentración de oxígeno disuelto será mucho más bajo que la del CO_2 debido a su diferente solubilidad.

Apuntes sobre el caso

13-12 Durante su hospitalización, Luther respiraba aire enriquecido con oxígeno. La presión atmosférica era de 760 mmHg y la concentración de oxígeno era del 50 %. ¿Cuál era la presión parcial de oxígeno en el aire inspirado?

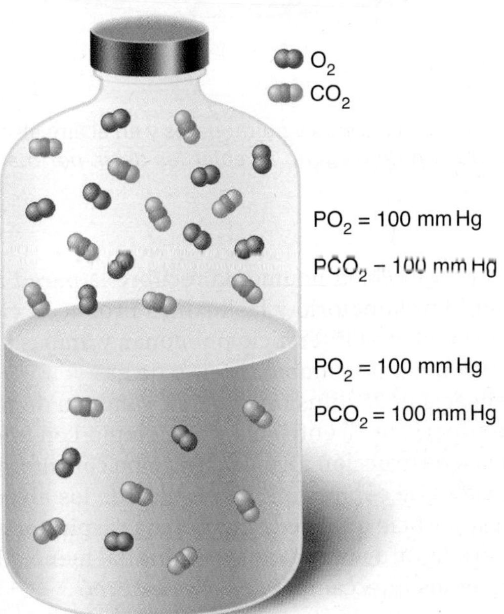

Figura 13-11. Presiones parciales de gas en líquidos. Para establecer el mismo gradiente de presión parcial de gas se necesitan menos moléculas en el líquido que en el aire. Los gases muy solubles en agua (como el CO_2) precisan más moléculas de gas para establecer una presión parcial determinada que los gases menos solubles en agua (como el O_2). *Hay más moléculas de oxígeno en el aire que en el líquido. ¿Difundirá el oxígeno hacia el líquido?*

El intercambio externo de gas carga oxígeno y descarga dióxido de carbono

El intercambio externo de gases, la transferencia de oxígeno desde los alvéolos a la sangre y de CO_2 desde la sangre a los alvéolos se produce en su totalidad por difusión. La difusión del gas a través de la membrana pulmonar depende de dos factores principales:

- Los gradientes de presión parcial entre el aire alveolar y la sangre.
- La salud de los tejidos de los pulmones.

Gradientes de presión mayores aumentan el intercambio de gases

El determinante más importante del intercambio externo de gas son los gradientes de presión parcial entre los alvéolos y la sangre. La presión parcial de oxígeno (PO_2) es mayor en los alvéolos (104 mmHg) que en la sangre pobre en oxígeno que llega a los pulmones (PO_2 = 40 mmHg), por lo que el oxígeno difunde por su gradiente de presión parcial desde el alvéolo a la sangre (fig. 13-12). La situación se invierte para el CO_2; difunde desde la sangre rica en CO_2 (PCO_2 = 45 mmHg) hacia los alvéolos (PCO_2 = 40 mmHg). En ambos casos se establece rápidamente el equilibrio entre la sangre y el aire para que la PO_2 y la PCO_2 en la sangre que sale de los pulmones sea la misma que en el aire alveolar.

El aire alveolar contiene mucho más CO_2 y sustancialmente menos oxígeno que el aire atmosférico, ya que los alvéolos contienen una mezcla de aire nuevo y de aire «viejo» que ya ha participado en el intercambio de gases. Sin embargo, a medida que aumenta la tasa de ventilación alveolar y el aire nuevo purifica más aire «viejo», las concentraciones de gas alveolar son parecidas a las del aire atmosférico; la concentración de oxígeno y su presión parcial aumentan y las de CO_2 disminuyen. Esto, por supuesto, aumenta el gradiente de presión, lo que provoca una difusión más rápida de oxígeno y CO_2 a través de la membrana pulmonar.

Por el contrario, todo lo que perjudica a la ventilación pulmonar reduce los gradientes de presión parcial, así como el intercambio de gases (fig. 13-12, factor a). Por ejemplo, la presión atmosférica disminuye a gran altura. A 3000 metros sobre el nivel del mar, el *porcentaje* de oxígeno en el aire no cambia (se mantiene el 20,9 %), pero la presión atmosférica cae de 760 mmHg a 523 mmHg. Como resultado, la PO_2 cae a 109 mmHg (523 × 0,209). Esto, a su vez, reduce la diferencia (el gradiente) entre la PO_2 en los pulmones y en la sangre, lo que dificulta que la sangre pueda cargar oxígeno. No es de extrañar que a grandes altitudes nos falte el aire.

El enfisema deteriora el intercambio de gases alterando la cantidad de aire nuevo que llega a los alvéolos (fig. 13-12, factor b). Por ejemplo, recuerde que antes hemos comentado que los pacientes con enfisema tienen dificultad para exhalar el aire «viejo» (con gran contenido en CO_2 y bajo en O_2), lo que deja menos espacio para el aire

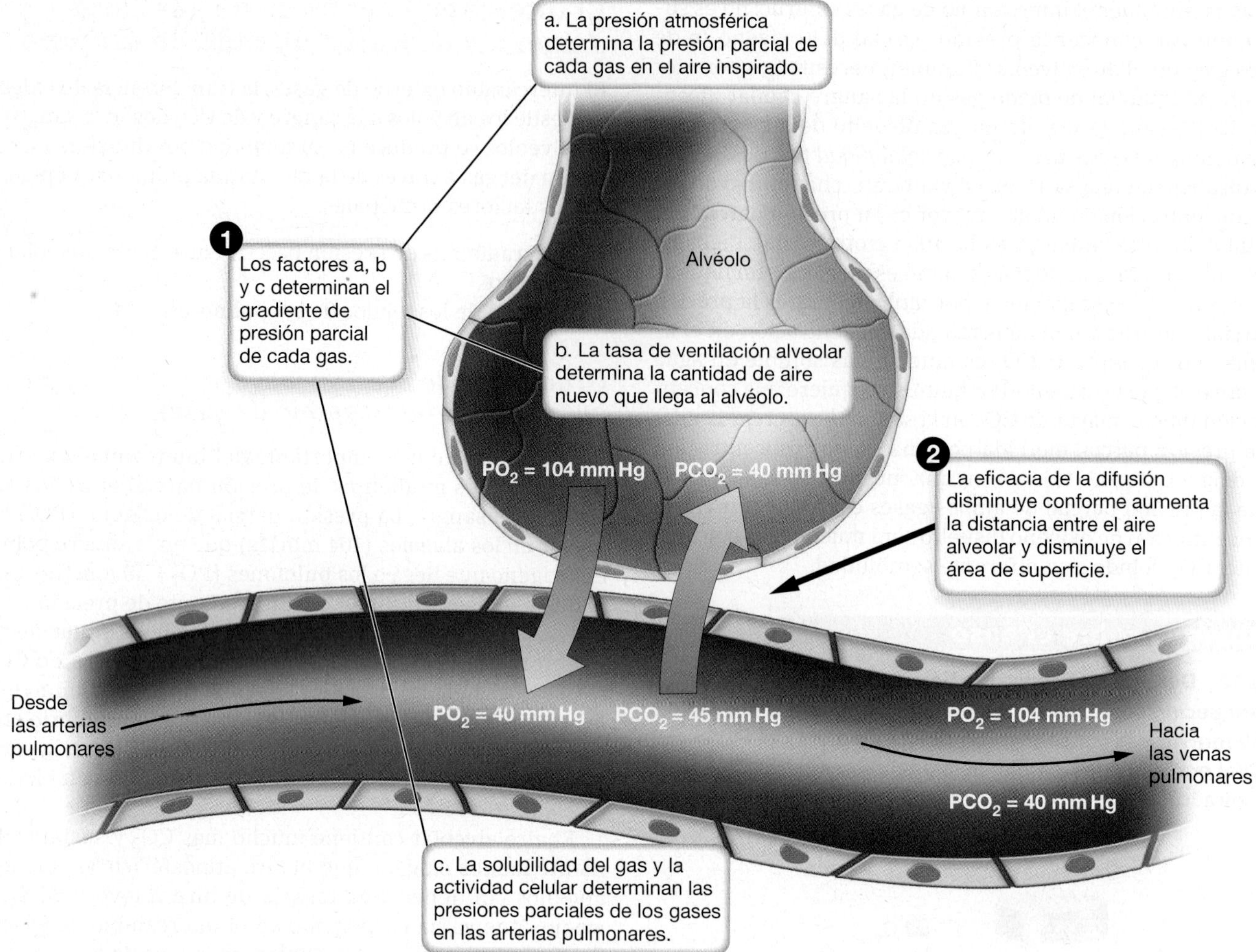
a. La presión atmosférica determina la presión parcial de cada gas en el aire inspirado.
1
Los factores a, b y c determinan el gradiente de presión parcial de cada gas.
Alvéolo
b. La tasa de ventilación alveolar determina la cantidad de aire nuevo que llega al alvéolo.
PO_2 = 104 mm Hg
PCO_2 = 40 mm Hg
2
La eficacia de la difusión disminuye conforme aumenta la distancia entre el aire alveolar y disminuye el área de superficie.
Desde las arterias pulmonares
PO_2 = 40 mm Hg
PCO_2 = 45 mm Hg
PO_2 = 104 mm Hg
Hacia las venas pulmonares
PCO_2 = 40 mm Hg
c. La solubilidad del gas y la actividad celular determinan las presiones parciales de los gases en las arterias pulmonares.

Figura 13-12. Intercambio externo de gases. Observe que las presiones parciales en las venas pulmonares y en el aire alveolar son las mismas. *¿Cómo cambia la difusión del oxígeno si disminuye la concentración de oxígeno alveolar (es decir, por mantener la respiración)?*

nuevo (alto contenido de O_2, bajo de CO_2). La disminución resultante en el O_2 alveolar y el aumento de CO_2 reduce el intercambio de gas alveolar. Como resultado, los pacientes con enfisema tienen niveles elevados de CO_2 en la sangre y bajos de O_2.

La alteración de la presión parcial de un gas en la sangre también puede aumentar el gradiente de presión (fig. 13-12, factor c). Por ejemplo, durante el ejercicio intenso, las células del cuerpo utilizan más O_2 y producen más CO_2, lo que aumenta el gradiente de presión de ambos gases entre la sangre y el aire alveolar. Cuando esta sangre pobre en O_2 y rica en CO_2 llega a los pulmones, aumenta la velocidad de intercambio externo de gas, se carga de O_2 y se descarga de CO_2 con mayor facilidad.

Por último, hay que recordar que en su recorrido entre la sangre y el aire alveolar, el O_2 y el CO_2 deben difundir a través de las paredes alveolares y de los capilares y del tejido conectivo del intersticio pulmonar intermedio. Cualquier patología que altere la distancia que tienen que difundir los gases disminuirá la eficacia de la difusión (fig. 13-12, paso 2). Por ejemplo, la neumonía recubre la pared alveolar con líquido inflamatorio y las toxinas producen cicatrización y aumentan el intersticio pulmonar, y ambas situaciones reducen el intercambio externo de gas.

La eficacia de la difusión depende también de una gran área de superficie. El enfisema, por ejemplo, con frecuencia se asocia a destrucción alveolar, así como con alteración de la capacidad de espiración. La pérdida de los alvéolos reduce la superficie total de la membrana respiratoria disponible para la difusión: menos membrana, menos difusión de gas, menos intercambio de gases externo.

Apuntes sobre el caso

13-13 La neumonía llenó los alvéolos de Luther de líquido y el enfisema destruyó muchos alvéolos. ¿Estos cambios aumentaron o disminuyeron la cantidad de dióxido de carbono en la sangre que sale de los pulmones? Argumente su respuesta.

Transporte de oxígeno e intercambio interno de gases

El oxígeno difunde desde el aire alveolar rico en oxígeno (PO_2 = 104 mm Hg) hacia la sangre arterial pulmonar pobre en oxígeno (PO_2 = 40 mm Hg) (fig. 13-13 A). Sin embargo, la parte acuosa de la sangre (plasma) es un medio más inhóspito para el oxígeno. Este gas no es muy soluble en agua, por lo que sólo el 1% del oxígeno de la sangre puede disolverse en el plasma. Afortunadamente, los eritrocitos y su carga de hemoglobina se encuentran disponibles para capturar el 99% restante.

La hemoglobina con moléculas de oxígeno unidas, conocida como **oxihemoglobina,** es rojo escarlata, el color de la sangre arterial. Después de perder su oxígeno, la hemoglobina se denomina *hemoglobina reducida* o *desoxihemoglobina;* tiene un tono más oscuro de rojo, el color de la sangre venosa.

Cada molécula de hemoglobina contiene cuatro átomos de hierro, cada uno de los cuales puede combinarse con una molécula de oxígeno. Cada eritrocito contiene aproximadamente 250 millones de moléculas de hemoglobina; por lo tanto, cada uno puede transportar hasta unos mil millones de moléculas de oxígeno. Sin embargo, éste rara vez llena toda la capacidad de la hemoglobina disponible. El grado (porcentaje) en el que el oxígeno ocupa los lugares disponibles de unión a la hemoglobina se denomina **saturación de la hemoglobina.**

El grado de saturación de la hemoglobina y, por lo tanto, la cantidad de oxihemoglobina que se forma, depende de la PO_2. Puesto que esta presión es alta en los pulmones, el oxígeno se une fácilmente a la hemoglobina de la sangre que pasa a través de los pulmones (fig. 13-13 A). En los tejidos, conforme el oxígeno difunde desde los capilares hacia las células del cuerpo, cae la PO_2 del plasma, lo que estimula a la hemoglobina para que libere su carga de oxígeno (fig. 13-13 B). Estas moléculas recién liberadas difunden a continuación hacia el interior de una célula del cuerpo para su uso en las reacciones metabólicas.

La saturación de la hemoglobina varía desde un máximo de alrededor del 98% en los capilares pulmonares hasta un mínimo del 45% en los capilares de los tejidos periféricos. La figura 13-13 muestra que no todo el oxígeno unido a la hemoglobina se libera en los tejidos. Determinados factores físicos aumentan la *descarga* de oxígeno: mayor PCO_2, aumento de hidrogeniones (aumento de la acidez) y aumento

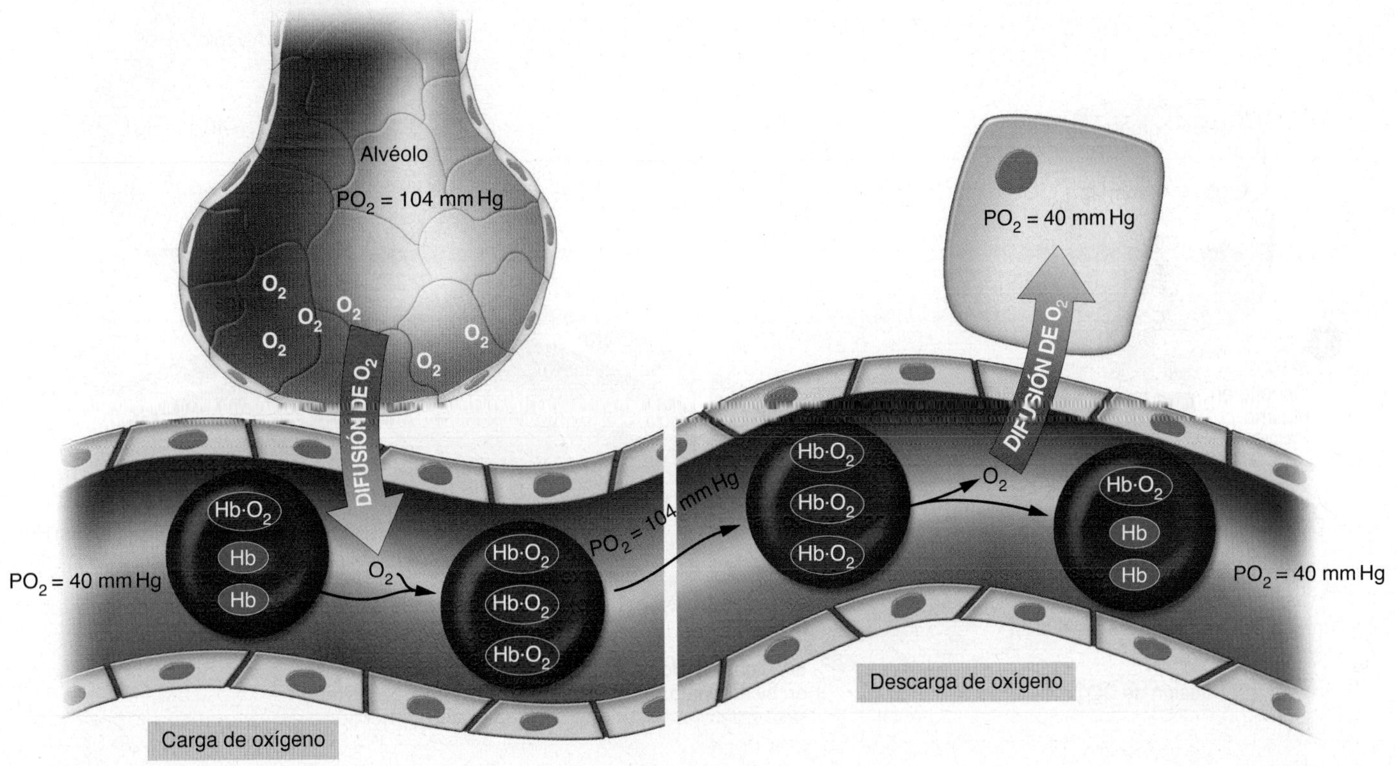

Figura 13-13. Transporte de oxígeno e intercambio externo de gases. La mayoría del oxígeno se transporta por la sangre unido a la hemoglobina, pero una pequeña cantidad de éste (que no se muestra) se transporta disuelto en plasma. Observe que cada eritrocito contiene muchas moléculas de hemoglobina; sólo se muestran tres. **A)** El oxígeno se une a la hemoglobina en los capilares pulmonares donde la presión parcial de oxígeno es alta. **B)** La hemoglobina libera el oxígeno en los capilares de los tejidos, donde la presión parcial de éste es baja. *¿Dónde tendrá más posibilidades de ser recogida una molécula de oxígeno por la hemoglobina, en la sangre que llega a los pulmones o en la sangre que llega a los tejidos?*

de la temperatura. Esto no debería sorprenderle: cada una de estas variables se asocia con un aumento de la carga de trabajo de los tejidos, aumento del metabolismo y una mayor necesidad de oxígeno.

Como es de esperar, lo contrario también ocurre. Es decir, la *carga* de oxígeno se ve favorecida por una disminución de PO_2, disminución de hidrogeniones (menos acidez) y una temperatura más baja. ¿Y dónde podría ser? En los pulmones.

Transporte de dióxido de carbono e intercambio interno de gases

El CO_2 se mueve en la dirección opuesta a la del oxígeno, es decir, entra en la sangre desde los tejidos y sale de la sangre en los pulmones. Dentro de los tejidos, el CO_2 pasa hacia el plasma fluyendo a favor del gradiente de presión parcial de CO_2: la PCO_2 tisular es de 45 mmHg y la PCO_2 de la sangre que entra en los capilares sistémicos es de aproximadamente 40 mmHg. El CO_2, al igual que el oxígeno, puede transportarse disuelto en el plasma y unido a la hemoglobina. Sin embargo, las proporciones son muy diferentes (fig. 13-14 A, paso 1). Alrededor del 5% al 10% del CO_2 de la sangre está disuelto en ésta, una cifra muy superior al escaso 1% de oxígeno que se transporta de esta forma, puesto que el CO_2 es mucho más soluble en agua que el oxígeno. Otro 5% a 10% de CO_2 se transporta unido a la hemoglobina (paso 2).

El restante 80% a 90% de CO_2 no se transporta en forma de gas sino como una molécula altamente soluble llamada bicarbonato (paso 3). Recuerde del capítulo 2 que la enzima *anhidrasa carbónica* cataliza la formación de bicarbonato a partir de CO_2 y agua:

$$CO_2 + H_2O \Leftrightarrow H_2CO_3 \Leftrightarrow H^+ + HCO_3^-$$

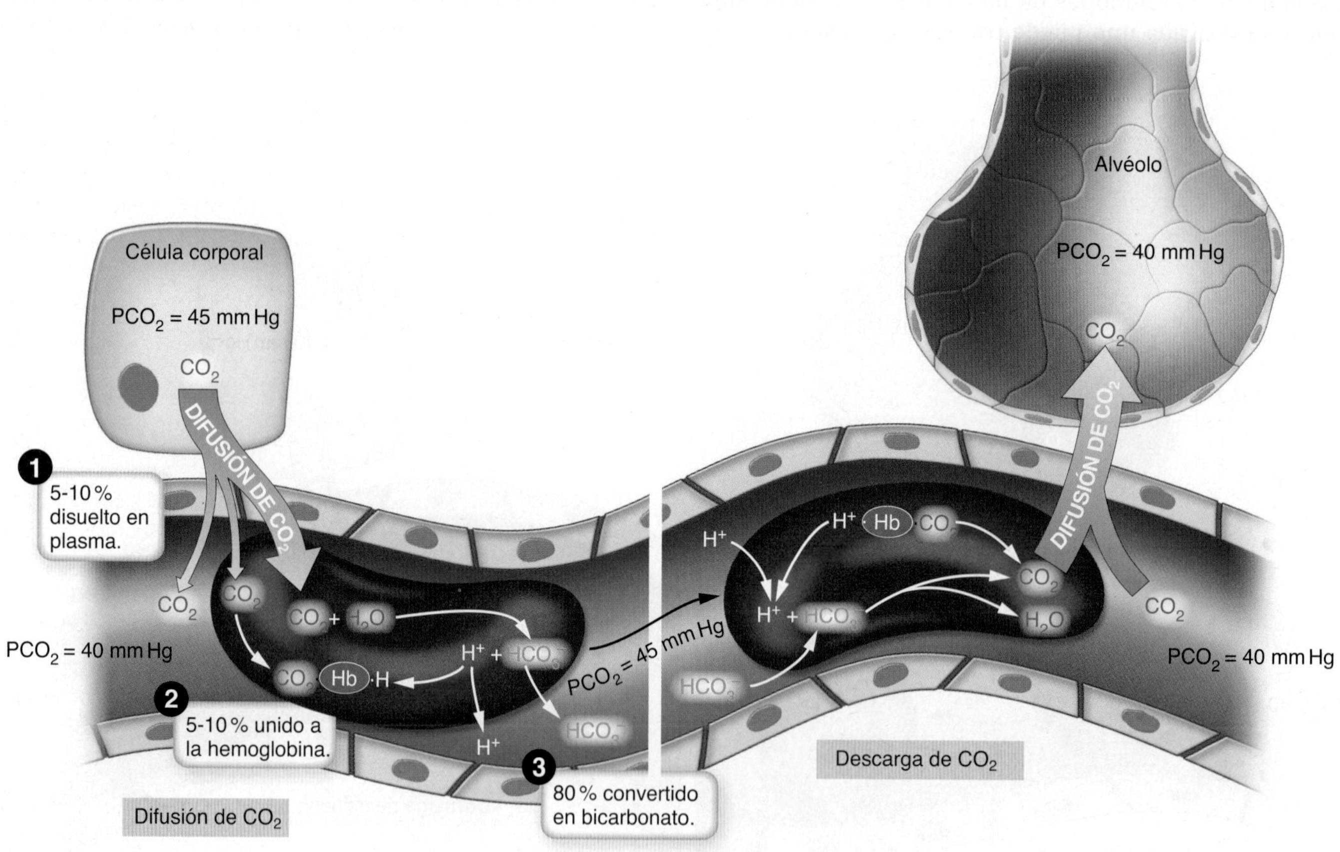

Figura 13-14. Transporte del dióxido de carbono. A) El CO_2 producido por el metabolismo celular se transporta, en parte, disuelto en el plasma o unido a la hemoglobina. La mayoría del CO_2 se convierte en iones bicarbonato en una reacción que produce hidrogeniones. Algunos de los hidrogeniones se unen a la hemoglobina, pero otros difunden hacia la sangre y aumentan la acidez de ésta. **B)** El gradiente de presión parcial de CO_2 entre la sangre pulmonar y los alvéolos impulsa la salida de la sangre de CO_2 disuelto y del unido a la hemoglobina. El bicarbonato de la sangre se combina con hidrogeniones de la sangre y/o de la hemoglobina para producir CO_2 adicional que difunde hacia el interior de los alvéolos. *¿Qué cambio tendría un efecto mayor sobre la capacidad de la sangre para transportar CO_2: el bloqueo de la producción de bicarbonato o la destrucción de hemoglobina?*

Observe que las flechas apuntan en ambos sentidos, lo que indica que la reacción puede proceder en cualquier dirección: si el nivel de CO_2 es alto o el contenido en hidrogeniones es bajo, la reacción se desplaza hacia la derecha. Como resultado, bajan las cifras de CO_2 y aumentan las de hidrogeniones. Por el contrario, si el CO_2 es bajo o los hidrogeniones altos, la reacción se desplaza hacia la izquierda, produciendo CO_2 y eliminando hidrogeniones.

Dado que la presión parcial de CO_2 es alta en los tejidos capilares, el CO_2 se convierte en iones bicarbonato e hidrogeniones (fig. 13-14 A). La hemoglobina actúa como un amortiguador (cap. 2) de las oscilaciones del pH de la sangre y lo mantiene en un intervalo seguro. Lo hace uniéndose a hidrogeniones, manteniéndolos «secuestrados» en los eritrocitos y limitando el número de hidrogeniones que entran en el plasma para modificar el pH. Sin embargo, debido a la hemoglobina sólo puede unirse a algunos hidrogeniones, *los grandes cambios en el CO_2 arterial modificarán el pH sanguíneo.* La conclusión es que la retención de CO_2 (por mantener la respiración o debido a enfermedad pulmonar) aumenta la acidez de la sangre y asimismo la hiperventilación (respiración excesiva) reduce el CO_2 y hace la sangre más alcalina.

Una vez que la sangre llega a los pulmones, el CO_2 fluye de nuevo por un gradiente de presión parcial desde la sangre hacia los alvéolos: la PCO_2 de sangre es de unos 45 mm Hg y la PCO_2 alveolar es de aproximadamente 40 mm Hg (fig. 13-14 B). Las reacciones químicas anteriores se invierten, el CO_2 del plasma difunde hacia los alvéolos; el CO_2 se separa de la hemoglobina y se difunde hacia fuera también. El bicarbonato del plasma vuelve a entrar en los eritrocitos y se combina con el hidrógeno, dando lugar a la producción de CO_2 y agua. El CO_2 difunde a continuación por su gradiente de presión fuera de los eritrocitos hacia el plasma y después en los alvéolos.

Apuntes sobre el caso

13-14 **¿Por qué cree que la sangre de Luther era ácida?**

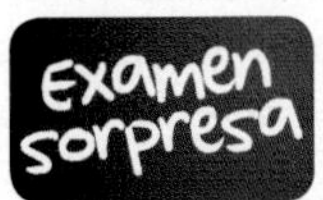

13-22 Si la presión atmosférica es de 700 mm Hg y el porcentaje de oxígeno es del 20 %, ¿cuál es la presión parcial de oxígeno?

13-23 Una solución contiene 100 mm Hg de oxígeno y nitrógeno. Dado que el nitrógeno es mucho menos soluble que el oxígeno, ¿contiene la solución más moléculas de oxígeno o de nitrógeno?

13-24 Si disminuye la presión parcial de oxígeno en los capilares pulmonares, ¿aumentará o disminuirá el gradiente de presión de oxígeno entre los alvéolos y los capilares pulmonares?

13-25 ¿Qué parámetro aumentaría para mejorar la difusión del gas: el espesor de la pared alveolar o la superficie total disponible para la difusión del gas?

13-26 ¿Qué cambio aumentaría más la cantidad de oxígeno transportado en la sangre: aumentar la cantidad de oxígeno disuelto en el plasma o aumentar la concentración de hemoglobina? Explíquelo.

13-27 Si cae la concentración de iones hidrógeno de la sangre, ¿qué sucederá con la producción de CO_2 desde el bicarbonato? ¿Aumentará o disminuirá?

Control de la respiración

«Tan natural como respirar» es una frase que la mayoría de nosotros hemos oído, lo cual es un testimonio de la falta de esfuerzo de la respiración normal. Es fácil porque normalmente se produce de forma automática, en respuesta a las necesidades del momento sin nuestro conocimiento. Sin embargo, podemos optar por hacernos conscientes y asumir un cierto grado de control consciente. Podemos contener la respiración en el agua sin ahogarnos o para evitar de forma temporal los gases nocivos, o podemos respirar profunda y rápidamente cada vez que lo queramos: para apagar las velas de una tarta de cumpleaños, por ejemplo.

El control consciente requiere que la corteza cerebral dé órdenes a los músculos voluntarios, lo que contrasta con la falta de control consciente en la regulación de la frecuencia cardíaca y otras funciones supervisadas por el sistema neurovegetativo. Sin embargo, la corteza cerebral puede ejercer sólo una influencia limitada; el ritmo y la velocidad básicos de la respiración son competencia de la parte más profunda del cerebro, en las regiones más primitivas sobre las que no tenemos un control consciente.

El ritmo respiratorio es controlado por el tronco del encéfalo

Durante la respiración normal tranquila respiramos alrededor de 12 veces por minuto. Cada ciclo dura unos 5 s: 2 s de inspiración y 3 s de espiración.

El **centro respiratorio** es un conjunto de neuronas situadas en el tronco del encéfalo que inicia el ciclo y la modula en respuesta a factores químicos o físicos (fig. 13-15). Estas neuronas se agrupan en el *grupo respiratorio ventral (GRV)*, el *grupo respiratorio dorsal* y el *grupo respiratorio del puente.* Mientras que los grupos respiratorios dorsal y del puente ayudan a afinar con precisión el ritmo respiratorio, es el **GRV** el que establece el ritmo básico. A pesar de la obvia importancia de este hecho, los mecanismos que participan siguen sin comprenderse bien. El pensamiento actual es que, en los adultos, las poblaciones neuronales del GRV se estimulan mutuamente en un mecanismo de retroalimentación positiva que culmina con un estallido de estimulación que activa los nervios motores que inervan el diafragma y los intercostales externos. Este estallido de estimulación pone en marcha la retroalimentación negativa que apaga el sistema, reduciendo las señales a los nervios motores de los músculos inspiratorios. Los músculos se relajan y la espiración se produce al expulsarse el aire por el retroceso elástico de los pulmones. Cuando se precisa espiración activa, poblaciones adicionales de neuronas del GRV reclutan a los músculos espiratorios.

El patrón respiratorio básico puede ser modificado mediante el pensamiento consciente o por mecanismos inconscientes. Por ejemplo, tanto estornudar, toser, reír, cantar como hablar requieren acciones coordinadas de los músculos respiratorios. Por otra parte, cuando tragamos líquidos la respiración cesa y el ciclo respiratorio suele reanudarse con una espiración, una precisa coordinación que evita que nos ahoguemos. También hay muchos otros factores, entre los que destacan la concentración arterial de CO_2, que modulan la respiración alterando la actividad del centro respiratorio.

Varios factores tienen influencia en la velocidad y profundidad de la respiración

La velocidad y profundidad de la respiración están influidas por diversos factores, según las demandas del organismo. Además de las señales corticales voluntarias, las más importantes son sustancias químicas, la PCO_2, el pH y, en menor medida, la PO_2 de la sangre arterial. Las neuronas del centro respiratorio se estimulan más rápidamente cuando las necesidades metabólicas del cuerpo son altas. El aumento del número de potenciales de acción de los nervios que llegan a los músculos respiratorios reclutan la contracción de más fibras musculares, lo que aumenta la fuerza.

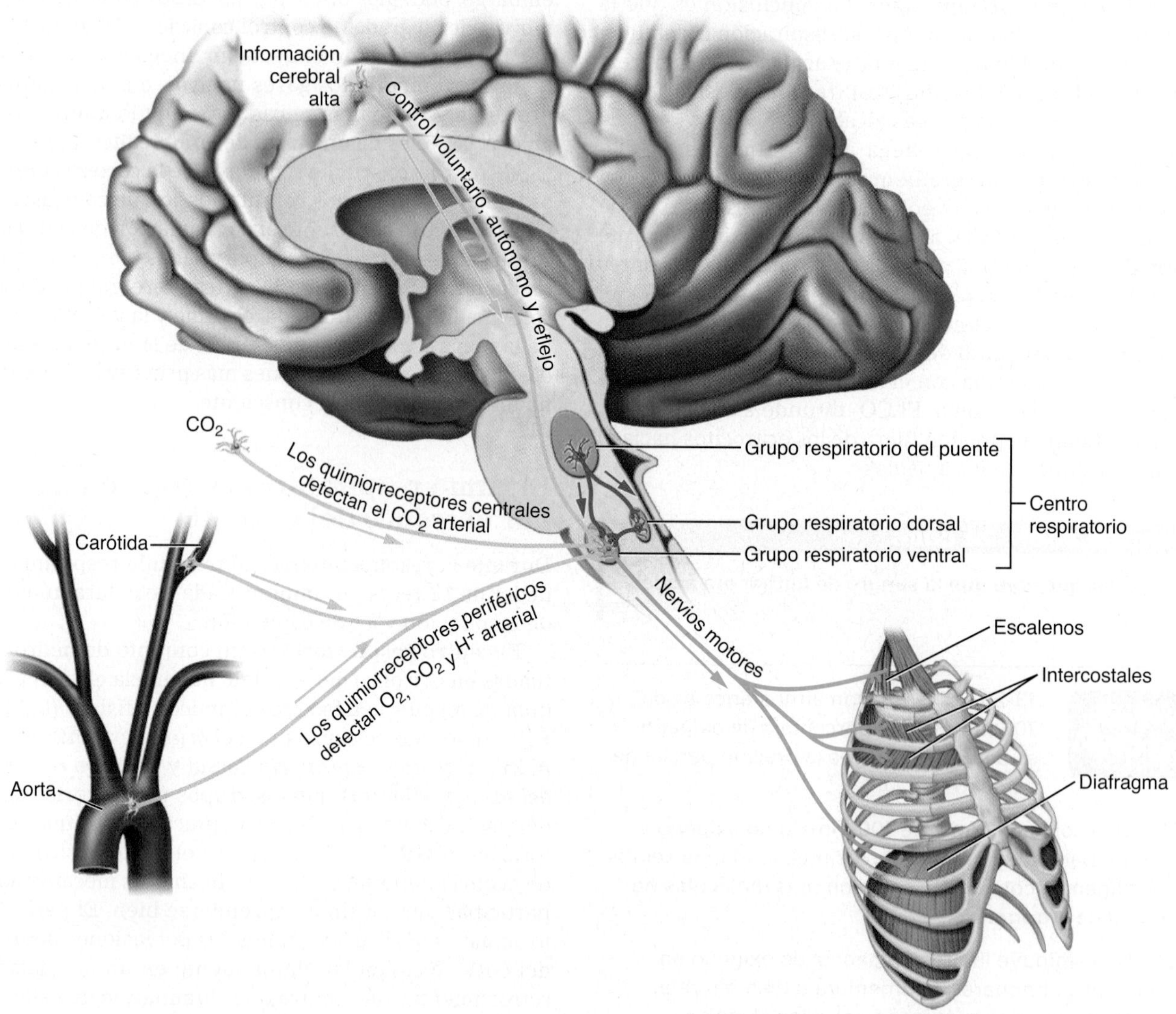

Figura 13-15. Centros de control respiratorio. Los grupos respiratorios del puente y dorsal envían información al grupo respiratorio ventral (neuronas marrones), que ajusta el ritmo respiratorio básico alterando la actividad de los nervios que inervan los músculos inspiratorios (neuronas azules). El centro respiratorio, a su vez, recibe información de los quimiorreceptores periféricos y centrales y de regiones cerebrales altas (neuronas amarillas). *¿Dónde se localizan los quimiorreceptores periféricos?*

Un aumento del dióxido de carbono en sangre estimula la respiración

Los quimiorreceptores centrales de la médula y, en menor medida, los quimiorreceptores periféricos del arco aórtico y las arterias carótidas (en el cuello) regulan la ventilación inconsciente (v. fig. 13-15). Comúnmente se cree que una baja PO_2 arterial es el principal estímulo para la respiración, pero no es así. Aunque una concentración de O_2 baja tiene una pequeña función, *el principal estímulo para la respiración es una concentración elevada de CO_2 arterial.* Los quimiorreceptores periféricos responden directamente al aumento de CO_2, pero los quimiorreceptores centrales responden sólo al cambio en el pH producido por unas cifras elevadas de CO_2 en sangre.

Recordemos que la PCO_2 arterial tiene influencia directa e inmediata sobre el pH a través de su reacción con el agua para formar ácido carbónico (H_2CO_3), que se disocia en ión hidrógeno (H^+) y bicarbonato (HCO_3^-).

$$CO_2 + H_2O \Leftrightarrow H_2CO_3 \Leftrightarrow H^+ + HCO_3^-$$

El CO_2 (pero no los iones de hidrógeno) difunde con gran facilidad a través del líquido y las membranas celulares, por lo que la PCO_2 del líquido cefalorraquídeo (LCR) coincide exactamente con la PCO_2 arterial (fig. 13-16, paso 1). Cuando aumenta el CO_2 arterial (y en el LCR), la reacción química se desplaza hacia la derecha y se producen más hidrogeniones (paso 2). Los quimiorreceptores medulares detectan el aumento de iones de hidrógeno (paso 3) y estimulan el centro respiratorio para poner en marcha respiraciones más rápidas y profundas (paso 4). El aumento de la ventilación reduce el CO_2 en la sangre en un clásico bucle homeostático de retroalimentación negativa (paso 5). También ocurre lo contrario: cuando disminuye la PCO_2 de la sangre arterial (y por tanto del LCR), la reacción química se desplaza hacia la izquierda, y los hidrogeniones y el bicarbonato se combinan para formar CO_2 y agua, con lo que quedan menos hidrogeniones disponibles para estimular el centro respiratorio. La respiración se ralentiza y se acumula CO_2.

Como puede verse, los quimiorreceptores centrales son los principales reguladores del impulso respiratorio. De hecho, representan casi el 80% de las señales que recibe el centro respiratorio.

Apuntes sobre el caso

13-15 La concentración de CO_2 en la sangre de Luther era demasiado alta. Describa el mecanismo por el que el aumento de CO_2 alteró su frecuencia respiratoria.

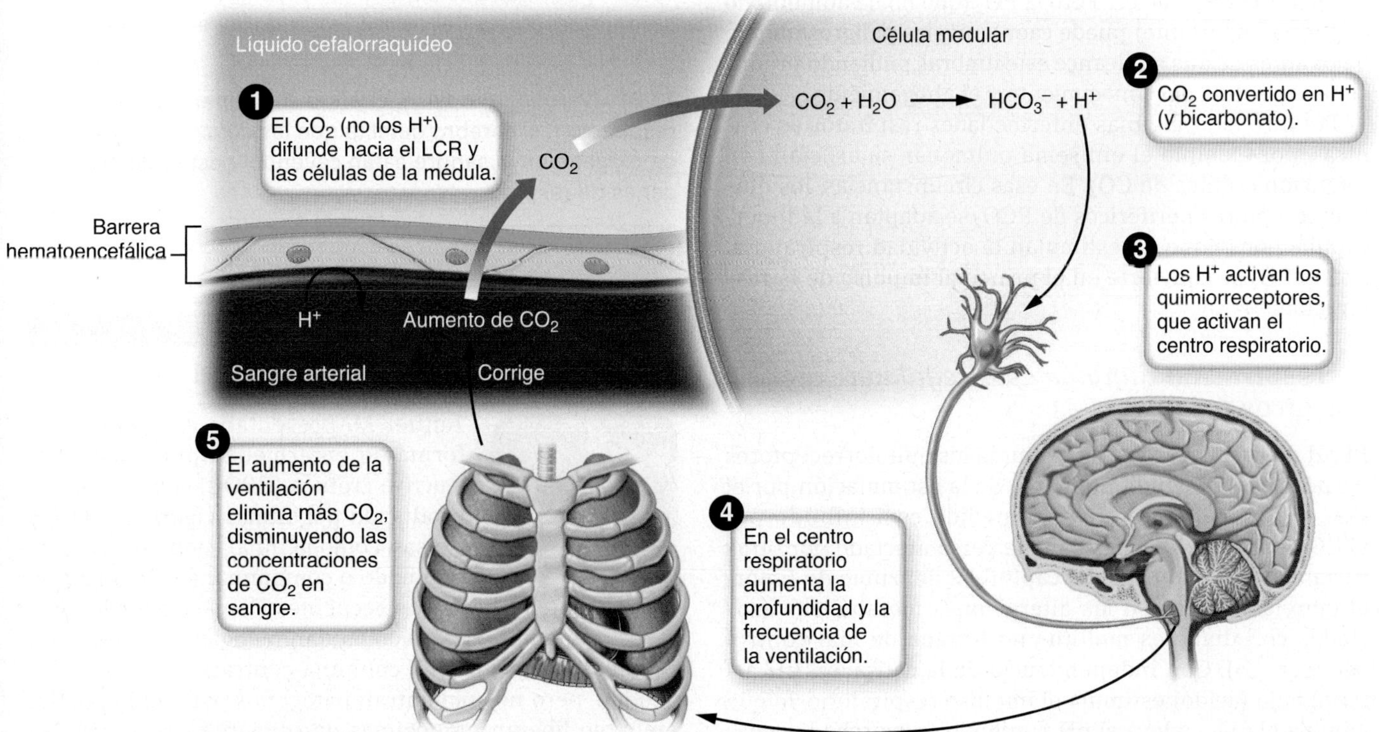

Figura 13-16. Quimiorreceptores centrales. Los quimiorreceptores centrales estimulan la respiración cuando aumenta el CO_2 en sangre arterial. Tenga en cuenta que la conversión del CO_2 en bicarbonato e hidrogeniones puede producirse en el LCR, así como en las células de la médula. *¿Los quimiorreceptores centrales responden a un aumento del pH arterial, pH del LCR o a ambos?*

Una concentración muy baja de oxígeno en sangre también estimula la respiración

Sorprendentemente, la PO_2 arterial puede disminuir de forma significativa sin que se afecte la frecuencia respiratoria. Sólo reducciones muy importantes de la PO_2 arterial, como las observadas en la enfermedad pulmonar grave o en grandes altitudes, activan los quimiorreceptores periféricos y estimulan la respiración. La falta de respuesta a bajas PO_2 arteriales no suelen ser un problema porque la PO_2 arterial y de CO_2 por lo general se mueven en forma de balancín: una está arriba y la otra está abajo. Por ejemplo, la reducción de la ventilación produce **hipoxia** (PO_2 arterial baja), así como **hipercapnia** (PCO_2 arterial alta). La hipercapnia aumenta la ventilación, lo que restaura las PCO_2 y O_2 arteriales a la normalidad.

Sin embargo, una técnica utilizada por algunos nadadores de competición, la hiperventilación (respiración a un ritmo y la profundidad mayor que la demanda de las condiciones fisiológicas) seguida de apnea puede disociar las concentraciones de PCO_2 y PO_2. Como se comenta en el texto Forma básica, función básica titulado «Las lecciones de respiración del doctor McConnell», como el contenido de oxígeno de la sangre está en gran parte determinado por la concentración de hemoglobina, la hiperventilación disminuye la PCO_2 arterial pero no aumenta de forma importante la PO_2 arterial. Como resultado de la baja PCO_2 arterial inicial, los nadadores pueden aguantar la respiración más tiempo antes de que la PCO_2 aumente lo suficiente para estimular la respiración. Pero la PO_2 (que no ha aumentado de forma importante) puede caer a niveles peligrosamente bajos antes de que se alcance este umbral, pudiendo producirse la pérdida del conocimiento y el ahogamiento.

Por otro lado, algunas enfermedades respiratorias crónicas, por ejemplo el enfisema pulmonar, se asocian con retención crónica de CO_2. En esas circunstancias, los quimiorreceptores periféricos de PCO_2 se adaptan a la hipercapnia, por lo que no estimulan la actividad respiratoria. Así, la PO_2 se convierte en el principal impulso de la respiración.

La respiración también está regulada por otros factores

El pH de la sangre arterial estimula los quimiorreceptores periféricos independientemente de la estimulación por el CO_2. A pesar de que en gran medida está influido por el CO_2, el pH de la sangre puede verse afectado por otras variables, como el caso del capítulo 2 del zumo de limón, el ejercicio intenso o las alteraciones metabólicas asociadas con diabetes mellitus no tratada de mal control ➡ (cap. 15). Con independencia de la causa, un pH arterial bajo (ácido) estimula el impulso respiratorio, lo que elimina el CO_2 y eleva el pH poniendo en marcha la ecuación hacia la izquierda.

La respiración también está modulada por factores diferentes al pH, la PCO_2 y la PO_2 entre los que se incluyen los siguientes:

- *Sistema límbico.* El miedo y otras emociones moduladas por el sistema límbico pueden estimular una respiración rápida y profunda.
- *Receptores propioceptivos.* Cuando se empieza a hacer ejercicio, los receptores propioceptivos de nuestros miembros detectan el cambio y estimulan la respiración antes de la PCO_2 y otras señales químicas ejercen sus efectos.
- *Temperatura del cuerpo.* La fiebre estimula la respiración; la hipotermia la inhibe.
- *Dolor.* El dolor somático prolongado estimula la respiración; el dolor visceral la inhibe.
- *Irritantes.* La inhalación de irritantes estimula la tos.
- *Reflejo de distensión.* Los receptores de estiramiento de las paredes de los bronquios detectan la insuflación de los pulmones y el centro respiratorio da la señal para detener la inhalación. En este reflejo se ha implicado al grupo respiratorio dorsal. Por el contrario, un neumotórax con colapso pulmonar hace que se intente respirar profundamente.

13-28 ¿Qué región del cerebro es la principal responsable del ritmo respiratorio básico: el tronco del encéfalo, el cerebro o el cerebelo?

13-29 ¿Qué función cumple el grupo respiratorio del puente?

13-30 ¿Qué sustancia química activa *directamente* los quimiorreceptores del centro respiratorio, el hidrógeno o el CO_2?

13-31 Verdadero o falso: cuando se contiene la respiración, el cerebro detecta que las concentraciones de oxígeno en la sangre están cayendo y estimula las ganas de respirar.

Estudio del caso

Enfisema: el caso de Luther M.

Luther M. presentaba **enfisema,** una forma de enfermedad pulmonar obstructiva crónica (EPOC) con frecuencia producida por fumar cigarrillos. Otras causas, como la inhalación de aire contaminado o contaminantes del lugar de trabajo, son mucho más infrecuentes. Fumar cigarrillos irrita los bronquios y los alvéolos, dando lugar a una reacción inflamatoria (fig. 13-17, columna central). Los leucocitos acuden, pero no encuentran patógenos para eliminar. Sin embargo, liberan sus enzimas, que digieren y destruyen las paredes alveolares, algo así como hacer estallar las burbujas de plástico de los envases de burbujas utilizados para embalar los envíos por correo. Es más, el humo del cigarrillo produce la formación de tejido cicatricial en las paredes

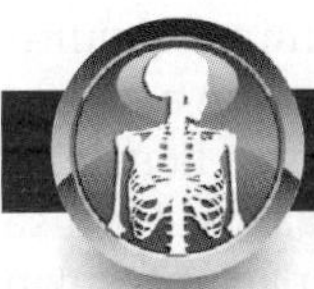

FORMA BÁSICA, FUNCIÓN BÁSICA

Las lecciones de respiración del Doctor McConnell

Una de las primeras lecciones de la vida es que no se puede respirar agua. Todo el mundo lo sabe, pero nadie sabe cómo ni cuándo lo aprendió. Las consecuencias de tener incluso una pequeña cantidad de agua más allá de la epiglotis y la laringe es tan alarmante que la lección que enseña es indeleble. Por supuesto, no recuerdo cuándo supe que te puedes ahogar en el agua, pero sí recuerdo exactamente cómo me enteré del espacio muerto respiratorio, aunque en ese momento yo no sabía que tenía un nombre. A pesar de ello, me di cuenta de su significado.

En nuestro pequeño pueblo, en la década de 1940 sólo una casa tenía piscina. Para los estándares modernos era muy primitiva: el dueño la llenaba con una manguera de jardín, echaba suficiente cloro para que durase un tiempo y cuando el agua se ponía verde la aspiraba y volvía a llenar la piscina. Un día, mientras nadaba me interesé por la manguera del jardín y llegué a la conclusión de que si la desconectaba de la llave del agua y la vaciaba de agua, podría usarla como una fuente de aire bajo el agua. Al principio estaba eufórico: podría respirar debajo del agua. Pero muy pronto me di cuenta de que no ofrecía ninguna ventaja, porque me quedaba sin aliento con la misma rapidez que antes. Después de pensar sobre el asunto durante cierto tiempo, me di cuenta: no me llegaba aire fresco porque la manguera era demasiado larga y estaba reinhalando el aire que acababa de exhalar porque estaba atrapado en la manguera. En otra visita llevé conmigo una manguera mucho más corta recortada a partir de una manguera vieja. Funcionó, pero no tan bien como recibir una bocanada de aire fresco.

Más tarde, siendo adolescente, tuve otra lección sobre la respiración en la piscina municipal. Los concursos de hombría en el agua eran un elemento básico de nuestras visitas casi diarias. Entre ellos, hacíamos un duelo para ver quién hacía más largos de piscina buceando bajo el agua. Todos sabíamos que la respiración rápida y profunda nos permitía mantener el aliento más tiempo. Pensábamos, erróneamente, como sabemos ahora, que estábamos «almacenando» oxígeno. Desconocíamos que la clave de lo que hacía la respiración profunda de nuestras emisiones era el CO_2, no el oxígeno; lo que nos hacía querer tomar una respiración profunda no era un el oxígeno bajo, sino el CO_2 alto. Si se expulsa el CO_2 hasta niveles muy bajos, tan bajos que la persona puede estar mucho tiempo sin respirar, es posible que el oxígeno en su sangre disminuya tanto que se produzca la inconsciencia antes de que el CO_2 se eleve lo suficientemente como para que sea irresistible inspirar. Por suerte, antes de que me ahogase en uno de estos concursos, me di cuenta de lo peligroso que podía ser. Una vez estuve buceando bajo agua una distancia muy larga. Cuando aparecí en la orilla de la piscina tras un esfuerzo extraordinario, me sentía débil y me agarré al borde de la piscina por temor a desmayarme. Tenía claro que «me quedaba sin oxígeno». Me dio tanto miedo que no intenté hacerlo de nuevo.

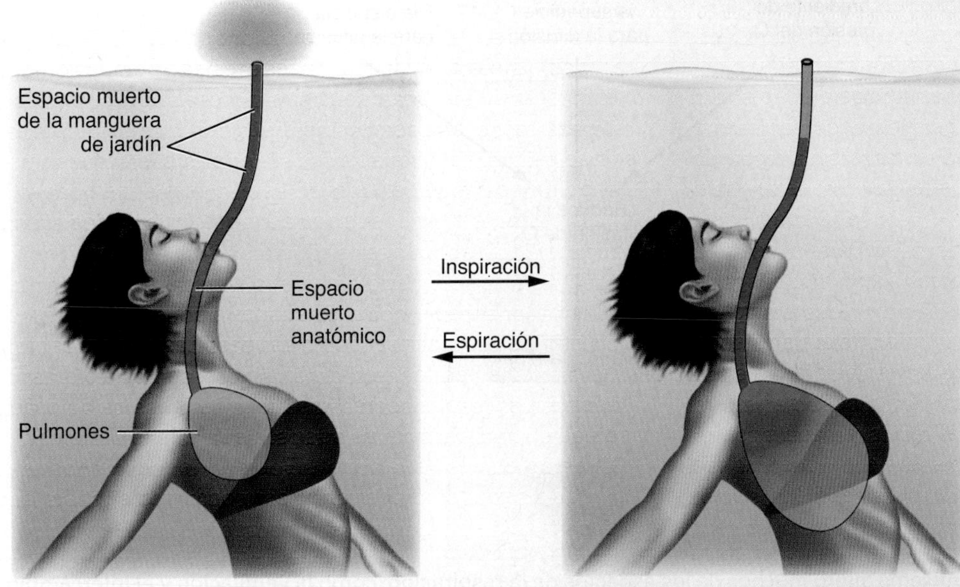

Lecciones de natación. Al aumentar el espacio muerto anatómico (respirando a través de una manguera de jardín) se afecta significativamente la ventilación alveolar. El aire fresco ambiental (naranja) no alcanza nunca los pulmones y el aire exhalado de los pulmones (rojo) nunca llega a la atmósfera.

bronquiales y en el delicado tejido intersticial entre los alvéolos. La reducción del área de superficie resultante de la destrucción alveolar y el aumento de la distancia de difusión producidas por la cicatrización alveolar pone en peligro la difusión de gases, por lo que el intercambio de gases externo es demasiado deficiente.

El efecto del enfisema sobre la tasa de ventilación alveolar reduce aún más el intercambio de gases externo. Recuerde que esta tasa de ventilación determina la cantidad de aire nuevo que llega a los alvéolos, lo que a su vez determina el gradiente de presión parcial entre la sangre y los alvéolos, que afecta a la difusión de gases. La tasa de ventilación alveolar está reducida en los pacientes con enfisema debido a su gran espacio muerto. Este espacio muerto, a su vez, refleja no sólo la destrucción de los alvéolos, sino también la alteración de la espiración. Puesto

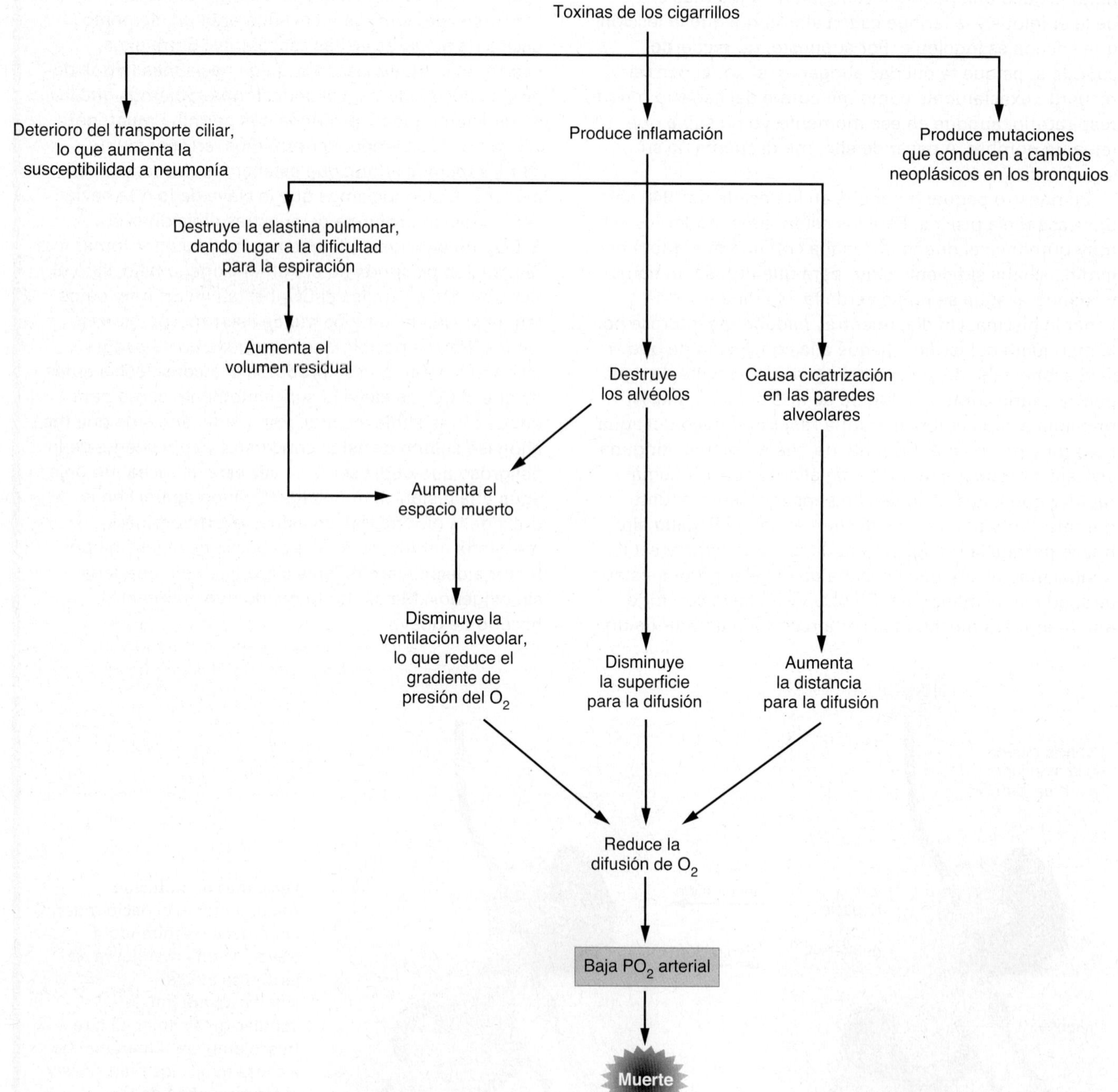

Figura 13-17. El caso de Luther B. El enfisema alteró muchos de los aspectos de la respiración, como la ventilación y el intercambio externo de gases. *¿Qué parámetro de difusión estaba alterado por la cicatrización en las paredes alveolares?*

que no puede espirarse todo el aire inhalado, queda más aire «agotado» en sus pulmones y no puede entrar aire nuevo en la siguiente inhalación; en esencia, el espacio muerto es mayor.

La espiración se ve dificultada por tres razones. En primer lugar, la pérdida de elastina intersticial pulmonar reduce el retroceso elástico, que normalmente es el mecanismo de la espiración. Por otra parte, cuando la presión torácica se eleva para expulsar el aire, las vías respiratorias pequeñas tienden a colapsarse, atrapando aire dentro de los alvéolos. Finalmente, la irritación crónica de los bronquiolos por el humo hace que tiendan a contraerse con la espiración de una forma similar al asma, lo que aumenta la resistencia al flujo de aire. Por si esto fuera poco, el humo del tabaco produce otro tipo de daño. Inhibe la acción rítmica de barrido de los cilios de células epiteliales bronquiales (fig. 13-17, columna izquierda). Como resultado, a los fumadores no les resulta fácil limpiar sus pulmones de moco y bacterias. No es extraño que Luther desarrollase una neumonía. Además, el humo del cigarrillo contiene sustancias químicas que dañan el ADN de las células epiteliales bronquiales (fig. 13-17, columna derecha). El cuerpo tiene mecanismos para reparar el ADN dañado, pero fumar durante muchos años acaba superando dichos mecanismos y comienzan a aparecer los cambios precancerosos en el ADN. Con seguridad, el epitelio bronquial de Luther tenía cambios precancerosos. Parece razonable suponer que si hubiese vivido unos cuantos años más habría desarrollado cáncer de pulmón.

Al final, Luther M. murió de la hipoxia. Su PO_2, baja desde el principio, se redujo aún más debido a la neumonía que llenó sus pulmones enfisematosos con líquido inflamatorio. La saturación de la hemoglobina se redujo hasta un punto tal que su sangre no era capaz de transportar suficiente oxígeno para mantener la consciencia o de suministrar a su corazón oxígeno suficiente para que continuase latiendo.

Etimología

Raíces latinas/griegas	Equivalentes en español	Ejemplos
-capno, -capnia	Dióxido de carbono	Hipercapnia: exceso (hiper-) de dióxido de carbono
eu-	Bueno, normal	Eupnea: respiración «buena» (tranquila, normal)
naso-	Nariz	Nasofaringe: la parte de la faringe situada por detrás de la nariz
neumo-	Pulmones, respiración	Neumocito: célula (-cito) del pulmón
oro-	Boca	Orofaringe: la parte de la faringe situada por detrás de la boca
oxi-	Oxígeno	Hipoxia: concentración baja (hipo-) de oxígeno
pleur-, pleuro	Costillas, pleura	Líquido pleural: líquido entre la pleura (y cerca de las costillas)
-pnea	Aliento, respiración	Hiperpnea: respiración excesiva (hiper-)

Cuestionario del capítulo

REVISIÓN DEL CAPÍTULO

1. La transferencia de oxígeno desde la sangre hacia las células se produce durante
a. la ventilación pulmonar.
b. el intercambio interno de gases.
c. el intercambio externo de gases.
d. la respiración celular.

2. ¿Cuál de los siguientes forma parte tanto de las vías respiratorias superiores como de la zona de conducción?
a. Tráquea.
b. Bronquios.
c. Nasofaringe.
d. Alvéolos.

3. ¿Cuál de los siguientes *no* es uno de los senos paranasales?
a. Seno etmoidal.
b. Seno frontal.
c. Seno maxilar.
d. Seno occipital.

4. ¿Qué tonsilas protegen la orofaringe?
a. Tonsilas tubáricas.
b. Tonsilas faríngeas.
c. Adenoides.
d. Tonsilas palatinas.

5. Entre las estructuras que forman la laringe se incluye
a. epiglotis.
b. cartílago tiroides.
c. pliegue vestibular.
d. todas las anteriores.

6. Las cuerdas vocales aumentan el tono de un sonido mediante:
a. La relajación de los músculos esqueléticos asociados.
b. Aproximando entre sí las cuerdas.
c. La disminución de la tensión de los ligamentos.
d. Ninguna de las anteriores.

7. La superficie posterior de la tráquea
a. está envuelta por el esófago.
b. está reforzada por anillos de cartílago.
c. es adyacente al estómago.
d. se hace más flexible por la ausencia de músculo liso.

8. El surfactante es secretado por
a. los neumocitos de tipo I.
b. los neumocitos de tipo II.
c. los macrófagos alveolares.
d. las células epiteliales ciliadas.

9. La pleura parietal
a. recubre la pared torácica.
b. produce surfactante.
c. recubre la superficie pulmonar.
d. está separada de la pleura visceral por un espacio lleno de aire.

10. Los pulmones reciben la sangre oxigenada de
a. la circulación bronquial.
b. la circulación pulmonar.
c. los bronquios.
d. ninguna de las anteriores.

11. La capacidad vital es igual
a. al volumen de aire en los pulmones en inspiración máxima.
b. al volumen residual más la capacidad pulmonar total.
c. a la capacidad inspiratoria más la capacidad espiratoria.
d. a la suma del volumen corriente, el volumen de reserva espiratorio y el volumen de reserva inspiratorio.

12. Con el mismo ritmo respiratorio y volumen corriente, un aumento del espacio muerto
a. reduce el volumen minuto.
b. aumenta la ventilación minuto.
c. reduce la tasa de ventilación alveolar.
d. aumenta la tasa de ventilación alveolar.

13. ¿Qué sucede cuando se contrae el diafragma?
a. Disminuye el volumen pulmonar.
b. Los contenidos abdominales son empujados hacia abajo.
c. Espiración.
d. Los pulmones se comprimen.

14. ¿Cuál de los siguientes cambios dificultaría más la inspiración?
a. Un aumento de surfactante.
b. Un aumento de la elastancia.
c. Un aumento de la distensibilidad.
d. Una reducción de la elastancia.

15. La difusión de oxígeno desde los pulmones hacia la sangre aumentaría si
a. disminuye la resistencia de la vía respiratoria.
b. la membrana alveolar está engrosada por la cicatrización.
c. aumenta la presión parcial de oxígeno en sangre pulmonar.
d. disminuye la presión atmosférica.

16. ¿Cuál de los siguientes cambios aumentaría la cesión de oxígeno a los tejidos?
a. Escalofríos.
b. Disminución de la presión parcial de oxígeno en las células.
c. Aumento del pH.
d. Disminución de la concentración de dióxido de carbono.

17. La hemoglobina tiene lugares de unión para
a. oxígeno.
b. dióxido de carbono.
c. iones de hidrógeno.
d. todo lo anterior.

18. La mayoría del dióxido de carbono de la sangre se transporta
a. unido a la hemoglobina.
b. disuelto en el plasma.
c. como bicarbonato.
d. como ácido carbónico (H_2CO_3).

19. ¿Qué afirmación sobre el grupo respiratorio ventral es falsa?
a. Que marca el ritmo respiratorio básico.
b. Altera el ritmo respiratorio cuando cambian los niveles de CO_2 arterial.
c. Sus neuronas están activas sólo durante la inspiración.
d. Su actividad puede ser alterada por la corteza cerebral.

20. ¿Cuál de los siguientes cambios de la concentración es percibido *directamente* por los quimiorreceptores centrales y comunicado al centro respiratorio?
a. Un aumento de iones de hidrógeno.
b. Un aumento de CO_2.
c. Un aumento de bicarbonato.
d. Un aumento de oxígeno.

COMPRENSIÓN DE CONCEPTOS

21. ¿Qué es la segmentación? Explique su importancia en la neumonía de Luther.

22. Partiendo desde el punto de transición, la máxima cantidad de aire que se inspira es una *capacidad;* pero la cantidad máxima de aire espirado es un *volumen*. ¿Por qué?

APLICACIÓN

23. James, un joven de 16 años de edad, está sufriendo un ataque de asma inducida por ejercicio. Sus bronquios están bastante contraídos.
a. ¿Qué efecto tendrá esta broncoconstricción sobre su espacio muerto? Argumente su respuesta.
b. ¿Cómo alterará el cambio en el espacio muerto la relación entre la tasa de ventilación alveolar y la ventilación minuto?

24. Está realizando pruebas de función pulmonar en un niño de 5 años con sibilancias. Los datos son los siguientes:

Frecuencia respiratoria: 20 resp/min
Volumen corriente: 210 ml
Espacio muerto (determinada por una prueba distinta): 50 ml
Capacidad residual funcional: 900 ml
Capacidad pulmonar total: 1,8 l

A partir de estos valores, calcule las siguientes medidas:
a. Tasa de ventilación alveolar.
b. Volumen de reserva inspiratorio.

25. Utilice la ecuación para contestar las siguientes preguntas.

$$CO_2 + H_2O \Leftrightarrow H_2CO_3 \text{ (ácido carbónico)} \Leftrightarrow H^+ + HCO_3 \text{ (bicarbonato)}$$

a. El joven Evan están aguantando la respiración porque su madre no le deja jugar con el abrelatas. ¿Qué le ocurrirá al pH de su sangre? Explíquelo.
b. María, de 19 años, tiene una desagradable gastroenteritis y ha vomitado nueve veces en 12 h. Debido a la pérdida de ácido gástrico, el pH de su sangre ha aumentado. ¿Cómo afectará este cambio a la concentración en sangre del CO_2, y de qué modo afectará el cambio en el CO_2 a la frecuencia respiratoria?

Puede encontrar las respuestas a estas preguntas en el apartado de recursos para estudiantes en: **http://thepoint.lww.com/espanol-McConnellandHull**

14

El aparato digestivo

Temas principales

- Los nutrientes son los carbohidratos, los lípidos, las proteínas, las vitaminas, los minerales y el agua.
- La energía se extrae de los carbohidratos, los lípidos y las proteínas. Las vitaminas, los minerales y el agua facilitan las reacciones de producción de energía.
- El objetivo de la digestión es romper las moléculas grandes de nutrientes no absorbibles en moléculas más pequeñas y absorbibles.
- La digestión es un proceso secuencial con múltiples etapas en que intervienen acciones mecánicas y químicas.
- La digestión se produce en el tracto gastrointestinal.
- El hígado y el páncreas ayudan a la digestión mediante la adición de secreciones en el tracto intestinal, pero también tienen funciones no digestivas.

Objetivos del capítulo

Nutrientes 539

1. Describir los componentes de una dieta saludable y explicar cómo utiliza el cuerpo los diferentes tipos de nutrientes.

Descripción general del aparato digestivo 549

2. Identificar las partes del aparato digestivo en un esquema, diferenciando entre el tracto digestivo y los órganos accesorios.
3. Explicar la relación estructural entre los distintos órganos intestinales y el peritoneo.
4. Enumerar cuatro capas de la pared del tracto digestivo y seis funciones del aparato digestivo.

Boca y estructuras asociadas 555

5. Identificar en los esquemas las partes de la boca y los dientes.

Faringe y esófago 558

6. Indicar las partes de la faringe en el orden en el que reciben los alimentos y enumerar los distintos pasos de la deglución.

Estómago 560

7. Indicar las partes del estómago y de la pared de éste en los esquemas.
8. Comentar de qué forma las diferentes secreciones gástricas digieren las proteínas sin digerir las proteínas de los tejidos de la pared del estómago.

Intestino delgado, hígado y páncreas 565

9. Indicar en los esquemas las partes del intestino delgado y de la pared intestinal.
10. Indicar las partes del páncreas y el hígado en los esquemas y resumir las contribuciones de cada una en la digestión.
11. Describir el flujo de linfa, bilis y sangre conforme cada uno de ellos entra, pasa a través de y/o sale del hígado.
12. Utilizar esquemas para explicar la digestión y absorción de carbohidratos, grasas y proteínas.

Intestino grueso 576

13. Indicar en los esquemas las partes del intestino grueso y de la pared del colon.
14. Describir cuatro funciones de las bacterias del colon.

Regulación de la función gastrointestinal 579

15. Explicar la regulación en las fases cefálica, gástrica e intestinal de la digestión.

Intolerancia a la lactosa: el caso de Margot C. 582

16. Utilizar el caso práctico para explicar por qué una deficiencia de enzimas específicas del borde en cepillo produce diarrea y gases intestinales.

Caso práctico: «Ya no puedo tomar más estas pastillas»

Mientras lee el siguiente caso práctico, haga una lista de los términos y conceptos que debe aprender para comprender el caso de Margot.

Anamnesis: Margot C. era una estudiante universitaria de 19 años de edad con un historial de cambios de humor y un diagnóstico médico de trastorno bipolar (también trastorno maníaco-depresivo). Durante el semestre, se quedó sin su medicación y acudió a la clínica del campus. Allí, el médico pudo convencerla para que tomase un medicamento sustituto porque no tenía a mano su receta habitual.

Margot regresó a la clínica al día siguiente diciendo que «las pastillas nuevas me molestan en el estómago». El médico le instó a continuar con el medicamento, diciéndole que «tu organismo se acostumbrará a las pastillas». Volvió de nuevo 2 días más tarde diciendo: «ya no puedo tomar más estas pastillas. Me dan diarrea y gases». Al pedirle más información dijo: «esto me recuerda el problema que solía tener con la leche y otros productos lácteos. Le dijeron a mi madre que yo tenía intolerancia a la lactosa, así que crecí bebiendo leche de soja. Cuando era adolescente solía tomar a escondidas pizza o un helado, pero siempre con el mismo resultado, diarrea y gas, así que ahora evito totalmente los productos lácteos».

Exploración física y otros datos: las constantes vitales y los datos de laboratorio eran normales. En la exploración física, el abdomen de Margot estaba blando y no doloroso, pero ella pidió: «¡Por favor, no apriete demasiado fuerte! Estoy llena de gas y tengo que ir al baño». No se observó ningún otro hallazgo destacable.

Evolución clínica: el médico le extendió una receta para su medicina habitual y le pidió que volviese en 1 semana. Cuando regresó, dijo que los síntomas intestinales habían desaparecido por completo. Intrigado por la clara asociación de los síntomas intestinales con el medicamento sustituto, el médico hizo una investigación en Internet, y no pudo encontrar síntomas intestinales entre los efectos adversos reconocidos. Justo cuando estaba a punto de cerrar la sesión se dio cuenta del aviso de la sección de información «Cada cápsula contiene» de la página web del laboratorio del medicamento. A continuación de la lista del

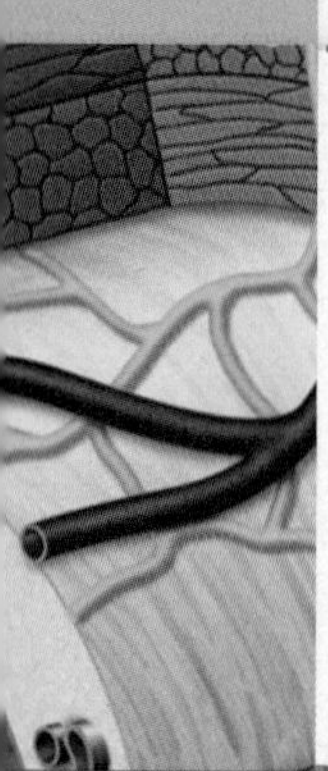

Conocimientos necesarios

Antes de adentrarse por primera vez en este capítulo, es importante comprender los siguientes términos y conceptos.

- Estructura de los carbohidratos, los lípidos y las proteínas (cap. 2)
- Hormonas, receptores, estructura de las neuronas (cap. 4)
- Redes nerviosas (cap. 8)

ingrediente activo del medicamento se encontraba una lista de «ingredientes inactivos» que incluía esta entrada: «excipiente de lactosa».

Seguro de que había encontrado el problema de Margot, el médico la llamó y le dijo que no toleraba la lactosa, el carbohidrato que se encuentra en los productos lácteos. Además, le habló de que en la facultad de medicina de la universidad se estaba llevando a cabo un estudio de investigación sobre la intolerancia a la lactosa y le comentó que podían pagarle una compensación por su participación. Margot aceptó participar y tomar una de las pastillas problemáticas como parte del estudio. En primer lugar, le dieron una bebida estándar de leche, después de lo cual determinaron el azúcar en su sangre y la cantidad de gas hidrógeno en el aire espirado. La prueba producía los síntomas esperados: la glucosa sanguínea de Margot no aumentaba significativamente y aparecía hidrógeno en el aire espirado. En la siguiente visita, se le dio una de las cápsulas, lo que produjo un resultado similar.

Estamos inundados por un mar de alimentos y de información alimentaria. Abundan los supermercados, restaurantes, cafés y tiendas de autoservicio. Incluso las estaciones de servicio de las gasolineras ofrecen más combustible para los humanos que para los automóviles: entrar para pagar la factura es enfrentarse a mostradores de paquetes coloridos que contienen alimentos de una variedad asombrosa. Además, estamos constantemente bombardeados con información sobre los alimentos: en las historias de las noticias, en la televisión, en los gimnasios, y así sucesivamente. ¡Incluso algunas iglesias norteamericanas han comenzado a ofrecer programas sobre alimentación saludable!

Y sin embargo, a pesar de todo lo que sabemos sobre cómo saben las comidas y las formas de prepararlas, la mayoría de la gente sabe muy poco de lo que le sucede a la misma desde el momento en que entra por un extremo y los residuos salen por el otro. Esta secuencia de acontecimientos, que nos permite recolectar la energía y los nutrientes de los alimentos, se conoce con más frecuencia como **digestión.** Sin embargo, en fisiología, el término tiene un significado más restringido: la digestión es la acción mecánica y química que descompone los alimentos en las moléculas que los componen. Esta acción continúa con dos procesos relacionados: la absorción de nutrientes hacia la sangre y la eliminación de los desechos.

Comenzamos este capítulo con la descripción de los propios nutrientes. Posteriormente analizaremos la digestión, absorción y eliminación. Durante nuestro estudio, también exploraremos las relaciones entre forma y función y las actividades integradas superpuestas de control neuronal y endocrino de los procesos digestivos.

«Dime lo que comes y te diré lo que eres»

Anthelme Brillat-Savarin (1755-1826), *La fisiología del gusto,* 1825

Nutrientes

Un **nutriente** es cualquier sustancia química de los alimentos o bebidas que el organismo necesita para vivir o crecer. Entre ellos se incluye el *agua,* esencial para que se realicen las reacciones químicas que mantienen la vida y como parte de nuestra dieta diaria. Tres moléculas orgánicas, los *carbohidratos,* los *lípidos* y las *proteínas,* se consideran también nutrientes. Se denomiman **macronutrientes,** porque tenemos que consumirlos en grandes cantidades y proporcionan la energía y las materias primas para la construcción de células, tejidos y órganos. Además de estas cuatro, hay dos clases finales de nutrientes: las *vitaminas* y los *minerales,* que se denominan **micronutrientes** porque los consumimos en cantidades mínimas. Más adelante comentaremos cada una de las seis clases de nutrientes por separado.

Somos lo que comemos: aparte de la pequeña cantidad de moléculas restantes desde nuestro cuerpo de recién nacido, nos construimos a partir de los nutrientes ingeridos. Por ejemplo, recuerde del capítulo 3 que nuestras membranas celulares contienen elementos de cada uno de los tres grupos de nutrientes principales: los fosfolípidos y el colesterol son lípidos; los canales iónicos y los receptores están formados por proteínas, y los carbohidratos son un elemento clave de las glucoproteínas de la membrana. Los huesos están formados por colágeno (una proteína) y calcio (un mineral), y el hígado y los músculos almacenan grandes cantidades de glucógeno (un carbohidrato). Pero es importante entender que *la forma de los nutrientes ingeridos no impone la forma del producto final.* Es decir, los carbohidratos ingeridos pueden ser quemados para obtener energía inmediata o descompuestos en sus componentes y volver a montarse como parte de nuevos carbohidratos o lípidos.

La energía que obtenemos de los alimentos se mide en *calorías,* un término del que existen varias versiones. Una versión, la *kilocaloría* o calorías «grandes», es 1000 veces el valor de la caloría «pequeña». Una caloría grande (a menudo escrito con C mayúscula) es la cantidad de calor necesaria para elevar la temperatura de 1 kg de agua en 1 °C. En Estados Unidos y otros muchos países, las etiquetas de los alimentos expresan el contenido calórico en calorías de gran tamaño. Por esta razón a menudo se les llama las *calorías de alimentos.* En este libro, cuando utilicemos la palabra *caloría* haremos referencia a la caloría grande y sin mayúsculas.

Las plantas suministran la mayor parte de los carbohidratos de la dieta

Los carbohidratos proporcionan energía a corto plazo para la mayoría de las células del cuerpo y también se añaden a las proteínas y los lípidos. Recuerde del capítulo 2 que el sufijo *sacárido* describe los carbohidratos, con el prefijo (mono-, di- o poli-), que especifica el número de azúcares que componen la molécula (fig. 14-1, arriba). El objetivo final de la digestión de los carbohidratos es descomponer los sacáridos grandes en los monosacáridos que los componen. Las fuentes naturales de carbohidratos son las siguientes:

- Los cereales, legumbres (guisantes, judías y lentejas) y numerosas verduras, que contienen almidón (un polisacárido).
- Las frutas, que contienen fructosa (un monosacárido). La fructosa se encuentra también en jarabes comerciales, como el jarabe de maíz rico en fructosa que se utiliza para endulzar refrescos y muchos otros productos.
- El azúcar de mesa, que contiene sacarosa (un disacárido de glucosa y fructosa) y se extrae de la remolacha azucarera o de la caña de azúcar.
- Los productos lácteos, que contienen lactosa (un disacárido de glucosa y galactosa).

Muchos productos vegetales también contienen **fibra dietética** (polisacáridos no digeribles como la *celulosa*). La fibra no es digerible por los humanos porque carecemos de las enzimas necesarias para descomponer la celulosa en sus unidades de glucosa, que puede ser absorbida. En su lugar, la fibra permanece como un polisacárido en el tracto digestivo y agrega volumen a las heces mediante la retención de agua. La fibra también une grasas intestinales, evitando que sean absorbidas. El volumen que crea la fibra también da una sensación de saciedad, lo que reduce el hambre.

Apuntes sobre el caso

14-1 Margot tiene problemas con la lactosa. ¿Cuántos azúcares forman una molécula de lactosa?

Las proteínas proporcionan los aminoácidos

El tracto digestivo descompone las proteínas de la dieta en *aminoácidos,* que son utilizados por las células del cuerpo para construir las proteínas que necesitan (fig. 14-1, centro). Las proteínas proporcionan componentes estructurales para los músculos, los tendones, los huesos y la piel; también tienen funciones como enzimas, receptores, de transporte y hormonas. Los aminoácidos además pueden utilizarse para producir energía, pero el grupo amino ha de ser retirado y convertido en un compuesto nitrogenado, como la urea, que pueda ser excretada en la orina. Sólo cuando está privado de carbohidratos y grasas, el cuerpo descompone las proteínas de los tejidos para liberar aminoácidos. La dieta occidental contiene abundantes aminoácidos para formar todas las proteínas necesarias y proporcionar además alrededor del 10% al 15% de las necesidades energéticas del cuerpo.

Las proteínas humanas se forman a partir de combinaciones específicas de 20 aminoácidos diferentes. De ellos, nueve, llamados **aminoácidos esenciales** (AAE), deben obtenerse de la dieta, ya que el hígado no puede sintetizarlos. Las proteínas de la carne, el pescado, la leche y los huevos se llaman *proteínas completas* porque contienen to-

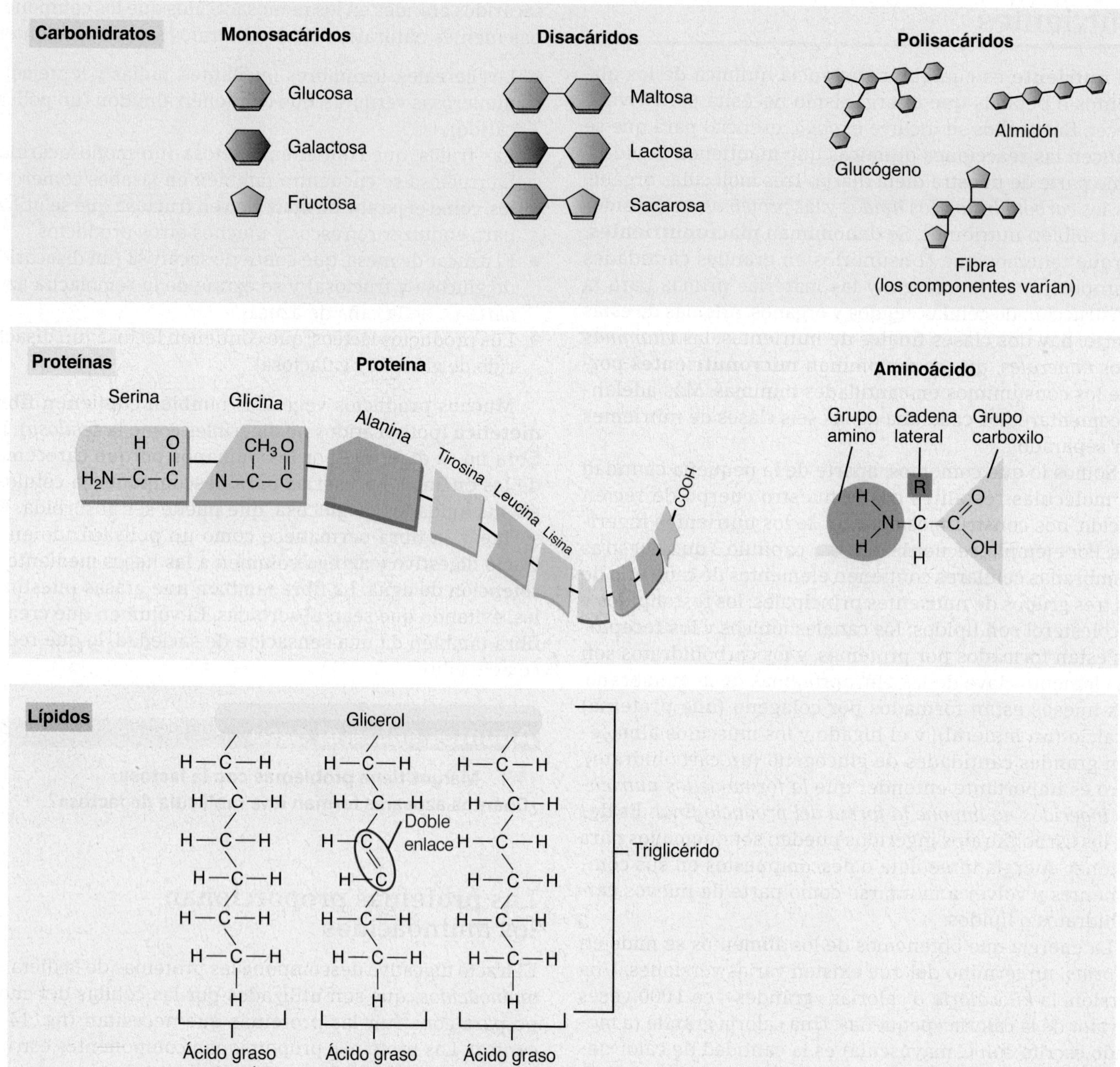

Figura 14-1. Macronutrientes. Los carbohidratos, las proteínas y los lípidos son las tres clases de nutrientes que proporcionan energía. Los triglicéridos son los lípidos más abundantes en nuestra dieta. *Indicar los dos monosacáridos que componen la sacarosa.*

dos los AAE. Con excepción de la soja y algunos cereales integrales (como la quinua), las proteínas procedentes de los vegetales no son completas, pero muchos alimentos vegetales se complementan entre sí con los aminoácidos que proporcionan. Por ejemplo, el arroz y las judías, una comida vegetariana tradicional, ofrecen una gama completa de aminoácidos, al igual que un sándwich de mantequilla de cacahuete. Por lo tanto, las dietas vegetarianas bien planificadas contienen la variedad suficiente para proporcionar todos los AAE.

En los animales de experimentación puede provocarse la deficiencia de un único AAE, pero se desconoce si los humanos sufren alguna enfermedad debido a la falta de AAE. Sin embargo, los efectos de las deficiencias de proteínas son claros. Si la dieta contiene calorías de los carbohidratos pero sigue siendo muy baja en proteínas, como en las zonas extremadamente pobres donde no hay carne, judías y otras proteínas de alta calidad, se desarrolla un tipo de desnutrición conocida como *kwashiorkor* (de una de las lenguas Kwa de la costa de Ghana, en África occidental). Debido a la falta de proteínas, la mucosa intestinal se atrofia, lo que dificulta la absorción de nutrientes. Además, el hígado no puede sintetizar albúmina y otras proteínas de la sangre. Recuerde del capítulo 11 que la albúmina proporciona la mayor parte de la presión osmótica de la sangre, que actúa para retener el agua en los capilares sanguíneos y evitar su movimiento hacia el espacio intersticial (v. fig. 11-15 B). La deficiencia de albúmina aumenta la cantidad de líquido intersticial, que produce un abombamiento abdominal y una apariencia general hinchada que puede enmascarar la desnutrición subyacente. La falta de proteínas también hace que la persona, generalmente niños, sea muy vulnerable a las enfermedades infecciosas.

Cuando la dieta pobre en proteínas también es deficiente en calorías, el paciente desarrolla *marasmo*. Ésta es una forma más grave de desnutrición que se caracteriza por demacración y delgadez esquelética conforme se consumen las reservas de grasa y los tejidos musculares, así como retraso del crecimiento, ya que toda la energía se utiliza exclusivamente para mantener vivas las células del cuerpo. Los niños con marasmo también tienen un aspecto envejecido y arrugado debido a que sus cuerpos se marchitan hasta el punto de que su piel ya no «ajusta».

Los lípidos son nutrientes importantes

Recuerde del capítulo 2 que hay tres tipos principales de lípidos: triglicéridos (habitualmente denominados grasas), fosfolípidos y esteroides (colesterol y otros). Los triglicéridos son una fuente importante de energía, y los fosfolípidos y los esteroides actúan como elementos estructurales de las membranas celulares. Algunos esteroides actúan como hormonas (p. ej., cortisol y testosterona) y ciertos componentes de los triglicéridos actúan en las vías de transducción de señales. La grasa de la dieta también transporta las vitaminas liposolubles A, D, E, y K (v. más adelante) en el cuerpo. Finalmente, las reservas corporales de lípidos (tejido graso) sirven para proteger el cuerpo, amortiguando los traumatismos, y proporcionar aislamiento contra la pérdida de calor.

Las grasas insaturadas son más saludables

La gran mayoría de los lípidos de la dieta son triglicéridos (fig. 14-1, abajo). Hay que recordar que las moléculas de triglicéridos están formadas por una base de glicerol a la que se unen tres ácidos grasos. Cada ácido graso es una cadena de átomos de carbono unidos a hidrógeno. Los ácidos grasos de las **grasas saturadas** contienen átomos de carbono unidos por enlaces sencillos, de la siguiente forma: $-CH_2-CH_2-CH_2-$. Cada átomo de carbono puede formar cuatro enlaces, y en este caso dos están en conexión con los carbonos a ambos lados, lo que deja espacio sólo para dos átomos de hidrógeno. Por tanto, cada átomo de carbono se *satura* con los átomos de hidrógeno y no pueden añadirse más. Los ácidos grasos saturados son cadenas lineales que pueden empaquetarse herméticamente unas contra las otras, lo que los hace densos y sólidos a temperatura ambiente. La mayoría de las grasas animales, incluida la mantequilla, son principalmente grasas saturadas, al igual que el aceite de coco y de palma. Una dieta rica en grasas saturadas se ha asociado a un mayor riesgo de enfermedad cardiovascular.

En ciertas moléculas de ácidos grasos, algunos de los átomos de hidrógeno están ausentes; los de carbono tienen sólo un átomo de hidrógeno y están conectados con el carbono siguiente por un doble enlace, por ejemplo: $-CH_2-CH=CH-CH_2-$. Las grasas que contienen estos ácidos grasos se denominan **grasas insaturadas,** ya que algunos de los átomos de carbono pueden aceptar más átomos de hidrógeno. Las *grasas monoinsaturadas* tienen un doble enlace en sus cadenas de ácidos grasos y las *grasas poliinsaturadas* tienen más de un doble enlace. En el punto de la cadena donde se producen estos dobles enlaces, la molécula de ácido graso se pliega. Como consecuencia, las moléculas de grasa insaturada no pueden empaquetarse apretadas, son menos densas y, por tanto, líquidas a temperatura ambiente. El aceite de colza, la mayoría de los aceites de frutos secos y de semillas y el aceite de oliva se componen sobre todo de ácidos grasos monoinsaturados. Los aceites de girasol, maíz, soja y pescado son principalmente poliinsaturados. Las dietas en las que las grasas predominantes son insaturadas se asocian a un menor riesgo de enfermedad cardiovascular.

Un grupo de ácidos grasos poliinsaturados que han recibido una gran atención en los últimos tiempos son los *ácidos grasos esenciales*. También se conocen como *ácidos grasos* ω porque su primer doble enlace se localiza hacia el final de la cadena (*omega* es la última letra del alfabeto griego). El organismo puede sintetizar la mayoría de los ácidos grasos a partir de los componentes de otras moléculas, pero esto no es así en el caso de los ácidos grasos esenciales: su estructura molecular especial exige que se obtengan de la dieta. Los aceites de pescado, marisco y de ciertas plantas, semillas y frutos secos son buenas fuentes dietéticas. Las personas que siguen una dieta rica en ácidos grasos esenciales tienen menor riesgo de enfermedad cardiovascular que las personas que no lo hacen. El cuerpo utiliza los ácidos grasos ω para sintetizar diversos compuestos biológicos esenciales que regulan la inflamación, coagulación de la sangre y otras funciones importantes.

Las grasas insaturadas son baratas y relativamente sanas, pero se descomponen con rapidez y son difíciles de transportar, ya que son líquidos. Como consecuencia, la industria alimentaria ha convertido desde hace décadas las grasas insaturadas en grasas saturadas mediante la adición de hidrógeno, que evita que la grasa se ponga rancia. Estas grasas se llaman *grasas hidrogenadas* o *grasas trans* (piense en ellas como grasas *trans*formadas). Aunque esto ha permitido a la industria alimentaria proporcionar alimentos apetecibles y baratos, las grasas *trans* presentan graves riesgos para la salud. Alteran el control de la glucosa en sangre y provocan inflamación. Por esta razón, en 2006, la Food and Drug Administration (FDA) comenzó a exigir que en las etiquetas de todos los alimentos se identificase el contenido en ácidos grasos *trans* en la tabla de información nutricional. Poco después de que entrase en vigor este requisito, muchos fabricantes de alimentos sustituyeron los ácidos grasos *trans* con más grasas saludables.

Aparte del tipo de grasa de la dieta, la cantidad también es importante, porque la grasa contiene 9 calorías por gramo, mientras que las proteínas y los carbohidratos sólo contienen 4. Es más fácil, por tanto, ingerir un exceso de calorías en forma de grasa.

Las grasas circulan en la sangre como lipoproteínas

A diferencia de las proteínas y los carbohidratos, las grasas no son solubles en la sangre. Los triglicéridos y el colesterol circulan en la sangre en grandes complejos de proteína-lípido llamados **lipoproteínas.** Cada lipoproteína está formada por un núcleo interno, compuesto por triglicéridos y/o colesterol, y una capa exterior, compuesta de fosfolípidos, colesterol y proteínas especializadas llamadas **apoproteínas.** Los tres componentes de la cubierta exterior son parcialmente hidrófilos e hidrófobos. Las partes hidrófobas de esas moléculas miran hacia el núcleo de lipoproteínas, y las partes hidrófilas miran hacia afuera para interactuar con sangre. Así, los fosfolípidos y las proteínas hidrófobas convierten a las lipoproteínas en solubles en sangre.

Las proteínas son más densas que los lípidos, por lo que las lipoproteínas que contienen proporcionalmente más proteínas son más densas que las que contienen más lípidos. De acuerdo con su densidad molecular, las lipoproteínas se clasifican de la siguiente forma:

- Las **lipoproteínas de muy baja densidad (VLDL,** *very low density lipoprotein*) son principalmente lípidos y tienen muy pocas proteínas. La mayoría de los lípidos son triglicéridos.
- Las **lipoproteínas de baja densidad (LDL,** *low-density lipoprotein*) son algo menos lipídicas y tienen más proteínas. La mayoría de los lípidos son el colesterol.
- Las **lipoproteínas de alta densidad (HDL,** *high-density lipoprotein*) tienen pocos lípidos y son en su mayoría proteínas. La mayoría de los lípidos son el colesterol.

Las **VLDL** son la forma principal de transporte de los triglicéridos desde el hígado al resto del cuerpo (fig. 14-2).

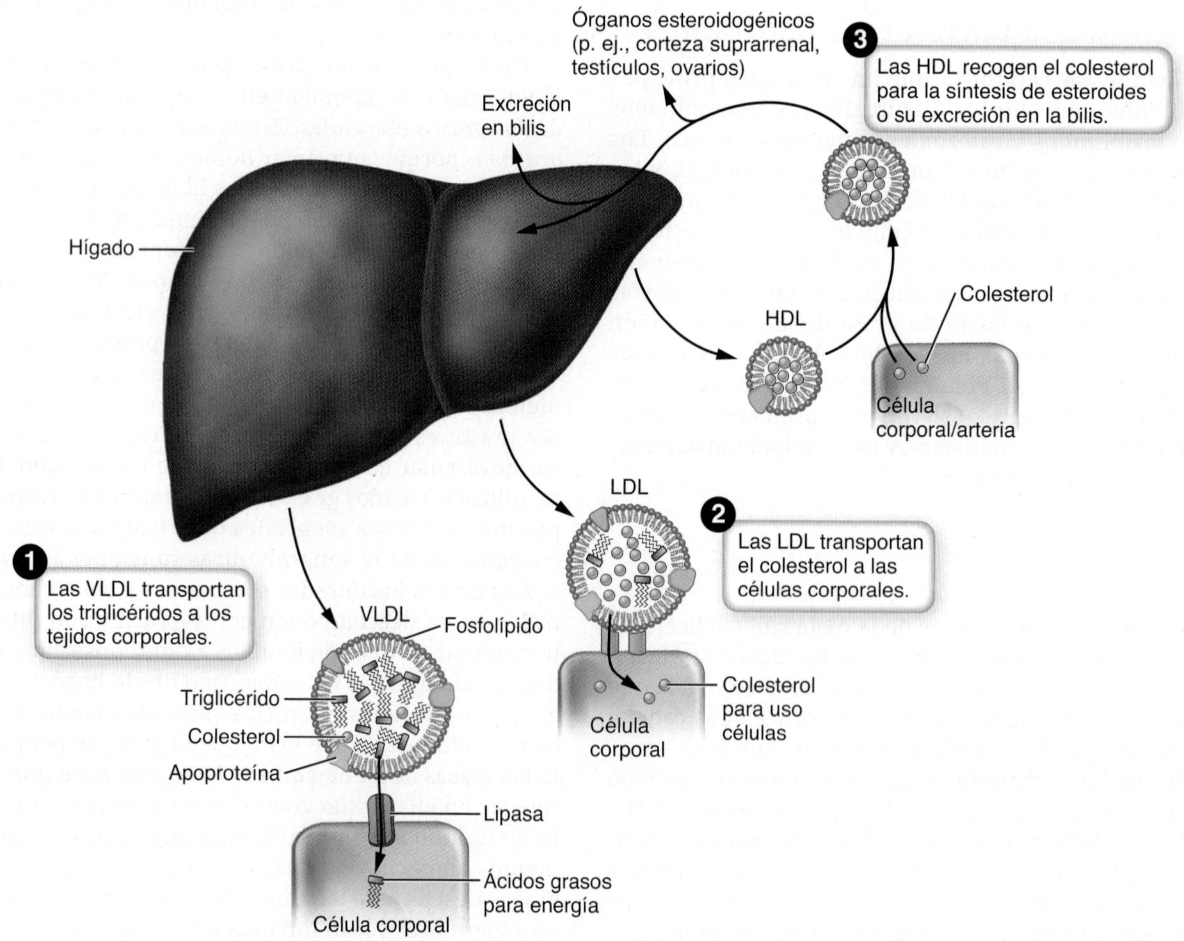

Figura 14-2. Lipoproteínas. Las lipoproteínas transportan los lípidos por la sangre. *¿Qué tipo de lipoproteína recoge el colesterol de las células?*

INSTANTÁNEA CLÍNICA

Concentraciones de lípidos en plasma deseables

En relación con las concentraciones de lípidos en plasma, el concepto de *normal* (cap. 1) es engañoso porque se basa en cálculos para determinar el *promedio* de colesterol de las personas presuntamente sanas. El problema es éste: las cifras medias de colesterol de muchas personas que se suponen sanas es poco saludable, sobre todo en los países occidentales desarrollados, a causa de las dietas ricas en grasas saturadas y *trans*. Así, *deseable* es un concepto mejor que *normal*.

Antes de la década de 1970, en Estados Unidos, lo que actualmente se consideran concentraciones muy altas de colesterol se consideraban normales. Sin embargo, ahora se sabe que para tener una buena salud el colesterol total debe ser inferior a 200 mg/dl. Cuando se trata de colesterol total en plasma, más bajo es mejor; disminuir el total es beneficioso en casi cualquier nivel inicial de colesterol (cualquier punto de partida). Para ser específicos, *disminuir el colesterol total en 40 mg/dl reduce la prevalencia de complicaciones de la ateroesclerosis a la mitad*, y la reducción de otros 40 mg/dl disminuye el riesgo otra vez a la mitad. Los datos indican que la ateroesclerosis no puede desarrollarse con cifras de colesterol total inferiores a 150 mg/dl, un nivel inalcanzable en la mayoría de las culturas sin una dieta estrictamente vegetariana baja en grasas. Sin embargo, por muy útil que sea, la determinación del colesterol total es menos eficaz para predecir el riesgo cardiovascular que la determinación de las fracciones que lo componen: el colesterol unido a lipoproteínas de baja, alta y muy baja densidad.

Se considera *colesterol LDL* (c-LDL) deseable cuando es <100 mg/dl. Al igual que con el colesterol total, menos es mejor.

El *colesterol HDL* (c-HDL) deseable cuando es >60 mg/dl, una cifra que no se asocia con riesgo cardiovascular. Por otro lado, los valores <40 mg/dl se asocian con un riesgo muy elevado de ateroesclerosis. Las cifras bajas de c-HDL están en gran medida influidas por la genética y son mucho más difíciles de cambiar que el colesterol total y c-LDL, más influidos por la dieta. Sin embargo, las cifras bajas de c-HDL pueden tratarse y el esfuerzo merece la pena; aumentar el c-HDL reduce el riesgo coronario. Dejar de fumar es especialmente eficaz en el aumento de c-HDL: ésta es una de las razones por las que dejar de fumar es una estrategia muy eficaz para reducir el riesgo cardiovascular. El ejercicio y el consumo de cantidades moderadas de alcohol también son eficaces para aumentar el c-HDL. (Consumo moderado de alcohol se define como no más de una bebida al día para las mujeres y una o dos bebidas por día para los hombres.)

En las lipoproteínas de muy baja densidad (VLDL) hay muy poco colesterol; por tanto, las cifras de VLDL tienen sólo una relación limitada con el riesgo cardiovascular ateroesclerótico.

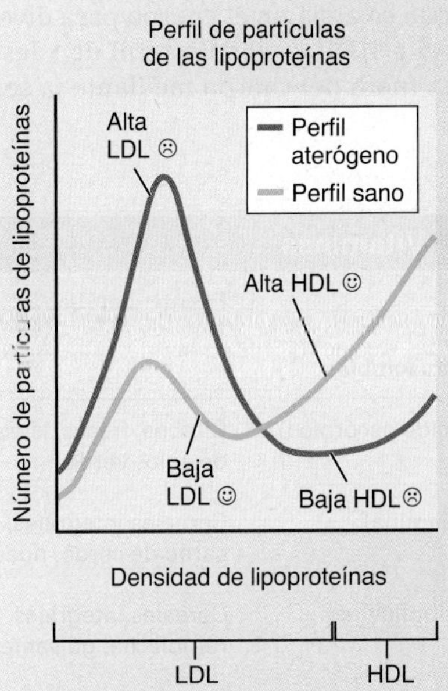

Perfiles lipídicos, que separan las partículas de lípidos por su densidad.

Los tejidos diana liberan ácidos grasos libres de las VLDL y los utilizan como energía o para almacenarlos para su uso posterior.

Las **LDL** son la forma de transporte principal para el colesterol. El *colesterol-LDL* (c-LDL) es el que se encuentra en las LDL. Las células que transportan el colesterol recogen los paquetes de LDL a partir de los receptores de LDL que se encuentran en la membrana celular. Por desgracia, las LDL también se alojan en las paredes de los vasos sanguíneos de algunas personas y se acumulan allí como parte del proceso de la enfermedad cardiovascular. Al contribuir a la enfermedad cardiovascular, el c-LDL se conoce a menudo como colesterol «malo».

Las **HDL** viajan a través de la sangre y transportan colesterol que recogen de los revestimientos de arterias o células, y entregan su carga a ciertas glándulas, que sirve para fabricar las hormonas esteroideas, o al hígado para su secreción en la bilis. Las HDL «mejoran la salud» arterial eliminando colesterol de los tejidos, por lo que el c-HDL suele conocerse como colesterol «bueno», a pesar de que la molécula de colesterol en las HDL y las LDL es la misma. Es decir, el *destino* del colesterol, no de su portador, dicta su función en la salud o la enfermedad; el c-LDL es el colesterol que se aloja en el cuerpo para diversos fines; sin embargo, el c-HDL es el colesterol de «desecho» que se dirige hacia fuera del cuerpo mediante la secreción en la bilis. Véase el cuadro Instantánea clínica anterior titulado «Concentraciones de lípidos en plasma deseables» para obtener más información sobre las cifras de colesterol en la sangre.

Las vitaminas son necesarias para una buena salud

Las vitaminas son tan importantes como los carbohidratos, las grasas y las proteínas para una buena salud. Se han

Tabla 14-1. Vitaminas

Nombre	Fuente dietética	Función
Vitaminas hidrosolubles		
Vitamina C (ácido ascórbico)	Cítricos, fresas, kiwis, melones, tomates, verduras de color verde	Promueve la síntesis de proteínas, favorece la cicatrización, actúa como antioxidante
Vitamina B_1 (tiamina)	Cereales integrales, levadura, hígado, huevos, carne de cerdo, nueces	Coenzima en el catabolismo de los carbohidratos
Vitamina B_2 (riboflavina)	Cereales integrales, levadura, carne, huevos, remolacha, guisantes, cacahuetes	Componente de coenzima
Niacina	Derivada del triptófano, un aminoácido esencial que se encuentra en cereales integrales, levadura, carne, pescado, guisantes, judías, nueces	Componente del NAD y de una coenzima en el metabolismo de los lípidos
Vitamina B_6 (piridoxina)	Cereales integrales, levadura, salmón, yogur, tomate, maíz amarillo, espinacas	Coenzima en el metabolismo de los aminoácidos
Vitamina B_{12} (cianobalamina)	Hígado, riñón, leche, huevos, queso, carne; la absorción intestinal precisa el *factor intrínseco,* una proteína secretada por el estómago	Coenzima en la formación de eritrocitos y en el metabolismo de aminoácidos
Ácido pantoténico	Hígado, riñones, levadura, verduras	Componente de la coenzima A
Ácido fólico	Vegetales de hoja verde, brócoli, espárragos, judías, cítricos	Coenzima en la síntesis de ARN y ADN y la formación de células de la sangre
Biotina	Levadura, hígado, yema de huevo, riñones	Coenzima en el metabolismo del piruvato y la síntesis de ácidos grasos
Vitaminas liposolubles		
Vitamina A (retinol)	Producida a partir del caroteno, una provitamina que se encuentra en verduras naranjas, amarillas y de hoja verde oscuro	Función de las células epiteliales
Vitamina D	Aceites de pescado, yema de huevo, productos lácteos enriquecidos	Necesaria para la absorción intestinal de calcio
Vitamina E (tocoferol)	Nueces frescas, germen de trigo, aceites de semillas, vegetales de hoja verde	Participa en la síntesis de ácidos nucleicos y de eritrocitos; necesaria para la formación y mantenimiento del sistema nervioso; antioxidante
Vitamina K	Hígado, espinacas, coliflor, calabaza	Coenzima en la síntesis de factores de coagulación

nombrado 13: A, ocho vitaminas B, C, D, E y K. Al principio se citaron alfabéticamente en función de su orden de descubrimiento, pero en la actualidad existen vacíos en la cadena conforme se van acumulando conocimientos, y algunas sustancias se reasignan a otras categorías fisiológicas.

Una **vitamina** es una potente molécula *orgánica* pequeña ⬅ (cap. 2) necesaria para una reacción metabólica en particular que debe obtenerse a partir de la dieta porque el organismo no puede sintetizarla (tabla 14-1). Las excepciones a esta regla son la vitamina D, que puede fabricarse en la piel tras la exposición a la luz solar, y la vitamina K, que puede ser producida por las bacterias intestinales, aunque algo está presente en la dieta. Además, algunas vitaminas son ingeridas como precursores inactivos o *provitaminas*, que son transformados por el cuerpo en la vitamina activa. Por ejemplo, la vitamina A (también conocida como retinol) se sintetiza a partir de la provitamina *β-caroteno*.

Las funciones fisiológicas de las vitaminas son variadas y numerosas. Por ejemplo, la vitamina C se conoce principalmente por su función en la protección de los tejidos conectivos del cuerpo, pero también funciona como un antioxidante y favorece la absorción de hierro. Las vitaminas B nos permiten utilizar los carbohidratos, las proteínas y las grasas en nuestra dieta mediante la participación en las reacciones metabólicas como *coenzimas*, sustancias que promueven las funciones de las enzimas. Esta función de las vitaminas B se comenta con más detalle en el ➡ capítulo 15. Otras vitaminas actúan como hormonas y ayudan a la síntesis de ADN o tienen otras funciones (tabla 14-1).

Algunas vitaminas son solubles en agua, otras en grasa. Las hidrosolubles (vitaminas del complejo B y vitamina C) no pueden almacenarse en el cuerpo. Las deficiencias de vitaminas hidrosolubles se desarrollan rápidamente, porque cualquier exceso diario se excreta en la orina. Por el contrario, la deficiencia de vitaminas liposolubles (A, D, E y K) se desarrolla más lentamente, ya que pueden almacenarse en la grasa corporal. Por otro lado, ya que sólo pueden ser absorbidas por el cuerpo cuando están disueltas en la grasa de la dieta, todo lo que perjudique a la digestión de las grasas puede producir deficiencia de vitaminas liposolubles. Por ejemplo, algunas enfermedades pancreáticas reducen la producción de enzimas pancreáticas, que digieren la grasa de la dieta. Cuando se carece de estas enzimas, la grasa no digerida pasa a las heces y se lleva las vitaminas liposolubles con ella.

Debido a que el organismo almacena las vitaminas liposolubles, su consumo prolongado y excesivo puede conducir a una acumulación peligrosa. Por ejemplo, un exceso de vitamina D puede aumentar las concentraciones sanguíneas de calcio. El exceso de calcio pasa a la orina, donde puede formar cálculos en el tracto urinario.

La *ingesta dietética de referencia* de cada vitamina varía según la edad y el sexo. Las frutas y las verduras son buenas fuentes de vitaminas y algunas se encuentran exclusivamente en productos de origen animal o en cereales (tabla 14-1).

Apuntes sobre el caso

14-2 La leche de soja que consume Margot está complementada con vitamina D. ¿La vitamina D es liposoluble o hidrosoluble, y qué hace?

Los minerales de la dieta son una necesidad

Es difícil dar una definición exacta de **mineral**, pero para nuestros propósitos, se considera un elemento *no orgánico* que puede formar un sólido cristalino. Los compuestos formados por carbono, hidrógeno, oxígeno y nitrógeno no se consideran minerales ya que, por definición, son orgánicos.

Cerca del 4 % del peso corporal está formado por siete **minerales principales:** calcio, fósforo, potasio, magnesio, azufre, sodio, cloro y magnesio. Alrededor de tres cuartas partes están constituidas por el calcio y el fósforo de los huesos. Sodio, potasio y cloro son fundamentales en la composición de los líquidos del cuerpo; el calcio y el magnesio son importantes en la contracción muscular; y el azufre está presente en diversos compuestos fisiológicos (tabla 14-2).

Otros minerales, los **oligoelementos,** están presentes en cantidades muy pequeñas y representan menos del 0,01 % del peso corporal. Estos minerales incluyen el cromo, el cobre, el flúor, el yodo, el hierro, el manganeso, el selenio y el zinc. Algunos tienen funciones fundamentales y muy específicas; por ejemplo, el hierro es el componente esencial de la hemoglobina, que transporta oxígeno en la sangre; el flúor ayuda a mantener dientes y huesos sanos; el yodo es necesario para producir la hormona tiroidea, y el cromo, el manganeso, el selenio, el hierro, el cobre y el zinc son necesarios en diversas funciones metabólicas.

Los minerales se encuentran en la mayoría de los alimentos, con excepción de los cereales. El calcio y el fósforo, por ejemplo, son abundantes en los productos lácteos, mientras que la carne es rica en hierro y zinc (tabla 14-2).

Ciertas condiciones médicas pueden producir una deficiencia de minerales. Por ejemplo, las personas con diarrea crónica pueden perder grandes cantidades de sodio, lo que disminuye la concentración de sodio en la sangre, que da como resultado un volumen plasmático y una presión arterial bajos. A su vez, ésta produce fatiga, mareo y desmayo.

Sin embargo, en ocasiones la deficiencia se debe a una dieta carente de un mineral en particular. El hierro es un buen ejemplo. Al ser necesario para la síntesis de la hemoglobina ⬅ (cap. 10), una dieta con carencia de hierro conduce a una deficiencia de hemoglobina (anemia). Las mujeres en edad fértil son particularmente vulnerables debido a que pierden hierro de forma regular durante la menstruación.

Las dietas vegetarianas, que excluyen la carne, las aves de corral, el pescado, los productos lácteos y los huevos, son cada vez más comunes y presentan beneficios bien documentados sobre la salud, incluyendo un menor riesgo de

Tabla 14-2. Principales minerales y oligoelementos

Nombre	Fuente dietética	Función
Principales minerales		
Calcio	Productos lácteos, verduras de hoja verde, marisco, yema de huevo	Las sales de calcio forman los huesos y dientes; los iones de calcio están implicados en los potenciales de acción del corazón, la liberación de neurotransmisores, la contracción muscular y la transducción de señales
Fósforo	Todos los productos de origen animal, frutos secos, legumbres, cereales	Las sales de fosfato ayudan a la formación de huesos y dientes; componente de muchas moléculas biológicas grandes (p. ej., ATP, proteínas); equilibrio ácido-base
Sodio	Sal de mesa, alimentos enriquecidos en sal	Ayuda a mantener el equilibrio hídrico del cuerpo y la presión arterial; necesario para los potenciales de acción, la contracción muscular y el transporte activo de iones y otros nutrientes
Potasio	Muchos alimentos, especialmente aguacates, albaricoques secos y productos animales	Señalización eléctrica, síntesis de proteínas, mantenimiento de la presión osmótica intracelular
Cloro	Sal de mesa	Ayuda a mantener el equilibrio hídrico del cuerpo (junto con el sodio); equilibrio acidobásico
Azufre	Todos los productos de origen animal, legumbres	Componente de vitaminas, proteínas, tejido conectivo
Magnesio	Productos animales, cereales integrales, nueces, legumbres, verduras de hoja verde	Componente de coenzimas; necesario para la contracción muscular
Oligoelementos		
Cromo	Productos de origen animal, cereales integrales, vino	Necesario para el metabolismo de la glucosa
Cobre	Marisco, cereales integrales, legumbres, carne	Necesario para la síntesis de la hemoglobina, melanina, mielina y algunas enzimas
Flúor	Agua fluorada	Puede prevenir la caries dental y la osteoporosis
Yodo	Marisco, sal yodada	Componente de la hormona tiroidea
Hierro	Hígado, carne, yema de huevo, legumbres	Parte de la hemoglobina y de las enzimas mitocondriales
Manganeso	Nueces, legumbres, cereales integrales, vegetales de hojas verdes	Participa en muchas reacciones metabólicas
Selenio	Mariscos, carne	Antioxidante
Zinc	Mariscos, carne, legumbres	Componente de las enzimas y proteínas estructurales

enfermedad cardiovascular y de diabetes de tipo 2. Sin embargo, puesto que los productos de origen animal son excelentes fuentes de calcio, zinc y hierro, los vegetarianos deben planificar su dieta con cuidado. También tienen que vigilar que su dieta ofrezca el contenido adecuado de vitaminas D y B_{12}, proteínas y ácidos grasos ω.

Apuntes sobre el caso

14-3 La leche de soja natural contiene hierro, calcio, zinc, riboflavina y sodio. ¿Cuál de estas sustancias son minerales y cuáles vitaminas?

El agua es el nutriente más importante

Si hay magia en este planeta, está contenida en el agua

Loren Eiseley (1907-1977), antropólogo, educador y escritor de ciencias naturales estadounidense, en *El viaje inmenso,* 1957

El agua es la materia y la matriz de la vida: es la molécula más común en todas las formas de vida, y todos los procesos esenciales de la vida se desarrollan dentro de ella. Alrededor del 60 % del peso corporal de un adulto es agua: es el componente principal de todas las células y del líquido intercelular; forma la mayor parte de nuestra sangre, linfa, líquido cefalorraquídeo, orina y gran parte de nuestras heces; se encuentra en los cartílagos y las articulaciones sinoviales, e incluso vemos el mundo a través de los ojos, que están llenos de un fluido acuoso. Podemos vivir durante semanas sin alimentos, pero sólo unos pocos días sin agua.

Recuerde del capítulo 2 que el agua es un solvente, un lubricante, ofrece amortiguación a las células y tejidos y es un disipador de calor capaz de contener grandes cantidades de calor sin aumentar mucho la temperatura. Y no olvidemos que es fundamental en el metabolismo; el agua y el dióxido de carbono son los productos finales de las reacciones del cuerpo que producen energía.

¿Cuánta agua necesitamos? La mayoría de los expertos coinciden en que los adultos necesitan entre 8 y 12 vasos al día (alrededor de 2,5 l), aunque los requisitos varían en función del sexo, la edad, el nivel de actividad física, la temperatura ambiental y otros factores.

Una dieta saludable requiere atención

Los hábitos dietéticos varían de una cultura a otra y de una época a otra. Por ejemplo, la dieta vietnamita es baja en grasas y rica en fibra, con abundancia de cereales integrales y verduras frescas. Por el contrario, la dieta norteamericana es alta en grasas y baja en fibra, con cereales refinados y pocas verduras frescas. La dieta varía de una época a otra: a mediados del siglo XIX, la dieta Graham, rica en fibra y sin carne, era la más habitual en Estados Unidos, mientras que en el pasado siglo XX predominaba una dieta rica en carne y baja en carbohidratos.

Los datos de estudios científicos que comparan la dieta y la salud en muchas culturas, como se resume en la pirámide de alimentación, sugieren las siguientes pautas para una buena salud (fig. 14-3):

1. *Controle su peso.* Igualar la entrada de calorías con la producción de energía debe ser la base de cualquier dieta. La obesidad es una situación tóxica que aumenta el riesgo de diabetes, cáncer, enfermedades cardiovasculares y de hipertensión arterial. Aparte de dejar de fumar, la manera más eficaz para mejorar la salud a largo plazo es mantener un peso saludable.
2. *Haga ejercicio con regularidad.* El ejercicio regular, incluso un corto paseo diario, ayuda a evitar el exceso de peso por el consumo de calorías, y además ofrece otros grandes dividendos: las personas que hacen ejercicio regularmente viven más, están más sanas y son más felices.
3. *Los carbohidratos están basados principalmente en los cereales integrales.* Estos cereales, como el pan integral, el arroz integral y la avena, no han sido refinados para despojarlos de sus fibras y, por lo tanto, se digieren y absorben con más lentitud que los cereales refinados como la harina blanca. El resultado es que no elevan las cifras de glucosa en sangre tan rápidamente o de forma tan importante como los carbohidratos refinados. Pero además, su contenido en fibra proporciona volumen, que es más eficaz para satisfacer el hambre que las «calorías vacías» de los carbohidratos refinados.
4. *Las grasas están basadas en aceites vegetales, frutos secos y pescado.* Mucha gente piensa que la grasa es mala, pero es una parte esencial de nuestra dieta diaria. El problema no es la grasa en sí, sino las grasas saturadas y *trans.* Una dieta sana sustituye estas grasas dañinas con aceites vegetales, frutos secos y pescado. El resultado es un c-LDL más bajo, un aumento de c-HDL y menor riesgo de enfermedad cardiovascular.
5. *Consumir cada día un «amplio abanico» de frutas y verduras.* Una dieta rica en verduras y frutas, que aportan vitaminas, minerales, fibra y sustancias químicas vegetales beneficiosas llamadas *fitoquímicos,* disminuye el riesgo de enfermedades cardiovasculares, algunos tipos de cáncer y la pérdida de visión asociada con la edad.
6. *Entre las proteínas, elegir pescado, aves de corral, huevos, nueces, semillas, judías y tofu.* Estos alimentos son buenas fuentes de proteína, ya que proporcionan grasas saludables, vitaminas y minerales. Algunos también proporcionan fibra. El tofu se elabora a partir de la soja y es una buena fuente de proteínas de alta calidad; también es bajo en grasas saturadas. Los huevos han tenido una mala reputación. A pesar de que contienen un poco de colesterol, el de la dieta es un factor menor en comparación con las cifras de colesterol en sangre. Con moderación, los huevos son una buena fuente de proteínas.
7. *Consumir suficiente calcio y vitamina D.* El calcio y la vitamina D son importantes para la salud ósea. Como aprendimos en el capítulo 5, las personas con piel oscura y las que no se exponen mucho al sol pueden no producir suficiente vitamina D natural para una buena salud ósea. Para ellos puede ser necesario un complemento de vitamina D. La leche enriquecida es una buena fuente de vitamina D y calcio, pero la leche normal contiene grasa saturada, por lo que es conveniente elegir leche desnatada o semidesnatada. Otras fuentes adecuadas de calcio son el queso y el yogur, determinados frutos secos, judías y vegetales de hoja oscura.
8. *Consumir carnes rojas, mantequilla, queso y leche entera con moderación debido a su alto contenido en grasas saturadas.* Las carnes rojas se promocionan a menudo como una valiosa fuente de hierro, mineral necesario para la producción de hemoglobina (cap. 10). Sin embargo, las aves de corral, el pescado, muchas legumbres y panes y cereales enriquecidos son ricos en hierro.

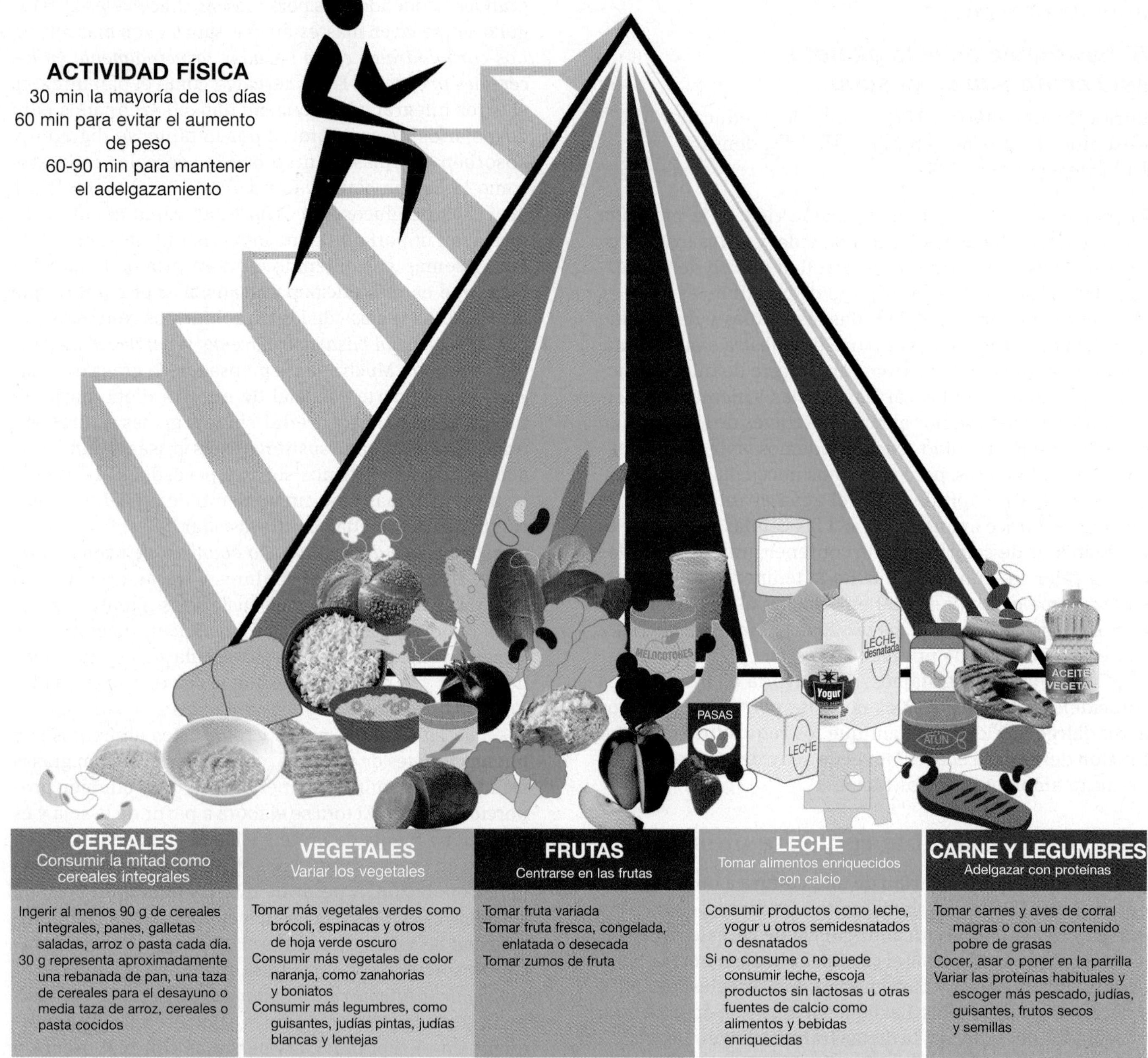

CEREALES Consumir la mitad como cereales integrales	VEGETALES Variar los vegetales	FRUTAS Centrarse en las frutas	LECHE Tomar alimentos enriquecidos con calcio	CARNE Y LEGUMBRES Adelgazar con proteínas
Ingerir al menos 90 g de cereales integrales, panes, galletas saladas, arroz o pasta cada día. 30 g representa aproximadamente una rebanada de pan, una taza de cereales para el desayuno o media taza de arroz, cereales o pasta cocidos	Tomar más vegetales verdes como brócoli, espinacas y otros de hoja verde oscuro Consumir más vegetales de color naranja, como zanahorias y boniatos Consumir más legumbres, como guisantes, judías pintas, judías blancas y lentejas	Tomar fruta variada Tomar fruta fresca, congelada, enlatada o desecada Tomar zumos de fruta	Consumir productos como leche, yogur u otros semidesnatados o desnatados Si no consume o no puede consumir leche, escoja productos sin lactosas u otras fuentes de calcio como alimentos y bebidas enriquecidas	Tomar carnes y aves de corral magras o con un contenido pobre de grasas Cocer, asar o poner en la parrilla Variar las proteínas habituales y escoger más pescado, judías, guisantes, frutos secos y semillas
Para una dieta de 1 000 calorías se necesitan las cantidades siguientes de cada grupo de alimentos. Para saber la cantidad adecuada en su caso, acuda a MyPyramid.gov.				
Consumir 180 g/día	Tomar 2½ tazas al día	Tomar 2 tazas diarias	Tomar 3 tazas diarias o 2 si se trata de niños de entre 2 y 8 años	Tomar 185 g/día

Encontrar el equilibrio entre la alimentación y la actividad física

- Cerciorarse de mantener la demanda calórica diaria
- Realizar una actividad física mínima de 30 min casi todos los días de la semana
- Para evitar el aumento de peso se precisa, en ocasiones, una actividad física aproximada durante 60 min/día
- Para mantener el adelgazamiento se precisa, en ocasiones, una actividad física mínima de 60 min/día a 90 min/día
- Los niños y los adolescentes deben conservar la actividad física durante 60 min/día o la mayor parte de los días

Conocer los límites de las grasas, azúcares y sal (sodio)

- Consumir el aporte principal de grasas a partir de pescados, frutos secos y aceites vegetales
- Limitar las grasas sólidas como mantequilla, margarina y manteca de cerdo, y los alimentos que los contengan
- Comprobar la etiqueta de datos nutricionales para mantener reducido el consumo de grasas saturadas, grasas *trans* y sodio
- Elegir alimentos y bebidas que contengan pocos azúcares añadidos. Los azúcares añadidos aportan calorías con muy pocos o ningún nutriente

Figura 14-3. Pirámide de alimentación. *¿Qué grasas deben consumirse en grandes cantidades, mantequilla o aceites vegetales?*

9. *Otros alimentos también deben consumirse con moderación.* La lista incluye cereales refinados (pan blanco, arroz blanco, pasteles, galletas), patatas (las batatas son mucho más saludables), dulces y bebidas azucaradas y azúcar de mesa. También es aconsejable añadir poca sal (cloruro sódico) a los alimentos, tanto como sea posible. Las dietas altas en sodio aumentan el riesgo de hipertensión arterial y la enfermedad cardiovascular asociada.
10. *Los complementos multivitamínicos y minerales* pueden completar los déficits ocasionales en cualquier dieta. Como se mencionó anteriormente, los complementos de vitamina D son beneficiosos para algunas personas. Un complemento de hierro puede ser conveniente para las mujeres en edad fértil, porque pierden hierro con cada período menstrual. Se recomiendan complementos de ácido fólico para todas las mujeres en edad fértil, ya que ayuda a prevenir un tipo de defecto de nacimiento que se desarrolla antes de que la mujer sepa que está embarazada. Por lo demás, los datos de las investigaciones no han demostrado beneficio alguno de los complementos de vitaminas o minerales individuales, a menos que se utilicen por prescripción médica.
11. *El alcohol con moderación* puede contribuir a una dieta saludable, sobre todo en personas de mediana edad. Los datos son claros: los estadounidenses que consumen alcohol con moderación tienen menos enfermedades cardiovasculares que aquellos que no lo hacen. Moderación significa no más de una bebida (una cerveza, una copa de vino, un cóctel) al día para las mujeres no embarazadas y una a dos bebidas al día para los hombres. Las mujeres embarazadas no deben consumir alcohol debido al riesgo de alteraciones en el feto.

14-1 ¿Cuál de las siguientes sustancias se clasifica como nutriente?: agua, aminoácidos, oxígeno, lípidos, vitaminas, carbohidratos.

14-2 ¿Pueden los humanos digerir la fibra, el almidón o ambos?

14-3 Verdadero o falso: los ácidos grasos de las grasas saturadas contienen uno o más enlaces dobles entre los átomos de carbono.

14-4 ¿Qué tipo de lipoproteínas transportan el colesterol al hígado?

14-5 ¿Pueden los humanos fabricar aminoácidos esenciales?

14-6 ¿Cuál de las siguientes es una provitamina: el hierro, el β-caroteno o el retinol?

14-7 ¿Qué mineral es un componente estructural o esencial de la hemoglobina?

14-8 ¿Qué lípidos son más saludables, los de la carne o los aceites vegetales?

Descripción general del aparato digestivo

Ahora que hemos aprendido acerca de lo que comemos, vamos a aprender lo que sucede cuando lo hacemos. La *digestión* descompone los alimentos en sus elementos moleculares, que a su vez son metabolizados para producir energía o para construir nuevas moléculas, orgánulos, células, tejidos y órganos. El *aparato digestivo* está formado por el *tracto gastrointestinal* más los órganos accesorios.

El tracto gastrointestinal y los órganos accesorios constituyen el sistema digestivo

El **tracto gastrointestinal** (GI) (también conocido como *tracto digestivo*) es una secuencia continua de órganos musculares tubulares que se extiende desde la boca hasta el ano, y son: la boca, la faringe, el esófago, el estómago, el

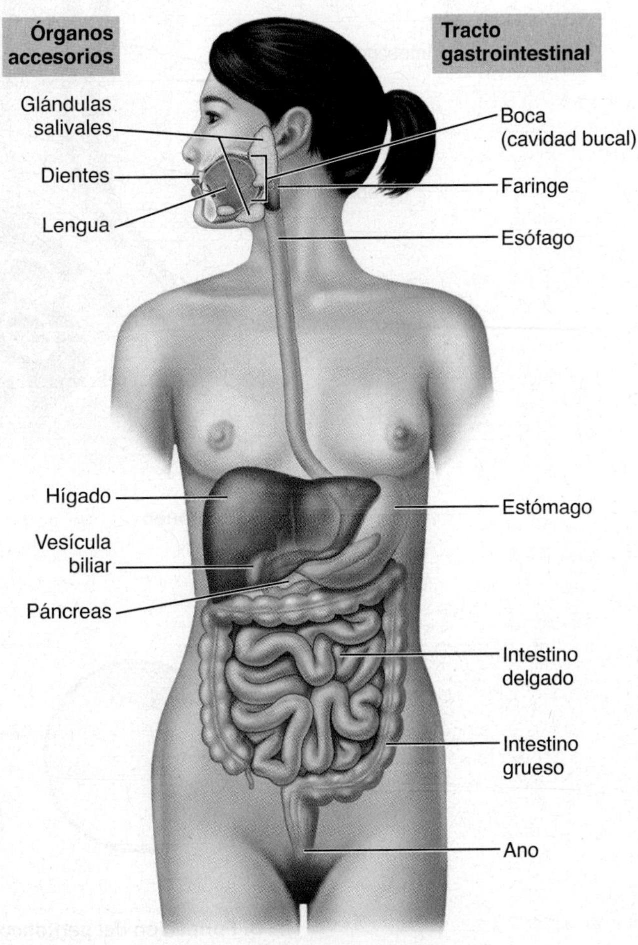

Figura 14-4. El aparato gastrointestinal, formado por el tracto gastrointestinal y los órganos accesorios. *¿Cuál de los siguientes es un órgano accesorio: la vesícula biliar o la faringe?*

intestino delgado y el intestino grueso (fig. 14-4). Además, la digestión requiere la asistencia de los *órganos accesorios digestivos* que no necesariamente detectan alimentos, sino que proporcionan herramientas mecánicas o químicas. Estos órganos incluyen los dientes, la lengua, las glándulas salivales, el hígado, la vesícula biliar y el páncreas.

El hígado y el páncreas merecen una mención especial porque cada uno tiene una naturaleza dual, una función digestiva y actividades no digestivas diversas que afectan a todo el organismo. Ambos secretan jugos gástricos en el tracto gastrointestinal. Sin embargo, el hígado también tiene funciones metabólicas esenciales y el páncreas una función glandular endocrina: sintetiza y secreta las hormonas que regulan el azúcar en la sangre. Las funciones no digestivas del hígado y el páncreas se detallan en el ➡ capítulo 15.

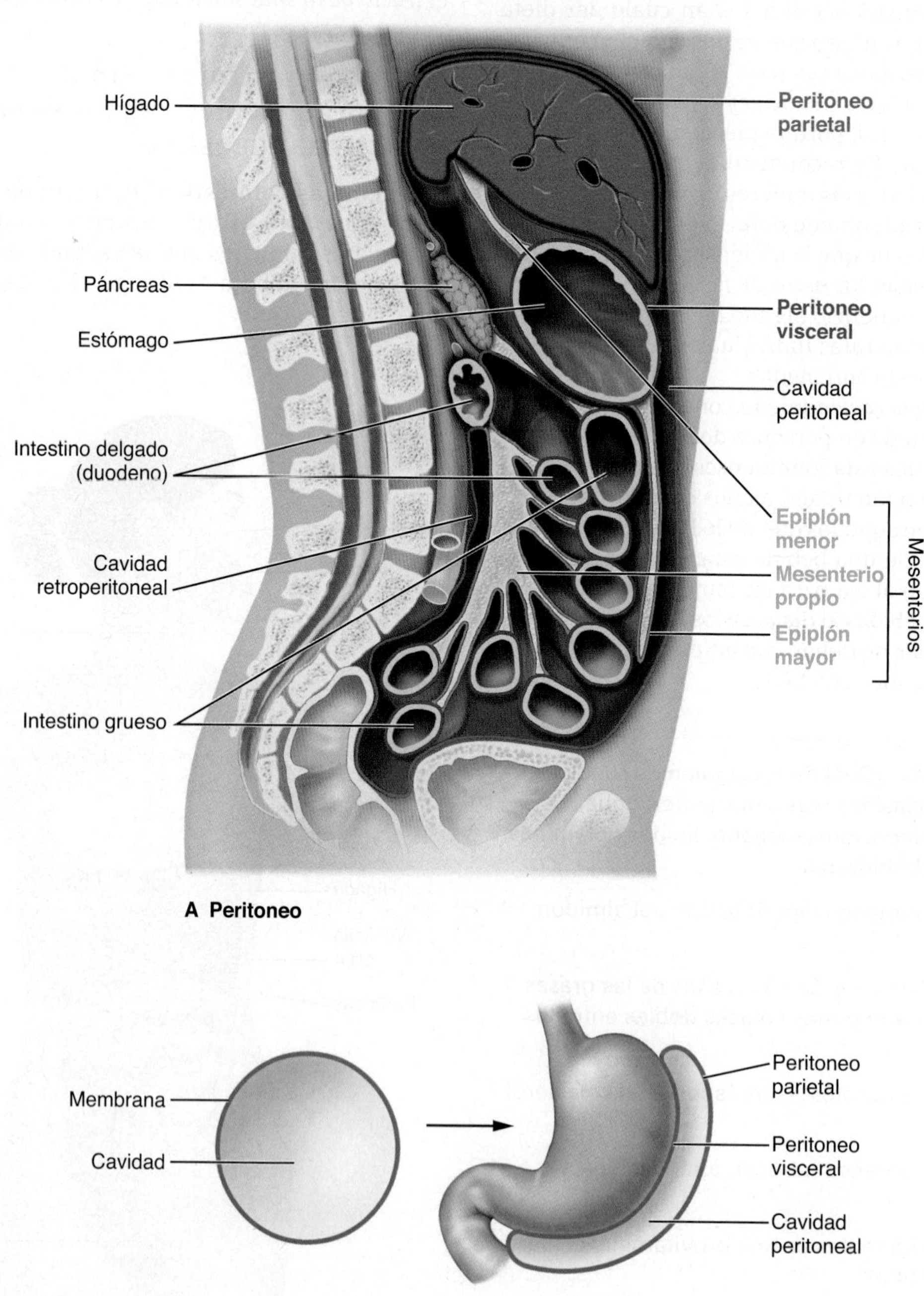

Figura 14-5. Peritoneo. A) La membrana peritoneal tapiza la cavidad peritoneal abdominal y pélvica y recubre la mayoría de los órganos abdominales. Los mesenterios son capas de peritoneo plegadas sobre sí que contienen nervios y vasos. **B)** Las membranas peritoneales se forman en el embrión cuando los órganos abdominales se abren paso hacia la cavidad peritoneal. *¿Qué capa peritoneal recubre el estómago?*

Apuntes sobre el caso

14-4 Cuando Margot afirmó que «las píldoras le molestaban el estómago», se refería al dolor en la región umbilical del abdomen. ¿Qué parte del tracto digestivo está situada bajo el ombligo (fig. 14-4)?

La cavidad peritoneal, el peritoneo y el mesenterio contienen las vísceras abdominales y pélvicas

El tracto GI tiene una relación importante con el **peritoneo,** una membrana translúcida formada por células epiteliales escamosas. Las partes del peritoneo que recubren la pared abdominal se denominan **peritoneo parietal.** Otras partes, como el **peritoneo visceral,** se doblan sobre la totalidad o parte de los órganos abdominales (fig. 14-5). Entre el peritoneo parietal y visceral se encuentra un espacio, la **cavidad peritoneal,** que está llena del resbaladizo **líquido peritoneal.** Este líquido permite no sólo que las membranas se deslicen unas sobre las otras, sino que las vísceras abdominales también lo hagan en el abdomen en relación con la pared torácica y otras vísceras.

La formación embrionaria del peritoneo es muy similar a la formación del pericardio que rodea el corazón (v. fig. 1-14). La cavidad peritoneal comienza como una esfera en forma de globo pegada a la pared anterior del cuerpo, formando el peritoneo la pared del globo. Todos los órganos abdominales se encuentran posteriores e inferiores a él. A medida que dichos órganos abdominales se desarrollan, se abren paso hacia delante y empujan hacia arriba los órganos pélvicos, hacia la cavidad peritoneal, como un puño tratando de penetrar en la superficie de un globo. La parte de la pared del globo en contacto directo con el órgano se convierte en el peritoneo visceral; el otro lado de la pared del globo permanece anclado a la pared del cuerpo como el peritoneo visceral. El espacio interior del globo se mantiene como la cavidad peritoneal, que es sólo un delgado espacio virtual que separa las dos capas.

A medida que el feto crece y los órganos avanzan en la cavidad peritoneal, tiran de sus vasos sanguíneos y linfáticos y de los nervios que se alargan, pero permanecen adheridos a la aorta, la vena cava y los conductos linfáticos. La membrana peritoneal envuelve estos paquetes de vasos y nervios formando un **mesenterio,** un doble pliegue de peritoneo que los ancla y estabiliza. Los mesenterios más importantes son:

- El *epiplón mayor,* que cuelga del intestino grueso y del estómago como un delantal que cubre el intestino delgado. La grasa acumulada entre las capas del epiplón mayor constituye gran parte de la circunferencia abdominal de las personas con sobrepeso.
- El *mesenterio propio,* que surge de una franja vertical anterior a las vértebras lumbares y se une al intestino delgado.
- El *epiplón menor,* que suspende el estómago de la superficie inferior del hígado.

El páncreas, la parte proximal del intestino delgado (denominada *duodeno*) y partes del intestino grueso no avanzan, sino que permanecen cerca de la columna en la **cavidad retroperitoneal** (*retro* = «detrás»).

¡Recuerde! **Un mesenterio consiste en dos capas de membrana que se pliegan sobre un órgano como una toalla doblada sobre el brazo; la toalla es la membrana peritoneal y el brazo es un órgano.**

El tracto gastrointestinal tiene cuatro capas de tejido

Desde el esófago hasta el ano, el tracto GI tiene la misma estructura básica: cuatro capas de tejido que varían un poco microscópicamente según el lugar y la función en cuestión. Estas capas, desde la luz hacia el exterior, son la mucosa, la submucosa, la muscular y la serosa (fig. 14-6).

- **Mucosa.** La mucosa tapiza la luz del canal y está formada por tres capas:
  1. El *epitelio* es una capa más interna de células epiteliales que está en contacto directo con el contenido luminal. A pesar de que está formado por un epitelio cilíndrico en la mayor parte del tracto digestivo, el epitelio del esófago y el ano está formado por células epiteliales escamosas estratificadas. Células epiteliales modificadas denominadas *células caliciformes* secretan moco, que lubrica los alimentos y proporciona una capa de protección sobre el epitelio. Otras funciones del epitelio son formar una barrera física que separa el ambiente interno del cuerpo de las bacterias y de otros contenidos intestinales, secretar enzimas digestivas y hormonas y absorber los productos finales de la digestión.
  2. La *lámina propia* es una capa de tejido conectivo laxo. Contiene vasos sanguíneos y linfáticos y acúmulos de linfocitos (*tejido linfoide asociado a mucosas* [MALT], comentado en el cap. 12).
  3. La *lámina muscular de la mucosa* es una delgada capa de músculo liso. La contracción de estas fibras musculares arruga la mucosa en pliegues.
- **Submucosa.** La submucosa es una amplia capa de tejido conectivo moderadamente denso. Contiene vasos sanguíneos y linfáticos, así como glándulas formadas por repliegues profundos del epitelio de la mucosa. También contiene una red de nervios, el **plexo nervioso submucoso,** que ayuda a regular la función de la mucosa.
- **Muscular externa.** Esta capa es el caballo de batalla del tracto digestivo. El tracto GI proximal (boca, faringe y esófago proximal) y el esfínter anal externo contienen músculo esquelético. La muscular externa de las regiones intermedias (estómago, intestino delgado, intestino grueso y recto) está formada por dos capas de músculo liso, una *circular* interna y una *longitudinal* externa.

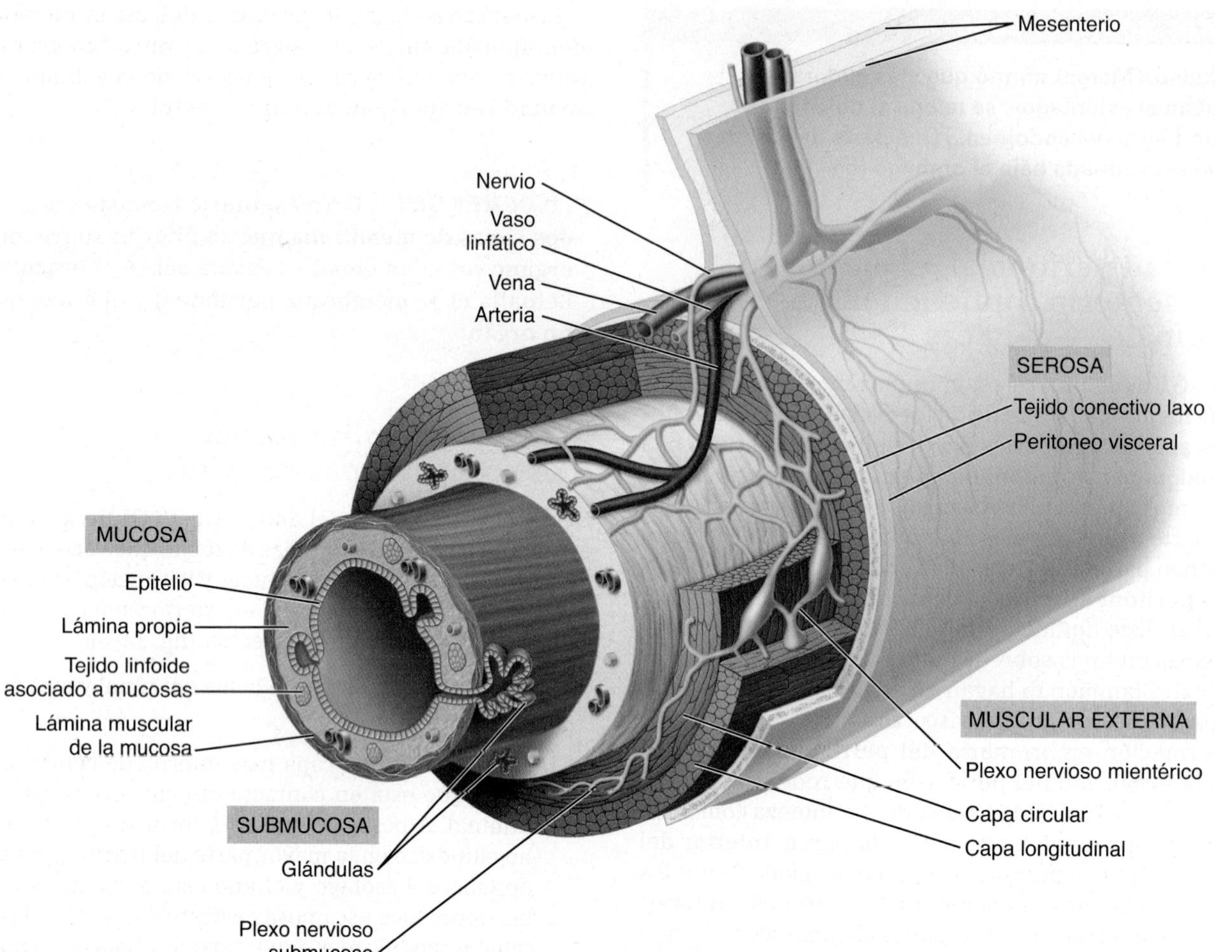

Figura 14-6. Capas de la pared del tracto gastrointestinal. Las cuatro capas principales son mucosa, submucosa, muscular externa y serosa. Cada capa contiene también vasos sanguíneos y linfáticos y nervios. *Mencione las dos principales redes nerviosas gastrointestinales.*

Entre las dos capas del músculo se encuentra el **plexo nervioso mientérico,** una segunda red nerviosa que regula la muscular externa.

- **Serosa.** La capa más externa, serosa, está formada por el peritoneo visceral y una delgada capa de tejido conectivo laxo entre el peritoneo y la muscular externa.

En conjunto, los plexos nerviosos submucoso y mientérico constituyen el **sistema nervioso entérico** (SNE) o «cerebro intestinal». Este nombre es más adecuado de lo que uno puede imaginarse: el SNE contiene más neuronas que la médula espinal. Como se analiza más adelante, el SNE interactúa con el sistema neurovegetativo para regular la función digestiva.

Apuntes sobre el caso

14-5 Las molestias digestivas de Margot a veces conllevaban también inflamación de las células que recubren la luz intestinal. ¿Qué tipo de células son y cuál de las cuatro capas GI está afectada?

El aparato digestivo realiza seis funciones importantes

El aparato digestivo funciona como una planta de reciclaje donde los objetos que se mueven a lo largo de una cinta transportadora se dividen en componentes simples que pueden ser reutilizados para otras funciones y el material sobrante inutilizable se desecha. De la misma manera, el tracto GI se divide en una serie de regiones distintas, cada una con una función particular. Las contracciones musculares de la pared del tracto GI son el equivalente de la cinta transportadora y el tracto digestivo y los órganos accesorios proporcionan las herramientas y técnicas para llevar a cabo la digestión.

Las fases de la digestión

En su conjunto, el aparato digestivo procesa los alimentos a través de seis fases básicas (fig. 14-7):

1. La **ingestión** (comer) introduce la comida en la cavidad bucal del tracto digestivo.

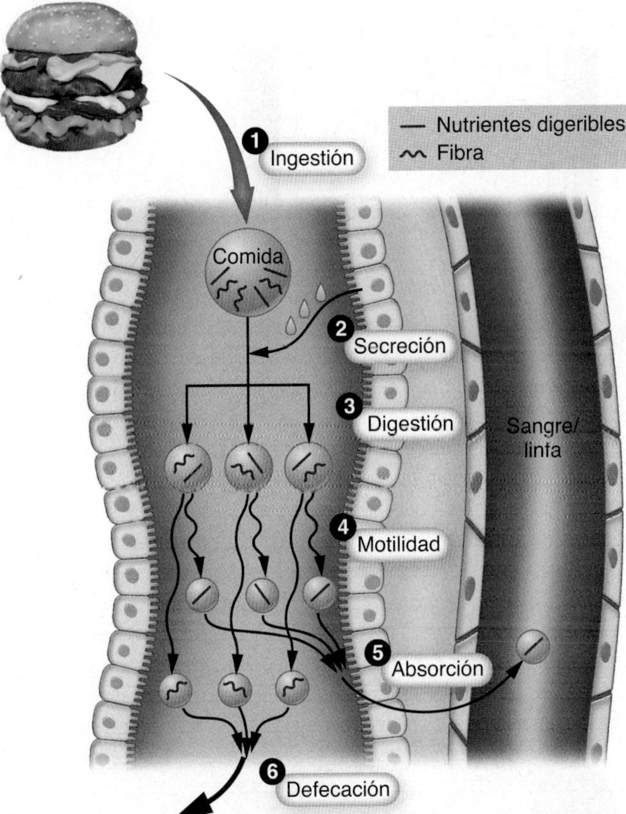

Figura 14-7. Procesos gastrointestinales. El tracto gastrointestinal extrae las sustancias utilizables a partir de los alimentos mediante la realización de seis procesos. *La motilidad sólo se produce después de que se ha completado la digestión: ¿verdadero o falso?*

2. La **secreción** es la liberación de líquidos, principalmente agua con ácido, amortiguadores y/o enzimas, en la luz por parte de las células epiteliales y los órganos digestivos accesorios. Recuerde del capítulo 2 que las enzimas son moléculas, generalmente proteínas, la mayoría con nombres que terminan en *-asa*, diseñadas para acelerar reacciones químicas en particular. Por ejemplo, una proteasa acelera la descomposición de las proteínas. Estas secreciones exocrinas proporcionan las herramientas químicas para la digestión y ayudan a proteger la pared del tracto digestivo.
3. **Digestión.** La *digestión mecánica* es la separación y corte de los alimentos en trozos pequeños con los dientes y por la acción de batido del estómago. La *digestión química* es la separación de las moléculas grandes de los productos alimenticios en otras más pequeñas por parte de las secreciones antes mencionadas.
4. **Motilidad.** Las contracciones musculares del tracto GI proporcionan movilidad, que mueve físicamente los productos alimenticios de un lugar a otro y los mezclan con las secreciones digestivas.
5. La **absorción** es la captación de pequeñas moléculas desde el tracto GI hacia la sangre o la linfa.
6. La **defecación** es el paso de las heces (material alimenticio no digerible, compactado junto a bacterias y células epiteliales desprendidas) a través del ano.

¡Recuerde! **La digestión comprende actividades mecánicas como la masticación y el batido, así como la digestión química.**

La segmentación y el peristaltismo son tipos de motilidad

Mientras el alimento se mueve a través del tracto GI, se producen dos tipos de actividad muscular:

- El **peristaltismo** es una *onda* de contracción del músculo circular que pasa por el tracto GI, que impulsa al bolo alimenticio hacia delante (fig. 14-8 A). Se produce en todo el tracto GI, pero en menor medida en el intestino delgado que en otras regiones.
- La **segmentación** no es una onda, sino una constricción *estacionaria* que presenta contracciones y relajaciones regulares del músculo circular (fig. 14-8 B). En la mayoría de los casos, la segmentación sirve para mezclar el contenido en lugar de impulsarlo por el tracto; algunos de los contenidos son empujados a lo largo del intestino, otros hacia arriba, agitándolos de un lado a otro. La segmentación se produce principalmente en el intestino delgado.

Apuntes sobre el caso

14-6 Cuando Margot consume alimentos que contienen lactosa, su contenido intestinal es impulsado de una forma demasiado rápida a través del tracto GI. ¿Cuál de los seis procesos digestivos mueven los alimentos a través del tracto GI?

La digestión química descompone los alimentos en sus componentes

Durante el proceso de digestión química, los alimentos se descomponen en sus componentes de la siguiente manera (la tabla 14-3 de la pág. 555 identifica los productos químicos involucrados):

- Los carbohidratos se descomponen en monosacáridos (moléculas simples de azúcar).
- Los triglicéridos, la forma más común de los lípidos ingeridos, se descomponen cada uno en un monoglicérido (un glicerol unido a un ácido graso) y *dos ácidos grasos libres*.
- Las proteínas que consumimos, ya sea en alimentos de origen vegetal o animal, se dividen en cadenas más pequeñas llamadas *polipéptidos* o en aminoácidos individuales.

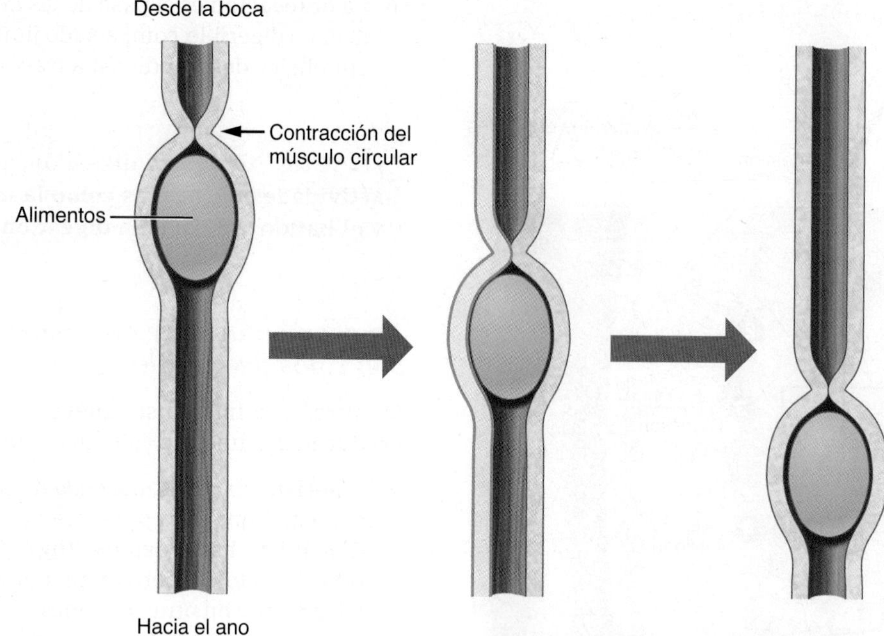

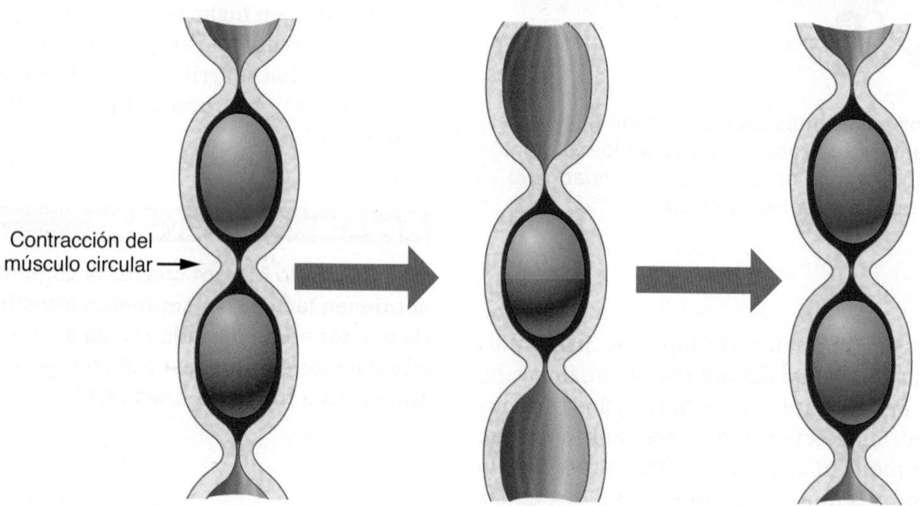

Figura 14-8. Motilidad gastrointestinal. A) El peristaltismo mueve el contenido luminal hacia delante de la onda de contracción. **B)** En la segmentación, el contenido se mezcla con movimientos hacia delante y hacia atrás. *¿Qué tipo de movilidad sería más útil en el esófago, donde queremos que el contenido se mueva muy rápidamente?*

14-9 ¿Cuál de los siguientes es un órgano digestivo accesorio: el esófago o el páncreas?

14-10 ¿Cuál de los siguientes se clasifica como mesenterio: epiplón mayor, epiplón menor, mesenterio propio?

14-11 Indique el plexo nervioso que regula la función de la mucosa.

14-12 ¿Son endocrinas o exocrinas las sustancias secretadas en la luz del tracto digestivo?

14-13 ¿Qué tipo de movilidad es la mejor para impulsar las sustancias a través del tracto digestivo, el peristaltismo o la segmentación?

14-14 ¿Es la glucosa un monosacárido o un disacárido?

Tabla 14-3. Enzimas digestivas

Nombre	Origen	Función
Amilasa salival	Glándulas salivales	Digiere el almidón en maltosa
Pepsina	Glándulas gástricas	Digiere las proteínas en polipéptidos más cortos
Amilasa pancreática	Páncreas	Digiere el almidón en cadenas de azúcares más cortas
Proteasas pancreáticas (tripsina, quimotripsina)	Páncreas	Digieren polipéptidos a polipéptidos más cortos
Lipasa pancreática	Páncreas	Digiere triglicéridos a monoglicéridos y ácidos grasos
Nucleasas	Páncreas	Digiere ácidos nucleicos (ARN, ADN)
Exopeptidasas (carboxipeptidasas, aminopeptidasas)	Páncreas, borde en cepillo intestinal	Digiere polipéptidos en aminoácidos individuales
Disacaridasas (lactasa, maltasa, sacarasa)	Borde en cepillo intestinal	Digiere disacáridos en monosacáridos

Boca y estructuras asociadas

La cavidad bucal (boca) se enmarca en las mejillas, el paladar, la lengua, los labios y la faringe (fig. 14-9 A). Toda la superficie está recubierta por mucosa escamosa estratificada que, como la epidermis, está diseñada para soportar la fricción y soportar fuertes presiones, ya que desprende células todos los días. Por ejemplo, si un día se quema la boca con una *pizza* caliente, al día siguiente ya se encuentra mejor porque todas las células dañadas se han sustituido.

Los labios son pliegues carnosos de tejido que forman el borde anterior y enmarcan la apertura de la boca. En el exterior están revestidos por piel y en el interior, por mucosa escamosa. Dentro de cada labio se encuentra un pequeño pliegue de tejido, el *frenillo* labial (del latín *frenum* = «brida»), que sirve para reforzar la conexión del labio superior con el maxilar superior y el labio inferior con la mandíbula. Los labios sellan la boca al tragar, masticar y manipular alimentos, y son importantes en el habla. Se funden con las mejillas para formar el borde lateral de la boca. Tanto los labios como las mejillas contienen tiras de músculo esquelético que permiten el movimiento voluntario.

El paladar forma el techo de la boca (fig. 14-9 B). La parte anterior del paladar o paladar duro está cubierta por placas óseas de los huesos maxilares y palatinos y funciona como una superficie dura contra la cual la lengua puede manipular los alimentos. La parte posterior del paladar o paladar blando es un repliegue móvil de tejido formado principalmente por músculo esquelético que se extiende hacia atrás desde el paladar duro. Colgando del centro de la boca se encuentra la úvula, una prolongación de tejido blando. Con la deglución, la úvula y el paladar se retraen hacia arriba para evitar que los alimentos entren en la parte posterior de la nariz (nasofaringe). A los lados, el velo del paladar se une a pliegues verticales de tejido que contienen las amígdalas palatinas (cap. 12) y se extienden hacia abajo para unirse con la base de la lengua.

La lengua ocupa el suelo de la boca. La mayor parte de su volumen está formado por músculo esquelético, lo que permite la masticación, la deglución y el habla. La parte superior de la lengua contiene papilas gustativas (cap. 9). La lengua se estrecha la parte anterior e inferior formando el frenillo labial, que ancla la lengua en el suelo de la boca y evita que se mueva demasiado hacia atrás durante la deglución o el sueño.

Los dientes inician la digestión mecánica

Los dientes son órganos duros especializados parecidos a los huesos (fig. 14-9 A). Los humanos tienen dos juegos de dientes. Los *dientes de leche* o *deciduos* (del latín *decidere* = «caerse») aparecen a la edad de 6 meses y a continuación periódicamente hasta que, a los 2 o 3 años, están presentes los 20. A continuación aparecen los *dientes permanentes*, que empiezan a salir de las encías alrededor de los 6 años. A medida que crecen, empujan hacia arriba, y los dientes de leche se aflojan y caen. Los humanos normalmente tienen 32 dientes permanentes, con diversas formas y funciones de acuerdo con su ubicación:

- Existen cuatro *incisivos*, arriba y abajo, los más próximos a la línea media de la parte anterior de la boca. Tienen un único borde agudo para el corte.
- A continuación, lateralmente, se encuentran los *caninos* (colmillos), uno a cada lado, arriba y abajo. Estos «dien-

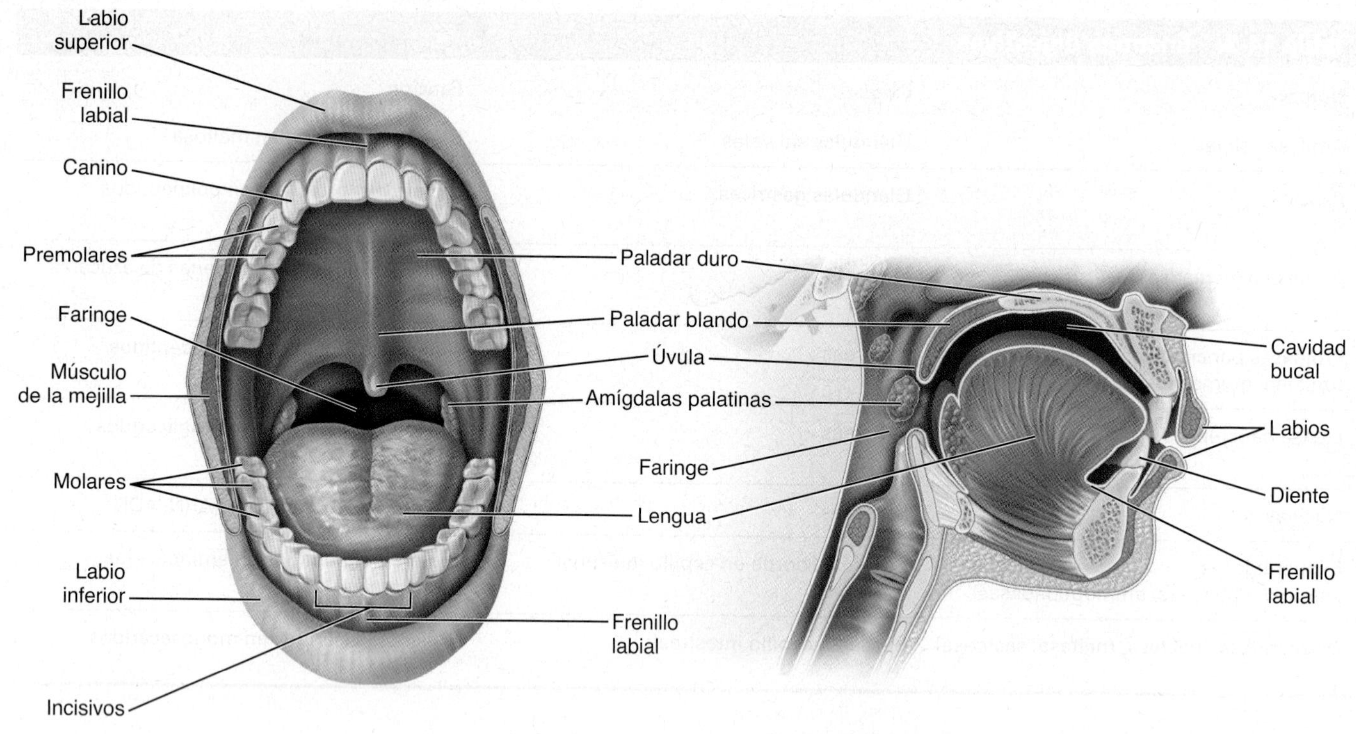

Figura 14-9. Cavidad bucal. A) La cavidad bucal (boca) está bordeada por el paladar, la lengua, las mejillas y la faringe. **B)** Esta sección sagital destaca la estructura de la lengua y el paladar. *¿Qué estructura está directamente unida al paladar blando, la úvula o el frenillo?*

tes de vampiro» tienen un único punto afilado para perforar y desgarrar.

- Más hacia los lados y hacia atrás se encuentran los dos *premolares* (bicúspides), que tienen dos carillas para desgarrar y aplastar.
- En el extremo posterior de cada lado se encuentran tres *molares* (del latín *molaris* = «piedra de molino»), cada uno de los cuales tiene cuatro o cinco facetas para moler y triturar.

Los dientes se encuentran en cavidades *(alvéolos)* de la mandíbula y el maxilar y están rodeados por un collar de tejido blando, las **encías** (fig. 14-10). Un diente tiene dos partes principales, la corona y la raíz. La **corona** es la parte visible que sobresale de la encía; la **raíz** está incrustada en la encía y el hueso alveolar. En el centro de cada diente se encuentra la **cavidad de la pulpa,** que contiene los nervios, así como los vasos sanguíneos y linfáticos. La cavidad de la pulpa se extiende desde la corona hasta la punta de la raíz, por donde salen los nervios y los vasos para hacer sus conexiones externas. La extensión de la pulpa dentro de la raíz forma el **conducto radicular.** La mayor parte del diente está formado por **dentina,** un tejido conectivo especializado semejante al hueso que proporciona rigidez y rodea la cavidad de la pulpa. La dentina de cada raíz está cubierta por **cemento,** una segunda capa parecida al hueso que se une al **ligamento periodontal,** una vaina fibrosa dura que ancla el diente en el hueso alveolar. La dentina de cada corona está cubierta por **esmalte** que debe su increíble dureza a su alto contenido en calcio y a la orientación de los cristales de calcio.

Apuntes sobre el caso

14-7 En la clínica se le administró a Margot un fármaco de acción muy rápida que puso junto al frenillo de la lengua. En el lenguaje corriente, ¿dónde se puso la pastilla?

Las glándulas salivales secretan saliva

Existen tres pares de *glándulas salivales*, situadas más allá de los límites de la boca y que vacían sus secreciones en la cavidad bucal a través de los siguientes conductos (fig. 14-11):

- Las **glándulas parótidas** son algo más pequeñas que una baraja de cartas. Estas glándulas salivales son las más grandes y están situadas delante y por debajo de la oreja, sobre el músculo masetero. El conducto parotídeo se abre en el interior de la mejilla aproximadamente donde se encuentran los molares.
- Las **glándulas submaxilares** tienen alrededor de un tercio del tamaño de las parótidas y se encuentran junto

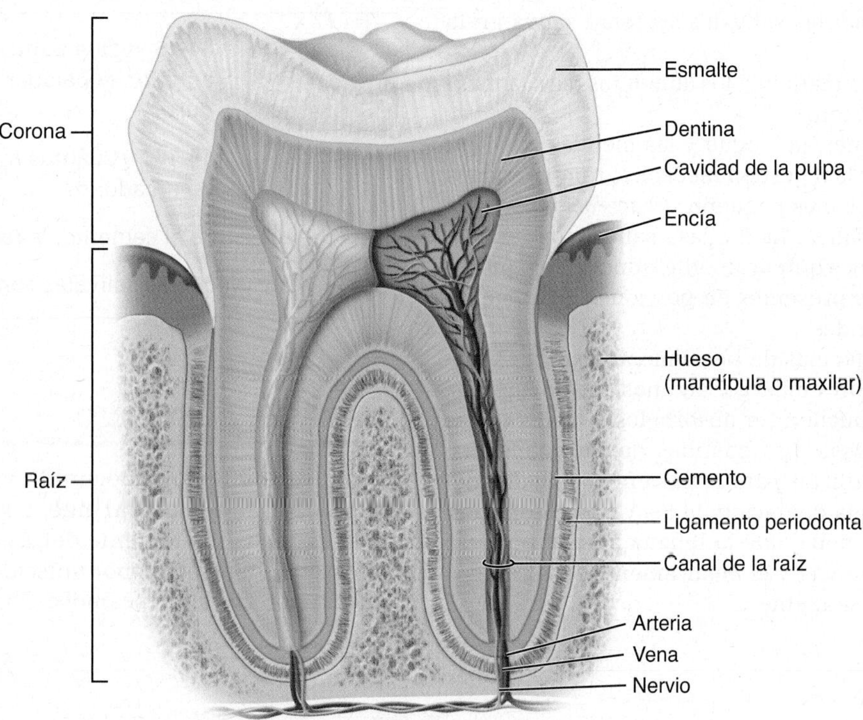

Figura 14-10. Anatomía de un diente. El revestimiento del conducto radicular y de la cavidad de la pulpa del lado derecho se ha cortado. *¿Qué «cementa» el ligamento periodontal al diente?*

a la mandíbula en el suelo de la boca, a ambos lados de la base de la lengua. Cada conducto submaxilar desemboca en el suelo de la boca a cada lado del frenillo.

- Las **glándulas sublinguales** son más pequeñas y están localizadas anteriores a las glándulas submaxilares en el suelo de la boca. Se conectan al frenillo por múltiples conductos pequeños.

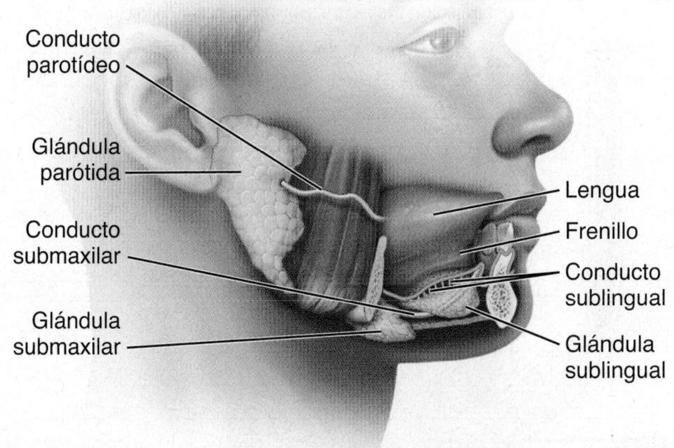

Figura 14-11. Glándulas salivales. Las glándulas salivales secretan saliva en la cavidad bucal a través de pequeños conductos. *Indicar la glándula salival situada directamente por debajo de la lengua.*

La **saliva** es una sustancia líquida secretada por las glándulas salivales en la boca. Secretamos un promedio de 1,5 l de saliva al día, que contiene:

- *Agua,* que diluye la comida, enjuaga la boca y disuelve las moléculas de los alimentos para que puedan ser detectados por las papilas gustativas.
- *Anticuerpos inmunoglobulina A (IgA)* y *lisozima,* que mantienen a la población de bacterias bucales bajo control.
- *Mucina,* que absorbe agua para formar el moco. Éste lubrica la comida para facilitar la deglución.
- *Amilasa,* enzima que inicia la digestión de los carbohidratos. La amilasa descompone el almidón en el disacárido maltosa.

Apuntes sobre el caso

14-8 Los comprimidos de Margot también contenían almidón, que ayuda a atraer el agua hacia el comprimido para disolver el ingrediente activo. Si Margot mantiene el comprimido en su boca durante un rato, ¿qué proceso metabólico ocurrirá con el almidón?

La secreción, la motilidad y la digestión comienzan en la boca

Los alimentos están la boca sólo durante poco tiempo, suficiente sin embargo para que ocurran diversos procesos digestivos:

- *Secreción:* las glándulas salivales secretan saliva en la cavidad bucal.
- *Motilidad:* la lengua manipula los alimentos para la masticación y la deglución.
- *Digestión:* los dientes, la lengua y las mejillas trabajan juntos para iniciar la digestión mecánica, rompiendo los alimentos en trozos más pequeños *(maceración)* y mezclándolos con la saliva. La amilasa salival comienza a digerir los almidones químicamente, aunque sólo puede acceder a aquellos presentes en porciones de alimento relativamente grandes.
- *Absorción:* las moléculas de los alimentos no se absorben en la boca. Sin embargo, algunos medicamentos de acción rápida pueden ser absorbidos a través de las membranas mucosas. Las pastillas de nitroglicerina, por ejemplo, se utilizan para tratar enfermedades del corazón mediante la dilatación de los vasos coronarios. Pueden colocarse debajo de la lengua ante la primera sospecha de problemas, y el medicamento pasa rápidamente al torrente sanguíneo.

14-15 ¿Qué parte de la boca es más anterior, el paladar blando o el paladar duro?

14-16 ¿Cuántos molares hay en la boca de un adulto?

14-17 ¿Qué cubre el cemento, la raíz o la corona?

14-18 ¿Qué glándulas salivales son más grandes?

Faringe y esófago

Cuando el alimento es deglutido, va en primer lugar desde la boca hacia la **orofaringe,** un paso en forma de embudo situado directamente detrás de la boca (fig. 14-12). Su pared está formada por músculo *esquelético* y está revestida por epitelio escamoso estratificado. Por encima

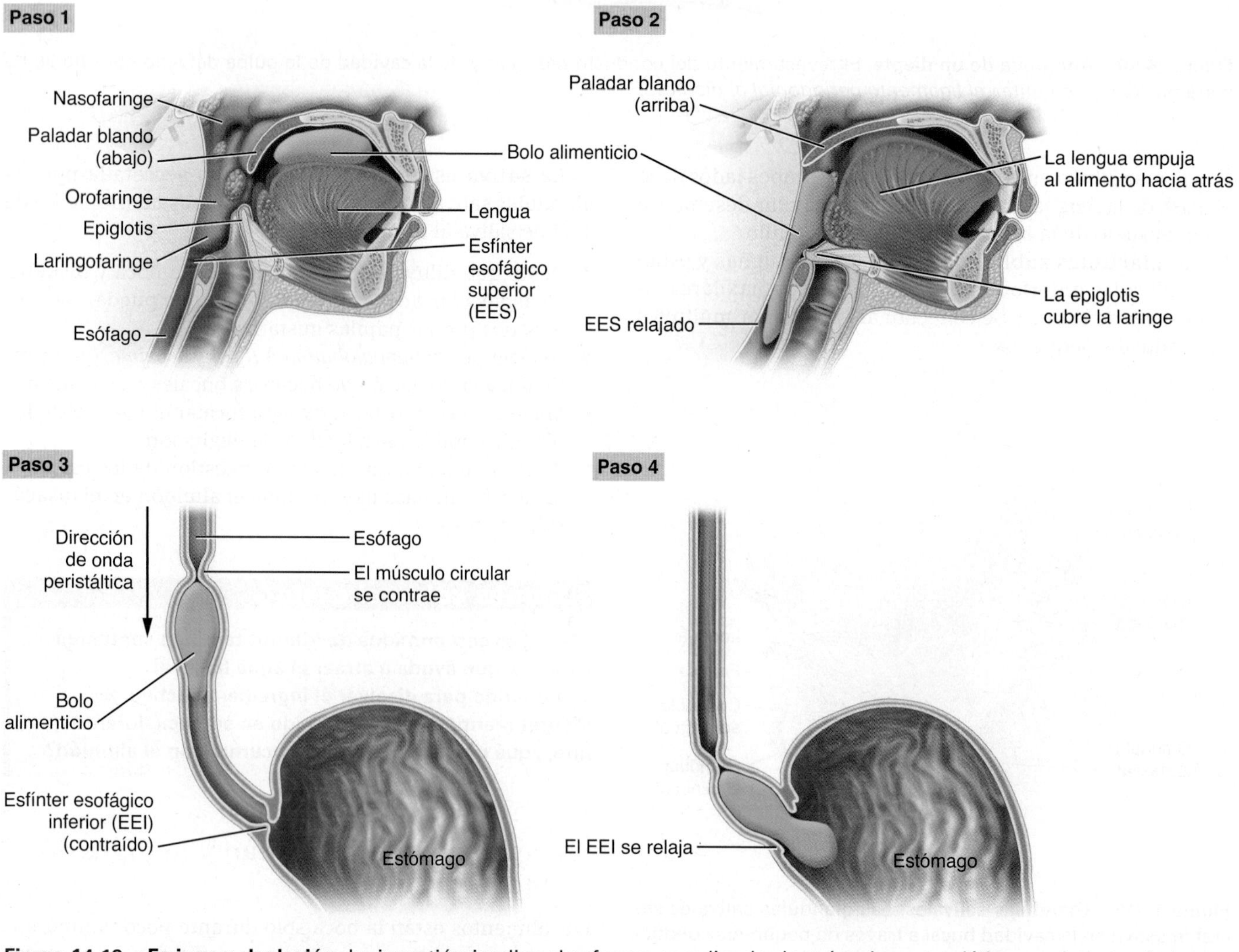

Figura 14-12. Faringe y deglución. La ingestión implica el esfuerzo coordinado de músculos esqueléticos en la boca, faringe y esófago. *¿Qué cubre la epiglotis durante la deglución, la laringe o el esófago?*

de la orofaringe se encuentra la *nasofaringe.* Inmediatamente inferior a la orofaringe está la **laringofaringe,** formada también por músculo esquelético y revestida de epitelio escamoso. Conecta la parte inferior con el esófago para el paso de los alimentos hacia el estómago y por delante con la laringe para el paso del aire hacia el árbol respiratorio.

El **esófago** es un tubo de músculo liso de pared gruesa, de unos 25 cm de largo, que comienza en el extremo inferior de la laringofaringe, se extiende hacia abajo por delante de la columna vertebral, pasa a través de una abertura en el diafragma (el *hiato*) y termina en su unión con el estómago. Está estabilizado por arriba gracias a su conexión con la laringofaringe y por abajo por el diafragma que le rodea.

El esófago está revestido por un epitelio escamoso estratificado, lo que facilita el deslizamiento suave hacia abajo de los alimentos. En el extremo inferior del esófago, se une con el estómago por una región llamada la *unión gastroesofágica;* en este punto el epitelio escamoso cambia bruscamente al epitelio cilíndrico resistente a los ácidos que secreta el moco que recubre el estómago.

INSTANTÁNEA CLÍNICA

Enfermedad por reflujo gastroesofágico

Un esfínter esofágico inferior incompetente puede permitir que el contenido ácido gástrico refluya hacia el esófago, sobre todo cuando la persona está acostada. El ácido gástrico altamente corrosivo daña la parte inferior del esófago, lo que causa inflamación y dolor, una afección llamada *enfermedad por reflujo gastroesofágico* (ERGE) o *esofagitis por reflujo.* El ácido gástrico regurgitado incluso puede seguir hasta la tráquea y entrar en los pulmones, produciendo tejido cicatricial en el pulmón y aumentando las probabilidades de cáncer de pulmón.

En los países desarrollados, alrededor del 10 % de los adultos, especialmente los mayores de 40 años, tienen algún grado de reflujo gastroesofágico. El sobrepeso y la obesidad son factores de riesgo, al igual que fumar cigarrillos. Una hernia de hiato, en la que la porción superior del estómago protruye a través del hiato, también aumenta el riesgo. La enfermedad también afecta hasta un 35 % de niños, que regurgitan con frecuencia la leche y les causa mayor susceptibilidad a las enfermedades respiratorias. Las mujeres embarazadas también sufren de forma transitoria ERGE, ya que los estrógenos (que se producen en grandes cantidades durante el embarazo) relajan el esfínter esofágico inferior.

El síntoma predominante es el dolor, que suele ser difícil de distinguir del cardíaco porque el corazón es adyacente a la parte inferior del esófago. De hecho, el dolor de la ERGE en inglés suele llamarse *heartburn* (quemadura cardíaca). Algunos casos de ERGE son, sin embargo, asintomáticos. Las complicaciones incluyen hemorragia, cicatrización y fibrosis (estenosis). En los casos especialmente graves (10 %), el epitelio escamoso está tan dañado que se transforma en epitelio cilíndrico alto resistente a los ácidos semejante al epitelio que se encuentra en el estómago, un proceso denominado *metaplasia* (del griego *metaplassein* = «moldear en una nueva forma»). Este cambio se asocia con un aumento de riesgo de cáncer de esófago de unas 40 veces mayor.

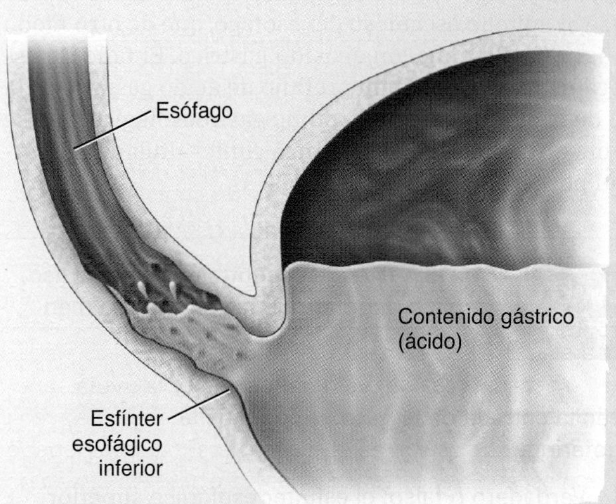

Enfermedad por reflujo gastroesofágico. El esfínter esofágico inferior no consigue mantener el contenido gástrico alejado de los vulnerables tejidos esofágicos.

La ERGE puede tratarse a menudo de forma satisfactoria con algunos cambios en el estilo de vida, como elevar la cabecera de la cama y evitar los factores desencadenantes del reflujo, como el alcohol, la cafeína y los alimentos picantes antes de acostarse. Perder peso y dejar de fumar suelen ser medidas útiles. Los medicamentos de uso común como los antiácidos pueden disminuir la gravedad de los síntomas de ERGE mediante la reducción de la acidez del estómago; los casos más graves se tratan con fármacos que inhiben la secreción de jugo gástrico.

En la deglución, la lengua empuja el bolo alimenticio hacia atrás, en dirección a la orofaringe (fig. 14-12, paso 1). Cuando llega a la orofaringe, se inicia una contracción refleja de los músculos faríngeos que propulsa el bolo hacia abajo, hacia la laringofaringe. El paladar blando y la úvula se elevan para sellar la entrada de la nasofaringe y la epiglotis se pliega fácilmente sobre la abertura de la laringe para cerrarla y evitar que los alimentos entren en las vías respiratorias. La onda de actividad eléctrica que contrae la pared de la faringe relaja el *esfínter esofágico superior* (EES), una banda circular de músculo esquelético. La relajación del EES permite que el bolo entre en el esófago (paso 2). La onda eléctrica continúa a través del esófago, provocando una contracción peristáltica que empuja el bolo por delante de él (paso 3). Por último, el bolo alcanza el *esfínter esofágico inferior* (EEI), una banda circular de músculo liso. La relajación del EEI permite que el bolo entre en el estómago (paso 4).

Inmediatamente después de que el bolo haya pasado, el esfínter se contrae de nuevo para evitar que el contenido del estómago refluya hacia arriba. Este cierre rápido protege al epitelio escamoso del esófago, que de otro modo se dañaría fácilmente con el ácido gástrico. El fallo de este mecanismo y el resultante reflujo de ácido gástrico es la causa de la enfermedad por reflujo gastroesofágico, que se comenta en la anterior Instantánea clínica titulada «Enfermedad por reflujo gastroesofágico».

14-19 ¿Dónde encontraría músculo liso, en la laringofaringe, en el esófago o en ambos?

14-20 El velo del paladar y la úvula, ¿cubren la entrada de la nasofaringe o de la laringofaringe?

14-21 Verdadero o falso: el esfínter esofágico superior está formado por músculo esquelético y el esfínter esofágico inferior por músculo liso.

Estómago

La mayoría de las comidas se ingieren mucho más rápido de lo que el cuerpo puede digerir. Por lo tanto, el tracto GI necesita un «contenedor» desde el que pueda liberarse el alimento en porciones durante varias horas según lo permita la capacidad intestinal. El estómago sirve para este objetivo y dos más: mientras que los alimentos están «esperando su turno», el estómago mezcla y agita e inicia el proceso de digestión de las proteínas. En el estómago se absorbe muy poco material; principalmente algo de agua, alcohol, minerales y fármacos.

El estómago tiene cuatro regiones

El **estómago** es un embudo en forma de J que se prolonga por encima con el *esófago* y desemboca por su parte inferior en el *duodeno* del intestino delgado. Está localizado en el cuadrante superior izquierdo del abdomen, escondido debajo del reborde inferior de la caja torácica izquierda. Es relativamente inmóvil en ambos extremos, pero tiene un amplio margen de movimiento en la parte media.

Está formado por cuatro regiones principales (fig. 14-13). En orden descendente, son las siguientes:

- El *cardias* es el anillo de estómago que colinda con el esófago. Se denomina así porque el corazón se encuentra justo por encima de esta región, en el otro lado del diafragma.
- El *fundus* es la parte superior bulbosa a la izquierda del cardias.
- Por debajo del fundus se encuentra el *cuerpo,* la parte más grande del estómago.
- A continuación del cuerpo se encuentra el píloro (del griego *pulouros* = «portero»), una región con forma de embudo que se estrecha a medida que conecta con el duodeno.

Un anillo grueso de músculo liso, el *esfínter pilórico,* rodea la unión del píloro y el duodeno.

El reborde izquierdo (lateral) del estómago se llama *curvatura mayor.* El reborde derecho (medial) es la *curvatura menor.* Al igual que otras partes del tracto GI, el estómago está encerrado dentro de los pliegues del peritoneo, que lo anclan a la pared posterior de la cavidad abdominal.

El estómago está inervado por el sistema neurovegetativo. Las fibras simpáticas del estómago llegan desde el ganglio celíaco (semilunar), y las parasimpáticas lo hacen por el nervio vago (nervio craneal X) (figs. 8-21 y 8-22).

La sangre arterial llega al estómago por la arteria gástrica izquierda, una rama del tronco celíaco (lámina 11-2). El retorno venoso del estómago viaja por las venas gástricas izquierda y derecha hasta la vena porta. La sangre portal pasa a por el hígado para su procesamiento, como veremos a continuación (lámina 11-3).

La pared del estómago está formada por cuatro capas

El estómago está compuesto por las mismas cuatro capas que las del tubo digestivo: mucosa, submucosa, muscular y serosa (figs. 14-13 y 14-14). Cuando el estómago está vacío, las contracciones tónicas de la capa muscular «arrugan» la mucosa y submucosa en grandes pliegues. Una vez los alimentos llegan al estómago y lo distienden, la muscular externa se relaja y los pliegues se aplanan. Ésta tiene las habituales capas circular interior y exterior de músculo liso, que se combinan para impulsar los alimentos hacia el intestino. Sin embargo, el estómago tiene una tercera capa *oblicua* más interior que cruza las otras dos capas en unos 45° y permite batir y remover los alimentos de una forma diferente a otras partes del tracto digestivo. La capa más externa del estómago es la serosa, formada por peritoneo visceral y una fina capa de tejido fibroso entre el peritoneo y la muscular externa.

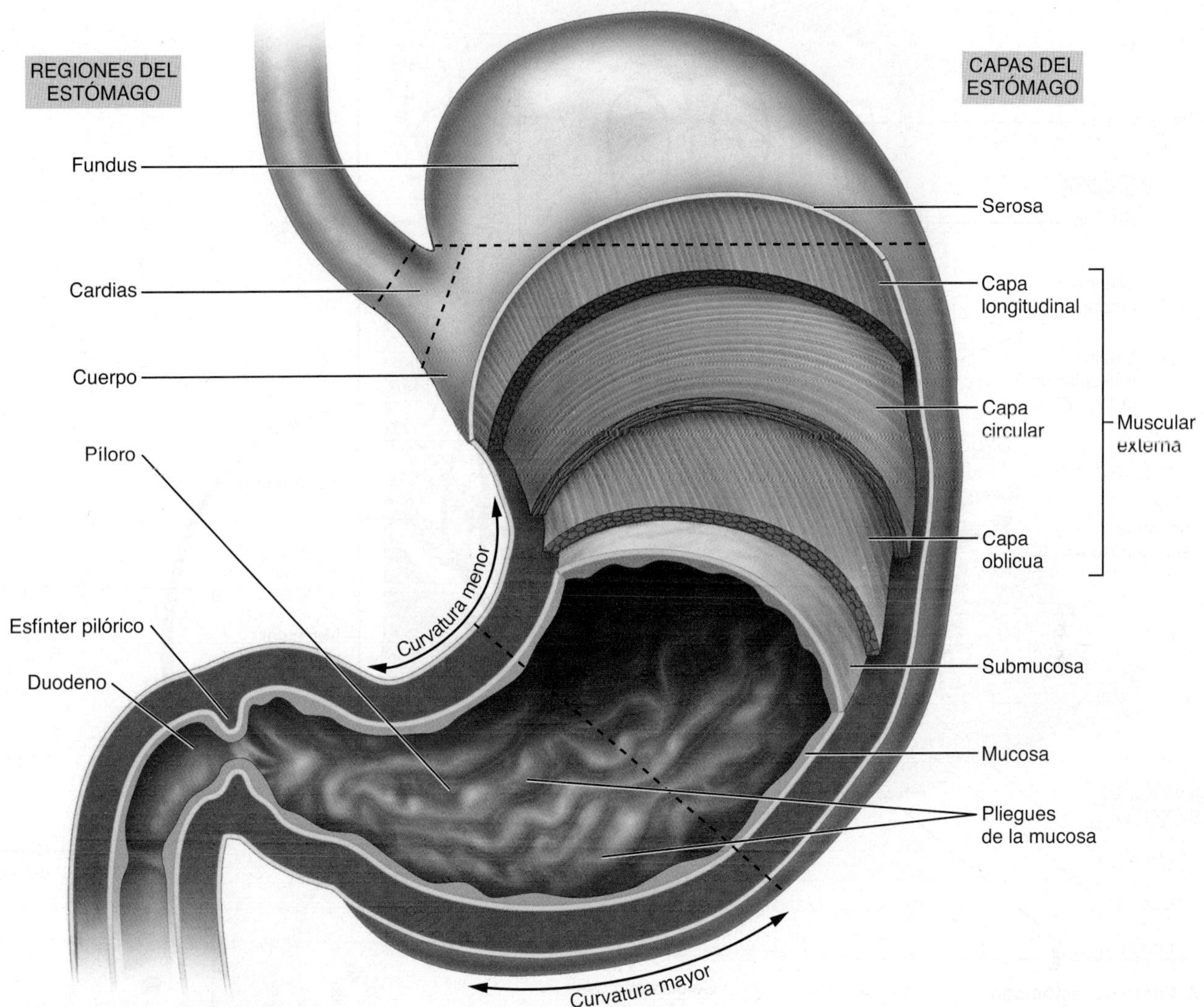

Figura 14-13. Anatomía macroscópica del estómago. De las cuatro regiones que forman el estómago, el cuerpo es el más grande. Los gases se almacenan en la región del estómago más superior. *¿Cómo se llama esta región?*

La mucosa secreta jugo gástrico, hormonas y enzimas

La mucosa del estómago contiene numerosas aberturas pequeñas o *criptas gástricas* que son invaginaciones tubulares de la mucosa superficial (fig. 14-14). Las *células mucosas superficiales* tapizan la superficie de la mucosa y las criptas gástricas. En la parte inferior, cada cripta gástrica se abre a las *glándulas gástricas.* Cada glándula contiene *células mucosas del cuello,* que secretan moco que protege el revestimiento del estómago. Dependiendo de su ubicación, las glándulas gástricas pueden contener otros tipos de células que vacían otras secreciones gástricas en la cripta. Por ejemplo, las glándulas gástricas del cuerpo del estómago secretan grandes cantidades (alrededor de 1,5 l/día) de *jugo gástrico ácido.* El jugo gástrico contiene secreciones de dos tipos de células especializadas, las *parietales* y las *principales.*

Las **células parietales** secretan en la luz gástrica al mismo tiempo *ácido clorhídrico* y *factor intrínseco.* El ácido clorhídrico (HCl) es un ácido muy fuerte (el pH del jugo gástrico oscila desde 1 hasta 3,5). La acidez del jugo gástrico es importante en la digestión de las proteínas (v. más adelante) y mata a la mayoría de los patógenos ingeridos con la comida o la bebida. El *factor intrínseco* es una glucoproteína que se une con la vitamina B_{12} para ser absorbida por el intestino delgado. Dado que esta vitamina es necesaria para la síntesis de ADN, la producción de eritrocitos y la salud de las neuronas, su deficiencia puede ser terrible.

Las **células principales** secretan *pepsinógeno* en la luz gástrica. Se trata de un precursor inactivo de la **pepsina**

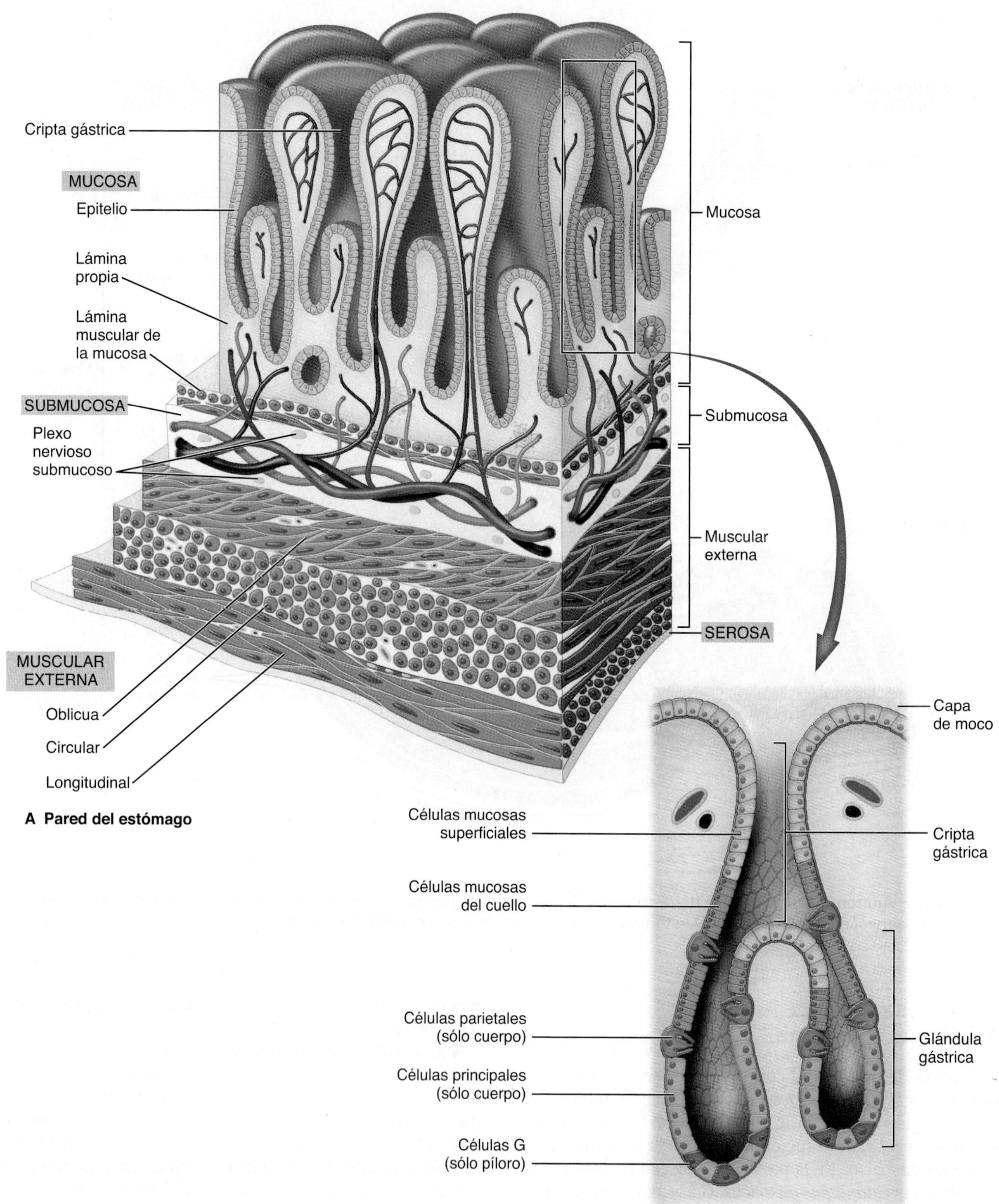

Figura 14-14. Capas del estómago y criptas gástricas. A) En esta sección de la pared del estómago se destaca la disposición de las tres capas de la muscular externa. **B)** Las glándulas gástricas del cuerpo del estómago secretan ácido clorhídrico y pepsinógeno en la luz del estómago. Las glándulas gástricas del píloro secretan hormonas en la sangre y el líquido intersticial. Las células mucosas se encuentran en todo el estómago. *¿Las glándulas gástricas son totalmente glándulas exocrinas: verdadero o falso?*

(del griego *pepsis* = «digestión»), una enzima que digiere proteínas, que se comenta más adelante.

El jugo gástrico es tan ácido que, literalmente, puede disolver las uñas. ¿Por qué no disuelve la mucosa gástrica? En primer lugar, las glándulas que secretan ácido gástrico son resistentes a los ácidos y están muy estrechamente unidas entre sí para evitar que el jugo gástrico se escape entre las células hacia la submucosa, donde el ácido puede hacer mucho daño. En segundo lugar, el moco gástrico forma una capa viscosa alcalina que impide físicamente que el ácido llegue a las células epiteliales y neutraliza químicamente las moléculas perdidas de ácido que se acercan demasiado. En tercer lugar, las células de la superficie epitelial no viven lo suficiente para ser dañadas por el ácido que evitan los dos mecanismos anteriores, ya que se desprenden después de unos días y son reemplazadas por células nuevas a partir de una reserva de citoblastos.

No obstante, cuando el ácido gástrico penetra en el epitelio, puede producir una lesión grave. La presencia persistente de ácido debajo de la mucosa corroe los tejidos subyacentes, creando un defecto en forma de cráter en la superficie de la mucosa que se denomina *úlcera*. Sorprendentemente, las úlceras son consecuencia en la mayoría de los casos de la infección por *Helicobacter pylori*, una bacteria que llega con los alimentos contaminados y evita el jugo gástrico destructivo excavando profundamente en la capa mucosa protectora e incluso secreta bicarbonato para amortiguar su entorno. Otras secreciones bacterianas inflaman y dañan la mucosa, lo que permite el acceso del ácido gástrico al tejido submucoso que no está protegido. Pero otros factores también son importantes. Las úlceras pépticas son más frecuentes en hombres que en mujeres, los que abusan del alcohol, los fumadores y quienes toman a largo plazo dosis altas de antiinflamatorios no esteroideos (p. ej., ácido acetilsalicílico o ibuprofeno) para el dolor crónico. El tratamiento incluye antibióticos para eliminar el *H. pylori* y otros fármacos para reducir la secreción de ácido gástrico.

Las secreciones de las células principales y de las células parietales trabajan conjuntamente para iniciar la digestión de las proteínas (fig. 14-15 A). Recordemos que las proteínas son largas cadenas de aminoácidos enrolladas y plegadas en formas tridimensionales. En primer lugar, el HCl endereza (desnaturaliza) las proteínas, de forma que las enzimas pueden acceder a los enlaces entre los aminoácidos (paso 1). El HCl también convierte el pepsinógeno inactivo en pepsina activa (paso 2). La pepsina activa puede romper y activar otras moléculas de pepsinógeno en pepsina (paso 3). Finalmente, la pepsina rompe los enlaces peptídicos entre ciertos aminoácidos, dando lugar a péptidos más cortos (paso 4).

Las glándulas gástricas del píloro no secretan mucho jugo gástrico, ya que no tienen muchas células parietales o principales. En cambio, contienen varios tipos de células endocrinas especializadas que secretan hormonas hacia el líquido intersticial y el torrente sanguíneo. Entre ellas se encuentran las **células G,** que secretan la hormona *gastrina* en la sangre. Al final del capítulo comentaremos la función de la gastrina en la regulación de la función del estómago.

¡Recuerde! **Las células principales están localizadas en la profundidad de las glándulas gástricas. El pepsinógeno que secretan permanece inactivo hasta que se aproxima a la luz del estómago, donde el ácido gástrico lo convierte en pepsina activa. Este mecanismo de activación es de protección: si se secretase la pepsina de forma activa en la profundidad de la pared gástrica, digeriría el estómago.**

Apuntes sobre el caso

14-9 La medicación anterior de Margot tenía un recubrimiento entérico, que se disuelve sólo en un entorno alcalino. ¿Se disolvería esta capa en el estómago? Argumente su respuesta.

La muscular externa digiere los alimentos mecánicamente

La muscular externa participa en la digestión mecánica (maceración) mediante la generación de fuertes ondas peristálticas (fig. 14-15 B) que son automantenidas, algo así como las del nodo sinusal del corazón. Se mueven a través de la pared gástrica cada pocos minutos, comenzando muy débilmente en el fundus y ganando fuerza a medida que avanzan hacia el píloro. Al igual que en una secadora de ropa, las ondas voltean la comida, exponiendo completamente sus proteínas al ácido y la pepsina para la digestión química. Con cada onda, el esfínter pilórico se relaja un poco y permite temporalmente que entre en el duodeno un pequeño volumen de contenido gástrico. En el estómago, los alimentos se maceran en trozos más pequeños, hasta que entran en el duodeno, en forma de pulpa cremosa llamada quimo (del griego *khumos* = «jugo»).

No obstante, la mayor parte del contenido del estómago se retiene para voltearlo y continuar la digestión. Esto es importante: el quimo que sale del estómago está lleno de material alimenticio disuelto; por lo tanto, es hipertónico y altamente ácido. Si se libera con demasiada rapidez, la acidez puede destruir el revestimiento del duodeno, produciendo una úlcera duodenal. Además, la fuerza osmótica de la glucosa y otros solutos de una gran cantidad de quimo atraería un gran volumen de agua, más de lo que el intestino podría manejar. El resultado sería diarrea, y mala digestión y malabsorción. Esto tiene implicaciones clínicas, por ejemplo, algunas técnicas quirúrgicas, especialmente por cáncer, requieren la extirpación de la parte inferior del estómago y del esfínter pilórico, y la conexión del intestino delgado directamente a la curvatura mayor del estómago. Este tipo de «derivación gástrica» elimina la liberación lenta y medida del quimo a través del esfínter pilórico hacia el intestino delgado. Como resultado, estos pacientes pueden sufrir el «síndrome de *dumping*», en el que el gran volumen de quimo que entra en el intestino atrae el agua y causa diarrea osmótica poco tiempo después de comer.

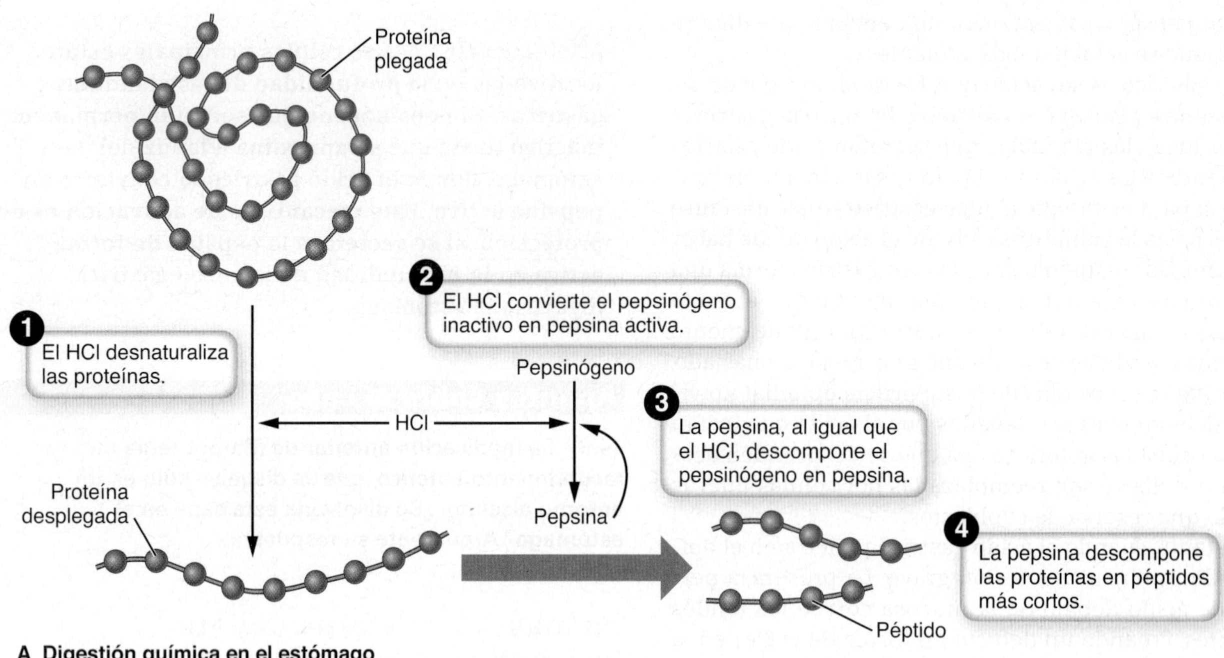

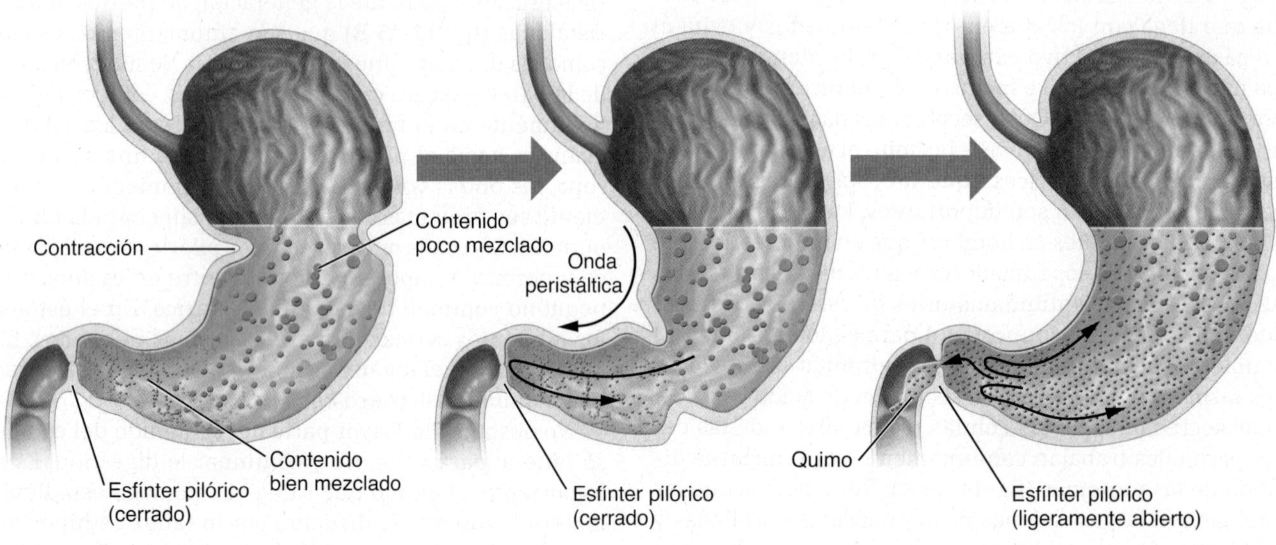

Figura 14-15. Funciones del estómago. A) Las secreciones de las células parietales y principales inician la digestión de las proteínas. **B)** Las tres capas de la muscular externa se contraen para mezclar el contenido del estómago y expulsar pequeñas cantidades hacia el duodeno. *¿Qué sustancia desnaturaliza las proteínas, el ácido clorhídrico o la pepsina?*

14-22 ¿Qué esfínter es más superior, el esfínter pilórico o el esofágico inferior?

14-23 Indique la capa muscular del estómago que está más próxima a la mucosa.

14-24 ¿Secretan las células principales pepsinógeno o pepsina?

14-25 Las células G ¿son endocrinas o exocrinas? Argumente su respuesta.

14-26 ¿Qué tipo de movilidad se produce en el estómago, segmentación o peristaltismo?

14-27 Indique dos sustancias capaces de convertir el pepsinógeno en pepsina.

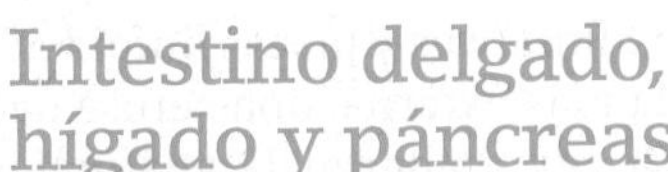

Intestino delgado, hígado y páncreas

Al salir del estómago, el quimo entra en la luz del intestino delgado, donde se produce la digestión química con la ayuda de las secreciones del *páncreas* y el *hígado*. Estos órganos accesorios son órganos complejos y también tienen funciones no digestivas; se comentan en el ➡ capítulo 15. Aquí sólo se consideran sus funciones digestivas.

Anatomía del intestino delgado

El **intestino delgado** es un tubo contorneado de aproximadamente 2,5 cm de diámetro. En una persona viva mide unos 3 m de largo, pero la relajación del músculo liso que se produce con la muerte alarga el tubo a unos 6 m (los comentarios siguientes se refieren a mediciones *in vivo*). El intestino delgado comienza en el extremo distal del estómago en el esfínter pilórico y termina donde se une al colon en la *válvula ileocecal*.

El intestino delgado está formado por el duodeno, el yeyuno y el íleon

El intestino delgado comprende tres partes principales que, de proximal a distal, son el *duodeno*, el *yeyuno* y el *íleon* (fig. 14-16).

El **duodeno** (del latín *duodeni* = «en doce», se llama así porque tiene unos 12 dedos de largo o 25 cm) es el segmento inicial, más corto. Se extiende en un arco en forma de C desde el esfínter pilórico, alrededor de la cabeza del páncreas, hasta unirse con el yeyuno. Inmediatamente distal al esfínter del píloro, el duodeno se flexiona hacia atrás, sale de la cavidad peritoneal y entra en el retroperitoneo, que sirve para fijarlo en su lugar. El duodeno se especializa en la digestión química y la absorción.

El **yeyuno** tiene aproximadamente 1 m de largo (del latín *jejunus* = «en ayunas», porque los antiguos solían encontrar el yeyuno vacío al producirse la muerte). El punto donde termina el duodeno y comienza el yeyuno suele considerarse el lugar en que el intestino sale del espacio retroperitoneal y vuelve a entrar en la cavidad peritoneal. En este punto, el intestino se vuelve menos fijo por el mesenterio y es mucho más móvil. El yeyuno se especializa en la absorción de nutrientes.

Aún menos precisa es la transición desde el yeyuno a la parte final del intestino delgado, el **íleon** (del latín *ilia* = «entrañas»). Las dos regiones se unen para formar estructuras parecidas a rollos de salchichas que se retuercen en la cavidad abdominal como serpientes en un pozo. El íleon tiene alrededor de 2 m de largo y desemboca en el colon a través de la *válvula ileocecal,* una válvula unidireccional. El íleon absorbe los nutrientes que quedan en el quimo. También absorbe las *sales biliares,* factores importantes en la digestión de las grasas, que se comentarán más adelante.

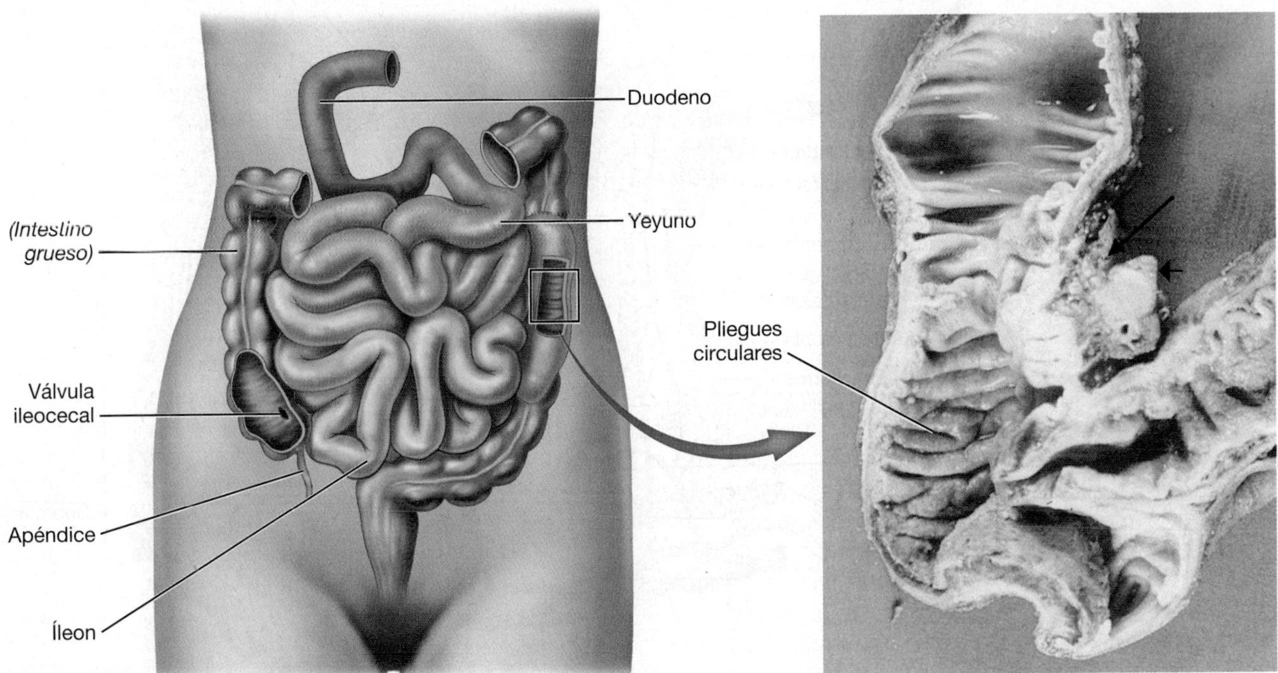

Figura 14-16. Anatomía macroscópica del intestino delgado. A) El intestino delgado está formado por tres segmentos. **B)** Los pliegues circulares son claramente visibles en esta fotografía procedente de un cadáver. *Cuando el quimo pasa del intestino delgado al intestino grueso, ¿a través de qué válvula pasa?*

La pared del intestino delgado

Desde dentro hacia fuera, las capas del intestino delgado son similares a las de otras partes del tracto intestinal: una mucosa revestida por células epiteliales, una submucosa que contiene vasos sanguíneos, linfáticos y placas linfoides, una pared de músculo liso y, la más externa, una serosa de peritoneo visceral (fig. 14-17). Sin embargo, la anatomía de la mucosa del intestino delgado es característica con el fin de maximizar la superficie de absorción.

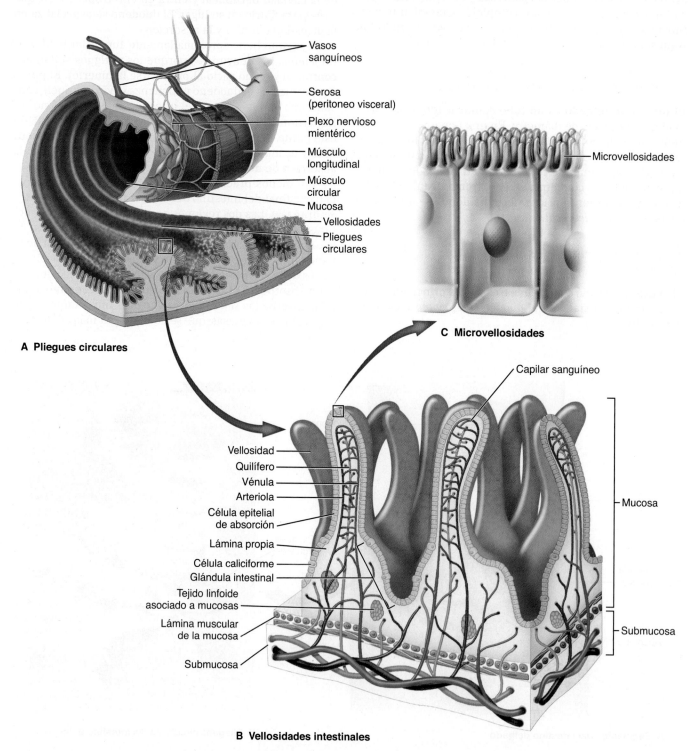

Figura 14-17. Anatomía interna del intestino delgado. A) La mucosa y submucosa se proyectan en pliegues circulares. **B)** Cada pliegue contiene muchas vellosidades. **C)** La membrana plasmática de las células de absorción de cada vellosidad forma las microvellosidades. *¿Qué vaso en **B** es parte del sistema linfático?*

Aunque en la luz del intestino delgado se produce la digestión química y enzimática, la absorción de nutrientes se produce a través de la mucosa. Así como la estructura en panal de abejas de los alvéolos de los pulmones contiene suficiente membrana respiratoria en el tórax para cubrir el suelo de un garaje para cuatro coches, la mucosa del intestino delgado proporciona varias veces esa superficie para la absorción de nutrientes en sus 3 m de largo.

En primer lugar, la mucosa y submucosa se proyectan en **pliegues circulares,** como calcetines arrugados en el tobillo (fig. 14-17 A). Estos pliegues siguen en espiral a lo largo del intestino delgado y, conforme el quimo se arrastra sobre ellos, el intestino se enrosca en torno a los mismos, lo que retrasa el tránsito. Esto aumenta el tiempo y la exposición para la absorción.

En segundo lugar, el epitelio de revestimiento de cada pliegue forma innumerables pequeñas **vellosidades** filiformes, que le confieren una textura aterciopelada que multiplica de forma considerable la superficie (fig. 14-17 B). Internamente, cada vellosidad tiene un núcleo central que contiene un asa vascular: una arteriola entrante y una vénula saliente, comunicadas por los capilares. Los nutrientes no lipídicos pasan a la sangre a través de estos capilares. El núcleo de cada vellosidad contiene un **conducto quilífero** o **lácteo,** un capilar linfático de extremo romo dedicado a la absorción de lípidos.

Cada vellosidad está recubierta por una única capa de células cilíndricas altas, apretadas unas a las otras. La mayoría de ellas son las *células epiteliales de absorción* que, como su nombre indica, absorben los nutrientes. La superficie de cada célula de absorción está multiplicada por los cientos de **microvellosidades** microscópicas que se proyectan desde la membrana celular hacia la luz (fig. 14-17 C). Cuando se observan bajo microscopio, la superficie de absorción se parece a las cerdas de un cepillo, por lo que se le llama el *borde en cepillo* y las enzimas digestivas especiales de las microvellosidades reciben el nombre de **enzimas del borde en cepillo.** Las membranas de las células epiteliales de absorción también contienen muchas proteínas transportadoras que participan en la absorción de nutrientes. Intercaladas entre las células de absorción se encuentran las células caliciformes, que proporcionan el moco para lubricar y diluir el quimo.

Entre las vellosidades, el epitelio penetra hacia abajo en la submucosa para formar las tortuosas *glándulas intestinales,* que secretan una mezcla fina de agua y moco *(jugo intestinal)* que se mezcla con el quimo y aumenta su fluidez. Las glándulas intestinales del duodeno (también llamadas *glándulas duodenales* o *de Brunner*) son particularmente importantes, ya que sus secreciones cargadas de moco son alcalinas y ayudan a neutralizar el ácido gástrico. Tenga en cuenta que las glándulas intestinales, a diferencia de las glándulas gástricas, no secretan enzimas digestivas.

Además de las células de absorción y las caliciformes, las glándulas intestinales también contienen células endocrinas. Estas células producen *secretina* y *colecistocinina* (v. más adelante) y otras hormonas que tienen un efecto en el proceso digestivo.

Apuntes sobre el caso

14-10 Como parte del estudio de investigación, un cirujano toma una biopsia de intestino delgado de Margot y aísla la capa que contiene las enzimas del borde en cepillo. ¿Estas enzimas son producidas por las glándulas intestinales o por las vellosidades?

El páncreas secreta jugos digestivos

El páncreas es un órgano carnoso de color pardusco de unos 13 cm a 14 cm de largo localizado en el retroperitoneo, detrás del estómago y por delante de la aorta y la vena cava inferior. Tiene forma de renacuajo, descansando su cabeza en la curva en forma de C del duodeno (fig. 14-18 A). Su cola se localiza por delante del riñón izquierdo y medial al bazo. El páncreas contiene dos tipos de glándulas (cap. 3): las endocrinas, que secretan hormonas pancreáticas hacia la sangre, y las exocrinas, que secretan el jugo pancreático en los conductos que drenan en el duodeno.

El tejido endocrino del páncreas constituye menos del 1% de la masa pancreática. Está disperso en miles de pequeños islotes de tejido llamados *islotes pancreáticos* (islotes de Langerhans). Las hormonas de los islotes pancreáticos regulan la glucosa en sangre, entre otras cosas. La insulina, por ejemplo, se libera desde los islotes pancreáticos a medida que aumenta la glucosa en sangre. Las funciones hormonales del páncreas se comentan en el capítulo 15.

La mayor parte del tejido pancreático está formado por *glándulas exocrinas* llamados *acinos* y sus conductos asociados (fig. 14-18 B).

El páncreas exocrino produce más de 1 l de jugo pancreático al día, un líquido transparente poco espeso compuesto principalmente de agua, bicarbonato y enzimas digestivas. El bicarbonato, secretado por las células epiteliales que recubren los conductillos pancreáticos, hace que el jugo pancreático sea alcalino para ayudar a neutralizar la acidez del quimo que sale del estómago. Además crea un ambiente favorable para las enzimas pancreáticas, que funcionan mejor en el pH alcalino (8,0-8,3) del jugo pancreático.

Las células acinares secretan un cóctel de enzimas digestivas (v. tabla 14-3) para descomponer los nutrientes ingeridos. Algunas de estas enzimas se secretan en forma de enzimas inactivas (zimógenos), que se activan en el intestino delgado después de su secreción. Esto es particularmente importante en el caso de las enzimas que digieren las proteínas, ya que si no se secretasen de forma inactiva, digerirían el conducto pancreático y el propio páncreas antes de llegar al intestino. Sin embargo, a veces las cosas van mal, por ejemplo, cuando un tumor obstruye el conducto pancreático, se eleva la presión en el conducto y los zimógenos escapan hacia los espacios entre las glándulas. Esto convierte a los zimógenos en enzimas activas, que comienzan a digerir el propio páncreas y esto, a su vez, provoca fuga de más de zimógenos. Se inicia un círculo vicioso cu-

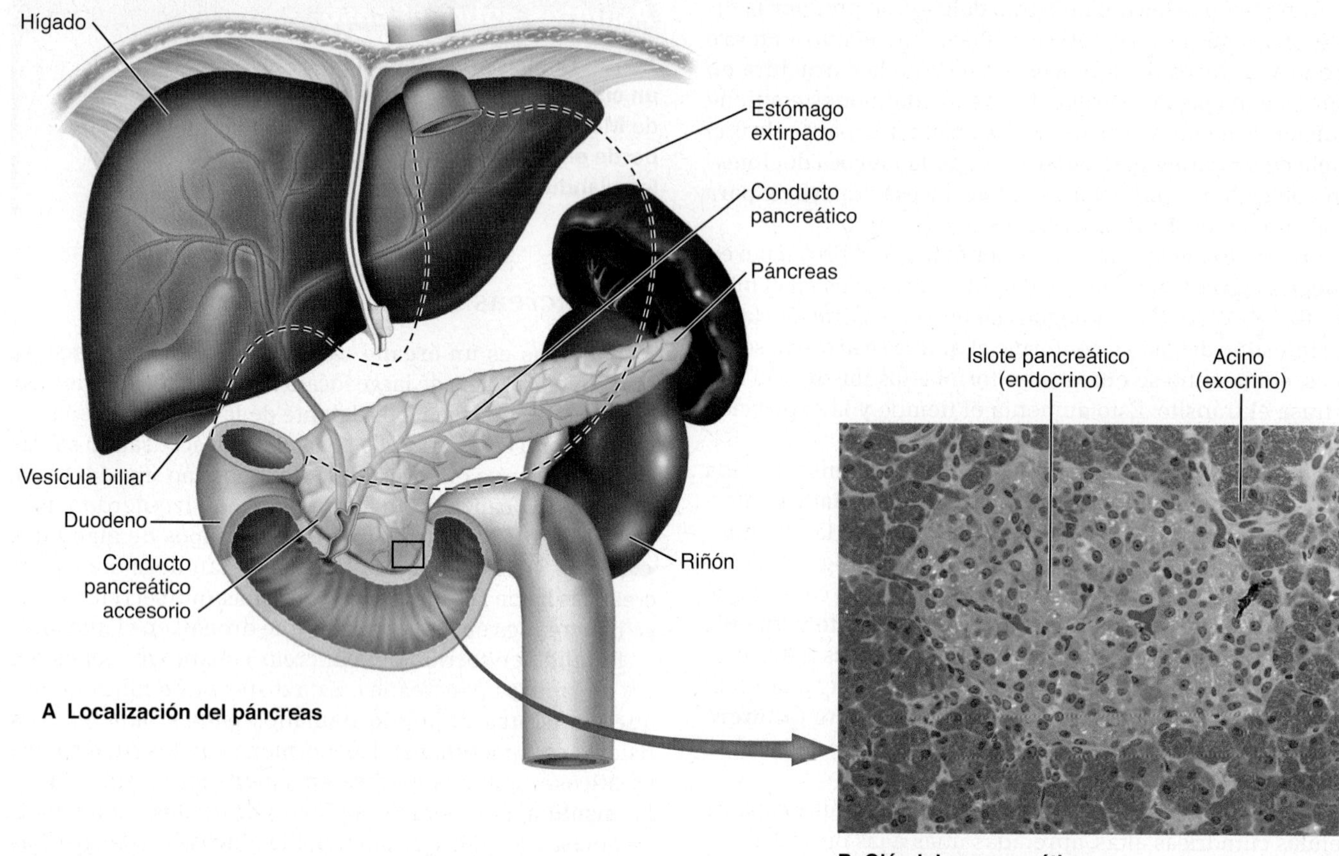

Figura 14-18. Páncreas. A) El páncreas está situado inferior al estómago. **B)** El páncreas exocrino está formado por acinos de células secretoras que desembocan en los conductos. *¿Cómo se llaman las partes exocrinas del páncreas?*

yo resultado es la pancreatitis, una enfermedad grave que puede ser mortal.

El jugo pancreático viaja a través de una red ramificada de conductos que se unen para formar un conducto central, el **conducto pancreático,** que desemboca en el duodeno (fig. 4-18 A). Un conducto más pequeño, el **pancreático accesorio,** también transporta jugo de los canales del páncreas hacia el duodeno.

Apuntes sobre el caso

14-11 La producción de leche de soja precisa una ebullición exhaustiva para destruir inhibidores de la proteasa presentes en la soja. Siendo una adolescente consciente de su salud, Margot consumía grandes cantidades de leche de soja sin procesar. Estudie la tabla 14-3. ¿Cuáles de esas enzimas se inhibirían y dónde se producen?

El hígado secreta bilis

El **hígado** es mucho más que un accesorio del aparato digestivo; es sin duda el rey de los órganos del metabolismo. Procesa todos los nutrientes que se absorben en el intestino, una función que se comenta en el capítulo 15. Aquí hablaremos sólo de su función digestiva, que es secretar la **bilis,** un líquido que contiene las *sales biliares*. Las **sales biliares** son sustancias químicas relacionadas con el colesterol que *emulsionan* las grasas; rompen los glóbulos grandes de grasa en pequeñas gotas, con lo que se facilita el contacto con las enzimas digestivas.

El hígado es un órgano carnoso rojizo muy vascularizado, sólo superado en tamaño y peso por la piel. Pesa de promedio 1,4 kg (fig. 14-19). Se encuentra debajo de la mitad derecha del diafragma, escondido por seguridad bajo la parrilla costal derecha, aunque una pequeña parte se extiende a la izquierda de la línea media.

Visto desde el exterior, el hígado tiene cuatro lóbulos. Sin embargo, internamente es uniforme y sin límites entre lóbulos. Con mucho, el más grande es el *lóbulo derecho,* que está a la derecha de la línea media. El *lóbulo izquierdo* tiene aproximadamente la mitad del tamaño del derecho y se extiende a través de la línea media para formar el lado izquierdo estrecho (fig. 14-19 A). En la superficie inferior, cerca de la línea media, hay dos pequeños lóbulos, el *caudado,* que es posterior, y el *cuadrado,* es anterior y yace medial a la vesícula biliar (fig. 14-19 B).

¡Recuerde! **Puede ver la diferencia entre las grandes gotas de lípidos y una emulsión en una botella de aderezo de ensalada con aceite y vinagre. La botella sin agitar contiene una gran capa de lípidos que cubre una capa acuosa de vinagre. Si se agita fuerte, especialmente con la presencia de un *emulsionante* como la mostaza, la gota grande se rompe en muchas gotas más pequeñas.**

El hígado está suspendido del diafragma por el *ligamento falciforme* (del latín *falx* = «hoz»), que se encuentra en la línea media (fig. 14-19 A). Este ligamento divide los lóbulos derecho e izquierdo y tiene forma de arco, como una hoja curva sobre la superficie anterosuperior del hígado. Con la excepción de una placa redonda en el centro de la parte superior, donde el ápice del hígado toca el diafragma, el hígado está cubierto en su totalidad por el peritoneo.

Recuerde de la lámina 11-3 que el hígado y el tracto digestivo participan en la *circulación portal hepática,* en la que intervienen dos lechos capilares. Las venas que regresan desde el tubo digestivo, el páncreas y el bazo se fusionan para formar la **vena porta hepática,** que *no* se une a la vena cava inferior. Por el contrario, se redivide en una red de capilares permeables en el hígado, que permiten a las células hepáticas procesar los nutrientes recién absorbidos. Por lo tanto, el hígado tiene un doble suministro de sangre (fig. 14-19 B). La **arteria hepática** lleva la sangre oxigenada desde el tronco celíaco de la aorta. La **vena por**

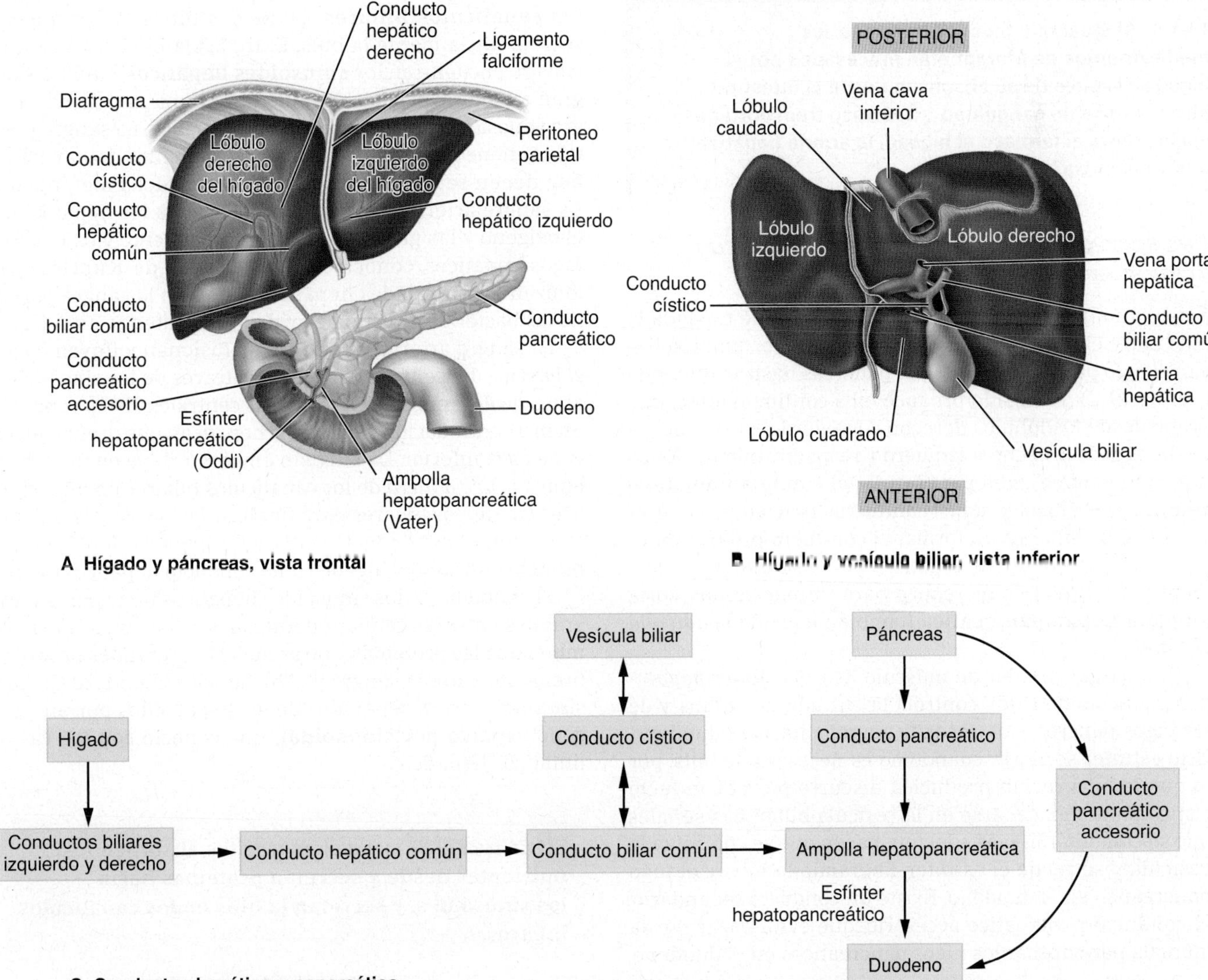

Figura 14-19. Hígado, vesícula biliar y páncreas. A) Relaciones anatómicas entre el hígado, la vesícula biliar y el páncreas. **B)** Esta vista inferior muestra dos lóbulos hepáticos adicionales más pequeños y muchos vasos que se unen en la parte inferior del hígado. **C)** Flujo de bilis y de jugos pancreáticos. Tenga en cuenta que la bilis puede fluir por el conducto cístico en ambas direcciones. *Indicar el ligamento que separa los lóbulos derecho e izquierdo del hígado.*

ta hepática (o más habitualmente, *vena porta*) aporta sangre cargada de nutrientes desde los capilares intestinales. Las **venas hepáticas** devuelven toda la sangre del hígado a la vena cava inferior.

La vesícula biliar almacena la bilis

La **vesícula biliar** es un «contenedor» de bilis. Es un saco con forma de lágrima de paredes finas suspendido de la cara inferior del hígado (fig. 14-19 B). Es un poco más grande que una pelota de golf y puede almacenar aproximadamente 50 ml de bilis hasta que ésta sea necesaria para emulsionar las grasas. Después de realizar su función digestiva, las sales biliares de la bilis son absorbidas por el íleon y regresan de inmediato al hígado a través de la vena porta, donde se secretan de nuevo a la bilis.

Apuntes sobre el caso

14-12 Al igual que muchos fármacos, los medicamentos de Margot eran procesados por el hígado después de su absorción desde el intestino hacia el torrente sanguíneo. ¿Qué vaso transportaría inicialmente el fármaco al hígado, la arteria hepática o la vena porta?

Las secreciones hepáticas y pancreáticas drenan en el duodeno

Existe un intrincado sistema de conductos que traslada la bilis entre el hígado, la vesícula y el duodeno; también llevan el jugo pancreático desde el páncreas hasta el duodeno (fig. 14-19 C). El hígado produce bilis continuamente, que drena desde los lóbulos derecho e izquierdo a los conductos hepáticos derecho e izquierdo, respectivamente. Estos dos conductos se unen para formar el **conducto hepático común,** y éste lo hace con el **conducto cístico** (que conecta a la vesícula biliar) para formar el **conducto biliar común** o colédoco. El conducto hepático común se une posteriormente al conducto pancreático para formar la muy corta **ampolla hepatopancreática** (también llamada la *ampolla de Vater*).

Una banda circular de músculo liso, el *esfínter hepatopancreático* o de Oddi, controla la entrada de la bilis y de los jugos pancreáticos desde la ampolla hacia el duodeno. Este esfínter se cierra cuando no es necesaria la bilis, por lo que la bilis recién producida discurre por el conducto cístico para almacenarse en la vesícula biliar. Las señales que se comentarán más adelante hacen que se contraiga la vesícula y se relaje el esfínter, liberando la bilis y el jugo pancreático en el duodeno. Existe un conducto secundario, el conducto pancreático accesorio, que evita pasar por la ampolla para drenar los jugos pancreáticos en el duodeno.

Anatomía microscópica del hígado

La principal célula funcional del hígado es el **hepatocito.** La unidad funcional básica del hígado es el **lobulillo hepático,** un tubo cilíndrico de hepatocitos que rodean una vena. Cada uno de ellos tiene unos pocos milímetros de largo y aproximadamente 1 mm de diámetro (fig. 14-20 A). El hígado contiene de promedio de 50 000 a 100 000 lobulillos. Los límites de cada lobulillo hepático están marcadas por **tríadas portales,** que consisten en:

- Un conducto biliar muy pequeño del sistema de conductos del hígado.
- Una vénula, rama de la vena porta que transporta la sangre desde el intestino.
- Una arteriola, rama de la arteria hepática que transporta la sangre desde la aorta.

Cada tríada portal sirve a más de un lobulillo adyacente.

Cada lobulillo está constituido por láminas de hepatocitos de dos células de espesor, que irradian hacia fuera desde una **vena central,** como los radios de una rueda (fig. 14-20 A y B). Entre los hepatocitos individuales existen **canalículos biliares,** pequeños tubos en los que se secreta inicialmente la bilis. Entre las láminas de hepatocitos se encuentran los **sinusoides hepáticos,** capilares de gran tamaño y permeables que llevan una mezcla de sangre venosa portal y sangre arterial hepática. La sangre portal contiene nutrientes y toxinas procedentes del intestino que deben ser procesados y/o almacenados en el hígado. La sangre arterial hepática proporciona a los hepatocitos el oxígeno y las grasas para su procesamiento. Los macrófagos hepáticos, conocidos como **células de Kupffer,** colonizan los sinusoides hepáticos. Limpian la sangre portal de las bacterias intestinales y de otras materias extrañas.

La sangre arterial y la portal se fusionan y fluyen *hacia el interior* del centro del lobulillo a través de los sinusoides antes de desembocar en las venas centrales. Estas venas se unen a continuación a las venas hepáticas, que drenan en la vena cava inferior. La bilis, sin embargo, fluye en dirección opuesta, *hacia fuera* de los canalículos biliares en dirección a los conductos biliares para finalizar en la vesícula biliar o el duodeno. Los conductos biliares se unen y salen de la superficie inferior del hígado como conducto hepático común.

El endotelio de los sinusoides hepáticos tiene poros muy grandes entre las células endoteliales adyacentes, que permiten que las proteínas y otras moléculas grandes pasen libremente entre la sangre y el hepatocito (fig. 14-20 C). Los sinusoides están separados de los hepatocitos por un delgado **espacio perisinusoidal,** que conecta con los vasos linfáticos hepáticos.

¡Recuerde! **Los hepatocitos absorben los nutrientes desde y secretan proteínas hacia los sinusoides, y secretan la bilis en los canalículos biliares.**

Los sistemas vascular y linfático vascular son únicos

El flujo linfático y el flujo sanguíneo hepático son únicos por dos razones.

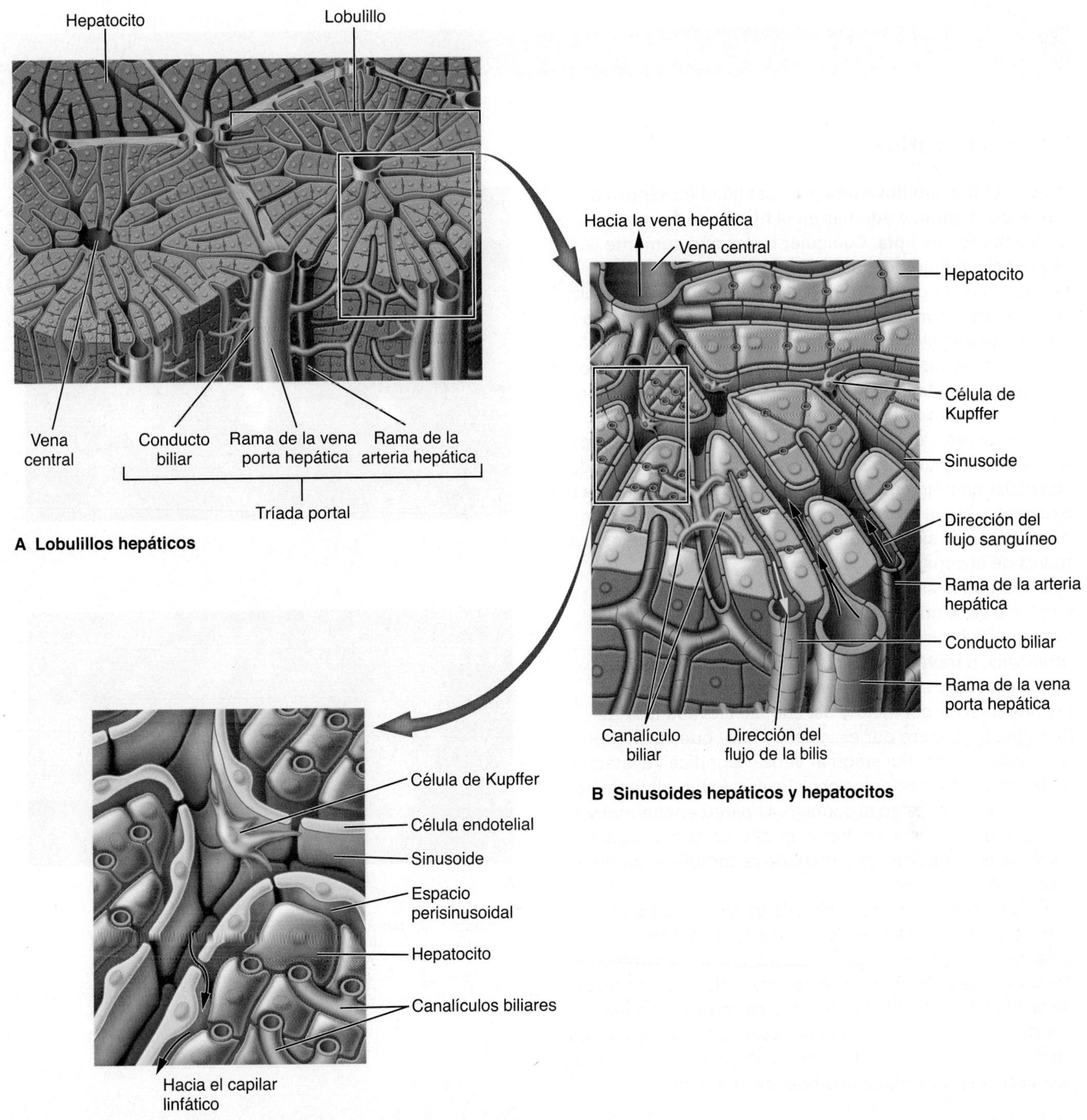

Figura 14-20. Lobulillos hepáticos. A) Cada lobulillo hepático rodea una vena central. **B)** Cada hepatocito está en contacto estrecho con un sinusoide y un canalículo biliar. **C)** Los grandes espacios entre las células endoteliales sinusoidales permiten el libre paso de las proteínas. *¿Qué vasos transportan líquido hacia la tríada portal, los canalículos biliares o los sinusoides?*

En primer lugar, cerca de la mitad de la linfa del cuerpo se forma en el hígado. Los poros de gran tamaño entre las células endoteliales sinusoidales permiten que las proteínas de la sangre y otras moléculas grandes puedan entrar en el espacio perisinusoidal junto al agua que les sigue. Esta mezcla de proteínas, agua y otras sustancias se convierte en la linfa cuando desemboca en los vasos linfáticos hepáticos.

En segundo lugar, en un momento dado, el hígado tiene un volumen relativamente grande de sangre, alrededor de una décima parte del volumen total de sangre. Además, los sinusoides hepáticos son distensibles y contráctiles, y pue-

INSTANTÁNEA CLÍNICA

Cirrosis hepática

Desde el intestino fluye una gran cantidad de sangre a través del hígado, y además en el hígado se forma un gran volumen de linfa. Cualquier factor que aumente la resistencia al flujo hepático de sangre o de linfa tiene, por tanto, un efecto grave en todo el sistema cardiovascular. La causa más común es la cirrosis hepática, una amplia formación de tejido cicatricial en el tejido hepático (incluidos los vasos sanguíneos y linfáticos) causada por lo general por alcoholismo crónico o por hepatitis crónica. (La palabra *cirrosis* deriva del griego *kirrhos* = «vinoso» o «amarillento», debido a que muchos hígados afectados tienen ese color, como en la ilustración adjunta.) El tejido cicatricial no funciona bien, especialmente en cicatrices tan extensas y graves como la de cirrosis. Esta cicatrización dificulta que la sangre que llega al hígado salga de éste a través de la vena hepática.

Dado que la sangre que llega al hígado debe volver a la vena cava por una vía u otra, la elevada resistencia vascular de la cirrosis desvía la sangre venosa por otras vías; a través del epiplón menor hacia las venas del estómago y el esófago, y a través de las venas de la parte inferior del recto y del ano. La elevada tasa de flujo que transcurre por esas venas hace que se dilaten formando varices (en singular variz y significa «dilatación de la vena»). En pacientes con cirrosis, habitualmente se encuentran varices en el esófago, la pared abdominal y el ano, donde aparecen las hemorroides. La hemorragia de las varices esofágicas es a menudo la complicación final y mortal de la cirrosis.

Otra complicación de la cirrosis es que la alta presión venosa portal fuerza más líquido hacia el espacio presinusoidal, lo que a su vez aumenta el flujo linfático y la presión de la linfa. Parte de esta linfa a alta presión rezuma de la superficie del hígado hacia la cavidad abdominal, donde se acumula como líquido (**ascitis**, del griego *askos* = «bota de vino» porque el vientre hinchado de los pacientes con ascitis se asemeja a una bota de vino llena).

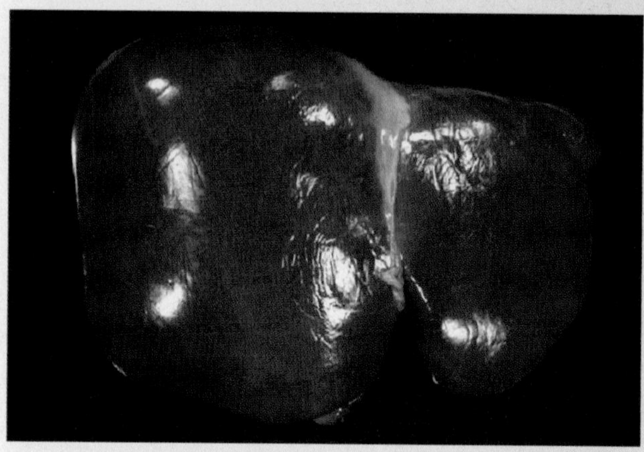

A

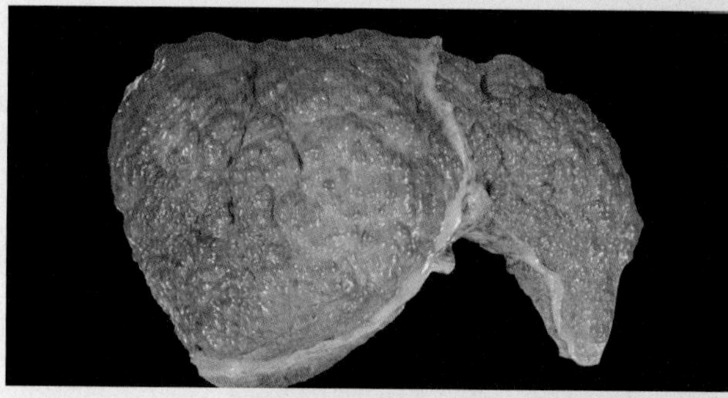

B

Cirrosis. A) Hígado normal. **B)** Cirrosis. Obsérvese el pequeño tamaño del hígado cirrótico.

den almacenar o liberar la sangre cuando sea necesario. Por ejemplo, en los casos de hemorragia grave, los sinusoides se contraen para movilizar la sangre desde el hígado a la circulación general.

La importancia del flujo sanguíneo venoso portal y la formación de la linfa se pone de relieve cuando éstos se ven afectados por una grave producción de tejido cicatricial en el hígado, es decir, en la cirrosis. En la Instantánea clínica titulada «Cirrosis hepática» se obtiene más información.

La mayor parte de la digestión química y de la absorción se produce en el intestino delgado

En el momento en que los alimentos salen del estómago y entran en el intestino delgado, son una mezcla semilíquida de las partículas de alimentos, ácido y enzimas digestivas (quimo). Aunque en la boca se produce una cantidad limitada de la digestión química con la adición de la amilasa salival y en el estómago con la adición del ácido clorhídrico y la pepsina, la digestión de la mayoría de los productos químicos se realiza en el intestino delgado.

Digestión y absorción en el intestino delgado

En el intestino hay dos tipos de enzimas digestivas: las *enzimas pancreáticas* y las *enzimas del borde en cepillo*. Las primeras se secretan en el intestino y hacen su trabajo en la luz intestinal mezclándose con el quimo. Sin embargo, las enzimas del borde en cepillo están incrustadas en las membranas de las células absortivas y hacen su trabajo digestivo allí, no en la luz. El jugo intestinal añade muy poco a los procesos químicos, pero asegura la fluidez y la alcalinidad del quimo, sin las que la digestión química sería mucho menos eficaz.

Recuerde del capítulo 3 que las sustancias se mueven a través de las membranas celulares por difusión simple, difusión facilitada, osmosis y transporte activo. Todos estos mecanismos participan en la absorción intestinal. Los nutrientes no lipídicos absorbidos entran en el sistema sanguíneo portal y se filtran a través del hígado, donde pueden utilizarse para determinados fines, o pasar a la circulación general. Los lípidos, sin embargo, son absorbidos por el sistema linfático intestinal y transportados a la sangre.

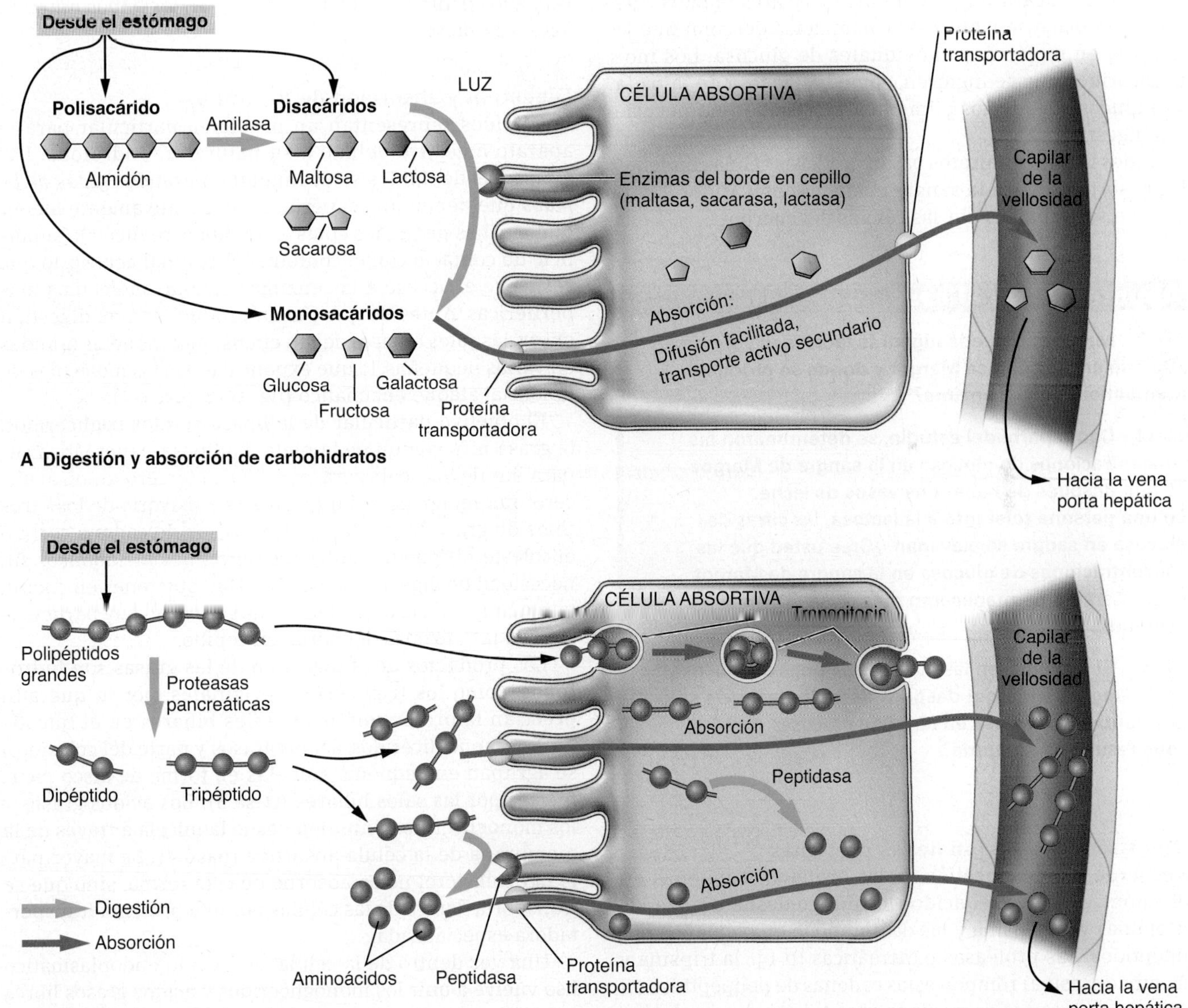

Figura 14-21. Digestión y absorción en el intestino delgado. A) Los carbohidratos se digieren en monosacáridos antes de la absorción. **B)** Las proteínas se digieren generalmente como péptidos pequeños o aminoácidos individuales antes de la absorción, aunque a veces pueden absorberse polipéptidos. *¿Qué forma de proteína es absorbida por transcitosis, los aminoácidos o los polipéptidos?*

Digestión y absorción de los carbohidratos

Recuerde de la figura 14-1 que los carbohidratos se construyen a partir de tres componentes diferentes de monosacáridos. Las células intestinales pueden absorber solamente monosacáridos; por tanto, los polisacáridos y los disacáridos deben descomponerse. En la figura 14-21 A se muestra la digestión de los carbohidratos y su absorción en el intestino delgado.

La amilasa salival inicia la digestión de los carbohidratos en la boca. La amilasa pancreática continúa el trabajo, descomponiendo todas las moléculas de almidón en *maltosa,* un disacárido formado por dos moléculas de glucosa unidas. Las enzimas del borde en cepillo digieren los disacáridos en monosacáridos. Por ejemplo, la lactasa descompone la lactosa (azúcar de la leche) en galactosa y glucosa. La sacarasa descompone la sacarosa (azúcar de mesa) en fructosa y glucosa, y la maltasa descompone la maltosa en moléculas individuales de glucosa. Los monosacáridos que se ingieren, como la fructosa de la fruta y la glucosa de ciertos alimentos procesados, no necesitan digestión.

Todos los carbohidratos pasan desde las células epiteliales absortivas hacia la sangre como monosacáridos. Éstos pueden ser captados por las células del cuerpo.

Apuntes sobre el caso

14-13 Margot no puede digerir la lactosa. ¿De qué enzima carece Margot y dónde se produce normalmente dicha enzima?

14-14 Como parte del estudio, se determinaron las concentraciones de glucosa en la sangre de Margot 30 min después de beber dos vasos de leche. En una persona tolerante a la lactosa, las cifras de glucosa en sangre se elevarían. ¿Cree usted que las concentraciones de glucosa en la sangre de Margot aumentarán o permanecerán más o menos iguales? ¿Por qué?

14-15 Si se midiesen las concentraciones de glucosa en la sangre de Margot después de beber leche de soja, que contiene sacarosa en lugar de glucosa, ¿qué resultado esperaría?

Digestión y absorción de las proteínas

Recuerde que la digestión de las proteínas comienza en el estómago, donde el ácido clorhídrico desnaturaliza las proteínas y la pepsina y las descompone en pequeños polipéptidos. Las proteasas pancreáticas (p. ej., la tripsina y la quimotripsina) rompen estas cadenas de polipéptidos en cadenas más cortas, como dipéptidos, tripéptidos y polipéptidos cortos (fig. 14-21 B). A continuación otras enzimas, principalmente las del borde en cepillo, pueden separar los aminoácidos individuales de los extremos de las cadenas. El resultado es que la proteína digerida se absorbe generalmente en forma de aminoácidos y péptidos de cadena corta. Los péptidos cortos pueden digerirse de forma adicional en aminoácidos en las células epiteliales, o pueden pasar intactos al torrente sanguíneo portal.

En ocasiones excepcionales, pueden absorberse péptidos de mayor tamaño intactos hacia el torrente sanguíneo, especialmente en los recién nacidos con inmadurez del sistema gastrointestinal. Pasan a través de las células por *transcitosis,* un mecanismo de transporte mediado por vesículas. Estos péptidos más grandes pueden actuar como *antígenos,* causando reacciones inmunitarias que pueden dar lugar a alergias a los alimentos. Un ejemplo son los polipéptidos de gran tamaño derivados de la proteína del trigo (gluten), que pueden absorberse intactos hacia el torrente sanguíneo del lactante. Puede dar como resultado una alergia al trigo. Para evitar esta situación, se aconseja a los padres que eviten dar trigo a los bebés antes de los 7 a 12 meses.

Digestión y absorción de los lípidos

Los lípidos representan un problema particular para el aparato digestivo debido a su naturaleza hidrófoba. Las moléculas de lípidos se acumulan en grandes *gotas de lípidos* que tienen una superficie comparativamente menor que muchas pequeñas gotas. Estas gotas reducen la superficie de contacto con el contenido intestinal acuoso, lo que restringe el acceso a las enzimas sólo las moléculas más periféricas. Antes de que pueda producirse una digestión eficaz, las sales biliares deben emulsionar las gotas grandes en varias pequeñas, lo que expone a todas las moléculas de lípidos al ataque enzimático (fig. 14-22, paso 1).

El objetivo particular de la lipasa son los triglicéridos, la grasa más común de la dieta. La lipasa pancreática separa dos de los ácidos grasos y deja al tercero unido al glicerol (un monoglicérido) (paso 2). La mayoría de los otros tipos de grasa (como los ácidos grasos de cadena corta o el colesterol) pueden utilizarse para fines metabólicos sin necesidad de digestión posterior. Hay que tener en cuenta también que en la digestión de las grasas no hay participación de las enzimas del borde en cepillo.

Los productos de la digestión de las grasas son hidrófobos, como los triglicéridos originales, por lo que aún precisan la protección de las sales biliares en el intestino. Los monoglicéridos, ácidos grasos y parte del colesterol se agrupan en pequeñas **micelas** en forma de disco recubiertas por las sales biliares (paso 3). Los ácidos grasos y los monoglicéridos difunden desde la micela a través de la membrana de la célula absortiva (paso 4). La mayor parte del colesterol no se absorbe de esta forma, sino que se transporta dentro de las células por una proteína transportadora especializada.

Una vez dentro de la célula, el retículo endoplasmático liso vuelve a unir los monoglicéridos y ácidos grasos libres en triglicéridos (paso 5). A continuación, los triglicéridos, las proteínas y el colesterol se agrupan en estructuras denominadas **quilomicrones** (paso 6) que, al igual que otras lipoproteínas, son gotas de lípidos envueltos en una capa de proteína. Después los quilomicrones son expulsados hacia el líquido extracelular por exocitosis.

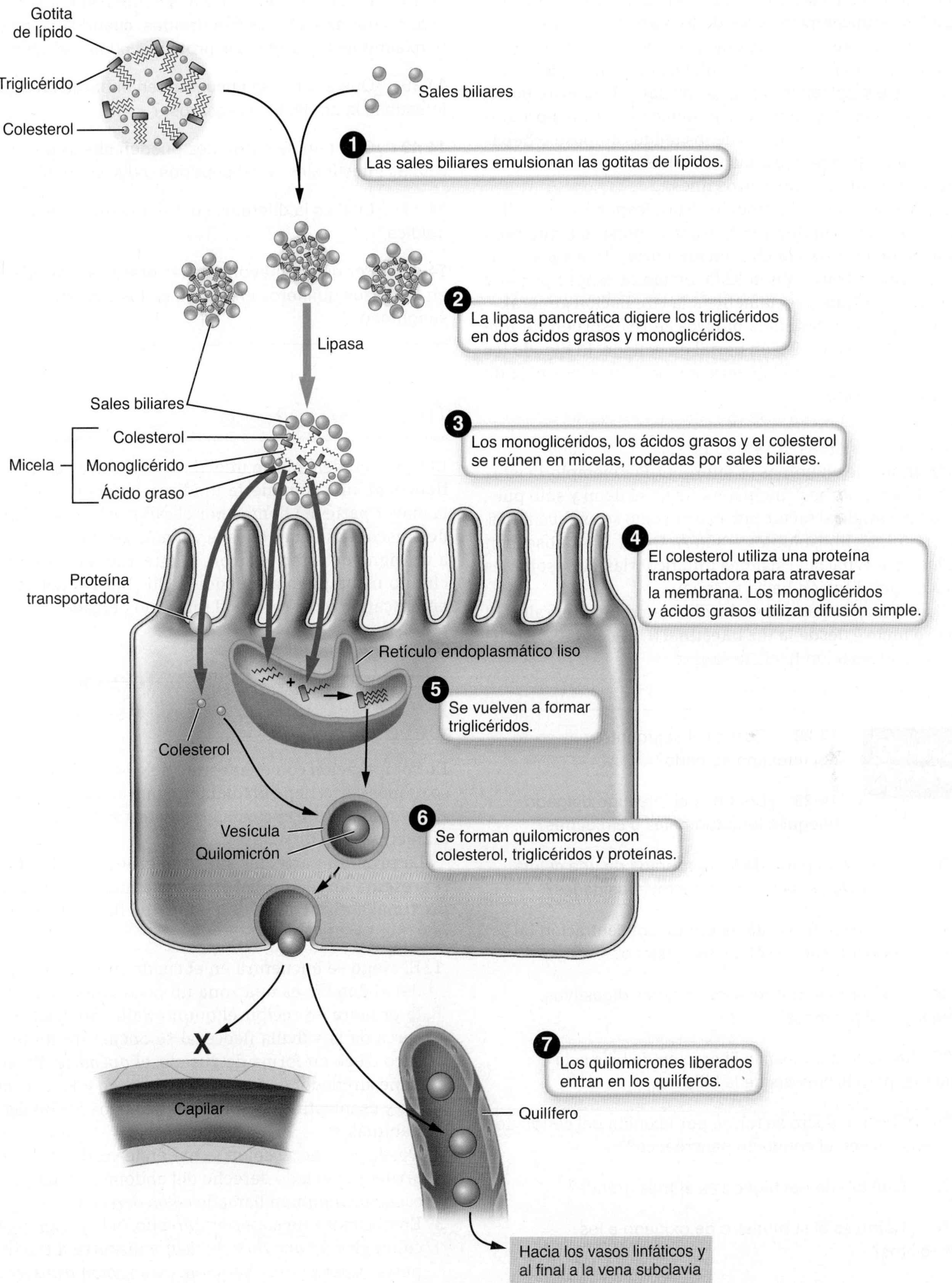

Figura 14-22. Digestión y absorción de los lípidos. La grasa de la dieta ha de ser emulsionada y digerida antes de ser absorbida en las células absortivas del intestino. *Las micelas se forman dentro de las células absortivas, ¿verdadero o falso?*

Los quilomicrones son demasiado grandes para pasar entre las células endoteliales de los capilares, pero puede deslizarse fácilmente por los vasos linfáticos quilíferos permeables (paso 7). A partir de ahí, viajan a través del sistema linfático y entran en la vena subclavia izquierda por el conducto torácico. Cuando los quilomicrones transportados por la sangre pasan a través de los tejidos adiposo o hepático, son capturados y se almacenan hasta que se necesitan como combustible o para otros fines.

Los ácidos grasos de cadena corta escapan de los quilomicrones y se difunden por la sangre intestinal, que posteriormente entra en la circulación portal. Todos los otros lípidos, que entraron en la linfa, evitan la sangre portal y el hígado y entran directamente a la circulación general.

La mayoría de las sales biliares se reabsorben de forma activa hacia circulación portal en el íleon. El hígado los «recicla» en la siguiente generación de bilis y los envía de nuevo al intestino.

Absorción de otras sustancias

La absorción de vitaminas es diferente. Por ejemplo, la vitamina B_{12} se absorbe principalmente en el íleon y sólo puede hacerlo unida al factor intrínseco, como se explicó antes. Las vitaminas liposolubles como A, D, E y K se absorben con los lípidos hacia el sistema linfático y las hidrosolubles lo hacen por difusión hacia la sangre.

El intestino delgado absorbe directamente minerales. El agua se mueve desde la luz intestinal a las células absortivas y a continuación hacia la sangre.

14-28 ¿Cuál es el segmento más corto del intestino delgado?

14-29 ¿Contiene el intestino delgado pliegues longitudinales o circulares?

14-30 ¿Qué forma parte de la membrana de una célula individual, las vellosidades o las microvellosidades?

14-31 ¿Qué solución contiene menor concentración de ácido, el jugo intestinal o el quimo gástrico?

14-32 ¿Qué órgano produce las enzimas digestivas, el hígado o el páncreas?

14-33 Verdadero o falso: la liberación de bilis está regulada, pero la síntesis de la bilis no.

14-34 ¿Qué conducto se forma por la unión del conducto biliar común con el conducto pancreático?

14-35 ¿Qué lóbulo del hígado es el más grande?

14-36 ¿Cómo es el suministro de oxígeno a los hepatocitos?

14-37 Indique los líquidos que fluyen a través de cada una de las siguientes estructuras del hígado: sinusoides, canalículos y espacio perisinusoidal.

14-38 ¿Qué forma de nutrientes pueden ser absorbidos, especialmente en los recién nacidos, cuando están sólo parcialmente digeridos, las proteínas o los carbohidratos?

14-39 ¿Qué enzima se encuentra en el borde en cepillo intestinal, la amilasa o la sacarosa?

14-40 ¿Qué tipo de nutrientes pueden absorberse por las células intestinales, los dipéptidos o disacáridos?

14-41 ¿Cuál es la diferencia entre una micela y una gota lipídica?

14-42 ¿Por qué la mayoría de las grasas se absorben en los vasos quilíferos en vez de en los capilares sanguíneos?

Intestino grueso

El intestino delgado se une al colon a través de la **válvula ileocecal,** una compuerta unidireccional que está cerrada la mayor parte del tiempo por el *esfínter ileocecal,* un anillo de músculo liso que rodea la válvula. De una forma similar a un signo de interrogación, el intestino grueso forma un círculo incompleto alrededor de los bordes del abdomen, enmarcando en el centro al intestino delgado.

El intestino grueso está formado por el colon, el apéndice, el recto y el ano

En comparación con el intestino delgado, el intestino grueso es más corto, tiene un diámetro mayor y es mucho menos enrevesado. Tiene aproximadamente 1 m de largo y 6 cm de diámetro *(in vivo).*

La primera parte del intestino grueso es el **colon,** que representa alrededor del 90 % de su longitud. A su vez, de proximal a distal, el colon puede dividirse en cinco regiones (fig. 14-23 A):

1. El **ciego** se encuentra en el cuadrante inferior derecho del abdomen; es una zona un poco bulbosa del colon y la primera en recibir el quimo. Saliendo desde el ciego cerca de la válvula ileocecal se encuentra un fondo de saco ciego en forma de gusano, el *apéndice*. En general tiene alrededor de 5 cm a 6 cm de largo y 1 cm de diámetro y es intestino completamente formado con las capas habituales.
2. Desde el ciego, el colon se extiende verticalmente hacia arriba por el lado derecho del abdomen, como *colon ascendente,* también llamado *colon derecho.*
3. En el cuadrante superior derecho, debajo del hígado, el colon gira (el *ángulo hepático*) y discurre a través de la parte superior del abdomen, como *colon transverso.*
4. En el cuadrante superior izquierdo, cerca del bazo, el colon gira (el *ángulo esplénico*) y cae como *colon descendente,* también llamado *colon izquierdo.*

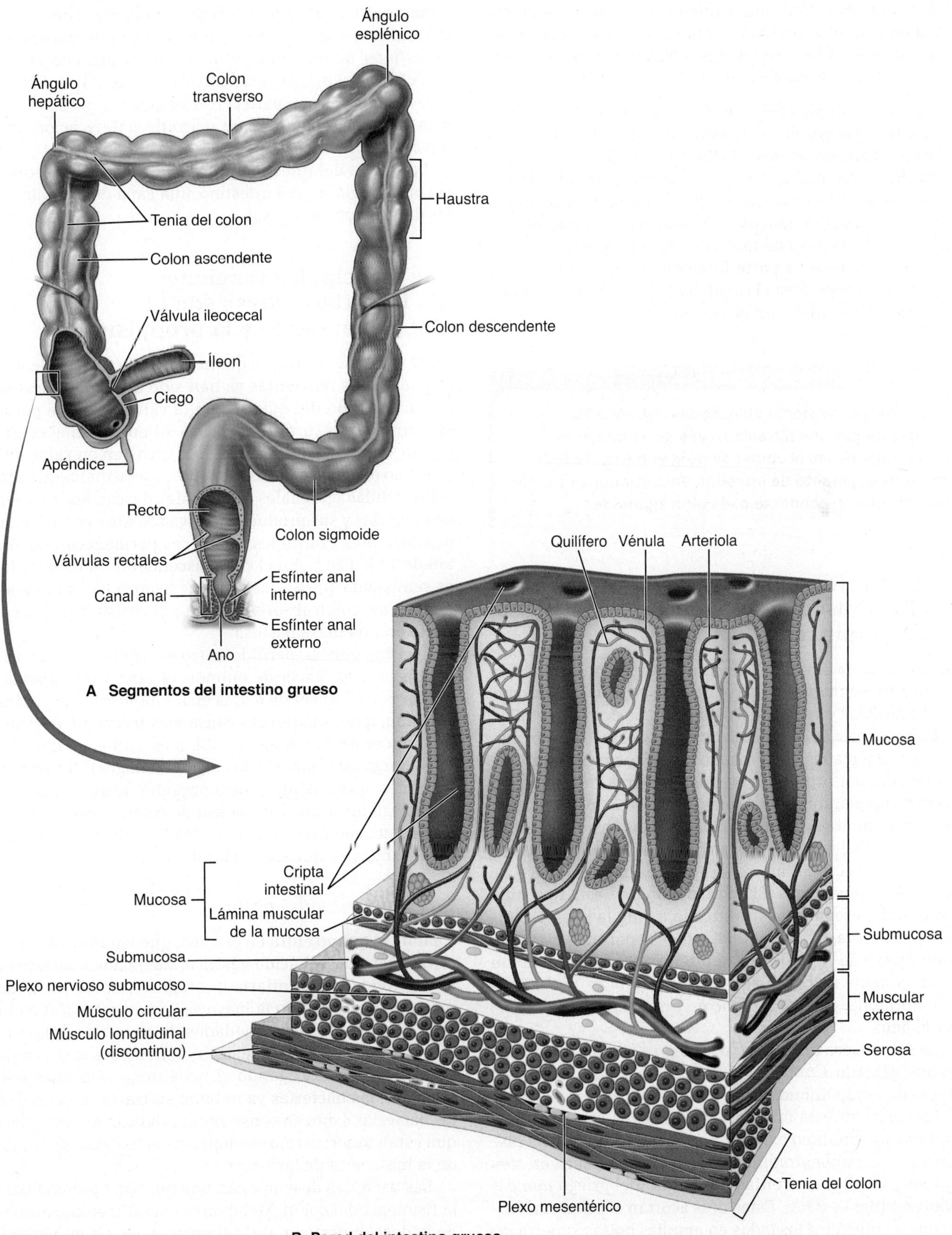

Figura 14-23. Intestino grueso. A) El intestino grueso está formado por cinco segmentos. **B)** La pared del intestino grueso carece de vellosidades y de una capa muscular longitudinal continua. *¿Cómo se llaman las bandas de músculo longitudinal?*

5. En el cuadrante inferior izquierdo, el colon descendente da paso al *colon sigmoide* (de la letra griega *sigma* = «S»), un segmento de colon de unos 30 cm de largo un poco tortuoso que vacía en el recto.

Las partes finales del intestino grueso son el *recto* y el *canal anal*. El **recto** es un segmento de intestino corto vertical y relativamente recto en la línea media del cuerpo. Sirve como un punto final de retención de los contenidos intestinales antes de su evacuación y está en parte atravesado por tres pliegues de mucosa *(válvulas rectales)* que actúan para impedir el paso de materia sólida pero permitir que escapen los gases. La parte final y más corta (unos 2 cm) del intestino grueso es el *canal anal*, que termina con una abertura, el **ano** (del latín *anus* = «anillo»).

Apuntes sobre el caso

14-16 Margot se siente «hinchada» debido a las burbujas de gas que filtran a través de su intestino grueso. Cuando las burbujas se dirigen hacia el canal anal, ¿qué segmento de intestino encontrarán en primer lugar, el colon ascendente o el colon sigmoide?

En el intestino grueso, la capa muscular y la mucosa están modificadas

Las capas de la pared del intestino grueso son similares a los de otros segmentos gastrointestinales: mucosa, submucosa, muscular y serosa, pero difieren en algunos detalles.

La superficie de la mucosa es plana y carece de los pliegues y vellosidades del intestino delgado; sin embargo, está marcada por profundas *criptas* tubulares, la versión del colon de las glándulas intestinales (fig. 14-23 B). El epitelio de revestimiento está formado por células absortivas cilíndricas mezcladas con una gran cantidad de células caliciformes que secretan moco para asegurar el paso fácil de las heces compactadas. El ano, sin embargo, está revestido por epitelio escamoso estratificado (como la boca, la garganta y el esófago) con la finalidad de soportar la abrasión con el paso de las heces. El epitelio absortivo del colon prácticamente no contiene células secretoras de enzimas o de hormonas, ya que su función principal es sólo absorber el agua.

La submucosa del intestino grueso es similar a la del intestino delgado. Contiene vasos linfáticos y sanguíneos y placas de tejido linfoide.

La muscular está formada por una capa circular interna y una longitudinal externa, pero con una diferencia distintiva: la capa longitudinal externa está organiza en tres franjas paralelas, las **tenias del colon** (del griego *tainia* = «cintas») (fig. 14-23 A). Estas tiras acortan el colon, haciendo que se pliegue a los lados en amplias bolsas superficiales o **haustras,** que le confieren un aspecto nudoso.

Las tenias y las haustras están ausentes en el recto, donde hay capas gruesas completas de músculos circular y longitudinal. El ano está rodeado por dos conjuntos de músculos, un anillo interno involuntario de músculo *liso* (el *esfínter anal interno*) y un anillo externo de músculo *esquelético* (el *esfínter anal externo*, fig. 14-23 A). Estos esfínteres se contraen para cerrar el ano y, como se describe más adelante, relajarlo para permitir la defecación (la expulsión de las heces).

La serosa del intestino grueso es similar a la serosa de las otras regiones del intestino, una capa delgada de células del peritoneo visceral.

Las principales funciones del intestino grueso son el almacenamiento y la propulsión

En el momento en que el quimo llega a la válvula ileocecal, casi todos los nutrientes ya han sido digeridos y absorbidos. La presión del quimo abre la válvula, lo que permite su entrada en el intestino grueso. Al entrar en el colon, el quimo se convierte en *heces,* que consisten en agua, materiales no digeribles de los alimentos (principalmente fibra), sales, células epiteliales intestinales descamadas y grupos de bacterias y sus productos derivados. Muy poco queda ya de nutrientes utilizables. Las heces permanecen en el colon de 12 h a 24 h. En el colon ascendente, la materia fecal es semisólida, pero a medida que avanza hacia el recto, el epitelio del colon absorbe el agua y el peristaltismo la compacta en una masa pastosa.

Con frecuencia, perdido entre los titulares sobre el tabaquismo y el cáncer de pulmón, el cáncer de próstata en hombres y el cáncer de mama en las mujeres, está el cáncer de colon, que es la tercera causa más frecuente de muerte por cáncer en humanos. También es un hecho que el colon alberga más tumores, la mayoría benignos pero muchos malignos, que cualquier otro órgano interno. La alta tasa de mortalidad a causa de cáncer de colon es especialmente trágica porque este cáncer es más fácil de detectar en sus etapas iniciales que casi cualquier otro cáncer.

Las bacterias del colon

Cuando el quimo entra en el colon, quedan muy pocas bacterias ingeridas, el ácido gástrico, las enzimas intestinales o la actividad inmunitaria del tejido linfoide asociado a mucosas ha destruido la mayoría de bacterias. Sin embargo, varios cientos de variedades de bacterias habitan en el colon y viven en una relación beneficiosa mutua con el cuerpo. De hecho, cuando el bebé tiene sólo unas pocas semanas, las bacterias ya habitan su tracto intestinal. Estas bacterias están en constante reproducción y muerte; las que están muertas representan aproximadamente la mitad de la masa seca de las heces.

Las bacterias desempeñan una función fundamental en la fisiología del colon. Metabolizan la bilirrubina, derivada de la descomposición de la hemoglobina, en un pigmento marrón que da a las heces su color característico. También producen cantidades significativas de vitamina K. Además, debido a su gran número, son una protección importante contra la infección: son tan numerosas y demandan tanto de la limitada oferta de nutrientes disponibles y de otros activos ambientales, que sólo una gran dosis infectiva de bacterias podría establecer un punto de apoyo. Probablemente, la ingestión de unas pocas bacterias patógenas no produciría infección.

Las bacterias también digieren la mucina y la pequeña cantidad de carbohidratos y proteínas absorbidos que quedan en la luz del colon, produciendo hidrogeniones y gases como subproductos. Algunos de los iones de hidrógeno entran al torrente sanguíneo y son expulsados con la respiración. Los gases se expulsan por el ano en forma de *flatos;* en un día pueden producirse hasta 500 ml de flatos. Un gran porcentaje de los flatos (su cuantía es discutible) proviene del aire que se traga. Algunas personas ingieren mucho, mientras que otras sólo un poco.

Apuntes sobre el caso

14-17 La intolerancia a la lactosa de Margot se detectó por la prueba de hidrógeno en el aliento. ¿Por qué estaban elevadas sus cifras de hidrógeno?

Motilidad del intestino grueso y defecación

La motilidad del intestino grueso se produce por *movimientos en masa,* grandes barridas peristálticas que impulsan el contenido decenas de centímetros a la vez. Los movimientos en masa son estimulados por dos factores:

- Llegada de los alimentos al estómago. Esta acción es refleja y se observa en la vida cotidiana por la frecuente necesidad de ir al baño poco después de comer.
- Llenado del intestino grueso.

Al final, las heces llegan al recto, donde se acumulan. El aumento de presión producido por la acumulación de las heces dilata el recto, activando el *reflejo de defecación.* La *defecación* es el paso de las heces a través del ano. El músculo liso longitudinal de la pared rectal se contrae, acortando el recto y aumentando la presión aún más en un bucle de retroalimentación positiva. Otro bucle del mismo reflejo produce la relajación del esfínter anal interno. La defecación se produce cuando la corteza cerebral relaja el esfínter anal externo.

Los hábitos intestinales son muy variables, de dos a tres evacuaciones por día a dos a tres por semana. El *estreñimiento* es la evacuación infrecuente o difícil, heces duras o una sensación de vaciamiento incompleto. La *diarrea,* sin embargo, es conocida por lo difícil que es de definir. Siempre se asocia con un exceso de agua en las heces y a veces se equipara con una única evacuación acuosa. Una definición médica estricta, y mucho menos sus causas, está fuera del alcance de este libro, aunque el tema se aborda brevemente en la revisión del caso práctico.

14-43 ¿Qué parte del colon se vacía hacia el recto?

14-44 ¿Qué esfínter está bajo control voluntario, el esfínter anal externo o el interno?

14-45 El epitelio del colon no produce enzimas y los órganos accesorios no secretan en el colon. ¿Se produce alguna digestión química en el colon? Si es así, ¿cómo?

Regulación de la función gastrointestinal

El tracto GI tiene una efectividad en su trabajo de prácticamente el 100 %; digiere y absorbe casi todos los alimentos utilizables que consumimos; por tanto, en las heces apenas hay nutrientes. Estos procesos están optimizados por la regulación estricta de los otros grandes procesos GI, *motilidad* y *secreción.*

Los sistemas endocrino y nervioso regulan la motilidad y la secreción

La motilidad y la secreción están reguladas por la superposición de actividades del sistema endocrino y del sistema nervioso.

Las vías de retroalimentación endocrina involucran a las hormonas gastrointestinales

El tracto GI produce muchas hormonas diferentes; se ha llamado la glándula endocrina más interesante del cuerpo. A diferencia de las células de las glándulas endocrinas tradicionales, como la hipófisis anterior, las células productoras de hormonas del tracto GI no están agrupadas. En cambio, las células endocrinas se encuentran dispersas por la mucosa intestinal. Sus secreciones pueden viajar a través del líquido extracelular para afectar a las células cercanas o pueden entrar en el torrente sanguíneo para actuar a mayor distancia.

En general, las acciones de cada hormona producen una retroalimentación negativa con la finalidad de reducir el estímulo para su secreción. Por ejemplo, cuando el pH duodenal es demasiado bajo, las células intestinales endocrinas liberan *secretina* y ésta estimula al páncreas a producir un jugo más alcalino para neutralizar la acidez. En la figura 14-27 pueden verse esos bucles de retroalimentación negativos.

Los reflejos neurales participan del sistema nervioso entérico

Recordemos que los *plexos nerviosos mientérico* y *submucoso* forman el *plexo nervioso entérico* (el «cerebro in-

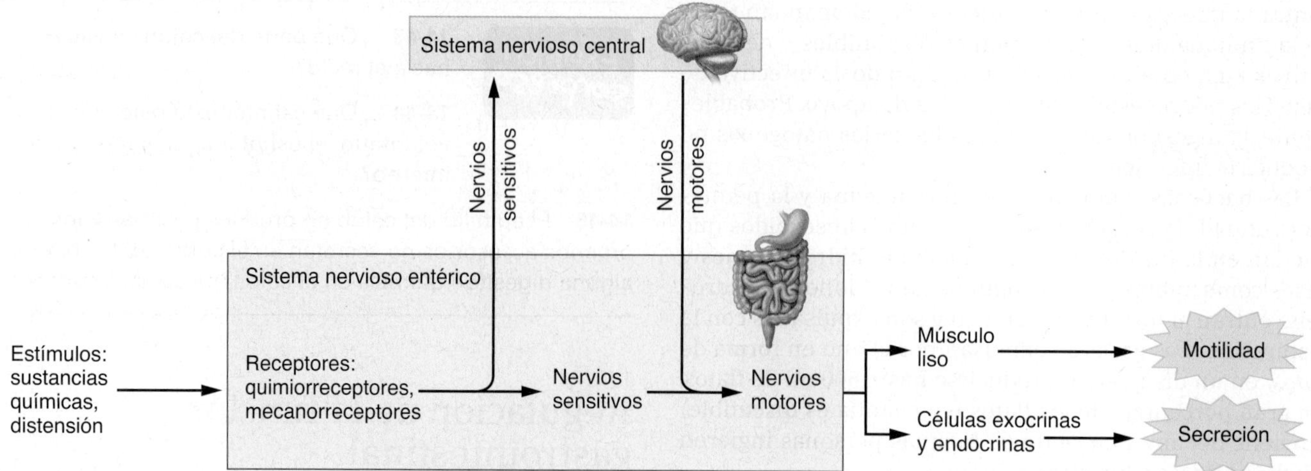

Figura 14-24. El sistema nervioso entérico detecta los cambios en la luz del tracto digestivo y en respuesta produce cambios en la motilidad intestinal y la secreción. El sistema nervioso entérico también intercambia señales sensoriales y señales motoras con el sistema nervioso central. *¿Qué efector que regula la motilidad del músculo, las células musculares lisas o las células secretoras?*

testinal»). El sistema nervioso entérico incluye nervios sensitivos y motores (fig. 14-24). Los primeros reciben información de los quimiorreceptores sobre la composición del contenido del tubo digestivo y de los mecanorreceptores en relación con el grado de distensión. Sin abandonar el sistema nervioso entérico, estos nervios sensitivos pueden activar los nervios motores, que controlan la *motilidad* regulando la contracción del músculo liso; asimismo, controlan la *secreción* mediante la regulación de la actividad de las células exocrinas y endocrinas.

El sistema nervioso entérico está interconectado con otras ramas del sistema nervioso. Envía señales sensoriales al cerebro, con lo que percibimos la distensión intestinal, por ejemplo, la «sensación de estar lleno». También recibe señales motoras desde el cerebro. En términos generales, los nervios motores simpáticos reducen la función digestiva y el nervio motor parasimpático (nervio vago) la estimula. En la figura 14-25 puede verse un ejemplo de la participación del sistema nervioso central en la función digestiva.

Apuntes sobre el caso

14-18 La lactosa que había en la píldora de Margot pasó a través de su intestino delgado sin digerirse ni absorberse. ¿Qué tipo de receptores se activan por la lactosa, mecanorreceptores o quimiorreceptores?

La regulación gastrointestinal consta de tres fases

Para los no iniciados, la comida entra por un extremo y los residuos salen por el otro. La digestión normal es uno de los procesos más silenciosos del cuerpo, por lo que a veces resulta difícil imaginar la elegancia con la que está controlada. La regulación del proceso digestivo puede dividirse en tres fases: *cefálica, gástrica e intestinal.*

Fase cefálica

El cerebro inicia el proceso de digestión generando el impulso de comer. La **fase cefálica** de la digestión es la respuesta del cuerpo a la idea, olor o sabor de alimentos (fig. 14-25). El cerebro envía señales a través del nervio vago, que estimula la actividad del músculo liso gástrico, para empezar la contracción en previsión de una comida. En segundo lugar, estimula la secreción de hidrogeniones y pepsinógeno de la mucosa gástrica, que inician la digestión de las proteínas.

Apuntes sobre el caso

14-19 Margot estaba tentada por un delicioso (pero prohibido) trozo de pastel de chocolate helado. ¿Aumentaría o disminuiría la actividad de sus células parietales y qué nervio llevaría la señal nerviosa desde el cerebro al estómago?

Fase gástrica

La **fase gástrica** se inicia cuando el alimento entra en el estómago. Los quimiorreceptores detectan la llegada de los péptidos y aminoácidos, y los mecanorreceptores detectan la distensión de la pared del estómago (fig. 14-26). Estos estímulos producen gastrina por las células G en el píloro. La gastrina viaja a través del líquido intersticial y el torrente sanguíneo para intensificar la contracción del músculo liso, que promueve la descomposición mecánica y mezcla de los contenidos del estómago. La gastrina aumenta la secreción de ácido clorhídrico por las células parietales. El ácido clorhídrico, a su vez, estimula la secreción de pepsinógeno por las células principales a través de un reflejo neural. El resultado neto de la actividad de la gastrina es la producción de *más* aminoácidos y péptidos, que fue el *estímulo*

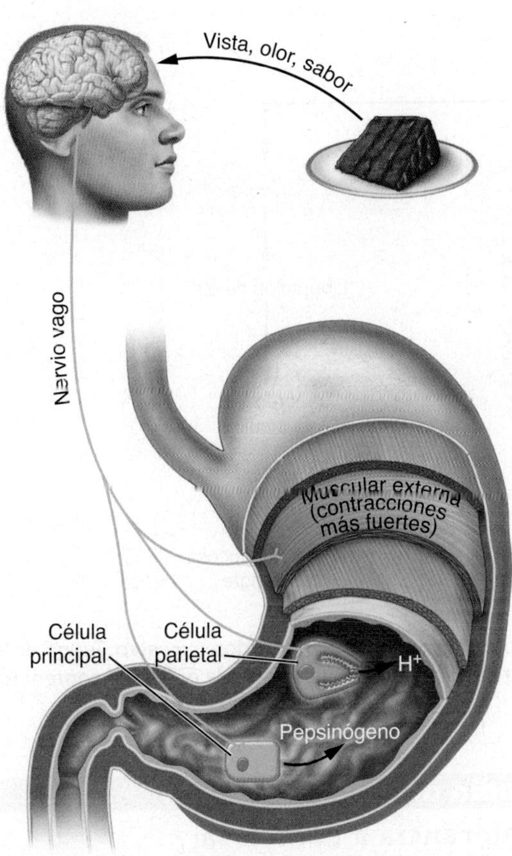

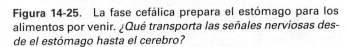

Figura 14-25. La fase cefálica prepara el estómago para los alimentos por venir. *¿Qué transporta las señales nerviosas desde el estómago hasta el cerebro?*

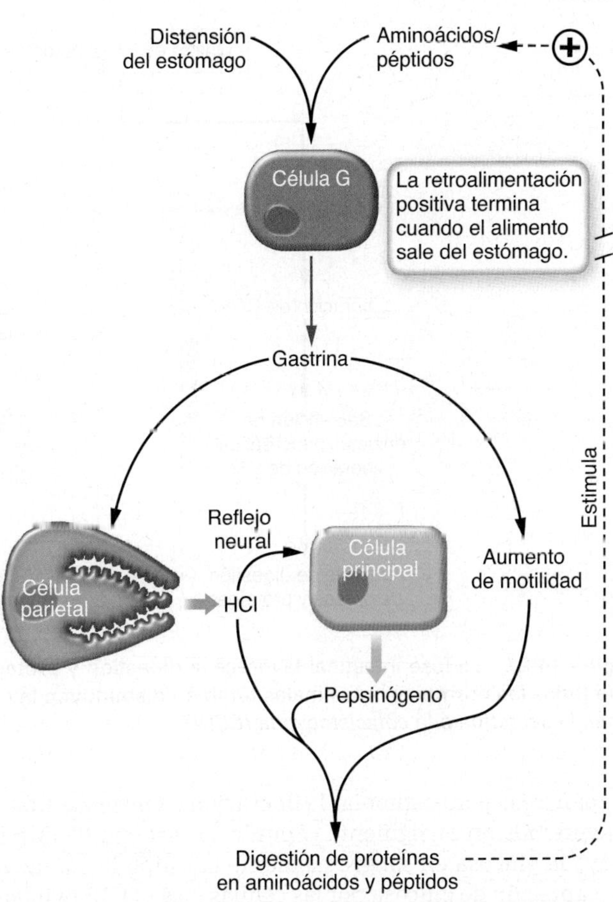

Figura 14-26. La fase gástrica inicia la digestión de las proteínas en respuesta al alimento en el estómago. *¿Qué hormona estimula los acontecimientos de la fase gástrica?*

original para la secreción. Este bucle de retroalimentación positiva termina cuando los alimentos salen del estómago para entrar en el duodeno.

Apuntes sobre el caso

14-20 Margot come un trozo de pastel helado en un momento de debilidad. ¿De qué manera sabe el estómago que ha llegado el pastel?

Fase intestinal

La **fase intestinal** es estimulada por la entrada de alimentos en el intestino y constituye un conjunto complejo de reflejos en el que participan el estómago, el intestino delgado, el hígado y el páncreas. Los objetivos y las actividades de la fase intestinal son (fig. 14-27):

1. *Asegurar la presencia de enzimas digestivas adecuadas y de bilis.* Las grasas y proteínas del quimo estimulan la liberación por parte las células endocrinas intestinales de la hormona **colecistocinina** (CCK) hacia el torrente sanguíneo. La CCK estimula posteriormente la liberación de enzimas pancreáticas y estimula la contracción de la vesícula biliar y la descarga de su carga de bilis. Por último, la CCK relaja el esfínter hepatopancreático, lo que permite que la bilis y el jugo pancreático entren en el duodeno. Se produce la digestión química de las grasas y las proteínas (así como de los carbohidratos), eliminando el estímulo inicial para la secreción de CCK.
2. *Proteger la frágil mucosa intestinal de una cantidad excesiva de ácido gástrico.* El ácido del quimo estimula en las células epiteliales del duodeno la liberación de la hormona **secretina.** Esta hormona viaja por el torrente sanguíneo hasta el páncreas, donde estimula la producción de bicarbonato en las células que recubren los conductos pancreáticos. El aumento resultante de la producción de bicarbonato en el jugo pancreático neutraliza el quimo ácido, eliminando el estímulo para la liberación de secretina.
3. *Preparar el hígado y otros órganos metabólicos para la pronta entrada de los nutrientes en la sangre.* Una tercera hormona llamada **polipéptido gástrico inhibidor** (GIP, *gastric inhibitory peptide*) ayuda a proteger frente a las concentraciones demasiado elevadas de glucosa en sangre después de una comida azucarada. La glucosa en el quimo estimula la liberación de GIP de la mucosa duodenal y yeyunal. El GIP viaja a continuación hacia el

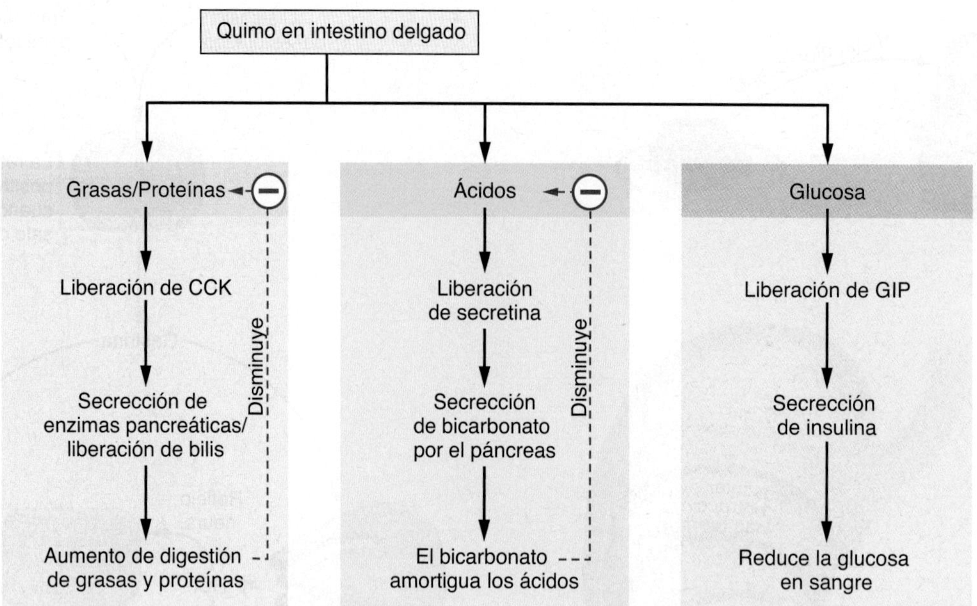

Figura 14-27. La fase intestinal favorece la digestión y protege el intestino de un vaciamiento gástrico excesivo. Tenga en cuenta que todas las hormonas intestinales también disminuyen la motilidad gástrica. *¿Qué hormona aumenta el pH del contenido intestinal, la secretina o la colecistocinina (CCK)?*

páncreas para estimular la liberación de *insulina*. Como veremos en el siguiente capítulo, la *insulina* disminuye la glucosa en sangre mediante la estimulación de la captación de glucosa por las células. Así, el GIP evita un aumento de la glucosa en sangre, actuando incluso *antes* de que ésta sea absorbida.

4. *Proporcionar el tiempo suficiente para la digestión y la absorción intestinal.* La digestión y la absorción son procesos lentos y no pueden acelerarse por la llegada de grandes cantidades de quimo nuevo desde el estómago. Las tres hormonas GI mencionadas antes inhiben la motilidad del estómago y la liberación de quimo en el duodeno.

Apuntes sobre el caso

14-21 ¿Aumenta la secreción de GIP cuando Margot consume leche ? ¿Por qué?

14-46 ¿Dónde afecta principalmente la fase cefálica de la digestión, al estómago o al intestino?

14-47 ¿Qué hormona aumenta la actividad de la muscular externa del estómago, la gastrina o la secretina?

14-48 ¿Qué hormona estimula la secreción de enzimas pancreáticas, la colecistocinina o la secretina?

14-49 ¿Qué hormona se libera en respuesta a la disminución del pH intestinal, la gastrina o la secretina?

Estudio del caso

Intolerancia a la lactosa: el caso de Margot C.

Volvamos a nuestro caso.

Hay que recordar que Margot fue diagnosticada de intolerancia a la lactosa cuando era un niña; los productos lácteos le producían distensión, gases y cólicos intestinales, pero no se le habían realizado pruebas de laboratorio definitivas para el diagnóstico. Estos mismos síntomas se repitieron cuando tomó las pastillas que le dio el médico.

La clave para entender este caso es recordar que los carbohidratos de la dieta deben descomponerse en monosacáridos para ser absorbidos. La lactosa es un disacárido que normalmente se descompone mediante la lactasa intestinal en sus dos componentes: glucosa y galactosa. Las moléculas de glucosa resultantes estimulan la liberación de GIP intestinal, que estimula la secreción de insulina. En las personas tolerantes a la lactosa, la glucosa y la galactosa se absorben por completo y su concentración en sangre aumenta; ninguno permanece en el intestino para que las bacterias puedan digerirlos. El incremento de la glucosa en sangre estimula todavía más la secreción de insulina.

Sin embargo, el epitelio intestinal de Margot no contiene lactasa, por lo que la lactosa ingerida permanece en el quimo (fig. 14-28). No se produce glucosa a partir de la leche u otros productos lácteos, por lo que no se secretará GIP y no aumentará la concentración de glucosa en sangre. La lactosa permanece en el quimo, que pasa al colon, aumentando la osmolaridad del contenido intestinal. Las

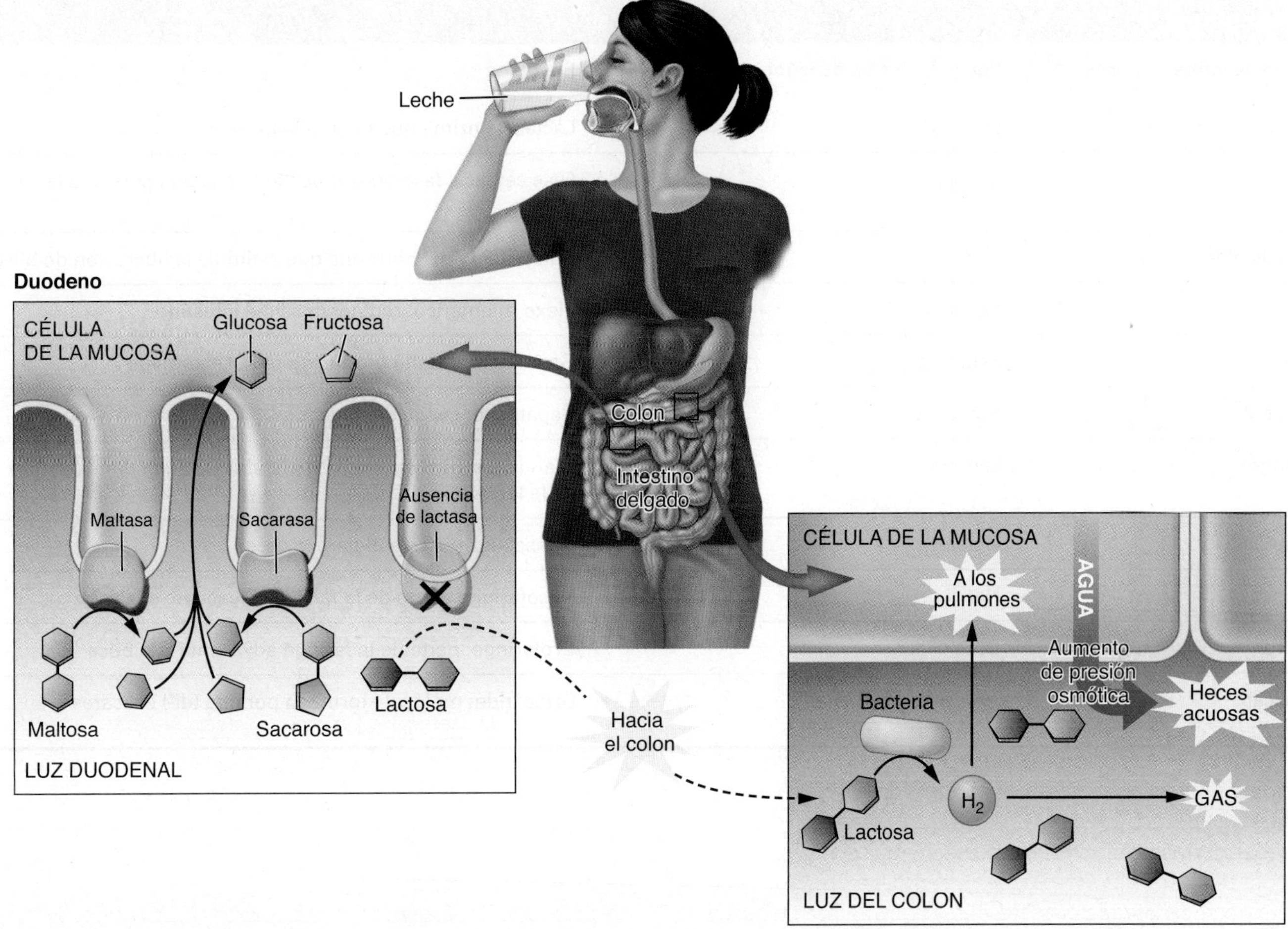

Figura 14-28. El caso de Margot C. Los problemas de Margot pueden atribuirse a la falta de la enzima lactasa en sus células duodenales. Como resultado, la lactosa permanece en el colon donde atrae por osmosis el agua (que produce diarrea) y es metabolizada por las bacterias, produciendo la acidez y el gas. *¿Puede el intestino de Margot generar glucosa a partir de los disacáridos ingeridos?*

heces muy osmóticas atraen líquido desde las células de la mucosa del colon, lo que da lugar a heces líquidas (diarrea). Además, las bacterias del colon metabolizan la lactosa en ácidos grasos de cadena corta, que atraen más agua. La actividad bacteriana también produce grandes cantidades de gas hidrógeno, que a su vez distiende el intestino y produce calambres. Este gas entra en la sangre y difunde en el aire alveolar junto con el dióxido de carbono, y es detectable en el aliento espirado con un instrumento de laboratorio especial.

Por tanto, Margot sufría *diarrea,* una afección que todos reconocemos cuando la sufrimos pero que resulta sorprendentemente difícil de definir con precisión. Una definición de uso común dice que la diarrea consiste en más de un movimiento intestinal diario de deposiciones líquidas.

El exceso de agua en las heces es una característica de todas las diarreas. Esta acumulación de agua se debe a cuatro razones:

- *Aumento de la carga osmótica* (el problema de Margot).
- *Aumento de la secreción de agua y electrólitos* por la mucosa intestinal que puede estar producida por diversas enfermedades. Por ejemplo, ciertas bacterias liberan sustancias químicas que tienen este efecto.
- *Inflamación.* El epitelio intestinal lesionado pierde su integridad y rezuma líquido intersticial.
- *Disminución de la absorción.* La disminución de la longitud del intestino impide la absorción completa de agua del quimo o fecal. Por ejemplo, la extirpación quirúrgica de una parte sustancial del intestino delgado o del colon puede producir diarrea por absorción.

Apuntes sobre el caso

14-22 ¿Por qué las heces de Margot contienen ácidos grasos de cadena corta cuando toma helado?

Etimología

Raíces latinas/griegas	Equivalentes en español	Ejemplos
-asa	Enzima	Lactasa: enzima que digiere la lactosa
cefal-	Cabeza	Fase cefálica: fase de la digestión en la que participa la cabeza
-col/cole-	Bilis	Colecistocinina: hormona que estimula la liberación de bilis
entero-	Intestino	Plexo mientérico: red nerviosa del intestino
gastr-	Estómago	Gastrina: hormona producida por el estómago
hepato-	Hígado	Hepatocito: célula del hígado
lingu-	Lengua	Glándula salival sublingual: glándula situada debajo (sub-) de la lengua
lip-/lipo-	Grasa	Lipasa: enzima que digiere la grasa
naso-	Nariz	Nasofaringe: parte de la faringe adyacente a la nariz
oro-	Boca	Orofaringe: parte de la faringe adyacente a la boca
sacar-	Azúcar	Disacárido: molécula formada por dos (di-) azúcares

Cuestionario del capítulo

REVISIÓN DEL CAPÍTULO

1. Los ácidos grasos *trans*
a. contienen dobles enlaces entre algunos de los átomos de carbono.
b. también se llaman ácidos grasos insaturados.
c. abundan en las fuentes naturales de grasa.
d. sólo contienen enlaces simples entre los átomos de carbono.

2. Los aminoácidos esenciales
a. pueden ser sintetizados por el hígado a partir de otros aminoácidos.
b. sólo se encuentran en las proteínas animales.
c. se encuentran en las proteínas animales y vegetales.
d. son en total 20.

3. Las lipoproteínas de baja densidad
a. contienen colesterol y triglicéridos.
b. se sintetizan en el hígado.
c. contribuyen a la enfermedad arterial.
d. todo lo anterior.

4. ¿Cuál de los siguientes *no* es un órgano accesorio?
a. Vesícula biliar.
b. Esófago.
c. Hígado.
d. Páncreas.

5. El epiplón mayor
a. cubre el hígado.
b. es anterior al mesenterio propio.
c. envuelve las asas de intestino delgado.
d. une el colon transverso a la pared posterior del abdomen.

6. El plexo mientérico se encuentra
a. entre la mucosa y submucosa.
b. entre las capas musculares circular y longitudinal.
c. por debajo de la serosa.
d. dentro de la lámina propia.

7. La lengua está anclada en la boca por
a. la úvula.
b. la amígdala palatina.
c. el paladar blando.
d. el frenillo.

8. Las cavidades óseas de los dientes se llaman
a. alvéolos.
b. encía.
c. ligamentos periodontales.
d. conductos radiculares.

9. ¿Qué glándulas salivales drenan cerca de los molares?
a. Submaxilar.
b. Sublingual.
c. Palatina.
d. Parótida.

10. De superior a inferior, las partes de la faringe son
a. orofaringe, laringofaringe, nasofaringe.
b. laringofaringe, nasofaringe, orofaringe.
c. laringofaringe, orofaringe, nasofaringe.
d. nasofaringe, orofaringe, laringofaringe.

11. Los pliegues se encuentran en el
a. estómago.
b. intestino delgado.
c. intestino grueso.
d. todos los anteriores.

12. El ácido clorhídrico es secretado por
a. las células del cuello.
b. las células G.
c. las células parietales.
d. las células principales.

13. El ______________ controla la entrada de quimo en el intestino delgado y la ______________ controla la salida de los contenidos residuales en el intestino delgado.
a. válvula ileocecal, esfínter pilórico.
b. esfínter esofágico inferior, esfínter pilórico.
c. esfínter pilórico, válvula ileocecal.
d. esfínter esofágico inferior, válvula ileocecal.

14. De mayor a menor, las partes del intestino delgado que amplían su superficie son las
a. vellosidades, microvellosidades, pliegues.
b. pliegues, vellosidades, microvellosidades.
c. microvellosidades, vellosidades, pliegues.
d. vellosidades, pliegues, microvellosidades.

15. Las enzimas que se encuentran en la luz del intestino delgado son producidas por
a. el páncreas.
b. las glándulas intestinales.
c. las células caliciformes.
d. el hígado.

16. La enzima que descompone la sacarosa es producida por
a. el páncreas.
b. el hígado.
c. las glándulas salivales.
d. las células intestinales.

17. La ampolla hepatopancreática recibe las secreciones de
a. el hígado.
b. el páncreas.
c. la vesícula biliar.
d. todo lo anterior.

18. Las células que producen la bilis se llaman
a. células de Kupffer.
b. células endoteliales.
c. hepatocitos.
d. ascitis.

19. ¿Cuál de las siguientes macromoléculas contiene glucosa?
a. Lactosa.
b. Glucógeno.
c. Sacarosa.
d. Todas las anteriores.

20. Las proteínas de gran tamaño pueden entrar intactas en el torrente sanguíneo de un recién nacido a través del proceso de
a. difusión facilitada.
b. transcitosis.
c. transporte activo.
d. ninguna de las anteriores.

21. ¿Cuál de las siguientes estructuras se ensambla dentro de las células intestinales?
a. micelas.
b. gotas de lípidos.
c. quilomicrones.
d. emulsiones.

22. La bilis
a. emulsiona las gotas grandes de grasa en gotas pequeñas.
b. digiere los triglicéridos en sus componentes.
c. transporta los productos de la digestión de las grasas hacia las células intestinales.
d. todo lo anterior.

23. La curva entre el colon ascendente y el colon transverso se llama:
a. Ángulo hepático.
b. Ángulo esplénico.
c. Colon sigmoide.
d. Recto.

24. Las tiras de músculo longitudinal del intestino grueso
a. se contraen rítmicamente para permitir el peristaltismo.
b. se contraen arrítmicamente para permitir la segmentación.
c. reciben el nombre de tenias del colon.
d. se encuentran dentro de la capa mucosa.

25. La secreción de la secretina es mayor
a. durante la fase cefálica.
b. durante la fase intestinal.
c. durante la fase gástrica.
d. ninguna de las anteriores.

26. Pensar en una deliciosa galleta estimula la motilidad del
a. intestino delgado.
b. esófago.
c. estómago.
d. intestino grueso.

27. La colecistocinina estimula
a. la secreción de enzimas pancreáticas.
b. la secreción de bicarbonato pancreático.
c. la síntesis de bilis en el hígado.
d. la producción de ácido por las células parietales.

28. Los alimentos en el intestino inhiben la actividad gástrica al estimular la liberación de
a. secretina.
b. colecistocinina.
c. polipéptido gástrico inhibidor.
d. todo lo anterior.

COMPRENSIÓN DE CONCEPTOS

29. Para cada una de las siguientes recomendaciones dietéticas, explique las razones fisiológicas subyacentes.
a. Los carbohidratos deben ser de cereales integrales.
b. Una dieta que incluya cantidades significativas de aceites vegetales es más saludable que una dieta sin grasa.

30. Enumere tres diferencias entre la digestión de proteínas y la digestión de triglicéridos.

31. La sangre en los sinusoides hepáticos tiene un contenido de oxígeno más bajo que la sangre en la mayoría de los capilares. ¿Por qué? Comente la vascularización del hígado en la respuesta.

32. ¿Producen las células parietales alguna enzima? Defina *enzima* en la respuesta.

APLICACIÓN

33. El Sr. M. está tomando un medicamento que bloquea la acción de la colecistocinina. Comente el impacto de este fármaco en la digestión.

34. Acaba de regresar de la India. Por desgracia, una desagradable cepa de la bacteria *Escherichia coli* le ha acompañado en el viaje, produciéndole una grave diarrea. Se toma una gran dosis de antibióticos de amplio espectro y observa que las heces se vuelven pálidas. ¿Por qué?

35. La galactosa es un monosacárido común en los productos lácteos, verduras y frutas. La galactosa es también un producto de la digestión de la lactosa, un disacárido de galactosa y glucosa que se encuentra a altas concentraciones en la leche materna y productos lácteos. Sin embargo, independientemente de su origen, la galactosa no puede ser utilizada para producir energía a menos que se convierta antes en glucosa. Algunos bebés tienen un defecto genético que les impide convertir la galactosa en glucosa, lo que da lugar a una acumulación nociva de galactosa en la sangre (galactosemia). Estos bebés no deben ser amamantados debido al alto contenido de lactosa de la leche materna. ¿Qué fórmula infantil sería mejor para un bebé con galactosemia, una basada en leche de vaca o una a base de leche de soja?

36. La luz ultravioleta estimula la síntesis de vitamina D en la piel, por lo que las personas expuestas a la luz solar adecuada no requieren vitamina D en la dieta. ¿Es realmente una vitamina para los canadienses, que en invierno viven en un clima con poca luz solar? ¿Qué ocurre con los australianos, que viven en un clima mucho más soleado?

Puede encontrar las respuestas a estas preguntas en el apartado de recursos para estudiantes en: **http://thepoint.lww.com/espanol-McConnellandHull**

15

Metabolismo y regulación endocrina

Temas principales

- La glucosa es la fuente principal de suministro diario de energía para el cuerpo.
- La insulina es necesaria para que la glucosa llegue a las células.
- La energía puede convertirse en materia, y la materia puede convertirse en energía.
- Los alimentos sólo pueden hacer su trabajo y generar calor o convertirse en tejido.
- Las enzimas facilitan todas las vías de generación de energía y calor a partir de la materia de los alimentos.
- Las hormonas regulan la actividad de los tejidos y glándulas.

Objetivos del capítulo

Generación de energía 591

1. Uitlizando esquemas, seguir el trayecto de los átomos de carbono desde una molécula de glucosa a través de las etapas de la glucólisis, la generación de acetil-CoA y el ciclo del ácido cítrico.
2. Para cada una de las cuatro etapas de la generación de trifosfato de adenosina (ATP), describir los sustratos iniciales, el producto final y el número aproximado de moléculas de ATP, NADH y/o $FADH_2$ que se producen.
3. Explicar las funciones de la NADH/$FADH_2$, el oxígeno, los complejos de enzimas respiratorios, el hidrógeno, la ATP sintetasa y las proteínas de desacoplamiento en la fosforilación oxidativa.

Funciones del hígado en el metabolismo 598

4. Utilizar algoritmos para explicar la forma en que el hígado procesa la glucosa, los ácidos grasos y los aminoácidos.
5. En el algoritmo preparado para el objetivo 4, mostrar qué vías están activas en una persona hambrienta y cuáles están activas en una persona que ha comido.

Equilibrio energético 602

6. Dibujar los circuitos de retroalimentación describiendo la síntesis y acción de la leptina, la ghrelina y los péptidos YY.

Regulación de la temperatura corporal 606

7. Explicar cómo puede limitarse la pérdida de calor en climas fríos, y cómo se aprovecha al máximo la pérdida de calor cuando hace calor. Comentar en la respuesta los cuatro métodos de transferencia de calor.

Páncreas endocrino 609

8. Comparar y diferenciar la regulación y los efectos de la insulina y el glucagón.

Cetoacidosis diabética: el caso de Santo G. 612

9. A partir del caso práctico, explicar de qué forma la resistencia a la insulina da lugar a altas concentraciones de glucosa en sangre.

Hipotálamo e hipófisis 614

10. Explicar las relaciones estructurales y funcionales entre el hipotálamo y los dos lóbulos de la hipófisis.
11. Preparar una tabla que resuma el lugar de producción, la regulación, los efectos y las enfermedades producidas por la hiposecreción y la hipersecreción de vasopresina, oxitocina y prolactina. Hay que tener en cuenta que es posible que no se disponga de información para cada categoría.

Glándulas suprarrenales 616

12. Añadir las siguientes hormonas a la tabla preparada para el punto 11: hormonas de la médula suprarrenal, aldosterona, cortisol y andrógenos suprarrenales.
13. Utilizando un circuito de retroalimentación, explicar por qué el hipercortisolismo (síndrome de Cushing) puede estar asociado a una elevada producción de ACTH o a una reducción de la producción de ACTH.

Glándula tiroides 620

14. Añadir las hormonas tiroideas a la tabla preparada para el objetivo 11.
15. Ilustrar con un esquema la síntesis de hormonas tiroideas y su regulación.

Somatotropina 623

16. Agregar la somatotropina a la tabla preparada para el objetivo 11.
17. Describir la relación entre la somatotropina y el factor de crecimiento similar a la insulina de tipo I (IGF-I), diferenciando las funciones endocrinas del IGF-I y sus acciones paracrinas.

Metabolismo del calcio 626

18. Añadir la paratirina a la tabla preparada para el objetivo 11.

Caso práctico: «Está teniendo uno de esos ataques de ácido»

Mientras lee el siguiente caso práctico, haga una lista de los términos y conceptos que debe aprender para comprender el caso de Santo.

Anamnesis: Santo G., un hombre hispano de 47 años con una larga historia de obesidad y diabetes de tipo 2 de reciente aparición, precisaba inyecciones diarias de insulina. Su esposa lo llevó a urgencias a primera hora de la mañana porque presentaba confusión, respiración rápida y tenía que orinar con mucha más frecuencia de lo normal. «Está teniendo uno de esos ataques de ácido», dijo ella, «de cuando todo está descompensado». La esposa dijo también que no había tenido cuidado con la dieta; la noche anterior se había hartado de pizza y helado y había consumido de 8 a 10 botellas de cerveza, llegando a estar tan ebrio que se fue a dormir sin ponerse la insulina.

Exploración física y otros datos: las constantes vitales incluían una temperatura de 39 °C, una frecuencia cardíaca de 96 lat/min (normal, 72) y una presión arterial de 90/60 mm Hg (normal, 120/80). La frecuencia respiratoria no se registró, y el aliento de Santo presentaba un olor inusual a «zumo de manzana». El paciente mide 1,75 m y pesa 130 kg. Estaba somnoliento y con desorientación espaciotemporal.

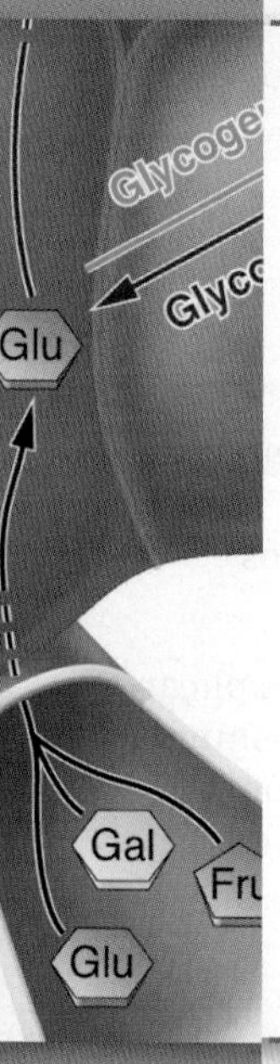

Conocimientos necesarios

Antes de adentrarse por primera vez en este capítulo, es importante comprender los siguientes términos y conceptos.

- Metabolismo, anabolismo y catabolismo, retroalimentación negativa (cap. 1)
- Las partes del átomo; las subunidades de las grasas, las proteínas y los lípidos; estructura del ATP (cap. 2)
- Gradientes químicos y eléctricos, difusión facilitada, transporte activo (cap. 3)
- Señales químicas (cap. 4)
- ATP como combustible para la contracción muscular (cap. 7)
- Los nutrientes; anatomía del hígado (cap. 14)

Las pruebas de laboratorio mostraron una concentración demasiado elevada de glucosa en sangre y un pH sanguíneo muy bajo (ácido). La orina también era muy ácida y contenía grandes cantidades de glucosa y cuerpos cetónicos, ninguno de los cuales debería estar presente normalmente.

Evolución clínica: el médico de urgencias diagnosticó cetoacidosis diabética e indicó el ingreso de Santo en el hospital. Se le administraron inyecciones de insulina y grandes volúmenes de solución intravenosa con electrólitos que contenían bicarbonato. En las pruebas adicionales no se encontraron infecciones ni ninguna otra causa de la fiebre.

A las 24 h, la presión arterial de Santo había vuelto a la normalidad y estaba completamente despierto y orientado. Su glucosa en sangre había disminuido, pero todavía no estaba en el intervalo normal. También habían vuelto a la normalidad el pH, el bicarbonato y la PCO_2 de la sangre. La analítica de orina mostró un color amarillo más fuerte, un pH menos ácido, una glucosa ligeramente positiva y cuerpos cetónicos negativos.

El paciente recibió el alta al tercer día de hospitalización.

En el capítulo 14 presentamos una introducción de los nutrientes de los alimentos como un preludio al tema del aparato digestivo y sus funciones. En este capítulo se analiza lo que sucede con los nutrientes después de ser absorbidos por el cuerpo. Como todos experimentamos pero pocos de nosotros entendemos, los nutrientes de los alimentos sólo tienen dos destinos posibles: *a)* pueden convertirse en energía, que también produce calor, o *b)* pueden convertirse en materia, es decir, componentes de moléculas, células o tejidos nuevos.

Para una mejor comprensión de estos dos destinos, imagine la siguiente situación. Lizzie, de 13 años, viaja en el mes de julio con sus padres desde Seattle a Chile para una excursión por la cordillera de los Andes. En América del Sur es invierno, por lo que hace frío y Lizzie tiene escalofríos cada mañana hasta que el esfuerzo calienta su cuerpo y la luz del sol calienta el camino. Lizzie está experimentando el estirón de la adolescencia, y se encuentra lejos de sus comidas favoritas, por lo que toma menos calorías por día. Tras 6 semanas, Lizzie y su familia regresan a Seattle. Ahora, el estirón de Lizzie parece haber llegado a un punto muerto. Ha perdido 2,5 kg y no ha ganado nada de altura. ¿Qué ha ocurrido? Vamos a analizar esta situación y averiguarlo (fig. 15-1 A).

- La actividad física de Lizzie (locomoción) consume energía.
- La temperatura ambiente fría hace que su cuerpo utilice más energía para generar calor.
- La reducción de la ingesta de calorías le deja con una cantidad insuficiente de energía.
- A medida que su cuerpo utiliza los alimentos que consume para satisfacer el aumento de sus necesidades de energía, se le priva de los nutrientes necesarios para la producción de nuevas moléculas, células y tejidos, por lo que su crecimiento se detiene. De hecho, su cuerpo descompone (cataboliza) sus reservas de grasa y pierde peso.

La historia de Lizzie es un ejemplo simplificado de la interrelación entre metabolismo y la regulación endocrina. La cuestión es en realidad mucho más compleja, como veremos en este capítulo.

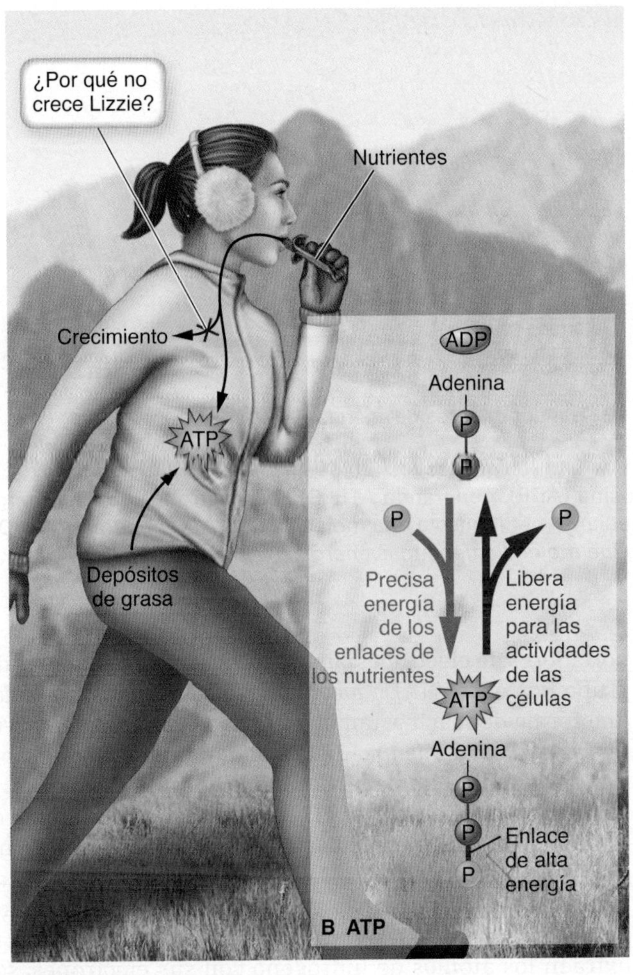

A Equilibrio energético

Figura 15-1. El destino de los nutrientes. A) Las elevadas necesidades de energía de Lizzie desvían toda la energía de los nutrientes que se destinaban a su crecimiento a la producción de ATP. **B)** La síntesis de ATP utiliza la energía de los enlaces de los nutrientes; la degradación del ATP libera la energía para el uso de las células. *Si Lizzie dejara de comer por completo, ¿dejaría de producir ATP?*

Personalmente, paso de los alimentos naturales. A mi edad necesito todos los conservantes que pueda conseguir

George Burns (1896-1996), inexpresivo comediante, escritor y actor fumador de puros, famoso desde 1920 hasta 1950. Su carrera renació a los 80 años, y aún estaba haciendo reír al público cuando murió, a la edad de 100 años.

Generación de energía

En nuestro ejemplo anterior, recuerde que la mayoría de los nutrientes que Lizzie toma se destinan hacia la producción de energía en vez de hacia el crecimiento. Todas sus actividades precisan energía: la contracción muscular, el mantenimiento de la polaridad de la membrana celular, la transmisión de las señales nerviosas, la secreción de líquido de las glándulas, la síntesis de hormonas, etc.; en definitiva, la vida misma requiere energía. Obtenemos la energía de los macronutrientes que ingerimos, es decir, de los carbohidratos, grasas y proteínas. Antes de comenzar este apartado, es posible que quiera volver a revisar los diferentes tipos de energía en el capítulo 2, cuadro 2-1.

La energía de los nutrientes se encuentra en los *enlaces* que unen los átomos, específicamente en los electrones que forman el enlace. Sin embargo, al igual que una tienda que sólo acepta una moneda en particular, las células sólo aceptan un tipo particular de energía. La moneda de la energía de las células es el **trifosfato de adenosina** (ATP). El ATP se forma a partir del difosfato de adenosina (ADP) mediante la adición de un tercer fosfato, una reacción que utiliza la energía de los enlaces de los nutrientes (fig. 15-1 B, flecha hacia abajo). La energía para las actividades de las células se libera cuando una enzima rompe el enlace del ATP que conecta el tercer grupo fosfato con el resto de la molécula (fig. 15-1 B, flecha hacia arriba). La energía contenida en uno de estos enlaces de ATP, por

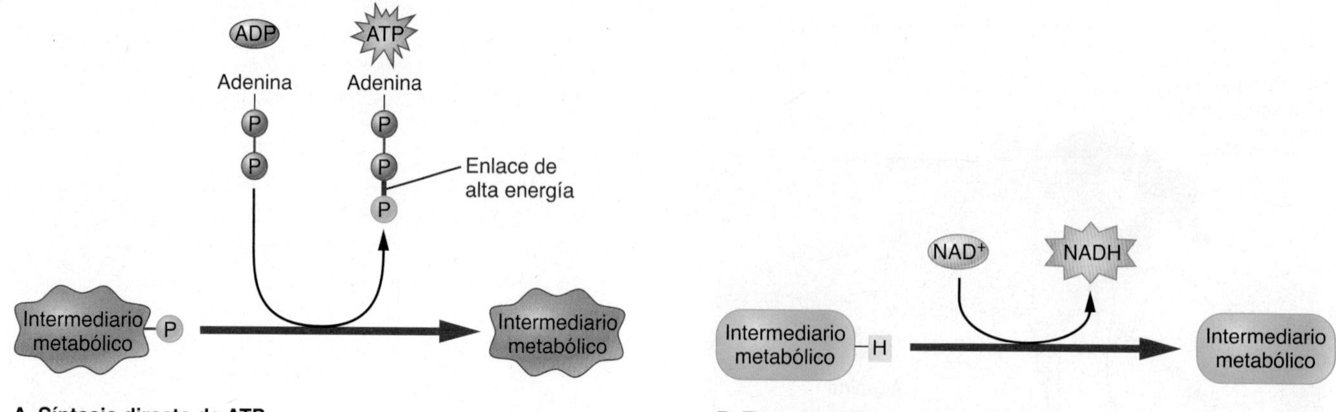

Figura 15-2. Vías de generación de energía del ATP. A) Pueden transferirse los grupos fosfato de alta energía directamente desde un intermediario metabólico a una molécula de difosfato de adenosina (ADP), generando ATP. **B)** Los electrones de alta energía (parte de un átomo de hidrógeno) pueden transferirse de un intermediario metabólico a una molécula de NAD^+, generando NADH. A continuación, las mitocondrias utilizan NADH para generar ATP. *¿Qué molécula tiene más energía, NAD^+ o NADH?*

ejemplo, proporciona la energía necesaria para un solo ciclo de puentes cruzados en una fibra muscular durante la contracción muscular (cap. 7), o un ciclo de transporte activo de la Na^+/K^+-ATPasa (cap. 3).

Sin embargo, la generación de ATP sólo es el paso final de un complejo proceso que convierte la energía almacenada en los enlaces de los nutrientes en la moneda universal de energía: el ATP. Durante este proceso, los nutrientes se convierten en una sucesión de otras moléculas diferentes denominadas **intermediarios metabólicos.** Una cadena en particular de reacciones, desde la molécula de nutrientes a los residuos, constituye una **vía metabólica.** Estas vías comienzan en los diferentes nutrientes (carbohidratos, grasas o proteínas) y se ramifican y funden en una red compleja, como las rutas en un mapa de carreteras. Parte de la energía fluye por cada una de ellas, pero todas terminan en el mismo destino: el ATP.

El ATP es el combustible molecular de la vida

La energía de los nutrientes se aprovecha desde un producto intermedio del metabolismo a una molécula de ATP mediante dos métodos diferentes. Lo primero es bastante directo, algunos intermediarios metabólicos tienen un fosfato disponible que puede utilizarse para producir ATP sin pasos adicionales. Es decir, la energía contenida en un enlace fosfato se utiliza para convertir directamente ADP en ATP. En la figura 15-2 A se muestra esta reacción.

El segundo método representa la mayor generación de ATP, pero precisa más pasos. Utiliza la energía de los enlaces de los nutrientes para añadir un átomo de hidrógeno a una molécula especializada llamada **transportador de electrones.** El nombre de *transportador de electrones* refleja el hecho de que la energía del *electrón* del átomo de hidrógeno al final será utilizada por las mitocondrias para convertir ADP en ATP. Aquí vamos a comentar dos transportadores de electrones, ambos derivados de vitaminas del grupo B: *NAD* (o NAD^+, *nicotinamida adenina dinucleótido*), una forma de niacina, también llamada vitamina B_3, y *FAD* (o FAD^+, *flavina adenina dinucleótido*), una forma de riboflavina, también llamada vitamina B_2. En la figura 15-2 B se muestra un ejemplo en el que se transfiere un átomo de hidrógeno de un intermediario metabólico a una molécula de NAD^+ para producir NADH.

Un resumen general de este segundo método de metabolismo de la energía es el siguiente: de los nutrientes se extraen los átomos de hidrógeno con sus electrones, son retenidos durante un tiempo por un transportador de electrones y utilizados después por las mitocondrias para convertir ADP en ATP. Al final, los protones de hidrógeno y sus electrones son aceptados por el oxígeno para crear H_2O.

Si el hidrógeno es el jugador estrella en la generación de la energía que necesitamos para sobrevivir, entonces ¿por qué sólo podemos vivir unos pocos minutos sin oxígeno? La respuesta es que, si no hay oxígeno que acepte los átomos de hidrógeno y sus electrones (para fabricar H_2O), se detiene el flujo de electrones, al igual que las reacciones químicas necesarias para mantener la vida.

¡Recuerde! **Los nutrientes proporcionan la energía para convertir ADP en ATP. Habitualmente esta energía se transmite a través de los átomos de hidrógeno y sus electrones.**

Apuntes sobre el caso

15-1 Santo tomó una gran cantidad de pizza y helado. ¿Utiliza su organismo esta energía de los alimentos para añadir un átomo de hidrógeno al NAD^+ o para extraer un átomo de hidrógeno del NADH?

La generación de ATP sigue hasta cuatro pasos

Todos los nutrientes pueden descomponerse siguiendo diversas rutas metabólicas. En el capítulo 7 hablamos de estas rutas de generación de energía para proporcionar energía a las células del músculo; de hecho, proporcionan energía a todas las células.

La generación de ATP precisa un máximo de cuatro fases secuenciales:

- *Fase 1: glucólisis (sólo carbohidratos).*
- *Fase 2: síntesis de acetil coenzima A (acetil-CoA; la mayoría de los nutrientes).*
- *Fase 3: ciclo del ácido cítrico (todos los nutrientes).*
- *Fase 4: fosforilación oxidativa (todos los nutrientes).*

La primera fase tiene lugar en el citosol de la célula, pero las otras tres fases se producen en la mitocondria. Comentaremos sucesivamente cada una de estas fases a partir de la glucólisis.

Apuntes sobre el caso

15-2 La sangre de Santo contiene grandes cantidades de glucosa proveniente de los helados, la cerveza y la pizza consumidos la noche anterior. Sin embargo, como veremos, sus células musculares no pueden utilizar los carbohidratos para obtener energía. ¿Qué paso de la generación de ATP *no* se produce en estas células?

La glucólisis es la primera fase del metabolismo de los carbohidratos

Los carbohidratos (pero no los otros nutrientes) comienzan su ruta metabólica con la **glucólisis,** una serie de reacciones en el citosol de la célula que descompone la molécula de seis carbonos glucosa en dos moléculas de tres carbonos llamada *piruvato* (fig. 15-3, fase 1). A continuación el piruvato entra en la segunda fase de generación de energía, que se produce en la mitocondria (fase 2).

La conversión de glucosa en piruvato rompe ciertos enlaces químicos, y la energía de esos enlaces da lugar a la producción de dos nuevas moléculas de ATP. Además, se transfieren dos átomos de hidrógeno al NAD^+ para crear dos NADH, donde los átomos de hidrógeno y sus preciados electrones se «almacenan» temporalmente para su posterior utilización en la producción de energía. Como veremos, las mitocondrias convierten de nuevo estas moléculas de NADH a NAD^+ con la ayuda del oxígeno, lo que genera varias moléculas de ATP en el proceso.

Como ya comentamos en el capítulo 7, a veces las mitocondrias simplemente no pueden mantener al día la demanda de energía, el ritmo de la glucólisis excede la velocidad a la que la mitocondria puede aceptar piruvato. En estas condiciones, el piruvato se acumula debido a que las mitocondrias no pueden convertir de nuevo el NADH en NAD^+. Sin suficientes moléculas de NAD^+, la glucólisis podría, en teoría, detenerse. Afortunadamente, el piruvato que no puede entrar en la mitocondria se convierte en ácido láctico, que toma el hidrógeno del NADH y regenera NAD^+

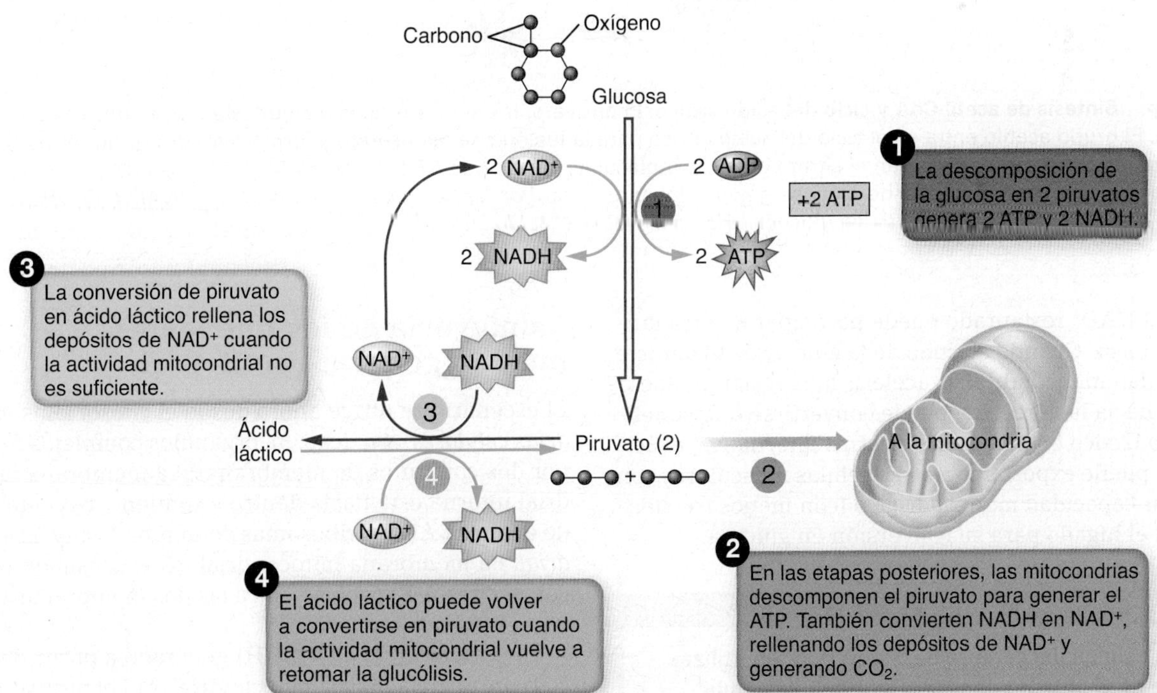

Figura 15-3. Glucólisis. Este proceso genera dos piruvatos por cada molécula de glucosa, generando ATP y NADH y lo hace de este modo. El piruvato puede ser metabolizado por las mitocondrias o convertido temporalmente en ácido láctico. Cada círculo gris representa un átomo de carbono. *¿Qué sucede con la molécula NAD^+ generada cuando se convierte el piruvato en ácido láctico?*

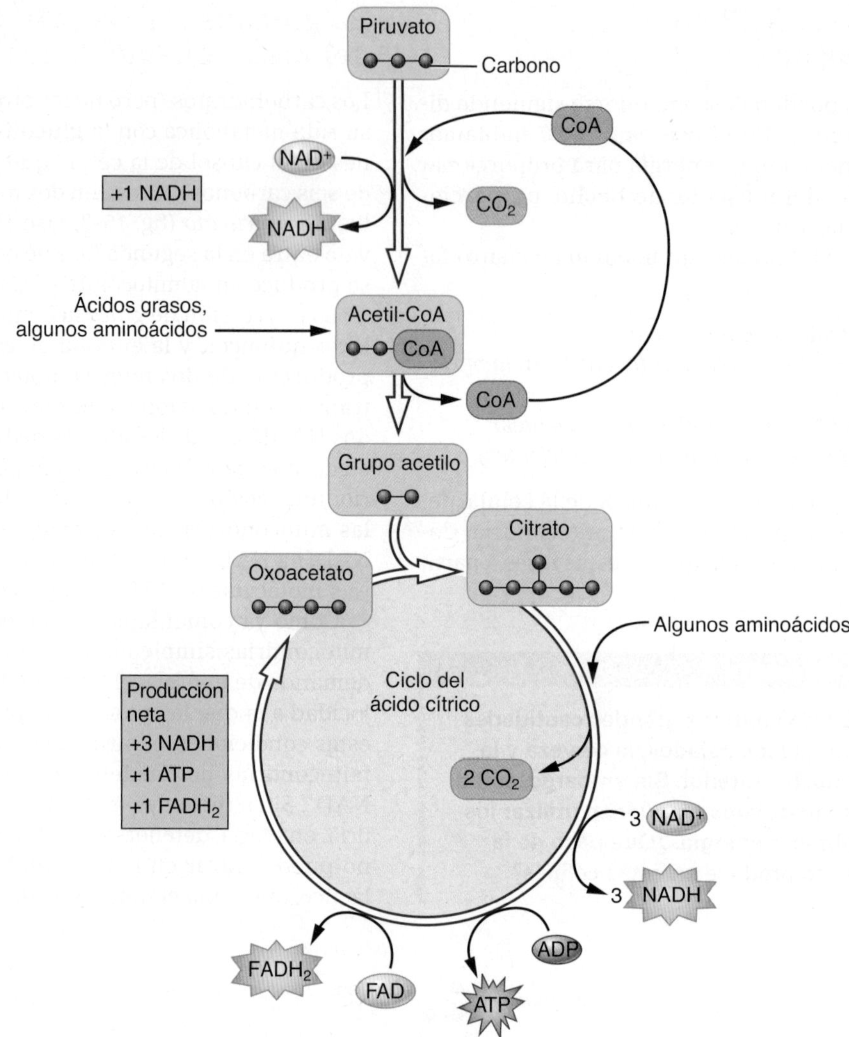

Figura 15-4. Síntesis de acetil-CoA y ciclo del ácido cítrico. El piruvato, los ácidos grasos o algunos aminoácidos se convierten en acetil-CoA. El grupo acetilo entra en el ciclo del ácido cítrico para la fusión con oxoacetato y formar así citrato. Numerosas reacciones catalizadas por enzimas procesan el citrato en otras moléculas, generando ATP, NADH, $FADH_2$ y dióxido de carbono en el proceso. Recuerde que cada molécula de glucosa genera dos piruvatos. *Por tanto, ¿cuántas moléculas de NADH, $FADH_2$ y ATP y se generan a partir de una sola molécula de glucosa sólo en el ciclo del ácido cítrico?*

(fase 3). El NAD^+ restaurado puede participar en otra tanda de glucólisis. Cuando el ritmo de la glucólisis disminuye o la actividad mitocondrial se acelera, la reacción puede ir de nuevo hacia la derecha y puede convertirse nuevamente el ácido láctico en piruvato. De forma alternativa, el ácido láctico puede exportarse a otras células musculares con una mayor capacidad mitocondrial, o (con menos frecuencia) hacia el hígado para su conversión en glucosa.

Apuntes sobre el caso

15-3 Las células del cerebro de Santo pueden utilizar la glucosa para obtener energía. Cuando una célula cerebral convierte una molécula de glucosa en dos moléculas de piruvato, ¿cuántas moléculas de ATP netas se generan directamente?

La mayoría de los nutrientes pueden generar acetil-CoA

El escenario se dirige ahora desde el citosol a las *mitocondrias celulares* ⬅ (cap. 3), orgánulos complejos formados por dos conjuntos de membranas. La membrana mitocondrial interna está hacia dentro y contiene un caldo viscoso de enzimas, ADN y ribosomas denominado *matriz mitocondrial*. La membrana mitocondrial externa está en contacto con el citosol. El espacio entre las dos membranas es el *espacio intermembranoso*.

El piruvato ($CH_3COCOOH$) generado a partir de la glucosa entra en la matriz mitocondrial. Allí el piruvato pierde un átomo de carbono y dos átomos de oxígeno en forma de CO_2, que difunde hacia el torrente circulatorio y es exhalado por los pulmones. En el mismo proceso se extrae de los restos de la molécula de piruvato un átomo de hidrógeno con su electrón y se agrega a una molécula de NAD^+, generando NADH. Esto deja tres hidrógenos, dos carbonos y un oxígeno para formar un *grupo acetilo* (CH_3CO^+). En la figura 15-4 se resumen estas reacciones. El grupo acetil se une a la *CoA*, un producto del metabolismo la vitamina B_5 (ácido pantoténico), para crear **acetil-CoA.** A continuación el acetil-CoA pasa al ciclo del ácido cítrico, donde se produce la mayor rentabilidad de energía.

Es importante entender en los comentarios siguientes que la CoA es una *molécula de transporte reutilizable* que simplemente sirve para transportar los grupos acetilo. Los grupos acetilo almacenan la energía en átomos de hidrógeno y enlaces químicos. Después de entregar un grupo acetilo, la CoA toma otro y el ciclo comienza de nuevo.

Los carbohidratos (glucosa) no son la única fuente de grupos acetilo para formar acetil-CoA; también pueden contribuir las grasas y las proteínas. La mayor parte de la energía de la grasa está contenida dentro de sus ácidos grasos; cada ácido graso puede producir múltiples moléculas de acetil-CoA. También pueden utilizarse algunos aminoácidos para generar acetil-CoA, como se comenta más adelante.

Apuntes sobre el caso

15-4 Recuerde que las células musculares de Santo tienen dificultad para utilizar la glucosa como energía. ¿Podrán generar sus células musculares acetil-CoA? Si es así, ¿cómo?

El acetil-CoA entra en el ciclo del ácido cítrico

Las moléculas de acetil-CoA entran el **ciclo del ácido cítrico** (de Krebs), una serie circular de reacciones químicas que, al igual que un tiovivo, siempre termina donde comenzó (fig. 15-4). La reacción se inicia con un acúmulo de *oxoacetato,* una molécula de cuatro átomos de carbono que se consume, es regenerada y reutilizada en un ciclo sin fin. El oxoacetato se combina con los dos carbonos del acetil-CoA para formar *citrato,* una molécula de seis átomos de carbono. Más de siete reacciones (que no se muestran en la fig. 15-4) convierten *de nuevo* el citrato a oxoacetato, durante las cuales los dos átomos de carbono derivados del acetil-CoA se pierden en forma de residuos de dióxido de carbono. En el proceso, estas reacciones generan una gran cantidad de intermediarios de energía: un ATP, tres NADH y un $FADH_2$ por cada molécula de acetil-CoA que entra en el ciclo (y recuerde que cada glucosa genera dos moléculas de acetil-CoA y los ácidos grasos generan muchas). El NADH y el $FADH_2$ mantienen temporalmente la energía (en forma de átomos de hidrógeno), que se aprovecharán en la próxima fase. Algunos aminoácidos pueden entrar en el ciclo del ácido cítrico en diferentes puntos, lo que genera una cantidad variable de ATP, NADH y $FADH_2$.

¡Recuerde! **La conversión de piruvato en acetil-CoA y las reacciones del ciclo del ácido cítrico generan el dióxido de carbono que hace trabajar al sistema respiratorio para eliminarlo.**

Sin embargo, vale la pena señalar que el ciclo del ácido cítrico es completamente dependiente de la oferta de oxoacetato; el tiovivo se detendría sin él. Y, ¿de dónde sacamos el oxoacetato? A partir de la glucosa. Así que, aunque podemos generar una gran cantidad de energía a partir de las grasas y las proteínas dándoles una vuelta por el ciclo del ácido cítrico, nada sucede si la glucosa no proporciona el suministro inicial de oxoacetato. Por esta razón, puede decirse de forma justa «las grasas y proteínas arden en una llama de carbohidratos».

Apuntes sobre el caso

15-5 Si las células del músculo de Santo generan ocho moléculas de acetil-CoA a partir de una molécula de ácido graso, ¿cuántas moléculas de NADH se generan a partir de esas ocho moléculas de acetil-CoA?

La fosforilación oxidativa genera la mayor cantidad de energía

Para mantener la contabilidad de la energía producida hasta ahora a partir de una molécula de glucosa, tenemos contabilizados sólo cuatro ATP: la conversión de glucosa en dos piruvatos genera dos ATP y la posterior metabolización de los dos piruvatos genera dos ATP más. La mayor parte de la generación de ATP se produce por *fosforilación oxidativa* en la membrana mitocondrial interna.

La **fosforilación oxidativa** produce ATP utilizando energía de los iones H^+ del NADH y $FADH_2$ generados durante la glucólisis, la producción de acetil-CoA y el ciclo del ácido cítrico. La parte «oxidativa» del nombre deriva del hecho de que los iones H^+ al final reaccionan con el oxígeno para producir agua. La parte «fosforilación» del nombre hace referencia al hecho de que la energía liberada por las reacciones de NADH/$FADH_2$ se utiliza para añadir un fosfato al ADP, convirtiéndolo en ATP.

En la primera fase, **complejos de enzimas respiratorias** especializados del interior de la membrana mitocondrial utilizan NADH y $FADH_2$ para generar un gradiente de hidrógeno. Recuerde que los FAD y NAD^+ estaban «energizados» por la adición de un átomo de hidrógeno para crear $FADH_2$ y NADH, y que cada átomo de hidrógeno está formado por un protón, que puede considerarse como un ión de hidrógeno (H^+) y un electrón. Uno de los complejos enzimáticos respiratorios divide cada átomo de hidrógeno en su protón y su electrón (fig. 15-5). Los electrones extraídos de los átomos de hidrógeno pasan de un complejo de enzimas respiratorias a otro, entregando energía a medida que avanzan. La energía liberada por los electrones se utiliza para

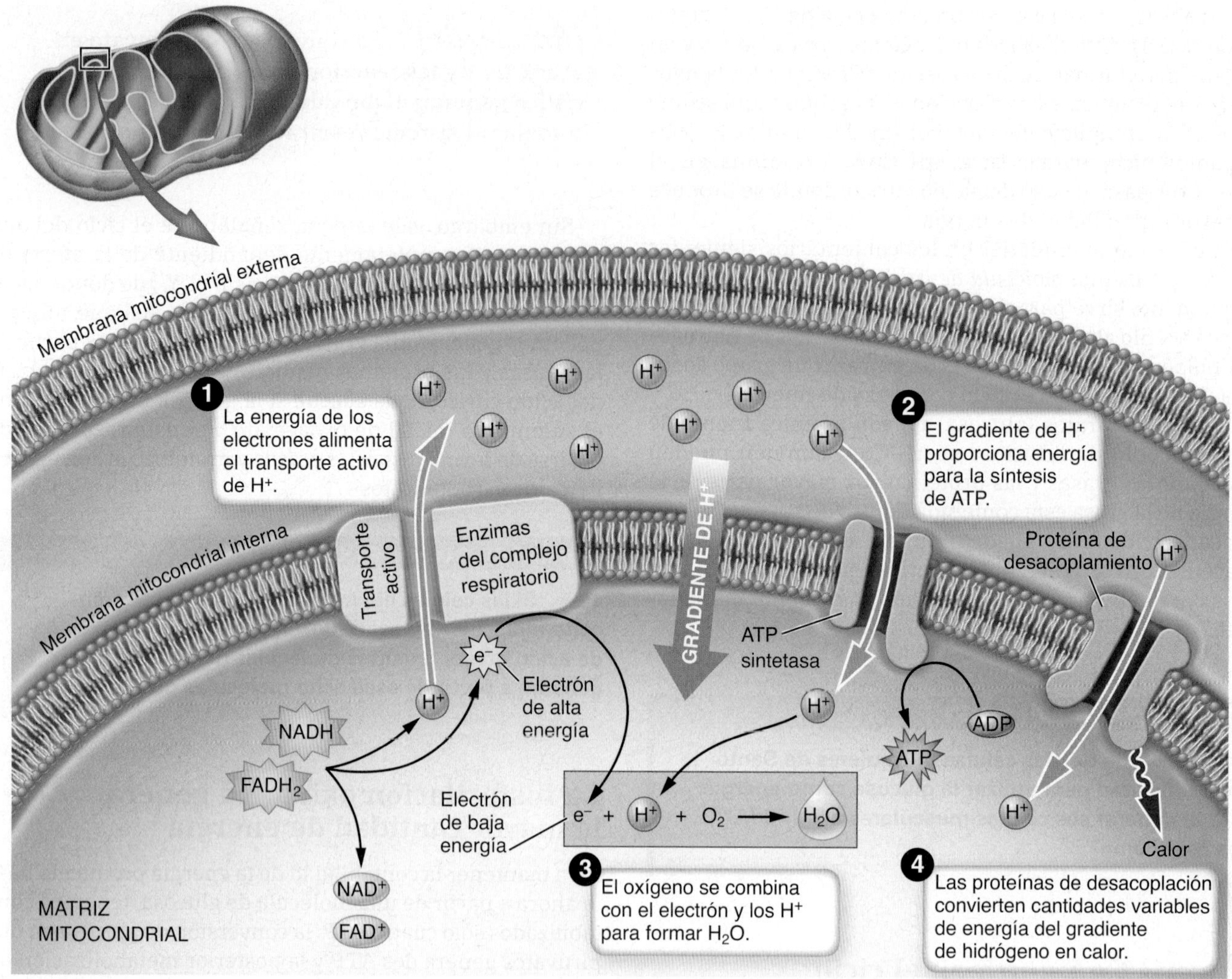

Figura 15-5. Fosforilación oxidativa. NADH y $FADH_2$ entregan electrones. Los complejos de enzimas respiratorias utilizan la energía de los electrones para impulsar el transporte activo de iones de hidrógeno. La ATP sintetasa utiliza el gradiente de hidrógeno para proporcionar energía para la síntesis de ATP. *¿Que proteína transporta iones de hidrógeno por difusión facilitada, la ATP sintetasa o los complejos de enzimas respiratorias?*

bombear los protones (H^+) desde la matriz mitocondrial al espacio intermembranoso, creando así un gradiente de H^+ entre el interior y exterior de la membrana interna (fase 1). *El resultado neto de estas reacciones es que la energía química de $FADH_2$ y NADH se ha intercambiado por la energía de un gradiente de H^+ través de la membrana mitocondrial interna.*

El segundo paso utiliza este gradiente para generar ATP. Una proteína especializada de la membrana interna, la *ATP-sintetasa,* contiene un canal de iones de hidrógeno que permite a los iones H^+ moverse por su gradiente para volver a la matriz mitocondrial. A medida que los iones de hidrógeno difunden a través del canal y de su gradiente, la ATP sintetasa utiliza la energía de este paso para sintetizar ATP a partir del ADP.

El tercer paso dispone de los jugadores en la fosforilación oxidativa, los electrones pobres en energía y los iones de hidrógeno muy transitados. Estos se combinan con el oxígeno gaseoso para formar agua. Este paso final es fundamental. Cuando el oxígeno no está presente, el sistema retrocede y no puede producirse la fosforilación oxidativa.

El gradiente de hidrógeno contribuye no sólo a la producción de ATP, sino también de calor. Como cualquier deportista sudoroso sabe, el aumento de la producción de ATP inevitablemente aumenta la producción de calor. Unos canales especializados en la membrana mitocondrial, llamados *proteínas de desacoplamiento,* permiten que el hidrógeno fugue por su gradiente sin la producción simultánea de una molécula de ATP (fase 4). En vez de ello, la energía del gradiente se «pierde» en forma de calor. Aumentar el número de proteínas de desacoplamiento de la membrana aumenta la producción de calor, pero también disminuye el grado de eficiencia de la producción de ATP. Es decir, el metabolismo de una molécula de glucosa produciría menos ATP, pero más calor.

Tabla 15-1

	Glucosa* (produce 2 acetil-CoA)	Ácidos grasos (ácido palmítico; produce 8 acetil-CoA)
Glucólisis	2 ATP 2 NADH → 5 ATP	No aplicable
Síntesis de Acetil-CoA	2 NADH → 5 ATP	7 $FADH_2$ → 10,5 ATP 7 NADH → 17,5 ATP
Ciclo del ácido cítrico	2 ATP 2 $FADH_2$ → 3 ATP 6 NADH → 15 ATP	8 ATP 8 $FADH_2$ → 12 ATP 24 NADH → 60 ATP
Total generado de ATP por molécula	32 ATP	100 ATP

* Recuerde que la glucólisis produce dos moléculas de piruvato, cada una de ellas genera una molécula de acetil-CoA. Todo el NADH y $FADH_2$ se utiliza para la producción de ATP por fosforilación oxidativa.

¡Recuerde! **Aunque lo más conveniente es decir que el metabolismo celular utiliza oxígeno y produce dióxido de carbono, en realidad sucede en el orden contrario, el CO_2 se produce antes y durante el ciclo del ácido cítrico, y el O_2 no se consume hasta más tarde, al final de la fosforilación oxidativa, en la mitocondria.**

Resulta difícil predecir cuántos ATP se generarán por cada molécula energizada de $FADH_2$ y NADH porque la eficacia de las mitocondrias es variable y existen algunas vías alternativas que los electrones pueden tomar. La fórmula utilizada generalmente es que cada molécula de $FADH_2$ genera 1,5 ATP, mientras que cada NADH produce alrededor de 2,5 ATP. La tabla 15-1 cuantifica la generación de ATP a partir de diferentes rutas metabólicas.

Los carbohidratos, los ácidos grasos y los aminoácidos pueden generar energía

En la figura 15-6 se resumen las diferentes vías que generan ATP: la glucólisis, que se produce en el citoplasma; el ciclo del ácido cítrico, que se produce en la matriz mitocondrial, y la fosforilación oxidativa, en la que participa la membrana mitocondrial interna. Tenga en cuenta que:

1. Los carbohidratos sólo participan en la glucólisis; los ácidos grasos y la mayoría de los aminoácidos entran más tarde, por lo general justo antes del ciclo del ácido cítrico.
2. Las moléculas portadoras de electrones (NADH y $FADH_2$) generadas por la glucólisis y el ciclo del ácido cítrico se utilizan para generar ATP durante la fosforilación oxidativa.
3. El CO_2 se produce justo antes y durante el ciclo del ácido cítrico, pero no se consume oxígeno hasta la fase final de la fosforilación oxidativa.

15-1 Corregir el término subrayado para que esta afirmación sea verdadera: el NAD^+ toma un fosfato de los intermediarios metabólicos y lo lleva a la mitocondria.

15-2 ¿Cuál de los siguientes tipos de nutrientes participa en la glucólisis: carbohidratos, proteínas o grasas?

15-3 ¿Puede utilizarse el ácido láctico en la célula muscular que lo produce? Si es así, ¿cómo?

15-4 ¿Entra la parte de la coenzima A de una molécula de acetil-CoA en el ciclo del ácido cítrico?

15-5 ¿Qué proceso *genera* el mayor número de moléculas de NADH y $FADH_2$, la glucólisis, el ciclo del ácido cítrico o la fosforilación oxidativa?

15-6 ¿Por qué es necesario el oxígeno para la fosforilación oxidativa?

15-7 Verdadero o falso: todas las moléculas de ATP generadas por degradación de la glucosa se producen durante la fosforilación oxidativa.

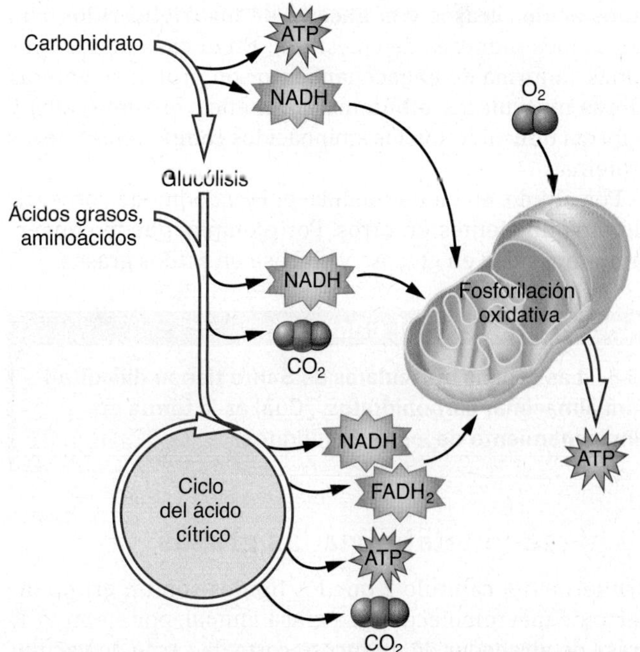

Figura 15-6. Resumen de la generación de ATP. La glucosa, los ácidos grasos y los aminoácidos se introducen en las vías de generación de ATP en diferentes puntos. *¿Verdadero o falso? El ciclo del ácido cítrico genera directamente un ATP por ciclo.*

Funciones del hígado en el metabolismo

El hígado se ha denominado el «rey del metabolismo» debido a la variedad de las tareas que realiza y al volumen de productos que procesa. Descompone algunas moléculas (catabolismo), fabrica otras nuevas (anabolismo) y convierte algunos productos en otros. Pero antes de entrar en los detalles metabólicos, revisemos un poco la anatomía y fisiología hepática.

Toda la sangre venosa que sale del intestino se recoge en una red de venas denominada *sistema portal hepático,* que se ramifica en una segunda red de capilares que filtran la sangre a través del hígado, poniéndola en contacto con los hepatocitos. Esta anatomía garantiza que pasen por el hígado todos los carbohidratos y proteínas absorbidos. La grasa procedente del intestino sigue un camino más largo, ya que es absorbida por los vasos linfáticos del intestino que no pasan por el hígado y drena en la circulación sistémica. Así, la grasa es diluida en la sangre sistémica antes de llegar al hígado a través de la arteria hepática. Si es preciso, el hígado descompone las moléculas de los nutrientes, y utiliza los fragmentos para fabricar productos nuevos.

Al pensar en la complejidad del metabolismo hepático de los nutrientes, es importante darse cuenta de que cada nutriente tiene una *forma de almacenamiento* y una *forma utilizable*. Por ejemplo, el hígado y el músculo almacenan carbohidratos en forma de glucógeno, pero la forma utilizable de los carbohidratos es la glucosa. En el caso del metabolismo de la grasa, la forma de almacenamiento son los triglicéridos, que se depositan en el tejido adiposo o en los órganos, pero la forma utilizable son principalmente los ácidos grasos y el glicerol de los triglicéridos, con cantidades menores de colesterol. En el caso de las proteínas, la forma de almacenamiento son proteínas enteras (fibras musculares, albúmina plasmática, enzimas, etc.) y la forma utilizable son los aminoácidos componentes de las proteínas.

Por último, en cierta medida, el hígado puede convertir algunos nutrientes en otros. Por ejemplo, puede convertir aminoácidos en glucosa y glucosa en ácidos grasos.

Apuntes sobre el caso

15-6 Las células musculares de Santo tienen dificultad para almacenar carbohidratos. ¿Cuál es la forma de almacenamiento de los carbohidratos?

El hígado metaboliza las grasas

Recuerde del capítulo 2 que los lípidos son un grupo diverso de macromoléculas. La grasa animal, por ejemplo, la grasa de alrededor de un jugoso corte de carne de vacuno, está formada por triglicéridos (tres ácidos grasos unidos a una molécula de glicerol), por lo que no debería sorprender que la grasa del tejido adiposo humano también esté formada por triglicéridos. La mayoría de las células del cuerpo pueden metabolizar los triglicéridos, por lo general para obtener energía, y el tejido adiposo almacena y procesa triglicéridos. Sin embargo, el lugar principal de metabolismo de las grasas es el hígado.

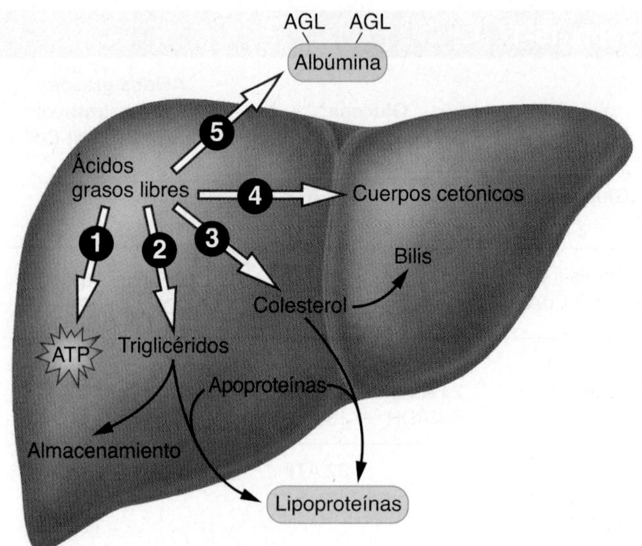

Figura 15-7. Funciones del hígado en el metabolismo lipídico. Los diferentes destinos de los ácidos grasos libres (AGL). Los números hacen referencia al texto. El glicerol (no mostrado) puede utilizarse para generar glucosa o triglicéridos. *¿Cómo viajan los ácidos grasos libres en la sangre?*

Los hepatocitos descomponen los triglicéridos en glicerol y ácidos grasos libres (AGL). El destino de estas moléculas depende de las necesidades del cuerpo. El glicerol por lo general se reincorpora a los triglicéridos o se convierte en glucosa. En cambio, los ácidos grasos libres puede tener cualquiera de los siguientes cinco destinos (los números corresponden a los de la fig. 15-7). Los AGL pueden ser:

1. Metabolizados por completo para proporcionar ATP a los hepatocitos.
2. Incorporados a los triglicéridos para el almacenamiento en el hígado o la exportación de tejido adiposo y otros tejidos. La síntesis de triglicéridos desde glicerol y ácidos grasos libres se denomina **lipogenia.** Como ya comentamos en el capítulo 14, los lípidos circulan en la sangre dentro de grandes complejos de proteína y lípidos llamados *lipoproteínas*. Las proteínas de transporte especializadas incorporadas en las lipoproteínas se llaman *apoproteínas*.
3. Sintetizados en colesterol, que pueden excretarse en la bilis o exportarse a otros tejidos.
4. Convertido en **cuerpos cetónicos,** que son ácidos grasos parcialmente metabolizados, que pueden ser utilizados por el cerebro y el corazón para obtener energía cuando las reservas de glucosa son suficientes.
5. Exportados a otros tejidos en forma de ácidos grasos unidos a la albúmina.

Al igual que la mayoría de las células del cuerpo pueden metabolizar los triglicéridos, también pueden usar ácidos grasos libres para la energía. Por ejemplo, el músculo cardíaco y esquelético puede usar ácidos grasos libres para generar ATP. El cerebro, por el contrario, *no puede* usar ácidos grasos libres para obtener energía; depende de la glucosa o de los cuerpos cetónicos cuando no está disponible la glucosa.

Apuntes sobre el caso

15-7 Hay que recordar que la sangre de Santo contenía cuerpos cetónicos. ¿Se generan los cuerpos cetónicos a partir de los carbohidratos o de las grasas?

El hígado metaboliza los carbohidratos

Los carbohidratos de la dieta desempeñan una función fundamental para cumplir con las necesidades de la energía del cuerpo, aproximadamente el 90% de carbohidratos de la dieta se utilizan para la producción de energía. El intestino convierte todos los carbohidratos en glucosa, fructosa y galactosa, que entran en la vena porta hepática y fluyen hacia el hígado, donde la fructosa y galactosa se convierten en glucosa (fig. 15-8, paso 1).

Una de las principales funciones del hígado en el metabolismo energético es la de actuar como un amortiguador de la glucosa. Cuando aumenta la glucosa en sangre, el hígado capta la glucosa de la circulación. Cuando disminuye la glucosa en la sangre, el hígado la devuelve a la circulación. El hígado disminuye las concentraciones de glucosa en sangre mediante la conversión a una forma de almacenamiento, el *glucógeno,* a través del proceso de **glucogenia** (paso 2a, flecha verde). Otros tejidos también disminuyen la glucosa en sangre utilizándola como fuente de energía y, en el caso del músculo esquelético, fabricando y almacenando glucógeno (paso 2b). El músculo, sin embargo, almacena glucógeno para sus fines propios de energía, no para el control homeostático de la glucosa en la sangre. Existe un límite de la cantidad de glucógeno que el hígado y los músculos pueden almacenar o el cuerpo puede utilizar, y el exceso se almacena como grasa: el acetil-CoA producido a partir de la degradación de la glucosa se puede desviar hacia la síntesis de ácidos grasos (paso 3). En la figura 15-7 se muestra el destino de estos ácidos grasos.

Por el contrario, una disminución de la glucosa en la sangre (glucemia) estimula la reacción opuesta; los hepatocitos descomponen el glucógeno almacenado en glucosa, un proceso denominado **glucogenólisis** (paso 2a, flecha roja). Las nuevas moléculas de glucosa formadas se liberan hacia la sangre para restaurar la homeostasis de la glucemia (paso 4).

¡Recuerde! **Tenga cuidado de no confundir la *glucogenólisis*, la descomposición de glucógeno en glucosa, con la *glucólisis*, la descomposición de la glucosa.**

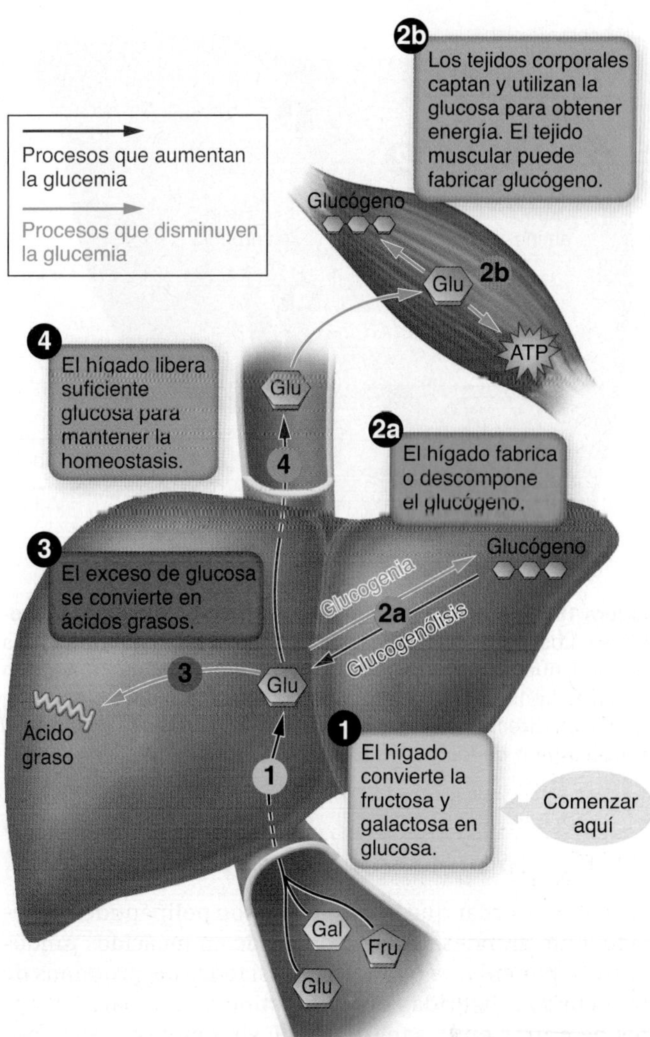

Figura 15-8. El papel del hígado en el metabolismo de los carbohidratos. El hígado almacena el exceso de glucosa en forma de glucógeno o ácidos grasos y la libera al torrente sanguíneo en forma de glucosa cuando la concentración de glucosa en la sangre disminuye. *La glucogenólisis, ¿aumenta o disminuye las concentraciones de glucosa en la sangre?*

Las personas con insuficiencia hepática tienen un mal control de la glucemia. Por ejemplo, después de una comida rica en carbohidratos, la glucemia puede elevarse a cifras diabéticas, ya que el hígado es incapaz de convertir la glucosa en glucógeno y almacenarlo. Por el contrario, después de un ayuno prolongado, la glucemia puede caer a cifras muy bajas porque el hígado no puede convertir el glucógeno en glucosa con la suficiente rapidez.

Apuntes sobre el caso

15-8 La diabetes se asocia a un aumento de la degradación del glucógeno y a una reducción de la síntesis de glucógeno. ¿Qué términos científicos se utilizan para identificar estos dos procesos?

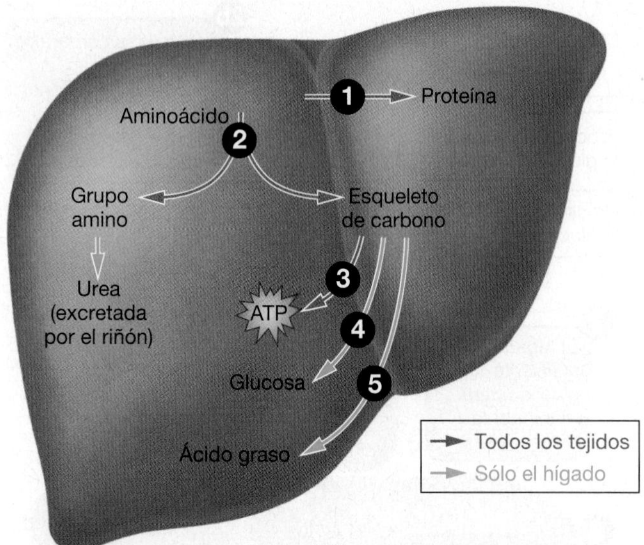

Figura 15-9. Función del hígado en el metabolismo de las proteínas. Los aminoácidos de las proteínas pueden utilizarse para generar nuevas proteínas. De forma alternativa, se convierten en otros tipos de nutrientes para el almacenamiento o energía, o se usan directamente para generar ATP. *¿Cuál es el destino del grupo amino de los aminoácidos?*

El hígado metaboliza las proteínas

Hay que recordar que las proteínas son polipéptidos especialmente grandes, largas cadenas de aminoácidos unidos entre sí por enlaces peptídicos. Casi todas las proteínas de la dieta son digeridas en el intestino a aminoácidos antes de entrar en la sangre portal; sin embargo, unos pocos polipéptidos permanecen, por lo que el hígado finaliza el trabajo descomponiéndolos en aminoácidos. Los tejidos utilizan los aminoácidos de dos formas diferentes: en las reacciones anabólicas que fabrican las proteínas y en las reacciones catabólicas que generan ATP u otros nutrientes (fig. 15-9).

El anabolismo de los aminoácidos genera proteínas

Todos los tejidos utilizan los aminoácidos para construir proteínas (fig. 15-9, ❶). Consideremos, por ejemplo, las grandes cantidades de proteínas necesarias para fabricar el tejido muscular. El hígado sintetiza proteínas que se denominan colectivamente como **proteínas hepáticas.** Entre ellas están:

- Albúmina.
- Proteínas de transporte como la transferrina, que transporta el hierro.
- Apoproteínas, que transportan el colesterol, los triglicéridos y los fosfolípidos en paquetes de lipoproteínas.
- Factores de coagulación, como el fibrinógeno.

El hígado tiene que sintetizar cada día una gran cantidad de proteínas porque la semivida de las proteínas plasmáticas es variable; el fibrinógeno y otros factores de la coagulación es de unos días, la de la albúmina, de aproximadamente una semana. Cuando la función hepática está muy alterada por enfermedades hepáticas como la cirrosis (cap. 14), las cifras de proteínas plasmáticas disminuyen rápidamente. Por ejemplo, la mayor parte de la presión osmótica del plasma está constituida por la albúmina, por lo que las concentraciones bajas de albúmina plasmática permiten que escape líquido de los vasos sanguíneos hacia los tejidos (produciendo edema) o hacia los espacios corporales (causando ascitis). Además, las cifras bajas de factores de coagulación se asocian a hemorragias (p. ej., hematomas o sangrado intestinal).

El catabolismo de los aminoácidos genera ATP y otros nutrientes

Otros tejidos diferentes al cerebro y el corazón pueden metabolizar aminoácidos para obtener energía; los aminoácidos suministran alrededor del 10% al 15% de nuestras necesidades diarias de energía. El primer paso en la degradación (catabolismo) de los aminoácidos es la *desaminación:* la eliminación del grupo amino-NH_2, dejando un esqueleto de carbono (fig. 15-9, ❷). Los hepatocitos metabolizan el grupo amino en urea para su excreción por los riñones. El esqueleto de carbono puede ser utilizado para generar ATP entrando en el ciclo del ácido cítrico (❸).

El hígado también puede convertir el esqueleto de carbono en otros nutrientes. Particularmente importante es la conversión de los esqueletos de carbono en moléculas de glucosa (❹). Este proceso se denomina **gluconeogenia,** ya que crea (-genia) nuevas (neo-) moléculas de glucosa. Estas moléculas de glucosa pueden utilizarse para reforzar las concentraciones de glucosa en la sangre durante los períodos de ayuno o ser convertidas en glucógeno y almacenadas en el hígado. Por último, el hígado también puede convertir los aminoácidos en ácidos grasos, que pueden ser almacenados como grasa, ya sea en el hígado o en el tejido adiposo (❺).

Es importante destacar que el exceso de aminoácidos no puede almacenarse en forma de proteínas. Por ello, consumir más proteínas de las que necesitamos no ayudará a fabricar más músculo: la síntesis de proteínas en el músculo está controlada por la tensión que se ejerce sobre el músculo. Dicho esto, nuestras necesidades de aminoácidos esenciales deben ser proporcionadas por la dieta porque el cuerpo no puede producirlos. Una dieta deficiente en cualquier aminoácido esencial inhibe la síntesis de proteínas. Por ejemplo, en muchas dietas existe un déficit de leucina y se ha demostrado que el consumo de leucina aumenta la síntesis de proteínas musculares.

Apuntes sobre el caso

15-9 La enfermedad de Santo produjo un aumento de la gluconeogenia. ¿Qué parte de los aminoácidos se utiliza para sintetizar moléculas de glucosa, el esqueleto de carbono o el grupo amino?

Tabla 15-2. Los estados posprandial y de ayuno

Estado posprandial	Estado de ayuno
Todas las células captan y utilizan glucosa para obtener energía	El cerebro y el corazón captan y utilizan la glucosa para obtener energía; otros tejidos (como el músculo) utilizan ácidos grasos (o aminoácidos) en su lugar
Todos los tejidos utilizan aminoácidos para sintetizar las proteínas necesarias	En el ayuno prolongado, los tejidos descomponen proteínas para generar aminoácidos
El hígado convierte el exceso de aminoácidos en glucosa destinada al almacenamiento	El hígado convierte los aminoácidos en glucosa destinada a los tejidos
El hígado y los músculos convierten la glucosa en glucógeno hasta que se llenan los depósitos de glucógeno	El hígado y los músculos descomponen el glucógeno en glucosa
El hígado convierte el exceso de glucosa en ácidos grasos	El tejido adiposo y el hígado convierten los triglicéridos en ácidos grasos y glicerol
El hígado y el tejido adiposo unen ácidos grasos (y glicerol) para formar triglicéridos	El hígado convierte los ácidos grasos en cetonas para su uso por el cerebro y el corazón

El hígado tiene otras funciones metabólicas

Más allá de su papel fundamental y diverso en el metabolismo de los carbohidratos, grasas y proteínas, el hígado realiza otras funciones.

En primer lugar, es un almacén de una gran variedad de sustancias. Almacena el exceso de carbohidratos y lípidos más allá de su propia necesidad de energía; almacena vitaminas, especialmente vitaminas A, D, E, K y B_{12}, y también hierro en forma de ferritina ⬅ (cap. 10). La mayoría de los depósitos de reserva corporales de hierro están en el hígado, que añaden hierro a la circulación o lo extraen para el almacenamiento según las necesidades de la médula ósea para sintetizar la hemoglobina.

En segundo lugar, el hígado elimina del cuerpo una larga lista de desechos corporales, medicamentos y toxinas mediante su inclusión en la bilis. Recordemos que la bilis es esencial para la digestión normal de la grasa, y que también sirve como un vehículo para la excreción de sustancias procesadas por el hígado en las heces. Por ejemplo, el hígado excreta por la bilis la bilirrubina en sangre (el producto de desecho de la hemoglobina de los eritrocitos muertos), hormonas esteroideas e incluso calcio. Además, el hígado extrae el colesterol de la sangre y lo utiliza para la síntesis de ácidos biliares. Aunque la mayoría de estos ácidos biliares son reabsorbidos por el intestino, otros pasan a las heces y transportan el colesterol hacia el exterior del cuerpo.

En resumen, el hígado tiene tres funciones principales: *a)* es un centro de información que procesa los nutrientes y proporciona cantidades adecuadas de cada uno a otros tejidos a través del torrente sanguíneo; *b)* es una planta de fabricación que sintetiza sustancias importantes y las envía a través del torrente sanguíneo, y *c)* es un centro de reciclaje que recoge los residuos y los desecha.

El hígado dirige el metabolismo de las grasas y los estados de ayuno

Es fácil pensar que cada tipo de nutriente tiene un trabajo determinado: que las proteínas fabrican el músculo, la grasa se almacena como tejido adiposo o que la glucosa es el único combustible que quema el cuerpo. Sin embargo, si la discusión anterior demuestra algo, es que la nutrición es un proceso metabólico muy integrado. El flujo de nutrientes hacia o desde los depósitos y qué nutrientes se metabolizan activamente para obtener energía dependen por completo de una cosa: de si hemos comido o no.

Si ha comido recientemente, se dice que está en **estado posprandial,** en el que los procesos metabólicos trabajan en conjunto para reducir el aumento de la glucemia y para fabricar tejidos. Después del consumo de una comida normal, las moléculas de los nutrientes, aminoácidos, glucosa y ácidos grasos inundan el torrente sanguíneo. En el estado posprandial, las células utilizan los nutrientes que necesitan y almacenan el exceso. Se fabrican tejidos (anabolismo): se forman las membranas celulares y fibras musculares y se satisfacen otros usos no energéticos. Más allá de estas necesidades, el resto se almacena como glucógeno o triglicéridos. Para más detalles, vea la columna izquierda de la tabla 15-2.

¡Recuerde! **¡La síntesis de proteínas para desarrollar músculos más grandes no sólo necesita los nutrientes del estado posprandial, sino también hacer ejercicio! Todos los nutrientes en exceso con el tiempo se convierten en grasa.**

Cuando se abstiene de comer entra en **estado de ayunas,** en el que ocurre todo lo contrario: el hígado (especialmente) y otros tejidos trabajan en conjunto para elevar la glucemia. Entre las comidas, los nutrientes dejan de entrar en la sangre desde el sistema digestivo y se produce un descenso en la concentración en sangre de ácidos grasos, aminoácidos y glucosa. La caída de los ácidos grasos y aminoácidos no es especialmente problemática. La glucosa, en cambio, es otra cuestión: el cuerpo satisface sus necesidades energéticas *inmediatas* con la glucosa. El cerebro es especialmente vulnerable debido a que no puede quemar ácidos grasos ni aminoácidos. Cuando la glucosa en sangre es insuficiente, el hígado acelera la conversión de los ácidos grasos en cuerpos cetónicos, que el cerebro utiliza para obtener energía. El cerebro puede satisfacer dos tercios de sus necesidades de energía a partir de cuerpos cetónicos pero, como comentamos en el tema de la diabetes, los cuerpos cetónicos acidifican la sangre y pueden producir problemas. Por tanto, sobre todo en la defensa del cerebro, todos los cambios metabólicos del estado de ayuno trabajan juntos para elevar la glucemia. Si el ayuno se convierte en inanición, el cuerpo en sentido figurado quemará la casa (proteína) para proporcionar suficientes aminoácidos para la síntesis de glucosa.

Apuntes sobre el caso

15-10 El hígado de Santo está tratando de aumentar las concentraciones de glucosa en sangre. ¿Esto indica que el hígado está en estado de ayuno o en estado posprandial?

15-8 Indicar la forma principal de almacenamiento de las grasas.

15-9 ¿Qué vaso sanguíneo transporta sangre rica en nutrientes absorbidos directamente al hígado?

15-10 ¿Qué nutriente se convierte directamente en colesterol, la glucosa o los ácidos grasos?

15-11 ¿Cuál es la diferencia entre la glucólisis y glucogenólisis?

15-12 Verdadero o falso: demasiados carbohidratos o proteínas pueden convertirse en ácidos grasos y, finalmente, almacenarse como grasa.

15-13 ¿Dónde se sintetiza la albúmina?

15-14 ¿Qué proceso se vería favorecido en alguien que acaba de comer una comida opípara: la síntesis de glucosa o la síntesis de ácidos grasos?

15-15 En una persona en ayunas, ¿qué fuente de nutrientes prefieren utilizar las células musculares para obtener energía, la glucosa o los ácidos grasos?

15-16 Indicar el proceso que sintetiza nuevas moléculas de glucosa a partir de aminoácidos.

Equilibrio energético

La fisiología humana no ha cambiado mucho al menos en los últimos 100 000 años. En aquel entonces no se conocía la agricultura ni los animales domésticos, y los seres humanos pasaban la mayor parte del día erguidos, caminando hacia los ríos y arroyos para obtener agua, recolectando plantas comestibles y al acecho de las presas. El consumo de carne era escaso y podían pasar varios días entre una comida y otra. Por lo tanto, no debería sorprender que el cuerpo humano haya desarrollado la capacidad de utilizar la energía eficientemente y de acumular todo el exceso de nutrientes ingeridos.

¿Y hoy en día? En los países desarrollados la obesidad se ha convertido en una epidemia; la comida es barata, abundante y sabrosa, y la tecnología ha eliminado la mayor parte del esfuerzo físico del trabajo. En lugar de preocuparnos por dónde encontraremos los próximos puñados de bayas, la persona media se preocupa por el exceso de peso.

No nos imaginaríamos que Einstein aparecería en esta discusión, pero su visión sobre la materia y la energía es importante. Recordemos que Einstein demostró que la materia y la energía no son más que expresiones diferentes de una misma cosa: la energía se puede convertir en materia (lo que ocurre cuando ganamos peso) y la materia se puede convertir en energía (es por lo que el ejercicio «quema» peso). Y cuando se gasta, se producen sólo dos resultados: trabajo y calor. La siguiente ecuación expresa esta idea:

Aporte de nutrientes (materia convertible en energía) = producción de energía (trabajo + calor) + materia nueva (carbohidratos, grasas y proteínas de las células y tejidos)

La producción de energía (trabajo y calor) nos mantiene vivos, y el exceso se metaboliza en materia nueva: células y tejidos de todo tipo. Si ingerimos más energía de la que gastamos en trabajo y calor, ganamos masa (peso). Si gastamos más energía en trabajo y calor de lo que ingerimos, entonces, como Lizzie en nuestro caso del comienzo de este capítulo, perdemos masa (peso). En resumen, para mantener el equilibrio energético es necesario igualar las entradas con las salidas.

Recordemos que la fosforilación oxidativa produce ATP y calor. El equilibrio entre la producción de ATP y de calor no es constante. Por ejemplo, ciertos tejidos pueden alterar la actividad mitocondrial para producir *menos* ATP y *más* calor por nutriente. Este cambio se describe como la *disminución* de la eficiencia de la producción de ATP, debido a que la mayor parte de la energía contenida en el enlace químico original del nutriente se «pierde» en forma de calor. Sin embargo, como veremos más adelante, este calor residual tiene un papel fundamental en el mantenimiento de una temperatura corporal constante.

Apuntes sobre el caso

15-11 Recordemos que Santo es muy obeso y sigue aumentando de peso. ¿Qué es mayor, su ingreso o su gasto de energía?

El metabolismo, la digestión y la locomoción utilizan energía

El gasto de energía incluye la *cantidad basal* de energía que el cuerpo gasta para mantenerse con vida, la energía consumida por la *digestión* (sí, la digestión es trabajo y consume energía) y la cantidad gastada en la *locomoción* (movimiento).

La tasa metabólica basal mide las necesidades de energía en reposo

Nuestra tasa de consumo de energía es menor durante el reposo, cuando hay poca actividad aparte de la respiración. Esta tasa es lo que se conoce como la **tasa metabólica basal** (TMB) y se determina en un individuo despierto, en ayunas, en decúbito supino en una habitación templada (no caliente). El metabolismo basal de una persona se ve afectado por varios factores, tales como:

- La *masa corporal magra:* los músculos en reposo queman más energía que la grasa en reposo. Incluso cuando están inactivos, las personas con más músculo y menos grasa tienen un metabolismo basal más elevado.
- *Género:* la TMB es generalmente más alta en los hombres (debido a su mayor masa magra corporal) que en las mujeres.
- *Edad:* las tasas metabólicas disminuyen con la edad, sobre todo debido a la reducción de la masa muscular magra.
- *Genética:* el «grado de eficiencia» de la producción de ATP está controlado por combinaciones específicas de genes. Las personas delgadas suelen tener un metabolismo menos eficaz, produciendo proporcionalmente más calor y menos ATP por cada molécula de nutrientes que las personas gordas.
- *Hormonas:* como se explica más adelante, las hormonas tiroideas modifican la TMB al acelerar la utilización de ATP pero disminuyendo también la eficacia de la síntesis de ATP.
- *Hacer dieta:* hacer régimen supone un grado de inanición lenta. El cuerpo lo reconoce como tal y disminuye el metabolismo basal con el fin de preservar las reservas de energía para su uso futuro. Lo que significa que, tan pronto como se inicia la dieta, se comienzan a quemar menos calorías en el estado basal.

Apuntes sobre el caso

15-12 Los estudios muestran que la tasa metabólica basal de Santo es extremadamente baja para su peso y edad. Teniendo en cuenta sólo el hecho de que el cuerpo del paciente contiene proporcionalmente más grasa que la de una persona más delgada ¿cree que su obesidad tiene influencia en su baja TMB?

La digestión consume energía

Recuerde del capítulo 14 los diversos procesos que son necesarios para digerir los alimentos y absorber los nutrientes. Estos procesos consumen cantidades importantes de energía, en general alrededor de tanto como el 10% de la tasa metabólica basal del individuo.

La locomoción puede controlarse voluntariamente

La *locomoción,* el movimiento del cuerpo, es la única manera en la que podemos influir conscientemente en el balance de energía. Cualquier actividad, ya sea caminar, nadar, conducir un coche o aspirar el suelo, aumentará la tasa metabólica y quemará más nutrientes. La locomoción también incluye movimientos relativamente involuntarios, tales como los movimientos nerviosos o el ritmo al caminar, que también queman calorías.

Existen muchos factores que influyen en la entrada de energía

El hambre que sentimos tras estar sin alimento por un tiempo tiene valor para la supervivencia, pero el hambre no justifica todas nuestras decisiones para comer. De los factores que regulan la ingestión de alimentos, muchos son socioculturales o psicológicos, y no fisiológicos. Considere el exceso de comida que habitualmente consumimos durante una cena social, como la de Navidad, o los alimentos que comemos para «sentirnos bien» durante ciertos períodos de estrés. Aquí, limitaremos nuestro análisis a algunas de las señales fisiológicas que regulan la ingestión de energía, centrándonos en las que los fisiólogos han adquirido más experiencia en los últimos años. Éstas son: la *ghrelina*, la *leptina*, la *colecistocinina*, y la *familia de péptidos YY* (fig. 15-10).

¿Por qué empezamos a comer? La señal más importante parece ser la **ghrelina,** una hormona peptídica producida principalmente por células especializadas en la mucosa del fundus gástrico. El estómago vacío produce una gran cantidad de ghrelina, que circula por la sangre y estimula el hipotálamo que, a su vez, envía señales a la corteza cerebral con una sensación de hambre (fig. 15-10 A). La ghrelina, por lo tanto, es un «iniciador de comer».

¿Por qué dejamos de comer? Un factor es la distensión gástrica, que transmite señales vegetativas sensoriales al cerebro como sensación de plenitud. Otro factor es la colecistocinina (CCK), comentada en el capítulo 14. La entrada de alimentos en el duodeno estimula la liberación de CCK por el epitelio intestinal, que entra en el torrente sanguíneo y entre otras cosas, estimula al páncreas para que secrete sus enzimas digestivas. La CCK también actúa sobre el hipotálamo para que disminuya las señales de hambre enviadas a la corteza (fig. 15-10 B). Un tercer factor involucrado cuando dejamos de lado nuestros platos es una hormona llamada *péptido YY* (PYY). Los alimentos en el intestino estimulan la liberación de PYY por la mucosa intestinal, que ejerce una serie de efectos en el intestino y

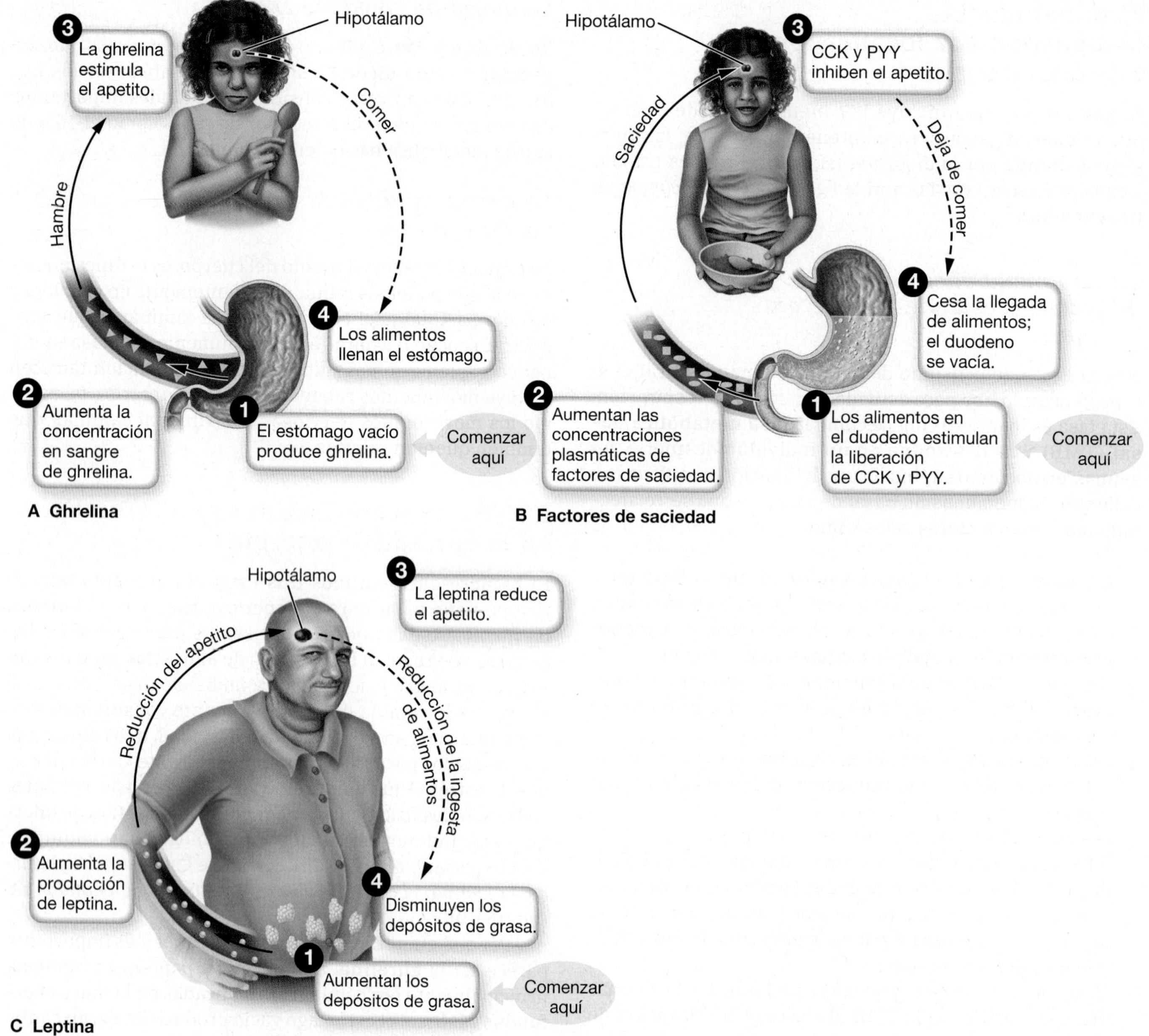

Figura 15-10. Regulación de la ingesta de alimentos. A) La ghrelina activa la sensación de hambre. **B)** La colecistocinina (CCK) y la hormona péptido YY (PYY) inhiben el hambre. **C)** La leptina regula el apetito a largo plazo. *¿Cuál de los siguientes se produciría más cuando tenemos hambre, la ghrelina o la CCK?*

también inhibe las señales hipotalámicas de hambre. Otros péptidos intestinales y pancreáticos también inducen saciedad en respuesta a la plenitud del sistema digestivo.

¿Qué ocurre con la regulación a largo plazo del apetito, especialmente en relación con la obesidad? Los mecanismos subyacentes no se comprenden del todo, pero es útil imaginar como si el hipotálamo tuviese un «termostato de grasa» ajustado para mantener una cierta cantidad de energía almacenada en forma de grasa. Cuando cambia la cantidad de grasa almacenada, se puede modificar el hambre y el gasto energético. Uno de los indicadores más importantes de los depósitos de grasa son los niveles circulantes de **leptina,** una hormona producida por el tejido adiposo. La leptina actúa sobre el hipotálamo para disminuir las señales de hambre (fig. 15-10 C). Teóricamente, cuanto mayores son los depósitos de grasa, mayor es la concentración en sangre de leptina y menos hambre sentimos. Supongamos, por ejemplo, que usted era una persona sin problemas de peso y se fue de crucero, comió sin precaución, con muy poca actividad física y ha ganado 2,5 kg, la mayor parte de grasa. El aumento de la secreción de leptina por la grasa nueva disminuirá las señales de hambre enviadas por hipotálamo a la corteza y se sentirá menos inclinado a comer hasta que sus reservas de

INSTANTÁNEA CLÍNICA

Cirugía para perder peso

La cirugía para perder peso (*cirugía bariátrica*, del griego *baros* = «peso») es un asunto muy serio porque los riesgos son muy altos: la obesidad es un importante factor de riesgo de muerte prematura, sin embargo, la cirugía para aliviarla también está llena de peligros. No obstante, la cirugía bariátrica es un tratamiento cada vez más común para la obesidad grave por dos razones: en primer lugar, el beneficio por lo general supera los riesgos y la obesidad, en segundo lugar, es una epidemia en Estados Unidos y la mayoría de las sociedades industrializadas: un 25% de los estadounidenses son francamente obesos y otro 33% tiene sobrepeso. La cirugía puede ayudar de dos formas básicas:

1. *Derivando la comida de una parte del intestino delgado* (parte a). En este procedimiento, en primer lugar se cierra el estómago proximal en una pequeña bolsa; a continuación, se secciona el intestino delgado y la parte distal se sutura en la parte lateral de la bolsa gástrica de nueva creación. Esto tiene el efecto de evitar el paso por el duodeno, lo que disminuye la posibilidad de absorción de los alimentos y permite que pasen calorías a las heces.
2. *Disminuyendo el tamaño del estómago* (parte b). Esto se puede hacer de diversas formas, desde extirpar parte del estómago a colocar una especie de cordón (una banda) alrededor de la parte superior que se aprieta hacia abajo, de forma que la parte del estómago por encima de la constricción sea muy pequeña. El resultado es que se necesita una cantidad mucho menor de alimentos para distender el estómago y enviar una señal de «estoy lleno» a la corteza cerebral.

Tal vez el beneficio más importante de la cirugía es que reduce el apetito. Recordemos que los péptidos intestinales como la ghrelina inducen el hambre. La cirugía bariátrica reduce la producción de ghrelina, por razones que aún no comprendemos bien.

Los recientes avances tecnológicos permiten que estos procedimientos, en especial el procedimiento de colocación de la banda *(banding)*, puedan realizarse como «cirugía mínimamente invasiva» a través de tubos largos y delgados que se introducen por pequeñas incisiones en la pared abdominal. El término técnico para este enfoque es la *laparoscopia*, que deriva del griego *lapara* = «flanco» y *skopein* = «mirar a». De ahí que el término *banding* laparoscópico haya entrado en nuestro lenguaje.

Una cirugía bariátrica satisfactoria no es garantía de un buen estado de salud o incluso de una pérdida de peso permanente. Las complicaciones postoperatorias son frecuentes, y van desde infecciones a los problemas nutricionales relacionados con el síndrome de dumping (cap. 14). Es más, algunos pacientes no consiguen restringir su ingesta de alimentos de una forma apropiada. Algunos comen muchas comidas pequeñas, tantas que no pueden perder peso o pueden recuperar el peso perdido inicialmente. Otros pueden llenar la pequeña bolsa de tal manera que se distienda, lo que les permite comer con una comodidad cada vez mayor. Con el tiempo, muchos pacientes recuperan el peso que perdieron inicialmente.

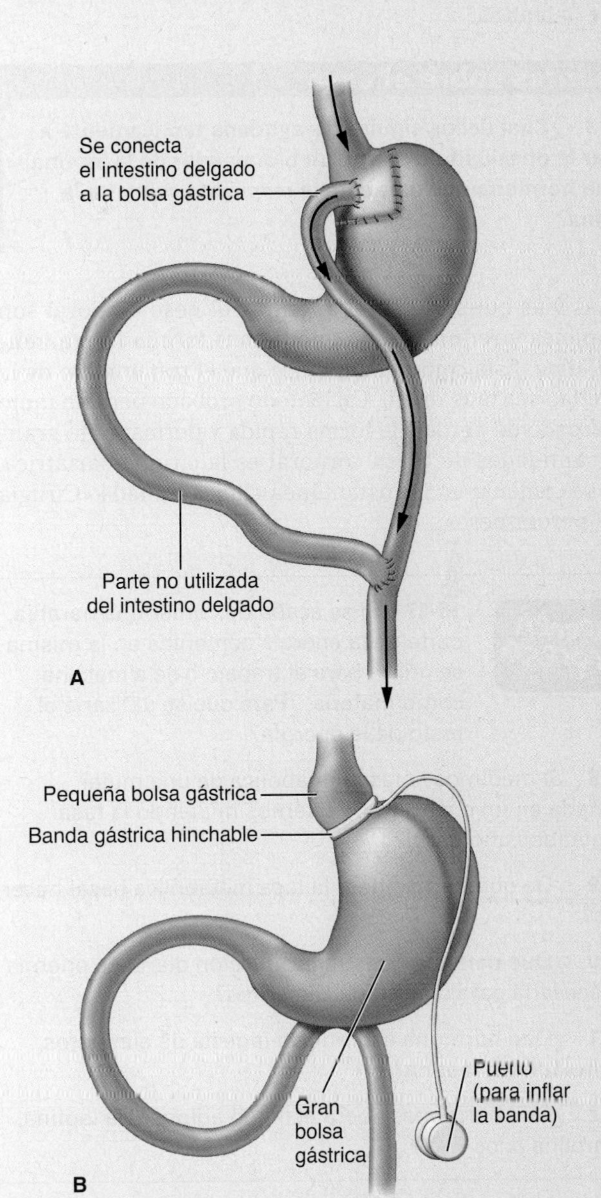

Cirugía bariátrica. La cirugía bariátrica es una forma aceptada de tratamiento de la obesidad mórbida.

grasa y la leptina regresen a su estado anterior. Paradójicamente, muchas personas obesas tienen altas concentraciones sanguíneas de leptina pero siguen comiendo, lo que sugiere que, de alguna manera, son resistentes al efecto de la leptina.

Apuntes sobre el caso

15-13 ¿Cuál de los siguientes ayudaría teóricamente a tratar la obesidad de Santo: un bloqueador de la leptina o una hormona que aumente la respuesta celular a la leptina?

Las vías que regulan el apetito y el peso corporal son complejas y redundantes; sólo hemos tocado ligeramente el tema. Esta complejidad hace que el tratamiento de la obesidad sea muy difícil. Un método probado pero un tanto arriesgado de perder de forma rápida y permanente grandes cantidades de grasa corporal es la cirugía bariátrica, que se comenta en la Instantánea clínica titulada «Cirugía para perder peso».

15-17 Si se acaba de comer una naranja, parte de la energía contenida en la misma se utiliza para el trabajo o se almacena como materia. ¿Para qué se utilizaría el resto de la energía?

15-18 Si medimos la tasa metabólica de una mujer acostada en un cuarto frío, ¿estamos midiendo la tasa de metabolismo basal?

15-19 ¿De qué forma altera la tasa metabólica basal hacer dieta?

15-20 ¿Qué parte de nuestra producción diaria de energía es necesaria para digerir los alimentos?

15-21 ¿Qué hormona estimula la ingesta de alimentos, la ghrelina o la leptina?

15-22 ¿Qué hormonas libera el tejido adiposo, la leptina, la ghrelina o los PYY?

Regulación de la temperatura corporal

La temperatura corporal está regulada en un intervalo limitado, por lo general alrededor de 37 °C, más o menos un grado, para un funcionamiento celular óptimo. Por debajo de 35 °C o por encima de 40 °C, las células comienzan a funcionar significativamente tan mal que puede bastar para causar enfermedad o la muerte. Mantener la temperatura corporal dentro de este intervalo normal tan limitado es responsabilidad del hipotálamo, que contiene un centro de regulación de temperatura que actúa como un termostato de ambiente con un *punto de ajuste* determinado. Los sensores locales de temperatura del hipotálamo detectan las variaciones de este punto de ajuste en la temperatura de la sangre; también reciben señales nerviosas de los sensores de temperatura de la piel y las estructuras más profundas del cuerpo. A continuación, transmiten las señales homeostáticas a los músculos y otros efectores que aumentan o disminuyen la generación o la pérdida de calor.

Este mecanismo de retroalimentación negativa permite al hipotálamo mantener el punto de ajuste normal de la temperatura en ambientes muy calientes o muy fríos. De hecho, a pesar de los restringidos límites para la función celular, el cuerpo en conjunto puede sobrevivir cómodamente a una temperatura ambiente en un intervalo desde –35 °C a 44 °C o incluso en niveles más extremos, siempre que se lleve la vestimenta adecuada y se tomen las precauciones apropiadas. Antes de comentar la homeostasis de la temperatura, exponemos cómo se mueve el calor entre el cuerpo y el medio ambiente.

La transferencia de calor se realiza mediante cuatro procesos

El **calor** es una forma de energía atribuible al movimiento de todas las moléculas de una sustancia. Las moléculas del agua caliente o del aire caliente están moviéndose mucho más rápidamente que las del frío. Como todo lo demás, el calor se mueve por un gradiente de caliente (mayor concentración de calor) a frío (menor concentración). El calor puede transferirse de una zona caliente a una fría de cuatro formas (fig. 15-11).

El primero es la transferencia de calor por **radiación**, es decir, por ondas electromagnéticas como la luz. Pasee en un día frío y soleado y gire su rostro hacia el sol. El calor que se siente se produce cuando los rayos de luz del sol inciden sobre la piel, transfiriendo su energía térmica a la misma. El cuerpo también pierde calor por radiación, pero estas ondas electromagnéticas pertenecen al espectro infrarrojo,

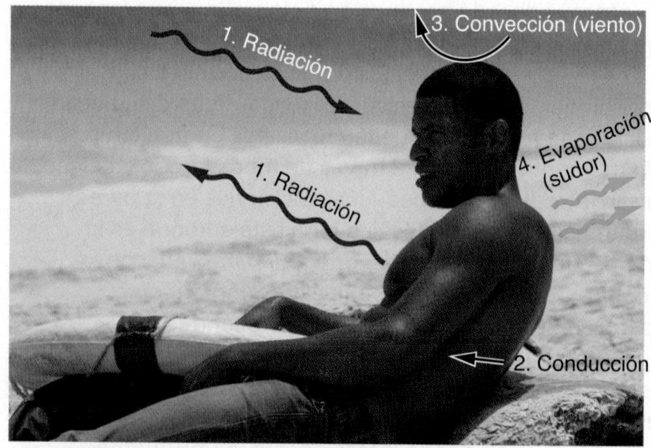

Figura 15-11. Transferencia de calor. Transferencia de calor entre el ambiente y el cuerpo por cuatro mecanismos diferentes. *En esta figura, ¿cuál de los mecanismos de transferencia de calor están añadiendo calor al cuerpo?*

por lo que no son apreciables a simple vista. Sin embargo, si nos ponemos unas gafas de visión nocturna sensibles a los infrarrojos, aparecerán seres humanos brillantes en la oscuridad. La transferencia de calor por radiación no requiere contacto entre el origen y el receptor.

En segundo lugar se encuentra la transferencia de calor por **conducción,** lo que se consigue cuando las moléculas activas de alta energía de un objeto caliente chocan con las moléculas más lentas de un objeto más frío y las aceleran. Si nos tumbamos sobre una roca calentada por el sol, nuestra piel se calentará por conducción.

En tercer lugar se encuentra la transferencia de calor por **convección,** una forma modificada de la conducción. En la convección, una estructura sólida pierde calor hacia un gas o líquido, que a continuación se aleja, llevándose el calor de dicha estructura. Por ejemplo, el músculo transfiere calor a la sangre por convección, que continúa fluyendo y es sustituida por sangre nueva más fría. La piel calienta el aire adyacente, a continuación una brisa aleja el aire caliente y lo sustituye por aire más frío.

Por último, la transferencia de calor también se produce por **evaporación,** un proceso mediante el cual las moléculas de agua líquida pasan hacia el aire para convertirse en vapor. Un ejemplo es el sudor: al igual que se necesita energía para hervir el agua, se necesita energía para evaporar el sudor, y el calor que se consume en la evaporación del agua hace que se enfríe la piel. La pérdida de calor por la sudoración es una parte muy importante del control de la temperatura corporal. La pérdida potencial de calor por la evaporación es considerable. Sin embargo, la evaporación precisa gradientes de agua al igual que gradientes de calor; cuanto más caliente y más seco está el aire, mayor es la evaporación. Cuando el aire ambiental es húmedo (saturado con vapor de agua), nuestros cuerpos no pueden refrescarse de forma eficiente, independientemente del volumen de sudor que produzcamos, porque sólo enfría el cuerpo el sudor que se *evapora*, y cuanto más húmedo está el aire, más lentamente se evapora el sudor. Dicho sea de paso, el sudor es sólo un mecanismo de evaporación; incluso en las condiciones más frías, perdemos alrededor de 500 ml de agua todos los días a través de la piel por la evaporación de la transpiración insensible y por la evaporación de vapor de agua por el aliento.

El calor se transfiere desde el interior del cuerpo hacia el ambiente por una combinación de estos procesos. Por ejemplo, considere el calor producido por un músculo que trabaje duro, como el corazón. Este calor se transfiere a la sangre por conducción, va hacia la piel por convección y se puede perder en el medio ambiente por radiación, conducción, convección o evaporación.

Apuntes sobre el caso

15-14 Al igual que la mayoría de las personas obesas, Santo suda mucho y siempre está limpiándose la cara con un pañuelo. ¿Enfría el cuerpo limpiar el sudor? Argumente su respuesta.

A Situaciones de frío

B Situaciones de calor

Figura 15-12. Termorregulación. A) En condiciones de frío, las respuestas fisiológicas y conductuales limitan la pérdida de calor y generan calor metabólico adicional. **B)** En condiciones de calor, la sudoración y la vasodilatación periférica ayudan al cuerpo a eliminar tanto calor metabólico como el calor absorbido de la radiación solar. *¿Cómo se enfría el cuerpo con el sudor, por conducción o por evaporación?*

Los ambientes fríos estimulan la retención de calor

Los ambientes fríos producen respuestas fisiológicas y conductuales para limitar la pérdida de calor (fig. 15-12 A). Cubrir la superficie del cuerpo con ropa de aislamiento limita la pérdida de calor por radiación, conducción y convección. La ropa aislante de plumón o polifibra o vestir con múltiples capas proporciona el mejor aislamiento, ya que queda aire atrapado entre las plumas o las capas de ropa. El aire conduce muy mal el calor, así que el calor nunca escapa al ambiente.

Las respuestas fisiológicas limitan la pérdida de calor y, en cierta medida, estimulan la producción de calor. En el ambiente frío, el hipotálamo envía señales a la piel y vasos sanguíneos para que se contraigan, lo que limita el flujo sanguíneo de la piel y la posibilidad de que la sangre pierda calor por la piel. Pero la piel está diseñada para funcionar a bajas temperaturas, y no sufre ningún efecto nocivo hasta que se expone por determinado tiempo a temperaturas del aire próximas a la congelación. Cuando el flujo sanguíneo no puede mantener la temperatura de los tejidos por encima de 0 °C, se produce la congelación de los tejidos. Se congela el citoplasma de la célula, los cristales de hielo rompen las membranas celulares y se produce la muerte celular. Cuando hay viento fuerte, que maximiza la convección, y la ropa está húmeda, que maximiza la evaporación, aumenta el riesgo de congelación.

Cuando las respuestas conductuales y vasculares no consiguen mantener la temperatura corporal, el hipotálamo estimula otras respuestas homeostáticas para tratar de aumentar al máximo la generación de calor *(termogenia)*. Los *escalofríos* son contracciones musculares involuntarias sin dirección, y por tanto no eficientes mecánicamente; generan calor a partir de la actividad muscular. Las hormonas tiroideas y las señales del sistema nervioso simpático pueden aumentar la termogénesis sin escalofríos, sobre todo en los recién nacidos. La *termogénesis sin escalofríos* se basa en la respiración mitocondrial para generar calor, pero no utiliza contracciones musculares. En cambio, la cadena transportadora de electrones de la fosforilación oxidativa mitocondrial se modifica ligeramente para producir menos calor y más ATP por cada transferencia de electrones de alta energía.

Los ambientes calurosos estimulan la pérdida de calor

El tiempo cálido plantea desafíos especiales para la regulación del calor. El cuerpo debe disipar el calor obtenido de la radiación solar y las reacciones metabólicas. Sin embargo, el aumento de la temperatura ambiente minimiza o incluso invierte el gradiente de temperatura entre el cuerpo y la atmósfera, reduciendo la eficacia de todos los modos de pérdida de calor (fig. 15-12 B). Entonces, ¿cómo nos mantenemos fríos?

Podemos recordar los principales mecanismos de pérdida de calor imaginando personas que hacen ejercicio en un ambiente caluroso; estarán rojas y sudorosas. El enrojecimiento refleja pérdida de calor. A medida que aumenta la temperatura de la sangre (del cuerpo), el hipotálamo envía señales vegetativas para dilatar los vasos sanguíneos de la piel. Fluye más sangre a la piel, desde donde puede perderse calor hacia el ambiente por radiación y convección. La sudoración permite la pérdida de calor por evaporación. Cuando no se evapora el sudor porque el ambiente es demasiado húmedo, o si gotea del cuerpo o se seca con una toalla, el cuerpo pierde agua pero se mantiene caliente.

Cuando el cuerpo no pierde calor con la misma velocidad que se genera, la temperatura corporal se eleva. En el *agotamiento por calor*, la temperatura corporal supera los 39,5 °C en ausencia de otra enfermedad o infección. Las personas que lo sufren sudan profusamente pero con un coste, pierden líquido, lo que da lugar a una volemia y una presión arterial bajos. El *golpe de calor* consiste en una temperatura corporal de más de 41 °C en ausencia de una enfermedad subyacente. La deshidratación se vuelve tan grave que el sudor se ralentiza o se detiene, cesa la pérdida de calor por evaporación, el hipotálamo deja de funcionar de forma adecuada y la temperatura corporal se eleva fuera de control. Si no se trata, el golpe de calor es invariablemente mortal. Incluso cuando se trata correctamente, la tasa de mortalidad está cerca del 50%.

Vestir ropa adecuada puede ayudar a los esfuerzos de enfriamiento del cuerpo. La piel absorbe grandes cantidades de calor radiante del sol; por tanto, la ropa blanca reflectante reduce considerablemente la ganancia de calor por radiación. La ropa holgada permite que las corrientes de aire entren en contacto con la superficie de la piel, permitiendo la pérdida de calor por convección y la pérdida de calor por evaporación. La frecuencia relativa de muerte por golpe de calor entre los jugadores de fútbol en partidos de exhibición durante el verano pone de relieve la importancia de la ropa adecuada al hacer ejercicio en ambientes calurosos. Los uniformes de fútbol son voluminosos, ajustados y están hechos de poliéster no transpirable. Esta combinación retarda el movimiento del aire y atrapa el calor y la humedad, creando una capa de aire caliente y húmedo sobre la piel. Se reduce la pérdida de calor por radiación, evaporación y convección. En esas circunstancias, con una temperatura ambiente de 32 °C, la temperatura central de un jugador de fútbol haciendo ejercicio con el uniforme completo puede elevarse desde lo normal a 39 °C en 30 min.

Hipertermia

La hipertermia es un aumento de la temperatura corporal por encima del intervalo normal, pero el concepto de «normal» varía más de lo que pueda pensarse. Puesto que son profundos y realizan una gran cantidad de trabajo, los órganos centrales del cuerpo como el hígado y los músculos mantienen una temperatura ligeramente superior a la temperatura de órganos más superficiales como, por ejemplo, la piel. Es más, la temperatura en el recto, que es donde se suele medir la temperatura en los niños pequeños, es aproximadamente 1 °C superior a la temperatura oral. Por último, la temperatura normal del cuerpo varía de una persona a otra. Aun así, una definición útil de **hipertermia** es una temperatura corporal superior a 38 °C.

Sólo hay dos razones fundamentales para la hipertermia:

1. *El cuerpo es incapaz de disipar el calor tan rápido como se genera*. En este caso, la situación habitual es un clima cálido y húmedo, deshidratación y trabajo duro.

2. *El punto regulador hipotalámico se mueve a un punto más alto.* En este caso, alguna patología hace que el termostato hipotalámico se reajuste a una temperatura demasiado alta, una afección conocida como **fiebre.** La causa más frecuente es la lesión de los tejidos, la inflamación o ambas, que producen la liberación de moléculas de señalización de las células lesionadas o muertas que restablecen el punto de ajuste hipotalámico. Sin embargo, algunos patógenos, ciertas bacterias en particular, contienen moléculas similares y las liberan durante la infección. Finalmente, las patologías tóxicas del cerebro pueden causar disfunción hipotalámica.

15-23 ¿Qué forma de transferencia de calor se produce entre un sólido y un líquido o un sólido y un gas?

15-24 Las personas mayores no sudan de forma tan eficaz como las personas jóvenes. ¿Qué modo de transferencia de calor se verá afectada?

15-25 ¿Calienta o enfría el cuerpo la termogenia?

15-26 Una persona está roja y sudorosa. ¿Por qué?

15-27 ¿Qué trastorno relacionado con el calor es más grave, el golpe de calor o el agotamiento por calor?

Páncreas endocrino

El resto de este capítulo se centra en las **glándulas endocrinas:** órganos diferenciados que secretan hormonas en la sangre. Se muestran en la figura 15-13.

La primera glándula endocrina que se comentará es la porción endocrina del páncreas. Recuerde del capítulo 14 que el páncreas exocrino, aproximadamente el 99 % de la masa del páncreas, secreta los jugos digestivos en conductos que drenan en el intestino. El 1 % restante de la masa pancreática consiste en pequeñas agrupaciones dispersas de tejido endocrino llamadas *islotes del páncreas (islotes de Langerhans)*. Los islotes pancreáticos sintetizan y secretan hormonas directamente en la sangre.

El páncreas endocrino regula muchas de las rutas metabólicas comentadas en este capítulo. Los islotes pancreáticos tienen una rica vascularización, lo que les lleva información sobre las concentraciones de glucosa en sangre (fig. 15-14 A). Además, en las células de los islotes terminan neuronas tanto del sistema nervioso simpático como del parasimpático, lo que permite un nivel adicional de control nervioso. Los islotes pancreáticos endocrinos tal vez sean pequeños, pero son poderosos y necesarios para la vida. Dos tipos de células de los islotes pancreáticos son relevantes en este caso (fig. 15-14 B):

- Las *células β,* que liberan *insulina,* una hormona que predomina en el estado posprandial.

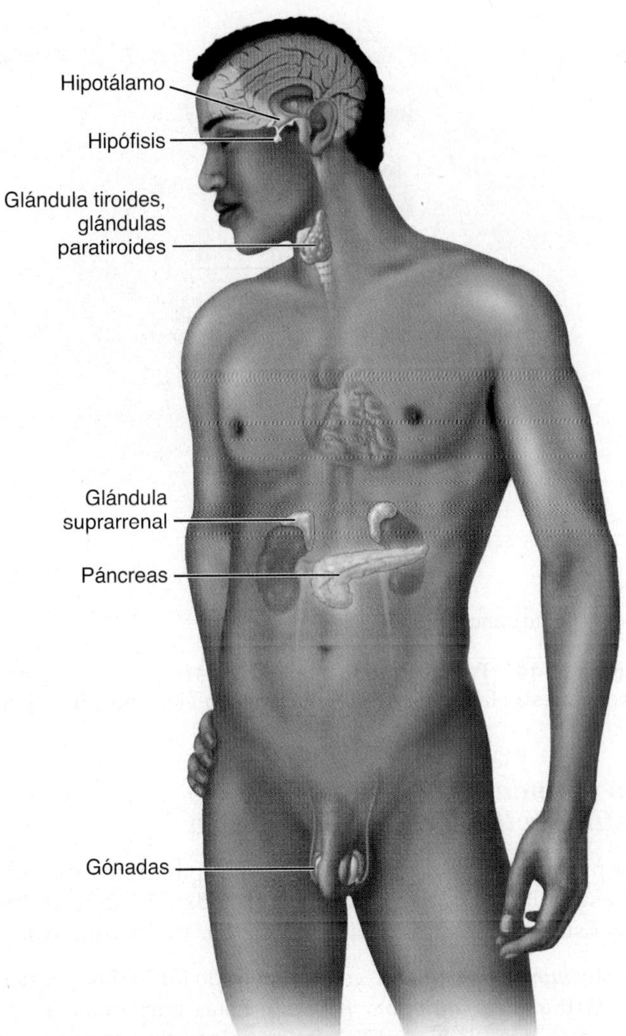

Figura 15-13. Sistema endocrino. Los órganos del sistema endocrino son glándulas que liberan sus secreciones directamente al torrente sanguíneo. *¿Cómo se denominan las secreciones de las glándulas endocrinas?*

- Las *células α,* que liberan *glucagón,* una hormona que predomina en el estado de ayuno.

Estas dos hormonas interactúan de forma antagónica para mantener casi constante las concentraciones de glucosa en sangre (70-110 mg/dl de sangre). Es importante destacar que el páncreas produce glucagón e insulina de forma continua. Es la proporción de la producción de estas dos hormonas la que regula el metabolismo de los nutrientes.

La insulina predomina en el estado posprandial

La **insulina** es la hormona de la glucosa en la abundancia; en efecto, su mensaje a las células del cuerpo es «usar la glucosa para el gasto energético y almacenar todo lo demás».

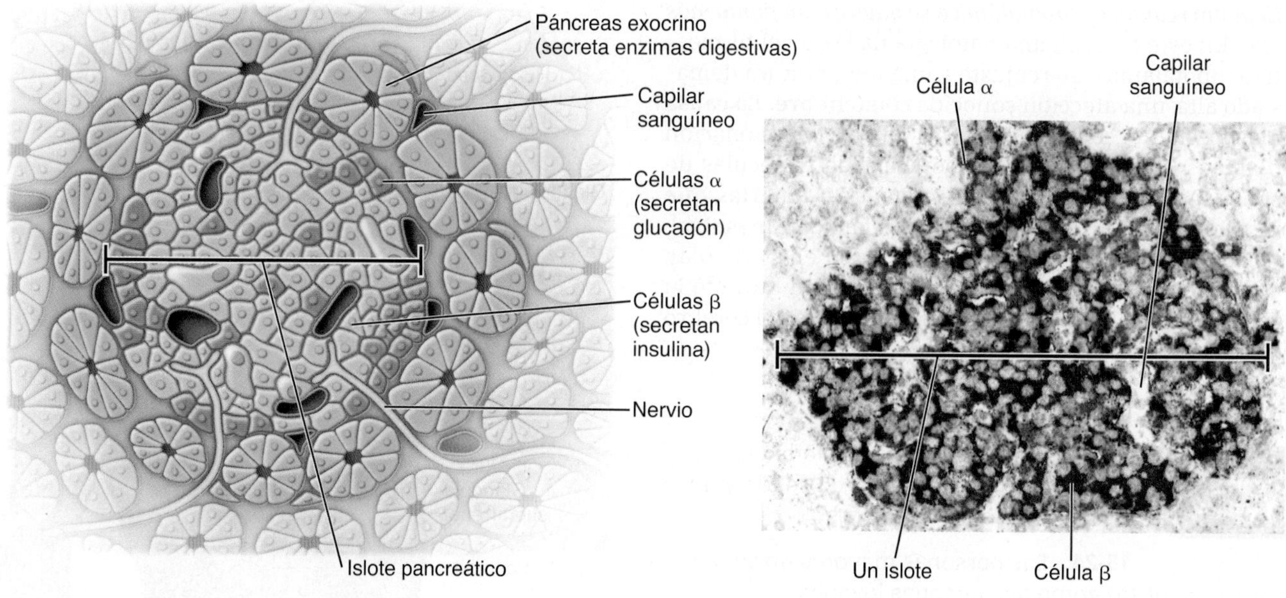

Figura 15-14. Páncreas endocrino. A) Cada islote pancreático contiene células α y β. **B)** Esta microfotografía de los islotes pancreáticos muestra las células α de color rosado-violáceo y las células β de color marrón rojizo. *¿Qué hormona secreta las células β?*

La abundancia de nutrientes estimula la secreción de insulina

La producción y liberación de insulina aumenta en respuesta a las señales que indican abundancia de nutrientes. Estas señales son las siguientes (fig. 15-15, izquierda):

- *Hormonas intestinales,* como el péptido inhibidor gástrico (GIP, *gastric inhibitory peptide*). Estas hormonas se secretan cuando la comida está en el intestino, incluso antes de que se produzca la absorción de nutrientes. Estas hormonas intestinales son responsables de aproximadamente el 50% de la producción de insulina posprandial.
- *Alta concentración de glucosa en sangre* como consecuencia de los nutrientes absorbidos. En el apartado siguiente, observe que las acciones de la insulina reducen las concentraciones de glucosa en sangre, lo que inhibe la secreción de insulina en un circuito de retroalimentación negativo clásico.

La insulina favorece el uso y almacenamiento de nutrientes

La insulina, a su vez, actúa sobre varios órganos del cuerpo para estimular la captación, el uso y almacenamiento de nutrientes. Estas acciones incluyen (fig. 15-15, izquierda):

1. *La insulina estimula la captación de glucosa por las células grasas y las células musculares.* En ausencia de insulina, las células de estos tejidos no pueden extraer la glucosa de la sangre porque sus transportadores de glucosa están encerrados en el interior de la célula. La insulina estimula el movimiento de estos transportadores hacia la membrana celular, donde permiten que la glucosa entre en las células. La captación de glucosa en el *músculo en ejercicio* no es insulinodependiente: los cambios en las células del músculo en ejercicio favorecen el movimiento de los transportadores de glucosa desde el interior de la célula a la membrana celular. El hígado, el cerebro y los riñones son igualmente expertos en la importación de glucosa, con independencia del estado de la insulina.
2. *La insulina estimula la utilización de la glucosa.* La insulina activa las enzimas que participan en la degradación de la glucosa para obtener energía (glucólisis) y en el almacenamiento de glucosa como glucógeno (glucogenia). También inhibe las enzimas que aumentan la producción de glucosa a partir de aminoácidos (gluconeogenia) y/o de glucógeno (glucogenólisis).
3. *La insulina estimula la síntesis de grasa e inhibe el catabolismo de las grasas.* La insulina «asume» que el cuerpo ha absorbido suficiente glucosa para satisfacer las necesidades de energía, por lo que favorece el almacenamiento de grasa mediante la inhibición de la degradación de los triglicéridos en ácidos grasos libres y el uso de ácidos grasos para obtener energía. Del mismo modo, favorece la conversión de glucosa y aminoácidos en ácidos grasos, y también la síntesis de triglicéridos a partir de ácidos grasos y glicerol.
4. *La insulina promueve la síntesis de proteínas.* La presencia de la insulina estimula a las células, especialmente del hígado y músculo, para fabricar cualquier proteína que necesiten a partir de la reserva de aminoácidos. El exceso de aminoácidos se convierte en ácidos grasos y se incorpora a las grasas.

Las acciones 1 y 2 promueven el uso de glucosa y glucógeno para producir energía, evitando así quemar tejidos.

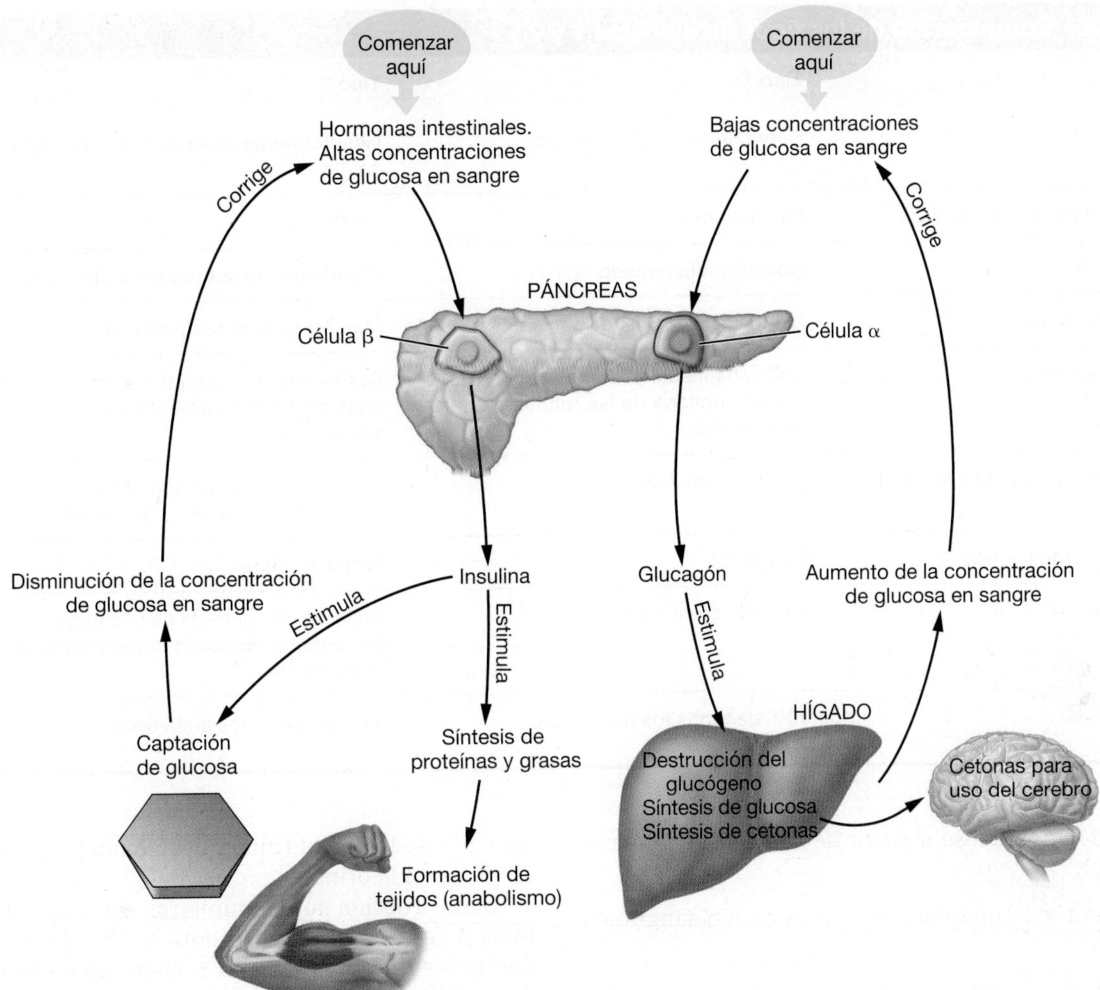

Figura 15-15. Insulina y glucagón. La insulina y el glucagón regulan la homeostasis de la glucosa. La insulina también favorece el anabolismo (construcción de tejido), pero el glucagón no promueve el catabolismo (destrucción del tejido) en la misma medida. *¿Qué hormona estimula la síntesis de glucosa, el glucagón o la insulina?*

Las acciones 3 y 4 favorecen la fabricación de tejidos. Por tanto, el efecto neto es *anabólico*. Como se muestra a continuación, cuando la insulina está ausente o no es eficaz, la glucosa en sangre se eleva demasiado.

El glucagón predomina en el estado de ayuno

El **glucagón** es el contrario de la insulina; se libera por las células α del páncreas entre las comidas, y promueve las actividades celulares que aumentan las concentraciones de glucosa en la sangre (fig. 15-15, derecha). No obstante, las acciones del glucagón son mucho más limitadas que las de la insulina; el glucagón no favorece el catabolismo de manera tan eficaz como la insulina promueve el anabolismo. Muchas de las características del estado de ayuno, como la reducción de la síntesis de proteínas, reflejan la ausencia de insulina en lugar de la presencia de glucagón. En efecto, el mensaje de glucagón a las células del cuerpo es «guardad los nutrientes para el cerebro si podéis, pero no es una emergencia».

El ayuno estimula la producción de glucagón

La secreción de glucagón aumenta en respuesta al déficit de nutrientes. El detonante más importante para el aumento de la secreción de glucagón en las células α es una caída en la concentración de glucosa en sangre por debajo de 100 mg/dl.

El glucagón favorece la síntesis de glucosa y de cuerpos cetónicos

A diferencia de los efectos generalizados de la insulina, las acciones del glucagón están en gran parte limitadas al hígado. En el hígado, el glucagón estimula:

1. *La degradación del glucógeno en glucosa* (glucogenólisis) a partir de las reservas de glucógeno hepático.

Tabla 15-3. Comparación de los tipos de diabetes 1 y 2

Criterio	Tipo 1	Tipo 2
Edad de inicio	Generalmente adolescencia	Generalmente adultos, pero prevalencia creciente en niños
Rapidez e intensidad en el inicio	Rápida, grave	Lenta, sutil
Peso corporal	Normal o disminuido	Generalmente sobrepeso u obesidad
Influencia genética	Menos del 20 % de los pacientes	Más del 60 % de los pacientes
Causa subyacente	Déficit de insulina; destrucción autoinmunitaria de las células pancreáticas	Resistencia de los tejidos al efecto de la insulina; relacionada con aumento de los depósitos adiposos
Concentración plasmática de insulina	Disminución acusada	Inicialmente aumentada; disminuye en la diabetes de tipo 2 avanzada
Episodios de cetoacidosis	Periódicos	Poco frecuentes
Tratamiento	Insulina, dieta, ejercicio	Inicialmente, pérdida de peso (dieta y ejercicio) Secundario: fármacos hipoglucemiantes orales Final: insulina
Prevalencia	10 % de todos los diabéticos	90 % de todos los diabéticos

2. *La creación de glucosa a partir de aminoácidos* (gluconeogenia).

Los pasos 1 y 2 aumentan la concentración sanguínea de glucosa.

3. *Producción de cuerpos cetónicos a partir de los ácidos grasos* (cetogenia). La cetogenia se inicia sólo después de aproximadamente 8 h de ayuno. El cerebro utiliza los cuerpos cetónicos producidos para obtener energía.

Durante el estado de ayuno, la secreción de insulina disminuye de forma significativa. Sin insulina que estimule los procesos anabólicos, la disponibilidad de aminoácidos y ácidos grasos aumenta. El glucagón favorece la conversión de los aminoácidos y ácidos grasos disponibles en glucosa y cuerpos cetónicos, respectivamente. Sin embargo, el glucagón no altera de forma directa la síntesis o la degradación de las grasas o las proteínas.

El déficit de insulina da lugar a la diabetes mellitus

La **diabetes mellitus** es el resultado de un déficit de la *producción* o de la *acción* de la insulina. Como consecuencia, la glucosa en sangre se eleva demasiado.

El nombre *diabetes mellitus* deriva de uno de sus signos más importantes: la producción de grandes volúmenes de orina dulce. Diabetes deriva del griego *diabainein,* que significa «pasar por», y del latín *mellitus,* que significa «dulce»; por lo que «la dulzura que pasa por» es un nombre muy adecuado. La orina diabética es dulce porque la glucosa en sangre se eleva a una concentración muy elevada, más alta de lo que el riñón puede manejar, y parte de ella se vierte en la orina.

La destrucción autoinmunitaria (cap. 12) de las células β del páncreas representa el 10 % de los casos y se denomina **diabetes de tipo 1.** Generalmente se desarrolla en la infancia o en la edad adulta temprana. Mucho más frecuente (90 %) es la **diabetes de tipo 2,** que refleja una resistencia de las células diana al efecto de la insulina. Es decir, las células diana no responden a la insulina debido a un problema con los receptores de insulina o con las vías de señalización. La obesidad es una causa de la diabetes de tipo 2, pero no de tipo 1. En la tabla 15-2 se presenta una comparación de los dos tipos.

Estudio del caso

Cetoacidosis diabética: el caso de Santo G.

Santo tiene diabetes de tipo 2 como resultado de una susceptibilidad genética junto con el exceso de grasa corporal. Las células de Santo no son muy sensibles a la insulina, por lo que se necesita una dosis de insulina demasiado elevada para que sus células respondan. Si Santo no se pone inyecciones de suplementos de insulina, muchas de las células de su cuerpo (especialmente las células musculares) no pueden captar y quemar la glucosa (fig. 15-16, ❶). Su cerebro y su corazón todavía pueden usar la glucosa y no se morirán de hambre,

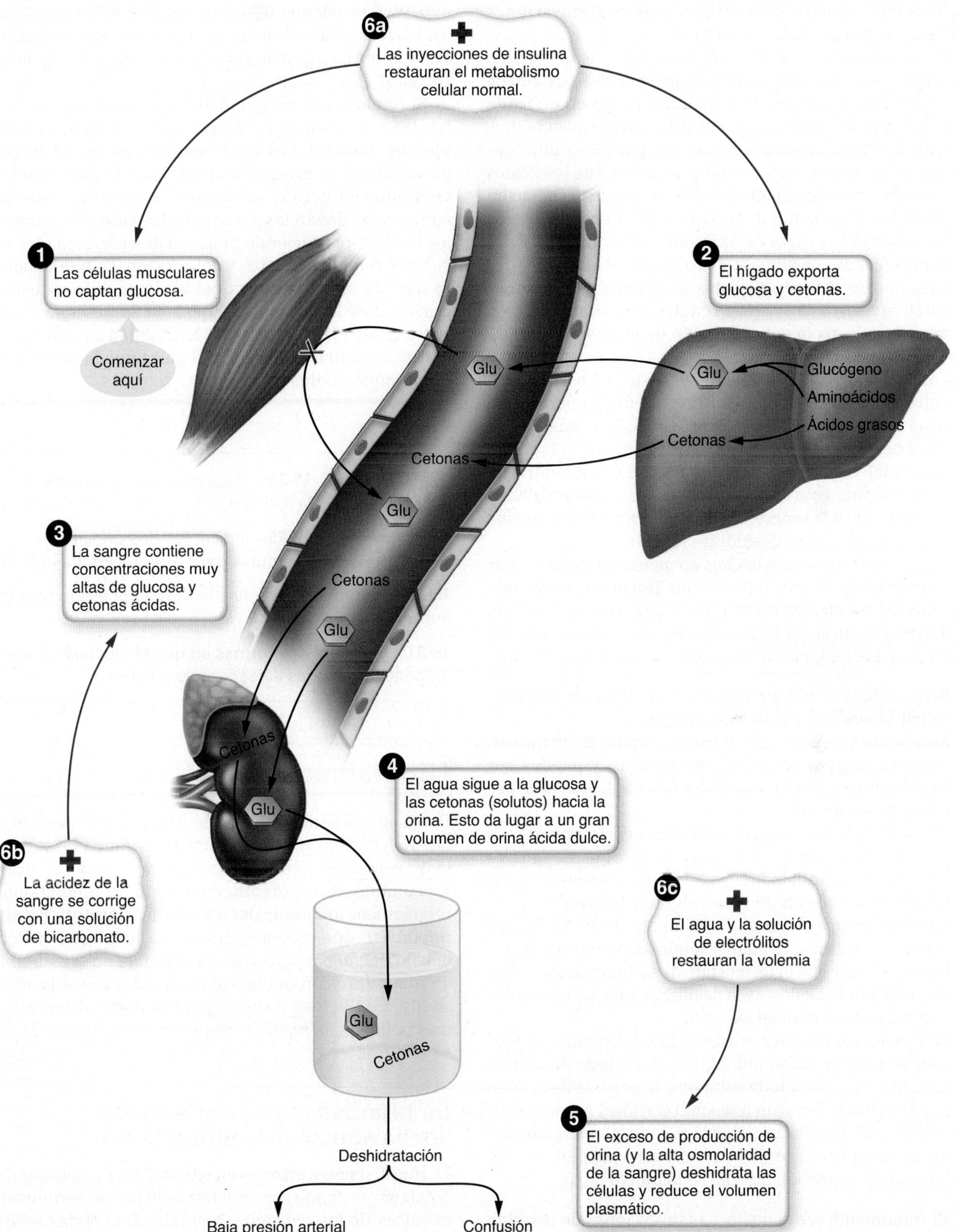

Figura 15-16. El caso de Santo G. Los pasos 1 al 5 muestran los problemas derivados de una acción inadecuada de insulina. Los pasos 6a, 6b y 6c ilustran cómo corrige estos problemas el tratamiento médico de Santo. *¿Qué materias primas utiliza el hígado para fabricar glucosa?*

pero la mayor parte de la glucosa de la pizza y el helado se quedan en la sangre, provocando unas concentraciones elevadas de glucosa o *hiperglucemia*.

Es más, el cuerpo depende de las señales de la insulina para saber cuándo cambiar de estado de ayuno a estado de saciedad. Sin las señales de la insulina, el hígado de Santo cambia a metabolismo de ayunas (❷), lo que causa la producción de más glucosa a partir de aminoácidos y glucógeno, y la síntesis de cuerpos cetónicos a partir de los ácidos grasos (❷). Como resultado de la alteración de la captación de glucosa y el aumento de la producción hepática de glucosa y cetonas, la sangre de Santo contiene cantidades demasiado elevadas de glucosa y de cetonas ácidas (❸).

Las concentraciones elevadas de glucosa y de cetonas también afectan a la función renal. Como se muestra en el ➡ capítulo 16, la concentración de glucosa en sangre suele ser lo suficientemente baja para que no se «vierta» glucosa en la orina. Pero a medida que la glucosa aumenta a alrededor de 180 mg/dl y más, comienza a aparecer en la orina en cantidades cada vez mayores. Si se añaden los cuerpos cetónicos a la mezcla, la orina contiene más soluto de lo normal. Este aumento de la carga de solutos «atrapa» agua en la orina, agua que, de otro modo, el riñón recuperaría y devolvería a la sangre. El resultado es un flujo de orina que hace que Santo se deshidrate (❹, ❺).

Ahora, con todos estos hechos en mente, vamos a revisar el caso de Santo G. punto por punto. Tenga en cuenta que muchos de los efectos nocivos de la diabetes mellitus no se deben a la ausencia de insulina *per se,* sino a la elevada concentración de glucosa en sangre que se deriva de ella.

- Santo estaba confuso. Su estado mental puede explicarse por la acidosis y la deshidratación.
- Su aliento tenía un olor inusual a zumo de manzana. Algunos cuerpos cetónicos son volátiles y pueden ser expulsados en el aire exhalado. Eso explica el olor peculiar de su aliento.
- Orinaba con mucha más frecuencia de lo normal. La glucosa en la sangre se elimina en la orina. El agua es retenida en la orina por el poder osmótico de la glucosa, lo que se traduce en un gran volumen de orina.
- La temperatura corporal de Santo era de 39 °C. En ausencia de indicios de daño a tejidos o de infección, debemos asumir que el termostato de su hipotálamo se vio afectado por la acidosis y la deshidratación de los tejidos y se reajustó a un nivel superior.
- La frecuencia cardíaca era de 96 lat/min (alta) y su presión arterial de 90/60 mmHg (baja). La falta de bebida debido a su situación de estupor y la pérdida de líquido por la orina le llevaron a deshidratación y se redujo su volemia. El corazón aumentó la frecuencia para aumentar el gasto cardíaco y la presión arterial, pero no fue suficiente; la presión arterial se mantuvo baja.

El tratamiento fue sencillo. Las inyecciones de insulina permitieron que sus células metabolizaran la glucosa (6a). Esto redujo la concentración de glucosa en la sangre y disminuyó la quema de triglicéridos. La acidez de la sangre se corrigió con una solución de bicarbonato (6b). La administración de agua y electrólitos rehidrató los tejidos y expandió la volemia (6c). Una vez que todos estos cimientos básicos estaban de vuelta a su sitio, todo lo demás volvió a la normalidad: la función cerebral y la temperatura corporal.

Si Santo no es más cuidadoso, puede empezar a sufrir las enfermedades *crónicas* que afectan a las personas con diabetes. Las moléculas de glucosa adicionales en la sangre se unen a las proteínas de todo tipo para crear glucoproteínas anómalas. Con los años, estas glucoproteínas dañan las paredes de los vasos sanguíneos y los nervios, produciendo multitud de enfermedades vasculares, renales, oculares y del corazón. La buena noticia es que las modificaciones del estilo de vida reducen la gravedad de la diabetes de tipo 2. Si Santo logra reducir su masa de tejido adiposo, la sensibilidad a la insulina de todas sus células mejorará, y él quizá pueda dejar de ponerse suplementos de insulina.

15-28 ¿Qué tipo de célula secreta la insulina?

15-29 Indicar los dos principales estímulos para la secreción de insulina.

15-30 ¿Estimula la insulina la descomposición de algún nutriente?

15-31 Enumere dos formas en que el glucagón aumenta las concentraciones en sangre de glucosa.

Hipotálamo e hipófisis

Hasta ahora, hemos aprendido mucho sobre cómo el hipotálamo controla la temperatura corporal y el sistema nervioso vegetativo. Sin embargo, también produce hormonas y, por tanto, es un órgano endocrino. El hipotálamo está relacionado anatómicamente con la **glándula pituitaria** *(hipófisis),* que es semejante a una judía que cuelga por debajo del *tallo hipofisario.* La glándula en sí está ubicada en una depresión del hueso esfenoides llamada *silla turca* (fig. 15-17). Está formada por dos partes diferentes: una más pequeña, la *hipófisis posterior,* y una mayor, la *hipófisis anterior.*

La hipófisis posterior secreta las hormonas del hipotálamo

La **hipófisis posterior** es en realidad una extensión del hipotálamo: es tejido cerebral formado por las terminaciones axónicas de las neuronas hipotalámicas. Estas neuronas tienen tres estructuras: sus somas neuronales se encuentran en el hipotálamo, sus axones descienden por el tallo hipofisario y sus terminaciones axónicas forman la hipófisis posterior (fig. 15-18). Las hormonas hipotalámicas se

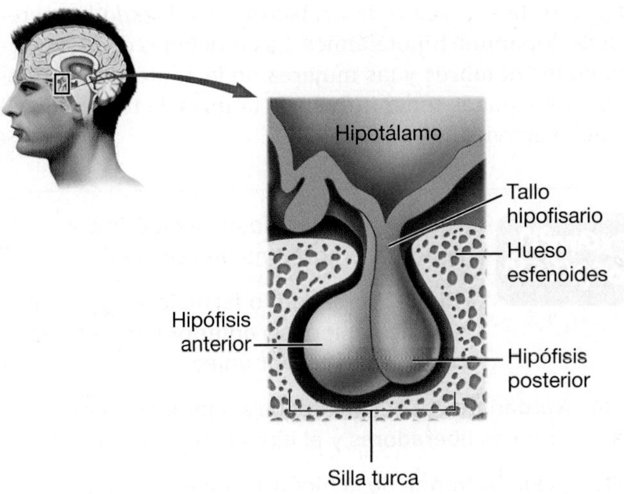

Figura 15-17. Hipófisis. La hipófisis posterior está formada por tejido neural; la hipófisis anterior por tejido endocrino epitelial. *Indicar la estructura que conecta el hipotálamo con la hipófisis.*

sintetizan y se empaquetan en vesículas secretoras en el soma neuronal situado en el hipotálamo, viajan a través de los axones por el tallo hipofisario y se almacenan en las terminaciones de los axones en la hipófisis posterior, donde esperan su liberación en la sangre.

Las hormonas de la hipófisis posterior incluyen la *vasopresina* (ADH) y la *oxitocina,* cada una de las cuales se sintetiza en una población separada de neuronas hipotalámicas bajo la influencia de las señales neurales o hematógenas. La ADH promueve la retención de agua por el riñón (cap. 16). La oxitocina facilita el parto y la bajada de la leche materna (cap. 17).

Apuntes sobre el caso

15-15 Recordemos que Santo está deshidratado. Teniendo en cuenta la acción de la ADH en el riñón, ¿cree que la deshidratación estimula o inhibe la secreción de vasopresina?

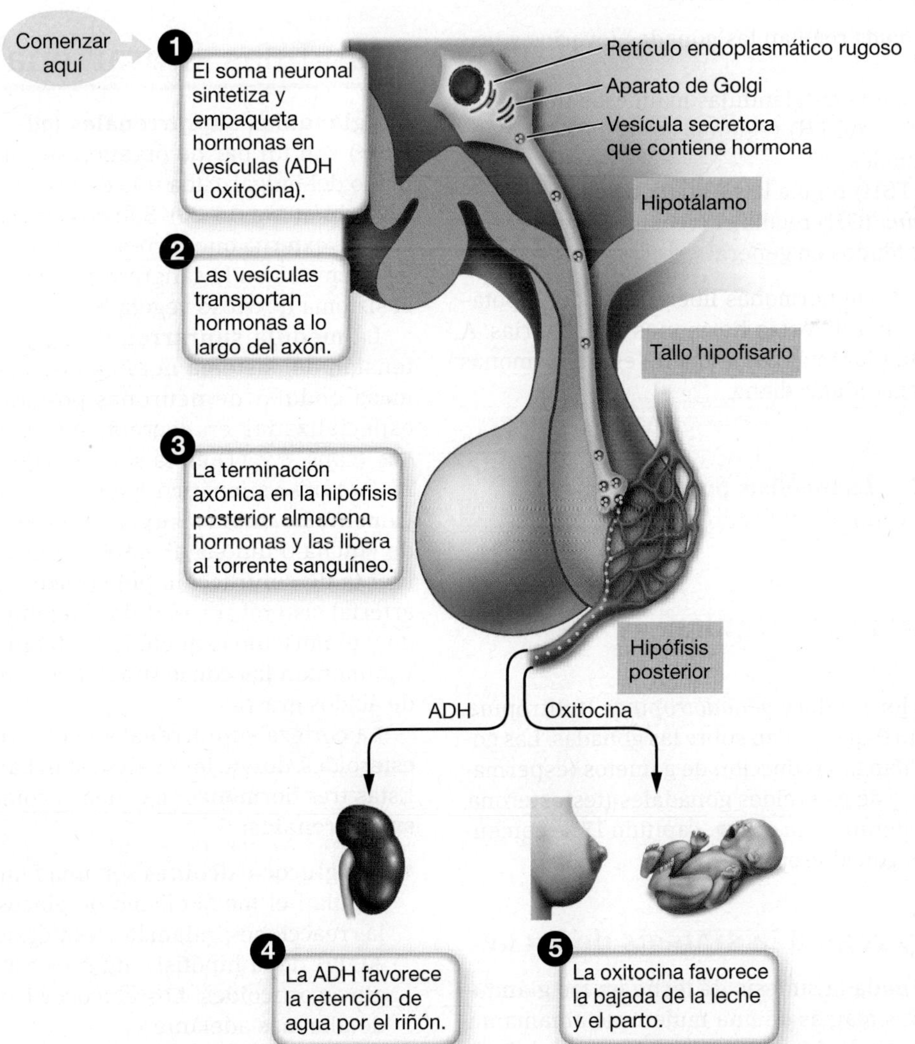

Figura 15-18. Hipófisis posterior. Esta glándula almacena y libera hormonas fabricadas en el hipotálamo. *En función de los orgánulos que participan, ¿las hormonas de la hipófisis anterior son proteínas o esteroides?*

La hipófisis anterior está regulada por las hormonas hipotalámicas

En contraste con el hipotálamo y la hipófisis posterior, la **hipófisis anterior** no es tejido neural, sino una glándula epitelial como el páncreas. Está regulada por la **liberación de hormonas** secretadas por las neuronas hipotalámicas. Al igual que el hígado es alimentado por un *sistema venoso portal*, también lo es la hipófisis anterior: libera las hormonas secretadas en una red capilar en el tallo hipofisario que viaja directamente a un segundo lecho capilar en la hipófisis anterior. Por lo tanto, esta glándula recibe las hormonas liberadoras que no se diluyen en la circulación general. Esto acelera la respuesta del sistema hipotálamo-hipófisis anterior y reduce la cantidad de hormonas liberadoras que debe producir (fig. 15-19).

Las hormonas hipofisarias (de la hipófisis anterior) son hormonas *tróficas* que estimulan el crecimiento y la actividad de sus glándulas diana. En la mayoría de los casos, la glándula diana produce una o más hormonas en respuesta a la estimulación de la hipófisis. Hay cinco clases principales de hormonas de la hipófisis anterior:

1. Las *gonadotropinas* regulan las gónadas (ovarios y testículos).
2. La *prolactina* regula las glándulas mamarias (mamas).
3. La *corticotropina* (ACTH) regula la *corteza* de las glándulas suprarrenales.
4. La *tirotopina* (TSH) regula la glándula tiroides.
5. La *somatotropina* (GH) regula el crecimiento y el metabolismo de los tejidos en general.

Un grupo distinto de hormonas liberadoras del hipotálamo regula cada una de estas hormonas hipofisarias. A continuación, comentaremos cada una de estas hormonas hipofisarias y sus glándulas diana.

¡Recuerde! **La hipófisis posterior no sintetiza las hormonas que secreta.**

Las gonadotropinas regulan las gónadas

La hipófisis anterior produce *gonadotropinas* (folitropina, FSH, y lutropina, LH) que actúan sobre las gónadas. Las gonadotropinas regulan la producción de gametos (espermatozoides u óvulos) y de esteroides gonadales (testosterona, estrógenos, progesterona). En el capítulo 17 se comentan con detalle las gonadotropinas.

La prolactina regula la síntesis de leche

La prolactina estimula la síntesis de leche en las glándulas mamarias en las mamas de una mujer que amamanta. El principal regulador, la dopamina hipotalámica, inhibe la secreción de prolactina. Por lo tanto, los factores desencadenantes de la síntesis de leche (como la succión del bebé) estimulan la secreción de prolactina, *inhibiendo* la secreción de dopamina hipotalámica. Las funciones de la prolactina en los hombres y las mujeres no lactantes son menos claras, pero puede tener influencia tanto en la fertilidad como en la actividad sexual.

15-32 ¿Qué lóbulo de la hipófisis sintetiza la hormona que secreta?

15-33 Verdadero o falso: la sangre que sale de la hipófisis anterior pasa a través de un lecho capilar único.

15-34 Verdadero o falso: la hipófisis anterior responde a las hormonas liberadoras y el hipotálamo las secreta.

15-35 ¿Qué hormona de la hipófisis anterior regula las gónadas?

15-36 Indicar la glándula diana de la corticotropina (ACTH).

Glándulas suprarrenales

Las **glándulas suprarrenales** (*ad-* = «sobre», *renal* = «riñón») son un par de órganos en forma de cúpula del tamaño del pulgar, cada uno de los cuales se posa encima de cada riñón (fig. 15-20). Son dos glándulas en una; tiene una corteza externa que secreta hormonas en respuesta a señales químicas en la sangre y una *médula* interna regida por el sistema nervioso vegetativo.

La **médula suprarrenal** es tejido nervioso y una extensión del sistema nervioso vegetativo. Se trata de una masa nodular de neuronas posganglionares simpáticas especializadas en secretar *adrenalina* y *noradrenalina* (caps. 8 y 11) en la sangre bajo las órdenes del sistema nervioso simpático. Estas hormonas, llamadas colectivamente **hormonas suprarrenales,** mejoran la respuesta de «lucha o huida» al estrés: aumentan la velocidad y la fuerza de contracción del corazón, aumentan la presión arterial sistémica y el flujo sanguíneo al corazón, el hígado y el músculo esquelético, dilatan las vías respiratorias y aumentan las concentraciones sanguíneas de glucosa y de ácidos grasos.

La corteza suprarrenal secreta tres tipos de hormonas esteroides, dos de los cuales están bajo el control de ACTH. Estas tres hormonas se conocen como **hormonas corticosuprarrenales:**

- Los **glucocorticoides** son una familia de hormonas que regulan el metabolismo de glucosa y de las proteínas, las reacciones inflamatorias y el sistema inmunitario. La ACTH de la hipófisis anterior estimula la secreción de glucocorticoides. Los glucocorticoides se comentan en detalle más adelante.
- Los **andrógenos** son una familia de hormonas que influyen en las características sexuales, incluidos el deseo sexual, el desarrollo del vello facial en los hombres, y otros

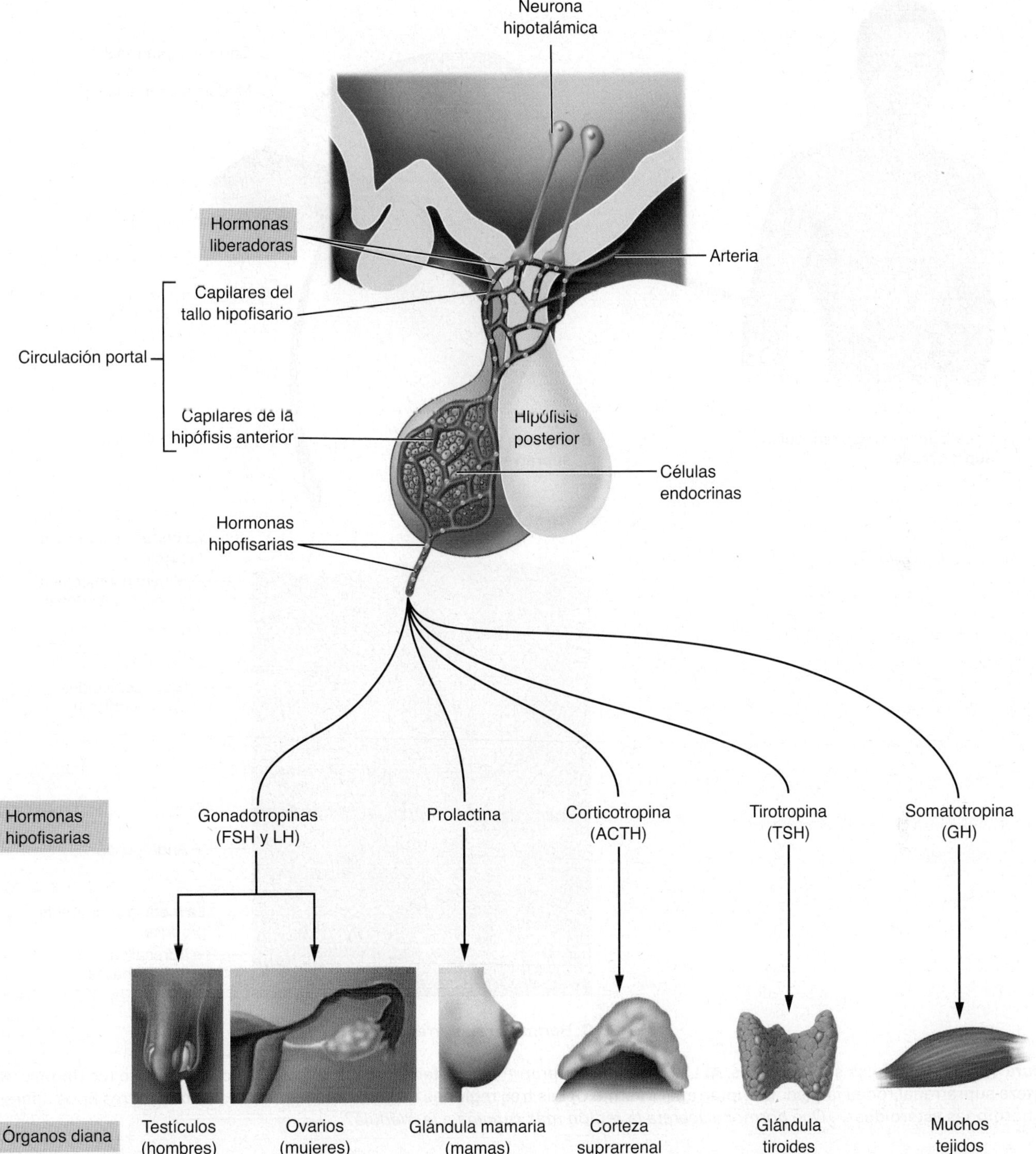

Figura 15-19. Hipófisis anterior. Esta glándula secreta sus hormonas (hipofisarias) bajo la influencia de las hormonas liberadoras hipotalámicas. Las cinco clases de hormonas hipofisarias regulan diferentes glándulas diana. *¿Qué tipo de vaso sanguíneo vasculariza la hipófisis anterior?*

aspectos. También se secretan en respuesta a la ACTH hipofisaria. Los andrógenos se tratan con más detalle en el capítulo 17.

- Los **mineralocorticoides** son una familia de hormonas, principalmente la *aldosterona,* que influye en el manejo de sodio y potasio de los riñones. La secreción de mineralocorticoides es en gran medida independiente de la ACTH. En cambio, los electrólitos plasmáticos y otras hormonas regulan su secreción, como se comenta en el ➡ capítulo 16.

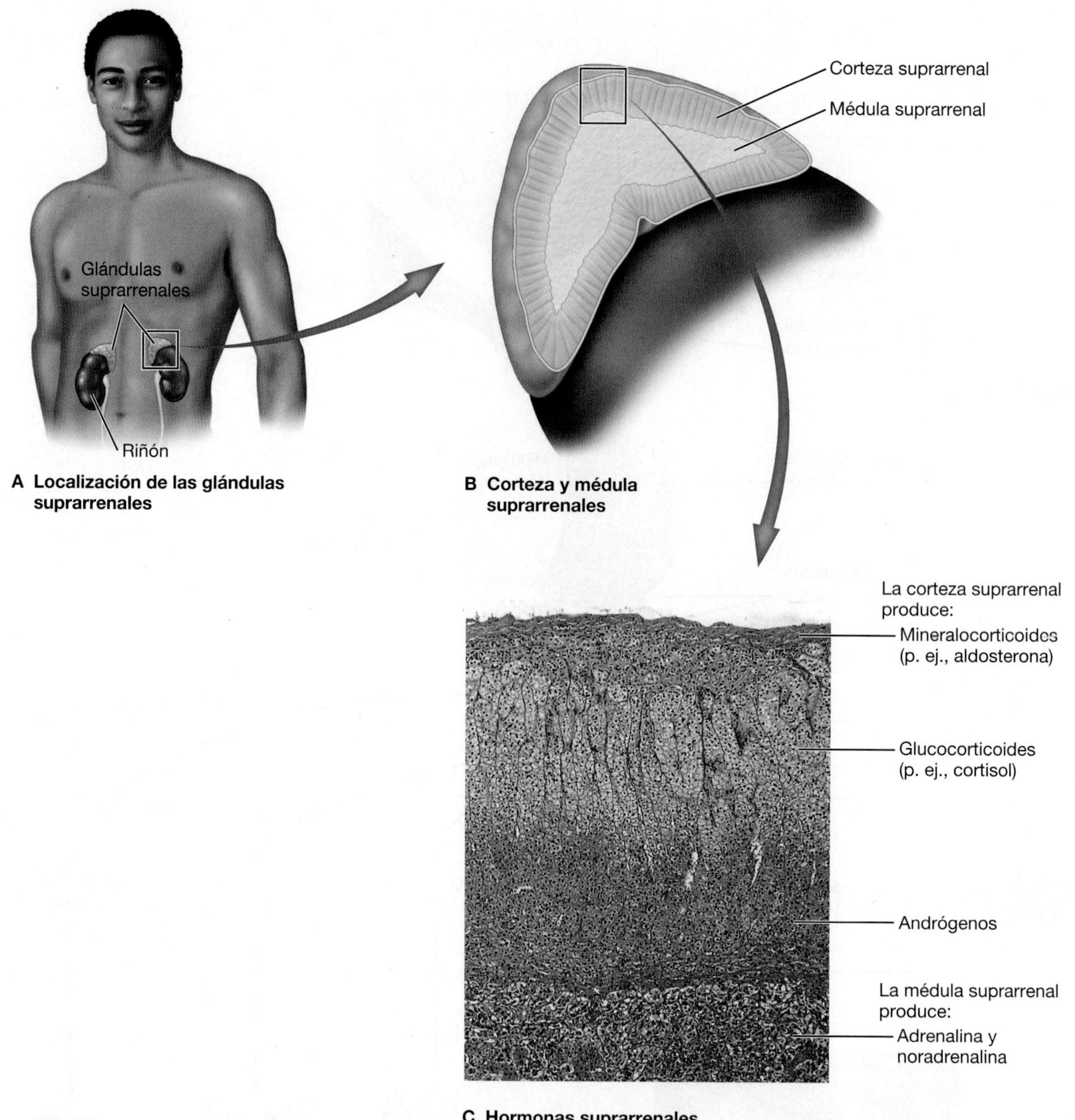

Figura 15-20. Glándulas suprarrenales. A) Las glándulas suprarrenales están situadas sobre el polo superior de los riñones. **B)** La corteza suprarrenal rodea la médula suprarrenal interna. **C)** Las tres regiones de la corteza suprarrenal secretan tres tipos diferentes de hormonas esteroideas. *¿Qué hormona secreta la región más cercana a la médula?*

La corticoliberina y la corticotropina regulan la secreción de cortisol

La liberación de glucocorticoides (el **cortisol** es el principal de ellos) aumenta cuando el cuerpo es sometido a ayuno, lesión o trauma (fig. 15-21). Incluso el menor estrés de una noche de ayuno aumenta la sección de cortisol. El hipotálamo secreta una mayor cantidad de **corticoliberina** (CRH) en respuesta al estrés (❶), que estimula a la hipófisis a producir ACTH (❷), lo que a su vez aumenta la liberación de cortisol de la glándula suprarrenal (❸).

El cortisol influye en el metabolismo de la glucosa y la inflamación

El cortisol coopera con el sistema nervioso simpático mediando la respuesta al estrés, pero sus efectos son más lentos y de mayor duración. En resumen, el cortisol inhibe la formación de tejidos y estimula la descomposición del te-

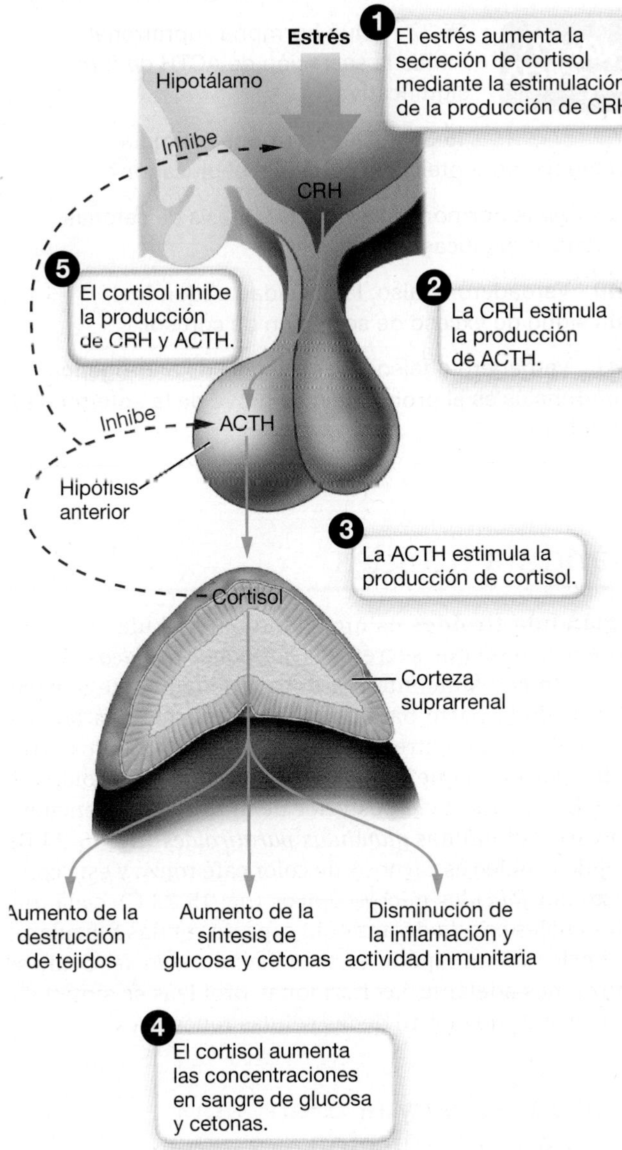

Figura 15-21. Cortisol. La retroalimentación negativa por lo general evita las variaciones de las concentraciones de cortisol en la sangre. El estrés incementa la producción de CRH y ACTH, lo que estimula la secreción de cortisol. El cortisol aumenta la disponibilidad de glucosa y cetonas en momentos de estrés. *El cortisol ¿estimula o inhibe la secreción de ACTH?*

jido, lo que garantiza que el cuerpo tenga suficientes nutrientes para alimentar los procesos básicos en tiempos de ayuno o enfermedad. En resumen (❹):

- El cortisol estimula la síntesis hepática de glucosa (tanto a partir de la degradación del glucógeno como de la gluconeogenia) y, al mismo tiempo, estimula la síntesis de cuerpos cetónicos.
- El cortisol aumenta la disponibilidad de materias primas para la síntesis de glucosa y cetonas estimulando la descomposición de tejidos. Las proteínas musculares y del tejido conectivo se catabolizan en aminoácidos y las grasas almacenadas en el tejido adiposo se catabolizan en glicerol y ácidos grasos.
- El cortisol también inhibe la actividad del sistema inmunitario e inhibe las reacciones inflamatorias. Aunque esta acción puede parecer contraproducente para hacer frente a una lesión o enfermedad, recuerde que el exceso de actividad inmunitaria produce daños. El cortisol, por tanto, favorece la supervivencia al evitar el exceso de actividad inmunitaria. Esta característica justifica el uso generalizado de cortisol para suprimir la intervención del sistema inmunitario en las enfermedades autoinmunitarias (p. ej., artritis reumatoide) o para suprimir otros tipos de inflamación (p. ej., la inflamación que estrecha los bronquiolos en el asma).

En un clásico circuito homeostático de retroalimentación negativa, el aumento del cortisol en la sangre inhibe la producción de CRH hipotalámica y de ACTH hipofisaria (❺). Tenga en cuenta que ni los andrógenos suprarrenales ni la aldosterona inhiben la CRH ni la producción de ACTH.

Apuntes sobre el caso

15-16 Una inyección de cortisol ¿mejoraría o empeoraría el aumento de la glucemia de Santo?

El exceso de cortisol produce la aparición del síndrome de Cushing

El exceso de producción de cortisol da lugar a un conjunto de signos y síntomas clínicos conocidos como **síndrome de Cushing** (fig. 15-22). Puede ser producido por una de estas tres situaciones:

- Con poca frecuencia, hiperplasia o tumor de la hipófisis que secreta ACTH en exceso, lo que estimula la secreción de cortisol por la corteza suprarrenal.
- Con más frecuencia, la propia hiperplasia o tumor de la corteza suprarrenal secreta el cortisol.
- Con mayor frecuencia, la causa es el tratamiento médico con el cortisol y otros medicamentos relacionados, por lo general en pacientes con enfermedades inflamatorias crónicas como la artritis reumatoide. El tratamiento con corticoesteroides tiene que ser cuidadosamente monitorizado, y lo ideal sería su uso por períodos cortos, debido al peligro de desarrollar el síndrome de Cushing.

Los efectos del exceso de cortisol son:

- Obesidad y depósitos anómalos de grasa en la cara, hombros y espalda; el cortisol aumenta el apetito y altera la producción de otras hormonas metabólicas.
- Aparición fácil de hematomas y estrías en la piel; el cortisol estimula la degradación del tejido conectivo para generar aminoácidos.

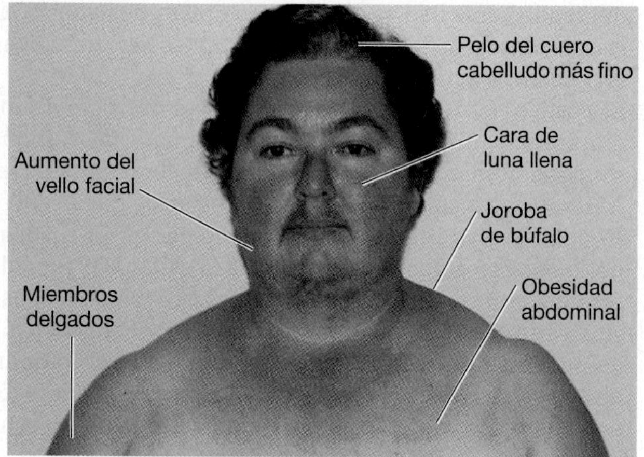

Figura 15-22. Hipercortisolismo (síndrome de Cushing). La producción de un exceso de cortisol produce muchos signos clínicos visibles, como se muestra en esta mujer con hipercortisolismo. *¿Cómo se llama el gran acúmulo de grasa en la parte superior de la espalda?*

- Diabetes mellitus; el cortisol disminuye la capacidad de los tejidos para responder a la insulina.
- Retención de líquidos (edema) e hipertensión arterial; las concentraciones muy altas de cortisol pueden activar los receptores mineralocorticoides, que estimulan la retención de sodio (y, por lo tanto, de agua).
- Infecciones frecuentes; el cortisol suprime el sistema inmunitario.
- Exceso de vello (hirsutismo); la corteza suprarrenal por lo general también produce un exceso de andrógenos.

La insuficiencia suprarrenal se denomina enfermedad de Addison

La insuficiencia de hormonas suprarrenales se conoce como **enfermedad de Addison.** La causa más común es la destrucción autoinmunitaria de la glándula suprarrenal. La destrucción de la médula es intrascendente porque el sistema nervioso simpático compensa su pérdida, pero la vida no puede continuar por mucho tiempo sin hormonas suprarrenales. La pérdida de mineralocorticoides es más peligrosa; la incapacidad de retener sodio debido a la pérdida de sodio por la orina reduce la volemia y la presión arterial (cap. 11) hasta que se producen el colapso vascular y la muerte. La pérdida de los glucocorticoides se suma a la agresión producida por la reducción de la glucemia, que causa debilidad muscular esquelética y cardíaca y un bajo gasto cardíaco. La pérdida de los andrógenos importa poco en estas circunstancias.

En la actualidad se da por cierta la historia de que el presidente John F. Kennedy padecía la enfermedad de Addison desde joven y precisaba dosis diarias de hormonas suprarrenales para seguir con vida.

15-37 ¿Qué hormona suprarrenal inhibe la secreción de ACTH de forma significativa?

15-38 ¿Qué hormona estimula el catabolismo proteico, el cortisol o el glucagón?

15-39 ¿Qué hormona estimula la síntesis de cetonas, el cortisol o el glucagón?

15-40 Verdadero o falso: la obesidad abdominal es un signo de exceso de secreción de cortisol.

15-41 Verdadero o falso: la deficiencia de andrógenos suprarrenales es el problema más grave de la enfermedad de Addison.

Glándula tiroides

La **glándula tiroides** es una glándula bilobulada en forma de mariposa que secreta las *hormonas tiroideas*. Se encuentra inmediatamente por debajo de la piel de la parte anterior de la parte baja del cuello, inferior a la laringe (fig. 15-23 A). Los extremos inferiores de los lóbulos están unidos por un pequeño puente de tejido de la tiroides, el *istmo*. En la superficie posterior de la tiroides, se encuentran varias diminutas *glándulas paratiroides* (fig. 15-23 B). El tejido tiroideo es carnoso, de color café rojizo y está compuesto por *folículos* microscópicos (fig. 15-23 C), cada uno de los cuales consta de una sola capa de células foliculares que encierran un líquido viscoso llamado *coloide*. Como se analiza más adelante, las hormonas tiroideas se sintetizan en el coloide, no dentro de las células foliculares.

La tiroliberina y la tirotropina regulan la producción de hormonas tiroideas

El hipotálamo y la hipófisis anterior regulan la síntesis de hormonas tiroideas (fig. 15-24). La actividad de la glándula tiroides aumenta en respuesta al frío (especialmente en recién nacidos) y disminuye en respuesta al estrés, ya que el frío estimula la secreción de la tiroliberina (TRH) del hipotálamo, pero el estrés la inhibe (❶). A su vez, la TRH estimula la liberación en la hipófisis anterior de tirotropina (TSH) (❷), y la TSH estimula el crecimiento del tiroides y la síntesis de hormona tiroidea (❸).

Las hormonas tiroideas se sintetizan a partir de aminoácidos

Las hormonas tiroideas no son proteínas ni esteroides; cada hormona tiroidea está formada por dos moléculas del aminoácido *tirosina,* a la que se añaden tres o cuatro átomos de yodo. Hay dos hormonas tiroideas principales, idénticas en todos los sentidos menos en uno: la **tiroxina** (T_4)

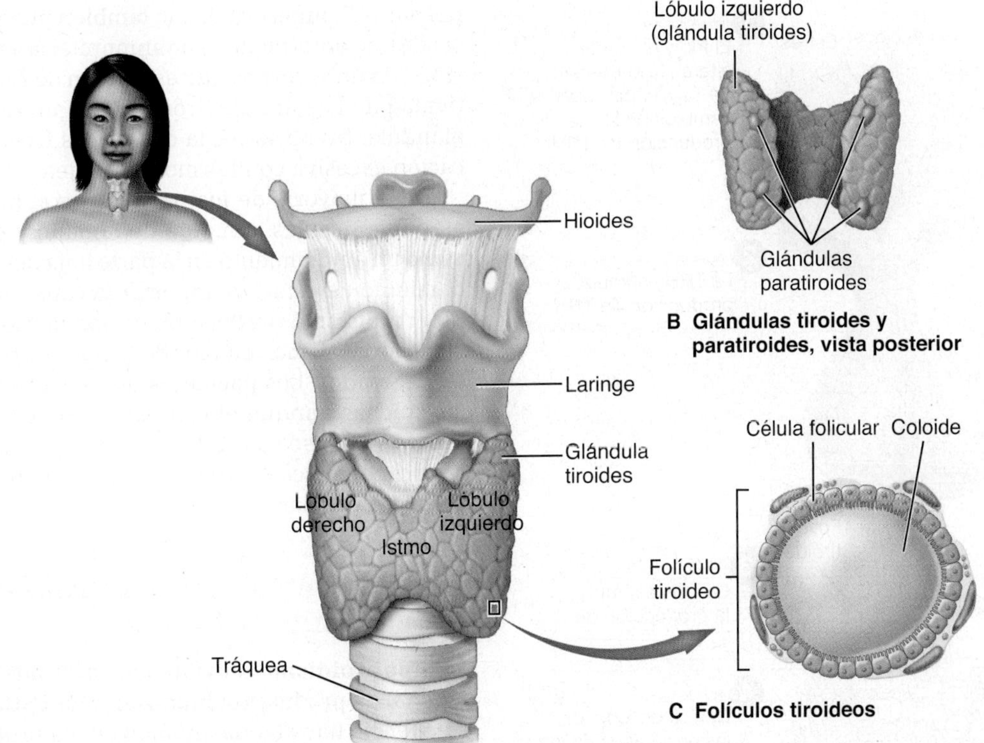

15-23. Glándula tiroides. A) Vista anterior. **B)** Vista posterior y glándulas paratiroides. **C)** Cada folículo tiroideo está formado por células foliculares que rodean una cavidad llena de coloide. *La glándula tiroides, ¿es inferior o superior a la laringe?*

tiene cuatro átomos de yodo; la **triyodotironina** (T_3) tiene tres.

La síntesis de hormonas tiroideas es especial, ya que se produce *extracelularmente* en el coloide. Las células foliculares circundantes proporcionan las materias primas, importan de forma activa yodo y se reúnen en una proteína de gran tamaño llamada *tiroglobulina*, que es la fuente de las tirosinas. Tanto el yodo como la tiroglobulina se secretan en el coloide, donde las enzimas unen las tirosinas cercanas a la molécula de tiroglobulina y añaden yodo para fabricar T_3 y T_4 (❹). A continuación, cuando se precisa secreción de hormonas tiroideas, las hormonas tiroideas recién sintetizadas se liberan de la tiroglobulina y se secretan a la sangre.

La tiroides produce mucha más T_4 (90%) que T_3 (10%), pero la T_3 es la forma más potente. Las hormonas tiroideas circulan en sangre unidas a la *globulina fijadora de tiroxina* que las transporta a los tejidos, donde las células convierten parte de T_4 a la más potente T_3 mediante la eliminación de yodo (❺).

> *¡Recuerde!* **Las hormonas tiroideas se producen en el coloide. Las células foliculares proporcionan las materias primas, yodo y tirosinas.**

Las hormonas tiroideas aumentan la tasa metabólica basal

Las hormonas tiroideas aumentan la tasa metabólica basal, poniendo a las células en «superdirecta» (fig. 15-24, ❻). Las células queman mayor cantidad de nutrientes y producen más ATP. Como se mencionó anteriormente, las hormonas tiroideas en realidad *reducen* el grado de eficacia de la generación de ATP para que una mayor proporción de energía de los nutrientes se convierta en calor. Además, los tejidos se vuelven más sensibles a los efectos del sistema nervioso simpático: se acelera el ritmo cardíaco, las contracciones cardíacas son más potentes y aumenta la frecuencia respiratoria.

Las hormonas tiroideas son esenciales para el desarrollo normal del cerebro, tanto prenatal como posnatalmente, y estimulan la función del cerebro, incluso en los adultos. Además, el crecimiento normal fetal y posnatal y el desarrollo de los tejidos también precisan cantidades adecuadas de hormonas tiroideas.

Como era de esperar, las concentraciones de hormonas tiroideas están estabilizadas homeostáticamente por retroalimentación negativa (❼). Las hormonas tiroideas influyen tanto en el hipotálamo como en la hipófisis para reducir la secreción de TRH y TSH, lo cual mantiene de forma relativamente constante las concentraciones circulantes de hormonas tiroideas.

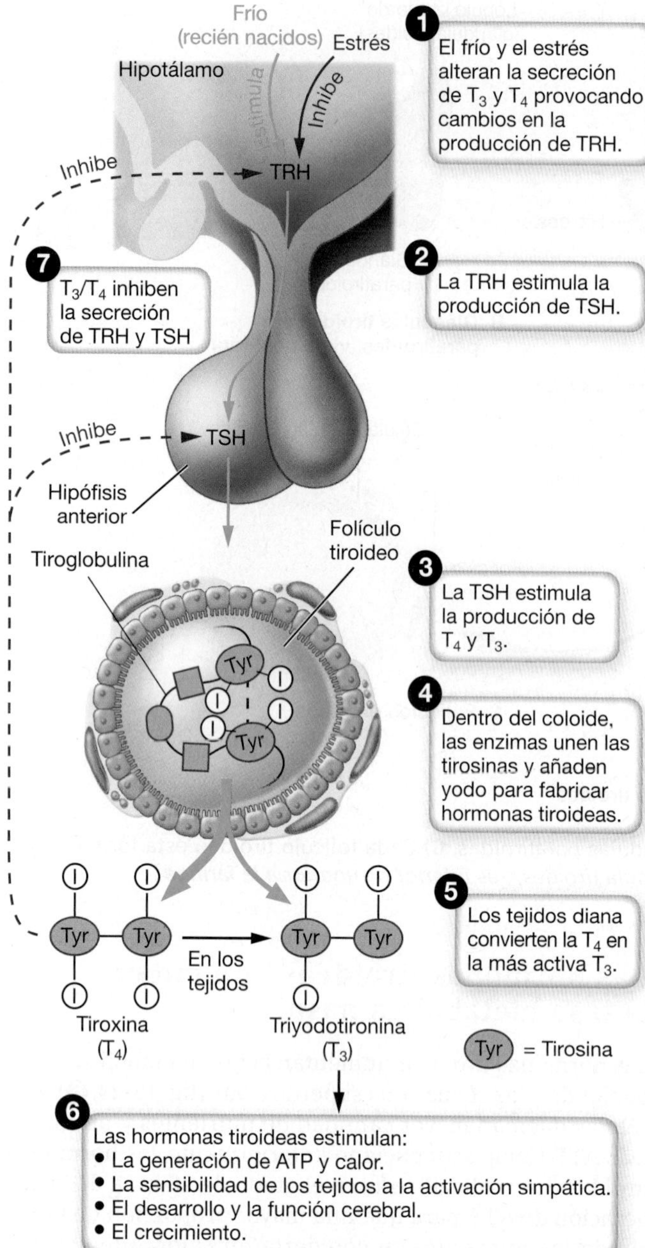

Frío
(recién nacidos)
Estrés
Hipotálamo
Estimula
Inhibe
1
El frío y el estrés alteran la secreción de T_3 y T_4 provocando cambios en la producción de TRH.
Inhibe
TRH
2
La TRH estimula la producción de TSH.
7
T_3/T_4 inhiben la secreción de TRH y TSH
Inhibe
TSH
Hipófisis anterior
Folículo tiroideo
Tiroglobulina
3
La TSH estimula la producción de T_4 y T_3.
Tyr
I
4
Dentro del coloide, las enzimas unen las tirosinas y añaden yodo para fabricar hormonas tiroideas.
5
Los tejidos diana convierten la T_4 en la más activa T_3.
En los tejidos
Tiroxina (T_4)
Triyodotironina (T_3)
Tyr = Tirosina
6
Las hormonas tiroideas estimulan:
• La generación de ATP y calor.
• La sensibilidad de los tejidos a la activación simpática.
• El desarrollo y la función cerebral.
• El crecimiento.

Figura 15-24. Hormonas tiroideas. La retroalimentación negativa evita generalmente las variaciones de las concentraciones en la sangre de hormonas tiroideas. El frío y el estrés modifican la producción mediante la alteración de la secreción de TRH y TSH. Las hormonas tiroideas aumentan la producción de ATP y el calor en las células del cuerpo. *Indicar el aminoácido y el elemento inorgánico precisos para la síntesis de hormonas tiroideas.*

Una excesiva actividad tiroidea provoca hipertiroidismo

El efecto de las hormonas tiroideas es particularmente evidente en los casos de exceso de hormonas (fig. 15-25 A, derecha). El exceso de hormonas tiroideas o **hipertiroidismo** puede reflejar la hipersecreción de TSH por un tumor hipofisario. El hipertiroidismo también puede ser consecuencia de una enfermedad autoinmunitaria, en la que el cuerpo sintetiza anticuerpos que estimulan de forma masiva la actividad de la glándula tiroides, o de un tumor de la propia glándula. No obstante, la causa más frecuente es la medicación excesiva con hormona tiroidea.

En la mayoría de los pacientes con hipertiroidismo, la glándula tiroides aumenta de tamaño y puede ser visible como un abultamiento en la parte baja del cuello. Un agrandamiento de ésta, sin importar la causa, se llama *bocio*. El hipertiroidismo produce un estado de excitación neurológica: nerviosismo, temblor de la mano y reflejos «saltones» o exagerados. Los pacientes no toleran el calor, y apartan las colchas aunque el compañero de cama tenga frío. La pérdida de peso y la sudoración pueden ser graves. La frecuencia cardíaca es rápida y son frecuentes la fatiga y debilidad muscular.

El déficit de actividad tiroidea provoca hipotiroidismo

El **hipotiroidismo** o insuficiencia tiroidea puede deberse a una baja producción hipofisaria de TSH, pero con mayor frecuencia hay alguna anomalía de la propia glándula, por lo general inflamación *(tiroiditis)*.

En el hipotiroidismo, el tamaño de la glándula varía en función de la causa. Las glándulas de mayor tamaño son las que se observan en pacientes que no reciben suficiente yodo en la dieta y por tanto no pueden producir suficientes hormonas tiroideas. En estos casos, la glándula aumenta de tamaño para compensar, y el bocio puede ser muy grande (fig. 15-25 B). Los síntomas son generalmente lo contrario al hipertiroidismo: aumento de peso, intolerancia al frío y deterioro de la actividad general del sistema nervioso: reflejos poco activos, letargo, depresión, somnolencia y fatiga (fig. 15-25 A, izquierda). Disminuyen la frecuencia cardíaca y la presión arterial.

El hipotiroidismo en fetos y niños pequeños *(cretinismo)* altera el crecimiento y el desarrollo mental. Solía ser bastante común en las poblaciones del interior sin acceso a las mejores fuentes nutricionales de yodo, como mariscos y verduras cultivadas en las zonas costeras. La falta de yodo en la dieta reduce la capacidad de la glándula tiroides para producir hormonas tiroideas. El hipotálamo y la hipófisis tratan de corregir esta situación mediante la producción de una gran cantidad de TSH, que estimula el crecimiento de la glándula. Pero, por desgracia, no se dispone de yodo, por lo que la glándula crece y se hace cada vez más grande y se convierte en un *bocio* (aumento de tamaño de la tiroides). El resultado es el *bocio endémico* (endémico = «que ocurre en un área en particular»). El bocio endémico era tan frecuente a en las zonas interiores de Norteamérica a principios del siglo XX que las mujeres llevaban una pequeña banda de tela alrededor del cuello para ocultar la antiestética protuberancia. El bocio ya no es común en esta zona por dos razones: la sal de mesa actualmente está enriquecida con yodo, y los vegetales costeros y el marisco se transportan a todas partes.

Hipotiroidismo
Hipertiroidismo
Letargia, reflejos poco activos
Cara hinchada
Tiroides normal, pequeña o aumentada de tamaño
Intolerancia al frío
Aumento de peso
Estreñimiento
Tiroides grande
Intolerancia al calor
Pérdida de peso
Diarrea
Temblor, nerviosismo
Reflejos hiperactivos

A Alteraciones tiroideas

B Bocio

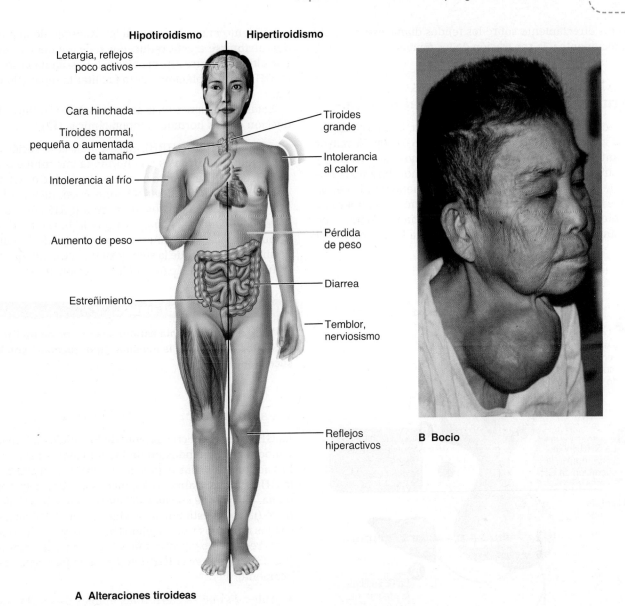

Figura 15-25. Trastornos de las hormonas tiroideas. A) El hipotiroidismo (izquierda) y el hipertiroidismo (derecha) producen signos y síntomas clínicos opuestos. **B)** El aumento de la glándula tiroides se denomina bocio. *¿Qué síndrome da lugar a aumento de peso?*

15-42 Indicar el puente de tejido delgado que une los dos lóbulos tiroideos.

15-43 ¿Cuál es la diferencia entre la tiroglobulina y la globulina fijadora de tiroxina?

15-44 ¿Qué variedad de la hormona tiroidea es más potente, la T_3 o la T_4?

15-45 ¿Estará más cómoda una persona con hipertiroidismo en el invierno canadiense o en el verano de Texas?

Apuntes sobre el caso

15-17 Un estudiante de medicina exploró a Santos mientras su esposa esperaba fuera de la habitación. ¿Qué es más probable que sospechara el estudiante, hipotiroidismo o hipertiroidismo? Argumente su respuesta.

Somatotropina

Las hormonas hipofisarias comentadas hasta ahora, ACTH y TSH, estimulan la actividad de otras glándulas endocrinas. La **somatotropina** (GH), por el contrario, ejerce sus efectos directamente sobre los tejidos diana, estimulando el crecimiento y la reparación de los tejidos.

Las hormonas hipotalámicas regulan la secreción de somatotropina

La secreción de GH varía durante el día, a lo largo de toda la vida y en respuesta al estrés (fig. 15-26, ❶). Es mayor durante el sueño profundo. Cuando éramos adolescentes y nuestras madres nos decían que crecíamos durante la noche, tenían razón. La secreción de GH tiene un pico en la pubertad, induciendo el estirón de crecimiento puberal, y disminuye significativamente en los ancianos. Algunos de los síntomas del envejecimiento, incluida la reducción del crecimiento muscular y el adelgazamiento de la piel pueden atribuirse a esta reducción relacionada con la edad. Por último, el estrés (p. ej., ejercicio) estimula la secreción de GH, presumiblemente para facilitar la reparación de tejidos.

Estas alteraciones en la secreción de GH reflejan la producción de dos hormonas hipotalámicas (❷):

- Somatoliberina (GHRH), que estimula la secreción de GH.
- La **somatostatina** es una hormona que inhibe la secreción de GH. La somatostatina se denominó originalmente, y a menudo todavía se conoce así, factor inhibidor de la liberación del somatotropina (SRIF, *somatotropin-release inhibitory factor*), ya que la hormona de crecimiento solía denominarse somatotropina; sin embargo, ahora sabemos que la somatostatina desempeña muchas funciones sin relación con la secreción de GH.

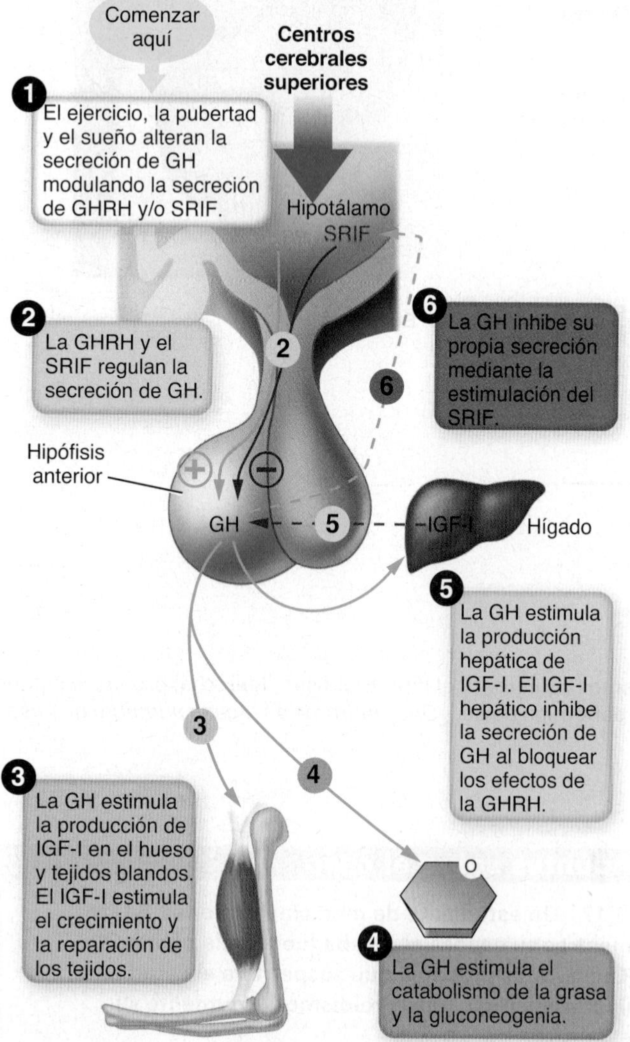

Figura 15-26. Somatotropina (GH). La secreción de GH está controlada por factores hipotalámicos y por retroalimentación negativa. La GH estimula el crecimiento en cooperación con el IGF-I y aumenta independientemente la disponibilidad de glucosa y ácidos grasos para impulsar el crecimiento y la reparación de tejidos. *¿Qué hormona estimula la secreción de GH, IGF-I, SRIF o GHRH?*

Apuntes sobre el caso

15-18 La hipoglucemia estimula la secreción de GH. Si Santos no se pone la insulina, ¿qué sucederá con la secreción de GH?

La somatotropina es anabólica

La GH estimula el crecimiento de los tejidos (anabolismo) y modula el metabolismo de los nutrientes para hacerlo. Las acciones *somáticas* (que promueven el crecimiento) de la GH están parcialmente mediadas por una segunda hormona, el *factor de crecimiento similar a la insulina de tipo I (IGF-I)*. La GH estimula la producción de IGF-I en los huesos, los músculos y otros tejidos blandos, y el IGF-I estimula el crecimiento y la división celular en los mismos tejidos (fig. 15-26, ❸). Así, el IGF-I actúa como paracrino. Específicamente:

- Antes de que se cierren las epífisis óseas cerca de los 20 años, la GH y el IGF-I estimulan el crecimiento óseo lineal. El resultado es una mayor altura.
- En los adultos y niños, la GH y el IGF-I estimulan el crecimiento de los tejidos blandos como el músculo, el cartílago y la piel. El resultado es añadir volumen.

La GH también estimula el metabolismo de las grasas y la gluconeogenia (❹), lo que incrementa las concentraciones en sangre de ácidos grasos y glucosa. Esto asegura que las células tienen abundantes nutrientes disponibles para el crecimiento. Los efectos metabólicos de la GH son completamente independientes del IGF-I, que tiende a sensibilizar a las células a los efectos de la insulina, lo que *reduce* las concentraciones de ácidos grasos y glucosa.

La secreción de GH está modulada por dos circuitos de retroalimentación negativa. En primer lugar, la GH estimula la producción de IGF-I en el hígado. El IGF-I hepático reduce la secreción de GH bloqueando los efectos de la GHRH (❺). La propia GH inhibe aún más la secreción de GH de una forma diferente, al aumentar la liberación de la hormona inhibidora SRIF (❻).

Apuntes sobre el caso

15-19 Una inyección de somatropina (GH farmacéutica), ¿mejoraría o empeoraría los problemas de glucemia de Santos?

Una actividad anómala de la GH afecta al crecimiento y al metabolismo

Un exceso o déficit de GH en los niños altera el crecimiento, pero una actividad anómala de GH a cualquier edad altera el metabolismo (fig. 15-27). En casi todos los casos de secreción anómala de GH, alta o baja, el problema radica en la hipófisis, no en el hipotálamo.

En niños y adultos jóvenes con epífisis abiertas, la GH estimula el crecimiento de los huesos largos y el crecimiento de los tejidos blandos. Así, una secreción excesiva de GH da lugar a una persona inusualmente alta, el llamado *gigantismo*. El efecto metabólico es sencillo: hay un exceso de gluconeogenia y movilización de ácidos grasos del tejido adiposo, los cuales son convertidos en glucosa. El resultado es una alta concentración en la sangre de glucosa y de ácidos grasos.

En los adultos con epífisis cerradas, los huesos largos no pueden aumentar de longitud pero la secreción excesiva de GH puede hacer que adquieran grosor. Este efecto es más notable en los huesos de las manos y los pies y en los huesos membranosos de la cara y el cráneo; de ahí el nombre de esta enfermedad: *acromegalia* (del griego *akron* = «extremo», en este caso, la mano o el pie; *mega-* = «grande»). El efecto metabólico es el mismo que antes.

En los niños, el déficit de secreción de GH reduce el crecimiento lineal de los huesos largos, lo que da como resultado una estatura baja. El déficit de GH es una de las distintas causas de *enanismo,* aunque hay muchas otras. En adultos, el déficit de GH no tiene ningún efecto sobre los huesos. Sin embargo, a cualquier edad, el efecto metabólico es una reducción de la gluconeogenia, lo que da lugar a hipoglucemia y disminución de la síntesis de proteínas, que puede conducir a debilidad muscular. El resultado es una glucemia baja y debilidad. El tratamiento con GH exógena

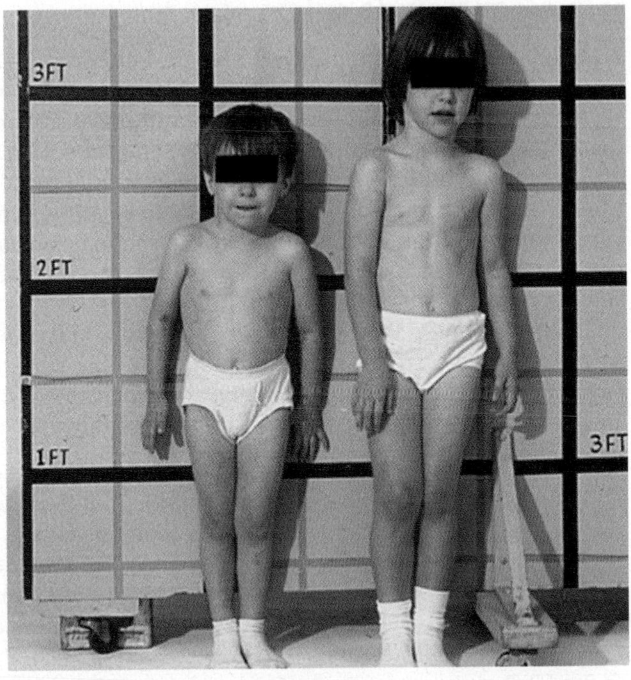

A

B

Figura 15-27. Trastornos de la hormona del crecimiento. A) Un niño de 5 años y medio de edad con déficit de GH (izquierda) es considerablemente más bajo y rechoncho que su hermana gemela. **B)** Un hombre con gigantismo junto a su gemelo idéntico. *¿Por qué produce gordura el déficit de GH?*

(somatropina) es legítimo para niños y adultos con déficit de GH, pero también es objeto de abuso por parte de atletas y otras personas sanas. Para más información, vea la siguiente Instantánea clínica titulada «Somatotropina: ¿Más es mejor?».

15-46 Verdadero o falso: la somatotropina y el factor de crecimiento similar a la insulina de tipo I ejercen efectos opuestos sobre el crecimiento.

15-47 Verdadero o falso: la somatotropina y el factor de crecimiento similar a la insulina de tipo I ejercen efectos opuestos sobre el metabolismo de las grasas y los carbohidratos.

15-48 Indicar una hormona hipotalámica que inhibe la secreción de GH.

15-49 Si una persona desarrolla un tumor secretor de GH en la edad adulta, ¿presentará gigantismo o acromegalia?

Metabolismo del calcio

El metabolismo del calcio está regulado por numerosas hormonas. A diferencia de metabolismo de los nutrientes, el metabolismo del calcio se centra en una reacción simple:

$$Ca^{2+} + PO_4^{-2} \Leftrightarrow PO_4Ca$$

El PO_4Ca constituye la parte mineral de los huesos, mientras que el Ca^{2+} se disuelve en líquidos, como la sangre, el citosol y el líquido intersticial. Recuerde del capítulo 6 que los *osteoblastos* sintetizan PO_4Ca a partir de Ca^{2+} y PO_4^{-2} cuando forman el tejido óseo nuevo. Los *osteoclastos* separan el PO_4Ca en Ca^{2+} más PO_4^{-2} a medida que descomponen el tejido óseo (fig. 6-10).

Los iones Ca^{2+} tienen muchas funciones en los sistemas endocrino y nervioso, y controlan la liberación de neurotransmisores, la contracción muscular y algunos sistemas de segundos mensajeros. Todas estas funciones se basan en un gradiente de concentración de calcio muy preciso entre los líquidos intracelular y extracelular, por lo que la concentración de calcio en la sangre debe estar regulada estrictamente. Las dos hormonas reguladoras del calcio más importantes son la *paratirina* (PTH) y el *calcitriol* (la forma activa de la vitamina D). Ambas hormonas aumentan la concentración de calcio en la sangre. Una tercera hormona, la *calcitonina*, es producida por la glándula tiroides. Tiene un efecto menor en la homeostasis del calcio y no se mencionará más.

La vitamina D aumenta la absorción intestinal de calcio

La **vitamina D** es una familia de moléculas parecidas al colesterol que tienen una función fundamental en el metabolismo del calcio. Muchos alimentos están enriquecidos con vitamina D porque, aparte de los pescados azules, la mayoría de los alimentos contienen poca. Además, con la exposición a la luz solar la piel sintetiza la vitamina D a partir de un tipo de colesterol. Sin embargo, el hígado y el riñón han de convertir la vitamina D ingerida o sintetizada a su forma más activa, llamada 1,25-hidroxivitamina D_3. Esta forma activa de vitamina D estimula la absorción del calcio en el intestino delgado, y por tanto aumenta las concentraciones de calcio en la sangre. Como era de esperar, las cifras bajas de calcio en la sangre estimulan la activación de la vitamina D.

El déficit de vitamina D puede causar enfermedades. En los niños en crecimiento se llama *raquitismo;* en los adultos se llama *osteomalacia*. En ambos casos, no puede absorberse suficiente calcio de la dieta y la formación de hueso resulta afectada. Los dos trastornos se caracterizan por huesos débiles. En los adultos, el resultado es un mayor riesgo de fracturas; en los niños, como los huesos aún están en crecimiento, el principal problema son las malformaciones óseas.

La paratirina aumenta la destrucción del hueso y la retención de calcio

Al igual que los islotes pancreáticos de Langerhans, las glándulas paratiroides no están moduladas por la hipófisis anterior. Normalmente hay cuatro **glándulas paratiroides,** una detrás de cada uno de los polos superior e inferior de los lóbulos derecho e izquierdo de la glándula tiroidea (fig. 15-23 B). En algunas ocasiones pueden existir algunas complementarias en la parte próxima del cuello o zona superior del tórax. Estas glándulas regulan el metabolismo del calcio a través de su hormona, la **PTH.**

La liberación de PTH aumenta cuando baja la concentración de calcio en la sangre (fig. 15-28). Como sería de esperar, la PTH aumenta la concentración de calcio en la sangre utilizando tres estrategias diferentes:

1. La PTH estimula la destrucción de hueso (estimulando la actividad de los osteoclastos) e inhibe la deposición ósea (inhibiendo de actividad de los osteoblastos).
2. La PTH aumenta la absorción de calcio del intestino *indirectamente,* al estimular la activación de la vitamina D. Recuerde que la vitamina D estimula la absorción de calcio en el intestino.
3. La PTH aumenta la retención de calcio por los riñones, reduciendo la cantidad de calcio que se pierde por la orina.

Puesto que las acciones de la vitamina D y de la PTH aumentan las concentraciones sanguíneas de calcio, podría esperarse que las concentraciones bajas de calcio en sangre estimulasen la producción de ambas. Así es.

Un exceso de actividad paratiroidea o **hiperparatiroidismo** eleva patológicamente las concentraciones de calcio en sangre a expensas del tejido óseo. La excesiva pérdida de hueso aumenta el riesgo de fracturas y las cifras altas

INSTANTÁNEA CLÍNICA

Somatotropina: ¿más es mejor?

Los efectos de la somatotropina (GH) son como una lista de deseos de la mayoría de nosotros: mayor altura, menos grasa, músculos más fuertes y mejor piel y función inmunitaria; en definitiva, mejora global de los atributos físicos. Desde hace muchos años sabemos que los niños con déficit de GH, por ejemplo, los que tienen un problema en la hipófisis, mejoran con las inyecciones de GH exógena (somatropina). Numerosos estudios también sugieren que el tratamiento con somatropina durante toda la vida mejora considerablemente la calidad de vida de los adultos con déficit de GH, hubiesen sido tratados o no cuando eran niños. Pero, ¿qué ocurre con las personas con función hipofisaria normal y concentraciones normales de GH en sangre? ¿Puede la somatropina mejorar su calidad de vida? Echemos un vistazo a tres poblaciones en las que el uso de la GH es bastante común.

Adultos mayores. En comparación con los adultos jóvenes, los adultos mayores son relativamente deficientes en GH. Esta disminución relacionada con la edad de la producción normal de GH hipofisaria ha sido implicada en los cambios relacionados con la edad, como piel delgada y frágil, reducción de masa muscular y fuerza, y reducción de la calidad de vida. Desde que algunos estudios sugirieron que la administración de somatropina podría remediar algunos de estos problemas, los fabricantes de suplementos dietéticos han estado promocionando la somatropina para los adultos mayores, y algunos la han estado comprando. Lo que estas empresas no han dado a conocer es el hecho de que los estudios también han demostrado un mayor riesgo de cáncer y una mayor tasa de mortalidad general asociados al tratamiento con somatropina. Por tanto, el consenso de la comunidad científica es que los ancianos *no* deberían invertir en tratamientos con somatropina.

Atletas de élite. El uso de somatropina también es común entre los atletas de élite, que se administran inyecciones con la esperanza de desarrollar músculos más fuertes y mejores y conseguir un mayor rendimiento. Los atletas que participan en competiciones internacionales (como los Juegos Olímpicos) no pueden utilizar somatropina debido a las posibles mejoras en la fuerza resultante de los suplementos de somatropina. Pero incluso al margen de las cuestiones jurídicas y éticas del uso de sustancias dopantes, los suplementos de somatropina son una mala estrategia para los atletas: los datos científicos indican que aumenta la fuerza muscular sólo en personas con déficit de GH, no en atletas sanos con función hipofisaria normal. En cambio, los efectos adversos de la somatropina cuando se utiliza en adultos con función normal de la hipófisis son muy preocupantes: presentan más cáncer y ataques al corazón que los que no la toman.

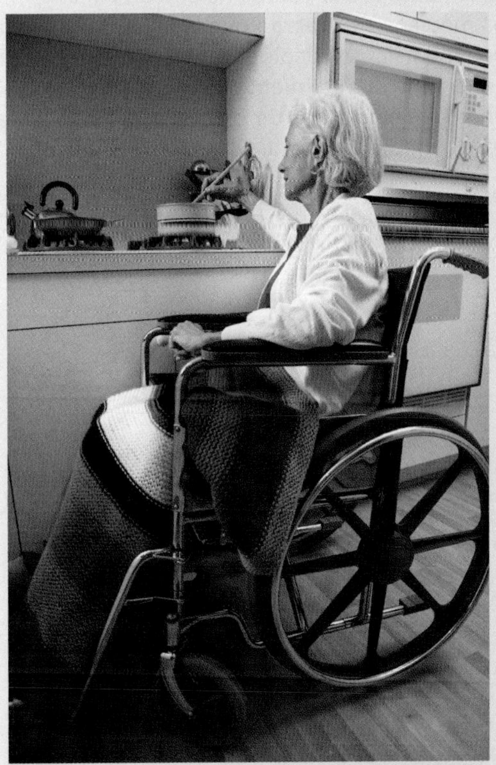

Uso y abuso de somatropina. La terapia con somatropina es una elección cuestionable en el caso de atletas y ancianos.

Niños con baja estatura. La *talla baja idiopática* es una afección en niños con concentraciones sanguíneas

Continúa

Somatotropina: ¿más es mejor? *(cont.)*

normales de GH, pero que son inusualmente bajos en comparación con sus compañeros. Algunos, aunque no todos los estudios, demuestran que el tratamiento da lugar a mejoras modestas en la altura adulta final en estos casos, especialmente si sus padres no son de baja estatura. Los médicos consideran que la estatura muy baja afecta a la calidad física y psicológica del individuo, y que debe proporcionarse el tratamiento con somatropina a todos los niños que están más de 2 desviaciones estándar por debajo de la media de altura. Otros se oponen enérgicamente, afirmando que la baja estatura se da por definición en cualquier población, que no es una enfermedad y que no debe ser tratada como tal. Sostienen que los niños no deben ser sometidos a fármacos sin necesidad, y que el sistema de salud no debería tener que cargar con costes importantes sólo para llevar a un niño cerca de la media de algunos parámetros puramente físicos. Así, a diferencia del uso de la somatropina en las dos primeras poblaciones, no existe aún un consenso en este caso.

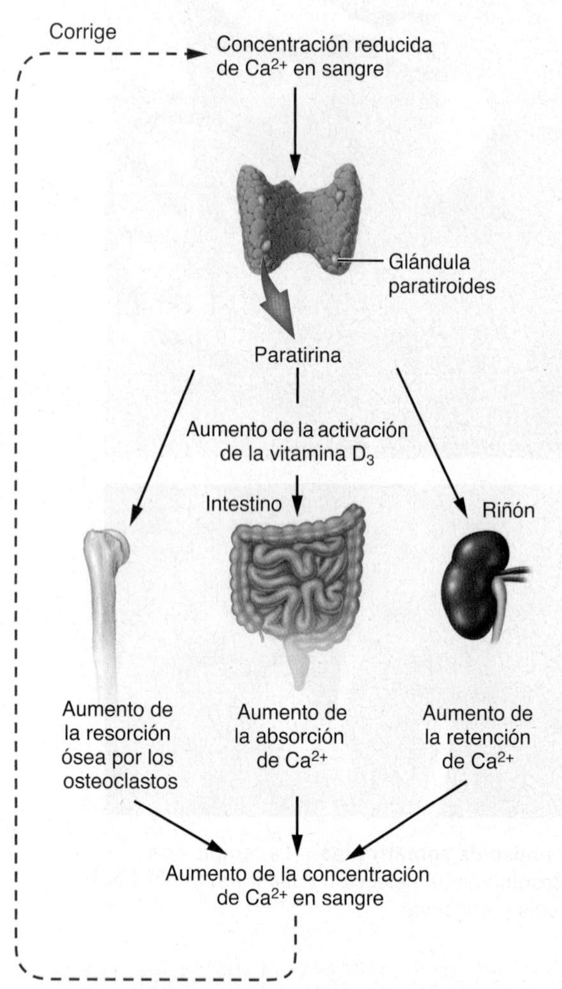

Figura 15-28. Metabolismo del calcio. La PTH y la vitamina D_3 aumentan la concentración sanguínea de calcio. *Verdadero o falso: la PTH aumenta la concentración de calcio en la orina.*

de calcio en sangre hacen que pase a la orina y precipite la formación de cálculos renales. Otros efectos incluyen molestias gastrointestinales, así como depresión y malestar general. Las causas más frecuentes son los tumores paratiroideos secretores de PTH o un crecimiento excesivo de las glándulas paratiroides. Puede conocer más sobre el hiperparatiroidismo revisando el caso de Maggie H. en el capítulo 6.

El **hipoparatiroidismo** o déficit de PTH puede estar producido por la destrucción autoinmunitaria de las glándulas paratiroides. También puede ser secundario a la extirpación quirúrgica accidental de las glándulas durante la extirpación quirúrgica de la glándula tiroides. La hipocalcemia (baja concentración de calcio en sangre) resultante puede ser mortal, ya que altera el gradiente de concentración de calcio y dificulta la transmisión de las señales nerviosas. El hipoparatiroidismo es mucho menos frecuente que el hiperparatiroidismo.

15-50 Un fármaco que estimula la actividad de los osteoclastos, ¿aumenta la formación de hueso o la destrucción de hueso?

15-51 ¿Qué hormonas aumentan las concentraciones de calcio en la sangre: la vitamina D_3, la PTH o ambas?

15-52 Describir la acción de la PTH en el riñón.

15-53 ¿Fortalece o debilita los huesos el exceso de producción de PTH?

15-54 ¿Quién tiene más probabilidades de necesitar suplementos de vitamina D, un inmigrante mexicano de piel más oscura que vive en Canadá o un inmigrante canadiense que vive en México?

Etimología

Raíces latinas/griegas	Equivalentes en español	Ejemplos
cortico-	Corteza	Corticotropina: una sustancia que estimula el crecimiento de la corteza suprarrenal
-crino	Secreción	Endocrina: secrección liberada dentro del cuerpo
endo-	Dentro	Endocrina: secrección liberada dentro del cuerpo
-gen/-genia	Genera	Glucógeno: sustancia que genera glucosa
gluco-	Glucosa	Glucólisis: descomposición de la glucosa
hiper-	Excesivo, por encima de lo normal	Hipertiroideo: exceso de función tiroidea
hipo-	Deficiente, por debajo de lo normal	Hipotiroideo: déficit de función tiroidea
-lisis	Descomposición, destrucción	Lipólisis: descomposición de la grasa
neo-	Nuevo	Gluconeogenia: generación de nuevas moléculas de glucosa
para-	Al lado de	Glándulas paratiroides: glándulas localizadas al lado de la glándula tiroides
trof/trop	Nutrición, desarrollo, crecimiento	Corticotropina: sustancia que estimula el crecimiento de la corteza suprarrenal

Cuestionario del capítulo

REVISIÓN DEL CAPÍTULO

1. La generación de ácido láctico permite a las células
a. regenerar los suministros de NAD^+.
b. generar ATP por la conversión de piruvato en ácido láctico.
c. proporcionar una fuente de energía alternativa al cerebro.
d. sintetizar ácidos grasos.

2. El NADH
a. transfiere un grupo fosfato al ADP para generar ATP.
b. lleva su átomo de hidrógeno a la mitocondria, donde se utiliza para generar ATP.
c. es convertido en oxoacetato por el ciclo del ácido cítrico.
d. se utiliza para generar acetil-CoA.

3. Durante el proceso de fosforilación oxidativa, los electrones de alta energía
a. se combinan con el agua.
b. proporcionan la energía para el transporte activo de iones de hidrógeno.
c. interactúan con la ATP-sintetasa para proporcionar energía para la síntesis de ATP.
d. se combinan con NAD^+ y FAD^+ para formar NADH y $FADH_2$, respectivamente.

4. Ordene correctamente las etapas de generación de energía a partir de una molécula de glucosa.
a. Glucólisis, ciclo del ácido cítrico, generación de acetil-CoA, fosforilación oxidativa.
a. Generación de acetil-CoA, glucólisis, ciclo del ácido cítrico, fosforilación oxidativa.
c. Fosforilación oxidativa, glucólisis, ciclo del ácido cítrico, generación de acetil-CoA.
d. Glucólisis, generación de acetil-CoA, ciclo del ácido cítrico, fosforilación oxidativa.

5. ¿Cuál de los siguientes se sintetizan habitualmente a partir de la glucosa?
a. Triglicéridos.
b. Cuerpos cetónicos.
c. Aminoácidos.
d. Todos los anteriores.

6. El glucógeno utilizado para aumentar las concentraciones de glucosa en la sangre se almacena en
a. tejido adiposo.
b. muscular.
c. hígado.
d. riñones.

7. El estado de ayuno se caracteriza por
a. gluconeogenia.
b. glucogenia.
c. conversión de glucosa en aminoácidos.
d. conversión de glucosa en ácidos grasos.

8. La tasa metabólica basal se puede medir cuando una persona está
a. en reposo.
b. comiendo.
c. corriendo en una cinta.
d. todo lo anterior.

9. ¿Cuál de las siguientes hormonas estimula el apetito?
a. Leptina.
b. Ghrelina.
c. PYY.
d. CCK.

10. Las ondas de la luz ultravioleta y la visible transfieren calor por
a. radiación.
b. convección.
c. conducción.
d. evaporación.

11. La secreción de insulina es estimulada por
a. la presencia de alimentos en el intestino.
b. el aumento de las reservas de grasa.
c. la hipoglucemia.
d. los cuerpos cetónicos.

12. Un tumor que secreta insulina daría lugar a
a. destrucción de proteínas.
b. hipoglucemia.
c. destrucción de grasas.
d. síntesis de cuerpos cetónicos.

13. El glucagón estimula directamente
a. la destrucción de proteínas.
b. la síntesis de cuerpos cetónicos.
c. la hipoglucemia.
d. la síntesis de proteínas.

14. La diabetes mellitus no tratada produce con frecuencia
a. hipoglucemia.
b. glucogenia en exceso.
c. gluconeogenia en exceso.
d. depósito alterado de grasa en el tronco.

15. La hipófisis anterior
a. es tejido nervioso.
b. recibe la sangre que ya ha pasado a través de un lecho capilar.
c. secreta ADH.
d. secreta hormonas liberadoras.

Empareje cada una de las hormonas siguientes con sus acciones. Escriba la mejor respuesta en cada espacio en blanco. Cada hormona puede utilizarse una sola vez.

16. Estimula la resorción ósea

17. Estimula directamente la absorción gastrointestinal de calcio

18. Aumenta la tasa metabólica basal

19. Inhibe la inflamación

20. Estimula el crecimiento óseo y muscular y aumenta las concentraciones de glucosa en sangre

21. Estimula la absorción de sodio en el riñón

a. somatotropina.
b. cortisol.
c. aldosterona.
d. T_4 y T_3.
e. PTH.
f. vitamina D_3.

22. ¿Qué hormona está formada por dos moléculas de tirosina con dos átomos de yodo en cada una?
a. tiroxina (T_4).
b. paratirina (PTH).
c. tirotropina (TSH).
d. triyodotironina (T_3).

23. La producción de IGF-I es estimulada por
a. la paratirina (PTH).
b. la somatotropina (GH).
c. la insulina.
d. el glucagón.

COMPRENSIÓN DE CONCEPTOS

24. Verdadero o falso: la cantidad de ATP que una persona produce en un día está determinada por la cantidad de alimentos que consume. Argumente su respuesta.

25. La deficiencia de vitamina D_3 y el exceso de PTH causan debilidad ósea, a pesar de que ambos tienen el mismo efecto sobre las concentraciones de calcio en la sangre. Argumente su respuesta.

26. ¿Qué método de transferencia de calor puede enfriar el cuerpo pero nunca lo calienta?

APLICACIÓN

27. Bubba piensa que comiendo muchas proteínas tendrá músculos más grandes porque los aminoácidos adicionales se «almacenan» en forma de proteínas. ¿Tiene razón?

28. Los estudios muestran que la glucosa por vía intravenosa no produce la misma respuesta a la insulina que la glucosa ingerida. ¿Por qué?

29. Algunos atletas profesionales abusan de los glucocorticoides: cuando se lesionan, se inyectan altas dosis con el fin de seguir jugando en partidos importantes.

a. ¿Cómo se verá afectada la producción de CRH y ACTH?

b. Predecir algunos efectos adversos que podrían aparecer si el atleta continuase con esta práctica durante un largo período y con elevadas concentraciones circulantes de glucocorticoides.

Puede encontrar las respuestas a estas preguntas en el apartado de recursos para estudiantes en: **http://thepoint.lww.com/espanol-McConnellandHull**

16

El aparato urinario y los líquidos corporales

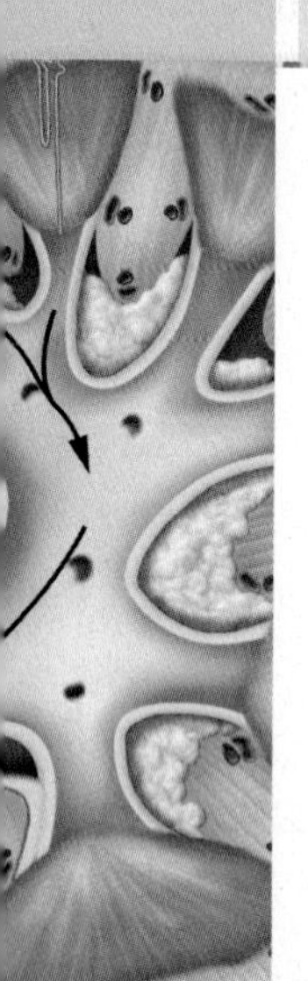

Temas principales

- El contenido de sodio del organismo determina el contenido de agua corporal, y el contenido de agua corporal determina la presión arterial.
- La nefrona, una estructura vascular y epitelial, es la unidad funcional fundamental del riñón.
- El riñón filtra un volumen muy grande de líquido de la sangre y reabsorbe casi todo; el resto es la orina.
- Los riñones responden a los cambios en el contenido de líquidos y de la acidez del cuerpo mediante la retención o la excreción de más o menos líquidos y ácido.
- Los riñones secretan hormonas.

Objetivos del capítulo

Compartimentos líquidos y electrólitos del cuerpo 634

1. Comentar de qué forma el endotelio capilar y la membrana celular de las células de los tejidos controlan la distribución de los iones, las proteínas y el agua en los diferentes compartimentos celulares.
2. Explicar por qué el consumo crónico y excesivo de sodio hace aumentar la presión arterial (en ausencia de compensaciones).

Generalidades del aparato urinario 637

3. Indicar en un esquema las partes del aparato urinario, los uréteres, la vejiga y los riñones, e ilustrar el trayecto del flujo de orina.

Producción de orina 642

4. Indicar las partes de la nefrona y los vasos sanguíneos asociados, y enumerarlos en el orden que los encuentra el ultrafiltrado o la sangre (respectivamente).
5. Indicar los cuatro procesos que intervienen en la formación de la orina, e ilustrar en un esquema de la nefrona dónde se produce cada uno.

6. Predecir los efectos de cambios como una alta presión hidrostática sanguínea o una presión arterial osmótica baja sobre la filtración glomerular y la producción de orina.
7. Explicar por qué la reabsorción de agua, potasio y glucosa en el túbulo proximal depende de la Na^+/K^+-ATPasa.
8. Comente la importancia de *a)* las nefronas yuxtamedulares, y *b)* la vasopresina (ADH), en la producción de orina concentrada.

Equilibrio hidroelectrolítico 651

9. Describir los pasos intermedios entre la caída de la presión arterial y la producción de angiotensina II.
10. Predecir los cambios en el manejo de la función renal y la presión arterial producidos como resultado del déficit de aldosterona, déficit de ADH, de un inhibidor de la enzima conversora de la angiotensina (IECA) o de un exceso de péptido natriurético auricular (se supone que no se producen compensaciones).

Desequilibrio de líquidos: el caso de Santo G.: parte 1 654

11. Utilizar el caso práctico para explicar por qué la diabetes mellitus altera el equilibrio de líquidos.

Equilibrio acidobásico 656

12. Utilizar una ecuación química para mostrar cómo los ácidos fuertes son convertidos en ácidos débiles por los amortiguadores del pH.
13. Explicar por qué, cuando hacemos ejercicio, el aumento de la producción de CO_2 no altera el pH arterial.
14. Describir la respuesta del cuerpo a ácidos no volátiles, como la producción metabólica de cetonas.

Desequilibrio acidobásico: el caso de Santo G.: parte 2 659

15. Utilizar el caso práctico para explicar por qué la diabetes mellitus altera el equilibrio acidobásico.

Caso práctico: «Está teniendo uno de esos ataques de ácido»

A continuación retomamos el caso de Santo G., a quien conocimos en el capítulo 15. En este capítulo se presenta información inédita sobre su caso y se comentan temas sobre el equilibrio hidroelectrolítico.

Mientras lee el siguiente caso práctico, haga una lista de los términos y conceptos que debe aprender para comprender el caso de Santo.

Anamnesis: Santo G., un hombre hispano obeso de 47 años de edad, requiere inyecciones diarias de insulina para la diabetes de tipo 2 que ha desarrollado recientemente. Su esposa lo llevó a urgencias a primera hora de la mañana porque presentaba confusión, respiración rápida y tenía que orinar con mucha más frecuencia de lo normal. «Está teniendo uno de esos ataques de ácido», dijo ella, «de cuando todo está descompensado». También dijo que no había tenido cuidado con la dieta; la noche anterior se había hartado de *pizza* y helado, y había consumido de 8 a 10 botellas de cerveza, llegando a estar tan ebrio que se fue a dormir sin ponerse la insulina.

Exploración física y otros datos: las constantes vitales incluían una temperatura de 39 °C, una frecuencia cardíaca de 96 lat/min (normal, 72) y una presión arterial de 90/60 mm Hg (normal, 120/80). Las respiraciones eran «rápidas y trabajosas», y el aliento presentaba un olor inusual a «zumo de manzana». Medía 1,75 m y pesaba 130 kg. Estaba somnoliento y con desorientación espaciotemporal.

Las pruebas de laboratorio mostraron una concentración demasiado elevada de glucosa en sangre y un pH sanguíneo muy bajo (ácido). La orina también era muy ácida y contenía grandes cantidades de glucosa y cuerpos cetónicos, ninguno de los cuales debería estar presente normalmente.

Además de las anomalías anteriores que comentamos en el último capítulo, Santo presentaba una osmolaridad sanguínea elevada (lo que indica un aumento de solutos en la sangre), concentraciones bajas

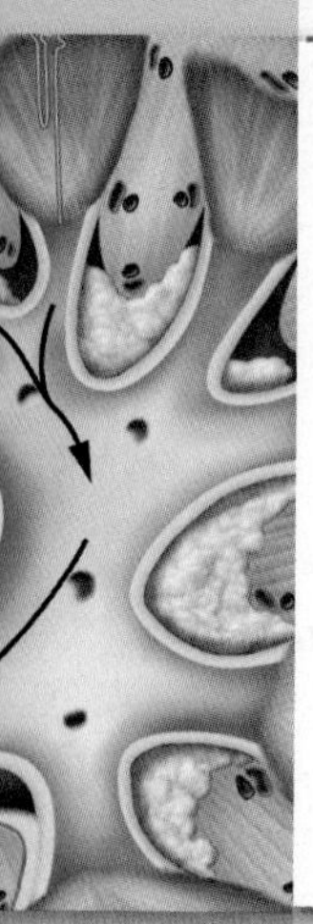

Conocimientos necesarios

Antes de adentrarse por primera vez en este capítulo, es importante comprender los siguientes términos y conceptos.

- Ácidos, bases, electrólitos (cap. 2)
- Osmosis, difusión facilitada, transporte activo (cap. 3)
- Función del volumen plasmático en la regulación de la presión arterial (cap. 11)
- Regulación de la ventilación por el CO_2 (cap. 14)
- Causas y efectos de la diabetes mellitus (cap. 15)

de bicarbonato arterial y cifras bajas de presión arterial parcial de CO_2. La densidad de la orina también era muy alta.

Evolución clínica: el médico de urgencias diagnosticó cetoacidosis diabética, e indicó el ingreso de Santo en el hospital. Se le administraron inyecciones de insulina y grandes volúmenes de solución intravenosa con electrólitos que contenían bicarbonato. En las pruebas adicionales no se encontraron infecciones ni ninguna otra causa de la fiebre.

A las 24 h, la presión arterial de Santo había vuelto a la normalidad y estaba completamente despierto y orientado. Su glucosa en sangre había disminuido, pero todavía no estaba en el intervalo normal. También habían vuelto a la normalidad el pH, el bicarbonato y la PCO_2 de la sangre. La analítica de orina mostró un color amarillo más fuerte, un pH menos ácido, una glucosa ligeramente positiva y cuerpos cetónicos negativos.

El paciente recibió el alta al tercer día de hospitalización.

En el capítulo 2 hablamos del agua como un producto químico. Llamamos a la Tierra el «planeta azul» ya que, único entre los planetas de nuestro sistema solar, la Tierra tiene abundancia de agua líquida. Ésta cubre el 70 % de la superficie del globo, siendo la gran mayoría agua salada del mar. Los registros arqueológicos indican claramente que la vida comenzó en el mar, por lo que no debe sorprendernos que la sustancia más abundante en nuestro cuerpo sea el agua. Además, es agua salada, aunque no tan salada como el agua del mar.

Este capítulo trata sobre el agua del cuerpo, los solutos disueltos en ella y la función de los riñones para mantener un volumen de agua saludable y una concentración saludable de solutos.

«¿Qué es el hombre, cuando venimos a pensar en él, sino una máquina ingeniosa minuciosamente ajustada capaz de convertir, con infinita astucia, el vino tinto de Shiraz en orina?»

Isak Dinesen (seudónimo de Karen Blixen), escritora danesa y autora de *Memorias de África,* 1937

Compartimentos líquidos y electrólitos corporales

El agua es el componente principal del cuerpo. En las mujeres constituye alrededor del 55 % de la masa corporal (peso) y el restante 45 % son sólidos (fig. 16-1). En los hombres, la proporción es 60 % de agua y 40 % de sólidos. La diferencia se debe a que las mujeres tienen una mayor cantidad de grasa: la grasa contiene poca agua.

Al estudiar el agua del cuerpo, es útil dividir el cuerpo en espacios. Estos espacios son, en su mayor parte, más conceptuales que anatómicos; por ejemplo, el espacio en el interior de las células *(intracelular)* y el espacio fuera de las células *(extracelular),* o el espacio dentro de los vasos sanguíneos *(intravascular)* y el espacio fuera de ellos *(extravascular).* En todos los casos, el agua es el elemento más abundante en estos espacios, por lo que técnicamente se conocen como compartimentos líquidos.

Alrededor del 65 % del agua corporal está en el interior de las células, en el **compartimento intracelular;** es decir, el líquido intracelular es el líquido del citosol (el medio acuoso del citoplasma). El 35 % restante es líquido extracelular en el **compartimento extracelular.**

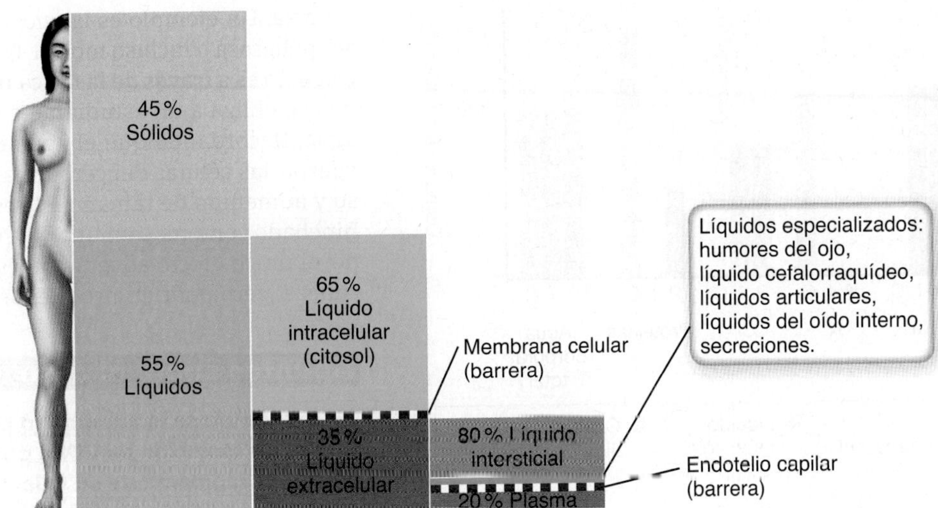

Figura 16-1. Compartimentos líquidos del cuerpo. El contenido de líquidos del cuerpo puede dividirse en numerosos compartimentos. Esta figura muestra los valores aproximados para una mujer delgada. *Indicar los dos líquidos extracelulares más abundantes.*

Estos dos compartimentos están separados por una barrera, la membrana celular. El líquido extracelular incluye el plasma sanguíneo, el líquido intersticial y los líquidos especializados que se muestran en la figura 16-1. Los huesos y otros tejidos conectivos contienen la mayoría del líquido intersticial. El epitelio vascular de los vasos sanguíneos separa el plasma sanguíneo (dentro del compartimento intravascular) del líquido intersticial.

Apuntes sobre el caso

16-1 Santo era muy obeso. ¿Su porcentaje de agua corporal sería mayor o menor que el de un hombre delgado?

Las sales e iones son electrólitos

Aunque los compartimentos del cuerpo contienen numerosos solutos, los más importantes en este caso son los **electrólitos,** sales que se separan en iones cuando se disuelven en agua. Los electrólitos se comentaron en el capítulo 2. Ahora, vamos a revisar la química básica relacionada. Un **ión** es un átomo o molécula con carga eléctrica positiva o negativa neta: los **cationes** (como el Na^+) están cargados positivamente, mientras que los **aniones** (como el Cl^- o HCO_3^-) están cargados negativamente. Una **sal** es un compuesto formado por un catión (+) y un anión (–), por lo que es eléctricamente neutra. En el agua, las sales se disocian en sus iones constituyentes. Por ejemplo, el cloruro de sodio (ClNa, sal de mesa común) se disocia en el agua en sus iones componentes, Na^+ y Cl^-. Tanto el compuesto (ClNa) como sus iones componentes (Na^+ y Cl^-) se consideran electrólitos.

Obtenemos las sales a través de la dieta. La sal más común en la dieta es el ClNa. No obstante, la mayoría de los seres humanos consumen mucha más de la que necesitan. Normalmente, se pierde una pequeña cantidad de sal (sobre todo de sodio) por la orina y el sudor. Por las heces se escapa poca; sin embargo, los pacientes con diarrea grave pueden sufrir una pérdida mortal de sal y de agua. Además, aunque la concentración de ClNa en el sudor es menor que en la sangre, la magnitud de la pérdida de sodio con sudor intenso puede ser un problema grave. Ésta es la principal razón por la que las bebidas deportivas populares contienen una pequeña cantidad de sodio, y de que se anime a las personas que sudan copiosamente durante un período prolongado a tomar comprimidos de ClNa con el agua de la bebida.

Aunque la mayor parte de nuestra atención está dedicada al ClNa, otros electrólitos importantes en los líquidos del cuerpo son el potasio (K^+), el bicarbonato (HCO_3^-), el calcio (Ca^{2+}) y el magnesio (Mg^{2+}). Como los capilares son permeables a estos electrólitos, la composición iónica del líquido intersticial y del plasma es aproximadamente la misma (fig. 16-2). Por lo general, las proteínas no pueden escapar de los capilares, por lo que están básicamente ausentes en el líquido intersticial. Por el contrario, las membranas celulares controlan de forma rigurosa el flujo de iones, por lo que la distribución de solutos entre los líquidos intracelular y extracelular difiere enormemente. Este «desequilibrio» electrolítico se encuentra en el centro de la comunicación eléctrica, como se comentó en el capítulo 4. A pesar de que tienen otras funciones (p. ej., transmitir la corriente eléctrica), la relevancia de los electrólitos en este capítulo es la siguiente:

- Los electrólitos como el HCO_3^- (bicarbonato) ayudan al cuerpo a mantener el *equilibrio acidobásico,* lo que se comenta al final del capítulo.
- Los electrólitos ayudan a determinar la *osmolaridad* de los líquidos del cuerpo, actuando como solutos.

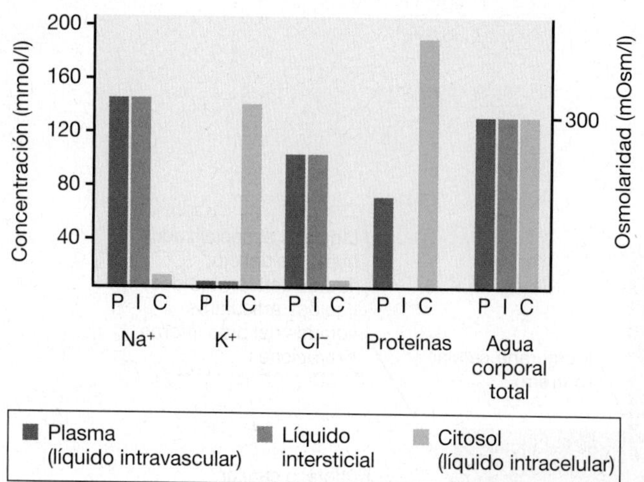

Figura 16-2. Distribución de electrólitos y agua. Las concentraciones de iones difieren entre los compartimentos de líquidos extracelular (plasma y líquido intersticial) e intracelular. Las proteínas sólo se encuentran en el plasma y el citosol. Todos los compartimentos celulares están en equilibrio osmótico. *¿Qué compartimento líquido contiene la mayor concentración de potasio?*

Los electrólitos determinan gradientes osmóticos

La concentración global de solutos, la **osmolaridad,** de una solución se mide en *miliosmoles* por litro (mOsm/l). Recuerde que la concentración de *agua* es baja en los líquidos con alta concentración de solutos, y que el agua se mueve por su gradiente por *osmosis.* Por lo tanto, el agua se mueve desde la solución con menor osmolaridad (mayor concentración de *agua*) a la solución con mayor osmolaridad (baja concentración de *agua*). Es decir, la osmolaridad es la medida de cuánto «atrae» una solución al agua.

Si tuviéramos que sumar los diferentes electrólitos de cada uno de los compartimentos líquidos, la concentración total de electrólitos en todos los compartimentos sería prácticamente idéntica. Para ser específicos, la osmolaridad de los tres compartimentos normalmente oscila entre 286 mOsm/l y 297 mOsm/l (fig. 16-2, derecha). Este valor es importante, porque la osmolaridad de los líquidos intravenosos debe ser la misma que la osmolaridad de la sangre y las células para evitar alteraciones en el equilibrio de líquidos. La solución al 0,9% (en peso) de ClNa (habitualmente llamada *suero fisiológico*) equivale a alrededor de 300 mOsm/l, por lo que es el líquido administrado por vía intravenosa con más frecuencia. Este *equilibrio osmótico* entre los diferentes compartimentos se produce porque el agua pasa libremente entre los tres compartimentos líquidos.

En condiciones normales, la osmolaridad del líquido extracelular e intracelular es igual, por lo que las células no se hinchan con el exceso de agua ni se encogen por la pérdida de la misma. Sin embargo, cualquier cambio en la concentración de solutos inicia el movimiento del agua. Cuando cae la concentración de solutos extracelulares (y aumenta la concentración de agua), el agua entra en la célula, y viceversa. Un ejemplo es la *intoxicación acuosa,* que pueden ser peligrosa o incluso mortal. Quizá la mejor forma de ilustrar esto es a través de la típica novatada universitaria en la que se obliga a un estudiante a beber un gran volumen de agua. Recordando que el agua en sí no tiene límites en el cuerpo, las células del cerebro absorben su parte del exceso y aumentan de tamaño. El resultado neto es un cerebro hinchado contenido en una caja ósea inextensible. A menudo, el único efecto adverso de estas bromas es un dolor de cabeza, pero podrían producirse convulsiones o la muerte.

Apuntes sobre el caso

16-2 A Santo se le administró en urgencias suero fisiológico (solución de ClNa) por vía intravenosa para aumentar rápidamente su volemia y la presión arterial. ¿Qué concentración de sal (como porcentaje) no alteraría el equilibrio osmótico de Santo?

16-3 La osmolaridad de la sangre de Santo era más alta de lo normal. ¿Significa esto que la concentración de solutos de la sangre es demasiado alta o demasiado baja?

16-4 La osmolaridad de la sangre de Santo era más alta de lo normal. En ausencia de otras compensaciones, ¿aumentará o disminuirá el volumen de las células del cuerpo?

El equilibrio de sodio y de agua son codependientes

El agua corporal está en un movimiento dinámico constante entre el líquido intracelular, el líquido intersticial y el plasma, para mantener de este modo el equilibrio osmótico. El *sodio* (Na^+) es el principal determinante de los movimientos de líquido de un compartimento a otro. Recordemos que las paredes capilares son permeables al Na^+, que se mueve con facilidad entre el plasma y el líquido intersticial. Sin embargo, la concentración de Na^+ en el citosol es baja, y el transporte de Na^+ a través de las membranas celulares está estrictamente regulado. El *potasio* (K^+) intracelular proporciona la mayor parte de la presión osmótica dentro de la célula, al igual que la albúmina lo hace para el plasma. Pero es el Na^+ el que ajusta los cambios entre el líquido extracelular y el intracelular.

Además, el contenido global de Na^+ del cuerpo es un determinante importante del contenido de agua corporal. Piense en la sensación de hinchazón que sigue al consumo de una bolsa grande de palomitas de maíz saladas y un refresco gigante. El agua de la bebida sigue el sodio de las palomitas de maíz y pasa a través de las células intestinales hacia el espacio vascular, expandiendo el volumen plasmático. Parte de este sodio y agua extra pasará al líquido intersticial, haciendo que los tejidos se hinchen y produciendo sensación de «hinchazón». Así, el líquido intersticial proporciona una amortiguación contra los grandes cambios en la volemia.

Pero la volemia aún aumentará un poco, y la volemia (específicamente la volemia *arterial*) es el principal determinante de la presión arterial. Por lo tanto, el equilibrio de sodio y la presión arterial son interdependientes; un aumento de la retención de sodio aumenta la presión arterial, y viceversa. Esta relación es tan absoluta que nuestro cuerpo utiliza el contenido de sodio corporal como indicador de la presión arterial. Nuestro consumidor de palomitas de maíz no tendrá un aumento importante de la presión arterial ya que el sistema cardiovascular responde de inmediato homeostáticamente para evitar el aumento, y a largo plazo los riñones excretan la carga de sodio para restablecer el equilibrio de electrólitos y agua (hidroelectrolítico). Más adelante se analizan los mecanismos correctivos que restauran la homeostasis.

La relación entre el equilibrio electrolítico y la presión arterial tiene importantes implicaciones clínicas. Cualquier alteración patológica en el equilibrio electrolítico altera la presión arterial. Una presión arterial crónica demasiado elevada es **hipertensión** ⬅ (cap. 11). La hipertensión acelera el desarrollo de la ateroesclerosis, que tiene un acusado efecto perjudicial sobre el corazón y los vasos sanguíneos y se asocia a ataques cardíacos y accidentes cerebrovasculares. Aunque algunas personas son más susceptibles que otras a los efectos del sodio sobre la presión arterial, el alto consumo de ClNa en la dieta guarda una relación estrecha con la hipertensión arterial. El tratamiento de la hipertensión por lo general implica limitar la ingesta de sodio en la dieta y la administración de medicamentos *(diuréticos)* para aumentar la excreción renal de sodio. En el lado positivo, todo ello nos permite también manipular el equilibrio de sodio para corregir problemas de presión arterial.

Apuntes sobre el caso

16-5 La presión arterial de Santo es baja. ¿Mejoraría o empeoraría el problema un aumento de su volemia?

16-1 Indicar los dos principales líquidos extracelulares.

16-2 Verdadero o falso: a pesar de las diferencias en las concentraciones de iones individuales, en general la concentración de electrólitos es aproximadamente la misma entre el líquido intracelular y extracelular.

16-3 ¿Qué compartimento líquido contiene el mayor volumen de agua, el compartimento intracelular o el extracelular?

16-4 ¿Cuál es la diferencia entre una sal y un ión?

16-5 En ausencia de compensación, ¿qué efecto tendría una dieta alta en sodio sobre la presión arterial?

Generalidades del aparato urinario

El aparato urinario participa en tres tipos interrelacionados de homeostasis:

1. Equilibrio electrolítico: la entrada de electrólitos debe coincidir con la salida de electrólitos.
2. Equilibrio hídrico: la salida de líquidos debe estar equilibrada con la entrada de líquidos.
3. Equilibrio acidobásico: el pH del cuerpo debe permanecer relativamente constante.

Otros sistemas del cuerpo también participan en estos procesos de equilibrio, pero en este capítulo nos centraremos en las contribuciones del riñón.

Los riñones, los órganos principales del aparato urinario, llevan a cabo estos procesos de equilibrio mediante la formación de la orina, con la que eliminan agua, electrólitos y otros solutos en función de las necesidades del cuerpo. Por ejemplo, si se necesita más sodio, la orina elimina menos sodio, o bien, si el cuerpo tiene demasiada agua, los riñones la eliminan produciendo más orina.

La orina es un líquido de desecho

Como es un producto de desecho, la **orina** es tan importante como las heces. Pero el mal olor de los urinarios mal desinfectados es consecuencia de la contaminación bacteriana y de los productos del metabolismo bacteriano, y no de los componentes normales de la orina. La mayor parte de la orina es lo suficientemente limpia como para poder beberla, o al menos para comprobar su sabor, como los médicos hacían en la Antigüedad con regularidad para diagnosticar la diabetes mellitus. Los médicos contemporáneos utilizan tiras reactivas para obtener valiosas pistas diagnósticas de la orina. Puede leer más sobre el análisis de orina en la siguiente Instantánea clínica titulada «Oro líquido».

Además de su función como líquido diagnóstico, la orina ha sido utilizada a través de los siglos para casi todos los objetivos imaginables; las civilizaciones antiguas la utilizaban como antiséptico, la lana escocesa se empapaba en orina para evitar que se encogiera, y otros la fermentaban y secaban para recoger cristales de nitrato de potasio (salitre), que se utilizaban para fabricar explosivos.

Los productos de desecho de la orina derivan principalmente del metabolismo de las proteínas, como la urea, el ácido úrico, la creatinina y el amoníaco. La orina debe su color amarillo a la *urobilina,* un producto de desecho del metabolismo de la hemoglobina. Sin embargo, la orina no es sólo un desecho metabólico, sino que también contiene el exceso de agua, ácidos y electrólitos que recogen los riñones cuando filtran la sangre. Debido a que el 20% del gasto cardíaco pasa por los riñones, todo el volumen sanguíneo es filtrado varias veces cada hora con el objetivo de ajustar la osmolaridad, el pH y la concentración de electrólitos de la sangre.

Como se muestra en la figura 16-3, después de la formación en los riñones, la orina viaja a través de tubos llama-

INSTANTÁNEA CLÍNICA

Oro líquido

La vida depende de la capacidad del riñón para producir orina. Puesto que señala un sistema urinario sano, la orina es el equivalente diagnóstico al oro líquido. Una persona sana produce alrededor de 1 l a 2 l de orina al día, de los que alrededor del 99 % es agua. Dado que la orina es fácil de obtener, y que analizarla tiene un bajo coste, el **análisis de orina** es una de las pruebas médicas más comunes.

El color es importante. Por ejemplo, una orina de color rojo puede indicar una hemorragia en alguna parte del tracto urinario (o haber comido antes demasiada remolacha roja). La orina marrón-anaranjada oscura puede ser debida a la presencia de bilirrubina (cap. 15) que pasa de la sangre a la orina en casos de ictericia, con frecuencia debido a una enfermedad hepática. Sin embargo, la causa más común de un color anómalo es la medicación; grandes cantidades de algunas vitaminas puede producir una orina de un llamativo color naranja.

La orina normal debe ser clara. La orina turbia suele ser causa de un precipitado, a menudo por cristales de algún tipo, pero también puede estar producida por leucocitos como resultado de una infección.

Teniendo en cuenta que los desechos metabólicos son ácidos, no debería sorprender que la orina normal sea ligeramente ácida (pH 6).

El trabajo de los riñones es eliminar la mayor parte de los residuos del metabolismo de las proteínas, por lo que se encuentran presentes grandes cantidades de urea y creatinina. Y como el riñón ayuda a regular el equilibrio electrolítico, la orina contiene cantidades variables de sodio, potasio, calcio y fosfato.

Especialmente importante, sin embargo, es todo lo que no debe encontrarse en la orina. Las principales son las bacterias y las células, especialmente los leucocitos y los eritrocitos. Los leucocitos pueden indicar una infección. La presencia de eritrocitos pueden significar cualquier cosa, desde contaminación vaginal en una mujer menstruando a enfermedad renal o cáncer de las vías urinarias. Puesto que la barrera glomerular está diseñada para bloquear el paso de proteínas al líquido tubular, la orina normal no contiene una cantidad detectable de proteínas, ni debería contener glucosa.

El análisis de orina se realiza generalmente mediante un dispositivo automático, o en la consulta o en la clínica, de forma manual con la técnica de la «tira reactiva».

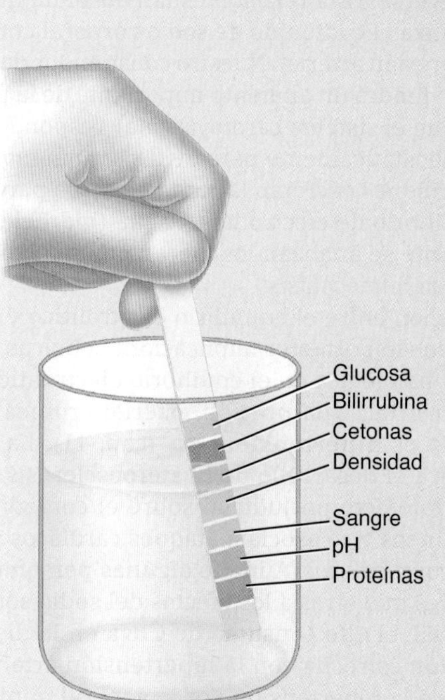

Análisis de orina. El método de la tira reactiva determina la concentración en la orina de diferentes sustancias.

Una tira reactiva de orina es una tira flexible de plástico que lleva pequeños fragmentos absorbentes impregnados con detectores químicos que cambian de color para indicar la presencia de una determinada sustancia o de alguna otra característica de la orina. Por ejemplo, el detector de glucosa es de color blanco. Si no hay glucosa presente, la parte de la tira correspondiente sigue siendo blanca. Si existe glucosa, se vuelve azul. Por lo tanto, si el detector se vuelve de color azul claro, existe una pequeña cantidad de glucosa; si se vuelve de color azul oscuro, mucha.

La *densidad de la orina* es una medida de la concentración de solutos disueltos en la orina. El aumento de la densidad puede indicar deshidratación o una alta concentración de glucosa o de proteínas. La disminución de la densidad puede indicar un consumo excesivo de líquidos, como con el abuso del alcohol, o que una enfermedad renal ha limitado la capacidad de los túbulos renales para concentrar la orina.

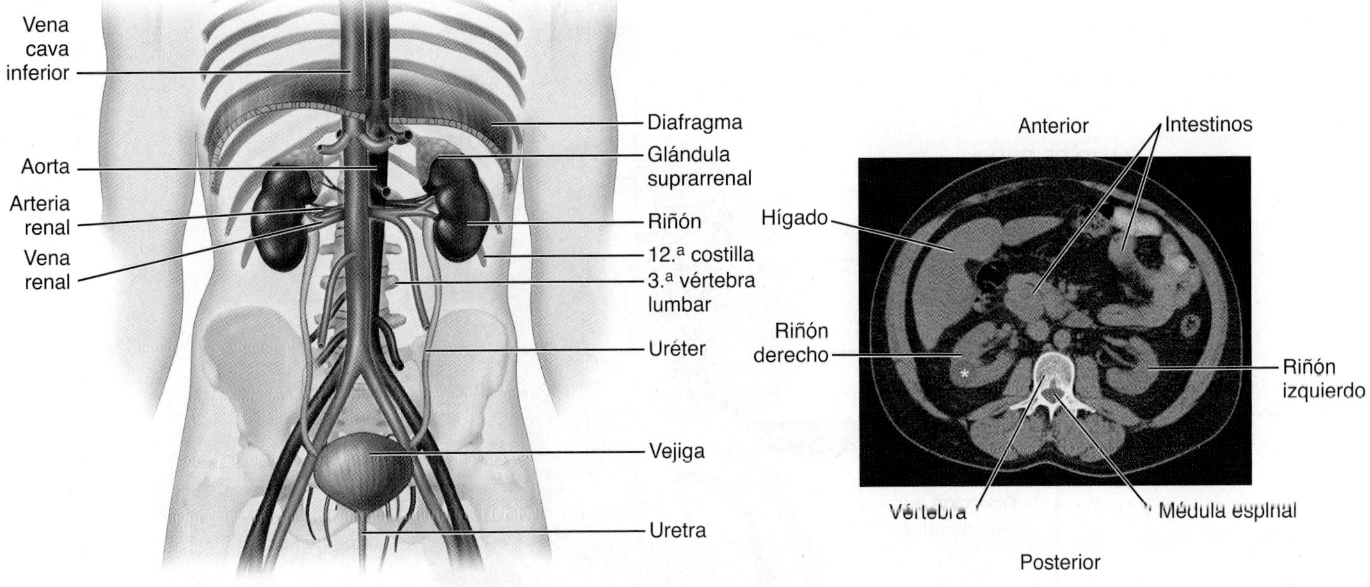

Figura 16-3. Aparato urinario. A) El aparato urinario está formado por los riñones, los uréteres, la vejiga urinaria y la uretra. **B)** Esta imagen de tomografía computarizada muestra un corte transversal del abdomen. *Identificar las estructuras que transportan la orina hacia y desde la vejiga.*

dos *uréteres* hacia la vejiga urinaria, que almacena la orina hasta que está lista para su eliminación. En conjunto, los uréteres y la vejiga se conocen como el *sistema colector*. La orina fluye desde la vejiga a través de la uretra hacia el exterior del cuerpo. Estos órganos constituyen el **aparato urinario.** A continuación se comenta con más detalle cada uno de éstos.

Apuntes sobre el caso

16-6 Santo está demasiado confuso como para proporcionar una muestra de orina de forma voluntaria, por lo que se le inserta un catéter en la vejiga para extraer la orina. ¿A través de que conducto pasa la sonda, el uréter o la uretra?

16-7 Si Santo estuviese en la antigua Grecia, ¿hubiese sido una prueba de diagnóstico útil un sorbo de orina?

Los riñones producen orina

Los **riñones** son órganos pares con forma de judía y el tamaño de un puño (fig. 16-3 A). Están localizados cerca de la columna vertebral, entre la duodécima vértebra dorsal y la tercera lumbar. El izquierdo se encuentra ligeramente más alto que el derecho, y el ala protectora de la duodécima costilla protege a ambos. Sin embargo, los extremos inferiores asoman por debajo de las costillas y son vulnerables a traumatismos, de ahí el origen de la frase «golpe de riñón» en la jerga del boxeo. Las arterias renales derecha e izquierda suministran la sangre arterial, y las venas renales correspondientes recogen la sangre venosa. Son los órganos abdominales más posteriores, y no se encuentran dentro de la cavidad peritoneal, sino detrás de ella, en el retroperitoneo (fig. 16-3 B).

El uréter, los vasos sanguíneos y los nervios entran y salen de un pequeño espacio en el lado interno de cada riñón (figura 16-4). El extremo superior de cada uréter se expande en forma de embudo cuando se une a los riñones en el hilio. Esta amplia inserción a menudo se considera parte del riñón y se denomina **pelvis renal.**

Internamente, cada riñón está formado por una **corteza** exterior pálida, un reborde de tejido de aproximadamente 1 cm de espesor, y la **médula** interna de color oscuro (fig. 16-4). La médula está formada por varias **pirámides renales** en forma de cono, que tienen sus extremos *(papilas)* apuntando hacia el hilio. Las *nefronas* son las unidades funcionales de los riñones, y algunas forman parte de la corteza y otras de la médula. Son estructuras complejas de vasos sanguíneos y túbulos epiteliales que producen y recogen la orina. Sus detalles anatómicos y la forma en que producen la orina se analizan en la siguiente sección de este capítulo.

La orina formada por las nefronas drena desde la papila hacia espacios en forma de copa llamados **cálices** (singular: cáliz, del latín *calyx* = «cáscara»). La orina fluye desde los cálices hacia la pelvis renal, que dirige la orina al extremo superior de un **uréter,** uno de los dos largos, delgados y flexibles tubos musculares que se conectan con la vejiga.

Los uréteres transportan la orina a la vejiga

La pared del uréter está formada por tres capas (figura 16-5 A). La capa interna, la **mucosa**, es un revestimien-

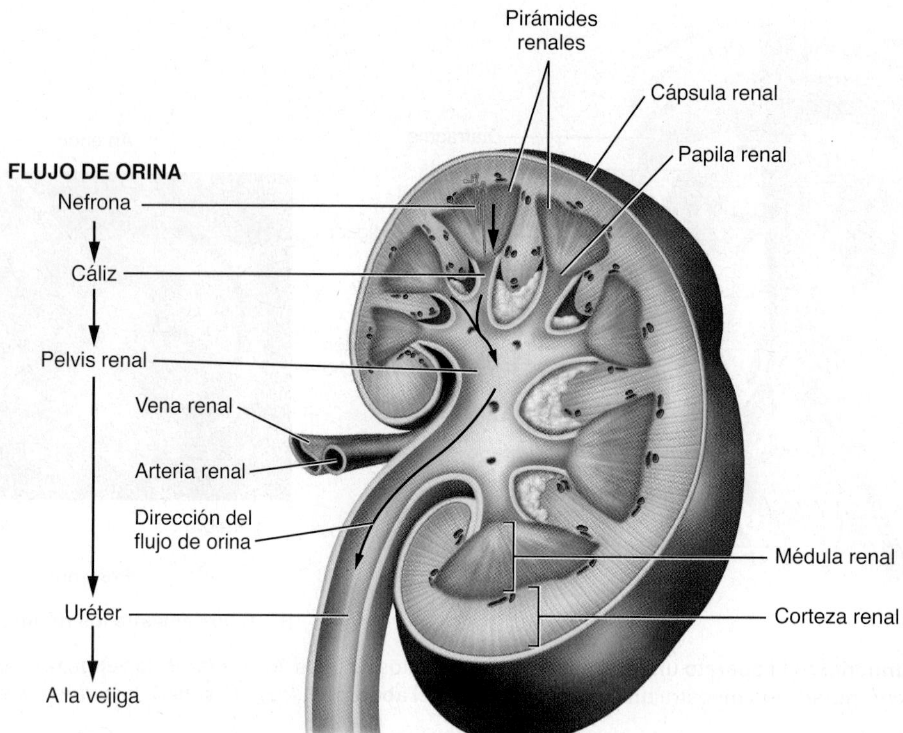

Figura 16-4. El riñón. Cada riñón está formado por una corteza externa y una médula interna. La orina producida por los túbulos renales desemboca en la pelvis renal. *¿Las pirámides renales se encuentran en la corteza renal o en la médula renal?*

to de *células epiteliales de transición* (cap. 3) que tienen capacidad de estiramiento (de transición) y de pasar de regordetas a planas para acomodar la expansión del conducto. La capa media, la **muscular,** está formada por músculo liso, una capa longitudinal interna y otra circular externa. La capa externa, la **adventicia,** es una capa poco compacta de tejido fibroso.

Los uréteres están incluidos en una capa de grasa retroperitoneal y viajan por el retroperitoneo, a ambos lados de la columna vertebral. Después de cruzar el borde posterior de la pelvis ósea, giran hacia adelante y viajan por la pared de la vejiga durante una corta distancia antes de abrirse en la luz de la vejiga. Los uréteres entran en el suelo de la vejiga; por lo tanto, cuando la vejiga se llena, se expande hacia arriba y hacia fuera de los **orificios internos de la uretra.** Los orificios de los uréteres derecho e izquierdo y el punto de la línea media donde se unen la uretra y la vejiga forman un triángulo en el suelo de la vejiga, el *trígono.*

Un colgajo de tejido vesical a nivel de cada orificio interno de la uretra crea una válvula unidireccional que impide que la orina refluya de nuevo desde la vejiga hacia el uréter. La válvula se abre cuando la vejiga está relajada, lo que permite que se llene. El aumento de la presión durante la micción empuja la válvula y la cierra, impidiendo que la orina vuelva a entrar en el uréter.

Parte de la fuerza que empuja la orina hacia la vejiga proviene de la gravedad; no obstante, los uréteres masajean la orina activamente hacia abajo con ondas peristálticas en respuesta a las señales del sistema nervioso vegetativo. Los pacientes con lesión de la médula espinal y parálisis pierden parte de esta señalización vegetativa. Como resultado, la orina puede estancarse en la pelvis renal, los uréteres y la vejiga, lo que favorece la infección, la formación de piedras renales *(cálculos renales)* y la enfermedad renal. Sin embargo, la lesión de la médula espinal es una causa poco frecuente de litiasis urinaria. La mayoría de los cálculos renales están formados por sales de calcio y se presentan en pacientes que no tienen una enfermedad subyacente que causa la formación de cálculos; sin embargo, por razones desconocidas, la mayoría de ellos tienen altas concentraciones de calcio en la orina. A las personas a quienes se les forman cálculos una y otra vez se les suele llamar «formadores de cálculos» para distinguirlos de otros que forman las piedras de forma secundaria a una enfermedad conocida. En la figura 16-5 C puede verse un ejemplo de cálculo renal particularmente grande.

La vejiga almacena la orina hasta que es liberada

Al igual que el estómago es un «depósito» para los alimentos y el colon un tanque de retención de las heces, la **vejiga urinaria** es un depósito para la orina. Protegida detrás de la barrera ósea de la sínfisis del pubis, la vejiga está situada por delante del recto en los hombres (fig. 16-5 B) o de la vagina en las mujeres (fig. 17-7). El peritoneo cubre la superficie superior de la vejiga.

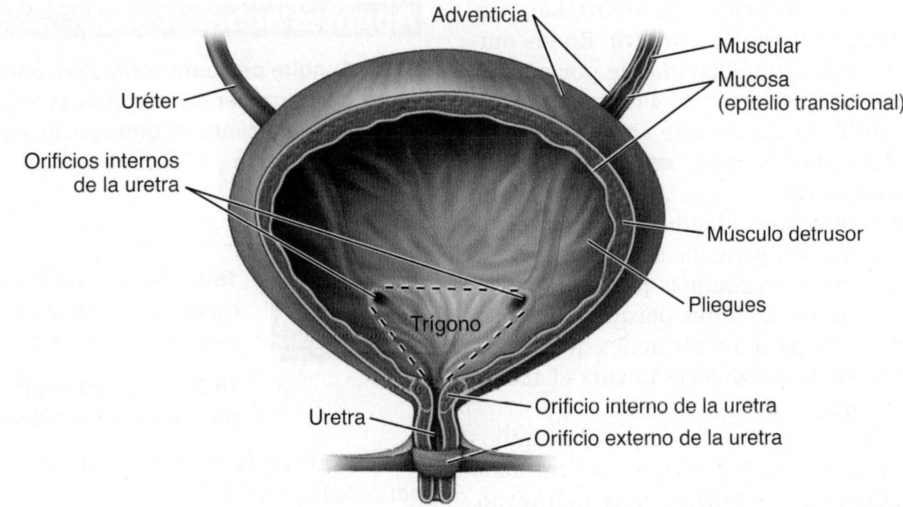

A Uréteres y vejiga

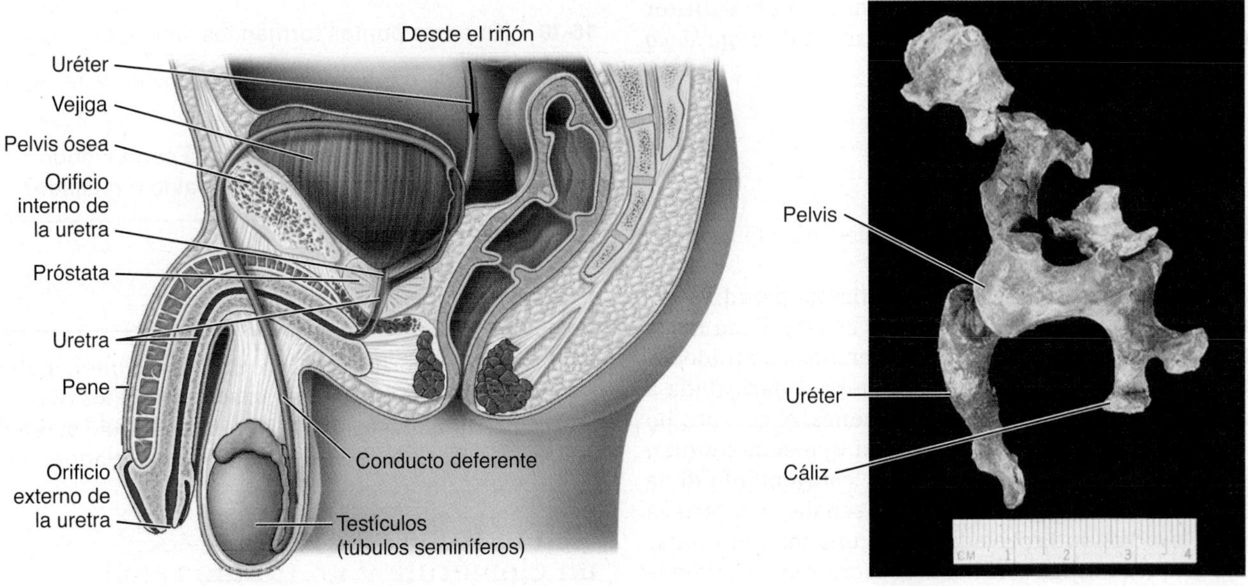

B Sistema colector de la orina, vista mediosagital

C Cálculo renal

Figura 16-5. Vejiga y uréteres. A) La vejiga y los uréteres contienen una capa muscular intercalada entre una cubierta exterior y la mucosa interna. **B)** Esta vista medio-sagital muestra los uréteres, la vejiga y la uretra de un varón. **C)** Este glomerular gran cálculo renal llenaba completamente la parte superior del uréter, la pelvis renal y los cálices. *¿Cómo se llaman los pliegues de la mucosa?*

Al igual que los uréteres, la pared de vejiga está formada por tres capas: una capa mucosa interna de epitelio de transición, una capa muscular media y una adventicia externa de tejido fibroso (la cúpula está cubierta por el peritoneo). La pared muscular de la vejiga se llama **músculo detrusor** (del latín *detrus* = «empujar»). Al igual que la capa muscular de los uréteres, está inervado por fibras nerviosas vegetativas.

La vejiga vacía tiene una forma similar a la de una pelota de baloncesto deshinchada: la cúpula cae hacia abajo sobre la forma ahuecada de la parte inferior. En esta conformación, la mucosa se pliega y sus células epiteliales de transición toman una forma redondeada. A medida que se llena, la vejiga empuja hacia arriba en la pelvis. Esta disposición permite que la vejiga se llene fácilmente y sin estiramiento. En un hombre promedio, la capacidad máxima de la vejiga es de cerca de 700 ml a 800 ml; la capacidad en las mujeres es ligeramente inferior, debido a que el útero permite menos margen para la expansión de la vejiga, especialmente durante el embarazo.

La orina pasa por la uretra desde la vejiga al exterior

La **uretra** es un tubo estrecho que va desde el cuello de la vejiga al exterior (fig. 16-5 B). El orificio interno, donde se une a la vejiga, es el *orificio interno de la uretra*. La apertura externa es el *orificio externo de la uretra*. En las mujeres, la uretra se encuentra inmediatamente por encima de la sínfisis del pubis; es corta, de unos 4 cm, está incluida en la pared anterior de la vagina y se abre inmediatamente por delante del orificio vaginal  (fig. 17-6). En los hombres es más larga, unos 17 cm. Va desde el cuello de la vejiga hasta el centro de la glándula prostática, y a continuación por el centro del pene hasta que se abre en el extremo de éste. Las mujeres son más propensas a infecciones de la vejiga que los hombres porque la mucosa vaginal es más hospitalaria para los gérmenes que la piel del pene, y la corta uretra de las mujeres facilita el acceso de las bacterias a la vejiga.

El orificio uretral interno está rodeado por dos anillos de músculo (fig. 16-5 A). El anillo proximal está formado por músculo liso y se denomina el **esfínter uretral interno.** Está inervado por el sistema nervioso vegetativo y no está bajo control voluntario. El anillo distal está situado a unos 3 cm a 4 cm y es un segundo anillo de músculo, el **esfínter uretral externo,** que está formado por músculo *esquelético* y bajo control de la corteza cerebral.

La micción es la expulsión de la orina desde la vejiga

La **micción** es la liberación de la orina desde la vejiga. Puede ser voluntaria o involuntaria.

El llenado inicial de la vejiga no estira su pared; la cúpula que está colapsada simplemente es empujada hacia arriba. Sin embargo, cuando el volumen llega a alrededor de 300 ml, la pared tiene que estirarse para dar cabida a un mayor volumen. A menores volúmenes, el cerebro no es consciente de ellos, pero a medida que se acumulan grandes volúmenes, los receptores de estiramiento de la pared de la vejiga comienzan a enviar señales a la corteza cerebral, que son interpretadas como una toma de consciencia de que la vejiga está llena. Conforme sigue aumentado el volumen y se distiende aún más, los receptores de estiramiento transmiten las señales a la médula espinal, lo que provoca un reflejo autónomo, el **reflejo miccional.** Este reflejo transmite señales parasimpáticas entre la médula espinal y la vejiga, provocando la contracción del músculo detrusor y la relajación del esfínter uretral interno (músculo liso involuntario). La corteza cerebral recibe información sensorial de la pared estirada de la vejiga, que interpreta como necesidad de orinar. El control voluntario de la micción depende del control cortical del esfínter urinario externo, que está compuesto de músculo esquelético. La relajación del esfínter externo produce la micción.

En las etapas iniciales de nuestra vida, aprendemos a suprimir voluntariamente la señal inhibidora refleja que relaja el esfínter uretral externo. De este modo podemos decidir cuándo se produce la micción; sin embargo, cuando existen volúmenes muy grandes, o en los estados de inconsciencia, las señales voluntarias no pueden contener las reflejas y se produce la micción involuntaria.

Apuntes sobre el caso

16-8 Aunque presenta confusión, Santo sigue siendo capaz de mantener el control de la vejiga a pesar de un volumen importante de orina en su vejiga. ¿Qué esfínter uretral se contrae y cuál se relaja?

Examen sorpresa

16-6 Si se compara el riñón con un melón, ¿qué capa sería la cáscara del melón, la corteza o la médula?

16-7 ¿Cuál es la diferencia entre las pirámides y los cálices renales?

16-8 ¿Qué parte del sistema de recolección es en realidad parte de los riñones?

16-9 ¿Cuando se pone cabeza abajo, puede la orina pasar desde el riñón a la vejiga?

16-10 ¿Qué tres puntos forman los límites del trígono?

16-11 Verdadero o falso: la capa muscular de la vejiga se llama la capa *muscular.*

16-12 Si el músculo detrusor se está contrayendo, ¿está el esfínter uretral interno contraído o relajado?

Producción de orina

La formación de orina requiere un preciso intercambio entre las estructuras tubulares y vasculares de los riñones. Así que comenzamos este apartado con un estudio más a fondo de las nefronas y los vasos sanguíneos asociados.

Una nefrona contiene un glomérulo y un túbulo renal

La **nefrona** es la unidad funcional del riñón. Está compuesta de una unidad de filtrado inicial, un penacho de capilares llamado **glomérulo,** y sus túbulos epiteliales asociados, el **túbulo renal** (fig. 16-6 A). Hay dos tipos de nefronas: las *nefronas corticales,* más cortas, se encuentran más cerca de la superficie de la corteza, mientras que las *nefronas yuxtamedulares* se encuentran más hacia el interior, cerca de la médula. El extremo proximal de cada túbulo es la **cápsula glomerular,** una parte ensanchada de los túbulos que envuelve el glomérulo. El glomérulo es empujado hacia dentro de la cápsula glomerular como un dedo empujando hacia dentro de un globo largo y estrecho. El líquido se filtra desde los capilares de la punta del dedo del globo y fluye por el túbulo.

Cada túbulo renal se divide en tres secciones distintas (fig. 16-6 A), que de proximal a distal son:

- El **túbulo proximal.**
- El **asa de la nefrona** *(asa de Henle).*
- El **túbulo distal.**

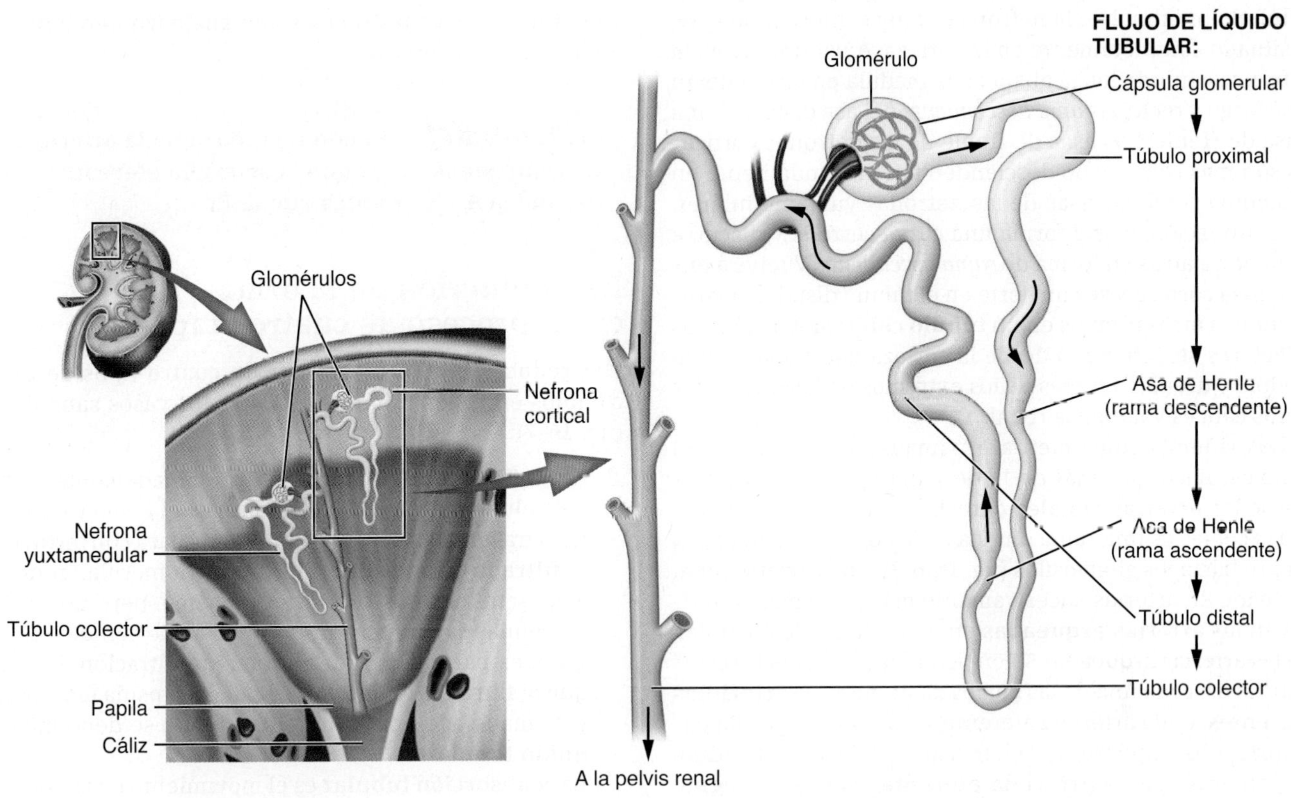

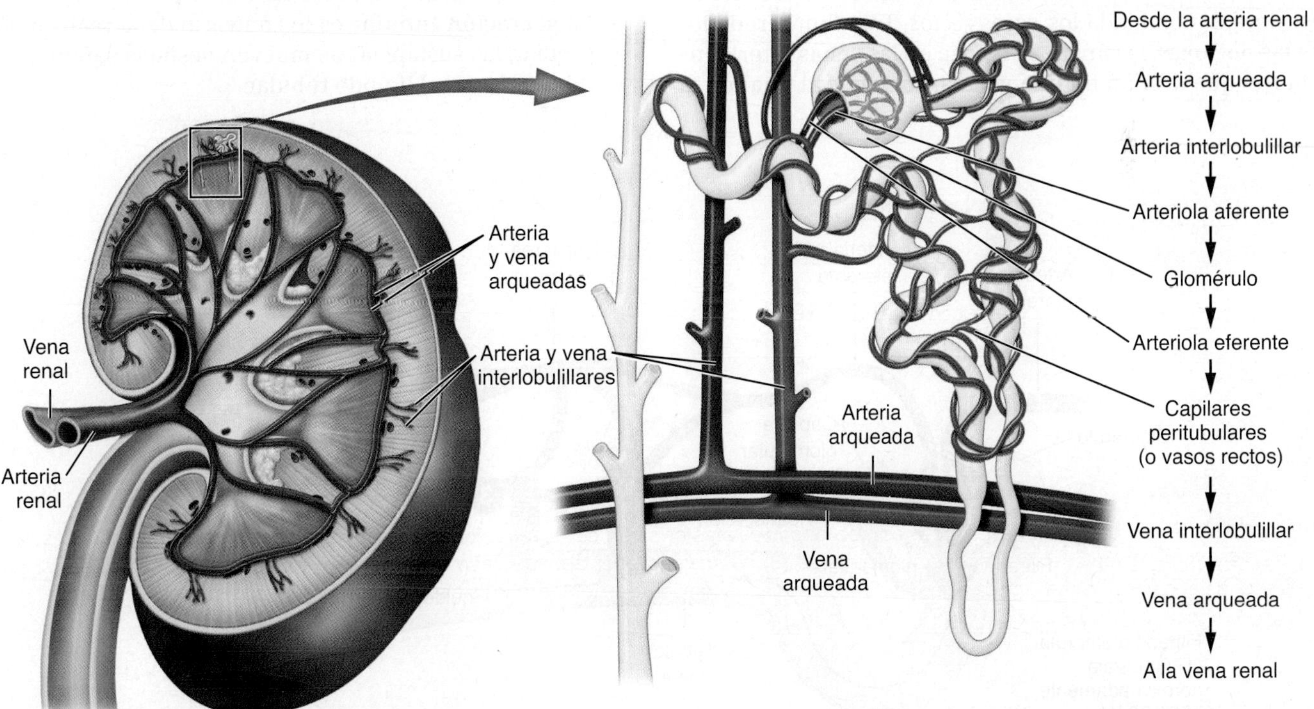

Figura 16-6. Nefrona y vasos sanguíneos asociados. A) La nefrona está formada por los túbulos renales y el glomérulo. El líquido tubular se forma en la cápsula glomerular y pasa por los túbulos renales. **B)** La circulación renal envía la sangre a través de dos lechos capilares separados: el glomérulo y los capilares peritubulares/vasos rectos. *¿Qué vasos sanguíneos reciben la sangre de la arteria arqueada?*

El túbulo proximal de la nefrona es muy contorneado y está situado completamente en la corteza. A continuación, la nefrona se hunde hacia abajo en la médula en forma de un tubo largo y recto, la *rama descendente* del asa de la nefrona o asa de Henle. Las asas de Henle de las nefronas corticales son más cortas y no descienden tan profundamente en la médula como las asas de las nefronas yuxtamedulares. A continuación, el asa forma una curva cerrada y discurre recta hacia atrás en forma de *rama ascendente*. Vuelve a entrar en la corteza y se convierte en el túbulo distal, que drena junto a otros túbulos en un **túbulo colector.** Los túbulos colectores se extienden desde la corteza hacia abajo en la médula y drenan a través de los extremos de las pirámides en los cálices y la pelvis renal.

Los riñones consumen aproximadamente el 20 % del gasto cardíaco, algo más de 1 l de sangre por minuto, a través de las **arterias renales** derecha e izquierda, cada una de las cuales es una rama directa de la aorta y que llevan la sangre hasta los glomérulos (fig. 16-6 B). Cada arteria renal se divide en arterias sucesivamente más pequeñas, y al final en las **arterias arqueadas** en el límite corticomedular. De las arterias arqueadas salen pequeñas **arterias interlobulillares,** cada una de las cuales da numerosas **arteriolas aferentes**. Cada arteriola aferente se ramifica y enrolla para formar los capilares del glomérulo. La sangre sale desde el glomérulo por la **arteriola eferente,** y posteriormente por los **capilares peritubulares** que rodean a las nefronas. En las nefronas yuxtamedulares, los capilares peritubulares abrazan al asa de la nefronas en una red en forma de escalera denominada los *vasos rectos*. Tras fluir alrededor de las nefronas, la sangre se recoge en las venas interlobulillares, que drenan en una vena arqueada y al final en la vena renal. Las venas renales derecha e izquierda drenan en la vena cava inferior.

¡Recuerde! **Puede recordar que la arteriola aferente viene antes que la arteriola eferente porque la A viene antes que la E.**

La producción de la orina es un proceso de cuatro etapas

La producción de orina consta de cuatro tipos de intercambios entre los túbulos renales y los vasos sanguíneos (fig. 16-7):

1. En la **filtración glomerular,** aproximadamente el 20 % del volumen de líquido que pasa por el glomérulo se filtra a través de la cápsula glomerular para convertirse en el **filtrado glomerular.** El filtrado glomerular contiene agua y numerosos solutos del plasma, pero no contiene células sanguíneas ni proteínas, que son demasiado grandes para pasar por el tamiz de filtración. Una vez que el filtrado glomerular sale de la cápsula glomerular y es manejado por el epitelio tubular, se denomina **líquido tubular.**
2. La **reabsorción tubular** es el movimiento de las sustancias desde el líquido tubular de vuelta hacia la sangre. El agua y otras muchas sustancias pasan desde todas las partes del túbulo hacia los capilares peritubulares.
3. La **secreción tubular** es lo contrario de la reabsorción tubular; las sustancias se mueven desde la sangre peritubular hacia el líquido tubular.

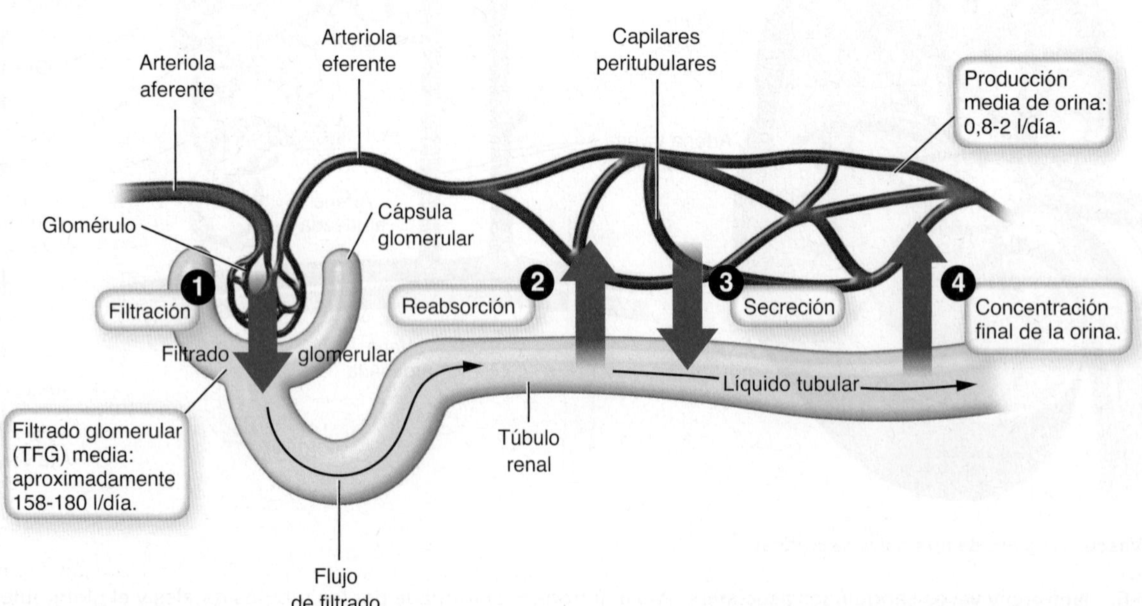

Figura 16-7. Procesos renales. La formación de la orina requiere cuatro tipos de intercambios entre la sangre y el líquido tubular. *¿Qué proceso o procesos hacen pasar las sustancias desde la sangre hacia el túbulo renal?*

4. La **concentración de la orina** es un proceso específico de reabsorción de agua que se produce en los conductos colectores y el asa de Henle de la nefrona. La cantidad de reabsorción de agua determinará la concentración de la orina.

¡Recuerde! **Sólo la secreción tubular mueve solutos desde la sangre al líquido tubular. Todos los demás procesos mueven agua y solutos desde el líquido tubular hacia la sangre.**

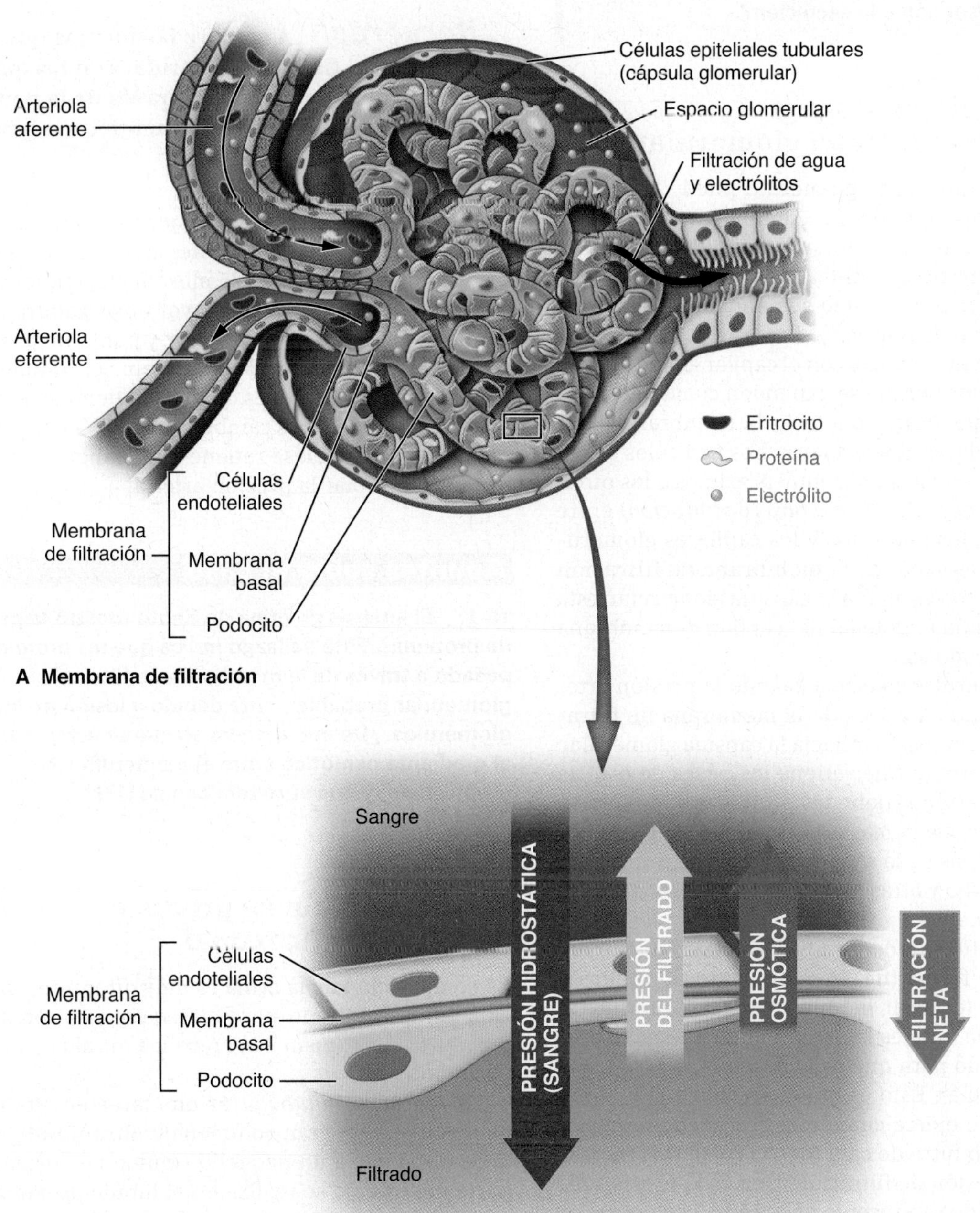

Figura 16-8. Filtración. A) El endotelio capilar, la membrana basal y los podocitos de la cápsula glomerular actúan como un filtro de papel, manteniendo las células y las proteínas en la sangre y dejando que pasen a su través el agua y los solutos pequeños. **B)** La presión hidrostática de la sangre (presión arterial) favorece la filtración; la presión hidrostática del filtrado y la presión osmótica de la sangre se oponen a la filtración. *¿Cuál de las siguientes sustancias pueden encontrarse en la cápsula glomerular: proteínas de gran tamaño, células de la sangre o sodio?*

Apuntes sobre el caso

16-9 Debido a la baja presión arterial de Santo, llega menos sangre a sus glomérulos. ¿Qué vaso lleva la sangre al glomérulo?

16-10 Algunos de los problemas de Santo están producidos por la glucosa que se filtra y no vuelve a la sangre. ¿Qué proceso devuelve las sustancias filtradas a la sangre, la reabsorción o la secreción?

El glomérulo filtra la sangre para producir el filtrado glomerular

Como se señaló antes, cada glomérulo puede concebirse como un dedo de capilares que se hunde en el lado de un globo inflado (el final de un saco ciego de un túbulo) (fig. 16-8 A). El espacio que queda dentro del globo es la luz de la cápsula glomerular, que se denomina el **espacio glomerular** *(espacio de Bowman)*. Las células de la pared del globo que están en contacto con el capilar glomerular se denominan *podocitos* porque se extienden como pedicelos en forma de pie que alcanzan a tocar la membrana basal externa de los capilares glomerulares. Los pedicelos de los podocitos están dispuestos unos muy próximos a los otros, dejando pequeños espacios *(hendiduras de filtración)* entre ellos. En conjunto, los podocitos y los capilares glomerulares forman las tres capas de la **membrana de filtración** que, desde el espacio vascular a la cápsula glomerular, está formada por *a)* célula endotelial del capilar, *b)* membrana basal capilar y *c)* podocito.

El filtrado glomerular se forma cuando la presión arterial empuja al líquido a través de la membrana de filtración, desde el espacio vascular hacia la cápsula glomerular. Al igual que un filtro de café retiene los posos de café, la membrana de filtración retiene las proteínas y las células de la sangre porque son demasiado grandes para pasar por el filtro. Todo lo demás de la sangre, agua, iones, nutrientes, productos de desecho y otras moléculas pequeñas pasan al filtrado glomerular.

El equilibrio de fuerzas determina la cantidad de filtrado glomerular que se forma (fig. 16-8 B). La presión hidrostática de la sangre (es decir, la presión arterial) produce la *presión de filtración,* que es la única fuerza que hace presión sobre el líquido para que pase desde la sangre hacia la cápsula glomerular. Esto es muy parecido a la presión hidrostática que se ejerce cuando la gravedad empuja el agua a través de un filtro de café (flecha roja). Dos fuerzas se oponen a la presión de filtración. Una es la presión hidrostática del líquido ya presente en la cápsula glomerular (flecha amarilla). La otra es el gradiente de presión osmótica que existe entre la sangre glomerular y el filtrado glomerular (flecha azul). La sangre glomerular contiene una alta concentración de solutos, proteínas que no están en el filtrado, por lo que el gradiente de presión osmótica favorece el movimiento de agua de vuelta hacia el glomérulo. Sin embargo, la presión hidrostática de la sangre es mayor que la suma de las otras dos fuerzas combinadas, por lo que se produce la *filtración neta* (flecha verde); es decir, el líquido pasa de la sangre al túbulo.

La presión de la sangre glomerular varía según la presión arterial sistémica y el diámetro de la arteriola aferente. La dilatación de la arteriola aferente (proximal) aumenta el flujo sanguíneo y la presión en el glomérulo; la constricción tiene el efecto contrario.

¡Recuerde! **Compare las fuerzas que gobiernan el filtrado glomerular con las que gobiernan el movimiento a través de la pared capilar. Verá que son básicamente las mismas.**

El volumen del filtrado glomerular formado por minuto es la tasa de **filtrado glomerular** (TFG). La TFG es en promedio 100 ml/min a 125 ml/min, dependiendo del peso corporal. Las personas de mayor envergadura tienen más cantidad de sangre para depurar, y por tanto producen más filtrado glomerular. La TFG determina el volumen de filtrado, y mayores volúmenes de filtrado tienden a aumentar el volumen de orina. Los cambios en la TFG por lo tanto afectan a cuánto líquido se retiene en la sangre y esto, a su vez, ayuda a controlar la presión arterial.

Apuntes sobre el caso

16-11 El análisis de orina de Santo mostró la presencia de proteínas. Este hallazgo indica que las proteínas han pasado a través de la membrana de filtración glomerular probablemente debido a lesión de los glomérulos. ¿De qué manera afectarán estas proteínas al gradiente osmótico entre el glomérulo y el ultrafiltrado, y qué sucederá con su TFG?

La reabsorción se produce en el túbulo proximal

La composición de la orina es muy diferente a la composición del ultrafiltrado, porque la nefrona intercambia agua y las sustancias disueltas entre los túbulos y los capilares peritubulares.

La *reabsorción tubular* es una tarea de alta resistencia debido a que un gran volumen de ultrafiltrado glomerular debe reducirse a un pequeño volumen de orina. La mayor parte del trabajo se realiza en el túbulo proximal, que utiliza una combinación de mecanismos de transporte activo y pasivo para conseguir que la mayoría de los componentes se filtren de nuevo a la sangre (tabla 16-1). A continuación se explica cómo funciona (fig. 16-9):

1. Los iones de sodio son transportados desde el ultrafiltrado a la sangre por *transporte activo primario* y la proteína Na^+/K^+-ATPasa. Los iones cloruro (Cl^-) siguen a la carga positiva de los iones Na^+.

Tabla 16-1. Procesamiento renal de determinadas sustancias

Segmento de la nefrona	Soluto filtrado que se reabsorbe (%)		
	Sodio (y cloro)	Agua	Glucosa
Túbulo proximal	65 %	65 %	100 %
Asa de Henle	25 %	10 %	0
Túbulo distal	5 %	0	0
Túbulo colector	4-5 % (regulado)	5-24 % (regulado)	0

2. El gradiente de sodio producido por el paso 1 se utiliza para que atraviesen la glucosa, el fosfato y los aminoácidos utilizando el *transporte activo secundario* (cap. 3).
3. A medida que los solutos pasan desde el líquido tubular hacia la sangre, el agua les sigue por osmosis.
4. Todas las moléculas restantes (como la urea, el calcio y el potasio) se encuentran repentinamente en un volumen menor de ultrafiltrado, están más *concentradas* de lo que lo estaban antes. Este nuevo gradiente de concentración impulsa la urea y el potasio desde el filtrado hacia la sangre.

La mayor parte del bicarbonato se reabsorbe a través de un mecanismo especializado que comentaremos más adelante.

La secreción tubular se produce por toda la nefrona

Aunque es menos común, también se produce *secreción* tubular. Por ejemplo, los túbulos proximales secretan creatinina (de la descomposición de los músculos), hidrogeniones y fármacos desde la sangre peritubular hacia el líquido tubular para ser excretados por la orina. Como veremos, la secreción por el túbulo proximal de hidrogeniones es importante para el equilibrio acidobásico. Otras partes de la nefrona también secretan hidrógeno.

La reabsorción y secreción reguladas se producen en el túbulo distal y en los túbulos colectores

El túbulo distal y los túbulos colectores transfieren relativamente pocas cantidades de agua y solutos entre el líquido tubular y la sangre peritubular. No obstante, son muy importantes, ya que es en ellos donde el riñón regula el equilibrio hidroelectrolítico. El equilibrio hídrico se trata más adelante. A continuación comentaremos el equilibrio electrolítico centrándonos en las relaciones recíprocas entre secreción y reabsorción de los pares de electrólitos Na/K y Ca/fostafo. Bajo la influencia de las hormonas, el primer

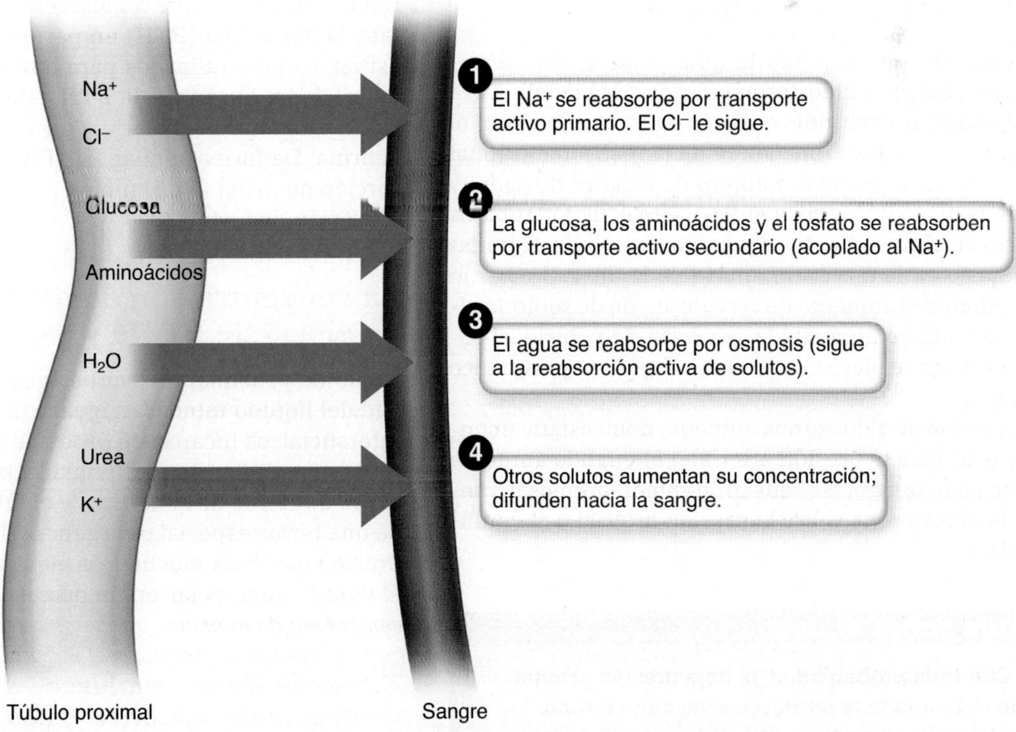
Na+
Cl−
Glucosa
Aminoácidos
H2O
Urea
K+
1
El Na+ se reabsorbe por transporte activo primario. El Cl− le sigue.
2
La glucosa, los aminoácidos y el fosfato se reabsorben por transporte activo secundario (acoplado al Na+).
3
El agua se reabsorbe por osmosis (sigue a la reabsorción activa de solutos).
4
Otros solutos aumentan su concentración; difunden hacia la sangre.
Túbulo proximal
Sangre

Figura 16-9. Reabsorción en el túbulo proximal. La reabsorción de muchos diferentes electrólitos depende enteramente de la reabsorción de sodio. *¿Qué soluto se reabsorbe por transporte activo secundario en el túbulo proximal, el potasio o la glucosa?*

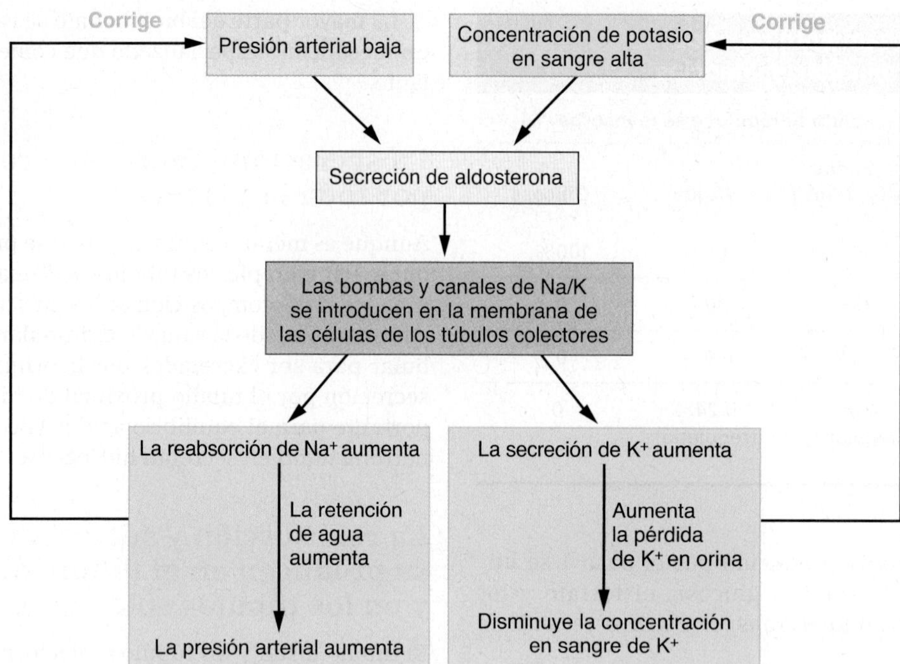

Figura 16-10. Aldosterona. La secreción de aldosterona está regulada por retroalimentación negativa por la presión arterial y las concentraciones de potasio. *Los plátanos son una buena fuente de potasio. ¿Cómo alteraría la secreción de aldosterona tomar muchos plátanos?*

miembro de cada par es *reabsorbido* desde el líquido tubular hacia la sangre peritubular, y el segundo miembro es *secretado* desde la sangre peritubular hacia el líquido tubular.

La aldosterona regula la reabsorción de sodio y la secreción de potasio

Recordemos del capítulo 15 que los *mineralocorticoides* suprarrenales, la aldosterona el principal de ellos, regulan el equilibrio del sodio a través de su acción sobre el túbulo renal. La aldosterona aumenta la reabsorción renal de sodio, incrementando el número de canales de sodio y las bombas de sodio-potasio en las células de los túbulos colectores corticales (fig. 16-10). La bomba de Na-K transporta potasio en la dirección opuesta a la de sodio. Por lo tanto, mediante el aumento de la *reabsorción* de sodio, la aldosterona también aumenta la *secreción* de potasio; el sodio en la sangre se eleva cuando baja el potasio plasmático y viceversa.

La secreción de aldosterona aumenta homeostáticamente cuando: *a)* baja la presión arterial o *b)* cuando aumenta el potasio en la sangre. Más adelante comentaremos la función de la aldosterona sobre la presión arterial y el equilibrio hídrico.

Apuntes sobre el caso

16-12 Con toda probabilidad, la baja presión arterial de Santo estimularía la producción de aldosterona. ¿Cómo afectaría esto a la cantidad de potasio en la orina de Santo?

La paratirina estimula la retención de calcio y la excreción de fosfato

Recordemos que el calcio y el fosfato son reabsorbidos en el túbulo proximal. En los capítulos 6 y 15 se introdujeron las hormonas que regulan el equilibrio de calcio y fosfato, la *paratirina* (PTH) en particular. Como parte de sus esfuerzos generalizados para aumentar la concentración de calcio en la sangre, la PTH estimula la reabsorción de calcio en el túbulo distal y reduce la pérdida de calcio por la orina. De forma similar, la PTH también *reduce* la reabsorción de fosfato en el túbulo proximal, lo que aumenta la excreción de fosfato.

La concentración de orina se produce en el asa de Henle y en el túbulo colector

El túbulo proximal reabsorbe agua hasta que la osmolaridad del líquido tubular es igual a la de la sangre y el tejido intersticial; es incapaz de producir una orina más concentrada que el líquido peritubular y la sangre. Sin embargo, el asa de Henle de la nefrona y el túbulo colector cooperan de una forma especial para generar líquido tubular con una presión osmótica mucho más elevada que la de la sangre y el líquido intersticial, en un proceso que se denomina *concentración de la orina*.

El asa de Henle establece un gradiente osmótico único

La capacidad del riñón de generar orina concentrada depende del asa de Henle de las nefronas yuxtamedurales.

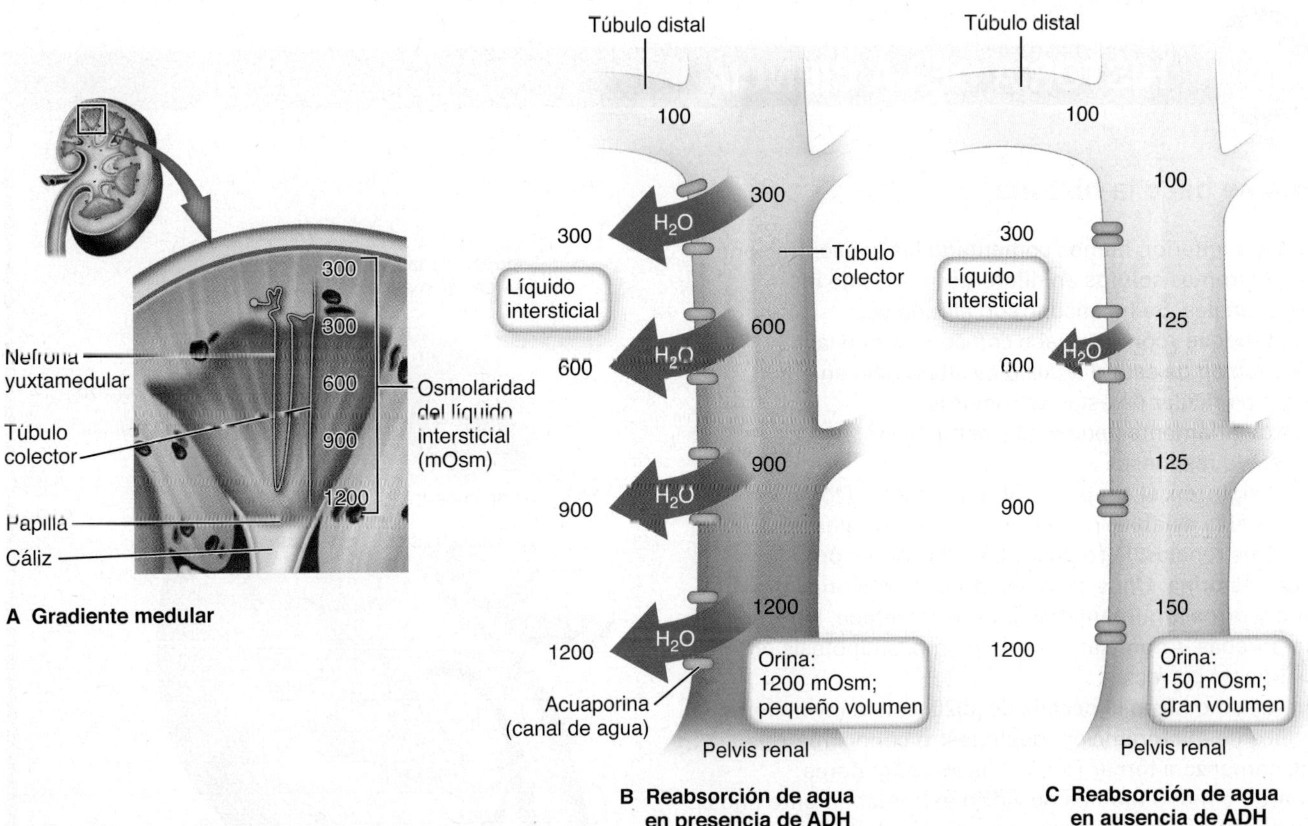

Figura 16-11. Concentración de la orina. A) El asa de Henle de la nefrona establece un gradiente osmótico en la médula renal. **B)** Cuando la ADH está presente, el agua pasa por el gradiente osmótico, lo que da lugar a la orina concentrada. **C)** Cuando la ADH está ausente, el agua no se puede pasar por el gradiente osmótico y la orina permanece diluida. *¿Dónde es mayor el gradiente osmótico: en el túbulo distal o en la pelvis renal?*

Estas largas asas establecen un gradiente osmótico especial, el **gradiente osmótico medular** (fig. 16-11 A). Este gradiente es la diferencia de la presión osmótica entre las *diferentes regiones de la médula renal*. Las regiones medulares más profundas de los extremos del asa de Henle contienen mucho más soluto y tienen una presión osmótica mucho más alta que las regiones próximas a la corteza. Los detalles de este mecanismo superan el objetivo de este texto, pero puede leer más en el siguiente apartado de Historia de la ciencia titulado «Cómo se hace la historia». En la sección siguiente aprenderemos de qué forma este gradiente osmótico determina la concentración de la orina.

Un hecho interesante a propósito de esta tema: las ratas del desierto tienen muchas nefronas yuxtamedulares y pueden conseguir un gradiente osmótico mucho mayor que los humanos. Como resultado, conservan agua excretando orina extremadamente concentrada.

La vasopresina regula la reabsorción de agua

El asa de Henle de la nefrona establece el gradiente osmótico medular, pero es el túbulo colector el que utiliza el gradiente para concentrar la orina. La orientación del túbulo colector también es importante. Corre a lo largo del asa de Henle y drena en la pelvis renal en la papila medular (fig. 16-11 A). A medida que el líquido tubular desciende por el túbulo colector, la presión osmótica de los tejidos adyacentes va aumentando, y progresivamente cada vez se extrae más aguda del líquido tubular, que entra en la sangre (fig. 16-11 B). Como resultado, el líquido tubular y la orina se van haciendo cada vez más concentrados. Hay que tener en cuenta que, al contrario que la osmosis en el túbulo proximal, este mecanismo *no es dependiente de sodio*. El gradiente osmótico medular, no la reabsorción de solutos, es la fuerza impulsora de la reabsorción de agua.

> *¡Recuerde!* **En el túbulo colector, la reabsorción de agua es independiente del movimiento de solutos.**

Aunque el gradiente osmótico medular establece las *circunstancias* por las que se produce la concentración de la orina, realmente, en ausencia de **vasopresina** (ADH), una hormona de la hipófisis posterior que conocimos brevemente en el capítulo 15, sale poca agua fuera del tú-

HISTORIA DE LA CIENCIA

Cómo se hace la historia

En el texto anterior, hemos comentado las concentraciones de los diferentes solutos en diferentes partes de los túbulos renales. Se ha encontrado alguna vez preguntándose ¿cómo se sabe con certeza que la concentración de esto o aquello es alta o baja en algún lugar en particular de estas estructuras extraordinariamente pequeñas y complejas? Aquí está la respuesta.

En el siglo XIX, el simple estudio microscópico de los riñones había establecido la anatomía de los glomérulos y los túbulos renales. Pero poco se sabía sobre cómo se producía la orina. Unos argumentaban que la orina era un filtrado y otros argumentaban que se secretaba. Pero no había pruebas. Ahora sabemos que ambas hipótesis eran parcialmente correctas.

No fue sino hasta la década de 1920, con la invención de la técnica de micropunción, que nuestro conocimiento actual comenzó a tomar forma. Los investigadores fabricaron a mano túbulos de vidrio extremadamente finos y, con el uso de los microscopios y manipuladores mecánicos capaces de un ajuste muy fino, se introdujeron en los túbulos individuales de riñones de animales en varios puntos. Se obtuvieron y analizaron muestras de líquido tubular, con lo que comenzó a avanzar rápidamente la fisiología renal.

Otra técnica que ayudó a demostrar el gradiente osmótico medular aprovechó el hecho de que el agua con una alta concentración de solutos tiene un punto de congelación inferior al del agua pura. En 1951, los investigadores congelaron riñones de animales y realizaron cortes ultrafinos de las pirámides medulares renales, que pusieron en orden según su ubicación: desde cerca de la punta a los más próximos a la corteza.

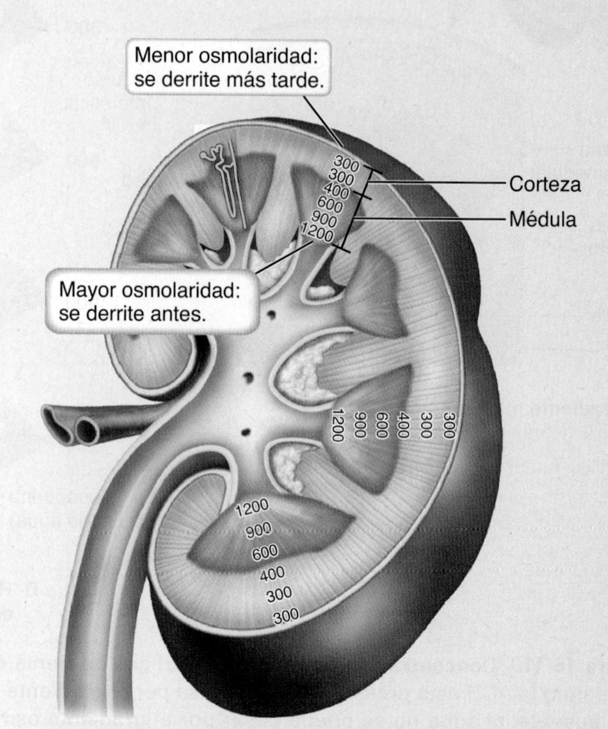

Gradiente osmótico medular.

A continuación aumentaron la temperatura muy lentamente. Los cortes obtenidos de las puntas de las pirámides renales se fundieron antes, mientras que los cortes más alejados de la punta se derritieron más tarde, a temperaturas más altas. *¡Voilà!* Un gradiente osmótico.

---

bulo colector. Como sabemos, un *diurético* es una sustancia que aumenta la excreción de orina; de este modo, la ADH favorece la retención de agua.

Pensamos en la osmosis como un proceso no regulado aunque por lo general lo está, porque la mayoría de las membranas celulares son permeables al agua. Sin embargo, la células de los túbulos colectores pueden ser virtualmente *impermeables* al agua sin la influencia de la ADH. Aquí, la osmosis se producirá sólo si los canales de agua, llamados **acuaporinas,** se insertan en la membrana celular. La ADH estimula la inserción de las acuaporinas en la membrana celular de las células de los túbulos colectores, lo que permite que se produzca la osmosis y se concentre la orina (fig. 16-11 B). En ausencia de ADH existen muy pocas acuaporinas en la membrana, y la mayor parte del agua permanece en el líquido tubular para ser eliminada en forma de grandes volúmenes de orina (fig. 16-11 C). La ausencia patológica de la ADH se conoce como *diabetes insípida* (gran volumen de orina sin sabor). El volumen de orina producido puede ser impresionante: hasta 10 l/día.

Como sería de esperar, existe un circuito de retroalimentación negativa típico, y la secreción de ADH aumenta cuando la osmolaridad sanguínea es alta o la presión arterial es baja. Mediante el aumento de la reabsorción de agua desde el túbulo renal hacia la sangre, la ADH disminuye la osmolaridad de la sangre de vuelta a la homeostasis normal. El agua reabsorbida también expande la volemia, lo que aumenta la presión arterial.

Apuntes sobre el caso

16-13 La presión arterial de Santo es baja, pero su osmolaridad plasmática es alta. Pronostique el efecto de estas dos perturbaciones sobre la síntesis de ADH.

16-14 El alcohol inhibe la producción de ADH. Recuerde que el paciente tomó alrededor de 10 cervezas la noche anterior. ¿Esperaría usted que su orina fuese más o menos concentrada de lo normal, simplemente como resultado de su consumo de alcohol?

16-13 Indique los dos lechos capilares que se encuentran entre la arteria renal y la vena renal.

16-14 ¿Qué porción del túbulo drena directamente en el túbulo colector?

16-15 ¿Qué arteriola suministra sangre a los capilares peritubulares?

16-16 Si los riñones filtran 200 l de plasma en un día, ¿qué cantidad de agua devuelven los riñones a la sangre: 198 l o 2 l?

16-17 El riñón elimina muchos fármacos pasándolos de la sangre peritubular al líquido tubular. ¿Cómo se llama este proceso?

16-18 Desde la sangre hacia el exterior, indique las tres capas de la membrana de filtración.

16-19 ¿Cuál de las siguientes sustancias se reabsorbe por transporte activo secundario: sodio, glucosa o potasio?

16-20 El potasio es a la vez reabsorbido y secretado por el túbulo renal. ¿Qué parte del túbulo reabsorbe el potasio y qué parte de los túbulos secreta potasio?

16-21 ¿Qué hormona estimula la reabsorción de sodio: la aldosterona o la vasopresina?

16-22 ¿Qué hormona estimula directamente la reabsorción de agua sin estimular el movimiento de solutos: la aldosterona o la vasopresina?

16-23 ¿Qué parte de los túbulos establece el gradiente osmótico medular?

16-24 Verdadero o falso: la concentración de orina en el túbulo colector se basa en el transporte activo de sodio desde el túbulo colector a los capilares peritubulares.

Equilibrio hidroelectrolítico

Los riñones pueden *conservar* volumen al disminuir las pérdidas de agua, pero no pueden *sustituir* el volumen que se ha perdido. El volumen perdido sólo puede sustituirse con la ganancia de líquidos, y la única forma natural de ganar líquidos es beberlos. La necesidad de beber está regulada por el **centro de la sed** del hipotálamo, que es especialmente sensible a los cambios de la osmolaridad plasmática; algunos otros estímulos también pueden influir, como la boca seca, el volumen plasmático y la presión arterial. Veámoslo más a fondo.

La deshidratación afecta al contenido de agua de prácticamente todos los compartimentos, incluyendo el compartimento intravascular. Con la deshidratación, aumenta la osmolaridad de la sangre y disminuyen el volumen plasmático y la presión arterial (cap. 11). El aumento de la osmolaridad plasmática dispara los osmorreceptores del hipotálamo para que envíen señales a la corteza cerebral, que percibe las señales como sed. Si recordamos que una baja presión arterial puede ser un signo de un bajo volumen de agua corporal, no debería sorprender saber que la presión arterial baja también puede estimular la sed (mediante mecanismos que se comentan más adelante). Nuestra percepción de la sed nos impulsa a beber. La ingesta de líquidos diluye rápidamente nuestra sangre y promueve un aumento del volumen plasmático y la presión arterial, que tienden a suprimir las señales del centro de la sed, haciendo que desaparezca la sensación de necesidad de beber. Aunque un sorbo de agua disminuye temporalmente la sed, la sensación no desaparece hasta que la osmolaridad de la sangre vuelve a la normalidad.

Apuntes sobre el caso

16-15 La osmolaridad de la sangre de Santo era de 310 mOsm/l (normal, 286-297 mOsm/l). ¿Cree que el paciente estará sediento?

El potasio es importante para actividades diferentes al equilibrio de líquidos

Al contrario que el sodio, el *potasio* no es importante en los movimientos de líquidos, pero sí lo es en otras actividades diferentes al equilibrio de líquidos.

Por ejemplo, recuerde del capítulo 4 que el K^+ es el catión más abundante en líquido intracelular, y que es el responsable de mantener el potencial de membrana en reposo. El K^+ también es importante en el equilibrio acidobásico, que se comenta más adelante.

Al igual que para el sodio, el riñón es el principal regulador del K^+. El factor más importante en la regulación de la concentración de potasio es la concentración plasmática de K^+. A medida que aumenta el K^+ plasmático, el K^+ difunde en el líquido intersticial y en el citosol de las células tubulares renales. Esto las lleva a secretar K^+ en líquido tubular para su excreción por la orina. El aumento del K^+ en la sangre también estimula la liberación de aldosterona, que aumenta la secreción de K^+ en el líquido tubular.

Demasiado o muy poco K^+ en plasma es peligroso debido a su efecto sobre el potencial de membrana. Ante todo, afecta al potencial de la membrana cardíaca. Una concentración plasmática muy elevada de K^+ puede producir arritmias cardíacas mortales, frecuencia cardíaca lenta o muerte por paro cardíaco. La inyección intravenosa de K^+ concentrado es rápidamente letal. Por el contrario, unas cifras moderadamente bajas de K^+ plasmático causan debilidad muscular, que puede ser peligrosa si se ve afectado el esfuerzo respiratorio. Una concentración plasmática de K^+ muy baja aumenta la irritabilidad del miocardio y provoca arritmias cardíacas, que también pueden ser mortales. De hecho, las cifras bajas de K^+ son responsables de algunas de las muertes asociadas a trastornos de la alimentación, en especial la bulimia o el abuso de laxantes; cuando los pacientes se purgan de los alimentos, también se purgan de K^+.

Regulación renal del equilibrio de líquidos y de la presión arterial

El contenido corporal de sodio determina el contenido corporal de agua, y el contenido de agua corporal determina la presión arterial. La regulación renal del equilibrio de sodio y el agua es realmente la regulación de la presión arterial.

En el capítulo 11 hablamos de regulación a corto plazo de la presión arterial por el centro vasomotor del tronco del encéfalo. Este centro aumenta la presión arterial aumentando el gasto cardíaco (lo que aumenta la volemia arterial) y estimulando la vasoconstricción. La presión arterial se reduce por reacciones inversas. En este capítulo, se comenta la función de los riñones en la regulación de la presión arterial. A diferencia de las acciones a corto plazo del centro vasomotor, los riñones modulan la presión arterial a medio y largo plazo (fig. 16-12). Lo hacen principalmente mediante la regulación de los electrólitos y del equilibrio hídrico.

El sistema renina-angiotensina-aldosterona aumenta la presión arterial

Cuando la presión arterial es baja, un grupo de células renales denominadas en conjunto **aparato yuxtaglomerular** (AYG) secreta en la sangre una enzima llamada **renina,** que activa una cascada de fenómenos que aumentan la presión arterial. El AYG consta de dos partes:

- Células epiteliales tubulares modificadas del túbulo distal llamadas **mácula densa.** Las células de la mácula densa responden a las cifras bajas de Na^+ en el líquido del túbulo distal, lo que es un indicador de baja filtración, y por tanto, de presión arterial baja (fig. 16-13 A).
- Células musculares lisas modificadas de la arteriola aferente, llamadas **células granulares.** Las células granulares secretan renina en respuesta a las señales de la mácula densa. Las células granulares se activan directamente por una presión arterial baja en la arteriola eferente.

Como se muestra en la figura 16-13 B, la renina actúa como una enzima para convertir el *angiotensinógeno*, una proteína producida por el hígado, en *angiotensina I* (ATI). A continuación, la ATI se convierte en **angiotensina II** (ATII) por la *enzima conversora de la angiotensina* (ECA), una proteína producida por los capilares pulmonares. La ATII aumenta la presión arterial mediante el aumento de la resistencia periférica y la volemia de varias formas:

1. Es un potente vasoconstrictor, lo que aumenta la resistencia periférica.
2. Estimula la liberación de aldosterona por la corteza suprarrenal. La aldosterona aumenta la reabsorción renal de sodio, lo que provoca retención de agua y aumento del volumen plasmático.
3. Estimula la sed, lo que aumenta el consumo de agua para expandir la volemia.
4. Estimula la liberación de ADH por la hipófisis posterior, lo que disminuye la pérdida de agua por la orina. Tenga en cuenta que la secreción de ADH también es estimulada directamente por una disminución de la presión arterial y un aumento de la osmolaridad plasmática.

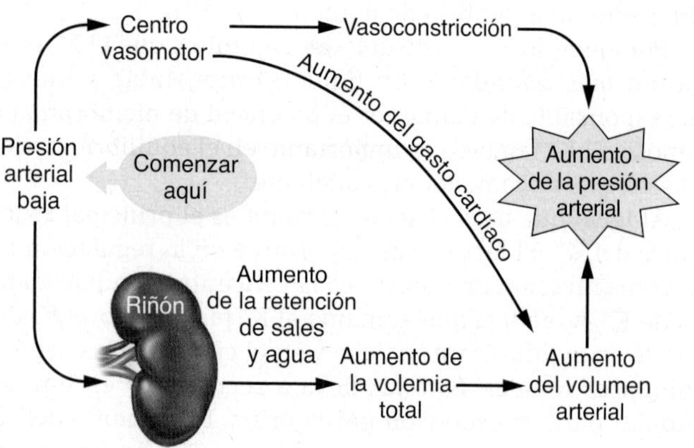

Figura 16-12. Presión arterial. El riñón y el centro vasomotor regulan la presión arterial mediante la modulación de la volemia arterial y la resistencia vascular. *¿Los cambios del gasto cardíaco modifican la resistencia vascular o el volumen arterial?*

Apuntes sobre el caso

16-16 ¿Cómo detecta el riñón de Santo la presión arterial baja?

El péptido natriurético atrial disminuye el volumen plasmático y la presión arterial

Todas las hormonas que hemos comentado hasta el momento, ADH, aldosterona y la ATII, trabajan juntas para aumentar la volemia arterial, y por tanto, la presión arterial. Esta redundancia tiene sentido: puesto que la presión arterial baja reduce el flujo sanguíneo en el cerebro y los órganos vitales, lo que es una amenaza mucho más inminente para la vida que la hipertensión arterial. Sólo una única hormona se opone a las «tres grandes» y reduce la presión arterial, el **péptido natriurético auricular** (PNA, del griego *nitron* = «cristales de sal» y *ouresis* = «micción»).

El PNA es una hormona liberada por las aurículas cardíacas. La presión arterial alta distiende las paredes de las aurículas, lo que estimula la liberación de PNA. Actúa so-

Las células granulares de la arteriola aferente secretan renina en la sangre.
Túbulo distal
La mácula densa del túbulo distal detecta el bajo volumen de filtrado.

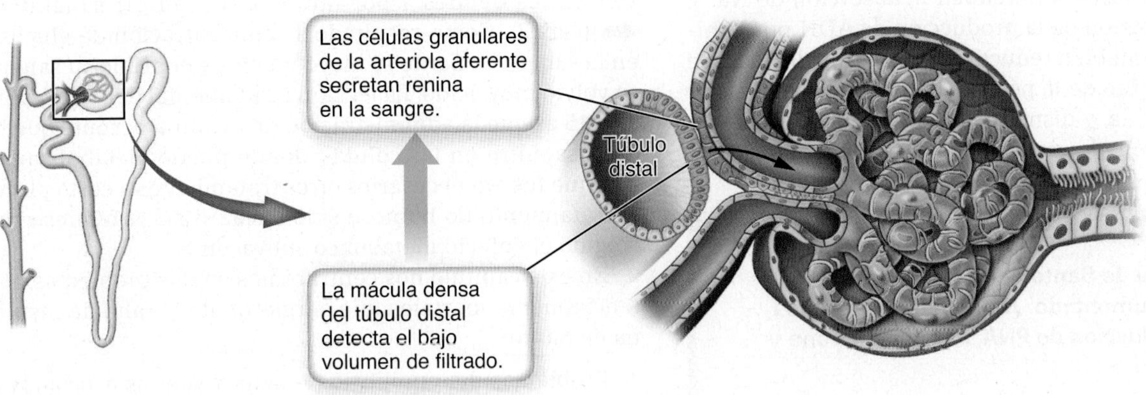

A Aparato yuxtaglomerular

Presión arterial baja
Riñón (aparato yuxtaglomerular)
Hígado
Capilares pulmonares
Renina
Enzima conversora de la angiotensina
Angiotensinógeno
Angiotensina I
Angiotensina II
Sangre
1. El aumento de la sed estimula la ingesta de agua.
2. El aumento de la liberación de ADH reduce la pérdida de agua por la orina.
3. El aumento de la liberación de aldosterona aumenta la reabsorción de sodio que, indirectamente, aumenta la retención de agua.
4. Vasoconstricción.
Aumento del volumen arterial
Aumento de la presión arterial
Aumento de las resistencias periféricas

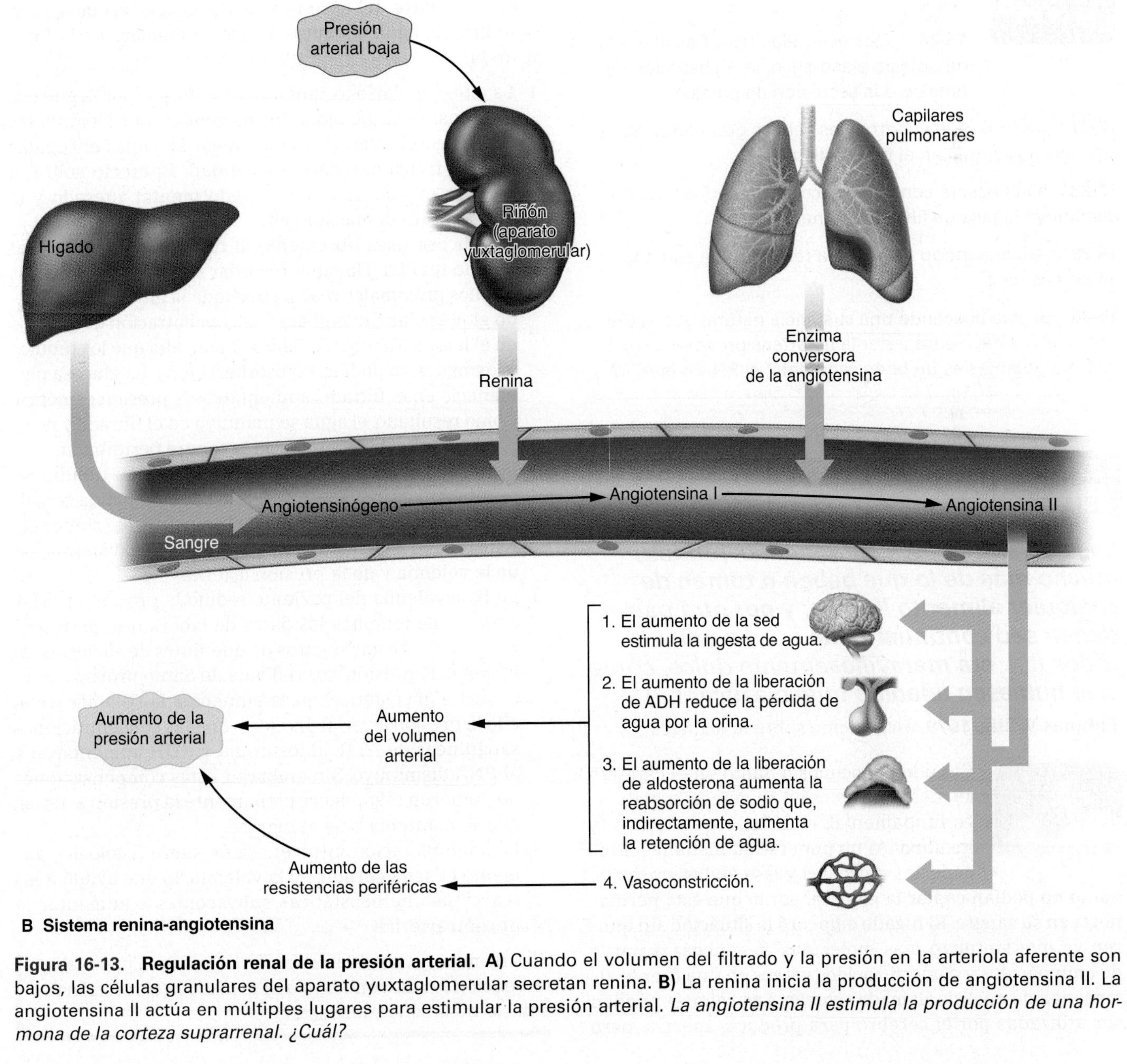

B Sistema renina-angiotensina

Figura 16-13. Regulación renal de la presión arterial. A) Cuando el volumen del filtrado y la presión en la arteriola aferente son bajos, las células granulares del aparato yuxtaglomerular secretan renina. **B)** La renina inicia la producción de angiotensina II. La angiotensina II actúa en múltiples lugares para estimular la presión arterial. *La angiotensina II estimula la producción de una hormona de la corteza suprarrenal. ¿Cuál?*

bre los túbulos renales para reducir la absorción de Na^+ y, mediante la inhibición de la producción de ADH por la hipófisis posterior, también reduce la reabsorción de agua. Se produce un aumento de la pérdida de sodio *(natriuresis)* y de agua por la orina, y disminuye el sodio plasmático y la volemia. La presión arterial vuelve a la normalidad.

Apuntes sobre el caso

16-17 La volemia de Santo se ha reducido y su osmolaridad ha aumentado. ¿Cómo afectarán estos cambios a la producción de PNA, ATII, aldosterona y vasopresina?

16-25 ¿Qué región del cerebro controla la sed?

16-26 ¿Qué estimulan las cifras elevadas de potasio plasmático: la reabsorción de potasio o la secreción de potasio?

16-27 ¿Dónde se encuentran las células granulares, en la arteriola aferente o en el túbulo distal?

16-28 ¿Qué pasará con la producción de renina cuando disminuya la tasa de filtrado glomerular?

16-29 ¿De qué modo estimula la retención de sodio la angiotensina II?

16-30 Si está buscando una sustancia natural que actúe como un fármaco para tratar la hipertensión arterial, ¿cuál de los siguientes es un buen candidato: el PNA o la ATII?

Estudio del caso

El caso de Santo G.: parte 1

Los que sufren esta enfermedad, [orinan] mucho más de lo que beben o toman de cualquier alimento líquido; y por otra parte tienen sed continuamente (...). La orina en todos (...). era maravillosamente dulce, como si le hubiesen añadido miel o azúcar (...)

Thomas Willis, 1679, escribiendo sobre la diabetes

Cuando conocimos a Santo en el capítulo 15, nos centramos en su defecto metabólico fundamental: el déficit de acción de la insulina. Al no ponerse su insulina, el hígado, los músculos y las células grasas de Santo no podían captar la glucosa, por lo que ésta permanecía en su sangre. El hígado empeoró la situación sin querer, ya que sintetizó más moléculas de glucosa a partir de aminoácidos y convirtió ácidos grasos en una fuente alternativa de energía llamada *cetonas.* Las cetonas pueden ser utilizadas por el cerebro para producir energía, pero son ácidos débiles y por tanto alteran el pH sanguíneo (cap. 2). Como resultado, la concentración de glucosa en la sangre de Santo se elevó mucho, y el pH de su sangre se volvió muy ácido. La lección fundamental del capítulo 15 es que la administración de insulina permite que la glucosa entre en las células, donde puede metabolizarse. Aunque fueron necesarios otros tratamientos a corto plazo, el tratamiento no hubiese sido eficaz si no se hubiese corregido el defecto metabólico subyacente.

En este capítulo nos centraremos en dos problemas potencialmente mortales que surgieron de la falta de insulina de Santo:

- Problemas del equilibrio de agua y solutos asociados a la elevada concentración de glucosa en la sangre.
- Problemas del equilibrio acidobásico asociados a la generación de cetonas por el hígado.

En esta parte del caso práctico, nos centraremos en el equilibrio de agua y solutos. Como se muestra en la figura 16-14:

1. La alta osmolaridad sanguínea de Santo (por la glucosa y cetonas) extrajo agua de sus células, por ejemplo las células cerebrales, lo que dio lugar a células encogidas que no funcionan con normalidad. El efecto sobre el cerebro explica la sed, el estado mental alterado y la temperatura demasiado alta.
2. La glucosa pasa libremente al filtrado glomerular y al líquido tubular. Hay que recordar que normalmente los túbulos proximales reabsorben toda la glucosa del filtrado glomerular. Sin embargo, la concentración de glucosa en el líquido tubular de Santo era tan alta que los túbulos proximales no podían reabsorberla toda. La glucosa permaneció en el filtrado, aumentando la presión osmótica. Como resultado, el agua se mantuvo en el filtrado y no se produjo su reabsorción hacia la sangre peritubular.
3. Debido al aumento del volumen de líquido tubular, se produjo un gran volumen de orina acuosa pálida con alta densidad (por el volumen de la glucosa que contenía). Esto le robó agua del cuerpo y produjo una disminución de la volemia y de la presión arterial.
4. La baja volemia del paciente redujo la presión arterial. Aunque no tenemos los datos de laboratorio pertinentes, podemos estar seguros de que, antes de su llegada al hospital, la presión arterial baja de Santo provocó reacciones homeostáticas para aumentar la volemia y con ello la presión arterial. Es cierto que las concentraciones sanguíneas de ATII, aldosterona y ADH aumentaron y el PNA disminuyó. Sin embargo, estas compensaciones no pudieron restablecer plenamente la presión arterial, que se mantenía baja al ingreso.
5. La administración intravenosa de suero fisiológico aumentó el agua corporal y la volemia, lo que ayudó a las reacciones homeostáticas subyacentes a aumentar la presión arterial.

Sin embargo, la administración de insulina fue una intervención fundamental, ya que produjo la corrección del defecto metabólico subyacente.

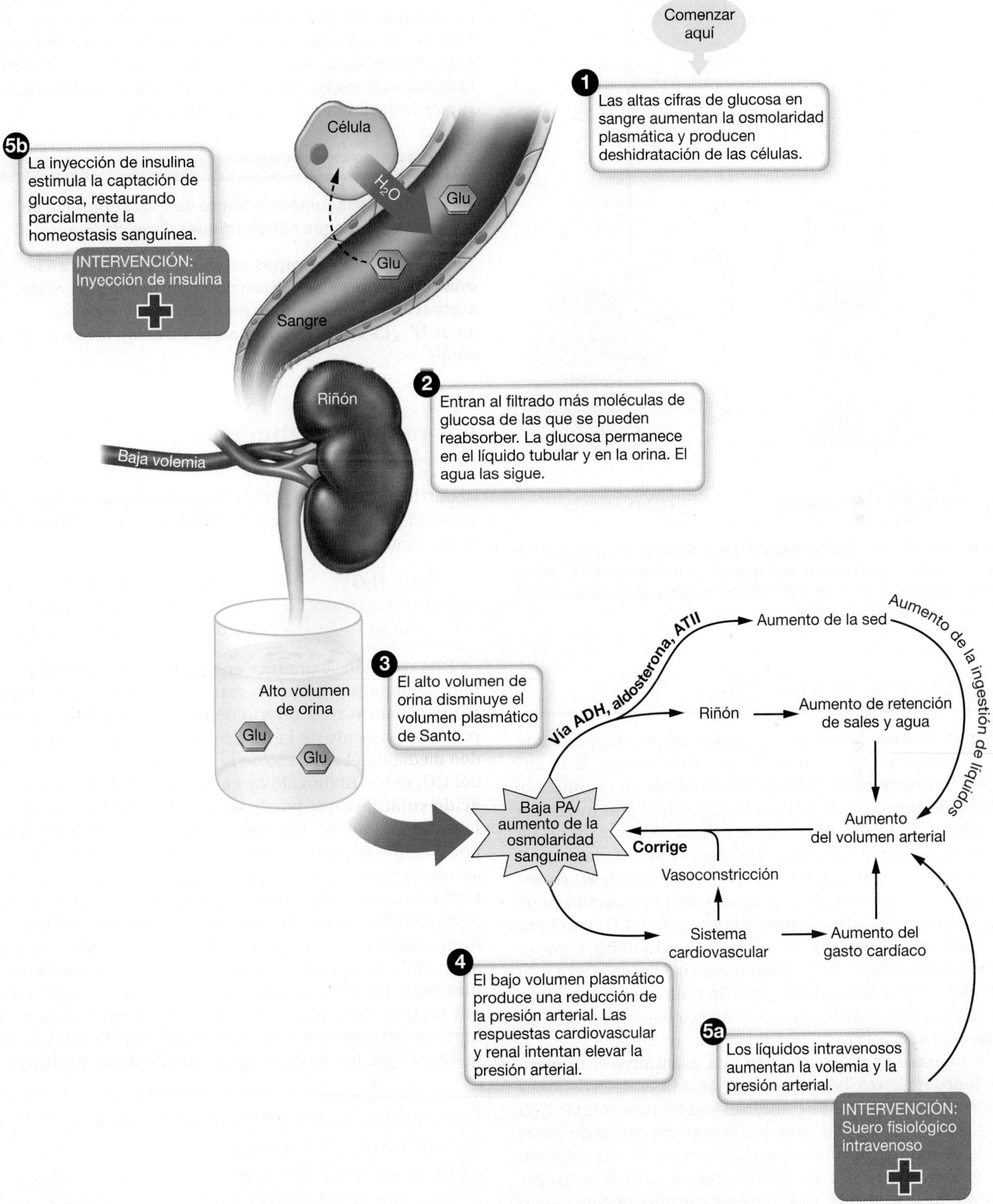

Figura 16-14. El caso de Santo G.: parte 1. La osmolaridad sanguínea alta y la presión arterial baja de Santo activaron las respuestas cardiovasculares y renales. Recibió dos intervenciones médicas: como se muestra en el paso 5a, los líquidos por vía intravenosa mejoraron su presión arterial; como se muestra en el paso 5b, las inyecciones de insulina trataron el déficit de insulina. Las cetonas en la sangre, que no se muestran aquí, también podrían haber contribuido a la alta osmolaridad sanguínea y de la orina. *¿Por qué se encogieron las células del cerebro de Santo, contribuyendo a su estado de confusión mental?*

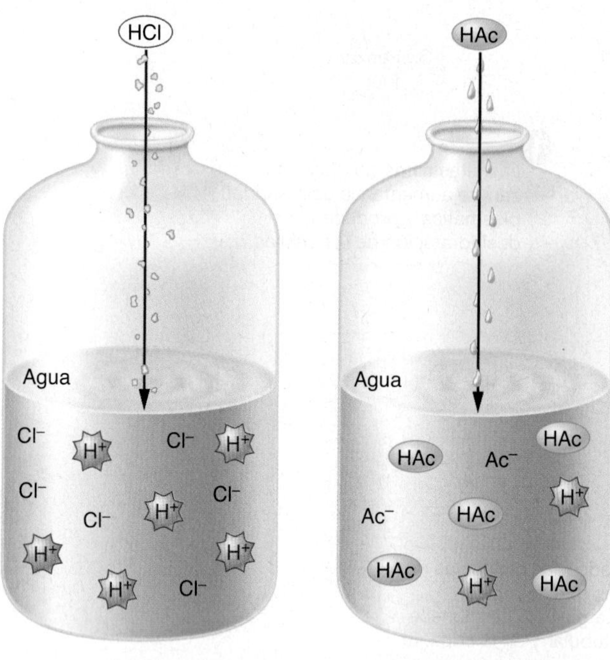

Figura 16-15. Ácidos fuertes y ácidos débiles. A) El HCl es un ácido fuerte. Libera todos sus iones H^+ en el agua. **B)** El ácido acético (HAc) es un ácido débil. Sólo libera algunos de sus iones H^+ en el agua. *¿Qué es Ac?*

Equilibrio acidobásico

Como vimos en el capítulo 2, un **ácido** es un compuesto que cuando se disuelve en agua libera hidrogeniones. Esto aumenta el número de hidrogeniones libres en la solución. También recuerde que el pH es una expresión numérica del grado de acidez o alcalinidad de una solución: un pH de 7 es neutro, un pH inferior a 7 es ácido y un pH mayor de 7 es alcalino. Cuanto menor es el pH, más iones de H^+ se encuentran en solución. Por ejemplo, el HCl es un **ácido fuerte,** ya que se disocia completamente en H^+ y Cl^- cuando se disuelve en el agua (fig. 16-15 A). Un **ácido débil,** como el ácido acético (HAc; Ac = acetato) del vinagre, se aferra a su H^+ con mucha más avidez, y por lo tanto, es menos ácido. Sólo unas pocas moléculas de HAc se disocian en H^+ y Ac (fig. 16-15 B).

Una **base** es un compuesto que disminuye el número de iones H^+ libres, por lo general por la liberación de iones hidróxido (OH^-), que se combinan con H^+ para formar H_2O (agua). A medida que aumenta la concentración de iones OH^-, disminuye la concentración de iones H^+ y la solución se vuelve más básica. La sangre arterial normal es ligeramente básica: su pH está homeostáticamente controlado en un intervalo muy estrecho entre 7,35 y 7,45. Cuando la sangre tiene un pH demasiado bajo se produce **acidosis;** si es demasiado alto **alcalosis.**

El principio general del equilibrio acidobásico es simple: los riñones excretan más ácido o base del que se consume o genera metabólicamente. Este principio se complica algo por la capacidad del sistema respiratorio de exhalar el dióxido de carbono que, cuando se disuelve en la sangre, actúa como un ácido débil. Por lo tanto, antes de comentar las funciones de los riñones en el equilibrio acidobásico, volvamos brevemente al sistema respiratorio.

Apuntes sobre el caso

16-18 El pH sanguíneo de Santo es 7,12. ¿Contiene su sangre más o menos hidrogeniones libres de lo normal?

16-19 Uno de los cuerpos cetónicos detectados en la orina del paciente se llama ácido acetoacético. El ácido acetoacético libera sólo un pequeño número de sus iones H^+. ¿Es este cuerpo cetónico un ácido fuerte o débil?

Los pulmones eliminan el dióxido de carbono

El dióxido de carbono (CO_2) disuelto en agua produce una solución ligeramente ácida al liberar iones H^+ en la siguiente reacción:

$CO_2 + H_2O$	⇒	H_2CO_3	⇒	$HCO_3^- \Rightarrow H^+$
dióxido de carbono + agua	⇒	ácido carbónico	⇒	bicarbonato + ácido

Esta reacción se produce en la sangre y en el líquido cefalorraquídeo. Sin embargo, rara vez causa acidosis, debido a que el centro respiratorio de la médula oblongada responde al aumento de la acidez en el líquido cefalorraquídeo mediante el aumento de la respiración y la exhalación del CO_2 extra. El dióxido de carbono se describe como un **ácido volátil,** ya que puede ser exhalado en la respiración. Las alteraciones en la producción de CO_2 por los tejidos, por ejemplo durante el ejercicio moderado, se emparejan así con la respiración y el pH arterial se mantiene relativamente constante. Pero si la función pulmonar está alterada de una forma importante, la ventilación no puede librar de forma adecuada al cuerpo del CO_2. En estos casos, se acumula en la sangre arterial dando lugar a la **acidosis respiratoria.** Por el contrario, si la respiración es mayor de lo que requiere la producción de CO_2, por ejemplo durante la hiperventilación voluntaria, la reducción de CO_2 puede aumentar el pH, lo que dará lugar a **alcalosis respiratoria.**

Los ácidos diferentes al dióxido de carbono se llaman ácidos no volátiles

Recordemos que el dióxido de carbono es un ácido volátil: puede expulsarse con la respiración. Los ácidos que no pueden eliminarse con la espiración se denominan **ácidos fijos o no volátiles.** Estos incluyen los aminoácidos ingeridos (especialmente de la carne) y las cetonas producidas por el metabolismo de los ácidos grasos. Por otra parte, las

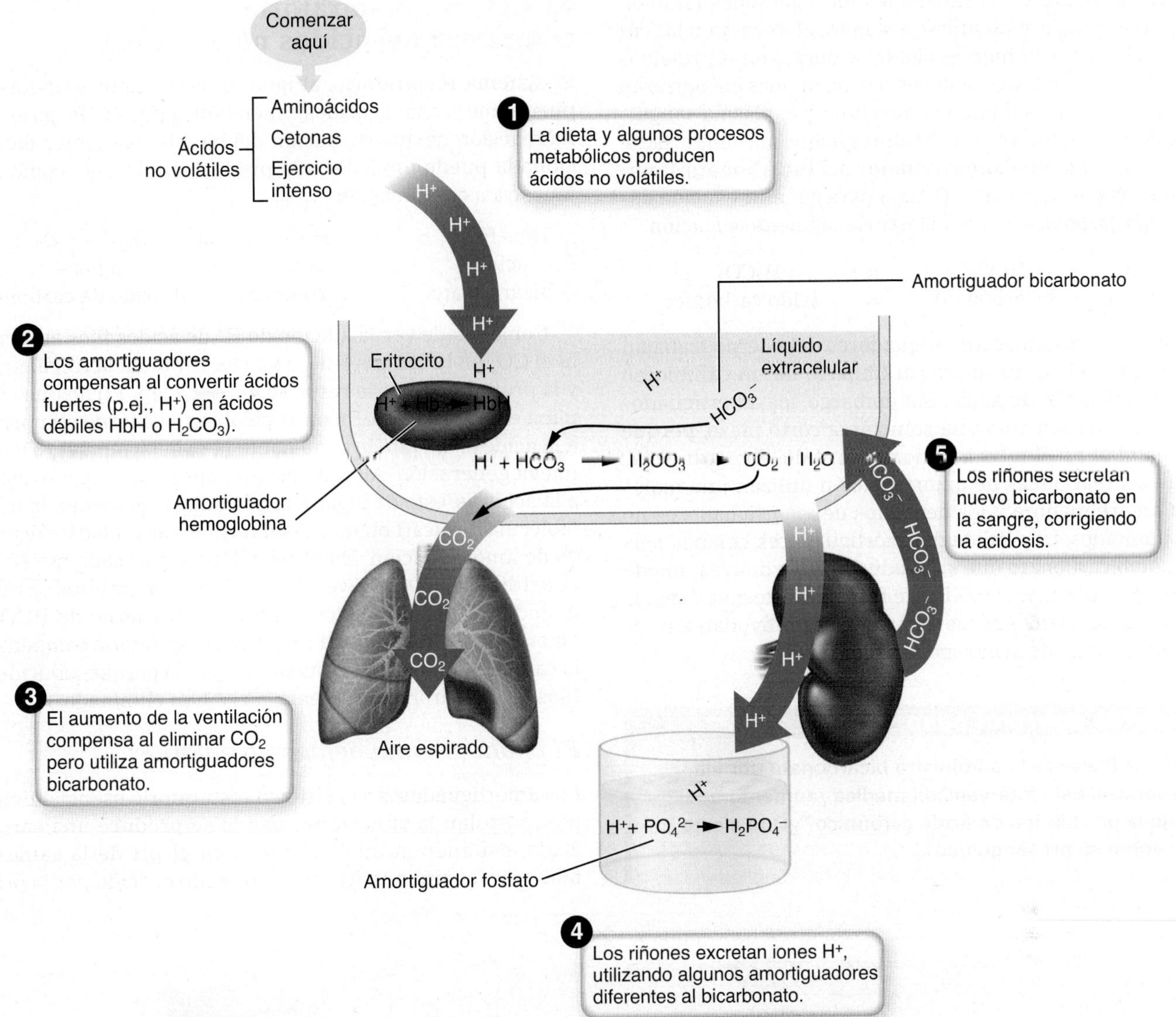

Figura 16-16. Acidosis metabólica. El cuerpo compensa los ácidos no volátiles con amortiguadores del pH y un aumento de la ventilación, aunque es necesaria la intervención de los riñones para corregir el desequilibrio del pH. *¿Dónde se generan la nuevas moléculas de bicarbonato?*

reacciones que generan y utilizan ATP durante el ejercicio intenso también liberan hidrogeniones que contribuyen a la acidez de la sangre. Una elevada acidez de la sangre debido a los ácidos fijos se llama **acidosis metabólica.** Existen tres sistemas que compensan, y finalmente corrigen, un aumento de la acidez de la sangre: los amortiguadores, el sistema respiratorio y el sistema renal (fig. 16-16).

Los sistemas de amortiguación del pH compensan los ácidos no volátiles

La primera defensa contra el exceso de ácido son sustancias especializadas llamadas *tampones* o amortiguadores. En fisiología, un **amortiguador** es cualquier sustancia que actúa rápidamente para impedir un cambio en el pH tras la adición de un ácido o base. Todos los **amortiguadores** de todos los líquidos del cuerpo unen los hidrogeniones recién introducidos y los convierten en ácidos débiles (fig. 16-16, paso 2). Por ejemplo, algunos hidrogeniones de la orina se amortiguan por esta reacción:

$$\underset{\text{ácido fuerte}}{H^+} + \underset{\text{amortiguador}}{HPO_4^{2-}} \Rightarrow \underset{\text{ácido débil}}{H_2PO_4^-}$$

El $H_2PO_4^-$ es un ácido débil, por lo que esta reacción disminuirá la acidez de la solución. Esta reacción está controlada por la concentración de los reactivos, por lo que la ganancia de un amortiguador impulsa la reacción hacia la derecha y disminuye la acidez de la sangre. Por el contrario, la pérdida de un amortiguador impulsa la reacción hacia la izquierda, liberando un ión de hidrógeno y aumentando la acidez de sangre. El NH_3 (amoniaco) también actúa como un amortiguador renal, reaccionando con los protones para formar NH_4^+ (amonio, un ácido débil).

En las células de la sangre, los hidrogeniones también son amortiguadores al unirse a la hemoglobina, y en las células del cuerpo los hidrogeniones se unen a otras proteínas celulares. Sin embargo, muchos hidrogeniones encontrarán su camino hacia el líquido extracelular y el plasma sanguíneo, donde se unirán con el amortiguador más importante de todos: el **sistema amortiguador del bicarbonato.** Combina H^+ con bicarbonato (HCO_3^-) para generar el ácido débil *ácido carbónico,* como muestra la siguiente ecuación:

H^+	+	HCO_3^-	⇒	H_2CO_3
ácido	+	bicarbonato	⇒	ácido carbónico

Todos los sistemas amortiguadores del cuerpo trabajan conjuntamente para limitar el impacto de un cambio en la concentración de ácido. Sin embargo, los amortiguadores químicos son sólo una solución a corto plazo, porque en realidad no eliminan el ácido añadido. Por otra parte, todas las reacciones de amortiguación utilizan una molécula amortiguadora y los depósitos de amortiguadores no son ilimitados. La pérdida de amortiguadores, como la pérdida de bicarbonato que se produce con la diarrea, puede producir acidosis metabólica de forma tan efectiva como la ganancia de ácido. Así, los amortiguadores ayudan a *compensar* la carga de ácidos pero no la *corrigen.*

Apuntes sobre el caso

16-20 A Santo se le administró bicarbonato por vía intravenosa. Esta intervención médica ¿aumentó o redujo la producción de ácido carbónico? ¿Qué efecto tuvo sobre su pH sanguíneo?

El sistema respiratorio compensa los ácidos no volátiles

El sistema respiratorio, al igual que los amortiguadores, puede compensar la acidosis metabólica (fig. 16-16, paso 3). La reacción de amortiguación del bicarbonato antes mencionada puede proceder a la producción de CO_2, como se muestra a continuación:

$H^+ + HCO_3^-$	⇒	H_2CO_3	⇒	$H_2O + CO_2$
ácido + bicarbonato	⇒	ácido carbónico	⇒	agua + dióxido de carbono

Como puede ver, la adición de H^+ de ácidos fijos aumenta el CO_2 en la sangre. Esto, a su vez, estimula la frecuencia y la profundidad de la respiración (cap. 13), lo que elimina el CO_2 añadido. En otras palabras, el cuerpo responde a la acidosis metabólica mediante la exhalación del CO_2 de nueva generación. Aunque esta respuesta tiende a resistir a la acidosis, esto da lugar a la pérdida permanente de una molécula de bicarbonato y disminuye la capacidad de reserva de amortiguación. En otras palabras, por cada molécula perdida de CO_2 a través de los pulmones, se elimina una molécula de HCO_3^- de los depósitos del cuerpo de HCO_3^- amortiguador. Por tanto, la respuesta respiratoria compensa la carga de ácido pero no puede corregirla porque los ácidos fijos, que crearon el problema, no se han eliminado.

El riñón elimina ácidos no volátiles

Los amortiguadores y el sistema respiratorio esencialmente «controlan la situación» cuando se produce una carga ácida, evitando grandes cambios en el pH de la sangre, mientras los riñones actúan excretando el ácido por la ori-

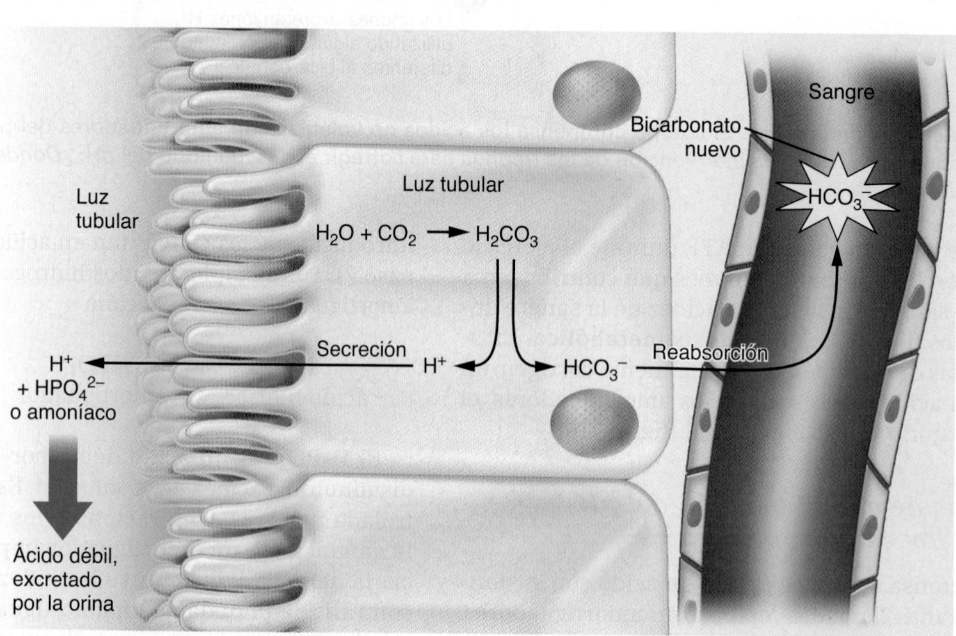

Figura 16-17. Respuesta renal a la acidez. El riñón responde a un aumento de la acidez de la sangre mediante la excreción de ácidos y la secreción de la orina ácida, y secretando mayor cantidad de bicarbonato en la sangre. *¿El bicarbonato sintetizado por las células tubulares entra en la sangre o en la luz tubular?*

na (fig. 16-16, paso 4) y generando nuevas moléculas de bicarbonato (fig. 16-16, paso 5).

Veamos con más detalle estas acciones (fig. 16-17):

1. Las células de los túbulos renales combinan CO_2 y agua para generar bicarbonato (HCO_3^-) e hidrogeniones (H^+).
2. El bicarbonato de nueva generación entra en la sangre, donde está disponible para amortiguar a los hidrogeniones en el plasma.
3. Los H^+ se secretan al líquido tubular y pasan a la orina.

Si los iones H^+ pudiesen excretarse «tal cual», el resultado neto de estos pasos sería la pérdida de un H^+ y la ganancia de un amortiguador. Sin embargo, una orina demasiado ácida puede dañar el tracto urinario. Por tanto, la mayoría de estos H^+ han de ser amortiguados con amortiguadores HPO_4^{2-} o amoníaco. Por tanto, la pérdida de muchos iones H^+ se ve contrarrestada por la pérdida concomitante de amortiguadores. No osbtante, un paciente con una carga ácida inusualmente importante (como en el caso de Santo) puede tener un pH de la orina en el intervalo de 4,0 a 5,0 en lugar del promedio normal de 6,0, lo que indica que algunos hidrogeniones se pierden sin amortiguar. Hay que tener en cuenta que el bicarbonato *no* se utiliza para amortiguar el ácido urinario, ya que el bicarbonato producido por el riñón entra en la sangre para reponer las reservas agotadas.

¡Recuerde! **El mecanismo renal más importante para corregir una carga ácida es la generación de nuevas moléculas de bicarbonato (amortiguador).**

La alcalosis metabólica es relativamente infrecuente

La **alcalosis metabólica** es mucho menos frecuente que la acidosis metabólica. Se produce como resultado de la pérdida de ácidos, como la pérdida de ácido gástrico después de vómitos repetidos, o por la ganancia de bases, como la ingestión de grandes cantidades de antiácidos. En respuesta al aumento en el pH, se producen tres fenómenos:

1. Los tampones tienden a liberar sus hidrogeniones. Por ejemplo, la hemoglobina libera algunos hidrogeniones.
2. La respiración se lentifica para retener más CO_2, que reacciona para producir H^+ y bicarbonato.
3. Lo más importante, el riñón, excreta bicarbonato. Como resultado, los hidrogeniones en la sangre no son amortiguados y el pH disminuye.

16-31 Cuando el ácido cítrico se disuelve en agua para mantener frescas las frutas cortadas, sólo una pequeña proporción de los iones de hidrógeno se disocian de las moléculas de ácido cítrico. ¿Es el ácido cítrico un ácido fuerte o débil?

16-32 El sistema amortiguador del amoníaco consiste en dos compuestos: el NH_3 (amoníaco) y NH_4^+ (ión amonio). ¿Qué compuesto es un amortiguador y cuál un ácido débil?

16-33 ¿Cuál es la diferencia entre acidosis respiratoria y acidosis metabólica?

16-34 Si cinco moléculas de cetona dan lugar a la producción de cinco moléculas adicionales de dióxido de carbono que son exhalados por el sistema respiratorio ¿cuántas moléculas de bicarbonato se perderán?

16-35 Si los riñones eliminan del cuerpo cinco moléculas de hidrógeno amortiguado, ¿cuántas moléculas de bicarbonato nuevas se generarán?

16-36 Si una muestra de orina contiene una alta concentración de bicarbonato, ¿qué trastorno del equilibrio ácidobásico sospecharemos, acidosis o alcalosis?

Estudio del caso

El caso de Santo G.: parte 2

En el capítulo 15 comentamos el defecto metabólico fundamental de Santo, la falta de insulina, así como sus consecuencias y su corrección. Al principio de este capítulo hemos comentado sus problemas hidroelectrolíticos. Ahora vamos a comentar sus problemas con el equilibrio acidobásico (fig. 16-18).

1. Recordemos que el hígado de Santo respondió a la falta de glucosa de sus células mediante la generación de cuerpos cetónicos. Las cetonas son ácidos metabólicos débiles, por lo que algunas moléculas de cetona cedieron sus hidrogeniones, acidificando la sangre. Así, el paciente ingresó en la sala de urgencias en un estado de *acidosis metabólica*. Algunos de los nuevos hidrogeniones reaccionaron con el bicarbonato, produciendo dióxido de carbono y agotando el valioso amortiguador bicarbonato.
2. El centro respiratorio respondió al bajo pH (acidosis) aumentando la frecuencia y profundidad de la respiración, que expulsó CO_2. Esta *compensación respiratoria* fue tan espectacular que en realidad redujo las concentraciones de CO_2 en la sangre por debajo de lo normal, a 17 mmHg (normal de 32 a 48), y evitó que el pH de la sangre se volviese más ácido.
3. Los riñones respondieron excretando ácido libre (hidrogeniones y moléculas de cetonas). Aparecieron cetonas e iones H^+ en la orina de Santo, y su pH urinario se volvió bastante ácido (4,1). Al mismo tiempo, los riñones estaban generando bicarbonato para mantener la reserva de amortiguador bicarbonato.
4. Sin embargo, como demuestra su bajo pH arterial al ingreso, los riñones y los pulmones juntos no pudieron compensar totalmente la sobrecarga de ácido, y se requirió la intervención médica en forma de administración de bicarbonato por vía intravenosa.

La intervención fue eficaz: respondió rápidamente al bicarbonato. Todas las alteraciones de la sangre y la orina, excepto las proteínas en orina, comenzaron a volver a la normalidad, su presión arterial mejoró y su respiración agitada recuperó la normalidad. La proteinuria no se detuvo, ya que probablemente se debía al daño diabético a largo plazo de la membrana glomerular, lo que permite la pérdida de proteínas en el ultrafiltrado glomerular. Las proteínas que se filtran permanecen en la orina porque los túbulos renales no pueden reabsorber proteínas.

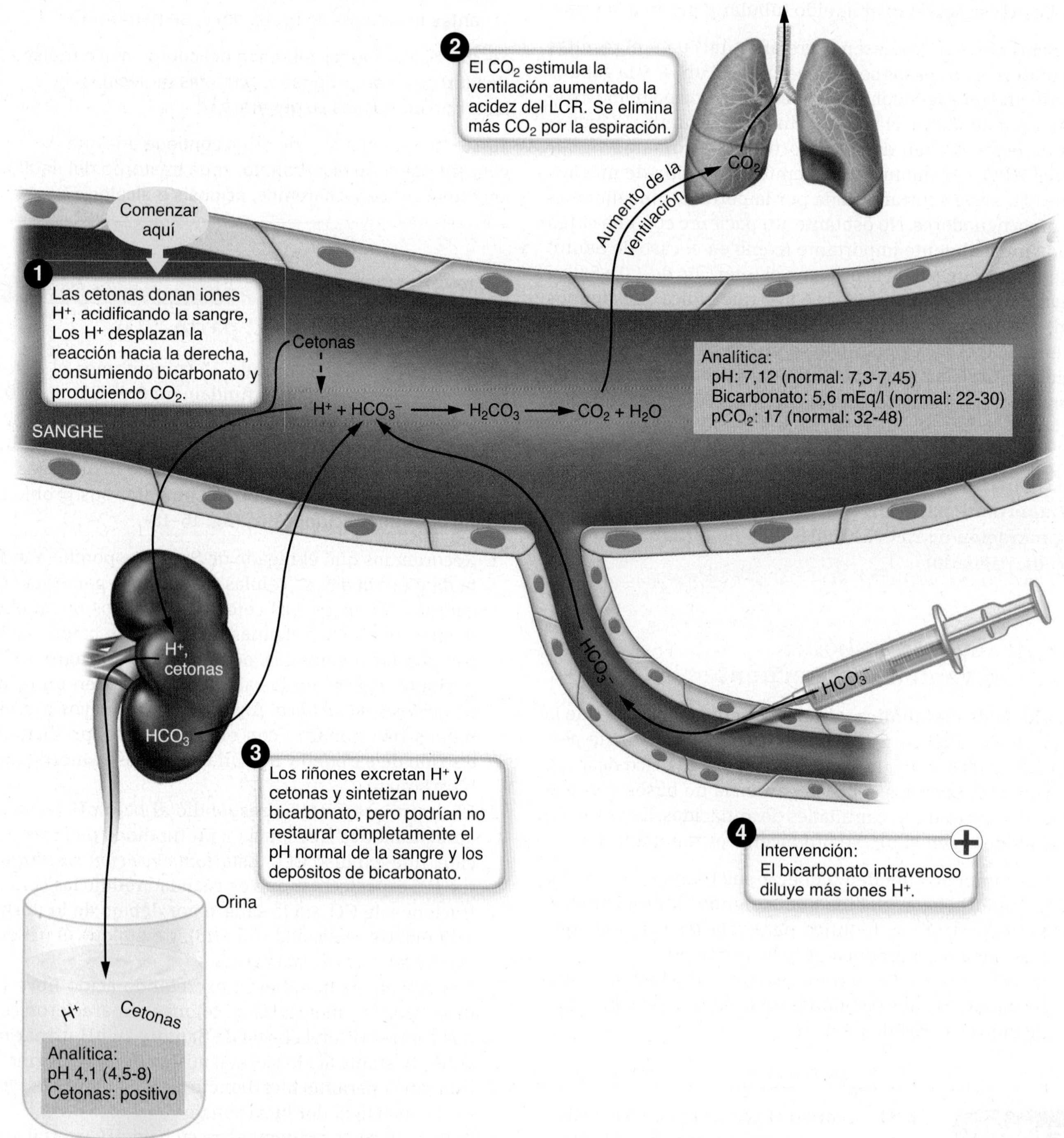
2
El CO_2 estimula la ventilación aumentado la acidez del LCR. Se elimina más CO_2 por la espiración.
CO_2
Aumento de la ventilación
Comenzar aquí
1
Las cetonas donan iones H^+, acidificando la sangre, Los H^+ desplazan la reacción hacia la derecha, consumiendo bicarbonato y produciendo CO_2.
Cetonas
$H^+ + HCO_3^- \rightarrow H_2CO_3 \rightarrow CO_2 + H_2O$
SANGRE
Analítica:
pH: 7,12 (normal: 7,3-7,45)
Bicarbonato: 5,6 mEq/l (normal: 22-30)
pCO_2: 17 (normal: 32-48)
H^+, cetonas
HCO_3
HCO_3^-
HCO_3^-
3
Los riñones excretan H^+ y cetonas y sintetizan nuevo bicarbonato, pero podrían no restaurar completamente el pH normal de la sangre y los depósitos de bicarbonato.
4
Intervención:
El bicarbonato intravenoso diluye más iones H^+.
Orina
H^+
Cetonas
Analítica:
pH 4,1 (4,5-8)
Cetonas: positivo

Figura 16-18. El caso de Santo G.: parte 2. La sangre del paciente se volvió demasiado ácida debido a las abundantes cetonas. Los pulmones y los riñones restauraron parcialmente la homeostasis del pH, pero también fue necesaria una intervención médica en forma de administración por vía intravenosa de bicarbonato. *¿La administración de bicarbonato por vía intravenosa aumentó o redujo el número de hidrogeniones libres en la sangre de Santo?*

Etimología

Raíces latinas/griegas	Equivalentes en español	Ejemplos
cortic-, cortico	Cubriendo	Corteza renal: la capa externa de cobertura del riñón
extra-	Fuera	Extracelular: líquido de fuera de las células
intra-	Dentro	Intracelular: líquido de dentro de las células
nefr/o	Riñón	Nefrona: unidad funcional del riñón
-o/sis	Afección	Acidosis: afección producida por un bajo pH arterial
papilo-	Semejante a un pezón	Papilas renales: extensiones semejantes a pezones de la médula renal en la pelvis renal
ren-/reno-	Riñón	renal: referido al riñón
-uria	Orina	Poliuria: gran cantidad (poli-) de orina
yuxta-	Al lado de	Yuxtaglomerular: al lado del glomérulo

Cuestionario del capítulo

REVISIÓN DEL CAPÍTULO

1. **¿Cuál de los siguientes no es un líquido extracelular?**
   a. Líquido intersticial.
   b. Citosol.
   c. Plasma sanguíneo.
   d. a y b.

2. **Las sales**
   a. tienen carga positiva.
   b. son ácidos.
   c. no están cargadas.
   d. son básicas.

3. **La pelvis renal drena directamente en**
   a. los cálices urinarios.
   b. la uretra.
   c. la vejiga.
   d. el uréter.

4. **Los uréteres entran en la vejiga**
   a. por su superficie superior.
   b. por su superficie inferior.
   c. por su superficie lateral.
   d. por ninguna de las anteriores; varía de persona a persona.

5. **Durante la micción**
   a. el músculo detrusor se contrae.
   b. el esfínter uretral interno se contrae.
   c. el esfínter uretral externo se contrae.
   d. todo lo anterior.

6. **Los riñones están situados**
   a. posteriores al peritoneo.
   b. superiores al diafragma.
   c. inferiores a las costillas.
   d. posteriores a las vértebras.

7. En orden, el líquido tubular pasa a través de
a. túbulo colector, túbulo proximal, túbulo distal, asa de la nefrona.
b. túbulo proximal, túbulo distal, asa de la nefrona, túbulo colector.
c. túbulo proximal, asa de la nefrona, túbulo distal, túbulo colector.
d. asa de la nefrona, túbulo proximal, túbulo conducto, túbulo distal.

8. En orden, la sangre pasa a través de
a. arteriola aferente, glomérulo, arteriola eferente, capilares peritubulares.
b. glomérulo, arteriola aferente, arteriola eferente, capilares peritubulares.
c. arteriola aferente, capilares peritubulares, arteriola eferente, glomérulo.
d. arteriola eferente, glomérulo, arteriola aferente, capilares peritubulares.

9. Un soluto desconocido puede detectarse en el líquido tubular pero no en la orina. El soluto debe ser
a. sólo secretado.
b. sólo filtrado.
c. filtrado y reabsorbido.
d. reabsorbido pero no filtrado.

10. ¿Cuál de los siguientes problemas haría aumentar el filtrado glomerular?
a. una obstrucción del uréter que aumenta la presión hidrostática del filtrado.
b. una disminución de la concentración de proteínas de la sangre producida por déficit de proteínas en la dieta.
c. una reducción de la presión arterial debida a hemorragia.
d. todas las anteriores.

11. La glucosa es reabsorbida en el túbulo proximal por
a. transporte activo primario.
b. transporte activo secundario.
c. osmosis.
d. difusión facilitada.

12. La aldosterona estimula
a. la secreción de potasio y la reabsorción de sodio.
b. la reabsorción de calcio y la secreción de fosfato.
c. la secreción de sodio y la reabsorción de potasio.
d. la reabsorción de fosfato y la secreción de calcio.

13. Existe un gradiente osmótico medular entre
a. el glomérulo y la cápsula glomerular.
b. las capas sucesivas de la médula renal.
c. los capilares peritubulares y el asa de Henle de las nefronas corticales.
d. el túbulo proximal y el túbulo distal.

14. La vasopresina
a. estimula la reabsorción de sodio en el túbulo colector.
b. aumenta la magnitud del gradiente osmótico medular.
c. aumenta la permeabilidad al agua de las membranas de las células del túbulo colector.
d. aumenta el volumen de orina que se produce.

15. El centro hipotalámico de la sed es estimulado por el aumento de
a. la presión arterial.
b. el contenido de agua en la sangre.
c. la osmolaridad de la sangre.
d. todo lo anterior.

16. La renina es producida por
a. las células granulares.
b. las células de la mácula densa.
c. las células glomerulares.
d. las células endoteliales.

17. La angiotensina II estimula
a. la liberación de aldosterona.
b. la liberación de vasopresina.
c. la sed.
d. todo lo anterior.

18. El péptido natriurético auricular se opone a los efectos de
a. la angiotensina II.
b. la aldosterona.
c. la vasopresina.
d. todas las anteriores.

19. Un ejemplo de ácido débil es
a. HCl.
b. $NH4^+$.
c. NaOH.
d. bicarbonato (HCO_3^-).

20. La orina por lo general no contiene
a. glucosa.
b. sodio.
c. potasio.
d. urea.

21. La presencia de orina ácida indica que
a. el riñón está generando nuevas moléculas de bicarbonato.
b. el cuerpo está en un estado de alcalosis.
c. las concentraciones sanguíneas de bicarbonato son altas.
d. todo lo anterior.

COMPRENSIÓN DE CONCEPTOS

22. Compare y contraste los términos siguientes:
 a. uretra y uréter
 b. cápsula glomerular y glomérulo
 c. arteriola aferente y eferente

23. La renina es una señal química que circula en la sangre pero no se une a un receptor. Explique de qué forma la renina aumenta indirectamente la presión arterial.

APLICACIÓN

24. La ouabaína es un veneno que impide el funcionamiento de la Na^+/K^+-ATPasa. La ouabaína también disminuye la reabsorción de potasio en el túbulo proximal, que se produce por difusión facilitada. Explique cómo.

25. El joven Evan está muy enojado porque no le dejan golpear a su hermana Lauren con su juguete. Aguanta la respiración para castigar a sus padres por su injusticia. Qué le pasará a Evan en
 a. la concentración de dióxido carbono.
 b. el pH arterial.
 c. la concentración sanguínea de bicarbonato.

Utilice una ecuación química para ilustrar las respuesta.

Puede encontrar las respuestas a estas preguntas en el apartado de recursos para estudiantes en: **http://thepoint.lww.com/espanol-McConnellandHull**

17

El aparato reproductor

Temas principales

- La reproducción es el objetivo biológico más importante de la vida.
- Los seres humanos se reproducen sexualmente: un hombre y una mujer contribuyen con material genético de cada uno.
- Los espermatozoides y los óvulos (gametos) son producidos por órganos especiales, los testículos y los ovarios (gónadas), dedicados a este fin.
- Los genitales, tanto de los hombres como de las mujeres, están formados por un sistema de tubos diseñados para que se encuentren el semen y el óvulo.
- Los espermatozoides y los óvulos contienen cada uno la mitad del número de cromosomas que se encuentran en todas las demás células (somáticas).
- Los ciclos reproductores están regulados por hormonas hipotalámicas y de la hipófisis anterior.
- Para que se forme un bebé normal, la concepción, la implantación y el desarrollo embrionario deben progresar perfectamente.
- El embarazo constituye un estrés sobre la forma y la función de todos los sistemas del cuerpo.

Objetivos del capítulo

Anatomía del aparato reproductor masculino 667

1. Indicar las partes del aparato reproductor masculino en los esquemas, trazando la ruta de los espermatozoides maduros desde los testículos hasta el pene.
2. Describir las funciones y los componentes del semen.

Función testicular 672

3. Comparar la ubicación y la función de las células de Sertoli y de las células de Leydig.
4. Describir las etapas de la espermatogenia, utilizando los siguientes términos: *espermatogonias, espermatocitos primarios, espermatocitos secundarios, espermatozoide, mitosis, meiosis I, meiosis II, haploide, diploide, cromosomas replicados.*

5. Dibujar un esquema que ilustre la regulación de los gametos testiculares y la producción de esteroides.

Anatomía del aparato reproductor femenino 675

6. Indicar las partes del aparato reproductor femenino.

Ciclo reproductor femenino 680

7. Utilizar un esquema para ilustrar los fenómenos de la ovogenia, y relacionarlos con los de la foliculogénesis.
8. Explicar la importancia de los siguientes términos en la regulación y la acción de los estrógenos y la progesterona: *Gn-RH, LH/FSH, estrógenos, retroalimentación positiva, retroalimentación negativa, tamaño del folículo, cuerpo lúteo, profertilidad, progestacional.*
9. Describir los cambios en el desarrollo folicular, la producción de esteroides ováricos y la regulación de la LH/FSH durante el ciclo reproductor femenino.
10. Describir los fenómenos que tienen lugar en la ovulación y la forma en que ésta se induce.
11. Explicar de qué forma está controlado el ciclo uterino por los cambios en la producción de esteroides ováricos.

Comportamiento sexual 688

12. Indicar las etapas de la respuesta sexual.
13. Citar algunas enfermedades de transmisión sexual y especificar si son víricas o bacterianas.

Las mamas 690

14. Indicar las partes de la mama y comentar la regulación hormonal de la producción de leche.

Fecundación y desarrollo embrionario y fetal 691

15. Describir los acontecimientos en la fertilización y la implantación, utilizando los siguientes términos: *acrosoma, capacitación, blastómero, blastocisto, trofoblasto, decidua*.
16. Dibujar un diagrama de flujo determinando el destino de los trofoblastos, la masa celular interna, los epiblastos y los hipoblastos a medida que se forman las membranas y los tejidos fetales.

El embarazo cambia la forma y la función maternas 700

17. Explicar de qué forma la estructura de la placenta separa la sangre fetal y la materna a la vez que permite el intercambio entre ambas.
18. Comentar de qué forma el embarazo altera los diferentes sistemas del cuerpo y enumerar algunas de las hormonas específicas del embarazo.

Parto 702

19. Citar las etapas del parto y la importancia de los receptores de oxitocina, las prostaglandinas, la inflamación y la CRH placentaria en el parto.
20. Describir tres modificaciones diferentes del aparato circulatorio del feto que desvíen la sangre al exterior de los pulmones y del hígado.

Enfermedades de transmisión sexual e infertilidad: el caso de Susan, Mark y Toby 706

21. Utilizar el caso práctico para analizar las causas de la infertilidad y la regulación del parto.

Aborto y anticoncepción 707

22. Diseñar un diagrama de flujo de los fenómenos involucrados en la producción de gametos, la fecundación y la implantación, señalando dónde intervienen algunos métodos anticonceptivos.

Conocimientos necesarios

Antes de adentrarse por primera vez en este capítulo, es importante comprender los siguientes términos y conceptos.

- Retroalimentación positiva (cap. 1)
- Mitosis, genes, cromosomas (cap. 3)
- Eje hipotálamo-hipófiso-suprarrenal; secreción y acción de la oxitocina; secreción y acción de la prolactina (cap. 15)

Caso práctico: «No podemos quedarnos embarazados»

Mientras lee el siguiente caso práctico, haga una lista de los términos y conceptos que debe aprender para comprender el caso de Susan.

Anamnesis: Susan, de 28 años, y su esposo Mark, de 31 años, fueron a ver a un especialista en fertilidad a causa de su incapacidad para concebir después de 4 años de matrimonio.

«No podemos quedarnos embarazados», dijo Susan. «No lo entiendo. Mis períodos son regulares como un reloj y tomo mi temperatura todos los días para que podamos tener relaciones sexuales en el momento justo, pero nunca funciona».

También se entrevistó a cada uno en privado. En su entrevista, Susan confesó que durante la escuela secundaria y la universidad sufrió varios episodios de lo que llamó «infecciones de la trompa». «Ahora sé que se trataba de infecciones de transmisión sexual», dijo. «Yo pensé que era el equivalente de un resfriado, que tomabas un poco de penicilina y ya está. Pero ahora sé que no es así.» En la entrevista de Mark no hubo nada que señalar.

Exploración física y otros datos: los dos estaban en buena forma física, con constantes vitales normales y sin alteraciones en las pruebas de laboratorio generales.

La exploración de los genitales de Mark fue normal y pudo producir una muestra de semen. El volumen de semen, el recuento de espermatozoides, y la morfología y la motilidad del esperma eran normales.

La exploración de Susan, sin embargo, no fue normal. Durante la exploración manual de la pelvis se detectó una masa ligeramente dolorosa a la palpación en la zona del ovario izquierdo. Las pruebas de imagen confirmaron la presencia de una masa. En un estudio de imagen especial (histerosalpingografía) se inyectó colorante visible con rayos X en el útero con la presión suficiente para que pasase a través de las trompas uterinas (de Falopio). Las dos trompas estaban bloqueadas a unos pocos centímetros del útero.

Evolución clínica: Susan fue sometida a cirugía exploratoria. Los cirujanos hallaron que su trompa de Falopio y el ovario izquierdo habían sido destruidos por un absceso antiguo y tejido cicatricial. No fue posible su reparación, por lo que se extirparon la trompa y el ovario. En el lado derecho, sin embargo, la trompa estaba bloqueada por una estrecha banda de tejido cicatricial y por lo demás era normal. Se extirpó el área cicatricial y se unieron los extremos abiertos. El estudio postoperatorio mostró que la trompa ya no estaba bloqueada y que parecía ser funcional.

Con asesoramiento sobre fertilidad y apoyo adicionales, Susan se quedó embarazada 6 meses después. Los primeros dos trimestres transcurrieron sin incidencias. Sin embargo, al final de la semana 33 de gestación, se puso de parto. Mark la llevó rápidamente al hospital, donde en la exploración pélvica se observó que el cuello del útero se había dilatado (abierto) 4 cm. Se le administró ibuprofeno (un antiinflamatorio) y bloqueadores de la oxitocina, con lo que las contracciones uterinas se detuvieron durante una semana. Después, el trabajo de parto comenzó de nuevo. Anticipándose a un inevitable nacimiento prematuro, el obstetra ordenó la administración de cortisol para acelerar la maduración pulmonar del feto. El cuello del útero de Susan continuó dilatándose, llegando a 10 cm al final de la semana 34, y dio a luz un niño de 2155 g que se llamó Toby. Fue capaz de respirar por sí mismo, pero presentó dificultades de alimentación. Susan utilizó un sacaleches para extraer su leche, que posteriormente se administraba directamente en el estómago de Toby a través de un sonda. Después de 7 días en cuidados intensivos neonatales, Toby se estaba alimentando bien y la madre y el niño pudieron irse a casa.

No sé la pregunta, pero la respuesta definitiva es el sexo

Anónimo

La cita anterior es divertida, ya que astutamente se basa en una verdad biológica suprema; la meta principal de la vida de todas las especies es la reproducción. Así, desde un punto de vista evolutivo, el sexo es siempre la respuesta. Algunas especies se reproducen *asexualmente;* por ejemplo, las bacterias simplemente se dividen por la mitad para convertirse en dos nuevos organismos. Sin embargo, nuestra especie, *Homo sapiens,* se perpetúa por *reproducción sexual.* La **reproducción sexual** requiere que una especie tenga dos representantes, cada uno de los cuales suministra material genético para crear nueva descendencia. En biología, el término **masculino** (de la palabra latina *mas*) se aplica a la parte de la pareja «dador»; el término **femenino** (de la palabra latina *femina*) se aplica a la parte de la pareja «receptora».

El hecho de que pueda haber muchos donantes y receptores posibles tiene un efecto genético profundamente importante: se asegura la *diversidad genética,* que a su vez favorece la buena salud de una población. La *uniformidad* genética es peligrosa porque se corre el riesgo de combinar defectos genéticos que no se manifiestan como enfermedades a menos que se emparejen con un defecto genético coincidente. Es más probable que aparezca coincidencia de defectos en familiares cercanos, lo que explica la prohibición social, en la mayoría de las sociedades, de la procreación entre parientes cercanos.

Comenzamos este capítulo con una explicación de la anatomía y de la función reproductora masculina, que es algo menos compleja que la femenina.

Anatomía del aparato reproductor masculino

El **aparato reproductor masculino** tiene como objetivo la fabricación de las células espermáticas y su transporte hasta la mujer. Los espermatozoides son células reproductoras que llevan la mitad de dotación genética correspondiente al hombre. Se producen en los testículos, las *gónadas* masculinas (glándulas reproductoras). Los espermatozoides se almacenan, maduran en y llegan a su destino por un sistema de conductos, que es donde comenzamos nuestra exploración de la anatomía del aparato reproductor masculino.

Los espermatozoides son transportados fuera del cuerpo por un sistema de conductos

Los testículos liberan los espermatozoides inmaduros en el **epidídimo,** un tubo estrecho a unos 6 m de longitud que se enrolla formando un órgano en forma de coma de 3-4 cm en la cara posterior de cada testículo (fig. 17-1). Revistiendo el epidídimo se encuentran unas células cilíndricas altas cubiertas con cilios grandes que poco a poco barren el esperma en toda su longitud. Durante sus 3 semanas de viaje a través del epidídimo, los espermatozoides adquieren la capacidad de desplazarse nadando. Permanecen en el epidídimo hasta la eyaculación, momento en que son expulsados con fuerza hacia la siguiente estructura ductal *(conducto deferente)* por la contracción del músculo liso de la pared del epidídimo. Hay que tener en cuenta que los espermatozoides son eyaculados desde el epidídimo, no desde los testículos.

El **conducto deferente** (o *vaso deferente*) recibe el esperma desde el epidídimo. Se trata de un tubo muscular muy firme, de unos 3 mm de diámetro y 45 cm de largo, que discurre desde el epidídimo hacia arriba. En la pared abdominal inferior, el conducto recorre el borde anterior de la pelvis ósea y desciende por los tejidos blandos de la pelvis, viajando en sentido medial al uréter. A continuación se inclina hacia delante para pasar por la parte inferior de la vejiga hacia la próstata. Inmediatamente antes de penetrar en la próstata, se une al conducto de la *vesícula seminal* (una glándula que se comenta a continuación). Los conductos se fusionan para formar el **conducto eyaculador,** que penetra en la próstata para conectar con el extremo proximal de la uretra.

Igual que el epidídimo, el conducto deferente está revestido por epitelio cilíndrico ciliado. La pared del conducto es gruesa, con haces de músculo liso que se contraen rítmicamente con ondas peristálticas muy fuertes para impulsar el esperma y las secreciones asociadas hacia la uretra.

La **uretra** es el conducto terminal masculino, que lleva la orina o el semen hacia el exterior. Se origina en el *orificio uretral interno* en el cuello de la vejiga y termina en el *orificio externo de la uretra,* en el extremo del pene. El segmento más proximal es la *uretra prostática,* que recibe el conducto eyaculador. La siguiente parte es la *uretra membranosa,* integrada en una red de fibras de músculo esquelético del

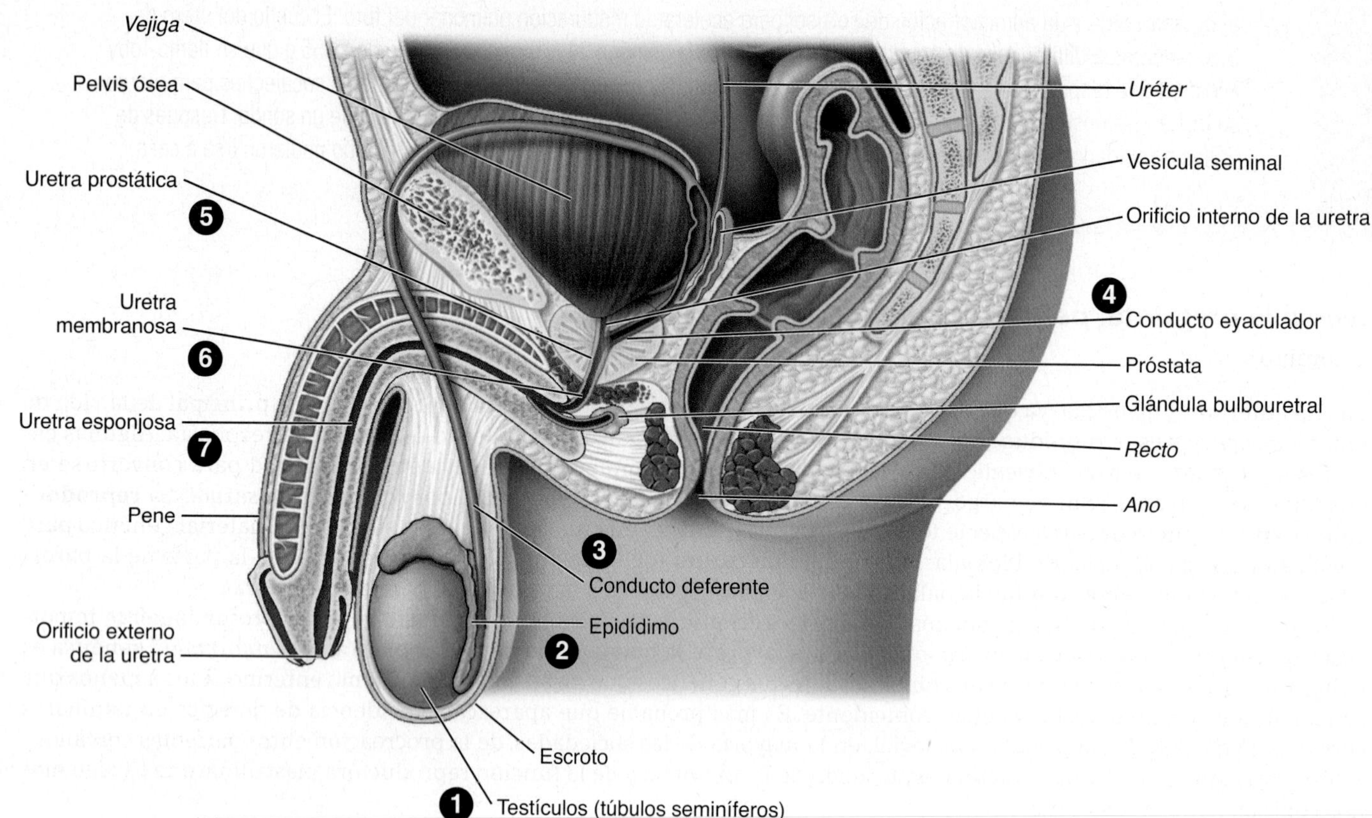

Figura 17-1. Anatomía masculina. En esta sección sagital se muestran los órganos del aparato reproductor masculino. Las estructuras están numeradas en el orden que se encuentran los espermatozoides. *¿En qué conducto drena la glándula bulbouretral, en el conducto deferente o en la uretra?*

esfínter uretral externo (cap. 16) y de tejido conectivo conocido como el *diafragma urogenital.* El segmento distal es la *uretra esponjosa (del pene),* que está incrustada en el tejido esponjoso del pene. La uretra prostática está revestida por epitelio de transición, que cambia gradualmente a epitelio cilíndrico seudoestratificado y, cerca de la apertura externa, a epitelio escamoso estratificado.

Apuntes sobre el caso

17-1 Cuando Mark estaba produciendo su muestra de semen, los espermatozoides almacenados salieron de su epidídimo. Indicar los siguientes dos conductos que encontraron los espermatozoides.

Las glándulas sexuales accesorias secretan líquido que se mezcla con el esperma para formar el semen

Las glándulas sexuales accesorias masculinas son las *vesículas seminales,* la *próstata* y las *glándulas bulbouretrales* (fig. 17-1). En conjunto, producen la mayor parte del volumen del semen.

El **semen** es un líquido lechoso, ligeramente alcalino, una mezcla de esperma y secreciones de las glándulas accesorias que sirve como líquido de transporte y medio nutriente para los espermatozoides. El semen se forma cuando los espermatozoides entran en el conducto deferente y se combinan con las secreciones de las glándulas accesorias. Después de depositarse en el interior de la vagina, el semen se coagula en un gel, que ayuda a asegurar que la mayoría permanece cerca del hocico de tenca. No obstante, poco después se licúa, liberando los espermatozoides para que comiencen su desplazamiento. Además, la vagina normalmente es algo ácida y los espermatozoides no se desplazan bien en condiciones de acidez, por lo que el pH alcalino del semen neutraliza la acidez vaginal y facilita la movilidad de los espermatozoides.

Las **vesículas seminales** son glándulas pares, cada una del tamaño de un meñique, situadas por debajo de la superficie posteroinferior de la vejiga y por delante del recto. Al igual que el epidídimo, cada una es un tubo en espiral, pero más corto, de unos 15 cm, y de mayor diámetro. Secretan **líquido vesicular,** un líquido ligeramente alcalino que contiene una mezcla de sustancias que nutren y dan autonomía a los espermatozoides: fructosa, vitamina C y otras sustancias. El líquido vesicular contiene también una enzima, la **vesiculasa,** encargada de la coagulación del semen en forma de gel después de ser depositado en la vagina. El líquido vesicular constituye el 60 % del volumen del semen.

La **próstata** es una glándula impar del tamaño de una ciruela pequeña (2 × 3 × 4 cm) que rodea la uretra proximal como una rosquilla inmediatamente distal al cuello de la vejiga (fig. 17-1). Está formada por numerosos lóbulos de glándulas epiteliales y de conductos embebidos en un estroma denso de tejido fibroso y músculo liso. Secreta un líquido lechoso ligeramente ácido que contiene una mezcla de sustancias que nutren a los espermatozoides, como el ácido cítrico, que los espermatozoides pueden utilizar para generar ATP para energía. Las secreciones prostáticas contienen el **antígeno específico de la próstata** (PSA, *prostate-specific antigen*), la enzima que licúa poco a poco el semen coagulado y permite que los espermatozoides naden libremente. Las secreciones de la próstata representan alrededor del 25 % al 35 % del volumen de semen. Para más información sobre el PSA y las enfermedades de la próstata, consulte la siguiente Instantánea clínica titulada «Enfermedades de la próstata».

Las **glándulas bulbouretrales** son del tamaño de un guisante, se encuentran una a cada lado de la uretra membranosa y secretan a la uretra un líquido lubricante transparente cuando el hombre se excita sexualmente. Este líquido realiza varias funciones. En primer lugar, es alcalino y neutraliza la orina, generalmente ácida, que permanece en la uretra. En segundo lugar, se abre camino a lo largo de la uretra, lo que garantiza un flujo suave de semen, y sobre la cabeza del pene, proporcionando lubricación para facilitar la penetración vaginal.

Apuntes sobre el caso

17-2 En la muestra de semen de Mark se estudió el tiempo de licuefacción (el tiempo que tarda el semen en gel en licuarse). ¿La actividad de qué enzima se evalúa en esta prueba?

17-3 El volumen del eyaculado de Mark fue de 6 ml. ¿Qué cantidad aproximada de este líquido se produce en las vesículas seminales?

17-4 El pH de la muestra de semen de Mark fue normal: ligeramente alcalino, con un pH de 8. ¿Indica un semen ácido una actividad insuficiente de la próstata o de las vesículas seminales?

El pene es un órgano copulador

Tener sexo es *copular* (del latín *copulare* = «sujetarse juntos»), y el **pene** es el órgano copulador masculino.

Se compone de tres partes (fig. 17-2 A):

- La **raíz** está unida a la parte inferior de la pelvis ósea.
- El **cuerpo** es la parte media larga. Está formada por tres estructuras paralelas cilíndricas, dos un poco más grandes dorsolaterales y una impar anterior más pequeña. Cada cilindro dorsolateral es un **cuerpo cavernoso** y está formado por una masa esponjosa de senos vasculares que pueden llenarse de sangre para alargar y endurecer el pene (*erección,* que se comentará más adelante). El cilindro anterior impar es el **cuerpo esponjoso,** también formado por senos vasculares, que contiene la uretra (fig. 17-2 B). Tenga en cuenta que estos términos de orientación se refieren a un pene erecto apuntando

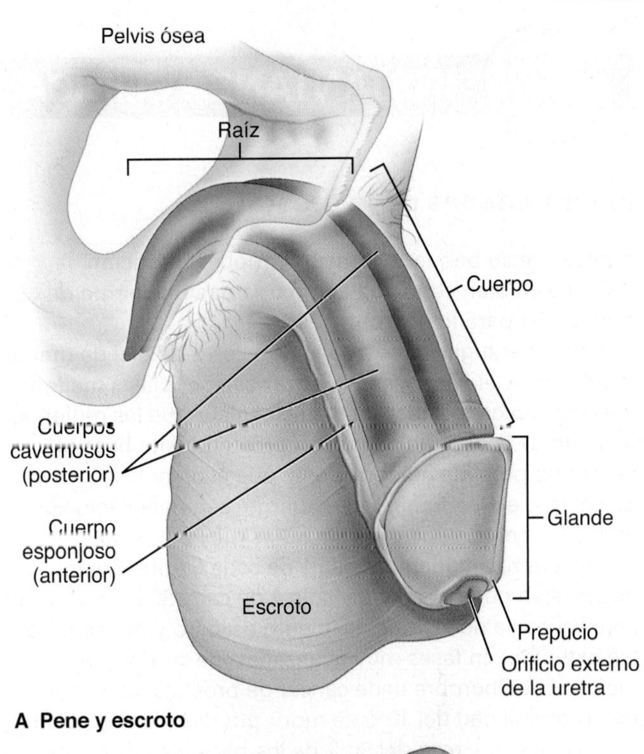

A Pene y escroto

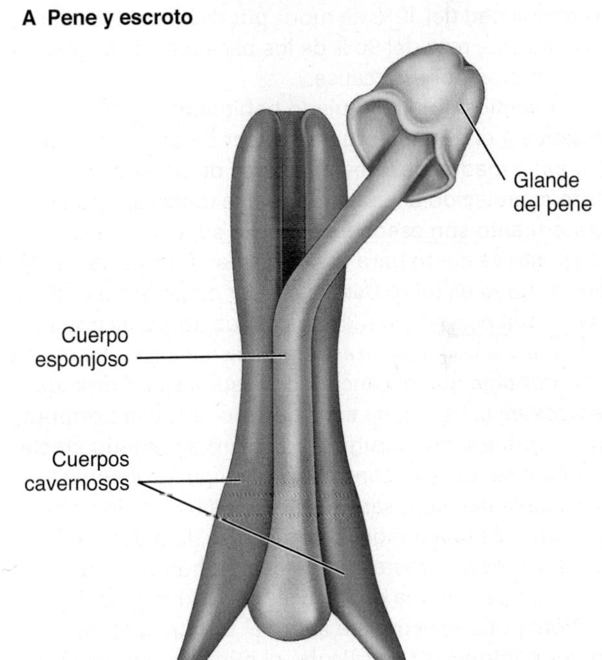

B Pene erecto, vista anterior

Figura 17-2. El pene. A) El cuerpo y el glande del pene se proyectan hacia el exterior desde la parte inferior del torso, pero la raíz permanece en la cavidad pélvica. **B)** Vista anterior del pene erecto, con el cuerpo esponjoso desplazado. *El prepucio de un pene no circuncidado, ¿recubre el glande o el cuerpo?*

INSTANTÁNEA CLÍNICA

Enfermedades de la próstata

A pesar de su pequeño tamaño y modesta función, la próstata es bien conocida como una posible fuente de problemas para los hombres.

En primer lugar, aparte de los cánceres de piel de menor importancia, el *cáncer de próstata* es la neoplasia maligna más común en los humanos, ¡incluso aunque las mujeres, la mitad de la especie, no tienen próstata! Esto hace al cáncer de próstata más frecuente que el de pulmón, el de colon o el de mama. Sin embargo, según la evolución de los cánceres, el de próstata no es muy agresivo. Aunque aproximadamente de 1 de cada 6 hombres lo desarrollan durante su vida, sólo 1 de cada 30 morirá como consecuencia de él. Su crecimiento es lento y metastatiza (se extiende) en fases muy avanzadas, de modo que incluso si un hombre tiene cáncer de próstata sólo tiene una probabilidad del 10 % de morir por dicha enfermedad. Por el contrario, más del 90 % de los pacientes de cáncer de pulmón mueren por esta causa.

Los principios que han guiado habitualmente el diagnóstico y el tratamiento del cáncer de próstata están siendo examinados de nuevo después de décadas de un acuerdo establecido en cuanto a que la detección precoz y el tratamiento son esenciales para la supervivencia. Aunque esto es cierto para casi todas las formas de cáncer restantes, no lo es tanto para el cáncer de próstata debido a la avanzada edad de la mayoría de los hombres que lo desarrollan y a la naturaleza lenta de este cáncer; es mucho menos probable que el cáncer de próstata sea mortal que otros tipos de cáncer. Una consideración muy importante es que el tratamiento (cirugía, radiación) a menudo afecta a la función sexual y al control de la vejiga, problemas graves que deben sopesarse frente a los beneficios. Para añadir aún más dificultades a la decisión, la mayoría de los cánceres de próstata aparecen en hombres de edad avanzada con una esperanza de vida limitada. Una herramienta útil en el debate sobre el tratamiento de cualquier enfermedad es calcular el número de pacientes que deben tratarse para salvar una vida. En un mundo perfecto sería 1:1, es decir, salvar la vida de cada persona que se trata. Para el cáncer de próstata, se han de tratar unos 50 para salvar una vida, una proporción de 50:1. Esto significa que alrededor de 49 hombres tienen que sufrir las graves consecuencias de un tratamiento sin aumentar el beneficio pretendido de salvar vidas.

Entonces, ¿cómo debe diagnosticarse el cáncer de próstata? El tejido maligno tiende a ser más duro que el tejido normal de la próstata, por lo que la inserción de un dedo en el recto para palparla (exploración rectal digital) detectará algunos cánceres en su etapa inicial, aunque no muchos. Otra herramienta diagnóstica es la medición de las concentraciones sanguíneas del PSA, que aumenta en el cáncer de próstata. Pero, como con el tacto rectal, los resultados a menudo son engañosos: muchas veces es normal aunque el cáncer esté presente o puede ser alto sin que haya cáncer. El problema está sin resolver, y tanto es así que el científico que descubrió el PSA ya no recomienda su uso como herramienta de detección para el diagnóstico precoz del cáncer de próstata. Un comité de expertos del gobierno de Estados Unidos recomienda actualmente la prueba de PSA sólo a partir de los 75 años de edad. Y un número creciente de médicos recomiendan no tratar el cáncer de próstata de bajo grado.

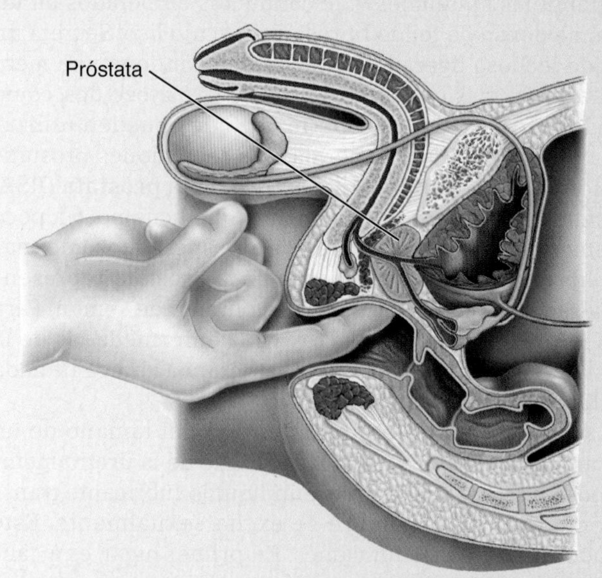

Exploración rectal digital. Con este método puede explorarse el aumento de la próstata.

Otro problema para algunos hombres es el aumento de tamaño de la próstata debido a la *hiperplasia benigna de próstata,* una enfermedad no maligna. Prácticamente todos los hombres mayores de 60 años presenta un aumento de tamaño de la próstata, pero en la mayoría no causa problemas. Sin embargo, en el 10 % de estos casos la glándula agrandada estrangula el flujo de orina, lo que ralentiza su flujo e impide que la vejiga se vacíe por completo al orinar. Como resultado, la vejiga se rellena rápidamente y los pacientes deben orinar con frecuencia, incluso levantarse por la noche para hacerlo más de una vez (una vez es normal). La obstrucción crónica del flujo de orina causada por la próstata aumenta el riesgo de infecciones urinarias y de otras complicaciones.

hacia arriba; la superficie anterior es la *cara inferior* del pene no erecto, la más próxima al cuerpo.

- El **glande,** o cabeza del pene, es la porción distal ensanchada del cuerpo esponjoso (fig. 17-2 C). Durante una erección, el glande también se endurece y se llena de sangre. En el extremo del glande se encuentra el orificio externo de la uretra.

El cuerpo del pene está recubierto por una fascia fibrosa no extensible, que durante la erección limita la expansión del pene lleno de sangre y asegura así una tensión adecuada. El pene está cubierto por piel laxa que se desliza libremente sobre la fascia subyacente.

En su estado natural, el pene tiene un collar de piel protectora, el **prepucio,** que se extiende desde donde el cuello del glande se une con el cuerpo y se pliega distalmente para forrar y cubrir el glande. De acuerdo con las costumbres sociales, el prepucio puede cortarse o no (*circuncisión*, del latín *circum* = «en todo él» y *caedere* = «cortar»). La cubierta normal del glande es una mucosa escamosa húmeda. Tras la circuncisión, queda sin protección y se convierte en el equivalente funcional de la piel.

Apuntes sobre el caso

17-5 Mark y Susan decidieron no circuncidar a su hijo recién nacido. ¿Qué parte del pene se extirpa en la circuncisión?

El escroto contiene los testículos

El **escroto** es una bolsa de piel situada por debajo de la base del pene que aloja los testículos (fig. 17-2 A). Un tabique separa la línea media del escroto en los compartimentos derecho e izquierdo.

Recordemos que el *conducto deferente* (vaso deferente) discurre hacia arriba desde el escroto por la parte inferior de la pared anterior del abdomen antes de girar sobre el borde anterior de la pelvis ósea para descender. Entre el escroto y el borde de la pelvis va en un paquete junto a los nervios y los vasos sanguíneos, recubiertos por una fina capa de fibras de músculo esquelético *(músculo cremáster)*. En conjunto, esta parte del conducto deferente y los tejidos asociados se conoce como **cordón espermático** (fig. 17-3 A).

La temperatura óptima para la producción de espermatozoides es de unos 3 °C por debajo de la temperatura normal del cuerpo, es decir, unos 34 °C. Por esta razón, los testículos cuelgan fuera del torso, alejados de la temperatura corporal central. Con la exposición al frío, las fibras del músculo cremáster se contraen, llevando los testículos más cerca del calor del interior del cuerpo. En condiciones de calor ocurre lo contrario: los testículos cuelgan más bajos, donde pueden disipar mejor el calor.

Los **testículos** (del latín «dar testimonio», en el sentido de «probar» la masculinidad) o gónadas masculinas tienen el tamaño de una ciruela ovoide y comienzan su existencia embrionaria en la parte alta de la pared posterior del abdomen para migrar hacia el escroto en el nacimiento. La ausencia de migración, los *testículos que no han descendido (criptorquidia),* es un problema poco frecuente pero grave: la esterilidad se debe probablemente a que la mayor temperatura del abdomen suprime la producción de espermatozoides y, además, los testículos no descendidos tienen un alto riesgo de desarrollar un cáncer testicular.

La **túnica vaginal** es una doble capa que recubre los testículos, al igual que las dos capas del pericardio cubren el corazón. Entre ellas hay un espacio potencial que contiene una pequeña cantidad de líquido lubricante que permite a cada testículo un grado limitado de movimiento en el interior de la bolsa escrotal. La acumulación de líquido en este espacio se llama *hidrocele* y puede hacer que el contenido del escroto sea alarmantemente grande, como si tuviese un tumor; sin embargo, se trata de una alteración inocua.

La superficie externa de los testículos está formada por una cápsula fibrosa llamada **túnica albugínea.** Desde ella se extienden los tabiques fibrosos hacia el testículo, dividiéndolo en varios cientos de lobulillos. Enrollados dentro de cada lóbulo se encuentran los **túbulos seminíferos** (fig. 17-3 B), que producen los espermatozoides. Intercaladas entre los túbulos en el tejido conectivo de soporte se encuentran las **células de Leydig** *(células intersticiales testiculares),* que producen testosterona y otros esteroides sexuales. Existen dos tipos de células revistiendo los túbulos seminíferos: *a)* las *espermatogonias,* que son los citoblastos reproductores que dan lugar a los espermatozoides (cap. 3), y *b)* las células de soporte, conocidas como **células de Sertoli** (o *células sustentaculares*), que nutren a los espermatozoides en maduración. Las células de Sertoli son células grandes, altas, dispuestas lado a lado; las espermatogonias son pequeñas células intercaladas entre ellas. Las espermatogonias comienzan su proceso de maduración en la membrana basal de los túbulos seminíferos. A medida que maduran se mueven hacia la luz tubular, donde al llegar son arrastradas hacia el epidídimo para su almacenamiento y posterior maduración.

Apuntes sobre el caso

17-6 Indicar los citoblastos que dieron lugar a los espermatozoides de Mark.

17-1 Nombrar los tres segmentos de la uretra, desde el más proximal (a la vejiga) al más distal.

17-2 Indicar cuáles de los siguientes componentes del semen son nutrientes y cuáles son enzimas: vesiculasa, ácido cítrico, fructosa y antígeno específico de la próstata.

17-3 ¿Qué parte del pene es posterior, los cuerpos cavernosos o el cuerpo esponjoso?

17-4 ¿Cuál es la diferencia entre las células de Sertoli y las espermatogonias?

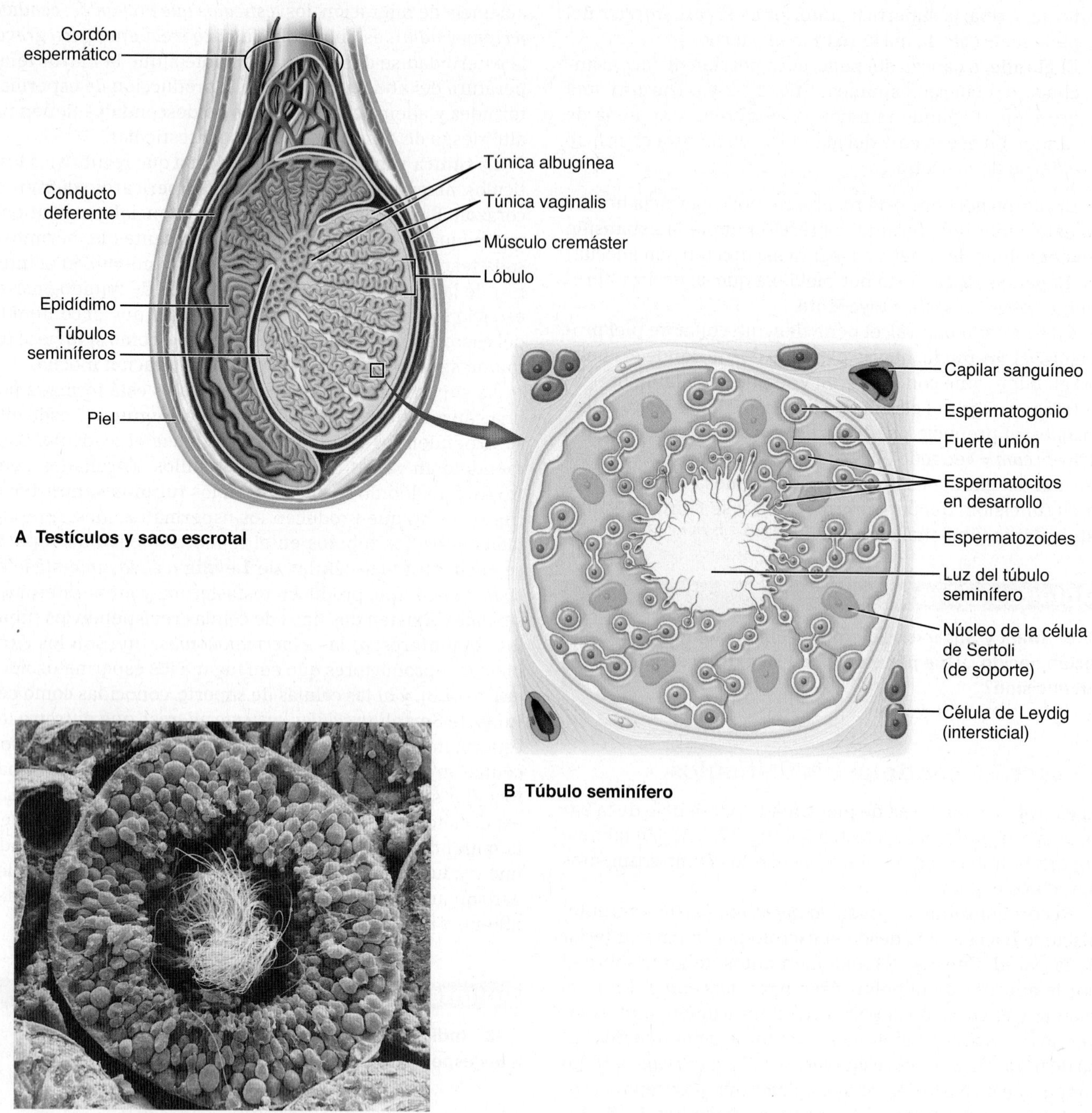

Figura 17-3. Testículos. A) Los testículos cuelgan en el escroto. **B)** El esperma se produce en los túbulos seminíferos, en los espacios entre las células de Sertoli. **C)** Microfotografía electrónica de barrido de un túbulo seminífero que muestra espermatogonias en la periferia del túbulo y espermatozoides maduros con las colas proyectando hacia la luz. *Indicar las células productoras de esteroides de los testículos.*

Función testicular

El testículo tiene dos funciones principales. En primer lugar la **espermatogenia,** la producción de esperma, que se realiza en los túbulos seminíferos. En segundo lugar la producción de **testosterona,** esteroide sexual, que participa en el desarrollo y el mantenimiento de los caracteres sexuales secundarios masculinos, como el vello facial, la musculatura más fuerte y la voz más profunda. La testosterona la producen las células de Leydig *(intersticiales).*

Los túbulos seminíferos producen el esperma

La espermatogenia produce esperma a partir de las espermatogonias. Al hacerlo, reduce a la mitad (23) el número de cromosomas a partir de los 46 normales en el resto de las células del cuerpo. Un **gameto** es una célula reproductora cuyo contenido cromosómico se ha reducido a la mitad.

Recuerde del capítulo 3 que un gen es un segmento de ADN que codifica una proteína específica que expresa un determinado rasgo, por ejemplo el color de los ojos, y que un cromosoma es una molécula definida de ADN que contiene muchos genes. Recordemos también que, con excepción de los cromosomas sexuales (X, Y), todos los cromosomas se presentan en parejas, u *homólogos*, uno de cada progenitor (aunque los cromosomas sexuales de un hombre no son idénticos, contienen una pequeña región homóloga y por lo tanto se consideran homólogos). Los cromosomas homólogos contienen genes homólogos, pero no necesariamente idénticos. Es decir, usted puede tener el gen de los ojos marrones de su madre y el gen de los ojos azules de su padre. Entender el concepto de cromosomas homólogos y genes es importante para comprender los detalles de la espermatogenia.

Con la excepción de los ovocitos (los óvulos de la mujer) y los espermatozoides y sus predecesores, *todas* las célula del cuerpo contienen 46 cromosomas: 22 pares (44) de cromosomas no sexuales (somáticos) (llamados *autosomas*) que se numeran del 1 al 22, y un par (2) de cromosomas sexuales. En las mujeres hay dos copias del cromosoma X (denominado XX) y en los hombres una copia del X y una copia del Y (denominado XY). La notación genética habitual de una mujer genéticamente normal es 46/XX, y la de un hombre es 46/XY.

Hay que tener en cuenta que las espermatogonias de las que surgen los espermatozoides tienen 46 cromosomas. Debido a que los 46 cromosomas representan dos conjuntos de cromosomas, uno de cada progenitor, 46 se llama el conjunto **diploide** (del griego *diplous* = «doble») y se designa por conveniencia como $2n$ (n = 23). Durante la producción de un espermatozoide maduro, el número de cromosomas por célula debe reducirse a la mitad, de 46 a 23, un número llamado el conjunto **haploide** (del griego *haplous* = «único») y se designa n. El mismo proceso se produce en los ovocitos. Si no fuese así, la unión del espermatozoide y del óvulo duplicaría el número de cromosomas en cada nueva generación, algo claramente imposible. La solución a este problema teórico es la **meiosis** (del griego *meion* = «menos»), una forma de división celular que reduce a la mitad el número de cromosomas desde 46 en las espermatogonias (y en los citoblastos del ovario) a 23 en los gametos. La meiosis se asegura de que todos los espermatozoides normales y el óvulo contienen 22 cromosomas no sexuales y un cromosoma sexual. El proceso de la meiosis consiste en *dos ciclos de división celular*, denominados **meiosis I** y **meiosis II.**

La espermatogenia comienza cuando los citoblastos, las **espermatogonias,** se dividen por *mitosis* normal en dos células hijas, cada una con la dotación normal de 46 cromosomas (fig. 17-4, paso 1). Una de las células hijas permanece como una espermatogonia y la otra se diferencia en un **espermatocito primario,** y cada uno de estos espermatocitos tiene un conjunto completo diploide de cromosomas.

En el siguiente paso, los espermatocitos primarios duplican el ADN de los 46 cromosomas; sin embargo, este ADN nuevo no se separa del antiguo para formar nuevos cromosomas. En vez de ello, todo el ADN se mantiene junto en forma de un *cromosoma replicado,* con los duplicados unidos por un pequeño disco proteico llamado *centrómero*. El resultado es que un espermatocito primario contiene 46 cromosomas, cada uno con el doble de la cantidad normal de ADN y dos copias idénticas de cada gen (paso 2).

A continuación, los homólogos de los cromosomas replicados se emparejan por el ecuador celular, un homólogo en el lado norte del ecuador y el otro en el lado sur. En estos pares homólogos, la distribución a través del ecuador celular es aleatoria, de modo que hay algunos cromosomas maternos y algunos paternos a cada lado. Por ejemplo, el cromosoma número 16 de su madre puede estar en el lado norte del ecuador y el número 16 del padre en el sur, o viceversa. A continuación se produce otro fenómeno único: los cromosomas del norte y del sur se intercambian *algo* de ADN antes de la separación, un proceso llamado *entrecruzamiento*. Por ejemplo, imagine los homólogos del cromosoma número 16 replicado alineados a través del ecuador uno con otro. *Algunos* genes del cromosoma número 16 de su madre y de su padre cruzan el ecuador para intercambiar lugares; es decir, un gen que influye en el color de los ojos del cromosoma de la madre podrá cambiar su puesto con el gen de los ojos del color correspondiente del padre. Como resultado, los genes del color de ojos del padre pueden terminar en la mitad del ADN de la madre de su propio espermatozoide u óvulo. Esta mezcla de cromosomas completos y de partes de cromosomas asegura la diversidad genética, que ya hemos mencionado al inicio de este capítulo cuando hablamos de la reproducción sexual frente a la no sexual.

Por último, los homólogos replicados se mueven hacia los polos de sus respectivos lados del ecuador celular (paso 3). Entonces el citoplasma se separa por el ecuador y se completa la división celular. Las nuevas células así formadas se llaman **espermatocitos secundarios,** cada uno con un conjunto haploide de cromosomas. Esto nos lleva al final de la meiosis I: dos células, cada una con 23 cromosomas *replicados* (haploides o n).

En la *meiosis II* el proceso es más simple: los 23 cromosomas replicados, cada uno con suficiente ADN para dos células haploides, se alinean en el ecuador del espermatocito secundario. A continuación, los cromosomas replicados se dividen finalmente por el centrómero: una mitad del ADN va hacia un polo de la célula y la otra mitad se mueve hacia el polo opuesto. Después de esto, el citoplasma se divide a través del ecuador y se completa la segunda división celular, con lo que el espermatocito primario diploide original ha producido cuatro espermátides haploides (paso 4).

En resumen, en la meiosis se logran dos cosas importantes: primero, se reduce a la mitad el número de cromosomas de cada espermatozoide u óvulo maduros, y en segundo lugar, la variación genética está asegurada por la alineación

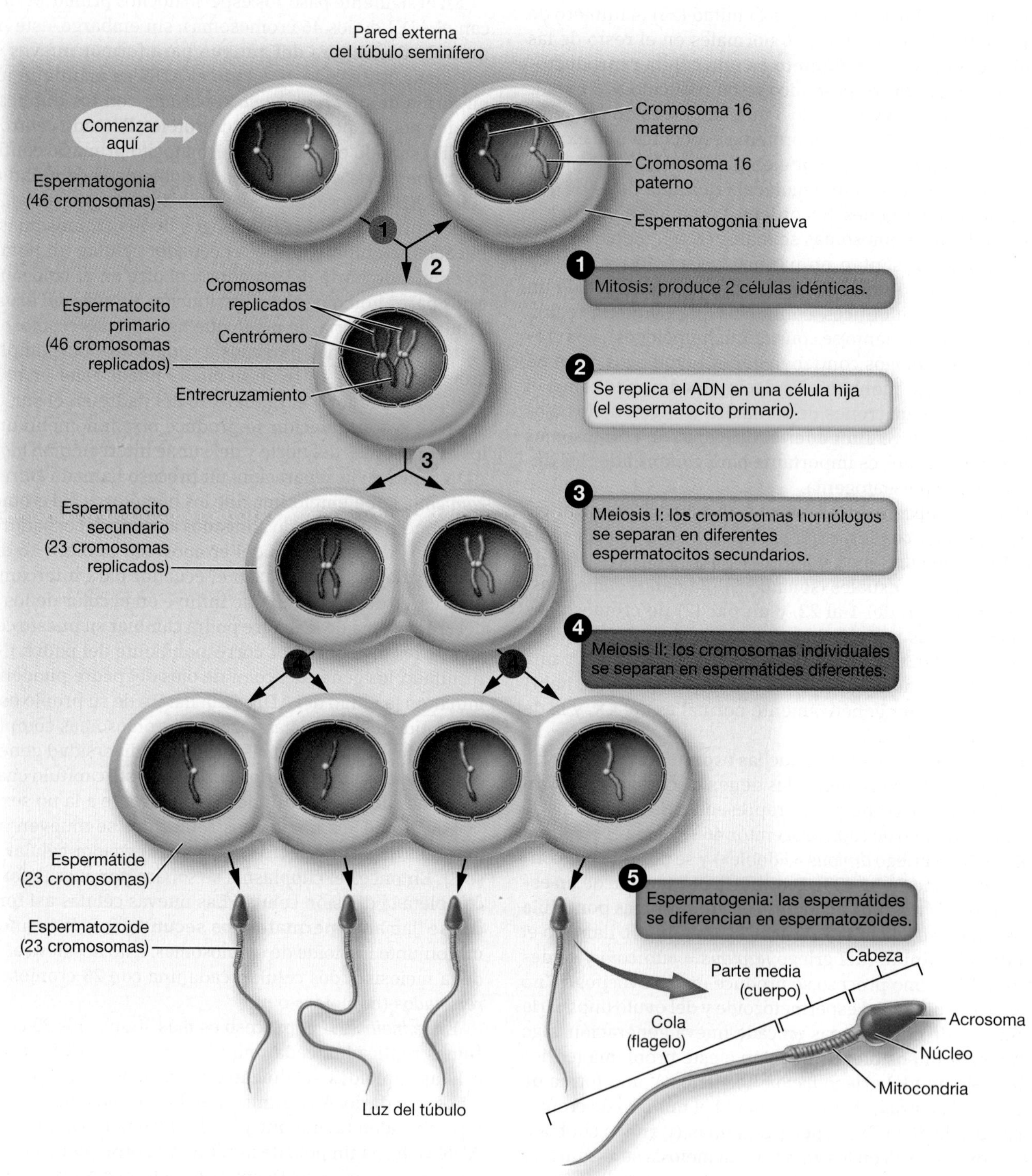

Figura 17-4. Espermatogenia. El espermatocito primario produce cuatro espermatozoides por el proceso de la meiosis. En aras de espacio, sólo se ilustra el destino de un par de cromosomas. *¿Cuál de las siguientes células contiene los cromosomas replicados: espermatogonias (que no se dividen), espermatocitos primarios, espermatocitos secundarios o espermátides?*

al azar de pares homólogos en uno u otro lado del ecuador y por el intercambio de genes entre los cromosomas paternos y maternos; es decir, los ojos marrones y los pies grandes no siempre tienen que heredarse juntos.

Por último, las espermátides maduran por el proceso de *espermatogenia* (paso 5). Pierden casi todo su citoplasma y compactan su ADN y las mitocondrias en una forma aerodinámica para convertirse en *espermatozoides* (esperma).

Cada espermatozoide tiene una cabeza, una parte media (cuerpo) y una cola (fig. 17-4, abajo a la derecha). La cabeza contiene el núcleo, que almacena el ADN; la parte media está formada por mitocondrias para producir energía, y la cola es un flagelo largo que se sacude de un lado a otro para impulsar el espermatozoide hacia delante como una serpiente. Los espermatozoides se han simplificado para facilitar el desplazamiento y prácticamente no tienen citoplasma donde almacenar nutrientes para el duro viaje a través del aparato genital femenino. En vez de ello, las mitocondrias de los espermatozoides dependen para su alimentación de la fructosa y del citrato del semen, así como de los nutrientes que recogen en su trayecto por el interior del aparato genital femenino.

Apuntes sobre el caso

17-7 La muestra de semen de Mark, ¿contiene más células haploides o más células diploides?

Las células de Leydig producen testosterona

Las células de los testículos están bajo la influencia de un eje hormonal en el que participan el hipotálamo y la hipófisis anterior. El hipotálamo produce **gonadoliberina (Gn-RH)**, que a su vez estimula la producción de dos hormonas de la hipófisis anterior (fig. 17-5):

- La **folitropina (FSH)** es necesaria para la producción de esperma, pero los espermatocitos en desarrollo no tienen receptores para la FSH. En cambio, la FSH actúa indirectamente estimulando la producción en las células de Sertoli de factores de supervivencia para los espermatozoides. Estos factores de supervivencia trabajan junto con la testosterona (que comentaremos en breve) para iniciar y mantener la espermatogenia y la espermiogenia.
- La **lutropina (LH)** se une a las células de Leydig y les induce a liberar testosterona.

La LH y la FSH se descubrieron inicialmente en las mujeres y se denominan así por sus efectos sobre el ovario.

¡Recuerde! **La lutropina actúa sobre las células de Leydig.**

La producción de hormonas testiculares está regulada por un circuito de retroalimentación negativa. La testosterona y otros factores gonadales actúan sobre el hipotálamo y la hipófisis para suprimir la liberación de Gn-RH, LH y FSH.

La testosterona estimula la diferenciación y el crecimiento de los genitales internos y externos fetales. Sin embargo, después de que los órganos sexuales se hayan desarrollado en el feto, las concentraciones hormonales disminuyen y no vuelven a aumentar de nuevo hasta la pubertad. Cuando se acerca la pubertad en los individuos de sexo masculino, el hipotálamo se vuelve menos sensible al efecto de supresión por retroalimentación de la testosterona, lo que permite la liberación de más Gn-RH. Esto da lugar a una segunda oleada de testosterona y al desarrollo de las características específicamente masculinas conocidas como *características sexuales secundarias*. El pene y los testículos crecen; aparece el vello genital y axilar; los huesos se alargan y se vuelven más robustos; aumenta la masa muscular; aparecen los espermatozoides maduros en el semen; la piel se engrosa y se vuelve más grasa, y la voz se hace más profunda a medida que la laringe aumenta de tamaño y las cuerdas vocales se alargan.

Muchas de estas acciones masculinizantes están mediadas por derivados de la testosterona producidos en las células diana. El comportamiento cambia también bajo la influencia de la testosterona. Por ejemplo, ciertas regiones del cerebro son mayores en los hombres que en las mujeres, y la testosterona estimula la agresividad y la libido.

17-5 ¿Cuáles de las siguientes células son haploides: espermatogonias, espermatocitos primarios, espermatocitos secundarios o espermátides?

17-6 ¿Cuándo se separan los cromosomas replicados, durante la meiosis I o durante la meiosis II?

17-7 ¿Cuándo ocurre la división celular, durante la espermatogenia, la espermiogenia o en ambas?

17-8 ¿Qué células tienen más receptores de FSH, las células de Sertoli, las células de Leydig o las espermatogonias?

17-9 Si un hombre no produce testosterona, ¿sus concentraciones de Gn-RH serán altas, bajas o normales?

Anatomía del aparato reproductor femenino

El **aparato reproductor femenino** tiene como función producir ovocitos (óvulos) y facilitar la concepción, el desarrollo y el nacimiento de descendencia. Los ovarios son análogos a los testículos del hombre, pero fabrican óvulos, las células reproductoras que llevan la mitad femenina de la dotación genética, así como las hormonas sexuales. Y al igual que el hombre, la mujer tiene un sistema de conduc-

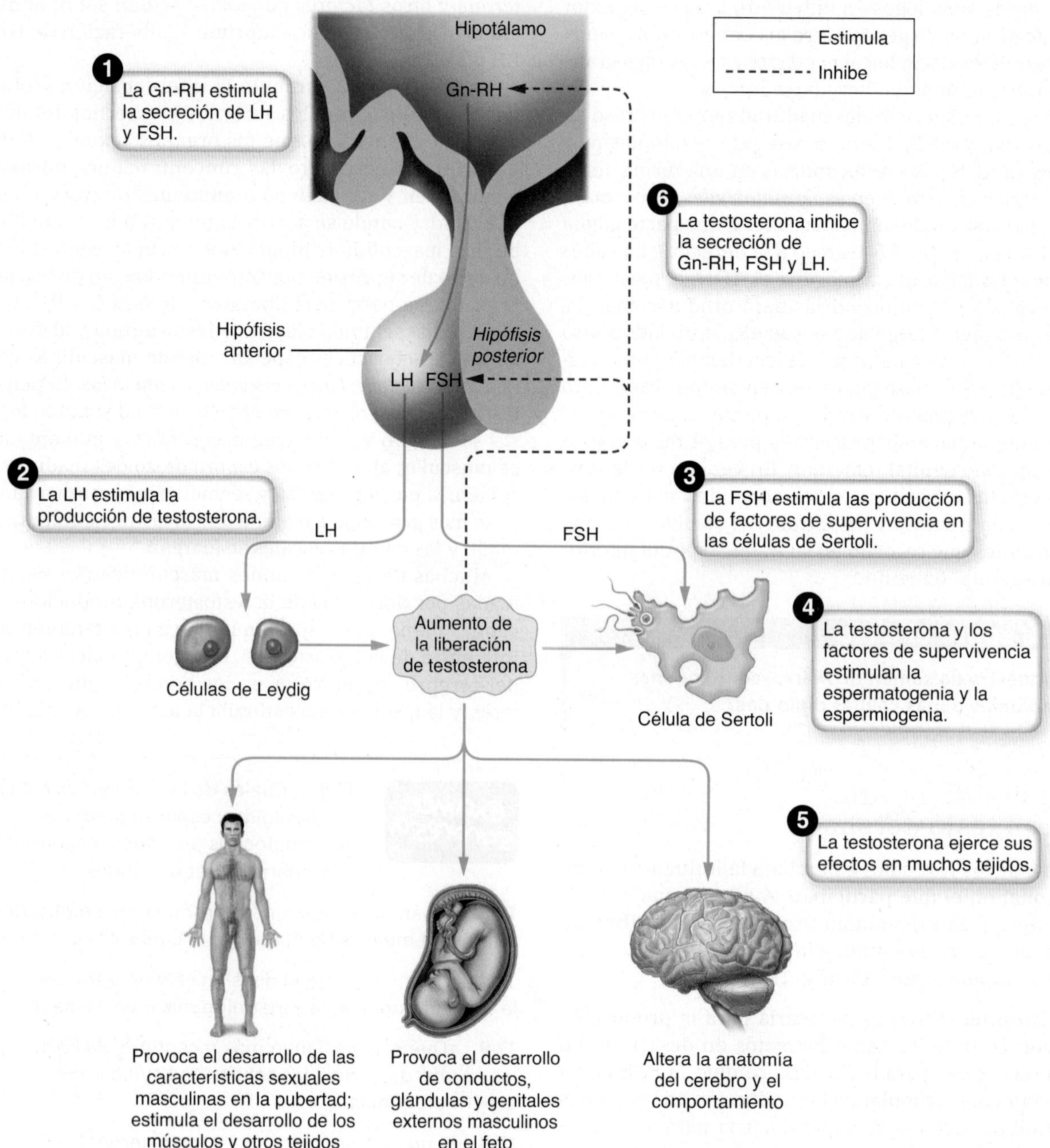

Hipotálamo
Estimula
Inhibe
1 La Gn-RH estimula la secreción de LH y FSH.
Gn-RH
6 La testosterona inhibe la secreción de Gn-RH, FSH y LH.
Hipófisis anterior
Hipófisis posterior
LH FSH
2 La LH estimula la producción de testosterona.
LH
FSH
3 La FSH estimula las producción de factores de supervivencia en las células de Sertoli.
Aumento de la liberación de testosterona
Células de Leydig
Célula de Sertoli
4 La testosterona y los factores de supervivencia estimulan la espermatogenia y la espermiogenia.
5 La testosterona ejerce sus efectos en muchos tejidos.
Provoca el desarrollo de las características sexuales masculinas en la pubertad; estimula el desarrollo de los músculos y otros tejidos
Provoca el desarrollo de conductos, glándulas y genitales externos masculinos en el feto
Altera la anatomía del cerebro y el comportamiento

Figura 17-5. Testosterona. El hipotálamo y la hipófisis anterior controlan la síntesis de testosterona por los testículos. La testosterona actúa en el cerebro, los órganos genitales y otros tejidos del cuerpo, y retroalimenta su propia secreción. *¿Qué hormona estimula la secreción de testosterona, la LH o la FSH?*

tos que guían a los óvulos y al esperma para que se unan. Comenzamos nuestra exposición sobre el aparato reproductor femenino con los genitales externos.

Los genitales externos forman la vulva

Los genitales externos femeninos se conocen en conjunto como la **vulva** (fig. 17-6).

El monte del pubis (o de Venus) es un montículo de tejido graso sobre el hueso púbico, que en las mujeres pospúberes está cubierto por vello púbico. A cada lado continúa hacia abajo con los **labios mayores,** que son homólogos del escroto. Son pliegues de piel redondeados y suaves que, al igual que el monte del pubis, están cubiertos por vello púbico después de la pubertad.

Los **labios menores,** homólogos de la superficie anterior del pene, son delicados pliegues de mucosa húmeda

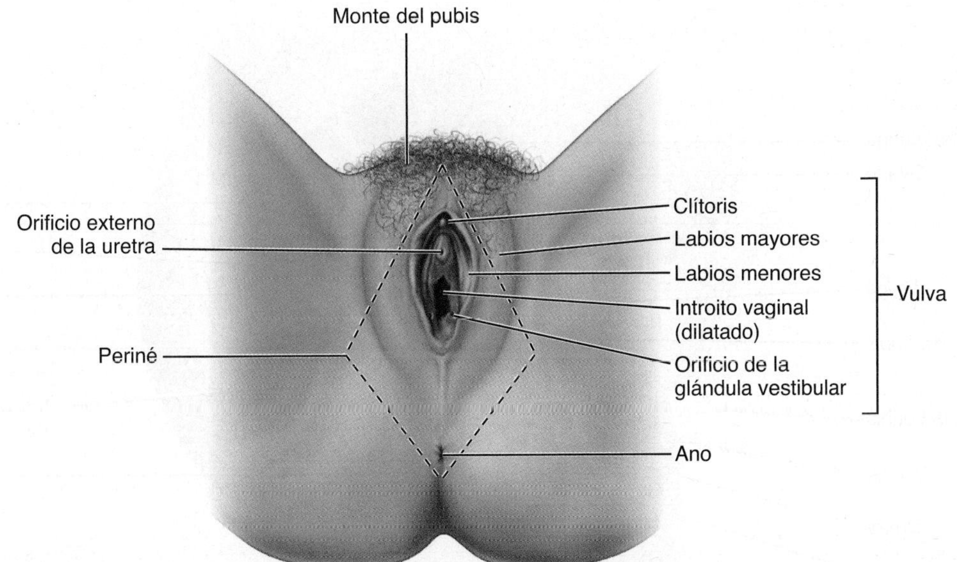

Figura 17-6. Genitales externos femeninos. El periné está delimitado por los labios mayores y el ano. *¿El orificio vaginal es anterior o posterior al orificio externo de la uretra?*

justo mediales y profundos a los labios mayores. Enmarcan el *introito,* la abertura de la vagina, y actúan como solapas móviles que mantienen alejados los microbios y la humedad, pero pueden moverse fácilmente hacia un lado para el coito. La mucosa vaginal en sí no tiene glándulas. Sin embargo, las *glándulas vestibulares,* homólogas de las glándulas bulbouretrales de los hombres, se abren justo en el interior del introito vaginal y secretan moco durante la excitación sexual para facilitar la introducción del pene. La lubricación vaginal también refleja la trasudación de líquido a través de la pared vaginal.

En conjunto, la zona desde el monte del pubis hasta el ano se conoce como el **periné.** En los hombres, el periné es la piel entre el escroto y el ano.

El **clítoris** (del griego «pequeña colina»), homólogo del pene, es una pequeña agregación alargada de tejido eréctil de unos 2 cm, altamente sensible, localizada en la unión anterior de los labios menores. El cuerpo del clítoris, homólogo al cuerpo del pene, está incluido en la mucosa vaginal superior. La parte redondeada visible es el *glande,* homólogo del glande del pene, cuya parte posterior está cubierta por un corto *capuchón,* homólogo del prepucio. Durante la excitación sexual, el clítoris se llena de sangre, lo que aumenta su sensibilidad.

El **orificio externo de la uretra** se abre en los labios menores, inmediatamente posterior al clítoris.

Apuntes sobre el caso

17-8 Mientras Susan estaba dando a luz, la piel posterior al introito vaginal se desgarró un poco. ¿Cuál es el término médico que describe la zona desde el monte del pubis hasta el ano?

El sistema de conductos de la mujer guía al óvulo y al esperma para que se unan

El sistema de conductos de las mujeres está formado por la vagina, el útero y las trompas uterinas (o de Falopio) (fig. 17-7).

La vagina es un conducto

La **vagina** (del latín «vaina») es un tubo muscular blando y suave de paredes delgadas, de aproximadamente 8 cm a 10 cm, que descansa en el espacio entre la vejiga y el recto (fig. 17-7 A). La uretra está anclada a su pared anterior por tejido conectivo. La vagina acomoda el pene para el coito, mantiene los espermatozoides después de la eyaculación, sirve de conducto para el flujo menstrual desde el útero situado por encima y como salida para el nacimiento de un feto.

La vagina tiene tres capas: una externa fibrosa laxa, una intermedia de músculo liso y una mucosa interna revestida por epitelio escamoso estratificado, que es característico de las mucosas (p. ej., la boca) que deben adaptarse a la fricción. Las células de la mucosa interna secretan glucógeno que las bacterias vaginales convierten en ácidos orgánicos, como el ácido láctico. La acidez vaginal resultante protege contra la infección por microbios patógenos. No obstante, el pH alcalino del semen neutraliza a corto plazo la acidez vaginal para un paso seguro de los espermatozoides.

El útero incuba el feto

El **útero** es un órgano hueco de paredes gruesas del tamaño de cuatro dedos flexionados (no un puño completo), situado en la línea media de la pelvis, por delante del recto

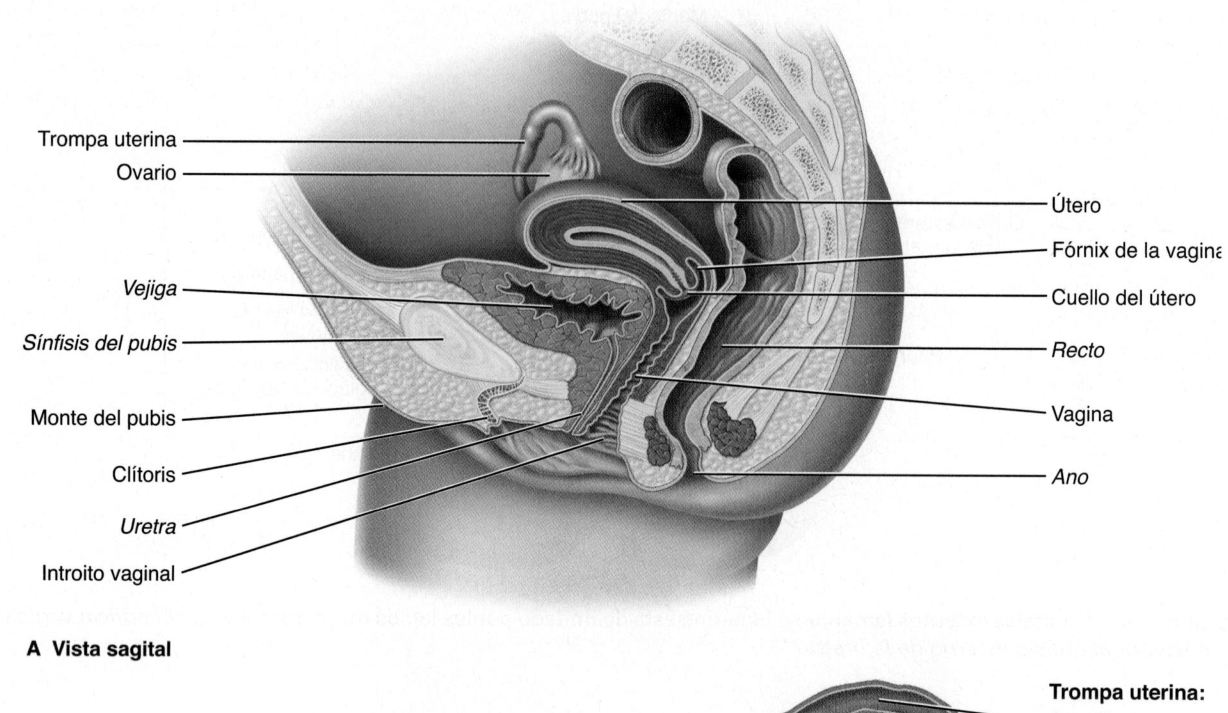

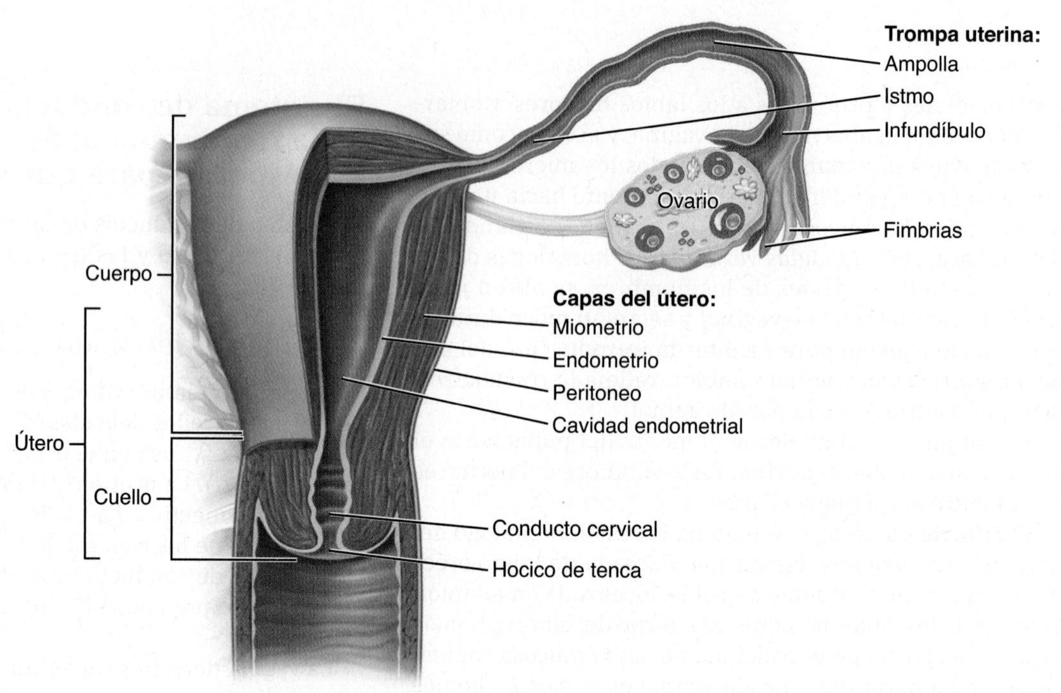

Figura 17-7. Genitales internos femeninos. A) Como se muestra en esta vista sagital, los genitales internos femeninos se encuentran entre las estructuras de los aparatos urinario y gastrointestinal. **B)** La vagina, el útero y las trompas uterinas (de Falopio) proporcionan una vía continua para el esperma, los óvulos y, a veces, el feto. *Indicar la capa muscular del útero.*

y por detrás y encima de la vejiga (fig. 17-7 A). Alberga y alimenta al óvulo fecundado hasta que se convierte en un feto totalmente desarrollado. Al final del embarazo, el útero se contrae para expulsar el feto fuera del cuerpo a través de la vagina.

El útero tiene forma de pera invertida, con el tallo encajado en el extremo superior de la vagina (fig. 17-7 A y B). La porción superior ancha es el **cuerpo.** El extremo inferior estrecho es el *cuello del útero o cérvix,* que sobresale en parte del extremo superior de la vagina, creando a su alrededor un receso circular llamado **fórnix de la vagina.** El cuello del útero contiene un canal central, el *conducto cervical,* que desemboca en la vagina a través de una pequeña abertura central, el **hocico de tenca** (orificio cervical).

Este orificio normalmente está tapado con moco como una barrera a la contaminación del útero por las bacterias vaginales. Los espermatozoides, sin embargo, están especialmente equipados para penetrar por el moco cervical. Una de las causas de infertilidad es la incapacidad del esperma para penetrar con eficacia por el moco cervical.

El interior hueco del útero es la **cavidad endometrial,** que conecta por debajo con el conducto cervical y por encima con las trompas uterinas (fig. 17-7 B). El revestimiento del útero es un tejido especializado llamado **endometrio.** Durante los años fecundos de una mujer, salvo cuando está embarazada, toma píldoras anticonceptivas o tiene un peso excesivamente bajo, el endometrio se desprende mensualmente con la *menstruación,* un proceso que se comenta en detalle más adelante. La mayor parte de la pared del útero está formada por una gruesa capa de músculo liso, el **miometrio.** Produce las contracciones musculares intensas del parto, así como las menos intensas (pero a veces dolorosas) que ayudan a expulsar el flujo menstrual.

Apuntes sobre el caso

17-9 La cirugía exploradora de Susan consistió en pasar un pequeño tubo a través de las siguientes estructuras: vagina, cuerpo uterino, hocico de tenca, conducto cervical, trompa uterina e introito vaginal. Ponga estas estructuras en orden, de la más externa a la más interna.

Las trompas uterinas transportan los espermatozoides y los óvulos

Las mujeres tienen dos **trompas uterinas** (también llamadas *oviductos o trompas de Falopio*), derecha e izquierda. Se extienden hacia fuera desde el borde superior lateral del útero y terminan muy cerca de los ovarios, pero sin unirse a ellos. El tercio proximal estrecho se llama **istmo,** los dos tercios distales algo más anchos son la **ampolla,** y el final ancho, en forma de embudo, es el **infundíbulo.** Cerca de cada ovario, la apertura del infundíbulo se encuentra sobre el ovario listo para capturar un óvulo tan pronto como se libere. El margen distal del infundíbulo está bordeado por delicadas proyecciones digitales que se llaman **fimbrias** (del latín «dedos»), que se mueven al unísono en ondas que barren el óvulo expulsado hacia la trompa.

La pared de las trompas uterinas está formada por músculo liso, recubierto por una capa superficial de peritoneo visceral. Cada trompa está revestida internamente por células ciliadas y no ciliadas. Las contracciones rítmicas del músculo liso y el batido coordinado de los cilios mueven el óvulo capturado hacia el interior de la trompa en dirección al útero. Las células no ciliadas secretan un líquido que mantiene la nutrición y la humedad para el óvulo, y para los espermatozoides si están presentes.

La fecundación de un óvulo por un espermatozoide se produce habitualmente en la ampolla de la trompa uterina. El óvulo fecundado es barrido a continuación a través de la trompa hasta el útero para su implantación. Sin embargo, a veces la implantación de un óvulo fecundado puede producirse dentro de la trompa (más frecuente), en el ovario o en otras partes de la pelvis. Esta alteración se conoce como *embarazo ectópico* (del griego *ektopos* = «fuera del centro» o «fuera de lugar») y se comenta con mayor detalle más adelante.

Las infecciones y otras enfermedades relacionadas con las trompas uterinas pueden dar como resultado una incapacidad para concebir. Muchas de estas infecciones son adquiridas por vía sexual *(enfermedades de transmisión sexual, ETS).* La infección puede dejar cicatrices, pliegues o un bloqueo total que impida el recorrido de los espermatozoides hacia el óvulo, así como el movimiento del óvulo fertilizado hacia el útero, dando lugar a dificultades para la concepción y la implantación. A veces es posible la corrección quirúrgica.

Apuntes sobre el caso

17-10 Volvamos al caso práctico. ¿De qué forma produjeron infertilidad las repetidas enfermedades de transmisión sexual de Susan?

Los ovarios producen óvulos y hormonas femeninas

Los ovarios (del latín *ovum* = «huevo») producen los gametos femeninos y los esteroides sexuales. Los gametos femeninos se llaman **ovocitos;** el gameto maduro se llama **óvulo.** Cada ovario tiene aproximadamente el tamaño y la forma de un albaricoque seco. Hay un ovario en cada lado de la pelvis, muy cerca del extremo distal abierto de cada trompa uterina, a pocos centímetros del útero (fig. 17-7 B).

La mayor parte del volumen del ovario está formada por una médula interna y una corteza externa, aunque sin una clara separación entre ellas (fig. 17-8 A). La médula está formada por tejido conectivo de soporte, vasos sanguíneos y nervios. La corteza contiene **folículos** (del latín «bolsitas») en diferentes etapas de desarrollo, cada uno formado por un ovocito y las *células foliculares* de soporte (fig. 17-8 B). Las células foliculares protegen y nutren el óvulo y también producen hormonas esteroides sexuales: estrógenos, progesterona y hormonas relacionadas.

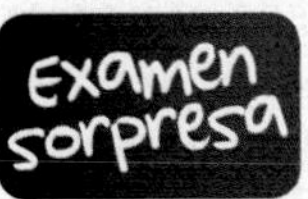

17-10 Indicar el homólogo masculino de los ovarios, las glándulas vestibulares, los labios mayores, el clítoris y el capuchón del clítoris.

17-11 Explicar por qué el pH vaginal es ácido.

17-12 Verdadero o falso: las trompas uterinas conectan con la porción cervical del útero.

17-13 Mencionar dos características de la pared de las trompas uterinas que ayudan a impulsar los óvulos por las trompas.

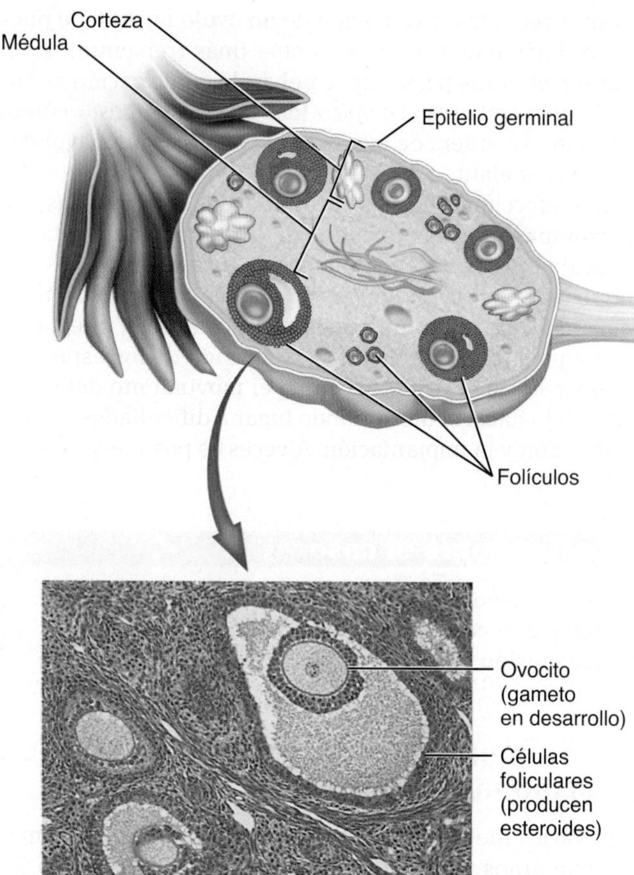

Figura 17-8. El ovario. A) Los gametos y las células productoras de esteroides del ovario se organizan en los folículos. **B)** Esta microfotografía muestra el ovocito dentro de un folículo maduro. *¿Los folículos se encuentran en la corteza o en la médula?*

Ciclo reproductor femenino

Los años entre la pubertad y la menopausia son los *años fecundos* de una mujer. Durante estos años, la anatomía y la fisiología de los órganos genitales de las mujeres no embarazadas cambian drásticamente cada mes. Se producen cambios previsibles en la anatomía del ovario y del útero, en la producción de óvulos y en la producción de hormonas esteroides sexuales. En conjunto, estos cambios se conocen como **ciclo reproductor femenino.**

Cada ciclo reproductor está marcado desde el primer día de la menstruación (sangrado vaginal) y por lo general dura alrededor de 28 días (fig. 17-9). Sin embargo, los ciclos pueden ser tan cortos como 21 días o tan largos como 35 días o más. En cada ciclo, el ovario libera un gameto maduro (óvulo), un fenómeno denominado **ovulación.** La ovulación se produce en general unos 14 días antes de que comience el siguiente ciclo menstrual, independientemente de que el ciclo total dure o no 28 días. No obstante, el día de la ovulación está sujeto a una considerable variación de una mujer a otra, e incluso de un mes a otro en la misma mujer, lo cual hace que lograr o evitar el embarazo sea una ciencia imprecisa.

La fase del ciclo antes de la ovulación es la **fase preovulatoria,** que incluye la menstruación. La **fase postovulatoria** abarca el período entre la ovulación y el comienzo del siguiente ciclo reproductor. Estas diferentes fases se caracterizan por cambios coordinados en el ovario y el útero. A pesar de que son estrictamente dependientes y constituyen un todo armónico, conviene comentar los cambios del ovario y del útero por separado.

Apuntes sobre el caso

17-11 Para minimizar las molestias, la prueba de imagen de Susan se realizó justo después de que finalizase su sangrado menstrual, cuando es más fácil entrar a través del cuello uterino. ¿Estaría Susan en la fase preovulatoria o en la postovulatoria de su ciclo?

El ciclo ovárico

El **ciclo ovárico** incluye la *ovogenia,* la producción de un óvulo (un proceso análogo a la espermatogenia) y el *desarrollo folicular,* los cambios en el folículo que contiene el óvulo.

La ovogenia produce ovocitos

La **ovogenia** es la producción de gametos femeninos maduros a partir de citoblastos del ovario. Se inicia en el feto cuando las **ovogonias,** citoblastos ováricos diploides *(2n)* que son homólogos de las espermatogonias, sufren mitosis para producir más ovogonias diploides (fig. 17-10 A). Hay que recordar que algunos de los descendientes de las espermatogonias permanecen como citoblastos, incluso en los adultos. Los hombres, por tanto, mantienen los citoblastos reproductores y pueden seguir produciendo espermatozoides nuevos durante toda la vida. Por el contrario, *todas* las ovogonias se diferencian en **ovocitos primarios** durante el desarrollo fetal mediante la replicación de su juego

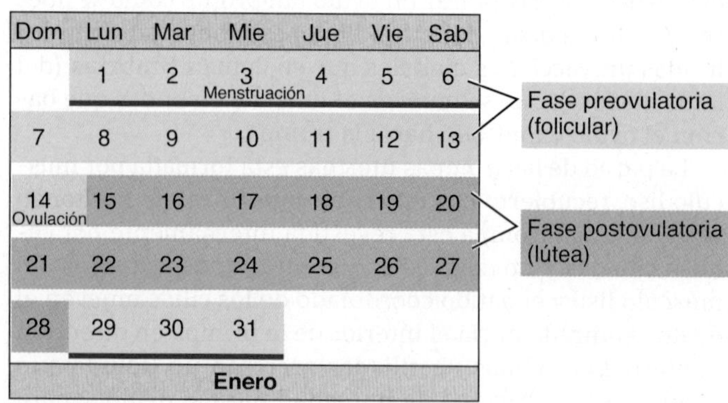

Figura 17-9. Ciclo reproductor. La ovulación separa la fase preovulatoria de la fase postovulatoria. Esta figura muestra un típico ciclo de 28 días, pero en realidad pocos ciclos son «típicos». *¿La menstruación se produce durante la fase preovulatoria o en la postovulatoria?*

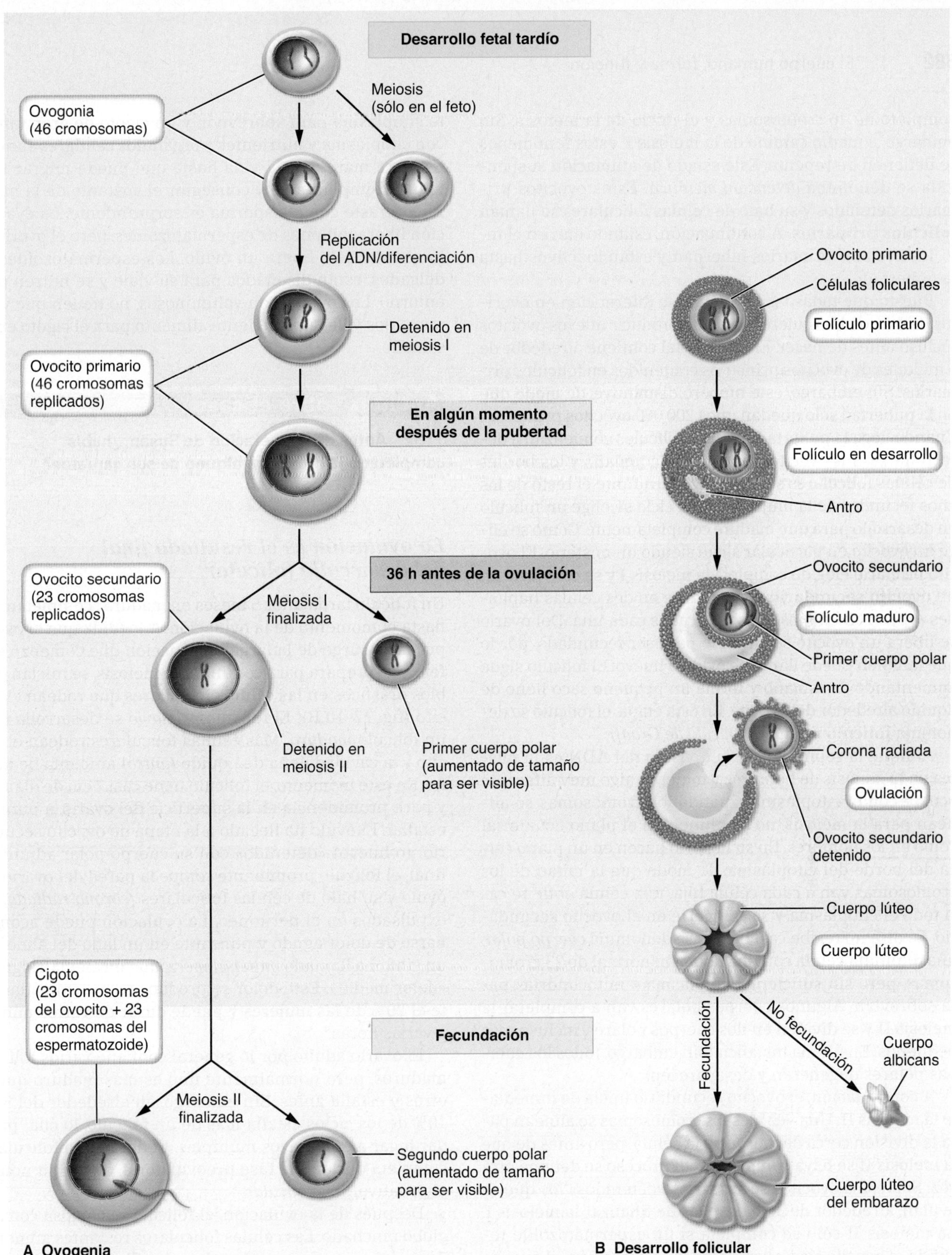

Figura 17-10. Ciclo ovárico. A) La ovogenia. Durante el desarrollo fetal de una mujer, todas las ovogonias se diferencian en ovocitos primarios, que no pueden entrar en mitosis. Los ovocitos primarios completan la meiosis I justo antes de la ovulación, y los ovocitos secundarios completan la meiosis II sólo si son fecundados. Cada división meiótica da lugar a un gameto y un cuerpo polar. Por razones de simplicidad, se muestra el destino de un único par de cromosomas. El folículo que rodea a cada ovocito se ha omitido para mayor claridad. **B)** Desarrollo folicular. Todos los folículos están formados por células foliculares que rodean un ovocito. Después de la liberación del ovocito, el folículo vacío se diferencia en el cuerpo lúteo, que degenera en un cuerpo albicans si el óvulo no es fertilizado. *¿El espermatozoide fecunda un ovocito primario o un ovocito secundario?*

completo de 46 cromosomas y el inicio de la meiosis. Sin embargo, a medio camino de la meiosis I, estos fenómenos se detienen de repente. Este estado de animación suspendida se denomina *detención meiótica*. Estos ovocitos primarios detenidos y su halo de células foliculares se llaman **folículos primarios.** A continuación, estando aún en el feto, los ovocitos primarios hibernan y están inactivos hasta la pubertad.

Puesto que todas las ovogonias se diferencian en ovocitos primarios, las mujeres dejan de producir nuevos ovocitos incluso antes de nacer. El ovario fetal contiene alrededor de 5 millones de ovocitos primarios contenidos en folículos primarios. Sin embargo, este número disminuye, de modo que en la pubertad sólo quedan unos 200 000 ovocitos primarios. Cuando llega la pubertad, algunos folículos comienzan a desarrollarse. Sus ovocitos aumentan de tamaño y los bordes de células foliculares se multiplican. Durante el resto de los años fecundos de la mujer, en cada ciclo se elige un folículo en desarrollo para que madure completamente. Cómo se elige un ovocito en particular sigue siendo un misterio. El ovocito primario elegido completa la meiosis I y se convierte en un **ovocito secundario** dividiéndose en dos células haploides *(n)* con 23 cromosomas replicados cada una. Del ovario se libera un ovocito secundario para ser fecundado, por lo que también puede llamarse óvulo o huevo. El folículo sigue aumentando de tamaño y forma un pequeño saco lleno de líquido alrededor del ovocito. En esta etapa, el folículo se denomina **folículo maduro** *(folículo de Graaf)*.

Aunque la replicación y la división del ADN es la misma en la meiosis de hombres y mujeres, algo muy diferente ocurre con el citoplasma. Cuando los cromosomas se alinean para la meiosis, no se reúnen en el plano ecuatorial como en los hombres. En su lugar, lo hacen en un plano cerca del borde del citoplasma, de modo que la mitad de los cromosomas van a cada célula hija, una célula obtiene casi todo el citoplasma y se convierte en el ovocito secundario. La otra no recibe casi nada y se denomina *cuerpo polar*, una diminuta célula con una dotación normal de 23 cromosomas, pero sin suficiente citoplasma o mitocondrias para sobrevivir. Algunos cuerpos polares van a completar la meiosis II y se dividen en dos cuerpos polares, incluso más pequeños. En última instancia, sin embargo, todos los cuerpos polares degeneran y desaparecen.

A continuación, el ovocito secundario inicia de inmediato la meiosis II. Una vez más los cromosomas se alinean para la división cerca del borde de la célula, pero antes de que la meiosis II se haya completado, el proceso se detiene otra vez. Son estos ovocitos secundarios «detenidos» los que se ovulan, alrededor de 36 h después de finalizar la meiosis I. La meiosis II sólo se completa si un espermatozoide fecunda el ovocito secundario. Con la fecundación, el ovocito secundario se divide en dos células hijas y se completa la meiosis II. El núcleo de una célula hija se fusiona rápidamente con el núcleo del espermatozoide, lo que produce el **cigoto.** La otra célula hija es el segundo cuerpo polar, que degenera.

El resultado final de esta división desigual del citoplasma son dos o tres pequeños cuerpos polares sin suficiente citoplasma para sobrevivir, y un cigoto de gran tamaño con citoplasma y nutrientes y orgánulos celulares suficientes para mantener la vida hasta que pueda migrar hasta el útero, implantarse y conseguir el sustento de la madre. El contraste con el esperma es sorprendente. La eyaculación libera millones de espermatozoides, pero el ovario por lo general sólo libera un óvulo. Los espermatozoides son delgados, están diseñados para su viaje y se nutren de su entorno. Los óvulos son voluminosos, no tienen que viajar muy lejos y llevan suficiente alimento para el cigoto en desarrollo.

Apuntes sobre el caso

17-12 Antes de la operación de Susan, ¿había completado la meiosis II alguno de sus gametos?

La ovulación es el resultado final del desarrollo folicular

Un folículo tarda unos 5 meses en madurar completamente hasta el momento de la ovulación. A medida que el ovocito primario surge de la larga hibernación que comenzó en el feto y se prepara para continuar la meiosis, se inician cambios drásticos en las células foliculares que rodean el ovocito (fig. 17-10 B). El folículo *primario* se desarrolla hasta un folículo *maduro*. Más células foliculares rodean el ovocito y la cavidad llena de líquido *(antro)* aumenta de tamaño. En este momento, el folículo tiene casi 2 cm de diámetro y hace prominencia en la superficie del ovario, a punto de estallar. El óvulo ha llegado a la etapa de ovocito secundario (o huevo) «detenido» con su cuerpo polar adjunto. Al final, el folículo prominente rompe la pared del ovario, y el óvulo y su halo de células foliculares *(corona radiada)* son expulsados en el peritoneo. La ovulación puede acompañarse de dolor agudo y punzante en un lado del abdomen, un síntoma llamado *mittelschmerz*, que en alemán significa «dolor medio». Este dolor se produce en aproximadamente el 20% de las mujeres y puede durar de varios minutos a varias horas.

El ovario adulto por lo general contiene varios folículos maduros, pero normalmente uno es más maduro que los otros y estalla antes. Sin embargo, en alrededor del 5% al 10% de los ciclos estalla más de un folículo, lo cual puede dar lugar a embarazos múltiples. El desarrollo folicular se completa durante la fase preovulatoria, de ahí su nombre alternativo, *fase folicular*.

Después de la ovulación, el folículo se colapsa como un globo pinchado. Las células foliculares restantes aumentan de tamaño y se vuelven de color amarillo brillante, formando un **cuerpo lúteo** (literalmente «cuerpo amarillo»), que durante unos 10 días secreta una avalancha de hormonas para preparar el endometrio para la posible implantación de un óvulo fecundado. El cuerpo lúteo continúa aumentando hasta el *cuerpo lúteo del embarazo* si el óvulo es fertilizado. Si no se produce la fertilización, el cuerpo lúteo se encoge para convertirse en una cicatriz blanca nodular, el

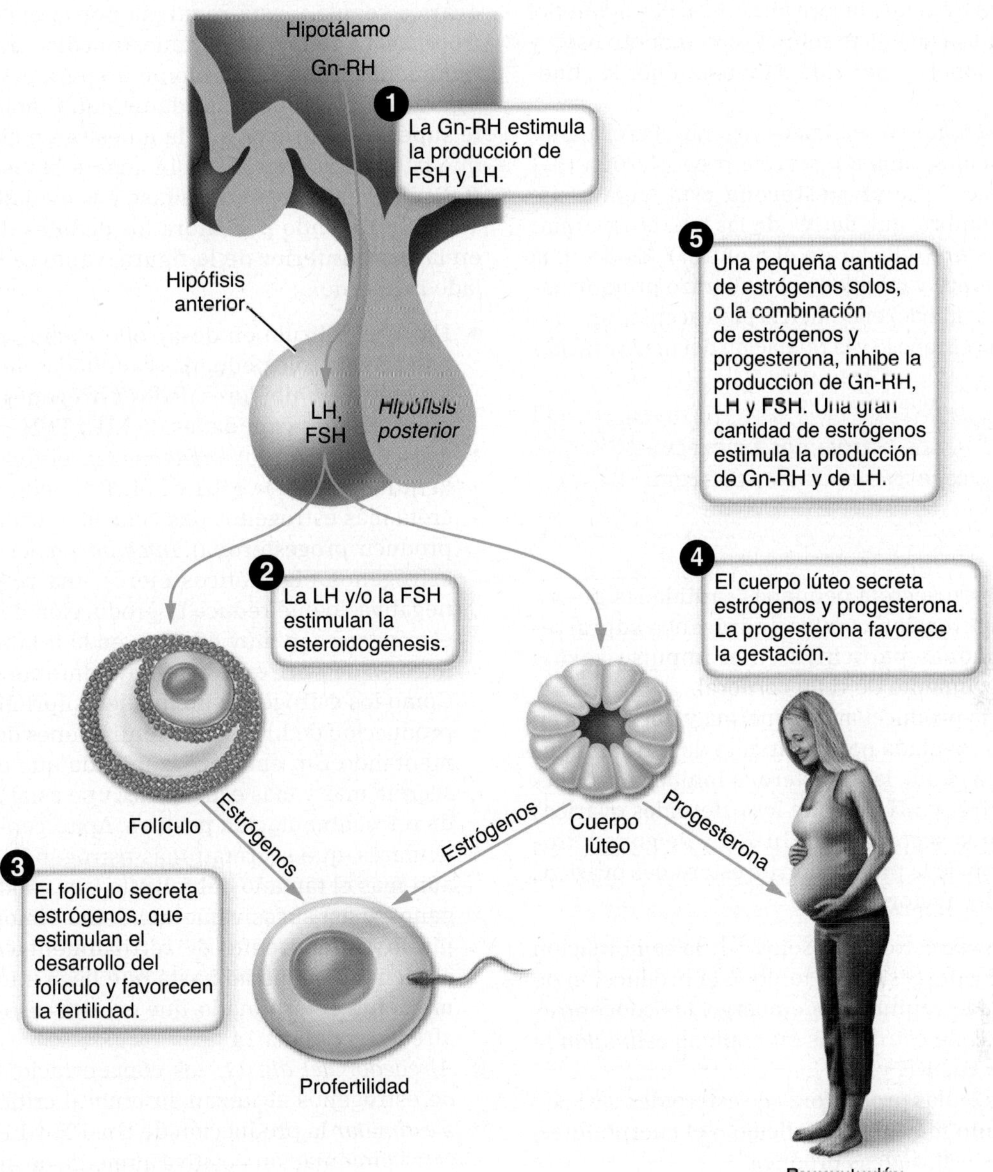

Figura 17-11. Esteroides ováricos. El folículo secreta estrógenos; el cuerpo lúteo secreta tanto estrógenos como progesterona. Los estrógenos también estimulan directamente la producción adicional de estrógenos por el folículo. *¿Qué hormona inhibe siempre la producción de LH, los estrógenos o la progesterona?*

cuerpo albicans (del latín «blanco»). Los ovarios de las mujeres maduras están picoteados por muchas cicatrices pequeñas, que indican ovulaciones previas. El cuerpo lúteo sólo está presente durante la fase postovulatoria del ciclo reproductor. Por esta razón, la fase postovulatoria también se conoce como *fase lútea*.

El folículo y el cuerpo lúteo secretan hormonas

Las células foliculares y el cuerpo lúteo producen los esteroides sexuales bajo la influencia del hipotálamo y la hipófisis anterior. La Gn-RH hipotalámica estimula la producción de FSH y LH de la hipofisis anterior (fig. 17-11, paso 1), y la FSH y la LH trabajan juntas para controlar el desarrollo folicular y la esteroidogenia ovárica (paso 2).

Las células foliculares secretan **estrógenos,** cuyo nombre deriva de la palabra latina *estrus*, el período de «calentura» o de receptividad sexual en algunos mamíferos, y de la palabra latina *gen*, «promover» (paso 3). En las mujeres, los estrógenos intervienen en la reproducción y en la salud de numerosos órganos. Su actividad incluye, además de otras, la promoción del crecimiento folicular y la producción de esteroides, el crecimiento y la motilidad del útero, de las trompas de Falopio y de la vagina, y el mantenimiento de la salud de las mamas y de los genitales externos. En la pubertad, los estrógenos favorecen una aceleración del crecimiento, debido a su efecto sobre el crecimiento óseo, y desempeñan un papel de por vida para mantener los huesos sanos.

El cuerpo lúteo también secreta estrógenos. Pero, a diferencia de los folículos, también secreta progesterona (paso 4). La actividad de la **progesterona** está igualmente implícita en su nombre, que deriva de las palabras latinas *pro* («para») y *gestare* («llevar en el vientre»). Es decir, la progesterona favorece y mantiene el embarazo promoviendo tanto la preparación del endometrio para aceptar un óvulo fecundado como el reposo y la relajación del útero grávido.

¡Recuerde! Los estrógenos favorecen el embarazo y la progesterona favorece seguir embarazada.

El ovario también secreta pequeñas cantidades de andrógenos. En combinación con los andrógenos suprarrenales, estas hormonas participan en el impulso sexual femenino y el crecimiento de vello corporal.

Recuerde que la producción de esperma y hormonas en los testículos está regulada por un circuito de retroalimentación negativa, en el que la testosterona inhibe la producción de Gn-RH, FSH y LH. Aunque los esteroides ováricos también modulan la secreción de Gn-RH y de gonadotropinas, la regulación de la producción de esteroides ováricos se complica por dos factores:

1. Las cifras bajas de estrógenos solos o de la combinación de estrógenos y progesterona inhiben la producción de Gn-RH y gonadotropinas. Sin embargo, las concentraciones elevadas de estrógenos en realidad *estimulan* la producción de Gn-RH y LH.
2. El número de células productoras de esteroides varía de día a día. Cuanto mayor es el folículo o el cuerpo lúteo, más hormonas esteroideas produce.

Como se analiza más adelante, la complicación por todos estos factores significa que la producción de esteroides depende mucho más del *tamaño* del folículo o del cuerpo lúteo que de la cantidad de LH/FSH.

Apuntes sobre el caso

17-13 Susan estuvo controlando su temperatura para detectar el momento en que los estrógenos estimulan la producción de LH. ¿En este momento las cifras de estrógenos serían relativamente altas o relativamente bajas?

El ciclo reproductor está regulado por el eje hipotálamo-hipófisis

Hasta ahora hemos hablado de la producción ovárica de gametos (óvulos) y de esteroides, y de cómo la actividad ovárica regula y está regulada por el eje de las gonadotropinas. La figura 17-12 muestra cómo interactúan estos fenómenos. Tómese un momento para orientarse en esta figura compleja, pero fundamental. Comience en la parte superior y observe que la muestra un ciclo de 28 días y que la ovulación en el día 14 separa la fase preovulatoria (folicular, días 1 a 14) de la fase postovulatoria (lútea, días 15 a 28). Dejando por ahora los detalles del ciclo uterino en la parte inferior de la figura, vamos a empezar por el lado izquierdo.

- *Día 1:* el folículo en desarrollo es muy pequeño, por lo que secreta sólo pequeñas cantidades de estrógenos. Sin los efectos inhibidores de los estrógenos, la hipófisis secreta grandes cantidades de LH y FSH.
- *Días 2 al 11 (aproximadamente):* el folículo crece bajo la influencia de la FSH y la LH; a medida que crece, secreta más estrógenos (las células foliculares no pueden producir progesterona). *Inicialmente,* el aumento de los estrógenos plasmáticos ejerce una retroalimentación negativa, lo que reduce la producción de FSH y LH. Los estrógenos son muy eficaces en la inhibición de la producción de FSH, que disminuye durante la fase folicular. Como los estrógenos no pueden suprimir totalmente la producción de LH, las concentraciones de LH siguen aumentando. Sin embargo, a medida que el folículo crece secreta más y más estrógenos, y se establece un circuito de retroalimentación positiva. Aparecen más células foliculares, que secretan más estrógenos, que aumentan aún más el tamaño del folículo, que produce más estrógenos, y así sucesivamente. Como vimos en el capítulo 1, un circuito de retroalimentación positiva se alimenta a sí mismo hasta que llega a un clímax en un momento determinado, que en este caso es la ovulación alrededor del día 14.
- *Alrededor del día 11:* las concentraciones plasmáticas de estrógenos alcanzan su umbral crítico y comienzan a *estimular* la producción de Gn-RH y LH. El circuito de retroalimentación positiva aumenta de manera considerable la liberación de LH, un fenómeno conocido como *pico de LH*. El aumento de la producción de Gn-RH también estimula un aumento secundario, más pequeño, de la producción de FSH.
- *Alrededor del día 14:* el aumento de LH estimula los siguientes fenómenos relacionados con la ovulación:
  1. El ovocito secundario reanuda la meiosis (no se muestra en la figura).
  2. El folículo ovárico y la pared ovárica se rompen, liberando el óvulo en la cavidad abdominopélvica.
  3. El folículo deja de producir estrógenos; las concentraciones plasmáticas de estrógenos disminuyen rápidamente.
  4. El folículo maduro roto pasa a ser un cuerpo lúteo.
- *Días 15 al 28 (aproximadamente):* el folículo se convierte muy rápido en un cuerpo lúteo y secreta estrógenos y progesterona, que en conjunto inhiben la producción de Gn-RH, LH y FSH, evitando la maduración de otros folículos. Después de unos 10 días, si no se produce el embarazo, el cuerpo lúteo involuciona hacia cuerpo al-

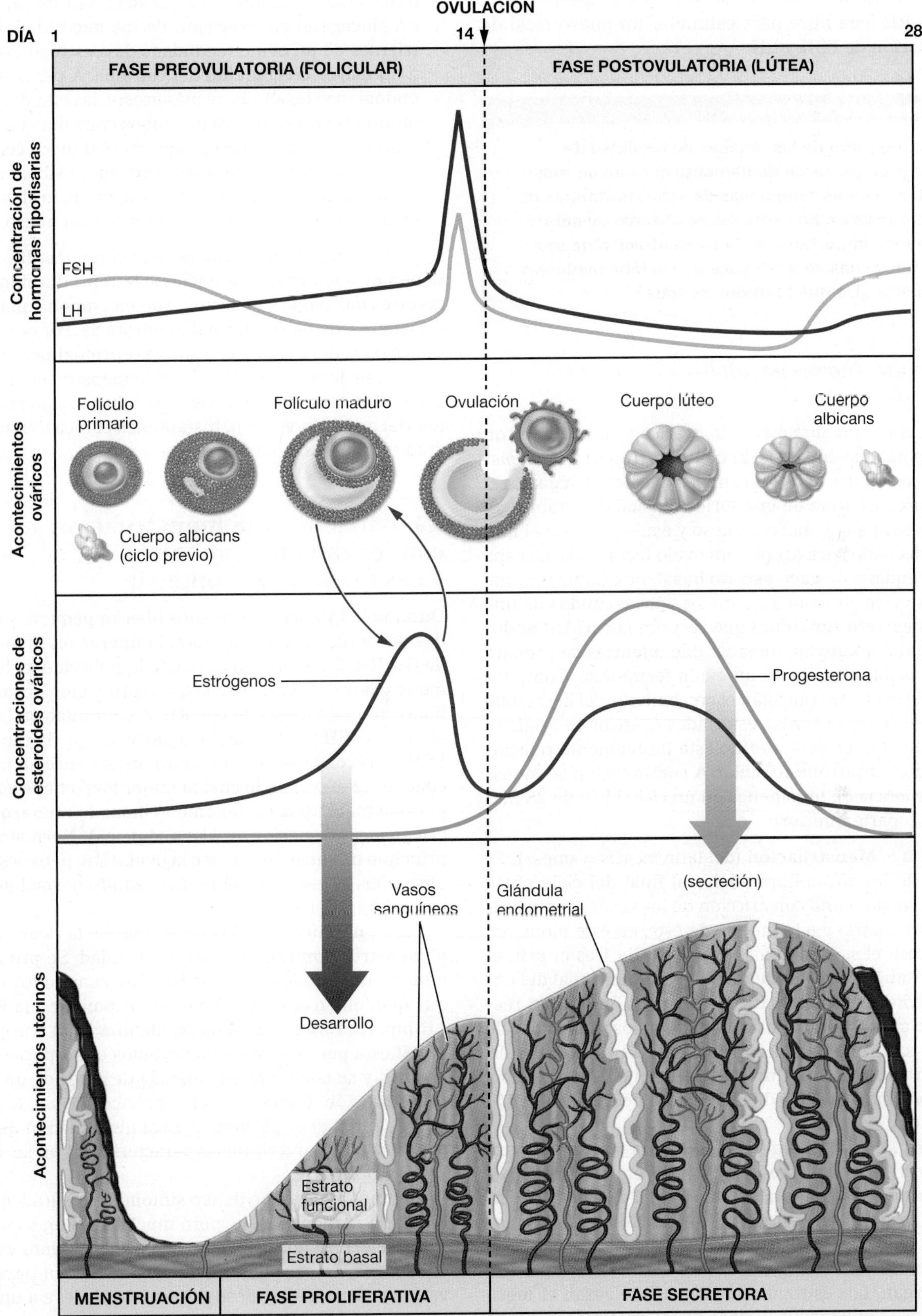

Figura 17-12. Ciclos reproductores. La hipófisis anterior secreta FSH y LH, que controlan el folículo y el cuerpo lúteo. El folículo y el cuerpo lúteo secretan esteroides ováricos que controlan el ciclo uterino. *¿Por qué disminuyen las cifras de FSH durante la fase folicular?*

bicans, caen las cifras de estrógenos y progesterona, y la Gn-RH está libre para estimular un nuevo ciclo de producción de FSH y LH.

Apuntes sobre el caso

17-14 Como parte de las pruebas de fertilidad de Susan, se monitorizaron diariamente durante un mes las concentraciones sanguíneas de varias hormonas de la hipófisis anterior. En la prueba se observó un súbito aumento muy importante de la concentración de una de estas hormonas, lo que indica que estaba ovulando normalmente. ¿De qué hormona se trata?

El ciclo uterino va paralelo al ciclo ovárico

Antes hemos comentado el ciclo ovárico y su relación con el eje hipotálamo-hipófisis. El **ciclo uterino** (o *ciclo menstrual*) es *consecuencia* de los cambios que tienen lugar en el ciclo ovárico. Se trata de una serie mensual de cambios en el endometrio que lo hacen grueso y exuberante en el momento adecuado para aceptar un óvulo fecundado. La capa más profunda, el delgado **estrato basal,** no cambia durante el ciclo uterino. Sin embargo, en los años fecundos de una mujer, el **estrato funcional** que recubre la cavidad endometrial gana un grosor considerable mientras se prepara para la posible llegada de un óvulo fecundado. Como los esteroides ováricos controlan el crecimiento y el desarrollo del estrato funcional, y los esteroides ováricos se originan en los folículos, el ciclo uterino está íntimamente relacionado con el desarrollo folicular. A continuación se muestra la secuencia de fenómenos en un ciclo ideal de 28 días (fig. 17-12, parte inferior):

- *Días 1 a 5.* **Menstruación** (del latín *mensis* = «mes»). La caída de las cifras hormonales al final del ciclo anterior da lugar a una constricción de los vasos sanguíneos del endometrio y a la muerte de éste; en este momento comienza el sangrado menstrual. El día 1 es el primer día de sangrado. El exuberante estrato funcional del endometrio, preparado para el embarazo, muere en respuesta a la disminución de los estrógenos y del apoyo de la progesterona del cuerpo lúteo que se va encogiendo. El estrato funcional fluye a través del cuello uterino y de la vagina en forma de una mezcla de sangre y tejido muerto.
- *Días 6 a 14.* **Fase proliferativa.** En esta fase se inicia un nuevo crecimiento (proliferación) del endometrio desde el estrato basal bajo la influencia del aumento de las concentraciones de estrógenos secretados por los folículos en crecimiento. El estroma endometrial se hace más grueso, los vasos sanguíneos proliferan y las glándulas se alargan. Los estrógenos también adelgazan el moco cervical, lo que facilita el paso de los espermatozoides.
- *Días 15 a 28.* **Fase secretora.** El cuerpo lúteo secreta cantidades crecientes de progesterona y estrógenos a medida que crece. La progesterona estimula las glándulas endometriales para que secreten un líquido rico en glucógeno en previsión de las necesidades de nutrientes de un óvulo fecundado. Los estrógenos ayudan a un mayor crecimiento del estroma. A pesar de que el endometrio no adquiere más grosor, las glándulas endometriales crecen en anchos tubos convolutos. Las cifras altas de progesterona reconvierten el moco cervical en un tapón pegajoso para proteger un posible embarazo de las bacterias vaginales. Si no se produce el embarazo, la menstruación comienza y se inicia un nuevo ciclo.

La menstruación es una pesada carga que las mujeres tienen que soportar al servicio de la reproducción: el sangrado es incómodo y molesto, y además supone una pérdida de sangre y de hierro de vital importancia. Por otro lado, las infecciones del endometrio son excepcionalmente inusuales, porque la acción de lavado de la menstruación limpia el útero cada mes. Para conocer más sobre el sangrado endometrial anómalo, véase la Instantánea clínica titulada «Sangrado anómalo del endometrio».

La ovulación y la menstruación comienzan en la pubertad y cesan en la menopausia

Durante la infancia, los ovarios liberan pequeñas cantidades de estrógenos que inhiben la liberación hipotalámica de Gn-RH. Sin embargo, cerca de la pubertad, el hipotálamo se vuelve menos sensible a los estrógenos y comienza la liberación de ráfagas de Gn-RH. A continuación la hipófisis libera FSH y LH. Esto prosigue hasta que la cantidad de FSH y LH consigue completar un primer ciclo en torno a la edad de 12 años, con lo cual la mujer joven tiene su primer período menstrual, un fenómeno llamado **menarquia** (del griego *men* = «mes» y *arckhe* = «inicio»). Normalmente al principio no suele producirse la ovulación, pero después de unos años se establece el modelo adulto normal de menstruación y ovulación.

La **menopausia** es el cese normal de la ovulación y de la menstruación relacionado con la edad. Se produce generalmente alrededor de los 50 años, cuando los folículos que quedan en el ovario dejan de responder a la FSH y la LH hipofisarias. En las mujeres de una edad apropiada se manifiesta por la pérdida de períodos o por períodos irregulares, y se convierte en «oficial» después de un año sin menstruación. Como los ciclos ováricos cesan, la *producción de estrógenos disminuye.* Esta disminución de los estrógenos da lugar a síntomas característicos en las mujeres posmenopáusicas.

Algunas mujeres no tienen síntomas desagradables atribuibles a la menopausia, pero muchas tienen sofocos que se caracterizan por piel caliente, enrojecimiento y sudoración. Los sofocos reflejan una vasodilatación periférica y varían en intensidad, desde una molestia leve a un malestar casi intolerable. Los sofocos se deben a la *disminución* de las concentraciones de estrógenos y por lo general cesan una vez que las cifras de estrógenos alcanzan su punto de ajuste menopáusico. Los estrógenos orales son un tra-

INSTANTÁNEA CLÍNICA

Sangrado anómalo del endometrio

Los problemas menstruales, períodos irregulares, sangrado excesivo, ausencia completa de menstruación o dolor son las razones más frecuentes por las que las mujeres buscan atención ginecológica.

Las variaciones en el tiempo esperado de la menstruación con frecuencia son inquietantes para las mujeres, que lo encuentran molesto o se preguntan si indica un embarazo. Una de las causas más comunes es la falta de ovulación. Cuando ocurre esto, el endometrio proliferativo no recibe la oleada de progesterona que espera porque no hay cuerpo lúteo en desarrollo, y el endometrio se desprende unos días después de la ovulación en forma de un período precoz.

También es frecuente el flujo menstrual excesivo. A veces el sangrado abundante puede acompañar a la pérdida de un embrión en una mujer que no se ha dado cuenta de que estaba embarazada. En otras ocasiones, la paciente puede tener un trastorno sanguíneo que impide la coagulación normal. Sólo en ocasiones excepcionales la causa es una alteración cancerosa o precancerosa del útero. En cualquier caso, la hemorragia menstrual excesiva es una causa frecuente de anemia en las mujeres.

La menarquia se produce generalmente antes de los 16 años. La falta de inicio de la menstruación en la adolescencia es poco frecuente y suele deberse a alguna anomalía subyacente del sistema endocrino, a menudo de la hipófisis anterior, o a un problema genético. La *amenorrea,* el cese de la menstruación durante 3 meses o más después de un período de menstruación normal, puede deberse a estrés o a desnutrición, y también es bien conocida entre las atletas y las mujeres con trastornos alimentarios como la anorexia nerviosa.

Se cree que la *dismenorrea,* las molestias o el dolor durante la menstruación, se deben a espasmos del músculo liso uterino. Es frecuente especialmente en mujeres jóvenes y por lo general no indica ningún problema de fondo. A menudo mejora con la edad y la maternidad. A veces, sin embargo, la dismenorrea se debe a una enfermedad llamada *endometriosis,* en la que crece tejido endometrial fuera del útero. Pueden formarse acúmulos de endometrio en la superficie de los ovarios, las trompas de Falopio u otros órganos abdominopélvicos. Al igual que el endometrio normal, crecen y degeneran con el ciclo menstrual en respuesta a las cifras cambiantes de esteroides ováricos. Cuando los depósitos anómalos de endometrio degeneran, la sangre y el tejido resultante quedan dentro de la cavidad abdominopélvica, causando dolor e inflamación. La endometriosis es también la principal causa de infertilidad en las mujeres.

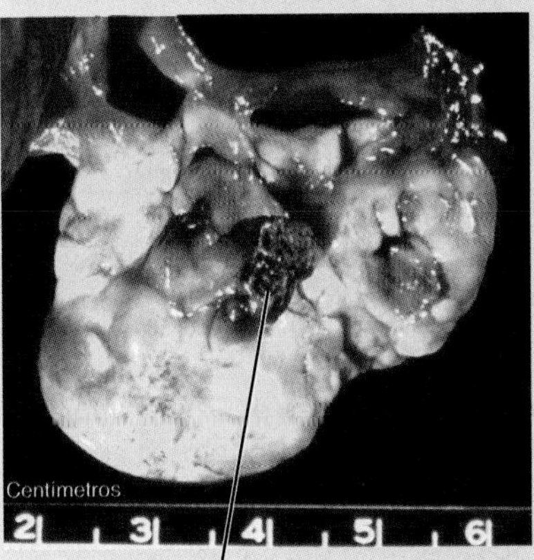

Endometriosis. Los depósitos de tejido endometrial aparecen como nódulos azulados sobre la superficie del ovario.

tamiento eficaz, pero no se utilizan mucho debido a un aumento pequeño, pero establecido, del riesgo de ciertos tipos de cáncer y de enfermedad vascular.

La mayoría del resto de los síntomas posmenopáusicos pueden deberse a la disminución de las concentraciones de estrógenos en la sangre. Estos incluyen depresión, fatiga, irritabilidad y disminución del deseo sexual. También pueden producirse sequedad vaginal y atrofia o fragilidad de los genitales externos.

Como se comentó en el capítulo 6, los estrógenos son importantes para mantener la salud ósea. Las mujeres posmenopáusicas, por tanto, tienen un mayor riesgo de desarrollar osteoporosis y sufrir fracturas. Las cifras relativamente altas de estrógenos en sangre presentes en las mujeres antes de la menopausia ofrecen también una protección considerable contra las enfermedades cardiovasculares, como ataques cardíacos y accidentes cerebrovasculares, que son mucho menos frecuentes en las mujeres premenopáusicas que en los hombres de una edad comparable. Sin embargo, en las mujeres posmenopáusicas, la enfermedad cardiovascular comienza a ocurrir con mayor frecuencia.

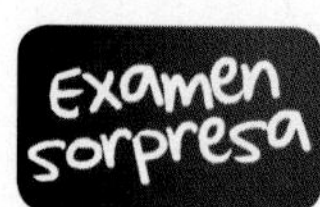

17-14 ¿Cuál de las siguientes células no se encuentran en el ovario adulto: los ovocitos primarios, las ovogonias o los ovocitos secundarios?

17-15 ¿En qué momento del ciclo ovárico termina la meiosis I, en la fase preovulatoria o en la fase postovulatoria?

17-16 ¿Cuál de los siguientes contiene un ovocito secundario: un folículo primario, un folículo maduro o el cuerpo lúteo?

17-17 El cuerpo lúteo produce estrógenos y progesterona. La combinación de estos dos esteroides, ¿estimula o inhibe la producción de LH?

17-18 ¿Cuál de los esteroides ováricos se produce sólo en la fase postovulatoria? Explíquelo.

17-19 La fase proliferativa, ¿es preovulatoria o postovulatoria?

17-20 ¿Qué hormona promueve la concepción: los estrógenos o la progesterona?

17-21 ¿Qué hormona actúa directamente sobre el tejido endometrial para estimular su crecimiento: la LH o los estrógenos?

Comportamiento sexual

El comportamiento sexual es un tema muy amplio y provocador, que va desde las costumbres sociales y el comportamiento de cada sexo a simples hechos mecánicos y biológicos, y en su mayor parte va más allá del tema de este capítulo. Aquí vamos a hablar de la respuesta sexual y de las enfermedades de transmisión sexual más frecuentes.

La respuesta sexual incluye cuatro fases diferentes

La respuesta sexual en ambos sexos puede dividirse en cuatro fases: *excitación, meseta, orgasmo* y *resolución.* A pesar de las diferencias anatómicas, la fisiología de la respuesta es muy similar en hombres y mujeres.

La *excitación* puede iniciarla o mantenerla casi cualquier estímulo: el pensamiento, la vista, el oído, el tacto, el gusto o el olfato; estímulos que, por definición, se llaman *eróticos* (del griego *eros* = «amor sexual»). En los hombres, la excitación se manifiesta principalmente mediante la *erección,* un aumento del tamaño y de la rigidez del pene, que normalmente está flácido. Los impulsos nerviosos parasimpáticos estimulan la vasodilatación de las arteriolas del pene, y los senos vasculares del pene se llenan de sangre bajo una alta presión arterial (un raro ejemplo parasimpático, «descansar y digerir», de control de las arteriolas). La expansión de los senos vasculares del pene bloquea el drenaje venoso e impide el flujo de salida de sangre, y la presión en el pene produce una erección firme.

En las mujeres, la congestión y el aumento de tamaño del clítoris es el análogo a la erección del pene. Las mamas de la mujer y la mucosa vaginal también se ingurgitan con sangre, los pezones se ponen erectos y las glándulas vestibulares secretan líquido lubricante para facilitar la introducción del pene.

La *meseta* es un período de estabilidad durante el cual la estimulación erótica continua mantiene la excitación.

El **orgasmo** es la suma de los fenómenos que rodean las sensaciones extremadamente placenteras que son el ápice de la experiencia sexual, tanto en los hombres como en las mujeres.

En los hombres, el orgasmo se acompaña casi siempre de la eyaculación. La **eyaculación** (del latín *jacere* = «lanzar») es la propulsión del semen por el sistema de conductos masculinos. Inmediatamente antes de que el semen sea expulsado se produce un corto período, la *emisión,* durante el cual la próstata, las vesículas seminales y los conductos deferentes exprimen una pequeña cantidad de líquido hacia la uretra. Hasta cierto punto, este proceso es controlable conscientemente, pero a medida que sigue acumulándose la emisión de líquido, se produce un circuito de refuerzo positivo: a medida que se acumula más líquido, se secreta más. Esto se acompaña de una sensación mental de inevitabilidad a medida que los reflejos medulares asumen el control y no puede detenerse la eyaculación con el esfuerzo mental. La eyaculación ocurre cuando el circuito de refuerzo positivo llega a su punto final. Aunque la erección, tanto en el hombre como en la mujer, está mediada por señales nerviosas parasimpáticas, la emisión y la eyaculación son respuestas simpáticas, «lucha o huida». Las señales de los nervios simpáticos producen la contracción rítmica de las glándulas accesorias y de los conductos, que expulsan el semen. Las señales nerviosas somáticas hacen que los músculos de la base del pene se contraigan y provocan contracciones rítmicas de impulso de la cadera, la pelvis y los músculos del tronco.

En las mujeres, el orgasmo se acompaña de un aumento de la tensión muscular en todo el cuerpo, especialmente en el tronco y los muslos. La presión arterial sube, y sentimientos de intenso placer irradian por todos los órganos genitales y a veces hasta la región lumbar, las caderas u otras partes del cuerpo. También pueden producirse contracciones del útero, similares a las contracciones del conducto deferente masculino.

La *resolución* es la relajación de todos estos fenómenos. La eyaculación finaliza, la excitación se desvanece, las arteriolas de la base del pene reasumen su estado contraído, la sangre drena fuera del pene y, en pocos minutos, el pene vuelve a su estado de preestimulación. En las mujeres, la erección del clítoris se desvanece de la misma forma. En los hombres, a continuación aparece un *período refractario* que puede durar de unos minutos a unas horas, durante el cual la erección y la eyaculación son neurológicamente imposibles. El período refractario no se produce en las mujeres;

es decir, la mayoría de las mujeres son neurológicamente capaces de tener otro orgasmo inmediato y pueden tener muchos en un único encuentro sexual. Sin embargo, en algunas mujeres el clítoris se vuelve hipersensible, por lo que, durante un corto tiempo, una nueva experiencia sexual puede resultar incómoda.

Apuntes sobre el caso

17-15 Cuando Mark y Susan estaban intentando concebir, los dos experimentaron un orgasmo. En la fase de excitación de su encuentro, ¿qué parte del sistema nervioso medió las erecciones?

Las enfermedades de transmisión sexual pueden tener efectos permanentes sobre la salud

La revolución sexual ha terminado y han ganado los microbios

P. J. O'Rourke (nacido en 1947), humorista y comentarista político norteamericano, en *Give War a Chance*

Las enfermedades de transmisión sexual (ETS) se transmiten por contacto sexual. Algunas sólo se transmiten por esta vía, por ejemplo la infección por la bacteria *Neisseria gonorrhoeae*, una enfermedad llamada *gonorrea*. Otras también pueden transmitirse por vía no sexual, como la infección por el virus de la inmunodeficiencia humana (VIH)/sida y algunos tipos de hepatitis víricas, que también se transmiten mediante pinchazos con agujas o transfusiones de sangre (caso práctico del cap. 12).

El *virus del papiloma humano* (VPH) es la más común de las ETS; un 25 % de la población general está infectada, aunque la mayoría lo ignora. Los VPH son una familia de virus: algunas variedades producen las verrugas benignas de la piel (especialmente en los niños) y se transmiten por contacto casual de piel con piel, mientras que otras se transmiten por contacto sexual. Se producen dos tipos de lesiones genitales. En primer lugar, crecimientos verrugosos en los labios o en el pene. Sin embargo, en el cuello del útero de las mujeres infectadas, el VPH puede dar lugar a lesiones precancerosas *(displasia cervical)* o cancerosas malignas. La mayoría de las infecciones genitales por VPH son silentes y su detección requiere el examen microscópico de células tomadas por raspado del cuello uterino *(frotis de Papanicolau)*. Es importante saber que la displasia y el cáncer casi nunca son el resultado de una única infección; son necesarias repetidas infecciones y el riesgo aumenta con cada una de ellas. Se dispone de vacunas para reducir el riesgo de infección genital por VPH.

Las bacterias *Chlamydia* y *Neisseria gonorrhoeae* también son frecuentes, pero son más fáciles de detectar porque producen síntomas. En los hombres, habitualmente producen una inflamación dolorosa de la uretra peneana con secreción visible de pus. En las mujeres, las más afectadas son las trompas uterinas y suelen producir dolor abdominal bajo. Las infecciones repetidas en los hombres pueden dejar cicatrices que afecten al paso de la orina. En las mujeres, la cicatrización y la obstrucción de las trompas uterinas pueden causar infertilidad debido a la imposibilidad de que los espermatozoides lleguen al ovocito ovulado. Los antibióticos suelen ser eficaces, pero no siempre evitan las cicatrices.

El común virus del herpes labial, *herpes simple,* también puede producir lesiones genitales. Al igual que las lesiones orales, las lesiones genitales aparecen como racimos de pequeñas ampollas dolorosas. No es posible la curación y la mayoría de los infectados sufren recaídas periódicas durante muchos años. El herpes simple está muy extendido, pero su transmisión puede evitarse fácilmente mediante el uso de preservativos. El herpes genital no suele asociarse con problemas médicos graves. No obstante, las mujeres embarazadas con un brote agudo de infección cerca del momento del parto corren el riesgo de contagiar a sus bebés recién nacidos durante el paso por el canal del parto. En estos casos, es necesario el parto por cesárea.

Por último, la *sífilis* es una enfermedad causada por la bacteria espiroidea *Treponema pallidum.* Aunque es relativamente poco frecuente (menos del 5 % de las ETS), la sífilis tiene un lugar especial en la medicina, ya que en la Antigüedad era conocida por ser incurable y causar demencia y enfermedad vascular a veces mortales. La infección reciente se caracteriza por una úlcera solitaria. En los hombres, generalmente se produce en el glande del pene, mientras que en las mujeres se forma en la vagina o en el cuello uterino, donde no pueden verse. En cualquier caso, aunque la úlcera desaparece en aproximadamente 1 mes, la bacteria se propaga silenciosamente por todo el cuerpo, donde puede permanecer sin detectarse durante décadas, mientras produce sus daños. En una mujer embarazada, el *Treponema* puede atravesar la barrera placentaria y causar abortos espontáneos o muerte fetal. Por fortuna, hoy la sífilis puede curarse fácilmente con una única inyección de penicilina. Sin embargo, la penicilina no revierte el daño que ya está hecho.

Apuntes sobre el caso

17-16 El médico de Susan mencionó que la probable causa de las cicatrices en sus trompas uterinas fueron bacterias, no virus. ¿Cuál de las siguientes ETS está causada por una bacteria: VPH, *Chlamydia* o herpes simple?

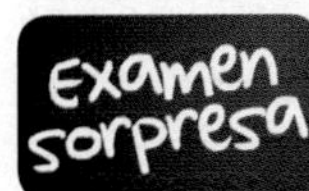

17-22 Mencione las cuatro fases de la respuesta sexual.

17-23 ¿Qué ETS puede tratarse con antibióticos, el herpes simple o la gonorrea? Explique la respuesta.

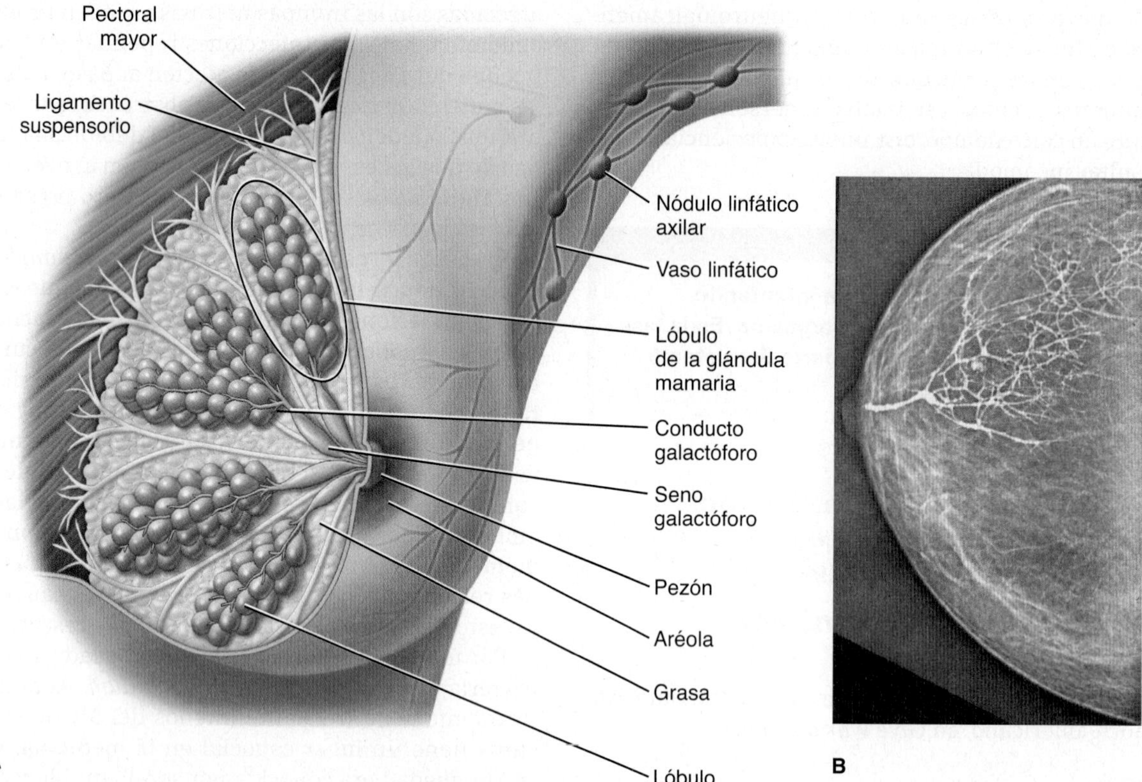

Figura 17-13. Las mamas. A) Las mamas de las mujeres embarazadas o lactantes están repletas de tejido glandular productor de leche. **B)** Esta radiografía muestra material de contraste inyectado en un conducto galactóforo en el pezón. Destaca el sistema de conductos de la mama. *¿Cuál es la diferencia entre el seno galactóforo y el conducto galactóforo?*

Las mamas

Los mamíferos se llaman así por su capacidad para alimentar a sus crías con leche. La **mama** es una glándula sudorípara modificada que produce leche para la alimentación del lactante. Las glándulas productoras de leche en la mama son las **glándulas mamarias.** Como los hombres también tienen mamas (pequeñas e inactivas, pero tienen glándulas mamarias) y como las mamas no tienen una función *primordial* en la reproducción, los pechos femeninos se consideran *características sexuales secundarias.*

Las glándulas mamarias son glándulas sudoríparas modificadas

Cada mama está recubierta por piel y situada por delante del músculo pectoral mayor en la pared anterior del tórax (fig. 17-13 A). La piel que cubre las mamas tiene una zona central circular pigmentada, la **aréola** (del latín «espacio pequeño»), dentro de la cual hay una proyección central, el **pezón.** La mayor parte de la mama está compuesta por grasa, tejido fibroso y glándulas mamarias, que conectan con el pezón por conductos. Las glándulas mamarias son pequeñas e inactivas en las mujeres no embarazadas, pero aumentan de tamaño durante el embarazo para prepararse para la nutrición del recién nacido.

Las glándulas de cada mama están inmersas en grasa y se dividen en unos 20 *lóbulos,* cada uno de ellos formado por cientos de pequeños lóbulos, que a su vez están formados por microscópicas glándulas epiteliales. Los lóbulos están separados por delgadas bandas de tejido fibroso llamadas *ligamentos suspensorios,* que dan soporte y forma a las mamas.

Los *conductos galactóforos* que drenan las glándulas mamarias se fusionan y se convierten en conductos cada vez más grandes a medida que se aproximan al pezón (fig. 17-13 A y B). Inmediatamente debajo de la aréola se dilatan para formar *senos galactóforos* para el almacenamiento de la leche. Los conductos drenan a través de numerosos poros en forma de hendidura en el pezón. Las glándulas y los conductos están rodeados por **células mioepiteliales** especializadas. Estas células contienen proteínas contráctiles que, cuando se contraen, expulsan el contenido de la glándula y lo impulsan por el conducto.

La mama tiene una rica red de vasos linfáticos, la mayoría de los cuales drenan hacia arriba y hacia fuera, a la axila; los vasos linfáticos de la parte medial de las mamas (entre los pezones) drenan en nódulos linfáticos dentro del tórax a ambos lados del esternón (los nódulos mamarios internos).

Tanto el tejido fibroso como la grasa son sensibles a los estrógenos y la progesterona, lo que explica el crecimiento de las mamas durante la pubertad y la congestión y el dolor ocasional de la mama durante el ciclo menstrual.

La alteración más frecuente de la mama femenina son los *cambios fibroquísticos,* una afección benigna que consiste en tejido cicatricial (fibrosis), inflamación crónica y dilatación quística de los conductos mamarios, que puede ser dolorosa y se asocia con bultos que producen alarma. Dado que los cambios fibroquísticos se producen en cierto grado en la mayoría de las mujeres, y por lo tanto son «normales», casi todos los médicos evitan referirse a ella como «enfermedad».

Los tumores de mama, al igual que todos los tumores, pueden ser benignos o malignos. El tumor más frecuente de la mama es un crecimiento benigno llamado *fibroadenoma.* Los tumores malignos son menos frecuentes; sin embargo, el cáncer de mama es el más frecuente en las mujeres y afecta a 1 de cada 8 mujeres en algún momento de su vida. (El cáncer de mama es muy excepcional en los hombres.) Aun así, el cáncer de mama es menos mortal que el de pulmón, que mata a casi el doble de mujeres. La mayoría de los cánceres de mama son tumores malignos del epitelio de revestimiento de los conductos mamarios (alrededor del 80% de los casos) o de las glándulas mamarias (10%). El factor más importante que determina la supervivencia del cáncer de mama es si se ha diseminado o no a los nódulos linfáticos.

Apuntes sobre el caso

17-17 El hijo de Susan se aferró a la zona pigmentada de la mama de su madre para alimentarse. ¿Cómo se llama esta zona?

La prolactina y la oxitocina regulan la producción de leche

Los estrógenos y la progesterona preparan la mama para la lactancia, pero para la producción de leche son necesarias dos hormonas hipofisarias. La prolactina, producida por la hipófisis anterior, estimula la *síntesis* de leche por la glándula mamaria. La oxitocina, sintetizada por el hipotálamo y liberada por la hipófisis posterior, estimula la *expulsión* de la leche; la oxitocina estimula la contracción de las células mioepiteliales que rodean las glándulas y revisten los conductos lácteos, expulsando la leche a través del pezón.

¡Recuerde! **La producción de leche está estimulada por la prolactina.**

Estímulos mentales (como ver un bebé) y estímulos físicos (como el bebé chupando el pezón) estimulan la prolactina y la secreción de oxitocina, lo que aumenta la producción de leche y a la vez hace que aumente la lactación. Este circuito de retroalimentación positiva termina cuando el bebé se separa del pecho, y garantiza que la madre continúa produciendo leche todo el tiempo que amamanta a su bebé. La prolactina tiene también el efecto añadido de suprimir la producción de Gn-RH, por lo que muchas mujeres lactantes no ovulan ni menstrúan. Las mamas comienzan a producir leche unos 3 o 4 días después del nacimiento y pueden continuar la producción por un período virtualmente ilimitado. Entre el nacimiento y la producción de leche, las mamas producen un líquido diferente llamado *calostro,* que es rico en anticuerpos, proteínas y carbohidratos, pero bajo en grasas difíciles de digerir.

La leche materna madura contiene una proteína de fácil digestión llamada *lactoalbúmina,* que (a diferencia de las proteínas de la leche de vaca o de soja) no suele producir reacciones alérgicas en el bebé. Es rica en colesterol y ácidos grasos ω-3 que facilitan el desarrollo neurológico. La leche humana contiene bacterias beneficiosas para ayudar al niño a establecer su propia flora intestinal bacteriana, pero también contiene anticuerpos y otras sustancias para suprimir el crecimiento de las bacterias dañinas. A diferencia de la leche de fórmula, la leche materna cambia su composición para satisfacer las necesidades del bebé a medida que crece. Sorprendentemente, también varía dentro de la misma toma, comenzando más líquida para saciar la sed y finalizando más cremosa y saciante.

Apuntes sobre el caso

17-18 Susan observó que su útero se contraía cuando amamanta a su bebé. ¿Puede suponer que una hormona relacionada con la lactancia estimula la contracción uterina?

17-24 Algunas personas llaman a las mamas «glándulas mamarias». ¿Es correcta esta denominación? Argumente su respuesta.

17-25 Verdadero o falso: la oxitocina estimula la producción de leche y la prolactina estimula su expulsión.

17-26 ¿Qué producto de la glándula mamaria contiene más grasa, la leche o el calostro?

Fecundación y desarrollo embrionario y fetal

El **embarazo** *(gestación)* comienza con la fecundación (concepción) y termina con el nacimiento. Este período, conocido como el **período de gestación,** suele durar 280 días (40 semanas) desde el primer día de la última menstruación, que es más fácil de señalar que la fecha de la concepción. Pero como la concepción no se produce hasta el día 14, el tiempo de gestación real es de 2 semanas menos que 280 días. El embarazo se divide en tres *trimestres*. El ser humano en desarrollo se llama **embrión** durante las primeras 8 semanas y **feto** a partir de entonces.

El embarazo comienza con la fecundación

El embarazo se inicia con la **fecundación,** la unión del óvulo y el espermatozoide. El momento tiene que ser exacto; el óvulo sólo es viable unas 24 h después de la ovulación, aunque los espermatozoides pueden vivir hasta 5 días en el aparato genital femenino. Sin embargo, los espermatozoides recién eyaculados han de sufrir la **capacitación,** un proceso de maduración de 7 h, antes de ser capaces de fertilizar al óvulo. En la medida en que la ovulación puede predecirse, aunque es una ciencia menos que exacta, los especialistas aconsejan a las parejas que desean tener hijos que tengan relaciones sexuales un día antes de la ovulación, y así el esperma maduro estará esperando al ovocito en el oviducto.

El lugar óptimo para la fecundación es la trompa uterina

El semen se deposita habitualmente en el *fórnix* de la vagina (del latín «cámara abovedada»), la parte más profunda de la vagina al lado del cuello del útero, donde se coagula en un gel un poco viscoso. Un pequeño número de espermatozoides (tal vez menos del 1%) nadan fuera del gel y a través del moco cervical, mediante movimientos de su cola como un látigo. Unas contracciones uterinas leves aspiran este moco que contiene espermatozoides hacia la cavidad endometrial y les ayudan a desplazarse para llegar a la trompa uterina. Los espermatozoides pueden anclarse a la pared del istmo durante varios días para asegurar una capacitación completa, después de lo cual se sueltan y se desplazan distalmente hacia la ampolla.

Puesto que el ovocito no tiene cola móvil, su movimiento depende de las acciones de la trompa uterina. Las fimbrias se unen la corona radiada del ovocito y lo barren hacia la trompa uterina. Los cilios que recubren la trompa uterina impulsan al ovocito hacia la ampolla y la marea de espermatozoides nada a su encuentro.

La ampolla es el lugar más habitual de la fecundación, aunque también puede producirse en el espacio pélvico próximo al ovario (fig. 17-14, día 0). Los espermatozoides son atraídos para desplazarse hacia el ovocito por un gradiente químico de sustancias «seductoras» secretadas por el ovocito.

A su llegada al óvulo, los espermatozoides capacitados excavan a través de las células foliculares remanentes de la corona radiada. Aún hay una barrera final, la **zona pelúcida,** una cápsula glucoproteica gruesa que protege al óvulo. La cabeza del espermatozoide está especialmente diseñada para penetrar en la zona pelúcida. Cada espermatozoide está cubierto por un capuchón, el **acrosoma** (del griego *akron* = «extremo» y *soma* = «cuerpo»), que contiene enzimas digestivas. Al entrar en contacto con el óvulo, los acrosomas de cientos de espermatozoides liberan sus enzimas, disolviendo de forma progresiva la barrera. Con el tiempo, la barrera está lo suficientemente degradada para permitir que las proteínas de la cabeza de un solo espermatozoide se unan a los receptores en la superficie del óvulo, lo que provoca la fusión de las membranas celulares del espermatozoide y del óvulo. La fusión de las membranas inicia una reacción química y eléctrica compleja en la barrera que impide que entren otros espermatozoides.

La fecundación reinicia la meiosis II

Una vez que se fusionan las membranas, los siguientes fenómenos se suceden rápidamente: el óvulo (ovocito secundario), que estaba suspendido a medio camino de la meiosis II, completa su segunda división meiótica. El núcleo haploide de las células resultantes se fusiona con el núcleo del espermatozoide haploide para formar el cigoto diploide. El cuerpo polar producido por meiosis II degenera.

El cigoto comienza a dividirse, mientras es barrido poco a poco hacia la cavidad uterina, aumentando exponencialmente su número de células de 2 a 4, a 8, y así sucesivamente. Cada célula hija idéntica, llamada **blastómero** (*-blast* = «célula formadora»), es capaz de formar un ser humano completo.

Aproximadamente 4 a 5 días después de la fecundación, las células embrionarias comienzan a diferenciarse de una manera más específica, formando una estructura hueca llamada **blastocisto** (fig. 17-14, días 4 a 5).

El blastocisto tiene tres componentes:

- La pared del quiste, formada por las células del *trofoblasto.*
- Un nódulo de células en la pared interna del quiste, la *masa celular interna.*
- Una cavidad hueca, la *cavidad del blastocisto.*

Apuntes sobre el caso

17-19 Los gráficos de temperatura mostraron que Susan había ovulado el día 15 de su ciclo reproductor. ¿Cuándo recomendaría un especialista en fertilidad que ella y Mark tuviesen relaciones sexuales, el día 14 o 16 de su ciclo? Explique por qué.

El trofoblasto facilita la implantación

El blastocisto es arrastrado hacia dentro de la cavidad uterina y excava en el exuberante endometrio secretor que le está esperando, un proceso conocido como **implantación** (fig. 17-14, días 6 a 9). Las células pegajosas del trofoblasto de la pared del blastocisto se adhieren a la pared uterina y secretan enzimas proteolíticas que forman túneles en el endometrio. En estas grietas nuevas se extienden cordones de células del trofoblasto, arrastrando detrás al resto del blastocisto. Estos cordones de trofoblasto forman el *corion,* que se desarrolla para constituir la parte fetal de la placenta. El corion se comenta con mayor detalle más adelante.

Las secreciones del blastocisto estimulan al endometrio para que se convierta en más vascular y repleto de nutrientes. Estas nuevas suculentas células endometriales redon-

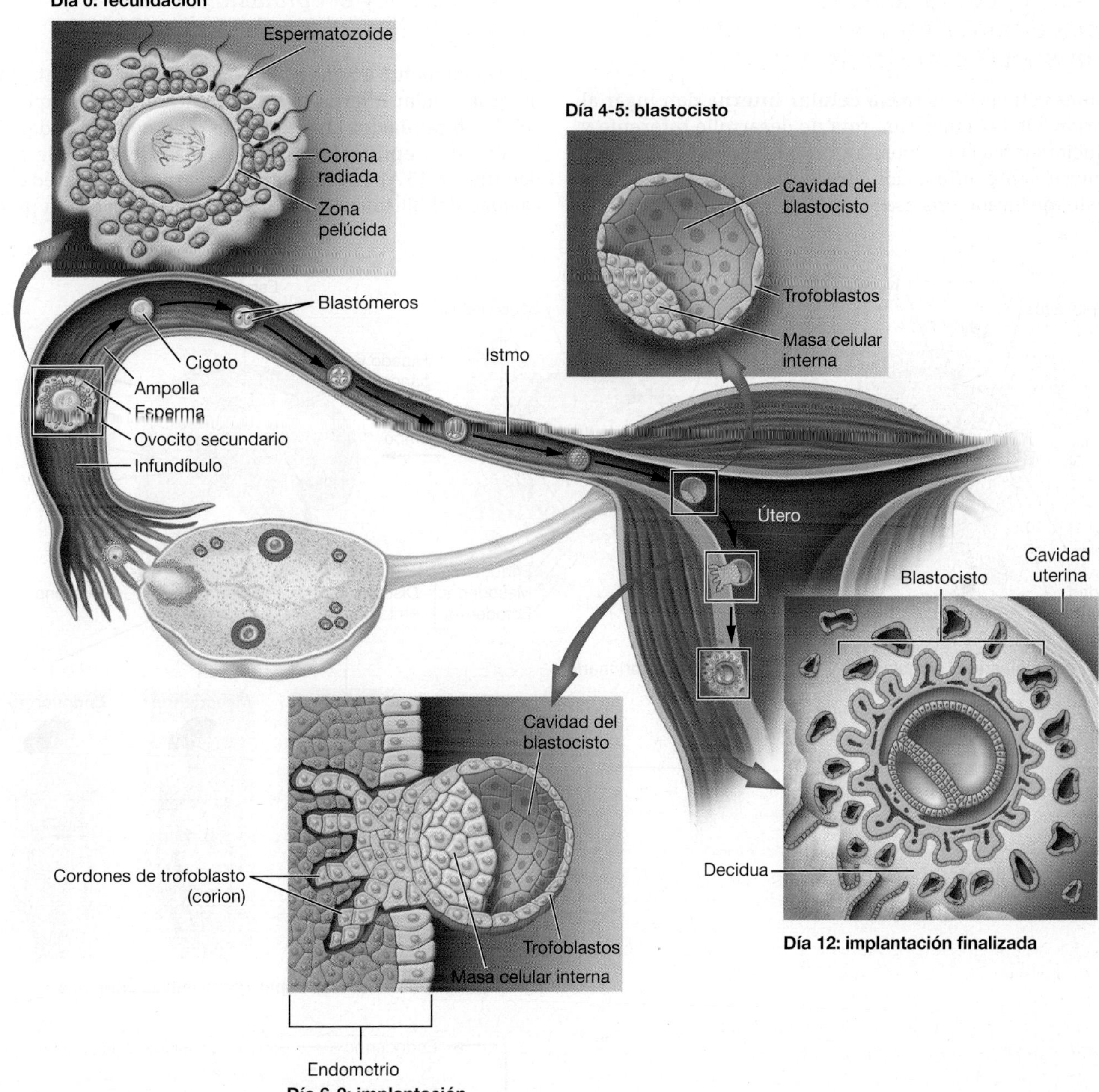

Figura 17-14. Fecundación e implantación. El cigoto se desarrolla en un blastocisto, que se implanta en el endometrio. *¿Qué células del blastocisto están en contacto con el endometrio: el trofoblasto o la masa celular interna?*

deadas forman un tejido llamado **decidua,** que constituye la parte materna de la placenta. Al final, el blastocisto estará completamente encerrado en el interior de la decidua materna (fig. 7-14, día 12). Poco después de la implantación, las células trofoblásticas comienzan a secretar **gonadotropina coriónica humana** (hCG), un análogo de la LH hipofisaria que estimula al cuerpo lúteo para que mantenga su producción de estrógenos y progesterona. Las pruebas de embarazo comerciales se basan en la detección de hCG en la orina como un indicador de embarazo.

Apuntes sobre el caso

17-20 **Unos 22 días después de su último período menstrual, Susan creyó que tenía su período antes de tiempo, porque sentía algunas molestias pélvicas y presentó un poco de sangrado vaginal.**
¿Qué tipo de célula produce el sangrado con sus acciones: los blastómeros, los trofoblastos o la masa celular interna?

La masa celular interna forma el embrión y las diferentes membranas embrionarias

Algunas células de la **masa celular interna** dan lugar al embrión. Otras siguen una ruta de desarrollo diferente y evolucionan hacia las membranas que rodean y protegen al embrión. A continuación ofrecemos un breve resumen de este intrincado proceso.

El hipoblasto y el epiblasto forman el saco vitelino, el amnios y el embrión

Para el momento en que se ha completado la implantación, la masa celular interna se ha diferenciado en dos tipos de células: **hipoblastos** en el lado más cercano a la cavidad del blastocisto y **epiblastos** en el lado más alejado de la cavidad (fig. 17-15 A). Los hipoblastos migran por la pared de la cavidad del blastocisto y tapizan completamente su pared

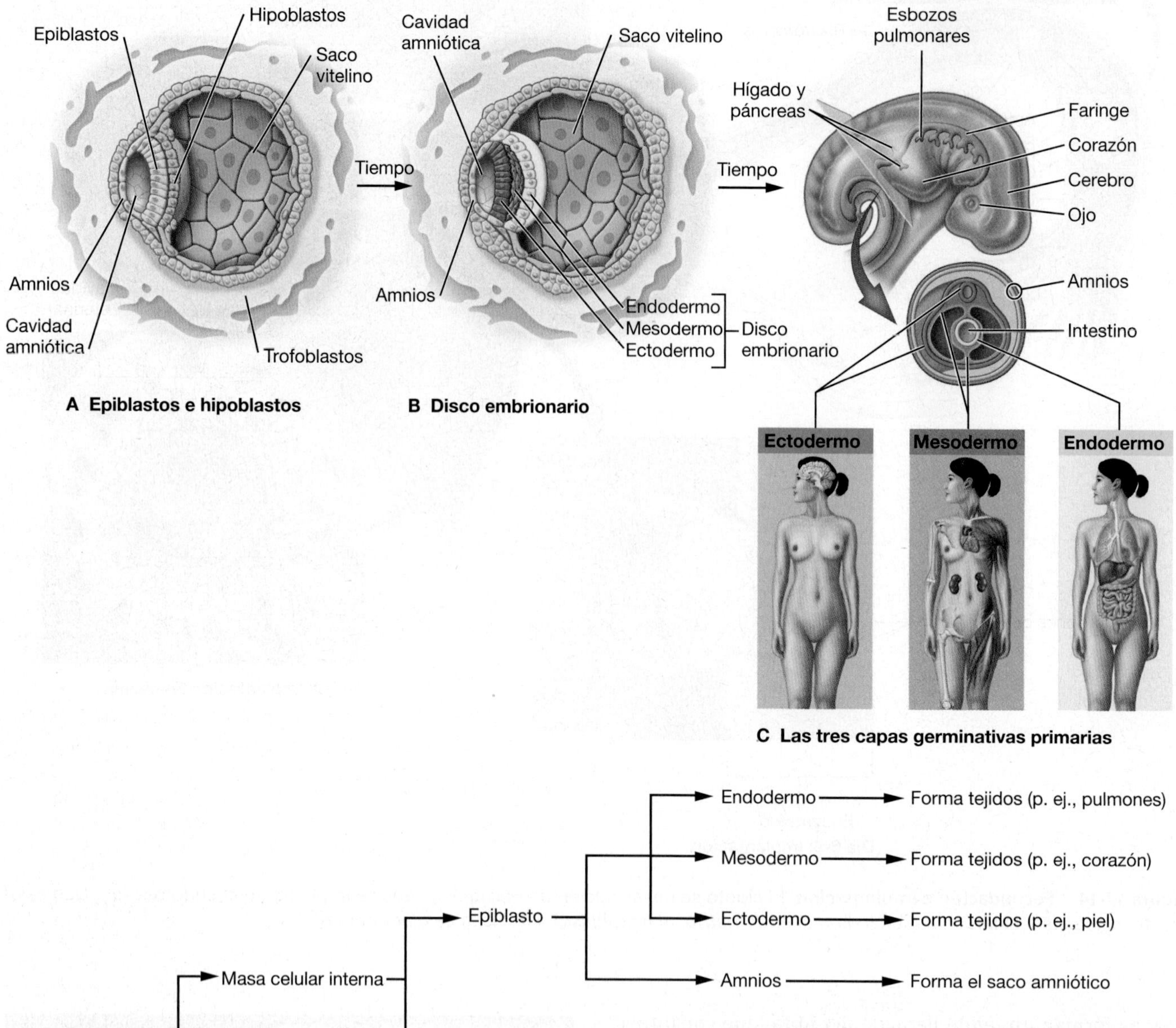

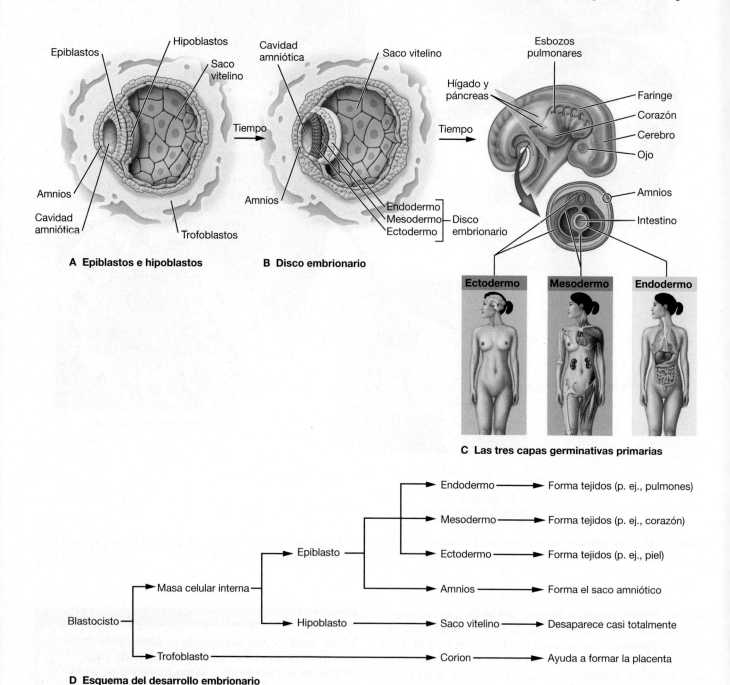

Figura 17-15. Desarrollo de las capas germinativas primarias. A) El blastocisto recién implantado contiene epiblastos e hipoblastos. **B)** Algunos epiblastos dan lugar a las tres capas germinativas primarias del disco embrionario. **C)** Las tres capas germinativas primarias dan lugar a los distintos tejidos. **D)** Origen de las estructuras y de las membranas fetales. *¿El cerebro es de origen ectodérmico o endodérmico?*

interior, formando una cavidad llamada *saco vitelino* donde estaba antes la cavidad del blastocisto. Durante su existencia, el saco vitelino es el lugar inicial de producción de células sanguíneas, una tarea de la que en el feto se hace cargo durante un tiempo el hígado y el bazo antes de que la médula ósea asuma de forma permanente la producción después del nacimiento. Algunas células del saco vitelino con el tiempo forman parte de la pared intestinal. El saco vitelino por lo general desaparece a la novena semana.

Dentro de la masa celular del epiblasto se forma una segunda cavidad llamada **cavidad amniótica.** Los epiblastos en contacto con los hipoblastos se convierten en el embrión; los del lado opuesto de la cavidad amniótica forman una membrana embrionaria llamada *amnios o membrana amniótica* (fig. 17-15 B). Como se comenta más adelante, el amnios finalmente rodea al embrión entero y forma el *saco amniótico* (v. fig. 7-17)

¡Recuerde! El embrión se desarrolla a partir de una subpoblación de epiblastos. Los hipoblastos no contribuyen a ninguna célula del embrión.

El disco embrionario contiene tres capas germinativas

Los epiblastos ocupan un lugar central en esta nueva etapa de desarrollo, desplazando a los hipoblastos vecinos y formando el **disco embrionario** de tres capas (fig. 17-15 B). Los hipoblastos desplazados mueren por apoptosis. Las células del epiblasto migran y se diferencian para formar las tres **capas germinativas** primarias, que dan lugar a diferentes tejidos y órganos (fig. 17-15 B y C):

- Las células del *endodermo* (*endo* = «interior») están destinadas a convertirse en el epitelio de las vías intestinales y respiratorias, las glándulas endocrinas, el hígado y el páncreas.
- Las células del *mesodermo* (*meso* = «medio») están destinadas a convertirse en hueso, músculo, células de la sangre, riñones, gónadas, corazón y vasos sanguíneos, dermis y tejidos conectivos.
- Las células del *ectodermo* (*ecto* = «externo») están destinadas a convertirse en epidermis, esmalte dental y tejido nervioso.

Apuntes sobre el caso

17-21 En el momento en que Susan dice a Mark que está embarazada, las tres capas germinativas ya se han desarrollado. ¿Qué tipo de células producen estas capas germinativas: los epiblastos, los hipoblastos o ambos?

En el diagrama de flujo de la figura 17-15 D puede revisarse el recorrido desde el blastocisto hasta las capas germinativas. Vale la pena señalar que la mayoría de los órganos contienen elementos de más de una capa. En la piel, por ejemplo, la epidermis está formada por ectodermo y la dermis por mesodermo.

Los órganos se desarrollan a partir de las capas germinativas

En la semana 4, el disco embrionario se pliega en una forma cilíndrica en la cual las hojas embrionarias se desarrollan hacia los tejidos y órganos en una secuencia con una cuidadosa cronología. Al final del período embrionario (semana 8), el embrión por lo general alcanza una longitud de unos 3 cm y se asemeja a un ser humano. La mayor parte de los órganos principales se han formado, pero no están maduros.

El primer trimestre es un momento vulnerable para el embrión porque se está produciendo este desarrollo tan complejo; es cuando se producen la mayoría de los defectos congénitos. Durante las primeras semanas del desarrollo embrionario, el sistema nervioso es particularmente vulnerable al déficit de ácido fólico, una de las vitaminas B. En este momento crítico, el cerebro y la médula espinal están evolucionando desde un canal abierto a un tubo hueco. El déficit de folatos puede retrasar estos cambios y dejar al feto con malformaciones conocidas como *defectos del tubo neural*, que pueden variar desde inofensivos hasta una parálisis incapacitante o incluso la muerte. En Estados Unidos, los suplementos de folatos en el pan y los cereales han reducido la incidencia de defectos del tubo neural.

Además, el embrión/feto del primer trimestre es especialmente vulnerable a las infecciones por virus. Un ejemplo cardinal es la *rubéola*, una enfermedad generalmente leve y transitoria en niños y adultos. En cambio, en el primer trimestre del embarazo puede atravesar fácilmente la placenta y causar ceguera, sordera, defectos cardíacos y otros problemas graves en el feto.

El consumo excesivo de alcohol es especialmente peligroso para el feto. Las mujeres que beben en exceso durante el embarazo pueden dar a luz bebés con cualquiera de los diversos trastornos relacionados con el alcohol conocidos como *síndrome alcohólico fetal*. Las alteraciones asociadas, que pueden variar de leves a graves, incluyen alteraciones faciales y déficits cognitivos. ¿Cuánto alcohol es demasiado? Las opiniones varían, pero la mayor parte los profesionales aconsejan a sus pacientes embarazadas que se abstengan por completo. Fumar, el consumo de drogas e incluso el uso de ciertos medicamentos con receta o de venta libre pueden causar problemas similares. Es posible que una madre no se dé cuenta de que su hijo resulta afectado hasta más tarde, cuando aparecen los problemas de conducta o de aprendizaje.

El segundo trimestre es un período de rápido crecimiento y maduración, y el tercero es una etapa de «pulido», durante la cual se alcanza el peso final del nacimiento y los órganos completan su maduración. En la figura 17-16 pueden verse el embrión y el feto en las distintas fases de desarrollo.

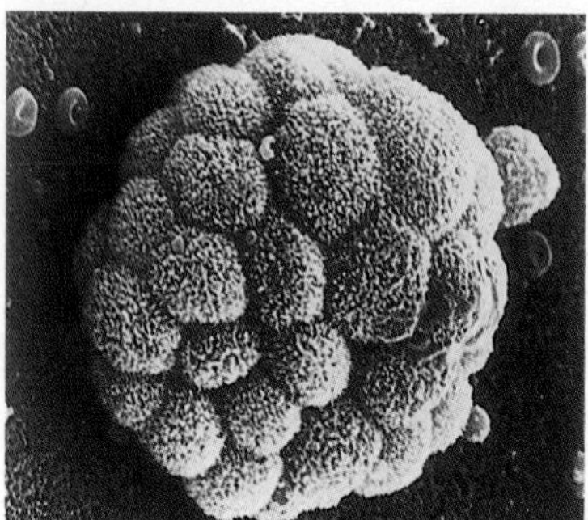

A Blastocisto implantándose

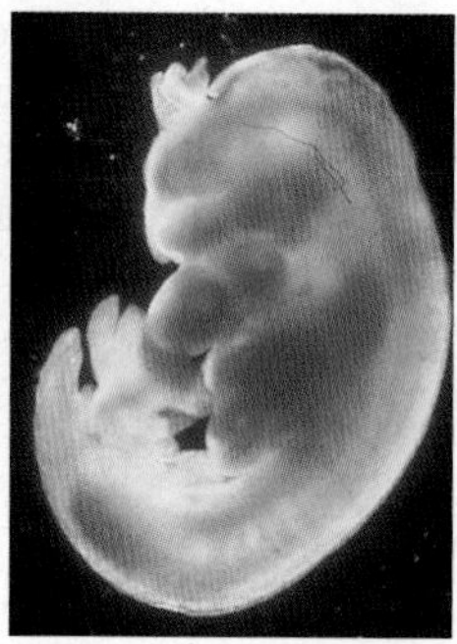

B Embrión de 32 días

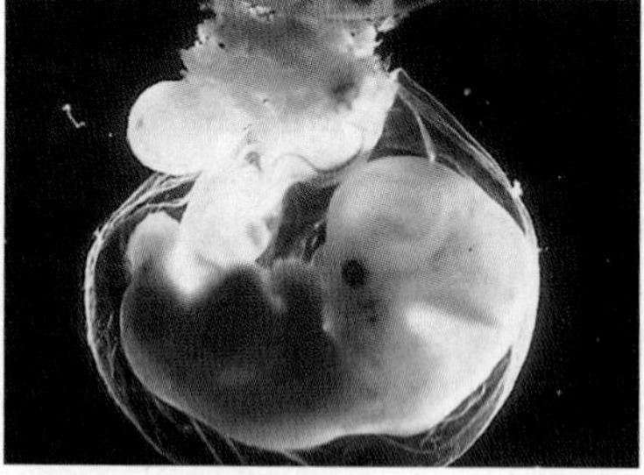

C Embrión de 37 días

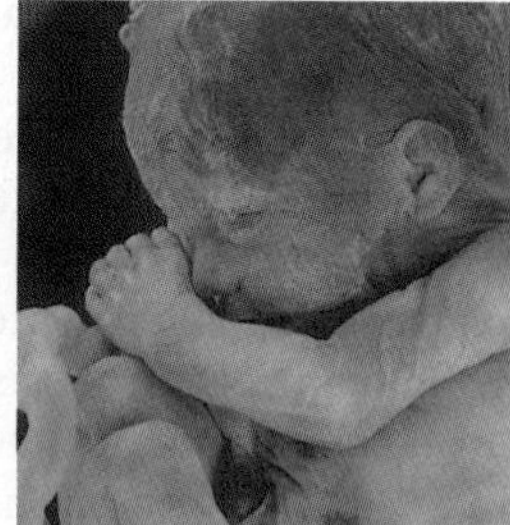

D Feto de 20 semanas

Figura 17-16. Embriones. A) Un blastocisto implantándose. **B)** Embrión de 32 días. **C)** Embrión de 37 días. **D)** Feto de 15 semanas. *Observe la cola en el embrión de 32 días. ¿Ve esta cola en el feto?*

Particularmente reveladora es la diferenciación de los órganos genitales masculinos y femeninos. Puede leerse sobre ello en el cuadro adjunto.

Apuntes sobre el caso

17-22 **Debido a sus antecedentes de problemas de fertilidad, a Susan se le realizó la primera ecografía a las 6 semanas de su último período menstrual. ¿Se vió un embrión o un feto?**

17-23 **Susan sintió un gran alivio el día que su embarazo llegó al segundo trimestre, ya que la mayoría de los abortos espontáneos se producen durante el primer trimestre. ¿Habían pasado 10 o 12 semanas desde que el feto fue concebido?**

17-24 **Toby nació antes de finalizar el tercer trimestre. ¿Se forma algún órgano durante este trimestre?**

El saco amniótico protege al feto

A medida que crece el embrión, el **amnios** (también llamado *membrana amniótica*) se convierte en una resistente membrana gris semitransparente que rodea completamente el embrión. La cavidad amniótica del blastocisto se convierte en el **saco amniótico** (fig. 17-17 A). El saco amniótico se llena lentamente con *líquido amniótico*

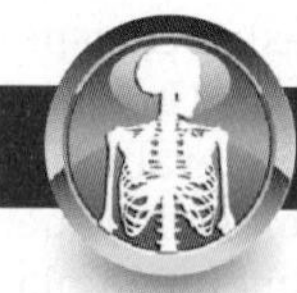

FORMA BÁSICA, FUNCIÓN BÁSICA

«¿Es niño o niña?»

Hoy en día la pregunta «¿es niño o niña?» es a menudo la primera pregunta de amigos y parientes al conocer un nuevo embarazo. Esto se debe a que las técnicas de imagen modernas suelen permitir la visualización de los genitales externos del feto ya en la semana 10 de embarazo. Pero el sexo del feto no se conoce de forma tan generalizada, y a veces es la pregunta silenciosa que se hace un obstetra al ver en la ecografía los «genitales ambiguos» de un feto en el tercer trimestre e incluso en un recién nacido. Es decir, en casos excepcionales, los genitales pueden formarse de modo que no son claramente masculinos ni femeninos, porque los genitales de hombres y mujeres derivan de las mismas estructuras embrionarias.

Antes de explicar el desarrollo de los genitales, es importante entender la diferencia entre *genotipo* y *fenotipo*. El genotipo de un ser humano es su composición genética, y el fenotipo es la expresión física del genotipo. Por ejemplo, una persona que nace con dos cromosomas X tendrá siempre un genotipo mujer y nada puede cambiar eso. Sin embargo, una persona con genotipo mujer puede convertirse en un fenotipo hombre mediante cirugía y tratamiento con testosterona.

La configuración inicial indiferente de los genitales está formada por tres estructuras: el pliegue uretral, el tubérculo genital y los pliegues labioescrotales. El «fracaso» de la vía de desarrollo da como resultado los órganos genitales femeninos. Es decir, en ausencia de testosterona, los genitales se desarrollan hacia un fenotipo femenino: el tubérculo se convierte en el clítoris, los pliegues uretrales forman los labios menores y los pliegues labioescrotales se convierten en los labios mayores.

En cambio, los embriones masculinos tienen testículos que producen testosterona. Un metabolito de la testosterona (llamado dihidrotestosterona o DHT) estimula el desarrollo de los genitales externos masculinos mediante su unión a receptores en el tejido

Continúa

genital primitivo. El tubérculo se agranda y se alarga para formar el glande y el cuerpo del pene. La mayoría de los pliegues urogenitales se fusionan para formar la uretra esponjosa, que sólo permanece abierta en su parte más distal para formar el orificio de la uretra. Finalmente, los pliegues labioescrotales se fusionan para constituir el escroto.

En ocasiones excepcionales, el fenotipo no coincide con el genotipo. ¿Cómo se desarrollarían los genitales en un feto XY con un defecto en los receptores de testosterona? El bebé sería fenotípicamente femenino porque los genitales femeninos son la ruta por defecto, y el niño desarrollaría un clítoris, labios y vagina en lugar de un pene, testículos y escroto. Consideremos la alternativa, un feto XX expuesto a altas concentraciones de testosterona durante el desarrollo precoz. Se producirá un grado mayor o menor de masculinización, lo que hará muy difícil determinar el sexo fenotípico. Algunos pueden tener un órgano que parece ser un clítoris muy grande o un pene muy pequeño. Con frecuencia, por debajo de esta estructura ambigua se encuentra una abertura que podría ser una vagina, con tumefacciones a ambos lados que podrían ser un escroto hendido o los labios mayores.

En estos casos, la determinación del sexo del bebé depende de un estudio genético de los cromosomas sexuales y de la identificación de las gónadas, ovarios o testículos. En tales situaciones se precisa una investigación a fondo y una mayor atención debido a que nos enfrentamos a profundos dilemas. ¿Cómo debe criarse el niño? ¿Un niño con genotipo XY debe criarse como niña, y una niña con genotipo XX como un niño, o son aconsejables la cirugía y el tratamiento hormonal?

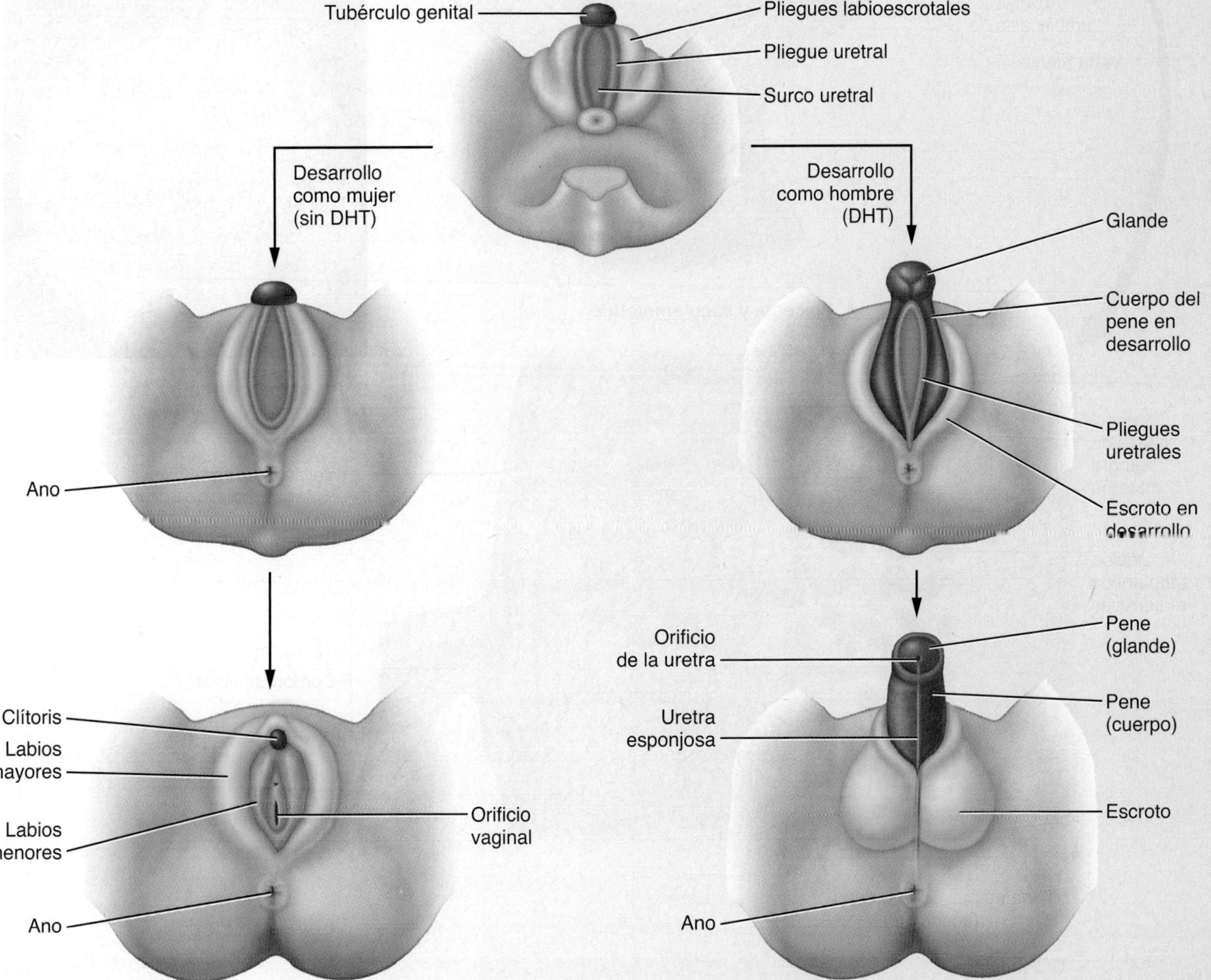

Desarrollo embrionario. Los genitales externos masculinos y femeninos se desarrollan a partir de las mismas estructuras iniciales.

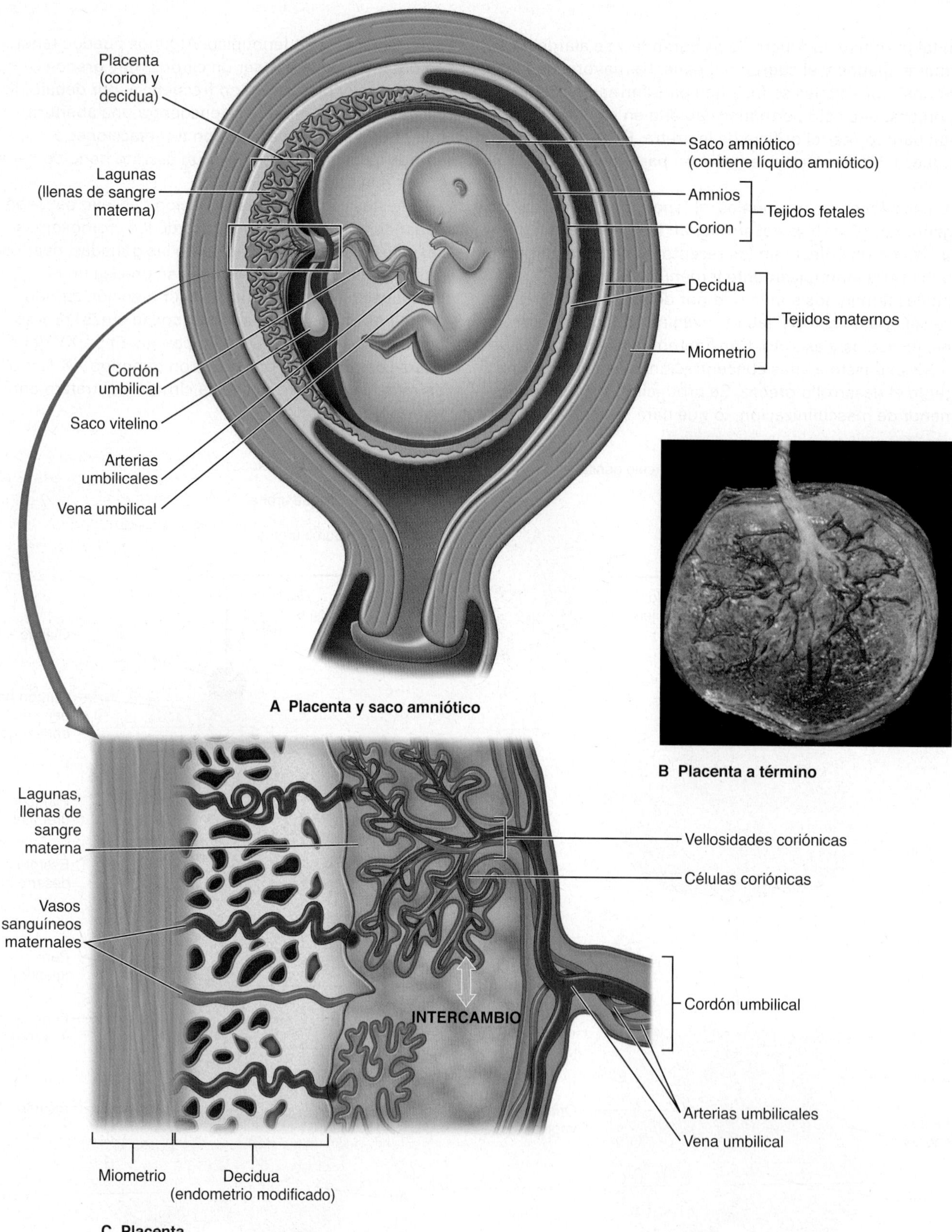

Figura 17-17. Placenta y membranas fetales. A) La placenta está formada por parte del corion fetal y de la decidua materna. **B)** Esta placenta de un parto a término muestra los vasos sanguíneos y el cordón umbilical. **C)** Entre los vasos sanguíneos fetales coriónicos y la sangre materna se intercambian sustancias. *¿Qué membrana fetal está más próxima al feto, el amnios o el corion?*

acuoso secretado por el amnios y que aumenta hasta llenar toda la cavidad endometrial. Al líquido amniótico se añade la orina fetal y una pequeña cantidad de líquidos y restos celulares que salen del intestino fetal. Ambos son, por supuesto, estériles. El feto respira líquido amniótico durante su estancia en el útero. El saco amniótico proporciona espacio para el movimiento y el crecimiento, y le protege de los traumatismos abdominales que pueda sufrir la madre.

La placenta nutre al feto

En un principio, el blastocisto se alimenta de los nutrientes liberados por digestión de células del útero, y también se aprovecha de las secreciones del endometrio. Sin embargo, estas fuentes de nutrientes llegan por difusión y no pueden dar soporte por mucho tiempo a la masa en crecimiento del embrión. Se precisan vasos sanguíneos, y la *placenta* y el *cordón umbilical* son la respuesta.

La **placenta** es un órgano temporal del embarazo que permite la transferencia de nutrientes y oxígeno desde la madre al feto, y de materiales de desecho desde el feto a la madre. La sangre viaja entre el embrión/feto y la placenta por el **cordón umbilical,** una estructura en forma de cuerda recubierta por la membrana amniótica que contiene dos arterias y una vena. En el nacimiento, la placenta forma un disco de unos 30 cm de diámetro y 2 cm de grosor, y pesa alrededor de 450 g (fig. 17-17 B).

Es útil pensar en la placenta como el equivalente funcional de los pulmones, ya que las arterias umbilicales llevan sangre pobre en oxígeno desde el feto a la placenta, donde la sangre recoge el oxígeno y deja el dióxido de carbono (fig. 17-17 B). La vena umbilical única lleva la sangre oxigenada de vuelta para el feto. Por otra parte, al igual que las células alveolares pulmonares evitan que el aire entre en la sangre, pero permiten el intercambio de gases entre el aire y la sangre, la placenta impide que la sangre materna y fetal se mezclen, pero permite la difusión de sustancias de ida y vuelta entre la madre y el feto.

La placenta está formada por tejido materno y fetal (fig. 17-17 C). La porción materna está compuesta por parte de la **decidua,** el endometrio que se ha engrosado y modificado por efecto de la progesterona. Parte del *corion* forma la porción fetal. Recuerde de la figura 17-14 que el **corion** está formado por cordones de trofoblastos que se introducen durante la implantación en el endometrio materno. Estos cordones se multiplican y se ramifican en innumerables **vellosidades coriónicas** para formar la capa fetal de la placenta. Las vellosidades coriónicas continúan secretando enzimas digestivas que disuelven por completo el endometrio circundante, con la formación de espacios vacíos *(lagunas)* entre las vellosidades, que se llenan con sangre materna. Los vasos sanguíneos fetales crecen en las vellosidades coriónicas, cuyos extremos flotan en la sangre materna de las lagunas. La sangre fetal en los vasos de las vellosidades está separada de la sangre materna en las lagunas del endometrio por dos capas muy finas de células: las células endoteliales de las paredes de los vasos sanguíneos fetales y las células que cubren las vellosidades coriónicas.

Los nutrientes, gases, productos de desecho y otras moléculas pequeñas pueden intercambiarse libremente entre la madre y el feto, pero las moléculas grandes, como las proteínas y las células de la sangre materna, no cruzan fácilmente la membrana. Recuerde del capítulo 12 que, con la excepción de los gemelos idénticos, cada persona es inmunitariamente extraña a todas las demás. La mezcla de sangre materna y fetal puede provocar reacciones antígeno-anticuerpo graves o mortales en la madre o el feto.

¡Recuerde! **Los vasos sanguíneos fetales y los maternos están en continuidad. El intercambio entre la sangre fetal y la materna se produce en las vellosidades coriónicas.**

La placenta está firmemente establecida en la semana 5 de gestación, y alcanza su pleno potencial unos 2 meses después. En este momento la placenta se hace cargo de la importante función de producción de hormonas del cuerpo lúteo. Las hormonas placentarias se comentan con mayor detalle más adelante.

Apuntes sobre el caso

17-25 **A mitad del parto, Susan «rompió aguas» y la ropa de la cama se empapó con un gran volumen de líquido. ¿Qué líquido se liberó?**

Examen sorpresa

17-27 El capuchón de la cabeza del espermatozoide que contiene enzimas se llama ___________.

17-28 ¿Cuántos cromosomas hay en un cigoto?

17-29 ¿Cuál es la diferencia entre un cigoto y un blastómero?

17-30 ¿Qué secreta hCG, la decidua o el blastocisto?

17-31 ¿Qué cavidad del blastocisto se forma a partir de los epiblastos y cuál a partir de los hipoblastos?

17-32 Las lagunas endometriales, ¿están llenas con sangre materna o con sangre del feto?

17-33 ¿Qué estructura fetal ayuda a formar la placenta, el amnios o el corion?

17-34 Verdadero o falso: la capa del hipoblasto se diferencia en la capa germinal endodérmica.

El embarazo cambia la forma y la función maternas

Aunque el embarazo es un proceso biológico normal, se considera correctamente como un cuadro médico (¡aunque no una enfermedad!), ya que puede amenazar la salud o incluso la vida. En cualquier caso es, como el ejercicio, un estado fisiológico que provoca cambios importantes fisiológicos y anatómicos. Muchos de estos cambios reflejan las acciones de las hormonas placentarias, mientras que otros son el resultado de limitaciones físicas del abdomen de la madre.

Las hormonas placentarias modifican la fisiología materna

La placenta es un órgano endocrino increíblemente poderoso, que secreta grandes cantidades de diferentes hormonas al servicio del embarazo y preparan a la madre y al feto para el parto. Algunas de estas hormonas de la placenta (como la gonadotropina coriónica humana, hCG) son versiones modificadas, o *análogos,* de hormonas de la hipófisis anterior. En la tabla 17-1 se presenta una breve descripción de las acciones de las hormonas placentarias.

Apuntes sobre el caso

17-26 **Susan notó que algunos estiramientos de yoga eran más fáciles cuando estaba embarazada, ya que sus articulaciones tenían una mayor amplitud de movimiento. ¿Qué hormona del embarazo es la causante de este efecto?**

El embarazo afecta a todos los sistemas del cuerpo

A medida que crece el feto, el útero aumenta de tamaño para albergarlo, por lo que al final del tercer trimestre llena casi toda la cavidad abdominal, llegando hasta la apófisis xifoides y desplazando al hígado, el bazo y los intestinos. Estos cambios físicos se combinan con las fluctuaciones hormonales que producen muchos de los síntomas del embarazo, como se muestra en la figura 17-18.

Aunque el lactante promedio pesa alrededor de 3 500 g, el aumento de peso materno recomendado es de aproximadamente 13 kg. La diferencia se explica por la placenta y el líquido amniótico, el aumento de tamaño del útero, el aumento del tamaño de las mamas, el aumento del volumen sanguíneo materno al servicio del útero y el aumento de las reservas maternas de grasa, esto último una adaptación para garantizar una nutrición adecuada para la madre y el feto en tiempos de vacas flacas.

Gran parte del peso adicional se encuentra en la parte anterior, lo que obliga a las mujeres embarazadas a adoptar una postura inclinada hacia atrás (lordosis) para mantener el equilibrio. También añade una incómoda tensión a la parte baja de la espalda.

Las mamas, la vagina y los labios vaginales se ingurgitan con sangre. Es frecuente un aumento de la pigmentación cutánea. La aréola se oscurece y la piel de la cara, especialmente alrededor de los ojos, puede oscurecerse, creando una «máscara del embarazo» que se denomina *cloasma*. En algunas mujeres aparecen pequeños crecimientos vasculares *(angiomas aracnoideos)* en la cara o en el tórax. Los ligamentos entre los huesos se relajan bajo la influencia de la hormona placentaria *relaxina,* sobre todo en la pelvis, lo que facilita el paso del feto por el canal del parto. Después

Tabla 17-1. Hormonas placentarias

Nombre	Análogo no placentario	Acciones
Gonadotropina coriónica humana (hCG)	Lutropina hipofisaria (LH)	Mantiene el cuerpo lúteo; estimula la síntesis de progesterona y de estrógenos
Somatomamotropina coriónica humana (hCS)	Hormona del crecimiento (GH) y prolactina (PRL) hipofisaria	Prepara a las glándulas mamarias para la lactancia; preserva glucosa para el feto reduciendo el consumo materno; aumenta el crecimiento materno
Tirotropina coriónica humana (hCT)	Hormona estimulante del tiroides (TSH) hipofisaria	Estimula la síntesis de hormonas tiroideas, lo que aumenta la tasa metabólica materna
Relaxina	Ninguna	Aumenta la laxitud articular, especialmente en la sínfisis del pubis, para facilitar el parto
Corticoliberina (CRH)	CRH hipotalámica	Estimula la producción suprarrenal de esteroides; importante en la maduración pulmonar y el inicio del parto
Progesterona	Progesterona ovárica	Mantiene el endometrio, inhibe las contracciones del miometrio, favorece el desarrollo de las mamas
Estrógenos	Estrógenos ováricos	Preparan el miometrio para el parto; favorecen el desarrollo de las mamas

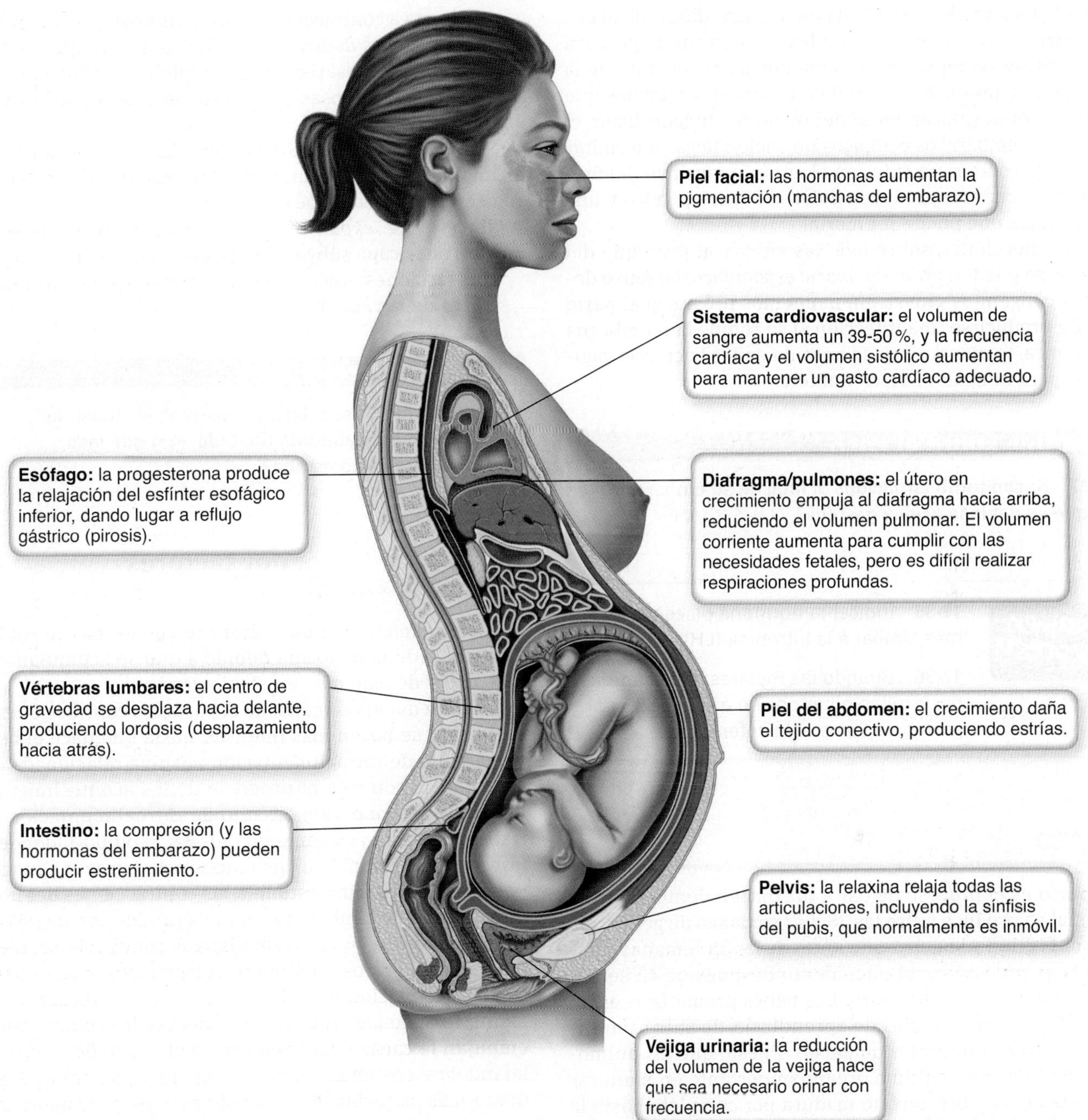

Piel facial: las hormonas aumentan la pigmentación (manchas del embarazo).
Sistema cardiovascular: el volumen de sangre aumenta un 39-50 %, y la frecuencia cardíaca y el volumen sistólico aumentan para mantener un gasto cardíaco adecuado.
Esófago: la progesterona produce la relajación del esfínter esofágico inferior, dando lugar a reflujo gástrico (pirosis).
Diafragma/pulmones: el útero en crecimiento empuja al diafragma hacia arriba, reduciendo el volumen pulmonar. El volumen corriente aumenta para cumplir con las necesidades fetales, pero es difícil realizar respiraciones profundas.
Vértebras lumbares: el centro de gravedad se desplaza hacia delante, produciendo lordosis (desplazamiento hacia atrás).
Piel del abdomen: el crecimiento daña el tejido conectivo, produciendo estrías.
Intestino: la compresión (y las hormonas del embarazo) pueden producir estreñimiento.
Pelvis: la relaxina relaja todas las articulaciones, incluyendo la sínfisis del pubis, que normalmente es inmóvil.
Vejiga urinaria: la reducción del volumen de la vejiga hace que sea necesario orinar con frecuencia.

Figura 17-18. Embarazo. Los signos y síntomas del embarazo reflejan los cambios hormonales y las necesidades de espacio del feto en crecimiento. Esta figura muestra el impacto de un feto a término. *A pesar de las necesidades de energía cada vez mayores del feto, las mujeres embarazadas a menudo optan por ingerir pequeñas cantidades de comida. ¿Por qué?*

del parto, todos estos cambios anatómicos suelen volver al estado previo al embarazo.

Los cambios fisiológicos también son impresionantes. La tasa metabólica basal aumenta un 20 %. La volemia materna se incrementa entre un 25 % y un 50 %, y la frecuencia cardíaca aumenta alrededor de un 10 %. En conjunto, esto da como resultado un aumento del 20 % al 30 % del gasto cardíaco. Al mismo tiempo, disminuye la resistencia vascular, por lo que la presión arterial en general sólo aumenta ligeramente. No obstante, en el 5 % al 10 % de los embarazos puede haber una presión arterial demasiado alta, en especial en el tercer trimestre (las últimas 13 semanas). Esta enfermedad excepcional, la *hipertensión durante el embarazo* (también *preeclampsia* o *toxemia gravídica*), puede producir en la madre convulsiones, insuficiencia renal o hemorragia cerebral.

Una de las complicaciones graves más frecuentes del embarazo es el **embarazo ectópico,** una situación en la que el óvulo fecundado se implanta en un lugar diferente al endometrio. Diversas enfermedades pueden predisponer a un embarazo ectópico, especialmente las infecciones de la trompa que producen una red de cicatrices y pliegues que impiden el desplazamiento del óvulo fecundado hacia el útero. Los embarazos ectópicos no suelen llegar a término, ya que no están refugiados en el entorno nutritivo del útero. Con frecuencia producen dolor abdominopélvico y una hemorragia que puede ser mortal.

Las infecciones, sobre todo las víricas, al principio del embarazo pueden producir *aborto espontáneo* del feto o defectos congénitos graves. En momentos próximos al parto puede producirse una infección si se rompe la membrana amniótica, lo que permite la entrada de las bacterias vaginales para infectar al útero y al feto.

Apuntes sobre el caso

17-27 Susan tomó antiácidos al final de su embarazo. ¿A qué se debía la acidez gástrica?

17-35 Indicar la hormona placentaria más similar a la lutropina (LH).

17-36 Cuando las mujeres embarazadas desarrollan hipertensión arterial, ¿cómo se llama esta enfermedad?

Parto

El **parto** es el proceso de dar a luz o nacimiento. El parto normal se produce entre las 38 y 42 semanas de gestación. Por definición, el nacimiento antes de las 38 semanas *completas* es *prematuro;* el nacimiento después de 42 semanas *completas* es *posmaduro.* Los bebés prematuros están en riesgo de dificultades de aprendizaje, de sufrir parálisis cerebral y diferentes dolencias. Puesto que los pulmones del feto son el último órgano importante en madurar (aparte del cerebro, que no madura por completo hasta la edad de 20 a 22 años), un peligro especial es el *síndrome de dificultad respiratoria,* una situación que puede ser mortal (cap. 13).

El parto consta de tres fases

El parto se divide convencionalmente en tres fases:

- *Primera fase: dilatación del cuello uterino.* El cuello uterino se dilata (se abre) y se adelgaza *(borramiento cervical)* para permitir el paso de la cabeza del bebé. Antes del parto, el cuello del útero está «tapado» por un tapón de moco. Las contracciones miometriales aumentan lentamente el tamaño de la abertura cervical hasta que alcanza un diámetro de unos 10 cm. La dilatación puede comenzar semanas antes del nacimiento del bebé en respuesta a contracciones indoloras apenas perceptibles *(contracciones de Braxton Hicks).* Sin embargo, las contracciones necesarias para completar la dilatación son mucho más intensas y generalmente se consideran dolorosas.
- *Segunda fase: expulsión del feto.* Las contracciones del miometrio, acompañadas por los «empujones» de la madre, expulsan al bebé del útero.
- *Tercera fase: expulsión de la placenta.* La placenta se separa de la capa subyacente de endometrio materno y las contracciones adicionales del miometrio la expulsan a través de la vagina.

Apuntes sobre el caso

17-28 Cuando Susan llegó al hospital, el cuello del útero estaba parcialmente dilatado. ¿En qué fase del trabajo de parto estaba?

El parto se inicia por factores maternos y fetales

El parto se inicia cuando el útero se vuelve más sensible a los efectos de la oxitocina debido a que se acumulan más receptores de oxitocina en el miometrio.

Una vez que ha comenzado el parto, las contracciones se aceleran y se hacen más intensas, hasta que nace el bebé. Un circuito de retroalimentación positiva relacionada con la oxitocina controla el progreso de los acontecimientos. Podemos recordar este circuito de retroalimentación del trabajo de parto y nacimiento del capítulo 1, donde se utilizó como ejemplo de una reacción de retroalimentación positiva. La oxitocina estimula las contracciones del útero directamente, y también estimula la producción de prostaglandinas, que a su vez estimulan las contracciones uterinas, así como otros fenómenos relacionados con el parto, como la relajación del cuello del útero y la rotura de las membranas fetales (fig. 17-19). Además, las contracciones empujan la cabeza del bebé contra el cuello del útero, dilatándolo y enviando señales al hipotálamo para que produzca más oxitocina. El resultado neto es que cuanto más se contrae el útero, más se estimula para que se contraiga, por lo que, como en todos los circuitos de retroalimentación positiva, el proceso se acelera hasta que finaliza.

Cuando el parto comienza demasiado pronto o demasiado tarde, el bebé puede sufrir problemas de salud. Aunque los factores implicados en los nacimientos prematuros y posmaduros no están totalmente esclarecidos, algunos estudios los relacionan con la producción de corticoliberina placentaria (CRH). El exceso de CRH se asocia a parto prematuro, y el déficit de CRH con fracaso del parto. Un segundo posible factor son las infecciones. Los estudios sugieren que la reacción inflamatoria normal dentro del útero puede aumentar el número de receptores de oxitocina e iniciar el trabajo de parto normal, mientras que una infección u otras causas de inflamación antes de las 36 semanas puede desencadenar un parto prematuro.

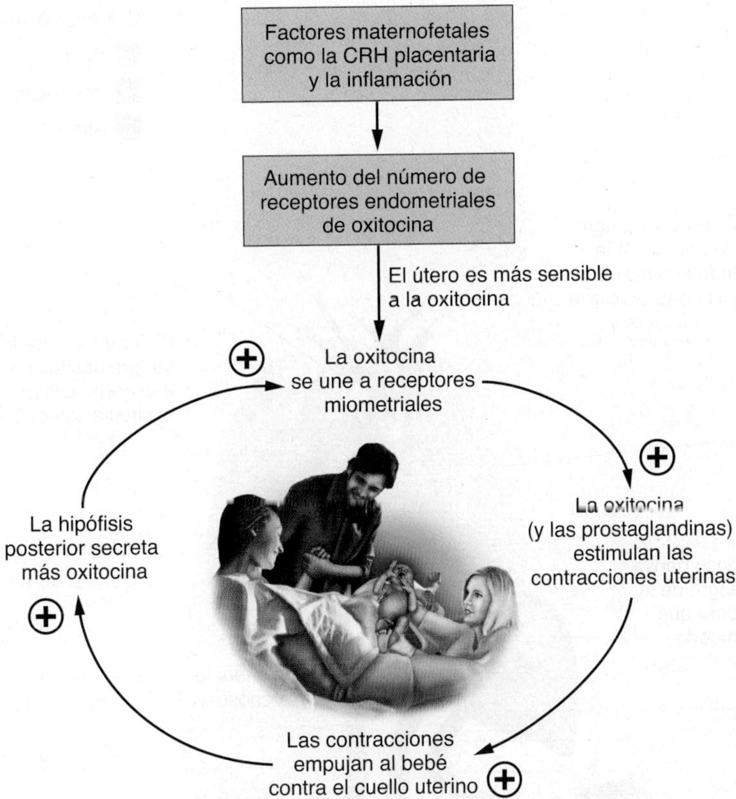

Figura 17-19. Control del parto. El trabajo de parto comienza cuando hay suficientes receptores de oxitocina en el miometrio. *Indique dos señales químicas que estimulan las contracciones uterinas.*

El recién nacido se adapta a la vida extrauterina

Piense por un momento en el desafío al que se enfrenta un recién nacido: pasa de vivir bajo el agua, viendo satisfechas todas sus necesidades vitales por su madre, a vivir en el aire y separado de la madre. Aunque parece algo realmente complicado, el recién nacido se adapta muy rápido a la vida extrauterina. A medida que se reduce la circulación umbilical hasta que cesa, el dióxido de carbono acumulado activa el centro respiratorio del recién nacido. El resultado, la primera respiración, debe llenar los diminutos bronquiolos y forzar la apertura de los alvéolos colapsados. Si no hay una adecuada cantidad de surfactante pulmonar que facilite esta expansión, aparece el síndrome de dificultad respiratoria.

Antes de esta primera respiración, el feto dependía de su madre para obtener oxígeno, pero con la primera respiración ya depende de sí mismo. La transferencia instantánea de la fuente de oxígeno del recién nacido desde la placenta a los pulmones depende del diseño de la circulación fetal.

La esencia de la circulación fetal es que *durante la vida intrauterina, la placenta funciona como pulmones, riñones e intestino*. Los pulmones del feto están excluidos de dos formas: *a)* la mayoría de la sangre que entra en la aurícula derecha pasa directamente al lado izquierdo del corazón a través de un agujero en el tabique interauricular *(foramen oval)*, y por tanto en el ventrículo derecho entra poca sangre para ser bombeada hacia la arteria pulmonar y los pulmones, y *b)* toda la sangre que llega al ventrículo derecho y a la arteria pulmonar se desvía hacia la aorta por el *conducto arterial* antes de llegar a los pulmones (fig. 17-20). Una tercera modificación, el *conducto venoso,* permite que aproximadamente el 80 % del suministro de sangre fetal evite pasar por el hígado. Esta proporción aumenta en condiciones de poco oxígeno, con el fin de maximizar el aporte de oxígeno a los órganos más importantes, el corazón y el cerebro fetal. Con la primera respiración, esto es lo que sucede:

1. Una citocina liberada por los pulmones recién expandidos estimula la constricción del conducto arterial, que de repente dirige el flujo sanguíneo a los pulmones en lugar de permitir que continúe hacia la aorta.
2. En unos pocos latidos del corazón, esta sangre procedente de los pulmones llega de vuelta a la aurícula izquierda, lo que aumenta la presión auricular izquierda lo suficiente para igualar la presión entre las aurículas derecha e izquierda.
3. Esto, a su vez, hace que la sangre deje de fluir a través del foramen oval. A pesar de que permanece abierto durante gran parte del primer año de vida, las presiones iguales aseguran que no haya flujo detectable directamente entre las aurículas.

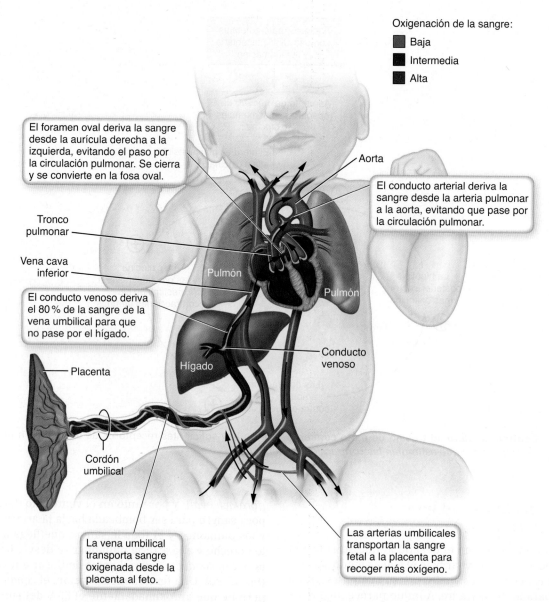

Oxigenación de la sangre:
Baja
Intermedia
Alta

El foramen oval deriva la sangre desde la aurícula derecha a la izquierda, evitando el paso por la circulación pulmonar. Se cierra y se convierte en la fosa oval.

Aorta

El conducto arterial deriva la sangre desde la arteria pulmonar a la aorta, evitando que pase por la circulación pulmonar.

Tronco pulmonar

Vena cava inferior

Pulmón

Pulmón

El conducto venoso deriva el 80 % de la sangre de la vena umbilical para que no pase por el hígado.

Conducto venoso

Hígado

Placenta

Cordón umbilical

La vena umbilical transporta sangre oxigenada desde la placenta al feto.

Las arterias umbilicales transportan la sangre fetal a la placenta para recoger más oxígeno.

Figura 17-20. Circulación fetal. Durante la vida fetal, vasos sanguíneos y orificios especializados derivan la sangre de los pulmones no funcionantes y hacia la placenta. *¿Qué vaso sanguíneo deriva la sangre fuera de la circulación pulmonar, el conducto arterial o el conducto venoso?*

En el recién nacido, la persistencia del flujo sanguíneo a través del tabique interauricular o del conducto arterial puede causar graves problemas de salud, como se comentó en el capítulo 11.

Todos los vasos fetales especializados (el conducto arterial, las arterias umbilicales y el conducto venoso) involucionan y se convierten en ligamentos en el primer año de vida.

Todos los demás sistemas del cuerpo entran en funcionamiento en poco tiempo, a medida que el recién nacido comienza a beber el calostro y produce orina y heces. Las primeras heces son una sustancia pegajosa llamada *meconio*. En el capítulo 18 comentamos la maduración de los sistemas de cuerpo.

17-37 ¿Durante qué etapa del trabajo de parto nace en realidad el bebé?

17-38 Verdadero o falso: el parto comienza porque aumenta el número de receptores de estrógenos en el útero.

17-39 Verdadero o falso: el corazón del feto comienza a latir sólo tras la primera respiración.

17-40 Cómo se llama el «agujero» de la pared auricular fetal.

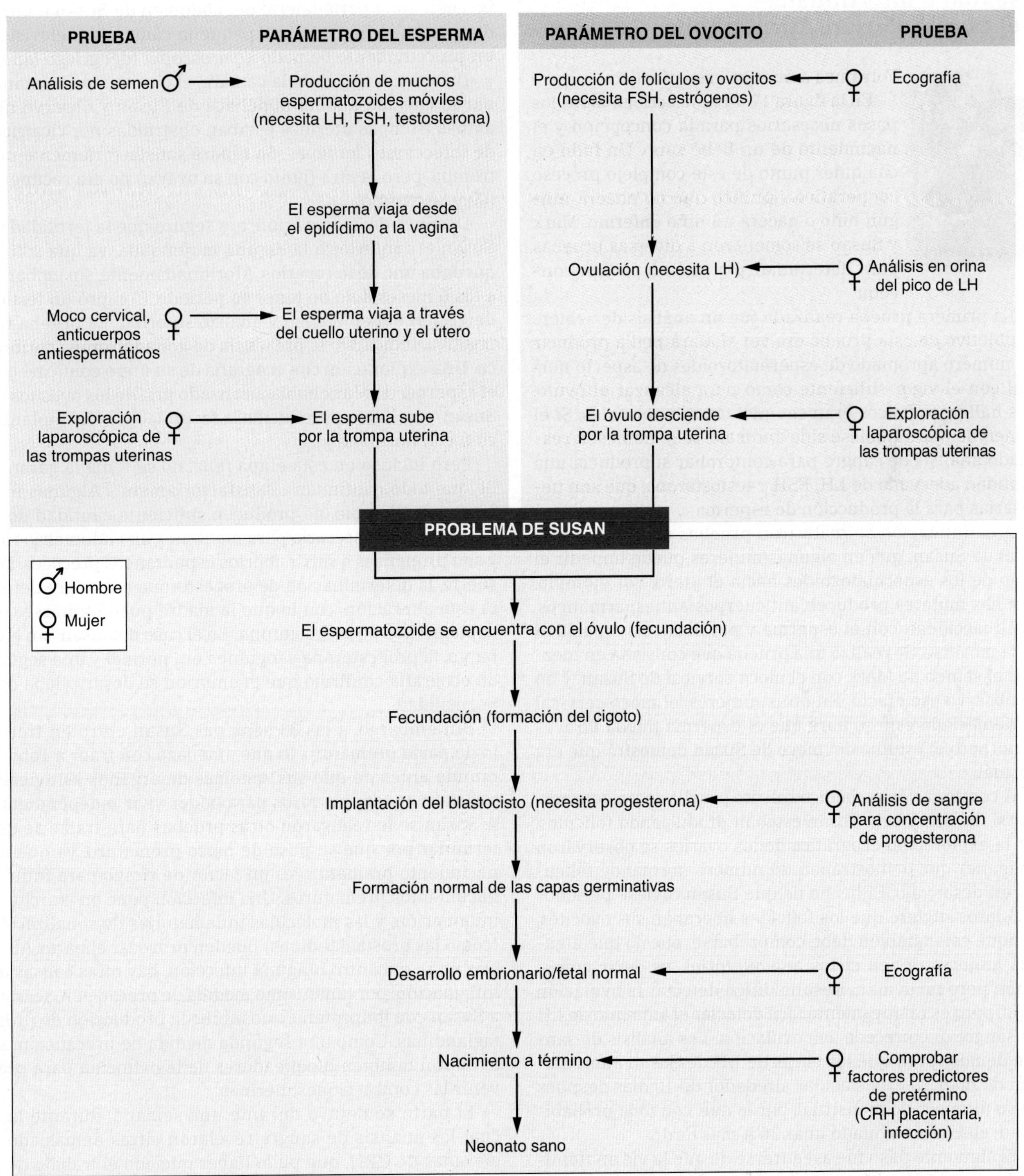

Figura 17-21. El caso de Susan, Mark y Toby. Las pruebas de laboratorio pusieron de relieve el problema en la fertilidad de Susan y Mark, y el éxito de la concepción de Tony. *¿Qué evaluó la exploración laparoscópica de las trompas uterinas?*

Estudio del caso

Enfermedades de transmisión sexual e infertilidad: el caso de Susan, Mark y Toby

Volvamos a nuestro caso práctico

En la figura 17-21 se describen todos los pasos necesarios para la concepción y el nacimiento de un bebé sano. Un fallo en cualquier punto de este complejo proceso cooperativo significa que no nacerá ningún niño o nacerá un niño enfermo. Mark y Susan se sometieron a diversas pruebas para determinar por qué no podían concebir.

La primera prueba realizada fue un análisis de semen. El objetivo de esta prueba era ver si Mark podía producir un número apropiado de espermatozoides de aspecto normal con el vigor suficiente como para alcanzar el óvulo. Los hallazgos físicos eran completamente normales. Si el semen de Mark hubiese sido anómalo, se le hubiesen realizado análisis de sangre para comprobar si producía una cantidad adecuada de LH, FSH y testosterona, que son necesarias para la producción de esperma.

A continuación se realizaron pruebas en el moco cervical de Susan, que en algunas mujeres puede impedir el paso de los espermatozoides hacia el útero. Por ejemplo, algunas mujeres producen anticuerpos antiespermáticos, que reaccionan con el esperma y paralizan su capacidad para moverse. Se realizó una prueba que consistía en mezclar el semen de Mark con el moco cervical de Susan, y no se observó ese efecto. En otras mujeres, el moco cervical es demasiado espeso para que el esperma pueda atravesarlo, pero el estudio del moco de Susan demostró que era normal.

A continuación el médico solicitó pruebas para determinar si los ovarios de Susan estaban produciendo folículos. En la exploración ecográfica de los ovarios se observaron imágenes que demostraban un número normal de folículos en desarrollo. El hecho de que Susan tuviese períodos regulares sugiere que los folículos liberaban sus ovocitos, aunque esto también debe comprobarse, puesto que algunas mujeres tienen ciclos anovulatorios, es decir menstrúan pero no ovulan. Resulta difícil detectar la ovulación en sí, pero es relativamente fácil detectar el aumento de LH en sangre que precede a la ovulación. Los análisis de sangre demostraron que las cifras de LH de Susan aumentaban de manera espectacular alrededor de 10 días después de su último ciclo menstrual, por lo que, con toda probabilidad, ella había ovulado unas 36 h más tarde.

El siguiente paso fue asegurarse de que la vía anatómica desde la vagina al ovario no estaba obstruida. La exploración pélvica de Susan sugirió que había un problema, ya que se encontró una masa en la región de su ovario izquierdo. Se inyectó a presión colorante visible en el cuello del útero para tomar las radiografías, y se observó el trayecto a través de la cavidad uterina y parte del trayecto por la trompa uterina derecha. La trompa izquierda no era visible.

En la siguiente fase, un cirujano realizó una pequeña incisión en la parte lateral del abdomen de Susan e introdujo un tubo fino con una pequeña cámara de televisión, un procedimiento llamado *laparoscopia* (del griego *lapara* = «flanco»). A través de la cámara, el cirujano pudo examinar la cavidad abdominopélvica de Susan y observó que ambas trompas uterinas estaban obstruidas por cicatrices de infecciones antiguas. Se reparó satisfactoriamente una trompa, pero la otra (junto con su ovario) no era recuperable y se extirpó.

Después de la operación, era seguro que la fertilidad de Susan era inferior a la de una mujer sana, ya que sólo le quedaba uno de los ovarios. Afortunadamente, sin embargo, a los 6 meses dejó de tener su período. Compró un test de detección del embarazo y analizó su orina. La prueba fue positiva, indicando la presencia de gonadotropina coriónica. Una exploración con ecografía de su útero confirmó que el esperma de Mark había alcanzado uno de los ovocitos de Susan, y se habían producido la fecundación y la implantación con normalidad.

Pero incluso en esta etapa feliz, no se tenía la garantía de que todo continuaría satisfactoriamente. Algunas mujeres, por ejemplo, no producen suficiente cantidad de la progesterona necesaria para mantener un endometrio rico y son propensas a sufrir abortos espontáneos precoces. Por suerte, la determinación de progesterona en sangre detecta esta alteración, con lo que la madre puede tratarse con suplementos de progesterona. En el caso de Susan, sin embargo, la progesterona sanguínea era normal y una segunda ecografía confirmó que el embrión se desarrollaba con normalidad.

Sin embargo, a las 33 semanas Susan entró en trabajo de parto prematuro, lo que amenazó con traer a Toby al mundo antes de que sus sistemas de órganos estuviesen suficientemente maduros para poder vivir independiente. A Susan se le realizaron otras pruebas para tratar de determinar por qué se puso de parto prematuro, ya que un nacimiento prematuro es un factor de riesgo para futuros nacimientos prematuros. Una infección pone en marcha la inflamación, y las moléculas inflamatorias de señalización (como las prostaglandinas) pueden provocar el parto. Aunque no se encontró ninguna infección, hay otras causas de inflamación; por tanto, como medida de precaución, se trató a Susan con ibuprofeno, que inhibe la producción de prostaglandinas. Como una segunda medida de precaución, se le dieron también bloqueadores de la oxitocina para prevenir las contracciones uterinas.

El parto se detuvo durante una semana, durante la cual los análisis de sangre revelaron cifras demasiado elevadas de CRH, que pudo haber iniciado el trabajo de parto prematuro. Otra medida de precaución fue administrar cortisona a Susan para intentar que los pulmones de Toby madurasen hacia la producción del surfactante pulmonar. El hecho de que Toby no presentase síndrome de dificultad respiratoria al nacer sugiere que esta táctica fue eficaz.

Apuntes sobre el caso

17-29 Explicar por qué Susan recibió inyecciones de cortisona, bloqueadores de la oxitocina e inhibidores de las prostaglandinas (antiinflamatorios).

17-30 En un intento de entender por qué Susan comenzó un parto prematuro, se analizó su líquido amniótico en busca de microorganismos infecciosos. ¿Por qué?

17-31 Se envió un fragmento de placenta de Susan a un laboratorio que investiga partos prematuros. Encontraron que su tejido placentario producía más CRH de lo normal para una placenta de 32 semanas. ¿Por qué fue importante este hallazgo?

Aborto y anticoncepción

Las definiciones médica y del público general del aborto varían considerablemente. La gente utiliza el término *aborto espontáneo* para describir la terminación involuntaria precoz del embarazo con la muerte del feto, y se reserva el término de *aborto provocado* para la terminación deliberada del embarazo. Sin embargo, los médicos definen como **aborto** cualquier interrupción del embarazo, incidental, accidental o intencional, con muerte del feto antes de 22 semanas completas de gestación o si el feto pesa menos de 500 g. *Aborto espontáneo* no es un término médico.

Un embarazo que termina entre las 22 y 38 semanas completas de gestación y con un neonato vivo se conoce como **parto prematuro.** Un embarazo que termina después de 22 semanas con la muerte del feto de forma espontánea en el útero o durante el parto se llama *nacimiento de feto muerto*.

Muchos abortos precoces pasan desapercibidos. Tal vez la mitad de todas las concepciones no terminan con la implantación. Incluso cuando se produce la implantación, quizás el 50 % o más de las mujeres aborta sin ni siquiera llegar a saber que estaban embarazadas, y el 15 % de los embarazos terminan en aborto espontáneo *conocido*. Alrededor de la mitad de los abortos espontáneos se deben a defectos genéticos mortales. Otras causas son el abuso del alcohol y de drogas o una infección materna que también infecta al feto (p. ej., rubéola). Las madres de mayor edad tienen más abortos espontáneos, y una mujer que ha tenido un aborto tiene un riesgo mayor de tener otro.

La anticoncepción pretende evitar el embarazo

Anticoncepción es cualquier método destinado a evitar la concepción o la implantación satisfactoria de un óvulo fecundado. Algunos métodos evitan la unión del espermatozoide y el óvulo, mientras que otros impiden la implantación después de la fecundación. Un método anticonceptivo eficaz precisa fiabilidad. Los métodos más fiables dependen

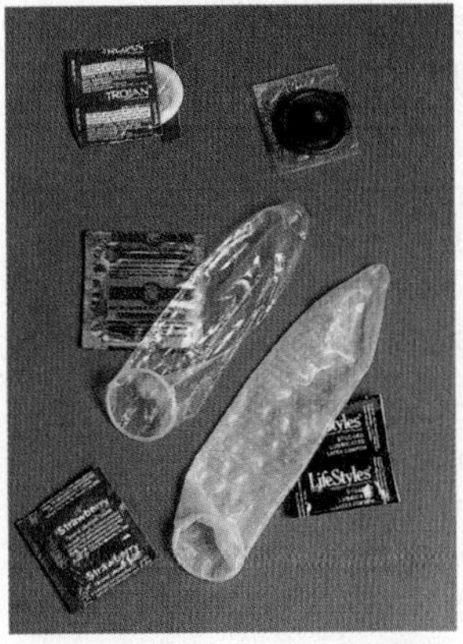

A Preservativos masculinos **B** Dispositivo intrauterino (DIU)

Figura 17-22. Anticoncepción. A) Los preservativos masculinos están fabricados en látex, poliuretano o materiales naturales. **B)** Los dispositivos intrauterinos (DIU) se implantan en el útero. *De los dos tipos de anticonceptivos que se muestran aquí, ¿cuál previene las enfermedades de transmisión sexual?*

poco de la conducta humana. Por supuesto, algunos métodos son mejores que otros, pero sólo uno es eficaz al 100 %: evitar las relaciones sexuales.

Puesto que hemos definido con precisión la anticoncepción como la prevención de la fecundación o de la implantación, un método considerado con frecuencia como anticonceptivo no está incluido en la lista siguiente. La *mifepristona (RU-486)* es un fármaco que produce un aborto químico muy precoz. Bloquea la capacidad de progesterona para mantener un endometrio secretor y contrarresta el efecto relajante de la progesterona sobre el músculo liso del útero. Cuando se administra junto a una pequeña cantidad de prostaglandina, la mifepristona hace que el endometrio comience a degenerar en 12 h. A continuación se producen contracciones uterinas que expulsan los productos de la concepción. La mifepristona está aprobada para su uso sólo bajo la supervisión de un médico y únicamente en las primeras 7 semanas de embarazo.

Algunas medidas anticonceptivas evitan la fecundación

Los métodos para evitar la fecundación pueden ser un esfuerzo cooperativo entre los miembros de la pareja o pueden interferir de otra forma con la producción o el trayecto de los espermatozoides o los óvulos.

Entre los métodos *conductuales* se incluyen:

- El *coito interrumpido (coitus interruptus)*, retirar el pene de la vagina unos instantes antes de la eyaculación, es muy contrario a los impulsos viscerales y reflejos que participan como para ser un método anticonceptivo fiable. Por otra parte, algunos espermatozoides pueden entrar en la vagina antes de eyacular.
- El *método del ritmo*, la abstinencia durante los días inmediatamente antes y después de la ovulación, puede ser

algo eficaz, pero requiere controlar de alguna manera la ovulacióm, y determinar con precisión la fecha en que se produce es muy difícil.

Aún no existe un método aprobado que interfiera con la producción de espermatozoides, pero la investigación es prometedora. Los métodos que interfieren con el trayecto de los espermatozoides son los siguientes:

- *Fármacos espermicidas* (esponjas saturadas con fármacos, geles, cremas, etc.) que pueden introducirse en la vagina antes del coito y matan a los espermatozoides antes de que puedan llegar al óvulo.
- *Preservativos masculinos,* ampliamente utilizados y eficaces en la reducción de las enfermedades de transmisión sexual, especialmente cuando se combinan con espermicidas. Sin embargo, algunos hombres se niegan a utilizarlos, ya que reducen la sensibilidad y, por tanto, el placer sexual (fig. 17-22 A). Se dispone de condones femeninos desde 1993, pero su uso no está muy extendido.
- La *vasectomía* consiste en cortar una sección de los conductos deferentes y ligar los extremos para bloquear el paso de los espermatozoides hacia la parte distal del sistema ductal. Es muy eficaz, especialmente si en el análisis del semen de unas pocas semanas después de la cirugía se demuestra que no hay espermatozoides. Sin cirugía adicional que vuelva a unir los extremos, la vasectomía es permanente. Contrariamente a las malas informaciones, la vasectomía no interfiere con el placer del orgasmo, la capacidad de tener una erección ni la producción de hormonas masculinas.
- El *diafragma intravaginal* o *capuchón cervical* bloquea la entrada de esperma por el canal cervical. Estos dispositivos suelen utilizarse en combinación con espermicidas.

Los métodos que interfieren con la producción de óvulos son los más utilizados y eficaces en los países desarrollados:

- *«La píldora».* Las pastillas orales que contienen una mezcla de progesterona y estrógenos son muy eficaces y, cuando se usan de manera sistemática, tienen una tasa de fracasos inferior al 1%. Tomadas en ciclos de 28 comprimidos, los primeros 21 contienen el principio activo y los últimos 7 solamente excipientes. El estado de equilibrio de las hormonas en sangre inhibe la producción de Gn-RH, LH, FSH por retroalimentación negativa. Cesan el desarrollo folicular y la ovulación, y no se desarrolla endometrio secretor, por lo que flujo menstrual es mínimo.
- *Otros métodos hormonales.* También puede conseguirse un estado de equilibrio de progesterona sanguínea elevada mediante un parche, un implante subcutáneo, una inyección trimestral o la introducción de un anillo con el fármaco en la vagina.

El único método que interfiere con el *trayecto* de los óvulos es la *ligadura de trompas,* un procedimiento similar a la vasectomía: se extirpa una parte de cada trompa uterina con el fin de impedir el encuentro del óvulo y el espermatozoide. Al igual que la vasectomía, este método es muy eficaz y en gran medida irreversible, en especial si las pruebas de imagen realizadas después de la cirugía muestran que el canal está cerrado.

Algunas medidas anticonceptivas evitan la implantación

En lugar de interferir con la producción de gametos o de su recorrido, algunos métodos tienen como objetivo interferir con la implantación:

- *Dispositivos intrauterinos (DIU).* Los DIU impiden la implantación de un óvulo fecundado (fig. 17-22 B). Son espirales de metal o de plástico, o dispositivos similares, saturados con progesterona, que se introducen en la cavidad endometrial. Su uso está muy extendido, sobre todo en los países en desarrollo, porque son baratos y eficaces. Sin embargo, son menos populares en los países desarrollados debido a que su tasa de fracasos, aunque baja, es mayor que la de la píldora, y algunas veces se asocian con períodos menstruales dolorosos, perforación uterina o infecciones.
- «Píldora del día después». Contiene estrógeno y progesterona en concentraciones superiores a las de «la píldora» y está diseñada para tomarla en los 3 días posteriores al coito sin protección. Ejerce su acción mediante la codificación natural de las señales hormonales de una forma que impide la implantación de un óvulo fecundado.

17-41 ¿Cuál es la diferencia entre un aborto espontáneo y el nacimiento de un feto muerto?

17-42 ¿Interfiere la vasectomía con la producción o con el desplazamiento del esperma?

17-43 Compare la mifepristona y la píldora del día después en términos de acción del fármaco y momento de uso.

Etimología

Raíces latinas/griegas	Equivalentes en español	Ejemplos
blast-, -blasto, blasto-	Célula formadora	Blastocisto: saco lleno de líquido que es la estructura que forma el embrión
cori-, corio-	Corion (membrana fetal externa)	Tirotropina coriónica humana: una hormona producida por el corion
quist-, cist-	Saco que contiene líquido	Blastocisto: saco lleno de líquido que es la estructura que forma el embrión
endo-	Interno	Endometrio: revestimiento interno del útero
-génesis, -genia	Desarrollo, producción	Espermatogenia: producción de esperma
lact-, lacti-, lacto-	Leche	Conducto galactóforo: conducto que transporta la leche
mam-, mamo-	Mama	Somatomamotropina coriónica humana: hormona coriónica que estimula el crecimiento de las mamas
metr-. metro-	Útero	Miometrio: capa muscular (mio-) del útero
oo, ov/o, ovul/o	Huevo, ovocito	Oocito: célula de la que se origina un óvulo
trof-, trofo	Nutrición	Trofoblastos: células que nutren a las células formadoras (la masa celular interna)

Cuestionario del capítulo

REVISIÓN DEL CAPÍTULO

1. El músculo cremáster se encuentra en
a. el escroto y el cordón espermático.
b. el útero.
c. la pared de la trompa.
d. la vejiga.

2. El esperma es producido por
a. las vesículas seminales.
b. la glándula prostática.
c. los túbulos seminíferos.
d. el epidídimo.

3. ¿Cuál de las siguientes células se divide por mitosis?
a. Espermatogonias.
b. Espermatocitos primarios.
c. Espermátides.
d. Ninguna de las anteriores.

4. De anterior a posterior, los orificios perineales de la mujer son
a. ano, uretra, vagina.
b. vagina, uretra, ano.
c. uretra, vagina, ano.
d. uretra, ano, vagina.

5. La lutropina estimula
a. la liberación de testosterona.
b. la ovulación.
c. la liberación de progesterona.
d. todo lo anterior.

6. ¿Cuál de los siguientes *no* es parte del útero?
a. Orificio cervical.
b. Introito.
c. Miometrio.
d. Endometrio.

7. ¿Qué capa del útero se pierde cada mes cuando una mujer menstrúa?
a. El miometrio.
b. Todo el endometrio.
c. El estrato funcional.
d. El estrato basal.

8. El cuerpo polar primario es una célula hija
a. del ovocito primario.
b. del ovocito secundario.
c. del óvulo.
d. de la ovogonia.

9. Un folículo primario contiene
a. un ovocito secundario.
b. un antro de gran tamaño.
c. un ovogonio.
d. células foliculares.

10. La progesterona es producida
a. por el folículo.
b. durante la fase preovulatoria.
c. por el cuerpo lúteo.
d. por todo lo anterior.

11. El pico de LH durante el ciclo reproductor estimula
a. la reanudación de la meiosis II.
b. el aumento de la producción de estrógenos por el folículo.
c. la rotura de la pared del ovario.
d. todo lo anterior.

12. ¿Qué etapa de la respuesta sexual se produce en los hombres, pero en las mujeres por lo general no?
a. Excitación.
b. Orgasmo.
c. Meseta.
d. Período refractario.

13. La leche materna
a. no se produce hasta varios días después del parto.
b. se expulsa por una sola abertura en el centro del pezón.
c. se expulsa tan pronto como las glándulas mamarias la producen.
d. es mucho menos grasa que el calostro.

14. La capacitación tiene lugar
a. en el epidídimo.
b. antes de que los espermatozoides entren en contacto con el óvulo.
c. después de que el espermatozoide penetre en la zona radiada.
d. después de que se fusionen los núcleos del espermatozoide y del óvulo.

15. ¿Cuál de las siguientes es una célula única que puede convertirse en un organismo completo?
a. Trofoblasto.
b. Blastocisto.
c. Blastómero.
d. a y c.

16. Las células del trofoblasto se diferencian para formar
a. el corion.
b. el amnios.
c. la decidua.
d. todo lo anterior.

17. La membrana fetal que contribuye a la placenta es
a. la membrana del saco vitelino.
b. la decidua.
c. el amnios.
d. el corion.

18. Un fármaco que inhibe la acción de la oxitocina impediría
a. la síntesis de leche.
b. el inicio del parto.
c. el desarrollo del cuerpo lúteo.
d. todo lo anterior.

19. El embarazo se confirma habitualmente determinando la concentración en orina de
a. gonadotropina coriónica humana.
b. tirotropina coriónica humana.
c. progesterona y estrógeno.
d. relaxina.

20. ¿Cuál de los siguientes métodos anticonceptivos tiene la mayor tasa de fracasos?
a. Coito interrumpido.
b. Preservativos.
c. Píldoras anticonceptivas.
d. Diafragma.

COMPRENSIÓN DE CONCEPTOS

21. Explique de qué forma un pequeño folículo produce pequeñas cantidades de estrógenos, y un cuerpo lúteo de gran tamaño produce grandes cantidades de estrógenos y progesterona.

22. Compare lo siguiente:
a. Píldora anticonceptiva y píldora del día después.
b. Vesiculasa y antígeno específico de la prostáta.
c. Amnios y corion.

23. **La mayoría de los procesos corporales están controlados por retroalimentación negativa, pero muchos procesos reproductores femeninos están controlados por retroalimentación positiva. Indique y describa brevemente tres circuitos de retroalimentación positiva que participen en la reproducción femenina.**

APLICACIÓN

24. **En algunas ocasiones, hombres que no pueden eyacular pero producen espermatozoides viables desean tener hijos. En este caso se utiliza una aguja muy fina para aspirar los espermatozoides. ¿No sería mejor extraer los gametos del epidídimo o del propio testículo?**

25. **La Sra. W. ha tenido cuatro abortos espontáneos en 3 años. Los análisis de sangre mostraron un déficit de progesterona. ¿Podría este déficit ser la causa de los abortos de la Sra. W.?**

Puede encontrar las respuestas a estas preguntas en el apartado de recursos para estudiantes en: **http://thepoint.lww.com/espanol-McConnellandHull**

18

La vida

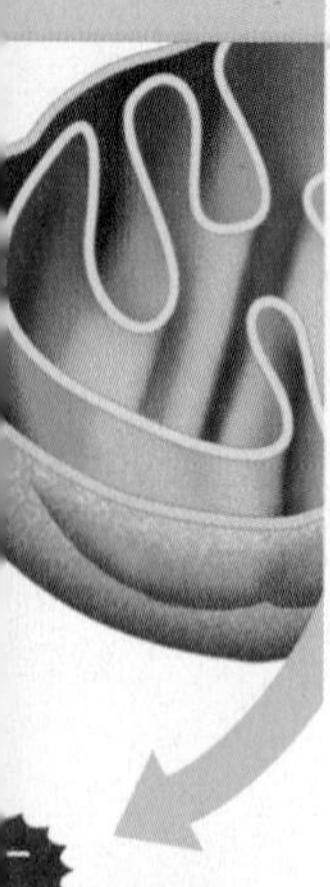

Temas principales

- De una u otra manera, todos los sistemas orgánicos dependen de los otros.
- No todos los sistemas orgánicos están maduros al nacer; algunos no maduran completamente hasta cerca de los 30 años de edad.
- Envejecemos célula a célula.
- El declive de la función de los diferentes sistemas del organismo es paralelo a la edad.
- El estrés puede tener efectos positivos o negativos sobre las funciones del cuerpo.
- El ejercicio es necesario para una buena salud.

Objetivos del capítulo

Genética, herencia y vida 715

1. Usar cuadros de Punnett y árboles genealógicos para hacer mapas de trastornos monogénicos de herencia autosómica y ligados al sexo.
2. Utilizar la obesidad para explicar de qué forma la mayoría de los rasgos están determinados por el ambiente y por la interacción de múltiples genes.

Etapas de la vida 719

3. Explicar la maduración de los diferentes sistemas orgánicos y saber de qué forma afectan a los problemas de salud de los lactantes, niños, adolescentes y adultos jóvenes.

Envejecimiento y declive de las funciones corporales 722

4. Explicar el papel de la longitud de los telómeros, los radicales libres de oxígeno, las toxinas ambientales y la apoptosis en el envejecimiento celular.
5. Comparar la forma y la función de los diferentes sistemas corporales entre los adultos jóvenes y mayores.

Estrés 729

6. Definir «estrés» y «estresante».
7. Describir las tres fases de la respuesta al estrés.
8. Comparar los efectos del cortisol y del sistema nervioso simpático en la respuesta al estrés.

9. Enumerar algunas enfermedades y trastornos relacionados con el estrés que afectan a los diferentes sistemas del cuerpo.

Ejercicio 732

10. Describir los pasos necesarios que llevan una molécula de oxígeno desde la atmósfera a las células y su utilización para generar ATP.

11. Explicar de qué modo los diferentes tipos de entrenamiento físico mejoran el funcionamiento de los sistemas del cuerpo.

Vida y muerte 735

12. Conocer los factores que aceleran y retrasan el envejecimiento.

Caso práctico: «Ella pensó que era una avispa». Varias generaciones de una familia van de excursión

Mientras lee el siguiente caso práctico, haga una lista de los términos y conceptos que debe aprender para comprender el caso. Tenga en cuenta que, a diferencia de otros capítulos, en éste no se comenta el caso por separado. En su lugar, se hace a lo largo de la narración.

Para celebrar su 71 cumpleaños, Tom invitó a sus hijos y a sus nietos a unas vacaciones en familia en la casa de la montaña de un amigo. Después de una comida al aire libre, decidió llevar a su nieta Kate, de 7 años, y a su madre, Lea, de 38 años, de paseo hasta un prado cercano para ver las flores silvestres.

«No habrá avispas, mamá?», preguntó Kate.

«No», dijo Lea, «las avispas no viven a estas altitudes en las montañas». Lea explicó a su padre: «a Kate le picó una avispa la semana pasada».

A medida que el sendero iba ascendiendo, Kate corría por delante, mientras Tom y Lea se quedaban atrás. De pronto a Tom comenzó a faltarle el aliento y su respiración se hizo profunda y rápida. Dijo a Lea: «Vamos a descansar un poco. Hace tiempo podría haber hecho esto todo el día, pero ya no puedo».

Lea llamó a Kate, que volvía jugueteando con una sonrisa y sin indicios de dificultades respiratorias. «Mírala, papá. Ni siquiera sabe que estamos a 3 000 metros», dijo Lea. «Yo creía que estaba en forma pero, a esta altura, también me falta un poco de aliento.»

Después de un rápido trago de agua, Kate comenzó a tirar de Lea hacia la pradera. Pronto habían desaparecido por la siguiente colina, dejando a Tom detrás, que tuvo que pararse muchas veces para tomar aliento. A pesar de un que realizaba un régimen regular de ejercicios con pesas, le costaba subir la montaña.

Al llegar a la pradera, Lea disfrutaba de la vista mientras Kate recogía algunas flores. La escena plácida fue rota por un grito salvaje de Kate que comenzó a agarrarse el pelo y gritar algo sobre una avispa. Lea corrió al lado de Kate y de inmediato vio una mariposa pequeña enredada en el pelo largo y rizado de Kate. Mientras intentaba liberar a su hija del insecto, intentaba explicarle que no era más que una mariposa, pero Kate, sin soltar el ramo de flores rojas silvestres, estaba gritando y retorciéndose tan frenéticamente que a su madre le costó unos instantes conseguirlo. Al final la mariposa se alejó y Lea cogió a Kate en brazos y la consoló.

Mientras tanto, Tom había oído los gritos y corrió. Se encontró rápidamente al límite pero, por temor a que algo terrible hubiese podido suceder a Kate, se esforzó hasta que finalmente llegó a la cima.

«Está bien, papá», le dijo Lea. «Pobrecita, se le había enredado una mariposa en el pelo y creyó que era una avispa. Estaba tan asustada que le oía latir el corazón, como si fuese a salírsele del pecho, y respiraba más fuerte que tú ahora.»

Tom, a quien todavía le faltaba el aire, sólo podía mover la cabeza para indicar que entendía. Después de descansar 1 min fue capaz de decir algunas palabras de consuelo a Kate, que estaba más tranquila y también respiraba mejor.

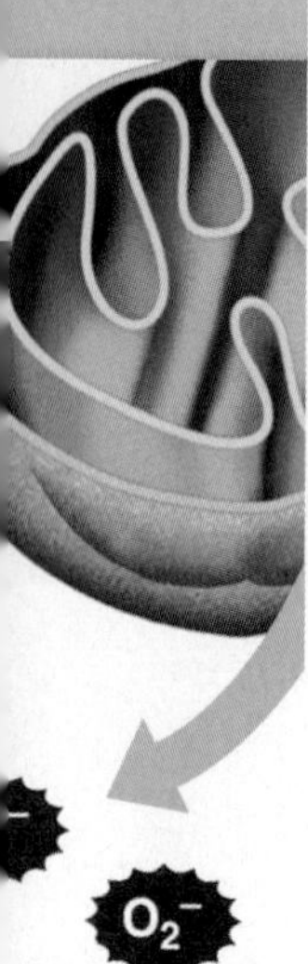

Conocimientos necesarios

El capítulo 18 integra información de numerosos capítulos. No obstante, los siguientes temas son los más relevantes:

- Disposición de los electrones alrededor del núcleo del átomo (cap. 2)
- ADN, genes y mutaciones genéticas (cap. 3)
- Cómo generan ATP los músculos; factores determinantes de la fatiga muscular (cap. 7)
- Sistema nervioso simpático (cap. 8)
- Factores determinantes del gasto cardíaco y de la presión arterial (cap. 11)
- Volumen corriente, músculos respiratorios (cap. 13)
- Glándula suprarrenal, acción del cortisol, regulación de la secreción de cortisol, acción de la insulina (cap. 15)
- Pubertad (cap. 17)

Tratando de distraer a Kate, Tom inició un juego que solía jugar con ella, que estaba basado en el hecho de que él tenía ceguera para los colores rojo-verde. «¿De qué color son tus flores, Kate? ¿Son amarillas?»

Kate, inmensamente satisfecha porque podía burlar a su abuelo en esta sencilla tarea, inmediatamente se alegró y dijo: «¡No, abuelo, son rojas! Qué tonto eres».

¿Recuerda nuestra visión general de la anatomía y la fisiología del capítulo 1? Pensábamos en nosotros mismos como si estuviésemos observándonos desde un avión a 30 000 m de altura. A continuación, en nuestro estudio de la química del capítulo 2, cogimos una lupa para estudiar los átomos y las moléculas, los elementos que forman toda la materia, toda la vida. En los capítulos siguientes nos fuimos de excursión por las colinas y valles de la anatomía y la fisiología, explorando las células, los tejidos y los diferentes sistemas que componen el cuerpo. Dicho de otra manera, hemos estado explorando los árboles, no el bosque. Sin embargo, si hay algo donde de verdad la observación del todo puede ser «mayor que la suma de sus partes», entonces la vida misma debe ser seguramente una de esas cosas.

Entonces, ¿qué es la vida? En el primer párrafo del capítulo 1 la definimos diciendo «cuando la forma y la función se combinan para producir actividad biológica, lo llamamos *vida*». Pero en retrospectiva, es difícil conformarse con una definición tan estéril como «actividad biológica». No es verosímil, ¿verdad? Somos expertos en la vida: después de todo, la vivimos, y sabemos que hay más. ¿Qué es?

Es una pregunta difícil. Las respuestas pueden variar de irreverentes a clínicas o a trascendentales. Nuestras páginas son limitadas, por lo que estamos obligados a ser breves y centrarnos en la suma de la forma y la función humanas. Y al hacerlo, con este capítulo esperamos dar una muestra de vida de la forma en que se vive: cómo nuestros sistemas, integrados en un todo mayor, trabajan juntos en el transcurso del tiempo.

Age is an issue of mind over matter. If you don't mind, it doesn't matter

Nota del traductor: Juego de palabras intraducible: *En cuestiones de edad, la mente domina a la materia. Si no tú no les das importancia a cumplir años, no tiene ninguna.*

Mark Twain, humorista, escritor y profesor norteamericano (1835-1910)

Genética, herencia y vida

Cada uno de nosotros es la suma de dos factores: regalos genéticos de nuestros padres e influencias del ambiente que comienzan en el útero. Aquí nos centraremos en la genética.

Un **genoma** es el conjunto de los genes comunes a una sola especie. El genoma humano está compuesto de miles de genes dispuestos en 23 pares de cromosomas (fig. 18-1). Recuerde del capítulo anterior que uno de estos pares son los **cromosomas sexuales:** en las *mujeres* este par está formado por dos cromosomas X y en los hombres por un cromosoma sexual X y un cromosoma sexual Y, que es muy diferente del X. Todos los demás cromosomas son **autosomas,** es decir, cromosomas no sexuales. Hay 22 pares de autosomas, cada uno formado por dos cromosomas homólogos, uno de cada progenitor. Los homólogos que forman cada autosoma contienen, por supuesto, los mismos genes, es decir, los genes que controlan el mismo rasgo.

Recuerde que cada gen codifica una proteína en particular, y que cada proteína contribuye a una o más características o *rasgos*. Un **rasgo** es una cualidad, como el color del pelo o la estatura, que depende de la expresión de uno o más genes. Varias enfermedades, entre ellas la mucoviscidosis (fibrosis quística), la enfermedad de Huntington y formas raras de obesidad, están controladas por un solo gen y se describen como **monogénicas.** Sin embargo, muchos de nuestros rasgos, el aspecto facial, por ejemplo, son el resultado de la influencia de múltiples genes y se dice que son **poligénicos.** La observación de un familiar de una madre a su una niña recién nacida, «se parece a ti», muestra que, en la profundidad de nuestras células, múltiples genes producen un efecto compuesto.

Cuando los genes son normales, su efecto se desvanece en la fisiología de la vida cotidiana. Pero cuando un gen o una combinación de genes es anómalo, puede aparecer la enfermedad. El hecho de que algunas enfermedades genéticas, como la mucoviscidosis (cap. 3), se hereden de una manera predecible es una prueba del importante efecto específico que los genes pueden ejercer sobre nuestra salud y funcionamiento. Por otro lado, la diabetes de tipo 2 se ve favorecida, pero no estrictamente producida, por una combinación de numerosos genes, la mayoría de ellos aún por descubrir.

Los rasgos genéticos están controlados por pares de genes

Hemos destacado que los cromosomas homólogos contienen genes homólogos, uno del padre y otro de la madre, cada uno dedicado al mismo rasgo. Los genetistas utilizan el término **alelo** para identificar una versión de un gen, ya que se produce en un cromosoma del par. El término es útil porque el ADN de un alelo puede «leerse» de forma ligeramente diferente al ADN de otro alelo del mismo gen. De nuevo, con la excepción de los genes de los cromosomas sexuales, podemos tener dos alelos diferentes para cada gen, uno en cada cromosoma homólogo.

Para apreciar de qué forma el conjunto único de genes (o **genotipo**) de cada persona afecta a sus características físicas y moleculares (o **fenotipo**), es necesario entender que algunos alelos son dominantes y otros son recesivos. Un alelo **dominante** (indicado en letra cursiva mayúscula, como por ejemplo *C*) es uno que se manifiesta como un rasgo aun cuando esté presente un alelo recesivo. Es decir, el alelo dominante tiene la suficiente fuerza de expresión como

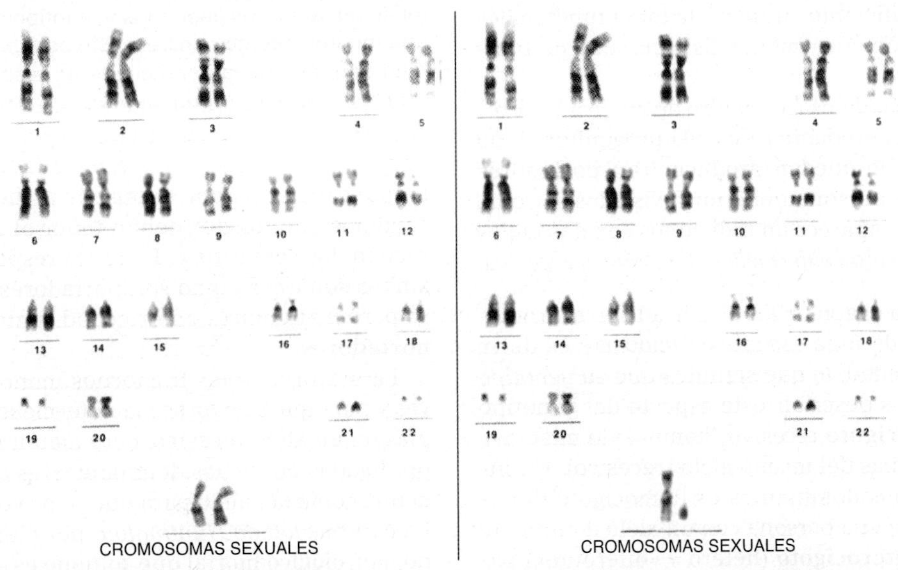

A Cariotipo normal de la mujer **B Cariotipo normal del hombre**

Figura 18-1. Cariotipo humano. Esta fotografía muestra los cromosomas de una mujer (izquierda) y de un hombre (derecha). *¿Qué sexo, el masculino o el femenino, tiene un cromosoma sexual largo y otro corto?*

para contrarrestar el efecto de la otra versión diferente del mismo gen en el otro cromosoma del par. Un alelo **recesivo** (se indica en letra cursiva en minúscula) es el que no se expresa como rasgo cuando está presente un alelo dominante, es decir, su efecto (expresión) es débil. Por ejemplo, si la combinación de alelos es *CC* o *Cc*, el carácter será lo que *C* dice que será. El rasgo *c* (recesivo) sólo se expresará cuando la combinación sea *cc*.

Como ejemplo, vamos a volver a Julia, la niña con mucoviscidosis de nuestro caso práctico del capítulo 3. La mucoviscidosis se produce como resultado de un defecto en el gen *CFTR*, que codifica un canal iónico de cloro. Es un error común creer que este gen y la proteína que codifica sólo están presentes en personas con mucoviscidosis. De hecho, todo el mundo tiene el gen *CFTR*, a pesar de que pocas personas tienen fibrosis quística. La razón es ésta: el gen se descubrió inicialmente en un paciente con mucoviscidosis, por lo que recibió el nombre de la enfermedad. Existen diferentes alelos o versiones de este gen. Un alelo *(C)* es dominante y codifica un transportador funcionalmente *normal*. Un alelo diferente *(c)* es recesivo y es *anómalo:* codifica un transportador que no está correctamente dirigido a la membrana celular y por tanto es disfuncional.

Cada persona tiene dos alelos del gen *CFTR*, uno de cada progenitor. Hay tres posibles combinaciones de estos dos alelos, como se muestra en la figura 18-2 A:

- Dos alelos normales (*CC*, cuadro de arriba a la izquierda): el individuo hereda un *C* de cada progenitor. Esta persona produce transportadores normales y no presenta mucoviscidosis.
- Un alelo normal y un alelo disfuncional (*Cc*, cuadros de arriba a la derecha y de abajo a la izquierda): a pesar de que el individuo hereda un alelo disfuncional *(c)*, éste es recesivo; el *C* dominante permite a las células del individuo producir suficientes transportadores funcionales para que funcionen eficazmente. Esta persona no tiene mucoviscidosis.
- Dos alelos disfuncionales (*cc*, cuadro de abajo a la derecha): el individuo hereda un *c* de cada progenitor. Dado que las células sólo pueden producir transportadores disfuncionales, la persona tiene mucoviscidosis. Como este trastorno sólo aparece en individuos con dos alelos recesivos, se denomina *enfermedad autosómica recesiva*.

Sabemos que para el gen *CFTR* (localizado en el cromosoma 7), el *fenotipo* de Julia es «mucoviscidosis», es decir, que tiene la enfermedad, lo que significa que su *genotipo* debe ser *cc*. Podemos describir este aspecto del genotipo de Julia como **homocigoto** recesivo (homo = «lo mismo»), porque tiene dos copias del mismo alelo (recesivo). Un individuo con dos alelos dominantes es homocigoto dominante para ese rasgo; una persona con un alelo dominante y uno recesivo es **heterocigoto** (hetero = «diferente») para ese rasgo.

Con un poco más de razonamiento podemos incluso predecir el genotipo del gen *CFTR* de los padres de Julia. Sabemos que ninguno de ellos tiene mucoviscidosis, por

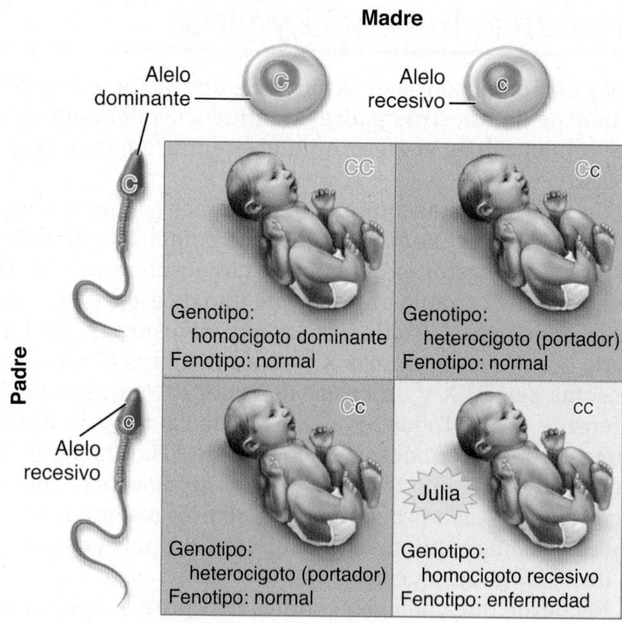

A Cuadro de Punnet

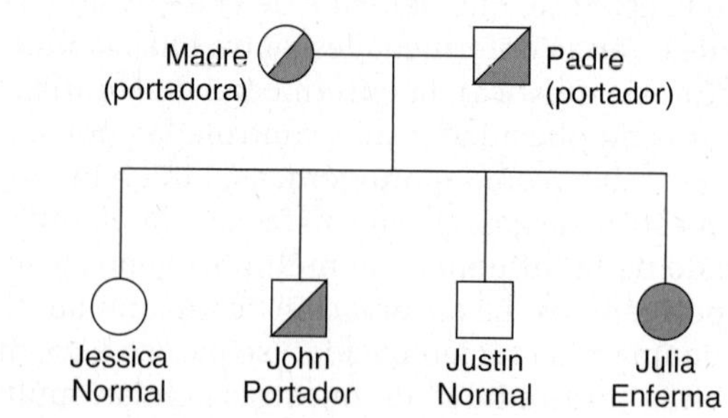

B Análisis de árbol genealógico

Figura 18-2. Análisis genético. A) Los cuadros de Punnett muestran todos los genotipos y fenotipos posibles resultado de un emparejamiento concreto. **B)** Los árboles genealógicos forman un mapa de la herencia de un rasgo genético particular. *¿Qué niño es homocigoto dominante masculino, John o Justin?*

lo que cada uno debe tener por lo menos un *C*. También sabemos que los dos deben tener el alelo *c*, ya que Julia recibió dos copias de *c*. La única respuesta posible es que ambos son *Cc*. Y como son portadores del alelo defectuoso pero no tienen la enfermedad, ambos progenitores son **portadores**.

La mayoría de los trastornos monogénicos son recesivos y para que se exprese la enfermedad requieren dos copias de un alelo recesivo, pero algunas enfermedades son producidas por alelos dominantes; es decir, sólo se necesita una copia del alelo para que se produzca la enfermedad. La *enfermedad de Huntington*, por ejemplo, es un trastorno neurológico mortal que, aunque es genético, no aparece hasta la edad adulta. El alelo de la enfermedad *(H)* es dominante, por lo que sólo los individuos homocigotos recesivos *(hh)* no presentan la enfermedad, y aquellos con *HH* o *Hh* sí la padecen.

Hay muchas formas de ilustrar los patrones de herencia

Los *cuadros de Punnett* (fig. 18-2 A) son una forma útil de representar la probabilidad de aparición de los diferentes fenotipos en la descendencia. Se basan en el principio simple de que cada progenitor contribuye con un alelo y que los alelos se combinan al azar. Por convención, los alelos paternos (de los espermatozoides) se colocan verticalmente y los alelos maternos (de los óvulos) en horizontal, con las posibles combinaciones en cuadros. Una de las cuatro posibles combinaciones de este ejemplo da lugar a un niño con mucoviscidosis, por lo que la probabilidad de que dos portadores tengan un hijo afectado es uno de cada cuatro (un 25 %). Cuando los progenitores portadores tienen un hijo, siempre hay un 50 % de probabilidad de que sea portador *(Cc)* y un 25 % de probabilidad de que sea genéticamente normal *(CC)*. Sin embargo, hay que tener en cuenta que estas previsiones son de un valor predictivo limitado, porque las probabilidades se acercan a la norma sólo en muestras de gran tamaño (p. ej., 100). En la familia de Julia, por ejemplo, las pruebas genéticas mostraron que dos de sus hermanos eran homocigóticos dominantes *(CC)* y sólo uno era portador *(Cc)*.

Los médicos con frecuencia construyen *árboles genealógicos* para estudiar la herencia de una enfermedad genética. Un **árbol genealógico** es una tabla de las generaciones derivadas originalmente de un único par de progenitores que muestra el genotipo y el fenotipo de cada individuo. Como se muestra en la figura 18-2 B, las líneas marcan las relaciones entre los individuos y los símbolos indican el sexo y el genotipo de cada uno. Julia (y todas las mujeres de su familia) están representadas por círculos, y su padre y otros familiares del sexo masculino con cuadrados. El círculo de Julia es de color negro porque tiene el trastorno en cuestión. Los símbolos de sus padres y un hermano sólo tienen la mitad de color negro, porque son heterocigotos y portadores del rasgo. Los dos hermanos sin el alelo de la enfermedad se indican con símbolos blancos.

¡Recuerde! **Los heterocigotos para los rasgos recesivos son portadores, pero no muestran el rasgo. Los heterocigotos para rasgos dominantes muestran el rasgo.**

Algunos defectos monogénicos están vinculados a los cromosomas sexuales

La mucoviscidosis de Julia apareció debido a una mutación genética de un gen del cromosoma 7, un autosoma. La mayoría de los trastornos genéticos están causados por genes localizados en autosomas; sin embargo, algunos surgen debido a defectos en los cromosomas sexuales y se conocen como **rasgos ligados al sexo**. Casi todos estos trastornos implican al cromosoma X. Esto se debe a que el cromosoma Y contiene pocos genes vitales para la vida; después de todo, la mitad de la población, las mujeres, no tiene un cromosoma Y, por lo que tener genes esenciales en el Y no acumula valor evolutivo de supervivencia. Los pocos genes que hay en el cromosoma Y están relacionados con el desarrollo testicular, y los defectos relacionados con estos genes pueden producir infertilidad masculina.

Volviendo a nuestro caso práctico, el daltonismo rojo-verde de Tom está causado por un gen defectuoso en el cromosoma X. Se hereda de una forma algo diferente a la mucoviscidosis de Julia, como puede verse mediante el estudio del árbol genealógico de la figura 18-3 A. Este árbol genealógico traza la herencia de la ceguera al color a través de tres generaciones de la familia de Tom. Obsérvese que las mujeres son portadoras del rasgo (círculos con la mitad negra) o normales (círculos blancos). En las mujeres, el daltonismo se comporta como un trastorno autosómico recesivo; son portadoras heterocigotas del rasgo. Los hombres, por el contrario, son ciegos al color (cuadrados de color negro) o normales (cuadrados blancos), pero *nunca* portadores.

Los hombres sólo tienen un cromosoma X, por lo que sólo se necesita una copia del alelo anómalo para que la enfermedad se manifieste; no hay un segundo cromosoma X que compense el defecto con su alelo normal. Como era de esperar, la ceguera para los colores rojo y verde (daltonismo) es más común en los hombres, y afecta hasta al 10 % de la población masculina (frustrando el sentido de la moda de muchas parejas femeninas). La única manera en que una mujer puede tener ceguera al rojo-verde es heredar el alelo defectuoso de su madre y de su padre.

Los rasgos relacionados con el sexo también pueden analizarse con los cuadros de Punnett (fig. 18-3 B), pero tendrá que proporcionarse la identidad de los cromosomas sexuales (X o Y), así como la variante alélica. Por esta razón, la nomenclatura de los rasgos ligados al sexo indica el cromosoma sexual. En nuestro ejemplo, abreviamos el alelo dominante como X^R y el alelo recesivo (que causa la ceguera al color) como X^r. El cromosoma Y no tiene el gen en cuestión, por lo que simplemente se abrevia como Y.

Apuntes sobre el caso

18-1 Observe la figura 18-3. ¿Qué genotipos tienen Kate y Lea?

Los rasgos están determinados por los genes y por el ambiente

Cada uno de los rasgos comentados anteriormente, mucoviscidosis, enfermedad de Huntington y daltonismo, están completamente determinados por la anomalía específica de un solo gen. Es decir, el ambiente no tiene nada que ver con eso. Julia siempre tendrá mucoviscidosis y Tom siempre será daltónico, con independencia de lo que la madre de Julia comiese durante el embarazo o de la cantidad de alcohol que Tom beba en la cena. La mayoría de los rasgos humanos son mucho más complejos y reflejan las acciones

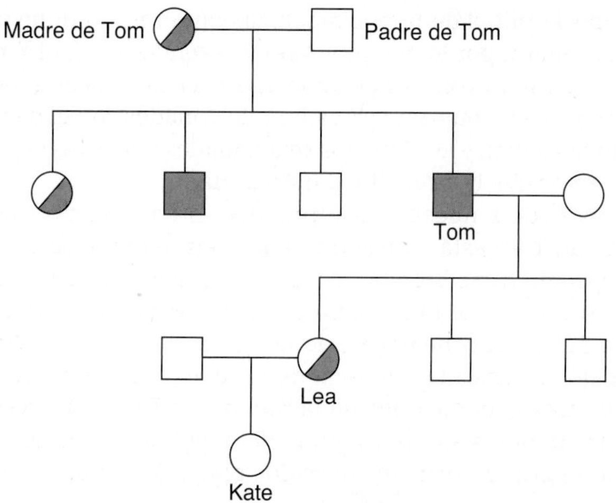

A **Análisis de árbol genealógico, rasgo ligado al sexo**

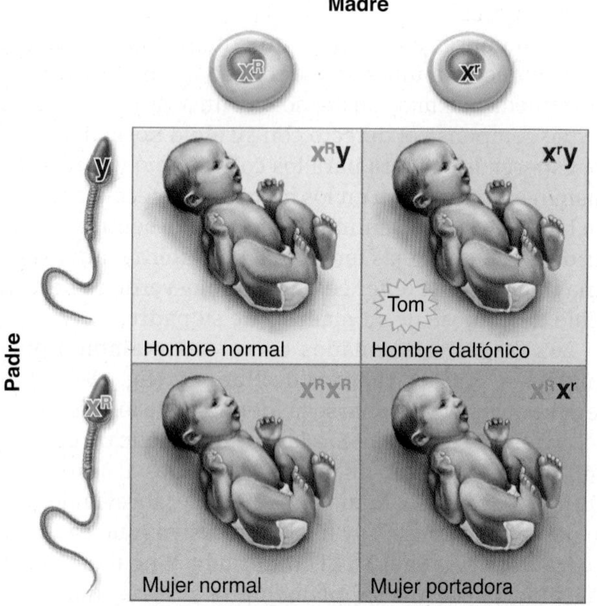

B **Cuadro de Punnet, rasgo ligado al sexo**

Figura 18-3. Herencia de ceguera al color. A) Árbol genealógico que demuestra la herencia de la ceguera al color rojo-verde (daltonismo). **B)** Cuadro de Punnett que representa los posibles resultados del emparejamiento de los padres de Tom. *¿Es posible que la madre y el padre de Tom tuvieran una hija sin ceguera a los colores?*

de los productos de los múltiples genes que interactúan, así como la influencia del ambiente.

Los investigadores que intentan distinguir entre los efectos genéticos y ambientales a menudo estudian gemelos idénticos (monocigóticos) que se desarrollan a partir de un solo cigoto que se divide en dos embriones. Los gemelos monocigóticos que se crían por separado comparten genes idénticos pero no un entorno idéntico. Estos estudios en gemelos han revelado, por ejemplo, que la obesidad tiene un fuerte componente genético. Desafortunadamente, los estudios en ratones sugieren que la obesidad es un rasgo poligénico: en los ratones, alrededor de 6 000 genes diferentes contribuyen a la tendencia a un aumento del peso corporal. La naturaleza poligénica de la obesidad hace que sea muy difícil determinar exactamente qué genes están implicados. Y a pesar de lo fuertes que son las influencias genéticas en la obesidad, se cree que los factores ambientales, como el entorno familiar, la situación socioeconómica, la publicidad de alimentos, las oportunidades para realizar actividad física y demás, son significativamente más importantes que la genética. Si se unen todos estos factores podemos ver lo complicada que es la tarea de separar lo que es genético y lo que es ambiental. Por ejemplo, el factor predictor más importante de la obesidad infantil es la obesidad de los padres. ¿Pero esta relación debe más a los genes o a la similitud entre las dietas de los miembros de la familia y el grado de actividad física? Están implicados tanto la genética como el ambiente.

Teniendo en cuenta las dificultades de determinar los factores que influyen en las características físicas, ¿tenemos alguna esperanza de poder comprender el comportamiento? Es decir, ¿el ADN rige el comportamiento, o éste es una reacción al entorno? Por otra parte, ¿podrían los genes hacer que nos comportásemos de un modo que fomente la obesidad, el cáncer, las migrañas, el síndrome de fatiga crónica o cualquier otra afección? Éstas son sólo algunas de las intrigantes preguntas que están estudiando los genetistas conductuales. Recientemente, después de años de mal uso al servicio de políticas racistas, la genética del comportamiento se ha convertido en una disciplina académica respetada. Al igual que sus colegas, los genetistas conductuales suelen estudiar gemelos idénticos criados por separado. Estos meticulosos estudios en gemelos han revelado algunas similitudes interesantes en sus patrones de comportamiento. Por ejemplo, los gemelos idénticos criados por separado a menudo muestran capacidades y logros intelectuales similares, así como gustos parecidos en comida y ropa, niveles similares de participación en actividades de la iglesia y otras actividades religiosas. Por otro lado, estos estudios también muestran que los comportamientos de los gemelos idénticos difieren en más aspectos de lo que se asemejan.

Parece seguro, por tanto, comparar nuestro ADN a una semilla genética para la que el entorno proporciona el suelo, el agua y el sol. En un determinado entorno, una semilla brotará y florecerá. En otro, no prosperará. La vida nos ofrece innumerables ejemplos de jóvenes superdotados que no llegan a realizar lo que prometían, y un número igual de personas, supuestamente hechas de un material más simple, que consiguieron logros inesperados. A pesar de lo importante que es, no hay nada en nuestro ADN que nos destine de forma automática a vivir en un refugio para personas sin techo, al igual que no hay nada en nuestra impronta que nos asegure que iremos a cantar a la Casa Blanca.

Apuntes sobre el caso

18-2 **Tom, Lea y Kate tienen un índice de masa corporal (IMC) bajo. Tom atribuye su físico a la buena comida y mucho ejercicio. ¿Está diciendo toda la verdad?**

18-1 ¿Qué es un rasgo poligénico?

18-2 Verdadero o falso: todas las personas tienen el gen *CFTR* (mucoviscidosis).

18-3 ¿Qué genotipo es homocigoto recesivo: *AA, Aa o aa?*

18-4 ¿Es posible tener un hijo con mucoviscidosis si uno de los progenitores es portador y el otro no?

18-5 El gen de la enfermedad de Huntington se ha localizado en el cromosoma 4. ¿Es la enfermedad de Huntington autosómica o ligada al sexo?

18-6 ¿Cuál sería el genotipo de una mujer daltónica?

18-7 ¿Qué posibles genotipos de los progenitores podrían causar daltonismo a una mujer?

Etapas de la vida

La mayoría de los libros de texto de anatomía y fisiología, incluido éste, se basan en la forma y la función de adultos jóvenes, una etapa estable y perfecta de desarrollo. Esto tiene la ventaja adicional de ser atractivo para los lectores, la mayoría de ellos estudiantes adultos jóvenes. Sin embargo, hay mucho más en la anatomía y la fisiología de la vida. En esta sección vamos a comentar brevemente las diferencias anatómicas y fisiológicas desde la infancia hasta la vejez, más que la forma perfecta que hemos estado estudiando. Dividimos el desarrollo humano en varias etapas (fig. 18-4):

- La **primera infancia** (del latín *infant* = «que no puede hablar») es el tiempo desde el nacimiento hasta los 12 meses de edad (algunos prefieren 18 o 24 meses).
- La **infancia** comprende el período entre la primera infancia y la adolescencia.
- La **adolescencia** comienza con el inicio de la madurez sexual y termina con el logro de la madurez física.
- La **edad adulta** comienza con la madurez física, aproximadamente a los 20 años de edad.
- La **vejez** suele definirse de forma variable a partir de los 60 o 70 años.

Apuntes sobre el caso

18-3 **Kate aún no ha desarrollado las mamas ni otros signos de madurez sexual. ¿Es una niña o una adolescente?**

La infancia y la niñez transforman a los necesitados recién nacidos en adolescentes independientes

La **primera infancia** es un período de crecimiento y maduración espléndidos. La mayoría de los bebés triplican su peso al nacer y duplican su altura en el primer año. En comparación con otros mamíferos, los bebés humanos nacen en un estado muy inmaduro y vulnerable, que requiere una dependencia y cuidados a largo plazo. Por ejemplo, un potro recién nacido puede incorporarse poco después de nacer y desarrolla rápidamente la capacidad de divertirse junto a su madre en la pradera. El indefenso recién nacido humano, sin embargo, es capaz de poco más que alimentarse, eliminar y llorar, y precisa alrededor de 1 año para adquirir la capacidad de caminar unos pasos. Sin embargo, en la primera infancia, el niño puede caminar, correr, bailar, cantar y muchas veces incluso decir unas pocas palabras. Estos cambios espectaculares en el desarrollo reflejan la maduración de todos los sistemas orgánicos.

La curvatura de la columna es un ejemplo fácilmente observable de los cambios del desarrollo. La columna vertebral del recién nacido tiene forma de C, ajustada para el reducido espacio del útero. Un niño de 18 meses tiene una columna vertebral en forma de S, con una curva lumbar prominente y «barriga». Durante la edad escolar, la columna vertebral del niño se desarrolla en forma de una S más relajada, que persiste durante toda la vida (v. fig. 6-28).

Los bebés son particularmente susceptibles a las enfermedades infecciosas, ya que su sistema inmunitario es inmaduro y no han sido programados por la interacción con las posibles amenazas del ambiente (v. inmunidad adaptativa en el cap. 12). Por ejemplo, un niño promedio contrae de seis a diez resfriados al año, mientras que la mayoría de los adultos tiene un promedio de dos a cuatro. En las primeras semanas después del nacimiento, los bebés están protegidos por algunos anticuerpos maternos que han atravesado la placenta, pero después del nacimiento desaparecen. Hasta cierto punto pueden ser sustituidos por la leche materna; ésta contiene anticuerpos que, en los primeros 6 meses de vida, se absorben en el intestino del bebé y pasarán a la circulación general. Un hecho que refleja la dependencia de la disminución de los anticuerpos maternos es que las vacunaciones suelen iniciarse tan pronto como entre el nacimiento y los 2 meses de edad, con el fin de prevenir las enfermedades infecciosas potencialmente mortales.

Los años de preescolar y primaria se caracterizan por un crecimiento y un desarrollo continuos, aunque a un ritmo más lento de cambios que durante la primera infancia y la adolescencia. La continua maduración del sistema neuromuscular, por ejemplo, se evidencia por el creciente dominio de la deambulación y de las habilidades motoras finas. Las proporciones del cuerpo continúan cambiando, ya que las piernas crecen más rápido que el tronco o la cabeza (fig. 18-5). Los sistemas linfático e inmunitario de desarrollan rápidamente y tienen un pico alrededor de la pubertad. El timo alcanza su tamaño máximo cerca de la

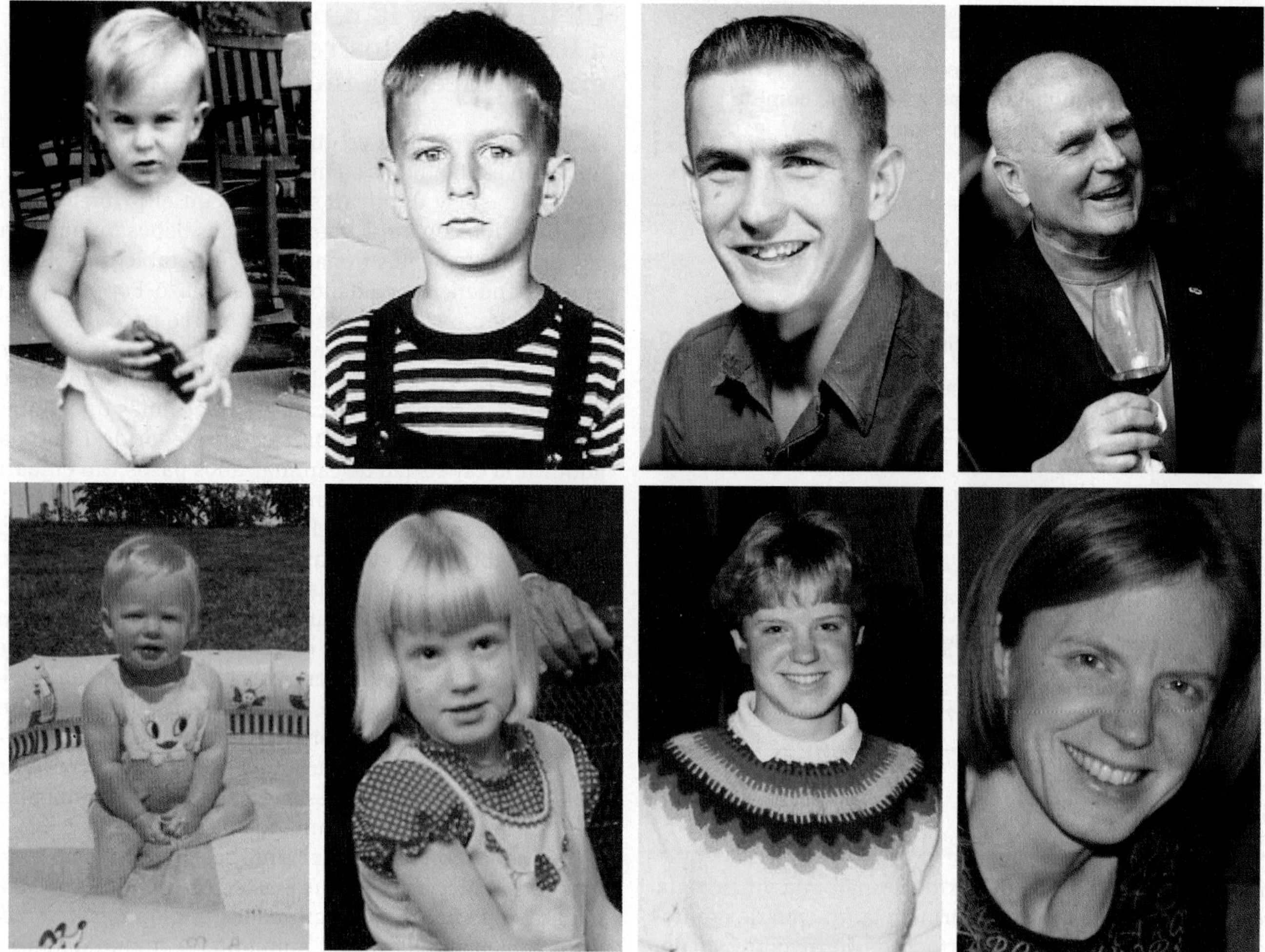

Figura 18-4. Etapas de la vida de los autores. *¿Quién tiene el peor corte de pelo?*

pubertad y después involuciona hasta no tener ninguna importancia anatómica en los adultos.

Apuntes sobre el caso

18-4 ¿La curva de la columna vertebral de Kate tiene forma de C o de S?

18-5 En proporción con su altura, ¿quién tiene la cabeza más grande, Tom o Kate?

La adolescencia es la transición a la madurez sexual

La **adolescencia** es definida de formas diferentes por diversos autores. Algunos equiparan este período con los años de la juventud (13-19 años), mientras que otros marcan su comienzo con el inicio de la pubertad, que puede ocurrir ya a la edad de 10 años, y su final con la mayoría de edad, por lo general a los 18 años. La **pubertad** es un período de transición de 24 a 36 meses durante el que se produce la madurez sexual y se hace posible la reproducción sexual. Está marcada por el desarrollo de características sexuales secundarias, como el vello púbico y axilar en los niños y las niñas, el desarrollo de las mamas en las chicas y el cambio de la voz en los chicos. En las chicas, la menarquia (el primer período menstrual) es una señal inconfundible de su llegada. La edad de inicio de la pubertad varía considerablemente: se presenta con mayor frecuencia alrededor de los 10 a 12 años en las niñas y de los 11 a 13 en los niños.

La pubertad se acompaña del estirón en el crecimiento: un aumento del 20% al 25% de la altura. De hecho, uno de los principales marcadores del final de la adolescencia es alcanzar la altura final de adulto, lo que ocurre aproximadamente alrededor de los 18 años (mujeres) o 21 años (hombres). En respuesta al aumento de la carga, los huesos sacros comienzan a fusionarse en el sacro, un proceso que se ha completado a la edad de 25 a 33 años. Aumenta la actividad de las glándulas sudoríparas y sebáceas, lo cual puede dar lugar a acné.

Los espectaculares cambios, físicos y emocionales, de la adolescencia son iniciados y mantenidos por cambios hormonales, como se comentó en el capítulo 17. Al tener

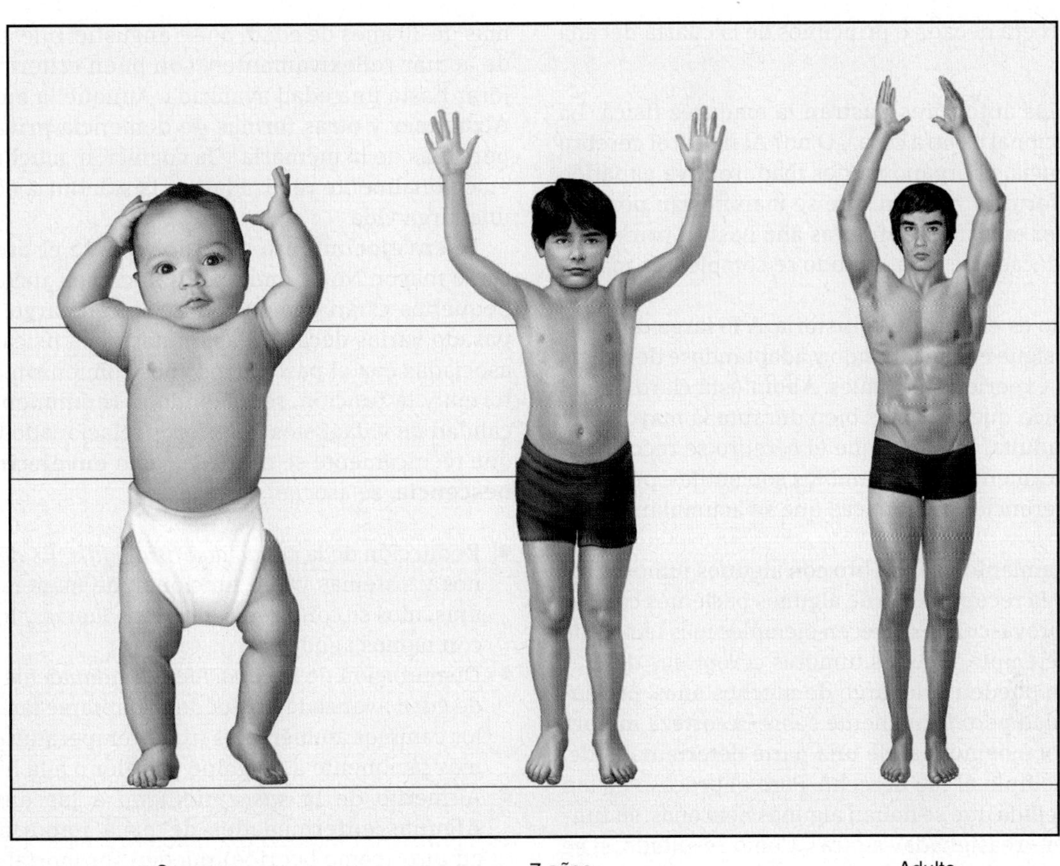

Figura 18-5. Proporciones del cuerpo. La cabeza es mucho mayor en proporción en el recién nacido que en el adulto. *¿Quién tiene las manos más grandes en proporción a la cabeza, un bebé o un niño de 7 años?*

los adornos externos biológicos de la edad adulta, vello facial en el caso de los chicos, mamas en el de las chicas, los adolescentes se consideran lo suficientemente maduros para hacer lo mismo que los adultos. Pero no se dan cuenta de que sus lóbulos frontales, sede de la madurez de juicio, aún no están maduros y no lo estarán hasta los veintitantos años. Como todo padre de un adolescente sabe, esta discordancia será causa de problemas.

En la mayoría de los adolescentes, esta etapa no se asocia con enfermedades importantes. Sin embargo, a menudo aparecen trastornos alimentarios y de la imagen corporal, ya que tanto los hombres como las mujeres intentan ajustarse a las poco realistas imágenes de cuerpos estilizados de los medios de comunicación. Además, en algunos adolescentes es fundamental fomentar las prácticas sexuales seguras para evitar embarazos y enfermedades de transmisión sexual. Sin las restricciones de la madurez de los lóbulos frontales, y cada vez más independientes de sus padres, los adolescentes suelen iniciarse en comportamientos irresponsables de exploración, incluido el abuso de alcohol y drogas. Pueden verse implicados o sufrir accidentes de tráfico, ahogamientos y otras lesiones: el 80% de las muertes de adolescentes son resultado de lesiones, tanto accidentales como intencionadas. Por último, algunos tipos de cáncer, como leucemias, linfomas, enfermedad de Hodgkin y cánceres óseos, son más frecuentes durante la adolescencia que en la infancia.

La edad adulta es la madurez física

Un **adulto** es un individuo desarrollado físicamente por completo. Los comentarios de este libro sobre la anatomía y la fisiología se centran en el modelo de adulto joven. En la niñez y la adolescencia se produce la madurez fisiológica casi completa de la mayoría de los órganos. Algunas excepciones notables son las siguientes:

- *El sistema inmunitario.* Al nacer, el sistema inmunitario es nuevo e «inexperto», es decir, no expuesto a antígenos previamente. Madura día a día durante toda la vida, ya que «aprende» nuevos comportamientos de la continua interacción con nuevos microbios y otros antígenos.
- *El aparato locomotor.* En las mujeres, los huesos no alcanzan la densidad máxima hasta los 25 años; los hombres no alcanzan la densidad máxima hasta los 30 años.
- *El aparato urinario.* Todo el mundo sabe que los bebés no pueden controlar su vejiga, y los niños suelen lograr el control a los 3 o 4 años, aunque algunos no pueden hacerlo hasta varios años después. Pero es posible que le sorprenda saber que el riñón adulto no alcanza su forma anatómica final y su función completa hasta fina-

les de la tercera década o principios de la cuarta década de la vida.

Los ejemplos anteriores ilustran la madurez física. La madurez emocional es otra cosa. ¿O no? Al nacer, el cerebro es, con diferencia, el órgano menos maduro, y va ganando unas nuevas forma y función, que se manifiestan por una mayor madurez emocional, año tras año hasta a principios de la tercera década de vida, cuando se completa la madurez física.

Pero éste no es el final de la historia. A lo largo de la vida, el cerebro sigue evolucionando y adaptándose de acuerdo a nuestras experiencias vitales. Ahora está claro que el aprendizaje, algo que hacemos bien durante la mayoría de nuestra vida adulta, requiere que el cerebro se reconfigure microscópicamente. Estos cambios son sutiles, pero son auténticas diferencias anatómicas que se acumulan con la edad.

El comportamiento del cerebro con algunos tumores intracraneales y la recuperación de algunos pacientes con accidentes cerebrovasculares ofrecen ejemplos más fáciles de apreciar. Por ejemplo, algunos tumores cerebrales de crecimiento lento pueden, a lo largo de muchos años, presionar con suavidad pero firmemente sobre la corteza motora que controla el movimiento de una parte determinada del cuerpo, por ejemplo el pie derecho. Pero el proceso es tan lento que, a medida que se dañan algunas neuronas, su función puede ser «reasignada» a otras. Como resultado, si se descubre el tumor y se extirpa, el cerebro se queda con un espacio vacío, pero no se ha perdido la función. Del mismo modo, algunos pacientes que han sufrido ictus pierden la capacidad de hablar (afasia), pero con logoterapia pueden recuperar la función perdida a medida que el cerebro reasigna la actividad.

Apuntes sobre el caso

18-6 Lea tiene 38 años. ¿Qué sistemas de su cuerpo fueron los últimos en madurar?

Envejecimiento y declive de las funciones corporales

Por lo general, los humanos nos encontramos en nuestro mejor momento físico e intelectual en las primeras etapas de la edad adulta. No es una mera coincidencia que, en las competiciones atléticas, los mejores registros los realicen casi en su totalidad jóvenes o adultos jóvenes. La función sexual alcanza su máximo en los hombres al final de la adolescencia, y la fertilidad en las mujeres comienza a declinar antes de los 30 años. Además, a lo largo de la historia, los logros más brillantes y revolucionarios del genio humano, especialmente en ciencias y matemáticas, han sido competencia de cerebros jóvenes: Einstein tuvo sus mejores ideas cerca de los 30 años, y Newton a finales de los 20 y principios de los 30 años. Pero si usted tiene más de 30 años de edad, no se angustie: nuestra capacidad de actuar reflexivamente y con buen criterio parece mejorar hasta una edad avanzada. Aunque la enfermedad de Alzheimer y otras formas de demencia privan a algunas personas de la memoria y la cognición, muchas se sienten emocionalmente realizadas en la sabiduría acumulada en una larga vida.

El **envejecimiento** es simplemente el proceso de hacerse mayor. No se limita a los ancianos: incluso los niños pequeños están envejeciendo. Sin embargo, cuando han pasado varias décadas, las limitaciones físicas y mentales asociadas con el paso de los años comienzan a afectar a la forma y la función, reduciendo el rendimiento físico y la calidad de vida. Estos deterioros relacionados con la edad, que técnicamente se conocen como **envejecimiento** o **senescencia,** se asocian con:

- Reducción de la *capacidad fisiológica.* Es decir, los órganos y sistemas ya no funcionan de manera óptima. Los músculos se contraen con menos fuerza y los oídos oyen con menos agudeza.
- Disminución de la *capacidad de adaptación.* Los adultos de edad avanzada no pueden adaptarse tan fácilmente a los cambios ambientales (p. ej., temperatura). Sucumben más fácilmente a un golpe de calor o a la hipotermia.
- Aumento de la *susceptibilidad* a las enfermedades. Algunas enfermedades de poca importancia en los adultos (como la gripe) pueden ser mortales en los ancianos.

Numerosos estudios sugieren que la simple medida de comer menos puede retrasar la senescencia. Puede leer sobre ello en la Instantánea clínica titulada «¿Comer menos para vivir más tiempo?».

Apuntes sobre el caso

18-7 Sólo en función de su edad, ¿quién está en mayor peligro de un golpe de calor, Tom o Lea?

El envejecimiento afecta a todos los sistemas orgánicos

La disminución de la calidad de vida relacionada con la edad y el aumento de la tasa de mortalidad reflejan los cambios en todos los sistema del cuerpo. Éstos se resumen en la figura 18-6.

Los cambios en la piel son el signo más evidente del envejecimiento. La gravedad tira sin descanso: las nalgas y las mamas caen y la piel cuelga. El daño solar produce manchas oscuras o blancas y cáncer de piel. La piel envejecida pierde la grasa subcutánea y las fibras elásticas que la mantienen fuerte y sin arrugas. Además, la piel envejecida es más delgada, se lesiona con más facilidad y cicatriza con más lentitud. La suma de estos factores es una bendición para los cirujanos plásticos y los vendedores de cosméticos.

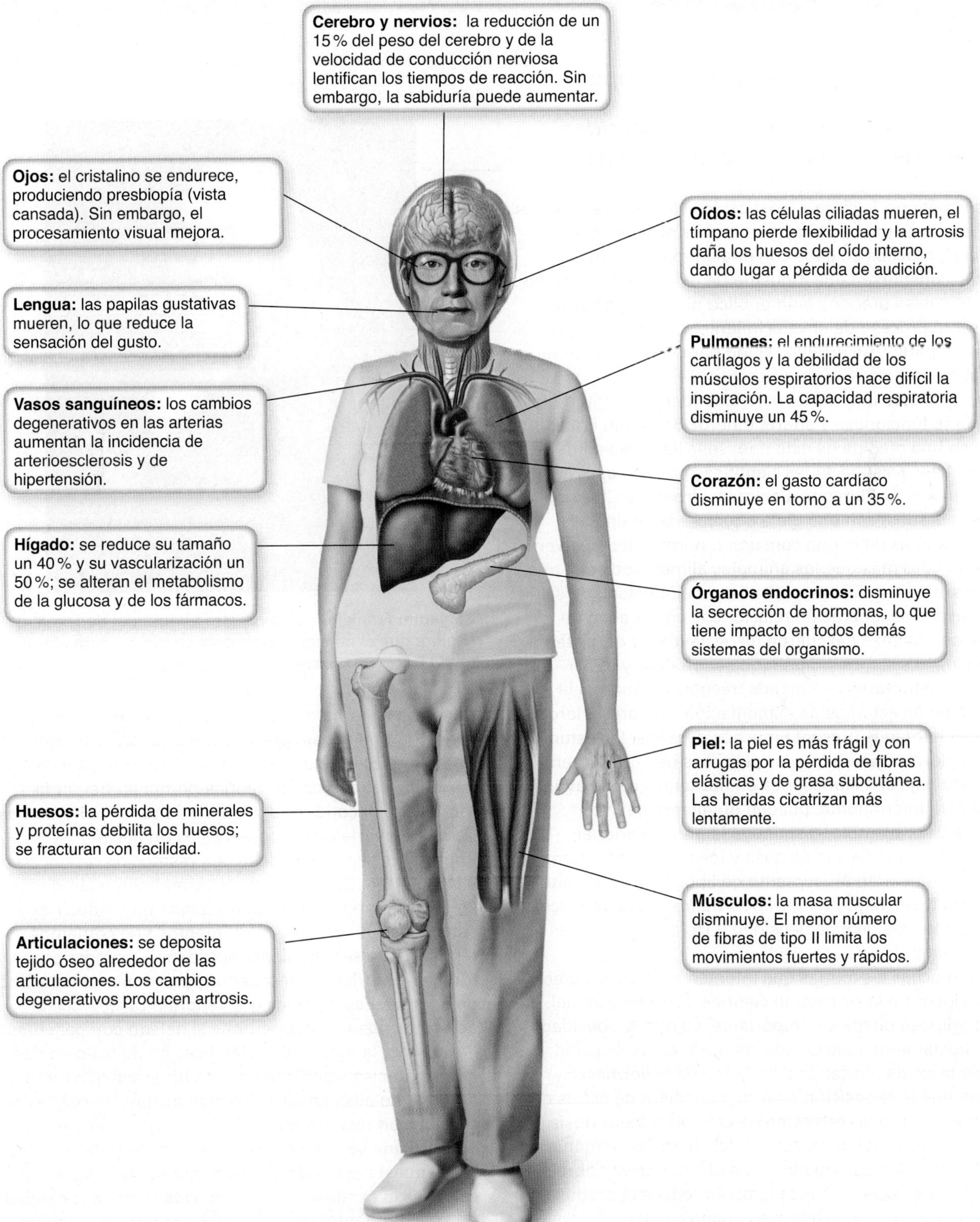

Cerebro y nervios: la reducción de un 15 % del peso del cerebro y de la velocidad de conducción nerviosa lentifican los tiempos de reacción. Sin embargo, la sabiduría puede aumentar.
Ojos: el cristalino se endurece, produciendo presbiopía (vista cansada). Sin embargo, el procesamiento visual mejora.
Oídos: las células ciliadas mueren, el tímpano pierde flexibilidad y la artrosis daña los huesos del oído interno, dando lugar a pérdida de audición.
Lengua: las papilas gustativas mueren, lo que reduce la sensación del gusto.
Pulmones: el endurecimiento de los cartílagos y la debilidad de los músculos respiratorios hace difícil la inspiración. La capacidad respiratoria disminuye un 45 %.
Vasos sanguíneos: los cambios degenerativos en las arterias aumentan la incidencia de arterioesclerosis y de hipertensión.
Corazón: el gasto cardíaco disminuye en torno a un 35 %.
Hígado: se reduce su tamaño un 40 % y su vascularización un 50 %; se alteran el metabolismo de la glucosa y de los fármacos.
Órganos endocrinos: disminuye la secrección de hormonas, lo que tiene impacto en todos demás sistemas del organismo.
Piel: la piel es más frágil y con arrugas por la pérdida de fibras elásticas y de grasa subcutánea. Las heridas cicatrizan más lentamente.
Huesos: la pérdida de minerales y proteínas debilita los huesos; se fracturan con facilidad.
Músculos: la masa muscular disminuye. El menor número de fibras de tipo II limita los movimientos fuertes y rápidos.
Articulaciones: se deposita tejido óseo alrededor de las articulaciones. Los cambios degenerativos producen artrosis.

Figura 18-6. Senescencia y sistemas del cuerpo. La muerte celular (o la falta de sustitución de las células) y los problemas de comunicación neuroendocrina tienen un impacto negativo en todos los sistemas del organismo. *¿De qué forma afecta a los huesos el envejecimiento celular?*

INSTANTÁNEA CLÍNICA

¿Comer menos para vivir más tiempo?

Para alargar tu vida, reduce tus comidas

Benjamin Franklin, *Poor Richard's Almanack* (1937)

Los cosméticos, la cirugía plástica, los elixires, las lociones y las pociones milagrosas y numerosos productos y servicios, muchos de ellos con una ínfima relación con la ciencia, constituyen una industria de miles de millones de dólares que se pregona a un público obsesionado con retrasar el proceso de envejecimiento. Quieren, y quién puede culparles, un arreglo rápido para verse y sentirse más jóvenes.

¿Y si hubiese una receta para extender la juventud que realmente funcionase y ahorre dinero? Benjamin Franklin propuso una medida de este tipo: sencillamente comer menos. Las investigaciones científicas parecen apoyar su tesis. Cuando se alimenta a animales (roedores, primates, e invertebrados) con una dieta equilibrada de un 30 % menos calorías de lo que consumen normalmente, viven hasta un 40 % más que los animales alimentados con una dieta normal. También presentan un mejor estado de salud; se retrasa la degeneración relacionada con la edad de todos los sistemas del cuerpo (especialmente del sistema nervioso), el sistema inmunitario se fortalece y se desarrollan tumores con menos frecuencia. Aunque la realización de estudios de alimentación similares a largo plazo en humanos presenta muchos desafíos, los estudios a corto plazo sugieren que las personas que consumen una dieta baja en calorías, rica en nutrientes o que ayunan de manera intermitente, pueden obtener beneficios similares. Por ejemplo, disminuye la presión arterial, mejora la tolerancia a la glucosa y los perfiles de lípidos en la sangre muestran un aumento de lipoproteínas de alta densidad (HDL, *high-density lipoproteins*) y una reducción de lipoproteínas de baja densidad (LDL, *low-density lipoproteins*).

Son muchas las teorías que intentan explicar los efectos beneficiosos de la restricción calórica. La reducción del tejido adiposo puede ser importante, ya que la obesidad está directamente relacionada con problemas de salud y con las tasas de mortalidad. La *teoría de la hormesis* sugiere que la exposición crónica a un factor de estrés de bajo nivel (como la restricción de calorías o bajas dosis de radiación) aumenta la capacidad del cuerpo para manejar el estrés más intenso que tiene un efecto nocivo sobre la salud. La restricción calórica también reduce la producción de radicales libres y disminuye el daño celular.

Incluso si la restricción calórica funcionase en los seres humanos, ¿vale la pena? Es comúnmente conocido que el exceso de peso (índice de masa corporal [IMC] mayor de 25) se asocia con una mayor mortalidad. Pero es menos conocido que el bajo peso corporal (un IMC inferior a 18,5) también se asocia con una mayor mortalidad. Por tanto, la restricción calórica podría aumentar la mortalidad si conduce a un IMC inferior a 18,5. Además, para la mayoría de las personas es un desafío importante seguir una dieta con restricción de calorías a largo plazo. Si consumimos normalmente alrededor de 2000 calorías por día, tendríamos que reducirlas a cerca de 1400. Es más, los alimentos que comemos tendrían que ser altamente nutritivos y proporcionar todos los nutrientes necesarios para el menor consumo de energía. Eso significa que tendríamos que decir adiós a la pizza de pepperoni y al helado con galletitas. Por último, la meticulosa planificación de las comidas que se precisa significaría que tendríamos que tomar la mayoría de ellas en casa. No más fiestas, barbacoas ni comidas en restaurantes. ¿Podría hacerlo, no sólo durante una semana o dos, sino durante toda su vida? La respuesta depende, probablemente, del valor relativo que dé a la cantidad de años de vida frente a la calidad de vida. Por tanto, si se describe a sí mismo como un adicto al chocolate o un experto de las hamburguesas, probablemente no tendrá interés en la dieta baja en calorías.

Benjamin Franklin. El perímetro abdominal de Franklin sugiere que él no siguió su propio consejo: «para alargar tu vida, reduce tus comidas».

La densidad mineral ósea disminuye con la edad, más abruptamente en las mujeres después de la menopausia, y los huesos se fracturan con más facilidad y producen curvas anómalas en la columna vertebral. Se hace frecuente una curvatura anómala hacia delante de la columna vertebral, la *cifosis*. Para mantenerse fuertes y con una densidad adecuada, los huesos deben recibir tensiones con soporte de peso. Recordando nuestro caso, Tom limita la pérdida de densidad mineral ósea realizando ejercicios con pesas con regularidad. Los huesos responden a las fuerzas que se les aplican depositando más minerales y proteínas. Los cambios degenerativos en las articulaciones, que se describen como *artrosis,* también limitan la movilidad.

A pesar de hacer ejercicio con frecuencia, la masa muscular disminuye con la edad. La masa muscular de Tom es probablemente la mitad de lo que era cuando era más joven. Puesto que el número y el tamaño de las fibras musculares son factores determinantes del desarrollo de la energía, sus músculos también han perdido fuerza. Algunos cambios más sutiles también tienen impacto sobre la función muscular y aumentan la proporción de fibras de tipo I (contracción lenta) a expensas de las de tipo II (de contracción rápida). La pérdida de estas fibras de tipo II más rápidas y potentes se traduce en más caídas y accidentes, ya que las personas mayores no pueden responder con los movimientos rápidos y potentes necesarios para recuperar el equilibrio.

La disminución de la funcionalidad del aparato vestibular del oído interno agrava aún más este problema, lo que nos hace inestables sobre nuestros pies. A menudo, una persona anciana con un bastón o un andador puede no estar utilizándolo para compensar un dolor en la rodilla o una cadera débil (su aparato locomotor puede estar en buena forma) sino para estabilizar el equilibrio. Con el fin de contrarrestar estos cambios perjudiciales en la sensibilidad y en la respuesta, el entrenador de Tom incluye regularmente ejercicios que requieren equilibrio y que fortalecen los músculos del tronco importantes en el mantenimiento del equilibrio.

El rendimiento cardiovascular disminuye a medida que avanzamos en la edad adulta. Los estudios sugieren que el máximo de frecuencia cardíaca que cualquier individuo puede alcanzar durante el ejercicio es de aproximadamente 220 lat/min menos la edad de la persona en años. Es decir, una persona de 30 años puede llegar a unos 190 lat/min, y una persona de 70 años puede llegar a alrededor de 150. De forma similar, la capacidad respiratoria disminuye: una persona promedio de 70 años de edad tiene de un 30% a un 40% menos capacidad vital que en el pico de su integridad física cuando era adulto joven.

El sistema gastrointestinal y el hígado también se ven afectados por la edad avanzada, pero de una forma menos perceptible. Nuestro sentido del gusto disminuye también, pero recuerde que la mayor parte del sentido del gusto se atribuye al sentido del olfato, que también disminuye con la edad. De hecho, algunas personas mayores pierden casi todo su sentido del olfato. De particular interés es la disminución del tamaño y del flujo sanguíneo del hígado. Recuerde del capítulo 16 el papel central del hígado en el metabolismo de la glucosa. La reducción de la función hepática altera la capacidad de los ancianos de hacer frente a las concentraciones bajas de glucosa en la sangre. Por otra parte, el hígado metaboliza e inactiva muchos medicamentos, incluyendo antiinflamatorios comunes como el ibuprofeno. Las dosis prescitas tienen esto en cuenta, pero a menudo se basan en la función hepática de adultos jóvenes. La disminución de la función hepática significa que en los adultos mayores los medicamentos pueden persistir en la sangre más tiempo, con lo que las dosis iniciales deberán reducirse en algunos casos.

Con el envejecimiento, los riñones poco a poco van disminuyendo de tamaño, y a los 75 años han perdido alrededor del 20% al 25% de su volumen. La tasa de filtración glomerular, una medida clave de la función renal, también disminuye, cayendo a la mitad de su pico a finales de la edad adulta.

Como se comentó en el capítulo 17, también disminuye la capacidad reproductora. Las mujeres dejan de ovular en la menopausia, que por lo general se produce alrededor de los 50 años. En los hombres, la fertilidad no disminuye tan abruptamente. Después de los 50 años se observa una lenta disminución en el número de espermatozoides capaces de fertilizar un óvulo, pero parte de la producción de espermatozoides viables puede persistir hasta bien entrada la vejez.

En otras partes de este capítulo nos referimos a la disminución de la función mental que, hasta cierto punto, afecta a todas las personas que pasan de los 70 años. A la edad de 80 años, el cerebro ha perdido alrededor del 5% al 15% de su máxima masa, principalmente debido a la pérdida de neuronas. A pesar de que puede no ser evidente en la vida cotidiana, las pruebas de agilidad mental en los ancianos muestran una desaceleración de la capacidad de resolución de problemas; la velocidad de conducción nerviosa disminuye, lo que lentifica los reflejos, y los movimientos voluntarios motores también son más lentos.

Apuntes sobre el caso

18-8 Tom ha observado que ahora una copa de vino tiene un efecto mayor sobre él que cuando era más joven. ¿Puede deberse a algún cambio de los sistemas del cuerpo relacionado con la edad?

La disminución de la función endocrina es una de las causas de la senescencia

La disminución de la función del sistema endocrino es fundamental en muchos deterioros relacionados con la edad. La secreción de somatotropina (GH), por ejemplo, puede ser en una persona anciana tan baja como en una persona joven con déficit sintomático de GH. También es importante la disminución en la producción de hormonas esteroides sexuales. En las mujeres, la disminución de los estrógenos es importante porque produce los sofocos de la menopausia y la creciente fragilidad de los huesos. En los hombres, la menor producción de testosterona contribuye al aumento de la circunferencia abdominal debido a los depósitos de grasa en el abdomen, a la disminución del impulso sexual y a la pérdida de masa y de fuerza muscular.

Algunos de los efectos positivos de las hormonas se deben a su capacidad de estimular las células para reproducirse. Y puesto que el cáncer es un crecimiento descontrolado de nuevas células, algunas hormonas, especialmente los estrógenos, pueden favorecer la aparición de cáncer de mama o de útero en las mujeres. Esto no quiere decir que los estrógenos por sí solos puedan causar cáncer. Sin embargo, es indiscutible que algunos tipos de cáncer surgen más fácilmente con la ayuda de los estrógenos. Por razones no bien comprendidas, la testosterona no parece favorecer la aparición de nuevos cánceres de próstata en los hombres, pero acelera el crecimiento del cáncer de próstata y de otros cánceres. Por lo tanto, la disminución relacionada con la edad de la producción hormonal en ambos sexos actúa en cierta medida para limitar la aparición y el crecimiento de tumores.

Apuntes sobre el caso

18-9 ¿Podría la disminución de la función endocrina explicar parcialmente la pérdida de masa muscular de Tom? Argumente su respuesta.

El envejecimiento refleja cambios celulares

La reducción de la función de un adulto de edad avanzada refleja la senescencia o envejecimiento celular. El envejecimiento de las células ciliadas del oído interno, por ejemplo, es una de las causas de pérdida auditiva. Hay dos problemas relacionados con el envejecimiento de los tejidos y las células: en primer lugar, las células se dañan y ya no funcionan con normalidad; en segundo lugar, las células pierden la capacidad de replicarse y, por tanto, las células dañadas no se sustituyen tan fácilmente.

Las células acumulan daño a medida que envejecen

Los científicos coinciden en que el envejecimiento es principalmente el resultado de la acumulación de daño a las moléculas que componen nuestras células, en especial las proteínas, los lípidos y los ácidos nucleicos (ADN y ARN). A medida que se dañan las moléculas, la función celular se vuelve menos sólida. Al disminuir la función celular, nuestros tejidos y órganos no funcionan tan bien, y nuestra salud pronto comienza a deteriorarse. Por otra parte, los daños en el ADN provocan mutaciones en él (cambios en su secuencia), y las mutaciones en genes clave pueden dar lugar a cáncer o a una función celular deteriorada. ¿Pero qué produce el daño? Aunque los contaminantes y otras sustancias perjudiciales del medio ambiente son evidentes candidatos, igualmente importantes son las consecuencias negativas de los procesos celulares normales y de las necesidades diarias, como el oxígeno.

Las especies reactivas del oxígeno son el lado oscuro del oxígeno

El oxígeno aparece una y otra vez por todo este libro como la molécula más importante en el mantenimiento de la vida: sin él, moriríamos rápidamente. Existe, sin embargo, otro lado de la moneda. Las reacciones metabólicas necesarias para la vida también producen **especies reactivas del oxígeno** (ROS, *reactive oxygen species*), moléculas que contienen un átomo de oxígeno con un electrón no apareado. Un *electrón no apareado* es un electrón no emparejado con otro en su propia capa de electrones y que además no forma parte de un enlace con otro átomo. Los electrones no apareados son inestables y tratan de aparearse con un electrón en otro átomo. Los ejemplos incluyen el superóxido (O_2^-), el radical hidroxilo (OH^-) y el peróxido de hidrógeno (H_2O_2).

Las ROS son un tipo de **radical libre,** un término general que describe cualquier molécula o átomo con un electrón no apareado. La mayoría de los radicales libres actúan como *antioxidantes,* moléculas que eliminan electrones de otras moléculas. En su búsqueda de la estabilidad, extraen electrones de las moléculas estables (con electrones pareados), convirtiéndolas en radicales libres. Las moléculas recién radicalizadas dejan de realizar su función normal y en su lugar se disponen a convertir otras moléculas estables en radicales libres.

Las ROS son una parte natural de la química del cuerpo y tienen una función en ciertas reacciones enzimáticas. En este tipo de reacciones son valiosas, pero bajo un estricto control. Sin embargo, si no se controlan pueden producir daños importantes. Por ejemplo, cuando oxidan (extraen electrones) los lípidos de la membrana celular dañan la capacidad de ésta de regular el movimiento de sustancias hacia dentro y fuera de la célula. Este daño con frecuencia mata a la célula. Las ROS también pueden dañar el ADN, y el ADN dañado es propenso a errores de copia que dan lugar a mutaciones. La acumulación de mutaciones en el ADN a menudo favorece el desarrollo de cáncer.

El daño de las ROS no sólo se acumula a medida que envejecemos, sino que también parece acelerar el envejecimiento (fig. 18-7). Recuerde que las mitocondrias contienen su propio ADN, que no se mezcla con el ADN nuclear. Con las divisiones celulares, se acumulan las mutaciones en el ADN mitocondrial. Las mitocondrias viejas, después de haberse dividido muchas veces, tienen muchas más mutaciones, son menos eficaces y producen menos ATP y más ROS. La consecuencia es un bucle de retroalimentación positiva: el daño de los ROS en la mitocondria produce más ROS, lo que causa aún más daño. El resultado es un bucle en espiral de retroalimentación positiva que termina con la muerte celular.

Como hemos visto, las ROS son necesarias para la vida, pero también son peligrosas. Las células limitan (pero no eliminan por completo) la acción y producción de ROS

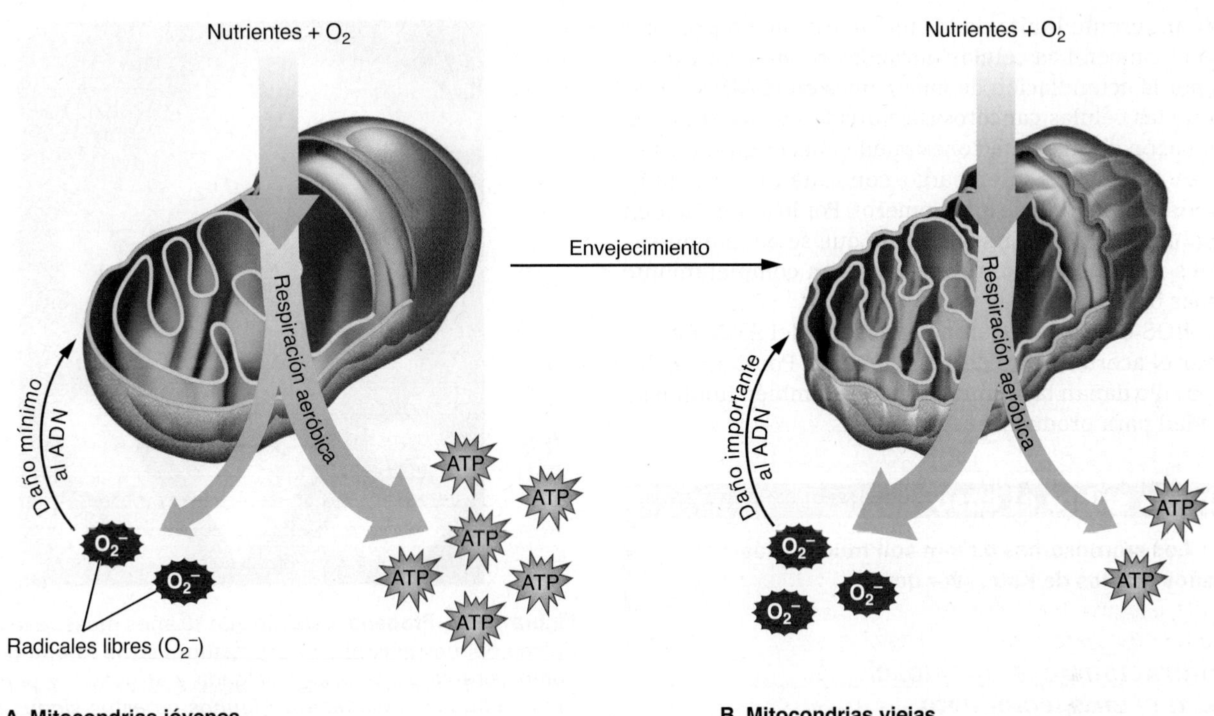

Figura 18-7. Mitocondrias y especies reactivas del oxígeno (ROS). A) Las mitocondrias jóvenes producen pocas ROS y muchas moléculas de ATP. Si no se eliminan las ROS, dañan al ADN mitocondrial (y nuclear) aunque están en baja concentración. **B)** Las mitocondrias viejas producen muchas ROS y relativamente menos moléculas de ATP. Las ROS empeoran el daño ya existente del ADN. *¿Las ROS se generan durante la respiración aeróbica o anaeróbica?*

con el empleo de **antioxidantes.** Los antioxidantes incluyen compuestos como las vitaminas C y E, que pueden ceder electrones a una ROS sin convertirse en radicales libres ellos mismos. Otros antioxidantes son las enzimas que convierten las ROS en compuestos inactivos. Por ejemplo, un sistema de enzimas antioxidantes convierte el superóxido en peróxido de hidrógeno y a continuación en agua. Como hay tantas pruebas de que los radicales libres pueden dañar los sistemas orgánicos, es natural pensar que el aumento de las defensas antioxidantes puede ayudarnos a vivir más tiempo. Por ejemplo, la ciencia ha demostrado que las moscas de la fruta genéticamente modificadas para eliminar los radicales libres viven un 50 % más que las moscas de la fruta normales. *¿Pero los antioxidantes retrasan el envejecimiento y previenen las enfermedades humanas?* No lo sabemos a ciencia cierta. Mientras que muchos estudios apoyan un beneficio de las vitaminas y antioxidantes minerales consumidos en forma natural en alimentos integrales, los estudios con complementos de antioxidantes (comprimidos, cápsulas, etc.) no son concluyentes. De hecho, algunos investigadores incluso especulan que los antioxidantes tomados en forma de complemento pueden actuar como prooxidantes en algunas situaciones, favoreciendo la formación de radicales libres. Esta cuestión está aún por resolver. Algún día se desarrollará una estrategia de antioxidantes que pueda prolongar la vida y reducir la prevalencia de enfermedades crónicas, pero en la actualidad no existe tal elixir mágico.

Apuntes sobre el caso

18-10 ¿Qué mitocondrias producen más ROS, las de Tom o las de Lea?

La longitud del telómero limita la sustitución de las células

Las células con moléculas dañadas con frecuencia dejan de dividirse. Sin embargo, incluso las células viejas en buen estado con el tiempo pierden su capacidad de reproducirse, y la clave de este comportamiento parece ser una estructura situada en el extremo de cada cromosoma, el **telómero,** una región de ADN que pierde un poco de su longitud con cada división celular. Aunque aún queda mucho por aprender sobre los telómeros, parece que cuando una célula se queda sin telómeros «se retira». Después de que las células se dividen unas 50 veces, renuncian al duro trabajo de dividirse y dejan la tarea a otras células. Por supuesto, los órganos con muchas células jubiladas no funcionan tan bien como los otros. Una prueba indirecta de ello es que nuestros órganos se encogen con el envejecimiento. En comparación con el de un adulto joven sano, el cerebro de un adulto viejo es de un 5 % a un 15 % más pequeño, el hígado pesa un 35 % menos y la capacidad respiratoria de los pulmones es aproximadamente el 50 % menor.

Este inherente límite de los telómeros puede proteger contra el cáncer. Las células normales se vuelven cancerosas por la acumulación de mutaciones en el ADN. A medida que las células cancerosas se dividen y envejecen, la acumulación de sus mutaciones pueden hacer que se vuelven más agresivas. Sin embargo, con cada división, también pierden longitud de los telómeros. Por lo tanto, pueden verse obligadas a retirarse antes de que se acumulen suficientes mutaciones para convertirse en completamente malignas o más agresivas.

Las ROS o la reparación no adecuada del ADN parece acelerar el acortamiento de los telómeros. Por lo tanto, las ROS no sólo dañan las células, sino que también limitan su capacidad para producir nuevas células.

Apuntes sobre el caso

18-11 Los cromosomas de Tom son mucho más pequeños que los de Kate. ¿Por qué?

La alteración de la apoptosis acelera el envejecimiento

Recordemos del capítulo 3 que las células tienen un período de vida natural, y después de vivir algunos días, meses o una vida humana, mueren por «suicidio natural» en un proceso ordenado cuidadosamente regulado que se denomina **apoptosis.** Actualmente la ciencia tiene pruebas de que algunas enfermedades degenerativas, especialmente la enfermedad de Alzheimer y otras que afectan al sistema nervioso, son causadas por un exceso de apoptosis. Por lo tanto, en cierto sentido, la enfermedad de Alzheimer puede considerarse como un envejecimiento acelerado del cerebro.

Las progerias son trastornos de envejecimiento acelerado

Las progerias, una familia de trastornos genéticos asociados a un envejecimiento prematuro, son una prueba de que el ADN y los telómeros son importantes. El tipo más grave, la *enfermedad de Hutchinson-Gilford,* se produce como resultado de un defecto en el gen de la *lamina* (fig. 18-8). Las proteínas laminas dirigen la síntesis de ADN y ARN, y ayudan a formar la envoltura nuclear. Uno de los muchos resultados de las mutaciones de la lamina es que las células ya no pueden reproducirse fácilmente. Los niños afectados comienzan a perder su cabello a los 12 meses de edad y tienden a desarrollar la forma adulta de diabetes (tipo 2) durante la primera infancia. No es de extrañar que no tiendan a desarrollar cáncer porque, después de todo, el cáncer es un crecimiento descontrolado de células nuevas, y las células de la progeria tienen dificultades para reproducirse. La mayoría de los niños con progeria mueren alrededor de la edad de 13 años como consecuencia de enfermedad cardiovascular.

En el *síndrome de Werner,* otra variedad de progeria, los pacientes carecen de una proteína que participa en la replicación del ADN, el mantenimiento de los telómeros y la reparación del ADN. Sin esta proteína, la replicación del ADN con frecuencia se detiene y no se producen nuevas células para sustituir a las que se retiran. Aunque las células de todos los pacientes con progeria tienen dificultad para dividirse, su ADN desarrolla mutaciones a un ritmo normal. Pero los pacientes con síndrome de Werner también tienen un fallo de la reparación normal del ADN, por lo que tienden a desarrollar cáncer. Las personas con síndrome de Werner también son propensas a las enfermedades cardiovasculares y a la diabetes mellitus, y por lo general mueren alrededor de los 40 años.

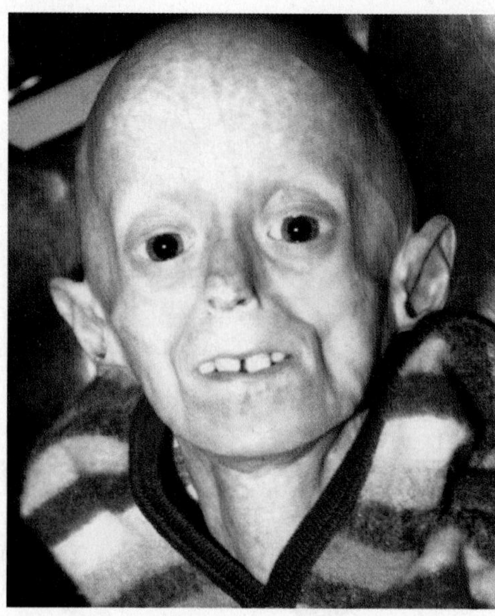

Figura 18-8. Progeria. Esta niña de 10 años muestra los signos típicos del envejecimiento prematuro asociado a la progeria, como pérdida de pelo, piel delgada y arrugada, y pérdida de tejido adiposo subcutáneo. *Algunos de estos signos reflejan una aceleración de la muerte celular programada. ¿Se describe este proceso como necrosis o apoptosis?*

18-8 ¿Cuándo se produce la transición entre la infancia y la niñez?

18-9 El hecho de que el precio de los seguros de automóvil sea mucho más bajo para un hombre de 25 años de edad que para uno de 18 años, ¿de qué sistema del organismo refleja el retraso en la maduración?

18-10 ¿Cuál es la diferencia entre senescencia y envejecimiento?

18-11 ¿Qué ventajas tiene la disminución de la producción de estrógenos y de somatotropina en los ancianos?

18-12 Muchos adultos mayores usan audífonos. ¿Por qué disminuye la agudeza auditiva a medida que envejecemos?

18-13 ¿De qué forma las ROS aumentan las mutaciones del ADN?

18-14 ¿Se alargan o acortan los telómeros conforme envejecemos?

Estrés

Resulta difícil definir el **estrés,** pero el origen de la palabra ofrece una idea: *estrés* deriva de la palabra latina *strictus,* que significa «apretado». Nuestra comprensión moderna del estrés comienza con Hans Selye, de la McGill University, en Canadá, y sus pioneros estudios sobre el estrés en la década de 1930. Selye inyectó diferentes sustancias nocivas en ratas, esperando que los animales reaccionaran de una forma a una sustancia y de otra forma a otra. Pero lo que encontró fue que la reacción era la misma para todas las sustancias. Al final llegó a la conclusión de que todas las sustancias habían provocado por igual un estado de estrés en los animales. Dijo a los periodistas: «Todo el mundo conoce lo que es el estrés, pero nadie lo sabe en realidad». Con todo, concibió una definición útil del estrés como «la respuesta no específica del cuerpo a cualquier orden de cambio».

El estrés se produce en respuesta a un **factor estresante,** que se define inútilmente como un agente que produce estrés. Los factores estresantes pueden ser físicos, como levantar más peso o correr una distancia más larga. La privación también puede clasificarse como un factor de estrés: por ejemplo, la privación de energía cuando se hace dieta, ayuno o se está pasando hambre; la falta de oxígeno cuando, al igual que Tom, se hace una excursión a gran altitud; la privación de luz durante un largo invierno en el norte, o la privación de cafeína u otros fármacos en personas con una adicción, al igual que Andy de nuestro caso del capítulo 4. Además, la mayoría de los elementos tomados en exceso pueden llegar a ser estresantes. Por ejemplo, recuerde nuestro caso del capítulo 2: demasiado zumo de limón era estresante (en este caso, químicamente tóxico) para el alumno a quien se obligaba a beber. Por supuesto, los factores de estrés también pueden ser emocionales, como un examen importante, mudarse a una nueva casa, comenzar o terminar una relación, o ver una película de miedo.

El estrés implica percepción

Desarrollar una definición más concisa de tensión o estrés es extraordinariamente difícil, porque el estrés implica percepción. Es decir, los factores de estrés difieren entre los individuos y con el tiempo en un mismo individuo. En una tarde de sábado en el campo de fútbol, lo que es estresante para algunos, el resultado final del juego, puede traer alivio y alegría a otros. O considere la respuesta de estrés de Kate a la mariposa en el pelo. Ella percibe al insecto en el pelo como una amenaza, a partir de su experiencia previa con una avispa. El estrés de Kate se debió enteramente a su punto de vista: pensaba que el insecto iba a clavarle su aguijón. Un niño con un punto de vista diferente podría haber estado encantado hasta el punto de reírse por tener una mariposa en el pelo. Este ejemplo pone de relieve la importancia de la *percepción* en los factores de estrés emocional: a menudo es la percepción de estar en peligro o fuera de control, no la realidad de ello, lo que produce el estrés.

Los factores estresantes no son siempre desagradables. La Escala de reajuste social, desarrollada por Thomas Holmes y Richard Rahe a principios de la década de 1970, asigna un número variable de puntos a diferentes factores estresantes. El matrimonio ocupa un lugar muy en alto en la lista, al igual que el «logro personal excepcional». Incluso irse de vacaciones puede ser estresante.

Apuntes sobre el caso

18-12 **Identificar algunos de los factores de estrés de Lea que se describen en el caso práctico.**

La respuesta al estrés tiene tres fases

La respuesta al estrés incluye tres fases: alarma, adaptación y agotamiento. No son fenómenos inmediatamente secuenciales, sino que, si continúa la alarma sin adaptación, se producirá el agotamiento. La adaptación es una conducta aprendida que disminuye al familiarizarse con la amenaza percibida.

Fase de alarma

La primera respuesta a un factor estresante es la *fase de alarma* (fig. 18-9). Tiene dos componentes: simpático (vegetativo) y endocrino.

La reacción del sistema nervioso simpático a un factor estresante es inmediata y en ella participan numerosos sistemas del cuerpo. Cuando el cerebro de Kate interpretó el insecto revoloteando como una amenaza, activó inmediatamente su sistema nervioso simpático. Los nervios simpáticos liberaron noradrenalina y también estimularon la liberación de adrenalina (y en menor medida noradrenalina) de la médula suprarrenal. Como resultado, aumentaron su frecuencia y gasto cardíacos, lo que elevó la presión arterial para apoyar la reacción de «lucha o huida». Por la misma razón se dilataron sus bronquiolos para obtener más aire, aumentaron sus concentraciones de glucosa en sangre y se dilataron sus pupilas para recibir más luz. Esta respuesta coordinada podría haber ayudado a Kate a luchar o escapar de la amenaza física, que era real para ella.

Ya hemos señalado que la fase de alarma tiene un componente endocrino. Sin embargo, las reacciones endocrinas son más lentas que las respuestas del sistema nervioso. Las respuestas endocrinas tienen efecto en cuestión de minutos después del estrés, con un pico en alrededor de 30 min. En el incidente de la mariposa, el hipotálamo de Kate secretó más corticoliberina (CRH), que estimuló la producción de corticotropina (ACTH) en la hipófisis. La ACTH viajó por la sangre a las glándulas suprarrenales para indu-

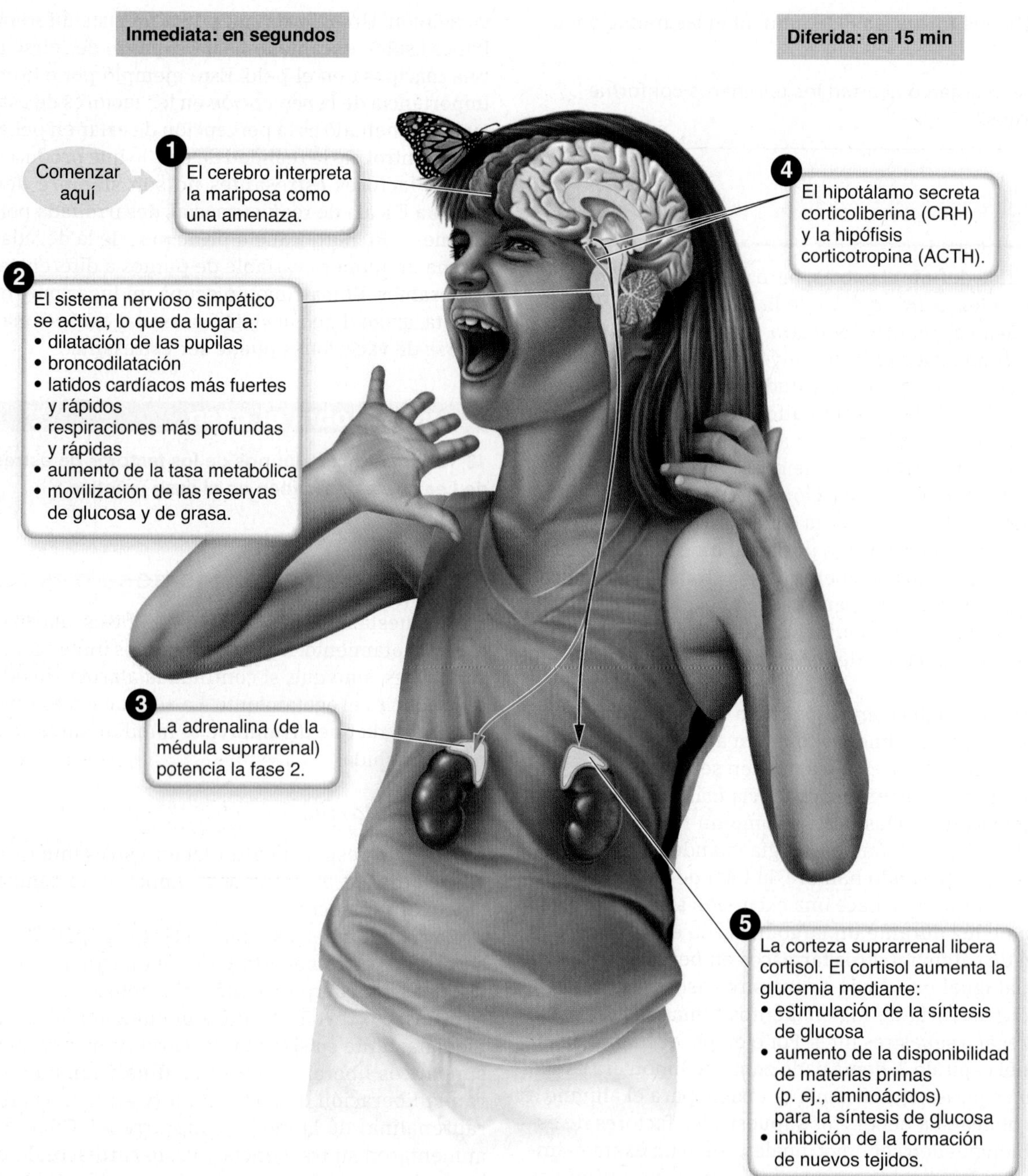
Inmediata: en segundos
Diferida: en 15 min
Comenzar aquí
1 El cerebro interpreta la mariposa como una amenaza.
2 El sistema nervioso simpático se activa, lo que da lugar a:
• dilatación de las pupilas
• broncodilatación
• latidos cardíacos más fuertes y rápidos
• respiraciones más profundas y rápidas
• aumento de la tasa metabólica
• movilización de las reservas de glucosa y de grasa.
3 La adrenalina (de la médula suprarrenal) potencia la fase 2.
4 El hipotálamo secreta corticoliberina (CRH) y la hipófisis corticotropina (ACTH).
5 La corteza suprarrenal libera cortisol. El cortisol aumenta la glucemia mediante:
• estimulación de la síntesis de glucosa
• aumento de la disponibilidad de materias primas (p. ej., aminoácidos) para la síntesis de glucosa
• inhibición de la formación de nuevos tejidos.

Figura 18-9. Fase de alarma. Esta fase utiliza el sistema nervioso simpático, la adrenalina suprarrenal y el cortisol para mejorar las posibilidades de escapar de un factor de estrés físico. *¿Qué parte de la glándula suprarrenal se activa antes en la fase de alarma, la corteza o la médula?*

cir a la corteza suprarrenal a sintetizar y liberar una oleada de cortisol, que a su vez aumentó las concentraciones de glucosa en sangre. Esta segunda vía endocrina de la fase de alarma está diseñada para una reacción al estrés más duradera y sostenible en caso de que persista el factor estresante. Por ejemplo, canaliza más recursos del cuerpo de Kate hacia actividades musculares intensas.

Apuntes sobre el caso

18-13 Cuando Tom llegó hasta ella, la frecuencia cardíaca de Kate era alta. ¿El aumento de la frecuencia cardíaca refleja las acciones de la adrenalina o del cortisol?

Fase de adaptación

A medida que pase el tiempo y Kate madure y entienda su encuentro con la mariposa, probablemente se alarmará menos por los insectos. Para decirlo de otra manera, entrará en la segunda fase de la respuesta al estrés, la de *adaptación*. La visión de una mariposa de color amarillo o de una avispa no será tan estresante y ya no se activarán el sistema nervioso simpático y la corteza suprarrenal. Los insectos no cambiarán, pero la percepción de Kate sí. También nos adaptamos a factores de estrés físico, como se comenta más adelante. Por ejemplo, si Tom recorriese el mismo camino todos los días, la caminata ya no supondría un desafío físico tan importante.

Fase de agotamiento

Si la adaptación falla, si no nos adaptamos al factor estresante o si la amenaza es constante y real, entramos en la tercera fase: la de *agotamiento*. En esta fase, la secreción de cortisol permanece elevada durante cierto tiempo. Al final, no obstante, cesa. Se manifiestan los efectos perjudiciales del estrés y pueden causar la muerte. Vamos a examinar los efectos del agotamiento por estrés más de cerca.

El agotamiento por estrés daña las células y los sistemas

La respuesta al estrés evolucionó como un medio de hacer frente a los factores estresantes físicos, como la privación de alimentos y los depredadores. Sin embargo, los factores de estrés más modernos son de carácter psicológico y muchas veces de larga duración. Cuando no nos adaptamos a estos factores de estrés crónicos sufrimos agotamiento por estrés, que está relacionado con tres cambios nocivos:

1. *Inflamación crónica:* el estrés causa inflamación, que a su vez daña los tejidos. Antes de la menopausia, los estrógenos ofrecen cierta protección a las mujeres frente a la enfermedad vascular relacionada con el estrés, lo que explica en parte las mayores tasas de enfermedad vascular en los hombres menores de 50 años. Sin embargo, las mujeres posmenopáusicas, sin los efectos protectores de los estrógenos sobre los vasos sanguíneos, desarrollan pronto la enfermedad vascular en la misma proporción que los hombres.
2. *Envejecimiento celular acelerado:* el estrés crónico puede inhibir la reparación del ADN, lo que aumenta la frecuencia de mutaciones en los genes y también acelera el acortamiento de los telómeros. Las células envejecen más rápido.
3. *Aumento del estrés oxidativo:* el estrés aumenta la producción de ROS, que afecta aún más a la longitud del telómero. Se ha relacionado, por ejemplo, el aumento del estrés oxidativo con los cambios degenerativos en el cerebro.

Los pasos que relacionan al estrés con estos tres cambios no se comprenden del todo, pero en parte pueden reflejar elevaciones del cortisol a largo plazo. Las altas concentraciones de glucosa en sangre de forma crónica con frecuencia producen resistencia a la insulina. El cortisol, junto con la resistencia a la insulina, conduce a obesidad central, es decir, depósitos de grasa en la cavidad abdominal. Para empeorar las cosas, muchas personas consumen alimentos ricos en calorías cuando se estresan. Los depósitos centrales de grasa liberan todo tipo de hormonas y mediadores inflamatorios que ponen en marcha o exacerban la enfermedad.

En la tabla 18-1 se resumen algunos de los efectos del agotamiento por estrés sobre los diferentes sistemas del organismo. Es de destacar la cantidad de trastornos relacionados con el estrés que tienen un componente autoinmunitario.

Tabla 18-1. Enfermedades y afecciones relacionadas con el estrés

Sistema orgánico	Enfermedad o afección
Gastrointestinal	Úlceras Síndrome del intestino irritable Diarrea o estreñimiento
Piel	Eccema* Acné
Cardiovascular	Trastornos del ritmo cardíaco (arritmias) Enfermedad coronaria Hipertensión Ictus
Respiratorio	Asma* Fiebre del heno y otras alergias* Infecciones respiratorias frecuentes
Endocrino	Diabetes mellitus
Reproductor	Disfunción eréctil Infertilidad Amenorrea (ausencia de períodos menstruales)
Nervioso	Migrañas Fibromialgia, otros trastornos dolorosos Esclerosis múltiple* Depresión Insomnio o somnolencia Trastorno por estrés postraumático Cambios de apetito Dificultades de aprendizaje
Locomotor	Dolor de espalda, espasmos musculares Artritis reumatoide*

*Estos trastornos tienen o pueden tener un componente autoinmunitario.

18-15 Verdadero o falso: prácticamente cualquier cosa puede ser un factor de estrés.

18-16 Durante la fase de alarma de la respuesta al estrés, ¿qué hormona se secreta en primer lugar, la adrenalina o el cortisol?

18-17 ¿Qué sustancia aumenta la ventilación, el cortisol o la adrenalina?

18-18 Mencionar tres enfermedades autoinmunitarias que también están relacionadas con el estrés.

Ejercicio

Además de los detalles de nuestra explicación hasta ahora, a partir de la experiencia personal está claro que nuestro físico, y en cierta medida nuestras capacidades mentales, comienzan a declinar tan pronto como nuestros órganos han madurado completamente. La edad cobra su inevitable peaje y el estrés aumenta la carga, es decir, el estrés insano. El estrés saludable es beneficioso y el ejercicio es una forma especial de estrés beneficioso.

El campo de la fisiología del ejercicio ha crecido en importancia en las últimas décadas. La *fisiología del ejercicio* es el estudio de los aspectos funcionales del ejercicio. Algo diferente es el campo de la *fisiología del deporte*, que se centra en el entrenamiento para la excelencia en la competición, y la *medicina del deporte,* que se centra en la prevención y la corrección de las lesiones deportivas.

El tema principal de la fisiología del ejercicio es investigar los límites hasta los cuales pueden estresarse los sistemas fisiológicos. Una forma útil de cuantificar el estrés físico es determinar la cantidad de energía que se gasta. Por ejemplo, incluso las enfermedades más graves aumentan la tasa metabólica sólo un 100 %, pero los corredores de resistencia altamente entrenados pueden aumentar su tasa metabólica hasta un 2 000 %. Pocos de nosotros somos corredores de maratón, pero lo que los fisiólogos del ejercicio aprenden mediante el estudio de los corredores de maratón puede ayudarnos a entender grados menores de estrés.

Para la mayoría de las personas, el ejercicio es el reto más común a la homeostasis normal. El ejercicio requiere que la energía se convierta en fuerza. En el proceso se producen calor y residuos metabólicos (principalmente ácidos y CO_2). Esto representa un reto homeostático porque la temperatura corporal y el pH arterial deben modularse en un limitado intervalo. Ambos deben permanecer también en niveles óptimos para obtener un rendimiento máximo. Además, se precisa un aumento de la ventilación y del gasto cardíaco. Cuando se junta todo a la perfección, el rendimiento deportivo es una sinfonía de potencia, resistencia, velocidad y flexibilidad resultado de miles de horas de práctica mantenida por una voluntad de triunfo.

En esta sección examinaremos de qué forma los diversos sistemas del cuerpo trabajan juntos en armonía para maximizar el rendimiento del ejercicio y cómo un problema en cualquier sistema puede reducir el rendimiento. En nuestra exposición será fundamental el **factor limitante,** el eslabón más débil de la cadena que impide que el atleta logre una mayor velocidad o potencia. El concepto de factores limitantes destaca el carácter integrado de la fisiología, la manera en que cada sistema depende de todos los demás.

El consumo de oxígeno es paralelo a la intensidad del ejercicio

Recuerde que las mitocondrias, basándose en el oxígeno, generan la mayor parte del ATP para los músculos en ejercicio. Por tanto, la producción de energía y el consumo de oxígeno son proporcionales. La capacidad máxima de consumo de oxígeno (y por tanto de generación de energía) de una persona es su **$\dot{V}O_2$máx,** que se expresa en litros de oxígeno consumidos por minuto. Los investigadores suelen medir la $\dot{V}O_2$máx haciendo que el individuo corra en una cinta y aumentando gradualmente la velocidad y la inclinación. Un dispositivo compara el contenido en oxígeno del aire inspirado y del espirado con el fin de cuantificar la cantidad de oxígeno extraído.

Para analizar los posibles factores limitantes del $\dot{V}O_2$ *máx* de una persona debemos considerar todos los elementos necesarios para el viaje del oxígeno desde el ambiente hasta su uso en el metabolismo celular (fig. 18-10):

1. Los *músculos respiratorios*. Los músculos respiratorios expanden el tórax, creando un gradiente de presión que lleva el aire hasta los pulmones. Tanto la profundidad como la frecuencia de la respiración determinan cuánto aire está disponible para el intercambio de gases. Así que, volviendo a nuestro caso, Tom está respirando profundo y rápido.
2. El *oxígeno atmosférico*. El oxígeno difunde por su propio gradiente de presión parcial, desde los alvéolos a la sangre pulmonar. Para Tom, la gran altitud de la casa de la montaña de su amigo puede estar afectando a este paso. La presión atmosférica, y por tanto la presión parcial de oxígeno, son más bajas en la casa de la montaña que en la casa de Tom en Dallas. Como resultado, difunde menos oxígeno desde los pulmones a la sangre, ya que el gradiente de presión parcial de oxígeno es menor.
3. *Hemoglobina*. La hemoglobina (en los eritrocitos) recoge alrededor del 98 % del oxígeno que difunde en la sangre y lo lleva a los tejidos. Ni Tom ni sus descendientes sufren anemia, por lo que sus depósitos de hemoglobina son adecuados para la vida diaria. Recuerde del capítulo 10 que las cifras bajas de oxígeno estimulan la producción renal de eritropoyetina, que a su vez estimula la producción de eritrocitos y de hemoglobina. Por tanto, si se quedasen durante un tiempo en la casa de la montaña, sus depósitos de hemoglobina aumentarían para compensar el problema descrito en el paso 2.

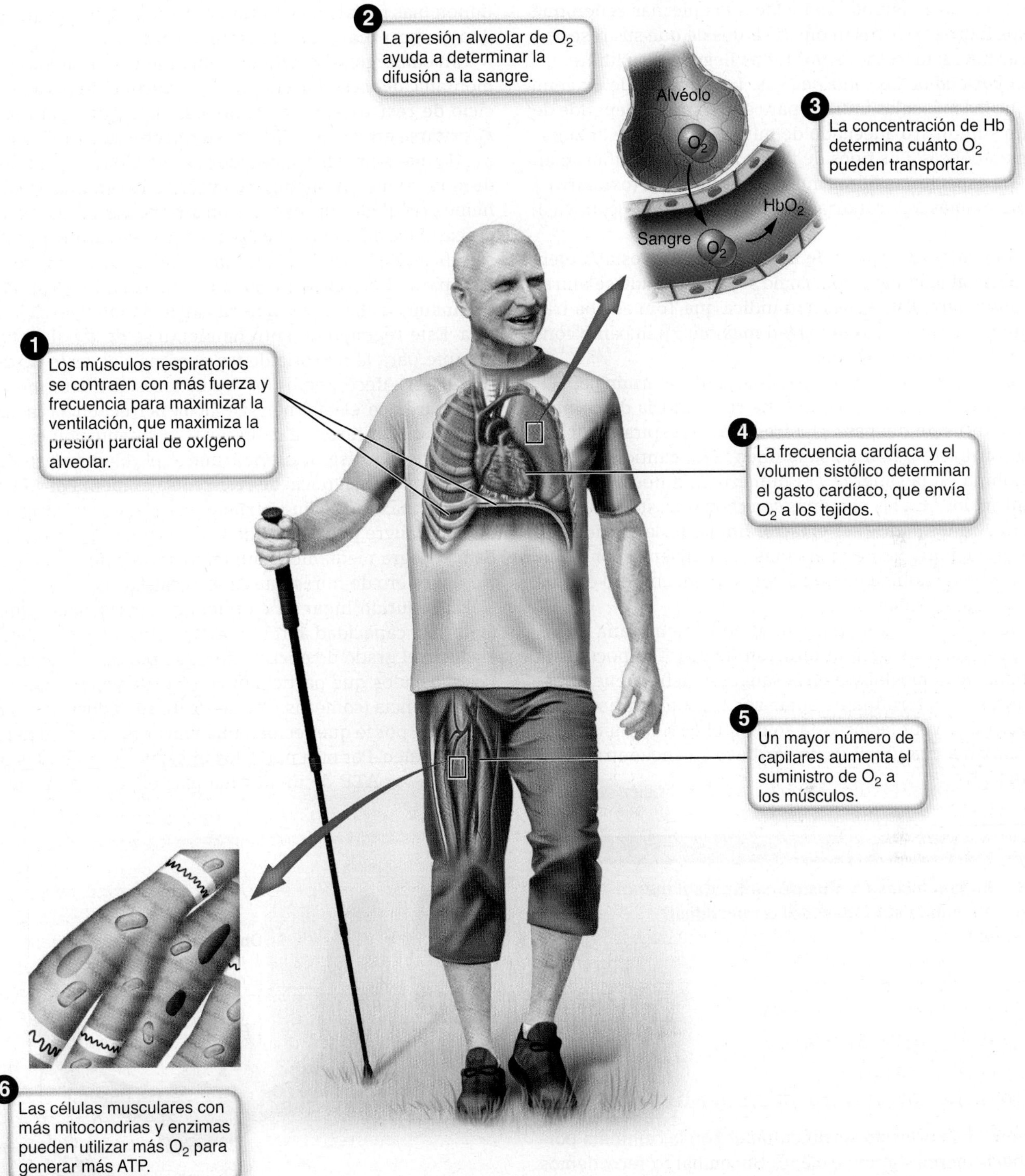
2
La presión alveolar de O_2 ayuda a determinar la difusión a la sangre.
Alvéolo
O_2
3
La concentración de Hb determina cuánto O_2 pueden transportar.
HbO_2
Sangre
O_2
1
Los músculos respiratorios se contraen con más fuerza y frecuencia para maximizar la ventilación, que maximiza la presión parcial de oxígeno alveolar.
4
La frecuencia cardíaca y el volumen sistólico determinan el gasto cardíaco, que envía O_2 a los tejidos.
5
Un mayor número de capilares aumenta el suministro de O_2 a los músculos.
6
Las células musculares con más mitocondrias y enzimas pueden utilizar más O_2 para generar más ATP.

Figura 18-10. Consumo máximo de oxígeno. El nivel máximo de esfuerzo está determinado por el consumo de oxígeno, su transporte o su uso celular. *¿Cómo podemos aumentar la cantidad de oxígeno que se suministra a un músculo individual (en comparación con los otros músculos)?*

4. *Gasto cardíaco.* El corazón envía la sangre cargada de oxígeno desde los pulmones hacia la periferia. Tom, Lea, y Kate necesitan un gasto cardíaco elevado, por lo que el sistema nervioso simpático aumenta la frecuencia cardíaca y la fuerza de cada contracción del músculo cardíaco. El gasto cardíaco puede aumentar hasta 20 veces con el ejercicio a máxima intensidad.
5. *Flujo sanguíneo muscular.* La cantidad de sangre transportada a los músculos depende del flujo sanguíneo. Por ejemplo, los pacientes con enfermedad vascular grave

y un flujo sanguíneo reducido a las piernas saben que sus piernas se cansan mucho antes de que sus reservas cardiovasculares y respiratorias lleguen a su límite.

6. *Capacidad de las mitocondrias.* La cantidad de oxígeno que los músculos utilizan para generar ATP depende de un suministro adecuado de mitocondrias y de enzimas metabólicas. Los tipos de fibras musculares difieren en este aspecto: las fibras musculares de tipo I (oxidativas) tienen más mitocondrias que las de tipo II (glucolíticas).

En la parte escarpada de la caminata, Tom estaba ejercitándose al máximo y notó como si ya no le pudiese entrar suficiente aire. Esta sensación indica que Tom estaba trabajando a su nivel de intensidad máximo, su máximo consumo de oxígeno o $\dot{V}O_2$máx.

Por lo tanto, en una persona sana, ¿qué determina el $\dot{V}O_2$ máx? ¿La cantidad de membrana respiratoria disponible para la difusión del gas? ¿La frecuencia respiratoria? ¿El gasto cardíaco? ¿El flujo sanguíneo? ¿La cantidad de hemoglobina en la sangre? ¿El número de mitocondrias en los músculos? En las personas con ciertos trastornos, cualquiera de ellos podría ser el factor limitante: la cantidad de membrana pulmonar en personas con enfisema, por ejemplo, o la hemoglobina en un paciente anémico. Pero en una persona sana, ¿cuál es?

Bueno, no es la superficie total de la membrana de las vías respiratorias para la difusión de gas. Tampoco es la cantidad de hemoglobina en la sangre ni la frecuencia respiratoria. El determinante suele ser el gasto cardíaco; por lo general la ventilación está sólo en el 65% de su capacidad máxima cuando el gasto cardíaco se encuentra cerca de un 90%.

Apuntes sobre el caso

18-14 Si Tom hiciese la misma caminata a menor altitud, ¿le habría sido más fácil o más difícil? Explíquelo.

El entrenamiento específico para el ejercicio mejora la capacidad para realizarlo

Tom no había previsto las dificultades con la caminata porque hacía ejercicio regularmente. Sin embargo, recordemos del capítulo 7 que en realidad hay dos tipos de ejercicios, los de fuerza, como levantamiento de pesas, y los de resistencia, como el senderismo o correr. Hay que recordar que el régimen de ejercicios de Tom se centraba en el levantamiento de pesas. El ejercicio de fuerza mejora dos aspectos de la función muscular. En primer lugar, aumenta el tamaño de las fibras musculares: los músculos de Tom contienen más elementos contráctiles y pueden generar más energía. En segundo lugar, mejora el metabolismo anaerobio, la capacidad de generar ATP a partir de la glucólisis y del fosfato de creatina. Las células musculares de Tom contienen más fosfato de creatina y glucógeno, por lo que pueden generar más ATP anaeróbicamente.

Sin embargo, si Tom quiere aguantar las caminatas por la montaña, debería entrenarse específicamente para el ejercicio de resistencia. La prudencia dicta que Tom debería ejercitarse en torno al 70% de su frecuencia cardíaca máxima (lo que equivale a alrededor del 50-55% de su $\dot{V}O_2$máx) durante al menos 30 min tres veces a la semana. Como ya hemos señalado, una estimación aproximada de la frecuencia cardíaca máxima es de 220 menos la edad, que para Tom significa alrededor de 150 lat/min, por lo que su objetivo del 70% para el ejercicio es cerca de 105 lat/min. Después de 6 semanas, debería ver que su capacidad de ejercicio mejora. Este régimen de entrenamiento se dirige al factor limitante para la mayoría de las personas: el gasto cardíaco (fig. 18-11). Recordemos los dos factores que determinan el gasto cardíaco: el volumen sistólico y la frecuencia cardíaca. La frecuencia cardíaca disminuye realmente con el entrenamiento de resistencia, por lo que es el volumen sistólico lo que mejora. El ejercicio de resistencia aumenta el volumen sistólico máximo, lo que permite que el corazón proporcione más sangre para el uso de los músculos con cada latido. Esto se logra mediante el aumento del tamaño del corazón y del número de fibras musculares cardíacas.

En segundo lugar, el ejercicio de resistencia también mejora la capacidad aeróbica de los músculos en ejercicio, es decir, el grado de eficacia con que pueden generar ATP. Los músculos que participan con frecuencia en ejercicios de resistencia (como las piernas de un corredor) tienen más capilares, por lo que reciben una mayor proporción del flujo sanguíneo. Por otra parte, los músculos entrenados pueden generar ATP de una forma más eficaz a partir de los

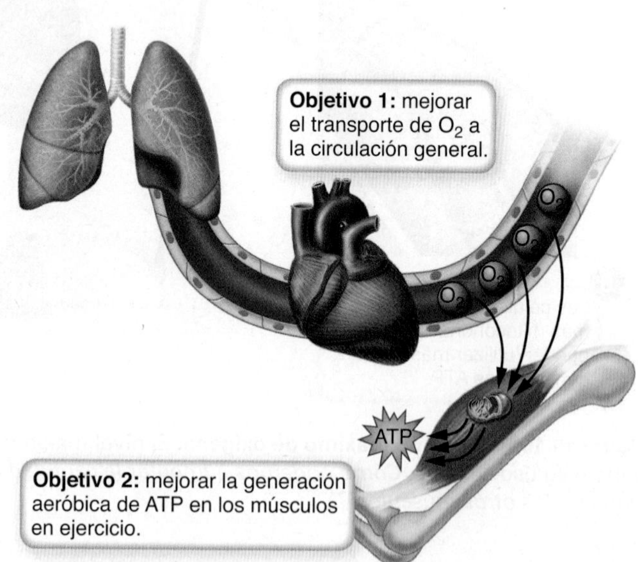
Objetivo 1: mejorar el transporte de O2 a la circulación general.
ATP
Objetivo 2: mejorar la generación aeróbica de ATP en los músculos en ejercicio.

Figura 18-11. El entrenamiento aumenta el consumo máximo de oxígeno. El entrenamiento de resistencia mejora el suministro de oxígeno a los músculos en ejercicio y, en segundo lugar, el uso de oxígeno por ellos. *El entrenamiento de resistencia, ¿mejora la generación de ATP anaeróbica o aeróbica?*

carbohidratos y de las grasas, porque tienen más enzimas y más mitocondrias.

Si Tom quiere simplemente mejorar su salud cardiovascular, cualquier ejercicio de resistencia lo hará: nadar, ir en bicicleta o correr, por ejemplo. Sin embargo, mejorar su rendimiento en el senderismo requiere un nivel adicional de especificidad. La vascularización muscular y el metabolismo sólo mejoran en los músculos específicos que intervienen en el ejercicio. Es decir, la natación (que se basa principalmente en los músculos del tronco y de los miembros superiores) podría mejorar el gasto cardíaco de Tom y su capacidad respiratoria, pero no haría nada por los músculos de las piernas. Por tanto, Tom tiene que realizar ejercicios que exigen a los grandes músculos de los miembros inferiores y la cadera, como el senderismo, correr, subir escaleras o el esquí de fondo.

Apuntes sobre el caso

18-15 Cuando regresa a casa, Tom inicia un régimen de ejercicios. Sus amigos le sugieren nadar para evitar que sus articulaciones envejezcan. Este tipo de ejercicio (que implica principalmente a los músculos del tronco y del brazo), ¿le preparará para la caminata del año siguiente?

El ejercicio mejora la salud

El ejercicio es parte de un estilo de vida saludable a cualquier edad. Lo que no «usamos», de hecho lo «perderemos»; es decir, perderemos la capacidad de realizar incluso las actividades más modestas de la vida cotidiana. Los adultos jóvenes sanos dan por sentada la posibilidad de que pueden correr para coger el autobús, cargar con un niño pequeño, bailar en una fiesta o simplemente subir un tramo de escaleras; sin embargo, muchos adultos no tienen la capacidad física básica para realizar cómodamente estas tareas. Las personas que llevan una vida sedentaria rápidamente comienzan a perder capacidad física. Los músculos pierden masa y fuerza, las articulaciones se vuelven rígidas, los huesos pierden calcio y se fracturan con facilidad, el flujo sanguíneo se lentifica y aumenta la probabilidad de formación de trombos venosos, la orina se estanca en el sistema colector y la piel desarrolla úlceras por presión. Incluso la función cognitiva comienza a declinar.

El remedio es el ejercicio y, sorprendentemente, sólo un poco ofrece una gran ventaja. Por ejemplo, el *Surgeon General's report on physical activity* de 1996, en Estados Unidos, indica que, para mejorar su salud, los estadounidenses necesitan realizar sólo 30 min de actividad física casi todos los días de la semana. Es más, no es necesario realizar todo el ejercicio de una vez: una caminata rápida de 10 min tres veces al día podría ser lo ideal.

El ejercicio regular tiene muchos beneficios, entre ellos:

- *Mejora de la función vascular.* El ejercicio regular disminuye la incidencia de la ateroesclerosis de dos formas. En primer lugar, mejora el perfil lipídico, aumentando la proporción de las lipoproteínas de alta densidad (HDL, *high-density lipoproteins*), «buenas», y reduciendo la proporción de las lipoproteínas de baja densidad (LDL, *low-density lipoproteins*), «malas». También disminuye la presión arterial en reposo.
- *Disminución de la grasa corporal.* Los ejercicios de resistencia pueden reducir la grasa corporal y los ejercicios de fuerza aumentan la masa muscular. La mejora en la masa corporal magra (es decir, masa corporal menos masa grasa) reduce la incidencia (o gravedad) de la obesidad y muchos de los trastornos asociados a ella, como diabetes de tipo 2, enfermedades del corazón, ictus, apnea del sueño, algunos tipos de cáncer, infertilidad y artrosis.
- *Mejora el bienestar psicológico.* El entrenamiento regular de resistencia o de fuerza mejora el bienestar psicológico, a menudo en la misma medida que los fármacos antidepresivos, y ayuda a evitar el agotamiento por estrés debido a factores estresantes psicológicos.

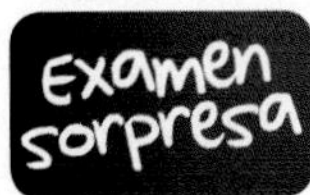

18-19 ¿Cuál de los siguientes sería más alto en un atleta en reposo que en un «vago de sofá» en reposo, el volumen sistólico o la frecuencia cardíaca?

18-20 Verdadero o falso: para la mayoría de las personas, el factor limitante en el ejercicio es la cantidad de sangre bombeada por el corazón, no la cantidad de aire que llega a los pulmones.

19-21 ¿Qué es $\dot{V}O_2$ máx? ¿Por qué los atletas determinan su $\dot{V}O_2$ máx?

19-22 ¿Qué tipo de lipoproteínas aumentan en respuesta al ejercicio regular, las LDL o las HDL?

Apuntes sobre el caso

18-16 Desde que comenzó a levantar pesas, el peso de Tom ha aumentado a pesar de mantener constantes sus hábitos alimenticios. ¿Qué cree usted, que el levantamiento de pesas aumenta o disminuye el riesgo de trastornos relacionados con la obesidad?

Vida y muerte

Parece apropiado poner fin a nuestra discusión con la muerte, el final de la forma y la función del individuo. Nuestra edad en la muerte define nuestro **período de vida;** todo lo que posterga la muerte extiende nuestra **longevidad,** es decir, nuestra esperanza de vida. Hasta cierto punto, nuestra muerte ya está anunciada cuando somos un cigoto: debido a la genética, los perros viven menos que los humanos, mientras que las ballenas viven mucho más tiempo. Sin embargo, dentro de cada especie, y en especial en los seres humanos, el promedio de vida es variable: las mujeres viven más en promedio que los hombres, y además el promedio de vida varía según la etnia y la cultura. Tampoco el promedio es fijo: hay claras pruebas de que algunos seres humanos de la Edad de Piedra vivieron mucho más allá de los 40 años. Y en el siglo xx, la mejora de la salud y de la nutrición aumentó el promedio de vida de la mayoría de las poblaciones en todo el mundo.

Cada división celular acorta nuestros telómeros, lo que nos acerca al final. Algunas personas tienen más suerte en la lotería genética que otras; los genes influyen en nuestra susceptibilidad a enfermedades autoinmunitarias y al cáncer. También influyen en la facilidad con que nuestras células reparan los daños en el ADN y se reemplazan a sí mismas, lo que determina el envejecimiento celular.

La muerte es necesaria para la vida

Ya se ha establecido nuestra nueva Constitución, y parece que promete permanencia; pero en este mundo no puede decirse que nada sea certero, excepto la muerte y los impuestos

Benjamin Franklin (1706-1790), carta a Jean-Baptiste LeRoy, 13 de noviembre de 1789

La inevitabilidad de la muerte es fundamental para la continuidad de la vida: sin muerte no habría espacio suficiente en el planeta para nuevos árboles, abejas, personas y un sinnúmero de otros organismos vivos.

¿Qué es la muerte y cómo se define? Científicamente, la muerte es el cese del metabolismo. Pero determinar exactamente *cuándo* se produce la muerte es difícil. Por ejemplo, aun cuando el corazón deje de mover la sangre a través del sistema vascular y haya desaparecido la actividad eléctrica del cerebro, algunas células pueden continuar vivas más o menos 1 h. Para la gente en general el momento de la muerte se considera el cese del latido del corazón, pero tal definición no vale para la cirugía a corazón abierto, en la que se detienen de forma deliberada las contracciones del corazón y la vida se mantiene por medios artificiales mientras se realiza la cirugía. Y la definición legal de muerte que suele utilizarse es la ausencia de actividad eléctrica del cerebro durante un período prolongado de tiempo, que no tiene en cuenta el estado de coma terapéutico, semejante a la muerte inducida por medicamentos para algunos tipos de cirugía cerebral o vascular de la cabeza y el cuello.

¿Pero qué pasa con la propia muerte? ¿Cómo vamos a morir? Nuestra predilección por el orden ha llevado a algunos a proponer que la muerte procede de una manera predecible, que puede estudiarse y clasificarse: en primer lugar sucede esto y a continuación lo otro. Y en algunos casos, los acontecimientos de antes de la muerte siguen un cierto orden, sobre todo en los pacientes que sufren una larga agonía producida por una afección crónica como el cáncer: disminuye el apetito, nos volvemos apáticos y dormimos más, nuestros sentidos fallan y podemos llegar a caer en estado de coma, la respiración se vuelve más lenta e irregular, la presión arterial baja y finalmente el corazón se detiene y el metabolismo cesa. Sin embargo, a pesar de las visiones románticas de una forma ordenada, noble y pacífica de llegar al fin, la muerte es a menudo desordenada, imprevisible, más prolongada y complicada. No es la forma de morir lo que cuenta, sino cómo nos recordarán.

La perspectiva de una muerte inminente afecta a los vivos, incluida la persona que está muriendo. El **duelo** es una profunda tristeza por la proximidad o la pérdida real de un ser querido, o la reacción de una persona al enterarse de que se está muriendo. Se han desarrollado numerosas teorías acerca de la experiencia del duelo. Entre las más conocidas está el modelo de Kübler-Ross, que propone cinco etapas: negación, ira, negociación, depresión y, finalmente, aceptación. Si bien este modelo se añade a nuestra comprensión, la muerte y el duelo no son puramente científicos y la Dra. Kübler-Ross ya advirtió que esperar un proceso ordenado, paso a paso, es hacer un flaco favor a la individualidad de las personas y de las circunstancias.

Por último, la muerte termina con la vida, pero no con las relaciones; las personas son capaces de mantener durante toda la vida un resentimiento contra alguien fallecido, y la mayoría de las personas se comportan cumpliendo las expectativas de sus padres mucho tiempo después de que éstos hayan muerto.

Muchos factores contribuyen a una vida más larga y feliz

La forma como vivimos nuestra vida también es importante. Vamos a revisar brevemente los principales comportamientos que influyen sobre la longevidad (fig. 18-12):

- *Evitar el estrés no saludable.* Hay que evitar el estrés no saludable en la medida de lo posible y desarrollar mecanismos eficaces para hacer frente y reducir el estrés inevitable. El agotamiento por estrés reduce la longevidad mediante la aceleración del envejecimiento celular y la inducción o el empeoramiento de muchas enfermedades relacionadas con el estrés.
- *No fumar.* El hábito tabáquico es el hábito personal destructivo más generalizado que haya sido desarrollado por la humanidad. No tenemos aquí espacio para enumerar las muchas maneras en que el tabaco destruye la salud. Sin embargo, para indicar algunas, el hábito tabáquico favorece el cáncer (de muchos tipos, no sólo el de pulmón), las enfermedades del corazón, la hipertensión arterial, las enfermedades pulmonares y los ictus.
- *No abusar del alcohol y no usar drogas ilícitas.* No hace falta decir más.
- *Mantener una dieta rica en vitaminas y minerales, y no tener sobrepeso.* La buena nutrición es esencial para una vida sana y feliz. Las malas decisiones dietéticas (demasiadas calorías, mucha sal, demasiados carbohidratos refinados o demasiadas grasas *trans,* por ejemplo) invitan a la obesidad y a la enfermedad. Y no nos olvidemos de que la obesidad, especialmente la obesi-

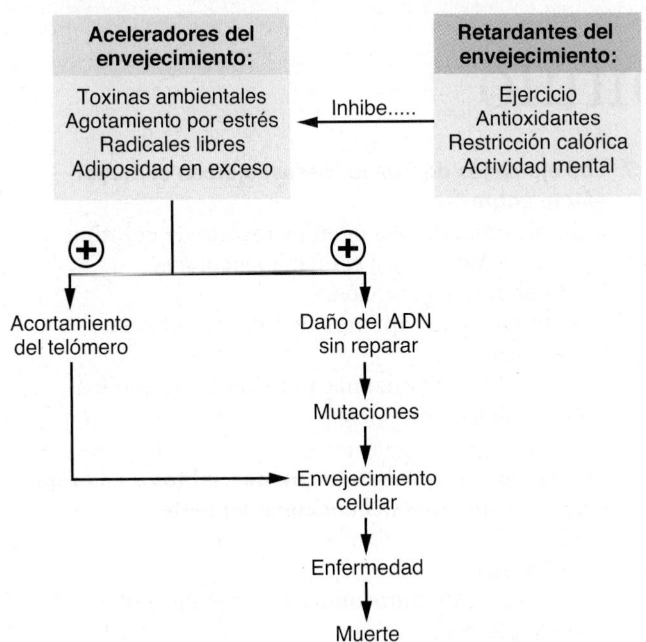

Figura 18-12. Muerte y envejecimiento. La muerte se produce por la disfunción (enfermedad) en uno o más sistemas del cuerpo. Una de las causas de la enfermedad es el envejecimiento celular. Todas las células envejecen, pero algunos factores ambientales y genéticos aceleran el envejecimiento celular, mientras que otros reducen su velocidad. *¿De qué forma aumentan los radicales libres las mutaciones del ADN?*

dad abdominal, es una situación tóxica inductora de enfermedades que independientemente aumenta el riesgo de mortalidad.

- *Hacer ejercicio con regularidad.* El estrés físico apropiado del ejercicio reduce el estrés nocivo, ayuda a prevenir o reducir la obesidad, mejora la salud cardiovascular y respiratoria, y el sistema inmunitario, y favorece la tranquilidad mental y el sentimiento de bienestar que produce el estar en forma.
- *Dormir lo suficiente.* Los estudios muestran que la falta de sueño altera todos los sistemas fisiológicos del organismo, y no hay adaptación a ello. La mayoría de las personas necesitan de 7 h a 9 h de sueño y los datos indican que el riesgo de enfermedad comienza a incrementarse con menos de 6 h a 7 h. La falta de sueño aumenta el riesgo de ciertos tipos de cáncer, ataques cardíacos, ictus, depresión y muchas otras afecciones.

Nos hemos centrado principalmente en los aspectos físicos de la vida, pero la vida es una fusión de mente y materia, y la salud mental es igual de importante para una vida larga y saludable. Entonces, ¿cómo se mantiene la salud mental? Para la mayoría esto hace referencia a una cuestión de amigos, familia, fe y aprendizaje permanente. Desde hace mucho tiempo se sabe que el apoyo de familiares y amigos mejora la salud. Las mascotas también son importantes. Se ha demostrado que regalar una mascota a una persona que ha tenido un ataque cardíaco reduce a la mitad el riesgo de sufrir un segundo ataque al corazón. Las creencias y prácticas espirituales también parecen beneficiosas. Los National Institutes of Health (NIH) de Estados Unidos citan pruebas de que las prácticas espirituales contribuyen a una mejor salud y una vida más larga, y parece ser que mejoran la función inmunitaria y cardiovascular. Estos efectos no se limitan a los ancianos: un reciente estudio nacional de estudiantes universitarios encontró que aquellos con inclinaciones espirituales tienen una mejor salud mental y emocional, y en otro estudio con estadounidenses de todas las edades se observó una asociación positiva entre la reducción del riesgo de mortalidad y la participación en celebraciones de orientación espiritual. Además, mantener la mente activa con un nuevo aprendizaje, ya sea tocar un instrumento musical, inscribirse en una clase de filosofía o retarse a uno mismo a hacer los crucigramas del periódico, puede mantener la mente en forma.

Por último, hay que decir algo de la felicidad, el elemento central en la salud mental de la mayoría de las personas. Después de estudiar durante mucho tiempo numerosas culturas, tratando de desentrañar qué es lo que hace feliz a la gente, un científico lo explicó así: «La felicidad es igual al amor».

18-23 Complete el espacio en blanco: científicamente, la muerte es el cese del __________.

18-24 El ejercicio es un factor de estrés. ¿Aumenta o disminuye la longevidad?

Cuestionario del capítulo

REVISIÓN DEL CAPÍTULO

1. La anemia drepanocítica es igual de frecuente en hombres y mujeres. Unos progenitores no afectados pueden tener un hijo con anemia drepanocítica. Esta enfermedad es con más probabilidad
a. autosómica dominante.
b. dominante ligada al sexo.
c. autosómica recesiva.
d. recesiva ligada al sexo.

2. En un árbol genealógico, una mujer heterocigota se representa por un
a. círculo lleno.
b. círculo medio lleno.
c. círculo blanco.
d. cuadrado medio lleno.

3. Cuando un adulto pasa de los 40 a los 60 años de edad
a. generalmente aumenta la producción de hormonas.
b. disminuye la proporción de fibras musculares de tipo II.
c. los huesos ganan minerales, siempre que el adulto beba suficiente leche.
d. el sentido del gusto se hace más agudo.

4. Durante la respuesta al estrés, la corteza suprarrenal libera
a. cortisol.
b. adrenalina.
c. noradrenalina.
d. todo lo anterior.

5. La Sra. M. lleva 4 años corriendo 5 km al día. Aunque al principio tenía dificultades para correr, ahora se encuentra muy cómoda y su ritmo no ha cambiado en los últimos 2 años. ¿En qué fase de la respuesta al estrés se encuentra la Sra. M.?
a. Alarma.
b. Adaptación.
c. Agotamiento.
d. Es imposible saberlo a partir de esta información.

6. Lea, de 38 años, quiere entrenarse en ejercicio de resistencia. Su objetivo de frecuencia cardíaca es de aproximadamente
a. 127.
b. 182.
c. 220.
d. 150.

7. Los ejercicios de fuerza (pesas) ejercen el mayor efecto sobre
a. la cantidad de glucógeno y fosfato de creatina almacenada en las células musculares.
b. el tamaño del corazón.
c. el número de capilares en los músculos en ejercicio.
d. la cantidad de enzimas mitocondriales en los músculos en ejercicio.

8. Los paseos en bicicleta frecuentes, lentos y de larga distancia, mejorarían considerablemente
a. el número de capilares en los músculos del brazo.
b. el número de mitocondrias en los músculos de la pierna.
c. el tamaño de las fibras musculares de los músculos de la pierna.
d. todo lo anterior.

9. Su deporte favorito es la carrera de 5 km. ¿Cuál de las siguientes actividades podría mejorar su tiempo en correr 5 km?
a. Correr a mayor altitud, donde el aire es más escaso.
b. Contener la respiración tanto como sea posible, para descansar los músculos respiratorios.
c. Aumentar la frecuencia cardíaca sin afectar al volumen sistólico.
d. Aumentar el volumen sistólico sin cambiar la frecuencia cardíaca.

COMPRENSIÓN DE CONCEPTOS

10. Exlique cómo se mide la $\dot{V}O_2$máx y por qué es una medida de la capacidad de ejercicio de resistencia.

11. Explique cómo cambia el ADN con la edad y describa los factores que producen estos cambios.

APLICACIÓN

12. Los bebés amamantados suelen contraer su primera enfermedad respiratoria a los 6 meses de edad. Este aumento de la susceptibilidad puede reflejar cambios en su sistema gastrointestinal. Explíquelo.

13. Los atletas de resistencia pueden tener un mayor peligro de envejecimiento causado por ROS que una persona sedentaria. Argumente su respuesta.

14. En el dicho «el estrés te hace viejo» hay algo de verdad. Argumente su respuesta.

15. Una clase frecuente de fármacos antihipertensivos llamados β-bloqueantes inhibe de forma importante la respuesta simpática. ¿De qué forma influyen estos medicamentos en la respuesta al estrés, suponiendo que bloquean por completo la capacidad de los tejidos para responder a la adrenalina y la noradrenalina?

16. Consulte la figura 18-3 A. Prepare un cuadro de Punnett con los descendientes de Tom y su esposa, y conteste las siguientes preguntas:

a. ¿Sería posible que Tom tuviera un hijo daltónico? ¿Por qué?

b. ¿Sería posible que Tom tuviera una hija que no fuera portadora? ¿Por qué?

Puede encontrar las respuestas a estas preguntas en el apartado de recursos para estudiantes en: **http://thepoint.lww.com/espanol-McConnellandHull**

Glosario

aborto Interrupción del embarazo con muerte del embrión o feto antes de la semana 23 del embarazo.

ácido Compuesto que libera hidrogeniones cuando se disuelve en agua, lo que aumenta el número de hidrogeniones libres.

ácido fijo (no volátil) Ácido que no puede expulsarse por la respiración como gas y que debe excretarse por los riñones, por ejemplo, cetonas.

ácido graso Cadena larga de átomos de carbono hidrogenados con una molécula ácida (el grupo carboxilo, -COOH) en un extremo.

ácido nucleico Polímero de nucleótidos, como el ácido desoxirribonucleico (ADN) y el ácido ribonucleico (ARN).

ácido volátil Ácido que se elimina por la respiración en forma de gas.

acidosis pH arterial demasiado bajo.

acomodación En visión, la capacidad del cristalino de modificar su grosor para enfocar con precisión sobre la retina los rayos de luz procedentes de los objetos.

actina Proteína componente de los miofilamentos delgados del músculo.

activación En una reacción inmunitaria adaptativa, la activación de un linfocito inactivo por exposición a su antígeno diana.

adaptación En fisiología sensitiva, una disminución de la intensidad de la señal generada por el receptor durante la estimulación prolongada continua y estable.

Addison, enfermedad Enfermedad producida por una producción insuficiente de hormonas de la corteza suprarrenal.

ADN Ácido desoxirribonucleico. Polímero que contiene nucleótidos de desoxirribosa que se encuentra en el núcleo celular. Contiene el código genético en la secuencia de sus bases de nucleótidos.

adolescencia Período de tiempo desde el inicio de la madurez sexual a la consecución de la madurez física, por lo general a una edad alrededor de los 20 años.

adulto Persona que se ha desarrollado completamente.

aglutinación Unión de una célula con otras en acúmulos o racimos.

agonista Ligando que simula o aumenta el efecto de un ligando endógeno.

agudo A corto plazo, más intenso; lo contrario de crónico.

albúmina Proteína más abundante de la sangre.

alcalosis pH arterial demasiado alto.

alelo Una de las dos o más formas alternativas de un gen.

alérgeno Sustancia capaz de estimular una reacción inmunitaria por hipersensibilidad (alérgica).

alergia Reacción inmunitaria exagerada (hipersensibilidad) a determinadas sustancias (alérgenos) tales como alimentos, pólenes, metales u otras sustancias del medio externo.

almidón Polisacárido de las plantas que es una buena fuente de energía.

alvéolo En el pulmón, pequeño saco lleno de aire donde se produce el intercambio gaseoso.

amígdalas Masas de tejido linfoide que rodean la entrada de la faringe en la parte posterior de la boca.

aminoácido Pequeña molécula orgánica que contiene un grupo carboxilo (–COOH) y otro amino (–NH2), que se pueden combinar para formar proteínas.

aminoácido esencial Uno de los nueve aminoácidos necesarios para la vida, pero que debe obtenerse mediante la dieta, puesto que el organismo no puede sintetizarlo.

amnios Membrana fetal interna que forma el saco amniótico.

amortiguador Toda sustancia que actúa para impedir el cambio de pH al añadir un ácido o una base.

anatomía Estudio de la forma, la estructura y el aspecto de las partes del cuerpo.

andrógeno Hormonas sexuales de acción masculinizantes, entre las que destaca la testosterona.

anemia Poca hemoglobina en la sangre.

anión Ión con carga negativa.

antagonista Ligando que bloquea o disminuye el efecto de un ligando endógeno. Lo opuesto a un agonista.

antibiótico Pequeña molécula capaz de detener la reproducción de bacterias.

anticoncepción Cualquier método para evitar la concepción o la implantación satisfactoria de un óvulo fecundado.

anticuerpo Inmunoglobulina; proteína inmunitaria producida por el sistema inmunitario en respuesta a la estimulación por el antígeno; antiantígeno.

antígeno Cualquier sustancia, por lo general una proteína, capaz de inducir una reacción inmunitaria.

antioxidante Sustancia que inhibe la producción o actividad de especies reactivas de oxígeno.

aparato de Golgi Complejo de membranas plegadas que procesa y empaqueta material del retículo endoplasmático.

aparato vestibular Parte del oído interno que detecta el movimiento y la gravedad.

aparato yuxtaglomerular Agrupación de células tubulares y capilares renales próxima al glomérulo, sensible a la presión arterial y que secreta renina.

aponeurosis Amplia lámina de tejido de colágeno similar a un tendón, que une el hueso al músculo.

apoptosis La muerte programada y controlada de células viejas.

árbol genealógico Registro de las generaciones para hacer un mapa hereditario.

ARN Ácido ribonucleico. Polímero que contiene nucleótidos de ribosa que se encuentra por toda la célula. Los diversos tipos de ARN desempeñan diferentes funciones en la síntesis de proteínas.

asma Dolencia en la que se produce una obstrucción de la espiración por la contracción espasmódica de los músculos bronquiales.

astrocito El neurogliocito más abundante del sistema nervioso central, que proporciona apoyo, cohesión y homeostasia para las neuronas y también puede actuar como citoblasto neuronal.

átomo La parte más pequeña de un elemento que se comporta como dicho elemento.

aurícula En el corazón, una de las dos cámaras superiores de baja presión.

axón Larga extensión citoplasmática del soma neuronal que transmite las señales eléctricas desde éste hasta la terminación axónica.

barrera hematoencefálica Barrera molecular de los capilares cerebrales que limita la capacidad de las sustancias de la sangre para entrar en el tejido cerebral.

base Compuesto que disminuye el número de hidrogeniones, habitualmente por la liberación de iones hidroxilo (OH-).

basófilo Granulocito con gránulos citoplasmáticos de color púrpura oscuro (afinidad por colorante básico).

bastón En la retina, célula detectora de la luz que reacciona de la misma forma a la luz de cualquier color.

bilis Líquido secretado por el hígado en los conductos biliares, que contiene sales biliares y desechos metabólicos.

bloqueo cardíaco Retraso o bloqueo completo de la transmisión de los potenciales de acción cardíacos desde las aurículas a los ventrículos.

bronquiolo Rama del árbol bronquial de menos de 1 mm de diámetro.

calor Forma de energía atribuible al movimiento de moléculas en una sustancia.

callo Tipo de tejido que se forma en la reparación ósea, que en su estadio precoz «blando» contiene tejido de granulación, hueso reticular y cartílago; más tarde, en su estadio «duro», contiene cantidades crecientes de tejido óseo.

canal medular Cavidad ósea formada por las vértebras, que contiene la médula espinal y estructuras relacionadas.

canalículos biliares En el hígado, un canal diminuto que transcurre entre los hepatocitos y que recoge bilis.

capa leucocitaria Capa blanquecina que contiene los leucocitos y que se forma entre la capa de los eritrocitos y el plasma cuando se centrifuga una muestra de sangre no coagulada.

capas germinativas Tres capas de tejido en el embrión precoz (endodermo, mesodermo, ectodermo), cada una de las cuales da lugar a órganos o tipos de tejidos particulares.

capilar Los vasos sanguíneos más pequeños y más numerosos de todos, que llevan la sangre a través de los tejidos.

cápsula glomerular Parte proximal ensanchada del túbulo renal que rodea al glomérulo.

carcinoma Neoplasia maligna de células epiteliales.

cartílago Como tejido: tejido conectivo resistente flexible y firme que se encuentra en varias formas en la oreja, la nariz, el árbol respiratorio y las articulaciones. Como estructura: cualquier objeto anatómico formado por tejido cartilaginoso.

catión Ión con carga positiva.

cavidad abdominal Parte superior de la cavidad abdominopélvica, inferior al diafragma y superior a los huesos pélvicos.

cavidad abdominopélvica Cavidad situada por debajo del diafragma; cavidades abdominal y pélvica combinadas.

cavidad craneal Cavidad ósea formada por los huesos del cráneo, que contiene el cerebro y estructuras asociadas.

cavidad medular En los huesos, el núcleo central de hueso esponjoso lleno de médula.

cavidad pélvica Parte inferior de la cavidad abdominopélvica, limitada por los huesos de la pelvis.

cavidad pericárdica Espacio entre las dos capas del pericardio.

cavidad pleural Espacio entre la pleura que recubre la superficie de los pulmones (pleura visceral) y la pleura que tapiza el interior de la cavidad torácica (pleura parietal).

cavidad torácica Cavidad situada por encima del diafragma; cavidad del tórax.

célula Unidad estructural y funcional más pequeña de un organismo.

célula basal Célula de la capa más profunda de la epidermis; citoblasto de la piel.

célula cilíndrica Célula epitelial alta, fina y erguida que suele estar dispuesta lado a lado con otras células cilíndricas.

célula cúbica Célula en forma de caja, por lo general parte de un epitelio, especialmente en glándulas.

célula de Kupffer Macrófago de morfología estrellada localizado en los sinusoides hepáticos.

célula de memoria En inmunidad adaptativa, un linfocito activado dirigido a un antígeno en particular, que se mantiene en reserva para una respuesta rápida tras la reexposición al antígeno.

célula de Schwann Célula especializada del sistema nervioso periférico, similar a un oligodendrocito en el SNC, que origina la vaina de mielina alrededor de los axones de las fibras mielínicas.

célula dendrítica Célula presentadora de antígeno, presente principalmente en tejidos que están en contacto con el medio externo (piel, tractos respiratorio y gastrointestinal).

célula escamosa Célula plana, que habitualmente forma parte de un epitelio.

célula G Célula endocrina en la mucosa del píloro que secreta la hormona gastrina.

célula germinativa Célula reproductora que se encuentra sólo en el ovario o los testículos, que se desarrolla hacia un óvulo o espermatozoide.

célula parietal Célula epitelial gástrica que secreta ácido hidroclorhídrico y factor intrínseco.

célula plasmática Linfocito B que produce anticuerpos de forma activa.

célula presentadora de antígeno Linfocito B, macrófago o célula dendrítica que presenta el antígeno a otras células del sistema inmunitario.

célula principal Célula epitelial gástrica que produce pepsinógeno, un precursor inactivo de la pepsina, enzima que digiere las proteínas.

célula satélite En el músculo esquelético, citoblasto capaz de diferenciarse en una célula muscular.

célula somática Toda célula que no es una célula germinativa (reproductora).

centríolo Orgánulo cilíndrico que organiza a los microtúbulos en una estructura para separar a los cromosomas en la división celular.

centro de la sed Parte del hipotálamo sensible a la osmolaridad plasmática que controla la necesidad de beber agua.

centro respiratorio Grupo de neuronas del tronco del encéfalo que inicia el ciclo respiratorio y lo modula en respuesta a factores químicos o físicos.

centrómero Corpúsculo que mantiene unidas a las cromátides durante el proceso de división celular.

centrosoma La región del citoplasma próxima al núcleo, que contiene los centríolos.

cerumen Secreción cerosa de las glándulas del canal auditivo externo.

cicatrización Reparación natural de las lesiones; reparación fibrosa, especialmente en asociación con lesiones tisulares graves o en tejidos con pocos citoblastos.

ciclo cardíaco Secuencia de acontecimientos eléctricos y mecánicos desde el inicio de un latido cardíaco al inicio del siguiente.

ciclo celular Secuencia ordenada de acontecimientos por los cuales una célula se reproduce en dos.

ciclo del ácido cítrico Serie circular de reacciones químicas que transfieren energía de los nutrientes a transportadores de energía ($FADH_2$ y NADH).

ciclo uterino (ciclo menstrual) Serie mensual de acontecimientos en el endometrio desde el inicio de un período menstrual al siguiente

cigoto Célula diploide formada por la unión de un espermatozoide y un óvulo que se desarrolla en el embrión.

cilios Proyecciones filiformes de la membrana celular que se mueven al unísono para mover material microscópico a lo largo de la superficie de una capa de células.

circulación coronaria Sistema de arterias y venas que vasculariza el corazón.

cirrosis Patrón cicatricial de la totalidad del hígado, que es la vía final común de muchas enfermedades del hígado.

citoblasto Célula no especializada (indiferenciada) que es capaz de producir una división asimétrica: la producción simultánea de una copia de sustitución de sí misma y de una célula más especializada.

citocina Una de las familias de pequeñas proteínas liberadas por las células lesionadas, que regulan la función inmunitaria actuando como moléculas mensajeras y viajando entre las células del sistema inmunitario.

citocinesis Última fase de la división celular: la división del citoplasma con la aparición de dos nuevas células independientes.

citoesqueleto Red entretejida de filamentos y túbulos proteicos que proporcionan una estructura para la organización y el transporte intracelular.

citoplasma Todo el contenido de la célula a excepción del núcleo.

citosol Parte líquida del citoplasma.

coagulación Formación de un coágulo sanguíneo.

coágulo Gel semisólido de fibrina, plasma y elementos celulares de la sangre.

cóclea Parte del oído interno que detecta las ondas de sonido.

codón En la síntesis de proteínas, secuencia de tres nucleótidos de ADN que codifican un aminoácido en particular.

colágeno La principal proteína estructural del tejido conectivo, más abundante en las fibras colágenas de los tendones y ligamentos.

colecistocinina Hormona secretada por células endocrinas intestinales que estimula la liberación de la bilis de la vesícula biliar y la liberación de enzimas pancreáticas.

complejo mayor de histocompatibilidad Glucoproteína en la superficie de todas las células que se une y presenta los antígenos al sistema inmunitario.

complejo QRS La onda del electrocardiograma generada por la despolarización ventricular.

compuesto Sustancia que contiene al menos dos elementos diferentes unidos por un enlace químico.

conducción En transferencia de energía, la transferencia directa de calor por contacto.

conducción saltatoria Propagación de un potencial de acción en neuronas mielínicas, en las que el potencial de acción salta de un nódulo de Ranvier al siguiente.

cono En la retina, célula sensible a la luz responsable de la visión en color.

consciencia Cualidad de los cerebros humanos que integra información sensorial en un cuadro compuesto de la realidad y el lugar que uno ocupa en ella. Este atributo del cerebro une información sensorial en un cuadro interno «propio» diferente del entorno («no propio»). Este sentido de lo propio está formado por sensaciones, memorias del pasado y expectativas del futuro, y tiene un concepto de «tiempo» basado en sensación inmediata y memoria almacenada. La conciencia nos brinda un diálogo interno con nosotros mismos («pensamiento») que aparentemente es único en humanos y dota de la capacidad de decidir.

contracción isométrica Contracción muscular que produce fuerza pero no reduce la longitud del músculo.

contracción isotónica Contracción muscular que cambia la longitud del músculo.

contractilidad En el músculo cardíaco y esquelético, fuerza de la contracción de la célula muscular.

convección En transferencia de energía, transferencia de calor de un objeto a un gas o un líquido en movimiento.

convergencia En visión, capacidad de los ojos de rotar uno hacia el otro (hacia la nariz) para permanecer enfocados en un objeto que se va aproximando, y para rotar hacia fuera (hacia temporal), separándose el uno del otro para enfocar en un objeto que se aleja.

cordón umbilical Conexión flexible en forma de cuerda entre el feto y la placenta que contiene vasos sanguíneos.

corion Membrana fetal externa, parte de la cual forma la placenta.

corpúsculo de Meissner Receptor sensorial activado por el tacto ligero, como un aleteo o golpeteo.

corpúsculo de Pacini Receptor sensorial de presión de la piel que se activa por vibración o presión súbita.

corpúsculo de Ruffini Receptor sensorial de la piel sensible al estiramiento, que reacciona a desplazamientos mínimos.

cromatina ovillo de hebras de ADN nuclear visible en las células fuera del período de división.

cromosoma Paquete organizado de ADN que contiene genes; en humanos, uno de los 23 pares (46 en total).

crónico A largo plazo, menos intenso; lo opuesto de agudo.

cuerdas tendinosas Cuerdas fibrosas que unen los bordes de las válvulas auriculoventriculares a los músculos papilares de la pared del ventrículo.

cuerpo lúteo Estructura productora de hormonas que se desarrolla a partir del folículo tras la ovulación.

Cushing, síndrome Conjunto de signos y síntomas característicos de un exceso de cortisol o de hormonas relacionadas.

decidua Endometrio modificado del embarazo.

dendrita Extensión citoplasmática corta de un soma neuronal que transmite las señales eléctricas de otras células o estímulos directos al cuerpo celular.

dermis La capa más gruesa de la piel, localizada inmediatamente por debajo de la epidermis, formada por tejido conectivo.

dermis papilar La capa superficial laxa de la dermis, que está formada por crestas como barquillos.

dermis reticular La capa profunda densa de la dermis, que contiene la mayoría de los vasos sanguíneos, nervios, glándulas y otras estructuras de la dermis.

despolarización Reducción del potencial de membrana.

diabetes mellitus Enfermedad caracterizada por una glucosa en sangre demasiado alta debida a un defecto de la producción o de la acción de la insulina.

diáfisis Cuerpo principal de un hueso largo.

diapédesis Movimiento de arrastre de los leucocitos.

diástole Relajación y repolarización miocárdica en la que el corazón se llena de sangre.

difusión Movimiento pasivo de sustancias desde una zona de alta concentración a una de baja concentración.

digestión La digestión mecánica es la acción de desgarrar y cortar los alimentos en fragmentos pequeños con los dientes y la acción de batido del estómago. La digestión química es la separación de grandes moléculas de los alimentos en otras moléculas más pequeñas mediante enzimas u otras sustancias químicas.

diploide Célula que tiene dos conjuntos completos de cromosomas.

disco Z Estructura del músculo esquelético que separa un sarcómero de otro.

distensibilidad Facilidad con la que puede distenderse el volumen de un espacio para acomodar un contenido mayor.

edad adulta Madurez física y mental.

efector Estructura, como un músculo o una glándula, que transporta una señal de orden.

elastancia Tendencia de un espacio distendido a recuperar y volver a su dimensión original.

elastina Glucoproteína distensible que se encuentra en las fibras elásticas de algunos tejidos conectivos.

electrocardiograma Trazado gráfico de la suma total de todos los cambios de voltaje del miocardio, mayor o menor que el momento previos, producida por cada latido.

electrólito Sal que se separa en iones cuando se disuelve en agua.

elemento Sustancia que no puede separarse en sustancias más simples por fuerzas normales, por ejemplo, el oxígeno.

embarazo ectópico Implantación del óvulo fecundado en cualquier región que no sea el endometrio.

embrión En humanos, un vástago durante las primeras 8 semanas de gestación.

endocardio Delgada capa de células que tapiza las cámaras cardíacas y que es continua con el endotelio de los vasos sanguíneos.

endocitosis Entrada de sustancias desde el líquido extracelular o la membrana celular mediante una invaginación de la membrana para formar una vesícula.

endocrino Relativo a las glándulas que secretan sus productos en la sangre.

endolinfa En el oído interno, líquido en el interior del laberinto membranoso.

endostio Capa de células formadoras de hueso que tapizan la cavidad medular.

endotelio Capa única de células planas que tapiza el interior de todos los vasos sanguíneos (v. también endocardio).

energía Capacidad de realizar trabajo.

enfermedad Estado de falta de salud de forma o función debido a efectos de cualquier tipo o a lesión celular.

enfermedad autoinmunitaria Enfermedad producida por ataque inmunitario de antígenos propios.

enfisema Alteración que consiste en el aumento permanente del espacio aéreo más allá de los bronquiolos terminales, con destrucción de su pared y sin que haya fibrosis.

enlaces covalentes Enlace químico entre dos átomos que comparten electrones.

envoltura nuclear Membrana de doble capa que rodea el contenido del núcleo (nucleoplasma).

enzima Proteína especializada que facilita una reacción química.

enzima de borde en cepillo Enzima digestiva en las microvellosidades de las células epiteliales del intestino delgado.

eosinófilo Granulocito con gránulos citoplasmáticos rojos (con afinidad por el colorante eosina).

ependimocito Célula especializada que tapiza el interior de los ventrículos del SNC.

epicardio Delgada capa de células en la superficie del corazón.

epidermis Capa superficial de la piel, formada por epitelio escamoso estratificado.

epífisis La parte más ancha en el extremo de un hueso largo.

epitelio Una o más capas de células comprimidas que forman glándulas, recubren superficies del cuerpo y tapizan órganos internos huecos.

equilibrio En fisiología sensorial, el sentido del equilibrio.

eritrocito Célula roja de la sangre.

eritropoyesis Producción de nuevas células rojas de la sangre.

eritropoyetina Hormona secretada por el riñón que estimula la producción de células rojas de la sangre por parte de la médula ósea.

espacio glomerular La luz de la cápsula glomerular.

espacio muerto En fisiología pulmonar, el espacio que contiene aire inspirado que no participa en el intercambio gaseoso; espacio aéreo de la zona de conducción.

espacio perisinusoidal En el hígado, el espacio entre un sinusoide hepático y las células hepáticas próximas, que conectan con los vasos linfáticos hepáticos.

espacio peritoneal Espacio entre la membrana peritoneal que recubre la superficie de los órganos abdominopélvicos y la membrana peritoneal que tapiza la cavidad abdominopélvica.

especies reactivas del oxígeno (ROS) Moléculas altamente reactivas que contienen un átomo de oxígeno con un electrón no apareado.

esperma (espermatozoide) Célula reproductiva que lleva la mitad masculina de la dotación genética.

espermátide Espermatozoide inmaduro.

espermatocito primario Descendiente de una espermatogonia que sufre meiosis I para producir dos espermatocitos secundarios.

espermatocito secundario Descendiente de un espermatocito primario que sufre la meiosis II para producir dos espermátides.

espermatogenia Producción de gametos masculinos (esperma).

espermatogonia Citoblasto testicular del que se originan los espermatozoides.

espiración Exhalación; expulsión de aire desde los pulmones.

espirómetro Dispositivo para medir volúmenes aéreos pulmonares y velocidades de flujo aéreo.

esteroide Clase de lípido caracterizado por cuatro anillos entrelazados de carbono; incluyen al colesterol, algunas hormonas y algunas vitaminas.

estrés En biología, la respuesta de una célula o un sistema a una demanda de cambio.

estresor En biología, todo elemento o situación que impulsa un cambio físico o mental.

estrógeno Hormona esteroidea más abundante en mujeres con múltiples funciones reproductivas y no reproductivas.

etiología Causa de una enfermedad.

eupnea Respiración tranquila; respiración en la que en cada ciclo de inspiración y exhalación se intercambia el volumen corriente.

evaporación Transformación de líquido en vapor.

exocitosis Exportación de sustancias fuera de la célula o en la membrana celular, posible gracias a la fusión de una vesícula secretora con la membrana celular.

exocrino Relativo a las glándulas que secretan su producto en un conducto.

expansión clonal En una reacción inmunitaria adaptativa, la producción de muchas copias idénticas de un linfocito original, todos ellos dirigidos al mismo antígeno.

eyaculación Propulsión del semen desde el sistema de conductos masculino.

factor de la coagulación Una de las familias de proteínas y otras sustancias que regulan la formación de un coágulo.

fagocitosis Ingestión de bacterias u otras sustancias potencialmente dañinas por células del sistema inmunitario.

fenotipo Conjunto de características físicas y moleculares peculiares de un genotipo en particular.

ferritina Proteína de depósito del hierro más abundante en la médula ósea, hígado y músculo.

feto En humanos, una cría no nacida después de las primeras 8 semanas de gestación.

fibras de Purkinje Pequeñas fibras terminales del sistema de conducción cardíaca, que transmite potenciales de acción al miocardio ventricular.

fibrina Hebra larga de fibrinógeno polimerizado.

fibrinógeno Proteína plasmática que polimeriza en hebras largas de fibrina para formar un coágulo.

fibroblasto Célula especializada del tejido conectivo que sintetiza dos tipos de fibras del tejido conectivo: colágeno y elastina.

filtración glomerular Paso de agua y algunos solutos a través de la membrana de filtración glomerular hacia el espacio glomerular.

fisiología Estudio de la función de las partes del cuerpo.

fisiopatología La forma de la función alterada de una enfermedad.

flagelo Extensión de la membrana celular en forma de cola de gran tamaño que impulsa el movimiento celular.

folículo En el ovario, un ovocito y su envoltura de células foliculares.

fosfato de creatina Molécula importante en la producción de energía muscular que contribuye con el fosfato para la producción de trifosfato de adenosina (ATP).

fosfolípido Lípido que contiene un grupo fosfato y que abunda en las membranas celulares.

fosforilación oxidativa Vía metabólica dependiente del oxígeno que utiliza hidrogeniones de transportadores de energía ($FADH_2$ y NADH) para producir ATP.

fotorreceptor Receptor sensorial activado por la luz.

fototransducción En la visión, la absorción de un fotón y conversión de su energía en una reacción química; el paso inicial de la percepción de la luz.

fracción de eyección Volumen sistólico dividido por volumen telediastólico; fracción del volumen telediastólico (precarga) expulsado por la sístole ventricular izquierda.

gameto célula germinativa haploide que puede unirse a un gameto del sexo opuesto para formar un cigoto.

ganglio Nódulo de somas neuronales en el sistema nervioso periférico.

gasto cardíaco Volumen de sangre expulsado por minuto por el ventrículo izquierdo hacia la aorta.

gen Segmento diferenciado de ADN dedicado a la síntesis de una proteína en particular y, por lo tanto, responsable de un rasgo en particular.

genoma Todos los genes que son comunes a una única especie.

genotipo Conjunto de genes único de un individuo.

ghrelina Hormona sintetizada por el estómago estimulante del apetito.

glándula Conjunto de células epiteliales que sintetiza y secreta sustancias en la sangre o en un conducto.

glándula sebácea Glándula que secreta sebo en los folículos pilosos de la piel.

glándula sudorípara Glándula de la piel que produce sudor salado y que se evapora para disminuir la temperatura corporal.

glándula sudorípara apocrina Glándula cutánea en las regiones inguinal o axilar; su secreción salada contiene ácidos grasos y proteínas, que metabolizan las bacterias, y dan lugar al olor corporal.

glándulas endocrinas Órganos diferenciados que secretan hormonas en la sangre.

glomérulos Conjunto de capilares que forma la unidad de filtración de una nefrona.

glucagón Hormona secretada por los islotes pancreáticos; su acción principal es aumentar los niveles de glucosa en sangre.

glucocorticoide Cualquiera de la familia de hormonas de la corteza suprarrenal, principalmente cortisol, con acciones que modulan el metabolismo de la glucosa y las proteínas, así como el sistema inmunitario.

glucogenia Reacción anabólica que convierte la glucosa en glucógeno.

glucógeno Polímero de glucosa (polisacárido) que se utiliza como depósito de energía.

glucogenólisis Descomposición de glucógeno en glucosa.

glucólisis Serie de reacciones en el citosol que convierten la glucosa en piruvato y genera dos ATP.

gluconeogenia Producción de glucosa a partir de aminoácidos u otros nutrientes diferentes a los carbohidratos.

gonadotropina coriónica humana (hCG) Hormona placentaria que estimula al cuerpo lúteo para que secrete estrógenos y progesterona.

gradiente La diferencia en la cantidad de concentración de un valor físico entre dos zonas.

gradiente osmótico medular Aumento gradual de la presión osmótica entre las regiones superficial y profunda de la médula renal.

granulocito Uno de la familia de leucocitos con grandes gránulos citoplasmáticos.

grasa Lípido que es sólido a temperatura ambiente.

grasa insaturada Triglicérido, por lo general líquido a temperatura ambiente, en el que al menos un ácido graso contiene un enlace doble y, por lo tanto, puede unir al menos un átomo de hidrógeno adicional.

grasa saturada Triglicérido, habitualmente sólido a temperatura ambiente, en el cual todos los átomos de carbono de sus ácidos grasos están unidos por enlaces simples y que, por lo tanto, no pueden unir átomos de hidrógeno adicionales.

grupo ABO Clasificación de los eritrocitos según su contenido en antígenos A o B.

grupo Rh Caracterización de los eritrocitos según su contenido en antígeno Rh D.

grupo sanguíneo Caracterización del tipo de los eritrocitos según su contenido en antígenos.

haploide Célula que tiene un conjunto único de cromosomas no pareados.

haz auriculoventricular El haz de His; fascículo corto de fibras de conducción que conduce los potenciales de acción del latido cardíaco desde las aurículas a los ventrículos a través del esqueleto fibroso que aísla a ambos eléctricamente.

HDL Lipoproteína de alta densidad.

hematócrito Porcentaje de volumen de la sangre ocupado por los eritrocitos.

hematopoyesis Producción de nuevas células de la sangre.

hemoglobina Proteína que contiene hierro de los eritrocitos que se une al oxígeno para su transporte; una medida del peso de la hemoglobina en un volumen determinado de sangre, típicamente, gramos por decilitro.

hemólisis Destrucción de los eritrocitos.

hemostasia Sistema cooperativo del organismo para evitar o detener las hemorragias.

hepatocito Principal célula funcional del hígado.

heterocigótico Que tiene dos alelos diferentes de un determinado gen.

hidrófilo Soluble en agua.

hidrófobo No soluble en agua.

hidrólisis Descomposición química de un compuesto debido a su reacción con el agua.

hipercapnia Concentración de dióxido de carbono superior a la normal.

hiperpolarización Aumento del potencial de membrana.

hipertermia En fisiología humana, una temperatura corporal por encima de 38 °C.

hipoxia Concentración de oxígeno por debajo de lo normal.

homeostasis Esfuerzo cooperativo de comunicación y control del organismo para mantener las condiciones internas dentro de estrechos límites fisiológicos estables.

homocigótico Que tiene dos alelos idénticos de un gen determinado.

hormona Señal química que viaja por la sangre para regular la actividad de células a distancia.

hormona adrenocortical Cualquiera de las hormonas que pertenecen a una de las tres familias de hormonas producidas por la corteza suprarrenal: glucocorticoides, principalmente cortisol; andrógenos, principalmente testosterona, y mineralocorticoides, principalmente aldosterona.

hormona de la médula suprarrenal Hormona producida por la médula suprarrenal, principalmente adrenalina y noradrenalina.

hormona foliculoestimulante Hormona de la hipófisis anterior que en las mujeres estimula la ovogenia, la maduración de los folículos ováricos y la producción de estrógenos ováricos; en hombres, favorece de forma indirecta la producción de espermatozoides.

hormona liberadora de gonadotropina Hormona hipotalámica que estimula a la hipófisis anterior para que libere hormona foliculoestimulante y lutropina.

hormona liberadora Hormona secretada por el hipotálamo que estimula a la hipófisis anterior para que sintetice y libere una hormona determinada.

huesecillo Los tres huesos pequeños del oído medio.

hueso Como tejido: un tejido calcificado complejo que forma el esqueleto. Como estructura: cualquier objeto anatómico formado por tejido óseo.

hueso compacto Hueso normal denso y regular con una estructura microscópica ordenada y sin espacios aparentes macroscópicamente, que forma el tejido externo (cortical) de los huesos.

hueso endocondral Hueso que en su formación pasa por una fase cartilaginosa.

hueso esponjoso Hueso normal que contiene múltiples espacios abiertos, lo que le hace más ligero que el hueso compacto.

hueso membranoso Hueso que en su formación comienza como una membrana fibrosa.

hueso reticular Tipo de hueso con estructura microscópica irregular que se forma *1)* de forma temporal en el proceso de reparación de tejido óseo lesionado, o *2)* como estadio normal de desarrollo óseo en la formación de los huesos planos.

huso muscular Fibras musculares modificadas en el músculo esquelético que detectan la longitud del músculo, que son importantes en la propiocepción y los reflejos musculares.

idiopático De causa (etiología) desconocida.

infancia precoz Período de tiempo entre el nacimiento y los 12 meses de edad.

infección oportunista Infección por un microorganismo que habitualmente no produce infección en personas con sistemas inmunitarios normales pero que es frecuente en personas con inmunodeficiencia.

inflamación Respuesta compuesta vascular y celular del cuerpo a la lesión.

inmunidad activa Inmunidad proporcionada por el propio sistema inmunitario.

inmunidad adaptiva Protección inmunitaria adquirida y dirigida que suele desarrollarse después del nacimiento y que precisa aprendizaje por exposición inicial a un patógeno en particular.

inmunidad innata Protección inmunitaria general innata que se desarrolla en el útero, que no precisa exposición previa para su activación y que se dirige ampliamente a antígenos no propios.

inmunidad mediada por anticuerpos Inmunidad mediada por linfocitos B.

inmunidad mediada por células Inmunidad mediada por linfocitos T.

inmunidad pasiva Inmunidad proporcionada por la transferencia de anticuerpos desde otra persona o un animal.

inmunitario En fisiología, el estado de protección que ofrece el sistema inmunitario contra microbios u otras amenazas externas y contra la amenaza interna del desarrollo de un tumor.

inmunoglobulina Anticuerpo; gammaglobulina.

inorgánico No exclusivo de las cosas vivas; por lo general, carente de carbono.

inspiración Inhalación; entrada de aire en los pulmones.

insulina Hormona secretada por los islotes pancreáticos cuya acción principal es disminuir la glucosa en sangre al estimular la captación y la utilización de la glucosa por parte de las células.

intercambio externo de gases Absorción del oxígeno desde el aire del pulmón hacia la sangre y movimiento del dióxido de carbono desde la sangre hacia el pulmón.

intercambio interno de gases Transferencia de oxígeno desde la sangre a las células del cuerpo y transferencia de dióxido de carbono desde las células a la sangre.

interfase Período de tiempo de las divisiones celulares.

interneurona Neurona que transmite una señal desde una neurona a otra; también, neurona asociativa.

intersticio Tejido de apoyo y espacio entre las células funcionales de un órgano.

ión Átomo o molécula con una carga eléctrica neta positiva o negativa debido a la adquisición o pérdida de un electrón.

isótopo Cada una de las dos o más formas del mismo elemento (el mismo número de protones) con diferente número de neutrones.

lactífero Capilar linfático de extremo romo cerrado del intestino dedicado a la absorción de lípidos.

LDL Lipoproteína de baja densidad.

leucemia Neoplasia maligna de leucocitos en la cual existen células neoplásicas en la sangre.

leucocito Célula blanca de la sangre.

leucocitopenia Número demasiado bajo de leucocitos en la sangre.

leucopoyesis Producción de nuevos leucocitos.

ley de Boyle El volumen (V) y la presión (p) de un gas son inversamente proporcionales; alternativamente, el producto de la presión por el volumen de un gas es constante (k); pV = k.

ley de Frank-Starling Relación entre la longitud inicial de la fibra (grado de estiramiento, indicado por el volumen telediastólico) de las fibras musculares ventriculares y la fuerza de contracción.

ligando Sustancia química (como una hormona) que se une a una molécula mayor (como un receptor).

linfocito Principal célula del sistema inmunitario de la familia de leucocitos no granulocitos.

linfocito B (célula B) Célula de la inmunidad adaptativa mediada por anticuerpos, que madura en la médula ósea.

linfocito citolítico natural (NK) Linfocito del sistema de inmunidad innata con capacidad innata de matar células infectadas por virus y células cancerosas.

linfocito T (célula T) Células de la inmunidad celular adaptativa, que madura en el timo.

linfocito T citotóxico Variedad de linfocito T que ataca a las células infectadas por virus o cancerosas.

linfocito T cooperador Variedad de linfocito T que facilita la actividad de los linfocitos B y de otros linfocitos T.

linfocito T regulador Variedad de linfocito T que actúa para suprimir la activación del sistema inmunitario y, por lo tanto, mantener la homeostasis del sistema inmunitario y la tolerancia a lo propio; linfocito T supresor.

linfoma Neoplasia maligna de linfocitos o células inmunitarias relacionadas en la que no existen células malignas en la sangre.

lípido Compuesto graso hidrófobo no polar formado principalmente por carbono, hidrógeno y oxígeno.

lipogenia Síntesis de triglicéridos a partir de glicerol y ácidos grasos libres.

lipoproteína Complejo molecular formado por lípidos y apoproteínas que circula en la sangre.

líquido tubular El filtrado glomerular cuando pasa por el túbulo renal.

lisosoma Paquete de enzimas digestivas ligado a la membrana que degrada sustancias internalizadas y orgánulos desgastados.

lobulillo hepático Unidad organizativa básica del hígado. Cada uno rodea a una vénula central y está rodeado por tríadas portales.

longevidad Esperanza de vida más allá de la normal para la propia especie.

lutropina Hormona de la hipófisis anterior que en las mujeres desencadena la ovulación y la producción de progesterona por el ovario; en los varones, favorece la producción de testosterona por el testículo.

macrófago Fagocito tisular que se origina como monocito.

masa atómica Número de protones y neutrones en el núcleo de un átomo.

matriz extracelular Mezcla acelular de fibras y sustancia basal característica de los diferentes tipos de tejido conectivo.

mecanorreceptor Receptor sensorial activado por actividad mecánica.

mediastino Espacio entre los pulmones, anterior a la columna vertebral, posterior al esternón, superior al diafragma e inferior al extremo superior del esternón, que contiene el corazón, los grandes vasos, la parte inferior de la tráquea, los bronquios principales, el timo y estructuras relacionadas.

megacariocito Célula de la médula ósea que produce trombocitos.

meiosis División de las células germinativas en la que un citoblasto diploide produce cuatro gametos haploides.

melanina Pigmento marrón oscuro producido por los melanocitos, que lo depositan en tejidos vecinos. Abundante en la piel, el pelo y los ojos.

melanocito Célula, más abundante en la piel, que produce melanina.

membrana basal Delgada lámina de material extracelular que separa el epitelio del tejido subyacente.

membrana de filtración Células y membrana basal del glomérulo y de la pared de la cápsula de la nefrona a través de la cual pasa el ultrafiltrado glomerular desde la sangre hacia el espacio glomerular.

membrana mucosa Tejido epitelial que secreta moco, que reviste las cavidades corporales expuestas al ambiente externo (p. ej., tracto respiratorio).

membrana respiratoria La superficie expuesta de la pared alveolar a través de la cual se produce el intercambio gaseoso.

menarquia Primer período menstrual de la mujer.

menopausia Cese normal, relacionado con la edad, de la ovulación y la menstruación.

menstruación Descarga cíclica de sangre y tejido necrótico del útero durante los años reproductivos de la mujer.

metabolismo Reacciones químicas de los organismos vivos necesarias para el mantenimiento de la vida.

metabolismo aeróbico Generación de ATP (producción de energía) a partir de los nutrientes por oxígeno y la respiración mitocondrial.

metabolismo anaerobio Producción de ATP (producción de energía) a partir de fosfato de creatina y glucosa sin dependencia del oxígeno y la respiración mitocondrial.

metáfisis Parte ancha expandida de un hueso largo, entre la diáfisis y la epífisis.

micela Agregado de monoglicéridos, ácidos grasos y pequeñas cantidades de colesterol rodeado por sales biliares.

microglia Macrófagos especializados del sistema nervioso.

microvellosidades Proyecciones filiformes cortas de la membrana celular que facilitan la absorción al aumentar el área de superficie de ésta.

mielina Envoltura de los axones de determinadas neuronas que acelera la conducción del impulso nervioso.

mineral Elemento no orgánico que puede formar un sólido cristalino. Los compuestos formados por carbono, hidrógeno y nitrógeno no se consideran minerales, ya que por definición son orgánicos.

mineralocorticoide Cualquiera de la familia de hormonas suprarrenales que tienen influencia en el metabolismo del sodio y del potasio.

miocardio Músculo del corazón.

miofibrilla Fascículo de miofilamentos que discurre a lo largo de una célula muscular esquelética.

miofilamento Elemento contráctil del músculo formado por filamentos gruesos o delgados.

mioglobina Compuesto que contiene hierro del músculo y que almacena oxígeno.

miosina Proteína componente de los miofilamentos gruesos del músculo.

mitocondria Orgánulo en el que se llevan a cabo reacciones que convierten los nutrientes en energía.

mitosis División del núcleo celular en dos células idénticas.

molécula Dos o más átomos unidos por un enlace covalente.

monocito Leucocito que se desarrolla en macrófago.

monogénico Rasgo atribuible a un único gen.

monómero Molécula que puede unirse a moléculas idénticas para formar un polímero.

motoneurona (eferente) Célula nerviosa que transporta la señal desde el sistema nervioso central a un órgano efector, como un músculo o una glándula.

mucosa Membrana mucosa.

músculo esquelético Músculo estriado voluntario; habitualmente unido a huesos.

músculo liso Músculo no estriado, involuntario.

músculo papilar Montículo semejante a un pezón de músculo cardíaco que se proyecta desde la pared interior del ventrículo a las cuerdas tendinosas y al cual se insertan éstas desde el borde libre de las válvulas auriculoventriculares.

mutación Cambio permanente en la secuencia de ADN producido por daño al ADN.

necrosis Muerte celular debida a lesión o enfermedad.

nefrona Unidad funcional del riñón, que está formada por un glomérulo y sus túbulos renales asociados.

neurogliocitos Células de apoyo del sistema nervioso.

neurona sensitiva (aferente) Célula que transmite una señal nerviosa desde un receptor sensorial hacia el sistema nervioso central.

neurotransmisor Señal química que se almacena en las neuronas, que se libera en respuesta a una señal eléctrica, e induce una señal eléctrica en una neurona adyacente.

neutrófilo Granulocito con gránulos citoplasmáticos de color neutro (pardo).

neutrocitopenia Número demasiado bajo de neutrófilos en la sangre.

niñez Período entre la infancia precoz y la adolescencia.

nociceptor Receptor sensorial para el dolor.

nódulo auriculoventricular (AV) Acúmulo de miocitos cardíacos con potencial marcapasos que está localizado en la parte inferior del tabique interauricular, que conduce y retrasa ligeramente los potenciales de acción del latido cardíaco antes de que desciendan hacia los ventrículos.

nódulo de Ranvier Interrupción de la vaina de mielina en intervalos regulares a lo largo de una fibra mielínica.

nódulo linfático Órgano del tamaño de un guisante, componente de la red de vasos linfáticos, formado por linfocitos, macrófagos, células dendríticas y tejido conectivo de soporte.

nódulo sinusal Agrupación de miocitos cardíacos en la aurícula derecha con potencial marcapasos que proyecta los potenciales de acción regulares que inician cada latido cardíaco.

núcleo En tejido nervioso, agrupación nodular de somas situados en la profundidad del cerebro.

nucléolo Nódulo especialmente denso de cromatina nuclear visible, fuera de la fase de división (interfase) de la célula, donde comienza la síntesis del ARN ribosómico.

nucleótido Unidad básica de ADN y ARN; cada uno está formado por dos azúcares simples (ribosa o desoxirribosa), una de las cinco bases (compuestos con un anillo de cinco carbonos: adenina, guanina, citosina, timidina o uracilo) y uno o más grupos fosfato.

número atómico Número de protones en el núcleo de un átomo.

nutriente Cualquier sustancia química en alimentos o bebidas que un organismo necesita para vivir o crecer.

odorante Toda sustancia capaz de estimular a las células olfatorias.

oligodendrocito Neurogliocito especializado que envuelve a los axones del SNC con una vaina de mielina.

onda P Onda del electrocardiograma generada por la despolarización auricular.

onda T Onda del electrocardiograma generada por la repolarización ventricular.

opsonina Proteína que se une a un patógeno y lo marca para la fagocitosis.

orgánico Con origen en un ser vivo; generalmente contiene carbono.

organismo Forma de vida completa.

órgano Estructura autocontenida dedicada a uno o varios objetivos específicos.

órgano de Corti En la cóclea del oído interno, banda de células receptoras altas con cilios que detectan las ondas de sonido.

órgano otolítico Órgano del oído interno que puede detectar la gravedad y la aceleración lineal.

órgano tendinoso de Golgi Órgano sensorial de los tendones que detecta la tensión.

orgánulo Subunidad celular especializada que realiza una función específica.

orgasmo La cumbre del placer de la excitación sexual, que en los varones suele acompañarse de la eyaculación.

osificación Proceso de formación de hueso.

osmolaridad Número de partículas de un soluto por litro de solvente (agua).

osmosis Movimiento del agua a través de una membrana semipermeable desde una zona de baja osmolaridad a otra de osmolaridad más alta.

osteoblasto Célula formadora de hueso.

osteocito Célula ósea que nutre y mantiene al tejido óseo maduro.

osteoclasto Célula que disuelve el hueso normal, que moviliza el calcio y otros constituyentes de los huesos y los devuelve a la sangre.

osteoide Forma especial de colágeno de los huesos que forma la red estructural inicial en la que el tejido óseo se constituye en hueso.

osteoporosis Enfermedad ósea en la que los huesos están débiles y frágiles debido a la falta de calcio.

ovocito Estado de desarrollo en la ovogenia. Un ovocito primario tiene un conjunto diploide de cromosomas. Un ovocito secundario tiene un conjunto haploide y es liberado del ovario.

ovocito primario Descendiente de una ovogonia que sufre meiosis I para producir un ovocito secundario y un cuerpo polar.

ovocito secundario Óvulo maduro: descendiente de un ovocito primario que es liberado por el ovario. Si es fertilizado por un espermatozoide, completará la meiosis II y se fusionará con el espermatozoide para producir un cigoto.

ovogenia Proceso de producción de gametos femeninos (óvulos).

ovogonia Citoblasto ovárico del que se originan los óvulos.

óvulo Gameto femenino maduro capaz de unirse a un espermatozoide para crear un cigoto; ovocito secundario.

oxihemoglobina Hemoglobina oxigenada; hemoglobina unida a moléculas de oxígeno.

paracrino Señal química que difunde a través del líquido extracelular para alterar la actividad de las células vecinas.

parasimpático Relativo a la parte del sistema nervioso autónomo que estimula la reacción de «reposo y digestión».

paratirina Hormona secretada por las glándulas paratiroides, que actúa aumentando el calcio en sangre.

parietal Relativo a la pared de una cavidad corporal. Cuando se aplica a membranas, la que tapiza la pared de la cavidad.

parto prematuro Nacimiento de un recién nacido vivo después las 22 semanas de embarazo y antes del final de la semana 38.

patogenia Evolución y desarrollo de la enfermedad.

patógeno Microorganismo capaz de producir una enfermedad.

patología Estudio de los cambios en la estructura y función del cuerpo que se producen como resultado de una enfermedad.

péptido Cadena corta de aminoácidos unidos por un enlace (enlace peptídico) entre el grupo amino de uno y el grupo péptido del otro.

péptido gástrico inhibidor Hormona secretada por la mucosa intestinal que estimula la liberación de insulina por parte del páncreas.

péptido natriurético atrial Hormona liberada por la distensión de la aurícula que actúa en el túbulo renal para reducir la absorción de sodio desde el líquido tubular hacia la sangre.

pericardio Saco que alberga al corazón.

perilinfa En el oído interno, el líquido que se encuentra dentro del laberinto óseo y fuera del laberinto membranoso.

período gestacional Duración del embarazo; en los humanos, 280 días desde el primer día del último período menstrual.

período de vida Tiempo entre el nacimiento y la muerte.

periostio Membrana fibrosa resistente que recubre los huesos.

peristalsis Onda de contracción del músculo circular que pasa por el tracto gastrointestinal, propulsando hacia delante el bolo alimenticio.

peritoneo Membrana que tapiza la cavidad abdominopélvica y contiene muchos órganos.

peroxisoma Conjunto de enzimas unido a la membrana que participa en el metabolismo del peróxido de hidrógeno y otras sustancias dañinas.

placenta Órgano temporal del embarazo que une el feto a la madre.

plano frontal Cualquier plano vertical que divide a las estructuras en partes anterior y posterior.

plano horizontal Plano transverso que divide a las estructuras en partes superior e inferior.

plano sagital Cualquier plano vertical que divide las estructuras en parte derecha e izquierda.

plano transverso Plano horizontal que divide las estructuras en partes superior e inferior.

plasma La parte líquida de la sangre.

pleura Membrana que recubre el pulmón y tapiza el interior de la cavidad torácica.

pleura parietal Pleura que tapiza la cavidad torácica.

pleura visceral Pleura que recubre los pulmones.

policitemia Aumento del número de todas las células de la sangre: eritrocitos, leucocitos y plaquetas.

poligénico Rasgo atribuible a más de un gen

polímero Molécula de gran tamaño compuesta por muchas unidades idénticas (monómeros).

portador En genética, persona u organismo que posee un gen en particular, especialmente un gen recesivo único cuyo efecto está enmascarado por una copia dominante del mismo gen.

posición anatómica estándar En bipedestación, cabeza erguida, cara hacia delante, brazos a los lados, manos con las palmas hacia delante, y pies hacia delante y paralelos.

potencial de acción Conjunto de variaciones del potencial de membrana, que viaja por toda la longitud de la célula en forma de onda de propagación automática.

potencial de membrana Gradiente eléctrico presente en todas las membranas celulares, producido por un exceso de cargas positivas en un lado y un exceso de cargas negativas en el otro; diferencia de voltaje entre el interior y el exterior de una membrana celular.

potencial graduado Cambio despolarizante o hiperpolarizante del potencial de membrana que es proporcional al estímulo que lo inicia y se deteriora a medida que se propaga.

potencial marcapasos Inestabilidad del potencial de membrana de determinados miocitos cardíacos que se aproxima gradualmente al potencial umbral, y que da lugar al desencadenamiento rítmico de potenciales de acción que inician cada latido cardíaco.

precarga Carga máxima de sangre en el ventrículo izquierdo inmediatamente antes de la sístole; también se denomina volumen telediastólico.

primer ruido cardíaco (S1) Sonido producido por el cierre simultáneo de las válvulas auriculoventriculares.

progesterona Hormona esteroidea que estimula al útero y al endometrio para prepararlos para el embarazo.

propiocepción Capacidad de detectar la posición de las partes interrelacionadas del cuerpo.

prostaglandina Grupo de lípidos biológicamente activos que tienen un efecto modulador de la inflamación.

proteasoma Complejo proteico que degrada las proteínas innecesarias o defectuosas.

proteína Cadena larga de aminoácidos unidos entre sí por enlaces peptídicos.

proteína C reactiva Proteína sintetizada por el hígado en respuesta a la inflamación en cualquier parte del cuerpo, que se une a los patógenos y los marca como objetivo para la fagocitosis.

proteína G Proteína intracelular activada por un receptor acoplado a ella, que estimula o inhibe la producción de un segundo mensajero.

pruebas cruzadas Proceso de mezclar sangre del donante y del receptor para observar si se produce aglutinación de los eritrocitos.

pubertad Período de tiempo durante el cual los adolescentes adquieren la madurez sexual y se hacen capaces de reproducirse.

queratinocito Célula epidérmica que contiene queratina.

quilomicrón Lipoproteína plasmática cubierta por proteínas, que se ensambla en las células epiteliales intestinales a partir de la grasa absorbida y se canaliza por los quilíferos para su transporte a la sangre.

quimiorreceptor Receptor sensorial que se activa por una sustancia química.

radiación Emisión de energía en forma ondas electromagnéticas, como la luz.

radical libre Término general que describe cualquier molécula o átomo con un electrón no apareado.

rasgo ligado al sexo Característica genética transmitida por los cromosomas sexuales.

receptor Proteína que cambia la actividad de la célula cuando se une a señal química específica.

receptor ligado a la proteína G Una clase de receptor de membrana que utiliza proteínas G para alterar la síntesis de segundos mensajeros cuando se unen por una señal extracelular.

receptor sensorial Célula especializada (en muchos casos neuronas modificadas) o partes de células que reaccionan a un tipo específico de estímulo, como la luz u ondas de sonido, y las convierte en una señal eléctrica que el cerebro puede integrar en una sensación.

reflejo Respuesta rápida involuntaria a una señal sensorial.

reflejo miccional Reflejo que transmite señales parasimpáticas entre la médula espinal y la vejiga, provocando la contracción del músculo detrusor y la relajación del esfínter uretral interno (músculo liso involuntario).

refracción Deflexión de las ondas de luz.

repolarización Retorno del potencial de membrana a su estado original.

reproducción sexual Método de reproducción que precisa dos contribuyentes para producir descendencia.

respiración celular Empleo de oxígeno y producción de dióxido de carbono por parte de las células para generar ATP.

retículo endoplasmático Red interconectada de membranas saculares que participan en la síntesis de proteínas y lípidos, y en la eliminación de sustancias tóxicas.

retículo sarcoplasmático Red de túbulos llenos de líquido en las células musculares, que almacenan calcio.

retroalimentación negativa Proceso que disminuye la magnitud de un cambio que se aleja del punto de ajuste. La respuesta del sistema reduce o revierte el estímulo original.

retroalimentación positiva Proceso que aumenta la magnitud de un cambio que se aleja del punto de ajuste. La respuesta del sistema refuerza o aumenta el estímulo original.

ribosoma Orgánulo celular que sintetiza proteínas.

rigidez cadavérica Rigidez del músculo esquelético tras la muerte, que pone rígido al cuerpo durante unas 24 h.

rodopsina Molécula que se encuentra en los bastones y conos de la retina, que absorbe fotones e inicia el proceso de percepción de la luz.

saco amniótico El saco que rodea al feto.

sal Compuesto derivado fundamentalmente por reacción de un ácido con una base.

sal biliar Sal relacionada con el colesterol que emulsiona la grasa intestinal en pequeñas gotitas para su digestión.

sarcolema Membrana celular de una célula muscular.

sarcómero Unidad estructural básica de una miofibrilla en el músculo esquelético.

sarcoplasma Citoplasma de la célula muscular.

saturación de la hemoglobina Porcentaje de hemoglobina unida al oxígeno.

sebo Sustancia oleosa secretada por las glándulas sebáceas en la piel.

secretina Hormona secretada por la mucosa duodenal que estimula la producción de bicarbonato por parte del páncreas.

segundo mensajero Molécula de señalización intracelular sintetizada en respuesta a una molécula de señalización extracelular inicial (primer mensajero).

segundo ruido cardíaco (S2) Sonido producido por el cierre simultáneo de las válvulas aórtica y pulmonar.

semen Mezcla líquida de esperma y secreciones de las glándulas accesorias.

senescencia Deterioro relacionado con la edad.

sensación Conocimiento consciente de una señal sensorial.

sida Síndrome de la inmunodeficiencia adquirida; conjunto de signos y síntomas clínicos (síndrome) producido por una alteración de la función inmunitaria debida a una infección por el virus de la inmunodeficiencia humana (VIH).

signo Observación directa medible por un examinador.

simpático/a Relativo a la parte del sistema nervioso autónomo que estimula la reacción de «lucha o huida».

sinapsis Zona donde una señal eléctrica pasa de una célula a la siguiente.

síndrome Conjunto característico de signos y síntomas.

síntoma Queja comunicada por un paciente.

sinusoide hepático Capilar permeable de gran tamaño entre láminas de hepatocitos, que transporta una mezcla de sangre venosa desde la vena porta hepática y de sangre arterial desde la arteria hepática.

sistema de conducción cardíaca Red ramificada de fibras musculares cardíacas especializadas que conduce las señales eléctricas controlando la contracción miocárdica.

sistema del complemento Familia de unas 20 proteínas pequeñas que participa en la inmunidad innata y en la adaptativa.

sistema inmunitario Sistema de defensa celular que protege frente a enfermedades, eliminando patógenos y células cancerosas.

sistema linfático Red de vasos linfáticos y órganos linfoides que tiene actividad inmunitaria y otras funciones.

sistema nervioso entérico Red nerviosa formada en su totalidad por nervios neurovegetativos en la pared del tracto gastrointestinal.

sistema nervioso somático Parte del sistema nervioso que participa en las órdenes y respuestas voluntarias (conscientes).

sistema neurovegetativo (autónomo) Parte del sistema nervioso periférico que participa en las órdenes y respuestas involuntarias (automáticas) inconscientes.

sistema orgánico Grupo de órganos dedicados a uno o varios objetivos relacionados.

sístole Despolarización y contracción del músculo cardíaco para eyectar la sangre desde el corazón.

solución Mezcla de soluto y solvente.

soluto El menor componente de una solución.

solvente El mayor componente de una solución.

somatotropina Hormona de la hipófisis que estimula el crecimiento de los tejidos y la producción hepática de glucosa.

soplo Alteración del sonido cardíaco producida por flujo turbulento anómalo de sangre en el corazón o en los vasos sanguíneos.

suero Plasma sin factores de la coagulación; líquido exudado por la sangre coagulada.

sustancia blanca En el tejido nervioso, acúmulo de axones mielínicos.

sustancia gris En el tejido nervioso, conjunto de somas neuronales.

sustancia intercelular Líquido acelular formado por agua, minerales y pequeñas glucoproteínas, que es un componente de la matriz extracelular del tejido conectivo.

tabla periódica Serie de elementos básicos ordenados en columnas según su número atómico, de forma que los elementos con estructura atómica similar (y por lo tanto propiedades químicas similares) aparecen en las columnas.

tasa de filtración glomerular Volumen de filtrado glomerular formado por unidad de tiempo.

tasa de ventilación alveolar Volumen de aire nuevo que alcanza el alvéolo por minuto; la ventilación minuto permite una compensación por el espacio muerto.

tasa metabólica basal Tasa de consumo de energía en reposo.

tejido adiposo Tejido conectivo que contiene un gran número de adipocitos (lipocitos) que almacenan grasa.

tejido conectivo Tejido que no es músculo, nervio ni epitelio, que tiene una función estructural o de soporte, y que contiene una gran cantidad de matriz extracelular.

tejido subcutáneo Capa superficial de tejido debajo de la piel y unido a ella firmemente.

telómero Longitud especial de ADN en el extremo de un cromosoma, del que se pierde una parte con cada división celular; limita el número de divisiones celulares tras las cuales la célula pierde funcionalidad o muere.

tendón Cordón grueso y resistente de tejido colágeno que une el músculo al hueso.

terminación axónica Extremo distal de un axón; con frecuencia es el lugar de liberación del neurotransmisor.

testosterona Hormona esteroidea más abundante en hombres que favorece la espermatogenia y el desarrollo y el mantenimiento de las características sexuales secundarias masculinas.

timo Pequeño órgano linfoide localizado en la parte anterior del tórax, donde maduran los linfocitos inmaduros en linfocitos T antes de migrar a otros órganos.

tipo de sangre Caracterización de los eritrocitos según sus grupos ABO y Rh.

tiroxina También T_4. Hormona tiroidea con cuatro moléculas de yodo.

tolerancia a lo propio Capacidad del sistema inmunitario de reconocer los antígenos propios y no atacarlos.

tono muscular Estado de contracción isométrica subconsciente que se produce en el músculo esquelético relajado.

tono vagal Acción parasimpática constante del nervio vago sobre el corazón, el intestino y otras estructuras inervadas por el vago.

toxina Sustancia de origen vegetal o animal que produce enfermedad cuando está presente en el cuerpo en bajas concentraciones.

tracto En el tejido nervioso, organización de los axones en haces especiales en la sustancia blanca.

traducción Proceso de trasladar la secuencia de nucleótidos del ARN mensajero (ARNm) en la secuencia de aminoácidos de una proteína.

transcripción Proceso de transferir el código del ADN a ARN.

transferrina Proteína plasmática que se une al hierro para su transporte.

transporte activo Transporte con consumo de ATP (consumo de energía) de una sustancia a través de la membrana celular, desde una zona de baja concentración a otra de alta concentración.

tríada portal Trío de estructuras que marcan el límite de un lobulillo hepático: un conductillo biliar, una arteriola hepática y una vénula portal.

trifosfato de adenosina (ATP) Compuesto formado por adenosina, ribosa y tres grupos fosfato que está presente en todos los tejidos vivos, que almacena energía en un enlace fosfato; molécula de transferencia intracelular de energía.

triglicérido Lípido formado por tres ácidos grasos unidos a glicerol.

triyodotironina También T_3. Hormona tiroidea con tres moléculas de yodo.

trombina Factor de la coagulación producido por conversión de protrombina, que actúa directamente para estimular la polimerización de fibrinógeno en fibrina.

trombo Acumulación intravascular anómala de elementos celulares de la sangre.

trombocito Elemento celular de la sangre; fragmento del citoplasma de los megacariocitos.

trombocitopenia Pocos trombocitos por volumen de sangre.

tromboplastina Proteína de membrana que se encuentra en los tejidos extravasculares y que inicia la coagulación cuando el factor VII se une a ella.

trombopoyesis Producción de nuevos trombocitos.

trombopoyetina Hormona que estimula la producción de trombocitos.

túbulo renal Tubo de células epiteliales que concentra y modula el líquido tubular para producir la orina.

túbulos T Red de extensiones tubulares del sarcolema hacia el sarcoplasma.

vasoconstricción Reducción del diámetro de un vaso sanguíneo debida a la constricción de las células musculares lisas de su pared.

vasodilatación Aumento del diámetro de un vaso sanguíneo debido a la relajación de las células musculares lisas de su pared.

ventilación minuto Cantidad total de aire que entra y sale de los pulmones en 1 min.

ventrículo En el corazón, cada una de las dos cámaras inferiores de alta presión.

vénula central Vena del centro de un lobulillo hepático.

vesícula Bolsita intracelular de material ligada a la membrana.

vía común Vía final de la coagulación, que cuando se estimula por la tromboplastina o por la vía de activación por contacto, actúa para producir la polimerización del fibrinógeno en fibrina.

vía de activación por contacto Una de las dos vías iniciales del proceso de la coagulación, que se inicia cuando el plasma entra en contacto con sustancias no tisulares fuera del espacio vascular.

vía de la tromboplastina Una de las dos vías iniciales del proceso de la coagulación, que se inicia cuando el plasma entra en contacto con la tromboplastina en el espacio extravascular.

vigilancia inmunitaria Actividad de los linfocitos citolíticos naturales y de linfocitos T citotóxicos que identifica y mata células cancerosas.

VIH Virus de la inmunodeficiencia humana. Virus que produce el sida (síndrome de la inmunodeficiencia adquirida).

visceral Relativo a vísceras u órganos. Cuando se aplica a membranas, la que recubre la superficie de un órgano.

vitamina Pequeña molécula orgánica necesaria para una reacción metabólica determinada y que debe obtenerse a partir de la dieta.

vitamina D Familia de moléculas relacionadas con el colesterol que favorecen un aumento de la absorción intestinal de calcio.

$\dot{V}O_2$máx Capacidad máxima de consumo de oxígeno.

volumen sistólico Volumen de sangre eyectado por el ventrículo izquierdo en una contracción.

volumen telediastólico Carga máxima de sangre en el ventrículo izquierdo inmediatamente antes de la sístole; también se denomina precarga.

volumen telesistólico Cantidad de sangre que permanece en el ventrículo izquierdo después de la sístole.

yatrógeno Alteración del estado del paciente producida por una intervención médica.

zona de conducción Vías respiratorias que transportan el aire pero que no participan en el intercambio gaseoso.

zona respiratoria Parte del sistema respiratorio donde se produce el intercambio gaseoso.

Créditos de las figuras

Capítulo 1

Figura 1-2 sin numerar. 17th-century photo-oil on canvas 1632. The Koninklijk Kabinet van Schilderijen, Mauritshuis, The Hague.

Capítulo 2

Figura 2-2 sin numerar. Reproducido de McArdle W, Katch F, Katch V. *Exercise Physiology: Energy, Nutrition, & Human Performance*, 6th ed. Baltimore: Lippincott Williams & Wilkins, 2007.

Capítulo 3

Figura sin numerar. "The History of Science: Decoding the Rosetta Stone." Por cortesía de Adam J. Zaner.

Figura 3-5 A y B. Reproducido con permiso de Cormack DH. *Essential Histology*, 2nd ed. Philadelphia: Lippincott Williams & Wilkins, 2001.

Figura 3-6. Reproducido con permiso de Cormack DH. *Essential Histology*, 2nd ed. Philadelphia: Lippincott Williams & Wilkins, 2001.

Figura 3-7. Reproducido con permiso de Cormack DH. *Essential Histology*, 2nd ed. Philadelphia: Lippincott Williams & Wilkins, 2001.

Figura 3-8 (derecha). Reproducido con permiso de Cormack DH. *Essential Histology*, 2nd ed. Philadelphia: Lippincott Williams & Wilkins, 2001.

Figura 3-13 (parte inferior, derecha). Reproducido con permiso de McClatchey KD. *Clinical Laboratory Medicine*, 2nd Edition. Philadelphia: Lippincott Williams & Wilkins, 2002. (right bottom) Reproducido de Dean D, Herbener TE. *Cross-Sectional Human Anatomy*. Baltimore: Lippincott Williams & Wilkins, 2000.

Figura 3-26 B (imagen microscópica por cortesía de S. Erlandsen and P. Engelkirk). Engelkirk PG, Burton GRW. *Burton's Microbiology for the Health Sciences*, 8th ed. Philadelphia: Lippincott Williams & Wilkins, 2007.

Figura 3-27. Reproducido con permiso de Cormack DH. *Essential Histology*, 2nd ed. Philadelphia: Lippincott Williams & Wilkins, 2001.

Figura 3-30 (A, D, E y F). Reproducido con permiso de Cormack DH. *Essential Histology*, 2nd ed. Philadelphia: Lippincott Williams & Wilkins, 2001.
(B y C) Reproducido con permiso de Mills SE, *Histology for Pathologists*, 3rd ed., Philadelphia: Lippincott Williams & Wilkins, 2007.
(G) Reproducido con permiso de Gartner LP, Hiatt JL. *Color Atlas of Histology*, 3rd ed. Philadelphia: Lippincott Williams & Wilkins, 2000.
(H) Reproducido con permiso de McClatchey KD. *Clinical Laboratory Medicine*, 2nd ed. Philadelphia: Lippincott Williams & Wilkins, 2002.

Capítulo 5

Figura 5-1 sin numerar. Reproducido con permiso de Goodheart HP. *Goodheart's Photoguide of Common Skin Disorders*, 2nd ed. Philadelphia: Lippincott Williams & Wilkins, 2003.

Figura 5-2 A a D sin numerar. Reproducido con permiso de McConnell T. *The Nature of Disease*. Baltimore: Lippincott Williams & Wilkins, 2007.

Figura 5-5 B. Reproducido con permiso de Goodheart HP, MD. *Goodheart's Photoguide of Common Skin Disorders*, 2nd ed. Philadelphia: Lippincott Williams & Wilkins, 2003.

Figura 5-7. From Bickley LS, Szilagyi, P. Bates' *Guide to Physical Examination and History Taking*, 8th ed. Philadelphia: Lippincott Williams & Wilkins, 2003.

Figura 5-9 B y C. Reproducido con permiso de Cormack DH. *Essential Histology*, 2nd ed. Philadelphia: Lippincott Williams & Wilkins, 2001.

Figura 5-3 A y B sin numerar. (A) Reproducido con permiso de McConnell T. *The Nature of Disease*. Baltimore: Lippincott Williams & Wilkins, 2007. (B) Reproducido de Smeltzer SC, Bare BG. *Textbook of Medical-Surgical Nursing*, 9th ed. Philadelphia: Lippincott Williams & Wilkins, 2000.

Tabla 5-2. (A) Reproducido con permiso de Good-heart HP. *Goodheart's Photoguide of Common Skin Disorders*, 2nd ed. Philadelphia: Lippincott Williams & Wilkins, 2003.
(B y C) De Fleisher GR, Ludwig S, Baskin MN. *Atlas of Pediatric Emergency Medicine*. Philadelphia: Lippincott Williams & Wilkins, 2004.
(D) Imagen de Rubin E, Farber JL. *Pathology*, 3rd ed. Philadelphia: Lippincott Williams & Wilkins, 1999.

Figura 5-12 Epithelial membranes A a C. Reproducido con permiso de Cormack DH. *Essential Histology*, 2nd ed. Philadelphia: Lippincott Williams & Wilkins, 2001.

Capítulo 6

Figura 6-4 C. Reproducido con permiso de Rubin R, Strayer D. *Rubin's Pathology: Clinicopathologic Foundations of Medicine*, 5th ed. Philadelphia: Lippincott Williams & Wilkins, 2008.

Figura 6-8 A y B. Reproducido con permiso de Rubin R, Strayer D. *Rubin's Pathology: Clinicopathologic Foundations of Medicine*, 5th ed. Philadelphia: Lippincott Williams & Wilkins, 2008.

Figura 6-1 A a E sin numerar. Reproducido con permiso de McConnell T. *The Nature of Disease*. Baltimore: Lippincott Williams & Wilkins, 2007.

Figura 6-2 B sin numerar. Reproducido con permiso de Rubin E, Farber JL. *Pathology*. 3rd ed. Philadelphia: Lippincott Williams & Wilkins, 1999 Philadelphia: Lippincott Williams & Wilkins, 2000.

Figura 6-3 sin numerar. Reproducido con permiso de Daffner RH. *Clinical Radiology: The Essentials*, 3rd ed. Philadelphia: Lippincott Williams & Wilkins, 2007.

Capítulo 7

Tabla 7-1. Reproducido con permiso de Cormack DH. *Essential Histology*, 2nd ed. Philadelphia: Lippincott Williams & Wilkins, 2001.

Figura 7-10. Reproducido con permiso de Rubin R, Strayer D. *Rubin's Pathology: Clinicopathologic Foundations of Medicine*, 5th ed. Philadelphia: Lippincott Williams & Wilkins, 2008.

Capítulo 8

Figura 8-5 B. Reproducido con permiso de Gartner LP, Hiatt JL. *Color Atlas of Histology*, 3rd ed. Philadelphia: Lippincott Williams & Wilkins, 2000.

Capítulo 10

Figura 10-2. (A) Reproducido con permiso de McConnell T. *The Nature of Disease*. Baltimore: Lippincott Williams & Wilkins, 2007. (B) Reproducido con permiso de Gartner LP, Hiatt JL. *Color Atlas of Histology*, 3rd ed. Philadelphia: Lippincott Williams & Wilkins, 2000.

Figura 10-4 A y B. Reproducido con permiso de McConnell T. *The Nature of Disease*. Baltimore: Lippincott Williams & Wilkins, 2007.

Figura 10-5 A. Reproducido con permiso de Cohen BJ, Wood DL. *Memmler's The Human Body in Health and Disease*, 11th ed. Philadelphia: Lippincott Williams & Wilkins, 2009.

Figura 10-8 B. Reproducido con permiso de McKenzie SB. *Textbook of Hematology*, 2nd ed. Baltimore: Williams & Wilkins, 1996.

Capítulo 11

Figura 11-1 sin numerar. Sigerist HE. (1965). *Große Ärzte*. München, Deutchland: J.F. Lehmans Verlag (5. au-flage) (1. auflage 1958). plate 26 p. 120.

Capítulo 12

Figura 12-1. Bastion Castle © Copyright Civertan Grafikai Stúdió (Civertan Bt.), 1997-2006.

Figura 12-3. Virginia Commonwealth University Medical School, Department of Anatomy and Neuroscience, 2008.

Figura 12-20. Reproducido con permiso de McConnell T. *The Nature of Disease*. Baltimore: Lippincott Williams & Wilkins, 2007.

Figura 12-2 sin numerar. Content Providers(s): CDC/James Hicks.

Capítulo 13

Figura 13-6 C. Reproducido con permiso de Cagle PT. *Color Atlas and Text of Pulmonary Pathology*. Philadelphia: Lippincott Williams & Wilkins, 2005.

Capítulo 14

Figura 14-2. Lynn S. Bickley y Peter G. Szilagyi. Exploración por regiones. Inicio de la exploración física: reconocimiento general, constantes vitales y dolor. En: BATES. Guía de exploración física e historia clínica, 10th ed. Barcelona: Lippincott Williams & Wilkins, 2010. p. 132.

Figura 14-18 B. Reproducido con permiso de Gartner LP, Hiatt JL. *Color Atlas of Histology*, 3rd ed. Philadelphia: Lippincott Williams & Wilkins, 2000.

Figura 14-20 D. Reproducido con permiso de Gartner LP, Hiatt JL. *Color Atlas of Histology*, 3rd ed. Philadelphia: Lippincott Williams & Wilkins, 2000.

Figura 3 A y B sin numerar (en recuadro). Reproducido con permiso de McConnell, T. *The Nature of Disease*. Baltimore: Lippincott Williams & Wilkins, 2007.

Capítulo 15

Figura 15-14 B. Reproducido con permiso de Cormack DH. *Essential Histology*, 2nd ed. Philadelphia: Lippincott Williams & Wilkins, 2001.

Figura 15-22. Reproducido con permiso de Rubin E. *Essential Pathology*, 3rd ed. Philadelphia: Lippincott Williams & Wilkins, 2000.

Figura 15-25 B. Reproducido con permiso de Rubin E. *Essential Pathology*, 3rd ed. Philadelphia: Lippincott Williams & Wilkins, 2000.

Figura 15-27 A y B. Reproducido con permiso de Gagel R.F., McCutcheon I.E. [1999]. *Images in Clinical Medicine. New England Journal of Medicine* 340, 524. Copyright © 2003. Massachusetts Medical Society.

Capítulo 16

Figura 16-3. Reproducido con permiso de Daffner DH. *Clinical Radiology the Essentials,* 3rd ed. Philadelphia: Lippincott Williams & Wilkins, 2007.

Figura 16-5 C. Reproducido con permiso de McConnell T. *The Nature of Disease*. Baltimore: Lippincott Williams & Wilkins, 2007.

Capítulo 17

Figura 17-3 C. Reproducido con permiso de Ero-schenko VP. *di Fiore's Atlas of Histology with Functional Correlations,* 8th ed. Baltimore: Williams & Wilkins, 1995.

Figura 17-8. Por cortería de Dana Morse Bittus and BJ Cohen.

Figura 17-13 B. Reproducido con permiso de Mills SE. *Histology for Pathologists*, 3rd ed. Philadelphia: Lippincott Williams & Wilkins, 2007.

Figura 17-16 C. Reproducido con permiso de Pilliteri A. *Maternal and Child Health Nursing,* 4th ed. Philadelphia: Lippincott Williams & Wilkins, 2003.

Figura 17-22 A y B. (A) Por cortesía de Ansell Health Care, Inc., Personal Products Group and Carter-Wallace, Inc. Reproducido de Westheimer R, Lopater S. *Human Sexuality: A Psychosocial Perspective*. Baltimore: Lippincott Williams & Wilkins, 2002. (B) Por cortesía de ALZA Pharmaceuticals, Palo Alto, CA.

Figura 17-1 sin numerar. Reproducido con permiso de Sadler TW. *Langman's Medical Embryology*, 7th ed. Baltimore: Lippincott Williams & Wilkins, 1995.

Capítulo 18

Figura 18-1. Reproducido con permiso de Pillitteri A. *Maternal and Child Nursing*, 4th ed. Philadelphia: Lippincott, Williams & Wilkins, 2003.

Figura 18-8. Reproducido con permiso de Rubin R, Strayer DS. *Rubin's Pathology: Clinicopathologic Foundations of Medicine*, 5th ed. Philadelphia: Lippincott Williams & Wilkins, 2008.

Índice alfabético de materias

Los números de página seguidos de la letra f hacen referencia a figuras; los seguidos de la letra t indican tablas.

I

P

W

Y

Z